ATTILA CSAMPAI
DIETMAR HOLLAND

OPERNFÜHRER

HOFFMANN UND CAMPE

CIP-Titelaufnahme der Deutschen Bibliothek

Csampai, Attila:
Opernführer / Attila Csampai ; Dietmar Holland.
- 1. Aufl. - Hamburg: Hoffmann u. Campe, 1989
ISBN 3-455-08336-6
NE: Holland, Dietmar:; HST

Copyright © 1990 by Hoffmann und Campe Verlag, Hamburg
Redaktion: Rüdiger Nolte
Schutzumschlag: Werner Rebhuhn
Satz: Utesch Satztechnik GmbH, Hamburg
Druck und Bindung: Bercher Graphischer Betrieb GmbH, Kevelaer
Printed in Germany

„ich habe eine unaussprechliche begierde,
wieder einmahl eine opera zu schreiben.
der weg ist weit, das ist wahr. (...)
dann ich darf nur von einer opera reden hören,
ich darf nur im theater seyn,
stimmen hören – – o, so bin ich schon ganz ausser mir."

Mozart an seinen Vater, 11. Oktober 1777

INHALT

ABKÜRZUNGSVERZEICHNIS

Abkürzungen der Stimmfächer

Sop	– Sopran		Ten	– Tenor
Mez	– Mezzosopran		Bar	– Bariton
Alt	– Alt		Baß	– Baß

Abkürzungen der Instrumente

Asax	– Altsaxophon		Hrn	– Horn
Bassetthrn	– Bassetthorn		Kbtba	– Kontrabaßtuba
Bck	– Becken		Kfg	– Kontrafagott
Bfl	– Baßflöte		Kl	– Klarinette
Bkl	– Baßklarinette		Klav	– Klavier
Blfl	– Blockflöte		KlTr	– Kleine Trommel
Bpos	– Baßposaune		Ob	– Oboe
Btba	– Baßtuba		Org	– Orgel
Car	– Carillon		Picc	– Piccoloflöte
Cel	– Celesta		Pkn	– Pauken
Cemb	– Cembalo		Pos	– Posaune
E.H.	– Englischhorn		Rührtr	– Rührtrommel
Fg	– Fagott		Sax	– Saxophon
Fl	– Flöte		Schlgzg	– Schlagzeug
Git	– Gitarre		Tamb	– Tamburin
Gl	– Glocken		Tba	– Tuba
Glsp	– Glockenspiel		Trgl	– Triangel
GrTr	– Große Trommel		Trp	– Trompete
Harm	– Harmonium		Xyl	– Xylophon
Hrf	– Harfe			

VORWORT

Kaum anderswo tritt der theatralische Charakter der Oper deutlicher zutage als im Opernführer. Solange es Opernführer gibt, hat das Musiktheater seinen Anspruch auf Vermittlung dramatischen Geschehens, einer Fabel, noch nicht aufgegeben: Der Opernführer verdankt sein Existenzrecht dem bereits entfremdeten und hoffnungslos reduzierten Theaterverständnis des „normalen" Opernbesuchers, der im Grunde ein glänzendes Fest der Stimmen in prächtigen Kostümen und in repräsentativer Atmosphäre erleben will. Da ihm die Handlung in den meisten Fällen überhaupt nicht oder nur in gröberen Umrissen bekannt ist, und er auch während der Vorstellung kaum hoffen darf, den gesungenen Text vollständig zu verstehen, zumal dann, wenn es sich um eine fremdsprachige Aufführung handelt, ist er fast gezwungen, vorher im Opernführer nachzulesen, will er gerade das Notwendigste mitbekommen. Aus diesem Grund bestanden Opernführer lange Zeit nur aus einer Ansammlung von Inhaltsangaben.

Wer aber jemals versucht hat, eine solche Synopsis anzufertigen, und verwundert feststellen mußte, wie schwierig es ist, in der gebotenen Kürze alle handlungsstiftenden Elemente des „unmöglichen Kunstwerks" Oper in deren komplizierter Wechselbeziehung überhaupt in Worte zu fassen, der wird vielleicht verstehen, daß es den achtzehn Autoren und den beiden Herausgebern dieses neuen Opernführers vor allem bei den Inhaltsangaben schwer von der Hand ging und sie immer wieder von Selbstzweifeln befallen wurden, ob denn eine solche traditionelle Reduktion von etwas höchst Komplexem auf eine simple Ablaufskizze noch zu verantworten sei.

Die Kunst des Weglassens war gefordert und mußte mit dem Anspruch auf sachgerechte Wiedergabe der *Fabel* verknüpft werden, denn es kann nicht angehen, daß ein Opernführer verschweigt, warum Barbarina die Nadel sucht oder weshalb Othello das Taschentuch sehen will. Die vermeintliche Garantie eines *Führers* auf Vollständigkeit zwingt aber in jeder Beziehung zu Kompromissen: So waren die Autoren auch bei den Rubriken *Kommentar* (individuelle Analyse und Bewertung) und *Geschichte* (Zusammenfassung der wichtigsten Fakten der Entstehungs- und Aufführungshistorie) angehalten, ihre Ausführungen auf wenige wesentliche Aspekte zu beschränken. Ebenso kann das ausgewählte Repertoire monographischer Werkbeschreibungen keine Gewähr geben für exakte Wiedergabe des tatsächlichen Repertoires der meistgespielten Opern. Manche Akzente wurden mit Rücksicht auf neuere Tendenzen und Repertoireverschiebungen der letzten Jahrzehnte – so etwa die Renaissance der sogenannten Barockoper – absichtlich gegen die herrschende Aufführungsstatistik gesetzt: So konnte auch die Bedeutung der einen oder anderen zu Unrecht vernachlässigten Oper unterstrichen werden. Da sich besonders in den letzten Jahrzehnten die Schallplatte und neuerdings auch die *compact disc* zu einem neuen, freilich nur akustischen Forum der Opernproduktion entwickelt und etwa in der Erforschung unbekannten Terrains mit den Bühnen längst gleichgezogen hat, enthält der vorliegende Opernführer zum ersten Mal überhaupt diskographische Empfehlungen zu (fast) allen im Hauptteil monographisch behandelten Werken. In den wenigen Fällen, wo darauf verzichtet werden mußte, liegt bislang keine brauchbare Gesamteinspielung vor. Um schließlich eine vage Vorstellung von dem wirklichen Bestand der Gattung zu geben, von dem sich nur ein Bruchteil im Aufführungsrepertoire dauerhaft etablieren konnte, wurde im Anhang ein mit den wichtigsten Angaben zu Leben und Werk versehenes Verzeichnis jener Komponisten aufgenommen, die nicht im Hauptteil behandelt werden. Ebenso gibt es erstmals ein mit Kurzbiographien ausgestattetes Verzeichnis der wichtigsten Librettisten der Operngeschichte.

Einer weiteren Rechtfertigung bedarf ein Opernführer eigentlich nicht, und trotzdem wünschen wir uns, daß dieses Buch beim normalen, nichtprofessionellen Nutzer über die pure Inhaltsangabe hinaus Interesse wecken möge für das im Grunde inkommensurable Multi-Medium Oper, das gerade in so technologisch durchstrukturierten, aber emotional und ästhetisch unsicheren, ja desolaten Zeiten noch immer eine komplette, übersichtliche, lebendig-authentische Gegenwelt und den unersetzlichen Zauber des Hier und Jetzt, des Real-Gegenwärtigen, garantiert.

Unser Dank gilt Matthias Wegner, der die Idee hatte und uns zu dem Projekt ermutigte, den Autoren, die uns trotz mancher Bedenken und Verzögerungen nicht im Stich ließen; wir danken besonders Irmelin Bürgers, die erneut dem Dauerstreß standhielt und das Reifen des Opus mitverantwortete.

Attila Csampai
Dietmar Holland

München, im September 1989

PLÄDOYER FÜR DAS „UNMÖGLICHE KUNSTWERK"

Was ist eine Oper? Die Rationalisten unter den Opernverächtern haben es leicht, die Oper abzulehnen wegen ihrer extremen Künstlichkeit, ihren Handlungsverzögerungen, ihrem Mangel an einleuchtenden Handlungsmotivationen, wegen der Unverständlichkeit des Textes und der Ausbreitungstendenz der Musik, kurz: wegen ihrer Unglaubwürdigkeit. Eine Definition zu geben, was eine Oper sei, ist denn auch ebenso unmöglich wie nutzlos; eine zu komponieren dagegen sehr reizvoll. Voltaire, einer der prominentesten unter den Opernverächtern, warnte indessen vor den ästhetischen Folgen: „Die Oper ist ein ebenso bizarres wie prächtiges Schauspiel, wo Auge und Ohr sich mehr befriedigt als der Geist, wo die Dienstfertigkeit gegen die Musik zu den lächerlichsten Fehlern führt, wo man Lieder singt bei der Zerstörung einer Stadt und tanzt um ein Grab – man erträgt die Extravaganzen, oder man liebt sie gar, weil man im Lande der Feen ist, und vorausgesetzt, daß es etwas zu sehen gibt, schöne Frauen, gute Musik, einige interessante Szenen, ist man zufrieden." Und der Aufklärer Johann Christoph Gottsched stand nicht an, die Oper als das ungereimteste Werk zu bezeichnen, das der menschliche Verstand jemals erfunden habe.

Dennoch war es gerade die Oper, die im Jahrhundert der Aufklärung zum Schauplatz ästhetischer Debatten wurde, die sich bis ins Politische erstreckten: Die Frage von Fortschritt und Reaktion wurde auf der Opernbühne ausgetragen. Die Oper als Politikum: das gab es auch im bürgerlichen 19. Jahrhundert; Aubers *Stumme von Portici* löste immerhin die belgische Revolution im August 1830 aus. Sie schlug im Publikum den Funken der Freiheit, den auch Verdi später immer wieder entfachte. Es scheint, als besäße die Oper eine sinnliche Kraft, den Geist zu wecken, ohne dabei den Verstand zu gebrauchen. Das macht: Ihre Wirkung ist eine musikalische, keine logisch einsehbare. Wie wäre es sonst möglich, daß Thomas Manns Dutzendmensch Hans Castorp beim Anhören der Schlußszene aus Verdis *Aida* eine sinnliche Erfahrung macht, die in ihm zunächst gar nicht angelegt war? Was er vor dem Grammophon hörte, „das war die fliegende Idealität der Musik, der Kunst, des menschlichen Gemüts, die hohe und unwiderlegliche Beschönigung, die sie der gemeinen Gräßlichkeit der wirklichen Dinge angedeihen ließ. Man mußte sich nur vor Augen führen, was hier, nüchtern genommen, geschah! Zwei lebendig Begrabene würden, die Lungen voll Grubengas, hier miteinander, oder, noch schlimmer, einer nach dem anderen, an Hungerkrämpfen verenden, und dann würde an ihren Körpern die Verwesung ihr unaussprechliches Werk tun, bis zwei Gerippe unterm Gewölbe lagerten, deren jedem es völlig gleichgültig und unempfindlich sein würde, ob es allein oder zu zweien lagerte. Das war die reale und sachliche Seite der Dinge – eine Seite und Sache für sich, die vor dem Idealismus des Herzens überhaupt nicht in Betracht kam, vom Geiste der Schönheit und der Musik aufs triumphalste in den Schatten gestellt wurde. Für Radames' und Aidas Operngemüter gab es das sachlich Bevorstehende nicht." Es war die transzendierende Kraft der Musik Verdis, die Castorp erschütterte und alle logischen Erwägungen zunichte machte. Der Hang der Musik zur Verklärung war indessen nicht neu; bereits das Uraufführungspublikum jenes weit in die Zukunft weisenden *Combattimento di Tancredi e Clorinda* Claudio Monteverdis (Venedig 1624) ließ sich, wie der Komponist berichtet, „vom Gefühl des Mitleids bis zu Tränen" rühren „und spendete begeistert Applaus". Was geschah? Die real sterbende Clorinda wurde durch die Macht der Musik zur entrückten Himmelserscheinung, das traurige Ende des Textes zur hoffnungsvollen Geste der Musik, die Wirklichkeit zum ästhetischen Zauber, die äußere Wahrheit zur inneren Wahrhaftigkeit umgedeutet. Den ästhetischen Reiz bildete dabei gerade die Mischung aus realer Härte des Todes und irrealem Trost – ein Vorgang freilich, der einem Rationalisten unverständlich sein muß. Die Musik neigt, jedenfalls unter den Bedingungen der harmonischen Tonalität, zum Versöhnlichen, aber sie verdeckt auch, worauf Thrasybulos Georgiades aufmerksam gemacht hat, die Person auf der Bühne. Strenggenommen ist die Stimme, durch die sich der Operndarsteller äußert, bereits ein Kostüm, während das Sprechen des Schauspielers unmittelbar identisch ist mit ihm. Folglich sagt man auch nicht vom Schauspieler, daß er seine Rolle „spreche", sondern daß er sie „spiele", aber vom Sänger wird erwartet, daß er seine Rolle „singe", sich also erst durch das Medium der Töne hindurch äußere. Hier wird bereits der grundlegende Unterschied zwischen Schauspiel und Oper greifbar: „Durch den Schauspieler lernen wir geradezu Hamlet persönlich kennen" (Georgiades), vom Darsteller in der Oper vernehmen wir dagegen „nur" die musikalische „Sprache der Leidenschaft", von der bei den Theoretikern der Oper immer wieder die Rede ist, gewissermaßen den emotionalen Schatten der Person, denn „was die Musik einfängt, sind nur die Gefühle der Personen, die sie beherrschenden Affekte, durch die Bühnensituation bedingte Spannungen, gewisse allgemein gehaltene Eigenschaften des Charakters" (Georgiades). So kann es auch geschehen, daß die Musik das Tragische lieber verdeckt, als es aufzudecken, weil sie bereits „das bloße Dasein erhöht, auf das sie auftrifft" (Theodor W. Adorno).

Um so merkwürdiger erscheint die Tatsache, daß die Entstehung der Oper – sofern sie historisch überhaupt exakt greifbar ist – sich nicht nur einem rationalen Entschluß (!) verdankte, sondern auch in Anlehnung an das Sprechtheater erfolgte. Den Anstoß gab der Wunsch, die ästhetische Wirkung der antiken griechischen Tragödie künstlich zum Leben zu erwecken, von der man glaubte, ohne daß irgend etwas von antiker Musik überliefert wäre, sie sei „gesungen" worden. Jene Mitglieder der Florentiner „Camerata" um 1580 – Enthusiasten der griechischen Antike, denen die wissenschaftliche Spekulation mehr galt als der schöpferische Impuls – planten eine Art Schauspiel, das durch die Mitwirkung der Musik erhöht werden sollte, ohne daß jedoch die Priorität des Wortes angetastet würde. Dieser ästhetische Irrtum erwies sich als folgenschwer, denn die gesamte Geschichte der Oper bestand daraufhin aus einem immerwährenden Kampf zwischen der Glaubwürdigkeit der Texte und den Forderungen der Musik. Das Prinzip des „recitar cantando", mit dem die Florentiner Kunstgelehrten und ihre ersten Komponisten Jacopo Peri und Giulio Caccini das Sprechtheater in der Oper retten wollten, erwies sich – musikalisch gesehen – als Sackgasse, denn erst Monteverdi zeigte mit seinem Mantuaner *Orfeo* (1607), welche ungeahnten Möglichkeiten in dem neuen Genre des Theaters steckten, wenn man sie auf die musikalische Gestaltung bezog. Doch beharrte die Theorie im Anschluß an die Florentiner „Camerata" noch bis in die 40er Jahre hinein auf der Vorherrschaft der Sprache vor dem Gesang: „Man wurde vor allem darüber einig, daß man, da die heutige Musik im Ausdruck der Worte ganz unzureichend und in der Entwicklung der Gedanken abstoßend war" – das ist ein Seitenhieb auf die Vokalpolyphonie –, „bei dem Versuch, sie der Antike wieder näherzubringen" – dies war ohnehin der Grundgedanke der Renaissance –, „notwendigerweise Mittel finden müsse, die Hauptmelodie" – das heißt: den singenden Einzelmenschen – „eindringlich hervorzuheben und so, daß die Dichtung klar vernehmlich sei und die Verse nicht" – durch kunstvolle musikalische Verzierungen es Sängers – „verstümmelt würden" (Giovanni Battista Doni, 1639).

Dahinter verbarg sich die ästhetische Entscheidung, daß nur die Sprache, der dichterische Text geistigen Rang besitze, die Musik dagegen lediglich deren kunstvolle Ausschmückung sei, ein Kostüm, „das den Geist zu seiner angemessenen Präsentation in das rechte Gewand hüllt" (Leo Karl Gerhartz). Einem mit Musik versehenen Sprechtheater liegt natürlich keine genuin musikalische Konzeption zugrunde, und genau das brachte Monteverdi auf die geniale Idee, in seinem *Combattimento* die Pantomime der Darsteller, das musikalische „Verlesen" des Textes und die kommentierende Instrumentalmusik zu einer neuartigen Konfiguration, zu einer Art Gesamtkunstwerk zu vereinigen und so einen Grundaspekt der Oper überhaupt zu verwirklichen: die in Musik gesetzte szenische Bewegung („passi") und mimische Gebärde („gesti"). Dem Bericht des Erzählers wird die szenisch-musikalische Vergegenwärtigung und Deutung der Vorgänge komplementär beigefügt. Das war freilich ein einmaliges und unwiederholbares Experiment, denn die spätere Oper ist eine „Kunst der Widersprüche" (Oskar Bie, 1913).

Ihre Herkunft aus dem Sprechtheater konnte und wollte die Oper niemals vergessen, ja, der Kampf zwischen den musikalischen und dichterischen Ansprüchen wurde immer wieder erneut und zunehmend heftiger ausgetragen, bis am Ende – in unserem Jahrhundert – eine Annäherung von Schauspiel und Musik vollzogen wurde, die man als „Literaturoper" bezeichnet. Wurden bislang die literarischen Stoffvorlagen dem Fegefeuer der Librettistik unterworfen, deren Aufgabe darin bestand, die Situationen auf szenische und damit komponierbare Wirksamkeit hin zu entwerfen, dann machte die Emanzipation der Musiksprache des 20. Jahrhunderts es möglich, sogar musikfremde Dialogprosa nahezu wörtlich zu vertonen und auf die Verszwänge der Librettistik zu verzichten. Doch bis dahin war es ein weiter Weg, wenn auch Oskar Bie, der eines der bis heute gescheitesten Bücher über das von ihm so genannte „unmögliche Kunstwerk" geschrieben hat, die Geschichte der Oper nicht als linearen Fortschritt sehen wollte, sondern als spiralförmige Wiederkehr der ursprünglich angeschlagenen Grundproblematik zwischen Musik und Drama. Die Musik in der Oper ist es, die herrschen will; ihr haben sich die literarischen Grundsätze der Glaubwürdigkeit zu beugen. Einig waren sich alle Opernkomponisten darin, daß es nicht das Verhältnis von Musik und Sprache sei, das die Dramaturgie der Oper bestimme, sondern die Anlage der szenischen Situationen. In diesem Sinne schreibt denn auch etwa Mozart am 13. Oktober 1781 an seinen Vater: „Um so mehr muß Ja eine opera gefallen wo der Plan des Stücks gut ausgearbeitet; die Wörter aber nur blos für die Musick geschrieben sind, und nicht hier und dort einem Elenden Reime zu gefallen." Der Musik zuliebe ist die Dramaturgie der Oper – im Gegensatz zum analytischen Schauspiel – präsentierend: „Es soll den Personen der Oper eben nicht ‚auf's Wort‘ geglaubt werden, sondern auf den Ton" (Friedrich Nietzsche). Das Schauspiel expliziert logische Motivationen der Handlung, die Oper dagegen stellt dar, im Extrem sogar nur sich selber: „Ein wenig Frechheit mehr bei Rossini und er hätte durchweg la-la-la-la singen lassen – und es wäre Vernunft dabei gewesen" (Nietzsche). Selbst Richard Wagner sah sich – entgegen seiner Theorie in *Oper und Drama* (1851) – schließlich durch die musikdramatische Praxis gezwungen, von den „ersichtlich gewordenen Taten der Musik" auf der Opernbühne zu sprechen. Die höhnische These Voltaires, was zu dumm sei, um gesagt zu werden, das lasse man singen, ist, trotz aller Polemik, berechtigt, denn sie trifft genau den paradoxen Sachverhalt, daß in der Oper das literarische Gewissen dem Triumph des szenisch-musikalischen Augenblicks über alle Weisheit und Logik der Welt zu weichen hat.

Der Grundwiderspruch zwischen den logischen Anforderungen des Textes und der Ausbreitungstendenz der Musik wurde in der Entwicklung der Oper des 17. Jahrhunderts – nach dem Tod Monteverdis (1643) – allmählich aufzulösen versucht durch die prinzipielle Trennung des Handlungsverlaufs in die Ebenen des rezitativischen Textvortrags und der daraus erwachsenden Kulmination des Affekts, die in der Arie – in der Regel als Abschluß einer Szene („Abgangsarie") – ausgetragen wurde. Daraus entstand in der opera seria des 18. Jahrhunderts der intrigenreiche Mechanismus der tragischen Handlung und der Schematismus im dramaturgischen Aufbau, gegen die sich die erste große Opernreform Christoph Willibald Glucks (seit seinem *Orfeo* von 1762) richtete. Es ist bezeichnend, daß im Zentrum der opera seria nicht etwa die Komponisten standen, sondern der Librettist Pietro Metastasio, dessen Texte immer wieder vertont wurden (bis zu Mozarts *La clemenza di Tito*) und in Italien sogar als Schauspiele zur Aufführung gelangten. Glucks Reform bestand nun darin, die dramaturgische Glaubwürdigkeit dadurch zu erwirken, daß er die schematische Anlage der Szenen des Metastasianischen Dramas auf den dialogischen Ursprung des Sprechtheaters zurückführte und zugleich in eine musikalische Gestalt versetzte, indem er die Szenen durchkomponierte. Das in der opera seria gebräuchliche recitativo secco – der akkordgestützte Sprechgesang der Personen – wurde abgelöst vom recitativo accompagnato, das die gestische

Funktion der Musik mit der Heranziehung der eigenständigen Orchestersprache betonte. Gluck verstand sich in erster Linie, kaum anders als später
Wagner, als Dramatiker, nicht als Musiker; er wollte das „wahre Drama"
(mit Musik) vor den Unglaubwürdigkeiten der opera seria retten.

Seine Opernreform entsprang freilich nicht etwa einem Entschluß,
sondern war das Ergebnis einer eher zufälligen historischen Konstellation,
die in die Forderungen der Aufklärung nach Einfachheit, Natürlichkeit und
Aufrichtigkeit mündete, gerichtet gegen die höfischen Konventionen, wie
sie Metastasios Texte zum Ausdruck brachten. Insbesondere richtete sich
Glucks Reform gegen die Typologie der „Abgangsarien", ihre nahezu aus-
tauschbare Bildersprache (z. B. „Gleichnisarien") und nur locker mit der
Handlung verbundene dramaturgische Funktion. Metastasios Personen
waren alles andere als lebendige Menschen; sie waren Träger von Eigenschaften im antiken mythologischen oder historischen Kostüm. (Der Stoff-
bereich der opera seria bestand ausschließlich aus der antiken Mythologie
oder aus Versatzstücken der antiken Realgeschichte.) Anstelle einer echten
tragischen Kollision mühten sich Metastasios Figuren mit dem – freilich
kunstvoll konstruierten – Intrigengeflecht ab, das stets im lieto fine, im
versöhnlichen Ausgang, gipfelte. Die konventionelle Macht des lieto fine
war so groß, daß selbst Glucks Opernreform sie – mit Ausnahme der
spektakulären Soloszene am Schluß der *Armide* – nicht antastete. Was
Gluck indessen an der Dramaturgie der Metastasianischen Oper angriff,
war die Auffassung der menschlichen Affekte als kalkulierbare Effekte,
eingeschränkt durch die starren höfischen Umgangsformen der Personen.
Metastasio betrachtete sowohl die Liebe als auch die antiken Stoffe durch
die Brille der höfischen Welt des ancien régime und wollte von der Aristotelischen Katharsis, also der Läuterung durch Furcht und Mitleid, nichts
wissen. Auf sie zielte aber Glucks Drama mit Musik. Ähnlich wie vor ihm
Händel und nach ihm Beethoven war Gluck ein überzeugter Moralist der
Opernbühne. Er warf nun gewissermaßen einen von den höfischen Konventionen gereinigten Blick auf die antiken Stoffe und erfüllte die im Jahre
1768 geäußerte ästhetische Forderung Jean-Jacques Rousseaus: „Gesäu-
bert von dem Wunderbaren" – gemeint ist der Hang der Oper zur Verklärung –, „das sie gemein machte, wurde die Oper endlich ein gleichermaßen
rührendes und majestätisches Schauspiel."

Der eigentliche Widerpart erwuchs der opera seria jedoch in der
musikalischen Komödie, der opera buffa, die nicht nur die opera seria
parodierte, sondern vor allem ein Theater aus dem Geist der Musik ermög-

lichte und den Schematismus der Dramaturgie sowie der Affekte des Metastasianischen Dramas von innen heraus aus den Angeln hob. Ausgehend
von den frühen Zentren Neapel (Pergolesi) und Venedig (Galuppi) breitete
sie sich in der zweiten Hälfte des 18. Jahrhunderts über ganz Europa aus
und erreichte ihren, wenn auch inkommensurablen, Höhepunkt in den drei
Musikkomödien Mozarts. Hier stand kein Dichter im Zentrum der Gattung, sondern ausdrücklich ein Komponist. Schon rein äußerlich ist die
opera buffa nicht mehr vom Sprechtheater ableitbar, denn in ihr herrscht –
auch musikalisch – der Geist des Ensembles, der menschlichen Gemeinschaft anstelle des großen einzelnen in der Tragödie. Die Titel weisen
bereits darauf hin: „Sie nehmen Bezug auf die Situation, das Ambiente, die
Handlung" (Georgiades); der einzelne Mensch erscheint nur als Teil des
Gesamtgefüges, in der Relation zu den anderen Mitspielern, ähnlich wie die
damit verbundene Struktur der Tonbeziehungen. Es liegt, so besehen,
nahe, die Komödienstruktur aus der Eigenart der musikalischen Tonrela-
tionen zu begründen, denn beiden ist das gleichzeitige Mit- und Gegeneinander der Personen gemeinsam, musikalisch: der mehrstimmige Gesang
als Verkörperung des Ensemblegeistes. (Ein gleichzeitiges Sprechen im
Schauspiel wäre ein Unding.) Geht man davon aus – und es besteht kein
Grund, es nicht zu tun –, daß Mozarts Konzeption des musikalischen
Theaters die Erfüllung der italienischen opera buffa bildet, wenn sie deren
Voraussetzungen auch weit überschreitet (vor allem durch die Orchestersprache), dann stellt sich die Frage, warum es gerade Mozarts Musik war,
die das genuin musikalische Theater, die Konstituierung der Theaterwirklichkeit durch die Musik ermöglicht hat. Nach Thrasybulos Georgiades ist
die Struktur der Musik Mozarts bereits in sich so diskontinuierlich, daß sie
geradezu prädestiniert erscheint, eine in sich selbst begründete „Theaterhaltung", also das frei eintretende und jederzeit jäh umschlagende menschliche Handeln anzunehmen. Die Bühne Mozarts ist genauso eine Experi-
mentieranlage menschlichen Verhaltens wie die Partituren eine des
musikalischen Verhaltens sind. Auf Mozarts Bühne wird eine Begebenheit
fingiert, die als „Gegenüber" auf die Gegenwart des Betrachters trifft, ihn
mit ihrem Widerstand konfrontiert und – wie die musikalische Struktur der
Wiener Klassiker insgesamt – als unberechenbarer Vorgang im Hier-und-
Jetzt abläuft. Die Eigenart des Mozartschen Musiktheaters, durch Musik
das menschliche Handeln zu erfassen, und zwar ebenso in den Ensembleszenen wie auch in den Arien (man denke nur an die Aktionsarie der
Susanna, wenn sie Cherubino umkleidet), machte die Herkunft der Oper

vom Sprechtheater geradezu überflüssig, indem sie ihm eine grundlegend andere, eigenständige ästhetische Dimension des Theaters gegenüberstellte. Nur am Rande sei bemerkt, daß man heute in der Regel Mozarts *Le nozze di Figaro* spielt und kaum die Komödie von Beaumarchais, die der Oper als Vorlage diente. Anders gesagt: Ohne sich aufs Sprechtheater berufen zu müssen, gelingt Mozart – freilich in Zusammenarbeit mit seinem genialen Librettisten Da Ponte – eine ihm mindestens ebenbürtige Umsetzung auf der Opernbühne.

Mozarts Theater durch Musik blieb freilich ein historisch gebundenes und unwiederholbares Intermezzo der Operngeschichte, hervorgerufen durch die einzigartige Kongruenz zwischen der musikalischen Struktur des Wiener Klassischen Satzes und den Bedürfnissen der Opernbühne sub specie des menschlichen Handelns. Mozarts Musik erfaßt sowohl die äußeren Vorgänge (einschließlich des Ambientes) als auch die inneren Beweggründe, die sich hinter dem Handeln seiner Bühnenfiguren verbergen. Das war nur möglich, weil es zum Grundcharakter der Musik der Wiener Klassiker gehört, im Präsens zu sprechen und vor allem zu sagen: „Wir sind" statt: „Ich fühle" (Georgiades). Mozarts musikalische Weltsicht war denn auch nicht geprägt von moralischen Wertvorstellungen, wie etwa diejenige Glucks, und sie überrennt auch die Grenzen zwischen Tragischem und Komischem (*Don Giovanni*), ja sogar zwischen „hohem" und „niederem" Stil (*Die Zauberflöte*) – auf seiner Bühne gibt es nur die Wahrheit des Lebens, und die sperrt sich gegen jegliche Einschränkung. Mit Gluck verband Mozart jedoch die dramatische Glaubwürdigkeit, allerdings gleichsam im verflüssigten Zustand erfaßt, ebenso unberechenbar wie das Leben selbst. Die von den Opernverächtern vorgebrachte starre Differenz zwischen Gefühl und Verstand zerbricht an der Realität von Mozarts musikalischem Theater.

Der Ensemblegeist der opera buffa war ein Spiegel der Gesellschaft, setzte die festgefügte Gemeinschaft voraus, die bereits am Ende des *Don Giovanni* auseinanderzubrechen droht. Mozart registrierte hier präzis den historischen Augenblick des Übergangs vom feudalen Zwang zu bürgerlicher Entfremdung; der Untergang Don Giovannis ist nicht nur der eines dissoluten Granden, sondern einer Menschengattung, die sich historisch überlebt hat. Am Ende der Oper findet die komödienhafte Eintracht nur noch in der Musik statt – doch der Tonfall gerät uneigentlich; man spürt eine neue, prosaische Luft, ahnt einen Gesellschaftszustand, in dem jeder seiner Wege geht, so wie sich am Ende die Trabanten Don Giovannis

voneinander trennen. In der *Zauberflöte* geht Mozart sogar noch einen
Schritt weiter, indem er jeder Handlungsebene ein eigenes Finale zuweist.
Der Zusammenbruch des einheitlichen Gesellschaftsbildes zeichnet sich
ab. Wie in einem historischen Zwang verstummt denn auch die Komödie im
19. Jahrhundert auf der Opernbühne und wird zum spektakulären Einzelfall jenseits der abgerissenen Tradition der opera buffa. Zunächst über-
drehte Gioacchino Rossini deren pulsierende Lebendigkeit zur turbulenten
Mechanik, konstruierte sie – dem Endzweck der Kunst gründlich mißtrau-
end – als „bürgerlichen Rückblick auf das ancien régime" (Wolfgang Osthoff), indem er ihre Requisiten neu montierte und erst gar nicht beabsichtigte, Mozarts Weg zur universalen Menschendarstellung zu beschreiten,
bis schließlich Gaetano Donizetti in seinem *Don Pasquale* (1843) die Entwicklung der opera buffa von der Gemeinschaftskomödie zur Protagoni-
stenposse mitreflektierte und den Abgesang auf die Gattung komponierte:
„Bei ihm wird sich der Protagonist seiner Isolierung von der Gemeinschaft
gleichsam bewußt. Die menschlichen Beziehungen bleiben nicht im Rahmen des unausgesprochenen Einverständnisses, der verbindlichen und verbindenden Konvention wie in der älteren opera buffa, sondern treiben einer
Katastrophe zu" (W. Osthoff). Es ist die Melancholie der Einsamkeit, die
nun auf den Plan tritt, und sie ist es auch, die sich in den beiden späteren
musikalischen Komödien außerhalb der Tradition der opera buffa, in Wagners *Meistersingern* und in Verdis letzter Oper *Falstaff*, Geltung verschafft,
insbesondere in den jeweiligen Hauptfiguren: Der Wahnmonolog des Hans
Sachs schlägt diese Töne ebenso an wie die von dem Librettisten Arrigo
Boito in die *Falstaff*-Komödie eingestreuten Reflexionen des Titelhelden,
auf die Verdi mit seiner Musik reagierte. Falstaff ist kein buffone, sondern
ein Außenseiter, und Außenseiter gehören ohnehin zu dem bevorzugten
Personenkreis der Oper des 19. Jahrhunderts.

    Der entfremdeten Gesellschaft verging das Lachen, die Tragödie
rückte auf der Opernbühne wieder in den Vordergrund, diesmal jedoch
nicht als mechanisches Intrigenspiel, sondern als Erfahrung des Unheimlichen, Bösen und Unvorhersehbaren, einer Weltsicht, die erstmals in Carl
Maria von Webers *Freischütz* (1821) thematisiert wird: In der Doppelbödigkeit der Biedermeierwelt zwischen Idylle und Grauen wird immerhin gefragt, ob denn kein Gott lebe. Im *Freischütz* gibt es zwar auch romantische
Ironie, etwa in jener parodistischen Arie des Ännchen von Nero, dem
Kettenhund, doch erst die Musik der Wolfsschlucht enthält die ganze
Wahrheit des neuen Weltbildes: „Das Unheimliche greift in das Idyll ein,

als sei der Boden rissig, auf dem man steht" (Carl Dahlhaus). Der Abgrund, der Max droht, wird auch musikalisch fühlbar. Es gibt keine Instanz mehr, die Rettung verspräche aus dem „irdischen Jammertal", von dem der grimmige Kaspar ohne Illusion singt. Die Dramaturgie des *Freischütz* nimmt bereits Züge der späteren Kinematographie an, abermals am deutlichsten in der Wolfsschluchtszene, einem Melodram, zu dessen gesprochenem Text das Orchester, wie später in der Filmmusik, herausgefordert wird zu drastischer Intensivierung der unheimlichen Atmosphäre. Einzelinstrumente werden hier erstmals zu Charakteren: so der sehnsüchtige Klang der in unsagbare Ferne schweifenden Klarinette, der „Jägerton" der Hörner oder die dumpfen Paukenschläge, die für die Sphäre des Nicht-Geheuren einstehen. Die Worte des Max „Mich umgarnen finstre Mächte" bieten den Schlüssel zur Musik des *Freischütz*, deren Nähe zum späteren Film nicht zufällig ist. In der Oper des 19. Jahrhunderts gerät der Stoffbestand nicht mehr, wie in der Oper des 18. Jahrhunderts, zum Spiegel der Gesellschaft, sondern zum Bildungsgut, zur literarischen Verfügbarkeit wie im Panoptikum: „So ist der Text des *Freischütz* bereits eine Adaptation, wie man sie in Hollywood herstellt, und der scriptwriter Kind hat den tragischen Schluß der zugrundeliegenden schicksalsromantischen Novelle in ein happy end umgebogen, vermutlich mit Rücksicht auf das Biedermeierpublikum, das schon ängstlich darüber wachte, daß die Helden sich auch heiraten" (Adorno). Derlei Spekulationen über den Publikumsgeschmack erinnern tatsächlich an die Vorgänge der heutigen Kulturindustrie, als deren Urbild die Oper des 19. Jahrhunderts wohl betrachtet werden darf: „Meyerbeer schon hat Religionskriege und historische Staatsaktionen hergerichtet, personalisiert und sie dabei neutralisiert, indem von der Substanz der Konflikte nichts übrigblieb" (Adorno). Die Verbindung zur gesellschaftlichen Realität, die in der opera buffa ausdrücklich der Gegenstand war, ist endgültig zerbrochen; musikalische Gegenwelten entstehen.

Die Umwandlung des Sprechtheaters in eine genuin musikalische Theaterstruktur geschah in der opera buffa Mozarts; die musikalische Tragödie des 19. Jahrhunderts beschritt den Weg, das literarische Bildungsgut (anstelle der antiken Stoffe, die in der opera seria des 18. Jahrhunderts benutzt wurden) ohne Skrupel auszuplündern und operngerecht herzurichten. Die Aufgabe der Librettisten bestand darin, das über die Textformulierung im einzelnen hinaus dramaturgisch relevante Szenarium, die kontrastreiche Abfolge der Handlungsbilder und Vorgänge, notfalls auch gegen die Logik der Stoffvorlage durchzusetzen, um der Musik ihren Raum zu geben, den sie zur Entfaltung brauchte. Denn von nun an steht die Musik als Mittel der psychologischen Personenführung im Zentrum des Interesses der Opernkomponisten. Die äußere Handlung verblaßt immer mehr hinter der inneren, die in Wagners *Tristan und Isolde* sogar die einzige ist. (Das ist auch mit der seltsamen Gattungsbezeichnung „Handlung" statt „Oper" gemeint.) Der tragische Schluß aus dem Sprechtheater wurde nun möglich, da es der Musik – wie schon das Beispiel des *Combattimento* Monteverdis zeigte – allemal gelingt, die höhere Wirklichkeit und den Sinn des Sterbens zum Ausdruck zu bringen, ja, es scheint, als sei gerade das ihr eigenstes Gebiet, zumal unter den veränderten gesellschaftlichen Bedingungen des bürgerlichen 19. Jahrhunderts, die sich auch in der Wandlung des musikalischen Ausdrucks vom Mittel zum Zweck niederschlugen. Die Musik des 19. Jahrhunderts wurde zur Sprache der Sehnsucht oder der Melancholie, richtete sich nicht mehr auf die Gegenwart, sondern auf die Beschwörung der Vergangenheit oder die Vision einer in utopischer Ferne liegenden Zukunft. Das Erfassen des Augenblicks dehnt sich zur Ewigkeit, wird erlebt statt gelebt, hat seine Berechtigung nur in der Selbstfindung des Gefühls. Ohne diese Voraussetzungen ist die Oper des 19. Jahrhunderts nicht zu verstehen. Die Fähigkeit der Musik, das bloße Dasein zu überhöhen, auf das sie trifft, und zugleich die „Transzendierung des Bürgers zum Menschen" (Adorno) zu betreiben, läßt nicht nur die Greifbarkeit der Person auf der Bühne verblassen, sondern auch die Härte der Wirklichkeit. An den Ansprüchen des Naturalismus läßt sich die Oper des 19. Jahrhunderts nicht messen. Die Übernahme des tragischen Schlusses aus dem Sprechtheater war die äußerste Grenze der Annäherung an die Wirklichkeit.

Um das Gefühlsleben der Personen auf der Bühne nicht zu beeinträchtigen, gehörte es zu den Aufgaben der Librettisten, auf unnötige Handlungsmotivationen, insbesondere Explikationen von Vorgeschichten, zu verzichten und sich einzig auf die szenischen Möglichkeiten zu konzentrieren, das Ausleben der Gefühle zu garantieren. Dies gilt sogar noch für Verdis Spätwerk *Otello*, seinem vorletzten Versuch der Annäherung an das Theater Shakespeares: „Die Vorgeschichte, gleichsam die Herkunft der Personen, somit sie selbst, lernen wir in Shakespeares 1. Akt kennen, der in Verdis *Otello* getilgt ist. Dafür beginnt die Oper mit einer musikalischen Situationsatmosphäre, mit einem Naturgeschehen, dem Sturm. Auch am Schluß des 1. Akts ein Stimmungsbild: die Sternennacht und das Liebesduett; auch in ihm lernen wir nicht die Personen Othello und Desdemona kennen (...) Wollen wir die Tragödie *Othello*, das von den Personen getragene Handeln kennenlernen, so müssen wir auf Shakespeare zurückgreifen. Verdis *Otello* ist wie ein Auskosten des *Othello* von Shakespeare; er ist die Auswirkung der Tragödie Shakespeares als Oper" (Georgiades). Die Grenze zwischen Oper und Drama wurde also von Verdi ausdrücklich respektiert. Damit stand er bis zuletzt im Gegensatz zu Wagner, der genau den umgekehrten Weg verfolgte: „Wenn Verdi zeigte, wie die Oper zum Drama werden kann, ohne sich als Oper preiszugeben, so dokumentieren *Tristan* und die *Götterdämmerung*, wie das Drama zur Oper zu werden vermag und dennoch Drama bleibt" (Dahlhaus).

In Wagner regte sich wieder das literarische Gewissen, das in der Librettistik des 19. Jahrhunderts kaum eine wesentliche Rolle spielte. Verdi pochte stets auf den Vorrang der „situazione scenica" vor der Begründung der einzelnen Vorgänge, Wagner dagegen wollte nichts, was auf der Bühne geschieht, unmotiviert lassen. Die Handlung ereignet sich bei Verdi (und auch noch bei Puccini) unter dem Aspekt der pantomimischen Verständlichkeit, also aus der szenischen Situation heraus, die auch ohne den Text verständlich wird; es genügen einzelne, zentrale Stichworte („parola scenica") zur Charakterisierung der Vorgänge. Wagner entfaltet einen primär sprachlich ausgetragenen Sinnzusammenhang, der von dem selbständig kommentierenden Orchester als zweiter Sprachebene, als „Seele der Bühne" (Oskar Bie) begleitet wird, ja, das Orchester „weiß" – vor allem im Motivgewebe des *Ring* – meist mehr als die Personen auf der Bühne, denn es übernimmt die Funktion des Erzählers im Roman; die Oper gerinnt bei Wagner zum szenischen Epos, in dem Explikationen der Vorgeschichte und zusammenfassende Rückblicke auf die Handlung die unmittelbare Gegenwart mit der Last der Vergangenheit konfrontieren. (Im *Parsifal* nimmt die Vorgeschichte fast den gesamten 1. Akt ein.) Das Orchester wird hier zum eigentlichen Medium, während Verdi bis zuletzt, ungeachtet seiner Verfeinerungen der Orchestersprache, am Prinzip der „Gesangsoper" festhält, an der Vorherrschaft der Sänger. Das Erwachen Tristans dagegen wird musikalisch greifbar in der traurigen „alten Weise" des Englischhorns, das die tönende Chiffre seines Unterbewußtseins ist und an die Stelle der leibhaftigen Person tritt.

Das Verhängnis – im 3. Akt des *Tristan* ist das die zum Tode führende Krankheit – gehört zu den Grundmotiven der Oper des 19. Jahrhunderts, auch bei Verdi, der ja am Schluß der *Aida* das Ende aller Utopie auskomponierte. Schärfer noch faßte Georges Bizet die Kategorie des Schicksals ins Auge, indem er – getreu seinen realistischen Prinzipien – den

Verlust jeglicher Transzendenz auf die Opernbühne brachte. Das geschah in seiner einzigen erfolgreichen Oper *Carmen* (1875): Die Liebe zwischen dem kleinbürgerlichen Sergeanten Don José und der Außenseiterin Carmen – sie ist Zigeunerin – ist gebrandmarkt von der Fremdheit zwischen den Geschlechtern, die ein Opfer der gesellschaftlichen Voraussetzungen ist. Denn die Gesellschaft des 19. Jahrhunderts duldet Liebe als *freies* Gefühl nur in der Phantasmagorie, wie sie zum Beispiel Carmen verkörpert. Sie entwirft in ihrer Szene mit Don José im 2. Akt die Liebe als Fata Morgana einer schrankenlosen Freiheit, die für ihn überhaupt nicht realisierbar ist. Er kann die Schranken des bürgerlichen Alltags nicht überschreiten; sein Pflichtbewußtsein und vor allem sein egoistisches Seelenleben stehen dagegen. Solche subtilen Motivationen waren auf der Opernbühne nicht selbstverständlich, auch nicht jener coup de théâtre am Ende der Oper, bei dem Carmen als Opfer der Männergesellschaft erscheint: Ihr Tod wird konfrontiert mit dem Sieg Escamillos in der Stierkampfarena des Bühnenhintergrundes. Die Handlung verläuft in dieser Schlußszene konsequent auf zwei Ebenen – ein genuin musiktheatralisches Mittel –, szenisch sinnfällig gemacht durch die Gleichzeitigkeit der Auseinandersetzung zwischen Carmen und Don José im Vorder- und des Stierkampfes im Hintergrund, von dem nur die Akklamationen des Publikums *hörbar* werden. Sie bilden den schauerlichen Kontrast zu dem anderen Kampf im Vordergrund, der deshalb psychologisch so wirksam ist (in der Folge: Eifersucht, Winseln, Drohen, Mord und Reue), weil er in Parallele gesetzt wird zu dem Stierkampf: Genau in dem Moment, als in der Arena der Stier tödlich getroffen wird, stirbt auch Carmen. Die Viktoria-Rufe aus der Arena gelten also in geradezu makabrer Weise objektiv auch der Tat des blindwütigen Don José. Auf einer dritten Ebene tritt das charakteristische Seufzen des Orchesters nach dem Mord hinzu, und es wirkt wie ein – der einzige – Kommentar des Autors.

Dennoch ist dem Realismus auf der Opernbühne durch die Künstlichkeit der Opernform eine natürliche Grenze gesetzt. Sobald ein Ton erklingt, erhebt sich der Vorhang, der die Welt der Phantasie freigibt. Die Beschwörung des musikalischen Geisterreiches war denn auch den Opernkomponisten des 20. Jahrhunderts suspekt; sie zielten, ausgehend von der (zweiten) Opernreform Wagners sub specie des literarischen Gewissens auf die Emanzipation der Oper von ihren Konventionen und wagten erneut den Versuch, sie dem Sprechtheater – und diesmal konsequent – anzunähern. In einem einsamen gewagten Vorstoß hatte es bereits Modest Mussorgskij

1868 unternommen, einen Schauspieltext ohne den Umweg über ein Libretto zu vertonen (Gogols *Heirat*), blieb aber im Stadium des Experiments stecken. Um die Jahrhundertwende entstanden dann „Literaturopern" wie Debussys *Pelléas et Mélisande* (Text: Maurice Maeterlinck), *Salome* von Richard Strauss (1905, nach Oscar Wilde) und vor allem das Zentralwerk der modernen Operngeschichte: Alban Bergs Büchner-Oper *Wozzeck* (1925). War noch Verdi an einem Sujet wie Shakespeares *Lear* spektakulär gescheitert, weil ihm die dazu erforderliche emanzipierte Musiksprache nicht zur Verfügung stand und die Libretto-Oper den Weg zur musikalischen Gestaltung eines solchen unerbittlichen Stoffes verstellte, konnte schon hundert Jahre später ein Komponist wie Aribert Reimann daraus ein Stück erfolgreiches modernes Musiktheater machen.

Die Fäden der Opernentwicklung – in erster Linie die Dramaturgie der Opern Mozarts und Wagners – liefen wie in einem Brennpunkt zusammen in Bergs *Wozzeck*, dem geglückten Versuch, die dramaturgische Quadratur des Kreises zu wagen: „Abgesehen von dem Wunsch, gute Musik zu machen, den geistigen Inhalt von Büchners unsterblichem Drama auch musikalisch zu erfüllen, seine dichterische Sprache in eine musikalische umzusetzen, schwebte mir in dem Moment, wo ich mich entschloß, eine Oper zu schreiben, nichts anderes, auch kompositionstechnisch nichts anderes vor, als dem Theater zu geben, was des Theaters ist, das heißt also, die Musik so zu gestalten, daß sie sich ihrer Verpflichtung, dem Drama zu dienen, in jedem Augenblick bewußt ist – ja" – und jetzt folgt die entscheidende Wendung zur operngeschichtlichen Synthese – "weitergehend: daß sie alles, was dieses Drama zur Umsetzung in die Wirklichkeit der Bretter bedarf" – das ist auch der Standpunkt der „Gesangsoper" Verdis –, „aus sich allein herausholt, damit schon vom Komponisten alle wesentlichen Aufgaben eines idealen Regisseurs" – ganz im Sinne Mozarts – „fordernd. Und zwar all dies: unbeschadet der sonstigen absoluten rein musikalischen Existenzberechtigung einer solchen Musik, unbeschadet ihres durch nichts Außermusikalisches" – das heißt: Tonmalerei und Illustrieren von Vorgängen auf der Bühne – „behinderten Eigenlebens." Wagners Forderung nach der „Anwendung der Musik auf das Drama" ändert sich bei Berg in die Fragestellung, wie die autonome musikalische Gestaltung aus dem vorgegebenen Text herausgelesen werden könnte. Und so verfuhr er auch bei der Komposition. Die vielfachen Arten musikalischer Formen und die Dramaturgie der Oper insgesamt sind aus der Struktur des Textes entwickelt. Berg las das gewählte Drama mit musikalischen Augen, ohne im mindesten die

Gesetze der szenischen Wirkung preiszugeben. Daraus resultierte eine architektonisch festgefügte, inhaltlich dennoch phantastisch wuchernde, von erschreckender Suggestion geprägte musikalische Interpretation des Dramenfragments, dessen Offenheit in Bergs Redaktion kreisförmig geschlossen wurde, gleichsam als Abbild des ausweglosen Kreisens jener unmenschlichen Maschinerie, der sich der Soldat Woyzeck ausgesetzt sieht. Als Arnold Schönberg seinen einstigen Schüler vor dem Stoff warnen zu müssen glaubte mit dem Hinweis, eine Oper solle sich lieber mit Engeln als mit Offiziersdienern beschäftigen, vertrat er noch ganz die ideologischen Grenzen der Oper des 19. Jahrhunderts. Berg gelang es statt dessen, genau diese Grenzen zu überschreiten und den vielleicht letzten Schritt in der Entwicklung der Oper zu tun, um so den Beweis zu erbringen, daß dem „unmöglichen Kunstwerk" nichts unmöglich ist.   *Dietmar Holland*

DIE OPERN

CLAUDIO MONTEVERDI

geb. 15. Mai 1567 in Cremona
gest. 29. November 1643 in Venedig

Claudio Monteverdi war zwar nicht der ‚Erfinder‘ der Oper, aber er war der erste Opernkomponist, der aus der höfischen Bühne ein musikalisches Welttheater schuf, einen Kosmos menschlicher Affekte auf der Basis eines neuartigen musikalischen Realismus im Sinne der barocken Frühaufklärung: „Orfeo rührte und bewegte die Zuhörer und Zuschauer, weil er ein Mann – ein Mensch war", so schrieb er am 9. Dezember 1616 an seinen *Orfeo*-Librettisten Alessandro Striggio und meinte damit die ästhetische Einheit der Abbildung und Erweckung von Gefühlen. Die Zeitgenossen nannten ihn das „Orakel der Musik", und die favola in musica über den antiken Orpheus-Stoff wurde, eine Besonderheit in dieser Zeit, als Musterfall der neuen Gattung Oper sogar gedruckt. Das Kernstück der ein Jahr nach dem *Orfeo* uraufgeführten *Arianna* (1608), der berühmte *Lamento d'Arianna*, galt als Prototyp individueller Menschendarstellung, ähnlich wie die große Preghiera, der Bittgesang Orfeos vor dem Eingang zur Unterwelt. Von der Oper *Arianna* ist, außer dem Lamento, nur das Libretto erhalten, der größte Teil der späteren Opern Monteverdis ist gänzlich verschollen. Gehören *Orfeo* und *Arianna* noch in Monteverdis Zeit im Dienste des Mantuaner Hofes (1590–1612), so entstanden die sieben nicht erhaltenen Opern zwischen 1617 und 1630 als Auftragswerke für Venedig, Parma und Mantua während Monteverdis Tätigkeit als Kapellmeister an San Marco in Venedig. Von der Existenz der komischen Oper *La finta pazza Licori*, Text von Giulio Strozzi nach Vergils *Bucolica*, wissen wir nur durch Briefe Monteverdis, in denen seine ganze musikdramaturgische Welt zur Sprache kommt, so daß der Verlust dieser Oper besonders schwer wiegt. Nachdem im Jahre 1637 in Venedig das erste bürgerliche, also öffentliche Opernhaus, das Teatro San Cassiano, eröffnet worden war, beteiligte sich der alte Monteverdi an dieser neuen Unternehmung und stellte sich mit seinen beiden erhaltenen Spätwerken *Il ritorno d'Ulisse in patria* und *L'incoronazione di Poppea* nochmals ausdrücklich an die Front der Operngeschichte. Durch die 1638 erfolgte Veröffentlichung des achten Madrigalbuches läßt sich ein Eindruck gewinnen, wie die Zwischenstufe der 30er Jahre in seinem Opernschaffen ausgesehen haben mag, denn hier finden sich einige Beispiele für opernartige Szenen, darunter der bereits 1624 in Venedig aufgeführte *Combattimento di Tancredi e Clorinda*, eine Episode aus dem 12. Gesang von Tassos *Gerusalemme liberata*. Es handelt sich um ein szenisch-musikalisches Experiment: Die Musik ist Träger der Handlung, und zwar sowohl der äußeren Vorgänge (Kampf) als auch der Seelenzustände. Zeitlich zur Instrumentalmusik versetzt berichtet ein „testo" die Vorgänge, die von den beiden Akteuren pantomimisch ausgeführt werden. Noch weiter in die Zukunft weist der in diesem Madrigalbuch enthaltene *Lamento della Ninfa*, die Klage einer von ihrem Liebhaber verlassenen Nymphe, gleichzeitig im Hintergrund kommentiert von drei Männerstimmen. Wer fühlt sich da heute nicht gleich erinnert an Elviras Auftrittsarie in Mozarts *Don Giovanni?* Gleichwohl verstummte die Rezeption von Monteverdis Opernschaffen sofort mit seinem Tode 1643 in rätselhafter Weise; die Opernentwicklung schlug nun den Weg von der einstigen aufgeklärten Haltung zum Unterhaltungstheater ein. Erst in unserem Jahrhundert wurde der Opernkomponist Monteverdi wiederentdeckt und gilt heute als der erste bedeutende Vertreter des Vernunftgebrauchs in der Oper. Als Monteverdi der Auftrag aus Mantua erreichte, Scipione Agnellis *Le nozze di Teti e Peleo* zu komponieren (1616), lehnte er mit den bezeichnenden Worten ab, daß die handelnden Personen Winde seien: „Wie, lieber Herr, kann ich die Sprache der Winde imitieren, wenn sie nicht sprechen?" Auf diesem Hintergrund erscheint es auch nicht weiter verwunderlich, daß es Monteverdi war, der als erster Opernkomponist, ungeachtet seines hohen Alters, mit der *Incoronazione di Poppea* die Menschendarstellung der Realgeschichte entnahm. Es war nur die letzte Konsequenz aus seiner Einsicht, daß auf der Opernbühne Menschen aus Fleisch und Blut auftreten müssen. Damit exponierte er ein Problem, das sich durch die gesamte Geschichte der Oper hindurchzieht.   *Dietmar Holland*

L'Orfeo
Favola in musica in einem Prolog und fünf Akten

<u>Text</u>: Alessandro Striggio
<u>Uraufführung</u>: 24. Februar 1607, Palazzo ducale, Mantua (vor den Mitgliedern der „Accademia degli Invaghiti")
<u>Personen</u>: La Musica (Sop); Orfeo (Ten oder Bar); Euridice (Sop); Messaggiera (Mez); Speranza (Mez); Caronte (Baß); Proserpina (Sop); Plutone (Baß); Apollo (Ten oder Bar); Eine Nymphe (Sop); Echo (Sop); Erster Hirte (Alt); Zweiter und Dritter Hirte (Ten); Vierter Hirte (Baß); Erster und Zweiter Geist der Unterwelt (Ten); Dritter Geist der Unterwelt (Baß)
<u>Chor</u>: Nymphen; Hirten; Geister der Unterwelt
<u>Ort und Zeit</u>: Thrakien und das Reich der Toten in der antiken Sagenwelt
<u>Orchester (nach dem Erstdruck von 1609)</u>: Flautino alla vigesima seconda (Blockflöte in f''), 2 Flautini (Blockflöten in c''), 2 Cornetti (Zinken), 2 Contrabassi da viola (Kontrabaßgamben), 3 Chitarroni (Baßlauten), Harpa doppia (diatonische Doppelharfe), Cetteroni (Lauten oder Zistern), 3 Trp, 5 Pos, 2 Violini piccoli alla Francese, 10 Viole da brazzo (Violinen, Violen, Tenorviola, Violoncello), 3 Viole da gamba (Gamben), 2 Cembali, 2 Organi di legno (Positive), Regal
<u>Form</u>: Durchkomponiert (vgl. Kommentar)
<u>Aufführungsdauer</u>: 1 ½ Stunden
<u>Verlag</u>: Universal-Edition, Wien (Monteverdi-Gesamtausgabe Band XI)

Handlung

Die allegorische Gestalt der Musik liefert mit einem Prolog die Überschrift zum Geschehen. Sie ist vom Parnaß zu den Menschen heruntergestiegen, um deren Gemüter zu bewegen – z. B. mit der Geschichte von Orfeo, dem es gelang, mit seinem Gesang wilde Tiere zu bannen, ja sogar die Hölle zu bezwingen.

1. AKT: Das Geschehen selbst präsentiert nach dieser Begrüßung erst einmal den glücklichen Orfeo. Er ist mit Euridice vereint, Hirten und Nymphen feiern den fröhlichen Augenblick mit Liedern und Tänzen, die Liebenden preisen ihr Glück.

2. AKT: Die Wälder, Hügel und Wiesen hallen von Orfeos Freuden-gesängen wider: all seine Einsamkeit ist vergessen. Doch plötzlich wird die heitere Stimmung jäh unterbrochen. Eine Botin naht mit einer furchtba-ren Nachricht: Euridice, die mit ihren Freundinnen auf einer Wiese Blu-men für einen Kopfschmuck pflücken wollte, wurde dort von einer im Gras versteckten giftigen Schlange überrascht. Ihr Biß tötete Euridice sofort. Mit einem Schlag ist alle Freude dahin. Wo eben noch fröhlich getanzt wurde, ist nun nur noch Platz für Klage und Trauer. Orfeo beweint sein Schicksal und beschließt, Euridice ins Reich der Toten zu folgen. Entwe-der soll sein Gesang das Herz sogar des Herrschers im Reich der Finsternis betören und das Geschehene rückgängig machen, oder er will für immer da bleiben, wo seine Euridice ist: „Lebe wohl, Erde! Lebt wohl Himmel und Sonne, lebt wohl!"

3. AKT: Die Göttin der Hoffnung begleitet den verzweifelten Orfeo zur Pforte der Unterwelt und läßt ihn dort allein. Caronte, der Fährmann zwischen der Welt der Lebenden und dem Reich der Toten, weist ihn energisch zurück. Mit der Kunst seiner Leier und seinem drängender wer-denden Gesang gelingt es ihm aber immerhin, den mürrischen Fährmann zu besänftigen und schließlich sogar einzuschläfern: Das Tor zur Unter-welt ist offen.

4. AKT: Dort haben inzwischen die lieblichen Klagen des Sängers Orfeo das Herz von Plutones Gattin Proserpina zutiefst gerührt. Sie be-stürmt ihren Mann, Orfeos Tränen zu trösten, und der Herr der Unterwelt gibt dem Bitten seiner Gattin nach. Orfeo soll seine Euridice wiederhaben, aber nur unter einer Bedingung: Wenn sich der Sänger auf seinem Weg aus dem Hades nicht nach der ihm folgenden Euridice umwendet, darf sie als Lebende die Unterwelt verlassen. Ein einziger Blick verdammt sie dagegen zu ewigem Tod.

Auf dem Weg aus dem Reich der Toten preist Orfeo zunächst die Macht seiner Leier und das kraft der Musik neu gewonnene Glück. Doch nur zu rasch quälen ihn Zweifel. Woher weiß er, daß Euridice ihm wirklich folgt? Was wiegt mehr, das Verbot Plutones oder das Gebot der Liebe, Euridice auf der Stelle zu umarmen? Orfeo wendet sich um. Ein letztes Mal und mit großer Wehmut erkennen sich die Liebenden, um sich auf immer zu verlieren.

5. AKT: Wieder auf der Erde, klagt Orfeo der Natur sein Leid. Das Echo antwortet seinen Seufzern. Da steigt Gott Apollo zu dem Verzweifel-ten hernieder und lädt den Sänger ein, ihm in den Parnaß zu folgen. Dort

wird er, so verspricht Apollo, Euridices Gestalt in Sonne und Sternen wiedererkennen. Beseelt von Freude steigen Apollo und Orfeo in den Himmel empor.

Kommentar

Keine Frage, wenn man die Geburtsstunde der Oper auf ein historisches Ereignis festlegen müßte, es käme nur die Mantuaner *L'Orfeo*-Aufführung von 1607 in Frage. Nicht die trocken-akademischen Bemühungen der „Florentiner Camerata" sorgten für den eigentlichen qualitativen Sprung, sondern der Musiker Claudio Monteverdi, der der Theorie von Florenz kompositorische Substanz bescherte. Den Florentiner Gelehrten ging es um eine Wiederbelebung des antiken Dramas, das ihrer Meinung nach gesungen, genauer: erhaben deklamiert worden war. Das Ergebnis der vermeintlichen Rekonstruktion: einstimmiger und eintöniger Gesang an der Rhetorik des Textes entlang. Monteverdi plädierte demgegenüber für „die musikalische Leibwerdung menschlicher Affekte". „Der moderne Komponist", war sein Wahlspruch, „arbeitet auf der Grundlage der Wahrheit", und das bedeutete für ihn, das individuelle Fühlen von Menschen mit den Mitteln der Musik auszudrücken. Dazu freilich brauchte er neben den Idealen der Akademiker aus Florenz die Errungenschaften seiner eigenen und der Madrigalkunst seiner Zeit.

Tatsächlich kann man die Umstände, die mit Monteverdis favola in musica die Gattung der Oper entstehen lassen, auf den simplen Nenner bringen, daß sich hier Musik und Gesang mit Hilfe des frechen Madrigals von allen bloß vergangenheitsorientierten Rekonstruktionsversuchen des antiken Dramas emanzipierten. Die Antike ist in Monteverdis *L'Orfeo* bloß Nebensache. Zwar ist es nicht ohne größte Symbolkraft, daß die Gattungsgeschichte der Oper sich am Orpheus-Mythos und damit an jener Figur entzündet, die es vermittels Gesang vermag, die Grenze zum Tod zu überschreiten. Aber musikalisches und szenisches Leben findet dieser Mythos nahezu ausschließlich in der Neigung des Madrigals, Worte wie „Liebe", „Verzweiflung", „Schmerz" oder „Glück" als Stimulans und Ausgangspunkt für Musik zu verstehen und zu nutzen.

Die Kunst des Madrigals triumphiert in Monteverdis *L'Orfeo* auf zwei Ebenen, in den mehrstimmigen Ensembles der Hirten und Nymphen und (mehr noch) im Sologesang der Protagonisten, insbesondere in Orpheus' Freudengesängen, Klagen und Beschwörungen. Sein Glück an der Seite Eurydikes, seine verzweifelte Trauer über ihren Tod, seine koloraturreichen „Überredungskünste" an der Pforte der Hölle, sein kurzes Glück und seine schnellen Zweifel auf dem Wege aus dem Hades und sein wehmütiger Schmerz nach seinem Scheitern sind für Monteverdi die stoffliche Basis zur Entwicklung einer reichen und vielschichtigen musikalischen Palette, umd die wechselnden menschlichen Affekte auszudrücken. Mit der musikalischen Darstellung der Geschichte von Orpheus erfindet er damit – fern von Aufgabe und Ziel bloßer Wortbegleitung – das Vokabular für musikalisches Reden eben in der Sprache der Musik. Eine Leistung, die das bewegliche Zusammenspiel im Zwiegesang von Orpheus und Eurydike oder auch von Orpheus und Apoll und die unterschiedlichen Singweisen der einzelnen Personen der Handlung, etwa die nur stockend mit ihrer Nachricht fertig werdende Todesbotin oder der düster und starr auf seinem Gesetzeskanon beharrende Fährmann Charon, glänzend bestätigen. Monteverdis *L'Orfeo* kennt noch keine geschlossenen Arien oder Duette im Sinne der Barockoper, vielmehr einen ganz offenen und freien Wechsel von „musikalischer Rede" und Orchesterzwischenspiel (Ritornello), Tänzen, Liedern und Gesang. Damit freilich und auch mit ihren ständig neuen instrumentalen Klangfarben (jeweils ganz anders z. B. für die Hirten- oder die Unterwelt) bleibt die vielleicht größte Musik aus dem Geist der Renaissance besonders nah an der Wahrheit des Dramas. Mehr als bei so mancher Übertreibung des nachfolgenden Barockzeitalters nimmt sie Idee und Sinn jenes Musiktheaters vorweg, das später Monteverdi selbst, Pergolesi, Mozart oder Verdi ausformulieren.

Trotz allem ist *L'Orfeo* im strengen Sinn noch kein musikalisches Drama. Sein Aufbau und sein Verlauf leben nicht von dramatischer Spannung, sondern sind sehr viel mehr geprägt von einem eher epischen Neben- und Nacheinander. Gesang wird ausschließlich begleitet, das Orchester meldet sich mit eigenständigem Material nur vorher und nachher. Rede folgt auf Ritornell, Ritornell auf Rede: In einem beschaulichen Reigen von Liedern, Tänzen und Gesängen wird die Sage von Orpheus Station für Station erzählt. Titel und Untertitel (frei übersetzt *Der Orpheus, eine in Musik erzählte Geschichte*) unterstreichen diese epische Struktur ebenso unmißverständlich wie die Voraussetzungen und das soziale Umfeld der ersten Aufführung. Die rappresentazione 1607 in Mantua im Auftrag und zu Ehren der beiden Gonzaga-Prinzen Francesco und Ferdinando ist ein Ereignis für eine geschlossene Gesellschaft. Der Adel der Stadt läßt sich in der höfisch-exklusiven Accademia degli Invaghiti den Orpheus-Mythos vorführen. Selbstverständlich im Rahmen eines höfischen Rituals. Die Auf-

führung (und Monteverdis Partitur) beginnen mit einer mehrmals zu wie-
derholenden Fanfare, die das Hofpublikum zusammenruft, und enden mit
einer heiteren Moresca, die es zu einem gemeinsamen Tanzvergnügen
entläßt. Erst mit der Befreiung der neuen Gattung von solchen gesellschaftlichen Grenzen in seinen Venezianer Theaterwerken für ein öffentliches
und zahlendes Publikum findet Monteverdi Wege, die in *L'Orfeo* noch
episch getrennten Elemente, nicht zuletzt Stimme und Orchester, Gesang
und Orchesterbegleitung, miteinander zu verschränken und in dramatischer Spannung aufeinander zu beziehen.

Geschichte

So lebendig und berühmt Monteverdi mit all seinen Werken zu
Lebzeiten war, so mühsam hat sich die Nachwelt nach fast zweihundert
Jahren des Vergessens den Weg zu ihm – auch zu *L'Orfeo* – zurückerobern
müssen. Dabei stand dann freilich lange seine erste Oper ganz im Mittelpunkt. Carl von Winterfeld veröffentlichte 1834 im Beispielband zu seiner
für die Monteverdi-Renaissance höchst bedeutsamen Arbeit *Gabrieli und
sein Zeitalter* drei längere Ausschnitte aus *L'Orfeo*. Verschiedene unvollständige Ausgaben folgten, bis endlich die Gesamtausgabe von Gian Francesco Malipiero (1926–1942) den Zugang zum Werk generell erschloß. Bei
der Umsetzung der Partitur für konkrete Aufführungen überwog zunächst
der Wunsch einer Anpassung des Originals an die Klangvorstellungen der
eigenen Zeit. Gerade *L'Orfeo* hat immer wieder Komponisten gereizt, die
Musik dieser Oper für sich neu auszudeuten. Zu den prominentesten Bear-
beitern gehören u. a. Vincent d'Indy (1910), Ottorino Respighi (1935), Paul
Hindemith (1943) und besonders intensiv Carl Orff mit einer 1923 geschaffenen und danach 1929, 1931 und 1940 noch dreimal revidierten „freien
deutschen Nachgestaltung". Das wachsende Interesse für historische Instrumente und eine möglichst authentische Wiedergabe des ursprünglichen Klangs haben allerdings inzwischen diese Praxis der Adaption fast
völlig verdrängt. Vor allem Nikolaus Harnoncourt leitete mit Aufführungen
in den 6oer Jahren in Wien und einer ersten Schallplatteneinspielung 1968
eine Entwicklung ein, die sich Monteverdi zunehmend mit Geschichtsbe-
wußtsein zu nähern versucht. Harnoncourt war es auch, der in seinem
Züricher Monteverdi-Zyklus der 1970er Jahre zusammen mit dem Regisseur Jean-Pierre Ponnelle versuchte, über das Bemühen um das musikalische Original hinaus auch die gesellschaftliche Uraufführungssituation von
L'Orfeo zu einem Impuls für eine aktuelle Inszenierung zu machen. Sozu-

sagen am Hof von Mantua wird vor dem geladenen Adel die favola in musica *L'Orfeo* feierlich zur Präsentation gebracht. So als ob es andere Zuschauer gar nicht gäbe, umschließt ein historisches Publikum auf der Bühne kreisförmig die Darstellung vom Mythos des Sängers und Künstlers Orpheus. „Hinter verschlossenen Türen" feiert die Mantuaner Hofgesellschaft eine Aufführung als Ritual der die eigenen Werte bestätigenden Ordnung. Lauter wichtige Hinweise auf ein großes Stück im Spannungsfeld zwischen Mittelalter, Renaissance und Barock.   *Leo Karl Gerhartz*

Diskographische Empfehlung

1968 – Wien: Nikolaus Harnoncourt, Capella antiqua München, Concentus musicus Wien. Lajos Kozma (Orfeo), Cathy Berberian (Messaggiera, Speranza), Rotraud Hansmann (Euridice), Nikolaus Simkowsky (Caronte). Telefunken 6.35020

1985 – London: John Eliot Gardiner, The Monteverdi Choir, The English Baroque Soloists, His Majesties Sagbuts and Cornetts. Anthony Rolfe Johnson (Orfeo), Anne Sofie von Otter (Messaggiera), Mary Nichols (Speranza), Julianne Baird (Euridice), John Tomlinson (Caronte). DG 419 250-2 (DDD)

Il ritorno d'Ulisse in patria (Die Heimkehr des Odysseus)
Dramma in musica in einem Prolog und drei Akten

Text: Giacomo Badoaro, nach dem 13.–23. Gesang der *Odyssee* Homers
Uraufführung: 1641 (?), Teatro di San Cassiano, Venedig
Personen: L'humana fragilità (Sop oder Ten); Tempo (Baß); Fortuna (Sop); Amore (Sop); Giove (Ten); Nettuno (Baß); Minerva (Sop); Giunone (Sop); Ulisse (Ten oder Bar); Penelope, Gattin des Ulisse (Sop); Telemaco, Sohn des Ulisse (Ten); Antinoo (Baß), Pisandro (Ten), Anfinomo (Alt), Freier der Penelope; Eurimaco, Geliebter der Melanto (Ten); Melanto, Dienerin der Penelope (Sop); Eumete, Hirte des Ulisse (Ten oder Bar); Iro, tölpelhafter Vielfraß der Freier (Ten); Ericlea, Amme des Ulisse (Alt)
Chor: Coro di Feaci; Coro in cielo; Coro marittimo
Ort und Zeit: Auf der Insel Ithaka in mythischer Zeit

Orchester: Nicht überliefert (vgl. Kommentar)

Form: Durchkomponierte, in sich abgeschlossene Szenen

Aufführungsdauer: Ca. 3 Stunden

Verlag: Universal-Edition, Wien (Monteverdi-Gesamtausgabe, Band XII)

Handlung

PROLOG: Der Mensch wird als allegorische Figur der Zerbrechlichkeit (L'humana fragilità) gezeigt, die von den drei Mächten Vergänglichkeit (Tempo), Schicksal (Fortuna) und Liebe (Amore) abhängig ist. Die Allegorie der Vergänglichkeit tritt zwar hinkend auf, besitzt aber Flügel, die Allegorie des Schicksals ist zwar blind und taub, hat aber die Fähigkeit, Wünsche zu äußern, und die Liebe schließlich ist ein blinder Schütze. Ihre Zerbrechlichkeit wird der Gegenstand der Handlung sein.

1. AKT: Penelope trauert um ihren Gatten Ulisse, der in den trojanischen Krieg gezogen ist und seit zwanzig Jahren vermißt wird. Gemeinsam mit seiner alten Amme Ericlea sehnt sich Penelope nach seiner Rückkehr. Eurimaco, einer von Penelopes Freiern, wendet sich ihrer Dienerin Melanto zu und will mit deren Hilfe die Herrin zur Liebe umstimmen. Nettuno, der Meeresgott, beschwert sich bei Giove (Zeus), daß die Feaci (Phäaken) Ulisse unrechtmäßig nach seiner Heimatinsel Ithaka gebracht haben. Giove gibt Nettuno die Erlaubnis, das Schiff der Feaci in einen Felsen zu verwandeln. Ulisse erwacht auf Ithaka, erkennt aber seine Heimat nicht und glaubt sich von den Feaci betrogen. Minerva tritt, als Hirtenjunge verkleidet, auf und erklärt ihm, daß er sich in seiner Heimat befinde. Sie beabsichtigt, ihn, freilich als Greis und Bettler verwandelt, am Hofe der Penelope einzuführen, damit er sehe, wie seine Gattin ihm treu geblieben ist. Zunächst schickt sie ihn, in der verwandelten Gestalt, zu seinem alten Hirten Eumete, bei dem er auf die Ankunft seines Sohnes Telemaco warten soll, den Minerva ihm zuführen wird. Am Hof der Penelope versucht Melanto unterdessen vergeblich, Ulisses Gattin, die das als Trugbild abwehrt, zu neuer Liebe zu bewegen. Einzig ihre Sehnsucht nach Ulisse gilt ihr als Liebe. Eumete besingt die Natur und wird von dem Schmarotzer und Vielfraß der Freier Penelopes, Iro, höhnisch darauf hingewiesen, daß die Natur und auch die Tiere lediglich der Nahrungsaufnahme dienen. Auch Eumete sehnt die Rückkehr des Ulisse herbei, der nun, in seiner verwandelten Gestalt, zu ihm kommt. Eumete gewährt dem Unbekannten bereitwillig seine Gastfreundschaft.

2. AKT: Minerva führt Telemaco zu Eumete, der ihm erzählt, daß der alte Bettler (Ulisse) die baldige Heimkehr des Ulisse vorhergesagt habe. Telemaco schickt Eumete zu Penelope, damit er bereits die Ankunft des Sohnes melde. Ulisse gibt sich seinem Sohn zu erkennen, indem er für kurze Zeit seine wahre Gestalt annimmt, und schickt ihn ebenfalls zu Penelope. Melanto erzählt Eurimaco, daß es ihr nicht gelungen ist, Penelope von ihrem vergeblichen Warten auf den Gatten abzubringen und sie für neue Liebesabenteuer gefügig zu machen. Statt sich, wie die Königin, in Schmerz zu vergraben, genießen die beiden die sinnliche Liebe. Penelope wird von den Freiern Antinoo, Pisandro und Anfinomo bedrängt, doch sie bleibt standhaft. Um sie umzustimmen, führen sie schließlich ein ausgelassenes Ballett auf. Eumete erscheint und verkündet, daß soeben Telemaco am Hofe eingetroffen sei und daß die Heimkehr des Ulisse bevorstünde. Die Freier beschließen, aus Furcht vor Ulisse, Telemaco zu töten, werden aber durch ein Zeichen Gioves, einen fliegenden Adler, daran gehindert. Eurimaco deutet es als Unglückszeichen. Minerva verkündet Ulisse, daß sie Penelope dazu bewegen wird, einen Wettkampf abzuhalten, in dem die Freier getötet werden: als Opfer der Rache des Ulisse. Der zurückgekehrte Eumete berichtet ihm, welche Furcht die Freier bereits bei der Nennung seines Namens ergriffen hätte. Telemaco erzählt seiner Mutter von einer Begegnung mit Helena, die ihm Zeichen deutete, denen zufolge Ulisse in seine Heimat zurückkehren, die Freier töten und wieder in seinem Reich herrschen werde. Antinoo beschimpft Eumete, als er den alten Bettler (Ulisse) hereinführt und damit das Fest im königlichen Palast stört. Auch der Vielfraß Iro wendet sich gegen den Greis und fordert ihn zum Kampf heraus, muß ihm aber unterliegen. Ulisse läßt ihn ungeschoren. Penelope bietet dem Bettler die Gastfreundschaft an und fordert die Freier, die ihr Geschenke gebracht haben, auf, den Bogen des Ulisse zu spannen. Wer es schaffe, dem werde sie sich als Preis hingeben. Es gelingt keinem der Freier, den Bogen zu spannen, nur dem alten Bettler, der sie damit tötet.

3. AKT: Iro, seiner Nahrungsgeber beraubt, nimmt sich das Leben. Penelope glaubt nicht, daß es Ulisse war, der den Bogen zu spannen vermochte; sie glaubt weder den Worten des Eumete noch ihres Sohnes. Auch der Hinweis des Telemaco, die veränderte Gestalt des Ulisse sei das Werk Minervas, vermag sie nicht zu überzeugen. Minerva beschwört deshalb Giunone (Hera), Giove dazu zu bringen, daß er den Zorn des Nettuno besänftige und Ulisse Frieden brächte. Es gelingt Giove, den Haß des Nettuno gegen Ulisse zu mildern und es mit der Versteinerung des Schiffes

der Feaci gut sein zu lassen. Minerva schickt er mit dem Auftrag an den Hof Penelopes, die Racheakte gegen die Ermordung der Freier auf Ithaka zu unterbinden. Ericlea ist im Zweifel darüber, ob sie Penelope das Geheimnis enthüllen soll, woran sie Ulisse erkannt hat: an der Narbe der Wunde, die ihm einst ein Eber geschlagen hat. Eumete und Telemaco dringen weiter in Penelope, an den heimgekehrten Ulisse zu glauben, als er in seiner wahren Gestalt hereintritt, doch sie findet auch jetzt noch einen Ausweg, an ihm zu zweifeln, indem sie die Rückverwandlung für Zauberei hält. Sie vertraut also weder der Erscheinung noch den Worten ihres Mannes. Selbst die Narbe, die Ericlea nun doch ins Feld führt, ist für sie kein Beweis der Identität. Erst als Ulisse eine Intimität nennt, die nur sie beide kennen können, nämlich das Muster der Decke des einstigen Ehebetts, gibt sie ihre Zweifel auf.

Kommentar

Der für die venezianischen Opern in der Mitte des 17. Jahrhunderts typische Prolog schlägt gewissermaßen die Brücke zwischen der mythischen Zeit des Homerischen Epos und der christlich-abendländischen Gegenwart Monteverdis; zugleich ist er eine Art Manifest der Autoren, denn im Mittelpunkt steht der Mensch als Spielball der Zeit, des Glücks und der Liebe. Und daß selbst die Liebe der Unbeständigkeit und Flüchtigkeit ausgesetzt ist, dafür bieten die Anfechtungen, derer sich Penelope, das Symbol ehelicher Treue und Beständigkeit, in Gestalt der zudringlichen Freier zu erwehren hat, in der Handlung selbst das eindringliche Beispiel. Es ist nicht eindeutig, ob die allegorische Figur der humana fragilità der Gattin des Ulisse oder ihm selbst zugeordnet ist; Penelope spricht jedenfalls auffällig im Text von den drei Mächten des Prologs. Die glückliche Wiedervereinigung der Penelope mit Ulisse, auf den sie immerhin zwanzig Jahre gewartet hat, steht in Monteverdis Oper, anders als bei Homer, im Zeichen einer sehr gedämpften Freude, ja, es scheint, als sei sie gar nicht das Ziel der Handlung, sondern der siegreiche Kampf des Ulisse gegen die Freier und gegen Penelopes Mißtrauen. Bis zuletzt muß Ulisse seine Gattin bitten, daß sie sich endlich der Freude überlasse, und das Schlußduett ist alles andere als der Gesang zweier glücklicher Menschen. Es fällt auch hier der Schatten des Prologs, der Hinfälligkeit des Menschen, auf die Handlung, die nicht einfach linear abläuft, sondern auf drei (auch räumlich) verschiedenen Ebenen. Im Unterschied zum frühen *Orfeo*, einer favola in musica, werden in den beiden späteren Opern Monteverdis dramatische Vorgänge nicht

mehr berichtet, sondern leibhaftig vorgeführt: Wir sehen also, wie Nettuno
das Schiff der Phäaken in einen Felsen verwandelt, sehen den Adler des
Zeus, der den Untergang der Freier ankündigt, und wohnen der Bogen-
probe bei, aus der Ulisse, als Bettler verkleidet, siegreich hervorgeht, und
wir werden Zeugen der Zweifel Penelopes, die sie selbst „aus Liebe" motiviert nennt. Die venezianische Oper Mitte des 17. Jahrhunderts ist also ein
dramma in musica, und im *Ritorno d'Ulisse* ein Zusammenspiel von Götter-
handlung (Streit der Götter untereinander über die Heimkehr des Ulisse),
etappenweiser Rückkehr des Helden (mit Minerva als Vermittlerin zwischen ihm und der Götterwelt) und der Ebene der Dienerfiguren, die als
direkte Abkömmlinge der commedia dell'arte und des Shakespeare-Thea-
ters auftreten und durchaus ihren ganz eigenen musikalisch-liedhaften
Tonfall haben. Der 1. Akt ist also nicht nur die Exposition der „inneren"
Handlung (die Erwartung Penelopes und das Erwachen des Ulisse auf
Ithaka), sondern auch der durch die Götter vertretenen Gegenhandlung
und der buffonesken Dienerebene. Nachdem der Mittelakt den Sieg des
Ulisse über die Freier behandelt hat, erweist sich der dritte als Gegenstück
zum ersten. Er beginnt gleich mit einer außerordentlichen Parodie („parte
ridicola" ist im Notentext vermerkt) jenes Lamentos der Penelope, mit dem
der 1. Akt begann: Der Vielfraß Iro macht, seiner Nahrungsgeber beraubt,
Schluß mit seinem Leben, und innerhalb der etappenweisen Rückkehr des
Ulisse ist jetzt die Ebene erreicht, bei der es um die Identität geht; die
Außenwelt wird zunehmend unbedeutender und somit auch das Verstellen
und Verkleiden. Es erscheint schließlich nebensächlich, daß der alte Bettler
eigentlich Ulisse ist. Statt dessen kommt es darauf an, daß Ulisse als einziger das eheliche Bett kennt und erst mit dieser Intimität Penelope überzeugen kann. Die Heimkehr des Ulisse erweist sich als Erkenntnisprozeß von
außen nach innen; folgerichtig steht deshalb ein verhaltenes Liebesduett
am Schluß der Oper, denn es geht hier weder um sinnliche Liebe noch um
eheliche Treue.

Geschichte

Bis heute ist nicht geklärt, ob das überlieferte Manuskript der Oper,
eine Kopistenabschrift aus der Zeit nach Monteverdis Tod, authentisch ist;
man nimmt an, daß nur Teile von Monteverdi selbst entworfen wurden und
der Rest aus dem Schülerkreis stammt. Wie dem auch sei, es gibt zahlreiche
Szenen, die eindeutig die Gestaltungsweise Monteverdis aufzeigen. Das
gilt ebenso für die Lamento-Szene der Penelope und deren Parodie

durch Iro als auch für das Erwachen des Ulisse oder die konstruktive Gestaltung des Prologs, vor allem aber für die sicherlich auf Monteverdi zurückgehende Kürzung des ursprünglichen Librettos von fünf auf drei Akte. Mit Giacomo Badoaro hatte Monteverdi schon bei der (verschollenen) Oper *Le nozze d'Enea con Lavinia* zusammengearbeitet und den Librettisten nachweislich zur reinen Affektgestaltung und Knappheit der Gedanken angehalten. Andererseits gehen im *Ritorno* die Diener-Szenen weit über die Stoffvorlage des Homerischen Epos hinaus und erweisen sich als typische Vertreter der venezianischen Librettistik des späteren 17. Jahrhunderts. Es sind aber auch Zugeständnisse an die Dramatisierung der epischen Handlung, wie sie Badoaro im Vorwort seines wenige Jahre später entstandenen Librettos *L'Ulisse errante*, der Vorgeschichte zum *Ritorno*, verteidigt hat: Schließlich müsse auch die Schaulust des – in Venedig öffentlichen – Publikums wirksam befriedigt werden. So setzt die Liebesszene zwischen Melanto und Eurimaco einen drastischen szenischen Kontrast zu der verinnerlichten Sehnsucht der Penelope nach ihrem Gatten Ulisse.

Die Wiener Abschrift der Oper, die als einzige das Werk überliefert, entdeckte der Musikhistoriker August Wilhelm Ambros im Jahre 1881 durch Zufall und konnte sie durch einen Vergleich mit einem der in Venedig aufbewahrten Libretti als *Il ritorno d'Ulisse in patria* identifizieren. Die Wiedererweckung des Werkes auf der modernen Opernbühne stößt indessen auf die Schwierigkeit, daß in der Handschrift keinerlei Angaben zur Instrumentation stehen. Das war in Monteverdis Zeit auch gar nicht nötig, da es den jeweiligen Aufführungsmöglichkeiten überlassen blieb, das karge Gerüst von Singstimme und akkordbestimmendem Instrumentalbaß in tatsächlichen farbigen Klang umzusetzen. Einzig die Instrumentalsätze (szenengliedernde Zwischenspiele) sind fünfstimmig notiert, aber ebenfalls ohne Angabe der Instrumente. Freilich läßt sich das Spektrum der Klangfarben rekonstruieren aus der Kenntnis der klangsymbolischen Topologie der Monteverdi-Zeit. Zunächst galt es jedoch, durch einen Erstdruck die Voraussetzungen für eine Aufführung zu schaffen. Das geschah 1922 durch Robert Haas, der zugleich die Echtheit des Werkes verteidigte. Auch er konnte aber keine Begründung dafür ermitteln, warum die Abschrift gerade in Wien gefunden wurde. Von einer Wiener Aufführung der Oper zu Lebzeiten Monteverdis ist nichts bekannt. Es scheint sogar, daß der venezianischen Uraufführung eine Aufführung in Bologna vorausgegangen ist. Die erste moderne Aufführung fand, freilich in eingreifender Bearbeitung durch Vincent d'Indy, 1925 in Paris statt; weitere Bearbeitungen, u. a. von Luigi Dallapiccola (Florenz 1942), Siegfried Matthus (Komische Oper Berlin 1967) und Hans Werner Henze (Salzburger Festspiele 1985), folgten. Die historisierende Aufführung am Opernhaus Zürich (Regie und Bühnenbild: Jean-Pierre Ponnelle, musikalische Leitung und Einrichtung: Nikolaus Harnoncourt) im Jahre 1977 brachte den überzeugenden Beweis für die lebensfähige Theaterwirklichkeit der Opern Monteverdis.

Dietmar Holland

Diskographische Empfehlung

1970 – Wien: Nikolaus Harnoncourt, Junge Kantorei, Concentus musicus Wien. Sven Olof Eliasson (Ulisse), Norma Lerer (Penelope), Rotraud Hansmann (Minerva), Murray Dickie (Iro), Anne-Marie Mühle (Ericlea), Max van Egmond (Eumete) Telefunken 6.35024

L'incoronazione di Poppea (Die Krönung der Poppea)
Dramma in musica in einem Prolog und drei Akten

Text: Giovanni Francesco Busenello, nach dem 13. und 14. Buch der *Annalen* des Tacitus und dem Drama *Octavia* aus der Schule des Seneca
Uraufführung: 1642, Teatro dei SS. Giovanni e Paolo (Teatro Grimano), Venedig
Personen: Fortuna (Sop); Virtù (Sop); Amore (Sop); Poppea (Sop); Nerone (Ten, urspr. Sop); Ottavia (Mez); Ottone (Alt); Seneca (Baß); Drusilla (Sop); Nutrice (Alt oder Ten); Arnalta (Ten); Lucano (Ten); Famigliari di Seneca (Alt, Ten, Bar); Consoli e Tribuni (Ten, Bar); Littore (Bar); Liberto capitano (Ten); Valletto (Sop); Damigella (Sop); Due soldati (Ten); Pallade (Sop); Mercurio (Bar)
Ort und Zeit: Rom, im Jahre 62 n. Chr.
Orchester: Nicht überliefert (vgl. Kommentar)
Form: Durchkomponierte, in sich abgeschlossene Szenen
Aufführungsdauer: Ca. 3 ½ Stunden
Verlag: Universal-Edition, Wien (Monteverdi-Gesamtausgabe Band XIII)

Handlung

PROLOG: Die beiden allegorischen Figuren Fortuna und Virtù (Tugend) streiten sich um die Vorherrschaft über die Geschicke der Menschen. Die Rolle des lachenden Dritten beansprucht der Gott Amore: Er wird alsbald unter Beweis stellen, daß es die Unberechenbarkeit der Liebe ist, die die Welt regiert. Noch am selben Tag wird er die Kurtisane Poppea zur römischen Kaiserin erheben.

1. AKT: Ottone, Poppeas Geliebter (oder sogar ihr Ehemann), ist bei Nacht nach Rom zurückgekehrt und entdeckt vor seiner Haustür zwei schlafende Wachen des Kaisers Nero, der sich zu einem Schäferstündchen bei Poppea aufhält. Ottone beklagt Poppeas Untreue. Die beiden Soldaten schrecken durch Ottones Klagen auf und schimpfen über ihr Los, Wache stehen zu müssen, während ihr Herr sich bei amourösen Abenteuern vergnügt, anstatt seinen Pflichten nachzugehen. Auch über seinen Lehrer, den Philosophen Seneca, haben sie nichts Gutes zu sagen: Sie bezeichnen ihn als habgierigen Höfling und als Pedanten. Bei Tagesanbruch verabschiedet sich Nero von Poppea, die ihn jedoch erst dann gehen läßt, als sie dem um Diskretion bemühten Liebhaber das Eheversprechen abgezwungen hat. Nero will aber erst seine Gattin Ottavia verstoßen, bevor er seine Verbindung mit Poppea legalisiert. In einem Gespräch mit ihrer Amme Arnalta gesteht Poppea, daß nicht nur Liebe ihre Beziehung zu Nero leitet, sondern auch der politische Ehrgeiz, gesellschaftlich zur römischen Kaiserin aufzusteigen. Arnalta warnt sie vor der Wankelmütigkeit und Willkür der Herrschenden und vor dem Rangunterschied zwischen ihr und Nero. Poppea schlägt, ihres Sieges sicher, Arnaltas Befürchtungen in den Wind und vertraut auf Fortuna und Amore. Arnalta behält jedoch mit höhnischer Skepsis das (vorläufig) letzte Wort. Die rechtmäßige römische Kaiserin Ottavia beklagt ihrer Amme gegenüber ihre unglückliche Ehe, ruft vergeblich die Strafe der Götter auf Nero herab und weist den Vorschlag der Amme als unzumutbar zurück, Neros Verhalten durch einen Ehebruch zu rächen. Der Philosoph Seneca erteilt Ottavia befremdliche Lehren: Er appelliert an die Seelenstärke der Tugend und an die Einsicht in die Härte des auferlegten Schicksals, so wie der Funke nur aus dem Amboß springe, der hart geschlagen werde. Der Page Valletto lehnt solche Lehren als Geschwätz ab, und Ottavia findet in solchen Spiegelfechtereien keinen Trost. Allein zurückgeblieben, meditiert Seneca über die Dornenkrone, die das Zeichen der Herrscher sei. Pallade (Pallas-Athene) erscheint ihm und verkündet, daß er noch heute sterben werde. Durch seine Schriften ist Seneca auf den

Tod als Tor zur Ewigkeit vorbereitet. In einem heftigen Streitgespräch mit Seneca verficht Nero die Räson des Herzens gegen jegliche Staatsräson. Seneca muß einsehen, daß immer die falsche Seite gewinnt, wenn Gewalt und Vernunft einander widersprechen. In einer weiteren erotischen Szene mit Nero macht sich Poppea die Trunkenheit ihres Liebhabers zunutze und verführt ihn zu dem Versprechen, den Lehrer Seneca, der ihrer endgültigen Vereinigung im Wege steht, zum Tode zu zwingen. Ottone versucht vergeblich, Poppea für sich zurückzugewinnen, muß aber einsehen, daß er gegen ihren Ehrgeiz nicht ankommen kann. Er wendet sich nun zwar mit Lippenbekenntnissen Drusilla zu, trägt aber weiterhin Poppea im Herzen.

2. AKT: Seneca betrachtet den Tod, dessen Ankunft der Götterbote Mercurio ihm bestätigt, als Erfüllung seiner stoischen Philosophie: als das höchste Gut. Liberto (ein Freigelassener) überbringt im Auftrag Neros und wider Willen den Befehl zum Selbstmord und wundert sich über Senecas Gelassenheit. Obwohl ihn seine Freunde davon abzuhalten versuchen, ist Seneca bereit, seine Theorie in die Tat umzusetzen und sich im Bad die Pulsadern zu öffnen. Unterdessen stellt der Page Valletto mit seiner Geliebten Damigella unter Beweis, daß die sinnliche Liebe das höchste Gut ist. Die Freude über Senecas Tod äußert Nero mit Lucano in einem derart zynischen Bacchanal, daß man glauben könnte, er sei wahnsinnig geworden. Ottone fühlt sich gequält von Mordgedanken gegen Poppea, die er aber mit allen Mitteln zu verdrängen sucht. Doch es gelingt Ottavia, ihn tatsächlich zum Mord an Poppea zu bewegen, den er in den Kleidern Drusillas ausführen soll. Als Druckmittel benutzt sie die Schuld, in der Ottone bei ihrer Familie steht. Drusilla ist in ihrer grenzenlosen Liebe zu Ottone zu allem bereit, gibt ihm auch sofort ihre Kleider, als sie von dem Mordplan erfährt. Arnalta singt Poppea, die sich aus Vorfreude auf die durch Senecas Tod möglich gewordene Hochzeit mit Nero in eine glückliche Erschöpfung hineingesteigert hat, in den Schlaf. Ottone entschließt sich, nach hartem innerem Kampf beim Anblick der schlafenden Poppea, den Mord auszuführen, doch vereitelt Amore das durch sein Eingreifen. Ottone flieht, während Arnalta Hilfe herbeiruft.

3. AKT: Drusilla erwartet in freudiger Erregung den Geliebten, aber an seiner Stelle erscheint Arnalta mit einem Liktor und verhaftet sie als vermeintliche Täterin. Vor Nero und Arnalta verschweigt sie die Intrige, um Ottone zu schützen, und bezichtigt sich selbst als Mörderin. Ottone, der hinzutritt, deckt den wahren Sachverhalt auf, weist dabei auch ausdrücklich auf die Rolle Ottavias hin. Nero enteignet ihn und schickt ihn in die Verban-

nung. Drusillas Liebe zu Ottone ist so groß, daß sie auch bereit ist, ihm in die Verbannung zu folgen. Nero hat nun den legalen Grund, vor allem Volk und vor dem Senat Ottavia zu verstoßen und sie aus Rom zu vertreiben. Als Poppea erfährt, daß es Ottone war, der sie unter dem Zwang Ottavias ermorden wollte, sieht sie den Weg zum Thron für sich frei. Ihre Amme Arnalta freut sich über den unerwarteten gesellschaftlichen Aufstieg, der aus der Sklavin eine stattliche Matrone macht. In einer ergreifenden Solo-szene verabschiedet sich Ottavia von Rom, während Nero seine Kurtisane Poppea zur Kaiserin erhebt. Auf den Staatsakt folgt ein intimes Liebesduett, das den Sieg Amors bestätigt.

Kommentar

Man hat sich darüber gewundert, daß Monteverdi in der Lage war, ein derart unmoralisches Libretto zu komponieren, und dabei übersehen, daß weder der Komponist noch sein Librettist vorhatten, ein moralisches Fazit zu ziehen. Sie führen die Geschichte so vor, wie sie eben ist und wie sie der Prolog bereits zusammenfaßt: Gegen alle Vernunft und Weisheit der Welt ist die nicht rationalistisch oder gar moralisch eingrenzbare Liebe die Triebfeder der Handlung. Es gibt keine Instanz, die solchem Treiben Vor-schriften machen könnte, ja, Monteverdi geht sogar so weit, daß seine Musik in dieser Oper keine Partei für oder gegen ihre Figuren nimmt, sondern alle mit der gleichen Sorgfalt und Intensität behandelt. Der Nach-druck, mit dem das geschieht, nimmt gewisse Verfahren vorweg, die wir heute aus Mozarts Musiktheater kennen, vor allem das musikalische Welt-bild, das auf Eindeutigkeit verzichtet. Wir haben uns damit abzufinden, daß die Intrigantin Ottavia einen ebenso erschütternden Abgang bekommt wie der stoisch todesbereite Seneca, der andernorts durchaus als salbadernder Theoretiker erscheint und von dem Pagen Valletto drastisch nachgeahmt wird: durch musikalisches Gähnen. Und die höhnische Skepsis, mit der die Amme Arnalta Poppeas Streben nach dem Kaiserthron quittiert (und dabei sogar auf den Schlußton ihrer Gesangsphrase verzichtet), hält sie am Ende nicht davon ab, sich im Lichte des gesellschaftlichen Aufstiegs zu sonnen, nachdem es Poppea gelungen ist, Kaiserin zu werden. Daß die Musik des – ausdrücklich nachkomponierten – Schlußduetts sich deutlich genug auf das Fazit des Prologs bezieht („Kein menschliches noch himmlisches Herz wage es, sich gegen Amor aufzulehnen"), dürfte ebensowenig ein Zufall sein wie die eigenartige Tatsache, daß es in der Oper strenggenommen keine eindeutige Hauptperson gibt. Jedenfalls sind die Herrscherfiguren wohl kaum „besser" als die Dienerfiguren; es gibt kein moralisierendes Zentrum. Die Sentenzen des Seneca verhallen ungehört, mögen sogar als heimliche Kritik an der stoizistischen Philosophie gemeint sein. Eines ist sicher: Hier stehen – zum ersten Mal in der Geschichte der Oper – Menschen aus Fleisch und Blut auf der Bühne. Der gehörnte Ehemann Ottone (oder ist es nur der Liebhaber Poppeas?) bekommt sein Recht auf seelische Labilität, so wie der Kaiser Nero durchaus auch als Choleriker gezeigt wird, der sich sogar zu hysterischer Ausgelassenheit steigert, wenn er sich (mit seinem Freund Lucano) über den Selbstmord des Seneca freut. In den Szenen mit Poppea dagegen läßt er sich verführen und will den Ehrgeiz, der Poppeas Liebe antreibt, nicht sehen. Dem „hohen" Paar Poppea/Nerone steht das „niedere" Paar des neureichen Ottone und der Hofdame Drusilla gegenüber, wie ja überhaupt die spätere, operngeschichtlich so wirksame Typologie der Figuren in dieser Oper im Rohzustand versammelt ist: die Intrigantin im tieferen Sopran (Ottavia), der „weise Alte" (Seneca), die „komische Alte" in Gestalt der beiden Ammen, ferner Pallas-Athene mit ihrer wagnerschen „Todesverkündung" und der „Infantilerotiker" (so bezeichnet ihn Ulrich Schreiber) als Hosenrolle und Vorstufe Cherubinos (Valletto). Mehr als einmal fühlt man sich an das Theater Mozarts erinnert, dessen shakespearehafter Realismus am Anfang der *Poppea* aufblitzt, als die beiden Wache schiebenden Soldaten aus dem Schlaf aufschrecken und ihrem Neid auf Neros Treiben Luft machen. Hier nähert sich Monteverdi – denn er ist es, der in das Libretto eingriff – einer Vorform filmischer Dramaturgie, indem er das Erwachen der beiden Soldaten überblendet mit dem Klagen des Ottone. Und die burleske Manier des elisabethanischen Theaters, den Herrscherfiguren hämisch räsonierende Dienergestalten gegenüberzustellen, bestimmt auch die Libretti der beiden venezianischen Spätopern Monteverdis, mit denen der über siebzigjährige Komponist sich an die vorderste Front seiner Zeit gestellt hat, so daß noch eine ganze Generation von Opernkomponisten nach ihm davon profitieren konnte. Überdies ist *L'incoronazione di Poppea* die erste Oper mit historischem Sujet, und zwar als Substanz, nicht als Kolorit verstanden; die Hinterlist der beiden Autoren bestand zudem darin, die historischen Figuren des Tacitus mitten ins Alltagsleben hineinzustellen und dadurch das Zynische ihrer Handlungsweisen noch zu unterstreichen. Erst Händels *Serse* konnte wieder dergleichen wagen.

Geschichte

Ähnlich wie bei *Il ritorno d'Ulisse in patria* ist auch im Falle der *Incoronazione di Poppea* die Autorschaft Monteverdis nicht unumstritten, zumal die von Taddeo Wiel erst 1888 entdeckte Quelle, eine venezianische Kopistenabschrift aus der Zeit nach Monteverdis Tod, im Jahre 1930 ergänzt wurde durch Guido Gasperinis Fund einer neapolitanischen Abschrift, die sich von der venezianischen nicht nur durch größere Sauberkeit auszeichnet, sondern vor allem teilweise erhebliche Varianten und Ergänzungen aufweist. Man weiß zwar, daß Francesco Cavalli, Schüler Monteverdis und einer der größten Opernkomponisten der Generation nach seinem Lehrer, 1646 eine Wiederaufführung in Venedig geleitet hat, aber von seiner Mitwirkung bei der ersten Aufführung in Neapel im Jahre 1651 ist nichts bekannt. So bleibt unklar, von wem die für Neapel nachkomponierten Szenen und Szenenteile stammen. Auch das berühmte Schlußduett wirft philologische Fragen auf, denn sein Text steht in keinem der gedruckten Libretti, stammt also offensichtlich nicht von Giovanni Francesco Busenello, wurde aber wohl auf Drängen Monteverdis hinzugefügt, denn es steht bereits in der venezianischen Handschrift. Aller Wahrscheinlichkeit nach stammt der Text von Benedetto Ferrari, einem Freund Monteverdis und Busenellos. Ob Monteverdi die Musik dazu schrieb, ist nicht zweifelsfrei erwiesen, erscheint aber wegen der hohen Qualität des Stückes mehr als wahrscheinlich.

Ähnlich wie bei der überlieferten Handschrift des *Ritorno d'Ulisse in patria* müssen auch für eine heutige Aufführung der *Incoronazione* die konkreten Instrumente von den Ausführenden selbst gewählt werden (abgesehen von der Entscheidung, welche Fassung man zugrunde legt). Die Wiederentdeckung des Opernkomponisten Monteverdi gleicht einem künstlerischen Abenteuer. Der Erstdruck erschien 1904 als 2. Band der *Studien zur Geschichte der italienischen Oper im* 17. Jahrhundert von Hugo Goldschmidt, die erste moderne Aufführung erfolgte vier Jahre später in Paris in einer modernisierten Bearbeitung von Vincent d'Indy. Einwände moralischer Art gegen das Libretto Busenellos – vergleichbar den Angriffen auf Lorenzo Da Pontes Libretto zu *Così fan tutte* – gab es seitdem immer wieder, doch ermöglichte die Edition beider Fassungen innerhalb der Monteverdi-Gesamtausgabe (Gian Francesco Malipiero, 1931) zumindest die Basis für eine nüchterne Betrachtung des überlieferten Werkbestandes. Bei ihrem berühmten Züricher Monteverdi-Zyklus, der auch als Film erschien, stellten jedenfalls Jean-Pierre Ponnelle (Inszenierung und Bühnenbild) und

Nikolaus Harnoncourt (musikalische Einrichtung und Leitung) die Bühnenwirksamkeit des Werkes eindrucksvoll unter Beweis. Eine ebenfalls
historisierende, aber doch eher puritanisch geratene Realisation brachte
Alan Curtis 1980 im Teatro La Fenice in Venedig zur Aufführung.

Dietmar Holland

Diskographische Empfehlung

1973 – Wien: Nikolaus Harnoncourt, Concentus musicus Wien.
Helen Donath (Poppea), Elisabeth Söderström (Nerone), Cathy Berberian
(Ottavia), Paul Esswood (Ottone), Giancarlo Luccardi (Seneca), Rotraud
Hansmann (Drusilla), Maria Minetto (Nutrice), Carlo Gaifa (Arnalta).
Telefunken 6.35247 (venezianische Fassung)

1984 – Paris: Jean-Claude Malgoire, La Grande Écurie et la
Chambre du Roy. Catherine Malfitano (Poppea), John Elwes (Nerone),
Zehava Gal (Ottavia), Gérard Lesne (Ottone), Gregory Reinhart (Seneca),
Colette Alliot-Lugaz (Drusilla), Guy de Mey (Nutrice), Ian Honeyman
(Arnalta). CBS, 14M 39728 (neapolitanische Fassung)

FRANCESCO CAVALLI

geb. 14. Februar 1602 in Crema
gest. 14. Januar 1676 in Venedig

Francesco Cavalli, der eigentlich Caletto-Bruno hieß und sich der Sitte der Zeit entsprechend den Namen seines Förderers Federico Cavalli zulegte, ist die Zentralfigur der venezianischen Oper, deren Entwicklung er maßgeblich beeinflußt hat und deren meistgespielter Komponist er wohl war. Daß von seinen insgesamt 42 Opern der stattliche Anteil von 28 erhalten blieb, verdanken wir dem Sammeleifer des Opernfanatikers Marco Contarini, aus dessen Besitz sie in den der Markusbibliothek übergingen.

Cavallis erste Opern sind noch merklich der römischen Tradition verpflichtet, doch schon mit seiner dritten Oper *Didone* (1641), gelingt ihm ein Meisterstück an originärer Kunst. Im Œuvre Cavallis spiegelt sich die allmähliche Ablösung der mythologischen durch historische Stoffe ebenso wider wie die wechselnde Rolle des Chores, der zunächst noch von größerer Wichtigkeit ist, doch dann um die Mitte des Jahrhunderts unüberhörbar an Bedeutung verliert, um in den 1670er Jahren wieder verstärkt in seine alten Rechte, freilich in neuem Gewande, eingesetzt zu werden.

1662 beschloß Cavalli, keine weiteren Opern mehr zu komponieren, wurde allerdings diesem Entschluß später wieder untreu. Die letzten Jahre seines Lebens indes stehen im Zeichen der Kirchenmusik, der er zeitlebens als Sänger, Organist und dann Kapellmeister an San Marco verbunden war. Cavallis Opern fallen in eine Zeit, in der die Balance zwischen Rezitativ und Arie noch ausgeglichen war, weshalb denn sowohl der musikalischen Entfaltung als auch der dramatischen Wirkung (trotz mancher abstruser Textbücher) Genüge getan wird. Zumal den Sologesang hat Cavalli zu einem künstlerischen Höhepunkt geführt. Hermann Kretzschmar, der zur Wiederentdeckung des Komponisten Ende des 19. Jahrhunderts entscheidend beigetragen hat, meinte, er sei „von einer unübertrefflichen Elasticität des Ausdrucks und vollendet in der Natürlichkeit, mit welcher aus der Deklamation in den Gesang (...) übergegangen wird".

Rainer Pöllmann

Serse (Xerxes)
Dramma per musica in drei Akten

Text: Niccolò Minato

Uraufführung: 12. Januar 1655, Teatro dei SS. Giovanni e Paolo, Venedig

Personen: PROLOG: Giove; Mercurio; Pallade; La Verità; La Vittoria; Amore; HANDLUNG: Serse, König von Persien (Alt); Amastre, am Ende seine Gattin, Tochter des Königs von Susa, als Mann verkleidet (Sop); Arsamene, Bruder Serses (Alt); Romilda (Sop) und Adelanta (Sop), Töchter Ariodates; Ariodate, Prinz von Abydos, Vasall Serses (Ten); Eumene, Eunuch, Favorit Serses und sein Sportlehrer (Sop); Aristone, alter Pflegevater Amastres, Edelmann aus Susa (Baß); Periarco, Botschafter Ottanes, des Königs von Susa (Alt); Elviro, Diener Arsamenes (Alt); Clito, Page Romildas (Sop); Sesostre (Baß) und Scitalce (Ten), Magier; Hauptmann von Serses Leibwache (Baß)

Chor: Geister; Soldaten Ariodates; Seeleute; Soldaten Serses

Ort und Zeit: Abydos in Kleinasien, 480 v. Chr.

Orchester: 2 BlFl, 2 Trp, Streicher, B. c. (vgl. Kommentar)

Form: Durchkomponierte Szenen

Aufführungsdauer: 4 Stunden

Verlag: Partitur abgedruckt in: Martha Novak Clinkscale: Pier Francesco Cavalli's *Xerse*, Vol. II, University of Minnesota, Ann Arbor, MI, 1971

Handlung

1. AKT: Serse, im Begriff Athen anzugreifen, läßt eine Platane als Ort des Friedens weihen. Er verliebt sich in Romilda, die jedoch die Zuneigung seines Bruders Arsamene erwidert, in den insgeheim auch Adelanta verliebt ist. Als Arsamene Romilda gegen Serses Werbung zu Hilfe eilt, verbannt ihn der empörte König mit seinem Diener Elviro vom Hof. Adelanta hingegen rät ihrer Schwester, Serses Antrag anzunehmen, und schürt Zweifel an Arsamenes Treue, um ihn so für sich zu gewinnen. Auch Arsamene verdächtigt seine Geliebte des Wortbruchs. – Getrieben von ihrer Liebe zu Serse trifft seine Verlobte Amastre, als Soldat verkleidet, mit ihrem Erzieher Aristone in Abydos ein. Aus einem Versteck heraus müssen sie hören, wie Serse seinem Vasall Ariodate zur Belohnung für den glorreichen

Sieg über die Mauren seiner Tochter einen königlichen Gatten „aus dem Geschlecht des Serse" in Aussicht stellt. Als Eumene seinen Herrn vor einer unstandesgemäßen Verbindung warnt, fühlt sich Amastre angesprochen und protestiert. Aristone rettet die Situation, indem er vorgibt, sie beide seien Pilger. Ariodate rätselt indes über das Versprechen des Königs. Er vermutet, Serse wolle Romilda Arsamene zur Frau geben, Adelanta denkt eher an den König selbst. Erneut versucht sie, ihre Schwester zu überzeugen, Serse zu heiraten; doch Romilda läßt von ihrer Liebe zu Arsamene nicht ab.

2. AKT: Elviro, der Romilda einen Brief Arsamenes überbringen soll, klärt Amastre auf, daß Serse ihr untreu geworden sei. Fatalerweise händigt er den Brief dann aber Adelanta aus, die ihm erzählt, Romilda schreibe gerade dem König einen leidenschaftlichen Brief und habe Arsamene schon ganz vergessen. Mit dem Brief zettelt Adelanta nun eine Intrige an: Sie gibt Serse gegenüber vor, die Liebesschwüre gälten ihr selbst, worauf der erleichterte König ihr verspricht, sie noch am gleichen Tag mit Arsamene zu vermählen. Serse zeigt Romilda den belastenden Brief. Aber obwohl sie glauben muß, von Arsamene betrogen worden zu sein, hört sie nicht auf, ihn zu lieben. – Am Hellespont will sich die verzweifelte Amastre töten, doch Aristone kann sie noch von ihrem Vorhaben abbringen. Gerade hat Arsamene von Elviro erfahren, daß Romilda ihm untreu geworden sei, da bietet ihm Serse (in der Meinung, es handele sich dabei um Adelanta) die Frau, die er liebe, zur Gemahlin. Doch Arsamene weist das Angebot zurück, worauf Serse Adelanta rät, den Undankbaren zu vergessen. Amastre tritt auf und verlangt von Serse in doppeldeutiger Rede als Lohn für ihre Treue das, was ihr zustehe. Als sie Romilda, um die Serse wieder einmal wirbt, auch noch vor dem König warnt, läßt dieser sie verhaften. Romilda aber veranlaßt ihre Freilassung. Aus Susa trifft Periarco ein, um Serse – als Dank für seine Hilfe beim Kampf gegen die Mauren – die Hand Amastres anzutragen, ist jedoch über deren Verkleidung erstaunt. Alle begeben sich ins Theater zu Kriegsspielen.

3. AKT: Romilda und Arsamene beschuldigen sich gegenseitig der Untreue. Erst als Adelanta ihren Betrug gesteht, versöhnen sich die beiden. Als jedoch Romilda dem König verspricht, ihm zu gehorchen, wenn auch ihr Vater einwillige, wird erneut Arsamenes Argwohn wach. Serse macht Ariodate eine verschlüsselte Andeutung, noch heute solle er Romilda mit jemandem „aus königlichem Blut" vermählen, und trägt Romilda die Krone an. Sie versucht sich aus der Bedrängnis zu retten, indem sie gesteht,

Arsamene habe sie bereits geküßt. Zornbebend will Serse den Nebenbuhler töten. Um so überraschter sind Romilda und Arsamene, als Ariodate, der immer noch glaubt, Serses Andeutungen verwiesen auf seinen Bruder, sie im Auftrag des Königs vermählt. Als Serse, der eben noch Periarco mitgeteilt hat, er werde Amastre nicht heiraten, um Romildas Hand bittet und erfährt, was vorgefallen ist, gerät er außer sich vor Wut. Auch ein Brief Amastres, die ihn darin der Untreue beschuldigt, bringt ihn nicht zur Einsicht. Als Arsamene erscheint, um Serse für seine Güte zu danken, reicht dieser ihm ein Schwert, mit dem er sich und Romilda töten solle. Erst Amastres Drohung, Selbstmord zu begehen, bewirkt bei Serse tätige Reue. Er wird Amastre heiraten. Die beiden Paare preisen das Glück der Liebe.

Kommentar

Mit all ihren Verkleidungen, Mißverständnissen, Doppeldeutigkeiten und dem etwas unvermittelten lieto fine kann Cavallis 20. Oper *Serse* als exemplarischer Vertreter der Gattung zu ihrer Zeit gelten. Mögen zwar Protagonisten wie Zuschauer wegen der Fülle kleiner Szenen mit häufig wechselnden Personen und Schauplätzen auch manchmal fast den Überblick verlieren, so ist doch der dramaturgische Aufriß der Oper ausgesprochen klar und regelmäßig: Jeder Akt umfaßt exakt 20 Szenen, die beiden ersten Akte enden in repräsentativen Balletten; genau im Zentrum des Werks, in der 11. Szene des 2. Akts, steht mit der Zerstörung der Brücke, die Serse über den Hellespont bauen ließ, um Griechenland anzugreifen, eine Szene, die zwar für die eigentliche Handlung im Grunde unerheblich ist, aber an einer exponierten Stelle das Scheitern von Serses (erotischen) Ambitionen und Eroberungsgelüsten symbolisch auf den Punkt bringt. Ausgewogen ist auch die Disposition der Personen. Dem Bruderpaar Serse/ Amastre stehen die beiden Schwestern Romilda/Adelanta gegenüber, wobei es (vom Standpunkt der Moral und der ausgleichenden Gerechtigkeit betrachtet) nur billig ist, daß am Ende nicht die lustspielübliche Heirat über Kreuz steht, sondern Serse eine standesgemäße Gattin freit, Adelanta als Intrigantin und Inszenatorin all der Verwirrung aber leer ausgeht und der Liebe entsagen muß. Gespiegelt und dabei vollends ins Komische gezogen werden die amourösen Verstrickungen der wahrlich nicht hehren Adeligen in bester Komödientradition bei der Dienerschaft, die in meist nur lose in den Handlungsablauf eingebundenen Intermezzi gewissermaßen ein „Schattenspiel der Konflikte" (Lorenzo Bianconi) aufführen, die ihre jeweiligen Herrschaften austragen.

Musikalisch geprägt ist *Serse* von den ausgesprochen wirkungsvollen und dramatisch mitreißenden Rezitativen, in der Regel vom Basso continuo begleitet, die sich an Höhepunkten auch zum Accompagnato steigern. Bemerkenswert sind dabei vor allem die Dialoge, bei denen die Gegenreden so schnell wechseln, daß Cavalli diese Rezitative in der Partitur wie Ensembleszenen notiert hat. Im Vergleich zu diesen die Dramatik befördernden und die Handlung vorwärtstreibenden Dialogen finden sich relativ wenige, gleichwohl kompositorisch ebenso wertvolle Monologe, deren ergreifendster vielleicht Romildas Klage über Serses Drängen im 3. Akt ist. Hier wird auch besonders deutlich, mit welchem Geschick Cavalli die musikgeschichtlich bereits vollzogene Trennung von Rezitativ und Arie wieder aufhebt und, indem er das Rezitativ mit ariosen Passagen anreichert und andererseits die Arien dramatisch auflädt, unmerklich von Rezitativ zu Arie und umgekehrt überleitet. Möglich wird dies nicht zuletzt deshalb, weil die Arie sich noch nicht zur Dacapo-Arie verhärtet hat, sondern auch noch liedhafte und strophische Momente besitzt. Mit merklicher Zurückhaltung ist der Chor behandelt, eine Folge des eher aufs Private denn auf eine Haupt- und Staatsaktion zielenden Librettos. Wie das (bei Cavalli auch sonst meist) dreistimmige Orchester, kommt der Chor vor allem in Szenen zur Geltung, die die barocke Schaulust befriedigen halfen, in den Geisterbeschwörungen und Kriegsgesängen.

Geschichte

Niccolò Minato, im Hauptberuf eigentlich Anwalt, benutzte als Grundlage für sein Libretto eine Passage aus Herodots *Historien* – ein Indiz für die verstärkte Hinwendung zu historischen Stoffen um 1650, die die Vorherrschaft des Mythos auf der Opernbühne beendete. Freilich spielt der historische Kontext in der Oper keine substantielle Rolle. Die Ereignisse des Jahres 680 v. Chr., als der Perserkönig Xerxes in Europa einfiel, um den von seinem Vater Darius begonnenen Krieg gegen die Griechen fortzusetzen, sind kaum mehr als ein Vorwand für die amourösen Leiden und Freuden der Protagonisten, die „all' uso corrente" (M. Faustini) eingerichtet und dem Zeitgeschmack angepaßt wurden.

Die erste Aufführung von *Serse* 1655 in Venedig war ein großer Erfolg, der eine stattliche Reihe von Inszenierungen in ganz Italien nach sich zog, in Genua (1656), Neapel und Bologna (1657), Palermo (1658), Mailand und Verona (1665), in Turin (1667) und in Cortona (1682). Anstatt des ursprünglich geplanten *Ercole amante* wurde *Serse* 1660 auch anläßlich der

Vermählung Ludwigs XIV. in Paris gespielt. Um sie dem französischen Geschmack anzupassen, transponierte man unter anderem die Titelrolle um eine Oktave in die Baritonlage, was das filigrane Gleichgewicht der Stimmen empfindlich stört, und erweiterte die Oper auf fünf Akte. Das derart aufgeblähte Werk, dessen Aufführung acht Stunden gedauert haben soll, erregte dann freilich eher durch die Pracht der Ausstattung und die von Lully hinzugefügten Ballettmusiken Aufsehen als durch seine musikalische Qualität.

In einer Bearbeitung von René Jacobs (Hinzufügung von je zwei Blockflöten und Trompeten, ferner die Besetzung des Basso continuo mit zwei Cembali, Theorbe, Barockgitarre und Orgel) kam die Oper 1985 konzertant wieder zur Aufführung und erschien auch auf Schallplatte.   *Rainer Pöllmann*

Diskographische Empfehlung

1985 – Bordeaux: René Jacobs, Concerto Vocale. René Jacobs (Serse), Judith Nelson (Amastre), Jeffrey Gall (Arsamene), Isabelle Poulenard (Romilda), Jill Feldman (Adelanta), John Elwes (Ariodate), Guy de Mey (Eumene). harmonia mundi (France), HMC 1175.78

Ercole amante (Herkules als Liebhaber)
Tragedia in musica in einem Prolog und fünf Akten

Text: Francesco Buti
Uraufführung: 7. Februar 1662, Salle des machines, Tuilerien, Paris
Personen: PROLOG: Cintia (Sop); HANDLUNG: Ercole (Baß); Venere (Sop); Giunone (Sop); Hyllo, Ercoles Sohn (Ten); Iole, Tochter des Königs Eutyro (Sop); Page (Sop); Dejanira, Ercoles Gattin (Sop); Licco, ihr Diener (Alt); Pasitea, Sonnos Gattin (Sop); Sonno (stumme Rolle); Mercurio (Ten); Nettuno (Baß); Schatten Eutyros (Baß); Schatten Bussirides (Alt); Schatten Laomedontes, des Königs von Troja (Ten); Schatten der Königin Clerica (Sop); La Bellezza (Sop)
Chor: PROLOG: Flüsse; HANDLUNG: Lüfte; Bäche; Zephire; Opferpriester; Seelen in der Unterwelt; Priester der Giunone; Planeten

Ort und Zeit: Oichalia, in mythischer Zeit
Orchester: 2 Trp, Streicher, B. c.
Form: Nummernoper
Aufführungsdauer: 3 Stunden
Verlag: Costallat, Paris (Bearbeitung von Luciano Sgrizzi)

Handlung

PROLOG: Der Chor der Flüsse preist die Größe König Ludwigs XIV. Der Tiber rühmt die glorreiche Zeit, die nach dem gewonnenen Krieg mit seiner Herrschaft angebrochen ist. Der König sei wie Ercole, dessen Erlebnisse die folgende Handlung schildert.

1. AKT: Ercole, der Held, der jede Herausforderung gemeistert und alle Gefahren bezwungen hat, leidet an seiner unerwiderten Liebe zu Iole, der Tochter des von ihm getöteten Königs Eutyro. Venere fährt mit den Grazien vom Himmel hernieder und bietet Ercole ihre Hilfe an. Doch Giunone, die Beschützerin von Ehe und Moral, ist empört über den Frevel Ercoles, ist dieser doch mit Dejanira verheiratet, während Iole Ercoles Sohn Hyllo liebt.

2. AKT: Die traute Zweisamkeit von Iole und Hyllo im Königspalast wird gestört vom Pagen, der zur Beunruhigung des Paares von Ercoles Absichten berichtet. Im Gespräch mit Licco rollt der Page auch die Vorgeschichte auf: Eutyro widerrief sein Versprechen, Iole Ercole zur Frau zu geben, als er von der Liebe seiner Tochter zu Hyllo erfahren hatte, und wurde deswegen von Ercole getötet. Licco berichtet Dejanira von Ercoles Untreue und versucht, die verzweifelte Frau zu trösten. – In einer Grotte singt Pasitea, begleitet vom Chor der Lüfte und Bäche, ihren Gatten in den Schlaf. Da erscheint Giunone und bittet sie, ihr Sonno für eine kurze Weile zu überlassen.

3. AKT: Von Venere erhält Ercole einen verzauberten Sessel, mit dem er Ioles Liebe gewinnen könne. Doch muß er vom Pagen erfahren, daß Iole nicht ihm, sondern seinem eigenen Sohn Hyllo zugetan ist. Iole sträubt sich zunächst gegen Ercoles Werben. Doch als sie sich in den Zaubersessel setzt, entflammt sie in Liebe zu dem Helden. Hyllo hat die Szene verfolgt. Verzweifelt beschließt er, Selbstmord zu begehen. Da greift Giunone ein. Sie versetzt mit Sonnos Hilfe Ercole in Schlaf und fordert Iole auf, den Wehrlosen zu töten und mit Hyllo zu fliehen. Doch dieser hindert seine Geliebte, die schon den Dolch erhoben hat, an der Tat. Da erwacht Ercole. Er mißversteht die Situation und glaubt, daß Hyllo und Dejanira, die in

diesem Augenblick hinzukommt, ihm nach dem Leben trachteten. Nur weil Iole ihm Hoffnung auf ihre Gunst macht, läßt Ercole die beiden am Leben; er verbannt Dejanira und setzt Hyllo in einem Wasserturm gefangen. Tränenreich nehmen Mutter und Sohn Abschied.

4. AKT: In seinem Gefängnis leidet Hyllo an Ioles vermeintlicher Untreue. Keine Erleichterung bringt auch der Page, der dem Gefangenen mitteilt, daß Iole Ercole heiraten wolle, um ihn zu retten. Ein Sturm kommt auf. Hyllo stürzt sich in die Fluten, wird aber auf Giunones Bitte hin von Neptun gerettet. Auch Iole beklagt vor dem Grabmal ihres Vaters ihr Leid. Doch der Schatten Eutyros beschuldigt sie des Verrats. Als Dejanira den vermeintlichen Tod Hyllos meldet, verzweifelt Iole völlig. In dieser Situation weiß Licco Rat. Er erinnert die beiden Frauen an das Gewand, das Ercole einst von Nessus erhalten hatte und das seine entschwundene Liebe zu Dejanira wieder erneuern könne.

5. AKT: In der Unterwelt schwören Ercoles Opfer ihrem Feind Tod und Rache. – Während der Vorbereitungen zur Hochzeit mit Iole, zieht Ercole das giftgetränkte Hemd des Nessus an und stirbt unter entsetzlichen Qualen an dem Feuer, das in seinem Körper wütet. Da jetzt auch noch der totgeglaubte Hyllo erscheint, steht dem Glück der Liebenden nichts mehr im Wege. Und auch das Entsetzen über Ercoles grausamen Tod legt sich, als Giunone vom Himmel herab verkündet, daß der Held unter die Götter aufgenommen und mit der Bellezza vermählt worden sei. Umrahmt vom Chor der Planeten erscheint das göttliche Paar am Himmel und rühmt, an den Prolog anknüpfend, auch die Hochzeit des gallischen Herkules Ludwig mit der iberischen Schönheit Maria Theresia.

Kommentar

Ercole amante war ein Auftragswerk des französischen Kardinals Mazarin für die Feierlichkeiten zur Vermählung von König Ludwig XIV. im Jahre 1660. Dieser Anlaß ist der Dramaturgie und der musikalischen Gestalt der Oper deutlich anzumerken und sichert ihr eine Sonderstellung im Œuvre des Komponisten. Zwar verleugnete Cavalli keineswegs seinen zu dieser Zeit längst zu höchster Fertigkeit entwickelten Stil: Die außerordentlich abwechslungsreiche und dramatisch sinnfällige Behandlung des Rezitativs mit dem für Cavalli typischen fließenden Übergang zum Arioso und zur Arie ist auch ein Merkmal des *Ercole amante*. Aber er versuchte doch auch, die Oper dem französischen Geschmack anzupassen.
Ein Indiz dafür ist schon die (in der venezianischen Oper relativ unübliche)

fünfaktige Anlage mit Prolog und einem im letzten Bild des 5. Aktes versteckten Epilog. Gerade diese beiden Teile bestechen durch besondere musikalische Prachtentfaltung und sind nichts weniger als (notfalls entbehrliche) Appendizes. Als „Zentralpunkt des Spektakels" (Jean-Louis Martinoty) enthalten sie die Rechtfertigung und zugleich die Interpretation des vorgestellten Geschehens, indem sie Herkules als allegorisches Ebenbild des französischen „Sonnenkönigs" zeigen – ein Vergleich, der angesichts des moralisch zweifelhaften, geistig eher tumben und ziemlich unheroisch endenden Titelhelden eigentlich wenig schmeichelhaft anmutet, dem Ruhm des Monarchen aber offenbar keinen Abbruch tat.

Die französische Operntradition offenbart sich aber vor allem in der Pracht der vielen ausgedehnten Chorszenen und Ballette, die Lully komponierte und an denen sich der König höchstselbst beteiligte. Der enorme musikalische wie auch theatralische Aufwand war freilich nötig, sollte die Oper in dem eigens für die Feierlichkeiten von Vigarini gebauten Theater mit seinen 7000 Plätzen den erwarteten Effekt erzielen. Nicht zuletzt deshalb kehrte Cavalli im *Ercole amante* auch zu einem fünfstimmigen Orchester zurück, das er schon im ersten Jahrzehnt seines Schaffens bevorzugt, dann jedoch für zwei Jahrzehnte zugunsten der Dreistimmigkeit aufgegeben hatte. Die ungewöhnlich zahlreichen orchestralen Zwischenspiele, die die Umbaupausen zu überbrücken halfen, sind denn auch sehr bemerkenswert, wobei vor allem die große dreiteilige Sinfonia am Beginn hervorzuheben ist.

Geschichte

Des Herakles letztes Abweichen vom Pfad der erotischen Tugend und sein grausames Ende im Hemd des Nessus, wie es Ovid im neunten Buch der *Metamorphosen* schildert, gehört zu den bekanntesten Stoffen der antiken Mythologie. Für sein Textbuch reicherte Cavallis Librettist Francesco Buti in bester venezianischer Tradition die schlichte, teilweise nur kurz angedeutete Erzählung Ovids mit zahlreichen Ränken, Intrigen und folgenreichen Mißverständnissen an und brachte so die einzelnen Handlungsfäden mitunter in gehörige Verwirrung. Darüber hinaus gaben etliche Sturm- und Gewitter-, Himmelfahrts- und Unterweltsszenen reichlich Gelegenheit zur Entfaltung barocken Theaterprunks mit all seinen technischen Raffinessen. Vor allem aber fügte Buti auch jene Querverweise ein, die den Sagenhelden zu einer Allegorie des Königs und damit die ganze Oper zu einer Huldigung seiner Größe machten.

Cavallis Festoper stand unter keinem guten Stern. Da Vigarinis neues

Opernhaus nicht rechtzeitig fertig wurde, führte man 1660 statt des eigentlich vorgesehenen *Ercole amante* den *Serse* in einer französisch inspirierten Bearbeitung auf. Im Jahr darauf starb Cavallis Auftraggeber Mazarin, zudem intrigierte Lully, der um seinen Einfluß als Hofkomponist fürchtete, gegen den Konkurrenten. Die erste Aufführung von *Ercole amante* am 7. Februar 1662 geriet für Cavalli denn auch zu einem Mißerfolg. Trotz aller Rücksichtnahme traf die Oper kaum den Geschmack des Pariser Publikums. Weitaus mehr als Cavallis Musik gefielen die prunkvolle Ausstattung und die Ballette Lullys. Nach immerhin noch zehn Vorstellungen im Jahr 1662 verschwand die Oper für über drei Jahrhunderte von der Bühne. Erst 1979 wurde *Ercole amante*, in einer Fassung von Luciano Sgrizzi, in Lyon wiederaufgeführt. Die Inszenierung besorgte Jean-Louis Martinoty, die musikalische Leitung hatte Michel Corboz. Ein Jahr später folgte eine konzertante Aufführung in London.   *Rainer Pöllmann*

Diskographische Empfehlung
1980 – Tooting Graveney, England: Michel Corboz, English Bach Festival Chorus & Baroque Orchestra. Yvonne Minton (Gionone), Felicity Palmer (Iole), Patricia Miller (Dejanira), Colette Alliot-Lugaz (Venere, Belezza), Ulrik Cold (Ercole), Keith Lewis (Hyllo). RCA, Erato ZL 30718

JEAN-BAPTISTE LULLY

geb. 28. November 1632 in Florenz
gest. 22. März 1687 in Paris

Der Florentiner Lully war als 13jähriger nach Frankreich gekommen und als „garçon de la chambre" in die Dienste der Princesse d'Orléans getreten, wo Michel Lambert die große musikalische Begabung des Jungen entdeckte und förderte. Lully war gerade 21, als er am Hofe des sechs Jahre jüngeren Ludwig XIV. den Rang eines „Compositeur de la musique instrumentale" bekleidete. Fortan war die Laufbahn Lullys untrennbar mit der des Sonnenkönigs verbunden: Je mehr dieser Pracht und Glanz des höfischen Lebens entfaltete, desto größer und interessanter wurden die Aufgaben, die er seinem Hofkomponisten stellte. Seit 1664 arbeitete Lully mit Molière zusammen und schuf die Musik für ein gutes Dutzend seiner Komödien, die als comédies-ballets den Hof unterhielten: Von *Le mariage forcé* (1664) über *Georges Dandin* (1668) zu *Monsieur de Pourceaugnac* und *Le bourgeois gentilhomme* (1669) mit der berühmt gewordenen „cérémonie des turcs" ist eines wie das andere ein Meisterwerk sui generis. Doch Lully wollte es nicht bei diesem „leichten" Genre bewenden lassen, sondern an die Erfolge der italienischen Opern von Luigi Rossi und Francesco Cavalli anknüpfen, die Mazarin nach Frankreich „importiert" hatte. Da Molière für dieses „ernste" Unterfangen nicht der Richtige gewesen wäre (oder vielleicht doch...? Schade, daß es Lully nie versucht hat!), intensivierte Lully die Zusammenarbeit mit dem Hofdichter Philippe Quinault; seine Verse waren zwar pathetisch und „preziös", aber dramaturgisch genau das, was der Komponist suchte. Schon der Erfolg von *Cadmus et Hermione* (1673) gab ihm recht: Die tragédie lyrique – die erste eigenständige Gattung des französischen Musiktheaters, die Lully und Quinault mit diesem Werk inauguriert hatten – setzte sich durch. Die tragédie lyrique, auch tragédie en musique genannt, nahm sich den rhetorischen Vortrag der klassischen französischen tragédie zum Vorbild, vor allem im deklamierenden récitatif. Ihm traten die mehr kolorierten „airs", die Duette, Chöre und Ballettsätze in einem geschlossenen Aufbau der Szenen gliedernd zur Seite. In prunkvoller Ausstattung erzielte diese Verknüpfung von Deklamation und Aktion eine großartige Bühnenwirkung, die für etwa ein Jahrhundert in der französischen Oper verbindlich blieb. Lully schrieb fast jedes Jahr eine tragédie lyrique: *Alceste* (1674), *Thésée* (1675), *Atys* (1676), *Isis* (1677), *Psyché* (1678), *Bellérophon* (1679), *Proserpine* (1680), *Persée* (1682), *Phaëton* (1683), *Amadis* (1684), *Roland* (1685), *Armide* und *Acis et Galathée* (1686), stieg zu außergewöhnlichen Ehren (bis zum „Secrétaire du Roi", 1680) auf und erwarb ein immenses Vermögen; daß er außer der Musik auch die Kunst der Intrige virtuos beherrschte, ist glaubwürdig belegt. Es ist also nicht erstaunlich, daß er bei aller Bewunderung seiner Freunde zugleich einer der meistgehaßten Männer im Umfeld des Sonnenkönigs war, und manch einer mag den tragischen Tod des erst 54jährigen mit Erleichterung zur Kenntnis genommen haben: Lully stieß sich beim Dirigieren (aus Versehen, sagen die einen – in einem Wutanfall, behaupten die anderen) den schweren Taktstock durch den Fuß und starb an den Folgen einer Blutvergiftung. Sein letztes Bühnenwerk – die tragédie lyrique *Achille et Polyxène* – wurde von seinem Kollegen Pascal Colasse vollendet.

Michael Stegemann

Alceste ou Le triomphe d'Alcide
Tragédie en musique in einem Prolog und fünf Akten

Text: Philippe Quinault, nach Euripides
Uraufführung: 12. Januar 1674, Palais Royal, Paris
Personen: PROLOG: La Nymphe de la Seine (Sop); La Gloire (Sop); La Nymphe des Tuileries (Mez/Alt); La Nymphe de la Marne (Mez/Alt); HANDLUNG: Alcide/Hercule (Baß); Lychas (Ten); Straton (Bar); Céphise (Sop); Licomède (Baß); Phérès (Ten); Admète (Ten); Cléante (Baß); Alceste (Sop); Thétis (Sop); Éole (Baß); Apollon (Ten); Diane (Sop); Mercure (Baß); Charon (Baß); Pluton (Ten); Proserpine (Mez/Alt); L'Ombre d'Alceste (Sop); Alecton (Ten)
Chor und Ballett: PROLOG: Suite de la Gloire; Naïades et Hamadriades; Troupe de Divinités de Fleurs; Les Plaisirs; HANDLUNG: Thessaliens; Pages et Suivants; Troupe de Divinités de la Mer; Troupe de Matelots; 4 Aquilons; 4 Zéphirs; Troupe de Soldats de Licomède;

Troupe de femmes affligées et d'hommes désolés; Ombres; Suivants de Pluton; Les Peuples de la Grèce; Les Neuf Muses; Les Jeux, Troupe de Bergers et de Bergères, Troupe de Pâtres

Ort und Zeit: Griechenland, in mythischer Zeit

Orchester: 6 Fl, 4 Ob, 2 Fg, 2 Trp, Cornemuse, Pkn, (20) Theorben/Chitarronen, Streicher, B. c.

Form: Nummernoper, gegliedert in einen Prolog und 37 Szenen

Aufführungsdauer: ca. 3¾ Stunden

Verlag: EA de Baussen, Paris 1708; NA Ballard, Paris 1727 und GA Paris 1932

Handlung

PROLOG: Ungeduldig erwartet die Nymphe der Seine die Rückkehr des heldenhaften Königs (Ludwig XIV.). Trompeten und Pauken kündigen die Ruhmesgöttin an, die die baldige Ankunft des Königs verheißt. Nymphen, Fluß- und Blumengottheiten und allegorische Figuren der Freude vereinigen sich im Garten der Tuilerien, um dem König ein glänzendes Fest auszurichten.

1. AKT: Admète, König von Thessalien, bereitet seine Hochzeit mit Alceste vor, der Prinzessin von Jolkos. Licomède und Alcide, die ebenfalls um Alcestes Gunst geworben haben, sind enttäuscht. Dieser „ernsten" Konstellation entspricht die „komische" Szenerie, daß sich Straton (der Vertraute des Licomède) und Lychas (der Vertraute des Alcide) in Céphise (die Vertraute der Alceste) verliebt haben, die freilich nichts von der „Moral" der Prinzessin hält und bald dem einen, bald dem anderen ihrer Verehrer zuneigt. In einem großen Fest, das Licomède organisiert hat, geleiten Nymphen, Meeresgottheiten, Matrosen und Fischer Alceste zu dem Schiff, das sie nach Thessalien bringen soll. Licomède schreitet voran, doch kaum daß ihm die Prinzessin gefolgt ist, entfesselt Thétis – Licomèdes Verbündete – ein Unwetter. Der Windgott Éole kann die Wogen zwar besänftigen, doch Admète und Alcide müssen vom Ufer aus hilflos zusehen, wie das Schiff in der Ferne entschwindet.

2. AKT: Während Admète und Alcide dem Verräter Licomède nachgeeilt sind, hat dieser Alceste nach Scyros entführt. Wieder folgt der „ernsten" Szene zwischen Licomède und Alceste eine „komische" zwischen Straton und Céphise. Inzwischen sind die Verfolger in Scyros eingetroffen. Alcide bleibt zwar im Kampf gegen Licomède Sieger und bringt Alceste in den Schutz Phérès', des Vaters Admètes; Admète selbst aber ist tödlich

verwundet und nimmt von seiner Braut Abschied. Apollon erscheint und verkündet, Admète müsse sterben, wenn sich niemand finde, der an seiner Statt in die Unterwelt gehe.

3. AKT: Im Tempel klagt Alceste ihr Leid: Niemand hat sich bis jetzt gefunden, um an Admètes Stelle zu sterben; auch sein Vater Phérès und die lebenslustige Céphise haben es abgelehnt, sich zu opfern. Draußen erwartet das trauernde Volk den nahen Tod des Königs, doch plötzlich erhebt er sich, von seinen Wunden genesen. Glücklich betritt er das Innere des Tempels, um demjenigen zu danken, der ihn ausgelöst hat – und findet zu seinem Entsetzen Alceste, die sich erdolcht hat! Schon will Admète seiner Geliebten in den Tod folgen, da tritt Alcide vor; er gesteht dem König, ebenfalls Alceste zu lieben, und bietet sich an, sie der Unterwelt zu entreißen. Als Preis aber verlangt er, Admète solle ihm die Braut überlassen.

4. AKT: Am Ufer des Acheron versieht Charon den Fährdienst. Nachdem er bereits Alceste in das Totenreich gebracht hat, wo Pluton und Proserpine sie mit einer „fête infernale" willkommen heißen, setzt er nun auch Alcide über. Der tapfere Held tritt vor die Götter der Unterwelt und verlangt die Herausgabe der Prinzessin. Pluton und Proserpine erkennen angesichts der Macht der Liebe ihre eigene Ohnmacht und lassen die beiden zurückkehren in die Welt der Lebenden.

5. AKT: Admète hat für die Rückkehr Alcestes und Alcides aus der Unterwelt ein großes Fest vorbereitet. Als aber Alcide spürt, daß Alceste nicht ihn, sondern immer noch Admète liebt, nimmt er seinen Anspruch zurück und führt das Paar einander zu. Apollon, die Musen, die allegorischen Figuren der Freude und das Volk von Thessalien feiern Alcides Großmut und das Glück Alcestes und Admètes.

Kommentar

Nach einer langen Reihe von Divertissements und Balletten, die ihm die Titel eines „Surintendant de la musique" und eines „Maître de la musique de la famille royale" am Hofe des Sonnenkönigs eingetragen hatten, brachte Lully (gemeinsam mit seinem Librettisten Philippe Quinault) 1672 seine erste tragédie lyrique zur Aufführung – *Cadmus et Hermione* – und begründete damit die französische Oper. Der triumphale Erfolg des Werkes bereitete den Weg zur *Alceste*, die schon vor ihrer Premiere von sich reden machte: „Sie ist ein Wunder an Schönheit", urteilte etwa Madame de Sévigny nach den ersten Proben, die in den Gemächern der Madame de Montespan abgehalten wurden, der Favoritin des Königs;

„manche Partien der Musik haben mich (und auch Madame de Lafayette) wirklich zu Tränen gerührt." Viele aber gab es, die Lully und Quinault ihren Erfolg neideten – etwa Boileau und Racine, die gegen die *Alceste* alle möglichen Intrigen in Gang setzten. Vergebens: Die Uraufführung im Palais Royal und die Festaufführung, die Ludwig XIV. am 4. Juli 1674 im Innenhof von Schloß Versailles stattfinden ließ – hier wurden allein zwanzig Theorben und Chitarronen als Continuo verwendet, wie ein Stich von Le Pautre zeigt –, fanden höchstes Lob.

Quinault ist mit der Tragödie des Euripides denkbar frei umgegangen und war vor allem darum bemüht, möglichst viele Protagonisten und bunt wechselnde Szenerien unterzubringen. Damit war Lully Gelegenheit gegeben, das gesamte Spektrum seiner Kunst vorzuführen: Dramatische Rezitative und groß angelegte Chorszenen bis hin zum Doppelchor, Ballett-Divertissements und pastorale *ariettes*, Affekte der Trauer, Freude und Spannung. In nuce enthält *Alceste* so bereits sämtliche Elemente, die die französische Oper die nächsten anderthalb Jahrhunderte lang bestimmen.

Geschichte

Nach Folgeaufführungen in Fontainebleau (1677) und Saint-Germain (1678) erlebte *Alceste* schon 1681 seine erste Inszenierung außerhalb Frankreichs, in Hamburg; in Paris wurde das Werk 1706, 1716, 1728, 1739 und 1757 wiederaufgeführt, bis die *Alceste* von Gluck und Calzabigi (Wien 1767) bzw. Le Blanc du Roullet (Paris 1776) das Werk von Lully und Quinault verdrängte.

Die exemplarische Schallplattenaufnahme durch Jean-Claude Malgoire trug wesentlich zu einer Renaissance dieses Werkes bei.

Michael Stegemann

Diskographische Empfehlung

1974 – Versailles: Jean-Claude Malgoire, Chorale Raphael Passaquet, La Grande Écurie et la Chambre du Roy. Max van Egmond (Alcide), Anne-Marie Rodde (Gloire, Céphise), François Loup (Licomède, Charon), Felicity Palmer (Alceste), Bruce Brewer (Admète). CBS 76551

Atys
Tragédie en musique in einem Prolog und fünf Akten

<u>Text:</u> Philippe Quinault
<u>Uraufführung:</u> 10. Januar 1676, Saint-Germain-en-Laye
<u>Personen:</u> PROLOG: Le Temps (Bar); Flore (Sop); Zéphirs (Ten; Bar); Melpomène (Sop); Iris (Sop); HANDLUNG: Atys (Ten); Idas (Baß); Sangaride (Sop); Doris (Sop); Cybèle (Sop); Mélisse (Mez); Célénus (Baß); Le Sommeil (Baß); Morphée (Ten); Phobétor (Bar); Phantase (Ten); Un Songe funeste (Baß); Sangar (Bar)
<u>Chor und Ballett:</u> Les Heures du jour et de la nuit; Troupe de Nymphes chantantes; Suivants de Flore dansants; Quatre petits Zéphirs; Héros combattants et dansants de la Suite de Melpomène (Hercule, Antée, Ethéocle, Polinice, Castor, Pollux); Phrygiens et Phrygiennes; Troupe de Suivants de Célénus; Troupe de Zéphirs; Troupe de Songes agréables; Troupe de Songes funestes; Troupe de Dieux de fleuves, de ruisseaux et de Nymphes de fontaines; Troupe de Divinités des bois et des eaux; Troupe de Corybantes
<u>Ort und Zeit:</u> Phrygien, in mythischer Vorzeit
<u>Orchester:</u> 6 Fl, 7 Ob, 3 Fg, Schlgzg, Streicher, B. c.
<u>Form:</u> Nummernoper, gegliedert in einen Prolog und 33 Szenen
<u>Aufführungsdauer:</u> Ca. 3½ Stunden
<u>Verlag:</u> EA de Baussen, Paris 1689; NA Ballard, Paris 1715 und GA Paris 1934

Handlung
PROLOG: Der Gott der Zeit prophezeit dem „größten Helden" (Ludwig XIV.) ewigen Ruhm. Flore – die Blumengöttin des Frühlings – beklagt, daß der König ihre Kunst nicht bewundern könne, da er im Krieg (gegen die Niederlande) steht. Melpomène, die Muse der Tragödie, führt dem König zunächst eine Pantomime großer antiker Kampfeshelden vor und kündigt dann die Geschichte des phrygischen Jünglings Atys an, damit er „in dieser Zeit der spielerischen Muse über neue Eroberungen nachsinne".

1. AKT: Auf einem der Cybèle geweihten Berg erwartet das phrygische Volk die Erscheinung der Göttin, die versprochen hat, anläßlich der Hochzeit des Königs Célénus mit der Flußnymphe Sangaride zur Erde hinabzusteigen. Sangaride aber ist heimlich in den schönen Atys verliebt, der ebenfalls der Nymphe seine Liebe gesteht.

2. AKT: Im Tempel der Cybèle begrüßen Célénus und Atys die Göttin, die einen von beiden zu ihrem Oberpriester ernennen soll. Für Cybèle war die Hochzeit des phrygischen Königs freilich nur ein Vorwand, sich unter die Sterblichen zu begeben; tatsächlich ist sie in heißer Liebe zu Atys entbrannt, und nur um ihn zu sehen, ist sie gekommen. Als Zeichen ihrer Gunst bestimmt sie Atys zu ihrem Priester.

3. AKT: Im Priesterpalast beklagt Atys sein Los: Anstatt stolz zu sein auf das hohe Amt, das ihm die Göttin anvertraut hat, verzehrt er sich in Sehnsucht nach Sangaride. Er ist sogar entschlossen, das Vertrauen des Célénus zu täuschen, um die Nymphe für sich zu gewinnen. Cybèle hat indessen die Götter des Schlafes – Morphée, Phobétor und Phantase – aufgerufen, Atys in einen Zauberschlaf zu versetzen; schöne Träume gaukeln ihm die Freuden der Liebe vor, düstere Träume warnen ihn davor, die Gunst einer Göttin auszuschlagen. Als Atys erwacht, findet er sich allein mit Cybèle, die ihm ihre Liebe gesteht. Plötzlich aber erscheint Sangaride und fleht die Göttin um Schutz an: Sie liebe nicht Célénus, sondern Atys – Cybèle soll die bevorstehende Hochzeit verhindern! Enttäuscht bricht die Göttin in Tränen aus.

4. AKT: Sangaride hat im Palast ihres Vaters, des Flußgottes Sangar, Zuflucht gefunden. Sie hat die Szene zwischen Atys und Cybèle mißverstanden und glaubt nun, der schöne Jüngling liebe nicht sie, sondern die stolze Göttin. In ihrer Verzweiflung ist sie nun bereit, Célénus zu heiraten. Atys aber erscheint selbst und kann Sangaride beruhigen; die Liebenden schwören sich ewige Treue. Atys befiehlt (kraft seines Amtes als Oberpriester der Cybèle) dem Flußgott Sangar, das Hochzeitsfest abzubrechen.

5. AKT: Eine „arkadische Landschaft". Célénus und Cybèle haben entdeckt, daß Atys sie hintergangen hat, und schwören furchtbare Rache. Cybèle raubt dem Jüngling den Verstand, und in völliger Verwirrung hält er Sangaride für ein Ungeheuer, stürzt sich auf sie und ersticht das Mädchen. Wieder bei Sinnen, erkennt er entsetzt seine Untat und will sich das Leben nehmen; Cybèle aber verwandelt ihn in eine Pinie: Sie hat Atys zwar bestraft, doch für immer verloren.

Kommentar

Lullys vierte Oper (nach *Cadmus et Hermione*, *Alceste* und *Thésée*) war von Ludwig XIV. höchstpersönlich bestellt worden. Der König war es auch, der unter fünf Sujets, die Philippe Quinault ihm vorgelegt hatte, den *Atys* ausgewählt hatte, so daß man bei Hofe das Werk bald als „l'opéra du

Roy" bezeichnete. Auf welche Stoffvorlage Quinault für sein Libretto zu-rückgriff, ist ungewiß. Auch die Behauptung zeitgenössischer Quellen, der König habe in dem Konflikt des Helden zwischen Cybèle und Sangaride tatsächlich sich selbst, die Königin und seine Favoritin Madame de Mainte-non gesehen, ist eine bloße Vermutung. Jedenfalls wurde dieses „Theater-stück mit Bühnenmaschinerie, Ballett-Divertissements und obligater Mu-sik" ein großer Erfolg und trug nicht wenig zu Lullys Ruhm bei. Trotz der großen Besetzung ist *Atys* gegenüber den früheren Bühnenwerken des Komponisten ein eher intimes Stück; die Handlung ist – weitgehend ohne „Neben-Intrigen" – sehr viel straffer, in den Vokal-Partien triumphiert der Affekt über den Effekt, und Lully hatte alle Mühe, sich gegen die Ansprü-che der Sänger durchzusetzen. „Lully wettert gegen alle. Jeder will in *Atys* glänzen, aber in diesem Werk gibt es eben nichts, um damit zu glänzen." Die Pracht der Dekorationen, Bühnenmaschinerien und Ballett-Divertis-sements mußte schließlich den fehlenden „Glanz" der Partitur ausgleichen. Bemerkenswert an *Atys* sind auch der tragische Schluß – zum erstenmal wird in einer französischen Oper der ungerechte Tod des Helden nicht durch einen deus ex machina abgewandt – sowie die Vielzahl der Duette (in wechselnder Konstellation), die bereits auf die Ensemble-Szenen späterer tragédies lyriques Lullys und Rameaus vorausweisen.

Geschichte

Lully errang mit *Atys* einen sensationellen Triumph, dessen Wir-kung bis ins 19. Jahrhundert hineinreicht (die Arie der Sangaride aus dem 1. Akt „Quand le péril est agréable" gehörte noch im Second Empire zu den beliebtesten Vaudeville-Vorlagen). Nach der Uraufführung erlebte die Oper allein in Paris bis 1753 sieben Neu-Inszenierungen, und auch außer-halb der Hauptstadt wurde sie immer und immer wieder aufgeführt: 1687 in Amsterdam, 1688 in Marseille und Lyon, 1689 in Rennes, 1692 in Lyon, 1695 in Brüssel, 1701 in Den Haag. Als weitere Beweise für die Popularität des Werkes können die mehr als dreißig Druckausgaben des Librettos und der (zum Teil reduzierten) Partitur gelten und die acht Parodien, die nach dem *Atys* entstanden. Quinaults Libretto wurde 1780 von Jean-François Marmontel für eine Neuvertonung eingerichtet, mit der Nicola Piccini in den Opernstreit zwischen „Gluckisten" und „Piccinisten" eingriff.

Michael Stegemann

Diskographische Empfehlung

1987 – Paris: William Christie, Les Arts Florissants. Bernard Deletré (Le Temps), Monique Zanetti (Flore), Guy de Mey (Atys), Agnès Mellon (Sangaride), Guillemette Laurens (Cybèle), Jean-François Gardeil (Célénus). Harmonia mundi (France), HMC 901257.59

HENRY PURCELL

geb. Sommer/Herbst 1659 in London
gest. 21. September 1695 in London

Mit Henry Purcell wurde, wahrscheinlich in London, einer der bedeutendsten Komponisten des Barock-Zeitalters geboren. Als Chorknabe ist er früh zum Komponieren angeregt worden. Vierzehnjährig, nach dem Stimmbruch, wurde er bereits Gehilfe beim Aufseher des Königlichen Instrumentenbestandes, und kurz darauf trug man ihm an, die Orgel in Westminster Abbey zu stimmen. 1679, mittlerweile schon mit mehreren wichtigen Ämtern betraut, wurde er als Organist an diesem Instrument auch der Nachfolger seines sehr verehrten Lehrers John Blow. Die Ernennung zu einem der Organisten der Chapel Royal drei Jahre später deutet darauf hin, daß Purcell auch als Chorsänger gewirkt hat. Der Komponist, er diente drei Königen in seinem Leben, behielt alle Ämter bis zu seinem Tode.

In jungen Jahren schrieb der begnadete Kontrapunktiker viel Instrumentalmusik und vokale Kirchenmusik, die der polyphonen Tradition verhaftet war. Seine oft sehr kühn anmutende Harmonik ist wesentlich auf eine höchst individuelle Behandlung der Einzelstimme zurückzuführen. Durch Henry Cooke, den „master of the children" der königlichen Kapelle, lernte er die italienische Musik kennen und bewundern. Purcell setzte sich bald intensiv mit dem neuen dramatischen Stil auseinander und verstand es, die vielfältigsten Einflüsse aus Italien und Frankreich vollkommen im eigenen, ganz der englischen Sprache adäquaten Idiom aufzuheben.

Die Bühnenmusik nimmt in Purcells Gesamtwerk einen vergleichsweise kleinen Raum ein. Für die neue kontinentale Gattung der Oper war im England des 17. Jahrhunderts die Zeit noch nicht recht reif. Nach der Restauration 1660 wurden bevorzugt die traditionsreichen Maskenspiele gepflegt, mythologisch-allegorische Schauspiele mit prunkvollen Chormusik- und Balletteinlagen. Fünf der insgesamt sechs überlieferten Bühnenkompositionen Purcells bestehen denn auch aus Musiknummern, die das Geschehen eher gliedern: Ouvertüren, Zwischenaktmusiken, Tänzen, Liedern. So überlebte etwa die Musik aus *King Arthur, on the British Worthy*

(1691) oder aus *The fairy Queen* (1692) nur in Einzelstücken oder als Suite. Allein das berühmte, 1689 entstandene Spiel *Dido and Aeneas* kann mit einigem Recht als Oper bezeichnet werden, wurde hier doch ein Libretto vollständig in Töne gesetzt.   *Helmut Rohm*

Dido and Aeneas
Oper in drei Akten

Text: Nahum Tate, nach dem fünften Buch von Vergils *Aeneis*
Uraufführung: 1689, Mädchenpensionat des Tanzmeisters Josias Priest, London/Chelsea
Personen: Dido, Königin von Karthago (Sop); Aeneas, Held aus Troja (Ten); Belinda, Didos Kammerfrau (Sop); Zweite Dame (Sop); Zauberin (Mez); Erste Hexe und Geist (Mez); Seemann (Ten); Chor
Ort und Zeit: Karthago, in antiker Zeit
Orchester: Streicher, B. c.
Form: Nummernoper mit 44 Musiknummern
Aufführungsdauer: 1 Stunde
Verlag: Oxford University Press

Handlung
1. AKT („Der Palast"): Aufmunternd, das Reich der Freude besingend, wirkt Belinda, die Kammerfrau, auf ihre Herrin ein. Dido jedoch, die edle Königin von Karthago, vermag ihren Kummer nicht zu verbergen. Noch hegt sie Zweifel daran, ob mit dem troischen Helden Aeneas wirklich das Glück gekommen sei, ob sich das Schicksal tatsächlich ihrer geheimen Wünsche annehmen werde. Gastfreundlich hat sie den Sohn des Anchises und der Aphrodite nach seinen langen, gefährlichen Irrfahrten bei sich aufgenommen. Er war seiner brennenden Heimatstadt Troja lebend entkommen. Dido ist verliebt in den ebenso tapferen und tugendhaften wie schönen Aeneas. Als der nun um sie wirbt, zögert sie zunächst: „Das Schicksal verbietet, was Ihr begehrt" – so ihre Ahnung. Aeneas aber gibt nicht auf. Sie solle ihn nicht ein zweites Mal fallen, Troja nicht noch einmal untergehen lassen. Schließlich können Belinda und der Chor jubelnd vom Triumph der Liebe und der Schönheit künden.

2. AKT. 1. Szene („Die Höhle"): Die Erfüllungsgehilfen des Schicksals schlafen nicht. In ihren Höhlen tanzen die Hexen. Es tritt eine Zauberin auf und verkündet den Unheilsschwestern einen finsteren Plan. Die verhaßte, weil im Glück lebende Königin von Karthago soll noch vor Sonnenuntergang ihres Ruhmes, ihrer Liebe und des Lebens beraubt werden. Da lachen die Hexen ihr grelles, giftiges Lachen. Aeneas, der troische Prinz, vom Schicksal ausersehen, die Gestade Italiens zu erreichen, müsse mit seiner Flotte unverzüglich zum Aufbruch genötigt werden. Sie selbst, die Zauberin, gedenke, ihm deshalb in der Gestalt Merkurs zu erscheinen und sein Verweilen zu tadeln. Vorher aber soll ein Unwetter den Liebenden ihr königliches Jagdpläsier vergällen. Da tanzen bei Blitz und Donner die Furien und Hexen ihren schrecklichen Tanz.

2. Szene („Der Hain"): Noch besingt im freundlichen Hain Belinda die Einsamkeit der Hügel und Wälder, das Vergnügen der Jagd in lieblicher Natur. Doch schon die zweite Frau trübt diese Idylle durch ihre Erinnerung an den unglückseligen Actaeon: Die eigenen Hunde zerrissen einst den jungen Jäger, weil Diana ihn – nachdem sie beim Baden gestört worden war – in einen Hirsch verwandelt hatte. Jetzt tritt der glückliche Jäger Aeneas auf, mit dem blutenden Kopf eines riesigen Ebers. Schleichend hat sich das Unheil angekündigt, nun nimmt es seinen Lauf. Dido und die Ihren werden von einem mächtigen Unwetter vertrieben. Aeneas aber vernimmt aus dem Mund eines Geistes in Gestalt des Merkur den Zorn der Gottheit. Er gelobt, Jupiters Gebot zu folgen, der Liebe abzuschwören und noch in dieser Nacht die Anker zu lichten. Es gilt, an Latiums Strand das zerstörte Troja neu zu errichten. Der Geist verschwindet, und den Helden übermannt ein heftiger Schmerz. Wie soll er es seiner Königin sagen? Gestern glücklich in ihren Armen und heute nacht schon der Abschied! Leichter fiele ihm der Tod, aber das Schicksal hat es so befohlen.

3. AKT („Die Schiffe"): Der Erste Seemann drängt zum Aufbruch, Zeit und Flut dulden keinen Aufschub. Die Matrosen nehmen Abschied von ihren Nymphen, sie tanzen ausgelassen, wie zur Beschwichtigung der Trauer. Händereibend beobachten die Hexen das bunte Treiben am Strand. Sie freuen sich ihrer gelungenen Heimtücke. Die Königin wird verlassen, den Ozean würden bald fürchterliche Stürme aufpeitschen. „Dido wird bluten heut nacht und bald Karthago in Flammen stehen." Derweil wendet sich die Königin klagend an das Schicksal. Mit tiefem Gram tritt Aeneas zu ihr und versucht den Ratschluß der Götter zu erklären. Doch Dido nennt ihn einen tückischen Heuchler und Betrüger. Alle seine Beteuerungen

schlägt sie in den Wind, selbst das verzweifelte Versprechen, dem Willen der Götter zu trotzen und bei ihr zu bleiben. Dido ist zum Sterben entschlossen, sie verjagt den Geliebten. In den Armen Belindas haucht die vom Schicksal Betrogene ihr Leben aus, Amoretten streuen mit hängenden Flügeln Rosen auf ihr Grab. Singend in alle Ewigkeit gedenken sie des hingeschiedenen sanften Herzens.

Kommentar

Was den szenischen und instrumentalen Aufwand betrifft, so kann Henry Purcells Meisterwerk *Dido and Aeneas* getrost als Kammeroper bezeichnet werden. Die Subtilität der Vokalpartien sowie die luzide Faktur der mehrstimmigen Sätze der Tänze lassen freilich nie den Verdacht aufkommen, das Stück könnte für eine Laienaufführung der Schülerinnen von Chelsea bestimmt gewesen sein. Immerhin mögen die nach Art der französischen opéra-ballets einen wesentlichen Platz einnehmenden Tänze dem Leiter des Mädchenpensionats für seine Zöglinge willkommen gewesen sein: Josias Priest war Tanzmeister. Leider hat sich von Purcell weder die Handschrift der Partitur noch sonst eine eigenhändige Quelle erhalten. Aus dem 17. Jahrhundert – wahrscheinlich von der Erstaufführung im Jahre 1689 her – stammt nur ein gedrucktes Libretto. Auf dieses wichtige Dokument stützt sich die sicherlich authentische Verteilung der 44 Musiknummern auf die drei Akte. Die älteste überlieferte Partitur stammt aus der zweiten Hälfte des 18. Jahrhunderts. In dieser sogenannten Tenbury-Handschrift erscheint die symmetrische Anlage der Oper akzentuiert. Ihre vier Bilder („Palast" und „Höhle" bzw. „Hain" und „Schiffe") sind auf zwei Werkhälften verteilt. Was schließlich die Tonartfolgen betrifft, so ist das Werk in sechs annähernd gleich lange homogene Abschnitte gegliedert, die nur selten – meist im Zusammenhang mit der Gestalt des Aeneas – durchbrochen werden. Es kann dies interpretiert werden als ein Moment der Irritation, ausgehend vom troischen Helden. So wechselt etwa beim ersten Auftritt des Aeneas im C-dur-Abschnitt die Tonart in e-moll über. Ebenso unterbricht ein a-moll-Einschub den D-dur-Teil just, als dem Aeneas der mahnende Geist erscheint. Man sieht, die formale Anlage des Schulspiels folgt einem mehrfach klar gegliederten Plan. Doch dieser Umstand verweist auch auf die noch stark in der englischen Tradition der Masque verwurzelten Elemente des Stückes. Auch die Kürze widerspricht dem Wesen der ausgereiften Gattung „Oper". Schnell ziehen die dramatischen Episoden vorbei, und Aeneas erlangt als Charakter verhältnismäßig wenig eigenes musikalisches Profil. Es war zwar lange Zeit Praxis, einzelne Nummern aus dem Zusammenhang zu nehmen oder ganze Teile neu zu ordnen. Trotzdem hat der Gesamtplan der Miniaturoper eine musikalisch zwingende Stringenz. Geradezu unglaublich aber ist die Vielfalt und Tiefe des Ausdrucks der Purcellschen Musik. Die einleitende Ouvertüre entspricht dem französischen Typus: Auf einen langsamen Teil mit punktierten Rhythmen folgt das lebendige Fugato. Bis zur Perfektion getrieben hat Purcell die barocke Technik ostinater Baßfundamente. Wie selbstverständlich, quasi frei schwebend, kann sich die melodisch-rhythmisch äußerst differenziert artikulierende Gesangslinie des Solisten darüber entfalten. Besonders eindringlich ist das Sterbelamento Didos über einem chromatisch die Quarte nach unten durchschreitenden „passus duriusculus". Auch die Chorpartien führen mit zwingender Gestik in die jeweils intendierte emotionale Welt. Welch edle Freude tut sich kund während der hemiolisch schreitenden Melodie des vom Chor wiederholten Duetts „Fear no danger" im 1. Akt; wie fahl und bizarr keift das Lachen der Hexen im zweiten, und sanfteste Melancholie verströmt ein bildhafter Schlußchor der Engel über dem Grab der Heldin. Auch auf Klangeffekte, wie sie sich in der italienischen Tradition bis auf Monteverdi und Guarini zurückverfolgen lassen, versteht sich Henry Purcell: gespenstische Echowirkungen, hastiges Streichertremolo beim Aufkommen des Gewitters, Jagdsignale. Insgesamt übertrifft die musikalische Eindringlichkeit der Oper jene der verbalen um ein Vielfaches.

Geschichte

Nahum Tate schrieb sein Libretto nach jener berühmten Episode von *Dido und Aeneas,* die wahrscheinlich vom lateinischen Schriftsteller Naevius dem Aeneas-Mythos eingefügt worden war. War der gesamte Mythos um diesen Helden hilfreich bei der genealogischen Herleitung Roms aus dem gefallenen Troja, so bot die Geschichte um Dido eine mythologisch verankerte Erklärung für reale Konflikte zwischen Rom und Karthago. Vergil gestaltete den Mythos in seiner *Aeneis* erschöpfend. Das 17. Jahrhundert freilich forderte für seine Bühnenspiele nur antikisierende Dichtungen mit pastoralen, dramatischen und repräsentativen Implikationen, also ästhetische Folien für die Erbauung der Potentaten. Mit dem Libretto aus der Zeit der Uraufführung von Purcells *Dido and Aeneas* wurde auch ein mythologisch-pastorales Vorspiel überliefert: in allegorischem Gewand eine Huldigung an die regierenden Monarchen Englands. Auch eine kleine Regieanweisung zum Hexentanz, die sich in der Tenbury-

Handschrift findet, läßt sich nur als aktueller Zeitreflex interpretieren: Jack von Lauthorn (ein Nachtwächter) führt die Spanier (!) zwischen die Hexen. Es gibt Hinweise darauf, daß Henry Purcells Oper *Dido and Aeneas* nach der Erstaufführung in Chelsea (1689) vollständig erst wieder im Jahre 1704 in London gezeigt worden ist. Leider haben sich von diesem Ereignis weder Libretti noch Partituren erhalten. Ferner sind konzertante Aufführungen in den Jahren 1774 und 1787 durch die „Academy of Ancient Music" verbürgt. Zwei Partituren belegen es: Offenbar ist die Musik damals leicht dem duftigen Stil des Rokoko angepaßt worden. Nach diesen beiden Akademiekonzerten scheint die Oper rund hundert Jahre lang nicht mehr gespielt worden zu sein. Erst in den 80er und 90er Jahren des vergangenen Jahrhunderts – der zweihundertste Todestag des Komponisten stand bevor – häuften sich in England die konzertanten Aufführungen. Szenisch gegeben wurde das Stück erstmals wieder im Jahre 1895 im Royal College of Music. Eine Neuausgabe der Oper von Edward J. Dent im Jahre 1925 weckte das internationale Interesse. Aufführungen in Münster (1926), Wien (1927), Stuttgart (1927), Basel (1931), New York (1932) und Florenz (1940) waren die Folge. Heute gilt die Miniatur *Dido and Aeneas* als besondere, jeden Spielplan veredelnde Kostbarkeit.   *Helmut Rohm*

Diskographische Empfehlung

1981 – London: Andrew Parrott, Taverner Choir, Taverner Players. Emma Kirkby (Dido), Judith Nelson (Belinda), David Thomas (Aeneas), Jantina Noorman (Sorceress), Judith Rees (Second Woman). Chandos ABRD 1034

1982 – Wien: Nikolaus Harnoncourt, Arnold-Schönberg-Chor, Concentus musicus Wien. Ann Murray (Dido), Rachel Yakar (Belinda), Anton Scharinger (Aeneas), Elisabeth von Magnus-Harnoncourt (Second Woman), Trudeliese Schmidt (Sorceress). Teldec 6.42 919

1988 – London: Trevor Pinnock, Choir of The English Concert, The English Concert. Anne Sofie von Otter (Dido), Lynne Dawson (Belinda), Stephen Varcoe (Aeneas), Nigel Rogers (Sorceress), Sarah Leonard (Second Woman). DG 427 624-2 (DDD)

JOHN CHRISTOPHER PEPUSCH

geb. 1667 in Berlin
gest. 20. Juli 1752 in London

Der Ruhm der *Beggar's opera* – jenes Werkes, zu dem er nicht mehr beisteuerte als die Ouvertüre und die Generalbässe der Arien – überschattete den Rest seines musikalischen Schaffens nahezu vollständig, zumindest, was die Nachwelt angeht. In der Tat jedoch liegt John Christopher – eigentlich Johann Christoph – Pepuschs Bedeutung wohl eher auf musiktheoretischer und -wissenschaftlicher Ebene Der Sohn eines protestantischen Berliner Geistlichen erhielt im Alter von 14 Jahren eine Stellung am preußischen Hof, die er jedoch um die Jahrhundertwende aufgab, nachdem er Zeuge eines brutalen Aktes königlicher Willkür geworden war. Über Holland ging Pepusch nach London, wo er zunächst im Orchester des Drury Lane Theatre spielte, 1710 die „Academy of Ancient Music" mitbegründete und 1713 zum „Doctor of Music" an der Universität von Oxford ernannt wurde. Parallel zu seiner Tätigkeit als Musikdirektor beim Duke of Chandos, arbeitete er am Theater in Lincoln's Inn Fields, wo er die Musiken für eine Reihe von Masques komponierte und Opern arrangierte. 1718 heiratete Pepusch die reiche Opernsängerin Margherita de l'Épine. Nach dem überwältigenden Erfolg der *Beggar's opera* steuerte Pepusch auch zu John Gays zweiter ballad opera *Polly* die Musik bei. Eine Aufführung fiel jedoch jahrelang der Zensur zum Opfer. Die letzten 20 Jahre seines Lebens widmete Pepusch hauptsächlich dem Unterricht – William Boyce gehörte u. a. zu seinen Schülern.
Charles Burneys Einschätzung, Pepusch sei der trocken akademische Widersacher Händels in England gewesen, läßt sich nicht halten. Für eine echte Gegnerschaft zu Händel spricht ungeachtet der *Beggar's Opera* nichts. Und auch wenn Pepuschs Werke kaum als Zeugnisse echter Inspiration gelten können, so sind die Englischen Kantaten dieses bedeutenden Forschers und Antiquars – in seiner Bibliothek fand sich beispielsweise das berühmte *Fitzwilliam virginal book* – keineswegs trocken.

Oswald Beaujean

The beggar's opera (Bettleroper)
Ballad Opera in einem Prolog und drei Akten

<u>Text</u>: John Gay
<u>Uraufführung</u>: 29. Januar 1728, Royal Theatre in Lincoln's Inn Fields, London
<u>Personen</u>: Bettler; Schauspieler; Mr. Peachum (Chef einer Gaunerbande); Filch (Taschendieb); Mrs. Peachum; Polly Peachum; Maceath (Straßenräuber); Matt of the Mint (Gauner); Jenny Divers (Dirne); Lucy Lockit; Lockit (Gefängnisdirektor); Mrs. Diana Trapes (Bordellbesitzerin). Im ersten erhaltenen Druck der Partitur von 1728, der der Uraufführung wahrscheinlich nicht zugrunde gelegen hat, sind den Personen keine bestimmten Stimmlagen zugewiesen.
<u>Chor</u>: Verbrecher; Dirnen; Polizisten; Volk
<u>Ort und Zeit</u>: London, Anfang des 18. Jahrhunderts
<u>Orchester</u>: Fl, Ob, Kl, Fg, Streicher, B. c.
<u>Form</u>: Nummernoper (69 Musiknummern) mit gesprochenen Dialogen
<u>Aufführungsdauer</u>: Ca. 1 ½ Stunden
<u>Verlag</u>: Boosey & Hawkes, Neuilly-sur-Seine

Handlung
PROLOG: Der Autor der Oper führt sich beim Publikum als Mitglied der Bettlergilde ein. Täglich erhalte er eine warme Mahlzeit, außerdem ein kleines Jahresgehalt, also mehr als die meisten Poeten. Sein Werk sei von den Bettlern anläßlich der Hochzeit zweier berühmter Balladensänger – ballad opera! – bereits erfolgreich aufgeführt worden. Nicht umsonst gebe es eine „Gefängnisszene, die die Damen ja stets zu schätzen wissen, gehe sie doch so entzückend ans Herz". Man möge verzeihen, daß er keine Oper geschrieben habe, die so unnatürlich sei wie die, die z. Z. in Mode seien. Nach diesen Seitenhieben auf die italienische Oper gibt der Schauspieler das Zeichen, „die Ouvertüre runterzuspielen".

1. AKT: Mr. Peachums Haus. Während Mr. Peachum, der Kopf einer Gauner- und Diebesbande, seine Geschäftsbücher prüft, berichtet ihm der Taschendieb Filch, einige im Gefängnis Newgate einsitzende Mitarbeiter der Firma hofften auf baldige Entlassung. Kein Problem, unterhält Peachum doch ausgezeichnete Geschäftsbeziehungen zu Mr. Lockit, dem

Gefängnisdirektor. Durch seine Frau erfährt Peachum von der drohenden Heirat seiner Tochter Polly mit dem berüchtigten Straßenräuber Maceath, was ein entsetzlicher Rückschlag für die Geschäftsinteressen des Hauses wäre. Während der rasende Vater sich aufmacht, um Polly den Kopf zurechtzusetzen, erzählt Filch zu Mrs. Peachums Entsetzen, Polly und Maceath seien bereits glücklich verheiratet. Der frischgebackenen Ehefrau machen die Eltern klar, man werde Maceath an den Galgen bringen, wodurch sie ihre Freiheit zurückerhalte und obendrein ein hübsches Sümmchen, indem sie den Gemahl beerbe. Polly protestiert – romantisch veranlagt – heftig, aber vergeblich. Als Maceath seine liebende Gattin besucht, warnt sie ihn vor den elterlichen Machenschaften. „O wie weh tut Trennungsschmerz." Eine rührende Abschiedsszene, Liebes- und Treueschwüre, dann macht sich der junge Gatte aus dem Staub. In wenigen Wochen wird man glückliches Wiedersehen feiern.

2. AKT: Eine Spelunke nahe Newgate – das Gefängnis Newgate. In einer Kneipe trifft Maceath seine Genossen. Bevor sich Matt der Falschmünzer mit einer Postkutsche zu einem nächtlichen Stelldichein aufmacht, schwören sich die Ganoven begeistert Treue bis in den Tod. Der liebeshungrige Maceath hat sich ein Dutzend liebeslustiger Damen bestellt, die ihn jedoch – nach einem fröhlichen Lied auf ihr Gewerbe – schändlicherweise an Peachum und die Konstabler verraten. Jenny Divers' Kuß ist das verabredete Zeichen.

Im Gefängnis Newgate hadert Maceath mit seinem Schicksal und sinniert über die Schlechtigkeit der Welt, insbesondere der Frauen. Lucy, das von Maceath geschwängerte Töchterchen des Gefängnisdirektors Lockit, reißt ihn aus seinen Gedanken und rast wie eine Furie ob der Treulosigkeit der verlogenen Männer. Von wegen Heirat: Er sei ja bereits mit Polly Peachum verheiratet. Maceath leugnet hartnäckig: nichts als Hirngespinste eines überspannten Weibsbildes. Dabei bleibt er auch, als seine überspannte, gleichwohl rechtmäßige Gattin persönlich erscheint und sich augenblicklich mit Lucy in die Haare gerät. Erst Mr. Peachums Auftauchen schlichtet den furchtbaren Streit: Er sucht mit seiner völlig derangierten Tochter das Weite. Endlich geht Maceath' Plan auf: Unter bitteren Tränen läßt ihn die verliebte Lucy laufen.

3. AKT: Newgate – eine Spielhölle – Peachums „Warenhaus" – Newgate – die Todeszelle. Vor ihrem rasenden Vater legt Lucy ein Geständnis ab. Lockit verdächtigt seinen Kumpan Peachum eines miesen Tricks und will ihm mit des Branntweins Hilfe auf den Zahn fühlen. Lucys Ängste,

Maceath sei zu Polly zurückgekehrt, sind unbegründet. In einer Spielhölle plant er mit seinen Getreuen einen neuen Fischzug. Im „Warenhaus", in dem Peachum seine ergaunerten Güter stapelt, kommt es zu einer Einigung zwischen den beiden Vätern. Von der Bordellbesitzerin Mrs. Diana Trapes erfahren die beiden, Captain Maceath sei in ihrem Etablissement zu finden. In Newgate spielt sich unterdessen ein furchtbares Eifersuchtsdrama ab. Lucy hat ihre Nebenbuhlerin eingeladen, um sie mit Hilfe eines vergifteten Gins zu beseitigen. Polly jedoch riecht Lunte und lehnt den Freundschafts-trunk höflich, aber bestimmt ab. Als Peachum und Lockit den erneut verhafteten Maceath präsentieren, ist das Elend der Damen grenzenlos. Doch ihr Flehen ist vergeblich: Maceath landet in Old Bailey vor dem hohen Gericht.

In der Todeszelle versucht Maceath, seine Angst im Schnaps zu ersäufen. Einige Bandenmitglieder besuchen ihn, dann Lucy und Polly, schließlich vier weitere Ehefrauen samt ihren bzw. seinen Kindern. Da bleibt nur die Flucht zum Galgen. Doch Maceath' letzter Gang wird unterbrochen. Der Schauspieler erscheint mit dem Bettler und macht ihm klar, ein derart tragisches Ende sei in einer Oper unmöglich. Dem kann sich der Bettler nicht entziehen: Er läßt die Hinrichtung abblasen. Triumphierend schart Maceath seinen Harem um sich – Polly freilich bleibt seine rechtmäßige Ehefrau. Man säuft und tröstet sich mit der Maxime: „Die Elenden von heute werden morgen die Glücklichen sein."

Kommentar

„Laster zu entlarven und die Leute zum Lachen zu bringen, derlei nutzt dem Staat mehr als alle Minister von Adam bis Walpole." Dieser Satz, den Jonathan Swift am 27. NOVEMBER 1727 an John Gay schrieb, umreißt knapp, aber präzise Absicht und Programm der *Beggar's opera*. Gay schuf eine beißende Satire auf die gesellschaftspolitischen Verhältnisse im Eng-land der Whig-Regierung unter Sir Robert Walpole. Dieser hatte – mit Hilfe handfester Bestechungen zahlreicher Abgeordneter des Unterhauses – der deutschstämmigen Linie Hannover die englische Erbfolge gesichert, außerdem die Unterstützung des Parlaments, dessen Ansehen bei diesen Aktionen schweren Schaden nehmen mußte. In den Taten der Gayschen Helden, jener seltsamen Sammlung von Strauchdieben, Gaunern und Stra-ßendirnen, spiegelten sich kaum verhüllt die Machenschaften der korrup-ten, profitgierigen, gleichwohl herrschenden liberalen Oberschicht. (Daß Gay den Impetus für seine Kritik nicht nur aus sozial-revolutionärem Elan schöpfte, sondern auch aus persönlichen Animositäten und Enttäuschungen am Hof, ist zwar unleugbar, mindert den Wert der *Beggar's opera* jedoch nicht.) Politische Satire sollte die Oper in erster Linie sein, und noch die zahlreichen Seitenhiebe auf die italienische Oper Händelscher Manier – die Äußerungen des Bettlers im Prolog, das Duett zwischen Polly und Lucy, das auf die beiden Primadonnen Faustina Bordoni und Francesca Cuzzoni anspielte, die sich in Bononcinis *Astianatte* auf offener Bühne geprügelt hatten, schließlich der völlig absurde Schluß sind nur drei Beispiele von vielen möglichen – zielen im Grunde in diese Richtung. Die Herrschaft der italienischen Oper in England, die 1711 mit Händels *Rinaldo* begonnen hatte, wankte ohnehin. Gay dürfte es weniger um musikalische Fragen gegangen sein. Die italienische Oper wurde zum Ziel seines Spotts, weil er in ihr den aufgeblasenen und kostspieligen Kulturluxus eben jener besseren Kreise erblickte, die er in seiner *Beggar's opera* aufs Korn nahm. Und wenn sich in dem überwältigenden Erfolg der Uraufführung am 29. Januar 1728, mehr noch in den 62 Aufführungen (32 en suite) auch ein neues Unterhaltungsbedürfnis einer politisch wie kulturell selbstbewußter werdenden Mittelschicht ausgedrückt haben mag, wenn die *Beggar's opera* zum Grundstein einer neuen, überaus beliebten Operngattung, der ballad opera wurde, so dürfte das auch John Gay überrascht haben. Pope berichtete immerhin, man sei sich bei der Uraufführung „völlig im unklaren" gewesen, „wie die Sache ausgehen würde". Die Musik der *Beggar's opera* ist eine merkwürdige, freilich überaus gelungene Mischung aus populären Melodien, die Gay – über den Anteil Pepuschs bei der Auswahl ist nichts bekannt – bei Purcell und Händel, Jeremiah Clarke und Eccles, Henry Carey und anderen Komponisten sozusagen entliehen hatte, aus Volksliedern, Tänzen und Tagesschlagern, die Thomas D'Urfeys Anthologie *Wit and mirth, or, Pills to purge melancholy*, ferner Sammlungen mit schottischen Volksliedern, der *Collection of the most celebrated irish tunes* und anderen Editionen entnommen waren. Ob dieses musikalische Gebräu nicht eher das Resultat der Not, von Zeit- und Geldmangel nämlich, war, als daß sich darin ein programmatischer Angriff auf die Musik italienischer Manier ausgedrückt hätte, läßt sich kaum entscheiden. Gleichwohl war es eben nicht zuletzt diese „englische", volkstümlich populäre Musik, die den Publikumserfolg sicherte und den Niedergang der italienischen Oper beschleunigte.

Der Anteil von Christopher Pepusch an diesem Erfolg sollte tunlichst nicht überschätzt werden. Von ihm stammt die Ouvertüre, in der er die Weise „One evening, having lost my way" verwendete, die allgemein auch als

„Walpole or The happy clown" bekannt war. Diese Ouvertüre jedoch dürfte erst nach der Uraufführung für die erste gedruckte Ausgabe Ende 1728 komponiert worden sein, ebenso die Generalbässe, mit denen Pepusch die Melodien unterlegte und die im übrigen keineswegs immer so „hervorragend" sind, wie der englische Musikwissenschaftler Charles Burney (1726–1814) in seiner *General History of Music* befand. Mit den Harmonisierungen der englischen und schottischen Volkslieder hatte Pepusch offensichtlich enorme Probleme, und auch die Ouvertüre verrät nicht unbedingt die Handschrift eines Meisters. Beckmesserei angesichts eines Werkes, das erstmals in der Geschichte Unterhaltung und Gesellschaftskritik auf ideale Weise verband.

Geschichte

Der Erfolg der *Beggar's opera* dauerte lange an. Nach 1728 lassen sich in jedem Jahr des 18. Jahrhunderts zahlreiche Aufführungen nachweisen, und auch im 19. Jahrhundert nahm die Zahl der Inszenierungen nur allmählich ab. Um die Mitte des 18. Jahrhunderts wurde die *Beggar's opera* als eine der ersten musikalischen Komödien in Amerika herausgebracht und erfreute sich auch hier größter Beliebtheit.

Am 5. Juni 1920 kam es in London zu einer Art Neuentdeckung des Werkes, das in einer Bearbeitung des Komponisten und Baritons Frederic Austin aufgeführt wurde. Austin sang damals den Peachum. Die Londoner Produktion gelangte im selben Jahr nach Amerika, ans New Yorker Greenwich Village Theatre. Die deutsche Erstaufführung fand 1930 in Köln statt. 1948 entstand eine Bearbeitung von Benjamin Britten, 1952–53 ein filmmusikalisches Arrangement von Arthur Bliss. Ende der 70er Jahre spielte Denis Stevens eine eigene Fassung auf Schallplatte ein.

Von den deutschen Übertragungen wäre vor allem die von Hans Magnus Enzensberger aus dem Jahre 1960 zu nennen. Die aktuelle Adaption der *Beggar's opera* schlechthin bleibt freilich die *Dreigroschenoper* von Bertolt Brecht und Kurt Weill.   *Oswald Beaujean*

Diskographische Empfehlung

Ca. 1962 – London: Max Goberman, Instrumentalensemble. William McAlpine (Maceath), Mary Thomas (Polly), Doreen Murray (Lucy), Ronald Lewis (Mr. Peachum), Jean Allister (Mrs. Peachum). Everest SDBR 3127 (Originalfassung)

JEAN-PHILIPPE RAMEAU

geb. 25. September 1683 in Dijon
gest. 12. September 1764 in Paris

Von der Jugend Rameaus ist wenig mehr bekannt, als daß er in das jesuitische Collège des Godrans ging und ein schlechter Schüler mit legasthenischer Anlage gewesen sein soll. Mit 18 Jahren entschloß er sich zum Musikerberuf, der Vater schickte ihn nach Italien zur Ausbildung, wo er aber nur wenige Monate blieb. Rameaus weitere Lebensbahn ist nur punktuell über seine Anstellungen verfolgbar: 1702 als Hilfsorganist an der Kathedrale von Avignon, im selben Jahr in Clermont, wo er einen Sechsjahresvertrag als Hauptorganist an der Kathedrale unterschreibt. Aber schon 1706 taucht er in Paris auf, wo er die Organistenstelle an der Madeleine-Kirche zugesprochen bekommt, den Posten aber nicht antritt. 1709 wird er Nachfolger seines Vaters an Notre-Dame zu Dijon, mit einem Vertrag auf sechs Jahre, den er wieder nicht einhält und nach Lyon an die Dominikanerkirche geht. Im April 1715 verpflichtet er sich in Clermont für 29 Jahre als Organist an der Kathedrale. Doch er bleibt nur acht Jahre in der Auvergne, wo er sich über das Orgelspiel hinaus einen Namen als Komponist zu machen beginnt. Neben Kantaten und Motetten schreibt er auch den *Traité de l'harmonie*, der 1722 in Paris erscheint: ein mit Musik garnierter Versuch, die Harmonik auf physikalische Grundlagen zu stellen. Ende 1722 oder Anfang 1723 geht Rameau, inzwischen auch als Komponist für das Cembalo bekannt, nach Paris, wo er die zweite Hälfte seines Lebens verbringt. 1733 kommt seine erste Oper heraus: *Hippolyte et Aricie*, eine tragédie lyrique im Stil von Lully und dessen Textdichter Quinault. Bis auf sein Spätwerk *Zoroastre* (1749; revidierte Fassung 1756), das im alten Persien spielt, ähneln auch Rameaus weitere Musikdramen denen Lullys in der klassischen Themaspannung zwischen Liebe und Ehre: *Castor et Pollux* (1737, Neufassung ohne Prolog 1754), *Dardanus* (1739, Neufassung 1744, ohne Prolog 1760) und *Abaris ou Les Boréades* (1762, postum 1982 in Aix-en-Provence uraufgeführt). Rameau systematisiert hier jene teilweise schon bei Lully angelegten Genrebilder von Götterankunft und Schlachtenlärm, Schlummer- und Lamentoszenen, Sturm, Erdbeben und Monstererscheinung zu einer harmonisch ungemein vertieften Klangsprache. Auf gleicher Höhe der Erfindung stehen seine anderen Beiträge zum Musiktheater. Neben einigen Divertissements sind das vier Ballett-Opern, von denen *Les Indes galantes* (1735; erweiterte Neufassung 1736) die bedeutendste ist, zwei Ballett-Komödien, drei heroische Pastoralen (*Naïs* von 1749 ist die wichtigste), zwei heroische Ballette, fünf Ballett-Akte und die lyrische Komödie *Platée ou Junon jalouse* (1745). Diese Klassifizierung suggeriert einen Akademismus, der in Rameaus Formenreichtum kaum je einmal anzutreffen ist, ihm aber seit dem berühmt-berüchtigten „Buffonistenstreit" im Paris des Jahres 1752 immer wieder vorgeworfen wurde. Auch von den Philosophen der *Encyclopédie* wie Rousseau, die indes dem Komponisten weniger die anti-buffonistische Gewichtigkeit seiner Musik vorhielten als seinen Anspruch, in Sachen der Musikästhetik ein philosophisches Mitspracherecht zu haben. So wurde er zwar in der Zeit der régence zum Protagonisten des Versailler und Pariser Hofmusiktheaters, stand aber zugleich – wie es Denis Diderot in seinem Dialog *Le neveu de Rameau* ausdrückte – in der Gefahr, „seinen Ruhm zu überleben". Als er am 12. September 1764 in Paris starb, galt er als altmodisch. Seine Kritiker hatten nicht bemerkt, wie kurzweilig seine Komödie *Platée* war und daß ihr aufsässiger Unterton auch Rameaus späte Tendenz prägte, seinen tragédies lyriques die Prologe zu nehmen, die den König seit Lully in einen mythischen Blendungszusammenhang stellten. So versuchte er, die französische Hofoper von der ideologischen Bindung an den Absolutismus zu befreien.

Ulrich Schreiber

Hippolyte et Aricie
Tragédie lyrique in einem Prolog und fünf Akten

Text: Simon Joseph Pellegrin
Uraufführung: 1. Oktober 1733, Opéra (Académie Royale de Musique), Paris
Personen: Theseus (Baß); Hippolytus, sein Sohn aus erster Ehe (Ten); Phädra, seine Frau in zweiter Ehe (Sop oder Mez); Aricia, die letzte Pallantide (Sop); Oenone, Phädras Vertraute (Sop); Diana (Sop); Amor (Sop); Jupiter (Baß); Pluto (Baß); Tisiphone (Alt)
Chor, Ballett: Priesterinnen; Geister der Unterwelt; Jagdgesellschaft; Schäfer; Bewohner des Waldes

Ort und Zeit: Hain, Dianatempel, Eingang zur Unterwelt, Palast des Theseus, Hain der Diana, Waldgarten in mythischer Zeit
Orchester: 2 Picc, Fl, 2 Ob, 2 Fg, 2 Hrn, Trp, Pkn, Schlgzg, Musette, Streicher, B. c.
Form: Nummernoper
Aufführungsdauer: Ca. 4 Stunden
Verlag: Les Éditions Françaises, Paris

Handlung

PROLOG: Diana und Amor streiten, von Jupiter zum Einlenken angehalten, um die Gunst der Waldbewohner. Es ist ein Streit um die Liebe: Diana fordert den Verzicht, Amor das Bekenntnis. Jupiter, eine Spiegelung des Monarchen von Versailles, preist den Kompromiß: die zärtliche, nicht die hemmungslose Liebe. Aus Sorge um eine Entweihung des Hains folgt Diana dem in den Himmel entschwebenden Jupiter.

1. AKT: Aricia, Tochter des von Theseus getöteten Herrschers von Athen und Letzte aus dem Geschlecht der Pallantiden, soll ihr Gelübde als Priesterin der Diana ablegen. Das ist die ihr von Theseus auferlegte Bedingung für ihr Überleben: Er will keinen weiteren Sproß aus dem immer noch gefürchteten Geschlecht. Hippolytus, Sohn aus der ersten Ehe des Theseus, versucht Aricia von ihrem Vorhaben abzubringen und gesteht ihr seine Liebe. Auch Aricia liebt Hippolytus. Nach diesem Geständnis flehen beide Diana um Gnade an. Priesterinnen treten auf. Plötzlich erscheint Phädra, Stiefmutter des Hippolytus, die während der Abwesenheit ihres Gatten die Regierungsgeschäfte führt. Als sie von Aricias Weigerung hört, wendet sie sich an Hippolytus, den sie heimlich liebt. Doch der steht Aricia bei. Da droht Phädra, den Tempel zerstören zu lassen, wenn Aricia nicht den Schleier nehme. Auf Bitten der Priesterinnen erscheint die Göttin und verzeiht den Liebenden. Gleichzeitig droht sie Phädra. Allein gelassen, eröffnet Phädra ihrer Vertrauten Oenone ihr furchtbares Geheimnis: die Liebe zu ihrem Stiefsohn. Da erscheint ein Vertrauter des Theseus und berichtet von dessen mutmaßlichem Tod. Der Herrscher hatte sich seinem Freund Pirithus zuliebe zu dem Abenteuer verleiten lassen, Plutos Gattin Proserpina aus der Unterwelt zu entführen. Neptun, Vater des Theseus, hatte seinem Sohn drei Wünsche freigestellt. Mit dieser göttlichen Hilfe wagte er sich in die Unterwelt und wurde seitdem nicht mehr gesehen. Oenone macht ihrer Herrin bewußt, daß sie als Witwe nun frei sei.

2. AKT: Am Eingang zum Hades wird Theseus von der Erinnye Tisiphone gequält, ehe sich die Pforten der Hölle öffnen. Theseus bittet vor Pluto und den drei Parzen für seine Freunde. Doch die Antwort des Gottes ist ein Rachechor. Da erbittet Theseus seinen Tod. Die drei Parzen aber erinnern ihn daran, daß nur sie seine Lebensfäden in der Hand halten. Da wendet sich Theseus an seinen Vater Neptun und bittet, auf die Erde zurückkehren zu dürfen – nach der Bitte um Überschreitung des Hades bei lebendigem Leibe bleibt ihm nur noch eine Bitte frei. Pluto befiehlt den Parzen, Theseus – für den auch Gott Merkur ein Wort eingelegt hatte – sein Schicksal zu prophezeien: „Du wirst die Hölle verlassen, um sie im eigenen Hause zu finden."

3. AKT: Im Palast des Theseus kommt es zur Begegnung zwischen Phädra und Hippolytus. Hinter der vordergründigen Regelung der Thronfolge nach dem mutmaßlichen Tod des Herrschers verbirgt sich Phädras erotischer Kampf um den Stiefsohn. Als der die Sachlage erkennt, ruft er die Götter um Rache für die blutschänderische Regung der Mutter an. Um sich zu töten, greift Phädra nach seinem Schwert, das Hippolytus ihr entreißt. In diesem Augenblick kehrt Theseus zurück und mißversteht die Situation als einen Angriff Hippolyts auf Phädra. Da beide schweigen, glaubt er dem Zeugnis der Oenone, die Hippolyt vorwirft, die Liebe der Stiefmutter mit dem Schwert erzwingen zu wollen. Theseus bittet Neptun, den Sohn zu bestrafen. Das Aufschäumen des Meeres verkündet Theseus, daß sein Wunsch vom Gott verstanden wurde.

4. AKT: In einem Hain beklagen Aricia und Hippolytus ihr Geschick. Sie beschließen zu heiraten und wollen eine Jagdgesellschaft bitten, ihren Bund im Dianatempel zu bekräftigen. Da taucht ein Ungeheuer auf, das Hippolytus sogleich bekämpft. Als sich der plötzlich einsetzende Nebel wieder lichtet, ist Hippolyt verschwunden. Die Jagdgesellschaft und die hinzueilende Phädra beklagen seinen Tod.

5. AKT: Kurz bevor sie sich selbst das Leben nahm, hat Phädra Theseus die Wahrheit gestanden. Auch Theseus ist lebensmüde, doch sein Vater Neptun verkündet ihm, sein Sohn lebe noch dank Dianas Eingreifen – dennoch dürfe er ihn nie wiedersehen. – Aricia erwacht in einem Wald aus ihrer Ohnmacht. Zusammen mit Schäfern betet sie zur Göttin Diana. Da erscheint diese selbst und verkündet dem Volk einen neuen Herrscher, zugleich sei er Aricias Gemahl. Die Bewohner des Waldes begrüßen ihr neues Herrscherpaar, und in die Lobpreisung von Chor und Ballett fallen auch die Nachtigallen ein.

Kommentar

Rameaus erste Oper – ein früherer Plan der Zusammenarbeit mit Voltaire *(Samson)* kam nicht zur Ausführung – erregte größtes Aufsehen und entfachte eine jener „querelles", die typisch sind für die französische Geistesgeschichte im 18. Jahrhundert. Den Nachgeborenen fällt es immer schwer, den rationalen Kern solcher Streitigkeiten nachzuvollziehen, denn hinter dem Grabenkampf der Lullisten und Ramisten, wie die Parteigänger genannt wurden, verbirgt sich die historisch einfache Tatsache, daß Rameau zwar das Erbe seines Vorgängers Lully fortsetzte, es gleichzeitig aber in einem Quantensprung der eingesetzten Mittel zu einer neuen Qualität brachte. So perfektionierte er Lullys Bildfolgen auch im musikdramaturgischen Sinn. Während jeweils eine Pastorale die Oper rahmt, sind Jagd, Sturm und Götterankunft integrierende Bestandteile der Binnendramaturgie, zu der auch zahlreiche Divertissements gehören („Entrées" der Tänzer). Und wie Lully setzte auch Rameau in seinen Pastoralen die Musette ein, eine hochentwickelte Form des Dudelsacks mit jenen Chalumeau genannten Spielpfeifen, die noch Gluck in seinem *Orfeo* als Vorform der modernen Klarinette benutzte. Anders als bei Lully wird jenseits der kanonischen Abfolge von Bildern – opto-akustischen Verständigungsformeln des höfischen Publikums – der Versuch spürbar, sie intern zu einem autonomen Zusammenhang zu zwingen. So ist der Prolog thematisch direkt auf die Werkproblematik selbst bezogen, und die Verknüpfung von Aricies e-moll-Schlafszene („Sommeil") mit der Pastorale im 5. Akt ist ein deutliches Indiz für den kompositorischen Willen zu einer musiktheatralischen Binnenform. Ein die Zeitgenossen schockierender Geniewurf in dieser Richtung gelang Rameau mit der erst gegen den Widerstand der Musiker durchgesetzten Parzen-Szene im Hades-Akt. Nach des Theseus Bitte um Rückkehr zur Erde, einem der späteren italienischen preghiera entsprechenden arpeggienbegleiteten Arioso in c-moll („Grand Dieu, daigne me rendre au jour"), verkünden ihm die Parzen (zwei Altisten, ein Baß) in ihrem zweiten Terzett sein Schicksal. Innerhalb von sechs Takten moduliert die Musik halbtonweise herunter von g- nach d-moll: ein enharmonisches Verwirrspiel, das wie reine Zukunftsmusik klingt. Die Verbindung solcher Kühnheit mit den tradierten Genreszenen, in denen Rameau die Nachahmungsästhetik des 18. Jahrhunderts einlöste, macht den musikdramaturgischen Reichtum seiner Erstlingsoper deutlich. Zu deren schönsten Eingebungen zählt auch die Szene, in der die schuldgetriebene Phädra ihre Klage mit den chorischen Einschüben von Hippolyts Tod („Hippolyte n'est plus") vermischt. Rameau nimmt hier das chordurchsetzte Arioso Lullys aus dessen *Alceste* auf („Alceste est morte"), das durch seine Vermittlung wieder in Glucks *Alceste* und ihren trauerchorischen Einwürfen („Pleure, ô patrie") nachhallen wird.

Geschichte

Rameaus Librettist, Abbé Pellegrin, bezog sich direkt auf Racines Tragödie *Phèdre* und ging zugleich auf dessen Quelle zurück: auf Euripides. Seine eigene Erfindung, der Gang des Theseus in die Unterwelt, animierte Rameau zu einigen seiner besten Szenen. Prototypisch macht *Hippolyte et Aricie* im Vergleich mit Racines *Phèdre* den Unterschied zwischen dem Musikdrama, der tragédie lyrique, und der haute tragédie des Sprechtheaters im französischen Barock-Klassizismus deutlich: Blut und Tod im Sprechtheater, Rettung auf dem Musiktheater durch das Wunderbare le merveilleux. Dieser Unterschied wurde von Pellegrin geschickt dadurch verstärkt, daß er das strenge Versmaß des Alexandriners auflockerte und den Handlungsablauf durch den Einschub von Divertissements sogar noch spannender machte – etwa wenn der heimgekehrte Theseus erst die Huldigung des Volkes ertragen muß, ehe er Neptun um Rache an seinem Sohn bittet.

Gefördert wurde Rameaus erstes Musikdrama entscheidend durch den Mäzen des Komponisten, den Steuereintreiber Le Riche de la Pouplinière, der sich den Luxus eines Privatorchesters leisten konnte. So kam es im Frühjahr 1733 auch zu einer Privataufführung, ehe das Musikdrama in der Pariser Opéra gegeben wurde. Die Fassungen von 1742 und 1757 weisen vor allem in der Orchesternutzung Unterschiede auf, so daß der meist vierstimmige Satz in der Version von 1757 den Hörnern nicht mehr rein koloristische, sondern auch harmonische Funktion zuweist: ein wichtiger Schritt vom Orchester des Barock zu dem der Frühklassik. In dieser dritten Fassung verzichtete Rameau auf den Prolog. Nach der Revolution von 1789 so gut wie vergessen, kam das Werk in einer Einrichtung Vincent d'Indys 1908 an der Pariser Opéra wieder heraus. Nach einer Basler Aufführung im Jahre 1931 stellte die Deutsche Oper Berlin *Hippolyte et Aricie* 1980 bei den Schwetzinger Festspielen als historisierende Einstudierung zur Diskussion. Entgegen dem Versprechen des Instituts wurde das Werk nicht in dessen Berliner Spielplan übernommen.   *Ulrich Schreiber*

Diskographische Empfehlung

1978 – Paris: Jean-Claude Malgoire, English Bach Festival Chorus, La Grande Écurie et la Chambre du Roy. Arleen Auger (Aricie), Carolyn Watkinson (Phèdre), Ulrik Cold (Thésée), Lylian Guitton (Diane), Max van Egmond (Pluton), Ian Caley (Hippolyte). CBS 79314

Castor et Pollux

Tragédie en musique in einem Prolog und fünf Akten

Text: Pierre-Joseph „Gentil" Bernard
Uraufführung: 24. Oktober 1737, Académie Royale, Paris; 2. Fassung (ohne Prolog) Dezember 1754, Académie Royale, Paris
Personen: PROLOG: Minerve (Sop); Vénus (Sop); L'Amour/Amor (Haute-Contre); Mars (Baß); HANDLUNG: Télaïre, Tochter der Sonne (Sop); Phébé, spartanische Prinzessin (Alt); Castor (Haute-Contre); Pollux (Bar); Jupiter (Baß); Zwei Gefährtinnen der Hébé (Sop; Mez); Ein seliger Schatten (Sop); Der Oberpriester des Jupiter (Ten); Zwei Athleten (Ten; Bar); Ein Planet (Sop). In der Fassung von 1754 zusätzlich: Cléone (Sop); Mercure (Haute-Contre); Ein Spartiat (Alt/Ten)
Chor und Ballett: PROLOG: Les Grâces; Les Suivantes de Minerve, de Vénus et de l'Amour; Les Arts; Les Plaisirs; HANDLUNG: Spartiaten; Les Plaisirs célestes; Les Suivantes d'Hébé; Dämonen; Selige Schatten; Gestirne
Ort und Zeit: Sparta, in mythischer Vorzeit
Orchester: 3 Fl, 2 BlFl, 2 Ob, Ob d'amore, 2 Fg, Trp, Pkn, Streicher, B. c.
Form: Nummernoper
Aufführungsdauer: Ca. 3½ Stunden
Verlag: Erstausgabe der 1. Fassung Prault Fils, Paris (1737); Neuausgabe Durand, Paris (1883)

Handlung

PROLOG: Eine vom Krieg verwüstete Ruinenlandschaft. Gemeinsam mit den Künsten und den Freuden bittet Minerva Liebesgott Amor und seine Mutter Venus, den wilden Kriegsgott Mars zu bändigen. Von Amors

Pfeil getroffen, entbrennt Mars in heftiger Liebe zu Venus; Minervas Wunsch wurde erhört, der Krieg ist vorüber.

1. AKT: Die Zwillingsbrüder Castor und Pollux – Söhne der Leda und des Jupiter (nach späteren Quellen war nur Pollux der Sohn des Jupiter, Castor aber der des Tyndareus) – haben den Brüdern Idas und Lynkeus die beiden Töchter des Leukippos geraubt, Hilaeria (Télaïre) und Phoebe (Phébé); beim Rachefeldzug der Beraubten wurde Castor von Lynkeus getötet. Am Grab Castors in der Nekropole von Sparta beweint das Volk nun den Tod seines Königs; auch Télaïre und ihre Schwester Phébé sind untröstlich. Fanfaren verkünden die siegreiche Heimkehr des Heeres (Divertissement der Athleten). Pollux, der seinen Bruder gerächt und Lynkeus erschlagen hat, gesteht Télaïre seine Liebe. Sie weist ihn zurück und fordert statt dessen von ihm, ihr aus der Unterwelt Castor zurückzubringen.

2. AKT: In der Vorhalle des Jupiter-Tempels. Pollux ist hin- und hergerissen zwischen seiner Liebe zu Télaïre und der zu seinem Bruder. Auf Télaïres Drängen erbittet er schließlich von seinem Vater Jupiter die Rückkehr Castors aus dem Totenreich. Der Preis ist freilich hoch: Pollux müsse sein Leben opfern und an Castors Stelle in der Unterwelt bleiben. Vergebens versucht Jupiter seinen Sohn umzustimmen, indem er ihm die Freuden des irdischen Lebens vorführt (Divertissement der Hébé) – Pollux' Entschluß steht fest.

3. AKT: Dämonen bewachen das Tor zur Unterwelt, aus dem Rauch und Flammen hervorquellen. Verzweifelt versucht Phébé, Pollux zurückzuhalten; er gesteht ihr, nicht sie, sondern ihre Schwester Télaïre zu lieben. Mit Hilfe Merkurs gelingt es Pollux, die Dämonen zu überwinden (Divertissement der Dämonen) und in das Totenreich einzudringen.

4. AKT: Divertissement der seligen Schatten. Im Elysium trauert Castor seiner geliebten Télaïre nach, als plötzlich Pollux erscheint und seinem Bruder erklärt, er könne auf die irdische Welt zurückkehren; an seiner Stelle werde er, Pollux, im Totenreich bleiben. Castor ist jedoch nicht bereit, dieses große Opfer seines Bruders anzunehmen; er will nach vierundzwanzig Stunden zurückkehren und Pollux auslösen.

5. AKT: Phébé hat sich in ohnmächtiger Wut über den Verrat des Pollux das Leben genommen, Castor und Télaïre aber haben einander wiedergefunden. Als Castor jedoch der Geliebten seine Rückkehr in die Unterwelt ankündigt, glaubt Télaïre, seine Liebe verloren zu haben. Auch die Spartaner flehen ihren König an, sie nicht aufs neue im Stich zu lassen. Da erscheint im Gewittersturm Jupiter als deus ex machina; gerührt von der

Liebe der Zwillingsbrüder verleiht er beiden die Unsterblichkeit und versetzt sie als Sterne ans Firmament, wo sie als Morgen- und Abendstern einander ablösen (Schlußdivertissement der Gestirne).

Kommentar

Rameau war bereits fünfzig Jahre alt, als er (1733) mit der tragédie lyrique *Hippolyte et Aricie* sein erstes Bühnenwerk schuf. Trotz des sensationellen Erfolgs löste das Werk einen erbitterten Ästhetikstreit aus, dessen Folgen bis weit ins 19. Jahrhundert hinein zu spüren waren: Während die einen – die „Lullisten" – Rameau als Verräter an der französischen (!) Operntradition des Italieners (!!) Jean-Baptiste Lully verurteilten, sahen die anderen – die „Ramisten" – in seiner Musik die längst fällige Erneuerung des Genres der tragédie lyrique verwirklicht. Mit seinem zweiten Bühnenwerk *Castor et Pollux*, dessen Prolog auf das Ende des Polnischen Erbfolgekrieges und die Präliminarien zum „Wiener Frieden" vom 3. Oktober 1735 Bezug nimmt, setzte Rameau seinen Siegeszug als Opernkomponist fort; das Werk erlebte nacheinander mehr als zwanzig Aufführungen. Getreu dem (auch von der Aufklärung verfochtenen) Prinzip der Kunst als Nachahmung der Natur ist die Partitur voll von Klang- und Bühneneffekten, wie es sie bei Lully nicht gab, folgt aber formal dessen Konzept der tragédie lyrique und ihrer Gliederung in einen Prolog und fünf Akte.

Der von Voltaire hochgeschätzte (und mit dem Beinamen „Gentil" apostrophierte) Librettist Bernard hatte den mythologischen Stoff um das Dioskurenpaar Castor und Pollux recht frei bearbeitet und dabei vor allem den beiden weiblichen Hauptrollen Télaïre und Phébé großes Gewicht beigemessen. Seit ihrer Uraufführung war Rameaus tragédie lyrique *Castor et Pollux* eine, wenn nicht die Waffe im Ästhetikstreit der französischen Oper, die allerdings bald von diesem, bald von jenem Lager ins Feld geführt wurde. Zunächst – 1737 – als angeblich „italienische" Musik gegen die „französische" Tradition Lullys. Nicht lange aber, und „Ramisten" und „Lullisten" schlossen Frieden, um mit vereinten Kräften gegen einen neuen Feind anzugehen: gegen die italienische opera buffa, die 1752 mit Pergolesis *La serva padrona* in Paris ihr sensationelles Debüt gegeben hatte. Um in dem „Buffonistenstreit" der französischen Sache zu dienen, arbeitete der greise Rameau *Castor et Pollux* 1754 von Grund auf um: Der (ohnehin zeitbezogene) Prolog wurde gestrichen, ein neuer 1. Akt zeigt, wie Pollux auf seine Liebe zu Télaïre verzichtet und sie an Castor abtritt, der dann im Kampf mit Lynkeus fällt, der 4. Akt faßt die früheren Akte drei und vier zusammen; hinzu kamen außerdem eine Reihe neu komponierter Ballett-Nummern. Die Uraufführung der Neufassung von *Castor et Pollux* im Dezember 1754 (der bis 1755 mindestens vierzig weitere Vorstellungen folgten) bedeutete denn auch eine empfindliche Schlappe für das Lager der „Buffonisten". In den Jahren 1764, 1765, 1772 und 1773 stand diese Neufassung erneut in Paris auf dem Spielplan. Inzwischen war der „Buffonistenstreit" zwar verebbt, doch schon zogen neue Gewitterwolken am französischen Opernhimmel auf: Mit der Premiere von Glucks *Iphigénie en Aulide* und *Orphée* (1774) an der Académie Royale und dem Auftreten Piccinis in Paris (1777/78) waren es nun die progressiven „Gluckisten" und die konservativen „Piccinisten", die einander bekämpften. Hatte früher die italienische Musik den „neuen" und die französische den „alten" Stil repräsentiert, so war es nun genau umgekehrt, und folglich wurden Aufführungen von *Castor et Pollux* 1778, 1779 und 1780 vom Lager der „Piccinisten" gegen die Reformopern Glucks durchgesetzt – allerdings vergebens: Das Werk errang nur mehr einen Achtungserfolg. Doch noch 1792 konnte Johann Friedrich Reichardt Rameaus Oper in Paris erleben. Merkwürdig genug, aber auch die nächste (konzertante) Aufführung in Paris – mehr als einhundert Jahre später, am 29. Januar 1903 – war als Manifestation gedacht: Die Schola Cantorum setzte die ersten beiden Akte von *Castor et Pollux* aufs Programm, um damit den Wert und die Eigenständigkeit der französischen Musik (gegen den italienischen *verismo* und die Nachklänge des „wagnérisme") zu dokumentieren. Claude Debussy feierte Rameau (am 2. Februar 1903 im *Gil Blas*) als Vertreter „einer rein französischen Tradition, geformt aus empfindsamer und liebenswürdiger Zartheit, mit richtigen Akzenten und strenger Deklamation im Rezitativ, ohne diese Sucht nach ‚deutscher Tiefe', ohne diese Neigung, alles mit dem Holzhammer zu unterstreichen und bis zur Bewußtlosigkeit zu erklären". So mag Debussys *Hommage à Rameau* aus dem ersten Heft der *Images* für Klavier (1904/05) ein letzter Nachklang der *tragédie lyrique* *Castor et Pollux* sein, bevor die historische Aufführungspraxis sich neuerdings dieses Meisterwerks erinnert hat.

Michael Stegemann

Diskographische Empfehlung
1972 – Stockholm: Nikolaus Harnoncourt, Stockholmer Kammerchor, Concentus musicus Wien. Jeannette Scovotti (Télaïre), Zeger Vandersteene (Castor), Gérard Souzay (Pollux), Norma Lerer (Phébe), Jacques Villisech (Jupiter). Telefunken 6.35048

1983 – Tooting Graveney, England: Charles Farncombe, English Bach Festival Singers & Baroque Orchestra. Jennifer Smith (Télaïre), Peter Jeffes (Castor), Philippe Huttenlocher (Pollux), Cynthia Buchan (Phébe), Lawrence Wallington (Jupiter). Erato NUM 750 323

Dardanus
Tragédie lyrique in einem Prolog und fünf Akten

Text: Charles Antoine Leclerc de La Bruère
Uraufführung: 19. November 1739, Opéra (Académie Royale de Musique), Paris
Personen: Venus (Sop); Iphise, Tochter des Teucer (Sop); Dardanus, Sohn des Jupiter und der Elektra (Ten); Anténor, König eines Nachbarreichs (Baß); Ismémor, Magier (Baß); König Teucer von Phrygien (Baß); Soli
Chor und Ballett: Genien der Freude; Höllengeister; Krieger Anténors; Phrygier; Traumgestalten des Dardanus
Ort und Zeit: Phrygien, Venuspalast auf Cythera, Kriegermausoleum, einsame Landschaft, Vorhof des phrygischen Königspalasts, Gefängnis in mythischer Zeit
Orchester: 2 Fl, 2 Ob, 2 Fg, Schlgzg, Streicher, B.c.; moderne Einrichtung von Raymond Leppard: 2 Fl (1. auch Picc) 4 Ob, 4 Fg, 2 Hrn, Streicher, B.c.
Form: Nummernoper
Aufführungsdauer: Ca. 3 ¾ Stunden
Verlag: Originalfassung: Ahn & Simrock-Crescendo; Leppard-Fassung: Faber Music, London

Handlung
PROLOG: Venus lädt die Genien der Freude ein, ihren Palast auf Cythera zu regieren. Das wird unter Anleitung Amors so überzeugend in die Tat umgesetzt, daß alle bald in Schlaf sinken. Da ruft Venus die Eifersucht herbei und läßt durch sie die Schlafenden wecken. Als ihr das gelingt, wird sie von Venus wieder vertrieben. Die Göttin ruft dann die Genien der Freude an, die Geschichte des Mars-Lieblings zu erzählen, der in ihrem Hof gefangengenommen wurde.

1. AKT: Iphise, Tochter des phrygischen Königs Teukros, liebt heimlich dessen Feind Dardanus, einen Sohn Jupiters. Insgeheim liebt auch Dardanus Iphise, doch sie haben sich ihr Geheimnis noch nicht entdeckt. König Teucer hat dagegen seine Tochter dem Anténor versprochen, der ein Heer gegen Dardanus anführen soll. Iphises Trauer steht in heftigstem Kontrast zu der kriegerischen Freudenemphase des Königs und Anténors. In ihrer Verzweiflung entschließt sie sich, den alten Magier Isménor, dem sie völlig vertraut, aufzusuchen.

2. AKT: In seiner Schreckensgrotte wird Isménor zunächst von Dardanus aufgesucht. Er informiert den Magier über seine Liebe zu Iphise und sucht Rat. Der Magier setzt darauf die ihm hörigen Höllengeister in Bewegung und überreicht Dardanus einen Zauberstab, der Isménor unsichtbar macht und Dardanus mit dessen Aussehen ausstattet. Nun erscheint Anténor, der den vermeintlichen Magier um ein Mittel bittet, mit dessen Hilfe er das Herz Iphises erringen kann. So erfährt Dardanus, daß sein militärischer Feind auch sein Konkurrent in der Liebe ist. Schließlich kommt Iphise und gesteht dem vermeintlichen Magier ihre Liebe zu Dardanus. Der kann der Versuchung nicht widerstehen, in seiner wahren Gestalt vor der Geliebten zu erscheinen: Er entledigt sich seiner Zauberkleidung. Entsetzt flieht das Mädchen, während Dardanus von Anténors Leuten gefangengenommen wird.

3. AKT: Die Phrygier feiern die Gefangennahme des Dardanus. Das Fest nimmt aber ein unerwartetes Ende, als König Teucer das Nahen eines Ungeheuers meldet. Neptun hat es ausgesandt, um das Volk zu strafen, das es gewagt hat, sich an einem Sohn Jupiters zu vergreifen. Anténor eilt fort, um das Ungeheuer zu bekämpfen.

4. AKT: In einem Himmelswagen schwebt Venus zur Erde nieder und singt den schlafenden Dardanus in Träume von Kampf und Ruhm. Die Träume des Schlafenden nehmen Klanggestalt an (Trio und Soloarie), ein Orchesterstück malt das Ungeheuer in Musik, Dardanus erwacht und eilt fort zum Kampf. Auch Anténor hat sich am Meeresufer eingefunden, um das Untier zu bekämpfen. Er wird im letzten Augenblick von dem siegreichen Dardanus vor dem Tode bewahrt.

5. AKT: Ein Chor der Phrygier besingt den vermeintlichen Sieg des Anténor. Doch Venus steigt vom Himmel herab, klärt die Vorgänge auf und spricht über Dardanus und Iphise den bräutlichen Segen.

Kommentar

Ohne Herabwürdigung der späteren Opern *Zoroastre* und *Abaris* läßt sich *Dardanus* als das letzte Hauptwerk der tragédie lyrique Rameaus bezeichnen, zusammen mit seinem Erstling *Hippolyte et Aricie* formt es auch qualitativ einen Zusammenhang, der kaum je aus der Musikgeschichtsschreibung in ein breiteres Bewußtsein übergegangen ist. Äußerlich folgt die Ouvertüre, wie in seinem Erstling, dem von Lully geprägten französischen Schema mit einem langsamen Anfang in Doppelpunktierung und einem schnellen Fugato. Dieses aber entpuppt sich als ein verkappter Sonatensatz mit einem Seitenthema, wenn die vier Stimmen des Fugato erstmals zusammengelaufen sind. Es schließen sich eine kurze Durchführung und eine Art Reprise an: eine Vorahnung auf die klassische Symphonie. Aus dem Prolog ragen neben der A-dur-Arie der Venus („Régnez, plaisirs") drei Tänze heraus, die Rameaus unvergleichliches Ineinssein von körperhafter Gestik und emotionaler Tiefe zeigen: Den beiden Schluß-Tamburins mit ihrem schon aggressiven Schwung geht ein d-moll-Menuett voran. Dramaturgisch überzeugend der erste Akt mit der gefühlsgespannten Eingangsarie der Iphise („Cesse, cruel Amour") und dem Flötenobligato über der dissonanzgeschärften Orchesterbegleitung einerseits, dem freudetrunkenen Duett Unempfindlicher („Teucer und Anténor") und dem Kriegermarsch in d-moll, der sich anschließt. Nicht minder eindrucksvoll die Beschwörung der Geister durch den Magier Isménor im 2. Akt und ihr herrischer Chor („Obéis aux lois des enfers"), gerichtet an Dardanus, dessen heftiger Gestus in einer plötzlichen Wende von d-moll nach c-moll dem Zaudernden quasi die Höllenspalte sinnlich anschaulich werden läßt. Daß Iphise die wohl anrührendste Frauenfigur Rameaus ist, läßt sich ihrer von einem Trauermarsch ähnlichen e-moll-Vorspiel eingeleiteten Arie im 3. Akt ableiten („Ô jour affreux"), ihrer Klage über die Gefangennahme des Dardanus. Ein Kabinettstück sondergleichen ist die umfängliche Sommeil-Szene in der Erstfassung des 4. Akts, wenn Venus in ihrem Himmelswagen dem schlafenden Dardanus jene Träume eingibt, die später Wirklichkeit werden.

Geschichte

Bei der Uraufführung fand das Werk eine eher negative Aufnahme. Neben den schon traditionellen Klagen der „Lullisten" über die dissonante Harmonik und das Untergewicht des Melodischen wurden gegen den 3. und 4. Akt erhebliche dramaturgische Bedenken erhoben. So entschloß sich Rameau bei einer Wiederaufnahme des Werks 1744 zu einer gründlichen Revision dieser Akte. Da rückte an die Stelle der Schlummerszene des Titelhelden im 4. Akt eine hochdramatische Arie des im Kerker gefangenen Dardanus („Lieux funestes"), deren f-moll-Grave nicht nur harmonisch und situativ an die Szene des Florestan in Beethovens *Fidelio* gemahnt: Mit dem obligaten Fagott, Rameaus ureigenem Instrument, ist hier sogar der obligate Part der Oboe im zweiten Teil der Florestan-Arie vorweggenommen. Darauf erscheint der Magier Isménor, schließlich auch Iphise, die Dardanus befreien will (g-moll-Duett „Frappez, frappez"). Dann blendet die Handlung wieder zum Kampf des Anténor mit dem Monstrum über, und mit einem instrumentalen „Bruit de guerre", einer seiner stärksten Kriegsmusiken, beendet Rameau den 4. Akt und eröffnet gleichzeitig den 5., in dem er nun den leichtgewichtigen Eingangschor strich. Nun hat wieder Iphise mit einem f-moll-Rezitativ, sozusagen dem Nachhall von Dardanus' Kerkerarie, das erste Wort: sehr zum Vorteil des musikdramatischen Zusammenhangs. Dem zuliebe wurde auch die chorische Cythera-Hymne der Erstfassung durch einen g-moll-Chor ersetzt.

Die Tatsache, daß *Dardanus* in zwei Fassungen vorliegt, hat allzu lange eine gerechte Würdigung des Werks und seine Eingliederung ins Repertoire verhindert. Denn die dramaturgischen Verbesserungen der Zweitfassung bedeuten zugleich den Verlust zweier hochrangiger Szenen: der Arie des zum Kampf gegen das Monster entschlossenen Anténor („Monstre affreux, monstre redoutable") und der erwähnten Sommeil-Szene in der Regie der Venus. Als die Pariser Opéra das Werk 1980 (es folgten Basel 1981 und Wuppertal 1984) erstmals seit der konzertanten Wiederaufführung von 1907 auf den Spielplan setzte und schlagartig seine Repertoirefähigkeit bewies, nahm sich der britische Dirigent und Musikologe Raymond Leppard jenen Stoßseufzer zu Herzen, den der Rameau-Forscher Cuthbert Girdlestone in seiner Monographie des Komponisten (London 1957, ²1969) ausgestoßen hatte: „Es ist beklagenswert, daß soviel Leben und Schönheit unbekannt vermodert, und man fragt sich, ob nicht eine moderne Ausgabe erstellt werden könne, die auf der Fassung von 1744 basiert und in diese die besten der von Rameau gestrichenen Passagen der früheren eingliedert." Leppard brachte dieses Kunststück fertig, es liegt auch als modernes Aufführungsmaterial vor. Dieses kombiniert das Beste beider Welten, sogar die f-moll-Düsternis der Kerkerszene mit dem Venus-Traum von der Errettung des Dardanus. *Ulrich Schreiber*

Diskographische Empfehlung

1980 – Paris: Raymond Leppard, Chœurs & Orchestre de L'Opéra de Paris. Christiane Eda-Pierre (Vénus), Frederica von Stade (Iphise), Georges Gautier (Dardanus), Michael Devlin (Anténor), Roger Soyer (Teucer), José van Dam (Isménor). Erato, STU 71416

GEORG FRIEDRICH HÄNDEL

geb. 23. Februar 1685 in Halle
gest. 14. April 1759 in London

Obwohl Georg Friedrich Händel, ein musikalischer Weltbürger, der sich schon früh seine Erfahrungen in Italien
holte und den größten Teil seines Lebens in London verbrachte, der bedeutendste Komponist der opera seria in der ersten Hälfte
des 18. Jahrhunderts war, galt er später allein als Verfasser von Oratorien.
Johann Gottfried Herder faßte die Meinung der Nachwelt in die bündige
Formulierung: „Seine Opern und Sonaten sind verhallet. Sein *Alexanderfest*
dauert." Damit war die Rezeption des Opernkomponisten Händel für lange
Zeit unterbrochen; erst die Göttinger Händel-Renaissance Anfang der 20er
Jahre unseres Jahrhunderts versuchte, durch die Initiative des Kunsthistorikers Oskar Hagen, eine Wiederbelebung auf dem Theater. Doch bis heute
hat sich die hartnäckige Meinung gehalten, Händels Opern seien zu zeitge-
bunden, um noch wirkungsvoll aufgeführt werden zu können. Damit sind
die Kastratenrollen gemeint, aber auch das ganze szenische Spektakel der
Barockoper, das uns heute fernsteht. Händels Opern erschöpfen sich jedoch
nicht in der Ausstattung, sie enthalten ein noch gar nicht voll genutztes
Potential an differenzierter Personencharakterisierung jenseits von allem
Schematismus der opera seria und dazu eine Fülle von musikalischen und
dramaturgischen Errungenschaften, die weit über das normative Regel-
werk der opera seria hinausgehen. Wie so oft in der Geschichte der Oper, so
zeigt sich auch in Händels Opernschaffen die Tendenz, die Handlungskon-
ventionen zu überschreiten und moralische Qualitäten wie eheliche Treue,
Loyalität oder ehrenhaftes Verhalten in den Vordergrund zu rücken. Eine
Oper wie *Radamisto* (1720) kann geradehin als Vorstufe des *Fidelio* angesehen werden; sie wurde auch zwei Jahre später in Hamburg unter dem Titel
Zenobia oder Das Muster rechtschaffener ehelicher Liebe aufgeführt. Zeitge-
bunden war freilich Händels Tätigkeit als mehr oder weniger erfolgreicher
Opernunternehmer, der immer wieder mit der puritanischen Moral der
englischen Verhältnisse in Konflikt geriet. Das Geschäftsrisiko, das ihn
dreimal zum Scheitern verurteilte, hielt ihn keineswegs davon ab, zahlrei-

che musikalische Neuerungen in die opera seria einzuführen und so die starre Gattung von innen her aufzubrechen. Bemerkenswert sind dabei die verblüffenden koloristischen Effekte, die weit über die barocke Standardbesetzung des Orchesters hinausgehen. Einzelne Klangfarben, etwa der Klagelaut der Soloflöte, oder ausgesuchte solistische Instrumentalensembles, wie in der Parnaßszene des *Giulio Cesare*, ferner die Tendenz, die Singstimmen und die Instrumente als gleichberechtigte Partner aufzufassen, das Orchester also aus seiner reinen Begleitfunktion zu lösen – das alles zeugt für Händels sorgfältige Musikdramaturgie, die in den herausragenden Frauengestalten seiner Opern ihren Höhepunkt findet. Die speziellen ironischen Momente seiner Musiksprache wurden lange Zeit überhaupt nicht erkannt; es scheint, daß auch die Zeitgenossen dafür kein Verständnis aufbringen konnten, sonst wäre *Serse* sicherlich nicht durchgefallen. Dabei gehören solche Momente schon beim frühen Händel zu den Grunderfahrungen der Oper: *Agrippina* (1709) bewegt sich durchaus auf der Linie von Monteverdis *L'incoronazione di Poppea* in ihrer Mischung aus tragischen und komischen Elementen, ihrer „unmoralischen" Fabel und in der Art, die historischen Personen (aus den *Annalen* des Tacitus) in Alltagssituationen zu präsentieren. Der musikalische Reichtum dieser Oper bot dem späteren Händel eine Fundgrube für Selbstentlehnungen und Anregungen. Allerdings zeigt sich auch hier bereits der grundlegende Unterschied, der die opera seria von Monteverdis tatsächlichem dramma per musica unterscheidet: Dort bestimmt die Musik (als Dienerin des Textes verstanden, gespiegelt im Wechsel der Tonfälle) die Handlung, bei Händel dagegen zeigen die Arien den Reflex der Personen auf den Gang der Ereignisse. Und in der musikalischen Zeichnung solcher Reflexe liegt Händels Stärke, die ihn unangreifbar macht(e).   *Dietmar Holland*

Giulio Cesare in Egitto (Julius Cäsar)
Dramma per musica in drei Akten

Text: Nicola Francesco Haym, nach dem Libretto von Giacomo Francesco Bussani zu dem dramma per musica von Antonio Sartorio (Venedig 1677)
Uraufführung: 20. Februar 1724, King's Theatre, Haymarket London

Personen: Giulio Cesare, erster römischer Imperator (Baß, urspr. Alt-Kastrat); Curio, römischer Tribun (Baß); Cornelia, Gattin des Pompejus (Alt); Sesto, Sohn der Cornelia und des Pompejus (Ten, urspr. Sop); Cleopatra, Königin von Ägypten (Sop); Tolomeo, Cleopatras Bruder, König von Ägypten (Baß, urspr. Alt-Kastrat); Achilla, Heerführer und Ratgeber des Tolomeo (Baß); Nireno, Vertrauter der Cleopatra und des Tolomeo (Baß, urspr. Alt-Kastrat)

Chor: Cesares Gefolge; Stimmen der Verschwörer; Neun Musen; Dienerinnen; Pagen

Ort und Zeit: Ägypten (Alexandria), 48 v. Chr., nach der Schlacht bei Pharsalus

Orchester: 2 BlFl, Fl, 2 Ob, 2 Fg, 4 Hrn, Streicher, B. c.

Auf der Bühne: Ob, Fg, Theorbe, Hrf, Vla da gamba, Streicher

Form: 40 Musiknummern und Secco-Rezitative

Aufführungsdauer: 3 ¼ Stunden

Verlag: Bärenreiter, Kassel (Hallische Händel-Ausgabe)

Handlung

1. AKT: In der Schlacht bei Pharsalus hat Giulio Cesare über seinen politischen Widersacher Pompejus gesiegt und verfolgt ihn bis nach Ägypten, wo er Beistand bei Tolomeo gesucht hat. Während Cesares triumphalem Einzug bitten Cornelia, die Gattin, und Sesto, der Sohn des Pompejus um Versöhnung. Mit großmütiger Geste erklärt sich Cesare dazu bereit und läßt Pompejus herbeirufen, an dessen Stelle jedoch der ägyptische Heerführer Achilla auftritt und als Zeichen der Unterwürfigkeit den abgeschlagenen Kopf des Pompejus überreicht. Die Römer sind entsetzt über diesen Frevel und schwören Rache. Cesare befiehlt, die Asche des Ermordeten in einer Urne zu verwahren.

Cleopatra, die Schwester des Tolomeo, erhebt als Erstgeborene Anspruch auf den ägyptischen Thron und beabsichtigt, Cesare zu umgarnen, um mit seiner Hilfe ihr politisches Ziel zu erreichen. Achilla dagegen bietet Tolomeo an, Cesare für den Preis von Cornelias Hand zu ermorden. Obgleich Tolomeo selbst ein Auge auf Cornelia geworfen hat, willigt er ein.

An der Urne des Pompejus philosophiert Cesare über die Vergänglichkeit und Nichtigkeit des Lebens. Cleopatra bittet ihn unter dem Namen Lydia um Unterstützung gegen Tolomeo. Beeindruckt von ihrer Schönheit verspricht Cesare zu helfen. Cornelia versucht, an der Urne ihres Mannes

Selbstmord zu begehen, wird aber von Sesto daran gehindert. Lydia hat den Vorfall beobachtet und verbündet sich mit beiden gegen Tolomeo.

Tolomeo gibt ein Fest für Cesare, um ihn bei dieser Gelegenheit ermorden zu lassen, doch Cesare durchschaut das Vorhaben. Sesto fordert Tolomeo zum Zweikampf auf und wird, gemeinsam mit seiner Mutter, verhaftet. Achilla bietet Cornelia an, sie von den drohenden Diensten im Serail zu befreien, wenn sie sich ihm willig zeige. Cornelia weist dieses Ansinnen entrüstet ab und wird von Sesto getrennt.

2. AKT: Lydia hat Cesare zu sich gebeten und verführt ihn als Allegorie der Tugend auf dem Parnaß, umgeben von den neun Musen. Cornelia beklagt im Garten des Serails ihr Schicksal und erwehrt sich der Annäherungsversuche Tolomeos. In einem Lustgarten erwartet Lydia Cesare, der sie heiraten will. Die Liebesszene wird unterbrochen durch Curio, der das Eindringen ägyptischer Soldaten meldet. Lydia gibt sich als Cleopatra zu erkennen und verspricht Cesare Unterstützung. Doch Cesare will die Verschwörung selbst aufdecken und läßt Cleopatra in Verzweiflung zurück. Tolomeo versucht immer noch, sich Cornelia gefügig zu machen, als Achilla mit seinen Soldaten herbeistürzt, um Cornelia als Lohn für den Tod Cesares zu fordern. Es heißt, Cesare sei auf der Flucht ertrunken. Tolomeo verweigert den Lohn, und Achilla kündigt ihm die Treue.

3. AKT: Cleopatra, die aus Liebe zu Cesare inzwischen auf römischer Seite gegen die Ägypter kämpft, ist von Tolomeo gefangengenommen worden und beklagt ihr Schicksal, da sie Cesare tot glaubt. Achilla ist tödlich verwundet und gesteht Sesto, daß er, um Cornelia zu gewinnen, die Morde an Pompejus und Cesare angestiftet habe. Er weiß nicht, daß Cesare sich aus dem Meer, in das er bei der Flucht vor den Verschwörern gesprungen ist, hat retten können und nun das Geständnis belauscht. Achilla schenkt Sesto seinen Ring, der ihm Befehlsgewalt über die Soldaten verleiht, ihm jedoch vom hinzutretenden Cesare entrissen wird, der damit zu Cleopatra und Cornelia vordringen und beide befreien will. Sesto solle ihm nachfolgen.

Cornelia will Tolomeo, der sie weiterhin bedrängt, töten, als Sesto mit blankem Schwert hinzutritt und ihn im Kampf besiegt.

Cesare krönt die von ihm befreite Cleopatra zur Königin von Ägypten, die freilich ihr Reich dem römischen Imperium unterstellt.

Kommentar

Bei der Umsetzung des historischen Bürgerkriegs zwischen Julius Cäsar und Pompejus (als Vorgeschichte) und des Kontrastes zwischen der römischen und der ägyptischen Kultur (als Folie der Handlung) in das Intrigengeflecht höfischer Liebeskonflikte konnte sich der geschickte Librettist Nicola Francesco Haym auf antike Quellen (Plutarch) berufen und so ein Textbuch schaffen, das den starren Mechanismus der opera seria aufbrach und Händel die Gelegenheit gab, seine Fähigkeiten zu differenzierter Personencharakteristik auszubreiten. Im Vordergrund steht die außerordentliche innere Entwicklung der ägyptischen Thronfolgerin Cleopatra, die eine erstaunliche Wandlung von naiv trällernder Koketterie bis hin zu echter Liebe durchmacht. Ähnlich vielschichtig ist auch der Charakter des Giulio Cesare aufgefächert, getreu den Maximen der barocken Operndramaturgie, daß sich erst im Additionsprinzip der einzelnen, durchaus heterogenen Affekte – auf die Arien verteilt – der Überblick über den Charakter einer Hauptperson erweise. Cesare erscheint demnach zunächst als gefeierter, siegreicher Feldherr und edler Römer, sozusagen als öffentliche Person, später in der – wohl auf Händels Wunsch von Haym ausdrücklich hinzugefügten – Szene an der Urne des ermordeten Pompejus als Philosoph, der einsam über die Nichtigkeit des Menschen nachdenkt, und schließlich sogar als galanter Liebhaber, der sich (zu Beginn des Mittelaktes) gerne von Cleopatras Reizen verführen läßt, sich andererseits sehr wohl auch gegen Verschwörer mit List zur Wehr zu setzen versteht (Gleichnis-Arie „Va tacito e nascosto": der Jäger, der durch Vorsicht und List die Spuren findet).

Der additiven Charakteristik der Hauptpersonen entspricht die ebenfalls für die Dramaturgie der Barockoper typische Schnitt-Technik des Handlungsablaufs in mehreren, parallel zueinander verlaufenden Handlungssträngen, die sich gelegentlich gar überkreuzen können, so etwa bei den Zudringlichkeiten Tolomeos und Achillas, die Cornelia zu schaffen machen. Die Gattin des ermordeten Pompejus spielt zwar in der Oper die einseitige Rolle der Klagenden, aber es ist erstaunlich, wie selbst hier Händel zu differenzieren weiß: In ihrer ersten Arie erklingt ein trauriges D-dur (mit Soloflöte als zusätzlicher Farbe) als Ausdruck der Trostlosigkeit, in der zweiten immerhin ein unterschwellig aggressives g-moll, dessen Pathos nicht nur Leid, sondern auch Entschlossenheit zum Handeln meint, und in der F-dur-Arie des 2. Aktes mischt sich sogar Hoffnung hinein, bis schließlich in der letzten Arie (im 3. Akt) die Zuversicht (D-dur ohne Soloflöte) erklingt, daß durch den Sieg ihres Sohnes Sesto über Tolomeo das Verbrechen an ihrem Gatten Pompejus gesühnt sei.

Die gleichsam präsentierende Dramaturgie, die eine analytische Wirkung auf den Zuschauer ausübt, verhindert zugleich dessen Einfühlung. So erscheint es denn auch kaum verwunderlich, daß in Händels Opern – so auch in *Giulio Cesare* – nicht nur die Sänger agieren, sondern auch die Instrumente im Orchester. Bisweilen kommt es zu einem buchstäblichen Wechselspiel zwischen den beiden Ebenen, etwa in der Gleichnis-Arie des Cesare („Va tacito e nascosto") zwischen dem Sänger und dem konzertierenden Solohorn, oder später, ebenfalls in einer Arie des Cesare („Se in fiorito ameno prato"), gar zu einer Art Concerto grosso für Singstimme, Violine und Orchester. Solche Art von „instrumentalem Theater" sicht- und hörbar gemacht zu haben, war eines der Verdienste von Horst Zankls Inszenierung des *Giulio Cesare* an der Frankfurter Oper (musikalische Leitung: Nikolaus Harnoncourt) im Jahre 1978, die einen Maßstab für das heute adäquate Verständnis der Barockoper, die ja zu einem nicht geringen Teil Musizieroper ist, gesetzt hat. In ähnlicher Weise ist auch das Auftreten von zwei getrennten Orchestern in der Verführungsszene der Cleopatra zu verstehen: Den neun Musen auf dem Parnaß, in deren allegorischem Kontext sich Cleopatra als „Tugend" präsentiert, sind neun Soloinstrumente auf der Bühne zugeordnet. In beiden Orchestern spielen die Streicher, dem phantasmagorischen Charakter der Musik zuliebe, mit Dämpfern, und auch Cleopatras betörende Arie „V'adoro pupille" scheint in ihrem melodischen Strom, der nur durch Cesares erstaunte Rezitativ-Ausrufe kurzzeitig unterbrochen wird, auf Wagnersche Musik vorauszuweisen. Womöglich noch verführerischer, weil inniger, ist Cleopatras zentrale Liebes-Arie „Venere bella", die ja die Szene einleitet, in der sich die vermeintliche Lydia als Cleopatra zu erkennen gibt und die bisherige Tändelei in echte Liebe umschlägt. Das eindrucksvolle musikalische Porträt Cleopatras wird dann noch ergänzt mit dem Monolog (Largo, fis-moll) des Bangens um Cesares Sicherheit, dessen Tonfall und Satztechnik an Bach gemahnt, und vervollständigt mit der E-dur-Klage um den totgeglaubten Cesare, der sich aber – die auf Händels Wunsch hinzugefügte Szene macht das konkret deutlich – durch einen Sprung ins Meer vor den Verfolgern hat retten können (Recitativo accompagnato „Dall'ondoso periglio" und Arie „Aure, per pietà"). Hier wird nochmals die Kontrast-Dramaturgie der Händel-Oper in ihrer ganzen Tragweite greifbar.

Geschichte

Die spezielle Dramaturgie des *Giulio Cesare* war nicht allein die Idee des Librettisten Haym, sondern in gewisser Weise vorgegeben durch die ältere Vorlage. Die Neigung zu Tableaus und zu Auftrittsarien ist noch der Librettistik des späten 17. Jahrhunderts verpflichtet, während Hayms Aufgabe bei seiner Umarbeitung darin bestand, den Text zu kürzen, Cornelia und ihren Sohn Sesto als Rollen aufzuwerten – er gab ihnen zum Beispiel ausdrücklich die Schlußszenen der ersten beiden Akte – und die beiden erwähnten Szenen Cesares hinzuzufügen, die das Bild des Helden abrunden, ja in der Komposition Händels sogar zu Höhepunkten der Partitur wurden. Es erscheint nicht ausgeschlossen, daß Händel direkt Einfluß auf Hayms Arbeit genommen hat, denn das Libretto entstand etwa gleichzeitig mit der Musik, vom Sommer bis zum Ende des Jahres 1723.

Bereits zu Händels Lebzeiten war *Giulio Cesare in Egitto* eine seiner erfolgreichsten Opern, wurde auch außerhalb Englands verschiedentlich aufgeführt, dann aber, wie alle Opern Händels, für lange Zeit völlig vergessen. Die erste moderne Wiederaufführung wagte der Kunsthistoriker Oskar Hagen am 5. Juli 1922 anläßlich der Göttinger Händel-Festspiele, die nichts weniger waren als eine Renaissance und Rehabilitierung des Opernkomponisten Händel, freilich in heute umstrittenen Bearbeitungen. In seiner oben erwähnten Inszenierung versuchte Horst Zankl (Frankfurt 1978) eine Brechung der Handlung in drei Zeitebenen: in die historische des Stoffes, in die historische der Oper und in die aktuelle der Aufführung. Dieser bisher ehrgeizigste szenische Versuch einer Wiederbelebung der für uns fremdartigen Dramaturgie der Barockoper hat leider kaum Nachfolger gefunden.   *Dietmar Holland*

Diskographische Empfehlung

1984 – London: Charles Mackerras, English National Opera Chorus and Orchestra. Dame Janet Baker (Giulio Cesare), Valerie Masterson (Cleopatra), Sarah Walker (Cornelia), Della Jones (Sesto), John Tomlinson (Achilla). EMI 27 0232 3 (engl. gesungen)

Tamerlano
Dramma per musica in drei Akten

<u>Text:</u> Nicola Francesco Haym, nach Vorlagen von Agostino Piovene und Ippolito Zanelli, basierend auf Jacques Pradons Tragödie *Tamerlan ou La mort de Bajazet*
<u>Uraufführung:</u> 31. Oktober 1724, King's Theatre, Haymarket, London
<u>Personen:</u> Tamerlano, Tatarenkhan (Alt); Bajazet, Türkenherrscher, Gefangener Tamerlanos (Ten); Asteria, Tochter Bajazets, Geliebte Andronicos (Sop); Andronico, Griechenfürst, Verbündeter Tamerlanos (Alt); Irene, Prinzessin von Trapezunt, Verlobte Tamerlanos (Alt); Leone, Vertrauter Andronicos und Tamerlanos (Baß); Zaide, Vertraute Asterias (stumme Rolle),
<u>Chor:</u> Gefolge Tamerlanos und Irenes; Krieger; Wachen
<u>Ort und Zeit:</u> Die Burg Prusa in Bithynien, ursprünglich Bajazets Besitz, nach dessen Niederlage in der Schlacht bei Angora (Ankara) Tamerlanos Herrschersitz. Um 1402
<u>Orchester:</u> 2 BlFl, 2 Fl, 2 Ob, Fg, 2 Cornetti, Streicher, B. c.
<u>Form:</u> 60 Musiknummern und Secco-Rezitative
<u>Aufführungsdauer:</u> 3 Stunden
<u>Verlag:</u> Bärenreiter, Kassel, und VEB Deutscher Verlag für Musik, Leipzig (Hallische Händel-Ausgabe Band 15, in Vorb.)

<u>Handlung</u>
1. AKT: Der Tatarenkhan Tamerlano (hist. Timurlenk), ein Nachfahr Dschingis-Khans, hat bei der Schlacht von Angora den Türken-Emir Bajazet besiegt und gefangengenommen. Er beherrscht das Türkenreich von Bajazets Residenz in Prusa aus. Bajazet darf sich im Palast frei bewegen, kann aber die Schmach der Niederlage kaum ertragen. Am liebsten würde er sich umbringen, wäre da nicht seine über alles geliebte Tochter Asteria, die mit dem Griechenfürsten Andronico verbandelt ist, einem Verbündeten des mächtigen Khans, der aber auch Bajazets Vertrauen genießt. Tamerlano, der offiziell mit der (ihm persönlich nicht bekannten) Prinzessin von Trapezunt, Irene, verlobt ist, möchte selbst die stolze Asteria für sich gewinnen und beauftragt just Andronico damit, bei Asteria für ihn zu werben. Als Gegenleistung verspricht er ihm die Hand Irenes und die Wiederherstellung des Byzantinischen Reiches. Andronico, der von Tamerlanos Gunst

abhängig ist, fügt sich schweren Herzens diesem Wunsch. Als Asteria durch Tamerlano selbst von dem geplanten „Partnerinnentausch" erfährt, ist sie entsetzt über Andronicos Treulosigkeit. Bajazet erwartet von seiner Tochter, daß sie das Heiratsangebot seines Feindes ablehne, doch Asteria hüllt sich in Schweigen und nimmt schließlich den Antrag an. Beschämt und traurig hört Irene die Kunde, daß der Khan sich von ihr abgewandt hat, denn sie liebt ihn, den Unbekannten, von Herzen. Sie beschließt, ihn als Botin verkleidet aufzusuchen.

2. AKT: Andronico bereut bereits seine Anwerbungsaktion für Tamerlano. Er versucht, Asteria die Heirat mit Tamerlano wieder auszureden. Als Botin verkleidet, wirbt Irene bei Tamerlano indes um ihre eigene Person. Tamerlano weist sie lächelnd ab und kündigt an, daß er Irene erst dann heiraten würde, wenn es ihr, der Botin, gelänge, ihm Asteria madig zu machen. Asteria aber rät der verkleideten Irene, das Feld vorerst nicht zu räumen. Bajazet und Andronico wollen mit allen Mitteln die Hochzeit Tamerlanos mit Asteria verhindern. Im Thronsaal Tamerlanos kommt es zum Eklat: Bajazet, der entsetzt ist über den vermeintlichen Verrat seiner Tochter, legt, um zu verhindern, daß sie mit Tamerlano den Thron besteige, seinen Kopf auf die unterste Stufe des Throns. So versperrt er ihr den Weg zum Thron, bringt sie ungewollt auch von ihrem Plan ab, Tamerlano auf dem Thron zu ermorden. Sie stößt den Dolch zum Zeichen ihres Hasses gegen den Khan in die Stufe des Throns und deckt damit ihren Mordplan vor allen auf. Tamerlano ist außer sich vor Wut über Asterias Heimtücke und schwört ihr grausame Vergeltung. Bajazet, Andronico und Irene aber preisen Asterias Treue und Kühnheit.

3. AKT: Bajazet hat Gift besorgt und bedrängt seine Tochter, mit ihm gemeinsam in den Tod zu gehen. Als Tamerlano, der Asteria noch immer liebt, Andronico erneut als Liebeswerber zu ihr schicken will, gesteht ihm dieser offen seine Beziehung zu Asteria ein. Tamerlano ist empört und droht, Bajazet enthaupten zu lassen und Asteria zu einer niederen Sklavin zu machen. Als sich Asteria dem Khan zu Füßen wirft, um für das Leben ihres Vaters zu bitten, erscheint dieser und reizt den Khan noch mehr. Doch Tamerlano hat sich für alle eine besondere Demütigung ausgedacht. In Anwesenheit ihres Vaters und Andronicos degradiert er die türkische Prinzessin zu einer niederen Sklavin und gebietet ihr, ihm Wein zu reichen. Asteria aber schüttet unbemerkt das Gift, das ihr Vater ihr zum Selbstmord gab, in Tamerlanos Becher und reicht ihm diesen stolz zum Trunk. Irene, die als einzige den Vorgang beobachtete, hindert Tamerlano im letzten

Augenblick am Trinken. Sie gibt sich als Prinzessin von Trapezunt zu erkennen und erregt Tamerlanos Wohlgefallen. An Asteria, die ihn zweimal zu töten trachtete, will sich der mächtige Khan aber grausam rächen. In Gegenwart ihres Vaters sollen seine Sklaven sie mißbrauchen. Bajazet kann die Demütigungen nicht länger ertragen und vergiftet sich. Er stirbt, nachdem er Tamerlanos Grausamkeit leidenschaftlich vor den Göttern angeklagt hat. Bajazets Tod aber stimmt Tamerlano um. Er läßt Gnade walten, gibt Asteria Andronico zur Frau und vermählt sich mit Irene.

Kommentar

Das dramma per musica *Tamerlano* ist Händels einzige opera seria, die nicht auf einem antiken oder mythologischen Stoff aus grauer Vorzeit, sondern auf einer wahren historischen Begebenheit beruht: der Niederlage und Gefangennahme des Türken-Sultans Bajasid I. durch den Tataren-khan Timur-Leng bei der Schlacht von Ankara im Jahr 1402. Gleichwohl bildet die Historie auch in diesem typischen (und zu jener Zeit mehrfach vertonten) Seria-Sujet nur das dramatische Grundmotiv für die größtenteils frei erfundene Handlung, die Händels Librettist Nicola Francesco Haym, ein aus Rom stammender Literat und Archäologe, aus verschiedenen Quellen adaptierte. Ob Haym dabei mehr der Urquelle, der Tragödie *Tamerlan ou La mort de Bajazet* Jacques Pradons von 1675 folgte, wie er selbst behauptete, oder ob, wie die Forschung herausfand, er sich doch weitgehend an das 1709 von Francesco Gasparini vertonte Libretto des italienischen Grafen Agostino Piovene hielt, ist für die Beurteilung der endgültigen Gestalt von Händels Oper weniger wichtig als der Umstand, daß Händel, auf Anregung seines Bajazet-Darstellers Francesco Borosini die fertige *Tamerlano*-Partitur wenige Wochen vor der Uraufführung vollständig umarbeitete und straffte und, allen Metastasianischen Regeln trotzend, den Tod eines Menschen, nämlich den Selbstmord des gedemütigten Bajazets, auf offener Szene vorführte und auskomponierte. Mit dieser beispiellos modernen, psychologisch-realistischen Schilderung des aufgewühlten Innenlebens einer stolzen, gedemütigten Seele in den letzten Augenblicken ihres Daseins schuf Händel nicht nur die erste bedeutende Tenorpartie der Operngeschichte – sie kündigt bereits Beethovens Florestan an –, sondern er korrigierte damit auch die von der Handlung vorgegebene Figuren-hierarchie zugunsten des „Opfers", des leidenschaftlich gegen die Willkür des Tatarenkhans aufbegehrenden Türken-Emirs. Musikalisch avanciert Bajazet eindeutig zur Hauptfigur der Oper, während Tamerlano, von Hän-

del dem traditionellen Gesangsfach des Alt-Kastraten zugewiesen, musikalisch eher distanziert behandelt und als selbstherrlich-eitler, hartherzi-
ger, wenngleich zu starken Gefühlen fähiger Machtmensch charakterisiert
wird. Händel betreibt hier musikalisch eine kritische Interpretation des
Textes, der ja, ausgehend von Pradons aufgeklärtem Herrscherbild, sich um
eine relativ differenzierte Charakterisierung Tamerlanos als eines zur Versöhnung bereiten „Barbaren" bemüht und eher Bajazets Verhalten als
unversöhnlich und affektgesteuert erscheinen läßt. Dieser von Händel in
Kauf genommene Widerspruch zwischen den Intentionen des Textes und
der Komposition kennzeichnet den hier erreichten Wendepunkt in der
opera seria: das Einbrechen der neuen bürgerlichen Gefühlsästhetik, einer
sensualistischen Gegenströmung in die bis dahin emotional versiegelte,
höfisch-stilisierte, stark normierte Welt der opera seria mit all ihren moralischen Konsequenzen. Von da an verliert das Seelenleben des Machtinhabers an Bedeutung, die Musik wendet sich der aufbegehrenden Gefühlswelt
seiner Untertanen und Opfer zu. Händel läßt auch die restlichen Figuren
von dieser Unterscheidung, welcher Welt sie angehören, nicht aus. Die auf
seiten Tamerlanos stehenden (wenngleich auch unter seiner Willkür leidenden) Figuren: den schwächlichen, zaudernden Griechenfürsten Andronico, ebenfalls ein Alt-Kastrat, der ein wenig an Mozarts Don Ottavio
erinnert, und die überaus duldsame, großmütige Irene, führt er in eher
traditioneller Seria-Manier aus, freilich schon mit der Absicht, diese festumrissenen Rollentypen, im Fall Andronicos ganz gewiß, ironisch zu über-
zeichnen. Bajazets rebellische Tochter Asteria, die sich Tamerlanos Liebeswerben immerhin durch einen zweifachen Mordplan zu widersetzen
versucht, gestaltet Händel dagegen als einen entwickelten, ihrem Vater an
Gefühlsstärke und Leidenschaft ebenbürtigen Charakter, der darüber hinaus die Willenskraft und das Selbstbewußtsein einer emanzipierten Persönlichkeit, den neuen Menschen, in sich trägt: Nirgends wird die Überlegenheit Asterias deutlicher als in der glänzenden Spottarie „Non è più tempo"
(Nr. 22), in der sie ihrem zögerlichen Liebhaber Andronico trällernd ihre
(vermeintliche) Entscheidung zugunsten Tamerlanos mitteilt.
In der 9. Szene des 2. Aktes, in der es zwischen den fünf Hauptakteuren zum
offenen Konflikt kommt, hat Händel, um die Eskalation auf die Spitze zu
treiben, das längste Rezitativ der Operngeschichte, mit 235 Takten Länge,
komponiert. Die Szene mündet in ein bewegtes Aktionsterzett („Voglio
stragi", Nr. 32), in dem die aufgestauten Gefühle der beiden Gegenparteien
geradezu explodieren, und diesem folgen vier kleine Arien, in denen die von

Tamerlano Abhängigen ihre Genugtuung darüber äußern, daß Asteria ihn nur zum Schein heiraten wollte. Musikalisch alles überragend ist jedoch Bajazets Todesszene, in der Händel die Seelenqualen des um seine Ehre gebrachten Herrschers und Vaters realistisch und höchst suggestiv als Wechsel von kurzen rezitativischen und ariosen Teilen vertont hat, beinahe Verdis Technik antizipierend. Das kurze, wiegende und doch düstere f-moll Arioso „Figlia mia" des um seine Tochter besorgten Bajazets ist eine der schönsten, innerlichsten, anrührendsten Szenen der Operngeschichte. Händel wußte sehr wohl, warum er die Oper nach diesem erschütternden Monolog gleich in den etwas melancholisch wirkenden versöhnlichen Schlußchor münden und zwei ursprünglich geplante nachfolgende Musikstücke von unbestreitbarer Qualität in der Uraufführung wegließ: Die Wirkung dieser Szene hätte jede nachfolgende Musik verblassen lassen. Mit Bajazets Todesmusik überwand Händel auch die starre Ästhetik der opera seria.

Geschichte

Händel komponierte den *Tamerlano*, seine 18. Oper, in dem knappen Zeitraum von drei Wochen, im Juli 1724. Sie sollte die folgende Herbstsaison der Royal Academy of Music eröffnen, was denn auch geschah. Händel war der Stoff vermutlich schon aus seiner Zeit in Italien bekannt, denn bereits 1706 hatte Alessandro Scarlatti in Pratolino eine Oper *(Il gran Tamerlano)*, basierend auf Jacques Pradons französischer Tragödie *Tamerlan ou La mort de Bajazet*, herausgebracht, auf die sich dann auch Händels Librettist Nicola Francesco Haym stützte. Freilich hatte Haym das meiste einem anderen Opernlibretto entnommen, das der italienische Graf Agostino Piovene 1711 für den Komponisten Francesco Gasparini (für eine Aufführung in Venedig) nach Pradons Schauspiel eingerichtet hatte. Wenige Wochen vor der geplanten Premiere von Händels Oper traf der für die Rolle des Bajazets engagierte italienische Tenor Francesco Borosini in London ein und machte Händel mit einer späteren, überarbeiteten Version von Gasparinis Oper bekannt, in deren Premiere (Reggio nell'Emilia, 1719) er selber den Bajazet gesungen hatte und in der Gasparini, das Tabu der Todesdarstellung auf der Bühne brechend, die Sterbeszene Bajazets für Borosini vertont hatte. Händel war von diesem ungewöhnlichen Schluß so beeindruckt, daß er kurzfristig beschloß, seine Oper gründlich umzuarbeiten und ebenfalls Bajazets Todesszene mitaufzunehmen. Weitere Änderungen mußte Händel aus Rücksicht auf den begrenz-

ten Stimmumfang Borosinis und der Irene-Darstellerin Anna Dotti vornehmen, so daß alles in allem die Uraufführungspartitur von der ersten Handschrift stark abwich. Am 31. Oktober 1724 fand die Premiere im Londoner
King's Theatre am Haymarket statt. Neben Borosini und Anna Dotti waren
die damals berühmte italienische Primadonna Francesca Cuzzoni als
Asteria und der legendäre Alt-Kastrat Senesino in der Rolle des Andronico
mit von der Partie. Die musikalisch weniger attraktive Titelpartie hatte
Senesino dem nicht so bekannten Kastraten Andrea Pacini überlassen.
Nach neun erfolgreichen Vorstellungen wurde die Oper abgesetzt und
kam erst sieben Jahre später für wenige Aufführungen erneut auf den
Spielplan. 1725 gelangte die Oper für einige Aufführungen nach Hamburg, wo sie in einer Bearbeitung von Georg Philipp Telemann und in
einer deutschen Fassung von Praetorius gezeigt wurde. Danach verschwand *Tamerlano* fast zwei Jahrhunderte in der Versenkung, bevor er
1924 in Karlsruhe in einer deutschen Version von Herman Roth, aber
schlimm verstümmelt, auf die Bühne zurückkam. Es folgten Aufführungen in Leipzig (1925), Hannover (1927) und Halle an der Saale (1952).
1984 erschien die erste unvollständige Schallplatten-Gesamtaufnahme
des *Tamerlano* unter Jean-Claude Malgoire. 1985 rekonstruierte John
Eliot Gardiner für die Göttinger Händel-Festspiele die Uraufführungsver-
sion, die im selben Jahr auch in Lyon gezeigt wurde. Von einer konzertanten Aufführung dieser Produktion in Köln wurde ein Mitschnitt erstellt,
der 1987 auf Schallplatte veröffentlicht wurde.   *Attila Csampai*

Diskographische Empfehlung
1987 – Köln: John Eliot Gardiner, English Baroque Soloists. Derek
Ragin (Tamerlano), Nigel Robson (Bajazet), Nancy Argenta (Asteria), Michael Chance (Andronico), Jane Findlay (Irene), René Schirrer (Leone).
Erato, ZL 30126

Rodelinda, Regina de' Langobardi
(Rodelinda, Königin der Langobarden)
Dramma per musica in drei Akten

Text: Nicola Francesco Haym, auf der Grundlage von Antonio Salvis Libretto zu Giacomo Antonio Pertis Oper, nach Pierre Corneilles Tragödie *Pertharite, Roi des Lombards* von 1652
Uraufführung: 13. Februar 1725, King's Theatre, Haymarket, London
Personen: Rodelinda, Königin der Langobarden und Gattin Bertaridos (Sop); Bertarido, von Grimoaldo vom Thron vertrieben (Alt); Grimoaldo, Verlobter Eduiges (Ten); Eduige, Schwester Bertaridos (Alt); Unulfo, langobardischer Edelmann, Berater Grimoaldos, aber heimlich ein Freund Bertaridos (Alt); Garibaldo, Herzog von Turin, im Aufstand gegen Bertarido, Freund Grimoaldos (Baß); Flavio, Rodelindas und Bertaridos Sohn (stumme Rolle)
Ort und Zeit: Mailand, um 670
Orchester: 2 BlFl, Fl, 2 Ob, Fg, 2 Hrn, Streicher, B. c.
Form: Nummernoper mit Secco-Rezitativen
Aufführungsdauer: Ca. 3 Stunden
Verlag: Bärenreiter Verlag, Kassel (Hallische Händel-Ausgabe, in Vorb.)

Handlung
    1. AKT: Grimoaldo, Herzog von Benevento, hat den Langobardenkönig Bertarido von seinem Thron vertrieben und will nun, da Bertarido als tot gilt, dessen Gattin Rodelinda heiraten, obwohl er mit Eduige verlobt ist. Rodelinda aber will ihrem Gatten über den Tod hinaus treu bleiben und weist den Freier zurück. Von Garibaldo erhält Grimoaldo den Rat, Rodelinda zur Heirat zu zwingen und Eduige zu verstoßen, als deren Gatte Garibaldo selbst auf den Thron von Pavia zu gelangen beabsichtigt. Bertarido jedoch lebt und ist unerkannt nach Mailand zurückgekehrt. In einem Zypressenhain trifft er vor seinem eigenen Grabmal auf Unulfo, der ihm die Treue gehalten hat. Die beiden Männer verbergen sich, als Rodelinda mit ihrem Sohn Flavio zum Grab kommt, und müssen in ihrem Versteck ohnmächtig zusehen, wie Garibaldo Rodelinda mit der Drohung, ansonsten ihren Sohn zu ermorden, zur Heirat mit Grimoaldo zwingt. Rodelinda gibt der Erpressung nach. Zwar droht sie Garibaldo zur Strafe den Tod an, doch

Grimoaldo versichert den Freund seines Schutzes. Bertarido indes ist verzweifelt über Rodelindas vermeintliche Untreue.

2. AKT: Eduige ist von Grimoaldos Zurückweisung tief gekränkt und will sich mit Hilfe von Garibaldo an ihrem Verlobten rächen. Auch Garibaldo hat Pläne mit Eduige. Er will sie heiraten, um dann als Schwager von Bertarido sogar selbst Anspruch auf den Langobardenthron zu erheben. Von Grimoaldo auf ihre Einwilligung zur Heirat angesprochen, setzt Rodelinda alles auf eine Karte. Sie verlangt von Grimoaldo, zuerst vor ihren Augen Flavio zu ermorden, denn sie könne nicht zugleich die Frau eines Usurpators und die Mutter des rechtmäßigen Königs sein. Doch vor einer solchen Bluttat schreckt Grimoaldo zurück. Während er Rodelindas Mut bewundert, ist Garibaldo skrupelloser: ein Tyrann, so meint er, könne sich nur mit Gewalt an der Macht halten. – Bertarido wird von seiner Schwester Eduige erkannt. Unulfo versichert ihn der Treue seiner Gattin. Auch Rodelinda hat inzwischen die Wahrheit erfahren und wartet in ihren Gemächern sehnsüchtig auf Bertarido. Als sich beide gerade liebend in die Arme fallen, kommt Grimoaldo hinzu. Da er Bertarido nicht erkennt, beschuldigt er eifersüchtig Rodelinda, ihn wegen eines weiteren Liebhabers zurückgewiesen zu haben. Bertarido gibt seine Identität preis, doch Grimoaldo, immer noch nicht ganz überzeugt, läßt ihn in den Kerker werfen.

3. AKT: Um ihr Gewissen zu erleichtern, gibt Eduige Unulfo den Schlüssel zu einem unterirdischen Fluchtweg aus dem Gefängnis. Zudem wirft sie ein Schwert in den Kerker, mit dem Bertarido irrtümlicherweise Unulfo verwundet, den er für einen Schergen Grimoaldos gehalten hat. Die Flucht gelingt, doch als Rodelinda Bertaridos Mantel in einer Blutlache vorfindet, muß sie glauben, ihr Gatte sei bereits ermordet worden. Nun wünscht auch sie sich den Tod. – Im Garten wartet Bertarido auf Rodelinda. Von Gewissensbissen gequält und wie von Furien gehetzt, irrt auch Grimoaldo umher und sinkt schließlich erschöpft in den Schlaf. Garibaldo taucht auf und beschließt, die günstige Situation zu nutzen. Er will Grimoaldo ermorden, um sich selbst zum Herrscher der Langobarden zu krönen. Doch Bertarido geht dazwischen, tötet Garibaldo und rettet so dem Usurpator das Leben. Beschämt gibt Grimoaldo Bertarido den Thron zurück und begnügt sich mit Pavia, wo er mit Eduige als seiner Gattin leben wird.

Kommentar

Rodelinda, entstanden auf einem künstlerischen Höhepunkt in Händels Schaffen, galt seit jeher als eine der bedeutendsten Opern des Komponisten. Nicht wenig mag dazu der Umstand beigetragen haben, daß das Werk in Deutschland lange Zeit als ein „Hymnus auf die treue Gattenliebe" (Hugo Leichtentritt) angesehen wurde und so gewissermaßen an der Popularität des *Fidelio* teilhatte. Aber wenn auch Rodelinda, wie später Leonore, eine tapfere, gegen alle Zumutungen und Erpressungsversuche eines Tyrannen unerschrocken sich wehrende Frau ist, wenn auch die Kerkerszene zu Beginn des 3. Aktes unwillkürlich an Beethoven denken läßt, so schrieb Händel doch keine „Befreiungsoper". Der historische wie musikästhetische Kontext der beiden Opern ist denn doch zu verschieden. Freilich hat Händel solcher Interpretation unfreiwillig dadurch Vorschub geleistet, daß er und sein Librettist Haym die Oper ganz auf das Dreieck Rodelinda/Bertarido/Grimoaldo hin zentrierten. Als hochdifferenzierte Figuren mit einem breiten Ausdrucksspektrum von Gefühlen und Stimmungen besitzen die Protagonisten ein Höchstmaß an Überzeugungskraft und verleihen dem Geschehen außerordentliche Lebendigkeit und dramatische Wirkung. Die Mannigfaltigkeit der Affekte, die Darstellung von so vielschichtigen und auch widersprüchlichen Charakteren verdankt sich vor allem der enormen Geschmeidigkeit, mit der Händel, ohne den Formenkanon wirklich zu sprengen, die Arienform handhabt, sowie der von bewundernswerter kompositorischer Inspiration getragenen Sensibilität, mit der er alle Gefühlsregungen der handelnden Personen in Musik umzusetzen versteht.

Dies gilt in besonderem Maße für Rodelinda, „eine der eindrucksvollsten Opernheldinnen" überhaupt, wie der Händelforscher Winton Dean meint. So bewegend ihre tiefe Trauer über den Verlust des geliebten Gatten, so würdevoll ist ihr Widerstand gegen den sie heftig bedrängenden Usurpator Grimoaldo, so leidenschaftlich ihr Wiedersehen mit dem totgeglaubten Gatten. Scheinbar aller Willkür wehrlos ausgeliefert, verkörpert sie doch in Wahrheit jene moralische Macht, der sich sogar die Übeltäter letztlich beugen müssen.

Psychologisch faszinierender mag indes Grimoaldo sein. Von Händel wird er als ein innerlich gespaltener, von Garibaldos Einflüsterungen abhängiger, schwacher und unter Schuldgefühlen leidender Monarch geschildert, weshalb er auch am Ende, um das obligatorische lieto fine herbeizuführen, in einem plötzlichen Anflug von Reue Bertarido seinen Thron zurückgeben kann, ohne daß dies nach einem allzusehr die Logik strapazierenden Theatertrick aussehen würde. Aber auch die Partien der übrigen Figuren sind, wenngleich kleiner dimensioniert, kunstvoll ausgearbeitet, die Nebenhandlung der Intrige Eduiges sorgsam mit dem Geschehen um Rodelinda verknüpft.

Daß es der Oper trotz der deutlichen Dominanz der Arien nicht an dramatischer Verve gebricht, dafür bürgt die von Händel musikalisch aufgenommene „Tendenz Hayms, die Arien konkret auf die Handlung zu beziehen, anstatt in ihnen nur die durch das Rezitativ vorbereitete Darstellung eines Affektes in allgemein gültigen Gleichnissen zu geben" (Emilie DahnkBaroffio). Der gelegentlich fließende Übergang zwischen Arie und Rezitativ, der den starren Ablauf der opera seria aufbricht hin zu einer durchgehenden dramatischen Entwicklung, ist denn auch eines der wichtigsten Merkmale in dieser an exzeptionellen kompositorischen Errungenschaften so reichen Partitur. Und hier mag auch der Grund dafür liegen, daß *Rodelinda* in den 20er Jahren unseres Jahrhunderts sogar gelegentlich als ein frühes „Musikdrama" apostrophiert wurde.

Geschichte

Die Genealogie des Operntextes ist vergleichsweise kompliziert. Die Bühnengeschichte des Langobardenkönigs Partharit, von dessen Schicksal Paulus Diaconus in seinen *Gesta Langobardorum* berichtet, beginnt mit Pierre Corneilles Tragödie *Pertharite, Roi des Lombards*, die erstmals 1652 mit mäßigem Erfolg aufgeführt wurde. Auf der Grundlage von Corneilles Stück schrieb dann Antonio Salvi das Libretto für Giacomo Antonio Pertis 1710 in Florenz aufgeführte Oper *Rodelinda*. Salvi hob indes nicht nur die eigentliche Hauptfigur des Dramas in den Werktitel, sondern zog auch Bertaridos Auftritt in den 1. Akt vor und ließ – als unverzichtbare Voraussetzung für ein überzeugendes lieto fine und Höhepunkt des Geschehens – Bertarido seinem Feind Grimoaldo das Leben retten.

Nicola Haym, der schon zwei Jahre zuvor mit dem *Flavio* einen Stoff aus der Langobarden-Geschichte verwendet hatte, raffte für Händels Oper Salvis Libretto auf fast die Hälfte des ursprünglichen Umfangs. Acht Szenen wurden ganz gestrichen, bei den übrigen vor allem die Rezitative gekürzt. Die radikale Straffung der Handlung und die starke Konzentration auf die Titelheldin Rodelinda gingen zwar mitunter bis an die Grenze des für den Zuschauer Nachvollziehbaren, gereichten der dramatischen Wirkung der Oper aber zweifellos zum Vorteil.

Die erste Aufführung von *Rodelinda* am 13. Februar 1725 wurde zu einem großen Erfolg, an dem wohl auch die hervorragenden Sänger gewichtigen Anteil hatten und der in der laufenden Spielzeit insgesamt 14 Aufführungen nach sich zog. Für die Wiederaufnahme im Dezember 1726 nahm Händel nicht unbeträchtliche Änderungen vor, die unter anderem Bertaridos Charakter noch einmal deutlicher herausarbeiten sollten. Und auch die Wiederaufnahme 1731 ging mit Änderungen einher, die indes nicht immer zum besten der Oper ausfielen.

In Deutschland wurde *Rodelinda* erstmals am 29. November 1734 in Hamburg gespielt, und zwar in der für die Zeit üblichen Mischfassung aus deutschen Rezitativen und italienischen Arien. Die Übersetzung besorgte Christian Gottlieb Wend, der schon 1729 für Telemanns *Flavio* ein Libretto Stefane Ghisis benutzt hatte, das ebenfalls auf Corneilles Tragödie fußt. Nach dieser Aufführung versank *Rodelinda* (wie Händels Werke ganz allgemein) für nahezu zwei Jahrhunderte im Vergessen. Die Wiederentdeckung jedoch wurde zu einem denkwürdigen Datum. Denn die Aufführung von *Rodelinda* in einer Bearbeitung des Kunsthistorikers Oskar Hagen am 26. Juni 1920 in Göttingen leitete die große Händel-Renaissance der 20er Jahre ein und war mit 136 Aufführungen in ganz Deutschland bis 1926 ein überwältigender Erfolg. Hagens freier Umgang mit dem historischen Material – er bearbeitete die Oper im Geiste des Wagnerschen Musikdramas, bewahrte zwar weitgehend die Rezitative, strich und kürzte aber die Arien, änderte Tempi und Bühnenanweisungen – hat die Rezeption des vergessenen Komponisten zweifellos enorm befördert, erregte allerdings auch den Widerspruch der Musikwissenschaft.

So wurde die Oper bei den Göttinger Händel-Festspielen 1953 denn auch in einer historisierenden Interpretation geboten. In den 50er Jahren noch öfter gespielt, so etwa in Leipzig und London, verschwand das Werk danach unbegreiflicherweise erneut von den Spielplänen der großen Häuser. Erst in jüngster Zeit gab es, im Zuge einer Neubesinnung auf die barocke opera seria und speziell zum Gedenkjahr 1985, wieder Aufführungen der *Rodelinda*, unter anderem in Cardiff und beim Aldeburgh-Festival. Angesichts ihrer Bedeutung und künstlerischen Schönheit ist die Oper jedoch nach wie vor auf den Bühnen schmählich unterrepräsentiert.

Rainer Pöllmann

Diskographische Empfehlung

1986 – London: Richard Bonynge, Welsh National Opera Orchestra. Joan Sutherland (Rodelinda), Alicia Nafé (Bertarido), Curtis Rayam (Grimoaldo), Isobel Buchanan (Eduige), Huguette Tourangeau (Unulfo), Samuel Ramey (Garibaldo). Decca 6.35 733 (LP), 8.35 733 (CD)

Alcina
Dramma per musica in drei Akten

Text: Ein unbekannter Bearbeiter (Händel?), nach dem Libretto von Antonio Fanzaglia zu der Oper *L'isola d'Alcina* von Riccardo Broschi (Rom 1728), fußend auf dem 6. und 7. Gesang des *Orlando furioso* von Ludovico Ariosto
Uraufführung: 16. April 1735, Covent Garden Theatre, London
Personen: Alcina, eine Zauberin (Sop); Ruggiero, ein Paladin (Mez, urspr. Kastratenrolle); Morgana, Alcinas Schwester (Sop); Bradamante, mit Ruggiero verlobt (Alt); Oronte, Kommandant der Soldaten Alcinas (Ten); Melisso, Bradamantes Erzieher (Baß); Oberto, Sohn des Paladins Astolfo, auf der Suche nach seinem Vater (Sop, urspr. Knaben-Sop)
Chor und Ballett: Damen; Pagen; Dienerinnen; Junge Ritter; Zauberwesen; Geister der Unterwelt
Ort: Auf der Insel der Zauberin Alcina
Orchester: Picc, 2 BlFl, 2 Ob, Fg, 2 Hrn, Streicher, B. c.
Form: 42 Musiknummern und Secco-Rezitative
Aufführungsdauer: 3 ¼ Stunden
Verlag: Bärenreiter, Kassel (Hallische Händel-Ausgabe, in Vorb.)

Handlung

1. AKT: Auf ihrer Insel hat die Zauberin Alcina ihre früheren Liebhaber als Opfer in Steine, Pflanzen oder Tiere verwandelt. Eines ihrer nächsten Opfer ist der versprengte Paladin Ruggiero, der in ihren Bann geraten ist und sowohl seine Pflichten als auch seine Braut Bradamante vergessen hat. Mit ihrem Erzieher Melisso befindet sich Bradamante, als ihr eigener Bruder Ricciardo verkleidet, auf der Suche nach Ruggiero und wird auf Alcinas Zauberinsel verschlagen. Morgana, die Schwester Alcinas, er-

klärt ihnen, wo sie sich befinden, und gibt deutlich zu verstehen, daß sie an dem vermeintlichen Ricciardo Gefallen findet. Sie führt die beiden Schiffbrüchigen in den Palast zu Alcina, und Bradamante muß dort sehen, wie Ruggiero völlig im Bann der Zauberin steht. Alcina begrüßt die beiden Unbekannten und bittet Ruggiero, ihnen die Wunder ihrer Insel zu zeigen. Von dem jungen Oberto erfahren sie sogleich, daß sich hinter der Schönheit der Insel und Alcinas ungeheure Dinge verbergen: Er hat zum Beispiel auf unerklärliche Weise seinen Vater Astolfo verloren. Melisso und Bradamante ist sofort klar, daß Astolfo eines der vielen verzauberten Opfer sein muß. Bradamante (als Ricciardo) versucht vergeblich, Ruggiero an die Liebe seiner Braut zu erinnern; er empfindet die beiden Zeugen einer Vergangenheit, die für ihn nicht mehr existiert, nur als lästig und versucht sie loszuwerden.

Oronte, Alcinas Feldherr und Morganas Liebhaber, hat bereits gemerkt, daß seine Geliebte ein Auge auf Ricciardo geworfen hat, und fordert ihn zum Kampf heraus. Morgana tritt dazwischen und tadelt seinen Hochmut. Oronte plant nun, sich des Nebenbuhlers durch eine List zu erwehren: Er macht Ruggiero eifersüchtig, indem er behauptet, Alcina habe sich in Ricciardo verliebt. Außerdem enthüllt er ihm, wie Alcina mit ihren verflossenen Liebhabern zu verfahren pflegt. In Bradamantes Anwesenheit leugnet Alcina Ruggiero gegenüber den angeblichen Treuebruch und bestätigt ihm ihre Liebe. Nachdem sie fort ist, gibt sich Bradamante, die sich jetzt nicht mehr zurückhalten kann, Ruggiero zu erkennen. Melisso greift jedoch sofort ein und stellt die Identität Bradamantes in Abrede. Für Ruggiero ist es ohnehin klar, daß Ricciardo damit nur seine Liebe zu Alcina verbergen will. Morgana warnt Ricciardo davor, daß Alcina plane, ihn in ein wildes Tier zu verwandeln, weil der eifersüchtige Ruggiero sie dazu hat überreden können. Ricciardo versichert ihr, daß er nicht Alcina liebe, sondern nur sie. Morgana ist überglücklich.

2. AKT: Melisso, in Gestalt von Ruggieros altem Erzieher Atlante, mahnt Ruggiero an seine früheren Pflichten und steckt ihm einen Ring an den Finger, der den Stein der Wahrheit enthält, damit er sehe, wie Alcinas Zauberinsel in Wirklichkeit beschaffen ist: öde und leer. Melisso nimmt wieder seine eigene Gestalt an und eröffnet Ruggiero, daß er und Bradamante (in Gestalt Ricciardos) gekommen seien, um ihn zu befreien. Doch vorerst solle er noch Alcina seine Liebe vorheucheln. Bei einem weiteren Zusammentreffen mit Bradamante mißtraut Ruggiero immer noch ihrer wahren Erscheinung, obwohl er durch den Zauberring von Alcinas Bann

befreit worden ist. Er glaubt, Alcina habe die Gestalt seiner Braut angenommen. Bradamante ist verzweifelt. Als sie sich zurückgezogen hat, macht sich Ruggiero Vorwürfe, daß er sie abgewiesen hat.

Alcina bereitet den Zauber der Verwandlung Ruggieros in ein wildes Tier vor und wird von Morgana unterbrochen. Ruggiero, der ihr gefolgt ist, behauptet heuchlerisch, er brauche nun keinen weiteren Beweis ihrer Liebe mehr. Unter dem Vorwand, zur Jagd gehen zu wollen, um sich der eigenen Kräfte zu versichern, bewaffnet er sich. Dem jungen Oberto macht Alcina Hoffnungen auf die baldige Wiedervereinigung mit seinem (verzauberten) Vater. Oronte warnt sie vor den Fluchtabsichten des bewaffneten Ruggiero mit Melisso und Ricciardo. Alcina beklagt ihr Schicksal, gibt sich jedoch noch keineswegs geschlagen. Morgana indessen glaubt Orontes Worten nicht, muß sich allerdings von der Wahrheit überzeugen lassen, als sie ein Gespräch zwischen Ruggiero und Ricciardo belauscht, aus dem auch eindeutig Bradamantes Identität hervorgeht. Als Alcina ihre Geister zu Hilfe ruft, um die Flucht Ruggieros zu verhindern, versagen sie ihr den Dienst, weil sie ihn immer noch liebt. Verzweifelt wirft sie ihren Zauberstab von sich.

3. AKT: Morgana wendet ihre Liebe wieder Oronte zu, wird aber hochmütig abgewiesen; vor sich selber muß Oronte freilich eingestehen, daß er sie trotz allem, was geschehen ist, immer noch liebt. Unerwartet trifft Ruggiero mit Alcina zusammen, die von ihm wissen will, aus welchem Grund er sie verlassen habe. Als er zu bedenken gibt, seine Pflicht und seine Liebe zu Bradamante hätten ihn dazu gebracht, stößt sie ihn von sich und schwört ihm Rache. Gemeinsam mit Melisso und seiner Braut bereitet nun Ruggiero die Zerstörung von Alcinas Reich vor; Bradamante schwört, sie werde die Insel nicht verlassen, bevor nicht alle verzauberten Opfer Alcinas befreit seien. Melisso übergibt Ruggiero einen Zauberschild, der ihn gegen die Übermacht der Soldaten Alcinas schützen wird. Daß der Kampf für Ruggiero siegreich ausging, erfährt Alcina von Oronte, der heimlich seine Befriedigung darüber zum Ausdruck bringt, daß die Zauberin für ihre Grausamkeiten büßen muß. Allein zurückgeblieben, überläßt sich Alcina ihrer endgültigen Verzweiflung. Oberto erinnert sie an das Versprechen, ihm den (entzauberten) Vater wiederzugeben. Statt dessen zwingt sie ihn, einen ihrer Löwen zu töten. Durch Bradamante weiß Oberto, daß es sein verzauberter Vater ist, und er weigert sich, den freundlichen Löwen zu töten. Dafür richtet er den Dolch gegen Alcina. Inzwischen sind Ruggiero und Bradamante in das Zentrum des Zauberschlosses vorgedrungen und

beabsichtigen, Alcinas Zauberurne, die ihre gesamte Macht enthält, zu zerstören. Alcina versucht, sie davon abzuhalten, täuscht sogar Reue vor, um Ruggiero ein letztes Mal zurückzugewinnen, kann aber nicht mehr verhindern, daß Ruggiero mit dem Zauberring die Urne zerschlägt. Alcinas Reich stürzt in sich zusammen, und alle verzauberten Liebhaber, darunter auch Obertos Vater, erscheinen in ihrer wahren Gestalt.

Kommentar

Der besondere Charakter der Oper *Alcina*, ihre prachtvolle Ausstattung und ihre ebenso, selbst für Händels Verhältnisse, reiche Musik, liegt nicht allein in dem Zauberstoff begründet, sondern entsprang einer umsichtigen, pragmatischen Reaktion des Komponisten: Da eine Londoner Konkurrenztruppe den berühmten Kastraten Farinelli engagiert hatte, sah sich Händel genötigt, dagegen mit anderen, gleichfalls spektakulären künstlerischen Mitteln anzutreten. Ihm stand die französische Tanzgruppe der Marie Sallé zur Verfügung, und so lag es nahe, eine Oper zu schreiben, die neben zahlreichen zauberischen Verwandlungen, die anstelle der sonst üblichen Intrigen die Handlung belebten, auch zahlreiche Balletteinlagen enthielt, freilich nicht als dekorativen Zusatz, sondern in die Handlung integriert. Händels Spielzeit 1734/35 im Londoner Covent Garden Theatre war ohnehin auf Maschineneffekte und großartigen Ausstattungspomp ausgerichtet; den Höhepunkt und Abschluß bildete die Aufführung von *Alcina* am 16. April 1735. Es wäre nun aber falsch anzunehmen, Händel hätte hier ein auf rein äußerliche Reize für das Auge komponiertes Spektakel in Szene gesetzt. Das Gegenteil ist der Fall: Der musikalische Einfallsreichtum fließt so stark, daß selbst die (zahlreichen) Nebenrollen davon ergriffen werden; es gibt also keine musikalische Leerstelle. Die heute üblichen Vorwürfe gegen die Barockoper, sie sei ein Arienkonzert im Opernkostüm, treffen zwar ohnehin Händels Opernschaffen nur in den seltensten Fällen, aber ganz bestimmt nicht die Oper *Alcina*, die zu den wichtigsten Werken Händels zu zählen ist. Wie sorgfältig er mit dem Personarium dieser Oper umging, beweist der erstaunliche Sachverhalt, daß die Partie des jungen Oberto erst eigens kurz vor der Uraufführung eingefügt wurde; seine Szene mit dem Löwen (3. Akt, 6. Szene) diente jedoch weniger der Sensationslust des Londoner Publikums als der entscheidenden Profilierung seines musikalischen Charakters. Die Arie „Barbara! Io ben lo so" ist zwar eine Selbstentlehnung Händels aus der Oper *Floridante* (1721), aber ihre standfeste Haltung paßt hervorragend in die neue Situation, in der

Oberto, statt den Löwen (seinen verwandelten Vater) anzugreifen, den Dolch gegen Alcina richtet. Alle Nebenhandlungen sind musikalisch ebenso liebe- und phantasievoll ausgeführt wie die überaus eindrucksvolle, ja ergreifende Rolle der Alcina, eine jener großen Frauengestalten, an denen Händels Schaffen so reich ist. Dem barocken Prinzip der additiven Charakterisierung folgend, schildert Händels Musik diese Circe-Figur in einer enormen Bandbreite von Gefühlszuständen. Der innere Widerspruch in Alcina zwischen ihrer (echten) Liebe zu Ruggiero und ihrer (heuchlerischen) eigentlichen Natur wird wirkungsvoll entfaltet und bis zum Zerfall der Persönlichkeit verfolgt, der in Hoffnungslosigkeit endet. Alcina beherrscht denn auch den Mittelakt der Oper: Die Peripetie der Handlung ereignet sich genau im Zentrum des 2. Aktes, in der außerordentlichen c-moll-Arie „Ah! Mio cor! Schernito sei!" mit ihren ins Ungewisse tastenden Harmonien, und der Aktschluß bringt, in einer Soloszene, die endgültige Verzweiflung, als Alcina merkt, daß ihre Zauberkräfte versagen. Am Ende des bemerkenswerten und singulären Accompagnato-Rezitativs „Ah! Ruggiero crudel" (13. Szene) wird die Singstimme sogar völlig allein gelassen, nachdem das Orchester sie durch entlegene Modulationen geführt hat. Die nachfolgende Arie „Ombre pallide" (in e-moll) ist dann der Ausdruck von Resignation, gespiegelt in den sich unstet windenden Sechzehntel-Figuren der Violinen. Daß diese Arie den Aktschluß bildet, rückt sie auch dramaturgisch in ein besonderes Licht. In der 2. Szene des 3. Aktes scheint sich Alcina noch einmal ihrer früheren Kräfte zu besinnen („Ma quando tornerai"), aber der Mittelteil dieser Arie zeigt unmißverständlich an, daß ihr nur noch tiefster Schmerz bleibt, der dann in ihrer Abschieds-Arie „Mi restano le lagrime" – wiederum, wie am Schluß des 2. Aktes, eine Soloszene – zur völligen Hoffnungslosigkeit führt, die an das Mitleid der Zuschauer appelliert. Dieser Siciliano in fis-moll zeigt Händels musikalische Kraft auf der Höhe seines Zeitgenossen Bach – und zugleich auch den Unterschied.

Der Rest der Oper scheint Händel nicht sonderlich interessiert zu haben, eine Tendenz übrigens, die man oft bei ihm finden kann: eine Art Kunst der fallenden Pointe nach den emotionalen Höhenflügen und Ausnahmesituationen. Dafür ist die Charakterdarstellung sämtlicher Nebenrollen so auffällig intensiv komponiert, daß man geneigt ist, von dem heutigen Klischee der überlebten Barockoper endlich abzurücken. Die leichtfüßige Auftrittsarie der Morgana – ihr Name ist geradezu symbolisch (Fata Morgana) – erinnert an Händels frühe italienische Zeit wie auch ihre ausdrückliche Aktschluß-Arie „Tornami a vagheggiar", deren plastisches

Hauptmotiv aus Händels früher Kantate *Oh! Come chiare e belle* (1708) stammt und in der neuen Fassung ungeahnten Reichtum entfaltet: eine Arie, die „umgehend im Gedächtnis haftet" (Anthony Hicks). Die drei Arien des Oronte sind sogar individuelle Versuche in modernem, empfindsamem Tonfall, der dann in Ruggieros Gesang „Verdi prati" (unmittelbar vor Alcinas Soloszene am Ende des 2. Aktes) seinen Gipfel erreicht. Hier entfaltet Händel seinen ganz eigenen, liedhaften Tonfall, den er allerdings gegen den Sänger der Uraufführung, Giovanni Carestini, erst mit Gewalt durchsetzen mußte.

Daß aber in Händels Opern weit mehr steckt als „schöne Melodien" und szenischer Prunk, war den Zeitgenossen so klar, wie es uns mittlerweile fremd geworden ist. Händels Freundin Mary Pendarves berichtete nach einer häuslichen *Alcina*-Probe: „Ich denke, es ist die beste, die er je gemacht hat. Während Mr. Händel seinen Part spielte, konnte ich nicht anders, als ihn mir als einen Zauberer inmitten seiner eigenen Zauberwerke vorzustellen."

Geschichte

Nach *Orlando* (1733) und der ebenfalls in der Spielzeit 1734/35 uraufgeführten Oper *Ariodante* (8. Januar 1735) war die Zauberoper *Alcina* Händels dritte Oper nach Ariostos *Orlando furioso*, folgte jedoch nicht so getreu der Vorlage wie *Ariodante*, sondern ging zahlreiche eigene Wege. Die unmittelbare Vorlage, das Libretto von Antonio Fanzaglia, wurde von einem Bearbeiter, möglicherweise von Händel selbst, eingerichtet: Außer der Umverteilung der Arien betraf das die neugeschaffene Rolle des Oberto, der bei Ariosto nicht Astolfos Sohn ist. Fanzaglias Libretto weicht auch in anderen Einzelheiten von der Vorlage ab; so wurde aus Ariostos Fee Melissa aus Gründen der Stimmfachverteilung die Männerrolle des Melisso. Und Oronte ist eine eigenmächtige Ergänzung des Librettisten, ähnlich wie Morgana, die bei Ariosto nur Erwähnung findet. Schließlich greift Bradamante nur in der Oper in die Handlung ein. Die „magischen" Elemente der Opernhandlung sind bühnenmäßige Effekte, die frei nach der Vorlage gestaltet wurden. Händels Arbeit an der Partitur ist nur durch das Schlußdatum 8. April 1735 belegt. Die Uraufführung eine Woche später war ein so großer Erfolg, daß die Oper bis zum Ende der Spielzeit (2. Juli) in 38 Vorstellungen gegeben wurde. Für weitere Aufführungen in der folgenden Spielzeit nahm Händel einige Änderungen vor, die aber nicht von Vorteil waren und nur aus pragmatischen Erwägungen heraus notwendig

wurden (Umbesetzungen). Nachdem *Alcina* 1738 in Braunschweig aufgeführt worden war, geriet sie lange Zeit in Vergessenheit. Nicht einmal bei
der Göttinger Händel-Renaissance Anfang der 20er Jahre unseres Jahrhunderts wurde sie wiederentdeckt; erst 1928 fand, freilich zunächst ohne
Resonanz, eine Aufführung in Leipzig statt. Franco Zeffirellis Inszenierung
in Venedig (1960), mit Joan Sutherland in der Titelrolle, stellte die Bühnenwirksamkeit unter Beweis: Er verlegte die Handlung in einen barocken
Palazzo und ließ sie, als „Spiel im Spiel", vor der lauschenden Hofgesellschaft, ablaufen. In den letzten Jahren gab es zahlreiche weitere Inszenierungen, so 1977 am Münchner Gärtnerplatztheater (Regie: Kurt Pscherer),
1979 in Graz (Regie: Harry Kupfer) oder an der Deutschen Oper Berlin
1985 (musikalische Leitung: Peter Schreier).   *Dietmar Holland*

Diskographische Empfehlung
1985 – London: Richard Hickox, Opera Stage Chorus and City of
London Baroque Sinfonia. Arleen Auger (Alcina), Della Jones (Ruggiero),
Eiddwen Harrhy (Morgana), Kathleen Kuhlmann (Bradamante), Patrizia
Kwella (Oberto), Maldwyn Davies (Oronte), John Tomlinson (Melisso).
EMI 27 0388 3

Serse (Xerxes)
Dramma per musica in drei Akten

Text: Ein unbekannter Bearbeiter, nach dem Libretto von Silvio
Stampiglia zu dem dramma per musica *Serse* von Giovanni Bonon-
cini, fußend auf dem Libretto von Niccolò Minato zu dem gleichna-
migen dramma per musica von Francesco Cavalli (Venedig 1655)
Uraufführung: 15. April 1738, King's Theatre, Haymarket, London
Personen: Serse, König von Persien (Ten, urspr. Kastratenrolle);
Arsamene, Bruder des Serse, in Romilda verliebt (Ten, urspr.
Frauenrolle); Amastre, eine Königstochter, Braut des Serse (Alt);
Romilda, Tochter des Ariodate (Sop); Atalanta, Tochter des
Ariodate (Sop); Ariodate, Fürst und Hauptmann des Serse (Baß);
Elviro, Diener des Arsamene (Baß)
Chor: Soldaten; Seeleute; Priester

Ort und Zeit: In und bei Abydos am Hellespont, 480 v. Chr.
Orchester: 2 BlFl, 2 Ob, 2 Hrn, Trp, Streicher, B. c.
Form: 50 Musiknummern und Secco-Rezitative
Aufführungsdauer: Ca. 3 Stunden
Verlag: Bärenreiter, Kassel (Hallische Händel-Ausgabe)

Handlung

1. AKT: Der Perserkönig Serse hat seine Braut Amastre verlassen und versinkt, auf der Suche nach neuen, geeigneten Liebesabenteuern, in die Betrachtung des sanften Schattens einer Platane. Plötzlich hört er Romildas Stimme, verliebt sich augenblicklich in sie und verlangt von seinem Bruder Arsamene, ihrem Geliebten, daß er den Brautwerber spiele. Arsamene weigert sich, warnt Romilda und wird zur Strafe von Serse in die Verbannung geschickt. Atalanta, der Schwester Romildas, wäre es ganz recht, wenn es Serse gelänge, Romilda für sich zu gewinnen, da dann Arsamene für sie frei würde. Doch Romilda bleibt den Werbungen Serses gegenüber standhaft.

Amastre erfährt, als Mann verkleidet, in einem Gespräch zwischen Serse und dessen Hauptmann Ariodate, daß militärische Siege beim König nichts anderes erwecken als die Vorgefühle des Triumphs über Romilda. Die Weichen für das Intrigenspiel werden gestellt: Arsamene beauftragt seinen Diener Elviro, Romilda einen Brief zu überbringen, Amastre sinnt auf Rache gegen Serses Untreue, und Atalanta versucht, freilich vergeblich, Romilda davon zu überzeugen, daß Arsamene eine andere Frau liebt.

2. AKT: Als Blumenverkäufer getarnt, trifft Elviro auf seinem Weg zu Romilda Amastre (weiterhin in Männerkleidung) und erklärt ihr den Liebeskonflikt zwischen Romilda, Arsamene und Serse. Die Straßenszene mündet in die Intrige, als Atalanta auftritt und es ihr gelingt, Elviro den Brief unter dem Vorwand abzunehmen, sie bringe ihn selbst zu Romilda, die, wie sie ihm vorlügt, soeben einen Brief an Serse schreibe. Während sie Arsamenes Brief an Romilda liest, tritt Serse heran und fragt nach dem Inhalt des Briefes. Atalanta behauptet, er sei an sie gerichtet, und löst damit bei Serse das Gefühl aus, er komme nun bei Romilda mit dem unerwarteten Beweisstück ans Ziel. Es zeichnet sich die Doppelhochzeit Serse/Romilda und Arsamene/Atalanta ab. Doch als Serse den Brief Romilda zeigt, bekräftigt sie ihre unerschütterliche Liebe zu Arsamene: Sie reagiert mit heftiger Eifersucht. Amastre will sich aus Schmerz über die Untreue Serses das Leben nehmen, wird aber durch Elviros pragmatische Argumente davon

abgehalten. Ohne die von Atalanta inszenierte Intrige zu durchschauen, berichtet Elviro arglos Arsamene, was er erfahren hat, und löst damit bei diesem die größte Verzweiflung aus.

Am asiatischen Ufer der Dardanellen hat Serse eine Schiffbrücke bauen lassen, die Asien mit Europa verbindet. Über sie sollen zwei Tage später seine Heere nach Griechenland vordringen. In einer Aussprache mit Arsamene schlägt Serse die Doppelhochzeit vor, die jedoch daran scheitert, daß Atalantas Intrige aufgedeckt wird. Serse versucht nun, Atalanta von ihrem Vorhaben abzubringen, und stellt Überlegungen an über die Irrungen und Wirrungen des menschlichen Herzens. Während eines Sturms zerbricht Serses Brücke.

Serse und die immer noch verkleidete Amastre begegnen einander und klagen – jeder für sich – über ihre Liebesnot. Amastre gibt vor, ein im Krieg verwundeter Soldat des Serse zu sein, und nennt ihn undankbar. Als der König Romilda herankommen sieht, schickt er Amastre fort, die das Gespräch der beiden heimlich belauscht und sich plötzlich, gerade als Serse Romilda bedrängt, einmischt, indem sie vor der Untreue des Königs warnt. Serse befiehlt ärgerlich, den vermeintlichen Soldaten festzunehmen, doch kann das Romilda erfolgreich verhindern, nachdem Serse sich entfernt hat.

3. AKT: Arsamene und Romilda bezichtigen einander der Untreue und versöhnen sich, als Atalanta ihnen ihre Intrige erklärt und auf Arsamene zu verzichten verspricht. Serse tritt dazwischen und stiftet neues Unheil: Er begehrt stärker als zuvor Romilda und beabsichtigt, selbst bei Ariodate das Jawort einzuholen. Gebrochen bleiben Romilda und Arsamene zurück.

Ariodate mißversteht Serses Antrag, da nur vom gleichen königlichen Blut des Freiers die Rede ist, und glaubt, es handle sich um Arsamene. Romilda gesteht Serse, daß sie durch einen Kuß bereits fest an Arsamene gebunden sei. Wütend gibt er deshalb den Befehl, Arsamene zu töten. Romilda vertraut diesen Befehl der verkleideten Amastre an mit der Bitte, Arsamene zu warnen. Amastre übergibt ihr einen Brief an Serse. Arsamene hält die Nachricht Romildas für eine List und unterstellt ihr, daß sie ihn deshalb zur Flucht bewegen wolle, um ungestört Serse heiraten zu können.

Ariodate läßt Romilda und Arsamene, den er für den von Serse vorgeschlagenen Bräutigam hält, von seinen Priestern trauen. Serse kommt zu spät und muß auch noch die briefliche Anklage Amastres einstecken, die ihm durch Romildas Boten zugestellt wird. Nun kennt sein Zorn keine Grenzen mehr: Er ruft die Furien an und befiehlt Arsamene, Romilda zu töten.

Amastre greift ein und fragt, ob sie die verratene Liebe rächen dürfe. Als Serse einwilligt, richtet sie ihr Schwert gegen ihn und gibt sich zu erkennen. Serse sieht sich genötigt, einzulenken und alle für seine Verwirrungen um Verzeihung zu bitten. Die richtigen Paare haben sich gefunden, und Atalanta macht sich auf, woanders einen Liebhaber zu suchen.

Kommentar

Der Opernkomponist Händel hat viele Gesichter. So bot ihm das ursprünglich venezianische Libretto zu *Serse* die Gelegenheit, unter der eher neutralen Gattungsbezeichnung dramma per musica eine Art opera buffa zu komponieren, die nicht nur die Zeitgenossen vor den Kopf stieß. Es erging *Serse* ähnlich wie später Mozarts *Così fan tutte*, aber auch wie Monteverdis *L'incoronazione di Poppea*: Man wollte das ständige Changieren von tragischen und komischen Elementen, von echten und verstellten Gefühlen, von drastischen Buffonerien und ironischen Brechungen gewisser Elemente der opera seria nicht akzeptieren; der Mißerfolg der Uraufführung war eindeutig. Die Oper verschwand für Jahrhunderte von der Bühne und gehört doch zu den interessantesten Werken Händels. Es ist freilich eine Musik für Kenner darin enthalten; selten hat Händel so subtil komponiert. Er kann aber nichts dafür, daß die Nachwelt, gierig nach dem atomistischen Hören, ein Stück daraus zur Sakral-Schnulze umfunktionierte: Jenes berühmt-berüchtigte „Largo", das in Wahrheit ein „Larghetto" ist und ein Naturbild, kein feierlicher Moment. Die Situation: Serse, auf der Jagd nach neuen Liebesabenteuern, gerät in den Schatten einer Platane und empfindet diesen, ganz gegen die Gepflogenheiten der opera seria, nicht etwa als Symbol des Todes, sondern als lustvoll. Und tatsächlich hört er alsbald eine Frauenstimme, in die er sich sofort verliebt. Die Exposition der Handlung steht also unter dem unbeliebten Licht der Ironie, und sie ist es auch, die später das Gewirr der Verwicklungen bestimmen wird. Daß ein König gezeigt wird, wie er den Schatten einer Platane genießt, erscheint kaum der Rede wert, doch ist es eine sehr sinnliche Exposition seiner amourösen Affären, die ihn im übrigen mehr interessieren als militärische Siege. Mit unvergleichlicher Ironie wird das in jener Szene ausgebreitet, in der Ariodates Sieg in Serse lediglich den Gedanken erweckt, das sei ein treffliches Omen für seine galanten Erfolge. Diese Episode ist ein zynisches Kabinettstück ersten Ranges. Wie in Monteverdis *L'incoronazione di Poppea* sehen wir die Herrscherfigur befangen in Alltagssituationen, obgleich er, wenn es ihm gefällt, sehr wohl das typische Herrschergebaren hervorkehren kann:

den brüderlichen Nebenbuhler schickt er ohne viel Umstände in die Verbannung. Manche Betrachter meinen, das historische Scheitern der Feldzüge des Xerxes sei hier – gleichsam mit objektiver Ironie – in den vergeblichen Liebesversuchen des Serse eingefangen. Das mag Händels musikalische Phantasie in besonderer Weise gereizt haben, denn es ist unüberhörbar, daß er den neuen Tonfall der neapolitanischen Intermezzi – man denke an Pergolesis *La serva padrona* – kannte und zu nutzen verstand; der als Blumenverkäufer verkleidete Diener des Arsamene singt sogar originale Straßenrufe, die sich Händel seinerzeit in Neapel gemerkt hat. Ein Moment objektiver Ironie ist es auch, wenn Serse dem künftigen Schwiegervater einen so zweideutigen Antrag macht, daß eine Verwechslung mit dem Bruder Arsamene dabei herauskommt, und die Tatsache, daß sich Serse am Ende, ähnlich wie der Graf in *Le nozze di Figaro*, genötigt sieht einzulenken, ist mehr als nur ein buffonesker Einfall, zumal hier – und das im Unterschied zum Conte Almaviva – der neue Reiz der anfangs verstoßenen Braut, nicht etwa eine Moralvorstellung (Bitte um Verzeihung), die Motivation abgibt. Die objektive Ironie zeigt sich schließlich in der wenig schmeichelhaften Charakterisierung des Serse, dessen Irrungen und Wirrungen durch den unvereinbaren Gegensatz von Wunsch und Wirklichkeit hervorgebracht werden. Der Zuschauer darf als Voyeur daran teilnehmen. Daß sich die Handlung jedoch auf doppeltem Boden abspielt, dafür ist die zentrale Arie der Romilda („È gelosia quella tiranna") ein deutlicher Beleg: Joachim Herz leitete in seiner Leipziger Inszenierung von diesem Spiel im Spiel – Romilda wendet sich hier an die Zuschauer – die Grundkonzeption des „Theaters im Theater" ab und wies darauf hin, daß diese Oper, gewissermaßen janusköpfig, zurückblicke auf die Spätopern Monteverdis und vorausschaue auf Mozarts *Così fan tutte* – mit der Ironie als Grundgestus, und zwar einer Ironie, die auch ins Burleske umschlagen kann, und das nicht nur in der Partie des Dieners Elviro, der ohnehin keine herkömmlichen Arien mehr singt. Die meisten der anderen Arien sind ebenfalls eher Lieder oder Parodien auf die Dacapo-Arie der opera seria: So wird das Da capo der ersten Arie des Serse von seinem Bruder Arsamene gesungen (Das „Larghetto" des Anfangs war ja nur ein kurzes Arioso). Die Arien der verstoßenen Amastre, die in Männerkleidung – aber mit echtem Herzen, wie sie sagt – durch die Handlung zieht, sind allesamt (großartige) Parodien auf den Stil der opera seria, wie auch schließlich die überdimensionale „Furien"-Arie des Serse, die an dieser Stelle besonders komisch wirkt. Wie in *Così fan tutte* die Duette nur den falschen Paaren vorbehalten bleiben, so unterläuft auch Händel bereits in *Serse* das auskomponierte Einvernehmen, indem er entweder zwei divergierende Monologe übereinanderblendet (bei der zufälligen Begegnung des Serse mit der verkleideten Braut, Nr. 37), die Liebenden sich gegenseitig der Untreue bezichtigen läßt (Nr. 46, Duett zwischen Romilda und Arsamene) oder das Abweisen des ungelegenen Liebhabers in der Gleichzeitigkeit zum Ausdruck bringt (Nr. 26, Duett zwischen Romilda und Serse, in dem sie darauf verweist, daß sie Arsamene liebt). Die Abweichung dieser drei „Duette" von der Norm wird noch pointiert dadurch, daß sie ganz aufs Da capo verzichten. Die Musik der Intrigantin Atalanta atmet, mehr noch als die eher einfachen Lieder des Dieners Elviro, den Geist der aufkeimenden opera buffa, besonders in ihrer E-dur-Arie, die den ersten Akt so prononciert beschließt. Von hier ist es nicht mehr weit zu Mozart.

Geschichte

Die Feldzüge des historischen Xerxes sind uns durch Herodot, sein Charakter durch das Buch *Esther* im Alten Testament überliefert. Die wenig rühmliche Art, wie Serse im Libretto auftritt, nämlich in seiner Fehlbarkeit und in seinen menschlichen Schwächen, ist Erfindung für das Theater. Doppelt gebrochen gelangte das ursprüngliche Libretto in Händels Hand; er komponierte es, als drittletzte seiner Opern, im Jahre 1738 (Schlußdatum der Partitur: 14. Februar) und mußte das Werk bereits nach fünf Aufführungen absetzen. Es wurde zu Lebzeiten Händels nicht mehr aufgeführt und mußte in unserem Jahrhundert wiederentdeckt werden. In der Göttinger Bearbeitung von Oskar Hagen (1924) kam es auf die Bühne und zog zunächst auch weitere Aufführungen nach sich (bis 1935). Doch erst die Leipziger Inszenierung von Joachim Herz (1972) konnte die Doppelbödigkeit dieser Oper szenisch überzeugend umsetzen. Sieben Jahre später erschien die erste vollständige Schallplattenaufnahme.

Dietmar Holland

Diskographische Empfehlung

1979 – Paris: Jean-Claude Malgoire, Ensemble Vocal Jean Bridier, La Grande Écurie et la Chambre du Roy. Carolyn Watkinson (Serse), Paul Esswood (Arsamene), Ortrun Wenkel (Amastre), Barbara Hendricks (Romilda), Anne-Marie Rodde (Atalanta), Ulrik Cold (Ariodate), Ulrich Studer (Elviro). CBS 79325

GIOVANNI BATTISTA PERGOLESI

geb. 4. Januar 1710 in Jesi
gest. 16. März 1736 in Pozzuoli bei Neapel

Man könnte ihn den „kleinen Monteverdi" nennen. Denn wie dieser das Reich der Oper insgesamt erschuf, etablierte Pergolesi in diesem Reich die Welt der kleinen Leute. Was auch immer seinen Intermezzi von der Magd, die Herrin wird, vorausgegangen sein mag (*La serva padrona* ist ja keineswegs das erste Beispiel des Genres, sondern sein erster Höhepunkt), wirkungsgeschichtlich bereitete allein Giovanni Battista Pergolesi den Boden für die italienische opera buffa, die französische opéra comique und ein ganz klein wenig sogar für das deutsche Singspiel. Wie sehr Pergolesi in seinen letzten Lebensjahren (und darüber hinaus) als Garant für Erfolg und als Schöpfer eines neuen Theaters angesehen wurde, belegt ausreichend die Tatsache, daß viele Stücke sich mit seinem Namen schmückten. *Il maestro di musica* (*Der Musiklehrer*) von Pietro Auletta und Johann Adolf Hasses *Contadina astuta* (*Die schlaue Bauersfrau*) gingen neben vielem anderen als Pergolesi-Opern in die Geschichte ein und werden bis heute in so manchem Pergolesi-Werkverzeichnis aufgeführt. In Wahrheit aber schrieb er „nur" ein dramma sacro *La conversione di San Guglielmo* (1731 für das Kloster S. Agnello Maggiore in Neapel), vier große ernste Opern, drei Intermezzi, von denen zwei erhalten sind, und zwei musikalische Komödien.

Man könnte Pergolesi auch den „kleinen Mozart" nennen. Nicht nur, weil er wie dieser Theater machte aus dem Geist der Musik und sich wie dieser fast ausschließlich für musikgewordene Gesten des Menschen interessierte. Hier gibt es auch biographische Parallelen. Am 4. Januar 1710 in Jesi in der Provinz Ancona geboren, kam er als 16jähriger nach Neapel. Damals schon ein tüchtiger Geiger, erwarb er sich bald mit geistlichen Motetten, Oratorien und dem erwähnten dramma sacro sein kompositorisches Rüstzeug, bevor er 1731 mit seiner ersten opera seria *La Sallustia* sein Meisterstück vorlegte. Es folgten Theaterjahre, in denen sich der stets kränkelnde Komponist förmlich verbrannte. 1732–34 Kapellmeister des Prinzen Stigliano in Neapel, 1734–35 im Dienst des Herzogs Maddalani in Rom, zog er sich nur zu schnell von allen öffentlichen Ämtern zurück. Im Kapuzinerkloster von Pozzuoli vollendete er im Angesicht des Todes eine letzte große geistliche Komposition: sein *Stabat Mater* für Sopran, Alt, Streichorchester und Orgel. Er starb, 26 Jahre jung, am 16. März 1736.

Pergolesis vier Seria-Opern erfüllen das Schema der Zeit. Die drei in Neapels Teatro San Bartolomeo aufgeführten Opern *La Sallustia* (1732), *Il prigioniero superbo* (1733) und *Adriano in Siria* (1734) nicht anders als die Oper für Roms Teatro Tordinona *L'Olimpia* (1735). Sie alle haben die üblichen sechs Solisten, den üblichen Wechsel von Secco-Rezitativen und Arien. In alldem steckt eine Menge gute Musik, aber das eigentliche Genie Pergolesis entfaltete sich auf einem anderen Feld. Mehr als für antike Helden interessierte er sich für die alltäglichen Gestalten der eigenen Zeit. Die musikalische Komödie im neapolitanischen Dialekt *Lo frate 'nnamorato (Der verliebte Bruder)*, die 1732 in Neapels Teatro dei Fiorentini uraufgeführt wurde, gibt als Ort und Zeit der Handlung ausdrücklich an: Capodimonte 1730! Das abendfüllende Stück in drei Akten und mit immerhin neun Personen dreht sich u. a. um den unschlüssigen Ascanio, der die Schwestern Nina und Nena beide so sehr liebt, daß der Zwang, zwischen den zwei geliebten Wesen wählen zu müssen, ihn an den Rand von Verzweiflung und Tod treibt. Während *Lo frate 'nnamorato*, zu Lebzeiten Pergolesis beliebter als *La serva padrona*, ein reines Dialekt- und Volksstück ist, mischt Pergolesis zweite musikalische Komödie *Flaminio* (1735, Teatro Nuova in Neapel) die Ebenen. Drei von den sieben im dreiaktigen Spiel handelnden Personen sprechen Dialekt, die anderen „toskanisch": Durch die Sprache und deren melodische Führung werden verschiedene soziale Schichten deutlich.

Das alles weist – wohl auch dank des *Serva*-Librettisten Gennaro Antonio Federico, der für Pergolesi auch die Bücher zum *Frate 'nnamorato* und dem *Flaminio* schrieb – in vielen Details durchaus über Pergolesis Zeit hinaus, aber doch eben nur in Details. Mehr freilich als Pergolesis zweites erhaltenes Intermezzo *Livietta e Tracollo* (1734 als Zwischenspiel zu *Adriano in Siria*), das so sehr mit Verkleidung und Theaterzauber operiert, daß sich hier ein sinnvolles Geschehen im Spiel der Effekte aufhebt. Der große Wurf gelang dem Theatergenie nur einmal. Aber mit diesem einen Wurf hat Pergolesi Geschichte gemacht!   *Leo Karl Gerhartz*

La serva padrona (Die Magd als Herrin)
Intermezzo in zwei Teilen

Text: Gennaro Antonio Federico
Uraufführung: 28. August 1733, Teatro San Bartolomeo, Neapel
Personen: Uberto, ein Alter (Baß); Serpina, seine Magd (Sop); Vespone, ein Diener (stumme Rolle)
Ort und Zeit: Neapel. Ein Zimmer im Hause Ubertos, zur Zeit der Uraufführung
Orchester: Streicher, B. c.
Form: 7 Musiknummern mit Secco-Rezitativen
Aufführungsdauer: 50 Minuten
Verlag: Universal-Edition, Wien

Handlung

1. TEIL: Im Zimmer seines Hauses ist Uberto, ein grämlicher Fünfziger (vielleicht ein Advokat, vielleicht ein Sekretarius), von Unordnung und Turbulenz umgeben. Eine häusliche Revolution ist in vollem Gange, denn Ubertos Magd, Serpina, tut nur, was sie will. Erst notdürftig angekleidet, darf Uberto zwar auf sein Frühstück warten, er bekommt es aber nicht. Die Frühstückszeit ist längst vorbei, erklärt Serpina, kümmert sich aber um das Mittagessen ebensowenig wie um die morgendliche Schokolade. Mit leerem Magen im Bett vergeblich Schlaf suchen und immer wieder warten: das sind die Plagen von Ubertos Alltag. Was Wunder, daß er sich nach dem Ende seiner häuslichen Misere sehnt, zumal die selbstbewußte Serpina Besserung nur bei totalem Gehorsam in Aussicht stellt. Der angegraute Junggeselle sieht nur einen Ausweg: eine Frau muß ins Haus! Der Diener Vespone soll dem in Panik geratenen Uberto eine Gattin besorgen. Gleich auf der Stelle, denn jedwede Hydra kann kaum schlimmer sein als die Magd Serpina. Die freilich sieht die Sache ungerührt: „Keine andere als ich wird Eure Gattin!" Ubertos verzweifeltes „No!" beantwortet sie mit einem siegessicheren „Si!"

2. TEIL: Im unveränderten Zimmer Ubertos wird eine Intrige gesponnen. Serpina hat den bisher von allen, also auch von ihr, geprügelten Vespone für sich gewonnen. Als Soldat verkleidet soll er (nicht zu seinem Schaden, wenn Serpina erst einmal auch de jure die Herrin im Hause ist) als Kapitän Ungewitter (Capitano tempesta) um ihre Hand werben. Natürlich wird der mit Heiratsplänen beschäftigte Uberto einer treuen Seele wie ihr so

manche Träne nachweinen, aber schließlich muß sie – das macht Serpina, nachdem sie den verkleideten Vespone versteckt hatte, ihrem Padrone unmißverständlich klar – angesichts der veränderten Situation an ihre eigene Zukunft denken. Der zunehmend verunsicherte und in seinen Gefühlen und Absichten schwankende Uberto ist reif für das Komplott. Als Serpina ihm die Forderung des stummen Capitano tempesta (alias Vespone) nach einer Mitgift von 4000 Scudi verdolmetscht und ihm damit scheinbar nur die Wahl zwischen finanziellem Ruin oder einer Ehe eben mit Serpina läßt, schickt sich der Geizkragen ins Unvermeidliche: „Das Schicksal hat es so mit mir beschlossen: Ich selbst heirate sie!"

Kommentar

Die freche Magd, die Herrin wird, steht in der Operngeschichte für eine ihrer radikalsten Wenden. Die „göttliche Weltordnung" der barocken seria wird förmlich auf den Kopf gestellt. Ein Mädchen niederen Standes legt vermittels Köpfchen einen nicht eben scharfsinnigen, jedoch höhergestellten Widersacher aufs Kreuz – und macht (nicht zuletzt zum Vergnügen des schadenfrohen Publikums) ein gutes Geschäft dabei. Virtuoser Bravour wird mit den Gesten und mit dem Singen des Volkes widersprochen, antikisierende Dekorationen werden ersetzt durch ein paar Requisiten in einem zeitgenössischen Zimmer: ein Tisch, ein paar Stühle, nichts weiter. Solche Intermezzi zwischen den Akten der opera seria – bei der Uraufführung 1733 dienten die beiden Teile von *La serva padrona* als Zwischenspiele in den zwei Pausen von Pergolesis großer Oper *Il prigioniero superbo* zur Feier des Geburtstages der Kaiserin Elisabeth Christine, der Gemahlin Karls VI. – hat schon Hermann Abert, als er die Meinung vertrat, das Intermezzo bestätige die seria ähnlich wie das Satyrspiel die Tragödie, als ein fundamentales Mißverständnis diagnostiziert: „Denn das Buffoelement hat von allem Anfang an statt nach einer ideellen Ergänzung des Tragischen vielmehr nach seiner Verdrängung und Beseitigung gestrebt" (Vorwort zur Ausgabe des Stücks im Wunderhorn-Verlag). Tatsächlich wird mit der gebieterischen Pose Ubertos zugleich das Pathos der opera seria demontiert: zugunsten volkstümlicher Gegenstände und Menschen. Wie Pergolesi die despotischen Viertel und Halbe in den ersten autoritären Gesten des Hausherrn zersetzt und mit zunehmend nervöser hüpfenden Achteln als Zerfahrenheit und Angst entlarvt, wie er dem labilen Padrone eine selbstsichere und siegesgewisse Magd gegenüberstellt, die buchstäblich vom ersten Augenblick den Ton angibt, bis ihr Opfer am langen Ende ohne jeden eigenen

Willen nur noch dazu fähig ist, in das „Glück" einzustimmen, das die neue Herrin ihrem Sklaven verordnet, d. h. vorsingt (Serpina gebieterisch: „Caro sposo..."/Uberto ergeben: „Cara sposa..."), das weist in der Kunst musikalischer Personencharakteristik und musikalischer Personenentwicklung weit über das Jahr der Uraufführung der Serva padrona hinaus. Zugegeben: bei Pergolesi überwiegt im Vergleich zu seinem großen Nachfahr Mozart die Schadenfreude, der entlarvende Witz, die bloße Demontage. Auch geht es bei Pergolesi – anders als bei Mozart – weitaus mehr um Macht- als um Liebesfragen. Doch wer wollte, von solchen wichtigen Unterschieden abgesehen, leugnen, daß mit Uberto und Serpina ein Weg beginnt, der hinführt zu Osmin, zu Despina oder sogar zu Figaros Susanna?

Geschichte

Das Intermezzo La serva padrona, dessen Inhalte, Figuren und Gesten dem italienischen Volkstheater, insbesondere der commedia dell'arte sehr verwandt sind, hat möglicherweise in der ersten Hälfte des 18. Jahrhunderts in Italien so manche Parallele gehabt. Für uns heute ist es freilich der bei weitem wichtigste uns bekannte Anstoß zur Entwicklung der opera buffa. Aber auch nach der erfolgreichen Uraufführung in Neapel und der unbestrittenen Popularität des Stücks zu Lebzeiten seines Komponisten löste La serva padrona ein besonderes Kapitel der Operngeschichte zumindest mit aus. Die Premiere von Pergolesis Intermezzo am 2. August 1752 in Paris und die von ihr angeregten Thesen Jean-Jacques Rousseaus über die Untauglichkeit der französischen Sprache für Melodie und Gesang eröffneten den berühmten Pariser Buffonistenstreit. Er machte jedoch die Serva als Servante maîtresse so bekannt, daß danach verschiedene französische Bearbeitungen den Blick auf das Original verstellten. Erst zu Beginn unseres Jahrhunderts schufen die Ausgabe Hermann Aberts und eine mit ihr verbundene Aufführung im Lauchstädter Theater die Voraussetzung für eine Wiederbegegnung mit dem ursprünglichen Stück in seiner ursprünglichen Gestalt. Abert hat damals (im Vorwort zu seiner Ausgabe) darauf hingewiesen, daß „der orchestrale Teil der Serva der Kammermusik näher steht als der Orchestermusik" und für kleinere Theater bis zu 500 Plätzen eine Besetzung mit „3 ersten, 2 zweiten Geigen, 2 Bratschen, 1 Cello, 1 Baß und Cembalo" empfohlen. Richtige Überlegungen, die zugleich begründen, weshalb sich die heute in ihrem historischen Rang und in ihrer künstlerischen Qualität unbestrittenen und auf Schallplatte ausreichend dokumentierten Intermezzi, die unbeschadet ihrer ursprünglichen Funktion und

Bezeichnung als Zwischenspiele für die opera seria praktisch als zwei Teile eines Einakters zu betrachten sind, nur selten in die Zwänge unseres Musiktheaterbetriebs integrieren lassen.   *Leo Karl Gerhartz*

Diskographische Empfehlung

1960 – Rom: Renato Fasano, I Virtuosi di Roma. Renata Scotto (Serpina), Sesto Bruscantini (Uberto). Ricordi, OCL 16033

1971 – Schloß Kirchheim: Franzjosef Maier, Collegium aureum. Maddalena Bonifaccio (Serpina), Siegmund Nimsgern (Uberto). EMI 065 – 99749

CHRISTOPH WILLIBALD GLUCK

geb. 2. Juli 1714 in Erasbach/Oberpfalz
gest. 15. November 1787 in Wien

G eboren in der Oberpfalz, Student an der Prager Karls-
Universität (1731–1735), Musiker im Dienst des Wiener
Fürsten Lobkowitz (1735/36), erste Opernerfolge in Mailand, Venedig und Turin (1736–1745), Glasharmonika-Virtuose in London
(1745/46), Kapellmeister in Kopenhagen (1748/49) und Prag (1750–1752),
Hofkomponist in Wien (1752–1773), Opernreformator in Paris
(1774–1779), gestorben in Wien: Christoph Willibald Gluck ist ein Kosmo-
polit. Ebenso bunt und wechselhaft wie die Stationen seiner Biographie sind
auch Glucks 45 Bühnenwerke, die sich grosso modo in drei Gruppen
einteilen lassen: Zunächst die opere serie, Pasticci und Serenaden (überwiegend nach Texten von Metastasio), deren Reihe 1741 in Mailand mit
Artaserse beginnt und 1765 in Wien mit der Hochzeitsserenade (für
Joseph II.) *Il parnasso confuso* und der Pastorale *La corona* endet. In all
diesen Werken, die den bei weitem größten Anteil in Glucks Opernschaffen
einnehmen, ist das starre Modell der Metastasianischen opera seria getreu
in Musik gesetzt; hätte Gluck lediglich sie komponiert, er wäre nur einer
unter vielen Opernkomponisten seiner Zeit gewesen, und bei weitem nicht
der beste. (Es genügt, Glucks Vertonungen von Metastasios *Clemenza di
Tito* und *Il re pastore* mit denen Mozarts zu vergleichen ...) Interessanter ist
schon die zweite Gruppe: kleine komische Opern und Singspiele nach dem
Vorbild der französischen Vaudevilles von Favart und anderen. Die neun
Werke – von *Le cinesi* (1754) zu *Le rencontre imprévue* (*Die Pilger von
Mekka,* 1764) – sind nicht nur die ersten ihrer Art im deutschsprachigen
Raum, sondern auch gültige Vorbilder aller anderen, von Mozarts *Entführ-
rung aus dem Serail* bis zu den komischen Opern Lortzings. Aber auch das
wäre wohl nicht genug gewesen, Gluck in den Komponisten-Olymp zu
erheben. Die Unsterblichkeit hat sich Gluck vielmehr durch seine sieben
Reform-Opern verdient: *Orfeo ed Euridice* (Wien 1765/Paris 1774), *Alceste*
(Wien 1767/Paris 1776), *Paride ed Elena* (Wien 1770), *Iphigénie en Aulide*
(Paris 1774), *Armide* (Paris 1777), *Iphigénie en Tauride* und *Écho et Narcisse*

(Paris 1779). Mit diesen sieben Opern war die geschlossene Tradition der barocken opera seria ein für allemal aufgehoben, und ihre Nachwirkung ist bis weit ins 19. Jahrhundert, über Berlioz und Wagner hinaus, erkennbar. Von einem letzten geplanten Bühnenwerk – einer Vertonung von Klopstocks *Hermannsschlacht* – hat Gluck nicht einmal mehr Skizzen zu Papier bringen können.   *Michael Stegemann*

Orfeo ed Euridice / Orphée et Euridice (Orpheus und Eurydike)
Azione teatrale per musica / Tragédie-opéra in drei Akten

Text: Ranieri de' Calzabigi
Uraufführung: *Orfeo:* 5. Oktober 1762, Burgtheater, Wien
Orphée: 2. August 1774, Académie Royale, Paris
Personen: *Orfeo:* Orfeo (Alt); Euridice (Sop); Amor (Sop);
Orphée: Orphée (Haute-Contre/Ten); Euridice (Sop); Amor (Sop)
Chor: Schäferinnen und Schäfer; Dämonen; Larven und Furien;
Selige Geister
Ort und Zeit: Am Averner See, in mythischer Vorzeit
Orchester: *Orfeo:* 2 Fl, 2 Chalumeaux, 2 Ob, 2 E. H., 2 Fg, 2
Cornets a piston, 2 Hrn, 2 Trp, 3 Pos, Pkn, Hrf, Cemb, Streicher,
B.c.
Orphée: 2 Fl, 2 Ob, 2 Kl, 2 Fg, 2 Hrn, 2 Trp, 3 Pos, Pkn, Streicher,
B.c.
Auf der Bühne: Ob, Hrf, Streicher
Form: Quasi durchkomponiert, in 5 bzw. 7 Szenen gegliedert
Aufführungsdauer: Ca. 2 Stunden
Verlag: *Orfeo:* Duchesne, Paris (1764); Neuausgabe Bärenreiter,
Kassel (Gluck-Gesamtausgabe)
Orphée: Lemarchand, Paris (1774); Neuausgabe Bärenreiter, Kassel (Gluck-Gesamtausgabe)

Handlung: (Szenenanweisungen von Calzabigi)
    1. AKT: „Ein lieblicher, aber einsamer Lorbeer- und Zypressenhain, der in einer künstlichen Lichtung auf einer kleinen Einebnung das Grabmal Eurydikes umschließt." Orpheus beklagt mit den Nymphen, Schäferin-

nen und Schäfern den Tod Eurydikes. Er will sich mit dem grausamen Schicksal nicht abfinden und ist bereit, in die Unterwelt hinabzusteigen, um seine Geliebte zu den Lebenden zurückzubringen. Amor erscheint und verkündet den Spruch Jupiters: Wenn es Orpheus gelingt, die Furien des Totenreiches durch seinen Gesang zu besänftigen, sei ihm Eurydike wiedergegeben; auf dem Weg aus der Unterwelt zurück ins Leben aber darf Orpheus sie nicht anschauen und kein Wort zu ihr sprechen.

2. AKT. 1. Bild: „Eine schauerliche Höhlengegend jenseits des Flusses Cocythus, in der Ferne von einem dunklen, von Flammen durchzuckten Rauch verdüstert, der den ganzen furchtbaren Ort ringsum absperrt." Die Furien und Larven wollen Orpheus den Eintritt ins Totenreich verwehren, doch schließlich siegt sein Gesang über ihre Macht, und sie lassen ihn passieren.

2. Bild: „Eine anmutige Gegend von grünenden Hainen und Blumen, welche die Wiesen überziehen, mit schattigen Stellen, die sich hier ausbreiten, und mit Flüssen und Bächen, die sie bewässern." In den Gefilden der Seligen hat Orpheus Eurydike wiedergefunden; er nimmt sie an die Hand und führt sie fort, ohne sich nach ihr umzublicken.

3. AKT. 1. Bild: „Eine finstere Grotte, ein gewundenes Labyrinth bildend, von Felsbrocken umfaßt, die aus den Wänden gebrochen und ganz mit Wurzelgestrüpp und wilden Pflanzen bedeckt sind." Auf dem Weg zurück ins Reich der Lebenden macht Eurydike Orpheus bittere Vorwürfe; da er sie nicht anschaut und nicht zu ihr spricht, glaubt sie, seine Liebe verloren zu haben. In seiner Verzweiflung bricht Orpheus das Gebot Jupiters und wendet sich zu ihr um – Eurydike stirbt ein zweites Mal.

2. Bild: „Ein prächtiger, dem Amor geweihter Tempel." Orpheus ist untröstlich, Eurydike aufs neue verloren zu haben. Gerührt von der Größe seiner Liebe erweckt Amor die Tote noch einmal zum Leben; das glückliche Paar preist gemeinsam mit den Schäferinnen und Schäfern die Wohltaten Amors.

Kommentar

Am 5. Oktober 1762 wurde auf der Bühne des Wiener Burgtheaters die barocke opera seria zu Grabe getragen: Die Uraufführung der „azione teatrale" *Orfeo ed Euridice* setzte ein für allemal „die kalten Schönheiten der Konvention" außer Kraft, „an denen die Tonsetzer festzuhalten sich verpflichtet fühlten" – so Gluck in seiner Widmung des *Orphée* an Marie-Antoinette. Daß sich Christoph Willibald Gluck und sein Textdichter Ranieri de' Calzabigi (gemeinsam mit dem Ballettmeister Gasparo Angiolini und dem Bühnenmaler Giovanni Maria Quaglio) für einen Stoff entschieden hatten, der seit Ottavio Rinuccinis *Euridice* (Giulio Caccini und Jacopo Peri, Florenz 1600) und Alessandro Striggios *Orfeo* (Claudio Monteverdi, Mantua 1607) immer und immer wieder in Musik gesetzt worden war, mag durchaus als Herausforderung gemeint gewesen sein; mit offenem Visier stellten sich die Autoren der Tradition entgegen, die in Wien von Pietro Metastasio verteidigt wurde. Als Calzabigi im Januar 1761 in Wien eintraf, scheint Gluck des Metastasianischen Opernstils gründlich überdrüssig gewesen zu sein; gemeinsam mit dem Grafen Giacomo Durazzo, dem Intendanten des Hoftheaters, hatte er bereits im Dezember 1755 mit *L'innocenza giustificata* (nach einem Libretto Durazzos) einen ersten Schritt zur Reform der opera seria gewagt. Als nun Ranieri de' Calzabigi dem Grafen Durazzo seinen *Orfeo* vorlegte, erhielt die Idee einer Opernreform plötzlich neue Nahrung. In Calzabigis Text fand Durazzo all das verwirklicht, was ihm als Gegenentwurf zu den Libretti Metastasios vorgeschwebt hatte: schlichte, überzeugende Gefühle (statt hochtrabender Affekte), eine geradlinige, auf das Wesentliche konzentrierte und von nur drei Rollen getragene Handlung (statt eines ermüdenden Intrigenspiels von sechs oder sieben Protagonisten), eine Emanzipation des Chores als gewissermaßen vierte handelnde Gestalt, vor allem aber eine (nach dem Vorbild der französischen tragédie lyrique) durchgeführte Textgestaltung innerhalb fünf großer szenischer Einheiten, die anstelle des üblichen Wechsels von Secco-Rezitativ und Arie, Szene oder Ensemble ein quasi durchkomponiertes Ganzes verlangte. Durazzo, Calzabigi, Gluck: das ,Dreigestirn' der Opernreform – so jedenfalls steht es in den einschlägigen Quellen allenthalben zu lesen. Was aber ist daran Legende? Die Frage, wer der eigentliche spiritus rector dieser Opernreform war – Gluck oder Calzabigi–, ist nicht so marginal, wie manche Autoren sie abhandeln. („Monsieur de Calzabigi kommt das hauptsächliche Verdienst zu", hat Gluck 1781 in einem Brief an den „Mercure de France" erklärt. „Die Ehre der Reform gebührt uns zu gleichen Teilen", schreibt drei Jahre später Calzabigi an derselben Stelle.) Über die tatsächliche Beziehung der drei zueinander vor dem Zerwürfnis zwischen Calzabigi und Gluck (um 1780) ist fast nichts bekannt. Daß Durazzo das Libretto Gluck zur Vertonung vorschlug, der seit 1754 „zur Komponierung der Theatral- und Akademiemusik" an den Hof Maria Theresias verpflichtet war, ist nur natürlich. Daß aber Gluck spontan von der Idee begeistert gewesen wäre, diesen so unkonventionellen Text in Musik zu setzen, ist nicht sehr wahrscheinlich. So kongenial er Calzabigis Konzept zum Klingen brachte, so wenig mag er – zunächst jedenfalls – an die Zukunft dieses Konzepts geglaubt haben. Anders läßt es sich kaum erklären, daß er in den knapp viereinhalb Jahren zwischen dem *Orfeo* und der *Alceste* drei Metastasio-Texte vertonte, als habe es nie eine Reform der opera seria gegeben. Seinem Wesen nach ist Gluck (im Gegensatz zu Calzabigi) alles andere als ein Abenteurer und Revolutionär. „Ich war mir des Wagnisses voll bewußt, gegen so weitverbreitete und tiefeingewurzelte Vorurteile anzukämpfen", heißt es in der Widmung der *Alceste* an den Großherzog Leopold; doch „der Erfolg hat meinen Ansichten recht gegeben". Ohne diesen Erfolg aber, den der *Orfeo* erst nach und nach errang, fehlte ihm offenbar der Mut, die Reformbestrebungen voranzutreiben. Diese Reform aber – das erkannte schon Romain Rolland – war nicht ,im luftleeren Raum' entstanden: „Glucks Revolution – und darin lag ihre Macht – war nicht das Werk allein des Gluckschen Genius, sondern das der Gedankenwelt eines ganzen Jahrhunderts. Sie wurde von den Enzyklopädisten seit zwanzig Jahren vorbereitet, angekündigt, erwartet." Die französische Theatertheorie einer „Zurück zur Natur"-Ästhetik, wie sie zum Beispiel Denis Diderot schon 1757 in seinen *Entretiens sur le fils naturel* dargelegt hat, und der wortbetonte Deklamationsstil, der sich aus ihr ergab, bedeuteten einen radikalen Bruch mit den Normen, die in Wien bis dahin als verbindlich angesehen wurden – nicht nur von Gluck. Jene Wahrhaftigkeit des Ausdrucks (im Sinne Jean-Jacques Rousseaus), die Gluck gegen die Tradition der opera seria durchzusetzen versuchte, war wirklich eher Revolution als Reform: „Gluck gibt sich nicht die Mühe, sich um die Narrheiten der Sänger zu bekümmern. Er gehorcht nur seinem Talente und trachtet einzig und allein dahin, den Sinn der Worte auf die wahrste und lebhafteste Weise auszudrücken" (Padre Martini). „Weit entfernt, die Worte in eine Unzahl von Tönen zu begraben, hat er auch wenig mehr Noten angewendet, als es Silben in den Versen gab; die Töne aber, die er gewählt hat, sind stets wahr, leidenschaftlich und von der Natur sanktioniert" (Abbé François Arnaud).

Geschichte
Die Wiener Uraufführung des *Orfeo* fand zwar große Beachtung, doch die eigentliche Wirkungsgeschichte des Werkes (und der gesamten Opernreform) setzte erst 1774 mit der Premiere der französischen Fassung ein; Gluck hatte unter anderem die Partie des Orpheus von der Alt- in die Tenorlage transponiert, sämtliche Rezitative neu komponiert und eine Arie

des Orpheus am Ende des 1. Aktes sowie – Tribut an das Pariser Publikum – die Ballettszene des „Reigens seliger Geister" hinzugefügt. Zwischen dem 2. August und Anfang November 1774 erlebte *Orphée et Euridice* 47 Aufführungen und blieb bis 1800 mehr oder weniger konstant auf dem Spielplan der Opéra. Im 19. Jahrhundert waren es vor allem Hector Berlioz, Franz Liszt und Richard Wagner, die sich für das Werk einsetzten und Neuinszenierungen in Weimar (1854) und Paris (1859, mit Pauline Viardot) anregten; allerdings setzte sich damals bereits eine verhängnisvolle Tendenz durch, die Wiener und die Pariser Fassung zu vermengen, so daß die musikalisch-dramaturgische Reform Glucks und Calzabigis zunehmend verwässert wurde. Auch heute noch ist der *Orpheus* leider nur selten in einer „reinen" Fassung zu hören.   *Michael Stegemann*

Diskographische Empfehlung

1951 – Amsterdam: Charles Bruck, Chor und Orchester der Niederländischen Oper Amsterdam. Kathleen Ferrier (Orfeo), Greet Koeman (Euridice), Nel Duval (Amore). EMI, 2 C 151-25637/8 (ital. Mischfassung)

1982 – Antwerpen: Sigiswald Kuijken, Collegium Vocale Gent, La Petite Bande. René Jacobs (Orfeo), Marjanne Kweksilber (Euridice), Magdalena Falewicz (Amore). Accent, ACC 8223-24 (ital. Fassung 1762)

1955 – Paris: Hans Rosbaud, Vokalensemble Roger Blanchard, Orchestre des Concerts Lamoureux. Léopold Simoneau (Orphée), Suzanne Danco (Euridice), Pierrette Alarie (L'Amour). Philips 6770 033 (französ. Fassung 1774)

Alceste

Tragedia messa in musica/Tragédie-opéra in drei Akten

Text: Ranieri de' Calzabigi, nach Euripides/Marie François Louis Gand-Leblanc du Roullet, nach Calzabigi
Uraufführung: ITALIENISCH: 26. Dezember 1767, Burgtheater, Wien; FRANZÖSISCH: 23. April 1776, Académie Royale, Paris
Personen: ITALIENISCH: Admeto (Ten); Alceste (Sop); Eumelo und Aspasio (2 Sop); Evandro (Ten); Ismene (Sop); Ein Herold (Baß); Ein Priester Apollos (Ten); Apollo (Ten); Das Orakel (Baß);

FRANZÖSISCH: Admète (Haute-Contre); Alceste (Sop); Eumelo und Aspasio (stumme Rollen); Évandre (Haute-Contre); Ein Herold (Baß); Ein Priester Apollos (Baß); Apollo (Baß); Hercule (Baß); Das Orakel (Baß); Vier Chorführer (Sop, Alt, Ten, Baß)

Chor: Volk von Pherae; Priester Apollos und Götter der Unterwelt

Ort und Zeit: Pherae in Griechenland, in mythischer Vorzeit

Orchester: ITALIENISCH: 2 Fl, Chalumeau, 2 Ob, 2 E. H., 2 Fg, 4 Hrn, 2 Trp, 3 Pos, Streicher, B. c.

FRANZÖSISCH: 2 Fl, 2 Ob, 2 Kl, 2 Fg, 4 Hrn, 2 Trp, 3 Pos, Pkn, Streicher, B.c.

Form: Quasi durchkomponiert, in 20 Szenen gegliedert

Aufführungsdauer: Ca. 2 ½ Stunden

Verlag: ITALIENISCH: Trattner, Wien (1769); Neuausgabe Bärenreiter, Kassel (Gluck-Gesamtausgabe)

FRANZÖSISCH: Bureau d'abonnement musical, Paris (1776); Neuausgabe Bärenreiter, Kassel (Gluck-Gesamtausgabe)

Handlung

1. AKT. 1. Bild: Vor dem Königspalast in Pherae. Ein Herold verkündet, König Admetos liege im Sterben. Evandros, Vertrauter des Admetos, fordert das Volk auf, im Tempel Apollos zu beten und das Orakel zu befragen, ob es keine Rettung für den König gebe; auch Alkestis und ihre Kinder schließen sich dem Zug an.

2. Bild: Im Tempel verkündet die Gottheit mit Blitz und Donner ihr Orakel: Nur wenn ein anderer an Admetos' Stelle stirbt, bleibt der König am Leben. Während das Volk den harten Schicksalsspruch beklagt, ist Alkestis bereit, sich für den Gemahl zu opfern.

2. AKT. 1. Bild (fehlt in der Pariser Fassung): In einem heiligen, den Göttern des Totenreiches geweihten Hain fleht Alkestis Apollo an, ihr Opfer zu akzeptieren. Auch ihre Vertraute Ismene vermag nicht, sie von ihrem Entschluß abzubringen. Nur einen kurzen Aufschub erbittet die Königin, um ein letztes Mal Admetos und ihre Kinder zu umarmen.

2. Bild: In seinem Palast ist Admetos von seinem Leiden genesen; als er jedoch von Evandros erfährt, daß es Alkestis ist, die für ihn in den Tod gehen wird, wandelt sich seine Freude in Schmerz. Alkestis erscheint, um von ihrer Familie Abschied zu nehmen; vergebens weist der König ihr Opfer zurück. Während Alkestis hinausschreitet, um den Tod zu erwarten, begibt sich Admetos zum Tempel; noch einmal soll das Orakel befragt werden.

3. AKT (Wiener Fassung): Vor dem Königspalast. Admetos hat erfahren, daß der Spruch Apollos unbeugsam sei, und nimmt nun von Alkestis Abschied. Das Volk trauert um seine Königin, Admetos aber – untröstlich über den Verlust – will seiner Frau in den Tod folgen. Da erscheint Apollo als deus ex machina und führt Alkestis zurück ins Leben: Die Liebe hat über das Schicksal triumphiert.

3. AKT (Pariser Fassung). 1. Bild: Vor dem Königspalast. Admetos hat erfahren, daß der Spruch Apollos unbeugsam sei, und trauert gemeinsam mit dem Volk von Pherae um Alkestis. Er ist entschlossen, seiner Frau in den Tod zu folgen. Herakles aber, von der Klage des Königs tief berührt, verspricht seine Hilfe.

2. Bild: An den Pforten der Unterwelt erwartet Alkestis den Tod; auch Admetos kommt hinzu, um gemeinsam mit ihr zu sterben, doch die Götter des Totenreiches führen nur Alkestis mit sich fort. Verzweifelt will Admetos ihr folgen, als im letzten Moment Herakles erscheint, den König zurückhält und sich den Göttern entgegenstellt. Apollo steigt als deus ex machina herab, preist den Mut des Herakles und gewährt Alkestis und Admetos das Leben.

3. Bild: Vor dem Königspalast jubelt das Volk Apollo zu, während Alkestis und Admetos Herakles für ihre Rettung danken.

Kommentar

Nach *Orfeo ed Euridice* war die Wiener *Alceste* Glucks zweite Reformoper; in seiner Widmung an den toskanischen Großherzog Leopold I. – einem der wichtigsten opernästhetischen Manifeste des 18. Jahrhunderts – erläuterte der Komponist sein Anliegen: „Ich trachtete die Musik auf ihre wahre Aufgabe zu beschränken, der Dichtung zu dienen für den Ausdruck und für die Situation der Handlung, ohne die Aktionen zu unterbrechen oder durch unnötige und überflüssige Zieraten zu hemmen. Denn welches Talent auch immer ein Komponist haben mag, er kann doch nur mittelmäßige Musik zustande bringen, wenn nicht der Dichter in ihm jenes Feuer entzündet, ohne das alle Kunst nur blaß und langweilig ist." Ähnlich wie in Calzabigis Adaptation des *Orpheus*-Stoffes ist auch die Handlung der *Alceste* auf das strikte Minimum eines einzigen Aspektes beschränkt, nämlich auf die Opferbereitschaft der Hauptperson. (Entsprechend hat Gluck für die Pariser Neufassung die Rollen des Evandros und der beiden Kinder Alkestis' noch weiter beschnitten und die der Ismene sogar gestrichen.) Auch die Affekte des Werkes scheinen auf das eine Gefühl der Trauer reduziert, die sich in zahlreichen Schattierungen bricht und spiegelt. Die überkommenen ariosen Formen der opera seria, die im *Orfeo* zumindest rudimentär noch erkennbar waren, sind in der *Alceste* fast durchweg in ein rezitativisches Parlando aufgelöst, das kaum mehr nach einzelnen Abschnitten (Rezitativ, Arie, Szene und Chor) gegliedert werden kann. Noch eine weitere Straffung der Dramaturgie bedeutete gegenüber der Wiener die Pariser Fassung des Werkes, für die Gluck – wie schon beim *Orphée* – die Rezitative neu komponiert und die Ballettmusik erweitert hat. Problematisch ist allerdings die hinzugefügte Rolle des Herakles (die sich notabene auch in der Tragödie des Euripides findet): Einerseits bereitet sie die Rettung der Alkestis besser vor und nimmt dem Auftreten Apollos als deus ex machina seine Unglaubwürdigkeit, andererseits korrumpiert sie die (im Orakel verkündete) Funktion Apollos als Schicksalsträger.

Geschichte

Aus den genannten Gründen fand die Pariser *Alceste* – vor allem der 3. Akt – nur geteilte Zustimmung beim Publikum; auch die Erweiterung der Ballettmusik schien ihm nicht zu genügen, so daß die Oper bald um eine Ballettmusik von François-Joseph Gossec erweitert wurde. Dennoch hielt sich die *Alceste* bis 1826 auf dem Spielplan der Opéra und erlebte rund 300 Aufführungen. Im Zuge der von Berlioz, Liszt, Saint-Saëns und Wagner angeregten Gluck-Renaissance fanden in Dresden (1846), Weimar (1857) und Paris (1861, mit Pauline Viardot in der Titelrolle) Neuinszenierungen statt, bei denen allerdings – ähnlich wie beim *Orpheus* – Mischfassungen aus der Wiener und der Pariser Version zu Gehör gebracht wurden, die der Dramaturgie des Werkes viel von ihrer Stringenz nahmen.

Michael Stegemann

Diskographische Empfehlung

1954 – Teatro alla Scala, Mailand: Carlo Maria Giulini, Chor und Orchester der Mailänder Scala. Maria Callas (Alceste), Renato Gavarini (Admeto), Giuseppe Zampieri (Evandro), Rolando Panerai (Apollo), Paolo Silveri (Priester). Cetra, LO 50/2 (ital. Fassung 1767)

1982 – München: Serge Baudo, Chor und Symphonieorchester des Bayerischen Rundfunks. Jessye Norman (Alceste), Nicolai Gedda (Admète), Robert Gambill (Évandre), Bernd Weikl (Apollon), Tom Krause (Priester). Orfeo, S 027823 F (französ. Fassung 1776)

Iphigénie en Aulide (Iphigenie in Aulis)
Tragédie-opéra in drei Akten

Text: Marie François Louis Gand-Leblanc du Roullet, nach Racine
Uraufführung: 19. April 1774, Grand Opéra (Palais Royal), Paris
Personen: Agamemnon, König von Mykene und Oberbefehlshaber
der Griechen gegen Troja (Bar); Klytämnestra, seine Gemahlin
(Mez); Iphigenie, beider Tochter (Sop); Achill, König in Thessalien
(Ten); Patroklus, sein Freund (Baß); Kalchas, Oberpriester am
Dianatempel (Baß); Arkas, Hauptmann der Leibwache Agamem-
nons (Ten); Drei Griechinnen (Sop); Ein Grieche (Ten); Eine Grie-
chin in Iphigenies Gefolge (Sop); Eine andere Griechin (Sop);
Artemis (Sop)
Chor und Ballett: Griechische Offiziere und Soldaten; Griechisches
Volk; Wachen; Thessalische Krieger; Frauen aus Argos im Gefolge
der Königin und Iphigenies; Frauen aus Aulis; Sklaven von Lesbos;
Priesterinnen Dianas
Ort und Zeit: Im griechischen Heerlager am Strand von Aulis in
Böotien, unmittelbar vor Ausbruch des Trojanischen Krieges
Orchester: 2 Fl, 2 Ob, 2 Kl, 2 Fg, 2 Hrn, 2 Trp, Pkn, GrTr, Streicher,
B.c.
Form: Durchkomponierte Szenen
Aufführungsdauer: 2 ½ Stunden
Verlag: Bärenreiter, Kassel (Gluck-Gesamtausgabe); Edition Pe-
ters, Frankfurt/Main (Bearbeitung von Richard Wagner)

Handlung
1. AKT: Agamemnon, der als Heerführer der Griechen den Raub
Helenas durch den trojanischen Königssohn Paris rächen will, ist verzweifelt: Die Göttin Diana (Artemis) wird seiner Flotte nur günstigen Wind
gewähren, wenn er seine Tochter Iphigenie auf dem Altar opfert. Der Vater
sucht einen Ausweg aus dem Orakel: Gattin und Tochter, die auf dem Weg
zu ihm sind, sollen durch seinen Boten Arkas mit der Begründung zurückgehalten werden, Achill sei seiner Braut Iphigenie untreu geworden. Die
griechischen Fürsten und Feldherren wollen vom Priester Kalchas die
Forderung der Göttin erfahren. Kalchas nennt nicht den Namen des Opfers,
verspricht aber, daß die Opferung noch am selben Tag durchgeführt werde.
Er rät Agamemnon, die Götter nicht länger durch sein Streben zu erzürnen.

Iphigenie und Klytämnestra, die Arkas verfehlt hatte, treffen im Lager ein und werden von allen freudig begrüßt. Iphigenie erfährt von der vermeintlichen Untreue des Achill und tritt ihm mit abweisendem Stolz gegenüber. Achill gelingt es, Iphigenie von seiner Liebe und Treue zu überzeugen, und beide hoffen, noch am selben Tag vereint zu werden.

2. AKT: Iphigenie fürchtet einen Streit zwischen ihrem Vater und Achill, der sich durch die Beschuldigung Agamemnons beleidigt sieht. Doch Achill naht, um sie zum Altar zu führen. Arkas tritt Achill entgegen und verkündet, daß Iphigenie nun unverzüglich geopfert werden müsse. Klytämnestra bittet Achill um Hilfe. Achill will sich Agamemnon entgegenstellen, der selbst hin- und hergerissen ist. Als Achill Iphigenie mit seinen thessalischen Truppen beschützt, beauftragt Agamemnon Arkas, mit Klytämnestra und Iphigenie nach Mykene zu fliehen.

3. AKT: Arkas tritt den Griechen entgegen, die Iphigenies Entführung nicht dulden wollen, und Achill bestürmt seine Braut, mit ihm zu fliehen. Iphigenie aber ist angesichts der aufgebrachten Menge entschlossen, sich zu stellen. Achill stürzt mit Drohungen gegen Agamemnon und gegen Kalchas davon. Erneut fordern die Griechen das Opfer. Iphigenie verabschiedet sich von ihrer Mutter, welche die Rache der Götter erfleht. Das Volk bittet Diana, das Opfer gnädig anzunehmen.

Achill befreit mit seinen thessalischen Truppen die bereits auf den Stufen des Opfer-Altars kniende Iphigenie. Den Kampf zwischen Griechen und Thessaliern verhindert Kalchas mit der Botschaft, daß Iphigenies Tugend, die Tränen ihrer Mutter und die Tapferkeit Achills die Göttin bewogen hätten, auf ihr Opfer zu verzichten. Als sicheres Zeichen der Zustimmung der Göttin sei das Feuer auf dem Altar erloschen, und aufkommende Winde ermöglichten die Abreise. Mit Chören und Tänzen danken und huldigen die Griechen der Göttin.

Schluß in Richard Wagners Bearbeitung: Dunkelheit senkt sich herab, ein heftiger Donnerschlag ertönt, und in einer lichten Wolke erscheint die Göttin Artemis. Sie verkündet, daß Iphigenie nicht zum Opfer bestimmt sei, sondern als ihre Priesterin in einem fernen Land lehren solle. Sie fordert die Versöhnung aller, prophezeit den Griechen eine ruhmvolle Fahrt und nimmt Iphigenie unter dem Dankgebet aller in einer Wolke mit sich fort. Der Tag bricht herein, die Wimpel der Flotte wehen, und mit dem Ruf „Nach Troja!" eilen die Griechen zu den Schiffen.

Kommentar

Gluck, der sich offenbar über die begrenzte Wirkung seiner Opernreform im klaren war, suchte ein neues Forum auf der Bühne der Pariser
Académie Royale. *Iphigénie en Aulide* stellte für ihn den Versuch einer
übernationalen Oper dar, die dazu beitragen sollte, die nationalen Unterschiede der Musik aufzuheben. Die Ouvertüre stimmt programmatisch auf
den Gefühlsgehalt ein und geht nahtlos in die 1. Szene über. Die Arien
ergeben sich unmittelbar aus den Accompagnato-Rezitativen. Der rhyth-
misch-deklamatorische Stil, eng an den französischen Wortlaut angelehnt,
entspricht der formalen Offenheit. Wo formale Einheiten entstehen könnten, werden sie durch Tempowechsel oder durch rezitativische Einschübe
unterbrochen. Auch der Einsatz von Da capo und von zweiteiliger Lied-
form, sowie der von Divertissements erfolgt ausschließlich aus musikdramaturgischen Gründen. Kleine instrumentale Motive haben deutlich gestischen Charakter.

Bereits ein Jahr nach der Uraufführung veränderte Gluck den Schluß
dahingehend, daß Diana selbst den Verzicht auf die Opferung Iphigenies
ausspricht.

Du Roullet übernahm die Haupthandlung von Racines fünfaktiger Tragödie nahezu unverändert in das Opernlibretto, führte den Oberpriester Kalchas ein und zog die Handlung auf drei Akte zusammen.

Richard Wagners Bearbeitung entfernte zunächst die „roh angebrachten
Instrumentationsbereicherungen" der deutschen Fassung, schuf anhand
von Glucks französischer Partitur eine auf Richtigkeit der Deklamation
bedachte Umarbeitung der Übersetzung und war bemüht, den Stoff der
griechischen Vorlage des Euripides anzugleichen. Da Wagner offenbar
Glucks veränderte Partitur aus dem Jahr 1775 nicht vorlag, komponierte er
den Schluß mit dem Auftritt der Artemis und der Abreise der Griechen,
unter Verwendung von Glucks thematischem Material, neu (49 Takte).
Seinem eigenen Verständnis von unendlicher Melodie getreu, erweiterte er
Glucks Prinzip der Verbindung von Szenen mit Übergängen, Vor- und
Nachspielen aus Gluckschen Motiven zu einer nahezu durchkomponierten
Oper. Die dramaturgisch unwichtige Rolle des Patroklus strich er ganz und
übertrug dessen musikalischen Part dem Arkas. Von der Ballettmusik behält Wagners Bearbeitung nur ein Menuett im 1. Akt und den Marsch im
2. Akt bei.

Geschichte

Von 1774 bis 1824 wurde *Iphigénie en Aulide* in Paris 428mal zur Aufführung gebracht und kam 1907 an der Opéra-Comique neu heraus. Seit 1782 wurde die Oper auch im Ausland, zunächst in der Originalsprache, ab 1778 auch in schwedischer und deutscher Sprache (Übersetzung: Johann Daniel Sander) häufig gespielt. 1816 schuf in München Peter von Winter eine Bearbeitung. 1847 folgte Richard Wagners eingreifende Bearbeitung. Noch in der Festspiel-Publikation „Bayreuth 1963" wird die *Iphigenie in Aulis* in das „Chronologische Verzeichnis der Ur- und Erstaufführungen und Neuinszenierungen der Werke Richard Wagners zu Lebzeiten des Komponisten" eingereiht. Wagners Bearbeitung wurde an fast allen deutschen Bühnen gespielt und liegt auch der ersten (und bis heute einzigen) deutschsprachigen Schallplattenaufnahme bei Ariola-Eurodisc zugrunde. Erst 1962 brachten die Salzburger Festspiele – in einer Zusammenarbeit von Günther Rennert und Fritz Oeser – eine auf Glucks veränderter Partitur aus dem Jahre 1775 basierende neue deutsche Fassung heraus. Aufführungen in Italien, Südamerika, Großbritannien, den USA und Schweden stützen sich heute auf Glucks Originalpartitur, während in der Bundesrepublik weiterhin sowohl die Originalfassung als auch Richard Wagners Bearbeitung gespielt wird. *Peter P. Pachl*

Diskographische Empfehlung

1973 – München: Kurt Eichhorn, Chor des Bayerischen Rundfunks, Rundfunkorchester München. Anna Moffo (Iphigenie), Trudeliese Schmidt (Klytämnestra), Dietrich Fischer-Dieskau (Agamemnon), Ludovic Spiess (Achill), Arleen Auger (Artemis), Thomas Stewart (Patroklus). Ariola-Eurodisc, AR XF 86 271 (deutsche Bearb. von Richard Wagner)

Armide
Drame héroique in fünf Akten

Text: Philippe Quinault, nach einer Episode aus Torquato Tassos *La Gerusalemme liberata*
Uraufführung: 23. September 1777, Académie Royale de Musique (Opéra), Paris

Personen: Armide (Sop); Hidraot (Bar); Renaud (Ten); Artémidor (Ten); Ubalde (Bar); Der dänische Ritter (Ten); Aronte (Bar); Phénice (Sop); Sidonie (Sop); Der Haß (Alt); Die Najade (Sop); Zwei Koryphäen (Sop); Eine Schäferin (Sop); Ein Dämon in der Gestalt von Lucinde (Sop); Ein Dämon in der Gestalt von Mélisse (Sop); Ein Luftgeist (Sop)

Chor: Koryphäen; Bürger von Damaskus; Nymphen; Schäfer und Schäferinnen; Gefolgsleute des Hasses; Dämonen; Luftgeister

Ort und Zeit: Damaskus, ein Flußufer, eine liebliche Insel, eine Einöde, Armides Zauberpalast, zur Zeit der Kreuzzüge um 1100

Orchester: 2 Fl, 2 Ob, 2 Kl, 2 Fg, 2 Hrn, 2 Trp, Pkn, Streicher, B.c.

Form: Durchkomponierte Einzelszenen, die teilweise mit Accompagnato-Rezitativen verbunden sind

Aufführungsdauer: Ca. 3 Stunden

Verlag: Bärenreiter, Kassel (Gluck-Gesamtausgabe)

Handlung

1. AKT: Durch ihre Zauberkraft ist es Armide gelungen, zahlreiche Kreuzritter gefangenzunehmen, die gegen ihren Onkel Hidraot, den König von Damaskus, kämpfen. Ihre Gefährtinnen Phénice und Sidonie beglückwünschen Armide zu ihren Erfolgen. Doch Armide ist beunruhigt: Noch hat sie nicht den kühnsten der Kreuzritter besiegt. Renaud widersteht ihr, schlimmer noch: Armide hat geträumt, Renaud habe sie unterworfen und im Angesicht des Todes sei in ihr die Liebe zu ihm erwacht. Die Freundinnen versuchen, sie zu beruhigen, als Hidraot erscheint. Auch er ist zufrieden mit Armides Erfolgen. Die Krönung seines Glücks wäre es, Armide verheiratet zu sehen. Armide aber will sich nur mit demjenigen vermählen, der ihren Feind Renaud bezwingt. Die Bürger von Damaskus kommen hinzu, um Armide zu feiern, die ihnen die Feinde ausgeliefert hat. Da tritt Aronte in den Festtrubel und meldet, ein einziger Krieger habe alle Gefangenen befreit. Armide weiß, es kann nur Renaud gewesen sein; ihr Haß gegen ihn wächst.

2. AKT: Renaud wurde von König Godefroi wegen einer Rauferei aus dem Lager der Kreuzritter verbannt. Nun will er sich allein für Gerechtigkeit einsetzen und Unschuldigen beistehen. Artémidor warnt ihn vor Armides Zauber. Renaud aber ist sich sicher, ihrer bezaubernden Schönheit nicht zu erliegen: Gleichmut, Freiheitswille und der Wunsch nach Ruhm werden ihn vor Armide schützen. Hidraot und Armide kommen in die

Nähe, gemeinsam wollen sie die Unterwelt beschwören, ihre Zauberkräfte zu stärken. Da bemerkt Armide Renaud am Flußufer, der sich, seiner Rüstung ledig, niederlegt und inmitten der idyllischen Landschaft einschläft. Dämonen in der Gestalt von Nymphen und Schäfern fesseln den Schlafenden mit Blumengirlanden. Armide nähert sich ihrem wehrlosen Gegner, um ihn zu erstechen. Doch sie ist hin- und hergerissen, zögert, ermutigt sich selbst, bis sie begreift, daß sie ihn nicht töten kann, weil sie ihn liebt. Zwischen Liebe und Haß, zwischen Glück und Scham schwankend, befiehlt sie den Dämonen, sich und Renaud ans Ende der Welt zu bringen, wo sie ihn durch ihre Zauberkräfte dazu bringen will, sie zu lieben.

3. AKT: Armide ist es zwar gelungen, Renaud zu ihrem Geliebten zu machen – doch ihre eigene Liebe zu ihm macht sie schwach. Phénice und Sidonie versuchen, sie zu beruhigen. Aber Armide ist innerlich gespalten. Es beschämt sie, daß Renaud sie nicht um ihrer selbst willen liebt, sondern nur aufgrund der Verzauberung. Sie spürt, daß die Liebe zu Renaud ihre Rache verhindert und ihr die Ruhe des Herzens nimmt. Sie muß sich entscheiden zwischen Liebe und Haß. Sie will den Haß zu Hilfe rufen, er soll sie den Mächten der Liebe entziehen. Der Haß erscheint mit seinem Gefolge, sie beginnen mit einem Ritus, der die Macht Amors zerstören soll. Doch mitten in der Beschwörung unterbricht Armide den Haß. Denn die Liebe in ihr ist stärker, sie will nicht auf die Gefühle zu Renaud verzichten. Auch der Fluch des Hasses, Amor werde sie in einen entsetzlichen Abgrund stoßen, kann Armide nicht umstimmen.

4. AKT: Ubalde und der dänische Ritter sind in die Region Armides vorgedrungen, wo sie Renaud in ihrem Bann gefangenhält. Mit einem diamantenen Schild und einem Zepter ausgerüstet, wollen sie den Dämonen und Zaubergestalten Armides widerstehen. So gelingt es ihnen, zwei Dämonen zu bannen, die sich in Gestalt ihrer Geliebten Lucinde und Melisse genähert und versucht haben, die beiden Ritter zu verführen.

5. AKT: In Armides Zauberschloß bestürmt Renaud Armide, ihn nicht allein zu lassen. Aber Armide muß bei ihrer Zauberkunst allein sein. Doch auch sie trennt sich nur schwer von Renaud. Sie fürchtet, Renaud werde sich seiner Sehnsucht nach Ruhm erinnern, Vernunft und Pflichtgefühl könnten die Liebe zu ihr übersteigen. So ruft sie ihr Gefolge herbei, das Renaud in ihrer Abwesenheit unterhalten und zerstreuen soll. Doch bald ist Renaud die Gesellschaft lästig, ohne Armide vermag sie ihn nicht zu erfreuen, er schickt sie weg. So finden ihn Ubalde und der dänische Ritter allein. Sie halten ihm den Diamant-Schild vor Augen, und Renaud erkennt

die Täuschung, der er erlegen ist. Doch bevor sie aus dem Schloß fliehen können, überrascht sie Armide. Sofort sieht sie, was geschehen ist. Sie bestürmt Renaud zu bleiben. In heftigster Verzweiflung fleht sie ihn an, sie mitzunehmen, wenn nicht als Geliebte, so doch wenigstens als Gefangene. Doch Renaud ist nicht dazu bereit. Ruhm und Pflicht sind stärker als seine Liebe, zu der er auch jetzt noch steht. Armide bezweifelt seine Zuneigung, seine Haltung sei unmenschlich, sie werde sterben, wenn er sie verlasse. Außer sich vor Qual, fällt sie in Ohnmacht. Renaud und seine Gefährten bemitleiden sie zwar, doch lassen sie sich nicht aufhalten. Allein erwacht Armide, immer noch ist ihre Liebe stärker als der Haß. Im Wissen um die Aussichtslosigkeit ihrer Gefühle, in vollkommener Hilflosigkeit und Verzweiflung ruft sie ihre Dämonen und Geister, sie sollen ihr Schloß zerstören.

Kommentar

Mit *Armide* legte Gluck seine fünfte Oper in Paris vor und gleichzeitig die dritte, die nicht eine Umarbeitung einer bereits komponierten Oper war, wie beispielsweise der *Orpheus*. Und doch gab es bereits eine *Armide*, der sich Gluck auch ganz bewußt stellte: Einer der Heroen der französischen Musik, Lully, hatte *Armide* 1686 vertont, ein enormer Erfolg, der sich noch 1764 im Repertoire der Académie Royale de Musique befand. Das Textbuch stammte von Philippe Quinault und entsprach genau dem Geschmack des ausgehenden 17. Jahrhunderts. Es bot reichlich Gelegenheit für barocken Prunk, ausladende Ballettszenen, Zaubereffekte und hatte überdies schon von der Handlung her einen starken Zug zur Allegorisierung. Gerade deshalb überrascht zunächst die Entscheidung Glucks für diese Textvorlage, hatte er doch in Paris begonnen, die inneren Beweggründe der zu Arien- und Gesangskunstartisten herabgewürdigten Opernfiguren im Gegensatz zu den italienischen Komponisten ernst zu nehmen. Aber Gluck wußte, was er tat: Er bewies seinen Widersachern, daß es in erster Linie auf die Musik ankam, die der Komponist den Figuren auf den Leib geschrieben hatte, und nicht, wie ihm seine Gegner in Paris unterstellten, nur auf ein modernes respektive neu geschriebenes Libretto. Und wie konnte er dies eindringlicher und zwingender beweisen als mit einem Libretto, das in Paris bestens bekannt war, das eigentlich jeder Opernbesucher auswendig kennen mußte? Auf der anderen Seite wußte Gluck auch, daß er mit *Armide* die beste Basis für seine Bestrebungen zur Verfügung hatte. Der Konflikt zwischen den beiden Hauptfiguren und deren Fraktionen war so komplex ausdeutbar und gleichzeitig so überzeitlich gültig, daß er für Glucks neue musikalische Dramaturgie letztlich sogar prädestiniert scheint. Armide und Renaud stehen sich als Heidin und Christ gegenüber, als Frau und Mann, als Böse und Falsche und Guter und Wahrer. Darüber hinaus wird Liebe gegen Pflicht gestellt, ja Liebe als Gefühl zwischen Selbstaufgabe und Selbstverwirklichung ausdrücklich diskutiert. Und so wird vor allem auch durch Glucks Musikalisierung aus dem barocken Allegorie-Spiel auf einmal ein höchst spannendes psychologisches Drama, das zeigt, wie Menschen mit ihren Gefühlen umgehen können. Bezeichnenderweise hat Gluck, als Komponist der *Armide*, sich selbst als „Maler und Poet" bezeichnet, was zeigt, wie sehr er davon überzeugt war, mit dieser Oper etwas Neues, Kühnes geschaffen zu haben. „Es gibt eine Art von Feinheit in der *Armida*, die in der *Alceste* nicht ist: denn ich habe das Mittel gefunden, die Personen sprechen zu lassen in der Art, daß Sie sogleich nach ihrer Weise, sich auszudrücken, erkennen werden, ob es Armida sein wird, die spricht, oder eine andere." Gluck deutet es selbst an, es ist nicht so sehr der Gesangsstil, der charakteristisch ist, sondern die Musik allein: „. . . ob es Armida *sein wird*, die spricht. . ." Es ist das Orchester, das die Personen antizipiert. So entsteht ein Musik-Drama voller Spannung und höchster Intensität, bei dem es vollkommen gleichgültig ist, daß Gluck auch hier in reichem Maße auf bereits Komponiertes aus früheren Werken zurückgreift. *Armide* ist einmalig. Am ohrenfälligsten wird dies in der gewaltigen Schlußszene, die mit aller Konvention bricht, noch nie Gehörtes wagt. Nicht nur, daß die Zauberoper realistisch endet – ausdrücklich ohne lieto fine –, nämlich einen an der Liebe zerbrochenen und zerstörten Menschen zeigt, keine Zauberin mehr, sondern darüber hinaus ist auch die Musik, mit der dies geschieht, von atemberaubender Dramatik, die weit in die Zukunft weist, hin zu Mozarts Elektra und Cherubinis Medea. Gluck selbst wußte genau, was er geschaffen hatte: „Ich bekenne, daß ich gern meine Karriere mit dieser Oper beenden würde." Sie sei „vielleicht das beste aller meiner Werke".

Geschichte

Sicher war auch eine Spur Trotz bei der Wahl von Quinaults Libretto, denn zu dreist war Gluck von seinem Gegner provoziert worden: Er hatte von der Pariser Oper den Auftrag erhalten, einen *Roland* nach Ariost zu komponieren. Gluck brachte in Erfahrung, daß aber gleichzeitig sein Gegner im sogenannten „Pariser Opernstreit" – der, wie an dieser Geschichte ersichtlich, vor allem ein großes Intrigenspiel mit handfesten materiellen Interessen war –, nämlich Piccini, auch einen *Roland* schrieb und daß somit ein inoffizieller Opernwettbewerb ausgetragen werden sollte. Gluck vernichtete alle seine Skizzen – und komponierte *Armide*. Er übernahm dabei das Buch von Quinault unverändert, strich nur den Prolog und fügte an den Schluß des 3. Aktes jene vier Zeilen, in denen Armide, nachdem sie den Haß weggeschickt hat, Amor um Beistand für ihr liebendes Herz anruft. Es ist nicht verwunderlich, daß *Armide* auf die Nachwelt besonderen Eindruck machte, jedoch im besonderen zu Beginn des 19. Jahrhunderts, als die Diskussion um Vernunft und Gefühl noch aktuell war, die untergründige emotionale Intensität der ganzen Oper noch als Faszinosum begriffen wurde. Es sei nur auf E. T. A. Hoffmanns im wahrsten Sinn phantastische Erzählung *Ritter Gluck* aus dem Jahr 1809 verwiesen, in der *Armide* im Vordergrund aller Gluckschen Kompositionen steht. Gleich zweimal in der kurzen Geschichte erklingt Musik aus der Oper; und auf dem Höhepunkt, nachdem die Schlußszene der *Armide* erklungen ist, tritt Gluck (?) als Geist, als Phantasmagorie persönlich auf. Ein zweiter *Armide*-Bewunderer war Hector Berlioz, der 1843 in Berlin eine von Meyerbeer geleitete Aufführung sah: „Und Gluck schrieb dies; Gluck, der Komponist, der die Leiden des Menschen besang, der den Tartarus in Aufruhr brachte und die rauhen Küsten von Tauris und die Grausamkeit ihrer Bewohner beschwor – er fand Musik, um diese Vision (Renaud im Zaubergarten der Armide in der 2. Szene des 5. Akts, I. B.) eines idealen Gefühls, einer Liebe ohne Sorge festzuhalten. "   *Irmelin Bürgers*

Diskographische Empfehlung
1982 – London: Richard Hickox, The Richard Hickox Singers, The City of London Sinfonia. Felicity Palmer (Armide), Raimund Herincx (Hidraot), Adrian Thompson (Artémidore), Anthony Rolfe Johnson (Renaud). EMI, SLS 1077513

Iphigénie en Tauride (Iphigenie bei den Taurern)

Tragédie-opéra in vier Akten

Text: Nicolas François Guillard, nach der gleichnamigen Tragödie von Claude Guimond de La Touche (1757)
Uraufführung: 18. Mai 1779, Opéra, Palais Royal (Académie Royale de Musique), Paris
Personen: Iphigénie, Tochter Agamemnons und Klytämnestras, Oberpriesterin des Tempels der Diana auf Tauris (Sop); Thoas, König der Skythen (Baß); Oreste, Bruder der Iphigénie (Baß); Pylade, griechischer Prinz, Freund des Oreste (Ten); Zwei Priesterinnen (Sop, Mez); Diana (Sop); Ein Skythe (Baß); Ein Aufseher des Heiligtums (Baß)
Chor: Griechen; Priesterinnen; Eumeniden (Furien); Skythen; Wache des Thoas
Ballett: Skythen; Eumeniden (Furien); Der Schatten Klytämnestras
Ort und Zeit: Auf Tauris (vermutlich die Krim), fünf Jahre nach Beendigung des Trojanischen Krieges
Orchester: 2 Picc, 2 Fl, 2 Ob, 2 Kl, 2 Fg, 2 Hrn, 2 Trp, 3 Pos, Pkn, Trgl, Bck, Tr, Streicher, B.c.
Form: Durchkomponierte Szenen, in sich nummernartig gegliedert nach geschlossenen (nicht so bezeichneten) Formen, die durch Accompagnato-Rezitative miteinander verbunden sind
Aufführungsdauer: 2 ½ Stunden
Verlag: Bärenreiter, Kassel (Gluck-Gesamtausgabe)

Handlung

1. AKT: Während eines heftigen Gewittersturms flehen Iphigénie und die Priesterinnen des Tempels der Diana zu den Göttern um Besänftigung der Naturgewalten und um einen anderen, weniger unglücklichen Zufluchtsort ohne den Zwang zu Menschenopfern. Der Sturm läßt allmählich nach, tobt aber dafür im Innern Iphigénies weiter. Sie erzählt den Priesterinnen ihren nächtlichen Traum: Ihr Vater Agamemnon sei von seiner eigenen Frau Klytämnestra ermordet worden, und die Mutter habe ihr ein Schwert gereicht, mit dem sie unter einem verhängnisvollen Zwang hätte den Bruder Oreste töten müssen. Auf das Entsetzen der Priesterinnen antwortet Iphigénie mit dem an Diana (Artemis) gerichteten Todeswunsch, damit sie den Bruder im Reich der Schatten wiedersehen könne.

Thoas, der König der Skythen, tritt hinzu. Ein Orakel hat ihm bestimmt, daß jeder Fremde, der nicht geopfert werde, sein Leben bedrohe. Seine quälenden Vorahnungen werden zur Gewißheit, als ihm zwei gestrandete Griechen gemeldet werden. Thoas verlangt von Iphigénie, die zwischen der Pflicht ihres Priesteramtes und persönlichem Mitleid hin- und hergerissen ist, die unverzügliche Opferung der beiden Fremden. Nachdem sich Iphigénie mit den Priesterinnen entfernt hat, feiern die barbarischen Skythen mit Gesang und wilden Tänzen die bevorstehende Opferzeremonie. Die beiden gestrandeten Griechen, Oreste und sein Freund Pylade, werden in Ketten hereingeführt, verweigern aber jede Auskunft über sich und den Grund ihres Kommens. Thoas läßt sie abführen.

2. AKT: Im Opferraum des Tempels erwarten Oreste und Pylade ihr Schicksal. Oreste bezichtigt sich, nach dem Muttermord nun auch noch den Tod des Freundes verschuldet zu haben. Pylade ist jedoch froh, mit seinem Freund vereint sterben zu dürfen. Die Freunde werden aber von einem Aufseher des Heiligtums getrennt. Oreste bleibt allein zurück und wird in einer Traumvision von seinem Unterbewußtsein und von seinen Schuldgefühlen gequält: Die Eumeniden (Furien) und der Schatten Klytämnestras symbolisieren die Macht seiner Gewissensqualen. Beim Erwachen glaubt er in der soeben eintretenden Iphigénie die Mutter zu sehen, wird aber von der Schwester nicht erkannt. Sie erfährt von ihm die Geschichte der Ermordung Agamemnons durch Klytämnestra und deren Ermordung durch Oreste. Auch dieser sei tot, nur Elektra lebe noch in Mykene. Iphigénie sieht ihre Vorahnungen bestätigt und beweint mit ihren Priesterinnen die unglückliche Heimat und den Tod des Bruders.

3. AKT: Um wenigstens einen der beiden gestrandeten Fremden vor dem Opfertod zu retten, beschließt Iphigénie, Oreste, das heißt denjenigen der beiden Fremden, der sie an ihren Bruder erinnert, mit einer Botschaft an Elektra nach Mykene zu senden. Pylade ist glücklich darüber, daß er somit durch seinen Tod das Leben des Freundes retten darf. Der Muttermörder Oreste dagegen ist so stark von seinen Gewissensqualen bestimmt, daß er zugunsten seines Freundes auf sein Leben verzichten möchte. Nochmals versucht Pylade, ihn umzustimmen. Doch als Iphigénie beabsichtigt, Pylade zur Opferung zu führen, droht Oreste mit Selbstmord, wenn nicht er das Opfer sein könne. Iphigénie willigt ein und überträgt Pylade die Botschaft an Elektra. Allein zurückgeblieben, gelobt er, Oreste zu befreien.

4. AKT: Iphigénie schreckt im Innern des Tempels der Diana vor der Opferung des Oreste zurück und erfleht von Diana, sie möge ihr die

Menschlichkeit nehmen, damit sie das Ritual vollziehen könne. Oreste wird hereingeführt und für die Opferung hergerichtet. Er ist erschüttert, als er sieht, daß Iphigénie um ihn, den Fremden, weint. Als sie, mit letzter Kraft, das Messer gegen ihn erhebt, sagt er, so müsse auch seine Schwester Iphigénie in Aulis zu Tode gekommen sein. Diese Worte sind das Signal für die jähe Erkenntnis Iphigénies, daß sie gerade dabei ist, ihren Bruder Oreste zu opfern. Die Geschwister fallen sich in die Arme. Als die Ankunft des Thoas gemeldet wird, ist Iphigénie fest entschlossen, die Opferung ihres Bruders zu verweigern und ihn unter den Schutz des Heiligtums zu stellen. Thoas fordert unerbittlich die Vollstreckung des Opfers, ungeachtet des Einwands, daß das Opfer der Bruder Iphigénies ist. Aus Wut über die Verweigerung der Opferzeremonie versucht er selbst die Geschwister umzubringen, wird aber daran von Pylade und seinen Gefährten gehindert, die hereinstürmen und ihn erschlagen. Den daraufhin ausbrechenden Kampf zwischen Skythen und Griechen schlichtet Diana, die auf einer Wolke erscheint und Oreste von seiner Schuld erlöst. Sie schickt ihn mit Iphigénie nach Mykene, damit er dort den verwaisten Königsthron besteige.

Kommentar

Gluck war kein absichtlicher Opernreformator. Es war eher ein literarischer Zufall, der ihn dahin brachte. Er wollte das Drama mit Musik, echte Leidenschaften und einsehbare Konflikte, keine Arienkonzerte und kein Spektakel, kurz: er wollte eine innere Erneuerung der Oper durch die Glaubwürdigkeit ihrer Szenen, zuletzt sogar eine Rückführung der tragédie lyrique auf ihren wahren Kern. Einen der Höhepunkte dieser Bestrebungen Glucks, der sich selber nicht als Musiker, sondern als Dramatiker verstand, bildet die *Iphigénie en Tauride*, das Gegenstück zu Goethes Schauspiel, dessen Prosafassung im selben Jahr aufgeführt wurde. Bis weit ins 19. Jahrhundert hinein zog man Glucks *Iphigénie en Tauride* der Goetheschen sogar vor, in der das äußere Geschehen gegenüber dem Seelendrama ganz zurücktritt, gegenüber einer inneren Handlung indessen, die sich durch die Wahrheit der Sprache äußert. Ganz anders bei Gluck: Seine musikalische Tragödie ist ein rührendes Drama der menschlichen Leidenschaften, spiegelt äußeres Geschehen im Seelenleben – der anstelle der sonst üblichen Ouvertüre dargestellte Sturm der Götter ist zugleich das Toben im Innern Iphigénies – und mißtraut der Sprache als Ausdruck der Wahrheit: Als Oreste behauptet, seine Ruhe kehre zurück, straft ihn das Orchester Lügen und enthüllt, daß er den Muttermord verdrängt. Die unruhige Bratschenfigur ist der erste Versuch, die eigene Sprache der Musik bewußt gegen den Text des Librettos zu stellen, und zwar um der Aufrichtigkeit der Szene willen. Es regt sich das Gewissen des Oreste im Orchester. Den Zeitgenossen erschien das sehr gewagt, wie eine anekdotische Überlieferung zeigt. Als man den Komponisten auf den (scheinbaren) Widerspruch zwischen dem gesungenen Text („La calme rentre dans mon cœur") und dem Orchesterkommentar aufmerksam machen zu müssen glaubte, verteidigte er sich mit den heftigen Worten: „Oreste lügt. Er hält für Ruhe, was bloße Erschöpfung seiner Organe ist. Aber die Furien sind immer da: Er hat seine Mutter getötet." Und tatsächlich erscheinen ihm die Furien, unter ihnen die Mutter, in einer Vision des Unterbewußten, gleichsam ein früher Fall von auskomponierter Verdrängung. Das Orchester bohrt weiter: Zu düsteren Posaunenklängen (d-moll!) steigt das personifizierte Gewissen des Oreste herauf, auf der Bühne pantomimisch sichtbar gemacht durch die Eumeniden und den Schatten Klytämnestras – wieder ein Beispiel für die Umdeutung eines Elements der tragédie lyrique: des Balletts. Diesem inneren Höhepunkt der Oper entspricht, im 4. Akt, die entscheidende Erkennungsszene zwischen den Geschwistern, dramaturgisch geschickt plaziert inmitten der Opferszene, ein ergreifender Zug des Librettos, an dem Gluck wahrscheinlich hohen Anteil hatte. Goethes *Iphigenie* weicht aber auch in der Figur des Barbaren Thoas erheblich von der Oper Glucks ab, denn im Schauspiel macht er immerhin die Entwicklung zur Humanität durch, und Iphigenie ist bei Goethe so „verteufelt human" (Brief an Schiller), daß dagegen Glucks *Iphigénie* barbarisch wirkt, denn würde sie nicht den Fremden geopfert haben, wäre er nicht ihr Bruder gewesen? Hier zeigt sich deutlich, daß die Menschen auf der Bühne Glucks, im Gegensatz zum Weimarer Klassizismus Goethes, noch der alten Affektästhetik verhaftet sind; Thoas wird bei Goethe durch Einsicht geläutert, in Glucks Oper dagegen einfach hingemetzelt. Glucks *Iphigénie* trägt die Last ihrer Vergangenheit und die Trauer um ihr Los (Arie „O malheureuse Iphigénie"), während sie in Goethes Schauspiel das Ziel der Freiheit vor Augen hat. Den Fluch, der auf dem Muttermörder Oreste lastet, löst die Göttin Diana in der Oper, bei Goethe Iphigenie selbst, ja, Goethes Orest erhält das Selbstbewußtsein wieder durch Katharsis, während er bei Gluck von der Göttin aufgrund seiner Reue gerettet wird. Hier zeigen sich deutlich die Welten, in die sich Schauspiel und Oper scheiden: Das Moment der Freiheit vertritt in *Iphigénie en Tauride* einzig die Musik Glucks. Als Friedrich Schiller im Jahr 1800 im Auftrag Goethes eine Einstudierung der Gluckschen Oper über-

wachte, fühlte er sich von der noblen Einfachheit dieser Musik zutiefst
gerührt. Am 29. Dezember 1797 hatte er bereits an Goethe geschrieben:
„Die Oper" – als Gattung des Theaters verstanden – „stimmt durch die
Macht der Musik und durch eine freiere harmonische Reizung der Sinnlichkeit das Gemüt zu einer schönern Empfängnis, hier ist wirklich auch im
Pathos selbst ein freieres Spiel, weil die Musik es begleitet." Die „humanité" der *Iphigénie en Tauride* Glucks hat ihren Ort nicht im Libretto.

Geschichte

Anfang 1775 unterzeichnete Gluck in Paris einen Vertrag mit der
Académie Royale de Musique über die Komposition von drei weiteren
„Reformopern", nachdem *Iphigénie en Aulide* einen so großartigen Erfolg
errungen hatte (1774). Geplant waren als Stoffe *Electre*, *Alceste* und *Iphigénie en Tauride*, doch wurden nur die beiden letzteren ausgeführt (*Alceste* war
sogar nur eine französische Bearbeitung der bereits 1767 entstandenen
tragedia messa in musica). Bereits 1765 war Gluck mit dem Stoff der
taurischen Iphigenie des Euripides in Berührung gekommen, als er für das
Laxenburger Schloß die – verschollene – Musik zu dem gleichnamigen
Ballett von Gasparo Angiolini komponierte, und zwei Jahre früher konnte er
in Schloß Schönbrunn die Uraufführung des *dramma per musica Ifigenia in
Tauride* von Tommaso Traëtta erleben, das einige Spuren in *Iphigénie en
Tauride* hinterlassen hat (Gluck selbst hatte Traëttas Oper 1768 in Florenz
dirigiert). So war Gluck sehr beeindruckt von der Soloszene des Orest, der
von den Rachegöttinnen gequält wird, und griff den Einfall des Librettisten
Marco Coltellini (Schüler Ranieri de' Calzabigis, des Gluck-Mitarbeiters an
den italienischen Reformopern der 70ger Jahre) dankbar auf, daß der
erwachende Orest in der eintretenden Iphigenie seine Mutter sieht. Ob
Gluck später auch Teile seines Handlungsballetts von 1765 wiederverwendet hat, ist nicht mehr feststellbar; Tatsache ist jedenfalls, daß die Partitur
der *Iphigénie en Tauride* von 1779 zahlreiche Selbstentlehnungen enthält,
so daß Julian Rushton mit Recht von dem „brillantesten ‚Pasticcio', das je
komponiert worden ist" sprechen konnte (1972). Das Libretto von dem
jungen Nicolas François Guillard, unter der Mitarbeit von Gluck (Zusammenziehung der ursprünglich fünf auf vier Akte) und wohl auch der von
François Gand-Leblanc du Roullet (dem Librettisten der *Iphigénie en Aulide*) entstanden, orientiert sich nur mittelbar an der Tragödie des Euripides, dafür unmittelbar an dem (fünfaktigen) Drama von Claude Guimond
de La Touche (1757).

Die Vorgeschichte der Komposition Glucks enthält eine unschöne Intrige gegen den Kollegen François-Joseph Gossec: Gluck war zunächst mit dem Libretto Guillards nicht zufrieden, und du Roullet bot es Gossec zur Komposition an, der sich an die Arbeit machte, ohne zu wissen, daß Gluck inzwischen doch das Libretto angenommen hatte. Als Gluck im November 1778 in Paris mit der fertigen Partitur eintraf, wartete eine andere Intrige auf ihn: Anne Pierre Jacques de Vismes, der neue Operndirektor, plante einen Wettstreit zwischen Gluck und seinem Favoriten Nicola Piccini, dessen Oper *Iphigénie en Tauride* (Libretto von Alphonse Du Congé Dubreuil, ebenfalls nach Guimond de La Touches Schauspiel) ins Feld geführt werden sollte. Doch es gelang Gluck, den Konkurrenten auszustechen, dessen Oper dann zwei Jahre später zur Uraufführung gelangte und im übrigen gegen die Vertonung Glucks nicht aufkam. Der Erfolg der Gluckschen Uraufführung war außerordentlich; einzig der Schluß (das Eingreifen der Diana) stieß auf Kritik. Am 23. Oktober 1781 fand die erste Wiener Aufführung statt, für die Johann Baptist von Alxinger in Zusammenarbeit mit dem Komponisten eine deutsche Bearbeitung geschaffen hatte. Bei den Proben war übrigens Mozart als interessierter Kollege anwesend. Bis weit ins 19. Jahrhundert hinein galt Glucks *Iphigénie en Tauride* als das Schlüsselwerk des großen Opernreformators schlechthin und wurde noch über Goethes *Iphigenie* gestellt. In unseren Tagen sind Aufführungen eher selten geworden, da wir inzwischen dem Gluckschen Klassizismus skeptisch gegenüberstehen.   *Dietmar Holland*

Diskographische Empfehlung

1952 – Paris: Carlo Maria Giulini, Ensemble Vocal Paris, Orchestre de la Société des Concerts du Conservatoire Paris. Patricia Neway (Iphigénie), Léopold Simoneau (Pylade), Pierre Mollet (Oreste), Robert Massard (Thoas). EMI, 1 C 137-1731713

1985 – Lyon: John Eliot Gardiner, The Monteverdi Choir, Orchestre de l'Opéra de Lyon. Diana Montague (Iphigénie), John Aler (Pylade), Thomas Allen (Oreste), René Massis (Thoas). Philips 416 148-2 (DDD)

JOSEPH HAYDN

geb. 31. März 1732 in Rohrau
gest. 31. Mai 1809 in Wien (Gumpendorf)

Es ist unbestreitbar, daß Joseph Haydn die Grundlagen dafür geschaffen hat, was wir heute als Wiener klassischen Satz bezeichnen. Aber in einer musikalischen Gattung gelang es ihm nicht, das zu verwirklichen, was er in der Instrumentalmusik erreichte: eine Sprache, die man „durch die ganze Welt" versteht. Als man ihn ersuchte, für Prag eine Oper zu komponieren, antwortete Haydn im Dezember 1787: „Um sie auf dem Theater zu Prag aufzuführen, kann ich Ihnen diesfalls nicht dienen, weil alle meine Opern zu viel an unser Personale (zu Esterháza in Ungarn) gebunden sind und außerdem nie die Wirkung hervorbringen würden, die ich nach der Lokalität berechnet habe. Ganz was anders wär es, wenn ich das unschätzbare Glück hätte, ein ganz neues Buch für das dasige Theater zu komponieren. Aber auch da hätte ich noch viel zu wagen, indem der große Mozart schwerlich jemanden andern zur Seite haben kann." Haydns Skepsis war begründet, denn tatsächlich hat er seine dreizehn überlieferten Opern, mit einer spektakulären Ausnahme, für die Verhältnisse in Esterháza geschrieben, also nicht für das Welttheater in Wien oder Prag. Viel schwerer wiegt jedoch sein Hinweis darauf, daß er sich in diesem Fach als Mozart nicht ebenbürtig empfand. Wußte demnach Haydn, daß seine eigenen musikalischen Fähigkeiten, im Gegensatz zu dem geborenen Opernkomponisten Mozart, im Bereich der vergleichsweise „abstrakten" Sprache der Instrumentalmusik lagen, letztlich eine eher „epische" als dramatische Haltung bevorzugten? Die merkwürdige Vertonungsweise der ihm überantworteten Opernlibretti scheint das zu bestätigen, denn immer wieder stößt man auf eine mehr oratorische Wortvertonung, die, jenseits dramaturgischer Erwägungen, Einzelheiten des Textes verselbständigt und gewissermaßen in Großaufnahme rückt. Und als Kapellmeister in Diensten der Fürsten Eszterházy war Haydn gezwungen, nicht nur Opern eigener Komposition einzustudieren und aufzuführen, sondern zahlreiche fremde Opern. In seinem letzten Dienstjahr 1790 schrieb er in einem Brief an die befreundete Marianne von Genzinger, er wisse nicht, ob er Kapellmeister oder Kapelldiener sei. Das heißt doch wohl auch, daß er die Weltabgeschiedenheit auf Schloß Esterháza nicht nur als (wohltuenden) Zwang zur Originalität empfand, sondern auch als Einengung. Seine letzte Oper komponierte er für London (1791); es scheint, als greife er hier weiter aus als in den Opern für den fürstlichen Dienst. Wieder einmal ist es der Orpheus-Stoff, der einen neuen Weg weist: In *L'anima del filosofo ossìa Orfeo ed Euridice* erzählt Haydn ausdrücklich den Mythos bis zum tragischen Ende, stellt sich immerhin gegen die Tradition des sowohl von Monteverdi als auch Gluck respektierten lieto fine. Die Oper kam jedoch nicht zur Aufführung (das geschah erst am 9. Juni 1951 in Florenz). Betrachtet man Haydns Opernschaffen, dann wird die erstaunliche Vielfalt der Gattungen augenfällig: Dreimal bewegt er sich im Feld der opera buffa (*Lo speziale*, 1768; *L'infedeltà delusa*, 1773, und – nur zum Teil erhalten – *La canterina*, 1766), viermal im Bereich der opera seria (*L'isola disabitata*, 1779, Libretto von Pietro Metastasio; *Armida*, 1784; *L'anima del filosofo*, 1791, und – nur fragmentarisch erhalten – *Acide*, 1763) und, als zentrale Gattung, sechsmal in der opera semiseria, sei es als dramma giocoso (*Le pescatrici*, 1770, nach Goldoni; *L'incontro improvviso*, 1775; *Il mondo della luna*, 1777, nach Goldoni; *La vera costanza*, 1779), als dramma pastorale giocoso (*La fedeltà premiata*, 1781) oder als dramma eroico-comico (*Orlando paladino*, 1782, nach Ariostos *Orlando furioso*). Hinter dieser Vielfalt verbirgt sich, neben vielen musikalischen Schönheiten und Errungenschaften (z. B. die eigenständige Orchestersprache), wie ein roter Faden der häufige Mangel an dramaturgischer Konsistenz der Libretti und Haydns seltsames Desinteresse an der musikalischen Ausdeutung der szenischen Situationen, der „Beleuchtung des hintergründigen Kräftespiels" (Georg Feder), mit der erst eine dramatische Wirkung entsteht. Die Wiederbelebung des Opernkomponisten Haydn ist deshalb heute in erster Linie Sache der Schallplatte.   *Dietmar Holland*

L'infedeltà delusa (Die vereitelte Untreue)
Burletta per musica in zwei Akten

<u>Text:</u> Marco Coltellini, in einer anonymen Bearbeitung (Karl Friberth?)

<u>Uraufführung:</u> 26. Juli 1773, Schloß Eszterháza

<u>Personen:</u> Vespina, ein geistreiches junges Mädchen, Nannis Schwester und Nencios Geliebte (Sop); Sandrina, ein einfaches Mädchen, Nannis Geliebte (Sop); Filippo, ein alter Bauer, Vater der Sandrina (Ten); Nencio, ein reicher Bauer (Ten); Nanni, Bauer und Liebhaber der Sandrina (Baß)

<u>Ort:</u> In der Nähe von Florenz

<u>Orchester:</u> 2 Ob, 2 Fg, 2 Hrn, Pkn, Streicher, B. c.

<u>Form:</u> 15 Musiknummern und Secco-Rezitative

<u>Aufführungsdauer:</u> 2 ¼ Stunden

<u>Verlag:</u> Universal-Edition, Wien (Hg. H. C. Robbins Landon)

<u>Handlung</u>

1. AKT: Der alte Bauer Filippo verspricht dem jungen, reichen Bauern Nencio seine Tochter Sandrina, obwohl sie seit einiger Zeit den, freilich armen, Bauern Nanni liebt, dessen Schwester Vespina ihrerseits in Nencio verliebt ist. Filippo verlangt kategorisch von Sandrina, daß sie ihrem Nanni einen Korb geben solle um der besseren Partie willen. Verzweifelt gesteht sie Nanni den Zwang, unter dem sie steht. Nanni schwört Filippo und Nencio Rache; lieber wolle er selber sterben, als seine Sandrina zu verlieren. Er erzählt seiner Schwester Vespina von Filippos Vorhaben und reizt damit ihre Eifersucht gegen Nencio. Gemeinsam wollen sie nun Rache nehmen.

Vor Filippos Haus bringt Nencio ein Ständchen für Sandrina dar; er wird dabei heimlich von Vespina und Nanni beobachtet. Als Sandrina sich beharrlich weigert, nachzugeben, erklärt ihr Nencio deutlich, er werde sie notfalls auch mit Gewalt nehmen. Das ist zuviel für Vespina: Sie stürzt aus ihrem Versteck hervor und versetzt ihm eine schallende Ohrfeige. Auch Nanni tritt hinzu und droht ihm. Nur mit Mühe gelingt es Filippo, den Streit vorläufig zu schlichten.

2. AKT: Vespina plant am folgenden Tag, in verschiedenen Verkleidungen aufzutreten und dadurch die Fäden in die Hand zu nehmen: Durch unwahre Behauptungen sollen Filippo und Nencio unabhängig voneinan-

der getäuscht werden, damit die Heirat zwischen Sandrina und Nencio verhindert werden kann. Vespina weiht Nanni in ihre Pläne ein. Zunächst tritt sie als alte, humpelnde Frau auf und erzählt Filippo, Nencio sei ein Verführer, der ihre Tochter geheiratet und dann verlassen habe; sie sei nun auf der Suche nach ihm. Filippo läßt sich täuschen und verweigert dem verblüfften Nencio die Heirat mit Sandrina.

Als radebrechender deutscher Diener eines gewissen Marquis de Ripefratta lügt Vespina dem ahnungslosen Nencio vor, ihr Herr werde noch heute die Tochter des Bauern Filippo heiraten. Nun tobt auch Nencio und will gerade von Filippo Aufklärung darüber fordern, als ihn die nunmehr als Marquis de Ripefratta verkleidete Vespina aufhält und ihm erklärt, in Wirklichkeit sei Sandrina einem der Diener des Marquis zugesprochen. Beim Aufsetzen des Ehevertrages werde es dieser Diener sein, der – in Vertretung des Marquis – den Trauzeugen spiele und dessen Name im Vertrag stehen werde. Nencio frohlockt über den Streich, der Filippo damit gespielt wird, und ist auch bereit, als zweiter Trauzeuge aufzutreten.

Tatsächlich ist Filippo auf den vermeintlichen Marquis hereingefallen: Er malt seiner Tochter in prahlerischen Worten ihr künftiges Leben als Marquise aus. Doch Sandrina will weiterhin nur ihren einfachen Nanni und keinen Prunk oder Reichtum haben. Vespina tritt, in ihrer letzten Verkleidung, als Notar mit den beiden Trauzeugen auf: mit Nencio und dem als Domestik des Marquis de Ripefratta verkleideten Nanni. Das Ausbleiben des Marquis wird entschuldigt mit dringenden Hochzeitsvorbereitungen. Der Heiratskontrakt wird, wie von Vespina geplant, aufgesetzt und von allen unterschrieben. Als die Reihe an den immer noch abwesenden Marquis kommt, geben sich Vespina und Nanni zu erkennen. Filippo muß einsehen, daß er in doppelter Weise getäuscht wurde: Der als Diener des Marquis verkleidete Nanni ist durch den Vertrag Sandrinas Mann, und Nencio ist mit Vespina verheiratet.

Kommentar

Der Haydn-Forscher H. C. Robbins Landon nennt diese erste vollständig im Autograph überlieferte Oper Haydns seine vielleicht schönste, weil sie – im Gegensatz zu seinen anderen Opern – eine dramatische Dichte und Folgerichtigkeit enthalte, die sie auch heute noch durchaus bühnentauglich erscheinen lasse. Der unkomplizierte, durch keine Nebenhandlung unterbrochene Ablauf und die knapp gefaßte Verkleidungsdramaturgie des 2. Aktes, ferner die außerordentlich hohe musikalische Originalität und das auf fünf Akteure reduzierte Personarium garantieren ein delikates und zugleich subtiles Kammerspiel, in dem sich zwei junge Paare und ein alter Bauer gegenüberstehen. Das teilweise im toskanischen Dialekt gehaltene ausgezeichnete Libretto bot Haydn genügend Spielraum, seine speziellen musikalischen Ideen, die eher episch als dramatisch ausgerichtet waren, wirkungsvoll einzusetzen. Dazu gehört in erster Linie sein Hang zum unverwechselbaren musikalischen Tonfall des dritten Standes, spielt doch die Handlung ganz im Bauernmilieu, mit zahlreichen kritischen Nebentönen gegenüber der Korruptheit des Adels. So erscheinen die adligen Umgangsformen als Kontrastfolie zur bäuerlichen Spielweise: Die als Marquis de Ripefratta verkleidete Vespina verhält sich genauso, wie es der dritte Stand gewohnt war, und in seiner ebenso merkwürdigen wie ängstlichen Serenade gibt Nencio deutlich genug zu erkennen, was von den Frauen des höheren Standes zu erwarten ist: nur Lüge und Verstellung. Die Haltung gegenüber der Aristokratie ist in dieser Oper unmißverständlich, und Haydn läßt keinen Augenblick einen Zweifel daran aufkommen, daß er mit seiner Musik auf der Seite der contadini steht. Immerhin war das im Jahre 1773 auf der Opernbühne noch nicht so selbstverständlich wie über ein Jahrzehnt später in Mozarts *Le nozze di Figaro*; den Adel anzugreifen, war ein aufklärerischer Zug des Librettos (der Librettist Coltellini gehörte immerhin in den Umkreis der Opernreform Glucks). Das treibende Moment der Handlung ist freilich der Unterschied zwischen armen und reichen Bauern, schließlich zwischen Stadt und Land: Sandrina ist auch mit Brot und Zwiebeln zufrieden, wenn sie nur ihren (armen) Nanni bekommt. Dessen Schwester Vespina (d. h. kleine Wespe) ist eine jener schlauen Drahtzieherinnen, an denen die Geschichte der antifeudalen opera buffa so reich ist. Tatsächlich ist *L'infedeltà delusa* eine echte opera buffa, ohne die sogenannten „mezzo carattere", Personen also, die sich gleichsam aus der opera seria ins Gefüge der Komödie mit ernsteren Zügen einmischen. Spuren davon enthält allerdings Haydns Musik: Schon die eigens für Haydn geschaffene Introduktion (der Text, der bei Coltellini fehlt, stammt wahrscheinlich von Karl Friberth, dem ersten Darsteller des alten Bauern Filippo) läßt aufhorchen mit ihrer seraphischen Abendstimmung und ihrem allmählichen Einstieg in den Buffo-Tonfall, und zwar erst in dem Moment, als sich die Personen zum Einzelgesang voneinander lösen und in neuer Konfiguration wieder zusammentreten (wie es ja auch in der nachfolgenden Handlung geschieht). Der musikalisch „gemischte" Charakter setzt sich fort in Sandrinas Arie „Che imbroglio" (hier also das zentrale Stichwort für die Verwirrung der Handlungsfäden) und dann vor allem in jener seltsamen Serenade des Nencio, wo die Dissonanz auf das Wort „guai" (Schmerz) auch heute noch befremden dürfte. Und was Nencio von der Lüge und der Verstellung der höheren Damen zu berichten hat, weiß Haydns Musik in abgründigen, entlegenen Modulationen hervorzuheben. Immer wieder stößt man in dieser Oper auf den für Haydn so typischen Sachverhalt, daß – ungeachtet der szenischen Situation – einzelne Worte eine verblüffende Tiefenschärfe erhalten, wie überhaupt Haydns Opernmusik gerne ins Entlegene ausweicht. Jedenfalls geht sie in der burletta per musica mit ihrer so nachdrücklichen Wortvertonung weit über die abgesteckten Gattungsgrenzen hinaus, nicht nur in der f-moll-Arie des Nanni („Non v'e rimedio") mit ihrem verschärften Menuett-Tonfall, der bereits an Figaros Cavatine denken läßt, sondern vor allem in der überaus höhnischen Rache-Arie des schadenfrohen Nencio „Oh che gusto" (Nr. 12) mit ihren erstaunlichen Vorgriffen auf Mozarts *Così fan tutte*-Quartett gleich zu Beginn oder in der ersten Verkleidungs-Arie der Vespina, in der das „musikalische Humpeln" sich schier zur Charakterstudie verselbständigt. Haydns Fähigkeit zu selbstbewußter architektonischer Gestaltung erweist sich schließlich in den Eckstücken der Oper, jener gestaffelten Introduktion (vom Quartett über zwei Arien und einem Duett der Geschwister bis hin zum Quintett aller Beteiligten) und der dreistufigen Anlage des zweiten Finales (vom Komischen über den dramatischen Augenblick der Enthüllung bis zum Feierlichen, das sogar von einer Paukenfanfare eingeleitet wird) als eigenständigem musikdramaturgischen Zugriff, der die allerorten vorherrschende musikalische Innenspannung dieser Partitur wirkungsvoll ergänzt. Bedenkt man, daß Haydns Opernschaffen nicht als Beitrag zum musikalischen Welttheater gemeint war, dann ist seine erste wirklich ernst zu nehmende Opernarbeit erstaunlich.

Geschichte
Der Stoff ist eine Erfindung des Librettisten Marco Coltellini, der zum Umkreis der Opernreform Glucks gehörte. Er schrieb auch die Libretti für Traëttas *Ifigenia in Tauride* und Mozarts *La finta semplice* (1768). In *L'infedeltà delusa* spricht Coltellini die Sprache seiner toskanischen Heimat – er wurde 1719 in der Nähe von Florenz geboren –, und der antifeudalistische Impuls der Handlung mit der Sympathie für die contadini weist den Verfasser als fortschrittlichen Aufklärer aus. Daß das Libretto von Coltellini stammt, war lange Zeit nicht bekannt; erst dem Haydn-Forscher H. C.

Robbins Landon gelang der Nachweis anläßlich der Neuausgabe der Oper im Jahre 1960. Haydn komponierte freilich das Libretto in einer umgearbeiteten Form. Vermutlich stammen die Änderungen von dem dramaturgisch versierten Karl Friberth, dem Sänger des Filippo bei der Uraufführung. Beide von ihm hinzugefügten Stücke – die gemütvolle Introduktion und Sandrinas letzte Arie – besitzen strenggenommen keine dramaturgische Funktion, boten aber Haydns speziellem musikalischem Bedürfnis breiten Raum zur Entfaltung. Die Komposition entstand im Frühjahr 1773, nachdem Haydn seinen Plan fallengelassen hatte, die frühe opera seria *Acide* umzuarbeiten. Nach der Uraufführung in Schloß Eszterháza am 26. Juli 1773 ist, neben einer Festaufführung aus Anlaß des Besuches von Maria Theresia Anfang September desselben Jahres, nur noch eine Aufführung im darauffolgenden Jahr belegt, dann verschwindet die Oper im Nebel der Geschichte. Erst in unserem Jahrhundert wurden Versuche zur Wiederbelebung unternommen, zunächst in einer stark bearbeiteten Fassung von Hermann Goja und Gottfried Kassowitz (einem Schüler Alban Bergs), aufgeführt 1930 in Wien, dann ab 1952 vor allem in Budapest (1959 sogar in der Staatsoper), später, nach der ersten Neuausgabe von H. C. Robbins Landon, auch in Drottningholm in Schweden und beim Holland-Festival (1963). Bislang sind zwei Schallplattenaufnahmen erschienen.

Dietmar Holland

Diskographische Empfehlung

1980 – Epalinges (Schweiz): Antal Dorati, Orchestre du Chambre de Lausanne. Edith Mathis (Vespina), Barbara Hendricks (Sandrina), Claes Hakan Ahnsjö (Nencio), Aldo Baldin (Filippo), Michael Devlin (Nanni). Philips 6769 061

Il mondo della luna (Die Welt auf dem Monde)
Dramma giocoso in drei Akten

Text: Ein unbekannter Bearbeiter, nach dem Libretto von Carlo Goldoni zu dem dramma giocoso von Baldassare Galuppi (Venedig 1750) unter Heranziehung der Textfassung für die gleichnamige Oper von Gennaro Astaritta (Venedig 1775)
Uraufführung: 3. August 1777, Schloß Eszterháza

<u>Personen:</u> Ecclitico, vorgeblicher Astrologe (Ten); Ernesto, ein Kavalier (Bar); Buonafede (Baß); Clarice und Flaminia, dessen Töchter (Sop); Lisetta, Kammerzofe des Buonafede (Mez); Cecco, Diener des Ernesto (Ten)
<u>Chor:</u> Scholaren des Ecclitico; Kavaliere; Pagen; Diener; Tänzer; Soldaten in der vermeintlichen „Welt auf dem Monde"
<u>Ort:</u> Im Haus und Garten des Ecclitico und in einem Zimmer des Buonafede
<u>Orchester:</u> 2 Fl, 2 Ob, 2 Fg, 2 Hrn, 2 Trp, Pkn, Streicher, B. c.
<u>Auf der Bühne:</u> 2 Fg, 2 Hrn
<u>Form:</u> 29 Musiknummern und Secco-Rezitative
<u>Aufführungsdauer:</u> 2 ¾ Stunden
<u>Verlag:</u> Bärenreiter, Kassel (Ausgabe von H. C. Robbins Landon)

<u>Handlung</u>

1. AKT: Als angeblicher Astrologe hat es der schlaue Ecclitico nur darauf abgesehen, sich auf Kosten der menschlichen Borniertheit und Gutgläubigkeit Vorteile zu verschaffen. Dabei geht es ihm weniger um materiellen Reichtum als um die Hand einer der Töchter des reichen, aber einfältigen und herrschsüchtigen Buonafede. Zu diesem Zweck hat er eine Maschine konstruiert, die dem arglosen Betrachter beim Blick durchs Fernrohr die Welt auf dem Monde vorgaukelt, während es in Wirklichkeit nur eine vor der Linse des Fernrohrs angebrachte, von innen beleuchtete Maschine ist, in der sich mehrere Figuren bewegen. Dem neugierigen Buonafede gewährt Ecclitico einen Blick durchs Fernrohr und gewinnt ihn so als bereitwilliges Opfer: Buonafede ist begeistert von den Beobachtungen der Welt auf dem Monde, wo sich genau das abspielt, was auf der Erde so schwer zu erreichen ist und doch ganz seinen heimlichen Wünschen entspricht. Die Begierde des neuen Anhängers seiner Kunst will nun Ecclitico nutzen und plant, gemeinsam mit seinem Freund Ernesto und dessen Diener Cecco, dem einfältigen Alten beide Töchter und die Kammerzofe abspenstig zu machen und dabei auch auf die stattliche Mitgift nicht zu verzichten. Da Ernesto in Flaminia und Cecco in die Zofe Lisetta verliebt ist, steht der Aussicht Eccliticos auf Clarice nichts im Wege.
Im Hause Buonafedes schmieden indessen die beiden Töchter Heiratspläne; Beweggrund ist in erster Linie keineswegs Liebe, sondern der Wunsch, sich den Zwängen des Vaters zu entziehen. Seiner Zofe Lisetta erzählt Buonafede von seinem Erlebnis und verspricht ihr, sie auch durch

Eccliticos Fernrohr schauen zu lassen, wenn sie ihm ihre Gunst gewähre. In seiner Einfältigkeit merkt er nicht, daß Lisetta es nur auf sein Geld abgesehen hat. Gerade als Buonafede das angeblich so treuherzige Verhalten seiner Zofe lobt, tritt Ecclitico mit der Nachricht ein, der Kaiser des Mondes habe ihn unerwartet eingeladen, die Mondbürgerschaft anzunehmen. Buonafede ist sofort bereit, den Astrologen auf dieser Reise zu begleiten. Nach einiger Geheimniskrämerei wegen des zu diesem Flug notwendigen Zaubertranks schläfert Ecclitico den von der Aussicht auf das Betreten des Mondes bereits berauschten Buonafede mit dem Elixier, das angeblich zum Flug befähigt, ein. Während Clarice und Lisetta, die ihn nichtsahnend ohnmächtig glauben, Riechsalz zu seiner Rettung besorgen, läßt Ecclitico ihn in den Garten seines Hauses schaffen, wo inzwischen eine phantastische Mondlandschaft aufgebaut worden ist.

2. AKT: Ecclitico inszeniert nun das bizarre Spiel der „Welt auf dem Monde"; er hat Buonafedes Töchter in den Betrug eingeweiht, nicht jedoch die Kammerzofe. Mit einem Riechsalz weckt er Buonafede auf, der sofort von den Schönheiten der Mondwelt begeistert ist. Er merkt nicht, daß hinter dem Zeremonienmeister des Mondkaisers der Astrologe Ecclitico steckt und hinter dem Triumphzug des Mondkaisers mit seinem Gefolge Eccliticocos Freund Ernesto (als Abendstern Hesperos) und dessen Diener Cecco (als Mondkaiser), obwohl er darüber aufgeklärt wird, daß er einer Art Spiegelbild der ihm bekannten irdischen Konstellationen gegenübersteht. Ecclitico kündigt sogar das Erscheinen der Töchter und der Kammerzofe Buonafedes an. Doch muß Buonafede den Mondkaiser erst um diese Gnade bitten, die ihm freilich nur unter der Bedingung gewährt wird, daß Lisetta dem Kaiser zur Verfügung stehe. Mit verbundenen Augen wird die Ahnungslose zu dem ihr albern vorkommenden Mummenschanz geführt und glaubt nicht daran, daß sie im Schlaf zum Monde gelangt sei, als man ihr die Binde abgenommen hat. Sie spielt aber sogleich geistesgegenwärtig das inszenierte Spiel mit, als sie in dem angeblichen Mondkaiser ihren geliebten Cecco erkennt, der sie großmütig zur Mondkaiserin erhebt, als Buonafede seine Rechte auf sie geltend macht. Eine Flugmaschine bringt Flaminia und Clarice herbei; sie werden unverzüglich vom Mondkaiser mit „Hesperos" und dem „Zeremonienmeister" vermählt. Eccliticos Plan geht auf. Dem immer noch arglosen Buonafede wird geschickt der Schlüssel zu seinem Geldschrank, der erforderlichen Mitgift wegen, abgeluchst und somit die Komödie für beendet erklärt. Die Erkenntnis, daß er einem Schwindel zum Opfer gefallen ist, kommt für ihn zu spät.

3. AKT: Buonafede wird im Hause Eccliticos festgehalten, um ihn zur Nachgiebigkeit zu zwingen. Die Mitgift ist der Preis für seine Freisetzung. Zögernd verlangt Buonafede den Schlüssel zum Geldschrank zurück und begreift, daß er sich durch seine Borniertheit und Leichtgläubigkeit selbst ins Abseits gebracht hat, bis er schließlich gute Miene zum bösen Spiel macht und in die drei Eheschließungen einwilligt. Er hat das Lehrstück verstanden und eingesehen, daß er ein zu strenger Vater war.

Kommentar

Die komisch-ernsten Mischformen machen gut die Hälfte des Haydnschen Opernschaffens aus. In der, vom Libretto her gesehen, reinen opera buffa *Il mondo della luna* ereignet sich der Mischcharakter freilich allein in der Musik, und das zeigt bereits Haydns spezielles Interesse daran. Die Farce über die menschliche Borniertheit, die Goldonis Text vorgesehen hat, unterläuft Haydn nicht erst in dem Umschlagen von der Verstellung zur reinen Wahrheit des Gefühls, wie es sich im Duett des 3. Aktes ereignet (Ecclitico und Clarice), sondern sie macht sich auch immer wieder im Verlauf der Oper geltend: Ein Blick auf die Rollentypologie und ihre dazugehörigen Arienformen zeigt deutlich Haydns Bestreben, die Verstellungs- und Verkleidungskomödie und ihren satirischen Unterton mit seiner Musik zu durchkreuzen, indem er den parti buffe, also dem geprellten Buonafede und den beiden Dienerfiguren (Lisetta und Cecco), die beiden erst, dann aber ausdrücklich, im Duett des 3. Aktes profilierteren mezzo carattere der Clarice und des Drahtziehers Ecclitico gegenüberstellt. Musikalisch gesehen gibt es dann sogar noch zwei parti serie, die andere Tochter des Buonafede und Eccliticos Freund Ernesto, dessen Partie bei der Uraufführung, in guter Tradition der opera seria, mit einem Alt-Kastraten besetzt war und heute üblicherweise von einem Bariton gesungen wird. Besonders die große Auftrittsarie der Flaminia „Ragion nell'alma" würde ausgezeichnet in eine opera seria passen, und sie bezieht sich deutlich auf die, ebenfalls in der rationalen „weißen" Tonart C-dur stehende Ouvertüre, die Haydn, wegen ihres symphonischen Charakters, in der Symphonie Nr. 63 als Kopfsatz verwendet hat. Die Arie steht überdies in Beziehung zu dem C-dur-Marsch, der den pompösen Auftritt des „Mondkaisers" begleitet. In Umkehrung der irdischen Verhältnisse sind es die Dienerfiguren, die das Kaiserpaar auf dem Mond abgeben, und der schlitzohrige Ecclitico ist ein direkter Vorfahr des Don Alfonso aus Mozarts *Così fan tutte*, denn beide ziehen die Fäden der Handlung, indem sie sich als „Gelehrte" eines naturwissenschaftlich

orientierten Zeitalters über die Gutgläubigkeit lustig machen und die Gefühle zu lenken verstehen. Beide tragen schließlich auch den Sieg davon.
Ein besonderer Einfall des Librettisten war es, die „Welt auf dem Monde"
als Spiegelbild der irdischen Verhältnisse anzulegen. Der in Text und Musik (in den Tonarten Es-dur und D-dur) allgegenwärtige Mond ist nicht nur
der deus ex machina der Handlung, sondern seine fiktive Welt dient als
Trick, die irdischen Verhaltensweisen zu entlarven. Haydn ließ es sich
natürlich nicht entgehen, die falsche Vorspiegelung der „Welt auf dem
Monde" im Garten des „Astrologen" Ecclitico mit „richtiger" Musik her-
vorzuzaubern; die zahlreichen, koloristisch bemerkenswerten Instrumentalstücke des 2. Aktes haben ihm hörbar Spaß gemacht. In seiner Arie „Che
mondo amabile" läßt sich der arglose Buonafede von den Klangreizen
anstecken: Manche Passagen flötet er sogar. Der Mondwelt sind – und das
ist ein feinsinniger Zug der Musik Haydns – zwei Grundtonarten zugeordnet, die auch dramaturgische Funktion haben: Es-dur gilt dem Mond als
Wunschbild, D-dur der, wenn auch nur fiktiven, Mondwelt selber. In der
dreistrophigen „Fernrohr"-Arie des Buonafede im 1. Akt wird diese dramaturgische Funktion sogleich enthüllt: Was Buonafede sieht, erklingt in D-
dur, sein Wunsch, das Erschaute auch zu erleben, in Es-dur. Ebenso
verhalten sich die ersten beiden Finali zueinander: Der „mondsüchtige"
Buonafede berauscht sich in Es-dur an dem Irrglauben, er fliege mit Hilfe
des von Ecclitico verabreichten Schlaftrunkes zum Mond, während die
Peripetie der Handlung im Finale des 2. Aktes in D-dur erklingt. Überhaupt
gehört die planmäßig auskomponierte Beschleunigung des 2. Finales (in
fünf Schritten) zu Haydns genialsten Einfällen, zumal die Musik immer
ernsthafter wird, je näher die Erde, also die Wahrheit ins Spiel kommt.
Nach der Enthüllung des Spiels tobt gar der geprellte Buonafede im Tonfall
des letzten *Don Giovanni*-Finales; dessen Haltung und Tonart (d-moll) sind
um zehn Jahre vorweggenommen. Wenn auch Haydns dramma giocoso
nicht an Mozarts universalen Weltblick heranreicht, was im übrigen auch
gar nicht in seiner Absicht lag, so ist eine solche Anspielung doch der
Hinweis darauf, daß sich Haydns Musik auf anderer Ebene bewegt als die
Farce, die ihm das Libretto bot.

Geschichte
Als Carlo Goldoni das Libretto *Il mondo della luna* für Baldassare
Galuppi schrieb (Venedig 1750), konnte er auf ein Thema zurückgreifen,
das bereits 1732 in Neapel als Oper über die Bühne gegangen war; der Stoff

erwies sich auch in der zweiten Hälfte des 18. Jahrhunderts als ergiebig und wurde sehr beliebt. Haydn komponierte nicht Goldonis Libretto, sondern, vom Finale des 2. Aktes an, eine Textfassung, die Gennaro Astaritta für Venedig 1775 vertont hatte. Im Finale des 3. Aktes benutzt Haydn jedoch noch eine andere Version, die möglicherweise von Karl Friberth, einem Mitglied des Sängerensembles auf Schloß Eszterháza, stammt. Die Uraufführung am 3. August 1777 war wahrscheinlich die einzige Aufführung zu Haydns Lebzeiten, obwohl einige Änderungen in der Partitur auf weitere, wenn auch nur geplante Darbietungen verweisen. Erst anläßlich Haydns 200. Geburtstag im Jahre 1932 gab es eine Wiederaufführung, allerdings in einer freien Bearbeitung von Mark Lothar (Schwerin, Mecklenburgisches Staatstheater), die sogar noch 1953 an der Wiener Kammeroper gegeben wurde. Die (wenn auch noch nicht quellenkritische) Neuausgabe von H. C. Robbins Landon wurde 1959 beim Holland-Festival unter Carlo Maria Giulini aufgeführt anläßlich des 150. Todestages von Joseph Haydn. Ins Repertoire konnte *Il mondo della luna* jedoch bis heute nicht dringen. Die quellenkritische Ausgabe, innerhalb der Gesamtausgabe der Werke Haydns in den Jahren 1979–82 erschienen, ist bislang noch nicht aufgeführt worden. Eine Schallplattenaufnahme unter Antal Dorati erschien 1978 (Ausgabe von Robbins Landon).   *Dietmar Holland*

Diskographische Empfehlung

1977 – Epalinges (Schweiz): Antal Dorati, Membres des Chœurs de la Radio Suisse Romande, Orchestre du Chambre de Lausanne. Domenico Trimarchi (Buonafede), Luigi Alva (Ecclitico), Frederica von Stade (Lisetta), Arleen Auger (Flaminia), Edith Mathis (Clarice), Lucia Valentini Terrani (Ernesto), Anthony Rolfe Johnson (Cecco). Philips 6769 003

Armida
Dramma eroico in drei Akten

Text: Nunziato Porta (?), nach dem anonymen Libretto zu dem dramma per musica *Rinaldo* von Antonio Tozzi (Venedig 1775), fußend auf dem Epos *La Gerusalemme liberata ovvero Il Goffredo* von Torquato Tasso
Uraufführung: 26. Februar 1784, Schloß Eszterháza

Personen: Armida (Sop); Rinaldo (Ten); Zelmira (Sop); Idreno (Baß); Ubaldo (Ten); Clotarco (Ten)
Stumme Rollen: Nymphen; Furien; Grenadiere in römischen und türkischen Kostümen
Ort und Zeit: In und bei Damaskus, um 1100
Orchester: Fl, 2 Ob, 2 Fg, 2 Hrn, 2 Trp (oder Hrn), Pkn, Streicher, B. c.
Auf der Bühne: 2 Kl, 2 Fg, 2 Hrn
Form: 19 Musiknummern und Secco-Rezitative
Aufführungsdauer: 2 ½ Stunden
Verlag: Bärenreiter, Kassel (Aufführungsmaterial zu Reihe XXV, Band 12 der Werke Joseph Haydns, hg. von Wilhelm Pfannkuch)

Handlung

VORGESCHICHTE: Die Zauberin Armida soll die Kreuzritter Gottfrieds von Bouillon mit ihren magischen Kräften und ihren weiblichen Verführungskünsten davon abhalten, Jerusalem für das Christentum zu erobern. Es gelingt ihr, den Kreuzritter Rinaldo in ihren Bann zu ziehen. Doch entgegen ihrer Weisung, ihn zu vernichten, verliebt sie sich in ihn.

1. AKT: Das Heer der christlichen Ritter ist in das Gebiet des Sarazenenkönigs Idreno vorgedrungen, der nun gezwungen ist, mit Hilfe seiner Nichte Armida und seinen Satrapen die Stadt Damaskus und den Palast vor den Angriffen der Kreuzritter zu schützen. Aus Liebe zu Armida ist Rinaldo – entgegen seinem ursprünglichen Auftrag – entschlossen, gegen das christliche Heer als Anführer der Heiden zu kämpfen. Idreno verspricht ihm für den Fall des Siegs sowohl die Hand Armidas als auch sein eigenes Königreich zum Erbe. Ubaldo und Clotarco führen das christliche Heer zum Angriff auf Armidas Burg, um Rinaldo zu befreien. Die Zauberin versetzt durch magische Zeichen den größten Teil des Heeres in Angst und Schrekken. Clotarco schlägt daraufhin einen anderen Weg zur Burg ein und wird dabei von Zelmira, der schönen Tochter des ägyptischen Sultans, die im Auftrag Armidas die Christen durch Schmeicheln ins Verderben führen soll, zur Burg geleitet und – entgegen ihrem Auftrag – aus plötzlich erwachter Zuneigung gerettet.

Da das christliche Heer weder durch Waffengewalt noch durch Armidas magische Kräfte aufgehalten werden kann, erwägt Armida eine List: Idreno soll zum Schein die christlichen Heerführer freundlich empfangen, um Zeit für weitere Zauberkünste zu gewinnen. Rinaldo muß versprechen, einer

Begegnung mit den Kreuzrittern auszuweichen. Doch Ubaldo gelingt es, Rinaldo an seine Kreuzfahrerpflichten zu erinnern, ohne ihn freilich aus Armidas Bann lösen zu können. Rinaldos gegenwärtige Liebe zu Armida ist vorerst stärker als sein früheres Pflichtbewußtsein.

2. AKT: Zelmira erfährt von Idreno den Plan, das Heer der Kreuzritter auf dem Rückweg ins Lager in einen Hinterhalt zu locken und es so zu vernichten. Da ihre Einwände nichts nützen, beschließt sie, zumindest Clotarco zu retten. Ubaldo verlangt von Idreno die Freilassung Rinaldos, den er gewaltsam gefangengehalten glaubt. Idreno behauptet jedoch, Rinaldo sei aus freien Stücken im Palast und dürfe selber entscheiden, auf wessen Seite er stehe. Ubaldo durchschaut Idrenos Heuchelei und beabsichtigt, auf Rinaldo einzuwirken: Er mahnt ihn an seine frühere Pflicht, und diesmal vermag Armida ihn nicht mehr im Widerstreit seiner Gefühle zwischen Liebe und Pflichtbewußtsein an sich zu binden. Rinaldo kehrt in das Lager der Kreuzritter zurück und wird dort von Ubaldo herzlich empfangen. Aber Armida hat ihn noch nicht aufgegeben und erscheint nun im feindlichen Lager. Sie leidet unter der Trennung und bittet Ubaldo um Aufnahme ins Lager, damit sie Rinaldo nahe sein könne. Als Ubaldo sie zurückweist, empfindet Rinaldo Mitleid mit ihr, versucht aber, ihr seinen Widerstreit der Empfindungen zwischen Liebe und Pflichtbewußtsein zu erklären, und nimmt Abschied von ihr, um sich für den Kampf gegen die Heiden zu rüsten.

3. AKT: Das letzte Hindernis, das es zu bewältigen gilt, ist der Zauberwald der Heiden. Rinaldos Aufgabe besteht nun darin, Armidas gefährlichsten Zauberbann zu brechen, indem er den Myrtenbaum in der Mitte des Zauberwalds, der die ganze Macht der Heiden in sich vereinigt, fällt. Die magische Atmosphäre des Zauberwalds empfängt ihn mit lieblicher Musik und der Erscheinung von Nymphen, unter ihnen Zelmira, die ihn mahnt, als Liebhaber, nicht als Krieger zu Armida zurückzukehren. Rinaldo bleibt jedoch standhaft und zwingt sich zum entscheidenden Schlag gegen den Myrtenbaum. Gerade als er ausholt, ihn zu fällen, öffnet sich der Stamm, und aus ihm tritt Armida in ihrem Zaubergewand hervor. Sie fleht ihn an, er möge sich seiner Liebe zu ihr erinnern. Wieder bleibt Rinaldo standhaft, und Armida versperrt ihm durch Zauber den Weg zum Myrtenbaum. Zunächst läßt er sich davon abschrecken, überwindet dann aber doch seine Zweifel und fällt den Myrtenbaum im Kampf gegen die von Armida heraufbeschworenen Furien. Sofort verschwindet der von Armida geschaffene Zauberwald. – Armida hat Rinaldo immer noch nicht aufgege-

ben; sie erscheint erneut im Lager der Kreuzritter, um ihm nun Rache zu schwören. Seinen Vorschlag, nach dem Sieg der Christen über die Heiden zu ihr zurückzukehren, weist sie ab und prophezeit ihm ein schreckliches Ende in der bevorstehenden Schlacht.

Kommentar

Haydns letzte zu Lebzeiten aufgeführte opera seria war zugleich auch die letzte für Esterháza komponierte Opernarbeit, „nach der Lokalität berechnet" wie alle anderen, also nicht für die Weltbühne bestimmt. Dennoch gehört *Armida* in musikalischer Hinsicht zu Haydns bedeutendsten Opern, ungeachtet der Tatsache, daß auch hier das Libretto einige dramaturgische Schwächen und Ungereimtheiten aufweist. So wird die Vorgeschichte der Handlung stillschweigend vorausgesetzt, und das Verhalten Idrenos wirkt alles andere als plausibel. Auch bleibt völlig unklar, wieso es gerade Zelmira ist, die dem zu allem entschlossenen Rinaldo im Zauberwald entgegentritt und für Armida wirbt. Andererseits sind es gerade die hart aufeinanderprallenden Gefühlsschwankungen Rinaldos, sein Widerstreit zwischen der Liebe zu Armida und seiner Pflicht als Kreuzritter, und die ebenso heftigen Reaktionen Armidas, die so scharf herausgearbeitet werden, daß Haydns Musik aufs äußerste herausgefordert wird und zu unvergleichlich eindrucksvollen Szenen zwischen den beiden Hauptpersonen führt. Haydns Musik gerät hier durchaus in die Nähe der Musik Glucks, so etwa in der Verzweiflungsarie „Odio, furor" der Armida, einem geradezu elementaren Ausbruch, nachdem sich Rinaldo entschlossen hat, ins Lager der Kreuzritter zurückzukehren. Es erweist sich an dieser Arie, daß Armida, nicht zuletzt durch Haydns musikalische Gestaltung und Profilierung, eine verinnerlichte Parallelgestalt zu Ariostos Alcina ist. Die Unterbelichtung der Nebenpersonen – in erster Linie Ubaldos und Idrenos – ist der Musik anzulasten; vor allem bringt sie Idrenos Bösartigkeit und Heuchelei überhaupt nicht zum Ausdruck. Allerdings bleibt fraglich, wie eine Musik des 18. Jahrhunderts das hätte schaffen können. In der symphonischen Ausdeutung der Szene im Zauberwald – einem der Höhepunkte der Partitur – stößt Haydn klanglich in unerhörte Bereiche vor. Wie immer, so liegt auch in dieser Oper Haydns die Stärke (und eben auch eine gewisse Schwäche) im Detail. Es scheint, als habe Haydn nur die Haupthandlung zwischen Rinaldo und Armida wirklich gefesselt. Bereits die ganz auf die Haupthandlung bezogene Ouvertüre – dies ein seltener Fall bei Haydn und immerhin eine Einlösung der Forderung Glucks nach dramatischer Glaubwürdigkeit – zeugt von seiner Ernsthaftigkeit, denn sie nimmt ausdrücklich die Musik der Szene im Zauberwald vorweg und den zentralen Ruf der Pflicht, dem Rinaldo schließlich gehorchen wird. Die Szene im Zauberwald bildet insgesamt eine erstaunlich durchkomponierte dramatische Handlung ohne Secco-Rezitative, und sie weist mit ihren musikalischen Naturbildern schon auf Haydns späte *Schöpfung* hin. Überhaupt entwickelte Haydn für seine Musik zu *Armida* eine farbige, selbständige Orchestersprache, die nicht nur einen wesentlichen Anteil am dramatischen Geschehen hat, sondern auch in die Arien der Hauptpersonen eingreift. Die kontroversen Gefühle, namentlich im bewegten Schlußterzett des 2. Aktes, erhalten so eine musikalische Tiefenschärfe, die man in einer opera seria nicht unbedingt erwarten würde. Dies gilt vor allem für die großen Accompagnato-Rezitative, mit deren Hilfe Haydn dramatisch dichte, übergeordnete Szenenkomplexe schafft, die sogar in umfangreichen Schlußensembles gipfeln.

Geschichte

Mit der Komposition des kompilierten Librettos reihte sich Haydn in die zahlreichen Opern nach Torquato Tassos *Gerusalemme liberata* ein und schuf eine seiner erfolgreichsten Opern, die dann auch fünf Jahre im Repertoire des fürstlichen Theaters blieb. Am 1. März 1784 schrieb Haydn seinem Verleger Artaria in Wien, man sage, es „sey bishero mein bestes werck"; keine andere Haydn-Oper wurde zu Lebzeiten des Komponisten so häufig aufgeführt. Die Kompilation des Librettos stammt wahrscheinlich von Nunziato Porta, dem Eszterházyschen Theaterdirektor. Haydn komponierte die Oper, nach den Datierungen im Autograph, im Jahre 1783. Mit der Uraufführung am 26. Februar 1784 wurde die Spielzeit im Opernhaus des Schlosses Eszterháza eröffnet; nach den erhaltenen Kostenvoranschlägen wurde sie in aufwendiger Ausstattung gegeben. Obwohl zahlreiche Partiturabschriften im Umlauf waren, wurde *Armida* außerhalb von Eszterháza kaum aufgeführt. Bekannt ist eine Aufführung in Preßburg 1786 und in Pest 1791, ferner eine Turiner Inszenierung vom 27. Dezember 1804; dann geriet die Oper in Vergessenheit. Die erste Veröffentlichung der Partitur erschien 1965 im Rahmen der Haydn-Gesamtausgabe. Drei Jahre später erfolgte eine konzertante Aufführung im WDR und eine Wiederaufführung auf der Bühne im Stadttheater Bern. Die erste Schallplattenaufnahme dirigierte Antal Dorati im Rahmen seines auf acht Opern konzentrierten Haydn-Zyklus.

Dietmar Holland

Diskographische Empfehlung

1978 – Epalinges (Schweiz): Antal Dorati, Orchestre du Chambre de Lausanne. Jessye Norman (Armida), Claes H. Ahnsjö (Rinaldo), Norma Burrowes (Zelmira), Samuel Ramey (Idreno), Robin Leggate (Ubaldo), Anthony Rolfe Johnson (Clotarco). Philips 6769 021

GIOVANNI PAISIELLO

geb. 9. Mai 1740 in Taranto/Süditalien
gest. 5. Juni 1816 in Neapel

Er wurde ausgebildet in Neapel von Durante, dem Lehrer Pergolesis, mit wenigen Ausnahmen eingeschworen auf die sinnliche opera buffa der neapolitanischen Richtung. Schrieb nahezu hundert Opern, teilweise nach Libretti im neapolitanischen Dialekt. Ging 1776 an den Zarenhof in St. Petersburg und genoß dort das Wohlwollen Katharinas II. Nach 1784 in Italien und Wien. Mozart ließ „den Paesello mit dem Wagen abhollen, um ihm meine Compositionen und meine schüllerin hören zu lassen" (Brief an den Vater vom 13. Juni 1784). Mozart spielte Klaviersonaten von Paisiello, variierte das Thema „Salve tu, Domine" (KV 398) aus Paisiellos Oper *I filosofi imaginarii* und komponierte 1789 die Sopranarie „Schon lacht der holde Frühling" (KV 580) als Einlage zum *Barbiere di Siviglia*. Beethoven schrieb 1795 Klaviervariationen über „Nel cor più non mi sento" aus Paisiellos Oper *La Molinara* (1790), deren putzig-sentimentale Einfachheit den romantischen Lobpreis des Mühlenlebens begründete.

Als Anhänger der Französischen Revolution schwor Paisiello auf Napoleon, der ihn 1802 als Leiter der Hofmusik nach Paris holte und ihn als seinen Lieblingskomponisten auszeichnete. 1804 wurde er unter Murat Direktor der „Musica nazionale" in Neapel, 1808 schrieb er seine letzte Oper, 1810 wählte ihn die Académie Française auf den Sitz des im Jahr zuvor gestorbenen Haydn. Die bourbonische Restauration in Neapel verurteilte Paisiello als Nutznießer der napoleonischen Zeit und enthob ihn seiner Ämter. Die anhebende Romantik lehnte seine graziöse, spielerisch-witzige Musik ab. Im Jahr der Uraufführung von Rossinis ungleich erfolgreicherem *Barbiere di Siviglia* erlag Paisiello einem Leberleiden.   *Karl Schumann*

Il barbiere di Siviglia ovvera La precauzione inutile
(Der Barbier von Sevilla oder Die unnütze Vorsicht)

Dramma giocoso in zwei Akten

Text: Giuseppe Petrosellini, nach Beaumarchais

Uraufführung: 26. September (8. Oktober) 1782, Königliches Opernhaus, St. Petersburg

Personen: Rosina, Waise und Mündel von Bartolo, Geliebte von Lindoro (Sop); Graf von Almaviva, spanischer Grande, tritt unter dem Namen Lindoro auf, Geliebter von Rosina (Ten); Bartolo, Arzt, Vormund von Rosina, eifersüchtig, ungeliebt von Rosina (Baß); Figaro, Barbier von Sevilla (Bar); Don Basilio, Organist, unterrichtet Rosina, Freund und Vertrauter von Bartolo (Baß); Giovinetto, alter Diener des Bartolo (Ten); Lo Svegliato, einfacher, junger Mann, Diener des Bartolo (Baß); ein Notar (Baß); ein Alkalde (Ten)

Chor: Diener

Ort und Zeit: Sevilla, um die Mitte des 18. Jahrhunderts

Orchester: 2 Fl, 2 Ob, 2 Kl, 2 Fg, 2 Hrn, Mandoline, Streicher, B.c.

Form: 17 Musiknummern verbunden durch Secco-Rezitative

Aufführungsdauer: Ca. 2 Stunden

Verlag: Henschel, Berlin (DDR), Fassung von Walter Felsenstein italienische Fassung: G. Ricordi & C. S. p. A., Mailand

Handlung

1. AKT: Graf Almaviva hat sich in Sevilla in Rosina verliebt, das ebenso reizvolle wie wohlhabende Mündel des ältlichen Arztes Dr. Bartolo, in dessen Haus sie lebt, umworben von dem auf ihr Vermögen erpichten Bartolo. Almaviva, Grande von Spanien, will Rosina heiraten; als ein von Rousseaus Ideen angewehter Aristokrat stellt er die Stimme des Herzens über die Standesgrenzen. Der hochgeborene Heißsporn vermag jedoch in der nach damaligen Begriffen unter seinem Stand liegenden Bürgerwelt nicht zum Zuge zu kommen ohne die listige Hilfe eines angeworbenen Vertreters des dritten Standes der Handwerker und Domestiken, ohne den schlauen Figaro, der das Geschäft eines zu Zwischenträgerdiensten wie geschaffenen Barbiers betreibt. In dieser peinlichen Situation des Grafen, in dem Zwang, auf die Dienste eines schlauen, gerissenen Verbündeten aus den niederen Schichten angewiesen zu sein, liegt die vorrevolutionäre

Pointe des Lustspiels von Beaumarchais, eingebettet in Reminiszenzen an die Typen der commedia dell'arte und einen Wirrwarr aus Intrigen, Winkelzügen und Zwischenfällen.

Rosina hat Feuer gefangen und sich in den Grafen verliebt, der sich schlicht bürgerlich Lindoro nennt. Ein Briefchen soll den Kontakt beschleunigen. Aus den Schwierigkeiten, diese Nachricht dem Mann ihres Herzens zukommen zu lassen, ergeben sich die meisten Situationen des 1. Akts. Dr. Bartolo wird von dem intriganten Musikmeister Basilio gewarnt: Graf Almaviva sei in der Stadt und habe es auf Rosina abgesehen. Das wirksamste Mittel, den Grafen auszuschalten, sei, ihn zu verleumden.

2. AKT: Mit Hilfe des Barbiers Figaro gelangt Almaviva-Lindoro in Bartolos Haus und in Rosinas Nähe, zuerst verkleidet als zur Einquartierung eingewiesener Soldat, dann als Gehilfe und Vertreter des vorgeblich erkrankten Musiklehrers Basilio. Beide Versuche scheitern an Dr. Bartolos Mißtrauen.

Mehr und mehr gewinnt Dr. Bartolo Gewißheit, daß Almaviva und Lindoro ein und dieselbe Person sind und daß ihm das reiche Mündel weggeschnappt werden soll, womöglich durch eine Entführung. Es wird Nacht, ein Gewitter geht nieder. Bartolo spielt den letzten Trumpf aus: Er redet Rosina ein, Lindoro sei ein gedungener Helfershelfer, der sie dem Grafen Almaviva zuführen soll. Als der Graf und Figaro ansetzen, Rosina zu entführen, sträubt sie sich. Almaviva-Lindoro enthülle seine wahre Identität. Vor dem Notar wird geheiratet, und der Intrigant Basilio läßt sich als Trauzeuge kaufen. Bartolo schwört Rache. Von dieser Rache-Aktion handelt sodann *Die Hochzeit des Figaro*, das zweite Lustspiel aus der Figaro-Trilogie des Beaumarchais.

Kommentar

Das Geschehen ist, ähnlich wie in Rossinis gleichnamiger, 34 Jahre später entstandenen Oper, ein Konzentrat der vier Akte von Beaumarchais' Lustspiel *Le barbier de Seville ou La précaution inutile* (1775) und hat eine Novelle des Scarron zur Quelle. Es fehlt die von Rossini Berta geheißene Marzelline; sie kommt auch bei Beaumarchais nicht vor. Die von Beaumarchais angelegten, von Rossini in stumme Personen verwandelten Diener des Bartolo treten als buffoneske, singende Typen auf und heißen Adonis und Argus, in Anlehnung an die von Beaumarchais *La jeunesse* und *L'éveillé* genannten Gestalten. Für Paisiello war Beaumarchais' Lustspiel ein aktuelles, vorrevolutionäres Zeitstück, für Rossini bereits ein Stück Literaturgeschichte. Paisiello hält sich eng an die französische Vorlage, nutzt den latent opernhaften Charakter – Beaumarchais läßt Lieder singen usw. – und verdichtet die im Zickzackkurs, im steten Wechsel komischer Situationen verlaufende Handlung im Sinne des buffonesken „imbroglio" (Verwirrspiel). Paisiello greift auf, was bei Beaumarchais bereits opernhaft ist: den Wechsel zwischen quasi rezitativischen Monologen und ariosen Passagen der Selbstdarstellung, den simultanen Ablauf mehrerer Handlungsstränge, die Einlagen von Versen, die zur Mandoline gesungen werden sollen, so bereits beim ersten Auftritt des Figaro, schließlich die Schlußmoral, daß alle Vorsicht sich am Ende als überflüssig herausstellt.

Die C-dur-Ouvertüre, Allegro Presto bezeichnet, mag auf jene zu Mozarts *Le nozze di Figaro* abgefärbt haben: ein Wirbelwind, eine Vorausinformation, aufgebaut auf dem Dualismus von eintaktigem Hauptmotiv und dominantischer Seitengruppe. Paisiello bevorzugt nach neapolitanischem Brauch einfache Tonarten, überwiegend in Dur. Die Arien sind kürzer, gestischer und weniger auf vokale Bravour angelegt als bei Rossini. Die Stimmcharaktere sind identisch. So ist Basilio, der düpierte Intrigant der alten Typenkomödie, in beiden Fällen ein basso cantando. In D-dur schiebt Paisiello diatonisch über eine Oktave empor, was in der nachmals so genannten Verleumdungsarie „als Hauch am Boden piano, piano" beginnt. Paisiello würdigt, was Rossini ignoriert: den spanischen Schauplatz. So balzt Bartolo, ein basso parlando, im ¾-Takt einer Seguidilla um Rosina und ahmt mit schnalzenden Fingern den Ton der Kastagnetten nach. Bei Figaros Auftritts-Cavatine hält sich Paisiellos Text akkurat an Beaumarchais: Der Barbier beteuert, ganz Spanien bereist zu haben und „immer guter Laune zu sein, wie ein Vogel frank und frei". Es ergibt sich ein Übergewicht der Männerstimmen, weswegen Paisiello den 1. Akt unüblicherweise mit einer Arie der Rosina beendet, statt mit einem ausgedehnten Ensemble-Finale, wie es Rossini tat.

Geschichte

Paisiellos *Barbier*, ein Nachkomme von Pergolesis *La serva padrona* (1733), war ein Repertoirestück gewesen, bis Rossinis Version des nämlichen Sujets erschien und der Mentalität des Biedermeier mehr entgegenkam als die knappe, trocken-witzige opera buffa Paisiellos. Man hatte kaum noch offene Ohren für die knappen Instrumentationsscherze, durch die Paisiello die Pointen seines Librettos hervorhob. Paisiello hatte sich die Anweisung der Zarin Katharina zum Gebot gemacht, eine Oper dürfe nicht länger als zwei Stunden dauern und müsse musikalisch so pointiert sein, daß sie einem Publikum mit Sprachschwierigkeiten – nur wenige Russen verstanden das Italienische – verständlich ist. Nahezu ein Jahrhundert lang blieb Paisiellos *Barbier* unbeachtet. Nach dem Zweiten Weltkrieg wandte sich das Blatt. Die Piccola Scala in Mailand und das Teatro di Corte in Neapel brachten einige der buffonesken Opern Paisiellos auf die Bühne. Walter Felsenstein besorgte die Wiederentdeckung für den deutschen Sprachraum; 1960 inszenierte er in Zusammenarbeit mit dem Übersetzer Wolfgang Hammerschmidt den *Barbier von Sevilla* in der Berliner Komischen Oper und ging mit der ebenso realistischen wie quirligen Inszenierung auf Reisen. Felsenstein war der Überzeugung, aus Paisiellos Version sei mehr von der vorrevolutionär stichelnden Gesellschaftskritik des Beaumarchais zu vernehmen als aus Rossinis von Musik überschwappender Oper. Die Felsenstein-Fassung greift sogar ausdrücklich auf das mit Zündstoff geladene Lustspiel des Beaumarchais zurück. Sie liegt seither den deutschsprachigen Aufführungen zugrunde, die sich gelegentlich (Düsseldorf 1987) finden.   *Karl Schumann*

Diskographische Empfehlung

1959 – Rom: Renato Fasano, I Virtuosi di Roma. Graziella Sciutti (Rosina), Rolando Panerai (Figaro), Renato Capecchi (Bartolo), Nicola Monti (Conte Almaviva), Mario Petri (Basilio). Everest, S-443/2

1984 – Budapest: Ádám Fischer, Ungarische Nationalphilharmonie. Krisztina Laki (Rosina), István Gáti (Figaro), József Gregor (Bartolo), Dénes Gulyás (Conte Almaviva). Hungaroton, SLPD 12525-27

DOMENICO CIMAROSA

geb. 17. Dezember 1749 in Aversa
gest. 11. Januar 1801 in Venedig

Als Nachfolger Antonio Salieris im Amt des Hofkapellmeisters in Wien konnte Domenico Cimarosa den größten Opernerfolg seiner gesamten Laufbahn ernten: Am 7. Februar 1792 hatte die opera buffa *Il matrimonio segreto* Premiere, die sich als einzige neben Mozarts Musikkomödien bis heute im Repertoire hat halten können. Für Cimarosas Intermezzo *I due baroni di Rocca Azzurra* hatte übrigens Mozart eine Einlage komponiert, die Sopranarie „Alma grande e nobil core" (KV 578, August 1789), und Spuren der Musik Mozarts finden sich auch in der *Matrimonio segreto*, wenngleich Cimarosas Herkunft aus der neapolitanischen Schule (Antonio Sacchini, Nicola Piccini) eine größere Nähe von selbst verbot. Der Unterschied liegt in der Auffassung der Orchestersprache, die Mozart in Gegensatz zur opera buffa brachte: Die symphonisch orientierte Choreographie war nicht Sache der Italiener. Dennoch wurde *Il matrimonio segreto* sogar 1798 in Weimar von Goethe inszeniert und später von Verdi als Musterbeispiel einer „wahren musikalischen Komödie" gerühmt. Als Buffo-Komponist debütierte Cimarosa auch im Jahre 1772 in Neapel mit der opera buffa *Le stravaganze del conte* und der Burleske *Le pazzi di Stellidaura e Zoroastro*, konnte aber in späteren Jahren den Einzelerfolg der *Matrimonio segreto* nicht mehr wiederholen; die ebenfalls für Wien komponierte opera buffa *Le astuzie femminile* (1794) und Goethes Inszenierung der „immer erfreulichen Oper" (Goethe) *L'impresario in angustie* waren Achtungserfolge, die heute vergessen sind. Auch auf dem Gebiet der opera seria erwies sich Cimarosa als ebenso versierter wie wendiger Komponist, der nicht nur Libretti des im 18. Jahrhundert unablässig vertonten Metastasio, darunter *L'Olimpiade* (1784) heranzog, sondern sich auch mit der opera seria *Oreste* (Libretto von Luigi Serio, Neapel 1783) der Opernreform Glucks näherte und schließlich sogar, als Sympathisant der Ideen, die zur Französischen Revolution führten, scheinbar „exotische" Stoffe wählte. So spielt *La vergine del sol* (1789) in Peru und *Voldomiro* (1786) im russischen Mittelalter (!), während die Handlung durchscheinend wird „für politische Botschaften im Vorfeld der Französischen Revolution" (Ulrich Schreiber). Sein politisches Engagement mußte Cimarosa teuer bezahlen, als er sich am neapolitanischen Aufstand gegen Ferdinand IV. beteiligte: „Auch den Cimarosa überfiel der Freiheitsschwindel, statt daß er sich, als Künstler, bei diesen politischen Händeln ruhig und neutral hätte verhalten sollen ... Er tat aber dennoch das Gegenteil und wurde als Verräter ... ins Gefängnis geworfen", so heißt es in Ernst Ludwig Gerbers zeitgenössischem Bericht. Cimarosa wurde jedoch begnadigt, wandte sich nach Venedig und starb dort entkräftet am 11. Januar 1801.

Dietmar Holland

Il matrimonio segreto (Die heimliche Ehe)
Dramma giocoso in zwei Akten

Text: Giovanni Bertati, nach der Komödie *The Clandestine Marriage* von George Colman d. Ä. und David Garrick
Uraufführung: 7. Februar 1792, Kaiserlich-königliches National-Hoftheater, Wien
Personen: Geronimo, ein reicher Kaufmann (Baß); Elisetta, dessen ältere Tochter (Sop); Carolina, dessen jüngere Tochter (Sop); Fidalma, Geronimos Schwester, reiche Witwe (Mez); Graf Robinson (Baß); Paolino, junger Handelsgehilfe bei Geronimo (Ten)
Ort und Zeit: Im Hause Geronimos in Bologna, um 1780
Orchester: 2 Fl, 2 Ob, 2 Kl, 2 Fg, 2 Hrn, 2 Trp, Pkn, Streicher, B. c.
Form: 20 Musiknummern und Secco-Rezitative
Aufführungsdauer: Ca. 3 Stunden
Verlag: G. Ricordi & C. S. p. A., Mailand

Handlung
1. AKT: Der reiche Kaufmann Geronimo will seine beiden Töchter zumindest standesgemäß, wenn nicht gar mit adligen Bewerbern verheiraten. Da er seinem Gehilfen Paolino mit Sicherheit die Hand seiner Tochter Carolina verweigert hätte, haben die beiden heimlich geheiratet. Seit zwei Monaten leidet Carolina unter der Heimlichkeit. Sie sieht die günstige Gelegenheit, das Geheimnis zu lüften, als es Paolino gelingt, für Carolinas Schwester Elisetta tatsächlich einen adligen Bräutigam zu finden, den

schrulligen englischen Grafen Robinson, der es darauf abgesehen hat, eine stattliche Mitgift zu erheiraten. Mit großem Vergnügen liest Geronimo einen Brief des Grafen, daß er noch heute eintreffen werde, um den Ehevertrag zu unterzeichnen. Im Gegensatz zu Carolina ist Elisetta, zumal sie sich als künftige Gräfin fühlt, äußerst dünkelhaft und spielt sich dementsprechend auf. Aber auch Fidalma, die jüngere verwitwete Schwester Geronimos, hat Heiratspläne: Sie hat es auf Paolino abgesehen, ohne daß sie den Namen Carolina anvertraut, als sie ihr davon erzählt. Die Fäden verwirren sich immer mehr, als Geronimo im Vertrauen seiner jüngeren Tochter Carolina verrät, daß er auch für sie einen Grafen als Schwiegersohn in Aussicht genommen habe. Da kündigt Paolino das Eintreffen des Grafen Robinson an, der sich sogleich in Carolina verliebt und Elisetta keines Blickes würdigt. Die unerwartete Wendung kommt auch Paolino ungelegen. Zum Glück weigert sich Carolina, auf die Werbungen des Grafen einzugehen, und teilt ihm mit, sie sei bereits an jemand anderen gebunden und sei an einer Heirat mit einem Mann außerhalb ihres Standes nicht interessiert. Als der Graf sie unter vier Augen nochmals bedrängt, tritt Elisetta dazwischen und veranstaltet eine Eifersuchtsszene. Fidalma versucht zu beschwichtigen, und schließlich erscheint auch Geronimo, der aber wegen seiner Schwerhörigkeit von der Verwirrung, die ihm von allen Seiten entgegenschallt, nichts versteht.

2. AKT: Der Graf klärt Geronimo über seine Absicht auf, statt Elisetta die jüngere Tochter heiraten zu wollen und sogar auf die Hälfte der Mitgift zu verzichten; Geronimo willigt ein unter der Bedingung, daß auch Elisetta damit zufrieden ist. Der Graf verspricht, mit Elisetta zu reden. Der unglückliche Paolino muß von Fidalma, der er seine heimliche Verbindung mit Carolina gestehen will, erfahren, daß sie beabsichtigt, ihn zu heiraten, da sie seine zögernden Worte als Annäherungsversuch mißdeutet. Er fällt – aus Freude, wie sie glaubt – in Ohnmacht und wird von der hinzutretenden Carolina zur Rede gestellt. Paolino sieht jetzt nur noch einen Ausweg: die Flucht mit Carolina. Unterdessen versucht der Graf, Elisetta von seiner Unbrauchbarkeit als Ehemann zu überzeugen, um sie endlich von sich abzubringen, doch sie glaubt ihm nicht und beschließt mit Fidalma, die beobachtet hat, wie sich Paolino und Carolina umarmten, Carolina aus dem Hause zu schaffen, damit sie nicht mehr ihre Kreise störe. Um Geronimo zu veranlassen, Carolina am nächsten Morgen in ein Kloster zu schicken, setzt Fidalma ihn mit Geld unter Druck: Sie droht, daß sie ihre finanzielle Einlage in sein Geschäft zurückzieht. Geronimo bringt Carolina seinen

Entschluß mit Nachdruck bei, so daß sie gar nicht dazu kommt, ihr Vorhaben auszuführen, nämlich ihm die heimliche Heirat mit Paolino zu gestehen. Der Graf bietet sich an, ihr zu helfen. Als er gerade ihre Hand küßt, treten Elisetta, Fidalma und Geronimo dazwischen und glauben ihren Verdacht bestätigt zu sehen, daß Carolina den Männern den Kopf verdreht und deshalb ins Kloster muß. Geronimo beauftragt Paolino, die Äbtissin des Klosters über die Ankunft Carolinas zu informieren und die Pferde für die Abreise zu bestellen. Statt dessen begibt er sich in das Zimmer Carolinas, um mit ihr zu fliehen. Auf dem Gang begegnen sich der Graf, den das Schicksal Carolinas beunruhigt, und Elisetta, die neugierig herumschleicht. Als die beiden sich in ihre Zimmer zurückgezogen haben, versuchen Carolina und Paolino zu fliehen, ziehen sich jedoch schnell wieder in Carolinas Zimmer zurück, als sie Schritte hören. Elisetta hat ihr Flüstern gehört und lauscht nun an Carolinas Tür. An den Stimmen glaubt sie außer Carolina den Grafen zu erkennen und holt Fidalma. Auch Geronimo ist durch die Unruhe auf dem Gang wach geworden. Vor Carolinas Zimmer rufen sie nun vereint nach dem Grafen, der gemächlich aus seinem eigenen Zimmer tritt und sich erkundigt, was man von ihm wünsche. Auf erneuten Zuruf treten Carolina und Paolino aus Carolinas Zimmer heraus und bitten Geronimo um Verzeihung für die heimliche Ehe. Mit generöser Geste gibt Graf Robinson dem Kaufmann zu verstehen, daß er seine Zustimmung nicht versagen solle, da er selbst sich mit Elisetta zufriedengeben wolle.

Kommentar

In der Geschichte der opera buffa ist es Mozart, der den Sonderfall bildet. Das hinderte indessen Domenico Cimarosa nicht daran, nach Mozarts Tod mit einer opera buffa hervorzutreten, die alle Erfolge Mozarts in den Schatten stellte und bis heute die einzige opera buffa des späteren 18. Jahrhunderts geblieben ist, die sich hat halten können. Freilich sind die Unterschiede zu Mozart gewichtiger als die (ohnehin nur das Floskelwesen betreffenden) Übereinstimmungen: Kein italienischer Opernkomponist neben Mozart verfügte über dessen Orchestersprache, und es war auch gar nicht Sache der echten opera buffa, das Orchester zu einem eigenständigen Kommentar oder sogar zu einer Gegenhandlung zu bewegen; es genügte der situationsbedingte Impuls. Wenn also der berühmte Wiener Kritiker Eduard Hanslick später das Bonmot prägte, zwischen Mozarts *Le nozze di Figaro* und Cimarosas *Matrimonio segreto* bestünde eine Art heimlicher Ehe, deren Sprößling (also Nutznießer) Rossinis *Barbiere di Siviglia* sei, dann ist das nur bedingt zutreffend, denn weder erreicht Cimarosa das Partiturgewebe Mozarts noch die Turbulenz Rossinis; er wollte etwas ganz anderes. Als er den (ursprünglich englischen) Stoff komponierte, war die opera buffa, durch die Reformierung der Komödie bei Goldoni, zum Charakterstück geworden, was auch zur Verinnerlichung, bisweilen sogar zur Sentimentalisierung der früheren Situationskomik führte: Die szenische Drastik verlor, was der Tiefenschärfe der Charaktere zugute kam. Was blieb, war die vis comica, die den Menschen nur sub specie der Gemeinschaft und im besonderen als bürgerlichen Charakter betrachtete. Auch in *Il Matrimonio segreto* geht es um die Geschäfte und Sorgen eines Familienvaters; der seltsame Graf Robinson ist eine ironische Gestalt. Die in der früheren opera buffa üblichen Verkleidungen und Verwechslungen entfallen hier, also das intrigante, veräußerlichte Mit- und Gegeneinander der Personen und die Situationskomik. Die Entfaltung der gegeneinander wirkenden Interessen erscheint zwanglos und natürlich, wenngleich auf gewisse Albernheiten wie etwa die Schwerhörigkeit des Hausvaters Geronimo nicht verzichtet wurde. Kritische oder ironische Motive fallen der angestrebten bürgerlichen Natürlichkeit zum Opfer: Der Graf entpuppt sich bei der Schlußlösung als Menschenfreund. Daß er ein heruntergekommener Adliger ist und sich mit der geplanten Heirat auch eine stattliche Mitgift sichern will, steht am Rande der Handlung und ist eigentlich thematisch unausgeführt. Es bleibt beim bürgerlichen Familienstück, und die Verwirrungen, an denen es nicht mangelt, halten sich allesamt frei von dem in der opera buffa üblichen szenischen Mummenschanz. In einem Brief an Schiller (31. Januar 1799) bemerkte Goethe dagegen die Stärke der Musik: „Cimarosa zeigt sich in dieser Komposition als einen vollendeten Meister; der Text ist nach italienischer Manier, und ich habe dabei die Bemerkung gemacht: wie es möglich wird, daß das Alberne, ja das Absurde sich mit der höchsten ästhetischen Herrlichkeit der Musik so glücklich verbindet. Es geschieht dies allein durch den Humor; denn dieser, selbst ohne poetisch zu sein, ist eine Art von Poesie und erhebt uns seiner Natur nach über den Gegenstand." Also auch hier schafft erst die Musik die Bühnenrealität der Personen, wenn auch nicht auf die subtile Weise Mozarts, sondern mehr atmosphärisch. Ein musikalisches Regiebuch zu entwerfen, wäre Cimarosa nie eingefallen. Und im musikalischen Satz der beiden Finale zeigt er sich weiter von Mozart entfernt als in den übrigen Ensembles: Zwar erinnern die gestaffelten Tempoverhältnisse an das zweite Finale des *Figaro*, doch fehlen bei Cimarosa genau jene unvergleichlichen Brechungen zwischen

Singstimmen und Orchestergewebe, die Mozarts Opern so inkommensurabel machen.

Geschichte

Die Uraufführung am 7. Februar 1792 im (alten) Wiener Burgtheater brachte ein in der gesamten Operngeschichte einmaliges Ereignis: Auf allerhöchsten Befehl des Kaisers Leopold II. mußte die Vorstellung, des großen Erfolges wegen, am selben Abend wiederholt werden. Dieser Erfolg hat denn auch die Zeiten überdauert. Als Giorgio Strehler die Oper zur Eröffnung der Pìccola Scala in Mailand herausbrachte (1955), war das ein Beweis für ihre unverminderte Lebensfähigkeit. Den Stoff hatte Giovanni Bertati einer englischen Komödie entnommen, die sich auf eine jener bittersatirischen Abrechnungen William Hogarths mit dem Adel bezieht, auf die Bilderfolge *Marriage à la mode* (1745). Freilich erreichte der Stoff den Librettisten erst über Umwege, die auch eine Verdünnung des kritischen Gehalts mit sich brachten: Die ursprünglich scharfe Satire auf das neureiche Bürgertum und den verarmten englischen Landadel wurde von Bertati, der die Handlung nach Italien (Bologna) verlegte, erheblich abgeschwächt, andererseits fügte er den Heiratsanspruch Fidalmas auf Paolino hinzu und schuf damit eine wirkungsvolle Parallelaktion zur Haupthandlung. Dennoch wirkt das Libretto, vergleicht man es etwa mit Da Pontes *Le nozze di Figaro*, allzu harmlos.   *Dietmar Holland*

Diskographische Empfehlung

1955 – Teatro alla Scala, Mailand: Nino Sanzogno, Orchestra della Pìccola Scala. Carlo Badioli (Geronimo), Eugenia Ratti (Elisetta), Graziella Sciutti (Carolina), Ebe Stignani (Fidalma), Franco Calabrese (Il Conte Robinson), Luigi Alva (Paolino). EMI, 3 C 163-17645/47

1976 – London: Daniel Barenboim, English Chamber Orchestra. Dietrich Fischer-Dieskau (Geronimo), Julia Varady (Elisetta), Arleen Auger (Carolina), Julia Hamari (Fidalma), Alberto Rinaldi (Il Conte Robinson), Ryland Davies (Paolino). DG 2709 069

WOLFGANG AMADEUS MOZART

geb. 27. Januar 1756 in Salzburg
gest. 5. Dezember 1791 in Wien

Als Christoph Willibald von Gluck im Mai 1779 in der Pariser Académie Royale mit *Iphigénie en Tauride* seine bedeutendste Reformoper herausbrachte, schien die Lebens- und Schaffenskrise Wolfgang Amadeus Mozarts endgültig besiegelt. Er war im Januar wieder als Konzertmeister und Hoforganist in die verhaßten Dienste des Salzburger Fürstbischofs getreten, die im Januar 1777 mit soviel Enthusiasmus angetretene Reise nach Paris war zum Fiasko geworden. Außer der erfolgreich uraufgeführten ‚Pariser' Symphonie keine Anerkennung in der Hauptstadt des ancien régime, der Tod der Mutter in Paris und der abgelehnte Heiratsantrag an Aloisia Weber Anfang 1779 in München während der Rückreise: Das waren die äußeren Stationen dieser Krisenreise. Sie schlagen sich auch im Werk des Opernkomponisten Mozart nieder: der nicht zu Ende gebrachten Arbeit an dem Singspiel *Zaide*. Während in Mannheim das Nationaltheater gegründet wird, Gluck seine tauridische *Iphigenie* herausbringt und Goethe die Prosafassung seiner *Iphigenie auf Tauris* schreibt, Lessing *Nathan der Weise* entwirft, droht Mozart in Salzburg zu provinzialisieren – erst der Münchner Auftrag für *Idomeneo* und die Lebenskunstarbeit an der *Entführung aus dem Serail*: zum Singspiel, zur Heirat mit Konstanze Weber und zur Abnabelung vom Vater führend, werden Mozart aus der Krise von 1779 lösen und damit aus der Gefahr, zu einer Salzburger Lokalgröße zu verkümmern.

Begonnen hatte Mozart seine Arbeit für das Musiktheater in Salzburger Lokaltraditionen. Nach seiner Beteiligung an der Komposition des – nach lokalem Brauch szenisch aufgeführten – Oratoriums *Die Schuldigkeit des ersten Gebots* (1767) folgte im selben Jahr die lateinische Schuloper *Apollo et Hyacinthus* nach Texten des Benediktiners Rufinus Widl. Der Tod des Jünglings Hyazinth durch Zephir und seine Verwandlung in eine Blume durch Apoll hat der elfjährige Komponist in erstaunlich ausdrucksstarken Accompagnati gestaltet. Verblüffend auch die Arie des Oebalus („Ut navis in aequore luxuriante"), die Mozarts Kenntnis des italienischen Seria-

Zeitstils beweist, und das Duett, in dem Oebalus und seine Tochter Melia um den toten Sohn bzw. Bruder trauern. Hier ist im Barkarolenrhythmus durch genau differenzierte Spielarten der Streicher ein Changieren zwischen Hell und Dunkel erreicht, das schon auf das chiaroscuro des reifen Mozart weist. Mit seinen beiden nächsten Opern verließ Mozart die Salzburger Sakraltraditionen zugunsten der komischen Oper: *Bastien und Bastienne* und *La finta semplice* (Die verstellte Einfalt; Salzburg 1769). Diese von Marco Coltellini librettierte Geschichte der pfiffigen Rosina, die als Unschuld vom Lande zwei ungleiche Brüder in sich verliebt macht und dadurch zwei Paarbeziehungen zustande bringt, leidet unter einer fehlerhaften Proportionierung. Bis auf ein Quartett und ein Duett in der Introduktion sowie die Finale des Dreiakters sprechen sich die Personen nur in Rezitativen und Arien aus. Ein musikdramatischer Zusammenhang entsteht so nicht, möglicherweise hat Mozart die Mechanik des eine Vorlage Goldonis ausbeutenden Librettos gar nicht recht begriffen. Sowenig Profil die Figuren gewinnen, so sorgfältig ist der Orchesterpart ausgearbeitet. Daß eine Aufführung des Werks in Wien hintertrieben wurde, gehört zu den großen Enttäuschungen, die Vater Leopold und sein Sohn beim Verfolgen ihrer Opernpläne erfuhren. Leopold betrieb seine Pläne mit großer Akribie und versuchte, auf drei Italienreisen seinen Sohn im Mutterland der Oper durchzusetzen: mit *Mitridate, re di Ponto* (Mailand 1770), *Ascanio in Alba* (Mailand 1771) und *Lucio Silla* (Mailand 1772). *Mitridate* ist Mozarts erster Gehversuch im Genre der opera seria, wobei er die im Libretto von Vittorio Amadeo Cigna-Santi (nach Racines Tragödie) angelegte Möglichkeit der Aktionsarien nicht wahrnahm. Das verstärkt die dramaturgische Schwäche des Textbuchs: daß der pontische König Mithridates von vornherein als Geschlagener gezeichnet ist, der nur noch seiner Liebe zu Aspasia leben will, während ihm in seinen beiden gegensätzlichen Söhnen Rivalen erwachsen. So schiebt sich über den Kampf des Asiaten gegen Rom ein häuslicher Krieg. Doch diesem doppelten Aspekt wird Mozarts Musik dramaturgisch kaum gerecht. Um so bemerkenswerter ist die innere Spannung einiger Szenen. Aspasias große Arie „Nel sen mi palpita dolente il core", Mozarts erstes todesnahes g-moll-Espressivo in der Oper, überrascht durch die asymmetrische Tektonik ebenso wie durch die psychologisierende Harmonik. Auf ähnlicher Höhe das c-moll-Agitato ihres Liebhabers Sifare „Se il rigor d'ingrata sorte" und das ihm vorangehende Doppel-Accompagnato der Aspasia: Mozarts erste Ombra-Szene, eine Grabesmusik in der Spannung von Es-dur und c-moll.

Trotz handwerklicher Gediegenheit werden solche Ausdruckstiefen in *Ascanio in Alba* und dem 1772 anläßlich der Amtseinführung des Salzburger Fürstbischofs Hieronymus von Colloredo komponierten *Sogno di Scipione* nicht erreicht. Ungleich individueller als diese höfischen Festspiele ist die letzte Oper, die Mozart für Italien – das er nie wiedersehen sollte – schrieb: *Lucio Silla*, auf ein Libretto von Giovanni de Gamerra. In dieser thematischen Vorstufe zu *La clemenza di Tito* bedient sich Mozart durchaus der spektakulären Momente der Seria-Tradition, Giunias B-dur-Allegro „Ah, se il crudel periglio" ist gespickt mit halsbrecherischen Koloraturen. Aber die Starrheit der Dacapo-Form in den Arien ist vermieden, die Rezitative – zumal die sehr textnah komponierten Accompagnati – werden flexibel gehandhabt, die Figuren gewinnen rein musikalisch Kontur. Am stärksten gilt das für Giunia, deren d-moll-Accompagnato mit der Arie „Parto, m'affretto" in den hektischen Streicherfiguren schon die Erlebnisglut Donna Annas in *Don Giovanni* ahnen läßt. Höhepunkt des Werks ist das Finale I mit der Ombra-Szene des hinter dem Grabmal von Giunias Vater versteckten Cecilio. Während er sich in düsteren c-moll-Gedanken äußert, der Chor in Es-dur den toten Helden preist, gibt sich Giunia – nach Aspasia Mozarts zweite g-moll-Figur – der Trauer über den toten Vater hin. Nach einem weiteren Choreinschub in Es-dur, der die Ombra-Szene mit den traditionell verwendeten drei Erniedrigungszeichen (Been) rundet, finden Giunia und Cecilio zu einem lichten A-dur-Duett zusammen. Hier gelingt Mozart zum ersten Mal auf dem Theater die komplementäre Zusammenfügung divergierender Vorgänge mit rein musikalischen Mitteln.

Während Mozart in der 1775 uraufgeführten *Finta giardiniera* seinen musikdramatischen Tiefendrang auf den Buffa-Typus zu übertragen versucht und die Ombra-Sphäre in Sandrinas c-moll-Arie „Ach, haltet, Barbaren" nur durch einen nach D-dur überleitenden Schlußakkord vermeidet, spielt die Tonsymbolik der drei Erniedrigungszeichen in dem Fragment gebliebenen *Thamos, König von Ägypten* eine wichtige Rolle. Es handelt sich um die Bühnenmusik zu einem heroischen Schauspiel Tobias von Geblers, an der Mozart zwischen 1773 und 1779 schrieb, möglicherweise sogar noch 1780. Die wohl auf ausdrücklichen Wunsch des Dichters zu Beginn der ersten Zwischenaktmusik eingesetzten drei B, ein aus der freimaurerischen Vorstellungswelt übernommenes Tonsymbol, haben jene finstere Umtriebigkeit wie der auch in c-moll stehende letzte Auftritt der Königin der Nacht in der *Zauberflöte*. Aber ebenso wie im feierlichen Es-dur der *Zauberflöten*-Ouvertüre die Lichtseite dieser klassischen Ombra-Tonart die Komplexität von Mozarts musikalischem Weltbild hörbar macht, nimmt die *Thamos*-Musik schon das Sarastro-Pathos vorweg: Ein erstaunlicher Fall der Gleichzeitigkeit des Ungleichzeitigen.

Selbst in der mehr als festlich-szenischen Serenade denn als dramma per musica zu bezeichnenden Pastorale *Il re pastore* (Salzburg 1775) läßt sich Mozarts Versuch einer tonartsymbolischen Vertiefung der Figuren spüren. Das 1751 von Metastasio verfaßte, fünf Jahre später von Gluck zum Geburtstag Maria Theresias vertonte Libretto vom Herrscher als dem guten Herrn war für Mozart arg zusammengestrichen worden: ein Drama findet nicht mehr statt. Mozart verstand das als Aufforderung, die Musik selbst zum Gegenstand des Dramas zu machen, am überzeugendsten ist ihm dies in Amintas Arie „L'amerò, sarò costante" gelungen. Es handelt sich, wiederum mit drei Erniedrigungszeichen, um ein Es-dur-Andantino, dessen instrumentale Grundierung durch gedämpfte Streicher, Flöten, Fagotte und Hörner in einem Kontrastsinn erweitert wird: durch doppeltes (!) Englischhorn und ein Geigen-Obligato. Gegen den gedämpften Gesamtklang erheben sich die flirrend hohe Violinlage und die Tessiture des für einen Kastraten geschriebenen Vokalparts zu einer utopischen Windung. Die von Mozart, wie später für Fiordiligis „Per pietà, ben mio, perdona", verwendete Rondoform weist mit ihrem Wiederholungszwang fast rituell auf eine Art der Selbstbeschwörung: hin zum guten Ausgang.

Die sechs Jahre, die zwischen den Auftragsopern *Il re pastore* und *Idomeneo* liegen, sind in der Forschung nicht grundlos als Mozarts romantische Krise, in der Paris-Reise der Jahre 1777/79 gipfelnd, bezeichnet worden. Die erstmals in dem Mozart-Buch von Wolfgang Hildesheimer 1977 prinzipiell in Frage gestellte Übertragung biographischer Momente auf die Werkdeutung war wohl dafür verantwortlich, daß ein Opernfragment aus dieser Zeit nicht die gebührende Beachtung fand: das Singspiel *Zaide* auf ein Libretto von Johann Andreas Schachtner. Dabei ist dieses Werk, thematisch – wenngleich ohne Benutzung von musikalischem Lokalkolorit – eine Vorstufe der *Entführung aus dem Serail*, die große „Drehscheibe" (René Leibowitz) in Mozarts Opernschaffen. Das Fragment ist sein erster Versuch, ohne Vorgabe durch die Traditionen von opera seria und buffa oder der französischen opéra comique in *Bastien und Bastienne* etwas urtümlich Eigenes zu erschaffen (die tragédie lyrique wird er dann als letzte gewachsene Operntradition in *Idomeneo* aufgreifen und verwandeln). Dieses urtümlich Eigene ist die deutsche Oper, und Mozart greift mit der *Zaide* sowohl den grandiosen Stil von Ignaz Holzbauers *Günther von Schwarzburg* (1777) als auch die kammermusikalische Form des Melodrams auf, wie sie Georg Benda in seiner *Ariadne* und *Medea* 1775 erprobt hatte (er kannte die Werke aus Mannheim). Dabei übernimmt er nicht nur äußerlich Bendas Melodramtechnik, die Überlagerung von gesprochenem Wort und kommentierend begleitendem Orchester, sondern auch deren inneren Motor: eine Musiksprachlichkeit, die sich in ihrem Abstand zu formalen Mustern, seien es die liedhafte Dreiteiligkeit oder die Komplexität der Dacapo-Anlage, als eigengesetzlich begreift. Nun wird durch Motive und Rhythmen, durch melodische und harmonische Innenbezüge die Oberfläche des Textes aufgebrochen. So entstehen nicht mehr Affekte als eindimensionale Ausdruckswerte, sondern Figuren in einer komplexen Lebenswirklichkeit. In diese Kunst musikalischer Humansprachlichkeit kann Mozart erstmals auch Ensembles als Ausdruck widerstreitender Gefühle der Beteiligten einbeziehen: das Finale I („O selige Wonne") und das Schlußquartett des Fragments („Freundin, stille deine Tränen") sind Beispiele dafür, wie die Musik selbst zum Drama und die Bühnenfiguren zu Menschen werden. Mit *Zaide* hat Mozart den Grund gelegt, auf dem geschichtlich Gewachsenes und persönlich Schöpferisches zu einer wunderbaren Einheit von Welt und Musik zusammenfinden werden.   *Ulrich Schreiber*

Bastien und Bastienne
Singspiel in einem Akt

Text: Friedrich Wilhelm Weiskern, Johann H. F. Müller und Johann Andreas Schachtner, nach Charles-Simon Favarts, Maria-Justine Benoîte Favarts und Harny de Guervilles *Les amours de Bastien et Bastienne*
Uraufführung: Vermutlich im Wiener Gartentheater des Dr. Anton Mesmer im Oktober 1768; erste nachweisbare Aufführung: 2. Oktober 1890, Architektenhaus, Berlin
Personen: Bastienne, Schäferin (Sop); Bastien, ihr Geliebter (Ten); Colas, ein vermeintlicher Zauberer (Baß)
Chor: Einige Schäfer und Schäferinnen
Ort: Dorf mit der Aussicht aufs Feld
Orchester: 2 Fl, 2 Ob, 2 Hrn, Streicher, B. c.

Form: 16 Musiknummern mit Secco-Rezitativen und gesproche-
nen Dialogen
Aufführungsdauer: Ca. 35 Minuten
Verlag: Bärenreiter, Kassel (Neue Mozart-Ausgabe)

Handlung
Bastienne, eine junge Schäferin, ist verzweifelt: Ihr Geliebter
Bastien hat sich anscheinend von ihr abgewandt und sich in eine schöne
Fremde verliebt. Allein und voller Liebesschmerz macht sie sich zu ihrer
Herde auf, als ihr Colas begegnet. Er genießt den Ruf eines Zauberers, und
Bastienne wendet sich hilfesuchend an ihn, ob er kein Mittel wisse, wie sie
Bastien zurückgewinnen könnte. Colas preist seine Künste an, als Lohn will
er nicht Bastiennes Ohrringe nehmen, mit ein paar Küssen wäre er schon
zufrieden. Doch damit ist Bastienne nicht einverstanden. Sie will von Colas
erfahren, ob Bastien immer so flatterhaft bleiben wird, auch wenn sie ihn
geheiratet hat. Colas versichert ihr, daß er sich ändern werde, nur im
Moment sei er durch die vielen Geschenke, die ihm das Edelfräulein vom
Schloß mache, vollkommen verblendet. Bastienne preist die Tugenden der
Bescheidenheit und Selbstgenügsamkeit an, doch Colas rät ihr, statt mit
Tugendhaftigkeit lieber mit List zur Sache zu gehen. Sie solle sich benehm-
men wie die Damen aus der Stadt, sich ein wenig leichtsinnig geben und
Bastien eifersüchtig machen. – Bastien kehrt von seiner neuen Liebschaft
enttäuscht zurück, die leeren Schmeicheleien konnten ihn nicht auf Dauer
gewinnen. Er dankt Colas, daß er ihm den richtigen Weg zu Bastiennes
ehrlicher Liebe gewiesen habe. Er preist ihre Aufrichtigkeit und Treue erst
recht, als ihn Colas verunsichert, Bastienne habe jemand anderen erwählt.
Nur mit seiner Zauberkunst könne man Bastienne wieder zur Räson und zu
ihrem reuigen Freund zurückbringen. Nach einer dunklen Beschwörungs-
zeremonie weiß Colas Bescheid: Bastien wird mit Bastienne vereint werden,
wenn er sich in Zukunft nicht mehr so flatterhaft zeigt. Als die beiden
zusammentreffen, will zunächst keiner seinen Stolz aufgeben. Bastien
droht, aufs Schloß zurückzugehen, Bastienne versichert, es mache ihr keine
Schwierigkeit, genug Verehrer in der Stadt zu finden. Sogar Selbstmord-
drohungen scheinen das harte Herz Bastiennes nicht erweichen zu können,
nun ist es Bastien, der tief verzweifelt ist. Schließlich gibt auch Bastienne
ihre scheinbar so unbarmherzige Haltung auf, beide versöhnen sich und
versprechen sich gegenseitig Besserung. Colas bestärkt sie, aus der Erfahrung zu lernen, und verspricht, die Hochzeitsfeier zu stiften.

Kommentar

„Nun, um das Publicum zu überzeugen, was aigentlich an der Sache ist, so habe auf einmahl auf etwas ganz besonderes ankommen zu lassen mich entschlossen, nämlich er soll eine Opera fürs theater schreiben. – Und was glauben Sie, was für ein lärmen unter der Hand unter dennen Componisten entstanden? – was? – heute soll man einen Gluck und morgen einen Knaben von 12 Jahren bey dem Flügel und seine Opera dirigieren sehen? – Ja, trotz aller Neider!" Aus diesem Brief Leopold Mozarts geht Aufschlußreicheres hervor, als all die unsicheren Daten zur Entstehungsgeschichte aussagen können. Zum einen zeigt das Zitat ein weiteres Mal, wie sorgfältig und genau überlegt der Vater die Karriere des Sohnes lenkte und bestimmte. Leopold Mozart wußte sehr gut, wie wichtig es war, als dramatischer Komponist einen Ruf zu haben, sah er es doch am Beispiel des erwähnten Gluck, und so veranlaßte er den 12jährigen Mozart, der bereits einige Schuldramen, darunter *Apollo und Hyazinth* vertont hatte, noch bei einem Aufenthalt in Wien, sich mit zwei Operntypen zu präsentieren, die gleich zur Gänze den Musikdramatiker Mozart zeigen sollten. Leopold Mozart wählte eine italienische Oper, *La finta semplice*, und ein deutsches Singspiel, das von Typus und Inhalt genau den Nerv der Zeit traf, *Bastien und Bastienne*. Die opera buffa und das Singspiel garantierten Erfolg schon allein durch die Beliebtheit der Gattung und ihren Unterhaltungswert. Daß Mozart die Aufgabe des Vaters mit Bravour bewältigte und daß das „Lärmen unter der Hand", sollte es tatsächlich in der Komponistenszene entstanden sein, berechtigt war, beweist die musikalische Gestaltung von *Bastien und Bastienne*. Wie in den ersten Symphonien – die „Alte Lambach" KV 45 a oder die „Odense" KV 16 a – frappiert die Souveränität, mit der der Knabe (man muß es sich trotz aller Popularität des Wunderkind-Klischees wirklich immer wieder unverblümt vor Augen halten) über die gängigen musiktheatralischen Mittel verfügt, wie sie in den Arien, Duetten und dem Schlußterzett zum Ausdruck kommen. Auf der anderen Seite birgt die musikalische Gestaltung ein solches Maß an überbordender Phantasie, die das kleine Singspiel eben tatsächlich über ein brav absolviertes Kinderstückchen erhebt. Sicherlich enthält es nicht ein geheimes Potential an musikalischer Dramatik – was ja der Stoff schon nicht zuläßt –, aber die Art, wie Mozart den Singspielton mit Einfachheit in der Melodieführung und Raffinesse in der Orchesterausgestaltung kombiniert, weist auf das, was von dem Musikdramatiker Mozart in diesem Genre (*Entführung* und auch *Zauberflöte*) noch zu erwarten ist.

Geschichte

Wann und wo genau 1767/68 Mozart *Bastien und Bastienne* komponiert hat, ist mit Exaktheit ebensowenig festzustellen wie das Datum und die Umstände der Uraufführung. Ob Mozart sein Stück tatsächlich zum ersten Mal im Gesellschaftstheater des Dr. Mesmer aufgeführt sah, wie es Konstanzes zweiter Mann, Georg Nikolaus Nissen, in seiner Biographie schreibt, bleibt ungewiß, ebenso schwierig bleibt die Einordnung von etlichen Secco-Rezitativen, bei denen die Partie des Colas als Alt ausgelegt ist. Tatsächlich hatte Mozart das Stück wohl zunächst, wie in der Tradition des Singspiels üblich, mit gesprochenen Dialogen konzipiert. Die Neue Mozart-Ausgabe nimmt die Rezitative bis zum Duett Bastienne/Colas auf, fährt dann mit gesprochenem Dialog fort. Ungeklärt bleibt letztlich auch, wie Mozart an den Stoff kam: Sicher ist hier nur, daß das Stück sich in der Weiskernschen Übersetzung großer Beliebtheit erfreute, auch unter den umherreisenden Kinderbühnen. Andreas Schachtner, ein Freund Leopold Mozarts, hat jedenfalls den Text bearbeitet und geändert, an dem neben Weiskern auch bereits Johann Müller seinen Übersetzeranteil hatte. Schon die Autorenschaft des französischen Originals liegt im dunkeln. Das Sujet geht direkt auf Rousseaus berühmtes Intermezzo *Le devin du village* zurück, das die Idylle auf dem Land in ihrer wahren Tugendhaftigkeit und Moralität feiert. In *Bastien und Bastienne* ist dieser Kontrast noch dadurch verstärkt, daß die Unverbildetheit und Natürlichkeit der beiden Protagonisten durch die Bedrohung aus Schloß (Aristokratie) und Stadt (moralisch bereits degeneriertes Bürgertum) hervorgehoben und gleichzeitig desavouiert werden, indem sich für ein glückliches Ende beide Liebende eben der verworfenen Praktiken auf Rat des alten Colas bedienen müssen. Wenn immer wieder die Parallen zwischen der Personenkonstellation *Bastien und Bastienne* und der *Zauberflöte* hervorgehoben werden (Colas als Vorgänger Sarastros), scheint es in diesem Fall doch erhellender, die pessimistische Ähnlichkeit zu *Così fan tutte* zu erwähnen, wo ein vermeintlich glückliches Ende auch erst auf Intervention des zynisch-abgebrühten Don Alfonso zustande kommt. Der Preis dieses lieto fine ist, wie später in den großen Wiener Opern Mozarts, die Aufgabe einer freien, uneingezwängten Erotik zugunsten eines bürgerlichen Idealbilds von ehelicher Ordnung und geregelter Treue. Insofern könnte man Bastien durchaus als einen Verwandten von Cherubino aus *Le nozze di Figaro* sehen, weniger als „Urbild Belmontes und Taminos".

Irmelin Bürgers

Diskographische Empfehlung

1953 – Wien: John Pritchard, Wiener Symphoniker. Ilse Hollweg (Bastienne), Waldemar Kmentt (Bastien), Walter Berry (Colas). Philips 6598 716

1976 – Salzburg: Leopold Hager, Mozarteum-Orchester Salzburg. Edith Mathis (Bastienne), Claes H. Ahnsjö (Bastien), Walter Berry (Colas). DG 413 545-1

La finta giardiniera
(Die Gärtnerin aus Liebe; Die verstellte Gärtnerin)
Dramma giocoso in drei Akten

Text: Giuseppe Petrosellini (?), deutsche Übersetzung von Johann Franz Joseph Stierle d. Ä. (?), von Mozart autorisiert
Uraufführung: 13. Januar 1775, Salvatortheater, München
Personen: Don Anchise, Podestà di Lagonero, Geliebter der Sandrina (Ten); La Marchesa Violante Onesti, Geliebte des Grafen Belfiore, tot geglaubt, nun Gärtnerin unter dem Namen Sandrina (Sop); Graf Belfiore, früher Geliebter von Violante, jetzt Geliebter von Arminda (Ten); Arminda, vornehme Mailänderin, frühere Geliebte des Cavaliere Ramiro, jetzt Verlobte des Grafen Belfiore (Sop); Cavaliere Ramiro, Geliebter der Arminda, von ihr verlassen (Sop); Serpetta, Zimmermädchen des Podestà, in ihn verliebt (Sop); Roberto, Diener der Violante, der sich als ihr Cousin namens Nardo als Gärtner ausgibt, liebt Serpetta, ohne wiedergeliebt zu werden (Baß)
Ort: In der Gegend von Lagonero
Orchester: 2 Fl, 2 Ob, 2 Fg, 2 Hrn, 2 Trp, Pkn, Streicher, B. c.
Form: 28 Musiknummern, durch Secco-Rezitative (bzw. Dialoge in der deutschsprachigen Singspielfassung) verbunden
Aufführungsdauer: Ca. 3 Stunden
Verlag: Bärenreiter, Kassel (Neue Mozart-Ausgabe)

Handlung

1. AKT: Auf dem Gut des Podestà di Lagonero, Don Anchise, findet sich eine bunte Gesellschaft ein: Erst vor kurzem hat Don Anchise eine junge Gärtnerin namens Sandrina und ihren Cousin Nardo eingestellt. Er hat sich heftig in das junge Mädchen verliebt, sie aber ist anscheinend für alle seine zärtlichen Annäherungen unempfindlich, ebenso wie Serpetta, Anchises Dienerin gegenüber den Werbungen von Nardo kühl bleibt, da sie ein Auge auf ihren Herrn geworfen hat und ihn gern erobern möchte. Einzig Ramiro, der verlassene Geliebte von Don Anchises Nichte Arminda, sieht dem ganzen Liebestreiben völlig unbeeindruckt, ja fast angeekelt zu: Er kann nicht fassen, daß Arminda ihn verlassen hat und nun den Grafen Belfiore heiraten will. Arminda und ihr Bräutigam werden erwartet, sie wollen auf dem Gut des Onkels ihre Hochzeit feiern. Zunächst trifft Arminda ein, Belfiore ist von Armindas Schönheit vom ersten Augenblick an fasziniert. Doch sie droht ihm bei aller Zuneigung, sie werde ihn tätlich bestrafen, sollte er ihr untreu sein. Während der Podestà sich durch die vornehme Herkunft des Grafen geehrt fühlt und Nardo weiterhin versucht, sich Serpetta zu nähern, beklagt Sandrina ihr Schicksal: In Wirklichkeit ist sie keine Gärtnerin, sondern die Marchesa Violante Onesti, die ehemalige Braut des Grafen Belfiore. Der hatte sie in einem blinden Anfall von Eifersucht zu erstechen versucht und war dann, im Glauben, sie getötet zu haben, geflohen. Violantes Liebe aber hatte Belfiore diese Tat vergeben, in der Verkleidung einer Gärtnerin hat sie sich aufgemacht, zusammen mit ihrem Diener Roberto (der niemand anderes ist als Nardo) Belfiore zu suchen. Dabei war sie auf dem Gut des Podestà gelandet, wo sie nun mit Arminda zusammentrifft, die ihr stolz verkündet, noch heute vermähle sie sich mit dem Grafen Belfiore. Auf diese Nachricht hin sinkt Violante ohnmächtig zusammen. Der zu Hilfe eilende Graf meint Violante wiederzuerkennen, doch die ungewohnte Gärtnerinnen-Verkleidung irritiert ihn. Nun treffen auch Arminda und Ramiro zusammen: Alle vier, frühere und jetzige Paare, stehen sich ratlos gegenüber. Violante macht Belfiore Vorwürfe wegen der Verlobung mit Arminda, der Podestà seinerseits ist, angestachelt von Serpetta, die eine Chance sieht, ihre Interessen wirkungsvoll zu verteidigen, eifersüchtig auf den Grafen. Arminda kann ihren Ärger wegen der vermeintlichen Gärtnerin nicht unterdrücken, und Ramiro ist durch die plötzliche Konfrontation mit seiner früheren Geliebten Arminda völlig konsterniert. Als sich die undurchsichtigen Verhältnisse zu klären beginnen, entlädt sich der größte Ärger auf Sandrina und den Grafen: Zorn, Ärger,

Wut, Liebe, Eifersucht und Verwirrung halten sich die Waage. Keiner weiß, was zu tun ist.

2. AKT: Die Situation will sich nicht klären, alle machen sich gegenseitig Vorwürfe der Untreue, gleich ob dem neuen oder dem alten Partner. Als es so scheint, als ob zumindest Arminda und der Graf sich versöhnt hätten, erreicht eine Depesche die Gesellschaft, die einen Haftbefehl gegen Belfiore wegen einer Mordtat enthält: Der Graf soll die Gräfin Onesti erstochen haben. Der Podestà beraumt eine Untersuchung an. Für die Dauer dieser Untersuchung soll die Hochzeit aufgeschoben werden. Während des Verhörs gibt sich Sandrina als die Gräfin Onesti zu erkennen, doch als ihr Belfiore dafür danken will, erklärt sie ihm, sie habe sich nur als Violante ausgegeben, um ihn zu retten, jetzt solle er nur zu seiner Braut Arminda gehen. Für Belfiore ist diese Eröffnung zuviel: Sein Verstand verwirrt sich. Währenddessen kommt die Nachricht, Sandrina sei verschwunden, in den Wald geflüchtet. Die Männer brechen mit Fackeln auf, sie zu suchen; in Wirklichkeit aber hat Arminda sie in den Wald bringen lassen, um endlich den Grafen heiraten zu können. Im nächtlichen Wald treffen sich nun alle, ohne sich zu erkennen. Auch Violante weiß inzwischen nicht mehr, wer sie ist. Als Ramiro mit Fackeln kommt, merken alle, daß sie sich in ihrem Gegenüber getäuscht haben, keiner ist der, für den er gehalten wurde, und bestürzt stellen sie den verwirrten Geisteszustand von Violante und Belfiore fest.

3. AKT: Wieder im Gutshaus des Podestà, beginnen sich die verwirrten Fäden allmählich zu lösen: Als erstes kommen sich Nardo und Serpetta näher, nach einem erholsamen Schlaf sind auch Belfiore und Violante wieder bei Sinnen und versöhnen sich. Violante entlarvt nun auch Nardo, er ist nicht ihr Cousin, sondern ihr Diener Roberto. Da besinnt sich auch Arminda und bittet den Podestà, sie doch mit Ramiro zu verheiraten. Serpetta gibt ihrem Herzen einen Stoß und gesteht, daß der Podestà nicht der Richtige für sie sei, so gibt sie endlich Robertos Drängen nach. Nur der Podestà bleibt allein, er will auf eine andere „Gärtnerin aus Liebe" warten.

Kommentar

1775 – ein Jahr nach der Uraufführung – erschien in der „Deutschen Chronik" von Christian Daniel Friedrich Schubart, der unter anderem anerkannter Musiktheoretiker und -schriftsteller war, eine Kritik der ersten Aufführungen der *Finta giardiniera*: „Genieflammen zucken da und dort, aber es ist noch nicht das stille, ruhige Altarfeuer, das in Weihrauchwolken zu Himmel steigt. Wenn Mozart nicht eine im Gewächshaus getriebene Pflanze ist, so muß er einer der größten Komponisten werden, die jemals gelebt haben." Unverhohlen ist die Anerkennung für das zehnte Bühnenwerk, das der mittlerweile 18jährige Nachwuchsstar der zeitgenössischen Komponistenszene in München am alten Hoftheater neben der Salvatorkirche vorgestellt hatte. Signifikant aber auch die Spur von Skepsis gegenüber dem Ruf des Wunderknaben, der wohl von Leopold Mozart weiterhin nachhaltig propagiert wurde. Bei allem Erfolg waren die Fachleute der Zeit doch vorsichtig gegenüber diesem Phänomen aus Salzburg, zu viele Eintagsfliegen hatten auch sie schon gesehen. Daß Mozart schließlich alle Versprechungen einlöste und letztlich sogar übertrumpfte, konnte auch Schubart noch miterleben. Tatsächlich aber ist ein Rest von Skepsis, die in Schubarts Kritik angesichts der musikdramatischen Gesamtform der *Finta* anklingt, angebracht. Dagegen wäre es unangemessen, die erste eigentliche Buffa-Oper Mozarts an den unvergleichlichen Synthesen aus Ernst und Komik, aus Dramatik und Tiefblick, aus Realismus und Ironie zu messen, die die sechs großen Opern Mozarts darstellen, die alle Gattungseingrenzungen weit hinter sich zurücklassen und wahrhaftiges, gesamtheitliches Musiktheater darstellen. Aber es kann nicht ausbleiben, bei der Betrachtung nach vorne zu blicken und zu vergleichen: Und da erscheint *La finta giardiniera* ambivalent. Natürlich hängt es mit dem an Irrungen und Wirrungen überfrachteten Libretto zusammen, das immer wieder Errettungen erfährt. Nicht das Sujet ist es, an dem die Kritiker ansetzen sollten, das in der Tat weit weniger umständlich und undurchsichtig ist, als immer wieder eingewendet wurde. Aber der dramaturgische Aufbau machte Mozart die Arbeit schwerer als nötig gewesen wäre. Was sollte er denn mit dieser Arienreihung anderes machen, als zu versuchen, bei jeder Arie neu an die Charakterisierung der Figur zu gehen und größtmögliche Varianz selbst innerhalb einer Musiknummer zu erzielen. Das erklärt auch die unvermittelten hochdramatischen Einsprengsel beispielsweise in den Sandrina-Arien, die letztlich in der Buffa-Anlage des Werkes nicht genügend integriert wirken. Denn die Figuren sind noch zu wenig tatsächliche Menschen, verraten zu sehr ihre commedia dell'arte-Herkunft. Mozart konnte dramatische und komische Züge seiner Personen noch nicht zur Einheit eines menschlichen Wesens aus Musik verschmelzen wie im *Figaro* oder *Don Giovanni*. Daß er aber bereits zehn Jahre früher den Blick aufs Ganze gerichtet hatte, zeigen die Ensembles und Finale, die wie im *Figaro* dann alle sieben Solisten vereinen. Obwohl diese Nummern satztechnisch ungleich höhere Ansprüche an den Komponisten stellen als monologische Auftritte, strahlen sie wesentlich mehr Homogenität bei aller Differenzierungskunst aus als die Einzelnummern und beweisen, in welch hohem Maß Mozart eben die Technik beherrschte. Die Erfahrungen seiner Italienreisen, die Auseinandersetzung mit der Vorlage, Anfossis *Finta giardiniera*, gegen die Mozart wohl auch ganz bewußt ankomponierte, um seinen Stil zu beweisen, werden in den Ensembles auf frappierende Weise deutlich. Hier beginnen Musik und Dramaturgie der Figuren lebendig zusammenzuwirken, fassen die vorangegangenen Einzeldarstellungen der Arien und Rezitative zusammen und konzentrieren diese Einzelfacetten zu musikalisch und dramatisch Sinnfälligem. Und daran entzündete sich – neben dem Glanz virtuoser Einzeldarstellung der Sänger – auch der Erfolg, den die *Finta* bei ihren ersten Aufführungen in München erringen und den Mozart, sein Vater und die Schwester Nannerl der Mutter in Salzburg berichten konnten. Dabei soll nicht unerwähnt bleiben, daß sich unter den zahlreichen Arien durchaus wirkliche musikalische Kostbarkeiten befinden, voller Leichtigkeit des Ausdrucks, Tiefe und Komik. Deshalb sind bei einer heutigen Aufführung wirklich intelligente Dirigenten, Regisseure und Dramaturgen aufgerufen, eine Fassung zu erstellen, die behutsam, aber mit sicherer Hand die Spreu vom Weizen trennt und die über dreistündige Aufführung strafft.

Geschichte

Es war wohl im Herbst 1774, als Mozart vom Münchner Hoftheaterintendanten Joseph Anton Graf von Seeau den Auftrag bekam, eine neue Oper für das alte Hoftheater, das Salvatortheater, zu schreiben. Das neue Theater, das Cuvilliés erbaut hatte, war 1755 eröffnet worden. Wie München an Mozart geriet, ist ebenso unklar wie die Wahl des Stückes. Pasquale Anfossi hatte seine *Finta giardiniera* Ende des Jahres 1773 in Rom uraufgeführt, im August 1774 war in Würzburg die erste Aufführung in Deutschland. Jedenfalls kannte Mozart Anfossis Partitur gut, wie verschiedene Anlehnungen und prägnante Abweichungen belegen. Am 6. Dezember 1774 kam Mozart mit seinem Vater in München an, im Gepäck wohl schon den größten Teil des fertigen Werks. Bei der Einstudierung war Mozart selbst beteiligt, obwohl er seinen Münchner Erstling nicht eigenhändig dirigiert hat. Aber offensichtlich war seine Mitarbeit für die 23köpfige Kapelle dringend vonnöten, wie aus seinen Briefen an die Mutter hervorgeht. Nach etlichen Verschiebungen wurde *La finta giardiniera* am 13. Januar 1775 uraufgeführt und mit großem Erfolg einige Male wiederholt. Fünf Jahre später arbeitete Mozart dann seine Buffa-Oper für die Böhmsche Schauspielertruppe in ein deutsches Singspiel um, die Secco-Rezitative wurden durch Dialoge ersetzt. Ein Mitglied der Wanderbühne, Johann Franz Joseph Stierle, übertrug den italienischen Text ins Deutsche. Mozart selbst änderte die Stellen um, die sich durch die Übersetzung ergaben, beispielsweise die Accompagnato-Rezitative. In Salzburg jedoch wurde das Singspiel *Die verstellte Gärtnerin*, wie ein Titel lautete, oder die *Gärtnerin aus Liebe* nicht mehr aufgeführt, sondern erst bei der nächsten Station der Truppe in Augsburg, Anfang Mai 1780. Mit großem Erfolg verbreitete Böhm mit seinem Ensemble Mozarts Werk innerhalb der nächsten zwei Jahre in ganz Deutschland. Dann jedoch wurde es zunehmend stiller um die *Finta*, erst gegen Ende des 19. Jahrhunderts erfuhr sie durch verschiedene Bearbeitungen (unter anderem durch Max Kalbeck, den Brahms-Biographen, 1891 in Wien) etliche Wiederaufführungen. Die Version in der Neuen Mozart-Ausgabe 1978 konnte der *Finta giardiniera* allerdings nicht den Aufschwung von Neuinszenierungen bringen, wie es beispielsweise beim *Titus* geschehen ist. Auch eine glanzvolle, fast zu pompös-äußerliche Aufführung im Rahmen der Münchner Opernfestspiele 1979, die sich zwar längere Zeit auf dem Spielplan hielt (Inszenierung: Ferruccio Soleri, Bühne: Ezio Frigerio, musikalische Leitung: Bernhard Klee), blieb letzten Endes eine Ausnahme, so daß es das Stück eigentlich längst verdient hätte, aus dem Odium von Schüler- und Studentenaufführungen befreit und wirklich sinnvoll „in Szene gesetzt" zu werden.

Irmelin Bürgers

Diskographische Empfehlung

1972 – Hamburg: Hans Schmidt-Isserstedt, Chor und Sinfonieorchester des Norddeutschen Rundfunks. Helen Donath (Sandrina), Ilena Cotrubas (Serpetta), Jessye Norman (Arminda), Tatiana Troyanos (Ramiro), Werner Hollweg (Belfiore), Hermann Prey (Nardo). Philips 6747 388

1981 – Salzburg: Leopold Hager, Salzburger Kammerchor, Mozarteum-Orchester Salzburg. Julia Conwell (Sandrina), Jutta-Renate Ihlhoff (Serpetta), Lilian Sukis (Arminda), Brigitte Faßbaender (Ramiro), Thomas Moser (Belfiore), Barry McDaniel (Nardo). DG 2740 234

Idomeneo
Ré di Creta ossia Ilia et Idamante
Dramma per musica in drei Akten

Text: Gianbattista Varesco

Uraufführung: 29. Januar 1781, Neues Hoftheater (Cuvilliés-Theater), München

Personen: Idomeneo, König von Kreta (Ten); Idamante, sein Sohn (Sop, Ten); Ilia, trojanische Prinzessin, Tochter des Priamus (Sop); Elektra, Prinzessin, Tochter des Agamemnon, des Königs von Argos (Sop); Arbace, Vertrauter des Königs (Ten); Oberpriester Poseidons (Ten); Die Stimme des Orakels (Baß)

Chor: Volk von Kreta; Schiffsvolk; Heimkehrende Krieger; Kriegsgefangene Trojaner; Priester und Priesterinnen

Ort und Zeit: Sidon, die Hauptstadt von Kreta, in der mythologischen Antike

Orchester: 2 Fl, Picc, 2 Ob, 2 Kl, 2 Fg, 4 Hrn, 2 Trp, 3 Pos, Pkn, Streicher, B. c.

Form: 32 Musiknummern, durch Secco- und Orchester-Rezitative miteinander verbunden

Aufführungsdauer: 3 Stunden

Verlag: Bärenreiter, Kassel (Neue Mozart-Gesamtausgabe)

Handlung

VORGESCHICHTE: Nach jahrelangem Krieg hat Idomeneo, König von Kreta, gemeinsam mit den Griechen Troja in die Knie gezwungen. Als Unterpfand seines Sieges schickte er trojanische Gefangene, unter ihnen die Prinzessin Ilia, in die kretische Heimat voraus. Idamante, der Sohn Idomeneos, der zu Kriegsbeginn noch ein Kind gewesen war, mittlerweile aber zum jungen Mann herangewachsen ist, entbrennt in Liebe zu Ilia, wird aber gleichzeitig von Elektra begehrt, der Tochter Agamemnons, die nach der Ermordung ihrer Mutter durch Orest nach Kreta geflohen war. Nun erwartet man die siegreiche Rückkehr Idomeneos.

1. AKT: Ilia wird von heftigen Gefühlskonflikten gequält, sie leidet unter ihrem und dem Schicksal ihres Volkes als Gefangene und liebt gleichzeitig Idamante, den Sohn des feindlichen Königs. Der seelische Zwiespalt verschließt ihr Herz gegenüber den Liebesbeteuerungen Idamantes, auch, als er den gefangenen Trojanern die Freiheit verspricht. Da meldet Idome-

neos enger Vertrauter Arbace den Untergang der königlichen Flotte in einem schrecklichen Sturm. Als Idamante daraufhin voll Sorge zur Küste eilt, um nach den Schiffbrüchigen zu sehen, wird Elektra von wütender Verzweiflung gepackt, da sie ihre Chancen bei Idamante ohne den vermeintlich toten Idomeneo im Schwinden sieht. Inzwischen hält Idamante am Strand Ausschau nach der gekenterten Flotte und begegnet dabei einem Fremden, den er schließlich als seinen totgeglaubten Vater erkennt. Doch statt innige Wiedersehensfreude zu bekunden, stürzt Idomeneo zum Entsetzen Idamantes davon. Währenddessen kommen die heimkehrenden Soldaten an Land.

2. AKT: Idomeneo sucht sofort den getreuen Arbace auf, um sich Rat in seiner verzweifelten Lage zu holen. In schlimmster Seenot hatte der König dem Meeresgott Neptun das Gelübde gegeben, für den Fall seiner glücklichen Rettung ein Menschenopfer zu bringen: den ersten Sterblichen, dem er an Land begegnen würde. Nun müßte er, um sein Versprechen zu halten, seinen eigenen Sohn ermorden. Arbace setzt auf die Möglichkeit zur Besänftigung und das Vergessen der Götter und rät Idomeneo, seinen Sohn für eine Zeit außer Landes zu bringen. Daraufhin beschließt der König, Idamante und Elektra nach Argos, die Heimat Elektras zu schicken, damit sie dort, mit Unterstützung Idamantes, den Thron zurückgewänne. Elektra ausgenommen, sind alle über diesen Beschluß Idomeneos bestürzt; Idamante und Ilia müssen sich trennen, Idomeneo grämt sich um so mehr, als er die Liebe Ilias zu seinem Sohn spürt. Doch Elektra triumphiert, denn sie glaubt sich nun des begehrten Idamante sicher.

Just als das Schiff mit Idamante und Elektra ablegen will, bricht ein entsetzlicher Sturm los. Ein Ungeheuer steigt aus den Meeresfluten. Angesichts dieser Bedrohung klagt Idomeneo sich selbst an – doch alles flieht vor dem Ungetüm.

3. AKT: Das Meeresungeheuer wütet entsetzlich in der Stadt; es bemächtigt sich jedes Menschen, dessen es habhaft werden kann. Da beschließt Idamante, den Kampf mit der Bestie auf Leben und Tod zu suchen. Ilia kann jetzt ihre Liebe zu Idamante nicht länger verheimlichen. Als der Oberpriester und das Volk von Kreta eine Aussprache mit dem König fordern, bekennt Idomeneo seine verzweifelte Lage zwischen Pflichterfüllung und Sohnesliebe. Alles verfällt in große Trauer.

Vor dem Tempel fleht Idomeneo noch einmal die Götter an. Da erscheint Idamante, der das Ungeheuer erlegt hat, und endlich erfährt auch er die Wahrheit. Sofort ist er zum Sterben bereit, doch ehe der gepeinigte Idomeneo zum Todesstoß ansetzen kann, wirft sich Ilia dazwischen. In diesem Augenblick ertönt die Stimme des Orakels und verkündet, daß Idomeneo als König seinen Platz zugunsten von Idamante und Ilia zu räumen hätte. Sie sollten künftig über Kreta herrschen. Die große Verliererin ist Elektra, die ob des endgültigen Verlustes von Idamante wütend davonstürzt. Idomeneo aber stimmt erleichtert und glücklich dem Orakelspruch zu.

Kommentar

Auch nach dem Erscheinen der ersten wissenschaftlich-kritischen Partitur-Ausgabe (1972) hat es Mozarts *Idomeneo* schwer, in der Gunst des Publikums nach oben zu steigen, obwohl sich so renommierte Künstler wie Jean-Pierre Ponnelle oder Nikolaus Harnoncourt an prominenten Orten (Zürich, Salzburg) mit Mozarts Problemwerk auseinandersetzten. Zudem sind sich die Fachleute schon seit dem 19. Jahrhundert darüber einig und teilen Mozarts eigene Überzeugung (was keineswegs selbstverständlich ist), daß *Idomeneo* eine seiner besten Opern sei. Der früher nicht existierende und heute sich nur zögernd einstellende Erfolg hat mehrere Ursachen. Zum einen tut sich eine (vermeintlich) wenig ergötzliche opera seria des 18. Jahrhunderts von vornherein schwerer als eine buffa, als *Figaro* etwa oder das dramma giocoso *Don Giovanni*. Man vermutet schwere, langatmige Kost, ein Vorurteil, das auch dem späten Meisterwerk *Titus* zum Verhängnis wurde. Zum anderen, und das ist noch gewichtiger, liegt der *Idomeneo* auch heute nicht in einer definitiven Werkeinheit vor, was zu einer geradezu einzigartigen Bearbeitungswillkür (siehe den Abschnitt zur Geschichte) führte. Als Plädoyer für die teilweise tatsächlich grotesken Entstellungen (im frühen 20. Jahrhundert) kann allerdings angeführt werden, daß Mozart selbst letztlich nur „Fassungen" vorgelegt hat und so Tür und Tor öffnete für die Bearbeitungswut der Nachwelt. Noch vor der Münchner Uraufführung strich Mozart einige Arien und vor allem Rezitative, um die Bühnenwirksamkeit, die ihm durch Varescos weitschweifiges Libretto aufs höchste gefährdet schien, zumindest einigermaßen herzustellen. Könnte man also von der aufgeführten Münchner Fassung zu Recht sagen, sie entspräche Mozarts Intentionen, so steht ihr eine Fassung entgegen, die Mozart selbst für eine Liebhaber-Aufführung in Wien (13. März 1786, Palais Auersperg) einrichtete. So liegt etwa die Arie des *Idomeneo* aus dem 2. Akt „Fuor del mar" (Nr. 22 a) in zwei Fassungen vor, das Duett Ilia/Idamante (3. Akt, Nr. 20 a) ebenfalls, die Orakelszene gar in vier Versionen. Zum Problem wird auch die finale Ballettmusik, die als Pantomime die Krönung Idamantes schildert. Zumindest die Schluß-Passacaglia in Es-dur widerspricht dem Tonartenbogen Mozarts (die Haupttonart ist D-dur) gründlich. Zu allem Unglück divergieren einzelne Stimmlagen, die für die unmittelbare Wirkung überaus bedeutsam sind, zwischen der Münchner und der Wiener Fassung. War die Partie des Idamante in München einem Kastraten vorbehalten, so schrieb sie Mozart in Wien für einen Tenor um. (Die heutige Aufführungspraxis, den Idamante zur Hosenrolle zu erklären, scheint sich durchzusetzen.) Die Idomeneo-Rolle sollte in Wien gar von einem Baß gesungen werden, je nachdem, welche Sänger zur Verfügung standen. Daß diese Umstände zu einer Verwirrung in den Notenschlüsseln führten, zumal in den Ensembles, kann nicht verwundern. So wird auch in Zukunft jede *Idomeneo*-Produktion vor gewichtige Entscheidungen gestellt werden, die den Text selbst bereits zur Interpretation machen.

Als Mozart 1780 der Auftrag vom Münchner Hof Karl Theodors erreichte, für die folgende Karnevalsaison eine Oper zu schreiben, war das für ihn wie ein Geschenk des Himmels. Fünf Jahre hatte er auf ein solches Angebot gewartet. Der Stoff war vermutlich vom Kurfürsten selbst ausgewählt worden. Der Salzburger Hofkaplan Varesco besorgte das Libretto, das am 22. Dezember 1780 vollständig in München eintraf. Mozart selbst war bereits seit dem 6. November vor Ort. Wie zu keiner anderen Oper Mozarts können wir einen ziemlich genauen Einblick in die Entstehung gewinnen, dank eines intensiven Briefwechsels, den Mozart von München aus mit seinem Vater Leopold führte. Das besondere Problem war das Textbuch. „Es wird doch gar zu lang" (24. November 1780) – „Wir brauchen gar keinen zweyten Theil – desto besser" (29. November)... Angesichts der endlosen Verse Varescos können wir Mozarts Stöhnen unmittelbar nachvollziehen. Er wußte wie kein anderer um die szenische Gesamtwirkung, um die Stringenz und Plausibilität der Figuren und Konflikte, die er gerade nicht nach der überkommenen Tradition der opera seria zu steinernen Monumenten ihrer selbst und quasi oratorischen Standbildern erstarren lassen wollte. Trotz heftiger Gegenwehr Varescos, der es immerhin durchsetzte, daß sein Textbuch unverändert gedruckt wurde (München 1781), durchbrach Mozart die starre Seria-Gattung entscheidend. Er weitete sie um die Dimension der französischen tragédie lyrique im Sinne von Glucks Reformen, dem es um eine Verschmelzung der italienischen mit der französischen Oper zu tun war. Französisch sind die großangelegten Chöre (insgesamt neun Nummern) und vor allem der üppige Orchesterklang; eine Partitur von bislang unerhörter Farbigkeit. Mozart wußte, daß er sich in

München des einzigartigen Mannheimer Orchesters (unter Leitung von Christian Cannabich) bedienen konnte, das der Kurfürst mit an den Münchner Hof gebracht hatte.

Die starre Nummernabfolge der alten seria weicht einer übergreifenden Dramaturgie des Musikalischen. Rezitative, Arien, Ensembles und Chöre sind eng miteinander verzahnt. Es entstehen großräumige Szenen, die das reihende Prinzip überwinden. Geradezu symbolisch für diese nur Mozart gehörende Ausformung ist das Quartett (Nr. 21) im 3. Akt, wenn Idamante Abschied nimmt. Denn Solisten-Ensembles haben in einer opera seria eigentlich nichts zu suchen, sie sind Charakteristika der opera buffa. Und gerade diese Szene wird zum geheimen Mittelpunkt des Werkes, das an Höhepunkten wahrlich reich ist.

Zu Recht wird der *Idomeneo* als Mozarts Choroper schlechthin bezeichnet. Die zentrale Stellung des Chores spiegelt die Außenwelt der individuellen Charaktere, das kollektive Gewissen gegenüber den Einzelkonflikten. Der Chor ist „ein realistisches Korrektiv gegenüber... den privilegierten Figuren" (Attila Csampai).

Der *Idomeneo* stellt Mozarts erste voll gültige Großtat im Bereich des Musiktheaters dar. Ohne revolutionäres Gebaren gelingt es ihm, die eigentlich veraltete Seria-Form, die die Bewegungsmomente in die inneren Affekte der Arien verlegte, in wirkliche Aktion überzuführen. Die vormals starren Figuren werden zu aktiv handelnden Menschen. Es ist eine „opera seria sui generis (...), ein Drama in Opernform von unerhörter Freiheit und Kühnheit" (Alfred Einstein).

Geschichte

Die unmittelbare Quelle für Gianbattista Varescos Textbuch war gleichfalls ein Libretto. Antoine Danchet (1671–1740) verfaßte es für den Komponisten André Campra (1660–1744), zu dessen tragédie lyrique *Idoménée*, die am 12. Januar 1712 in der Pariser Académie Royale de Musique Premiere hatte. Doch Varesco beschränkte sich nicht auf eine italienische Übersetzung der französischen Vorlage, er brachte auch seine Jesuiten-geschulte Bildung der griechisch-antiken Schriftsteller ein, hauptsächlich Reminiszenzen aus dem 13. Buch der *Ilias* des Homer. Auch römische Anklänge aus Ovids *Metamorphosen* fanden Eingang in den *Idomeneo*-Text. Außerdem dürften dem Hofkaplan die Parallelen zwischen mythologischem Stoff und der *Jephta*-Geschichte aus dem Alten Testament kaum entgangen sein. Der beträchtliche intellektuelle Fundus Varescos konnte

aber nicht sein mangelndes dramaturgisches Gespür überdecken. Mozart mußte die endlosen Nach- und Neudichtungen mühsam kürzen. Auf einen Punkt, der nur auf Varesco zurückzuführen ist und der einen wichtigen Handlungsstrang plausibel macht, hat Kurt Kramer hingewiesen. „Es geht um die Begründung der Verfolgung (Idomeneos, B. R.) durch Neptun auf dem Weg nach Kreta. Idomeneo bezichtigt sich der Überheblichkeit den Göttern gegenüber. (...) Sich über die Götter zu erheben, ist das einzige Vergehen in der frühen Antike, das die Götter nicht verzeihen und oft mit dem Tode bestrafen. (...) Varesco ist der einzige, der dieses Motiv herangezogen hat, um die Verfolgung seines Helden durch Neptun zu erklären."
Aus der Tatsache, daß der *Idomeneo* keine definitive Werkeinheit besitzt, sondern die experimentelle Haltung Mozarts als Laboratorium des Musiktheaters geradezu betont, zog die Nachwelt den Schluß, bedenkenlos die eigene Feder ansetzen zu können. Das Ergebnis waren teilweise groteske Verstümmelungen, ja sogar Nach- und Neukompositionen. Der erste – 1797 erschienene – Klavierauszug trug die Handschrift des Prager Domorganisten Johann Wenzel (1762–1831). Die Premiere am 15. Januar 1854 an der Dresdner Hofoper beruhte auf einer Fassung Carl Friedrich Nieses, der bereits sechs Arien sowie die Szene mit dem Meeresungeheuer strich. Geradezu abenteuerlich aber wird es im 20. Jahrhundert. Am 16. April 1931 dirigierte Richard Strauss an der Wiener Staatsoper seine zusammen mit Lothar Wallerstein erstellte deutsche Neufassung des *Idomeneo*, in der nicht weniger als 65 Partiturseiten Strauss'scher Musik enthalten sind. Zudem hielt er es für angebracht, die Figur der Elektra in Ismene umzutaufen, wohl um eventuellen Verwechslungen vorzubeugen. Strauss jedenfalls meinte, er würde sich im Himmel „persönlich dem göttlichen Mozart gegenüber wegen meiner Pietätlosigkeit verantworten". Dasselbe Jahr 1931 (der 150. Jahrestag des *Idomeneo*) erlebte im Münchner Cuvilliés-Theater am 15. Juni Ermanno Wolf-Ferraris Version, die glaubte, auf nicht weniger als acht der 14 Arien und auf erhebliche Rezitativ-Abschnitte verzichten zu können, von deren Restbeständen auch noch einiges von Wolf-Ferrari selbst stammte. Zu Mozarts 200. Geburtstag dann griff Bernhard Paumgartner zur Feder und „krönte" seine Sicht des *Idomeneo* „durch die sinnlose Plazierung der Es-dur-Passacaglia an den Beginn des 2. Aktes" (Ulrich Schreiber). Die fulminanten Erfolge, die auf der Basis der „Neuen Mozart-Gesamtausgabe" (der *Idomeneo* erschien 1972) sich in Zürich (1. März 1980) mit Jean-Pierre Ponnelle und Nikolaus Harnoncourt einstellten – Ponnelle inszenierte das Werk auch in Salzburg–, dürfen nicht darüber

hinwegtäuschen, daß der von Mozart selbst so hochgeschätzte *Idomeneo* immer Außenseiter bleiben wird. Daran wird auch die philologische Akribie, längst überfällig, nur wenig ändern können. *Idomeneo* – eine Fundgrube und ein Ereignis für die „Aufgeklärten".   *Bernhard Rzehulka*

Diskographische Empfehlung

1956 – London: John Pritchard, Glyndebourne Festival Chorus & Orchestra. Richard Lewis (Idomeneo), Léopold Simoneau (Idamante), Sena Jurinac (Ilia), Lucille Udovick (Elektra). EMI Seraphim SIC-6070

1976 – Zürich: Nikolaus Harnoncourt, Mozartorchester und Chor des Opernhauses Zürich. Werner Hollweg (Idomeneo), Trudeliese Schmidt (Idamante), Rachel Yakar (Ilia), Felicity Palmer (Elektra). Telefunken 6.35547 (+ Supplement der gestrichenen und nachkomponierten Stücke: 1982, mit Franciso Araiza (als alternierender Idamante). Telefunken 6.42650

Die Entführung aus dem Serail
Ein Singspiel in drei Aufzügen

<u>Text</u>: Johann Gottlieb Stephanie d. J., nach Christoph Friedrich Bretzners Operette *Bellmont und Constanze*
<u>Uraufführung</u>: 16. Juli 1782, k. k. National-Hoftheater, Wien
<u>Personen</u>: Selim, Bassa (Sprechrolle); Konstanze, Geliebte des Belmonte (Sop); Blonde, Mädchen der Konstanze (Sop); Belmonte (Ten); Pedrillo, Bedienter des Belmonte und Aufseher über die Gärten des Bassa (Ten); Osmin, Aufseher über das Landhaus des Bassa (Baß); Klaas, ein Schiffer (Sprechrolle); Ein Stummer; Wache
<u>Chor</u>: Die Janitscharen
<u>Ort</u>: Landhaus des Bassa
<u>Orchester</u>: Picc, 2 Fl, 2 Ob, 2 Kl, 2 Fg, 2 Hrn, 2 Bassetthrn, 2 Trp, Pkn, GrTr, Trgl, Bck, Türkische Trommel, Streicher
<u>Form</u>: 21 Musiknummern mit gesprochenen Dialogen
<u>Aufführungsdauer</u>: 2 ½ Stunden
<u>Verlag</u>: Bärenreiter, Kassel (Neue Mozart-Ausgabe)

Handlung

1. AUFZUG: Belmonte hat von seinem Diener Pedrillo erfahren, daß seine Braut Konstanze, deren Zofe Blonde und auch Pedrillo selbst bei ihrer Trennung in die Hände von Seeräubern fielen, die ihre Beute an einen türkischen Bassa verkauften. Vor dem Palast dieses Bassa hofft Belmonte, die Geliebte bald wiedersehen und zurückgewinnen zu können, wird aber von dem aggressiven Osmin fortgejagt. Osmin haßt alle Fremden. Mit dem einen, mit Pedrillo, der sich durch sein Geschick in der Gärtnerei die Gunst des Bassa erworben hat und ihm zu allem Überfluß auch noch bei seinem Werben um Blonde im Wege steht, hat er schon Ärger genug. Wenn es nach Osmin ginge, kämen alle Fremden ohne viel Federlesens an den Galgen. Nachdem der Aufseher seine Wut über „diese hergelaufnen Laffen, die nur nach den Weibern gaffen" an Pedrillo ausgetobt hat, trifft dieser seinen zurückkehrenden Herrn. Ungeduldig möchte Belmonte seinen Entführungsplan am liebsten gleich auf der Stelle in die Tat umsetzen. Pedrillo klärt ihn aber darüber auf, daß es viel List und Verstand braucht, um das Schiff, in dem Belmontes Leute vor dem Hafen warten, heil zu erreichen. Mit festlichem Janitscharen-Jubel, Gefolge und mit Konstanze kehrt Bassa Selim von einem Ausflug auf See zurück. Bisher hat er vergeblich versucht, Konstanzes Liebe zu gewinnen, denn seine Gefangene wiederholt immer wieder, daß ihr Herz unverbrüchlich einem anderen gehört. Eifersüchtig gewährt der Bassa Konstanze noch einen Tag Bedenkzeit. Dem allein zurückbleibenden Bassa präsentiert Pedrillo Belmonte als Baumeister und Italienkenner. Der kunstinteressierte Bassa bittet den vermeintlichen Architekten in sein Haus. Auch wenn Osmin sich nach wie vor erbittert wehrt, steht für Belmonte die Tür zum Palast des Bassa Selim offen.

2. AUFZUG: In einem Garten des Palastes, nahe der Wohnung von Osmin, bemüht sich dieser recht unbeholfen um die Liebe von Blonde, erntet dafür aber bei der munteren Zofe nur Spott – und eine Lektion über das Freiheits- und Selbstbewußtsein europäischer Mädchen. Auch Bassa Selim kommt bei seinem Werben um Konstanze nicht weiter. Sie, die ohne ihren Belmonte nur Trauer- und Todesgedanken kennt, ist durch nichts zu bewegen, ihre Liebe zu verraten. Auch „Martern aller Arten" könnten daran nichts ändern. Unterdessen trifft Pedrillo Vorbereitungen für ein Treffen Belmontes mit den Gefangenen. Er informiert Blonde über die Ankunft Belmontes und verführt den Muselman Osmin zu einer übermütigen Trinkerei, die – da dem Wein ein kräftiges Schlafmittel beigemischt ist – das gewünschte Ziel nicht verfehlt. Glücklich sinken sich Belmonte und

Konstanze, Pedrillo und Blonde in die Arme. Nur zu bald freilich stören argwöhnische Fragen die zunächst ganz ungetrübte Harmonie. Belmonte und Pedrillo sind sich nicht sicher, ob ihre Mädchen ihnen wirklich treu geblieben sind, und empört bezweifeln Konstanze und Blonde, ob Männer, die so schnell an ihrer Treue irre werden können, ihre Liebe überhaupt verdienen. Für einen schlimmen Augenblick scheint die Situation ausweglos. Doch dann sehen die Männer ihr Unrecht ein, und die Frauen verzeihen: „Es lebe die Liebe..."

3. AUFZUG: Zur Mitternachtsstunde nähern sich Belmonte und Pedrillo dem Palast, um ihre Mädchen mit Hilfe einer Leiter zu entführen. Belmonte beschwört die Macht der Liebe, und Pedrillo gibt mit einem Liedchen das vereinbarte Zeichen zur Flucht. Doch die Sache mißlingt. Osmin erwacht zu früh aus seinem Rausch, stellt die Flüchtigen und befiehlt, sie vor den Richterstuhl des Bassa zu führen. Als Belmonte erfährt, daß der Bassa ein Sohn jenes Mannes ist, den sein Vater einst vernichtete, glaubt er sein Schicksal besiegelt. Wehmütig nehmen Konstanze und Belmonte Abschied vom Leben, und auch Blonde und Pedrillo bereiten sich auf ihre Weise auf den zu erwartenden Tod vor. Doch der Bassa vergibt seinen Feinden, sehr zum Unwillen des bereits triumphierenden Osmin. Großmut siegt über die Niedertracht der Rache: Die Liebenden werden in die Heimat entlassen.

Kommentar

Der Mozart-Zeitgenosse Niemetschek hat von der ersten Aufführung der *Entführung* in Prag berichtet, es sei ihm und vielen im Publikum so vorgekommen, als wäre „das, was man bisher hier gehört und gekannt hatte, keine Musik gewesen". Tatsächlich geht die Bedeutung von Mozarts Oper weit über das Verdienst hinaus, den von Kaiser Joseph II. proklamierten Wunsch zur Schaffung eines „deutschen Nationalsingspiels" erfüllt zu haben. Der Gattungsbegriff „Singspiel" beschreibt bestenfalls eine Seite der Medaille. Denn so unbestritten die deutschen Singspielbestrebungen des 18. Jahrhunderts in Mozarts *Entführung* eine große Erfüllung finden, so gewiß wirken in diesem Werk die Errungenschaften der italienischen Operntradition fort. Paul Bekker hat in diesem Zusammenhang von einem bemerkenswerten historischen Ausgleich gesprochen, von einem „seltenen geistigen Gleichgewicht der Kulturen": „Das kunsthafte italienische Singvermögen hielt noch die erreichte letzte Höhe, und gleichzeitig war das naturhafte deutsche Singvermögen künstlerisch behandlungsfähig gewor-

den" (*Wandlungen der Oper*, Zürich und Leipzig 1934). Im Augenblick
dieses Ausgleichs eroberten sich Vernunft und Kunst, das rationale Denken
des deutschen Singspiels und der musikalische Reichtum Italiens sozusagen gegenseitig und hoben dabei einander auf – im Interesse eines in der
Operngeschichte ansonsten beispiellosen Wirklichkeitsanspruchs.

Ausgleich und Gleichgewicht scheinen zentrale Stichworte für die *Entführung*: für das die Irritationen im Gefühlshaushalt der Liebespaare vorwegnehmende „musikalische Theater" im aufgeregten Wechselspiel der Holzbläser in der Ouvertüre, für die beweglichen Übergänge vom Dialog in den
Gesang und umgekehrt im Duett zwischen Belmonte und Osmin, für die
grundsätzliche Fähigkeit von Sprache und Musik, als Sprache Teil der
Musik zu sein und als Musik zu „reden", für jenen Schwebezustand zwischen Gefühlstiefe und Vernunft, der die jenseits von Mozart in der Regel so
scheinhafte Opernbühne öffnet für den Auftritt des Menschen.

Der Mensch und seine intimsten zwischenmenschlichen Beziehungen: Davon handelt umfassender als je zuvor in der Operngeschichte *Die Entführung aus dem Serail*. Deshalb wirkte (und wirkt) ihre Musik so frisch und
neu, deshalb findet hier Mozart entschiedener als in seinen vorangehenden
Opern zu sich selbst. Sein Thema ist die Liebe, sind die erotischen Hoffnungen und Wünsche von Menschen aus verschiedenen Schichten und in
unterschiedlichen Positionen. Der (durch die Übeltaten von Belmontes
Vater?) um Melodie und Musik gebrachte und nur der Sprache mächtige
Bassa Selim und der machtvoll und geradlinig auf die Rechte seiner türkischen Männerwelt pochende Osmin sorgen in diesem Zusammenhang für
die exotischen Eckpfeiler, das Quartett der Liebenden dagegen für europäische Empfindsamkeit (und Raffinesse). Dabei verhandelt jedes der beiden
Paare seine Liebesangelegenheiten sozusagen „auf der eigenen Etage".
Konstanze und Belmonte sind „Freie", ihr Gefühl kennt und akzeptiert
keine Einschränkung, entfaltet und verschränkt sich in expressiven melodischen Bögen. Blonde und Pedrillo dagegen fehlt für ähnliches Agieren der
entsprechende soziale Status. Sie sind Diener, also „Abhängige". Ihre besondere Stärke, das Meistern der praktischen Probleme des Alltags, setzt
den emotionalen Werten ihres Gefühlshaushaltes durchaus sachliche
Grenzen. Wo die Herrschaften in großen Tonsprüngen ins Idealische ausbrechen, bleiben Kammermädchen und „Bedienter" mit kleinen Intervall-
schritten auf dem Boden der Tatsachen.

Geschichte

Mozart schrieb *Die Entführung aus dem Serail* in einem der glücklichsten Abschnitte seines Lebens. Die Durchsetzung der Ehe mit „seiner" Konstanze verstand er als Grundstein für eine auch im privaten selbständige und zufriedene Existenz, noch fand er in Wien viel Anerkennung. Die Stimmung während der Zusammenarbeit mit dem Theaterinspizienten Stephanie d. J., der Mozart auf Christoph Friedrich Bretzners *Belmonte und Konstanze oder Die Verführung* (sic!) *aus dem Serail* aufmerksam machte und diese Vorlage nach den Wünschen des Komponisten einrichtete, spiegelt viel von Mozarts Überzeugung wider, endlich ein für die eigenen Absichten geeignetes Opernbuch gefunden zu haben. Daß die *Entführung* das Theatergenie Mozarts freisetzte, bestätigen dann die großen Erfolge der ersten Aufführungen in Wien und erst recht in Prag auch äußerlich. Weitere Aufführungen folgten rasch auf vielen deutschen Bühnen. Im Weimar Goethes fegte Mozarts Werk die eigenen Bemühungen des Dichterfürsten um ein deutsches Singspiel förmlich von den Brettern, München, Salzburg, Frankfurt am Main, Leipzig, Bonn und Mannheim meldeten noch zu Lebzeiten des Komponisten Aufführungserfolge. Zwar stand die *Entführung* im 19. Jahrhundert gelegentlich im Schatten von *Le nozze di Figaro* oder *Don Giovanni*.

Gerade in jüngster Zeit aber haben Dirigenten und Regisseure den existentiellen Ernst ihrer Liebesthematik neu entdeckt und nicht selten auch auf das Gewicht von Figuren wie Bassa Selim oder Osmin aufmerksam gemacht, die ja aus ihrer orientalischen Umwelt im Sinne der Aufklärung durchaus auch kritische Schlaglichter auf fragwürdige europäische Überlegenheitsgesten werfen.   *Leo Karl Gerhartz*

Diskographische Empfehlung

1966 – München: Eugen Jochum, Chor und Orchester der Bayerischen Staatsoper. Erika Köth (Konstanze), Lotte Schädle (Blonde), Fritz Wunderlich (Belmonte), Friedrich Lenz (Pedrillo), Kurt Böhme (Osmin), Rolf Boysen (Bassa). DG 2727 002

1979 – London: Colin Davis, John Alldis Choir, Academy of St.-Martin-in-the-Fields. Christiane Eda-Pierre (Konstanze), Norma Burrowes (Blonde), Stuart Burrows (Belmonte), Robert Tear (Pedrillo), Robert Lloyd (Osmin), Curd Jürgens (Bassa). Philips 6769 026

1984, 1985 – Wien: Georg Solti, Konzertvereinigung Wiener Staatsopernchor, Wiener Philharmoniker. Edita Gruberova (Konstanze),

Kathleen Battle (Blonde), Gösta Winbergh (Belmonte), Heinz Zednik (Pedrillo), Martti Talvela (Osmin), Will Quadflieg (Bassa). Decca 417 402-2 (DDD)

Le nozze di Figaro ossia La folle giornata
(Die Hochzeit des Figaro oder Der tolle Tag)
Commedia per musica in vier Akten

<u>Text</u>: Lorenzo Da Ponte, nach Pierre Augustin Caron de Beaumarchais' Komödie *La folle journée ou Le mariage de Figaro*
<u>Uraufführung</u>: 1. Mai 1784, Hofoperntheater, Wien
<u>Personen</u>: Der Graf Almaviva (Bar); Die Gräfin Almaviva (Sop); Susanna, Kammermädchen der Gräfin und versprochene Braut des Figaro (Sop); Figaro, Kammerdiener des Grafen (Baß); Cherubino, Page des Grafen (Sop); Marcellina (Alt); Bartolo, Arzt aus Sevilla (Baß); Basilio, Musikmeister (Ten); Don Curzio, Richter (Ten); Barbarina, Tochter des Antonio (Sop); Antonio, Gärtner des Grafen und Onkel der Susanna (Baß)
<u>Chor</u>: Bauern; Bäuerinnen und verschiedener Arten Leute; Diener
<u>Ort und Zeit</u>: Schloß des Grafen Almaviva bei Sevilla, um 1780
<u>Orchester</u>: 2 Fl, 2 Ob, 2 Kl, 2 Fg, 2 Hrn, 2Trp, Pkn, Streicher, B. c.
<u>Form</u>: Nummernoper (28 Musiknummern)
<u>Aufführungsdauer</u>: 3 Stunden
<u>Verlag</u>: Bärenreiter, Kassel (Neue Mozart-Ausgabe)

<u>Handlung</u>
VORGESCHICHTE: Graf Almaviva hat zwar das ius primae noctis abgeschafft, möchte aber doch gern Susanna, die Kammerzofe der Gräfin und Braut seines Verwalters Figaro, noch vor der Hochzeit verführen.

1. AKT: Am Tage der geplanten Hochzeit mißt Figaro ein Zimmer aus, das Susanna und er beziehen sollen und das zwischen den Gemächern des Grafen und der Gräfin gelegen ist. Figaro lobt die günstige Lage des Zimmers, während Susanna ihn über die wahren Absichten des Grafen aufklärt: In Figaros Abwesenheit ist sie dem Grafen praktisch ausgeliefert. Figaro schwört, die Pläne des Grafen zu durchkreuzen. Der wiederum wird in seinem Vorhaben, Figaros Hochzeit platzen zu lassen, von seiner Be-

schließerin Marcellina unterstützt, die ihrerseits Ansprüche auf Figaro geltend macht, da dieser ihr vor langer Zeit gegen Gewährung eines Darlehens die Ehe versprochen hatte. Der zwielichtige Doktor Bartolo ist der Dritte im Bunde der Intriganten. Auch er will sich an Figaro wegen dessen Beihilfe bei der Entführung seines Mündels Rosina, der jetzigen Gattin des Grafen, rächen, obwohl das Ganze schon Jahre zurückliegt. Der Page Cherubino, Verehrer und Liebling aller Frauen im Schloß, bittet Susanna um Fürsprache bei der Gräfin, da er vom Grafen tags zuvor mit Barbarina, Susannas Cousine, erwischt und vom Dienst suspendiert worden ist. Da betritt plötzlich der Graf das Zimmer. Cherubino versteckt sich hinter einem Sessel und wird Zeuge der Zudringlichkeiten des Grafen. Als von draußen die Stimme des Musikmeisters Basilio hörbar wird, eines weiteren Intriganten, wechselt Cherubino das Versteck: Er kauert sich in den Sessel und wird von Susanna mit einer Decke verhüllt, während der Graf ahnungslos sein Versteck hinter dem Sessel einnimmt. Basilio neckt Susanna mit den Schwärmereien des Pagen für die Gräfin und reizt damit des Grafen Eifersucht. Schließlich verläßt er aufgebracht sein Versteck und befiehlt, den Pagen hinauszuwerfen. Als Susanna und Basilio um Mitleid für ihn bitten, hebt der Graf die Decke vom Sessel, um zu demonstrieren, wie er ihn bei Barbarina entdeckt habe, und findet zu seiner Überraschung den Pagen erneut unter der Decke. Als der Graf ihn erzürnt zur Rede stellt, muß er erfahren, daß Cherubino die ganze Zeit über im Zimmer versteckt war und auch sein Werben um Susanna mitbekommen hat. Da erscheinen, von Figaro angeführt, einige Bauern und Bäuerinnen, besingen die Großmut des Grafen (der ja das alte Herrenrecht aufhob) und erbitten den Hochzeitstermin für Figaro. Der Graf, der wie jeder andere den ironischen Unterton dieses Aufmarsches sehr wohl verstanden hat, erbittet ein wenig Aufschub, denn er möchte Zeit gewinnen für seine Marcellina-Intrige. Der Page Cherubino wird als Offizier zu des Grafen Regiment abkommandiert. Figaro flüstert ihm zu, daß er ihn vorher noch sprechen müsse.

2. AKT: Figaro plant eine doppelte Intrige. Durch Basilio soll dem Grafen ein Brief zugespielt werden, in dem von einer fingierten Liebesaffäre der Gräfin die Rede ist. Gleichzeitig soll Susanna dem Grafen für den Abend ein Rendezvous im Garten zusagen, zu dem aber der Page in Mädchenkleidern geschickt werden soll, damit die Gräfin ihren Gatten in flagranti ertappen und bloßstellen kann. Als Susanna und die Gräfin gerade dabei sind, den Pagen umzukleiden, klopft der Graf unerwartet an der Salontür der Gräfin. Cherubino versteckt sich im Seitenkabinett und verrie-

gelt die Tür. Den Schlüssel zu dieser Tür nimmt die Gräfin an sich. Als die Gräfin ihrem Mann öffnet, ist Susanna ebenfalls nicht mehr im Zimmer. Die lange Verzögerung erklärt die Gräfin damit, daß Susanna gerade ihr Brautkleid anprobiert und erst ins Nebenzimmer gehen mußte. Als dort ein Stuhl umfällt, verlangt der Graf Susanna durch die verschlossene Tür zu sprechen, was die Gräfin jedoch mit Hinweis auf ihre Ehre untersagt. Argwöhnisch beschließt der Graf, die Tür zum Kabinett gewaltsam aufzubrechen, und bittet seine Frau, ihn bei der Beschaffung der Axt zu begleiten. Als die beiden sich entfernt haben, kommt Susanna, die sich inzwischen unbemerkt ins Zimmer geschlichen hat, aus ihrem Versteck und ruft den Pagen aus dem Kabinett. Da der Graf alle Außentüren verschlossen hat, bleibt ihm als einziger Fluchtweg der Sprung aus dem Fenster. An seiner Stelle schließt sich nun Susanna ins Kabinett der Gräfin ein. Als Graf und Gräfin zurückkehren und er die Tür aufzubrechen droht, gesteht sie ihm in höchster Not, daß Cherubino sich hinter der Tür befände. Als dann schließlich Susanna hervortritt, sind beide vollkommen verwirrt. Die Gräfin überspielt die Überraschung geschickt, während der Graf sich grollend genötigt sieht, sich bei seiner Frau zu entschuldigen. Inhalt des Basilio-Briefes und verkleideter Page werden von den Frauen als pure Erfindungen hingestellt, um des Grafen Eifersucht zu schüren. Da platzt Figaro herein und versucht den Grafen erneut zu überrumpeln, indem er das Eintreffen der Hochzeitsmusikanten meldet. Der Graf aber versucht, ihn in die Enge zu treiben, indem er ihm den Brief zeigt und Auskunft verlangt, obwohl er längst durch die Frauen aufgeklärt ist. Figaro stellt sich dumm und windet sich, da platzt der betrunkene Gärtner herein und beschwert sich darüber, daß jetzt nicht nur mehr Gegenstände, sondern auch Menschen aus den Fenstern geworfen würden, die seine schönen Nelken beschädigten. Als der Gärtner den Pagen ins Gespräch bringt, gibt Figaro vor, selbst aus dem Fenster gesprungen zu sein. Als Antonio ihm daraufhin die Papiere, die Cherubino bei seinem Sprung verlor, übergeben will, nimmt der Graf sie triumphierend an sich und verlangt von Figaro Auskunft über deren Inhalt. Die Frauen aber schauen dem Grafen über die Schulter, erkennen Cherubinos Patent und flüstern Figaro die nötigen Informationen zu, so daß der frech und dreist alle Fragen des Grafen beantworten kann. Der Triumph Figaros und der beiden Frauen wird durch den Auftritt der Gegenpartei – Marcellina, Bartolo und Basilio – vereitelt, die den Grafen um eine gerichtliche Prüfung des Eheversprechens Figaros gegenüber Marcellina ersuchen. Erneut wird die Hochzeit verschoben.

3. AKT: Da Figaros Intrigen fehlschlugen, hecken die Gräfin und Susanna einen eigenen Plan aus, um den Grafen bloßzustellen. An Cherubinos Statt will nun die Gräfin selbst in die Kleider Susannas schlüpfen und zum nächtlichen Stelldichein mit dem Grafen gehen, was für diesen noch beschämender wäre. Susanna soll die beiden dann in den Kleidern der Gräfin „ertappen". Susanna trifft den Grafen und verspricht ihm das Rendezvous. Inzwischen nimmt die Gerichtssache eine unverhoffte Wendung. Der Schiedsspruch hatte zwar ergeben, daß Figaro zahlen oder Marcellina heiraten müsse, doch durch einen Zufall erkennt Marcellina in ihm ihren verlorengeglaubten Sohn wieder. Und Bartolo ist Figaros Vater. Als die ahnungslose Susanna erscheint, um Figaro von seiner Schuld loszukaufen, und ihn in den Armen Marcellinas erblickt, ohrfeigt sie den vermeintlich Treulosen, wird aber sogleich von allen über die neuen Verwandtschaftsverhältnisse aufgeklärt. Cherubino ist inzwischen von Barbarina in Mädchenkleider gesteckt worden und hält sich nach wie vor im Schloß auf. Als Antonio ihn vor dem Grafen entlarvt, erinnert Barbarina den Grafen in Anwesenheit der Gräfin an einen freien Wunsch, den er ihr zum Dank für zärtliche Stunden in Aussicht gestellt habe: Nun möge er ihr Cherubino zum Mann geben.

Die Gräfin diktiert Susanna ein Briefchen, in dem sie den Ort des Rendezvous bezeichnet. Der Brief wird mit einer Nadel versiegelt, mit dem Hinweis, die Nadel dem Absender zum Zeichen des Einverständnisses zurückzuschicken. Bei der anschließenden Trauungszeremonie spielt Susanna den Brief dem Grafen in die Hände. Nach der Lektüre des Briefes verschiebt der Graf das Hochzeitsfest auf den späteren Abend.

4. AKT: Barbarina hat die Nadel, die sie im Auftrag des Grafen Susanna zurückbringen sollte, unterwegs verloren. Dem hinzutretenden Figaro erzählt sie arglos, was es mit der Nadel auf sich habe. Figaro wird eifersüchtig, da er in die letzte Intrige nicht eingeweiht ist. Er wettert bitter gegen die Untreue der Frauen, ähnlich wie Marcellina sich zuvor über die schlechten Männer ausließ. Figaro informiert Basilio und Bartolo über das geplante Stelldichein Susannas mit dem Grafen, Basilio hält die Eifersucht Figaros für übertrieben. Von Marcellina erfährt auch Susanna, daß Figaro durch Barbarinas Indiskretion eifersüchtig geworden ist und sich in der Nähe versteckt hält. Sie hat bereits mit der Gräfin die Kleider getauscht und singt, nur hörbar für den versteckten Figaro, eine fingierte Liebesarie, dessen heimlicher Adressat freilich er selbst ist, ohne es zu ahnen. Mit dem unerwarteten Erscheinen des Pagen Cherubino beginnt das große Verwirr-

spiel im nächtlichen Garten des Grafen, in dessen Verlauf der Graf seiner eigenen Frau glühend den Hof macht, Figaro aber die falsche Gräfin bald an ihrer Stimme erkennt, sich selbst verstellt, sie anhimmelt und dafür von Susanna einige schallende Ohrfeigen einfängt. Nun drehen beide das Spiel um: Um den Grafen zu reizen, markieren Figaro und Susanna eine heiße Liebesszene. Und sofort packt den Grafen die Wut, weil er der Gräfin nicht das gestatten will, was er sich selbst erlaubt. Schließlich erkennt er beschämt, daß er seine eigene Frau verführen wollte, und dies vor allen Beteiligten. Er muß seine Niederlage endgültig eingestehen und bittet die Gräfin in aller Form um Entschuldigung, die sie ihm sogleich gewährt. Die Hochzeitsnacht des Figaro kann nun endlich stattfinden.

Kommentar

Eines steht fest: Kein anderer Komponist jener Zeit wäre im Wien des Jahres 1786 auf die aberwitzige Idee gekommen, für die kaiserliche Hofoper Josephs II. ausgerechnet Beaumarchais' satirisch-bissige Gesellschaftskomödie *La folle journée ou Le mariage de Figaro* vertonen zu wollen, das politisch brisanteste Theaterstück jener Jahre, dessen Aufführung auch in Wien verboten war. Mozarts Vorschlag an den kaiserlichen Hoftheaterdichter Lorenzo Da Ponte war keine Laune des Tages, denn er hatte nach seiner letzten Opernarbeit, der *Entführung aus dem Serail*, mehr als drei Jahre nach einem geeigneten Opernstoff gesucht, bevor er sich für den *Figaro* entschied. Natürlich war es ein politisches Wagnis, dem Kaiser einen Opernstoff anzubieten, dessen Originalfassung seine eigene Zensur erst wenige Monate zuvor für nicht aufführungswürdig deklariert hatte, aber nachdem Mozart ihm einige musikalische Kostproben vorgespielt und Da Ponte versichert hatte, er werde das gefährliche Stück so kürzen, daß alles wegfalle, „was gegen den Anstand und die Sitte verstößt und ungehörig sein könnte in einem Theater, in dem höchste Majestät selbst anwesend ist", gab Joseph II. nach. Noch größer war aber das künstlerische Risiko, das Mozart und Da Ponte mit der Wahl des *Figaro*-Stoffes eingingen, denn niemand hatte es zuvor gewagt, eine derart vertrackte, wort- und intrigenreiche Konversationskomödie in eine opera buffa zu verwandeln, ein relativ junges Genre, das bis dahin noch nicht die musikalischen Mittel und Möglichkeiten entwickelt hatte, um eine derart komplizierte Vorlage adäquat umsetzen zu können. Mozart und Da Ponte wußten dies genau und nahmen den Stoff als Herausforderung, um das musikalische Theater einen entscheidenden Schritt voranzubringen. In diesem Sinn äußert sich Da Ponte auch in seinem Vorwort zum Libretto, in dem er ausdrücklich darauf hinweist, daß Mozart und er mit dieser Oper „eine quasi neue Art von Schauspiel" kreieren wollten. Es konnte nicht darum gehen, Beaumarchais' weitschweifiges Stück Wort für Wort in Töne zu setzen, sondern darum, daraus eine operngerechte Vorlage zu machen, ein Textdestillat anzufertigen, das der Musik zugänglich war: Da Ponte reduzierte die Personen von 16 auf elf Rollen, aus fünf Akten wurden vier, und natürlich wurde auch der Text stark gerafft, was den Wegfall aller rhetorischen, räsonierenden, intellektuell auftrumpfenden (so etwa Figaros großen Monolog) Elemente, aber auch „vieler witziger Gedanken" bedeutete. All diese ästhetisch und dramaturgisch notwendigen Maßnahmen (die Da Ponte in seinem Vorwort begründete) wurden in der Mozart-Literatur schon von der Mitte des letzten Jahrhunderts an als vorsätzliche Entpolitisierung der Vorlage gewertet. Von Mozarts erstem bedeutenden Biographen Otto Jahn über Hermann Abert bis zu Wolfgang Hildesheimer spannt sich der Bogen einer relativ einheitlichen Meinung, die Mozart bezichtigt, den politischen Zündstoff Beaumarchais' ins Allgemein-Menschliche abgemildert zu haben. Allein Hanns Eisler wagte eine ungewöhnliche These: „In *Figaros Hochzeit* hat der sehr geschickte Textdichter Da Ponte dem Beaumarchais die politischen Zähne ausgebrochen. Nur so war es möglich, die Oper zu machen. Aber Mozarts Musik gibt dem Text eine neue brillante Schärfe, eine geistreiche Eleganz und politisiert ihn wieder durch die Musik." Mozart hatte in der Tat den Wegfall mancher Argumente durch den musikalischen Blick ins Innere der Personen mehr als wettgemacht. Und darin liegt das ästhetisch revolutionäre Potential der *Figaro*-Partitur. Zum ersten Mal war es einem Komponisten gelungen, seine Musik vollständig theaterhaft und theatertauglich zu gestalten, ihr Theaterhaltung zu verleihen, d. h. sowohl Denken, Fühlen und Handeln der Figuren in der Musik zu erfassen, in der Komposition zu fixieren. Der *Figaro* überschreitet den ästhetischen Rahmen der Oper in Richtung „musikalisches Theater". Es ist die Erschaffung des Theaters aus dem Geist der Musik, aus dem Geist der klassischen Symphonie. Mozart gelingt hier das unbegreifliche Kunststück, eine Musik zu schreiben, die seismographisch den inhaltlichen Verlauf der Handlung vorgibt und zugleich ihre formale Autonomie wahrt, als abgeschlossenes, symphonisch-absolutes Gebilde. Insbesondere in den Ensembles und den zwei einzigartigen Finale des 2. und letzten Aktes erreicht die Komposition einen Grad von Freiheit und Beweglichkeit, daß Bühnengeschehen und musikalisches Geschehen eins werden, daß das Singen seine naturalistische Grundlage, vokale Äußerung zu sein, verliert, da alle Musik zu Theater transzendiert; und trotzdem gehorchen alle musikalischen Abschnitte strengen formalen und eben genuin musikalischen Bauprinzipien.

In Anbetracht dieser wahrhaft „revolutionären" musikalischen Konzeption erscheint der Vorwurf der „Entpolitisierung" der Vorlage geradezu absurd. Im Unterschied zu Beaumarchais sind hier durch die Musik die Figuren umfassender charakterisiert. Erst durch Mozarts Partitur wurde den politischen Charaktermasken Beaumarchais' Welthaftigkeit zuteil: Die Maske fiel, und dahinter wurde richtiges Leben, Seele, Individualität sichtbar. Denn neben dem, was sie tun und äußern, verzeichnet die Komposition in jedem Augenblick das, was sie empfinden, zeigt die emotionale Basis ihres Handelns auf: Die politische Zielgerichtetheit der Aktionen erscheint um das persönliche, psychologische Motiv bereichert. Das ist ein weiter Vorgriff auf den modernen psychologischen Realismus, auf die Einsicht späterer Jahrhunderte, daß die Menschen in aller Regel sich so politisch verhalten, wie es ihren unmittelbaren Bedürfnissen entspricht. Mozart entidealisiert Beaumarchais' Parteigänger und individualisiert sie. Und da geschieht ständig Unerwartetes, Unberechenbares. Die erotischen Kräfte (die, wenn man so will, „Politik" des leichtlebigen 18. Jahrhunderts ausmachen) durchkreuzen ständig die politisch-rationalen Pläne der gesitteten, bürgerlichen, „fortschrittlichen" Gegenspieler des Grafen (wozu auch die Gräfin infolge ihrer bürgerlichen Herkunft zu zählen ist). Ja, man könnte sogar sagen, daß Mozarts subversive musikalisch-erotische Kräftefelder die moralisierende Grundtendenz des Stückes regelrecht konterkarieren. Denn der Graf will ja nicht den blanken, zwanghaften Vollzug des alten Herrenrechts, sondern er möchte die freiwillige Hingabe seines Opfers, für das er, wie uns Mozarts Musik eindeutig (im Duett Nr. 16 zwischen dem Grafen und Susanna) verrät, selbst starke Gefühle empfindet. Er hat das Pech, daß nun nach Abschaffung des ius primae noctis die Klassenschranken das Ausleben seiner erotischen Neigungen unterbinden. So wie er sind auch die anderen Figuren – Figaro vielleicht ausgenommen – den unberechenbaren Urkräften des Erotischen ausgeliefert: Amor – hier verkörpert durch den hermaphroditisch anmutenden Cherubino – beherrscht sie alle und bringt ständig Verwirrung und Unordnung in die von allen Seiten betriebene Lebensplanung. Fast alle Pläne und Intrigen scheitern, allein die Verschwörung der Frauen, ohne Männer, ohne Cherubino, gelingt, wenn auch auf Kosten einer schwerwiegenden Demütigung, die die Gräfin in Susannas Kleidern auf sich nimmt, um die „Untreue" ihres Mannes an den Tag zu bringen. Die ausgesprochenen Gefühle lassen sich aber nicht einfach rückgängig machen, selbst wenn man sie, um die Tragödie abzuwenden, der Lächerlichkeit preisgibt: Denn am Ende gelingt es allen Beteiligten nur mühsam, den seelischen Scherbenhaufen ihres Spiels mit dem Feuer zu kitten, wobei denen, die ihre Gefühle stets im Griff hatten, also Susanna und Figaro, die Zukunft gehört. Bezeichnenderweise verweigert Mozart gerade ihnen beiden jegliche geradlinig empfundene Liebesszene. Er weiß eben, lange vor Freud, daß das bürgerliche Gefühl sich nur über Umwege mitteilen kann. So kann Susanna in der berühmten Rosenarie ihre Empfindungen für Figaro nur in der Maske einer vermeintlichen Liebeserklärung an ihren heimlichen Freier, den Grafen, adressieren und bewirkt damit, da Figaro das Rätsel nicht versteht, das glatte Gegenteil, nämlich seine Eifersucht. Und auch später, wenn Figaro die verkleidete Susanna an der Stimme (!) erkennt und sie endlich Frieden schließen, dient ihre Liebesszene nur der Irreführung des um seine Ehre bangenden Grafen. Am freien Spiel der erotischen Kräfte sind sie alle nicht interessiert, und die Staatsform der Erotik wäre die Anarchie. So bleibt die Frage vorerst unbeantwortet, ob Cherubino in der neuen sich anbahnenden bürgerlichen Gesellschaft jenen Aktionsfreiraum, jenen Bewegungsspielraum vorfinden wird wie in Graf Almavivas gar „menschenverachtendem" und „ungerechtem" Duodezfürstentum. Mozarts nächste Oper, *Don Giovanni*, wird darauf eine Antwort geben.   *Attila Csampai*

Geschichte

Pierre-Augustin Caron de Beaumarchais, er lebte von 1732 bis 1799, Uhrmacher, Abenteurer, Agent, Spekulant, Harfenlehrer der Töchter Ludwigs XV. und Hofmusikdirektor, schrieb seine *Figaro*-Trilogie zwischen 1772 und 1792. Als komische Oper gedacht, wurde sein *Barbier von Sevilla* von der Comédie-Française 1775 zunächst als Schauspiel aufgeführt und erst später von Paisiello und Rossini vertont. Die Handlung – der Lebenskünstler und Tausendsassa Figaro hilft dem Grafen Almaviva, Rosina, Mündel des eifersüchtigen Dr. Bartolo, als Braut zu gewinnen – bildet die Vorgeschichte zum zweiten Schauspiel *La folle journée ou Le mariage de Figaro*. 1781 vollendet, wurde dieses Lustspiel wegen seiner freimütigen Kritik an den Adelsprivilegien Ludwigs XV. als „abscheulich" abgelehnt, sogar nachdem eine Hofintrige – angeblich von Königin Marie-Antoinette selbst angeführt – bereits 1784 die Uraufführung bewirkt hatte. So entstand das Bonmot, „man müsse gewitzter sein, eine Aufführung des Figaro zustande zu bringen, als das Stück überhaupt zu schreiben". Das dritte Werk der Trilogie *La mère coupable ou L'autre Tartuffe*, eine Darstellung der älter, aber keineswegs klüger gewordenen Almaviva- und Figaro-Familien, fand erst 1797, fünf Jahre nach der Uraufführung, gebührende Anerkennung und wurde nie vertont.

Le nozze di Figaro ist die fünfzehnte von Mozarts insgesamt 21 Opern und das erste der drei Gipfelwerke in italienischer Sprache, deren Textbücher der italienische Dichter-Abenteurer Lorenzo Da Ponte schuf. Nach seinem fehlgeschlagenen Experiment mit dem Genre des deutschen Singspiels – Mozart steuerte 1782 *Die Entführung aus dem Serail* bei – öffnete Kaiser Joseph II. der italienischen Oper in Wien neuerlich die Tore. Mozart hatte den Wunsch, wieder eine opera buffa zu komponieren, las Dutzende ungeeigneter Textbücher durch und ließ zwei in Angriff genommene Projekte – *L'oca del Cairo* und *Lo sposo deluso*, letzteres möglicherweise von Da Ponte – unvollendet wieder fallen. Manche meinen, die Uraufführung von Paisiellos *Il re Teodoro in Venezia* 1784 in Wien habe Mozart die Erkenntnis von den Möglichkeiten einer neuen Art des Komödientextbuchs gebracht, in dem entwicklungsfähige Bühnengestalten mit menschlicher Ambivalenz die stereotypen Figuren der italienischen opera buffa ersetzen. Da Ponte konnte den Vorbehalten Josephs II. gegen die politisch-revolutionären Untertöne von Beaumarchais' *Figaro* – dessen Aufführung auch in Wien verboten war – entgegenwirken, indem er versprach, alles Anstößige zu tilgen, und in seinem berühmten Vorwort zum gedruckten Libretto die Versicherung abgab, nur einen „Auszug" des Stücks verfertigt zu haben. Mozart muß die musikalischen Möglichkeiten der Charakterisierung der Theaterfiguren Beaumarchais' sofort erkannt haben, denn er machte sich mit Feuereifer an die Arbeit und schuf mit Da Ponte etwas ganz Neuartiges, eine commedia per musica, die in den großen Ensemble-Finale des 2. und 4. Aktes gipfelt. Obwohl die Uraufführung im Wiener National-Hoftheater am 1. Mai 1786 im Beisein des Kaisers ein Erfolg war (der freilich nur wenige Aufführungen nach sich zog), begann der eigentliche Aufstieg von *Le nozze di Figaro* zu einer der meistgespielten Opern des Weltrepertoires erst sieben Monate später, im Dezember 1786 mit der triumphalen Prager Erstaufführung, ein Erfolg, der auch zu dem Auftrag des *Don Giovanni* führte.   *James Helme Sutcliffe*

Diskographische Empfehlung

1952 – Metropolitan Opera, New York: Fritz Reiner, Metropolitan Opera Chorus & Orchestra. Giuseppe Valdengo (Almaviva), Victoria de los Angeles (Gräfin), Nadine Connor (Susanna), Cesare Siepi (Figaro), Mildred Miller (Cherubino). Robin Hood Records, RHR 514-C

1952 – Wien: Herbert von Karajan, Chor der Wiener Staatsoper, Wiener Philharmoniker. George London (Almaviva), Elisabeth Schwarzkopf (Gräfin), Irmgard Seefried (Susanna), Erich Kunz (Figaro), Sena Jurinac (Cherubino). EMI, 1C 147-01 751/53

1985 – London: Neville Marriner, Ambrosian Opera Chorus, Academy of St. Martin-in-the-Fields. Ruggero Raimondi (Almaviva), Lucia Popp (Gräfin), Barbara Hendricks (Susanna), José van Dam (Figaro), Agnes Baltsa (Cherubino). Philips 416 370-2 (DDD)

Il dissoluto punito ossìa Il Don Giovanni
Dramma giocoso in zwei Akten

Text: Lorenzo Da Ponte
Uraufführung: 29. Oktober 1787, Gräflich Nostitzsches Nationaltheater, Prag
Personen: Don Giovanni, ein junger äußerst ausschweifender Edelmann (Baß); Donna Anna, Braut von Don Ottavio (Sop); Don Ottavio (Ten); Komtur (Baß); Donna Elvira, Dame aus Burgos, von Don Giovanni verlassen (Sop); Leporello, Diener von Don Giovanni (Baß); Masetto (Baß); Bräutigam von Zerlina; Bäuerin (Sop)
Chor: Bauern und Bäuerinnen; Musikanten
Ort und Zeit: Eine spanische Stadt. Gegenwart
Orchester: 2 Fl, 2 Ob, 2 Kl, 2 Fg, 2 Hrn, 2 Trp, 3 Pos, Pkn, Streicher
Auf der Bühne: 1. AKT: 2 Ob, 2 Hrn, Streicher, B. c.
2. AKT: 2 Ob, 2 Kl, 2 Fg, 2 Hrn, B. c.
Form: Nummernoper (24 Musiknummern)
Aufführungsdauer: 3 Stunden
Verlag: Bärenreiter, Kassel (Neue Mozart-Ausgabe)

Handlung

1. AKT: Seinem unstillbaren Drang nach neuen Liebesabenteuern folgend, ist der junge spanische Edelmann Don Giovanni nachts in die Gemächer der schönen Donna Anna, der Tochter des angesehenen Komturs, eingestiegen. Sein Diener Leporello muß draußen Wache halten, was ihm nicht behagt. Plötzlich stürzt Donna Anna hilfeschreiend aus dem Haus und versucht, den maskierten Verführer festzuhalten. Ihre Hilferufe wecken ihren Vater: Er fordert den Eindringling kühn zum Zweikampf heraus, unterliegt jedoch nach kurzem Kampf, tödlich verwundet. Don Giovanni und Leporello entkommen unerkannt in der Dunkelheit. Donna Anna, die ihren Bräutigam Don Ottavio zu Hilfe holt, kehrt kurz darauf an den Ort des Geschehens zurück und findet nur noch den Leichnam ihres Vaters vor. In ohnmächtigem Zorn nimmt sie Ottavio den Schwur ab, den Mörder zu finden und die Tat zu sühnen. Don Giovanni hält sogleich unbekümmert nach dem nächsten weiblichen Opfer Ausschau. Sein Blick fällt auf eine verschleierte Dame, die sich bei näherer Betrachtung als seine Ehefrau Donna Elvira entpuppt, die er drei Tage nach der Hochzeit sitzenließ. Da er ihr Gezeter nicht hören will, überläßt er sie der Fürsorge seines Dieners. Der aber benützt die Gelegenheit, um die arme Elvira noch mehr zu kränken, und liest ihr hämisch die lange Liste der Liebschaften seines Herrn vor. Bei einer bäuerlichen Hochzeitsgesellschaft spürt Don Giovanni sein nächstes Opfer auf, die junge Braut Zerlina, die er, trotz des Widerstands ihres Bräutigams Masetto, sogleich unter „persönlichen Schutz" nimmt. Ihr allein verspricht er die Ehe und glaubt sich schon am Ziel, als Elvira auftaucht und ihm in die Quere kommt. Kaum hat er diese neuerliche Schlappe verdaut, da erscheinen Anna und Ottavio und bitten ihn, sie bei der Suche nach dem „Mörder" ihres Vaters zu unterstützen. Doch erneut fährt die wütende Elvira Don Giovanni in die Parade und klärt das ahnungslose Paar über das wüste Treiben ihres Gatten auf. Giovannis merkwürdiges Verhalten aber nährt in Anna den schrecklichen Verdacht, daß er der Mörder ihres Vaters sei. Jetzt erst erzählt sie Ottavio die ganze Geschichte und fordert ihn auf, nunmehr Giovanni zu bekämpfen. Ottavio aber ist von dessen Schuld noch nicht überzeugt.

Giovanni kündigt indes ein großes Fest an, auf dem er ein weiteres Dutzend Frauen verführen will. Er will es bei Zerlina noch einmal versuchen. Als Giovanni sich ihr nähert, versteckt sich Masetto in einer Nische. Giovanni bemerkt ihn erst im letzten Augenblick, überspielt seine Verlegenheit und nimmt beide auf sein Fest mit. Auch die adligen Gegenspieler Giovannis –

Elvira, Anna und Ottavio – erscheinen maskiert auf dem Ball, um ihn zu überführen. Nachdem sie Giovanni mit einem „Hoch auf die Freiheit" begrüßt hat, führt jede Gruppe ihren standesgemäßen Tanz auf, und zwar alle gleichzeitig. Die Adligen tanzen ein Menuett, die Bauern einen „Teutschen", während Giovanni mit Zerlina den neuen bürgerlichen Kontertanz beginnt, um sie gleich darauf in ein Nebenzimmer zu zerren. Ihre Hilferufe bewegen die Anwesenden endlich zum Handeln: Sie brechen die Tür auf, die Adligen lassen die Masken fallen, und aller Augen richten sich drohend gegen den Verführer. Giovanni versucht, die Tat zunächst auf Leporello zu schieben, entzieht sich dann, als dies keine Wirkung zeigt, dem Zugriff seiner Widersacher durch eine tollkühne Flucht.

2. AKT: Leporello will die Untaten seines Herrn nicht länger unterstützen, er wird von Giovanni mit einem Beutel Gold bestochen. Giovanni braucht ihn, um an sein nächstes Opfer heranzukommen. Leporello soll in den Kleidern seines Herrn Elvira ablenken, damit Giovanni, als Leporello getarnt, sich Elviras Kammerzofe nähern kann. Die Verkleidungskomödie gelingt. Als Leporello sich mit der liebestrunkenen Elvira entfernt und Giovanni seiner neuen Flamme ein leidenschaftliches Ständchen gebracht hat, wird er von einer Gruppe bewaffneter Bauern gestört, die mit Masetto ausgezogen sind, um den verhaßten Kavalier umzubringen. Der maskierte Giovanni aber spielt seine Rolle als Leporello so überzeugend, daß ihm der dumme Masetto schließlich sogar die Waffen aushändigt, was Giovanni erlaubt, ihn tüchtig zu verprügeln. Zerlina vernimmt Masettos Schmerzensschreie und eilt ihm zu Hilfe. Sie tröstet ihn, und die beiden versöhnen sich. Inzwischen werden Leporello, der immer noch seinen Herrn mimt, die Zuwendungen Elviras zunehmend lästiger. Er versucht sie im Dunkeln abzuschütteln, läuft dabei aber geradewegs in die Arme der Verfolger Don Giovannis. Auch sie halten ihn für den Verführer und fordern seinen Tod. Allein Elvira fleht um Gnade für ihren „Gatten". In höchster Not gibt sich Leporello zu erkennen und nützt die allgemeine Verwirrung zur Flucht. Nun ist auch Ottavio von Giovannis Schuld überzeugt und schwört feierlich, nur „als Bote von Blut und Tod" zurückzukehren. Nach einem weiteren mißglückten Liebesabenteuer hat sich der inzwischen von allen gejagte Verführer auf einen Friedhof gerettet, wo er seinen ebenfalls flüchtigen Diener trifft. Während sie sich ihre Kleider zurückgeben, erzählt Giovanni lachend von seinem Mißgeschick. Da ertönt die Stimme der steinernen Statue des hier begrabenen Komturs und mahnt den Frevler zur Ruhe. In seinem Übermut lädt Giovanni die Statue zum Abendessen ein, worauf

diese zustimmend ihr steinernes Haupt senkt. Unterdessen versucht Ottavio ein weiteres Mal vergeblich, Annas Einwilligung zu einer Heirat zu erlangen. Sie vertröstet ihn mit dem Hinweis, um ihren Vater trauern zu müssen. Am Abend speist Giovanni allein an einem reichgedeckten Tisch, während einige Musiker bekannte Stücke aus zeitgenössischen Opern spielen und Leporello heimlich ein Stück Fasan herunterschlingt. Die heitere Stimmung wird durch Elviras ungestümen Auftritt gestört, die ihren treulosen Gatten erneut bedrängt, sein lasterhaftes Leben zu beenden. Als sie unverrichteter Dinge wieder aufbricht, sieht sie entsetzt von weitem den steinernen Gast nahen, der tatsächlich der Einladung Giovannis gefolgt ist. Als er mit seiner mächtigen Faust gegen die Tür klopft, verkriecht sich Leporello in Todesangst unter dem Tisch. Don Giovanni kennt keine Angst; er öffnet die Tür und bittet den seltsamen Gast zu Tisch. Dieser verweigert die irdische Speise, fordert Giovanni aber bei seiner Ehre auf, ihm den fälligen Gegenbesuch zu erweisen. Furchtlos willigt der Verführer ein und hält der Statue zum Pfand die Hand hin, die sie jedoch erbarmungslos zudrückt. Sie mahnt den Frevler, nun endlich zu bereuen, doch Giovanni verharrt trotz schrecklicher Qualen in ungebrochenem Stolz und schleudert dem Standbild sein Nein entgegen, bis ihn höllische Feuerschwaden verschlucken.

Giovannis sterbliche Widersacher kommen zu spät. Ohne eine Spur von Mitleid, vielmehr mit Genugtuung und Freude nehmen sie Leporellos Schreckensbericht entgegen. Da ihr gemeinsamer Feind nun beseitigt ist, gibt es für sie keinen Grund mehr, noch länger zusammenzubleiben. Donna Anna erbittet sich von Ottavio ein weiteres Jahr Bedenkzeit, Donna Elvira geht ins Kloster, die Bauern eilen zum Essen nach Hause und Leporello ins Wirtshaus, um dort nach einem „besseren Herrn" Ausschau zu halten.

Kommentar

Wenn der *Figaro* Mozarts „theatralischste" Oper ist, dann wäre der *Don Giovanni*, so paradox es klingen mag, sein „musikalischstes" Bühnenwerk. Für diese These bürgen nicht nur zahlreiche prominente Deuter, so unter anderen Goethe, E. T. A. Hoffmann, Kierkegaard, Brecht, die diese Oper einmütig als absolutes Spitzenwerk der gesamten Gattung priesen, sondern Mozarts spezielle musikalische Behandlung des Stoffes, die sein Prinzip dramatischer Menschengestaltung nirgendwo anders tiefgründiger, komplexer und umfassender ausgeformt hat. In keiner anderen Oper ist der Mensch in seiner seelisch-emotionalen Ganzheit so vollständig, differenziert und wahrhaftig erfaßt worden wie in *Don Giovanni*. Weit über die

Implikationen des Stoffes hinaus verkörpert die Musikgestalt des Don Juan allegorisch das erotische Grundprinzip von Mozarts Musik, ihre zutiefst lebensbejahende, lebenstiftende, aus den „Urkräften des Universums" (Georgi Tschitscherin) gespeiste Kraft. Mozart schuf hier zugleich das wohl bedeutendste Beispiel eines musikalischen Welttheaters, das sowohl inhaltlich wie stilistisch Universalität anstrebt, also sowohl die Gesamtschau aller Stoffaspekte als auch die Synthese aller von der Operngeschichte bereitgestellter musikalischer Mittel betreibt. Dramaturgisch-inhaltlich kombiniert die Oper die entscheidenden Elemente des Don-Juan-Mythos mit aktuellen Aspekten, mit der sozialen Wirklichkeit der Autoren im ausgehenden 18. Jahrhundert. Es gibt genügend Hinweise, daß Mozart und Da Ponte den Don-Juan-Stoff nicht im spätmittelalterlichen Spanien ansiedelten, sondern daß sie ihn spirituell nach Italien, in den Einflußbereich der Josephinischen Monarchie verpflanzten, in ihre eigene politisch-kulturelle Gegenwart. Der gemeinsame Auftritt aller Stände bei Don Giovannis Fest im ersten Finale verweist eindeutig auf die Redoutenbälle Kaiser Josephs II. Noch deutlicher spielt das zweite Finale auf die Gegenwart der Autoren an, wenn die zum Abendessen Giovannis auf der Bühne versammelten Musiker plötzlich die populärsten Stücke aus zeitgenössischen Opern anstimmen – so eine Nummer aus der wenige Monate zuvor (1787) in Prag erstaufgeführten Oper *Una cosa rara* von Vicente Martín y Soler oder die in Prag damals sehr beliebte „Militärarie" des Figaro („Non piu andrai"), die von Leporello mit „Questa poi la conosco pur troppo" („Das kenn' ich zur Genüge") kommentiert wird. Diese Verquickung von Mythos und Gegenwart erzeugt das Spannungsfeld, in dem sich die nahtlosen Übergänge von Märchen und Realität, von Tragödie und Komödie in unbegreiflicher Selbstverständlichkeit vollziehen: Don Juan ist zurückgekehrt in die in Auflösung befindliche, leichtlebige Gesellschaft des späten Rokoko, und wir erleben, wie es dem Unwiderstehlichen im Zeitalter Casanovas (der persönlich der Uraufführung beiwohnt), im Vorfeld der Französischen Revolution, ergeht. Und es will plötzlich nicht mehr so recht klappen mit seinen Verführungskünsten, denn nicht nur die Zeiten und Verhältnisse haben sich verändert, sondern auch die Frauen, denen er begegnet. Don Giovannis Erotik verfehlt zwar auch bei den Damen von 1787 nicht ihre Wirkung, aber deren Reaktionen entsprechen nicht unbedingt den Vorstellungen des Verführers. Die Dialektik der Aufklärung, Emanzipation hier, Neurose dort, bekommt auch er deutlich zu spüren. Das Ende des erotischen Zeitalters kündigt sich an.

Gattungsmäßig ist *Don Giovanni* eindeutig der opera buffa zuzuordnen, der von Mozart gewählte Terminus dramma giocoso ist nur ein geläufiges Synonym, dennoch vollzieht Mozart auf der Basis der Komödie nicht nur den tragischen Untergang seines Helden, sondern den ständigen Wechsel von tragischen und komischen Elementen in der Musik, bis hin zur völligen gegenseitigen Durchdringung beider Prinzipien. Bereits die Ouvertüre, die die grandiose Todesszene Giovannis schicksalsträchtig antizipiert, kehrt vorab die Moral des Stückes um: Denn was in der Oper als moralisch legitimierte Folge der Handlungen des Titelhelden gezeigt wird, erscheint hier als Quelle und Ursache seines Lebenstriebs. In der Ouvertüre mündet der tragisch umschattete langsame Anfang in den vor Lebenslust überquellenden pulsierenden Allegro-Teil und bringt ihn quasi hervor. So wird klar, daß Don Giovanni in gewisser Weise auch ein Produkt jener starren Ordnung ist, gegen die er verstößt, daß sein Lustprinzip nur auf dem Boden einer derart starren Moral gedeihen kann. Die Introduktion beginnt ausgesprochen heiter und buffonesk, mit der üblichen Klage eines herrschaftlichen Dieners und mündet unversehens in den blutigen Tod des Komturs. Die erste Arie Elviras in pathetischer Seria-Manier wird durch die höchst kunstvoll dazwischengestreuten Kommentare Giovannis und Leporellos ins Lächerliche gezogen. Ebenso bringt das erste Finale ironische Brechungen des Freiheitsbegriffs („Viva la libertà" singen nur die Adligen) oder zeigt die neue „aufgeklärte" Dreiklassengesellschaft in der Drei-Orchester-Szene als dissonantes Chaos. Eine auf engstem Raum wechselnde tragisch-komische Optik gibt es auch im Sextett des 2. Aktes, das die um den falschen Giovanni sich sorgende Elvira als tragisch Geprellte zurückläßt, oder im Friedhofsduett, in dem die zunächst unbeschwert anmutenden Spielereien zwischen Herr und Diener durch den unversehens dazwischentönenden Ruf der Statue ins Mysteriöse abgedunkelt werden. Und schließlich komponiert Mozart im abschließenden zweiten Finale nicht nur die gewaltigste, erschütterndste, großartigste Todesszene der Musikgeschichte, sondern er bringt es fertig, diese wahrlich apokalyptische Szene in die profane Alltagswelt seiner Zeit einzubauen, sie einzurahmen mit Giovannis Abendessen und dem von atmosphärischem Gräue überzogenen Schlußsextett der Zurückgebliebenen. Diese von vielen Deutern als überflüssig gescholtene (und häufig weggelassene) scena ultima aber muß gespielt werden, wenn die hinter aller Katharsis lauernde letztendliche Weltironie der Autoren zum Zuge kommen soll. Denn sie bewerten den Untergang Don Giovannis nicht als Segen, sondern als Verlust, als historisch anstehenden Untergang des erotischen Prinzips, dem eine entseelte, moralisch gerüstete, aber völlig profane neue bürgerliche Welt der Don Ottavios im Einheitsgrau folgt. Zwei Jahre vor der Französischen Revolution formulieren Mozart und Da Ponte bereits ihre Vorbehalte gegenüber den „neuen" Menschen. Fast hat es den Anschein, als sei ihr Wüstling freiwillig gegangen.

Geschichte

Der überwältigende Erfolg seines *Figaro* beim Prager Publikum in den Wintermonaten 1786/87 trug Mozart im Februar 1787 von seiten des italienischen Impresario Pasquale Bondini den Auftrag ein, für Prag eine neue Oper zu komponieren. Mozart wollte dazu wieder mit Lorenzo Da Ponte, dem Librettisten des *Figaro*, zusammenarbeiten, doch der schrieb gerade an zwei Textbüchern für Mozarts Konkurrenten Martín y Soler und Salieri (Diese Situation hat Mozart im zweiten Finale des *Don Giovanni* durch Musikzitate aus zeitgenössischen Opern persifliert). Da Ponte wollte Mozarts Angebot nicht ausschlagen und entschloß sich, an allen drei Textbüchern gleichzeitig zu arbeiten, „morgens ... für Martín, als studierte ich Petrarca, abends für Salieri, das ist mein Tasso, nachts ... für Mozart, und denke dabei an Dantes Inferno". Er schlug Mozart den Don-Juan-Stoff vor, der ihm, so Da Ponte, „ungemein gefiel". In Wirklichkeit wollte sich Da Ponte mit diesem Thema die Arbeit ein wenig erleichtern, denn zur gleichen Zeit (Februar 1787) hatten der Komponist Giuseppe Gazzaniga und der Textdichter Giovanni Bertati in Venedig eine einaktige Buffa-Adaption des Don-Juan-Stoffes herausgebracht (Titel: *Don Juan tenorio ossìa Il convitato di Pietra*). Da Ponte übernahm einfach das Grundgerüst von Bertatis Text für sein eigenes Libretto und brachte es durch Einfügung mehrerer Szenen aus eigener Feder auf abendfüllende Länge. Er eliminierte die Bertatischen Figuren der Donna Ximena und des Lanterna, aus dem Pasquariello wurde Leporello, aus der Maturina die Zerlina, aus Biagio Masetto. Bis zum Quartett des 1. Aktes folgte Da Ponte fast wörtlich der Vorlage Bertatis. Hier geht Bertatis Einakter direkt in die Friedhofsszene über, die Da Ponte ans Ende seines 2. Aktes verlegte. Alles, was in Mozarts Oper zwischen diesen beiden Szenen liegt, ist von Da Ponte interpoliert worden, ist also durch ihn hinzugefügt worden, so das grandiose Finale des 1. Aktes und der größere Teil des 2. Aktes bis zum Sextett und der anschließenden Flucht Leporellos. Über den Fortgang der Komposition gibt es keine Zeugnisse. Mozarts einzig möglicher Briefpartner, sein Vater, war im Mai desselben Jahres gestorben.

Am 4. Oktober traf Mozart mit Konstanze in Prag ein und überwachte die Einstudierung. Die Uraufführung war ursprünglich für den 14. Oktober angesetzt – als Festvorstellung zu Ehren des Prinzen Anton von Sachsen und seiner Braut, der Erzherzogin Maria Theresia, einer Nichte Josephs II. Die beiden befanden sich gerade auf Hochzeitsreise und machten an jenem Tag in Prag Station. Da die neue Oper noch nicht aufführungsreif war, dirigierte Mozart für das fürstliche Paar eine Vorstellung seines *Figaro*. Hierzu hatte sich Pasquale Bondini zuvor beim Wiener Hof die offizielle Erlaubnis einholen müssen. Die Premiere des *Don Giovanni* wurde zunächst auf den 24. Oktober verschoben, fand dann schließlich erst am 29. Oktober 1787 statt, da inzwischen eine der Sängerinnen erkrankte. Unter Mozarts Leitung sangen im Gräflich Nostitzschen Nationaltheater zu Prag Luigi Bassi (Titelpartie), Teresa Saporiti (Donna Anna), Antonio Baglioni (Don Ottavio), Caterina Micelli (Donna Elvira), Felice Ponziani (Leporello), Caterina Bondini (Zerlina) und Giuseppe Lolli (Komtur und Masetto). Vermutlich war Giacomo Casanova bei der Uraufführung anwesend. Er verfaßte später eine eigene Textvariante des Sextetts. Für die Wiener Erstaufführung im Mai 1788 komponiert Mozart drei Stücke nach (je eine Arie für Ottavio und Elvira und ein später nie gespieltes Duett Zerlina/Leporello) und streicht die für Prag komponierte Ottavio-Arie „Il mio tesoro" sowie die umstrittene scena ultima. Trotzdem kann er in Wien den Prager Erfolg nicht wiederholen. Zu seinen Lebzeiten wird die Oper in Wien nur insgesamt 15mal gegeben. Die Leipziger Erstaufführung am 15. Juni 1788 wird besser aufgenommen, dank der Mitwirkung einiger Sänger aus Bondinis Truppe. Am 13. März 1789 beginnt in Mainz der Reigen deutschsprachiger Aufführungen (erste Übersetzung von Heinrich Gottlieb Schmieder). Im selben Jahr folgen Mannheim, Bonn, Hamburg, Graz, Brünn und Warschau. Bis zu Mozarts Tod wird die Oper in Soest, Berlin, Hannover, Kassel, Bad Pyrmont und München gezeigt. Die Pariser Erstaufführung findet erst 1805, die Londoner 1817 statt. 1825 initiiert Lorenzo Da Ponte die erste New Yorker Aufführung mit Manuel García in der Titelrolle. Die 1813 veröffentlichte Don-Juan-Erzählung E. T. A. Hoffmanns gibt den entscheidenden Anstoß zur Umdeutung der Oper im 19. Jahrhundert. Hoffmann interpretiert Mozarts tragische Komödie als romantische Liebestragödie, als Erlösungsdrama zwischen Giovanni und Anna und setzt so den Rahmen für die nachfolgende Aufführungsgeschichte bis weit ins 20. Jahrhundert. Erst Walter Felsenstein widerlegt 1966 endgültig Hoffmanns These, Donna Anna sei von Don Giovanni

„entehrt" worden. Um Wiederherstellung des wirklichen historischen Rahmens und einer von den Autoren intendierten Realität bemüht sich 1979 auch Joseph Loseys Verfilmung der Oper, die von der Kritik sehr unterschiedlich beurteilt wird. Neben Fritz Buschs Glyndebourner Aufführungen in den 30er Jahren müssen vor allem die legendären Vorstellungen, die Bruno Walter 1942 an der Metropolitan Opera mit Ezio Pinza in der Titelrolle leitete, zu den herausragenden musikalischen Interpretationen des *Don Giovanni* in unserem Jahrhundert gezählt werden.   *Attila Csampai*

Diskographische Empfehlung

1936 – Glyndebourne: Fritz Busch, Glyndebourne Festival Chorus & Orchestra. John Brownlee (Don Giovanni), Ina Souez (Donna Anna), Koloman von Pataky (Don Ottavio), Luise Helletsgruber (Donna Elvira), Salvatore Baccaloni (Leporello), Audrey Mildmay (Zerlina). EMI, Pathé 2C 151-43057/9, und Calig, CAL 30 866/68

1942 – Metropolitan Opera New York: Bruno Walter, Metropolitan Orchestra & Chorus. Ezio Pinza (Don Giovanni), Rose Bampton (Donna Anna), Charles Kullmann (Don Ottavio), Jarmila Novotna (Donna Elvira), Alexander Kipnis (Leporello), Bidu Sayao (Zerlina). Nuova Era 2275/77 (ADD)

1959 – London: Carlo Maria Giulini, Philharmonia Orchestra & Chorus. Eberhard Wächter (Don Giovanni), Joan Sutherland (Donna Anna), Luigi Alva (Don Ottavio), Elisabeth Schwarzkopf (Donna Elvira), Giuseppe Taddei (Leporello), Graziella Sciutti (Zerlina). EMI, SLS 5083

Così fan tutte, ossìa La scuola degli amanti
(So machen sie's alle oder Die Schule der Liebenden)
Dramma giocoso in zwei Akten

<u>Text:</u> Lorenzo Da Ponte, möglicherweise angeregt durch eine zeitgenössische Wiener Anekdote (vgl. Kommentar)
<u>Uraufführung:</u> 26. Januar 1790, Kaiserlich-königliches National-Hoftheater, Wien
<u>Personen:</u> Fiordiligi und Dorabella, Damen aus Ferrara und Schwestern, in Neapel wohnend (Sop); Guglielmo und Ferrando,

Liebhaber derselben (Bar, Ten); Despina, Kammerzofe (Sop); Don Alfonso, ein alter Philosoph (Baß)

Chor: Soldaten; Diener; Seeleute

Ort und Zeit: Neapel, 1790

Orchester: 2 Fl, 2 Ob, 2 Kl, 2 Fg, 2 Hrn, 2 Trp, Pkn, Streicher, B. c.

Auf der Bühne: Militärtrommel

Form: Nummernoper mit 31 Musiknummern und Secco-Rezitativen

Aufführungsdauer: Ca. 3 Stunden

Verlag: Bärenreiter, Kassel (Neue Mozart-Ausgabe)

Handlung

1. AKT: In einem neapolitanischen Kaffeehaus streiten sich die beiden jungen Offiziere Ferrando und Guglielmo mit ihrem Freund, dem alten, skeptischen Philosophen Don Alfonso, um die unerschütterliche Treue ihrer Bräute. Don Alfonso, der zu alt und erfahren ist, um noch Illusionen zu haben, stellt die weibliche Fähigkeit zur Treue kurzerhand in Frage und entlarvt die ihm naiv erscheinenden Schwärmereien seiner beiden jungen Freunde als idealistische Konstrukte; auch ihre Bräute seien ebenso aus Fleisch und Blut wie all die anderen, seien also keine Göttinnen, und die Treue der Frauen sei ohnehin wie der arabische Phönix, von dem jeder sage, es gäbe ihn, obwohl ihn noch nie jemand gesehen habe. Um den Streit nicht in Handgreiflichkeiten ausarten zu lassen, schlägt Don Alfonso eine Wette vor: Der Preis von hundert Zechinen steht auf den Nachweis des Treuebruchs der beiden Bräute. Die Voraussetzung ist allerdings, daß er die Fäden ziehen darf. Die beiden Offiziere sind einverstanden.

Die Schwestern Fiordiligi und Dorabella sind währenddessen ganz in den Anblick der Bilder ihrer beiden Verlobten Guglielmo und Ferrando versunken. In das Schwärmen mischt sich die Vorfreude auf die baldige und sehnlichst erwünschte Hochzeit. Unruhig erwarten sie die Geliebten, doch erscheint an deren Stelle Don Alfonso, der ihnen mit besorgter Miene und gespielter Anteilnahme mitteilt, daß die beiden Offiziere durch königlichen Befehl aufs Schlachtfeld gerufen wurden und unverzüglich abreisen müssen. Schon stehen sie auch bereit zum Abschied, der unter Treueschwüren und mit viel Wehmut begangen wird. Das wie in eine ungewisse Zukunft entschwebende Schiff mit den beiden Geliebten Fiordiligis und Dorabellas wirkt zugleich wie ein Abschied von der Naivität, denn nun gilt es, das Lehrstück der Gefühle zu bestehen, das Don Alfonso verordnet hat. Er hat sich dabei der Mithilfe der ebenfalls mit allen Wassern gewaschenen Despina, der Kammerzofe der beiden Bräute, versichert, weiht sie jedoch nicht in den Gesamtplan ein. Immerhin kann er sich ihr Wissen zunutze machen, daß von solchen Idealen, wie sie die beiden Herrinnen hegen, nichts zu halten sei; Despinas handgreifliche Lebensphilosophie kennt Treue, besonders die von Männern, nur als hohles Wort und Liebe als bloßen Naturtrieb, der nichts weiter ist als ein vergnüglicher Zeitvertreib. Daß hinter den beiden seltsamen, so exotisch aussehenden Herren, die sie auf das Bestechungsgeld Don Alfonsos hin ins Haus einläßt, die verkleideten Verlobten ihrer beiden Damen stecken, bleibt ihr (vorerst) verborgen. Ohne viel Umstände machen sie den entsetzten Mädchen den Hof, werden aber abgewiesen. Als Fiordiligi und Dorabella sich zurückgezogen haben, glauben die beiden Offiziere die Wette schon halb gewonnen, doch Don Alfonso bleibt zuversichtlich, zumal auch seine schlaue Komplizin Despina die richtigen Rezepte kennt, selbst scheinbar so unerschütterliche Gefühle – Fiordiligi behauptet sogar, sie sei standhaft „wie ein Felsen" – gefügig für neue Abenteuer zu machen. Freilich weiß Don Alfonso, daß ein solches Spiel mit dem Feuer auch mit Tränen enden kann.

Zum erstenmal in ihrem Leben sehen sich Fiordiligi und Dorabella mit Verlustängsten konfrontiert und merken, wie langweilig das Leben ohne die beiden Verlobten ist. Auf Anweisung Don Alfonsos müssen die beiden Offiziere, weiterhin in ihrer grotesken Verkleidung, sogar eine Selbstmordszene aufführen, um die Damen weichzumachen, und sie fingieren also, sie hätten sich aus Liebeskummer mit Arsen vergiftet. Während Don Alfonso und Despina vorgeben, einen Arzt zu holen, regt sich bei den Mädchen das erste Mitleid mit den Fremden. Doch wollen sie nicht so weit gehen, sich von ihnen küssen zu lassen, nachdem die als Quacksalber verkleidete Despina sie mit mesmerischem Hokuspokus ins Leben zurückgeholt hat. Das Mitleid der Frauen hat immerhin die Chancen Guglielmos und Ferrandos, die Wette zu gewinnen, verringert, denn es war echtes Gefühl dabei im Spiel gewesen. Don Alfonso und Despina wissen jedenfalls, daß aus diesem Strohfeuer ein nicht mehr zu kontrollierender Liebesbrand entstehen kann.

2. AKT: Despina bemüht sich, ihren beiden Damen die Vorzüge der leichtfertigen Liebe schmackhaft zu machen: Man könne zwar ohne Liebe leben, aber wohl kaum ohne Liebhaber. Und die beiden Fremden seien doch ebenso reich und schön wie vornehm und sogar unsterblich verliebt. Schließlich befinde man sich nicht im Himmel, sondern auf der Erde.

Fiordiligi und Dorabella fühlen sich herausgefordert, Despinas pragmatische Erwägungen doch einmal auszuprobieren. Ein Flirt kann ja noch keine Untreue sein. Im Geiste malen sie sich bereits aus, daß Dorabella den Braunen (Guglielmo) und Fiordiligi den Blonden (Ferrando) wählen wird. Der von Don Alfonso intendierte Partnertausch zeichnet sich unbewußt ab. Als die beiden neuen Paare auf einem von Don Alfonso arrangierten Gartenfest zusammentreffen, gibt es freilich zunächst nur Befangenheit. Es scheint, als spürten die beiden Liebhaber, daß das Spiel nun allmählich in bitteren Ernst umschlägt. Doch ist die gegenseitige erotische Verzauberung nicht aufzuhalten, wenn es auch bei der weniger offenen Fiordiligi etwas länger dauert, bis sie sich hingibt; bei Dorabella hatte Guglielmo leichtes Spiel. Als die Freunde Zwischenbilanz ziehen, ist Guglielmo stolz, daß seine Fiordiligi so standhaft geblieben ist, während er kurz darauf mitansehen muß, daß auch sie nachgibt. Zuvor plante Fiordiligi jedoch noch einen Ausweg: Sie wollte in dem Kampf zwischen der Treue zu ihrem Verlobten und den neu erwachten Sehnsüchten nicht so bereitwillig die Waffen strecken wie ihre Schwester. In der Uniform des Verlobten sollte den Anfechtungen der Stunde entronnen werden. Genau in diesem Moment erliegt sie aber dem, vor dem sie fliehen wollte. Die Zärtlichkeit Ferrandos ist unwiderstehlich. Guglielmo ist ebenso wütend wie verzweifelt. Don Alfonso will das Lehrstück der Herzen mit der einzig möglichen Lösung beschließen: mit einer Doppelhochzeit. Wozu die Frauen beschuldigen, wenn sie doch nichts anderes getan haben, als der Herzensnotwendigkeit nachzugeben? An der Hochzeitstafel stoßen die beiden Paare, von durchaus gemischten Gefühlen bewegt, auf das neue Leben an, das von der Vergangenheit nichts mehr übrigläßt. Despina verkleidet sich abermals und präsentiert als näselnder Notar die Heiratsverträge, die soeben nur von den beiden Mädchen unterschrieben werden, als der Militärmarsch die Rückkehr des Regiments und somit der beiden Verlobten ankündigt. Zu Tode erschrocken verstecken die Mädchen ihre Ehepartner im Nebenzimmer und stellen sich kurz darauf den Verlobten. Mit (musikalischen) Zitaten aus ihren „Rollen" decken Guglielmo und Ferrando das inszenierte Spiel auf, daß selbst der gerissenen Despina das Lachen vergeht. Denn auch sie ist auf Don Alfonso hereingefallen, der nun zwar die Wette gewonnen hat, aber auf Kosten der jungen Paare, von denen man am Schluß annehmen muß, daß es zu Beginn die falschen waren.

Kommentar

Trotz ihrer geradlinigen Handlung bleibt die Oper *Così fan tutte*, wie es der Regisseur Joachim Herz 1983 formulierte, „ein faszinierendes Rätsel" oder, um mit Wolfgang Hildesheimer zu sprechen, ein Stück, dessen Titel eigentlich „Così fan tutti" heißen müßte, da hier der Mangel an „Weibertreue" noch bei weitem von dem „Mangel an Männermoral" übertroffen werde, durch den der Treuebruch der Frauen evident erscheine. Und die Musik Mozarts? Sie tritt in Widerspruch zu der geradlinigen Handlung, da sie die vorgegebenen Verstellungen, Täuschungen und Selbsttäuschungen nicht mitmacht, sondern emotional aufrichtig unterläuft. Sie wird, so Hildesheimer weiter, „als solche zum Betrug: zur Darstellung des ‚Schönen', als Vortäuschung des ‚Guten', und damit zum Vorboten des Nicht-mehr-Heilen" – eine ästhetisch subversive Lehre also, die uns Mozart hier erteilt. Man hat gemeint, der Autor sei in dieser nur scheinbaren Farce selber auf der Bühne anwesend, etwa in der Gestalt des „vecchio filòsofo" Don Alfonso, doch mag das offen bleiben. Mozart erzählt uns jedenfalls eine etwas andere Geschichte als sein Librettist Da Ponte, der ihm „nur" die Fabel geliefert hat. Aber was für eine! Auch Theodor W. Adorno kam mit ihrem Sinn nicht zurecht, und die vielen Kleingeister des 19. Jahrhunderts, die sich damit abquälten, sind nicht weiter der Rede wert. Keine Oper Mozarts – ausgenommen *Die Zauberflöte* – ist so hartnäckig und grotesk mißverstanden worden wie gerade *Così fan tutte*, und dabei ist es die Oper, die uns womöglich am meisten vom Musiker Mozart verrät, insofern hier die Musik eine Gegenhandlung zum Libretto entwirft. Die Unfähigkeit der Musik zu lügen macht sich Mozart hinterlistig zunutze und komponiert mit einer Sicherheit ohnegleichen den Unterschied zwischen geglaubtem Ausdruck und tatsächlicher Empfindung aus: Das darf man wohl dialektisch nennen. Warum wollte die Mit- und vor allem die Nachwelt das so lange verkennen? Was ist das für ein Spiel, in dem das objektiv „Falsche" so durchdringend subjektiv „echt" erscheint? Mozart weigert sich, eindeutig Stellung zu beziehen und „Verfremdungen" zu komponieren, aber es ist völlig abwegig anzunehmen, er habe die Intentionen Da Pontes „mißverstanden" oder an ihnen vorbeikomponiert. Ganz im Gegenteil: Die Theaterhaltung der Musik Mozarts wird in *Così fan tutte* zum Gegenstand selbst. Das musikalische Spiel enthüllt Oper als Wiener klassische Musik schlechthin: Die Handlung geschieht eigentlich auf leerer Bühne. Es gibt ja auch keinerlei moralischen oder gar metaphysischen Rückhalt. Der Drahtzieher Don Alfonso spricht es deutlich genug aus, und

Despina bestätigt es ihm. Die Verwirrung der Gefühle ist einzig Sache der Beteiligten. Und hat nicht Don Alfonso gleich zu Beginn vor den Folgen gewarnt? Er inszeniert, daran besteht kein Zweifel, das üble Spiel mit den Gefühlen nur widerwillig (Terzett Nr. 1: „O törichtes Verlangen, das Übel aufdecken zu wollen, das, wenn es gefunden ist, uns unglücklich macht"). Die Wette ist nur der äußere Anlaß, erst der Verlauf bringt die Wahrheit ans Licht, eine Wahrheit indessen, die ihren menschenfeindlichen Charakter durch Vertrauensbruch enthüllt und die stoische Lebensphilosophie des „vecchio filòsofo" mitsamt ihrer aufklärerischen Lehre von der Determiniertheit allen Handelns bitter bestätigt. Die Probe aufs Exempel faßt Don Alfonso kurz vor dem letzten Finale in einer Sentenz zusammen: Er entschuldigt das Verhalten der Frauen, denn es beruhe auf der „Notwendigkeit des Herzens" („necessità del core"). Der Untertitel der Oper entpuppt sich als der eigentlich gemeinte, denn die Treueprobe schließt den Lernprozeß der beiden Liebhaber mit ein. Und komponierte Mozart nicht aus, daß es die „falschen" Paare sind, die (musikalisch und auch sonst) zusammenpassen? Erst im Spiel, das allmählich (während des 2. Aktes, nach dem Quartett Nr. 22) in Ernst umschlägt, zeigen sich die *echten* Gefühle, die zuvor bei den „richtigen" Paaren gar nicht zum Ausdruck kamen. Insofern erhält der Schluß der Oper den faden Beigeschmack, daß die Versöhnung über dem Abgrund nur sub specie eines Aschermittwochs glaubwürdig erscheinen kann. Die Bräute haben die Treueprobe nicht bestanden, und die Liebhaber stehen vor einem irreparablen Scherbenhaufen, da sich die heimliche Wahrheit des „Spiels im Spiel" als unverzichtbare Einsicht erwiesen hat. Don Alfonso hat es von Anfang an gewußt. Aber geht seine Rechnung wirklich auf? Wäre mit dem erfolgreichen Ablauf seines Plans wirklich alles erklärt? Das zynische Experiment der *Wahlverwandtschaften* im Lichte des mechanischen Materialismus – Don Alfonso beruft sich unausgesprochen auf La Mettries *L'homme machine* – muß jedoch erst vor Mozarts Musik bestehen, deren unberechenbarer Charakter sich dem Plan Don Alfonsos entzieht. Den irritierenden Schluß – Don Alfonso muß die Hände der beiden ursprünglichen Paare gleichsam ineinanderzwingen – komponierte Mozart als musikalische Montage aus diversen Zitaten, die wie Versatzstücke aus der soeben abgelaufenen Oper klingen. Das abgründigste unter ihnen ist wohl die Wiederkehr jener Melodie, mit der es Ferrando gelungen ist, die so standhafte Fiordiligi doch noch umzustimmen: Genau in dem Augenblick, als die „falschen" Paare in der Hochzeit Vergessen suchen, stimmt Fiordiligi diese Melodie, die zu einem Kanon führt, an, so als wolle die Zeit stehenbleiben. Der nachdenkliche Charakter des Kanons steht zudem quer zu der Situation und verleiht ihr eine befremdliche Tiefendimension, vergleichbar der so intensiv auskomponierten Abschiedsszene im 1. Akt, wo es die Musik Mozarts ist, die überhaupt erst klarmacht, um welchen Abschied es sich hier in Wirklichkeit handelt: um den Abschied von der Naivität. Denn es wird sich alsbald zeigen, daß die beiden Frauen ihre Moral des Herzens nicht halten können, zumal die Werbung der beiden Liebhaber ganz emotional vollzogen wird. Da Ponte wußte wohl, was er Mozart zumuten konnte. Mozart komponierte die beiden Liebesduette für die „falschen" Paare mit einer unvergleichlichen Mischung aus Sinnlichkeit und Wehmut und ging dabei weit über den Anlaß des Treuebruchs, der Zerstörung von Empfindungen hinaus. Im Libretto steht hier das gespielte Gefühl der Männer gegen das echte der erotisch faszinierten Frauen, doch die Musik weiß es besser. Sie enthüllt uns den Kern des „Spiels im Spiel": „Nicht das Einfache, das die jungen Leute vor Beginn des Spiels für das ganz Selbstverständliche hielten, ist die Wahrheit des Lebens, sondern das widersprüchlich Komplexe" (Leo Karl Gerhartz).

Geschichte

Unter den drei Libretti, die Lorenzo Da Ponte für Mozart schrieb, beruht das zu *Così fan tutte* mehr oder weniger auf der eigenen Erfindung des sonst als geschickter Kompilator in die Geschichte der Librettistik eingegangenen Autors. Es gab jedoch ein zeitgenössisches Gerücht, Mozart und Da Ponte hätten die Fabel einer wahren Begebenheit aus dem im Februar 1788 ausgebrochenen Türkenkrieg entnommen: Während des Wiener Faschings habe ein alter Zyniker mit zwei befreundeten Offizieren jene Wette um die Frauentreue abgeschlossen und sie verkleidet auf den Ball der Wiener Redoute geschickt, damit sie über Kreuz erneut um die beiden Verlobten werben. Ob nun die Anekdote verläßlich ist oder nicht, entscheidend ist der aktuelle Kern des Stoffes. Nun gehörte der Topos der Treueprobe ohnehin zur Gattung der Komödie, doch konnte der Mozart-Forscher Gaston de Saint-Foix eine Vorlage entdecken, die erstaunliche Parallelitäten zu *Così fan tutte* aufweist, bei der aber am Ende die falschen Paare zusammenbleiben: Es handelt sich um die Komödie *Les fausses infidélités* (1768) von Nicolas-Thomas Barthe, aufgeführt 1768 unter Mitwirkung (!) Marie-Antoinettes, der Schwester Josephs II., der ja im Sommer 1789 Mozart den Auftrag zu der Oper erteilt hat. Es kommt dort auch ein Drahtzieher vor.

Das Libretto, das Da Ponte schuf, enthält jedoch weit mehr literarische Anspielungen bis hin zur antiken Mythologie; es gibt sowohl Textanspielungen (z. B. Verweise auf Penelope als Symbol der ehelichen Treue) als auch indirekte Einflüsse, so etwa aus der Geschichte von Kephalos und Prokris im 7. Buch der *Metamorphosen* des Ovid oder aus neuerer Literatur (etwa aus Ludovico Ariostos Epos *Orlando furioso*, 1516, das Motiv der Treueprobe). Die Fabel erinnert auch, zumal in ihren zynischen Momenten, an den Briefroman *Les liaisons dangereuses* von Choderlos de Laclos (1782) oder an die frivolen Komödien des Pierre Carlet de Marivaux (etwa an *Le jeu de l'amour et du hasard*, 1730). Anders gesagt: Das Thema lag in der Luft und wurde von Da Ponte und Mozart in der Endzeitstimmung des ancien régime geschrieben.

Vermutlich begann Mozart mit der Ausarbeitung der Partitur im November 1789; am 31. Dezember jedenfalls lud er Joseph Haydn und Michael Puchberg zu einer „kleinen Opernprobe" in seine Wohnung ein, ebenso zur ersten Orchesterprobe am 20. Januar 1790. Die Uraufführung am 26. Januar war ein Erfolg, doch der Tod Josephs II. am 20. Februar führte zum Abbruch der (bisher fünf) Vorstellungen. Erst nach Mozarts Tod fanden wieder in Wien, diesmal in deutscher Übersetzung, Aufführungen statt (die Übersetzung stammte von Karl Ludwig Giesecke, der angeblich am Libretto zur *Zauberflöte* mitgearbeitet hat). Die zahlreichen deutschen Übersetzungen kurz nach Mozarts Tod und vor allem im 19. Jahrhundert bieten das groteske Bild eines totalen Mißverständnisses der Oper, wie es in der Geschichte der Gattung einmalig sein dürfte. Die Verurteilung des Werkes durch Beethoven und Wagner ist nur die Spitze des Eisberges einer unglaublichen Ignoranz, mit der man einem der zentralen Stücke des erotischen Zeitalters beizukommen glaubte. Erst in unseren Tagen ist es möglich geworden, diese „Komödie der Entfremdung" (Ulrich Schreiber) adäquat auf die Bühne zu bringen. Das scheint denn auch im Zeitalter der „zynischen Vernunft" kein Wiederbelebungsversuch zu sein, sondern die Einsicht in eine gewisse Wesensverwandtschaft.   *Dietmar Holland*

Diskographische Empfehlung

1935 – Glyndebourne: Fritz Busch, Glyndebourne Festival Chorus & Orchestra. Ina Souez (Fiordiligi), Luise Helletsgruber (Dorabella), Heddle Nash (Ferrando), Willi Domgraf-Faßbaender (Guglielmo), Irene Eisinger (Despina), John Brownlee (Don Alfonso). EMI, Pathé 2C 151-43216/8

1967 – London: Erich Leinsdorf, Ambrosian Opera Chorus, New Philharmonia Orchestra. Leontyne Price (Fiordiligi), Tatiana Troyanos (Dorabella), George Shirley (Ferrando), Sherrill Milnes (Guglielmo), Judith Raskin (Despina), Ezio Flagello (Don Alfonso). BMG-RCA, GD 86677 (ADD)

1973 – London: Georg Solti, Covent Garden Opera Chorus, London Philharmonic Orchestra. Pilar Lorengar (Fiordiligi), Teresa Berganza (Dorabella), Ryland Davies (Ferrando), Tom Krause (Guglielmo), Jane Berbié (Despina), Gabriel Bacquier (Don Alfonso). DECCA, SKB 25125-D/1-4

La clemenza di Tito (Titus)
Opera seria in zwei Akten

Text: Caterino Mazzolà, nach dem Libretto von Pietro Metastasio (eigentlich: Pietro Antonio Domenico Bonaventura Trapassi)
Uraufführung: 6. September 1791, Altstädtisches Theater, Prag
Personen: Tito Vespasiano, Imperator von Rom (Ten); Vitellia, Tochter des Imperators Vitellio (Sop); Servilia, Schwester des Sesto, Geliebte des Annio (Sop); Sesto, Freund des Tito und Geliebter der Vitellia (Sop); Annio, Freund des Sesto, Geliebter der Servilia (Sop); Publio, Präfekt der Prätorianer (Baß)
Chor: Senatoren; Abgesandte fremder Völker; Prätorianer; Liktoren; Volk
Ort und Zeit: Rom, 79 n. Chr.
Orchester: 2 Fl, 2 Ob, 2 Kl (1. auch Bassetthrn), Fg, 2 Hrn, 2 Trp, Pkn, Streicher, B. c.
Form: Nummernoper mit 26 Musiknummern und (von Franz Xaver Süßmayr komponierten) Secco-Rezitativen
Aufführungsdauer: 2 ½ Stunden
Verlag: Bärenreiter, Kassel (Neue Mozart-Ausgabe)

Handlung
1. AKT: Vitellia, die Tochter des gestürzten Kaisers Vitellius, glaubt einen legitimen Anspruch auf den Thron zu haben und plant ein Attentat gegen Tito, weil sie von ihm abgewiesen wurde. Zur Ausführung hat sie

Sesto bestimmt, der sie leidenschaftlich liebt, aber zugleich ein Freund des Kaisers ist. Durch ein Eheversprechen gelingt es ihr, Sesto für den Plan zu gewinnen. Noch am selben Abend soll Tito im brennenden Kapitol dem Anschlag zum Opfer fallen. Der Plan wird durchkreuzt, als Sestos Freund Annio berichtet, Tito habe beschlossen, nicht, wie Vitellia befürchtet hat, die Ausländerin Berenice zu heiraten. Vitellia schöpft neue Hoffnung und befiehlt Sesto, das Attentat zu verschieben. Seinen berechtigten Argwohn versucht sie mit vorgetäuschter Treue zu zerstreuen. Annio bittet Sesto, beim Kaiser die Zustimmung für seine Verbindung mit Servilia zu erwirken; Sesto verspricht ihm diesen Freundschaftsdienst.

Auf dem Forum Romanum feiert das Volk seinen Kaiser. Tito wünscht, daß die Geschenke, die ihm gereicht werden, einem mildtätigen Zweck zugeführt werden sollen: Er bestimmt sie für die Opfer des Vesuvausbruchs. Nachdem die Menge sich zurückgezogen hat, erklärt Tito Sesto und Annio, daß er Servilia heiraten will. Sesto ist bestürzt, doch Annio überwindet sich, hindert Sesto daran, sein Anliegen vorzubringen, und lobt sogar den Entschluß des Kaisers, in dessen Auftrag er Servilia die Nachricht bringen muß, die ihn in den Konflikt zwischen Liebe und Pflicht stürzt. Da sich Servilia und Annio unzertrennlich lieben, sieht Servilia nur den Ausweg, selbst mit Tito zu sprechen. Tatsächlich ist Tito, von Servilias Ehrlichkeit berührt, bereit, auf sie zu verzichten.

Vitellia hat erfahren, daß Tito geplant hat, Servilia zu heiraten, und fühlt sich erneut von ihm übergangen. Zornig wirft sie Sesto vor, das Attentat noch nicht vorangetrieben zu haben. Da er ihr hörig ist, verspricht er, den Befehl unverzüglich in die Tat umzusetzen. Erneut wird der Plan durchkreuzt, denn Annio und Publio berichten Vitellia, daß Tito nun sie zur Gattin erwählt habe. Doch es ist bereits zu spät, die Verschwörung gegen Tito aufzuhalten; Vitellias Verstörtheit erklären sich allerdings Publio und Annio, die nichts wissen, als Freude über die unerwartete Nachricht.

Vor dem bereits brennenden Kapitol, dem Zeichen der Mitverschwörer gegen den Kaiser, zögert Sesto, unter Gewissensbissen, den Mord an Tito auszuführen, aber er kann nicht mehr zurück und steigt zum Kapitol hinauf. Vitellia sucht ihn verzweifelt, um ihn über die unerwartete Wendung der Dinge zu informieren. Als er vom Kapitol zurückkommt, kann sie nur noch verhindern, daß er sich selbst als Mörder bezichtigt.

2. AKT: Tatsächlich hat weder Sesto einen Anschlag auf Tito verübt, noch ist der Kaiser bei dem Brand des Kapitols umgekommen, wie der erstaunte Sesto von Annio erfährt, dem er gesteht, was er vorhatte. Annio rät

ihm, dem Kaiser gegenüber ein Geständnis abzulegen, während Vitellia zur Flucht auffordert, doch ist die Verschwörung bereits aufgedeckt. Publio erscheint, um Sesto zu verhaften, und klärt ihn darüber auf, daß er verraten worden sei durch Lentulus, der, in das Gewand des Kaisers gehüllt, dem Anschlag glücklich entkommen sei.

Das Volk von Rom dankt den Göttern, daß Tito keinem Anschlag zum Opfer gefallen ist. Sesto muß sich vor dem Senat verantworten, obwohl Tito fest von der Unschuld des Freundes überzeugt ist. Publio warnt den Kaiser, nicht jeder habe so ein Herz wie er. Leider bestätigt auch Annio Sestos Schuld, indem er bei Tito um Gnade für ihn bittet. Publio kehrt mit einem Schriftstück von der Senatssitzung zurück, aus dem hervorgeht, daß Sesto seine Schuld eingestanden habe; das Todesurteil bedürfe zur Vollstreckung nur noch der Unterschrift des Kaisers. Annio fleht nochmals um Gnade für Sesto. Erschüttert bleibt Tito allein zurück und zögert, das Todesurteil zu unterschreiben. Er hofft, daß Sesto dem Senat ein Geheimnis verschwiegen habe, und läßt ihn zu sich rufen. Obwohl Tito sich zwingt, als Kaiser, nicht als Freund zu sprechen und dann doch geneigt ist zur Versöhnung, weicht ihm Sesto, um Vitellia zu schützen, aus und bezichtigt sich des Verrats. Tito sieht nun keinen anderen Ausweg mehr, als ihn abführen zu lassen. Als letzte Gnade bittet Sesto ihn, ihm die Hand küssen zu dürfen. Als Tito wieder allein ist, entschließt er sich, Sesto zu begnadigen, die Räson des Herzens über die des Staates zu stellen; ein auf Tyrannei erbautes Herrschertum erscheint ihm sinnlos. Die Treue des Volkes glaubt er nur durch Liebe erringen zu können. Sollte sich Milde als politische Schwäche erweisen, dann wäre er bereit, auf sein Amt zu verzichten.

Beschämt von der Treue des Sesto ringt sich Vitellia zu der Entscheidung durch, Tito ihre Schuld zu gestehen und damit für immer der Liebe und dem Kaiserthron zu entsagen.

Vor dem Colosseum wartet das Volk auf die Vollstreckung des Todesurteils an den Verschwörern. Als Tito das Urteil verkünden will, wirft sich ihm Vitellia zu Füßen und gesteht, daß sie aus Eigennutz ihm nach dem Leben getrachtet und Sesto dazu angestiftet habe. Gegen die Bestürzung aller verzichtet Tito auf die Bestrafung und verkündet nun auch öffentlich seinen Entschluß, über die Staatsräson die Räson des Herzens zu stellen.

Kommentar

Herrschertugenden haben es schwer. Sie können nämlich nur beschworen werden. Sie müssen sich messen lassen an der Glaubwürdigkeit. Vor allem: Sie sind schwer in Musik zu setzen. Entledigte sich Mozart also nur einer Auftragsarbeit, als er für die Kaiserkrönung Leopolds II. in Prag die Festoper komponierte? Dieser Bruder des 1790 verstorbenen, aufgeklärten Joseph II. verstand sich als Philosoph auf dem Throne (ganz wie sein Bruder), und was lag da näher, als die „clementia", die (oberste) Herrschertugend, in historischem Gewande zu präsentieren? Das Libretto des Metastasio (1734) war eines der meistvertonten im 18. Jahrhundert; auch Gluck hat eine Titus-Oper hinterlassen. Was nun aber Mozart mit dem Stoff machte, war unerhört. Gemeinsam mit dem geschickten Librettisten Caterino Mazzolà richtete er das Libretto zu einer vera opera ein, das heißt: Aus der opera seria wurde ein inkommensurables Gebilde, das durch die Erfahrungen Mozarts mit der bewegten Dramaturgie der opera buffa und ihrer speziellen Ensembletechnik hindurchgegangen ist. Mozart hielt seinen Bearbeiter zu einer Verinnerlichung der starren Handlung Metastasios an, weil erst sie seiner empfindsamen musikalischen Sprache entgegenkam. Die diskursiven, streng rationalistischen Momente des ursprünglichen Librettos wurden zugunsten der emotionalen stark zurückgedrängt; Mozarts *Titus* wurde zu einer Geschichte der Entsagungen. Aus der Vorlage richteten Mazzolà und Mozart ein Geflecht von emotionalen Kulminationspunkten her, das zahlreiche, in der reinen opera seria undenkbare Ensemble-Situationen ermöglichte, auch zwei ausgedehnte Finale. Das verstieß freilich gegen die Hörerwartungen: Das höfische Publikum wollte metastasianische Abgangsarien, keine Konflikt-Ensembles vorgeführt bekommen und schon gar nicht diesen verinnerlichten musikalischen Tonfall, den Mozart hier allenthalben anschlug. Bezeichnend ist die von Metastasio abweichende Gestaltung, ja psychologische Vertiefung jener Szene, an deren Ende Sesto seinen Kaiser und Freund an eben die Freundschaft erinnert, die gerade dabei ist, zerstört zu werden. Denn Sesto kann die Fragen des Tito nicht beantworten, weil er Vitellia nicht verraten will. Wie Mozart und Mazzolà die vorgegebene Dramaturgie von innen heraus aufbrechen, zeigt sich an der Plazierung und vor allem an der psychologischen Motivierung aller drei Terzette, die in Augenblicken höchster Betroffenheit die Personen aufeinanderprallen lassen; allerdings nicht im Sinne der komödienhaften Verwicklung, aber auch nicht als Arie zu dritt (wie in der opera seria üblich), sondern als der Versuch, einen dritten Weg der Ensemblegestaltung zu beschreiten, der die opera seria sozusagen von innen heraus unterwandert. Mozart war nicht der Komponist des *Fidelio*, der anstelle von leibhaftigen Menschen lieber Prinzipien ethischen Verhaltens komponierte; er schaute statt dessen den Menschen ins Herz, auch wenn es nur die Pappfiguren der alten opera seria waren. Am meisten Schwierigkeiten bereitete ihm natürlich der wenig musikträchtige Titelheld. Mozart komponierte ungern Sentenzen, außer in ironischer Absicht (wie die des Don Alfonso in *Così fan tutte*). Bei Metastasio war indessen der Titelheld nicht die reine Verkörperung des Mitleids und der Wahrhaftigkeit, sondern der Jurist Metastasio wußte nur zu gut, wo die Grenzen der Humanität liegen: bei der Staatsräson. Falls es stimmt, daß nach der Prager Uraufführung des Mozartschen *Titus* die Kaiserin (und mit ihr sicherlich das gesamte höfische Publikum) von einer „porcheria tedesca" sprach, dann geht das nicht nur aufs Konto der speziellen Musikdramaturgie Mozarts oder etwa der Verstümmelung des ehrwürdigen Librettos von Metastasio, auch nicht nur auf die bürgerlich-empfindsame Musiksprache Mozarts, die freilich in ganz lakonischer Haltung auftritt, sondern vielmehr auf die unerhörte politische Botschaft dieser neuen Version der Herrschertugend der clemenza. Man bedenke: Die clemenza des Tito richtet sich in Mozarts Version offen gegen die übliche höfische Art der „dissimulatio" und appelliert an die Aufrichtigkeit, ja auch und gerade an die *persönliche* Integrität des Kaisers, gewissermaßen des Kaisers *als Mensch*, als ob er der Thoas der Goetheschen *Iphigenie* wäre. Der Geist einer Humanität, die Goethe selbst später als „verteufelt" bezeichnet hat, in einer Zeit, die alles andere als human war, ist gefährlich, wenn er bloß beschworen wird. Das wußte natürlich auch Mozart. Die Titus-Gestalt ist denn auch das musikalische Sorgenkind der Oper. Von den vier Arien, die Metastasio für sie vorgesehen hat, blieben immerhin drei stehen, und es sind reflektierende Texte, die Humanität bloß bereden. Was konnte aber das höfische Publikum dennoch an Mozarts Titus-Gestalt stören? Da Mozart und Mazzolà alle politische Kasuistik gestrichen haben, rücken sie den Kaiser in die Nähe eines gefährdeten Tugendbolds, jenseits aller Staatsräson, und sie muten ihm eine schier weltfremde clemenza zu, die geradezu selbstmörderisch anmutet inmitten der höfischen Intrigen (wie sie im Publikum jeder aus eigener Erfahrung kannte). Wie konnte ein Kaiser private Gewissensbisse zeigen, ob er berechtigt sei, den Freund, der ihm nach dem Leben getrachtet hat, zu bestrafen? Metastasios Libretto verfuhr da schlauer: Er betrachtete die Intrige des Sesto als Anschlag auf den Kaiser als Privatperson, nicht auf ihn als Institution; deshalb war die Milde politisch durchaus zulässig. Bei Mozart dagegen ist Tito der Vertreter einer bürgerlichen Vernunft, die es nie gegeben hat. Annio sagt denn auch von ihm, er beherrsche die Welt und sich selbst. Was hätte Machiavelli dazu gesagt? Und es ist wohl kaum anzunehmen, daß im Uraufführungspublikum jemand saß, der gegen Machiavelli gewesen wäre. Man bedenke außerdem, daß die Uraufführung inmitten der Französischen Revolution stattfand, die Zeit also nicht gerade erfüllt war von weltfremder Mildtätigkeit. Die Zeitgeschichte führte soeben dem Adel drastisch vor Augen, was es mit mörderischen Verschwörungen an kaiserlichen Höfen auf sich hat. Ludwig XVI. von Frankreich wurde ja genau die „humane Schwäche" zur Last gelegt. Das Thema der empfindsamen Großmütigkeit verbindet *La clemenza di Tito* mit der *Entführung aus dem Serail:* Hier wie dort geht es um den Sieg der verzeihenden Güte über das Bedürfnis nach Rache. Doch der Preis für solch humanes Gebaren ist hoch: Das lieto fine, der glückliche Ausgang, kann nur erreicht werden durch Entsagung. Die Selbstüberwindung des Bassa Selim nicht anders als die des Thoas in Goethes *Iphigenie* und die des Mozartschen Tito schließt den Verzicht auf persönliches Glück mit ein. Die wahren Herrscher sind einsam.

Geschichte

Die Vorlage für Mozarts Oper, das bereits 1734 entstandene Libretto von Pietro Metastasio, ist zum ersten Mal, als Festoper schlechthin, mit der Musik von Antonio Caldara (1670–1736) in Wien aufgeführt worden (4. November 1734) und gehörte zu den meistkomponierten Libretti Metastasios überhaupt. Selbst der Opernverächter Voltaire bewunderte es und verglich einige Szenen mit den schönsten Momenten im antiken griechischen Drama, insbesondere den großen Monolog des Titus im 3. Akt. In seiner Schrift *Dissertation sur la tragédie ancienne et moderne*, der Vorrede zu seiner eigenen Tragödie *Sémiramis* (1748), lobte er, aus Liebe zu den „edlen Empfindungen des menschlichen Herzens", die Qualität des Librettos, das immerhin die Vorzüge Corneilles und Racines in sich vereinige. Tatsächlich stammen die Anregungen, vor allem die Vorgeschichte der Handlung, aus Corneilles *Tite et Bérénice* (1670) und Racines *Bérénice* (1670), und es sind auch Einwirkungen von Corneilles *Cinna ou La clémence d'Auguste* (1641) feststellbar; die antike Quelle ist natürlich Suetons *Leben der Cäsaren*. Metastasio knüpfte also an die französische tragédie classique an. Als Mozart den Stoff komponierte, war die opera seria als höfische Festoper nicht mehr aktuell. So schreibt Carl Friedrich Zelter in einem Brief an Goethe (22. Juli

1819): „Solch ein Titus soll denn auch noch geboren werden, der in alle Mädchen verliebt ist, die ihn alle totschlagen wollen." Die ins höfische Intrigennetz umgesetzte Antike Metastasios wollte nicht mehr greifen. Deshalb nahm Caterino Mazzolà, Mozarts Librettist, erhebliche Kürzungen (von drei auf zwei Akte) vor (mehr als die Hälfte des Textes entfiel) und strich mehr als zwei Drittel der Arien, die er entweder durch neue ersetzte oder in Ensembles umwandelte. Das geschah mit Sicherheit unter Mozarts Einfluß, der im übrigen – wie immer unter großem Zeitdruck – die Partitur sehr schnell fertigstellen mußte. Die Secco-Rezitative stammen deshalb von seinem Schüler Franz Xaver Süßmayr. Die Entstehungsgeschichte ist nur sehr spärlich überliefert. Für die Komposition hatte Mozart den Zeitraum von etwa Mitte Juli bis zur Uraufführung am 6. September 1791 zur Verfügung. Da Caterino Mazzolà von Mai bis Ende Juli 1791 vorübergehend als Nachfolger von Lorenzo Da Ponte Hofdichter in Wien war, ist eine enge Zusammenarbeit zwischen ihm und Mozart denkbar. Den Auftrag zu der Prager Krönungsoper erteilten die Böhmischen Stände dem Impresario Domenico Guardasoni im Juli 1791, und es gibt keine Beweise für die Annahme, Mozart habe sich bereits 1789 mit dem Titus-Stoff beschäftigt (diese These wurde 1959 von Tomislav Volek aufgestellt und 1974 von Helga Lühning widerlegt). Der eklatante Mißerfolg der Prager Uraufführung hinderte indessen das bürgerliche Publikum der ersten beiden Jahrzehnte nach Mozarts Tod nicht daran, gerade in *La clemenza di Tito* Mozarts „vollendetste Arbeit" (Franz Xaver Niemetschek, 1798) zu sehen, da in ihr die bürgerlichen Tugenden wie Reinheit und Mildtätigkeit gespiegelt seien. Erst unter dem Druck der romantischen Mozart-Deutung, ausgehend von E. T. A. Hoffmanns Erzählung *Don Juan* (1813), geriet der *Titus* allmählich in Vergessenheit und mußte buchstäblich wiederentdeckt werden (erster Versuch: 1949 bei den Salzburger Festspielen). Eine ernstzunehmende Auseinandersetzung wurde jedoch erst möglich, nachdem in der Neuen Mozart-Ausgabe die kritisch revidierte Partitur erschienen war. Bahnbrechend wirkten Jean-Pierre Ponnelles Inszenierungen in München (1971) und Salzburg (Festspiele 1976), in denen er die Entfremdung des heutigen Publikums von den historischen Voraussetzungen der Oper zu überbrücken versuchte. Noch tiefgründiger geriet der Versuch Karl-Ernst Hermanns (Brüssel 1982), die Nähe zur Französischen Revolution mitzureflektieren und zudem das eigenartig Stockende der Musik Mozarts als Verzichtserklärung der Personen darzustellen: „Jede der drei Hauptfiguren ist verurteilt zur Entsagung" (Ulrich Schreiber). *Dietmar Holland*

Diskographische Empfehlung

1967 – Wien: István Kertész, Chor und Orchester der Wiener Staatsoper, Maria Casula (Vitellia), Teresa Berganza (Sextus), Werner Krenn (Titus), Brigitte Faßbaender (Annius), Lucia Popp (Servilia), Tugomir Franc (Publius). DECCA 6.35174

1977 – London: Colin Davis, Orchestra & Chorus of the Royal Opera House. Janet Baker (Vitellia), Yvonne Minton (Sextus), Stuart Burrows (Titus), Frederica von Stade (Annius), Lucia Popp (Servilia), Robert Lloyd (Publius). Philips 6703 079

Die Zauberflöte
Eine große Oper in zwei Aufzügen

Text: Emanuel Schikaneder
Uraufführung: 30. September 1791, Theater im Starhembergschen Freyhaus auf der Wieden, Wien
Personen: Sarastro (Baß); Tamino (Ten); Sprecher (Baß); Erster Priester (Baß); Zweiter Priester (Ten); Dritter Priester (Sprechrolle); Königin der Nacht (Sop); Pamina, ihre Tocher (Sop); Erste Dame (Sop); Zweite Dame (Sop); Dritte Dame (Sop); Erster Knabe (Sop); Zweiter Knabe (Sop); Dritter Knabe (Sop); Papageno (Baß); Ein altes Weib, später Papagena (Sop); Monostatos, ein Mohr (Ten); Erster geharnischter Mann (Ten); Zweiter geharnischter Mann (Baß); Erster, Zweiter, Dritter Sklave (Sprechrollen)
Chor: Priester; Sklaven; Gefolge
Ort: Im Reich der Königin der Nacht (1. Akt). Im Reich Sarastros (2. Akt)
Orchester: 2 Fl (2. auch Picc), 2 Ob, 2 Kl/Bassetthrn, 2 Fg, 2 Hrn, 2 Trp, 3 Pos, Pkn, Glsp, Streicher
Form: Nummernoper (21 Musiknummern) mit gesprochenen Dialogen
Aufführungsdauer: 3 Stunden
Verlag: Bärenreiter, Kassel (Neue Mozart-Ausgabe)

Handlung

1. AUFZUG: Prinz Tamino hat sich auf der Jagd verirrt und wird, unbewaffnet, von einer Riesenschlange verfolgt. Er fällt vor Angst in Ohnmacht, wird aber von drei verschleierten Wesen, den drei Damen der Königin der Nacht, gerettet. Sie erlegen das Ungeheuer mit drei Wurfpfeilen. Die Schönheit des ohnmächtigen Jünglings löst in allen drei martialischen Damen sanfte Gefühle aus, und so streiten sie sich zunächst darum, wer wachend bei ihm bleiben solle, bevor sie beschließen, gemeinsam zu ihrer Herrin zurückzukehren und ihr von dem Vorfall zu berichten. Als Tamino zu sich kommt und die tote Schlange neben sich liegen sieht, betritt eine gefiederte Gestalt mit einem Vogelkäfig auf dem Rücken die Szenerie und pfeift auf einem Faunflötchen. Es ist der Naturmensch Papageno, der in dieser Gegend für die Königin Vögel fängt und dafür täglich zu essen bekommt. Papageno läßt Tamino in dem Glauben, er sei sein Lebensretter, worauf die drei Damen wieder erscheinen und dem Lügner zur Strafe ein Schloß vor den Mund hängen. Sie klären Tamino über den wahren Hergang seiner Rettung auf und übergeben ihm im Auftrag der Königin ein kleines Bildnis ihrer Tochter Pamina, in das der Prinz sich sogleich verliebt. Sie erzählen ihm auch, daß ein Bösewicht und Tyrann namens Sarastro die Prinzessin unlängst entführt habe und sie ständig bedränge. Erzürnt schwört Tamino, die Untat zu rächen und Pamina zu befreien. Da erscheint unter lautem Donner die sternflammende Königin selbst, beklagt ihr Mutter-Leid und verspricht Tamino, ihm Pamina zur Frau zu geben, wenn er sie nur befreie. Dann verschwindet sie unter lautem Getöse. Die drei Damen nehmen Papageno das Schloß ab und bestimmen ihn gegen seinen Willen zu Taminos Diener. Zum Schutz gegen die Gefahren in des Tyrannen Reich erhält Tamino eine Zauberflöte, Papageno ein silbernes Glockenspiel, beides Instrumente, die auf Anhieb das Gemüt von Mensch und Tier umzustimmen vermögen. Außerdem werden ihnen drei wundersame Knaben als Schutzgeister mit Rat und Tat zur Seite stehen.

In Sarastros Palast versucht indessen der Mohr Monostatos, der gerade einen Fluchtversuch Paminas vereitelte, sich dem gefesselten Mädchen unsittlich zu nähern, als plötzlich Papageno in der Tür steht. Beide, Mohr und Vogelmensch, erschrecken voreinander, da jeder den anderen für den leibhaftigen Teufel hält, und suchen das Weite. Als Papageno zurückkehrt, findet er Pamina unbewacht vor und berichtet ihr von Tamino und dessen Liebe. Anstatt zu fliehen, singen Papageno und Pamina ein Preislied auf die Liebe. Mit Hilfe der drei Knaben ist auch Tamino in den Tempelbezirk

Sarastros gelangt. In wildem Übermut will er gleich einen der Tempel erstürmen, wird jedoch an allen drei Pforten von magischen Stimmen zurückgewiesen. Schließlich erscheint ein Priester und fragt den Eindringling, was er hier suche. Zornig klagt Tamino Sarastro des Kindesraubs an, erhält vom Priester aber nur die Antwort, daß ein „Weib" Sarastro berückt und er dafür seine Gründe gehabt habe. Erst als Tamino erfährt, daß Pamina noch lebt, legt sich seine Erregung, und er fängt, von dankbaren Gefühlen ergriffen, auf seiner Zauberflöte zu spielen an, worauf alle wilden Tiere des Waldes sich friedlich um ihn versammeln. Auch Pamina und Papageno, die inzwischen aus Sarastros Palast fliehen konnten, haben Taminos Zauberflöte gehört und laufen ihm entgegen, werden aber von Monostatos und seinen Sklaven gestellt. Geistesgegenwärtig zieht Papageno seine Zauberglöckchen hervor und bannt mit ihnen die grimmigen Angreifer: Sie beginnen zu tanzen und zu singen. Da kündigen laute Jubelrufe die Ankunft des mächtigen Sarastro an. Papageno zittert vor Angst, während Pamina ihm gefaßt entgegentritt und ihren Fluchtversuch mit den Nachstellungen des Mohren begründet. Sarastro zeigt sich als gütiger Herrscher und läßt sie unbehelligt, läßt aber durchblicken, daß er sie selbst begehre. Ihre Freilassung lehnt er ab. Der von Monostatos gefangengenommene Prinz Tamino wird der Versammlung vorgeführt. Tamino und Pamina erblicken einander und fallen sich sofort in die Arme. Von den „Eingeweihten" werden sie unsanft getrennt. Statt der erhofften Belohnung erhält der Mohr auf Sarastros Geheiß 77 Sohlenstreiche, was allgemeines Entzücken hervorruft, während die Fremdlinge in einen Prüfungstempel gebracht werden, wo sie „gereinigt" werden sollen. Am Ende preisen alle die Tugend und Gerechtigkeit Sarastros.

2. AUFZUG: In einer von feierlichen Klängen umrahmten Priesterversammlung verkündet Sarastro im Auftrag der Götter und „im Namen der Menschheit", daß Tamino für den Weg der Erleuchtung vorgesehen sei und er auch Pamina heiraten dürfe, wenn er die harten Prüfungen des Männerbundes erfolgreich bestanden habe. Den Einwand des Sprechers, daß Tamino die Prüfungen womöglich nicht lebend überstehen könne, weist Sarastro brüsk zurück. Zwei Priester bereiten Tamino und Papageno auf die Prüfungen vor. Während Tamino mutig vorgibt, selbst den Tod nicht zu fürchten, läßt sich Papageno erst nach längerem Zögern – und erst, als ihm ein Mädchen in Aussicht gestellt wird – überreden, die Prüfungen auf sich zu nehmen. Als erstes wird beiden strengstes Redeverbot auferlegt. Als die Priester sich entfernt haben, erscheinen die drei Damen der Königin

und raten den beiden, die Prüfungen abzubrechen, da sie beide der Tod erwarte. Papageno bekommt es mit der Angst zu tun und plaudert munter drauflos, während Tamino sich von „Weibergeschwätz" nicht mehr beeindrucken läßt und stumm bleibt. Als die Damen erfolglos, aber nicht unfreundlich sich wieder zurückziehen wollen, werden sie von einigen aufgebrachten Männerbündlern bemerkt und mit schrecklichen Donnerschlägen in die Finsternis gestoßen. Dann kehren die Priester zurück, loben Taminos Standhaftigkeit und fordern die Kandidaten auf, ihren Prüfungsweg unbeirrt fortzusetzen.

In den Gärten Sarastros nähert sich Monostatos derweil abermals der nun schlafenden Pamina und gesteht ihr, ohne sie zu wecken, verzweifelt seine Liebe. Da erscheint die Königin der Nacht und weckt Pamina, während sich der Mohr unbemerkt zurückzieht und das Gespräch belauscht. Von Pamina erfährt die Königin, daß Tamino zu den „Eingeweihten" übergelaufen ist, und gerät darüber heftig in Zorn. Sie enthüllt ihrer Tochter das Geheimnis der Macht Sarastros (die ihre eigene übertrifft): Es ist der siebenfache Sonnenkreis, den der verstorbene Gatte der Königin auf dem Totenbett Sarastro übergab und den die Königin nun endlich zurückhaben möchte. Pamina soll Sarastro töten und ihrer Mutter den Sonnenkreis übergeben. Unter Anrufung aller Rachegötter verschwindet die Königin wieder. Pamina aber fühlt sich außerstande, Sarastro umzubringen, da taucht Monostatos wieder auf und bietet ihr an, es zu tun, wenn sie ihn dafür liebe. Als Pamina ihn erneut abweist, entwindet er ihr den Dolch der Königin und droht, sie umzubringen. Doch da tritt Sarastro dazwischen und jagt den Mohren davon. Auf Paminas Bitten hin verspricht er, sich nicht an ihrer Mutter zu rächen.

Für Tamino und Papageno sieht die Fortsetzung der Prüfungen weiterhin Schweigen vor. Papageno wünscht sich ein Glas Wasser, das ihm sogleich von einem uralten, häßlichen Weib gebracht wird. Dabei erzählt sie ihm, daß sie achtzehn Jahre alt sei und einen Liebhaber namens Papageno habe. Als sie ihren Namen nennen will, setzt heftiger Donner ein und zwingt sie zum Aufbruch. Danach schweben die drei Knaben vom Himmel herunter und geben den beiden die Zauberinstrumente zurück, die ihnen Sarastro abgenommen hatte. Tamino spielt auf seiner Zauberflöte, Papageno aber labt sich an Sarastros guter Küche. Als Pamina hinzutritt, wird sie von Tamino wortlos abgewiesen. Sie bricht in Tränen aus und möchte nicht mehr länger leben.

Innerhalb des Tempels huldigen die Priester den Göttern und erwarten die

Aufnahme Taminos in den Orden. Tamino und Pamina werden zu Sarastro geführt und sollen sich das „letzte Lebewohl" sagen. Verzweifelt versucht Pamina, ihren Geliebten vor der Gefahr zurückzuhalten, doch dieser hat sein Schicksal in die Hände der Götter gelegt. Papageno ist für sein ständiges Gerede in eine finstere Höhle verbannt worden und irrt dort verängstigt umher. Der Prüfungen ist er nun endgültig überdrüssig, und er wünscht sich nichts weiter als ein Glas Wein und – nachdem ihm dies gleich gereicht wird – „ein Mädchen oder Weibchen". Da erscheint die häßliche Alte wieder, nimmt ihm unter Drohungen das Heiratsversprechen ab und verwandelt sich vor seinen Augen in ein schönes, junges und wie mit Federn bekleidetes Weib. Noch bevor er sie berühren kann, wird sie von einem Priester weggezerrt. Papageno versinkt vor Wut im Erdboden.

Zum dritten Mal schweben die drei Knaben vom Himmel herunter und können gerade noch verhindern, daß Pamina sich vor Verzweiflung erdolcht. Sie versichern ihr, daß Tamino sie noch liebe, und bieten ihr an, sie zu ihm zu geleiten. Zwei furchterregende Gestalten, die „geharnischten Männer", haben Tamino inzwischen an jene Schreckenspforten geführt, die den letzten, schwierigsten Teil seines Prüfungsweges verschließen: die Feuer- und Wasserhöhle, in der die Reinigung der Seele vollzogen wird. Als Pamina erscheint, gestatten ihr die beiden Geharnischten, den Prüfungsweg gemeinsam mit Tamino zu gehen. Mit Hilfe der Zauberflöte bestehen sie mühelos die Gefahren und treten „gereinigt" in den Tempel ein.

Papageno irrt verzweifelt umher auf der Suche nach Papagena. Er will ohne sie nicht mehr leben. Sein Versuch, sich an einem Baum zu erhängen, wird von den drei Knaben verhindert. Sie raten ihm, seine Zauberglöckchen zu benutzen, die dann prompt Papagena herbeizaubern. Überglücklich fallen sich die beiden in die Arme und geloben, einander viele „kleine Kinderlein" zu schenken. Unter der Leitung von Monostatos, der zur Königin übergelaufen ist, versucht die Gegenpartei erneut in den Tempel einzudringen, um Pamina der Gewalt der „Frömmler" zu entreißen. Sie soll nun die Gattin von Monostatos werden. Doch abermals überrascht Sarastro sie mit Blitz, Donner und Sturm und stößt sie für immer in die „ewige Nacht". Am Ende wird das neue Paar feierlich in den Kreis der „Eingeweihten" aufgenommen.

Kommentar

Nach wie vor gibt uns *Die Zauberflöte* Rätsel auf. Keine andere Oper wurde im Verlauf ihrer Geschichte nicht nur auf der Bühne, sondern vor allem in der Literatur so vielfältig und kontrovers gedeutet wie Mozarts letztes Bühnenwerk. Und ein Ende des Streits um Sinn und Wert, vor allem des von Emanuel Schikaneder aus unterschiedlichsten Quellen zusammengefügten Textbuches, ist nicht abzusehen. Denn dieses erwiesenermaßen aus vielen alten „Feen- und Geister-Maehrchen" neu montierte und mit aktuellen politischen Motiven gespickte Märchen Schikaneders ergibt für viele (noch heute) keinen Sinn. Demgegenüber steht eine seit 200 Jahren anhaltende beispiellose Popularität, die der Oper bis in unsere Tage einen Spitzenplatz in den Aufführungsstatistiken sichern konnte. Das breite Publikum scheint nie ein Problem damit gehabt zu haben, was die „Gelehrten" bis heute entzweit: Die sogenannte „Bruchstelle" in der Handlung (zu Beginn des 1. Finales) würde – so die Meinung zahlreicher kritischer Deuter – das bis dahin geltende Wertsystem abrupt und entgegen aller Logik in sein Gegenteil verkehren, das heißt, die einfache Märchenmoral, die im 1. Akt das Schema „gute Königin – böser Sarastro" verfolgt hätte, würde mit dem Eintritt der Handlung in Sarastros Reich mehr oder weniger unbegründet in sein Gegenteil, also „guter Sarastro – böse Königin" umkippen, was die Qualität des Textbuches erheblich mindere. Bezeichnenderweise zog dieser Befund immer wieder quellenkritische Diskussionen nach sich, wobei die Mozart-Forscher darum wetteiferten, herauszufinden, wem nun die „Schuld" zuzuweisen sei an diesem von allen als dramaturgischer Fehler dekretierten Sachverhalt. Man machte vor allem Schikaneder dafür verantwortlich, dem man vorhielt, während des Arbeitsprozesses am Libretto aus einer rein kommerziellen Überlegung heraus den Gang der Handlung geändert zu haben. Andere sahen in Mozart den Urheber des „Bruchs", der mit Gewalt Schikaneders Vorstadtposse ins Erhabene und Freimaurerische habe wenden wollen. Wieder andere, so Mozart-Biograph Otto Jahn, brachten sogar einen dritten Co-Autor, den irischen Professor für Mineralogie Karl Ludwig Giesecke, ins Spiel (der Jahre nach dem Tod Mozarts und Schikaneders in Wien das Gerücht ausstreute, er habe den 2. Akt der Oper verfaßt), da sie dem „Schmierenkomödianten" Schikaneder eine solche Wendung ins rein Erhabene nicht zutrauten. Niemand kam auf die verwegene Idee, daß der Sarastro-Akt ironisch gemeint sein könnte und so der Bruch eine absichtliche, dramaturgisch begründete Maßnahme der Autoren wäre. Freilich hat Mozarts stets Sarastro-freundlich scheinende

Musik den Argwohn gegen Schikaneder verstärkt. Denn die Musik scheint den Bruch überhaupt nicht zu registrieren. Sie bestätigt die Sarastro-Welt im 2. Akt ebenso „positiv", wie sie im 1. Akt die Sarastro-feindliche moralische Position der Königin unterstützt. So kamen nicht wenige Interpreten, etwa auch Walter Felsenstein, auf die Idee, das Stück von hinten zu deuten, d. h. sozialdarwinistisch das endliche Recht des Stärkeren ethisch auf das ganze Märchen auszudehnen. In Einklang mit den frauenfeindlichen Parolen der „weisen" Männer um Sarastro erklärten sie die nächtliche Naturwelt der Königin zum bösen Bezirk des Aberglaubens, der Lüge und Heuchelei. Mozarts Musik hatte gegen diese Deutung scheinbar nichts einzuwenden, so konnte sich die „patriarchalische" Sicht auf die komplexe Geschichte bis weit ins 20. Jahrhundert in Bühnenpraxis und musikologischer Theorie unangefochten behaupten – sie ist eigentlich bis heute die Grundlage der *Zauberflöten*-Interpretation geblieben.

Offenbar hatten Mozart und Schikaneder in ihrer Absicht, außerhalb des aristokratisch-offiziellen Wien ihrer im Umbruch befindlichen Gesellschaft den Spiegel vorzuhalten, ihre Vorstadt-Weltironie so weit getrieben, daß die Zeitgenossen, selbst Goethe, eine kritische Differenz zur dargestellten neuen bürgerlichen Welt der „Eingeweihten" nicht mehr erkennen konnten. In der berühmten „Hallenarie" spricht Sarastro von Moral, und die Musik klingt schön und erhaben. Was soll daran kritisch sein? Moral aber läßt sich strenggenommen nicht singen, und so beschreibt Mozarts Musik eher die Gefühle Sarastros in diesem Moment, und die gelten eindeutig Pamina. Die „Hallenarie" wäre demnach eine verkappte Liebesarie, und die hehren Worte dienten nur der Bemäntelung des eigenen Gefühls. (Mozart praktiziert hier die Umkehrung des Brechtschen Verfremdungseffekts: Nicht die Musik verfremdet den Text, sondern der Text verfremdet die Musik. Mit anderen Worten: Die Musik überprüft ständig durch den direkten Blick in das Innere der Figuren den Wahrheitsgehalt ihrer Äußerungen.) Und auf welchem Fundament gedeihen die „Weisheitslehren" der „Eingeweihten"? Auf dem Boden einer reinen Sklavenhaltergesellschaft, eines frauenfeindlichen Männerbundes. Und lassen sich die Ziele der Aufklärung, die Ideale der Französischen Revolution, ja selbst der fortschrittlichen Wiener Freimaurer so ohne weiteres in Einklang bringen mit dem ägyptischen Kult, der strengen Hierarchie, dem neuen Elitedenken der „Eingeweihten"? Es scheint so. Denn das Thema der *Zauberflöte* ist nicht die Apologie, sondern die Dialektik der Aufklärung, Sarastros Reich das „idealisierte Reich der Bourgeoisie" mit all seinen Widersprüchen und

Sarastro selbst womöglich die Karikatur des neuen bürgerlichen Machtpolitikers, eines George Washington etwa, der die Menschenrechte proklamiert und gleichzeitig 216 Sklaven besitzt – und daran, wie Sarastro, nichts Unmoralisches finden kann.

Ohne Mozarts Musik wäre *Die Zauberflöte* lediglich eine beißende Revue, eine satirische Vorstadtposse, Zauberspiel, Kasperltheater, Schmäh und politisches Kabarett in einem, das eben alle aktuellen Strömungen, Moden, Themen und Klischees aufgreift und munter durcheinanderwirbelt. Schikaneders Wiener commedia dell'arte für das gehässige Vorstadtpublikum: mit Zauberfee, Prinz und Prinzessin, dem Kasperl und dem schwarzen Mohr. Zum Welträtsel wurde Schikaneders Maschinentheater erst durch Mozarts Musik. Denn sie verschärft nicht den kabarettistischen Gestus der Dichtung, sondern sie unterläuft ihn. Mozart nimmt der Geschichte, wie schon im *Figaro*, die tagespolitische Schärfe. Indem er aber gleichzeitig die emotionale Basis der Figuren bis auf den Grund ausleuchtet, vertieft er die Widersprüche der Handlung und hebt sie ins Welthafte. Er denunziert nicht die Gefühle seiner Figuren, sondern er verleiht ihren Konflikten durch die Musik eine existentielle, universale Dimension. Und er läßt zum ersten Mal Zweifel erkennen an der strikten Wahrhaftigkeit, der Unversehrtheit der durch die Musik erfaßten Gefühle: Das subjektiv als richtig und echt Empfundene kann objektiv falsch, krank und schädlich sein. „Mozart durchschaut Musik als Ideologie", notiert Rainer Riehn treffend, „als von Menschen gemachte, darin jede ‚Richtung' eine Setzung ist." Und noch mehr: Die Musik verliert endgültig ihre Naivität, sie ist nicht länger vor der Lüge geschützt. Von nun an kann ihr heiles Erscheinungsbild mißbraucht werden und in den Dienst von Lüge und Täuschung gestellt werden. *Die Zauberflöte* beschreibt die Welt im Augenblick des Auseinanderbrechens in oben und unten, hell und dunkel, in gut und böse, und allein Mozarts gewaltige musikalische Kraft hält das Ganze für einen letzten Augenblick zusammen. Im abschließenden Finale werden die Bruchstellen aber immer deutlicher: Statt Vereinigung, Ausgleich, Harmonie erfolgt hier die „Spaltung" der Menschheit. Jede Partei erhält ihren eigenen Schluß: Zuerst das „glückliche" Ende des „hohen" Paars (26.–28. Auftritt), dann das „glückliche" Ende des „niederen" Paars (29. Auftritt), danach das erfolglose Wirken der Verlierer (30. Auftritt) und schließlich das erfolgreiche Wirken der Sieger (letzte Verwandlung). Die Schlußsentenz enthüllt – ironisch zugespitzt – den gewalttätigen Charakter aller politischen Systeme: „Es siegte die Stärke (!) und krönet zum Lohn die Schönheit und Weisheit mit ewiger Kron'.‟ Nun wissen wir es. Die Stärke siegte. Nicht die Liebe. Nicht die Güte. Nicht die „Freundespflicht". Nicht die Macht der Zauberflöte.

Und doch, trotz aller Skepsis, aller bitteren Vorahnung über die Tauglichkeit des neuen Systems setzt Mozart auf die Macht der Liebe und stellt seine Musik erneut ausschließlich in ihren Dienst. Allein die unerschöpfliche Kraft der Liebe, die sich in jeder Figur äußert und von der selbst der böse Sarastro – und wenn es nur das pure Verlangen ist – nicht ausgeschlossen ist, sichert das Überleben auch in einem derartigen Zwangssystem. Und so wachen die drei Knaben, Mozarts Wunder-Kinder, als letzte gute Instanz des Märchens darüber, daß die Geschichte nicht gar zu schlimm ausgeht. Sie verhindern immerhin zwei Selbstmordversuche in Sarastros „Reich der Zukunft". Die unversehrte Phantasiewelt des Kindes – will uns Mozart durch sie vielleicht sagen – birgt in sich womöglich die einzige Hoffnung auf eine bessere Welt.

Geschichte

Auch wenn Emanuel Schikaneder bei der Einrichtung des *Zauberflöten*-Librettos aus verschiedenen Quellen schöpfte, gibt es eine literarische Urquelle: J. A. Liebeskinds Märchenerzählung *Lulu oder Die Zauberflöte*, zuerst erschienen 1787 im zweiten Band von Christoph Martin Wielands Märchensammlung *Dschinnistan oder Auserlesene Feen- und Geister-Maehrchen* in Winterthur. Zumindest bis zum Finale des 1. Aktes, der sogenannten „Bruchstelle", hält sich Schikaneders Textbuch ganz an den Verlauf des *Lulu*-Märchens, jedoch auch später, nach der überraschenden „Läuterung" des zu Beginn als „Bösewicht und Tyrann" eingeführten Sarastro, schimmert in dessen Verhalten vieles von seinem ursprünglich negativen Charakter durch – als eines bösen, geilen Zauberers, der die Jungfrau geraubt hat, um sie selber zu heiraten. Die spätere Königin der Nacht erscheint in *Lulu* als „strahlende gute Fee". Im dritten Band von Wielands *Dschinnistan*-Sammlung (1789) befindet sich die zweite Hauptquelle von Schikaneders *Zauberflöten*-Libretto. Das Märchen *Die klugen Knaben* aus Wielands eigener Feder weist eine ähnliche Dramaturgie auf wie *Lulu*. Auch hier hat der „böse Tyrann" und „Ober-Priester" (!) Soffra die Geliebte eines jungen Mannes, Alide, geraubt und begehrt sie heftig zum Weibe. Zahlreiche Motive seines 2. Aktes hat Schikaneder diesem Märchen entnommen, so vor allem die Schutzgestalten der (drei) klugen Knaben, aber auch das mögliche Urmotiv für die Prüfun-

gen Sarastros, das in den peinigenden Verlockungen liegen könnte, mit
denen Soffra die schöne Alide herumzukriegen versucht. Weitere Anregungen und Motive entnahm Schikaneder der Oper *Oberon, König der
Elfen* von Paul Wranitzky (Musik) und Karl Ludwig Giesecke (Text), die er
am 7. November 1789 in seinem eigenen Theater im Starhembergschen
Freyhaus auf der Wieden herausbrachte, ferner dem heroischen Singspiel
Das Sonnenfest der Brahminen von Wenzel Müller und Karl Friedrich
Hensler, das am 9. September 1790 in Marinellis Leopoldstädter Theater
uraufgeführt wurde. Zur selben Zeit etwa beginnt Mozart mit der Komposition der Oper. Am 11. Juni 1791 besucht Mozart im selben Leopoldstädter Theater eine Vorstellung von Joachim Perinets neuem Singspiel *Kaspar, der Fagottist oder Die Zauberzither*, Musik von Wenzel Müller, und
berichtet davon am nächsten Tag seiner Frau, die in Baden zur Kur weilt
(„die neue Oper... die so viel Lärm macht – aber gar nichts daran ist...").
Da der *Kaspar* ebenfalls auf Wielands *Lulu*-Märchen basiert, setzte sich in
der Mozart-Forschung die Auffassung durch, daß Mozart als Reaktion auf
dieses „Konkurrenzunternehmen" den Gang seiner *Zauberflöten*-Hand-
lung abrupt ins Freimaurerische gewendet habe. Freilich sind die Verfechter dieser Theorie bis heute den stichhaltigen Beweis für ihre Bruchtheorie
schuldig geblieben.
Mitte Juli 1791, als er an der Instrumentation des 1. Aktes der *Zauberflöte*
arbeitet, erhält Mozart von Domenico Guardasoni in Prag den Auftrag,
kurzfristig eine opera seria zur Krönung Leopolds II. zum König von Böhmen zu komponieren, zu einem von Caterino Mazzolà eingerichteten Text
nach Pietro Metastasios *La clemenza di Tito*. Mozart läßt die Arbeit an der
Zauberflöte circa sechs Wochen lang liegen und nimmt sie erst nach der
Premiere des *Titus* am 6. September 1791 wieder auf. Am 28. September
beendet er die Komposition der *Zauberflöte* mit dem Priestermarsch Nr. 9
und der Ouvertüre und trägt die Oper am selben Tag in das „Verzeichnüss
aller meiner Werke" ein. Die Uraufführung findet zwei Tage später in
Schikaneders „Kaiserl. königl. privil. Theater im Starhembergschen Freyhaus auf der Wieden" zu Wien statt. Mozart dirigiert vom Flügel aus,
Süßmayr blättert ihm die Noten um. Emanuel Schikaneder singt den Papageno, Mozarts Schwägerin Josepha Hofer die Königin der Nacht. Als
Pamina ist die siebzehnjährige Anna Gottlieb, als erster Sklave der spätere
Professor für Mineralogie in Dublin, Karl Ludwig Giesecke, zu hören,
dem man lange die Mitautorschaft am Textbuch zuschrieb. Im Oktober
wird *Die Zauberflöte* circa zwanzigmal gegeben, was einen außergewöhn-

lichen Erfolg bedeutet. Am 20. November legt sich Mozart krank zu Bett. Zwei Wochen später, am 5. Dezember 1791, um fünf Minuten vor ein Uhr morgens, stirbt Mozart.

Zehn Monate später, am 25. Oktober 1792, findet die Erstaufführung der Oper in Prag statt und bringt Schikaneder einen großen Erfolg. Vier Wochen später findet in Wien bereits die als 100. Vorstellung angekündigte (in Wirklichkeit: 83.) Aufführung der *Zauberflöte* statt. 1793 folgen Erstaufführungen der Oper in Augsburg, Leipzig, Passau, Budapest, Graz, Brünn, Godesberg, München, Warschau, Dresden, Frankfurt am Main, Linz und Hamburg. Am 15. Januar 1794 führt Goethes Schwager Christian August Vulpius eine eigene dreiaktige (Text-)Bearbeitung der *Zauberflöte* auf, die Goethes Zustimmung findet und zum Vorbild wird für zahlreiche spätere Aufführungen der Oper in Deutschland. Am 12. Juni 1798 stellt Schikaneder im Wiedner Theater seine Fortsetzung der *Zauberflöte* vor: Die Oper trägt den Titel *Das Labyrinth oder Der Kampf mit den Elementen*. Bis zum 6. Mai 1801 finden im Freyhaus-Theater insgesamt 233 Aufführungen der *Zauberflöte* statt.

Am 4. Mai 1802 präsentiert Schikaneder im neueröffneten Theater an der Wien eine Neuinszenierung der *Zauberflöte* und gibt sich auf dem Theaterzettel als deren „Vater" aus. Im selben Jahr erscheint *Der Zauberflöte zweiter Teil* von Johann Wolfgang von Goethe als unvollendetes Fragment in Wilmans *Taschenbuch auf das Jahr 1802*. Am 21. September 1812 stirbt Emanuel Schikaneder in Wien, völlig verarmt und in geistiger Umnachtung. Zwei Jahre später erscheint beim Simrock-Verlag in Bonn die erste vollständige Druckfassung der *Zauberflöten*-Partitur.

Am 28. Mai 1977 erhält die DDR von Polen eine Reihe im Zweiten Weltkrieg nach Polen ausgelagerter Autographen von Bach, Beethoven und Mozart zurück, darunter das vollständige Manuskript der *Zauberflöte*, das dann in den Besitz der Deutschen Staatsbibliothek in Ost-Berlin übergeht. 1979 erscheint in Leipzig die erste vollständige Faksimile-Ausgabe der *Zauberflöten*-Partitur.   *Attila Csampai*

Diskographische Empfehlung

1937 – Salzburger Festspiele: Arturo Toscanini, Chor der Wiener Staatsoper, Wiener Philharmoniker. Alexander Kipnis (Sarastro), Helge Roswaenge (Tamino), Julia Osváth (Königin der Nacht), Jarmila Novotna (Pamina), Willi Domgraf-Faßbaender (Papageno), Alfred Jerger (Sprecher). Cetra, LO 44/3

1955 – Berlin: Ferenc Fricsay, RIAS Kammerchor, Radio-Symphonie-Orchester Berlin. Josef Greindl (Sarastro), Ernst Haefliger (Tamino), Rita Streich (Königin der Nacht), Maria Stader (Pamina), Dietrich Fischer-Dieskau (Papageno), Kim Borg (Sprecher). DG 2701 015

1972 – München: Wolfgang Sawallisch, Chor und Orchester der Bayerischen Staatsoper. Kurt Moll (Sarastro), Peter Schreier (Tamino), Edda Moser (Königin der Nacht), Anneliese Rothenberger (Pamina), Walter Berry (Papageno), Theo Adam (Sprecher). EMI, 1C 197-30 154/56

LUIGI CHERUBINI

geb. 14. September 1760 in Florenz
gest. 15. März 1842 in Paris

Luigi Carlo Zenobio Salvatore Maria Cherubini wurde eineinhalb Jahre nach Händels Tod geboren. Er begann im selben Jahr zu komponieren wie Cimarosa, mit dem hohen künstlerischen Ernst seines Vorbilds Gluck. 1842 starb er in Paris als Zeitgenosse Verdis und Wagners.

Cherubini erhielt seine musikalische Ausbildung in seiner Heimatstadt und widmete sich zunächst der Kirchenmusik. Unter seinem Lehrer Giuseppe Sarti, einem führenden Vertreter der zweiten Neapolitanischen Schule, wandte er sich der Bühnenmusik zu. In seinen ersten zehn Opern, mit vorwiegend bekannten Stoffen, unterscheidet er sich kaum von seinen Zeitgenossen. Nach Reisen über Paris und London übersiedelte er 1787 endgültig in die französische Hauptstadt. Zunächst wurde er Kapellmeister des neu gegründeten italienischen Operntheaters, der „Troupe de Monsieur" am Théâtre Feydeau, dann 1795 Inspektor, 1816 Professor für Komposition und schließlich 1821 Direktor des Conservatoire. Besonders in der Orchesterbehandlung wußte Cherubini in seinen Opern die Entwicklung der deutschen Instrumentalmusik Haydns und Mozarts zu nutzen. 1791 errang er seinen ersten Opernerfolg mit der comédie héroique *Lodoïska*, deren in Polen angesiedelte Handlung dem Schema der Rettungsoper folgt. Trotz erkennbarer Ähnlichkeiten mit einigen Vorläufern sind der Aufbau der psychologischen Entwicklung und der dramatischen Spannung sowie die musikalische Technik originäre Leistungen Cherubinis. *Lodoïska* öffnete dem Opernkomponisten neue Wege, denn mit der Oper zeigt er, wie man abseits des streng begrenzten Terrains der historischen oder mythologischen großen Oper und der opéra comique ein Thema ernsthaft behandeln kann.

In Deutschland und Österreich wurde Cherubinis in Paris nur mäßig erfolgreiche Oper *Élisa ou Le voyage aux glaciers du Mont St. Bernard* (1794) häufig gespielt. Der Tragödie *Médée* (1797) folgten drei einaktige Komödien. *Les deux journées* (1800) wurde zugleich Cherubinis größter und letzter Opernerfolg. Das Publikum favorisierte andere Komponisten, so u. a. Boieldieu und Isouard. Wegen seines schlechten Verhältnisses zu Napoleon verlor Cherubini schließlich jede öffentliche Unterstützung.

Ulrike Hessler

Médée (Medea)
Opéra in drei Akten

Text: François-Benoît Hoffman, nach Euripides und Pierre Corneille

Uraufführung: 13. März 1797, Théâtre Feydeau, Paris

Personen: Créon, König von Korinth (Baß); Dircé, seine Tochter (Sop); Jason (Ten); Médée (Sop); Néris (Alt/Mez); Zwei Hofdamen Dircés (Sop, Mez); Hauptmann der Wache (Baß); Hauptmann der Argonauten (Ten); Die beiden Kinder Jasons und Medeas (stumme Rollen)

Chor: Argonauten; Priester; Soldaten und das Volk von Korinth

Ort und Zeit: Korinth, in mythischer Vorzeit

Orchester: 2 Fl (2. auch Picc), 2 Ob, 2 Kl, 2 Fg, 4 Hrn, Pkn, Streicher

Auf der Bühne: 2 Fl, 2 Ob, 2 Kl, 2 Fg, 2 Hrn, 2 Pos, Donnermaschine

Form: Nummernoper mit gesprochenen Dialogen (vgl. Kommentar)

Aufführungsdauer: Ca. 3 Stunden

Verlag: G. Ricordi & C. S. p. A., Mailand

Handlung
1. AKT: Mit Hilfe der Zauberin Médée ist es Jason und seinen Argonauten zwar gelungen, das sagenumwobene „Goldene Vlies" zu erobern, für das ihm sein Halbbruder Pelias die Herrschaft über die Stadt Jolkos in Thessalien zugesagt hatte, doch Pelias hat sein Versprechen gebrochen; Jason und Médée (die inzwischen geheiratet haben) sind nach Korinth an den Hof des Königs Créon geflohen, wo sie zehn Jahre lang glücklich leben durften. Nun aber hat Jason Médée verstoßen und bereitet sich vor, Créons Tochter Dircé (nach anderen Quellen „Krëusa") zu heira-

ten. Dircé fürchtet wohl Médées Rache, aber Jason kann sie beruhigen, als er ihr am Morgen des Hochzeitstages das „Goldene Vlies" als Brautgeschenk überreicht. Während Créon für das Paar den Schutz der Götter erfleht, dringt Médée in seinen Palast ein, stellt Jason ein letztes Mal zur Rede und erinnert ihn – im Angesicht ihrer beiden gemeinsamen Kinder Mermeros und Pheres – an ihr vergangenes Glück. Als Jason sie jedoch erneut schroff zurückweist, schwört die Zauberin Rache.

2. AKT: Vergebens versucht Médée, wenigstens ihre Kinder zu sich zu nehmen: Unter dem Schutz der Wachen hält Jason sie bei sich in Créons Palast fest. Créon hat unterdessen das Volk von Korinth gegen die „Hexe" Médée aufgewiegelt – man fordert ihren Tod oder wenigstens ihre Verbannung. Auf ihr inständiges Bitten hin wird Médée noch ein Tag Aufschub gewährt; zugleich überredet Médées Gefährtin Néris den Argonauten-Führer, seiner früheren Gemahlin wenigstens für diesen einen Tag die beiden Kinder zu überlassen, damit sie von ihnen Abschied nehmen könne. Médée heuchelt Dankbarkeit und scheint sich in ihr Los zu fügen; mehr noch: Durch Néris läßt sie Dircé ein kostbares Gewand als Hochzeitsgabe überreichen, das sie selbst einst von ihrem Vorfahr Helios erhalten hat.

3. AKT: Das Gewand ist jedoch mit einem tödlichen Gift durchtränkt, und aus dem Tempel sind die entsetzten Rufe des Volkes zu hören: Dircé ist während der Hochzeitszeremonie tot zusammengebrochen, und auch Créon, der seiner Tochter zu Hilfe eilen wollte, ist von dem Gift getötet worden. Doch damit ist Médées Rache noch nicht beendet: Vor den Augen Jasons und der Korinther ersticht sie ihre beiden Kinder, bevor sie im Schutz der Eumeniden auf einem Drachenwagen entflieht.

Kommentar

Der *Medea*-Stoff war vor Cherubini schon von verschiedenen Opern-Komponisten bearbeitet worden; erwähnt seien hier vor allem Francesco Cavallis *Giasone* (1649), Jean-Baptiste Lullys *Thésée* (1675, nach Philippe Quinault, neuvertont 1782 von François-Joseph Gossec), Marc-Antoine Charpentiers *Médée* (1693, nach Corneille), die tragédie lyrique *Médée et Jason* von Joseph-François Salomon (1713) und das gleichnamige ballet tragique von Jean-Georges Noverre (1763). Daß Luigi Cherubini für seine vierzehnte Oper – die fünfte seit seiner Übersiedlung nach Paris im Jahre 1786 – auf diesen „klassischen" Stoff zurückgriff, hatte seinen guten Grund: Nach dem Ende der terreurs Robespierres und der Jakobiner im Juli 1794 war die Französische Revolution, zu deren wichtigsten „offiziellen"

Komponisten Cherubini gehörte, bald ihren Idealen untreu geworden. Konservative Strömungen, die den Staatsstreich Napoleons vorbereiteten, setzten sich mehr und mehr durch, und wie im täglichen Leben verlangte man auch im Theater eine Rückkehr zum Alten – zur Erhabenheit der großen Mythen, die nach 1789 entweder aktuellen Revolutionsspektakeln oder anspruchslosen Divertissements hatten weichen müssen. Da Cherubinis *Médée* nicht für die große Pariser Oper, sondern für das Théâtre Feydeau geschrieben wurde, scheint sie äußerlich eher dem Genre einer opéra comique als dem einer Tragödie zu entsprechen: Gesprochene Dialoge und Musiknummern wechseln einander ab. (1855 hatte Franz Lachner für eine deutschsprachige Aufführung in Frankfurt die Dialoge als Rezitative nachkomponiert; zehn Jahre später war es Luigi Arditi, der für die Londoner Erstaufführung – in italienischer Sprache – die Rezitative vertonte. Auch heute wird *Médée* zumeist mit gesungenen Rezitativen aufgeführt.) Während die Personen Créon, Jason, Dircé und Néris von Cherubini relativ stereotyp behandelt wurden, zeigt er an der Rolle der Médée seine ganze Kunst: Ihre vier großen Szenen gehören in ihrer Ausdruckskraft und Farbigkeit zum Besten, was die Oper zwischen Gluck und dem Belcanto-Stil Bellinis, Donizettis und Rossinis geschaffen hat. Der Reichtum an Affekten gibt der Partie eine Faszination, die die *Médée* als einziges Bühnenwerk Cherubinis bis heute lebendig erhalten hat.

Geschichte

Die Uraufführung der *Médée* (mit Julie-Angélique Scio in der Titelrolle) scheint wider Erwarten kein durchschlagender Erfolg gewesen zu sein; zwar berichteten die Zeitungen von einem „brillanten Triumph" („Le Courrier des spectacles", 14. März 1797), den Cherubinis neue Oper errungen habe, und lobten „den Melodienreichtum dieser herrlichen Partitur" („Le Journal de Paris", 15. März 1797), doch das Werk hielt sich nicht sonderlich lange auf dem Spielplan und wurde in Paris erst 1962 wieder inszeniert. Allerdings kam *Médée* bereits 1800 in Berlin und – in einer vom Komponisten selbst gekürzten Neufassung – 1802 in Wien auf die Bühne, und nicht nur Beethoven oder Schumann begeisterten sich für das Werk, sondern auch Johannes Brahms, der es einmal als das bezeichnete, „was wir Musiker unter uns als das Höchste in dramatischer Musik anerkennen". Ihre eigentliche Renaissance aber verdankt *Médée* Maria Callas, die 1953 beim Maggio Musicale Fiorentino die Titelrolle verkörperte. (Spätere Aufführungen mit Maria Callas fanden 1954 in Venedig statt, 1955 in Rom,

1959 in London, 1961 in Epidauros und 1962 an der Mailänder Scala; außerdem spielte sie die Rolle 1970 in Pier Paolo Pasolinis eindrucksvoller *Medea*-Verfilmung.) Seither haben sich fast alle großen Sopranistinnen mit dem Werk aufs neue auseinandergesetzt.   *Michael Stegemann*

Diskographische Empfehlung

1953 – Mailänder Scala: Leonard Bernstein, Chor und Orchester des Teatro alla Scala. Maria Callas (Medea), Gino Penno (Jason), Giuseppe Modesti (Kreon), Maria Luisa Nache (Glauce), Fedora Barbieri (Neris). Cetra, LO 36/3

1957 – Mailand: Tullio Serafin, Chor und Orchester des Teatro alla Scala. Maria Callas (Medea), Mirto Picchi (Jason), Giuseppe Modesti (Kreon), Renata Scotto (Glauce), Miriam Pirazzini (Neris). EMI, OLL-16014-6

Les deux journées (Der Wasserträger)
Opéra comique in drei Akten

Text: Jean Nicolas Bouilly
Uraufführung: 16. Januar 1800, Théâtre Feydeau, Paris
Personen: Armand, Parlamentspräsident (Ten); Constance, seine Gemahlin (Sop); Mikéli, ein Savoyarde, Wasserträger (Baß); Daniel, sein Vater (Baß); Antonio, Mikélis Sohn (Ten); Marcelina, Mikélis Tochter (Sop); Sémos, ein reicher Pächter in Gonesse (Baß); Angelina, seine Tochter (Sop); Zwei Offiziere (Baß); Ein Offizier der Garden (stumme Rolle); Zwei italienische Soldaten (Baß); Ein Mädchen (Sop)
Chor: Einwohner von Gonesse; Soldaten; Landleute
Ort und Zeit: In Paris und im nahe gelegenen Dorf Gonesse, 1647
Orchester: 2 Fl (auch Picc), 2 Ob, 2 Kl, 2 Fg, 3 Hrn, Pos, Pkn, Streicher
Auf der Bühne: KlTr
Form: Nummernoper mit gesprochenen Dialogen
Aufführungsdauer: Ca. 2 Stunden
Verlag: Heugel/Leduc, Paris

Handlung

1. AKT: Die Wohnung des Wasserträgers Mikéli in Paris. Antonio, der Sohn des Wasserträgers, und seine Schwester Marcelina sitzen beim Großvater Daniel. Am nächsten Tag soll in Gonesse Antonios Hochzeit mit der Pächterstochter Angelina gefeiert werden. Er ist nur gekommen, um seine Schwester abzuholen, und singt dabei die Romanze, die er zur Hochzeit vortragen soll. Sie handelt von einem savoyardischen Jungen, den einst ein reicher Herr vor dem sicheren Tod gerettet hatte und der wiederum den Herrn später vor dem Gefängnis bewahren konnte. Antonio selbst hatte ein ähnliches Schicksal erlitten, ihn rettete ein reicher Franzose vor dem Erfrieren. Mikéli kehrt müde von der Arbeit nach Hause. Daniel geht mit seinen Enkeln zur Polizei, um Marcelina den Paß zu besorgen, ohne den sie die Stadt nicht verlassen kann. Mikéli hat erfahren, daß Kardinal Mazarin die Mitglieder der Parlamentspartei, die die Rechte des Volks verteidigt hatten, durch seine italienischen Soldaten verfolgen läßt. Auf den Kopf von Mazarins Gegner, dem Parlamentspräsidenten Graf Armand, ist ein Preis von 6000 Dukaten ausgesetzt. Armand ist nun mit seiner Frau Constance auf der Flucht. Mikéli war Zeuge, wie die beiden von Soldaten attackiert wurden, und hatte ihnen aus ihrer bedrängten Lage geholfen. Nun erscheinen sie in seinem Haus. Ein Trupp Soldaten unter Führung eines Hauptmanns fordert kurz darauf Einlaß, um das Haus zu durchsuchen. Armand versteckt sich im Bett des Großvaters, und Constance gibt sich als Mikélis Tochter aus. Als Antonio zurückkehrt, droht alles aufzufliegen. Mikélis Geistesgegenwart rettet jedoch die Situation. Die Soldaten ziehen ab, und Antonio geht, um den Großvater und Marcelina zu warnen. Es stellt sich heraus, daß Armand es war, der vor zehn Jahren Antonio halbverhungert gefunden und ihn vor dem Erfrieren gerettet hat. Nun wollen Mikéli und Antonio dem Grafenpaar zur Flucht verhelfen. Der Graf soll verkleidet mit Antonio nach Gonesse gehen, während die Gräfin einstweilen in Mikélis Haus warten soll. Der Plan scheitert zunächst am Widerspruch der Gräfin. Schließlich aber ist sie einverstanden, mit Marcelinas Paß nach Gonesse zu gehen.

2. AKT: Ein Platz vor der Wachstube an einem Pariser Stadttor. Auch am frühen Morgen werden alle Pässe scharf kontrolliert. Der Hauptmann hofft, auf diese Weise des Grafen habhaft zu werden. Antonio und die Gräfin in Marcelinas Kleidern versuchen, die Sperre zu passieren. Die Gräfin wird aufgehalten: Ihr Aussehen stimmt nicht mit Marcelinas Personenbeschreibung in deren Paß überein. Antonio beginnt einen Streit mit

den Soldaten. Schließlich erinnert sich der Hauptmann – es ist derselbe, der am Abend vorher die Hausdurchsuchung geleitet hatte – die Gräfin im Haus des Wasserträgers gesehen zu haben, wo sie ihm als dessen Tochter präsentiert worden war. Mikéli erscheint nun selbst mit seinem Wasserfaß, in dem der Graf steckt. Als die Soldaten ihn nach einem verdächtigen Mann fragen, schickt er sie in die falsche Richtung. Die Wachmannschaft fällt auf die Irreführung herein, und der Graf kann ungesehen entkommen. Mikéli kehrt glücklich über seine gelungene List in die Stadt zurück.

3. AKT: Ländliche Gegend am Rand des Dorfes Gonesse. Die Dorfbewohner bringen der Braut Angelina mit ihren Glückwünschen Tauben als Sinnbild der Liebe. Angelina und ihr Vater Sémos warten ungeduldig auf Antonio. Ein Trupp italienischer Soldaten nähert sich dem Dorf. Antonio bringt den Grafen und die Gräfin unerkannt bis nach Gonesse. Er versteckt den Grafen vor den nahenden Soldaten in einem hohlen Baum, während die anderen ins Haus gehen. Die Soldaten fordern von Sémos Quartier. Armand kommt für einen Augenblick aus seinem Versteck, um Luft zu schöpfen. Die Sorge um seine Frau quält ihn. Als er zwei Soldaten auf sich zukommen sieht, zieht er sich zurück. Die Gräfin bemerkt die Soldaten nicht, als sie sich dem Baum nähert, um ihrem Mann etwas zu essen zu bringen. Die Soldaten halten sie auf und werden zudringlich. Sie ruft um Hilfe. Armand kommt mit gezogenen Pistolen aus seinem Versteck. Da die Gräfin ihn auch noch, aus einer Ohnmacht erwachend, bei seinem Namen nennt, wird er erkannt und verhaftet. Im letzten Moment kommt ihm Mikéli mit französischen Soldaten zu Hilfe. 20 000 Pariser Bürger haben unter Führung des Wasserträgers die Freilassung des Parlamentspräsidenten gefordert. Armand ist wieder in Amt und Würden eingesetzt. Von Dank will Mikéli nichts wissen. Unter Jubel und Lobgesang auf Tugend und Menschlichkeit kann nun die Hochzeit von Antonio und Angelina gefeiert werden.

Kommentar

Cherubini leitete das 19. Jahrhundert prophetisch mit dem größten Erfolg seiner Karriere ein, mit der dreiaktigen Oper *Les deux journées*, die am 16. Januar 1800 im Théâtre Feydeau eine fulminante Aufnahme fand. Cherubinis Jugend war beeinflußt von der opera seria nach den dreiaktigen Libretti Metastasios, die sich darin erschöpft hatten, Aufhänger für die Virtuosität der Sänger zu sein. Die opera seria war an ihren eigenen Klischees und Absurditäten erstickt. In Paris lernte nun Cherubini neue Techniken, die, gefördert von einem sicheren Instinkt für die dramatische Wirkung und die psychologische Situation, neue musiktheatralische Dimensionen erschlossen. Er hob die rigide Trennung zwischen Rezitativ und Arie durch Accompagnato-Rezitative und Ariosi auf. Seit Mitte des 18. Jahrhunderts war der gesprochene Dialog das Kennzeichen der opéra comique gewesen, das sie eindeutig von der großen Oper unterschied, gleich welchen Inhalt sie hatte. Grétrys populäre Oper *Richard Cœur de Lion* (1784) verband Themen von Rettung und Heroentum mit der Form der opéra comique. Hier, und nicht bei Mozart, dessen Opern zu dieser Zeit in Frankreich unbekannt waren, konnte Cherubini anknüpfen. Er nutzte seine harmonischen Einfälle dramaturgisch, erfüllte die Charaktere mit dramatischem Leben. *Les deux journées* ist durch die Aufhebung der Stiltrennung, durch das Ernstnehmen der traditionell als komisch dargestellten Handlungselemente im Libretto wie in der Musik eine Weiterentwicklung der opéra comique, die unmittelbar auf Beethoven, wenn nicht auf die gesamte Entwicklung des deutschen Singspiels gewirkt hat. Von den klassisch mythologischen Themen Glucks rückte Cherubini ebenso ab wie von den heiteren Opern des 18. Jahrhunderts. Er schöpfte seine Anregungen aus der Revolutionsepoche. Ohne den unmittelbaren menschlichen Appell dieses Werks über alle Standesgrenzen hinweg, ohne die Vermittlung eines bürgerlichen Weltbildes wären seine Anfangserfolge nicht denkbar gewesen. *Les deux journées* ist eine Volksoper, die dem Zuschauer einfache, humanitäre Ideale zur Identifikation anbietet. Die demokratische Aussage des Textes findet ihre Entsprechung in der musikalischen Struktur. Rhythmisch stark gegliederte Ensembleszenen herrschen vor. Die beiden einzigen Soli der aus 15 Nummern bestehenden Partitur, Antonios Romanze und Mikélis Arie, stehen mit ihren kurzen, leidenschaftlich gefärbten Melismen ganz in der Tradition der opéra comique. Die wiederkehrenden Motive der beiden Arien haben eine dramaturgische Funktion, denn sie werden erstaunlich häufig für die vor-Wagnerische Zeit immer wieder als Erinnerungsmotive eingesetzt. Es gelingt Cherubini auf diese Weise, die Figuren zu individualisieren. Das alte System, das Arie an Arie reihte, ist endgültig überwunden. Der Chor ist stärker beteiligt als in jeder anderen französischen Oper zuvor. Mit Cherubini begann, was man „musique d'effet" nannte und was bei Boieldieu, Auber, Meyerbeer und Rossini seine Nachfolge fand. Cherubini schrieb pittoreske, deskriptive Orchestermusik; dem Grundsatz der dramatischen Wahrheit folgend, stellte er das Orchester als gleichberechtigten Faktor neben den Gesang, erlöste das Orchester aus seinem Schattendasein als Ergänzung und Begleitung und gab der Klangfarbe durch die Art der Instrumentierung eigenständige dramatische Funktion. Cherubinis Melodien zeigen einfallsreiche Modulationen und höchste kontrapunktische Kunst.

Geschichte

Nicht nur in ihrer kompositionstechnischen Mischung aus Aktionsensembles, Liedformen, pittoresken Chören und effektvoller Orchestermusik, sondern auch in ihrer nationalen Thematik trägt *Les deux journées* alle Züge einer Volksoper. Ihre Breitenwirkung ist jedoch ohne das Libretto aus der Feder von Jean Nicolas Bouilly (1763–1842) nicht denkbar. Bouilly, dessen Libretto *Léonore* später zur Vorlage für Beethovens *Fidelio* wurde, fügte dem Schema der Rettungsoper Elemente zeitgemäßen Heldentums, von Gleichheit und Brüderlichkeit hinzu, um so das postrevolutionäre Publikum für das Sujet zu interessieren. Die Ideen von Großherzigkeit und brüderlicher Nächstenliebe, die menschheitsvereinigende Emphase, hatten die Revolution überlebt. Bouilly fand das Thema für sein Libretto in einem realen Erlebnis während der Revolutionszeit. Im Hinblick auf Napoleons Zensoren verlegte er die Handlung jedoch in die Zeit der Fronde-Aufstände, ins Jahr 1647, in eine Periode französischer Geschichte, dessen Parallelen zur nachrevolutionären Gegenwart noch präsent waren. Bouilly durchbricht die heiligen Gesetze der klassischen Zeit-, Orts- und Handlungseinheit und gewinnt Spannung aus dem dramatisch effektvollen Wechsel zwischen Furcht, Aufatmen und Zweifel, ob die Rettung endgültig ist. Die glückliche Lösung muß ein deus ex machina bringen. Mendelssohn nannte *Les deux journées* in einem Atemzug mit *Fidelio*, doch im Gegensatz zu Beethovens Oper sind Idealismus und brüderliche Nächstenliebe nur als Themen präsent und bleiben dramaturgisch ohne Gegenspieler.

Auch wenn das Libretto den Beifall Goethes fand, wenn Beethoven es für das beste neben Spontinis *Vestalin* hielt, so war es doch vor allem Cherubinis einheitliche Musik mit ihren romantischen Anklängen, die auf die zeitgenössischen Komponisten wirkte. Die Wurzeln der deutschen romantischen Oper sind in Cherubinis Werk zu finden, nicht in der *Zauberflöte*, und auch *Fidelio* ist als Rettungsoper eine Variante der opéra comique. Doch nicht nur das Schema der Rettungsoper, sondern auch das Verhältnis von Singstimmen und Orchester zeigt die intensive Beschäftigung Beethovens mit Cherubini. Der junge Wagner glaubte in der Ouvertüre zu *Les deux journées* bereits die Symbolisierung außermusikalischer Vorgänge in reiner Instrumentalmusik herauszuhören. Spohr nahm sich auf der Suche nach der großen deutschen Oper die Partitur Cherubinis vor, Carl Maria von Weber fand in ihr den Volkston für seinen *Freischütz*.

Die Premiere am 16. Januar 1800 war ein aufsehenerregender Erfolg gewesen. Schon nach dem 1. Akt hatten die anwesenden Pariser Komponisten Grétry, Gossec, Méhul, Lesueur und Martini gratuliert. Die Uraufführungsproduktion wurde über 200mal gespielt.

Im Gegensatz zu *Médée* hatte das Werk sofort überall Erfolg. In Paris wurde es 1802, 1812 und 1826 wieder ins Repertoire genommen.

Die deutschsprachigen Länder übertrafen Frankreich noch. England spielte die Oper unter dem Titel *The watercarrier*. Einzig in Cherubinis Heimatland blieb ihr der Erfolg versagt. In der zweiten Hälfte des 19. Jahrhunderts nahm die Popularität allmählich ab. Versuche im 20. Jahrhundert, die einst so volkstümliche Oper der Vergessenheit zu entreißen, blieben sowohl in Deutschland als auch in Frankreich ohne durchschlagenden Erfolg. *Ulrike Hessler*

Diskographische Empfehlung

1947 – London: Thomas Beecham, BBC Theatre Chorus, Royal Philharmonic Orchestra. Pierre Gianotti (Comte Armand), Jeanine Micheau (Costanza), Charles Paul (Danieli Micheli), Eugene Regnier (Antonio), Marion Davies (Marcellina). Cetra, LO 49/2

LUDWIG VAN BEETHOVEN

geb. 16. Dezember 1770 in Bonn
gest. 26. März 1827 in Wien

Beethoven ist kein genuiner Opernkomponist gewesen, obwohl er zahlreiche Libretti zu vertonen erwog, darunter Emanuel Schikaneders „Große heroische Oper in zwei Akten" mit dem Titel *Vestas Feuer* (1803), von der er einige Fragmente komponierte. Unter den vielen späteren Opernplänen nach *Fidelio* taucht auch Goethes *Faust* auf (1808), kurzzeitig auch Shakespeares *Macbeth* (1809), den der österreichische Dramatiker Heinrich Joseph von Collin zum Operntext umarbeiten sollte (noch 1822 spricht Beethoven mit dem Schauspieler Heinrich Anschütz über diesen Plan), und immer wieder sind es republikanische Sujets, die ihn interessieren; insgesamt hegte Beethoven über fünfzig (!) Opernpläne. Doch es blieb bei *Fidelio* (drei Fassungen). Im Jahre 1811 klagte Beethoven in einem Brief an den Fürsten Ferdinand Pálffy: „Es ist so schwer, ein gutes Buch zu finden für eine Oper", und zwischen 1825 und 1827 soll er gesagt haben, er habe kein weiteres passendes Textbuch gefunden; er brauche einen Text, der ihn anrege, der sittlich und erhaben sei. Texte, wie Mozart sie vertonte, hätte er niemals komponieren können. Tatsächlich war Beethoven ein musikalischer Moralist, der erste wirklich *politische* Komponist der Musikgeschichte. Schon während seiner Bonner Jugendjahre wurde er mit den Ideen der bürgerlichen Aufklärung, die schließlich – zumindest in Frankreich – zum Ausbruch der Revolution führten, durch Vorlesungen des Franziskaners und Aufklärers Eulogius Schneider konfrontiert; später entwickelte er seine republikanische Weltanschauung unter dem Einfluß Schillers und besonders der Philosophie Kants. Ein Bogen spannt sich von der frühen Kantate auf den Tod des Reformkaisers Joseph II. (1790) über die drei Fassungen der Oper *Fidelio* (zeitweise unter dem Titel *Leonore*) bis hin zu der idealistischen Botschaft der „Freiheit" unter dem Decknamen der „Freude" in der neunten Symphonie, einem Appell an die Menschheit inmitten der Metternichschen Unterdrückungspolitik. Bis zuletzt verweigerte Beethoven, darin Goethe ganz unähnlich, den Kotau und äußerte seine republikanischen Überzeugungen, wann und wo es ihm paßte. Hätte man ihn in Wien nicht für einen Verrückten gehalten, dann wäre er von Metternichs Spitzeln sicher verhaftet worden.

Die zentrale Kategorie der Französischen Revolution – Freiheit – fand in Beethovens Musik ihren wohl wirksamsten Widerhall, und das bis in die innersten Zellen hinein: „Ist er schon der musikalische Prototyp des revolutionären Bürgertums, so ist er zugleich der einer ihrer gesellschaftlichen Bevormundung entronnenen, ästhetisch voll autonomen, nicht länger bediensteten Musik" (Th. W. Adorno). Und es ist die voll erreichte künstlerische Autonomie, die dafür die Voraussetzung bot, das Thema der „Freiheit" verbindlich gestalten zu können. Erst Beethovens Musik hat sich selbst von den Konventionen befreit. Der „neue Weg", den er programmatisch beschritt, war der Versuch, die überlieferte Musiksprache einer grundlegenden Reflexion zu unterziehen, um sie durchlässig machen zu können für moralisch-politische Botschaften, von denen man früher sich nicht hätte träumen lassen. Beethovens einzige Oper *Fidelio* ist dafür das eindringlichste Beispiel.   *Dietmar Holland*

Fidelio
Oper in zwei Akten (erste Fassung in drei Akten)

Text: Joseph Ferdinand von Sonnleithner, Stephan von Breuning und Georg Friedrich Treitschke, nach dem Libretto von Jean Nicolas Bouilly für die Oper *Léonore ou L'amour conjugal* von Pierre Gaveaux
Uraufführung: 20. November 1805, Theater an der Wien, Wien (Titel: *Fidelio oder Die eheliche Liebe;* ERSTE FASSUNG: dreiaktig)
ZWEITE FASSUNG: 29. März 1806, Theater an der Wien, Wien (Titel: Leonore oder Der Triumph der ehelichen Liebe; zweiaktig)
DRITTE FASSUNG: 23. Mai 1814, Kärntnertortheater, Wien (Titel: Fidelio; endgültige zweiaktige Fassung mit neuem Schlußbild außerhalb des Kerkers)
Personen: Don Fernando, Minister (Bar); Don Pizarro, Gouverneur eines Staatsgefängnisses (Bar); Florestan, ein Gefangener (Ten); Leonore, dessen Frau, unter dem Namen Fidelio (Sop);

Rocco, Kerkermeister (Baß); Marzelline, dessen Tochter (Sop); Jaquino, Pförtner (Ten); Erster Gefangener (Ten); Zweiter Gefangener (Baß)

Chor: Wachsoldaten; Staatsgefangene; Volk

Ort und Zeit: Spanisches Staatsgefängnis, einige Meilen von Sevilla entfernt, 18. Jahrhundert

Orchester: Picc, 2 Fl, 2 Ob, 2 Kl, 2 Fg, Kfg, 4 Hrn, 2 Trp, 2 Pos (in der ersten und zweiten Fassung: 3 Pos), Pkn, Streicher

Auf der Bühne: Trp

Form: Nummernoper mit 16 (erste Fassung: 18) Musiknummern und gesprochenen Dialogen

Aufführungsdauer: Ca. 2 ½ Stunden (dritte Fassung)

Verlag: Breitkopf & Härtel, Wiesbaden (alle drei Fassungen; erste und zweite Fassung: Supplementbände zur Beethoven-Gesamtausgabe)

Handlung (nach der Fassung von 1814)

1. AKT: Als Opfer willkürlicher Gewalt hält Don Pizarro, der Gouverneur eines (spanischen) Staatsgefängnisses, politische Gefangene verborgen, unter ihnen seinen persönlichen Widersacher Florestan, einen Freiheitskämpfer. Dessen Gattin Leonore hat sich, als Mann verkleidet und unter dem Namen Fidelio, bei dem Kerkermeister Rocco anstellen lassen, um auf diese Weise Zugang zu den Gefangenen zu erhalten. Sie vermutet ihren Gatten unter ihnen. Bisher ist es ihr noch nicht gelungen, in die unteren Gewölbe vorzudringen, da Rocco glaubt, sie könne den Anblick der ausgemergelten Menschen nicht ertragen. Marzelline, Roccos Tochter, hat sich in Fidelio verliebt und durchkreuzt damit die Heiratsabsichten des Schließers Jaquino, dessen hartnäckiges Werben sie heftig abweist. Sie träumt von einem kleinbürgerlichen Glück mit Fidelio. Leonore sieht sich konfrontiert mit dem Widerspruch zwischen ihrer angenommenen Rolle als Gehilfe des Kerkermeisters und ihrer wahren Absicht: Sie will Florestan unter den Gefangenen suchen und befreien. Es ist offensichtlich, daß Rocco ihren Diensteifer mißdeutet als heimliche Liebe zu seiner Tochter Marzelline; er stellt bereits die Hochzeit in Aussicht. Im Gegenzug dazu gewinnt Leonore alias Fidelio sein Vertrauen und erreicht, daß er sie, gegen den Willen Pizarros, mit in die unteren Gewölbe des Kerkers nimmt. Rocco gibt aber zu bedenken, daß es ein Gewölbe gäbe, in das niemand eintreten dürfe; dort befände sich ein Gefangener, der auf Befehl Pizarros seit einem Monat

täglich weniger zu essen und zu trinken bekäme. Leonore versichert, sie werde den Anblick mutig zu ertragen wissen. Pizarro erscheint mit seinen Wachsoldaten und erfährt aus einem von Rocco übergebenen Brief, daß der Minister eine Untersuchung des Gefängnisses angeordnet habe, da er Opfer willkürlicher Gewalt darin vermute. Er selbst werde diese Untersuchung leiten. Pizarro sieht sich zu raschem Handeln gezwungen: Er will Florestan so schnell wie möglich umbringen lassen und gibt die Anweisung, daß ein Trompetensignal ertönen solle, sobald der Wagen des Ministers naht. Als er Rocco bestechen will, den Mord auszuführen, stößt er auf Widerstand und beschließt, selbst Hand an den Widersacher Florestan zu legen, nachdem Rocco vorher das Grab ausgehoben hat. Leonore, die weiß, daß Pizarro zu allem entschlossen ist, baut auf die Hoffnung, daß es ihr doch noch gelingen möge, Florestan ausfindig zu machen und zu retten. Auf ihren (und Marzellines) Wunsch läßt Rocco eigenmächtig die Gefangenen für kurze Zeit in den Hof des Gefängnisses treten; Leonore versucht vergeblich, Florestan unter ihnen zu entdecken. Die Gefangenen betrachten die unerwartet freie Luft als Vision der Freiheit, fühlen sich aber zugleich belauscht. Rocco kann Fidelio berichten, daß er ihn in den untersten Kerker begleiten dürfe, um dort das Grab für den Gefangenen zu graben, der durch Pizarro umgebracht werden soll. Leonore vermutet, daß sie am Ende noch das Grab für den eigenen Gatten aushebt. Jaquino und Marzelline stürzen herbei und kündigen den wütenden Pizarro an, der Rocco wegen der Freilassung der Gefangenen zur Rede stellt. Rocco entschuldigt sich mit dem Namenstag des Königs, den er auf diese Weise hätte feiern wollen, und lenkt geschickt den Zorn Pizarros auf Florestan. Die Gefangenen nehmen Abschied vom Sonnenlicht und steigen wieder in die Gewölbe hinab.

2. AKT: Im untersten Kerker beklagt Florestan sein Los, tröstet sich aber damit, daß er seine Pflicht der Wahrheitsliebe erfüllt habe, und sieht in einer Halluzination Leonore als Engel der Freiheit; dann sinkt er völlig erschöpft zusammen. Rocco und Leonore steigen in seinen Kerker hinab und beginnen, das Grab auszuheben. Leonore ist entschlossen, den Gefangenen, den sie im Dunkeln nicht erkennt, auf jeden Fall zu retten, auch wenn es nicht Florestan sein sollte. Bevor Rocco und Leonore dem Gefangenen aus Mitleid Brot und Wein reichen, erkennt Leonore plötzlich das Gesicht ihres Gatten, als er sich im Gespräch zu Rocco wendet. Er fragt auch nach dem Gouverneur des Gefängnisses und erfährt, daß es sein persönlicher Feind Pizarro ist. Rocco weigert sich, seiner Bitte nachzukommen, Leonore zu benachrichtigen, und beruft sich auf seine strikte Pflicht-

erfüllung. Nachdem Florestan ihm und Leonore, die er nicht erkennt, für Brot und Wein gedankt hat, gibt Rocco mit einem Pfiff das Zeichen für Pizarro, der nun vermummt im Kerker erscheint. Als er sich Florestan zu erkennen gibt und ihn erstechen will, stürzt Leonore auf ihn zu, stellt sich vor Florestan und gibt sich ebenfalls zu erkennen. Sie schreckt nicht einmal davor zurück, auf Pizarro die Pistole zu richten, und hätte ihn sogar erschossen, wenn nicht von oben in diesem Augenblick das verabredete Trompetensignal erklungen wäre. Der Minister Don Fernando erscheint als Retter aller Gefangenen. Marzelline muß einsehen, daß Fidelio sie getäuscht hat.

Kommentar

Mit der bürgerlichen Revolution und ihren Leittafeln Freiheit, Gleichheit, Brüderlichkeit war auch ein moralischer Rigorismus auf den Plan getreten, der nichts mehr wissen wollte von den Umgangsformen des abgelaufenen erotischen Zeitalters. Es ist sehr bezeichnend, daß bereits Beethoven, ein Zeitgenosse des Übergangs immerhin, ganz vehement den Tugendspiegel zur Hand nahm, wenn er einen Blick auf Mozarts dramma giocoso, besonders auf *Così fan tutte* warf: Er lehnte es ab, solche frivolen Stoffe zu komponieren, und wählte lieber einen Stoff aus der Geschichte der Französischen Revolution. Das Genre der Rettungsopern lag ja um 1800 sozusagen in der Luft, doch hat kaum ein anderer Komponist so konsequent moralische Leitbilder auf die Bühne gestellt wie Beethoven in seinem *Fidelio*. Die Hauptpersonen sind immerhin die personifizierten Ideen der Trikolore: Florestan verkörpert die Idee der Freiheit, seine edelmütige Gattin Leonore die Gleichheit und zugleich das Prinzip des Kantischen kategorischen Imperativs – sagt sie doch: „Wer du auch seist, ich will dich retten" – und schließlich Don Fernando, der deus ex machina am Schluß der Oper, die Idee der Brüderlichkeit (doch erst in der letzten Fassung von 1814 sagt er: „Es sucht der Bruder seine Brüder"). Freilich zeigt Beethovens Oper, daß diese Ideale nicht einfach vorhanden sind, sondern erkämpft werden müssen. So besehen ist Beethovens einzige Oper nicht nur, wie so gern behauptet wird, das (abstrakte) „Hohelied der Gattenliebe", sondern, recht verstanden, die (kolportageartige) Darstellung des Kampfes gegen Tyrannei und Despotenwillkür. Dieser Idee zuliebe geht Beethoven sogar so weit, die Grenzen der Gattung Oper immer wieder zu durchbrechen und dem dramaturgischen Ablauf die eigene symphonische Logik aufzuzwingen. Der Vorwurf indessen, Beethoven habe allzusehr dem Ausbreitungsbedürfnis der Musik nachgegeben, trifft nur die erste Fassung (wenn überhaupt). Die letzte Fassung der Oper dagegen enthält die Idee der spiralförmigen Anlage: Die Schichten der Hoffnung werden systematisch und vor allem diskontinuierlich durchschritten, bis am Ende – jedoch nur in dieser Fassung – das Wunschbild des erfüllten Augenblicks erscheint. Die erste Fassung von 1805 endete noch im Kerker, gleichwohl mit der Befreiung Florestans. Pizarro wird hier zur Strafe an denselben Stein gekettet wie sein politisches Opfer Florestan. Erst die endgültige Fassung läßt die dramaturgische Idee Wirklichkeit werden, daß dem Stufenaufbau der Handlung (von der kleinbürgerlich-engen Stube Roccos mit ihren eingeschränkten Hoffnungsbildern über die Schichten der Kategorie Hoffnung als moralischen Werten bis hin zur Befreiung der Menschheit) ein Wechsel der musikalischen Formen und Tonfälle zu entsprechen hätte. Aus der Singspielsphäre des Anfangs, in dem sich allerdings auch bereits der geladene Ton, das „Pochen nicht nur von außen" (Ernst Bloch), hörbar macht, wächst der Faden der heroischen Ebene, der Freiheitskampf, allmählich heraus – in dem berühmten Kanon, der eigentlich aus vier übereinandergeblendeten Monologen besteht, überkreuzen sich die unterschiedlichen Interessen und Handlungsfäden –, um dann, nach dem rettenden Trompetensignal, in dem oratorischen Schlußbild (von 1814) die – freilich utopische – Erfüllung zu finden: eine Verschränkung von Liebe durch Freiheit und Freiheit durch Liebe. Es ist bezeichnend, daß Beethoven an der entscheidenden Stelle des erfüllten Augenblicks, als Leonore Florestans Ketten löst („O Gott, welch ein Augenblick"), auf seine frühe Kantate zurückgriff, die er 1790 aus Anlaß des Todes von Joseph II. (dem Reformkaiser) komponiert hatte. Deren Arie (mit Chor) auf den Text „Da stiegen die Menschen ans Licht" (nach der Befreiung von dem Ungeheuer des Fanatismus durch das Licht der Vernunft) bildet den musikalischen Ausgangspunkt für die Gestaltung des erfüllten Augenblicks in *Fidelio*, und zwar in der ersten Fassung noch weit ausführlicher als später. Dafür schließt sich 1814 der Kreis, denn erst hier wird der Bezug zum josephinischen Zeitalter konkret greifbar: In dem oratorischen Schlußbild ereignet sich jene Umwandlung des revolutionären Stoffes zum abstrakten Humanismus, zu dessen Hauptmerkmal es nämlich gehört, nicht an die bestehenden Machtverhältnisse zu rühren. Und tatsächlich steht die Aufführung der letzten Fassung des *Fidelio* im ideologischen Umfeld des reaktionären Wiener Kongresses, den sogar der überzeugte Republikaner Beethoven zunächst nicht richtig eingeschätzt hat. (Die Metternichsche Restauration dagegen bekämpfte er bis zu seinem Tode.) Der Fall Pizarro gerät dergestalt in der milderen Fassung von 1814 zu einer Angelegenheit – einer Art „Betriebsunfall" – der aufgeklärten (josephinischen) Monarchie, als deren Sprecher Don Fernando erscheint; Pizarro wird – im Gegensatz zur drastischen ersten Fassung – einfach abgeführt. Andererseits erscheint erst hier die für Marzelline so folgenreiche Erkennungsszene („O weh, was vernimmt mein Ohr"), daß der vermeintliche Fidelio gar kein Mann ist; für sie bricht damit eine ganze Welt zusammen. In der ersten Textfassung wurde dieser Moment diskret übergangen. Im übrigen wird hier aber die später so geradlinige (wenngleich spiralförmige) Rettungshandlung genau im letzten Finale noch einmal wirkungsvoll unterbrochen: Es kommen keine Soldaten in den Kerker, sondern Pizarro stürzt davon, um noch zu retten, was er retten zu können glaubt, und Rocco, der Leonore die Pistole entwunden hat, folgt ihm nach. Leonore glaubt nun alles verloren und wird bewußtlos. Erst jetzt erkennt Florestan seine Gattin, die er – als Retter seiner Retterin – mit gleichsam orphischem Gebrauch der Musik ins Leben zurückholt. Dann folgt das – in der letzten Fassung stark gekürzte – Duett „O namenlose Freude" (eine Übernahme Beethovens aus seiner nicht ausgeführten Oper *Vestas Feuer* nach einem Libretto von Emanuel Schikaneder). Als von Ferne der Rachechor erschallt, glauben die beiden Liebenden, er gälte ihnen, und sind bereit, zu sterben. Erst als Don Fernando mit seinen Leuten den Kerker betritt, wird ihnen klar, daß sie gerettet sind.

Die beiden großen Monologe Leonores und Florestans sind dagegen in der ursprünglichen Fassung nur eine blasse Vorstufe der späteren: In Florestans Arie fehlt völlig die Freiheitsvision, also der Blick auf die (wenn auch phantasmagorische) Zukunft, und die Soloszene der Leonore steht noch im Kontext der Marzelline-Handlung (das Duett der beiden entfällt in der letzten Fassung), während sie später auf ihren Widerpart Pizarro reagiert, der – wie sie – zu allem entschlossen ist. Als sechster von insgesamt zwölf Auftritten steht der Monolog der endgültigen Fassung im Zentrum des 1. Aktes (Florestans Soloszene eröffnet den 2. Akt). Leonore zieht sich hier aus der Gegenwart, der gegnerischen Außenwelt zurück, findet in der Reflexion auf die Vergangenheit zu sich selbst und wendet sich erst dann, mit dem Blick auf die Befreiungstat, der Zukunft, der (neugewonnenen) Außenwelt wieder zu. Der Text Treitschkes gibt jedoch für diese außerordentliche musikalische Gestaltung nur den Fingerzeig. Die scheinbar so herrische symphonische Logik Beethovens erweist sich hier, wie immer wieder in dieser singulären Oper, als Hebel für die unverzichtbare Botschaft: Mut zu machen, daß es sich lohnt, um die Freiheit zu kämpfen.

Geschichte

Die Handlung des *Fidelio* beruht auf einer tatsächlichen Begebenheit aus der Zeit der Französischen Revolution: Eine heroische Frau, die Dame de Tourraine, befreite, als Mann verkleidet, ihren Gatten aus dem Gefängnis der Jakobiner. Jean Nicolas Bouilly, der den Vorgang als Administrator des Departements selbst erlebt hatte, gestaltete später daraus ein Libretto, indem er den Schauplatz nach Spanien verlegte, und ließ es von Pierre Gaveaux vertonen (Uraufführung am 19. Februar 1798 im Pariser Théâtre Feydeau). Pizarro als Musikgestalt ist freilich erst eine Schöpfung Beethovens, denn in Gaveaux' Oper ist er noch eine reine Sprechrolle. Der Stoff, der sich im Grunde gegen Willkürmaßnahmen während der Wirren der Französischen Revolution wendet, erhält in Beethovens Oper dennoch den gegen despotische Gewalt gerichteten Impetus, der allen aus dem Boden der Revolution gewachsenen Rettungsopern anhaftet. Den Auftrag erteilte Peter von Braun, der Intendant des Theaters an der Wien. Laut Brief vom 4. Januar 1804 an Friedrich Rochlitz hatte Beethoven bereits mit der Komposition begonnen; ob er die am 3. Oktober desselben Jahres in Dresden uraufgeführte Oper *Leonora ossìa L'amor conjugale* von Ferdinando Paër (Libretto wahrscheinlich von Giacomo Cinti) zu dieser Zeit bereits kannte, weiß man nicht. Eine Abschrift der Partitur fand sich jedenfalls später in Beethovens Nachlaß, so daß ein Einfluß zumindest auf die letzte Fassung des *Fidelio* nicht ausgeschlossen ist. (Im Jahre 1809 gab es eine Wiener Aufführung der Oper von Paër). Der Erfolg der Uraufführung der ersten Fassung war mäßig, da im Zuschauerraum fast nur napoleonische Soldaten saßen, die seit dem 13. November Wien besetzt hielten. Nach zwei Wiederholungen wurde die Oper abgesetzt. Freunde Beethovens machten für den Mißerfolg auch zahlreiche Längen der Oper verantwortlich; die Bearbeitung durch Stephan von Breuning (1806) geriet deshalb zu einer Art Verstümmelung, da nicht nur Musiknummern ganz entfielen (Roccos „Gold"-Arie und das Melodram im Kerker), sondern auch der Rest erbarmungslos auf zwei Akte zusammengestrichen wurde. Diese Version hatte zwar (am 29. März 1806) Erfolg, wurde aber von Beethoven zurückgezogen, weil er sich vom Intendanten finanziell benachteiligt fühlte. Die zweite Fassung erscheint als Klavierauszug (Carl Czerny) vier Jahre später im Druck. Von März bis Mai 1814 komponierte Beethoven den von Treitschke neugefaßten (ebenfalls zweiaktigen) Text, schrieb auch – wegen der Umstellung der ersten beiden Musiknummern – die neue *Fidelio*-Ouvertüre in E-dur und fügte die beiden in der zweiten Fassung gestrichenen Musiknummern wieder ein. Das Duett „Um in der Ehe froh zu leben" und das Terzett „Ein Mann ist bald genommen" (Nr. 10 und Nr. 3 in der ersten, Nr. 9 und Nr. 10 in der zweiten Fassung) entfielen dagegen. Das zweite Finale gipfelte nun in dem oratorischen Bild „Paradeplatz des Schlosses". Wie schon in den früheren Aufführungen sang Anna Milder-Hauptmann die Titelrolle. Der Erfolg war jetzt eindeutig. Am 3. November 1822 sang zum erstenmal die junge Wilhelmine Schröder (später: Schröder-Devrient) die Partie der Leonore und führte die Oper zum entscheidenden Durchbruch. Sieben Jahre später verhalf sie dem jungen Richard Wagner mit dieser Rolle, nach dessen Selbstzeugnis, zu einem durchdringenden Erlebnis, das seine gesamte künstlerische Entwicklung prägte. (Die Rolle der Senta im *Fliegenden Holländer* ist musikalisch kaum ohne Beethovens Leonore vorstellbar.)

Seit Otto Nicolais Wiener Aufführung (1841) wurde die dritte Leonoren-Ouvertüre häufig vor dem 2. Akt gespielt, bis Gustav Mahler (Wien, 7. Oktober 1904) den Usus einbrachte, sie vor dem (ohnehin außerhalb der Handlung stehenden) Schlußbild zu plazieren.

In der Rezeptionsgeschichte spielen die ersten beiden Fassungen kaum eine Rolle. Erst 1905 gelang es Erich Prieger, die (verschollene) erste Fassung zu rekonstruieren und (am 20. November) auf die Bühne zu bringen (Königliches Opernhaus Berlin). Im Jahre 1977 erschien die bislang einzige Schallplattenaufnahme dieser Fassung.   *Dietmar Holland*

Diskographische Empfehlung

1955 – Staatsoper Wien (Eröffnung am 5. November): Karl Böhm, Chor der Wiener Staatsoper, Wiener Philharmoniker. Anton Dermota (Florestan), Martha Mödl (Leonore), Waldemar Kment (Jaquino), Irmgard Seefried (Marzelline), Ludwig Weber (Rocco), Paul Schöffler (Pizarro). Frequenz, CMM 2

1961 – London: Otto Klemperer, Philharmonia Chorus and Philharmonia Orchestra London. Jon Vickers (Florestan), Christa Ludwig (Leonore), Gerhard Unger (Jaquino), Ingeborg Hallstein (Marzelline), Gottlob Frick (Rocco), Walter Berry (Pizarro). EMI, 1 C 149-00 559/61

1976 – Dresden: Herbert Blomstedt, Chor des Leipziger Rundfunks, Staatskapelle Dresden. Richard Cassily (Florestan), Edda Moser (Leonore), Eberhard Büchner (Jaquino), Helen Donath (Marzelline), Karl Ridderbusch (Rocco), Theo Adam (Pizarro). EMI, 1 C 157-02 853/55 (Fassung von 1805)

GASPARO SPONTINI

geb. 14. November 1774 in Majolati bei Ancona
gest. 24. Januar 1851 in Majolati bei Ancona

Spontini war als Klassiker des heroischen Pathos der eigentliche Opernkomponist der napoleonischen Ära, von E. T. A. Hoffmann gepriesen als „hoher, herrlicher Meister", hochgeschätzt von Verdi wie von Wagner und als Virtuose des dramatisch-dekorativen Effekts bewundert von Berlioz wie von den meisten Komponisten der Großen Oper pariserischen Zuschnitts. Der Sohn eines armen Schuhflickers studierte in Neapel und begann 1796 die erste Etappe seiner Karriere: Er schrieb komische Opern, Einakter im Zeitgeschmack und ohne besondere persönliche Note. 1803 gelangte er nach Paris und wurde Hofkomponist und Kapellmeister der Kaiserin Josephine. Unter dem Eindruck der Opern Glucks entwickelte er einen heroisch-pathetischen Stil im Sinne des Empire und errang 1807 mit *La Vestale* den stärksten Erfolg seiner Laufbahn. 1809 folgte die Napoleons Machtpolitik verherrlichende Konquistadoren-Oper *Fernando Cortez ou La conquête du Mexique* (Neufassung für Berlin 1820) und schließlich zur Feier der bourbonischen Restauration *Pélage ou Le roi de la paix, Les deux riveaux ou Les fêtes de Cythère* und 1819 *Olympie*. König Friedrich Wilhelm von Preußen berief Spontini 1819 unter dem erstmals verliehenen Titel „Generalmusikdirektor" nach Berlin, wo sich das diktatorische Organisationstalent, der musikalische Perfektionismus und die dirigentische Energie des Komponisten entfalteten. Die Romantiker verurteilten Spontinis Typus der Ausstattungsoper; der Kritiker Rellstab, auf Webers deutsche Oper eingeschworen, machte sich zum Wortführer der national gesinnten Gegenpartei. Spontinis letzte Oper, die 1829 in Berlin uraufgeführte *Agnes von Hohenstaufen* stieß auf Widerspruch, obgleich sie mit Beethoven (Kerkerszene à la *Fidelio*) und Weber zu sympathisieren schien. 1841 mußte Spontini nach langem Zwist Berlin verlassen. Er zog sich erblindet und verbittert in seine Heimat zurück.

Karl Schumann

La Vestale (Die Vestalin)

Tragédie lyrique (italienische Fassung: melodramma) in drei Akten

Text: V. J. Étienne de Jouy
Uraufführung: IN FRANZÖSISCHER SPRACHE: 15. Dezember 1807, Paris
Erstaufführung: IN ITALIENISCHER SPRACHE: 26. Dezember 1824, Teatro alla Scala, Mailand
Personen: Giulia, römische Priesterin (Sop); Licinio, römischer Feldherr (Ten); Cinna (Bar); Oberpriester (Baß); Oberpriesterin (Mez); Konsul (Baß)
Chor und Statisterie: Priesterinnen; Priester; Volk von Rom; Senatoren; Soldaten; Gladiatoren; Tänzer; Kinder; Gefangene
Zeit: Römische Antike
Orchester: 3 Fl, 2 Ob, 2Kl, 2 Fg, 4 Hrn, 2 Trp, 3 Pos, Btba, Pkn, GrTr, Bck, Trgl, Streicher
Auf der Bühne: Picc, 2 Fl, 2 Ob, 2 Kl, 2 Fg, 2 Hrn, 2 Trp, 3 Pos, Btba, Pkn, GrTr, Bck, Trgl
Form: Nummernoper mit 20 Musiknummern
Aufführungsdauer: Ca. 2 Stunden
Verlag: G. Ricordi & C. S. p. A., Mailand (italienische Fassung); Éditions Costallat, Paris (französische Fassung)

Handlung

1. AKT: Rom, vor dem Tempel der Vesta. Vor seiner triumphalen Karriere war der Feldherr Licinio von den Eltern der geliebten Giulia als nicht ebenbürtig zurückgewiesen worden. Giulia ist, um einer aufgenötigten Standesheirat zu entgehen, unter die zu Keuschheit verpflichteten Priesterinnen der Vesta gegangen. Den Vestalinnen ist aufgetragen, ein immerwährendes Herdfeuer zum Lob der Göttin Vesta und zum Zeichen zivilisatorischer Gesittung zu unterhalten. Giulia möchte von ihrem Keuschheitsgelübde entbunden werden. Die Oberpriesterin verweigert dies. Giulia muß im Tempel der Vesta die feierliche Vestalia-Zeremonie vollziehen.

2. AKT: Nachts im Tempel der Vesta. Licinio will mit Giulia fliehen. Das Feuer der Vesta, das Giulia hatte hüten sollen, erlischt. Das bedeutet Giulias Tod. Giulia wird vom Oberpriester verhört; sie bekennt sich zu ihrer Schuld, sträubt sich aber, den Namen ihres Liebhabers zu nennen. Sie wird ausgestoßen und zum Tode verurteilt.

3. AKT: Nachts an dem für Giulia geschaufelten Grab. Licinio bittet den Oberpriester (Pontifex maximus) um Gnade für Giulia. Der Priester bleibt hart: Die Götter können nur durch Giulias Opfer versöhnt werden. Man bittet um ein Zeichen der göttlichen Vergebung. Es bleibt aus. Man bringt Giulia in die Grabkammer. Licinio stürzt mit Soldaten herbei, um Giulia zu retten. Plötzlich bricht tiefe Dunkelheit herein. Ein Blitz vom Himmel entzündet das heilige Feuer von neuem. Der Pontifex maximus deutet dies als göttlichen Spruch. Im Tempel der Venus werden unter Lobpreisung der Liebe Giulia und Licinio vereinigt.

Kommentar

Spontini war einseitig Szeniker, Dramatiker, Stratege des Pathos. Seine eigentliche Kraft lag im Rhythmus und in der klar geprägten, nach Glucks Art schmucklosen Melodie. Wenige Opern, die er immer wieder überarbeitete und mit einer Toscanini vorwegnehmenden Energie in Musteraufführungen dirigierte, begründeten seinen ebenso hektisch aufbrechenden wie rasch verblassenden Ruhm. Er war die operndramatische Stimme des Empire, der Napoleon der Oper; die im nationalen Selbstgefühl wurzelnde Romantik verurteilte seinen übernationalen, aus der alten opera seria hergeleiteten Stil als aufgedonnert theatralisch, übernahm jedoch vieles aus der Effektdramaturgie Spontinis, so die feierlichen Aufmärsche, Umzüge und Zeremonien, den als Theatercoup angelegten Einbruch des Übersinnlichen in die Realität, die Frauengestalten im Konflikt zwischen Liebe und Pflicht, die großen Finalszenen voll Waffenlärm oder Versöhnungsjubel, die Vorliebe für antike oder historische Sujets, vor allem aber den für die nachmalige Große Oper Meyerbeers wie für Wagners *Rienzi* und Verdis *Aida* charakteristischen Pomp der szenischen Effekte. Spontini hat angelegt, was sich in der Ausstattungsoper des 19. Jahrhunderts erfüllte; er war, mehr noch als der 14 Jahre ältere Cherubini, der entwerfende Architekt der Situationen, Konflikte und Effekte des Stils der grand opéra. Allein die Taktik, die Primadonna in einer ausladenden, vom Chor sekundierten Szene einzuführen, wirkte nach auf Bellinis *Norma*, Bizets *Perlenfischer*, ja selbst auf Wagner in Elsas 1. Szene im *Lohengrin*.
Der szenische Effekt dominiert bei Spontini häufig über die musikalische Substanz. Das führte dazu, daß seine wenigen, nach genauem Plan angelegten Opern von melodisch reicheren Werken überholt wurden. Durch die Zeiten behauptete sich, was Spontini als erster Generalmusikdirektor der Musikgeschichte eingeführt hatte: die feste Sitzordnung des Orchesters, das

Dirigieren mit dem Taktstock, die Zentrierung des gesamten Apparats der Opernaufführung auf den Dirigenten, das durch fanatischen Probeneifer erzwungene Ideal der Perfektion, die Tendenz zu modellhaften, aufs sorgfältigste einstudierten Inszenierungen. Der Dirigent Spontini – er war angesehen auch als Interpret Mozarts und Webers – öffnete den Weg, den schließlich Toscanini ging. Er war wohl (nach dem auf eigene Opern zentrierten Gluck) der erste Pult-Perfektionist der Musikgeschichte. Spontini hat die Oper in der Entwicklungslinie über Gluck, Mozart, Beethoven und die Drastik der Bühnenwerke der Revolutionszeit hin zur Großen Oper des 19. Jahrhunderts, ja zu Wagner und Verdi vorangetrieben. Er gehört vielleicht zu den Bahnbrechern, die auf der Strecke geblieben sind und Übergangsstationen, Schaltstellen und Anreger blieben. Seine Herkunft ist der Klassizismus um 1800, sein Ziel das um keine Wirkung verlegene Drama, bei dem die Musik zwar der bestimmende, doch nicht der einzige Faktor ist. Zu Spontinis Zeiten wurden aus seinen Melodien Militärmärsche und Effektnummern – das 20. Jahrhundert zeigt nur vereinzelte Ansätze, ihn in seiner Bedeutung wie in seiner Begrenzung zu würdigen.

Geschichte

Spontinis Ansehen und Einfluß schwanden, als die romantische Oper erstarkte, vollends aber, als sein königlicher Protektor Friedrich Wilhelm III. von Preußen starb, man Spontini ein Verfahren wegen Majestätsbeleidigung anhängte und ihn nötigte, sich in seine Heimat zurückzuziehen, wo er erblindet und taub starb. Richard Wagner schätzte den Klassiker des Pathos, studierte 1844 in Dresden eine von Spontini dirigierte Aufführung der *Vestalin* ein, für die er, auf Geheiß des Komponisten, Posaunen in den Triumphmarsch des 1. Aktes einfügte. Vergessen ist, daß Beethoven Jouys Libretto der *Vestalin* ein ideales Opernbuch genannt hatte und daß Wagner zeitlebens von der „majestätischen Schönheit" der Opern Spontinis ergriffen war. Die Aufführungsziffern sanken, zumal im deutschen Sprachgebiet, wo Spontini den wortführenden nationalen Kreisen als Ausländer, Intrigant und Verfertiger hohlen Pomps verhaßt war.

Die ersten amerikanischen Aufführungen von *La Vestale* wurden bereits 1828 in New Orleans und Philadelphia verzeichnet. Am 13. November 1925 erschien *La Vestale* unter Tullio Serafin erstmals auf dem Spielplan der Met; es sangen Rosa Ponselle, Margarete Matzenauer, Edward Johnson, Giuseppe de Luca und José Mardones. 1926 wurde das Werk zum letzten Male in der Met gegeben mit Giacomo Lauri Volpi und Ezio Pinza.

Eine nachhaltige Spontini-Renaissance stellte sich nicht ein; lediglich in der Deutschen Oper Berlin wurde *Fernando Cortez* um 1960 hervorgeholt. Gesamtaufnahmen, meist aus den 50er und 60er Jahren, sind nahezu Raritäten.   *Karl Schumann*

Diskographische Empfehlung

1954 – Mailänder Scala: Antonio Votto, Chor und Orchester des Teatro alla Scala. Giulia (Maria Callas), Franco Corelli (Licinio), Ebe Stignani (La Gran Vestale), Enzo Sordello (Cinna), Nicola Rossi-Lemeni (Il Sommo Sacerdote). Estro Armonico Rare Opera Editions, EA 009 oder: Great Opera Performances, GOP 54

DANIEL FRANÇOIS ESPRIT AUBER

geb. 29. Januar 1782 in Caen
gest. 12. (13.) Mai 1871 in Paris

Auber ist einer der wenigen Franzosen, der sich im Nachfeld der Revolution gegen die immer glänzenderen Erfolge der Italiener (Cherubini, Paër, Bellini, Donizetti, Rossini e tutti quanti) als Opernkomponist behaupten konnte. Von seinem ersten Bühnenwerk *Julie* (1811) bis zu den *Rêves d'amour* (1869) verzeichnet sein Œuvre 49 Opern, in denen sich die ganze Geschichte des französischen Musiktheaters wie in einem Brennspiegel verdichtet: Von den opéras comiques in der Tradition Favarts und Grétrys bis hin zu den grands opéras, die ansatzweise die Ideen von „Oper und Drama" Richard Wagners zu antizipieren scheinen, der übrigens Aubers *Muette de Portici* sehr bewunderte. Oft waren es Vertonungen desselben Stoffes durch andere Komponisten – Donizetti mit dem *Liebestrank*, Verdi mit dem *Maskenball*, Massenet und Puccini mit *Manon Lescaut* –, die Aubers Partituren in den Schatten stellten; ein weiterer Grund für die marginale Rolle, die Aubers Opern – von *Fra Diavolo* einmal abgesehen – im heutigen Musiktheater spielen, ist das ewige, von Mendelssohn und Schumann aufgebrachte Vorurteil, eine derart leichte, elegante und (im besten Sinne) „gefällige" Musik sei gleichzusetzen mit Oberflächlichkeit. Der Rang Aubers als missing link zwischen Klassik und Romantik der französischen Oper bedürfte jedenfalls dringend einer tatkräftigen Apologie.   *Michael Stegemann*

La muette de Portici (Die Stumme von Portici)
Opéra in fünf Akten

Text: Eugène Scribe und Germain Delavigne
Uraufführung: 29. Februar 1828, Opéra, Paris
Personen: Alphonse, Sohn des Vizekönigs von Neapel (Ten); Lorenzo, sein Vertrauter (Ten); Selva, Offizier (Baß); Masaniello, ein

Fischer (Ten); Fenella, seine stumme Schwester (stumme Rolle);
Drei Fischer: Borella (Bar), Pietro (Baß) und Moreno (Baß); Elvire,
Alphonses Verlobte (Sop); Eine Hofdame (Alt)
Chor: Fischer; Soldaten; Leute des Hofes und Volk
Ort und Zeit: Neapel und Portici, 1647
Orchester: Picc, 2 Fl, 2 Ob, 2 Kl, 4 Fg, 4 Hrn, 2 Trp, 3 Pos,
Ophikleide, Pkn, Schlgzg, Hrf, Streicher
Auf der Bühne: Fl, 2 Kl, 2 Fg, 2 Hrn, Gl
Form: Durchkomponiert
Aufführungsdauer: Ca. 2 ½ Stunden
Verlag: Troupenas (heute Salabert), Paris

Handlung
1. AKT: Ein Park vor dem Palast des (spanischen) Vizekönigs von
Neapel. Man bereitet die Hochzeit von Alphonse, dem Sohn des Vizekönigs,
mit der Prinzessin Elvire vor. Kurz bevor er die Kapelle betritt, gesteht
Alphonse – von Gewissensbissen gequält – seinem Freund Lorenzo, daß er
unlängst die schöne, stumme Neapolitanerin Fenella verführt und dann
verlassen habe, um Elvire heiraten zu können. Der Auftritt der Braut, die ihr
Glück preist, unterbricht Alphonses Beichte, als plötzlich Fenella herbeieilt
und sich Elvire zu Füßen wirft. Dem Mädchen, das der Vizekönig in den
Kerker hatte werfen lassen, ist es gelungen, dem Offizier Selva und der
Wache zu entkommen; in stummen Gesten klagt sie nun der Prinzessin ihr
trauriges Los, und wirklich verspricht ihr Elvire ihren Schutz, obwohl
Fenella Alphonse als ihren Verführer identifiziert.

2. AKT: Am Strand von Portici wartet der Fischer Masaniello, Fenel-
las Bruder, verzweifelt auf Nachricht von seiner Schwester. Sein Freund
Pietro berichtet von ihrer Einkerkerung – einer von vielen Willkürakten,
durch die die Spanier Neapel tyrannisieren. Gemeinsam schwören sie, ihr
Vaterland vom spanischen Joch zu befreien. Da erscheint Fenella hoch auf
der Spitze eines Felsens: Verzweifelt über den Verrat ihres Geliebten will sie
sich ins Meer stürzen, und nur in letzter Minute gelingt es Masaniello und
Pietro, den Selbstmord des Mädchens abzuwenden. Sie rufen die anderen
Fischer zusammen und ziehen gemeinsam zum Palast des Vizekönigs.

3. AKT. 1. BILD: Ein Zimmer im Palast. Elvire hat Alphonse zwar die
Affäre mit Fenella verziehen, doch sie will unbedingt ihr Versprechen
gegenüber der Stummen einhalten: Selva soll mit seiner Wache das Mädchen suchen und zu ihr bringen.

2. BILD: Auf dem Marktplatz hat der Offizier Fenella endlich gefunden; Masaniello aber glaubt, seine Schwester solle aufs neue verhaftet und eingekerkert werden. Es kommt zu einem Handgemenge mit der Wache, bei dem der Fischer einen der Soldaten ersticht – der Aufstand bricht los.

4. AKT: In Masaniellos Hütte. Die Revolte ist außer Kontrolle geraten: Verzweifelt muß Masaniello von Fenella erfahren, daß die Fischer unter den Spaniern ein Blutbad angerichtet haben und nun plündernd, mordend und brandschatzend durch die Stadt ziehen. Pietro kommt hinzu und berichtet, Alphonse und Elvire seien vor dem Pöbel, der ihren Tod verlangte, nach Portici geflohen. Tatsächlich erreichen die beiden wenig später Masaniellos Hütte. Hin- und hergerissen zwischen ihrer Liebe zu Alphonse und dem Wunsch nach Rache für seinen Verrat weiß Fenella nicht, ob sie den Fliehenden helfen oder sie ausliefern soll. Schließlich können Masaniello und Elvire sie überzeugen, daß genug Blut geflossen sei: Der Fischer gewährt ihnen Schutz, gilt aber fortan bei Pietro und den anderen als Verräter an ihrer Revolution.

5. AKT: Das Volk von Neapel hat den Palast des Vizekönigs gestürmt. Pietro berichtet von Masaniellos Verrat und gesteht, er habe ihm ein langsam wirkendes Gift eingeflößt. Als aber die Nachricht eintrifft, Alphonse habe ein Heer aufgestellt, das nun gegen die Aufständischen ziehe, verweigert das Volk Pietro den Gehorsam: Nur unter Masaniellos Führung werde man kämpfen und siegen. Doch Masaniello ist bereits dem schleichenden Gift erlegen: In geistiger Umnachtung glaubt er sich von Toten und Sterbenden umgeben. Für Alphonse ist es ein leichtes, die Macht wieder an sich zu reißen. Als Masaniello in einem letzten Aufflammen seines Verstandes Elvire vor dem Zugriff des Pöbels zu schützen versucht, wird er von seinen eigenen Leuten erstochen. Im selben Moment strahlt heller Feuerschein am Himmel auf: Der Vesuv ist ausgebrochen, und glühende Lavaströme ergießen sich die Hänge hinab auf die Stadt zu. In der allgemeinen Panik taucht auch Fenella wieder auf, die nach ihrem Bruder sucht; als sie durch Alphonse und Elvire von seinem Tod erfährt, stürzt sie sich in den Abgrund des Lavastromes hinab.

Kommentar

Aubers *Muette de Portici* war von Anfang an als großes Bühnenspektakel geplant, in dem ein szenischer Effekt den anderen jagt. Die Librettisten Scribe und Delavigne griffen für ihr Libretto auf verschiedene Quellen zurück: auf Walter Scotts Roman *The peveril of the peak* und die

Mémoires sur la révolution de Naples de 1647 von Raimond de Mormoiron für die historischen Gegebenheiten (wobei die Personen Alphonse, Elvire und Fenella fiktiv sind, während es tatsächlich der Fischer Tomaso Aniello, genannt Masaniello, war, der den Aufstand gegen die Spanier anführte), für die Dramaturgie auf das 1827 in Paris uraufgeführte *drame lyrique Masaniello, ou Le pêcheur napolitain* von Michel Carafa. Obwohl *La muette de Portici* – noch vor Meyerbeer – die erste *grand opéra* der Musikgeschichte darstellt, wäre es falsch, die Bedeutung des Werkes auf seine Bühnenwirkung zu reduzieren; in seiner Partitur ist Auber ein durchkomponiertes Meisterwerk gelungen, in dem Elemente verschiedenster Provenienz (Revolutionshymnen von 1789/99, italienisches Cantabile, volksliedhafte Schlichtheit, zündende Ballettmusiken, straffe Ensembleszenen ...) zu großer stilistischer Einheit verschmelzen. Alles Überflüssige scheint – zugunsten der dramatischen Spannung – ausgemerzt, wo Rossinis *Guillaume Tell* oder Meyerbeers *Robert le diable* immer wieder den musikalischen Bogen unnötig überdehnt.

Geschichte

Die Uraufführung, bei der Adolphe Nourrit – der wohl berühmteste Tenor seiner Zeit – die Rolle des Masaniello verkörperte, wurde ein Sensationserfolg sondergleichen; ihren eigentlichen Ruhm aber verdankt Aubers *Muette* jener denkwürdigen Aufführung (wiederum mit Nourrit) im August 1830 am Brüsseler Théâtre de la Monnaie, die die belgische Revolution auslöste. In dem Duett Masaniello/Pietro im 2. Akt („Mieux vaut mourir que rester misérable") riß das Werk das Publikum so sehr mit, daß es bei den Worten „Amour sacré de la patrie" von den Sitzen sprang und auf die Straße hinauslief, um – dem Beispiel der Pariser Juli-Revolution folgend – Barrikaden zu errichten. Ähnliches wiederholte sich 1848 bei Aufführungen in Paris. Trotz mancher Versuche in den 1920er Jahren, das Werk für die Bühne neu zu beleben, geriet *La muette de Portici* in (höchst unverdiente) Vergessenheit, bis die erste Schallplatten-Gesamtaufnahme (1987) den Auftakt zu einer Renaissance gab.   *Michael Stegemann*

Diskographische Empfehlung

1986 – Monte Carlo: Thomas Fulton, Ensemble Choral Jean Laforge, Orchestre Philharmonique de Monte-Carlo. Alfredo Kraus (Masaniello), John Aler (Alphonse), June Anderson (Elvire), Alain Munier (Lorenzo), Jean-Philippe Lafont (Pietro). EMI, CDS 7 49284 2 (DDD)

Fra Diavolo ou L'hôtellerie de Terracine
(Fra Diavolo oder Das Gasthaus von Terracina)
Opéra comique in drei Akten

Text: Eugène Scribe
Uraufführung: 28. Januar 1830, Opéra-Comique, Paris
Personen: Fra Diavolo, alias Marquis von San Marco (Ten); Lord
Kokbourg, ein Engländer (Bar); Lorenzo, Offizier (Ten); Mathéo,
Gastwirt (Baß); Zwei Banditen: Beppo (Ten) und Giacomo (Baß);
Francesco, ein Bauer (Baß); Müller (Baß); Soldat (Ten); Pamela,
Lady Kokbourg (Mez/Alt); Zerline, Mathéos Tochter (Sop)
Chor: Einwohner von Terracina; Soldaten; Bedienstete des Gast-
hauses
Ort und Zeit: Terracina, um 1830
Orchester: 2 Fl (2. auch Picc), 2 Ob, 2 Kl, 2 Fg, 4 Hrn, 2 Trp, 3 Pos,
Pkn, Schlgzg, Streicher
Auf der Bühne: 4 Hrn, 2 Trp, 2 Pos, Gl
Form: Nummernoper (18 Musiknummern) mit gesprochenen Dia-
logen
Aufführungsdauer: Ca. 2 Stunden
Verlag: Troupenas (heute Salabert), Paris

Handlung
1. AKT: Im Gasthaus von Terracina. Zerline, die hübsche Tochter
des Gastwirtes Mathéo, ist dem reichen Bauern Francesco versprochen,
liebt aber ihrerseits den Offizier Lorenzo, der mit seinen Soldaten auf der
Suche nach dem berüchtigten Räuber Fra Diavolo und seiner Bande in
Terracina Quartier gemacht hat. Gerade erst haben die Banditen den englischen Lord Kokbourg und seine Frau, Lady Pamela, ausgeplündert, die
sich nun im Gasthaus von ihrem Schrecken erholen, während Lorenzo und
seine Leute Fra Diavolo nachjagen. Dieser aber sitzt – als Marquis von San
Marco verkleidet – bei Mathéo und macht der Lady galant und nicht ohne
Erfolg den Hof. In Wahrheit geht es ihm darum, auch noch den Rest der
Beute an sich zu bringen, den seine Spießgesellen den Engländern gelassen
haben: Das kleine Medaillon zum Beispiel, das Lady Pamela um den Hals
trägt und nichtsahnend dem Marquis als Unterpfand ihrer Zuneigung
überläßt. Da taucht Lorenzo wieder auf, dem es wirklich gelungen ist,
einige Männer der Bande zu fangen und ihnen die Beute wieder abzuneh-

men. Die Belohnung von 10 000 Lire, die ihm Lord Kokbourg anbietet, schlägt Lorenzo zwar aus, aber Zerline nimmt sie dankend an: Mit diesem Geld kann sie es sich leisten, Francescos Antrag auszuschlagen und den Offizier zu heiraten. Mathéo ahnt noch nichts von dieser Wendung der Dinge: Er ist ins Nachbardorf gefahren, um Francesco als seinen Schwiegersohn nach Terracina zu holen. Auch Lorenzo und die Soldaten ziehen noch einmal fort, um den Kopf der Bande ebenfalls zu fangen. Fra Diavolo aber ist fest entschlossen, die Beute wieder an sich zu bringen.

2. AKT: Zerline bringt Lord Kokbourg und Lady Pamela zu ihrem Zimmer, während sich der Marquis und zwei Männer seiner Bande, Beppo und Giacomo, im Nebenraum verstecken – einer Seitenkammer zum Zimmer Zerlines. Als diese zu Bett gegangen ist und ihre 10 000 Lire unter das Kopfkissen gelegt hat, kommt gerade Lorenzo wieder zurück. Beppo und Giacomo bleiben zwar in ihrem Versteck, doch in ihrem Ungeschick werfen sie einen Stuhl um, der polternd zu Boden fällt. Schon wollen Lorenzo und Lord Kokbourg nachsehen, wer da im Zimmer Zerlines so einen Lärm macht, da tritt der Marquis vor: Er sei, erklärt er zunächst dem empörten Engländer, mit Lady Pamela zusammengewesen, und zeigt als Beweis das Medaillon vor; Lorenzo gegenüber aber behauptet er, mit Zerline ein Schäferstündchen gehabt zu haben. Der wütende Offizier fordert den Marquis zum Duell, das am nächsten Morgen einige Meilen vom Gasthaus entfernt stattfinden soll.

3. AKT: Zerline ist völlig verstört über die abweisende Kälte Lorenzos – sie ahnt ja nicht das geringste von dem Stelldichein, das sie angeblich dem Marquis – Fra Diavolo – gewährt hat. Beppo und Giacomo sitzen derweil als Gäste beim Frühstück und berauschen sich am Wein, der sie jedoch zu ein paar unvorsichtigen Bemerkungen verleitet; mißtrauisch geworden, nimmt Lorenzo die beiden fest und findet in ihren Taschen einen Zettel Fra Diavolos: Sobald der Offizier zum Duell fortgeritten und Mathéo mit seiner Tochter zum Hochzeitsfest aufgebrochen sei, soll Giacomo die Glocke der nahen Kapelle läuten, um seinem Hauptmann das Zeichen zu geben, daß die Luft rein sei. Lorenzo legt sich mit seinen Soldaten in einen Hinterhalt und zwingt Giacomo, das vereinbarte Glockenzeichen zu geben. Wenig später erscheint – zu aller Überraschung – der Marquis, wird als Fra Diavolo identifiziert und mitsamt seiner Bande festgenommen. (Nach anderen Bühnenfassungen wird Fra Diavolo bei einem Fluchtversuch von Lorenzo erschossen.) Mathéo ist so stolz auf seinen neuen „Schwiegersohn", daß er Zerline und dem jungen Offizier seinen Segen gibt.

Kommentar

Die historische Titelgestalt der Oper – der Bandit Michele Pezza, den man in abergläubischer Angst „Fra Diavolo" getauft hatte, weil er angeblich mit Gott und dem Teufel zugleich im Bunde stehe – trieb zu Beginn des 19. Jahrhunderts in Süditalien sein Unwesen, bis er 1806 von den napoleonischen Truppen gefangengenommen und hingerichtet wurde. Schon zu Lebzeiten war er die Quelle unzähliger Volkserzählungen, aus denen Scribe (jedoch ohne konkrete Bezüge zu Pezzas Biographie) sein Libretto für Auber zusammenstellte; eine andere Vorlage Scribes war Jean-François Lesueurs Oper *La caverne* (1793), die ihrerseits auf den berühmten Schelmenroman *Gil Blas* von Alain-René Lesage (1715/24) zurückgeht. Die Gattungsbezeichnung opéra comique bezieht sich ausschließlich auf den formalen Aspekt einer Nummernoper mit gesprochenen Dialogen; die Handlung und die Musik dagegen entsprechen dem Genre einer lyrischen Oper (nach dem Vorbild Rossinis) mit starken dramatischen Akzenten, denen Begriffe wie „komische Oper" oder gar „Spieloper", unter denen *Fra Diavolo* im deutschsprachigen Raum rangiert, ganz und gar nicht gerecht werden. Ähnlich wie in seiner *Muette de Portici* ist es Auber glänzend gelungen, ein ebenso abwechslungsreiches wie brillantes Kaleidoskop verschiedener stilistischer Einflüsse zu komponieren; auch hier dominieren Ensembleszenen neben einzelnen Soli von großer lyrischer Innigkeit, wie dem Gebet der Zerline aus dem 2. Akt. Besondere Ansprüche stellt die Titelpartie, die bis zum zweigestrichenen C hinaufreicht und mit zahlreichen Koloraturen gespickt ist.

Geschichte

Seit seiner Uraufführung an der Opéra-Comique (und nicht, wie andere Quellen angeben, am Théâtre Feydeau) gehörte Aubers *Fra Diavolo* zu den „Dauerbrennern" der romantischen Oper; wo immer das Werk auf dem Spielplan stand, erlebte es Hunderte und Aberhunderte Aufführungen. Bezeichnend für den Erfolg der Oper sind auch zwei Bearbeitungen: als *Fra Diavolino*, eine Operette, die 1858 an den Pariser Folies Nouvelles herauskam, und 1933 als *The devil's brother*, eine Slapstick-Komödie von Hal Roach und Charles Rogers mit niemand Geringerem als Stan Laurel und Oliver Hardy in den Hauptrollen.   *Michael Stegemann*

Diskographische Empfehlung

1981 Alberto Zedda, Cambridge University Chamber Chorus, Martina Franca Orchestra. Dano Raffanti (Fra Diavolo), Luciana Serra (Zerlina), Sergio Kalabakos (Giacomo), Aldo Bertolo (Lorenzo), Giorgio Tadeo (Matteo). Fonit Cetra, LMA 3011

CARL MARIA VON WEBER

geb. 19. November 1786 in Eutin
gest. 5. Juni 1826 in London

Weber, Sohn eines umherziehenden Musikus, der sich des Renommees wegen selbst geadelt hatte, wuchs gewissermaßen mit dem Theater und der Musik auf, lernte Oper von Kindesbeinen an. Schon aus diesem Grund wurde er zu dem romantischen Musikdramatiker schlechthin, während die meisten seiner unmittelbaren Zeitgenossen weit weniger mit dramatischer Musik im Sinn hatten, denkt man an Schubert, den jungen Schumann und auch an Mendelssohn, der sich nach einigen peripheren Singspielen in frühester Jugend außer mit Schauspielmusiken der Bühne nicht mehr zugewandt hat. Aber in Weber nur den Komponisten der deutschen Nationaloper, des *Freischütz*, sehen zu wollen, verkürzt seine Bedeutung für die Bühnengeschichte entscheidend. Er war nicht nur Komponist, sondern kann als erster Opernintendant und -dramaturg im heutigen Sinne gelten, der darüber hinaus auch mit Artikeln, Essays und erläuternden Aufsätzen nicht nur für seine eigenen Werke bereits vor der Aufführung warb, sondern auch für die seiner Kollegen, die er zur Aufführung brachte. Seine eigenen Vorstellungen von einem synästhetischen Kunstwerk voller Poesie im romantischen Sinne eines Novalis, Wackenroder, E. T. A. Hoffmann oder Eichendorff verwirklichte er in seinen Opern, und hier selbstredend in den drei, die sich unverwechselbar mit seinem Namen verknüpft haben: *Freischütz, Euryanthe* und *Oberon*. Daß daneben allerdings fast ein Dutzend weiterer Opern und Singspiele existieren, die hauptsächlich als Vorarbeiten zu diesem Hauptwerk angesehen werden müssen, gerät immer mehr in Vergessenheit, da sich auf den Bühnen für sie kein Platz mehr zu finden scheint, allenfalls gelegentlich in den Konzertsälen für die jeweiligen Ouvertüren: *Peter Schmoll, Rübezahl, Silvana, Abu Hassan, Preziosa* und das von Gustav Mahler unvergleichlich im Weberschen Geist ergänzte und instrumentierte Buffa-Fragment der *Drei Pintos*. Die kurze Phase des wirklichen Erfolgs und des Ruhms als Schöpfer des romantischen Opernklangs konnte Weber gerade gute fünf Jahre auskosten, von der Uraufführung des *Freischütz*

1821 bis zu seinem Tod 1826. Indem er einzelne Instrumente aus dem integrierten Verbund des Orchesters herauslöste und ihnen als Solisten gewissermaßen selbständigen Rang für dramatische Effekte und bestimmte Klangfarben überantwortete, machte er die Orchestration, die Instrumentation zu einem eigenen musikalischen Parameter, zum semantischen Bedeutungsträger, zum Symbol für dramatische Handlungselemente, die bisher allein dem Bühnengeschehen vorbehalten waren. Stendhal stellt in seiner Biographie des italienischen Beherrschers des Musiktheaters zu Beginn des 19. Jahrhunderts Weber als den Protagonisten der Opernszene neben Rossini: Und wie von Rossini der Weg unaufhaltsam weiterführt bis schließlich zu Verdi, so setzten sich Webers musikdramatische Errungenschaften fort bis zu Wagner. Doch Weber wirkte über die Oper hinaus: Was er aus dem Orchester und dessen Ausdrucksfähigkeit entwickelt hat, bleibt nicht nur auf das Theater begrenzt: Weber eröffnet ein weites Gebiet für die Orchestersprache überhaupt, auf dem sich das ganze 19. Jahrhundert bewegt, der aber auch ein Debussy und ein Mahler, ein Strawinsky und ein Hindemith huldigen werden. *Irmelin Bürgers*

Der Freischütz
Romantische Oper in drei Aufzügen

Text: Friedrich Kind
Uraufführung: 18. Juni 1821, Königliches Schauspielhaus, Berlin
Personen: Ottokar, böhmischer Fürst (Bar); Kuno, fürstlicher Erbförster (Baß); Agathe, seine Tochter (Sop); Ännchen, eine junge Verwandte (Sop); Kaspar, erster Jägerbursche (Baß); Max, zweiter Jägerbursche (Ten); Ein Eremit (Baß); Kilian, ein reicher Bauer (Bar); Vier Brautjungfern (Sop); Samiel, der schwarze Jäger (Sprechrolle); Erster, zweiter und dritter fürstlicher Jäger (Sprechrollen)
Chor: Jäger und fürstliches Gefolge; Landleute und Musikanten; Schenkmädchen; Brautjungfern; Erscheinungen
Ort und Zeit: Böhmen, kurz nach Beendigung des Dreißigjährigen Krieges
Orchester: 2 Fl (auch Picc), 2 Ob, 2 Kl, 2 Fg, 4 Hrn, 2 Trp, 3 Pos, Pkn, Streicher

Auf der Bühne: Kl, 2 Hrn, Trp, Streicher
Form: 16 Musiknummern, durch gesprochene Dialoge verbunden
Aufführungsdauer: Ca. 3 Stunden
Verlag: Robert Lienau Musikverlag, Berlin; C. F. Peters Musikverlag, Frankfurt am Main

Handlung

1. AKT: Vor einer Waldschenke haben sich Landleute und Jäger eingefunden, darunter auch Kilian, ein Bauer, der Erbförster Kuno mit seinen beiden Jägerburschen Kaspar und Max. Max sitzt deprimiert abseits der fröhlichen Menge, wieder einmal hat er beim Scheibenschießen versagt. Dies trifft ihn um so härter, als es gerade jetzt auf seine Treffsicherheit ankommt, will er doch Agathe, die Tochter des Erbförsters, heiraten. Mit Agathes Hand ist auch das Anrecht auf die Erbförsterei verbunden, jedoch erhält der Brautwerber beides nur, wenn es ihm gelingt, einen trefflichen Probeschuß vor dem Fürsten abzulegen. Max bleibt allein zurück: Seit Wochen gelingt ihm kein rechter Schuß mehr; er beklagt sein Schicksal, dem er sich hilflos ausgeliefert fühlt. Verzweifelt und vollkommen ratlos findet ihn Kaspar. Es ist ein leichtes für ihn, Max davon zu überzeugen, daß ihm nur noch die dunklen Mächte der Magie und der Hölle helfen können. Er habe sich dem schwarzen Jäger Samiel verschrieben, seitdem treffe er jedes Ziel. Zum Beweis schießt er einen Adler vom Himmel. Max willigt ein, sich um Mitternacht in der Wolfsschlucht einzufinden, dort will er mit Kaspars Hilfe Freikugeln gießen, die ihr Ziel nie verfehlen. Kaspar triumphiert.

2. AKT: Im Forsthaus sind Agathe und ihre Verwandte Ännchen allein. Agathe ist bedrückt, Ännchen versucht, sie mit Scherzen aufzuheitern, vergebens. Auch die Aussicht auf die baldige Hochzeit verbessert Agathes Stimmung nicht. Schließlich gibt Ännchen auf. Agathe stellt sich ans Fenster und erwartet Max. Auch sie ist verunsichert durch Max' Ungeschicklichkeit. Als er schließlich kommt, will sich keine rechte Harmonie einstellen. Max eröffnet Agathe, noch in dieser Nacht in die Wolfsschlucht zu gehen, um dort einen waidwunden Hirsch zu suchen. Agathe ist unruhig: Die Wolfsschlucht ist ein verrufener Ort. Und tatsächlich treiben dort unsichtbare Geister ihr Unwesen. Erscheinungen stürzen Max bei seiner Ankunft in Angst, als er auf Kaspar trifft, der zuvor Samiel beschworen hat und ihm Max als ein neues Opfer ankündigt, wie er es für Samiel beschaffen sollte. Die schwarze Zeremonie des Freikugel-Gießens wird von fürchter-

lichen Naturerscheinungen begleitet, als der schwarze Jäger nach Max'
Hand greifen will, sinkt Max ohnmächtig um.

3. AKT: Die Jäger, Max und Kaspar treffen sich am Morgen, an dem
Max seinen Probeschuß ablegen soll. Schon hat er vor den Augen des
Fürsten drei aufsehenerregende Schüsse getan, und er bestürmt Kaspar,
ihm die restlichen Freikugeln zu überlassen. Doch Kaspar weigert sich,
seine letzte Kugel herzugeben, die anderen hat er schon verbraucht. Es liegt
ihm daran, daß Max mit der siebten seinen Probeschuß ablegt, denn sie ist
dem Bösen geweiht. Währenddessen empfängt Agathe, bräutlich gekleidet,
die Brautjungfern. Eben noch hat Ännchen sie mit einer Gruselgeschichte
von einem Geisterhund, der sich ganz profan als Kettenhund Nero ent-
puppte, geneckt. Doch die ungute Atmosphäre, die zurückgeblieben ist,
wird auch durch das Lied der Brautjungfern nicht verjagt, denn zum Entsetzen aller befindet sich in der Schachtel nicht der Brautkranz, sondern eine
Totenkrone. Ännchen rettet auf Agathes Weisung hin die Situation: Schnell
windet sie aus den weißen Rosen, die Agathe von dem Eremiten geschenkt
bekam, einen neuen Kranz. Draußen haben sich alle versammelt, um
Maxens Probe beizuwohnen. Der Fürst spricht sich dem Erbförster gegenüber für Max aus. Auf einem Zweig sitzt eine weiße Taube, sie soll das Ziel
des Probeschusses sein. Als Max zielt, schreit Agathe auf, sie sei die Taube;
die Taube fliegt weg, von dem Baum klettert Kaspar herunter, der Schuß
kracht, und Agathe sinkt ohnmächtig zusammen – alles im gleichen Augenblick. Das Entsetzen, daß Max durch seinen Probeschuß die eigene Braut
getötet haben könnte, weicht, als Agathe aus der Ohnmacht erwacht. Max
hat vielmehr Kaspar getroffen, der erkennen muß, daß seine Verstrickung
mit den höllischen Mächten ihn nicht ans Ziel seiner Wünsche gebracht
hat: Mit einem Fluch stirbt er. Max muß nun gestehen, daß er sich Kaspar
verschrieben hat und mit Hilfe der Freikugeln sein Glück machen wollte.
Kuno, Agathe und die Jägerschaft setzen sich für Max beim Fürsten ein,
schließlich aber überzeugt der Eremit ihn, Max gegenüber Gnade walten zu
lassen und vor allem den Brauch des Probeschusses für die Zukunft abzu-
schaffen. Der Fürst willigt ein: Max soll sich in einem Probejahr bewähren,
erst dann soll die Hochzeit mit Agathe stattfinden. Schließlich danken alle
Gott, der durch den Eremiten den glücklichen Ausgang ermöglicht hat.

Kommentar

Webers dramatisches Ziel war es, „ein in sich abgeschlossenes Kunstwerk, wo alle Teile und Beiträge der verwandten und benutzten Künste ineinander verschmelzend verschwinden und – auf gewisse Weise untergehend – eine neue Welt bilden", zu schaffen. Ein Gesamtkunstwerk im Sinne der Romantik und als Vorläufer und Anreger für Richard Wagner und auch im Sinne alter alchimistischer Tradition: Etwas zuerst auflösen, zerstören, um daraus etwas Neues, ein Kunstwerk, erstehen zu lassen, war Webers alle Künste übergreifendes, synästhetisches Programm, das er mit dem *Freischütz* paradigmatisch verwirklicht hat. Daß es ihm gelungen ist, beweist der ungebrochene Erfolg seiner Oper bis heute. Dabei dachte Weber beileibe nicht in realitätsfernen Dimensionen, zu sehr war er Theaterpraktiker und -dramaturg, der genau wußte, wie er seine Kunst „verkaufen" mußte. Er hatte einen gewissermaßen didaktischen Zug, der ebenfalls seinem „Nachfolger im Geiste" Wagner keineswegs fremd war. Erster Schritt, seinem Publikum den Zugang zu dieser „neuen Welt" zu eröffnen, war die Ouvertüre, in der er die Welt der Oper im kleinen abbildete, sie als Mikrokosmos des Kommenden vorstellte, als Essenz der Oper. Als wirkliches Vor-Spiel und so auch als Kommentar, nicht als Potpourri der Opernhandlung antizipierte sie das künftige Geschehen quasi retrospektiv, da Weber sie erst nach Abschluß der eigentlichen Komposition schrieb: „Auf die Ouvertüre bilde ich mir etwas ein; wer zu hören versteht, wird die ganze Oper in *nuce* darin finden", bekannte Weber im Gespräch mit Johann Christian Lobe. Und so kann auch die Ouvertüre tatsächlich als pars pro toto gesehen werden; alles, was die Oper charakterisiert, ihre Musik ausmacht, birgt die Ouvertüre in einem Maße in sich, wie es bei anderen Opern weit weniger der Fall ist. Mit der langsamen Einleitung breitet die Musik ihre unwiderstehliche Faszinationskraft aus, die sie bis zum Ende beibehalten wird. Die Idylle der volkstümlich-harmlosen Hörnermelodie, die Generationen, angeführt vom ideologisch verzerrten Hans Pfitzner, als Ausbund deutschen Wesens zu erkennen glaubten, erweist sich bald genug als trügerisch, und die schlichte Poesie des Waldes, des unverfälschten Naturraums, verwandelt sich in die unheimliche Sphäre des Dämonischen, in die Max als Protagonist gerät und in der er sich behaupten muß, weil er sich in der realistischen Tagwelt verlassen glaubt. Er ist voller Verzweiflung und ohne Glauben an einen einenden Gott, weil er aus dem Gespinst von rigiden Gesellschaftsnormen und uneinsichtigen Schicksalsmächten keinen Ausweg zu finden glaubt. Max erlebt den Schrecken des 19. Jahrhunderts nach der rationalistischen Aufklärung, die den harmonischen Zusammenklang mit der Natur zugunsten einer zunehmenden Industrialisierung verloren gab und den einer säkularisierten Welt, die den Menschen rigoros in ein Vernunft- und ein Triebwesen geteilt hatte. Wenn Max in die Wolfsschlucht hinabsteigt, so ist das auch ein Gang in sein eigenes, wildes Selbst. Wohl als erste Figur der Oper personifiziert Max diese Problematik, die sich durch das ganze 19. Jahrhundert ziehen wird, in solch drastischem Ausmaß. Er überläßt sich in letzter Konsequenz und in höchster, auswegloser Not den dunklen, vorzeitlichen (und im Rahmen der Opernhandlung selbstredend vorchristlichen, heidnischen, abergläubischen) Mächten, *wider alle Vernunft*. Wie in einem Traum komprimiert, läßt die Ouvertüre diese Schrekken des Un(ter)bewußten vorüberjagen, die in der Oper in voller Deutlichkeit Gestalt annehmen, bevor unmerklich ein Strahl das Dunkel erhellt und die Hoffnung für Max symbolisiert: Agathe und ihre Liebe. Doch noch ist der Spuk der „finsteren Mächte" nicht ausgestanden. Erst am Schluß bricht blendend und mit höchster Intensität das Licht des Dur-Jubels durch, beleuchtet das kaum mehr geglaubte glückliche Ende. Gleich zu Beginn stellt Weber die Landschaft der *Freischütz*-Handlung und ihrer musikalischen Gestaltung vor, genau wie für den Dichter Carl Maria von Weber „das Anschauen einer Gegend die Aufführung eines Musikstückes" war, wie er einmal quasi als unaufgeforderten Beweis seiner ganzheitlichen Kunstauffassung schrieb. Weber hat im *Freischütz* die Definition romantischer, nach-klassischer Klang-Alchimie gegeben; ja, er hat die orchestralen Klangfarben entdeckt und funktionalisiert, von der bloßen Tonmalerei zur musikalischen Charakterisierung und zum selbständigen musikalischen Symbol erhoben. Gleichzeitig hat er den Prototyp der deutschen Nationaloper geschaffen, nach der das von Napoleons Okkupation und den Befreiungskriegen geschüttelte, zerrüttete, vor-biedermeierliche Deutschland dürstete, nach dem Motto: wenn schon keine einheitliche Nation, kein Nationalstaat, dann wenigstens eine einige Kunst, stellvertreten durch die Musik (im übrigen auch ein Gedanke, der, wenn auch unter etwas anderer Betonung, bei Wagner in den *Meistersingern* wieder auftauchen wird). Für dieses psychologische Manko kam Webers „Bestseller" im richtigen Moment, überzeugte durch das Sujet, das rückwärts gerichtet scheinbar in eine bessere Vergangenheit blickt (was wohl bis heute die zeitlose Attraktivität des *Freischütz* mit ausmacht), in der es noch allgemein verbindliche Gesellschaftsstrukturen und ein einheitliches Menschenbild gegeben haben sollte. Webers Musik jedoch demonstriert, wie brüchig diese „heile Welt" ist – und traf gleich noch einmal den wunden Nerv der Zeit: die Lust am Grauen, die von den alltäglichen Schrecknissen ablenkte, diese quasi abmilderte – und doch genau den Kern der Angst berührte. Aber auch der strahlende C-dur-Jubel des Finales kann nicht darüber hinwegtäuschen, daß das glückliche Ende ein reichlich seichtes, fadenscheiniges ist: Zwar ist der in diesem Fall fast todbringende Brauch des Probeschusses abgeschafft, doch bürgerliches Bewähren und Tugendbewahren unter den wachsamen Augen der Öffentlichkeit im auferlegten Probejahr werden Max und Agathe sich nicht in der Weise näherkommen lassen, wie es als Basis für ein tatsächlich glückliches Leben notwendig wäre. Weber ist mit der Musik zum *Freischütz* gelungen (sein Anteil am Libretto von Friedrich Kind ist keineswegs gering zu bewerten), was er als Gesamtkunstwerk angestrebt und der Klassiker Schiller mit dem Hang zur Romantik für die Kunst an sich verlangt hatte: „Totalität des Ausdrucks wird von jedem poetischen Werk gefordert, denn Charakter muß es haben, sonst ist es nichts." Totalität des Ausdrucks, Charakter, Suggestionskraft und Poesie im besten romantischen Sinne eines Novalis oder Eichendorff wird niemand der Musik des *Freischütz* absprechen können – Weber schuf damit das, was als kanonisches Werk bezeichnet werden muß.

Geschichte

Nachdem 1810 im *Gespensterbuch* von Johann August Apel und Friedrich Laun die Volkssage des *Freischütz* allgemein bekannt und zugänglich wurde, griff der Stoff auf die Bühne über: 1812 wird in München, 1816 in Wien eine erste *Freischütz*-Version in jeweils anderem Gewand auf der Musiktheaterbühne geboten. Ein Jahr nach der Wiener Aufführung macht Friedrich Kind Weber mit dem Stoff bekannt, nach anfänglichen Schwierigkeiten entschließt sich Weber, mit Kind zusammen ein Opernbuch zu entwerfen, und beginnt im Sommer 1817 mit der Komposition. Am 13. Mai 1820 schließt er die Partitur mit der Ouvertüre ab. Gut ein Jahr später geht die Uraufführung am 18. Juni 1821 über die Bühne des Königlichen Schauspielhauses in Berlin. Weber dirigierte selbst, nachdem er auch die musikalische Einstudierung besorgt und für die Sängerin des Ännchen, Johanna Eunike, eine Woche zuvor noch die Arie „Einst träumte meiner sel'gen Base" komponiert hatte. Der Erfolg war umwerfend, auch die fälschlicherweise E. T. A. Hoffmann zugeschriebenen Verrisse konnten daran nichts ändern. Allein in Berlin wurde der *Freischütz* bis 1884 etwa 500mal aufgeführt. Nicht nur in Deutschland eroberte er sich einen festen

Platz auf den Spielplänen. Und so ist es auch schwierig, Höhepunkte der Aufführungsgeschichte im Meer der Inszenierungen zu benennen. Sicherlich jedoch gehört die Interpretation, die Achim Freyer 1980 am Württembergischen Staatstheater in Stuttgart zur Diskussion gestellt hat, zu den interessantesten der letzten Jahrzehnte. Seine im Stil volkstümlich-naiver Votivtafeln gehaltene Aufführung traf den Nerv der Oper zwischen scheinbar vordergründiger Simplizität, archaischer Tiefenstruktur und einer expliziten Künstlichkeit auch in der Gestik der Darsteller, die gegen einen plumpen Bilderbuch-Naturalismus mit grünem Wald-und-Försterhaus-Klischee gerichtet ist, dem wiederum Loriot in seiner Ludwigsburger Inszenierung aus dem Jahr 1988 völlig verfallen ist.   *Irmelin Bürgers*

Diskographische Empfehlung

1972 – Dresden: Carlos Kleiber, Chor des Leipziger Rundfunks, Staatskapelle Dresden. Gundula Janowitz (Agathe), Edith Mathis (Ännchen), Theo Adam (Kaspar), Peter Schreier (Max), Günther Leib (Kilian), Franz Crass (Eremit). DG 2720 071

Euryanthe
Große heroisch-romantische Oper in drei Aufzügen

Text: Helmina von Chézy
Uraufführung: 25. Oktober 1823, Theater am Kärntnertor, Wien
Personen: König Ludwig VI. (Baß); Adolar, Graf von Nevers (Ten); Euryanthe von Savoyen, Adolars Braut (Sop); Rudolf, ein Ritter (Ten); Lysiart, Graf von Forest (Bar); Eglantine von Puiset, Tochter eines Empörers (Mez); Bertha, ein Landmädchen (Sop)
Chor: Ritter; Edeldamen; Pagen; Herolde; Landleute; Soldaten; Jäger
Ort und Zeit: Das königliche Schloß zu Préméry und die Burg von Nevers, nach dem Frieden mit England im Jahre 1110
Orchester: 2 Fl, 2 Ob, 2 Kl, 2 Fg, 4 Hrn, 2 Trp, 3 Pos, Pkn, Streicher
Auf der Bühne: 2 Picc, 2 Ob, 2 Kl, 2 Fg, 4 Hrn, 4 Trp, 3 Pos, Pkn
Form: 25 Musiknummern, die aktweise ineinander übergehen
Aufführungsdauer: Ca. 2¾ Stunden
Verlag: Schlesinger'sche Buch- und Musikalienhandlung, Berlin

Handlung

1. AUFZUG: Im Schloß Ludwigs VI. findet zu Ehren der siegreich zurückgekehrten Ritter ein Fest statt, in dessen Verlauf eine persönliche Fehde zwischen Adolar, dem Grafen von Nevers, und Lysiart, dem Grafen von Forest, ausbricht. Adolar hatte die Tugend und Treue seiner Braut Euryanthe in höchsten Tönen gepriesen; Charakterzüge, die Lysiart in Zweifel zieht. Die wütende Auseinandersetzung führt schließlich zu einer Wette; wenn es Lysiart gelänge, Euryanthe zu verführen, würde er alle Besitztümer Adolars sein eigen nennen dürfen. – Im Burggarten von Nevers, wohin Adolar sie vor Beginn der Schlacht gebracht hatte, wartet Euryanthe auf ihren Bräutigam. Eglantine von Puiset tritt hinzu, die heimlich ebenfalls Adolar liebt und in Euryanthe die verhaßte Rivalin sieht. Sie entlockt Euryanthe das Geheimnis Adolars. Dessen Schwester Emma hatte ihren Geliebten Udo verloren, sich mit einem vergifteten Ring getötet und wird in ihrer Gruft erst dann endgültig Ruhe finden, wenn „Tränen der Unschuld" diesen Ring benetzen werden. Mit der Preisgabe dieses Geheimnisses hat Euryanthe ihren Eid gegenüber Adolar gebrochen. Während Lysiart mit seinen Rittern Nevers erreicht, steigt Eglantine in die Gruft und raubt Emmas Ring.

2. AUFZUG: Euryanthe hat sich gegenüber den Verführungskünsten Lysiarts standhaft gezeigt. Als er jedoch von Eglantines Absichten erfährt, verbündet er sich mit ihr. Lysiart und Eglantine würden gemeinsam über Adolars Besitz herrschen, wenn es gelänge, Euryanthe zu Fall zu bringen. – Als Adolar im Königsschloß seine Braut empfängt, fordert Lysiart die Einlösung der Wette und legt als angeblichen Beweis für die Untreue Euryanthes den geraubten Ring vor und enthüllt das Geheimnis um Adolars Schwester. Daraufhin erhält Lysiart aus der Hand des Königs Adolars Besitztümer. Dieser fühlt sich von Euryanthe verraten und zieht mit ihr in die Wildnis.

3. AUFZUG: In einer einsamen Felsenschlucht beschließt Adolar, Euryanthe zu töten, um den Treuebruch zu sühnen. Als er plötzlich von einer Riesenschlange angegriffen wird, wirft sich Euryanthe dazwischen. Adolar tötet das Untier. Gerührt von ihrer Opferbereitschaft, läßt er von seinem Vorhaben ab, zieht aber allein davon. Einsam beschließt Euryanthe zu sterben. Vom König und seinen Jägern wird sie noch lebend gefunden. Ihre Erzählung von Eglantines Betrug veranlaßt den König, ihr Genugtuung zuteil werden zu lassen. – Vor der Burg von Nevers feiern Landleute eine Hochzeit. Als sich ein Fremder zu ihnen gesellt, erkennen sie in ihm

Adolar wieder und sichern ihm ihren Beistand gegen Lysiart zu, der gerade im Begriff ist, sich mit Eglantine zu vermählen. Adolar fordert Lysiart zum Duell, das aber durch das Erscheinen des Königs verhindert wird. Der wahre Sachverhalt wird aufgedeckt durch das Geständnis Eglantines, die dafür von Lysiart erstochen wird. Der König läßt den Mörder festnehmen. Adolar verzweifelt schier an dem Unrecht, das er Euryanthe angetan hat, zumal sie als tot gilt. Da melden die Jäger die Ankunft der lebenden Euryanthe; das Paar ist wieder vereint. Adolar erklärt die Unschuld und Treue seiner Braut, die den Ring Emmas berührt. Auch die tote Schwester Adolars wird nun ihre Ruhe finden.

Kommentar

Das schwache und vielgeschmähte Libretto der Helmina von Chézy gilt als Hauptgrund für die Unaufführbarkeit der *Euryanthe*, deren Ouvertüre allerdings – und das spricht für die Qualität der Musik – im Repertoire jedes bedeutenden Orchesters ist. Doch sollte man für das gänzlich untheatralische und teilweise verworrene Textbuch nicht allein die Chézy verantwortlich machen, denn Weber selbst drängte darauf, die metaphysischen Motive, den ruhelosen Geist Emmas, die Gruft und den vergifteten Ring, in die Handlung einzuführen. In keiner literarischen Vorlage sind diese Motive zu finden. Dort ist stets von einem (Mutter-)Mal auf Euryanthes Brust die Rede, das nur derjenige kennen konnte, der ihre Intimität genossen hatte. Der Theaterpraktiker Weber wußte aber genau, daß ein solcher Handlungsstrang sich kaum auf der Bühne würde darstellen lassen; dramaturgisch ähnlich unbefriedigend bleibt seine Geister-Alternative, die obendrein nur erzählend, nicht szenisch Eingang findet. Sein Einfall, diesen Geist als lebendes Standbild während der Ouvertüre auf offener Bühne zu zeigen, wurde nie verwirklicht und hätte auch kaum Licht ins Handlungsdunkel gebracht.
Angeblich neunmal mußte Helmina von Chézy, die kaum Erfahrung als Theaterautorin besaß, das Textbuch umschreiben; ehe Weber sich an die Komposition machte, änderte er zudem eigenhändig längere Passagen des Schlußaktes. Trotzdem hielt er – wohl aus persönlichen Gründen – an seiner Librettistin fest. Wie die Partitur zeigt, ging es Weber weniger um eine stimmige Bühnenaktion, sondern um die großräumigen musikalischen Zusammenhänge und gleichzeitig um einen Ausdrucksrealismus, der selbst die enorme Wirkung des *Freischütz* noch in den Schatten stellen sollte.

Schon während der Arbeit am Libretto schrieb er an die Chézy: „Machen Sie mir in Gottes Namen das Leben mit schwierigen Versmaßen, unerwarteten Rhythmen usw. recht sauer, das zwingt die Gedanken auf neue Wege und lockt sie aus ihren Schlupfwinkeln heraus." Kein Zweifel, Weber forderte von sich Großes, denn ihm war bewußt, daß der *Freischütz* in der Hauptsache von den effektvollen Einzelnummern lebte. So geht denn der erste *Euryanthe*-Akt in bezug auf die großräumige Disposition sofort in medias res. Die gesamte 1. Szene ist als dreiteilige Großform gebaut, mit Adolars Romanze im Zentrum. Die variable Farbigkeit (Chöre, Tänze, Arien und Rezitative) ist in hohem Maße vorhanden, aber gleichsam ohne Binnenzäsuren. Die Musik schafft fast ausnahmslos Überleitungen, sie drängt energisch voran. Die Deklamation der Rezitative beläßt es nicht bei traditionellen und damit neutralen Wendungen; der vertonten Sprache werden gleichsam die Daumenschrauben angezogen, was zu einer bis dahin unerhörten Heftigkeit von Spannungsverläufen führt. Man denke etwa an den Beginn des 2. Aktes, die Szene und Arie des Lysiart, dessen überschäumende Wut durch riesige Oktavintervalle in Singstimme und Orchester präsent ist. Mit rezitativischer Tradition hat das nichts mehr zu tun. Das musikalische Wunder der *Euryanthe* zeigt sich in der Vereinigung zweier an sich polarer Phänomene, nämlich dem kompositorischen Bau großer Zusammenhänge und einer selbst für Weber neuen realistischen Farbigkeit. Der üppige Orchesterklang scheut nicht vor schneidender Chromatik zurück (z. B. der Beginn des letzten Aktes), vor fahlen Farben (die Mischung von acht gedämpften Violinen und acht ungedämpften Bratschen ist für damalige Verhältnisse neu und aufsehenerregend) und lyrisch-idyllischer Behaglichkeit. Und immer bleibt der große, nach vorwärts drängende Bogen spürbar. Wäre nicht das Libretto, *Euryanthe* wäre die anerkannte Oper Carl Maria von Webers. So bleibt nur ein entschiedenes Plädoyer für ein Werk, das direkt zu Marschner und vor allem zu Wagners *Lohengrin* führt, als Komposition wie als Sujet. Denn erstmals lebt eine Oper durch den Gegensatz zweier extrem charakterisierter Paare; dem hellen Paar Euryanthe/Adolar und seinen dunklen Gegenspielern Eglantine/Lysiart. Daran wird Wagner unmittelbar anknüpfen.

Geschichte
Auf Motive der *Euryanthe*-Geschichte stößt man erstmals in der mittelalterlichen Dichtung, etwa im *Roman de la Violette* von Gerbert de Montreuil (um 1220) oder in *Le conte de Poitiers*, auf die sich im 14. Jahr-

hundert Boccaccio in einer Novelle des *Decamerone* stützt, die wiederum das Vorbild für Shakespeares Drama *Cymbeline* war.

Helmina von Chézy begegnete dem Stoff in der Fassung der Bibliothèque Universelle des Romans des Grafen Louis de Tressans (1780). Sie übertrug den französischen Urtext ins Deutsche und veröffentlichte die Übersetzung im Jahre 1804 als *Geschichte der tugendsamen Euryanthe von Savoyen* in Friedrich Schlegels *Sammlung romantischer Dichtungen des Mittelalters*. Fast gleichzeitig mit der Uraufführung der Oper gab sie die Erzählung unter dem Titel *Euryanthe von Savoyen* erneut heraus; jetzt aber als Einzelbüchlein unter ihrem eigenen Namen und mit einem selbst verfaßten Vorwort.

Trotz des glänzenden Erfolges der Wiener Uraufführung (25. Oktober 1823) ist die Aufführungsgeschichte der *Euryanthe* eine Geschichte der Umarbeitungen, ja Verstümmelungen. Schon für die Premiere hatte Weber selbst gekürzt. Hauptgrund dafür war das konfuse Textbuch der Chézy, aber auch die Aufführungsdauer des Werkes. Konnte man Konradin Kreutzers (angeblich von Weber autorisierte) Streichungen von insgesamt 352 Takten (darunter die Nummern 10 und 11) noch als gut gemeint hinnehmen, so ist die Fassung der Pariser Erstaufführung (14. Januar 1826) nicht einmal mehr ein Torso. Der Komponist und Musikschriftsteller Castil-Blaze instrumentierte kurzerhand Teile des Klavierauszugs (!) und machte daraus *La forêt de Senart, ou La partie de chasse de Henri IV.*, nach einer Komödie von Collé. Andere Fassungen des Franzosen blieben dem Original zwar näher, gerieten aber zu Mißerfolgen.

Die Fassung Gustav Mahlers, der das Werk am 19. Januar 1904 an der Wiener Hofoper herausbrachte, verzichtete auf die Geister-Motive, den vergifteten Ring und die Schlange. Dadurch wurde die Oper zwar plausibler, es ging aber wertvolle Musik verloren. Ähnlich wie Castil-Blaze stülpte dann Hans-Joachim Moser der Weberschen Partitur eine völlig neue Handlung über, ein Märchen von Moritz von Schwind mit dem Titel *Die sieben Raben und die getreue Schwester* (Berlin, 5. März 1915).

Auch neuere Versuche, das Werk auf die Bühne zu retten, scheiterten; so etwa von Kurt Honolka (Stuttgart 1954) oder dem Amerikaner Franz Marton (1962).

Eine Originalfassung der *Euryanthe*, die nicht einmal Weber selbst realisieren konnte, ist seit 1975 via Schallplatte greifbar (EMI). Diesem Medium dürfte es noch am ehesten gelingen, zumindest Webers geniale Musik vor dem Vergessen zu bewahren.   *Bernhard Rzehulka*

Diskographische Empfehlung
1975 – Dresden: Marek Janowski, Chor des Leipziger Rundfunks, Staatskapelle Dresden. Jessye Norman (Euryanthe), Rita Hunter (Eglantine), Nicolai Gedda (Adolar), Tom Krause (Lysiart), Siegfried Vogel (König Ludwig VI.), Renate Krahmer (Bertha), Harald Neukirch (Rudolf). EMI 29 0698 3

Oberon
Romantische Oper in drei Akten

Text: James Robinson Planché, nach Christoph Martin Wielands Versepos *Oberon* und William Shakespeares *Sommernachtstraum* und *Sturm*
Uraufführung: 12. April 1826, Royal Theatre Covent Garden, London
Personen: Oberon, König der Elfen (Ten); Titania, seine Gemahlin (stumme Rolle); Puck, sein dienstbarer Geist (Alt); Meermädchen (Mez); Harun al Raschid, Kalif von Bagdad (Sprechrolle); Rezia, seine Tochter (Sop); Fatime, deren Sklavin und Gespielin (Alt); Babekan, persischer Prinz (Sprechrolle); Mesru, Haremswächter (stumme Rolle); Almansor, Emir von Tunis (Sprechrolle); Roschana, seine Gemahlin (Sprechrolle); Nadine, deren Sklavin (Sprechrolle); Abdallah, Seeräuber (Sprechrolle); Erster, zweiter und dritter Gartenhüter (Sprechrollen); Kaiser Karl der Große (Sprechrolle); Hüon von Bordeaux, Herzog von Guienne (Ten); Scherasmin, sein Knappe (Bar)
Chor: Feen; Elfen; Meermädchen; Luft-, Erd-, Wasser- und Feuergeister; Gefolge des Kalifen; Weibliches Gefolge Rezias; Schwarze und weiße Haremsdiener; Schwarze und weiße Sklaven; Janitscharenmusiker; Wachen; Seeräuber; Gefolge Karls des Großen
Ort und Zeit: Feenreich, Franken, Bagdad, Tunis, im Jahre 806
Orchester: 2 Fl (auch Picc), 2 Ob, 2 Kl, 2 Fg, 4 Hrn, 2 Trp, 2 Pos, BPos, Pkn, Tamb, Trgl, Git, Streicher
Auf der Bühne: 2 Ob, 2 Kl, 2 Fg, Schlgzg
Form: 21 Musiknummern, durch gesprochenen Dialog verbunden

Aufführungsdauer: Ca. 3 Stunden
Verlag: Schlesinger'sche Buch- und Musikalienhandlung, Berlin;
Deutscher Verlag für Musik, Berlin

Handlung

1. AKT: Oberon, der König der Elfen, hat sich mit seiner Frau
Titania zerstritten. Bis zur Versöhnung hat Oberon geschworen, fern von
seiner Frau zu leben. Gegenstand des Streits war die Frage, wer, Mann oder
Frau, unbeständiger in der Liebe sei. Titania nahm ihr Geschlecht in
Schutz, Oberon das seine. Versöhnen wollen sie sich erst wieder, wenn ein
Menschenpaar gefunden ist, das sich über Gefahr und Not hinweg liebt und
treu bleibt. Oberon sucht vergeblich. Er hat seinen Geist Puck ausgesandt,
der mit einer ganz anderen Geschichte heimkehrt: Am Hofe Karls des
Großen hat ein Ritter, Hüon von Bordeaux, in ehrlichem Kampf den Sohn
des Kaisers getötet. Trauernd und erzürnt hat ihn nun der Kaiser ausgeschickt, in Bagdad am Hof Harun al Raschids dessen Tochter Rezia zu
entführen und denjenigen, der zur Linken des Kalifen sitzt, zu töten, um
den Tod des Kaisersohns zu sühnen. Gemeinsam mit seinem Knappen
Scherasmin ist Hüon losgezogen. Oberon beschließt, sich des Ritters anzunehmen, und befiehlt Puck, die beiden im Schlaf herzubringen. Hüon läßt
er im Traum die schöne Kalifentochter Rezia erscheinen, gleichzeitig
träumt Rezia von Hüon. Ausgestattet mit einem Zauberhorn und einem
niemals leeren Becher versetzt Oberon Hüon und Scherasmin nach Bagdad. Er verspricht ihnen jederzeit Hilfe durch das Zauberhorn, wenn sie nur
treu und ehrenhaft handeln. Rezia verzehrt sich bereits vor Sehnsucht nach
Hüon, da teilt ihr ihre Dienerin Fatime mit, der erwartete Fremde sei in
Bagdad eingetroffen. Aufgeregt preisen beide das Glück, durch das sich
Rezias Hoffnung verwirklicht.

2. AKT: Im Palast Harun al Raschids haben sich die Großen des
Reichs versammelt. Der Kalif verspricht auf den Rat seiner Astrologen dem
Prinzen Babekan seine Tochter Rezia. Doch kaum erscheint Rezia, stürmt
Hüon in den Saal, küßt Rezia und erklärt sie zu seiner Braut. Nach einem
kurzen Handgemenge macht er Babekan nieder. Mit Hilfe des Zauber-
horns erstarren alle Verfolger, nur Scherasmin kann sich nicht zurückhalten und küßt die verzauberte Fatime, belebt sie und nimmt sie mit auf die
Flucht. Als ihm Fatime versichert, der Glaubensunterschied spiele für sie
keine Rolle, ist er vollends glücklich. Drei Gartenhüter verstellen den Fliehenden den Weg. Einer entreißt ihnen das Horn, stößt hinein im Glauben,

damit weitere Unterstützung durch die Wache des Kalifen herbeizurufen. Doch statt der Wachen erscheint Oberon. Nachdem Hüon und Rezia ihm versichert haben, in Liebe und Treue zueinander zu stehen, weist ihnen Oberon den Weg zu einem Schiff, das sie nach Griechenland bringen soll. Was immer ihnen auch geschehe, Oberon sei ihr Freund und Helfer, solange sie sich treu blieben. Zu viert, mit Scherasmin und Fatime, gehen sie frohgemut an Bord und ahnen nichts von den Prüfungen, die ihnen Oberon bereits auferlegt hat. Puck nämlich ruft unterdessen die Elementargeister zusammen, sie sollen einen verheerenden Sturm entfachen, durch den das Schiff kentert. Bereitwillig folgen die Geister Pucks Aufforderung, ein Gewitter kommt auf, Sturm, Blitz und Donner toben. Während des Schiffbruchs verlieren sich die Paare; Hüon und Rezia werden auf eine scheinbar unbewohnte Insel verschlagen, wo Hüon fürchtet, die Geliebte habe die Strapazen nicht überlebt, und um ihre Rettung betet. Als Rezia zu sich kommt, läßt Hüon sie am Ufer zurück, um die Insel nach Hilfe abzusuchen. Allein, beschwört Rezia noch einmal die Gewalten des Ozeans, und während sie das Meer betrachtet, entdeckt sie am Horizont ein Schiff, das sich der Insel nähert. Doch bevor ihre Freudenrufe Hüon erreichen, ist das Schiff gelandet, und Seeräuber entführen Rezia, nachdem sie Hüon niedergeschlagen haben. Oberon, der alles beobachtet hat, trägt Puck auf, Hüon nach Ablauf von sieben Tagen nach Tunis in den Garten des Emirs Almansor zu bringen, wohin auch Rezia durch die Seeräuber gebracht wird. Mit Hilfe von Meermädchen, Nymphen, Sylphiden, Elfen und Feen machen Oberon und Puck die öde Insel für Hüon bewohnbar.

3. AKT: Auch Fatime und Scherasmin wurden nach Tunis verschlagen und dort auf dem Sklavenmarkt an den Emir verkauft; Scherasmin als Gärtnergehilfe, Fatime als Sklavin Ibrahims, des Emirs Obergärtner. So treffen sie sich unvermutet wieder. Puck hat Hüon ebenfalls in den Garten des Emirs gebracht. Scherasmin entdeckt ihn, und Fatime berichtet, es gehe ein Gerücht, ein Piratenschiff habe am selben Tag eine schöne Frau nach Tunis gebracht, die der Emir Almansor sofort entzückt für seinen Harem erworben habe. Man beschließt, Hüon als Gärtner einzuführen und dann auf eine günstige Gelegenheit zu warten, Rezia – denn niemand anderes könne die fremde Schönheit sein – zu entführen und gemeinsam zu fliehen. Währenddessen hat sich Rezia den Annäherungen Almansors zu erwehren, von Roschana, seiner bisherigen Lieblingsfrau eifersüchtig beobachtet. Als Hüon kurz darauf in ein Gemach geführt wird, nimmt er an, dort Rezia zu finden. Statt dessen wartet Roschana auf ihn, die ihm Liebe

verspricht, wenn er ihr hilft, sich am Emir zu rächen. Aber trotz aller raffinierten Verführungskünste bleibt Hüon standhaft. Er kann es allerdings nicht verhindern, daß der Emir ihn bei Roschana entdeckt und befiehlt, ihn lebendigen Leibes zu verbrennen. Angesichts des Scheiterhaufens ahnt Scherasmin, daß die Aktion Hüons, Rezia zu finden, fehlgeschlagen ist. Plötzlich bewegt sich ein Busch, und Scherasmin sieht Oberons Horn. Als Almansor mit seinem Gefolge erscheint, um der Verbrennung Hüons beizuwohnen, und sich auch nicht von Rezias Flehen um Schonung erweichen läßt, sondern auch sie auf den Scheiterhaufen schickt, bläst Scherasmin das Horn. Wachen und Sklaven beginnen zu tanzen, und als Scherasmin heftiger auf dem Horn spielt, erscheinen Oberon und Titania. Sie erklären, das Leiden des Paares habe nun ein Ende. Sie seien überzeugt, daß es ein wahrhaft unzertrennlich treues Paar gebe. Mit seiner Zauberkraft versetzt Oberon Hüon und Rezia an den Hof Karls des Großen. Auch der Kaiser sieht die an Hüon gestellten Aufgaben erfüllt und zeigt sich versöhnt.

Kommentar

In Webers letzter Oper, die er als vom Tod Gezeichneter in London vollendete und in vollem Bewußtsein als Lebensversicherung für seine Familie ganz auf den angelsächsischen Geschmack – zumindest, was das Libretto angeht – ausgerichtet hatte, faßte er, gleich einem Handbuch romantisch-musikalischer Maximen, noch einmal die wesentlichen Komponenten seines Gesamtwerkes zusammen. Und schon aus diesem Grunde wäre es eigentlich Pflicht der Dramaturgen und Regisseure, sich Wege und Möglichkeiten zu überlegen, wie man mit heutigen Mitteln der Inszenierungs- und Bühnenbildkunst aus dem *Oberon* jenes zauberhafte, hintergründige Opernmärchen destillieren kann, das Weber mit seiner Musik aus dem vordergründig verwirrenden Textbuch von Planché geschaffen hat. Dann nämlich wäre zu erfahren, wie aktuell und Zeiten überdauernd dieses letzte dramatische Werk Webers tatsächlich ist, in dem mit den menschlichen Protagonisten umgegangen wird wie mit Spielbällen göttlicher, uneinsichtiger Willkür. Oberon und Puck werden von Weber zitiert als die Mächte, die den Menschen in Situationen versetzen, die für diese bedrohlich und unheimlich erscheinen, die ihnen vor Augen führen, wie wenig Gewicht ihre Individualität in einem großen Welt-Zusammenhang letztlich hat. Aus diesem Grunde ist die oft gerügte Marionettenhaftigkeit der Figuren durchaus sinnfällig. In der scheinbar so idyllischen, feenhaften Welt schwingt auf dem Grunde etwas Geheimnisvolles-Zwielichtiges mit, die Kehrseite des exotischen Zaubers ist letztlich die Welt der Wolfsschlucht, der abgründigen Verzweiflung des Max aus dem *Freischütz* über die verlorengegangene Einheit, Harmonie und Verstehbarkeit einer alten Welt. Denn bei Lichte besehen ist es ein durchaus makabrer Spaß, den sich Oberon und Titania zur Schlichtung ihres privaten Zwistes da leisten, wenn sie das liebende Paar Hüon und Rezia nur mit knapper Not von einer Katastrophe in die andere entkommen lassen. Nach so viel bitterer Welterfahrung müssen Hüon und Rezia ihre liebende Unschuld ja fast zwangsläufig verlieren, und es wunderte niemanden, wenn sie zu einem ähnlich zynischen Paar würden wie die Herrscher über das Elfenreich. Auch im *Oberon* bleibt der gleißende Dur-Jubel am Schluß genauso unglaublich und unbefriedigend wie die Schein-Lösung bürgerlicher Art im *Freischütz*. Die Sphäre des Übernatürlichen, die Gewalt der Natur, das exotische Moment und das einer verklärten, entschwundenen mittelalterlichen Ritterwelt, die Schauer und Spuk neben Glanz und Repräsentation stellt, all diese Einzelteile romantischen Ausdrucks hat Weber im *Oberon* noch einmal gültig in Musik umgesetzt, in seine musikalische Klang-Alchimie umgeschmolzen. Ob es die Anrufung der Elementargeister durch Puck ist, die Hüons Schiff untergehen lassen sollen, ob es Rezias „Ozeanarie" ist, die Gewittermusik im 2. Akt oder schließlich auch die Ouvertüre als Kompendium der ganzen Oper, mit der Musik zu *Oberon* hat Weber endgültig das Orchester und den Instrumentationsstil definiert, der die nachklassische Musik zu Beginn des 19. Jahrhunderts in Deutschland prägt: Mendelssohn und Schumann, dann aber Wagner und Gustav Mahler werden seine Erben sein, sogar in den französischen Raum werden sein Ruhm und seine musikalischen Errungenschaften dringen: Berlioz, Debussy werden sich zu Weber bekennen, und Strawinsky wird ihn den „Fürsten der Musik" nennen. Was Rossini für die italienische Oper der Zeit darstellt, findet in Weber sein deutsches Pendant; was Rossini für Melodik und vokale Gestaltung in der Oper schafft, gelingt Weber für die Orchestersprache per se: Er bezieht solistische Effekte vor allem der Bläser als charakteristisches Kolorit ein, erweitert durch bisher eher vernachlässigte Mittelstimmen ebenso wie durch Betonung extremer Klangregister (Posaunen, Hörner, Klarinette, Piccoloflöte) generell die Ausdrucksmöglichkeiten des Orchesters, das so zu einem unsichtbaren Protagonisten auf der Bühne wird. Im *Oberon* beispielsweise gebraucht er den Hornruf des Feenkönigs nicht nur zur Illustration, sondern macht ihn darüber hinaus zu einem Kernmotiv der musikalischen Entwicklung des ganzen Stücks. Kein Wunder, wenn Berlioz diesen Hornruf zur „idée fixe" in seinem Sinn deklarierte und Wagner darin legitimerweise eine Antizipation seiner Leitmotive sah. Durch vielfältige Aufsplitterung der Streicher und den Einsatz des Dämpfers schafft Weber eine dichte, atmosphärische Grundlage für die übernatürliche Welt der Feen, Elfen und Naturgeister. Dabei geht Weber vor allem im *Oberon* weit über eine bloße Illustration der Handlung durch die Musik hinaus, er ermöglicht vielmehr, daß durch sie die Illusion einer romantischen Scheinwelt glaubhafter als die Realität wird, aus der zu fliehen ein immer größer werdendes Bedürfnis für den Bewohner des 19. Jahrhunderts wird.

Geschichte

1824, ein Jahr nach der Uraufführung der *Euryanthe,* erhielt Weber aus London, wohin sein Ruf als *Freischütz*-Komponist gedrungen war, den Auftrag für eine Oper. Man bot ihm zwei Stoffe an: *Faust* und *Oberon.* Nachdem Ludwig Spohr seinerzeit zugunsten Webers auf eine geplante *Freischütz*-Vertonung verzichtet hatte, revanchierte sich Weber und lehnte den *Faust* ab, den nun Spohr seinerseits eben erst herausgebracht hatte. Auf der anderen Seite dürfte der Verzicht auf den Protostoff der deutschsprachigen klassischen Literatur als Inbegriff von überhöhter Genieästhetik und vergeistigtem Individualschicksal nicht so schwer gewesen sein, da das Amalgam aus Märchenwelt, Exotismus, Doppelbödigkeit, Poesie und romantischer Ironie des *Oberon*-Sujets für Weber und sein dramatisches Anliegen besser geeignet schien und letztlich auch zeitgemäßer war. James Robinson Planché, der eigentlich Archäologe war, schrieb Weber Akt für Akt ein Singspiel-Libretto, das eher einer Revue mit Musiknummern glich als einem Textbuch für eine tatsächliche Romantische Oper und das zudem auf den englischen Geschmack der Zeit zugeschnitten war. Weber lernte mit unvergleichlicher Energie innerhalb kürzester Zeit die Sprache seiner Auftraggeber, was seine Vorbehalte gegen das Libretto in der von Planché verfaßten Form nur bestärkte. Er versuchte mehr oder weniger heftig zu insistieren, hoffte aber dann wohl darauf, die Oper – zumindest, was den Text anging – nach der Uraufführung für das europäische Festland noch einmal bearbeiten zu können, wie mehrfach aus Briefen hervorgeht. Zu Beginn des Jahres 1826 reiste er mit der größtenteils vollendeten Partitur des *Oberon* nach London, komponierte dort einzelne Arien direkt für die Sänger der Uraufführung und schließlich auch die Ouvertüre. Er besorgte selbst die Einstudierung und dirigierte dann am 12. April 1826 die Uraufführung, die ein umjubelter Erfolg wurde. Weber jedoch war von seinem unsteten Wanderleben aufs heftigste angegriffen, er litt an Tuberkulose im letzten Stadium und versuchte nichtsdestotrotz in vollem Bewußtsein um seinen Gesundheitszustand im Hinblick auf seine Familie möglichst viel auf dem fruchtbaren Londoner Musikbetriebsboden zu verdienen – knappe zwei Monate nach der *Oberon*-Uraufführung starb er in der Nacht vom 4. zum 5. Juni 1826 in London. In der Folgezeit wurde die Musik des *Oberon* gegenüber der Qualität des Librettos immer hervorgehoben. Widersinnige Dramaturgie, mangelhafte Personenzeichnung und -entwicklung, wirrer Handlungsablauf wurden dem Text vorgeworfen, sicherlich nicht ganz zu Unrecht. Aber Weber hat mit seiner Musik dem Libretto mehr Sinn verliehen, als man gemeinhin wahrhaben wollte. Er hat die Schwächen gewissermaßen für sein „Gesamtkunstwerk" Oper funktionalisiert: Sind Hüon und Rezia tatsächlich etwas anderes als Marionetten an den Fäden Oberons, die beliebig von einem Schauplatz zum anderen geschleudert werden? Zahlreiche Bearbeitungen mußte der *Oberon* im Laufe seiner Aufführungsgeschichte über sich ergehen lassen (wobei sich Gustav Mahler wie im Falle der anderen Weber-Opern mehr als positiv heraushebt), bis schließlich heutzutage *Oberon* meist als Ouvertüre gegeben wird und kaum noch auf der Bühne zu sehen ist; ein Umstand, dem, aufs Ganze des Werkes gesehen, dringend Abhilfe zu schaffen wäre.   *Irmelin Bürgers*

Diskographische Empfehlung
1971 – München: Rafael Kubelik, Chor und Symphonieorchester des Bayerischen Rundfunks. Donald Grobe (Oberon), Marga Schiml (Puck), Arleen Auger (Meermädchen), Birgit Nilsson (Rezia), Julia Hamari (Fatime), Placido Domingo (Hüon), Hermann Prey (Scherasmin). DG 419 038-1

GIACOMO MEYERBEER·

geb. 5. September 1791 in Vogelsdorf oder Tasdorf (Berlin)
gest. 2. Mai 1864 in Paris

Giacomo Meyerbeer, der als Jakob Liebmann Meyer Beer im Sterbejahr Mozarts geborene Sohn eines wohlhabenden Zuckerfabrikanten, Heereslieferanten und Lotterie-Einnehmers („Krösus von Berlin"), war von Carl Friedrich Zelter und Bernhard Anselm Weber in Berlin unterrichtet worden und hatte als klavierspielendes Wunderkind begonnen. Entscheidend wurde der Unterricht bei dem exzentrisch-genialischen Abbé Joseph Vogler; Mitschüler war Carl Maria von Weber. Erste Oper: *Jephtas Gelübde*, 1813 im Münchner Hof- und Nationaltheater aufgeführt. Reisen durch Italien, England und Frankreich. Erste Phase: Der sich seit 1810 Giacomo Meyerbeer nennende Komponist schreibt im italienischen Stil à la Rossini: *Romilda e Constanza* (Padua 1817), *Emma di Resburgo* (Venedig 1819), *Il Crociato in Egitto* (Venedig 1824) usw... 1826 Heirat der Cousine Minna Mosson. Seit 1825 in Paris. Beginn der Zusammenarbeit mit dem Librettisten Eugène Scribe. Wohl unter dem Eindruck von Aubers *Stumme von Portici* und Rossinis *Tell* Schwenkung zur romantischen großen Historienoper. Zweite, eigentliche Phase: Historienoper als romantische Variante der opera seria, Zusammenarbeit mit Scribe wie mit den in Europa führenden Sängern, Bühnenmalern und Bühnentechnikern der Pariser Grand Opéra. Halb schauerromantischer, halb historisierender Auftakt: *Robert le diable*, 1831. Im Palermo des 13. Jahrhunderts entlarvt Herzog Robert, der Sohn einer Sterblichen und eines Teufels, nach langen Wirrnissen seinen Vater als Teufel. Gruseligen Akzent gibt ein Ballett der um Mitternacht über ihren Gräbern tanzenden Nonnen.

Skrupelhaft, akkurat planend und keine Mühe oder Konventionalstrafe scheuend, schreibt Meyerbeer in Paris und Berlin – dort wurde er 1842 preußischer Generalmusikdirektor – seine Hauptwerke *Les Huguenots*, *Le prophète*, *L'étoile du nord* und *Le pardon de Ploërmel* (*Dinorah*). Die von Vasco da Gamas Entdeckungsfahrten zu den Ostindischen Inseln handelnde Oper *L'Africaine* erscheint postum 1865. Das Festspiel *Das Feld-*

lager in Schlesien erfuhr einige Umtextierungen. Meyerbeer war fast ausschließlich dramatischer Komponist; seine Lieder folgen dem Typus des Vortragsstücks („mélodie"); seine Instrumentalkompositionen haben beiläufigen Charakter.

Meyerbeer war zwischen 1840 und der Jahrhundertwende eine musikalische „Weltmacht" mit astronomischen Aufführungsziffern: Inbegriff des an Spontini, Auber und Rossini geschulten Beherrschers der grand opéra im historischen Kostüm. Seine dramatische Technik, auf Scribes Bühnensinn basierend, erneuerte das französische Tableau-Prinzip: Innerhalb einer suggestiven Handlung wechseln bühnentechnisch raffiniert aufgemachte Bilder von scharf kontrastierendem Charakter. Intim-ariose Szenen stehen in genau dosiertem Wechsel neben furios aufgebauten Massenszenen. Diese Technik der grand opéra hat die Jüngeren nachhaltig beeindruckt: Verdi (*Don Carlos, Sizilianische Vesper, Aida*), den frühen Wagner, Poncielli (*La Gioconda*), Goldmark (*Die Königin von Saba*) usw. Die Behandlung des Vokalen verbindet italienische und französische Elemente. Das Orchester gewinnt neue Farben durch die Baßklarinette und andere Effekte. Meyerbeers Instrumentierung beeindruckt Generationen. In den Hauptwerken ist das Theater die übergeordnete Kategorie: Zusammenklang von luxuriösen Stimmen, dramaturgischer Strategie und bühnenbildnerischem Aufwand. Nahezu alle national gesinnten Romantiker liefen gegen Meyerbeer Sturm, nicht ohne antisemitische Ressentiments, voran Schumann und Wagner. Er war der unliebsame „Internationale". Seit der Jahrhundertwende sanken die Aufführungsziffern. Zwischen 1933 und 1945 war Meyerbeer als Jude geächtet. Nach dem Zweiten Weltkrieg folgten gelegentlich Aufführungen der Hauptwerke, so in Berlin, Leipzig und München.

Karl Schumann

Les Huguenots (Die Hugenotten)
Große Oper in fünf Akten

Text: Eugène Scribe und Émile Deschamps
Uraufführung: 29. Februar 1836, Opéra, Paris (deutsche Erstaufführung in Leipzig, 1837)
Personen: Margarethe von Valois, Königin von Navarra, Schwester Karls IX., verlobt mit Heinrich IV. (Sop); Graf von Saint-Bris, Gou-

verneur des Louvre (Baß); Graf von Nevers (Bar); Valentine, Tochter des Grafen Saint-Bris (Sop); Urbain, Page der Königin (Sop); Raoul von Nangris (Ten); Marcel, Soldat, Raouls Diener (Baß)

Chor: Ritter; Edelleute; Hofdamen; Katholische Studenten; Protestantische Soldaten; Hochzeitsgäste

Ort und Zeit: Touraine und Paris, im August 1572, um die Bartholomäusnacht (23. auf 24. August)

Orchester: 2 Fl (auch Picc), 2 Ob (auch E. H.), 2 Kl (auch Bkl), 2 Fg, 4 Hrn, 4 Trp, 3 Pos, Btba, Pkn, Schlgzg, 2 Hrf, Viola d'amore, Streicher

Auf der Bühne: Bläser, Schlgzg, Gl, Orgel

Form: Nummernoper mit 28 Musiknummern und orchestrierten Rezitativen

Aufführungsdauer: 4 Stunden

Verlag: Editions Salabert, Paris

Handlung

Die Handlung zeigt das Prinzip von Scribes großer Historienoper in Übersteigerung: Ein weltgeschichtliches Ereignis – hier die Bartholomäusnacht vom 23. zum 24. August 1572 – spiegelt sich in einer bis zur Unübersichtlichkeit verwickelten Intrigenhandlung zwischen teils historischen, teils fiktiven Gestalten.

1. AKT: Schloß des katholischen Grafen Nevers in der Touraine. Der Konflikt zwischen den calvinistischen Hugenotten – huguenot heißt soviel wie Eidgenosse – und der katholischen Hofpartei, einer der für das 16. und 17. Jahrhundert kennzeichnenden Glaubenszwiste im Gefolge der Reformation, scheint beigelegt zu werden: Margarethe von Valois, die Schwester König Karls IX., hat sich mit dem Protestanten Heinrich von Navarra verlobt. Nevers bemüht sich, den Glaubensstreit auch auf der Ebene des Dienst- und Landadels beizulegen, und lädt den Protestanten Raoul ein. Nevers will am nächsten Tag heiraten. Im Scherz bittet er Raoul, den Namen seiner Angebeteten zu nennen, worauf Raoul von einem jungen Mädchen berichtet, das er vor zudringlichen Studenten in Sicherheit gebracht hat, freilich ohne ihren Namen zu erfahren. Die Aufforderung, etwas zu singen, nützt der Haudegen Marcel dazu, ein blutrünstiges Hugenottenlied zu schmettern. Eine junge Dame wünscht Nevers zu sprechen. In ihr erkennt Raoul die angebetete Unbekannte: Valentine, die Tochter des Katholikenführers Saint-Bris. Sie ist gekommen, um auf Geheiß der Königin

ihre Verlobung mit Nevers zu lösen. Nevers ist einverstanden. Der Page Urbain überbringt Raoul ein Billet: Er möge sich mit verbundenen Augen zu einer Zusammenkunft einfinden.

2. AKT: Schloß und Garten von Chenonceaux. Die Königin will in ihrem Park ein Treffen zwischen Valentine, die sich in den dem Namen nach noch unbekannten Retter verliebt hat, und Raoul vermitteln, nicht zuletzt im Sinne des Friedens zwischen den Glaubensparteien. Raoul ist fasziniert von der Königin. In harschem Ton schlägt er Valentines Hand aus, weil er sie für Nevers' Geliebte hält. Raoul fordert Saint-Bris, Valentines Vater, zum Duell.

3. AKT: Die Schreiberwiese vor Paris (Prés-aux-Clercs), mit Kapelle, katholischer und hugenottischer Schenke. Die alten Gegensätze brechen wieder auf. Valentine hat soeben Nevers doch geheiratet. Die Anhänger von Nevers wollen Raoul heimtückisch überfallen. Valentine verrät das Komplott. Es kommt zum Duell zwischen Raoul und Nevers. Die Königin tritt dazwischen. Saint-Bris bezichtigt seine Tochter des Verrats an der katholischen Sache. Raoul bemerkt zu spät, daß er der ihn liebenden Valentine unrecht getan hat.

4. AKT: Großes gotisches Gemach im Pariser Palais des Grafen Nevers. Raoul hat sich eingeschlichen, um Valentine um Verzeihung zu bitten. Er muß sich verbergen und wird schließlich Zeuge einer Verschwörung: Die katholische Partei will in der kommenden Nacht, der Nacht zum Bartholomäustag, die Protestanten überfallen und niedermetzeln. Mönche segnen die Schwerter. Nevers hält sich abseits. Raoul flüchtet, um seine Gesinnungsfreunde zu warnen.

5. AKT: Ballsaal im Pariser Hôtel de Nesle. Die hugenottischen Edelleute erfahren von Raoul, daß ihr Anführer, der Admiral Coligny, ermordet worden ist und daß ihnen ein Überfall der katholischen Partei droht. – Auf einem Kirchhof. Valentine stößt auf Raoul und den im Kampf verwundeten Marcel. Sie überbringt den Spruch der Königin: Raoul soll gerettet werden, wenn er dem protestantischen Bekenntnis abschwört. Er weigert sich. Valentine will, nachdem der ungeliebte Nevers im Kampf umgekommen ist, zum Calvinismus übertreten, um mit Raoul vereint zu sein. – Am Quai de Paris stoßen Raoul, Valentine und Marcel auf Leute des Katholikenführers Saint-Bris. Auf Anruf antworten sie, sie seien Hugenotten. Saint-Bris kommandiert: „Feuer". Unter den Getöteten findet er zu seinem Entsetzen seine Tochter Valentine.

Kommentar

Die Oper der grellen, genau dosierten Kontraste durchmißt einen Radius von zartem Sentiment bis hin zu furioser Aktion und monumentaler Wucht. Sie beginnt im Orchestervorspiel mit dem fast in leitmotivischem Sinne verwendeten Luther-Choral „Ein' feste Burg", bietet für die Königin wie für den Pagen elegante Koloraturmelodik, breitet Lyrik aus in den Liebesduetten wie in den Szenen des Raoul, verdichtet im Hugenottenlied des Marcel („Piff-paff") dunkle Klangfarben zu einem Psychogramm des blutdurstigen Fanatismus und gibt in der ausladenden (nachmals von Offenbach im 1. Akt der *Großherzogin von Gerolstein* parodierten) Schwerterweihe eine der beklemmenden, bedrohlichen Verschwörungsszenen, wie sie seit Rossinis *Guillaume Tell* die romantische Oper durchziehen. Meyerbeers sorgfältig abgestimmte Orchestrierung kennt zahlreiche neuartige und zumal von Verdi und Wagner weiterentwickelte Effekte. Erstmals wird die Orgel in ein Opernorchester einbezogen. Die Harmonik enthält deutsche Stilelemente, der Rhythmus französische, die Melodik italienische. Die Szene bietet alle Möglichkeiten der Großen Oper auf: Feste, Kampfszenen, Soldatenchöre, Choräle, Prozessionen, Abendglocken, eine Badeszene im Schloß der Königin, lyrische Episoden, großes Ballett, Verschwörung, prunkvolle wie schaurige Schauplätze.

Eugène Scribe, ein Virtuose der Theaterdichtung, benutzte für das Libretto einen Roman von Prosper Mérimée, *Chronik der Regierung Karls IX.* (1829), worin die Vorgänge der Bartholomäusnacht bereits für eine Intrigenhandlung verwendet werden. Einige Textpassagen, darunter die Schwerterweihe, gehen zurück auf Scribes Mitarbeiter Émile Deschamps de Saint-Amand (1791–1871). Meyerbeer nahm nachhaltigen Einfluß auf das Buch. Die frühe Übersetzung ins Deutsche besorgte der Österreicher Franz Ignaz Castelli. *Les Huguenots* waren von der Pariser Oper in Auftrag gegeben worden. Meyerbeer, stets mit skrupulöser Sorgfalt arbeitend, vermochte den festgelegten Termin nicht einzuhalten und erwirkte gegen 30 000 Franc Konventionalstrafe eine Verschiebung der Uraufführung.

Geschichte

Les Huguenots waren einer der größten Opernerfolge des 19. Jahrhunderts in Paris, in Italien, in London, wo man die Oper 1858 zur Eröffnung des Neubaus von Covent Garden gab, und in New York, wo 1890, bei der „Nacht der sieben Stars", die sieben populärsten Sänger jener Zeit mitwirkten. Die Katholiken erscheinen bei Meyerbeer in einem wenig vorteilhaften Licht; um die Oper auch in katholischen Gegenden duldbar zu machen, erstellte die flinke Autorin Charlotte Birch-Pfeiffer 1838 für München eine Textfassung, die unter dem Titel *Die Anglikaner* die Katholiken und Calvinisten gegen Londoner Anglikaner und Puritaner austauscht. In Wien unterstellte man den mittelalterlichen Streit den Welfen und Ghibellinen. Die Berliner Erstaufführung trug Meyerbeer den Orden Pour le mérite sowie den Titel eines preußischen Generalmusikdirektors ein (1842).

Die überlange Oper mit ihren überaus schwierigen Partien stellt hohe Anforderungen; zusammen mit den antisemitischen Attacken auf Meyerbeer führte dies dazu, daß *Les Huguenots* in den 30er Jahren nicht nur aus den deutschen Spielplänen verschwanden, sondern fast überall als Extremfall einer pompösen Historienoper und als überlebt hintangesetzt wurden. Eine gestraffte Neufassung erarbeiteten 1932 Gustaf Gründgens und Julius Kapp für Berlin. Nach dem Zweiten Weltkrieg wurden nur wenige Aufführungen verzeichnet, so in Berlin und Leipzig, aber auch außerhalb des deutschen Sprachraums.   *Karl Schumann*

Diskographische Empfehlung

1962 – Mailänder Scala: Gianandrea Gavazzeni, Chor und Orchester des Teatro alla Scala. Joan Sutherland (Marguerite de Valois), Giulietta Simionato (Valentine), Franco Corelli (Raoul), Nicolai Ghiaurov (Marcel), Fiorenza Cossotto (Urbain), Giorgio Tozzi (Saint-Bris), Wladimiro Ganzarolli (Nevers). Melodram 37026 (AAD)

1970 – London: Richard Bonynge, Ambrosian Opera Chorus, Philharmonia Orchestra. Joan Sutherland (Marguerite de Valois), Martina Arroyo (Valentine), Anastasios Vrenios (Raoul), Nicolai Ghiuselev (Marcel), Huguette Tourangeau (Urbain), Gabriel Bacquier (Saint-Bris), Dominic Cossa (Nevers). Decca, TIS SET 460/63

Le prophète (Der Prophet)
Große Oper in fünf Akten

Text: Eugène Scribe
Uraufführung: 16. April 1849, Grand Opéra, Paris
Personen: Johann von Leyden (Ten); Fides, seine Mutter (Alt); Drei
Wiedertäufer: Jonas (Ten); Mathisen (Baß); Zacharias (Baß); Graf
Oberthal (Baß); Bertha, Johanns Braut (Sop)
Chor: Bauern; Bürger; Chorknaben
Ort und Zeit: Leyden, Münster und Umgebung, um 1534
Orchester: 2 Fl (2. auch Picc), 2 Ob (2. auch E. H.), 2 Kl (2. auch
Bkl), 4 Fg, 4 Hrn, 4 Trp, 3 Pos, Btba, Pkn, Schlgzg, 2 Hrf, Streicher
Auf der Bühne: Trp und Pos
Form: Nummernoper (30 Musiknummern), durch Rezitative ver-
bunden, teilweise ineinander übergehend
Aufführungsdauer: 4 Stunden
Verlag: Éditions Salabert, Paris

Handlung
Die reformatorische Bewegung der Wiedertäufer (Anabaptisten)
erhob sich, unabhängig von den Hauptrichtungen der Reformation, 1523 in
Zürich und breitete sich vornehmlich an Ober- und Niederrhein aus.
Hauptthese: innere Erneuerung aus Geist und Wort des Evangeliums. Die
Gemeinden bildeten sich aus Freiwilligen; man lehnte die Kindertaufe ab
und lehrte die Taufe der entscheidungsfreien Erwachsenen. Die Bezeich-
nung „Wiedertäufer" war Polemik der Gegner. Unter Johann oder Jan von
Leyden (alias Jan Bockelson), Knipperdolling und Rothmann nahm die
Sekte revolutionäre Züge an. In Münster führten die Wiedertäufer 1534 ein
Gewaltregiment, das im Jahr darauf blutig beseitigt wurde.
1. AKT: Vor dem Burgtor des Grafenschlosses Oberthal, ländliche
Gegend an der Maas. Fides kommt, um Bertha zur Hochzeit mit ihrem
Sohn Johann nach Leiden abzuholen, doch der Graf, auf das alte Herren-
recht des ius primae noctis pochend, verbietet Bertha, sein Schloß zu verlas-
sen. Drei schwarzgekleidete Männer – die Wiedertäufer Zacharias, Jonas
und Mathisen – singen den Wiedertäuferhymnus „Ad nos, ad salutarem
undam" und wiegeln die Bauern mit sozialrevolutionären Parolen auf. Das
Volk wird von Oberthals Soldaten niedergehalten. Oberthal setzt Fides und
Bertha auf seinem Schloß gefangen.

2. AKT: Die Gastwirtschaft Johanns in Leiden (der Anführer der Wiedertäufer soll der Legende nach Schneider oder Schankwirt in Leiden gewesen sein). Die drei Wiedertäufer staunen darüber, wie sehr Johann dem Bild König Davids in Münster ähnelt, und sehen in ihm einen Gottgesandten, den neuen König von Zion, während Johann einzig an seine Braut denkt. Bertha ist zu Johann geflohen, Oberthal hat ihr nachgesetzt und nötigt nun Johann, Bertha auszuliefern. In ohnmächtiger Wut schließt sich Johann den revolutionären Wiedertäufern an.

3. AKT: Lager der Wiedertäufer in einem Wald vor Münster. Die fanatischen Wiedertäufer rücken gegen Münster vor. Bauern kommen über das Eis. Der Kaiser hat Truppen gegen die Wiedertäufer aufgeboten. Oberthal ist aufgegriffen worden und wird von dem Eiferer Zacharias zum Tode verurteilt. Als Johann von Graf Oberthal erfährt, daß Bertha ein zweites Mal fliehen konnte, läßt er den Grafen laufen. Johann erfährt von einem gescheiterten Angriff. Noch einmal will man gegen Münster vorrücken. Johann steigert sich in ekstatische Visionen: Er sieht sich als neuer König von Zion.

4. AKT: Vor dem Rathaus in Münster. Die Bürger fühlen sich von den Wiedertäufern ausgebeutet und unterdrückt. Man hört, der Prophet, nämlich Johann, wolle sich zum König krönen lassen. Fides kommt als Bettlerin; sie glaubt, ihr Sohn sei tot. Bertha tritt, als Pilger verkleidet, hinzu. Bertha steigert sich in die Rolle einer neuen Judith und will den Propheten töten, von dem sie nicht weiß, daß er ihr Bräutigam ist. Fides betet: Sie möchte wieder mit ihrem Sohn vereint sein. – Seitenkapelle des Doms zu Münster. Krönungsmarsch. Johann wird zum König von Zion gekrönt. Fides erkennt zu ihrem Entsetzen in ihm ihren Sohn. Johann verleugnet sie, um seinen Ruf als übernatürliches Wesen nicht zu gefährden. Fides widerruft: Sie sei nicht Johanns Mutter. Doch Fides weiß, daß Bertha dem Propheten nach dem Leben trachtet, weil sie aufgrund wirrer Berichte meint, der Prophet habe Johann ermordet.

5. AKT: Gewölbe im Schloß zu Münster. Die Anführer der Wiedertäufer wollen das Angebot des Kaisers annehmen, den Propheten auszuliefern. Fides ist verzweifelt: Bald verflucht, bald entschuldigt sie ihren Sohn. Er möge abdanken, dann sei ihm alles vergeben. Die Kaiserlichen rücken vor. Bertha ersticht sich. Johann gibt Befehl, seine Mutter Fides zu schützen. Er weiß, daß er auf einem verborgenen Pulvermagazin steht; wenn sein Schicksal als Prophet besiegelt sein sollte, will er sich, seine Anhänger und seine Feinde in die Luft sprengen. – Großer Saal im Schloß zu Münster. Die

Verräter und die kaiserlichen Truppen sind im Saal. Johann gibt Befehl, jeden Ausweg zu versperren. Man trinkt und singt. Johann feuert seine Gäste an. Plötzlich dringt Rauch durch den Fußboden. Das Schloß explodiert und gerät in Brand. Fides und Johann preisen das Glück eines gemeinsamen Todes. Eng umschlungen werden sie von den Trümmern des einstürzenden und brennenden Saales zermalmt.

Kommentar

Meyerbeers große Oper unterstellt ihre Handlung den Wirren und Kriegen, wie die Reformation sie ausgelöst hatte. Hierin ähnelt sie *Les Huguenots*. Die Tendenz des Werkes richtet sich gegen die revolutionären Bestrebungen im mittleren 16. Jahrhundert: Aufzeigen, welche falschen Propheten zur Macht gelangen können, Entlarven der sozialreformerischen Revolutionäre als eigensüchtige, eitle und verblendete Husardeure, ideologische und menschliche Katastrophe der weltverbesserischen Aufwiegler. Man erkannte den aktuellen Bezug und nannte die Wiedertäufer unter Hinweis auf die unruhige Gegenwart die Sozialisten des 16. Jahrhunderts. Scribe und Meyerbeer geizen zwar nicht mit zeitkritischen Anspielungen – der geile Feudalherr, der Schwindler in der Maske des Königs, die Aufwiegler in der Kutte frommer Büßer usw. –, jedoch die pompöse Oper ist ein Zeugnis restaurativ-konservativer Gesinnung und empfahl ihre Autoren als loyal.

Über der Musik liegt dunkles Kolorit. Der Wiedertäufer-Choral und die Melodie des visionären Johann nehmen leitmotivische Funktion an. Neuartig war, daß nicht eine Sopranpartie, eine Primadonnenrolle im Vordergrund steht, sondern daß diese Mittelpunktfigur, die unglückliche Mutter Fides, eine Alt-, ja Kontra-Altpartie ist, während die Sopranpartie (Bertha) peripher bleibt. Ähnlich wie in *Les Huguenots* wechseln sich scharf kontrastierende Bilder ab, treten religiöse Eiferer und Verschwörer einander gegenüber, finden sich finstere Rituale und dumpfe Massenszenen. Im Krönungsmarsch setzt Meyerbeer eine auf Edvard Grieg, Goldmark und Franz Schmidt weiterwirkende, dekorative Musikform Spontinis fort; der Krönungsmarsch, Arie und Romanze der Fides sind seit geraumer Zeit die einzigen noch geläufigen Nummern der Partitur. Die Ballettmusik der Schlittschuhläufer hat sich in die Konzertprogramme und gelegentliche szenische Aufführungen gerettet.

Das von Meyerbeer als „sombre & fanatique" charakterisierte Werk galt den Parisern als großes Spektakel. Die aufgehende Prophetensonne am

Schluß des 3. Akts brachte erstmals elektrisches Licht auf die Bühne: Léon Foucault hatte eine Bogenlampe konstruiert, deren Kohlenachschub sich elektromagnetisch regulierte. Zu diesem Lichteffekt kamen Bühnenbild-wirkungen, die sich an den damals beliebten Dioramen orientierten: ein Triumph der in Europa führenden Pariser Bühnentechnik.

Geschichte

Le prophète erschien nach langem Hin und Her 1849; Heine hat sich weidlich darüber lustig gemacht. 19 000 Francs zahlte die Pariser Oper für die Aufführungsrechte, 44 000 Francs brachten die Verlagsrechte im In- und Ausland ein, was Wagner erbitterte und 1850 zu der antisemitischen Schrift *Das Judentum in der Musik* und zu weiteren Attacken gegen den „habsüchtigen Juden" bewog. Der Erfolg war sensationell. Bereits 1850 wird *Le prophète* auf vierzig europäischen Bühnen gespielt, darunter am 28. April als deutsche Erstaufführung in Berlin; den Text Scribes hatte der Meyerbeer anfangs nicht wohlgesinnte Kritiker und Lyriker Ludwig Rellstab übersetzt. Alsbald brillierte Wagners Nichte Johanna in der Rolle der Fides, was Wagner erneut gegen Meyerbeer aufbrachte.

Heine schrieb mokante Verse, Berlioz pries „Wahrheit des Ausdrucks", „packende Wirkungen" und bescheinigte einen Erfolg, „der vom ersten Augenblick an ungeheuer und ohnegleichen ist". Meyerbeer wird Kommandeur der Ehrenlegion. Die Premieren in Berlin und Wien sang die von Meyerbeer hochgepriesene Pauline Viardot-Garcia, die Fides der Pariser Uraufführung. Das Schlittschuh-Ballett sah Marie Taglioni als Primaballerina und Paolo Taglioni als Choreographen. *Les Patineurs* formte Frederick Ashton 1937 in London zu einem einaktigen Ballett für Margot Fonteyn.

Bis in die Zeit vor dem Ersten Weltkrieg war *Le prophète* ein Repertoire-stück. Keine Altistin ließ sich die Fides entgehen. Die Meyerbeer-Begeisterung ließ nach. Wagner beherrschte neben Verdi die Szene. Nach 1945 gab es kaum Versuche, den *Propheten* zu beleben. Einigen Bestand haben der Krönungsmarsch, die Szenen der Fides und das Schlittschuhläufer-Ballett.

Karl Schumann

Diskographische Empfehlung

1976 – London: Henry Lewis, Ambrosian Opera Chorus, Royal Philharmonic Orchestra. James McCracken (de Leyden), Marylin Horne (Fidès), Renata Scotto (Berthe), Jules Bastin (Comte d'Oberthal), Jerome Hines (Zacharie). CBS, M3K 79400 (ADD)

GIOACCHINO ROSSINI

geb. 29. Februar 1792 in Pesaro
gest. 13. November 1868 in Passy bei Paris

Wagner sah in ihm den „Metternich der Musik", und Berlioz warf ihm „melodischen Zynismus" vor, nahm ihm auch seine „brutale große Trommel" übel, doch die zeitgenössischen Philosophen waren ganz anderer Meinung: Hegel begeisterte sich an dem angenehmen und überaus charakteristischen „Schweben" der Melodie über dem Text – genau an dem, was er in Webers *Freischütz* vermißte –, und gar der Pessimist Arthur Schopenhauer traf den Nagel auf den Kopf, als er Rossinis „Gleichgültigkeit" im Umgang mit seinen Libretti bemerkte: „Wenn also die Musik zu sehr sich den Worten anzuschließen und nach den Begebenheiten zu modeln sucht, so ist sie bemüht, eine Sprache zu reden, die nicht die ihrige ist. Von diesem Fehler hat keiner sich so rein gehalten wie Rossini: Daher spricht seine Musik so deutlich und rein ihre eigene Sprache." Und Heinrich Heine meinte, diese Musik sei der Restauration angemessen, denn sie sei der „unmittelbare Ausdruck eines isolierten Empfindens" infolge der absoluten Vorherrschaft der melodischen Sinnlichkeit über allem Sinn und Zweck der Operndramaturgie. Rossini war aber auch der erste Komponist, der auf die kunstfeindlichen Tendenzen des frühindustriellen Zeitalters mit Zynismus reagierte und nach seinen Erfolgen als Opernkomponist plötzlich Anfang der 30er Jahre die Notenfeder mit dem Kochlöffel vertauschte, um sie erst in den letzten Lebensjahren für einige skurrile Klavierstücke wieder zu ergreifen. Zwei Jahre vor seinem Tod schrieb er an einen Kollegen die bezeichnenden Sätze: „Den Ausführungen Deines Briefes entnehme ich, daß Du immer noch (!) für die Musik begeistert bist (...) Diese Kunst, die allein das Ideale und das Gefühl zur Grundlage hat, kann sich nicht dem Einfluß unserer Zeit entziehen. Das heutige Ideal besteht ausschließlich in Umwälzungen, die sich auf Dampfmaschinen, Raub und Barrikaden erstrecken." Gleichwohl haßte er alles Politische und zog es vor, seine Stellung zur Realität hinter der Maske von Ironie und Sarkasmus zu verstecken. Er war denn auch – neben Donizetti – der letzte Komponist einer Operngattung des ancien régime: der opera buffa. Die überaus flinke Produktion führte jedoch nicht zur Gleichgültigkeit, wenn auch Rossini frivol behauptete, seine beste Oper sei „*Don Giovanni* von Mozart", und überhaupt, wie später Erik Satie und Maurice Ravel, der Attitüde von Kunst als Offenbarung gründlich mißtraute. Auf dem Feld der opera seria gelang es ihm sogar, die Entwicklung der französischen grand opéra nachhaltig zu beeinflussen (*Moïse et Pharaon*, 1827 und *Guillaume Tell*, 1829, beide für Paris geschrieben), ohne dafür den rauschenden Beifall des Publikums zu erhalten. Der *Otello* von 1816 galt lange Zeit, ungeachtet der Ausplünderung des Shakespeare-Stoffes, als Muster der Oper im Geiste der Bühnenwirksamkeit, so daß Verdi zunächst Skrupel hatte, den Stoff zu vertonen. Zwischen der farsa *Il cambiale di matrimonio* (Venedig 1810) und der letzten Oper *Guillaume Tell* spannt sich eine rund zwanzigjährige Entwicklung des Opernkomponisten Rossini, die eine erstaunliche Konsistenz im Bereich der lebendigen melodischen Erfindung aufweist, wenn sie auch oftmals befremdet durch allzu „leichten" Ton in Klageszenen der opere serie. Freilich verfügte Rossini auch über die Fähigkeit, leidenschaftlichen Klang zu erzeugen, so etwa in Otellos Racheschwur und in der Partie des Jago, doch scheint er in erster Linie, selbst in der opera seria, an seinem Prinzip festhalten zu wollen, die Musik oberhalb des Textes ablaufen zu lassen. Immerhin rühmte sogar Verdi noch seine geschmeidige Melodiesprache, und tatsächlich machte Rossinis leichtflüssige Kantabilität in der zweiten Hälfte des 19. Jahrhunderts in der französischen Gesangsoper (Gounod, Bizet) Schule. In Italien sank indessen seine Beliebtheit: Man gab den *Barbiere* und wohl auch den *Tell*, aber doch sehr selten. In der deutschen Musik hinterließ er Spuren in Schuberts frühen Symphonien und in der Klaviermusik Mendelssohns oder Webers. Wagner distanzierte sich natürlich völlig und überließ das Feld der Nachahmungen lieber den zahllosen italienischen Kleinmeistern. Erst in unseren Tagen beginnt sich allmählich ein spezielleres Interesse an dem einst als „Schwan von Pesaro" bezeichneten Komponisten Rossini zu regen. Inwieweit die Opernbühnen nachziehen werden, läßt sich noch nicht abschätzen.   *Dietmar Holland*

L'italiana in Algeri (Die Italienerin in Algier)
Dramma giocoso in zwei Akten

Text: Angelo Anelli
Uraufführung: 22. Mai 1813, Teatro di San Benedetto, Venedig
Personen: Mustafà, Bey von Algerien (Baß); Elvira, seine Gattin
(Sop); Lindoro, ein junger Italiener, Lieblingssklave des Mustafà
(Ten); Isabella, eine junge Italienerin (Mez); Zulma, Dienerin und
Vertraute Elviras (Mez); Haly, Kapitän in den Diensten Mustafàs
(Baß); Taddeo, Verehrer der Isabella (Bar)
Chor: Eunuchen im Harem; Korsaren; Sklaven; Seeleute; Harems-
damen
Ort und Zeit: Algier, der Palast Mustafàs, im 17. Jahrhundert
Orchester: 2 Fl, 2 Ob, 2 Kl, 2 Fg, 2 Hrn, 2 Trp, Pos, Pkn, Schlgzg,
Streicher, B. c.
Form: Einzelnummern, verbunden durch Secco- und Accompa-
gnato-Rezitative
Aufführungsdauer: Ca. 2 Stunden
Verlag: G. Ricordi & C. S. p. A., Mailand

Handlung
1. AKT: Mustafà, der Bey von Algier, ist seiner Gattin Elvira, der
Hauptfrau seines Harems, überdrüssig und plant, sie an seinen Lieblings-
sklaven Lindoro, einen jungen Italiener, weiterzuverheiraten. Von seinem
Untergebenen Haly, dem Kapitän der algerischen Korsaren, hört Mustafà
von der bevorstehenden Ankunft eines Beutezuges an Italiens Küsten, wor-
unter sich etliche Sklaven und Sklavinnen befinden sollen. Mustafà beauftragt Haly, ihm eine der jungen Italienerinnen zu besorgen, von deren
Schönheit und Temperament er wahre Wunderdinge gehört hatte. Unter
den Gefangenen des mittlerweile gelandeten Schiffes befindet sich Isabella,
in Begleitung eines ältlichen, etwas einfältigen Verehrers namens Taddeo.
Isabella hat die Strapazen der Versklavung freiwillig auf sich genommen,
um ihren Geliebten Lindoro zu retten. Von Haly auserwählt, wird sie in den
Palast Mustafàs gebracht, der inzwischen beschlossen hat, Lindoro die
Freiheit zu schenken, damit dieser so schnell wie möglich mit Elvira und
deren Sklavin Zulma verschwinde. Doch da erscheint bereits Haly mit der
schönen Isabella und Taddeo, der als Onkel ausgegeben wird, um ihn vor
dem Gefängnis zu bewahren. Verwirrung greift um sich, als Isabella Lin-

doro an der Hand einer anderen erkennt und Lindoro Isabellas Ergebenheit gegenüber Mustafà vermutet. Vorübergehend rettet Isabella die Situation, als sie Lindoro als ihren persönlichen Sklaven fordert. Mustafà ist in der Klemme; zum einen spürt er eine Verbindung zwischen den beiden, zum anderen wird er Elvira nur mit Lindoro zusammen los, und zu allem Unglück will er sich keinesfalls die Zuneigung der rassigen Isabella verscherzen. Unter Protest willigt er ein. Für alle Beteiligten – mit Ausnahme Isabellas, die in etwa den Überblick behält – endet der 1. Akt in totaler Konfusion.

2. AKT: Lindoro gelingt es bei einem geheimen Treffen im Palastgarten, Isabella von seiner Treue zu überzeugen. Beide hecken einen Fluchtplan aus. Um Isabellas Gunst zu gewinnen, ernennt Mustafà ihren vermeintlichen Onkel (Taddeo) zum „Kamaikan", einem hohen Offiziersrang. Doch Taddeo ist das mehr als lästig, denn er vergeht schier vor Eifersucht wegen Isabella. Bei einem gemeinsamen Plauderstündchen versucht Isabella den Bey zu überreden, zu Elvira zurückzukehren, doch dieser will verständlicherweise gerade davon nichts hören. Ein mittlerer Tobsuchtsanfall ist die Folge. Da erscheint Lindoro und verkündet Mustafà, Isabella plane als Zeichen ihrer Zuneigung und im Gegenzug zur Ernennung ihres „Onkels" zum „Kamaikan", ihn zum „Pappataci" zu machen; ein symbolischer Akt der Versöhnung zwischen Abendland und Orient. Um seine Aufnahme in den Orden der „Pappataci" zu erreichen, müsse der Bey allerdings seine seelische Standfestigkeit und Konzentrationsfähigkeit unter Beweis stellen. Er dürfe nur essen, trinken und schlafen und sich im übrigen durch nichts ablenken lassen, was um ihn herum geschieht. Selbstverständlich fühlt sich Mustafà aufs höchste geschmeichelt und willigt in die Prüfung ein, die nun mit großem Brimborium in Szene gesetzt wird. Isabella und Lindoro bekennen lautstark ihre Liebe; für den aufbegehrenden Mustafà bleibt nur eine scharfe Rüge, daß er auf diese Art nie ein guter „Pappataci" werden könne. Er gelobt Besserung und ignoriert das nun folgende Fluchtgeschehen. Zusammen mit den italienischen Sklaven eilen die beiden Liebenden zum Schiff, das sie in die Heimat bringen soll. Auch als Taddeo endlich begreift, was in Wahrheit vor sich geht, und in eifersüchtigem Begehren den Bey zum Eingreifen bewegen will, bleibt dieser standhaft. So eilt Taddeo zu den Fliehenden aufs Schiff. Erst durch Elvira und Zulma erfährt Mustafà, daß man ihn betrogen hat, doch es ist zu spät. Die Italiener sind längst auf und davon, und so bleibt ihm nichts anderes übrig, als sich wieder seiner Elvira zuzuwenden.

Kommentar

Nach der triumphalen Premiere von *L'italiana in Algeri* am 22. Mai 1813 am venezianischen Teatro di San Benedetto bemerkte Rossini: „Ich glaubte, daß die Venezianer mich für verrückt halten würden, nachdem sie meine Oper gehört haben. Nun stellt sich heraus, daß sie noch verrückter sind als ich." In der Tat war das Werk Rossinis – auch internationaler – Durchbruch als Opernkomponist. In weniger als einem Monat zwischen April und Anfang Mai 1813 (manche Quellen sprechen von 27, andere von nur 18 Tagen) entledigte sich Rossini des Auftrages für das Teatro di San Benedetto, nachdem kurz zuvor (am 6. Februar 1813) erst seine opera seria *Tancredi* am Teatro La Fenice herausgekommen war. Mit der *Italienerin* gelang Rossini ein frühes Meisterstück; ein dramma giocoso wie aus einem Guß, präzise und in jedem Moment auf der Höhe der Figuren und ihrer verworren-komischen Zusammenhänge; ein Situationstheater par excellence.

Das orientalische Kolorit des Sujets war beileibe nicht neu, es stand schon geraume Zeit hoch in der Gunst des Publikums; man denke an Gluck und Mozart, an Weber oder gar an Beethoven *(Die Ruinen von Athen)*. Neu aber war Rossinis Perspektive. Denn alles, was auch nur entfernt an die hehre humanitäre Geste (nicht zufällig verweigerte bereits Mozart dem Bassa Selim die musikalische Dimension), an aufrichtigen Schmerz und seelischen Konflikt erinnern könnte, wird durch Rossinis Musik eliminiert. Ihm geht es um die komische Situation als solche, um das Groteske, ja um eine frühe Form des Slapstick. Denn „Rossini will nicht ‚tief' sein – die Dialektik Mozarts wird eben zur Mechanik" (Dietmar Holland). Erstmals bei Rossini kulminiert all das im Finale des 1. Aktes von *L'italiana*. Da gibt es nur noch ein – freilich artistisch strukturiertes – Knäuel von Figuren, die (ausgenommen Isabella) ihr Beziehungsgeflecht nicht einmal mehr ansatzweise durchschauen. Das setzt Rossini atemberaubend komisch um. Denn wer so unerwartet exakt im falschen Moment mit anderen Personen konfrontiert wird, fängt an zu stammeln und zu stottern. Und genau das vertont Rossini. Die Stimmen überschlagen sich schier im staccato und sind nicht mehr in der Lage, sich zu artikulieren: „din-din, bum-bum, cra-cra, tac-tac". Angetrieben wird die totale Konfusion von einem ständig kreisenden Accellerando des Orchesters, das, wie eine Peitsche den Kreisel, das Tohuwabohu in Bewegung hält. Ein wahrhaft königlicher Einfall, den Rossini dann in den nachfolgenden Werken zwar noch verfeinern kann, aber an Wirkung nicht übertreffen wird.

Wenn Rossini vorgeworfen wird, er verzeichne die Menschen auf der Bühne zu Karikaturen, so ist dem entgegenzuhalten, daß die Karikatur stets auch eine komprimierte Form von Wahrheit in sich tragen muß, um als solche bestehen zu können. Der große Verlierer des turbulenten Reigens ist Mustafà, ein schwadronierender, selbstgefälliger Haremsbesitzer, dem es, zumindest nach westlichen Maßstäben, nur recht geschieht, wenn seine Lust an kurzlebigen Frauen-Vergnügungen so entlarvend bestraft wird. Aber besitzt er nicht auch Rossinis Sympathie, wenn sein schwacher, genußsüchtiger Charakter so präzise komisch gezeichnet wird? Ist Mustafà nicht ein Vorfahr von Verdis Falstaff, der wie dieser dem üblen Spiel noch Gutes abgewinnen kann und zu seiner Gattin Elvira zurückkehrt? Auch der liebesgepeinigte, leicht vertrottelte Taddeo ist kein Opfer auf der ganzen Linie; zumindest darf er mit Isabella zurück in die Heimat. Die durchaus menschlichen Regungen in der Musik Rossinis finden aber nur unterschwellig statt, im Mittelpunkt steht die Einheit des Komischen aus Libretto und Musik.

Schon in dem frühen Meisterwerk der *Italienerin* verweigert sich Rossini bewußt jedem Tiefgang. Er führt zwar die Menschen vor, als seien sie Marionetten, läßt aber keinen Zweifel daran, daß diese Marionetten mit liebevoller Hand gefertigt sind. Rossini – der freundliche Zyniker.

Geschichte

Als Quelle für den Stoff zur *Italienerin in Algier* wird gemeinhin eine Erzählung der Roxelane angegeben, einer schönen Sklavin von Sultan Sulaiman II., dem „Prächtigen" (1495–1566). In seiner 1968 erschienenen bedeutenden Rossini-Biographie zitiert der Autor Herbert Weinstock allerdings auch eine Fußnote (Stanza 80 des Canto IV) aus Lord Byrons *Don Juan*, die, wie Weinstock nachweist, nicht in allen Einzelheiten stimmen kann. Byron, der sich zwischen 1817 und 1818 in Venedig aufhielt, schrieb folgendes: „Vor einigen Jahren engagierte jemand eine Truppe für ein Theater im Ausland, ließ sie in einem italienischen Hafen an Bord gehen und nach Algier bringen, wo er sie alle verkaufte. Ich hörte Anfang 1817 durch einen ungewöhnlichen Zufall eine der Frauen, die aus der Gefangenschaft zurückgekehrt war, in Rossinis *L'italiana in Algeri* singen." Zwar wurde tatsächlich eine Mailänder Aristokratentochter, Antonietta Frapolli Suini, im Jahre 1805 von algerischen Piraten entführt, Aufführungen der Rossini-Oper in Venedig aber fanden 1817 nicht statt; erst im Frühjahr 1818 am Teatro San Luca mit Signora Losetti als Isabella.

So konnte der zu seiner Zeit sehr anerkannte Librettist Angelo Anelli (1761–1820), der aus Desenzano in der Nähe des Gardasees stammte, aus zwei Quellen schöpfen; aus der Legenden-Erzählung Roxelanes und einer wahren Begebenheit. Anellis Libretto war ursprünglich nicht für Rossini bestimmt, sondern für eine Oper von Luigi Mosca, die – längst vergessen – am 16. August 1808 an der Mailänder Scala erfolgreich aufgeführt wurde. Rossini übernahm fünf Jahre später das Anelli-Textbuch unverändert für seine Serail-Oper, dessen orientalisches Sujet und Kolorit (siehe u. a. Mozarts *Entführung*) ohnehin hoch in der Gunst des Opernpublikums stand. Mit *L'italiana in Algeri* begann Rossinis weltweiter Ruhm. Nach der triumphalen venezianischen Uraufführung am 22. Mai 1813 (mit Marietta Marcolini als Isabella, Luttgard Annibaldi als Elvira und Filippo Galli als Mustafà) erreichte das Werk bald alle bedeutenden Opernhäuser. Als erstes Theater außerhalb Italiens brachte München am 18. Juni 1816 *Die Italienerin* heraus; es folgten Wien (Theater am Kärntnertor, 1817), London (His Majesty's Theatre, 26. Januar 1819) und New York (5. November 1832). Alle genannten Inszenierungen fanden in der Originalsprache statt. Die wohl wichtigste Einstudierung für das 20. Jahrhundert ereignete sich am 26. November 1925 am Teatro di Torini in Turin, als Conchita Supervia die Rolle der Isabella auf ein atemberaubendes gesangliches Niveau hob, das von da ab nicht mehr ungestraft unterschritten werden durfte. Einer der späteren Turiner Aufführungen (1927) wohnte Richard Strauss bei, der, wie der damalige Dirigent Vittorio Gui berichtete, „vor Begeisterung ganz aufgeregt war". Im Zuge der Rossini-Renaissance der letzten Jahrzehnte liegt das Werk auf Schallplatte vor (etwa in einer Scala-Produktion mit Giulietta Simionato unter Carlo Maria Giulini, 1954) und hält erfolgreich, im ehrenvollen Abstand hinter dem Welterfolg des *Barbiere*, einen Platz im Repertoire vieler Opernhäuser.   *Bernhard Rzehulka*

Diskographische Empfehlung

1954 – Mailand: Carlo Maria Giulini, Chor und Orchester des Teatro alla Scala. Giulietta Simionato (Isabella), Cesare Valletti (Lindoro), Mario Petri (Mustafà), Marcello Cortis (Taddeo), Graziella Sciutti (Elvira), Ezio Campi (Haly). EMI, RLS 747

1979 – Köln: Gabriele Ferro, Männerchor des WDR, Capella Coloniensis. Lucia Valentini Terrani (Isabella), Francisco Araiza (Lindoro), Wladimiro Ganzarolii (Mustafà), Enzo Dara (Taddeo), Jeanne Marie Bima (Elvira), Alessandro Corbelli (Haly). CBS, M3 39048

Il turco in Italia (Der Türke in Italien)
Dramma buffo per musica in zwei Akten

Text: Felice Romani
Uraufführung: 14. August 1814, Teatro alla Scala, Mailand
Personen: Selim, türkischer Fürst auf Reisen, früher in Zaida, nun in Fiorilla verliebt (Baß); Donna Fiorilla (Sop), kapriziös, aber ehrenhaft, Gemahlin von Don Geronio, schwach und ängstlich (Baß); Don Narciso, Cavaliere servente von Donna Fiorilla, eifersüchtig und sentimental (Ten); Prosdocimo, Dichter und Bekannter von Don Geronio (Bar); Zaida, einst Sklavin und Verlobte des Selim, Zigeunerin, eine Frau mit weichem und liebendem Herzen (Mez); Albazar, erst Vertrauter des Selim, dann Zigeuner, Verehrer und Freund von Zaida (Ten)
Chor: Zigeunerinnen und Zigeuner; Türken; Maskierte
Ort: In der Gegend um Neapel, im und um das Landhaus von Don Geronio
Orchester: 2 Fl (auch Picc), 2 Ob, 2 Kl, 2 Fg, 2 Hrn, 2 Trp, Pos, Pkn, Gran Cassa (= GrTr), Streicher, B. c.
Form: Nummernoper (16 Musiknummern) mit Secco- und Accompagnato-Rezitativen
Aufführungsdauer: Ca. 2 Stunden
Verlag: Fondazione Rossini, Pesaro (Band 13 der Kritischen Werkausgabe 1988)

Handlung
1. AKT: Auf der Suche nach Inspiration für ein neues Drama ist der Dichter Prosdocimo außerhalb Neapels auf ein pittoreskes Zigeunerlager gestoßen. Zaida, eine Zigeunerin, kann die Lebenslust ihrer Freunde nicht teilen: Eigentlich stammt sie aus dem Kaukasus und wurde als Sklavin an einen türkischen Fürsten verkauft. Der Türke verliebte sich in sie, doch bevor sie ein Paar wurden, verleumdete man Zaida, und der Fürst verstieß sie, die ihn jedoch auch in der Fremde liebt. Ihr Freund Albazar versucht vergeblich, sie aufzuheitern. Der Dichter ahnt hier schon eine Geschichte. Noch interessanter wird es für ihn, als sich der ältliche Geronio, auf der Suche nach einer Zigeunerin, die ihm weissagt, nähert. Geronio ist beunruhigt über die Treue seiner jungen, kapriziösen Ehefrau Fiorilla. Nach seinem Äußeren urteilt Zaida, daß ihm seine Frau wohl durchaus Hörner

aufsetzt. Und in der Tat, Fiorilla gesteht ihren Freundinnen auf einem Spaziergang, daß es keine größere Verrücktheit gebe, als nur einen einzigen Mann zu lieben, Langeweile sei der größte Feind einer Frau. Deshalb wird sie auch sofort neugierig, als ein Schiff im Hafen einläuft und ein prächtig gekleideter Türke von Bord geht. Fiorilla und er beginnen miteinander zu flirten. Als Fiorilla Selim zum Kaffee in ihr Haus einlädt, kann der hinzugekommene Don Geronio vom Dichter und von Don Narciso, einem Anbeter Fiorillas, nur mit Mühe zurückgehalten werden. Es stellt sich aber dabei heraus, daß der türkische Fürst jener Selim Damelek ist, in den Zaida immer noch heftig verliebt ist. Der Dichter wittert einen interessanten Stoff und kommentiert im Verlauf die weitere Entwicklung, läßt es sich aber auch nicht nehmen, selbst die Fäden zu spinnen. Fiorilla und Selim sind sich nähergekommen, da platzt Don Geronio dazwischen; Fiorilla gelingt es, einen Streit zu vermeiden, sie bringt ihren Mann sogar dazu, als Entschuldigung für sein Benehmen die Füße des Türken zu küssen. Allein mit dem Dichter, beklagt Geronio sein Schicksal, eine junge Frau und ihre Launen dulden zu müssen. Er ist entschlossen, härter mit Fiorilla zu verfahren. Zunächst gelingt es ihm, seine Vorsätze auszuführen, aber als Fiorilla die Erboste spielt, wird er nachgiebig und läßt sich demütigen. Denn er kann ihrem Charme nicht widerstehen. – Im Zigeunerlager am Meer herrscht lustiges Treiben. Selim, der sich am Strand mit Fiorilla verabredet hat, trifft dort mit Zaida zusammen. Sie erkennt ihn sofort. Auch Selim merkt, wen er vor sich hat, und beide sind glücklich über das Wiedersehen; nur der Dichter fühlt sich um eine dramatische Szene gebracht, weil keiner von beiden in Ohnmacht fällt. Allmählich finden sich alle am Strand ein: Fiorilla und Zaida geraten eifersüchtig aneinander, Narciso und Geronio sehen Fiorillas Bemühungen um Selim argwöhnisch zu, allein Selim scheint unentschlossen, welcher Frau er sich zuwenden soll. Der Dichter dagegen ist hocherfreut über die sich anbahnenden Komplikationen und Verwirrungen. Als die Rivalinnen gar handgreiflich zu werden drohen, zerstreuen sich schließlich alle Beteiligten.

2. AKT: Selim schlägt Don Geronio einen Handel vor, den der Dichter belauscht. Wenn er Fiorillas überdrüssig sei, könne er sie dem Türken nach landesüblichem Brauch für gutes Geld verkaufen. Don Geronio lehnt empört ab. Da droht ihm Selim, es gebe aber auch einen anderen türkischen Brauch, den der Entführung und des Mordes am Widersacher. Fast kommt es zu einem Duell, doch man trennt sich noch einmal friedlich. Fiorilla hat sich indessen etwas ausgedacht, um Selim zur Entscheidung zu

zwingen: Sie hat Zaida in das Gasthaus bestellt, wo Selim wohnt. Konfrontiert mit beiden Frauen, soll er seine Wahl – natürlich für Fiorilla – treffen. Schon scheint es, als ob Zaida gesiegt hätte, doch Fiorillas scheinbar verzichtende Haltung läßt Selim zögern, und als Zaida sich erbost zurückgezogen hat, gestehen sich beide ihre unverbrüchliche Zuneigung. Nun hält es der Dichter doch für angebracht, Don Geronio vor der geplanten Entführung Fiorillas zu warnen. Er bietet auch gleich Hilfe an, um seine Geschichte voranzutreiben: Er habe schon Zaida instruiert, auf dem Maskenball, der die Entführung tarnen soll, im gleichen Kostüm wie Fiorilla zu erscheinen. Geronio soll als Türke kommen, damit Selim und Fiorilla getäuscht werden können. Auf dem Ball aber gerät Fiorilla zunächst an Don Narciso, den sie für Selim hält. Zaida ihrerseits täuscht den Türken, der sie heiß umwirbt, im Glauben, sie sei Fiorilla. Geronio stellt zwar die vertauschten Paare, aber es gelingt ihm nicht, Fiorilla zu zwingen, sich zu entdecken zu geben und ihm zu folgen. Verzweifelt geht er nach seiner Niederlage ans Meer, wo die türkische Besatzung bereits das Schiff zur Abfahrt vorbereitet. Fiorillas Mut, Selim zu folgen, ist in der Zwischenzeit geschwunden; als sie ihren Mann am Strand entdeckt, überkommen sie Rührung und Zärtlichkeit, ihre alte Liebe zu ihm erwacht wieder, und sie entschließt sich, bei ihm zu bleiben. Zaida und Selim haben sich ebenfalls versöhnt, sie kehrt mit ihm in die Türkei zurück. Don Narciso ist durch die ganzen Wirrnisse aus seiner kopflosen Schwärmerei zu Fiorilla aufgeweckt worden, und Prosdocimo, der Dichter, ist nicht nur glücklich über den guten Ausgang, sondern auch über sein neues Drama, das aus dem ganzen Quidproquo entstanden ist.

Kommentar

Dem Zyniker Rossini, der in seiner oftmals auf den ersten Blick mechanisch abschnurrenden Musik, die in allen Opern trotz Varianten und Entwicklungen scheinbar gleich bleibt, ja bis zur Anonymität ent-individualisiert ist, das heraufziehende 19. Jahrhundert mit Industrialisierung und Massenproduktion vorwegzunehmen scheint, mußte das Libretto von Felice Romani mehr als willkommen sein. Hier werden die liebenden Protagonisten samt und sonders von ihren Gefühlen hin und her geworfen, zusammengewürfelt und wieder auseinandergerissen, so daß sich ein vollkommen verzerrtes Bild von Liebe ergibt, das nichts mehr mit den buffonesken Irrungen und Wirrungen der commedia dell'arte zu tun hat. Rossini setzt diesem grotesken Wechselbad der Gefühle durch seine Musik eine weitere grimassierende Maske auf, indem er beispielsweise den Charakter der Fiorilla nachdrücklich verschleiert. Er denunziert sie nicht als kleines, flatterhaftes, oberflächlich untreues Weibchen, sondern gerade an den Textstellen, wo ein leichter Parlando-Stil zu erwarten wäre, dunkelt er die Musik ein, verleiht ihr ganz bewußt seriösen, dramatischen Ausdruck. Auf der anderen Seite lockert er zu heftige Ernsthaftigkeit, etwa in der Auseinandersetzung mit Zaida, wieder auf. Eine ähnlich menschliche Zeichnung widerfährt Geronio, der sich wohl auch musikalisch den Spott über seine Altersmesalliance gefallen lassen muß, jedoch nicht als plumper Pantalone-Typus bloßgestellt wird. Doch den eigentlichen Reiz der Oper macht ein genialer Kunstgriff Felice Romanis aus: Daß er nämlich Rossini die Möglichkeit gibt, sein alter ego direkt auf die Bühne und in die Handlung zu bringen mit der Figur des Dichters Prosdocimo. Damit wird die ganze Oper gleichermaßen ironisiert durch ihren spiritus rector, der seine Figuren an unsichtbaren Fäden führt wie ein geheimer Marionettenspieler. Er hilft seinen Figuren, wenn es ihnen zu schlimm ergeht, aber wenn es sein Stück erfordert, stachelt er durchaus auch einmal die Verwirrung an. Die Doppelbödigkeit, die sich durch diesen Kommentator und Inszenator auf der Bühne ergibt, ist ganz in Rossinis Sinn, denkt man nur an die Figur des unauffälligen, aber mächtigen Alidoro in *Cenerentola*, dem Rossini in einer großen Szene quasi gottähnlich Allmachtsbefugnis über die anderen Figuren verleiht. Darüber hinaus ist diese künstliche Distanzierung durch den Dichter, der gleichzeitig über sein Handwerk, über sein Kunstwerk und dessen Genese reflektiert, ein zentrales Thema des 19. Jahrhunderts über alle Nationalitäten hinweg, am sinnfälligsten verkörpert in Wagners *Meistersingern*. Auch Rossini eröffnet mit dem *Türken* die Tore des neuen Jahrhunderts, selbst wenn seine Musik sich oft genug die harmlose Maske spritziger Melodik, ungetrübter Musikalität alter Prägung aufsetzt. Doppelbödig, hintergründig, ja letztlich unberechenbar in ihrer scheinbar harmonischen Abgezirkeltheit ist sie immer, auch im *Turco in Italia*.

Geschichte

Nach seinen ersten großen Erfolgen hatte Rossini auch bald Aufträge von der Mailänder Scala erhalten. Nachdem im März 1813 die *Italienerin in Algier* einen umjubelten Erfolg erzielte, hatte es der *Türke in Italien* ein gutes Jahr später ungleich schwerer. Man monierte, Rossini habe eine Doublette geliefert, mit einem Remake des Vorjahrbestsellers es sich leichtgemacht, was in der Tat ebenso weit hergeholt wie falsch ist. Zwar spielen beide Werke mit exotischem Ambiente und exotischen Figuren, aber sowohl von der Handlung als auch von der musikalischen Gestaltung her divergieren sie deutlich. Nachdem sich die anfängliche Zurückhaltung gelegt hatte, machte der *Turco in Italia* bald seine Runde bei italienischen und anderen europäischen Bühnen, vor allem als man die feinsinnige Ironie durch die Brechung der Handlungsebenen zu schätzen begann. Rossini arbeitete die Oper mehrfach um, wie er es mit fast allen seinen Werken zu tun pflegte, wenn sie an anderen Theatern aufgeführt wurden (so 1815 für Rom, 1820 für Neapel und Paris; 1826 zog er das Stück für das Théâtre Italien in einen Akt zusammen). Eine große Renaissance erlebte der *Turco* 1950 in Neapel, als Luchino Visconti am Teatro Eliseo die Oper mit Maria Callas als Fiorilla und Mariano Stabile als Dichter inszenierte, die musikalische Leitung hatte Gianandrea Gavazzeni. Selbst die Plattenaufnahme von 1954 vermittelt durchaus einen lebendigen Eindruck von der subtilen Gratwanderung, durch die Maria Callas dem ambivalenten Charakter der Fiorilla Glaubwürdigkeit im besten Sinne verleiht.   *Irmelin Bürgers*

Diskographische Empfehlung

1954 – Mailand: Gianandrea Gavazzeni, Chor und Orchester des Teatro alla Scala. Maria Callas (Fiorilla), Nicola Rossi-Lemeni (Selim), Nicolai Gedda (Don Narciso), Jolanda Gardino (Zaida), Mariano Stabile (Der Poet). EMI 667-749 344-2 (ADD)

1981 – London: Riccardo Chailly, Ambrosian Opera Chorus, National Philharmonic Orchestra. Montserrat Caballé (Fiorilla), Samuel Ramey (Selim), Ernesto Palacio (Don Narciso), Jane Berbié (Zaida), Leo Nucci (Der Poet). CBS, D3 37859

Il barbiere di Siviglia ossìa L'inutil precauzione
(Der Barbier von Sevilla oder Die unnütze Vorsicht)
Melodramma buffo in zwei Akten

Text: Cesare Sterbini, nach dem Schauspiel von Pierre-Augustin Caron de Beaumarchais
Uraufführung: 20. Februar 1816, Teatro Argentina, Rom
Personen: Graf Almaviva (Ten); Bartolo, Doktor der Medizin (Baß); Rosina, dessen Mündel (Mez); Figaro, Barbier (Bar); Basilio, Mu-

siklehrer (Baß); Fiorello, Diener des Grafen Almaviva (Bar); Ambrogio, Diener Bartolos (Baß); Berta, Haushälterin des Bartolo (Alt); Ein Offizier (Baß); Ein Notar (stumme Rolle)

Chor: Musikanten; Soldaten

Ort und Zeit: Sevilla, Mitte des 18. Jahrhunderts

Orchester: 2 Picc, 2 Fl, 2 Ob, 2 Kl, 2 Fg, 2 Hrn, 2 Trp, 3 Pos, Pkn, GrTr, Sistrum, Gitarre, Streicher, B. c.

Form: Nummernoper mit 19 Musiknummern und Secco-Rezitativen

Aufführungsdauer: Ca. 2 ½ Stunden

Verlag: G. Ricordi & C. S. p. A., Mailand (Kritische Ausgabe von Alberto Zedda)

Handlung

1. AKT: Doktor Bartolo, ein alter, habgieriger Junggeselle, plant, sein Mündel Rosina wegen ihres Vermögens zu heiraten. Damit niemand zu ihr gelangen könne, hält er sie in seinem Hause wie eine Gefangene. Trotzdem ist es dem jungen Grafen Almaviva gelungen, ihr im Prado zu begegnen und sie auf sich aufmerksam zu machen. Unter dem Namen Lindoro versucht er, mit ihr in Kontakt zu treten, zunächst mit Hilfe einer Serenade. In der Morgendämmerung führt Fiorillo, der Diener des Grafen, eine Schar Musiker vor Bartolos Haus, die das Ständchen begleiten sollen. Die erhoffte Antwort bleibt jedoch aus. Da der Tagesanbruch drängt, bezahlt Almaviva die Musiker, die ihren Dank in Zudringlichkeiten und großem Lärm zum Ausdruck bringen. Kaum ist Ruhe eingekehrt, da tritt eine weitere Störung ein: Das Faktotum von Sevilla, der unentbehrliche Barbier Figaro, singt ein Loblied auf sich selbst. Der Graf erkennt in ihm seinen alten Bekannten und findet in ihm zudem noch einen nützlichen Helfershelfer, denn als Barbier hat Figaro Zugang zu Dr. Bartolos Haus. Völlig unerwartet erscheint Rosina, Bartolos Mündel, verspätet auf dem Balkon und läßt unter den mißtrauischen Blicken ihres Vormunds ein Billett an den unbekannten Liebhaber zu Boden fallen, in dem sie ihn nach Namen, Stand und Absicht fragt und ihm mitteilt, daß sie der Tyrannei des lästigen Alten endlich entkommen wolle. Der verläßt soeben das Haus, um die notwendigen Schritte für seine Hochzeit mit Rosina einzuleiten. Sie steht derweil unter Hausarrest. So entspinnt sich der „Dialog" zwischen dem als „Lindoro" verkleideten Grafen und Rosina als zweite Serenade mit Echo von oben, das aber in dem Moment ausbleibt, als Rosina ein verdäch-

tiges Geräusch hört. Kein Preis ist nun dem Grafen zu hoch, um zu ihr vorzudringen; er weiß um die belebende Wirkung des Geldes bei Figaro und löst ihm die einfallsreiche Zunge mit einem Beutel Goldstücken. Figaro schlägt vor, der Graf solle sich mit einem Einquartierungsbefehl und als betrunkener Soldat Zutritt zum Hause Bartolos verschaffen.

Rosina hat an Lindoro ein Briefchen geschrieben, das sie mit Figaros Hilfe ihrem Liebhaber, hinter dem sie nicht den Grafen vermutet, zuspielen will. Doch die plötzliche Rückkehr des Vormunds vereitelt diesen Plan. Bartolo schöpft allmählich Verdacht gegen den geschäftigen Barbier, zumal Rosina mit ihm seine Eifersucht reizt. Durch den Intriganten Don Basilio, Rosinas Musiklehrer, erfährt Bartolo, daß sich Graf Almaviva in der Stadt aufhält und Rosina nachstellt; ein Grund mehr für den mißtrauischen Doktor, was Rosina angeht, auf der Hut zu sein. Figaro belauscht, welchen Ratschlag Basilio nun erteilt: Der Ruf des Grafen muß unter allen Umständen ruiniert werden. Doch Bartolo drängt auf eine eilige Hochzeit mit Rosina. Da Geld in Aussicht steht, ist Basilio bereit, ihm auch dabei behilflich zu sein. Figaro warnt Rosina und bestätigt ihr Lindoros Verliebtheit. Sie gibt ihm nun das Briefchen, das Lindoro zu einem Besuch bewegen soll. Bartolo schöpft Verdacht, daß Rosina Kontakte mit der Außenwelt haben könnte, und gibt ihr zu verstehen, daß er sich nicht betrügen lasse. Kurz darauf begehrt der Graf, wie ausgemacht, als betrunkener Soldat Einlaß, hat aber mit dem Einquartierungsbefehl kein Glück, da Bartolo als Arzt dem nicht nachkommen muß. Immerhin gelingt es dem Grafen, sich Rosina als Lindoro zu erkennen zu geben und ihr eine Nachricht zuzuspielen. Als Bartolo merkt, daß er den Soldaten nicht mehr aus dem Hause bringt, kommt es zu Tätlichkeiten, in die Figaro, der gerade eintritt, einzugreifen versucht. Auf dem Höhepunkt des Tumults klopft ein Trupp Wachsoldaten an die Haustür und verschafft sich Einlaß. Als ein Offizier den Grafen verhaften will, hält dieser die Soldaten auf und zeigt ein Papier vor. Alle erstarren vor Staunen, als sich daraufhin die Soldaten ehrerbietig zurückziehen und in ihren Köpfen ein Chaos hinterlassen.

2. AKT: Bartolo vermutet in dem betrunkenen Soldaten einen Abgesandten des Grafen Almaviva, der nun in neuer Verkleidung, als „Don Alonso", angeblich ein Vertreter des erkrankten Musiklehrers, seine Aufwartung macht und Rosinas Gesangsstunde übernehmen will. Er verschafft sich Bartolos Vertrauen durch eine fingierte Intrige: Er behauptet, er habe von dem tatsächlichen Grafen Almaviva ein Liebesbriefchen Rosinas erhalten und wolle nun in der Gesangsstunde die Ahnungslose von den unehr-

lichen Absichten des Grafen in Kenntnis setzen. Bartolo fällt darauf herein und holt Rosina zur Unterrichtsstunde, bei der er den Raum nicht verläßt. Als er während Rosinas Vortrag einer Arie aus der Oper *Die unnütze Vorsicht* einschläft, ergibt sich für die beiden Liebenden die Gelegenheit zu einem kurzen Wortwechsel. Das Erwachen Bartolos nötigt Rosina zu einer Fortsetzung ihres Vortrags, dessen Musik bei dem Alten keinen Beifall findet. Nachdem er ein altmodisches Lied als Beispiel für die wahre Musik geträllert hat, tritt Figaro mit Rasierzeug ein und behauptet, er könne Bartolo nur heute rasieren, da er zu überlastet sei. Durch geschickte Manipulationen und Störmaßnahmen gelingt es Figaro, des für die Entführung Rosinas so unentbehrlichen Schlüssels zur Balkontür habhaft zu werden, bevor er sich anschickt, die Rasur vorzunehmen. In diesem Augenblick tritt Don Basilio auf. Ein Beutel voll Geld bringt ihn schnell dazu, sich zurückzuziehen, und während Figaro Bartolo rasiert, besprechen Lindoro und Rosina den Fluchtplan. Trotz aller Ablenkungsmanöver Figaros während des Rasierens schnappt Bartolo das entscheidende Stichwort des Gesprächs auf und bekommt einen Wutanfall. Er läßt Don Basilio holen, während Berta, seine Haushälterin, die ihn heimlich liebt, über das Durcheinander in diesem Hause klagt. Basilio deckt auf, daß es gar keinen Don Alonso gibt, und wird von Bartolo beauftragt, unverzüglich den Notar zu holen, damit die geplante Hochzeit mit Rosina vollzogen werden kann. In boshafter Absicht zeigt Bartolo Rosina den Brief, den sie an Lindoro geschrieben hat, und behauptet, er habe ihn von Graf Almaviva erhalten. Rosina ist verzweifelt. Am Ende eines Gewitters steigen Figaro und der Graf mit Hilfe einer Leiter in Bartolos Haus ein. Rosina weigert sich nun, sich von dem Verräter Lindoro entführen zu lassen, der sie in die Arme des Grafen Almaviva habe treiben wollen, doch kann der vermeintliche Lindoro sie eines Besseren belehren, indem er seine wahre Identität enthüllt. Vergeblich drängt Figaro die beiden Liebenden, die Raum und Zeit vergessen, zum Aufbruch, und tatsächlich wird bereits unter ihnen die Leiter weggezogen. Basilio tritt mit dem Notar ein und wird sogleich vor die Wahl gestellt, entweder einen Ring des Grafen am Finger zu tragen oder zwei Kugeln im Kopf zu haben. Er erklärt sich natürlich bereit, den Trauzeugen für den Grafen und Rosina zu spielen. Zu spät trifft Bartolo mit der Wache ein. Der Graf enthüllt nun vor allen sein Inkognito. Bartolo muß sich geschlagen geben und einsehen, daß sein Entfernen der Leiter nur „unnütze Vorsicht" war.

Kommentar

Der „heitere Skeptiker", wie Wagner ihn später nannte, verkündete frivol, wer eine seiner Opern kenne, kenne sie alle, und als ihm ein Impresario das Libretto für eine scrittura mit den Worten aushändigte, es tauge wenig, gab Rossini ihm zur Antwort: „Macht nichts, ich werde eine Musik schreiben, die noch weniger als das Libretto taugt." Der da so sprach, gefiel sich in der Attitüde der Verweigerung, weil er die Kunstfeindlichkeit des frühindustriellen Zeitalters am eigenen Leibe zu spüren glaubte. Als er sein Meisterwerk, den *Barbiere di Siviglia* komponierte (1816), flossen die Erfahrungen von dem Gedröhne der Industrie mit dem lustvollen Spiel von Turbulenzen und Crescendo-Spiralen zusammen. Auf dem Höhepunkt des ersten *Barbiere*-Finales ist das Chaos in den Köpfen auskomponiert, und die Metaphern des Textes verweisen unverhohlen auf den Bereich der Schwerindustrie („Mir scheint mein Kopf in einer furchtbaren Schmiede, darin ohn' Einhalt vom dumpfen Amboß unseliger Lärm dröhnt") oder deren Wirkung („Wechselnd hier und dort, läßt der wuchtige Hammer mit barbarischer Musik Mauern und Gewölbe widerhallen, und der arme Kopf, schon benommen, ja, betäubt, ohne Vernunft, verwirrt sich, ja, ist dem Wahnsinn nahe"). Es war gleichwohl die unwiderstehliche Sinnlichkeit der Musik Rossinis, die seine Zeitgenossen entzückte. Trotz der mißglückten Uraufführung des *Barbiere* war der Siegeszug der „überschäumenden Animalität" (Nietzsche) seiner Musik nicht aufzuhalten; ganz Europa ergötzte sich daran, selbst die Philosophen Hegel und Schopenhauer. Sogar Beethoven, der Mozarts Musikkomödien ihrer „frivolen" Stoffe wegen ablehnte, versagte dem *Barbiere* seine Bewunderung nicht. Wie schon Heinrich Heine bemerkte, sind Rossinis Melodien, und damit die Sänger, vollkommen mit sich allein gelassen; die Kommunikation mit dem Orchester ist mechanisch vermittelt, denn die Sänger zappeln wie Marionetten an der Hand des Orchesterbrios, das ihnen erst die Bewegungen vorschreibt. Rossini will nicht „tief" sein. Zynisch wird die Orchesterchoreographie Mozarts, die Rossini unendlich bewunderte, den modern times angepaßt. Chaplins Staccato-Gang erscheint ebenso vorgeprägt wie die Zahnräder, in die er sich verhakt. Rossinis Orchester hat kein Mitleid mit den Personen, sondern läßt sie zappeln wie Fische an der Angel. Und sie handeln nicht, sondern werden behandelt. Im *Barbiere di Siviglia* ist es das Geldverhältnis, in das alle eingespannt sind: Seine (im übrigen nichtigen) Pläne entwirft Figaro erst, als er die belebende Wirkung des Geldes verspürt, das ihm der Graf Almaviva zusteckt, und der Opportunist Don Basilio tut für Geld fast alles. Aber Rossinis Musik kann auch die latente Boshaftigkeit der Figuren steigern, so zum Beispiel am Anfang des 2. Aktes, wenn der Graf, als schleichender Musiklehrer verkleidet, den Doktor Bartolo buchstäblich um den Finger wickelt. Es ereignet sich, wie bei Mozart, Handlung durch Musik: Das, wovon die Personen reden, ist der Musik ziemlich gleichgültig. Figaros Auftritt im Finale des 1. Aktes ist, dramaturgisch gesehen, eigentlich überflüssig, musikalisch jedoch unerläßlich, denn er wird bei dem letzten großen Ensemble gebraucht. Die Turbulenz der bis zur Groteske überdrehten stretta verwickelt die beteiligten Personen in eine slapstickartige Gesamtstruktur, die ebenso unvermittelt eintritt, wie sie unverrichteter Dinge wieder abzieht, ähnlich den offensichtlich unvermeidlichen Gewitterszenen, auf die Rossini im *Barbiere* ebensowenig verzichten mochte wie in *La Cenerentola* – schließlich befindet man sich mitten im Alltagsleben. Rossini durchschaute freilich das Opernspiel als Gegenwelt zur tristen Realität; deshalb wohl begibt sich auf seiner Bühne die Oper in der Oper. Gespielt wird, daß Oper stattfinden soll: In ihrem Gesangsvortrag des 2. Aktes zitiert Rosina den Untertitel der soeben ablaufenden Oper, während Bartolo über der Musik einschläft. Rossini ließ es sich nicht nehmen, diese selbstironische Feinheit anzubringen. Immer wieder ist es die Sogkraft der Rhythmik Rossinis, der man sich nicht entziehen kann. Was wir in der cabaletta des Bartolo (Nr. 8), vor dem Finale des 1. Aktes, hören, können wir zwar nicht verstehen – das Parlando ist dafür zu rasant –, aber spüren; der rhythmische Strudel sorgt dafür. Trotzdem ist es eine Sinnlichkeit, die sich durch Kälte auszeichnet. Der sinnfällige Klang ist zwar „schön" bei Rossini, will aber nichts „bedeuten"; Rossini schwebte eine Musik vor, die ihr reines Vergnügen an ihrem bloßen Dasein hätte, wie etwa die plötzlich aufflatternde Flötenmelodie im ersten Finale, unmittelbar vor dem Eintritt der Wache, die für Ordnung sorgen soll. Die Gefühle Rosinas äußern sich vorab in ihren kühlen Koloraturen, einem narzißtischen Element also, und sie selbst ist bei Rossini (im Unterschied zu Beaumarchais) wohl „eher raffiniert und boshaft als verliebt" (Stendhal), denn der als Lindoro verkleidete Graf ist für sie keineswegs der Märchenprinz, sondern dient bloß dazu, sie aus dem langweiligen Mündeldasein zu befreien. Die Liebe löst nur Befangenheit aus: In dem Terzett des 2. Aktes (Nr. 16) wird unter den Sängern bereits die Leiter weggezogen, während der Text noch davon spricht, daß bei der Flucht mit klarem Kopf vorgegangen werden müsse. Den Kopf bewahrt indessen nur die Musik Rossinis. Um ihrer selbst willen triumphiert sie über die Geschäfte des Augenblicks.

Geschichte

Der erstaunliche Mißerfolg des *Barbiere* bei der Uraufführung am 20. Februar 1816 im römischen Teatro Argentina beruhte wohl auf einem Mißverständnis: Die klassische Vertonung von Beaumarchais' Komödie durch Giovanni Paisiello (1782) galt noch immer als unerreichbares Muster. Rossini hatte sogar vorsorglich bei dem alten Maestro angefragt, ob eine neue Vertonung, freilich mit verändertem Libretto (Cesare Sterbini), erlaubt sei, und dafür die Zustimmung erhalten. Und er gab dem für die Uraufführung gedruckten Libretto eine Erklärung bei, in der er versicherte, daß er keine Rivalität mit dem älteren Meisterwerk suche, sondern vielmehr ein dem „modernen Geschmack im Theater" angepaßtes Textbuch erbeten habe, das auch dem neuen Bedürfnis nach „dramatischen Situationen für musikalische Nummern" und nach gewissen Chorauftritten Rechnung trage. Die Partitur entstand in weniger als drei Wochen.   *Dietmar Holland*

Diskographische Empfehlung

1971 – London: Claudio Abbado, The Ambrosian Opera Chorus, London Symphony Orchestra. Luigi Alva (Conte Almaviva), Enzo Dara (Bartolo), Teresa Berganza (Rosina), Hermann Prey (Figaro), Paolo Montarsolo (Basilio), Stefania Malagù (Berta). DG 415 695-2 (ADD)

1982 – London: Neville Marriner, Ambrosian Opera Chorus, Academy of St. Martin-in-the-Fields. Francisco Araiza (Conte Almaviva), Domenico Trimarchi (Bartolo), Agnes Baltsa (Rosina), Thomas Allen (Figaro), Robert Lloyd (Basilio), Sally Burgess (Berta). Philips 411 058-2 (DDD)

La Cenerentola ossìa La bontà in trionfo
Dramma giocoso in zwei Akten

Text: Jacopo Ferretti, nach Charles Perrault
Uraufführung: 25. Januar 1817, Teatro della Valle, Rom
Personen: Don Ramiro, Prinz von Salerno (Ten); Dandini, sein Kammerdiener (Baß), Don Magnifico, Baron von Monte Fiascone (Baß); Vater von Clorinda (Sop) und Tisbe (Mez); Angelina, genannt Cenerentola, Stieftochter von Don Magnifico (Alt); Alidoro, Philosoph, Lehrer von Don Ramiro (Baß)
Chor: Kavaliere und Hofdamen von Don Ramiro

Ort: Teils im alten Schloß des Don Magnifico und teils in einem Lustschloß des Prinzen, etwa eine halbe Meile entfernt
Orchester: 2 Fl (auch 2 Picc), 2 Ob, 2 Kl, 2 Fg, 2 Hrn, 2 Trp, Pos, Pkn, GrTr, Streicher, B. c.
Form: Nummernoper (13 Musiknummern) mit Secco-Rezitativen
Aufführungsdauer: 2 ½ Stunden
Verlag: G. Ricordi & C. S. p. A., Mailand

Handlung

1. AKT: In seinem antiquierten, heruntergekommenen Schloß leben Don Magnifico, Baron von Monte Fiascone (nomen est omen!), seine Töchter Clorinda und Tisbe, beide im Gegensatz zu ihrer häuslichen Umgebung aufs eleganteste ausstaffiert, und seine Stieftochter Angelina, die aber nur „Cenerentola" (Aschenputtel) gerufen und wie eine Dienstmagd behandelt wird. Trotz aller Erniedrigungen von seiten des Vaters und der hochmütigen Schwestern hat sich Cenerentola ihre Natürlichkeit, Güte und Herzlichkeit bewahrt. Dies bemerkt auch Alidoro, der als Bettler verkleidet ins Schloß von Don Magnifico gekommen ist. In Wirklichkeit sucht der weise Erzieher und väterliche Freund des Prinzen Don Ramiro eine Braut, die seines Zöglings würdig ist. Als Kavaliere aus des Prinzen Gefolge die Nachricht verkünden, daß Don Ramiro sich während eines großen Festes seine zukünftige Frau unter den Mädchen der Gegend erwählen will, sind Clorinda und Tisbe fast außer sich. Auch Don Magnifico ist von der Einladung über alle Maßen angetan, war es doch immer schon sein heißester Wunsch, die beiden an der Seite vornehmster Fürsten zu sehen. Als Kammerdiener verkleidet betritt Don Ramiro das Schloß, denn Alidoro hat ihm geraten, sich so getarnt die Töchter des Hauses näher zu betrachten. Schon beim ersten Zusammentreffen mit Cenerentola ist er fasziniert von ihrer Anmut. Doch bevor er ihren Namen erfahren kann, muß er Don Magnifico den vermeintlichen Prinzen vorstellen, der niemand anderes ist als Don Ramiros eigener Kammerdiener Dandini, der sich als Prinz ausgibt. Clorinda, Tisbe und ihr Vater versuchen sogleich, sich beim „Prinzen" einzuschmeicheln, und glauben, ihn bald für sich gewonnen zu haben. Cenerentola bittet Don Magnifico, ob sie nicht zum Fest des Prinzen mitkommen dürfte, doch er weist sie rüde zurück, ja, er gibt sie auf die Frage Alidoros nach seiner dritten Tochter sogar als gemeine Hausmagd aus; seine Tochter sei gestorben. Nachdem sich alle zum Palast von Don Ramiro aufgemacht haben, verspricht Alidoro der verzweifelten Cenerentola, daß sich mit seiner

Hilfe all ihre Wünsche erfüllen werden. Im Schloß hat Dandini, immer noch in der Rolle des Prinzen, Don Magnificos Sympathien mit der Ernennung zum Kellermeister gänzlich gewonnen und die Oberflächlichkeit und Borniertheit von Clorinda und Tisbe bemerkt, wovon er Ramiro berichtet.

2. AKT: Einstweilen waltet Don Magnifico mit großem Enthusiasmus seines neuen Amtes, da kündigt Alidoro mitten im Festtrubel die Ankunft einer verschleierten Dame an. Als die Unbekannte den Schleier lüftet, sind alle tief beeindruckt von ihrer Schönheit, Don Magnifico und seine Töchter jedoch völlig verunsichert durch die Ähnlichkeit mit Cenerentola. Sie fragen sich, wie ihre Aussichten bei Don Ramiro nach dem Auftauchen der fremden Schönheit stehen, letztlich sind sie aber davon überzeugt, die Konkurrentin ausstechen zu können. Cenerentola, durch Alidoros Hilfe mit festlichem Kleid und Schmuck ausgestattet, übergibt Ramiro, der nun auch von ihrer Liebe zu ihm erfahren hat, einen Armreif mit dem Auftrag, sie noch einmal zu suchen, denn erst dann wolle sie seine Frau werden. Das Armband wird ihm helfen, sie wiederzuerkennen, denn sie trägt an ihrer rechten Hand das Gegenstück dazu. Als Don Magnifico Dandini drängt, ihm endlich zu sagen, für welche seiner Töchter er sich nun entschieden habe, gibt sich Dandini als Kammerdiener zu erkennen. Wütend verlassen die düpierten drei Ramiros Fest. Im Schloßsaal von Don Magnifico sitzt Cenerentola, in die Betrachtung ihres Armreifs versunken. Sie wird von den Beleidigungen ihrer Schwestern und ihres Vaters aufgeschreckt, als auch schon Don Ramiro und Dandini erneut bei Don Magnifico vorsprechen. Cenerentola sieht, daß ihr Geliebter kein Diener ist, sondern der Prinz selbst, Ramiro seinerseits erkennt an Cenerentolas Armband seine Braut. Clorinda, Tisbe und Don Magnifico geraten in größten Zorn; doch der Hofstaat huldigt der neuen Fürstin. Alidoro ist zufrieden mit dem glücklichen Ausgang seiner Pläne, und schließlich verzeiht Cenerentola ihrem Vater und den Schwestern die Schmähungen und Erniedrigungen, die sie ihr angetan haben.

Kommentar

Rossini respektierte trotz aller poetisch verbrämten Darstellung den Kern des alten Märchens vom Aschenputtel, das ihn in seiner historischen Situation – nach der Französischen Revolution, nach Napoleon und dessen usurpatorischen Machenschaften – wohl märchenhaft anmuten konnte, vor allem wenn man bedenkt, mit welchem Scharfsinn, ja, mit welchem Zynismus Rossini die Zeichen der Zeit erkannt und in seine

Musik transformiert hat, in all ihrem scheinbar spielerischen, tatsächlich aber maschinenhaft mechanischem Ablauf (man höre nur die Ensembles von *Cenerentola* unter diesem Gesichtspunkt). Denn das Märchen meint nichts anderes als die Initiation eines gerechten und gütigen Herrschers durch seinen weisen Lehrer: Zum einen lernt ein junger Prinz unter der ebenso sensiblen wie intelligenten Regie seines Mentors verantwortlich zu handeln, zum anderen wird die erniedrigte, aber standhafte Tugend nach ihren Prüfungen belohnt. Daß es Rossini darum ging, in die Buffa-Handlung durchaus ernsthafte Züge einzuweben, das Märchen glaubhaft zu gestalten (was auch schon in der differenzierten Bezeichnung als dramma giocoso zum Ausdruck kommt), dafür gibt es einen weiteren Beleg: Drei Jahre nach der erfolgreichen Uraufführung von *Cenerentola* arbeitete Rossini ein zweites Mal mit dem Librettisten Ferretti zusammen. Im Vorfeld der Uraufführung der neuen Oper *Matilde von Shabran* hatte das Teatro d'Apollo in Rom *Cenerentola* auf den Spielplan gesetzt, und Rossini nahm die Gelegenheit wahr, für den herausragenden Sänger des Alidoro, Gioacchino Moncada, eine große Szene, bestehend aus einem besonders exquisit instrumentierten Accompagnato-Rezitativ und der Arie „Là del ciel nell'arcano profondo" („In der geheimnisvollen Tiefe des Himmels") nachzukomponieren, deren Text ihm Ferretti verfaßte. Dabei handelte es sich nicht nur um eine Gefälligkeit einem Sänger gegenüber, wie es zu Rossinis Zeit Gepflogenheit war, sondern auch um einen ganz erheblichen Eingriff in den Handlungsablauf. Denn mit dieser Szene wird die Position Alidoros wesentlich gehoben: Aus der relativ kleinen Rolle des Erziehers von Don Ramiro wird er nun der eigentliche Inszenator der Geschichte, der fast gottähnlich die Fäden spinnt und bereits zu Beginn das Ende kennt: Es ist letztlich Alidoro, der Don Ramiro zu seiner Frau verhilft, der Angelina für die erlittenen Schmähungen belohnt und der Don Magnifico und seine beiden hochmütigen Töchter düpiert. Diese Szene wird zum Zentrum der Oper, eröffnet ihr eine weitere Dimension über den reinen Märchenstoff hinaus. Nun geht es um die moralischen Voraussetzungen eines wahren Herrschers. Rossini lag es fern, gewissermaßen einen philosophischen Exkurs in seine Oper einzubauen, aber er ließ sich nicht die Möglichkeit entgehen, hier auch ein ironisches Schlaglicht auf die gesellschaftspolitischen Verhältnisse seiner Zeit zu werfen.

Geschichte

Zwischen dem dramma *Otello ossìa Il moro di Venezia* für Neapel (Uraufführung am 4. Dezember 1816), unbestritten einem der großen tragischen Stoffe der Weltliteratur, und *La gazza ladra (Die diebische Elster)* für die Mailänder Scala (Uraufführung am 31. Mai 1817), einem melodramma schon beinahe an der Grenze zur Operette, schrieb Rossini in 24 Tagen für das römische Teatro della Valle das dramma giocoso *Cenerentola ossìa La bontà in trionfo*, ein Werk, das über die Komik einer reinen opera buffa entscheidend hinausgeht. Rossini ließ sich das Libretto von Jacopo Ferretti (1786–1852) schreiben, das auf der Märchenvorlage von Charles Perrault basiert. Auch Jules Massenet und Ermanno Wolf-Ferrari sollte das Perraultsche Märchen zu ihren Varianten einer *Aschenbrödel*-Oper anregen.

Im Gegensatz zum *Barbiere* wurde *Cenerentola* zu einem unmittelbaren Erfolg auch weit über Italien hinaus. Schon ein Jahr nach der Uraufführung wurde die Oper in Barcelona und München nachgespielt, 1820 kam sie als *Cinderella* in London heraus, im gleichen Jahr dirigierte Rossini selbst eine deutsche Version am Wiener Kärntnertor-Theater. Bis zur Mitte des Jahrhunderts hatte *Cenerentola* einen Siegeszug von Paris und Moskau bis New York und Rio de Janeiro vollzogen und blieb immer auf dem Spielplan der bedeutendsten Opernhäuser. Allerdings in verstümmelter und stark bearbeiteter Version, dachte man doch lange genug, mit den Opern Rossinis als pure Unterhaltungsstücke nach Lust und Laune, nach Willkür der Dirigenten und Regisseure und nach den Selbstdarstellungswünschen der Sänger verfahren zu können. Erst die Kritische Ausgabe zeigte die Oper wieder in ihrer von Rossini komponierten Gestalt. Claudio Abbado dirigierte beim Edinburgh-Festival 1971 erstmals die rekonstruierte Fassung von Alberto Zedda mit Teresa Berganza in der Titelrolle und Luigi Alva als Don Ramiro. Die Schallplattenaufnahme dokumentiert die Frische der Aufführung und vor allem die geniale Instrumentationskunst und die Ensemblemeisterwerke Rossinis bis heute. 1980 inszenierte Jean-Pierre Ponnelle *Cenerentola* an der Bayerischen Staatsoper in seinem eigenen Bühnenbild, das ganz im Schwarz-Weiß barocker, vergrößerter Kupferstiche gehalten war und den Raum bot für eine geradezu choreographische Inszenierung, die die Musik gewissermaßen auf die Bühne hob.   *Irmelin Bürgers*

Diskographische Empfehlung

1971 – Edinburgh: Claudio Abbado, Scottish Opera Chorus, London Symphony Orchestra. Luigi Alva (Don Ramiro), Renato Capecchi (Dandini), Paolo Montarsolo (Don Magnifico), Margherita Guglielmi (Clorinda), Laura Zannini (Tisbe), Teresa Berganza (Cenerentola), Ugo Trama (Alidoro). DG 415 698-2 (ADD)

1987 – London: Neville Marriner, Ambrosian Opera Chorus, Academy of St. Martin-in-the-Fields. Francisco Araiza (Don Ramiro), Simone Alaimo (Dandini), Ruggero Raimondi (Don Magnifico), Carol Malone (Clorinda), Felicity Palmer (Tisbe), Agnes Baltsa (Cenerentola), John del Carlo (Álidoro). Philips 420 468-2 (DDD)

Semiramide (Semiramis)
Melodramma tragico in zwei Akten

Text: Gaetano Rossi, nach Voltaires *Sémiramis*
Uraufführung: 3. Februar 1823, Teatro La Fenice, Venedig
Personen: Oroe, Oberpriester (Baß); Idreno, indischer Fürst (Ten); Assur, Fürst aus königlichem Geblüt (Bar); Semiramide, Königin von Babylon (Sop); Arsace, Heerführer (Alt); Azema, Prinzessin aus königlichem Geblüt (Sop); Mitrane, Hauptmann der Königlichen Garde (Ten); Geist des Königs Nino (Baß)
Chor: Priester; Priesterinnen; Wachen; Volk
Ort und Zeit: Babylon, in biblischer Zeit
Orchester: 2 Fl (2. auch Picc), 2 Ob, 2 Kl, 2 Fg, 4 Hrn, 2 Trp, 3 Pos (Barockpos), Pkn, Schlgzg, Streicher
Form: Nummernoper
Aufführungsdauer: Ca. 2¾ Stunden
Verlag: G. Ricordi & C. S. p. A., Mailand

Handlung

1. AKT. 1. Szene: Im Baal-Tempel. Der Oberpriester Oroe schwört dem Gott Baal vor seinem Bild Gehorsam. Im Auftrag des Gottes hat er Fürsten und Volk zusammengerufen, um die Königin endlich zu zwingen, einen neuen Herrscher zu bestimmen. Gläubige aus allen Teilen des Landes bringen dem Gott Geschenke. Unter ihnen ist der indische Prinz

Idreno, der sich für seine Opfergaben Erfolg in der Liebe erhofft („Là dal Gange a te primiero"). Assur, ein Prinz aus dem Geschlecht des Gottes Baal, hat den babylonischen König Nino vergiftet. Semiramide, die Gemahlin Ninos, hatte ihm dabei geholfen. Das Paar hätte auch den Thronerben, Ninos Sohn Ninia getötet, wenn der sterbende König den Jungen nicht weit weg von Babylon zu seinem skythischen Freund Fradate geschickt hätte. In einem Brief, den er dem Sohn mit auf den Weg gegeben hatte, forderte er von Ninia, ihn, den Vater, zu rächen, sobald er erwachsen war. Doch das Verbrechen hatte Assur nicht auf den Thron gebracht, weil Semiramide mit der Proklamation zögerte. Um sein Ziel doch noch zu erreichen, hat es Assur nun auf die junge Azuma abgesehen, auch sie aus dem Geschlecht Baals und seit ihrer Geburt Ninia versprochen und daher zur Königin vorbestimmt. Assur ist sich seiner Sache sicher („Sì, sperate: sì, sì esultate"), doch der finstere Blick Oroes erschreckt ihn („A que'detti, a quell'aspetto"). Ein Chor kündigt die Ankunft Semiramides und ihres Gefolges an, zu dem auch Azema und Mitrane gehören. Als Semiramide den Namen Ninos ausspricht, löscht ein Blitz das Altarfeuer und hindert sie weiterzusprechen. Angst und Schrecken verbreiten sich. Die Gottheit fordert Strafe für den Königsmord. Der junge Feldherr Arsace erscheint mit einer Kassette, die er Oroe übergibt. Die Königin hat ihn nach Babylon gebeten. Damit kann er zugleich den Wunsch seines sterbenden Vaters erfüllen, wieder nach Babylon zurückzukehren, und die geliebte Azema wiedersehen. Er erinnert sich an den Tag, an dem er ihr Leben und ihre Ehre auf einem skythischen Schlachtfeld gerettet hat („Ah! quel giorno ognor rammento"). Oroe hat der Kassette einen Brief, eine Krone und ein Schwert entnommen. Gerade will er die Bedeutung der Gegenstände erklären, als Assur erscheint. Er ist wenig erfreut, in Arsace einen Rivalen um die Hand Azumas und um den Thron zu sehen („D'un tenero amore, costante, verace").

2. Szene: Eine Halle im Palast. Azema erwartet voll Freude Arsaces Ankunft, als Idreno eintritt und fragt, ob er hoffen dürfe. Sie sagt ihm nur, daß sie niemals Assur heiraten werde. Das genügt, um Idreno glücklich zu machen („Ah dov'è, dov'è il cimento?")

3. Szene: Die hängenden Gärten von Babylon. Semiramide träumt sehnsüchtig von Arsaces Rückkehr („Bel raggio lusinghier"). Mitrane bringt ihr den Spruch des Orakels von Memphis, das ihr Ruhe und Seelenfrieden verspricht, sobald Arsace kommt, um seine Braut zu holen. Sie schickt nach dem jungen Feldherrn, der nur daran denkt, Semiramide zu fragen, ob sie Azema Assur zur Frau zu geben beabsichtigt. Doch die Königin kann ihn

beruhigen. Arsace spricht von seinen Gefühlen tiefster Dankbarkeit („A te sacrai, regina, la fede, il braccio mio"), Gefühle, die sie für Liebe hält („Spera sì bell'ardore... Alle più care immagini").

4. Szene: Im Hof des Palastes. Die Königin verlangt von ihren Untertanen den Gehorsamseid („Giuri ognuno ai sommi Dei"). Sie verkündet, daß sie Arsace heiraten und zu ihrem Nachfolger erklären wird („L'alto eroe, che dell' Assyria alle gloria ed al riposo"). Blitze und das Grollen eines Erdbebens unterbrechen die Zeremonie. Der Geist Ninos tritt aus dem nahen Mausoleum und verkündet, daß Arsace König werden wird, doch erst, wenn das Verbrechen aufgeklärt ist. Um Mitternacht soll er in Ninos Grab ein Opfer bringen („Arsace, regnerai, ma vi son colpe da espiarsi in pria").

2. AKT. 1. Szene: Ein Zimmer im Palast. Assur erinnert Semiramide an die Nacht, in der er Nino getötet hat. Die Königin rät ihm, Babylon zu verlassen, wenn ihm an seinem Leben liegt ("Se la vita ancor t'è cara"). Assur appelliert an ihr Schuldgefühl („Pensa almen, regina"), doch Semiramide ist überzeugt, daß alles gut und der Geist ihres Mannes besänftigt wird, wenn sie Arsace geheiratet hat („Ma implacabile di Nino non").

2. Szene: Im Inneren des Tempels. Arsace erfährt von Oroe seine wirkliche Identität: Er ist nicht Fradates Sohn, sondern Ninia, der Sohn Semiramides und des ermordeten Nino. Der Priester fordert ihn auf, den Befehlen des Vaters zu folgen („Su, ti scuoti: rammenta chi sei!").

3. Szene: Im Palast. Azema beklagt den Verlust Arsaces. Idreno kommt, um sie um ihre Hand zu bitten („Tu mi sposa a questo seno"). Arsace erscheint mit Semiramide. Sie gesteht ihr schreckliches Verbrechen und bittet ihn, sie zu töten („Ebben – a te, ferisci"). Doch Mutter und Sohn versöhnen sich („Giorno d'orrore! e di contento").

4. Szene: In einer verborgenen Ecke des Palasthofs, nahe bei Ninos Mausoleum. Assur erfährt von seiner Gefolgschaft, daß sein versuchter Aufstand fehlgeschlagen ist („Ah, la sorte ci tradì!"). Es bleibt ihm nur noch, Arsace zu ermorden, wenn er zum Opfer an Ninos Grab kommt. Obwohl Ninos Geist ihn warnt, betritt er die Grabkammer („Que' numi furenti").

5. Szene: In der Grabkammer. Assur und Arsace suchen einander. Da erscheint Semiramide und fleht den Geist ihres Mannes an, ihr zu verzeihen und Arsace zu beschützen („Al mio pregar t'arrendi"). Auf den Befehl Oroes schlägt Arsace im Dunkeln zu. Als Fackeln angezündet werden, muß er erkennen, daß er seine Mutter getötet hat. Er will sich das Leben nehmen, doch das Volk proklamiert ihn zum König („Vieni, Arsace, al trionfo, alla reggia"). Assur wird abgeführt.

Kommentar

Die letzte Oper Rossinis für Italien, die am 3. Februar 1823 im Teatro La Fenice in Venedig uraufgeführt wurde, ist die Synthese von Rossinis italienischer Opernerfahrung. Wie schon bei *Tancredi* griff Rossini auf eine Tragödie Voltaires zurück, wie damals war Gaetano Rossi sein Librettist. Die Hauptfigur, bei Voltaire halb Klytämnestra, halb weiblicher Boris Godunow, hat in der Oper viel von ihrem Schrecken verloren. Sie wurde Assur übertragen, der dadurch eine Szene erhält, in der er wie Macbeth vom Geist des Mannes verfolgt wird, den er getötet hat.

Die Handlung exponiert dramatische Situationen, die die griechische Tragödie, das Fatum der Orestie, des Oedipus wiederbeleben, gehüllt in ein farbenprächtiges, orientalisches Gewand. In keinem anderen Werk Rossinis ist der vokale Ornamentalismus, der canto fiorito, ausgeprägter als in diesem Werk. Die Musik der *Semiramide* evoziert Tempel von enormen Abmessungen. Die Verzierung bleibt jedoch nicht ohne Funktion. Während die Ouvertüren Rossinis beinahe ausnahmslos aus dem Geist der buffa geboren wurden und auch bei einer opera seria nicht mehr sind als einfach der Beginn des Stücks, gelingt es Rossini hier, eine charakteristische Atmosphäre einzufangen, in düsteren Farben und starken dynamischen Kontrasten die Grundstimmung anklingen zu lassen. Auch wenn Rossini die vokale Virtuosität den expressiven Erfordernissen der Situation anzupassen weiß, bleibt ein stilistisches Ungleichgewicht zwischen der barocken Verzierung der bis zur äußersten Konsequenz getriebenen melodramatischen Form und der Expressivität, die die Personen psychologisch charakterisiert, offenkundig. War Rossini in einigen Szenen, wie in der motivischen Gestaltung der vis drammatica der übernatürlichen Macht, schon ein Zeitgenosse der Romantiker, so blieb er in der psychologisch-dramaturgischen Ausformung seiner Figuren noch ganz dem 18. Jahrhundert verhaftet. Die Motivation Semiramides bleibt unklar, die psychologische Entwicklung ist inkohärent und bleibt hinter virtuosen Koloraturen und artifiziellen Fiorituren verborgen. Im Gegensatz zu früheren Opern ist die thematische Verwendung melodischer Motive in diesem Werk von entscheidender Bedeutung. Immer wieder erklingen Themen der Ouvertüre, häufig stark verändert in der Modulation und in der harmonischen Verarbeitung. Rossini beginnt, die einzelnen Nummern durch musikalische Motive zu verklammern, ein Schritt weg von den plastischen Einzelformen isolierter Nummern, die für die opera seria typisch sind, hin zu einer übergreifenden musikdramatischen Idee.

Geschichte

Rossini brauchte zur Fertigstellung der umfangreichen Partitur genau 33 Tage. Bei der Premiere, bei der Isabella Colbran die Titelrolle sang, dauerte der 1. Akt zweieinhalb Stunden und der 2. Akt eineinhalb Stunden. Die Behauptung, Rossini habe wegen der ungünstigen Aufnahme der *Semiramide* Italien verlassen, gehört ins Reich der Fabel. In wenigen Jahren wurde sie eine der beliebtesten Opern. Ihr Siegeszug ging durch ganz Europa. In den 80er Jahren des 19. Jahrhunderts verschwand das Werk, weil die Sänger mit Ausnahme der Soprane den Stil nicht mehr beherrschten, der für die Ausführung der anspruchsvollen Partien nötig ist. Die erste Wiederbelebung im 20. Jahrhundert versuchte der Maggio Musicale Fiorentino 1940. Einige Diven der Nachkriegszeit nahmen das Werk immer wieder in ihr Repertoire. In den letzten zehn Jahren hat sich die Einstellung gegenüber dem Œuvre sérieux Rossinis grundsätzlich geändert, nicht zuletzt durch die kritischen Ausgaben der Rossini-Stiftung in Pesaro. *Semiramide* muß sicher hinter *Mosè* und *Guillaume Tell* zurückstehen, doch Rossini hat mit diesem Werk in seiner musikdramatischen Erfahrung eine Grenze überschritten, die ihn von den Konventionen der italienischen Oper löste.   *Ulrike Hessler*

Diskographische Empfehlung

1968 – Rom: Richard Bonynge, Orchestra Sinfonica & Coro di Roma della RAI. Joan Sutherland (Semiramide), Monica Sinclair (Arsace), Mario Petri (Assur), Ottavio Garaventa (Idreno), Ferrucio Mazzoli (Oroe). Nuova Era 2256/58 (ADD)

Guillaume Tell (Wilhelm Tell)
Oper in vier Akten

Text: Victor Joseph Étienne de Jouy und Hippolyte Louis Florent Bis
Uraufführung: 3. August 1829, Grand Opéra, Paris
Personen: Geßler, Kaiserlicher Landvogt der Schweiz (Baß); Rudolph der Harras, sein Vertrauter (Ten); Wilhelm Tell (Bar); Walther Fürst (Bar); Melchthal (Baß); Arnold, Melchthals

Sohn (Ten); Leuthold (Bar); Mathilde, Prinzessin von Habsburg (Sop); Hedwig, Tells Frau (Mez); Gemmy, Tells Sohn (Sop); Ein Fischer (Ten)

Chor: Hochzeitsgesellschaft; Jagdgesellschaft; Schweizer Volk; Geßlers Gefolgsleute

Ballett: Bauernhochzeit (1. Akt), Festszene (3. Akt)

Ort und Zeit: Umgebung des Vierwaldstätter Sees, Bürglen, Altdorf und das Rütli, Anfang des 14. Jahrhunderts

Orchester: 2 Fl (auch Picc), 2 Ob (auch E.H.), 2 Kl, 2 Fg, 4 Hrn, 4 Trp, 3 Pos, Pkn, Schlgzg, 2 Hrf, Streicher

Auf der Bühne: 4 Hrn

Form: Nummernoper mit 21 ineinander übergehenden Musiknummern

Aufführungsdauer: 4 Stunden

Verlag: G. Ricordi & C. S. p. A., Mailand

Handlung

Kern des Geschehens ist die Erhebung der schweizerischen Urkantone gegen die österreichisch-habsburgische Zwingherrschaft. Im Mittelpunkt steht der Schwur auf dem Rütli: die Gründung der unabhängigen, demokratisch regierten Schweiz. Wilhelm Tell ist mehr Vollstrecker als Motor dieser Bestrebungen. Mit Schillers Schauspiel von 1804 hat die Oper Sujet und Grundtendenz, nicht aber sämtliche Personen und Handlungselemente gemeinsam.

1. AKT: Im Dorf Bürglen feiern drei junge Paare Hochzeit. Sie wird getrübt durch die, zumal von dem als Bogenschützen gerühmten Wilhelm Tell, als qualvoll empfundene Willkürherrschaft der Österreicher unter dem Landvogt Geßler. Der greise Melchthal, die Vaterfigur der schweizerischen Patrioten, leidet darunter, daß sich sein Sohn Arnold aus Liebe zur habsburgischen Prinzessin Mathilde den Zwingherren angeschlossen hat. Geßlers Jagdgesellschaft bricht herein. Ein Gewitter zieht auf. Der Hirte Leuthold stürzt herein. Er hat einen der übermütigen Landknechte erschlagen, als der seiner Tochter Gewalt antun wollte. Tell wagt es, den von Geßlers Schergen verfolgten Leuthold bei schwerem Sturm mit dem Kahn ans andere, rettende Ufer überzusetzen. Geßlers Leute nehmen Rache, legen Feuer und schleppen den alten Melchthal als Geisel fort. – Im Wald: Arnold will sich aus Liebe zur Habsburgerin Mathilde ganz auf die Seite der Österreicher schlagen, doch findet er zu den schweizerischen Patrioten

zurück, als er erfährt, daß die kaiserlichen Schergen seinen Vater umgebracht haben.

2. AKT: Im Schutz der Nacht treffen sich auf dem Berg Rütli oberhalb des Vierwaldstätter Sees die Männer aus den Urkantonen Uri, Schwyz und Unterwalden und geloben, das Vaterland von der Tyrannei zu befreien (Rütli-Schwur).

3. AKT: Marktplatz in Altdorf. In zynischem Übermut hat der Landvogt Geßler zur Feier der hundertjährigen Besetzung der schweizerischen Gebiete seinen Hut auf einer Stange anbringen lassen und jedermann befohlen, dem Hut als Sinnbild kaiserlicher Oberhoheit Reverenz zu erweisen. Tell weigert sich. Geßler erklärt, Tell sei des Todes, es sei denn, er könne mit seiner vielgerühmten Armbrust einen Apfel vom Kopf seines Sohnes Gemmy schießen. Der Schuß gelingt. Tell hat einen zweiten Pfeil aufgelegt; der hätte den Landvogt treffen sollen, wäre der erste Schuß mißlungen. Geßler tobt und nimmt Tell in Haft. Mit Mühe rettet die Prinzessin Mathilde den Knaben Gemmy vor der Wut des Landvogts.

4. AKT: Der sadistische Übergriff Geßlers wird zum Signal für die Erhebung der Schweizer. Arnold schließt sich endgültig den Landsleuten an. Am Ufer des Vierwaldstätter Sees kommt Sturm auf. Geßler muß das Boot, das ihn und den gefangenen Tell ans andere Ufer bringen soll, dem als gewieften Steuermann bekannten Tell überlassen. Tell rettet sich ans Ufer. Geßler setzt ihm nach. Als der Landvogt eine Hügelspitze erklommen hat, ereilt ihn ein Pfeil aus Tells Armbrust. Die Schweiz ist befreit. Man feiert in der Abendsonne die Erhebung gegen die Zwingherren. Arnold und Mathilde werden ein Paar.

Kommentar

Tell ist Rossinis letzte Oper, zugleich das gewichtigste und am längsten nachwirkende seiner ernsten, mit *Otello* und *Mosè* begonnenen Bühnenwerke. Er plante noch eine Faust-Oper. Doch warum er als dramatischer Komponist verstummte, liegt im dunkeln. Hielt er seine Zeit für vorüber, als mit Aubers *Die Stumme von Portici* (1828) ein neuer, von Meyerbeer aufgegriffener Typus der Großen Oper aufkam? Litt er, wofür seine Selbstmordversuche sprechen, an depressiver Erschöpfung nach Jahren aberwitziger Produktivität? Sah er seinen Gipfel erreicht? Resignierte er, ehe er fürchten mußte, an Spannkraft einzubüßen?

Guillaume Tell, im Stil der aufkommenden Historienoper angelegt und auf französisch verfaßt, steht mit Schillers Schauspiel in nur losem Kontext;

Schillers sterbender Attinghausen läßt sich in etwa mit dem alten Melchthal in Zusammenhang bringen, Arnold mit Ulrich von Rudenz und die Prinzessin Mathilde mit Bertha von Bruneck. Auf das Libretto der in Paris hochangesehenen Bühnenautoren V. J. É. de Jouy (1764–1846) und H. L. F. Bis (1789–1855) haben auch die Tell-Opern von Grétry (1791) und B. A. Weber (1795) eingewirkt; die Grundtendenz des Sujets traf sich mit Tendenzen der Oper der Revolutionszeit. Zugleich versinnbildlichten der Widerstand gegen Fremdherrschaft und der Zusammenschluß der Urkantone Bestrebungen des italienischen Risorgimento; neben *Mosè in Egitto* (1818; Neufassung 1827) war *Tell* eine der frühen Risorgimento-Opern. Der Rütli-Schwur gab das Vorbild für viele Verschwörer-Szenen, vor allem bei Verdi; die mehrmals das hohe C ansteuernde Arie des Arnold wirkte auf den Stretta-Typus Verdis; das Leit-Intervall der verminderten Quinte als Klangsymbol des nächtlichen Walds beim Rütli-Schwur hat noch in Wagners *Siegfried* Spuren hinterlassen. Die *Tell*-Partitur ist Rossinis ernsthaftestes Werk: großzügige Anlage, Individualisierung der Gestalten, Stimmungsmalerei, wuchtige Steigerungen in den Arien wie in den ausgedehnten Ensembles, Einschränkung der Koloratur, durchkomponierter Bau, wobei die vom Orchester begleiteten Rezitative in die Gesangsnummern eingegliedert sind. Die ungemein populär gewordene Ouvertüre mit einleitendem Hirtenidyll, Sturmmusik und zündender stretta enthält die Leitklänge, die wie Fermente die ganze Partitur durchziehen bis hinein in die teils folkloristisch, teils konventionell-repräsentativ angelegten Ballettmusiken. Diese Leitklänge sind im wesentlichen gewonnen aus der Hirtenmusik der Einleitung. Ähnliche Praktiken wandte Berlioz in *Benvenuto Cellini* (1838) an. Es handelt sich nicht um Frühformen des Wagnerschen Leitmotivs, vielmehr um Substanzen der Grundstimmung, allenfalls um koloristisch empfundene Erinnerungsmotive.

Geschichte

Rossinis *Tell* wurde als atypisch und neuartig empfunden: Die Pariser reagierten zurückhaltend. Den äußeren Erfolg beschleunigten aber die revolutionären Ereignisse bis 1848: Wilhelm Tell wurde zu einer Identifikationsfigur. Rossinis Werk ging ins Repertoire ein, wenngleich mannigfach verkürzt, verstümmelt oder sogar umgeschrieben; so wurde der Berliner Erstaufführung 1830 ein völlig veränderter Text unterlegt, der es unternahm, Tell durch Andreas Hofer zu ersetzen. Erst 1842 erschien in Berlin die ursprüngliche Fassung auf der Bühne.

Von Rossinis Opern ist *Tell* die „modernste" gewesen. Ihre Wirkung auf Meyerbeer, Donizetti, Verdi, ja sogar Wagner war stark; zumal orientierte sich die Oper des Risorgimento an ihr. Von Anfang an stand *Tell* die Überlänge im Weg. Allenthalben wurde gekürzt und verändert, bald wegen der Schwierigkeiten der Partien, bald wegen des im Sujet enthaltenen Zündstoffs. Die Länge der Oper und die Ansprüche an die Stimmen bewirkten schließlich, daß *Tell* nach raschem internationalem Erfolg immer seltener auf die Bühne gelangte; außerdem war für die Romantiker, die die romantischen Elemente im *Tell* meist übersahen, Rossini ein suspekter Komponist der Restauration, wenn nicht gar der Ausbund kulinarisch-altmodischen Sängertheaters. Einzig die Ouvertüre behauptete sich, doch kaum einer realisierte noch, daß sie der symphonische Digest einer durchaus zukunftweisenden Oper ist.

Nach dem Zweiten Weltkrieg griff die Rossini-Renaissance gelegentlich auf *Tell* über, so in Italien, Frankreich und in der Schweiz, nicht jedoch in Deutschland, wo sich unterschwellig das Vorurteil hielt, hier handle es sich um eine koloraturenselige Verballhornung Schillers. Die erste Gesamtaufnahme des französischen Originals nebst der bislang in keiner Partiturausgabe anzutreffenden Arie des Gemmy aus dem 3. Akt leitete Lamberto Gardelli.   *Karl Schumann*

Diskographische Empfehlung

1973 – London: Lamberto Gardelli, Ambrosian Opera Chorus, Royal Philharmonic Orchestra. Montserrat Caballé (Mathilde), Mady Mesplé (Gemmy), Gabriel Bacquier (Tell), Nicolai Gedda (Arnold), Kolos Kováts (Walther Fürst). EMI, SLS 970

1979 – London: Riccardo Chailly, Ambrosian Opera Chorus, National Philharmonic Orchestra. Mirella Freni (Mathilde), Della Jones (Gemmy), Sherrill Milnes (Tell), Luciano Pavarotti (Arnold), Nicolai Ghiaurov (Walther Fürst). Decca 417 154-2 (ADD)

HEINRICH AUGUST WILHELM MARSCHNER

geb. 16. August 1795 in Zittau
gest. 14. Dezember 1861 in Hannover

Der Sohn böhmischer Handwerker komponierte bereits als
fünfzehnjähriger Gymnasiast Lieder und ein Ballett, studierte aber zunächst Jura, bis er sich durch den Einfluß
des Thomaskantors J. G. Schicht ganz der Musik zuwandte. 1816 trat
Marschner als Musiklehrer in die Dienste des Grafen Zichy in Preßburg.
Hier wurde er bald bekannt als Pianist, Komponist und Lehrer. Sein *Titus*
(1816) blieb unaufgeführt, aber sein *Heinrich IV. und D'Aubigné* wurde
1820 unter Carl Maria von Webers Leitung in Dresden mit großem Erfolg
zur Uraufführung gebracht. Daraufhin ließ sich Marschner in Dresden
nieder, wo er 1824, gegen Webers Willen, zum Musikdirektor ernannt
wurde. Während die projektierte Uraufführung der Oper *Das stille Volk*
(1818) nicht zustande kam, festigten das Singspiel *Der Kyffhäuserberg*
(1816, Zittau 1822), die romantische Oper *Saidar und Zulima* (Preßburg
1818) und die durchkomponierte Oper *Lucretia* (Danzig 1827) Marschners
Ruf als Opernkomponist. In Dresden komponierte er Schauspielmusiken
und gehörte dem Kreis um Tieck und Friedrich Kind an, mit dem er die
komische Oper *Der Holzdieb* (Dresden 1825) schrieb, die als Vorstufe einer
von Marschner projektierten deutschen Nationaloper gelten sollte. Marschners internationalen Ruhm begründeten die in Leipzig uraufgeführten
Opern *Der Vampyr, Der Templer und die Jüdin* (1829), *Des Falkners Braut*
(1832) – alle auf Libretti von Wilhelm August Wohlbrück – sowie der in
Berlin uraufgeführte *Hans Heiling*. Von 1827 bis 1831 leitete Marschner das
Orchester des Leipziger Stadttheaters, um dann als Hofkapellmeister ans
Hannoversche Hoftheater zu gehen. Die Universität Leipzig ernannte Mar-
schner 1834 zum Ehrendoktor. Nach dem *Schloß am Ätna* (Leipzig 1836)
kamen Marschners komische Oper *Der Bäbu* (1838), *Austin* (1852, auf ein
Libretto seiner dritten Frau, Marianne Wohlbrück) in Hannover sowie
Kaiser Adolph von Nassau in Dresden (1845) und *Sangeskönig Hiarne oder
Das Tyrsingsschwert* in Frankfurt (1863) zur Uraufführung. Jedoch gelang
es Marschner mit diesen Bühnenwerken nicht, die Erfolge seiner Haupt-

werke fortzusetzen: Von Meyerbeer und Wagner längst in den Schatten gedrängt, war Marschner am Ende seines Lebens fast vergessen.

Peter P. Pachl

Der Vampyr
Romantische Oper in vier Aufzügen

Text: Wilhelm August Wohlbrück
Uraufführung: 22. Dezember 1828, Theater der Stadt Leipzig
Personen: Sir Humphry, Lord von Davenaut (Baß); Malvina, seine Tochter (Sop); Edgar Aubry, ein Verwandter (Ten); Lord Ruthven (Bar); Sir Berkley (Baß); Janthe, seine Tochter (Sop); George Dibbin, in Humphreys Diensten (Ten); Emmy, des Gutsverwalters Tochter (Sop); James Gadshill (Ten); Tom Blunt (Baß); Richard Scrop (Ten); Robert Green (Bar); Suse, Blunts Frau (Alt); Der Vampyrmeister (Sprechrolle); Ein Haushofmeister Davenauts (Sprechrolle); Ein alter Diener (Sprechrolle); Ein Diener (Baß)
Chor und Ballett: Edelherren und -damen; Jäger und Diener Davenauts und Berkleys; Landleute; Brautjungfern; Blumenmädchen; Girlandenmädchen; Musikanten; Aufwärter; Schenkmädchen; Geister; Kobolde; Gnomen; Hexen; Teufelsfratzen; Frösche; Fledermäuse
Ort und Zeit: Schottland, im 17. Jahrhundert
Orchester: 2 KlFl, 2 GrFl, 2 Ob, 2 Kl, 2 Fg, Kfg, 4 Hrn, 2 Trp, 3 Pos, Pkn, TamTam, Streicher
Form: Nummernoper
Aufführungsdauer: 3 Stunden
Verlag: Adolph Fürstner, London

Handlung
1. AKT: Geister und Kobolde erwarten vor der Vampyrhöhle ihren Meister, der den ihm verfallenen Lord Ruthven bringt, welcher sich aber noch ein Jahr Frist erkaufen will. Die wird ihm für den Preis von drei unschuldigen Bräuten gewährt, den er binnen 24 Stunden einlösen muß. Als erstes Opfer erwählt er sich Janthe, die noch vor der Hochzeit mit ihrem Verführer entflohen ist. In einer Felshöhle findet ihr Vater sie tot auf. Er

durchbohrt den Mörder und entdeckt an der Leiche seiner Tochter Spuren von Vampyrzähnen.

Aubry kommt dem tödlich verwundeten Ruthven, der ihm einst das Leben gerettet hatte, zu Hilfe. Er schleppt ihn auf dessen Geheiß zu einer Anhöhe ins Mondlicht, wo der Vampyr neue Kräfte schöpft. Aubry aber muß den Eid schwören, das Geheimnis innerhalb der nächsten 24 Stunden nicht zu verraten.

2. AKT: An ihrem Geburtstag erwartet Malwina ihren Geliebten Aubry. Der Vater, Sir Humphry, hat ihr jedoch als Gatten den Earl von Marsden zugedacht. Den Bitten der Liebenden verschließt er sich. Aubry erkennt im Earl entsetzt Ruthven, den Vampyr, wieder, kann aber, durch seinen Schwur gebunden, die Geliebte nicht retten.

3. AKT: In Emmy, der Gutstochter, die gerade Hochzeit feiert, sieht Ruthven sein nächstes Opfer. Aubry ist inzwischen entschlossen, seinen Schwur zu brechen, um Malwina zu retten, aber Ruthven eröffnet ihm, daß es ihm selbst einst so ergangen ist und daß Aubry unweigerlich auch zum Vampyr würde, falls er den Eid breche. Landleute vor dem Schloß des Earl von Marsden hören einen Schuß fallen: George, der Ehemann Emmys, konnte das grauenvolle Verbrechen nicht verhindern, hat aber den Mörder erschossen.

4. AKT: Auf Schloß Davenaut wird die Hochzeit zwischen Malwina und dem Earl von Marsden vorbereitet. Ruthven, der erneut durch die Kraft der Mondesstrahlen genesen ist, eilt herbei und stellt sich liebenswürdig. Seine Zeit ist bald abgelaufen. Auch Sir Humphry drängt zur Eile. Der nächtliche Hochzeitszug begibt sich zur Kapelle, da stürzt Aubry herbei und entlarvt den Vampyr gerade in dem Moment, als es ein Uhr schlägt. Der Vampyrmeister ergreift Ruthven und versinkt mit ihm. Der Lord von Davenaut vermählt Aubry und Malwina.

Kommentar

Mit gesprochenen Dialogen, Arien im italienischen Stil und Liedern im deutschen Singspielstil ist diese Oper Marschners formal eher konventionell gehalten. Ihre Qualitäten liegen in einigen musikalisch-szenischen Konstellationen, unter Einbeziehung von Accompagnato-Rezitativen, melodramatischen Passagen und ausgefallener Instrumentierung, wenn es um die Zeichnung des Höllischen oder des Vampyrismus geht. Dank des grausigen Stoffs wurde Marschners Oper zum Ausgangs- und Höhepunkt der romantischen Geister- und Märchenoper.

Geschichte

John William Polidoris (1795–1821) gleichnamige Erzählung (1819), nicht wie häufig irrtümlich angegeben Lord Byrons Plan einer Novelle, war die Vorlage für das Libretto von Wilhelm August Wohlbrück, der jedoch den Liebeskonflikt Aubrys und die Frist der 24 Stunden, in denen der Vampyr der Hölle drei Jungfrauen opfern muß, ergänzte. Fast wörtlich von Byron übernahm Wohlbrück allerdings den Fluch aus *The Giaour* (1813) für die Große Szene (Nr. 14), in der Ruthven Aubry schildert, wie er selbst zum Vampyr wurde. Bereits 1820 kam ein anonymes Melodram, *Der Vampyr*, mit Musik von Piccini im Théâtre de la Portes-Saint-Martin zur Uraufführung, ihm folgte eine große Anzahl von Vampyrdramen und -vaudevilles. Wohlbrücks direkte Quelle ist Heinrich Ludwig Ritters 1822 erschienene deutsche Übersetzung des französischen Melodramas *Le Vampire*.

Peter Joseph von Lindpaintner kam mit seiner gleichnamigen Oper genau ein halbes Jahr später in Stuttgart auf die Bühne, konnte jedoch den Erfolg von Marschners Oper, die sich schnell international verbreitete und ins Englische, Französische und Russische übertragen wurde, nicht erreichen. Für Wagner, der eine Einleg-Stretta (für Aubry) in den *Vampyr* komponierte (1833), war Marschners Partitur – insbesondere die Ouvertüre und die Romanze der Emmy, direkte Vorläufer der Ouvertüre zum *Fliegenden Holländer* und zur Senta-Ballade – ein wichtiges Vorbild. 1924 schuf Hans Pfitzner eine Neufassung, als Marschners Oper „vom deutschen Spielplan so gut wie verschwunden war". Daran änderte auch Pfitzners Bearbeitung, der die Ouvertüre erst vor dem 2. Bild erklingen läßt und sich ansonsten mit wenigen orchestralen Retuschen begnügt, wenig. Nach dem Zweiten Weltkrieg war *Der Vampyr* vergessen, bis 1961 in Essen eine Wiederaufführung herausgebracht wurde. Allerdings war es um die Wiederbeschäftigung mit dieser Partitur schlecht bestellt: In sehr freien musikalischen Adaptionen wurde in Passau (1973) die Oper zu einem Kriminal-Reißer umfunktioniert und von der Pocket Opera Company in Nürnberg (1978) als „Opernmonsterthriller" aufbereitet. Sehr beachtliche Aufführungen auf der Grundlage von Marschners Partitur erfolgten in Bielefeld (1980) und Ulm (1981). Nach mehr als fünfzig Jahren steht seit der Spielzeit 1987/88 Pfitzners Bearbeitung in München wieder auf dem Spielplan, allerdings nun als eine Neubearbeitung der Bearbeitung, für die Klaus E. Schneider und Herbert Kreppel verantwortlich zeichnen, eine Charade, ein Spiel im Spiel – um die Emotionen der Oper nicht ernst nehmen zu müssen.   *Peter P. Pachl*

Diskographische Empfehlung

1951 – Wien: Kurt Tenner, Tonkünstlerchor, Großes Wiener Rundfunkorchester. Leo Heppe (Davenaut), Liane Synek (Malwina), Fritz Sperlbauer (Edgar Aubry), Georg Oeggl (Lord Ruthven), Traute Skladal (Emmy). Melodram, MEL 161 (Originalfassung)

1980 – Rom: Günter Neuhold, Chor und Orchester der RAI Rom. Martin Egel (Davenaut), Carl Farley (Malwina), Josef Protschka (Edgar Aubry), Siegmund Nimsgern (Lord Ruthven), Anastasia Tomaszewska Schepis (Emmy). Fonit Cetra, LMA 3005 (Fassung Hans Pfitzner)

Hans Heiling
Romantische Oper in einem Vorspiel und drei Aufzügen

Text: Eduard Devrient
Uraufführung: 24. Mai 1833, Königliches Opernhaus, Berlin
Personen: Königin der Erdgeister (Sop); Hans Heiling, ihr Sohn (Bar); Anna, seine Braut (Sop); Gertrude, ihre Mutter (Alt); Konrad, burggräflicher Leibschütz (Ten); Stephan, Schmied des Dorfes (Baß); Niklas, ein Bauer (Sprechrolle)
Chor: Erdgeister; Bauern; Bäuerinnen; Hochzeitsleute; Spielleute und Schützen
Ort und Zeit: Böhmisches Erzgebirge, 14. Jahrhundert
Orchester: 2 Fl, 2 Ob, 2 Kl, 2 Fg, 4 Hrn, 2 Trp, 3 Pos, Pkn, Streicher
Auf der Bühne: Fl, 2 Kl, 2 Fg, 2 Hrn
Form: Nummernoper mit gesprochenen Dialogen
Aufführungsdauer: 3 Stunden
Verlag: Edition Peters, Frankfurt am Main

Handlung

VORSPIEL: Hans Heiling, der Sohn der Königin der Erdgeister und eines Sterblichen, nimmt in einer Höhle, tief unter der Erde, Abschied von seiner Mutter. Da er Anna, ein Erdenmädchen liebt, entsagt er seiner Herrschaft. Er überhört das Warnen seiner Mutter. Sie gibt Heiling einen Brautschmuck mit sowie ein Zauberbuch, das es ihm ermöglicht, die Geister an sich zu binden. Heiling will erst zurückkehren, wenn sein Herz gebrochen ist.

1. AKT: Durch einen unterirdischen Gang, verfolgt von Geisterstimmen, betritt Heiling sein Studierzimmer in einem Haus außerhalb der Stadtmauern. Hier besucht ihn Anna, zusammen mit ihrer Mutter, die sie zur Heirat mit dem reichen Heiling überredet hat. Sie entdeckt das Zauberbuch, das vor ihr von selbst aufspringt und dessen Blätter sich von selbst wenden. Heiling gibt ihrem Wunsch, das Buch zu verbrennen, nach und bricht so mit dem Geisterreich. Er verspricht Anna, am Nachmittag mit ihr aufs Floriansfest zu gehen.

Auf dem Festplatz vor der Waldschenke gibt der Leibschütz Konrad ein Lied über Sessa zum besten, deren Ehemann ein Kobold war. Anna will, entgegen ihrem Versprechen, tanzen. Als Konrad sie um einen Tanz bittet, verbietet es ihr Heiling. Da ihr Schmeicheln nichts nützt, tanzt sie ohne Heilings Erlaubnis. Heiling fühlt, daß Anna ihn nie geliebt hat.

2. AKT: Anna hat sich im Wald verirrt. Sie weiß, daß Heiling ihre Liebe und Treue braucht, die sie ihm in kindlicher Einfalt versprochen hat, aber sie fühlt sich stärker zu Konrad hingezogen. Ihr erscheint die Königin der Erdgeister, warnt sie vor Heiling und droht ihr mit der Rache der Erdgeister, wenn sie Heiling nicht zurückgibt. Konrad findet Anna zusammengebrochen, die sich nunmehr seinem Schutz anvertraut.

Ängstlich wartet Annas Mutter auf die Heimkehr ihrer Tochter. Konrad bringt die Ohnmächtige heim und hält um ihre Hand an. Heiling erscheint und versucht mit dem Brautschmuck, Anna zurückzugewinnen. Anna aber sucht in Konrads Armen Schutz und enthüllt ihm und der Mutter das Geheimnis um Hans Heiling. Verzweifelt sticht Heiling mit einem Dolch auf Konrad ein und entflieht.

3. AKT: Heiling ruft die Erdgeister an, um zu ihnen zurückzukehren, im Glauben, er sei durch Konrads Tod gerächt. Aber er erfährt von ihnen, daß Konrad nur leicht verwundet ist und am nächsten Tag Anna heiraten wird. Die Geister verlachen ihn, da er keine Gewalt mehr über sie besitzt. Heiling schwört Rache und bittet die Geister, ihm, der nun Erden- und Geisterreich verloren hat, dennoch zu helfen. Die Geister nehmen Heiling wieder in ihr Reich auf und übergeben ihm das Zepter.

Während Anna und Konrad getraut werden, versteckt sich Heiling. Als Anna und Konrad beim traditionellen Brautsuchen die Augen verbunden werden, ergreift Heiling Anna und klagt sie der Untreue an. Sie bittet ihn, wenigstens ihren Mann zu schonen. Konrad eilt ihr zu Hilfe und sticht mit einem Dolch auf Heiling ein, aber die Klinge bricht ab. Heiling ruft die Erdgeister zur Rache herbei. Deren Königin schlichtet den Streit in Liebe.

Mit gebrochenem Herzen kehrt Heiling in die Arme seiner Mutter zurück, während Anna und Konrad ihn bitten: „Fahr wohl, und unter uns sei Frieden!"

Kommentar

Hans Heiling ist eine frühe romantische Oper, die mit vier Formen von Sprache arbeitet: dem gesprochenen Dialog, dem Melodram, dem Rezitativ und dem Gesang. Das Vorspiel ist bereits ein durchkomponierter Opernakt, in dem die Sologesänge nicht mehr in geschlossene Formen gebunden sind. In Heilings Melodramen schafft Marschner dialektische Distanz zwischen verbaler Aussage und unausgesprochenem Fühlen. Einige Arien sind zu Szenen ausgeweitet. Besonderen Stellenwert besitzt das Melodram von Annas Mutter Gertrud, zu Anfang des 2. Aktes, das mit balladesken Gesangsmomenten durchsetzt ist. Dreizehn Jahre nach der Uraufführung veränderte Marschner dieses Melodram und das gesamte Finale für die Wiener Erstaufführung, im Sinne einer Steigerung der Handlungsstringenz und eines Verzichts auf die Deus-ex-machina-Funktion der Königin-Mutter.

Hans Heiling besitzt deutlich Vorbild-Charakter für Wagners *Fliegenden Holländer,* steht doch in *Hans Heiling* erstmals ein dämonischer Charakter, ein Bariton, im Mittelpunkt der Opernhandlung. Parallelen zu Wagner finden sich im dramaturgischen und im musikalischen Aufbau, sogar motivische Verwandtschaften lassen sich feststellen.

Geschichte

Mit dem Schauerroman *Hans Heiling* (1800) von Christian Heinrich Spieß (1755–1799) hat Eduard Devrients Libretto kaum etwas gemein. Devrient stützt sich auf eine alte böhmische Sage, nach der ein Erdgeist ein Mädchen, das seine Liebe verschmähte, mitsamt ihrem Bräutigam und dem gesamten Hochzeitszug in Stein verwandelt hat. Theodor Körner hat die Sage, zu der offenbar eine Felsgruppe nahe Karlsbad Anlaß gab, in *Hans Heilings Felsen* nacherzählt. Die Verwandlung in Stein entfällt jedoch in Devrients Opernlibretto, das positiv, mit dem Verzicht Heilings, endet. Im Gegensatz etwa zu Webers *Freischütz* ist in *Hans Heiling* das Verhaftetsein des Volkes in der Naturreligion noch deutlich spürbar.

Die Oper wurde schon bald nach ihrer Uraufführung auch ins Dänische, Schwedische und Russische übersetzt. Bereits Hans Pfitzner, der das Werk in Straßburg und in Dresden inszeniert und gleichzeitig eine behutsame

Bearbeitung geschaffen hatte (Umstellung der Ouvertüre zwischen das vorletzte und letzte Bild der Oper, textliche Änderungen und Modifizierungen in den Singstimmen), bemerkte 1923, daß „ohnehin *Heiling* schon seit Jahren kein Kassenstück mehr" sei; der *Lohengrin* – mit dem er *Hans Heiling* 1908 verglichen hatte, wobei Pfitzner zu der Schlußfolgerung gekommen war, „*Heiling* und *Lohengrin* sind in der Tat dieselbe Tragödie" – hatte dem Vorläufer deutlich den Rang abgelaufen. Abgesehen von konzertanten Aufführungen hat sich daran wenig geändert; nach der Wiederaufführung in Rom (1972) starteten einige Opernhäuser den Versuch, Marschners Oper – ähnlich der *Ring*-Inszenierung von Patrice Chéreau – gesellschaftskritisch zu deuten (etwa Nikolaus Lehnhoff in Zürich 1979) – ein Versuch, der jedoch für Marschners Oper nicht so recht aufging.

Peter P. Pachl

Diskographische Empfehlung

1950 – Hamburg: Wilhelm Schüchter, Chor und Sinfonieorchester des NDR Hamburg. Helene Werth (Königin der Erdgeister), Alexander Welitsch (Hans Heiling), Margot Guilleaume (Anna), Res Fischer (Gertrude), Karl Friedrich (Konrad), Gustav Neidlinger (Stephan). Melodram, MEL 159

GAETANO DONIZETTI

geb. 29. November 1797 in Bergamo
gest. 8. April 1848 in Bergamo

Die musikalische Ausbildung Donizettis begann 1806 in der Schule von Johannes Simon Mayr (1763–1845), einem italienischen Komponisten bayerischer Herkunft; 1815 vervollständigte Donizetti seine Studien im strengen Kontrapunkt bei Padre Mattei in Bologna. Zwei Jahre später kehrte er nach Bergamo zurück, wo er durch die Vermittlung von Mayr die scrittura einer venezianischen Truppe für vier Opern erhielt. Aus der Anonymität der zahllosen, für den Tagesbedarf produzierenden Opernkomponisten trat Donizetti mit *Zoraide di Granata* (Rom 1822) hervor, deren Erfolg den einflußreichen Impresario Domenico Barbaja veranlaßte, den jungen Komponisten unter Vertrag zu nehmen; während der nächsten acht Jahre schrieb Donizetti fast ausschließlich für die verschiedenen Theater Neapels (Teatro San Carlo, Teatro Fondo, Teatro Nuovo). Von den 33 Opern, die bis August 1830 entstanden sind, gehören elf dem ernsten Genre an, darunter *Gabriella di Vergy* (1826), die Donizettis Seriastil dieser Phase geradezu modellhaft ausprägt, zwei Drittel hingegen zu den Gattungen der opera semiseria wie *La Zingara* (1822) und der opera buffa wie *Le convenienze ed inconvenienze teatrali* (1827) – eine Parodie auf die verschiedenen Gattungen und Stile der damaligen Oper –, wobei der Einfluß Rossinis mehr oder minder in fast allen Werken, sei es in der formalen Gestaltung, sei es in der Übernahme des canto fiorito, spürbar ist.

Mit *Anna Bolena* (Mailand 1830) setzte Donizettis Emanzipation von den Vorbildern ein, begann sich sein Ruhm zu verbreiten: Von den 25 Opern, die bis 1838 entstanden, ist Neapel nur noch mit elf Auftragswerken vertreten; die übrigen wurden für Mailand (7), Venedig (3), Rom und Florenz (je 2) sowie für Paris (1) geschrieben. Charakteristisch für die zweite Phase ist die Verlagerung des Schaffens auf das anspruchsvolle, prestigeträchtige ernste Genre: Von den 25 Opern zählen zwei Drittel zur opera seria. Die gleiche Tendenz spiegelt sich in der Auswahl der Librettisten wider: Behaupten in der neapolitanischen Zeit Donizettis routinierte Talente regionaler Bedeutung wie Leone Andrea Tottola und Domenico Gilardoni das Feld, so gehören nach 1830 renommierte Autoren wie Felice Romani, der fast alle Libretti für den Rivalen Bellini verfaßte, und Salvatore Cammarano, der später für Verdi schreiben sollte, zu Donizettis bevorzugten Mitarbeitern.

Mit der opera comica *L'elisir d'amore* (Mailand 1832, nach Eugène Scribes *Le philtre*, 1831 von Auber vertont) knüpfte er zwar stilistisch an Rossini an, ohne jedoch die überschäumende Heiterkeit, das bestechende brio und die parodistischen Elemente der alten buffa zu übernehmen; unter der Oberfläche handfester Komik verbergen sich Momente von Sentimentalität und Melancholie (Romanze des Nemorino, „Una furtiva lagrima"). In *Lucrezia Borgia* (Mailand 1833, nach Victor Hugos *Lucrèze Borgia*) hat Donizetti, wenn auch in abgeschwächter Form, die melodramatischen Elemente der Vorlage, einem überaus wirkungsvollen Schauerdrama aus der Renaissancezeit, beibehalten. Aufgrund der faszinierenden Titelpartie, der sich jeder Schematik entziehenden Duette und der mitreißenden Ensembleszenen zählte sie zu den erfolgreichsten Opern zu Lebzeiten des Komponisten, im Gegensatz etwa zu *Maria Stuarda*, deren unglücklich verwickelte, durch die Zensur beeinträchtigte Entstehungsgeschichte die Rezeption negativ beeinflußt hat. Während heute *Maria Stuarda* neben *Lucia di Lammermoor* (Neapel 1835) zu den meistaufgeführten Seria-Opern Donizettis gehört, haben *Marino Faliero* (Paris 1835) und *Belisario* (Venedig 1836) von der in den 60er Jahren einsetzenden Donizetti-Renaissance bislang kaum profitiert. Fest in der Tradition des settecento steht die farsa *Il campanello* (Neapel 1836), ein Bravourstück für Spielbariton mit parodistischen Zügen, vor allem in Form von Zitaten aus mehreren Donizetti-Opern. In *Roberto Devereux* (Neapel 1837) konzentrierte der Komponist sein Interesse auf die Ausgestaltung der vier Hauptpartien, legte den Akzent auf die Duette, die größtenteils als Dialoge gestaltet und mit einer verschwenderischen Fülle melodischer Einfälle ausgestattet sind.

Nach Ablehnung seines *Poliuto* (entstanden 1838/39) durch die Zensur verlor Donizetti endgültig sein Interesse an Neapel und wandte sich, wie vor ihm schon Cherubini, Spontini, Rossini und Bellini, der „musikalischen Hauptstadt Europas" zu: Von den zwölf Opern der dritten und letzten Phase entstanden nicht weniger als sieben für Paris (Opéra, Opéra-Comique, Théâtre-Italien). Während *Le duc d'Albe* Torso blieb und erst 1882 nach der Bearbeitung durch Matteo Salvi in Rom als *Il duca d'Alba* aus der Taufe gehoben wurde, *Les martyrs* (1840) andererseits eine Umarbeitung des *Poliuto* darstellt, ist *La fille du régiment* (1840) die erste genuin französische

Oper Donizettis, die in Paris zur Aufführung kam. Das nächste Auftragswerk der Opéra, *La Favorite* (1840), basiert zum überwiegenden Teil auf dem 1839 entstandenen, aber nicht publizierten *L'ange de Nisida* sowie auf der Fragment gebliebenen *Adélaïde* von 1834; seine größte Verbreitung fand das Werk vor allem in der von Calisto Bassi erstellten italienischen Version (Mailand 1843). Mit *Linda di Chamounix* (Wien 1842), einem ausgeprägten Rührstück, bei dem das Schäferidyll des settecento in die Bergwelt Savoyens versetzt wurde, knüpfte Donizetti an Paisiellos *Nina ossìa La pazza per amore* (1789) und Bellinis *La sonnambula* (1830) an, in denen die Titelgestalten einer vorübergehenden geistigen Verwirrung erliegen. Nach dem spektakulären Erfolg des *Don Pasquale* (Paris 1843), einer der ganz wenigen Opern Donizettis, die sich fast ununterbrochen bis heute im Repertoire halten konnte, entstand als zweites Auftragswerk für das Wiener Kärntnertor-Theater *Maria di Rohan* (1843), das allerdings musikalisch hinter die Errungenschaften von Donizettis Pariser Opern zurückfiel und nach 1850 kaum mehr aufgeführt wurde. *Caterina Cornaro* (Neapel 1844) hingegen darf als ein zu Unrecht in Vergessenheit geratenes Werk gelten, denn in stilistischer Hinsicht stellt es fraglos Donizettis avanciertestes Bühnenwerk dar. Mit seiner letzten Oper *Dom Sebastien, roi de Portugal* (Paris 1843), dem wohl ambitioniertesten Vorhaben des Komponisten, versuchte Donizetti die Synthese zwischen opera seria und grand opéra. Das ungleiche Niveau der musikalischen Gestaltung dürfte weniger auf seine Krankheit zurückzuführen sein, sondern eher auf das Libretto von Scribe, das mit übertriebenen Effekten und wenig stringenter Handlungsführung behaftet ist. Für Wien erstellte der Komponist eine Zweitfassung (1845), die sich bis in die 80er Jahre des letzten Jahrhunderts im Spielplan halten konnte. *Norbert Christen*

Anna Bolena
Tragedia lirica in zwei Akten

Text: Felice Romani, nach dem Drama *Henri VIII* von Marie-Joseph de Chénier und der Tragödie *Anna Bolena* von Alessandro Ercole Pepoli
Uraufführung: 26. Dezember 1830, Teatro Carcano, Mailand

Personen: Enrico, König von England (Baß); Anna Bolena, seine Gemahlin (Sop); Giovanna Seymour, Hofdame Annas (Mez); Lord Rochefort, Annas Bruder (Baß); Lord Riccardo Percy (Ten); Smeton, Page und Musiker der Königin (Alt); Sir Hervey (Ten)
Chor: Höflinge; Offiziere; Lords; Jäger; Soldaten
Ort und Zeit: England, 1536
Orchester: 2 Fl (2. auch Picc), 2 Ob (2. auch E.H.), 2 Kl, 2 Fg, 4 Hrn, 2 Trp, 3 Pos, Pkn, Schlgzg (KlTr, GrTr, Bck), Hrf, Streicher
Auf der Bühne: 2 Hrn, Trp, Banda
Form: Durchkomponierte Einzelszenen
Aufführungsdauer: 3 Stunden
Verlag: G. Ricordi & C. S. p. A., Mailand

Handlung

1. AKT: Schloß Windsor. 1. Bild: Saal im Schloß. Die Hofgesellschaft erwartet die Rückkehr des Königs. Anna, die seit längerem spürt, daß er sich innerlich von ihr abgewandt hat, befürchtet, daß sein Interesse einer anderen Frau gilt. Sie ahnt freilich nicht, daß es gerade Giovanna Seymour ist, mit der sie ein besonderes Vertrauensverhältnis verbindet. Ein Lied ihres Pagen Smeton erinnert sie an das vergangene Glück ihrer ersten Liebe. Als der König Giovanna heimlich aufsucht, fordert sie ihn auf, das unwürdige Verhältnis zu beenden. Der König glaubt, Giovanna wolle seine rechtmäßige Gattin werden, und erklärt, sofort Schritte zu unternehmen, um seine Ehe mit Anna aufzulösen.

2. Bild: Im Schloßpark. Lord Rochefort trifft auf Percy, Annas früheren Geliebten, den der König hat aus der Verbannung zurückkehren lassen, in der Hoffnung, durch ein arrangiertes Rendezvous zwischen Percy und Anna einen Vorwand zur Scheidung in die Hand zu bekommen.

3. Bild: Kabinett im Schloß. Smeton, der die Königin heimlich liebt, will ein Medaillon mit ihrem Bild in ihr Kabinett zurückbringen. Als er plötzlich Schritte hört, verbirgt er sich hinter einem Wandschirm. Anna und Percy betreten den Raum. Auf seine leidenschaftliche Liebeserklärung erwidert sie, daß es keinen Weg mehr zurück gebe. In seiner Verzweiflung will sich Percy mit dem Dolch töten, da stürzt Smeton hervor, um Anna gegen einen vermeintlichen Angriff Percys zu verteidigen. In diesem Augenblick erscheint der König. Als Smeton versehentlich das Medaillon fallen läßt, fühlt sich Enrico in seinem Verdacht, daß Anna ihn betrüge, bestätigt und befiehlt die Verhaftung von Anna, Percy und Smeton.

2. AKT: In London. 1. Bild: Vor den Gemächern Annas. Sir Hervey überbringt den Befehl des Königs, daß alle Hofdamen sich dem richterlichen Verhör zu unterziehen hätten. Inzwischen hat Giovanna die Königin aufgesucht und sie beschworen, sich schuldig zu bekennen, um so ihr Leben zu retten. Anna verflucht ihre Rivalin, ohne sie zunächst zu kennen. Als ihr klar wird, daß gerade Giovanna die Geliebte des Königs ist, erklärt sie sich jedoch bereit zu verzeihen.

2. Bild: Vor dem Gerichtssaal. Unter den Höflingen verbreitet sich die Nachricht, daß Smeton gestanden habe, der Geliebte der Königin zu sein. Niemand ahnt jedoch, daß Enrico den Pagen zu dieser Aussage unter dem Vorwand verleitet hat, sein Geständnis werde Annas Leben retten. Als Percy dem König erklärt, Annas rechtmäßiger Ehemann zu sein, da ihre Verbindung den Segen der Kirche habe, während Anna beteuert, daß sie Percy nach wie vor liebe, fühlt sich Enrico hintergangen und droht ihnen mit dem Tode. Giovanna, die längst ihr Tun bereut hat, fleht den König um Gnade an, vergeblich. Sir Hervey überbringt das Urteil der Pairs: Anna ist des Ehebruchs überführt, sie und ihre Komplizen werden zum Tode verurteilt.

3. Bild: Gefängnis im Tower. Percy und Rochefort erfahren von ihrer Begnadigung. Da aber das Todesurteil für Anna bestehen bleibt, weisen sie den Gnadenerlaß zurück. Reumütig bekennt Smeton, durch seine Falschaussagen das Todesurteil herbeigeführt zu haben. Kanonenschläge verkünden die Eheschließung des Königs mit Giovanna. Die Ereignisse der letzten Zeit haben Annas Geist verwirrt; als die Gefangenen zur Hinrichtung geführt werden, sinkt sie ohnmächtig zusammen.

Kommentar

Ein nicht zu unterschätzender Anteil am Erfolg der *Anna Bolena* gebührt Felice Romani: Donizetti hatte Glück, einen Text erhalten zu haben, der klar durchstrukturiert war und über eine glänzende dramaturgische Disposition verfügte. Kein einziges relevantes Moment der Vorgeschichte wurde ausgespart, was dem Text stellenweise den Charakter des Retrospektiven verleiht. Auch wenn die Figurenkonstellation im wesentlichen durch die traditionelle Stimmfächerverteilung bestimmt wurde, ist es Romani gelungen, in *Anna Bolena* keine festumrissenen Typen auf die Bühne zu stellen, sondern Charaktere zu entwickeln, die mehrschichtig angelegt sind.

Wie andere Opern des frühen Donizetti läßt auch *Anna Bolena* keine dem Libretto adäquate musikalische Durchstrukturierung, etwa in Form einer kalkulierten Tonartendisposition oder eines Netzes thematischer Beziehungen, erkennen; Zusammenhang stiftend wirken lediglich einige Erinnerungsmotive. Noch dominiert das Prinzip, am Text gewissermaßen entlangzukomponieren, den jeweiligen Affektgehalt der Worte durch individuelle musikalische Wendungen wiederzugeben, insbesondere die Stimmungsumschwünge durch eine kontrastierende Motivik zu reflektieren. Die überlieferten vokalen Formen werden von Donizetti zwar nicht in Frage gestellt, doch durch stetige Abwandlung der Schematisierung entzogen. Fortschrittlich sind vor allem die Dialogpartien ausgefallen, die keineswegs mehr auf dem trockenen Rezitationston verharren, sondern zum Arioso tendieren. Der bereits bei Rossini einsetzende Prozeß, den beziehungslosen Gegensatz von Rezitativ und Arie in einen vermittelten Kontrast übergehen zu lassen, findet in *Anna Bolena* seine Fortsetzung: Deklamatorische und kantable Teile werden partiell durch musikalische Substanzgemeinschaft miteinander verschränkt. Der canto fiorito, den Rossini für seine cabaletta bevorzugt hat, wird in dieser Oper weitgehend durch periodisch angelegte, expressive Kantilenen ersetzt; die cabaletta legt damit ihren virtuosen Charakter ab und nähert sich dem Cantabile an (Schlußarie der Anna, „Piangete voi", 2. Akt). Erstmals wartet Donizetti in *Anna Bolena* mit einem ausgeprägten Reichtum an überaus inspirierten Melodien auf, die vor allem in den Ensembleszenen nicht selten jene Dimensionen erreichen, wie sie für Bellini typisch waren und Verdi noch in hohem Alter zu faszinieren vermochten.

Geschichte
Im Sommer 1830 beschloß eine Gruppe Mailänder Aristokraten, unzufrieden mit der Politik der Scala, am Teatro Carcano eine glanzvolle Saison zu veranstalten, für die namhafte Sänger wie Giuditta Pasta und Giovanni Battista Rubini unter Vertrag genommen wurden. Angesichts dieser vielversprechenden Voraussetzungen verpflichtete sich Donizetti, zur Saisoneröffnung am 26. Dezember eine Oper in Zusammenarbeit mit Felice Romani, der ansonsten fast exklusiv für seinen Konkurrenten Bellini arbeitete, zu schreiben. Am 10. November erhielt der Komponist das Libretto, einen Monat später war die Arbeit an der Partitur abgeschlossen.
Mit *Anna Bolena* begann Donizettis Weltruhm; der triumphale Erfolg der Uraufführung wiederholte sich in den folgenden Jahren (London 1831; Neapel und Madrid 1832; Rom, Wien und Budapest 1833). Ein halbes Jahrhundert blieb die Oper fest verankert im in- und ausländischen Repertoire, dann geriet sie wie nahezu alle Werke der Belcanto-Epoche in Verges-

senheit. Durch die spektakuläre Neuinszenierung von Luchino Visconti (Mailänder Scala, 1957) mit Maria Callas erhielt die Donizetti-Renaissance einen entscheidenden Impuls. Seither ist *Anna Bolena* wieder an etlichen, vor allem italienischen Bühnen anzutreffen. Namhafte Sängerinnen wie Leyla Gencer, Beverly Sills, Maria Chiara und Joan Sutherland haben sich intensiv mit dieser Partie beschäftigt.   *Norbert Christen*

Diskographische Empfehlung

1957 – Mailand: Gianandrea Gavazzeni, Chor und Orchester des Teatro alla Scala. Maria Callas (Anna Bolena), Giulietta Simionato (Seymour), Nicola Rossi-Lemeni (Enrico), Gianni Raimondi (Riccardo). TIS Hunt 518 WA (AAD)

1987 – London: Richard Bonynge, Orchestra and Chorus of the Welsh National Opera. Joan Sutherland (Anna Bolena), Susanne Mentzer (Seymour), Samuel Ramey (Enrico), Jerry Hadley (Riccardo). Decca 421 096-2 (DDD)

L'elisir d'amore (Der Liebestrank)
Melodramma giocoso in zwei Akten

Text: Felice Romani
Uraufführung: 12. Mai 1832, Teatro della Canobbiana, Mailand
Personen: Adina, eine reiche und kapriziöse Pächterin (Sop); Nemorino, ein junger und naiver Bauer, in Adina verliebt (Ten); Belcore, Sergeant der Garnison im Dorf (Bar); Doktor Dulcamara, ein umherziehender Medikus (Baß); Giannetta, ein Bauernmädchen (Sop)
Chor und Statisterie: Bauern und Bauernmädchen; Soldaten und Regimentsmusiker; Ein Notar; Zwei Diener; Ein Mohr
Ort: Ein baskisches Dorf
Orchester: 2 Fl (2. auch Picc), 2 Ob, 2 Kl, 2 Fg, 2 Hrn, 2 Trp, 3 Pos, Pkn, GrTr, Hrf, Streicher, B. c.
Auf der Bühne: Hrn, KlTr, Trp, Banda
Form: 21 Musiknummern, teils durch Secco-Rezitative verbunden
Aufführungsdauer: Ca. 2½ Stunden
Verlag: G. Ricordi C. S. p. A. Mailand

Handlung

1. AKT: Vor Adinas Pachthof ruhen die Landleute von der Feldarbeit aus, während Nemorino, ein schüchterner Bauernbursche, die Pächterin beim Lesen schwärmerisch beobachtet. Sie trägt spöttisch die Geschichte des Tristan vor, der das Herz der stolzen Isolde mit einem Liebestrank gewann, den ihm ein Zauberer gab. Da kommt ein Trupp Soldaten mit dem prahlerischen Sergeanten Belcore an der Spitze, der sogleich ungeniert um Adinas Hand wirbt. Sie zeigt sich von seinem Auftreten beeindruckt, bittet aber Bedenkzeit aus. Nun wagt auch Nemorino, vor Adina seine Gefühle offenzulegen, doch weist sie ihn launisch mit den Worten zurück, daß Liebe für sie nur Scherz sei. Ehrfurchtsvoll bestaunen alle Dorfbewohner die Ankunft des Wunderdoktors Dulcamara, der seine Ware derart geschickt anpreist, daß alle eifrigst kaufen. Naiv fragt Nemorino nach Tristans Liebestrank und erhält von dem Scharlatan, der die volle Wirkung für den nächsten Tag zusichert, einen Bordeaux. Durch den Genuß des Weines enthemmt, tritt Nemorino der Angebeteten ausgelassen entgegen. Von der Kraft des vermeintlichen Liebestranks überzeugt, verkündet er selbstsicher, morgen von seinem Kummer befreit zu sein. Adina ist irritiert und läßt erste Zeichen von Eifersucht erkennen. Trotzig gibt sie vor, Belcore heiraten zu wollen, und da ein plötzlicher Marschbefehl eintrifft, wird die Hochzeit noch für den Abend festgesetzt. Verzweifelt fleht Nemorino um nur einen Tag Aufschub.

2. AKT: Zu Ehren des Brautpaares findet im Pachthof ein Festessen statt, bei dem Dulcamara mit Adina eine kleine Spielszene vorträgt. Nemorino läßt sich von Belcore als Soldat anwerben, um mit dem Handgeld eine weitere Flasche des Elixiers zu kaufen. Das Bauernmädchen Giannetta verbreitet die Nachricht, daß Nemorinos Onkel gestorben ist und seinem Neffen ein Vermögen hinterließ. Nemorino schreibt es dem Liebestrank zu, daß ihm nun alle Mädchen, die ihn vorher verspotteten, zu Füßen liegen. Adina verzehrt sich in Eifersucht und wird sich ihrer Gefühle endlich bewußt, als Dulcamara sie aufklärt, welches Opfer Nemorino auf sich nahm. Sie erstattet Belcore das Handgeld zurück, überwindet sich und gesteht Nemorino ihre Liebe. Dulcamara brüstet sich mit seinem Wundermittel, das Nemorino Liebesglück wie Erbschaft brachte, und reist als hochgefeierter Mann ab, während Belcore unverzagt neue Liebschaften ins Auge faßt.

Kommentar

Von gleicher Souveränität wie Rossini in seinen besten Buffa-Opern zeigt sich Donizetti in *L'elisir d'amore*. Schon in der Introduktion erstaunt es, wie er die Situation einer an sich prekären, weil monotonen Abfolge von drei Cavatinen meistert und die einzelnen Nummern organisch zusammenzufügen vermag. Was ihm einmal gelingt, indem er den Chor, der in dieser Oper eine wesentliche integrative Kraft darstellt, ständig mit-einbezieht und so einen ungemein flüssigen Ablauf herstellt, und zum andern durch ein außerordentliches Ausdrucksspektrum, das ihm musi-kalisch zu Gebote steht. Das sehnsüchtige Schmachten Nemorinos, seine warme Empfindsamkeit im Gegensatz zu Belcores gestelztem Balzverhal-ten, das mit karikierendem Pathos in bewußt regressivem Stil eingefangen ist, und dazwischen Adina beim Vorlesen einer Geschichte, durch neutralen Vortragston sich kaum äußernd, wie es ihrem sensiblen, verletzlichen We-sen entspricht, das die Offenbarung echter Gefühle nicht zuläßt: Die Perso-nencharakteristik ist absolut treffsicher in den drei Cavatinen. Jede Person und auch Situation im Drama erhält von Donizetti ihr eigenes Melos, das von eher kruder, volkstümlich eingängiger Musik (Barcarole im 2. Akt) über das sprudelndste Buffo-Parlando bis zur weitgespannten Kantilene reicht, wobei sich die Duette gerade den Kontrast zwischen letzteren zunutze machen. Von gleicher Anpassungsfähigkeit zeugt die oft brillante, gelegent-lich sogar auftrumpfende, aber nie überladene Instrumentation. Der Or-chestersatz zeichnet sich neben seiner Beweglichkeit durch Filigranarbeit aus, etwa in Form reizvoller Bläsereinsprengsel im Streichersatz, und durch subtile Färbungen, wie sie in Nemorinos Romanze durch Harfe und kon-zertierendes Fagott entstehen. Doch trotz aller Leuchtkraft der Farben und aller Frische und Lebendigkeit ist ein ungetrübter Buffa-Geist, wie er bei Rossini noch selbstverständlich war, in *L'elisir d'amore* nicht mehr vorhan-den. Wohl gibt es noch reine Komik und authentische Buffa-Figuren wie Dulcamara und Belcore, aber das Liebespaar ist von komplexerer Art und trägt Züge, die auf die Zwischengattung der opera semiseria verweisen. Gewiß wirkt es komisch, wenn Nemorino seinen Liebeskummer unwissent-lich im Alkohol ersäuft und der vermeintliche Wundertrank ironischer-weise doch noch seine Wirkung tut. Aber wie anders wird Nemorino in Wort und Ton gezeichnet, wenn er das concertato im ersten Finale eröffnet. Fast weinend („quasi piangente" steht in der Partitur) fleht er Adina an, die Hochzeit mit Belcore hinauszuschieben: eine leidenschaftliche, verzwei-felte Beschwörung, „con passione" in f-moll vorgetragen; schließlich folgt, als die Wendung zum Guten schon geschehen ist, noch die berühmte Romanze „Una furtiva lagrima“: eine elegische Melodie in b-moll. Hier kommt seelische Urgewalt zum Vorschein. Und nicht anders verhält es sich mit Adina: Eine junge, reiche Frau, die hysterisch auflacht, wenn sie die Ergriffenheit verbergen will, die der Stoff von Tristan und Isolde in ihr auslöst; die vorgibt, Liebe sei nur Scherz für sie, um ihre neurotische Bindungsangst zu verdecken; die sich in ihrer Prüderie mit sadistischem Spiel grausam gibt – nicht unähnlich einer Turandot. Fast bedenklich nähert sich *L'elisir d'amore* mit den Gestalten Nemorinos und Adinas einem Punkt, wo Komik in Tragik umschlägt und der Buffa der Boden entzogen ist.

Geschichte

Wie bei *La sonnambula* griff Felice Romani für *L'elisir d'amore* auf einen Bühnentext von Eugène Scribe zurück, nur daß sich diesmal eine intensive Bearbeitung erübrigte. Denn bei der Vorlage handelte es sich bereits um ein Opernlibretto, und zwar zu Aubers *Le philtre*, der am 15. Juni 1831 an der Pariser Oper uraufgeführt wurde – mit andauerndem Erfolg, fand doch die 100. Vorstellung schon im November 1837 statt. Romanis gestalterische Leistung bleibt bei *L'elisir d'amore* begrenzt: Der Handlungs- ablauf wird strikt beibehalten und der Text vielfach wörtlich übersetzt, selbst Regieanweisungen und Bühnenbilddetails kehren im italienischen Libretto wieder. Unter den Änderungen fallen einige Umformungen von Solonummern in Ensembles und vereinzelte Textstraffungen kaum ins Gewicht, außer daß die Partie der Wäscherin Jeannette – bei Scribe eine durchaus profilierte Rolle – zurücktritt. Von entscheidender Bedeutung sind drei Hinzufügungen: die Ersetzung einer Arie Térézines durch das Duett Adina/Nemorino „Chiedi all'aura lusinghiera“ (eine offensichtliche Parallele zum *Sonnambula*-Duett „Son geloso del zefiro errante“), die neu geschaffene Situation im ersten Finale mit Nemorinos Concertato-Eröff- nung und der Einschub seiner Romanze. Mit diesen lyrisch-empfindsamen Momenten zeichnet sich das italienische Libretto durch eine Poetisierung aus, die Scribes eher derbem Lustspiel fehlte, und zudem schuf Romani damit die Voraussetzung dafür, daß Nemorino und Adina auch musikalisch subtiler gestaltet werden konnten.

Nach der lauen Aufnahme der seria *Ugo conte di Parigi* (13. März 1832) an der Scala, die auf den Triumph von *Anna Bolena* (1830) am Teatro Carcano folgte, konnte Donizetti in Mailand, wo eine direkte Konfrontation seiner

Werke mit denen Bellinis stattfand, seine Stellung mit *L'elisir d'amore* wieder festigen. Die Oper kam am 12. Mai 1832 im Teatro della Canobbiana heraus, wurde mit großem Beifall aufgenommen und brachte es in der Spielzeit auf 33 Vorstellungen. Die Hauptrollen sangen die deutsche Sopranistin Clara Sabina Heinefetter (Adina), Giovanni Battista Genero (Nemorino), Henry-Bernard Dabadie (Belcore) und Giuseppe Frezzolini (Dulcamara). Wenig Resonanz fand 1834 die deutsche Erstaufführung (Übersetzung von Johann Christoph Grünbaum) in Berlin, wo bereits 1831 Aubers *Le philtre* gespielt worden war; ein pasticcio aus beiden Werken wurde 1836 in St. Petersburg gegeben. Doch noch in den 30er Jahren erschien die Oper an vielen Bühnen, und sie bewahrte ihre Popularität unverändert bis in die heutige Zeit. *L'elisir d'amore*, einer der größten Erfolge Donizettis, gilt mit *Don Pasquale* und Rossinis *Il barbiere di Siviglia* als Höhepunkt der opera buffa im 19. Jahrhundert. *Peter Ross*

Diskographische Empfehlung

1977 – London: John Pritchard, Orchestra & Chorus of Covent Garden. Ileana Cotrubas (Adina), Placido Domingo (Nemorino), Geraint Evens (Dulcamara), Ingvar Wixell (Belcore), Lillian Watson (Giannetta). CBS 79210

1984 – Turin: Claudio Scimone, Orchestra Sinfonica e Coro della RAI di Torino. Katia Ricciarelli (Adina), José Carreras (Nemorino), Domenico Trimarchi (Dulcamara), Leo Nucci (Belcore), Susanna Rigacci (Giannetta). Philips 412 714-1

Lucia di Lammermoor

Dramma tragico in zwei Teilen (drei Akten)

Text: Salvatore Cammarano, nach dem Roman *The bride of Lammermoor* von Walter Scott

Uraufführung: 26. September 1835, Teatro San Carlo, Neapel

Personen: Enrico Ashton (Bar); Lucia, seine Schwester (Sop); Edgardo di Ravenswood (Ten); Lord Arturo Bucklaw (Ten); Raimondo Bidebent, Lucias Erzieher und Vertrauter (Baß); Alisa, Lucias Kammerzofe (Mez); Normanno, Hauptmann der Truppen von Ravenswood (Ten)

<u>Chor:</u> Damen; Edelleute; Verbündete Ashtons; Bewohner von Lammermoor; Pagen; Soldaten; Diener

<u>Ort und Zeit:</u> Schottland, Ende des 16. Jahrhunderts

<u>Orchester:</u> Picc, 2 Fl, 2 Ob, 2 Kl, 2 Fg, 4 Hrn, 2 Trp, 3 Pos, Pkn, Schlgzg (GrTr, Bck, Trgl, Gl in g), Hrf, Streicher

<u>Auf der Bühne:</u> Banda

<u>Form:</u> Durchkomponierte Einzelszenen

<u>Aufführungsdauer:</u> 2½ Stunden

<u>Verlag:</u> G. Ricordi & C. S. p. A., Mailand

<u>Handlung</u>

I. TEIL: Die Abreise.

1. AKT. 1. Bild: Im Park von Schloß Ravenswood. Enrico Ashton, der Lord von Ravenswood, beabsichtigt, seine Schwester Lucia mit dem mächtigen und einflußreichen Lord Arturo Bucklaw zu vermählen, um seine eigene Existenz vor dem sicheren Verderben zu bewahren. Doch Lucia widersetzt sich seinem Vorhaben, denn ihr Herz gehört einem Unbekannten, der sie einst aus tödlicher Gefahr gerettet hat; seither treffen sich die beiden Liebenden regelmäßig am Grab von Lucias Mutter. Als Enrico durch Normanno erfährt, daß Lucias Auserwählter sein Todfeind Edgardo di Ravenswood ist, dessen Vater er um die Herrschaft gebracht hat, kennt sein Zorn keine Grenzen mehr; er schwört, sich bitter zu rächen.

2. Bild: Im Park, vor einer Fontäne. Zu nächtlicher Stunde wartet Lucia zusammen mit ihrer Kammerzofe auf Edgardo. Vergeblich beschwört Alisa ihre Herrin, der unglückseligen Liebe zu entsagen. Edgardo erscheint, um sich von Lucia zu verabschieden, da er in politischer Mission nach Frankreich gehen muß. Zuvor jedoch möchte er sich mit Enrico aussöhnen und um Lucias Hand anhalten. Als Lucia ihn davon abzubringen versucht, bricht sein Haß gegen das ihm feindliche Geschlecht wieder durch; nur mit Mühe vermag sie Edgardo zu beruhigen. Beim Abschied geloben sich beide ewige Treue.

II. TEIL: Der Ehekontrakt.

2. AKT. 1. Bild: In den Gemächern von Lord Ashton. Um Lucias Widerstand gegen seine Heiratspläne zu brechen, hat Enrico alle Briefe Edgardos an Lucia abgefangen. Die letzten Vorbereitungen für das Hochzeitsfest werden getroffen. Als Lucia sich weiterhin weigert, in eine Ehe mit Arturo einzuwilligen, überreicht ihr Enrico einen gefälschten Brief, der Edgardo der Untreue bezichtigt. Lucia ist bestürzt, fühlt sich jedoch an

ihren Eid gebunden. Erst als Enrico ihr den Untergang der Familie vor Augen hält, gibt sie verzweifelt nach.

2. Bild: Große Halle. Voller Freude nimmt Arturo die Glückwünsche der Hochzeitsgäste entgegen; seinem Schwiegervater verspricht er, dem Namen Ashton wieder zu seinem alten Glanz zu verhelfen. Lucia erscheint; gequält und widerwillig unterzeichnet sie den Kontrakt. Als plötzlich Edgardo hereinstürmt und sein Recht fordert, zeigt man ihm den Ehevertrag. Zornentbrannt gibt er ihr den Ring zurück und verflucht sie wegen ihrer Untreue. In der allgemeinen Verwirrung gelingt es ihm zu entkommen; Lucia bleibt gebrochen zurück.

3. AKT. 1. Bild: Salon im Turm von Wolferag. Während eines schweren Unwetters macht sich Enrico auf den Weg zu Edgardo, um Rache an seinem Todfeind zu nehmen; man einigt sich schließlich auf ein Duell am nächsten Morgen.

2. Bild: Große Halle im Schloß von Ravenswood. Mit Entsetzen vernehmen die Hochzeitsgäste Raimondos Nachricht, daß Lucia ihren Gatten erstochen habe. Als sie erscheint, wird ihre geistige Verwirrung offenbar: Sie wähnt an der Seite Edgardos zum Altar zu schreiten, um auf ewig mit ihm vereint zu sein.

3. Bild: Schloß Wolferag. Vor der Gruft seiner Ahnen erwartet Edgardo seinen Feind zum Duell, er hofft dabei den Tod zu finden. Von den Hochzeitsgästen erfährt er, daß Lucia im Sterben liegt und nach ihm verlangt. Plötzlich ertönt die Totenglocke; Raimondo bestätigt seine Ahnung. Noch einmal gedenkt Edgardo seiner Geliebten, dann ersticht er sich.

Kommentar

Bei der Konzipierung des Librettos ist Cammarano mit einer auch im 19. Jahrhundert selten anzutreffenden Radikalität vorgegangen, indem er nicht nur die politischen Voraussetzungen für die Familienfehde zwischen Ashton und Ravenswood aussparte und die Vorgeschichte in die rudimentäre Form einiger Dialogsplitter kleidete, sondern die komplexen Verhältnisse der Vorlage auf eine Drei-Personen-Konstellation mit der traditionellen Stimmfächerzuordnung reduzierte. Arturo, obwohl das erste Opfer der tragischen Verstrickungen, bleibt dramaturgisch nahezu entbehrlich, Raimondo, dessen einzige Arie eher blaß geraten ist und daher meist gestrichen wird, fungiert lediglich als confidente.

Was die Protagonisten in ihrem Handeln bestimmt, sind die heftigen bis ins Extrem getriebenen Leidenschaften: der Haß Enricos auf Edgardo (Cavatine „Cruda funesta smania", 1. Akt), der nur notdürftig sein schlechtes Gewissen verbirgt und der alsbald auch auf Lucia übergreift, als sie sich seinen Plänen widersetzt; auf der anderen Seite die tiefe Liebe Lucias zu Edgardo, die von Beginn an den Keim des Verhängnisses in sich trägt (Cavatine „Regnava nel silenzio", 1. Akt): Die Koloraturen, die hier als Ausdruck ihres emotionalen Überschwangs zu begreifen sind, werden in der sogenannten Wahnsinnsarie, verschränkt mit Melodiefragmenten, zu Chiffren von Lucias geistiger Umnachtung.

In der musikalischen Gestaltung fällt der Akzent auf den Augenblick, in dem die Zeit gewissermaßen stillsteht (Sextett „Chi mi frena in tal momento", 2. Akt), während die dramatische Entwicklung auf wenige Takte zusammengedrängt wird. Die Arien lassen zumeist noch die traditionelle Zweiteilung in Cantabile und cabaletta erkennen, warten allerdings mit einer äußerst phantasievollen Ausgestaltung auf, etwa Lucias Wahnsinnsarie, die fraglos den musikalischen Höhepunkt der gesamten Oper bildet („Ardon gli incensi", 2. Akt). Im Laufe der Zeit erfuhr diese wohl bedeutendste Bravourarie des ottocento einige Modifikationen: Ursprünglich in F-dur stehend, wurde sie nach Es-dur transponiert, um einigen Sängerinnen das es‴ zu ermöglichen. Aus der Vielzahl der Kadenzen – Donizetti hat sich hier nur mit Andeutungen begnügt – schälte sich allmählich eine Standardform heraus, allerdings in verschiedenen Varianten, wobei die Einbeziehung der konzertierenden Flöte vermutlich auf Teresa Brambilla-Ponchielli, die Frau Amilcare Ponchiellis, zurückgeht. Edgars Finalarie des 3. Aktes („Tombe degli avi miei") vermag trotz beeindruckender Momentanwirkungen wie etwa in der expressiven Orchestereinleitung das künstlerische Niveau der Wahnsinnsarie nicht mehr ganz zu erreichen.

Geschichte

Durch Walter Scotts 1819 publizierten Roman, der zu den populärsten Werken des schottischen Dichters zählte, ließen sich nicht wenige Opernkomponisten inspirieren: Michel Carafa (1829), Luigi Rieschi (1831), Alberto Mazzucato (1834). Im November 1834 schloß Donizetti mit dem neapolitanischen Teatro San Carlo einen Vertrag, in dem er sich verpflichtete, für Juli 1835 eine neue Oper zu schreiben. Erst Ende Mai 1835 erhielt der Komponist das Szenarium; Text und Musik entstanden quasi simultan, Anfang Juli war die Arbeit beendet. Wegen einer Krise in der Direktion des Theaters verschob sich die Uraufführung um zwei Monate.

Die Uraufführung mit Fanny Tacchinardi-Persiani als Lucia und Gilbert Duprez als Edgardo verschaffte Donizetti einen spektakulären Erfolg, der sich 1836 in Rom, 1837 in Wien und 1838 in London und Berlin wiederholen sollte; vor allem im Ausland wurde *Lucia di Lammermoor* als Paradigma der romantischen Oper italienischer Provenienz begriffen. 1839 entstand für Paris eine französischsprachige Zweitfassung, die bis 1890 im Repertoire der Opéra blieb. Das Verdienst, die dem Werk immanenten tragischen Dimensionen wiederentdeckt zu haben, ist mit zwei Namen verbunden: mit Arturo Toscanini (Mailand 1923) und Maria Callas, die in der Rolle der Lucia Interpretationsgeschichte gemacht hat. *Norbert Christen*

Diskographische Empfehlung

1955 – Berlin: Herbert von Karajan, Chor der Mailänder Scala, RIAS Sinfonie-Orchester. Maria Callas (Lucia), Giuseppe di Stefano (Edgardo), Rolando Panerai (Enrico). Movimento Musica 012.010 (AAD) und TIS Hunt, CD 502 (ADD)

1959 – London: Tullio Serafin, Philharmonia Orchestra & Chorus. Maria Callas (Lucia), Ferruccio Tagliavini (Edgardo), Piero Cappuccilli (Enrico). EMI, CDS 747440 8 (ADD)

La fille du régiment (Die Regimentstochter)
Opéra comique in zwei Akten

Text: Jules Henri Vernoy de Saint-Georges und Jean François Alfred Bayard
Uraufführung: 1. FASSUNG: 11. Februar 1840, Opéra-Comique, Paris; 2. FASSUNG als *La figlia del reggimento,* 3. Oktober 1840, Teatro alla Scala, Mailand
Personen: Marie, Marketenderin (Sop); Tonio, ein junger Tiroler (Ten); Marquise de Berkenfield (Mez); Hortensio, Haushofmeister der Marquise (Baß); Sulpice, Sergeant (Baß); Korporal (Baß); Herzogin de Crakentorp (Alt); Bauer (Ten); Notar (Sprechrolle)
Chor: Französische Soldaten; Tiroler; Bayerische Damen und Herren
Ort und Zeit: In Tirol, um 1815

Orchester: 2 Fl (2. auch Picc), 2 Ob (2. auch E. H.), 2 Kl, 2 Fg, 4 Hrn, 2 Trp, 3 Pos, Pkn, Schlgzg (GrTr, KlTr, Trgl), Streicher, B. c.
Bühnenmusik: 2 KlTr, Hrn, Kornett, Banda
Form: 1. FASSUNG: Nummernoper mit gesprochenen Dialogen; 2. FASSUNG: Nummernoper mit Secco-Rezitativen
Aufführungsdauer: 2 Stunden
Verlag: Henry Lemoine et Cie, Éditeur, Paris; G. Ricordi & C. S. p. A., Mailand

Handlung

1. AKT: Vor einem Dorf im Hochgebirge. Ängstlich beobachten die Dorfbewohner die Berge, in denen sich das 21. Regiment des napoleonischen Heeres aufhält. Aufgeschreckt durch den Kriegslärm unterbricht die Marquise de Berkenfield ihre Heimreise und flüchtet sich in ein nahegelegenes Haus. Die französischen Truppen rücken heran, allerdings ohne feindliche Absicht. Unter ihnen befindet sich auch Marie, die als Tochter des Regiments gilt, weil sie als kleines Kind von den Soldaten gefunden und aufgezogen worden war; man erwartet allgemein von ihr, daß sie einen Grenadier des Regiments heiraten wird. Zu seinem Befremden aber muß ihr Pflegevater Sulpice erfahren, daß sie sich in den jungen Tiroler Tonio verliebt hat. Tonio, der ihretwegen den Truppen gefolgt ist, wird jedoch als Spion verdächtigt und festgenommen. Als Marie erzählt, daß er ihr einst das Leben gerettet habe, läßt man ihn laufen. Doch kurz entschlossen tritt Tonio in das Regiment ein und ist nun als Bewerber um die Hand von Marie nicht mehr auszuschließen.
Die Marquise erscheint. Als sie durch Sulpice von Maries Schicksal erfährt, erklärt sie, daß das Mädchen die Tochter eines Kapitäns Robert sei, der angeblich mit der verstorbenen Schwester der Marquise verheiratet gewesen war. Sie verlangt, daß Marie das Regiment verläßt, damit sie eine standesgemäße Erziehung erhält. Schmerzerfüllt nimmt Marie Abschied vom Regiment und von Tonio, der als Rekrut bei den Truppen bleiben muß.
2. AKT: Im Schloß der Marquise. Seit einem Jahr lebt Marie bei der Marquise, die sich bemüht hat, aus ihr eine Dame der Gesellschaft zu machen. Doch trotz allem Luxus sehnt sich Marie nach ihrem früheren Leben zurück. Ihr einziger Trost ist Sulpice, der mit ihr ziehen durfte, nachdem er den Dienst quittiert hatte; beide machen sich über die feine Gesellschaft lustig. Als unerwartet ihre früheren Kameraden auf das Schloß kommen, werden sie großzügig bewirtet. Marie und Tonio, der inzwischen

zum Offizier befördert wurde, versichern sich erneut ihrer Liebe. Doch die Marquise hat andere Pläne: Sie will Marie standesgemäß mit dem Neffen der Herzogin de Crakentorp verheiraten, denn Marie ist ihre leibliche Tochter aus der unglücklichen Verbindung mit Robert. Sie bittet Sulpice, dem Mädchen die Neuigkeit beizubringen. Schweren Herzens ist Marie bereit, sich den Wünschen ihrer Mutter zu beugen. Die Hochzeitsgesellschaft hat sich versammelt. Doch bevor der Ehevertrag unterzeichnet wird, erscheint Tonio an der Spitze seiner Soldaten. Kaum haben die Gäste aus seinem Mund vernommen, daß Marie früher Marketenderin beim Regiment war, verlassen sie indigniert den Saal; die Marquise aber erteilt dem Paar ihren Segen.

Kommentar

La fille du régiment, Donizettis erste französisch geschriebene Oper, ist nach Form und Inhalt den Konventionen der opéra comique verpflichtet: In sich geschlossene Nummern wie Romanze und Cavatine, Duo und Couplets, Formen, in die nicht selten der Chor integriert ist, werden durch gesprochene Dialoge verbunden, in denen sich das eigentliche Geschehen vollzieht, das durchaus einfach strukturiert ist und in das obligate happy end einmündet. Was Donizetti gereizt haben mag, war eine Charakterisierung der beiden unterschiedlichen Welten, die hier aufeinanderprallen, wobei dem Libretto eine spiegelbildliche Struktur zugrunde liegt: Gerät im 1. Akt die Marquise, die zusammen mit Hortensio das ancien régime repräsentiert, in die Sphäre napoleonischer Truppen, so dringen umgekehrt im 2. Akt, dessen Handlung auf dem Schloß der Marquise angesiedelt ist, die Soldaten des 21. Regiments ein, um vehement das Anliegen Tonios als eines der ihren zu unterstützen.

Im 1. Akt dominiert der martialische Tonfall, der sich nicht nur in den zahlreichen Soldatenchören vor allem durch Trompetensignale und Trommelwirbel äußert („Dès que l'appel", „Rataplan"), sondern auch auf andere Nummern übergreift, wie etwa Maries Couplet „Chacun le sait", wobei sich verschiedene Elemente wie punktierte Rhythmen, rasches Tempo, gerade Taktart und Holzbläserstaccato zu einem charakteristischen Gestus verbinden. Im bewußten Kontrast dazu steht der Entreakt, der in Form eines stilisierten Walzers auf das höfische Ambiente verweisen soll und vor dem Finale des 2. Aktes als melodramatische Untermalung eines ironisch zugespitzten Dialogs zwischen der Marquise und der Herzogin noch einmal aufgegriffen wird.

Gleich in der ersten Nummer des 2. Aktes erfolgt der Zusammenprall der beiden Welten (Trio „Le jour naissait"): Maries Vortrag eines alten langweiligen Schäferliedes, von der Marquise am Klavier begleitet, wird von Sulpice mit zunächst kaum vernehmbaren, dann vehement hervorbrechenden „Rataplan"-Einwürfen sabotiert, bis schließlich beide, Marie und Sulpice, voller Enthusiasmus in das Loblied auf das 21. Regiment einstimmen – zum Entsetzen der Marquise, die einen derart eklatanten Rückfall Maries nach einjähriger Erziehung nicht für möglich gehalten hätte. Mit dieser Parodie, die vor allem die abgestorbene Epoche des Rokoko durch das dilettantische Klavierspiel der Aristokratin und die aufgesetzt wirkenden Koloraturen treffend charakterisiert, ist Donizetti fraglos eine der wirkungsvollsten und von echter Komik erfüllten Szenen der ganzen Oper gelungen, die ansonsten mit dem Esprit der alten opéra comique nicht mehr viel gemein hat. Unüberhörbar sind die elegischen Momente, die hier Einzug gehalten haben, wie etwa in Maries Romanze „Il faut partir" (1. Akt) oder in ihrer Arie „Par le rang" (2. Akt), die, beide in düsterem f-moll gehalten, Maries Schmerz zum Ausdruck bringen, über den Abschied vom Regiment wie über den erzwungenen Verzicht auf Tonio. Orientiert sich die Romanze eher an französischen Vorbildern, so ist die Arie mit ihrer weitgespannten Kantilene und der Vorhaltsharmonik unverkennbar italienischer Provenienz.

Auch die Gestalt Tonios, der aus Liebe seinen Stand und seine Nationalität wechselt, ist über weite Strecken eher typisch für das Genre der semiseria als für die Gattung der comique: seine Cavatine „Pour son âme" (1. Akt) weist mit ihrer typischen Verschränkung von Sextenparallelen, Chromatismen und Seufzerbildungen geradezu larmoyante Züge auf, zeichnet einen Menschen, der einzig aus dem Gefühl der Leidenschaft heraus handelt. Daß die Cavatine zu den bekanntesten Nummern der ganzen Oper zählt, dürfte an der hohen tessitura liegen: Das achtmalige c''' läßt den Vortrag für jeden Tenor zur tour de force werden. Im Finale des 2. Aktes wird dann die Wandlung, die sich mittlerweile in ihm vollzogen hat, bereits am musikalischen Tonfall offenbar: Die „zackigen" Rhythmen seiner Melodie verweisen nicht nur auf seine Zugehörigkeit zum 21. Regiment, sondern sind zugleich Ausdruck seines neuen Selbstbewußtseins, auf das sich sein Mut gründet, die vornehme Gesellschaft mit der Aufklärung über Maries Vergangenheit zu schockieren und Marie für sich zu beanspruchen.

Geschichte

Im Jahre 1839 konzentrierten sich Donizettis Aktivitäten auf die französische Hauptstadt. Zeitweilig war er für vier Pariser Theater beschäftigt: für die Opéra mit der Komposition von *Le duc d'Albe* und der Umarbeitung des für Neapel geschriebenen *Poliuto* in *Les martyrs*, für das Théâtre de la Renaissance mit der Revision von *Lucia di Lammermoor* und *Il furioso* sowie der Komposition von *L'ange de Nisida*. Darüber hinaus überwachte er am Théâtre-Italien die Einstudierung von *Roberto Devereux* und *L'elisir d'amore* und übernahm schließlich noch einen Kompositionsauftrag der Opéra-Comique, *La fille du régiment*. Diese künstlerische Omnipräsenz des Italieners Donizetti in der französischen Hauptstadt provozierte bei Berlioz in der Rezension der *Regimentstochter* nationalistische Töne, hinter denen sich allerdings nur der Neid des zu Lebzeiten erfolglosen Opernkomponisten verbarg.

Nach der Uraufführung entwickelte sich *La fille du régiment* zur erfolgreichsten komischen Oper Donizettis: Bis 1950 wurde sie allein an der Opéra-Comique mehr als tausendmal aufgeführt, bis 1917 alljährlich am Abend des 14. Juli. Ebenso populär wurde das Werk in der italienischen Fassung (Übersetzung von Calisto Bassi), in der die Dialoge durch Secco-Rezitative ersetzt, der Schauplatz in die Schweiz verlegt und einige Nummern neu komponiert wurden. Zu den berühmtesten Interpretinnen der Titelrolle zählen Jenny Lind, Adelina Patti, Marcella Sembrich und Frieda Hempel. Nach dem Zweiten Weltkrieg wurde das Interesse an dieser Oper vor allem durch Joan Sutherland geweckt, die sich mit Erfolg für die Erstfassung einsetzte.   *Norbert Christen*

Diskographische Empfehlung

1967 – London: Richard Bonynge, Orchestra and Chorus of Covent Garden. Joan Sutherland (Marie), Luciano Pavarotti (Tonio), Spiro Malace (Sulpice), Monica Sinclair (Marquise). Decca, MET SET 372/3

Don Pasquale
Dramma buffo in drei Akten

Text: Michele Accursi (Pseudonym für Giovanni Ruffini), nach Angelo Anelli
Uraufführung: 3. Januar 1843, Théâtre-Italien, Paris
Personen: Don Pasquale, alter Junggeselle, altmodisch gekleidet, geizig, leichtgläubig, eigensinnig, im Grunde ein guter Mensch (Baß); Doktor Malatesta, ein einfallsreicher Mann, witzig, unternehmungslustig, Arzt und Freund Don Pasquales und sehr guter Freund von Ernesto (Bar); Ernesto, Neffe Don Pasquales, schwärmerischer Jüngling, Verlobter Norinas (Ten); Norina, junge Witwe, spontane, keinen Widerspruch duldende Natur, aber offenherzig und zärtlich (Sop); Ein Notar (Baß); Haushofmeister; Modistin; Friseur (stumme Rollen)
Chor: Diener und Kellner
Ort: Rom
Orchester: 2 Fl (2. auch Picc), 2 Ob (2. auch E. H.), 2 Kl, 2 Fg, 4 Hrn, 2 Trp, 3 Pos, Pkn, GrTr, Streicher
Auf der Bühne: 2 Gitarren, Tamb
Form: 14 Musiknummern, durch Accompagnato-Rezitative verbunden
Aufführungsdauer: 2½ Stunden
Verlag: G. Ricordi & C. S. p. A., Mailand

Handlung
1. AKT: Don Pasquale erwartet den Doktor Malatesta: Er soll ihm helfen, eine häusliche, anständige Ehefrau zu finden, denn Don Pasquale hat sich auf seine alten Tage entschlossen zu heiraten. In erster Linie, um seinem Neffen Ernesto eins auszuwischen und ihn von seiner Liebe zu der jungen, armen Witwe Norina abzubringen. Er will Ernesto enterben und aus dem Haus jagen, sollte er sich noch einmal weigern, eine reiche Erbin, die Don Pasquale für ihn ausgesucht hat, zur Frau zu nehmen. Der Doktor kommt, er scheint genau die Richtige für den alten Junggesellen gefunden zu haben: eine unschuldige, naive Seele voller Güte und Bescheidenheit aus guter Familie, nämlich die Schwester Malatestas, Sofronia, gerade aus der Klosterschule entlassen. Don Pasquale ist äußerst angetan von der Beschreibung, der Doktor soll sie nur gleich herbringen. In der Zwischenzeit

eröffnet der alte Onkel Ernesto seine zukünftigen Pläne. Ernesto ist erschüttert: Ohne die Erbschaft des Onkels kann er Norina, von der er um keinen Preis lassen will, nicht heiraten. Als er zudem erfährt, daß Doktor Malatesta dem Onkel bei seinen Bemühungen hilft, fühlt er sich völlig verlassen. Die Geliebte muß er aufgeben, weil der Freund ihn verraten hat. In einem Brief will er Norina seinen Verzicht mitteilen. Kurz darauf hält Norina in ihrer kleinen Wohnung den Brief auch schon in Händen. Malatesta findet sie vollkommen verstört vor. Rasch erklärt er ihr seinen Plan: Sie selbst soll die Rolle von Pasquales Braut übernehmen, um ihm daraufhin als Ehefrau die Hölle heiß zu machen. Um ihrer Liebe zu Ernesto willen erklärt sich Norina zu dem Ränkespiel bereit.

2. AKT: Ernesto hält es im Haus von Don Pasquale nicht aus, in größter Niedergeschlagenheit stürmt er nach draußen, während Don Pasquale den Doktor und seine Zukünftige begrüßt. Norina schauspielert großartig, Don Pasquale ist Feuer und Flamme, will sofort zum Notar. Aber den hat Malatesta weitblickend schon mitgebracht, man kann also den Heiratsvertrag gleich aufsetzen. Die Hälfte seines Besitzes überschreibt Pasquale seiner Frau, erklärt sie zur absoluten Herrin des Hauses. Als Norina gerade dabei ist zu unterschreiben, tritt Ernesto ins Zimmer. Schnell weiht ihn Malatesta in die Komödie ein, und Ernesto bezeugt sogar den Vertrag. Beglückt will Don Pasquale seine Frau in die Arme schließen, aber deren Verhalten hat sich schlagartig geändert: Aus dem sanften Geschöpf ist eine wahre Furie geworden. Sie will umgehend die Einrichtung des Hauses ändern, verdoppelt die Gehälter des Hauspersonals, bestellt einen Friseur, einen Schneider, einen Juwelier, und als Höhepunkt ihres Auftritts beschimpft sie ihren Mann, den die neuen Gegebenheiten derart mitnehmen, daß ihm Doktor Malatesta dringend Ruhe empfiehlt.

3. AKT: Doch als Don Pasquale wieder erscheint, haben sich die Schreckvisionen zur Realität gewandelt: Er sieht sich mit Rechnungen überhäuft, seine Frau hat einen ganzen Hofstaat um sich versammelt. Norina erscheint in festlicher Robe, sie will in die Oper und läßt sich von Don Pasquale nicht aufhalten, sondern setzt ihn mit einer Ohrfeige außer Gefecht. Bei ihrem großen Abgang läßt sie einen Zettel fallen, Pasquale liest ihn: offensichtlich eine Verabredung mit einem Liebhaber im Garten. Entsetzt läßt er den Doktor rufen. Gemeinsam gehen sie in den Garten, um das Rendezvous zu überwachen und die Ehebrecher zu stellen. Nun rollt die Intrige des Doktors vollends ab: Um sich seine Ehefrau vom Halse zu schaffen, wird Don Pasquale eine einzige Möglichkeit offeriert. Er soll

Ernesto mit Norina verheiraten, denn mit dieser Frau will Sofrina nie unter einem Dach wohnen. Trotz aller Widerstände sieht Pasquale schließlich ein, daß dies der Ausweg ist, sich seines „Drachens" zu entledigen. Und plötzlich fallen alle Masken: Norina gibt sich zu erkennen, der Doktor gesteht, Drahtzieher der Komödie zu sein, und Don Pasquale zeigt sich einsichtig: Es war Narretei, sich in hohem Alter unbedingt verheiraten zu wollen.

Kommentar

Schon die Ouvertüre mit ihrem Cello-Solo antizipiert die Raffinesse der Instrumentation, der Orchestrierung, die Donizetti seinem Spätwerk – fünf Jahre vor seinem Tod – verleiht. Er erhebt damit die Geschichte vom düpierten Junggesellen in einen Rang, den sie in der Operngeschichte nicht mehr – auch nicht in Richard Strauss' *Schweigsame Frau* – erreichen sollte. Er belebte nicht nur die Typen der commedia dell'arte, die der Handlung zugrunde liegen, sondern er verlieh ihnen durch und durch menschliche Züge und würzte die Oper darüber hinaus mit zeitgenössischer Kritik, etwa in der Auftrittsszene der Norina, in der er ihre Lektüre eines Kolportageromans mit einer Ironisierung durch sentimentale Salonmusik unterstreicht. Durch Donizettis Komposition wird dieser gesellschaftliche Abriß geschichtsbezogener Charaktere erst zeitlos im eigentlichen Sinn, begreifbar auch für spätere Generationen, bei allen Beigaben zeitgebundener Gepflogenheiten, wie die bravourösen Tenor-Arien des Ernesto beispielsweise. Vor dem Hintergrund der großen, heroischen, aber auch steifen, pompösen Werke eines Meyerbeer nimmt sich Donizettis *Don Pasquale* geradezu aus wie ein lebendiges musikalisches Bild von Menschen aus Fleisch und Blut im Gegensatz zu kalten, technischen Kunstgebilden. Oder überspitzt gesagt: Donizettis *Don Pasquale* verhält sich gegenüber den lebensfernen Werken der grand opéra wie eine humane Schilderung, genauso wie Verdis Opern gegenüber denen von Wagner. Ob es diese Szene ist, in der zu Beginn der Ehevertrag geschlossen wird und die dann Stück für Stück aus dem Rahmen gerät, bis sie schließlich in ein regelrechtes „Streit"-Quartett mündet, als sich Norina als Schein-Ehefrau mit ihrem „wahren" Gesicht zeigt, oder der Walzer der Dienerschaft zu Beginn des 3. Aktes, wo plötzlich auch die Angestellten in Pasquales Haus den frischen, lebendigen Wind zu genießen scheinen, der nun dank der neuen Herrin weht, oder schließlich das Finalrondo, bei dem Norina die Moral des Stückes verkündet, die ganze Oper strotzt nur so vor qualitätsvoller Spritzigkeit bei höchsten technischen Finessen für die Sänger und instrumentalem Glanz des Orchesters. Donizetti hat hier – ein Jahr vor seinem geistigen Zusammenbruch – das geschaffen, was man mit höchstem Respekt als gelungene Unterhaltung bezeichnen kann, und dabei darüber hinaus durch seine Mitarbeit beim Libretto und durch seine Musik aus dem abgegriffenen, eindimensionalen Commedia-dell'arte-Stoff eine zutiefst menschliche Musikkomödie geschaffen, in der selbst der gefoppten Titelfigur niemand sein Mitleid versagen kann.

Geschichte

Donizetti komponierte den *Don Pasquale* im großen und ganzen in elf Tagen im November 1842. Bis jedoch die Wünsche der Sänger erfüllt und die Instrumentation beendet waren, vergingen einige Wochen. 1835 war Donizetti zum erstenmal nach Paris gekommen, und als er 1842 vom Théâtre-Italien einen Auftrag für eine komische Oper bekam, kehrte er in die Hauptstadt der opéra comique zurück. Zunächst hatte er auch mit dem Projekt keine Schwierigkeiten. Er kannte das Sujet bereits, er dachte an das etwa zehn Jahre alte Libretto Angelo Anellis, *Ser Marc'Antonio*, für Stefano Pavesi. Diese Umarbeitung gab dann der Nachwelt für einige Zeit Rätsel auf, da nicht feststand, wer denn nun eigentlich der Verfasser sei. Zunächst waren nur die Initialen M. A. bekannt, die schließlich Donizettis Pariser Agenten Michele Accursi zugeordnet werden konnten – doch der war mitnichten der Autor. Er hatte gewissermaßen seine Anfangsbuchstaben nur geliehen, weil der ursprüngliche Librettist, Giovanni Ruffini, von den Eingriffen Donizettis und den Sonderwünschen der Sänger derart verärgert war, daß er nichts mehr mit dem Endergebnis des Operntextes zu tun haben wollte. Tatsächlich hat Accursi keine Zeile des Librettos geschrieben – und doch überlebte er als Textdichter eines der größten Erfolge Donizettis. Denn *Don Pasquale* eroberte nach der Uraufführung nicht nur das geschmäcklerische Paris im Fluge, sondern geriet zu einem der großen Opernrenner überhaupt. Noch im Jahr der Uraufführung 1843 wurde *Don Pasquale* in Mailand an der Scala, in Wien, London, Brüssel und Lille gespielt, ein Jahr später in St. Petersburg, 1852 in Berlin, 1846 in New York. Übersetzungen ins Polnische, Finnische und Bulgarische wurden angefertigt und belegen die ungebrochene, internationale Popularität von Donizettis Variante des tradierten Stoffes. Eine Beliebtheit, von der Richard Strauss' Remake *Die schweigsame Frau* bis heute nur träumen kann.

Irmelin Bürgers

Diskographische Empfehlung

1932 – Mailand: Carlo Sabajno, Chor & Orchester des Teatro alla Scala. Adelaine Saraceni (Norina), Tito Schipa (Ernesto), Ernesto Badini (Don Pasquale), Afro Poli (Malatesta). EMI 3C 153 03555/56

1964 – Florenz: Ettore Gracis, Chor & Orchester des Maggio Musicale Fiorentino. Anna Maccianti (Norina), Ugo Bennelli (Ernesto), Alfredo Mariotti (Don Pasquale), Maria Basiola (Malatesta). DG 2705 039

1965 – Wien: István Kertész, Chor & Orchester des Wiener Opernhauses. Graziella Sciutti (Norina), Juan Oncina (Ernesto), Fernando Corena (Don Pasquale), Tom Krause (Malatesta). Decca 6.35295

JACQUES FROMENTAL HALÉVY

geb. 27. März 1799 in Paris
gest. 17. März 1862 in Nizza

An der Stelle des heutigen Palais Garnier kam Jacques François Fromental Elie Halévy, eigentlich Elias Levy, im „Jahre VII" der Republik zur Welt. Sein Vater Elias Levy, ein hebräischer Dichter und weiser Talmudist, stammte aus Bayern. Fromentals musikalisches Talent zeigt sich früh. Mit zehn Jahren studiert er am Konservatorium, Cherubini wird sein erster Lehrer für Kontrapunkt und protegiert ihn bis zu seinem Tod 1842. Als Gewinner des Rom-Preises reist Halévy 1822 nach Italien. Nach Paris zurückgekehrt, erringt er 1827 mit *L'artisan* seinen ersten Achtungserfolg. In 30 Jahren folgen 33 Opern-Uraufführungen schnell aufeinander, ein ständiges Auf und Ab von Erfolgen und Mißerfolgen. 1829 gelingt ihm mit dem Einakter *Le dilettante d'Avignon* der wirkliche Durchbruch. 1830 wird Halévy zum Chef de Chant an die Opéra berufen. Die Musik zum Ballett *Manon Lescaut* wird seine erste Zusammenarbeit mit dem Librettisten Eugène Scribe. Die Vorbereitungen für die große fünfaktige Oper *La juive* dauern zwei Jahre, 150 000 Francs in Gold kostet die Ausstattung. Die Premiere wird einer der größten Erfolge der französischen Oper des 19. Jahrhunderts. Schon ein dreiviertel Jahr später erringt Halévy einen neuen Erfolg: *L'éclair*, eine chorlose Kammeroper, ist in ihrer geistreichen Eleganz von fast mozartischer Klarheit. Mit diesen beiden Werken verbreitet sich Halévys Name in ganz Europa. Wie Auber und Meyerbeer schreibt er die großen spektakulären Opern für das bürgerlich-liberale Publikum der Julimonarchie, jedoch ohne jemals wieder an den Erfolg von *La juive* heranzureichen. Mitte der 40er Jahre kehrt Halévy wieder an die Opéra-Comique zurück. Mit *Le juif errant* schreibt er 1852 noch einmal eine große Oper, die sich auf den veränderten Publikumsgeschmack des Empire einstellt, das äußere Effekte bevorzugt.

Ulrike Hessler

La juive (Die Jüdin)
Oper in fünf Akten

Text: Eugène Scribe
Uraufführung: 23. Februar 1835, Opéra, Paris
Personen: Prinzessin Eudoxie, Nichte des Kaisers (Sop); Rachel, Eléazars Tochter (Sop); Der Jude Eléazar (Ten); Kardinal Jean François de Brogny, Präsident des Konzils (Baß); Léopold, Reichsfürst (Ten); Ruggiero, Großvogt der Stadt Konstanz (Baß); Albert, Unteroffizier der kaiserlichen Leibwache (Baß); Waffenherold des Kaisers (Baß); Offizier des Kaisers (Ten); Majordomus des Kaisers (Baß); Ein Henker (Baß); Zwei Männer aus dem Volk (Ten und Baß); Kaiser Sigismund (stumme Rolle); Vertrauter des heiligen Offiziums (stumme Rolle)
Chor und Statisterie: Kurfürsten; Reichsherzöge und -herzoginnen; Reichsfürsten und -fürstinnen; Ritter; Edeldamen; Kardinäle; Bischöfe; Priester; Ordensbrüder; Büßerinnen; Vermummte; Bannerträger; Offiziere; Herolde; Soldaten; Gefolge des Kaisers; Bürger und Bürgerinnen von Konstanz; Juden; Jüdinnen; Volk; Henker; Ballett
Ort und Zeit: Konstanz, 1414
Orchester: 2 Fl (2. auch Picc), 2 Ob (auch E.H.), 2 Kl, 2 Fg, 4 Hrn (2 auch à pistons), 4 Trp (2 auch à pistons), 3 Pos, Ophikleide, Pkn, Schlgzg (GrTr, Bck, Trgl, Tamb, TamTam, Ambosse), Hrf, Org, 2 Gitarren, Streicher
Auf der Bühne: Tamb, Gl in g und c
Form: Nummernoper (25 Musiknummern), mit Rezitativen verbunden
Aufführungsdauer: Ca. 3½ Stunden
Verlag: Galland, Saarbrücken

Handlung
1. AKT: Auf dem Hauptplatz vor der Kirche lauschen die Bürger von Konstanz, die in der Kirche keinen Platz mehr gefunden haben, einem Tedeum, das aus den geöffneten Kirchentüren klingt. Einige beobachten argwöhnisch den jüdischen Goldschmied Eléazar, der am christlichen Feiertag vor seinem Haus arbeitet. Seine Tochter Rachel holt den Vater in die Werkstatt. Ein Fremder, in einen weiten Mantel gehüllt, erscheint. Albert,

Offizier in der kaiserlichen Garde, erkennt ihn: Es ist Léopold, ein junger General. Albert teilt ihm mit, daß sich Konstanz auf ein Fest vorbereitet. Man erwartet Kaiser Sigismund, der nach dem Sieg Léopolds über die Hussiten ein Konzil zur Einigung aller Christen einberufen hat. Der Bürgermeister Ruggiero läßt durch einen Ausrufer verkünden, daß der Kaiser den Tag zum Feiertag erklärt habe. Der aus Eléazars Werkstatt dringende Arbeitslärm erregt Ruggieros Unmut. Er stellt den Juden zur Rede. Eléazar weist die Angriffe zurück: Er sehe keinen Grund zur Achtung eines Feiertages der Christen, die seine Kinder hingerichtet hätten. Ruggiero kündigt ihm zur Befriedigung der Menge denselben Tod an. Der Kardinal von Brogny kommt aus der Kirche. Er kennt Eléazar aus Rom, als er selbst noch nicht im Kirchendienst gestanden hatte. Die Erinnerung bewegt den Prälaten: Er begnadigt den Juden, der jedoch unversöhnlich bleibt. Léopold, der sich im Hintergrund gehalten hat, gibt sich Rachel mit einer zärtlichen Serenade zu erkennen. Sie liebt ihn, den sie für einen Juden namens Samuel hält. Sie lädt ihn für den Abend zum Passahfest ins Haus ihres Vaters ein. Aufgeregt erwartet die Menge auf dem Platz den Festzug. Eléazar und Rachel werden auf die Stufen der Kirche gedrängt, die für sie als Juden tabu sind. Ruggiero will diesen Frevel mit dem Tod ahnden. Albert nimmt auf Léopolds Befehl die beiden Juden in Schutz, die sich über die Machtbefugnisse ihres angeblichen Glaubensbruders wundern.

2. AKT: Im Hause Eléazars feiert die jüdische Gemeinde das Passahfest. Heimlich legt Samuel das ungesäuerte Brot beiseite, aber von Rachel nicht unbemerkt. Als es an der Tür klopft, versteckt Eléazar das rituelle Gerät und verabschiedet eilig die Juden. In der Tür erscheint die Prinzessin Eudoxie, die Nichte des Kaisers. Sie will eine Halskette als Hochzeitsgeschenk für ihren Bräutigam Léopold erwerben. Léopold alias Samuel lauscht gerührt dem Liebesbeweis der Frau, die er betrügt. Während Eléazar die Prinzessin hinausbegleitet, fordert Rachel von Samuel eine Erklärung für sein sonderbares Verhalten. Er vertröstet sie auf die kommende Nacht. Eléazar sieht voll Argwohn die Verwirrung der beiden. Ängstlich erwartet Rachel den Geliebten in ihrem Zimmer. Endlich erscheint er und gesteht ihr, sie getäuscht zu haben. In Wahrheit ist er Christ. Er kann das verzweifelte Mädchen zur Flucht überreden. Eléazar tritt dazwischen. Als Léopold seine wahre Religionszugehörigkeit gesteht, zieht er den Dolch. Rachels Liebesbekenntnis besänftigt ihn. Als Léopold jedoch auch noch seine Verlobung mit Eudoxie gesteht, ist er vernichtet. Léopold sucht das Weite. Rachel folgt ihm verzweifelt.

3. AKT: Prinzessin Eudoxie ist glücklich über die Rückkehr ihres Bräutigams. Rachel, die Léopold bis zum Palast gefolgt ist, bietet der Prinzessin ihre Dienste an, nur um dem immer noch Geliebten nahe zu sein. In den Gärten des kaiserlichen Palastes beginnen die Hochzeitsfeierlichkeiten mit einer Ballett-Pantomime. Eléazar bringt die bestellte Kette. Als die Prinzessin sie ihrem Bräutigam überreichen will, stürzt Rachel dazwischen. Vor allen geistlichen und weltlichen Würdenträgern enthüllt sie seine Beziehung zu ihr, der Jüdin. Eléazar fordert eine Bestrafung. Kardinal de Brogny verflucht alle drei und läßt sie in den Kerker werfen.

4. AKT: Eudoxie erscheint im Gerichtsgebäude, um Rachel zu bitten, ihre Anschuldigungen gegen Léopold zu widerrufen. Aus Liebe willigt Rachel schließlich ein. Kardinal de Brogny will Rachels Leben retten. Als Rachel verzichtet, versucht er Eléazar zu bewegen, seinem Glauben abzuschwören. Eléazar will nur noch sterben. Doch vorher soll Brogny leiden: Er erinnert ihn an das Feuer, in dem seine Familie in Rom verbrannte. Er enthüllt ihm, daß seine Tochter von einem Juden aus den Flammen gerettet wurde. Er allein kennt ihren Aufenthalt, aber er wird das Geheimnis mit in den Tod nehmen. Noch einmal überlegt Eléazar, die wie eine Tochter geliebte Rachel zu retten. Doch der Lärm der Menge, die den Tod der Juden fordert, bestärkt ihn: Sie wird wie er als Opfer dieses Hasses sterben.

5. AKT: Die Hinrichtung der Juden wird vorbereitet: Sie sollen in kochendem Wasser ertränkt werden. Ruggiero verkündet das Urteil: Léopolds Strafe wird in Verbannung umgewandelt, da Rachel seine Unschuld bestätigt hat. Eléazar versucht in letzter Minute doch noch, sie zum Abschwören des Glaubens zu überreden. Doch stolz betritt sie als erste das Schafott. De Brogny beschwört Eléazar ein letztes Mal, ihm die Identität seiner Tochter zu enthüllen. Eléazar zeigt auf Rachel, die der Henker eben in das kochende Wasser stürzt. Der Kardinal erstarrt, während Eléazar das Schafott besteigt.

Kommentar

Halévy und sein Werk stehen im Kontext der französischen Opernschule zwischen Méhul und Massenet. Obwohl durch und durch Künstler, war Halévy wie seine Zeitgenossen bereit, dem Publikumsgeschmack Konzessionen zuzugestehen, dem gewünschten „totalen Spektakel" der grand opéra Tribut zu zollen. So bildet die historische Wirklichkeit des Konstanzer Konzils nur den austauschbaren Hintergrund für die sehr private Intrige – in den Grenzen der „vraisemblance", der Wahrscheinlichkeit. *Die Jüdin* hat trotz klassischer Struktur nichts von einer klassischen Tragödie, sondern basiert auf der Ästhetik des romantischen Dramas und seiner Vorliebe für die Antithese, wenn die grand opéra die Antagonismen auch reduziert und verbürgerlicht. So bleibt auch der wechselseitige Haß zwischen Juden und Christen nur dramaturgisches Element für die Entwicklung des Konflikts, der sich aus der doppelten Identität und dem doppelten Spiel der Figuren entwickelt. Die Dramaturgie gewinnt ihre Dynamik aus der Rachsucht Eléazars und seiner Liebe zu Rachel. Im berühmten Monolog des 4. Akts „Rachel, quand du Seigneur" gipfelt der innere Konflikt dieser beiden widerstreitenden Leidenschaften. Doch Halévy schuf mit Eléazar nicht nur eine dramaturgische Funktion, er gab mit dieser faszinierenden Figur der Opernbühne ihren Shylock. Die Chorszenen, von Anfang an die haßerfüllte Stimme einmütiger Judenverachtung, bleiben weitgehend gattungstypische Tableaus, gewinnen aber im Schlußbild, wo religiöser Fanatismus in brutalen Sadismus umschlägt, dramatisches Gewicht. Die Stärke der Partitur liegt in den Ensembles, im melodischen Fluß und vor allem in der intelligenten Instrumentierung.

Geschichte

Scribes Libretto war bis zur Uraufführung vielfach geändert worden. Ursprünglich spielte die Handlung im indischen Goa, als das Gebiet noch unter portugiesischer Herrschaft stand. Der Erste Tenor der Pariser Oper, der bei der Uraufführung die Partie des Eléazar sang, und Halévys Bruder Léon beteiligten sich an der Umarbeitung, bei der die Umverteilung der Stimmcharaktere eine größere Rolle spielte als die Verlegung des Schauplatzes. Für die Uraufführung wurde das Werk den Erfordernissen der Opéra entsprechend gekürzt. Dieser Fassung liegt auch die gängige Partitur zugrunde, während der Klavierauszug dem autographen Manuskript folgt. Nach seinem sensationellen Premierenerfolg, den es nicht zuletzt der aufsehenerregenden Inszenierung und der hervorragenden Besetzung verdankte, konnte sich das Werk einen festen Platz im französischen Repertoire erobern. Im Palais Garnier, das mit Halévys Werk eröffnet wurde, wurde 1893 die 550. Vorstellung gefeiert. Nach dem Brand der Dekorationsmagazine verschwand *La juive* für zehn Jahre von der Bühne, um 1903 in der Opéra Municipal de la Gaité seine glanzvolle Wiedererstehung zu feiern. 1933 grub auch die Opéra das Werk wieder aus. Bis zu dieser Zeit gehörte das Stück zum internationalen Repertoire. Nicht zuletzt wegen seines jüdischen Handlungshintergrundes wurde es bis zum Zweiten

Weltkrieg in besonders viele osteuropäische Sprachen übersetzt. Im deutschsprachigen Raum gehört Halévys Oper zum Repertoire jeden Opernhauses. An der New Yorker Met wurde sie bis in die 30er Jahre immer wieder für große Sänger hervorgeholt, etwa 1911 für Enrico Caruso. Nach dem Zweiten Weltkrieg verschwand sie in der Versenkung. Zu Beginn der 70er Jahre setzte sich Richard Tucker in den Vereinigten Staaten engagiert für das Werk ein, ohne es jedoch wirklich wiederbeleben zu können. In jüngster Zeit hat die Schallplatte Interesse auf die Oper gelenkt.

Ulrike Hessler

Diskographische Empfehlung

1973 – Royal Opera House Covent Garden, London: Anton Guadagno, Chor und Orchester des Royal Opera House Covent Garden. Richard Tucker (Eléazar), Yasuko Hayashi (Rachel), David Gwynne (Kardinal), Michelle Le Bris (Eudoxie), Juan Sabate (Léopold), Robert Bickerstaff (Ruggiero), Anthona Baldwin (Albert). Legato Classics, LCD 120-2

GUSTAV ALBERT LORTZING

geb. 23. Oktober 1801 in Berlin
gest. 21. Januar 1851 in Berlin

D er Sohn eines Schauspielerehepaars wuchs auf in den verschiedensten deutschen Theaterstädten, wie Breslau, Coburg, Bamberg, Freiburg i. Br., Baden-Baden, Aachen, Bonn, Köln, Düsseldorf und Elberfeld. Von seinem 18. Lebensjahr an trat er selbst als Schauspieler und Sänger von Tenor- und Bariton-Partien auf und komponierte – nach einer Ausbildung bei K. F. Rungenhagen und autodidaktischen Studien – seine Bühnenwerke auf eigene, zumeist an bekannten Lustspielen angelehnte Libretti. 1824 heiratete er seine Kollegin Rosina Regina Ahles, mit der er von 1826 bis 1833 am Theater in Detmold angestellt war. Eine heftige Leidenschaft verband ihn mit der Tochter des Herzogs von Lippe-Detmold. 1844 ging Lortzing als Schauspieler und Kapellmeister nach Leipzig. In Wien war er ab 1848 zunächst für zwei Jahre am Theater an der Wien als Kapellmeister, danach wieder als Schauspieler tätig, worauf ein weiteres Engagement als Kapellmeister in Berlin folgte. Hier war Lortzing ab 1850 jedoch nur für Possen und Operetten zuständig.

Außer diversen Schauspiel-Bühnenmusiken, Orchester- und Chorwerken und einem Oratorium schrieb Lortzing die Singspiele und Opern *Ali Pascha von Janina oder Die Franzosen in Albanien* (1828), *Der Pole und sein Kind oder Der Feldwebel vom IV. Regiment* (1828), *Der Weihnachtsabend* (1932), *Andreas Hofer* (1832), *Szenen aus Mozarts Leben* (1832), *Yelva, die russische Weise oder Die Stumme* (1832), *Die Schatzkammer des Inka* (1836), *Die beiden Schützen* (1835,), *Zar und Zimmermann* (Leipzig 1837), *Caramo oder das Fischerstechen* (Leipzig 1839), *Hans Sachs* (Leipzig 1840), *Casanova* (Leipzig 1841), *Der Wildschütz oder Die Stimme der Natur* (Leipzig 1842), *Undine* (Magdeburg 1845), *Der Waffenschmied* (Wien 1846), *Zum Großadmiral* (1847), *Regina* (1848), *Rolands Knappen oder Das ersehnte Glück* (1849) und *Die Opernprobe oder Die vornehmen Dilettanten* (1851). Der verarmt und verkannt gestorbene Komponist galt bald nach seinem Tod als Begründer der deutschen Volksoper. Über ein Jahrhundert lang behaupteten sich seine theaterpraktisch und wirkungsvoll aufgebauten, melodienreichen Bühnenwerke an deutschen Opernhäusern.

Da die meisten Partituren nicht mehr im Original existieren, ist die Quellenlage sehr schwierig, und Wiederaufführungen der nicht im Druck erschienenen Werke sind kaum zu bewerkstelligen. Eine besondere Renaissance erlebte jedoch in der DDR die Revolutions-Oper *Regina* in ihrer Originalgestalt; zuvor war sie nur in einer verharmlosenden Bearbeitung von Adolphe L'Arronge bekannt geworden.   *Peter P. Pachl*

Zar und Zimmermann oder Die zwei Peter
Komische Oper in drei Akten

<u>Text:</u> Albert Lortzing
<u>Uraufführung:</u> 22. Dezember 1837, Stadttheater, Leipzig
<u>Personen:</u> Peter I., Zar von Rußland, als Peter Michaelow, Zimmergeselle (Bar); Peter Iwanow, Zimmergeselle (Ten); Van Bett, Bürgermeister von Saardam (Baß); Marie, seine Nichte (Sop); General Lefort, russischer Gesandter (Baß); Lord Syndham, englischer Gesandter (Baß); Marquis von Châteauneuf, französischer Gesandter (Ten); Witwe Browe, Zimmermeisterin (Alt)
<u>Chor:</u> Holländische Offiziere; Soldaten; Magistratspersonen; Ratsdiener; Einwohner von Saardam; Zimmerleute; Matrosen; Volk
<u>Ort und Zeit:</u> Saardam in Holland, 1698
<u>Orchester:</u> 2 Fl (2. auch Picc), 2 Ob, 2 Kl, 2 Fg, 4 Hrn, 2 Trp, 3 Pos, Pkn, GrTr, Trgl, Streicher
<u>Form:</u> Nummernoper (16 Musiknummern) mit gesprochenen Dialogen
<u>Aufführungsdauer:</u> Ca. 2¼ Stunden
<u>Verlag:</u> Edition Peters, Frankfurt am Main

<u>Handlung</u>
1. AKT: Unerkannt als Peter Michaelow lernt Zar Peter I. auf einer Werft in Saardam die Kunst des Schiffbaus. Dort arbeitet auch ein zweiter Russe, mit Namen Peter Iwanow, ein Deserteur. Voller Eifersucht liebt er Marie, die Nichte des Bürgermeisters, die auch vom französischen Gesandten Châteauneuf umworben wird. Durch seinen Vertrauten Lefort erfährt

der Zar von einer Revolution in Moskau, woraufhin er die vorzeitige Abreise befiehlt. Der Bürgermeister van Bett hat ein amtliches Schreiben erhalten, in dem er beauftragt wird, Erkundigungen über den Gastarbeiter Peter anzustellen, der auf einer der Werften arbeitet. Er läßt alle Arbeiter zusammenrufen. Während des Verhörs konzentriert sich sein Verdacht auf Peter Iwanow, der ihm auch schon wegen seiner Beziehung zu Marie verdächtig erscheint. Der englische Gesandte Lord Syndham verspricht van Bett zweitausend Pfund, wenn er Peters Gesinnung gegenüber England ausfindig machen kann. Aber Iwanow weicht van Betts „diplomatischen" Fragen aus. Châteauneuf erkennt an Michaelows Temperament den richtigen Zaren und verabredet mit ihm eine Zusammenkunft auf einem bevorstehenden Hochzeitsfest.

2. AKT: Hier schließt Châteauneuf im Beisein Leforts ein russisch-französisches Bündnis mit dem Zaren, während van Bett und Lord Syndham vergeblich versuchen, ein Übereinkommen mit Iwanow zu erzielen. Während Marie ein russisches Brautlied singt, tritt ein Offizier ein und verlangt von jedem Fremden den Ausweis. Van Bett läßt alle fremden Gäste verhaften. Als sich die Gesandten legitimieren, verdächtigt er wieder die beiden Peter. Der Zar wehrt sich gegen den handgreiflichen Bürgermeister, und eine allgemeine Prügelei beendet das Hochzeitsfest des Sohnes der Zimmermeisterin, Witwe Browe.

3. AKT: Zur Begrüßung Iwanows, den van Bett noch immer für den Zaren hält, studiert er eine Chorkantate auf einen eigenen Text ein. Marie ist verzweifelt, denn wenn ihr Peter wirklich der Zar ist, wird sie ihn verlieren. Michaelow tröstet sie und verspricht ihr die Vereinigung mit Iwanow noch am selben Tag. Die Sperrung des Hafens macht die Abreise des Zaren unmöglich. Aber Iwanow überläßt seinen Paß, den er von Lord Syndham erhalten hat, Michaelow. Die Huldigung für Iwanow wird durch die Nachricht von der Flucht des Zaren gestört, der sich dem Arbeitskollegen schriftlich zu erkennen gibt, und ihn – Iwanows Heirat mit van Betts Nichte vorausgesetzt – zum kaiserlichen Oberaufseher ernennt. Vom Schiff aus verabschiedet sich Zar Peter der Große.

Kommentar

Lortzings Oper vereinigt die charakteristischen musikalischen Merkmale der deutschen Spieloper, es ist eine durch Konversationsdialoge verbundene Nummernoper mit teils strophischen, teils refrainartigen Liedeinlagen, aber auch mit wirkungsvollen Ensembles und Chorszenen. Zu den Höhepunkten zählen das Sextett der gleichzeitig ernsten und komischen diplomatischen Verhandlungen, die Kantatenprobe, der Holzschuhtanz, die berühmte Auftrittsarie van Betts, „O sancta justitia!", das lyrisch-schwärmerische „Lebe wohl, mein flandrisch Mädchen" und das nostalgische Opernlied „Sonst spielt' ich mit Zepter".

Geschichte

Die historisch belegte Reise Zar Peters des Großen nach Holland (1697/98) liegt einer Vielzahl von Opern und Schauspielen zugrunde, die Lortzing teilweise gekannt haben dürfte. Lortzings wesentliche Vorlage ist das mélodrame comique, die französische Komödie *Le bourgmestre de Saardam ou Les deux Pierres* von Mélesville, Merl'e und Boirie (1818), in der deutschen Bearbeitung durch den Mannheimer Theaterdichter Georg Römer, gestaltete jedoch den 3. Akt frei, wobei ihm vermutlich Donizettis *Il Borgomastro di Saardam* (Neapel 1827, deutsche Erstaufführung Berlin 1837) als Vorbild diente. In Römers Fassung des französischen Schauspiels war Lortzing in Detmold wiederholt als Marquis von Châteauneuf aufgetreten.

Nach der Uraufführung in Leipzig verbreitete sich diese Oper rasch über die deutschen und über zahlreiche Bühnen des Auslandes, wo sie teils in deutscher Sprache, teils in schwedischer, ungarischer, englischer, russischer oder bulgarischer Übersetzung gespielt wurde. Lortzings bekannteste Oper ist auch heute noch ein fester Bestandteil des Repertoires.

Peter P. Pachl

Diskographische Empfehlung

1966 – Dresden: Robert Heger, Rundfunkchor Leipzig, Staatskapelle Dresden. Hermann Prey (Peter I.), Peter Schreier (Iwanow), Gottlieb Frick (van Bett), Erika Köth (Marie), Nicolai Gedda (Marquis). EMI 149-29 302/04

Undine
Romantische Zauberoper in vier Akten

<u>Text:</u> Albert Lortzing
<u>Uraufführung:</u> 21. April 1845, Stadttheater, Magdeburg
<u>Personen:</u> Bertalda, Tochter des Herzogs Heinrich (Sop); Ritter Hugo von Ringstetten (Ten); Kühleborn, ein mächtiger Fürst der Wassergeister (Bar); Tobias, ein alter Fischer (Baß); Marthe, sein Weib (Alt); Undine, ihre Pflegetochter (Sop); Pater Heilmann, Ordensgeistlicher aus dem Kloster Maria-Gruß (Baß); Veit, Hugos Schildknappe (Ten); Hans, Kellermeister (Baß)
<u>Chor:</u> Edle des Reiches; Ritter und Frauen; Herolde; Pagen; Jagdgefolge; Knappen; Fischer und Fischerinnen; Landleute; Gespenstische Erscheinungen
<u>Ort und Zeit:</u> Fischerdorf, herzogliches Schloß, Burg Ringstetten; 1452
<u>Orchester:</u> 2 Fl (2. auch Picc), 2 Ob, 2 Kl, 2 Fg, 4 Hrn, 2 Trp, 3 Pos, Btba, Pkn, GrTr, Streicher
<u>Form:</u> Nummernoper (18 Musiknummern) mit gesprochenen Dialogen
<u>Aufführungsdauer:</u> 3¼ Stunden
<u>Verlag:</u> Edition Peters, Frankfurt am Main

<u>Handlung</u>
VORGESCHICHTE: Kühleborn, Wassermann und mächtiger Herrscher über die Wassergeister, hat Bertalda, das Kind der Fischersleute Marthe und Tobias, geraubt und seine eigene Tochter Undine anstelle der Geraubten von dem alten Fischerehepaar großziehen lassen. Bertalda verpflanzte er als Findelkind an einen Herzogshof.
Einige Jahre später: Bertalda, inzwischen vom Herzog adoptiert und nach dessen Tod Herzogin, versprach dem Sieger eines Turniers ihre Hand. Ritter Hugo von Ringstetten, der als Sieger aus den Spielen hervorgeht, muß jedoch vor der Ehe mit ihr erst noch ein besonderes Abenteuer bestehen: Er wird von Bertalda in den verrufenen Zauberwald geschickt. Ein See steigt über die Ufer und verwandelt eine schmale Landzunge in eine Insel. Hugo und sein Knappe Veit sind auf der Insel gefangen, auf der auch Undine mit ihren Zieheltern Marthe und Tobias lebt. Hugo und Undine verlieben sich.

1. AKT: In der Fischerhütte soll Hochzeit gehalten werden. Veit freut sich auf die Heimkehr und trifft die Vorbereitungen zum Fest und zur Abreise. Pater Heilmann, der das Paar einsegnen soll, läßt sich von Marthe die Vorgeschichte erzählen. Undine kommt dazu, und obgleich ihr Geständnis, keine Seele zu besitzen, bei allen Anwesenden und auch bei Hugo Schauer und Verwunderung auslöst, vereinen sich alle zu einem frommen Gebet. Veit meldet, daß der See wieder ruhig geworden ist und ein Weinfaß ans Ufer gespült wurde. Junge Mädchen und Burschen geleiten das Brautpaar zum Altar. Veit öffnet inzwischen das Faß und wird in ein Gespräch mit Kühleborn verwickelt, der sich als Weinhändler und Eigentümer des Fasses ausgibt. Die Hochzeitsgesellschaft kehrt zurück, und Veit singt ein heiteres Weinlied. Kühleborn tritt im Gewand des Paters Heilmann hinzu und geleitet das junge Paar und Veit auf dem Weg über das Wasser durch den Zauberwald zurück in die Hauptstadt.

2. AKT: In der Halle des Herzogsschlosses berichtet Veit seinem Freund, dem Kellermeister Hans, von Geistern und Ungeheuern, die sie auf ihrer Reise bedroht hätten, und daß Undine ein seltsames Wesen sei. Undine gesteht Hugo, daß sie kein Mensch, sondern ein Wassergeist ist, der menschliche Gestalt angenommen hat. Da Hugo dennoch zu seiner Liebe steht, empfindet Undine dies als das Geschenk einer Seele. Bertalda kommt von der Jagd und preist das Jägerleben. Da Hugo verschollen war, hat sie das Männerhandwerk erlernt. Kühleborn, der verkleidet als neapolitanischer Gesandter am Hof weilt, meldet Bertalda die Ankunft Hugos. Für Bertalda scheint eine Welt zusammenzubrechen, als sie erfährt, daß Hugo vermählt ist. Ein wichtiges Geheimnis soll Bertalda an diesem Tage feierlich eröffnet werden. Kühleborn will Undine zur Rückkehr ins Wasserreich bewegen. Er droht, ein Treuebruch werde Hugo das Leben kosten. Bertalda verkündet, sie werde dem König von Neapel ihre Hand reichen, aber in einer Ballade enthüllt der Gesandte (Kühleborn) Bertaldas wirkliche Herkunft. Das feierlich eröffnete Testament des Herzogs Heinrich bestätigt Kühleborns Aussage. Der zaubert nun Bertaldas wirkliche Eltern herbei. Aber Bertalda will von dem Fischerpaar nichts wissen. Der Gesandte verhöhnt dieses unmenschliche Verhalten eines angeblich doch beseelten Menschen. Die aufgebrachte Hofgesellschaft will dem Gesandten ans Leben, aber der gibt sich als Wassermann zu erkennen und entflieht mit einem Sprung in die Tiefe eines Brunnens.

3. AKT: An einem Seegestade am Fuß der Burg Ringstetten zecht Hugos Jagdgesellschaft. Veit berichtet, daß Bertalda, die sich in einen Fluß

stürzen wollte, aber von Undine gerettet und mit nach Burg Ringstetten genommen wurde, den Ritter Hugo erneut umgarnt hat. Tatsächlich bekennt sich Hugo zu seiner alten, neuen Geliebten, auch als die Wassergeister ihn an seine Ehe mit Undine mahnen und Undine überraschend hinzukommt. Hugo verstößt Undine als einen unliebsamen Kobold und enteilt mit Bertalda. Damit ist für Kühleborn die Stunde gekommen, sein Experiment für beendet zu erklären und seine Tochter heimzuführen. Undine erhält von den über ihre Rückkehr erfreuten Wassergeistern ihre ursprüngliche Gestalt wieder. Aber ihre Seele behält sie weiterhin, erfüllt von Wehmut und Trauer.

4. AKT: Hugo quälen Alpträume, in denen Kühleborn ihn zur Rechenschaft ruft und Undine zwingt, Hugo hinzurichten. Aber selbst noch im Traum überwiegt Bertaldas Faszinationskraft und siegt ihr entschlossener Wille über Hugos Mitgefühl für die verstoßene Undine. Bertalda hat den Brunnen der Burg Ringstetten aus Angst vor Kühleborns Rache mit einem schweren Stein verschließen lassen. Zur mitternächtlichen Hochzeitsfeier von Hugo und Bertalda ist Veit betrübt, und Hans ermuntert ihn mit einem Lied von seinen Jugendstreichen. Um die Festgesellschaft zu erschrecken, wollen beide den schweren Stein vom Brunnen wälzen. Eine übernatürliche Kraft scheint ihnen dabei behilflich zu sein, denn der Stein rollt tatsächlich fort, und aus dem Brunnen steigt die verschleierte Gestalt Undines, die weinend in die Burg schreitet. Hugo vermag an den Hochzeitsfeierlichkeiten keine Freude zu empfinden. Er ahnt Undines Nahen und ist glücklich, sie in der Mitternachtsstunde als seinen Todesboten erscheinen zu sehen. Undine küßt den untreuen Geliebten zu Tode. Der Unmut der Elementargeister gegen die Menschen läßt das Wasser ansteigen, und Burg Ringstetten versinkt. Kühleborn verkündet, daß diese Katastrophe die Folge der Mißachtung der Naturwesen sei. Hugo sei um Undines Willen verziehen, und er werde nun ewig vereint mit ihr bei den Wassergeistern bleiben.

Kommentar

Wie Wagners im selben Jahr komponierter *Tannhäuser* ist *Undine* ein besonders geliebtes Schmerzenskind des Komponisten, das Lortzing zahlreichen Bearbeitungen unterwarf. Lortzing selbst empfand dieses Werk, zu dem er eigenhändig das Libretto schrieb, da seine Freunde ihm von der Oper abrieten, als sein „bestes Werk". Er rang mit der Form der romantischen Zauberoper, die für ihn schwieriger war als das heitere Genre. Abträglich sind der Wirkung nur die dennoch eingebrachten volkstümlichen Elemente, die Weinlieder und Buffoszenen, wie das zu spät ihm von Düringer als Text offerierte „Vater, Mutter, Schwestern, Brüder", das deshalb nicht mehr in den 1. Akt – wo es hingehört hätte – Eingang fand, sondern in den 3., da obendrein zu dem vorgerückten Zeitpunkt der Klavierauszug des 1. Aktes offenbar bereits fertig gestochen vorlag. Auch der Eingriff, den Lortzing auf Betreiben des Hamburger Bühnenbildners Joseph Mühldorfer vornahm, ist zu beklagen: Lortzing selbst empfand das theatrale happy end als einen argen Verstoß „gegen die poetische Gerechtigkeit". Im Orchestersatz, speziell in der letzten Verwandlungsmusik, braucht Lortzings Partitur den Vergleich mit Webers *Freischütz* nicht zu scheuen.

Geschichte
Friedrich Heinrich Karl Baron de la Motte Fouqué (1777–1843) schrieb 1811 die vielgelesene Novelle *Undine*, die auch E. T. A. Hoffmann (Berlin 1816), Karl Friedrich Girschner (Danzig 1837) und Wolfgang Fortner (1966) als Grundlage für eine Oper sowie zahlreiche Komponisten als Vorlage für ein Ballett verwendeten.

Arno Schmidt gebührt das Verdienst, hinter der Kunstfigur der Undine deren leibliches Vorbild entdeckt zu haben, eine gewisse Elisabeth von Breitenba(u)ch, zu der Fouqué in unglücklicher, unerfüllter Liebe entbrannt war.

Aber auch Albert Lortzings beharrliche Beschäftigung mit diesem Stoff hat autobiographische Hintergründe. Die Undine in Lortzings Leben war allerdings standesmäßig eher eine Bertalda, nämlich die Tochter des Herzogs von Detmold, mit der den verheirateten Komponisten eine leidenschaftliche Liebe verband und aus der sogar eine Tochter hervorging.

Die Uraufführung der *Undine* sollte eigentlich in Hamburg stattfinden, aber da die Bühnenbilder nicht rechtzeitig fertig wurden, kam das Theater in Magdeburg um vier Tage zuvor. Gleich nach der Hamburger Aufführung machte sich Lortzing an eine erste Überarbeitung der Oper für Leipzig, was in erster Linie Kürzungen betraf. Nur der erste, bei Breitkopf und Härtel im Jahre 1845 erschienene Klavierauszug enthält die vollständige Fassung der Oper, die handschriftlichen Partiturabschriften hingegen übernahmen Lortzings – oft auch aus Sängermißständen erfolgte – nachträgliche Striche. Und da Lortzings Manuskript verschollen ist, gingen hierbei breite Teile der Oper in ihrer originalen Instrumentation verloren. Für die Wiener Erstaufführung 1847 ließ es Lortzing nicht bei Strichen bewenden. Den

Schluß des 4. Aktes glich er dem des dritten an, ließ reminiszenzhaft erneut „Schwanensang" und „Schwanenklang" auf Undine und Hugo herabtönen und verlängerte die Verwandlungsmusik des letzten Aktes. Verschiedentlich änderte er die Tonhöhen und -lagen der Protagonisten, bisweilen auch die Tonart. Das zweite Finale verkürzte und veränderte er musikalisch und zum Teil auch textlich und gab der Ouvertüre einen Jubelschluß. Anhand der Wiener Partitur erschien 1925 bei der Edition Peters eine gedruckte Orchesterpartitur, wobei der Lortzing-Sachwalter und Herausgeber Georg Richard Kruse vorgab, diese Partitur sei der Letzte Wille des Komponisten. Aber Lortzing schrieb auch nach der Wiener Aufführung noch an seinem Werk weiter. Eine neue Fassung des zweiten Finales mit einem groß gestalteten Bogen, ein Beweis von Lortzings Ringen um den bestmöglichen Ausdruck einer musikalischen Idee, erlebte erst 1987 in Nürnberg ihre Uraufführung, in der auch Teile aus der Urfassung – von Hans Peter Mohr nachinstrumentiert – erstmals wieder erklangen. Zu Lebzeiten Lortzings paßte diese romantische Oper nicht in das Bild vom Biedermeier-Komponisten. Nach seinem Tode versuchten verschiedene Theaterpraktiker, den Aufbau der Oper dramaturgisch umzugestalten, was jedoch zumeist nicht ohne fremde Musikeinschübe möglich war. Die bis Mitte unseres Jahrhunderts, auch im Ausland (dort meist in deutscher Sprache) äußerst häufig, aber nach dem Zweiten Weltkrieg kaum mehr gespielte Oper, kommt heute wieder öfter zur Aufführung.   *Peter P. Pachl*

Diskographische Empfehlung

1967 – Berlin: Robert Heger, RIAS-Kammerchor, Radio-Sinfonie-Orchester Berlin. Ruth-Margret Pütz (Bertalda), Nicolai Gedda (Hugo), Hermann Prey (Kühleborn), Anneliese Rothenberger (Undine), Peter Schreier (Hans Veit). EMI 137-290 942/3

Der Waffenschmied
Komische Oper in drei Akten

Text: Albert Lortzing, nach Friedrich Wilhelm Zieglers Lustspiel *Liebhaber und Nebenbuhler in einer Person*
Uraufführung: 30. Mai 1846, Theater an der Wien, Wien
Personen: Hans Stadinger, berühmter Waffenschmied und Tier-

arzt (Baß); Marie, seine Tochter (Sop); Ritter Graf von Liebenau (Bar); Georg, sein Knappe (Ten); Ritter Adelhof aus Schwaben (Baß); Irmentraut, Maries Erzieherin (Mez); Brenner, Gastwirt, Stadingers Schwager (Ten); Ein Schmiedegeselle (Baß)
Chor: Bürger und Bürgerinnen; Schmiedegesellen; Ritter; Knappen; Pagen; Herolde; Volk
Ort und Zeit: Worms, im 16. Jahrhundert
Orchester: 2 Fl (2. auch Picc), 2 Ob, 2 Kl, 2 Fg, 4 Hrn, 2 Trp, 3 Pos, Pkn, GrTr, Trgl, Streicher
Form: Nummernoper (15 Musiknummern) mit gesprochenen Dialogen
Aufführungsdauer: Ca. 2 Stunden
Verlag: C. F. Peters, Leipzig

Handlung
1. AKT: Der junge Ritter Graf von Liebenau liebt Marie, ein bürgerliches Mädchen. Ihr Vater, der reiche und berühmte Waffenschmied Hans Stadinger aber ist gegen eine solche Verbindung, da er nicht nur allgemeine, sondern persönliche Abneigung gegen den Adel empfindet. Seine Ehefrau wurde einst von einem Ritter entführt. Um dennoch ans Ziel seiner Wünsche zu gelangen, schneidet sich der Graf den Bart ab (!) und tritt, als bürgerlicher Geselle verkleidet, mit gefälschten Zeugnissen in die Dienste des Waffenschmieds, und zwar gemeinsam mit seinem Knappen Georg. Als ungeschickter Schmied Konrad gewinnt der Graf zwar sogleich das Herz Maries, doch will Stadinger seine einzige Tochter nicht einem miserablen Handwerker zur Frau geben. Ihm wäre Georg, der einfache, lebenslustige Mann aus dem Volk, der das Schmiedehandwerk besser versteht als sein Herr, als Schwiegersohn lieber. Marie und Georg aber empfinden nichts füreinander.
Nach dem volkstümlich-beschwingten Eröffnungschor der Schmiedegesellen verrät Georg ein Stück seiner Lebensphilosophie, die ihn als kerngesunden, geraden und diesseitig orientierten Charakter ausweist. Ganz anders das Wesen der Jungfer Irmentraut, der Erzieherin Maries, die alle zu kurz Gekommenen und vom Leben Benachteiligten vertritt. In wehmütig-drolliger, altjüngferlicher Art beklagt sie den schlechten Zustand der Welt und die Wertlosigkeit der Männer. Um Maries Treue (zu Konrad) zu prüfen, wirbt der Graf weiterhin auch in authentischer Gestalt um sie. Bei einem seiner nächtlichen Besuche erfährt er zu seiner Freude, daß sie ihr Herz

schon an Konrad vergeben habe, und trotz heißester Liebesschwüre des Grafen bleibt sie bei ihrer Entscheidung. Die erregte Unterhaltung weckt Stadinger: Entsetzt erkennt er den verhaßten Ritter. Bevor seine Gesellen ihn ergreifen können, ist Liebenau im Schutz der Nacht verschwunden. Als wieder Ruhe eingekehrt ist, kommt Marie noch einmal zurück und wägt zwischen ihren beiden Liebhabern ab. Wider die Verlockungen von Reichtum und Ehre entscheidet sie sich für den „armen" Konrad.

2. AKT: Am nächsten Tag spielt Konrad den Eifersüchtigen, doch Maries Liebe zu ihm, dem armen Schmiedegesell, hält allen Prüfungen stand. Der schwäbische Ritter Adelhof macht Stadinger seine Aufwartung: Er soll im Auftrag eines reichen Fräulein von Katzenstein, die Liebenau heiraten möchte, eine mögliche Verbindung zwischen diesem und Marie hintertreiben, und so versucht Adelhof, den Grafen bei Stadinger schlechtzumachen und ihm seinen Gesellen Konrad als Schwiegersohn schmackhaft zu machen. Stadinger ist empört und wirft Adelhof aus seinem Haus. Tags darauf erscheint Adelhof erneut bei Stadinger, behauptet, alles sei ein Mißverständnis gewesen, und rät ihm nun, seine Tochter seinem tüchtigen zweiten Gesellen Georg zur Frau zu geben. (Auch dies im Auftrag des Fräulein von Katzenstein, die von Stadingers Schwager Brenner inzwischen erfahren hat, daß Liebenau und Konrad ein und dieselbe Person sind.) Einer solchen Verbindung ist auch Stadinger nicht abgeneigt, und so beschließt er, die Verlobung seiner Tochter mit Georg anläßlich der Feierlichkeiten zu seinem 25. Meisterjubiläum vor allen Freunden offiziell bekanntzugeben. Zu Beginn des Festes im Weinberg singen die Gesellen einen fröhlichen Chor, während Georg mit einem moralisierenden Liedchen zur allgemeinen Unterhaltung beiträgt. Doch Liebenau durchkreuzt die Pläne Stadingers. Als Graf entführt er Marie, um sie als Konrad glücklich zu „befreien" und dem besorgten Vater heil zurückzubringen. Doch auch als kühner Befreier ist Konrad dem sturen Waffenschmied nicht gut genug. Er hat den Trubel um Marie satt und will sie in ein Kloster stecken.

3. AKT: Marie beklagt ihr Los und übt Kritik an der sozialen Benachteiligung der Frauen: Sie wäre lieber ein Mann. Liebenau aber gibt sich noch nicht geschlagen. Mit einem bewaffneten Heer rückt er gegen die Stadt und droht sie anzugreifen, falls Stadinger seine Tochter nicht endlich mit Konrad verheirate. In einem fingierten Brief wird Stadinger sogar vom Stadtrat dazu aufgefordert, um die drohende Gefahr abzuwenden. Stadinger muß nun nachgeben. Beim feierlichen Einzug des Grafen fliegt der Schwindel schließlich auf. Stadinger erkennt in ihm seinen Gesellen Kon-

rad wieder, und obwohl er der Geprellte ist, verweigert er dem Paar nun nicht mehr seinen väterlichen Segen.

Kommentar

Nach *Zar und Zimmermann* und *Der Wildschütz* ist *Der Waffenschmied* Lortzings dritter bedeutender Beitrag zu einer Operngattung, die er selbst schuf: Es ist die sogenannte Spieloper, das relativ spät (um 1835) entstandene komische bürgerliche Operngenre Deutschlands, und somit das Pendant des deutschen Biedermeier zu den wesentlich älteren Genres der französischen opéra comique und der italienischen opera buffa. Und wenngleich Einflüsse dieser Gattungen sich in Lortzings Spielopern nachweisen lassen, gelten Johann Friedrich Reichardts Liederspiel und Singspiel (Dittersdorf, Benda, Mozart) als deren eigentliche Vorläufer. Als einer der wenigen Opernkomponisten, die zeitlebens aktiv im Theater- und Opernbetrieb ihrer Zeit mitwirkten, hatte der Sänger, Schauspieler und Kapellmeister Albert Lortzing eine umfassende Kenntnis des damals gespielten Repertoires. Darum gelang es ihm auch im Alleingang, aus allen genannten Genres einen neuartigen, eigenen, volkstümlich-deutschen Opernstil zu entwickeln, der bis heute nichts von seiner Frische, Anmut und Klarheit eingebüßt hat. Inhaltlich betrieb die Spieloper die längst fällige ästhetische Manifestation des nur sehr langsam erstarkenden Selbstbewußtseins des deutschen Bürgertums, das „seine" Gefühlswelt endlich auch in der Oper behandelt sehen wollte. In ihrer konkreten Form, ihren Stoffen aber spiegelte sie auch die Rückständigkeit der Deutschen wider, die nach dem Scheitern der revolutionären Ideen kleinmütig den Rückzug in die Innerlichkeit angetreten hatten, in Biedermeierei, Kleinstaaterei und romantische Idylle. Dies gilt in besonderer Weise für den *Waffenschmied*, der aus dem engen Blickwinkel bürgerlicher Mentalität ein wehmütig-verklärtes, romantisches Bild des späten Mittelalters entwirft, eine heile Welt von braven Handwerkern und bärtigen Rittern. Doch hinter aller Butzenscheibenromantik zeigt die harmlose Handlung die radikale Wandlung der Gesellschaft und ihres Wertsystems an. Der Adel, der als ehemalige herrschende Klasse der Oper jahrhundertelang die heroischen Helden lieferte, ist hier bereits zum kauzigen Rittertum verkommen, das sich der sozialen wie moralischen Überlegenheit des bürgerlichen Patriarchen beugen muß. Um zum Zuge zu kommen, muß der Aristokrat sogar seine soziale wie persönliche Identität aufgeben. Nur noch als maskierter Bürger hat er überhaupt eine Chance, an das Bürgermädchen heranzukommen.

Stilistisch führt Lortzing auch im *Waffenschmied* die Eigenart des Singspiels fort, die Handlung in Prosadialoge und abgeschlossene, in Verse gesetzte Gesangsnummern zu unterteilen, als Ausdruck der strikten Trennung von äußerer Handlung und innerer emotionaler Reaktion. Dem Mozartschen Vorbild nacheifernd, versuchte Lortzing, wenn möglich, den aus Arien und Duetten bestehenden Formenreichtum des Singspiels um größere Ensembleformen zu erweitern. So enthält auch der *Waffenschmied* eine Reihe von Ensembles – zwei Quintette, ein Sextett und ein Septett –, in denen die äußere Handlung von der Musik gesteuert und vorangetrieben wird, jedoch erreicht die musikalische Faktur an keiner Stelle jene Stufe der Menschengestaltung, die beanspruchen könnte, den Menschen in seiner Totalität von innerem Geschehen und äußerem Handeln zu erfassen. Das Nachzeichnen eines längeren emotionalen Prozesses gelingt ihm noch am besten in dem wunderbaren, in seiner schlichten Schönheit sehr wohl an Mozart anknüpfenden g-moll-Rondo der Marie, das auch vom Text her aufklärerische Tendenzen verfolgt. Die Leichtigkeit, Eleganz und absolute Geschmackssicherheit seiner musikalischen Einfälle waren wohl ausschlaggebend für die dauerhafte Popularität von Lortzings *Waffenschmied*.

Geschichte

Als Vorlage für den *Waffenschmied* diente Lortzing das Lustspiel *Liebhaber und Nebenbuhler in einer Person* des Wiener Burgschauspielers und Theaterdirektors Friedrich Wilhelm Ziegler (1760–1827), das 1790 uraufgeführt worden war. Das Stück wurde bereits vor Lortzing von Ferdinand Kauer (1751–1831) vertont. Lortzing kannte das Zieglersche Lustspiel aus der Zeit seines Detmolder Engagements (1826–1833), wo er selbst den Grafen Liebenau auf der Bühne gespielt hatte. Bei der Einrichtung des Librettos hielt sich Lortzing weitgehend an die Vorlage, er strich etliche unmusikalische Figuren und umständliche Nebenstränge und baute einige atmosphärisch-lyrische Ruhepunkte ein. Die Komposition entstand in der zweiten Hälfte des Jahres 1845 in Leipzig, in einer Zeit bedrückender wirtschaftlicher Notlage, die Lortzing nach seiner Kündigung als Kapellmeister beim Leipziger Stadttheater durchlebte. Als ihn im Februar 1846 der Direktor des Theaters an der Wien, Franz Pokorny, in Leipzig aufsuchte und ihm gegen ein Honorar von 800 Gulden den Auftrag erteilte, seine neue Oper in Wien einzustudieren, schöpfte Lortzing wieder Hoffnung. Er reiste mit seiner Familie nach Wien und leitete hier am 30. Mai 1846 die Uraufführung des *Waffenschmieds*. Trotz mäßiger Sängerleistungen erzielte die

Oper mit 19 Vorstellungen einen unerwarteten Achtungserfolg. Pokorny bot Lortzing eine Kapellmeisterstelle an seinem Haus an, die dieser annahm. Er blieb zwei Jahre und dirigierte in der Zeit zahlreiche neue und alte Opern, darunter Mozarts *Don Giovanni,* Webers *Freischütz* und Rossinis *Barbier.* Als Pokorny infolge der revolutionären Wirren von 1848 Bankrott machte, ging Lortzing nach Leipzig zurück. Der Erfolg seines *Waffenschmieds* war nicht aufzuhalten. Er eroberte sich in wenigen Jahren vor allem das deutschsprachige Publikum, das diese Art von spießbürgerlicher Romantik besonders schätzte. 1933 rangierte die Oper in der deutschen Bühnenstatistik nach dem *Freischütz* an zweiter Stelle, mit 370 Aufführungen, gefolgt von *Zar und Zimmermann* und *Carmen.* Und auch nach dem Zweiten Weltkrieg konnte sie sich mit mehreren tausend Aufführungen einen der vorderen Plätze sichern, freilich weniger an den großen Häusern, sondern als einer der Favoriten der Provinzbühnen.   *Attila Csampai*

Diskographische Empfehlung

1964 – München: Fritz Lehan, Chor und Orchester der Bayerischen Staatsoper. Kurt Böhme (Stadinger), Lotte Schädle (Marie), Hermann Prey (Liebenau), Gisela Litz (Irmentraut). EMI 153-28 930/31

VINCENZO BELLINI

geb. 3. November 1801 in Catania auf Sizilien
gest. 23. September 1835 in Puteaux bei Paris

Bellini, der aus einer Musikerfamilie stammte, ließ frühzeitig musikalische Begabung erkennen. Seine erste Oper, die semiseria *Adelson e Salvini* (1825), kam noch während seines Studiums bei Nicola Zingarelli am Konservatorium in Neapel zur Aufführung. Unmittelbar darauf schrieb er die Seria *Bianca e Fernando* (1826), die im Auftrag des Impresarios Barbaja für das Teatro San Carlo entstand und 1828 zur Eröffnung des Teatro Carlo Felice in Genua revidiert wurde. Den entscheidenden Durchbruch erzielte Bellini mit *Il pirata* (1827) und *La straniera* (1828) an der Mailänder Scala, wo ihm in Felice Romani der damals profilierteste Textdichter Italiens zur Seite stand. Noch vor dem älteren Donizetti war Bellini zum Favoriten des Publikums aufgestiegen, und diese Stellung konnte er bewahren, obwohl seine ungemein sorgfältige, langsame Arbeitsweise ihm nicht erlaubte, wie andere Komponisten bis zu vier Opern im Jahr zu schreiben. Zu einem Fiasko führte die übereilt hergestellte fünfte Oper *Zaira* nach der gleichnamigen Tragödie Voltaires. Das Werk, für die Eröffnung des Teatro Ducale in Parma bestimmt, wurde zu seinen Lebzeiten nicht mehr aufgeführt. Größere Teile daraus entnahm Bellini jedoch für seine Shakespeare-Vertonung *I Capuleti e i Montecchi* (1830), mit der er am Teatro La Fenice an die früheren Erfolge anknüpfte. 1831 folgten in Mailand die Meisterwerke *La sonnambula* und *Norma*, bevor *Beatrice di Tenda* – in der Handlung Donizettis *Anna Bolena* ähnlich – 1833 in Venedig wenig Beifall fand und zum Zerwürfnis mit Romani führte. Seine letzte Oper, *I puritani,* schrieb der Komponist für Paris, wo er sich nach einem Londoner Aufenthalt im Spätsommer 1833 niedergelassen hatte. Für Bellini galt die Melodie als Nerv der Musik, sie besaß für ihn, wie es in Italien selbstverständlich war, absoluten Vorrang, jedoch in einem Umfang, daß darüber Schwächen in der Harmonie, Instrumentation und auch rhythmischen Behandlung des Orchesters nicht verborgen bleiben. In der Scheu vor allem Künstlichen strebte er Natürlichkeit für den Text wie für die Musik an und faßte sein opernästhetisches Credo in die Formel „far piangere cantando" (mit Gesang zum Weinen bringen). Seine Musik sollte eine unmittelbare Gefühlsansprache bewirken, spontane Rührung beim Zuhörer erzeugen, und dies zu erreichen, war Bellini in einem Maße vergönnt wie wohl keinem anderen Opernkomponisten vor oder nach ihm.

Peter Ross

La sonnambula (Die Schlafwandlerin)
Melodramma in zwei Akten

Text: Felice Romani
Uraufführung: 6. März 1831, Teatro Carcano, Mailand
Personen: Graf Rodolfo, Feudalherr des Dorfes (Baß); Teresa, Müllerin (Mez); Amina, ihre Pflegetochter, Verlobte Elvinos (Sop); Elvino, reicher Grundbesitzer (Ten); Lisa, Wirtin, in Elvino verliebt (Sop); Alessio, Bauer, in Lisa verliebt (Baß); Ein Notar (Ten)
Chor: Bauern und Bäuerinnen
Ort: Ein Schweizer Dorf
Orchester: 2 Fl (2. auch Picc), 2 Ob, 2 Kl, 2 Fg, 4 Hrn, 2 Trp, 3 Pos, Btba, Pkn, Schlgzg, Streicher
Auf der Bühne: Bläser, Schlgzg
Form: Nummernoper mit 17 durchkomponierten Einzelszenen
Aufführungsdauer: Ca. 2½ Stunden
Verlag: G. Ricordi & C. S. p. A., Mailand

Handlung
1. AKT. 1. Bild: Aus der Ferne erklingen Gesänge der Dorfbewohner zur bevorstehenden Hochzeit des Gutsherrn Elvino mit Amina, Pflegetochter der Müllerin Teresa. Indes beklagt die Wirtin Lisa, die mit Elvino einst verlobt war, den Verlust des Geliebten und weist Annäherungen des Bauern Alessio zurück. Amina dankt den Landleuten für die freundliche Anteilnahme und schwelgt in Erwartung Elvinos in Glücksgefühlen. Dieser trifft verspätet ein, weil er am Grab der Mutter den Segen für die Braut erbat, und überreicht ihr einen Ring als Zeichen seiner Liebe. Unter das Fest mischt sich Graf Rodolfo, der Sohn des verstorbenen Feudalherrn. Da er nach langer Abwesenheit in die Heimat zurückgekehrt ist, wird er von den Landleuten nicht erkannt, die sich bei Sonnenuntergang aus Angst vor

einer nächtlichen Spukerscheinung zurückziehen, während Rodolfo in Lisas Gasthaus Quartier nimmt. Vor ihrem Abschied kann Amina den Bräutigam, der über Rodolfos galante Worte in Eifersucht geraten ist, kaum besänftigen.

2. Bild: In Rodolfos Zimmer im Gasthaus wird seine Tändelei mit Lisa durch die Erscheinung der schlafwandelnden Amina gestört. Sie glaubt sich mit Elvino am Altar und legt sich auf das Sofa nieder. Als die Landleute dem als Herrn des Dorfes erkannten Rodolfo ihre Aufwartung machen wollen, finden sie Amina schlafend vor. Sie ist verzweifelt über die peinliche Situation und beteuert Elvino, den Lisa herbeigeholt hat, ihre Unschuld. Er aber klagt sie des Treuebruchs an und stößt sie von sich. Teresa nimmt ein Halstuch an sich, das Lisa im Zimmer vergaß.

2. AKT. 1. Bild: In einem Wald rasten die Dorfbewohner auf ihrem Weg zum Schloß des Grafen, den sie um Aufklärung über das Geschehen im Gastzimmer bitten wollen. Elvino schenkt Aminas Beteuerungen keinen Glauben, entreißt ihr den Ring der Mutter und stürzt verzweifelt davon.

2. Bild: Auf dem Dorfplatz stößt Lisa nochmals Alessio zurück und triumphiert, daß Elvino sie nach den Ereignissen heiraten will. Rodolfo klärt alle über den Somnambulismus auf und bestätigt Aminas Unschuld. Als Teresa Lisas Tuch vorweist, glaubt sich Elvino abermals getäuscht. Schlafwandelnd erscheint Amina. Ihre Traumworte sind ein Liebesbekenntnis zu Elvino, der seinen Irrtum erkennt und die Erwachende in die Arme schließt.

Kommentar

Nur mit wenigen Strichen ist der Schauplatz von *La sonnambula* umrissen: ein Dorf in der Schweiz, von Hügeln umgeben. Bewußt bleibt alles nur vage angedeutet. Die Realität wird verschleiert, und statt ihrer schafft Romani eine idealisierte Szenerie, in der sich eine verinnerlichte Atmosphäre von pastoraler Idyllik entfalten kann. Schon die Eröffnung der Oper ist ganz auf Naturschilderung abgestellt. Ohne sinfonia oder preludio beginnt die Musik unmittelbar bei der Introduktion und strebt mit „suoni pastorali", „voci lontane" und Echoeffekten nach der Evokation ländlicher Atmosphäre. Selbst der Chor mit seinen endlosen Repetitionen der Silbe „la" in rein lautmalerischer Funktion ist in die Natur einbezogen, äußert sich gleichsam in Naturlauten. Das Werk steht in der Tradition der Pastoraldichtung. Doch ist dies nur die eine Seite, denn mit Aminas Somnambulismus und den ersten Verwirrungen, die er auslöst, liegt ein bedrohlicher Schatten über der Szene. Die Verhaltensabnormität der Protagonistin prägt die Oper kaum weniger als das Arkadische, gewissermaßen handelt es sich bei *La sonnambula* um ein Idyll mit pathologischen Zügen. Mit dieser eigentümlichen Brechung steht das Werk zwischen seria und buffa, es ist dem Genre der opera semiseria zugehörig. Die Verbindung zur buffa besteht vor allem im glücklichen Ausgang der Handlung und dem dörflichen Milieu, das immer Domäne der Komödie war und erst mit dem Verismus zum Schauplatz tragischen Geschehens wurde. Die Affinität zur seria ist mit dem Defekt der Heroine gegeben, wobei der Somnambulismus als harmloseres Gegenstück erscheint zur abgründigen Bewußtseinsstörung des Wahnsinns, der sich dem Buffa-Genre entzieht, aber in der Romantik Inbegriff des Seria-Charakters war. Zwischen Komik und Tragik erscheint Sentimentalität als Grundhaltung der opera semiseria, „sentimental" allerdings im ursprünglichen Sinn als „empfindsam" zu verstehen (nach Lessings Wortprägung bei der Übersetzung von Laurence Sternes *A sentimental journey through France and Italy*, 1768). Eigentliche Komik ist *La sonnambula* fremd. Für Komik könnte die musikalische Charakterzeichnung des Grafen gelten, etwa in seiner Tändelei mit Lisa oder wenn er über den Somnambulismus aufklärt. Doch was im einen Fall eher die Arroganz des Rationalisten aufdeckt, als daß ein echter Buffa-Tonfall zustande käme, erklärt sich im anderen aus der Brüchigkeit der Rolle, die Bellini bei der Zeichnung dieser Figur verunsicherte. Graf Rodolfo ist eine ambivalente Gestalt, als Vaterimago Verkörperung von Autorität und zugleich doch Typus des Don Giovanni. Beabsichtigte Komik dürfte auch beim Chor kaum vorzufinden sein, selbst wenn die Situation an sich komisch wirkt, als die Dorfbevölkerung nachts in das Gastzimmer vordringt, um dem Herrn des Dorfes die Honneurs zu machen, statt seiner aber Amina im Bett vorfindet. Der typische Staccato-Chor im sottovoce mit lang aufgebauter Spannung und plötzlicher Entladung bei Entdeckung Aminas (ein echter, das concertato bestens vorbereitender colpo di scena) ist nicht an die buffa gebunden und begegnet noch bei Verdi durchgehend in der seria. Die Situation hat etwas Sonderbares, nicht unbedingt Komisches an sich und ist, wie schon der Text aussagt („è bizzarra l'avventura"), der Kategorie des Bizarren zuzuweisen, und das Bizarre findet, wobei nur an *Un ballo in maschera* zu denken ist, durchaus einen Platz sogar in der tragischen Oper.

Geschichte

Eugène Scribe, ein in allen Theatergattungen erfahrener Autor, unterhielt in Paris mit Hilfe diverser Mitarbeiter eine wahre Textfabrik. Sie bot der traditionell nach Frankreich ausgerichteten italienischen Librettistik ein ständiges Repertoire an Opernstoffen, und auch *La sonnambula* stammte daraus. Als Quelle diente das von Scribe gemeinsam mit dem Choreographen Jean-Pierre Aumer verfaßte Libretto zu einem Ballett, das mit Musik von Hérold 1827 an der Pariser Oper aufgeführt wurde. Sein Titel lautete *La somnambule ou L'arrivée du nouveau seigneur*, als Schauplatz figurierte ein Dorf in der Provence. Dieses Libretto ging auf die Comédie-Vaudeville *La somnambule* zurück, die Scribe und Germain Delavigne 1819 für das Théâtre de Vaudeville geschrieben hatten. Das seichte Salonstück hat atmosphärisch mit dem Pastoralmilieu des späteren Balletts nichts gemein, aber es lieferte Grundzüge der Handlung, die später auch in die Oper übergingen. Szenen wie die Unterzeichnung des Ehekontrakts vor dem Notar und das nächtliche Schlafwandeln im Zimmer des Gastes, selbst das dramaturgisch bedeutsame Requisit des Halstuches sind hier bereits vorhanden. Im übrigen ist das Ballett im Libretto als „ballet pantomime" näher umrissen, was auf ein Genre verweist, das der Übermittlung konkreter Handlungsinhalte und den gestischen Elementen mehr Gewicht gibt als dem reinen Tanz. Romani erleichterte dies die Arbeit, da die Aktion bis ins Detail ausgestaltet war und er mehrfach eingestreute Dialoge teils wörtlich in das Textbuch übernehmen konnte. Bellini kam es entgegen, weil seine Musik in höherem Maße als bei anderen Komponisten der Zeit eine gestische Qualität besitzt, die in vielen Momenten das Geheimnis ihrer suggestiven Wirkung ausmacht.

Obwohl Bellinis Oper mit Donizettis *Anna Bolena*, welche die Karnevalstagione 1830/31 am Teatro Carcano mit überwältigendem Erfolg eröffnet hatte, konkurrieren mußte, wurde auch ihr uneingeschränkter Beifall zuteil. Mit der Sopranistin Giuditta Pasta und dem Tenor Giovanni Battista Rubini waren freilich die damals berühmtesten Vertreter ihres Fachs verpflichtet worden. Noch im Premierenjahr wurde *La sonnambula* in London und Paris aufgeführt und ging von dort über die Bühnen der ganzen Welt. Die Oper ist neben *Norma* Bellinis meistgespieltes Werk und sein einziges, das in den meisten Ländern über eine recht kontinuierliche Aufführungstradition bis in die heutige Zeit verfügt, wobei Maria Callas' Darstellung der Amina neue interpretatorische Maßstäbe setzte.   *Peter Ross*

Diskographische Empfehlung

1955 – Mailänder Scala: Leonard Bernstein, Chor und Orchester des Teatro alla Scala. Maria Callas (Amina), Eugenia Ratti (Lisa), Giuseppe Modesti (Rodolfo), Cesare Valletti (Elvino). Cetra, LO 32/2

1957 – Mailand: Antonino Votto, Chor und Orester des Teatro alla Scala. Maria Callas (Amina), Eugenia Ratti (Lisa), Nicola Zaccharia (Rodolfo), Nicola Monti (Elvino). EMI, EX 153 29 0043 3

1980 – London: Richard Bonynge, London Opera Chorus, National Philharmonic Orchestra. Joan Sutherland (Amina), Isobel Buchanan (Lisa), Nicolai Ghiaurov (Rodolfo), Luciano Pavarotti (Elvino). Decca 417 424-2 (DDD)

Norma
Melodramma in zwei Akten

Text: Felice Romani, nach der Tragödie von Alexandre Soumet
Uraufführung: 26. Dezember 1831, Teatro alla Scala, Mailand
Personen: Pollione, römischer Prokonsul in Gallien (Ten); Oroveso, Haupt der Druiden (Baß); Norma, Oberpriesterin der Druiden, Orovesos Tochter (Sop); Adalgisa, Novizin (Sop); Clotilde, Vertraute Normas (Mez); Flavio, Freund Polliones (Ten); Zwei Kinder Normas und Polliones (stumme Rollen)
Chor: Druiden; Barden; Priesterinnen; Gallische Krieger
Ort und Zeit: Gallien, zur Zeit der römischen Besetzung, um 50 v. Chr.
Orchester: Picc, 2 Fl, 2 Ob, 2 Kl, 2 Fg, 4 Hrn, 2 Trp, 3 Pos, Btba, Pkn, Schlgzg (GrTr, Bck, TamTam), Hrf, Streicher
Auf der Bühne: Picc, 6 Kl, 2 Fg, Kfg, 4 Hrn, 8 Trp, 3 Pos, Btba, Schlgzg
Form: 14 durchkomponierte Einzelszenen
Aufführungsdauer: Ca. 2¾ Stunden
Verlag: G. Ricordi & C. S. p. A., Mailand

Handlung

1. AKT: Gallien ist von den Römern besetzt. Die gallischen Krieger und Druidenpriester haben sich mit ihrem Anführer Oroveso nachts im heiligen Hain versammelt und erwarten ungeduldig das Zeichen der Gottheit, den Kampf gegen die römischen Unterdrücker beginnen zu dürfen. Die Oberpriesterin Norma, Orovesos Tochter, wird eine heilige Zeremonie vornehmen, sobald der Mond zu sehen ist. Währenddessen nähern sich der römische Prokonsul Pollione und sein Begleiter Flavio vorsichtig dem Heiligtum. Pollione hatte mit der Oberpriesterin Norma lange ein heimliches Liebesverhältnis, aus dem zwei Söhne hervorgingen. Seit er die junge Priesterin Adalgisa kennt, liebt er Norma nicht mehr. Erschreckt durch einen bösen Traum fürchtet er sich vor Normas Rache und möchte mit Adalgisa nach Rom fliehen. Ein Signal kündigt Normas Ankunft im Heiligtum an. Nachdem sie die heilige Mistel von der Eiche geschnitten hat, betet sie zur Gottheit. Den enttäuschten Kriegern verkündet sie, der richtige Zeitpunkt für den Beginn des Kampfes sei noch nicht gekommen. Als alle gegangen sind, betritt Adalgisa allein das Heiligtum. Am Stein der Irminsul beweint sie die Hoffnungslosigkeit ihrer Liebe. Sie fühlt, daß ihre Liebe zu dem feindlichen Römer Pollione ein Unrecht ist, sowohl vor ihrem Land als auch vor den Göttern, denen sie durch ein Gelübde geweiht ist. Pollione tritt hinzu. Auf sein Drängen hin erklärt sich Adalgisa bereit, in der kommenden Nacht mit ihm zu fliehen. Das Bewußtsein, ihr heiliges Gelübde zu brechen, läßt Adalgisa keine Ruhe. Sie vertraut sich Norma an. Diese entbindet Adalgisa von ihrem Gelübde in Erinnerung an ihr eigenes Liebesverhältnis mit Pollione. Auf Normas Frage, wer ihr Erwählter sei, weist Adalgisa auf den gerade eintretenden Pollione. Zornig enthüllt Norma der ahnungslosen Priesterin das Geheimnis ihrer Liebe. Entsetzt wendet sich Adalgisa von Pollione ab, während Norma ihm Rache schwört.

2. AKT: Norma will mit ihrer Rache nicht nur den treulosen Geliebten, sondern auch dessen Kinder, ihre Söhne, vernichten. Aber ihre Muttergefühle siegen über die Rachegelüste. Sie beschließt, ihrem sinnlos gewordenen Leben selbst ein Ende zu setzen, und bittet Adalgisa, die beiden Kinder ins römische Lager zu bringen und ihnen, als Gattin Polliones, Mutter zu sein. Adalgisa weist diesen Vorschlag zurück. Sie will Pollione bewegen, zu Norma zurückzukehren. Diese schöpft neue Hoffnung auf eine Wiederkehr ihres Liebesglücks. Als sie aber erfährt, daß Adalgisas Bitte vergebens war und Pollione nicht zu ihr zurückkehren wird, gibt sie den Kriegern das Zeichen zum Kampf. Zuvor soll der glückliche Ausgang des

Krieges durch ein Opfer auf dem Altar erbeten werden. Als Opfer bringt man einen Römer herbei, der ergriffen wurde, als er das Heiligtum geschändet hatte. Es ist Pollione. Oroveso reicht Norma sein Schwert, um das Opfer zu richten. Doch sie zögert und verlangt, mit dem Gefangenen allein gelassen zu werden. Norma bietet Pollione die Freiheit, falls er auf Adalgisa verzichtet und zu ihr zurückkehrt. Als er ablehnt, beschließt Norma voller Wut den Tod ihrer Rivalin auf dem Scheiterhaufen. Sie kündigt den Versammelten als zweites Opfer eine Priesterin an, die die Gottheit und das Vaterland verriet. Als man von ihr den Namen verlangt, wird sie unsicher. Kann man eigene Schuld an anderen rächen? Norma nennt als Opfer ihren eigenen Namen. Sie bittet ihren Vater Oroveso, sich der beiden Kinder anzunehmen, und geht zusammen mit Pollione, dessen Herz sie in der Stunde des Todes wiedergewonnen hat, gefaßt zum Scheiterhaufen.

Kommentar

Bellinis *Norma* darf neben Donizettis *Lucia di Lammermoor* als Paradigma für den romanticismo gelten, der seine vollkommene Realisierung weniger im Sprechtheater als vielmehr im melodramma gefunden hat. Zwar scheint die Tatsache, daß das Geschehen in vorchristlicher Zeit angesiedelt ist, eher auf die opera seria des 18. Jahrhunderts zu verweisen, läßt das Motiv der Kindestötung an Medea denken, ist der Konflikt zwischen Liebe und Pflicht eher ein Metastasianischer Topos als eine romantische Errungenschaft. Doch der Kampf zwischen Römern und Galliern bildet nur die historische Folie; auch wenn der kriegerische Geist der Gallier sich immer wieder in martialischen Chören („Norma viene", 1. Akt) äußert, so ist dieses Moment dramaturgisch doch peripher. Was die Autoren ungleich mehr faszinierte, war der Druidenkult der Kelten, der mit der Aura des Grauenvollen, Geheimnisvollen, Verbotenen umgeben ist; auch daß die Handlung zu nächtlicher Zeit spielt, ist überaus symptomatisch für den romanticismo. An die Stelle der im settecento üblichen, in ein lieto fine einmündenden Konfrontation zweier Paare, tritt hier der tödlich endende Dreieckskonflikt, mit dem ein weiteres Moment verknüpft ist: der unüberbrückbare Gegensatz zwischen Keuschheit und Sinnlichkeit, ein Thema, welches das 19. Jahrhundert immer wieder beschäftigte.

Normas innere Zerrissenheit äußert sich in dem Zwang, ein Doppelleben zu führen: Für ihr Volk ist sie die angesehene Priesterin, die in direktem Kontakt mit der Gottheit steht und die mit einem einzigen Wort einen Krieg entfesseln kann, doch was ihr Denken und Fühlen letztlich bestimmt, ist einzig ihre Liebe zu Pollione. Diese Ambiguität spiegelt sich in dem fraglos berühmtesten Stück der gesamten Oper wider (Rezitativ und Cavatine „Seziziose voci – Casta diva"). Während das Cantabile „Casta diva" – es stand ursprünglich in G-dur, wurde aber dann auf Wunsch von Giuditta Pasta nach F-dur transponiert – als eindrucksvolles Porträt der Oberpriesterin zu begreifen ist, die, wenn auch aus rein persönlichen Motiven, die Göttin bittet, die Kampfeswut der Gallier zu besänftigen, läßt die cabaletta „Ah bello a me ritorna", die Bellini seiner früheren Oper *Bianca e Fernando* entnommen hat, erkennen, daß Normas Gedanken einzig um die Rückkehr ihres Geliebten kreisen.

Bellinis besondere Fähigkeit, seelische Zustände auf ergreifende Weise in Töne zu bannen – eine Kunst, die von den Zeitgenossen immer wieder bewundert wurde – tritt wohl nirgends deutlicher zutage als zu Beginn des 2. Aktes, als Norma ihre schlafenden Kinder betrachtet und zwischen Haß – sie sieht in ihnen das Abbild des treulosen Geliebten – und Mutterliebe hin- und hergerissen wird. Daß Norma am Ende darauf verzichtet, ihre Macht auszuspielen, um sich an ihrer Rivalin zu rächen und statt dessen ihr eigenes Ende herbeiführt, geschieht aus der Erkenntnis, daß ein Leben ohne die Liebe Polliones sinnlos, daß eine Vereinigung mit dem Geliebten nur im Tode möglich ist.

Was Bellinis *Norma* von den meisten zeitgenössischen Opern unterscheidet, liegt vor allem in einem spezifisch romantischen Tonfall, in einer ungewöhnlichen Expressivität begründet. Die Ausdrucksintensität, die etwa in „Casta diva" erzielt wird, resultiert aus dem Zusammenwirken verschiedener Faktoren: einem breitangelegten Crescendo, einer kreiselartig verlaufenden, sich dabei langsam höher schraubenden Melodie, die sehr spät den Höhepunkt ansteuert, synkopierten Rhythmen sowie chromatischer Harmonik. Zugleich stellt sie den Musterfall jener „melodie lunghe" dar, die auf Chopin wie Wagner nicht ohne Einfluß geblieben sind und noch vom alten Verdi bewundert wurden; gegen alle Konvention hat Bellini die reguläre Periodik der Verse mit einer irregulären Melodiestruktur verschränkt. Die Koloratur, die Bellini in der *Straniera* radikal zurückgedrängt hatte, gelangt in *Norma* wieder zu größerer Bedeutung, wobei sich allerdings gegenüber Rossini ein Funktionswechsel vollzogen hat: Von wenigen Ausnahmen abgesehen, sind die Fioruren nicht mehr als äußeres Zeichen vokaler Virtuosität, sondern als Ausdrucksträger zu begreifen. Stehen die Melismen in „Casta diva", die hier zum integralen Bestandteil der Melodie zählen, in engstem Zusammenhang mit dem rituellen Moment, so lassen sich Normas Koloraturen im Terzett des 1. Aktes als Ausdruck ihres höchsten Zornes verstehen.

Vergleicht man die *Norma* mit früheren Opern Bellinis, so wird offenkundig, welch enormer Wandel sich in den Chor- und Orchesterpartien hinsichtlich Umfang und Funktion vollzogen hat. In zehn von insgesamt 14 Szenen (Nummern) ist der Chor präsent, nicht nur wie üblich in Introduktion und Finale, sondern auch in den Soloformen („Casta diva", „Meco all'altar di Venere") dient teils dekorativen Zwecken, fungiert andererseits als Dialogpartner von Norma und Oroveso, erfüllt nicht selten formale Aufgaben wie im 1. Akt, in dem drei Nummern durch einen marschartigen Chorsatz zu einem riesigen Szenenkomplex zusammengefaßt werden. Beeindruckend ist die expressive Spannweite der Chorpartien; das Spektrum reicht von weichen Kantilenen in Terzparallelen („Non parti", 2. Akt) bis hin zu jenem „Guerra-Chor", der in seiner Brutalität die Zeitgenossen verstört und zweifellos Verdi bei der Komposition seines Kriegerchores in *Aida* (1. Akt) inspiriert hat.

Vielen seiner Kollegen galt Bellini als Komponist, der zwar für die menschliche Stimme Unvergleichliches schrieb, aber dem Orchesterpart nur wenig Aufmerksamkeit schenkte, ein Urteil, das nur partiell richtig ist. Gerade in *Norma* zeigt sich, daß das Orchester oft einen beachtlichen Anteil an der frappierenden Wirkung einer Szene hat. In der Introduktion des 2. Aktes („Dormon entrambi") wird Normas emotionale Ambivalenz beim Anblick ihrer schlafenden Kinder vor allem vom Orchester reflektiert. Neben den üblichen musikdramatischen Floskeln stehen individuell geprägte Motive, daneben eine emphatische, weitausschwingende Kantilene („Teneri figli"), die vom Orchester in einem gewichtigen Vorspiel antizipiert wird – ein Verfahren, das gerade in *Norma* häufig Anwendung findet. Und nicht zuletzt ist die grandiose Steigerung im Finale des 2. Aktes („Padre che piangi") nur durch den genau kalkulierten Einsatz des Orchesters zu erreichen, das hier eine Sequenzkette exponiert, die um 1830 ein absolutes Novum darstellt und später Richard Wagner zu seinem ekstatischen Liebesduett in *Tristan und Isolde* inspiriert haben dürfte.

Geschichte

Die fünfaktige Tragödie *Norma* von Alexandre Soumet, die kurz zuvor im Pariser Odeon mit großem Erfolg aus der Taufe gehoben worden war, basiert auf dem 10. Buch von Chateaubriands *Martyrs*, in dem die Geschichte der gallischen Priesterin Velleda erzählt wird, die zur Zeit

Vespasians das geistige Zentrum des Widerstandes gegen die römische Besatzung war und nach einem Aufstand gefangengenommen und nach Rom gebracht wurde. Soumets Tragödie bildet nicht die einzige Vorlage für das Libretto: Bereits 1820 hatte Romani einen ähnlichen Stoff für Pacini gestaltet – *La sacerdotessa d'Irminsul* –, der Bellinis Oper in etlichen Motiven vorwegnimmt. Parallelen weist die Druidenpriesterin auch mit zwei weiteren Operngestalten auf: mit Medea in der Vertonung durch Luigi Cherubini und Simon Mayr und mit Giulia, der Vestalin in Gaspare Spontinis gleichnamiger Oper. Bei der Komposition, für die etwa sieben Monate zur Verfügung standen, ging Bellini mit besonders großer Sorgfalt vor; allein für die Cavatine „Casta diva", die in engster Zusammenarbeit mit Giuditta Pasta entstand, wurden nicht weniger als neun verschiedene Entwürfe angefertigt. Die Gründe für den totalen Mißerfolg der *Norma* bei der Uraufführung lagen zum einen in den enttäuschenden Darbietungen von Giuditta Pasta (Norma), Giulia Grisi (Adalgisa) und Domenico Donzelli (Pollione), die von der übermäßigen Probenarbeit erschöpft waren; darüber hinaus war das Fiasko fraglos das Werk einer gegnerischen Claque, welche die Interessen von Pacini vertrat. Doch bereits mit der zweiten Aufführung begann die Wende, so daß die Scala das Werk innerhalb der ersten Saison noch weitere 32 Male aufführte. 1832 wurde *Norma* erstmals in Neapel gegeben, 1833 in Wien und London, 1834 in Berlin, Madrid und Budapest, 1835 in Prag, Paris und St. Petersburg. Zu den führenden Darstellerinnen der Titelgestalt zählten in den 30er Jahren Giuditta Pasta und Maria Malibran, später Jenny Lind und Lilli Lehmann. Zu Beginn des 20. Jahrhunderts standen die Interpretationen von Ester Mazzoleni, Gina Cigna und Maria Caniglia im Zeichen des Verismus; einzig Rosa Ponselle suchte an die Tradition des Belcanto anzuknüpfen. Interpretationsgeschichte in dieser Rolle hat vor allem Maria Callas gemacht, indem sie Geist und Technik des Belcanto mit einer faszinierenden Art der Darstellung verband, welche die der Partie innewohnende Dramatik freilegte; insbesondere durch das Wirken der Callas erfuhr die Oper des Belcanto eine Renaissance. Später übernahmen weitere Sängerinnen wie Elena Souliotis, Montserrat Caballé und Joan Sutherland diese Rolle in ihr Repertoire, ohne an die exzeptionellen Leistungen der Callas heranzureichen. *Norbert Christen*

Diskographische Empfehlung

1952 – London: Vittorio Gui, Orchester & Chorus of the Royal Opera House. Maria Callas (Norma), Ebe Stignani (Adalgisa), Mirto Picchi (Pollione), Giachomo Vaghi (Oroveso). Melodram 26025

1954 – Mailand: Tullio Serafin, Chor und Orchester des Teatro alla Scala. Maria Callas (Norma), Ebe Stignani (Adalgisa), Mario Filippeschi (Pollione), Nicola Rossi-Lemeni (Oroveso). EMI, 153 EX 29 0066 3

1955 – Mailand: Antonio Votto, Chor und Orchester des Teatro alla Scala. Maria Callas (Norma), Giulietta Simionato (Adalgisa), Mario del Monaco (Pollione), Nicola Zaccharia (Oroveso). Cetra, LO 31/3

I puritani e i cavalieri (Die Puritaner)
Opera seria in drei Teilen

Text: Carlo Pepoli
Uraufführung: 24. Januar 1835, Théâtre-Italien, Paris
Personen: Lord Gualtiero Valton, Generalgouverneur, Puritaner (Baß); Sir Giorgio, Oberst im Ruhestand, sein Bruder, Puritaner (Baß); Lord Arturo Talbo, Kavalier und Anhänger der Stuarts (Ten); Sir Riccardo Forth, Oberst, Puritaner (Bar); Sir Bruno Roberton, Offizier, Puritaner (Ten); Henriette [Enrichetta] von Frankreich, Witwe Karls I., unter dem Namen „Dama di Villa Forte" (Sop); Elvira, Tochter Lord Valtons (Sop)
Chor: Soldaten Cromwells; Herolde und Bewaffnete Lord Arturos und Valtons; Puritaner; Festungsbewohner; Ehrendamen; Pagen; Diener
Ort und Zeit: In der Nähe von Plymouth, um 1650
Orchester: 2 Fl (2. auch Picc), 2 Ob, 2 Kl, 2 Fg, 4 Hrn, 2 Trp, 3 Pos, Btba, Pkn, Schlgzg, Hrf, Streicher
Auf der Bühne: Bläser, Trommeln, Gl, Org, Hrf
Form: 10 Musiknummern
Aufführungsdauer: Ca. 3 Stunden
Verlag: G. Ricordi & C. S. p. A., Mailand

Handlung

England ist im Bürgerkrieg zwischen den königstreuen Stuarts und den reformatorischen Puritanern unter Führung Oliver Cromwells.

1. AKT. 1. Bild: In einer Festung bei Plymouth freuen sich die Bewohner über die bevorstehende Hochzeit Elviras, der Tochter des puritanischen Gouverneurs Lord Valton. Sie wird Lord Arturo, einen heimlichen Anhänger der Stuarts, heiraten. Nur Riccardo, ein Oberst der Puritaner, ist verbittert, da er Elvira liebt und sie ihm einst von Valton versprochen wurde.
2. Bild: In Elviras Zimmer eröffnet Sir Giorgio, der Bruder Lord Valtons, seiner Nichte, daß er ihren Vater dazu überreden konnte, in die Ehe mit Arturo einzuwilligen. In ihren Jubel mischen sich die Rufe, die Arturos Ankunft ankündigen.
3. Bild: Im Waffensaal der Festung überreicht Arturo seiner Braut Geschenke. Ihr Vater kann an der Hochzeit nicht teilnehmen, da er eine politische Gefangene vor das Parlament in London geleiten muß. Arturo erkennt in ihr Enrichetta, die Witwe des hingerichteten Königs, und bietet seine Hilfe an. Als Elvira Enrichetta bittet, zur Probe den Brautschleier aufzusetzen, bietet sich ihr die Gelegenheit, unerkannt zu fliehen. Doch stellt sich Riccardo ihnen in den Weg, und erst als sie den Schleier lüftet, läßt er die Gefangene frohlockend mit seinem Rivalen ziehen. Bei der Nachricht von der Flucht ihres Bräutigams mit einer anderen Frau erleidet Elvira einen Wahnsinnsanfall.

2. AKT: Im Saal der Festung beklagen die Burgbewohner Elviras Schicksal, die im Jammer um den Geliebten in geistige Umnachtung gefallen ist. Riccardo bringt die Nachricht vom Parlament, daß Arturo als Verräter zum Tode verurteilt wurde. Sir Giorgio gelingt es, ihn um Elviras willen zum Verzicht auf Rache zu bewegen und sich für Arturo einzusetzen.

3. AKT: Aus Liebe zu Elvira ist Arturo trotz der drohenden Strafe in die Heimat zurückgekehrt. Von seinem Gesang angelockt, tritt Elvira in den Garten. Er nennt ihr die Rettung der Königin als wahren Grund seiner Flucht und bittet sie um Verzeihung. Als Arturos Verfolger kommen und gegen die Bitten von Giorgio und Riccardo auf seiner Hinrichtung bestehen, erlangt Elvira in der für ihren Geliebten tödlichen Gefahr den Verstand zurück. Da trifft die Nachricht ein, daß Cromwell siegreich war und seine politischen Gegner begnadigte. Alle beglückwünschen das Liebespaar.

Kommentar

Auf *I puritani* wirkte sich ein ungewöhnlich langer Entstehungsprozeß, verbunden mit den Erfahrungen, die Bellini in Paris mit der französischen Oper machen konnte, günstig aus. Außerdem bemühte sich Bellini,
den französischen Geschmack zu treffen, um das Publikum seiner neuen
Wahlheimat für sich einzunehmen (Elviras Polacca mit ihrer virtuosen
Brillanz ist eine derartige Konzession), und wendete auf sein letztes Werk
besondere Sorgfalt, was vor allem der Instrumentation und Harmonik zugute kam. Gegenüber den früheren Opern macht sich ein stärkerer Wille
zur Werkeinheit und dramatischen Geschlossenheit bemerkbar. Mehrere
Szenen sind durch Erinnerungsmotive verknüpft: Das lärmende Allegro-
martiale-Thema der Introduktion beschließt die gesamte Oper, wenn auch
in unbefriedigend belangloser Weise; die Festmusik aus der Introduktion
kehrt erst in Elviras Arie, dann im letzten Finale wieder, und Arturos
Auftrittsmelodie klingt im Liebesduett des 3. Aktes nochmals an. Eine
Tendenz zur Durchkomposition kommt zum Ausdruck, wenn Einzelnummern in größere szenische Zusammenhänge eingebunden werden, nicht
nur in den Introduktionen und Finale, sondern auch bei den direkten
Übergängen vom Chor zum Quartett im Waffensaal oder bei Giorgios
Romanze und vor allem am Beginn des Schlußaktes, wo die Schilderung
des Sturmes, der Soldatenchor, Arturos Romanze und sein Duett mit Elvira
zu einer Einheit zusammengezogen sind. Mit derselben Absicht wird das
Rezitativ vielfach zurückgebunden, Elviras Arie im 2. Akt schließt sich wie
das folgende Duett Riccardo/Giorgio der vorangehenden Nummer ohne
rezitativischen Eingang unmittelbar an. Im weiteren ist eine gegenseitige
Annäherung zwischen den eigentlich solistischen Nummern, die ohnehin
selten geworden sind, und den Ensemblenummern zu beobachten. Dies
geschieht einmal, indem einer der Solisten eine derart führende Rolle im
Ensemble übernimmt, daß dieses einer aria con pertichini nahekommt,
wobei Arturos absolute Dominanz im Quartett „A te, o cara" als Kompensation für die fehlende Cavatine verstehbar ist, zumal ihm mit Ausnahme der
Romanze überhaupt eine Arie versagt bleibt. Auffällig ist aber auch die
völlig beherrschende Stellung von Elvira im ersten und Arturo im zweiten
concertato. Umgekehrt kommt es in anderen Fällen – wie in Giorgios
Romanze und Elviras Wahnsinnsarie – durch Einwürfe des Chores oder der
Solisten zu einer szenischen Ausweitung der Arie, in der sich eine Neigung
zur tableauhaften Bühnenwirkung bekundet. Offensichtlich haben die
Mischformen in *I puritani* eine balancierende Funktion, indem sie zwischen

der Forderung nach angemessener gesanglicher Repräsentanz der Hauptrollen Sopran und Tenor und dem Wunsch nach tableauhaftem Szenenar-
rangement vermitteln. Natürlich lebt eine Oper, die wie keine andere den
Wahnsinn ins Zentrum stellt, denn Elviras Bewußtseinsstörungen beginnen im ersten Finale und reichen bis zum Schluß, vom „elegischen" Bellini
und seinem empfindsamen Stil, in dem sich das melancholische Wesen des
Komponisten spiegelt. Doch zeigt sich in *I puritani* selbst Bellinis weit
ausströmendes Melos, für das er berühmt ist, stellenweise von außerordent-
licher Energie durchpulst (Arturos „Non parlar di lei che adora"), und die
Oper weist einige dialogische Partien (die Szene zwischen Enrichetta und
Arturo sowie die folgende Auseinandersetzung mit Riccardo; das Duett
Riccardo/Giorgio) von einer Kraftentfaltung und dramatischen Intensität
auf, die bei Bellini überraschen und allenfalls an seine *Norma* denken
lassen.

Geschichte

Im Januar 1834, nach langer Zeit der Untätigkeit, schloß Bellini in
Paris mit dem Théâtre-Italien einen Vertrag über eine opera seria ab. Der
Nachfolger für seinen langjährigen Librettisten Romani, mit dem es über
Beatrice di Tenda zum Bruch gekommen war, fand sich bald in Graf Carlo
Pepoli, einem politischen Emigranten aus Bologna. Anfangs bescheinigte
ihm der Komponist die Fähigkeit, „gute Verse mit Leichtigkeit" zu verfassen, aber bald erwies sich Pepolis Unerfahrenheit als Librettist sowie sein
Unvermögen, Bellinis Ideal von Natürlichkeit und seine Forderung nach
einer gefühlsstarken Sprache zu verwirklichen, als Hemmnis. Der Komponist sah sich gezwungen, in den szenischen Aufbau und die Gestaltung
einzelner Verse selbst einzugreifen. Als Quelle diente dem Libretto ein
dreiaktiges historisches Drama der Autoren Ancelot und Saintine (Xavier),
das nach Art des Vaudeville mit Liedern durchsetzt war. Dieses Theaterstück war erst kurz zuvor, am 25. September 1833, unter dem Titel *Têtes
rondes et cavaliers* im Théâtre National du Vaudeville uraufgeführt worden.
Für ihr Schauspiel haben die Autoren Anleihen bei Walter Scott gemacht,
aber eine direkte Vorlage stellt dessen Roman *Old mortality* (1816), als *Les
puritains d'Écosse* ins Französische übersetzt, nicht dar.
Auch aufgrund eines glänzenden Vokalquartetts, das mit Giulia Grisi (Elvira), Giovanni Battista Rubini (Arturo), Antonio Tamburini (Riccardo) und
Luigi Lablache (Giorgio) einzigartig in jenen Jahren war, wurden *I puritani*
bei ihrer Pariser Uraufführung am 24. Januar 1835 frenetisch bejubelt.

Sogar der Komponist mußte, was in Paris gegen die Regel war, vor dem Vorhang erscheinen. Bereits im Mai gelangte das Werk in derselben Besetzung nach London, und am Ende des Jahres eröffnete die Mailänder Scala mit ihm die Karnevalstagione, während die deutschsprachige Erstaufführung im Februar 1836 in Berlin erfolgte. 1883 stand die Oper zur Eröffnungsspielzeit der Metropolitan Opera in New York auf dem Programm und 1933 mit Bühnenbildern von Giorgio de Chirico beim ersten Maggio Musicale Fiorentino. An den Beliebtheitsgrad von *La sonnambula* und *Norma* reichte *I puritani* allerdings nie heran. Zumindest außerhalb von Italien, wo die Oper nie gänzlich vom Spielplan verschwand, läßt sich keine lückenlose Aufführungstradition feststellen, was sich unter anderem aus den stimmlichen Anforderungen an die Tenorpartie – hinsichtlich der gesamten Tessitura, nicht nur extremer Spitzentöne bis zum zweigestrichenen F – erklärt. Erst seitdem Maria Callas (Venedig 1949) und Joan Sutherland (Glyndebourne 1960) die Rolle der Elvira übernahmen, beginnt diese Oper in den Theatern wieder heimisch zu werden. Eine zweite, beträchtlich abweichende Fassung von *I puritani*, die zur gleichen Zeit in Paris entstand und mit Maria Malibran für das Teatro San Carlo in Neapel vorgesehen war, wurde erstmals 1985 in London konzertant aufgeführt.

Peter Ross

Diskographische Empfehlung

1953 – Mailand: Tullio Serafin, Chor und Orchester des Teatro alla Scala. Maria Callas (Elvira), Giuseppe di Stefano (Arturo), Rolando Panerai (Riccardo), Nicola Rossi-Lemeni (Giorgio). EMI, CDS 7 47308 8 (ADD)

1974 – London: Richard Bonynge, Covent Garden Chorus, London Symphony Orchestra. Joan Sutherland (Elvira), Luciano Pavarotti (Arturo), Piero Cappuccilli (Riccardo), Nicolai Ghiaurov (Giorgio). Decca 417 588-2 (ADD)

HECTOR BERLIOZ

geb. 11. Dezember 1803 in La Côte-Saint-André (Département Isère)
gest. 8. März 1869 in Paris

Mein Leben ist ein Roman, der mich sehr interessiert": Berlioz, Romantiker par excellence und einer der bedeutendsten Vorläufer der musikalischen Moderne, kann trotz seines Studiums bei Jean-François Lesueur und Anton Reicha als Autodidakt gelten. Den Schwerpunkt seines Schaffens bilden Orchester- und Bühnenwerke, wobei er (abgesehen von den drei vollendeten Opern) eine ganze Reihe von Mischformen geschaffen hat, die sich sowohl konzertant als auch szenisch aufführen lassen: das lyrische Monodram *Lélio*, op. 14bis, die Fortsetzung der *Symphonie fantastique* (1831), die Symphonie dramatique *Roméo et Juliette*, op. 17 (1839), oder auch die légende dramatique *La damnation de Faust*, op. 24 (1845/46). Zwei weitere Opern sind nur fragmentarisch überliefert: *Les francs-juges* (nach Humbert Ferrand, 1825–1829) und *La nonne sanglante* (nach Eugène Scribe, 1841/1842); hinzu kommen zwölf Stoffe, mit denen sich Berlioz mehr oder weniger lange unter dem Aspekt einer möglichen Vertonung beschäftigt hat.

In seinen Opern erweist sich Berlioz – erklärter Gegner des italienischen Belcanto-Stils – als maßgeblicher Vorläufer der grand opéra und des Wagnerschen Musikdramas; Leitmotivtechniken (wie er sie in der „idée fixe" seiner *Symphonie fantastique* vorgegeben hat) finden sich hier ebenso wie eine ausgeprägt symphonische Schreibart, in die die Vokalpartien vollständig integriert sind. Berlioz' Vorbilder Gluck, Mozart und Weber lassen sich deutlich erkennen.   *Michael Stegemann*

Benvenuto Cellini
Opéra semiseria in zwei Akten (1838)/in drei Akten (1852)

Text: Léon de Wailly und Auguste Barbier, nach der *Vita* des
Benvenuto Cellini
Uraufführung: 10. September 1838, Théâtre National de l'Opéra,
Paris
Erstaufführung der dreiaktigen Fassung: 17. November 1852, Hof-
theater, Weimar
Personen: Benvenuto Cellini (Ten); Giacomo Balducci (Baß);
Teresa, seine Tochter (Sop); Fieramosca (Bar); Papst Clemens VII.
(Baß); Francesco (Ten); Bernardino (Baß); Pompeo (Bar); Wirt
(Ten); Ascanio (Mez); Colombine (Sop)
Chor: Römerinnen und Römer; Goldschmiede und Bronzegießer
Ort und Zeit: Rom, 1529, vom Rosenmontag bis zum Aschermitt-
woch
Orchester: 2 Fl, 2 Ob, 2 Kl, 4 Fg, 4 Hrn, 4 Trp, 2 Cornets à piston,
3 Pos, Ophikleide, Pkn, Schlgzg, Amboß, 2 Gitarren, 2 Hrf, Strei-
cher
Form: Durchkomponiert, in 16 Nummern gegliedert
Aufführungsdauer: Ca. 2¾ Stunden
Verlag: Choudens, Paris

Handlung
    1. AKT. 1. Bild: Rom, unter dem Pontifikat Clemens' VII. Der Karne-
valsmontag neigt sich dem Abend zu, Maskenzüge streifen durch die Straßen. Von ihrem Fenster aus sieht Teresa, die Tochter des päpstlichen
Schatzmeisters Giacomo Balducci, dem ausgelassenen Treiben zu, für das
ihr Vater freilich ganz und gar kein Auge hat. Zu später Stunde noch hat der
Papst ihn zu sich rufen lassen, um wieder einmal über die bronzene Perseusstatue zu sprechen, die er bei Benvenuto Cellini bestellt hat. Welch ein
Affront: Nicht etwa dem päpstlichen Bildhauer Fieramosca ist der Auftrag
zugesprochen worden, sondern diesem florentinischen Nichtsnutz und Libertin! Und nun hat sich auch noch Teresa, deren Hand längst schon
Fieramosca versprochen ist, mit Cellini eingelassen, der ihr seit Wochen
den Hof macht – nein, Giacomo Balducci ist absolut nicht nach Karneval
zumute! Doch es kommt noch schlimmer: Unter seinem Fenster zieht eine
Gruppe Masken auf – Cellini und seine Gesellen Bernardino und Fran-

cesco führen sie an – und singt Spottlieder. In denkbar übler Laune macht sich Balducci auf den Weg zur Audienz. Kaum hat ihr Vater das Haus verlassen, da taucht Cellini in Teresas Zimmer auf. Hin- und hergerissen zwischen dem Gehorsam gegenüber ihrem Vater und der Liebe zu Cellini gibt sie schließlich seinem Drängen nach und willigt ein, am nächsten Abend mit ihm zu fliehen. Als Kapuzinermönche verkleidet werden Cellini und sein Lehrjunge Ascanio Teresa mitten aus dem bunten Karnevalstreiben der Piazza Colonna heraus entführen, um noch in derselben Nacht Florenz zu erreichen. Die Liebenden ahnen jedoch nicht, daß Fieramosca sie belauscht; auch er war gekommen, um Teresa ein Blumenbukett zu überreichen, hat sich aber, als er Cellini gewahr wurde, rasch hinter einem Sessel versteckt. In ohnmächtiger Wut muß er mit anhören, wie Teresa ihn beschimpft und erklärt, sie wolle hundertmal lieber sterben, als Fieramoscas Frau zu werden. Nach Florenz will sie fliehen, um dort mit Cellini glücklich zu leben. Fieramosca ist fest entschlossen, den Plan zu vereiteln. Plötzlich hört man Schritte: Früher als erwartet kehrt Balducci zurück, und Cellini hat gerade noch Zeit, sich zu verbergen. Der Schatzmeister ist erstaunt, seine Tochter noch wach zu finden; schnell erfindet Teresa eine Ausrede, um den Vater von Cellinis Versteck abzulenken: Sie habe plötzlich verdächtige Geräusche gehört... Aufgebracht und mit einem Stock bewaffnet geht Balducci in das Schlafzimmer seiner Tochter, so daß Cellini entkommen kann. Zu Teresas Überraschung schleppt ihr Vater tatsächlich einen Mann heran, den er bei ihr entdeckt hat – Fieramosca! Balducci läßt keine Ausrede gelten und trommelt die Freunde und Nachbarn herbei, um dem Bildhauer eine Lektion zu erteilen; im allgemeinen Durcheinander aber kann Fieramosca entwischen.

2. Bild: Am nächsten Abend, dem Karnevalsdienstag. Auf der Piazza Colonna hat das Maskentreiben seinen Höhepunkt erreicht. Auch Cellini ist da, der mit den Gesellen und Arbeitern seiner Werkstatt in einer Taverne ein ausgelassenes Gelage feiert und ungeduldig auf den Zeitpunkt wartet, den er mit Teresa für die gemeinsame Flucht verabredet hat. Munter kreisen die Becher, bis ihnen der Wirt die lange Liste der bereits geleerten Flaschen präsentiert und diese Rechnung erst beglichen haben will, bevor er neuen Wein ausschenkt. Gerade im rechten Moment trifft Ascanio mit einem Beutel voller Goldstücke ein: Es ist der Vorschuß, den Papst Clemens für den Perseus gezahlt hat. Doch der Jubel der Zecher verwandelt sich rasch in Wut und Enttäuschung, als man den Beutel leert – Schatzmeister Balducci hat einen großen Teil der ausgemachten Summe zurückbehalten!

Das verlangt nach Rache! Der Schausteller Cassandro wird später am Abend mit seiner Theatergruppe eine Satire aufführen; wie wäre es, wenn man den Hauptdarsteller beredete, in der Maske des Schatzmeisters zu agieren...? Inzwischen heckt Fieramosca gemeinsam mit dem Berufsfechter und Raufbold Pompeo einen Plan aus, um die Flucht Teresas zu vereiteln; beide wollen sich – als Mönche verkleidet – zur ausgemachten Stunde auf der Piazza einfinden und den Florentiner ein für allemal aus dem Weg räumen. Cassandros Truppe hat nun ihren Thespiskarren aufgefahren und kündigt die Opernpantomime „König Midas mit den Eselsohren" an. Das Volk strömt zusammen, ein wirbelnder saltarello formiert sich. Schließlich hebt sich der Vorhang der Wanderbühne, und mit Johlen und Lachen begrüßt das Publikum den Auftritt des König Midas, der unverkennbar die Züge Balduccis trägt. Balducci, der mit seiner Tochter unter den Zuschauern ist, stürzt (wie Cellini es vorhergesehen und geplant hat) auf die Bühne, um die Schauspieler zu verprügeln. Teresa aber sieht verwirrt vier Mönche sich ihr nähern: Cellini und Ascanio von der einen, Fieramosca und Pompeo von der anderen Seite. Es kommt zu einem Handgemenge, in dessen Verlauf Pompeo von Cellini erstochen wird. Erschrocken weicht die Menge vor dem vermeintlichen Kapuziner zurück, den die Sbirren des Papstes ergriffen haben. Da klingen von der Engelsburg drei Kanonenschüsse herüber – Karneval ist vorbei, die Fastenzeit beginnt, die Lichter der Stadt verlöschen. Im Schutz der Dunkelheit kann sich Cellini losreißen und entfliehen, und während die Häscher an seiner Statt Fieramosca festnehmen, bringt Ascanio Teresa in Sicherheit.

2. AKT. 3. Bild: Der Aschermittwoch dämmert herauf. In Cellinis Atelier, in dessen Mitte das lebensgroße Gipsmodell des Perseus steht, wartet Teresa verzweifelt auf ein Lebenszeichen ihres Geliebten; Ascanio, der bei ihr ist, versucht sie zu beruhigen, und tatsächlich taucht Cellini wieder auf; die Häscher sind ihm auf der Spur – schnell fort, nach Florenz! Während Ascanio die Pferde herbeiholt, bleiben Teresa und Cellini allein im Atelier zurück. Hier werden sie von Balducci und Fieramosca überrascht, die den Bildhauer des Mordes an Pompeo anklagen und die Auslieferung des Mädchens fordern. Plötzlich hört man von der Straße her den Lärm eines großen Aufzugs: Papst Clemens ist mit seinem Gefolge gekommen, um sich persönlich vom Fortschritt der Arbeit an der Perseusstatue zu überzeugen. Was denn – der Guß ist noch nicht einmal vorbereitet? Der Schatzmeister behauptet, Cellini habe seine Tochter verführt? Und Fieramosca klagt ihn an, meuchlings einen seiner Freunde erstochen zu haben?

Der Papst befiehlt seiner Garde, den Florentiner zu ergreifen – ein anderer soll den Perseus gießen! Als Cellini jedoch droht, das ganze Werk zu zerstören, hält ihn der Papst zurück und erklärt sich bereit, ihm eine letzte Chance zu geben: Wenn der Guß des Perseus noch am selben Tag vollendet sein wird, sollen Cellini alle Verfehlungen verziehen und ihm die Hand Teresas gewährt sein – wenn nicht, dann werde er ohne weiteren Aufschub gehängt.

4. Bild: Am späten Nachmittag desselben Tages im Kolosseum, wo Cellini seine Gießerei eingerichtet hat; Gold-, Silber-, Bronze- und Zinnarbeiten des Künstlers liegen herum, hinter einem Vorhang bereiten seine Gesellen den Schmelzofen für den Guß des Perseus vor. Cellini ist müde und verzweifelt und glaubt kaum mehr daran, die Statue glücklich vollenden zu können. Die Tür der Werkstatt springt auf, und Fieramosca betritt die Gießerei, um Cellini zum Duell zu fordern; er halte sich im Hof eines nahegelegenen Klosters bereit. Und schon naht das nächste Verhängnis: Die Handwerker, denen Cellini seit langem den Lohn schuldig ist, sind am Rande der Erschöpfung und wollen die Werkstatt verlassen, zumal Fieramosca wieder auftaucht und den Gießern Gold anbietet, wenn sie ihre Arbeit niederlegen. Teresa glaubt, Cellini sei im Duell gefallen, und kann die Handwerker noch einmal umstimmen, die sich schließlich auf den vermeintlichen Mörder ihres Meisters stürzen, um ihn in den Schmelzofen zu werfen. Doch Fieramosca hat Glück – in letzter Minute erscheint Cellini; vergebens hatte er auf seinen Gegner gewartet und war dann, nichts Gutes ahnend, zum Kolosseum zurückgeeilt. Fieramoscas Ausflüchte helfen ihm nichts: Man bindet ihm eine Schürze um und zwingt ihn, den anderen zu helfen. Inzwischen ist es Abend geworden, und der Papst trifft mit Balducci und seinem Gefolge im Atelier ein, um persönlich den Guß des Perseus zu verfolgen. Das große Werk ist gelungen, und mit einem Preislied auf die Kunst der Goldschmiede und Bronzegießer, in das sogar Fieramosca und Balducci einstimmen, endet die Oper.

Kommentar

Bereits 1822 war Cellinis Autobiographie in einer französischen Übersetzung erschienen, doch Berlioz scheint den Text erst elf Jahre später kennengelernt und gelesen zu haben. Bald darauf wandte er sich an den Schriftsteller Léon de Wailly mit der Bitte, nach Cellinis Lebenserinnerungen das Libretto einer opéra comique zu entwerfen. Gemeinsam mit Auguste Barbier redigierte Wailly in kurzer Zeit eine erste Version des Textes, die

die Autoren dem Direktor der Pariser Opéra-Comique vorlegten – jedoch
ohne Erfolg: Der Stoff wurde abgelehnt. Ein Jahr vergeht, bevor Berlioz
einen weiteren Vorstoß unternimmt; diesmal verhandelt er mit der Opéra.
Im Oktober 1835 gibt ihr Direktor Duponchel seine Zusage, und unter
größten materiellen Schwierigkeiten macht sich Berlioz an die Komposition.

De Wailly und Barbier haben in ihrem Libretto Chronologie und Topographie der Vita Benvenuto Cellinis nur rudimentär beachtet. Das Zentralmotiv der Handlung beruht auf einer wahren Begebenheit: Die Perseusstatue
entstand tatsächlich um 1553 in Florenz, und zwar im Auftrag des Großher-
zogs Cosimo Medici; die Oper verlegt diese Ereignisse in die 1520er Jahre,
als Cellini in Rom im Dienst Papst Clemens' VII. stand. Historisch verbürgt
sind dagegen Cellinis Lehrling Ascanio und sein Gehilfe Bernardino, der
päpstliche Schatzmeister Balducci, das Duell mit Pompeo und die näheren
Umstände beim Bronzeguß des Perseus. Überaus präzise (und zum Teil mit
wörtlichen Zitaten aus den Lebenserinnerungen Cellinis durchsetzt) sind
die Charaktere und Verhaltensweisen der handelnden Personen gezeichnet: das bald aufbrausende, bald verständnisvoll-bewundernde Wesen des
Papstes, die Rauflust Cellinis und seine Besessenheit von künstlerischen
Idealen und die Intrigen seiner Feinde und Neider.

Geschichte

Im April 1837 hatte Berlioz die Arbeit an der Partitur zwar weitgehend abgeschlossen, doch die Direktion der Opéra erfand immer wieder
neue, fadenscheinige Ausflüchte, um den Beginn der Proben und die Aufführung des Werkes hinauszuzögern, der „le tout Paris" gespannt entge-
gensah. Erst nach dem spektakulären Erfolg, den Berlioz' *Requiem* bei
seiner Uraufführung am 5. Dezember 1837 errang, setzte Duponchel den
Benvenuto Cellini auf den Spielplan. Ende März 1838 begannen die Proben, und am 10. September erlebte die Oper ihre stürmische Premiere: „Die
Ouvertüre wurde übertrieben beklatscht, alles andere zischte man mit erstaunlicher Einmütigkeit und Heftigkeit aus", berichtet Berlioz in seinen
Memoiren. Das Schicksal des *Benvenuto Cellini* scheint besiegelt: Nach
zwei weiteren, maßgeblich gekürzten Aufführungen wird das Werk vorläufig vom Spielplan der Opéra abgesetzt, um nach einer vierten Vorstellung
am 11. Januar 1839 endgültig zu verschwinden; nur der 1. Akt wird noch
zwei-, dreimal gegeben. Dreizehn Jahre später aber setzte Franz Liszt eine
Neuinszenierung des Werkes auf der Bühne des Großherzoglichen Thea-

ters zu Weimar durch. Am 20. März 1852 erlebte die Oper hier ihre vielbeachtete Wiederaufführung, der am 27. März und am 17. April zwei weitere Vorstellungen folgten. Im November desselben Jahres stand *Benvenuto Cellini* wieder auf dem Weimarer Spielplan, wenn auch in einer stark gekürzten und auf drei Akte beschränkten Fassung, die Berlioz schweren Herzens und nur auf nachdrückliches Bitten seines Freundes hin eingerichtet hatte.   *Michael Stegemann*

Diskographische Empfehlung
1972 – London: Colin Davis, Chor des Royal Opera House Covent Garden, BBC Symphony Orchestra. Nicolai Gedda (Benvenuto Cellini), Jules Bastin (Giacomo Balducci), Robert Massard (Fieramosca), Roger Soyer (Le Pape Clément VII), Derek Blackwell (Francesco), Robert Lloyd (Bernardino), Raimund Herincx (Pompeo), Christiane Eda-Pierre (Teresa). Philips 6707 019

Béatrice et Bénédict
Opéra imité de Shakespeare in zwei Akten

Text: Hector Berlioz, nach Shakespeares *Much ado about nothing*
Uraufführung: 9. August 1862, Theater Baden-Baden
Personen: Béatrice (Sop); Héro (Sop); Ursule (Mez); Bénédict (Ten); Claudio (Bar); Don Pedro (Baß); Somarone (Baß); Leonato; Ein Bote; Ein Notar; Zwei Domestiken (Sprechrollen)
Chor: Frauen und Männer Messinas
Ort und Zeit: Messina, im 16. Jahrhundert
Orchester: 2 Fl (2. auch Picc), 2 Ob (2. auch E.H.), 2 Kl, 2 Fg, 4 Hrn, 2 Trp, Cornet à piston, 3 Pos, Pkn, Schlgzg, 2 Hrf, Gitarren, Streicher
Form: Durchkomponiert, in 15 Nummern gegliedert
Aufführungsdauer: Ca. 1¾ Stunden
Verlag: Malherbe & Weingartner, Paris

Handlung

1. AKT: Park vor dem Palast Leonatos, des Gouverneurs von Messina. Begeistert empfängt das Volk den Feldherrn Don Pedro und seine Offiziere Claudio und Bénédict, die siegreich von einer Schlacht gegen die Mauren zurückgekehrt sind. Um den Triumph zu krönen, soll Claudio noch in dieser Nacht mit seiner Braut Héro, der Tochter des Gouverneurs, vermählt werden. Béatrice dagegen, Leonatos Nichte, ist mit Bénédict einer Meinung: Lieber ins Kloster gehen oder gar zur Hölle fahren als zu heiraten. Ohne zu bemerken, daß sich die anderen über sie lustig machen, steigern sich die beiden immer mehr in ihre Tiraden gegen den Ehestand. Don Pedro ist allerdings davon überzeugt, daß diese Widerspenstigkeit nur vorgetäuscht ist, und mit Claudios Hilfe will er Béatrice und Bénédict einander zuführen. Inzwischen hat der Kapellmeister Somarone mit seinem Chor Aufstellung genommen, um für den Abend eine Hochzeitscantate zu proben, die jedoch hoffnungslos zum „épithalame grotesque" mißlingt. Bénédict will von alledem (und vor allem von der Liebestrunkenheit seines Freundes) nichts mehr hören und will den Palasthof schon verlassen, als plötzlich Claudio, Don Pedro und der Gouverneur sich nähern. Hinter einem Strauch versteckt muß Bénédict zu seiner großen Überraschung hören, daß Béatrice unsterblich in ihn verliebt sei; und mit einemmal entdeckt er, daß auch sie ihm nicht gleichgültig ist: Amors Pfeil hat ihn getroffen. Er ahnt freilich nicht, daß dieses Gespräch Teil einer Intrige Don Pedros ist. Den zweiten Teil setzt Héro in die Tat um: Sie redet Béatrice ein, Bénédict könne ohne sie nicht mehr leben. Die Fäden sind gesponnen.

2. AKT: Vor Beginn des Hochzeitsfestes stärken sich Somarone und seine Musiker mit reichen Speisen und schwerem Syrakuser Wein. Da erscheint plötzlich Béatrice und gesteht Héro und deren Gesellschafterin Ursule, sie habe ihre Liebe zu Bénédict erkannt. Während Héro und Claudio zur Hochzeit geschmückt werden, finden Béatrice und Bénédict endlich zueinander. Der Hochzeitszug kommt herbei, und ein Notar besiegelt die Ehe zwischen Héro und Claudio. Aber auch Béatrice und Bénédict sind nun zur Ehe entschlossen und unterschreiben nach einem letzten Wortgefecht den Ehekontrakt. Lachend beglückwünschen alle die beiden jungen Paare, die aus ihrer Verliebtheit keinen Hehl machen, und in einem ausgelassenen Finale preisen Béatrice und Bénédict die Macht Amors.

Kommentar

Der Plan einer Shakespeare-Oper hat Berlioz seit 1830 beschäftigt. Spuren der verschiedenen Projekte finden sich in der Fantasie über den *Sturm* – dem Finale des lyrischen Monodrams *Lélio* –, in der Konzertouvertüre zu *König Lear*, im Trauermarsch zur Schlußszene des *Hamlet* und in der dramatischen Sinfonie *Roméo et Juliette*. Aber erst in seinem letzten großen Werk (dessen Libretto er allerdings schon Mitte der 1830er Jahre skizziert hatte) gelang es Berlioz, den Plan in die Tat umzusetzen. Daß *Béatrice et Bénédict* – ausgerechnet eine opéra comique – unter ärgsten psychischen und physischen Qualen entstand, ist der Partitur in nichts anzumerken. Doch der Humor dieses „mit einer Nadelspitze geschriebenen capriccios" (Berlioz an Caroline von Sayn-Wittgenstein) gibt sich eher träumerisch als plump, und zwischen der Chorprobe des Bürgermeisters van Bett in Lortzings *Zar und Zimmermann* und der des Kapellmeisters Somarone liegen Welten. Zugleich entkräftete Berlioz mit *Béatrice et Bénédict* das (auch heute noch bestehende) Vorurteil, er sei nur ein Komponist monumentaler, schwer verdaulicher Partituren. „Man entdeckt jetzt, daß ich Melodie habe, daß ich heiter und sogar komisch sein kann: man ist verblüfft. Sie haben bemerkt, daß ich keinen Lärm mache, und sehen, daß ich keine brutalen Instrumente im Orchester verwende."

Geschichte

Shakespeares Komödie *Much ado about nothing* entstand vermutlich zwischen 1598 und 1599. Während der Pariser Komponist Henri-Montan Berton 1841 in seiner Oper *Montano et Stéphanie* das erste „seriöse" Paar der Liebesgeschichte – Héro und Claudio – in den Mittelpunkt des Geschehens stellte, behandelt Berlioz das buffoneske Paar Béatrice und Bénédict. Den Wortlaut der Textvorlage hat der Komponist zwar in vielem beibehalten, alle Passagen groben Humors aber durch eigene Verse ersetzt. Auch führte er eine neue Figur ein, die bei Shakespeare nicht zu finden ist: den Kapellmeister Somarone, in dem er – so behaupteten zeitgenössische Gerüchte – seinen Erzfeind François-Joseph Fétis persiflieren wollte.

Die Uraufführung von *Béatrice et Bénédict,* das der Baden-Badener Spielbankdirektor Édouard Bénazet zur Einweihung des neuen Theaters bei Berlioz bestellt hatte, fand am 9. August 1862 unter der Leitung des Komponisten statt und wurde ein beachtlicher Erfolg. Schon am 8. April 1863 richtete Weimar (in der deutschen Übersetzung von Richard Pohl) die nächste Inszenierung aus. Aber die Wirkung des Werkes war nur von kurzer

Dauer und Berlioz selbst zu mut- und kraftlos, um sich um weitere Aufführungen zu bemühen. *Béatrice et Bénédict* geriet bald in Vergessenheit und wurde erst in diesem Jahrhundert wiederbelebt.   *Michael Stegemann*

Diskographische Empfehlung

1977 – London: Colin Davis, John Alldis Choir, London Symphony Orchestra. Janet Baker (Béatrice), Robert Tear (Bénédict), Christiane Eda-Pierre (Héro), Helen Watts (Ursule), Thomas Allen (Claudio), Jules Bastin (Somarone), Robert Lloyd (Don Pedro), Richard Van Allan (Leonato). Philips 416 952-2 (ADD)

Les Troyens (Die Trojaner)
Grand opéra in fünf Akten

Text: Hector Berlioz, nach Vergils *Aeneis*
Uraufführung: 3. bis 5. Akt *(Les Troyens à Carthage)* 4. November 1863, Théâtre-Lyrique, Paris; 1. und 2. Akt *(La prise de Troie)* 7. Dezember 1879, Théâtre du Châtelet, Paris (konzertant); vollständig 3. Mai 1969, Scottish Opera, Glasgow
Personen: Aeneas (Ten); Dido, Königin von Karthago (Mez); Kassandra (Sop); Der Geist der Kassandra (Mez); Chorebus/Der Geist des Chorebus (Bar); Anna, Schwester der Dido (Alt); Narbal (Baß); Der Schatten Hektors (Baß); Pantheus (Baß); Ascanius, Sohn des Aeneas (Mez); Iopas (Ten); Priamus/Der Geist des Priamus (Baß); Der Gott Merkur (Baß); Hekuba, Königin von Troja (Mez); Hylas (Ten); Helenus, Sohn des Priamus (Ten); Andromache (stumme Rolle); Astyanax, Sohn des Hektor (stumme Rolle)
Chor: Trojaner; Griechen und Karthager; Nymphen; Faune und andere Waldgeister; Schatten der Unterwelt
Ballett: Sklaven und Tänzerinnen
Ort und Zeit: Troja und Karthago, in mythischer Zeit
Orchester: 3 Fl (2. u. 3. auch Picc), 2 Ob (2. auch E.H.), 2 Kl (2. auch Bkl), 4 Fg, 4 Hrn, 2 Trp, 2 Cornets à piston, 3 Pos, Ophikleide, Pkn, Schlgzg, 6–8 Hrf, Streicher
Auf der Bühne: 3 Ob, 2 SopSaxHrn (oder Trp), 2 BaßSaxHrn (oder Ophikleide), Schlgzg, Hrf

Hinter der Bühne: 3 Ob, SopSaxHrn, 4 TenSaxHrn, 2 Trp, 3 Cornets à piston, 3 Pos, Ophikleide, Pkn, Schlgzg
Form: Durchkomponiert, in 52 Nummern gegliedert
Aufführungsdauer: Ca. 4 Stunden
Verlag: Choudens, Paris (1885); NA Bärenreiter (1969/70)

Handlung
    1. AKT: Das verlassene Feldlager der Griechen vor Troja. Jubelnd ist das Volk von Troja vor die Tore der Stadt geeilt: Nach zehn Jahren haben die Griechen – so scheint es jedenfalls – die Belagerung aufgegeben und sind mit ihren Schiffen in die Heimat zurückgesegelt. (Tatsächlich halten sie sich auf der nahegelegenen Insel Telenos verborgen.) Am Strand zurückgelassen haben sie ein riesiges hölzernes Pferd, das man als Opfergabe der Griechen für die Göttin Pallas Athene ansieht. Die Seherin Kassandra erscheint und warnt die Trojaner vor zu großer Freude: Der Schatten Hektors habe ihr im Traum eine drohende Gefahr gezeigt – Troja werde untergehen! Doch weder König Priamus noch ihr Bräutigam Chorebus schenken Kassandras düsteren Prophezeiungen Glauben und reißen sie mit in den Freudentaumel des Volkes. Andromache – die Witwe Hektors – und ihr Sohn Astyanax treten auf und legen am Altar, den man am Strand errichtet hat, Blumen nieder. Plötzlich aber kommt Aeneas und berichtet vom Tod des Priesters Laokoon: Dieser habe mißtrauisch seinen Speer in das Holzpferd gestoßen und versucht, Feuer anzulegen, als zwei Seeschlangen aus dem Meer emporgestiegen seien und Laokoon verschlungen hätten. Kassandra sieht ihre Ängste bestätigt, während Aeneas eine andere Erklärung parat hat: Pallas Athene, der das Pferd offenbar geweiht sei, habe die Tat des Laokoon als Frevel bestraft. Auf Priamus' Befehl hin wird nun eine Bresche in die Stadtmauer geschlagen, und die Trojaner ziehen das Pferd bis vor den Tempel der Athene, um die Göttin zu versöhnen.
    2. AKT. 1. Bild: Im Palast des Aeneas. Der trojanische Held liegt in tiefem Schlaf und hört nichts von dem Kampfeslärm, der überall in der Stadt aufbraust. Sein Sohn Ascanius überlegt, ob er den Vater wecken soll, als der Schatten Hektors aus dem Dunkel an das Lager des Aeneas tritt und ihn mit schlimmen Nachrichten aus seinen Träumen reißt: Ganz Troja stehe in Flammen, in dem hölzernen Pferd waren – eine List des Odysseus – griechische Krieger versteckt, die nun dem restlichen Heer die Tore geöffnet hätten. Die Stadt und das Volk seien unwiederbringlich verloren, Aeneas aber solle die heiligen Götterbilder retten, mit ihnen nach Italien

segeln und dort ein neues Reich begründen. Während Hektors Schatten verblaßt, erscheint der blutüberströmte Priester Pantheus, der die Götterbilder vor den Griechen retten konnte. Gemeinsam mit ihm und Chorebus (der wenig später im Kampf fallen wird) versuchen Aeneas und Ascanius, zur Zitadelle vorzudringen – dem einzigen Ort der Stadt, der bisher gehalten werden konnte.

2. Bild: Im Königspalast hat Kassandra mit den Frauen von Troja vorübergehend Zuflucht gefunden. Die Seherin verkündet, Aeneas habe die Zitadelle erreicht und sei mit einer Kriegerschar und den Götterbildern auf schnellen Booten nach Italien entkommen, wo er ein neues Troja errichten werde. Für die Frauen aber gibt es keine Rettung mehr: Die Griechen haben bereits Feuer an den Palast gelegt und ziehen plündernd durch die Säle. Lieber sterben als ihnen in die Hände fallen: Vor den Augen der ersten Soldaten, die den Raum betreten, ersticht sich Kassandra und gibt den Dolch an ihre Schwester Polyxena weiter. Mit dem Hoffnungsschrei „Italien!" auf den Lippen folgen ihnen die anderen Trojanerinnen in den Tod.

3. AKT. Eine Halle im Palast der Dido in Karthago. Nachdem sich die wilden Stürme, die unlängst die Küste heimsuchten, gelegt haben, feiern die Königin und das Volk ein Dankesfest. Vor sieben Jahren erst hat Dido die Stadt gegründet, und jetzt schon blüht Karthago in Frieden und Wohlstand. Vertreter verschiedener Stände treten vor – Baumeister, Matrosen und Bauern – und nehmen aus Didos Hand Geschenke entgegen. Schließlich zerstreut sich das Volk, und Dido bleibt mit ihrer Schwester Anna allein zurück; sie gesteht ihr, trotz aller Erfolge unglücklich zu sein: Seit dem Tod ihres Gemahls Sychaeus sehne sie sich nach Liebe. Der Sänger Iopas meldet indessen, eine fremde Flotte sei vom Sturm an die Küste Karthagos geworfen worden und bitte um Schutz. Aeneas, Ascanius und Pantheus werden hereingebracht und berichten vom Untergang Trojas und ihrem Ziel, dem Geheiß Hektors folgend in Italien ein neues Reich zu errichten. Dido gewährt den Trojanern ihre Gastfreundschaft, als der Minister Narbal mit einer Schreckensnachricht kommt: Der eifersüchtige Numider-König Iarbas hat Karthago überfallen! Sofort stellt sich Aeneas mit seinen Kriegern der Königin Dido zu Diensten, und unter seiner Führung ziehen Karthager und Griechen gemeinsam in den Kampf.

4. AKT. 1. Bild: Ein Wald vor den Toren der Stadt. Iarbas ist besiegt, und Aeneas und die Griechen genießen die Gastfreundschaft der Karthager. Zu ihren Ehren hat Dido eine Jagd angesetzt, aber ein wilder Sturm peitscht die Bäume und zerstreut die Jäger in alle Himmelsrichtungen. Dido

und Aeneas suchen in einer Felsgrotte Zuflucht, wo sie einander ihre Liebe gestehen. Ringsum aber erscheinen Satyrn, Nymphen und andere Waldgottheiten, die mit ihrem Ruf „Italien!" Aeneas an seine Mission erinnern.

2. Bild: Im Garten des Palastes sprechen Anna und Narbal über das weitere Geschick des Landes. Während Anna die Liebe ihrer Schwester zu Aeneas preist und meint, Karthago könne sich keinen besseren König wünschen, ist Narbal skeptisch: Wenn Aeneas nicht nach Italien gehe, werde der Zorn der Götter über Karthago hereinbrechen. Dido und Aeneas kommen hinzu, um dem Fest beizuwohnen, das die Stadt anläßlich des Sieges über die Numider feiert. Ägyptische Tänzerinnen, Sklaven und nubische Sklavinnen unterhalten das Volk mit Tänzen, Iopas besingt die Reichtümer der Fruchtbarkeitsgöttin Ceres. Dido aber ist verstört, hin- und hergerissen zwischen ihren Gefühlen für Aeneas und dem Wunsch der Götter. In einem langen Duett gestehen sich die Königin und der Trojaner noch einmal ihre Liebe, während die Festgäste draußen vor dem Palast die Schönheit des nachtglitzernden Meeres bewundern. Da erscheint Merkur, ergreift den an einer Säule hängenden Schild des Aeneas und schlägt dreimal mit dem Ruf „Italien!" dagegen, um den Helden ein letztes Mal zum Aufbruch zu mahnen.

5. AKT. 1. Bild: Im Hafen von Karthago liegt die trojanische Flotte vor Anker, bereit zum Aufbruch. Obwohl die meisten der trojanischen Krieger in Karthago glücklich sind und nicht einsehen, warum sie das gastliche Land für eine ungewisse Zukunft verlassen sollen, besteht Pantheus auf Erfüllung der Mission: Tag für Tag senden die erzürnten Götter neue Zeichen ihres Unmuts. Aeneas leidet am stärksten unter dem Zwiespalt zwischen Liebe und Pflicht. Ein letztes Mal noch wenigstens will er Dido in seine Arme schließen, aber die Schatten Kassandras, Hektors, Priamus', Chorebus' und anderer im Kampf um Troja gefallener Helden stellen sich ihm in den Weg. Auch Dido, die nun selbst erscheint, kann seinen Entschluß nicht beugen.

2. Bild: Ein Raum in Didos Palast. Die Königin ist zu allem bereit, um Aeneas wenigstens einige Tage noch in Karthago zurückzuhalten, als man ihr die Nachricht überbringt, die Trojaner seien in See gestochen. In ihrer Verzweiflung verflucht Dido Aeneas und ihre Liebe zu ihm und verlangt, man solle einen riesigen Scheiterhaufen errichten und alles, was sie an den Trojaner erinnern könnte, darauf verbrennen. Nachdem sie ihre Diener fortgeschickt hat, faßt sie den Entschluß, sich selbst den Tod zu geben.

3. Bild: Auf einer Terrasse über dem Meer haben die Priester nach Didos

Befehl den Scheiterhaufen errichtet. Vor den Augen ihrer Schwester, Narbals und des entsetzten Volkes besteigt die Königin nun selbst das Flammengerüst und stürzt sich in das Schwert des Aeneas. In zwei Visionen sieht sie noch den Untergang Karthagos durch Hannibal und den Aufstieg des ewigen Rom voraus, dann stirbt die unglückliche Dido.

Kommentar

Wie ein großer Bogen umspannt Vergils *Aeneis* die Biographie Berlioz': von der Lektüre des Kindes gemeinsam mit dem Vater (der seinem Sohn sicher nicht zufällig den Namen „Hector" gab . . .) bis zur Komposition der *Troyens*, die zu den großartigsten und gewaltigsten musikdramatischen Schöpfungen des 19. Jahrhunderts gehören, und dem letzten, zermürbenden Kampf des Komponisten um eine Aufführung des Werkes. Wie tief sich Berlioz in die Welt Vergils einzufühlen vermochte, beweist allein das Libretto der Oper, das er selbst – zum Teil in getreuen Übersetzungen der lateinischen Verse – nach dem ersten, zweiten und vierten Buch der *Aeneis* zusammenstellte und das in seiner Sprache wie in der Mischung aus dramatischer Aktion, Bericht und lyrischer Meditation glänzend gelungen ist. Zunächst hatte sich Berlioz, enttäuscht von zu vielen Mißerfolgen, entschieden gegen den Plan dieser Oper gewehrt: „Ich widerstehe der Versuchung, das Projekt in die Tat umzusetzen, und werde ihr hoffentlich bis zum Ende widerstehen können. Mir erscheint dieser Stoff wunderbar und zutiefst bewegend, ein sicheres Zeichen, daß ihn die Pariser für seicht und langweilig halten würden." Es waren schließlich Franz Liszt und die Fürstin Caroline von Sayn-Wittgenstein (der – über die offizielle Widmung „Divo Virgilio" hinaus – die Oper später dediziert wurde), die Berlioz umstimmen konnten. Nach verschiedenen Skizzen begann er im April 1856 mit der Komposition, über deren Fortgang er die Fürstin als „Patin" des Werkes regelmäßig unterrichtete; in seinen Briefen halten Begeisterung und Mutlosigkeit einander die Waage: Berlioz ahnte das bittere Los voraus, das seinen *Troyens* bestimmt war. Jedenfalls war im Januar 1860 mit der Komposition der Ballettmusik des 3. Aktes die Arbeit so gut wie beendet – mehr als sechseinhalbtausend Takte Partitur.

Weit mehr noch als in seinen anderen Opern (und den dem Genre der Oper verwandten Werken wie der dramatischen Sinfonie *Roméo et Juliette* oder der dramatischen Legende *La damnation de Faust*) gibt sich Berlioz in den *Troyens* als Nachfolger Mozarts und Glucks zu erkennen, zu deren Vorbildern er sich stets bekannt hat. Das Pathos zahlreicher Szenen erscheint als überzeugender dramatischer Gestus, rezitativische und kantable Abschnitte gehen bruchlos ineinander über, der gewaltige Apparat von Chor, Orchester und Ballett erscheint nirgends überladen. In seltener Pracht erscheint Berlioz' einzigartige Instrumentationskunst, und jede Seite der durchweg wunderbar transparenten Partitur würde für sich genügen, das alte Vorurteil gegen den ‚monströsen Megalomanen' Berlioz zu widerlegen.

Geschichte

Mehr als fünf Jahre lag die Partitur der *Troyens* bei der Pariser Opéra, und das Warten und Hinhalten wurde für den schwerkranken Komponisten zu einer furchtbaren Qual. Ja sicher, man werde das Werk aufführen... Nein, nicht in dieser Saison... Ja, nächstes Jahr vielleicht, oder im Jahr darauf... Nein, man habe sich noch nicht über einen genauen Termin geeinigt... Schließlich ging Berlioz, erschöpft und entmutigt, auf einen Kompromißvorschlag ein: Anstatt an der Grand Opéra sollte nun die Aufführung am Théâtre-Lyrique stattfinden, allerdings nur die drei letzten Akte (als *Les Troyens à Carthage*), da Orchester- und Bühnenraum für die Massenszenen der ersten beiden Akte *(La prise de Troie)* zu klein seien. Um also überhaupt zumindest einen Teil seines Werkes hören zu können, war Berlioz gezwungen, eigenhändig die Partitur in zwei Teile zu teilen und den Torso der Karthago-Akte stark zu kürzen und zurechtzustutzen, damit dann am 4. November 1863 die Premiere stattfinden konnte. Immerhin war die Aufführung erfolgreich genug, daß ihr zwanzig weitere Vorstellungen (bis zum 20. Dezember) folgten.

Die beiden ersten Akte, deren Aufführung Berlioz nie erleben konnte, erklangen erstmals (konzertant) zehn Jahre nach dem Tod des Komponisten. Im Dezember 1890 brachte Felix Mottl in Karlsruhe eine – stark geraffte – szenische Aufführung des Werkes zustande, die über zwei Abende verteilt wurde. All das war ausschlaggebend dafür, daß man *Les Troyens* allgemein für ein sprödes, überdimensionales, kurz: unaufführbares Opus hielt, das man – wenn überhaupt – nur in Auszügen oder zumindest stark gekürzt auf die Bühne bringen könne. Alle späteren Aufführungen – 1913 in Stuttgart, 1930 in Berlin (wo Julius Kapp ganze Szenen neu komponiert hatte), 1955 in Boston, 1960 an der Mailänder Scala (unter Rafael Kubelik, mit Giulietta Simionato als Dido und Mario del Monaco als Aeneas), 1957 in London – präsentierten das Werk in bis zur Unkenntlichkeit verstümmelten Fassungen; noch bei der Pariser Premiere 1961 hatte man rund 1600 Takte – ein Viertel der Partitur – ersatzlos gestrichen. Es war schließlich Colin Davis, der (auf der Grundlage der gerade erschienenen kritischen Neuausgabe der Partitur) die erste ungekürzte, unverfälschte Aufführung der *Troyens* durchsetzte: 1969 in Glasgow und London, einhundert Jahre nach dem Tod des Komponisten. Folgeaufführungen in Wien (1976), Mailand (1982) oder New York (1983) haben inzwischen – trotz mancher Einschränkungen auch diesen Produktionen gegenüber – bewiesen, daß die Oper nicht nur durchaus aufführbar ist, sondern zu den großen Meisterwerken des Musiktheaters gehört.

Michael Stegemann

Diskographische Empfehlung

1969 – London: Colin Davis, Chor und Orchester des Royal Opera House Covent Garden. Jon Vickers (Énée), Josephine Veasey (Dido), Berit Lindholm (Cassandre), Peter Glossop (Chorèbe), Roger Soyer (Narbal), Ryland Davies (Hylas). Philips 416 432-2 (AAD)

MICHAIL GLINKA

geb. 20. Mai (1. Juni) 1804 in Nowospasstroje (heute Glinka, Gouvernement Smolensk)
gest. 15. Februar 1857 in Berlin

Ob Michail Glinka den Ehrentitel „Vater der russischen Musik" zu Recht trägt, mag eine Diskussion wert sein; immerhin gab es vor ihm einen Jewstignej Fomin, der schon in den 1780er Jahren mit *Der Nowgoroder Held Bojeslawitsch* (nach einem Libretto der Zarin Katharina II.) und *Die Kutscher auf der Poststation* Volkslied-Opern reinsten Wassers komponiert hat. Jedenfalls war es Glinka – als Autodidakt ein „Dilettant" im besten Sinne des Wortes, und dazu ein Lebemann mit dem Auftreten eines Grandseigneurs –, der mit seinen beiden Opern am Kopf der nationalen Schule der russischen Musik des 19. Jahrhunderts steht. Daß seine Adaption folkloristischer Elemente – „Kutschermusik", schimpfte das adlige Publikum 1836 bei der Uraufführung des *Iwan Sussanin* – oft genug nach italienischem Belcanto klingt, ist eine andere Sache, so wie auch Glinkas Kammermusik-Schaffen den besten westlichen Traditionen Beethovens, Schuberts und Schumanns huldigt. Überhaupt wäre Glinka nach dem Verständnis der Generation nach wohl ein „Sapadnik", ein „Westler"; daß er jedoch auf seinen Reisen durch Europa, als Freund und Protegé Berlioz' und Liszts, der erste russische Komponist war, der außerhalb seiner Heimat aufgeführt wurde, steht außer Frage. Der Tod überraschte den erst 52jährigen in Berlin, wo er bei Siegfried Dehn Kontrapunkt und Tonsatz studierte. *Michael Stegemann*

Ein Leben für den Zaren (Iwan Sussanin)
Oper in vier Akten und einem Epilog

Text: Sergej Gorodetzkij, nach Wassilij Schukowskij und Georgij von Rosen
Uraufführung: 27. November (9. Dezember) 1836, Großes Theater, St. Petersburg

Personen: Iwan Sussanin, ein Bauer im Dorf Domnino (Baß); Antonida, seine Tochter (Sop); Bogdan Sobinin, ihr Bräutigam (Ten); Wanja, ein von Sussanin adoptierter Waisenknabe (Alt); Sigismund III., König von Polen (Baß); Ein polnischer Bote (Bar); Ein russischer Krieger (Ten)

Chor: Bauern; Landwehr- und Landsturmmänner; Krieger; Volk; Polnische Ritter und Hofgesellschaft

Ort und Zeit: Das Dorf Domnino in Mittelrußland, das Schloß des polnischen Königs, in den Wäldern zwischen Domnino und Moskau, Moskau. Winter 1612/13

Orchester: 2 Fl, 2 Ob (2. auch E.H.), 2 Kl, 4 Hrn, 2 Trp, 3 Pos, Ophikleide, Pkn, Gl, Hrf, Streicher

Auf der Bühne: Kl, Ventiltrp, Tamburin, Gl

Form: Durchkomponiert, mit nummernartigem Aufbau

Aufführungsdauer: Ca. 2¾ Stunden

Verlag: Musyka, Moskau

Handlung

Es ist Winter 1612/13. In den politischen Wirren nach dem Tod des Zaren Boris Godunow sind Truppen des Polenkönigs Sigismund in Rußland einmarschiert und stehen vor Moskau.

1. AKT: Die Dorfbewohner von Domnino nahe Moskau erwarten die Rückkehr eines russischen Volksheeres, das siegreich gegen die polnischen Invasoren gezogen war. Antonida, ein junges Mädchen aus dem Dorf, hofft, ihren Verlobten Sobinin, der sich dem russischen Widerstand angeschlossen hat, bald wiederzusehen. Ihr Vater, der leibeigene Bauer Iwan Sussanin, möchte die geplante Hochzeit der beiden bis zur Befreiung Rußlands aufschieben. Er berichtet von neuen Plünderungen der Polen und befürchtet, daß auch Moskau gefallen sein könnte. Da erscheint unvermutet Sobinin und berichtet, daß er und seine Kameraden gerade ein polnisches Heer in die Flucht geschlagen hätten. Der militärische Widerstand würde nun vom Fürsten Poscharskij geleitet. Er selbst, Sobinin, sei nun heimgekehrt, um endlich Antonida zu heiraten. Da Sussanin noch immer zögert, sein Einverständnis zu geben, versichert ihm Sobinin nach einigem Hin und Her, daß die Polen auch in Moskau längst geschlagen und umringt seien. Sussanin gibt schließlich dem Drängen des Liebespaars nach.

2. AKT: Im Palast König Sigismunds feiert der polnische Adel den erfolgreichen Kriegszug gegen Rußland zu den Klängen einer stolzen Polo-

naise. Die Damen schwärmen von den Schätzen Rußlands, die nun ganz ihnen gehören sollen. Als nach Krakowiak, Walzer und Mazurka das ausgelassene Treiben seinen Höhepunkt erreicht, erscheint ein Bote und meldet dem König, daß sich unter Minins Führung ein russisches Volksheer erhoben und bereits große Teile der Invasionsarmee geschlagen habe. Erzürnt beschließen die in ihrem Aristokratenstolz gekränkten Polen sogleich zum Gegenangriff überzugehen und es „der russischen Horde von Knechten" heimzuzahlen.

3. AKT: In Sussanins Haus. Der junge Wanja rühmt die Güte seines Pflegevaters Sussanin, der ihn, den Waisenknaben, in sein Haus aufgenommen und wie sein eigenes Kind aufgezogen habe. Sussanin tritt hinzu und berichtet Wanja von den Aktivitäten des Patrioten Kusmja Minin, der in einem nahegelegenen Kloster gerade ein großes Freiwilligenheer zusammenstelle. Einige Dorfbewohner betreten den Raum, um das Hochzeitsfest vorzubereiten. Sodann erscheint das überglückliche Brautpaar und gibt seiner Freude gemeinsam mit Sussanin und Wanja in einem Quartett Ausdruck. Sobinin verläßt das Haus, um einige auswärtige Gäste abzuholen. Die Seelenharmonie der drei Zurückgebliebenen wird aber durch polnische Soldaten gestört, die Sussanin gewaltsam drängen, sie unverzüglich zum Versteck des aufständischen Minin zu führen. Sussanin versucht erst mit allen Mitteln sie von ihrem Vorhaben abzubringen, doch als die Polen zunehmend bedrohlicher werden, entschließt er sich schweren Herzens, ihrem Wunsch zum Schein nachzugeben, sie aber in die Irre zu führen. In einem unbeobachteten Augenblick schickt er Wanja zu Minin, um diesen zu warnen. Er verabschiedet sich von Antonida, mit dem unheilvollen Gefühl, sie nie mehr wiederzusehen, und folgt den Polen in die nächtliche, verschneite Wildnis. Nichtsahnende Hochzeitsgäste treffen ein und werden von Antonida über den schrecklichen Vorfall aufgeklärt. Endlich erscheint auch Sobinin und erfährt entsetzt von Sussanins Verschleppung. In wildem Zorn greifen alle zu den Waffen und eilen den Polen hinterher.

4. AKT: In derselben Nacht erreicht Wanja, trotz eines Schneesturms, das Kloster, in dem sich die russischen Truppen aufhalten, und tritt vor verschlossene Pforten. Mit letzter Kraft klopft er an das Tor und wird endlich gehört. Sein jugendlicher Mut gewinnt heroische Züge: Er trägt kühn seine Warnung vor und befiehlt den Soldaten, bewaffnet den Polen entgegenzumarschieren. An einer anderen Stelle des Waldes hat Sussanin inzwischen die polnischen Soldaten immer tiefer in die unwegsame Wildnis

geführt. Doch die Polen ahnen bereits den Betrug. Als sie sich erschöpft zum Schlafen gelegt haben, enthüllt Sussanin in einer Arie seine ganze Seelenpein. Er weiß, daß er für die kühne Tat mit seinem Leben bezahlen muß, und fleht zu Gott, ihm in seiner schwersten Stunde beizustehen. Er wartet nur noch auf das Morgenrot, denn dann weiß er sicher, daß Wanja die russischen Patrioten gewarnt hat und die Gefahr gebannt ist. In Gedanken ruft er ein letztes Mal seine geliebten Kinder zu sich, Antonida, Wanja und auch seinen Schwiegersohn, und nimmt schmerzlich Abschied von ihnen. Dann legt er sich, dem Tod nun gefaßt ins Auge sehend, selbst zur Ruhe. Die Polen aber finden im Schneesturm keinen Schlaf, wecken Sussanin und stellen ihn erzürnt zur Rede. Als dieser sie abermals zu beschwichtigen sucht, bricht endlich das Morgenrot an. Sussanin sieht seine Aufgabe erfüllt und gesteht den Polen, sie irregeführt zu haben, worauf sie ihn in blinder Wut erschlagen. Sobinin und seine Kameraden kommen zu spät.

EPILOG: Vor dem Moskauer Kreml feiern die Russen ihre endgültige Befreiung von den Polen. Feierliches Glockengeläut umrahmt ihren mächtigen Lobgesang auf die russische Heimat.

Kommentar

Michail Glinka hat in seiner ersten Oper *Ein Leben für den Zaren* keineswegs den Zarismus verherrlicht, auch wenn der Titel, der ursprünglich *Iwan Sussanin* hieß, etwas anderes suggeriert. Er hatte das zarenfreundliche Sujet, das auf einer wahren Begebenheit beruht, nur benutzt, um ganz unaristokratische Musik – zumindest was die Charakterisierung Rußlands betrifft – zu schreiben. „Kutschermusik" eben, wie manche der gebildeten Zuhörer nach der Premiere spotteten, und es gelang ihm als erstem, das russische Volkslied bzw. volkstümliche Intonationen in der Oper zu etablieren. So schuf Glinka, möglicherweise an einem nicht ganz passenden Sujet, die erste nationalrussische Oper und das erste Bühnenwerk, das sich zumindest musikalisch gegen die zaristische Unterdrückung der Volkskultur richtete. Der Zar fungiert in der Oper lediglich als Symbol für die Einheit Rußlands; er tritt als Person nicht in Erscheinung. Auf russischer Seite wird stets nur das Bauernleben gezeigt, während alles Aristokratische, das der Zar ja auch verkörpert, außerhalb, bei den feindlichen Polen angesiedelt ist. Der Text versucht zwar eine „Erzfeindschaft" der Völker Rußlands und Polens zu konstruieren, musikalisch jedoch geht es um das weniger feindselige Gegenüber von russischer Volksmusik und westlich-polnischer Aristokratenmusik, also, wenn man so will, um einen eher klassenspezifischen Unterschied zwischen der Musik der oberen und unteren Klasse. Dieser fortschrittliche Aspekt sicherte der Oper auch nach der Oktoberrevolution die Sympathien. Lediglich der unpassende Titel wurde zugunsten des ursprünglichen wieder ausgetauscht.

Sergej Gorodetzkijs (vom Zarismus) gereinigte Textbearbeitung von 1939, die sich heute allgemein durchgesetzt hat, unterstreicht freilich die statische Dramaturgie der Oper. Der 1. Akt leidet schon in der Rosen-Fassung an Handlungsarmut: Er führt lediglich Reaktionen vor auf das außerhalb der Szene vonstatten gegangene Geschehen. Ähnliches gilt für den Polenakt, der noch weniger Theaterhandlung enthält und im Grunde ein pures Tanztableau ist. Und selbst der einzige dramatische Akzent wird hier durch einen Botenbericht ausgelöst. Bühnenaktion im engeren Sinne findet erst im 3. Akt statt, bei dem – freilich wirklich überraschenden – Eindringen der Polen in Sussanins Haus sowie noch einmal im 2. Bild des Schlußaktes, in der Szene zwischen Sussanin und den Polen, die dann zu Sussanis Tod führt. Der Mangel an dramatischer Aktion verweist auf die besondere Eigenart des *Iwan Sussanin* als eines strikt von der Musik und den musikalischen Ideen Glinkas her konzipierten Bühnenwerks. Pjotr Iljitsch Tschaikowskij, ein kritischer Bewunderer Glinkas, hat dessen Opernstil wohl am besten charakterisiert, als er Glinka einmal einen „lyrischen Symphoniker" (und er meinte den Opernkomponisten) nannte. Es trifft genau auf den *Iwan Sussanin* zu, bei dem die Gestaltung der einzelnen Musiknummer stets Vorrang hat vor den Erfordernissen des Theaters. Alles Szenische ist im Grunde nur bühnenhafte Illustration genuin musikalischer, geschlossener symphonisch-lyrischer Formen. Dies tritt im 2. Akt am deutlichsten zutage, weil hier praktisch jede echte Bühnenhandlung fehlt und die Musik selbst, als Folge symphonischer Tänze, zum dramatischen Hauptmotiv wird. Im Prinzip ist aber die ganze Oper nach diesem System aufgebaut. Wie sehr hier der Librettist Verslieferant war für ein ganz nach des Komponisten Vorstellung gestaltetes Bühnenwerk, zeigen in den beiden Schlußakten auch die wenigen Ausnahmen von der undramatischen Regel, also vor allem jene beiden Szenen zwischen Sussanin und den Polen, in denen dramatische Aktion entsteht. Denn selbst hier gehen die dramatischen Impulse nicht vom Textbuch aus, sondern entspringen der musikalischen Struktur. Man könnte von einem rein musikalischen Kontrast zweier Idiome sprechen, die Glinka, nachdem er sie in den beiden ersten Akten getrennt vorgeführt hat, nunmehr miteinander konfrontiert. Und im Unterschied zu den den Polen gegenüber einigermaßen voreingenommenen

Textdichtern Rosen und Gorodetzkij charakterisiert Glinka Freund und Feind gleichermaßen vorurteilsfrei und gestaltet sie musikalisch wie menschliche Wesen, so wie jede Partei sich selbst positiv begreift, ohne zu vergrößern oder zu verkleinern, zu karikieren oder zu idealisieren. Ähnlich wie Mozart läßt auch Glinka allen Gestalten, selbst den negativen, dasselbe Maß an Menschlichkeit und Toleranz widerfahren. So ist etwa die gesamte Polenmusik des 2. Aktes, dabei insbesondere die herrliche Polonaise und der farbenreiche, lebensfrohe Krakowiak von einer inneren Wärme, einer positiven Ausstrahlung und einer musikalischen Geradlinigkeit und Schönheit, die alles andere als feindselig wirkt, so daß das barbarisch-kraftstrotzende Geschwätz, das den Polen vom Text in den Mund gelegt wird, vieles von seiner bedrohlichen Wirkung einbüßt. Und wenn dann die Polen im 3. Akt gewaltsam in Sussanins Haus eindringen und ihn unter wüsten Drohungen zum Mitkommen zwingen, dann läßt Glinka, wann immer sie das Wort ergreifen, die freundlich-festliche Polonaise (oder auch die Mazurka) aus dem 2. Akt erklingen, so daß ein merkwürdiger Gegensatz entsteht zwischen diesen heiteren Tönen und den schweren, bodenständig-russischen Intonationen Sussanins. Aber gerade in dieser unvoreingenommenen Gegenüberstellung von Polnischem und Russischem zeigt sich Glinkas moralische Stärke: Keine der beiden musikalischen Welten ist der anderen gegenüber abgewertet, sondern es schälen sich nur zwei grundverschiedene Mentalitäten heraus: Leichtigkeit, Süße, Zauber und Schwung der polnischen Tänze als Ausdruck der lockeren, unbeschwerten Lebensweise und der Privilegien der polnischen Adelssippe und demgegenüber der bodenständig-irdene, unverdorben-gerade, grundehrliche und mitunter scheue Ton der russischen Volksmelodien. Und noch im 4. Akt, wenn Sussanin die Polen immer tiefer in die unentrinnbare Wildnis führt und sie erschöpft um ihr Leben bangen, ist die ihrem Gesang unterlegte Mazurka von einer Milde und Sanftheit und einer wehmütigen Heiterkeit, daß man auch mit den Polen, die ja ebenfalls in den sicheren Tod gehen, Mitleid empfindet. Glinkas Musik ist stets versöhnlich und positiv.

Geschichte

Schon lange bevor der St. Petersburger Dichter Wassilij Schukowskij Glinka um die Jahreswende 1834/35 den Vorschlag machte, die historisch belegte Heldentat des Bauern Iwan Sussanin zum Thema seiner ersten Oper zu machen, hatte dieser sich mit dem Gedanken getragen, ein Bühnenwerk nach einem „vaterländisch-heroischen" Sujet zu komponieren, wobei er zunächst schwankte, ob es eine Oper oder ein szenisches Oratorium werden sollte. Dies war auch einer der Gründe, warum Glinka, nach einem vierjährigen Auslandsaufenthalt in Italien und Deutschland, im Frühjahr 1834 in Berlin plötzlich das Heimweh befiel. Das Studium der zeitgenössischen Opern Rossinis, Donizettis und Bellinis hatte seinen eigenen lyrischen Stil stark beeinflußt, dennoch gab erst der Berliner Kompositionslehrer Siegfried Dehn den entscheidenden Anstoß: Dehn hatte dem jungen, noch unfertigen Musiker in nur wenigen Monaten eine gründliche Ausbildung zuteil werden lassen, und erst nach dieser Lehrzeit war sich Glinka im klaren, von da an nur noch „russisch" komponieren zu wollen. Noch in Berlin entstanden die ersten Kompositionsentwürfe zu einer Oper, deren Stoff er nicht kannte, und als ihm dann Schukowskij einige Monate später in St. Petersburg den Sussanin-Stoff antrug, hatte Glinka bereits vorab größere Teile der späteren Oper fertig ausgeführt. Schukowskij, der als Dichter ein hohes Ansehen genoß und zu dessen Freunden auch Puschkin und Odojewskij zählten, wollte zunächst das Libretto selbst verfassen, trat dann wegen „Arbeitsüberlastung" zurück. Glinka entwarf selber ein dreiaktiges Grundkonzept und versuchte einen Librettisten für die weitgehend feststehende musikalische Dramaturgie seiner Oper zu gewinnen. Nach zwei Fehlschlägen (Wladimir Sollogub, Nestor Kukolnik) übernahm schließlich der aus Deutschland stammende Baron Georgij von Rosen – hauptberuflich Erzieher des Zarewitsch am kaiserlichen Hof – die undankbare Aufgabe. Obwohl Rosen, wie Glinka später ausdrücklich betonte, sich auf das Versschmieden „auf Bestellung" beschränkte, was er sehr gut beherrschte, und die Dramaturgie der von der Musik her strukturierten Oper weitgehend dem Komponisten überließ, scheint die betont zarenfreundliche Tendenz des Librettos, die Glinkas Musik nirgends bestätigt, von ihm, Rosen, ausgegangen zu sein. Glinka versuchte Rosens zaristische Euphorie durch Striche und Umstellungen einzudämmen; den patriotischen Epilog wollte er ihm aber nicht überlassen. Diesen schrieb dann schließlich doch der vielbeschäftigte Dichterfürst Schukowskij in der vom Komponisten gewünschten patriotischen Gesinnung: Glinka wünschte sich zwei Schauplätze. Erstens: Das Volk in den Vorstädten von Moskau hört Wanjas Bericht über Sussanins heroische Tat. Zweitens: Das Volk auf dem Roten Platz preist das befreite Land. Sigrid Neef folgerte daraus, daß „auf Glinkas Rotem Platz nicht dem Zaren zugejubelt (wird), sondern das Volk den Bauern Sussanin in den Kreis seiner Helden (aufnimmt)". Wenige Tage vor der Premiere freilich benannte Glinka seine fertige Oper in *Schisn sa zarja*

(Ein Leben für den Zaren) um, vermutlich, um sich politische Schwierigkeiten mit der Obrigkeit zu ersparen. Der Zar selbst, Nikolaus I., ein Nachfahr jenes Michail Romanow, dem der Bauer Sussanin einst sein Leben geopfert hatte, fühlte sich natürlich geschmeichelt und besuchte die Premiere, die am 27. November (9. Dezember) 1836 im Bolschoj-Theater von St. Petersburg unter der Leitung von Catterino Cavos stattfand. Nach der Aufführung überreichte der Zar Glinka einen Ring im Wert von 4000 Rubel und ernannte ihn kurze Zeit später zum Kapellmeister des Hofchors – eine ehrenvolle und gutdotierte Position, die mit einigen Privilegien verbunden war. Damit war für Jahrzehnte auch das Schicksal der Oper besiegelt, die von da an als Repräsentationsoper für den Zarismus zu dienen hatte. In Moskau wurde *Schisn sa zarja* 1842 zum erstenmal gegeben und blieb dort – wie in St. Petersburg – bis heute ununterbrochen im Repertoire. Nach der Oktoberrevolution gab es einige Versuche, die zaristischen Tendenzen vollständig zu eliminieren. Am weitesten ging N. Krascheninnikow, der der Partitur Glinkas ein vollkommen umgestaltetes proletarisch-revolutionäres Libretto mit dem Titel *Sa serp i molot (Für Hammer und Sichel)* unterlegte. Die Fassung wurde 1924 in Odessa, zwei Jahre später in Baku aufgeführt. Die heute übliche, von Zareneuphorie behutsam gereinigte Textfassung Sergej Gorodetzkijs entstand 1936 und wurde 1939 erstmals im Moskauer Bolschoj-Theater gespielt. Diese auf den ursprünglichen Titel *Iwan Sussanin* zurückgreifende Version hat sich trotz mancher Einwände von musikwissenschaftlicher Seite (Boris Jarustowskij) bis heute im In- und Ausland behauptet. Zu den wichtigsten Stationen der Oper außerhalb Rußlands zählen Prag (1866 unter Mili Balakirew), Mailand (1874), Hannover (1878 in deutsch unter Hans von Bülow), London (1887), Berlin (1888), Nizza (1890), Paris (1896), Hamburg (1900) und San Francisco (1936).

Attila Csampai

Diskographische Empfehlung

1957 – Paris: Igor Markevitch, Chor der Oper Belgrad, Orchestre des Concerts Lamoureux. Boris Christoff (Sussanin), Teresa Stich-Randall (Antonida), Nicolai Gedda (Sobinin), Mela Bugarinovitch (Wanja). EMI, Pathé Marconi 2 C 163-73011/3

1979 – Moskau: Mark Ermler, Chor und Orchester des Bolschoj-Theaters. Jewgenij Nesterenko (Sussanin), Bela Rudenko (Antonida), Wladimir Schtscherbakow (Sobinin), Tamara Sinjawskaja (Wanja). melodia eurodisc 301 111-445

Ruslan und Ludmilla
Zauberoper in fünf Akten

Text: Michail Glinka, Walerjan Schirkow (nach dem gleichnamigen Verspoem von Alexander Puschkin), unter Mitarbeit von Nestor Kukolnik, Nikolai Markewitsch, Michail Gedeonow, Konstantin Bachturin und Alexander Schachowskij
Uraufführung: 9. (21.) Dezember 1842, Großes Theater, St. Petersburg
Personen: Swjetosar, Großfürst von Kiew (Baß); Ludmilla, seine Tochter (Sop); Ruslan, Ludmillas Bräutigam (Bar); Ratmir, ein chasarischer Fürst (Alt); Farlaf, ein Waräger-Fürst (Baß); Gorislawa (Sop); Finn, ein guter Zauberer (Ten); Naina, eine böse Zauberin (Mez); Bajan (Ten); Der Zwerg Tschernomor, ein böser Zauberer (stumme Rolle); Der Kopf eines Riesen (Männerchor)
Chor: Gefolgsleute Swjetosars; Sklaven und Mädchen des Zauberschlosses; Nymphen und Undinen; Volk
Ort und Zeit: Rußland, in mythischer Zeit
Orchester: Picc, 2 Fl, 2 Ob (2. auch E.H.), 2 Kl, 2 Fg, Kfg, 4 Hrn, 2 Trp, 3 Pos, Pkn, Schlgzg, Hrf, Klav, Streicher
Auf der Bühne: Picc, 2 Fl, 2 Ob, Kl, Bassetthrn, Bkl, 4 Hrn, 2 Althrn, 2 Tenhrn, Baßhrn, 3 Cornets à piston, 4 Trp, 3 Pos, 2 Tba, Btba, Pkn, Schlgzg
Form: Durchkomponiert, 8 Bilder und 27 Musiknummern
Aufführungsdauer: Ca. 3¼ Stunden
Verlag: Stellowski, Petersburg; NA Musyka, Moskau

Handlung
1. AKT. 1. Bild: Ein Festsaal im Palast des Großfürsten Swjetosar von Kiew, der zur Hochzeit seiner Tochter Ludmilla mit dem Ritter Ruslan geladen hat. Ein Bajan, ein Barde, singt vom wechselvollen Geschick der Menschen und warnt auch die Hochzeitsgäste, dem Glück allzusehr zu vertrauen: Nur dem Dichter und Sänger werde ewiges Glück gewährt. Während die Fürsten Ratmir und Farlaf, die im Wettstreit um die Gunst Ludmillas leer ausgegangen sind, enttäuscht danebenstehen, empfangen das Mädchen und ihr Bräutigam den Segen Swjetosars. Plötzlich ertönt ein gewaltiger Donnerschlag und alle Lichter verlöschen; als es gleich darauf wieder hell wird, ist Ludmilla verschwunden – von bösen Mächten entführt.

Swjetosar verspricht demjenigen, der seine Tochter wiederbringe, das halbe Fürstentum und die Hand Ludmillas. Ruslan begibt sich ebenso auf die Suche nach seiner Braut wie Ratmir und Farlaf, die eine neue Chance wittern, doch noch Ludmilla zu erobern.

2. AKT. 2. Bild: In der Höhle des Zauberers Finn. Der weise Mann weist Ruslan den Weg zu Ludmilla, die von dem bösen Zwerg Tschernomor entführt worden ist. Er berichtet ihm auch von seiner eigenen unseligen Liebe zu der schönen Naina: Vergebens hat Finn in seiner Jugend um das Mädchen geworben und ihretwegen sogar die Zauberkunst erlernt; als Naina, auch sie eine mächtige Zauberin, ihn endlich erhören wollte, war Finn ein alter Mann – zu alt für die Liebe. Seither verfolge sie ihn und alle Liebenden mit ihrem Haß, Ruslan solle sich vor ihr hüten.

3. Bild: In einer Einöde ist Farlaf, der schon alle Hoffnung aufgegeben hatte, Ludmilla zu finden, der Zauberin Naina begegnet; sie verspricht ihm ihre Hilfe.

4. Bild: Auf seiner Suche nach Ludmilla ist Ruslan auf einem Schlachtfeld angelangt, wo die Gebeine der gefallenen Krieger in der Sonne bleichen. Gedankenschwer stellt sich der Ritter vor, daß ihn womöglich ein ähnliches Geschick erwartet. Die Toten werden von einem Riesen-Kopf bewacht, den Ruslan im Kampf besiegt; zu Tode verwundet, offenbart ihm der Kopf sein Geheimnis: Er sei der Bruder Tschernomors, den dieser einst im Streit um ein Zauberschwert enthauptet habe. Noch immer aber bewahre er das Schwert, das allein – so eine alte Weissagung – Tschernomor zu überwinden vermag. Ruslan nimmt die Waffe an sich.

3. AKT. 5. Bild: In Nainas Zauberschloß locken verführerische Mädchen müde Wanderer ins Verderben. Auch Gorislawa, die verlassene Geliebte des Fürsten Ratmir, die auf der Suche nach ihm die Welt durchstreift, ist in die Gewalt der Zauberin geraten und beklagt ihr trauriges Los. Zu ihrer Freude taucht plötzlich Ratmir auf, aber Nainas Kunst und die Tänze und Gesänge der Mädchen haben seinen Sinn verwirrt, so daß er Gorislawa nicht erkennt. Da wird noch ein weiteres Opfer gebracht – Ruslan. Auch er steht unter dem Zauber der Hexe, hat Ludmilla vergessen und glaubt, Gorislawa zu lieben. Rechtzeitig erscheint Finn und macht dem Spuk ein Ende; Ruslan kommt wieder zu sich, und Ratmir und Gorislawa, deren Liebe erneut erwacht ist, versprechen ihm ihre Hilfe bei der Suche nach Ludmilla.

4. AKT. 6. Bild: Im Zaubergarten Tschernomors wehrt sich Ludmilla standhaft gegen die Zudringlichkeiten des Zwerges. Ruslan hat endlich den

Palast gefunden und fordert den Zauberer zum Zweikampf heraus. Er versenkt Ludmilla in einen tiefen Schlaf und tritt gegen den Ritter an, der ihn dank des Zauberschwertes besiegen kann. Tschernomors Sklaven liefern Ruslan zwar Ludmilla aus, aber verzweifelt muß er erkennen, daß nichts sie aus dem Zauberschlaf erwecken kann. Gemeinsam mit Gorislawa und Ratmir macht sich Ruslan mit dem betäubten Mädchen auf den Rückweg nach Kiew, um dort Heilung für sie zu finden.

5. AKT. 7. Bild: In einer Schlucht, wo die Reisenden zur Nacht rasten, wird die schlafende Ludmilla ein zweites Mal entführt. Während Ruslan dem unbekannten Räuber nachsetzt, vertraut der Zauberer Finn Ratmir einen magischen Ring an, der Ludmilla aus dem tiefen Schlaf zu erwecken vermag; er soll ihn Ruslan übergeben.

8. Bild: Farlaf war es, der mit Nainas Hilfe das Mädchen geraubt und nach Kiew zurückgebracht hat; nun fordert er in Swjetosars Palast Ludmillas Hand und seinen Anteil am Fürstentum. Als aber Ruslan vortritt und mit Finns Ring den Zauberbann bricht und Ludmilla erweckt, steht fest, wer ihr wahrer Befreier ist. Gemeinsam mit seinem Fürsten, Ratmir und Gorislawa jubelt das Volk dem Brautpaar zu, das so viele Prüfungen glücklich überstanden hat.

Kommentar

Wie schwer es Glinka fiel, nach dem Erfolg seiner ersten Oper *Iwan Sussanin/Ein Leben für den Zaren* (1834–1836) ein neues Bühnenwerk zu schreiben, läßt sich schon an der Zahl der Autoren ablesen, die für das Libretto von *Ruslan und Ludmilla* tätig waren. Glinkas Absicht war es offenbar, ein Kaleidoskop des russischen Volkslebens zu komponieren, ähnlich wie es viele Jahre später Nikolaj Rimskij-Korsakow in seinem *Ssadko* unternahm. Die Vielzahl der Gestalten (mit den vier „Paaren" Ruslan und Ludmilla, Ratmir und Gorislawa, Finn und Naina, Tschernomor und der Riesen-Kopf seines Bruders) und die ständig wechselnden Schauplätze sind der „Vorwand" für einen möglichst reichen und bunten musikalischen Bilderbogen, der neben ursprünglich russischen Elementen (in den „Kiewer" Szenen des 1. und 8. Bildes) auch finnische (in der Ballade des Finn, 2. Bild), persische (im Chor der Mädchen, 5. Bild) und kaukasische (in der „Lesginka" der Sklaven Tschernomors, 6. Bild) Modelle aufgreift. Sehr viel mehr als noch im *Iwan Sussanin* war es dem Komponisten um Authentizität des Tonfalls zu tun, was der Partitur mit ihren Melismen, bitonalen Schichtungen, pentatonischen und ganztönigen Skalen große

Originalität verleiht. Allein in der Vokalbehandlung – etwa in der Cavatine der Ludmilla (1. Bild), in der Arie des Ruslan (4. Bild) oder in den beiden Romanzen des Ratmir (5. und 7. Bild) – bleibt Glinka dem Vorbild des italienischen Belcantos treu. Merkwürdig, aber wohl beabsichtigt sind auch einige Stilbrüche der Partitur, zum Beispiel, wenn der Bajan zunächst von Harfenarpeggien und Streicher-Pizzikati begleitet wird, die den Klang der altrussischen Gusli nachahmen, dann aber plötzlich sein Loblied auf einen „unbekannten Dichter" (Puschkin) zu einem Klavier-Accompagnato vorträgt, das ganz im Stil einer Salonromanze gehalten ist. Klassische Formen – vor allem Variation und Rondo – sind allgegenwärtig, die Orchestration übernimmt in vielem die Funktion von „Leit-Klangfarben".

Geschichte
Alexander Puschkins Verspoem *Ruslan und Ludmilla* – in der Tradition der Ritter-Epen Ariostos und Wielands – wurde schon bald nach seiner Veröffentlichung (1820) als geniales Novum der russischen Literatur begrüßt und machte den 21jährigen Dichter gleichsam über Nacht berühmt. Die Mischung von Komik und Ernst, die durch die Ich-Interventionen des Autors in der Schwebe gehalten wird, ist ebenso bestechend wie die Leichtigkeit der Sprache (vierfüßige Jamben). Nachdem schon Fjodor Jefimowitsch (Friedrich) Scholtz 1821 *Ruslan und Ludmilla* als Ballett komponiert hatte, bat Glinka Puschkin 1836 darum, das Verspoem zu einem Opernlibretto umzuarbeiten; der frühe Duell-Tod des Dichters machte diesen Plan jedoch zunichte.

Glinka erlebte mit seiner zweiten Oper 1842 in St. Petersburg einen glatten Mißerfolg; zum einen war die ungenügend vorbereitete Aufführung dafür verantwortlich, zum anderen die politischen Spannungen zwischen „Westlern" und „Slawophilen", die sich damals bereits abzeichneten und im Vorfeld der Premiere Stimmung gegen die „Ruslanisten" (Alexander Sserow) gemacht hatten. Erst 1868 gelangt das Werk in Moskau auf die Bühne, wo es 1882, 1897, 1901 (mit Fjodor Schaljapin in der Rolle des Farlaf), 1907, 1931, 1948 und 1972 neu inszeniert wurde. Die deutsche Erstaufführung fand 1950 an der Deutschen Staatsoper Berlin statt.

Michael Stegemann

<u>Diskographische Empfehlung</u>

1978 – Moskau: Jurij Simonow, Chor und Orchester des Bolschoj-Theaters. Jewgenij Nesterenko (Ruslan), Bela Rudenko (Ludmilla), Valerij Jaroslawzew (Swetosar), Tamara Sinjawskaja (Ratmir), Nina Fomina (Gorislawa). melodia eurodisc 300 316-445

CARL OTTO EHRENFRIED NICOLAI

geb. 9. Juni 1810 in Königsberg
gest. 11. Mai 1849 in Berlin

Geboren als Sohn eines Musiklehrers, der selbst vier musi-kalische Bühnenwerke hinterlassen hat, wuchs Otto Nico-lai als Halbwaise auf. Der erzieherische Druck des Vaters, der aus ihm ein Wunderkind machen wollte, bewog den Jungen, mit 16 Jahren aus dem Elternhaus zu fliehen. In Stargard (Pommern) nahm sich ein musikliebender Beamter des begabten jungen Mannes an und ermöglichte ihm ein Studium in Berlin. So wurde Nicolai Schüler von Carl Friedrich Zelter, der ihm Gesangsstudien im Gymnasium „Zum Grauen Kloster" und anschließend den Eintritt in das Königliche Institut für Kir-chenmusik vermittelte. Als Schüler von Bernhard Klein schloß er 1830 seine Ausbildung ab.

In den folgenden drei Jahren erschienen die ersten großen Kompositionen Otto Nicolais im Druck; während er seinen Lebensunterhalt als Musikleh-rer bestritt, trat er wiederholt als Sänger, Pianist und Dirigent eigener Werke auf, um sich dem Publikum bekannt zu machen. So erklang 1831 seine erste Symphonie (c-moll) unter seiner Leitung in Leipzig, sein *Te Deum* für 8 Soli, gemischten Chor und Orchester in der Berliner Singakade-mie; im Sommer 1832 schrieb er eine Messe (D-dur) für die Weihe des Domes in Posen und gab im April 1833 sein erstes öffentliches Konzert in Berlin. All diese Erfolge verbesserten allerdings seine finanzielle Situation nicht.

Die entscheidende Wende in Nicolais Leben bahnte sich mit der Ernen-nung zum Organisten der Preußischen Gesandtschaft in Rom 1833 an. Nach dem Kontakt mit Alter Musik, vermittelt durch Zelter und die Tätig-keit in verschiedenen Berliner Gesangvereinen, konnte Nicolai nun die klassische Vokalpolyphonie, insbesondere die Werke Palestrinas, im Ur-sprungsland studieren, las die Traktate von Gioseffo Zarlino und Giovanni Battista Martini und studierte Kontrapunkt bei Giuseppe Baini. Seine Fä-higkeit als Pianist und Lehrer sowie sein gewandtes Auftreten verschafften dem jungen Nicolai rasch Zutritt zur Gesellschaft Roms. Zwei Kompositionen brachten ihn dort in Kontakt mit dem Theater: die Trauercantaten zum Tode von Vincenzo Bellini (1835) und Maria Malibran (1836). Da seine Bemühungen um Opernaufträge in Italien jedoch fehlschlugen, wandte Nicolai sich nach Wien, wo er für die Saison 1837/38 als Kapellmeister und Gesangslehrer an die Hofoper engagiert wurde. In Wien entstand Nicolais erste Oper, *Rosmonda d'Inghilterra,* auf ein Libretto von Felice Romani, das vier Jahre zuvor bereits von Donizetti vertont worden war. Ein Opernauftrag für Turin bewog Nicolai, 1838 nach Italien zurückzukehren, doch nahm das Teatro Regio die *Rosmonda* nicht an; das Werk kam erst 1839 – nach einschneidenden Umarbeitungen – als *Enrico II* in Triest heraus, dort allerdings mit großem Erfolg. Daraufhin erhielt er von Turin einen neuen Auftrag, und Nicolai schrieb *Il templario,* auf ein Libretto von Girolamo Maria Marini nach Walter Scott's Ritterroman *Ivanhoe* (1840). Diese beiden Werke machten Nicolai als Komponisten italienischer Opern berühmt, man sah in ihm, wie in dem jungen Giuseppe Verdi, eine potentielle Führergestalt, die eines Tages an Donizettis Stelle treten könne. Auch die beiden folgenden Opern Nicolais, *Gildippe e Odoardo* (1840 für Genua, Libretto von Temistocle Solera), und *Il proscritto* (1841 für die Mailänder Scala, Libretto von Gaetano Rossi), bewegen sich stilistisch im gleichen, an Bellini und Donizetti orientierten Stil, waren jedoch keine großen Erfolge. Die Chance, *Il templario* an der Wiener Hofoper unterzubringen, veranlaßte Nicolai, dorthin zurückzukehren, nun aber als Chefdirigent. Sein dortiges Wirken fand rasch hohe Anerkennung; eine Sensation verursachte seine Einfügung der 3. Leonoren-Overtüre in Beethovens *Fidelio.* Am 18. März 1842 dirigierte er die erste von zwölf „Philharmonischen Akademien", die vor allem der in Wien sehr vernachlässigten Pflege der Symphonik Beethovens gewidmet waren und aus denen sich die Einrichtung der Philharmonischen Konzerte entwickelte. Zwei der italienischen Opern, *Il proscritto* und *Il templario* konnte er in deutschen Bearbeitungen herausbringen: *Die Heimkehr des Verbannten* (1844) und *Der Tempelritter* (1845). Während dieser Jahre stand Nicolai wieder in Kontakt mit Berlin und schrieb einige Werke für den dortigen Domchor. Zu einem erneuten Wechsel in die preußische Hauptstadt bewogen ihn freilich erst Intrigen sowie die Ablehnung der bereits begonnenen deutschen Oper *Die lustigen Weiber von Windsor,* die er erst 1848, als Kapellmeister der Berliner Hofoper, zusammen mit dem Librettisten Salomon Hermann Mosenthal fertigstellen konnte. Nur zwei Monate nach deren Uraufführung starb Otto Nicolai an den Folgen eines Schlaganfalls.   *Hartmut Becker*

Die lustigen Weiber von Windsor
Komisch-phantastische Oper in drei Akten

Text: Salomon Hermann Mosenthal, nach Shakespeares gleichnamigem Lustspiel
Uraufführung: 9. März 1849, Königliches Opernhaus, Berlin
Personen: Sir John Falstaff (Baß); Herr Fluth (Bar), Herr Reich, Bürger von Windsor (Baß); Fenton (Ten); Junker Spärlich (Ten); Dr. Cajus (Baß); Frau Fluth (Sop); Frau Reich (Mez); Jungfer Anna Reich (Sop); Der Wirt; Der Kellner im Gasthaus „Zum Hosenbande" (Sprechrollen); Erster Bürger (Ten); Zweiter, Dritter, Vierter Bürger (Sprechrollen)
Chor: Bürgerinnen und Bürger von Windsor; Kinder; Masken von Elfen und Geistern; Wespen; Mücken
Ballett: Elfen-, Mücken- und Geistertanz
Ort und Zeit: Windsor, zu Beginn des 17. Jahrhunderts
Orchester: 2 Fl (2. auch Picc), 2 Ob, 2 Kl, 2 Fg, 4 Hrn, 2 Trp, 3 Pos, Pkn, Schlgzg, Hrf, Streicher
Form: Nummernoper (17 Musiknummern) mit Dialogen
Aufführungsdauer: Ca. 2¼ Stunden
Verlag: Bote & Bock, Berlin, Breitkopf und Härtel, Wiesbaden, C. F. Peters, Frankfurt am Main

Handlung
1. AKT: Hof zwischen den Häusern der Familien Fluth und Reich in Windsor. Frau Fluth und Frau Reich stellen fest, daß der dicke Ritter John Falstaff ihnen beiden Liebesbriefe gleichlautenden Inhalts geschrieben hat. Sie beschließen, dem ebenso plumpen wie lüsternen Alten eine Lektion zu erteilen, indem sie beide zum Schein auf sein Begehren eingehen, um ihn dann gewaltig auszulachen. Der hinzukommende Herr Fluth hat Eile, nach Hause zurückzukehren, denn er glaubt in seiner Eifersucht seine hübsche junge Frau ständig bewachen zu müssen. Sein Nachbar Reich hat andere Sorgen; drei Freier werben um die Hand seiner Tochter Anna: der reiche, aber dümmliche Junker Spärlich, der radebrechende Franzose Dr. Cajus und der junge mittellose Fenton. Reich selbst sähe Spärlich gern als seinen Schwiegersohn, während sich Cajus der Protektion von Frau Reich versichert hat. Fenton aber liebt Anna wirklich und sie ihn; das Eingeständnis dessen vermag Herrn Reich jedoch nicht zur Zustimmung zu bewegen; er

weist Fenton ab. Verwandlung: Zimmer im Hause Fluth. Frau Fluth hat
Falstaff zu einem Stelldichein geladen und mit ihrer Nachbarin abgespro-
chen, diese solle Herrn Fluth heimlich davon Kenntnis geben, damit man
auch seiner ewigen Eifersucht auf diese Weise eine Lektion erteilen könne.
Siegesgewiß erscheint Falstaff und sucht sich mit übertrieben pompösem
Auftreten als Kavalier alter Schule darzustellen. Wie verabredet erscheint
alsbald Frau Reich mit der vorgeblichen Schreckensmeldung, Herr Fluth,
rasend vor Eifersucht, nahe mit einer Schar Nachbarn, um den Liebhaber
seiner Frau zu verprügeln. Der sonst so großartig auftretende Falstaff wird
ängstlich und läßt sich in einen großen Korb voll schmutziger Wäsche
zwängen, den zwei Knechte aus dem Haus tragen und in einen Wassergra-
ben werfen müssen. Während dies geschieht, durchsucht der wütende Herr
Fluth sein Haus ohne Erfolg und muß obendrein erleben, daß seine Frau
die Gekränkte spielt.

2. AKT: Im Gasthaus „Zum Hosenbande". Hier ist der dicke Ritter in
seinem ureigensten Element, er zecht mit einer Schar großspuriger Bürger
aus Windsor. Als diese das Gasthaus verlassen haben, läßt sich Herr Fluth
unter dem Namen eines Sir Bach bei Falstaff melden, um ihn auszuhorchen. Eine Flasche schweren Weines löst dem alten Schwerenöter sogleich
die Zunge, er erzählt von dem mißglückten Liebesabenteuer und bietet
zugleich an, Sir Bach zu seinem nächsten Stelldichein mitzunehmen, das
schon vereinbart sei; während Falstaff sich in Vorfreude dessen die Hände
reibt, birst Fluth förmlich vor eifersüchtiger Wut. Seine Vorfreude bezieht
sich nur auf das Ertappen der eigenen, angeblich untreuen Gemahlin und
die Aussicht, den alten Schwerenöter Falstaff einmal gründlich verprügeln
zu können.
Verwandlung: Garten des Hauses Reich. Junker Spärlich ist im Begriff,
Anna ein Ständchen zu bringen, wird aber von Cajus, der in gleicher
Absicht erscheint, gestört. Beide verstecken sich, als Fenton naht und eine
Romanze für Anna singt. Aus ihrem Versteck müssen sie zusehen, wie Anna
und Fenton sich ewige Liebe schwören; Spärlich und Cajus sinnen auf
Rache.
Verwandlung: Zimmer im Hause Fluth. Herr Fluth, der glaubt, Falstaff
und seine eigene Frau endlich überführt zu haben, erscheint ein weiteres
Mal mit Helfern, um sein eigenes Haus zu durchsuchen. Doch die beiden
Frauen bringt er damit nicht in Verlegenheit: Sie maskieren Falstaff schnell
als alte Frau und geben ihn als „Mutter Klatsch" aus, eine Verwandte, der
Fluth schon mehrfach das Haus verboten hatte – mit dem Erfolg, daß der

wütende Fluth, der Falstaff nicht erkennt, ihn genau dahin befördert, wo man ihn haben will, um sowohl den dicken Falstaff wie auch Herrn Fluth selbst erneut gründlich zu blamieren: auf die Straße.

3. AKT: Im Hause Fluth. Beide Frauen haben ihren Ehemännern die Späße mit Falstaff gestanden. Nun will man ihm gemeinsam im Wald von Windsor eine letzte Lehre erteilen, diesmal in aller Öffentlichkeit: In Anlehnung an einen uralten Spuk bestellt man ihn in Verkleidung als „Jäger Herne" zur heiligen Eiche in den Wald; dort könne er endlich ungestört sein ersehntes Liebesglück genießen, da um Mitternacht niemand diesen bedrohlichen Ort betreten werde. Fluth und Reich haben halb Windsor in der Maskierung von Elfen und Geistern zur Mitwirkung an dem großen Possenspiel eingeladen, um den abergläubischen Falstaff ein für allemal von seiner Liebesglut zu kurieren. Das Ehepaar Reich freilich will diese Nacht auf seine Weise nutzen: Herr Reich will Anna in dem allgemeinen Trubel in der Waldkapelle heimlich mit Junker Spärlich verheiraten; Frau Reich verfolgt den gleichen Plan mit Dr. Cajus. Anna selbst jedoch verrät nur dem jungen Fenton, in welcher Maske sie im Geisterzug zu erkennen sein werde; beide wollen sich während des Maskentreibens trauen lassen.

Verwandlung: Im Wald von Windsor. Falstaff nähert sich der heiligen Eiche in Erwartung des Schäferstündchens. Er ist überrascht, beide Frauen hier anzutreffen, schreibt dies aber seiner großen Anziehungskraft zu. Da fallen unvermittelt ganze Scharen von Waldgeistern über ihn her, die den Abergläubischen so lange mißhandeln, bis er ein Geständnis ablegt. Inzwischen haben Anna und Fenton, in der symbolischen Verkleidung als Elfen-Königspaar Titania und Oberon, ihre Trauung vollziehen lassen, während die beiden anderen Bewerber, von denen jeder die Braut in der Maske des anderen vermutet hatte, zum allgemeinen Gelächter leer ausgehen. Zum Schluß wenden sich Frau Fluth, Frau Reich und Anna an das Publikum mit der Bitte um geneigte Aufnahme ihrer lustigen Schwänke.

Kommentar

War Otto Nicolai 1833 noch der Ansicht, es lohne sich nur der klassischen Vokalpolyphonie des 16. Jahrhunderts wegen nach Italien zu gehen, „da es wohl das Einzige sein möchte, weshalb ein deutscher Musiker nach Italien reisen muß", so sprach daraus seine musikalische Erziehung durch Zelter. In Italien selbst überzeugte er sich bald eines anderen: „Die deutsche Opernmusik enthält Philosophie genug, aber nicht Musik genug.

Die italienische Opernmusik dagegen enthält Musik genug, aber nicht Philosophie. Sollte es denn ganz unmöglich sein, einer Vereinigung beider Anforderungen zu genügen?" Diese Sätze aus Nicolais in Rom geschriebenen „Betrachtungen über die italienische Oper, im Vergleich zur deutschen" bezeichnen genau das Dilemma des Musiktheaters nach dem Tode Mozarts. Nicolai fand seine ganz persönliche Lösung des Problems auf eine Weise, die die folgenden Sätze wie ein Programm schon andeuten: „Deutsche Schule muß sein, das ist die erste Bedingung, aber italienische Leichtigkeit muß dazu kommen. So ist Mozart entstanden, und wenn ich seinen Geist hätte, so könnte ich auch was Gutes machen." Die Erfüllung dieser Zielsetzung, die die Erfahrungen und Beobachtungen früherer Jahre als Dirigent und Komponist zu einer überzeugenden Einheit fügte, ist Nicolais letzte Oper, *Die lustigen Weiber von Windsor*.

Nicolai wählte mit Erfolg den Weg über den damals gerade aktuellen italienischen Operntyp des melodramma serio, um sich die Kunst sowohl des Koloraturgesangs wie auch der großen Ensembles und Finale zu erarbeiten und sie mit den Erfahrungen am Œuvre Mozarts verschmelzen zu können. Hinzu treten auch Einflüsse der jüngeren französischen opéra comique Aubers, etwa gleich in dem den 1. Akt eröffnenden Duett. Neben der Verarbeitung dieser Einflüsse treten in dem Werk auch typisch romantische Züge zutage: Einer der deutlichsten und schönsten offenbaren der Mondchor, der Elfen-Reigen und der nächtliche Waldzauber des 3. Aktes. Nicolais Musik steht hier ebenbürtig und völlig eigenständig neben Spohrs *Zemire und Azor,* Webers *Oberon* und Mendelssohns *Sommernachtstraum*. Die Instrumentation des Werkes hat gewiß ihre Vorbilder in den Werken der bereits genannten Komponisten, wahrt aber letzten Endes in ihrer Feinheit und Treffsicherheit musikalischer Charakterisierungskunst einen Ton genialer Individualität, die Nicolai als einen würdigen „Schüler" Mozarts erscheinen läßt. Vergegenwärtigt man sich die Position des Werkes in der Entwicklung der Musikgeschichte in unmittelbarer zeitlicher Nachbarschaft von Verdis *La battaglia di Legnano,* Wagners *Lohengrin* und Meyerbeers *Le prophète,* so muß Nicolais letzte Oper in einer Zeit des Sichauseinander-Entwickelns nationaler musikdramatischer Stile als letzte geniale Synthese aus Mozartschem Geist verstanden werden. Nur sie konnte der stilistische Ausgangspunkt für Peter Cornelius sein, der der deutschen komischen Oper nur wenige Jahre später den Aufbau durchkomponierter musikalischer Szenen brachte. Die wenigen in Nicolais Partitur noch enthaltenen Dialogszenen dienen überwiegend der Charakterisierung karikierter Bühnengestalten, haben also als solche eine Funktion, die nicht durch die nachkomponierten Rezitative für die Wiener Erstaufführung (1852) unwirksam gemacht werden sollte. Für den rezitativischen Parlandostil hielt Nicolai die deutsche Sprache offensichtlich für ungeeignet.

Geschichte

Shakespeares Lustspiel *The merry wives of Windsor*, entstanden um 1600, hatte schon vor Nicolai Komponisten zur Vertonung angeregt; hervorzuheben unter diesen Werken sind Carl Ditters von Dittersdorfs dreiaktige komische Oper *Die lustigen Weiber von Windsor und der dicke Hans* (1796) und Antonio Salieris *Falstaff* (1799), schließlich eine dreiaktige komische Oper gleichen Titels des englischen Sängers und Komponisten Michael William Balfe (1808−1870) aus dem Jahre 1838. Nicolai hatte das Lustspiel in der romantisierten Übersetzung von Schlegel und Tieck kennengelernt, selbst das Szenarium entworfen und 1845 den in Wien lebenden Kasseler Librettisten Jakob Hoffmeister mit der Gestaltung des Librettos betraut. Nach Fertigstellung der ersten beiden Nummern, die Nicolai sogleich vertonte, kehrte Hoffmeister überraschend nach Kassel zurück, ohne das Libretto zu Ende gebracht zu haben. Nicolai konnte bei seinem Abschiedskonzert in Wien bereits Bruchstücke aus der Oper dirigieren, nahm die Arbeit an ihr jedoch erst 1848 in Berlin in Zusammenarbeit mit Mosenthal wieder auf.

Gegenüber der Vorlage ist das Szenarium wesentlich gekürzt, mehrere Nebenrollen Shakespeares, denen man in Verdis *Falstaff* (1892) wiederbegegnet, sind gestrichen (Quickly, Meg Page, Bardolph, Pistol); andere erhalten eine veränderte Charakterzeichnung (so Junker Spärlich und Dr. Cajus). Auch Falstaff selbst, der sowohl bei Shakespeare wie auch in Verdis Vertonung zwar ein heruntergekommener Adeliger ist, letzten Endes aber ein Herr bleibt, ist bei Mosenthal und Nicolai ausschließlich eine Buffo-Figur.

Die durch die Ereignisse der Revolution verzögerte Uraufführung des Werkes brachte dem Komponisten, der selbst dirigierte, einen großen Erfolg. Die Verbreitung der Oper vollzog sich nach Nicolais frühem Tod dagegen zunächst zögernd und setzte erst nach den Erstaufführungen in Wien, Zürich (beide 1852) und Prag (1853) ein. Inzwischen ist das Werk in mehr als zwanzig Sprachen übersetzt worden und gehört zum festen Bestand des deutschen Opernrepertoires. Fünfzig Jahre nach der Uraufführung hatte es in Berlin bereits mehr als 250 Aufführungen erlebt. Auch außerhalb Europas fand es als Repräsentant des deutschen Operntypus Eingang ins Repertoire: Die amerikanische Premiere fand bereits 1863 in New York statt, die australische 1877 in Sydney.   *Hartmut Becker*

Diskographische Empfehlung

1962 – München: Robert Heger, Chor und Orchester der Bayerischen Staatsoper. Gottlieb Frick (Falstaff), Ernst Gutstein (Herr Fluth), Kieth Engen (Herr Reich), Fritz Wunderlich (Fenton), Friedrich Lenz (Junker Spärlich), Carl Hoppe (Dr. Cajus), Ruth-Margret Pütz (Frau Fluth), Gisela Litz (Frau Reich), Edith Mathis (Anna). EMI, 1 C 183-30 191/93

1976 – Berlin: Bernhard Klee, Chor der Deutschen Staatsoper Berlin (DDR), Staatskapelle Berlin (DDR). Kurt Moll (Falstaff), Bernd Weikl (Herr Fluth), Siegfried Vogel (Herr Reich), Peter Schreier (Fenton), Karl-Ernst Mercker (Junker Spärlich), Claude Dormoy (Dr. Cajus), Edith Mathis (Frau Fluth), Hanna Schwarz (Frau Reich), Helen Donath (Anna). DG 2740 159

FERENC ERKEL

geb. 7. November 1810 in Gyula (Békés)
gest. 15. Juni 1893 in Budapest

Ferenc Erkel ist nicht nur der Schöpfer und Initiator der ungarischen Nationaloper, sondern überhaupt die erste bedeutende Komponistenpersönlichkeit Ungarns, sieht man einmal von dem Kosmopoliten Franz Liszt ab, der sich erst später auf seine ungarische Herkunft berief und sich regelmäßig in Budapest aufhielt. Nach Studienjahren in Pozsony (heute Bratislawa, ČSSR) und Kolozsvár (heute Cluj, Rumänien) erregte der junge Erkel in der aufblühenden ungarischen Hauptstadt Pest zunächst als Pianist und Kapellmeister, später als wichtigster ungarischer Opernkomponist Aufsehen. Er wurde Dirigent am 1837 eröffneten Pester Nationaltheater und entwickelte dort zwischen 1840 und 1885 in neun eigenen Bühnenwerken einen eigenständigen ungarischen Opernstil. Bereits in seiner ersten Oper, *Mária Bátori* (1840), versuchte Erkel, die zeitgenössischen italienischen und französischen Vorbilder durch typisch ungarische Idiome, vor allem die überaus beliebte „verbunkos", anzureichern und so der Oper ein ungarisches Kolorit zu geben. Die völlige Verschmelzung der – wegen ihrer Frische, ihrem tänzerischen Elan, ihrem auftrumpfenden Rhythmus und ihrer eigenartigen Figurierung schon bei den Wiener Klassikern beliebten – ungarischen Werbungsmusik mit den vorgefundenen Formen und Topoi der herrschenden Operngenres Italiens, Frankreichs und Deutschlands, seien es die Einflüsse Donizettis, Aubers, Webers, Lortzings, Verdis oder Wagners, die sich im einzelnen alle nachweisen lassen, gelang Erkel von seiner vierten Oper an, dem *Bánk Bán* (1861), die, wie alle Arbeiten Erkels, das erwachende ungarische Nationalbewußtsein durch die Vertonung heroischer Stoffe aus der ungarischen Geschichte zu festigen trachtete. Den Ausgangspunkt der Erkelschen Nationaloper bildete 17 Jahre zuvor seine zweite Oper, *Hunyadi László* (1844), die prototypisch die musikalische Konzeption und das dramaturgische Prinzip des Erkelschen Opernstils manifestiert und zugleich die allgemeine politisch-kulturelle Aufbruchsstimmung im Habsburg-müden Ungarn jener Zeit widerspiegelt: „Sie wurde tatsächlich zur ‚politischen' Oper des

Landes, das damals der nationalen Revolution von 1848 entgegenging"
(B. Szabolcsi). Der Chorgesang „Meghalt a cselszövö" („Tot ist der Ränkeschmied" – Ende 1. Akt) wurde zu einem der Massenlieder der 48er Revolution.

1853 gründete Erkel die Ungarische Philharmonische Gesellschaft und
stand ihr bis 1871 vor: Er agierte hier abwechselnd als Dirigent und Klavier-
solist. 1868 übernahm er die Leitung der neugegründeten nationalen Vereinigung der Chorgemeinschaften, und schließlich wurde er 1887 zudem
erster Direktor des neuerbauten Königlichen Opernhauses in Budapest.
Neben zahlreichen patriotischen Liedern komponierte Erkel auch die ungarische Nationalhymne.   *Attila Csampai*

Hunyadi László
Oper in drei Akten

Text: Béni Egressy, nach dem Drama *Két László* von Lörinc Tóth
Uraufführung: 27. Januar 1844, Nationaltheater, Pest
Personen: László V., König von Ungarn (Ten); Graf Ulrich Czilley,
Reichsverweser (Baß); László Hunyadi (Ten); Mátyás Hunyadi
(Mez); Miklós Gara, Palatin von Ungarn (Bar); Mária, seine Toch-
ter (Sop); Erzsébet Szilágyi, Witwe von János Hunyadi (Sop); Mi-
hály Szilágyi (Baß); Rozgonyi (Bar); Ein Offizier (Bar); Ein Adeliger
(Baß)
Chor: Adelige Herren und Damen; Ungarische Soldaten; Deutsche
Söldner; Volk; Mönche
Ort und Zeit: Vor den Toren Belgrads, in der Burg Temes, Königs-
gemächer und St.-Georgs-Platz in der Burg zu Buda, Mitte des
15. Jahrhunderts
Orchester: Picc, 2 Fl, 2 Ob, 2 Kl, 2 Fg, 4 Hrn, 2 Trp, 3 Pos,
Ophikleide, Pkn, Rührtrommel, GrTr, Bck, Trgl, Glp, Org, Hrf,
Streicher
Form: Durchkomponiert, aber nummernartig gegliedert
Aufführungsdauer: Ca. 2½ Stunden
Verlag: Editio Musica, Budapest

Handlung

1. AKT: Vor den Toren der Feste Belgrad (ung.: Nándorfehérvár),
der Residenz des Hunyadi-Geschlechts, warten die Anhänger des jungen
László Hunyadi auf die Ankunft ihres Anführers. Sie machen sich Sorgen
um sein Wohl, da er sich bisher seinen erklärten Feinden gegenüber zu
arglos und vertrauensselig gezeigt hat. Als er erscheint, warnen sie ihn vor
allem vor dem schwachen ungarischen König László und dessen Onkel,
dem machtgierigen Reichsverweser Graf Ulrich Czilley. Hunyadi weist den
Argwohn seiner Getreuen zurück: Er erwartet gerade den König und seinen
Verweser als Gäste in seinem Schloß und zweifelt nicht an ihren guten
Absichten. Hunyadis Anhängern aber schwant Böses, und sie ermahnen ihn
inständig, vor allem Czilley gegenüber auf der Hut zu sein. Soldaten Hunyadis führen einen gefangenen Kurier des Reichsverwesers vor, dem sie
einen Brief abgenommen haben: In diesem Brief kündigt Czilley dem
serbischen Despoten Brankovics die baldige Ermordung von Hunyadi und
dessen jüngerem Bruder in ihrer eigenen Burg an. Hunyadi und seine
Getreuen sind empört und schwören Czilley schreckliche Rache. Da melden Fanfaren die Ankunft des Königs und seines Reichsverwesers. Hunyadi
heißt König László auf seiner Burg willkommen und überreicht ihm als
Zeichen seines Vertrauens den Schlüssel der Burg. Der König gibt ihm
dankbar den Schlüssel wieder zurück. Von dieser Geste beeindruckt,
schwört ihm Hunyadi, stets ein treuer Vasall zu sein. Graf Czilley aber hat
für die Szene nur Spott übrig; er traut den Hunyadis und ihrem „Rebellen-
nest" nicht. Zur Sicherheit des Königs hat er deutsche Söldner zur Burg
beordert. Doch als er und der König in die Burg eintreten, wird unmittelbar
hinter ihnen die Zugbrücke hochgezogen, so daß die Söldner ausgesperrt
bleiben. Zwischen den aufgebrachten Söldnern und dem ungarischen Volk
bricht Streit aus. – In der Burg beraten König László und Czilley die neue
Lage: Der König fühlt sich bedroht, Czilley schürt erfolgreich sein Mißtrauen gegen die Hunyadis. Schließlich überredet er ihn, die Hunyadis und
ihr Gefolge festnehmen und hinrichten zu lassen. Als sich beide entfernt
haben, betritt László Hunyadi die Szene und enthüllt in einem Monolog
seine Liebe zu Mária, der Tochter des Palatins Gara. Von seinem treuen
Offizier Rozgonyi wird er jäh aus seinem Liebestraum gerissen; Rozgonyi
eröffnet ihm, daß er von Czilley soeben beauftragt wurde, ihn, Hunyadi,
und seine Getreuen beim königlichen Festbankett zu ermorden. Wieder
schwören Hunyadi und seine Anhänger Rache. Als Czilley naht, schickt
Hunyadi sie weg. Czilley überbringt scheinheilig des Königs Einladung,

worauf ihm Hunyadi offen dessen Mordplan vorhält. Als Czilley sein Schwert gegen den unbewaffneten Hunyadi erhebt, tritt Rozgonyi dazwischen und streckt den Verräter mit einem Streich nieder. Sterbend verflucht Czilley die Ungarn. König László, der nicht gerade glücklich ist über den Tod seines Onkels und engsten Vertrauten, bleibt angesichts der Situation nichts anderes übrig, als gute Miene zum bösen Spiel zu machen und Hunyadi großmütig zu verzeihen. Während sich die ungarischen Adeligen über die Güte ihres Königs beeindruckt zeigen, schwört dieser den Hunyadis insgeheim blutige Rache.

2. AKT: In der Burg zu Temesvár beklagt Mária Gara die Trennung von ihrem Geliebten László Hunyadi. Da erscheint Lászlós jüngerer Bruder Mátyás und meldet die baldige Rückkehr Lászlós, was beide glücklich stimmt. Nach Márias Weggang gibt sich der junge Mátyás Heldenträumereien hin. Seine Mutter Erzsébet Szilágyi, die Witwe des früheren Reichsverwesers Hunyadi, dagegen quälen dunkle Gedanken: Sie sorgt sich um das Schicksal ihres Sohnes László und sieht ihn in einem Fiebertraum auf dem Schafott enden. Als König László in Begleitung seines Palatins Gara erscheint, bittet sie ihn auf Knien um Gnade für ihren Sohn. Der König beruhigt sie und gelobt, den Mord an seinem Onkel ungesühnt zu lassen. Dann wendet er sich galant Garas schöner Tochter zu, was diesem nicht verborgen bleibt. Er hofft, des Königs Schwäche für seine Tochter für seine eigenen Machtpläne ausnutzen zu können. Um selber die Königskrone zu erringen, will Gara eigenhändig den verhaßten Hunyadi aus dem Weg räumen. – Nach der Rückkehr Lászlós schließt Erzsébet ihre beiden Söhne glücklich in die Arme. Als der König die beiden Hunyadis zu sich rufen läßt, befallen sie erneut dunkle Vorahnungen und Ängste. Erst als Mátyás ihr berichtet, daß der König dem Bruder Gnade gewährt hat, faßt sie wieder Mut. László Hunyadi und Mária glauben nun endlich, daß ihrem Glück nichts mehr im Wege steht. – Am nächsten Morgen besiegelt König László seinen Gnadenerweis gegenüber Hunyadi in einer öffentlichen Zeremonie in der Schloßkirche.

3. AKT: In seinen Privatgemächern in der Burg zu Buda verbringt der König, gepeinigt von seiner Sehnsucht nach Mária, eine schlaflose Nacht. Gara macht seine Aufwartung und verspricht dem König die Hand seiner Tochter, wenn er László Hunyadi hinrichten lasse. Gara bezichtigt Hunyadi des offenen Mordkomplotts gegen den König. Dieser ist empört über Hunyadis vermeintliche Untreue und legt sein Schicksal in Garas Hände. Gara triumphiert. – Im Burggarten ist das Hochzeitsfest bereits im

Gange. Als László und Mária sich gegenseitig ewige Liebe schwören, wird László coram publico von Gara verhaftet. Noch im Kerker glaubt er fest an die Gerechtigkeit des Königs und weist Márias Versuch, ihn zu befreien, zurück. – Auf dem St.-Georgs-Platz in Buda soll László hingerichtet werden. Ein Sturm zieht auf. Erzsébet fleht Gott an, sie anstelle ihres Sohnes sterben zu lassen. Auf dem Schafott beteuert Hunyadi noch einmal seine Unschuld. Dann waltet der Henker seines Amtes. Dreimal schlägt er mit dem Beil zu, kann den Verurteilten aber nicht enthaupten. Nach altem Recht wäre er nun frei, doch Gara herrscht den Henker an, ein viertes Mal zuzuschlagen. Hunyadis Haupt fällt. Seine Mutter bricht zusammen.

Kommentar

„Als der dritte Tag der Gefangenschaft László Hunyadis zur Neige ging und der Wagen der Sonne sich dem westlichen Himmelsrand näherte, führten László die Richter und Schöffen der Stadt Buda mit einer großen bewaffneten Wache vor die Feste Buda, gegenüber dem Eingang des Neuen Palastes, um ihn dort zu enthaupten, und er ward daselbst auch geköpft. Zur Zeit seiner Enthauptung ist ein nicht geringes Wunder geschehen. Als man nämlich László enthaupten wollte und er durch Schwertstiche schon drei Mal schwer verwundet war und mit nach rückwärts gebundenen Händen so auf der Erde lag, erhob er sich aus eigener Kraft, stand auf und sagte mit gut vernehmbarer Stimme, daß er die drei Wunden ertragen habe und das Gesetz dadurch erfüllt sei. Alle Anwesenden waren durch den unerwarteten Vorgang verwundert. Hunyadi begann schnellen Schrittes loszugehen, doch stolperte er nach einigen Schritten über sein Gewand und fiel auf das Gesicht: Da wurde er auf Befehl einiger Anwesender, die sehr seinen Tod wünschten, dennoch enthauptet" (aus der Chronica Hungarorum von 1488).

Das Schicksal des historischen László Hunyadi (1408–1457) zählt zu den dunklen Kapiteln der ungarischen Geschichte. Der Sohn des Türkenbezwingers János Hunyadi (Sieger der Schlacht bei Belgrad 1456) und Bruder des späteren bedeutenden Renaissance-Königs Matthias Corvinus, geriet nach dem frühen Tod seines Vaters (1456) in den Strudel politischer Intrigen und wurde auf Drängen der Habsburg-freundlichen ungarischen Adelspartei von dem schwächlichen 17 Jahre alten König László V. aufs Schafott geschickt. Sein sagenumwobener Tod durch einen vierten, „ungerechten" Schwertstreich (wer drei Hiebe des Henkers überlebte, war laut „Gottesurteil" begnadigt) wurde in den nachfolgenden Generationen zu

einem allgemeinen Symbol für das Unabhängigkeitsstreben, den Freiheits-
drang, aber auch die kollektive Melancholie der Ungarn, für das Gefühl, in
der Geschichte immer nur die Zeche der anderen bezahlen zu müssen.

So war es eigentlich naheliegend, daß Ferenc Erkel schon in seiner zweiten
Oper zu diesem zum allgemeinen Volksgut gewordenen Stoff griff, um sein
Projekt einer ungarischen Nationaloper weiter zu entwickeln; zugleich
konnte er keinen deutlicheren kulturpolitischen Akzent gegen die in Ungarn noch immer herrschenden Habsburger und ihren unfähigen Kaiser
Ferdinand I. setzen. Diese anti-österreichische Tendenz des Textbuches
hat die Chancen der Oper, sich im westlichen Ausland durchzusetzen, von
vornherein erheblich gemindert.

Musikalisch-stilistisch zeigt sich Erkel viel weniger eigenbrötlerisch, sondern ist im Gegenteil bemüht, seine ausgezeichnete Kenntnis der westeuropäischen Opernstile und -formen mit typisch ungarischer Substanz aus der
weitverbreiteten volkstümlichen Werbungsmusik, der „verbunkos", anzureichern und zu verschmelzen. Erkels Melodiebildung erinnert (vor allem
in den Arien des Mátyás, der Erzsébet und in Márias Hochzeitslied) deutlich an Donizetti, seine Instrumentation pendelt zwischen der Leichtigkeit
und Transparenz Rossinischer und Auberscher Partituren, dem romantischen Zauber Webers und Mendelssohns, und dem auftrumpfend-rebelli-
schen Ton des frühen Verdi. Auch Beethovens *Fidelio*, Wagners *Fliegender
Holländer* und Lortzings Spielopern haben in *Hunyadi László* ihre Spuren
hinterlassen. Die ungarisch-nationale Komponente der *Hunyadi*-Partitur
repräsentiert in erster Linie die „verbunkos", die ungarische Zigeunerka-
pellen schon Jahrzehnte vorher nach Wien gebracht hatten. Diese aus
vielerlei ethnischen Quellen gespeiste volkstümliche Kunstmusik Ungarns
wird im Csárdás der Hochzeitsszene (3. Akt) von Erkel originalgetreu imitiert. Weit häufiger aber arbeitet Erkel typische Eigenheiten der Werbungsmusik wie harmonische und rhythmische Wendungen (bokázó-Formel)
oder Verzierungen in die genuin komponierten Vokal- und Chorsätze ein,
womit er dem gesamten musikalischen Geschehen eine spezifisch „ungarische" Färbung verleiht. Besonders deutlich wird diese geglückte Verbindung von Fremdem und Eigenem, diese Magyarisierung von westlichen
Opern-Vorbildern in der 1845 nachträglich komponierten Ouvertüre, die
eine Auswahl markanter Themen der Oper zu einer weiträumigen symphonischen Dichtung verarbeitet. Sie gilt als erste bedeutende symphonische
Arbeit der ungarischen Musikgeschichte.

Geschichte

Das Libretto von Erkels zweiter Oper *Hunyadi László* basiert auf dem Schauspiel *Két László (Die beiden Laszlo)* von Lörinc Tóth (1814–1903), das 1839 veröffentlicht und 1841 von der Ungarischen Akademie der Wissenschaften mit 100 Gulden prämiert worden war. Der Stoff paßte gut in das damalige politische Klima Ungarns, das von nationaler Aufbruchsstimmung, von Reformwillen, vom Wunsch nach Unabhängigkeit und nationaler Eigenständigkeit geprägt war. Jedermann verstand die Ähnlichkeit zwischen der schwächlichen, charakterlosen historischen Figur des Königs László V., der völlig unter dem Einfluß des österreichischen Reichsverwesers Ulrich Czilley stand, und dem geistig beschränkten Kaiser Ferdinand I., der zu jener Zeit noch immer Ungarn von Wien aus regierte. Librettist Béni Egressy mußte in Tóths weitschweifigem Drama umfangreiche Kürzungen vornehmen, um es Erkels musikalischen Intentionen anzupassen. Er ließ einen ganzen Akt weg und verzichtete auf zahlreiche Nebenfiguren. Die Gegenpartei des Königs beschränkte er auf Czilley und den Palatin Gara, ebenso reduzierte er die Gefolgschaft der Hunyadis, um auf diese Weise dem Chor einen größeren Spielraum zu gewähren. Die Frauenrollen stehen auf der Seite des tragischen Helden: Seine Mutter Erzsébet Szilágyi und seine Braut Mária Gara. Und auch sein jüngerer Bruder Mátyás ist als Hosenrolle komponiert.

Die Uraufführung fand am 27. Januar 1844 im Pester Nationaltheater statt und wurde zu einem sensationellen Erfolg. Der Abend geriet zu einer feierlichen Demonstration des wiedererwachten ungarischen Nationalgefühls. Der Chor „Tot ist der Ränkeschmied..." wurde von dem aus dem Theater strömenden Publikum auf der Straße gesungen. Der Pester Uraufführung folgten Aufführungen in Pozsony (1844) und Kolozsvár (1846). Franz Liszt dirigierte 1846 die Ouvertüre des *Hunyadi László* in Wien. Nach dem Scheitern der 48er Revolution wurde die Oper in Ungarn zu einem Symbol, einer musikalischen Manifestation des ungarischen Freiheitskampfes. Außerhalb Ungarns tat sich die Oper dagegen schwer: Der wenig erfolgreichen Wiener Erstaufführung im Jahr 1856 folgten Aufführungen in Zagreb (1860) und Bukarest (1860). Prag brachte 1895 eine Übersetzung in deutscher Sprache. Beim ungarischen Publikum aber rangiert der *Hunyadi László* (neben Erkels zweiter Erfolgsoper *Bánk Bán*) bis heute ganz oben in der Beliebtheitsskala. Bis zur Jahrhundertwende brachte es das Werk in Budapest allein auf über 270, bis 1984 auf weit über 800 Aufführungen.   *Attila Csampai*

Diskographische Empfehlung

1960 – Budapest: Vilmos Komor, Chor des Ungarischen Rundfunks, Budapester Philharmoniker. József Simándy (László Hunyadi), Olga Szönyi (Mátyás Hunyadi), Miklós Szabó (König László), András Faragó (Czilley), Júlia Orosz (Maria), Gabriella Déry (Erzsébet). Hungaroton, LPX 1040-42

CHARLES-LOUIS-AMBROISE THOMAS

geb. 5. August 1811 in Metz
gest. 12. Februar 1896 in Paris

Der Sohn eines Musikers spielte bereits als Neunjähriger perfekt Violine und Klavier, trat mit 16 Jahren ins Pariser Conservatoire ein und gewann dort erste Preise für Klavier und Harmonielehre sowie 1832 den Premier Grand Prix de Rome für seine dramatische Kantate *Hermann et Ketty*. Der Einakter *La double échelle* kam 1837 an der Opéra-Comique zur Uraufführung, ihr folgten ebenda im Jahr darauf die dreiaktige Oper *Le perruquier de la régence*, das Ballett *La gipsy* (Paris 1839) sowie die Opern *Le panier fleuri* (Paris 1839), *Carline* (Paris 1840), *Le comte de Carmagnola* (Paris, Grand Opéra, 1841), *Le guerillero* (ebda. 1842), *Angélique et Médor* (Paris, Opéra-Comique, 1843), *Mina ou Le ménage à trois* (ebda. 1843). Mit der Oper *La caïd* (ebda. 1849), einer Rossini-Parodie, trat Thomas an die Spitze der französischen musikalischen Satiriker. Einen nachhaltigen Erfolg erntete seine Version von Shakespeares *Sommernachtstraum* mit der Person des Dichters unter den dramatis personae, *Le songe d'une nuit d'été* (ebda. 1850). 1852 wurde Thomas Nachfolger Spontinis an der Académie des Beaux Arts, 1856 Professor für Komposition am Conservatoire. Seine zweite Schaffensperiode umfassen die Opern *Raymond ou Le secret de la reine* (ebda. 1851), *La Tonelli* (ebda. 1853), *La cour de Célimène* (ebda. 1855), *Psyché* (ebda. 1857; Neufassung 1878), einem Vorläufer von Offenbachs entmythologisierender Operette, sowie *Le carnaval de Venise* (ebda. 1857) und *Le roman d'Elvire* (ebda. 1860). Thomas' berühmteste und international gespielte Opern *Mignon* (ebda. 1866) und *Hamlet* (Paris, Opéra, 1866) leiten die dritte Schaffensperiode ein, zu der noch der Einakter *Gille et Gillotin* (ebda. 1874) gehört. Nach einer vierzehnjährigen Schaffenspause – Thomas war 1871 zum Direktor des Conservatoire ernannt worden – folgten noch die Oper *Françoise de Rimini* (ebda. 1882) und das Shakespeare-Ballett *La tempête* (ebda. 1889).   *Peter P. Pachl*

Mignon
Oper in drei Akten

Text: Jules Barbier und Michel Carré, nach Goethes Roman *Wilhelm Meisters Lehrjahre*
Uraufführung: 17. November 1866, Opéra-Comique, Paris; Neufassung: 5. Juli 1870, Royal Theatre, London
Personen: Wilhelm Meister (Ten); Friedrich (Ten oder Sop); Philine, Sängerin (Sop); Laertes, Schauspieler (Ten); Lothario (Baß); Mignon (Sop oder Mez); Jarno, Führer einer Zigeunerbande (Baß); Der Graf (Baß); Antonio (Baß)
Ort und Zeit: Eine kleine Stadt, ein Schloß in Italien, um 1790
Orchester: 2 Fl (2. auch Picc), 2 Ob, 2 Kl, 2 Fg, 4 Hrn, 2 Trp, 3 Pos, Pkn, Trgl, Tamburin, Bck, GrTr, Hrf, Streicher
Auf der Bühne: Hrf
Form: Nummernoper (16 bzw. 18 Musiknummern) mit Melodramen und Dialogen oder mit Rezitativen
Aufführungsdauer: Ca. 3¼ Stunden
Verlag: Heugel & Cie, Paris

Handlung
1. AKT: Im Hof des Wirtshauses einer deutschen Kleinstadt sitzen die Bürger sonntags zechend beim Bier. Lothario, ein alter, geistesgestörter Sänger, singt zur Harfe eine traurige Weise. Ziellos umherirrend sucht er seine Tochter Sperata. Eine Zigeunertruppe trifft in der Stadt ein. Jarno, der Direktor der Gruppe, kündigt einen Eiertanz an, den die junge Mignon vorführen soll. Die besänftigende Stimme des Harfners bringt Mignon aus dem Konzept. Jarno schlägt mit einem Stock auf das Kind ein. Mit Waffengewalt gebietet Wilhelm Meister, ein junger Reisender aus Wien, Einhalt. Mignon bedankt sich bei ihrem Retter mit einer kleinen Blume. Alle fragen sich, wer dieser Fremde wohl ist. Philine und Laertes, Mitglieder einer aufgelösten Theatertruppe, freunden sich mit Wilhelm Meister an, hoffen sie doch, in dem jungen Draufgänger einen Mäzen für ihre Truppe zu finden. Laertes will Wilhelm durch die Reize der schönen Philine binden. Auf sein Anraten schenkt Wilhelm Philine die soeben selbst erst von Mignon erhaltene Blume. Begeistert von Philines Charme verschiebt Wilhelm die Weiterreise. Mignon kommt zu Wilhelm, um sich nochmals zu bedanken und Abschied zu nehmen. Er erfährt deren mysteriöse Lebensge-

schichte. Als Inbegriff von Mignons Sehnsüchten erweist sich die Rückkehr nach Italien, wo sie als Kind geraubt und an Artisten verkauft worden war. Jarno ist Mignon gefolgt und bietet Wilhelm an, ihm die Minderjährige zu verkaufen. Wilhelm willigt ein, und überglücklich will Mignon nun bei ihrem neuen Herrn bleiben. Friedrich, ein junger Verehrer Philines, trifft im Gasthof ein. Philine genießt die nebenbuhlerische Konfrontation ihrer Freier, durch die Wilhelm noch stärker an sie gebunden wird. Laertes benutzt den Moment, um Wilhelm zum Rückkauf der gepfändeten Kostüme und Dekorationen zu überreden, nachdem ein konkretes Angebot des Barons Rosenberg vorliegt, in seinem Hoftheater aufzutreten. Wilhelm soll als Dichter mitreisen. Da Wilhelm sich zunächst weigert, Mignon auf die Fahrt mitzunehmen, wählt sie an der Seite des Harfners das Leben als Verbannte und bewirkt so Wilhelms Revision seiner Entscheidung: er wird Mignon als seinen Diener mitnehmen. Mit den ausgelösten Requisiten macht sich die Theatertruppe auf den Weg zum Schloß. Der Harfner ahnt, daß es zwischen Mignon und Philine zu einer Auseinandersetzung kommen wird, und geht allein seiner Wege.

2. AKT: Im Boudoir der Baronin wartet Philine auf Wilhelm, während Laertes schon ganz von der Idee der bevorstehenden Aufführung des „Sommernachtstraums" gefangen ist. Für Wilhelms Diener Mignon hat Philine nur Spott übrig und bemüht sich, Wilhelm zu ihrem Sklaven zu machen. Mignon durchschaut Philines Verführungskünste und will sich mit ihr messen: Sie schminkt sich und zieht Philines Kleider an. Friedrich, der Neffe des Barons, dringt ins Zimmer ein und bedroht Wilhelm. Mignon, die sich versteckt hatte, will Wilhelm beschützen. Wilhelm, der jetzt erst ihre Schönheit erkennt, hat durch Mignons Ungehorsam einen Grund gefunden, das Philine gegebene Versprechen, Mignon fortzuschicken, einzulösen. Aber er kann sich nur schwer von ihr trennen. Erneut trifft Mignon Philines Hohn. Während im Theater die Vorstellung beginnt, will sich Mignon im See des Schloßparks ertränken, aber die Klänge des Harfners retten sie. Im Lied des Alten erkennt sie verwandtes Fühlen. Ihr verzweifelter Wunsch, das Schloß möge niederbrennen, wird für den Harfner zur fixen Idee. Philine als Göttin Titania ist Höhepunkt der Shakespeare-Aufführung, währenddessen der Harfner das Schloßtheater anzündet. Wilhelm begegnet Mignon wieder, die von Philine den Auftrag erhält, auf der Bühne nach Wilhelms Blume zu suchen. Er rettet die bewußtlose Mignon aus den Trümmern des niederbrennenden Theaters.

3. AKT: Der Harfner hat, gefolgt von Wilhelm, die immer noch bewußtlose Mignon nach Italien gebracht. Von Antonio erfährt er, daß der Palast, den sie bewohnen, seit fünfzehn Jahren herrenlos ist und verkauft werden soll. Wilhelm hat Nachforschungen betrieben, was es mit diesem Palast auf sich hat: Eine düstere Geschichte von Inzucht eines Geschwisterpaares, vom Tod deren Kindes in den Fluten, vom Mord an der Mutter und vom Wahnsinn des Vaters reimt sich für ihn nicht zusammen. Doch die Erwähnung des Namens Cypriani löst in dem Alten seltsame Reaktionen aus; insbesondere vermag er ein Zimmer, das sich seit fünfzehn Jahren nicht mehr öffnen ließ, aufzuschließen. Wilhelm hat keine Hoffnung mehr, daß Mignon ins Leben zurückkehren könnte, und als Laertes ihm kundtut, daß Philine ihm gefolgt ist und sich ganz in seiner Nähe aufhält, will er sogleich zu ihr eilen. Unfaßbar für Wilhelm, erwacht Mignon und ruft nach ihm und nach Lothario. Um Mignon zu beruhigen, lügt Wilhelm, Philine sei weit weg, und er habe sie nie geliebt. Gerade will Mignon Wilhelm ihre Liebe gestehen, als Philines Stimme ertönt. Hin- und hergerissen hat Wilhelm statt Schutz und Trost nur Vorwürfe für Mignon übrig, die erneut in eine schwere Ohnmacht fällt. Erwachend sieht sie Lothario im reichen Gewand der Cypriani. Eine Kinderschärpe und ein Gebetbuch verhelfen Lothario zur Bestätigung seiner Annahme, daß Mignon seine verschollene Tochter Sperata ist. Auch Mignon erkennt nun in Lothario ihren Vater. Glücklich glaubt Lothario, alle Gegensätze durch die Vermählung von Sperata und Wilhelm überbrücken zu können. Doch durch das Erklingen von Philines Stimme zerbricht Mignons Traum vom Glück. Mignon stirbt an der Unvereinbarkeit von Phantasie und Realität.

FRANZÖSISCHER SCHLUSS: Sobald Mignon Philines Stimme hört, stößt sie Wilhelms Hand zurück und läuft davon. Bei einem Fest am Ufer des Gardasees gibt Philine eine Forlana zum besten. Sie lehnt einen Heiratsantrag von Laertes ab, bittet die leidende Mignon um Verzeihung, und Lothario verkündet den Bauern, daß Mignon seine verlorene Tochter Sperata ist. Philine stellt Friedrich als ihren Gatten vor, Mignon gesteht Wilhelm ihre Liebe.

Kommentar

In der zweiten Fassung der *Mignon* (1870) hat Thomas die Melodramen und gesprochenen Dialoge durch Rezitative ersetzt und damit die innere Struktur seiner Partitur verdeutlicht. Denn es handelt sich um keine Abfolge von Nummern, sondern um eine psychologische Teilzeitbelichtung von Situationen und Charakteren, reich an Überblendungen und konterkarierenden Einschüben, an komponierten Zooms und Großaufnahmen, die das Medium Film in ähnlicher Weise antizipieren wie fünfzig Jahre später Schreker und Korngold in ihren Opern. Mit inneren Monologen inmitten großer Ensembleszenen, mit geradezu aberwitzigen Bildfolgen innerhalb szenischer Einheiten, mit retardierenden Momenten, die – gleich einer kühnen Schnittfolge – inmitten von Ensembles und Finales die Spannung steigern, erscheint der *Mignon*-Komponist als ein Vorläufer filmischer Praktiken noch vor der Erfindung des Films.

Geschichte

Im Zuge der Verarbeitung von Goethe-Stoffen für die Opernbühne nimmt Thomas' Adaption des Romans *Wilhelm Meisters Lehrjahre* eine eigenartige Sonderstellung ein. Denn während die *Faust*-Vertonungen – darunter die wohl bekannteste von Gounod, die in Deutschland meist schamhaft als *Margarethe* tituliert wird – sich auf die Verkürzung einer dramatischen Spielvorlage zu einem Opernlibretto entschlossen, hatten die Librettisten Michel Carré und Jules Barbier die undankbare Aufgabe, aus dem umfangreichen Roman eine Episode herauszufiltern, die sich als Handlung für die Opernbühne eignen könnte. Sich Goethe über die Kunstform Oper nähern zu wollen, mag vergebene Liebesmüh sein, und den Aspekt der Vermittlung des von Goethe in *Wilhelm Meisters Lehr- und Wanderjahren* geäußerten Gedankengutes sucht man im *Mignon*-Libretto vergeblich. Doch Ambroise Thomas gelingt in seiner Komposition etwas Unglaubliches: Er holt (intuitiv?) Goethe auf einer psychologischen Ebene wieder ein, dechiffriert menschliche Vorgänge, wie es erst in unserem Jahrhundert die Psychoanalyse vermag, und wird somit auf seltsame Weise dem hinter Wilhelm Meister verborgenen Bild des Johann Wolfgang von Goethe doch gerecht. So erweiterte Thomas in seiner zweiten Fassung, die am 5. Juli 1870 im Londoner Royal Theatre herauskam, die Partie des Friedrich und transformierte sie zu einer Hosenrolle. Er komponierte damit zu einem Zeitpunkt, an dem die Wahl einer Hosenrolle bereits eindeutig eine erotische Position indizierte, eine Figur, die eine Spiegelung Mignons darstellt: Mignon – psychoanalytisch gesehen ist sie Goethes Versuch, ein geschlechtsloses Wesen zu zeichnen, dem nun in der Oper das androgyne Wesen Friedrich gegenübertritt –, das Kind, das weder Mann noch Frau ist, begegnet einem Wesen, das beides ist.

Allein an der Opéra-Comique erreichte *Mignon* nach ihrer Uraufführung am 17. November 1866 bis zum Jahr 1894 bereits tausend Aufführungen. Die Oper wurde in französischer, deutscher, tschechischer, englischer, italienischer, russischer, schwedischer, polnischer, ungarischer, bulgarischer und rumänischer Sprache gesungen.

Als ein Zugeständnis an die opéra comique besitzt die Oper ein musikalisch aufgesetztes und daher blutarmes happy end. Aber auch Thomas' „deutscher Schluß", in dem Mignon – stimmig im Sinne der Dramaturgie der beiden ersten Akte – stirbt, wurde in Deutschland kaum gespielt, sondern die Oper wurde meist mit dem Terzett Mignon/Wilhelm/Lothario beendet. Die deutschen Philologen des vergangenen Jahrhunderts verurteilten Carré-Barbiers Goethe-Adaption, und Oskar Bie ging 1923 gar soweit, zu behaupten: „Es ist schlechte Luft in dieser Oper, nicht die sinnliche Atmosphäre Gounods, sondern Gasgeruch mit altem Parfüm und schwitzigem Fleisch, worin eine echte Kokotte wie eine Erfrischung wirkt. Wie häßlich, daß es heut noch so viel Leute gibt, die diese Luft gern atmen, Lakaien des verlebten second empire."

Die erste komplette Gesamtaufnahme, die Wiederbeschäftigung mit der Romantik und die Tatsache, daß Peter Handke und Wim Wenders (Falsche Bewegung) sowie Federico Fellini (La strada) den Wilhelm-Meister-Stoff filmisch neu interpretierten, bescherten der Mignon an den Theatern einige interessante Neudeutungen und eine zaghafte Rückkehr ins Repertoire.

Peter P. Pachl

Diskographische Empfehlung

1978 – London: Antonio de Almeida, Ambrosian Opera Chorus, Philharmonia Orchestra. Marylin Horne (Mignon), Ruth Welting (Philine), Alain Vanzo (W. Meister), Nicola Zaccaria (Lothario), Frederica von Stade (Frédéric). CBS 79401

FRIEDRICH FREIHERR VON FLOTOW

geb. 27. April 1812 auf dem Rittergut Toitendorf/Mecklenburg
gest. 24. Januar 1883 auf dem Gut Heiligenkreuzberg bei Darmstadt

Der Sohn eines Rittergutsbesitzers und Husarenoffiziers trotzte dem Vater ein Musikstudium bei Reicha und Pixis in Paris ab, begann dort, wo er Kontakt zu Meyerbeer und Offenbach hatte, die Reihe seiner rund vierzig Bühnenwerke mit heiteren Opern im französischen Zeitgeschmack, kehrte 1848 nach Mecklenburg zurück, war von 1855 bis 1863 Intendant des Hoftheaters in Schwerin und lebte später in der Nähe von Wien und schließlich auf seinem Alterssitz bei Darmstadt.

Der Altersgefährte von Verdi und Wagner hielt sich, unbeirrt von den Wandlungen der romantischen Opernbühne, an den Publikumsgeschmack, zumal an den französisch-mondänen, und trachtete, effektsicher und mit eingängiger, häufig sogar volksliedhafter Melodik das buffoneske Element mit frühromantischem, biedermeierlichem Sentiment zu verbinden. Er war bis zur Mitte unseres Jahrhunderts ein Opernkomponist mit hohen Aufführungsziffern, was nicht zuletzt dem Vorzug zuzuschreiben ist, daß seine Opern auch für kleinere Bühnen ohne Einbußen praktikabel sind. *Martha* wurde allein in Wien zwischen 1847 und 1882 fünfhundertmal gegeben; Caruso führte als einzige deutsche Musiknummer die Romanze des Lyonel im Repertoire.

Den ersten Bühnenerfolg in Deutschland brachte 1844 in Hamburg die romantische Oper *Alessandro Stradella*, nicht zuletzt dank ihrer gefühlvollen Marienhymne. Die um 1675 spielende Handlung kreist um einen der drei (zuletzt tödlichen) Anschläge, wie sie auf den stets in Liebesaffären verstrickten venezianischen Komponisten und Sänger aus Eifersucht und Neid verübt worden sind. *Martha* greift zurück auf einen in vielen Lustspielen, Vaudevilles, Balletten usw. abgewandelten Stoff: Bauernmädchen gehen zum Markt, um sich als Mägde zu verdingen, und eine Adelige mischt sich aus Langeweile unter sie.   *Karl Schumann*

Martha oder Der Markt zu Richmond

Romantisch-komische Oper in vier Akten

<u>Text:</u> Wilhelm Friedrich (Pseudonym für Friedrich Wilhelm Riese)
<u>Uraufführung:</u> 25. November 1847, Theater an der Wien, Wien
<u>Personen:</u> Lady Harriet Durham, Edelfräulein der Königin (Sop); Nancy, ihre Vertraute (Alt); Lord Tristan Mickleford, ihr Vetter (Baß); Lyonel (Ten); Plumkett, ein reicher Pächter (Baß); Ein Richter zu Richmond (Baß); Drei Mägde (2 Sop, Alt); Zwei Pächter (Ten, Baß); Drei Diener (2 Ten, Baß)
<u>Chor:</u> Jäger; Jägerinnen im Gefolge der Königin; Pagen; Diener; Dienerinnen
<u>Ort und Zeit:</u> Schloß der Lady, Richmond, Landsitz bei Richmond, zur Zeit Königin Annas von England (1702–1714)
<u>Orchester:</u> 2 Fl (2. auch Picc), 2 Ob, 2 Kl, 2 Fg, 4 Hrn, 2 Trp, 3 Pos, Btba, Hrf, Schlgzg, Streicher
<u>Auf der Bühne:</u> 2 Hrn, 2 Trp, KlTr
<u>Form:</u> 18 pausenlos ineinander übergehende Musiknummern
<u>Aufführungsdauer:</u> 2 ½ Stunden
<u>Verlag:</u> Universal-Edition, Wien

<u>Handlung</u>

1. AKT: Boudoir der Lady. Das Edelfräulein Harriet krankt am Leiden der vornehmen Kreise: Langeweile, Unlust, Launen. Ihr sie anschmachtender Vetter Tristan Mickleford geht ihr auf die Nerven. Die Zofe Nancy versucht vergeblich, Harriet zu erheitern. Draußen kommen Mädchen vorbei, die sich in der Stadt Richmond auf dem traditionellen Dienstbotenmarkt verdingen wollen. Harriet sieht eine Möglichkeit, sich Abwechslung und Abenteuer zu verschaffen: Sie und Nancy wollen, als Bauernmädchen verkleidet, zum Mägdemarkt gehen; Vetter Tristan muß als Bauer Bob dabeisein.

Verwandlung: Markt zu Richmond. Der reiche Pächter Plumkett hat sich mit seinem Pflegebruder Lyonel eingefunden, um sich nach Mägden umzusehen. Lyonels Herkunft liegt im dunkeln; man weiß nur, daß sein Vater ihm einen Ring hinterlassen hat, den er im Falle äußerster Gefahr der Königin von England zukommen lassen soll. Harriet und Nancy amüsieren sich auf dem Markt und lassen sich zum Scherz von Plumkett und Lyonel als Dienstboten anheuern.

2. AKT: Landsitz des Plumkett. Lyonel verliebt sich in Harriet, die sich Martha nennt; Plumkett wirft ein Auge auf Nancy, die nun Julia heißt. Es dunkelt. Man begibt sich zur Ruhe. Die beiden „Mägde" schleichen sich aus ihren Kammern und lassen sich von Vetter Tristan nach Hause kutschieren. Das Abenteuer ist vorbei.

3. AKT: Schenke im Wald. Plumkett sitzt mit Bauern beim Bier. Die Königin jagt in den Wäldern. Zur Jagdgesellschaft gehören Harriet und Nancy. Plumkett erkennt in Nancy die Magd Julia und wirft ihr vor, daß sie bei ihm rechtmäßig in Diensten stehe. Lyonel kommt gedankenschwer zur Schenke; in der Hand hält er jene verwelkende Rose, die ihm Martha als Harriet gegeben hatte. Harriet fertigt den verliebten Lyonel kalt ab, worauf er wütend darauf besteht, daß sie ihren Vertrag als seine Magd zu erfüllen habe. Man hält Lyonel für wahnsinnig. Tristan läßt ihn fesseln. Es gelingt Lyonel, Plumkett den ererbten Ring zuzustecken mit der Bitte, das Schmuckstück sogleich zur Königin zu bringen.

4. AKT: Landsitz des Plumkett. Die Lady kommt zum melancholischen Lyonel und eröffnet ihm, durch den Ring sei bewiesen worden, daß er kein Bauer, sondern der Sohn eines Lords ist. Nun möchte Harriet einwilligen, Lyonel, den sie tags zuvor zurückgewiesen hatte, zu heiraten. Lyonel ist in seinem Stolz verletzt und weigert sich. Plumkett und Nancy hingegen haben ihren Groll begraben und sind „handelseinig". Verwandlung: Vor dem Hause des Plumkett. Die Lady hat jenen Ort aufbauen lassen, an dem man sich erstmals begegnet war: den Markt zu Richmond. Sie spielt wieder die Magd Martha und erklärt Lyonel, sie möchte sich ihm als Frau fürs Leben verdingen. Es gibt zwei glückliche Paare.

Kommentar

Das durch viele Lustspiele und Ballette geisternde Sujet erfuhr durch Flotow eine im Uraufführungsjahr 1847 bereits anachronistische Wendung ins Biedermeier und in die lavendelduftende Empfindungswelt der frühen Romantik (volksliedhafte Melodik, Volksszenen im Geschmack der opéra comique, Nähe zu Lortzing, Nicolai, Ambroise Thomas und Auber). Realistischen Hintergrund hat die Kaprice der Lady, als Bedienstete arbeiten zu wollen: Ausbruch aus dem Übel der privilegierten Stände, der Langeweile, dem ennui. Hingegen ginge man wohl zu weit, dem Mädchenmarkt Menschenhandel und feudalistischen Seelenverkauf zu unterstellen; der Brauch, auf Märkten neue Brotherren zu suchen, war zumal in ländlichen Gebieten lange Zeit gang und gäbe.

So unverkennbar sich der in Paris ausgebildete Flotow am französischen Zeitstil orientiert, fehlt doch bei *Martha* das Merkmal der opéra comique, nämlich der Dialog. Das Verfahren des Durchkomponierens wie das Auskosten romantischer Stimmungen (einbrechende Dunkelheit im Pächterhaus, Melancholie des Lyonel, Volksszenen in der Schenke) bedeuten eine Annäherung an die deutsche Spieloper und an ihren Vorsatz, komische und lyrische Elemente nebeneinander zu stellen.

Flotow ist vorab Melodiker, einfach in der Diktion, dem Sentiment zuneigend. Die Ensembles sind klar und geschickt aufgebaut. Ein Vorzug Flotows liegt in seiner eleganten Art, für Singstimmen zu schreiben, ergiebige Partien auszuführen und Ohrwurm an Ohrwurm zu reihen. *Martha* wurde in jüngerer Zeit zu Unrecht mit dem Odium der spießigen Gemütsseligkeit belastet, herablassend belächelt und zur bloßen Kassenoper gestempelt. Die Aufbereitung für den heutigen Geschmack bleibt Sache der Regie.

Geschichte

Martha war bis in die Mitte des 20. Jahrhunderts einer der großen Erfolge der deutschen Operngeschichte. Wien verzeichnete allein bis 1882 500 Aufführungen. Franz Liszt dirigierte *Martha* als Antrittsvorstellung, als er 1848 die musikalische Leitung des Hoftheaters in Weimar übernahm. Die Romanze des Lyonel, „Ach, so fromm, ach, so traut", war die einzige deutsche Partie, die Enrico Caruso im Repertoire führte. Auf Anhieb siegte *Martha* über die vielen Singspiele, Opern und Operetten mit dem gleichen Sujet, so über Balfes *The maid of honor* von 1847, über Versionen von Dittersdorf, Dionys Weber, Erdmann von Kospoth u. a., auch über die französischen Ballette und Vaudevilles mit ähnlicher Handlung und über das 1844 in Paris uraufgeführte Pasticcio-Ballett *Lady Harriet ou La servante de Greenwich,* dessen 1. Akt von Flotow herrührte.

Die romantisch-komische Oper wurde häufig als Abonnentenfutter abgefertigt, in notdürftigen musikalischen Einstudierungen, in unzulänglicher szenischer Gestalt und mit Dekorationen wie Kostümen aus dem Fundus. Lady Harriet war eine der Glanzrollen der Koloratursopranistinnen bis hin zu Erna Berger. Die Renaissance der Spieloper, wie sie nach 1950 einsetzte, tauchte *Martha* nicht selten in einen geschmäcklerischen Ästhetizismus. Einer ironisch illuminierten *Martha* galt die erste Inszenierung, zu der sich der Karikaturist und Humorist Loriot (alias Vicco von Bülow) 1986 in Stuttgart aufschwang. *Karl Schumann*

Diskographische Empfehlung

1979 – München: Heinz Wallberg, Chor des Bayerischen Rundfunks, Münchner Rundfunkorchester. Lucia Popp (Lady Harriet), Doris Soffel (Nancy), Siegfried Jerusalem (Lyonel), Karl Ridderbusch (Plumkett), Siegmund Nimsgern (Lord Tristan). Ariola-eurodisc, XG 25422 R

ALEXANDER DARGOMYSCHSKIJ

geb. 2. Februar (14. Februar) 1813 in Troizkoje (Gouvernement Tula)
gest. 5. Januar (17. Januar) 1869 in St. Petersburg

D argomyschskij begann seine Laufbahn als Konzertpianist und Komponist kleiner Romanzen und Klavierwerke, bevor ihn Michail Glinka dazu anregte, sich der Oper zuzuwenden. Von seinen beiden ersten Bühnenwerken – der vieraktigen Oper *Esmeralda* (nach Victor Hugos *Notre-Dame de Paris*, 1838–1841) und dem einaktigen lyrischen Opern-Ballett *Die Bacchusfeier* (nach Puschkin, 1848) – distanzierte sich der Komponist allerdings bald, da sie ihm „zu unwahr" erschienen. „Ich jage keinen gefälligen Melodien nach und habe nicht die Absicht, um ihretwillen die Musik zu einer Spielerei zu degradieren. Ich will, daß der Ton das Wort ausdrückt – ich will die Wahrheit!" (Mussorgskij nannte Dargomyschskij später einmal seinen „Lehrer der musikalischen Wahrheit".) In seinem dritten Bühnenwerk, der Märchenoper *Russalka* (wiederum nach Puschkin, 1848–1855), glaubte der Komponist zu Recht, dieses Ideal der Wahrheit verwirklicht zu haben: Lange vor den ersten Opern Rimskij-Korsakows und Mussorgskijs ist *Russalka* in Tonfall und Gestus ein Meisterwerk der nationalen Schule der russischen Musik, das sich bereits deutlich von dem Vorbild Glinkas gelöst hat.

Michael Stegemann

Der steinerne Gast
Oper in drei Akten

Text: Alexander Puschkin
Uraufführung: 28. Februar (12. März) 1872, Marinskij-Theater, St. Petersburg
Personen: Don Juan (Ten); Leporello (Baß); Donna Anna (Sop); Don Carlos (Bar); Laura (Mez/Alt); Ein Mönch (Baß); Erster Gast (Ten); Zweiter Gast (Baß); Die Statue des Komturs (Baß)

Chor: Mönche und Gäste Lauras
Ort und Zeit: Spanien, im 17. Jahrhundert
Orchester (Instrumentation von Nikolaj Rimskij-Korsakow): 2 Fl,
2 Ob, 2 Kl, 2 Fg, 4 Hrn, 2 Trp, 3 Pos, Pkn, Schlgzg, Streicher
Form: Durchkomponiert
Aufführungsdauer: Ca. 1 ½ Stunden
Verlag: Bessel, St. Petersburg; NA Musyka, Moskau

Handlung

1. AKT. 1. Bild: Auf dem Friedhof des Klosters San Antonio. Don
Juan war wegen seiner Untaten vom König des Landes verwiesen worden
und ist nun mit seinem Diener Leporello heimlich nach Spanien zurückgekehrt. Am Grab des Komturs, den Don Juan ermordet hat, begegnen die
beiden einer verschleierten Schönheit; es sei Donna Anna, erklärt ihnen ein
Mönch, die Tochter des Komturs, die täglich hierher komme, um zu beten.
Juan ist fest entschlossen, sie zu verführen.

2. Bild: Die Schauspielerin Laura gibt für ihre Freunde ein Gastmahl und
trägt ihnen eine freizügige Romanze vor; Don Juan, der einst ihr Geliebter
gewesen sei, habe das Lied für sie gedichtet. Don Carlos, der Bruder des
Komturs, ist empört über Lauras Geständnis, als plötzlich Juan selbst erscheint. Carlos fordert ihn zum Duell und wird von Don Juan getötet.

2. AKT. 3. Bild: Auf dem Friedhof, am Grabmal des Komturs. Seit
Tagen schon lauert Don Juan, als Mönch verkleidet, Donna Anna auf.
Endlich gelingt es ihm, sich ihr zu nähern und sie mit frommen Worten zu
betören; Anna lädt ihn zu sich ein. Seines Sieges gewiß, fordert er Leporello
auf, auch den Komtur zu dem Rendezvous zu bitten: Er soll vor der Tür
Wache halten, wenn er bei Donna Anna zum Ziel gelangt ist. Als aber das
Standbild mit einem Kopfnicken die Einladung annimmt, packt Don Juan
und seinen Diener blankes Entsetzen.

3. AKT. 4. Bild: Als Mönch „Don Diego" ist Juan bei Anna zu Gast.
Sie gesteht ihm, als armes Mädchen gegen ihren Willen an den Komtur
verheiratet worden zu sein, den sie nie geliebt habe. Don Juan gibt sich zu
erkennen, und Anna erliegt seinen Verführungskünsten. In demselben
Augenblick aber, da sich die beiden zum ersten Kuß vereinen, betritt das
Standbild des Komturs den Raum, reicht Don Juan die Hand und versinkt
mit ihm in der Tiefe.

Kommentar

Dargomyschskijs vierte und letzte Oper – 1863 begonnen und 1869/70 von César Cui und Nikolaj Rimskij-Korsakow vollendet – ist das wohl wichtigste Bindeglied zwischen den Opern Glinkas und denen des „Mächtigen Häufleins". Die Abkehr vom italienischen Belcanto, das ganz auf Dialogen beruhende Prinzip des melodischen Rezitativs (unter genauer Berücksichtigung der Sprachrhythmik) und die karge Strenge der Musik mit ihren leitmotivähnlichen Chiffren waren ebenso ein Novum der russischen Musik wie die Idee des Komponisten, Puschkins „kleine Tragödie" ungekürzt und unverändert zu vertonen.

Puschkins 1840 veröffentlichte und sieben Jahre später in St. Petersburg uraufgeführte Blankvers-Tragödie knüpft an Molière und Mozart an, trägt aber deutlich autobiographische Züge. Die romantische, wenn nicht gar existentialistische Philosophie des Textes gipfelt in Don Juans Frage, ob nicht „die Fülle des Todes" einem „leeren Leben" vorzuziehen sei.

Dargomyschskij ist in seiner Musik weit über die Regeln der Zeit hinausgegangen; Modulationsketten, die sich auf keine Kadenzen mehr zurückführen lassen, zeichnen den Gang der Handlung nach, unaufgelöste Sekund- und Septim-Akkorde oder die Ganztonleiter als Tonsymbol des Komturs erscheinen als Vorboten einer Ablösung von der Dur/Moll-Tonalität. Jegliche Periodisierung der Melodik wird schon im Ansatz erstickt, dramaturgische Pausen sind auskomponiert.

Geschichte

Die Uraufführung am St. Petersburger Marinskij-Theater und ebenso die Folgeaufführungen (1887, 1892 und 1906 in Moskau, 1915, 1917 – in der maßgeblichen Inszenierung von Wsewolod Meyerhold – und 1925 in Petrograd/Leningrad, 1928 in Salzburg, 1935 in Prag und 1958 in Dresden und Mailand) sind zumeist von dem Widerspruch gekennzeichnet, daß *Der steinerne Gast* „bei der analytischen Beschäftigung fasziniert und bei der theatralischen Realisierung enttäuscht" (Sigrid Neef). Wenn man freilich bereit ist, auf die Bühnenwirksamkeit einer Ausstattungsoper zu verzichten, und das Werk als intimes Kammerspiel auffaßt, gehört Dargomyschskijs Oper zweifellos zu den interessantesten Werken des Musiktheaters des 19. Jahrhunderts.   *Michael Stegemann*

Diskographische Empfehlung

1978 – Moskau: Mark Ermler, Chor und Orchester des Bolschoj-Theaters Moskau. Tamara Milaschkina (Donna Anna), Tamara Sinjawskaja (Laura), Wladimir Atlantow (Don Giovanni), Wladimir Walaitis (Don Carlos), Alexander Wedernikow (Leporello). Melodia C 10-09 155-8

RICHARD WAGNER

geb. 22. Mai 1813 in Leipzig
gest. 13. Februar 1883 in Venedig

Mit Wagner verlor die Musik ihre Unschuld. Nie zuvor gab es solchen Ausdruck für das Zwielichtige, Unentschiedene, ja Paradoxe, und kein Musiker vor Wagner besaß derart die Fähigkeit zur Phantasmagorie, zur „Illusion als der absoluten Wirklichkeit des Unwirklichen" (Theodor W. Adorno). Wagner war auch kein Opernkomponist, sondern wollte verstanden werden als Dramatiker, der mit allen sinnlichen Mitteln auf das Gefühl und den Verstand des Publikums einwirkt. Über das Textbuch zum *Fliegenden Holländer* schrieb er zehn Jahre später (in der *Mitteilung an meine Freunde*, 1851): „Von hier an beginnt meine Laufbahn als *Dichter*, mit der ich die des Verfertigers von Operntexten verließ." Als jedoch Thomas Mann, fünfzig Jahre nach Wagners Tod, in seinem Vortrag *Leiden und Größe Richard Wagners* das Genie des „Meisters" als dilettantische Zusammenfügung der Künste bezeichnete und von Literarisierung der Musik sowie von der Musikalisierung der Sprache redete, gab es einen Eklat, der zwar politisch motiviert war, aber doch an eine ästhetische Wunde bei den Wagnerianern rührte. Freilich sprach Thomas Mann in jenem Vortrag auch von Wagners geradezu intuitiven Einsichten in psychologische Vorgänge (Mutterkomplex), die erst Sigmund Freud wissenschaftlich auf den Begriff brachte. Wagners „Kunstwerk der Zukunft" war, so besehen, nicht allein gegen das, seiner Ansicht nach verrottete Opernwesen seiner Zeit gerichtet, sondern zielte auch inhaltlich auf utopische Fragestellungen. Die zentrale Kategorie der „Erlösung" ist, abgesehen von ihren psychologischen Implikationen, strikt politisch gemeint; dafür steht ein der *Ring des Nibelungen,* gemeint als Aufhebung des Staates, gezeigt am warnenden Beispiel des modernen Industriekapitalismus.
Zunächst artikulierte Wagner seine künstlerische Gesellschaftskritik sozusagen in immanenten Stoffen: Die Figuren des Holländer, Tannhäuser und Lohengrin sind in erster Linie Gestaltungen des „absoluten" Künstlers, der mit seinen Forderungen in die defizitäre Wirklichkeit eintritt und natürlich

scheitern muß. Im *Ring* dagegen ist es die Leitfigur Siegfrieds, der „neue Mensch" also, der nun seinerseits die Welt erlösen soll. Daß die Nationalsozialisten daraus ihre furchtbaren Konsequenzen zogen, ist wohl kaum Wagner anzulasten, ebenso wie sich die Rezeption Nietzsches nicht darin erschöpft, daß der „Wille zur Macht" später politisch – und zwar heruntergekommen – mißbraucht wurde. Die Botschaft des *Parsifal* schließlich, nach der „vexatorischen" Nachbarschaft von *Tristan und Isolde* und *Die Meistersinger von Nürnberg* (Thomas Mann), ist eine Kulmination aller Wagnerschen Erlösungsideen, ausgedrückt im Verzicht auf die geschlechtliche Liebe zwischen Mann und Frau.

Dennoch lag Wagners Hoffnung allein bei den Frauen, wenn er sie auch nicht aus der Spannung zwischen Venus und Maria herauszuholen vermochte. (Brünnhilde ist strenggenommen gar keine Frau, wie schon Nietzsche erkannte.) Das Grundthema ist dabei stets, ungeachtet aller politischen Implikationen, die von Freud später so bezeichnete „Bedingung des geschädigten Dritten", ein psychologisches Thema von großer Tragweite, das sich bereits beim jungen Wagner findet. Es handelt sich um die Erlösungsbedürftigkeit des Mannes, und zwar genauer: um die Wunschphantasie des an die Mutter fixierten Sohnes, der von einer geliebten Frau mit durchaus inzestuöser Absicht – nämlich als Mutterersatz – in die Liebe eingeführt werden will (vgl. die bezeichnende Motivation im *Ring*, daß Siegfried, der Furchtlose, erst in der Liebe das Fürchten lernt). Bereits der frühe Dramenentwurf – Wagner dachte von Anfang an in den großen Dimensionen des Theaters – mit dem Titel *Die Hochzeit* zeigt, wie der Psychoanalytiker Peter Dettmering 1969 nachwies, diesen Zusammenhang zwischen der Erlösungsphantasie und der „Bedingung des geschädigten Dritten" in geradezu drastischer Offenheit: „Ein wahnsinnig Liebender ersteigt das Fenster zum Schlafgemach der Braut seines Freundes, worin diese der Ankunft des Bräutigams harrt; die Braut ringt mit dem Rasenden und stürzt ihn in den Hof hinab, wo er zerschmettert seinen Geist aufgibt. Bei der Totenfeier sinkt die Braut mit einem Schrei entseelt über die Leiche hin." Der Aktionsraum ist also bereits hier schon um das Phänomen des „Liebestods" erweitert: „Erst jenseits der Todesschwelle wird die Liebesvereinigung dauerhaft, ist kein Rückfall in die Rolle des geschädigten Dritten mehr zu befürchten. Indem der Protagonist die Braut posthum für sich gewinnt, wird die gefürchtete und vermiedene Rolle nachträglich dem Freunde übertragen" (Dettmering). Allerdings ist der „Dritte" in den frühen Opern Wagners (bis *Lohengrin*) noch nicht integraler Bestandteil der dramatischen Handlung, doch erscheint auch hier schon das fundamentale Mißlingen der Liebesbindung (auch später im *Ring*; man denke nur an Siegfrieds „Vergessen" der Liebe Brünnhildes), denn die weibliche Idealgestalt – Senta, Elisabeth oder Elsa – vermag es nicht, „den Protagonisten aus dem Banne eines dämonischen Objekts" – im *Fliegenden Holländer* ist das sein Schiff, im *Lohengrin* der unerklärbare Gral – „zu erlösen" (Dettmering).

In der Figur der Kundry gelang dem späten Wagner „ein Stück mythischer Pathologie" (Thomas Mann), deren „bedenkliche Modernität" (Thomas Mann) zu Wagners größten Innovationen zählt. Ohnehin ist das Werk Wagners reich an Innovationen, besonders im Bereich der Musik, die er nicht nur um die Ebene des Zwielichtigen bereicherte, sondern auch um die Kunst des Lügens, genauer: Lügen zu entlarven, ähnlich wie Nietzsche mit bösem Blick zwischen den Zeilen zu lesen verstand. (Auch zwischen Wagner und Nietzsche herrscht eine „vexatorische" Nachbarschaft). Man denke nur an Mimes Heuchelei, mit der er Siegfried den Todestrank reicht, oder an Siegfrieds so gar nicht prächtige Ankunft bei den Gibichungen: Er tritt ein mit dem Fluchmotiv des Orchesters, so daß jeder Hörer, sofern er nicht stumpf ist, merkt, daß sich hier das mythische Verhängnis vollstreckt.

Zuletzt ist Wagners Musik, deren Grundcharakter die pessimistisch schwere Sehnsucht ist – der Maler Lenbach sprach vom „Lastwagen nach dem Himmelreich" –, vielleicht doch der „Orpheus des heimlichen Elends", als den Nietzsche, der mehr von Wagner verstand als jeder nach ihm, ihren Grundcharakter bezeichnete. Daß sie nicht nur ein Narkotikum ist, sondern viel von „querschlagender" (Bloch) Bedeutung in sich trägt, macht sie angreifbar, aber auch so modern. Und daß hinter ihrem süßen Gift sich der „Genuß der Qual" (Adorno) verbirgt, macht sie zudem noch interessant.

Dietmar Holland

Rienzi, der Letzte der Tribunen
Große tragische Oper in fünf Akten

<u>Text:</u> Richard Wagner, nach dem gleichnamigen Roman von Edward Bulwer-Lytton
<u>Uraufführung:</u> 30. Oktober 1842, Königlich Sächsisches Hoftheater, Dresden

<u>Personen:</u> Cola Rienzi, päpstlicher Notar (Ten); Irene, seine Schwester (Sop); Steffano Colonna, Haupt der Familie Colonna (Baß); Adriano, sein Sohn (Sop); Paolo Orsini, Haupt der Familie Orsini (Baß); Kardinal Raimondo, Legat des Papstes zu Rom (Baß); Baroncelli, römischer Bürger (Ten); Cecco del Vecchio, römischer Bürger (Baß); Der Friedensbote (Sop); Ein Herold (Ten); Der Gesandte Mailands (Baß); Die Gesandten der lombardischen Städte (Ten und Baß); Der Gesandte Neapels (Ten); Die Gesandten Böhmens und Bayerns (Baß)

<u>Chor:</u> Römische Nobili und Trabanten; Anhänger der Colonna und der Orsini; Priester und Mönche aller Orden; Senatoren; Bürger und Bürgerinnen Roms; Friedensboten

<u>Pantomime:</u> Collatinus; Lucretia; Virginia; Jungfrauen der Lucretia; Tarquinius; Bewaffnete des Tarquinius; Brutus; Freunde des Collatinus; junge Römer; Ritter, die Friedensgöttin

<u>Ort und Zeit:</u> Rom, um die Mitte des 14. Jahrhunderts

<u>Orchester:</u> 3 Fl (2. auch Picc), 2 Ob, 3 Kl, 3 Fg, Serpent, 4 Hrn, 4 Trp, 3 Pos, Ophikleide, GrTr, KlTr, Rührtr, Bck, Trgl, TamTam, Hrf, Streicher

<u>Auf der Bühne:</u> Trp, Org, Gl, Militärmusik: 12 Trp, 6 Pos, 4 Ophikleiden, 10 KlTr, 4 Rührtr

<u>Form:</u> Nummernoper

<u>Aufführungsdauer:</u> 4¾ Stunden

<u>Verlag:</u> B. Schott's Söhne, Mainz (Richard-Wagner-Gesamtausgabe)

<u>Handlung</u>

VORGESCHICHTE: Cola Rienzi will dem römischen Volk sein Selbstbewußtsein, den Stolz auf eine große Vergangenheit zurückgeben und die Herrschaft der untereinander verfeindeten Adelscliquen brechen. Er hofft, den nach Avignon geflüchteten Papst zur Rückkehr nach Rom bewegen zu können.

1. AKT: Eine Gruppe der Orsini entführt Rienzis Schwester Irene. Als die Orsini ihre Beute in Sicherheit bringen wollen, werden sie von ihren Gegnern, den Colonna, gestellt. Es kommt zum Gefecht. Adriano Colonna befreit Irene, die er heimlich liebt. Vergeblich versucht der päpstliche Legat Raimondo die Streitenden zur Ordnung zu rufen. Erst Rienzis Erscheinen trennt die Parteien und beruhigt das Volk. Die beiden Cliquen beschließen,

ihren Kampf vor den Toren Roms auszufechten. Raimondo versichert Rienzi des kirchlichen Beistands für all seine Pläne. Rienzi will die Nobili nicht in die Stadt zurückkehren lassen. Mit gemischten Gefühlen stellt er fest, daß ein Colonna Irene gerettet hat, denn ein Colonna hatte einst seinen kleinen Bruder erschlagen. Doch er vertraut Irene Adriano an und glaubt Adriano, der Rienzis Pläne unterstützen will, Rom wieder groß und frei zu machen. Er verkündet den Römern die neue Freiheit, die Aussperrung der Nobili und den Beginn einer neuen Zeit.

2. AKT: Friedensboten verkünden, daß überall im römischen Reich Friede und Ordnung eingekehrt ist. Selbst die Nobili stimmen Rienzi zu, daß er seine Idee verwirklicht hat. Doch sie planen einen Anschlag auf den Volkstribun. Adriano deckt das Vorhaben auf. Vor die Wahl gestellt, sich für seinen Vater oder für Irene und damit für Rienzi zu entscheiden, ergreift er die Partei Rienzis. Die Nobili verstoßen ihn. Das Volk huldigt Rienzi. Gesandte aus Italien, Deutschland und Böhmen verkünden Rienzi ihre Ergebenheit. Ein allegorisches Festspiel, die Pantomime „Der Raub der Lucretia", sowie allegorische Tänze künden von der Freiheit Roms. Das Fest wird durch den Anschlag der Nobili jäh unterbrochen. Rienzi übergibt die Attentäter dem Gesetz, die Colonna und Orsini sollen sterben. Doch Adriano und Irene vermögen Rienzi umzustimmen. Rienzi bittet das Volk um Milde für seine Feinde. Gegen den Rat der Freunde Cecco del Vecchio und Baroncelli begnadigt Rienzi die Nobili, die zerknirscht erneut Frieden schwören.

3. AKT: Die Nobili haben ihr Versprechen gebrochen, sind aus der Stadt geflohen und rüsten zum Kampf gegen Rienzi und das römische Volk. Rienzi ruft die teils empörten, teils verwirrten Römer zu den Waffen. Adriano will Frieden garantieren, will die Nobili zur Umkehr bewegen und Blutvergießen vermeiden – aber zu spät. Während die zurückbleibenden Frauen in der Stadt zur Jungfrau Maria beten, gewinnt Rienzi die Schlacht. Siegreich kehrt er nach Rom zurück: Orsini und Colonna sind tot, aber auch viele römische Bürger sind gefallen. In den Siegesjubel mischen sich Vorwürfe.

4. AKT: Das Volk verzeiht Rienzi den Krieg gegen die Nobili nicht. Adriano, der am Sarg seines erschlagenen Vaters Rache geschworen hat, hetzt gegen Rienzi: Er bezeugt, daß er als Adliger Rienzis Schwester liebt, und bestärkt das Volk in dem Verdacht, hintergangen worden zu sein. Ein Hochamt, mit Raimondo, dem päpstlichen Legaten an der Spitze, soll Rienzis Sieg feiern. Rienzi bemerkt die Verschwörer vor der Kirche und

vermag sie durch seine feurige Rede umzustimmen. Adriano allein will die Rachetat an Rienzi ausführen, aber Irenes Gegenwart hindert ihn daran. Da ertönt aus dem Lateran der Bannfluch gegen Rienzi. Raimondo verweigert dem Tribunen den Eintritt. Alle, bis auf Irene, fliehen aus Rienzis Nähe.

5. AKT: Im Gebet bittet Rienzi um Gottes Hilfe, sein Werk vollenden zu können. Irene gegenüber verkündet er, daß er Rom als seine Braut liebe. Vergebens bittet Adriano, Irene solle mit ihm fliehen, da das Kapitol in Brand gesteckt ist. Aber Irene hält ihrem Bruder die Treue. Vom Kapitol aus will Rienzi zum Volk sprechen. Doch Empörung, Wut und Verwirrung lassen ihn nicht zu Worte kommen. Er verflucht Rom und die Römer und wird gesteinigt. Als das Kapitol in Flammen steht und mit ihm Rienzis politische Idee verbrennt, ergreifen die Nobili wieder die Herrschaft und schlagen auf das Volk ein.

Kommentar

Wagners dritte vollendete Oper ist hörbar beeinflußt von der großen französischen und italienischen Oper Spontinis, Aubers und Bellinis, in erster Linie sind Einflüsse von Gasparo Spontinis *Fernando Cortez* (UA Paris 1809, EA Dresden 1912) zu verzeichnen, die Wagner auch selbst als Quelle angab. Die oft beschworene Meyerbeer-Nähe (Hans von Bülow: „Meyerbeers beste Oper"; Charles Rosen: „Meyerbeers schlechteste Oper") ist angesichts des Stils einer „Großen Oper" zwangsläufig gegeben, aber aus zeitlichen Gründen kommt für einen Meyerbeer-Einfluß nur *Robert le diable* (Paris 1831) in Betracht.

Sprachlich bezeichnet Wagner sein Jugendwerk selbst als „Textfertigung": Reimlose Verse gehen unvermittelt in kunstlose Reimform über, Interjektionen schlagen unangenehm zu Buche. Die Bezüge textlicher, dramaturgischer und musikalischer Art zu den späteren Werken Wagners, melodische und harmonische Vorstufen zum *Fliegenden Holländer*, zu *Lohengrin*, *Tannhäuser*, ja sogar zur *Walküre* sind evident. Bereits der junge Wagner bevorzugt große Bogenformen, erreicht mit den überdimensionalen Finali, die oft fast die Hälfte eines Akt-Umfanges ausmachen, beinahe den Eindruck einer durchkomponierten Oper. Leitmotive sind vorgebildet, eines beschränkt sich sogar auf nur einen (Fanfaren-)Ton.

Teils identifizierte sich Wagner mit Rienzi – er nannte sich gelegentlich selbst „Volkstribun" –, teils blieb er kritisch distanziert. Die verdammenden Schlußverse Rienzis veränderte er 1847 angesichts der heranrückenden Revolution für die Berliner Erstaufführung in einen positiven, selbstsicheren Hymnus von der Wiederkehr Rienzis, um 1871 doch wieder auf den ursprünglichen Schluß zurückzugreifen, der deutlich Hitlers Verbrannte-Erde-Politik vorwegnimmt. Tatsächlich diente *Rienzi* Adolf Hitler als Vorbild. In Albert Speers *Spandauer Tagebüchern* ist ein Ausspruch Hitlers überliefert, wonach er bei einer *Rienzi*-Aufführung in Linz „die Eingebung (hatte), daß es auch mir gelingen müsse, das deutsche Reich zu einen und groß zu machen". Vom „Heil"-Ruf, der „tausendjähr'gen Schmach" bis zu Waffenaufmärschen und Fahnenweihen erinnert in Wagners Jugendwerk vieles unangenehm an unsere dunkelste Vergangenheit. Aber die Titelfigur des Tribunen, der große Ideen verwirklichen will, jedoch schon bei den ersten Erfolgen die Dimensionen der Realität verliert und der Gefahr von Selbstüberschätzung und Prunksucht erliegt, findet bis in die jüngste Vergangenheit hinein Parallelen auf internationaler Ebene. Und so verwundert es nicht, daß die *Rienzi*-Ouvertüre nicht nur zur Eröffnung der NS-Parteitage, sondern auch zu den Feierlichkeiten des zehnten Jahrestages der Sowjetunion gespielt wurde.

Der historische Rienzi kommt um, weil das Volk seine Brot- und Salzsteuer ablehnt, Wagners Titelheld wird gelyncht, weil die Freiheit für Roms Bürger mit Verlusten verbunden war und Rienzi mit dem Kirchenbann belegt wird. Die Machtpolitik der Kirche, die zunächst „jedes Mittel" heiligt, das Rienzi zum Sieg über die Nobili verhilft, und die sich dann – aus außerpolitischen Erwägungen – doch gegen Rienzi stellt, ist die dramatisch gekonnte Ausführung einer Erkenntnis des jungen Wagner, die über das Fehlurteil des Papstes *(Tannhäuser)* bis zum späten Anarchisten und Atheisten *(Parsifal)* reift. Anarchistische Tendenzen finden sich auch in der hier ausgesprochenen Selbstgesetzgebung des Subjekts, des römischen Bürgers.

Geschichte

Zur selben Zeit als Friedrich Engels in jugendlichem Überschwang sein Drama *Rienzi* schrieb, transformierte Richard Wagner Edward Bulwer-Lyttons Roman *Rienzi, der Letzte der Tribunen,* den er im Sommer des Jahres 1837 in G. N. Bärmanns Übersetzung gelesen hatte, in eine Opernhandlung. Aber auch Mary Mitfords Tragödie *Rienzi* (1828) dürfte zu Wagners Vorlagen zählen, da das Theaterstück deutliche dramaturgische Parallelen zu Wagners Oper aufweist: Die beiden Herrschaftsperioden Rienzis werden zu einer zusammengezogen, in beiden Stücken gibt es das bei Bulwer nicht erwähnte, für Rienzis Handlungsweise aber wichtige Liebesverhältnis der Schwester zu einem Gegenspieler.

Rienzi, der am 20. Oktober 1842 im Königlich Sächsischen Hoftheater zu Dresden mit Joseph Tichatschek in der Titelrolle und mit Wilhelmine Schröder-Devrient als Adriano uraufgeführt wurde, ist mit knapp fünf Stunden Musikdauer Wagners längstes Werk, das allerdings bereits bei der zweiten Aufführung erheblich gekürzt wurde und danach selbst in Dresden nur auf zwei Abende verteilt, als *Rienzis Größe* und *Rienzis Fall* (mit einem eigenen Vorspiel), vollständig zu hören war. Die zweite komplette Aufführungsserie erlebte das Werk 1899 unter der Direktion von Richard Strauss in Weimar. Als 1976 die BBC die drei Jugendopern Wagners ungekürzt produzieren wollte, mußten hierzu 1046 Takte anhand von Wagners Kompositionsskizze zu *Rienzi* nachinstrumentiert werden, denn bereits die frühen gedruckten Partitur-Ausgaben enthalten zum Teil beträchtliche Kürzungen, und Wagners Originalpartitur ist verschollen – sie befand sich im Besitz von Adolf Hitler. *Rienzi* war Wagners größter Premierenerfolg, der sich rasch an allen großen Bühnen verbreitete und auch in Stockholm, Rotterdam, Paris, Gent, Venedig, Budapest, Madrid, New York, London und St. Petersburg nachgespielt wurde, jedoch bis heute nie in Bayreuth zur Aufführung kam. Aufgrund der notwendigen Kürzungen gibt es zahlreiche Bearbeitungen. Cosima Wagner war bemüht, aus *Rienzi* ein durchkomponiertes Musikdrama machen zu lassen, ein Versuch, der von vornherein zum Scheitern verurteilt war. Aufführungen nach dem Zweiten Weltkrieg waren rar: So inszenierte Wieland Wagner 1957 in Stuttgart die Oper seines Großvaters, 1963 brachte Augsburg *Rienzi* als Freilichtaufführung, 1964 sang Giuseppe di Stefano *Rienzi* in der Übersetzung von Arrigo Boito an der Mailänder Scala, es folgten Graz und die Münchner Opernfestspiele des Jahres 1967. Häufig wurde die Rolle des Adriano mit einem Tenor oder hohen Bariton besetzt. Diverse konzertante Aufführungen und Inszenierungen in Texas, Wiesbaden (1979, auch vom ZDF übertragen), in London sowie in Mannheim betonten die Überzeitlichkeit und politische Aktualität dieser Opernhandlung. Bei den Münchner Opernfestspielen des Jahres 1983 erklang erstmals wieder das Vorspiel zu *Rienzis Fall*.　　　　　　　　　　　*Peter P. Pachl*

Diskographische Empfehlung

1975 – Dresden: Heinrich Hollreiser, Chor des Leipziger Rundfunks, Chor der Staatsoper Dresden, Staatskapelle Dresden. René Kollo (Rienzi), Siv Wennberg (Irene), Theo Adam (Orsini), Nikolaus Hillebrand (Colonna), Janis Martin (Adriano), Siegfried Vogel (Raimondo), Peter Schreier (Baroncelli). EMI, 1 C 193-02 776/80

Der fliegende Holländer
Romantische Oper in drei Akten

Text: Richard Wagner
Uraufführung: 2. Januar 1843, Königlich Sächsisches Hoftheater, Dresden
Personen: Daland, ein norwegischer Seefahrer (Baß); Senta, seine Tochter (Sop); Erik, ein Jäger (Ten); Mary, Sentas Amme (Alt); Der Steuermann Dalands (Ten); Der Holländer (Baß)
Chor: Matrosen des Norwegers; Die Mannschaft des fliegenden Holländers; Mädchen
Ort: Die norwegische Küste
Orchester: Picc, 2 Fl, 2 Ob (2. auch E. H.), 2 Kl, 2 Fg, 2 Ventilhrn, 2 Naturhrn, 2 Trp, 3 Pos, Ophikleide, Pkn, Hrf, Streicher
Auf der Bühne: 1. Akt: 6 Hrn, TamTam; 3. Akt: 3 KlFl, TamTam, Windschleuder
Form: 8 Musiknummern, die nahtlos ineinander übergehen
Aufführungsdauer: 2 ½ Stunden
Verlag: B. Schott's Söhne, Mainz (Richard-Wagner-Gesamtausgabe)

Handlung
1. AKT: Der norwegische Kapitän und Schiffseigner Daland ist wenige Meilen vor dem heimatlichen Hafen in einen Schneesturm geraten und sucht mit seiner Mannschaft Schutz in einer Bucht. Er will dort das Unwetter abwarten. Während sich die Matrosen und der Kapitän zur Ruhe begeben, übernimmt der Steuermann die Wache auf Deck. Doch auch er wird allmählich vom Schlaf übermannt, und so merkt er nicht, daß in unmittelbarer Nähe das gespenstische Schiff des Fliegenden Holländers in die Bucht einfährt und ebenfalls Anker wirft. Der Holländer steigt an Land und enthüllt seine Seelenqualen: Er ist seit langem zum ewigen Umherirren auf den Meeren verdammt, ohne sterben zu können. Allein durch die ewige Treue eines Weibes kann er von seinem Fluch erlöst werden. Als Daland wieder das Deck betritt und das fremde Schiff erblickt, spricht er den seltsam gekleideten Holländer an; zögernd erzählt ihm dieser von seinem bitteren Los, ständig umherirren zu müssen, und von seinem brennenden Wunsch, endlich eine Heimat, ein Zuhause zu finden. Er bietet Daland eine Kiste voller Schätze und Kostbarkeiten an, wenn er ihn nur eine Nacht als

Gast beherberge. Daland, der ein großes Geschäft wittert, willigt gierig ein.
Als der Holländer erfährt, daß Daland eine unverheiratete Tochter hat,
begehrt er sie – ohne sie zu kennen – prompt zur Frau und verspricht
Daland dafür seinen ganzen Reichtum. Daland, der schon immer von
einem begüterten Schwiegersohn träumte, kann sein Glück nicht fassen
und geht den Handel sofort ein, während der Holländer Hoffnung schöpft,
seinem verpfuschten Leben eine Wende geben zu können. Als der Wind
umschlägt, rüsten beide Schiffe zur Heimfahrt.

2. AKT: Die Mädchen des Dorfes haben sich im Haus Dalands
versammelt und spinnen gemeinsam für ihre Aussteuer. Nur Senta, Dalands Tochter, scheut die Arbeit. Sie starrt unentwegt ein Bild an der Wand
an, das den Fliegenden Holländer darstellt: Es erregt ihre Phantasie und ihr
Mitgefühl. Sie fordert ihre Amme Mary auf, die Ballade vom Fliegenden
Holländer zu singen, und da jene es ablehnt, singt Senta sie selbst. Dabei
steigert sie sich in immer heftigere Anteilnahme für ihn und sieht sich
schließlich in höchster emotionaler Aufwallung als seine Retterin, als seine
Erlöserin. Die Mädchen reagieren erschrocken, die Amme nimmt das Bild
von der Wand, da erscheint Sentas Verehrer Erik und kündigt die Ankunft
Dalands und seiner Mannschaft an. Mary und die Mädchen eilen ihnen
entgegen, Senta wird von Erik zurückgehalten. Er beklagt seine Liebesqua-
len, denn er fürchtet, von Daland als Schwiegersohn zurückgewiesen zu
werden, da er nur ein armer Jäger ist. Auch ist er sich Sentas Zuneigung
nicht sicher, da er ihre Schwärmerei für den Holländer kennt. Senta wehrt
ihn ab. Als er ihr warnend von einem Traum erzählt, in dem sie ihn
verlassen habe und mit einem bleichen Mann auf das Meer geflohen sei,
erkennt sie darin den Holländer. Nun weiß sie, daß er kommen wird und sie
mit ihm „zugrunde gehen" kann. Erik stürzt verzweifelt davon. Als Daland
mit dem Holländer das Zimmer betritt, heften sich die Blicke Sentas und
des Fremden sogleich fest aufeinander. Nachdem Daland die beiden einander vorgestellt und beider Vorzüge gepriesen hat, zieht er sich zurück. Nun
lassen sie ihren Gefühlen freien Lauf. Der Holländer erkennt in Senta das
Bild seiner lang gesuchten Erlöserin, während sie das tiefe Verlangen spürt,
ihm zu seinem Heil zu verhelfen: Sie schwört ihm Treue bis in den Tod. Am
Ende werden sie von Daland offiziell zu Verlobten erklärt.

3. AKT: In der Seebucht vor Dalands Haus feiern die norwegischen
Matrosen mit ihren Mädchen ihre glückliche Heimkehr; auf dem benachbarten Holländerschiff herrscht Totenstille. Als die Holländer auf die mehr-
malige Aufforderung der Einheimischen, mitzufeiern, nicht reagieren,

werden die Norweger übermütig und beginnen, die fremden Spukgestalten zu verspotten. Plötzlich erhebt sich in der Umgebung des Holländerschiffes ein heftiger Sturm, der den gespenstischen Gegenchor der Holländer-Mannschaft schrecklich anschwellen läßt. Die Festgäste verlassen daraufhin mit Entsetzen den grausigen Ort. Nachdem wieder Ruhe eingekehrt ist, erscheint Senta, gefolgt von Erik, der sie erregt zur Rede stellt. Er hält ihr vor, ein ihm zuvor gegebenes Treuegelöbnis gebrochen zu haben, doch Senta weicht ihm aus. Da springt plötzlich der Holländer, der die Szene belauscht hat, aus seinem Versteck und bezichtigt nun seinerseits Senta, von der er sich betrogen fühlt, der Untreue. Sie beschwört ihn, ihr zu vertrauen. Der aber läßt sogleich die Anker lichten und enthüllt ihr im Fortgehen den furchtbaren Fluch, der auf ihm lastet. Dann eilt er auf sein Schiff, um sie nicht ins Verderben zu ziehen. Senta aber will ihm ihre Treue mit allen Mitteln beweisen; sie reißt sich von Erik los, erklimmt ein vorstehendes Felsenriff und stürzt sich, das Treuegelöbnis bekräftigend, ins Meer. Das Schiff des Holländers versinkt mit lautem Getöse, Senta und er entsteigen dem Schiff in verklärter Gestalt.   *Attila Csampai*

Kommentar

Vier Topoi, die auch in Wagners weiterem Schaffen dominieren, bilden die Eckpfeiler der Handlung im *Fliegenden Holländer*: die Todessehnsucht, die Opferbereitschaft der Frau, der Liebestod und die Erlösung. Zur Motivation der Todessehnsucht greift Wagner ein Schema der romantischen Oper Heinrich Marschners wieder auf, das er zuvor bereits in seinem Opernerstling, *Die Feen* (1833/34), angewandt hatte: die unmögliche Liebesvereinigung zweier Welten. Wie Hans Heiling, so ist die Fee Ada ein Elementargeist, der sich auf die Liebe zu einem Sterblichen einläßt und dafür leiden muß. Aber anders als Heiling will Ada ihre Unsterblichkeit für die Liebe opfern, und dieser Verzicht der Frau bedingt die hier erstmals ausgesprochene Todessehnsucht. Die Opferbereitschaft der Frau ist ein weiterer, typisch Wagnerscher Topos: In seiner zweiten Oper, *Das Liebesverbot*, stellt die Protagonistin Isabella die Maxime auf: „Dem Weib gab Schönheit die Natur, dem Manne Kraft, sie zu genießen", und im letzten Bühnenwerk bleiben der Frau auf ihrem Weg zur Erlösung schließlich nur noch die Worte „Dienen, dienen". Anders jedoch als Marschner erweist sich Wagner als Utopist: Arindal in den *Feen* wird zum Künstler und darf so mit der von ihm durch Zauberkraft erlösten Frau die Unsterblichkeit teilen. Auch Wagners *Fliegender Holländer* folgt dem Schema Marschners nur partiell, um sich dann von ihm zu befreien, allerdings zugunsten des Topos vom Liebestod, der wiederum Wagners Gesamtschaffen durchziehen sollte und sogar in den heiteren *Meistersingern* anklingt. Doch auch der Liebestod entstammt dem Genre der vorwagnerischen romantischen Oper: In Ernst Theodor Amadeus Hoffmanns *Undine* (1816) deklariert Pater Heilmann den Mord Undines (des Elementargeists) an Huldbrand (dem Sterblichen) als Liebestod: „Des Himmels milder Wille hat ihn zum reinen Liebestod erkoren."

Glaubt man Wagners letzter Regiebemerkung: „Der Holländer und Senta, beide in verklärter Gestalt, entsteigen dem Meere; er hält sie umschlungen", so gibt es Liebestod und Erlösung bereits in der Urfassung des *Fliegenden Holländers*, aber der Komponist im Dichterkomponisten hat sich der Ausführung der Erlösungsidee im *Fliegenden Holländer* bis zum Jahre 1860 verweigert: Die ursprüngliche Partitur schließt, wie übrigens auch der deutsche Prosaentwurf des Jahres 1841, mit dem Versinken des Holländerschiffs. Tatsächlich ersehnt der Holländer in seinem großen Monolog (Nr. 2) inbrünstig die „ew'ge Vernichtung", so wie Wotan „das Ende" oder Tristan und Amfortas „den Tod" ersehnen werden. Für sein Streben nach dem Tod ist dem Holländer die Treue einer Frau nur Mittel zum Zweck.

Für Wagner bedeutete die Titelfigur rückblickend, in seiner *Mitteilung an meine Freunde* (1851), „die Sehnsucht nach Ruhe aus Stürmen des Lebens". Die Gestalt des „ewigen Juden" ist laut Wagner – kurz nach dem Verfassen seines antisemitischen Pamphlets *Das Judentum in der Musik* – in der Figur des Holländers implizit enthalten, aber auch die des Wanderers (auf dem Wasser – im Gegensatz zu dessen erdverbundenem Pendant im *Ring*-Zyklus). Da die Oper durch ein autobiographisches Erlebnis evoziert wurde – Wagners Erlebnis des Sturms im Skagerrak auf seiner abenteuerlichen Flucht vor Gläubigern, als blinder Passagier auf der „Thetis" –, liegt es nahe, in der Titelgestalt auch ein Ebenbild des rastlosen Komponisten selbst zu sehen, der entgegen seiner Doktrin nicht einmal in der Bürgerlichkeit seines Hauses „Wahnfried" Frieden fand. Doch die Erkenntnis der Verwandtschaft des Komponisten mit seinem negativen Helden ist bei Wagner allmählich gewachsen, seine Sympathie für die Holländer-Gestalt ist primär am musikalisch nachvollzogenen, verklärenden Erlösungsschluß, einem Wunsch-Bild des Komponisten, abzulesen. Während die im Jahre 1851 vom Komponisten zur thematischen Keimzelle der gesamten Oper erklärte Ballade der Senta für Wagner dreizehn Jahre später dem Wesen des Werkes nicht mehr zu entsprechen schien, weshalb er für sie eine neue Melodie konzipierte, ist die Gestalt des Holländers bereits in der Urfassung der Oper in ihrer Komplexität so perfekt, daß Wagner an der Titelfigur nichts mehr verändern mußte.

Wagner erklärt den Teufel, der seinem Holländer den Fluch ruheloser Meerfahrt auferlegt hat – in Verwandtschaft zu den Elementargeistern der Romantischen Oper – zum „Element der Wasserfluten und der Stürme", Senta jedoch zum „Weib der Zukunft". Wagners vierte vollendete Opernpartitur ist in ihren szenischen Ansprüchen (wie der Begegnung zweier Schiffe) und – zur Betonung des balladesken Charakters dieser Oper – der Forderung nach einer durchgehenden Aufführung ohne Pausen, kühner als jene Werke, die in bewußter Nähe zum Theater und mit dem Blick auf eine konkrete Realisierung entstanden, was dazu führte, daß diese Oper zu Lebzeiten des Komponisten nicht in der von ihm projektierten Weise aufgeführt werden konnte.

Geschichte

Die literarischen Quellen der Sage vom Fliegenden Holländer reichen nur zurück bis zum Anfang des 19. Jahrhunderts, und die sagengeschichtlichen Grundlagen liegen im dunkeln. Wagners Quellen sind Teile der Geschichten, die ihm Matrosen während der Überfahrt von Pillau nach Kopenhagen auf der „Thetis" erzählten, vermischt mit der ihm bereits zuvor bekannten Fabel des Fliegenden Holländers, wie sie der von Wagner hoch verehrte Heinrich Heine im siebten Kapitel seines Buches *Aus den Memoiren des Herren von Schnabelewopski* wiedergegeben hat. Heine beruft sich in seiner ironischen Erzählung auf ein angebliches niederländisches Theaterstück, das jedoch nicht nachweisbar ist. Vermutlich hat Heine in London im Jahre 1827 Edward Fitzballs *The Flying Dutchman or The Phantom Ship* im Adelphi-Theater gesehen und Motive daraus, gemischt mit Erzählungen von Fischern und Matrosen, die er auf Norderney gehört hatte, zu seiner Erzählung verarbeitet.

Zwei Jahre bevor Wagners Partitur zum erstenmal erklang, erlebte *Der fliegende Holländer* am 9. Januar 1841 seine Uraufführung an der Grand Opéra in Paris, unter dem Titel *Le vaisseau fantôme, ou Le maudit des mers, opéra fantastique en deux actes*, in der Vertonung von Pierre Louis Dietsch, denn Wagner hatte seinen französischen Prosaentwurf des Opernprojektes an den Operndirektor Léon Pillet verkauft. Nach der von Wagner selbst geleiteten Uraufführung seiner Komposition am 2. Januar 1843 in Dresden fanden in derselben Spielzeit noch Aufführungen in Riga und Kassel statt.

Auch die Berliner Erstaufführung am 7. Januar 1844 und die Züricher Premiere am 20. Mai 1852 dirigierte Wagner selbst.

Wiederholt hatte Wagner Retuschen an der Instrumentation vorgenommen und im Jahre 1860, für eine Konzert-Aufführung in Paris, den Schluß der Ouvertüre um einen Erlösungsschluß erweitert, der das Ende der Opernhandlung der Verklärung Isoldes annähert. Sein Plan, den *Fliegenden Holländer* grundlegend zu überarbeiten, blieb freilich Projekt. Dennoch stufte Wagner die Romantische Oper *Der fliegende Holländer* als die früheste seiner bayreuthwürdigen Opern ein. Im Jahre 1896 erschien eine von Felix Weingartner edierte Partitur, die Wagners Revisionen zur Grundlage der weiteren Aufführungstradition machte. In dem von Cosima Wagner nach Wagners Tod veranlaßten Klavierauszug wird durch Eliminierung der Nummernangaben vorgetäuscht, die Oper sei bereits ein durchkomponiertes Musikdrama. Die früheste pausenlose Aufführung erfolgte als Bayreuther Erstaufführung im Jahre 1901.

Wagners Enkel Wieland analysierte, daß der Holländer nicht erlöst zu werden wünscht, daß seine Bindung zum Meer, tiefenpsychologisch eine Metapher für die Bindung an die Mutter, stärker ist als seine Hoffnung, durch die blindgläubige Liebe einer Frau erlöst zu werden. Und tatsächlich fällt der Entschluß, Senta zu verlassen, in der Uraufführung der Oper noch zwei Takte früher als in der revidierten Partitur. Im Jahre 1959 griffen Wieland Wagner und Wolfgang Sawallisch in Bayreuth partiell auf die Urfassung zurück (Ballade in a-moll, hartes Ende von Ouvertüre und Oper; die Vorspiele zum 2. und 3. Akt entfielen ganz). Konsequenter wurde die Urfassung des Jahres 1841 von Harry Kupfer in seiner Bayreuther Inszenierung des Jahres 1978 gespielt. Hier erklang durchweg die instrumentatorisch härtere Version, deren Orchestrierung offenbart, wie nahe Wagner 1841 der Manier der später von ihm so geschmähten französischen grand opéra stand. Jedoch wurden in Kupfers Inszenierung die erst für die Uraufführung in Dresden geänderten Namen Daland und Erik anstelle der in der Partitur verwendeten Namen Donald und Georg (von Wagner als Geórg be- und vertont) sowie textliche Retuschen der späteren Fassung beibehalten. Auch zwei erst nach der Urfassung hinzugekommene Zwischenakte blieben ungestrichen, da sie offenbar aufgrund einer länger dauernden Verwandlung erforderlich schienen. Kupfers Deutung, die Handlung als einen gefährlichen Traum aus der Sicht Sentas zu erleben, einer emanzipierten Frau, die von ihrer spießigen Gesellschaft in den Wahnsinn und in den Tod getrieben wird, ist die bis heute in der Veränderung der Sichtweise weitestreichende, ungemein konsequent umgesetzte szenische Konzeption. Herbert Wernicke hatte für seine Inszenierung an der Bayerischen Staatsoper 1981 – ähnlich wie vordem Ulrich Melchinger in Kassel – die Sehnsucht des Holländers nach Bürgerlichkeit in den Mittelpunkt der Deutung gestellt und als Einheitsraum ein Wohnzimmer gewählt, in dem sich der Holländer einnistet, während sich Senta ersticht. Die Neuinszenierung des *Fliegenden Holländers* auf der Seebühne der Bregenzer Festspiele durch David Pountney im Sommer 1989 zeigte die Holländer-Rezeption in der Gesellschaft der Industrialisierung mit einer durch Sentas Ballade in den Arbeiterinnen ausgelösten revolutionären Haltung. Die pausenlose Fassung mit dem Erlösungsschluß gerät hier zur technisch brillanten Konfrontation von vier Welten, denen eigene Schauplätze zugeordnet sind: die des Erik eine stark bewachsene, kleine Natur-Insel, die der Senta ein wasserüberfluteter Salon mit Sofa und überdimensionalem Flügel, die des Daland eine Industriewelt – mal Dampfer, mal Weberei – und schließlich ein Schiff in Form eines drehbaren Hochhauses als Welt des Holländers, der – mit Charakterzügen von Blaubart – durchaus real gesehen wird, ein Künstler der Zukunft. Senta stürzt sich von einem dreißig Meter hohen Leuchtturm in den See, während das Holländerschiff in einem Todestaumel davonfährt.

Peter P. Pachl

Diskographische Empfehlung

1959 – Bayreuther Festspiele: Wolfgang Sawallisch, Chor und Orchester der Bayreuther Festspiele. Leonie Rysanek (Senta), George London (Holländer), Josef Greindl (Daland), Fritz Uhl (Erik). Melodram, MEL 590

1960 – London: Antal Dorati, Chor und Orchester des Royal Opera House Covent Garden. Leonie Rysanek (Senta), George London (Holländer), Giorgio Tozzi (Daland), Karl Liebl (Erik). Decca 66.30076

1968 – London: Otto Klemperer, BBC Chorus, New Philharmonia Orchestra London. Anja Silja (Senta), Theo Adam (Holländer), Martti Talvela (Daland), Ernst Kozub (Erik). EMI, SMA 91 763/65

Tannhäuser und der Sängerkrieg auf Wartburg
Große romantische Oper in drei Akten

Text: Richard Wagner

Uraufführung: 19. März 1845, Königlich Sächsisches Hoftheater, Dresden

PARISER FASSUNG: 13. Oktober 1861, Académie Impériale de Musique, Paris

Personen: Herrmann, Landgraf von Thüringen (Baß); Tannhäuser (Ten); Wolfram von Eschenbach (Bar); Walther von der Vogelweide (Ten); Biterolf (Baß); Heinrich der Schreiber (Ten); Reinmar von Zweter, Ritter und Sänger (Baß); Elisabeth, Nichte des Landgrafen (Sop); Venus (Sop); Ein junger Hirt (Sop); Vier Edelknaben (Sop/Alt)

Chor und Ballett: Thüringische Grafen; Ritter und Edelleute; Edelfrauen; Ältere und jüngere Pilger; Sirenen; Najaden; Nymphen; Bacchantinnen

PARISER FASSUNG: Die drei Grazien; Jünglinge; Amoretten; Satyre und Faune

Ort und Zeit: Thüringen, Wartburg, Anfang des 13. Jahrhunderts

Orchester: 3 Fl (2. auch Picc), 2 Ob, 2 Kl, Bkl, 2 Fg, 2 Ventilhrn, 2 Waldhrn, 3 Trp, 3 Pos, Btb, Pkn, GrTr, Bck, Trgl, Tamburin, Hrf, Streicher

Auf der Bühne: E.H., 4 Ob, 6 Kl, 4 Fg, 12 Waldhrn, 12 Trp, 4 Pos, Tr, Bck, Tamburin [zusätzlich in PARISER FASSUNG: Kastagnetten, Hrf]

Form: Durchkomponiert

Aufführungsdauer: Ca. 3 ¾ Stunden

Verlag: B. Schott's Söhne, Mainz (Richard-Wagner-Gesamtausgabe)

Handlung

1. AKT: Aus dem Inneren des Hörselberges, wo er in den Armen der Venus den Sinnenrausch genossen hat, sehnt sich Tannhäuser in die Welt der Menschen zurück. Die Liebesgöttin versucht, den Sänger zum Bleiben zu bestimmen, doch begehrt er immer stärker auf, bis sich der Bann löst. Bei der Anrufung Marias versinkt das Reich der Venus, und Tannhäuser findet sich in ein Tal vor der Wartburg versetzt. Der Anblick eines jungen Hirten,

der das Erwachen der Natur mit einem Mailied begrüßt, und einer Pilger-
schar, die auf einer Wallfahrt nach Rom vorbeizieht, läßt ihn erschüttert in
ein Dankgebet ausbrechen. Hierbei wird er von einer Jagdgesellschaft
überrascht, die Landgraf Herrmann anführt. Seine früheren Gefährten
fordern ihn zur Rückkehr in ihren Kreis auf, doch zögert Tannhäuser. Erst
als sein Freund Wolfram an Elisabeth, die Nichte des Landgrafen, erinnert
und von den Zeichen ihrer Liebe zu ihm berichtet, folgt er den Rittern.

2. AKT: In der Sängerhalle der Wartburg vertraut Elisabeth bei
ihrem Wiedersehen Tannhäuser scheu ihre Liebesgefühle an. Zur Feier
seiner Rückkehr hat der Landgraf ein Fest vorbereitet, das ein Sängerwett-
streit krönen soll. Zur Aufgabe stellt er, das Wesen der Liebe zu ergründen,
und der Sieger soll den Preis aus Elisabeths Händen empfangen. Vom Los
bestimmt, beginnt Wolfram, dessen Lied vom Ideal der hohen Liebe kündet. Gereizt hält ihm Tannhäuser entgegen, die Liebe anders zu kennen,
und als Walther ihn zurechtweist, bricht es erregt aus ihm hervor, daß er ihr
wahres Wesen im sinnlichen Genuß erblicke. Biterolf wendet sich empört
gegen diese Lästerung, und nun verliert Tannhäuser vollends die Beherrschung, in äußerster Verzückung stimmt er sein Preislied auf Venus an.
Nach dem Bekenntnis seiner Sünde dringen die Ritter auf ihn ein, doch
stellt sich Elisabeth schützend vor ihn. Der Landgraf weist Tannhäuser den
Weg zur Rettung seines Seelenheils; er soll sich einem Pilgerzug anschließen und in Rom Vergebung erflehen.

3. AKT: Im Tal vor der Wartburg beobachtet Wolfram, wie Elisabeth
für Tannhäusers Seelenheil betet und seine Rückkehr erwartet. Der Zug
der Pilger kommt, aber Tannhäuser ist nicht unter ihnen. Demütig fleht
Elisabeth zur Heiligen Jungfrau, ihr Leben als Sühne für seine Freveltaten
anzunehmen. Im Wissen um ihre Opferbereitschaft sendet Wolfram mit
dem Gesang an den Abendstern Elisabeth einen letzten Gruß. Erschöpft
wankt ein Pilger heran, es ist Tannhäuser. Auf Wolframs Bitten erzählt er
von den Leiden der Wallfahrt und daß ihm der Papst die Gnade verweigerte: Wie der Priesterstab in seiner Hand nie mehr ergrünen werde, so
könne Tannhäuser nie Erlösung finden. Von Ekel und Haß gegen die Welt
durchdrungen, fiebert der Entkräftete einzig nach Venus, die auf seinen Ruf
hin auch erscheint. Doch mit Elisabeths Namen zerstört Wolfram die zauberhafte Erscheinung. Ein Trauerzug naht mit dem Leichnam Elisabeths,
und Tannhäuser sinkt sterbend an ihrem Sarg nieder, während eine Schar
von Pilgern einen ergrünten Priesterstab bringt und mit diesem Wunder die
Erlösung verkündet.

Kommentar

Die These, daß sich in *Tannhäuser* eine Künstlerbiographie spiegele und der für das Werk entscheidende Impuls in Wagners Identifikation mit der Titelrolle – als Mensch wie als Künstler – liege, kann sich auf mehrere Äußerungen von ihm berufen. Wagner selbst sprach vom Zwiespalt in seiner Natur und nannte als deren Gegensätze die „Neigung zu wildem sinnlichen Ungestüm" und den „Ernst eines ursprünglichen Empfindungswesens". Tannhäuser ist ein in Sinnlichkeit und Keuschheit tief gespaltener Mensch, zudem von seinem dionysisch entgrenzten Wesen in den Exzeß von Rausch wie Askese getrieben. Ein Geworfener, irrt er in der Sucht nach Lebenserfüllung zwischen den Extremen hin und her, zwischen den Sphären der höheren und niederen Liebe, zwischen Elisabeth und Venus, zwischen Wartburg und Hörselberg. Elisabeth hat er verlassen, um dem Ideal der freien Liebe zu leben, doch sobald er in deren Genuß gelangt ist, sehnt er sich aus der Welt zeitlosen Sinnenrausches – dem künstlichen Paradies – wieder in die Welt der Menschen, die Schmerz und Leid kennt. Aber auch hier bleibt Tannhäuser heimatlos, ein Außenseiter. Ohne Fähigkeit und Wille zur gesellschaftlichen Integration stellt er mit seinem schrankenlosen Individualstreben die starre Ordnung der Wartburggemeinschaft in Frage, so daß der Konflikt unausweichlich folgt. Ein Rebell wie Tannhäuser, der sich dem eingefrorenen Lebensritual der Ritterschaft, die sich mit apollinischem Glanz umgibt, nicht beugt und an ihre Tabus rührt, wirkt als tiefe Irritation. Befremdet in diesem Kreise bereits die Militanz eines Biterolf, so wird an der Bereitschaft des Kollektivs, den Provokateur zu massakrieren („In seinem Blute netzt das Schwert!") statt ordentlich Gericht zu halten, vollends deutlich, daß dessen vergeistigter Sittenkodex auf mühsam bewältigter Triebsublimierung beruht. *Tannhäuser* ist ein Ideendrama, aber wie sehr das Werk, in dem erstmals auf die Einteilung in musikalische Nummern verzichtet wird, noch im Spannungsfeld von Oper und Drama steht, verraten die Momente von Wagners Scheitern und die Stellen der dramaturgischen Unsicherheit. So führte die überdimensionierte, nur an der dramatischen Idee, nicht an der Praxis orientierte Rollenkonzeption Tannhäusers, der „nie und nirgends etwas nur ‚ein wenig', sondern alles voll und ganz" ist, zu kaum einlösbaren Forderungen an die Tenorpartie, was zu Kürzungen und anderen Zugeständnissen, gegen Drama und Musik gerichtet, zwang. Aufschlußreich auch Wagners Schwanken zwischen szenischen Lösungen im 3. Akt: Gegen die ursprüngliche Absicht, die erneute Versuchung der Venus als „visionären Vorgang" Tannhäusers, Elisabeths

Tod als „Akt der divinatorischen Begeisterung" Wolframs und das Stabwunder „nur durch Worte" abstrakt darzustellen, entschied er sich schließlich für deren Sichtbarmachung. Die Idee, die ihre Umsetzung in die Bühnenrealität als Veräußerlichung scheut, beugt sich der theatralischen Notwendigkeit zur szenischen Konkretion. Wo Wagner auf traditionelle Formmodelle der Oper zurückgreift, ist er bemüht, Einschnitte zu überdecken. Den italienischen Finaltypus nach dem Schema concertato/stretta, der bereits für die Gestaltung des ersten Aktschlusses Vorbild war, verarbeitet er in der Sängerhalle zu einem ebenso weiträumigen und komplexen wie organisch wirkenden Formgebilde. Wohl übernimmt er im Concertato mit der zunehmenden Verdichtung des Stimmengewebes und den aufsteigenden Sequenzgängen, bis bei massivem Blechbläsereinsatz und Paukenwirbel der dynamische Höhepunkt erreicht ist, die üblichen Konstruktionsmittel. Doch verschleiert er den Beginn des concertato, indem er Elisabeths Eröffnungssolo zweiteilt und den vorbereitenden Andante-Abschnitt durch allmähliche Tempoverbreiterung kaum merklich in den Adagio-Satz hinübergleiten läßt – und auf gleiche Weise verfährt er mittels Temposteigerung auch bei der stretta, um den dramatisch-musikalischen Fluß nicht abreißen zu lassen. Die in *Tannhäuser* angestrebte Kontinuität von Handlung und Musik wird gerade dort erkennbar, wo Wagner sie gegen das starre Nummernschema durchzusetzen sucht.

Geschichte

Wie schon der Doppeltitel *Tannhäuser und der Sängerkrieg auf Wartburg* zum Ausdruck bringen will, verbinden sich in Wagners Dichtung zwei Stoffkreise, deren Überlieferung getrennt erfolgte. Um die Figur des historisch verbürgten Minnesängers rankten sich die Legenden von seinen Erlebnissen im Venusberg, der Bußfahrt zu Papst Urban und dem Wunder des ergrünten Stabes, die mit dem *Tannhäuserlied* seit 1520 belegt sind. Schon im 13. Jahrhundert entstand das Gedicht *Singerkriec ûf Wartburc*, das den später auf 1207 datierten Wettstreit schildert, der am Hofe des Landgrafen Herrmann I. von Thüringen stattgefunden haben soll. Nachdem Ludwig Tieck die Tannhäuser-Mythe 1799 in seiner Erzählung *Der getreue Eckart und der Tannenhäuser* wieder aufgegriffen hatte, nahmen von Arnim und Brentano das *Tannhäuserlied* 1806 in ihre Sammlung *Des Knaben Wunderhorn* auf. 1816 folgte eine Prosafassung der Ballade durch die Brüder Grimm, und 1836 erschien Heines parodistisches Gedicht *Der Tannhäuser*. Die Wartburgsage wurde von E. T. A. Hoffmann 1819 als *Der*

Kampf der Sänger neu gestaltet, daneben von de la Motte Fouqué 1826 in der Erzählung *Der Sängerkrieg auf der Wartburg.* Unter dem Einfluß von C. T. L. Lucas, der in seiner Schrift *Ueber den Krieg von Wartburg* (1838) die These einer Identität von Tannhäuser und dem nur aus der Wartburgsage bekannten Heinrich von Ofterdingen vertrat, verknüpfte Wagner beide Sagen und reicherte sie mit Motiven an, die er in den Stoffquellen der deutschen Romantik vorfand.

Unter Wagners Regie und musikalischer Leitung kam *Tannhäuser* mit seiner Nichte Johanna Wagner als Elisabeth, Wilhelmine Schröder-Devrient als Venus und Joseph Tichatschek in der Titelpartie am 19. Oktober 1845 im Dresdner Hoftheater zur Uraufführung. Der zunächst zögernde Beifall des Publikums steigerte sich im Verlauf der Aufführungen und nach verschiedenen Änderungen, die Wagner besonders am Schluß der Oper vorgenommen hatte. Erst die zweite Inszenierung von 1849 unter Franz Liszt am Hoftheater Weimar brachte den Durchbruch, seit 1852 erschien das Werk auf vielen deutschen Bühnen. Ein Theaterskandal ereignete sich bei der Pariser Erstaufführung am 13. März 1861 als Reaktion des einfluß-reichen Jockey-Clubs, der die Verlegung des obligatorischen Balletts an den Anfang der Oper, wozu Wagner das „Bacchanale" eingefügt und die gesamte Venusbergszene neugefaßt und erweitert hatte, nicht hinnahm. Nach ständigen, sich über dreißig Jahre hinziehenden Revisionen griff Wagner 1875 anläßlich der Produktion an der Wiener Hofoper letztmals in die Partitur ein, deren Form dann auch für Bayreuth als verbindlich galt, zuerst 1891 für eine Inszenierung Cosima Wagners. Die spätere Aufführungspraxis machte häufig von Mischfassungen Gebrauch und von Kürzungen, um die extremen Anforderungen an die Tenorpartie zu mindern.

Peter Ross

Diskographische Empfehlung

1970 – Wien: Georg Solti, Mitglieder der Wiener Sängerknaben, Chor der Wiener Staatsoper, Wiener Philharmoniker. René Kollo (Tannhäuser), Helga Dernesch (Elisabeth), Christa Ludwig (Venus), Victor Braun (Wolfram). Teldec 6.35193 (Pariser Fassung)

1985 – München: Bernard Haitink, Chor und Orchester des Bayerischen Rundfunks. Klaus König (Tannhäuser), Lucia Popp (Elisabeth), Waltraud Meier (Venus), Bernd Weikl (Wolfram). EMI 270265-3 (Dresdner Fassung)

Lohengrin
Romantische Oper in drei Akten

Text: Richard Wagner

Uraufführung: 28. August 1850, Hoftheater, Weimar

Personen: Heinrich der Vogler, deutscher König (Baß); Lohengrin (Ten); Elsa von Brabant (Sop); Friedrich von Telramund, brabantischer Graf (Bar); Ortrud, seine Gemahlin (Mez); Heerrufer des Königs (Baßbar); Vier brabantische Edle (2 Ten, 2 Bässe); Vier Edelknaben (2 Sop, 2 Alt)

Chor: Sächsische und thüringische Grafen und Edle; Brabantische Grafen und Edle; Edelfrauen und Edelknaben; Mannen; Frauen; Knechte

Ort und Zeit: Am Ufer der Schelde bei Antwerpen und in der Burg von Antwerpen, um die erste Hälfte des 10. Jahrhunderts

Orchester: 3 Fl (2. auch Picc), 2 Ob, E.H., 2 Kl, Bkl, 3 Fg, 4 Hrn, 3 Trp, 3 Pos, Btba, Pkn, Schlgzg, Hrf, Streicher

Auf der Bühne: 4 Trp, 3 Fl (2. auch Picc), 3 Ob, 3 Kl, 2 Fg, 4 Hrn, weitere 8–12 Trp, Pkn, Bck, Org, Hrf, Trgl, Gl in E, Rührtr

Form: Durchkomponiert

Aufführungsdauer: Ca. 4 Stunden

Verlag: Breitkopf & Härtel, Wiesbaden; B. Schott's Söhne, Mainz (Richard-Wagner-Gesamtausgabe)

Handlung

1. AKT: König Heinrich I., der in seinem Reich Truppen gegen einen drohenden Hunneneinfall mobilisiert, hält Gericht in der Provinz Brabant. Graf Telramund klagt gegen Elsa: sie habe ihren Bruder Gottfried, nach dem Tod ihres Vaters Thronfolger des Herzogtums, ermordet und strebe zusammen mit einem Liebhaber die Macht an. Die legitime Thronfolge aber stehe ihm selbst nach dem Tod Gottfrieds zu. Durch seinen Heerrufer fordert der König die Beklagte auf, vor Gericht zu erscheinen. Mit ihrem anrührenden Wesen beeindruckt Elsa das Volk und auch den König. Statt einer Verteidigungsrede trägt sie ein Traumerlebnis vor: „Einsam in trüben Tagen" – die Vision eines glänzenden Ritters, der ihr Streiter sein soll. In die allgemeine Ergriffenheit setzt Telramund seinen nun verschärften Vorwurf: Die Traumvision Elsas sei der Beweis für ihre geheime, unstatthafte Liebschaft. Da läßt der König sein Gottesgericht ausrufen. Telramund ist bereit,

sich einem Zweikampf auf Leben und Tod, auf Lüge und Wahrheit auszusetzen. Als der zweimalige Ruf nach Elsas Vertreter in diesem Zweikampf erfolglos bleibt, sinkt Elsa betend in die Knie, und in einer weltlichen Wandlung erleben die Umstehenden ein Wunder: In einem Nachen, über die Schelde von einem Schwan gezogen, erscheint ein Ritter (Lohengrin), genau wie Elsa ihn als Vision gesehen hatte. Er ist bereit, für Elsa zu kämpfen und sie zu heiraten. Nur darf sie nie nach seinem Namen und seiner Herkunft fragen. Elsa stimmt der Bedingung zu, und der fremde Ritter besiegt Telramund, schenkt dem Besiegten aber das Leben.

2. AKT: In der Nacht darauf sitzen Telramund und seine Frau Ortrud, eine heidnische Seherin, auf den Stufen des Münsters. Sie hatte Telramund zu seiner falschen Aussage aufgestachelt, und es gelingt ihr erneut, Telramund mit dem Versprechen auf die Herrschaft über Brabant gegen Elsa aufzuwiegeln. Sie selbst heuchelt dieser Demut vor, träufelt ihr zugleich aber Mißtrauen gegen den fremden Ritter ein. Beim Hochzeitszug stellt sich Ortrud Elsa in den Weg und verlangt den Vortritt, weil der fremde Ritter von zweifelhafter Herkunft sei. Telramund klagt ihn der Zauberei an und verlangt seine Namensnennung. Doch Lohengrin will nur einem Menschen dieses Recht zugestehen: Elsa selbst. Als sie ihn ihres Vertrauens versichert, kann der Zug den Weg zur Trauung fortsetzen.

3. AKT: Im Brautgemach kann Elsa ihr aufkeimendes Mißtrauen gegen alle Beschwörungen Lohengrins nicht mehr bändigen und stellt ihm die Frage „nach Nam' und Art". Da stürzt Telramund herein, um sich an Lohengrin zu rächen. Der streckt ihn mit dem Schwert nieder und will vor Volk und König sein Geheimnis offenbaren. – Am frühen Morgen versammeln sich die nun kriegsbereiten Brabanter mit den Sachsen vor dem König. In seiner Gralserzählung („In fernem Land") gibt der fremde Ritter seine Identität preis: Es ist Lohengrin, Parzivals Sohn und Ritter des heiligen Grals. Er tritt für die verfolgte Unschuld ein, die er aber nur unerkannt retten darf. Alles Flehen Elsas um den Ehemann, des Königs um den Kriegsgefährten ist vergebens: Schon erscheint der Schwan, um Lohengrin zurückzuführen. Da bricht Ortrud in einen Triumphruf aus und gesteht ihre Schuld: Sie hatte den Thronerben Gottfried in einen Schwan verzaubert und erkennt ihn nun in ihm anhand eines Halsbands. Auf Lohengrins Gebet hin versinkt der Schwan, und an seiner Stelle erscheint der entzauberte Gottfried. Lohengrins Kahn wird von einer Taube fortgezogen, Elsa sinkt tot in die Arme ihres Bruders, der legitimer Herrscher über Brabant sein wird.

Kommentar

Der *Lohengrin* steht in der Biographie Wagners wie in der Entwicklung seines Musiktheaters an entscheidender Schnittstelle. Dieses Werk war seine letzte romantische Oper, ehe er sich – über die Vermittlungsstufe seiner im Exil seit 1849 geschriebenen theoretischen Abhandlungen wie *Eine Mitteilung an meine Freunde* oder *Oper und Drama* – der Zukunftskunst des erstmals im *Ring des Nibelungen* entfalteten Musikdramas zuwandte. Gleichzeitig markiert die 1846 begonnene und in einem Schaffensrausch am 28. April 1848 beendete Kompositionsarbeit biographisch jenen Einschnitt, der mit Wagners Einlassung auf die Ereignisse der Realpolitik nicht nur zur Flucht aus Dresden, sondern auch zu einer langen Abstinenz vom Komponieren selbst führte. Doch die auf der Hand liegende Einteilung in eine vor- und nachrevolutionäre Phase erweist sich in bezug auf Wagners Lebenskunstwerk als zu kurz gegriffen: Das Alte hat auch im Neuen eine latente Gewalt. So räsonierte der Komponist kurz nach Fertigstellung der Partitur im Dresdner Vaterlandsverein am 14. Juni 1848 über das Verhältnis zwischen republikanischen Bestrebungen und der Legitimation des Königtums. Er selbst setzte sich mit der Formel vom König als dem ersten Republikaner ideologisch ab von den radikaldemokratischen Bestrebungen seiner Freunde und schrieb noch im selben Jahr den Aufsatz *Die Wibelungen*, in dem er mit Hilfe einer Mythenklitterung den Hort der Nibelungen heilsgeschichtlich mit dem Gral, realhistorisch mit der Einführung des Kapitalismus in Verbindung brachte (vgl. Abschnitt Geschichte zum *Ring*). Das war die Initialzündung zum *Ring des Nibelungen.* Die Verbindung der Stoffkreise war für Wagner gegeben durch die fraglose Legitimation königlicher Gewalt. 1864 nahm er ihr in der Schrift *Über Staat und Religion* die letzten republikanischen Relikte, und 1867 differenzierte er das Gewaltmonopol des Königtums in Richtung auf das Gottesgnadentum in der Untersuchung *Deutsche Kunst und deutsche Politik*: ideologische Vorbereiter von Bismarcks in der Gründung des Deutschen Reichs praktizierter Lösung einer Revolution von oben.

Diese Entwicklung des Politkommentators Wagner ist in seiner romantischen Oper *Lohengrin* schon angelegt. Die Aura in der Gestalt des Ritters, dessen Name und Herkunft geheim bleiben müssen, hat nichts mit der Wagner noch 1848 vorschwebenden Idee eines republikanisch getönten Volkskönigtums gemein. Vielmehr muß sie verstanden werden als jene Form des autoritären Schweigegebots, in der die Aura selbst an die Stelle der Realität tritt: konkretisiert, muß sie des Laien Auge fliehen. Der Rückzug Lohengrins auf die alles bestimmende Autorität seines Vaters Parzival gehört wesensgemäß in diesen Bereich der Autoritätsentlehnung im Unüberprüfbaren. Mag sein, daß sich in dieser Loyalität dem Vater gegenüber auch eine Sexualproblematik verbirgt, zumal einzelne Wörter des Telramund zur Aufdeckung des Namens eine Depotenzierung Lohengrins nahelegen. „Laß mich das kleinste Glied ihm nur entreißen", sagt der Verschwörer an Elsa gerichtet, so werde die ganze Aura falscher Macht von ihm abfallen. Prekär wird dieser Zusammenhang dadurch, daß Wagner selbst sich mit Lohengrin identifiziert hat, wie aus der *Mitteilung an meine Freunde* zu folgern ist. Hier legte er seiner späteren Gemeinde die Deutung seines Rückzugs aus den Bedingtheiten des gesellschaftlichen Lebens vor als Prämisse seiner Gottwerdung „in einem klaren heiligen Ätherelement", der Wirklichkeit entrückt, hoch über den Wolken, wo er sich als „Gott, d. h. absoluter Künstler" vorkommt. Wie sein Held Lohengrin wollte er durch nichts als „das Gefühl rückhaltlos aufgenommen und verstanden" werden, unter Ausschaltung jeglicher Rationalität. So markiert das Frageverbot für Elsa Wagners Grenzüberschreitung vom antifeudalistisch gesinnten Revolutionär zum Verfechter einer kollektiven Moral, in der die individuelle ausgelöscht wird: Elsas Vergehen besteht in der Verweigerung eines Kadavergehorsams, und ihre Verfehlung wird nur deshalb zu einer allgemeinen, weil dem Volk der Brabanter und Sachsen mit Lohengrin die wahre Führergestalt im Krieg gegen die Hunnen verlorengeht. Elsas Schuld liegt nicht in der Tabuverletzung, sondern in ihrer Uneinsichtigkeit, daß ihr Vergehen zu einem an der Volksgemeinschaft wird. Obwohl Adolf Hitler den *Lohengrin* erstmals schon als Zwölfjähriger sah, hat er die Lektion nie vergessen.

Diesen Paradigmenwechsel von der individuellen zur kollektiven Moral hat Wagner in der Mitteilung an seine Freunde direkt angesprochen. Da geriet ihm der Tod Elsas gar zum Selbstmord, zu einer Selbstpreisgabe, die ihm Urbild des „wahrhaft Weiblichen" war. Die tote, in der mystischen Selbstaufopferung zu ihrer wahren Bestimmung vorgedrungene Elsa wurde so zum Ideal einer völkischen Treue bis zum Tod: „Sie war der Geist des Volkes, nach dem ich auch als künstlerischer Mensch in meiner Erlösung verlangte." Das ist die Fluchtlinie, auf der Wagner aus der Realwelt ausschert und in das hermetische Reich des Gesamtkunstwerks eintritt. Musikalisch klingt es dem Hörer mit den ätherischen A-dur/fis-moll-Klängen des Vorspiels sirenenhaft verführerisch entgegen, in den für die Gralsburg stehenden Akkordblöcken aber dann auch schockierend banal im Verzicht auf den geschliffenen modulatorischen Übergang. Das C-dur der 1. Szene

ist blechbläserklirrend, die fis-moll-Welt Ortruds im 2. Akt mit ihrem aus
dem melodisch aufgeteilten Raum eines verminderten Septakkords bestehenden Umgarnungsmotiv wahre Zukunftsmusik. Der Zwiespalt des
Werks zeigt sich schon vollständig im Vorspiel, und zwar dem crescendo der
Bläserakkorde. Dort taucht zweimal D-dur auf, achsensymmetrisch zen-
triert durch die Tonalität des Hauptkonflikts: Fis und A. Aber dieses D-dur,
seit der Schlußapotheose im *Fliegenden Holländer* Wagners Erlösungston-
art, bleibt trivial, hat keinen Anteil an ihren späteren Erscheinungsformen:
dem „göttlich ewigen Urvergessen" des 3. *Tristan*-Akts, dem plötzlich sich
hochreckenden Arm des toten Siegfried, dem Schweben des Gralsspeers
über Parsifal, wo es als enharmonisch verwechseltes Eses-Dur zum Klangbild einer Grenzüberschreitung wird. Gegenüber solchen Klängen ist Lohengrins Entschwinden die eher zweifelhafte Flucht eines traurigen Helden aus der Wirklichkeit.

Geschichte

Die Ur-Idee zur Komposition des *Lohengrin* kam Wagner während
seines ersten Paris-Aufenthalts 1839/42, als er mit dem Sagenkreis um
Tannhäuser Bekanntschaft machte. In einem Jahresheft der Königsberger
Deutschen Gesellschaft las er neben einem Wartburg-Aufsatz, der zur
Inspirationsquelle für den *Tannhäuser* wurde, eine Inhaltsangabe des mittelalterlichen *Lohengrin*-Epos. Vertieft wurde seine Bekanntschaft mit dem
Stoff im Juli 1845, als er einen fünfwöchigen Kuraufenthalt in Marienbad
nahm. Bei der Gelegenheit las er den *Parzival* des Wolfram von Eschenbach
in der neuhochdeutschen Bearbeitung von Karl Simrock mit der Einleitung
von San-Marte (= Albert Schulz), ferner die Einleitung, die Joseph Görres
schon 1813 seiner Ausgabe des *Lohengrin, altteutsches Gedicht nach der
Abschrift des Vatikanischen Manuscriptes von Ferdinand Gloeckle,* vorangestellt hatte. Zu Simrocks 1842 edierter Übersetzung und der ein Jahr zuvor
erschienenen Abhandlung San-Martes über Wolframs Leben und Werk
kamen als weitere Quellen Jacob Grimms *Weisthümer* (1842) sowie dessen
Ausgabe der *Deutschen Sagen* (1816/18), aus denen Wagner die Figur der
Ortrud gewann. Am 3. August 1845 war die erste Prosaskizze des Textbuchs
fertig, im November das ganze Libretto. Die Arbeit an der Komposition
begann Wagner im Frühjahr 1846, am 9. September die an der Instrumentation. Die Arbeit zog sich, oft unterbrochen, durch das ganze Jahr 1847 hin,
am Neujahrstag 1848 wurde die Reinschrift der Partitur begonnen, am
28. April ist das Werk vollendet. Die Uraufführung leitete Franz Liszt am

28. August 1850 in Weimar, ohne Anwesenheit des nach seiner Flucht aus Dresden 1849 immer noch steckbrieflich verfolgten Komponisten. Der sah und hörte seine Oper erstmals am 15. Mai 1861 in der Wiener Hofoper. Da war *Lohengrin* schon längst über Wiesbaden (1853), Leipzig, Breslau, Stettin, Frankfurt/Main, Darmstadt (alle 1854), Köln, Hamburg, Düsseldorf, Augsburg, Hannover, Prag, Riga (alle 1855), Bremen, Würzburg, Mainz, Karlsruhe (alle 1857), München (in Gegenwart des späteren Königs Ludwig II.) und Wien (1858) sowie Dresden (1859) zu einem nationalkulturellen Repertoirewerk geworden. In den 60er Jahren des 19. Jahrhunderts begann auch der internationale Siegeszug der Oper: Budapest, Rotterdam, St. Petersburg waren 1866 die ersten Stationen, es folgten neben anderen Städten Bologna (1871 in Gegenwart Verdis), Bern 1873, Boston 1875, Melbourne und Chicago 1880, Moskau 1881, Buenos Aires 1883, Paris 1891. Die erste Aufführung des *Lohengrin* bei den Bayreuther Festspielen fand 1894 statt. Bis zum Zweiten Weltkrieg war der auf der Bühne bis dahin nie in seiner Zwiespältigkeit ausgeleuchtete *Lohengrin* Wagners meistgespieltes Werk.   *Ulrich Schreiber*

Diskographische Empfehlung

1962 – Wien: Rudolf Kempe, Chor der Wiener Staatsoper, Wiener Philharmoniker. Jess Thomas (Lohengrin), Elisabeth Grümmer (Elsa), Dietrich Fischer-Dieskau (Telramund), Christa Ludwig (Ortrud). EMI, CDS 7490178 (AAD)

Tristan und Isolde
Handlung in drei Akten

Text: Richard Wagner
Uraufführung: 10. Juni 1865, Königliches Hof- und Nationaltheater, München
Personen: Tristan (Ten); König Marke (Baß); Isolde (Sop); Kurwenal (Bar); Melot (Ten); Brangäne (Sop); Ein Hirte (Ten); Ein Steuermann (Bar); Ein junger Seemann (Ten)
Chor: Schiffsvolk; Ritter und Knappen; Frauen aus Isoldes Gefolge
Ort und Zeit: Zu Schiff auf dem Weg von Irland nach Cornwall, im

Garten des königlichen Schlosses in Cornwall, auf Tristans väterlicher Burg in der Bretagne, zur Zeit der irischen Sagenwelt
<u>Orchester:</u> 3 Fl (2. auch Picc), 2 Ob, E.H., 2 Kl, Bkl, 3 Fg, 4 Hrn, 3 Trp, 3 Pos, Btba, Pkn, Trgl, Bck, Hrf, Streicher
<u>Auf der Bühne:</u> 3 Trp, 3 Pos, 6 Hrn, E.H.
<u>Form:</u> Durchkomponiert
<u>Aufführungsdauer:</u> 4 Stunden
<u>Verlag:</u> B. Schott's Söhne, Mainz (Richard-Wagner-Gesamtausgabe)

<u>Handlung</u>
1. AKT: Zu Schiff auf dem Weg von Irland nach Cornwall hadert die irische Königstochter Isolde mit ihrem Schicksal. Sie kann und will sich nicht damit abfinden, daß der insgeheim von ihr geliebte Tristan sie als Brautwerber dem alternden König Marke zuführt. Eine politische Hochzeit soll die Fehde glücklich beenden, in deren Verlauf einst Markes Vasall und Neffe Tristan Isoldes „Angelobten", den Irenhelden Morold, erschlug und sie, statt Morolds Tod zu rächen, den durch dessen vergiftetes Schwert schwer Verwundeten gesund pflegte. Während der Seereise versucht Isolde immer wieder, Tristan zu einer Aussprache zu zwingen. Aber der Brautführer seines Königs hält sich von ihr fern. Isoldes Vertraute Brangäne erntet mit ihren Bitten bei Tristan nur ein Spottlied von dessen treuem Knappen Kurwenal über den Tod Morolds. Brangäne kann den Zorn und die Verzweiflung ihrer Herrin nicht begreifen. Die Verbindung mit Marke eröffnet Isolde schließlich eine glänzende Zukunft als Königin von Cornwall. Und wenn Isolde Marke tatsächlich nicht lieben sollte, gäbe es ja immer noch das hilfreiche Kästchen mit den Zaubersäften für Liebe, Tod und anderes, das Isoldes Mutter den Reisenden mit auf den Weg gab. Der Rat Brangänes für eine praktische Lebensgestaltung bringt die stolze irische Königstochter auf eine ganz andere Idee, nämlich sich mit dem Todestrank nicht nur an Tristan zu rächen, sondern sich auch selbst der bevorstehenden Schmach zu entziehen. Während das Schiff sich dem Hafen von Cornwall nähert, erreicht sie mit der Drohung, das Land nicht an der Seite Tristans zu betreten, doch noch eine Begegnung mit Tristan und bewegt ihn, gemeinsam mit ihr zur Tilgung vergangener Verbrechen um Sühne zu trinken. Aber kaum haben beide die Schale geleert, sinken sie sich – unbeeindruckt vom allgemeinen Jubel bei der Ankunft in Cornwall – in die Arme. Sie tranken nicht den Todes-, sondern den Liebestrank – und erkennen sich.

2. AKT: In einer „anmutigen Sommernacht" horchen Isolde und Brangäne im Garten vor Isoldes Gemach im königlichen Schloß von Cornwall auf den Klang der Hörner, mit dem sich König Marke und seine Mannen entfernen. Ziemlich unerwartet haben sich die Männer zu einer nächtlichen Jagd entschlossen, und Brangäne verdächtigt die plötzliche Unternehmung als „Jägerlist". Sie warnt Isolde vor Intrigen des vermeintlichen Freundes Melot. Isolde jedoch hält Melots Rat zur Jagd für einen reinen Freundesdienst – im Interesse von Tristans Liebe. Ungeduldig erinnert sie Brangäne an das Zeichen für ihr vereinbartes Treffen mit Tristan. Als Brangäne zögert, löscht sie selbst das Licht der Fackel, und während die Vertraute auf die Zinne der Burg steigt, um über die Liebenden zu wachen, finden sich Tristan und Isolde in einer leidenschaftlichen Beschwörung von Nacht, Tod und Liebesrausch. Brangänes Mißtrauen erweist sich freilich als nur zu begründet. Kaum dämmert der Morgen, da kehrt die Jagdgesellschaft zurück, und Melot präsentiert König Marke mit dem eng umschlungenen Liebespaar den Beweis für die Wahrheit seiner Anschuldigungen. Markes Klagen über den Treuebruch des „Treuesten der Treuen" bleiben von Tristan und Isolde unbeantwortet. Im Gegenteil: Tristan lädt – ohne Rücksicht auf die Ereignisse ringsum – Isolde ein, ihm in den Tod zu folgen, und küßt die Geliebte sanft auf die Stirn. Als der darüber aufbrausende Melot sein Schwert zieht, läßt sich Tristan in das Eisen des falschen Freundes fallen und sinkt verwundet in Kurwenals Arme.

3. AKT: Tristan liegt leblos auf einem Ruhebett. Neben ihm wacht Kurwenal, in der Ferne bläst ein Hirt auf seiner Schalmei. Kurwenal hat den von Melots Schwert Verwundeten in die Burg seiner Väter in der Bretagne gebracht, um ihn hier gesund zu pflegen. Aber er weiß, daß nur Isolde Tristans Leiden wirklich heilen könnte. Tristan erwacht und hört von Kurwenal, daß Isolde sich auf dem Weg zu ihm befindet. Begeistert sehnt Tristan Isolde herbei, und als das Schiff mit der Geliebten auftaucht, steigert sich seine Begeisterung zur Ekstase. Doch in dem Augenblick, da Isolde vor ihm steht, stirbt Tristan. Ein zweites Schiff bringt König Marke, Melot und Brangäne in Tristans Burg. König Marke, der durch Brangäne von dem Liebestrank erfahren hat, will Isolde und den „treulos treuesten Freund" zusammengeben und Frieden stiften. Aber es ist zu spät. Tristan ist tot, Kurwenal erschlägt Melot und sucht danach selbst den Tod. Isolde erreichen die Vorgänge in der realen Welt längst nicht mehr. In zunehmender Entrückung erfüllt sich ihre Liebe im Reich des toten Geliebten.

Kommentar

Richard Wagner hat einmal *Tristan und Isolde* als „eine (einzige) Liebesszene" bezeichnet. Tatsächlich handelt seine Version der keltischen Sage mit fast radikaler Ausschließlichkeit von der Liebe. Ähnlich wie sich im Vorspiel vor allem anderen schwebend ein Akkord entfaltet und sich fragend als melodische Linie und als Klang in sich selbst versenkt, strebt auch die Handlung insgesamt immer wieder zu jenem vornehmlich wichtigen Augenblick, wo die Liebe sich sozusagen selber trifft und im lyrischen Schwelgen alle Widersprüche (und Dialoge!) sich aufheben. Was diese Liebe an Welt umgibt, bleibt Statisterie. Brangäne hat nur so viel Teil am Geschehen, wie sie – sei es nun mit Tränken, sei es als ergänzende Stimme im ungeteilten Klang der Liebesnacht – der die Maßstäbe setzenden Liebestat assistiert. Fast noch ausgeprägter hat Kurwenal nur die eine Möglichkeit, die Wünsche seines Herrn zu seinen eigenen zu erklären. Melot, der das Geschehen vorantreibt, kommt in der musikalischen Handlung praktisch nicht vor, ist kein ernsthafter Gegenspieler, sondern kaum mehr als ein mechanischer Intrigant. Auch König Markes Betroffenheit über Tristans Betrug klingt nicht wie eine kämpferische Anklage, ist vielmehr eher die Irritation eines aus dem Reich der Schönheit und der Liebe Ausgeschlossenen. Mit den unbedingt und ganz buchstäblich „der Welt fern" Liebenden Tristan und Isolde versteht auch Richard Wagner die Liebe absolut, uneingeschränkt und total.

Ganz offensichtlich scheint auch diesen Liebenden die Welt, das reale Leben den Versuch des Gelebt-Werdens gar nicht wert. Vom ersten Augenblick an ist ihre Liebe todessüchtig. Schon im 1. Akt wird die entscheidende Frage „Muß ich leben?" zwischen den Tönen unüberhörbar mit „Nein" beantwortet. Erst recht feiert die Liebesnacht die Abwesenheit von Leben und Welt als Voraussetzung für Glück: „Gib Vergessen, daß ich lebe . . ., löse von der Welt mich los!" In allen drei Strophen des großen Liebesgedichts drängen Liebessehnen und Sterben in eins. Das Utopia von Tristan und Isolde ist kein Wunschbild des Lebens, sondern vom ersten bis zum letzten Augenblick ein Kunsttraum im Versteck des Todes.

Dem Anspruch der Liebenden auf Existenz im Tode entspricht das Verlangen ihrer musikalischen Motive, weniger innerhalb einer Geschichte, sich zu entwickeln, also zu leben, als vielmehr im Glück des erstrebten Kunsttraums zu verweilen. Die Musik, die Isoldes und Tristans Liebe ausdrückt, will auch in Wagners ständig sich fortspinnendem Gewebe insgeheim nicht von der Stelle, will sozusagen im Schwelgen stillstehn. Wie die Namen

Tantris und Tristan sucht auch die Liebe von Tristan und Isolde den Kreisel der Selbstbespiegelung. Der Tausch des „Tristan ich, nicht mehr Isolde"/ „Ich Isolde, nicht mehr Tristan" ist dafür eine einfache inhaltliche Formel; eine Harmonik, die als kontrapunktisch-chromatische Melodik tendenziell die Tonalität aufhebt und die bevorstehende Emanzipation der Melodie von der Harmonie zumindest ahnen läßt, wenn nicht gar vorwegnimmt, ist der durchaus schwierige kompositorische Kern des Sachverhalts.

Geschichte

Die Vorherrschaft des Lyrischen spiegelt auch die Entstehungsgeschichte von Wagners „Liebesszene" auf vielfache Weise wider. Weil er sich von dem Gezänk zwischen Wotan und Fricka im 2. *Walküre*-Akt erholen will (und sich keine Aussichten auf eine Aufführung des *Ring* abzeichnen), schiebt Wagner die Tetralogie zugunsten von *Tristan und Isolde* beiseite. Und weil die Begegnung mit Mathilde Wesendonck, der Gattin seines Nachbarn in Zürich, ihn persönlich wie konkret (oder auch nur gewünscht) immer mehr zutiefst in die *Tristan*-Thematik verstrickt, wächst in ihm die Hoffnung, dem „schönsten aller Träume ... ein Denkmal setzen" zu können. Schon 1854 hatte Schopenhauer Wagner auf den Stoff aus dem keltischen Sagenkreis aufmerksam gemacht und den Komponisten zu einer ersten Textskizze angeregt. Als er dann die Dichtung 1857 niederschreibt, ist zwar Gottfried von Straßburgs Versepos von 1210 seine erste Quelle, aber kaum minder wichtige Inspirationen liefert ihm die Lyrik in Novalis' *Hymnen an die Nacht* (1800). Den Text überreicht Wagner Mathilde Wesendonck 1857, die Komposition ist 1859 fertig. Erst sechs Jahre danach ermöglicht ein Befehl Ludwigs II. die erste Aufführung in München. Ihr beachtlicher Erfolg mit Hans von Bülow als Dirigenten trug entscheidend mit dazu bei, Wagners Konzept vom musikalischen Drama durchzusetzen, obwohl sich in diesem großen lyrischen Gedicht der Innerlichkeit Drama und Theater fast aufheben. Es fällt jedenfalls nicht schwer, die sich verschränkenden Motivlinien von Stimmen und Instrumenten als Bestandteile einer großdimensionierten Symphonie zu verstehen. Sicher eine Ursache dafür, daß *Tristan und Isolde* – Wagners Idee vom Gesamtkunstwerk zum Trotz – immer wieder auch konzertant erfolgreich war und ist; aber wohl auch der vielleicht triftigste Grund, weshalb Wieland Wagners zu leerer Bühne und Abstraktion neigender Inszenierungsstil bei seinen verschiedenen *Tristan*-Deutungen, u. a. 1952 und 1962 in Bayreuth, besonders beeindruckte und überzeugte.   *Leo Karl Gerhartz*

Diskographische Empfehlung

1941 – New York: Erich Leinsdorf, Chor und Orchester der Metropolitan Opera New York. Kirsten Flagstadt (Isolde), Kerstin Thorborg (Brangäne), Lauritz Melchior (Tristan), Julius Huehn (Kurwenal), Alexander Kipnis (Marke). Melodram, Connaisseur 301

1951 – London: Wilhelm Furtwängler, Chor des Royal Opera House Covent Garden, Philharmonia Orchestra London. Kirsten Flagstad (Isolde), Blanche Thebom (Brangäne), Ludwig Suthaus (Tristan), Dietrich Fischer-Dieskau (Kurwenal), Josef Greindl (Marke). EMI, 1 C 147-00899/903

Die Meistersinger von Nürnberg
Oper in drei Akten

Text: Richard Wagner
Uraufführung: 21. Juni 1868, Königliches Hof- und Nationaltheater, München
Personen: Hans Sachs, Schuster (Bar); Veit Pogner, Goldschmied (Baß); Kunz Vogelgesang, Kürschner (Ten); Konrad Nachtigal, Spengler (Baß); Sixtus Beckmesser, Stadtschreiber (Baß); Fritz Kothner, Bäcker (Baß); Balthasar Zorn, Zinngießer (Ten); Ulrich Eisslinger, Würzkrämer (Ten); Augustin Moser, Schneider (Ten); Hermann Ortel, Seifensieder (Baß); Hans Schwarz, Strumpfwirker (Baß); Hans Foltz, Kupferschmied (Baß); Walther von Stolzing, ein junger Ritter aus Franken (Ten); David, Sachsens Lehrbube (Ten); Eva, Pogners Tochter (Sop); Magdalene, Evas Amme (Sop); Ein Nachtwächter (Baß)
Chor: Bürger und Frauen aller Zünfte; Gesellen; Lehrbuben; Mädchen; Volk
Ort und Zeit: Nürnberg, um die Mitte des 16. Jahrhunderts
Orchester: Picc, 2 Fl, 2 Ob, 2 Kl, 2 Fg, 4 Hrn, 3 Trp, 3 Pos, Btba, Pkn, GrTr, Bck, Trgl, Glsp, Hrf, Streicher
Auf der Bühne: Mehrere Trp und Hrn, Orgel, Stahlhrf, Trommeln, Nachtwächterstierhorn
Form: Durchkomponiert

Aufführungsdauer: Ca. 5 Stunden

<u>Verlag</u>: B. Schott's Söhne, Mainz (Richard-Wagner-Gesamtausgabe)

<u>Handlung</u>

1. AKT: Am Vortag des Johannistages, des 24. Juni, hat sich in der Nürnberger Katharinenkirche die Gemeinde zum Gottesdienst eingefunden, darunter auch Eva, die Tochter des Goldschmieds Veit Pogner, und ihre Amme Magdalene. Eva wird durch den jungen Ritter Walther von Stolzing vom Schlußchoral abgelenkt, der offensichtlich hinten im Kirchenschiff auf sie wartet. Stolzing ist erst einen Tag zuvor von seinem Gut aus dem Frankenland in die Stadt gekommen und hat sich von Pogner beim Verkauf seiner Besitzungen beraten lassen, weil er sich in Nürnberg niederlassen will. Bei diesem ersten Besuch schon haben sich Eva und er heftig ineinander verliebt. Am Ende des Gottesdienstes will er nun von ihr erfahren, ob sie schon Braut sei.

Eva und Magdalene klären ihn darüber auf, daß sie den Mann nehmen müsse, der am nächsten Tag beim Wettsingen der Meistersinger den Preis davontrage. Eva kann zwar ablehnen, muß dann aber ledig bleiben. Jedoch will Eva nur Stolzing wählen und keinen anderen. Magdalene bittet ihren Freund und Geliebten David, der Lehrjunge bei Hans Sachs ist, den jungen Ritter in die Regeln der Meistersingerzunft einzuweisen und ihm zu erklären, welches Können notwendig ist, um sich Meister nennen zu dürfen. Stolzing ist zwar entsetzt über die Unzahl von Regeln und Vorschriften, aber um der Liebe zu Eva willen beschließt er, den Versuch zu wagen und sich bei der folgenden Freiung der Meistersinger zu bewerben. Als sich die Meistersinger einfinden, geht er auf Pogner zu und teilt ihm seine Absicht mit. Pogner ist erfreut, weit weniger dagegen der Stadtschreiber Sixtus Beckmesser, der sich ebenfalls um Eva bemühen will und in dem jungen Fremdling sofort einen Konkurrenten wittert. Als Pogner den Meistern seinen Plan mitteilt, Eva dem Sieger des Wettbewerbs zuzuführen, sind alle bis auf Hans Sachs einverstanden: Wenn Pogner nach seinen Aussagen die Kunst und das Bürgertum ehren wolle, dann solle er doch das Volk entscheiden lassen. Aber dieser Vorschlag trifft auf die heftige Ablehnung der Meister. Pogner stellt nun Stolzing als Bewerber für die Meistersingerwürde vor. Zwar sind die übrigen eher skeptisch, Beckmesser sieht seine Befürchtungen bestätigt, trotzdem wird Stolzing zum Vorsingen zugelassen. Voller Impetus beginnt Stolzing sein Lied über den Frühling und die erwachende Natur, doch bevor er zum Preis seiner Liebsten kommt, wird er von Beckmesser, der als Merker über die Einhaltung der Regeln wacht, unterbrochen: Stolzing hat in seinem Ungestüm die erlaubte Zahl der Fehler längst überschritten. Auch den übrigen Meistern bleibt Stolzings Lied unverständlich. Einzig Sachs spricht sich für das unkonventionelle Lied aus und fordert, daß Stolzing seinen Vortrag zu Ende bringe. Doch auch als Stolzing unbeirrt vom Protest der Meister weitersingt, legt sich deren Unwillen nicht: Sie teilen dem Ritter mit, daß er „versungen und vertan" habe. Voller Verachtung verläßt er die Kirche, die Versammlung löst sich auf, allein und nachdenklich bleibt Sachs zurück.

2. AKT: Die Straße vor den Häusern von Pogner und Sachs wird für den kommenden Festtag mit Blumen geschmückt. Magdalene erfährt von David, daß der Ritter versungen habe. Als Eva mit ihrem Vater von einem Spaziergang heimkommt, auf dem sie vergeblich versucht hat, ihn nach dem Erfolg des Ritters auszufragen, erzählt ihr Magdalene von der Niederlage Stolzings. Eva beschließt, Hans Sachs nach den näheren Umständen der Freiung auszuforschen. Sie findet ihn sinnend vor, das Lied Stolzings hat tiefen Eindruck auf ihn gemacht. Durch Evas Fragen begreift er rasch, daß sie in Stolzing verliebt ist, doch kann er ihr die bittere Wahrheit von Stolzings Versagen nicht ersparen. Enttäuscht verläßt sie ihn. Von Magdalene erfährt Eva, daß Beckmesser ihr ein Ständchen bringen will. Um dem zu entgehen, soll sich die Amme in Evas Kleidern am Fenster zeigen. Eva will auf Walther warten. Als er schließlich kommt, ist sie bereit, mit ihm zu fliehen, doch zunächst verhindern der Nachtwächter, dann Sachs die Flucht, der den Plan belauscht hat. Schließlich taucht Beckmesser auf und zwingt die Liebenden, sich zu verbergen. Sachs hindert Beckmesser daran, mit seinem Ständchen zu beginnen, indem er selbst lauthals ein Lied anstimmt. Er sei nur bereit, Beckmesser den Vortritt zu lassen, wenn Sachs bei dessen Lied den Merker spielen dürfe, und zwar nicht mit Tafel und Kreide, sondern mit seinem Hammer auf den Leisten – schließlich sollen Beckmessers Schuhe fertig werden. Um das eifrige Gehämmere von Sachs zu übertönen, singt Beckmesser immer lauter, bis er die Nachbarn weckt. Es kommt zu einem großen Tumult: David, der sieht, daß Beckmesser für Magdalene, nicht für Eva singt, fällt über den Schreiber her; es entsteht eine Massenprügelei, in deren Wirrwarr Stolzing mit Eva fliehen will. Doch Sachs unterbindet den Plan, trennt das Paar und zieht den Ritter in sein Haus. Als der Nachtwächter erscheint, legt sich der Trubel und verschwindet wie ein großer Spuk.

3. AKT: Am Morgen des Johannistags begrüßt Sachs den Ritter, der ihm von einem schönen Traum erzählt. Sachs rät ihm, den Traum zu einem Preislied zu gestalten, und erklärt ihm den Sinn der Regeln anhand dieser Liedentstehung. Stolzing wendet Sachsens Anweisung an und kreiert sein Meisterlied, das Sachs für ihn aufschreibt. Als sich beide zurückziehen, um sich für das Fest umzukleiden, bleibt das Lied auf dem Schreibtisch liegen, wo es der lädierte Beckmesser findet. Er nimmt an, auch Sachs werbe um Evas Gunst. Doch Sachs bestreitet eine solche Absicht und schenkt, um Beckmesser zu beruhigen, ihm das Blatt, nicht ohne ihn auf die Schwierigkeit von Text und Melodie hinzuweisen. Doch davor scheut Beckmesser nicht, beglückt und siegessicher durch ein Lied von Sachs, eilt er nach Hause, es auswendig zu lernen. Unter einem Vorwand erscheint Eva bei Sachs: Sie möchte etwas über Walthers Verbleib erfahren. Sachs führt die Liebenden zusammen, und gemeinsam mit David und Magdalene tauft er nach altem Brauch die neue Meisterweise, bevor sich alle zur Festwiese aufmachen. Dort herrscht bunter Trubel, die Zünfte und die Meistersinger ziehen ein, das Volk bereitet Sachs einen ehrenvollen Empfang. Beckmesser beginnt mit dem Vortrag von Stolzings Lied. Doch durch die Aufregung und falsches Verständnis mißlingt es ihm völlig, er bringt nur ein heilloses Durcheinander zustande, das das Gelächter der Zuhörer provoziert. Beckmesser fühlt sich von Sachs hintergangen und nennt ihn als Urheber des mißratenen Liedes. Doch Sachs widerspricht, das Lied sei nicht von ihm. Er fordert den wahren Verfasser des Liedes auf, es richtig vorzutragen. Stolzing tritt in die Mitte und singt sein Preislied unter großem Beifall. Die überglückliche Eva reicht ihm den Siegerkranz, und Pogner will ihm die Meistersingerkette umlegen. Doch das lehnt Stolzing ab. Erst als ihn Sachs von der Verantwortung der Meister für die deutsche Kunst überzeugt, ist Stolzing bereit, die Meisterwürde anzunehmen, und unter dem Jubel des Volks wird Sachs als wahrer Meister der Kunst apostrophiert.

Kommentar

Mit den *Meistersingern* hat Wagner *die* deutsche Oper des 19. Jahrhunderts geschaffen, in der er die wesentlichen thematischen Motive amalgamierte, die auch in der Literatur seit der Goethezeit gleichsam als Katalog vorherrschten und letztlich nur ein einziges Thema kannten: die Kunst, die Reflexion über Kunst und die Kunstproduktion an sich. So sind die *Meistersinger* hinter ihrer Fassade aus mittelalterlichem Nürnberg-Idyll und Liebesgeschichte zwischen Ritter und Bürgermädchen nichts anderes als

Wagners Poetik in musikdramatischem Gewande. Und dabei gehört die Geschichte vom Junker, der auf der Schwelle zum Erwachsenenleben zwischen Kunst und Liebe steht, ebenso zu den zentralen Topoi des 19. Jahrhunderts wie all die anderen Motive, die Wagner hier wie in einem Brennspiegel zusammenschmilzt: Hans Sachs als eine durchaus ambivalente Helferfigur für den jungen Mann, der ihm, nachdem er den Ritter Stolzing vom „wilden", unkultivierten Original- und Naturgenie und Bruder von Siegfried und Parsifal zum zivilisierten, reflektierten Künstler zurechtgestutzt hat, quasi als Belohnung die Frau seines Herzens zuführt, auf die Sachs selbst schon ein Auge geworfen hatte (wie aus dem *Tristan*-Zitat hervorgeht, wo Sachs sich immerhin mit König Marke vergleicht, dessen Schicksal er zwar umgehen will, aber doch damit seine Zuneigung für Eva zugibt); dann das Panorama des Mittelalters, im besonderen Nürnbergs, womit Wagner einer utopischen Realität Ausdruck gibt, die seine Wünsche nach einem deutschen Nationalstaat wenigstens in der Metapher einer einigen deutschen Kunst, wie sie Sachs in der Schlußapotheose preist, verwirklicht, und nicht zuletzt die dialektische Gegenüberstellung von „echten" Künstlern vom Schlage eines Sachs und auch eines Stolzing auf der einen Seite, und den ignoranten, verblendeten Philistern auf der anderen, verkörpert durch die Kritiker-Karikatur Beckmesser, und dem naiven, aber unvoreingenommenen Volk auf der dritten Seite, dessen Stunde jedoch noch nicht geschlagen hat. Ohne an irgendeiner Stelle darauf ausdrücklich einzugehen, hat Wagner hier in der Tat die Themata aufgegriffen, die sich in variierter Form bei Goethe, E. T. A. Hoffmann, Tieck, Storm und Raabe bis hin zu Fontane finden lassen, die alle in ihrer Prosa nichts anderes taten, als die Frage nach der Kunst und ihrer Bedeutung zu diskutieren. Und Wagner hat dafür eine Metapher gefunden, indem er die Werkstiftung mit der Entstehung menschlicher Nachkommen gleichsetzt: Walthers Preislied wird aus einem Traum geboren, Sachs setzt die Regeln seiner Genese mit der einer Familie aus Mann, Frau und Kind gleich, schließlich wird die „Morgentraum-Deutweise" regelrecht getauft, bevor sie der Öffentlichkeit auf der Festwiese vorgestellt und so in das soziale Leben der Gesellschaft eingeführt wird.

Aber Wagner schuf mit den *Meistersingern* nicht nur einen bedeutenden Beitrag zur deutschen Literatur des 19. Jahrhunderts, obwohl ihn das Libretto allen Unkenrufen zum Trotz bei genauerer Untersuchung als wirklichen Sprachkünstler (Ernst Bloch zollte ihm dafür beispielsweise höchsten Respekt) ausweist, sondern er schrieb auch als Gegenstück zum *Tristan*

eine Musik, die seine kompositorischen Bestrebungen und Errungenschaften für die „Spätwerke" *Ring* und *Parsifal* zusammenfaßt und als Kanon
bereitstellt. Wagner verzichtet hier auf die gesättigte Chromatik des *Tristan*
und bevorzugt statt dessen eine *scheinbare* Einfachheit, die Ernst Bloch
dann überspitzt als „Stahlbad in C-dur" bezeichnen konnte. Carl Dahlhaus
hat jedoch nachgewiesen, daß die *Meistersinger*-Partitur der des *Tristan* an
Komplexität in nichts nachsteht, daß Wagner mit einer „Rekonstruktion der
Diatonik" vielmehr hochartifiziell, sentimentalisch gewissermaßen, eine
musikalisch archaisierende Atmosphäre schafft, die wesentlich zur Eingän-
gigkeit und Griffigkeit der Musik beiträgt. Wie komplex und wie modern
dabei die Musik der *Meistersinger* tatsächlich ist, beweist ein Blick auf das
einzigartige Quintett in der Schusterstube des 3. Aktes und die Pantomime
des lädierten Beckmesser kurz zuvor, als er sich bei Sachs einfindet und dort
Walthers Preislied in Sachsens Niederschrift entdeckt.

Daß Wagner durch und durch Theatermann war, ein exquisiter Dramaturg
und Psychologe darüber hinaus, belegt die Wahl der Gattung für die Übermittlung seiner poetischen Theorie. Bezeichnenderweise entschloß er sich
im Falle seines einzigen nicht-mythologischen, sondern historischen Werkes außer *Rienzi* für die Form der komischen Oper. Nicht daß er hier eine
Buffa-Oper vorgelegt hätte, dafür ist der vorherrschende Humor zu gewalt-
tätig und schadenfroh, aber Wagner kleidet seine Aussagen über die Kunst
in ein das Publikum ansprechendes Gewand – und der Erfolg der *Meistersinger* auch über die Tiefen ihrer Rezeptionsgeschichte hinweg, gibt ihm
recht.

Über diese Tiefen jedoch läßt sich heutzutage nicht einfach hinweggehen,
zu sehr haben die Nationalsozialisten die Oper mit ihrer Ideologie verstellt
und in Verruf gebracht. Gründe hat ihnen Wagner gleich mehrere an die
Hand gegeben: zum einen mit der Folie des mittelalterlichen Nürnberg, das
sich zwar historisch gibt, tatsächlich aber eben Wagners Vision für seine
nationalistischen Sehnsüchte ist, von denen er 1845 bei der ersten Skizzierung (kurz vor der Revolution von 1848) und dann in den 1860er Jahren bei
der endgültigen Niederschrift (kurz vor der Reichsgründung von 1871)
getragen war. Was sich hier als harmonische, geeinte und intakte National-
Gesellschaft im historischen Gewande der Vergangenheit darstellt, konnte
ohne große Mühen als Antizipation einer großen, kommenden Zukunft
uminterpretiert werden. Zum anderen boten die oberflächliche Anschau-
lichkeit und scheinbare Einfachheit von Handlung und Musik einen weiteren Ansatzpunkt, fast unversehens über die eigentliche Kunst-Diskussion,

die ja das Zentrum der Oper ausmacht, eine anders gewichtete Deutung zu stülpen und aus der Schlußapotheose des Sachs eine Manifestation für deutsches Herrenwesen zu machen; zumal die Figur des Merkers Beckmesser, schon von Wagner überdeutlich auch als Karikatur eines jüdischen Kritikers (Vorbild war Eduard Hanslick) gezeichnet, das willkommene Feindbild zur Identifikationsgestalt des Nationalhelden Hans Sachs bot. Wagners eigentliche Aussage von der kulturzivilisatorischen und humanen Funktion der Kunst, die aus der brutalen und gewalttätigen Nürnberger Prügelgesellschaft der blasphemischen Johannisnacht samt ihrem verwilderten, aus der unkultivierten Natur kommenden Neubürger Walther von Stolzing erst eine menschliche, vernünftige Gemeinschaft und ein sozial (als Ehemann und nicht als Verführer von Eva) und künstlerisch (als Angehörigen der Meistersingerzunft) akzeptables Mitglied macht, wurde durch die Mißdeutung der Nationalsozialisten vollkommen ignoriert.

Geschichte

Im Juli 1845 schrieb Wagner einen ersten Prosa-Entwurf zu den *Meistersingern*, damals gedacht gewissermaßen als Satyrspiel zu *Tannhäuser*, wie er selbst bekannte. 1851 kam er in der *Mitteilung an meine Freunde* auf den Plan zu einer komischen Oper mit der *Meistersinger*-Thematik zurück, jedoch erst zehn Jahre später sollte das Werk konkretere Formen annehmen, indem Wagner zwei weitere Prosaentwürfe verfaßte und mit der Skizzierung der Ouvertüre auch den musikalischen Rahmen für die gesamte Oper absteckte. In Wien studierte er gewissermaßen als philologisches Fundament und historischen Ausgangspunkt Johann Christof Wagenseils Buch *Von der Meister-Singer Holdseligen Kunst* aus dem Jahr 1697, aus dem er sich vor allem für die Bezeichnung der Meister und für die musikalischen Fachausdrücke des Meistergesangs inspirieren ließ. 1862/63 entstanden die Versdichtung des Librettos und erste Kompositionsteile, die aber erst drei Jahre später fortgeführt und schließlich im Herbst 1867 beendet wurden. In Anwesenheit von König Ludwig II. und unter der Leitung von Hans von Bülow fand kurz vor der Johannisnacht des Jahres 1868, am 21. Juni, am Münchner Hof- und Nationaltheater die Uraufführung statt, die zu einem Triumph für Wagner geriet. Erst zwanzig Jahre später erlebten die *Meistersinger* in einer Inszenierung Cosima Wagners ihre Bayreuther Erstaufführung, die freilich getreulich des Meisters Intentionen folgte und ein Nürnberger Historiengemälde auf die Bühne brachte. Im wesentlichen blieben die *Meistersinger* bis weit ins 20. Jahrhundert hinein eine große Ausstattungsoper, deren Bühneneffekte und -prunk in den Inszenierungen während des Nationalsozialismus genauso wie der Inhalt propagandistisch ausgewertet wurden. Vor allem die Bayreuther Aufführung 1933 in Anwesenheit von Adolf Hitler und die Nürnberger „Festvorstellung anläßlich des Reichsparteitages der Freiheit" 1935 waren völlig als Manifestationen nationalsozialistischen Geistes gedacht und machten aus den *Meistersingern* endgültig die „Parade-Oper" des Dritten Reiches. Erst lange nach dem Ende des Zweiten Weltkriegs gelang es, die Oper gewissermaßen zu „entnazifizieren", obwohl ihr ein gewisser Hautgout immer noch anzuhängen scheint. Das entscheidende Verdienst kommt hier Wieland Wagner zu, der in zwei exemplarischen Inszenierungen in Bayreuth 1956 und 1963 auch die Diskussion in wissenschaftlichen und feuilletonistischen Kreisen wiederbelebte. In seiner ersten Interpretation reduzierte Wieland Wagner das Kulissen- und Kostümspektakel ganz auf seine geistigen Dimensionen, vermied jegliche Historienmalerei und Butzenscheibenromantik und setzte die Handlung ohne Pathetik in einen fast symbolischen Raum als „Synthese von Kunst und Volk, von Rittertum und Bürgertum, von Gotik und Renaissance, von Wort und Ton, von Regel und Freiheit, von Parnaß und Paradies" (Wieland Wagner). Im Gegensatz zu seinem „spirituellen Versuch von 1956" beschritt Wieland Wagner dann 1963 einen anderen Weg, belebte in den *Meistersingern* den Geist des Hans-Sachs-Spieles und der Shakespeare-Bühne. Diese holzschnittartige, von groteskem Humor getragene Interpretation stieß auf eine ähnlich vehemente und zwiespältige Reaktion wie die frühere. Wenn in der Folge, auch in Bayreuth durch Wielands Bruder Wolfgang Wagner (etwa in seiner Aufführung von 1985) eher wieder rückläufige, ins harmlos-historisch Gefällige zielende Inszenierungen die Regel wurden, so hat doch seit Wielands Arbeiten die Reflexion über die *Meistersinger* auch auf der Bühne in kritischer und vorurteilsfreier Weise eingesetzt und beachtliche Ergebnisse erzielt. Unter anderem ist die Figur des Beckmesser ins Zentrum der Beachtung gerückt worden, so in Joachim Herz' Inszenierung zur Eröffnung des Leipziger Opernhauses 1960, wo Beckmesser von Sachs versöhnt am Ende wieder in den Kreis der Meistersinger geführt wird. 1979 versuchte August Everding in München eine nüchterne Sicht auf die Oper und nahm ihr mit einem fast schmucklosen Bühnenbild ein Gutteil falschen Pathos, doch konnte er darüber hinaus mit keinen weitergehenden Interpretationsansätzen aufwarten.

Irmelin Bürgers

Diskographische Empfehlung

1956 – Berlin: Rudolf Kempe, Chöre der Städtischen Oper und der Staatsoper Berlin, Chor der St.-Hedwigs-Kathedrale, Berliner Philharmoniker. Ferdinand Frantz (Hans Sachs), Rudolf Schock (Stolzing), Benno Kusche (Beckmesser), Gottlob Frick (Pogner), Gerhard Unger (David), Elisabeth Grümmer (Eva), Marga Höffgen (Magdalene). EMI, OC-153 03680/4

1970 – Dresden: Herbert von Karajan, Chor der Staatsoper Dresden, Chor des Leipziger Rundfunks, Staatskapelle Dresden. Theo Adam (Hans Sachs), René Kollo (Stolzing), Geraint Evans (Beckmesser), Karl Ridderbusch (Pogner), Peter Schreier (David), Helen Donath (Eva), Ruth Hesse (Magdalene). EMI, 1 C-193 02174/8

Der Ring des Nibelungen
Ein Bühnenfestspiel für drei Tage und einen Vorabend

Text: Richard Wagner (zu den Quellen vgl. Kommentar)
Uraufführung: 13., 14., 16. und 17. August 1876, Bühnenfestspielhaus Bayreuth (erste Aufführung als Zyklus)

Vorabend
Das Rheingold

Uraufführung: 22. September 1869, Königliches Hof- und Nationaltheater, München
Personen: Wotan (Bar); Donner (Bar); Froh (Ten); Loge (Bar); Alberich (Bar); Mime (Ten); Fasolt und Fafner (Baß); Fricka (Mez); Freia (Sop); Erda (Alt); Die Rheintöchter: Woglinde (Sop), Wellgunde (Mez) und Floßhilde (Alt); Nibelungen (stumme Rollen)
Ort: In der Tiefe des Rheines; Freie Gegend auf Bergeshöhen, am Rhein gelegen; Die unterirdischen Klüfte Nibelheims
Orchester: 3 Fl (3. auch Picc), Picc, 3 Ob, E.H. (auch 4. Ob), 3 Kl, Bkl, 3 Fg (3. auch Kfg), 8 Hrn (auch 2 Tentba und 2 Btba), Kbtba, 3 Trp, Baßtrp, 3 Pos, Kbpos (auch Bpos), Pkn, Trgl, Bck, GrTr, TamTam, 6 Hrf, Streicher

Auf der Bühne: Hrf, 16 Ambosse
Form: Durchkomponiert (vier Szenen)
Aufführungsdauer: 2 ½ Stunden
Verlag: B. Schott's Söhne, Mainz (Richard-Wagner-Gesamt-ausgabe)

Handlung

VORGESCHICHTE: Der vorbewußte, sich selbst genügende und durch keine Herrschaft getrübte Naturzustand wurde gebrochen, als Wotan, auf der Suche nach der verborgenen Wahrheit des Lebens, den Trunk aus der Quelle der Weisheit begehrte und dafür mit einem Auge bezahlen mußte. Er wurde blind für den äußeren Schein der Wirklichkeit und sehend für die Erkenntnis des inneren Organismus der Welt, den die Weltesche darstellte, die vom Quell der Weisheit gespeist wurde. Der Verlust eines Auges bedeutete aber auch, daß Wotans Blick nur noch in die Zukunft schauen durfte: Er befand sich fortan auf einem Weg ohne Umkehrmöglichkeit. Aus der Weltesche schnitt er sich einen Ast und schärfte ihn zum Speer des Gesetzes als Zeichen seiner Weltordnung. Das so eroberte Wissen der Weltesche erhob er zur Herrschaft über das Leben und schnitzte in den Speer des Gesetzes die Verträge der Ordnung ein, die er der Welt aufzwang. Die subjektive Erkenntnis wurde so zum Mittel der Gewalt. Dem Sühnerecht der zerstörten Weltesche, deren Quell versiegte, kann er aber nicht entgehen. Als Preis für seine Macht gewann Wotan Fricka, die Hüterin der Moral, und stiftete mit ihr einen Ehebund, der nicht auf Liebe gegründet war. Zur Festigung seiner Macht ließ er sich eine Burg bauen; den Erbauern aus dem Geschlecht der Riesen versprach er trügerisch als Lohn die Göttin der Liebe und Jugend, Freia, und hofft nun, daß Loge, die List der Vernunft, aus dem Element des Feuers gezähmt, die Erfüllung des Vertrages mit den Riesen, die die Burg erbauten, erfolgreich verhindern kann.

1. SZENE: In der Tiefe des Rheins verborgen liegt, als Symbol des vorbewußten Glücks, das lebensspendende Gold, dessen Kraft sich nur dem Glücklosen in unendliche Macht verwandelt, wenn er gierig nach ihm greift. Als Quelle des Glücks enthält das Gold Wahrheit und Schönheit, mißbraucht als Geldwert enthüllt es dagegen die grenzenlose Macht ohne Liebe. Wie Wotan an der Weltesche frevelte, so naht der aus der Tiefe Nibelheims emporgestiegene Nibelung Alberich den Töchtern des Rheins und entreißt ihnen, als Ersatz für verschmähte Liebe, das Gold, frevelt aber dabei nicht an der Natur, sondern an sich selbst. Aus dem Leid eines

Abgewiesenen entspringt so der Verzicht auf die Liebe und der Wille zum Bösen. Das ist die Vorbedingung dafür, daß das Gold zum Ring der Macht gezwungen werden kann.

2. SZENE: Träumend erschaut Wotan die fertiggestellte Burg, die er nicht mit dem Lohn bezahlen kann, den er mit den Erbauern ausgehandelt hat. Fricka ermahnt ihn, Freia vor dem Zugriff der Riesen zu schützen, die sogleich auftreten, um ihren gerechten Lohn einzufordern. Wotan hält sie hin, und Fasolt, einer der beiden Riesen, warnt ihn vor dem Vertragsbruch, wohl wissend, daß nur mit Redlichkeit die Macht der Götter gewährleistet ist. Fafner, Fasolts Bruder, zielt dagegen auf den Schaden, den die Ausbezahlung Freias den Göttern zufügt, und will sie gewaltsam entführen. In den Streit um den Lohn bricht Loge herein, der sich indessen wenig kümmert um die Lage der Götter im Rechtsstreit und statt dessen vorgibt, im Interesse der Rheintöchter um die verratene Liebe zu kämpfen: Er behauptet, es sei ihm nicht gelungen, Ersatz für Freia zu finden, da niemand, außer Alberich, bereit sei, auf die Liebe zu verzichten. Das Gold, das Alberich den Rheintöchtern entrissen habe, müsse ihnen zurückgegeben werden. Das ist das Stichwort für die beiden Riesen: Ihrer Vorstellung fügt sich der Wunsch, anstelle der lieblichen Göttin das geraubte Gold als Lohn zu bekommen. Doch Wotan sinnt darauf, das Gold und den Ring an sich zu reißen, als er erfährt, daß es Alberich bereits gelungen sei, aus dem Naturstoff das Machtmittel zu schmieden. Von der Rückgabe des Rings an die Rheintöchter will er nichts wissen. Die Riesen entscheiden sich, Freia gegen das Gold auszutauschen, und nehmen sie als Geisel mit, bis der Gegenwert in Wotans Gewalt ist. Da nun den Göttern die lebensnotwendige Kraft fehlt, sieht sich Wotan gezwungen, Alberich das Gold und den Ring zu rauben.

3. SZENE: Wotan und Loge sind nach Nibelheim hinabgestiegen, wo ihnen das Leid der unter Alberichs Zwang arbeitenden Nibelungen entgegentönt. Wie Wotan, so fürchtet auch Alberich um seine Macht und hat deshalb von seinem Bruder einen Tarnhelm schmieden lassen, der ihn gottähnlich erscheinen läßt: Er macht seinen Besitzer unsichtbar zur Tarnung der Gewalt oder anonym, indem er ihn in jede gewünschte Gestalt verwandeln kann. Das Verbrechen kann so als Maske des Erlaubten erscheinen. Wotan und Loge sehen, wie Alberich die Nibelungen dazu zwingt, immer mehr Schätze für ihn aufzuhäufen. Vor den ungebetenen Gästen prahlt er mit seiner Macht und muß doch der List Loges erliegen, der ihn mit erheuchelter Schmeichelei dazu bringt, daß er sich selber eine Falle stellt: Dem angeblich ungläubigen Loge führt er die Wirkungsweise

des Tarnhelms vor und verwandelt sich zuerst in einen drohenden Lind-wurm, dann aber in eine Kröte und liefert sich so dem Zugriff Wotans aus.

4. SZENE: Wotan erpreßt nun von Alberich nicht nur den Nibelun-genhort, sondern auch Tarnhelm und Ring, obwohl ihm sein Speer des Gesetzes dazu kein Recht gibt. Deshalb verflucht Alberich den Ring der Macht: Seinen Besitzer wird die eigene Sorge quälen und der Neid der anderen vernichten. Die Riesen kehren mit Freia zurück und sind bereit, sie gegen den Goldhort einzutauschen. Als sichtbares Zeichen für die zum Geldwert erniedrigte Liebe wird der Hort nach dem lebenden Maß der Göttin aufgeschichtet. Als noch ihr Blick durch die Öffnung strahlt, verlan-gen die Riesen den Ring an Wotans Finger, um unwissend mit diesem Symbol der Liebelosigkeit Freias Blick der Liebe zu verschließen. Loge ergreift nochmals Partei für die Rheintöchter, indem er für sie den Ring fordert. Doch Wotan weigert sich, den Ring herzugeben; erst das Erschei-nen Erdas, der Gestalt aus dem vorbewußten Wissen der unberührten Natur, bringt Wotan zur Vernunft. Er ahnt, daß ihr Wissen weiter reicht als sein eigenes, und läßt ab von dem Ring, an dem das Unheil haftet, wie sich alsbald erweist: Bei der Aufteilung des Lohnes geraten die beiden Riesen in Streit, und wie einst Kain seinen Bruder Abel erschlug, so erschlägt Fafner seinen Bruder Fasolt. Ungeachtet dieser ersten Erfüllung des Fluches be-schreiten die Götter den Weg zur Burg, die Wotan geheimnisvoll „Walhall" nennt. Hinter diesem Namen verbirgt sich seine künftige Strategie der Machterhaltung. Von unten tönt die Klage der Rheintöchter um den Frevel an der Natur herauf; Loge antwortet ihnen, auf Wotans Geheiß, mit zyni-schem Spott. Er weiß, daß die Götter ihrem Ende entgegeneilen, denn ihre Macht gründet sich auf Raub und Gewalt.

Erster Tag
Die Walküre
(in drei Akten)

Uraufführung: 26. Juni 1870, Königliches Hof- und Nationalthea-ter, München
Personen: Siegmund (Ten); Hunding (Baß); Wotan (Bar); Sieg-linde (Sop); Brünnhilde (Sop); Fricka (Mez); Die Walküren: Helm-wige (Sop), Gerhilde (Sop), Ortlinde (Sop), Waltraute (Mez), Sieg-

rune (Mez), Roßweiße (Mez), Grimgerde (Alt) und Schwertleite (Alt)

Ort: Das Innere der Wohnung Hundings; Wildes Felsengebirg; Auf dem Gipfel eines Felsenberges (des „Brünnhildensteines")

Orchester: 3 Fl (3. auch Picc), Picc, 3 Ob, E. H. (auch 4. Ob), 3 Kl, Bkl, 3 Fg (3. auch Kfg), 8 Hrn (auch 2 Tentba und 2 Btba), Kbtba, 3 Trp, Btrp, 3 Pos, Kbpos (auch Bpos), Pkn, Trgl, Bck, Rührtr, Glsp, TamTam, 6 Hrf, Streicher

Auf der Bühne: Stierhorn in C

Form: Durchkomponiert

Aufführungsdauer: 4 ½ Stunden

Verlag: B. Schott's Söhne, Mainz (Richard-Wagner-Gesamtausgabe)

Handlung

VORGESCHICHTE: Der Riese Fafner hütet, verwandelt in einen trägen Lindwurm, den Lohn, den ihm Wotan ausbezahlt hat. Aus Furcht vor Alberichs Absicht, den Ring der Macht wieder in seine Gewalt zu bringen und damit das Ende der Götterwelt herbeizuführen, entwirft Wotan eine doppelte Strategie der Machterhaltung: Die Burg Walhall wird zur Festung für die Seelen gefallener Helden, aus denen die Kampftruppe gegen Alberichs Heer gewonnen werden soll. In freier Liebe zeugte Wotan sogenannte Walküren, deren Aufgabe darin besteht, die Seelen der gefallenen Helden vom Schlachtfeld nach Walhall zu führen. Andererseits weiß Wotan, daß er wegen seiner Bindung an die Gesetze, die er selbst geschaffen hat, nicht das rauben darf, was er als Lohn gezahlt hat. Aus dem Geschlecht der Götter müßte also ein freier Held hervorgehen, der aus scheinbar eigenem Willen die Gesetze mißachtet und Fafner den Ring entreißt. Das Siegesschwert „Nothung" soll für ihn bestimmt sein. Wotan zeugt, abermals in freier Liebe, das Zwillingspaar Siegmund und Sieglinde, das er jedoch getrennt aufwachsen läßt, damit sein Plan, daß es das Zwillingspaar sein wird, das den freien Helden, Siegfried, zeugt, im verborgenen bleibe.

1. AKT: Sieglinde lebt in glückloser Ehe mit Hunding, der sie einst mit Gewalt geraubt und zur Ehe gezwungen hat. Siegmund konnte fliehen und wurde von „Wolfe", seinem Vater (d. h. Wotan), dem Schicksal überlassen. Nun tritt er, wieder auf der Flucht, ahnungslos in Sieglindes Haus und trifft auf seinen alten Feind, der ihn für den nächsten Tag zum Zweikampf fordert und ihm dennoch für die Nacht das Gastrecht gewährt.

Hunding ist die Ähnlichkeit des Fremden mit seiner Frau nicht entgangen, die ihn nun bittet, seine Lebensgeschichte zu erzählen. Siegmund wurde von „Wolfe" dazu erzogen, einzig dem Prinzip der Liebe und der natürlichen Ordnung zu folgen, genau zu dem, was der in seine eigenen Gesetze verstrickte Wotan nicht darf, und wurde dadurch zum Außenseiter, eine Gefahr für die Welt der Angepaßten. Als Hunding sich zurückgezogen hat, bleibt Siegmund für einen Moment allein und erinnert sich an die Verheißung des Vaters, ihm sei in höchster Not ein siegreiches Schwert bestimmt. Sieglinde hat ihren Mann mit einem Trank betäubt und schleicht sich heimlich zurück zu dem Fremden, der seinen Namen nicht genannt hat. Sie ist es nun, die ihm den Namen gibt und ihm den Weg zu dem Schwert „Nothung" weist, das Wotan einst, unerkannt bei ihrer unglücklichen Hochzeit, in den Stamm der Esche in Hundings Haus gestoßen hat mit der Bestimmung, nur der Stärkste vermöge es herauszuziehen; und sie ist es auch, die in ihm ihren Zwillingsbruder vom Stamme der Wälsungen erkennt. Wotans Plan scheint geglückt zu sein: Siegmund gewinnt mit dem Schwert zugleich die Schwester als Geliebte und mißachtet mit ihr die Schranken des Inzestverbots.

2. AKT: Erda, die weltweise Hüterin der Naturordnung, hat den naturbeherrschenden Göttern längst das Ende prophezeit. Zu ihr war Wotan, nach Errichtung der Kriegsfestung Walhall, hinabgestiegen, um mehr von ihr zu erfahren und fern von seinem Machtstreben und Gesetzeszwängen das „Wunschkind" Brünnhilde zu zeugen, das sein besseres Ich, seinen wirklichen Willen verkörpern soll. Doch auch sie wird vorerst nur den Kriegszwecken dienen: Zur Verteidigung der sterbenden Weltordnung gehört sie zu den Walküren. Auch das Wälsungenpaar muß sich, ohne es zu ahnen, dem Plan Wotans fügen, ausersehen zu sein, mit dem erneuten Raub des Ringes das System der Götter zu stabilisieren. Einzig zu diesem Zweck durften sie sich, scheinbar frei von Wotans Gesetzeswelt, vereinigen. Selbst die Freiheit durch Liebe ist nur ein Experiment, ein politisches Kalkül in Wotans herrischem Weltplan. So weist er denn auch Brünnhilde an, Siegmunds Los im Kampf mit Hunding zum Sieg zu wenden; der angepaßte Hunding taugt ihm nicht für Walhall. Doch Fricka, als Hüterin der Ehe und der Moral von Hunding um Hilfe angerufen, greift in Wotans Plan ein, verlangt den sofortigen Abbruch des anarchistischen Experiments mit dem Zwillingspaar, will nichts von der Versöhnung von Freiheit und Ordnung wissen und besteht auf dem Tod Siegmunds als Tribut an die Staatsräson. Sie weiß nur zu genau, daß Wotan sich in seinem eigenen Netz

gefangen hat, indem er außergesetzliches Verhalten duldete – die Voraussetzung für seinen „großen Gedanken" der Systemerhaltung–, das er andererseits, als Herr der Gesellschaftsverträge, hart bestrafen muß. Es gibt keinen Ausweg; Frickas Argumente sind unwiderlegbar, und Wotan sieht sich gezwungen, nachzugeben. Er vertraut Brünnhilde seine geheimsten Gedanken an: die Zurücknahme der Idee einer Freiheit durch Liebe und die Einsicht in das Scheitern seiner Machtpolitik. Entgegen seinem Gewissen zwingt er sie, das Schlachtenlos zugunsten Hundings zu wenden. So tritt sie dem von der Flucht völlig erschöpften Wälsungenpaar entgegen und verkündet Siegmund, an dessen Seite die zusammengebrochene Sieglinde schläft, den Tod und seinen Einzug in Walhall. Doch als er erfährt, daß er dadurch von Sieglinde getrennt werden soll, widersetzt er sich, Brünnhilde zu folgen. In letzter Verzweiflung will er sich und Sieglinde töten; da begreift Brünnhilde den Sinn der verbotenen Idee der Liebe und wendet sich gegen Wotans Willen, indem sie Siegmund den Sieg verspricht. Aber Siegmunds Schwert zerbricht an Wotans Gesetzesspeer, und Hunding tötet Siegmund. Brünnhilde muß mit Sieglinde vor Wotans Zorn über das Verbrechen des Versuchs, die Liebe über das Gesetz zu stellen, fliehen.

3. AKT: Brünnhilde hat sich zu den Walküren geflüchtet und sucht für sich und Sieglinde bei ihnen Schutz vor Wotans Zorn; auch die Splitter des Schwertes hat sie gerettet. Wotan eilt ihr nach und fordert sie aus dem Kreis der Walküren heraus. Sieglinde flieht allein weiter; sie trägt Siegmunds Sohn in sich, der Siegfried heißen soll und das zerbrochene Schwert seines Vaters schmieden wird. Im Wald, wo Fafner den Nibelungenhort und den Ring bewacht, findet sie Schutz vor Wotan, der nun Brünnhilde die Strafe mitteilt: Weil sie sich auflehnte gegen das, was er selbst wollte und nicht durfte, weil sie also ihren Wunsch mit seinem Willen verwechselte, soll sie verbannt sein aus Walhall und wehrlos zum Opfer der Lieblosigkeit werden. Doch Wotan wandelt die Strafe in scheinbare Rettung um, als er erfährt, daß sein Plan in der baldigen Geburt Siegfrieds eine Fortsetzung findet. Mit dem Feuerkreis Loges, der Brünnhilde umgibt, isoliert Wotan nicht nur die gefährliche Idee der Liebe und Freiheit, sondern bestimmt Brünnhilde auch nur dem, der furchtlos das Feuer durchschreitet und gemeinsam mit ihr, ohne die Gesetze zu kennen, ihm als Werkzeug dient.

Zweiter Tag
Siegfried
(in drei Akten)

Uraufführung: 16. August 1876 (im Rahmen der ersten zyklischen
Aufführung), Bühnenfestspielhaus Bayreuth
Personen: Siegfried (Ten); Mime (Ten); Der Wanderer (Bar); Albe-
rich (Bar); Fafner (Baß); Erda (Alt); Brünnhilde (Sop); Die Stimme
des Waldvogels (Sop)
Ort: Felsenhöhle im Walde; Tiefer Wald; Wilde Gegend am
Fuße eines Felsenberges; Auf dem Gipfel des „Brünnhildenstei-
nes"
Orchester: 3 Fl (2. auch Picc), Picc, 3 Ob, E. H. (auch 4. Ob),
3 Kl, Bkl, 3 Fg (2. auch Kfg), 8 Hrn (auch 2 Tentba und 2 Btba),
Kbtba, 3 Trp, Btrp, 3 Pos, Kbpos (auch Bpos), Pkn, Trgl, Bck, Glsp,
6 Hrf, Streicher
Auf der Bühne: E. H., Hrn
Form: Durchkomponiert
Aufführungsdauer: 4 ½ Stunden
Verlag: B. Schott's Söhne, Mainz (Richard-Wagner-Gesamt-
ausgabe)

Handlung
1. AKT: Um seinen Plan mit den Wälsungen, der mit dem erzwungenen Tod Siegmunds vorerst gescheitert ist, unauffälliger durchführen zu
können, wählt Wotan die Maske des Machtverzichts und durchstreift als
Wanderer die Welt, zieht gleichsam unsichtbar die Fäden des Geschehens,
indem er nur an den kritischen Stellen seines Unternehmens auftritt. Die
Geburt Siegfrieds gibt ihm die Möglichkeit, das Experiment von der Freiheit gegenüber der erstarrten Welt der Verträge in zweiter Instanz zu verfolgen, ohne daß der Verdacht aufkäme, er könne etwas damit zu tun haben.
Der junge Siegfried wächst bei dem Schmied Mime, Alberichs Bruder, auf
und wird, ganz nach Wotans Wunsch, in Unwissenheit über seine wahre
Herkunft und über die Gesetze der Welt gelassen. Seine Natürlichkeit, die
in Wahrheit Dummheit ist, soll sich alsbald gegen die Weltordnung der
Götter stellen und ihr dennoch erliegen. Denn seine Handlungsfreiheit ist
nur eine künstlich erzeugte. Bereits Mime plant, ihn für seine Zwecke zu
mißbrauchen: Die Stärke Siegfrieds soll es sein, die für ihn den Wurm

Fafner erschlägt und den Ring raubt. Einzig aus diesem Grund hat sich Mime die Mühe gemacht, Sieglinde bei der Geburt Siegfrieds zu helfen und ihn, nach ihrem Tode, allein aufzuziehen. Doch es gibt ein Hindernis: Mime will es nicht gelingen, das für die Ermordung Fafners notwendige, aber einstweilen zerborstene Schwert Siegmunds, das Sieglinde ihrem Sohn vererbte, neu zu schweißen. Um Siegfrieds leidige Fragen nach seiner Herkunft abzudrängen, behauptet Mime, ihm Vater und Mutter zugleich zu sein. Doch der Held dringt so auf ihn ein, daß Mime wenigstens einen Teil der Wahrheit enthüllen muß; zum Beweis zeigt er die Stücke des Schwertes „Nothung" her. Begeistert von der Waffe seines Vaters verlangt Siegfried, daß Mime sie ihm zusammenschweiße, und stürmt in den Wald hinaus. Wotan weiß, daß Mime die Forderung Siegfrieds niemals erfüllen kann und tritt nun, in der Maske des Wanderers, bei ihm ein, um in einer hinterhältigen „Wissens-Wette", getarnt als erzwungenes Gastrecht, durch die Pfändung seines Lebens für die Antwort auf drei Fragen das Wissen der Welt von seinen Plänen zu überprüfen und sich, im Gegenzug, das Anrecht auf den Tod Mimes zu sichern: Er lockt ihn mit der letzten Frage, dem Übergang in die nächstliegende Zukunft, in die Falle des Nichtwissens, denn die Frage, wer es sein wird, der das Schwert neu schmiedet, kann Mime als einzige nicht beantworten. Sein Wissen beruht, wie seine Fragen an den Wanderer zeigten, nur auf gesicherten, veralteten Fakten, freilich ohne Wotans Anteil an dem einstigen Ringraub. So verliert Mime die Wette und wird von der Macht des Klügeren in Todesangst zurückgelassen mit dem Orakel: Nur der werde das Schwert neu schmieden, der das Fürchten nicht gelernt hat. Ihm verfällt Mimes Leben.

Siegfried kehrt aus dem Wald zurück, bemerkt Mimes Angst und will nun wissen, was das Fürchten sei. Mime wäre es recht, wenn Siegfried das Fürchten lernte, und bietet ihm an, ihn zu dem schrecklichen Wurm Fafner zu führen; der werde ihn sicher lehren, was Fürchten sei. Während Siegfried sich nun selber das Schwert neu schmiedet, braut Mime heimlich den Gifttrank, mit dem er Siegfried nach der Ermordung Fafners betäuben will, um ihn mit seinem eigenen Schwert umzubringen. So hofft der Zwerg, doch noch dem Orakel zu entkommen. Als er sich, wie einst Alberich vor Loge, an seiner künftigen Macht berauscht, zerschlägt Siegfried, um die Schärfe „Nothungs" zu beweisen, mit einem Hieb den Amboß, auf dem er es schmiedete.

2. AKT: Vor Fafners „Neidhöhle" lauert Alberich auf die Gelegenheit, wieder in den Besitz des Ringes zu gelangen. Auch an dieser kritischen

Stelle seines Plans tritt der Wanderer auf, um abermals seinen Anteil am Geschehen zu verschleiern. Er täuscht seinen Rivalen, der ihn sofort erkennt, mit dem Angebot, Fafner einen Handel anzubieten: Er weckt den Wurm, warnt ihn vor dem drohenden Tod durch Siegfried und bietet ihm die Möglichkeit, sein Leben dadurch zu retten, daß er sich mit der Rückgabe des Ringes freikauft. Doch dem Wurm ist der Besitz lieber als sein Leben. Wotan läßt Alberich in Sorge zurück.

Inzwischen hat Mime Siegfried in die Tiefe des Waldes geführt und versucht, dem Furchtlosen den schrecklichen Fafner zu schildern. Aus Angst vor dem Wurm läßt er Siegfried allein und hofft, daß sich beide gegenseitig umbringen.

In der Zwiesprache mit der Natur forscht Siegfried nach dem Grund seines Wesens, kann sich aber mit der Stimme des Waldvogels, die er auf einem selbstgeschnitzten Rohr nachzuahmen versucht, nicht verständlich machen. So bläst er sein gewohntes Horn und ruft damit Fafner herbei, den er im Zweikampf besiegt. Die letzten Worte des sterbenden Wurms vom Fluch des Ringes versteht Siegfried ebensowenig wie die Handhabung der Beute, die ihm nun zufällt. Auch weiß er nicht, daß die Stimme des Waldvogels, deren Worte er nach dem Genuß des Drachenblutes vernimmt, Sprachrohr Wotans ist, des Beherrschers der Natur. Der Waldvogel gibt Siegfried das Schicksal der Welt in die Hand. Damit scheint Wotans Plan, ein freier Held aus seinem Stamm werde den Ring zurückgewinnen und damit die Weltherrschaft der Götter stabilisieren, zu glücken. An Mime erfüllt sich die Prophezeiung der „Wissens-Wette": Weil er die Absicht, Siegfried zu ermorden, hinter seinen heuchlerischen Worten nicht verbergen kann, liefert er sich dem Schwert aus, das er selber als Mordwaffe benutzen wollte. Wotans Waldvogel weist Siegfried den Weg zu Brünnhilde.

3. AKT: Wotan hält die Schachzüge seiner Machtpolitik für eine Kontrolle der Zukunft, vor der das Naturwissen Erdas versagt. Doch Erda durchschaut seinen Willen und bezichtigt ihn des Meineids: Der Hüter des Gesetzes darf nicht zu anarchistischen Mitteln greifen, um seine eigenen Pläne durchzusetzen. Der tragischen Dialektik, das bestrafen zu müssen, was er selber wollte, aber nicht durfte, kann er sich nicht entziehen. Erda bestreitet ihm das Recht, noch länger den Speer des Gesetzes zu führen. Wotan kommt ihr zuvor mit der Behauptung, er habe sein Erbe aus frei gewähltem Entschluß dem „herrlichsten Wälsung" vermacht, verschweigt aber die lenkende Kraft seines überlegenen Wissens. Träumend soll Erda sein Ende erschauen.

In seiner Begegnung mit Siegfried erkennt der Wanderer, daß sein Experiment mit der künstlich erzeugten Freiheit gelingt, aber nur für den Preis seiner Entmachtung: Siegfried zerschlägt Wotans Speer mit dem Schwert, das einst an dem Speer des Gesetzes zerschellte. Damit verliert Wotan alles, was er vererben wollte, und zieht sich nach Walhall zurück, um sein Ende zu erwarten.

Siegfried durchschreitet furchtlos das Feuer, erweckt Brünnhilde zu neuem, menschlichem Leben und lernt in der Liebe erstmals das Fürchten kennen. Er begreift aber nicht, daß Brünnhildes „Liebe" weit mehr ist als bloße körperliche Hingabe. Vergeblich versucht sie, seine blinde Freiheit in Sinn zu verwandeln. Siegfried drängt sie zur körperlichen Vereinigung und verspielt damit seine letzte Chance, sehend zu werden für die Wirklichkeit.

Dritter Tag
Götterdämmerung
(Vorspiel und drei Akte)

Uraufführung: 17. August 1867 (im Rahmen der ersten zyklischen Aufführung), Bühnenfestspielhaus Bayreuth

Personen: Siegfried (Ten); Gunther (Bar); Alberich (Bar); Hagen (Baß); Brünnhilde (Sop); Gutrune (Sop); Waltraute (Alt); Drei Nornen (Alt, Mez, Sop); Die Rheintöchter: Woglinde (Sop), Wellgunde (Mez) und Floßhilde (Alt)

Chor: Frauen (Sop); Mannen (Ten und Baß)

Ort: Auf dem Felsen der Walküren; Gunthers Hofhalle am Rhein; Der Walkürenfelsen; Vor Gunthers Halle; Waldige Gegend am Rheine; Gunthers Halle

Orchester: 3 Fl (2. auch Picc), Picc, 3 Ob, E.H. (auch 4. Ob), 3 Kl, Bkl, 3 Fg (2. auch Kfg), 8 Hrn (auch 2 Tentba und 2 Btba), Kbtba, 3 Trp, Btrp, 3 Pos, Kbpos (auch Bpos), Pkn, Trgl, Bck, Glsp, 6 Hrf, Streicher

Auf der Bühne: Hrn in F, 4 Hrn in C, Stierhrn in C, Des und D

Form: Durchkomponiert

Aufführungsdauer: 5 Stunden

Verlag: B. Schott's Söhne, Mainz (Richard-Wagner-Gesamtausgabe)

Handlung

VORSPIEL: Im Rückblick auf die Zukunft weben die drei Nornen des Schicksals an dem Seil der historischen Berechenbarkeit, das in dem Moment reißt, als sie den Übergang der Naturgeschichte in die Geschichte der menschlichen Selbstbestimmung berühren. Das Schicksal der Welt unterliegt nicht mehr der Naturweisheit. Mit Wotans Entmachtung durch Siegfried wurde Hagen, Alberichs Sohn, zum Vollstrecker des mythischen Ringfluches. Die Nornen tauchen hinab zu Erda. Siegfried und Brünnhilde, dem Schuldzusammenhang, den Wotans Frevel an der Weltesche und Alberichs Goldraub stifteten, scheinbar entronnen, glauben sich untrennbar verbunden. Als Pfand seiner Liebe überreicht Siegfried Brünnhilde den Ring, den er erbeutete, sie schenkt ihm im Gegenzug ihr Roß Grane, Zeuge ihrer abgelegten Vergangenheit als Walküre Wotans. Obwohl Siegfried mit der freiwilligen Gabe des Ringes, der nun in Brünnhildes Verständnis zum privaten Fetisch der Liebe wird, als erster seiner Besitzer auf die Macht verzichtet, die der Ring verleiht, weiß er nicht, daß er damit nach Wotans Wunsch handelt. Und weil er die Gefahren der Welt nicht kennt, wird er ihr Opfer, als er „zu neuen Taten" auszieht und damit Brünnhilde, ohne es zu ahnen, für immer verläßt.

1. AKT: Am Hof der Gibichungen, von deren Ruhm Siegfried angezogen wird, hat sich die Macht des Bösen eingenistet; Hagen ist ihr heimlicher Herrscher. Wie einst Wotan trägt er den Speer, aber seine Gesetze sind die des Unrechts. Dem Gibichungen Gunther und seiner Schwester Gutrune macht Hagen, der mehr über die Welt weiß als sie, das hohe Paar vom Brünnhildenstein begehrlich, um so seinen Plan durchführen zu können und in den Besitz des Ringes zu gelangen. Siegfrieds Ahnungslosigkeit müßte als Werkzeug dienen, den Mechanismus einer Intrige anzudrehen, deren Folgen nicht absehbar sind für die Betroffenen. Das Ziel aber würde für Hagen feststehen. Er macht also Gunther, den Einfältigen, gierig auf Brünnhilde und verspricht ihm, Gutrunes Schönheit werde den ganz im Augenblick lebenden Helden gefügig machen, für ihn – Gunther – Brünnhilde zu erobern. Tatsächlich gelangt Siegfried an den Hof der Gibichungen und wird von Hagen und Gutrune sofort eingefangen. Als Gunthers Schwester ihm den Zaubertrank Hagens reicht, wird offenbar, was Siegfrieds heimliche Wünsche sind: Er ist bereit, Brünnhildes Liebe zu vergessen, um des neuen erfüllten Augenblicks willen, nicht aber die fernere Vergangenheit seiner Heldentaten. Der Virus der Entfremdung, der Hagens böse und zwielichtige Welt beherrscht, ergreift auch den schutzlosen Helden, der

nun, um Gutrune zu gewinnen, mit Gunther Blutsbrüderschaft schließt und sich aufmacht, für ihn die eigene Braut zu erobern. Der Tarnhelm, der bisher nutzlos an seiner Seite hing, verleiht ihm – so hat es ihm Hagen erklärt – die Gestalt Gunthers, wird also zum Instrument der Selbstentfremdung.

Waltraute, eine der Walküren Wotans, hat sich heimlich zu Brünnhilde begeben und schildert ihr den Zustand Walhalls nach Wotans Entmachtung durch Siegfried: Wotan hat die Weltesche schlagen und zum Scheiterhaufen aufschichten lassen und erwartet das Ende der Götter. Nur die Rückgabe des Rings an die Rheintöchter könne den Fluch, der auf ihm und der Welt lastet, lösen. Doch Brünnhilde will nichts mehr von ihrer abgelegten göttlichen Vergangenheit wissen und weigert sich, den Ring, der für sie einzig das Liebespfand Siegfrieds bedeutet, herzugeben. Verzweifelt stürzt Waltraute davon.

Die Sehnsucht Brünnhildes nach Siegfrieds Rückkehr erfüllt sich in brutalem Betrug: In Gunthers Gestalt überwältigt er sie und entreißt ihr den Ring, wie einst Wotan Alberich den Ring raubte. Damit lädt er, ohne es zu wissen, endgültig den Fluch auf sich. Und Brünnhilde versteht nun den Sinn der Strafe, die ihr Wotan einst angedroht hat.

2. AKT: Alberich erscheint Hagen im Traum, um ihn an seine Bestimmung zu mahnen, denn er fürchtet, daß Siegfried in seiner Ahnungslosigkeit den Ring an die Rheintöchter zurückgeben könnte. Hagen weiß es besser: Seine Pläne sind nicht mehr die Alberichs, der ebenso entmachtet ist wie sein Gegenspieler Wotan. Die Intrige des Betrugs ist Hagens Mittel, um sich das Recht an Siegfrieds Tod zu sichern, wie einst Wotan Mimes Kopf forderte. Der Ring spielt dabei die Rolle der Verwirrung und der Aufdeckung. Vor den Gibichungen führen Gunther und Gutrune als betrogene Betrüger der Intrige Hagens ihre erbeuteten Liebesobjekte vor. Was Hagen nicht voraussehen konnte, bringt dennoch das von ihm inszenierte Täuschungsmanöver ans Licht: Brünnhilde entdeckt als Zeichen des Betruges an Siegfrieds Hand den Ring, den er ihr entriß. Öffentlich muß Siegfried das Komplott mit Gunther zugeben, leugnet aber, den Ring von Brünnhilde empfangen zu haben. Sie ist bereits seinem Gedächtnis so endgültig entschwunden, daß er sich nur noch an den Ring als Beute im Drachenkampf zu erinnern vermag. Die Moral der Gibichungenwelt erfordert den Eid Siegfrieds, damit seine Unschuld feststehe, doch er schwört – unwissentlich – genau den Meineid, mit dem er sich dem Anrecht Hagens auf Sühne in die Hände liefert. Brünnhilde schwört ihre Version der Wahrheit dagegen, die

den Eid Siegfrieds als Lüge entlarvt. In den Augen der Öffentlichkeit stehen sich zwei Wahrheiten gegenüber, deren Mechanismus nur Hagen kennt. Diese ratlose Situation nutzt Siegfried aus, um den Streit als „Weiberge- keif" herunterzuspielen und mit erzwungener Fröhlichkeit zu den Hoch- zeitsvorbereitungen aufzurufen. Während dieser Verblendung wird sein Tod beschlossen. Hagen bietet sich als Rächer an und erfährt dafür von Brünnhilde die einzige verwundbare Stelle Siegfrieds: Nur wenn er sich abwendet, kann er im Rücken getroffen werden. In trügerischem Einver- ständnis schwören Brünnhilde, die Verratene, Gunther, der betrogene Be- trüger, und Hagen, der Sieger, Rache an Siegfried.

3. AKT: Als Jagd auf Wild getarnt beginnt die Treibjagd Hagens auf Siegfried. Wotans Betrug an Siegfried wird nun offenbar, denn seine Scheinfreiheit erweist sich als Todesfalle. Zuvor bieten ihm die Rheintöch- ter eine letzte Chance der Rettung, indem sie ihn vor dem Fluch, der auf dem Ring lastet, warnen. Damit reizen sie aber nur seinen Widerstand. Wer die Furcht nicht kennt, den schrecken auch keine Drohungen. Verblendet von seiner Unwillkür wirft Siegfried symbolisch mit einer Erdscholle sein Leben hinter sich und erklärt sich stärker als das Schicksalsgeflecht der Nornen. Die Rheintöchter halten sich nun an Brünnhilde.

In der Jagdpause fügt Siegfried aus den Splittern der Erinnerung seine verlorene Identität zusammen, wie er einst aus Splittern das Schwert „Nothung" schmiedete. Die Gedächtnislücke der Erweckung Brünnhildes füllt er durch die Wirkung von Hagens erneutem Zaubertrank und gesteht damit unwissend den Meineid. Als Zeichen Wotans fliegen zwei Raben auf. Da Siegfried sich umdreht und ihnen nachblickt, kann Hagen seinen Speer in den wehrlosen Rücken stoßen. Siegfried wird sich im Sterben erstmals seines Lebens bewußt. Sein Tod fällt zusammen mit der Erinnerung an Brünnhildes Erweckung. Bevor Hagen nach dem Ring an Siegfrieds Hand greift, erfüllt sich nochmals der Fluch Alberichs: Im Streit um das Erbe der „Jagdbeute" erschlägt er Gunther. Als er jedoch den Ring ergreifen will, hebt sich drohend die Hand des Toten. Brünnhilde hat die Tragödie der Entfremdung durchschaut, und sie ist es nun, die den Ring von Siegfrieds Finger zieht. Sie gibt ihn den Rheintöchtern zurück. Der Kreislauf der Natur schließt sich, als die Rheintöchter mit dem Ring auch Hagen, der sich auf ihn stürzte, in die Tiefe ziehen. Um den Fluch, der auf der sterbenden Welt lastet, endgültig auszulöschen, opfert sich Brünnhilde, deren Bot- schaft der Freiheit durch Liebe gescheitert ist, gleichzeitig mit dem Ende der Götterwelt. Ihr Erbe weist sie, als offene Frage, der Zukunft an.

Kommentar

Wagners *Ring*-Tetralogie ist die Tragödie Wotans. Wenn sich, noch vor dem Öffnen des Vorhangs, am Beginn des *Rheingold* aus dem tiefen Es jener „akustische Gedanke", wie Thomas Mann ihn nannte, entfaltet, der nichts anderes ist als die sich steigernde Umschreibung des Es-dur-Dreiklangs, dann täuscht die Musik nur vor, es handle sich um den Anfang der Dinge. Mit dem überraschenden Eintritt der Subdominante (nach immerhin 136 Takten reiner Tonika) öffnet sich der Vorhang, aber die Szene mit Alberichs Goldraub ist ebenfalls nicht der Anfang der Handlung. Denn der *Ring* beginnt mit der (vorerst) unausgesprochenen Voraussetzung, daß die Quelle allen Übels der auf Gewalt gegründete Staatsvertrag Wotans ist, und der liegt lange vor Alberichs Goldraub. Der Staatsvertrag Wotans war das Werk eines machthungrigen einzelnen, nicht, wie etwa bei Rousseau, der vernünftige Zusammenschluß freier Individuen. Er trägt von Anfang an den Keim des Bösen in sich, von Wagner ins mythische Bild des Frevels an der Weltesche gefaßt. Während später Alberich um der Machtgier willen die Liebe verflucht, also an sich selbst mit Triebverzicht frevelt, verzichtet Wotan mit geradezu generöser Geste auf die Liebe und hüllt sein Machtstreben in den Schein naturnotwendiger Ordnung: „Als junger Liebe / Lust mir verblich, / verlangte nach Macht mein Mut" (*Walküre*, 2. Akt, 2. Szene). Der Speer des Gesetzes ist das Symbol für Wotans Frevel an der Weltesche, die sichtbare Gegeninstanz zur echten Unmittelbarkeit der Natur. Mit der Tragödie Wotans zielt die Idee Wagners auf die Einsicht, daß der Keim aller Verbrechen die Herrschaft sei, die sich – außer auf Gewalt – auf der Macht der Gewohnheit gründet (in Fricka wird die Ideologie der Ruhe und Ordnung personifiziert). Was Wagner am antiken Ödipus-Mythos entdeckte, gilt auch für die Tragödie Wotans: Der Herrscher Kreon „schlug der Menschlichkeit ins Angesicht und rief – es lebe der Staat!" In der Gestalt der Antigone äußert sich nicht nur die Naturnotwendigkeit gegen die staatliche Ordnung, also in den „physischen Lebenstrieben des Individuums" (Wagner, 1851) die Unmittelbarkeit gegen die verhärtete Moral und Macht der Gewohnheit, sondern auch – vergleichbar der Brünnhilde im *Ring* – der mit vollem Bewußtsein artikulierte Trotz gegen willkürliche Gebote (im Falle der Brünnhilde ist das der Tod Siegmunds aus Gründen der Staatsräson). So besehen bietet die Deutung des Ödipus-Mythos, wie sie Wagner in seiner Kunstschrift *Oper und Drama* (1851) niedergelegt hat, den Schlüssel zum Verständnis der Tragödie Wotans. Nicht anders als für Karl Marx war für Wagner die Aufhebung des Staates das Ziel der Geschichte; am Modell der „reinen Menschlichkeit" der Antigone exemplifizierte er das Vorgehen gegen die Verdinglichung und Entfremdung der staatlichen Ordnung, wie sie sich im *Ring* an dem in seinen eigenen Gesetzen gefangenen Herrscher Wotan zeigt, dessen ganzes Streben auf die Verteidigung seiner Macht gerichtet ist. Die Tragik Wotans besteht darin, daß er – sichtbar am Verlust eines Auges – die Bindung an die Natur verloren hat und mit der Festigung seiner Macht (dem Bau Walhalls) das Unheil auf sich lenkt, das er mit dem geraubten Ring Alberichs bezahlt hat. Der Fortgang der Handlung „zeigt demnach die Notwendigkeit, den Wechsel, die Mannigfaltigkeit, die Vielheit, die ewige Neuheit der Wirklichkeit und des Lebens anzuerkennen und ihr zu weichen" (Wagner an August Röckel, 1854). Wotans „großer Gedanke" am Ende des *Rheingold*, den von dem Orakel der Erda vorgezeichneten Untergang Walhalls durch einen „freien" Helden abzuwenden, der als Stellvertreter des an seine eigenen Gesetze gebundenen Gottes den Wurm Fafner erschlägt und den Ring gewinnt, erweist sich als Weg zum Untergang der Götterwelt. Diese tragische Dialektik hat Loge durchschaut und zynisch formuliert: „Ihrem Ende eilen sie zu, / die so stark im Bestehen sich wähnen." Denn indem Siegfried, der zu wenig bewußte Held nach dem Scheitern des zu sehr bewußten Siegmund, Fafner tötet, weckt er erst das Unheil, das am Ring, dem Symbol für den Verzicht auf Liebe zugunsten von Macht und Unterdrückung, haftet. Wotans Traum von der „freiesten Tat" erfüllt sich erst in der selbstbewußten Freiheit der Liebe Brünnhildes; ihr bedeutet der Ring nicht mehr Besitz, sondern das „Liebespfand" Siegfrieds. Wie Antigone hat sie sich von der Welt Wotans durch Liebe emanzipiert und weigert sich deshalb, ihm den Ring zu überlassen (in der Szene mit Waltraute). Der zum Eigentum gewordene Besitz dagegen ist – ungeachtet der Tatsache, daß er „als Grundlage jeder guten Ordnung angesehen wird" (Wagner, 1851) – die Ursache aller Verbrechen. Aber: „Seit dem Bestehen des politischen Staates geschieht kein Schritt in der Geschichte, der, möge er selbst mit noch so entschiedener Absicht auf seine Befestigung gerichtet sein, nicht zu seinem Untergange hinleite" (Wagner, 1851). Der Staat ist für Wagner entweder die „fixe Idee wohlmeinender, aber irrender Denker" oder „als Konkretum die Ausbeute für die Willkür gewaltsamer oder ränkevoller Individuen gewesen, die den Raum unserer Geschichte mit dem Inhalt ihrer Taten erfüllen"; den verständlichen Kern indessen liefert erst der Mythos in seiner verdichteten Grunderfahrung davon. Das ist denn auch der Grund dafür, daß Wagner die Handlung des *Ring* in das Gewand der mythologischen

Parabel kleidete, genauer: das Wesen der modernen Erscheinung der staatlichen Ordnung und Willkür, des Herrschaftsmechanismus und seiner Aufhebung, als Mythos konstruierte, um mit bewußt distanziertem Blick – man könnte auch sagen: in Brechtscher Verfremdung – Ursache und Wirkung des gesellschaftlichen Verblendungszusammenhangs darstellen zu können, den er aus allegorischen Bildern des Mißbrauchs der Natur begründete. Im Unterschied zu Marx, der den Kern der Entfremdung in dem ökonomischen Mittel der „Ware" entdeckte, erzählt Wagners *Rheingold* Wotans Schuld und Verhängnis „wie ein Bauernprozeß" (Tagebucheintragung Cosima Wagners, 12. Dezember 1870). Dennoch ist gerade die Handlung im *Rheingold*, freilich in allegorischer Verhüllung, ein Abbild der tatsächlichen Verhältnisse des gerade entstandenen Industriekapitalismus, gewissermaßen der *musikalische* Kommentar zu der „Lage der arbeitenden Klasse in England", wie sie Wagner am 25. Mai 1877 drastisch vor Augen trat (laut Cosimas Tagebuch): Auf der Heimfahrt von Greenwich entgeht ihm nicht der Eindruck von „Nibelheim, Weltherrschaft, Tätigkeit, Arbeit" und von dem „Druck des Dampfes", der überall den „Traum Alberichs" erfüllt hat. Der ausdrückliche Rückgriff auf den – übrigens bislang nicht beachteten – nordischen Mythos (also noch weit hinter das bereits höfische *Nibelungenlied* zurück) muß verstanden werden als künstlerisches Mittel der Darstellung einer Art Naturgeschichte des Kapitalismus mitsamt der fundamentalen Kritik daran. Hindurchgegangen durch die verblendete Gegenwart, die Wagner seiner Zeit als warnenden Spiegel vorhalten wollte, gibt der Blick auf die mythischen Voraussetzungen – durchaus auf der Folie des antiken griechischen Mythos – die Sicht frei für die Erkenntnis der Zukunft.

Erweist sich demnach die Konstruktion des Mythos als künstlerisches Medium der Gesellschaftskritik, gewissermaßen als Gegenstück zur *Kritik der politischen Ökonomie* von Marx, dann gerät die Vision von der Aufhebung der Entfremdung zu einer utopischen Proklamation, bei der das letzte Wort gerade nicht dem Text zufällt, sondern der begriffslosen, wenngleich auf eigene Weise sprachmächtigen Musik: Am Ende der *Götterdämmerung* öffnet sich gleichsam der Spalt des delphischen Orakels und entläßt aus dem Orchestergraben die musikalische Botschaft der Erlösung aus dem Verblendungszusammenhang, an dem zuvor die musikalische Struktur selber teilhatte, weil ihr dichtes Netz von Motivbeziehungen sich über den Köpfen der handelnden Personen immer mehr zusammenzog. Nach der Umkehrung des einstigen Ringraubs in Brünnhildes Rückgabe des Rings an den Kreislauf der Natur ertönt jenes bis dahin nicht wiedergekehrte Orchestermotiv, das im 3. Akt der *Walküre* das „hehrste Wunder", die Ankündigung Siegfrieds, des „Menschen der Zukunft", bezeichnet hat. Dieser Schluß ist jedoch nicht nur — rational betrachtet — undeutlich, sondern auch offen: Wie Ernst Bloch erkannte, greifen „gerade in dieser Schlußnacht die Erwachens-, Entzückungs-, Erlösungs-Themen der *Ring*-Musik weiter, selbst im Abbrechen. Das Erlösungsmotiv (...) ist viel zu weithin-hallend, um ein Ende zu sein statt des Paradoxes einer Wiederholung hin ins Neue". Ähnlich wie zu Beginn des *Rheingold* setzt auch am Schluß der *Götterdämmerung* die Musik einen gezielten Widerspruch zur Handlung. Was sich nach dem Untergang der Welt Wotans ereignen wird, ist die *Möglichkeit*, daß dem Reich der Macht und Gewalt, der Entfremdung und Selbstentfremdung — Siegfrieds Verlust an Identität ist deren furchtbares Beispiel — das Reich der Liebe und Freiheit folgt, ganz im Sinne der mittelalterlichen Mystiker, die nach dem Reiche des „Vaters", also der Autorität, und dem Reich des „Sohnes", das trotz dem Gebot der Liebe an die Gesetze des Staates gebunden blieb, das Reich des „Heiligen Geistes" erwarteten, in dem es weder Gesetz noch Staat geben werde, sondern nur noch die Liebe.

Thomas Mann vertrat die These, daß die musikdramatische Konzeption der *Ring*-Tetralogie der deutsche Beitrag zur europäischen Kunst des Romans im 19. Jahrhundert gewesen sei, wobei er wohl an Wagners Zeitgenossen Balzac und seine *Comédie humaine* (1843) dachte. Natürlich war Wagner in erster Linie Musiker, doch gelang es ihm tatsächlich, den notwendigen Zusammenhang zwischen der Wotan- und der Siegfried-Tragödie, also zwischen dem Göttermythos und der Heldengeschichte — letztere in *Siegfried* sogar durchzogen von Märchenelementen —, in einem epischen Ablauf zu vermitteln, um so die gedanklichen Voraussetzungen und Hintergründe der szenischen Vorgänge einsehbar machen zu können. Da er „vollkommen von der Bühne herab verstanden" werden und nichts unmotiviert lassen wollte, andererseits jedoch genau wußte, daß im Theater nur der sicht- und fühlbare Augenblick zählt, entwarf er, auf sprachlicher wie musikalischer Ebene, ein Geflecht aus drastischen Handlungsmomenten, die sich an Knotenstellen in Weigerungen, Entschlüssen oder in dialektischem Umschlag äußern, reflektierenden Erzählungen, in denen die übermächtige Last der schuldbeladenen Vergangenheit zur Sprache kommt, und einem neuartigen, eigenständigen Kommentar des Orchesters, den er sowohl als Analogie zur Funktion des Chors in der antiken griechischen Tragödie empfand als auch zum Sprachrohr des Autors erhob (vergleichbar dem Standort des Erzählers im Roman). Über die Köpfe der handelnden Personen hinweg verständigt er sich damit gewissermaßen mit dem Publikum, von dem er allerdings auch verlangt, daß es – außer dem Handlungsablauf – dem Faden der musikalischen Erzählung folge. Zu diesem Zweck schuf er das Gewebe der „Gefühlswegweiser", die man später, gegen seine Absicht, als „Leitmotive" bezeichnete. Nietzsches Bemerkung, der *Ring* sei ein ungeheures Gedankensystem ohne die begriffliche Form des Gedankens, wäre zu ergänzen mit Wagners dramatischer Theorie der „Vergegenwärtigung", derzufolge im Gewebe der musikalischen Motive alle drei Zeitebenen erscheinen und verdeutlichen, was szenisch nicht unmittelbar darstellbar ist. Wagner zwang demnach die begriffslose Musik der unreflektierten Gefühlsäußerung zur sprachähnlichen Bestimmtheit und bereicherte sie dadurch um die psychologische Ebene, die im Handeln der Personen das Unbewußte aufdeckt oder die Fäden der Erinnerung und Vorahnung zieht. Wotans „großer Gedanke" am Ende des *Rheingold* äußert sich nicht etwa als Bühnengeste, obwohl Wagner zeitweilig daran dachte, ihn in diesem Augenblick ein Schwert hochnehmen zu lassen, „welches Fafner, weil es nicht von Gold, verächtlich vom Hort weggeschoben" (Tagebucheintragung Cosima Wagners vom 30. Mai 1876 während der Proben zur Bayreuther Erstaufführung), sondern nur im Orchester mit der Exposition jenes hochfahrenden Signal-Motivs, das im weiteren Verlauf der Tetralogie tatsächlich mit dem Schwert der Wälsungen identifiziert wird. Eine subtilere Variante der (musikalischen) Vorahnung bildet die bereits erwähnte Konkordanz der beiden Stellen, an denen das sogenannte Motiv der „Erlösung" auftritt, einmal – im 3. Akt der *Walküre* – als Ankündigung der Geburt Siegfrieds, schließlich – am Ende der *Götterdämmerung* – als Aufscheinen der Hoffnung jenseits der aktuellen Bühnenhandlung.

Im weiteren Verlauf der Tetralogie – besonders dann in der *Götterdämmerung* – gewinnt die Ebene der Vergangenheit – auch im Text – immer mehr an Relevanz, so daß sich schließlich das musikalische Motivgewebe ganz aus der (teilweise sehr verfremdeten) Wiederkehr bereits viel früher exponierter Motive speist und so die geradezu erdrückende Last des inhaltlichen Verblendungszusammenhangs der gedachten Handlung – die Intrige Hagens unterliegt ebenso dem Zwang des Urfrevels wie die reflexionslosen Aktionen Siegfrieds – zum Ausdruck bringt. Die sogenannte „Trauermusik" nach Siegfrieds Tod geht denn auch weit über den Anlaß der Bühnenhandlung hinaus, denn sie ist eine Rekapitulierung der Siegfried-Tragödie und zugleich eine Abrechnung mit der Vergangenheit, ein musikalisches Gegenstück zu Balzacs *Verlorenen Illusionen,* aber auch ein konzentrierter Moment des „Beziehungszaubers", den Thomas Mann an der Musik zur Tetralogie insgesamt rühmte.

Wagners Ästhetik der musikalischen „Gefühlswegweiser" setzt sich aber auch dem Vorwurf der Tautologie aus; dies betrifft vor allem jene Motive, die auf ein „Stichwort" hin erscheinen und die Gegenwart meinen, indem sie mit einem aktuellen Vorgang auf der Bühne – sei er sprachlich oder gestisch – zusammenfallen. (Analog dazu gibt es auch im Text geforderte, szenische Chiffren für komplizierte gedankliche Vorgänge, so etwa den Trank des Vergessens, der Siegfrieds heimliche Wünsche, genauer: seine wahre Natur sichtbar macht; auch solche Chiffren fordern den Vorwurf der Peinlichkeit heraus.) Wesentlich ist jedoch erst der Sachverhalt, daß im *Ring* die Zeitebene der Gegenwart nicht die entscheidende ist, denn sie meint entweder nur die bloße Befangenheit im Augenblick oder sogar, wie es sich am Verhalten Siegfrieds zeigt, eine Falle. Die Motive, die an ein Stichwort im Text gebunden sind, besitzen in der Regel, als Abkömmlinge des älteren recitativo accompagnato, den Charakter der Gebärde oder sind gleich – jedenfalls im fortgeschrittenen Stadium des Handlungsverlaufs – Nebenmotive im musikalischen Gewebe. Ihr gleichsam metaphorischer Charakter erweist sich erst in dem weitgespannten Netz von Beziehungen, das sich über die gesamte Tetralogie erstreckt. In der *Götterdämmerung* zieht sich das musikalische Gewebe, als Ausdruck des über der Handlung stehenden mythischen Verhängnisses, derart zum undurchdringlichen Labyrinth zusammen, daß eine präzise Dechiffrierung (beim Hören) gar nicht mehr detailliert möglich ist. Es soll der Eindruck entstehen, daß am Ende alles mit allem zusammenhängt und die – eher vage als durchschaubare – Ausweglosigkeit als solche wahrgenommen wird. Um so stärker stechen dann weit auseinanderliegende Konkordanzen hervor, das „akustische déjà vu" (Bloch), in dem sich das Wesen der „Gefühlswegweiser" überhaupt erst in seiner ganzen Tragweite erfüllt. Ein signifikantes Beispiel ist die Wiederkehr jener Akkorde, die Brünnhildes Erweckung durch Siegfried bezeichneten, und zwar genau an der Stelle, als sich Siegfried, im Sterben liegend, zum erstenmal seines Lebens bewußt wird. Die Umkehrung der Situation – dort das Erwachen zum Leben und hier das Erwachen zum Tod – stellt das Motiv in „das tiefsinnigste Paradox des Wagnerschen Musikausdrucks" (Bloch), in die Dialektik von Identität und Nichtidentität. Und zu Beginn der Nornen-Szene erklingen diese Akkorde, jetzt freilich in der Tonart der

Weltesche (es-moll), verknüpft mit dem (ebenfalls nach Moll gewendeten) Wellenspiel des *Rheingold*-Vorspiels, sozusagen gesättigt mit dem mythischen Hintergrund, den die Nornen, gleichsam atemholend vor der eigentlichen Katastrophe der Siegfried-Handlung, in ihrem „weihevollen Weltenklatsch" (Thomas Mann) enthüllen. Deutlicher hätte der „Einbruch der dumpfen Vorgeschichte in die fortgeschrittene Weltgeschichte" (Peter Ackermann) kaum gestaltet werden können.

Geschichte

Wagner war ein Genie des Durchsetzens von Plänen. Die fast dreißigjährige Geschichte der Entstehung der *Ring*-Tetralogie von der ersten Idee bis zur zyklischen Gesamtaufführung im eigens dafür gebauten Bayreuther Festspielhaus ist der Beweis für Wagners zähe Durchsetzungskraft seiner kulturpolitischen Konzeption, die, wie Thomas Mann es nannte, „im Grunde gegen die ganze bürgerliche Kultur und Bildung gerichtet und gedichtet ist, wie sie seit der Renaissance herrschend gewesen war" und sich eigentlich „an eine inexistente Welt klassenloser Volklichkeit wendet", wovon allerdings bei der ersten zyklischen Aufführung im Sommer 1876 keine Rede sein konnte. Die Festspielidee war nur in Wagners Kopf vorhanden, die Wirklichkeit, vor der Friedrich Nietzsche aus Bayreuth floh, sah ganz anders aus. Die szenische Ausführung war mehr oder weniger mißlungen, und die Zusammensetzung des Publikums entsprach gar nicht Wagners Vorstellung von der Wiederkehr der antiken Festspielidee oder gar von der „klassenlosen Volklichkeit"; Karl Marx spottete sogar über das „Narrenfest des Staatsmusikanten Wagner", und Wagner soll während der Aufführungen zu Malvida von Meysenbug gesagt haben: „Sehen Sie nicht zu viel hin! Hören Sie zu!" – also genau das, was der Wagner-Enthusiast Anton Bruckner ohnehin zu tun pflegte.

Wagner war aber auch – so Carl Dahlhaus – der Philologe unter den Librettisten, dazu, wie er selber sagte, einer, der „entsetzlich viel Mythologie im Kopfe" hatte und vor allem damit so umging, daß, abermals in den Worten von Carl Dahlhaus, der Mythos weniger restauriert als destruiert wurde, „oder genauer: er wurde restauriert, um destruiert zu werden". Um zum Kern der Sache vorstoßen zu können, umging Wagner das bereits höfisch, also geschichtlich konkretisierte *Nibelungenlied* (um 1200) und griff, als erster, zu den altnordischen Quellen zurück, um dort das von der Geschichte nicht entstellte „Reinmenschliche" wiederfinden zu können. Am 9. Januar 1856 erwähnte er in einem Brief an Franz Müller in Weimar, der gerade an einem Buch über die bereits vor Beginn der Komposition veröffentlichte *Ring*-Dichtung arbeitete (es erschien 1862), welche Quellen das im einzelnen waren. Es befinden sich darunter – und die Liste konnte die Wagner-Forschung noch um etliche Titel erweitern – Lachmanns *Der Nibelungen Noth und Klage*, Grimms *Mythologie*, die *Edda* und *Volsunga-Saga*, die *Wilkina- und Niflunga-Saga*, aber auch die *Untersuchungen zur deutschen Heldensage* von Mone. Was Wagner jedoch daraus schuf, war ein eigenes mythologisches System, wenn auch zahlreiche Einzelzüge und Handlungsmomente (z. B. die Wissens-Wette) aus den Quellen stammten. Einer Tagebuchnotiz Eduard Devrients vom 1. April 1848 zufolge muß sich Wagner bereits um diese Zeit mit den Quellen intensiv beschäftigt haben, denn er sprach von einem „Opernplan aus der Siegfriedsage", obwohl er sich zunächst mit der geschichtlichen Spekulation der Herkunft der Staufer (Ghibellinen) von den Nibelungen abgab und sie in dem Aufsatz *Die Wibelungen. Weltgeschichte aus der Sage* (Spätsommer 1848) formulierte. Als Kern schälte er dann im Oktober 1848 den Entwurf *Die Nibelungensage (Mythus)* heraus, der bereits die Handlung der späteren *Ring*-Tetralogie in den Grundzügen – vor allem die schließlich doch komponierte Fassung des Schlusses – enthält und später als *Entwurf zu einem Drama* veröffentlicht wurde. Dennoch enthalten gerade die *Wibelungen* das philosophische Prinzip der späteren *Ring*-Dichtung; es ist darin die Rede von „der Menschen und Geschlechter rastlosem Streben und Drängen nach nie erreichten Zielen", die sich in den Sagen deutlicher erklären als „in der nackten Geschichte, welche uns nur die Konsequenzen ihrer wesenhaften Eigentümlichkeit überliefert". Der Schritt in der *Ring*-Dichtung war dann die Aufgabe, das Wesen des Mythos zu erfassen, „Weltgeschichte als Mythos selbst zu konstruieren" (Peter Ackermann). Auf den ersten Prosaentwurf (20. Oktober 1848) folgte unmittelbar das Drama *Siegfrieds Tod* (Schlußdatum: 28. November 1848), bezeichnet als „Eine große Heldenoper in drei Akten", zu der Wagner im August 1850 erste musikalische Skizzen notiert. Er ist inzwischen – als steckbrieflich gesuchter Teilnehmer des Dresdener Aufstands vom Mai 1849 – in die Schweiz, nach Zürich, geflohen und zieht in theoretischen Schriften, darunter *Oper und Drama* (1851), Zwischenbilanz. (Im Gegensatz zu Thomas Manns *Betrachtungen eines Unpolitischen* sind das höchst politische Schriften.) Allmählich verdichtet sich, wohl auch unter dem Eindruck der Kritik von Freunden, die Idee, die Handlung von *Siegfrieds Tod* um die Vorgeschichte zu erweitern; das bedeutete nichts weniger, als die Heldensage mit dem bisher implizit enthaltenen Göttermythos zu verknüpfen. So entstand das Geflecht der gezeigten und gedachten Handlung, die Erweiterung zur Tetralogie, deren Dichtung im Februar 1853 in einem Privatdruck erschien.

Abgesehen davon, daß durch die Erweiterung die explizierenden Erzählungen aus *Siegfrieds Tod* in der (später erst so genannten) *Götterdämmerung* zu Rekapitulationen wurden, war die Ausdehnung der Heldensage zum Göttermythos nicht zuletzt musikalisch begründet: Die Theorie der „Vergegenwärtigung", die Wagner in *Oper und Drama* als die zentrale Kategorie des „Kunstwerks der Zukunft" entworfen hatte, war in der (kompositorischen) Praxis überhaupt erst einlösbar, wenn die musikalischen Motive (damit ist auch deren dramaturgisch begründetes Auftreten gemeint!) zuvor sinnfällig exponiert worden waren (vgl. dazu Wagners Brief an Franz Liszt vom 20. November 1851). Die, ebenfalls im 3. Teil von *Oper und Drama*, ausgeführte Theorie von den drei Zeitebenen der Motive (Erinnerung, Vergegenwärtigung und Ahnung) erforderte für die Komposition eine Rückkehr zum Ursprung der Dinge, damit die „dichterische Absicht" auch in der Sprache der Motive expliziert und dann entwickelt werden konnte, um schließlich den universalen „Beziehungszauber" (Thomas Mann) zu ermöglichen.

Am 12. November 1851 teilte Wagner bereits seinem Freund Theodor Uhlig die konkrete Festspielidee mit, da er sich völlig darüber im klaren war, daß die Konzeption der Tetralogie den Rahmen herkömmlicher Opernabende sprengen würde. Entgegen der auch heute noch geäußerten Ansicht, in die Gedankengänge der Tetralogie sei die *Welt als Wille und Vorstellung* Arthur Schopenhauers eingegangen, muß daran festgehalten werden, daß Wagner erst ein Jahr nach dem Privatdruck damit bekannt wurde. (Daß er in den fünf Schlußvarianten zur *Götterdämmerung* unter anderem auch einen im Geiste Schopenhauers entwarf, ist belanglos, da er bei der Komposition doch auf die erste Idee zurückgriff.) Die literarische Konzeption von rückwärts wurde also ergänzt durch die musikalische „nach vorwärts", und Wagner arbeitete zunächst flüssig an der Musik, unterbrach dann aber im Sommer 1857 die Komposition mitten im 2. Akt des *Siegfried*, um sie erst zwölf Jahre später wieder aufzunehmen (zwischendurch hat er wenigstens noch die Kompositionsskizze des 2. Aktes zu Ende geführt).

Was war der Grund? Wagner selbst spricht nur von äußeren Umständen (keine Aussichten auf eine Aufführung), doch scheint auch ein künstlerisches Problem aufgetaucht zu sein, das ihn vorerst an der kompositorischen Ausführung des 3. Aktes von *Siegfried* hinderte: Er machte nämlich eine

noch dichtere Musiksprache notwendig, die sich Wagner in der Zwischenzeit in *Tristan und Isolde* und den *Meistersingern* erarbeitet hatte. So war er
gerüstet für die Zusammenführung des Göttermythos und der Heldensage
im 3. Akt des *Siegfried* und vor allem für die zwielichtige, komplexe Welt der
Gibichungen in der *Götterdämmerung*, deren Partitur er – bereits in Bayreuth – am 21. November 1874 abschloß (Schlußbemerkung: „Ich sage
nichts weiter!").

Nach der szenisch mißglückten Uraufführung – die beiden Vorauffführun-
gen in München kamen ohne Wagners Einverständnis zustande – dauerte
es hundert Jahre (!), bis eine szenische Lösung gefunden werden konnte
(Patrice Chéreau, Bayreuth 1976–1980), die Wagners mythopoetischen
Ansatz begreifbar machte und zugleich der erste Versuch war, die bereits im
Jahre 1898 (!) vorgelegte marxistische Deutung des *Ring* (insbesondere der
Vorgänge im *Rheingold*) von George Bernard Shaw konkret umzusetzen,
nachdem die Leipziger Inszenierung (1973 ff.) von Joachim Herz und Rudolf Heinrich den Vorstoß dazu gewagt hatte. Chéreau begriff, den Wagnerianern zum Trotz, die *Ring*-Handlung als Tragödie der Politik („Der *Ring*
ist eine überwältigende Vision Wagners über den modernen Staat, über
politische Macht und die schrecklichen Perversionen von Gesellschaftsfor-
men, die sich auf die Erhaltung dieser Macht gründen") und zugleich als
„Mythologie des 19. Jahrhunderts", als „Vergangenheit unserer Industrie-
gesellschaft" und schälte so mit szenischen Mitteln den realen Kern des
Mythos heraus. Die als „Jahrhundert-*Ring*" angekündigte Jubiläumsinszenierung geriet unversehens zum beklemmenden Manifest. Dagegen vermochten sich die „postmodernen" Versionen (seit 1988 Harry Kupfer in
Bayreuth) kaum zu behaupten.   *Dietmar Holland*

Diskographische Empfehlung

a) *Das Rheingold* 1958 – Wien: Georg Solti, Wiener Philharmoni-
ker. George London (Wotan), Kirsten Flagstad (Fricka), Set Svanholm
(Loge), Gustav Neidlinger (Alberich), Paul Kuen (Mime), Kurt Böhme
(Fafner), Jean Madeira (Erda). Decca 6.35 250

1967 – Berlin: Herbert von Karajan, Berliner Philharmoniker.
Dietrich Fischer-Dieskau (Wotan), Josephine Veasey (Fricka), Gerhard
Stolze (Loge), Zoltan Kelemen (Alberich), Erwin Wohlfahrt (Mime), Karl
Ridderbusch (Fafner), Oralia Dominguez (Erda). DG 2740 145

b) *Die Walküre* 1954 – Wien: Wilhelm Furtwängler, Wiener Philharmoniker. Martha Mödl (Brünnhilde), Ludwig Suthaus (Siegmund),

Leonie Rysanek (Sieglinde), Ferdinand Frantz (Wotan), Gottlob Frick (Hunding), Margarete Klose (Fricka). EMI, 1C 149-00 675/79

1965 – Wien: Georg Solti, Wiener Philharmoniker. Birgit Nilsson (Brünnhilde), James King (Siegmund), Régine Crespin (Sieglinde), Hans Hotter (Wotan), Gottlob Frick (Hunding), Christa Ludwig (Fricka). Decca 6.35 251

1966 – Berlin: Herbert von Karajan, Berliner Philharmoniker. Régine Crespin (Brünnhilde), Jon Vickers (Siegmund), Gundula Janowitz (Sieglinde), Thomas Stewart (Wotan), Martti Talvela (Hunding), Josephine Veasey (Fricka). DG 2740 146

c) Siegfried 1962 – Wien: Georg Solti, Wiener Philharmoniker. Wolfgang Windgassen (Siegfried), Gerhard Stolze (Mime), Hans Hotter (Wanderer), Gustav Neidlinger (Alberich), Kurt Böhme (Fafner), Birgit Nilsson (Brünnhilde). Decca 6.35 252

1968 – Berlin: Herbert von Karajan, Berliner Philharmoniker. Jess Thomas (Siegfried), Gerhard Stolze (Mime), Thomas Stewart (Wanderer), Zoltan Kelemen (Alberich), Karl Ridderbusch (Fafner), Helga Dernesch (Brünnhilde). DG 2740 147

d) Götterdämmerung 1964 – Wien: Georg Solti, Chor der Wiener Staatsoper, Wiener Philharmoniker. Wolfgang Windgassen (Siegfried), Birgit Nilsson (Brünnhilde), Dietrich Fischer-Dieskau (Gunther), Gottlob Frick (Hagen), Gustav Neidlinger (Alberich). Decca 6.35 253

1969 – Berlin: Herbert von Karajan, Berliner Philharmoniker. Helge Brilioth (Siegfried), Helga Dernesch (Brünnhilde), Thomas Stewart (Gunther), Karl Ridderbusch (Hagen), Zoltan Kelemen (Alberich). DG 2740 148

Parsifal
Ein Bühnenweihfestspiel in drei Akten

<u>Text:</u> Richard Wagner, frei nach dem *Parzival* von Wolfram von Eschenbach (1210), in der Übersetzung von Karl Simrock und San Marte (eigentlich Albert Schulz)

<u>Uraufführung:</u> 26. Juli 1882, Bühnenfestspielhaus Bayreuth

<u>Personen:</u> Amfortas (Bar); Titurel (Baß); Gurnemanz (Baß); Parsifal (Ten); Klingsor (Baß); Kundry (Sop); Erster und Zweiter Grals-

ritter (Ten und Baß); Vier Knappen (2 Sop, 2 Ten); Klingsors
Zaubermädchen (6 Sop und Alt, 2 Gruppen zu je 12 Sop und Alt);
Eine Stimme aus der Höhe (Alt)
Chor: Die Brüderschaft der Gralsritter (Ten und Baß); Jünglinge
und Knaben (Ten, Alt und Sop)
Ort: Auf dem Gebiete und in der Burg der Gralshüter („Monsal-
vat"), Gegend im Charakter der nördlichen Gebirge des gotischen
Spanien; Sodann: Klingsors Zauberschloß, am Südabhange der-
selben Gebirge, dem arabischen Spanien zugewandt, anzunehmen
Orchester: 3 Fl, 3 Ob, E. H., 3 Kl, Bkl (in A und B), 3 Fg, Kfg, 4 Hrn,
3 Trp, 3 Pos, Btba, Pkn, 2 Hrf, Streicher
Auf der Bühne: 2 Trp, 4 Pos, Rührtr, Gl in tiefem C, G, A, E
Form: Durchkomponiert (ohne Szenenangaben)
Aufführungsdauer: 5 Stunden
Verlag: B. Schott's Söhne, Mainz (Richard-Wagner-Gesamtaus-
gabe)

Handlung

VORGESCHICHTE: Auf dem Berg Monsalvat (= mons salvatoris) befinden sich zwei konträre Welten: auf der nördlichen, gotischen (= christlichen) Seite der Gralstempel, auf der südlichen, arabischen Seite Klingsors
Zauberschloß mit seinen verführerischen Frauen. Titurel, der Vater des
Gralskönigs Amfortas, wurde einst durch eine Engelserscheinung dazu
berufen, den Abendmahlskelch Christi und den Speer, mit dem Christus
am Kreuz in die Seite gestochen wurde, als Schutz gegen den Unglauben zu
bewahren. Das Blut aus der Speerwunde Christi wurde – einer legenden-
haften Überlieferung nach – im Gralskelch aufgefangen. Titurel erbaute
auf dem Berg Monsalvat den Gralstempel, in dem nun das lebensspendende Ritual der Abendmahlsfeier stattfindet (Erleuchtung des Grals).
Voraussetzung für die Teilnahme ist die freiwillige und aus innerer Einsicht
angenommene Keuschheit. Aber nur Männer sind zugelassen. Der auf der
Gegenseite lebende Klingsor ist eine Art „gefallener Engel", der ursprünglich ein frommer Einsiedler war. Da er die sinnliche Begierde nicht überwinden konnte, erzwang er die Keuschheit durch Selbstverstümmelung.
Das gilt jedoch in der Gralsburg nicht, und Klingsor verfiel deshalb dem
Unglauben. Er beschloß, sich selbst in den Besitz von Gral und Speer zu
bringen. Als Mittel wählte er die „Blumenmädchen" in seinem Zaubergarten, die mit ihren Reizen die Gralsritter zur Abtrünnigkeit zwingen sollen.

Zwischen den beiden Gegenwelten vermittelt Kundry, die, durch Schlaf getrennt, in zwei Erscheinungsweisen – jeweils einer der beiden Welten zugeordnet – aufgeteilt ist. Ihre Aufgabe besteht darin, das Kinderspiel der „Blumenmädchen" in den tatsächlichen Beischlaf zu überführen. Dem magischen Bann Klingsors verfallen, büßt sie so ihre Strafe ab, weil sie den leidenden Heiland am Kreuz verlacht hat. Im Gralsbereich ist sie Büßerin und Sklavin, unter Klingsor dagegen Hure. Die Sühne wäre für sie der Mann, der ihrer Verführung widerstehen könnte. Amfortas geriet in ihren Bann, als er versuchte, dem Treiben Klingsors ein Ende zu setzen. Er machte sich schuldig, weil er den heiligen Speer, der untrennbar zum Gral gehört, vom Altar genommen und dadurch entweiht hatte und weil er sich von Kundry zum Beischlaf verführen ließ. Als Strafe trug er eine unheilbare Wunde davon, die ihm Klingsor mit dem entwendeten Speer schlug. Das Gralsritual bedeutet für ihn fortan die höchste Qual. Einer Verheißung nach soll ihn ein keuscher Knabe („durch Mitleid wissend, ein reiner Tor") erlösen.

1. AKT: Der Ritus der Erwartung eines „Erlösers" beginnt mit dem vergeblichen Bemühen, die sündige Wunde des Amfortas mit äußerlich angewandten Mitteln (Balsam) zu heilen. Plötzlich macht ein unbekannter Knabe, der in den Gralsbereich eingedrungen ist, durch das arglose Erschießen eines über dem See kreisenden Schwans auf sich aufmerksam. Gurnemanz, der alte Waffenknecht Titurels, erläutert dem Knaben das grundsätzliche Tötungsverbot von Tieren im Gralsgebiet und fragt ihn aus, wer er sei und woher er komme, erhält aber darauf keine Antwort. Beim Anblick des toten Schwans empfindet der Knabe erstes, freilich noch dumpfes, unbewußtes Mitleid und später sogar Schuldgefühle, als er von Kundry den Tod seiner Mutter erfährt. Gurnemanz hofft, daß dieser törichte Knabe der verheißene Erlöser ist, und nimmt ihn mit in den Gralstempel, wo er dem Ritual der Gralsenthüllung beiwohnen soll. Entsetzt erlebt der Knabe das doppelbödige Ritual, das für die Gralsritter erquickend, für den Gralskönig Amfortas dagegen äußerst qualvoll ist. Doch nur das Herz des Knaben krampft sich bei dem Anblick zusammen; die entscheidende, bewußte und erlösende Frage stellt er nicht. Gurnemanz vertreibt ihn enttäuscht aus dem Gralsgebiet. Dieser Knabe hat nur die zweite Hälfte der Verheißung („der reine Tor") erfüllt und kann wegen seiner Unwissenheit nicht der erhoffte Erlöser sein.

2. AKT: Der Knabe gerät in den Wirkungsbereich Klingsors, wird von den „Blumenmädchen" umringt (die ihn damit necken, er habe wohl

Angst vor Frauen) und dann von Kundry beim Namen Parsifal gerufen. In Gestalt einer Venus versucht sie in durchtriebener Mischung aus dem Wissen um Parsifals Mutterkomplex und ihrer eigenen Verführungskunst den keuschen Knaben sowohl sinnlich als auch geistig „hellsichtig" zu machen. Doch der entscheidende Kuß, den sie ihm als Übergang zum Beischlaf gibt, führt zur Erfüllung der Verheißung: Parsifal spürt, in Mit-Leid im wörtlichen Sinne, die Wunde des Amfortas und begreift den Zusammenhang zwischen der Qual, die er im Gralstempel sah, und der Erlösungsbedürftigkeit des Gralskönigs. Der „reine Tor" wird jetzt „durch Mitleid wissend" und entzieht sich dem erotischen Zugriff Kundrys. Vergeblich fleht sie ihn um Mitleid an; doch Parsifal weiß nun, daß auf sie eine andere Erlösung wartet. Klingsor braucht er nicht mehr zu fürchten: Der Speer, den der Zauberer gegen ihn schleudert, verliert seine Brauchbarkeit als Waffe und bleibt über Parsifals Haupt stehen. Er ist dazu bestimmt, die Wunde des Amfortas zu schließen. Über den Trümmern der eingestürzten Klingsor-Welt enteilt Parsifal, um den Gralstempel zu suchen.

3. AKT: Lange Zeit später. Amfortas weigert sich, das Gralsritual zu vollziehen und wartet auf den Tod als Erlöser. Sein Vater Titurel ist bereits gestorben, weil ihm die Lebenskräfte des Grals fehlten. Die Gralsritter irren hungernd umher und müssen sich mit „gemeiner Atzung" begnügen. Gurnemanz ist zum Greis gealtert. Am Karfreitagmorgen findet er die schlafende Kundry – jetzt wieder in Büßerkleidung–, weckt sie auf und nimmt dabei erstaunt wahr, daß sie „anders schreitet als sonst". Ein Ritter in voller Rüstung, mit geschlossenem Visier und einem Speer in der Hand tritt auf. Gurnemanz erkennt an seiner Haltung und nach der Entblößung des Kopfes jenen Knaben, den er einst in den Gralstempel geführt und dann verstoßen hatte. Parsifal, durch die Erzählung vom Unglück im Gralsgebiet aufs höchste betroffen, droht aus schmerzlichem Mitleid in Ohnmacht zu fallen. Da gibt sich die verwandelte Kundry zu erkennnen: In der Rolle der Maria Magdalena wäscht sie ihm die Füße. Gurnemanz salbt ihn, weil er den Speer des Amfortas erkannt hat, zum neuen Gralskönig. Als sein „erstes Amt" tauft Parsifal Kundry zum erlösenden Tod. Er wird zum Gralstempel geleitet und erlöst Amfortas mit dem Speer.

Kommentar

Wagners *Parsifal* ist ein Werk des zusammenfassenden Rückblicks. Dem einfachen äußeren Aufriß der Handlung, dem Ritus der Erwartung des Erlösers und dem Kontrast der beiden Sphären der Gralsburg und

Klingsors böser Zauberwelt steht im Innern ein komplexer Vorgang gegenüber, der die Erlösungsthematik in Stufen des sich allmählich bewußt werdenden Mitleids und in paradoxen Verschränkungen psychologischer Momente entfaltet. Anstelle einer dramatischen Handlung begibt sich eine Folge von Reaktionen auf die übermächtige Last der schuldbeladenen Vergangenheit. Parsifal ist ein passiver Held, der sich in der entscheidenden Peripetie der Handlung, nach dem verhängnisvollen Kuß der Kundry, verweigert. Zugleich ist dieser innere Umschlag, das jähe Bewußtwerden der Hintergründe, die zu der Wunde des Amfortas führten, die Erfüllung der im 1. Akt orakelartig exponierten Verheißung: Parsifal wird sich, im gefährlichsten Moment der sinnlichen Verführung, seiner Sendung bewußt. Die Erlösungsthematik – Wagners Lebensthema – nimmt die Gestalt eines Reinigungsexerzitiums an, wird zum Ersatzritual für die, nach Wagners Ansicht, in der kirchlichen Dogmatik verkommenen christlichen Kardinaltugenden. Cosima Wagners Tagebuchaufzeichnungen zufolge nannte er das Vorspiel zum 1. Akt immerhin die „Vorrede zu der Predigt", doch was da wirklich gepredigt wird, ist nicht etwa eine neue Frohbotschaft, sondern nichts weniger als die Aufhebung der ersten Natur, im Klartext: der Liebe zwischen Mann und Frau. Wagner thematisiert hier seine Sexualängste, die Erlösung des Geschlechtstriebs durch Entsagung. Es geht freilich um die errungene Askese; die Selbstverstümmelung des gefallenen Engels Klingsor besteht nicht vor der Ideologie der Gralswelt, eines reinen Männerbundes, der die Keuschheit aus höherer Einsicht als selbstverordnete Lebensdiät auffaßt. Und der Weg des Verzichts ist, das bekam der Gralskönig Amfortas zu spüren, verschränkt mit der Versuchung zur Lust, zum Geschlechtsakt mit einer Frau; er ist gebrandmarkt von Unfreiheit, ja sogar von Ekel: Die Wunde des Amfortas befindet sich im Genitalbereich. Nur die Rücksichten auf die zeitgenössische Bühne hielten Wagner davon ab, das sichtbare Zeichen des Vergehens genau zu lokalisieren. Diesen Rücksichten schuldete Wagner auch das christliche Brimborium, in dessen Gewand er die Handlung des *Parsifal* präsentiert; für die innere Problematik des Werkes verstellt es nur den Blick. Selbst Nietzsche glaubte, der alte Wagner sei, als „morsch gewordener, verzweifelnder décadent" vor dem Kreuz niedergesunken, und übersah dabei, daß Wagner die christliche Symbolik gerade nicht übernahm, sondern sie umfunktionierte. Amfortas ist – im Gegensatz zu Christus – als „einz'ger Sünder unter Reinen" ans Kreuz des lebensspendenden Gralsrituals geheftet, verstrickt in den Zwang zu leben und in den Wunsch zu sterben. Anders als der leidende Christus nimmt

Amfortas sein Leiden nicht stellvertretend für „der Menschheit Schmach",
sondern hofft auf Eigenerlösung. Und Parsifal, der Erlöser, erweist sich am
Ende ebenfalls als Egoist: „Gesegnet sei dein Leiden, das Mitleids höchste
Kraft und reinsten Wissens Macht dem zagen Toren gab."
Die positive, lebenserhaltende Kraft des Grals ist unverkennbar ein mütterliches Symbol, der Speer, den Klingsor entwendet und als Waffe mißbraucht hat, gehört als väterliches Symbol komplementär dazu. Der Legende nach sind es christliche Reliquien aus der Passionsgeschichte Christi:
„Die Lanze gehört, als Reliquie, zu der Schale; in dieser wird das Blut
aufbewahrt, welches durch die Lanzespitze dem Schenkel des Heilands
entfloß" (Wagner, Prosaentwurf). In der paradoxen Welt des *Parsifal* erweisen sie jedoch erst ihre Kraft in der Wirkungsweise: Der Gral spendet Speise
und Trank, aber für den Preis der Keuschheit, seine Lebenssymbolik bedeutet dagegen für den „Sünder" Amfortas unsägliche Qual. Der Speer
fügt, als Waffe mißbraucht, unheilbare Wunden zu. Dieser Doppelexistenz
der einstigen Reliquien im „guten" wie im „bösen" Bereich wird, als vermittelnde Instanz, das Doppelwesen Kundry, in dem sich Wagners Frauenbild
konzentriert (Maria und Venus), zugeordnet. Sie ist weit mehr als ein
weiblicher Ahasver; sie ist die personifizierte Paradoxie als Hure Klingsors
und als Sklavin der Gralsritter. Erlösung bedeutet für sie, so Wagner,
„gänzliches Erlöschen", und zwar dann, „wenn ein blühendster Mann ihrer
machtvollsten Verführung widerstehen würde"; ihre Identität würde die
„Namenlose" erst im Tod finden. Überhaupt ist es ein Merkmal der Personen im *Parsifal*, daß sie alle nur an dem anderen interessiert sind, sofern sie
durch ihn ihre Identität finden können. Die Moral des *Parsifal* ist nicht die
der christlichen Nächstenliebe. Dies gilt sowohl in der Gralswelt wie auch in
der komplementären Zauberwelt Klingsors. Die Auslöschung Kundrys
durch Parsifals Verweigerung des Geschlechtsakts ist ganz handgreiflich als
Auslöschung der *Frau* gemeint. An ihre Stelle tritt der keusche Knabe, der
sich im entscheidenden Moment der Verführung widersetzt und gewissermaßen zum Neutrum erstarrt. So ist er dazu berufen, dem leidenden Amfortas die Botschaft der Päderastie zu bringen: „Die Wunde schließt der
Speer nur, der sie schlug."
Die Musik, die Wagner zu diesem Reinigungsexerzitium schrieb, ist selber
paradox: Schon Nietzsche sprach von der „heimtückischen Christlichkeit"
dieser seltsamen Mischung aus modalem Archaismus und nervöser Modernität, auch vom „schwermütigen Blick der Liebe", den Wagner gemalt
habe, und Adorno erkannte die besondere Aura des Verklingens, die dem

Hörer ein Lauschen auf das Echo zumutet. Tatsächlich wird der uneigentliche Tonfall erst im Augenblick der Erinnerung greifbar; Wagners letzte Musik erscheint als langer Blick in die Vergangenheit, verliert sich in der Erinnerung als Leiden, so wie sich der alte Gurnemanz in seiner Erzählung des 1. Aktes nicht von der schuldbeladenen Vergangenheit lösen kann. Der Kontrast der beiden Sphären erscheint zwar auch im musikalischen Gegensatz von (archaisierender) Diatonik und (artifizieller) Chromatik, aber wesentlich ist die Aufgabe der Musik, die innere Handlung sinnfällig zu machen, vor allem das Leiden, in das alle Personen verstrickt sind. Der unaufgelöste Aufschrei des Kundry-Akkords, im Zentrum der Verführungsszene zum geradezu expressionistischen Schrei („... lachte“) gesteigert, und das zwielichtige Motiv des Klingsor-Zaubers, das subtil die gewohnte Relation von Konsonanz und Dissonanz verschiebt, ferner die Kunst Wagners, zweideutige motivische Verschränkungen auszukomponieren, besonders in der Auseinandersetzung nach Parsifals Verweigerung des Beischlafs, und damit gegensätzliche Ausdruckswelten zur paradoxen Einheit zu zwingen – das alles gehört zur Grunderfahrung der musikalischen Moderne. Von der Partitur des *Parsifal* ist es nicht mehr weit zu Schönbergs Emanzipation der Dissonanz und zum Ausdruck des realen Leidens, der uns heute näher steht als die ideologische Botschaft der Handlung selber.

Geschichte

Die erste Idee zum *Parsifal* war verbunden mit einer bei Wagner so häufigen Inspirationsmythen, die er später, laut Cosima Wagners Tagebuch, zurücknahm. Am Karfreitag des Jahres 1857 will er den Grundgedanken der Handlung, ausgehend von der früheren Lektüre des *Parzival* Wolfram von Eschenbachs im Sommer 1845, gefaßt haben und spricht dabei vom 20. April. Nun fiel aber der Karfreitag des betreffenden Jahres auf den 10. April, und Wagner enthüllt denn auch, laut Tagebucheintragung vom 13. Januar 1878, daß es nur die „Stille im Garten“ gewesen sei, die in ihm die „Karfreitag-Stimmung“ hervorgerufen habe. Ebenso frei verfuhr er auch mit Wolframs Epos: Der Doppelcharakter der Kundry ist ganz seine Erfindung. Ohnehin bezeichnete er ein Anknüpfen an die mittelalterliche Quelle als „pedantisch“ und behauptete, „seine Dichtung habe eigentlich gar nichts damit zu tun“ (Eintragung in Cosima Wagners Tagebuch vom 20. Juni 1879). Eine erste Prosaskizze der Handlung vom Frühjahr 1857 ist nicht erhalten (vielleicht existierte sie nur in seinem Kopf), so daß erst der Prosaentwurf vom August 1865 Wagners intensive Beschäftigung mit dem

Stoff belegt. Eine zweite Fassung (ebenfalls in Prosa) entwirft er in der Zeit vom 25. Januar bis 28. Februar 1877 und schreibt bis zum 19. April dieses Jahres die Dichtung nieder. Mit der Ausarbeitung der Kompositionsskizze beginnt er am 17. September 1877; parallel dazu entsteht die Orchesterskizze, die Vorform der endgültigen Partiturreinschrift. Nach Vollendung der Skizzen Ende April 1879 beginnt Wagner am 23. November, nach einem längeren Italien-Aufenthalt, in Bayreuth die Arbeit an der Instrumentation und stellt die Partiturreinschrift erst am 13. Januar 1882 fertig. Die Uraufführung im Bayreuther Festspielhaus am 26. Juli 1882 entspricht, wie er befürchtet hat, nicht seinen szenischen Vorstellungen, die allerdings auch eine Herausforderung an die zeitgenössischen Möglichkeiten der Darstellung waren. Außerdem stößt der Gehalt des „Bühnenweihfestspiels" auf Widerspruch; man weiß nicht recht, ob es Blasphemie sei oder eine neue Heilslehre. Der außerordentliche, neuartige Charakter der Musik indessen, ihre Überzeugungskraft und ihr dunkel leuchtender Klang werden allgemein bewundert. Bis zum Ende des Jahres 1913 gilt die Schutzfrist, die den *Parsifal* der Bayreuther Bühne allein vorbehält. Dennoch fanden einige nicht von Cosima Wagner autorisierte Bühnenaufführungen vor Ablauf der Schutzfrist im Ausland statt, so am 24. Dezember 1903 an der New Yorker Metropolitan Opera und am 20. Juni 1905 in der Amsterdamer Stadsschouwburg. Nach der Freigabe am 1. Januar 1914 bemächtigten sich zahlreiche deutsche Bühnen des Werkes, mehr aus Sensationslust als aus dem Bedürfnis heraus, den verborgenen Gehalt der „letzten Karte" Wagners wirklich zu entschlüsseln. In der Inszenierung der Uraufführung wurde *Parsifal* auf der Bayreuther Bühne noch bis 1933 (!) gegeben, während die anderen Bühnen den besonderen Charakter des Werkes für die Karwoche zu reservieren pflegten, was mehr oder weniger bis heute gilt. Ernstzunehmende Auseinandersetzungen um Gehalt und Ideologie des *Parsifal* wurden, abgesehen von Wieland Wagners Bayreuther Nachkriegsinszenierung, die sich bis 1973 im Spielplan der Bayreuther Festspiele hielt, zunächst literarisch ausgetragen, wenn auch bis heute nicht einer stringenten Werkkritik unterworfen, bis anläßlich der Hundertjahrfeier der Uraufführung drei Inszenierungen von der üblichen Weihe und Sakralsphäre abrückten und die „grundböse Arbeit", wie Wagner das Werk nannte, ausleuchteten. In Genf brachte Rolf Liebermann am 29. Januar 1982 das Leiden der Hauptpersonen als Folge einer Atomkatastrophe auf die Bühne: Der Speer wird in der Hand Klingsors zur vernichtenden Atomkraft. Die Bayreuther Jubiläumsinszenierung von Götz Friedrich hinterließ nicht geringe Verlegenheit, weil sie auf halbem Wege steckengeblieben war: Man sah zwar die verkehrte Welt (ein flach liegender Turm war das Spielfeld), aber wenig von der paradoxen Thematik des Werkes. Und es blieb unerfindlich, warum Amfortas ständig mit dem Kreuz auf dem Rücken herumschlurfen mußte, wo er doch die Gegengestalt zum leidenden Christus ist. Erst die Frankfurter Inszenierung von Ruth Berghaus (Premiere: 28. November 1982) wagte es, die erotischen Verklemmungen der *Parsifal*-Welt konkret auf die Bühne zu bringen, und zwar mit eindeutiger Symbolsprache für die Homosexualität der verschworenen Gemeinschaft der Gralsritter und die Päderastie der Botschaft des Parsifal am Ende. Hans Jürgen Syberbergs Filmversion dagegen (ebenfalls 1982 uraufgeführt) konzentrierte sich völlig auf den statischen Vollzug des Rituals der Heilserwartung, konnte aber mit dem Regieeinfall verblüffen, Parsifals Erstarrung zum Neutrum nach der Verweigerung des Beischlafs mit Kundry, genauer: nach Kundrys Kuß, als Personenwechsel auszuführen; der törichte Knabe wird zum „wissenden" Mädchen, in dessen Strenge jegliche erotische Aura fehlt: „Es ist nicht mehr die Zurückweisung des Weiblichen durch den Mann, es ist, als ob der bessere Teil Kundrys selbst nun sie ermahnt, wie in einem inneren Monolog" (Syberberg). Es war immerhin der Versuch, Wagners vertrackte Dialektik auf eine anschauliche Formel zu bringen.

Dietmar Holland

Diskographische Empfehlung

1962 – Bayreuth: Hans Knappertsbusch, Chor und Orchester der Bayreuther Festspiele. George London (Amfortas), Martti Talvela (Titurel), Hans Hotter (Gurnemanz), Jess Thomas (Parsifal), Gustav Neidlinger (Klingsor), Irene Dalis (Kundry). Philips. 6747 250

1984 – Swansea/England: Reginald Goodall, Chor und Orchester der Welsh National Opera. Phillip Joll (Amfortas), David Gwynne (Titurel), Donald McIntyre (Gurnemanz), Warren Ellsworth (Parsifal), Nicholas Folwell (Klingsor), Waltraud Meier (Kundry). EMI 27 0178 3

GIUSEPPE FORTUNINO FRANCESCO VERDI

geb. 9. (oder 10.) Oktober 1813 in Le Roncole bei Busseto
gest. 27. Januar 1901 in Mailand

Fünfzig Jahre lang – von den Frühwerken, die vielerorts schlagartig Rossini, Donizetti und Bellini von der Spielplanspitze verdrängten, bis zu den Spätwerken *Otello* (1887) und *Falstaff* (1893) – beherrschte Verdi fast konkurrenzlos die Oper in Italien. Schon sein Erstling *Oberto conte di San Bonifacio* (1839) fand großen Anklang beim Publikum und brachte ihm die dauerhafte Verbindung mit dem Verlagshaus Ricordi. Das Werk zeigt Ansätze zu persönlichem Stil, obwohl das Nummernprinzip weithin leeres Formschema bleibt, sichtbar an statischen, funktionsarmen Introduktionschören und an Arien, denen das zwischen cantabile und cabaletta vermittelnde tempo di mezzo noch fehlt. Daraufhin versucht sich Verdi mit *Un giorno di regno* (1840) im komischen Genre, was in einer Zeit ablehnender Haltung gegenüber der opera buffa zwangsläufig zum Mißerfolg führte, obwohl er sich Rossinis geschmeidigen Buffo-Stil in erstaunlicher Weise zu eigen machte. Die Oper ist kein so schwächliches Produkt, wie man aufgrund biographischer Umstände, denn sie entstand in schwerster Lebenskrise, immer wieder glaubhaft machen will. Nach dem Tod beider Kinder verlor Verdi im Juni 1840 auch seine Frau Margherita, die Tochter seines Gönners Antonio Barezzi, der als Kaufmann in Busseto ihn stets förderte und auch sein Studium in Mailand bei dem erfahrenen Theaterpraktiker Vincenzo Lavigna ermöglichte. Mit *Nabucco* (1842) und *I Lombardi alla prima crociata* (1843) setzte sich Verdi stilistisch deutlich von den Vorgängern ab. Vor allem gegenüber den Opern Bellinis sind die Nummern stark gestrafft, vermehrt von Aktion durchdrungen, und der gesamte Handlungsablauf wird strikt vorangetrieben. Beide Werke, die in Zusammenarbeit mit dem Librettisten Temistocle Solera entstanden, stellen ausgesprochene Monumentalopern dar mit gewaltigen Chorszenen und breit angelegten Ensembles im Zentrum. Wie dann in *Giovanna d'Arco* (1845) und *Attila* (1846) sind die Konflikte der Figuren nur Teil einer übergreifenden Staatsaktion. Eine Wendung zum persönlichen, verinnerlichten Drama trat mit den von

Verdi entscheidend vorgeformten Libretti Francesco Maria Piaves ein, und mit diesen intimeren Liebesdramen – *Ernani* (1844), *I due Foscari* (1844), *Il corsaro* (1848) und *Stiffelio* (1848; zu *Aroldo* umgearbeitet, 1857) – verfeinerte sich der Ausdrucksstil des Komponisten. Doch blieb das Machtdrama, das markante Gestalten in neuartiger Personenkonstellation auf die Bühne bringt, für Verdis Entwicklung zunächst bedeutender. In diesem Operntyp verblaßt der Tenor häufig zum schwächlichen Liebhaber, während der Sopran an Kraft gewinnt. Vor allem rücken die tiefen Männerstimmen als machtbesessene – hybride oder skrupellose – Charaktere in den Brennpunkt der Aktion: Nabucco, Attila, Macbeth und Francesco Moor. An diesen psychologisch differenzierten Gestalten entwickelte Verdi einen deklamationsnah profilierten Charaktergesang, der nach dramatischer Wahrheit strebt und dem Belcanto-Ideal der reinen Gesangsoper entgegentrat, wobei eine gewisse Plakativität in den musikalischen Mitteln für das Frühwerk prägend blieb. Die Melodielinie weist mit ausgreifenden Intervallsprüngen, die in weit gespanntem Ambitus häufig in Grenzbereiche vorstoßen, schärfste Konturen auf. Eine aufpeitschende (Polaccarhythmus) und schroffe (Synkopen-)Rhythmik zielt in schnellen Tempi auf äußerste Schlagkraft, und demselben Zweck krasser Effekte dienen abrupte dynamische Kontraste sowie wuchtige Orchesterschläge mit oft grellen Blechbläserakzenten. Bezeichnend ist ferner ein starres, am Strophenbau orientiertes Harmoniegerüst mit bereits im Text angelegten, festen Modulationsstellen (Moll-Eintrübung im Arienmittelteil; Moll-Dur-Wechsel im Schlußteil von Romanzen). Innerhalb weniger Jahre verschaffte sich Verdi, ausgehend von der Mailänder Scala, Geltung in den bedeutendsten Theaterstädten Italiens: in Venedig mit *Ernani* und *Attila*, in Florenz mit seiner ersten Shakespeare-Vertonung *Macbeth*, in Rom mit *I due Foscari* und in Neapel, wo ihm als „Hauspoet" des Teatro San Carlo der berühmte Salvatore Cammarano zur Seite stand, mit der glücklosen *Alzira* (1845) und *Luisa Miller* (1849). Auch im Ausland suchte er Fuß zu fassen. Für London schrieb Verdi nach der Vorlage Schillers *I masnadieri* (1847), und in Paris kam es bei der Umarbeitung von *I Lombardi* zu *Jérusalem* (1847) zur ersten Begegnung mit der Opéra und zur Verarbeitung französischer Stilelemente. Während längerer Aufenthalte in Paris, wo seine spätere Lebensgefährtin Giuseppina Strepponi als Gesangspädagogin wirkte, entstand neben Teilen von *Il corsaro* und *Luisa Miller* auch *La battaglia di Legnano* (Rom, 1849), die im Revolutionsjahr 1848 bewußt als patriotisches Bekenntnis verfaßt wurde. Während das Publikum schon seine früheren Opern politisch auffaßte, wird

Verdi mit den Aufständen gegen die Fremdherrschaft in Italien selbst zum Sinnbild des risorgimento, und 1859 findet sogar sein Name als politisches Akronym Verwendung: V(ittorio) E(manuele) R(è) D'I(talia). 1848 erwarb Verdi Ländereien in Sant'Agata bei Busseto und bezog 1851 mit Giuseppina Strepponi seine Villa, die lebenslang sein bevorzugter Wohnsitz blieb. Dann entstanden mit *Rigoletto* (1851), *Il trovatore* (1853) und *La traviata* jene drei Werke, die zur ständigen Stütze des internationalen Repertoires wurden.   *Peter Ross*

Nabucco (Nabucodonosor)
Oper in vier Akten

Text: Temistocle Solera, nach dem Schauspiel von Anicet-Bourgeois und Francis Cornue
Uraufführung: 9. März 1842, Teatro alla Scala, Mailand
Personen: Nabucco (Nebukadnezar), König von Babylon (Bar); Ismael, Neffe des Königs Sedecia von Jerusalem (Ten); Zacharias, Hohepriester der Hebräer (Baß); Abigail, Sklavin, vermeintlich erstgeborene Tochter Nabuccos (Sop); Fenena, Tochter Nabuccos (Sop); Der Oberpriester des Baal (Baß); Abdallo, Diener des Königs von Babylon (Ten); Rahel, Schwester des Zacharias (Sop)
Chor: Babylonische und hebräische Soldaten; Leviten; hebräische Jungfrauen, babylonische Frauen; Magier; Große des babylonischen Königreiches
Ort und Zeit: Jerusalem und Babylon, zur Zeit Nebukadnezars II., 578 v. Chr.
Orchester: Picc, 2 Fl, 2 Ob, E. H. 2 Kl, 2 Fg, 4 Hrn, 2 Trp, 3 Pos, Btba, Pkn, Schlgzg, 2 Hrf, Streicher
Auf der Bühne: Kl, 3 Hrn, 3 Trp, 3 Pos, 2 Bombardini, 2 Bassi, KlTr, GrTr, Glsp
Form: Durchkomponiert, in 16 Nummern gegliedert
Aufführungsdauer: Ca. 2 ½ Stunden
Verlag: G. Ricordi & C. S.p.A., Mailand

Handlung

1. AKT („Jerusalem"): Im Tempel von Jerusalem flehen die Hebräer ihren Gott Jehova um Beistand gegen die babylonischen Heere an, die die Stadt besetzt haben. Unter den Hebräern befindet sich auch Fenena, die Tochter des babylonischen Königs Nabucco (Nebukadnezar). Sie hatte Ismael, als dieser Gesandter in Babylon war, vor dem Zorn ihrer Halbschwester Abigail gerettet und war ihm nach Jerusalem gefolgt. Nun betritt Abigail mit ihrem Gefolge den Tempel. Sie gesteht erneut Ismael ihre Liebe, doch dieser wehrt ab, da er sich Fenena zugehörig fühlt. Da dringt Nabucco mit seinen Kriegern in den Tempel ein. Der jüdische Oberpriester Zacharias richtet sein Schwert gegen Fenena, um so die Rettung Jerusalems vor Nabucco durchzusetzen. Doch Ismael entreißt ihm die Waffe und stellt sich schützend vor die geliebte Fenena. Nabucco befiehlt, erbarmungslos gegen die Hebräer vorzugehen. Diese sehen in Ismael einen Verräter.

2. AKT („Der Frevler"): Die Hebräer sind nach Babylon gebracht worden und werden dort gefangengehalten. Abigail entdeckt im Palast eine Urkunde, aus der hervorgeht, daß sie Tochter einer Sklavin ist und deshalb in der Thronfolge hinter Fenena zurückstehen muß. Der Oberpriester des Baal schürt den Haß der machthungrigen Abigail gegen ihre Halbschwester Fenena und ihren Vater Nabucco. – Im großen Saal des Palastes von Babylon sind die Hebräer zum Gebet versammelt. Ismael wird erneut als Verräter beschuldigt, dann aber in den Kreis seines Volkes wieder aufgenommen, als bekannt wird, daß Fenena zum jüdischen Glauben übergetreten ist. Fenenas Diener Abdallo will seine Herrin zur Flucht überreden, als Abigail eintritt und ihre Ansprüche geltend macht. Kurz darauf kommt Nabucco mit Gefolge, verflucht alle Götter und ruft sich selbst zum alleinigen Gott aus. Da reißen Donner und Blitz ihm die Krone vom Kopf, die Abigail sofort an sich nimmt. Nabucco verfällt dem Wahnsinn.

3. AKT („Die Prophezeiung"): In den Hängenden Gärten von Babylon läßt sich Abigail als neue Herrscherin feiern. Mit einer List erschleicht sie das Todesurteil für Fenena und die Hebräer. Als der zeitweise noch klare Nabucco dagegen aufbegehrt (Fenena ist ja seine Tochter), läßt Abigail ihn gefangensetzen. – An den Ufern des Euphrat beklagen die Hebräer ihr Schicksal und geben ihrer Sehnsucht nach Freiheit und Heimat Ausdruck (Chor: „Va pensiero"). Der Oberpriester Zacharias spendet ihnen Trost. Er sagt vorher, daß Babylon zu Fall kommen werde.

4. AKT („Das zerbrochene Götzenbild"): In seinem Gefängnis vernimmt Nabucco entfernte Rufe, die die Hinrichtung von Fenena ankündi-

gen. Gewaltsam versucht er die Tür zu öffnen. Als dies nicht gelingt, fleht er in seiner Verzweiflung den Gott der Hebräer an. Das Wunder geschieht; Nabucco kann die Tür öffnen, der Wahnsinn fällt von ihm ab. – Fenena wurde bereits in die Hängenden Gärten vor das Standbild des Baal gebracht. Nabucco stürmt mit seinen getreuen Soldaten herbei und zerschlägt das Götzenbild, von dessen Trümmern Abigail tödlich getroffen wird. Sterbend fleht sie den Gott der Hebräer um Vergebung für ihre Rachsucht an. Nabucco befreit Fenena, gibt sie Ismael zur Frau und entläßt die Hebräer aus der Gefangenschaft. Alle huldigen dem Gott Jehova.

Kommentar

Zusammen mit dem fünf Jahre später entstandenen *Macbeth* ist *Nabucco* das Sturm- und Drangstück des jungen Verdi. Erstmals sind Ansätze greifbar, den italienischen Opernstil Rossinis und Donizettis zu überwinden, das heißt, die Aneinanderreihung einzelner musikalischer Nummern in geschlossene Szenen überzuführen. Dafür spricht bereits, daß Verdi jedem der vier Akte ein Motto voranstellt, was allerdings nicht zu der Annahme verleiten darf, es handele sich um „nebeneinander gestellte Reliefs" (Hans Kühner). Vielmehr meldet sich der Operndramatiker, wenn auch noch unfertig, zu Wort. Trotz Rezitativen, Arien und Ensembles ist der Drang zu einer Vereinheitlichung in jedem Moment spürbar. War bisher im italienischen Bereich die musikalische Vergegenwärtigung des jeweiligen Stoffes durch das ästhetisch Schöne bestimmt (vgl. etwa die Koloraturen in der Wahnsinnsarie der Lucia di Lammermoor), so scheut der junge Verdi nicht vor grellen, harschen Tönen zurück. *Nabucco* ist Verdis „lauteste" Oper.

Verdi hatte es mit einem nur mäßig überzeugenden Libretto zu tun, das tatsächlich statischen Charakter hatte. Die Musik aber findet ihr eigenes dynamisches Element durch das ständige Ineinanderfließen kollektiver und individueller Prozesse. Der tragische Konflikt zwischen Nabucco und Abigail, der zynische Machtanspruch wird gespiegelt durch die Gemeinschaft der gefangenen Hebräer. Der Chor wird somit zum geheimen Protagonisten des Werkes. Wie ein Signum dessen ist das Herzstück der Oper komponiert, der Chor der Gefangenen: „Va pensiero, sull ali dorati". Er pendelt zwischen einer Unisono-Melodie und mehrstimmig-akkordischen Aufschwüngen hin und her, was nichts anderes bedeutet, als die beiden Kontra-Perspektiven zusammenzubinden. Eine Gemeinschaft zeigt sich ebenso als Einheit (unisono) wie als Vielzahl von Einzelmenschen (akkordi-

sche Abschnitte). Und genau dieser „Va pensiero"-Chor ist das einzig
wirklich retardierende Moment der gesamten Oper, sowohl was die musikalische Dynamik angeht als auch die dramaturgische Aktion. Seine Bedeutung führte sofort nach der Uraufführung (siehe: Geschichte) weit über
das Werk selbst hinaus. *Nabucco* ist Verdis erster und entscheidender
Schritt zu einer Ästhetik des Realismus (nicht: Naturalismus!), die das quasi
neutrale Schöne hinter sich läßt und vorzudringen beginnt zu einer musikalischen Wahrhaftigkeit, die das dramatische Geschehen nicht dekorie-
ren, sondern tiefer loten will. Mit *Nabucco*, so Verdi in späteren Jahren,
„begann meine eigentliche Laufbahn als Künstler".

Geschichte

Das Libretto von Temistocle Solera basiert auf dem Alten Testament, den Kapiteln 24 und 25 aus dem Zweiten Buch der Könige. Die
Ausschmückung in eine wildromantische Handlung ist allerdings die Tat
Soleras. Auf Geheiß des mächtigen Impresarios Bartolomeo Merelli sollte
zunächst der deutsche Komponist Otto Nicolai das Buch vertonen, lehnte
jedoch ab. Als Verdi dann an dem Stoff arbeitete, veranlaßte er entscheidende Änderungen der Vorlage Soleras. So wurde u. a. die Figur des Ober-
priesters Zacharias eigens für Verdi in das Sujet eingeführt, eine Rolle, die
gleichermaßen die Gemeinschaft des hebräischen Volkes repräsentiert wie
auch Hoffnungsträger einer kommenden Freiheit ist. Nach dem Fiasko
seiner komischen Oper *Un giorno di regno* (1840) und besonders vor dem
Hintergrund einer Familientragödie (Verdi verlor in kurzer Zeit seine beiden Kinder und seine Frau) sah sich Verdi als Künstler und Mensch gescheitert. Der Hartnäckigkeit Merellis ist es zu danken, daß Verdi, zunächst
zögernd, die Arbeit an *Nabucco* aufnahm. Für ihn, wie auch für das zeitgenössische Italien gewannen die Worte „Va pensiero" tiefe, unmittelbare
Bedeutung. Das Publikum sah in diesem Chor seine Sehnsucht nach nationaler Einheit – Norditalien war von Österreich im Osten und von Napoleo-
n III. im Westen besetzt – vollendet ausgedrückt. Der „Va pensiero"-Chor
wurde zur heimlichen Nationalhymne für ein freies Italien. Damit war der
Erfolg des *Nabucco*, der als eminent politisches Stück verstanden wurde,
gesichert. Der Triumph der Uraufführung, dem auch Donizetti beiwohnte,
bedeutete für Verdi ebenso privat einen Neuanfang. Die Rolle der Abigail
sang Giuseppina Strepponi, die spätere Ehefrau Verdis. Als Verdi 1901
starb, erklang bei der Trauerfeier in Mailand jener „Va pensiero"-Chor
unter der Leitung Arturo Toscaninis. *Bernhard Rzehulka*

Diskographische Empfehlung

1949 – Neapel: Vittorio Gui, Chor und Orchester des Teatro San Carlo. Gino Bechi (Nabucco), Maria Callas (Abigaile), Gino Sinimberghi (Ismaele), Luciano Neroni (Zaccaria), Amalia Pini (Fenena). Estro Armonico Rare Opera Editions, EA 026

1977 – London: Riccardo Muti, Ambrosian Opera Chorus, Philharmonia Orchestra. Matteo Manuguerra (Nabucco), Renata Scotto (Abigaile), Veriano Lucchetti (Ismaele), Nicolai Ghiaurov (Zaccaria), Elena Obrasztzova (Fenena). EMI 165-03 294/96

1982 – Berlin: Giuseppe Sinopoli, Chor und Orchester der Deutschen Oper Berlin. Piero Cappuccilli (Nabucco), Ghena Dimitrova (Abigaile), Placido Domingo (Ismaele), Evgeny Nesterenko (Zeccaria), Lucia Valentini Terrani (Fenena). DG 2741 021

Ernani
Dramma lirico in vier Teilen

Text: Francesco Maria Piave, nach Victor Hugos *Hernani*
Uraufführung: 9. März 1844, Teatro La Fenice, Venedig
Personen: Ernani, der Verbannte (Ten); Don Carlo, König von Spanien (Bar); Don Ruy Gomez de Silva, spanischer Grande (Baß); Elvira, seine Nichte und Verlobte (Sop); Giovanna, deren Amme (Sop); Don Riccardo, Waffenträger des Königs (Ten); Jago, Waffenträger Don Ruys (Baß)
Chor: In den Bergen hausende Rebellen und Verbannte; Gefolgsleute und Bedienstete Silvas; Dienerinnen Elviras; Höflinge des Königs; Mitglieder der Liga; spanische und deutsche Adlige beiderlei Geschlechts
Statisterie: Bergbewohner und Verbannte; Kurfürsten und hohe Würdenträger des Reiches; Kaiserliche Pagen; Deutsche Soldaten; Edeldamen; Bedienstete beiderlei Geschlechts
Ort und Zeit: Aragon, Aachen, Saragossa, 1519
Orchester: 2 Fl (2. auch Picc), 2 Ob, 2 Kl, Bkl, 2 Fg, 4 Hrn, 2 Tr, 3 Pos, Btba, Pkn, Schlgzg, Hrf, Streicher
Auf der Bühne: Banda interna

<u>Form:</u> 21 Musiknummern
<u>Aufführungsdauer:</u> Ca. 3 Stunden
<u>Verlag:</u> G. Ricordi & C.S.p.A., Mailand

<u>Handlung</u>

VORGESCHICHTE: Zu Beginn des 16. Jahrhunderts wird ein aufrührerischer Herzog von Aragon durch den kastilischen König hingerichtet. Zwischen ihren Söhnen – König Carlo und dem entrechteten Herzog Juan von Aragon, der unter dem Namen Ernani eine Rebellentruppe anführt – findet die Fehde eine Fortsetzung.

1. TEIL. 1. Bild: Der erzwungenen Verheiratung seiner Geliebten Elvira mit ihrem Oheim, dem alten Herzog Silva, will Ernani mit einer Entführung zuvorkommen.

2. Bild: In Silvas Schloß trifft Ernani auf König Carlo, der verkleidet bei Elvira eingedrungen ist, um sie von seiner Liebe zu überzeugen. In ihrem Zimmer werden beide von Silva überrascht, der sie empört zur Rede stellt. Nachdem Carlo als König erkannt ist, gibt er vor, bei Silva Rat für die bevorstehende Kaiserwahl einholen zu wollen.

2. TEIL: Im Glauben, daß ihr Geliebter im Kampf gefallen ist, hat Elvira in die Heirat mit Silva eingewilligt. Doch Ernani ist dem König entkommen und betritt in Pilgertracht den Saal des Schlosses. Obwohl er sich als Elviras Geliebter zu erkennen gibt, gewährt Silva ihm Gastrecht und verbirgt ihn vor dem anrückenden König. Als Silva sich auf das Gebot der Gastfreundschaft beruft und die Herausgabe Ernanis verweigert, nimmt Carlo Elvira als Geisel mit sich. Ernani klärt Silva auf, daß auch der König seiner Braut nachstellt, bietet ihm seine Hilfe an und übergibt ihm sein Jagdhorn mit dem Schwur, sich zu töten, sobald Silva dies mit dem Ruf des Horns verlange.

3. TEIL: In Kenntnis einer Verschwörung gegen ihn wartet König Carlo in der Gruft des Aachener Doms auf seine Wahl zum Kaiser. Die Verschwörer versammeln sich und bestimmen, wer den Anschlag verüben soll. Das Los fällt auf Ernani, der Silvas Wunsch, selber Carlo zu töten, schroff abweist. Drei Kanonenschüsse verkünden Carlos Wahl zum Kaiser. Er tritt aus dem Grabmal Karls des Großen hervor und läßt die Verschwörer verhaften. Nun gibt sich Ernani als verfemter Herzog Juan von Aragon zu erkennen. Mit einer Geste der Versöhnung und Entsagung begnadigt der Kaiser die Verschwörer und führt Ernani mit Elvira zusammen. Nur Silva steht abseits und sinnt auf Rache.

4. TEIL: In seinem Palast in Saragossa feiert Ernani mit Elvira Hochzeit. Kaum daß die Liebenden allein sind, ertönt Ernanis Horn. Silva erscheint und besteht auf Einlösung des Schwurs. Keine Bitte vermag ihn zu erweichen, so daß der verzweifelte Ernani sich schließlich ersticht.

Kommentar

Mit *Ernani*, der fünften und erstmals nicht für die Mailänder Scala bestimmten Oper, ist ein tieferer Einschnitt in Verdis Schaffen gegeben. Das Werk macht mit großen Chor- und Ensembleszenen noch wie die Vorgänger *Nabucco* und *I Lombardi* von der tableauhaften Szenenwirkung Gebrauch, doch die Personen, die jetzt aus der zuvor übergreifenden Staatsaktion herausgelöst sind, haben an psychologischer Kontur gewonnen. Unverkennbar ist die Wendung von der Monumentaloper zum intimeren Liebesdrama, in dem die persönlichen Konflikte im Vordergrund stehen und das Leidenschaftliche über das Grandiose dominiert. Kulminationspunkt auch in dieser Hinsicht ist der Schluß der Oper, den Verdi im Gegensatz zur Konvention nicht als Rondo gestaltete, mit der Primadonna im Mittelpunkt einer extensiven Ensembleszene, sondern als Terzett, das die Handlung auf das Interaktionsfeld der drei Protagonisten, isoliert von ihrer Umwelt, eingrenzt und damit ihre individuellen Gefühlsregungen zur Entfaltung bringen kann. Auch ansonsten sind Verdis Versuche, die traditionellen, eher statischen Formmodelle der Nummernoper mit dem Ziel verstärkter Dramatisierung aufzubrechen oder zumindest aufzulockern, bemerkenswert. So beginnt die Oper nicht mit einer langfädigen sinfonia, sondern setzt mit einem kurzen preludio ein, das ein Kernmotiv der Oper – Ernanis unseligen, sein Schicksal besiegelnden Schwur – vorwegnimmt und diesem ein Liebesthema entgegenstellt, das am Beginn der Finalszene wiederkehrt. Zweimal zieht Verdi dann einzelne Nummern zu größeren Formkomplexen zusammen. Das Duett Elvira/Carlo („Qui mi trasse amor possente") erweitert sich mit Ernanis Auftritt zum Terzett und bildet unter Einschluß der cabaletta eine geschlossene dreisätzige Einheit mit der häufigen Ensemble-Satzfolge schnell/langsam/schnell; umgekehrt schiebt sich in das Terzett des 2. Teiles ein duettino zwischen Elvira und Ernani als langsamer Hauptsatz ein, und erst nach dem Wiedereintreten Silvas findet das Terzett mit der stretta seinen Abschluß. Die szenische Ausweitung einer Solonummer mit der Tendenz zur Dialogisierung findet sich anschließend in Carlos Arie („Lo vedremo, veglio audace"), wo Silvas Einwürfe im Cantabile, sein Arioso-Einschub sowie Elviras Intervention im tempo di mezzo echte Dramatik erzeugen und sich die cabaletta durch Einbezug von Chor und Solisten zur Ensembleszene steigert.

Über das Manuskript seines Schauspiels *Hernani*, das am 25. Februar 1830 in Paris zur Uraufführung kam und dabei die sogenannte „Bataille d'Hernani" auslöste, mit handgreiflichen Auseinandersetzungen zwischen einem konservativen, klassizistisch eingestellten Publikum und den jungen Verfechtern der Romantik, deren bühnenrevolutionäres Ideal Victor Hugos Drama verkörperte, setzte der Verfasser das Motto „Tres para una". Er verwies damit auf den Grundkonflikt des Dramas und dessen eigentümliche Personenkonstellation: Drei Männer verschiedenen Alters treten im Werben um dieselbe Frau als Rivalen auf. Von einem Generationenkonflikt überlagert, bildet ein Liebeskonflikt, der die gewöhnliche Dreiecksbeziehung sprengt und um eine vierte, für die Dramenkonzeption unabdingbare Figur erweitert, das tragende Handlungsmoment. Dieser komplexen Ausgangssituation fügte Hugo eine politische Dimension hinzu, so daß die Konflikte auf drei Ebenen ausgetragen werden konnten und ein äußerst dichtes Beziehungsnetz zwischen den drei Männerrollen entstand. Als pittoresken Rahmen, der zugleich historische Dignität besaß, wählte er für sein Drama die politischen Ereignisse, die im Jahre 1519 mit dem Tod Maximilians I. verknüpft waren und mit der Wahl seines Enkels Karl, dem König von Spanien, zum römisch-deutschen Kaiser ein Ende fanden. Unter Verdis Einfluß und sogar Diktat beim szenischen Aufriß formte Piave ein Libretto, das sich an Hugos dramatisches Konzept hielt und den Handlungsablauf fast beließ. Nur die beiden ersten Dramenakte zog er in einen Librettoakt zusammen und fügte konventionsgemäß die Auftrittsarien (Cavatinen) Ernanis und Elviras hinzu. Der Umwandlungsprozeß läuft wie meist auf Vereinfachung und Kürzung der Vorlage hinaus. Die neunzehn Sprechrollen sind auf sieben Gesangspartien reduziert, Hugos oft ausufernde Rhetorik wird eingedämmt, und vor allem legt das Libretto, indem es das Dekor der Staatsaktion und alles historisierende Beiwerk entfernt, die psychologische Konfliktebene frei.

Geschichte

Die Uraufführung von *Ernani* fand unter Verdis Leitung mit Carlo Guasco (Ernani), Sofia Loewe (Elvira), Antonio Superchi (Carlo) und Antonio Selva (Silva) am 9. März 1844 im Teatro La Fenice in Venedig statt. Der Erfolg, zunächst mäßig bei der Premiere, steigerte sich mit den Folgevorstellungen, und im selben Jahr wurde die Oper in 15 italienischen Städten nachgespielt. Rascher noch als *Nabucco* setzte sich *Ernani* im Ausland, vor allem im englischsprachigen Raum, durch und behauptete bis zum Ende des 19. Jahrhunderts seinen Platz im internationalen Repertoire. Nach Jahrzehnten weitgehender Bühnenabsenz wird *Ernani*, einem der stärksten Werke vor *Rigoletto*, bei der Wiederbelebung von Verdis frühen Opern heute erneut ein hoher Stellenwert eingeräumt.   *Peter Ross*

Diskographische Empfehlung

1956 – Met New York: Dimitri Mitropoulos, Chor und Orchester der Metropolitan Opera. Mario del Monaco (Ernani), Leonard Warren (Don Carlo), Cesare Siepi (Silva), Zinka Milanov (Elvira). Cetra, LO 12/3

1957 – Florenz: Dimitri Mitropoulos, Chor und Orchester des Maggio Musicale Fiorentino. Mario del Monaco (Ernani), Ettore Bastianini (Don Carlo), Boris Christoff (Silva), Anita Cerquetti (Elvira). Melodram 27016 (AAD)

1982 – Mailänder Scala: Riccardo Muti, Chor und Orchester der Mailänder Scala. Placido Domingo (Ernani), Renato Bruson (Don Carlo), Nicolai Ghiaurov (Silva), Mirella Freni (Elvira). EMI, 1C 3 157 1435843

Macbeth
Melodramma in vier Akten

Text: Francesco Maria Piave, nach Shakespeare
Uraufführung: 14. März 1847, Teatro della Pergola, Florenz
Revidierte Fassung: 21. April 1865, Théatre-Lyrique, Paris
Personen: Duncan, König von Schottland (stumme Rolle); Macbeth, General in König Duncans Armee (Bar); Banquo, General in König Duncans Armee (Baß); Lady Macbeth, Gattin des Macbeth (Sop); Dame der Lady Macbeth (Mez); Macduff, schottischer Adliger, Lord of Fife (Ten); Malcolm, Duncans Sohn (Ten); Fleance, Banquos Sohn (stumme Rolle); Ein Arzt (Baß); Ein Diener Macbeths (Baß); Ein Mörder (Baß); Ein Herold (Baß); Erste Erscheinung (Bar); Zweite Erscheinung (Sop); Dritte Erscheinung (Sop); Hecate, Königin der Nacht (stumme Rolle)
Chor: Hexen; Gesandte des Königs; Schottische Adlige und Flüchtlinge; Mörder; Englische Soldaten; Barden

Ballett: Hexen und Luftgeister

Ort: Schottland, zumeist in Macbeths Schloß, zu Beginn des 4. Aktes an der schottisch-englischen Grenze

Orchester: 2 Fl (2. auch Picc), 2 Ob, E.H., 2 Kl, Bkl, 2 Fg, 4 Hrn, 2 Trp, 3 Pos, Btba, Pkn, Schlgzg, Hrf, Streicher

Auf der Bühne: Picc, 2 Ob, 6 Kl, 2 Fg, Kfg, 2 Hrn, 3 Trp, 2 Pos, KlTr

Form: Nummernoper mit 22 Musiknummern, die ohne Pause ineinander übergehen

Aufführungsdauer: Ca. 2 ¼ Stunden

Verlag: G. Ricordi & C. S.p.A., Mailand

Handlung

1. AKT: In der Nähe eines Schlachtfeldes weissagen Hexen den beiden schottischen Edelleuten Macbeth und Banquo die Zukunft: Macbeth soll Than von Cawdor und später König von Schottland werden, Banquo aber „der Vater von Königen". Dann verschwinden die Hexen plötzlich. Während die beiden noch nachdenken über den Sinn der seltsamen Prognosen, erscheint ein Bote des schottischen Königs Duncan und teilt Macbeth mit, daß er gerade zum Than von Cawdor ernannt worden sei. Beide, Macbeth und Banquo, sind merkwürdig berührt von dem schnellen Wahrwerden der Prophezeiung. Macbeth spürt dunkle Machtgefühle in sich hochsteigen, während Banquo von plötzlichem Mißtrauen gegenüber dem bisherigen Freund erfüllt wird. Nach ihrem Weggang kehren die Hexen zurück und verabreden sich für das nächste Unwetter. Sie wissen, daß dann auch Macbeth sie wieder befragen wird. Macbeths junge Gattin, die sich derweil auf seinem Schloß aufhält, erfährt durch einen Brief ihres Mannes von den Prophezeiungen der Hexen und deren partieller Erfüllung. Sie wünscht sich mit aller Kraft, daß Macbeth nun auch schottischer König werde, und ist bereit, dieses Ziel mit allen Mitteln zu verfolgen. Als ein Bote ankündigt, daß Macbeth in Begleitung des Königs nach Hause zurückkehren werde, beschließt sie auf der Stelle, den König zu ermorden. Als Macbeth erscheint, deutet ihm die Lady sogleich den Mordplan an, doch Macbeth ist nicht wohl bei der Sache. Als er nachts vor dem Schlafgemach des Königs erscheint, um ihn zu erdolchen, befallen ihn erste Wahnvorstellungen. Schließlich überwindet er sich und begeht die Tat. Sein schlechtes Gewissen aber läßt ihm keine Ruhe. Er fürchtet die Rache des Himmels und wird von seiner Frau dafür der Feigheit gescholten. Sie rät ihm kühlen Kopfes, die Wächter des Königs mit Blut zu beschmieren, damit

der Verdacht auf sie falle. Da sich Macbeth weigert, tut sie es schließlich selbst. Danach hört man jemand klopfen, und die beiden ziehen sich lautlos zurück. Macduff, ein Edler aus des Königs Gefolge, und Banquo treten ein, um Duncan zu wecken, und entdecken das Verbrechen. Alle Anwesenden äußern ihre Bestürzung.

2. AKT: Eine weitere Weissagung der Hexen hat sich erfüllt: Macbeth ist zwar schottischer König, befürchtet aber, daß Banquos Sohn, wie vorausgesagt, sein Nachfolger auf dem Thron werden könnte. Auf Anraten der Lady beschließt er, auch Banquo und dessen Sohn Fleance umbringen zu lassen. Als die Lady allein ist, beschwört sie feierlich die Mächte der Finsternis, ihr bei ihren düsteren Zukunftsplänen beizustehen. Indessen erwarten die gedungenen Mörder in bester Laune die Ankunft Banquos und seines Sohnes in einem Park in der Nähe von Macbeths Schloß. Als sie eintreffen, spürt Banquo sogleich die ungute Atmosphäre und warnt sein Kind, so daß es fliehen kann. Banquo wird ermordet. Innerhalb der Burgmauern feiert Macbeth indessen gerade seine Thronbesteigung mit einem Festbankett. Die Gäste huldigen dem neuen König, die Lady singt ein heiteres Trinklied auf die Liebe. Einer der Mörder überbringt Macbeth heimlich die Nachricht von Banquos Tod, verschweigt aber nicht, daß sein Sohn fliehen konnte. Als er sich entfernt hat, beklagt Macbeth laut das unentschuldigte Fernbleiben Banquos. Als er sich daraufhin auf Banquos leeren Stuhl setzen will, glaubt er darin Banquos Geist zu erkennen und faselt wirres Zeug. Die Lady hat alle Mühe, die verstörte Gesellschaft zu beruhigen, und singt eine weitere Strophe ihres Liedes, als Macbeth abermals der Geist Banquos erscheint und er völlig die Fassung verliert. Die Festgäste sind bestürzt und verlassen schnell den Ort. Macduff ahnt Macbeths Verbrechen. Er will das Land verlassen.

3. AKT: In einer finsteren Höhle kochen die Hexen gerade an einem höllischen Gebräu, als Macbeth erscheint und sie beschwört, ihm seine weitere Zukunft zu prophezeien. Von den Hexen gerufen, erscheinen drei Geister: Der erste warnt Macbeth vor Macduff, der zweite ermuntert ihn, weiterhin grausam zu sein, denn „keiner, den ein Weib gebar", könne ihm gefährlich werden. Der dritte Geist verspricht ihm Ruhm und Erfolg, solange der Wald von Birnam nicht gegen ihn vorrücke. Macbeth ist erfreut und beruhigt, da ihm eine solche Möglichkeit unwahrscheinlich vorkommt. Als er wissen will, ob Banquos Nachkommen seinen Thron besteigen würden, erscheinen acht Könige, gefolgt von Banquos Geist, der einen Spiegel in der Hand hält. Diese düstere Weissagung raubt Macbeth die Sinne: Er

fällt in Ohnmacht. Die Hexen rufen freundliche Luftgeister, die ihn wiederbeleben sollen, und verschwinden. Als Macbeth zu sich kommt, betritt die Lady den Schauplatz und läßt sich über die seltsamen Vorgänge unterrichten. Als sie erfährt, daß Banquos Kinder Könige werden sollen, will sie kein Verbrechen scheuen, um dies zu verhindern. Macduffs und Banquos gesamte Sippe sollen sterben.

4. AKT: Im Grenzgebiet zwischen England und Schottland, in der Nähe des Waldes von Birnam, beklagen schottische Flüchtlinge, angeführt von Macduff, ihr bitteres Schicksal und die schlimmen Zustände in Schottland. Malcolm, Duncans Sohn, will mit einem englischen Heer gegen Macbeths Burg rücken und weist die Soldaten an, Äste abzuschneiden und sie beim Angriff zur Tarnung vor sich zu tragen. Die schottischen Flüchtlinge schließen sich seinem Aufruf zum Widerstand an. – In Macbeths Schloß machen sich ein Arzt und die Kammerfrau der Lady Sorgen über den schlechten Zustand von Lady Macbeth. Sie beobachten entsetzt, wie die Lady nachts im Schlaf durch das Schloß geistert und das Blut an ihren Händen abzuwaschen versucht. Ihre Selbstgespräche enthüllen ihnen die schrecklichen Verbrechen Macbeths, doch beide haben Mitleid mit ihr. In einem anderen Zimmer des Schlosses beklagt Macbeth, von allen verlassen, seine ausweglose Situation. Er will zwar mit seinen eigenen Händen um die Königskrone kämpfen, doch ahnt er bereits sein schändliches Ende, ungeliebt und verachtet sterben zu müssen. Als ihm der Tod der Lady gemeldet wird, quittiert er es mit Gleichgültigkeit, da ihm das Leben nichts mehr bedeutet. Dann bringen Soldaten die Nachricht, daß der Wald von Birnam sich auf sein Schloß zubewege, was in Macbeth letzte Lebenskräfte mobilisiert. In verzweifeltem Haß ruft er seine Leute zu den Waffen. Im Schlachtgetümmel treffen Macbeth und Macduff aufeinander. Macbeth erfährt, daß Macduff nicht geboren, sondern aus seiner Mutter Leib geschnitten wurde, und muß erkennen, daß auch diese letzte Weissagung der Hexen sich erfüllen wird und er sterben muß. Macduff präsentiert den toten Macbeth dem Volk und ruft Malcolm als neuen König aus. Das Volk jubelt und huldigt dem neuen König.

Kommentar

In einem entscheidenden Punkt unterscheidet sich der *Macbeth*-Stoff von allen anderen Verdi-Sujets: Er entbehrt einer Liebesgeschichte, es fehlt ihm sogar jede Spur eines Liebesverhältnisses – und das aus gutem Grunde, da Shakespeare hier den Wahnsinn, die Abwesenheit menschlich intakter Empfindung, zum Thema machte. Damit verstößt der Stoff grundsätzlich gegen Verdis Opernkonzeption, die in aller Regel die musikalische Ausleuchtung tragischer Dreieckskonflikte vorsieht. Der *Macbeth* gefährdet sogar das ästhetische Prinzip aller Opern, den singenden Menschen, da er nicht dessen Grundmotiv, die leidenschaftlich-existentielle intakte Gefühlsäußerung kennt, statt dessen schwerwiegende seelische Krankheitsbilder vorführt: Wahnsinn kennt eben keinen Gesang. Verdi wußte um diese Probleme und versuchte, so gut es ging, Shakespeares gewaltiges Drama in seine „szenische" Opernkonzeption einzupassen, indem er aus dem überdimensionalen Monolithen einige scharfkantige Blöcke herausschlug. Die komplizierte Handlungsführung der Vorlage wurde geopfert und in wenige „operntaugliche" Tableaus zusammengefaßt. So wurden die sieben verschiedenen Schauplätze, die Shakespeare bis zum Königsmord vorschreibt, in Verdis Libretto in die beiden Bilder des 1. Aktes zusammengedrängt, da nur die Hexen-Prophezeiungen und die Briefszene der Lady es im Sinne Verdis rechtfertigten, musikalisch einen Blick ins Innere der Figuren zu werfen. An fünf Stellen fügten Verdi und sein Librettist Piave völlig neue Szenen in die Handlung ein, um geeignete „Musizieranlässe" zu schaffen. Bei der Hexenstretta des 1. Bildes und dem Rachesextett nach dem Tod Duncans (Finale 1. Akt) konnten sie sich noch auf traditionelle Opernkonventionen berufen, während es in den anderen neugeschaffenen Szenen – der Eröffnungsszene des 2. Aktes mit anschließender Arie der Lady, dem Chor der schottischen Flüchtlinge und der Sterbeszene Macbeths – bereits darum ging, Shakespeares Fabel absichtlich zu „fälschen", um so die eigene romantische Interpretation des Stoffes plausibler zu machen. Am weitesten ging Verdi in der 1. Szene des 2. Aktes, wo er den ursprünglichen Monolog Macbeths zu einem Dialog Macbeth/Lady umarbeitete. Daß Shakespeares Macbeth allein den Entschluß faßt, Banquo beseitigen zu lassen, paßte Verdi nicht ins Konzept. Bei ihm trifft die Lady alle Entscheidungen, während ihr Mann nur willenloser Befehlsempfänger ist. Die weitreichenden Eingriffe in das Original dienten nur dem Ziel, die äußerst differenzierte Personenregie Shakespeares soweit zu vereinfachen, daß sie dem Verdischen Grundschema des Dreieckskonflikts – auch ohne obligatorische Liebesgeschichte – eingepaßt werden konnte.

Die Hauptperson der Oper ist zweifellos die Lady. Sie ist ihrem schwächlichen Gatten nicht nur in jeder gemeinsamen Aktion an Willenskraft und Ausstrahlung überlegen, sondern sie erhält auch öfter als er Gelegenheit, ihr dämonisches Inneres im Monolog auszubreiten, nämlich in cavatina,

Arie, Trinklied und Nachtwandlerszene, wobei sie sich in den ersten drei Fällen derart leidenschaftlich äußert, daß sie den stummen, emotionslosen Wahnsinn der Shakespeare-Figur vergessen läßt. Verdi hätte die Oper nach ihr benennen sollen. Die Rolle Macbeths scheint in der Oper abgewertet. Er ist den Eingebungen der Hexen und dem Willen seiner Frau völlig ausgeliefert. Dramatisches Profil gewinnt er allenfalls in den Ensembles – in der Mordszene (1. Akt), beim Festbankett (2. Akt) und in der Szene der Erscheinungen (3. Akt) – also lediglich in seinen „Reaktionen" auf Ereignisse, die nicht er gesteuert hat. Die dritte Hauptrolle gab Verdi den Hexen. Sie gewinnen gegenüber der Vorlage erheblich an Bedeutung, allein schon durch den 3. Akt, den sie völlig ausfüllen, und stellen so, alternativ zur Lady, die zweite „böse" Macht dar, die Macbeths schwachen Willen lenkt. Daß sie im Grunde Macbeths eigene Projektionen und geheimen Wünsche aussprechen, wird in der Oper weniger deutlich, da Verdi ihnen durch seine südländisch-volkstümliche musikalische Zeichnung derart menschliche Züge verleiht, daß man sie eher für wahrsagende Zigeunerinnen halten möchte.

So destillierte Verdi auch aus dieser grandiosen Vorlage „seinen" Dreieckskonflikt heraus, wenn auch mit umgekehrten Vorzeichen, als tragischen Konflikt eines schwächlichen Mannes zwischen zwei dominierenden weiblichen Mächten. Verdis Macbeth ist darum auch weniger innerlich zerrissen im Wahnsinn unbewußter Schuld (wie Shakespeares Figur), sondern eher schuldbewußtes Opfer der Handlung, ein von Gewissensqualen geschütteltes, armseliges Individuum. Alle übrigen Figuren agieren nur am Rande, sind nicht näher musikalisch charakterisiert, sondern fungieren nur als Opfer (bzw. Bedienstete) Macbeths. Diese doch erhebliche Verstümmelung des Shakespeareschen Originals suchte Verdi durch eine neuartige, realistische musikalische Behandlung der beiden Hauptpartien auszugleichen, die den puren Schöngesang am wenigsten rechtfertigten. Er erfand für diese beiden Partien neuartige drastische Ausdrucksmittel und verlangte streckenweise – so vor allem in der grandiosen Nachtwandelszene der Lady – eine Art des Vortrags, die bis zum vollständig Anti-Vokalen reichte, zur Aufhebung des Gesangs, und bezog so das Häßliche in einem bis dahin nicht gekannten Ausmaß in die musikalische Darstellung des Menschen, und damit in die Ästhetik der Oper ein. Der Verdische *Macbeth* ist eine Pioniertat des realistischen Musiktheaters.

Geschichte

Als Verdi im Jahr 1846 anläßlich eines Auftrags des Teatro della Pergola in Florenz für seine zehnte Opernarbeit zum *Macbeth*, und damit erstmals zu einem Stoff seines großen Vorbildes William Shakespeare griff, war er eigentlich im Rahmen des Stoffbereichs der romantischen Oper geblieben, auch wenn die Fabel sich nur schwer einpassen ließ in Verdis Handlungsschema des Dreieckskonflikts. Verdi vertonte fast ausschließlich bekannte historische Stoffe, die in der Mehrzahl der Fälle als (erfolgreiche) Schauspiel- oder Romanvorlagen bereits existierten. Die schreckliche, abgründige Fabel mag den Ausschlag gegeben haben, daß Verdi, der Meister der drastischen Szenerie, aus Shakespeares umfangreichem Werk just dieses Stück auswählte. Zudem enthielt es mit dem Königsmord einen Grundtopos des Verdischen Gesamtwerks, den Verdi, zumindest unterschwellig aktualisieren konnte: Duncan als positives Symbol einer nationalliberal-demokratisch ausgerichteten konstitutionellen Monarchie, die Verdi zu jener Zeit für Italien anstrebte, und Macbeth als Inkarnation des modernen Tyrannen, des feigen, haltlosen, neurotisch-sentimentalen Karrieristen bürgerlicher Prägung.

Bereits der erste Brief, den Verdi im Herbst 1846 an den Librettisten Francesco Maria Piave sandte – zusammen mit einem eigenhändig verfaßten Prosaentwurf – verrät deutlich, daß Verdi wußte, auf was er sich da eingelassen hatte: „Die Tragödie *(Macbeth)* ist eine der größten menschlichen Schöpfungen!... Wenn wir schon keine großen Dinge vollbringen können, versuchen wir wenigstens etwas herzustellen, das vom Alltäglichen abweicht. Die Skizze ist klar und deutlich, frei von Konventionen und von Schwerfälligkeit und kurz. Ich empfehle Dir, auch die Verse kurz zu machen: Je kürzer sie sind, desto größer wird die Wirkung sein. Nicht ein einziges überflüssiges Wort darf vorkommen..." Piave hatte zwar schon zuvor mehrmals erfolgreich für Verdi gearbeitet – so etwa bei *Ernani* –, jedoch machte es ihm die Qualität der Shakespeare-Verse diesmal unmöglich, Verdis Forderung nach „Erhabenheit und Kürze" nachzukommen. Verdi wurde zunehmend nervöser und ließ schließlich Anfang 1847 Piaves Verse zum 3. und 4. Akt von Andrea Maffei überarbeiten, bevor er mit der Vertonung dieser Teile begann. Bereits Mitte Februar war die Komposition aller 23 Nummern der neuen Oper abgeschlossen, und Verdi reiste nach Florenz, um die Einstudierung zu überwachen. Hier angekommen, beschränkte er sich nicht nur auf die musikalische Einstudierung, sondern mischte sich mit tyrannischer Unerbittlichkeit bald in alle Bereiche der

Inszenierung ein, was dazu führte, daß er schließlich alle Entscheidungen allein traf. Trotzdem konnte die Oper bei der Uraufführung am 14. März 1847 nicht jenen durchschlagenden Erfolg verbuchen, den sich Verdi aufgrund seines Engagements erhofft hatte. Die Mehrheit des Publikums, das seine bisherigen Stoffe kannte, konnte mit der fremden nordischen Atmosphäre des Stoffes nichts anfangen, fand überhaupt die Handlung nicht aufregend genug und vermißte vor allem die obligatorische Liebesgeschichte. In den folgenden Jahren stellte sich dann doch ein gewisser Erfolg ein, und *Macbeth* wurde zunehmend auch im Ausland gezeigt: So unter anderem in Madrid (1848), Warschau, Lissabon, Havanna und Wien (alle 1849), in New York, Konstantinopel, Budapest und Hannover (1850), in Rio de Janeiro, Stockholm, St. Petersburg (1852) sowie in Athen, Preßburg, Graz (1856), Mexico City (1857), Bukarest (1858), Dublin (1859) und Amsterdam (1860).

1865 nahm Verdi den Auftrag, für die geplante Pariser Erstaufführung ein Ballett einzufügen, zum Anlaß, die erste Florentiner Partitur vollständig umzuarbeiten. (Auf dieser Pariser Fassung basieren fast alle heutigen Aufführungen der Oper.) Verdi komponierte ein Hexenballett und ersetzte die ursprünglich monologische Szene Macbeths am Ende des 3. Aktes durch ein Racheduett der beiden Macbeths. Die Sterbeszene Macbeths ersetzte er durch eine nachkomponierte Hymne seiner Besieger. Der Absicht Verdis, in der Neufassung die Seelenkrankheit der Lady noch deutlicher herauszustellen, fiel auch ihre fröhliche Triumpharie zu Beginn des 2. Aktes zum Opfer: Verdi tauschte sie gegen die Arie „La luce langue" aus, einem dunklen Monolog, in dem sie die Mächte der Finsternis beschwört, ihr bei ihren mörderischen Plänen zur Seite zu stehen. Schließlich ersetzte Verdi die naturalistische Schlachtmusik der ersten Fassung durch eine strenge Orchesterfuge, da ihm dies die adäquatere Form schien, eine Schlacht musikalisch zu schildern. Jedoch auch in der Pariser Neufassung, die am 21. April 1865 im Théatre-Lyrique Premiere hatte, war *Macbeth* kein dauerhafter Erfolg beschieden. Die Oper verschwand nach einigen Jahren aus den Spielplänen und wurde erst in den 1930er Jahren in Italien und Deutschland wiederentdeckt. Nach dem Zweiten Weltkrieg sorgte vor allem Maria Callas mit ihrer sensationellen Darstellung der Lady an der Mailänder Scala (im Dezember 1952) dafür, daß *Macbeth* sich allmählich einen festen Platz im Repertoire erobern konnte. Heute zählt die Oper zu den anerkannten Werken aus Verdis erster Schaffensphase, den sogenannten „Galeerenjahren".   *Attila Csampai*

Diskographische Empfehlung

1952 – Mailänder Scala: Victor de Sabata, Chor und Orchester der Mailänder Scala. Maria Callas (Lady Macbeth), Enzo Mascherini (Macbeth), Italo Tajo (Banquo), Gino Penno (Macduff). Nuova Era 2202/3 (ADD) und Movimento Musica 051-022 (ADD)

1976 – Mailand: Claudio Abbado, Chor und Orchester der Mailänder Scala. Shirley Verrett (Lady Macbeth), Piero Cappuccilli (Macbeth), Nicolai Ghiaurov (Banquo), Placido Domingo (Macduff). DG 2740 158

Luisa Miller (Luise Miller)
Melodramma tragico in drei Akten

Text: Salvatore Cammarano, nach Schillers *Kabale und Liebe*
Uraufführung: 8. Dezember 1849, Teatro San Carlo, Neapel
Personen: Der Graf von Walter (Baß); Rodolfo, sein Sohn (Ten); Federica, Herzogin von Ostheim (Mez); Wurm, Walters Burgverwalter (Baß); Miller, ein alter Soldat außer Diensten (Bar); Luisa, seine Tochter (Sop); Laura, ein Bauernmädchen (Sop); Ein Bauer (Ten)
Chor: Damen im Gefolge der Herzogin; Pagen; Leibwachen; Dorfbewohner
Ort und Zeit: Tirol, in der ersten Hälfte des 18. Jahrhunderts
Orchester: 3 Fl (2. auch Picc), 2 Ob, 2 Kl, 2 Fg, 4 Hrn, 2 Trp, 3 Pos, Tba (Cimbasso), Pkn, GrTr, Org, Gl, Hrf, Streicher
Auf der Bühne: 2 Hrn, Org
Form: Durchkomponiert, in 14 Nummern gegliedert
Aufführungsdauer: 2½ Stunden
Verlag: G. Ricordi & C. S.p.A, Mailand

Handlung

1. AKT: Vor dem Haus des alten Soldaten Miller gratulieren Dorfbewohner dessen Tochter Luisa mit einem Ständchen zum Geburtstag. Bald mischt sich auch Luisas Bräutigam, der „Jäger Carlo", unter die Gratulanten, und Luisa und Carlo gestehen sich ihre Liebe. Vater Miller freilich quält die Furcht, seine Tochter könnte das Opfer eines Betrügers sein. Als die Geburtstagsgesellschaft in der nahen Kirche verschwunden ist, tritt

Wurm, Verwalter im gräflichen Schloß, zu Miller und erinnert ihn an sein nun schon ein Jahr währendes Werben um Luisa. Miller lehnt es jedoch ab, seine Tochter zu einer Ehe zu zwingen. Wütend klärt ihn der eifersüchtige Wurm darüber auf, wer Carlo in Wirklichkeit ist: Rodolfo, der Sohn des neuen Grafen Walter. Miller glaubt seinen Argwohn bestätigt. – Im Schloß berichtet Wurm dem empörten Grafen von der Liebe seines Sohnes zu dem Dorfmädchen Luisa. Diese Entwicklung stört die Pläne des Grafen empfindlich, die er gerade mit einer Ehe zwischen der Herzogin von Ostheim und seinem Sohn glaubte krönen zu können. Als Rodolfo nach ihrem glanzvollen Einzug ins Schloß mit der Herzogin allein bleibt, gesteht er ihr seine Liebe zu Luisa. Federica von Ostheim kann es jedoch nicht ertragen, abgewiesen zu werden, und will um Rodolfo kämpfen. – Von draußen hört man die Gesänge der Hofgesellschaft bei der Jagd, im väterlichen Haus wartet Luisa auf ihren Carlo. Statt des Geliebten erscheint jedoch Miller und enthüllt Luisa das Geheimnis dieses „Jägers Carlo". Rodolfo jedoch glaubt, alle Verwirrung meistern zu können. Er steht auch als Sohn des Grafen zu seiner Liebe und weiß etwas von seinem Vater, was dessen Widerstand brechen muß. Kaum hat Rodolfo von dem Vater gesprochen, da stürmt dieser auch schon mit seinem Gefolge ins Haus. Er beschimpft Luisa als Hure und befiehlt, den gegen solch eine Verunglimpfung protestierenden Soldaten Miller zu arretieren. Als alle anderen Versuche, den Verhaftungsbefehl rückgängig zu machen, scheitern, droht Rodolfo schließlich dem Vater, öffentlich zu machen, „wie man Graf wird". Erschrocken gibt der Graf Miller frei und folgt seinem forteilenden Sohne.

2. AKT: Von den Dorfmädchen erfährt Luisa, daß ihr Vater nun doch gefangengesetzt worden ist. Als sie sofort aufs Schloß will, verstellt ihr Wurm den Weg und nennt ihr das einzige Mittel, das Miller retten kann: ein Brief, in dem Luisa gesteht, immer nur ihn – Wurm – geliebt zu haben! Wurm diktiert der verzweifelten Luisa diesen Brief, läßt das fromme Mädchen einen heiligen Eid schwören, ihn freiwillig geschrieben zu haben, und nimmt sie als Zeugin mit aufs Schloß. – Dort berichtet er dem Grafen vom Erfolg seiner Kabale. Gemeinsam beschwören Walter und Wurm die Tat, der sie ihre Stellung verdanken, die sie aber auch beide, falls sie ruchbar werden sollte, dem Galgen ausliefern wird. In einer Konfrontation mit der Herzogin bestätigt Luisa den Inhalt des erpreßten Liebesbriefes, kann aber ihre wahren Gefühle kaum verbergen. Die Herzogin, Walter und Wurm dagegen glauben ihr Spiel gewonnen. – Ein Bauer bringt Rodolfo Luisas Brief; zutiefst getroffen beklagt er den Verlust seiner Liebe. Als der herbeizi-

tierte Wurm mit einem Schuß in die Luft nicht nur ein drohendes Duell verhindert, sondern auch den Grafen und andere Höflinge herbeiruft, stimmt Walter scheinbar einer Ehe zwischen Rodolfo und Luisa zu. Rodolfo gesteht dem Vater den vermeintlichen Verrat Luisas, und für Walter gibt es auf diesen Affront nur eine Antwort: die Hochzeit seines Sohnes mit der Herzogin von Ostheim. Rodolfo tut so, als sei er einverstanden. In Wirklichkeit aber kennt er ohne Luisa nur noch Todessehnsucht.

3. AKT: Luisa wird zu Hause von ihren Freundinnen beweint. Während in der nahen Kirche die festliche Hochzeit der Herzogin mit Rodolfo vorbereitet wird, kehrt Miller aus dem Gefängnis heim. Er hat von Wurm erfahren, was Luisa für ihn getan hat, und beschwört nun die Tochter, mit ihm in die Fremde zu ziehen. Luisa will ein letztes Mal an vertrauter Stelle beten und kniet zu den Orgelklängen aus der Kirche vor dem Hausaltar. Rodolfo tritt zu der Betenden, schüttet Gift in eine Tasse auf dem Tisch und veranlaßt Luisa, als diese immer noch zu ihrem Brief steht, zu trinken. Erst als Rodolfo ihr ihren baldigen Tod ankündigt, fühlt sich Luisa nicht mehr an ihren Eid gebunden und klärt die Intrige auf. Verzweifelt beschließt Rodolfo, mit der Geliebten zu sterben, und im Augenblick des Todes beschwören beide noch einmal die Schönheit ihrer Gefühle. Der sterbende Rodolfo ersticht Wurm. Die Strafe für den Vater: der Tod des Sohnes!

Kommentar

Verdis dritte Oper nach einem Schauspiel von Schiller markiert in seiner Werkreihe die Schwelle zur Meisterschaft. Mit *Luisa Miller* vollzieht der Theatermann den letzten und entscheidenden Schritt zu den Errungenschaften der trilogia popolare (*Rigoletto, Il trovatore, La traviata*). Der latent immer chorische Affekt der frühen Erfolge *Nabucco, Lombarden, Attila* wird endgültig übertragen auf das individuelle Fühlen großer Einzelner, das statuarische, oratorienähnliche Schema dieser frühen Opern aufgelöst zugunsten einer bewegten Spielhandlung im Zeichen von – so die zeitüblichen Titel der drei Akte – Liebe, Intrige und Gift (= Tod). Vieles, was später für den Typus der Verdi-Oper signifikant wird, ist zumindest vorformuliert. Einzelheiten wie die Verbindung einer Figur mit einem Instrument (Luisa und die Klarinette) oder die schwelgerische Verherrlichung des Glücks im Augenblick des Todes oder auch Allgemeineres wie die gewichtigen Gesten von ehrgeizigen und machtbewußten, aber auch sorgenvollen Vätern oder vor allem die Konzentration auf den Weg einer im Zentrum des

Geschehens stehenden Frau: Luisas Tragödie im Spannungsfeld von Kirche, Vater und Liebe. Viele Entwicklungen bei Verdi haben in der grandiosen *Luisa-Miller*-Partitur ihre Wurzel. Von Wurm führt der Weg bis hin zum Jago des *Otello*, von Vater Miller über den alten Germont *(La traviata)* bis hin zu Amonasro *(Aida)*, von Luisa Miller über die Traviata Violetta Valéry bis hin zu Aida (und Desdemona). Und bei den Vorformulierungen kündigen sich bereits die späteren Charakterisierungsmuster an: im „Reden" und Intrigieren des nicht zu eigener Musik und somit zu eigenem Fühlen findenden Wurms, der, wenn er nicht bloß seinem Herren nachsingt, auf wenige Töne, ja gelegentlich sogar auf die Repetition eines einzigen Tones beschränkt bleibt, im ebenso echten wie in starren Formeln verharrenden (und deshalb zu befreienden Grenzüberschreitungen unfähigen) Schimpfen, Sich-Sorgen und Klagen Vater Millers, in den offenen und damit zu gesellschaftlichen Utopien sich öffnenden Liebeskantilenen Rodolfos und insbesondere Luisas.

Geschichte

Warum nur bei so viel Qualität so wenig Erfolg? Einzelne „Nummern", das Finale zum Beispiel und vor allem Rodolfos Arie nach dem vermeintlichen Verlust Luisas („Quando le sere al placido") sind zwar bis heute Repertoirestücke für Opernsänger, *Luisa Miller* im Ganzen begegnet man dagegen allenfalls in Gesamtaufnahmen auf Platte, nur selten jedoch auf der Opernbühne. Der biedermeierlich-harmlose Schauplatz dürfte hierfür in erster Linie verantwortlich sein. Mit der Komposition von *Luisa Miller* vollzog Verdi eine seiner radikalsten politischen Zurücknahmen. Eben hatte er noch mit *La battaglia di Legnano* die Schlachten um Italien von 1848/49 mit großem Opernlärm begleitet und gefeiert und sich danach vorgenommen, mit einem *Assedio di Firenze* für ein weiteres politisches Manifest zu sorgen. Das neapolitanische Teatro San Carlo und sein führender dramaturgischer Kopf Salvatore Cammerano wollten aber davon nichts wissen. Etwas Privates, ein „Heimatfilm" sozusagen, sollte genau umgekehrt die von den „cinque giornate" aufgewühlten Patrioten Italiens beruhigen. Mit beispielloser Konsequenz und unbeeindruckt von allen Protesten Verdis (die Dispute zwischen Komponist und Librettist dokumentiert ein Briefwechsel ausführlich) paßte Cammerano seinen Stoff den Gesetzen der neapolitanischen Operntradition an und verwandelte dabei die ätzende Gesellschaftskritik in Schillers bürgerlichem Trauerspiel *Kabale und Liebe* in Tiroler Alpenfolklore, die, eben weil sie die Stimmung von Harmlosigkeit verbreitet, Verdis Musik zutiefst fremd ist. Mit der radikalen Reduktion eroberte sich Verdi die Welt des Privaten. Die Dimension des Politischen mußte danach wieder neu gewonnen werden.   *Leo Karl Gerhartz*

Diskographische Empfehlung

1965 – Rom: Fausto Cleva, Chor und Orchester der RCA Italiana. Anna Moffo (Luisa), Carlo Bergonzi (Rodolfo), Cornel MacNeil (Miller), Shirley Verrett (Federica), Ezio Flagello (Wurm). RCA, RL 43 062

1979 – London: Morin Maazel, Chor und Orchester des Royal Opera House Covent Garden. Katia Ricciarelli (Luisa), Placido Domingo (Rodolfo); Elena Obrasztsova (Federica), Renato Bruson (Miller), Wladimiro Ganzarolli (Wurm). DG 2709 096

Rigoletto
Melodramma in drei Akten

Text: Francesco Maria Piave, nach Victor Hugos Schauspiel *Le roi s'amuse*

Uraufführung: 11. März 1851, Teatro La Fenice, Venedig

Personen: Der Herzog von Mantua (Ten); Rigoletto, sein Hofnarr (Bar); Gilda, dessen Tochter (Sop); Sparafucile, ein Bravo (Baß); Maddalena, seine Schwester (Alt); Giovanna, Gildas Gouvernante (Mez); Der Graf von Monterone (Bar); Marullo, ein Edelmann (Bar); Matteo Borsa, Höfling (Ten); Der Graf von Ceprano (Baß); Die Gräfin, seine Gemahlin (Mez); Ein Gerichtsdiener (Ten); Ein Page der Herzogin (Mez)

Chor: Edelmänner; Damen; Pagen; Hellebardiere

Ort und Zeit: Mantua und Umgebung, im 16. Jahrhundert

Orchester: 2 Fl (2. auch Picc), 2 Ob (2. auch E.H.), 2 Kl, 2 Fg, 4 Hrn, 2 Trp, 3 Pos, Bpos, Pkn, GrTr, Streicher

Auf der Bühne: Streicher, Banda (kleines Blasorchester), GrTr, 2 Gl

Form: Durchkomponiert, in 20 Nummern gegliedert

Aufführungsdauer: 2 Stunden

Verlag: G. Ricordi & C. S.p.A., Mailand

Handlung

1. AKT. 1. Bild: Im Trubel eines Festes im herzoglichen Schloß zu Mantua berichtet der Schloßherr dem Höfling Marullo von seinen Eroberungsversuchen bei einem schönen Bürgermädchen. Im Augenblick freilich fasziniert ihn erst einmal die attraktive Gräfin von Ceprano. Unbeeindruckt von der Gegenwart ihres Gatten macht er ihr den Hof. Graf Ceprano muß sich aber nicht nur die Keckheit des Herzogs gefallen lassen, sondern auch den Spott des Hofnarren Rigoletto. Die empörten Höflinge beschließen, dem frechen Narren eine Lehre zu erteilen, und da Marullo glaubt entdeckt zu haben, daß Rigoletto bei sich zu Hause ein Liebchen versteckt hält, haben sie für ihre Rachepläne auch bereits eine Idee... Das übermütige Fest wird von Graf Monterone jäh unterbrochen. Der Herzog schenkte dem zum Tode verurteilten Rebellen das Leben – und verführte seine Tochter. Nun wird Monterone nicht müde, die Orgien des Herzogs mit seiner Wut über die Beleidigung seiner Familie zu stören. Rigolettos Spott macht auch vor ihm nicht halt. Im höchsten Zorn verflucht Monterone den Herzog, aber auch den zynischen Funktionär, der sich dazu hergegeben hat, im Dienste seines Herrn einen weinenden Vater zu verlachen.

2. Bild: Im toten Winkel einer düsteren Sackgasse, die links von einem einfachen Haus mit Hof, rechts von Garten und Palast des Grafen von Ceprano begrenzt wird, bietet der Berufsmörder Sparafucile dem vom Fest heimkehrenden Rigoletto seine Dienste an. Der noch ganz von dem Fluch Monterones verstörte Hofnarr erkennt in dem Bravo ein Spiegelbild seiner eigenen Außenseiterexistenz. Im Hof seines nahen Hauses wirft sich ihm Tochter Gilda, die Rigoletto vor allen Gefahren behüten will, in die Arme. Deshalb darf die Tochter niemals ausgehen, es sei denn in die Kirche, und deshalb soll sie nichts wissen von ihrer Herkunft oder dem Beruf des Vaters. Als Rigoletto, durch Geräusche beunruhigt, noch einmal auf die Straße geht, schlüpft der als Student verkleidete Herzog durch die offene Tür und verbirgt sich hinter einem Baum. Bewegt nehmen Rigoletto und Gilda voneinander Abschied, und der Herzog entdeckt, daß das Objekt seines neuesten Abenteuers die Tochter seines Hofnarren ist. Allein, gesteht sich Gilda ein, daß sie den jungen Mann, der ihr immer in die Kirche folgt, liebt, und der beantwortet dieses Geständnis mit einer stürmischen Liebeserklärung. Glücklich glaubt Gilda, daß ihre zärtlichsten Träume wahr werden, und hängt, nachdem Schritte den Herzog vertrieben haben, dem geliebten Namen des vermeintlichen Studenten Gualtier Maldé nach... Unterdessen versammeln sich auf der Straße die Höflinge, um das Mädchen, das sie für

Rigolettos Geliebte halten, zu entführen. Dem von Ängsten zurückgetriebenen Rigoletto macht Marullo weis, es ginge um den Raub der Gräfin Ceprano, und der Hofnarr ist nur zu gern bereit, bei diesem Komplott mitzutun. Durch eine Maske blind und taub gemacht, wird er so zum Komplizen bei der Entführung seiner Tochter. Als er die Wahrheit begreift, sind die Höflinge mit ihrer Beute schon weit fort. Verzweifelt erinnert sich Rigoletto an den Fluch Monterones.

2. AKT: In seinem Schloß bewegen den Herzog Ungeduld und Zorn. Er hat die Entführung Gildas entdeckt und bangt nun um sein Abenteuer. Der Unmut verwandelt sich freilich rasch in Jubel, als ihm die Höflinge von ihrem Coup berichten. Begeistert eilt er in sein Zimmer ... Rigoletto tritt zu den Höflingen. Scheinbar scherzend versucht er, etwas über das Schicksal seiner Tochter zu erfahren. Aber erst als die Höflinge einen Pagen der Herzogin hindern, das Zimmer des Herzogs zu betreten, und wenig später Gilda aus diesem Zimmer stürzt, wird ihm zur Gewißheit, daß der Leichtsinn des Herzogs den einzig reinen Altar seines Lebens zerstört hat. Monterone, der auf dem erneuten Weg in den Kerker die Nutzlosigkeit seiner Racherufe beklagt, gibt für den zornigen Vater das Signal zum Aufstand. Die widerstrebende Gilda in seine Revolte zwingend, schwört er Vergeltung.

3. AKT: Es ist einige Zeit vergangen. An einem öden Platz am Ufer des Mincio, links blickt man in das Innere eines halbverfallenen Landhauses, rechts auf ein Wehr des Flusses, will Rigoletto seiner Tochter das Wesen ihres Liebhabers vorführen. Beide beobachten, wie der Herzog mit einem übermütigen Liedchen über den Flattersinn der Weiberherzen das Landhaus – es ist die Spelunke Sparafuciles – betritt und sich mit Wein und Maddalena, der lustigen Schwester des Bravos, vergnügt. Dann schickt Rigoletto Gilda mit dem Auftrag fort, in Männerkleidern nach Verona zu reisen. Während ein Unwetter aufzieht, gibt Rigoletto Sparafucile endgültig den Auftrag, seinen Gast zu töten. Als Gilda dem Befehl des Vaters zum Trotz zurückkehrt, ist Maddalena gerade damit beschäftigt, dem Bruder das Mordgeschäft auszureden. Sparafucile sieht nur einen Ausweg, wenn noch vor Mitternacht ein Fremder Obdach begehrt. Für den untreuen Liebhaber in den Tod zu gehen, ist für Gilda eine große Verlockung: Energisch klopft sie an die Tür der Herberge ... Es schlägt Mitternacht, Rigoletto glaubt sein selbstinszeniertes Rachewerk vollendet. Als ihm Sparafucile das in einen Sack verpackte Opfer überläßt, kennt sein Jubel keine Grenzen. Aber gerade als Rigoletto den gestraften Missetäter in die Fluten des Mincio stürzen

will, stoppt eine nur zu bekannte Stimme, die in der Ferne das Liedchen über den Wankelmut der Frauen trällert, jede Geste des Triumphs. Durch die Helligkeit eines Blitzes des sich beruhigenden Gewitters erkennt Rigoletto in dem Sack sein totes Kind. Entrückt gesteht die noch einmal zum Leben erwachende Gilda, um ihrer Liebe willen gestorben zu sein. Vergebens versucht Rigoletto, das schöne Bild festzuhalten. Mit einer letzten Erinnerung an den Fluch Monterones bricht der Narr neben seinem toten Kind vernichtet zusammen.

Kommentar

Der Inhalt von Verdis *Rigoletto* verweist (und das rechtfertigt seine ausführliche Darstellung) auf viele Ursachen für die spektakuläre Eigenart und den singulären Rang dieser Oper, denn mit ihm werden schon etliche ihrer Merkmale deutlich: die Konzentration auf szenische, d. h. in den Gesten und Aktionen eines sichtbaren Theaterspiels grenzenden Situationen und Figuren, das kontrastreiche Beieinander von Einfachheit, Wirksamkeit und Abwechslung und schließlich die gespannte Konfrontation von Trivialität und Utopie. Mit dem Trio der drei Protagonisten ist *Rigoletto* zudem so etwas wie ein Knotenpunkt, in dem entscheidende Entwicklungslinien des Verdischen Œuvre, ja sogar der italienischen Operngeschichte sich begegnen und miteinander verschränken. Der unstet von Schönheit zu Schönheit flatternde und doch nur auf der Stelle hüpfende Protztenor des Herzogs steht für die erstarrte Tradition der opera seria ein, ihre „tote" Sehnsucht nach Neuem, d. h. ihre Unfähigkeit, die Grenzen alter Lied- und Tanzformen zu sprengen.

Der zwischen Zynismus und Liebe, Scherz und Klage dramatisch sich bewegende (und bewegliche) Bariton Rigolettos ist demgegenüber sozusagen der Anwalt der Moderne, der für einen Ausbruch der Arie aus erstarrten Formen plädiert, für ihre Veränderung zu einer Folge sich ständig wandelnder Affekte als Ausdruck und Spiegel von guten und fürchterlichen Taten des Menschen. Zwischen Herzog und Rigoletto steht das Wunschbild, an dem auf wie konträre Weise auch immer beide Männer im „Trio Infernal" des *Rigoletto* scheitern: der zugleich empfindsame und dramatische, die Passio im lyrischen Timbre Bellinis und Donizettis mit dem heißen Atem des Risorgimento belebende soprano spinto Gildas. Dieser Atem wird nun aber nicht – und das begründet die Sonderstellung von *Rigoletto* in der Werkreihe Verdis – wie im berühmten „Va, pensiero" des *Nabucco* kollektiv und unkritisch ausgestellt, sondern schwierig und widerspruchsvoll mit dem Handeln großer Individuen verknüpft. Er verleiht dem absoluten und unteilbaren Liebesanspruch Gildas Kraft und Wahrheit, entlarvt aber auch die Lüge Rigolettos. Als Gilda im Duett des 1. Aktes den Vater nach Verwandten und Heimat fragt, antwortet dieser „mit höchstem Gefühlsausdruck" durchaus in der Manier des *Nabucco*-Chores. Nun feiert aber die machtvolle Geste nicht mehr den Freiheitsruf eines Volkes, sondern enthüllt den geradezu frevelhaften Besitzanspruch eines Mannes, der glaubt, seine politischen und persönlichen Hoffnungen – im übrigen ohne jede Rücksicht auf die Wünsche und Gefühle seiner Tochter – in einer familiären Beziehung bewahren zu können. Im Pathos steckt mithin auch scharfe Kritik an dem aktiven Spießgesellen eines Despoten, dessen tragische Lebenslüge in der falschen Einschätzung beruht, Anpassung draußen in der Welt könne der Wahrheit in den vier Wänden zu Hause und im Innern des eigenen Herzens nichts anhaben.

Geschichte

Kaum eine andere Oper hat Verdi ähnlich begeistert und schnell – „a tamburo battente" – komponiert wie *Rigoletto*. Weder die Einwände der österreichischen Zensurbehörde noch Bedenken seines Librettisten konnten ihn da irre machen. Denn spontan erkannte er in Victor Hugos Schauspiel *Le roi s'amuse*, das Gesten und Vokabular des postrevolutionären Pariser Volkstheaters hineintrug in die Literatur (und in die Revolte) der Jung-Franzosen von 1830 und dessen Uraufführung 1832 in Paris einen gewaltigen politischen Skandal auslöste, als ein für seine aktuellen Absichten nachgerade ideales Szenarium. Sieht man von der Verlegung des Schauplatzes von Paris nach Mantua und von der Verwandlung König Franz' I. in einen Herzog ab – beides forderte die Zensur, beides gewährte Verdi ohne jedes Zögern –, stimmen denn auch Oper und Schauspiel in ihrer szenischen Erscheinungsform fast vollständig miteinander überein. Librettist Piave hatte nichts anderes zu tun, als die Theaterbilder Hugos von aller nur schmückenden Poesie zu befreien und auf den jeweils knappsten verbalen Nenner zu bringen. Damit baute er freilich mit an der Brücke, die das postrevolutionäre Volkstheater Frankreichs mit der Verdi-Oper verbindet. Mit nachhaltigen Folgen, denn erst diese Verbindung setzte die Meisterschaft Verdis frei.

Seit dem Tag seiner triumphalen Premiere ist *Rigoletto* eine der beliebtesten und meistgespielten Opern Verdis. Gleichwohl ist die Kritik am „unmöglichen" Libretto ebenso alt wie der Welterfolg selbst. Inzwischen aber gibt es immer mehr Theaterleute, die beginnen, die spektakulären Bilder und Zeichen der bizarren Geschichte als geniale Metaphern von Verdis vielleicht politischster Oper zu begreifen, und die versuchen, sich an ihnen zu bewähren. *Leo Karl Gerhartz*

Diskographische Empfehlung
1955 – Mailand: Tullio Serafin, Chor und Orchester der Mailänder Scala. Maria Callas (Gilda), Adriana Lazzarini (Maddalena), Giuseppe di Stefano (Conte), Tito Gobbi (Rigoletto), Giulio Neri (Sparafucile). EMI 153-0146/47
1957 – Rom: Ionel Perlea, Chor und Orchester des Opernhauses Rom. Roberta Peters (Gilda), Anna Maria Rota (Maddalena), Jussi Bjoerling (Conte), Robert Merrill (Rigoletto), Giorgio Tozzi (Sparafucile). RCA 26.48 001
1963 – Rom: Georg Solti, Chor und Orchester der RCA Italiana. Anna Moffo (Gilda), Rosalind Elias (Maddalena), Alfredo Kraus (Conte), Robert Merrill (Rigoletto), Ezio Flagello (Sparafucile). RCA 26.35020

Il trovatore (Der Troubadour)
Dramma lirico in vier Teilen

<u>Text:</u> Salvatore Cammarano, nach Antonio García y Gutiérrez' Drama *El trovador*
<u>Uraufführung:</u> 19. Januar 1853, Teatro Apollo, Rom
<u>Personen:</u> Il Conte di Luna (Bar); Leonora, Hofdame (Sop); Azucena, eine Zigeunerin (Mez); Manrico, der Troubadour (Ten); Ferrando, Hauptmann (Baß); Ines, Leonoras Vertraute (Sop); Ruiz, Soldat im Gefolge Manricos (Ten); Ein alter Zigeuner (Baß); Ein Bote (Ten)
<u>Chor:</u> Vertraute Leonoras und Nonnen; Gefolgsleute des Grafen; Männer in Waffen; Zigeuner und Zigeunerinnen
<u>Ort und Zeit:</u> Biskaya und Aragonien, 15. Jahrhundert
<u>Orchester:</u> Picc, Fl, 2 Ob, 2 Kl, 2 Fg, 4 Hrn, 2 Trp, 3 Pos, Bpos, Pkn, Trgl, Amboß, Bck, GrTr, Streicher
<u>Auf der Bühne:</u> Hrn, Hrf, 3 Gl in Es, F, A, Org, Rührtr

Form: Durchkomponiert, aber nummernartig gegliedert (14 Musiknummern)

Aufführungsdauer: 2 Stunden

Verlag: G. Ricordi & C. S.p.A., Mailand

Handlung

HISTORISCHER HINTERGRUND: Nach dem Tod König Martins I. von Aragon im Jahr 1410 kommt es unter den Bewerbern um die spanische Krone, dem Infanten von Kastilien, Fernando, und dem Grafen Jaime von Urgel, zu offenen Feindseligkeiten, in deren Verlauf Fernando schließlich die Oberhand behält, Urgel verhaften und bis zu seinem Lebensende einsperren läßt. Die Oper spielt zu Beginn der Kampfhandlungen. Graf Luna steht auf seiten Fernandos und des geltenden Rechts, der Troubadour Manrico, der von Zigeunern abstammen soll, auf seiten des rebellierenden Grafen Urgel.

1. TEIL („Das Duell"): Ferrando, ein in Diensten der Grafen Luna graugewordener alter Haudegen und Offizier, mahnt die müden Soldaten vor den Toren des Palastes von Aliaferia zur Wachsamkeit: Sie sollen Ausschau halten nach dem geheimnisvollen Troubadour, der nachts vor dem Balkon der schönen Hofdame Leonora zu singen pflegt, deren Herz aber auch der Hausherr Graf Luna begehrt. Um die Soldaten wachzuhalten, erzählt Ferrando ihnen die schreckliche Geschichte, die sich vor zwanzig Jahren in Aliaferia zutrug. Der alte Graf Luna, Vater des jetzigen Hausherrn, hatte einst eine Zigeunerin auf dem Scheiterhaufen verbrennen lassen, da er sie verdächtigte, eines seiner beiden Kinder verhext zu haben. Die Tochter der Zigeunerin, Azucena, nahm damals schreckliche Rache und entführte das kränkelnde Grafenkind. Man fand später das verkohlte Skelett eines Säuglings und nahm an, sie habe das Kind des Grafen ebenso verbrannt. Trotz intensiver Suche habe man die Zigeunerin nie gefunden. Der alte Graf habe den Verlust seines Sohnes nicht verwinden können und sei bald gestorben. Die Hoffnung, daß das Kind doch überlebt haben könnte, habe er aber bis zuletzt nicht aufgegeben. Seither sei der Geist der alten Zigeunerin in diversen Spukgestalten verschiedenen Leuten erschienen, behauptet Ferrando weiter, und die abergläubischen Soldaten glauben ihm aufs Wort.

Im Garten des Palastes erzählt Leonora zur gleichen nächtlichen Stunde ihrer Gesellschafterin Ines, daß sie sich unlängst bei einem Turnier in einen geheimnisvollen Ritter verliebt, ihn dann aus den Augen verloren und nun wiedergesehen habe, als er unter ihrem Balkon aufgetaucht sei und ihr ein schwermütiges Ständchen gesungen habe. Ines rät Leonora, den Troubadour schnell zu vergessen, doch Leonora will ihrem Herzen folgen, selbst wenn es den Tod bedeute. Da erscheint der Graf, der Leonora über alles begehrt, mit dem Vorsatz, ihr seine Liebe zu gestehen, wird aber im letzten Augenblick vom Gesang des Troubadours gestört, der sich heimlich in Lunas Park eingeschlichen hat. Leonora läuft dem Sänger entgegen, verwechselt ihn in der Dunkelheit aber mit dem Grafen. Als Manrico dazwischentritt, gesteht sie ihm unverhüllt ihre Liebe, was den Grafen in rasende Eifersucht versetzt. Als er dann noch erfahren muß, daß der Troubadour auch Parteigänger seines politischen Feindes Urgel ist, fordert er ihn wütend zum Zweikampf. Während die beiden sich mit gezückten Schwertern entfernen, sinkt Leonora ohnmächtig zu Boden.

2. TEIL („Die Zigeunerin"): In einem Zigeunerlager machen sich die Männer im Schein der ersten Sonnenstrahlen an die schwere tägliche Schmiedearbeit und besingen dabei die Schönheit der Zigeunermädchen. Azucena, eine ältere Zigeunerin, starrt in die Flammen des verlöschenden Lagerfeuers und beschwört dabei wie in Trance den schrecklichen Anblick einer Frau, die auf dem Scheiterhaufen verbrannt wurde. Es war ihre Mutter. Die Zigeuner entfernen sich, und Azucena bleibt mit Manrico, der das Duell mit Luna überlebte, zurück. Unter dem Eindruck ihrer Scheiterhaufen-Vision erzählt sie ihrem „Sohn" den Ausgang der Entführungsgeschichte. Um ihre Mutter zu rächen, habe sie das Grafenkind wirklich verbrennen wollen, habe aber aus Versehen ihr eigenes Kind in die Flammen geworfen. Als Manrico daraufhin verdutzt fragt, wer er dann selber sei, wenn sie ihr Kind verbrannt habe, versucht sie, das eben Gesagte als Unsinn hinzustellen und ihrer eigenen Verwirrung zuzuschreiben. Sie bekräftigt mit Nachdruck, all ihre Mutterpflichten ihm gegenüber sorgfältig erfüllt zu haben, und stellt die Gegenfrage, warum er bei seinem letzten Duell den wehrlos vor ihm liegenden Grafen nicht getötet habe. Da überbringt ein Bote die Nachricht, daß Manrico die Verteidigung der Burg Castellor übernehmen soll und daß Leonora, die ihn für tot hält, noch am selben Tag in ein Kloster eintreten wolle. Ohne sich weiter um Azucena zu kümmern, stürzt Manrico davon, um Leonoras Vorhaben zu verhindern. Vor dem Kloster aber wartet bereits der Graf mit seinen Mannen, der ebenfalls von Leonoras Plänen erfahren hat. Seine glühende Sehnsucht nach ihr ist ungebrochen, und er kündigt an, sie notfalls gegen ihren Willen zu entführen. Doch erneut kommt ihm der Troubadour mit einer Überzahl von

Anhängern im letzten Augenblick in die Quere. Machtlos muß der Graf mitansehen, wie Leonora seinem Todfeind Manrico freiwillig folgt.

3. TEIL („Der Sohn der Zigeunerin"): In einem Lager in der Nähe der Festung Castellor, wo sich die Anhänger Urgels verschanzt haben, rüsten Luna und seine Soldaten zum Angriff. Luna will die Abweisung durch Leonora noch immer nicht hinnehmen und sinnt auf grausame Rache. Eine Zigeunerin wird ihm vorgeführt, die in der Nähe des Lagers von den Soldaten aufgegriffen wurde. Es ist Azucena, die von Ferrando bald als Kindesentführerin wiedererkannt wird. Als sie sich Luna gegenüber auch noch als Mutter seines Widersachers Manrico ausgibt, scheint ihr Schicksal besiegelt: Auch sie soll auf dem Scheiterhaufen sterben.
Auf Castellor will Manrico seine Geliebte Leonora gerade zum Traualter führen, als er von Azucenas Verhaftung erfährt. Unverzüglich ruft er zu den Waffen und sucht den offenen Kampf mit den Belagerern.

4. TEIL („Die Hinrichtung"): Der Ausfall schlug fehl. Manrico ist in die Hände Lunas gefallen und wartet im Kerker gemeinsam mit Azucena auf die Hinrichtung. Vor dem Kerker schwört ihm Leonora abermals ewige Treue. Doch aus der Zelle dringen nur noch traurige, resignierte Töne. Als Luna Leonora mitteilt, daß Manrico und Azucena bei Tagesanbruch hingerichtet würden, fleht sie ihn verzweifelt um Gnade für ihren Geliebten an. Doch erst als sie – nachdem sie eine tödliche Dosis Gift eingenommen – sich selbst als Preis für Manricos Freiheit anbietet, willigt der Graf ein.
Im Kerker versucht indessen Manrico, seine von Wahnvorstellungen geplagte, vor sich hindämmernde „Mutter" zu trösten. Als Leonora die Zelle betritt und Manrico die Tür zur Flucht aufhält, glaubt dieser sich verraten und verflucht seine Geliebte. Erst als Leonora sterbend in seine Arme sinkt, kommt er – zu spät – zur Besinnung. Ebenso muß auch der Graf, der Leonora gefolgt ist, bei seiner Ankunft seine Täuschung erkennen: In seinem Zorn befiehlt er Manricos sofortige Exekution. Azucena, die die ganze Szene im Dämmerzustand verbrachte, erwacht zu spät, um Manrico noch retten zu können. In höchster Verzweiflung enthüllt sie dem Grafen die ganze Wahrheit: „Er war dein Bruder", und mit dem Ausruf – „Gerächt bist du, o Mutter" bricht sie zusammen. Starr vor Entsetzen stammelt der Graf die Schlußworte: „Und ich lebe noch!"

Kommentar

Il trovatore ist einer der am meisten getadelten Stoffe Verdis. Keiner anderen seiner bedeutenden Arbeiten ist so lange die Anerkennung der Fachleute versagt geblieben wie diesem ausgesprochenen Publikumsliebling, der bis heute zu den meistgespielten Opern des Repertoires zählt. Beginnend mit der berühmten Polemik des *Nabucco*-Librettisten Temistocle Solera, der Verdi eine „schwache Frau" schalt und den während der Arbeit verstorbenen Textdichter Salvatore Cammarano nachträglich „lebenslänglich auf die Galeeren" verbannen wollte, bemängelten bislang fast alle Kommentatoren einmütig stets nur das Libretto des *Troubadours*: Sie hielten es für verworren, undramatisch und widersinnig. Und immer wieder wurde die Frage gestellt, warum Verdi gerade an dieses vermeintlich schwache Sujet eine derartige Fülle eindringlichster musikalischer Gedanken „verschwenden" mußte. Zweifellos hat hier Verdi ein typisches romantisches Schauerdrama – es basiert auf dem gleichnamigen Schauspiel des Spaniers Antonio García y Gutiérrez – vertont, das uns einen reichlich verzerrten, bürgerlich-verklärenden Rückblick auf das „finstere" Mittelalter gewährt, und es ist wegen seiner fatalistischen Tendenzen auch durchaus angreifbar, da die entscheidenden Vorgänge sich bereits 15 Jahre vor dem eigentlichen Geschehen zugetragen haben, so daß die jetzt Handelnden ihrem vorgezeichneten Schicksal mehr oder weniger ohnmächtig ausgeliefert sind: Und dennoch eignete sich dieser verwickelte und bizarre Stoff besonders für Verdis eigene szenische Opernkonzeption, in der es primär um szenische Wirkung und szenische Vielfalt und weniger um eine klare Logik der Handlungsführung geht. Wie kaum ein anderes Sujet, das Verdi musikalisch bearbeitete, bietet gerade der *Troubadour* ein Höchstmaß an szenischer Effizienz, da er ununterbrochen immer neue Anlässe stiftet für leidenschaftliche Gefühlsentladungen. Verdi interessierte sich eben nicht so sehr für die dramaturgischen Motive der inneren Gefühlsbewegungen als vielmehr für das innere Drama in den Figuren selbst, das er musikalisch nachzeichnete. So schuf er in den Hauptrollen des *Trovatore* reine Musikgestalten, die weniger als motiviert handelnde Charaktere Bedeutung erlangen, sondern vielmehr durch ihre Fähigkeit, das gesamte Spektrum menschlichen Ausdrucks bis in die extremsten Grenzbereiche hinein, aber dennoch stets innerhalb der „Grenzen schöner Sanglichkeit" (W. Zentner) zu entfalten.

Andererseits verwirklicht der *Troubadour* geradezu idealtypisch das dramaturgische Grundmodell des tragischen Dreieckskonflikts, dem 26 der 28

Opern Verdis folgen (alle außer *Macbeth* und *Falstaff*). Diese starre Konfiguration birgt den persönlichen und den politischen Konflikt zweier rivalisierender Männer um die politische Macht und um die Gunst einer von beiden Kontrahenten gleichermaßen begehrten Frau. Für den Bariton (also Graf Luna) ist in dieser Konstellation der Rollentypus des realitätsgeprüften, lebenserfahrenen, aber glücklos liebenden Machtinhabers vorgesehen, der im Kampf um die politische Macht zwar die Oberhand behält, im persönlichen Duell um das weibliche Liebesobjekt (hier: Leonora) aber dem naiveren, jugendlich auftrumpfenden, rebellischen Tenor (Manrico), der meist auf seiten des unterdrückten Volkes steht, den Vortritt lassen muß. Fast alle Opern Verdis folgen, mehr oder weniger deutlich, diesem Grundschema, der *Troubadour* aber – und dies dürfte Verdis Stoffwahl beeinflußt haben – gestaltet es beispielhaft.

Ein weiterer wichtiger ästhetischer Aspekt der *Troubadour*-Handlung, der Verdi für den Stoff einnahm, war das Prinzip der varietà, die Dramaturgie szenischer Kontraste, die Verdi zeitlebens an Shakespeare bewunderte und die er hier in Gutiérrez' Historiendrama „auf neue und bizarre Art" wiederfand. Karl Schumann hat diese „chaotische" Dramaturgie als durchaus moderne, fortschrittliche Tendenz, als „filmisches" Verfahren bewertet: „Der Tableau-Charakter greift Hand in Hand mit der seltsam zerrissenen, diskontinuierlichen Handlung. Nur Stationen des Geschehens werden vor Augen gestellt; Erzählungen berichten, was sich zwischen den einzelnen Bildern zugetragen hat und was durchaus Dynamik genug gehabt hätte, um szenisch dargestellt zu werden. Die Vorgeschichte wird zweimal erzählt, aus dem Blickwinkel des Ferrando und aus der unmittelbaren Betroffenheit der Azucena. Die Handlung schreitet zwischen den Szenen voran, während der Vorhang geschlossen bleibt. Man erfährt die Ereignisse aus der Rückblende balladesker Erzählungen. Verdi arbeitet geradezu filmisch, mit harten Schnitten und Rückblenden... Die Fabel schiebt er an den Rand, in die Zone der in der Oper stets fragwürdigen, weil unzulänglichen Berichte. Er nutzt die Fabel lediglich dazu, jene melodramatischen Konflikte heraufzubeschwören, in die die handelnden Personen geraten sind. Man gewahrt mehr den Reflex des Geschehens als das Geschehen selbst. Grundaffekte brechen auf: Liebe, Eifersucht, Haß, Rache. Diese Affekte setzen sich schier absolut, so daß die Personen geradezu ihre Individualität einbüßen, zu bloßen Hülsen der Affekte werden, nur noch aus ihren Leidenschaften zu bestehen scheinen, um sich vollends an die Emotionalität des Publikums zu wenden." (rororo opernbuch 7996, Reinbek 1986)

Diese Ästhetik aufeinanderprallender Emotionen und Affekte aber ist nicht im luftleeren Raum angesiedelt, sondern einer konkreten gesellschaftlichen Wirklichkeit von Krieg, Elend, Verfolgung und Unrecht zugeordnet, die immer bedrohlich präsent ist und mehrfach auch schicksalhaft in die Handlung eingreift: Dieser Widerspruch zwischen den sozialen und psychischen Zwängen, der schuldhaften Verstrickung der Figuren auf der Handlungsebene und ihrem durch die Musik realisierten Anspruch auf die freie Entfaltung ihrer Gefühle und Bedürfnisse – das Generalthema fast aller Verdi-Opern – ist im *Troubadour* auf die Spitze getrieben: als unauflöslicher Gegensatz zwischen der düsteren Handlung, also der unheilvollen Verquikkung von Ressentiment, Aberglaube, Unrecht und Zufall, und dem ungeheuren Willen jedes einzelnen, auch der „negativen" Figuren Azucena und Luna, aus der von anderen verschuldeten Zwangslage herauszukommen, dem Schicksal zu entrinnen und sich zu befreien – und eben darin liegt die besondere Bedeutung dieser mißverstandenen Oper.

Geschichte

Die langwierige, knapp drei Jahre währende Entstehungszeit des *Troubadour*-Librettos war von Widrigkeiten begleitet. Zunächst, Ende Mai 1851, wurde in Verdis Landsitz Sant'Agata eingebrochen, und da der Verdacht auf einige Bedienstete fiel, sah sich Verdi gezwungen, sein gesamtes Personal zu entlassen. Einen Monat später stirbt Verdis Mutter Luigia. Im Januar des folgenden Jahres erhält Verdi von seinem Schwiegervater Antonio Barezzi einen unfreundlichen Brief, in dem dieser ihm Vorwürfe macht wegen seiner ungesetzlichen Liaison mit der Sängerin Giuseppina Strepponi. Und schließlich, am 17. Juli 1852, stirbt auch Verdis *Troubadour*-Librettist Salvatore Cammarano, noch bevor er die Arbeit am Textbuch abschließen kann. Wann und wodurch Verdi auf die Idee gebracht wurde, das in Italien doch kaum bekannte und erst wenige Jahre zuvor uraufgeführte Schauspiel *El trovador* des Spaniers Antonio García y Gutiérrez (1813–84) als Opernstoff ins Auge zu fassen, ist nicht bekannt. Zum erstenmal spricht er das Thema am 2. Januar 1850 in einem Brief an Cammarano an und lobt das Drama als „herrlich, phantastisch und mit gewaltigen Situationen". Das *Troubadour*-Projekt bleibt bis März 1851 liegen, da Verdi im April 1850 vom Teatro La Fenice in Venedig den Auftrag erhält, Victor Hugos Drama *Le roi s'amuse* zu vertonen. Erst nach der Premiere dieser Oper *(Rigoletto)* wendet sich Verdi wieder dem *Troubadour*-Projekt zu und erhält am 6. April 1851 von Cammarano einen ersten Handlungsentwurf, den er zwei Tage später in einem Antwortbrief einer minutiösen Kritik unterzieht. Verdi ist nahe daran, den *Troubadour*-Plan ganz aufzugeben. Im Juni hat Cammarano erst die Introduktion und einen Teil des 2. Bildes fertiggestellt. Die Arbeit geht wegen seiner fortschreitenden schweren Krankheit nur langsam voran. Am 2. Februar 1852 besucht Verdi mit Giuseppina die Premiere von Dumas' Schauspiel *La dame aux camélias* im Pariser Théâtre du Vaudeville: Das Drama wird zur Vorlage von Verdis übernächster Oper: *La traviata*. Im Juni 1852 beschließt Verdi nach langen, erfolglosen Verhandlungen mit dem Teatro San Carlo in Neapel, den *Troubadour* dem Apollo-Theater in Rom anzubieten, unter drei Bedingungen: 1. Daß die Primadonna des Hauses, Rosina Penco, der Partie der Leonora gewachsen ist. 2. Daß für die Rolle der Azucena eine gleichwertige dramatische Primadonna gefunden wird. 3. Daß die römische Zensur Cammaranos Libretto ihren Segen erteilt. Nach dem Tod Cammaranos läßt Verdi die fehlenden Passagen im 2. und 4. Teil der Oper (Azucenas Canzone, die Arie des Conte di Luna und Leonoras Cantabile) von dem jungen neapolitanischen Dichter Emanuele Bardare vervollständigen. Den größten Teil der *Troubadour*-Komposition verfaßt Verdi in den Herbstmonaten. Am 20. Dezember bricht er nach Rom auf, um die Uraufführung des *Troubadour* vorzubereiten. Die Proben beginnen unmittelbar nach Weihnachten. Gleichzeitig arbeitet er an seiner neuen Oper für Venedig *(La traviata)*.

Am 19. Januar 1853 findet im Apollo-Theater in Rom die Uraufführung von *Il trovatore* statt, Verdis 18. Oper. In den Hauptrollen singen und spielen Rosina Penco (Leonora), Emilia Goggi (Azucena), Carlo Baucardé (Manrico) und Giovanni Giucciardi (Luna). Das abschließende Finale muß wiederholt werden, so begeistert ist das Publikum, die Presse aber beklagt den „fortschreitenden Verfall des Belcanto". Im selben Jahr folgen Erstaufführungen der Oper in Korfu, Malta, Triest und an der Mailänder Scala. Im Jahr 1854 wird die Oper in Kontantinopel, Madrid, Athen, Odessa, Wien, Warschau, Rio de Janeiro, Budapest, Lissabon und im Pariser Théâtre des Italiens zum erstenmal gezeigt. 1855 folgen Buenos Aires, Temesvár, Alexandria, Brunswick, London, Brünn, Dublin, Graz und St. Petersburg.

1883 wird *Il trovatore* an der neueröffneten Metropolitan Opera in New York gegeben. Drei Jahre später dirigiert zum ersten Mal der neunzehnjährige Arturo Toscanini die Oper bei einer Operntournee in Brasilien. Im Jahr 1912 entsteht unter der Leitung von François Ruhlmann die erste Schallplatten-Gesamtaufnahme der Oper in französischer Sprache unter Mitwirkung von Solisten der Pariser Oper. Unter Toscaninis Leitung singt Giovanni Martinelli am 20. Februar 1915 den Manrico zum erstenmal an der Met. Bis 1944 singt er die Partie mehr als hundertmal an diesem Haus. Am 20. Juni 1950 debütiert Maria Callas als Leonora in Mexico City. Zwölf Jahre später nimmt Herbert von Karajan den *Troubadour* in Salzburg zum erstenmal ins Programm der Sommerfestspiele auf, in einer eigenen Inszenierung und mit einem exzellenten Solistenquartett: Leontyne Price als Leonora, Giulietta Simionato als Azucena, Franco Corelli als Manrico und Ettore Bastianini als Luna.   *Attila Csampai*

Diskographische Empfehlung

1941 – Met New York: Ferruccio Calusio, Chor und Orchester der Metropolitan Opera. Norina Greco (Leonora), Jussi Bjoerling (Manrico), Bruna Castagna (Azucena), Frank Valentino (Luna), Nicola Moscona (Ferrando). Historical Opera Performances Edition, 3 HOPE 221

1952 – New York: Renato Cellini, Robert Shaw Chorale, RCA Victor Orchestra. Zinka Milanov (Leonora), Jussi Bjoerling (Manrico), Fedora Barbieri (Azucena), Leonard Warren (Luna), Nicola Moscona (Ferrando). RCA 26.35 003

1956 – Mailand: Herbert von Karajan, Chor und Orchester des Teatro alla Scala. Maria Callas (Leonora), Giuseppe di Stefano (Manrico), Fedora Barbieri (Azucena), Rolando Panerai (Luna), Nicola Zaccaria (Ferrando). EMI, CDS 7 49347 2 (ADD)

La traviata
Melodramma in drei Akten

Text: Francesco Maria Piave, nach dem Schauspiel von Alexandre Dumas fils *La dame aux camélias*
Uraufführung: 6. März 1853, Teatro La Fenice, Venedig
Personen: Violetta Valéry (Sop); Flora Bervoix (Mez); Annina (Sop); Alfred Germont (Ten); Georg Germont, sein Vater (Bar); Gaston, Vicomte de Letorières (Ten); Baron Douphol (Bar); Marquis d'Obigny (Baß); Doktor Grenvil (Baß); Joseph, Diener Violettas (Ten); Ein Diener Floras (Baß); Ein Dienstmann (Baß)
Chor: Damen und Herren; Freunde von Violetta und Flora; Stierkämpfer; Zigeuner; Diener Violettas und Floras; Maskierte usw.

<u>Ort und Zeit:</u> Paris und Umgebung, um 1850. Der 1. Akt spielt im Oktober, der 2. im Januar, der 3. Akt im Februar

<u>Orchester:</u> 2 Fl (2. auch Picc), 2 Ob, 2 Kl, 2 Fg, 4 Hrn, 2 Trp, 2 Pos, Btba, Pkn, Trgl, GrTr, Streicher

<u>Auf der Bühne:</u> Hrf, 2 Picc, 4 Kl, 2 Hrn, 2 Pos, Tamburin, Kastagnetten

<u>Hinter der Bühne:</u> Banda (kleines Blasorchester ad lib)

<u>Form:</u> Nummernoper mit 11 Musiknummern, die ohne Unterbrechung ineinander übergehen

<u>Aufführungsdauer:</u> 2 Stunden

<u>Verlag:</u> G. Ricordi & C. S.p.A., Mailand

<u>Handlung</u>

1. AKT: Violettas Pariser Salon, im Oktober. Auf einem ihrer zahlreichen glanzvollen Feste lernt das kränkelnde, aber von allen Männern umschwärmte mondäne Halbweltgeschöpf Violetta Valéry den Studenten Alfred Germont kennen. In einem Trinklied beschwört sie zwar die „freie Liebe", kann sich aber der Wirkung des jungen Mannes nicht entziehen, zumal er ihr bei der ersten Gelegenheit eine glühende Liebeserklärung macht. Violetta, die an echte Gefühle nicht mehr zu glauben wagte, ist betroffen. Beim Abschied reicht sie Alfred eine Kamelienblüte: Wenn sie verblüht sei, dürfe er wiederkommen. Alfred entfernt sich überglücklich. Nach dem Ende des Festes muß sich auch Violetta eingestehen, daß sie sich, ohne es zu wollen, in Alfred verliebt hat.

2. AKT. 1. Bild: Landhaus in der Nähe von Paris, im Januar. Violetta hat der Pariser Halbwelt den Rücken gekehrt und ist mit Alfred auf das Land gezogen. Doch ihr gemeinsames Glück, das Alfreds Arie beschreibt, währt nur kurze Zeit: In Alfreds Abwesenheit sucht sein Vater Violetta auf und fordert sie mit Nachdruck auf, von seinem Sohn für immer abzulassen, um seine geordnete bürgerliche Existenz und den Ruf einer „anständigen" Familie nicht zu gefährden. Unter schwerstem seelischem Druck gibt Violetta schließlich nach. Sie verläßt die ländliche Idylle unter einem Vorwand, ohne Alfred aufzuklären, und kehrt in ihre alte Pariser Gesellschaft zurück. Alfred aber kann und will sich nicht mit ihrem kurzen Abschiedsbrief abfinden. Völlig aufgebracht folgt er ihrer Spur, nachdem sein Vater vergeblich versucht hat, ihn zur Rückkehr nach Hause zu bewegen.

2. Bild: Großer Saal in Floras Pariser Palais. Das Fest bei Flora bringt den schwelenden Konflikt zwischen Alfred und Violetta zum Ausbruch. Alfred

gewinnt im Kartenspiel gegen Violettas alten Verehrer Baron Douphol eine Unmenge Geld und wirft ihr dies nach einer anschließenden heftigen Auseinandersetzung vor aller Augen zynisch vor die Füße, um sie für ihre Liebesdienste „zu bezahlen". Der Schlußchor faßt die unterschiedlichen Reaktionen der Beteiligten zusammen: Violettas Schmerz, des Vaters Tadel gegenüber seinem unbeherrschten Sohn, Alfreds Selbstvorwürfe und die Betroffenheit der Gäste.

3. AKT: Ein ärmliches Dachzimmer in Paris, im Februar. Einen Monat später ist Violetta bereits vom Tod gezeichnet. Ein von der Straße herauftönender Karnevalschor ruft in ihr verblassende Erinnerungen an ihr früheres Leben wach. Davon abgesehen, konzentriert sich die Musik ganz auf die inneren Vorgänge Violettas. Von der unheilbaren Lungenkrankheit ans Bett gefesselt, wartet Violetta inbrünstig auf ein Lebenszeichen ihres geliebten Alfred, dem sie längst verziehen hat. Ihr Wunsch erfüllt sich. Alfred besucht sie, und diese unerwartete Begegnung beschert ihr zum erstenmal einige Augenblicke höchsten Glücks und höchster Erfüllung, bevor die gnadenlose Realität des nahenden Todes alle ihre weiteren Hoffnungen zunichte macht. Als Alfreds Vater erscheint und reumütig sein Einverständnis zu der Verbindung kundtut, ist es bereits zu spät. Violetta gibt Alfred frei und stirbt.

Kommentar

In Verdis Opernschaffen bildet *La traviata* die Ausnahme von der Regel historisch-heroischer Sujets. Statt bunt bewegter Riesenszenerie beherrscht kammerspielartige Intimität das Bühnengeschehen: Der historische Schauplatz muß hier einmal dem bürgerlichen Salon, dem Wohnzimmer, dem Innenraum, weichen, und die Aktionen vollziehen sich zumeist im Gespräch, beruhen auf „Konversation", in zum Teil lang ausgesponnenen, dem Sprechtheater ähnlichen Dialogen. Das Dramatische verlagert sich von der szenischen Aktion in die musikalische Darstellung der inneren Bewegungen der Beteiligten. Das gesamte Geschehen ist auf Violetta konzentriert und auf die drei Stadien, die sie durchlebt: Liebe, Verzicht und Tod. Während in Dumas' Schauspiel die Hauptfiguren in ein dichtes Netz sozialer Beziehungen eingesponnen sind, eliminierten Verdi und sein Librettist Francesco Maria Piave beinahe alles, was nicht unmittelbar mit dem simplen Dreiecks-Handlungsrahmen des Librettos zusammenhängt. Der 2. Akt des Schauspiels wurde gestrichen, der Rest in vier große, in sich abgeschlossene Szenen zusammengefaßt. Allein die Rolle des Vaters Germont wertete Verdi gegenüber dem Schauspiel auf, da sie dort nur auf einen einzigen Auftritt – die Begegnung zwischen Vater und Kurtisane – beschränkt ist, den Verdi aus musikalischen Gründen noch einkürzen mußte. Als Ersatz für diese Reduzierung seiner Argumente erhält Germont in der Oper zusätzlich dreimal die Gelegenheit, seine Persönlichkeit in seinen emotionalen Reaktionen jeweils am Ende der drei nachfolgenden Bilder zu entfalten. Darüber hinaus streute Verdi an zwei Stellen der Handlung Chorszenen ein: Einen exotischen Massenauftritt von Stierfechtern und Zigeunerinnen im 2. Akt (womöglich durch den *Troubadour*, seine letzte Oper, angeregt) sowie jenen seltsamen, von fern hörbaren Karnevalschor im 3. Akt, dessen akustische Entfernung wohl die innere Distanz kennzeichnen soll, die die todkranke Violetta an diesem Punkt der Handlung bereits zur Alltagsrealität wie auch zu ihrem früheren Leben gewonnen hat. Verdis Oper wirkt so insgesamt straffer und geschlossener als die Schauspielvorlage.

Den Mittelpunkt der Oper bildet das Schicksal Violettas, ihre Wandlung von der Ware zum Menschen, vom entfremdeten Liebesobjekt zum liebenden, zu sich gekommenen Subjekt. Mit Ausnahme von zwei kürzeren Szenen im 2. Akt ist Violetta während der ganzen Oper ständig auf der Bühne und aktiv am Geschehen beteiligt. Und dieses besondere Augenmerk des Komponisten auf das tragische Geschick seiner Titelheldin löst sie in gewisser Weise aus ihren eigenen sozialen Zusammenhängen, so daß sie in Verdis Oper nicht mehr nur als Produkt ihrer Verhältnisse erscheint, sondern beinahe als ein überzeitlicher Mythos des Weiblichen im Kostüm der Edelkurtisane, mit Zügen einer antiken Heroine, die sich in die falsche Welt des 19. Jahrhunderts verirrt hat und sich hier nur noch als Prostituierte einen letzten Rest von Freiheit und emotionaler Entfaltung bewahren kann. So bilden Gegenwartsbezug und reales Pariser Lokalkolorit in Verdis Oper letztlich doch nur ein neues Ambiente, eine neue, provozierende Kulisse, in der Verdi sein stets mit denselben Rollen operierendes archaisches Spiel vom Martyrium des liebenden Weibes in der patriarchalischen Gesellschaft ein weiteres Mal in Szene setzt. Violettas musikalische Zeichnung ist darum auch vollkommen frei vom Makel einer Geschändeten, einer seelisch Verdorbenen, einer vom rechten Weg Abgekommenen (= traviata), und ebenso unterbleiben in ihrer Rede jene Anzüglichkeiten und Zoten, die Dumas seiner Romanfigur, schon um der getreuen Milieu-Schilderung willen, in den Mund legen mußte. Verdis Traviata bewegt sich fast wie eine Fremde in den gleißenden Boudoirs und Salons des Lasters, und sie tut nichts, was nicht auch eine ehrbare Frau tun könnte – selbst in der von manchen prüden Beobachtern als anrüchig verdächtigten sinnestrunkenen cabaletta am Ende des 1. Aktes, wenn sie sich gegen die in ihr aufkeimende Liebe zu Alfredo zur Wehr setzt und an ihr altes Leben klammert: „Sempre libera degg'io…" Weder hier noch in dem fröhlich ausgelassenen, hin und her taumelnden Trinklied „Libiamo, libiamo…" (im 1. Bild) und ebensowenig bei ihrem letzten öffentlichen, von entsagendem Schmerz gekennzeichneten Auftritt bei Floras Fest (im 3. Bild) ist in Verdis Musik auch nur ein Hauch von Obszönität oder Bordellatmosphäre oder von der seelischen Leere und Tristesse eines Hurendaseins zu spüren. Vielmehr schleudert uns die Musik ständig – ob in der Freude, im Schmerz, in der Liebe oder im Tod – ausschließlich reine, intakte Empfindungen und Affekte entgegen, die kaum einem beschädigten Charakter entsprungen sein können. Und sogar im höchsten Schmerz oder in den resignierenden Äußerungen Violettas verliert Verdis Musik nie ihre kraftvolle Schönheit, ihren Belcanto und jene transzendierende Kraft, die stets positiv und vehement optimistisch auf ein besseres, menschenwürdigeres Leben gerichtet ist.

Den Tod Violettas hat Verdi freilich als unwiderruflichen Schlußpunkt einer „undenkbaren" Liaison gestaltet. Der entscheidende Unterschied zu den anderen Liebestragödien Verdis besteht darin, daß hier das Sterben Violettas jener verklärenden Zweisamkeit, der metaphysischen Kräfte eines Liebestods entbehrt, die sonst das Weiterwirken einer unsterblichen Liebe in einem ideellen besseren Jenseits garantieren. Violettas Tod hingegen, der sich doch so erschreckend schnell und so nüchtern-realistisch vollzieht, bewahrt sich jenen Rest von unlogischer, unbegreiflicher und unopernhafter Lebenswirklichkeit, den selbst die Oper der „wahren" Begebenheit nicht nehmen konnte (noch wollte), und so erscheint der Opernfigur schnelles Ende, nüchtern betrachtet, genauso sinnlos und unstimmig, wie auch das richtige Leben einer Kurtisane nur sein kann. Es gibt in dieser Oper am Ende kein intimes Liebesduett. Violetta stirbt letztlich allein, nachdem sie Alfredo vor allen Anwesenden „freigegeben" hat, und doch in der friedlichen Gewißheit, in ihrem Leben wenigstens für einige Augenblicke glücklich gewesen zu sein. Diese tragische Einsamkeit Violettas ist auskomponiert: Sie singt ihre herrliche, zum Himmel aufsteigende E-dur-Kantilene allein, während die anderen, Annina, Alfredo, Germont und der Doktor, ihre Betroffenheitsreaktionen gemeinsam und schon aus der Distanz von Zurückbleibenden einwerfen. Und das Ganze vollzieht sich ohne eine Spur von Rührseligkeit, vielmehr in einer merkwürdig feierlichen, ernsten Atmosphäre, die Verdi mit einem genial schlichten Mittel erzeugt: durch winzige Bruchstücke eines Trauermarsches, die das Orchester in Violettas ätherisch-sanften Wiegengesang düster einsprengt und die gleichzeitig mit den verklärenden Aspekten ihres Dahinscheidens auch das irdische Lebensende unwiderruflich ankündigen.

Geschichte

La traviata ist Verdis einzige Opernarbeit, die in der Gegenwart, in der konkreten bürgerlichen Lebenswelt von Paris um 1847 spielt. Die Stoffvorlage, Alexandre Dumas' des Jüngeren erfolgreicher Roman *La dame aux camélias* entstand im Winter 1847/48 und trägt sogar autobiographische Züge. Dumas machte darin das Schicksal der am 3. Februar 1847 im Alter von 23 Jahren an Tuberkulose gestorbenen Pariser Edelkurtisane Marie Duplessis, mit der er im Jahr 1845 selbst einige Monate ein Verhältnis hatte, zum Thema einer durchaus kritischen Studie über die sogenannte demimonde, die Pariser Halbwelt. Verdi hat Dumas' Roman gleich nach dessen Erscheinen im Jahr 1850 gelesen, jedoch erst eine Aufführung der vom Autor selbst besorgten, stark gerafften und abgemilderten Theaterversion, die Verdi mit seiner Lebensgefährtin Giuseppina Strepponi im Frühjahr 1852 im Pariser Théatre du Vaudeville besuchte, brachte ihn einige Monate später auf den Gedanken, daraus eine Oper zu machen. Die Wahl eines solchen „profan-bürgerlichen" und „anrüchigen" Stoffes bedeutete natürlich „einen Umsturz in der Librettogeschichte der opera seria" (C. Dahlhaus), Verdi aber gab sich gelassen und tat so, als hätte er den *Traviata*-Stoff nur um des Überraschungseffekts willen, also nur wegen seiner Andersartigkeit, seiner provozierenden Aktualität, vertont: „Ich sehne mich nach neuen, großartigen, schönen, abwechslungsreichen, kühnen Stoffen", läßt Verdi Anfang 1853, kurz bevor er die Arbeit an *La traviata* aufnimmt (und in fünf Wochen beendet), seinen Freund Cesare de Sanctis wissen, „grenzenlos kühn, mit neuen Formen usw. usw., und gleichzeitig gut komponierbar... wenn mir jemand sagt: Ich habe das so gemacht, weil Romani, Cammarano etc. es so gemacht haben, verstehen wir uns nicht mehr: Gerade weil diese großen Männer es so gemacht haben, möchte ich, daß es anders gemacht wird. In Venedig arbeite ich gerade an der *Dame aux camélias*. Ein Stoff unserer Zeit. Ein anderer hätte es vielleicht nicht gemacht, wegen der Sitten, der Zeit oder wegen tausend anderer törichter Skrupel... Mir bereitet die Arbeit sehr viel Vergnügen. Alle haben geschrien, als ich vorschlug, einen Buckligen auf die Bühne zu stellen. Trotzdem war ich glücklich, den *Rigoletto* zu komponieren, und ebenso war es bei *Macbeth* und so weiter..."

Diesen unerwarteten Einbruch der Gegenwart auf der Opernbühne empfand das Publikum zunächst als schockierend: Die (überdies schlecht vorbereitete) Premiere der Oper am 6. März 1853 im Teatro La Fenice in Venedig wurde zu einem totalen Fiasko und machte deutlich, daß selbst die aufgeschlossene venezianische Gesellschaft auf Anhieb nicht bereit war, in der Oper Dinge hinzunehmen, die etwa auf dem französischen Theater längst akzeptiert waren: eine Geschichte aus ihrer eigenen Lebenswelt, die natürlich „ihr Bedürfnis nach stilisierter Vergangenheitsträumerei gründlich enttäuschte" (H. Stuppner), und dann auch noch ein derart anrüchiges Hurendrama! Die anfängliche Ablehnung des Publikums aber wich bald, wie es Verdi noch am Premierenabend prophezeite, einer Woge ungeteilter Zustimmung und einer wahren Begeisterung auf breitester Ebene – beginnend mit der zweiten venezianischen Premiere im Teatro San Benedetto am 6. Mai 1854. Und bis heute ist diese „aktuellste" Oper Verdis ein absoluter Publikumsrenner geblieben, nicht zuletzt dank einer seit den Anfängen nicht abreißenden Tradition von herausragenden Gestalterinnen der Titelpartie, von denen hier Rosa Ponselle, Lucrezia Bori und vor allem Maria Callas – als größte „dramatische" Violetta – genannt seien.

Attila Csampai

Diskographische Empfehlung

1946 – New York: Arturo Toscanini, NBC Symphony Orchestra & Chorus. Licia Albanese (Violetta), Jan Peerce (Alfredo), Robert Merrill (Germont). RCA 26.35 008

1946 – Rom: Vincenzo Bellezza, Chor und Orchester des Opernhauses Rom. Adriana Guerrini (Violetta), Luigi Infantino (Alfredo), Paolo Silveri (Germont). EMI, 3C 153 17079/80

1958 – Lissabon: Franco Ghione, Chor und Sinfonieorchester des Teatro San Carlos. Maria Callas (Violetta), Alfredo Kraus (Alfredo), Mario Sereni (Germont). EMI, CDS 7 49 187 8 (ADD)

Les vêpres siciliennes (Die sizilianische Vesper)
Drame in fünf Akten

Text: Eugène Scribe und Charles Duveyrier
Uraufführung: 13. Juni 1855, Opéra, Paris
Personen: Guido de Montfort, Gouverneur von Sizilien (Bar); Sire de Béthune/Graf Vaudemont, französische Offiziere (Baß/Baß); Thibaut (Tebaldo)/Robert (Roberto), französische Soldaten (Ten/Baß); Herzogin Elena, Schwester Friedrichs von Österreich (Sop); Ninetta, ihre Dienerin (Alt); Giovanni da Procida, sizilianischer Arzt (Baß); Arrigo/Danieli/Manfredo, Sizilianer (Ten/Ten/Ten)
Chor: Sizilianerinnen und Sizilianer; Französische Soldaten und Offiziere; Hofstaat des Montfort
Ort und Zeit: Palermo, im Jahre 1282
Orchester: 2 Fl, 2 Ob, 2 Kl, 2 Fg, 4 Hrn, 4 Trp, 3 Pos, Tba, Pkn, Schlgzg, Hrf, Streicher
Form: 17 musikalische Szenen, die ineinander übergehen
Aufführungsdauer: Ca. 2 Stunden
Verlag: G. Ricordi & C. S.p.A., Mailand

Handlung
1. AKT. 1. Bild: Die Piazza in Palermo. An der Spitze der französischen Besatzungstruppen auf Sizilien bringen Robert und Thibaut Trinksprüche auf ihre Heimat aus und beleidigen die einheimische Bevölkerung. Robert prostet zwei Offizieren, Sire de Béthune und Graf Vaudemont, mit der großsprecherischen Bemerkung zu, keine sizilianische Frau könne ihm widerstehen. Herzogin Elena, die Schwester Herzog Friedrichs von Österreich, kommt in diesem Moment auf dem Weg zu ihrem Palast vorüber; sie wird begleitet von Danieli, einem sizilianischen Verschwörer, und ihrer Dienerin Ninetta. Die Herzogin trägt Trauerkleidung, da ihr Bruder als Feind der Franzosen hingerichtet worden ist. Während die Offiziere sie respektvoll grüßen, fordert der bezechte Robert die Herzogin auf, ein Loblied auf die französischen Eroberer zu singen. Elenas Arie erzählt von einem sturmgepeitschten Schiff, doch die Menge versteht sehr wohl die eigentlich gemeinte Bedeutung, auch in schweren Zeiten nicht das Vertrauen zu verlieren. Nach dem Gesang und als dessen Wirkung nimmt die Menge den Soldaten gegenüber eine drohende Haltung ein. Das Erscheinen des französischen Gouverneurs Guido de Montfort auf den Stufen

seines Palastes unterbindet jedoch Ausschreitungen irgendwelcher Art, und die Menge zerstreut sich.

Arrigo, Elenas sizilianischer Geliebter, betritt die Szene und berichtet der Herzogin, er sei unerwartet von dem Verdacht des Verrats gegen den Gouverneur freigesprochen worden. Er bekennt seinen Haß gegen Montfort. Der Gouverneur selbst hat diese Szene belauscht, tritt nun aus seinem Versteck und versucht vergeblich, den jungen Sizilianer für seine Sache zu gewinnen, und droht ihm schließlich mit dem Tode, sollte er nicht von seiner Liebe zu Elena lassen.

2. AKT. 2. Bild: Am Ufer des Meeres, nahe Palermo. Der Arzt Giovanni da Procida landet in einem Boot an der Küste und wird von einigen Verschwörern, darunter Elena und Arrigo, begrüßt. Er hat in Pedro von Aragon einen Helfer gegen die französische Besetzung gefunden. Arrigo sichert ihm seine Gefolgschaft zu, Elena hofft, den Tod ihres Bruders auf diese Weise rächen zu können. Nachdem Elena und Arrigo sich in einem großen Liebesduett gefunden haben, erscheint de Béthune, der Arrigo eine Einladung des Gouverneurs überbringt; als dieser die Einladung ablehnt, wird er verhaftet und abgeführt.

In diesem Augenblick nähert sich eine Verlobungsgesellschaft dem Ort. Procida überredet die französischen Soldaten zur Entführung der Bräute, um den Haß seiner Landsleute auf die Franzosen zu schüren, ja eventuell schon den Aufstand zu entfachen. Noch freilich zündet der Funke nicht, doch als die niedergeschlagenen jungen Männer am Horizont ein Schiff mit Franzosen und sizilianischen Damen auf dem Weg zum Gouverneurspalast gewahr werden, wenden sie sich voll Empörung und Groll Procida zu, der seinen Plan für den Aufstand erklärt.

3. AKT. 3. Bild: Arbeitszimmer im Gouverneurspalast. Montfort liest einen Brief, den eine einstige Geliebte von ihm auf dem Sterbebett geschrieben hat: Sie hat ihren Sohn, dessen Vater er ist, zum lebenslangen Haß gegen ihn erzogen; niemand anderer als Arrigo ist dieser Sohn. Als er selbst vor den Gouverneur geführt wird, widersteht er allen Anstrengungen Montforts, diesem zu vertrauen und seine feindselige Haltung gegenüber den Franzosen aufzugeben, bis Montfort sich als sein Vater zu erkennen gibt. Zerrissen zwischen Patriotismus und Sohnesliebe weist er Montforts Umarmung zurück und flieht.

4. Bild: Ballsaal im Gouverneurspalast. Verkleidet mischen sich die Verschwörer, unter ihnen Procida, Elena und Arrigo, unter die Gäste des Festes; sie alle tragen als Erkennungszeichen ein farbiges Band und wollen

auf ein verabredetes Signal hin Montfort und alle anwesenden Franzosen umbringen. Als jedoch Elena sich auf Montfort stürzen will, wirft sich Arrigo dazwischen, um den Vater zu schützen und ihn dem geplanten Massaker entkommen zu lassen. Dem Gouverneur aber gelingt es dadurch, alle Verschwörer verhaften zu lassen; nur Arrigo bleibt frei.

4. AKT. 5. Bild: Kerkerhof der Festung in Palermo. Die Verschwörer erwarten im Kerker ihre Hinrichtung. Arrigo kommt, um Elena zu sehen, die für ihn zunächst nur Verachtung übrig hat. Erst als er ihr das Geheimnis seiner Herkunft offenbart und gesteht, wenn sie schon nicht zusammen leben können, lieber mit ihr gemeinsam sterben zu wollen, siegt auch Elenas Liebe über ihre Feindseligkeit. Procida tritt zu ihnen, der heimlich die Nachricht verbreitet, daß das erste Schiff Pedros von Aragon mit einer Ladung Gold und Waffen für die Aufständischen kurz vor dem Ziel sei und man den Plan des Aufstands um keinen Preis gefährden dürfe.
Da erscheint Montfort und verkündet den Beginn der Hinrichtung. Arrigo bekräftigt seinen Entschluß, mit den Sizilianern sterben zu wollen. Als der Henker sich gerade anschickt, Elena zu enthaupten, erkennt Arrigo den Gouverneur als seinen Vater an, worauf dieser sogleich ein Generalpardon gewährt, ja sogar Elena und Arrigo zur Besiegelung von Frieden und Freundschaft zwischen den Sizilianern und den Franzosen verheiraten möchte. In dem allgemeinen Jubel erneuert nur der fanatische Procida sein Rachegelöbnis.

5. AKT. 6. Bild: Gartensaal des Gouverneurspalastes. Zu Elenas freudiger Stimmung, daß sie in wenigen Stunden mit dem Geliebten getraut werden wird, kontrastiert unheilvoll die hämische Freude Procidas, daß die Sizilianer durch Montforts großzügige Geste keine Schwierigkeiten haben würden, die Franzosen zu überwältigen. Das Läuten der Hochzeitsglocken soll das Signal für den Aufruhr sein, und Procida erwartet von Elena, daß sie ihr Leben wie auch das Arrigos für die Wiederherstellung der Ehre Siziliens opfere.
Die verzweifelte Elena versucht alles in ihrer Macht Stehende zu tun, um diesen Plan zu vereiteln: Dem hinzutretenden Arrigo gegenüber behauptet sie, die Verlobung lösen zu müssen, damit sie nicht die Erinnerung an den ermordeten Bruder schände. Montfort aber ist entschlossen, seinen üblen Ruf zu tilgen, und geht auf die Ausweichmanöver Elenas nicht ein. Als er selbst die beiden Liebenden zusammenführt, gibt Procida das Zeichen für das Läuten der Hochzeitsglocken; die rasende Menge bricht mit Waffengewalt von allen Seiten in den Gouverneurspalast ein.

Kommentar

I vespri siciliani ist das erste der beiden für die Pariser Oper komponierten Bühnenwerke, nachdem Verdi 1847 dort eine Bearbeitung der
Lombardi (1843) unter dem Titel *Jérusalem* hatte anbringen können. Angesichts der zahllosen Schwierigkeiten und Ärgernisse, die für den Komponisten mit der Entstehung der *Vespri* verbunden waren, erscheint es zunächst
seltsam, daß sich Verdi überhaupt auf ein direktes Auftragswerk für Paris
eingelassen hat; ein solcher Kontrakt bedeutete schließlich eine Einschränkung künstlerischer Freiheit durch eine Reihe von Vorschriften, die den
Komponisten zwangen, eine Oper in der Tradition von Rossinis *Guillaume
Tell* und den Opern Meyerbeers zu liefern.

Andererseits muß die historische Position Verdis berücksichtigt werden, als
er diese Arbeit aufnahm: *Rigoletto* hatte ihn 1851 zum berühmtesten Komponisten Italiens gemacht, *Il trovatore* diesen Ruf 1853 bekräftigt. Bis ins
Ausland aber waren beide Werke noch kaum vorgedrungen, vor allem nicht
nach Paris, dem damals bedeutendsten und finanzkräftigsten Zentrum der
Theaterwelt. Auch schien Verdis Erfolg im eigenen Lande seit dem Fiasko
der Uraufführung von *La traviata* im März 1853 gefährdet. Ein Bühnenerfolg im größten Pariser Haus bedeutete also sowohl europäischen Ruhm als
auch das drei- bis vierfache Honorar eines Auftrags für Italien. Es sei in
diesem Zusammenhang daran erinnert, daß der Librettist der *Vespri* nicht
nur für französische Komponisten, wie Auber, Boieldieu, Halévy und Meyerbeer, sondern auch für die von Verdi verehrten Landsleute Rossini (schon
1828, *Le comte Ory*) und Donizetti (darunter *L'elisir d'amore* und *La favo-
rita*) Bücher geliefert hatte.

Verdi begann die Arbeit an den *Vespri* im Januar 1854; bis zum Herbst
waren die ersten vier Akte fertig. Die schwache und konfuse Vorlage des
5. Aktes weigerte er sich jedoch zu vertonen und bat Scribe wiederholt um
Änderungen. Den Librettisten kümmerte dies freilich wenig, er hielt es
nicht einmal für nötig, bei den Proben zu erscheinen und gewisse Phrasen
zu verbessern oder zu ändern – Anlaß genug für Verdi zu zahlreichen, auch
in Briefen nachlesbaren Zornausbrüchen. Die Premiere des Werkes mußte
um acht Monate verschoben werden.

Während das Libretto der *Vespri* zum schwächsten gehört, was Verdi in
seinem gesamten Œuvre vertont hat, bietet die Musik bereits sehr interessante Ansätze und Vorausdeutungen auf seinen späteren Stil; die gewiß
gerechtfertigte Kritik an dem stereotypen, langweiligen Operntext sollte
nicht übersehen, daß die Musik der *Vespri* ein Bindeglied von ähnlich

wichtiger Bedeutung darstellt wie *Don Carlos* und *Simone Boccanegra*. Bereits das dramatische Rezitativ und die Arie der Elena aus dem 1. Akt wirken wie eine Vorwegnahme der berühmten Arie Leonores aus dem 4. Akt der *Forza del destino*. Procidas Auftrittsarie „O tu Palermo" gehört zu den berühmtesten Baßarien überhaupt, und in der tänzerischen Musik des Verlobungsfestes im 2. Akt wirft bereits der 1. Akt des *Otello* seine Schatten voraus. Montforts Soloszene zu Beginn des 3. Aktes hat noch nicht die Tiefe und Eindringlichkeit der musikalischen Gestaltung des Philipp aus *Don Carlos*, doch gibt die schematisch angelegte Figur solche Dimensionen auch nicht her. Die gesamte Verwandlung dieses Aktes ist dagegen von einer musikalischen Meisterschaft, die sie wie einen Vorgriff auf das dritte Finale des *Ballo in maschera* erscheinen läßt. Ganz auf der Höhe seiner musikdramatischen Erfindungskraft ist Verdi im 4. Akt; er zeigt als Gesamtheit wohl am deutlichsten die stilistische Weiterentwicklung des Komponisten seit *La traviata*. Dieser Akt kennt keinerlei Stillstand und bildet durch seinen ununterbrochenen dramatischen Fluß eine in sich geschlossene Einheit. Dem gegenüber vermag der 5. Akt in seiner Gesamtheit kaum zu bestehen, doch enthält auch er musikalisches Zukunftspotential: Nach dem Eingangschor singt Elena eine siciliana (in der Literatur wegen ihrer Rhythmik meist als Bolero bezeichnet) mit Chor, die das Modell für das berühmte „Schleier-Lied" der Prinzessin Eboli im 2. Akt des *Don Carlos* sein könnte.

Zu jeder für Paris komponierten Oper gehörte eine längere Ballettmusik als Einlage des 3. Aktes. Auch Verdi hatte durch seinen Kontrakt dieser Vorschrift zu entsprechen. Diese Musik ist keineswegs so substanzlos wie oft behauptet; ihre Leichtigkeit und melodische Frische mag zu unserem an relativ wenigen Werken Verdis entstandenen Bild vom Stil des Komponisten zunächst wenig passen, doch scheinen hier ebenso Einflüsse Rossinis und Donizettis durch, wie auch Ausblicke auf die späten Werke – bis hin zu *Otello* – sich auftun. Diese Entwicklungslage des musikalischen Zeitstils ist zugleich einer der Ausgangspunkte für Jacques Offenbach gewesen, an dessen Stil Verdis Ballettmusik zur *Vespri* bisweilen anklingt.

Geschichte

Das historische Ereignis, auf das der Titel des Werkes Bezug nimmt, ist der sizilianische Aufstand gegen die französische Besatzung am Ostermontag des Jahres 1282. Nachdem ein französischer Besatzungssoldat die Ehefrau eines Sizilianers belästigt hatte, gab dieser – als Exempel sizilianischen Ehrgefühls – dem Franzosen umgehend die Antwort mit dem Dolch; das Vesperläuten am gleichen Tag wurde zum Signal des allgemeinen Aufruhrs. Von diesen historischen Ereignissen blieb im Libretto nicht ein einziges erhalten, sogar das Vesperläuten wurde durch Hochzeitsglokken ersetzt, was eigentlich sogar den Titel des Werkes desavouiert. Das Buch ist ein spätes Produkt aus der „Libretto-Fabrik" von Eugène Scribe (1791–1861), genau gesagt, die Nummer 110 von 129 Operntexten. Die Handlung scheint nur mehr Vorwand für eine Aneinanderreihung von bühnenwirksamen, schlagkräftigen Situationen; sie übertrifft das vielgescholtene Libretto Salvatore Cammaranos zu Verdis *Trovatore* um ein Vielfaches an Unwahrscheinlichkeit, Verworrenheit und Stereotypie. Für die Opéra in Paris geschrieben, dort am 13. Juni 1855 uraufgeführt, ging das Werk allein an diesem Hause im Laufe der folgenden zehn Jahre 62mal über die Bühne. Aufführungen in der Sprache der Premiere blieben allerdings auf den französischen Sprachraum begrenzt.

In Italien wurde das Werk zunächst unter dem Titel *Giovanna di Guzman* gegeben (zuerst in Parma, 26. Dezember 1855). In Neapel erschien es im Frühjahr 1857 als *Giovanna di Sicilia* und im Herbst desselben Jahres als *Batilde di Turenna*. Diese verschiedenen Titel waren taktische Manöver, um Schwierigkeiten mit der Zensur aus dem Wege zu gehen. Erst ab 1860, nach der Einigung Italiens, erhielt die Oper den heute üblichen Titel *I vespri siciliani*. In italienischer Übertragung wurde sie ab 1856 nicht nur in allen spanisch und portugiesisch sprechenden Ländern Lateinamerikas, sondern auch in London, New York, St. Petersburg, Konstantinopel und Sydney aufgeführt. Am 14. März 1857 erfolgte in Darmstadt die Erstaufführung in deutscher Sprache (übersetzt von K. F. Dräxler-Manfred), am 19. November des gleichen Jahres die Wiener Erstaufführung. Zu Beginn der 70er Jahre wurde das Werk auch ins Polnische und ins Schwedische übersetzt. Der Bündner Dichter Gian Bundi erarbeitete eine neue deutsche Übertragung, die am 27. November 1929 in Stuttgart zum erstenmal gespielt wurde. In jüngster Zeit erfreut sich das Werk in den USA einer neuen Wertschätzung.   *Hartmut Becker*

Diskographische Empfehlung

1951 – Florenz: Erich Kleiber, Chor und Orchester des Teatro Comunale Florenz. Enzo Mascherini (Montfort), Giorgio Bardi Kokolios (Arrigo), Boris Christoff (Procida), Maria Callas (Elena). Melodram 36020 (AAD)

1973 – London: James Levine, John Alldis Choir, New Philharmonia Orchestra. Sherrill Milnes (Montfort), Placido Domingo (Arrigo), Ruggero Raimondi (Procida), Martina Arroyo (Elena). RCA 26. 35 036

Simone Boccanegra
Melodramma in einem Prolog und drei Akten

<u>Text:</u> Francesco Maria Piave, nach dem Drama von Antonio García y Gutiérrez
<u>Uraufführung:</u> 12. März 1857, Teatro La Fenice, Venedig
ERSTAUFFÜHRUNG der von Arrigo Boito textlich revidierten Fassung: 24. März 1881, Teatro alla Scala, Mailand
<u>Personen:</u> PROLOG: Simone Boccanegra, Korsar im Dienste der Republik Genua (Bar); Jacobo Fiesco, Edelmann aus Genua (Baß); Paolo Albiani, Goldwirker (Baß); Pietro, Mann aus dem Volk (Bar) HANDLUNG: Simone Boccanegra, erster Doge von Genua (Bar); Maria Boccanegra, seine Tochter, unter dem Namen Amelia Grimaldi (Sop); Jacobo Fiesco, unter dem Namen Andrea (Baß); Gabriele Adorno, Edelmann aus Genua (Ten); Paolo Albiani, bevorzugter Höfling des Dogen (Baß); Pietro, Höfling (Bar); Hauptmann der Armbrustschützen (Ten); Magd Amelias (Mez)
<u>Chor:</u> Soldaten; Seeleute; Volk; Senatoren; Hofstaat des Dogen
<u>Ort und Zeit:</u> Genua und Umgebung, um die Mitte des 14. Jahrhunderts
<u>Orchester:</u> Fl, Picc, 2 Ob, 2 Kl, Bkl, 2 Fg, 4 Hrn, 2 Trp, 3 Pos, Btba, Pkn, Schlgzg
<u>Auf der Bühne:</u> 2 Tamburin, Gl, 4 Trp, 4 Pos, Glsp
<u>Hinter der Bühne:</u> Hrf
<u>Form:</u> 24 musikalische Szenen, die ineinander übergehen
<u>Aufführungsdauer:</u> 2 ½ Stunden
<u>Verlag:</u> G. Ricordi & C. S.p.A., Mailand

Handlung
PROLOG: Die Führer der Plebejer-Partei Genuas, Paolo Albiani und Pietro, beschließen, ihres eigenen Vorteils wegen, den Korsaren Simone Boccanegra auf den vakanten Thron des Dogen von Genua zu lancieren.

Dieser erfreut sich großer Popularität, seit er die Stadt von einer Piraten-
plage befreit hatte.

Boccanegras Zögern begegnet Paolo mit dem Hinweis, daß einem Dogen
das private Glück kaum verwehrt werden könne. Boccanegra nämlich liebt
Maria Fiesco, die Tochter eines reichen Patriziers, und hat mit ihr ein Kind
gleichen Namens. Der Vater der Geliebten versucht aber aus Standesgrün-
den, mit allen Mitteln die Beziehung zu unterbinden, und hat seine Tochter
gar im Hause eingesperrt, wo sie aus Gram gestorben ist. Fiesco begegnet
an diesem Abend Boccanegra und stellt für eine Versöhnung die Bedingung, daß ihm seine Enkelin Maria zur Erziehung übergeben werde, verschweigt jedoch den Tod seiner Tochter. Simone kann die Forderung
Fiescos nicht erfüllen, da das kleine Mädchen am Strand von Pisa spurlos
verschwunden ist. Fiesco schenkt ihm keinen Glauben und verflucht den
Korsaren. Daraufhin dringt Boccanegra in das Haus seiner Geliebten ein
und findet sie tot auf. Zur gleichen Zeit ruft die Bevölkerung Genuas
jubelnd den neuen Dogen Simone Boccanegra aus.

1. AKT: 25 Jahre sind vergangen. Im Garten ihres Hauses trifft sich
Amelia Grimaldi mit ihrem Geliebten, dem jungen Patrizier Gabriele
Adorno, der darauf drängt, Amelia unverzüglich zu heiraten. Adorno, der
zu den adeligen Verschwörern gegen den Dogen gehört, war zu Ohren
gekommen, daß der Doge selbst als Brautwerber für seinen Kanzler Paolo
Albiani bei Amelia vorsprechen will. Boccanegra erscheint und erfährt von
Amelia ihre Lebensgeschichte. Sie hatte seinerzeit nach dem Tod ihrer
Pflegemutter Zuflucht in einem Kloster gefunden und wurde dann anstelle
der verstorbenen Tochter der Patrizierfamilie Grimaldi unter deren Namen
großgezogen. Boccanegra erkennt seine Tochter wieder und verweigert
Paolo ihre Hand, worauf dieser wütend die Entführung der jungen Frau
beschließt. In einer Sitzung des Genueser Senats im Palast „degli Abati"
lehnt der Doge entschieden einen Krieg gegen Venedig ab, da er die Einigung Italiens anstrebt. Eine aufgebrachte Volksmenge schleppt Adorno, der
offen bekennt, Lorenzo, den Entführer Amelias, getötet und seine Geliebte
befreit zu haben, vor den Senat. Sterbend habe ihm der Verbrecher gestanden, im Auftrag eines Mächtigeren gehandelt zu haben. Adorno vermutet
den Dogen hinter dem Anschlag und will sich auf Boccanegra stürzen, wird
jedoch von Amelia zurückgehalten. Der Doge ahnt den Namen des Urhe-
bers, will ihn jedoch nicht der Volkswut ausliefern. Er ruft Paolo herbei und
befiehlt ihm, einen Fluch gegen den Verbrecher auszusprechen. Zitternd
verflucht Paolo sich selbst.

2. AKT: Den einzigen Ausweg aus seinem Dilemma sieht Paolo im Tod des Dogen. Er schüttet Gift in dessen Krug und versucht zudem, Fiesco (der sich unerkannt unter dem Namen Pater Andrea im Palast aufhält) und Adorno zu einem Attentat aufzuwiegeln. Während Fiesco sich weigert, schlägt Adorno sich auf Paolos Seite, als dieser ihm einredet, Amelia wäre die Geliebte des Dogen. Inzwischen gesteht Amelia ihrem Vater ihre Liebe zu Gabriele Adorno, der eigentlich ein Feind Boccanegras ist. Sorgenvoll bleibt der Doge allein in seinem Zimmer und trinkt aus dem vergifteten Krug. Nachdem er eingeschlafen ist, nähert sich Adorno mit einem Dolch, wird jedoch im letzten Moment von Amelia an dem Mordanschlag gehindert. Von dem erwachenden Dogen erfährt Adorno, wer Amelia ist. Adorno bereut sein Vorhaben zutiefst und stellt sich auf die Seite Boccanegras, als die Patrizier heranziehen, um den Dogen zu stürzen.

3. AKT: Der Machtkampf gegen die Patrizier ist zugunsten Boccanegras ausgegangen. Von dem zum Tode verurteilten Paolo erfährt Pater Andrea, daß der Doge Gift genommen hat. Vom Fieber gezeichnet, schleppt er sich in die Nachtluft, als ihm der Pater gegenübertritt. Boccanegra erkennt in ihm Fiesco, den Vater seiner früheren Geliebten, und enthüllt ihm die Identität Amelias. Fiesco und Boccanegra versöhnen sich. Sterbend segnet der Doge das Liebespaar Amelia und Adorno und bestimmt Adorno zu seinem Nachfolger.

Kommentar

Das Opernpublikum hat es mit keiner der großen Opern Verdis so schwer wie mit *Simone Boccanegra*. Der Grund hierfür liegt weniger bei der recht krausen Dramaturgie und einer verworrenen Geschichte – dieser Aspekt stand beim frühen und mittleren Verdi ohnehin nie im Mittelpunkt –, vielmehr in der musikalischen Haltung, die ohne Konzessionen auf der radikalen Menschendarstellung beharrt. Zugleich nimmt sie unwiderruflich Abschied von allem Schönen der Opern-Italianità. Mit Ausnahme des singulären *Falstaff* hat Verdi nirgends sonst so harsch auf Belcanto, auf das versöhnlich Melodische verzichtet. Selbst der große *Otello* ist im Vergleich dazu ein wahres Sängerfest. Mit Recht haben Kommentatoren des *Simone Boccanegra* von der düstersten, ja schwarzen Oper Verdis gesprochen. Daß ausgerechnet der Titelheld, der in allen Akten fast durchgehend szenisch wie musikalisch präsent ist, nicht eine Arie für sich beanspruchen kann, ist ein Signum für den radikalen Zugriff Verdis. Kein Wunder, daß das Publikum (bis heute) damit Probleme hat. Andererseits ist das Fiasko der venezianischen Uraufführung nur schwer verständlich, da Verdi mit *Simone* ein Drama aufgewühlter menschlicher Gefühle realisierte, die vor einem eminent politischen Hintergrund angesiedelt sind. Die leidenschaftlichen pazifistischen Bemühungen des Dogen Boccanegra um eine Einigung Italiens im 14. Jahrhundert mußte in der Zeit des Risorgimento eigentlich unmittelbar verstanden werden.

Trotz des Mißerfolges von 1857 hielt Verdi *Simone* für eines seiner besten Werke. Nachdem er den kongenialen Librettisten Arrigo Boito kennengelernt hatte, faßte er den Entschluß (für die Saison-Eröffnung der Scala 1881), das Werk einer gründlichen Überarbeitung zu unterziehen. Im zeitlichen Vorfeld des *Otello*, also fast ein Vierteljahrhundert nach der eigentlichen Komposition, mußte Verdi an der musikalischen Substanz so gut wie nichts verändern. Denn die Urfassung war zukunftsweisend gewesen: keine Trennung in einzelne Nummern, in Rezitative, Arien und Ensembles, vielmehr ein übergreifendes Parlando, ein Deklamations-Stil in weiträumig geschlossenen Szenen, die mehr sind also bloße Vorahnung der Spätwerke. Hinzu kam eine Orchesterbehandlung, die viel eigenständiger war, sich emanzipiert hatte von einer Begleitfunktion zu einer Kommentierung des Geschehens und der Figuren. Das Orchester war gewachsen zum „geheimen Protagonisten". So wurde 1881 gestrichen (Ballett der afrikanischen Korsaren und ein Sextett im 1. Akt) und umgestellt (der 2. Akt begann jetzt mit dem Monolog des Paolo, der dritte mit dem Vorspiel nach dem Thema des Revolutionschores). Entscheidend war die Revision des Librettos durch Boito, der mit Erfolg etliche dramaturgische Ungereimtheiten beseitigen konnte. Zum Herzstück der Umarbeitung aber wurde das völlig neu konzipierte Finale des 1. Aktes, die „Ratsszene". Hier konnte Verdi endlich seine Vorstellungen von einem tiefgreifenden Charakterbild des Dogen Boccanegra verwirklichen. Boito verarbeitete den historischen Briefwechsel des Dichters Petrarca mit Simone Boccanegra für eine Szene, die zum Kulminationspunkt der Oper wurde. Unverstellt prallen hier die politischen Konflikte (zwischen Genua und Venedig, zwischen Patriziern und Plebejern) und die prekären zwischenmenschlichen Ereignisse aufeinander. Daß die Neukomposition dieser Szene sich so nahtlos in ein 25 Jahre zurückliegendes Werk einfügt, zeigt die überragende Qualität der frühen Fassung, der jetzt (1881) auch jene Textqualität der „Ratsszene" zur Seite steht, die den Dogen Boccanegra zu einer politischen Integrationsfigur reifen läßt und darüber hinaus ein ergreifendes Bild einer Vater/Tochter-Beziehung zeichnet.

Mitte der 50er Jahre hatte sich Verdi eingehend mit dem *King-Lear*-Projekt beschäftigt, das er bekanntlich nie realisierte. Er wandte sich *Simone Boccanegra* zu. Die Umarbeitung stand schon im Zeichen des *Otello*. Es ist kein Zufall, daß *Boccanegra* zeitlich von zwei der großen Shakespeare-Tragödien eingerahmt ist. Ist die *Lear*-Cordelia in ihrem Charakter nicht eng verwandt mit der *Boccanegra*-Amelia? Hat nicht der Doge etwas vom umherirrenden Lear? Und weist nicht gar die Figur des Paolo Albiani direkt auf die Inkarnation des Bösen, auf den *Otello*-Jago. Diese Beziehungen eingehend zu untersuchen, könnte mit dazu beitragen, *Simone Boccanegra* so zu erfahren, wie es diesem Werk gebührt; als eine der großen und aufregenden Leistungen, die Verdi vollbracht hat.

Geschichte

Nach dem *Troubadour* (1853) griff Verdi ein zweites Mal zu einem Drama des Spaniers Antonio García y Gutiérrez (1813–1884). Er besaß eine Vorliebe für die verworrene und verwirrende Schauerromantik des Spaniers, dessen Spezialität die Mixtur aus historischen Sujets und ziemlich absurd erfundenen Schicksalen war, angesiedelt zwischen Liebe, Gift, Mord und Fatalismus. Doch mit Ausnahme seines Spätwerks ging es Verdi weniger um die innere Stringenz und Logik eines Stoffes als vielmehr um die musikalische Umsetzung szenischer Wirkungen. Genau aus diesem Grunde griff er nicht zu Schillers Drama *Die Verschwörung des Fiesco*, das er ausführlich studiert hatte, sondern fertigte aus dem *Simone-Boccanegra*-Konvolut des Spaniers einen Prosa-Entwurf an, den er 1856 an Francesco Maria Piave, den Hausdichter des Teatro La Fenice und bewährten Mitstreiter Verdis, schickte. Piave schloß das Libretto nach bestem Wissen Ende 1856 ab, konnte aber das „dramaturgische Knäuel" von Gutiérrez kaum entwirren. Im Zuge der Umgestaltung des Werkes (1881) verarbeitete Arrigo Boito auf den Rat Verdis hin den Briefwechsel zwischen Petrarca und dem historischen Boccanegra. Daraus wurde die völlig neu geschaffene „Ratsszene", (1. Akt, 2. Szene). Hier kommen denn auch das Charakterbild Boccanegras und seine politisch-moralischen Ambitionen zum Ausdruck. Sein pazifistisches Streben, die Bemühung um ein geeintes Italien (wohlgemerkt: des 14. Jahrhunderts) spiegeln die für die Mitte des 19. Jahrhunderts aktuellen Konflikte um die Einigung Italiens eindringlich wider.

Daß *Simone Boccanegra* unter einem schlechten Publikumsstern steht, daran hat sich bis heute nicht viel geändert. Die Uraufführung am 12. März 1857 geriet zu einem mittleren Fiasko, worauf Verdi beschloß, künftig keinen Auftrag für das Teatro La Fenice mehr zu übernehmen. Fast gleichmütig nahm er die relativ freundliche Aufnahme des Werkes in Neapels Teatro San Carlo im selben Jahr hin. Die Erstaufführung der Neufassung am 24. März 1881 an der Scala in Mailand rehabilitierte zwar das Werk (und das Publikum), der *Simone* aber konnte sich trotzdem nie so recht durchsetzen. So muß man fast von einer weiteren „Uraufführung" sprechen, als die Oper erstmals an der Wiener Staatsoper im Jahre 1930 über die Bühne ging. Die deutsche Übersetzung hierfür hatte kein Geringerer als Franz Werfel erarbeitet, der als einer der wenigen die Qualität des Werkes erkannte.

Auch nach 1945 hatte es Verdis Leidenskind schwer. So realisierte etwa die Münchner Staatsoper den *Simone Boccanegra* erstmals nach dem Krieg im Sommer 1971, mit dem damals blutjungen Claudio Abbado am Pult, der sich konsequent für das Werk einsetzte. Ihm ist auch eine außerordentliche Einspielung mit den Solisten Piero Cappuccilli, Nicolai Ghiaurov, José Carreras, Mirella Freni u. a. zu verdanken.   *Bernhard Rzehulka*

Diskographische Empfehlung

1939 – New York: Ettore Panizza, Chor und Orchester der Metropolitan Opera. Lawrence Tibbett (Simone Boccanegra), Ezio Pinza (Fiesco), Leonard Warren (Paolo), Elisabeth Rethberg (Amelia), Giovanni Martinelli (Gabriele). The Golden Age of Opera

1957 – Rom: Gabriele Santini. Chor und Orchester des Opernhauses Rom. Tito Gobbi (Simone Boccanegra), Boris Christoff (Fiesco), Walter Monachesi (Paolo), Victoria de los Angeles (Amelia), Giuseppe Campora (Gabriele). EMI, HMV SLS 5090

1977 – Mailand: Claudio Abbado, Chor und Orchester des Teatro alla Scala. Piero Cappuccilli (Simone Boccanegra), Nicolai Ghiaurov (Fiesco); José van Dam (Paolo), Mirella Freni (Amelia), José Carreras (Gabriele). DG 2740 169

Un ballo in maschera (Ein Maskenball)
Melodramma in drei Akten

Text: Antonio Somma, nach dem Drama *Gustave III* von Eugène Scribe

Uraufführung: 17. Februar 1859, Teatro Apollo, Rom

Personen: Riccardo, Graf von Warwick, Gouverneur von Boston (Ten); Renato, Kreole, sein Sekretär (Bar); Amelia, Renatos Gattin (Sop); Ulrica, schwarze Seherin (Alt); Oscar, Page (Sop); Silvano, Seemann (Baß); Samuel (Baß) und Tom (Baß), Feinde Riccardos; Richter (Ten); Diener Amelias (Ten)

Chor: Gesandte; Offiziere; Seeleute; Wachen; Volk; Diener; Edelleute; Anhänger von Samuel und Tom; Tanzende Paare

Ort und Zeit: Boston und Umgebung, gegen Ende des 17. Jh.

Orchester: 2 Fl (2. auch Picc), 2 Ob, E. H., 2 Kl, 2 Fg, 4 Hrn, 2 Trp, 3 Pos, Btba, Pkn, Schlgzg (Bck, GrTr), Hrf, Streicher

Auf der Bühne: Banda, kleines Orchester, Gl

Form: 17 durchkomponierte Einzelszenen

Aufführungsdauer: Ca. 2¼ Stunden

Verlag: G. Ricordi & C. S. p. A., Mailand

Handlung

1. AKT. 1. Bild: Saal im Hause des Gouverneurs. Bei der morgendlichen Audienz erhält Riccardo von Oscar eine Liste der zu einem Maskenball geladenen Gäste. Auf ihr findet er auch den Namen Amelias, der Gattin Renatos, mit der er eine heimliche Liebesbeziehung unterhält. Renato, sein Ratgeber und Freund, der nichts von dieser Liaison ahnt, warnt ihn vor einer Verschwörung, Riccardo aber lehnt es ab, die Namen seiner Feinde zu erfahren. Als man ihm ein Verbannungsurteil gegen die Wahrsagerin Ulrica zur Unterschrift vorlegt, beschließt Riccardo, sie zunächst heimlich aufzusuchen.

2. Bild: Hütte Ulricas. Amelia, die Riccardos Liebe erwidert, wendet sich in ihrer Not an Ulrica, die ihr den Rat erteilt, um Mitternacht zur Richtstätte zu gehen; dort werde sie ein Zauberkraut gegen ihre unerfüllte Sehnsucht finden. Riccardo aber prophezeit sie den baldigen Tod: der nächste, der ihm die Hand reiche, werde sein Mörder sein. Als kurz darauf Renato ihn mit Handschlag begrüßt, ist Riccardo von der Unglaubwürdigkeit der Prophezeihung überzeugt.

2. AKT: Einsame Gegend bei Boston zu nächtlicher Zeit. Bei der Richtstätte trifft Amelia auf Riccardo, der ihr heimlich nachgeeilt ist; beide gestehen sich leidenschaftlich ihre Liebe. Renato erscheint und warnt Riccardo vor einem Anschlag; um die Verschwörer zu täuschen, tauschen sie ihre Gewänder. Riccardo läßt den Freund schwören, die verschleierte Dame an seiner Seite zur Stadt zu geleiten, ohne an sie das Wort zu richten, dann eilt er fort. Als die Verschwörer feststellen, daß ihnen der Gouverneur entkommen ist, provozieren sie Renato, so daß er zur Waffe greift. Um einen Kampf zu verhindern, schlägt Amelia den Schleier zurück. Während die Verschwörer sich in Spottversen ergehen, fordert der fassungslose Renato sie auf, ihn am nächsten Tage zu besuchen.

3. AKT. 1. Bild: Zimmer Renatos. Renato ist entschlossen, sich an Riccardo für die Schmach zu rächen. Den Verschwörern erklärt er, sich ihrem Vorhaben anschließen zu wollen, und zwingt Amelia, aus der Urne den Namen des Vollstreckers zu ziehen; das Los trifft Renato. Als der Page die Einladung zu dem Maskenball überbringt, beschließen die Verschwörer, auf dem Fest ihre Pläne in die Tat umzusetzen.

2. Bild: Kabinett Riccardos, im Hintergrund ein Ballsaal. Inzwischen hat Riccardo sich dazu durchgerungen, seiner Liebe zu Amelia zu entsagen und Renato mit ihr nach England zu entsenden. Trotz einer Warnung will er auf dem Fest Amelia ein letztes Mal sehen. Als er sich von der Geliebten verabschiedet, wird er von Renato, dem der ahnungslose Oscar die Maske des Grafen verraten hat, mit einem Dolch niedergestochen. Sterbend beteuert Riccardo seinem Freund die Unschuld Amelias und bestimmt als Letzten Willen, allen zu verzeihen.

Kommentar

Im Mittelpunkt der Handlung des *Maskenballs* steht eine Liebesbeziehung, die den Keim des Verhängnisses bereits in sich trägt. Der Liebe zwischen Riccardo und Amelia steht nicht nur die gültige Moral, sondern auch die Freundschaft zwischen Riccardo und Renato entgegen – eine doppelte Belastung des Gewissens, die allerdings von den Betroffenen unterschiedlich verkraftet wird. Während Riccardo, nur wenn er Renatos ansichtig wird, von Skrupeln befallen wird, ist sich Amelia in vollem Umfang der moralischen Fragwürdigkeit ihres Tuns bewußt. Da sie zu schwach ist, sich aus eigener Kraft von Riccardo zu trennen, vertraut sie sich okkulten Mächten an (2. Akt, Szene und Arie „Ecco l'orrido campo"). Doch Riccardos Erscheinen vereitelt ihren Vorsatz; ihre gegenseitige Beziehung er-

scheint schicksalhaft vorbestimmt und entzieht sich menschlicher Einfluß-
nahme. Die wechselnden Gefühle der beiden spiegeln sich in der Vielfalt
der musikalischen Gestaltung wider: dynamische Kontraste, scharfe Punk-
tierungen und Synkopenbildungen lassen die Intensität ihrer Emotionen
deutlich werden.

Renato, der die Rolle des geschädigten und zugleich schädigenden Dritten
spielt, macht von den drei Protagonisten die größte Entwicklung durch: aus
dem vertrauten Freund und Ratgeber, der das Leben Riccardos vor den
Anschlägen der Verschwörer bewahren will (1. Akt, Arie „Alla vita che
t'arride") wird der erbitterte Feind, der sich nicht nur Tom und Samuel
anschließt, sondern Riccardo sogar selbst tötet. (3. Akt, Arie „Eri tu che
macchiavi").

Als Medium unterirdischer Mächte fungiert Ulrica: In der Beschwörungsszene (1. Akt, „Re dell'abisso affrettati") nehmen ihre Worte den Ablauf des
Geschehens vorweg. In musikalischer Hinsicht zählt diese Szene zu den
interessantesten Partien der gesamten Oper. Um den Eindruck des Unwirklichen und Schaurigen zu erwecken, bedient sich Verdi bewährter musik-
theatralischer topoi (Streichertremolo, verminderte Septakkorde, Synkopen). Daß die Mittel dennoch nicht abgegriffen wirken, liegt primär an der
Instrumentation, in der sich wohldurchdachte Disposition mit ungewöhn-
licher Suggestivkraft verbindet; Verdi setzt hier auf den fahlen Klang des
tiefen Klarinettenregisters wie der untersten Saite von Violine und Bratsche.
Wenn auch die politischen Motive der Verschwörer nicht zum Gegenstand
musikalischer Gestaltung geworden sind, so stellen die Charaktere selbst
eine wesentliche Farbe im dramatischen Spektrum dar: sie verkörpern das
sinistre Element, bilden einen wirkungsvollen Kontrast zur heiteren Welt
des Hoflebens. Verdi hat den Verschwörern ein eigenes Motiv gegeben, das
meist in Form eines Fugatos durchgeführt und erstmals im Vorspiel exponiert wird; paradigmatisch zeigt sich hier die Abkehr vom homophonen Stil
früherer Opern, die Hinwendung zu einem artifiziell durchgeformten Orchestersatz.

Der *Maskenball* kann als Musterbeispiel für Verdis neue Ästhetik der verità
gelten, in der ein weites Spektrum musikalisch-dramatischer Facetten anvi-
siert wird. Viel präziser als der von der römischen Zensur vorgeschriebene
und heute noch übliche Titel verweist der ursprüngliche, *La vendetta in
domino (Die Rache im Domino)*, auf das zugrundeliegende dramaturgische
Kontrastprinzip. Der tragische Verlauf der Liebesbeziehung wird kontrapunktiert durch die strahlende Hofatmosphäre, die vor allem der Page

Oscar repräsentiert; seine beiden Canzonen sowie das von ihm eröffnete Quintett („Ah di che fulgor") sind dem Stil der opera buffa verpflichtet: Schwungvolles Tempo, kurze Staccatomotive und fioritüren verbinden sich mit dem ausgeprägten parlando zu einem unverwechselbaren Stil.

Den Höhepunkt der gesamten Oper bildet das Finale des 3. Aktes: Die elegante Welt versammelt sich zum Maskenball, doch auch die Verschwörer mit Renato finden sich ein, um ihre Pläne in die Tat umzusetzen; die beiden Handlungsstränge verschränken sich miteinander. Vor dem Hintergrund der höfischen Tanzmusik treibt die Entwicklung der Katastrophe entgegen. Die letzte Begegnung zwischen Amelia und Riccardo vollzieht sich unter den Klängen eines stilisierten Menuetts, das nur einmal von äußerst affektgeladener Musik unterbrochen wird, in der sich Amelias Angst um Riccardos Leben ausdrückt. Die Reprise des Menuetts geht über eine simple Wiederholung weit hinaus: das ostinate Seufzermotiv, die immer mehr sich verkürzenden Vokalphrasen weisen unmißverständlich auf den bevorstehenden Tod Riccardos hin, der insofern tragisch erscheint, als Riccardo sich bereits zuvor (3. Akt, Romanze „Ma se m'è forza perderti") zum Verzicht durchgerungen hatte. Doch auch Renato, wenngleich am Leben bleibend, trägt den Stempel des Opfers: seiner Eifersucht, seines überzogenen Ehrbegriffes.

Geschichte

Im Jahre 1857 lernte Verdi in der Übersetzung von Antonio Somma das Drama *Gustave III* (1833) von Eugène Scribe kennen, in dem ein historisches Ereignis, die Ermordung des schwedischen Königs Gustav III. im Jahre 1792 während eines Maskenballs mit einer frei erfundenen Liebesgeschichte auf höchst wirkungsvolle Weise verknüpft wurde. Verdi war von dem Sujet fasziniert, so daß er ein anderes Projekt, eine Oper nach Victor Hugos *Ruy Blas* verwarf. Wegen unüberwindlicher Differenzen mit den neapolitanischen Behörden, die Bedenken hatten, einen Königsmord auf offener Bühne zu zeigen, zog Verdi die Oper zurück und bot sie dem römischen Impresario Jacovacci an. Die Auflagen der päpstlichen Zensur konnte der Komponist akzeptieren, da sie nicht in die Substanz eingriffen: Die Handlung wurde hundert Jahre vorverlegt und im amerikanischen Boston angesiedelt. Aus Gustav III. wurde Graf Riccardo, aus dem Grafen Anckarström der Kreole Renato, während die Grafen Horn und Ribbing sich in die Verschwörer Tom und Samuel verwandelten.

In künstlerischer Hinsicht zeitigte die Uraufführung ein durchaus zwiespäl-

tiges Resultat: Während Gaetano Fraschini als Riccardo und Leone Giraldoni als Renato mit Glanzleistungen aufwarteten, konnten die drei Darstellerinnen von Amelia, Ulrica und Oscar den Anforderungen Verdis in keiner
Weise genügen. Daß das Publikum dennoch mit frenetischem Beifall reagierte, ist denn auch eher als Huldigung des großen Komponisten zu verstehen, der eine außerordentlich große Popularität genoß. 1860 wurde der
Maskenball erstmals in Lissabon aufgeführt, 1861 in Barcelona, New York,
London, Berlin, St. Petersburg sowie in Paris, wo man die Handlung nach
Neapel verlegte. Noch heute zählt die Oper zum festen Repertoire fast aller
mittleren und großen Bühnen. 1935 unternahm man in Kopenhagen erstmals den Versuch, die von der römischen Zensur erzwungenen Änderungen rückgängig zu machen und die Oper im ursprünglich intendierten
Ambiente anzusiedeln, ebenso 1952 in London und Paris, 1958 in Stockholm und 1989 in Wien und Zürich; von den drei Versionen hat sich jedoch
nur die „Boston-Fassung" weltweit durchgesetzt.   *Norbert Christen*

Diskographische Empfehlung
1940 – New York: Ettore Panizza, Chor und Orchester der Metropolitan Opera New York. Zinka Milanov (Amelia), Jussi Bjoerling (Riccardo), Alexander Svéd (Renato), Stella Andreva (Oscar), Bruna Castagna
(Ulrica). EJS (= The Golden Age of Opera)
1954 – New York: Arturo Toscanini, The Robert Shaw Chorale,
NBC Orchester. Herva Nelli (Amelia), Jan Peerce (Riccardo), Robert Merrill (Renato), Virginia Haskins (Oscar), Claramae Turner (Ulrica). RCA
26.35 011

La forza del destino (Die Macht des Schicksals)
Melodramma in vier Akten

Text: Francesco Maria Piave, nach dem spanischen Schauspiel
Don Alvaro, ó La fuerza del sino von Angelo Perez de Saavedra
(Textbearbeitung der Neufassung: Antonio Ghislanzoni)
Uraufführung: 10. (22.) November 1862, Kaiserliche Oper, St. Pe-
tersburg
2. FASSUNG: 20. Februar 1869, Teatro alla Scala, Mailand

Personen: Der Marchese van Calatrava (Baß); Leonora di Vargas, seine Tochter (Sop); Don Carlos di Vargas, sein Sohn (Bar); Alvaro (Ten); Preziosilla, eine junge Zigeunerin (Mez); Pater Guardian, Prior eines Franziskanerklosters (Baß); Fra Melitone, Franziska-nermönch (Baß); Curra, Leonoras Kammerzofe (Mez); Ein Alkalde (Baß); Mastro Trabucco, Maultiertreiber, später Hausierer (Ten); Ein Chirurgus der spanisch-italienischen Truppen (Baß)

Chor: Marketenderinnen; Bettlerinnen und Bettler; Spanisches und italienisches Landvolk; Maultiertreiber; Spanische und italie-nische Soldaten; Soldaten aller Waffengattungen; Ordonnanzen; Italienische Rekruten; Franziskanermönche

Ort und Zeit: Spanien und Italien, um die Mitte des 18. Jahrhun-derts

Orchester: 2 Fl (2. auch Picc), 2 Ob, 2 Kl, (2. auch Bkl), 2 Fg, 4 Hrn, 2 Trp, 3 Pos, Btba, Pkn, GrTr, KlTr, 2 Hrf, Streicher

Auf der Bühne: Org, 6 Trp, 4 Trommeln

Form: Durchkomponierte Nummernoper (34 Musiknummern)

Aufführungsdauer: Ca. 3 Stunden

Verlag: G. Ricordi & C. S. p. A., Mailand

Handlung

1. AKT: In einem Saal seines Palastes in Sevilla sagt der Marchese von Calatrava seiner Tochter Leonora zärtlich gute Nacht. Leonora leidet furchtbare Gewissensqualen. Mehr noch als den Vater liebt sie den Indianer Alvaro, einen Fremdling aus einem edlen Inka-Stamm. Obwohl der Vater Vergessen befiehlt, will Leonora noch in derselben Nacht an der Seite des Geliebten Heimat und Familie verlassen. Immer wieder jedoch befallen sie Skrupel. Als Alvaro erscheint, um die vereinbarte Flucht ins Werk zu setzen, wird ihr erst nach langen inneren Kämpfen das ganze Ausmaß ihrer Liebe bewußt. Aber sie zögert zu lange! Der durch Lärm aufgestörte Marchese überrascht die Flüchtlinge und beschimpft die Tochter als wohlfeile Dirne und Alvaro als elende Kreatur einer nichtswürdigen Rasse. Als Alvaro im Streit mit dem Marchese zum Zeichen seines Verzichts auf jegliche Gewalt seine Pistole wegwirft, löst sich beim Aufschlag auf den Boden ein Schuß und trifft den Marchese tödlich. Im Sterben verflucht der Vater seine Tochter.

2. AKT: In einer Dorfschänke feiern Maultiertreiber und Landleute die Arbeit des Tages. In der Menge befindet sich auch, als Student verklei-

det, Leonoras Bruder Don Carlos di Vargas. Er war bisher vergeblich auf der Suche nach der Schwester und demjenigen, den er nur als gemeinen Verführer betrachten kann. Leonora, die auf der Flucht von Alvaro getrennt worden ist, beobachtet aus einem Versteck und in Männerkleidern mit großem Schrecken den Bruder. Während die Marketenderin Preziosilla für den Krieg in Italien wirbt und das Soldatenleben preist, bemüht sich Don Carlos erfolglos, etwas über den bartlosen jungen Mann herauszufinden, der sein Mißtrauen erregt. Mit der „Ballade vom schwarzen Studenten" erzählt er von der vermeintlichen Schande seiner Familie und seinem Willen zur Rache. Preziosilla traut dem angeblichen Studenten nicht über den Weg und weissagt ihm eine schlimme Zukunft.

Leonora glaubt, daß Alvaro sie verlassen hat, und fürchtet den Bruder, der überall ihre Geschichte verbreitet. Vor der Pforte eines Gebirgsklosters hofft sie, mit Hilfe der Kirche Frieden zu finden. Widerstrebend führt Fra Melitone die um Einlaß Bittende zum Prior des Klosters, Pater Guardian, dem Leonora ihre Identität gesteht. Leonora will als Einsiedler Buße tun, und Pater Guardian erfüllt ihren Wunsch. In einem feierlichen Ritual und in Gegenwart der Mönche wird Leonora in der Kapelle des Klosters in ihr Eremitendasein verabschiedet.

3. AKT: In Italien dient Alvaro als Hauptmann der spanischen Königsgrenadiere im spanisch-italienischen Heer. Er glaubt, Leonora sei gestorben, und wünscht sich, in der Schlacht zu fallen, um im Tode mit dem Engel seines Lebens vereint zu sein. Da hört er den Lärm von Streitenden. Er greift in das Handgemenge ein und rettet einem der Beteiligten das Leben. Es ist Don Carlos, Offizier in derselben Armee wie Alvaro, natürlich ebenfalls unter falschem Namen. Ohne zu wissen, wer sie in Wahrheit sind, schließen die beiden Männer Freundschaft und ziehen gemeinsam in die Schlacht.

In einer Ordonnanz beobachtet ein Feldarzt den Fortgang dieser Schlacht. Sie endet mit einem Sieg der eigenen Seite, Alvaro aber wird schwer verwundet. Er vertraut dem Freund vor seiner Operation seine Papiere an und bittet ihn, sie im Falle seines Todes ungelesen zu vernichten. Don Carlos jedoch ist durch den Zorn des Kampfgefährten bei der Erwähnung des Namens Calatrava mißtrauisch geworden und bricht sein Versprechen. Er öffnet das versiegelte Päckchen und findet ein Bild Leonoras. Als ihn die Nachricht erreicht, daß der verwundete „Freund" seine Verletzung überleben wird, kennt sein Jubel keine Grenzen: Endlich hat er den Todfeind und das Ziel seiner Rache gefunden!

Während im Feldlager bei Velletri vor Rom die Wachen ihre nächtlichen Runden drehen, trifft Don Carlos den inzwischen gesundeten Alvaro, klärt ihn über die wahre Identität beider auf und fordert ein Duell. Alvaro will nicht kämpfen, erst recht nicht, als er hört, daß Leonora noch lebt. Aber alle Bitten, die Fehde zu beenden, sind umsonst. Als der rasende Don Carlos schwört, nicht nur Alvaro, sondern auch Leonora zu töten, greift dieser schließlich doch zum Degen. Soldaten trennen die verbissen Kämpfenden. Don Carlos wird weggeschleppt, Alvaro will in einem Kloster Vergessen und Frieden suchen. Der Tag zieht auf, es wird zur Reveille geblasen. Soldaten, Marketenderinnen, Hausierer, Bettler, blutjunge Rekruten formieren sich zu einer grellen Revue des Krieges und seiner Gesetze. Fra Melitone, der gegen das sündhafte Treiben im Soldatenlager wettert, vermag da nichts auszurichten. Preziosillas Feier von Krieg und Lust triumphiert über den Friedenseifer des Klosterbruders.

4. AKT: Im Kloster verteilt Fra Melitone Suppe an die Armen. Die um ihren Anteil streitenden Bettler machen den Klosterbruder sehr schnell ungeduldig. Sie preisen die Sanftmut und Milde des viel barmherzigeren Bruders Raphael. Dieser Mitbruder, der mit seinem Fasten und Beten alle im Kloster übertrifft, ist freilich Fra Melitone noch ärgerlicher. Als ein in einen weiten Mantel gehüllter Fremder nach dem „Pater Raphael aus der Hölle" fragt, weiß Melitone jedenfalls sofort, wer gemeint ist. Der Fremde ist niemand anderes als Don Carlos, der nach fünfjähriger Suche in dem geheimnisvollen Pater Raphael endlich seinen Todfeind Alvaro wiederfindet. Die vergangene Zeit hat Don Carlos' Rachewut nicht gemindert. Mit den alten Beleidigungen reizt er Alvaro so lange, bis dieser seine Beherrschung verliert und nach dem Degen greift. Kampfbereit stürzen die beiden Männer davon.

In ihrer Einsiedelei in einem Felstal des Gebirges betet Leonora, Gott möge ihrem ruhelosen Herzen endlich Frieden schenken. Da nähern sich kämpfende Männer. Don Carlos ist tödlich getroffen, und der verzweifelte Alvaro bittet den Eremiten, dem Sterbenden beizustehen. In dem Augenblick, da er ihren Bruder getötet hat, findet Alvaro seine Leonora. Don Carlos kann selbst im Tod nicht verzeihen. Als Leonora zu ihm eilt, ersticht er die Schwester. Alvaro verzweifelt an Gott und der Welt, Leonora stirbt in der Gewißheit von Alvaros Liebe und weiß, daß zumindest im Himmel Haß und Streit ein Ende haben. Der von Leonoras Glocke herbeigerufene Pater Guardian preist die Gnade des Himmels.

Kommentar

Keine Stoff- und Formenwelt hat die Verdi-Oper so nachhaltig beeinflußt und geprägt wie die Balladenromantik Victor Hugos und (fast mehr noch) seiner spanischen Schüler Antonio García y Gutiérrez (*Il trovatore, Simone Boccanegra*) und Angelo Perez de Saavedra (*La forza del destino*). Das Theater dieser romanischen Autoren erstrebte Volkstümlichkeit im bunten Wechsel von grotesken und erhabenen, furchterregenden und lustigen, tragischen und komischen Elementen mit der Erzählung von Märchen in der Abfolge von spektakulären Momentaufnahmen. Verdi fand in diesem Theater ein nachgerade optimales Reservoir an Gesten, Bildern und Zeichen für seine Absichten. Nicht zufällig fallen seine politischsten Stücke in die Zeit seiner Opern nach Vorlagen von Hugo, García y Gutiérrez und de Saavedra. Zwar läßt sich bei der *Macht des Schicksals* besonders leicht über die Unvernunft des Geschehens spotten. Sobald man jedoch bereit ist, Personen und Handlung als irreale Metaphern der Wirklichkeit zu verstehen, ergeben sich aufregende Perspektiven, etwa über den Umgang von Etablierten mit in Religion und Rasse anderen, über den Zynismus jedweder Kriegsgeschäfte oder auch über das fatale Nebeneinander von Krieg und Kirche, Beten und Hurra-Geschrei in der bürgerlichen Gesellschaft des 19. Jahrhunderts.

Verdi ist selten eine ähnlich kontrastreiche und bunte Revue gelungen. Was *Rigoletto* oder auch der *Troubadour* sozusagen auf einen Punkt beziehen, breitet *Die Macht des Schicksals* vielfältig in den unterschiedlichsten Ebenen aus. Neben der Tragödie des Außenseiters Alvaro steht der praktische Alltag Fra Melitones, der den Realismus und den Witz von *Falstaff* vorwegnimmt. Das nicht nur mit der Kapuzinerpredigt des Abraham a Sancta Clara, sondern insgesamt Schillers *Wallensteins Lager* nachgestaltete Finalbild des 3. Aktes zeichnet ganz unabhängig von der Geschichte der Protagonisten ein grelles Abbild der lebensfeindlichen Vergnügungssucht des Krieges. Im nimmermüden Wüten des Rachefanatikers Don Carlos scheint ein fast Beckettscher Irrsinn auf. Die Protagonisten wechseln von Bild zu Bild die Kleider, sind immer wieder andere und drehen sich doch im Kreise eines Immer-wieder-Gleichen. In einer zeitlich unendlich weit gespannten Handlung tauchen – fast wie Fragmentfetzen eines Films – Bruchstücke einer Lebenschronik oder sogar einer Gesellschaftsbiographie auf: „Moderne Zeiten" in den Bildern einer spanischen Ballade mit dem Vokabular einer Verdi-Oper.

Geschichte

Verdi hat *Die Macht des Schicksals* 1862 für St. Petersburg und sieben Jahre später für die Scala in Mailand (übrigens seine erste Zusammenarbeit mit dieser Bühne nach seinen frühen Erfolgen rund um *Nabucco* und damit auch äußerlich sein erster Schritt hin zu *Aida* und dem Alterswerk) mit unterschiedlichen Akzenten versehen. Die St. Petersburger Fassung beginnt noch nicht mit der späteren Konzert-Ouvertüre, sondern mit einem kurzen „Vorhangheber" in der Manier von *Rigoletto*. Die Kriegsrevue steht nicht am Ende, sondern in der Mitte des 3. Aktes. Auch gibt es in diesem 3. Akt eine zusätzliche Arie mit stretta für Alvaro. Der gewichtigste Unterschied betrifft freilich den Schluß. 1862 wagte Verdi – ähnlich wie in der Urfassung von *Macbeth* 1847 – ein hartes, unversöhnliches Ende. In Übereinstimmung mit dem Schauspiel von Saavedra ersticht Don Carlos seine Schwester nicht hinter, sondern auf der Bühne. Alvaro stürzt sich von einer Felsspitze in der Nähe von Leonoras Eremitenklause in den Tod. Für Mailand 1869 schrieb Verdi dagegen – in deutlicher Übereinstimmung mit der Funktion der Oper als Kirchenersatz im säkularisierten Italien seiner Zeit – ein versöhnliches Final-Terzett, das im Augenblick des Todes die Schönheit der Liebe (und die Tröstungen des Glaubens) feiert.

Die selbstmörderische Konsequenz der Petersburger Fassung, die der Schwierigkeit unserer Gegenwart, in einer immer absurder werdenden Welt Zusammenhänge zu erkennen, durchaus nahesteht, hat erst in jüngster Zeit Aufmerksamkeit und Interesse gefunden. Tatsächlich ist die ursprüngliche Version von *La forza del destino* eine eigenständige Lesart des Stücks, die eine eigenständige Beachtung verdient. Die Rezeptionsgeschichte der Oper blieb jedoch bisher, abgesehen von einer Rekonstruktion des Originals in einer Aufnahme von BBC London, weitgehend auf die Mailänder Bearbeitung beschränkt. Sie machte *La forza del destino* in Italien überhaupt erst richtig bekannt; Johann Christoph Grünbaums (1785–1870) deutsche Übersetzung der Oper von St. Petersburg erlebte eine Aufführung erst nach der Angleichung an die Mailänder Fassung durch Georg Göhler, den Kapellmeister der deutschsprachigen Erstaufführung von 1913 in Hamburg. Grünbaums erste ganz opernpraktische Übertragung ist dennoch bis heute die Grundlage der meisten deutschen Aufführungen geblieben. Die literarisch ambitionierte Bemühung Franz Werfels, der 1926 *Die Macht des Schicksals* für das Nationaltheater München neu übersetzte und damit eine Aufführungswelle des Stücks in fast allen wichtigen deutschen Opernhäusern auslöste, hat daran langfristig nichts ändern können. Sicher nicht zuletzt deshalb, weil Grünbaums Naivität unbewußt die dramaturgische Modernität der *Macht des Schicksals* als ein Spiel über das Absurde eher freilegt als Werfels nach Verbesserungswegen suchender literarischer Ehrgeiz. Auch die muskalische Welt der *Forza*, die in ihrem Neben- und Beieinander von Frivolität und Gebet, hm-ta-ta und Kantilene, Oper, Operette und Revue die Kompositionstechniken von Montage und Collage ahnen läßt, fühlt sich am wohlsten mit einer Sprache, die nichts entschuldigt oder glättet.   *Leo Karl Gerhartz*

Diskographische Empfehlung

1954 – Mailand: Tullio Serafin, Chor und Orchester des Teatro alla Scala. Maria Callas (Leonora), Richard Tucker (Alvaro), Carlo Tagliabue (Carlo), Nicola Rossi-Lemeni (Guardian), Renato Capecchi (Melitone), Elena Nicolai (Preziosilla). EMI, 153 EX 29 09213

1955 – Rom: Francesco Molinari-Pradelli, Chor und Orchester der Accademia di Santa Cecilia Rom. Renata Tebaldi (Leonora), Mario del Monaco (Alvaro), Ettore Bastianini (Carlo), Cesare Siepi (Guardian), Fernando Corena (Melitone), Giulietta Simionato (Preziosilla). Decca, SLX 2069-72

1964 – Rom: Thomas Schippers, Opernorchester und Chor der RCA Italiana. Leontyne Price (Leonora), Richard Tucker (Alvaro), Robert Merrill (Carlo), Giorgio Tozzi (Guardian), Ezio Flagello (Melitone), Shirley Verrett (Preziosilla). BMG/RCA, GD 87971 (ADD)

Don Carlos
Opéra in fünf (Fassung 1884: in vier) Akten

Text: Josephe Méry und Camille Du Locle, nach dem Dramatischen Gedicht *Don Carlos, Infant von Spanien* von Friedrich Schiller (1787) und dem Schauspiel *Philippe II, Roi d'Espagne* (1846) von Eugène Cormon (eigentlich Pierre-Étienne Piestre)
Uraufführungen: 1. FASSUNG: in fünf Akten (in französischer Sprache): 11. März 1867, Théâtre Impérial de l'Opéra, Paris;
2. FASSUNG: in vier Akten (in italienischer Übersetzung von Achille de Lauzières und Angelo Zanardini): 10. Januar 1884, Teatro alla Scala, Mailand;

3. (NEUE) FASSUNG: in fünf Akten (in italienischer Übersetzung von Achille de Lauzières und Angelo Zanardini): 26. Dezember 1886, Teatro Comunale, Modena

Personen: Philippe II., König von Spanien (Baß); Don Carlos, Infant von Spanien (Ten); Rodrigue, Marquis de Posa (Bar); Le Grand Inquisiteur (Baß); Ein Mönch (Baß); Elisabeth de Valois (Sop); La Princesse Eboli (Mez); Thibault, Page Elisabeths (Sop); La Contesse d'Aremberg (stumme Rolle); Le Comte de Lerme (Ten); Ein königlicher Herold (Ten); Stimme vom Himmel (Sop)

Chor: Granden von Spanien; Deputierte aus Flandern; Inquisitoren; Herren und Damen des spanischen Hofes; Volk; Pagen; Wachen Philipps II.; Mönche; Mitglieder des heiligen Offiziums; Soldaten; Vertreter der Behörden; Deputierte der Provinzen des spanischen Imperiums; Damen- und Herrenchor; Jägerchor (nur in der fünfaktigen Fassung)

Ort und Zeit: Spanien, um 1560

Orchester: Picc (auch Fl), 2 Fl, 2 Ob (2. auch E. H.), 2 Kl, 4 Fg, 4 Hrn, 2 Cornets à pistons, 2 Trp, 3 Pos, Btba, Pkn, GrTr, Bck, Trgl, Gl in Fis und Es, Hrf, Streicher

Auf der Bühne: Banda (Kl in D, 2 Kl in A, 4 Hrn, 2 Flügelhrn, 2 Trp, Baßflügelhrn, 3 Pos, Bombardon, Bässe), Harmonium, Hrf

Form: Durchkomponierte Szenen

Aufführungsdauer: 3½ Stunden (fünfaktige Fassung); 3 Stunden (vieraktige Fassung)

Verlag: G. Ricordi & C. S. p. A., Mailand

Handlung (nach der fünfaktigen Fassung von 1886)

1. AKT: Im Wald von Fontainebleau zieht Elisabeth de Valois, Tochter Heinrichs II., mit ihrem Gefolge unter Jagdsignalen vorbei und verteilt Almosen unter die Holzfäller. Im Hintergrund hört man die königlichen Jäger. Don Carlos, der heimlich mit Elisabeth verlobt ist und sich in Frankreich aufhält, um sie zu sehen, hat die Szene beobachtet und tritt vor, als er allein ist, um Elisabeths Schönheit zu besingen. Unerwartet kehrt sie zurück, weil sie sich verirrt hat, und Carlos gibt sich ihr zu erkennen. Doch da bringt Thibault die Nachricht, daß Heinrich II. Elisabeth nun aus politischer Räson dem spanischen König Philippe II., also dem Vater des Don Carlos, versprochen habe. Das unter dem Krieg zwischen Spanien und

Frankreich leidende Volk drängt Elisabeth, gegen ihre Gefühle für Don Carlos in das Angebot einzuwilligen. Gebrochen bleibt Don Carlos zurück.

2. AKT: Im Kloster St. Just sucht Don Carlos am Grab seines Großvaters Karl V. Trost. Als ihm ein Mönch die Erlösung vom irdischen Leid verheißt, glaubt er die Stimme Karls V. zu hören. Seinem Freund, dem Marquis de Posa, erzählt er das Geheimnis seiner Liebe zu Elisabeth. Posa rät ihm, den persönlichen Schmerz durch eine politische Tat zu lindern: Er solle bei seinem Vater darum ersuchen, Statthalter der Niederlande zu werden, um dem Land die Freiheit bringen zu können und damit zugleich sich selbst die innere Ruhe durch die Trennung von Elisabeth zu verschaffen. Als Elisabeth mit dem König vorbeischreitet, merkt Posa, wie sehr Don Carlos unter dem Verzicht zu leiden hat. In tiefer Solidarität schwören sich die beiden Freunde Treue auf Leben und Tod.

Die Prinzessin Eboli singt währenddessen vor den Toren des Klosters, das von keiner Frau außer der Königin betreten werden darf, das „Lied vom Schleier", das eine Geschichte erzählt, in der ein König um eine verschleierte Dame wirbt, weil er seiner eigenen Gemahlin überdrüssig geworden ist, und am Ende erkennen muß, daß er um ebendiese geworben hat. Die Königin tritt hinzu, gefolgt von Posa, der ihr mit einem offiziellen Brief der Mutter eine Nachricht von Don Carlos zuspielt. Um Elisabeth die Gelegenheit zum Lesen zu geben, verwickelt Posa die Prinzessin in eine Konversation; so erfährt Elisabeth, daß sie dem Marquis vertrauen könne. Posa bittet nun um Audienz für Don Carlos, während die Prinzessin sich bereits Hoffnungen auf ihn macht. Elisabeth schickt ihre Hofdamen fort und empfängt Don Carlos, der sie um Fürsprache bei Philippe wegen der Entsendung nach Flandern bittet. Im Gegensatz zu ihm siegt bei Elisabeth die Pflicht über die Liebe, als Carlos, von seinen Gefühlen überwältigt, sie in die Arme nimmt. Verzweifelt muß er einsehen, daß er in ihr nur noch die Stiefmutter sehen darf. Philippe tritt auf, ärgerlich darüber, die Königin ohne Begleitung vorzufinden, und schickt die ihr für diesen Tag zugeteilte Hofdame, die Contesse d'Aremberg, ins Exil; Elisabeth tröstet die Unglückliche. Als die Gesellschaft sich entfernt, hält der König den Marquis Posa zurück und vertraut sich ihm an, weil ihm das freimütige und offene Wesen des jungen Mannes gefällt, der ihm denn auch zu sagen wagt, daß das spanische Imperium nur die Ruhe eines Friedhofs ausstrahle und Flandern befreit werden müsse. Der König ernennt ihn zu seinem persönlichen Ratgeber und enthüllt ihm sowohl seinen Verdacht gegen Elisabeth und Don Carlos als auch seine Abhängigkeit von der Inquisition.

3. AKT: Durch einen Brief der Prinzessin Eboli getäuscht, erwartet Don Carlos um Mitternacht die Königin in ihrem Garten. Eboli erscheint maskiert und erfährt so seine heimliche Liebe zu Elisabeth. Als sie sich zu erkennen gibt, tritt Posa auf und bedroht sie mit dem Dolch, um sie von der Rache für die verschmähte Liebe abzuhalten. Von Don Carlos erbittet er alle Papiere, die den Verdacht der heimlichen Liebe zur Königin enthüllen könnten. Zögernd gibt Don Carlos schließlich nach, nachdem Posa ihn davon überzeugen konnte, daß er kein doppeltes Spiel treibe.

Während einer öffentlichen Ketzerverbrennung vor der Kathedrale von Valladolid erscheint Don Carlos als Anführer der Deputierten Flanderns und verlangt mit gezogenem Degen die Entsendung als Statthalter in das unterdrückte Land. Keiner wagt es, ihn zu entwaffnen; völlig überraschend verlangt Posa den Degen, um Don Carlos aus der gefährlichen Situation zu retten.

4. AKT: In schlafloser Nacht erkennt Philippe, daß Elisabeth ihn nie geliebt hat, und vertraut sich dem Großinquisitor an, der aber nicht nur die Ermordung des Infanten billigt mit dem Hinweis darauf, daß auch Gott seinen Sohn geopfert habe, sondern seine Macht gegenüber dem König ausspielt, indem er sogar den Tod des Posa verlangt, weil er ebenfalls mit den Ketzern (den Aufständischen) im Bunde sei.

Die Prinzessin Eboli hat dem König die Schmuckschatulle Elisabeths über- geben, in der – wie sie weiß – ein Bild von Don Carlos liegt. Als Elisabeth dem König den Verlust meldet, öffnet er vor ihren Augen die Kassette und bezichtigt sie des Ehebruchs. Elisabeth fällt in Ohnmacht, und Philippe ruft Eboli und Posa zu Hilfe. In dem folgenden Quartett kreuzen sich die Fäden: Der König bereut seinen Argwohn, Eboli ihr Verbrechen, die Schatulle gestohlen zu haben, Posa sieht den Zeitpunkt zum Eingreifen gekommen, und Elisabeth, aus ihrer Ohnmacht erwachend, fühlt sich freudlos in dem ihr fremden Land. Allein mit der Königin zurückgeblieben, gesteht die Prinzessin, daß sie aus Eifersucht die Intrige geschürt habe und außerdem die Mätresse des Königs gewesen sei. Elisabeth überläßt ihr die Entschei- dung, ob sie im Kloster oder im Exil ihre Strafe abbüßen wolle. Verzweifelt verflucht Eboli ihren zwanghaften Hochmut und beschließt, Don Carlos zu retten.

Posa sucht Don Carlos im Gefängnis auf, um ihm mitzuteilen, daß er die Strafe auf sich gelenkt habe. Es ist Posa gelungen, die belastenden Papiere über den Aufstand in Flandern auf sich zu beziehen, um den Freund zu befreien. Ihn mahnt er nun an seine politische Mission. Von den Kugeln der

Inquisition getroffen stirbt Posa in den Armen des Freundes. Er kann ihm nur noch sagen, daß Elisabeth ihn im Kloster von St. Just erwarte. Philippe tritt ein und will dem Sohn den Degen zurückgeben, doch der weist ihn mit Abscheu zurück. Eine Menge aufrührerischen Volks stürmt ins Gefängnis und verlangt die Freilassung des Infanten, angestiftet von der Prinzessin Eboli. Nur das Eingreifen des Großinquisitors vermag das Volk auf die Knie zu zwingen.

5. AKT: Im Kloster von St. Just erklärt Don Carlos der Königin, er werde seinem Traum von der Liebe zu ihr entsagen und sich der Befreiung Flanderns verschreiben. Sie verabschieden sich in der Hoffnung, sich dereinst in besseren Welten wiedersehen zu können, und werden von Philippe und dem Großinquisitor überrascht. Als die Schergen der Inquisition Don Carlos ergreifen wollen, erscheint Karl V. in Gestalt eines Mönchs und zieht den Infanten mit sich in die Gänge des Klosters.

Kommentar

In Verdis Entwicklung spielt *Don Carlos* die Rolle der großen Drehscheibe zwischen dem früheren melodramma der 50er Jahre und den beiden Shakespeare-Opern der letzten Lebensjahre Verdis, die den Höhepunkt seiner Konzeption des musikalischen Dramas als Oper bilden. Als Gegenentwurf zu Meyerbeers geschätzter grand opéra gedacht, beschritt die musikalische Umsetzung des Schillerschen Dramas, die Verdi – ein einmaliger Fall in seinem Schaffen – zwanzig Jahre kostete und in drei Werkfassungen greifbar ist, den Weg eines work in progress, das möglicherweise niemals endgültig „fertig" wurde. Jedenfalls wird Verdis Bestreben darin deutlich, dem traditionellen melodramma den Rücken zu kehren und mit Hilfe der Schillerschen Dramatik endlich zum musikalischen Drama vorzustoßen, nachdem sich die ältere Libretto-Oper als nicht mehr tragfähig erwiesen hatte. Für Verdi gab es im Bereich des Theaters nur drei Vorbilder: Außer Schiller noch Victor Hugo und natürlich Shakespeare, den er als „Vater" aller dramaturgischen Belange betrachtete. In seinen „Galeerenjahren" hatte er mit Schiller wenig Glück; die Librettistik verstellte ihm den Weg zur adäquaten musikalischen Übersetzung Schillers auf der Opernbühne. Temistocle Solera hatte ihm eine sehr freie Adaption der *Jungfrau von Orleans* geschaffen (*Giovanna d'Arco*, 1845), Andrea Maffei zwei Jahre später eine fast bis zur Unkenntlichkeit verballhornte Version der Schillerschen *Räuber* vorgesetzt (*I masnadieri*) und schließlich der geschickte Salvatore Cammarano im Jahre 1849 *Luisa Miller* geschrieben, eine ins gänzlich Unpolitische getriebene Transformation des „bürgerlichen Trauerspiels" von *Kabale und Liebe* in eine veritable italienische Intrigen-Oper mit allen Zügen des melodramma einschließlich des operngerechten Liebestodes am Ende. Nichts von der objektiven tragischen Verstrickung des Schillerschen Originals, dem Scheitern menschlicher Beziehungen an den vorgegebenen Klassenschranken, nichts von der Schärfe des jungen Schiller war hier zu spüren – auch (noch) nicht in Verdis Musik. Erst in *Don Carlos* ändert sich der Ton: Das große Schillersche Drama der Aufklärung, des Appells an Gedankenfreiheit und menschliche Solidarität in einem erstarrten politischen Machtgefüge war gleichsam der Hebel, um das Spektakel des Meyerbeerschen Operntypus, dessen Stärken Verdi sehr wohl zu schätzen wußte, wie auch den Einfluß des melodramma aus den Angeln zu heben und die Bühne freizumachen für ein umfassenderes musikalisches Theater der echten menschlichen Probleme ohne falsches Pathos und ohne Effekthascherei. Verdi schrieb seine umfangreichste, inhaltlich am weitesten gespannte und musikalisch innovativste Partitur. Er hielt sich dabei an den Grundsatz, den Louis Véron in seinen *Mémoires d'un bourgeois de Paris* (1854) formuliert hatte: „Eine Oper in fünf Akten kann nur leben mit einer sehr dramatischen Handlung, die die großen Leidenschaften des menschlichen Herzens und mächtige historische Interessen ins Spiel bringt; diese dramatische Handlung muß jedoch mit den Augen verstanden werden können, wie die Handlung eines Balletts; die Chöre müssen dabei eine leidenschaftliche Rolle spielen und sozusagen eine der interessanten Personen des Stückes sein. Jeder Akt muß Kontraste der Dekorationen, Kostüme und geschickt vorbereitete Situationen darbieten." Verdi wußte genau, daß es „la mise en scène" ist, die über die Wirkung eines musikalischen Dramas als Oper entscheidet, und empfahl seinen Librettisten nach der Lektüre des Szenariums des *Don Carlos*, unbedingt ein oder zwei große Szenen zu erfinden, die „einen unvorhersehbaren und grandiosen Eindruck in bezug auf das Schauspiel bieten, jedoch mit dem Drama verkettet sind" – daraus wurde die (frei erfundene) große Szene der Ketzerverbrennung, in die hinein eine Situation aus dem 4. Akt (16. Szene, der Marquis Posa nimmt Don Carlos den Degen ab) von Schillers *Don Carlos* montiert wurde. Auf Verdis ausdrücklichen Wunsch wurde auch der Dialog zwischen König Philipp und Posa (*Don Carlos* III, 10) im Libretto (Ende des 2. Aktes der fünfaktigen Fassung) verwendet und das Aufeinanderprallen der weltlichen und geistlichen Macht, jener Dialog zwischen dem König und dem greisen, blinden Großinquisitor (*Don Carlos* V, 10), aus dem her vorgeht, daß sich die Gewalt der Inquisition gegen die des Königs durchsetzt. In beiden Szenen komponierte Verdi keine traditionellen „Duette" mehr, sondern musikalische Rede und Gegenrede. Anders als im melodramma bilden solche Dialogszenen das Rückgrat der im übrigen äußerst komplexen Handlungsfäden des *Don Carlos*, in denen sich das Geflecht von politischen Verhältnissen und persönlichen Konflikten, die sich ständig überschneiden, spiegelt; die dialogische Konstellation der Personen – immerhin sechs Protagonisten – beschreibt eine kreisförmige Dramaturgie, in der die verschiedenen Konflikte untereinander ausgetragen werden. Als Zentralfigur ist Don Carlos an acht der insgesamt zwölf Dialogszenen beteiligt. In ihnen kommen die verschiedenen Stränge der Handlung zur Sprache. Innerhalb des Spannungsfeldes zwischen weltlicher und geistlicher Macht in Spanien sind das im einzelnen: die für Don Carlos schmerzliche Heirat der geliebten Elisabeth mit dem spanischen König aus Gründen der Staatsräson, die Freiheitsbewegung in Flandern, deren Sprecher der Marquis Posa ist und der sich Don Carlos und Elisabeth als Sympathisanten anschließen (heimlich sogar König Philippe) und – in der persönlichen Sphäre – die Geschichten von Liebe (und Haß), von Solidarität (Posa in der Rolle des Pylades seinem Freund Carlos gegenüber, für den er stirbt) oder die psychologischen Konflikte zwischen Vater und Sohn, ja sogar zwischen Mutter (Stiefmutter) und Sohn. Der resignative Grundzug dieser komplexen Handlung ist von Verdi wohl auskomponiert, aber auch die über allem stehende Ebene der zeitentrückten Stimmen der Mönche, die den atmosphärischen Bogen schlagen zwischen dem 2. und dem letzten Akt der fünfaktigen Fassung, deren 1. Akt die Exposition der politischen und psychologischen Problematik (die Heirat Elisabeths mit König Philippe aus politischem Kalkül heraus) bringt, gleichsam als auskomponierte Ouvertüre, gewiß als Vorspiel zu der eigentlichen, von den Mönchsgesängen umrahmten Handlung. Daß sich hinter einem der Mönche der verstorbene Kaiser Karl V. verbirgt, ist ein Einfall der Librettisten, der Verdis Beifall fand. Bekanntlich fällt ja bei Schiller am Ende der Infant auf Geheiß des Vaters der Inquisition zum Opfer; am Schluß der Oper, an dem übrigens Verdi immer wieder gearbeitet hat, zieht ihn der Mönch in den Schutz der Klostermauern zurück. Die Grundhaltung der Musik Verdis zu *Don Carlos* ist zwar melancholisch – man denke nur an den Monolog des vereinsamten Königs –, enthält aber doch das ganze pulsierende Leben in sich; in keiner seiner früheren Opern hat Verdi eine solche Skala von musikalischen Empfindungen zur Anwendung gebracht wie gerade in *Don Carlos*, dessen

Libretto die bei Schiller so übermächtigen höfischen Intrigen in genau die persönlichen Konfliktsituationen transformiert, die das Lebenselement der Oper ausmachen. Verdis Musik steigt hier in bislang unbekannte seelische Abgründe hinab und erhebt sich andererseits – in dem transzendierenden Abschiedsduett der beiden unglücklich Liebenden Carlos und Elisabeth – in die Sphäre klanglich verwirklichter Utopie oder auch eines Ausdrucks von Solidarität, so etwa in jener Melodie der beiden Freunde, die mehr als alles andere Zuversicht in die Idee der Freiheit vermittelt. Dabei verschmäht es Verdi, moralische Wertungen abzugeben – Ebolis Liebesgesang ist genauso echt wie derjenige Elisabeths – oder gar die Darstellung der Wahrheit zugunsten idealistischer Verklärung zu verlassen. Am äußersten Problempunkt des Schillerschen Dramas, als Posa dem zum Anführer der flandrischen Freiheitsbewegung gewandelten Don Carlos den Degen abnimmt, kommt es in Verdis Transformation zu einer musikalischen Erinnerung an die einstige Solidaritätsmelodie (aus dem 2. Akt der fünfaktigen Fassung), die an dieser Stelle den zwingenden Beweis erbringt für das Recht der Opernform gegenüber dem geistigen Klima des Schillerschen Dramas, das die Musik Verdis aufzuheben und zu bewahren versteht.

Geschichte

Es ist erstaunlich, daß Verdi nach seinen schlechten Erfahrungen mit der Pariser Oper anläßlich der *Vêpres siciliennes* (1855) gerade für diese „grande boutique", die „nach Art einer Schildkröte" arbeitet, wie er einmal verbittert bemerkte, seine experimentellste Oper komponiert. Es scheint, als hätte er es darauf abgesehen, gegen den Ruhm des 1864 gestorbenen Meyerbeer anzutreten und zugleich ein neues Feld des musikalischen Theaters zu eröffnen. Der Stoff des Schillerschen Dramas, den man ihm im Sommer 1865 anbot, kam ihm gerade recht; Ende des Jahres wurde der Vertrag mit der Pariser Oper geschlossen. Die beiden Librettisten, nach der Erkrankung Josephe Mérys, der am 17. Juni 1866 starb, war es Camille Du Locle allein, orientierten sich aber nicht nur an Schillers Drama, sondern auch an André Cheniers *Philippe II* (1801) und an Alexandre Soumets *Élisabeth de France* (1828), denen sie die Erscheinung Karls V. entnahmen und etliche Formulierungen in der Szene des Volksaufstands, ferner an Eugène Cormons *Philippe II, Roi d'Espagne* (1846), aus dem das bei Schiller nicht vorhandene Einschreiten des Großinquisitors in den Volksaufstand stammt, wie auch Züge des Autodafé-Bildes, das sich freilich in Cormons Schauspiel hinter der Bühne ereignet und als Teichoskopie beschrieben wird. Im übrigen kannten die Librettisten offensichtlich die historische Ketzerverbrennung, die am 21. Mai 1559 im Beisein des jungen Don Carlos in Valladolid stattfand. Aus Cormons Schauspiel stammt überdies die Idee zum zeitweilig gestrichenen 1. Akt in Fontainebleau. Schwerer wiegen jedoch die, wie erwähnt, ausdrücklich auf Wunsch Verdis in großer Nähe zu Schiller formulierten Dialogszenen des Königs mit Posa und dem Großinquisitor, während der von Schiller abweichende Schluß der Oper Verdi bis zur letzten Fassung (Modena 1886) zu schaffen machte. Doch zunächst komponierte er ziemlich rasch Anfang 1866 in Paris den 1. Akt, von März bis Mitte Juli in Sant'Agata die Mittelakte und schließlich von Mitte August bis Mitte September 1866 in dem pyrenäischen Badeort Cauterets den 5. Akt. Im Herbst begannen die zahlreichen Proben, und die (verspätete) Uraufführung am 11. März 1867 geriet, vor einem mehr verdutzten als begeisterten Publikum, zu einem ziemlichen Mißerfolg, und dieser Meinung schloß sich sogar ein Musiker wie Georges Bizet an, der einen unseligen Wagner-Einfluß zu hören glaubte. Tatsächlich hat sich aber Verdi erst später, dann aber intensiv, mit Wagners Musik beschäftigt, während er im Orchestersatz des *Don Carlos* auf eigene, neuartige Ideen angewiesen war. Außerdem ist gerade die Partitur des *Don Carlos* eines der größten Zeugnisse für Verdis melodische Musikdramaturgie, und das trotz aller Errungenschaften im nunmehr selbständigen Orchestersatz. Einzig der Literat Théophile Gautier bemerkte die Eigenart der *Don-Carlos*-Musik: „Die beherrschende Kraft, die den Untergrund von Verdis Genie bildet, erscheint hier in ihrer mächtigen Einfachheit, aber unterstützt durch eine außergewöhnliche Entfaltung der harmonischen Mittel, ausgesuchter Klangwirkungen und neuer melancholischer Formen." Und es war genau diese Einheit von szenischer Schlagkraft und hochdifferenzierter musikalischer Struktur, die Verdi im Auge hatte. Die immer wieder vorgenommenen Eingriffe in die Partitur zeugen von diesem Bestreben.

Erst durch die Neuausgabe aller sieben Fassungen des *Don Carlos*, die Ursula Günther und Luciano Petazzoni im Jahre 1976 vorlegten, wurde bekannt, daß bereits vor der Uraufführung Kürzungen in der Partitur vorgenommen worden waren und daß in den zwanzig Jahren bis zum Abschluß der letzten Fassung (Modena 1886) nicht weniger als fünf Bearbeitungsstufen – sowohl den Text wie auch die Musik betreffend – nötig waren, um dem Geist des Schillerschen Dramas gerecht zu werden. Verdi hat es sich und dem Publikum mit dieser Oper nicht leichtgemacht; die außerordentliche Länge der ersten Fassung führte zum Ansetzen des Rotstifts. Unter den vor der Uraufführung gestrichenen Passagen befinden sich drei, auf die Verdi später nie mehr zurückkam. Dabei wird gerade an der ersten Passage (Anfang des Fontainebleau-Aktes) der politische Hintergrund szenisch sinnfällig, indem, ähnlich wie in Mussorgskijs *Boris Godunow*, das französische Volk die Königstochter Elisabeth um Hilfe bittet für eine Witwe, die im Krieg zwischen Spanien und Frankreich ihre beiden Söhne verloren hat; ein eindringliches Beispiel für die Sicht einer Geschichte von *unten*, die bei Mussorgskij sogar substantiell für die Oper geworden ist. (Verdi trug sich übrigens, gleichzeitig mit Mussorgskij, mit dem Gedanken, Puschkins *Boris Godunow* zu komponieren.) Zugleich wird die Heirat Elisabeths mit dem spanischen König verständlich.

Die zweite gestrichene Passage befindet sich im ersten Duett zwischen Posa und Don Carlos (im 2. Akt): Posa berichtet eindringlich von den verheerenden Zuständen in den flandrischen Provinzen und macht dadurch erst die spätere Solidaritätsmelodie mitsamt der Freiheitsidee verständlich.

In der Szene nach dem gewaltsamen Tod des Posa strich Verdi eine aufschlußreiche Passage, die er später im „Lacrimosa" seiner *Messa da Requiem* wiederverwendete (!): jene bei Schiller bereits angedeutete Stelle, an der König Philipp (*Don Carlos* V,9) den Tod des Posa beklagt. In der letzten Fassung ist von dieser Szene mit der ins Requiem eingegangenen Trompetenmelodie nur der Satz des Königs übriggeblieben: „Wer gibt den Toten mir, wer gibt ihn mir zurück?"

Die letzte, wenn auch wohl kaum endgültige Fassung – eine solche gibt es nicht – von 1886 ist eine Kontamination mit der für Mailand umgearbeiteten vieraktigen Fassung, an der Verdi in den Jahren 1882 und 1883 arbeitete, mit dem Rückgriff auf den (gekürzten) Fontainebleau-Akt von 1867. Bis heute haben sich diese letzten beiden Fassungen gleichrangig auf der Bühne durchgesetzt.   *Dietmar Holland*

Diskographische Empfehlung

1970 – London: Carlo Maria Giulini, Ambrosian Opera Chorus, Orchester des Royal Opera House Covent Garden. Ruggero Raimondi (Philipp), Placido Domingo (Don Carlos), Sherrill Milnes (Posa), Giovanni Foiani (Großinquisitor), Montserrat Caballé (Elisabeth), Shirley Verrett (Eboli). EMI, 1C 191-02 149/52 (fünfaktige Fassung, ital. ges.)

1983/84 – Mailand: Claudio Abbado, Chor und Orchester der Mailänder Scala. Ruggero Raimondi (Philipp), Placido Domingo (Don Carlos), Leo Nucci (Posa), Nicolai Ghiaurov (Großinquisitor), Katia Ricciarelli (Elisabeth), Lucia Valentini Terrani (Eboli). DG 415 316-2 (DDD) (fünfaktige Fassung, französ. ges., mit Ergänzungen aus der Fassung von 1867)

Aida
Oper in vier Akten und sieben Bildern

Text: Antonio Ghislanzoni, nach einem Entwurf von Auguste Mariette Bey und einem Szenarium von Camille Du Locle
Uraufführung: 24. Dezember 1871, Dar Elopera Al Misria, Kairo
Personen: Der König (Baß); Amneris, seine Tochter (Mez); Aida, äthiopische Sklavin (Sop); Radames, Hauptmann der Wache (Ten); Ramphis, Oberhaupt der Priester (Baß); Amonasro, König von Äthiopien, Vater Aidas (Bar); Ein Bote (Ten); Eine Tempelsängerin (Mez)
Chor: Priester; Priesterinnen; Minister; Hauptleute; Soldaten; Funktionäre; Sklaven und Gefangene aus Äthiopien; Ägyptisches Volk
Ort und Zeit: Memphis und Theben, zur Zeit der Herrschaft der Pharaonen
Orchester: 3 Fl (3. auch Picc), 2 Ob, E.H., 2 Kl, Bkl, 2 Fg, 4 Hrn, 2 Trp, 3 Pos, Bpos, Pkn, Trgl, Bck, TamTam, GrTr, 2 Hrf, Streicher
Auf der Bühne: Hrf, 6 ägypt. Trp, 4 Trp, 4 Pos, GrTr, Banda
Form: Durchkomponiert, aber nummernartig untergliedert
Aufführungsdauer: Ca. 2¼ Stunden
Verlag: G. Ricordi & C. S. p. A., Mailand

Handlung
1. AKT: Im Königspalast von Memphis. Ägypten wird von den Äthiopiern bedroht. Der ägyptische Oberpriester Ramphis teilt mit, daß die Göttin Isis einen neuen Befehlshaber für das ägyptische Heer benannt habe. Radames, ein junger Hauptmann der Wache, hofft, diese ehrenvolle Aufgabe übernehmen zu können. Er liebt Aida, eine äthiopische Sklavin, die aber ihre fürstliche Herkunft bisher – auch Radames gegenüber – geheimgehalten hat. Im Falle eines Sieges der Ägypter würde Radames Aida zur Frau nehmen wollen. Amneris, die ägyptische Pharaonentochter, aber liebt

Radames und ahnt etwas von den Gefühlen zwischen ihm und Aida. Sie ist nicht gewillt, Radames kampflos der „elenden Sklavin" zu überlassen. Ein Bote meldet den Einmarsch der Äthiopier auf ägyptisches Terrain. Vor der versammelten militärischen und geistlichen Führung der Ägypter verkündet der Pharao den Krieg gegen Äthiopiens König Amonasro und ernennt Radames zum obersten Feldherrn. Unter lautem Kriegsjubel rüsten die ägyptischen Soldaten sofort zum Aufbruch. Aida bleibt allein zurück und wird von einem furchtbaren Seelenkonflikt erschüttert, dem Konflikt zwischen ihrer patriotischen Pflicht als Äthiopierin und ihrer Liebe zu dem Ägypter, einem Todfeind Äthiopiens. Sie möchte am liebsten sterben.

Im Vulkantempel zu Memphis ruft Ramphis, unterstützt von Priesterinnen und Priestern, den obersten Gott Phtà an und erbittet seinen Beistand für die Ägypter. Dann werden Radames die heiligen Waffen überreicht.

2. AKT: In ihren Gemächern läßt sich Amneris von Sklavinnen und kleinen Mohren verwöhnen. Als Aida erscheint, heuchelt sie Mitleid und entlockt ihr durch einen Trick das Geständnis ihrer Liebe zu Radames. Amneris behauptet einfach, Radames sei im Feld gefallen. Als sie Aida schließlich mitteilt, daß er doch noch lebe, steht diese offen zu ihren Gefühlen und zieht den ganzen Haß der eitlen Pharaonentochter auf sich. Außer sich vor Wut droht ihr Amneris sogar mit dem Tod.

Die gesamte politische Führungsschicht, die Priesterschaft und das Volk Ägyptens haben sich vor den Stadttoren Thebens versammelt, um die siegreichen ägyptischen Truppen zu begrüßen. Die Soldaten marschieren in voller Rüstung mit Kriegsgerät und reicher Beute an ihrem König vorbei. Radames wird als Retter des Vaterlandes gefeiert. Als er einige gefangene Äthiopier vorführt, erkennt Aida zu ihrem Entsetzen ihren Vater Amonasro, den König der Äthiopier, wieder, der sich aber als Offizier verkleidet hat. Amonasro erklärt, Aidas Vater zu sein, ohne seinen Stand zu nennen. Die Priester fordern den Tod der Gefangenen, während das Volk um Gnade bittet. Radames löst einen Wunsch ein, den er frei hatte, und bittet den König um die Freilassung der Äthiopier. Der Oberpriester aber beharrt darauf, wenigstens Aida und ihren Vater als Pfand zurückzubehalten. Radames wird vom König mit der Hand seiner Tochter Amneris belohnt. Während Amneris triumphiert, verfällt Aida in eine noch tiefere Hoffnungslosigkeit. Radames hadert mit dem Schicksal, und Amonasro schwört Rache.

3. AKT: In der Nähe des Nils begibt sich Amneris, von Ramphis begleitet, in den Tempel der Isis, um für Radames' Liebe zu ihr zu beten.

Aida erwartet in der Nähe, am Nilufer, Radames. Sie denkt an die Schön-heiten ihrer Heimat und fürchtet, sie nicht wiederzusehen. Doch zunächst erscheint ihr Vater und beschwört sie, Radames zum Verrat der ägyptischen Kriegspläne anzustiften. Als Aida dies verzweifelt zurückweist, droht er ihr, sie als sein Kind zu verstoßen. Da erscheint Radames, und Amonasro versteckt sich. Aida erinnert Radames zunächst an seine patriotische Pflicht, Amneris heiraten zu müssen, doch als dieser leidenschaftlich seine Liebe zu ihr, Aida, bekennt, schlägt sie ihm die gemeinsame Flucht nach Äthiopien vor. Radames willigt ein. Vor dem Aufbruch aber fragt ihn Aida nach dem Standort der ägyptischen Truppen, worauf ihr Radames das Kriegsgeheimnis preisgibt. Da tritt Amonasro triumphierend aus dem Ver-steck und gibt sich als König der Äthiopier zu erkennen. Radames ist fassungslos und fühlt sich entehrt. Als Wachen nahen, flüchten Amonasro und Aida. Radames läßt sich widerstandslos festnehmen.

4. AKT: Im Königspalast denkt Amneris über Radames' Verrat nach. Sie ist hin- und hergerissen zwischen ihrer Liebe und ihren Haßgefühlen für ihn. Sie will, falls er sich ihr zuwendet, für ihn um Gnade bitten. Radames wird hereingeführt und weist alle ihre Vorschläge zurück. Amne-ris stellt ihm die Begnadigung in Aussicht, wenn er auf Aida verzichte, doch Radames ist dazu nicht bereit, selbst um den Preis seines Lebens. Der Prozeß wird in einem unterirdischen Gewölbe geführt. Da Radames zu allen Anschuldigungen schweigt, wird er schließlich – trotz Amneris leiden-schaftlichem Widerstand – von Ramphis zum Tode verurteilt.
Lebendig eingemauert in einem unterirdischen Gewölbe, erwartet Rada-mes gefaßt den Tod. Plötzlich steht Aida neben ihm, die sich ebenfalls in der Gruft hat einschließen lassen. Gemeinsam überschreiten sie die Schwelle des Todes, während Amneris außerhalb der Gruft den Frieden für Rada-mes' Seele erbittet.

Kommentar

Die Ehrfurcht vor der Autorität des berühmten Ägyptologen und Archäologen Auguste Mariette – er hatte vor der Abfassung des ersten *Aida*-Szenariums das halbe antike Ägypten ausgegraben – hat in der langen Rezeptionsgeschichte von Verdis spätem Meisterwerk fast nie die Frage nach der literarischen und dramaturgischen Qualität des Stoffes aufkom-men lassen, die naheliegende Frage, ob es sich hier tatsächlich um einen wissenschaftlich und philologisch fundierten Einblick in Sozialstrukturen der Antike handelt oder nur um eine typische romantische Dreiecks-Liebesgeschichte im zeitgemäß antikisierenden Dekor. Allein der Berliner Opernzyniker Oskar Bie stufte den Text schon vor einem Dreivierteljahrhundert als „Primanerarbeit" ein, vermißte in ihm „jede seelische Vertiefung", „jede dramatische Doppelseitigkeit" und rügte das „primitive Nebeneinander von Szenen". Schon vor ihm hatte der nicht weniger gefürchtete Wiener Musikkritiker Eduard Hanslick die „beiden Grundgebrechen" des Textbuches getadelt: „Nach Innen die fast ununterbrochene Elegik der Handlung, nach Außen das egyptische Costüm im weitesten Sinne des Wortes." Doch gerade dieses „Costüm", also der entfesselte Monumentalismus der Szenerie, die Massenstatisterie, die Triumphmärsche, Militärparaden und geschichtsträchtigen Schauplätze, hatte das in jener Zeit im kollektiven Rausch nationalistischer Hochstimmung befindliche Publikum von Anfang an begeistert, und dieser wahrlich überwältigenden Wirkung der Szenerie konnte selbst die bittere Erfahrung zweier Weltkriege nichts anhaben. Im Gegenteil: Die unselige Tradition der Veroneser Freilichtaufführungen (seit 1913) hat die Oper vollends zum puren Ausstattungsspektakel und zur grellen Fremdenverkehrsattraktion verkommen lassen, der man bestenfalls noch die Vorläuferschaft zum Monumental-Historien-Schinken made in Hollywood zubilligt. Das lyrische Innenleben der Oper, wie auch die zahllosen Feinheiten der Verdischen Partitur, sind indes längst der primitiven Aufmarsch-Ästhetik geopfert worden. Ebenso unterbelichtet blieb die ganze Zeit über Verdis subtile Sozialkritik an der menschenverachtenden altägyptischen Gesellschaft, die er freilich eher musikalisch – in der Analyse der komplexen Gefühlsregungen aller Betroffenen – zum Ausdruck brachte. Die eigentliche Qualität der Oper besteht ja in der szenischen varietà, der kontrastreichen Vielfalt von Situationen und Szenentypen, die man vorher in einer solchen Kombination von Extremen in keiner Oper – ausgenommen Verdis *La forza del destino* – gesehen hatte. In *Aida* stehen Szenen von zartester Innerlichkeit und Entrücktheit, wie die Romanzen des Radames und Aidas im 1. Akt, das Liebesduett im 3. Akt, oder das Schlußduett im 4. Akt neben den monumentalen Staatsaktionen des 1. Bildes oder des zweiten Finales. Daneben gibt es atmosphärische Stimmungsmalerei von exotischem Zauber, wie in der Tempelszene des 1. oder zu Beginn des 3. Aktes. „Die Topographie der Oper ist bedeutungsvoll", schreibt Wolfgang Schreiber in seinem *Aida*-Essay (rororo opernbuch 7974, Reinbek 1985), „die Schauplätze umschreiben insgesamt den Gang einer Bewegung von außen nach innen, zugleich einer fortschreitenden Entmaterialisierung. Das führt von der massenhaften, niederdrückenden ägyptischen Stadtarchitektur von Memphis mit ihren steinernen Palästen, Tempeln und Toren hinaus zum Triumphfeld Thebens, sodann zum freien Nil-Ufer, von dort in Aidas Kopf zur glänzenden Ferne eines als Fata Morgana schimmernden Traumlandes Äthiopien. Der nächste Ort ist der entleerte Fluchtpunkt der Liebenden, dem keine reale Lokalität mehr entspricht: Radames singt von ‚unendlichen Wüsten‘, beide phantasieren von den ‚Sternen über uns‘. Das Schlußbild des 4. Aktes ist rein halluzinatorisch, horizontal geteilt: oben der Tempel des Vulkans ‚voll Gold und Licht‘, unten ein unterirdisches Gewölbe, das den Liebenden zum Grab wird und über dem sich ihnen schließlich der Himmel, als letzter Zufluchtsort des auf Erden verwehrten Glücks, öffnet.“

So besehen markiert *Aida* womöglich doch eine Wende in der bis dahin eher optimistisch-rebellischen politischen Grundeinstellung Verdis. Eine spürbare Resignation und Abgeklärtheit tritt an die Stelle des leidenschaftlich-aufbegehrenden und kämpferischen Tons, mit dem Verdi vorher, in mehr als zwanzig Opern, seine Helden ausstattete, auch wenn sie schon damals zum Scheitern verurteilt waren. In *Aida* aber lastet die Todessehnsucht und Schicksalsergebenheit des tragischen Liebespaars von Anfang an wie ein dunkler Schatten über dem Geschehen. In den früheren Opern Verdis kämpfen die Betroffenen so lange mit allen Mitteln gegen ihr Schicksal an, bis sie der Tod eines Besseren belehrt: in *Aida* ist die Titelgestalt schon am Ende des 1. Bildes bereit zu sterben. Und sie behält recht. Denn schon beim ersten Zusammentreffen der drei Hauptfiguren (im Terzett des 1. Aktes) wird uns ihr Konflikt in seinem ganzen Ausmaß vorgeführt – als unlösbarer Zustand. Und alle weiteren Auseinandersetzungen im Verlauf der Oper sind nur effektvolle Variationen desselben tragischen Grundkonflikts. Selbst der spektakuläre Opfertod Aidas und Radames’ (der bezeichnenderweise erst nach seiner „Entehrung“ nicht mehr leben will) löst den Konflikt nicht, sondern entzieht ihm nur seine reale Basis. Deshalb bedeutet auch die eindrucksvolle „Pace, pace“-Schlußgeste der verschmähten Königstochter Amneris nicht die Lösung des Konflikts: Es ist nur eine Absichtserklärung, die Selbstbeschwichtigung einer schuldig Gewordenen, die allein mit ihrem Gewissen in der Welt zurückbleibt.

Aida – als Manifestation eines inneren Umschwungs beim alternden Verdi, als Metapher und Vorahnung politischer Entwicklungen in Europa, die den ursprünglich freiheitlichen Grundgedanken nationaler Autonomie in eine nationalistisch-reaktionäre Ideologie ummünzen und in den Terror einer fehlgeleiteten Mehrheit münden lassen würden: Diesen pessimistischen und doch wieder aufklärerischen Kern des *Aida*-Stoffes versuchte 1981 auch Hans Neuenfels in seiner Frankfurter Inszenierung, freilich mit überaus forcierten szenischen Mitteln, herauszuschälen. Für Neuenfels ist Verdis Ägypten „eine Metapher der Resignation, gewiß kein Dekor; aber eine Metapher, die von der Gesellschaft fehlinterpretiert wurde. Für diese Gesellschaft war Ägypten eher eine Metapher für die Pariser Weltausstellung ... Der Traum von einem dreitausendjährigen Reich ist schon faszinierend, gerade in einer Zeit der Reichsgründungen – deutsches Kaiserreich, französische Republik, Italien."

Vielleicht hat Verdi die Faszination des Monumentalen, von Triumphmarsch und Kriegsgeschrei, kurzum, die Macht des Faktisch-Visuellen gegenüber dem Musikalisch-Spirituellen, das sowohl in der melodischen Erfindung als auch in der frei strömenden „warmen" Harmonik in *Aida* so reich vorhanden ist, lediglich unterschätzt.

Geschichte

Der seit 1863 regierende ehrgeizige ägyptische Vizekönig Ismail Pascha wollte dem rückständigen Ägypten in kürzester Zeit europäische Verhältnisse bescheren. Er ließ Eisenbahnlinien bauen, führte die öffentliche Straßenbeleuchtung ein, installierte Telegraphennetze, führte politische und soziale Reformen durch, ermutigte Lesseps zum Bau des Suezkanals und errichtete 1869 das erste Opernhaus auf afrikanischem Boden: die Oper in Kairo. Deren erster Direktor wurde sein Vertrauter und Gründer der ersten ägyptischen Eisenbahn Paul Draneth Bey, der sich im Juli 1869 im Auftrag des Vizekönigs an Verdi wandte, mit der Bitte, für die feierliche Eröffnung von Suezkanal und Opernhaus eine Hymne zu komponieren. Verdi lehnte ab, da er keine „Gelegenheitsstücke" komponieren wollte. Zur Eröffnung der Kairoer Oper am 6. November 1869 wurde sein *Rigoletto* gegeben. Der Suezkanal wurde elf Tage später seiner Bestimmung übergeben: Eine Flotte von Schiffen, angeführt von der „Aigle" mit der Kaiserin Eugénie an Bord, passierte am 17. November zum erstenmal die neue Wasserstraße. Im Mai schickt Camille Du Locle, ein mit Verdi befreundeter Librettist, Regisseur und Opernmanager, ein 23 Seiten langes Opernszenarium mit dem Titel *Aida*, das der berühmte Ägyptologe und Archäologe Auguste Mariette nach altägyptischen Motiven verfaßt hatte, an Verdi: Der Vizekönig habe den Wunsch geäußert, erklärt Du Locle, daß Verdi den Stoff für Kairo vertonen möchte. Über den Urheber des Szenariums läßt Du Locle Verdi im Unklaren. Nach einigem Zögern und nachdem man seine

Honorarforderung von 150 000 Goldfrancs (allein für das Bereitstellen der Partitur) akzeptiert hat, sagt Verdi zu. An der endgültigen Fassung des *Aida*-Librettos waren insgesamt sieben Personen beteiligt: 1. Der ägyptische Vizekönig Ismail Pascha, der Mariette die „Idee" zum *Aida*-Stoff lieferte. 2. Der Ägyptologe Auguste Mariette, Chefarchäologe in den Diensten des Vizekönigs und Verfasser des ersten Handlungsentwurfs zu *Aida* in französischer Sprache, der 1870 in Alexandria in einer Auflage von zehn Stück gedruckt wird. 3. Der in Paris sitzende „Vermittler" Camille Du Locle, der Verdi im Mai 1870 den Entwurf Mariettes übergibt. Ende Juni 1870 entwirft Du Locle in Verdis Villa in Sant'Agata unter Verdis Aufsicht ein erstes Szenarium der Oper in französischer Sprache. 4. und 5. Vor dem Eintreffen Du Locles in Sant'Agata bereiten Verdi und seine Frau Giuseppina eigenhändig eine italienische Übersetzung des Entwurfs von Mariette vor, auf sieben Blättern beidseitig beschriebenem Briefpapier (1. und 2. Akt in der Handschrift Verdis, 3. und 4. Akt in der Handschrift Giuseppinas). 6. Auf der Grundlage des Szenariums von Du Locle und unter Anleitung Verdis, der ständig Veränderungswünsche äußert, erstellt Antonio Ghislanzoni in den Sommermonaten 1870 die eigentliche Versifikation des *Aida*-Librettos. 7. Im Jahr 1904 behauptet Mariettes Bruder Édouard, daß die Idee einer Oper, die im alten Ägypten spielt, von ihm stamme und sein Bruder sie einfach gestohlen habe.

Am 29. Juli 1870 unterschreibt Verdi den Kontrakt für das Kairoer Opernprojekt. Als Uraufführungstermin wird zunächst Januar 1871 festgesetzt. Am 2. September fällt Sedan im Deutsch-Französischen Krieg. Die deutschen Truppen marschieren in Frankreich ein. Ende November teilt Du Locle Verdi mit, daß die Arbeiten an den Kostümen und Bühnenbildern von *Aida* wegen der Belagerung von Paris eingestellt werden mußten. Der Uraufführungstermin wird auf den Winter 1871/72 verschoben. Am 20. September um 12 Uhr mittags übergibt Verdi eine handschriftliche Kopie der fertiggestellten *Aida*-Partitur an Paul Draneth. Das Original behält er für sich, ebenso sämtliche außerägyptischen Rechte an der Oper.

Am Heiligabend 1871 leitet Giovanni Bottesini die Uraufführung von *Aida* im Opernhaus zu Kairo. Die in Paris gefertigten Bühnenbilder stammen aus den Werkstätten von Despléchin, Lavastre, Rubé und Chaperon, nach historisierenden Entwürfen von Mariette. Er entwirft auch die Kostüme. Zwei berühmte Kritiker aus Europa, Filippo Filippi und Ernest Reyer, sind anwesend und äußern sich wohlwollend. In der ersten Saison folgen in Kairo fünfzehn weitere Vorstellungen (bis 1949: 246 Vorstellungen).

Am 8. Februar 1872 findet an der Mailänder Scala die europäische Erstauf-
führung von *Aida* statt, unter der Leitung von Franco Faccio. Teresa Stolz
singt die Titelrolle, Maria Waldmann die Amneris, Giuseppe Fancelli den
Radames. Der Erfolg ist überwältigend. Für Verdi gibt es 32 Vorhänge. Im
selben Jahr folgen Erstaufführungen in Parma und Padua. Im folgenden
Jahr wird *Aida* in Neapel, Ancona, Buenos Aires, Triest, New York und
Philadelphia gezeigt. Von 1874 bis 1881 wird die Oper an weiteren 135
Opernhäusern zum erstenmal aufgeführt. Am 2. März 1912 wird die Oper
bei den Pyramiden von Gizeh, unter freiem Himmel, gezeigt. 1972 fällt die
Kairoer Oper einem Brand zum Opfer. 1987 wird *Aida* erstmals am „Origi-
nalschauplatz", vor dem Tempel in Luxor, aufgeführt.   *Attila Csampai*

Diskographische Empfehlung

1928 – Mailand: Carlo Sabajno, Chor und Orchester des Teatro
alla Scala. Dusolina Giannini (Aida), Irene Minghini-Cattaneo (Amneris),
Aureliano Pertile (Radames), Giovanni Inghilleri (Amonasro), Luigi Man-
frini (Ramphis), Guglielmo Masini (König). EMI, 3C 153-01616/18

1949 – New York: Arturo Toscanini, Robert Shaw Chorale, NBC
Symphony Orchestra. Herva Nelli (Aida), Eva Gustavson (Amneris), Ri-
chard Tucker (Radames), Giuseppe Valdengo (Amonasro), Norman Scott
(Ramphis), Dennis Harbour (König). Nuova Era 2268/70 (ADD)

1955 – Mailand: Tullio Serafin, Chor und Orchester des Teatro alla
Scala. Maria Callas (Aida), Fedora Barbieri (Amneris), Richard Tucker
(Radames), Tito Gobbi (Amonasro), Giuseppe Modesti (Ramphis), Nicola
Zaccaria (König). EMI, 1C 153-00 429/31

Otello (Othello)
Dramma lirico in vier Akten

<u>Text:</u> Arrigo Boito, nach Shakespeares Tragödie *Othello, The moor
of Venice*
<u>Uraufführung:</u> 5. Februar 1887, Teatro alla Scala, Mailand
<u>Personen:</u> Otello, ein Mohr, Befehlshaber der venezianischen
Flotte (Ten); Jago, Fähnrich (Bar); Cassio, Hauptmann (Ten); Roderigo, venezianischer Edelmann (Ten); Lodovico, Gesandter der

Republik Venedig (Baß); Montano, Vorgänger Otellos als Gouverneur von Zypern (Baß); Ein Herold (Baß); Desdemona, Otellos Gemahlin (Sop); Emilia, Jagos Gattin (Mez)

Chor: Soldaten und Seeleute der Republik Venedig; Vornehme venezianische Damen und Herren; Zypriotisches Volk beiderlei Geschlechts; Griechische, dalmatinische und albanische Krieger; Zypriotische Kinder; Schenkwirt mit vier Gehilfen; Niederes Schiffsvolk

Ort und Zeit: Hafenstadt auf Zypern, gegen Ende des 15. Jahrhunderts

Orchester: 2 Fl, Picc, 2 Ob, E.H., 2 Kl, Bkl, 4 Fg, 4 Hrn, 4 Trp, 3 Pos, Bpos, Pkn, Schlgzg, Hrf, Streicher

Auf der Bühne: Orgel, Kanone, Schalmei, Mandolinen, Gitarren, Tamburin, 2 Pistons, 6 Cornette, 2 Trp, 3 Hrn, 3 Pos

Form: Durchkomponiert

Aufführungsdauer: Ca. 3 Stunden

Verlag: G. Ricordi & C. S. p. A., Mailand

Handlung

1. AKT: Am Hafen einer Stadt auf Zypern beobachtet das Volk, wie die venezianische Flotte mit den Naturgewalten kämpft. Unbeschadet betritt der Mohr Otello, der trotz seiner Hautfarbe zum Statthalter von Zypern aufgestiegen ist, das Land und verkündet die Vernichtung der türkischen Seemacht. Während das Volk Freudenfeuer entzündet, steht Otellos Fähnrich Jago abseits und sinnt auf Rache. Er verzeiht dem Mohren nicht, daß Cassio statt seiner zum Hauptmann befördert wurde. Bei seinem auf Otellos Untergang gerichteten Plan macht er sich Roderigo zunutze, von dessen heimlicher Liebe zu Otellos Gemahlin Desdemona er weiß. Jago verleitet Cassio zum übermäßigen Trinken und hetzt Roderigo zum Streit mit dem Betrunkenen auf, in dessen Verlauf der frühere Statthalter Montano von Cassio verwundet wird. Auf dem Höhepunkt des Tumults erscheint Otello und enthebt Cassio seines Amtes. Mit Desdemona bleibt er allein zurück, und beide bekräftigen in der Erinnerung an das erste Liebesglück einander ihre zärtliche Zuneigung.

2. AKT: In einem Saal des Schlosses rät Jago dem verzweifelten Cassio, Desdemona um Fürsprache zu bitten. In Otello erregt er mit zweideutigen Anspielungen erst Argwohn und dann Eifersucht. Desdemonas Eintreten für Cassio scheint Otellos Verdacht zu bestätigen. Schroff weist er

sie zurück und wirft ihr Taschentuch, das sie ihm zur Linderung von Kopfschmerzen auf die Stirn legt, zu Boden. Jagos Gattin Emilia, die Gesellschafterin Desdemonas, hebt es auf, doch ihr Mann reißt es mit Gewalt an sich. Als Otello Beweise der Untreue fordert, weist Jago auf zärtliche Worte hin, die Cassio im Traum an Desdemona gerichtet habe, und auf ein Taschentuch, Otellos erstes Liebespfand, das sich in dessen Händen befinde. In blinder Wut läßt sich Otello zu einem Racheschwur hinreißen, in den Jago einstimmt.

3. AKT: In einer Halle des Schlosses tritt Desdemona erneut für Cassio ein und wird von Otello, als sie ihr Taschentuch nicht vorweisen kann, als Dirne beschimpft. Hilflos seinen widerstreitenden Leidenschaften ausgeliefert, bleibt der Mohr gebrochen zurück. Nun bietet Jago den endgültigen Beweis durch ein Gespräch mit Cassio, das Otello belauschen soll. Während Cassio arglos von seiner Liebschaft erzählt, bezieht Otello die zu ihm dringenden Wortfetzen auf Desdemona, und Gewißheit scheint ihm gegeben, als er das von Jago zugespielte Taschentuch in Cassios Händen erblickt. Jetzt ist er entschlossen, Desdemona zu töten. Vor den Gesandten des Dogen gibt Otello mit unterdrücktem Zorn die Order bekannt, daß er nach Venedig zurückbefohlen und Cassio zu seinem Nachfolger bestimmt sei. Als Desdemona nochmals ein Wort für Cassio einlegt, schleudert er sie in rasender Wut zu Boden. Während sich fassungsloses Entsetzen im Saal ausbreitet, nutzt Jago die Gelegenheit, um Otello zur unverzüglichen Rache zu drängen. Otello vertreibt mit wilden Drohungen die Anwesenden aus dem Saal und sinkt ohnmächtig zu Boden. Jago triumphiert.

4. AKT: In ihrem Schlafgemach trifft Desdemona die Vorbereitungen zur Nacht und erinnert sich dabei an eine traurige Weise aus ihrer Kindheit, das Lied von der Weide. Nachdem sie Emilia verabschiedet hat, kniet sie zum Gebet nieder und begibt sich zur Ruhe. Otello kommt und fordert ihr Geständnis, daß sie ihn mit Cassio betrogen hat. Vergeblich beschwört sie ihre Treue, Otello erwürgt sie. Durch Emilia, die den Mord entdeckt hat, kommen die wahren Zusammenhänge ans Licht. Während Jago sich durch Flucht der Verantwortung zu entziehen sucht, kniet Otello am Bett Desdemonas nieder und gibt sich mit einem Dolch den Tod.

Kommentar
Das auffälligste Merkmal, das *Otello* von Verdis früheren Opern unterscheidet, ist die Kontinuität im Handlungsablauf oder – unter musikalischem Aspekt – die Qualität des Durchkomponierten. Die Aktion glie-

dert sich nicht mehr in einzelne, schematisch vorgegebene Formeinheiten, die textlich, dramaturgisch und musikalisch geschlossen sind; das Nummernprinzip ist außer Kraft gesetzt und damit eine Grundlage für den Übergang von der Gesangsoper zum musikalischen Drama geschaffen. Dies bedeutet allerdings nicht, daß Verdi von den herkömmlichen Form- und Ausdrucksmodellen völlig Abstand nimmt. Im Schwur, der den 2. Akt beschließt („Sì, pel ciel marmoreo giuro!"), ist der Habitus der cabaletta unverkennbar. Im Monolog Otellos ist mit dem Wechsel vom „con voce soffocata" vorzutragenden declamato in as-moll („Dio! mi potevi scagliar") zum ausdrücklich als Cantabile bezeichneten Es-dur-Abschnitt („Ma, o pianto, o duol!") die Trennung von Rezitativ und Arie noch unterschwellig wirksam. Und am deutlichsten tritt die Bindung an die Tradition zutage, wenn Verdi ein concertato, den Inbegriff von Gesangsoper, in den 3. Akt einfügt („A terra! ... sì ... nel livido fango"). Auch Verdis Kompositionsstil zeigt sich verändert. An die Stelle großflächiger, einfacher Harmoniegerüste tritt eine reicher entfaltete, oft nuanciert chromatisierende Harmonik, die mit ihrem feinrastigen und durchbrochenen Bau ein subtiles Eingehen auf die Personencharakteristik und Situationsdramatik erlaubt. Der Orchestersatz ist aufgelockert und beweglicher, die Instrumentalebene erhält durch stark motivische Prägung größere Ausdruckskraft, was in analoger Weise auch für die Singstimmen gilt. Hier ist ein Bedeutungsverlust des Verses für die Vertonung festzustellen. Verdi begnügt sich kaum noch mit der Umsetzung von Versakzentmustern in rhythmische Modelle, maßgeblich sind die unregelmäßigen Sinneinheiten des Textes und einzelne Wortbetonungen, die als musikalisch-rhetorische Akzente hervorgehoben werden, womit sich die Periodik verliert und die Vokalphrasen dem natürlichen Tonfall folgen. Eine flexiblere Sprachvertonung ersetzt die frühere strikte Versvertonung. Grundlage dieser Veränderungen ist eine bereits im Libretto angelegte höhere Komplexität, die sich in verschiedener Form als Mehrschichtigkeit äußern kann. So findet sich eine Schichtung von Ausdrucksebenen in der canzone del salice, wo Verdi von der Sängerin drei Stimmfärbungen fordert, die sich aus der Verschränkung von Zeitebenen ergeben. Während die Canzone mit Desdemonas Erinnerung an traurige Jugendeindrücke die Vergangenheit repräsentiert, stellen ihre Anweisungen an Emilia, die das Lied durchbrechen, die Realität der Gegenwart dar, und der Refrain („come una voce lontana") soll die Erschütterung zur Geltung bringen, die gerade diese Worte in ihr auslösen. Zweischichtigkeit stellt Boito öfter mit einem raffinierten Kunstmittel her, nämlich mit der

Versüberlagerung, wie sie uns bereits am Anfang von *Otello* begegnet. Dort handelt es sich bei den ersten acht Versen, durch Aufteilung auf mehrere Personen stark aufgebrochen, nach dem Erscheinungsbild im Druck um Zehnsilbler. Hinter dieser Struktur verbirgt sich aber ein zweiter Versbau mit zwölf Siebensilblern, die sich ebenfalls reimen, und dies nutzt Verdi für die Vertonung. Er setzt zunächst die kürzeren Settenario-Einwürfe in das gleiche rhythmische Muster um und erzeugt dann mit den breiteren Decasillabo-Versen eine stärkere Spannung, die auf den ersten dynamischen Höhepunkt der Oper mit den Worten „Lampi! tuoni! gorghi!" hinführt. Das gleiche Phänomen findet sich im concertato, das nach Absprache zwischen Verdi und Boito neben der lyrischen noch eine dramatische Ebene, repräsentiert in Jagos Dialogen mit Otello und Roderigo, aufweisen sollte. In diesem Fall lassen sich viele Elfsilbler in gereimte Serien von Fünf- und Siebensilblern aufbrechen. Das eindrücklichste Beispiel für Versüberlagerung findet sich in Jagos Traumerzählung, wo eine dramaturgische Zweischichtigkeit mit dem Nebeneinander von Schilderungs- und Zitatebene gegeben ist. Die typographisch als Vierzehnsilbler erscheinenden Verse der Schilderungsebene lassen sich hier in gereimte Fünfsilbler aufspalten, und die textliche Zweischichtigkeit kommt in der Vertonung voll zur Geltung. Für die Schilderung greift Verdi auf die Fünfsilbler zurück und faßt sie unter streng syllabischer Vertonung zu Fünftongruppen mit liedhaft schlichter, fast banaler Melodieformel zusammen. Für die Zitatebene mit Cassios angeblichen Traumworten dienen indes die Vierzehnsilbler als Grundlage der musikalischen Phrasen, die aus Sottovoce-Deklamation auf einem Ton bzw. chromatischem Oktavabstieg bestehen. Überdies trägt der Instrumentalklang zur Abhebung der Zitatschicht bei, indem die Streicher dort durch Flöten, Oboe und Klarinette ersetzt sind; die entrückte Traumatmosphäre wird vom gläsern-substanzarmen Klang der hellen Holzbläser eingefangen. Charakteristisch für *Otello* ist außerdem eine höhere Komplexität aufgrund szenischer Mehrschichtigkeit, und zwar durch Aufspaltung der Bühne in Aktionsräume mit simultan verlaufenden Teilhandlungen, wie es schon für das concertato angedeutet wurde. Die szenisch und technisch äußerst detaillierten Anweisungen der disposizione scenica, dem Regie- oder, besser, Produktionsbuch, belegen mehrfach die für einzelne Werkteile konstitutive Bedeutung szenischer Mehrschichtigkeit, mit der die Handlung, sei es in der Huldigungsszene und dem Quartett des 2. Aktes oder im Terzett des 3. Aktes, wenn Otello das Gespräch von Jago und Cassio belauscht, gleichsam eine perspektivische Qualität gewinnt.

Geschichte

In enger Zusammenarbeit mit Boito, einem souveränen Sprachge-
stalter, in dem Verdi erstmals einen kongenialen Mitarbeiter fand, entstand
das Libretto, wobei der Komponist verschiedenste Anregungen beisteuerte,
hinsichtlich des dramaturgischen Ablaufs und einzelner Szenen wie auch
textlicher Details, die auf möglichst getreue Wiedergabe der Dramenvor-
lage zielten. Auch mit der Charakteristik der Personen und ihrer äußeren
Erscheinung befaßte sich Verdi wie nie zuvor, was der Briefwechsel mit dem
befreundeten Maler Domenico Morelli belegt, den er vergeblich um die
bildliche Ausführung der Szene in der Jago über dem ohnmächtigen Otello
triumphiert, bat. Bei seiner Bearbeitung von Shakespeares Tragödie
Othello, The moor of Venice (1604), die auf Giovanni Battista Giraldi Cin-
thios Novelle *Il moro di Venezia* aus der Sammlung *Hecatommithi* (1566)
zurückging, stützte sich Boito hauptsächlich auf die französische Ausgabe
von Victor Hugo.

Unter Auslassung des ersten, in Venedig spielenden Dramenaktes, aus dem
nur Einzelheiten übernommen wurden, und mit einer Reduktion der Per-
sonenzahl und Eingrenzung auf vier Schauplätze kondensierte Boito die
Tragödie nach den Erfordernissen der Operndramaturgie, wobei viele
Textpassagen einer wörtlichen Übersetzung gleichkommen. Andererseits
ist das Libretto wiederum mit dem Siegesfest nach dem Sturm, der Huldigung Desdemonas durch die Bevölkerung und dem breit ausgeführten
Empfang der Gesandtschaft um opernhafte Elemente erweitert, die den
Anlaß für ausgedehnte Chorszenen schaffen.

Sechzehn Jahre waren seit *Aida* vergangen, und Verdis Opernschaffen
mußte längst als abgeschlossen gelten, als der 73jährige Komponist noch
einmal mit einem Bühnenwerk hervortrat. Der von ihm persönlich einstudierte *Otello* kam am 5. Februar 1887 an der Mailänder Scala zur Premiere
und fand bei Publikum und Presse enthusiastische Aufnahme. Unter dem
Dirigenten Franco Faccio sangen Francesco Tamagno (Otello), Victor
Maurel (Jago) und Romilda Pantaleoni (Desdemona) die Hauptrollen.
Schon im Januar 1888 erfolgte die deutschsprachige Erstaufführung in
einer Übersetzung von Max Kalbeck in Hamburg, während die von Boito
und Du Locle betreute französische Fassung der Oper, für die Verdi eine
Balletteinlage zum Empfang der venezianischen Gesandtschaft hinzukom-
ponierte, erst 1894 an der Pariser Opéra erschien.   *Peter Ross*

Diskographische Empfehlung

1947 – New York (Konzertmitschnitt): Arturo Toscanini. NBC Symphony Orchestra and Chorus. Ramon Vinay (Otello), Giuseppe Valdengo (Jago), Herva Nelli (Desdemona). RCA 26.35 014

1948 – Metropolitan Opera New York: Fritz Busch, Chor und Orchester der Metropolitan Opera New York. Ramon Vinay (Otello), Leonard Warren (Jago), Licia Albanese (Desdemona). Morgan, MOR 4802

Falstaff
Commedia lirica in drei Akten

<u>Text:</u> Arrigo Boito, nach der Komödie *The merry wives of Windsor* (um 1600) und der Historie *King Henry IV.* (1597–99) von William Shakespeare

<u>Uraufführung:</u> 9. Februar 1893, Teatro alla Scala, Mailand

<u>Personen:</u> Sir John Falstaff (Bar); Ford, Alices Gatte (Bar); Fenton (Ten); Dr. Cajus (Ten); Bardolfo (Ten) und Pistola (Baß), in Falstaffs Diensten; Mrs. Alice Ford (Sop); Nannetta, ihre Tochter (Sop); Mrs. Quickly (Mez); Mrs. Meg Page (Mez); Der Wirt des Gasthofs „Zum Hosenbande" (stumme Rolle); Robin, Falstaffs Page (stumme Rolle); Ein kleiner Page bei Ford (stumme Rolle)

<u>Chor:</u> Bürger und Volk von Windsor; Diener Fords; Masken (Kobolde, Feen, Hexen etc.)

<u>Ballett:</u> Feen und Elfen; Kobolde und Quälgeister

<u>Ort und Zeit:</u> Windsor, zur Zeit Heinrichs IV. (1399–1413)

<u>Orchester:</u> 2 Fl, Picc, 2 Ob (2. auch E.H.), 2 Kl, Bassetthrn, Bkl, 2 Fg, 4 Hrn, 3 Trp, 3 Pos, Bpos, Pkn, GrTr, Bck, Hrf, Gitarren, Streicher

<u>Auf der Bühne:</u> Naturhrn in tiefem As, Gl in F

<u>Form:</u> Durchkomponierte Szenen (ohne Zwischenspiele)

<u>Aufführungsdauer:</u> 2½ Stunden

<u>Verlag:</u> G. Ricordi & C. S. p. A., Mailand

Handlung

1. AKT. 1. Bild: Der alternde dicke Ritter Sir John Falstaff, aus dem Hundertjährigen Krieg in die Kleinstadt Windsor verschlagen, verbringt mit seinen beiden Dienern Bardolfo und Pistola im Wirtshaus „Zum Hosenbande" ein ebenso anarchisches wie schmarotzendes Leben zwischen Ritter- und Freibeutertum, das immer wieder mit dem geordneten Leben der Bürger von Windsor in Konflikt gerät. Gleich zu Beginn protestiert Dr. Cajus, Choleriker und (französischer) Arzt, der auf die Tochter Fords spekuliert, gegen Falstaffs Diener: Sie hätten ihn tags zuvor betrunken gemacht, ihm die Taschen geleert und sein Haus geplündert. Falstaff komplimentiert ihn mit schlauer Höflichkeit hinaus. Ein Blick auf seinen niedrigen Kontostand weckt in dem dicken Ritter den Einfall, an zwei reiche Frauen der Stadt gleichlautende Briefe zu schreiben. Er erhofft sich ein Rendezvous mit finanziellem Ertrag. Die Briefe an Alice Ford und Meg Page sollen von Bardolfo und Pistola überbracht werden. Als die Diener sich unter Berufung auf ihre „Ehre" weigern, müssen sie eine Moralpredigt Falstaffs über dieses Begriffsgespenst einstecken und werden davongejagt. Die Briefe überbringt nun Falstaffs Page.

2. Bild: Die beiden Frauen lesen sich gegenseitig den Inhalt der Briefe vor und schwören Rache. Sie können dabei auf die Mithilfe der schlauen Mrs. Quickly und Nannettas, der Tochter Alices, hoffen. Nannetta hat die Idee, Mrs. Quickly als Botin zu Falstaff zu schicken, um ihn zum Rendezvous „zwischen zwei und drei" zu bitten. Gleichzeitig machen Bardolfo und Pistola mit Ford gemeinsame Sache, weil sie sich davon ein einträgliches Geschäft versprechen. Sie verraten ihm Falstaffs Absichten und vertrauen auf seine Eifersucht.

Auch auf der Männerseite gibt es einen Vierten im Bunde: Dr. Cajus, der nicht nur allen Grund hat, gegen Falstaff vorzugehen, sondern bei dieser Gelegenheit sein Vorhaben mit Fords Tochter vorantreiben will. Ford ist zunächst mißtrauisch, läßt sich aber dann doch auf den Plan ein, unter falschem Namen („Fontana") bei Falstaff vorzusprechen und ihn bezüglich seiner Pläne auszuhorchen. Zu dem Komplott der Männer stößt noch der junge Fenton hinzu, der in Beziehung zu Nannetta steht. Auch er bietet Ford seine Hilfe an, obwohl ihn dieser nicht als Schwiegersohn haben will. Er weiß nicht, daß Fentons Absicht von den Frauen unterstützt wird, die nun, von der Parallelaktion der Männer nicht informiert, Mrs. Quickly zu Falstaff schicken. Einig sind sich alle in der Vorfreude auf die Rache an Falstaff.

2. AKT. 1. Bild: Mit vorgespielter Reue kehren Bardolfo und Pistola in Falstaffs Dienste zurück und können sogleich die Ankunft der Mrs. Quickly melden, die dem ahnungslosen Ritter die ausgesuchtesten Schmeicheleien der beiden Damen vorlügt und ihm die Einladung zum Stelldichein überbringt. Als sie sich entfernt hat, brüstet sich Falstaff vor Stolz über seine Unwiderstehlichkeit und bedeutende Persönlichkeit. Er wird dabei unterbrochen durch die Anmeldung eines gewissen Herrn Fontana, der sich sogleich mit einer Flasche Wein bei ihm einzuführen versteht. Als der Fremde auch noch mit einem Geldsack klimpert, wird Falstaff mißtrauisch, hört sich aber die vorgebrachte Geschichte an: Der angebliche Fontana erklärt, mit einer Mischung aus übertriebener Höflichkeit und unterschwelliger Wut, er sei ein glühender, aber bisher unerhörter Liebhaber der schönen Alice. Falstaff möge, da seine Unwiderstehlichkeit bekannt sei, die zurückhaltende Alice verführen und für weitere Abenteuer zugänglich machen. Falstaff findet das Ansinnen sehr merkwürdig, gibt aber sofort nach, als ihm Fontana das Geld anbietet. Und mehr noch: Er verrät dem Fremden, daß er ohnehin in Kürze mit Alice verabredet sei. Während er sich zum Ausstaffieren zurückzieht, tobt Ford in Eifersucht. Zum Ausgehen bereit, kehrt Falstaff zurück, und beide Männer wollen einander aufs höflichste den Vortritt gewähren, als Falstaff schließlich der Sache ein Ende macht und mit Ford alias Fontana gemeinsam den Raum verläßt.

2. Bild: Nachdem Mrs. Quickly den Frauen von ihrem Auftritt bei Falstaff berichtet hat, wird die Szenerie hergerichtet: Zu den mitspielenden Requisiten gehören ein Wandschirm und ein großer Waschkorb. Zu gegebener Zeit sollen Diener den Waschkorb in die Themse kippen. Schnell klärt Nannetta noch bei ihrer Mutter, ob es dabei bleibe, daß sie statt Dr. Cajus ihren Fenton heiraten dürfe, dann beginnt das Spiel. Falstaff erscheint pünktlich und wirbt in aller Form um Alices Gunst. Wie ausgemacht, wird das Werben durch Mrs. Quickly gestört, die in gespielter Aufregung behauptet, Meg wolle dringend Alice sprechen. Falstaff verbirgt sich hinter dem Wandschirm, während Meg einen fingierten Bericht von Fords wütender Heimkehr gibt. Er wolle den anwesenden Liebhaber auf der Stelle erschlagen. Sie ahnt jedoch nicht, daß Ford tatsächlich ins Haus stürmt. Die Frauen sehen sich also genötigt, zu improvisieren. Als Ford mit seinen männlichen Begleitern, darunter auch Fenton und Falstaffs Diener, brüllend das Zimmer durchsucht und schließlich das ganze Haus auf den Kopf stellt, nutzt Falstaff seine einzige Fluchtmöglichkeit: Er steigt in den Waschkorb. Fenton und Nannetta benutzen den allgemeinen Tumult, um

hinter dem Wandschirm ungestört zu schmusen. In die plötzlich eintretende Stille hinein platzt ihr Kuß. Ford glaubt nun, daß er Alice und Falstaff auf frischer Tat ertappen kann, und geht zum Angriff über. Als er hinter dem umgestoßenen Wandschirm das falsche Paar entdeckt, wirft er Fenton hinaus. Während die Jagd auf Falstaff weitergeht, wird der Waschkorb aus dem Fenster heraus in die Themse geleert. Noch weiß Ford nicht, daß damit Falstaff ins Wasser geworfen wurde.

3. AKT. 1. Bild: Frierend und mißgelaunt läßt sich Falstaff in der Abenddämmerung Glühwein servieren. Als der Wein seine Wirkung tut, fühlt er sich wieder behaglicher, wird jedoch gestört von einem erneuten Auftritt der Mrs. Quickly, die den Vorfall als Irrtum hinstellt und einen Brief Alices überbringt. Im Hintergrund des Wirtshauses beobachten Alice, ihr inzwischen aufgeklärter Mann, Meg, Fenton, Nannetta und Dr. Cajus, wie Falstaff abermals hereinfällt. Er soll, bei nächtlichem Mummenschanz, als „schwarzer Jäger" auftreten und zur Mitternacht Alice unter der Eiche des Herne im Park von Windsor treffen. Aber auch Ford soll einen Denkzettel erhalten: Mrs. Quickly belauscht seine Abmachung, daß Dr. Cajus Nannetta heiraten darf.

2. Bild: Kurz vor Mitternacht begegnen sich Fenton und Nannetta unter der Eiche des Herne, werden aber von Alice gestört, die weiß, daß die Zeit drängt. Fenton muß sich als Mönch verkleiden, und Nannetta wird Feenkönigin. Um Schlag zwölf erscheint Falstaff in seiner Verkleidung und trifft Alice. Das Stelldichein wird jedoch unterbrochen durch den „Auftritt" der Feenkönigin und ihrem Gefolge. Falstaff wird demaskiert und zur Reue gezwungen. Als dem „Hexenmeister" die Kapuze unbemerkt nach hinten rutscht, erkennt Falstaff seinen Diener Bardolfo und durchschaut das Spiel. Alice klärt ihn auch über die Identität des Herrn Fontana auf. Inzwischen hat sich Dr. Cajus auf die Suche nach Nannetta gemacht. Doch Mrs. Quickly kommt ihm zuvor und verkleidet rasch Bardolfo als Feenkönigin. Falstaff hat unterdessen seine Überlegenheit wiedergewonnen und sagt, ohne seinen Witz hätten die Bürger keinen Spaß haben können. Ford will die Maskerade mit einer Apotheose beschließen, tappt aber völlig daneben, denn bei der allgemeinen Demaskierung stellt sich heraus, daß er Dr. Cajus mit Bardolfo getraut hat. Er macht aber gute Miene zum bösen Spiel, aus dem man das Fazit zieht, daß der am besten lache, der zuletzt lacht.

Kommentar

Für den Komponisten ist die Komödie ein Ernstfall; das wußte kaum jemand so genau wie Verdi, als er sein mediterranes Gegenstück zu Wagners *Meistersingern* komponierte. Zugleich war es die Summe seiner Theatererfahrung, die er hier einbringen konnte, in einer Partitur, deren Dichte Stoff genug für mehrere Opern enthielt. Die italienische Komödientradition war Verdi ebenso vertraut wie das Vokabular der Farcen Rossinis, doch er zielte in *Falstaff* auf mehr als auf eine opera buffa: Es ging ihm um eine Art Zusammenfassung der Komödientradition und damit um eine Transzendierung der reinen Situationskomik. Schon zwanzig Jahre früher hatte er den Gedanken, Molières *Tartuffe* zu vertonen, doch erst die Idee des Shakespeare-Kenners Arrigo Boito, den *Falstaff*-Stoff für eine commedia lirica (also bereits im Titel eine Absage an die Farce!) herzurichten, bot ihm die Möglichkeit, ein musikalisches Welttheater zu erschaffen, das sich auf der Höhe der besten Bühnentradition bewegte. Und mehr noch: Unter Boitos literarischen und Verdis musikalischen Händen wurden die Obertöne Shakespeares herausgefiltert, und es entstand eine musikalische Komödie für Kenner, eine Partitur der ausgesuchtesten Klänge und Formen und ein Charakterbild des dicken Ritters, das weit über die Komödie *The merry wives of Windsor* von Shakespeare hinausgeht. Verdis Musik ist mindestens so „synthetisch" (d. h. gesättigt mit fünfzigjähriger Opernerfahrung) wie die librettistische Meisterleistung Boitos, der ja nicht nur Shakespeares *Falstaff*-Komödie, sondern auch deren italienische Quellen (vgl. unten) und weitere Texte Shakespeares heranzog, um ein möglichst umfassendes Bild Falstaffs entwickeln zu können.

Gleich das erste Bild der Oper ist eine doppelte Exposition des Titelhelden: Wir sehen und hören Falstaffs Verhalten *und* Denken. Ohne Umschweife geht es ins Geschehen (es gibt denn auch keine Ouvertüre). Wie in *Otello* bricht gleich ein Naturereignis herein: Dort ist es der Sturm, hier die ungebändigte Gestalt Falstaffs, der sich sofort und unmißverständlich als „Charakter" vorstellt. Er ist der Außenseiter des Spiels, sozusagen das Salz in der Suppe der bürgerlichen Welt von Windsor. Sein Reich ist sein Bauch; er ist, was er ißt. Deshalb ergreift er die von seinem niedrigen Kontostand eingegebene Idee der doppelten Briefwerbung, die den zweiten Teil der 1. Szene und damit die eigentliche Exposition der Handlung bildet. Im Zentrum steht freilich die große Moralpredigt, die er seinen beiden Gehilfen hält, als sie sich weigern, die Briefe zu übermitteln, und dabei auf ihre „Ehre" pochen. Mit einem salto mortale werden wir in Falstaffs Denkwelt versetzt, in seine Auffassung, daß es durchaus einen Unterschied macht, ob die „Ehre" vorhanden ist oder doch nur ein Begriffsgespenst darstellt, bloße Ideologie in einer Gesellschaft, deren Handeln und Lippenbekenntnisse nicht gleichen Ursprungs sind. Falstaff exponiert sich also nicht als buffone, sondern als umfassende Persönlichkeit, deren Witz und Scharfsinn („arguzia") die bürgerliche Welt von Windsor herausfordert. Bei Shakespeare sagt er denn auch: „Ich bin euer Text, und ihr seid im Vorsprung." In seinem großen Monolog zu Beginn des 3. Aktes räsoniert er nicht nur über die Schlechtigkeit der Welt – immerhin wurde er heimtückisch in die Themse geworfen – oder genießt die belebende Wirkung des Weines (Verdi komponierte das Behagen daran hörbar vergnügt aus), sondern nimmt sogar Züge des unsterblichen Don Quijote de la Mancha an, wenn er von der „wahren Mannesehre" spricht, die mit seinem Tod, der mit dem Tod des bereits überlebten Rittertums gleichzusetzen ist, ohnehin verschwindet. Das heißt: Falstaff redet von einem ganz anderen Ehrbegriff, als der bürgerliche Kanon vorgesehen hat. Außerdem: Seinem riesigen Bauch entspringen ja nicht nur Gelüste, sondern auch gute Gedanken. Er regt die Bürger von Windsor zu Grenzüberschreitungen an; man denke nur an das Durcheinander im 2. Bild des 2. Aktes. Sollte sich etwa Verdi in Falstaff wiedergesehen haben – freilich nicht in seinem Körper –, wo er doch, so seine eigenen Worte, sein Leben lang die große Trommel geschlagen und „Hereinspaziert" gerufen hat? Die Partitur des *Falstaff* jedenfalls zeigt Verdis wohl beste Seite: die Fähigkeit, blitzschnell zu reagieren, als sei er ein blutjunger Komponist, der den ganzen Reichtum der Oper an sich reißen will. Sparsam geht Verdi indessen hier mit den musikalischen „Perlen" um, die er in der „trilogia popolare" der 50er Jahre (*Rigoletto, Trovatore, Traviata*) so verschwenderisch ausgeschüttet hatte; Falstaffs sogenanntes „Pagenlied" („Quand'ero paggio") dauert eine halbe Minute und ist das schönste und luftigste (!) Stück der gesamten Oper, und Alices – der Hauptfigur (laut Verdi) – einzige „Arie" („Gaie comari di Windsor") ist eine Miniatur, die zudem ganz in die szenischen Vorbereitungen des „Spiels im Spiel" („Prepariamo la scena" heißt es zu Beginn des 2. Bildes im 2. Akt) integriert ist und deshalb nicht als musikalische „Nummer" zur Geltung kommen kann. Damit transzendiert Verdi die traditionellen Musizieranlässe, wie sie etwa noch in *Don Carlos* das „Lied vom Schleier" der Prinzessin Eboli bildet. Im *Falstaff* findet allenthalben das Theater im Theater statt – einmal ist sogar von der „casa di pazzi" (Irrenhaus) die Rede –; da gibt es keinen Raum (und auch keine Zeit) für Ariensituationen. Die lyrischen Passagen des jungen

Liebespaares Fenton und Nannetta werden, als Enklaven, in den Verlauf – wie eine Vorwegnahme filmischer Mittel – einfach „eingeblendet" (2. Akt, 2. Bild), während die Haupthandlung ohnehin von Boito geschickt teleskopartig aus drei in der Vorlage getrennt verlaufenden Fäden kurzerhand zusammengezogen worden ist. Der Besitzbürger Ford, der sich in dem Durcheinander als strategischer Anführer profiliert und natürlich das falsche Paar erwischt, bekommt, als Gegner des dicken Ritters, seine eigene Soloszene, in der ihm musikalisch buchstäblich die Hörner aus dem Kopfe wachsen. Diese Eifersuchtsszene ist musikalisch und dramaturgisch einer der Höhepunkte der Partitur: Fords Eifersucht ist nämlich nicht etwa die eines in seiner Ehre verletzten Mannes, sondern die des empfindlich getroffenen Geldbürgers, der seine Frau nur „besitzt"; und in unvergleichlicher Ironie läßt Verdis Musik durchblicken, daß sich Ford in seiner eigenen Falle gefangen hat. Im Orchester sind ständig die beiden Motive gegenwärtig, die Falstaff exponierte („Te lo cornifico" und „Dalle due alle tre"), und im Mittelpunkt des Monologs steht – bezeichnenderweise zwischen den beiden Passagen der Angst – der Fluch Fords auf die Ehe („eine Hölle") und die Frau („ein Dämon"), den Verdi zum Anlaß nimmt, eine musikalische Parallele zum schreienden Dr. Cajus vom Anfang der Oper zu ziehen. Der tumultartige, offene Anfang der Oper gilt ja nicht dem dicken Ritter, sondern gewissermaßen seinen Auswirkungen auf die Bürger von Windsor. Dr. Cajus ist ein Beispiel unter vielen.

Das Durcheinander der Szenen, in denen der imbroglio regiert, wird von Verdi mit geradezu kaltblütiger musikalischer Konstruktion gebändigt; am auffälligsten im 2. Bild des 2. Aktes und am subtilsten im 2. Bild des 1. Aktes. Hier nämlich arrangiert Verdi eine strikt durchgehaltene, spiegelsymmetrische Choreographie (man möchte fast sagen: Kinematographie, so genau sind die Regieanweisungen), die es erlaubt, die Exposition der beiden Parallelaktionen und die Nebenhandlung des jungen Liebespaares, die Boito mit Zitaten aus Boccaccios *Decamerone* würzte, marionettenhaft vorzuführen, ohne daß der Zuschauer sich der gewählten Form bewußt würde.

Um die Form geht es aber in dem Schlußensemble der Oper, das noch auf die allgemeine Demaskierung aller Beteiligten folgt: jene außerordentliche Fuge, die außerhalb der Handlung steht. Von einem guten Ende konnte ohnehin nicht die Rede sein, aber das Schlußwort, das Verdi ans Publikum richtet, ist ein rein musikalisches und zugleich ein Abschied vom Theater. Hätte Verdi sein Lebenswerk besser beschließen können als mit dieser

Demonstration des Kunstcharakters der Musik und zudem mit den Klängen jener banda, mit denen er einst seine Laufbahn begonnen hat?

Geschichte

Sieben Jahre nach dem spektakulären Mißerfolg der einzigen opera buffa Verdis, *Un giorno di regno, o Il finto Stanislao* (1840), behauptete Gioacchino Rossini, Verdi sei wegen seines angeborenen Hangs zum Tragischen nicht in der Lage, eine komische Oper zu schreiben. Tatsächlich bemerkte Verdi dreißig Jahre später dazu, als er von dieser Äußerung erfuhr, er suche schon seit langem einen für ihn geeigneten komischen Stoff; zeitweilig (um 1870) erwog er sogar Molières *Tartuffe*, bis ihn schließlich Arrigo Boito mit einem Szenarium zu einer *Falstaff*-Oper überreden konnte, es noch einmal, freilich auf ganz anderer Ebene, mit dem Genre der musikalischen Komödie zu versuchen (Sommer 1889). Verdi war so begeistert von Boitos Libretto, daß er es – ein einmaliger Fall in seinem Opernschaffen – so gut wie ohne wesentliche Einwände vertonte. Am 8. März 1890 hielt Verdi das komplette Libretto in Händen und meldete bereits neun Tage später, er habe die Kompositionsskizze des 1. Aktes „ohne irgendeine Änderung am Text" beendet. Doch die Arbeit an den weiteren Akten bereitete ihm, teilweise wegen persönlicher Ereignisse (zwei Freunde starben), mehr Mühe, vor allem die Komposition des Sonetts, mit dem das letzte Bild (das Solo Fentons) beginnt. Hier schuf Boito, dessen Libretto ohnehin eine Art Collage verschiedenster Textquellen darstellt, eine außerordentliche Synthese aus literarischen Motiven, die in vergleichsweise abstrakter Formulierung jenen Kuß idealisiert, der im 2. Bild des 2. Aktes in die Stille hineinplatzt. Es handelt sich, wie Wolfgang Osthoff ermittelt hat, um eine Montage aus Alessandro Manzonis *I promessi sposi*, Ugo Foscolos *Le grazie* und – zusätzlich zu diesen beiden Textquellen des 19. Jahrhunderts – Elementen aus Shakespeares *Romeo and Juliet* (I,5) und den Sonetten 8 und 128; Boitos artistische Fügung gipfelt in dem Zitat jener Stelle aus Boccaccios *Decamerone* („Bocca baciata non perde ventura"), die schon die eingeschobenen Duett-Passagen der beiden jungen Liebenden im 2. Bild des 1. Aktes bestimmt hat. Damit schloß Boito in dem Sonett genau den Kreis, den er in seinem *Falstaff*-Libretto insgesamt ausgeschritten hatte: den Weg vom fin de siècle zurück zu den Ursprüngen der *Merry wives of Windsor*, nämlich der italienischen Renaissance. Shakespeares Quelle war ja eine Erzählung von Gian Francesco Straparola und eine frivole Novelle aus dem Umkreis Boccaccios, die er der Sammlung *Il pecorone* (1554) entnahm. Doch damit nicht genug: Boito versetzte die Komödienhandlung, gleichsam gegen Shakespeare, in die Sphäre von dessen Welttheater, indem er nicht nur – zur Tiefenschärfe *Falstaffs* – auf Passagen in der Historie *King Henry IV.* (beide Teile) zurückgriff, sondern auch gewisse theaterhafte Momente wie das gegenseitige Hinauskomplimentieren Falstaffs und Fords oder die szenische Situation der Schlußfuge anderen Komödien Shakespeares entnahm; der Schluß des 1. Bildes des 2. Aktes („Passiamo insieme") stammt aus *The comedy of errors* (dort ist es der Schluß der Handlung), die Situation der Schlußfuge ist eine Annäherung an die Worte „die ganze Welt ist Bühne und alle Fraun und Männer bloße Spieler" vom Schluß des 2. Aktes der Komödie *As you like it* – damit ist also der Bezug zu Shakespeares Welttheater hergestellt. (Die Komödie *The merry wives of Windsor* gilt nur als Nebenarbeit des Dichters.)

Anfang Oktober 1892 liegt Verdis Partitur fertig vor. Zwischendurch behauptete der Komponist, er schreibe diese Oper lediglich zu seinem eigenen Vergnügen und könne sich eine Aufführung nur in Sant'Agata vorstellen. Dennoch begannen die ersten Klavierproben im Beisein Verdis bereits kurz nach Fertigstellung der Partitur. Für die Sängerin Giuseppina Pasqua komponierte Verdi eigens die Szene „Giunta all'albergo" (Botenbericht zu Beginn des 2. Bildes im 2. Akt) nach und überraschte damit die Sängerin am 7. November 1892. Die Uraufführung am 9. Februar 1893, unter der musikalischen Leitung von Edoardo Mascheroni, den Verdi scherzhaft den „dritten Autor des *Falstaff*" nannte, und mit Victor Maurel, dem ersten Jago, in der Titelrolle war mehr ein Achtungserfolg, als daß sich einhellige Begeisterung eingestellt hätte. Man staunte über die jugendfrische Partitur des greisen Verdi – zu mehr wollte es nicht reichen. Bis vor kurzem wurde auf den deutschen Bühnen Verdis Meisterwerk sogar von Otto Nicolais *Lustigen Weibern von Windsor*, einer Biedermeier-Variante des Stoffes, wenn auch mit genialer Musik, verdrängt. Bis heute ist Verdis *Falstaff* eine Oper für Kenner geblieben, deren hermetische Kunstwelt seinerzeit dem aufkommenden verismo in deutlichster Weise die Stirn geboten hat.

Dietmar Holland

Diskographische Empfehlung

1950 – New York: Arturo Toscanini, The Robert Shaw Chorale, NBC Symphony Orchestra. Giuseppe Valdengo (Falstaff), Frank Guerrara (Ford), Antonio Madasi (Fenton), Herva Nelli (Alice), Teresa Stich-Randall (Nannetta), Cloe Elmo (Quickly). RCA 26.35012

1952 – Teatro alla Scala, Mailand: Victor de Sabata, Chor und Orchester der Mailänder Scala. Mariano Stabile (Falstaff), Paolo Silveri (Ford), Cesare Valletti (Fenton), Renata Tebaldi (Alice), Alda Noni (Nannetta), Cloe Elmo (Quickly). Nuova Era 2220/21 (ADD)

1956 – London: Herbert von Karajan, Philharmonia Chorus and Orchestra. Tito Gobbi (Falstaff), Rolando Panerai (Ford), Luigi Alva (Fenton), Elisabeth Schwarzkopf (Alice), Anna Moffo (Nannetta), Fedora Barbieri (Quickly). EMI, SLS 5211

CHARLES GOUNOD

geb. 17. Juni 1818 in Paris
gest. 18. Oktober 1893 in Saint-Cloud (bei Paris)

Die Oper *Faust* überschattet nicht ganz zu Unrecht alle anderen Werke von Charles Gounod, abgesehen von seinem berühmt-berüchtigten *Ave Maria*, das Bachs C-dur-Präludium zur begleitenden Harmonie-Folge reduziert. Gounod teilt mit vielen (bedeutenden) Komponisten des 19. Jahrhunderts – etwa Bizet oder Saint-Saëns – das Schicksal, mit einem oder wenigen Werken identifiziert zu werden; eine Folge des gnadenlosen geschichtlichen Selektionsverfahrens. Sein umfangreiches Opernschaffen ist heute so gut wie unbekannt. Gounod studierte zunächst (privat) bei dem berühmten Pariser Kompositionslehrer Anton Reicha und nach dessen Tod am Pariser Conservatoire u. a. bei Lesueur und Halévy. Ein längerer Rom-Aufenthalt (Gounod gewann 1839 den „Prix de Rome") weckte sein Interesse für Kirchenmusik allgemein und für den Palestrina-Stil insbesondere. Erst in den 50er Jahren, beeinflußt von Berlioz, wandte er sich dem Musiktheater zu. Doch seine frühen Opern blieben erfolglos; *Sappho* (1851, zweite und dritte Fassung: 1858 und 1884), *La nonne saglante* (1854) und *Le médecin malgré lui* (nach Molière, 1858). Dann kam der grandiose Erfolg mit *Faust*, ein Triumph, an den er nie mehr anschließen konnte. Abgesehen von *Roméo et Juliette* (1867) und eventuell *Mireille* (1864), deren Bedeutung in den letzten Jahren wieder zunimmt, bleiben die anderen Werke für die Operngeschichte Makulatur; *Philémon et Baucis* (1860), *La reine de Saba* (1862), *La colombe* (1866), *Cinq-Mars* (1877/78), *Polyeucte* (1878) und *Le tribut de Zamora* (1881).
Gounod war sicherlich kein Revolutionär der französischen Oper (obwohl er seine *Sappho* als bahnbrechend verstand), er versuchte aber unterschwellig die verschiedenen Gattungen miteinander zu versöhnen. Die Verbindung von opéra comique und drame lyrique sowie der grand opéra gelang vollendet allerdings nur im *Faust*.   *Bernhard Rzehulka*

Faust (Margarethe)
Opéra in fünf Akten

Text: Jules Barbier und Michel Carré, nach Goethes *Faust*
Uraufführung: 19. März 1859, Théatre-Lyrique, Paris. Erstaufführ-
rung der 2. (durchgesetzten) FASSUNG: 3. März 1869, Opéra (Salle
de la rue Le Peletier), Paris
Personen: Doktor Faust (Ten); Mephistopheles (Baß); Valentin,
Bruder von Margarethe (Bar); Wagner, ein junger Student (Bar);
Margarethe (Sop); Siebel, ein junger Verehrer Margarethes (Sop);
Marthe Schwerdtlein, Nachbarin und Freundin Margarethes
(Mez)
Chor: Studenten; Soldaten; Bürger; Geistererscheinungen; Engel
Ort und Zeit: Eine Stadt in Deutschland, im 16. Jahrhundert
Orchester: Picc, 2 Fl, 2 Ob, E. H., 2 Kl, 2 Fg, 4 Hrn, 2 Trp, 3 Pos,
Btba, Pkn, Schlgzg, 2 Hrf, Streicher
Auf der Bühne: Org, Sopsaxhrn, 2 Cornetts, 2 Trp, 2 Altpos, Tenpos,
Bsaxhrn, Kbsaxhrn
Form: Nummernoper mit 20 Musiknummern, in der 2. Fassung
verbunden durch Orchester-Rezitative
Aufführungsdauer: 3 Stunden
Verlag: Choudens, Paris

Handlung
1. AKT: In seinem Studierzimmer geht für den alten Faust wieder
eine durchwachte Nacht zu Ende, in der er sich vergebens bemühte, sein
Streben nach der tiefsten Erkenntnis zum Erfolg zu führen. Verzweifelt
beschließt er am Morgen, sich umzubringen, als eine draußen vorbeizie-
hende Schar junger Mädchen und Burschen ihn für einen Augenblick
ablenkt. Daraufhin nimmt Faust von dem schon vorbereiteten Gifttrunk
Abstand und sucht einen letzten Ausweg; er ruft nach dem Teufel. Sofort
steht Mephisto in Gestalt eines Edelmannes vor ihm und verspricht ihm die
Erfüllung seiner Wünsche, wenn ihm dafür Fausts Seele im Jenseits gehören würde. Die Vision eines Mädchens am Spinnrad, für das Faust sofort in
Liebe entbrennt, zerstreut die letzten Zweifel. Der Pakt wird geschlossen.
Mephistos Zaubertrank macht Faust zum jungen, feurigen Mann.
2. AKT: Auf einem Platz vor einer Schenke stehen ausgelassene
junge Leute beisammen. Valentin, der im Begriff ist, in den Krieg zu ziehen,

bittet seine Freunde, während seiner Abwesenheit seine Schwester Margarethe zu beschützen. Allen voran Siebel, der Margarethe heimlich liebt,
gelobt dies freudig. Unter das muntere Treiben mischt sich Mephisto mit
dem Lied vom Goldenen Kalb. Mephistos Weissagungen – Wagner würde
bald sterben, Siebel würden alle Blumen für seine Angebetete in der Hand
verdorren – lassen ihn für die Freunde unheimlich werden. Als er schließlich Wein aus einem leeren Holzfaß fließen läßt, versuchen sie ihn vergeblich mit ihren gezückten Degen zu vertreiben. Erst das Kreuzzeichen und
ein Choral treiben Mephisto davon. Er begegnet Faust, der von ihm fordert,
jenes Mädchen zu sehen, das Mephisto ihm als Vision gezeigt hatte. Da tritt
Margarethe aus der Kirche, weist aber Fausts Annäherungen zurück. Mephisto verspricht, die Liebesbeziehung in die Wege zu leiten.

3. AKT: In Margarethes Garten pflückt Siebel Blumen für die Angebetete, die in seinen Händen sofort vertrocknen. Erst Weihwasser kann
Mephistos Zauber bannen. Währenddessen überzeugt Mephisto seinen
Herrn, daß einzig kostbarer Schmuck das Herz Margarethes im Sturm
eroberte und stellt ein Kästchen vor ihrer Tür ab. Margarethe findet die
Juwelen, und als ihr die Nachbarin Marthe Schwerdtlein zuredet, legt sie
den Schmuck ohne lange Überlegungen an. Faust und Mephisto kommen
hinzu. Um Faust Gelegenheit zu geben, Margarethe seine Liebe zu gestehen, verwickelt Mephisto die freudig überraschte Marthe Schwerdtlein in
ein Gespräch. Deren schon herbstlicher Charme setzt ihm allerdings gehörig zu. Margarethe aber ist überwältigt von Fausts zärtlicher Liebe. Als
Faust sich von ihr trennen will, hält Mephisto ihn zurück. Gemeinsam
belauschen sie Margarethes nächtlich-sehnsüchtige Worte. Faust kann sich
nicht mehr zurückhalten; die Liebe findet ihre Erfüllung.

4. AKT: Von Faust verlassen, sitzt Margarethe in ihrem Zimmer am
Spinnrad. Sie erwartet ein Kind, was für ihre Umgebung Anlaß genug ist,
sie zu verspotten. Siebel versucht vergeblich, ihr beizustehen. In ihrer Verzweiflung begibt sie sich in die Kirche, wo sie allerdings keine Ruhe findet,
denn Mephisto ist zugegen und läßt schauerliche Dämonen ihr Unwesen
treiben. Valentin kehrt aus dem Feld zurück und erfährt vom schändlichen
Schicksal seiner Schwester. Als Faust, von Reue getrieben, sich Margarethes Haus nähert, stürzt sich Valentin auf ihn. Seine Rache mündet in ein
Duell, in dessen Verlauf er – von Mephisto gesteuert – tödlich verwundet
wird. Faust ist über diesen Ausgang entsetzt, wird jedoch von Mephisto
rasch fortgezogen. Sterbend verflucht Valentin seine Schwester, die ohnmächtig neben ihm zusammenbricht.

5. AKT: In der Landschaft des Harzgebirges kündigt sich die Walpurgisnacht an. Vor den Augen Fausts verwandelt Mephisto die Gegend in einen ebenso riesigen wie prunkvollen Höllensaal. Längst gestorbene Königinnen und Kurtisanen feiern ein orgiastisches Bacchanal, das Faust den Verstand benebelt. Als er aber eine Vision der geliebten Margarethe sieht, hält ihn nichts mehr zurück.

Zusammen mit ihr findet er sich in einem Gefängnis wieder. Trotz ihrer geistigen Umnachtung erkennt Margarethe Faust wieder und erinnert sich an das frühere gemeinsame Glück. Als aber Mephisto dazwischentritt, um Faust mit sich zu nehmen, wendet sich Margarethe entsetzt ab und stirbt. Stimmen aus der Höhe verkünden ihre Rettung.

Kommentar

So hatte sich Goethe eine Vertonung seines opus summum wohl nicht vorgestellt. Dem Dichter-Fürsten, der einer musikalischen Übersetzung seiner *Faust*-Tragödie durchaus aufgeschlossen war, galt Mozarts ästhetisch umfassender Zugriff des *Don Giovanni* als Ideal. Der ohnehin faustische Charakter Beethoven, der das Projekt tatsächlich ins Auge faßte, ohne es jemals konkret in Angriff zu nehmen, hätte Goethes Zustimmung sicher gefunden. Denn eine Musik zum *Faust*, so Goethe zu Eckermann, muß auch „das Abstoßende, Widerwärtige und Furchtbare" sinnlich erfahrbar machen, oder, anders gesagt, ihr Gehalt und ihr Charakter müssen sich dem Geisteskosmos der Tragödie gewachsen zeigen. Während Hector Berlioz in *La damnation de Faust* dieser ästhetischen Forderung zumindest nahekam, stand ähnliches bei einem Meister des innigen Wohlklangs, wie Charles Gounod es war, nicht zu erwarten. Daß ausgerechnet sein *Faust* die bei weitem erfolgreichste Komposition über dieses Sujet wurde, wäre nur dann eine Ironie der Musikgeschichte, hätte Gounod tatsächlich Goethes Tragödie vertont. Das aber ist nur sehr bedingt der Fall.

Die direkte Vorlage war eine Goethe-Adaption für den Boulevard: Michel Carrés *Faust et Marguerite* (1850), ein drame fantastique, das Jules Barbier zunächst allein zum Libretto umarbeitete; später gesellte sich Carré hinzu (1855/56). Für die Walpurgisnacht-Szene des 5. Akts sowie für die Dom-Szene des 4. Akts griff Barbier passagenweise wörtlich auf Gérard de Nervals Übersetzung des Goetheschen *Faust* zurück. (Beides fehlt in Carrés Theaterstück.) Von Anfang an bestand die Absicht, die Perspektive zu verengen. Das gewaltige Ideen-Drama sollte lediglich als Handlungsgerüst dienen, als Ausgangspunkt für eine Liebesgeschichte mit satanischer Beteiligung; eine gängige Opernpraxis, wenn man nach geeigneten Stoffen Ausschau hält. Das als Präambel zu akzeptieren, scheint unerläßlich, wenn man Gounods Werk so erfahren will, wie es gemeint ist: als eine grand opéra zwischen Liebe, Tod und Teufel. Der aus dem Jahr 1855 stammende Plan Gounods und Carrés nahm 1856 durch die Initiative Léon Carvalhos, des Direktors des Pariser Théâtre-Lyrique, konkrete Formen an. Bis März 1857 lagen die drei ersten Akte komplett vor. Der Fortgang wurde dann mehrmals unterbrochen; zunächst durch Gounods Projekt *Ivan le Terrible* und die Molière-Oper *Le médecin malgré lui,* dann durch Carvalhos Zögern wegen eines *Faust*-Konkurrenzstückes am Théâtre de la Porte Saint-Martin. Im September 1858 hatte Gounod schließlich das Werk abgeschlossen. Sehr zum Leidwesen des Komponisten strich Carvalho während der Proben die Partitur ziemlich rüde zusammen; der musikalisch schmerzlichste Verlust dürfte die seither verschollene Wahnsinnsarie Margarethes gewesen sein, die den letzten Akt eröffnen sollte. Die Uraufführung am 19. März 1859 wurde trotzdem zum überwältigenden Erfolg; das Werk wurde bis 1868 über 300mal gegeben.

Als Carvalho aufgrund finanzieller Probleme sein Theater schließen mußte, erwarb die Grand Opéra die Rechte, deren Direktor Émile Perrin Gounod mit einer Umarbeitung beauftragte, die auf die Erfordernisse des Hauses zugeschnitten war. Neben zwei neuen Musiknummern (das Couplet Mephistos im 4. Akt sowie die Ballettmusik der Walpurgisnacht-Szene) war die entscheidende Änderung die Überführung der bis dahin gesprochenen Dialoge in Orchester-Rezitative. Die Arbeit war im November 1868 abgeschlossen; am 3. März 1869 kam das Werk in dieser Form heraus und wurde unmittelbar als gültige Fassung anerkannt, auch wenn die Dialogversion noch 1932 ein letztes Mal neu einstudiert wurde.

So ist *Faust* alles andere, als ein in sich geschlossenes Werk, viel eher ein mixtum compositum aus mehreren Gattungssträngen. Zur opéra comique tendieren die Couplets Mephistos („Ronde de veau d'or", „Vous qui faites l'endormie" und „Minuit!, minuit") sowie jene handlungsbedeutsamen Rollen (Valentin, Siebel), die jedoch keine eigenständige musikalische Kontur erhalten. Der grand opéra gehören die Rezitative und das Ballett an sowie jener hochfliegende Tonfall der Dom-Szene und des Schlußbildes. Diese Mischform von opéra comique und lyrique einerseits und grand opéra andererseits spiegelt zwar die Krise der einzelnen, vormals eigenständigen Gattungen wider, zeigt aber ebenso Gounods originellen Zugriff auf das Sujet und auf die Wirklichkeit des Theaters; ein Traditionalist, der nach

vorne blickt. Vor allem der 3. Akt, der ja von allen Fassungsfragen unberührt ist, stellt eine eigene kompositorische Dramaturgie dar. Die musikalisch verzahnte Folge von Cavatine, Lied, Quartett und Duett ist im
Bereich der französischen Oper ohne Vorbild und steht quer zu allen Gattungen. Auch die Technik der „Erinnerungsmotivik" im Zusammenhang
mit Margarethe (etwa im letzten Akt, wenn sie, den Tod vor Augen, der
ersten Begegnungen mit Faust gedenkt) weist eher auf Massenet und Puccini voraus, als daß sie sich auf Traditionen stützen könnte.

Sicher war Gounod kein Revolutionär des Musiktheaters. Aber seine Kraft
der Melodik, die klug disponierte Instrumentation und sein untrügliches
Gespür für ebenso dezente wie treffsichere Bühnenwirkungen, stellen ihn
in die erste Reihe der französischen Opernkomponisten. Mit dem *Faust*
schuf er eine Liebesoper von romantischem Schmelz und suggestiver Über-
redungskunst – nicht mehr, aber auch nicht weniger. Obwohl das Werk erst
nach Ablauf eines Jahrzehntes (1858–1868) sein heute anerkanntes Gesicht
erhielt, ist es alles andere als ein Konglomerat der schönen Melodien.
Vielmehr bleibt in jedem Moment der große dramaturgische Atem spürbar.

Geschichte

Überraschenderweise war bereits der ersten (Dialog-)Fassung des
Faust von 1859 jene Ausstrahlung beschieden, die das Werk zu einem der
größten Erfolge der gesamten Opernliteratur machte. Nahtlos konnte daran
die – von da ab als gültig angesehene – (Rezitativ-)Fassung anknüpfen, die
Gounod 1868 für die Pariser Opéra erstellte. Bis heute zählen die Pariser
Theater (u. a. Salle Garnier, Salle de la rue Le Peletier, Salle Ventadour)
nahezu 3000 Aufführungen des Werkes. Dieser atemberaubenden Statistik
nur unwesentlich nachstehend folgen Londons Covent Garden und die
New Yorker Metropolitan Opera. Die Besetzungslisten lesen sich wie eine
einzige Sängerlegende. Genannt seien Giacomo Lauri-Volpi, Enrico Ca-
ruso, George London, Giuseppe di Stefano und Placido Domingo in der
Partie des Faust; Nelli Melba, Lotte Lehmann, Victoria de los Angeles,
Mirella Freni und Kiri te Kanawa als Margarethe; Victor Maurel, Fjodor
Schaljapin, Alexander Kipnis, Ezio Pinza, Nicolai Ghiaurov und Ruggero
Raimondi als Mephistopheles. Kein Sänger, der nicht in seiner Partie die
Chance eines persönlichen Triumphes gesehen hätte.

Im Vergleich dazu kann der deutschsprachige Raum erst in jüngerer Zeit
einigermaßen mithalten. Die steigenden Aufführungszahlen sind aber
wohl eher eine Folge der Internationalisierung der Sänger-Stars, denn so

ganz haben die tiefgründigen Deutschen die „Trivialisierung" ihres *Faust*-Heiligtums noch nicht verdaut. Daran kann aber die 1976 von Fritz Oeser vorgelegte „Neue kritische Gesamtausgabe" dauerhaft etwas ändern. Der Alptraum aller Germanisten feiert glänzende Erfolge in der DDR: Leipzig (1976), Ost-Berlin und Zwickau (1977), in der Bundesrepublik: Kassel (1978), Nürnberg (1979), München (1980), Hamburg (1985) sowie in Österreich: Salzburg (1980) und Wien (1985).   *Bernhard Rzehulka*

Diskographische Empfehlung

1958 – Paris: André Cluytens, Chor und Orchester der Opéra Paris. Victoria de los Angeles (Marguerite), Rita Gorr (Marthe), Nicolai Gedda (Faust), Ernest Blanc (Valentin), Boris Christoff (Méphistophélès). EMI, HMV SLS 819

1978 – Paris: Georges Pretre, Chor und Orchester der Opéra Paris. Mirella Freni (Marguerite), Jocelyne Taillon (Marthe), Placido Domingo (Faust), Thomas Allen (Valentin), Nicolai Ghiaurov (Méphistophélès). EMI 667-747 493-8 (ADD)

1986 – München: Colin Davis, Chor und Symphonieorchester des Bayerischen Rundfunks. Kiri te Kanawa (Marguerite), Marjana Lipovsek (Marthe), Francisco Araiza (Faust), Andreas Schmidt (Valentin), Evgeny Nesterenko (Méphistophélès). Philips 420 164-2 (DDD)

Roméo et Juliette
Opéra in einem Prolog und fünf Akten

Text: Jules Paul Barbier und Michel Florentin Carré, nach William Shakespeares *An excellent conceited tragedy of Romeo and Juliet*
Uraufführung: 27. April 1867, Théâtre-Lyrique (1. FASSUNG, hier behandelt), Paris
Personen: Juliette, Capulets Tochter (Sop); Stéfano, Roméos Page (Sop); Gertrude, Juliettes Amme (Mez); Roméo (Ten); Tybalt, Neffe Capulets (Ten); Benvolio (Ten), Mercutio (Bar), Freunde Roméos; Graf Pâris (Bar); Grégorio, Diener der Capulets (Bar); Capulet, Juliettes Vater (Baß); Der Herzog von Verona (Baß); Bruder Laurent (Baß); Bruder Jean (Baß)

Chor: Damen und Herren von Verona; Bürger; Soldaten; Mönche; Diener; Pagen
Ort und Zeit: Verona, im 14. Jahrhundert
Orchester: Picc, 2 Fl, 2 Ob (2. auch E. H.), 2 Kl, 2 Fg, 4 Hrn, 2 Trp (Pistons), 3 Pos, Pkn, Schlgzg (Bck, GrTr, Trgl), Streicher
Hinter der Bühne: 2 Hrf, Orgel
Form: Durchkomponiert
Aufführungsdauer: Ca. 2¾ Stunden
Verlag: Choudens, Paris

Handlung
Die Ouvertüre ist mit einem von allen Solisten gesungenen Prolog verschmolzen, der – nach dem Vorbild Shakespeares – von der haßerfüllten Fehde zwischen den Capulets und den Montaigus und dem tragischen Schicksal der beiden Liebenden erzählt.

1. AKT: Capulet veranstaltet einen rauschenden Maskenball, um seine Tochter Juliette in die Gesellschaft einzuführen. Dem vornehmen Grafen Pâris, dem Juliette versprochen ist, schwärmt Capulets Neffe Tybalt von der Schönheit des jungen Mädchens vor. Tatsächlich ruft Juliettes Erscheinen allgemeine Bewunderung hervor. Capulet heißt seine Gäste willkommen und mahnt sie zur Fröhlichkeit. Ein wenig abseits stehen Roméo, Mercutio und Benvolio Montaigus, die sich mit einigen Freunden unter dem Schutz der Masken ins Haus ihrer Todfeinde eingeschlichen haben. Roméos sorgenvollen Grübeleien entgegnet Mercutio spöttisch mit der Ballade von der Königin Mab, der Königin der Träume und des Trugs. Roméo erblickt Juliette, verliebt sich augenblicklich in sie und spricht sie in einem unbewachten Moment an. Ihr erstes Liebesgeständnis wird von Tybalt gestört, der Roméo – obwohl dieser in letzter Sekunde seine Maske wieder aufsetzt – an der Stimme erkennt. Juliette stellt traurig fest, daß sie sich in einen Todfeind der Familie verliebt hat, auch Roméo erfährt mit Schrecken, wen er liebt. Tybalt will sich auf ihn stürzen, wird jedoch von Capulet, dem das Gastrecht heilig ist, zurückgehalten.

2. AKT: Über eine Strickleiter gelangt Roméo mit Hilfe seines Pagen Stéfano in den Garten der Capulets. Von draußen dringen die spöttischen Stimmen der Freunde zu ihm. In einer Cavatine vergleicht er die Geliebte mit der aufgehenden Sonne, die die Nacht vertreibt. Juliette tritt auf den Balkon hinaus, und die beiden gestehen sich ihre Liebe. Bald jedoch muß sich Roméo vor Grégorio und einigen Dienern verbergen, die den Garten

nach einem Pagen der Montaigus absuchen. Juliette erscheint auf der Schwelle des Pavillons, wird aber von ihrer Amme Gertrude ins Haus gerufen. Einen Augenblick ist Roméo allein und besingt den Traum dieser „himmlischen Nacht", dann kehrt Juliette zurück und bittet ihn, sie zu heiraten. Die flüsternde Stimme der Amme stört ein zweites Mal die Liebesschwüre der Liebenden. Schweren Herzens trennen sie sich, Roméo bleibt in tiefster Seligkeit allein.

3. AKT. 1. Bild: Obwohl er sich der Gefahr bewußt ist, in die er sich begibt, vermählt Bruder Laurent die Liebenden in der Hoffnung, diese Heirat möge den Streit zwischen den beiden Häusern beenden.
2. Bild: Stéfano ist auf der Suche nach seinem Herrn, der seit dem gestrigen Abend spurlos verschwunden ist. In einem Spottlied vergleicht er das Haus der Capulets mit einem Geierhorst, aus dem bald „eine kleine Taube entflattern" werde. Grégorio stürzt wutentbrannt auf die Straße, und nach einem kurzen Wortwechsel kommt es zum Zweikampf, in den bald auch der herbeigeeilte Mercutio verwickelt ist. Als schließlich Tybalt auf diesen losgehen will, erscheint Roméo und wirft sich zwischen die Streitenden. Ungeachtet schwerer Beleidigungen Tybalts weigert sich Roméo, das Schwert gegen den Mann zu ziehen, der seit einigen Stunden sein Vetter ist. Aber seine Bitte, den alten Haß zu vergessen, verhallt ungehört. Mercutio glaubt, für die Ehre des Freundes eintreten zu müssen, und fordert Tybalt heraus. Roméo versucht zu vermitteln, doch als Mercutio sterbend unter den Streichen seines Gegners niedersinkt, stößt er Tybalt in blinder Wut nieder. Dieser stirbt in den Armen seines Onkels. Zu spät bereut Roméo seine Tat. Der Herzog von Verona verbannt ihn auf ewig aus der Stadt. Erneut schwören sich die Capulets und Montaigus ewige Feindschaft.

4. AKT. 1. Bild: Den Bannspruch mißachtend, verbringt Roméo die Brautnacht bei Juliette, die ihm den Tod Tybalts verzeiht. Die Lerche verkündet den Anbruch des Tages, doch abwechselnd versuchen die Liebenden sich einzureden, es sei die Nachtigall, „die verschwiegene Zeugin der Liebe". Schließlich trennen sie sich, wenige Augenblicke bevor Capulet, Gertrude und Bruder Laurent das Zimmer betreten und Juliette fassungslos den letzten Wunsch Tybalts vernehmen muß: Sie soll noch am selben Tag Graf Pâris heiraten. Nachdem ihr Vater fort ist und sie Bruder Laurent verzweifelt gesteht, lieber sterben zu wollen, reicht ihr dieser ein Narkotikum, das sie in einen todesähnlichen Schlaf versetzen werde. Der Bruder werde Roméo benachrichtigen, und in der Familiengruft werde sie in den Armen ihres Gemahls erwachen. Juliettes Liebe siegt über ihre

Furcht vor den Toten, insbesondere vor dem Geist Tybalts: Sie trinkt das Narkotikum.

2. Bild: In einem feierlichen Zug wird Juliette zum Altar geführt, begleitet von den Segenswünschen der Gäste und den Mahnungen des Vaters. Als Pâris ihr den Ring anstecken will, bricht sie wie leblos zusammen.

5. AKT: Von Bruder Jean erfährt Bruder Laurent, daß Stéfano von den Capulets verwundet worden sei und die Nachricht von Juliettes fingiertem Tod nicht überbringen konnte. Ein Orchesterzwischenspiel schildert Juliettes Schlaf. Roméo dringt in die Gruft ein und umarmt die Geliebte ein letztes Mal, bevor er sich vergiftet. Sekunden später erwacht Juliette aus ihrem todesähnlichen Schlaf. Als ihr Roméo nach kurzem Freudentaumel seinen nahenden Tod ankündigt, ersticht sich Juliette. Sterbend gestehen sie sich ein letztes Mal ihre Liebe und bitten Gott um Vergebung.

Kommentar

Roméo et Juliette war Gounods größter unmittelbarer Bühnenerfolg, und Henri Moréno verkündete in seiner Rezension der Uraufführung überschwenglich, *Faust* habe „sein ebenbürtiges Gegenstück gefunden". In der Tat erweist sich Gounod in der Shakespeare-Oper – nicht weniger überzeugend als in *Faust* – als Meister des drame lyrique, jenes Operngenres also, „das sich aus der von Meyerbeer in Szene gesetzten Weltgeschichte ins Interieur privater Tragödien zurückzog" (Carl Dahlhaus). Gounod verzichtet nicht nur nahezu vollständig auf Massenszenen und große Tableaus, es läßt sich überdies kaum bestreiten, daß der musikalische Gehalt der Oper – sieht man von Mercutios Ballade und Stéfanos Chanson einmal ab – sozusagen restlos in den vier großen Duetten der Protagonisten aufgeht. Darüber freilich läßt man sich nicht nur angesichts des atmosphärischen Zaubers und der sinnlichen Emotionalität, die die Musik verströmt, willig hinwegtäuschen, sondern auch aufgrund des hohen Grades an künstlerischer Inspiration und aufrichtiger Empfindung, die aus nahezu jedem Ton dieser Duette sprechen. Gounods Ringen um diese Szenen spiegelt sich in einem Brief an seine Frau vom Frühjahr 1865: „Ich sehe sie doch beide so gut; ich höre sie, aber habe ich sie *gut* gesehen, *gut* gehört, diese beiden Liebenden? Wenn sie es mir selbst sagen, mir ein Zeichen der Zustimmung geben könnten! Ich lese es, dieses Duett, ich lese es noch einmal ... ich versuche, es schlecht zu finden; ich habe Angst davor, es gut zu finden und mich zu irren! Und doch hat es mich ganz in seinem Bann! es fesselt mich! es war eine ehrliche Geburt. Und vor allem *glaube* ich daran."

Der Fassungswirrwarr, der *Roméo et Juliette* begleitete, sollte nicht darüber hinwegtäuschen, daß Gounod von vornherein eine sehr konkrete konzeptionelle Vorstellung von seiner Oper besaß, die bereits aus einem Brief vom 5. Mai 1865 spricht: „Der 1. Akt endet glanzvoll, der zweite zärtlich und träumerisch; der dritte lebhaft und ausladend mit den Duetten und Roméos Verurteilung ins Exil; der vierte dramatisch und der fünfte tragisch. Das ist eine schöne Entwicklung…"

Anders als in den meisten Vertonungen des *Romeo und Julia*-Stoffes hielten sich Gounods Librettisten Barbier und Carré sehr eng an das Shakespearesche Original bzw. die ihnen zugänglichen Übersetzungen Benjamin Laroches (1839/40), Francisque Michels (1855) und François-Victor Hugos (1860). Kürzungen waren freilich unvermeidlich, und so konnten Barbier und Carré lediglich zehn der 24 Szenen des Originals verarbeiten. Die so entstandenen dramaturgischen Schwachstellen überbrückte Gounod nicht zuletzt mit Hilfe einer Reihe motivischer Gedanken, die musikalische, aber eben auch dramaturgische Zusammenhänge schufen. Unverkennbar – und hier liegt vielleicht die stärkste Abweichung vom Original – ist der klar religiöse Unterton der Oper, der vor allem aus der – hinzugefügten – kirchlichen Trauung und dem Schlußsatz: „Seigneur, pardonnez-nous" spricht. In der Schlußszene griffen Barbier und Carré auf die Fassung des Schauspielers David Garrick zurück, in der Romeo noch lebt, wenn Julia erwacht, um dem Komponisten auf diese Weise ein letztes großes Schlußduett zu ermöglichen.

Geschichte

Eine Probe von Berlioz' dramatischer Symphonie *Roméo et Juliette*, die Gounod als zwanzigjähriger Konservatoriumsschüler erlebte, hinterließ einen tiefen Eindruck bei dem jungen Musiker, und die Finalszene spielte er dem verblüfften Berlioz später auswendig auf dem Klavier vor. 1842 vertonte Gounod Bruchstücke eines *Romeo e Giulietta*-Librettos, und 1862 bereits fragte ihn bezeichnenderweise ein belgischer Musikkritiker: „Wann werden Sie uns jenes *Roméo et Juliette* geben, das für Sie gemacht zu sein scheint und das nur Sie allein der französischen Bühne schenken können?" Gounods erste briefliche Erwähnung eines *Roméo et Juliette*-Projektes stammt von 1864, und bis zum Frühjahr 1865 hatte er mehrere andere Vorhaben fallengelassen, darunter die Vertonung eines *Fiesko*-Librettos, das ihm Barbier angeboten hatte, sowie die Arbeit an einer mythologischen Komödie – *Amphitryon* – nach Molière. Im April 1865 zog sich Gounod

nach Saint-Raphaël zurück, um in der Abgeschiedenheit der Provence an
dem wohl noch unfertigen Entwurf Barbiers und Carrés zu arbeiten. Léon
Carvalho, der Direktor des Théâtre-Lyrique, setzte während der Proben
eine Reihe von Änderungen durch. So mußte Gounod das ursprünglich
nicht vorgesehene Hochzeitstableau des 4. Aktes hinzufügen und – als
offenkundiges Zugeständnis an Madame Carvalho, der Juliette der Uraufführung – die valse ariette des 1. Aktes. In einem Brief vom 28. September
1866 wünschte sich der Komponist überdies gesprochene Dialoge, die er
erst nachträglich vertonen wollte, wenn es ihm sinnvoll erschiene. Carvalho
stimmte ihn auch hierin um. Und genauso dürfte der Prolog in dieser Form
erst während der Proben entstanden sein, die gegen Ende überaus hektisch
und – wie Carvalho meinte – „verdrießlich" wurden. Dennoch wurde der
Premierenabend Gounods größter Bühnenerfolg. Die Presse reagierte
überwiegend zustimmend, teils enthusiastisch, und nur Henri Blaze de
Bury, der Kritiker der „Revue de Deux Mondes" hörte „viel Künstelei und
Manierismus" und bemängelte „die völlige Abwesenheit dramatischen Lebens". Bis zum 1. Januar 1868 wurde die Oper 102mal gegeben. Die erste
Auslandsproduktion fand 1867 in der Londoner Covent Garden Opera
statt, Mailand, Brüssel und Dresden folgten im selben Jahr. Am 20. Januar
brachte die Opéra-Comique in der Salle Favart das Werk in einer Fassung
von Georges Bizet heraus, den Gounod von London aus mit dieser Aufgabe
betraut hatte. Bizet strich u. a. den Auftritt des Herzogs im 3. Akt. Bis zum
27. Dezember 1887 spielte die Opéra-Comique diese Fassung 291mal. Für
die erste Aufführung in der Opéra im Palais Garnier am 28. November 1888
– die Oper blieb hier bis 1963 im Repertoire – fügte Gounod den Auftritt des
Herzogs wieder ein und sah sich überdies gezwungen, für den 4. Akt ein
Ballett zu komponieren, ein offenkundiger Fremdkörper in dem lyrischen
Werk. Als bedeutendste Nachkriegsproduktionen seien die des Gran Teatro
del Liceo de Barcelona von 1963, der Metropolitan Opera von 1967 – sie
hatte das Werk 1891 erstmals herausgebracht – genannt. 1981 fanden
gleich vier Neuproduktionen statt: am Teatro Colon de Buenos Aires, in der
English National Opera, in der Dallas Opera und schließlich in der Lyric
Opera of Chicago. 1982 erfolgte eine Neuinszenierung der Pariser Opéra,
und 1983 inszenierte René Terrasson Roméo et Juliette nach der ersten
gedruckten Ausgabe – von der allerdings bereits die Uraufführung abgewi-
chen sein dürfte – in Straßburg.
Musikgeschichtlich war auch der Einfluß dieser Oper Gounods bedeutsam
für die nachfolgende Komponistengeneration; er läßt sich unschwer in

Bizets *Les pêcheurs de perles* nachweisen, aber auch bei Massenet und Saint-Saëns.   *Oswald Beaujean*

Diskographische Empfehlung

1968 – Paris: Alain Lombard, Chor und Orchester der Opéra Paris. Franco Corelli (Romeo), Mirella Freni (Juliette), Henry Gui (Mercutio), Xavier Depraz (Laurent), Robert Cardona (Tybalt). EMI, CAN 235/7

JACQUES OFFENBACH

geb. 20. Juni 1819 in Köln
gest. 5. Oktober 1880 in Paris

Es gehört noch nicht lange zur Selbstverständlichkeit, daß Offenbachs letzte Oper *Les contes d'Hoffmann* in einem Opernführer Erwähnung findet. Andererseits war er auch nicht der Erfinder der Operette, sondern einer besonderen Gattung des satirischen Musiktheaters, die er opéra bouffe nannte; die Bezeichnung opérette wählte er nur für Einakter. Beide haben mit der erst später entstandenen Operette, also mit der reinen kleinbürgerlichen „Unterhaltung" nichts zu tun. Offenbach schrieb seine satirischen Stücke für ein anderes Publikum. Die späteren Operettenliebhaber konnten nicht viel damit anfangen oder genossen den „leichten" Tonfall Offenbachs aus einem Mißverständnis heraus. Als Kenner der Materie erwiesen sich meist Intellektuelle, die zwar die Oper schätzen, niemals aber die kleinbürgerliche Operette. Karl Kraus ist eines der prominentesten Beispiele für dieses Verhalten, ebenso Friedrich Nietzsche, der im Fall Offenbachs von einer Musik „mit einem Voltaireschen Geist, frei, übermütig, mit einem kleinen sardonischen Grinsen, aber hell, geistreich" gesprochen hat und das Fehlen „blondwienerischer Sinnlichkeit" begrüßte. Er stand sogar nicht an, ihn gegen Wagner auszuspielen: „Wenn man unter Genie eines Künstlers die höchste Freiheit unter dem Gesetz, die göttliche Leichtigkeit, Leichtfertigkeit im Schwersten versteht, so hat Offenbach noch mehr Anrecht auf den Namen ‚Genie' als Wagner." Und Rossini nannte Offenbach immerhin den „Mozart der Champs-Élysées" ...

Nun war die Konzeption der *Contes d'Hoffmann* zwar Offenbachs ehrgeizigster Versuch, das Genre der Oper zu bereichern, aber es war nicht sein erster und sicher nicht Ausdruck des schlechten Gewissens eines „leichten" Komponisten gegenüber der „hohen" Kunst. Ein Blick auf die über hundert Stücke, die er im Laufe seiner Pariser Jahre geschrieben hat – er lebte dort seit 1833 –, zeigt nicht nur die erstaunliche Vielfalt an Stoffen, sondern auch an Gattungen: Es gibt allein über vierzig Beispiele für das Genre der opéra comique, jener Mischung aus Schauspieldialogen und Auftrittsmusik –

Musik in Anführungsstrichen gewissermaßen –, die in Paris in einem eigens dafür geschaffenen Opernhaus, der Opéra-Comique, gegeben wurden. Also nicht erst *Les contes d'Hoffmann* wurden dafür geschrieben, auch bereits *Robinson Crusoe* (1867), *Vert-Vert* (1869), *Fantasio* (1872), *La Créole* (1875), *Madame Favart* (1878) und *La fille du tambourmajor* (1879), und die große romantische Oper *Die Rheinnixen* wurde sogar für Wien komponiert (Uraufführung am 8. Februar 1864). Das Genre der von Offenbach kreierten opéra bouffe gehört strenggenommen ebenfalls zur Gattung der opéra comique. Das ist denn auch der Grund dafür, daß sich der Tonfall Offenbachs selbst in *Les contes d'Hoffmann* nicht wesentlich von dem einer opéra comique unterscheidet; einige Selbstentlehnungen bestätigen das. Das weite Feld der opéra comique war es also, aus dem die Musiksprache der letzten Oper Offenbachs herauswachsen konnte.

Offenbachs Stücke für das Musiktheater verlangen – und das setzt heutigen Aufführungen weitgehend Grenzen – eine ungewöhnliche Fertigkeit, die man als Schauspiel im Gesang bezeichnen könnte, die Fähigkeit also, den trockenen Witz der Texte oder die lakonische und vor allem rhythmisch-gestische Schärfe der Musik gleichermaßen herauszubringen und dabei auf selbstherrliche Präsentation der Stimme zu verzichten. Diesen Tonfall trifft man in *Les contes d'Hoffmann* zum Beispiel in dem Chanson des Dieners Frantz im Antonia-Akt an (als Couplet bezeichnet) oder in den ironischen Couplets des Nicklausse, auf rein instrumentaler Ebene in der ausdrücklich als Bühnenmusik eingesetzten Barkarole im Giulietta-Akt (es handelt sich um eine der Selbstentlehnungen Offenbachs aus den *Rheinnixen*): Die dramaturgische Funktion der Barkarole erweist sich sogar erst in der Duell-Szene zwischen Hoffmann und Schlémil, denn ihre „atmosphärische" Wiederkehr „bricht durch den Widerspruch zwischen ihrem Charakter und der Szenerie, in der sie erklingt, die Theaterillusion auf und verweist Zuschauer wie Zuhörer unmißverständlich auf die Realität" (Egon Voss: Der Realismus der phantastischen Oper *Hoffmanns Erzählungen*, in: rororo opernbuch 7642, Reinbek 1984). Das aber entspricht dem Verfahren einer speziellen Verfremdungstechnik, derer sich Offenbach immer wieder bedient hat und die seine Musik zu einem intellektuellen Abenteuer macht. In allen Bühnenstücken Offenbachs erheben Text und szenische Dramaturgie Anspruch auf präzise Verständlichkeit, niemals auf bloße „Unterhaltung".

Dietmar Holland

Les contes d'Hoffmann (Hoffmanns Erzählungen)
Opéra fantastique in fünf Akten

Text: Jules Barbier, nach dem gleichnamigen Schauspiel von Jules Barbier und Michel Carré (1851)

Uraufführung: 10. Februar 1881, Opéra-Comique, Paris

Personen: Hoffmann (Ten); La Muse/Nicklausse (Mez); Lindorf/Coppélius/Dr. Miracle/Dapertutto (Baß oder Bar); Andrès/Cochenille/Frantz/Pitichinaccio (Ten); Olympia/Antonia/Giulietta/Stella (Sop); La Mère de Antonia (Alt); Nathanael/Spalanzani (Ten); Hermann/Schlémil (Bar); Luther/Crespel (Baß oder Bar); Voix de Basse

Chor und Ballett: Unsichtbare Geister des Weines; Kellner; Studenten und Freunde Hoffmanns; Gäste Spalanzanis; Mädchen und Gäste bei Giulietta

Ort und Zeit: Eine deutsche Weinstube (Weinkeller von Lutter und Wegener in Berlin); Physikalisches Kabinett; Zimmer in Crespels Haus (in München); Palast in Venedig; um 1820

Orchester (in der Ausgabe von Fritz Oeser): 2 Fl (2. auch Picc), 2 Ob (2. auch E. H.), 2 Kl, 2 Fg, 4 Hrn, 2 Trp (Cornets à pistons), 3 Pos, Hrf, Pkn, Trgl, Tamburin, Kastagnetten, Bck, GrTr, KlTr, Tam-Tam, Glsp, Streicher

Auf der Bühne: Fl, Hrf, Gl in B

Form: Nummernoper mit 25 Musiknummern und Accompagnato-Rezitativen oder gesprochenen Dialogen (vgl. dazu den Kommentar)

Aufführungsdauer: Ca. 3¼ Stunden (Dialogfassung)

Verlag: Alkor-Edition, Kassel (Ausgabe von Fritz Oeser)

Handlung (nach der quellenkritischen Ausgabe von Fritz Oeser)

1. AKT: Eine deutsche Weinstube. Die unsichtbaren Geister des Weines erfüllen den schwach von einem Mondstrahl erhellten Raum und verheißen Freiheit von Sehnsucht und Sorgen. Dem riesigen Weinfaß entsteigt die Muse und stellt sich als Freund des Poeten und Musikers Hoffmann vor. Sie will ihn von der Leidenschaft zu einer frivolen Frau befreien und ihn für sich beanspruchen. Um eingreifen zu können, nimmt sie die Gestalt des Studenten Nicklausse an, der als Adlatus Hoffmanns auftritt. Die Sängerin Stella, Hoffmanns große Liebe, hält sich zur Zeit in

der Stadt auf und spielt die Donna Anna in Mozarts *Don Giovanni*; ob tatsächlich eine Beziehung zwischen ihr und dem Dichter besteht, bleibt unklar. Jedenfalls hat Hoffmann in dem bösartigen Rat Lindorf einen gefährlichen Nebenbuhler, der soeben Stellas Diener Andrès durch Bestechung dazu zwingt, ihm das Billett auszuhändigen, das Stella an Hoffmann gerichtet hat und in dem sie ihm ihre Liebe gesteht. Zugleich sendet sie mit dem Brief den Schlüssel zu ihrer Theatergarderobe. Lindorf plant, durch sein Abfangen des Briefes Stella für sich gewinnen zu können.

Im benachbarten Theater hat die Pause der Aufführung des *Don Giovanni* begonnen, und die Weinstube füllt sich mit Studenten, die der Aufführung beiwohnen. Auch Hoffmann ist mit Nicklausse unter ihnen; man trinkt auf Stellas Wohl. Für Hoffmann ist das ein willkommener Anlaß, seine Wiederbegegnung mit der alten und vor allem unerfüllten Liebe in Wein und Punsch zu ertränken. Auf Wunsch der Studenten gibt er eines seiner Lieder zum besten, gerät aber bei dem Thema des skurrilen Zwergs Kleinzack unversehens in eine selbstvergessene Beschreibung der Züge Stellas. Die Studenten glauben, ihn bei seiner heimlichen Liebe ertappt zu haben, doch Hoffmann weist die Vermutungen weit von sich. Da mischt sich der Rat Lindorf ein, und Hoffmann sieht sich durch Anspielungen seines Widersachers gedrängt, die verschlüsselte Geschichte seiner unglücklichen Liebe zu erzählen, während im Theater die Aufführung des *Don Giovanni* weitergeht. Um von der Liebe zu Stella abzulenken, verlegt er die phantastischen Geschichten in die Vergangenheit.

2. AKT: Physikalisches Kabinett. Der Physiker Spalanzani hat einen lebensgroßen Automaten konstruiert: die Puppe Olympia, die er als seine Tochter ausgeben will. Er verspricht sich davon die Kompensierung des Geldverlustes, in den er durch den Bankrott des Juden Elias geraten ist. Freilich steht ihm dabei der Erfinder Coppélius (der Rat Lindorf in anderer Gestalt) im Wege, dem die Augen der Puppe gehören. Hoffmann, der sich in Olympia verliebt hat, durchschaut weder diesen Sachverhalt noch die wahre Gestalt seiner Angebeteten. Durch den Kauf einer Brille des Coppélius sieht er die Welt in phantastischer Verzerrung; sie gaukelt ihm vor, die Puppe sei lebendig. Auch als Spalanzani Olympia seinen erstaunten Gästen vorführt und sie ein (seelenloses) Lied vortragen läßt, merkt Hoffmann nichts. Er weiß auch nichts davon, daß inzwischen Coppélius an Spalanzani seine berechtigten Geldforderungen gestellt hat und mit einem ungedeckten Scheck abgefunden worden ist. Als Hoffmann mit der Puppe tanzt, gerät die Mechanik außer Kontrolle. Das Herumwirbeln hat seine Brille zu Bo-

den fallen und zerbrechen lassen. Coppélius hat währenddessen den Scheckbetrug gemerkt und rächt sich an Spalanzani, indem er die Puppe zerstört. Hoffmann, durch den Verlust der Brille sehend geworden, muß erkennen, daß er einen seelenlosen Apparat geliebt hat.

3. AKT: Zimmer in Crespels Haus in München. Die Geliebte erscheint Hoffmann nun in der Gestalt der ehrgeizigen Sängerin Antonia, die nicht singen darf, weil sie an einer geheimnisvollen Krankheit leidet – beides hat sie von ihrer Mutter geerbt, die der unheimliche Dr. Miracle (erneut eine Gestalt, hinter der sich der Rat Lindorf verbirgt) in Umkehrung seiner Arztpflichten zu Tode gebracht hat. Crespel befürchtet nun, daß die Liebe Hoffmanns, die sich ja an die Faszination der seelenvollen Stimme seiner Tochter heftet, sich ebenfalls als todbringend erweisen könnte. Er ahnt jedoch nicht, daß es Dr. Miracle sein wird, der das besorgt. Hoffmann sieht sich also genötigt, heimlich bei Antonia vorzusprechen, und verschafft sich über den schwerhörigen Diener Frantz Zugang zu Crespels Haus, wo er unbemerkt ein Gespräch zwischen Dr. Miracle und Crespel belauscht, aus dem hervorgeht, wie es um Antonia steht. Daraufhin ist es Hoffmann, der Antonia beschwört, mit dem Singen aufzuhören. (Er hat bereits früher geäußert, daß ihn die Musik sogar ein wenig eifersüchtig mache.) Um seinetwillen solle sie darauf verzichten. Antonia, die nur schweren Herzens einwilligt, glaubt nun, er sei zum Komplizen ihres Vaters geworden, und ist deshalb schnell bereit, auf die suggestiven Beschwörungen des Dr. Miracle einzugehen: Er läßt die Mutter leibhaftig singend in dem Rahmen ihres Bildes an der Wand erscheinen und verführt Antonia, deren Ehrgeiz er genau kennt, dazu, in den leidenschaftlichen Gesang der Mutter einzustimmen. Als Crespel und Hoffmann den Raum betreten, ist Antonia bereits tot.

4. AKT: Palast in Venedig. Hoffmann hat beschlossen, der Liebe ganz zu entsagen und sich statt dessen dem Trunk und dem Spiel hinzugeben. Doch es kommt anders: Er verliebt sich in die venezianische Kurtisane Giulietta, die ein Werkzeug des Zuhälters Dapertutto ist, denn sie befriedigt dessen Gelüste nach dem Besitz ihrer Liebhaber, indem sie diesen den Schatten (ihre Potenz also) raubt. Das ist der Preis, den die Liebhaber – unter ihnen Schlémil – dafür zu zahlen haben, daß sie sich im Glauben wiegen dürfen, Giulietta sei ihr „Eigentum". Mit Hoffmann hat Dapertutto etwas Besonderes im Sinn: Er will Giulietta dazu bringen, daß sie ihm das Spiegelbild, also die Identität Hoffmanns (als Preis für gewährte Liebe), verschafft. Um dieses Ziel erreichen zu können, greift er bei ihr zu einer List. Er behauptet, Hoffmann liebe sie nicht mehr, und reizt damit ihre

Eitelkeit. Sie will nun beweisen, daß auch er ihrer Unwiderstehlichkeit unterliegen wird. Als Hoffmann im Kartenspiel sein ganzes Geld verloren hat und abreisen will, verführt sie ihn in einem Nebenraum, indem sie an sein Mitleid appelliert: Sie behauptet, nur ihn zu lieben und von ihm aus diesem trostlosen Milieu erlöst werden zu wollen. Hoffmann fällt darauf herein und bezahlt auch dafür mit seinem Spiegelbild. Dapertuttos Rechnung geht auf: Schlémil ist jetzt eifersüchtig, und Hoffmann will sich in den Besitz des Schlüssels bringen, mit dem Schlémil ins Boudoir Giuliettas gelangt. Es kommt folglich zum Duell, in dem Hoffmann den Nebenbuhler ersticht. Doch der Schlüssel öffnet ihm nicht das Herz Giuliettas. Statt sie in ihrem Boudoir vorzufinden, sieht er, wie sie lachend mit Pitichinaccio und Dapertutto in der Gondel davonfährt.

    5. AKT: Eine deutsche Weinstube (wie im 1. Akt). Hoffmann hat sich während seiner drei Erzählungen zunehmend betrunken und verspielt seine Chance bei Stella, als sie eigens seinetwegen in der Weinstube erscheint, indem er sie beleidigt, da er sie nicht mehr erkennt. Damit geht auch die Rechnung des Rats Lindorf auf, der die Gelegenheit ergreift und Stella hinausführt. Hoffmann singt für ihn die letzte Strophe des Kleinzack-Liedes und fällt in völlige Bewußtlosigkeit. Die Studenten verlassen den Raum, und Nicklausse verwandelt sich zurück in die Muse, die dem Dichter zweifelhaften Trost spendet mit den Worten: „Man wird groß durch die Liebe und größer durch die Tränen."

Kommentar

    Es spricht vieles dafür, daß Offenbach am Ende seines Lebens eine Art Selbstabrechnung betreiben wollte, als er mit *Les contes d'Hoffmann* das Gebiet der Oper (wenn auch nicht der grand opéra) betrat und die Künstlerproblematik in prinzipiell kunstfeindlicher Zeit gestaltete. Die Geschichte Hoffmanns, die freilich nicht umstandslos mit dem Komponisten Offenbach identifiziert werden darf, ist eine Geschichte des Scheiterns; die Trunksucht des realen E. T. A. Hoffmann ist dafür nur ein Auslöser gewesen, denn entscheidend ist die Konstruktion der Handlung, wie sie bereits im Schauspiel von 1851 vorgegeben war: Parallel zu einer Aufführung des Mozartschen *Don Giovanni* findet die Handlung im Weinkeller statt. Ausgehend von einem zufälligen Anlaß improvisiert Hoffmann in drei phantastischen Erzählungen (Mittelakte) die Geschichte seines unlösbaren Konflikts zwischen dem Wunsch nach erotischer Erfüllung und künstlerischer Selbstverwirklichung. Das Motiv des Gegensatzes zwischen philiströser,

vom Zweckdenken gelenkter Wirklichkeit und der „freien" Phantasie des
Künstlers verschränkt sich dabei in der Figur des Stadtrats Lindorf, dessen
Rationalität Hoffmann, da er in ihm seinen Gegenspieler sieht, ins Teuf-
lische verzerrt – die Personen der Mittelakte sind allesamt Projektionen
Hoffmanns –, und der gesellschaftlichen Funktion, in der Hoffmann selbst,
im Kreise der Studenten als beispielhaftem „Publikum", seine künstlerische Funktion ausübt, die eher einer Deformation gleichkommt. Denn was
Hoffmann im Weinkeller zum besten gibt, ist genau das, was man von ihm
erwartet: einen Ausbruch aus den Normenzwängen der bürgerlichen Gesellschaft, der zum Zusammenbruch des Künstlers führt. Hoffmanns Einschätzung dieser Gesellschaft ist denn auch geprägt von seinen Erfahrungen mit ihren zerstörerischen Kräften; nicht nur die Dienerfiguren sind
„avortons", seelisch und körperlich Verkrüppelte. An ihnen zeigt sich der
desolate Befund lediglich am deutlichsten. Sie sind Ableger des zunächst
nur psychisch deformierten Dieners der Sängerin Stella und geraten dann
in den drei Erzählungen, deren Phantastik bloß ein Kunstgriff ist, die
defizitäre bürgerliche Wirklichkeit ins Bild zu setzen, zu Zerrbildern der
drei Frauen, in die Hoffmann seine negativen Erfahrungen mit Stella
hineinprojiziert. Das treibende Moment der Innenhandlung, die freilich
von dem gegebenen „realen" Rahmen abhängt, ist die Trunksucht des
Dichterkomponisten, die zudem von der Figur der gänzlich säkularisierten
Muse gelenkt wird: Sie entsteigt am Anfang nicht etwa dem Parnaß, sondern salopp einem Weinfaß. Hoffmanns ganze Geschichte ist dann der
Kampf der Muse um ihren Schützling. Den Eintritt in die Realität nimmt sie
mit einem Kostümwechsel vor: Sie wird Hoffmanns Begleiter Nicklausse,
eine Art Schüler des Dichters. Die Rahmenhandlung (der Außenakte) läuft
in subtiler Weise parallel zu dem soeben im Theater neben dem Weinkeller
ablaufenden *Don Giovanni*, genauer: zu seiner von dem realen E. T. A.
Hoffmann analysierten Beziehung zwischen dem Titelhelden und Donna
Anna (gesungen von Stella!). In Hoffmanns Phantasie überschneiden sich
die Motive seiner unerfüllten und unerfüllbaren Liebe zu Stella und das im
Kleinzack-Lied zunächst absichtslos exponierte Thema der Rolle des
Künstlers in der Gesellschaft (in E. T. A. Hoffmanns Erzählung *Klein-
Zaches* ist es gerade der *körperlich* Mißgestaltete, der durch seine geistigen
Fähigkeiten die Gesellschaft überholt). Die Keimzelle der inneren Hand-
lung erscheint in jener unwillkürlichen Erinnerung – an Marcel Proust zu
denken ist nicht abwegig –, die ihn den Liedvortrag unterbrechen läßt
zugunsten einer vision du passé: In den Zügen des Mißgestalteten erkennt

er plötzlich auch die Züge Stellas und entfernt sich von der realen Situation,
die Zuhörer mit garstigen Liedern zu unterhalten. Vielleicht mochte diese
Situation eine besondere Saite in Offenbach, der ja zeitlebens, wenn auch
nicht nur zum reinen Vergnügen, der Pariser Gesellschaft aufgespielt hat,
angerührt haben. Der Hoffmann der Oper sieht sich jedenfalls – das zeigen
die Projektionen der drei Erzählungen – in die Rolle des Don Ottavio
gedrängt und zur Verklärung des schöpferischen Künstlertums aufgerufen.
Die stets in ironischer Distanz zu den Vorgängen – seien sie nun reale oder
der Phantasie Hoffmanns entsprungene – gehaltenen Bemerkungen des
Nicklausse, dessen Personalunion mit der Muse ausdrücklicher Wunsch
Offenbachs war, formulieren gewissermaßen den Standpunkt höherer Kritik an Künstler und Gesellschaft, ohne indessen eine Perspektive zu entwerfen, die jenseits von beiden Bereichen einen irgendwie gearteten Zustand
der Harmonie anvisieren. Das dürfte denn auch der Grund dafür sein, daß
die Oper gar keinen Schluß hat (vgl. Abschnitt Geschichte). Aus Offenbachs
hinterlassenen Skizzen geht jedenfalls hervor, daß der Trost, den die Muse
in Fritz Oesers Ausgabe spendet, ein fragwürdiger ist. Es scheint, als habe
Offenbach mit seinem letzten Wort auf der Bühne auch sein letztes Geheimnis behalten wollen. Wie immer wieder im Verlauf der Oper – auch
und gerade in den drei phantastischen Erzählungen – die Realität wie durch
Ritzen hindurch einbricht, so verhält sich auch die Musik Offenbachs. Der
„leichte" Tonfall beherrscht auch diese letzte Partitur, ungeachtet der „dämonischen" Stellen, besonders im Antonia-Akt die Musik des mesmeri-
schen Dr. Miracle, der freilich nur als Katalysator der geheimen Wünsche
Antonias fungiert, nicht als Opernbösewicht. Deshalb gelang es Offenbach
wohl auch, ihm eine Musik von magischer Qualität zu geben. Insgesamt
besteht die Musik zu dieser opéra comique aus der Kunst des Zitierens, die
ein Ausdruck für die Bindung an die beschworene Vergangenheit ist und die
geschlossene Realität mit dem Rang des Unvorhersehbaren durchbricht
oder, wie im Fall der von Fritz Oeser entdeckten Romanze des Nicklausse
im Zentrum des Antonia-Aktes, eine Art desillusionierender Selbstkom-
mentar Hoffmanns ist: Der beseelte Klang der von Nicklausse angezupften
Violine verspricht zweifelhaften Trost und verheißt angeblich den Sieg der
Liebe. Diese „Weisheit" trägt nun Nicklausse im schmachtenden Tonfall
der grand opéra vor (Modell: Romanze des Raoul, „Ah quel spectacle", aus
Meyerbeers *Les Huguenots*), aber in Anführungsstrichen. Zugleich schlägt
er hier eine Brücke zum Olympia-Akt, in dem ja soeben das Singen vor der
„Gesellschaft" als Kehlenakrobatik vorgeführt wurde (eine Kritik an dem

„Gebrauch" der Kunst in den bürgerlichen Salons) und die Sängerin ein Automat war; doch wieder beachtet Hoffmann die Warnungen seines zweiten Ichs nicht. Daß der suggestive Violinenton keine Trostfunktion hat, sondern zum Tode aufspielt, wird sich alsbald zeigen, wenn Dr. Miracle die Violine zur Hand nimmt. Überhaupt erweisen sich in den Erzählungen Hoffmanns die Instrumente als Symbole der Entfremdung, mindestens des Mißbrauchs (in E. T. A. Hoffmanns Erzählung vom *Rat Krespel* nimmt Antonias Vater die Instrumente auseinander, um deren Seele zu erforschen), wie überhaupt von einer Gewalt der Dinge über die Menschen (die Brille des Coppélius!) in den drei Mittelakten gesprochen werden kann. In allmählicher Annäherung an die Realität – ein Grund mehr dafür, daß der Giulietta-Akt wirklich den Schluß der drei Erzählungen bildet – vollzieht sich auch das Anwachsen der Entfremdung bis hin zur Selbstentfremdung: Schlémil verliert seinen Schatten (d. h. seine Potenz) und Hoffmann sogar sein Spiegelbild, also seine Identität. An dieser Stelle schlägt denn auch die vom Dichter investierte Phantasie um in die Demaskierung der brutalen Wirklichkeit. (Während der drei Erzählungen läuft im benachbarten Theater der 2. Akt der Oper Mozarts ab, also der Untergang Don Giovannis!) Das konstitutiv Fragmentarische der Oper Offenbachs erscheint gewissermaßen als Zwang in der Sache, und die Lücken im Musikstrom lassen die Durchblicke zur Wirklichkeit frei, an der Hoffmann schließlich zugrunde geht. Die Zuhörer im Weinkeller erwarteten jedoch nur die Schilderung der „interessanten" Sonderexistenz, als die sich die Gesellschaft einer kunstfeindlichen Zeit den Künstler allein vorstellen will. Durch die gezielte Deformation ihrer paradigmatischen Vertreter zieht sie allerdings am Ende die Kritik auf sich. Die Zerrissenheit des künstlerischen Subjekts ist nur der Spiegel der realen Verhältnisse.

Geschichte

Das Schauspiel *Les contes d'Hoffmann* von Jules Barbier und Michel Carré (Uraufführung 21. März 1851 in Paris) ist ein Modell für die französische Rezeption E. T. A. Hoffmanns und zugleich mehr als nur eine geschickte Zusammenfügung Hoffmannscher Motive. Ausgangspunkt für die Gestaltung der Handlung war das zentrale poetische Motiv E. T. A. Hoffmanns von der Verwandlung der Liebe in Kunst, das sich auch in der Dramaturgie des Stückes spiegelt; Form und Inhalt konvergieren. Von affirmativer Kunstideologie wollte indessen Jacques Offenbach nichts wissen und veranlaßte Jules Barbier beim Abfassen des Librettos zur ironischen Brechung des Handlungsstranges, den die Muse vertritt. Die spiegel-symmetrische Anlage der beiden Außenakte – in Fritz Oesers Ausgabe (1977) nicht ersichtlich – war einer der wesentlichen Eingriffe in die Vorlage, wenn auch Offenbach für die Gestaltung des 5. Aktes kaum mehr als Skizzen hinterlassen hat. Nach dem neuesten Stand der Forschung (bisher unbekannte Manuskriptfunde) läßt sich jedenfalls die Anlage des letzten Aktes, entgegen allen bisherigen Ausgaben, rekonstruieren: Nach der Rückkehr in die Realität des Weinkellers (Chor der Studenten) plante Offenbach die entscheidende Konfrontation Hoffmanns mit Stella – in Oesers Ausgabe findet demgegenüber kein Dialog statt –, bei der auf die bedeutsame vision du passé aus dem Mittelteil des Liedvortrags im 1. Akt zurückgegriffen wird und anschließend die, allerdings in Anführungszeichen gesetzte, Apotheose des Dichters, und zwar abgehoben von der bisherigen Handlung, stattfindet. Die Szene wechselt dabei in Hoffmanns Dichterstube – bei Oeser bleibt Hoffmann im Weinkeller –, und der zur Muse rückverwandelte Nicklausse spendet seinen zweifelhaften Trost. Dadurch, daß Offenbach – gegen den Willen des Librettisten – die reine Apotheose verweigerte, erscheint die Funktion der Muse als durchschaubare Ideologie, die durch den Ortswechsel als uneigentlich hingestellt wird. Das Fazit der Oper wäre demnach das Ende affirmativer Kunstauffassung. Der Auftritt der Muse im Zimmer Hoffmanns ist selber Zitat: Er erinnert auffällig an das Arrangement des bekannten Cherubini-Porträts von Jean Auguste Dominique Ingres (1842), bei dem die Muse schützend die Hand über den Kopf des Künstlers hält. Aus den erhaltenen Entwürfen Offenbachs ließe sich aber auch ein gänzlich desillusionierender Schluß ablesen: Eine Variante weist die letzte Strophe des „Klein-Zack"-Lieds, dem mit Stella triumphierend abgehenden Lindorf nachgesungen, als Abschluß auf. Eine endgültige Entscheidung zu treffen fällt daher schwer.

Ein weiteres Problem stellt der Giulietta-Akt dar, den Fritz Oeser in einer Bearbeitung vorgelegt hat, die einer freien, teilweise willkürlichen Neugestaltung gleichkommt. Der Angriff der neueren Offenbach-Forschung (Robert Didion) richtet sich insbesondere gegen die zahlreichen Neutextierungen (!) und die dramaturgische Anlage (Verlegung des Duells an den Aktschluß). Die geplante Neuausgabe von Michael Kaye – streng nach den Manuskriptquellen gestaltet – wird darüber näheren Aufschluß bringen. Der Übergang zur Wirklichkeit (Eingreifen der Sbirren am Ende!) wird jedenfalls in den Skizzen sehr deutlich und bestätigt die These von Offenbachs bewußter Gestaltung (abweichend von der Schauspielvorlage).

Die Geschichte der Ausgaben und Aufführungen der letzten Oper Offenbachs bis hin zur „Rekonstruktion" Fritz Oesers, die im übrigen auch etliche wichtige Entdeckungen in den bereits ihm vorliegenden Skizzen enthält, bietet, aus der Sicht der neuesten Quellenlage, das Bild von Offenbachs Hoffmann in den Erzählungen der Herausgeber, allen voran jene seinerzeit stark beachtete Inszenierung Walter Felsensteins (Premiere: 25. Januar 1958 an der Ostberliner Komischen Oper), die sich mehr an der Schauspielvorlage orientierte als an der Oper und zudem die ideologischen Grundlagen erheblich verfälschte, indem sie das Agieren der Muse in den Mittelpunkt stellte, ohne Offenbachs ironische Anführungszeichen zu beachten, und im übrigen mit der Musik insgesamt sehr frei verfuhr. Das Ergebnis war eher eine Art Schauspiel (mit selbstgefertigten Dialogen Felsensteins!), untermalt von musikalischen Einlagen, als der Versuch einer Annäherung an die von Offenbach skizzierte Oper.

Da Offenbach während der Proben unerwartet starb und die Uraufführung nur einen Torso seiner Absichten verwirklichte – der Giulietta-Akt entfiel –, gab es in den folgenden Jahrzehnten zahlreiche mehr oder weniger obskure Ausgaben der Oper, in denen auch ein nicht von Offenbach stammendes Septett im Giulietta-Akt sowie die sogenannte „Spiegel-Arie" des Dapertutto – eine musikalische Entlehnung aus Offenbachs Ouvertüre zur opéra féerie *Le voyage dans la lune* (1875) – ab 1907 (= fünfte Ausgabe des Klavierauszugs bei Choudens, Paris) auftauchten. Beide Stücke haben nichts mit Offenbachs Oper zu tun, strenggenommen auch nicht die nachkomponierten Rezitative Ernest Guirauds, die aus der opéra comique nachträglich (im Auftrag der Wiener Hofoper, die sie aber bei der Erstaufführung am 17. Dezember 1881 doch nicht einbrachte) ein drame lyrique machen wollten. Tatsächlich war aber *Les contes d'Hoffmann* ursprünglich von Offenbach als Rezitativ-Oper für Albert Vizentinis Pariser Théâtre de la Gaîté-Lyrique geplant, wurde dann aber, als Vizentinis Theater in Konkurs geriet, für Léon Carvalhos Opéra-Comique zur Oper mit Dialogen umgearbeitet. (Ausgenommen davon sind die – von Offenbach zum größten Teil ausgeführten – Rezitative innerhalb geschlossener musikalischer Nummern.) Aus äußeren Gründen mußte die ursprünglich als Baritonpartie angelegte Rolle des Hoffmann ins Tenorfach umgelegt werden. Die Vorgänge zwischen Offenbachs Tod am 5. Oktober 1880 und der Uraufführung (10. Februar 1881) sind bisher nicht geklärt; einzig der Fund des der Zensur vorgelegten Libretto-Manuskripts weist auf neue Spuren. Insbesondere wird darin die dramaturgische Anlage des Giulietta-Aktes in aller Deutlichkeit ersichtlich. Diese entscheidende Entdeckung von Josef Heinzelmann (Paris 1987) macht eigentlich die bisherige Geschichte der *Contes d'Hoffmann* als Spiegelfechterei im Dunkeln überflüssig.

Dietmar Holland

Diskographische Empfehlung

1948 – Paris: André Cluytens, Chor und Orchester des Théâtre National de l'Opéra-Comique. Raoul Jobin (Hoffmann), Renée Doria (Olympia), Vina Bovy (Giulietta), Geori Boué (Antonia), Renée Fauré (Stella, La Muse), Fanely Revoil (Nicklausse), Louis Musy (Lindorf), Bourvil (Andrès, Cochenille, Frantz), André Pernet (Coppélius), Charles Soix (Dapertutto), Roger Bourdin (Miracle). EMI, 2C 153-14151/3 (Fassung Choudens)

1988 – Brüssel: Sylvain Cambreling, Orchestre Symphonique et Chœurs de l'Opéra National du Théâtre Royal de la Monnaie Bruxelles. Neil Shicoff (Hoffmann), Luciana Serra (Olympia), Rosalind Plowright (Antonia), Jessye Norman (Giulietta), Ann Murray (Nicklausse, La Muse), José van Dam (Lindorf, Coppélius, Miracle, Dapertutto), Robert Tear (Andrès, Cochenille, Frantz, Pitichinaccio). EMI CDS, 7 49641 2 (Fassung Fritz Oeser)

BEDŘICH (FRIEDRICH) SMETANA

geb. 2. März 1824 in Leitomischl/Ostböhmen
gest. 12. Mai 1884 in Prag

Der Sohn eines Braumeisters begann als Pianist und gründete 1848 in Prag eine private Musikschule. Er begegnete Franz Liszt, dessen symphonische Dichtungen Smetana zum Vorbild wurden, sowohl für seine frühen Tondichtungen wie *Wallensteins Lager* als auch für den Zyklus *Mein Vaterland* (1872–79). Von 1856 bis 1861 leitete Smetana die symphonischen Konzerte im schwedischen Göteborg, kehrte nach Prag zurück und schlug sich durch als Musiklehrer, Chorleiter, Dirigent und Kritiker. 1874 begann er sein Gehör zu verlieren. Geistige Störungen traten hinzu. Er starb in der Prager Landesirrenanstalt. Im Vergleich zu Dvořák, dem Naturburschen vom Land, ist Smetana der allen Neuerungen aufgeschlossene Intellektuelle, beeindruckt von Wagner und Liszt, politisch engagiert, vielseitig, eingeschworen auf die tschechisch akzentuierte Nationalromantik im Sinne der künstlerischen Unabhängigkeitsbestrebungen im 19. Jahrhundert. Durch ihn gelangt die tschechische Musik zu allgemeinem Ansehen, ja wird zum Synonym für eine vitale, ursprüngliche Kunst. Der Opernkomponist begann 1866 mit einer Historienoper nach Art des frühen Wagner: *Die Brandenburger in Böhmen*. Legende und tschechische Geschichte bestimmten *Dalibor* (1868), die Tragödie des freiheitlich gesinnten Ritters aus dem 15. Jahrhundert; in der Tschechoslowakei geradezu eine Nationaloper. 1874 erschien *Die beiden Witwen*, eine heitere Oper nach einem französischen Stoff: ein fast intim-kammermusikalisches, feingliedriges Werk, das Richard Strauss besonders schätzte. Die späten Opern, meist nach Stoffen aus Märchen, Legende und Geschichte der Heimat, sind: *Der Kuß* (1876), *Das Geheimnis* (1878), *Libussa* (1881) und *Die Teufelswand* (1882). *Dalibor*, von Gustav Mahler in Wien aufgeführt, repräsentiert Smetanas nationalromantischen Stil auf heroisch-pathetische Weise, *Die verkaufte Braut* hingegen mit dem Elan der heiteren Volksoper.

Durch Smetana kamen böhmische Tänze wie Polka, Furiant in die Kunstmusik. Volksmelodien hat Smetana kaum übernommen; es war sein Ehrgeiz gewesen, im Geiste der böhmischen Musik zu komponieren und aus der Volksmusik lediglich Modelle zu nehmen. Sein Orchester ist in ungefähr dasjenige Liszts und Wagners; die Kenntnis der Werke Mozarts zeigt sich in den feingliedrigen Ensembles und in den Buffonerien der *Beiden Witwen*.

Smetana blieb zu Lebzeiten beinahe nur ein böhmisches Lokalereignis. *Die verkaufte Braut* wurde erst an der Jahrhundertwende zu einer der meistgespielten Volksopern. *Karl Schumann*

Die verkaufte Braut (Prodaná nevesta)
Komische Oper in drei Akten

Text: Karel Sabina

Uraufführung: ERSTE FASSUNG (MIT DIALOG): 30. Mai 1866, Interimstheater, Prag; ZWEITE FASSUNG (mit Rezitativen): St. Petersburg 1871. DEUTSCHSPRACHIGE ERSTAUFFÜHRUNG: 2. April 1893 (1893 auch in Berlin), Theater an der Wien, Wien

Personen: Kruschina, ein reicher Bauer (Bar); Kathinka, seine Frau (Mez); Marie, beider Tochter (Sop); Micha, Grundbesitzer (Baß); Agnes, seine Frau (Alt); Wenzel, beider Sohn (Ten); Hans, Michas Sohn aus erster Ehe (Ten); Kezal, Heiratsvermittler (Baß); Springer, Direktor einer wandernden Komödiantentruppe (Ten oder Bar); Esmeralda, Tänzerin (Sop); Muff, Komödiant (Baß)

Chor: Bauern; Bäuerinnen; Mitglieder der Zirkustruppe

Ballett: Polka im ersten Finale, Furiant im zweiten; Komödiantenszene im dritten Finale

Ort und Zeit: Dorf in Böhmen, um die Mitte des vorigen Jahrhunderts

Form: Nummernoper mit 23 Musiknummern, die durch orchesterbegleitete Rezitative verbunden sind

Orchester: 2 Fl, 2 Ob, 2 Kl, 2 Fg, 4 Hrn, 2 Trp, 3 Pos, Pkn, Schlgzg, Streicher

Auf der Bühne: Picc, Trp, KlTr, GrTr, Bck

Aufführungsdauer: Ca. 3 Stunden

Verlag: Symphon, Prag (Smetana-Gesamtausgabe)

Handlung

Die Handlung läßt an die Novellen und Dorfgeschichten denken, wie sie in der um 1850 erstarkenden tschechischen Literatur im Schwange gewesen waren. Autor war Karel Sabina, ein Journalist, der 1848 zum Tode verurteilt und dann begnadigt worden war.

1. AKT: Dorfplatz mit Wirtshaus. Frühling ist's. Man feiert Kirchweih. Marie, die Tochter des reichen Kruschina, und der zugewanderte Knecht Hans haben sich ineinander verliebt. Doch das Mädchen soll auf Geheiß der Eltern den Sohn des Gutsbesitzers Micha heiraten. Der Heiratsvermittler Kezal – das Wort bedeutet soviel wie geschäftigtuender Schwätzer – schaltet sich ein. Kruschina hat zwei Söhne: einen aus erster Ehe, den die Stiefmutter vertrieben hat und den man für verschollen hält; einen aus zweiter Ehe, der Wenzel heißt, stottert, kein Kirchenlicht, aber der Liebling der Mutter ist. Marie soll also an Wenzel verheiratet werden. Aber sie beteuert, nur den Hans nehmen zu wollen.

2. AKT: Im Wirtshaus. Wenzel stolpert tolpatschig herein, gerät an Marie und wird von ihr an der Nase herumgeführt: Er möge ja die ihm zugedachte Braut nicht heiraten, denn die sei ein Teufel. Kezal schlägt derweil Hans einen Handel vor. Gegen eine hübsche Summe möge er auf Marie verzichten. Hans geht auf den Vorschlag ein, doch bedingt er sich aus, Marie dürfe nur den Sohn des Micha heiraten. Der Vertrag wird verlesen. Alle finden es schändlich, daß Hans die Braut verkauft hat.

3. AKT: Auf dem Dorfplatz gastiert ein Wanderzirkus. Wenzel findet Gefallen an der Tänzerin Esmeralda und läßt sich anheuern, an Stelle des betrunkenen Komödianten Muff den Bären zu spielen. Marie bittet sich Bedenkzeit aus; sie kann es nicht fassen, daß Hans sie verkauft haben soll. Nach einigem Hin und Her kommt ans Licht, daß Hans der Sohn des Micha aus erster Ehe ist, von dem man sagte, er sei verschollen. Der Vertrag mit Kezal hat nun doch seine Richtigkeit, wenn auch auf andere Weise. Hans und Marie werden ein Paar. Wenzel blamiert sich, als er im Bärenfell täppischen Mummenschanz treibt. Micha freut sich, den Sohn aus erster Ehe als Erben seiner Güter zurückzuhaben.

Kommentar

Mit der Operette, wie Smetana (sein Name bedeutet soviel wie Schlagsahne) anfangs sagte, wollte er den Vorwürfen entgegentreten, er sei ein blinder Wagnerianer. Überdies nahm er sich den Wunsch Liszts zu Herzen, es sei an der Zeit, endlich wieder eine gute komische Oper auf die

Bühne zu bringen. In zwei Jahren hatte Smetana die erste Fassung fertig; sie enthielt Dialoge nach Art der opéra comique und war um einige Nummern kürzer als die heute gebräuchliche Fassung. Im ersten tschechischsprachigen Opernhaus, dem Prager Interimstheater, wurde *Die verkaufte Braut* am 30. Mai 1866 uraufgeführt; die Resonanz ließ zu wünschen übrig, der preußisch-österreichische Krieg bedrückte die Gemüter.

Für eine Aufführung in Paris, die jedoch nicht zustande kam, komponierte Smetana nach: den Bier-Chor am Anfang des 2. Akts, die Arie der Marie und einige Tänze. Die ursprünglich zweiaktig angelegte Oper wurde auf drei Akte erweitert und mit Rezitativen versehen, als das Werk 1871 in St. Petersburg in Szene ging. Diese Fassung gilt als verbindlich.

Smetana ist in der heiteren Volksoper weit entfernt von seiner Vorliebe für den „neudeutschen" Stil. Die wirbelnde Ouvertüre ist weitgehend als fugato angelegt, die Ensembles lassen das Studium der Opern Mozarts erkennen, die Tänze und Chöre haben die vitale Energie der tschechischen Volksmusik, und die vokale Melodik vermittelt zwischen lyrischem Überschwang und charakterisierender Diktion (Parlando-Stottern des Wenzel, Auftrumpfen des Kezal, Lyrik bei Hans und Marie, subtiles Sextett des 3. Akts).

Geschichte

Smetana empfand sein szenisches Hauptwerk als „Spielerei", komponiert aus Trotz gegen den Vorwurf, bloßer Wagnerianer zu sein. Die Oper blieb nahezu drei Jahrzehnte lang am Rande; die Wiener Hofoper lehnte sie ab, da es unschicklich sei, böhmische Bauern auf eine seriöse Bühne zu bringen. Erst zu Mahlers Direktionszeiten wandte sich das Blatt.

Die verkaufte Braut ist diejenige Spieloper, die man ungleich häufiger in Übersetzungen als in der Originalsprache hört. Die Frage der Übersetzung bleibt mit der Partitur verknüpft. Die erste deutsche Fassung von Max Kalbeck (1893) liegt den meisten deutschsprachigen Aufführungen und Schallplattenaufzeichnungen zugrunde; sie ist gefühlsselig, aber griffig. Neufassungen erstellten Pavel Ludikar und Ilse Hellmich (1940), dann Walter Felsenstein, Friedrich Adler, Robert Brock, Kurt Honolka, Carl Riha und Winfried Höntsch.

Die St. Petersburger Fassung mit Rezitativen und den für Paris komponierten Einschüben liegt allen Aufführungen zugrunde. Dialogpassagen finden sich lediglich noch in den Komödiantenszenen des 3. Akts.

Die verkaufte Braut ist schlechthin die tschechische Nationaloper, dichtauf gefolgt von *Dalibor*. *Karl Schumann*

Diskographische Empfehlung

1962 – Bamberg/Berlin: Rudolf Kempe, Rias-Kammerchor, Bamberger Symphoniker. Pilar Lorengar (Marie), Karl-Ernst Mercker (Wenzel), Fritz Wunderlich (Hans), Gottlob Frick (Kezal). EMI 7 49279 2 (deutsch gesungen)

1980 – Prag: Zdenek Košler, Chor und Orchester der Tschechischen Philharmonie. Gabriela Beňačková (Marie), Miroslav Kopp (Wenzel), Peter Dvorsky (Hans), Richard Novák (Kezal). Supraphon-Eurodisc 301 974-445 (tschechisch gesungen)

PETER CORNELIUS

geb. 24. Dezember 1824 in Mainz
gest. 26. Oktober 1874 in Mainz

D er aus einer Schauspielerfamilie stammende Peter Cornelius lebte zunächst als Schauspieler, komponierte Lieder
und Kirchenmusik und arbeitete als Musikkritiker. 1852
folgte er einem Ruf Franz Liszts nach Weimar. 1859 übersiedelte er nach
Wien. Hier schloß er sich Richard Wagner an, der ihm sogar ein partner-
schaftliches Zusammenleben vorschlug, und folgte diesem nach München,
wo er am Konservatorium angestellt wurde. Nach dem Mißerfolg seiner
komischen Oper *Der Barbier von Bagdad* versuchte Cornelius mit einer
lyrischen, ebenfalls selbstgedichteten Oper *Der Cid* (Weimar 1865) zu reüssieren. In seinem Musikdrama *Gunlöd*, dessen Vorlage, wie Wagners *Ring*,
auf der *Edda* basiert, wird das auch schon vor Wagner verwendete Tristan-
Motiv zu einem selbständigen Großbaustein. Die unvollendete Partitur
wurde von Eduard Lassen fertiggestellt (Weimar 1891). Trotz der Nähe zu
Wagner hielt sich Cornelius von Wagners unmittelbaren Einfluß frei und
blieb durchaus eigenständig, während Wagner andererseits auch kompositorisch (in den *Meistersingern*) von Cornelius profitierte.

Peter P. Pachl

Der Barbier von Bagdad
Komische Oper in zwei Akten

<u>Text:</u> Peter Cornelius
<u>Uraufführung:</u> 15. Dezember 1858, Hoftheater, Weimar
<u>Personen:</u> Der Kalif (Bar); Baba Mustapha, ein Kadi (Ten); Mar-
giana, seine Tochter (Sop); Bostana, eine Verwandte des Kadi
(Mez); Nurredin (Ten); Abul Hassan, Barbier (Baß); Drei Muezzine
(Ten, Ten, Baß); Ein Sklave (Ten)
<u>Chor:</u> Diener Nurredins; Freunde des Kadi; Volk von Bagdad;
Klagefrauen; Gefolge des Kalifen

Ort: Bagdad
Orchester: Picc (auch 3. Fl), 2 Fl, 2 Ob, 2 Kl, 2 Fg, 4 Hrn, 2 Trp,
2 Pos, BPos, 3 Pkn, GrTr, Bck, Trgl, Tamburin, Hrf, Streicher
Form: Durchkomponiert
Aufführungsdauer: 2 Stunden
Verlag: Breitkopf und Härtel, Wiesbaden

Handlung
1. AKT: Seit Nurredin die junge Margiana, die Tochter des Kadi,
gesehen hat, ist er krank vor Sehnsucht. Seine Diener halten seine Krankheit für den nahen Tod und nehmen weinend von ihm Abschied.
Da erwacht er. Bostana, eine Verwandte des Kadi, hat versprochen, ihm zu
helfen. Tatsächlich hat sie mit Margiana ein Stelldichein für die Mittags-
stunde ausgemacht, sobald der Vater zum Gebet in die Moschee geht.
Bostana schickt Nurredin den Barbier Abul Hassan Ali Ebn Bekar, der ihn
nach seiner langen Krankheit verschönen soll. Der kommt, rasiert langsam
und bramarbasiert viel: Er stellt sich als „Gesamtgenie" vor und erzählt die
Geschichte seiner sieben Brüder. Auch mit Hilfe seiner Diener gelingt es
Nurredin nicht, den Alten aus dem Haus zu werfen. Die zweite Hälfte des
Haupthaares schert er Nurredin erst, als dieser ihm sein bevorstehendes
Liebesabenteuer verraten hat. Nun will der Barbier ihn begleiten. Um das
zu verhindern, gibt Nurredin, der die Pflegebereitschaft seiner Diener
kennt, vor, der Barbier sei plötzlich schwer erkrankt und müsse geheilt
werden. In grober Manier wenden daraufhin die Diener alle Heilmittel des
Barbiers auf einmal und gegen ihn selbst an, während Nurredin enteilt.
2. AKT: Margianas Freudenruf „Er kommt!" bezieht der Vater auf
seinen alten Jugendfreund und Spielkameraden Selim, der um Margianas
Hand angehalten und ihr eine Kiste mit Kostbarkeiten als Morgengabe
geschickt hat. Als der Kadi in die Moschee eilt, tritt Nurredin ein, die
Liebenden schwelgen in ihrem Glück, da ertönt die Stimme des Barbiers
vor dem Hause. Als der zurückkehrende Kadi einen Sklaven züchtigt, hält
Abul Hassan dessen Schreie für die Nurredins und dringt mit schnell
zusammengerufenen Helfern in das Haus ein. Vor dem Tumult versteckt
sich Nurredin in der entleerten Schatztruhe. Der Barbier wirft sich weinend
auf die Kiste, in der er die Leiche Nurredins vermutet. Margiana bittet ihn,
die Kiste schnell wegzubringen, als der Kadi eintritt und den Barbier und
seine Leute für Diebe hält, die Selims Schatz forttragen wollen. Die Parteien beschuldigen sich nun gegenseitig des Mordes und des Raubes, immer

mehr Volk kommt hinzu, bis schließlich der Kalif erscheint. Er läßt die Kiste öffnen, die tatsächlich, wie alle behauptet haben, Margianas „Schatz" enthält. Der Kalif fordert Abul auf, den ohnmächtigen Nurredin wieder zur Besinnung zu bringen, was ihm auch mit Nurredins Liebeslied gelingt. Dann wünscht der Kalif, daß von nun an der Schatz immer Margiana gehören solle. Den Barbier aber nimmt er in seine Dienste, damit der ihm seines Lebens Märchen erzähle.

Kommentar

Vielleicht ist der *Barbier von Bagdad* die einzige wirklich „komische" deutsche Oper, in der der anspruchsvolle, durchweg rhythmisierte Text mit verschiedenartigen Reimschemata und die melodische, gleichwohl alle vorgefaßten Erwartungshaltungen brechende, stark kontrapunktische Musik vor Wortwitz und Lebensfreude sprühen. Cornelius' Partitur enthält, trotz ihrer avancierten Harmonik, weniger Wagner-Einfluß als umgekehrt in Wagners *Meistersinger-* und *Siegfried*-Partitur deutlich Einflüsse von Cornelius verarbeitet sind. Leitmotivik ist bei Cornelius nicht als stilbildendes Mittel zu finden, vielmehr ergibt sich die Form aus einer Reihung von Szenen, Arien, Duetten, Terzetten und Ensembles, wobei die aufgebauten Stimmungen stets durch die Handlung selbst gebrochen und – auch im musikalischen Sinne – parodiert werden. Cornelius' Instrumentation, die weniger auf eine Klangmischung als auf eine Klangspaltung hinzielt, orientiert sich deutlich an Hector Berlioz. Zu den Höhepunkten der Oper zählen die Duette Bostana/Nurredin „Wenn zum Gebet von Minarett", Nurredin/Abuls „Laß dir zu Füßen wonnesam mich liegen, o Margiana", Margiana/Nurredins „So mag kein andres Wort erklingen" sowie Abuls Selbstdarstellung „Bin Akademiker, Doktor und Chemiker..." und sein Schlußgesang mit Chor „Heil diesem Hause – Salamaleikum".

Die Titelfigur macht die Oper zu einer versteckten Wagner-Parodie, denn mit Aussprüchen wie „bin Gesamtmensch, bin Barbier der Nachwelt" oder mit der Aufzählung der 42 Berufe und philosophischen Richtungen des „Gesamtgenies" erweist Cornelius dem älteren Kollegen eine komische Reverenz und antizipiert im Kalifen gar Wagners Retter, den jugendlichen König Ludwig II., der Wagners Märchen ganz für sich allein besitzen und erleben wollte.

Auf Wunsch von Franz Liszt komponierte Cornelius anstelle der h-moll-Ouvertüre eine leitmotivische Potpourri-Ouvertüre in D-dur, die Cornelius allerdings nicht mehr selbst instrumentierte. Sie existiert in vier Instrumentationen von Liszt, Hoffbauer, Mottl und Baußnern, von denen nur die beiden letztgenannten gedruckt erschienen.

Geschichte

Die Erzählung der 34. Nacht aus *1001 Nacht*, jener Sammlung, die etwa im 9. oder 10. Jahrhundert aus der persischen Sammlung der *Tausend Geschichten*, ihrerseits indischen Ursprungs, ins Arabische übersetzt wurde, ist die literarische Vorlage der Oper. In der ersten deutschen Übersetzung trägt die von Cornelius verwendete Geschichte den Titel *Die Geschichte des Schneiders*. Sie wurde bereits 1772 von Charles Palissot de Montenoy als *Le barbier de Bagdad, comédie* dramatisiert und 1772 von Johann Heinrich Faber ins Deutsche übertragen. Sie liegt auch einem Singspiel von W. Chr. S. Mylius (1870), den Operetten von J. André (1784), F. Jost (1791) und H. Chr. Hattasch (1793) zugrunde. Eine Oper *Le barbier de Bagdad* von Stanislaus Champein (1800) wurde offenbar nie zur Aufführung gebracht. Die Uraufführung in Weimar, ein Eklat aufgrund einer gegen Liszt gerichteten Intrige, blieb die einzige Aufführung zu Lebzeiten des Komponisten. Auch die nächste Aufführung (Hannover 1877), mit der von Liszt instrumentierten D-dur-Ouvertüre, wurde ein Mißerfolg. Auf Betreiben Liszts bearbeitete Felix Mottl (Karlsruhe 1884) das Werk durch Kürzungen und Instrumentationsretuschen, wodurch die Oper für den Bannkreis Wagners vereinnahmt wurde, aber auch keinen Erfolg erntete. Hermann Levis Bearbeitung (München 1885) näherte sich deutlich Cornelius' Original an, das erstmals wieder 1904 in Weimar, nun mit großem Erfolg, erklang. Erst nach dem Zweiten Weltkrieg setzte sich die Oper, die auch Aufführungen in englischer, ungarischer, flämischer, dänischer, russischer, tschechischer, spanischer und türkischer Sprache erlebte, in den bundesdeutschen Opernhäusern durch. 1956 erfolgte die erste Schallplatteneinspielung der Mottl-Bearbeitung unter Erich Leinsdorf, 1973 die der Originalfassung unter Hollreiser und eine ZDF-Produktion in der Regie von Herbert Junkers.

Peter P. Pachl

Diskographische Empfehlung

1956 – London: Erich Leinsdorf, Philharmonia Chorus and Orchestra London. Hermann Prey (Kalif), Gerhard Unger (Baba Mustapha), Elisabeth Schwarzkopf (Margiana), Grace Hoffman (Bostana), Nicolai Gedda (Nurredin), Oskar Czerwenka (Abul Hassan). EMI, 1C 147-01 448/9

ALEXANDER PORFIRJEWITSCH BORODIN

geb. 31. Oktober (12. November) 1833 in St. Petersburg
gest. 15. Februar (27. Februar) 1887 in St. Petersburg

Alexander Borodin wurde als illegitimer Sohn des Fürsten Imerentinsky geboren. Seine musikalische Begabung zeigte sich früh. Dennoch studierte er Medizin und Chemie in St. Petersburg und Heidelberg und wurde zunächst Militärarzt. Bald widmete er sich ausschließlich der Wissenschaft und wurde 1874 Ordinarius für Organische Chemie an der Medizinisch-Chirurgischen Akademie in St. Petersburg. Als Mitbegründer einer medizinischen Schule für Frauen, an der er auch bis zu seinem Tod Lehrer war, machte er sich als Chemiker mit einer Reihe von Entdeckungen einen Namen. Zugleich war Borodin leidenschaftlicher Musiker, sein Vorbild sah er in Michail Glinka, dem Begründer der nationalen russischen Kunstmusik. In den 50er und 60er Jahren lernte Borodin alle russischen Komponisten seiner Zeit kennen und wurde in den Freundeskreis der „Fünf" aufgenommen, der als „Mächtiges Häuflein" Musikgeschichte gemacht hat. Am meisten beeinflußt wurde er von Balakirew, bei dem er seit 1862 studierte. 1867 fand im Moskauer Bolschoj-Theater die Uraufführung von Borodins Oper *Die tapferen Ritter* statt, einer Komödie mit sozialkritischem Hintergrund. 1869 begann er mit der Arbeit an seinem Hauptwerk, *Fürst Igor*, die er immer wieder unterbrach und bis zu seinem Tod nicht beendete. 1872 beschäftigte er sich mit der Ballett-Oper *Mlada*, deren Ballettszenen Ludwig Minkus komponierte. Das Werk wurde nicht vollendet. 1877 freundete sich Borodin auf einer Studienreise durch Deutschland in Weimar mit Franz Liszt an. Ein Aufenthalt in Belgien mit Cesar Cui 1885/86 brachte ihm große Erfolge mit seinen beiden Symphonien und der *Steppenskizze aus Mittelasien*.

Ulrike Hessler

Fürst Igor (Knjas Igor)
Oper in vier Akten mit Prolog und Epilog

Text: Alexander Borodin, nach dem Epos *Slowo o polku Igorewe (Igorlied)*

Uraufführung: 4. (16.) November 1890 im Marinskij-Theater, St. Petersburg

Personen: Igor Swjatoslawitsch, Fürst von Seweresk (Bar); Jaroslawna, seine Frau aus zweiter Ehe (Sop); Wladimir Igorewitsch, Sohn Igors aus erster Ehe (Ten); Wladimir Jaroslawitsch, Fürst Galitzki, Bruder Jaroslawnas (Baß); Kontschak, Polowzer Khan (Baß); Gsak, Polowzer Khan (stumme Rolle); Kontschakowna, Tochter Kontschaks (Alt); Owlur, getaufter Polowzer (Ten); Skula und Jeroschka, Gudokspieler (Ten, Baß); Amme Jaroslawnas (Sop); Polowzer Mädchen (Sop)

Chor: Russische Fürsten und Fürstinnen; Bojaren, Bojarinnen; Die Ältesten; Russische Krieger; Mädchen; Volk; Polowzer Khane; Freundinnen der Kontschakowna; Sklavinnen (Tschagen); Kontschaks; Russische Gefangene; Polowzer Wachen

Ballett: Polowzer Mädchen; Sklaven; Sklavinnen; Polowzer Krieger

Ort und Zeit: Prolog, 1. und 4. Akt in der Stadt Putiwl, 2. und 3. Akt im Polowzer Lager, im Jahre 1185

Orchester: Picc, 2 Fl, 2 Ob, E.H., 2 Kl, Bkl, 2 Fg, 4 Hrn, 2 Trp, 3 Pos, Tba, Pkn, Schlgzg (Tamburin, Tr, Bck, GrTr, Trgl, Glsp), Klav, Hrf, Streicher

Auf der Bühne: Pistons, ABügelhrn, TBügelhrn, BBügelhrn, Tba, KlTr

Form: 29 Musiknummern, die pausenlos ineinander übergehen

Aufführungsdauer: Ca. 3¼ Stunden

Verlag: Edition Peters, Frankfurt am Main

Handlung

PROLOG: Ein Platz in Putiwl. Der russische Fürst Igor Swjatoslawitsch hat einen Feldzug gegen die Polowzer beschlossen. Das heidnische Nomadenvolk bedroht durch ständige Überfälle unter Führung der beiden Khane Kontschak und Gsak Rußland. Eine plötzlich eintretende Sonnenfinsternis wird vom Volk wie von Igors Frau Jaroslawna als böses Omen gedeutet. Doch trotz aller Bitten zieht Igor mit seinem Sohn Wladimir und einigen Verbündeten in den Kampf. Jaroslawna und deren Bruder Galitzki betraut er mit seiner Stellvertretung.

1. AKT. 1. Bild: Hof bei Galitzkis Haus. Viele Monate sind vergangen, ohne daß eine Nachricht von Igor eingetroffen ist. Galitzki, den schon sein eigener Vater verstoßen hat, möchte die Herrschaft ganz an sich reißen. Nach ständigen Zechgelagen mit seinen pöbelhaften Freunden kommt es immer wieder zu Gewalttaten.

2. Bild: Raum in Jaroslawnas Haus. Jaroslawna sorgt sich um ihren Mann. Sie versucht, ihren Bruder für seine Untaten zur Rechenschaft zu ziehen, und droht ihm mit der Auslieferung an den Vater. Da kommt die Nachricht, daß Igor verwundet und gefangen und sein Heer geschlagen ist. Der Khan Gsak ist im Anmarsch auf die wehrlose Stadt, der durch Galitzki ein Bürgerkrieg droht. Sturmglocken kündigen das Nahen der Polowzer an.

2. AKT: Polowzer Lager. Die Polowzer Mädchen unterhalten die Krieger durch Tanz und Gesang. Khan Kontschak behandelt Igor mit großmütigem Respekt. Für den Fall, daß er sich mit ihm verbündet, stellt er ihm sogar die Freilassung in Aussicht. Kontschakowna, die Tochter des Khans, hat sich in Igors Sohn Wladimir verliebt, der diese Liebe erwidert. Der getaufte Polowzer Owlur bietet Igor die Möglichkeit zur Flucht, die Igor aus ritterlichem Ehrgefühl jedoch nicht annimmt. Kontschak ordnet Tänze an, um Igor die Schönheit Polowzer Lebens vor Augen zu führen.

3. AKT: Ein anderer Teil des Lagers. Khan Gsak kehrt nach der Eroberung und Plünderung von Putiwl zurück und läßt sich als Sieger feiern. Als Igor sieht, daß auch Frauen und Kinder mitgeschleppt wurden, deren Schicksal er verschuldet hat, entschließt er sich doch zur Flucht. Er kann auf Owlurs Pferd entkommen. Kontschakowna hält Wladimir zurück. Als Igors Flucht entdeckt wird, droht Wladimir der Tod. Doch Kontschak glaubt, seine Macht durch eine Heirat des russischen Fürstensohns mit seiner Tochter ausbauen zu können.

4. AKT: Das zerstörte Putiwl. Jaroslawna betrauert ihren Mann und das Schicksal ihres Volkes. Da kehrt Igor zurück und gibt sich zunächst nur seiner Frau zu erkennen. Die Bänkelsänger Skula und Jaroschka spotten über Igor. Als sie jedoch sehen, daß sein Zeichen die Stadt wieder schmückt, läuten sie die Glocken und verkünden die Heimkehr des Fürsten.

Kommentar

Borodins Freund, der Kunstwissenschaftler Wladimir Stassow, schlug Borodin 1869 das altrussische *Igorlied* als Opernsujet vor, das wegen seiner breiten epischen Motive, seiner nationalen Elemente, den vielfältigen Charakteren und Affekten, wegen seiner Dramatik und seinem östlichen Kolorit Borodins Talent und künstlerischem Naturell zu entsprechen schien. Der lockeren Szenenfolge dieses Historiendramas aus der russischen Frühgeschichte fehlt der dramaturgische Zusammenhalt, da der grundlegende Konflikt, Igors Schwanken zwischen seiner Herrscherpflicht und seiner persönlichen Ehrenpflicht, sich einer opernhaften Darstellung weitgehend entzieht. An deren Stelle tritt ein farbiger Bilderbogen, der national-russisches und orientalisch-tatarisches Kolorit in wirkungsvollen Massenszenen und realistischer Zeichnung gegensätzlicher Charaktere einfängt und in mosaikartigen Szenen episch aneinanderfügt. Borodin verwendete nationales Volks- und Kirchenmusikgut, verarbeitete es aber in den Formen der westlichen Oper. Einige Merkmale dieses Lokalkolorits gehören zum beschränkten Repertoire des musikalischen Orientalismus, in dem nationale Unterschiede nicht mehr greifbar sind. In Satz, Harmonie und Stimmführung und – mit einigen Ausnahmen, wie den Polowzer Tänzen – in der Rhythmik dominieren die Muster westeuropäischer Kunstmusik, gelegentlich sogar italianisierendes Melos. Borodin hatte, wie sein Vorbild Glinka, einen starken Hang zur Symmetrie. Szenengruppierungen werden thematisch zueinander in Beziehung gebracht: Auseinandersetzungen zwischen Russen und Polowzern als Grundkonflikt, ähnliche Themen aber auch innerhalb dieses Konflikts parallel gesetzt: Spannungen zwischen zwei mächtigen Russen (Igor/Galitzki) und zwischen zwei Polowzern (Kontschak/Gsak). Dieses didaktisch anmutende Prinzip scheint von Borodins Nachfolgern nicht genügend beachtet worden zu sein. Borodin sah die Gefahr eines ästhetischen Zerfalls und traute im Gegensatz zu Mussorgskij in *Boris Godunow* nicht dem Prinzip der Reihung von eigenständigen, stilistisch kontrastiven Einzelblöcken, die immer die Gefahr einer Beziehungslosigkeit in sich birgt.

Geschichte

Der Komponist schrieb sein Libretto selbst, ausgehend von einem Szenarium Stassows, von dem er sich jedoch schnell entfernte. Er forschte nach allen verfügbaren Quellen und arbeitete elf Nachdichtungen des mittelalterlichen Epos durch.

Wie die Historiker ging Borodin bei seiner Beschäftigung mit dem Stoff der Frage nach, ob Personen und Gehalt des *Igorliedes* in den Bereich von Geschichte oder Legende gehören. Seine Skizzen zeigen, daß er im konkreten Einzelfall historische Ereignisse zusammenfaßt, die sich nach seinen Quellen zwischen 1054 und 1223 zugetragen haben.

Mehrfach war Borodin versucht, die Arbeit aufzugeben. Auf Bitten seiner Freunde Balakirew und Rimskij-Korsakow richtete er Chöre aus dem Prolog, Arien des 2. Aktes und die Polowzer Tänze für Konzertaufführungen ein, deren Popularität die Oper als Ganzes bis heute nicht einholen konnte. Borodin hinterließ die Oper als Fragment, lediglich 8 der 29 Nummern waren als Partitur vollendet. Seine Existenz verdankt das Werk Alexander Glasunow und Nikolaj Rimskij-Korsakow. Letzter schrieb einige Takte neu, verfaßte Text und instrumentierte. Glasunow ergänzte den 3. Akt nach Themen oder Ideen von Borodin und schrieb die Ouvertüre aus dem Gedächtnis nieder. Wahrscheinlich wurde jede Nummer in der Endfassung von Rimskij-Korsakow mitgestaltet. Schon bei der ersten Aufführung der Oper in St. Petersburg versuchte man durch Kürzungen, besonders im 3. Akt, die Handlung zu straffen. In Deutschland wurde die Oper 1925 in Mannheim erstaufgeführt in der schon von Rimskij-Korsakow für problematisch erachteten deutschen Übersetzung von Alexandra Alexandrowa. (Um die Rezeption des Opern-Torsos zu erleichtern, wurde das Werk besonders in Deutschland häufig neuen Bearbeitungen unterzogen.) 1938 erarbeiteten Hubert Franz und Winfried Zillig eine textliche und dramaturgische Neufassung. 1957 dirigierte Lovro von Matacic eine Neuinszenierung der Oper an der Staatsoper Unter den Linden in Berlin. Er gestaltete aus der Orchestermusik des 2. und 3. Aktes Zwischenspiele, die die einzelnen Bilder verknüpfen sollten. Matacic kam, obwohl er keinen Einblick in das Autograph hatte, zu Ergebnissen, die Borodin selbst erwogen hatte. Joachim Herz stellte 1967 eine Neufassung auf der Basis einer neuen Übersetzung von Heinrich Möller vor. Anfang der 70er Jahre tauchten in Moskau bisher unberücksichtigte, von Borodin selbst komponierte Szenen auf. Für die Deutsche Oper Berlin erstellten Marek Bobeth und Claus H. Henneberg 1973 auf der Basis einer neuen deutschen Übersetzung eine Neufassung.   *Ulrike Hessler*

Diskographische Empfehlung

1967 – Sofia: Jerzy Semkow, Chor und Orchester der Nationaloper Sofia. Constantin Chekerliiski (Igor), Julia Wiener (Jaroslawna), Todor Todorov (Wladimir), Boris Christoff (Galitzki, Kontschak). EMI, Angel SCL 3714

1968 – Moskau: Mark Ermler, Chor und Orchester des Bolschoj-Theaters Moskau. Iwan Petrow (Igor), Tatjana Tugarinowa (Jaroslawna), Wladimir Atlantow (Wladimir), Artur Eisen (Galitzki), Alexander Wedernikow (Kontschak). Melodia-Eurodisc 85 115 XIR

AMILCARE PONCHIELLI

geb. 31. August 1834 in Paderno Fasolaro (Cremona)
gest. 17. Januar 1886 in Mailand

Den ersten Unterricht erhielt Amilcare Ponchielli bei seinem Vater, einem talentierten Amateur, der in der Gemeinde das Amt des Organisten versah. 1843 kam er an das Mailänder Konservatorium, wo er Klavier, Theorie und Komposition (bei Alberto Mazzucato) studierte. 1854 ging er nach Cremona, wo er eine kleine Organistenstelle erhielt und Privatunterricht erteilte. Seine erste Oper *I promessi sposi* (Cremona 1856), nach Alessandro Manzonis berühmtem Roman, erntete nur einen lokalen Erfolg; Mailand nahm von dem Erstling keinerlei Notiz; auch seinen nächsten vier Bühnenwerken war nur ein ephemeres Dasein beschieden. Der Versuch, am Mailänder Konservatorium Fuß zu fassen, scheiterte aufgrund einer Intrige; obwohl Amilcare Ponchielli von der Kommission als Wunschkandidat nominiert wurde, erhielt die Professur der Dirigent Franco Faccio.

1872 unterzog Ponchielli die *Promessi sposi* einer tiefgreifenden Umarbeitung; nachdem die Oper in ihrer neuen Version die Anerkennung des Mailänder Publikums gefunden hatte, wurde sie auch von anderen italienischen Bühnen übernommen und blieb bis in die 80er Jahre im Repertoire. Der sensationelle Erfolg der *Promessi sposi* führte zu einem Auftrag der Scala. Doch mit *I lituani* (1874) nach dem Roman *Konrad Wallenrod* des polnischen Dichters Adam Mickiewicz vermochte Ponchielli die hochgespannten Erwartungen nicht zu erfüllen; nach zwei Jahren war das Werk in Vergessenheit geraten. Den endgültigen künstlerischen Durchbruch erzielte Ponchielli dann mit *La Gioconda* (1876); seine Reputation war nun derart gefestigt, daß auch die schwache Resonanz auf seine nächste Oper *Il figliuol prodigo* (Mailand 1880) sie nicht mehr beeinträchtigen konnte. Mit seinem letzten Bühnenwerk *Marion Delorme* (Mailand 1885), nach dem gleichnamigen Drama von Victor Hugo, erzielte Ponchielli nach anfänglichen Schwierigkeiten noch einmal einen großen Erfolg bei Publikum und Presse.

Ponchiellis Wirken fiel in eine Zeit des Übergangs zwischen Verdi und den

Vertretern der „Giovane Scuola Italiana", in der das italienische melodramma nicht mehr ausschließlich gefragt war, wie aus den Spielplänen der
großen Theater hervorgeht: Ein beachtlicher Teil des Repertoires wurde,
vor allem in Norditalien, von Meyerbeer, Gounod und Thomas bestritten.
Andererseits war seit Angelo Marianis spektakulärer *Lohengrin*-Aufführ-
rung (Bologna 1871) ein steigendes Interesse an der Musik Wagners festzustellen, das in den Werken des musikalischen Ikonoklasten Stefano Gobatti
(1852–1913) einen vorläufigen Höhepunkt fand. Diese Vielfalt musikalischer Traditionen konnte auf die Opernproduktion nicht ohne Auswirkung
bleiben; doch die Verfügbarkeit der verschiedenen Kompositionstechniken,
die auf unterschiedlichen ästhetischen Voraussetzungen beruhten, barg die
Gefahr des Eklektizismus in sich, ein Vorwurf, der auch gegen Ponchielli
mehr als einmal erhoben wurde, sogar gegen *La Gioconda*, die sich jedoch,
wenn auch als einziges Bühnenwerk Ponchiellis, im Repertoire behaupten
konnte.   *Norbert Christen*

La Gioconda
Dramma lirico in vier Akten

<u>Text:</u> Tobia Gorrio alias Arrigo Boito, nach Victor Hugos Drama
Angelo, tyran de Padoue
<u>Uraufführung:</u> 8. April 1876, Teatro alla Scala, Mailand
<u>Personen:</u> La Gioconda, Sängerin (Sop); Laura Adorno, Frau von
Alvise Badoero (Mez); Alvise Badoero, Staatsinquisitor (Baß); Die
Blinde, Mutter Giocondas (Alt); Enzo Grimaldi, genuesischer Fürst
(Ten); Barnaba, Spitzel und Straßensänger (Bar); Zuàne, Regatta-
schiffer (Baß); Sänger (Baß); Isèpo, öffentlicher Schreiber (Ten);
Lotse (Baß); Barnabite (Baß); Zwei Stimmen aus der Ferne (Sop)
<u>Chor:</u> Barnabiten; Werftarbeiter; Senatoren; Vornehme Herren
und Damen; Masken; Mönche; Volk; Seeleute; Ritter; Sänger
<u>Ort und Zeit:</u> Venedig, 17. Jahrhundert
<u>Orchester:</u> Picc, 2 Fl, 2 Ob, E.H., 2 Kl, 2 Fg, 4 Hrn, 2 Kornette,
2 Trp, 3 Pos, Btba, Pkn, Schlgzg (GrTr, Bck, Trgl, TamTam, Gl,
Glsp), Org, 2 Hrf, Streicher
<u>Auf der Bühne:</u> 2 Kl, 2 Bkl, 2 Fg, 3 Hrn, 3 Trp, 2 Pos, GrTr, Hrf,
Kanonenschlag

Form: Durchkomponiert, nummernartig gegliedert
Aufführungsdauer: Ca. 2¾ Stunden
Verlag: G. Ricordi & C. S. p. A., Mailand

Handlung

1. AKT („Das Löwenmaul"): Karneval in Venedig. Der Regierungs-spitzel Barnaba hat ein Auge auf die Straßensängerin Gioconda geworfen, die jedoch sein Werben zurückweist, da sie sich in Enzo Grimaldi verliebt hat. Um sich an ihr zu rächen, beschuldigt Barnaba Giocondas blinde Mutter der Hexerei; das aufgehetzte Volk will sie auf dem Scheiterhaufen verbrennen, was im letzten Moment durch Enzo verhindert wird. Der junge genuesische Adlige, einst aus Venedig vertrieben, hat unter falschem Na-men erneut die Stadt betreten und ist auf der Suche nach Laura, seiner früheren Geliebten, die inzwischen die Gattin des allmächtigen Inquisitors Alvise Badoero geworden ist. Trotz Enzos Intervention will Alvise Giocon-das Mutter festnehmen lassen, aber auf inständiges Bitten von Laura läßt er sie frei. Zum Dank erhält Laura von der Alten einen Rosenkranz. Barnaba verspricht Enzo, den er sofort wiedererkannt hat, ein nächtliches Rendez-vous mit Laura; hocherfreut geht Enzo auf das Angebot ein. Kaum ist er fort, läßt Barnaba einen Brief an die Inquisition aufsetzen und wirft ihn in das „Löwenmaul". Gioconda, die das Diktat heimlich mitangehört hat, ist von Enzos Untreue tief getroffen.

2. AKT („Der Rosenkranz"): Im Dunkel der Nacht läßt sich Laura zu Enzos Schiff bringen; die Liebenden beschließen, gemeinsam aus Venedig zu fliehen. Plötzlich erscheint Gioconda, um ihre Rivalin zu töten. Als Laura in höchster Not den Rosenkranz hervorholt, den sie von der Blinden erhalten hat, läßt Gioconda den Dolch sinken; erfüllt von Großmut, drängt sie Laura, mit ihrem Boot zu fliehen. Von Gioconda erfährt Enzo, daß er durch Barnaba beim „Rat der Zehn" denunziert worden ist. Schon nähert sich Alvise mit seinen Leuten, da setzt Enzo das Schiff in Brand und rettet sich schwimmend ans Ufer.

3. AKT („Ca' d'oro"): Während eines Festes in seinem Palast will Alvise sich seiner Gattin Laura, die er der Untreue anklagt, entledigen, indem er sie zum Selbstmord zwingt. Doch bevor Laura die Giftphiole leert, erscheint Gioconda, die in Vorahnung der Geschehnisse sich ein Mittel besorgt hat, das einen todesähnlichen Schlaf bewirkt. Sie überredet Laura, diesen Trank anstelle des Giftes zu nehmen. Im Nebenraum sehen die Gäste eine Aufführung des Balletts *Tanz der Stunden*. Kaum sind die letzten

Töne verklungen, als sie entsetzt die Totenglocke vernehmen. Alvise bekennt, seine Frau getötet zu haben, um seine Ehre wiederherzustellen. Als
Enzo sich auf ihn stürzen will, wird er von den Wachen festgenommen. Um
Enzos Leben zu retten, versichert sich Gioconda der Hilfe von Barnaba,
indem sie ihm die Erfüllung seiner Wünsche verspricht.

4. AKT („La Giudecca"): Von Giocondas Vertrauensleuten wird
Laura in einen Palast auf der Insel La Giudecca gebracht. Noch einmal
bricht die Verzweiflung in Gioconda darüber durch, daß ihre Liebe von
Enzo nicht erwidert wird, dennoch entschließt sie sich, Laura und Enzo, der
inzwischen Alvises Gewahrsam entkommen ist, zur Flucht zu verhelfen. Als
Barnaba erscheint, um seinen Lohn einzufordern, ersticht sie sich vor
seinen Augen. Haßerfüllt schleudert er ihr ins Gesicht, ihre Mutter umgebracht zu haben, doch seine Worte vermögen Gioconda nicht mehr zu
erreichen.

Kommentar

Bei der Konzeption seines Librettos hat sich Boito, der das Textbuch unter dem Anagramm seines Namens „Tobia Gorrio" veröffentlichte,
deutlich von der Vorlage entfernt, hat Schauplätze, Namen und Konstellationen der Personen verändert, nur einige Charaktere, Situationen und
dramatische Leitlinien bewahrt, so daß man kaum noch von einer Adaption
sprechen kann. Sein Ziel war es, eine wirkungsvolle Bilderfolge zu schaffen,
die sich in Musik umsetzen läßt, weniger die psychologische Durchdringung der Gestalten, sonst wäre wohl die Zeichnung der Titelheldin anders
ausgefallen. Deren plötzliche Wandlung von einer rasend eifersüchtigen
Frau, die ihre Rivalin töten will, zu einer selbstlosen Helferin, die für das
Glück Enzos nicht nur ihre Liebe, sondern am Ende auch ihr Leben opfert,
erscheint wenig plausibel, ja geradezu unwahrscheinlich und nimmt der
Gestalt jene dramatische Durchschlagskraft, die der ansonsten in manchen
Zügen ähnlichen Tosca anhaftet.
Eine Charakterisierung ist lediglich in Ansätzen zu erkennen: Während
Enzo nur einen Typus repräsentiert, ein Manko, das er allerdings mit
etlichen anderen Vertretern seines Faches teilt, ist die Gestalt des Barnaba
interessanter gezeichnet; sein Monolog im 1. Akt gibt nicht nur Auskunft
über die politischen Machtverhältnisse in Venedig, sondern enthüllt zugleich sein Denken und Fühlen und nimmt sich wie ein Vorläufer von Jagos
„Credo" aus. Diesen Mangel an Charakterisierung und Psychologisierung
hat Boito durch eine intrikate Personenkonstellation zu kompensieren ver-

sucht. Wie in der grand opéra tritt an die Stelle des konventionellen Dreieckskonfliktes ein komplexes Geflecht aus verschiedenen emotionalen Beziehungen: Barnaba liebt die Straßensängerin Gioconda, wird aber von ihr
nicht geliebt, Gioconda ihrerseits liebt Enzo, der allerdings ihre Neigung
nicht erwidert, da er Laura liebt, die ihrerseits ihren Gatten Alvise verab-
scheut. Letztlich ist es das simple „magnetische Gesetz der Erotik", das die
Handlung vorantreibt und diese nach den Gesetzen der grand opéra in
Tableaus verdichtet.

Die Faszination, welche die französischen Opern Meyerbeers und Gounods
in jenen Jahren auf das italienische Musikleben ausüben, spiegelt sich auch
in der Partitur der *Gioconda* wider. Das dekorative Moment, die deskriptive
Komponente, wie sie für die französische Oper typisch ist, erfährt in der
Gioconda eine für italienische Verhältnisse ungewöhnliche Akzentuierung
durch die Einbeziehung wirkungsvoller Chöre und charakteristischer
Tänze (Furlana im 1. Akt, Ballett „Danza delle ore" im 3. Akt). Während die
Melodik überwiegend der Belcanto-Tradition verhaftet ist – so das „Rosenkranz"-Thema im Vorspiel, das in der Oper die Funktion eines Erinne-
rungsmotives einnimmt, ferner Enzos Romanze „Cielo e mar" (2. Akt), die
seit Caruso zum Repertoire eines jeden Tenors gehört –, ist die Orchestration am französischen Vorbild orientiert; der weiche, füllige Klang mit
seinen charakteristischen Pizzikati der Kontrabässe begegnet eher in Gounods *Faust* als in Verdis Opern, in denen die Instrumentation vor allem auf
Schärfe und Konturierung abgestellt ist.

Andererseits bietet die Oper *La Gioconda* eine Reihe von Anknüpfungs-
punkten für die spätere Komponistengeneration der „Giovane Scuola Italiana", für Catalani und Puccini, Mascagni und Leoncavallo. So erzielt die
Kantilene ihre Emphase und unwiderstehliche Wirkung dadurch, daß sie
durch die Streicher in mehrfachen Oktavlagen exponiert wird – ein Verfahren, das später zum Markenzeichen Puccinis werden sollte, sich aber bereits
im Vorspiel dieser Oper und in der erwähnten Romanze Enzos findet. Ein
weiteres Moment, das Progressivität verrät, ist in Giocondas berühmter Arie
„Suicidio" (4. Akt) zu sehen: Vokal- und Orchesterpart spiegeln in ihrer
Faktur die psychische Extremsituation wider, zeichnen subtil die seelischen
Schwankungen nach, denen die Protagonistin ausgesetzt ist. Hier wird
15 Jahre später Puccini anknüpfen, wenn er in seiner Oper *Manon Lescaut*
Des Grieux' hysterischen Ausbruch „Guardate, pazzo son" gestaltet.

Geschichte

Trotz des nur mittelmäßigen Erfolges der *Lituani* erhielt Ponchielli durch Vermittlung seines Verlegers Ricordi einen Kompositionsauftrag der Scala. Doch dem neuen Sujet stand Ponchielli zunächst ablehnend gegenüber, denn auf ebendieser Vorlage, Hugos wirkungsvollem Schauerroman *Angelo, tyran de Padoue*, basierte eines der erfolgreichsten Bühnenwerke jener Zeit: Mercadantes *Il giuramento*. Schließlich gelang es Ricordi, Ponchiellis Befürchtungen zu zerstreuen. Bei der Uraufführung erzielte die Oper einen durchschlagenden Publikumserfolg, der nicht zuletzt den sängerischen Leistungen von Maddalena Mariani-Masi (Gioconda) und Julian Gayarre (Enzo) sowie dem Engagement von Franco Faccio zu verdanken war. Ein unterschiedliches Echo fand die Oper bei der Presse: Während man Ponchiellis Musik überwiegend lobte, wurden an Boitos Libretto die Weitschweifigkeit und der Mangel an echter Dramatik kritisiert. Nach mehrfachen Überarbeitungen konnte sich die Oper in ihrer definitiven Version (Mailänder Scala 1880) auch im Ausland durchsetzen (1882: Santiago de Chile, 1883: St. Petersburg, Barcelona, London, Budapest, New York; 1884: Wien, Prag, Buenos Aires, Warschau). Auch im 20. Jahrhundert vermochte sie sich auf den Spielplänen vor allem italienischer Bühnen zu halten. Ein besonderes Forum fand *La Gioconda* in der Arena von Verona, wo sie seit 1925 achtmal produziert worden ist (1947 und 1952 mit Maria Callas in der Titelrolle).   *Norbert Christen*

Diskographische Empfehlung

1939 – New York: Ettore Panizza, Chor und Orchester der Metropolitan Opera. Zinka Milanov (Gioconda), Giovanni Martinelli (Enzo), Bruna Castagna (Laura), Carlo Morelli (Barnaba), Nicola Moscona (Alvise), Anna Kashon (La Cieca). Historical Opera Performances, Edition 3 HOPE 201

1939 – Mailand: Antonino Votto, Chor und Orchester des Teatro alla Scala. Maria Callas (Gioconda), Pier Miranda Ferraro (Enzo), Fiorenza Cossotto (Laura), Piero Cappuccilli (Barnaba), Ivo Vinco (Alvise), Irene Companeez (La Cieca). EMI, CDS 7 49518 2 (ADD)

1981 – London: Bruno Bartoletti, London Opera Chorus, National Philharmonic Orchestra. Montserrat Caballé (Gioconda), Luciano Pavarotti (Enzo), Agnes Baltsa (Laura), Sherrill Milnes (Barnaba), Nicolai Ghiaurov (Alvise), Alfreda Hodgson (La Cieca). Decca 6.35542 (DDD)

CAMILLE SAINT-SAËNS

geb. 9. Oktober 1835 in Paris
gest. 16. Dezember 1921 in Algier

Merkwürdig, wie man sich täuschen kann: Zeit seines Lebens glaubte Camille Saint-Saëns, sich gerade durch seine zwölf Opern Unsterblichkeit verdient zu haben. Dabei waren schon seine Zeitgenossen – die wenigen Freunde wie die vielen Gegner – der Ansicht, Saint-Saëns sei in erster Linie Instrumentalkomponist. „Ich wollte die Gattung des lyrischen Dramas erneuern, aber Wagner ist mir zuvorgekommen", rechtfertigte er sich 1912 in einem Brief an Gabriel Fauré. In mindestens drei seiner Opern – *Étienne Marcel* (1877/78), *Ascanio* (1888) und *Les Barbares* (1901) – ist Saint-Saëns denn auch bemüht, sich (neben deutlichen Reminiszenzen an die grand opéra Meyerbeers) dem wagnérisme anzupassen, obgleich er schon in den späten 60er Jahren dem Bayreuther Meister untreu geworden war. Saint-Saëns war ebensowenig Wagnerianer, wie er einer anderen Stilrichtung eindeutig zuzuordnen wäre: Das Spektrum seiner Opern reicht vom Exotismus (*La princesse jaune*, 1872) über Gounodschen Lyrismus (*Le timbre d'argent*, 1875/77) bis zum Verismus (*L'ancêtre*, 1905). Aber auch wenn sich *Samson et Dalila* als einzige Oper auf allen großen Bühnen der Welt durchsetzen und etablieren konnte, wären andere Werke es durchaus wert, wiederentdeckt zu werden: die Oper *Henry VIII* (1882) zum Beispiel, in der Saint-Saëns auf meisterhafte Weise die Musik der englischen Renaissance mit dem Gestus der großen romantischen Oper verknüpft, oder die vier Antiken-Adaptationen *Proserpine* (1886/87), *Phryné* (1892/93), *Déjanire* (1898; revidiert 1911) und *Hélène* (1903), in denen metrische Prosodie und archaische Harmonik die Rückwendung zur Antike vorwegnehmen, die nach dem Ersten Weltkrieg Jean Cocteau und die „Groupe des Six" propagierten. Erwähnt sei auch noch, daß Saint-Saëns ein Ballett und acht Bühnenmusiken hinterlassen hat und 1895 die schwere Aufgabe übernahm, das Werk eines anderen Komponisten zu vollenden: die Oper *Frédégonde* des über der Arbeit verstorbenen Ernest Guiraud.

Michael Stegemann

Samson et Dalila (Samson und Dalila)
Opéra in drei Akten

Text: Ferdinand Lemaire, nach dem *Buch der Richter*
Uraufführung: 2. Dezember 1877, Großherzogliches Theater, Weimar
Personen: Dalila (Mez); Samson (Ten); Der Oberpriester des Dagon (Baß); Abimelech, Satrap von Gaza (Baß); Ein alter Hebräer (Baß); Ein Bote der Philister (Ten); Erster Philister (Ten); Zweiter Philister (Baß)
Chor: Hebräer und Philister
Ort und Zeit: Gaza, in vorchristlicher Zeit
Orchester: Picc, 2 Fl, 2 Ob, E. H., 2 Kl, Bkl, 2 Fg, Kfg, 4 Hrn, 4 Trp, 3 Pos, Tba, Pkn, Schlgzg, 2 Hrf, Streicher
Form: Durchkomponiert
Aufführungsdauer: Ca. 2 ¾ Stunden
Verlag: A. Durand et Fils, Paris

Handlung

1. AKT: Ein Platz in Gaza. Die Israeliten stöhnen unter dem Joch der Philister und flehen ihren Gott an, sie aus der Knechtschaft zu erlösen. Samson ruft sein Volk auf, es nicht bei Klagen und Gebeten bewenden zu lassen, sondern sich gegen die Philister zu erheben. In diesem Moment erscheint Abimelech, der Satrap von Gaza, und verspottet die Israeliten und ihren Gott, der ihnen wohl nicht helfen könne. Samson erschlägt den Statthalter und gibt damit das Zeichen zum Aufstand; auch der Oberpriester des Götzen Dagon vermag die Revolte nicht mehr zu unterdrücken: Ein Bote bringt die Nachricht, daß die Hebräer gesiegt haben – die Philister flüchten sich in die Berge. Israelitische Frauen und Greise kommen herbei und singen Lob und Preis ihres Gottes. Auch Samson ist unter ihnen, als Dalila – früher einmal die Geliebte des Hebräers – mit einer Schar von Dagon-Priesterinnen die Szene betritt, um sich den Siegern zu unterwerfen. Obwohl ein alter Hebräer ihn vor den Ränken und der Falschheit der Schönen warnt, verfällt Samson aufs neue ihrem Zauber und hat Mühe, ihr Werben abzuwehren. Dalila erklärt ihm, sie werde in ihrer Hütte im Tal Sorek so lange auf Samson warten, bis er zu ihr zurückkäme.

2. AKT: Dalilas Hütte im Tal Sorek. Tief verletzt von Samsons Kälte sinnt Dalila auf Rache. Der Oberpriester des Dagon kommt hinzu und

entfacht ihren Haß noch mehr; er bietet ihr sogar Gold, wenn sie Samson an die Philister verrate, doch Dalila weist den „Judaslohn" zurück: Nur um ihrer Rache willen will sie Samson ausliefern. Ein Gewitter zieht auf, und während sich der Oberpriester versteckt, erscheint von Gaza her Samson; obwohl ihn Gewissensbisse quälen, hat er Dalilas Lockungen nicht länger widerstehen können. In einer lasziven Arie gesteht Dalila ihm ihre Liebe, tatsächlich aber geht es ihr nur darum, das Geheimnis seiner Stärke zu erfahren. Als Samson ihr sagt, daß die Gotteskraft in seinen lang wallenden Haaren verborgen sei, schneidet Dalila mit rascher Hand die Haare ab und liefert den nunmehr Wehrlosen den bereitstehenden Philistern aus.

3. AKT. 1. Bild: Im Gefängnis von Gaza. Mit Samson ist auch das ganze Volk der Israeliten wieder in Gefangenschaft geraten. Samson, den die Philister geblendet haben, ist an ein schweres Mühlrad gekettet, das er drehen muß. Tief bereut er seine Schuld und fleht zu Gott, ihm den Tod zu senden und mit diesem Opfer wenigstens sein Volk zu befreien.

2. Bild: Im Tempel des Dagon. Die Philister feiern ihren Sieg über die Israeliten mit einem ausschweifenden Bacchanal. Ein Kind führt den blinden Samson herein, den Dalila verhöhnt: Nie habe sie ihn geliebt, er sei nur das Werkzeug ihrer Rache gewesen. Alle bereiten sich zu einem großen Dankesopfer für Dagon vor, Samson aber läßt sich zu den beiden tragenden Säulen des Tempels führen. Noch einmal erfleht er den Beistand seines Gottes – und wird erhört: Mit der übermenschlichen Kraft, die ihm zurückgegeben ist, bringt er den Tempel zum Einsturz, der unter seinen Trümmern Samson und das Volk der Philister zerschmettert.

Kommentar

Die Entstehungsgeschichte von Saint-Saëns' Oper, über die der Komponist selbst 1901 in einem *À propos de ,Samson et Dalila'* halb spöttisch, halb bitter Bericht erstattet hat, reicht zurück in das Jahr 1859 (und nicht 1868, wie viele Quellen angeben): Gemeinsam mit dem kreolischen Gelegenheitsdichter Ferdinand Lemaire plante er ein Oratorium nach der im alttestamentarischen *Buch der Richter* (XV., 4–30) knapp überlieferten Geschichte des Hebräers Samson und der schönen Philisterin Dalila. Lemaire überredete den Komponisten, anstatt eines Oratoriums lieber eine Oper zu schreiben, und als erstes wurde der Eingangschor „Dieu d'Israël" skizziert (datiert „26 septembre 1859"). Danach allerdings vergingen mehr als acht Jahre, bevor Saint-Saëns als nächstes das berühmte Liebesduett des 2. Aktes („Mon cœur s'ouvre à ta voix") komponierte. Bei einer Privat-

Soirée stellte er bald darauf diese und andere Szenen einigen Freunden vor: „Keine Reaktion – nicht einmal aus Höflichkeit wurde applaudiert!" Ähnlich kühl wurde wenig später eine Vorführung des gesamten 2. Aktes aufgenommen. 1870 allerdings zeigte sich Saint-Saëns' alter Freund Franz Liszt interessiert und versprach eine Aufführung am großherzoglichen Theater zu Weimar, doch der preußisch-französische Krieg machte auch diese Hoffnung zunichte. Pauline Viardot, für die Saint-Saëns die Partie der Dalila komponiert hatte, lud am 20. August 1874 zu einer Aufführung des 2. Aktes in ihrem Landgut in Croissy ein; auch wenn diesmal sogar Henri Halanzier, der Direktor der Opéra, einigermaßen begeistert war, wollte er doch von einer Aufführung nichts wissen: Er könne seinem Publikum „die algebraische Musik des unverbesserlichen Wagnerianers Saint-Saëns" unmöglich zumuten. Am Karfreitag des Jahres 1875 kam dann (konzertant) der 1. Akt am Théâtre du Châtelet zur Aufführung: „Völliges Fehlen der Melodie, äußerst gewagte Harmonik und platte Instrumentation", lautete tags darauf das vernichtende Urteil der Presse. Aber Liszt hatte seine Zusage nicht vergessen, und so war es schließlich Weimar, wo *Samson et Dalila* nach so vielen vergeblichen Anläufen ihren Triumphzug über die Bühnen der Welt begann. Nicht obwohl, sondern gerade weil es ursprünglich nicht für die Bühne bestimmt war, ist *Samson et Dalila* Saint-Saëns' musikdramatisches Meisterwerk. Von den Kompromissen, zu denen er sich um des erhofften Erfolges willen in anderen Partituren bereit zeigt, ist hier nicht das geringste zu spüren, und da es für das Genre der „biblischen Oper" keine eigentlichen Vorbilder gab, ist Saint-Saëns' musikalische Gestaltung des Stoffes absolut eigenständig und neuartig. Der dramaturgische Entwurf ist der einer grand opéra, die Vokalbehandlung aber ist von dem hohlen Pathos Meyerbeers ebensoweit entfernt wie von dem lyrischen Schmelz der Gounodschen opéra lyrique: ein oratorischer Gestus, der lediglich in dem Liebesduett des 2. Aktes – hier aber um so wirkungsvoller – durchbrochen wird. Der vielfach gezogene Vergleich zu Wagner hält einer näheren Prüfung nicht stand; die „Leitmotive", die Saint-Saëns verwendet, sind tatsächlich weit gespannte melodische Phrasen, wie sie schon Berlioz in *Benvenuto Cellini* verwendet hat, „während es sich bei den ‚Leitmotiven' Wagners nur um melodische Zellen handelt. Auch darin unterscheidet sich Saint-Saëns von Wagner, daß er seine Themen eher variiert als fortspinnt" (André Messager). Ganz „unwagnerisch" ist auch die Instrumentation des *Samson*: Nie haben die Stimmen Mühe, sich gegen das Orchester durchzusetzen, die zahlreichen Soli der Holzbläser und das Vermeiden redundanter Ton-

Verdopplungen geben der Partitur eine erstaunliche Transparenz. Bemerkenswert ist auch das orientalische Kolorit des Werkes, für das sicher der Nordafrika-Aufenthalt im Oktober 1873 von ausschlaggebender Bedeutung war. Abgesehen von rhythmischen Asymmetrien und den spezifischen Schlagzeug-Klangfarben (Glockenspiel, Becken, Gong usw.) verwendet Saint-Saëns für die „danse des prêtresses" des 1. Aktes und das Bacchanal des 3. Aktes eine leittonlose Moll-Tonleiter mit Dur-Terz und übermäßiger Sexte, die allerdings nach den Regeln der Dur/Moll-Tonalität harmonisiert wird.

Geschichte

Die Weimarer Uraufführung von *Samson et Dalila* am 2. Dezember 1877 (in der deutschen Übersetzung von Richard Pohl und mit dem Dänen Edouard Lassen am Dirigentenpult) wurde ein sensationeller Triumph, dessen Echo bis nach Paris nachhallte; hatte man hier Saint-Saëns stets abgelehnt, so waren nun plötzlich – im Windschatten des verlorenen Krieges – ganz andere Töne zu hören: „Saint-Saëns hat soeben mitten in Deutschland die Fahne der französischen Schule gehißt", schrieb etwa das „Journal de Musique". „Wenn auch unser Kriegsruhm zur Zeit etwas verblaßt ist, so strahlt doch unser künstlerischer und literarischer Ruhm unvermindert weiter. Es sind nicht mehr allein unsere Bühnendichter, an die sich Deutschland wenden muß, um sein Theater lebendig zu erhalten – im Vaterland Beethovens, Webers und Mozarts sind nun auch unsere Komponisten gefragt." Wieweit es mit diesem verlogenen Zweck-Chauvinismus tatsächlich her war, beweist die Tatsache, daß sich die Pariser Opéra erst fünfzehn Jahre später – am 23. November 1892 – bemüßigt sah, *Samson et Dalila* zu inszenieren. Von Paris aus trat *Samson et Dalila* dann seinen Welterfolg an, der das Werk allein in dem knappen Jahrzehnt bis zur Jahrhundertwende nach Florenz und Algier (1892), New Orleans (1893), Moskau und Brüssel (1894), Mailand und New York (1895), Buenos Aires (1896), Barcelona (1897), Rio de Janeiro und Lissabon (1898) führte.

Michael Stegemann

Diskographische Empfehlung

1963 – Paris: Georges Pretre, Chœurs René Duclos, Orchestre de l'Opéra Paris. Rita Gorr (Dalila), Jon Vickers (Samson), Ernest Blanc (Grand-Pretre), Anton Diakow (Abimélech). EMI, Angel S-3639

LÉO DELIBES

geb. 21. Februar 1836 in Saint-Germain-du-Val
gest. 16. Januar 1891 in Paris

Als einziges Kind aus der Ehe eines Postbeamten mit künstlerischen Neigungen und einer ausgebildeten Musikerin, erhielt Delibes eine gründliche musikalische Frühausbildung durch die Mutter und deren Bruder, einen Organisten. Mit elf Jahren verlor er seinen Vater. Die Mutter zog daraufhin mit ihm nach Paris, wo er ins Conservatoire eintrat und als Knabensänger ausgebildet wurde. Daneben erlernte Delibes in der Klasse von Adolphe Adam das Komponierhandwerk, mit siebzehn wurde er zugleich Organist in der Kirche Saint-Pierre de Chaillot und Korrepetitor am Théâtre-Lyrique. In den Folies-Nouvelles, einem mit Offenbachs Bouffes-Parisiens konkurrierenden Unternehmen, brachte er als Zwanzigjähriger seine erste Operette heraus *(Deux sous le charbon)*, bis 1865 kamen regelmäßig insgesamt vierzehn weitere Stücke von ihm heraus, teilweise auch am Théâtre-Lyrique, wo er inzwischen zum Chordirektor aufgestiegen war und einige der Hauptwerke der französischen Oper im 19. Jahrhundert einstudierte: Gounods *Faust*, Bizets *Perlenfischer* und den 2. Teil der *Trojaner* von Berlioz. 1864 als Chordirektor an die Opéra verpflichtet, trat er zwei Jahre später zusammen mit dem polnischen Komponisten Léon Minkus als Ballettkomponist an die Öffentlichkeit: mit *La source (Die Quelle)*. Dieses in einem fiktiven Persien spielende Ballett weckte Delibes' Interesse für exotische Klangfarben; polnisches, ungarisches und norwegisches Lokalkolorit setzte er in seinen Balletten *Coppélia* (1870) und *Sylvia* (1876), langanhaltenden Erfolgsstücken, ein. 1873 kam an der Opéra-Comique *Le roi l'a dit (Der König hat's gesagt)* heraus: eine ironische und vor Handlungsvolten strotzende Huldigung an das Zeitalter des Sonnenkönigs. Erfolglos blieb dagegen die ernstere Oper *Jean de Nivelle* (1880), die nur im Klavierauszug fertiggestellte Zigeuner-Oper *Kassya* wurde von Massenet orchestriert und 1893 an der Opéra-Comique postum uraufgeführt. Einen bleibenden Opernerfolg hatte er, 1881 zum Professor für Komposition am Conservatoire ernannt, mit *Lakmé*.

Ulrich Schreiber

Lakmé
Opéra in drei Akten

Text: Pierre Edmond Julien Gondinet und Philippe Émile François Gille

Uraufführung: 14. April 1883, Opéra-Comique, Paris

Personen: Lakmé (Sop); Mallika (Alt); Mistress Benson (Mez); Ellen (Sop); Rose (Mez); Gérald (Ten); Nilakantha (Baß); Frédéric (Bar)

Chor: Männer; Frauen; Inder; Inderinnen; Brahmanen; Chinesische und indische Kaufleute

Statisterie: Derwische; Taschenspieler; Offiziere; Englische Soldaten; Wachen

Ballett: Bajaderen

Ort und Zeit: Indien, Ende des 19. Jahrhunderts

Orchester: Fl, Picc, 2 Ob (1. auch E. H.), 2 Kl, 2 Fg, 4 Hrn, 2 Pistons, 3 Pos, Tba (oder Ophikleide), Pkn, Schlgzg (u. a. Trgl, GrTr, Gl), Hrf, Streicher

Auf der Bühne: 2 Picc, Fl, Ob, Kl, 2 Hrn, Schlgzg

Form: Nummernoper mit gesprochenen Dialogen

Aufführungsdauer: Ca. 2¼ Stunden

Verlag: Heugel et Cie, Paris

Handlung

1. AKT: In einem heiligen Lotosblumenhain lebt der Brahmane Nilakantha. Er haßt die britischen Kolonialisten, die ihm seine Religionsausübung verboten haben. Seine Tochter Lakmé und andere Gläubige intonieren einen Preisgesang auf die Gottheiten Dourga, Siva und Ganea. Nilakantha teilt Lakmé mit, daß er zu einem anderen kultischen Treffen eilt, und läßt das Mädchen mit seinen Gefährtinnen in dem idyllischen Garten zurück, den er um den Tempel angelegt hat. Zu den Klängen einer Barkarole entfernen sich Lakmé und Mallika zum Fluß. Da erscheint plötzlich eine Gruppe von Engländern im Garten: die Offiziere Gérald und Frédéric mit Ellen, der Tochter des Gouverneurs und Verlobten Géralds, ihrer Cousine Rose und der Gouvernante, Mrs. Benson. Sie durchbrechen den Bambuszaun, der den Tempel umgibt, und sind von dem orientalischen Ambiente entzückt, zumal sie den von Lakmé abgelegten Schmuck entdekken. Frédéric warnt vor giftigen Blumen und rät mit dem Hinweis auf den

gefährlichen und auf seine Tochter wachsam achtenden Brahmanen Ni-lakantha zur Zurückhaltung. In einem Quintett stellen sie Mutmaßungen über ein Mädchen an, das wie Lakmé wegen ihres priesterlichen Gelübdes von der Außenwelt abgeschlossen ist. Auf Wunsch der Frauen verspricht Gérald, den eine künstlerische Sensibilität auszeichnet, den Schmuck Lak-més zu zeichnen – wenn sie ihn allein lassen. In einer Arie („Fantaisie aux divons mensonges") überläßt sich Gérald ganz dem Zauber des Ortes. Als er Lakmé und Mallika zurückkommen sieht, versteckt er sich und wird Zeuge einer Gefühlsverwirrung des Mädchens, das sich in seiner Arie „Pourquoi dans les grands bois" mit orientalischer Sehnsuchtsfülle von der Naturbe-trachtung in eine erotische Erlebnisfähigkeit hineinträumt: in tränenum-florter Stimmung das unglückliche Ende schon vorwegnehmend und zu-gleich verklärend. Von Lakmé entdeckt, gesteht Gérald ihr emphatisch seine Liebe. Lakmé fällt in seinen Duktus ein (Duett: „C'est le dieu de la jeunesse") und läßt sich von seinem Preis der weltlichen Dreifaltigkeit Jugend/Frühling/Liebe mitreißen. Als ihr Vater plötzlich zurückkehrt, schickt sie Gérald fort: um des Überlebens und der gemeinsamen Zukunft willen. Nilakantha sieht sofort, daß der heilige Ort geschändet wurde, und schwört Rache.

2. AKT: Markttreiben in der Provinzstadt, wo Inder und Chinesen Waren anbieten und Bajaderen tanzen. Als alter Hindu verkleidet, mischt sich Nilakantha unter die Menge zusammen mit Lakmé, die ihre Gedanken nicht von dem Fremden lassen kann. Mittlerweile hat Gérald erfahren, daß sein Regiment am Abend die Stadt wegen eines Einsatzes gegen aufständi-sche Einheimische verlassen muß. Nilakantha befiehlt seiner Tochter, die Legende von der Tochter des Parias vorzutragen, weil er hofft, daß der Frevler sich daraufhin zu erkennen gebe (die berühmte Glöckchen-Arie „Où va la jeune Hindoue"). Tatsächlich gibt sich Gérald zu erkennen, Nilakantha verletzt ihn mit einem Messer, doch Lakmé kann ihn retten.

3. AKT: In einem Wald mit exotischen Blumen singt Lakmé dem verwundeten Gérald ein Schlaflied. Als er erwacht, geben sich beide der Hoffnung auf ein gemeinsames Leben hin. Während Lakmé in der Verbin-dung mit ihm dem heimischen Kulturkreis treu bleiben will, ist der Brite zwischen Neigung und Pflicht zerrissen – während einer kurzen Abwesen-heit Lakmés hat Frédéric den Freund gefunden und an seinen Fahneneid erinnert. Zurückgekehrt, nimmt Lakmé am Geliebten sofort eine verän-derte Stimmung wahr. Sie bringt ihm einen Becher heiligen Wassers, das ihren Bund auf ewig sichern soll. Sie selbst hat indes Gift genommen.

Sterbend dankt sie Gérald dafür, daß er ihr den schönsten Liebestraum geschenkt habe, und rettet ihn ein zweites Mal vor Nilakantha mit dem Hinweis, gemeinsam mit ihm das heilige Wasser getrunken zu haben. Der Brahmane kann dem Briten gegenüber nur noch Lakmés Eintritt in die Unsterblichkeit beschwören.

Kommentar

Delibes' Indien-Oper steht in jener zunächst aufklärerisch gegründeten französischen Tradition des Musiktheaters, die mit Rameaus *Les Indes galantes* 1735 begonnen und schon in Lullys comédie-ballet nach Molière *Le bourgeois gentilhomme* 1670 eine Vorform gefunden hatte. Sie verdankt sich einem kulturellen Gegenstrom zum europäischen Imperialismus in der Realpolitik: dem Bestreben, im Wilden oder Exoten den besseren Menschen zur Anschauung zu bringen. Was im 18. Jahrhundert durch Montesquieus *Persische Briefe* ein Leitmotiv in der französischen Geistesgeschichte war, wurde im 19. Jahrhundert, ausgelöst durch Chateaubriands 1801 erschienenen Roman *Atala oder Die Liebe zweier Wilder in der Wüste*, zur Mode. Sein *Génie du christianisme* lieferte die Legende für die richtige Lektüre von *Atala*: jene theologisch fundierte Behauptung vom göttlichen Ursprung des Menschen, der sich gegen Rousseaus der Aufklärung zugehörigen, beinahe schon vor-darwinistischen Skeptizismus wandte. In dieser Deutung hat auch der Nicht-Europäer Anteil am wahren, latent göttlichen Menschentum, ja öfter noch als der verbildete Europäer. Als Félicien David 1844 nach einer ausgedehnten Reise durch den Orient – ein Klavier war auch dabei – in Paris seine symphonische Dichtung *Le désert* herausbrachte, war die Einbeziehung angeblich orientalischer Musik in seinem Werk ein wegweisender Sensationserfolg, den er 1862 in seiner opéra comique *Lalla Roukh* auch für das Musiktheater zu nutzen versuchte, wie auch Meyerbeer drei Jahre später in *L'africaine*. So erinnert Lakmé in mancherlei Hinsicht an Meyerbeers Titelheldin Selica, und die Verschmelzung von Mode und Religionsbezogenheit macht Delibes' Oper zu einem Hauptwerk in der Geschichte der orientalischen couleur locale des französischen Musiktheaters. Das bedeutet aber keineswegs eine methodische, gar ethnologisch ausgerichtete Exotisierung der Musik. Ausgeprägte Melismatik und übermäßige Intervalle bleiben im Stil eines musikalischen Postkarten-Kolorismus, der aber geschickt eingesetzt wird. Im persischen Tanz des 2. Akts laufen ostinate Motive über Bordunbässen, und in der orchestralen Einleitung zu Lakmés „Glöckchenarie" dringt Delibes durch die Aufgabe des Taktstrichs zumindest intentional zu additiver Rhythmik vor. Das milde Leuchten dieser Musik gewinnt aber auch authentisch französische Qualitäten, etwa in der Barcarole Lakmés und Mallikas vor ihrer Flußfahrt: Eine Stimmenkoppelung in Terzen und Sexten gibt dem H-dur-Satz einen spezifischen Reiz.

Geschichte

In Frankreich seit der mit ungeheurem Pomp in Szene gesetzten Uraufführung, deren Ausstattung allein 80 000 Francs kostete, ein Erfolgsstück, wurde *Lakmé* schon im selben Jahr 1883 auf deutsch gegeben: in Frankfurt am Main, in der Übersetzung von Ferdinand Gumbert. In der französischen Rezeption war für den Erfolg des Werks auch eine latent antideutsche Stimmung der Presse mitverantwortlich, in der internationalen Aufführungsgeschichte spielte der exotische Anstrich eine weit größere Rolle als etwa in Frankreich selbst der Bezug der Oper auf Pierre Lotis Roman *Le mariage de Loti*, der dem Libretto zugrunde liegt. Hauptsächlich hat *Lakmé* überlebt als „Futter" für eine exzellente Koloratursopranistin. Nach Maria van Zandt, die Lakmé kreierte, waren Maria Barientos, Luisa Tetrazzini, Amelita Galli-Curci, Lily Pons, Mado Robin, Mady Mesplé, Christiane Éda-Pierre, Joan Sutherland und Luciana Serra weitere berühmte Interpretinnen der Titelfigur. Im deutschen Sprachraum hat das Werk nie eine wichtige Rolle gespielt.   *Ulrich Schreiber*

Diskographische Empfehlung

1971 – Paris: Alain Lombard, Chor und Orchester der Opéra-Comique Paris. Mady Mesplé (Lakmé), Charles Burles (Gérald), Jean-Christoph Benoit (Frédéric), Roger Soyer (Nilakantha), Danielle Millet (Mallika). EMI, Seraphim S-6082

GEORGES BIZET

geb. 25. Oktober 1838 in Paris
gest. 3. Juni 1875 in Bougival bei Paris

Eigentlich hieß er gar nicht Georges mit Vornamen, der Komponist der unsterblichen Oper *Carmen*; ein Jahr nach seiner Geburt wurde er von seinem Vater Adolphe Adam Bizet mit den kriegerischen Vornamen Alexandre César Léopold ins Geburtsregister eingetragen. Warum er sich später Georges nannte, weiß niemand. Noch nach seinem frühen Tod geisterten seltsame Gerüchte durch neugierige Köpfe, er sei jüdischer Abstammung gewesen, doch ließ sich das niemals beweisen. Als Komponist einer einzigen erfolgreichen Oper jedenfalls ist Georges Bizet, der wohl bedeutendste französische Opernkomponist seines Jahrhunderts, in die Musikgeschichte eingegangen. Freilich hat er von diesem Ruhm nichts mehr mitbekommen, und die drei stolzen Vornamen können nicht darüber hinwegtäuschen, daß es zu seiner seelischen Grunddisposition gehörte, ständig von Selbstzweifeln gequält zu werden. Manche meinen sogar, sein allzu früher Tod sei der Ausdruck eines gebrochenen Herzens gewesen, jedenfalls eher als die Folge jener chronischen Halsentzündung, die ihm zeitlebens zu schaffen machte. Tatsache ist jedoch, daß er sich im wahrsten Sinne des Wortes zu Tode gearbeitet hat, und zwar nicht mit seinen Kompositionen, sondern durch das, was er des Lohnes wegen übernehmen mußte: zeitraubende Klavierarrangements von Opernpartituren bis hin zur Instrumentation mehr als zweifelhafter Unterhaltungsmusik. In Paris galt er als Komponist wenig, und da er sich von Anfang an als Opernkomponist fühlte, mußte er den aufreibenden Kampf durch die Institutionen führen. Er kam gleich als musikalisches Wunderkind auf die Welt und gewann bereits im Alter von 19 Jahren den begehrten Prix de Rome, der zwar einen Aufenthalt in der „Ewigen Stadt" auf Staatskosten verhieß, aber eben auch den Zwang, Proben weiterer kompositorischer Arbeit abzuliefern. Der Rom-Aufenthalt war Bizets einziger außerhalb von Paris; der Rest spielte sich in seinem Kopf ab, denn Bizet war Romantiker. Die Phantastik der Wirklichkeit, die Sehnsucht nach der Ferne galt auch für ihn. Die schnöde Wirklichkeit holte ihn dann

in den Pariser Opernhäusern ein, denen er seine Opernpartituren einreichte. Daß ihm der Erfolg zeitlebens versagt blieb, macht ihn zu einer
tragischen Figur der Musikgeschichte. Seinem eigenwilligen Weg zu einer
persönlichen Spielart des musikalischen Realismus auf der Opernbühne –
jenseits der Opernkonventionen – wollten die Zeitgenossen nicht folgen;
Carmen reüssierte in falschem Gewande, in einer Fassung, in der die Härte
des Originals (durch eingefügte Rezitative) verlorenging. Und heute wird
alles, was Bizet vor seiner letzten Oper komponiert hat, an dem Standard
gemessen, den er erst kurz vor seinem Tod erreichte, obwohl sich Spuren
der *Carmen*-Musik bis in die Symphonie des Siebzehnjährigen zurückverfolgen lassen...

Sein Opernschaffen begann, sozusagen zufällig, mit der opéra comique: Für
einen von Jacques Offenbach ausgeschriebenen Wettbewerb komponierte
er den Einakter *Le Docteur Miracle* (Text von Léon Battu und Ludovic
Halévy), eine Verkleidungskomödie, mit der er den Preis und eine erfolgreiche Aufführung gewann. Die geschickte Nachahmung des Offenbachschen
Tonfalls zeigt bereits die Fähigkeit des Neunzehnjährigen, eine musikalische Kunst der Anverwandlung auszuüben, die ihm später immer wieder
hilfreich sein konnte. Als nächste Oper komponierte er eine opera buffa im
Rossini-Stil, einen Nachklang zu dieser bereits zu Grabe getragenen Gattung – Donizettis *Don Pasquale* war der Abgesang auf diese zentrale Gattung des ancien régime gewesen–; das Libretto *Don Procopio* von Carlo
Cambiaggio stammte bereits aus den 40er Jahren. Bizet schuf dazu eine
Musik, die er selbst als verjüngten Cherubini bezeichnete, in Wirklichkeit
aber ganz dem sprühenden Geist Rossinis und seinen Turbulenzen verpflichtet war. Um 1863 begab er sich dann auf das sperrige Gebiet der grand
opéra, einer Gattung freilich, die ihm gar nicht lag. Abgesehen von der
heute kaum noch genießbaren Art des Librettos über den Zaren Iwan (den
Schrecklichen) enthält die Partitur dennoch charakteristische Stellen, die
den Melodiker Bizet in den Vordergrund rücken. Daß die „elenden Kaiser-
gestalten" nicht nach seinem Geschmack waren, ist wohl verständlich. Die
eigentlichen Perlen dieser Oper, *Iwan IV.*, liegen denn auch in den kleinen
eingestreuten Genreszenen, in denen – wie zu Beginn des 5. Aktes – ein
realistisches Licht auf die kleinen Leute fällt, wenn auch nur am Rande des
Geschehens. Diese musikalische Miniatur gefiel ihm selber so gut, daß er
sie zehn Jahre später in dem Klavierzyklus *Jeux d'enfants* als kleinen Marsch
wiederverwendete.

Wie ungerecht es ist, Bizets Musik immer nur am Standard der *Carmen* zu messen, beweist die von dem alten Berlioz geschätzte Oper *Les pêcheurs des perles* (1863), die Léon Carvalho für das Pariser Théâtre-Lyrique in Auftrag gab. Es war Bizets erster Versuch im Bereich des musikalischen drame lyrique, angereichert mit der couleur locale – die Handlung spielt auf Ceylon. Der Stoff (Libretto von Michel Carré und Pierre Étienne Piestre alias Eugène Cormon) enthält das beliebte Motiv der „heiligen Jungfrau", die sich nach Liebe sehnt. Wenn auch für uns das schwülstige Pathos der Handlung kaum noch erträglich ist, so lohnt sich doch die Begegnung mit Bizets Musik. Berlioz meinte immerhin, ab jetzt müsse man den Komponisten Bizet wirklich ernst nehmen.

Vier Jahre später vertiefte Bizet in einer Mischung aus drame lyrique und opéra comique seinen Weg zum eigenen Operntonfall in *La jolie fille de Perth* nach dem Roman von Walter Scott und schuf eine opéra de demi caractère, die ja eine musikalische Synthese aus wechselnden Tonfällen und Stillagen verlangte. Bizet nähert sich in dieser Oper bereits seinem musikalischen Realismus; es gibt darin ein Quartett, das bereits das „Schmuggler-Quintett" der *Carmen* ahnen läßt. Nach Abschluß der Komposition fühlte sich Bizet am künstlerischen Scheideweg; es begann eine Periode des Suchens und Experimentierens, darunter das Erwägen von mindestens acht Opernplänen. Der Skeptiker in Bizet erwachte und schärfte den Blick für die Wirklichkeit. Mit der Oper *Djamileh* (1871) – erneut einem exotischen Stoff – begann er, die opéra comique von innen heraus zu erneuern und entwickelte eine musikalische couleur locale, die das Prinzip Maurice Ravels, die Kopie sei echter als das Original, um Jahrzehnte vorwegnahm. Die Musik des Südens, die später Nietzsche an *Carmen* so rühmte, zeichnete sich ab. Den letzten Schritt zum Realismus der *Carmen* vollzog Bizet dann mit der außerordentlichen Bühnenmusik zu dem provenzalischen Volksstück *L'Arlésienne* von Alphonse Daudet (1872). Wie das Spanien der *Carmen* ein von Bizet erfundenes ist (im Sinne der späteren Ästhetik Ravels), so erfühlt er hier den Charakter der Provence, in der er nie war. Die stilistische Spannweite der 27 kurzen Stücke (teilweise Melodramen) ist ohne Beispiel und stellt Bizets Durchbruch zum musikalischen Realismus zwingend unter Beweis, der sich in der Musik zu *Carmen* erfüllte. *Dietmar Holland*

Carmen

Opéra comique in vier Akten nach der Novelle von Prosper Mérimée

Text: Henri Meilhac und Ludovic Halévy, nach der Novelle von Prosper Mérimée
Uraufführung: 3. März 1875, Opéra-Comique, Paris
Personen: Don José, Sergeant (Ten); Escamillo, Stierfechter (Bar); Dancairo, Schmuggler (Bar); Remendado, Schmuggler (Ten); Moralès, Sergeant (Bar); Zuniga, Leutnant (Baß); Lillas Pastia, Schankwirt (Sprechrolle); Ein Bergführer (Sprechrolle); Carmen, Zigeunerin (Mez); Micaëla, Bauernmädchen (Sop); Frasquita, Zigeunerin (Sop); Mercédès, Zigeunerin (Sop); Andres, Leutnant (Ten); Ein Zigeuner (Baß); Ein Soldat (Sprechrolle); Eine Orangenverkäuferin (Alt)
Chor und Ballett: Soldaten; Junge Männer; Zigarettenfabrikarbeiterinnen; Anhänger Escamillos; Zigeuner, Zigeunerinnen; Fächer- und Orangenverkäuferinnen; Programm-, Getränke-, Wein- und Zigarettenverkäufer; Polizisten; Stierkämpfer; Volk; Gassenjungen; Der Alcalde
Ort und Zeit: Spanien (in und um Sevilla), um 1820
Orchester: 2 Fl (beide auch Picc), 2 Ob (2. auch E. H.), 2 Kl, 2 Fg, 4 Hrn, 2 Trp, 3 Pos, Hrf, Pkn, Trgl, Tamburin, Kastagnetten, Bck, GrTr, KlTr, Streicher
Auf der Bühne: 2 Trp, 3 Pos
Form: Nummernoper (26 Musiknummern) mit gesprochenen Dialogen
Aufführungsdauer: Ca. 2¾ Stunden
Verlag: Alkor-Verlag, Kassel (Fassung von Fritz Oeser)

Handlung

1. AKT: Auf dem großen Platz vor der Tabakfabrik in Sevilla vertreiben sich die wachhabenden Soldaten die Zeit damit, den Passanten zuzuschauen. Micaëla, ein Mädchen vom Land, erkundigt sich beim Sergeanten Moralès nach Don José, einem Soldaten aus ihrem Dorf, und erfährt, daß dieser in einer anderen Kompanie, die die wachhabende gleich ablösen wird, seinen Dienst tut. Als die Soldaten sie auffordern, bei ihnen in der Wachstube auf Don José zu warten, lehnt Micaëla freundlich ab, und als sie zudringlich werden, läuft sie davon. Dann erfolgt die Wachablösung, die

von einer Horde von Straßenjungen parodiert wird. Nach dem Abzug der alten Wache fragt der neu ins Regiment gekommene Offizier Zuniga den Sergeanten Don José nach den Tabakarbeiterinnen, die in Sevilla als große Attraktion gelten. José, der aus Navarra stammt, hat Angst vor den frechen, aufreizenden Andalusierinnen, die in der Fabrik arbeiten, er wünscht sich als zukünftige Frau eher die brave, züchtige Micaëla, die als Waisenkind schon lange bei seiner Mutter lebt. Eine Glocke läutet die Arbeitspause in der Fabrik ein. Von zahlreichen jungen Männern erwartet, verlassen die schönen Arbeiterinnen die Fabrik, kokett den blauen Dunst in die Luft blasend. Als letzte erscheint Carmen, die Zigeunerin, die Begehrteste von allen. Von ihren Verehrern umringt, besingt sie die unberechenbare, unbezähmbare Macht der Liebe, die kein Gesetz kenne. Ausgerechnet José, der keine Notiz von ihr nimmt, erregt ihr Interesse, sie wirft ihm eine Blume hin. Dann begeben sich die Mädchen wieder an die Arbeit. Carmens deutliche Geste verfehlt nicht ihre Wirkung bei José. Als Micaëla erscheint und ihm einen Brief und einen Kuß von seiner Mutter überbringt, ist José erleichtert und glaubt, Carmens Hexenkräften noch einmal entkommen zu sein. Er nimmt sich vor, den Wunsch seiner Mutter zu beherzigen: Sie möchte, daß er bald nach Hause zurückkehre und Micaëla heirate. Da stürzen einige Arbeiterinnen aus der Fabrik und berichten erregt von einem Streit, in dessen Verlauf Carmen einer Rivalin das Gesicht mit einem Messer zerschnitten habe. José wird beauftragt, die Schuldige zu ergreifen und dem Leutnant vorzuführen. Als Zuniga sie verhört, trällert ihn Carmen nur lasziv an, worauf er beschließt, sie in ein Gefängnis zu stecken. José soll sie hinbringen. Carmen spürt, daß José ihren Reizen nicht mehr widerstehen kann. Sie verspricht ihm ihre Liebe gegen die Freiheit. Auf ein verabredetes Zeichen läßt José sie entwischen.

2. AKT: Carmen und ihre Freundinnen Mercédès und Frasquita tanzen und singen in der Taverne von Lillas Pastia für einige Offiziere, darunter Moralès und Zuniga. Von Zuniga erfährt Carmen, daß Don José dafür, daß er sie laufen ließ, mit Haft und Degradierung bestraft und erst tags zuvor aus dem Gefängnis entlassen worden sei. Die Versuche des Wirts, seine Gäste hinauszukomplimentieren, werden durch den Auftritt eines berühmten Stierkämpfers, Escamillo, verzögert. Die Offiziere bringen einen Toast auf ihn aus, Escamillo schildert stolz die Gefahren seines Berufs. Während die Offiziere langsam zum Aufbruch rüsten, macht Escamillo bei Carmen einen erfolglosen Annäherungsversuch. Zuniga, der ebenfalls um Carmen wirbt, kündigt forsch an, in einer Stunde zurückzukehren, um

Carmen zu besuchen. Als Pastia mit den drei Zigeunerinnen allein ist, erklärt er ihnen, warum er es so eilig hatte, seine Gäste loszuwerden: Die beiden Schmuggler Dancairo und Remendado sind vorzeitig mit englischer Ware zurückgekehrt, die unverzüglich nach Sevilla weitergeleitet werden soll. Die drei Frauen sollen dabei helfen. Carmen will dableiben, denn sie erwartet Don Josés Besuch. Dancairo schlägt vor, daß Carmen José überreden solle, sich den Schmugglern anzuschließen. Als José erscheint, ziehen sich die Schmuggler zurück. Carmen läßt ihm Süßigkeiten und Manzanilla auftischen und tanzt für ihn, um ihre „Schulden" zu begleichen. José gesteht ihr leidenschaftlich seine Liebe. Doch nach wenigen Minuten ruft der Zapfenstreich José in die Kaserne zurück. Carmen ist empört, als José gehen will. Sie fordert ihn auf zu desertieren und verspricht ihm Freiheit und Liebe. José aber ringt sich durch, ihr für immer zu entsagen. Da betritt unerwartet Leutnant Zuniga den Raum — er hat die Tür einfach aufbrechen lassen — und befiehlt José, unverzüglich zu verschwinden. Als dieser sich weigert, ohrfeigt ihn Zuniga, worauf José seinen Säbel zieht. Dancairo und Remendado treten im letzten Augenblick dazwischen und entwaffnen den Offizier. José hat nun keine andere Wahl, als sich den Schmugglern anzuschließen.

3. AKT: Im Schmugglerlager in den Bergen beraten José und Dancairo, wie man die heiße Fracht am besten an den Wachen vorbei in die Stadt schleusen könnte. Dancairo beschließt, die Lage vor Ort mit Remendado auszukundschaften.

José appelliert an Carmens Versöhnungswillen, denn ihre Liebesbeziehung ist getrübt. Carmen kann Josés Eifersucht nicht ertragen, sie will frei sein und tun, was ihr gefällt. José denkt an seine alte Mutter und an seine verlorene Ehre, er warnt Carmen, ihn nicht zu verlassen. Frasquita und Mercédès wird durch die Karten eine gute Zukunft, Carmen aber der Tod prophezeit. Dancairo und Remendado kehren zurück und berichten von drei Zöllnern, die abgelenkt werden müßten. Die Zigeunerinnen erklären sich lachend dazu bereit. José brennt vor Eifersucht, muß aber auf Geheiß Dancairos zur Bewachung der zurückgelassenen Ware im Lager bleiben. Micaëla erscheint, nur wenige Meter vom Lager entfernt, und beobachtet, wie José einen Schuß auf einen Unbekannten abgibt, der sich von der anderen Seite dem Lager nähert. Es ist Escamillo, der Stierkämpfer, auf der Suche nach Carmen. Arglos erzählt er José von seiner heißen Liebe zu ihr, worauf dieser das Messer zieht. Im Messerkampf erweist sich der Matador bald als überlegen, er läßt José aber unversehrt, was diesen nur noch mehr reizt, den Kampf fortzusetzen. Als Escamillo ausrutscht und José zum Todesstich ansetzt, fallen Carmen und die Schmuggler José in den Arm. Escamillo bedankt sich galant für diese Lebensrettung und lädt alle zu seinem nächsten Stierkampf ein. Nach seinem Weggang betrit überraschend Micaëla die Szenerie und versucht, José zur Rückkehr nach Hause zu bewegen. José aber sieht seine Bindung an Carmen bereits als schicksalsgegeben an, obwohl er weiß, daß sie nichts mehr von ihm wissen will. Erst als Micaëla ihm eröffnet, daß seine Mutter im Sterben liege, ist José bereit, ihr zu folgen.

4. AKT: Reges Volkstreiben vor der Stierkampfarena in Sevilla. Fliegende Händler bieten ihre Ware an. Frasquita und Mercédès erscheinen in Begleitung von Offizieren und erfahren, daß José als Deserteur gesucht wird und noch nicht gefaßt ist. Sie fürchten um Carmens Leben. Dann erfolgt die große Parade der Stierkämpfer, zuletzt erscheint Escamillo in Begleitung von Carmen, die nun seine Geliebte ist. Das Volk strömt mit den Stierkämpfern in die Arena. Draußen fängt Don José Carmen ab und beschwört sie, zu ihm zurückzukehren. Carmen aber macht ihm unmißverständlich klar, daß sie ihn nicht mehr liebt. Während in der Arena das blutige Ritual seinem Höhepunkt entgegensteuert, wird auch die Auseinandersetzung zwischen José und Carmen immer heftiger: Schließlich wirft Carmen ihm den Ring, den José ihr einst als Liebespfand schenkte, verächtlich vor die Füße, worauf José sie ersticht. Während Escamillo triumphal gefeiert wird, stirbt Carmen vor den Toren der Arena. José gibt sich als Mörder zu erkennen.

Kommentar

Carmen ist die meistgespielte Oper des Repertoires. Unter allen Opern des 19. Jahrhunderts hat es ausgerechnet Bizets tragische opéra comique verstanden, Frische zu bewahren, aktuell und modern zu wirken in ihrer locker gefügten Dramaturgie und vor allem auch in der musikalischen Gestaltung der Figuren und der Handlung, so daß sich Bizets Titelheldin in jüngster Zeit sogar als Kinostar, ja als eine neue Kultfigur eines Carmensüchtigen Massenpublikums etablieren konnte. Ist es nur das Kitschpostkartenklischee von der feurigen spanischen Zigeunerin, das unausrottbar scheint und „handgemalt" und holzgerahmt an unzähligen Schlafzimmerwänden prangt; ein Klischee, das in so ungemütlichen Zeiten die alten männlichen Besitz- und weiblichen Identifikationswünsche besonders begünstigen dürfte: Betört uns also der Stolz des ungezähmten Weibes, das mit seinen harten Absätzen zornig den Flamenco-Rhythmus in den Boden trommelt, die Seguidilla tanzt und den Manzanilla trinkt, Teller zerbricht, wenn es seine Kastagnetten gerade nicht findet und sich im Grund einen Dreck schert um die gierigen, wollüstigen Blicke der gemeinen Soldaten und wohlsituierten Bürgern, die sie und ihre wilden Schwestern beim Sonntagsspaziergang zu begaffen pflegen wie Tiere im Zoo – oder ist es nur ihre aufreizende Erotik, „der Sexus selber", wie Adorno notierte, „vorweltlich und vorgeistig", der Männern wie Frauen auch noch im Zeitalter von Peep-Show und Pornofilm den Atem verschlägt, als wären sie hautnah dabei…? Vielleicht ist es aber auch nur der Traum der kleinen Büroangestellten von der „Freiheit" unter südlicher Sonne und unter blauem Himmel: Carmen zu sein, zwei Wochen im Jahr, mit einem Komfort, der eine ganze Urlaubsindustrie hat entstehen lassen, den aber schon der norddeutsche Professor Nietzsche vor hundert Jahren träumte, als er Bizets Oper zum ersten Mal erlebte: Ihre „Trockenheit der Luft", ihre „afrikanische Heiterkeit", ihre „südlichere, bräunere, verbranntere Sensibilität" – all dies bot Nietzsche Erholung „vom feuchten Norden, von allem Wasserdampf des Wagnerschen Ideals" (in: Der Fall Wagner, Leipzig 1888).

Und da ist auch noch eine tödlich ausgehende tragische Liebesgeschichte zwischen ihr, der treulosen andalusischen Zigeunerin, und dem braven, naiven, jedoch ihren Reizen verfallenen kleinen Soldaten Don José, der ihretwegen auf die schiefe Bahn gerät und sie schließlich aus Eifersucht ersticht. Rührte Carmens Wirkung am Ende doch von ihrer Verworfenheit her, ihrer Promiskuität, ihrer bedrohlichen Sexualität, dann kann sich seit Bizets Zeiten nicht so viel geändert haben an den Bedürfnissen und Phantasien einer nach wie vor von Männern beherrschten Gesellschaft. Carmen, eine Schwester von Lulu? Ein Männertrauma?

Kein Wunder also, wenn diese Oper anfangs als Skandal empfunden wurde. Bizet und seine Librettisten Meilhac und Halévy waren gleichzeitig auf zu vielen Ebenen neue Wege gegangen. Sie hatten nicht nur gegen den herrschenden Stil, die Konventionen der opéra comique verstoßen, die eigentlich keine wirkliche Tragödie duldete, sondern vor allem die engen Grenzen des bürgerlichen „guten Geschmacks" zu weit überschritten. Insbesondere der drastisch-offensive und mitunter sogar handgreifliche Realismus, der in *Carmen* gleichermaßen das Sujet, die Dramaturgie und die musikalische Diktion bestimmt, erschien dem Opernpublikum von 1875 zunächst als zu grell, zu vulgär und unopernhaft, da hier jede Art von romantischer Einfühlung, Versenkung oder sentimentaler Hingabe unmöglich schien. Ferner behandelt *Carmen* einmal nicht die Probleme von Aristokraten und reichen Bürgern, sondern Proleten, Asoziale und Kleinbürger spielen hier sämtliche Haupt- und Nebenrollen. Insofern ist *Carmen* die erste realistische Volksoper, die diese Bezeichnung wirklich verdient, da sie sowohl das Unterhaltungs- wie das Bildungsbedürfnis des bürgerlichen Publikums unterläuft: Sie präsentiert eine einfache Geschichte aus dem unteren Milieu und verzichtet auf jeglichen romantischen Historismus.

Gewiß lastete stets der Geruch von „Milieu" und Exotik über der spanischen Szenerie, und der Stoff konnte nie seine geistige Nähe zu Hispanismus, Bohemien-Mode und Folklore verleugnen – so dominierten in der Inszenierungsgeschichte leider stets die grellen Farben und der Postkartenkitsch –, doch kann es bei genauerem Studium des Originaltextes (in der Dialogfassung) und der Komposition keinen Zweifel darüber geben, daß das Schmuggeln hier nicht nur mehr als Indiz dient für Zigeunerromantik und Märchenräuberei, sondern womöglich den einzigen Ausweg darstellt der Existenzsicherung von wirklich „freien" Menschen, die dem entfremdeten Dasein als Fabrikarbeiter oder Fabrikarbeiterin entgehen wollen. (Der politisch-historische Hintergrund der Schmuggelei als Folge der französischen Kontinentalsperre ist unverkennbar.)

Realistische Kontur und Schärfe kennzeichnen auch den musikalischen Ausdruck in dieser Oper, der – so klar, prägnant und ungemein evident, wie er ist – radikale Identität mit sich selbst verrät und jeglichen Hang zum Bedeuten-Wollen, zum Transzendieren, zu Mehrdeutigkeit und dräuender Symbolik vermissen läßt. Diese operettenhafte Klarheit der *Carmen*-Partitur dürfte ein Hauptgrund sein für die ungebrochene Popularität der Oper, denn Bizets Musik bleibt bei all ihrem Elan und sinnlichen Reiz stets eindeutig und verständlich. Sie meint stets nur, was sie gerade sagt, und bedeutet nicht mehr, als sie gerade ausdrückt. Folglich gewährt sie nur wenig Raum für „tiefere Bedeutung" und philosophische Spitzfindigkeiten, enthält freilich auch wenig Utopie und Hoffnung. Friedrich Nietzsches Urteil scheint da heute noch aktuell und gültig: „Diese Musik scheint mir vollkommen. Sie kommt leicht, biegsam, mit Höflichkeit daher. Sie ist liebenswürdig, sie schwitzt nicht... Diese Musik ist böse, raffiniert, fatalistisch: sie bleibt dabei populär – sie hat das Raffinement einer Rasse, nicht eines einzelnen. Sie ist reich. Sie ist präzis. Sie baut, organisiert, wird fertig: damit macht sie den Gegensatz zum Polypen in der Musik, zur ‚unendlichen Melodie'. Hat man je schmerzhaftere tragische Akzente auf der Bühne gehört? Und wie werden diese erreicht! Ohne Grimasse! Ohne

Falschmünzerei! Ohne die Lüge des großen Stils." So entbehrt auch Carmens Tod jegliches Pathos und hat weiter keine tiefere Bedeutung als die, daß es der nackte, brutale, schnelle und sinnlose Tod einer Frau ist, die sich den geltenden Moral- und Wertvorstellungen und der für sie vorgesehenen sozialen Rolle zu widersetzen versucht, die ein kleinbürgerlich gesichertes Leben in der Familie und in der Abhängigkeit von einem Mann ausschlägt zugunsten einer im Prinzip emanzipierten, gewaltfreien und vor allem freiwilligen Beziehung zu einem ebenfalls außerhalb der Gesellschaft stehenden Stierkämpfer. Diese einfache „anarchistische" Moral des Stückes harrt indes heute noch, hundert Jahre danach, seiner gesellschaftlichen Einlösung. Darum wird *Carmen* auch weiterhin aktuell bleiben.

Geschichte
Prosper Mérimée (1803–70), französischer Novellist und einer der einflußreichsten Gestalten während der II. Republik und dem Zweiten Kaiserreich – er betätigte sich unter anderem als Jurist, Globetrotter, Kabinettschef, Denkmalpfleger, Senator und Frauenheld –, veröffentlichte seine *Carmen*-Novelle 1845 als literarische Ausbeute zweier Spanienreisen, die er 1830 und 1840 unternommen hatte. Das dritte Kapitel seines Spanien-Berichts wurde 30 Jahre später zur Vorlage für Bizets Oper. Die *Carmen*-Geschichte basiert vermutlich auf einer wahren Begebenheit: Die Gräfin Montijo soll sie Mérimée erzählt haben, als er sie 1830 in Granada besuchte. Verglichen mit dem späteren Opernlibretto wirkt Mérimées Erzählstil ungleich härter, trockener, präziser und kälter. Er nimmt ganz bewußt die Haltung eines „zivilisierten" mitteleuropäischen Berichterstatters und Forschers ein, der wissenschaftlich-distanziert die wilden Sitten Spaniens erkundet und beschreibt und dabei ganz zufällig auf einen brisanten Kriminalfall stößt. Um Authentizität bemüht, läßt Mérimée die ganze Geschichte aus der Sicht des Hauptschuldigen, des zum Tode verurteilten Mörders Don José erzählen. Dieser hat kaum etwas gemein mit dem zaudernden, tenoralen Liebhaber der Oper, sondern zeigt sich als stolzer, wilder, hitziger Navarrese, der genau weiß, auf was er sich einläßt. Er hat das Morden bereits gut gelernt, wenn er schließlich auch Carmens Leben auslöscht. Dementsprechend ist auch Carmen in der Novelle von einer Triebhaftigkeit, Unberechenbarkeit und Rücksichtslosigkeit, daß man annehmen möchte, Mérimée habe die Geschichte zur puren Abschreckung seiner „gesitteten" Pariser Leserschaft verfaßt.
Den Auftrag zur Vertonung des *Carmen*-Stoffes bekam Bizet, der gerade

seine Oper *Djamileh* mit mäßigem Erfolg an der Pariser Opéra-Comique herausgebracht hatte, vermutlich von Camille Du Locle, der damals einer der Direktoren des Hauses war. Jedenfalls wurden Bizet Mitte Juni 1872 von der Opéra-Comique die beiden Erfolgslibrettisten Henri Meilhac und Ludovic Halévy als Mitarbeiter zugeteilt. Das *Carmen*-Libretto entstand im ersten Halbjahr 1873, im Sommer begann Bizet mit der Komposition. Über die Kooperation der drei Autoren ist so gut wie nichts bekannt. Am 7. September gab die Sängerin Marie Roze, die zunächst für die Titelrolle vorgesehen war, die Rolle zurück, weil ihr der „leichtfertige Charakter" und das „tragische Ende" Carmens nicht zusammenzupassen schienen. Am 18. Dezember wurde mit Célestine Galli-Marié ein erklärter Liebling des Pariser Publikums für die Carmen-Partie verpflichtet.

Die Fertigstellung der Komposition verzögerte sich bis zum Herbst 1874, so daß die Proben erst Mitte September beginnen konnten. Auf Wunsch der Mitwirkenden nahm Bizet ständig Änderungen vor und fügte Musik aus früheren eigenen Werken wie auch von fremden Komponisten hinzu (Die Habanera der Carmen entstand nach einer Melodie von Sebastian Yradier, Micaëlas Arie und Escamillos Auftrittslied sind aus Bizets unvollendeter Oper *Griseldis*). Am 15. Januar unterschrieb Bizet einen Vertrag bei Choudens; für die *Carmen*-Partitur erhielt er 25 000 Francs. Am 3. März 1875 fand die Uraufführung von *Carmen* in der Pariser Opéra-Comique statt, in der ursprünglichen Dialogfassung, mit Célestine Galli-Marié in der Titelrolle und dem Tenor Paul Lhérie (1844–1937) als Don José. Escamillo wurde von Jacques Bonhy (1848–1929) gesungen, Micaëla von Marguerite Chapuy. Das Publikum nahm die Oper mit Zurückhaltung auf. Die Presse war vernichtend. Bizet wurde zum Ritter der Ehrenlegion ernannt. Im Mai schloß Bizet mit der Wiener Hofoper einen Vertrag ab, der eine Umarbeitung der Oper für Wien vorsah: Die Oper sollte gekürzt, und die Prosadialoge sollten vertont werden. Am 3. Juni starb Bizet im Alter von 38 Jahren in Paris an den Folgen eines Herzanfalls. An der Opéra-Comique wurde *Carmen* an diesem Tag zum 33. Mal gegeben, mit zunehmendem Erfolg. Nach Bizets Tod übernahm sein Freund Ernest Guiraud (1837–1892) die Vertonung der Dialoge und fügte eine Balletteinlage aus werkfremden Stücken Bizets ein. Am 23. Oktober ging diese mit Rezitativen versehene Mischfassung in Wien zum ersten Mal über die Bühne (in der deutschen Übertragung von D. Louis). Diese von Bizet nicht autorisierte Bearbeitung ebnete der Oper in den folgenden Jahren den großen Erfolg in aller Welt. Um die wissenschaftliche Rekonstruktion der ursprünglichen Dialogfassung bemühte sich erst knapp 90 Jahre später eine „nach den Quellen kritisch revidierte" Ausgabe von Partitur und Klavierauszug, die der deutsche Musikwissenschaftler Fritz Oeser (1911–82) 1964 vorlegte. Die Oeser-Ausgabe setzte sich vor allem im deutschen Sprachraum relativ schnell durch, da sie eine singbare deutsche Dialogversion enthält, die Walter Felsenstein anfertigte. In jüngster Zeit wurden von musikwissenschaftlicher Seite zunehmend Einwände gegen die Authentizität der Oeser-Fassung erhoben, am deutlichsten durch den englischen Musikwissenschaftler Winton Dean, der bereits im November 1965 in der Zeitschrift *The Musical Times* schwere Bedenken gegen Oesers Umgang mit den Quellen vorbrachte. Oesers *Carmen*-Partitur nannte Dean „ein verwirrendes Amalgam aus dem, was Bizet komponierte, was er verwarf und was Oeser glaubte, daß Bizet es geschrieben haben müßte". Auf die Aufführungspraxis der Opernhäuser, die in den letzten Jahren zunehmend der Oeser-Fassung folgen, haben diese Einwände bislang freilich keine Auswirkung gehabt.

Attila Csampai

Diskographische Empfehlung

1960 – Paris: Thomas Beecham, Chœurs et Orchestre de la Radiodiffusion Française. Victoria de los Angeles (Carmen), Nicolai Gedda (Don José), Janine Micheau (Micaëla), Ernest Blanc (Escamillo). EMI, 1 C 183-10 680/82 (Rezitativ-Fassung)

1972 – New York: Leonard Bernstein, The Manhattan Opera Chorus, Orchester der Metropolitan Opera. Marilyn Horne (Carmen), James McCracken (Don José), Adriana Maliponte (Micaëla), Tom Krause (Escamillo). DG 2740 101 (Dialog-Fassung)

1975 – London: Georg Solti, John Alldis Choir, London Philharmonic Orchestra. Tatjana Troyanos (Carmen), Placido Domingo (Don José), Kiri te Kanawa (Micaëla), José van Dam (Escamillo). Decca 6.35 312 (Rezitativ-Fassung)

MODEST PETROWITSCH MUSSORGSKIJ

geb. 9. (21.) März 1839 in Karewo/Gouvernement Pskow
gest. 16. (28.) März 1881 in St. Petersburg

Modest Mussorgskij ist der Historiker unter den Opernkomponisten. Sein Hauptwerk, die Zarenoper *Boris Godunow* (1869/1874) gehört, nach der These des sowjetischen Musikwissenschaftlers Georgij Chubow, zu einem größeren Plan, die Knotenstellen der russischen Geschichte in Form von Opern aufzuarbeiten, darunter auch das leider nicht mehr ausgeführte Vorhaben, den Aufstand der russischen Bauern unter Jemeljan Pugatschow in den Jahren 1773/74 in Anlehnung an Puschkins Erzählung zu gestalten. Am 14. November 1879 schrieb Mussorgskij an Arseni Golenischtschew-Kutusow: „Es scheint, daß (...) das Studium der Geschichte und ihre Darstellung in künstlerischer Gestaltung sowohl vom schöpferischen Instinkt des Künstlers als auch von der russischen Gesellschaft gefordert wird." Das Komponieren von Opern bedeutete für ihn demnach nicht nur Menschendarstellung auf der Bühne, sondern die Entdeckung des „Vergangenen im Gegenwärtigen", wie er es einmal gegenüber seinem Berater Wladimir Stassow nannte. Damit war jedoch nicht die Idealisierung der (russischen) Vergangenheit gemeint, sondern genau das Gegenteil: Mussorgskij sah mit untrüglichem Scharfblick, daß die Fesseln des Zarismus ihre Wurzeln in der Vergangenheit haben und daß gerade deshalb daraus zu lernen sei. Auf der anderen Seite wurde er ebenso auch zum Anwalt für eine bessere Zukunft: „Der Künstler glaubt an die Zukunft, weil er in ihr lebt" (an Ludmila Schestakowa). Die ästhetische Losung Mussorgskijs „Zu neuen Ufern" ist, so besehen, kein blinder kompositionstechnischer Fortschrittsglaube, sondern inhaltlich motiviert. Die Revolutionsszene des *Boris Godunow*, ausdrücklich dem Drama Puschkins hinzugefügt, spricht das deutlich genug aus. Das Prinzip der künstlerischen Darstellung der Wirklichkeit vertrat Mussorgskij gegen die akademische Formenlehre und wurde dadurch zu einer „repräsentativen Ausnahme" (Carl Dahlhaus) in der – nicht nur russischen – Musikgeschichte des 19. Jahrhunderts.
Die Frische der Musiksprache Mussorgskijs ist aber kein bloßer Verstoß

gegen den musikalischen Regelkanon, wie ihn selbst Rimskij-Korsakow, der einstige Mitstreiter, glaubte verteidigen zu müssen, sondern – ganz im Gegenteil – Ausdruck einer bislang unbekannten Zuständigkeit des Dilettantischen, das sich jedoch bei näherem Hinsehen als bewußt kalkulierte Abweichung von der kompositorischen Norm erweist. Niemand von Mussorgskijs Zeitgenossen, besonders sein späterer Bearbeiter Rimskij-Korsakow nicht, erkannte, was es damit eigentlich auf sich hat. Als Mussorgskij, völlig verarmt und isoliert, im März 1881 der Trunksucht erlag, in die er sich geflüchtet hatte, kümmerte es keinen seiner „Freunde", wer da zu Grabe getragen wurde. Immerhin hat er zeitlebens versucht, die Musik aus dem „Kindesalter der Kunst" herauszuführen und ihr den realistischen Blick zu verschaffen, der in der russischen Malerei längst etabliert war. An den Maler Ilja Repin, der ihn auch porträtierte, schrieb Mussorgskij: „Das Volk möchte ich darstellen: Schlafe ich, so träume ich davon; esse ich, so denke ich daran; trinke ich, so erscheint es vor meinen Augen. Das Volk allein ist unverfälscht, groß und ohne Tünche und Flitter." Daraus erklärt sich auch Mussorgskijs historischer Blick von unten, auf die Geschichte als Sache derer, die betroffen sind und auf deren Kosten die Herrschergeschichte stattfindet.

Der experimentelle Blick des Musikers Mussorgskij war so unakademisch, daß er ohne Netz und mit doppeltem Boden verfahren mußte, um zum Ziel zu gelangen. Deshalb gibt es so viele Fragmente, Entwürfe oder sogar nur Pläne in Mussorgskijs Gesamtwerk. Einige Abschnitte aus der unvollendeten Oper nach Flauberts *Salammbô*, komponiert zwischen 1863 und 1866, übernahm er später in die Partitur des *Boris Godunow*, die Komposition der komischen Oper nach Gogols *Heirat* blieb im Stadium des Experiments mit der reinen Prosavertonung nach den ersten vier Szenen stecken (1868) und ist nur in der Klavierfassung überliefert (Instrumentationen und Ergänzungen schufen später Alexander Tscherepnin, 1934, und Michail Ippolitow-Iwanow, 1931), andere, wie etwa die Oper nach Friedrich Spielhagens Roman *Hans und Grete* mit dem Titel *Bobyl (Der Tagelöhner)* wurden nur skizziert (Das Material des *Bobyl* wanderte in die spätere *Chowanschtschina*) oder existierten nur als Idee (*Grech da bada*, 1870, nach Ostrowskijs *Sünde und Elend*) im Kopf des Komponisten. Der Versuch, den Prosadialog Gogols wörtlich zu vertonen, war indessen von großer Tragweite; Opern wie *Die Nase* des jungen Dimitri Schostakowitsch (ebenfalls nach Gogol) ziehen aus Mussorgskijs kühnem Vorgehen ihre Konsequenzen. Die musikalische Wiedergabe der menschlichen Rede war es, die Mussorgskij interessierte:

„Hierin überschreite ich mit der *Heirat* den Rubikon. Das ist lebendige Prosa in Musik (...) – das ist Achtung vor der menschlichen Sprache, Reproduktion des einfachen Gesprächs." Und diese Gestaltungsweise war es, die im 20. Jahrhundert Schule machen sollte.

Dietmar Holland

Boris Godunow
Oper (Musikalisches Volksdrama) in vier Akten und einem Prolog

Text: Modest Mussorgskij, nach der gleichnamigen Dramatischen Chronik von Alexander Sergejewitsch Puschkin (1825) und Iwan Chudjakows *Das mittelalterliche Rußland* (1867)
Uraufführungen (vgl. dazu den Kommentar):
I. Fassung von 1874: 27. Januar 1874, Marinskij-Theater, St. Petersburg
II. Erste Bearbeitung von Rimskij-Korsakow: 28. November 1896, Großer Saal des St. Petersburger Konservatoriums
III. Zweite Bearbeitung von Rimskij-Korsakow: 19. Mai 1908, Grand Opéra, Paris
IV. Fassung von 1869: 5. März 1929, Staatliches Operntheater K. S. Stanislawski, Moskau
V. Fassung von Dimitri Schostakowitsch: 4. November 1959, Kirow-Theater (ehemaliges Marinskij-Theater), Leningrad
Personen (in der Fassung von 1874): Boris Godunow (Baß); Fjodor (Mez) und Xenia (Sop), seine Kinder; Xenias Amme (Mez); Fürst Wassilij Iwanowitsch Schuiskij (Ten); Andrej Schtschelkalow, Geheimschreiber der Bojaren-Duma (Bar); Pimen, chronikschreibender Mönch (Baß); Prätendent (der falsche Dimitrij) unter dem Namen Grigorij Otrepjew (Ten); Marina Mnischek, Tochter des Woiwoden von Sandomir (Mez); Rangoni, Jesuit (Baß); Warlaam (Baß) und Missail (Ten), entlaufene, vagabundierende Mönche; Eine Schenkwirtin (Mez); Gottesnarr (Ten); Nikititsch, Aufseher (Baß); Mitjucha, Bauer (Baß); Ein Leibbojar (Ten); Bojar Chruschtschow (Ten); Lowitzki (Baß) und Tschernikowski (Baß), Jesuiten
Chor: Bojaren; Bojarenkinder; Strelitzen; Wachen; Aufseher;

Magnaten und polnische Damen; Mädchen aus Sandomir; Wandernde Pilger; Volk von Moskau

Ort und Zeit: Rußland und Polen in den Jahren 1598–1605

Orchester (Originalinstrumentation von 1872): 3 Fl (3. auch Picc), 2 Ob (2. auch E. H.), 2 Kl, 2 Fg, 4 Hrn, 2 Trp (Trp in F hinter der Bühne), 3 Pos, Btba, Pkn, GrTr, KlTr, Bck, Tamburin, TamTam, Gl (in unbestimmter Tonhöhe), Hrf, Klav (vierhdg.), Streicher

Form: Durchkomponierte Szenenfolge

Aufführungsdauer: 3½ Stunden (Fassung 1869: zwei Stunden)

Verlage:

I. Fassung 1869 und 1872/74: Oxford University Press, London (hrsg. von David Lloyd-Jones)

II. Bearbeitungen von Rimskij-Korsakow: Muzgiz, Moskau; Breitkopf & Härtel, Wiesbaden

III. Bearbeitung von Schostakowitsch: Henschel Verlag, Berlin (DDR)

Handlung (nach der Fassung von 1874)

PROLOG. 1. Bild: Hof des Nowodewitschij-Klosters bei Moskau. Boris Godunow hat den rechtmäßigen Thronerben Dimitrij ermorden lassen und hält sich im Kloster auf; es scheint, er wolle auf die Krone verzichten. Vor dem Kloster drängelt sich das Volk, das von Aufsehern in die Knie und zu Flehrufen gezwungen wird, Boris möge die Zarenkrone annehmen. Der Bojar Schtschelkalow meldet, daß sich Boris immer noch weigere. Diese Worte finden jedoch wenig Beachtung, statt dessen zieht ein Pilgerchor die Aufmerksamkeit auf sich. Die Pilger fordern dazu auf, nur einem Zaren zu huldigen, der den Aufruhr in Rußland beendet. Dem Volk wird aufgetragen, am nächsten Morgen im Kreml zu erscheinen.

2. Bild: Platz im Kreml. Boris hat sich entschieden, die Zarenkrone anzunehmen. Das Volk jubelt, angeleitet von Fürst Schuiskij, der Krönung zu. Boris Godunow tritt vor das Volk und präsentiert sich in einer Mischung aus äußerlicher Herrschergeste und innerer Beklommenheit als Zar und lädt zum Krönungsfest ein.

1. AKT. 1. Bild: Nacht. Klosterzelle. Der alte Mönch Pimen schreibt an seiner Chronik, die der Novize Grigorij Otrepjew vollenden soll. Doch der träumt vom zwielichtigen gesellschaftlichen Aufstieg. Pimen mahnt ihn an die Vergangenheit und stellt ihr die schreckliche Gegenwart gegenüber, an der er gerade schreibt. Er erzählt dem erstaunten Grigorij von Boris

Godunows Freveltat und erwähnt, daß der ermordete Zarewitsch mit ihm, Grigorij, gleichaltrig wäre, wenn er noch lebte. In Grigorij blitzt der kühne Entschluß auf, diesen Sachverhalt für sich nutzbar zu machen und als „falscher Dimitrij" die politische Bühne zu erobern.

1. AKT. 2. Bild: Eine Schenke in der Nähe der litauischen Grenze. Grigorij ist aus dem Kloster geflohen, weil er aufgrund ketzerischen Verhaltens verhaftet werden sollte. Er hat sich den beiden wandernden Bettelmönchen Missail und Warlaam angeschlossen, die ihn decken sollen, und kehrt mit ihnen in der Schenke ein. Von der Wirtin erfährt er, als die beiden Mönche durch den Alkohol müde geworden sind, heimlich den Weg nach Litauen und die Tatsache, daß er bereits verfolgt wird. Schon klopfen die Häscher an die Tür und lassen Grigorij, der als einziger lesen kann, den Haftbefehl vorlesen. Geschickt lenkt er den Verdacht auf Warlaam, indem er die äußere Beschreibung auf ihn münzt, doch nun kann der Bettelmönch plötzlich doch, wenn auch notdürftig, die Buchstaben entziffern und die korrekte Personenbeschreibung mitteilen. Im rechten Augenblick entzieht sich Grigorij durch einen Sprung aus dem Fenster der Verhaftung.

2. AKT: Zarengemach im Kreml. Boris regiert bereits im sechsten Jahr. Seine Tochter Xenia beweint ihren früh verstorbenen Bräutigam und wird von ihrem Bruder Fjodor und der Amme mit Liederspielen getröstet. Da tritt Boris dazwischen. Gequält von seinem schlechten Gewissen sucht er Ablenkung; er glaubt, daß alles Unglück in seiner Familie und in seinem Volk auf das Verbrechen zurückzuführen ist. Der Bojar Schuiskij bringt ihm die Nachricht, daß ein Usurpator aus Polen, der sich als Dimitrij und rechtmäßiger Nachfolger des Zaren ausgebe, im Anmarsch auf Moskau sei. Boris will nun genau wissen, ob denn der Zarewitsch Dimitrij seinerzeit tatsächlich zu Tode gekommen sei. Schuiskij, der einzige Mitwisser der Tat, macht sich die Bestätigung mit psychologischem Druck zunutze, um den Zaren überführen zu können. Tatsächlich gelingt es ihm, Boris an den Rand des Wahnsinns zu bringen: Das Glockenspiel der Uhr ruft bei ihm Halluzinationen (er meint Hammerschläge zu hören) und Visionen des ermordeten Kindes hervor, aber er versucht, den Mord als Wille des Volkes zu rechtfertigen.

3. AKT. 1. Bild: Gemach der Marina Mnischek im Schloß zu Sandomir. Die schöne Tochter des Woiwoden von Sandomir setzt ihren Ehrgeiz daran, den als Dimitrij auftretenden Grigorij zu heiraten, um Zarin in Moskau werden zu können. Der Jesuit Rangoni nutzt diese Absicht für seine eigenen Zwecke aus, den Katholizismus in Rußland einzuführen. Er drängt

ihr die Intrige auf, die wahren Absichten zu verbergen und die Liebe als Mittel zum Zweck einzusetzen.

3. AKT. 2. Bild: Garten im Schloß zu Sandomir. Dimitrij wartet am Brunnen sehnsüchtig auf Marina. Statt ihrer erscheint der Jesuit, um seine kupplerische Intrige weiterzuführen, und beteuert, daß Marina nur den künftigen Zaren liebe. Als der falsche Dimitrij ihn um Hilfe bittet, ist Rangoni bereit, ihm bei Maria den Weg zu ebnen unter der Voraussetzung, daß dabei seine eigenen Wünsche nicht zu kurz kommen. Unter den Klängen einer Polonaise tritt Marina mit Gefolge in den Garten. Von ferne beobachtet Rangoni, daß seine Intrige gelungen ist: Marina und Dimitrij gestehen sich doppelzüngig ihre Liebe.

4. AKT. 1. Bild: Saal im Facettenpalast des Kreml. Boris Godunow hat eine außerordentliche Sitzung der Bojaren einberufen, um über das Vorgehen gegen den anrückenden Thronprätendenten zu beraten. Man beschließt ohne den bereits ganz dem Wahnsinn verfallenen Zaren den Tod des Usurpators. Schuiskij, der sich verspätet einfindet, berichtet, während gleichzeitig der wahnsinnige Zar so in den Saal wankt, wie es Schuiskij beschreibt, daß Boris von der Vision des ermordeten Zarewitsch Dimitrij verfolgt werde. Um seine psychologische Intrige gegen ihn auf die Spitze zu treiben, hat Schuiskij den alten Pimen herbestellt, der von einer Wundertat am Grabe des Kindes erzählt. Die Reaktion des Zaren zeigt allen, daß er sich schuldig fühlt. Er stirbt in den Armen seines Sohnes Fjodor, den er zu seinem Nachfolger bestimmt hat.

4. AKT. 2. Bild: Waldlichtung bei Kromy. Zur gleichen Zeit quält aufständisches Volk den Bojaren Chruschtschow, stellvertretend für den Zaren. Warlaam und Missail treten als Überläufer auf und werben für den anrückenden Thronprätendenten. Der Volksaufstand gegen Boris Godunow erstickt in der Propaganda für den falschen Dimitrij, der hoch zu Roß erscheint, und für seine Vorhut, die beiden Jesuiten Lowitzki und Tschernikowski, die durch den Auftritt des Usurpators vor dem Aufgehängtwerden durch das rebellierende Volk bewahrt werden. Die politische Lösung des Aufstands, den falschen Zaren anzuerkennen, wird durch die Klage eines zurückgebliebenen Gottesnarren als bloße Illusion entlarvt. In seinem Gesang kommt die ganze Orientierungslosigkeit des Volkes und die offene Frage an die Zukunft zum Ausdruck.

Kommentar

Das „musikalische Volksdrama" – so der Untertitel der Oper im ersten gedruckten Klavierauszug von 1874 – über die Regierungszeit des Zaren Boris Godunow (1598–1605) gilt als Hauptwerk Mussorgskijs und ist zugleich der erste Versuch, Oper als Historie aus der Realgeschichte (nach dem einsamen Vorläufer *L'incoronazione di Poppea* von Monteverdi) zu konzipieren. Den Stoff dieser „Tragödie des schlechten Gewissens" entnahm der Komponist u. a. dem (zarentreuen) Geschichtswerk Nikolai Karamsins und vor allem dem seinerzeit nicht aufgeführten Lesedrama Alexander Puschkins (1825). In eigenwilliger Interpretation der bis heute umstrittenen und historisch tatsächlich ungesicherten Ereignisse um die Thronbesteigung Boris Godunows schuf Mussorgskij mit seinem selbst formulierten Textbuch eine zweisträngige Bilderfolge, die das Seelendrama des Zaren mit der geschichtlichen Sicht von unten, mit dem Blick des betroffenen, haltlosen Volkes konfrontiert. (Der Gottesnarr spricht am Ende aus, was das Volk fühlt und nicht artikulieren kann.) Wie die Autoren der Stoffquellen war auch der Komponist der Ansicht, daß Boris den eigentlichen Thronfolger Dimitrij ermorden ließ, um selbst den Zarenthron besteigen zu können. Die Szenen der Oper, in denen Boris Godunow im Zentrum steht, beschäftigen sich daher – in der Oper wesentlich eindringlicher als bei Puschkin – mit dem allmählichen psychischen Verfall des von Gewissensqualen geplagten Zaren, der schließlich in offenem Wahnsinn endet. Sowohl im 2. Akt (Zarengemach) als auch in der Todesszene spielen berichtete Vergegenwärtigungen des ermordeten Zarewitsch die auslösende Rolle für Mussorgskijs kühne, neuartige musikalische Visionen pathologischer Seelenzustände, wie sie in der Operngeschichte einzigartig sind. Bemerkenswert sind dabei gewisse Änderungen in der Charakterisierung des Zaren gegenüber der Vorlage Puschkins: Mit psychologischem Feingespür läßt Mussorgskij den Tod des Zaren auf offener Bühne stattfinden, wohl deshalb, weil ein solcher Vorgang, musikalisch gestaltet, weniger naturalistisch wirkt als auf der Sprechbühne. Und in der Krönungsszene hält Boris seine Ansprache nicht, wie bei Puschkin, an die Patriarchen und Bojaren, sondern ausdrücklich an das Volk. Feinsinnig achtet Mussorgskij auf die tieferliegende Ursache des seelischen Notstandes, indem er ausdrücklich während der Worte des Zaren „Wie bang ist mir" musikalisch die Sphäre der Mordtat anklingen läßt (Motiv des ermordeten Thronfolgers). Allein schon der ungeheure Gegensatz zwischen dem Gepränge des Krönungszuges und der ganz auf die seelischen Bezirke abgestellten Ansprache, die eigentlich ein Selbstgespräch ist, exponiert in wirkungsvoller Weise die beiden Stränge der Handlung. Das Geschick des Volkes ist der Gegenspieler des Zaren.

Die Sicht von unten wird im 2. Akt auch auf der Ebene des Zaren durch seine Rolle als Familienvater ergänzt, während das Reich des psychischen Grauens nach dem Auftritt des Intriganten Schuiskij den schärfsten Kontrast dazu bildet. In der Todesszene befindet sich Boris Godunow dann, im Kreis der Bojaren, in der Atmosphäre des Mißtrauens. Die Erzählung des alten Pimen ist das von Schuiskij dramaturgisch eingesetzte taktische Mittel, dem Zaren den Todesstoß zu versetzen. Der zunächst hinter den Kulissen ertönende Chor der Mönche erscheint dem sterbenden Zaren als personifiziertes Gewissen. Daß er leibhaftig auftritt, ist also mehr als bloße couleur locale, die nur Atmosphäre verbreiten will.

In der ersten Fassung der Oper (1869) konzentriert sich das Geschehen noch ganz auf den allmählichen, linear entwickelten psychischen Verfall des Zaren; die Rolle des Volkes erscheint nur am Rande. Erst in der zweiten Fassung öffnet Mussorgskij die konzentrische Bilderfolge zum Stationendrama und fügt, wohl ohne Vorbild (vgl. den Abschnitt Geschichte), jene Revolutionsszene des Volkes an, die erst Nikolaj Rimskij-Korsakow in seiner (eingreifenden) Bearbeitung vor die Todesszene des Zaren stellte. Bei Mussorgskij dagegen tritt das Volk gerade am Schluß der Oper als politische Kraft auf, wenn auch in tragischer Verblendung: Es ereignet sich gewissermaßen eine Parodie auf die Krönungsszene und ein Umschlag in völlige Anarchie. Die Volkserhebung mündet denn auch in die Anerkennung des Usurpators: „Die Zukunft des Volkes entspricht seiner Vergangenheit" (Gerlinde Fulle). Der rohe dramaturgische Aufriß der Revolutionsszene spiegelt nämlich die letztlich regressive Haltung des losgelassenen Volkswillens wider, der historisch noch nicht reif dafür ist, sein Geschick selbst in die Hand zu nehmen. Er erliegt platter Propaganda, die der Gottesnarr am Ende denn auch als Illusion entlarvt.

Die Alternative zur Revolutionsszene bildet in der ersten Fassung der später gestrichene Auftritt des Zaren inmitten des hungernden und bettelnden Volkes (!); aus dem Munde des Gottesnarren muß Boris Godunow die öffentliche Anklage als „Zar Herodes" vernehmen. Damit meinte bereits Puschkin keineswegs die Reden eines Schwachsinnigen, sondern die visionäre Verkündigung der, freilich religiös verbrämten, historischen Wahrheit, die sonst niemand sagen durfte. Erst in der späteren Revolutionsszene wird der Gottesnarr zum säkularisierten, prophetischen Verkünder, zum

„Auge des ahnungsvollen Volkes, gerichtet in die Finsternis der Zukunft" (Andreas Rimskij-Korsakow), und wohl auch damit zum Sprachrohr der Einsicht Mussorgskijs in die unabgegoltene russische Vergangenheit.

Aber nicht nur die Rolle des Volkes wird in der zweiten Fassung der Oper aufgewertet, sondern auch die Entwicklung des Usurpators Dimitrij alias Grigorij Otrepjew. Parallel zum psychischen Verfall des Zaren fällt der ehemalige Novize in die Machtkalkulation Polens und vor allem der Staatskirche, als deren Exponent der intrigante Jesuit Rangoni erscheint. Dieser in Polen spielende 3. Akt wurde eigens für die zweite Fassung geschrieben und später von Rimskij-Korsakow in seiner Bearbeitung besonders mißverstanden: Das Liebesduett am Ende ist alles andere als eine konventionelle Übereinstimmung der Gefühle. Deshalb komponierte hier Mussorgskij auch keine italienische Musik, wie es später Rimskij-Korsakow tun zu müssen glaubte; statt dessen macht er die Doppelbödigkeit der Situation musikalisch deutlich, indem sich die beiden „Liebenden" gerade nicht aussingen dürfen, wie es in der italienischen Oper der Fall wäre. Schon die Liebesschwüre des falschen Dimitrij wurden durch den übertriebenen italienischen Tonfall als unecht entlarvt, wie überhaupt die gesamte Musik des Polen-Aktes aus fremden (nicht-russischen) Genre-Intonationen besteht (Marina äußert sich stets in Mazurka-Rhythmen oder im Krakowiak). Daß der Polen-Akt ein Zugeständnis Mussorgskijs an die Opernkonvention sei, ist reine Legende.

Die Szene in der „Kinderstube" des Kreml ist ebenfalls eine Zutat Mussorgskijs zum ursprünglich ganz auf den Zaren konzentrierten Akt im Zarengemach; das unbeschwerte Liederspiel der Kinder erweist sich als schroffer Kontrast zum pathologischen Ausbruch des Zaren, bei dem das Glockenspiel der Uhr, das in der Kinderwelt noch harmlos war, zum psychologischen Folterinstrument wird. Die arglos vorgebrachte Bemerkung Fjodors „Geht die Uhr, schlägt uns auch die Stunde" enthüllt ihre wahre Dimension in dem ersten Wahnsinnsausbruch des Zaren: „Gespenstische Klänge erschallen wie aus einer anderen Welt. Unerhörtes vollzieht sich. Die Pfeifen, Trompeten und Glöckchen haben es im buchstäblichen Sinne Mussorgskijs Phantasie angetan, die im Rauschzustand Töne, Harmonien und Klangmischungen findet, deren expressionistische Ausdrucksgewalt selbst in unseren Tagen noch völlig unerhört anmutet" (Kurt von Wolfurt, 1927). Ein scheinbar nebensächliches Requisit wächst – dank Mussorgskijs neuartiger Musiksprache – zu einer suggestiven Schilderung des psychischen Verfalls. Die Musik wird zum akustischen Schuldgefühl des Zaren, und tatsächlich kann er selbst dazu nur noch stammeln. Das ist keine illustrierende Musik mehr, sondern eine psychologisch handlungssetzende. Hierin erfüllt sich Mussorgskijs Bestreben, Oper und Sprechtheater ununterscheidbar miteinander zu verschmelzen.

Geschichte
Die Tendenz Alexander Puschkins, in seiner „Dramatischen Chronik" die aristotelische Dramaturgie durch filmähnliche Technik und die reine Hochsprache durch Elemente niederer Prosa einerseits, durch gezielten Rückgriff auf das alte Kirchenslawisch (Pimen-Szene) andererseits zu durchbrechen, ferner das Vorbild der „Histories" William Shakespeares und die latente Rolle des Volkes steigerte Mussorgsky in seiner Libretto-Einrichtung so sehr, daß er sich – besonders in der zweiten Fassung – immer mehr von Puschkin entfernte, ohne jedoch dessen geistige Grundlagen zu verlassen. Bereits Puschkin hatte seinerzeit wegen des politischen Inhalts Schwierigkeiten mit der Zensur, vor allem mit der Szene im Palast des Patriarchen oder mit der scharfen Zeichnung der beiden Bettelmönche, gewiß aber wegen der Kritik am Zaren mit der Ansicht, daß „der beste Zar keine Geschichte machen kann, wenn das Volk nicht bedingungslos hinter ihm steht" (Martin Schulze). Das Stück wurde zwar 1831 gedruckt, durfte aber vorläufig nicht aufgeführt werden. Das geschah erst am 17. September 1870, also nachdem die erste Fassung der Oper vorlag. Die Freigabe durch die Zensur war 1866 im Zuge der Reformen erfolgt. Im Frühherbst 1868 hatte der Historiker und Puschkin-Spezialist Wladimir Nikolskij den nach einem geeigneten Opernstoff suchenden Mussorgskij auf Puschkins „Chronik" aufmerksam gemacht, und die erste Fassung – noch ohne das Revolutionsbild und mit einer von der späteren Komposition stark abweichenden Fassung des Bildes im Zarengemach, auch noch ohne den Polen-Akt – entstand ziemlich rasch bis zum 15. Dezember 1869, freilich ohne Aussicht auf eine Aufführung. Die Eingabe beim Direktorium der Kaiserlichen Theater in St. Petersburg im Frühjahr 1870 war erfolglos. (Auch Puschkins Stück fiel mehr oder weniger durch, weil seine neuartige Dramaturgie nicht verstanden wurde.) Die Ablehnung erfolgte jedoch erst am 10. Februar 1871, unter anderem mit der Begründung, die Oper enthalte überhaupt keine Frauenrollen. Tatsächlich fügte Mussorgskij das Lied der Schenkwirtin auch erst in der zweiten Fassung hinzu. Die Arbeit an der zweiten Fassung (ab April 1871) beschritt jedoch noch ganz andere Wege: Mussorgskij vertiefte sich nochmals eingehend, unter dem Einfluß seines Bera-

ters Wladimir Stassow, der als Bibliothekar Zugang zu entlegenen Quellen hatte, in die historischen Vorgänge, zog auch das 1867 gedruckte zarenkritische Geschichtswerk des Historikers und Folkloristen Iwan Chudjakow *(Das mittelalterliche Rußland)* mit heran, dem er einzelne Züge der Anfangsszene vor dem Nowodewitschij-Kloster entnahm. Auch Puschkins Quelle, das zarentreue, „klassische" Geschichtswerk *Geschichte des russischen Reiches* (1816–1826) Nikolai Karamsins, wurde von Stassow für Details benutzt, so etwa die Anregung zur Gestaltung Rangonis, dessen szenische Situationen freilich ganz Mussorgskijs eigene Erfindung waren, der Hinweis auf das Glockenspiel (seinerzeit ein Geschenk des österreichischen Gesandten an den Zaren) und die Erwähnung der beiden vom Volk bedrohten polnischen Patres, auch wohl der zum Usurpator überlaufende Bojar Chruschtschow. Mussorgskij war zudem mit dem Historiker und Literaten Daniil Mordowzew bekannt und las dessen Untersuchung *Politische Bewegungen des russischen Volkes*, in der das Räuber- und Bandenwesen als Reaktion des Volkes auf die unerträglichen Repressalien dargestellt wird. Es ist anzunehmen, daß das die unmittelbare Anregung für die Gestaltung des Revolutionsbildes war. Im Juli 1872 hat Mussorgskij die Orchesterpartitur der zweiten Fassung (nun als „Oper in vier Aufzügen und Prolog") fertiggestellt und reicht sie dem St. Petersburger Theater ein. Am 29. Oktober 1872 wird auch diese Fassung (trotz der Frauenrollen!) abgelehnt, doch nach einer sehr erfolgreichen Voraufführung des Polenaktes und der Szene in der litauischen Schenke (beide szenisch) wird die Oper im Herbst 1873 zur Aufführung im Marinskij-Theater angenommen. Die Uraufführung am 27. Januar 1874 – freilich ohne die Pimen-Szene – gestaltet sich zu einem Triumph für den Komponisten. Der revolutionäre Ton wird, vor allem von der Jugend, auf Anhieb verstanden; die Oper bleibt bis 1882 auf dem Spielplan, allerdings – vermutlich aus politischen Gründen – ab 1876 ohne das Revolutionsbild (!). Die gestrichene Pimen-Szene führt Nikolaj Rimskij-Korsakow am 16. Januar 1879, wenn auch nur konzertant, in einem Konzert der St. Petersburger „Musikalischen Freischule" auf, dann macht er sich jedoch 1896 zum erstenmal an die durchgreifende Bearbeitung der Oper, die – wieder ohne das Revolutionsbild – am 28. November 1896 auf der Bühne des St. Petersburger Konservatoriums in Szene geht. Da sich die Bearbeitung, außer auf die glänzendere Instrumentation, auch auf zahlreiche unnötige Kürzungen erstreckte, gab es Kritik daran, die Rimskij-Korsakow in einer zweiten, endgültigen Bearbeitung (erschienen 1908) ausräumte, indem er die Striche wieder aufmachte. Die Szene der Kinder des

Zaren vor dem Glockenspiel blieb freilich weiterhin gestrichen, wodurch der von Mussorgskij beabsichtigte Kontrast zum späteren Glockenspiel als Folterinstrument gegenüber dem Zaren zerstört ist. Den internationalen Durchbruch erzielte gleichwohl nur die zweite Bearbeitung, nicht die Originalfassung. Als Fjodor Schaljapin, der wohl bedeutendste Darsteller des Boris im 20. Jahrhundert, am 19. Mai 1908 an der Pariser Oper die erste ausländische Aufführung gab, war das der Beginn der Aufnahme des *Boris Godunow* ins Weltrepertoire. Von der Originalfassung wußten nur die Kenner. Mochte auch Igor Strawinsky die Instrumentation Rimskij-Korsakows, die aus dem Original eine große Oper machte, als „Meyerbeerisierung" bezeichnen, so half das wenig; erst am 5. März 1929 wurde die erste Fassung in Moskau gespielt und dreißig Jahre später eine behutsame Retuschierung der Originalinstrumentation durch Schostakowitsch aufgeführt, die sich indessen nicht durchsetzen konnte. (So erging es auch den Neuorchestrierungen des lettischen Komponisten Emils Melngailis, Riga 1924, und von Karol Rathaus, New York 1953). Heute setzt sich allmählich die Auffassung durch, daß doch die Instrumentation Mussorgskijs, ungeachtet einiger klanglicher Schwächen, den Inhalt dieser neuartigen Musik am besten transportiert. *Dietmar Holland*

Diskographische Empfehlung

1970 – Wien: Herbert von Karajan, Chor der Wiener Staatsoper, Wiener Philharmoniker. Nicolai Ghiaurov (Boris Godunow), Alexej Maslennikow (Schuiskij), Martti Talvela (Pimen), Ludovico Spiess (Grigorij Otrepjew), Galina Wischnewskaja (Marina Mnischek), Zoltan Kelemen (Rangoni), Anton Diakow (Warlaam). Decca 6.35 194 (Fassung von Rimskij-Korsakow)

1976 – Kattowitz: Jerzy Semkow, Rundfunkchor Krakau, Symphonieorchester des Polnischen Rundfunks. Martti Talvela (Boris Godunow), Bohdan Paprocki (Schuiskij), Leonard Mróz (Pimen), Nicolai Gedda (Grigorij Otrepjew), Bózena Kinasz (Marina Mnischek), Andrzej Hiolski (Rangoni), Aage Haugland (Warlaam). EMI, 1 C 155-02 870/73 (Originalfassung)

Chowantschtschina
Musikalisches Volksdrama in fünf Akten

Text: Modest Mussorgskij

Uraufführungen (siehe auch Geschichte): I. 21. Februar (5. März) 1886, Privat-Theater Kononow, Leningrad (Fassung von Nikolaj Rimskij-Korsakow); II. 5. (17.) Juni 1913, Théâtre des Champs-Élysées, Paris (Fassung von Maurice Ravel und Igor Strawinsky); III. 25. November 1960, Kirow-Theater, Leningrad (Fassung von Dimitri Schostakowitsch)

Personen: Fürst Iwan Chowanskij, Führer der Strelitzen (Baß); Fürst Andrej Chowanskij, sein Sohn (Ten); Fürst Wassilij Golitzyn (Ten); Schaklowitij, ein Bojar (Bar); Dossifej, Haupt der Raskolniki (Baß); Marfa (Alt); Susanna (Sop); Ein Schreiber (Ten); Emma (Sop); Pastor (Baß); Warssonowjew, Vertrauter des Fürsten Golitzyn (Baß); Kuska, ein Strelitze (Ten); Streschnjew, ein Bojar (Ten); Erster Strelitze (Baß); Zweiter Strelitze (Baß)

Chor: Moskauer Volk; Strelitzen; Raskolniki; Petrowzen

Ballett: Persische Sklavinnen

Ort und Zeit: Moskau und Umgebung, zwischen 1682 und 1689

Orchester (Rimskij-Korsakow): 3 Fl (3. auch Picc), 2 Ob (2. auch E. H.), 2 Kl, 2 Fg, 4 Hrn, 2 Trp, 3 Pos, Tba, Pkn, Schlgzg, Hrf, Klav, Streicher

Auf der Bühne: 3 Pos und Banda (Blasorchester)

(Schostakowitsch): 3 Fl (3. auch Picc), 3 Ob (3. auch E. H.), 3 Kl (3. auch Bkl), 3 Fg (3. auch Kfg), 4 Hrn, 3 Trp, 3 Pos, Tba, Pkn, Schlgzg, 2–4 Hrf, Klav, Streicher

Auf der Bühne: Hrn, Trp, Pos

Form: Durchkomponiert

Aufführungsdauer: Ca. 3¼ Stunden

Verlag: Bessel, St. Petersburg; Muzgiz, Moskau

Handlung

1. AKT: Nach dem Orchestervorspiel („Morgendämmerung über der Moskwa") hebt sich der Vorhang, und der Rote Platz in Moskau wird sichtbar. Die Strelitzen, die Zar Iwan IV. („der Schreckliche") um 1550 als stehendes Heer gegen die Macht des Adels – der Bojaren – eingesetzt hatte, sind unter dem schwachen Zaren Fjodor Alexejewitsch die größte Kraft im

russischen Reich. Im Schatten der Basilius-Kathedrale hat ein Schreiber seinen Stand aufgeschlagen; Schaklowitij, einer der entmachteten Bojaren, diktiert ihm ein Denunziations-Schreiben an den Zaren: Fürst Iwan Chowanskij, der Anführer der Strelitzen, plane eine Verschwörung gegen die Krone. Schaklowitij, kann sich gerade noch verstecken, als Iwan Chowanskij erscheint und dem Volk seinen Schutz verspricht; die Menge jubelt ihm als dem Befreier von der Bojaren-Knechtschaft zu. Auch sein Sohn Andrej kommt hinzu: Er hat seine Geliebte Marfa (die zur Sekte der Raskolniki, der „Altgläubigen", gehört) fallenlassen und macht nun einem deutschen Mädchen, Emma, den Hof; aber auch Iwan Chowanskij hat ein Auge auf das Mädchen geworfen, und es kommt coram publico zum Streit zwischen Vater und Sohn. Eine Prozession der Raskolniki unter ihrem Führer Dossifej trifft gerade rechtzeitig auf dem Platz ein, um die verzweifelte Emma vor den Zudringlichkeiten der beiden Chowanskijs zu retten. Während die Strelitzen das Feld räumen, ermahnt Dossifej das Volk, nicht an Gott zu zweifeln, dessen Macht alles zum Guten wenden werde.

2. AKT: Ein Kabinett im Hause des Fürsten Golitzyn. Der Fürst hat sich auf die Seite der Strelitzen gestellt; so weigert er sich auch, Emma vor den Chowanskijs in Schutz zu nehmen, wie es der Pastor der deutschen Gemeinde von ihm erbittet. Warssonowjew, Golitzyns Vertrauter, hat inzwischen Marfa zum Fürsten gebracht, die beim Volk als Zauberin gilt; sie weissagt dem abergläubischen Golitzyn, daß er beim Zaren in Ungnade fallen und in die Verbannung geschickt werde. Heimlich gibt der Fürst Warssonowjew den Auftrag, Marfa umbringen zu lassen. Einige Augenblicke bleibt Golitzyn allein, als Iwan Chowanskij das Kabinett betritt; jeder wirft dem anderen vor, zu große Macht für sich zu beanspruchen. Sie sind im heftigsten Streit, als Dossifej mit einer Gruppe seiner Raskolniki erscheint, um Golitzyn zur Gottesfurcht zu ermahnen; doch dieser und Iwan Chowanskij haben für den frommen Greis nur Spott übrig. Plötzlich stürzt Marfa herein, die der entsetzte Golitzyn im ersten Moment für ein Gespenst hält; sie berichtet, man habe ihr aufgelauert, und nur mit Hilfe der Petrowzen (des „Spielregiments" des späteren Zaren Peter I.) sei sie dem sicheren Tod entgangen. Bevor noch Golitzyn etwas dazu sagen kann, bringt der Bojar Schaklowitij die Nachricht, Zar Fjodor habe von der Strelitzen-Verschwörung erfahren und werde nun die „Chowantschtschina" vor Gericht bringen. (Der Titel der Oper ist fast unübersetzbar; die dem Namens-Stamm „Chowan-" der Fürsten angehängte Endung „-tschina" ist äußerst pejorativ und meint soviel wie „die Chowanskijs und ihre Bande".)

3. AKT: In der Strelitzen-Vorstadt Samoskwaretschje. Die Raskolniki halten eine Prozession ab; auch Marfa ist unter ihnen und beklagt ihre unglückliche Liebe zu Fürst Andrej. Susanna, eine alte Raskolnika, belauscht sie und erhebt vor Dossifej Anklage gegen Marfa wegen ihrer unzüchtigen Leidenschaft. Nur mit Mühe kann Dossifej das Mädchen davon abhalten, sich umzubringen. die Strelitzen kommen vom Wachdienst aus Moskau zurück und berichten, die Bevölkerung wende sich immer mehr gegen sie; man habe sie beim Zaren denunziert, und die Stimmung in der Stadt sei aufs höchste gespannt. Da taucht plötzlich ein Schreiber auf – abgerissen und zerschlagen – und bringt schlimme Nachrichten: Die Petrowzen sind über die Strelitzen hergefallen, haben sie erschlagen und sind nun dabei, Samoskwaretschje zu umzingeln. Fürst Iwan Chowanskij ermahnt zu Ruhe und Besonnenheit.

4. AKT. 1. Bild: Im Palast des Fürsten Iwan Chowanskij. Der Fürst läßt sich mit Liedern und Tänzen (seiner persischen Sklavinnen) unterhalten, als man ihm den Besuch Warssonowjews meldet, der ihn im Namen Golitzyns warnt: Man trachte ihm nach dem Leben; wütend läßt Chowanskij den Unglücksboten von seinen Leuten zu Tode prügeln. Wenig später kommt Schaklowitij und lädt den Fürsten im Namen der Regentin Sofja ein, bei Hofe zu erscheinen. Nichtsahnend legt Chowanskij sein Festgewand an und geht zur Tür, wo Schaklowitijs Schergen schon auf ihn warten und ihn ermorden.

2. Bild: Moskau, der Platz vor der Basilius-Kathedrale. Der 17jährige Peter hat seine Stiefschwester Sofja, die Regentin, in ein Kloster geschickt und als Zar Peter I. („der Große") die Alleinherrschaft übernommen. Das Volk beobachtet mit einer Mischung aus sichtbarer Erleichterung und ehrlichem Mitleid den Abtransport des Fürsten Golitzyn, den der Zar – wie es Marfa geweissagt hatte – in die Verbannung schickt. Aber auch den Raskolniki droht ein bitteres Los: Der neue Herrscher hat Befehl gegeben, die Sektierer zusammenzutreiben und will sie ermorden lassen. Andrej Chowanskij erscheint; in seiner wilden, verzweifelten Liebe zu Emma ist er wie von Sinnen und scheint nicht einmal den Tod seines Vaters und den Untergang der Strelitzen wahrgenommen zu haben. Marfa stellt sich ihm in den Weg und öffnet ihm die Augen: In einem langen Zug werden die überlebenden Anhänger Chowanskijs zur Hinrichtung geführt. Im letzten Augenblick jedoch verkündet der junge Bojar Streschnjew als Herold die Begnadigung: Der Zar erlasse den Verrätern ihre Strafe und erlaube ihnen, sich ihm zu unterwerfen.

5. AKT: Eine Einsiedelei in den Wäldern vor Moskau. Dossifej und die Raskolniki sind auf der Flucht von den Petrowzen eingeschlossen worden. Nun schichten sie einen gewaltigen Scheiterhaufen auf, um sich selbst zu verbrennen und nicht den Truppen des Zaren in die Hände zu fallen. Auch Andrej Chowanskij ist bei ihnen, noch immer geistig verwirrt und auf der Suche nach Emma. Er, Marfa, Dossifej und die anderen Sektierer stehen bereits in hellen Flammen, als die ersten Petrowzen bei der Einsiedelei eintreffen und entsetzt das Fanal erblicken.

Kommentar

Noch während der Arbeit an der Neufassung des *Boris Godunow* begann Mussorgskij im Sommer 1872 mit der Komposition der *Chowantschtschina*. Einiges spricht für die These des sowjetischen Musikforschers Georgij Chubow, daß dieses Werk das Mittelstück eines historischen Opern-Triptychons werden sollte, dessen erster Teil der *Boris Godunow* war und dessen Abschluß eine Oper über den Pugatschow-Aufstand (nach der Erzählung Puschkins) von 1773/75 bilden sollte, *Pugatschowtschina*, deren Plan den Komponisten seit 1877 beschäftigte. Mehr noch als der *Boris* entspricht die *Chowantschtschina* dem Gattungsbegriff musikalisches Volksdrama; war Zar Boris noch eine zentrale Gestalt gewesen, so sind die Protagonisten der neuen Oper – die Fürsten Chowanskij, Golitzyn, Schaklowitij, Dossifej, Marfa – nur mehr Repräsentanten bestimmter Volksgruppen: der Strelitzen, der Bojaren, der Raskolniki. Mussorgskij hat den Gang der Handlung, der historisch einen Zeitraum von sieben Jahren umfaßt – vom Strelitzen-Aufstand (Mai 1682) bis zur Machtergreifung Peters I. – extrem verdichtet und dabei manche Ungenauigkeit in Kauf genommen; so fand zum Beispiel die Verbrennung (nicht Selbstverbrennung, wie bei Mussorgskij) des Führers der Raskolniki, Awwakum (Dossifej) und seiner Anhänger tatsächlich bereits am 14. April 1682 auf Befehl Zar Fjodors statt, und Iwan Chowanskij war gemeinsam mit seinem Sohn Andrej bereits im September 1682 ermordet worden, während Wassilij Golitzyn erst nach dem „Ewigen Frieden" von Moskau (1686) als Sieger über Polen auftrat. So kompliziert wie die politischen Schichtungen des Werkes sind auch die religiösen: Das Spannungsfeld zwischen den (deutschen) Lutheranern, den orthodoxen Befürwortern der Bibelreform Nikons und den „altgläubigen" Raskolniki als ihren Gegnern ist ohne genaue Kenntnis der historischen Zusammenhänge kaum verständlich. Undurchsichtig ist schließlich auch Mussorgskijs Stellung zu den Ereignissen: Sowohl die Strelitzen (die doch die brutale Macht des Adels gebrochen haben) als auch die Petrowzen, die Armee des jungen Zaren Peter, treten als Unterdrücker des Volkes auf.

Musikalisch hat der Komponist mehr noch als im *Boris Godunow* auf authentische Vorlagen der russischen Volks- und Kirchenmusik zurückgegriffen und sich auch sprachlich an Original-Texten orientiert. „Mein Wunsch ist es, ‚pronostic' zu machen, das heißt die vom Leben gespeiste Melodie, nicht die klassische", schreibt Mussorgskij am 25. Dezember 1876 an Wladimir Stassow. „Durch die Beschäftigung mit der menschlichen Rede gelangte ich zu der von dieser Rede geschaffenen Melodie, zur Verkörperung des Rezitativs in der Melodie (abgesehen von dramatischen Aktionen, bien entendu, wo es sogar auf jede Interjektion ankommen kann). Ich möchte das die sinnvolle/gerechtfertigte Melodie nennen."

Geschichte

Auch die *Chowantschtschina* hinterließ Mussorgskij als Torso; als er 1881 starb, lag – bis auf den Schluß des 2. Akts und das Finale des 5. Aktes, die nur skizziert waren – lediglich der Klavierauszug des Werkes vor. Aufgrund dieses Materials richtete Nikolaj Rimskij-Korsakow 1883 eine aufführungsfähige Orchester-Fassung der Oper ein, die am 21. Februar 1886 in Petersburg uraufgeführt wurde. Allerdings hatte Rimskij nicht nur mehr als 800 Takte gestrichen (darunter fast den ganzen 3. Akt), sondern war auch – wie so oft – mit der restlichen Musik äußerst willkürlich verfahren und hatte Mussorgskijs genialen Entwurf in das enge Korsett akademischer Kompositionsregeln gezwängt. 1912/13 unternahmen Maurice Ravel und Igor Strawinsky im Auftrag Sergej Diaghilews eine – leider verschollene – Neuinstrumentierung des Werkes für eine Aufführung im Rahmen der 8. Pariser Saison der Ballets russes. Die letzte, einzig gültige Rekonstruktion erarbeitete Dimitri Schostakowitsch zwischen 1939/40 und 1958/59; streng dem Klavierauszug Mussorgskijs folgend, orientierte sich Schostakowitsch in seiner Instrumentation an der Partitur des Original-*Boris* und ergänzte lediglich die fehlenden Teile, ohne die Dramaturgie und die Musik der restlichen Szenen anzutasten. Auf der Grundlage der Schostakowitsch-Fassung entstand auch die Version, die Claudio Abbado im Januar 1989 für seine vielgerühmte Wiener Aufführung der *Chowantschtschina* erstellen ließ. *Michael Stegemann*

Diskographische Empfehlung

1974 – Moskau: Boris Khaikin, Chor und Orchester des Bolschoj-Theaters Moskau. Alexej Kriwtschenja (Fürst Iwan Chowanskij, Wladislaw Pjawko (Fürst Andrej Chowanskij), Alexej Maslennikow (Fürst Wassilij Golitzyn), Alexander Ogniwzew (Dossifej), Irina Archipowa (Marfa), Gennadij Jefimow (Schreiber). Melodia-Eurodisc 87 960 XIR (Fassung von Rimskij-Korsakow)

Der Jahrmarkt von Sorotschintzij (Sorotschinskaja Jarmarka)

(Komische) Oper in zwei (Tscherepnin)/drei (Lamm/Schebalin) Akten

Text: Modest Mussorgskij, nach der gleichnamigen Erzählung von Nikolaj Gogol

Uraufführungen (siehe auch Geschichte):

16. (28.) März 1911, St. Petersburg (konzertante Uraufführung des Fragments);

1. FASSUNG: 21. Oktober (2. November) 1913, Freies Theater, Moskau (szenische Uraufführung in der Rekonstruktion von Anatoli Ljadow, Wjatscheslaw Karatygin und Nikolaj Rimskij-Korsakow, gesprochene Dialoge von Arseni Golenischtschew-Kutusow)

2. FASSUNG: 27. März 1923, Nationaloper Monte Carlo (zweiaktige Fassung von Nikolai Tscherepnin)

3. FASSUNG: 12. Januar 1932, Nemirowitsch-Dantschenko-Theater, Moskau (dreiaktige Fassung von Pawel Lamm und Wissarjon Schebalin)

Personen (nach Lamm/Schebalin): Tscherewik, ein Bauer (Baß); Chiwrja, seine Frau (Mez); Parassja, Tochter Tscherewiks und Stieftochter Chiwrjas (Sop); Der Gevatter (Bar); Gritzko, ein junger Bauer (Ten); Afanassij Iwanowitsch, Sohn des Popen (Ten); Ein Zigeuner (Baß); Tschernobog, der „schwarze Gott" (Baß)

Chor: Bauern und Bäuerinnen; Zigeuner; Volk

Ballett: Teufel; Hexen; Zwerge

Ort und Zeit: Der kleinrussische Marktflecken Sorotschintzij, an einem Sommertag

Orchester (nach Lamm/Schebalin): 3 Fl (3. auch Picc), 2 Ob, 2 Kl,

2 Fg, 4 Hrn, 2 Kornetts, 2 Trp, 3 Pos, Tba, Pkn, Schlgzg, Hrf, Klav, Streicher

Form: Durchkomponiert

Aufführungsdauer (nach Lamm/Schebalin): Ca. 1¾ Stunden

Verlage: Bessel, St. Petersburg, Paris, Moskau; Muzgiz, Moskau; Sikorski, Hamburg

Handlung

1. AKT: Ein heißer Sommertag in Sorotschintzij, auf dem Marktplatz. Parassja ist mit ihrem Vater und ihrer Stiefmutter zum Jahrmarkt gekommen und bestaunt das bunte Treiben. Ein Zigeuner erzählt das Märchen von der „roten Jacke": Regelmäßig zur Jahrmarktszeit tauche der Teufel (in der Gestalt eines riesigen Schweins) in Sorotschintzij auf und stifte Unheil. Der junge Bauer Gritzko hält bei Tscherewik um die Hand Parassjas an, in die er sich Hals über Kopf verliebt hat und die seine Zuneigung erwidert; bei einer Flasche Schnaps werden die beiden einig. Als aber Tscherewik spät abends stockbetrunken zu seinem Wagen zurückkommt, macht seine Frau Chiwrja ihm eine Szene und verbietet kurzerhand die geplante Heirat ihrer Tochter. Gritzko ist untröstlich.

2. AKT: Im Haus des Gevatters. Während Tscherewik beim Wagen zurückbleibt und seinen Rausch ausschläft, begibt sich Chiwrja zum Haus ihres Gevatters, wo sie den Popensohn Afanassij Iwanowitsch zu einem Schäferstündchen erwartet. Doch bevor die beiden zur Sache kommen können, taucht der Hausherr mit Tscherewik und anderen Gästen auf; Chiwrja kann ihren Galan gerade noch auf dem Dachboden verstecken. Der Gevatter erzählt nun seinerseits die Geschichte vom Teufel und der „roten Jacke", wie er sie vom Zigeuner gehört hat. Plötzlich springt das Fenster auf, und der Rüssel eines Schweinskopfes erschreckt die Gäste beinahe zu Tode (niemand ahnt, daß es der Zigeuner ist, der sich so mit den abergläubischen Bauern einen Spaß macht). Als in demselben Augenblick auch noch der Popensohn durch den Dachboden herabpurzelt, ist die Panik komplett: Alle stürzen ins Freie.

3. AKT. 1. Bild: Auf der Straße. Auf ihrer Flucht laufen Tscherewik und der Gevatter einander in die Arme; jeder hält den anderen für den Teufel, und beide fallen ohnmächtig zu Boden. Der Zigeuner und die Dorfjugend kommen herbei und wollen die beiden wegen nächtlicher Ruhestörung arrestieren; nur der Fürsprache Gritzkos ist es zu verdanken, daß man sie laufen läßt. Zur Belohnung verspricht Tscherewik noch einmal

dem jungen Mann die Hand seiner Tochter. Alle begeben sich nun endlich zur Ruhe. Gritzko träumt von Tschernobog, dem „schwarzen Gott" (dem Teufel der russischen Märchen), und vom Hexensabbat, dem erst der Schlag der Kirchenglocken ein Ende macht.

2. Bild: Am Morgen führt Tscherewik, wie versprochen, Parassja und Gritzko zusammen, und trotz des Zeterns Chiwrjas bereitet man im Dorf zu den Klängen eines Gopak die Hochzeit vor.

Kommentar

Über die ernste Wucht des *Boris Godunow*, der *Chowantschtschina* und der beiden Liederzyklen *Ohne Sonne* und *Lieder und Tänze des Todes* vergißt man allzu leicht, daß Modest Mussorgskij auch ein genialer musikalischer Satiriker war. Lieder wie *Schöne Ssawischna*, *Der Seminarist*, *Der Klassiker* oder *Die Galerie*, vor allem aber die beiden Opern-Fragmente nach Vorlagen Nikolaj Gogols – *Die Heirat* (1868) und *Der Jahrmarkt von Sorotschintzij* – zeigen den großartigen Sinn des Komponisten für Komödie und Spott. Mit der Arbeit am *Jahrmarkt* begann Mussorgskij 1874, parallel zur Neufassung des *Boris Godunow* und zu den ersten Entwürfen für die *Chowantschtschina*; immer wieder aber geriet die Komposition ins Stocken, und schließlich blieb auch dieses Werk, wie so viele andere, Fragment.

Seine dramaturgischen und musikalischen Ideen zum *Jahrmarkt von Sorotschintzij* hat Mussorgskij ausführlich (am 15. August und am 10. November 1877) in zwei Briefen an den Dichter Arseni Golenischtschew-Kutusow niedergelegt: „Was Du in der Redeweise der handelnden Personen bei Gogol liest, müssen meine handelnden Personen uns von der Bühne in musikalischer Sprache, ohne Änderung gegenüber Gogol, mitteilen; [...Gogol hat] mit schöpferischer Kraft so feinsinnig die Konturen der Bühnenhandlung angedeutet, daß nur noch die Farben aufgetragen werden müssen." Dabei war es Mussorgskij auch hier um Realismus zu tun: „Bei Gogol besteht das Komische doch gerade darin, daß die für unser Empfinden nichtigen Interessen der Fuhrleute und Dorfkrämer in aller offenherzigen Wahrheit geschildert werden. Der *Jahrmarkt von Sorotschintzij* ist keine Buffonade, sondern eine richtige komische Oper auf dem Boden der russischen Musik." So ist auch der „Volkston" der Oper keine Persiflage, sondern – ähnlich wie in Bedřich Smetanas knapp zehn Jahre früher entstandener *Verkauften Braut* – authentisches Kolorit der Handlung und ihrer Protagonisten. Einzelne Charakterzüge (Chiwrjas Geiz, des Popensohnes Freß- und Tscherewiks Sauflust zum Beispiel) und grundsätzliche Gesellschaftskritik (am Aberglauben der Dörfler, an ihrer doppelten Moral und Bigotterie) werden nicht als komische Schablonen verwendet, sondern sind fester Bestandteil einer möglichst getreuen Schilderung der Szenerie. Im rezitativischen Parlando, das über weite Strecken den Vokalstil des Werkes bestimmt, zeichnet sich bereits die „ungekünstelte" Echtheit der musikalischen Sprache ab, wie man sie später bei Leoš Janáček findet.

Geschichte

Als Mussorgskij 1881 starb, lagen vom *Jahrmarkt* der 1. und 2. Akt nahezu vollständig im Klavierauszug vor, während vom 3. Akt lediglich die Duma der Parassja und der abschließende Gopak komponiert waren; in dem vorhandenen Bestand (das dem Szenarium folgt, wie es der Komponist im Mai 1877 niedergeschrieben hatte) fehlte allerdings noch das Intermezzo, der Traum Gritzkos vom Hexensabbat. Erst 1878 hatte Mussorgskij den Entschluß gefaßt, diese Szene (unter Verwendung der 1867 entstandenen Orchesterfantasie *Eine Nacht auf dem kahlen Berge* und der Tschernobog-Szene des Opern-Projekts *Mlada*, 1871/72) als Intermezzo zwischen 1. und 2. Akt einzufügen, als Alptraum Gritzkos nach Chiwrjas Weigerung, ihm Parassja zur Frau zu geben. (Nikolaj Rimskij-Korsakow hat 1886 bei seiner entstellenden Bearbeitung der *Nacht auf dem kahlen Berge* die langsame Einleitung dieses Intermezzos an den Schluß des Werkes gestellt, um den Hörer – unbedingt gegen Mussorgskijs Intentionen – mit Harfenarpeggien und lyrischem Wohlklang zu „versöhnen".)

Das Fragment wurde am 16. März 1911 – anläßlich des 30. Todestages Mussorgskijs – in St. Petersburg konzertant uraufgeführt, am 17. Dezember desselben Jahres folgte eine szenische Aufführung (mit Klavierbegleitung) am St. Petersburger Komödien-Theater; aber erst in der von Ljadow, Karatygin und Rimskij-Korsakow orchestrierten Fassung – musikalisch teilweise ergänzt von Juri Sachnowsky (der 1925 am Moskauer Bolschoi-Theater eine eigene Neufassung des Werkes zur Aufführung brachte, die sich freilich nur vage an Mussorgskijs Klavierauszug orientierte) und mit gesprochenen Dialogen von Golenischtschew-Kutusow –, die am 21. Oktober 1913 in Moskau uraufgeführt wurde, war der *Jahrmarkt von Sorotschintzij* in Musik und Handlung so weit abgerundet, daß er als Bühnenwerk bestehen konnte. Einen weiteren Rekonstruktionsversuch unternahm 1917 Cesar Cui. Alle diese Fassungen waren jedoch letztlich unbefriedigend und verschwanden bald wieder vom Spielplan, während die Bearbeitung von Alexander Tscherepnin – uraufgeführt 1923 in Monte Carlo –

größere Resonanz fand. Tscherepnin reduzierte die Oper allerdings auf zwei Akte und nahm, abgesehen von musikalischen Eingriffen, maßgebliche Änderungen des Handlungsablaufs vor, die sich weder auf Gogol noch auf Mussorgskij berufen können. Dagegen bedeutete die Fassung von Pawel Lamm und Wissarjon Schebalin, die am 12. Januar 1932 in Moskau ihre Premiere erlebte, eine weitestgehende Rekonstruktion der Intentionen des Komponisten (die einzig nennenswerte Abweichung ist die Verschiebung des Hexensabbat-Intermezzos vom Ende des 1. in die Mitte des 3. Aktes). Anders als Tscherepnin haben Lamm und Schebalin das gesamte erhaltene Material Mussorgskijs verwendet und nur dort Ergänzungen vorgenommen, wo sie für den Gang der Handlung unabdingbar waren: 58 Takte im ersten, 158 Takte im 2. und 473 Takte im 3. Akt.

Michael Stegemann

Diskographische Empfehlung

1974 – Moskau: Jurij Ahronowitsch, Chor und Rundfunksymphonieorchester der UdSSR. Gennadij Troitzkij (Tscherewik), Ludmila Belobragina (Parassja), Antonina Kleschtschowa (Chiwrja), Alexej Usmanow (Gritzko), Boris Dobrin (Gevatter), Alexander Poljakow (Zigeuner), Sergej Strukatschow (Tschernobog). Melodia-Eurodisc, 88 234 XHR (Fassung Lamm/Schebalin)

PJOTR ILJITSCH TSCHAIKOWSKIJ

geb. 25. April (7. Mai) 1840 in Kamsko-Wotkinsk
gest. 25. Oktober (6. November) 1893 in St. Petersburg

S eine musikalische Ausbildung beginnt bereits im Alter von
vier Jahren. Doch zunächst bereitet sich Tschaikowskij auf
den Staatsdienst vor, auch wenn er neben dem Besuch der
Rechtsschule in St. Petersburg seine musikalische Ausbildung fortführt.
Nach vier Jahren als erster Sekretär im Justizministerium beschließt er
1863, Berufsmusiker zu werden, und tritt in das neugegründete St. Petersburger Konservatorium ein. Dessen Leiter Anton Rubinstein verdankt er
wichtige Einflüsse auf seine musikalische Entwicklung, auch wenn dieser
ein scharfer Kritiker seiner Musik bleibt. 1865 wird Tschaikowskij als
erster Professor für Harmonielehre an das neue Moskauer Konservatorium berufen. Seit 1867 arbeitet er an seiner ersten Oper, *Wojewoda*, nach
einem Text von Ostrowskij, die 1869 mit nur geringem Erfolg in Moskau
uraufgeführt wird. Im Gegensatz zu dem „Mächtigen Häuflein", wie die
Gruppe um Balakirew wegen der durchschlagenden Wirkung ihrer „Di-
lettantenmusik" genannt wird, gehört Tschaikowskij dem Moskauer akademischen Musikerzirkel an, der sich an westeuropäischen Vorbildern
orientiert. 1869 komponiert Tschaikowskij seine zweite Oper, *Undine*, die
er, nachdem sie vom Opernhaus in St. Petersburg abgelehnt wurde, bis auf
einige Teile verbrennt. Die Arbeit an der nächsten Oper, *Opritschnik (Der
Leibwächter)*, wird durch die erste große Europareise unterbrochen. In den
darauffolgenden Jahren, in denen die Gogol-Oper *Wakula, der Schmied*
(1885 grundlegend überarbeitet als *Tscherewitschki [Die Pantöffelchen]*)
entsteht, versucht Tschaikowskij, die westeuropäischen Kompositionstechniken mit der russischen Tradition zu verbinden – die am stärksten slawisch gefärbte Epoche seines Schaffens. *Eugen Onegin* war trotz anfängli-
cher Schwierigkeiten aufgrund unzulänglicher Aufführungsbedingungen
schnell zu einem Standardwerk des russischen Repertoires geworden, dagegen fällt die *Jungfrau von Orleans*, nach Schillers Schauspiel, 1881 ebenso
durch wie drei Jahre später *Mazeppa* (nach Puschkins *Poltawa*). Auch
Tscharodeika (Die Zauberin) hat nicht den gewünschten Erfolg, der sich erst

mit Tschaikowskijs vorletzter Oper, *Pique Dame*, 1890 spontan einstellt. Die letzte Oper, der Einakter *Jolanta*, die 1892 zusammen mit dem Ballett *Der Nußknacker* in St. Petersburg als Auftragswerk uraufgeführt wird, findet wieder nur mäßigen Beifall. Gerade in seinen Opern erweist sich Tschaikowskij als Kenner der menschlichen Seele. Mehr als in seiner instrumentalen Musik findet er hier das Gleichgewicht zwischen affektbestimmtem Realismus und sensitiver Lyrik.   *Ulrike Hessler*

Eugen Onegin
Lyrische Szenen in drei Akten

Text: Konstantin Schilowskij und Pjotr Tschaikowskij, nach dem Versroman von Alexander Puschkin

Uraufführung: 17. (29.) März 1879, Maly-Theater, Moskau

Personen: Larina, Gutsbesitzerin (Mez); Tatjana, ihre ältere Tochter (Sop); Olga, ihre jüngere Tochter (Alt); Filipjewna, Kinderfrau (Mez); Eugen Onegin (Bar); Lenskij (Ten); Fürst Gremin (Baß); Hauptmann (Baß); Saretzkij (Baß); Triquet, ein Franzose (Ten); Guillot, Kammerdiener (stumme Rolle)

Chor: Bauern; Bäuerinnen; Ballgäste; Gutsbesitzer; Gutsbesitzerinnen und Offiziere

Ort und Zeit: Auf dem Lande und in St. Petersburg, in den 20er Jahren des 19. Jahrhunderts

Orchester: Picc, 2 Fl, 2 Ob, 2 Kl, 2 Fg, 4 Hrn, 2 Trp, 3 Pos, Pkn, Hrf, Streicher

Form: 22 Musiknummern

Aufführungsdauer: 2½ Stunden

Verlag: Jürgenson, Moskau

Handlung
1. AKT: Zwei Tage im Herbst auf dem Larinschen Gut. Die verwitwete Gutsbesitzerin Larina hat zwei Töchter von ganz unterschiedlichem Wesen: die sensible, verschlossene und in ihren Phantasien lebende Tatjana und die lebenslustige, offene und unkomplizierte Olga. Während die scheue Tatjana keinerlei Erfahrungen mit Männern vorweisen kann und noch von einem Märchenprinzen träumt, hat Olga in Wladimir Lenskij,

einem Poeten und schwärmerisch veranlagten jungen Gutsnachbarn, seit Jahren schon einen glühenden Verehrer. Bei einem seiner häufigen Besuche auf dem Larinschen Gut bringt Lenskij eines Tages einen neuen Freund mit, Eugen Onegin, der sich vor kurzem in der Umgebung niedergelassen hat. Mit seinem lässigen Auftreten, seinem byronhaft-verächtlichen Charme trifft der großstädtische Intellektuelle Onegin sofort mitten ins kindliche Herz Tatjanas. Lenskij indes beteuert Olga wieder einmal seine heiße Liebe. Ohne es zu wollen, hat Onegin in Tatjana einen Gefühlssturm entfacht. Noch in derselben Nacht gesteht sie ihm in einem erregt abgefaßten Brief ihre Liebe. Onegin erscheint am nächsten Tag persönlich und erklärt in ruhigem, kaltem, aber nicht unfreundlichem Ton, daß er sie nicht lieben könne und die Ehe überhaupt als Qual empfinde.

2. AKT: Tatjanas Namenstagsfest (12. Januar) und der nächste Morgen. Monate später treffen alle wieder zusammen, anläßlich Tatjanas Namenstagsfests, zu dem die Larina einige benachbarte Gutsbesitzer mit ihren Familien eingeladen hat. Onegin hat nach wie vor kein Interesse an Tatjana, vielmehr ärgert es ihn, daß er sich von Lenskij hat überreden lassen, diese provinzielle Festlichkeit zu besuchen. Aus Rache tanzt er ununterbrochen mit Olga. Lenskij wird sofort eifersüchtig; und als Olga ihm auch den versprochenen Kotillon zugunsten Onegins verweigert, dreht Lenskij durch. Vor versammelter Gesellschaft kündigt er Onegin wütend die Freundschaft und fordert ihn zum Duell. Im Morgengrauen des nächsten Tages nimmt Lenskij, erfüllt von Todessehnsucht, bereits vor dem Duell Abschied von der Welt und Olga. Die erste Kugel Onegins trifft ihn tödlich.

3. AKT: Festsaal und Empfangszimmer im Stadtpalais des Fürsten Gremin in St. Petersburg. Nach Jahren rastlosen Umherirrens im Ausland kehrt Onegin zurück und sieht auf einer Soirée unerwartet Tatjana wieder, die inzwischen die Gemahlin des Fürsten Gremin, eines reifen, gesetzten Mannes, geworden ist. Ahnungslos und unbefangen klärt dieser seinen alten Freund Onegin über seine tiefe Zuneigung zu seiner jungen Ehefrau auf. Auf einmal brechen in Onegin die stärksten Gefühle für Tatjana hervor. Plötzlich glaubt er, seinem unerfüllten Leben endlich eine Wende geben zu können und ersucht sie, da sie ihn zunächst kaum beachtet, brieflich um eine Aussprache. Als sie ihn im Hause ihres Mannes empfängt, setzt Onegin alles daran, um sie doch noch für sich zu gewinnen. Doch es ist zu spät. All sein Flehen und Werben vermag Tatjana nicht von ihrem Treuegelöbnis abzubringen, obwohl sie ihm gesteht, ihn noch immer zu lieben. Verzweifelt muß Onegin erkennen, daß er sein Leben verpfuscht hat.

Kommentar

Die von Tschaikowskij selbstgewählte Bezeichnung „Lyrische Szenen" verweist auf die besondere Konzeption des *Eugen Onegin*, die keine dramaturgische Geschlossenheit im traditionellen Sinne anstrebt. Tschaikowskij entnahm lediglich einige ausgewählte Passagen aus Puschkins umfangreichem Versroman und vertonte sie unter dem Aspekt seelisch-emotionaler Situationsbeschreibungen. Es sollte ein Gegenkonzept werden zur herrschenden, von Wagner, Verdi und den Franzosen dominierten Opernästhetik: eine Oper ohne Exotik, ohne verzweigte Handlung, übersteigerten Ausdruck, ohne Gift, Intrige, Mord und „unnatürliches Gehabe". Sein Ziel war, das Gefühlsleben wirklicher Menschen aus dem Rußland des frühen 19. Jahrhunderts zu schildern, an drei beinahe alltäglichen Episoden aus Puschkins Roman, die sich so oder ähnlich unzählige Male in der Lebenswelt des russischen Großbürgertums ereignet haben dürften, inklusive des bühnenwirksamen Duells zwischen Onegin und Lenskij. „Ich brauche keine Zaren, Zarinnen, Volksaufstände, Schlachten, Märsche..." schreibt Tschaikowskij an Tanejew, „ich suche ein intimes, aber starkes Drama, das auf Konflikten beruht, die ich selber erfahren oder gesehen habe, die mich im Innersten berühren können." Es ging ihm um die wirkliche, psychologisch glaubhafte Gefühlsbewegung durchschnittlich veranlagter junger Menschen, und dieses innere Erleben wollte er in Musik setzen, noch bevor es, zum großen opernhaften Ausdruck geformt, gestenreich und nach außen tritt. Er suchte den wahren Ursprung der Gefühle, die sich im allgemeinen größtenteils nicht äußern, musikalisch nachzuzeichnen, und verstieß damit vehement gegen die Erwartungshaltung des breiten Publikums. Doch auch Tschaikowskijs Kollegen und Freunde tadelten die Handlungsarmut des *Eugen Onegin*. Die reine Bühnenaktion interessierte Tschaikowskij auch weniger als das teilweise sehr bewegte Innenleben seiner drei Hauptfiguren. So schuf er hier drei kleine Opern in einer. Im 1. Akt erforscht der Komponist das Seelenleben Tatjanas, während er sich im 2. Akt den Gefühlen des Dichters Lenskij zuwendet. Im 3. Akt lernen wir die nicht weniger heftige Leidenschaft des bis dahin so kühlen Onegin kennen. Ein solcher dreimaliger Wechsel der musikalischen Optik ist in der Operngeschichte ohne Parallele. Im 1. Akt, dem Tatjana-Drama, findet der entscheidende Konflikt der Oper und auch das wichtigste musikalische Ereignis, die Briefszene, statt. Alles weitere Geschehen ist von diesem Vorfall, von Tatjanas Leiderfahrung abgeleitet: Es sind nur weitere Beispiele für die Unfähigkeit Onegins, sich seelisch zu binden, und seinen

Unwillen, sich sozial zu integrieren. So wird Onegin während des ganzen Stücks – und schon bei Puschkin – nur infolge seiner kritischen Haltung zum Unheilstifter. Sein rebellischer Widerstand gegen die herrschenden gesellschaftlichen Konventionen erzeugt in dem zwanghaften und psychisch gefährdeten Provinzidyll fast überall, wo er auftaucht, sogleich ein Klima von Unsicherheit und Mißtrauen: So stürzt er, ohne es zu wollen, im Verlauf der Handlung fast alle um ihn herum ins Unglück, und doch ist er für alle tragischen Ereignisse, die er auslöst, nicht verantwortlich. Und darin liegt seine Tragik. Freilich deutet der Komponist diesen Aspekt nur unterschwellig an, da er musikalisch schwierig zu fassen ist, und widmet sich, zumal in den beiden ersten Akten, den Opfern Oneginscher Arroganz: Tatjana und Lenskij. Der 1. Akt handelt also von den Gefühlen, die der großstädtische Dandy in der verträumten Provinzpflanze Tatjana auslöst. Es ist Tatjanas Akt, Tatjanas Geschichte, Tatjanas Liebestragödie und ihre Perspektive, aus der das Geschehen musikalisch kommentiert wird. Onegin ist das erste Gefühlsereignis in Tatjanas abgeschirmtem Dasein, der leibhaftige Märchenprinz ihrer schlaflosen Nächte, ihrer pubertären Phantasien, der ungewollt einen Gefühlssturm in ihr entfacht. Bei aller Sympathie für Tatjana war sich Tschaikowskij über die Zwanghaftigkeit ihrer Gefühle im klaren. Er ging sogar noch einen Schritt weiter als Puschkin. Im Roman verliebt sich Tatjana erst nach der ersten Begegnung in Onegin, während es in der Oper „Liebe auf den ersten Blick" ist, sie also ihre Gefühle auf den erstbesten Fremden projiziert, der sich unkonventionell verhält. So wird Tatjanas rein monologische Briefszene zum dramatischen und musikalischen Höhepunkt der Oper. Mit seismographischem Feingefühl zeichnet Tschaikowskij den schwierigen inneren Konflikt eines Hals über Kopf verliebten Mädchens bei der Abfassung ihres ersten Liebesbriefs in der Komposition nach. Wir erleben das Seelendrama einer schlaflosen Nacht als diskontinuierliche musikalische Bewegung mit vielen kleinen, abrupten Brechungen und als wellenförmiges Auf und Ab von widersprüchlichen Gefühlsregungen, also eine hochdifferenzierte psychologische Studie eines inneren Prozesses. Im 2. Akt rückt Lenskij ins Zentrum von Tschaikowskijs musikalischer Psychoanalyse. Nach einem von vier Frauen beherrschten 1. Akt wird nun Lenskij zur tragischen Hauptfigur eines von Männern und ihren Problemen handelnden neuen kleinen Dramas. Wieder gerät Onegin eher unabsichtlich in den Strudel tragischer Ereignisse, die er wiederum nur durch seine großstädtisch-forsche Art auslöst. Seine völlig belanglose Übertretung der starren sozialen Verhaltensregeln läßt die spießbürgerliche

Provinzgesellschaft aus den Fugen geraten: Nur vor diesem gärenden Hintergrund provinzieller Engstirnigkeit ist es verständlich, daß der seelisch labile, komplexbeladene, in seinem Selbstwertgefühl schwache Möchtegernpoet Lenskij, ein reicher Junge mit Hang zum Höheren, vor Eifersucht durchdreht und seinen „Freund" Onegin zum Duell fordert. So wird Onegin abermals zur Zielscheibe irrationaler Ängste und Projektionen. Der Ausgang des Duells besiegelt im Grunde nur Lenskijs schon lange gehegten Todeswunsch. Im 3. Akt rückt Onegin ins Zentrum des Dramas. Hier gerät zum erstenmal sein eigenes Gefühlsleben in Unordnung. Von Schuldgefühlen gepeinigt, begegnet er (nach vielen Jahren) Tatjana wieder, die inzwischen die Frau eines reichen Fürsten geworden ist, und entdeckt nun plötzlich eigene Gefühle für sie. Jedoch sind diese Gefühle von der gleichen zwanghaft-utopischen Natur wie jene, die Tatjana ihm zu Beginn entgegenbrachte; es sind Ersatzhandlungen für den verzweifelten Wunsch zu leben, seinem Leben einen Sinn zu geben, die bürgerliche Krankheit der Melancholie zu überwinden. Tatjana weiß dies alles, und so hat ihre Zurückweisung Onegins nur am Rande mit ihrem Treuegelöbnis gegenüber dem Fürsten zu tun. Und selbst wenn sie sich Onegin anschlösse, wäre der Lack der ersten Verzauberung bald ab. Sein tiefsitzendes Gefühl von Einsamkeit könnte auch sie ihm dauerhaft nicht nehmen. Natürlich hat sie nie einen anderen so geliebt, den Fürsten hat sie aus purer Melancholie geheiratet. Doch diese Pflicht gewinnt in ihrem Innern immer mehr Gewicht gegenüber ihren alten Sehnsüchten. Onegin ist für sie nur noch eine – wenn auch sehr erregende – Jugenderinnerung. Diese Zeiten sind nun endgültig vorbei. Und so verfließt die Oper, die trotz aller Poesie nie den Boden der Wirklichkeit verläßt, am Ende ohne den großen Paukenschlag, ohne eigentlich zu schließen, in die Grauzone des bürgerlichen Alltags, findet den unspektakulären Übergang ins „normale" Leben, in dem alle Beteiligten mit ihren ungelösten Problemen weiterleben müssen.

Geschichte

Jelisaweta Lawrowskaja, eine Lehrerin vom Moskauer Konservatorium, bringt Tschaikowskij im Mai 1877 während eines Abendessens auf die Idee, Alexander Puschkins 1833 veröffentlichten Versroman *Jewgenij Onegin* zur Stoffgrundlage seiner fünften Oper zu machen. Bereits wenige Tage später schickt Tschaikowskij seinem Bruder Modest ein von ihm selber ausgearbeitetes erstes Szenarium der Oper, das mit der endgültigen Fassung weitgehend übereinstimmt. Tags darauf beauftragt Tschaikowskij seinen Freund Konstantin Schilowskij, einen Schriftsteller und Journalisten, mit der Ausarbeitung des Librettos. Drei Wochen später, am 15. Juni, hat Tschaikowskij den 1. Akt der Oper fertiggestellt. Am 6. Juli heiratet Tschaikowskij ziemlich überstürzt seine ehemalige Schülerin Antonina Miljukowa (1849–1917), aus Angst, es könne ihm im Leben ähnlich ergehen wie seinem Titelhelden Eugen Onegin. Die Ehe hält knapp drei Monate. Da fast alle seine Freunde die Handlungsarmut des Librettos beklagen, entschließt sich Tschaikowskij Anfang 1878, sein neues Bühnenwerk nicht Oper, sondern „Lyrische Szenen" zu nennen. Den 2. und 3. Akt komponiert Tschaikowskij im Laufe des Januar größtenteils in San Remo. Am 1. Februar 1878 ist die Komposition abgeschlossen. Mehr als 13 Monate später, am 17. März 1879, findet im Moskauer Maly-Theater die Uraufführung des *Eugen Onegin* statt. Unter der Leitung von Nikolai Rubinstein singen und spielen ausschließlich Studenten des Konservatoriums. Die Mittel für die Kostüme und einen Teil der Dekorationen (der Rest stammt aus dem Fundus der kaiserlichen Theater) spendet die Russische Musikalische Gesellschaft. Rubinstein bedrängt Tschaikowskij noch am Premierenabend, das Werk an einer großen Bühne herauszubringen. Enrico-Modesto Beviniani leitet zwei Jahre später, am 11. Januar 1881, die offizielle Premiere der Oper am Moskauer Bolschoj-Theater. Tschaikowskij ist mit der Aufführung mäßig zufrieden. Den Grundstein für den späteren Welterfolg der Oper legt er erst drei Jahre später, im Oktober 1884, mit der Erstaufführung am St. Petersburger Marinskij-Theater, die Eduard Naprawnik leitet. César Cjuis vernichtende Kritik („... ein totgeborenes, unhaltbares, schwaches Werk") kann den Siegeszug der Oper nicht mehr aufhalten. Am 24. November 1888 dirigiert Tschaikowskij im Prager Nationaltheater die erste *Onegin*-Aufführung außerhalb Rußlands und erntet einen triumphalen Erfolg. Die deutsche Erstaufführung erfolgt 1892 im Hamburger Stadttheater unter der Leitung des 32jährigen Gustav Mahler. Im selben Jahr wird die Oper auch in London zum erstenmal gegeben. Wichtige Erstaufführungen der Oper nach Tschaikowskijs Tod am 25. Oktober 1893: Wiener Hofoper (1897), Berliner Königliche Oper (1898), Mailänder Scala (1900, unter Toscanini), Covent Garden, London (1906), Paris (1911) und New York (1920). Seither ist *Eugen Onegin* weltweit die meistgespielte russische Oper.   *Attila Csampai*

Diskographische Empfehlung

1974 – London: Georg Solti, John Alldis Choir, Orchestra of the Royal Opera House Covent Garden. Bernd Weikl (Onegin), Teresa Kubiak (Tatjana), Julia Hamari (Olga), Stuart Burrows (Lenskij), Nicolai Ghiaurov (Gremin). Decca 417 413-2 (ADD)

1981 – Moskau: Mark Ermler, Chor und Orchester des Bolschoj-Theaters. Jurij Masurok (Onegin), Tamara Milaschkina (Tatjana), Tamara Sinjawskaja (Olga), Wladimir Atlantow (Lenskij), Jewgenij Nesterenko (Gremin). Melodia-eurodisc 300 626-440

Pique Dame (Pikovaya Dama)
Oper in drei Akten

Text: Modest Tschaikowskij, nach der Novelle von Alexander Puschkin

Uraufführung: 19. (31.) Dezember 1890, Kaiserliche Oper, St. Petersburg

Personen: HANDLUNG: Hermann (Ten); Graf Tomskij (Bar); Fürst Jeletzkij (Bar); Tschekalinskij (Ten); Surin (Baß); Tschaplitzky (Ten); Narumow (Baß); Festordner (Ten); Gräfin (Mez); Lisa (Sop); Polina (Alt); Gouvernante (Alt); Mascha (Sop)
ZWISCHENSPIEL: Chloe (Sop); Daphnis (Alt); Plutus (Bar)

Chor: Wärterinnen; Gouvernanten; Ammen; Kinder; Spaziergänger; Gäste; Spieler

Ort und Zeit: St. Petersburg, Ende des 18. Jahrhunderts

Orchester: 2 Fl, Picc, 2 Ob (2. auch E. H.), 2 Kl, Bkl, 2 Fg, 4 Hrn, 2 Trp, 3 Pos, Btba, Pkn, Schlgzg, Hrf, Streicher

Auf der Bühne: 2 Trp, KlTr

Form: Durchkomponiert, in 24 Musiknummern gegliedert

Aufführungsdauer: 2½ Stunden

Verlag: Jürgenson, Moskau

Handlung

1. AKT. 1. Bild: Im St. Petersburger „Sommergarten" spielen Kinder mit ihren Ammen und Gouvernanten, promenieren Spaziergänger. Die Offiziere Tschekalinskij und Surin unterhalten sich über ihren Kameraden

Hermann, der zwar jeden Abend im Spielklub verbringt, aber nie eine Karte anrührt. Hermann und Tomskij gesellen sich zu ihnen. Tomskij fragt Hermann nach dem Grund für seine düstere Laune. Hermann gesteht, daß er sich in ein junges Mädchen verliebt habe, um das er als mittelloser Offizier aber nicht werben könne. Fürst Jeletzkij erscheint und erzählt den Kameraden von seiner Verlobung. Da kommt auch schon Lisa, seine Verlobte, mit ihrer Großmutter, der alten Gräfin. Hermann sieht zu seinem Entsetzen, daß Lisa eben das Mädchen ist, in das er sich verliebt hat. Nachdem der Fürst und die Damen weitergegangen sind, erzählt Tomskij die Geschichte der als „Pique Dame" berühmten Gräfin. Als „Venus muscovite" hatte sie ganz Paris verzaubert, bis ihre Spielleidenschaft sie zu ruinieren drohte. Der Graf von St.-Germain hatte ihr um den Preis einer Liebesnacht das Geheimnis von drei gewinnbringenden Karten verraten. Nur ihrem Mann und einem Freund hatte sie sich anvertraut, nun hüte sie aber das Geheimnis, da sie überzeugt sei, der dritte, der es erführe, brächte ihr den Tod. Hermann ist von der Erzählung beeindruckt. Ein Gewitter fegt den Platz leer. Nur Hermann bleibt zurück. Er sieht in dem Geheimnis der alten Gräfin die einzige Möglichkeit, um reich zu werden und damit Lisa zu gewinnen.

2. Bild: Lisa ist in melancholischer Stimmung trotz ihres Verlobungstages. In ihrem Zimmer versuchen ihre Freundinnen, sie aufzuheitern. Polina singt ein russisches Tanzlied. Die Gouvernante gebietet Ruhe und schickt die Mädchen fort. Lisa träumt am geöffneten Fenster von einem jungen Mann, in den sie sich verliebt hat. Plötzlich steht Hermann leibhaftig vor ihr. Zunächst widersteht Lisa, doch bald wird sie von seinem leidenschaftlichen Werben überwältigt. Plötzlich erscheint die Gräfin: Sie hat Stimmen gehört. Hermann versteckt sich. Als sich die Gräfin zurückgezogen hat, gibt Lisa Hermanns Drängen nach.

2. AKT. 1. Bild: Während eines Balles sprechen Offiziere über Hermanns sonderbare Veränderung. Fürst Jeletzkij erscheint mit Lisa. Er versichert sie seiner Liebe. Lisa weicht ihm aus. Heimlich steckt sie Hermann einen Schlüssel zu, der durch das Schlafzimmer der Gräfin zu dem ihren führt. Hermann sieht darin einen Wink des Schicksals, der Gräfin das Kartengeheimnis zu entlocken. Hermann steht plötzlich der Gräfin gegenüber: Beide erschrecken voreinander, ohne sich zu kennen. Die Kameraden machen sich deshalb über Hermann lustig. Das Erscheinen der Zarin krönt den Ball.

2. Bild: Hermann ist in das Schlafzimmer der Gräfin eingedrungen. Besessen von dem Gedanken an die drei Karten vergißt er Lisa. Er versteckt sich,

als er die Gräfin kommen hört. Der Ball hat wehmütige Erinnerungen an ihre Jugendzeit in ihr wachgerufen. Sie beschließt, die Nacht im Lehnstuhl zu verbringen, und schickt ihre Zofen weg. Ein altes französisches Lied summend schläft sie ein. Plötzlich schreckt sie auf und sieht Hermann neben sich stehen. Er beschwört sie, ihm das Geheimnis der Karten zu verraten. Als sie schweigt, droht er ihr mit der Pistole. Der Schreck tötet die Gräfin. Lisa kommt hinzu. Sie hält Hermann für den Mörder ihrer Groß-mutter, zumal sie erkannt hat, daß er sich mehr für die Karten als für sie interessiert. Sie schickt ihn fort.

3. AKT. 1. Bild: Hermann liest in seinem Zimmer in der Kaserne einen Brief Lisas, in dem sie sich für ihr Verhalten entschuldigt und ihn bittet, sie um Mitternacht am Newa-Kai zu treffen. Hermann ist nach dem Tod der Gräfin dem Wahnsinn nahe. In einer Vision erscheint ihm die Gräfin und verrät ihm die gewinnbringenden Karten: Drei, Sieben, As.
2. Bild: Unruhig erwartet Lisa am nächtlichen Newa-Kai ihren Geliebten. Sie hatte schon alle Hoffnung aufgegeben, als er endlich auftaucht. Lisa ist bereit, alles für ihn zurückzulassen, um mit ihm zu fliehen. Doch Hermann ist von der fixen Idee des Kartenspiels besessen. Vergeblich versucht Lisa, ihn umzustimmen. Er stößt sie zurück und geht ins Spielkasino. Lisa stürzt sich in die Newa.
3. Bild: Im Spielkasino erscheint Fürst Jeletzkij und berichtet, daß er auf Lisas Wunsch die Verlobung gelöst habe. Hermann tritt ein und beteiligt sich zum erstenmal am Spiel. Er setzt eine hohe Summe auf die Drei und gewinnt. Er verdoppelt seinen Einsatz und gewinnt auch mit der zweiten Karte, der Sieben. Niemand außer Jeletzkij wagt mehr, das Spiel mit ihm aufzunehmen. Hermann deckt jedoch statt dem As die Pikdame auf. Er sieht plötzlich die Gräfin vor sich. Er verflucht sie und schießt sich eine Kugel in den Kopf. Sterbend klärt sich sein verwirrter Geist wieder: Er bittet den Fürsten und Lisa um Verzeihung.

Kommentar

„Mir scheint", schrieb Tschaikowskij 1891 an Progoshew, „daß ich tatsächlich die Fähigkeit besitze, durch Musik jene Gefühle, Stimmungen und Gestalten, auf die der Text hinweist, wahrheitsgetreu, innig und ein-fach auszudrücken. In diesem Sinn bin ich Realist und ein wahrer russi-scher Mensch." Wie die Musik des *Eugen Onegin*, so ist auch die der *Pique Dame* sensitiv, immer wieder überlagern einfühlsame poetische Momente den affektbestimmten Realismus. Auch in *Pique Dame* identifiziert sich

Tschaikowskij rückhaltlos mit seinen Helden, dem manisch besessenen Hermann in all seiner Zerrissenheit und der trauernd resignierenden Lisa. Tschaikowskij zeichnet ein realistisches Sittenbild des Zarenreichs, in dem die gesellschaftlichen Positionen der handelnden Figuren genau definiert werden. Dennoch deckt er mit Puschkin die Kräfte des Unbewußten und Unterbewußten auf. Im Gegensatz zu Puschkins Hermann trägt Tschaikowskijs Held jedoch Züge des romantischen Typus des Gezeichneten, der schicksalhaft seinem Fluch verfällt. Wie bei den Romantikern ist die Phantasie, ist der Traum das Tor zwischen Ich und Welt, zwischen Mensch und Gesellschaft.

Leitmotivisch durchzieht die Quarte des Drei-Karten-Motivs die Oper. Erstmals erklingt sie in der Ouvertüre, doch erst Tomskijs Ballade, die von der Vergangenheit der Gräfin berichtet, ordnet sie den Karten zu, die Glück im Spiel, aber Lisa, Hermann und der Gräfin den Tod bringen. Das 2. Bild des 2. Akts und das 1. Bild des 3. Akts sind die Schlüsselszenen der Oper. Meisterhaft zeichnet Tschaikowskij die gespenstisch nachtschwarze Stimmung der Begegnung des besessenen Hermann mit der dämonischen Gräfin. Kirchsänger, die nur in Hermanns Phantasie existieren, evozieren mit ihrem psalmodierenden Klagegesang die Beerdigung der Gräfin. Bei der Charakterisierung der zum Teil genreartig geratenen couleur locale bemühte sich Tschaikowskij um größtmögliche Authentizität. Typisch russisches Kolorit gelang ihm in der es-moll-Romanze von Lisas Freundin Polina im 2. Bild und in der Liedeinlage des letzten Bildes. Im Finale des 3. Bildes verwendet er eine Polonaise vom Ende des 18. Jahrhunderts. Als Balletteinlage für die Ballszene schrieb Tschaikowskij ein Schäferspiel im Stile Mozarts. Die Handlung ist in flüssigem Konversationsstil präsentiert, der Komponist erzielt effektvolle Kontrastwirkungen aus dem Wechsel von tableauartigen Chorszenen, zarte seelische Schwingungen ausleuchtenden Lyrismen und leidenschaftlichen Gefühlsausbrüchen.

Geschichte

Der Intendant des Kaiserlichen Theaters St. Petersburg hatte Tschaikowskij Puschkins 1834 erschienene Erzählung als Opernlibretto vorgeschlagen. Das Werk Puschkins stellt wie die späten Erzählungen E. T. A. Hoffmanns Wende- und Endpunkt der romantischen Literatur dar. Deutlich verrät diese erste psychologische Erzählung der russischen Literatur Hoffmanns Einfluß. Tschaikowskijs Bruder Modest hatte das Libretto ursprünglich für Nikolaj Semjonowitsch Klenowskij geschrieben: Mit einer

Ausnahme übernahm er den Aufbau der Novelle. Er ergänzte die Handlung auf Wunsch des Komponisten durch die Szene am Newa-Kai, für die Pjotr Iljitsch sogar teilweise den Text selbst verfaßte. Die einschneidensten Veränderungen betreffen den Schluß der Oper: Bei Puschkin endet Hermann im Irrenhaus, während Lisa eine Vernunftehe schließt. Die Figur Jeletzkijs und die Dämonisierung der alten Gräfin sind ebenfalls Modest Tschaikowskijs Erfindungen. Zunächst hatte sich Tschaikowskij nicht allzusehr für das Libretto begeistern können. Kaum hatte er jedoch 1890 in Florenz mit der Arbeit begonnen, vollendete er die Oper in einem wahren Schaffensrausch in weniger als sechs Wochen. *Pique Dame* wurde Tschaikowskijs auch finanziell erfolgreichste Oper. Schon kurz nach der triumphalen Uraufführung am 19. (31.) Dezember 1890 in St. Petersburg kam das Werk in Kiew, Moskau und Odessa heraus. Gustav Mahler dirigierte nach Aufführungen in Darmstadt (1900), Wien (1902), Mailand (1906) und Berlin (1907) 1910 die amerikanische Erstaufführung. Heute steht das Werk, was die Popularität angeht, hinter *Eugen Onegin* nur an zweiter Stelle.

Ulrike Hessler

Diskographische Empfehlung

1966 – Moskau: Boris Khaikin, Chor und Orchester des Bolschoj-Theaters. Tamara Milaschkina (Lisa), Valentina Levko (Gräfin), Zurab Andschaparidse (Hermann), Michail Kiselew (Tomskij), Juri Masurok (Jeletzkij), Irina Archipowa (Polina). Melodia-eurodisc, AR XI 85863 R

ANTONÍN LEOPOLD DVOŘÁK

geb. 8. September 1841 in Nelahoževež bei Krakup/Böhmen
gest. 1. Mai 1904 in Prag

Dvořák errang mit dem von Bedřich Smetana geformten tschechischen Nationalstil in der Musik Weltgeltung und bildet, gemeinsam mit dem jüngeren Zdenek Fibich (1850–1900), das entwicklungsgeschichtliche Bindeglied zwischen Smetana und Leoš Janáček. Mit elf Werken, die im Laufe von 33 Schaffensjahren entstanden, nehmen musikdramatische Kompositionen im Œuvre Dvořáks bedeutenden Raum ein. Als innere Motivation seiner Neigung zu dieser Gattung nannte der heute mehr als Symphoniker und Kammermusikschöpfer bekannte Komponist einmal die hervorragende Eignung der Oper „für das Volk". Dvořáks Weg zu einem Personalstil war lang und mühevoll. Die ersten beiden Versuche, *Alfred der Große* (heroische Oper in 3 Akten nach Theodor Körners Drama, 1870) und *Der König und der Köhler* (komische Oper, 1871), stehen noch ganz im Banne Wagners, aus dem sich Dvořák aber schon 1874 löst, indem er das letztere Werk völlig neu vertonte.

Die Abkehr von Wagner und ein in der böhmischen Heimat angesiedeltes Libretto sollten für die Zukunft Wegweiser zum Erfolg sein. Dies erwies sich positiv an dem komischen Einakter *Die Dickschädel* (1874) und einer ins böhmische Dorfmilieu transponierten Variante von Mozarts *Figaro*, *Der Bauer, ein Schelm* (2 Akte, 1877); mit letzterem Werk gelang Dvořák nicht nur der erste nachhaltige Erfolg auf heimischen Bühnen, sondern durch die Dresdner Aufführungen von 1882 auch im Ausland Resonanz als Opernkomponist zu finden. Demgegenüber waren die beiden ernsten Opern jener Jahre krasse Mißerfolge: *Wanda* (tragische Oper, 5 Akte, 1875), ein Stoff aus der polnischen Geschichte, und *Dimitri* (große Oper, 4 Akte, 1882), nach dem gleichnamigen Dramenfragment Schillers. Die seinem Gesichtskreis fern stehenden Vorlagen hemmten eher den Ideenfluß, als die musikalische Inspiration zu fördern; auch eine spätere Umarbeitung des *Dimitri* (1894) vermochte dem Werk keinen Platz im Repertoire zu sichern.

Den Wendepunkt in Dvořáks musikdramatischem Schaffen markiert *Der Jakobiner* (3 Akte, 1888), stofflich eine Synthese aus Historie und Lokalkolorit; Schilderung typischer Atmosphäre, Genreszenen und treffsichere Zeichnung charakteristischer Menschentypen verbinden sich in dieser Oper aufs glücklichste mit Reflexionen aus Dvořáks eigener Kindheit und Jugend. Mit dieser Rückbesinnung auf die Jugendjahre verstärkt sich Dvořáks Interesse für die Märchenstoffe seiner Heimat, deren Niederschlag sich in seinem musikdramatischen Schaffen erstmals in Gestalt einer komischen Oper, *Die Teufelskäthe* (1899), manifestierte; bewußt volkstümliche Melodik, Tanzrhythmen und relativ unkomplizierte Harmonik charakterisieren das Werk. Die bedeutendste Leistung des Musikdramatikers Dvořáks aber ist das folgende Bühnenwerk, das dreiaktige lyrische Märchen *Rusalka* (1900). Die letzte Oper des Komponisten, die vieraktige *Armida* (1903), bereits überschattet von Krankheit und nachlassender Inspiration des alternden Dvořák, war nur mehr ein Achtungserfolg; fünf Wochen nach der Premiere des Werkes, dessen Libretto zu den am häufigsten vertonten Sujets der Musikgeschichte gehört, starb Antonín Dvořák.

Hartmut Becker

Rusalka
Lyrisches Märchen in drei Akten

<u>Text</u>: Jaroslav Kvapil
<u>Uraufführung</u>: 31. März 1901, Tschechisches Nationaltheater, Prag
<u>Personen</u>: Der Prinz (Ten); Die fremde Fürstin (Sop); Rusalka (Sop); Der Wassermann (Baß); Jezibaba, die Hexe (Alt); Der Heger (Ten); Der Küchenjunge (Sop); Erste Elfe (Sop); Zweite Elfe (Mez); Dritte Elfe (Alt); Ein Jäger (Bar)
<u>Chor</u>: Gefolge des Prinzen; Hochzeitsgesellschaft; Elfen und Nixen
<u>Ballett</u>: Elfen; Hochzeitsgesellschaft
<u>Orchester</u>: 3 Fl (auch Picc), 3 Ob (auch E. H.), 3 Kl (auch Bkl, 2 Fg, 4 Hrn, 3 Trp, 3 Pos, Tba, Pkn, Schlgzg, Hrf, Streicher
<u>Form</u>: Durchkomponiert
<u>Aufführungsdauer</u>: Ca. 2¼ Stunden
<u>Verlag</u>: Dilia, Prag (Alkor-Edition, Kassel)

Handlung

1. AKT: See im tiefen Wald. Im Schein des Mondes tanzen die Elfen und necken den alten Wassermann. Auf einer Weide am Seeufer aber sitzt traurig eine Rusalka (tschechisch: eine Nixe). Sie gesteht dem Wassermann, Menschengestalt und eine Menschenseele gewinnen zu wollen, denn nur so könne sie die Liebe eines schönen jungen Mannes erringen, der im See zu baden pflege. Der Wassermann erschrickt und warnt Rusalka vor der Unbeständigkeit der Menschenseele. Doch die von Sehnsucht verzehrte Rusalka glaubt, ihre Liebe werde alle Hindernisse überwinden. Der Wassermann resigniert; nur Jezibaba, die Hexe, könne ihr Verlangen erfüllen. Spöttisch nennt diese Rusalka die Bedingungen für ihr Ansinnen: Menschengestalt und Menschenseele müsse sie mit dem Verlust ihrer Stimme bezahlen; finde sie das erhoffte Glück nicht, sei ihr der Geliebte untreu, so müsse sie ihn töten und ins Geisterreich zurückkehren, oder sie sei auf immer verdammt. Rusalka glaubt indessen fest an die Kraft ihrer Liebe und ist zu allem bereit. Nachdem die Hexe mit bösem Zauber die Verwandlung vollzogen hat, lockt Rusalka den im Walde jagenden Prinzen mit Hilfe eines weißen Rehs an den Waldsee. Ahnungsvoll erklingt hinter der Szene das warnende Lied eines Jägers. Der Prinz fühlt sich seltsam an den See gezogen, wo ihm Rusalka in Gestalt eines wunderschönen Mädchens gegenübersteht. Tief beeindruckt von ihrer stillen, reinen Erscheinung nimmt er sie mit sich fort. Aus der Tiefe des Sees dringen die Klagen der Nixen-Schwestern der Rusalka und des Wassermanns, der kommendes Unheil ahnt.

2. AKT: Teich im Schloßpark des Prinzen. Das Gesinde des Prinzen klatscht eifrig über die seltsame bleiche Braut seines Herrn, deren Herkunft niemand kenne und die noch kein Wort gesprochen habe; trotzdem wolle der Prinz sie zur Frau nehmen. Unruhig über das ihm unerklärliche Verhalten, versucht der Prinz nach den Gründen für das Schweigen Rusalkas zu forschen. Da tritt eine fremde Fürstin, die als Hochzeitsgast auf dem Schloß weilt, zwischen die beiden. Die schöne, stolze Frau hat für das seltsame bleiche Mädchen nur spöttische Bemerkungen übrig. Statt seine Braut in Schutz zu nehmen, gerät der Prinz immer mehr in den Bann der Fürstin, interessiert sich während der Hochzeitszeremonie nur für sie. Währenddessen ist – für die Menschen unsichtbar – der Wassermann im Teich aufgetaucht und muß nun die von ihm erahnte Katastrophe mitansehen. Die verzweifelte Rusalka spürt, daß es ihr nicht gelingt, den Geliebten zu halten, gewinnt aus Schrecken über den Anblick des Wassermanns die Sprache wieder zurück und fleht diesen um Hilfe an. Beide werden Zeuge einer

Liebeserklärung des Prinzen an die Fürstin; seine Verbindung mit Rusalka nennt er ein Abenteuer zum Zeitvertreib. Als Rusalka in seine Arme stürzen will, stößt er sie entsetzt von sich. Da verflucht ihn der Wassermann und zieht Rusalka mit sich in die väterlichen Fluten. In Todesangst fleht der Prinz die Fürstin um Hilfe an, doch sie weist ihn mit höhnischen Worten ab.

3. AKT: See im tiefen Wald. Gebrochen sitzt Rusalka wieder auf der Weide, verbannt aus dem Kreis ihrer Schwestern, nicht Mensch, nicht Geist. Die Hexe weiß Rat: Wenn sie den untreuen Geliebten eigenhändig ersteche, sei ihr der Weg zurück ins Reich der Elementargeister wieder offen. Entsetzt weist Rusalka dies von sich; sie liebt den Prinzen noch immer und will lieber ewiges Leid auf sich nehmen, als ihm ein Leid zuzufügen. Ein Heger und ein Küchenjunge aus dem Gefolge des Prinzen nähern sich ängstlich der Hexen-Hütte; sie wollen ein Heilmittel für ihren kranken Herrn erlangen, von dem sie behaupten, ein teuflisches Waldweib, das er habe heiraten wollen, habe ihn verlassen und verzaubert. Empört taucht der Wassermann auf und verflucht das „lügnerische Menschenpack", worauf Heger und Küchenjunge unter dem Hohngelächter der Hexe eilig davonlaufen. Als sich die Elfen im Mondenschein wieder zum Reigen versammeln, erzählt ihnen der Wassermann zutiefst betrübt von dem schlimmen Schicksal Rusalkas. Der Prinz ist von Sinnen, irrt im Wald umher und sucht nach seinem weißen Reh. Plötzlich erkennt er den Waldsee wieder und erinnert sich. Rusalka erscheint ihm als Irrlicht über dem See. Mit einem Schlage ist des Prinzen Geist wieder klar, er bereut seine große Schuld und bittet die Geliebte um Vergebung. Voll Wehmut hält sie ihm entgegen, daß ihr Kuß ihm nun den Tod bringen würde. Doch irdisches Leben hat für den Prinzen keinen Wert mehr; er fleht um die Sühne und das Glück dieser letzten Umarmung, die sie ihm gewährt. Nachdem er in ihren Armen sein Leben ausgehaucht hat, läßt sich nochmals die dumpfe Stimme des Wassermanns vernehmen, der diesen Tod sinnlos nennt, da er den Fluch nicht von Rusalka nehmen könne. Sie aber empfiehlt im Gebet die Seele des Geliebten der göttlichen Gnade.

Kommentar

Rusalka ist Dvořáks einzige ernste Oper, der ein nachhaltiger Erfolg beschieden ist. Die Gründe dafür sind einerseits ganz sicher in der starken Affinität von Dvořáks Naturell zu einem so von Natur durchtränkten Märchenstoff zu sehen; während der Entstehung der Oper verbrachte der Komponist die meiste Zeit in seinem Landhaus in Vysoka, der unmittelbare

Kontakt mit der umgebenden Natur hat sozusagen direkt teilgehabt am Entstehungsprozeß der Partitur. Andererseits darf dieses Einbeziehen der Natur wie auch die Bezeichnung „lyrisches Märchen" nicht zu einer Verharmlosung verleiten; das Libretto des jungen Jaroslav Kvapil trägt eindeutig Züge der damals gerade neuen Stilrichtung des Symbolismus. Die äußeren Vorgänge der Handlung sind nur Ergebnis innerer Prozesse, deren Schilderung das Hauptanliegen des Ausdrucks ist. Man hat das Werk als „symbolisches Musikdrama" apostrophiert; das ist insoweit richtig, als sich Dvořák bei der Umsetzung des Librettos in musikalische Verläufe all jener Errungenschaften bedient, die das Musikdrama Wagners ausmachen. Doch er handhabe diese unorthodox und frei; immer wieder kommt es in den durchkomponierten Akten zu geschlossenen, liedhaften Verläufen, eine Art „Volkslied" des Wassermanns – mit entsprechend „programmatischem" Gehalt – bildet das Zentrum des 2. Aktes und damit sogar des ganzen Werkes. Keines solcher „Lieder" aber ist, ohne Schaden für das Ganze, aus seinem jeweiligen Zusammenhang einfach herauslösbar. Der Aufbau der Oper ist – im Großen wie im Kleinen – von seltener Strenge der formalen Korrespondenzen und Symmetrien. Dvořák hat hier seine angeborene Neigung, kompositorisch in liedhaften Perioden zu denken, bruchlos mit der symphonischen Fügung eines durchkomponierten Verlaufs zu verschmelzen verstanden. Natürlich trägt die Leitmotiv-Thematik ihren Teil zu diesem Eindruck bei, doch handhabt Dvořák sie anders als Wagner: Zwar sind Rusalka und dem Wassermann auch direkte „Personal-Motive" zugeordnet, doch umgibt alle Naturwesen ein ganzer Kranz charakteristischer Motive, wie ihnen auch bestimmte Formen zugeordnet sind. Dvořáks besondere Sympathie gehört diesen Wesen, zu deren Wirkungskreis übrigens auch der Jäger und – sobald er den Wald betritt – der Prinz gehören. Die außerhalb des Naturzaubers stehenden Gestalten, wie der Heger, der Küchenjunge und vor allem die fremde Fürstin, sind deutlich kühler, konventionell-opernhaft behandelt. Die Stärke der Orchesterbesetzung entspricht der von Wagners *Lohengrin*, ist für die Entstehungszeit des Werkes also eher maßvoll, bietet aber allen Farbenreichtum, den der Komponist genial handhabt. Weise Ökonomie des Reifestils waltet in der Orchestrierung, die auch in der unmittelbaren zeitlichen Nähe von Debussys *Pelléas et Mélisande* nicht konservativ wirkt.

Geschichte

Jaroslav Kvapil selbst hat die Märchen des dänischen Dichters Hans Christian Andersen (1805–1875) als eine der literarischen Anregungen zu seinem Libretto angegeben; die ersten Entwürfe sind auf der dänischen Insel Bornholm entstanden. Neben Andersen nennt Kvapil die Märchen und Balladen von Karel Jaromir Erben und von Bozena Nemcova, also heimische Literatur. Das ist gewiß wichtig, doch müssen als Vorlagen auch die ältere literarische Fassung der *Undine*-Sage durch Friedrich de la Motte Fouqué (1777–1843) sowie Gerhart Hauptmanns „deutsches Märchendrama" *Die versunkene Glocke* (1896) genannt werden. Keiner der drei Akte Kvapils hat ein Handlungsgerüst, das man eindeutig auf nur eine Quelle zurückführen kann. Am weitesten von seinen Vorlagen entfernt sich Kvapil im 2. Akt, in dem auch eine charakteristische Synthese der Wassermann-Figur zu beobachten ist: Kvapil läßt diesen gegenüber seinesgleichen sehr väterlich, beinahe menschlich reagieren; den Menschen gegenüber jedoch bleibt er der unheimliche Elementargeist, der Schrecken verbreitet. Librettist und Komponist haben ihn also nicht „vermenschlicht", mit einer aufgeklärten, verzeihenden Seele ausgestattet, wie Albert Lortzing seinen Kühleborn; er behält in der *Rusalka* die dämonischen Züge von E. T. A. Hoffmanns Kühleborn in dessen *Undine* (1816). Die Figur der Rusalka aber gewinnt bei Kvapil – und besonders in ihrer musikalischen Ausgestaltung durch Dvořák – Züge von solcher Reinheit und Seelengröße, die alle Begrenztheit auf das Reich der Elementargeister entschieden sprengen.

Am Tschechischen Nationaltheater in Prag besteht seit der Uraufführung des Werkes eine ununterbrochene Aufführungstradition. In den folgenden 80 Jahren erklang das Werk, das den Rang einer Nationaloper einnimmt, mehr als 1400mal. Auf allen großen Bühnen des In- und Auslandes hat es sich längst als bedeutendste Oper des Komponisten durchgesetzt. Nach Smetanas *Verkaufter Braut* ist Dvořáks *Rusalka* die bekannteste tschechische Oper. Die Tatsache, daß sich immer wieder bedeutende Regisseure des Werkes annehmen, spricht für die Vielschichtigkeit von Stoff und Musik.

Hartmut Becker

Diskographische Empfehlung

1962 – Prag: Zdenek Chalabala, Chor und Orchester des Prager Nationaltheaters. Ivo Žídek (Prinz), Alena Miková (Fürstin), Milada Šubrtová (Rusalka), Eduard Haken (Wassermann), Marie Ovčačiková (Hexe). Supraphon, SUA ST 50 440/3

ARRIGO BOITO

geb. 24. Februar 1842 in Padua
gest. 10. Juni 1918 in Mailand

Im Alter von elf Jahren kam Boito an das Mailänder Konservatorium, wo er Komposition und Ästhetik studierte. Nachdem er anfangs nur mittelmäßige Ergebnisse vorgelegt hatte, konnte er seine Studien schließlich mit derart großem Erfolg abschließen, daß er und sein Freund Franco Faccio, der später einer der renommiertesten Dirigenten Italiens werden sollte, eine Prämie von 2000 Lire erhielten, die beiden einen Aufenthalt in Paris ermöglichte. Dort lernte Boito Verdi kennen und schrieb für ihn den Text für die *Hymne der Nationen*. 1862 schloß er sich in Mailand der „Scapigliatura" an, einer radikal-avantgardistischen Bewegung, die in Nachahmung der Pariser Boheme den bürgerlichen Lebensstil ebenso ablehnte wie den vorherrschenden literarischen Geschmack. Boito schrieb eine Reihe von Theaterstücken wie *Le madri galanti*, die Publikum wie Kritiker gleichermaßen vor den Kopf stießen, sowie Novellen und Gedichte, die den Einfluß von Baudelaire und der deutschen Romantik verraten. In seinen kunsttheoretischen Schriften ging er mit der traditionellen italienischen Oper hart ins Gericht, was Verdi als Angriff auf seine Kunst betrachtete, und forderte eine Reform des melodramma wie der reinen Instrumentalmusik. Seine Rezensionen, etwa im „Giornale della società del quartetto" oder in „La Perseveranza" fanden eine große Resonanz, nicht nur wegen ihres polemischen Stils, sondern vor allem aufgrund ihrer fachlichen Fundierung, was damals eine absolute Ausnahmeerscheinung darstellte.

Nach der erfolgreichen Uraufführung der zweiten Version des *Mefistofele* (1875) begann Boito mit der Komposition seiner zweiten Oper, *Nerone*, doch er mußte die Arbeit immer wieder unterbrechen, *Nerone* blieb ein Torso; nach dem Tode Boitos wurde die Partitur von Toscanini, Smareglia und Tommasini vollendet, 1924 erfolgte die Uraufführung an der Scala. Ein weiteres Opernprojekt, *Ero und Leandro*, kam über die Anfänge nicht hinaus und wurde 1897 Luigi Mancinelli überlassen. Nach dem Fiasko von 1865 betätigte sich Boito unter dem Pseudonym Tobia Gorrio, einem Ana-

gramm seines Namens, vorwiegend als Librettist – erwähnt seien die Textbücher zu *La Falce* von Catalani (1875) und *La Gioconda* von Ponchielli
(1876) – und als Übersetzer fremdsprachiger Operndichtungen wie Wagners *Rienzi* und *Tristan* sowie Glucks *Armida*. Internationalen Ruhm jedoch
erwarb sich Boito durch seine Zusammenarbeit mit Verdi, die erst möglich
wurde, nachdem der Maestro seine Vorbehalte gegenüber dem einstigen
Bilderstürmer aufgegeben hatte. Die Kooperation begann mit der Überarbeitung von *Simon Boccanegra* (1881) und erreichte ihren Höhepunkt mit
Otello (1887) und *Falstaff* (1893).   *Norbert Christen*

Mefistofele

Oper in einem Prolog, vier Akten und einem Epilog

Text: Arrigo Boito, nach Goethes *Faust* (Teil 1 und 2)
Uraufführung: 1. FASSUNG: 5. März 1868, Teatro alla Scala, Mai-
land
2. FASSUNG: 4. Oktober 1875, Teatro Comunale, Bologna
Personen: Mefistofele (Baß); Faust (Ten); Margherita (Sop); Marta
(Alt); Wagner (Ten); Elena (Sop); Pantalis (Alt); Neréo (Ten)
Chor: Himmlische Heerscharen; Chorus mysticus; Engel; Büßer;
Spaziergänger; Armbrustschützen; Jäger; Studenten; Bauern;
Frauen; Bürger; Hexen; Zauberer; Sirenen; Koryphäen; Griechen;
Krieger
Orchester: Picc, 2 Fl (2. auch Picc), 2 Ob (2. auch E. H), 2 Kl
(2. auch Bkl), 2 Fg, 4 Hrn, 2 Trp, 3 Pos, Btba, Pkn, Schlgzg (GrTr,
Bck, TamTam, Trgl), Orgel, Donnermaschine, Akkordeon, 2 Hrf,
Streicher
Auf der Bühne: 2 Hrn, 2 Trp, 3 Pos, Schlgzg (3 KlTr, Bck, TamTam,
5 Gl, Glsp), Donnermaschine
Form: Durchkomponiert
Aufführungsdauer: 2½ Stunden
Verlag: G. Ricordi & C. S.p.A., Mailand

Handlung

PROLOG IM HIMMEL: Ein himmlischer Chor singt ein Loblied zur Ehre des Herrn. Mefistofele tritt auf und beginnt einen Disput mit Gott. Er läßt durchblicken, daß ihn der göttliche Herr mitsamt seiner weltlichen Schöpfung langweile.

Als er gefragt wird, ob er den Faust kenne, bejaht er und geht mit dem Schöpfer eine Wette ein, daß es ihm gelingen werde, den Gelehrten von seinem Streben nach Erkenntnis abzubringen. Auch Faust werde den Verlockungen des Lasters nicht widerstehen können, und das bedeutet für Mefistofele den Sieg über den Herrn.

1. AKT: Frankfurt am Main, Ostersonntag morgen. Das Volk hat sich versammelt, um der Ausfahrt des Kurfürsten beizuwohnen. Auch Faust und sein Schüler Wagner ergehen sich vor dem Stadttor und beobachten mit Vergnügen die Tänze der einfachen Leute. Allmählich sinkt die Dämmerung herab. Im Zwielicht begegnet Faust einem merkwürdigen, düster wirkenden Mönch, der ihn zu verfolgen scheint; Faust fühlt sich von der Gestalt seltsam berührt.

In seiner Studierstube stellt Faust Betrachtungen über die Natur an und greift zur Bibel. Plötzlich erscheint der Mönch: Es ist Mefistofele. Er stellt sich vor als der Geist, der stets verneint, als Teil der Kraft, die ewig Böses will und Gutes schafft. Mefistofele bietet Faust an, ihm auf Erden zu dienen, doch nach seinem Tode soll das Dienstverhältnis umgekehrt sein. Faust willigt in den Pakt ein, um einmal in seinem Leben einen Moment der vollkommenen Lust zu erleben. Der Vertrag wird unterzeichnet und besiegelt. Mefistofele breitet seinen Zaubermantel aus, und beide, Herr und Diener, schweben durch die Luft.

2. AKT: Faust hat von Mefistofele seine Jugend zurückerhalten. Als junger Edelmann macht er nun einem schönen, unschuldigen Mädchen namens Margherita den Hof, während Mefistofele sich mit deren Nachbarin Marta beschäftigt. Als Margherita Faust nach seinem Glauben befragt, erwidert er, daß er auf der Suche nach weit tieferer Wahrheit, nämlich nach dem Geheimnis der Liebe, sei. Er überredet das Mädchen, seiner alten Mutter einen Schlaftrunk zu geben, um nachts zu ihr in die Kammer kommen zu können.

Auf dem Brocken im Harz findet die Walpurgisnacht statt. Faust hat Mefistofele zum Hexensabbat mitgenommen. Inmitten des entfesselten Tanzes hat Faust plötzlich eine Vision: Er sieht am Himmel die Gestalt Margheritas in Ketten mit blutigen Streifen um den Hals. Kaum hat er die Vision

begriffen, da zerrt ihn Mefistofele erbarmungslos zurück in den freneti-
schen Taumel des Hexensabbats.

3. AKT: Im Kerker erwartet Margherita ihr Urteil: Sie hat ihre
Mutter vergiftet und ihr Kind ertränkt, das ihrer Liebe zu Faust entsprungen war. Der Schmerz, von ihrem Geliebten so schnell verlassen worden
zu sein, hat sie in den Wahnsinn getrieben. Da dringen Faust und Mefistofele ins Gefängnis ein. Faust fordert Margherita auf zu fliehen, um noch
einmal das verlorene Glück wiederzufinden. Margherita ist verzückt, den
Geliebten wiederzusehen, doch als sie Mefistofele erblickt, weist sie Faust
voll Grauen zurück. Sie wendet sich von allem Irdischen ab und bittet Gott
um Vergebung ihrer Sünden. Die himmlischen Heerscharen erklären sie
für gerettet.

4. AKT UND EPILOG: Mefistofele hat Faust nach Griechenland geführt, wo Faust der schönen Helena ansichtig wird. Griechische Schönheit
und germanischer Wissensdrang begegnen einander. Helena besingt den
Kampf um Troja, und Faust ist voll Bewunderung für sie; er kann sie ins
heitere Arkadien entführen.

Als alter, lebensmüder Gelehrter ist Faust wieder in seine Studierstube
zurückgekehrt. Enttäuscht und angeekelt erinnert er sich der mit Mefistofele erlebten Abenteuer. Alles, was er wollte, hat er nun von Mefistofele
erhalten, doch das, was er wirklich suchte, den Augenblick vollkommenen
Glücks hat er nicht gefunden. Da begreift er, daß nur die höchste Liebe, die
Liebe zu Gott, ihm hätte dieses Glück vermitteln können. Das Evangelium
zwischen sich und Mefistofele haltend, betet er zum Schöpfer. Er wird
erhört und kann nun in Frieden sterben, während der besiegte Mefistofele
in den Erdboden versinkt.

Kommentar

Im Gegensatz zu Gounods *Faust* ist in Boitos Werk die Liebesgeschichte von peripherer Bedeutung: Auskomponiert wurde nur die erste
Begegnung zwischen Faust und Margarethe, kontrapunktiert durch das
ironisch-frivole Tändeln zwischen Mephistopheles und Marthe, sowie Margarethes Tod (3. Akt), der sich eng an die Kerkerszene aus *Faust I* anlehnt;
was sich inzwischen zugetragen hat, wird nur kurz von Margarethe erwähnt.
Was Boito offensichtlich faszinierte und was sich im Titel dieser Oper
widerspiegelt, war in erster Linie die Gestalt des Mephistopheles; das Ringen des „Geistes, der stets verneint" um die Seele Faustens wird zum
eigentlichen Thema dieser Oper. Kontrahenten in diesem Kampf sind also

weniger Mephistopheles und Faust als vielmehr Mephistopheles und Gott, der bei Boito nicht in Erscheinung tritt, sondern durch den Chorus mysticus bzw. die himmlischen Heerscharen repräsentiert wird.

Wie die Tragödie beginnt auch die Oper mit dem Prolog im Himmel – Mefistofele schließt mit dem Herrn eine Wette ab – und endet mit dem Tod Faustens; Mefistofele muß nun eingestehen, daß er sein Ziel nicht erreicht, daß er seine Wette mit Gott verloren hat. Als symptomatisch für Boitos dramaturgische Konzeption erscheint die Tatsache, daß nicht Faust oder gar Margherita mit einem charakteristischen, ständig wiederkehrenden musikalischen Symbol bedacht werden, sondern Mefistofele und sein Widerpart, vertreten durch die himmlischen Heerscharen: Während Mefistofele durch ein Changieren zwischen Dur und Moll, durch leere Quinten und den fahlen Klang der Fagotte charakterisiert wird, läßt Boito die Engelschar in seraphischem Wohlklang baden – ein größerer musikalischer Kontrast erscheint kaum denkbar. Zum anderen erfährt gerade die Szene der Walpurgisnacht eine bislang ungeahnte Ausdehnung: Sie nimmt fast ein Viertel der gesamten Partitur ein. Überaus phantasievoll und farbenreich ist das Bild, das Boito vom Reich Mefistofeles mit seinem Höllenspuk und seinen Hexentänzen entwirft: Musikalische Topoi, wie etwa der Tritonus, als Symbol des „diabolus in musica" werden ebenso verwendet wie ungewöhnliche Klänge und kühne harmonische Rückungen. Die „fuga infernale" – kompositorisch allerdings eher ein dürftiges fugato – verweist auf ein berühmtes Vorbild, das Boito mit Sicherheit gekannt und das ihn fraglos inspiriert hat: auf den Hexensabbat in Berlioz' *Symphonie fantastique*. Gleichwohl darf man Boito Originalität attestieren, wenn es gilt, ein Pandämonium in Töne zu setzen – dieses ist ihm ungleich besser gelungen als die musikalische Gestaltung der „klassischen Walpurgisnacht" (4. Akt), die weniger klassisch als vielmehr akademisch-farblos geraten ist. Hat sich Boito auch bemüht, aus den Klischeevorstellungen des 19. Jahrhunderts auszubrechen und dem Werk Goethes mehr Gerechtigkeit als andere widerfahren zu lassen, so bleibt doch das Resultat in ästhetischer Hinsicht gleichwohl problematisch. Einerseits geht die Anlehnung an das Vorbild so weit, daß der Goethetext über große Passagen in wörtlichen Übertragungen übernommen wird, was offenbar in dem Glauben geschah, möglichst viel vom Geist des Dichters zu konservieren. Doch schon wenige Beispiele zeigen, wie zwiespältig solche Versuche sind: Goethes „Verweile doch, du bist so schön" und Boitos „Arrestati, sei bello!" entsprechen zwar einander in semantischer Hinsicht, haben jedoch eine völlig unterschiedliche Aura.

Andererseits hat das eigentliche Thema der Tragödie, nämlich Faustens
Streben nach Erkenntnis – „Was die Welt im Innersten zusammenhält" – in
der Oper, jedenfalls in der definitiven Version, keinerlei Berücksichtigung
erfahren; und es war gewiß kein Zufall, daß Boito aus der ersten Fassung
gerade jene Partien strich, die den Gelehrten Faust näher charakterisieren.
Mag auch die Gretchen-Tragödie, partiell zumindest, für die Opernbühne
geeignet sein, mögen auch verschiedene Partien aus *Faust II* geradezu nach
Musik verlangen, als Ganzes ist Goethes Tragödie letztlich unkomponier-
bar. Ferruccio Busoni war es, der aus dieser Einsicht die Konsequenz zog,
indem er bei seinem *Doktor Faustus* auf das mittelalterliche Puppenspiel
zurückgriff. Boitos Bestreben, die ausgetretenen Pfade des melodramma zu
meiden, hat auch in der musikalischen Gestaltung seinen Niederschlag
gefunden. *Mefistofele* ist alles andere als eine Belcanto-Oper: Die große
expressive Kantilene, die nach traditionellem Verständnis den momentanen
Seelenzustand des Helden einfängt, wird man bei Boito kaum antreffen –
Margheritas „L'altra notte" stellt eher die Ausnahme als die Regel dar –,
eindeutig überwiegt die Deklamation, tendiert der Vokalpart zur scharfen,
prägnanten Charakterisierung. Bei der Konzeption des Orchesterparts setzt
Boito auf den Einfall, auf Originalität – das „Ave Signor" aus dem Prolog
etwa zählt zu diesen Beispielen –, doch Verarbeitung und Entwicklung sind
nicht unbedingt seine Stärke. Nicht selten trifft man auf Passagen, in denen
Wiederholung zur Monotonie wird, kompositorische Ökonomie in Dürftig-
keit umschlägt. Neben grandiosen Partien stehen Stellen, besonders im
zweiten Teil, in denen es um die musikalische Substanz eher mager bestellt
ist. Daß Harmonik und Instrumentation stilistische Einflüsse von Meyerbeer und Wagner zeigen, schmälert nicht den Rang des Werkes, eher jedoch
die Tatsache, daß diese Elemente häufig disparat dastehen und weniger zu
einem eigenen Stil verschmolzen sind. Dennoch steht außer Frage, daß die
Oper *Mefistofele* den Rang eines ausgefallenen, interessanten Werkes einnimmt. Sie läßt sich nicht nur als ein Dokument für die italienische Goethe-
Rezeption des 19. Jahrhunderts, sondern auch als Versuch begreifen, einen
neuen Weg zwischen Tragödie und melodramma zu finden.

Geschichte

Zu den literarischen Hausgöttern Arrigo Boitos zählte neben Dante
und Shakespeare vor allem Goethe. Während seines Pariser Aufenthaltes in
den Jahren 1861/62 beschäftigte er sich intensiv mit der zweiteiligen *Faust*-
Tragödie. Die Faszination, die das Werk in ihm hervorrief, ließ rasch den

Plan einer *Faust*-Oper entstehen. Die ersten Skizzen datieren bereits von 1862, doch erst fünf Jahre später nahm er die Arbeit wieder auf, um sie dann innerhalb eines Jahres abzuschließen. Die Premiere von Boitos Erstling wurde durch gezielten Einsatz propagandistischer Mittel vorbereitet. So erschien bereits einige Wochen vor der Uraufführung das von Boito verfaßte Libretto, versehen mit einem umfassenden Vorwort, das in Form eines fiktiven Gespräches zwischen dem Autor, einem Zuschauer und einem Kritiker gehalten ist. Die Uraufführung des *Mefistofele* endete in einem Fiasko; nach drei Aufführungen wurde die Oper abgesetzt. Von Depressionen heimgesucht, zog Boito das Werk zurück und verbrannte einen Teil der Partitur. Die Ursachen für den Fehlschlag lagen zum einen im Werk selbst begründet: Mit einer Aufführungsdauer von gut fünf Stunden sprengte die Oper den damals üblichen Rahmen; das Sujet erschien dem Mailänder Publikum zu fremdartig; die musikalische Sprache Boitos unterschied sich zu sehr vom damals vertrauten Idiom. Zum anderen hatten die Aufführungen unter der Unzulänglichkeit der Sänger und Boitos eigenem Dirigat gelitten. Nach einigen Jahren nahm Boito eine tiefgreifende Umarbeitung und Kürzung des Werkes vor. In seiner neuen Version von 1875 konnte sich das Werk im In- und Ausland durchsetzen: 1880 wurde *Mefistofele* erstmals in London, New York, Barcelona und Warschau gegeben, 1881 in Prag, Köln und Hamburg; 1882 in Wien und Budapest. Zu den herausragenden Interpreten der Titelrolle zählte vor allem Fjodor Schaljapin (1901, Mailänder Scala, zusammen mit Caruso unter der Leitung von Toscanini). Zu Beginn dieses Jahrhunderts verlor die Oper besonders außerhalb Italiens an Boden; erst seit den 70er Jahren ist wieder ein steigendes Interesse an Boitos Erstlingswerk festzustellen (konzertant in Wiesbaden, 1976, und Frankfurt, 1982; szenisch in Straßburg, 1985, und Hamburg, 1986). *Norbert Christen*

Diskographische Empfehlung

1957 – Rom: Tullio Serafin, Chor und Orchester der Accademia di Santa Cecilia. Cesare Siepi (Mefistofele), Mario del Monaco (Faust), Renata Tebaldi (Margherita), Floriana Cavalli (Elena), Lucia Danieli (Marta). Decca, GOS 591/3

1973 – London: Julius Rudel, Ambrosian Opera Chorus, London Symphony Orchestra. Norman Treigle (Mefistofele), Placido Domingo (Faust), Montserrat Caballé (Margherita), Joselle Ligi (Elena), Heather Begg (Marta). EMI 667-7 49522-2 (ADD)

JULES MASSENET

geb. 12. Mai 1842 in Montaud
gest. 13. August 1912 in Paris

Im Alter von elf Jahren begann Massenet seine musikalische Ausbildung am Pariser Conservatoire, wo er Komposition bei Ambroise Thomas studierte. Daneben sammelte er als außerplanmäßiger Schlagzeuger der Opéra Erfahrungen im Umgang mit dem großen Orchester, die ihm von Anfang an bei der Instrumentation zugute kommen sollten; 1863 gewann er den begehrten Rom-Preis. Während er mit *La grand-tante* (Opéra-Comique 1867) bereits einiges Interesse zu erregen vermochte, konnte die Uraufführung von *Don César de Bazan* (Opéra-Comique 1872) bereits als Erfolg gelten. Den künstlerischen Durchbruch erzielte er mit *Le roi de Lahore* (Opéra, 1877), einem Werk des Übergangs, das einerseits noch den Gattungsnormen der grand opéra verpflichtet ist, andererseits in Melodik, Harmonik und Instrumentation bereits eine individuelle Handschrift erkennen läßt. Nach *Hérodiade* (Brüssel 1881), die auf Flauberts Erzählung *Hérodias* basiert und in einigen Momenten den Einfluß des deutschen Musikdramas verrät, erzielte er mit *Manon* (Opéra-Comique 1884) seinen ersten Welterfolg; für die nächsten zwanzig Jahre galt Massenet als der führende Komponist Frankreichs. Zwischen *Manon* und *Werther* (Wien 1892), mit dem er an den Triumph von *Manon* anknüpfen konnte, entstand die Tanzoper *Le Cid* (Opéra 1885), die auf der gleichnamigen Tragödie von Pierre Corneille basiert, und die opéra romanesque *Esclarmonde* (Opéra-Comique 1889), die ihre Entstehung der Pariser Weltausstellung verdankte und aufgrund ihrer ausgeprägten Wagnerismen zum Teil heftige Kritik hervorrief. Mit dem drame lyrique *Thaïs* (Opéra 1894), für das Anatole France die Vorlage geliefert hatte, griff der Komponist auf eine Thematik zurück, wie sie für die Romantik typisch war: auf den Konflikt zwischen Sinnlichkeit und Askese; die zahlreichen symphonischen Partien, unter ihnen die bekannte „Meditation", übernehmen die Funktion des psychologischen Kommentars zur Handlung. Die épisode lyrique *La Navarraise* (London 1894) orientiert sich zwar äußerlich am Verismus der *Cavalleria rusticana*, doch erweisen sich die Unterschiede größer als die Gemeinsamkeiten: in *La Navarraise* ist die Dramaturgie weniger geradlinig, nimmt das Lokalkolorit einen beachtlichen Stellenwert ein, tendiert die expressive Deklamation zu offener Form. Nach der pièce lyrique *Sappho* (Opéra-Comique 1897), die auf den gleichnamigen Roman von Alphonse Daudet zurückgeht und teilweise frappierend an Verdis *Traviata* und Puccinis *Rondine* gemahnt, konnte Massenet mit seiner Märchenoper *Cendrillon* (Opéra-Comique 1899) glänzende Erfolge erzielen; abweichend von der Märchenvorlage Perraults gelangen hier Momente christlicher Ethik zu dramaturgischer Bedeutung. Außerhalb der etablierten Gattungen steht *Le jongleur de Notre Dame* (Monte Carlo 1902): Das miraculum in drei Akten verzichtet auf jegliche erotische Verstrickung, die ansonsten die dramatische Handlung in Gang setzt; was sich ereignet, ist das Wunder göttlicher Gnade. Abgesehen vom Chor weist die Partitur nur Männerstimmen auf – ein Pendant zu *Suor Angelica,* in der Puccini nur Frauenstimmen verwendete. Von den neun Opern, die Massenet bis zu seinem Tode noch schrieb, erreichte nur das drame musical *Thérèse* (Monte Carlo 1907) überdurchschnittliches Niveau: Geschildert wird das Schicksal einer Frau und zweier Männer zur Zeit der Französischen Revolution, wobei an die Stelle des konventionellen Dreieckskonfliktes ein subtiles Beziehungsgeflecht getreten ist, das in seinen unterschiedlichen Facetten durch eine Reihe prägnanter Themen beleuchtet wird. Lange Zeit war *Thérèse* nahezu in Vergessenheit geraten, bis man im Zuge der vor 15 Jahren einsetzenden Massenet-Renaissance die Qualitäten dieses Werkes wiederentdeckte.   *Norbert Christen*

Manon
Opéra comique in fünf Akten

<u>Text:</u> Henri Meilhac und Philippe Gille, nach dem Roman *L'histoire du Chevalier Des Grieux et de Manon Lescaut* von Abbé Prévost
<u>Uraufführung:</u> 19. Januar 1884, Opéra-Comique, Paris
<u>Personen:</u> Manon Lescaut (Sop); Chevalier Des Grieux (Ten); Graf Des Grieux, sein Vater (Baß); Lescaut, Sergeant, Manons Cousin (Bar); Guillot de Morfontaine, ein reicher Pächter (Ten); De Brétigny (Bar); Poussette (Sop); Javotte (Sop); Rosette (Mez); Wirt (Baß);

Zwei Wachen (Ten); Dienerin, Pförtner des Seminars, Sergeant, Bogenschütze (Sprechrollen)

<u>Chor:</u> Damen und Herren; Bürger von Amiens und Paris; Reisende; Träger; Postillone; Kaufleute; Kirchgängerinnen; Spieler; Schwindler

<u>Ort und Zeit:</u> Frankreich, 2. Hälfte des 18. Jahrhunderts

<u>Orchester:</u> 2 Fl (2. auch Picc), 2 Ob, 2 Kl, 2 Fg, 4 Hrn, 2 Trp, 3 Pos, Pkn, Schlgzg (GrTr, Bck, KlTr, Schellen, Trgl), Hrf, Streicher

<u>Auf der Bühne:</u> Kl, Fg, Org, Streicher

<u>Form:</u> Durchkomponiert

<u>Aufführungsdauer:</u> Ca. 2¾ Stunden

<u>Verlag:</u> Heugel et Cie, Paris

<u>Handlung</u>

1. AKT: Im Hof einer Wirtschaft zu Amiens. Die beiden Bonvivants de Brétigny und Guillot de Morfontaine widmen sich zusammen mit Poussette, Javotte und Rosette den Freuden der Tafel, während der Sergeant Lescaut die Ankunft seiner Cousine Manon erwartet, die er auf Geheiß der Familie in ein Kloster bringen soll. Als die Kutsche eintrifft, erweckt Manons Schönheit allgemeines Erstaunen; Guillot, der sogleich ein Auge auf sie wirft, plant, sie zu entführen. Auch der junge Chevalier Des Grieux ist von Manons Anblick fasziniert; er verliebt sich in sie und bietet ihr seine Hilfe an. Manon ist einverstanden, und sie beschließen, sofort nach Paris zu fliehen. Als sich herausstellt, daß die beiden für ihre Flucht jene Kutsche genommen haben, mit der Guillot Manon entführen wollte, wird der Schürzenjäger zum allgemeinen Gespött.

2. AKT: Zimmer von Des Grieux und Manon in der Rue Vivienne zu Paris. Manon und Des Grieux verbringen eine glückliche Zeit. Der Chevalier beabsichtigt, Manon zu heiraten, und bittet brieflich seinen Vater um die Zustimmung. Inzwischen hat Lescaut das Paar ausfindig gemacht; da er beabsichtigt, Manon mit dem reichen de Brétigny zu verkuppeln, läßt er sie wissen, daß man Des Grieux auf Verlangen seines Vaters zur Familie zurückbringen werde. Die Aussicht auf ein luxuriöses Leben verführt Manon zum Verrat an Des Grieux. Sie unterläßt es, den Geliebten zu warnen, so daß es Lescaut gelingt, Des Grieux zu entführen.

3. AKT. 1. Bild: Auf der Promenade Cours La Reine. Durch ein Gespräch zwischen de Brétigny und dem alten Grafen Des Grieux erfährt Manon, daß ihr ehemaliger Geliebter Priester werden will und noch am

selben Tage im Seminar von Saint-Sulpice seine erste Predigt halten werde. Ohne Guillot, der eigens für sie das Ballett der Oper hat kommen lassen, eines Blickes zu würdigen, beschließt Manon, Des Grieux im Seminar aufzusuchen.

2. Bild: In Saint-Sulpice. Mit seiner ersten Predigt hat der junge Abbé Des Grieux Aufsehen vor allem bei den Damen der Gesellschaft erregt; man prophezeit ihm eine glänzende geistliche Karriere. Manon verschafft sich Einlaß ins Priesterseminar. Des Grieux gibt sich zunächst abweisend, doch nicht lange dauert es, bis er den Verführungskünsten Manons erneut erliegt.

4. AKT: Im Transsylvanischen Hotel. Um Manons Bedürfnisse nach Luxus zu stillen, hat sich Des Grieux dem Glücksspiel verschrieben. Als Guillot ständig gegen ihn verliert, provoziert er einen Skandal, indem er Des Grieux des Falschspiels beschuldigt und die Polizei holen läßt. Kurz darauf erscheint auch der Graf Des Grieux; während er seinem Sohn die baldige Freilassung in Aussicht stellt, wird Manon zur Deportation in die Kolonien verurteilt.

5. AKT: Auf der Straße nach Le Havre. Des Grieux und Lescaut haben einige Männer gedungen, um mit ihrer Hilfe Manon zu befreien. Doch die Helfer sind vor den Soldaten geflohen, die den Transport der verurteilten Mädchen begleiten. Schließlich gelingt es Lescaut, die Wachen zu bestechen, doch es ist bereits zu spät: Vor Erschöpfung stirbt Manon in den Armen des Geliebten.

Kommentar

Mit *Manon* haben Meilhac und Gille ein außerordentlich wirkungsvolles und dramaturgisch schlüssiges Libretto vorgelegt; jeder Akt zielt auf den Eklat ab, der das Geschehen weitertreibt; die Kontinuität im Handlungsablauf wird stets gewahrt. Allerdings brachte die Vorlage durchaus günstige Voraussetzungen mit: Die Länge des Romans hält sich in Grenzen, Nebenhandlungen sind vermieden, die Anzahl der Hauptpersonen bleibt überschaubar. Manons ständiger Konflikt zwischen Gier nach Luxus und Sehnsucht nach Liebe, der sich wie ein Leitmotiv durch den ganzen Roman zieht, wird im Libretto gewissermaßen modellhaft durch einige wenige Episoden zum Ausdruck gebracht. Lediglich der Schluß wurde abgewandelt: Während im Roman Manon bei New Orleans, damals noch französische Kolonie, ihr Leben aushaucht, haben die Librettisten auf die gesamte Episode in der Neuen Welt verzichtet und die Heldin auf dem

Weg von Paris nach Le Havre sterben lassen – ein dramaturgischer Kunst-griff, der durchaus legitim ist, da in diesem Falle ein Schauplatzwechsel keineswegs die Substanz berührt. Problematisch hingegen erscheint die Gestaltung der Todesszene, die sich nicht im Roman findet und in ihrer Sentimentalität ein typisches Produkt des späten 19. Jahrhunderts darstellt. Massenets *Manon* kann als Musterbeispiel für die Verschmelzung zweier Traditionen des französischen Musiktheaters gelten, der grand opéra und der opéra comique – ein Prozeß, der schon bei Gounod zu beobachten ist und zur Entstehung des drame lyrique führt. In etlichen Momenten orien-tiert sich *Manon* an der Großen Oper: Sie ist fünfaktig angelegt, bezieht das Ballett mit ein, das keineswegs als instrumentale Einlage konzipiert, son-dern in den dramatischen Ablauf integriert ist, verzichtet auf gesprochene Dialoge und läßt die Handlung tragisch enden. Andererseits erscheint die von Massenet gewählte Bezeichung opéra comique als Verweis nicht nur auf den Auftraggeber des Werkes, sondern auch auf typische Stilmerkmale dieser Gattung. Die von den Librettisten neu eingeführten Gestalten Pous-sette, Javotte und Rosette verkörpern das Element unbändiger Lebens-freude: Rasche Tempi, punktierte Rhythmen, brillante Staccato-Passagen und tonmalerische Effekte vereinigen sich in ihren Partien zu einem cha-rakteristischen Stil, für den etwa die Eröffnungsszene „Voyons, Monsieur" (1. Akt) oder der im transsylvanischen Hotel spielende 4. Akt als paradigma-tisch gelten können.

Symptomatisch für die Sonderstellung der *Manon* zwischen den etablierten Gattungen ist die Verwendung der melodramatischen Technik, die Masse-net geeigneter schien als der deklamatorische Vortrag des Rezitativs oder die Praxis der gesprochenen Dialoge. Das Verfahren, das gesprochene Wort orchestral zu untermalen, stellt zwar keineswegs ein Novum in der französi-schen Oper dar – erwähnt sei *Carmen* in der Originalfassung –, findet aber nirgends eine derart konsequente Anwendung wie in *Manon*: Die Varia-tionsbreite reicht vom einfachen Liegeton bis zur musikalischen Illustra-tion, Monologe werden ebenso einbezogen wie Dialoge, eine Zuordnung zu bestimmten Personen oder Situationen ist nicht erkennbar; die melodrama-tische Technik nimmt hier also den Rang eines generellen Stilmittels ein. In *Manon* hat sich ein Vokalstil ausgeprägt, bei dem die Melodik in Rhyth-mus, Metrum und Diastematik weitestgehend von der Sprache bestimmt wird; Wort- und Tonakzente fallen stets zusammen, die Vertonungsweise ist überwiegend syllabisch. An die Stelle der weitgespannten Kantilene, wie sie für die italienische Oper charakteristisch ist, tritt die kurze Phrase, die zu

offener Form tendiert, im Dreiermetrum gehalten ist und in einem abwärts-
gerichteten Duktus verläuft. Neben der weichen Harmonik, die schroffe
Dissonanzen vermeidet und den Vierklang statt des traditionellen Drei-
klangs bevorzugt, ist es vor allem diese als „phrase décadente" bezeichnete
Melodik, die für den Eindruck von Massenets exzessivem Lyrismus verantwortlich zeichnet.

Daß die Kritik nach der Uraufführung den Komponisten des „wagnérisme"
bezichtigte, lag in erster Linie an dem neuen Stellenwert, den das Orchester
innerhalb der Partitur einnahm. Zum einen exponiert Massenet eine Reihe
von Motiven, um Personen zu charakterisieren und Situationen zu schildern: Allein der Titelgestalt werden nicht weniger als sechs musikalische
Chiffren zugeordnet, welche die unterschiedlichen seelischen Zustände
Manons beleuchten. Anders jedoch als bei Wagner wird die Technik nicht
zum System erhoben, hält sich die Veränderung der Motive in engen Grenzen; die eingeschränkte Variationsbreite wird durch motivische Vielfalt
kompensiert. Zum anderen haben die reinen Orchesterpartien an Zahl und
Gewicht zugenommen: Nicht nur wird jeder Akt durch ein Vorspiel eingeleitet, sondern auch durch ein Nachspiel abgeschlossen, das in drei Fällen
(2. Akt, 3. Akt und 5. Akt) an die Stelle konventioneller Floskeln eines der
tragenden Leitmotive dieser Oper setzt. Das Orchester behält das letzte
Wort und verweist zugleich auf künftiges Geschehen – ein Moment, das bei
den italienischen Zeitgenossen zum Topos werden sollte.

Geschichte

Von dem über 200 Titel umfassenden literarischen Œuvre des
Antoine François Prévost d'Exiles (1697–1763), der in die Geschichte als
Abbé Prévost eingegangen ist, hat nicht viel mehr als sein Roman *L'histoire
du Chevalier Des Grieux et de Manon Lescaut* überlebt. Er behandelt eine
damals gängige Thematik, nämlich den Konflikt zwischen Verstand und
Leidenschaft, und zeichnet sich gleichwohl durch einige progressive Momente aus: Erstmals erscheint die Liebe als hereinbrechendes, unkontrol-
lierbares Naturereignis, dem die beiden Protagonisten schutzlos ausgeliefert sind, obwohl Des Grieux durchaus der Reflexion fähig ist. Äußerst
modern ist auch die Erzähltechnik der doppelten Ich-Form; sie findet sich
erst in Prosper Merimées *Carmen* – also gut 100 Jahre später – wieder.
Prévosts außerordentlich populärer Roman hat zahlreiche Dichter und
Musiker inspiriert: Der Reigen der Komponisten, die das Sujet in Form
einer Oper, Operette oder eines Balletts gestaltet haben, führt von Jacques

Halévy (1830) bis hin zu Hans Werner Henze (*Boulevard Solitude*, 1952). 1881 entschloß sich Jules Massenet, anstelle des geplanten *Phoébe*-Projektes eine Oper nach Prévosts Roman zu schreiben; die Arbeit erstreckte sich über einen Zeitraum von gut zwei Jahren.

Die Resonanz auf die Oper unmittelbar nach der Uraufführung war zwiespältig: Während das Publikum vor allem wegen der überragenden Leistungen von Marie Heilbronn in der Titelrolle mit Begeisterung reagierte, bezichtigte die Kritik den Komponisten des Wagnerismus. Doch nach kurzer Zeit galt die Oper neben *Faust* und *Carmen* als eines der Standardwerke der französischen Oper; 1913 fand an der Opéra-Comique die 800. Aufführung statt, 1952 am selben Theater die 2000. Aufführung. 1884 wurde das Werk erstmals in Brüssel und Amsterdam, 1885 in Genf, Prag, St. Petersburg und New York gegeben, acht Jahre später erfolgte die italienische Erstaufführung in Turin. 1894 schrieb Massenet eine Fortsetzung unter dem Titel *Le portrait de Manon*.   *Norbert Christen*

Diskographische Empfehlung
1951 – Paris: Albert Wolff, Chor und Orchester der Opéra-Comique Paris. Janine Micheau (Manon), Libero de Luca (Des Grieux), Roger Bourdin (Lescaut), Julien Giovannetti (Comte Des Grieux). Decca, LXT 2618-20

1970 – London: Julius Rudel, Ambrosian Singers, New Philharmonia Orchestra. Beverly Sills (Manon), Nicolai Gedda (Des Grieux), Gérard Souzay (Lescaut), Gabriel Bacquier (Comte Des Grieux). EMI, HMV SLS 800

Werther
Drame lyrique in vier Akten

Text: Edouard Blau, Paul Milliet und Georges Hartmann, nach Goethes *Die Leiden des jungen Werthers*
Uraufführung: 16. Februar 1892, Hofoper, Wien
Personen: Werther (Ten); Albert (Bar); Der Amtmann (Bar oder Baß); Schmidt (Ten) und Johann (Bar oder Baß), Freunde des Amtmannes; Brühlmann, ein junger Mann (Ten); Charlotte, Tochter des Amtmannes (Mez); Sophie, ihre Schwester (Sop); Käthchen,

ein junges Mädchen (Sop); Sechs Kinder, jüngere Geschwister Charlottes: Fritz, Max, Hans, Karl, Gretel, Clara (Kindersop); Einwohner; Gäste; Musikanten; Ein Bauernjunge; Ein Bote

Ort und Zeit: Umgebung von Wetzlar, Juli bis Dezember 1772

Orchester: 2 Fl, Ob, E.H., 2 Kl, Sax, 2 Fg, 4 Hrn, 2 Trp, 3 Pos, Tba, Pkn, Schlgzg (GrTr, Trgl, Gl), Hrf, Streicher

Auf der Bühne: Orgel

Hinter der Bühne: Celesta

Form: Durchkomponiert

Aufführungsdauer: Ca. 2½ Stunden

Verlag: Heugel et Cie, Paris

Handlung

1. AKT: An einem Sommernachmittag probt der Amtmann mit seinen sechs kleinen Kindern vor dem Haus ein Weihnachtslied. Seine Freunde Johann und Schmidt kommen hinzu und fordern ihn zu einem Glas Wein im Wirtshaus auf. Dann trifft der junge Werther ein, der die älteste Tochter Charlotte in der Abwesenheit ihres Bräutigams Albert zum Ball begleiten soll. Charlotte teilt den Kindern das Abendbrot aus und läßt sie in der Obhut der jüngeren Schwester Sophie zurück. Als Albert von einer geschäftlichen Reise unerwartet früh heimkehrt, trifft er nur Sophie an und entfernt sich wieder. Bei der Rückkehr vom Ball gesteht Werther Charlotte seine Liebe, aber das vertraute Gespräch findet abrupt ein Ende, als ihr der Amtmann von fern zuruft, daß Albert angekommen sei. Charlotte klärt Werther auf, daß sie ihrer Mutter auf dem Sterbebett den Eid leistete, Albert zu heiraten. Werther ist verzweifelt.

2. AKT: An einem Sonntag im September desselben Jahres wird im Dorf die goldene Hochzeit des Pastors gefeiert. Während Johann und Schmidt vor dem Gasthaus den schönen Herbsttag genießen, kommen Albert und Charlotte, die inzwischen verheiratet sind, auf dem Weg zur Kirche vorbei. Daß Werther sie in zärtlicher Vertrautheit sieht, bereitet ihm tiefen Schmerz. Als Albert Verständnis für seine Gefühle zeigt und ihn zu trösten sucht, versichert ihn Werther seiner Freundschaft. Auch Sophie, die ihm schwärmerisch zugetan ist, vermag Werther nicht aufzuheitern. Er ist entschlossen, Charlotte zu meiden und abzureisen, doch bei ihrem Anblick überwältigen ihn seine Gefühle. Charlotte weist ihn energisch zurück und fordert eine Trennung bis zum Weihnachtsfest. Mit Selbstmordgedanken im Sinn stürmt Werther davon.

3. AKT: Seit Werthers Abreise ist Charlottes Sehnsucht ständig gewachsen, immer wieder liest sie in seinen Briefen. Am Weihnachtstag erhält sie Sophies Besuch, die sie von ihrer Schwermut befreien will und sie zum Weihnachtsfest in das Elternhaus bittet. Bleich und verstört steht Werther plötzlich in der Tür. Er beschwört die Erinnerungen an vergangene Tage, bis Charlotte seinem Drängen nachgibt und ihm in die Arme sinkt. Doch findet sie ihre Fassung rasch wieder und entzieht sich Werther, der völlig vernichtet davonläuft. Albert hat von Werthers Rückkehr erfahren und verlangt von seiner verwirrten Frau Aufklärung. Ein Bote bringt Werthers Brief mit der Bitte an Albert, ihm für eine weite Reise Pistolen auszuleihen. Kaltblütig befiehlt dieser seiner Frau, sie dem Boten auszuhändigen.

4. AKT: Charlottes böse Ahnung wird zur Gewißheit, als sie den Geliebten tödlich verwundet auffindet. Dem Sterbenden bekennt sie, daß ihre Liebe seit der ersten Begegnung bestehe. Während in der Ferne der Weihnachtsgesang der Kinder erklingt, stirbt Werther mit dem Glücksgefühl erfüllter Liebe in Charlottes Armen.

Kommentar

Schon der konsequente Verzicht auf den Chor, dessen Mitwirkung sich zumindest zu Beginn des 2. Aktes aufgedrängt hatte, läßt erkennen, daß es Massenet im *Werther* auf die Schaffung einer intimen Bühnenatmosphäre ankam, in der sich das Geschehen als inneres Drama der Gefühlsreflexe entfalten kann. Paul Milliet, der die erste Librettoversion erstellte, sprach von einem „Drama reiner Menschlichkeit" und bezeichnete die Seelen als „Motor der Handlung". Freilich handelt es sich bei den „Seelen" vorwiegend um diejenigen Werthers und Charlottes, sie stehen eindeutig im Brennpunkt, während bereits Alberts Rollenprofil merkwürdig blaß ausfällt, da eigentliche Konfrontationen zwischen ihm und seiner Frau wie auch dem Nebenbuhler fehlen. Noch stärker in den Hintergrund treten Sophie und der Amtmann, ganz zu schweigen von Johann und Schmidt und dem Paar Brühlmann/Käthchen. Diese Figuren nehmen keinen direkten Anteil am Drama und bleiben Staffage insofern, als daß sie nur Anlaß zu den Genreszenen bieten, die besonders im 1. Akt mit ihrer breiten Ausdehnung zur Verselbständigung neigen, doch stellen sie andererseits einen wirkungsvollen Kontrast zum düsteren Leidensdrama von Werther und Charlotte her. Der Kontrasteffekt, den das Weihnachtslied der Kinder in Werthers Sterbeszene hervorruft, zumal es den Bogen zum Beginn der Oper zurückschlägt, dürfte an Eindringlichkeit kaum zu übertreffen sein. Das Mittel des Kontrastes beschränkt sich ansonsten jedoch auf die beiden ersten Bilder, und schon im 3. Akt, wenn sich zugleich mit dem Wechsel von den Außenszenen zu den Innenräumen das Drama verdichtet, sind die dramaturgisch verzichtbaren Figuren außer Sophie aus der Handlung verbannt, die sich nun ganz auf Werther und Charlotte konzentriert. Mit deren vier großen Szenen, den uneingeschränkten dramatischen und musikalischen Höhepunkten in jedem der Akte, wirkt die Oper wie ein einziges prolongiertes Liebesduett, ein Eindruck, den die zunehmend intensivierte Wiederkehr von Themenmaterial – vor allem der „Clair de lune"-Melodie aus dem 1. Akt – verstärkt. Massenets ausgiebige Reminiszenztechnik und Verwendung von Personalmotiven trägt entscheidend zur musikalischen Geschlossenheit dieses drame lyrique bei, das von der Intimität eines deklamationsnahen Gesanges bei verhaltenem Orchesterklang lebt, obwohl es stellenweise zu emphatischen, meist aus der Orchestermelodie herauswachsenden Aufschwüngen kommt und – wie in der Symphonie *La nuit de Noël* – wuchtige Klangballungen durchaus nicht fehlen. Der im *Werther* vorherrschende elegisch-zarte Lyrismus ist als sentimental und süßlich verkannt worden. Erst in jüngster Zeit wurde die sensible und psychologisch subtile Charakterisierungskunst des Komponisten wieder erkannt und entdeckt, daß die sinnlichen Klangreize seiner Musik neben dem harmonischen Raffinement auf einer höchst verfeinerten Instrumentationstechnik beruhen, die dem Orchesterkolorit einen seltenen Nuancenreichtum verleiht. Wie zuvor Gounod mit *Faust* (1859) und Thomas mit *Mignon* (1866) griff Massenet mit seinem *Werther* auf Goethe zurück, dessen Werk als Stoffquelle für das drame lyrique, das sich nach der Jahrhundertmitte von der opéra comique abzulösen begann, eine überragende Bedeutung erlangte. Mit Goethes stark biographisch gefärbtem Briefroman aus dem Jahre 1774, *Die Leiden des jungen Werthers*, gab eines der bewegendsten Zeugnisse aus der Zeit des Sturm und Drang die Vorlage zu Massenets Oper ab. Allerdings verzichteten die Librettisten weitgehend auf die gesellschaftlichen Konflikte, in die Werther durch sein überspanntes Individualitätsstreben mit der Bürgerwelt gerät, und stellten ihn als schwärmerisch Liebenden von trunkenem Gefühlsüberschwang dar. Das Geschehen in der Oper ist gegenüber dem Roman mit seinem bewußt episodischen Bau entschieden gestrafft und ausgerichtet auf die Dreiecksbeziehung zwischen Werther, Charlotte und Albert, dessen Charakter ins Negative gewendet erscheint, indem er nicht ahnungslos wie bei Goethe, sondern im vollen

Wissen um das Vorhaben des Rivalen seine Frau zynisch auffordert, selber die Pistolen auszuhändigen. Auch der letzte Akt, eine einzige, weit ausgesponnene Szene zwischen Werther und Charlotte, ist Erfindung der Librettisten und beugt sich der damaligen Opernkonvention, die ein apotheotisches Schlußduett des Liebespaares nahelegte.

Geschichte
Die Komposition des *Werther* war 1886 weitgehend abgeschlossen, doch kam die Oper durch widrige Umstände – am 25. Mai 1887 brannte die Opéra-Comique nieder – erst am 16. Februar 1892 in der Wiener Hofoper auf die Bühne. In der Übersetzung Max Kalbecks erzielte die deutschsprachige Aufführung beim Publikum – weniger bei der Presse – einen großen Erfolg, zu dem die beiden Hauptdarsteller, der belgische Tenor Ernest van Dyck als Werther und Marie Renard als Charlotte, wesentlich beitrugen. Am 27. Dezember 1892 wurde die Oper in der französischen Version, wiederum unter starkem Beifall, zunächst in Genf gegeben, bevor die „eigentliche" französische Erstaufführung an der Pariser Opéra-Comique erfolgte, und zwar am 16. Januar 1893 mit Guillaume Ibos und Marie Delna als Protagonisten. Nach der Wiederaufnahme von 1903 hielt sich *Werther* an der Opéra-Comique auf dem Spielplan, erreichte 1938 die 1000. Vorstellung und wurde bis 1978 insgesamt 1389mal gespielt. Auch außerhalb Frankreichs setzte sich das Werk zunächst durch, verlor dann aber außer in Italien, wo es bis 1931 92 Vorstellungen erlebte, und in Wien, wo es im Theater an der Wien sowie an der Volksoper Wien zur Aufführung kam, bald an Bedeutung. Anders als Massenets *Manon*, die im deutschsprachigen Raum weiterwirkte, blieb *Werther* – wohl auch aufgrund seiner stofflichen Herkunft – jahrzehntelang unbeachtet und fand erst in den 70er Jahren, nicht zuletzt dank mehrerer Schallplatteneinspielungen, wieder Eingang in das Repertoire. *Peter Ross*

Diskographische Empfehlung
1968 – Paris: Georges Prêtre, Chor und Orchester des ORTF. Victoria de los Angeles (Charlotte), Mady Mesplé (Sophie), Nicolai Gedda (Werther), Roger Soyer (Albert). EMI, SLS 5105

1981 – London: Colin Davis, Kinderchor und Orchester des Royal Opera House Covent Garden. Frederica von Stade (Charlotte), Isobel Buchanan (Sophie), José Carreras (Werther), Thomas Allen (Albert). Philips 416 654 (DDD)

NIKOLAJ ANDREJEWITSCH RIMSKIJ-KORSAKOW

geb. 18. März 1844 in Tichwin/Nowgorod
gest. 22. Juni 1908 in St. Petersburg

Rimskij-Korsakow gehört mit Peter Tschaikowskij und Modest Mussorgskij zu den bedeutendsten russischen Komponisten auf dem Gebiet der Oper in der zweiten Hälfte des 19. Jahrhunderts. Darüber hinaus hat Rimskij-Korsakow die Entwicklung der Gattung in seinem Lande bis an die Schwelle der Moderne führen können.

Von den Komponisten der Gruppe „Das mächtige Häuflein" hat sich Rimskij-Korsakow als einziger im Erwachsenenalter von dem von Balakirew propagierten Prinzip des Liebhaber-Komponisten (letztlich also Dilettanten) abgewandt und eine solide akademische Musikausbildung nachgeholt.

Von Rimskij-Korsakows 15 musikalischen Bühnenwerken ist lediglich das früheste, *Pskowitjanka* (historische Oper in vier Akten, 1873) noch vor dieser Zeit entstanden; zu Beginn der 90er Jahre hat der Komponist sie jedoch umgearbeitet, wie alle größeren Werke aus den frühen Jahren.

Das weitere Opernschaffen Rimskij-Korsakows ist deutlich in drei Phasen einteilbar, deren erste mit der *Mainacht* (drei Akte, 1880, nach Gogol) beginnt und über *Schneeflöckchen* (Prolog und vier Akte, 1882, nach Ostrowskij), *Mlada* (vier Akte, 1892) und *Die Nacht vor Weihnachten* (vier Akte, 1895, nach Gogol) zu *Sadko* (sieben Bilder, 1898) als erstem Höhepunkt führt. Qualitätsunterschiede zwischen den einzelnen Werken sind spätestens von diesem Zeitpunkt an nicht mehr auszumachen.

Im Jahre der Uraufführung des *Sadko* fand auch die Premiere der einzigen kammermusikalischen Oper Rimskij-Korsakows statt: *Mozart und Salieri*, die Rimskij-Korsakow als „dramatische Szenen" bezeichnete (nach der gleichnamigen Kleinen Tragödie von Puschkin); in diesem Werk greift Rimskij-Korsakow die Technik des „melodischen Rezitativs" auf, die Alexander Dargomyschskij bereits in den 50er Jahren entwickelt hatte. Auch dessen Bestreben, Dramentexte von Puschkin direkt zu vertonen, hat Rimskij-Korsakow hier wiederbelebt. So ist dieses kleine, aber bedeutende Werk zum Vorbild für die beiden reifen Einakter Rachmaninows und den jungen Strawinsky geworden. Den nächsten Höhepunkt im Opernschaffen Rimskij-Korsakows bildet *Das Märchen vom Zaren Saltan* (Prolog und vier Akte, 1900, nach Puschkin), zu dem wiederum *Die Zarenbraut* (vier Akte, 1899) wie eine Art Vorbereitung wirkt. Von den fünf seit der Jahrhundertwende geschriebenen Opern des Komponisten wurden nur vier noch zu seinen Lebzeiten aufgeführt: *Servilia* (fünf Akte, 1902), *Der unsterbliche Kaschtschej* (1903, drei Bilder und Finale in einem Akt), *Pan Wojewoda* (vier Akte, 1904) und *Die Legende von der unsichtbaren Stadt Kitesch und der Jungfrau Fewronija* (vier Akte, 1907). Das letzte, künstlerisch am meisten avancierte und in die Zukunft wirkende Bühnenwerk Rimskij-Korsakows, *Der goldene Hahn*, wurde so zum musikalischen Vermächtnis des Komponisten. Für die meisten seiner Opern schrieb der Komponist – nach dem Vorbild Richard Wagners – die Libretti nach den jeweiligen Vorlagen selbst. Die darauf komponierte Musik unterscheidet sich jedoch in der Anlage wesentlich von der Struktur der Wagnerschen Musikdramen: Für Rimskij-Korsakow blieben, wie für Dvořák, periodische musikalische Abläufe, Symmetrie-, Variations- und Reprisenbildungen gliedernde Prinzipien des formalen Ablaufs, der nicht als ein permanenter Entfaltungsprozeß aufgefaßt wird. Zwar bestimmen oft in sich abgeschlossene Nummern nach außen den Aufbau der Akte, sind aber selten ohne Schaden aus dem Verlauf herauslösbar. Wenngleich die stofflichen Vorlagen oft Märchen sind, läßt sich Rimskij-Korsakow – bei aller „Naturnähe" seiner Musik – doch nie zu bloßen Nachahmungen von Naturlauten herab und setzt sich damit scharf gegen Dargomyschskij ab. In der Instrumentationspraxis unterschied er zwischen einem „Glinka-Orchester" und einem „Wagner-Orchester", die besonders in den Spätwerken verschiedenartige Verknüpfungen eingehen können. Von den Werken der letzten Lebensjahre gewinnt besonders der *Kaschtschej* erhöhte Bedeutung; das Werk ist durchkomponiert, die Harmonik von einer kühnen Rigorosität, die gleichrangig neben Werken wie *Salome* und *Elektra* von Strauss steht und die harmonischen Experimente Alexander Skrjabins teilweise vorwegnimmt.

Die Tatsache, daß sieben der Opern Rimskij-Korsakows an privaten Theatern ihre Uraufführungen erlebten, weist schon auf ein weiteres Spezifikum ihres Charakters hin: Der demokratisch gesonnene Komponist hat sich in seltenen Fällen den einengenden Vorschriften der Kaiserlichen Bühnen fügen wollen. Bis auf die zu aufwendigen Opern *Servilia* und *Kitesch*, deren Realisation die Mittel privater Theater überstieg, wurde keines der späten Werke nach *Sadko* an einem kaiserlichen Theater herausgebracht.   *Hartmut Becker*

Der goldene Hahn (Solotoj pjetuschok)
Eine unglaubliche Geschichte
Oper in drei Akten

<u>Text:</u> Wladimir Bjelskij, nach dem Märchen von Alexander Puschkin

<u>Uraufführung:</u> 7. (19.) Oktober 1909, Solodownikow-Theater, Moskau

<u>Personen:</u> Zar Dodon (Baß); Zarewitsch Gwidon (Ten); Zarewitsch Afron (Bar); General Polkan (Baß); Amelfa, Beschließerin (Alt); Der Astrologe (Ten); Zarin von Schemacha (Sop); Der goldene Hahn (Sop)

<u>Chor:</u> Bojaren; Soldaten; Sklavinnen; Volk

<u>Ort und Zeit:</u> Irgendwann und irgendwo

<u>Orchester:</u> 3 Fl (auch Picc), 3 Ob (auch E.H.), 3 Kl (auch Bkl), 3 Fg (auch Kfg), 4 Hrn, 3 Trp (auch Atrp), 3 Pos, Tba, Pkn, Schlgzg, 2 Hrf, Streicher

<u>Form:</u> Durchkomponiert

<u>Aufführungsdauer:</u> Ca. 2 Stunden

<u>Verlag:</u> Robert Forberg Musikverlag, Bonn-Bad Godesberg; Jürgenson, Moskau

<u>Handlung</u>

PROLOG: Ein Astrologe stellt sich als Leiter und Akteur eines Spiels vor, das er als lehrreich ankündigt. Er behauptet, Schatten beleben zu können, und fordert das Publikum zur Lösung des in der nun folgenden Geschichte verborgenen Rätsels auf.

1. AKT: Halle im Palast des Zaren Dodon mit Ausblick auf sein Reich. In seinen jungen Jahren war Zar Dodon ein großer Kämpfer, der viele seiner Feinde gefällt hat. Nun ist er ein ruhebedürftiger alter Mann. Erneut bedrohen Feinde sein Reich, die er, als der Herrscher des Landes, bekämpfen muß, um die drohende Gefahr abzuwenden. Doch er mag nicht mehr kämpfen, beruft die Duma ein und verlangt von den Bojaren Rat, wie man sich der Feinde erwehren könne, ohne eine Schlacht schlagen zu müssen. Doch die Bojaren wissen keinen Rat; Dodons beide Söhne, die Prinzen Gwidon und Afron, sind nur neidisch auf des Vaters Thron und obendrein viel zu dumm, um einen Ausweg aus der schwierigen Lage ersinnen zu können. Da greift der Astrologe in das Geschehen ein und

verspricht dem Zaren Hilfe: Er schenkt Dodon einen goldenen Hahn, von
dem er behauptet, daß er rechtzeitig vor Gefahren warne und so das Reich
bewache. Den Lohn für dieses Geschenk behält sich der Astrologe vor. Der
faule, gleichgültige Dodon gewährt ihm jeden Wunsch und legt sich schlafen. Als ihm von einer schönen Frau träumt, kräht der Hahn zum erstenmal,
worauf Dodon einen seiner Söhne gegen den Feind schickt und sich erneut
schlafen legt. Alsbald jedoch kräht der Hahn zum zweitenmal; auch der
zweite Prinz muß nun gegen den Feind ziehen, bis Dodon schließlich –
nach dem dritten Hahnenschrei – selbst ins Feld muß.

2. AKT: Schlachtfeld bei Nacht. Zar Dodon findet seine Heere geschlagen; seine beiden Söhne haben sich aus gegenseitigem Neid um die
Thronfolge umgebracht. Von einem Feind aber ist weit und breit keine
Spur. Als der Morgen graut, erscheint statt dessen eine schöne Frau, die sich
als Zarin von Schemacha ausgibt. Sie sei die Tochter der Königin der Luft
und bittet den Zaren Dodon, ihr Gast zu sein. Sie schmeichelt dem müden
alten Mann, der ihr Herz und Hand bietet; sein Schwur, Schemacha zu
lieben, kontrastiert jedoch seltsam mit seiner Stumpfheit des Empfindens:
Alle orientalischen Verführungskünste der schönen Frau stoßen auf völlig
taube Sinne Dodons.

3. AKT: Straße in der Hauptstadt vor dem Palast des Zaren. Ohne
seine Söhne, doch mit einer Braut, kehrt Zar Dodon in die Hauptstadt
seines Reiches zurück. Das Volk, das sich wegen des herannahenden Feindes um sein und seines Königs Schicksal gesorgt hatte, feiert nun den
Heimkehrenden als weisen Herrscher. Die Braut aber sieht den Astrologen
nahen, der nun seinen Lohn für das Geschenk des goldenen Hahnes von
Dodon fordern will. Niemand anderer als die schöne Zarin von Schemacha
soll dieser Lohn sein! Zar Dodon ist empört, und obwohl er dem Astrologen
die Erfüllung jeden Wunsches gewährt hatte, erschlägt er ihn nun in seiner
Wut. Dies aber läßt den goldenen Hahn noch einmal aktiv werden; er tötet
mit Schnabelhieben den lügnerischen Zaren und verschwindet mit Schemacha. Das Volk bleibt allein zurück und fragt sich voll Sorge, wie seine
Zukunft ohne Herrscher wohl aussehen möge.

EPILOG: Der Astrologe erscheint noch einmal und beansprucht allein für sich und die Zarin von Schemacha die Qualitäten echten Lebens
und Sinns; alle anderen agierenden Personen dieser Geschichte erklärt er
als ins Reich der Schatten und damit ins Nichts gehörig.

Kommentar

Rimskij-Korsakow hatte seine Autobiographie im August 1906 abgeschlossen; ein Unterton von Resignation auf den letzten Seiten ist deutlich zu spüren und mit Sicherheit auch eine Folge der politischen Ereignisse in Rußland während der Revolution von 1905 und deren Niederschlagung. Die streikenden Studenten des St. Petersburger Konservatoriums hatten während der revolutionären Ereignisse unter der Leitung von Alexander Glasunow Rimskij-Korsakows Oper *Kaschtschej* aufgeführt – Symbol einer revolutionären musikalischen Gesinnung in revolutionärer Zeit. Rimskij-Korsakow jedoch wurde von der Staatsverwaltung seines Amtes enthoben, weil er sich auf die Seite der Studenten gestellt hatte. Diese Ereignisse sowie der letztliche Fehlschlag der Revolution haben die Gesundheit des nervlich nicht gerade stabilen Komponisten erheblich angegriffen. Den Plan einer Vertonung von Puschkins *Märchen vom goldenen Hahn* hegte der Komponist schon seit Jahren; ein Jahr nach der Revolution schien ihm der Zeitpunkt zur Ausführung gekommen. Die ersten Skizzen entstanden Mitte Oktober 1906, die fertige Partitur trägt das Schlußdatum des 29. August 1907. Trotz vielfältiger anderer Belastungen wie Lehrtätigkeit und Auslandsverpflichtungen als Dirigent (bei den Konzerten russischer Musik, die der Ballett-Impresario Sergej Diaghilew in Paris veranstaltete) gelang es Rimskij-Korsakow noch, mit dieser letzten Oper sein musikalisches Testament abzurunden. Eine der Merkwürdigkeiten der Handlung besteht darin, daß der Astrologe in der Rahmenhandlung nur den beiden eigentlich märchenhaften Figuren des Geschehens, der Zarin von Schemacha und sich selbst, wirkliches Leben zuspricht, wogegen er den zunächst real erscheinenden Personen – dem Zaren Dodon, seinen Söhnen, dem Heerführer und der Beschließerin – lediglich eine fiktive Existenz zugesteht. Tatsächliche Verhältnisse werden also umgekehrt und erfahren dadurch eine Bewertung. Die ins Reich der Fiktion verbannten Gestalten aber sind Symbole für die Mächtigen. Diese Tendenz einer Kritik an den bestehenden Verhältnissen mußte in Rußland – zumal nach 1905 – Folgen haben; die Zensur gestattete lediglich den Druck des Werkes. Dazu hätte Rimskij-Korsakow jene Streichungen vornehmen müssen, die 1909 bei der szenischen Uraufführung akzeptiert werden mußten, um das Werk in Rußland auf die Bühne zu bringen. Der Komponist selbst hatte in der kurz vor seinem Tode erschienenen Erstausgabe jegliche Veränderungen an Klavierauszug, Partitur und Libretto ausdrücklich untersagt. Der Astrologe verkörpert den Typus eines russischen Intellektuellen mit demokratischer Gesinnung; die

Zarin von Schemacha ist durch ihre Bezeichnung als „Tochter der Luft"
nach der russischen Märchensymbolik als eine der freien Wesenskräfte der
Natur ausgewiesen, die keinem Einfluß dienstbar zu machen ist und der
Macht und ihren Vertretern gegenüber sich allen Besitzansprüchen verweigert. Ihre Kräfte bewirken Verderben, wenn sie auf Machtansprüche und
Besitzgier stoßen: Sie verlacht sowohl den gefühlsunfähigen Zaren Dodon
wie auch den seine Möglichkeiten überschätzenden Astrologen im Moment
seines Todes. Die Unmöglichkeit einer Beziehung zwischen Dodon und der
Schemacha, die hier dargestellt ist, bedeutet eine elementare Kritik an der
Macht, indem diese als unnatürlich erscheinen muß. Die Gestalt der Schemacha ist deshalb aber keineswegs böse: Schon die Tatsache, daß sie mit
der aufgehenden Morgenröte ins Spiel gebracht wird, läßt diese Figur als
Personifizierung der Hoffnung erscheinen. Damit im Zusammenhang steht
auch ihr Erscheinungsbild als Orientalin, der die Merkmale des Fremden
und Geheimnisvollen auch durch Rimskij-Korsakows Musik beigegeben
sind. Der Hintergrund dessen dürfte nicht zuletzt die Anschauung der
russischen Demokraten gewesen sein, die im Osten eine utopische Gegenwelt zur Gesellschaftsordnung des Zarenreiches sahen; daß dieses Bild des
Ungezähmten ein Wunschbild war, das der Wirklichkeit nicht standhielt,
spielt dabei kaum eine Rolle. Jeder wichtigen Situation und jeder Figur
seiner letzten Oper hat Rimskij-Korsakow durch charakteristische Klangfarben, Motive und harmonische Symbole eine eigene klangliche Umgebung geschaffen: Die Zarin von Schemacha ist mit den Merkmalen östli-
cher Musik ausgestattet, chromatische, häufig mit vergrößerten Sekunden
durchsetzte Melodik, Motiv-Sequenzen sowie eine auf alterierten Akkorden basierende Harmonik. Das Klangbild des Orchesters bietet dazu eine
„in sich ruhende Bewegung", in der häufige solistische Verwendung von
Streichinstrumenten und hohen Holzbläserklängen, Harfe und Celesta
auffallen. Dunkle Blechbläserklänge und starre Rhythmik kennzeichnen
die Welt des Zaren Dodon. Zu ihrer Charakteristik setzt Rimskij-Korsakow
bekannte musikalische Muster ein, wie Wiegenlied, „Slava" – („Heil") –
Chöre und Parademarsch; in ihrem Charakter sind diese Muster überzeich-
net, also als Zitate erkennbar. Diese Vorgehensweise deutet bereits die
zynischen Satiren der Werke Dimitrij Schostakowitschs an: Das Wesen der
Welt, die auf diese Weise geschildert wird, ist nur lächerlich.

Geschichte

Die Handlung der Oper basiert auf Alexander Puschkins *Märchen vom goldenen Hahn* aus dem Jahre 1834. Das Libretto schrieb Rimskij-Korsakow nicht selbst, sondern überließ dessen Ausarbeitung Wladimir Bjelskij, der ihm bereits die Textbücher zum *Zaren Saltan* und *Kitesch* geliefert und auch an *Sadko* mitgearbeitet hatte. Die Gliederung des Textbuches unterscheidet sich deutlich von allen bisherigen von Rimskij-Korsakow vertonten Libretti: Schildern die übrigen Prologe jeweils die Vorgeschichte, also gewissermaßen die Voraussetzung der eigentlichen Haupthandlung, so bilden im *Goldenen Hahn* Prolog und Epilog eine Art erklärende Rahmenhandlung, die die Haupthandlung als ein „lehrreiches Spiel" erscheinen lassen. Bjelskij übernimmt damit ein Stilmittel, das kurz zuvor in der Oper des verismo Anwendung gefunden hatte, freilich mit ganz anderem Bedeutungshintergrund. Durch diesen Rahmen wird die Haupthandlung des *Goldenen Hahns* zu einem Stück Theater auf dem Theater. Zu Lebzeiten des Komponisten sind nur Ausschnitte des Werkes konzertant aufgeführt worden, darunter der Prolog. Bei der ersten szenischen Aufführung verlangte die Zensur die Streichung von Prolog und Epilog sowie 45 Verse, darunter Originalzeilen von Puschkin. Während des Zarenreiches ist die Oper in Rußland nicht vollständig aufgeführt worden. Schon kurz vor dem Ersten Weltkrieg aber drang das Werk ins Ausland; während an der Pariser Oper am 24. Mai 1914 eine von Michail Fokin choreographierte Ballett-Fassung herauskam, folgte am 15. Juli desselben Jahres in London die erste vollständige Aufführung in der Originalsprache. In New York erklang die Oper am 6. März 1918 erstmals in französischer Sprache und wurde im Laufe der 20er Jahre ins Deutsche, Flämische, Italienische, Polnische, Lettische und Tschechische übersetzt. London hatte bereits im Juli 1918 eine englische Übertragung gespielt. Die detailreichen folkloristischen Ausstattungen der frühen Aufführungen sind bisweilen in späteren Produktionen übernommen worden; dies kann jedoch den eigentlichen Aussagegehalt des Werkes durch Betonen einer rein märchenhaft-dekorativen Deutung gefährden oder zumindest abschwächen.   *Hartmut Becker*

Diskographische Empfehlung

1985 – Sofia: Dimitr Manolov, Chor und Orchester der Nationaloper Sofia. Nikolai Stoilov (Zar), Ljubomir Dyakowski (Astrologe), Elena Stoianova (Fürstin Schemacha), Yavora Stoilova (Der goldene Hahn), Jewgenia Babacheva (Amelfa). Fidelio 8809/10 (DDD)

GABRIEL FAURÉ

geb. 12. Mai 1845 in Pamiers (Département Ariège)
gest. 4. November 1924 in Paris

Gemeinsam mit seinem Freund und Lehrer Camille Saint-Saëns ist Gabriel Fauré der bedeutendste französische Komponist zwischen Berlioz und Debussy. Den Schwerpunkt seines Schaffens bilden zwar Lieder und Kammermusikwerke – sicherlich einer der Gründe, daß man ihm das Attribut „le Brahms français" verlieh –, aber schon in den 1870er Jahren finden sich erste Opernpläne. Nach den Bühnenmusiken zu *Caligula* (1888), *Shylock* (1889) und Maeterlincks *Pelléas et Mélisande* (1898 – zur gleichen Zeit also, als Debussy an seiner Oper arbeitete) entstand 1899 die tragédie lyrique *Prométhée*, die mit großem Erfolg in der Arena von Beziers uraufgeführt wurde. Hier schon findet sich die monumentale Archaik, die auch Faurés *Pénélope* bestimmt; allerdings ist die überdimensionale, für eine Freiluft-Aufführung konzipierte Besetzung des *Prométhée* (für drei Fern- und ein Haupt-Orchester mit unter anderem achtzehn Harfen und dreißig Trompeten!) einer weiteren Verbreitung des Werkes hinderlich gewesen, obwohl Fauré später eine reduzierte Fassung erstellte.

Von 1877 bis 1896 amtierte Fauré (in der Nachfolge Saint-Saëns') als Titular-Organist an der Pariser Madeleine, danach übernahm er eine Kompositionsklasse am Conservatoire, die er – trotz fortschreitender Ertaubung seit 1902 – bis 1920 innehatte; zu seinen Schülern gehörte auch Maurice Ravel. Obwohl Fauré mit Liszt befreundet war und Wagner bewunderte, schloß er sich nie dem Kreis der „wagnériens" an.

Michael Stegemann

Pénélope
Poème lyrique in drei Akten

Text: René Fauchois, nach Homers *Odyssee*
Uraufführung: 4. März 1913, Opéra, Monte Carlo
Personen: Ulysse (Ten); Pénélope (Sop); Eumée (Bar); Antinous (Ten); Eurymaque (Bar); Léodès (Ten); Ctésippe (Ten); Pisandre (Ten); Euryclée (Mez); Fünf Mägde: Cléone (Alt), Mélantho (Sop), Alkandre (Alt); Phylo (Sop) und Lydie (Sop); Eurynome (Mez); Ein Hirte (Ten)
Chor: Hirten; Diener; Mägde und Freier
Ort und Zeit: Ithaka, in mythischer Zeit
Orchester: Picc, 2 Fl, 2 Ob, E.H., 2 Kl, Bkl, 2 Fg, Kfg, 4 Hrn, 3 Trp, 3 Pos, Tba, Pkn, Schlgzg, Hrf, Streicher
Form: Durchkomponiert
Aufführungsdauer: Ca. 2 Stunden
Verlag: Heugel & Cie, Paris

Handlung
1. AKT: Im Palast des Odysseus, ein Vorraum zu Penelopes Gemach. Ein Gespräch der Mägde rekonstruiert die Vorgeschichte der Handlung – das Ende des Trojanischen Krieges, die Abreise des Odysseus, die Freier Penelopes, die sich als Schmarotzer im Palast eingenistet haben. Bisher konnte die Königin ihre Zudringlichkeiten abwehren, bald aber ist die letzte Frist um; auch ihre List, erst dann einen Freier zu erwählen, wenn sie das Totenhemd für ihren Schwiegervater Laertes zu Ende gewebt habe (das sie nachts wieder auftrennt), läßt sich nicht länger durchhalten: Die Freier bestehen darauf, daß sie sich am nächsten Tag entscheide. Odysseus aber ist inzwischen heimgekehrt und bittet – als Bettler verkleidet und von den Freiern verspottet – um Gastfreundschaft in seinem eigenen Palast. Eurykleia, seine Amme, erkennt ihren Herrn zwar an einer Narbe, doch Odysseus verbietet ihr, Penelope die freudige Nachricht zu überbringen: Zunächst will er seine Rückkehr verheimlichen, um über die Freier blutiges Gericht zu halten. Immerhin macht er Penelope Mut: Er habe ihren Gemahl gesehen und gesprochen, und er werde bald – vielleicht noch in dieser Nacht – bei ihr sein. Penelope, Eurykleia und der „Bettler" begeben sich zu einer Anhöhe am Meer, um Odysseus zu erwarten.

2. AKT: Eine Anhöhe am Meer. Während Penelope und die anderen nach einem Segel Ausschau halten, befragt die Königin den „Bettler" nach seiner Herkunft. Er gibt sich als König von Kreta aus, wo einst Odysseus sein Gast gewesen sei. Penelope berichtet nun von dem Drängen der Freier: Sie werde sich eher ins Meer stürzen als am nächsten Tag einem von ihnen die Hand zu reichen. Der „Bettler" rät ihr zu einer List: Zur Entscheidung soll Penelope die Freier zu einem Wettkampf mit Pfeil und Bogen auffordern und nur dem ihr Jawort geben, der den gewaltigen Bogen des Odysseus zu spannen vermag. Einigermaßen beruhigt kehren Penelope und die Amme in den Palast zurück, Odysseus aber gibt sich den Hirten, die in der Nähe lagern, zu erkennen und bittet sie, sich für den nächten Tag zum Kampf gegen die Freier bereit zu halten.

3. AKT: Ein Saal im Palast des Odysseus. Alle sind zum Wettkampf bereit, den Penelope ausgerufen hat. Die Freier machen sich zwar über den „Bettler" lustig, der ebenfalls anwesend ist, aber schließlich schenken sie ihre ganze Aufmerksamkeit dem mächtigen Bogen, den die Diener hereintragen. Noch immer hat die Königin ihren Mann in seinem Bettlergewand nicht erkannt, aber sie ahnt seine Nähe. Einer nach dem anderen treten nun die Freier vor und versuchen, den Bogen des Odysseus zu spannen – vergebens. Schließlich bittet auch der „Bettler", an dem Wettkampf teilnehmen zu dürfen, und mit einem sicheren Pfeil tötet er den ihm zunächst stehenden Eurymachos. Odysseus wirft nun sein Bettlergewand ab, und gemeinsam mit den bereitstehenden Hirten metzelt er sämtliche Freier nieder. Jubelnd begrüßt das Volk von Ithaka die Heimkehr seines Königs, und glücklich schließt Penelope Odysseus in die Arme.

Kommentar

Faßt man die Geschichte der Oper im Frankreich des 19. Jahrhunderts knapp zusammen – vom Belcanto-Stil der Italiener über die grand opéra Meyerbeers, die opéra lyrique Gounods und Massenets und den „wagnérisme" nach 1861 bis zu den symbolistischen Musikdramen Debussys *(Pelléas et Mélisande)* und Dukas' *(Ariane et Barbe-Bleue)*–, so scheint Faurés zwischen 1907 und 1912 entstandenes poème lyrique *Pénélope* zu keinem der verschiedenen Genres zu gehören. Trotz deutlicher Einflüsse Wagners (in der streng durchgeführten Leitmotivik) und Debussys (im melodisch-harmonischen Geflecht) ist die Musiksprache der Oper neuartig; für kaum ein anderes Werk der Zeit ist die Formbezeichnung „durchkomponiert" so gültig wie für Faurés *Pénélope*, die tatsächlich ein einziger

Atem trägt, in dem innerhalb der drei Akte nicht einmal ansatzweise Naht-
oder gar Bruchstellen zwischen den einzelnen Szenen auszumachen sind.
In der extremen Kantabilität der Partitur – ganz anders als das „melodische
Rezitativ" Debussys – knüpft Fauré nach eigener Aussage an sein Liedschaffen an; die Melodik ist entsprechend schlicht und verlangt nirgends ein
Forcieren der Stimme. Rezitativische und ariose Abschnitte werden gleich
behandelt, ähnlich wie in Monteverdis Vertonung desselben Stoffes (Il
ritorno d'Ulisse in patria), mit der sich der Komponist zur Zeit seiner Péné-
lope intensiv auseinandergesetzt hat. Das Orchester wirkt trotz der großen
Besetzung transparent und fast archaisch-karg: Auch hier zeigt sich eine
Reduktion, die dem überladenen Stil der französischen Spätromantik in der
Nachfolge Wagners (Chausson, d'Indy, Magnard oder Reyer) diametral
entgegengesetzt ist und vorausweist auf die Stilwende nach dem Ersten
Weltkrieg.

Geschichte

Bearbeitungen antiker Stoffe, die im französischen Musiktheater
bis zur Revolution von 1789 gang und gäbe waren, finden sich im Repertoire
des 19. Jahrhunderts kaum. Fauré und sein Librettist Fauchois nehmen in
Pénélope eine Neoklassik vorweg, die – ausgehend vom „néo-grec" und
„néo-gothique" eines Erik Satie – in der Literatur der 1920er und 30er
Jahre aufgegriffen wird, etwa in den Schauspielen von Jean Anouilh, Jean
Cocteau, André Gide oder Jean-Paul Sartre. Obwohl das Libretto der
Pénélope genau der Vorlage von Homers Odyssee (18.–24. Gesang) folgt,
gewinnt die Handlung bei Fauchois eine neue, gewissermaßen „psychologische" Dimension, die sich eher mit dem Fühlen und Denken einer Person
beschäftigt als mit dem stark vereinfachten Gang der Ereignisse. Die Starre,
die manche Kritiker der Uraufführung dem Spiel der Hauptdarstellerin
Lucienne Bréval vorwarfen, ist tatsächlich eines der Ausdrucksmittel des
Werkes. Die von Raoul Gunsbourg am Theater von Monte Carlo ausgerichtete Uraufführung der Pénélope wurde nur ein Achtungserfolg, und erst am
Pariser Théâtre des Champs-Élysées (am 10. Mai 1913) erlebte die Oper die
verdiente Anerkennung; allerdings hatte sich der Direktor des Hauses,
Gabriel Astruc, tief verschuldet – nicht zuletzt durch die prachtvollen Inszenierungen der „Ballets russes" Sergej Diaghilews – und mußte, um
einem Konkurs zu entgehen, Faurés Oper nach wenigen Vorstellungen
wieder absetzen. „Meine arme Pénélope schläft nun wohl unter den Seine-
Brücken", schreibt der Komponist mit lakonischer Ironie am 8. November

1913 an Saint-Saëns. Immerhin nahm die Opéra-Comique das Werk gleich nach dem Krieg – am 20. Januar 1919 – ins Programm, und bis heute kam *Pénélope* an den verschiedenen Bühnen der Welt auf rund 250 Vorstellungen; daß die Oper allerdings in Deutschland noch nie inszeniert wurde, ist ebenso unverständlich wie bedauerlich.   *Michael Stegemann*

Diskographische Empfehlung

1956 – Théâtre des Champs-Élysées Paris: Désiré-Émile Inghelbrecht, Chœurs de la R. T. F., Orchestre National. Régine Crespin (Pénélope), Christiane Gayraud (Euryclée), Geneviève Macaux (Alkandre), Madeleine Gagnard (Cléone), Raoul Jobin (Ulysse), Robert Massard (Eurymaque), André Vessières (Eumée). harmonia mundi France, RP 12447/48

1980 – Monte Carlo: Charles Dutoit, Jean Laforge Vocal Ensemble, Orchestre Philharmonique (Monte Carlo). Jessye Norman (Pénélope), Jocelyne Taillon (Euryclée), Colette Alliot-Lugaz (Alkandre), Norma Lerer (Cléone), Alain Vanzo (Ulysse), Philippe Huttenlocher (Eurymaque), José van Dam (Eumée). RCA, ZL 30 782

ALFREDO CATALANI

geb. 19. Juni 1854 in Lucca
gest. 7. August 1893 in Mailand

Catalani, der aus einer Musikerfamilie stammte, erhielt seinen ersten Unterricht in Lucca bei Fortunato Magi, einem Onkel Puccinis, ging 1872 an das Pariser Conservatoire und wechselte bald darauf zum Mailänder Konservatorium, wo er Komposition bei Antonio Bazzini studierte. In Mailand lernte er Boito und Ghislanzoni kennen, kam in Kontakt mit der Bewegung der „Scapigliatura" und erhielt durch die Vermittlung seines Lehrers Zutritt zu dem berühmten Salon der Clara Maffei, in dem sich die führenden Köpfe jener Zeit trafen. Mit seiner ersten Oper *La Falce* (1875) errang Catalani einen vielversprechenden Erfolg, so daß sich die Verlegerin Giovannina Lucca entschloß, ihm ein monatliches Gehalt auszusetzen und eine neue Oper in Auftrag zu geben. Mit seinem zweiten Bühnenwerk *Elda* (Turin 1880) vermochte er nur einen Achtungserfolg zu erzielen, während die Uraufführung der *Dejanice* (Mailand 1883) sogar zu einem Fiasko geriet. Eine Krise bahnte sich an, die durch den plötzlichen Tod der Eltern und den Ausbruch einer tuberkulösen Erkrankung verschärft wurde. Erst Catalanis vierte Oper *Edmea* hinterließ bei ihrer Premiere (Mailand 1886) einen nachhaltigen Eindruck. Die revidierte Fassung dieses Werkes führte in Turin Arturo Toscanini auf, der bald in freundschaftliche Beziehungen zu Catalani trat und sich zeitlebens für die Werke des allzu früh verstorbenen Freundes einsetzte. Der Erfolg seiner Oper *Edmea* veranlaßte Catalani, sich noch einmal mit *Elda* auseinanderzusetzen. Die Handlung wurde gestrafft und an den Rhein zurückverlegt; unter dem neuen Titel *Loreley* erlebte das Werk seine glänzende Uraufführung (Turin 1890). Die positive Resonanz auf *La Wally* (Mailand 1892) ließ Catalani sofort an ein neues Projekt, nämlich Illicas *Nella selva* denken, dessen Realisierung jedoch durch seinen plötzlichen Tod verhindert wurde.

Mit *La Wally* endete nicht nur das Schaffen Catalanis, sondern auch eine literarische und musiktheatralische Strömung Italiens, die als Neuromantik bezeichnet wird und ihre Sujets vorwiegend in den Märchen, Sagen und

Legenden des deutschen Sprachraumes fand; Puccinis *Le Villi* zählt zu ihr ebenso wie Fanchettis *Asrael*. Doch als ihr eigentlicher Repräsentant gilt fraglos Catalani: Vier seiner sechs Opern – *Elda, Edmea, Loreley* und *La Wally* – sind im deutschen Raum angesiedelt und zeichnen sich durch die Einbeziehung transzendentaler Elemente ebenso wie durch Naturschilderungen aus. Die einfach strukturierte Handlung folgt dabei einem festen Schema: Die Erfüllung ihrer Liebe, nach der sich die weibliche Titelgestalt sehnt, wird durch das Schicksal verhindert, worauf sie freiwillig in den Tod geht. Obwohl Catalani in rein musikalischer Hinsicht über Phantasie und genügend Metier verfügte, war seinen Bühnenwerken, mit Ausnahme von *La Wally*, kein dauerhaftes Dasein beschieden. Den Grund hierfür wird man zunächst in einem gewissen Mangel an dramaturgischer Begabung, an theatralischem Gespür sehen müssen. Darüber hinaus war es sein Schicksal, daß seine relativ kurze Schaffensperiode zwischen zwei Kulminationspunkte der italienischen Oper innerhalb des ottocento fiel: das alles überragende Werk Verdis und den sogenannten verismo, der ein die üblichen Dimensionen sprengendes Publikumsecho fand.   *Norbert Christen*

La Wally
Dramma lirico in vier Akten

<u>Text</u>: Luigi Illica, nach dem Roman *Die Geierwally* von Wilhelmine von Hillern
<u>Uraufführung</u>: 20. Januar 1892, Teatro alla Scala, Mailand
<u>Personen</u>: Wally (Sop); Stromminger, ihr Vater (Baß); Afra (Mez); Walter; Zitherspieler (Sop); Giuseppe Hagenbach aus Sölden (Ten); Vincenzo Gellner von Hochstoff (Bar); Spaziergänger aus Schnals (Baß)
<u>Chor</u>: Hirten; Bauern; Jäger; Bürger; Alte Frauen; Junge Leute; Kinder aus Sölden und Hochstoff
<u>Ballett</u>: Kinder und Jäger
<u>Ort und Zeit</u>: Im Ötztal, Tirol, um 1800
<u>Orchester</u>: 2 Fl, 2 Ob, E.H., 2 Kl, Bkl, 2 Fg, 4 Hrn, 3 Trp, 3 Pos, Btba, Pkn, Schlgzg (GrTr, KlTr, Bck, Trgl, Tamburin, TamTam), Hrf, Streicher
<u>Auf der Bühne</u>: 6 Hrn, 2 Trp, TamTam, Gl, Orgel

<u>Form</u>: Durchkomponiert
<u>Aufführungsdauer</u>: Ca. 1 ¼ Stunden
<u>Verlag</u>: G. Ricordi & C. S. p. A., Mailand

<u>Handlung</u>

1. AKT: Hochstoff. Zu seinem 70. Geburtstag gibt der Großgrundbesitzer Stromminger ein Fest, auf dem auch ein Wettschießen veranstaltet wird. Als Sieger geht Strommingers Verwalter Gellner hervor, der ein Auge auf Wally, die schöne und wilde Tochter seines Herrn, geworfen hat. Die Jäger aus Sölden treffen ein, unter ihnen Giuseppe Hagenbach, der einen Bären erlegt hat und als bester Schütze weit und breit gilt. Mit prahlerischen Worten schildert er seine Tat, so daß sich Stromminger zu einer höhnischen Erwiderung provoziert fühlt. Als der heißblütige Jäger den Alten zu Boden schlägt, tritt Wally dazwischen, doch als sie Hagenbach erkennt, verstummen ihre Vorwürfe, für Gellner ein untrügliches Zeichen, daß Wally in Hagenbach verliebt ist. Als er Stromminger seine Beobachtungen mitteilt und zugleich sein eigenes Interesse an Wally bekundet, stellt der Alte seine Tochter vor die Wahl, entweder Gellner zu heiraten oder das Haus zu verlassen. Ohne zu zögern, bricht Wally auf, um, begleitet von Walter, in die Berge zu ziehen.

2. AKT: Platz in Sölden. Ein Jahr ist seither vergangen. Nach dem Tod ihres Vaters hat Wally den riesigen Besitz geerbt und ist zur begehrtesten Partie des ganzen Tales geworden. Am Fronleichnamstag erscheint sie, prächtig gekleidet, in Sölden; sofort scharen sich die Burschen um sie. Auf die Frage, ob sie am traditionellen Kußtanz teilnehme, erwidert sie, dem Manne auf ewig angehören zu wollen, dem es gelinge, sie zu küssen. Als sie auf Gellners erneuten Heiratsantrag ihre Liebe zu Hagenbach bekennt, entgegnet er ihr triumphierend, daß Hagenbach bereits mit Afra verlobt sei. Rasend vor Zorn und Eifersucht überschüttet Wally ihre Rivalin mit Beleidigungen. Hagenbach sucht Afra zu trösten und wettet mit seinen Freunden, daß es ihm gelingen werde, Wally einen Kuß abzuringen. Beim Tanz gesteht ihm Wally ihre tiefe Liebe: Hagenbach gewinnt die Wette. Ein gellendes Gelächter reißt sie aus ihrer Verzückung und öffnet ihr die Augen. Während der Sieger die Glückwünsche seiner Freunde entgegennimmt, verspricht sie Gellner die Ehe, wenn er bereit sei, Hagenbach aus dem Weg zu räumen.

3. AKT: Hochstoff. Wally ist vom Fest heimgekehrt. Längst hat sie ihren Entschluß bereut, nun ist sie entschlossen, den Geliebten vor Gellners

Anschlag zu warnen. Inzwischen hat sich Hagenbach auf den Weg nach Hochstoff gemacht, um Wally für die Demütigung um Verzeihung zu bitten. Auf einer schmalen Brücke über die Ache lauert ihm Gellner auf und stößt ihn in den Abgrund. Dann stürzt er davon, um von Wally die Einlösung ihres Versprechens zu fordern. Hagenbach hat den Sturz jedoch überlebt; auf seine Hilferufe eilt Wally herbei, die alles zu seiner Rettung aufbietet. Zur Sühne überläßt sie Afra nicht nur den Geliebten, sondern auch ihr gesamtes Hab und Gut, um künftig wieder in den Bergen zu leben.

4. AKT: Auf dem Murzoll. Seit vielen Monaten lebt Wally allein inmitten ihrer geliebten Bergwelt; vergeblich versucht Walter sie zu Weihnachten ins Tal zu holen. Plötzlich vernimmt sie die Stimme von Hagenbach, der gekommen ist, um sich zu ihr zu bekennen. Auch ihr Geständnis, daß sie es war, die den Anschlag habe verüben lassen, vermag seine Liebe nicht zu erschüttern; beide träumen von einem gemeinsamen Glück. Als sich ein Unwetter zusammenbraut, verlassen sie eiligst die Hütte, um sich ins Tal zu retten. Auf der Suche nach dem Weg wird Hagenbach von einer Lawine erfaßt. Wally weiß, daß sie den Geliebten verloren hat und stürzt sich in den Abgrund.

Kommentar

Aus dem Heimatroman *Die Geierwally*, der fraglos dem Genre der Trivialliteratur zuzurechnen ist, hat Illica mit großem Geschick die Handlung in ihren Grundzügen herausgearbeitet, im Einklang mit den Erfordernissen der Dramaturgie des ottocento: Die Rivalität von Gellner und Hagenbach um die schöne und reiche Wally führt zu tragischen Verstrickungen, die erst durch den Tod von Wally und Hagenbach gelöst werden – im Gegensatz übrigens zum Roman, der mit einem sentimentalen happy end schließt. Gleichwohl sind Tendenzen erkennbar, das übliche Schwarzweißklischee aufzubrechen, die starre Typisierung einer Charakterisierung anzunähern. Wenn auch Gellner, der keine Skrupel hat, Wallys Liebe zu Hagenbach beim Vater zu denunzieren und später den Rivalen gar in den Abgrund zu stürzen, primär in der Tradition des „baritonalen" Bösewichts steht, so zeigt die musikalische Gestaltung seines Arioso („Schiavo de' tuoi begli occhi", 2. Akt), daß er Wally leidenschaftlich liebt; doch seine Unterwerfung, die aus seinem dienstlichen Abhängigkeitsverhältnis resultiert, trägt ihm Wallys Verachtung ein.

Hagenbach andererseits hebt sich von dem finsteren Gellner keineswegs als positive Gegenfigur ab: Seine Arroganz und seine Aggressivität, die sich im

Streit mit Stromminger offenbaren, vollends jedoch sein Spiel, das er einerseits mit der schwachen Afra, andererseits mit Wally treibt, lassen ihn zutiefst unsympathisch erscheinen; erst im 4. Akt, als er sich bedingungslos zu Wally bekennt, rückt ihn die Aufrichtigkeit seiner Gefühle in die Nähe der traditionellen „tenoralen" Liebhaber.

Besonders die Charakterisierung der Titelgestalt ist keineswegs eindimensional ausgefallen: Wally erscheint einerseits als ein Mensch, der einzig aus Elementargefühlen heraus lebt und auf seine Umwelt reagiert. Symptomatisch für die Intensität ihrer Emotionen ist das jähe Umschlagen von Liebe in Haß, als sie sich von Hagenbach getäuscht sieht: der Entschluß, Gellner zu heiraten, wenn er Hagenbach umbringe. Andererseits zeigt sich, daß ihr Handeln von kompromißloser Geradlinigkeit bestimmt, daß ihrem Wesen Verstellung fremd ist. Ihre offene Auflehnung gegen die väterliche Autorität, die sich in der kategorischen Ablehnung Gellners als Heiratskandidaten äußert, macht zugleich deutlich, daß sie über ein ausgeprägtes Freiheitsbedürfnis verfügt, das sie die Unbilden der Natur einem bequemen Dasein an der Seite eines ungeliebten Mannes vorziehen läßt (Arie „Ebben, ne andrò lontana", 1. Akt).

Der freiwillige Verzicht auf Hagenbach (3. Akt), der letztlich aus moralischen Gründen erfolgt und als Ausdruck ihres christlichen Sühnebewußtseins zu begreifen ist, impliziert für sie den Rückzug aus der menschlichen Gesellschaft in die Einsamkeit der Bergwelt, die nicht nur als grandiose Kulisse fungiert, sondern zugleich als Symbol für Wallys heroischen Charakter zu verstehen ist, der sie veranlaßt, am Ende dem Geliebten freiwillig in den Tod zu folgen. Der Tod wird hier nicht von Menschenhand verursacht, sondern durch die Mächte der Natur – eines jener Momente, das den Einfluß der neoromantischen Ästhetik verrät.

In musikalischer Hinsicht darf *La Wally* als Catalanis Hauptwerk gelten: Die in seinen früheren Opern angelegten Innovationen finden hier ihre deutlichste Ausprägung. Unübersehbar ist die Tendenz zur durchkomponierten Großform, die durch einen fließenden Übergang von Deklamation und Kantabilität gekennzeichnet ist. Zu den wenigen geschlossenen Vokalformen dieser Partitur zählen Wallys Arie „Ebben, ne andrò lontana", entstanden 1876 als „Chanson groënlandaise" und fraglos das bekannteste Stück der ganzen Oper, sowie Walters Lied vom Edelweiß („Un d'i verso il Murzoll", 1. Akt), dessen Fiorituren als Imitationen des Jodlers intendiert sind. Darüber hinaus erfährt die couleur locale kaum Beachtung: Die Tänze im 1. und 2. Akt orientieren sich nur oberflächlich an Ländler und Walzer.

Das Pendant zur Reduzierung der kantablen Melodik besteht in der Ausweitung des Orchesterparts, der den teils arios, teils deklamatorisch geführten Vokalstimmen den erforderlichen Rückhalt bietet, andererseits mit wirkungsvollen Beispielen musikalischer Deskription aufwartet: Steht das Vorspiel zum 3. Akt, das auf Catalanis Klavierstück *A sera* (1888) zurückgeht, aufgrund seines ausgeprägten Ostinatos für Wallys innere Unruhe, so suggeriert das Vorspiel zum 4. Akt durch seine bizarre Satzstruktur und seine fahlen Klangfarben die Atmosphäre des ewigen Eises und zugleich Wallys Einsamkeit. Und nicht zuletzt unterstreichen zahlreiche progressive Momente wie Ganztonleitern, übermäßige Dreiklänge und Parallelakkordik den neuen Stellenwert der instrumentalen Komponente innerhalb der Komposition.

Geschichte

Catalani lernte den Roman unter dem Titel *La Wally dell'avvoltoio* durch die Mailänder Zeitschrift „La Perseveranza" kennen und war von der Handlung, insbesondere von dem ihm vertrauten Ambiente der Bergwelt fasziniert, so daß er sofort die Vertonungsrechte erwarb. Im Frühjahr 1889 begann die Arbeit an der Komposition, zwei Jahre später war sie abgeschlossen. Zusammen mit Adolf von Hohenstein, einem der führenden Bühnenbildner der Scala, fuhr er nach München, um mit der Autorin Fragen der Ausstattung zu erörtern.

Die Uraufführung an der Scala mit Ericlea Darclée in der Titelrolle brachte Catalani den ersehnten Triumph. In der Folgezeit wurde *La Wally* vor allem in Italien vielfach aufgeführt, ohne jedoch eine dauerhafte Verankerung im Repertoire zu erzielen. Eine nachdrückliche Unterstützung erfuhr die Oper durch Arturo Toscanini, der zu Catalani in freundschaftlichen Beziehungen stand und sie 1907 an der Scala und 1909 an der Met herausbrachte. Weitere Erstaufführungen: Hamburg (1893), Buenos Aires (1904) und Rio de Janeiro (1980). Nach dem Zweiten Weltkrieg hat *La Wally* besonders in Renata Tebaldi eine überzeugende Interpretin gefunden (Mailand 1953, Rom 1960).   *Norbert Christen*

Diskographische Empfehlung

1968 – Monte Carlo: Fausto Cleva, Coro lirico di Torino, Orchestre de l'Opéra Monte Carlo. Renata Tebaldi (Wally), Justino Diaz (Stromminger), Piero Cappuccilli (Gellner), Mario del Monaco (Hagenbach). Decca, TIS SET 194/6

LEOŠ JANÁČEK

geb. 3. Juli 1854 in Hukvaldy
gest. 12. August 1928 in Ostrava

Ähnlich wie Modest Mussorgskij mißtraute Leoš Janáček dem fachmännischen Komponieren und berief sich statt dessen auf die Lebendigkeit des erlebten Augenblicks: „Ein Mensch schwatzte mir vor, nur der reine Ton bedeute etwas in der Musik. Und ich sage, daß er gar nichts bedeutet, solange er nicht im Leben, im Blut, in der Umwelt steckt." Das, was Mussorgskij das „Kindesalter der Kunst" nannte, die Anwendung satztechnischer Mittel aus formalen Gründen und das distanzierte Handhaben des Tonmaterials, war für Janáček, der sein kompositorisches Handwerk bereits in jungen Jahren erlernt hatte, später keine Garantie mehr für gutes Komponieren. Sein Ziel war die realistische Menschendarstellung auf der Bühne, doch dazu bedurfte es eines weiten Anlaufs. Immerhin war er bereits fünfzig Jahre alt, als er mit seiner dritten Oper *Jenůfa* (Uraufführung am 21. Januar 1904 in Brünn) endlich seinen ersten großen Erfolg erzielte, nachdem zwei frühere Opern entweder am Libretto (*Šárka*, 1887/88) oder an der Musik (*Počátek románu*, 1891) gescheitert waren. Es war nicht allein die Stoffwahl, die ihm in *Jenůfa* die Möglichkeit gab, die Idee einer realistischen Musikdramatik zu verwirklichen, es war vielmehr Janáčeks Einsicht in die kompositorische Sackgasse, in die er bei der Komposition der vorigen Oper *Počátek románu (Der Anfang eines Romans)* mit dem Versuch geraten war, die Musik der „Umwelt" dadurch zu erreichen, daß er das schlichte Sujet mit mährischer Volksmusik drapierte und so einen Widerspruch zu der ansonsten spätromantischen Musiksprache provozierte. Obwohl Janáček ein gewissenhafter Kenner der mährischen Volksmusik war, wurde er sich erst nach diesem mißglückten Versuch, sie in die Kunstmusik zu integrieren, darüber klar, daß eine unvermittelte Übernahme volksmusikalischer Elemente nicht dazu geeignet ist, komplizierteren Bühnenvorgängen zu folgen.

Seine Suche nach der musikalischen Wahrheit brachte ihn deshalb auf die Erforschung des Tonfalls der gesprochenen Sprache, den er als „Widerhall des menschlichen Innenlebens" erkannte. Im Gegensatz zu Mussorgskij, der mehr auf die Umsetzung des Sprechtonfalls in selbständige musikalische Intonationen abzielte, hörte Janáček bereits aus dem Sprechtonfall selbst die Musik heraus. Er skizzierte bis ins hohe Alter hinein unermüdlich seine „Vermerke von Empfindungsreaktionen verschiedener Menschen unter verschiedenen Umständen" (Jan Racek), ja sogar Geräusche (!) der Umwelt und war besessen davon, sie – wenn auch durch die Notation stilisiert – als musikalisches Material zu gebrauchen, freilich nur als „zentrale Veranlassung" des Komponierens: „Es ist doch undenkbar, daß ich die gesammelten Sprechmotive, diese Ausschnitte aus fremden Seelen, empfindlich bis zum Schmerz, heimlich nehmen und daraus mein Werk ‚zusammenstellen' würde! Wie kann man solchen Unsinn verbreiten?" Tatsächlich bildet das notierte Sprechmotiv nur den Ausgangspunkt einer rein musikalischen Gestaltung in den Opern, und zwar als Orchestermotiv, mit dem der Vorgang des ursprünglichen „Aktzeichnens der Musik" in der Struktur aufgehoben wird. Im Unterschied zu Mussorgskij kam es Janáček gerade auf den Prozeß der Stilisierung solcher der Realität entnommenen Sprechmotive an; deshalb überließ er sie auch nicht allein den Singstimmen, sondern gestaltete daraus das Gewebe des Orchestersatzes. Man mag über den gleichsam naturwissenschaftlichen Anspruch der Erforschung solcher Sprechmotive als fixe Idee eines Dilettanten lächeln, doch ist es unbezweifelbar, daß sie für Janáček eine kompositorische Realität war: „Vom Janáčekschen Realismus kann man (. . .) ohne Übertreibung behaupten, daß er, als eine primär in der Sprechmotivik sich ausdrückende Stiltendenz, am Ende den gesamten Tonsatz durchdringt, indem er von der Melodik auf die formale Struktur übergreift" (Carl Dahlhaus).

Die dem Augenblick des Sprechakts entnommene Notierung des Sprechmotivs, ein naturalistisches Element, wird von Janáček gewissermaßen „kunstfähig" gemacht dadurch, daß es überhaupt erst im Orchestergewebe zeigt, was in ihm steckt. Die öfter schon vorgebrachte These, ein solches kompositorisches Verfahren sei nur eine Kompensation der mangelnden Fähigkeit Janáčeks, sich expansiv auszudrücken, oder sei sogar Unsicherheit und Dilettantismus, fehlende Beherrschung des kompositorischen Metiers, ist inadäquat. Denn die zwingende Originalität und die dramaturgische Verbindlichkeit der späten Opern und Instrumentalwerke Janáčeks gibt dem Verfahren recht. Es ist auch ein Zeichen von Realismus, daß es Janáček gelingt, die Position des Beobachters einzunehmen und nur an ganz wenigen, dafür aber entscheidenden Stellen kommentierend einzugreifen. Die Orchesterschläge nach den Worten der Küsterin am Ende des

2. Aktes der *Jenůfa* („Grad als ob der Tod hätt' hereingegrinst") sind ein Beispiel dafür.

Wenn zwei Opern nach *Jenůfa* dennoch scheitern mußten, dann lag es nicht an der Musik, sondern an den ungenügenden Libretti. Es ist rätselhaft, daß Janáček bei seinen Textbüchern des öfteren der durchdringende Blick fehlte, über den er sonst so unübertrefflich gebot. Mit der Oper *Osud (Schicksal)*, komponiert in den Jahren 1903–04, nachdem der Plan einer Oper nach Josef Merhauts Roman *Engelssonate* fallengelassen worden war (Weigerung des Schriftstellers), bemühte Janáček sich, autobiographische Elemente in eine verbindliche Form zu zwingen; die unlogische, ja wirre und letztlich unverständliche Handlungsführung konnte das Werk nicht retten (Uraufführung erst im Jahre 1958 in Brünn). Stilistisch gehört dieser Versuch zum Typus des Konversationsstücks, gemischt mit Elementen des extrem „expressiven Subjektivismus" (Jan Raček). Der Untertitel „Romanfragmente aus dem Leben" bringt sozusagen den immanenten Widerspruch der Konzeption auf den Punkt.

Nach einigen Skizzen zu einer Oper *Anna Karenina* (1907, nach Tolstoj) mühte sich Janáček in den Jahren 1908–17 (!) mit dem Text und mehr als fünf Librettisten zu der zweiteiligen Oper *Výlety pana Broučka (Die Ausflüge des Herrn Brouček)*, die auf zwei Humoresken Svatopluk Čechs beruhte und sprachlich wie dramaturgisch nicht für die Bühne einzurichten war. Die Ausflüge des Prager Spießbürgers (Brouček heißt Käferchen) auf den Mond (1. Teil) und ins heldische Zeitalter der Hussitenkriege (2. Teil) war zwar als Satire gemeint – Janáčeks Musik versteht das auch zu gestalten –, konnte aber wegen der fehlenden Schärfe des Librettos nicht greifen. Der Intention nach handelt es sich „um einen ganz neuen Typus der tschechischen komischen Oper mit grotesk-satirischen Zügen, der sich von Smetanas komischem Operntyp grundlegend unterscheidet" (Jan Raček). Die immanente Sozialkritik prallt jedoch ab an der Harmlosigkeit des Titelhelden: „Der negative Held wird mit Elementen seines eigenen, traumhaft verworrenen Bewußtseins angegriffen" (Tibor Kneif). Es ist schade, daß Janáček gerade für diese Oper eine Musik geschrieben hat, die zum Höhepunkt seines Schaffens gehört.   *Dietmar Holland*

Jenůfa (Její Pastorkyňa)

Oper aus dem mährischen Bauernleben in drei Akten

<u>Text</u>: Leoš Janáček, nach dem Schauspiel von Gabriela Preissová (1890)

<u>Uraufführung</u>: 21. Januar 1904, Nationaltheater Brünn; Fassung von Karel Kovařovic: 26. Mai 1916, Tschechisches Nationaltheater Prag

<u>Personen</u>: Stařenka Buryjovka (die alte Burya), Altenteilerin und Hausfrau in der Mühle (Alt); Laca Klemeň, Stiefenkel der alten Burya (Ten); Števa Buryja, Enkel der alten Burya (Ten); Kostelnička Buryjovka (die Küsterin Burya), Schwiegertochter der alten Burya, Witwe (Sop); Jenůfa, ihre Ziehtochter (Sop); Stárek, Altgesell (Bar); Rychtář, Dorfrichter (Baß); Rychtářcka, seine Frau (Mez); Karolka, ihre Tochter (Mez); Pastuchyňa, Hirtin (Mez); Barena, Magd in der Mühle (Sop); Jano, Hirtenjunge (Sop); Tetka, alter Dörflerin (Alt)

<u>Chor</u>: Rekruten; Müllerburschen; Gesinde; Dorfleute

<u>Ballett</u>: Burschen und Mädchen

<u>Ort und Zeit</u>: In der Mühle der alten Burya und in der Stube der Küsterin. Ende des 19. Jahrhunderts: Zwischen dem 1. und 2. Akt liegt ein halbes Jahr, zwischen dem 2. und 3. Akt sind zwei Monate vergangen

<u>Orchester</u>: 2 Fl, Picc, 2 Ob, E. H., 2 Kl, Bkl, 3 Fg, 4 Hrn, 2 Trp, 3 Pos, Btba, Pkn, Bck, TamTam, Tamb picc, Tamb mil, GrTr, kl. u. gr. Gl, Trgl, Hrf, Streicher

<u>Auf der Bühne</u>: Hrn in F, Xyl, Kindertrp, Gl, Streicher

<u>Form</u>: Durchkomponiert

<u>Aufführungsdauer</u>: Ca. 2½ Stunden

<u>Verlag</u>: Universal-Edition, Wien

<u>Handlung</u>

1. AKT: Jenůfa, die Ziehtochter der Küsterin eines mährischen Dorfes, erwartet die Ankunft ihres Geliebten Števa, der zur Assentierung gegangen ist. Ohne daß sie es bisher im Dorf verbreitet hätte, aus Angst vor den sittlichen Normen, erwartet sie ein Kind von ihm. Števas Stiefbruder Laca liebt sie, obwohl sie ihn beharrlich abweist. Er hofft, daß Števa eingezogen wird, während es für Jenůfa die Offenbarung ihrer Schande wäre. Da

trifft die Meldung von Ševas Freistellung ein. Angetrunken geht er mit den neuen Rekruten zu ausgelassenem Tanz und Gesang, dem die strenge Küsterin Einhalt gebietet. Sie verlangt von Jenůfa und Števa ein Jahr der Prüfung mit einem Seitenhieb auf die Ausgelassenheit des Bräutigams und schafft so (unwissend) den tragischen Konflikt Jenůfas, die nun ihr Kind unehelich austragen muß. Števa versichert sie seiner Liebe, und Laca ist froh über den Aufschub der Heirat, da er sich weiterhin Hoffnungen auf Jenůfa macht. Freilich kann er ihr gegenüber seine Eifersucht nicht verbergen und läßt sich sogar hinreißen, sie nach einem trotzigen Wortwechsel mit einem Messer im Gesicht zu verwunden, um sie Števa zu verleiden.

2. AKT: Jenůfa hat der Küsterin ihr Geheimnis verraten und heimlich bei ihr das Kind, das den Namen des Vaters trägt, geboren. Im Dorf verbreitet sich das Gerücht, Jenůfa sei für längere Zeit verreist, bis die Prüfung vorbei ist. Vergebens versucht die Küsterin, Števa zur Heirat mit der (verunstalteten) Jenůfa zu bewegen, und wendet sich daher mit dem Hinweis an Laca, der seit einiger Zeit Reue empfindet und Jenůfa heiraten möchte, das Kind brauche ihm nicht im Wege zu stehen, da es gestorben sei. Die Küsterin sieht keinen anderen Weg mehr, die in den Augen der Dorfgemeinschaft als Schande aufgefaßte Geburt eines unehelichen Kindes aus der Welt zu schaffen, indem sie selbst das Kind tötet. Sie gibt Jenůfa einen Schlaftrunk und schafft das Kind fort, um es zu ertränken. Laca hat sie fortgeschickt unter dem Vorwand, er solle klären, ob das Gerücht stimmt, daß Števa die Tochter des Dorfrichters heiraten wolle. Jenůfa erwacht aus dem Schlaf und sucht ihr Kind im Haus. Die Küsterin kommt gerade heim und lügt ihr vor, das Kind sei während eines angeblich zweitägigen Fieberschlafs Jenůfas gestorben. Jenůfa ist nun bereit, Laca zu heiraten. Als die Küsterin das Paar segnen will, reißt das Fenster durch einen eisigen Zugwind auf und versetzt die Mörderin in schuldbewußte Todesangst.

3. AKT: Zwei Monate später werden die Hochzeitsvorbereitungen getroffen. Auf Lacas Einladung hin erscheint auch sein Stiefbruder Števa mit seiner Braut Karolka und deren Eltern. Die Küsterin kann ihr schlechtes Gewissen kaum noch verbergen und führt, um sich abzulenken, die ankommenden Gäste ins Nebenzimmer, wo die Aussteuer besichtigt werden kann. Ein Chor von Dorfmädchen trägt ein Hochzeitslied vor, und der Dorfrichter drängt zur Trauung. In dem Augenblick, als nach der alten Burya auch die Küsterin dem Paar den Segen erteilen will, erhebt sich draußen ein Geschrei: Ein Kind ist tot aufgefunden worden im schmelzenden Eis des Baches. An der Kleidung erkennt Jenůfa ihr Kind. Den drohend auf sie

zutretenden Dorfbewohnern gebietet Laca Einhalt. Überraschend klärt die Küsterin die Tat auf. Jenůfa verzeiht ihr, weil sie versteht, daß die Küsterin aus Liebe zu ihr so gehandelt hat. Karolka erkennt in Števa den eigentlichen Urheber der Tragödie und sagt sich von ihm los.

Zurück bleiben Laca und Jenůfa. Traurig will sie ihn fortschicken, doch Laca hält zu ihr.

Kommentar

Die Wirkung der sinistren Ballade, in der Motive vom „verlassenen Mägdlein", von Bruderhaß und Kindsmord, gesteuert durch die drückenden moralischen Normen einer bäuerlichen Dorfgemeinschaft, verschränkt werden, war nicht so sehr Sache der Schauspielvorlage, sondern erhielt erst Profil durch Janáčeks unerschütterlichen Glauben an die Macht der Musik. Es scheint sogar, daß Janáčeks musikalische Aufrichtigkeit das Volksstück überhaupt erst in den Rang einer ergreifenden Tragödie erhoben hat, denn die tragischen Verstrickungen offenbaren sich nicht auf der „äußeren" Handlungsebene – sie sind Folgen einer tieferliegenden seelischen Schicht, die von den moralischen Zwängen des Dorflebens verursacht werden –, sondern sind vielmehr in den „mit sich und ihrem Herkommen eingesperrten Personen" (Norbert Miller) verborgen und deshalb dem streng rationalistischen Zugriff entzogen. Und genau hier springt die Musik mit ihrer Kraft zur sinnfälligen Vergegenwärtigung seelischer Strukturen ein. Ihr Medium ist der Monolog, der freilich schon im Schauspiel der Preissová vorgegeben war, so daß Janáček nur noch die Gelegenheit ergreifen mußte, die dramatische Zuspitzung im 2. Akt, die verwegene Lösung des Konflikts in den psychischen Bereich zu verlegen. Vom Beginn des Mittelakts an reift in der Küsterin, verdeckt von den äußeren Vorgängen, der unabweisbare, weil von den Lebensnormen des Dorfes diktierte Entschluß, das uneheliche Kind ihrer Ziehtochter zu ermorden. Es geht ihr einzig um die Wiederherstellung der Ehre Jenůfas, und die 4. Szene des 2. Aktes enthüllt ihren Entschluß in der Antwort auf Lacas Frage („Und nun soll ich's wohl nehmen, das Kind von Števa?"): „Laca, o glaub mir, das Kind ist ja gestorben" – damit wird die gedanklich bereits vollzogene Tat vorweg moralisch gerechtfertigt: „In dieser knappen Denkpause zwischen Frage und Beteuerung greifen die ungeschriebenen Gesetze des Kollektivs in das Geschehen ein. Es kann da kein Feilschen, keine Überredung und keinen Kompromiß geben: Allein der getroffene Entschluß der Küsterin, sei er auch ein Verbrechen, wird den Lebensnormen der Dorfgemeinschaft gerecht" (Tibor

Kneif). Und es ist gerade das dumpfe, von latenter Spannung erfüllte „innere" und „äußere" Geschehen, das Janáček in seiner Musik gestaltete. Da in dieser ersten bedeutenden Oper Janáčeks, im Unterschied zu den italienischen Veristen, die „innere" Handlung den „äußeren" Vorgängen überlegen ist, beherrscht die Musik – außer der unvermeidlichen Schilderung des Milieus – die Freilegung der psychischen Konflikte. Die Intonationen von Volkslied und -tänzen sind in einem mehr als handgreiflichen Sinn Träger der (mährischen) Dorfatmosphäre (besonders im 1. Akt), und die zentralen monologischen Szenen im 2. Akt zeigen Janáčeks Kunst der differenzierten, unsentimentalen Darstellung von Emotionen, Leidenschaften, Wünschen und Ängsten, denen Jenůfa und die Küsterin ausgesetzt sind. Die Musik macht zwar den Eindruck des „Abrupt-Fragmentarischen" (Jaroslav Vogel), verzichtet aber grundsätzlich auf jegliche vordergründige Drastik der Untermalung szenischer Vorgänge. Davor bewahrt sie ohnehin der dramatische Impuls, der mit den Personen gleichsam mitleidet, mitliebt, mitlügt und mitmordet. Trotz aller lakonischen Kürze seiner Musiksprache – es gibt so gut wie keine lang ausgesponnenen ariosen Partien außer der großen, zentralen Preghiera der Jenůfa im Mittelakt – gelingt es Janáček, um einen gesamten Akt einen großen Bogen zu spannen: Der 1. Akt wird eingerahmt von dem unruhig pochenden Xylophon-Motiv, das nicht nur – äußerlich – das Klappern der Mühle meint, sondern – als Ausdruck der latenten Spannung – den roten Faden der Atmosphäre markiert und deshalb immer wieder im Verlauf des Aktes hörbar wird. Am Ende des Aktes, nach dem Eifersuchtsausbruch des Laca, geht es sogar über auf die Pauke und stiftet damit einen unheilvoll drohenden Charakter, gewissermaßen als Vorahnung der Katastrophe.

Eine weitere Eigenart der musikalischen – und übrigens auch sprachlichen – Gestaltung dieser Oper ist das Mittel der intensivierenden Wiederholung. Ein tektonischer Grund dafür ist die Kompensation der reinen Prosavertonung durch symmetrische Ausbreitung. (Reine musikalische Prosa komponierte Janáček erst in den späteren Opern.) Die dramaturgische Funktion dieser speziellen Wiederholungstechnik wurde lange Zeit mißverstanden und vor allem auch durch gezielte Eingriffe in die Partitur korrigiert (vgl. Abschnitt Geschichte). Dennoch gehört sie zum wesentlichen Instrumentarium der Musikdramaturgie Janáčeks, wie er sie angesichts eines solchen Stoffes für notwendig hielt. Immerhin ist sie ein ergreifender Ausdruck für die Ratlosigkeit, das bange Hoffen und sogar die Verzweiflung in den meisten Szenen oder ein Mittel, quälende, unabweisbare Gedanken zu verdeutlichen. Sie zeigt auch latente Tendenzen zur Vereinsamung auf, so etwa in den beiseite gesungenen Worten Lacas „Wie ich sie liebe" (2. Szene des 1. Aktes), und kehrt schließlich die Wichtigkeit der „inneren" Handlung ausdrücklich hervor.

Diese ganz dem verismo entgegengesetzte Einstellung Janáčeks kommt in der Schlußszene gleichsam zu sich selbst: Das Schlußduett zwischen Jenůfa und Laca steht bereits außerhalb der Handlung, und zwar auf höherer Ebene, weit entfernt vom Leiden der vorausgegangenen Tragödie, wie eine fast selbständige Offenbarung der Katharsis im musikalischen Raum. Liebe offenbart sich hier als tiefste menschliche Solidarität und höchste innere Reife. Das seltsam entrückte, epilogartige Duett beginnt zwar mit einer Art musikalischem Fragezeichen, schließt aber mit der Gewißheit eines Hymnus, der in die bessere Zukunft weist.

Geschichte

Im November 1893 schrieb Gabriela Preissová an Janáček, das Schauspiel *Její Pastorkyňa* (uraufgeführt am 9. November 1890 in Prag) eigne sich nicht für eine Oper, doch der Komponist arbeitete bereits daran. Zahlreiche Notizen im Exemplar des Erstdrucks von 1891 bezeugen die intensive Lektüre Janáčeks, wenn auch die Ausarbeitung des Librettos erst in den Jahren 1894–95 erfolgte, parallel zu den ersten musikalischen Skizzen. Die Partitur der ersten, umfangreicheren Fassung entstand in langer, zäher Arbeit bis 1903 (letzte Durchsicht am 18. März). Doch begann erst dann der richtige Leidensweg der Oper, der bis zur triumphalen Prager Erstaufführung im Jahre 1916 dauerte, nachdem vorher nur Aufführungen in Brünn (Uraufführung am 21. Januar 1904) stattfinden konnten. Der Weg zum Prager Nationaltheater war aber für einen tschechischen Komponisten gleichbedeutend mit dem kompositorischen Durchbruch. Das ist auch der Grund dafür, daß Janáček sich einverstanden erklärte, die Prager Aufführung in der Bearbeitung des Dirigenten Karel Kovařovic durchgehen zu lassen. Diese Neufassung betraf nicht nur die romantisierende Eintönung des im Original viel holzschnittartiger verwendeten Orchesters durch exzessiven Hörnergebrauch und weichere Klangmischungen, sondern auch umfangreichere Streichungen des von Janáček ausdrücklich dramaturgisch eingesetzten Stilmittels der intensivierenden Wiederholungen und vor allem die apotheotische Neukomposition des Schlußduetts, das in Janáčeks Originalfassung erheblich zarter, ja fast indirekt klingt. Dennoch machte die Oper vorerst in dieser Bearbeitung Bühnenkarriere; auch der Erstdruck

(1917) erfolgte in dieser Version, ebenso der Neudruck der Partitur im Jahre 1969 (unter Heranziehung der Einrichtung Václav Talichs). Erst der Dirigent Charles Mackerras wagte es, die Originalfassung in einer Bühnenaufführung (Paris 1981) und später in einer Schallplattenaufnahme (Wien 1982) vorzustellen, nachdem sie seit der letzten Brünner Aufführung im Jahre 1913 nie mehr erklungen war.

Bei der Einrichtung des Schauspieltextes in ein operngerechtes Libretto verzichtete Janáček auf die sonst übliche Versifizierung des Prosatextes und begründete sein von der Tradition der Librettistik abweichendes Vorgehen damit, daß ihn „das Prinzip der wahrheitsgemäßen Wiedergabe der festgehaltenen Sprechmelodie auf diese Bahn geführt" habe, der Versuch also, den realen Sprechtonfall musikalisch einzufangen. Außer der Kürzung der Handlung auf die wesentlichen Züge behielt Janáček den Text der Vorlage weitgehend bei, insbesondere die dramaturgische Anlage, fügte aber noch einige bedeutsame Details hinzu: Es handelt sich dabei um einige unerläßliche „Musizieranlässe" (Chor der Rekruten im 1. Akt), aber auch um genuin opernhafte Ensemblesätze wie etwa die kontemplative Stelle „Jedes Paar muß die Zeit seiner Leiden ertragen", die Janáček in einer öffentlichen Erklärung gegen einen Kritiker verteidigte: „Das Großmütterchen hat jedem die bekannte Wahrheit aus der Seele gesprochen" – gemeint ist der unmittelbare szenische Anlaß des Ensembles –, „alle auf der Bühne stimmen ihr aus voller Seele zu. Der Altgeselle kann dies zu Laca mit vollem Recht bemerken, Laca es mit Bitterkeit wiederholen, Jenůfa in verzweifelter Angst, und jeder Bursche erzählt es seinem Mädel gemäß den eigenen Schicksalen ihrer gegenseitigen Liebe: so verknüpft sich das Geflecht des Ensembles immer fester und wächst an." Mit dieser Erklärung hat Janáček einmal tief in seine Operndramaturgie blicken lassen.

Dietmar Holland

Diskographische Empfehlung

1982 – Wien: Charles Mackerras, Chor der Wiener Staatsoper, Wiener Philharmoniker. Marie Mrazová (Die alte Burya), Wieslaw Ochman (Laca), Peter Dvorsky (Števa), Eva Randová (Küsterin), Elisabeth Söderström (Jenůfa), Lucia Popp (Karolka). Decca 6.35623 (Originalfassung)

Katja Kabanowa
Oper in drei Akten

Text: Leoš Janáček, nach dem Schauspiel *Gewitter* von Alexander Ostrowskij

Uraufführung: 23. November 1921, Nationaltheater Brünn

Personen: Sawelij Dikoi, ein Kaufmann (Baß); Boris Grigorje-witsch, sein Neffe (Ten); Marfa Kaban, die „Kabanicha", eine rei-che Kaufmannswitwe (Alt); Tichon Kabanow, ihr Sohn (Ten); Katja, seine Frau (Sop); Wanja Kudriasch, Lehrer (Ten); Warwara, Pflegetochter der Kabanicha (Mez); Kuligin, Kudriaschs Freund (Bar); Glascha und Fekluscha, Dienerinnen bei der Kabanicha (Mez)

Chor: Männer und Frauen der Stadt Kalinowo

Ort und Zeit: Die Kleinstadt Kalinowo am Ufer der Wolga, um 1860

Orchester: 4 Fl (3. und 4. auch Picc), 2 Ob, E.H., 2 Kl, Bkl, 3 Fg (3. auch Kfg), 4 Hrn, 3 Trp, 3 Pos, Tba, Pkn, Schlgzg, Hrf, Cel, Streicher

Form: Durchkomponiert

Aufführungsdauer: Ca. 2 Stunden

Verlag: Universal-Edition, Wien

Handlung

1. AKT: Sommer in Kalinowo, am späten Vormittag eines Feiertages. Am Ufer der Wolga sitzt der Lehrer Kudriasch und bewundert die Schön-heit des mächtigen Stromes. Der Kaufmann Dikoi, der auf dem Weg zur Kabanicha ist, hat für solche Schwärmereien weder Sinn noch Muße: Arbeiten muß man, Geld verdienen und nicht wie sein Neffe Boris in den Tag hinein leben! Während sich Dikoi bei der Kabanicha anmeldet, bleibt Boris bei Kudriasch zurück und klagt ihm sein Leid; nach dem Tod seiner Eltern bindet ihn ein Testament bis zur Volljährigkeit an seinen Onkel, dessen Launen er widerspruchslos hinnehmen muß. Die Kabanicha kommt mit ihrem Sohn Tichon und seiner Frau Katja vom Kirchgang zurück. Boris gesteht dem Lehrer, daß er heimlich in Katja verliebt sei, die im Haus ihrer Schwiegermutter ein hartes Leben führt; Tichon — willenlos, feige und heimlich dem Suff ergeben — steht ganz und gar unter der Fuchtel seiner Mutter, die auch Katja tyrannisiert. An diesem Tage noch, ordnet die

Kabanicha an, soll Tichon zum Markt nach Kasan fahren; zugleich hält sie ihm vor, daß er sie seit seiner Heirat mit Katja vernachlässige. Beide weisen diesen Vorwurf zurück – Tichon unterwürfig und konfliktscheu, Katja dagegen stolz und bestimmt. – Im Haus der Kabanicha sind Katja und Warwara, Pflegetochter der Kaufmannswitwe, mit Näharbeiten beschäftigt. Katja schüttet der Freundin ihr Herz aus, erzählt von den Träumen ihrer Jugend und von der Qual ihres jetzigen Lebens; schließlich bekennt sie Warwara, sich heftig zu einem anderen Mann hingezogen zu fühlen. Warwara ahnt, daß es sich um Boris handelt, aber bevor Katja seinen Namen nennen kann, erscheint Tichon in Reisekleidung, um von seiner Frau Abschied zu nehmen. Katja fleht ihn zwar an, nicht nach Kasan zu gehen oder sie wenigstens mitzunehmen, doch Tichon beruft sich auf die Anordnung seiner Mutter, die spöttisch und ungeduldig die Abschiedsszene beobachtet. Die Kabanicha zwingt ihren Sohn, nach einem althergebrachten Text, den sie ihm vorspricht, seine Frau zu Treue, Fleiß und Gehorsam ihrer Schwiegermutter gegenüber zu ermahnen, bevor er das Haus verläßt. Als Katja ihm einen letzten Kuß geben will, weist die Kabanicha sie streng zurück: „Er ist dein Mann, du Schamlose, nicht dein Geliebter!"

2. AKT: Am Spätnachmittag desselben Tages. Katja, Warwara und die Kabanicha sitzen in der Stube und sticken. Dikoi, der (nicht ohne dabei an seinen geschäftlichen Vorteil zu denken) der Kaufmannswitwe den Hof macht, kommt zu Besuch, und die Kabanicha zieht sich mit ihm in ein anderes Zimmer zurück. Warwara berichtet Katja, sie habe sich abends mit Kudriasch zu einem Spaziergang verabredet; auch Boris werde da sein und wäre überglücklich, wenn Katja mitkäme. Damit drückt sie der Freundin einen Nachschlüssel des Hinterausgangs in die Hand, den sie sich heimlich hat anfertigen lassen.

Kudriasch und Boris erwarten die beiden Frauen in einem Garten, der an das Kabanowsche Haus angrenzt; während Warwara sich mit dem Lehrer in einen Winkel des Gartens zurückzieht, gesteht Boris Katja in heißen Worten seine Liebe. Trotz ihrer moralischen Bedenken und ihrer Angst vor den Folgen fällt sie dem jungen Mann in die Arme und bleibt bei ihm, bis Warwara sie zur Heimkehr drängt.

3. AKT: Zwei Wochen später. Ein verfallenes Haus am Ufer der Wolga. Vor einem aufziehenden Gewitter haben sich zahlreiche Bewohner von Kalinowo zu diesem Unterschlupf geflüchtet, darunter Dikoi und Boris, Kudriasch und sein Freund Kuligin. Auch Warwara kommt herbei und berichtet Boris, daß Tichon aus Kasan zurückgekehrt und Katja seither

völlig verstört und verzweifelt sei. Nun erscheint Katja selbst und gleich hinter ihr die Kabanicha und ihr Sohn; in abergläubischer Angst vor dem Gewitter, in dem sie eine Strafe Gottes sieht, fällt Katja – hin- und hergerissen zwischen ihrem Mann und ihrem Geliebten – vor der Schwiegermutter auf die Knie und gibt vor aller Ohren ihren Ehebruch mit Boris zu. Tichon will sie verzeihend umarmen, aber eine wütende Geste seiner Mutter hält ihn zurück. Katja läuft hinaus und verschwindet im Dunkel des Sturms. – Seit Stunden schon suchen Tichon und die Magd Glascha das Ufer der Wolga nach Katja ab, vergebens. Kaum sind sie fort, da taucht die Vermißte auf, und wenig später kommt auch Boris; Dikoi hat seinen Neffen zur Strafe für sein Verhältnis mit der Kabanowa zu einem Geschäftsfreund nach Sibirien geschickt, und schweren Herzens nimmt der junge Mann von ihr Abschied. Allein zurückgeblieben, fällt Katja in tiefste Verzweiflung; plötzlich glaubt sie aus der Tiefe des Stromes lockende Stimmen zu hören, und in einem Anfall von Umnachtung stürzt sie sich ins Wasser. Aus der Ferne hat Dikoi den Selbstmord beobachtet, ohne helfen zu können. Nun bringt er mit einem Kahn Katjas Leiche ans Ufer, wo sich schnell Neugierige versammeln. Weinend klagt Tichon seine Mutter an, Katja in den Tod getrieben zu haben, die aber bleibt kalt und ungerührt und dankt den Umstehenden für ihre Anteilnahme.

Kommentar

Ihrer Thematik nach steht Janáčeks sechste Oper zwischen zwei Werken nach Stoffvorlagen Leo Tolstojs, dem Plan einer Vertonung des Romans *Anna Karenina* (1907) und dem ersten Streichquartett (1923/24) nach der Erzählung *Die Kreutzersonate:* In allen drei Fällen geht es um eine unglücklich verheiratete Frau, die sich mit einem anderen Mann einläßt und daran zugrunde geht. Zugleich steht die Oper in einer Linie von Bühnenwerken, in denen Janáček die fatale Doppelmoral des Kleinbürgertums anprangert, an der die Sehnsucht des einzelnen nach Glück und Freiheit zerbricht: Was sich in *Počátek románu* (*Der Anfang eines Romans*, 1891) noch als leichte Komödie darstellt, nimmt in *Jenůfa* (1894/1903), *Osud* (*Schicksal*, 1903/06) und schließlich *Katja Kabanowa* die Gestalt einer bitteren, realistischen Gesellschaftstragödie an. Auch die Konfrontation von aufgeklärter Jugend (hier vertreten durch Katja, Warwara, Kudriasch und Boris) mit dem konservativen, hartherzigen Alter (Dikoi und die Kabanicha, die in ihrem Wesen und dessen musikalischer Gestaltung deutlich an die Küsterin der *Jenůfa* gemahnt) – ein Kernmotiv gerade der russischen Literatur (erinnert sei hier nur an Turgenjeffs *Väter und Söhne*) – ist ein Thema, das Janáček mehrfach verarbeitet hat.

Die musikalische Sprache der *Katja Kabanowa* zeigt alle Charakteristika des Janáčekschen Personalstils: lang ausgeführte Ostinato-Steigerungen des Orchesters unter Verwendung verschiedener „Leitmotive" (wie gleich die ersten acht Töne des Orchestervorspiels mit ihrem Quartsprung f–b, die immer wieder als „Schuldmotiv" [Jaroslav Vogel] anklingen), die am natürlichen Gestus der Sprachmelodik orientierten Vokalpartien mit ihren Anklängen an die slawische Volksmusik und die kraftvolle, von Bläsern und Schlaginstrumenten geprägte Orchestration.

Geschichte

„In dem Stück ist viel Ergreifendes, slawisch Weiches; Gefühlstiefe!" schreibt Janáček am 10. Januar 1920 an Vincence Červinka, nach dessen Übersetzung er selbst – teilweise beraten von Max Brod – Ostrowskijs 1859 in Moskau uraufgeführtes Schauspiel *Gewitter* als Libretto eingerichtet hatte. Tatsächlich ging es dem Komponisten eher um das Einzel-Schicksal Katjas als um eine generelle Gesellschaftskritik, wie sie Ostrowskij beabsichtigte. Fast alle Kürzungen der Vorlage, die das fünfaktige Schauspiel auf drei Akte reduzieren, dienen einer Konzentration der Handlung auf die Titelrolle; damit geraten auch Warwara und Kudriasch, die bei Ostrowskij gleichberechtigt neben Katja und Boris stehen (und die nach Katjas Freitod die Stadt verlassen und sich so aus dem „dunklen Reich" der kleinbürgerlichen Enge Kalinowos befreien), zu Nebenrollen. Nach dem großartigen Erfolg der von František Neumann dirigierten Brünner Uraufführung dauerte es ein gutes Jahr, bis *Katja Kabanowa* am Prager Nationaltheater (am 30. November 1922) ihre zweite Inszenierung erlebte. Eine Woche später (am 8. Dezember) dirigierte Otto Klemperer in Köln die deutsche Erstaufführung des Werkes, das seither neben *Jenůfa* und dem *Schlauen Füchslein* zu Janáčeks erfolgreichsten Opern zählt.

Michael Stegemann

Diskographische Empfehlung

1976 – Wien: Charles Mackerras, Chor der Wiener Staatsoper, Wiener Philharmoniker. Dalibor Jedlička (Dikoi), Peter Dvorsky (Boris Grigorjewitsch), Naděžda Kniplová (Marfa Kaban), Vladimir Krejčik (Tichon Kabanow), Elisabeth Söderström (Katja Kabanowa). Decca 6.35439 (Originalfassung)

Das schlaue Füchslein
(Příhody lišky bystroušky)
Oper in drei Akten

<u>Text</u>: Leoš Janáček, nach der Novelle *Lišky Bystroušky* von Rudolf Těsnohlìdek

<u>Uraufführung</u>: 6. November 1924, Tschechische Oper, Brünn

<u>Personen</u>: Der Förster (Bar); Die Frau Försterin (Alt); Der Schulmeister (Ten); Der Pfarrer (Baß); Háraschta, ein Landstreicher (Baß); Der Gastwirt Pasek (Ten); Füchslein Schlaukopf (Sop); Die Gastwirtin (Sop); Fuchs (Sop); Das junge Füchslein Schlaukopf (Kindersop); Franzl und Sepp, zwei Burschen (Sop); Dackel (Mez); Hahn (Sop); Schopfhenne (Sop); Grille, Heuschreck, Frosch, Fliege (Kinderstimmen, Sop); Specht (Alt); Mücke (Ten); Dachs (Baß); Eule (Alt); Eichelhäher (Sop)

<u>Ballett</u>: Libelle; Igel; Eichhörnchen; Allerlei Waldgetier

<u>Chor</u>: Stimmen des Waldes; Dorfbewohner; Hennen; Tiere des Waldes; Fuchskinder

<u>Ort</u>: Im Wald und in Paseks Gastwirtschaft

<u>Orchester</u>: 4 Fl (Picc), 2 Ob, E.H., 2 Kl, Bkl, 3 Fg, 4 Hrn, 3 Trp, 3 Pos, Tba, Pkn, Schlgzg, Hrf, Cel, Streicher

<u>Form</u>: Durchkomponiert

<u>Aufführungsdauer</u>: Ca. 2 Stunden

<u>Verlag</u>: Universal-Edition, Wien

<u>Handlung</u>

1. AKT („Wie Bystrouška gefangen wurde"): Ermüdet von der schwülen, gewittrigen Luft legt der Förster sich zu einem Schläfchen nieder. Herr Heuschreck gibt derweil der Grille ein Konzert auf seinem Leierkasten. Der Frosch jagt vergeblich eine Mücke. Auf der Flucht vor dem neugierig herumtappenden Füchslein Schlaukopf fällt er dem schlafenden Förster auf die Nase. Dieser erwacht fluchend, packt die kleine Füchsin am Kragen und schleppt sie heim.

(„Bystrouška in der Seeförsterei"; „Bystrouška politisiert"; „Bystrouška entkommt"). — Im Hof der Seeförsterei ist die junge Füchsin nicht nur den plumpen Annäherungsversuchen des Dackels ausgesetzt, sondern auch den Bosheiten des Förstersohnes Seppl und seines Freundes Franzl. Als Franzl sie schlägt, beißt Bystrouška Seppl ins Bein. Zur Strafe wird sie vom Förster angebunden. Das Füchslein weint im Schlaf und nimmt die Gestalt eines Zigeunermädchens an. Am nächsten Morgen erscheint der Hahn, beschimpft Bystrouška als unnützes Mitglied der Gesellschaft und treibt seine Hennen zum fleißigen Eierlegen an. Bystrouška versucht vergeblich, die Hennen gegen den Hahn und die herrschende Ordnung aufzuhetzen. Als sie die Hoffnungslosigkeit ihres Unterfangens einsieht, stellt sie sich tot. Plötzlich jedoch stürzt sie sich auf die neugierig herbeigeeilten Hennen und erwürgt mehrere von ihnen. Auch der Hahn wird nicht verschont. Zu spät eilt fassungslos die Försterin herbei. Außer sich vor Wut will der Förster das Füchslein prügeln. Dieses aber zerbeißt den Strick und entflieht in den Wald.

2. AKT („Bystrouška enteignet"; Bystrouška verliebt sich"; „Hochzeit"): Mit ebenso listigen wie unverschämten Schmähreden vertreibt Bystrouška unter dem Applaus der Tiere des Waldes den allseits unbeliebten Dachs aus seiner Höhle und nimmt sie in Besitz. In Paseks Gastwirtschaft zieht derweil der Förster beim Kartenspiel den Schulmeister mit einem Zigeunermädchen auf. Der Pfarrer mahnt mit einem lateinischen Spruch zur Keuschheit. Alle drei stehen in einer seltsamen Beziehung zu dem Mädchen: Der Förster mochte die Zigeunerin gern und brachte sie ins Dorf; der Pfarrer nahm sie in sein Haus auf, geriet jedoch alsbald so ins Gerede, daß er nun seine Stelle wechseln muß. Der Schulmeister schließlich verliebte sich in das Mädchen, wagte es jedoch nicht, ihm einen Heiratsantrag zu machen. Eben damit neckt ihn der Förster, reagiert jedoch äußerst empfindlich, als ihn der Schulmeister auf die Füchsin anspricht. Reichlich angetrunken machen sich Pfarrer und Schulmeister auf den Heimweg. Als auch der Gastwirt Pasek den Förster über sein Mißgeschick mit Bystrouška ausfragen will, verläßt dieser wutschnaubend die Schänke.

Der betrunkene Schulmeister ist auf dem Heimweg nur mühsam in der Lage, das Gleichgewicht zu halten. Das Füchslein verbirgt sich hinter einer Sonnenblume am Wegesrand und versetzt sie in Bewegung. Der verliebte Schulmeister hält die schwankende Blume für das Zigeunermädchen Terynka, macht endlich doch noch einen Heiratsantrag und fällt auf die Nase, als er die Blume umarmen will. Wenig später erscheint der Pfarrer, über das Tugendgebot eines griechischen Klassikers räsonierend. Die im Dunkeln leuchtenden Augen des Füchsleins erinnern den heiligen Mann an Terynka, die ihn, den tugendsam Unschuldigen tückisch ins Gerede brachte. Als der Förster wütend hinter der Füchsin herschießt, ergreifen die beiden Trunkenbolde die Flucht.

Im Wald lernt Bystrouška einen stattlichen, eleganten Fuchs kennen und erzählt ihm von ihren Erlebnissen in der Försterei. Der Fuchs ist sichtlich beeindruckt von der selbständigen jungen Dame, die wiederum spürbar Gefallen an ihm findet. Nach einigem Zögern und schüchternen Annäherungsversuchen gestehen sich die beiden ihre Liebe. Sie küssen sich leidenschaftlich und kriechen – begleitet vom Getratsche der Tiere des Waldes – in die Fuchshöhle. Als die Füchsin am nächsten Morgen schluchzend aus der Höhle kommt, ist klar, daß man schleunigst zu Pfarrer Specht eilen muß, um zu heiraten. Unter dem Jubel der Tiere vollzieht der Specht die Trauung.

3. AKT („Bystrouška legt den Haraschta aus Lisen herein; Bystrouškas Tod"): Am Waldrand begegnet der Förster dem fröhlich singenden Geflügelhändler Haraschta. Er verdächtigt ihn der Wilddieberei, kann ihm aber nichts beweisen. Gutgelaunt berichtet Haraschta, er werde die Zigeunerin Terynka heiraten. Als der Förster einen toten Hasen auf der Lichtung erblickt, stellt er ein Fangeisen auf. Wenig später erscheint das Fuchsehepaar mit seiner Kinderschar, durchschaut augenblicklich die Falle und amüsiert sich königlich über die Dummheit des Försters. Die Alten erinnern sich ihrer zahlreichen Kinder und schmieden Pläne für die Zukunft. Haraschta stört den Frieden. Er glaubt die Gelegenheit günstig, seinem Liebchen den Pelz für einen Muff mitzubringen. Hastig setzt er einen Stutzen zusammen, stürzt jedoch, als er die Füchsin verfolgt, und schlägt sich die Nase auf. Während er sie jammernd abtastet, plündert die Fuchsfamilie seinen Korb und würgt die Hühner. In blinder Wut schießt Haraschta auf die Tiere, die auseinanderstieben. Nur Bystrouška bleibt sterbend liegen.

In der Gastwirtschaft erzählt der Förster, er habe die Höhle des Füchsleins leer vorgefunden. Die Wirtin erzählt, Terynka sei verheiratet und habe außerdem einen neuen Muff. Der Förster ist bewegt, während der Schulmeister dem Zigeunermädchen nachtrauert. Gemeinsam sinnieren sie über das Altwerden.

Im Schwarzgrund liegt der Förster – wie im ersten Bild – unter einem Baum und erinnert sich seiner ersten Liebe. Über den Kreislauf des Lebens nachdenkend, schläft er ein. Die Tiere des Waldes erscheinen ihm im Traum. Ein kleines Fuchsjunges läuft zu ihm heran, ein Frosch fällt ihm auf die Nase – der Enkel des Frosches, mit dem die Oper begann.

Kommentar

Ähnlich wie in *Katja Kabanowa* und der *Sache Makropulos* ist auch im *Schlauen Füchslein* der biographische Hintergrund der Oper unverkennbar: 1917 war die um 38 Jahre jüngere Kamila Stösslová in Janáčeks Leben getreten, eine Schönheit, vor allem aber eine Frau, die der Komponist in ihrer Ungebundenheit, ihrer Unkonventionalität und souveränen Mißachtung gesellschaftlicher Normen als die Verkörperung des „Natürlichen" verehrte und liebte. Unter anderem in der Füchsin Bystrouška setzte Janáček ihr ein Denkmal. Die Schilderung einer erträumten Hochzeit mit ihr in einem Brief vom November 1927 ist eine recht genaue Vision jener Trauung der Füchsin im Wald. Freilich zielt Janáček in seiner Oper über diesen biographischen Anlaß weit hinaus ins Allgemeingültige. Im *Schlauen Füchslein* entwirft er die Natur als ein Refugium, in dem der gesellschaftlich normierte Gegensatz zwischen Gut und Böse aufgehoben ist zugunsten eines freien, man könnte sagen freizügigen – nicht aber unmoralischen – Lebens. Scharf, jedoch ohne Bosheit, führt Janáček eine Reihe menschlicher Typen vor, denen es nur in ihren Wunschvorstellungen gelingt, sich der gesellschaftlichen Zwänge zu entledigen und zu einem selbstbestimmten, unverkrampft freien Dasein zu finden, das auch eine natürliche, naturgemäße Erotik einschließt. Der Förster ist der einzige menschliche Protagonist, der diesen Schritt am Schluß der Oper zumindest in Ansätzen vollzieht, zu einer heiteren Gelassenheit dem Leben gegenüber findet und zugleich in einem wundervollen Monolog das zentrale Thema der Oper formuliert: den Gedanken von Tod und steter Erneuerung. Bezeichnenderweise beinhaltet dieser Monolog auch die Erinnerung an die erste Jugendliebe. So wie der Eros eine unverkennbare Triebfeder des Janáčekschen Schaffens war, so gehört er zu einem erfüllten Dasein, wie es in der Gestalt Bystrouškas verkörpert ist, parallel dazu in der des Zigeunermädchens Terynka. Die nach der Uraufführung von Max Brod erstellte Textfassung, es ist wohl eher eine – von Janáček allerdings autorisierte – Umdichtung denn Übersetzung, macht diese Zusammenhänge noch deutlicher, war es doch Brods Gedanke, daß die drei menschlichen Protagonisten – Förster, Schulmeister und Pfarrer – ihre erotischen Wunschvorstellungen alle auf dieselbe Person übertragen: das Zigeunermädchen. (Eine spätere Übersetzung von Hans Hartleb hielt sich enger an das Original, in der sich jeder einer individuellen Jugendliebe erinnert.)

Vor diesem Hintergrund sollte auch Janáčeks Hochschätzung der Folklore und sein daraus resultierendes Interesse für bzw. seine Theorie von der

Sprachmelodie gesehen werden. Das genaue Studium der natürlichen Un-
verbildetheit der Sprache seiner mährischen Heimat stellt ein wesentliches
Moment oder, genauer, eine wesentliche Voraussetzung des Janáčekschen
Opernschaffens dar, und Theodor W. Adorno zielte ganz entschieden zu
kurz, als er in Bausch und Bogen auch den vorgeblich unreflektierten
Folklorismus Osteuropas verwarf.

Und parallel zu seinen Sprachstudien – die eine differenzierte Auseinandersetzung mit dem mährischen Volkslied einschlossen – betrieb Janáček
für sein *Schlaues Füchslein* auch intensive Tierstudien. An Brod schrieb er:
„Ich versenke mich ganz in die Natur, aber ich ertrinke nicht in ihr."
Janáček wollte „gewissermaßen nach der Natur zeichnen lernen". All das
aber sollte nicht darüber hinwegtäuschen, wie kunstvoll diese Partitur gearbeitet, wieweit jenseits eines platten Folklorismus oder Realismus simpler
Tierlautimitationen sie angesiedelt ist. Allein die wunderbar lichte Instrumentation könnte dies belegen – das intensive Studium Debussys schlug
sich hier möglicherweise nieder, wie auch die zentrale Bedeutung der
Ganztonleiter von diesem Studium herrühren könnte.

Geschichte

Im Jahre 1920 erschien in der liberalen Brünner Tageszeitung
„Lidové noviny" („Volksblatt") Rudolf Těsnohlídeks Fortsetzungsge-
schichte vom schlauen Füchslein Bystrouška. Ursprünglich als verbinden-
der Kommentar zu Federzeichnungen des tschechischen Malers Stanislaw
Lolek gedacht, entwickelte sich die Geschichte zu einem größeren, in
volkstümlicher Sprache gehaltenen Tierepos. Wahrscheinlich wurde Janáček von seiner Haushälterin Marie Stejskalová auf Těsnohlídeks Geschichte aufmerksam gemacht; sie will auch angeregt haben, daraus eine
Oper zu machen. Zu der vom Komponisten gewünschten Zusammenarbeit
mit Těsnohlídek kam es nicht, Janáček selbst arbeitete die Geschichte – die
1921 auch als Buch erschien – zu einem Opernlibretto um, kürzte und nahm
vor allem Umstellungen vor. So faßte er die recht ausgedehnten Schilderungen der Raubzüge Bystrouškas zur Háraschta-Episode zusammen, die er
außerdem nachstellte. Die Vorlage endet mit der Hochzeit des Füchsleins.
Und auch die ihr vorangehende Liebesgeschichte, die sich bei Těsnohlídek
über mehrere Kapitel hinweg entwickelt, komprimierte Janáček stark. Die
Absicht, das *Schlaue Füchslein* zu vertonen, äußerte der Komponist erstmals
am 1. Juni 1921. Mit der Arbeit an der Oper dürfte er jedoch erst im Sommer
1922 begonnen haben. Am 17. März 1923 war die Partitur beendet. Die

Reinschriften des Kopisten Jaroslav Kulhánek weisen freilich noch zahlreiche Änderungen Janáčeks auf.

Von der Brünner Uraufführung seines *Schlauen Füchsleins* war Janáček sehr angetan, nicht nur, was die musikalische Leitung des Chefdirigenten František Neumann anging, sondern auch bezüglich der Regie Ota Ziteks und der wunderbar phantasievollen Kostüme und Bühnenbilder des Malers Eduard Milén. Weniger zufrieden zeigte sich der Komponist ein Jahr später mit der Prager Erstaufführung. Die immensen Anforderungen an Bühne und Regie begünstigten die Rezeption der Oper ganz sicher nicht. Erst 1937 erfolgte in Prag eine Neueinstudierung unter Václav Talich, der das Werk in einer uminstrumentierten Fassung dirigierte, die sich jahrzehntelang auf der Bühne hielt. Außerhalb der Tschechoslowakei setzte sich das *Schlaue Füchslein* erst seit den 50er Jahren durch. Maßgeblich beteiligt am späten Erfolg von Janáčeks lichtestem, optimistischstem Werk war die legendäre Inszenierung Walter Felsensteins an der Komischen Oper in Berlin im Jahre 1956.   *Oswald Beaujean*

Diskographische Empfehlung

1981 – Wien: Charles Mackerras, Chor der Wiener Staatsoper, Wiener Philharmoniker. Dalibor Jedlička (Förster), Eva Zigmundová (Försterin), Vladimir Krejčik (Schulmeister), Richard Novák (Pfarrer), Lucia Popp (Füchslein Schlaukopf), Libuše Marová (Dackel). Decca 6.35597 (Originalfassung)

Die Sache Makropulos (Věc Makropulos)
Oper in drei Akten

Text: Leoš Janáček, nach der gleichnamigen Komödie von Karel Čapek (deutsche Übersetzung: Max Brod)
Uraufführung: 18. Dezember 1926, Nationaltheater Brünn
Personen: Emilia Marty (Sop); Albert Gregor (Ten); Vitek, Sollizitator (Ten); Christa, seine Tochter (Mez); Jaroslav Prus (Bar); Janek, sein Sohn (Ten); Advokat Dr. Kolenaty (Bar); Ein Maschinist (Baß); Eine Aufräumefrau (Alt); Hauk-Schendorf (Ten); Kammerzofe (Alt)

Ort und Zeit: Das Zimmer des Sollizitators Vitek in der Kanzlei des
Dr. Kolenaty; die leere Bühne eines Stadttheaters; Hotelzimmer
von Emilia Marty, in der Gegenwart
Orchester: 4 Fl (4. auch Picc), 2 Ob, E.H., 3 Kl, Bkl, 2 Fg, Kfg,
4 Hrn, 4 Trp, 3 Pos, Btba, Pkn, Schlgzg, Hrf, Cel, Streicher
Auf der Bühne: 2 Hrn, 2 Trp, Pkn
Aufführungsdauer: Ca. 2 Stunden
Verlag: Universal-Edition, Wien

Handlung
Karel Čapek, der Janáček das „Rohmaterial" für seine ureigenste
Texteinrichtung lieferte, erfand auf dem historischen Hintergrund der Re-
gentschaft des Habsburger Kaisers Rudolf II. (1552–1612), der ab 1576 in
Prag residierte, eine fiktive Geschichte, deren „Spätfolgen" in der *Sache
Makropulos* dramatisch kulminieren und ihren „Abschluß" finden. Rudolfs
Affinität zu Musik und Malerei, seine Beziehungen zu Astrologen und
Alchimisten fundamentiert die Aura der „Komödie".

1. AKT: Erwartungsvoll sucht der junge Albert Gregor die Kanzlei
des Rechtsanwalts Dr. Kolenaty auf. Er ist darauf erpicht, zu erfahren, wie
es denn um den Ausgang des nun schon gut hundert Jahre währenden
Erbschaftsstreits Gregor gegen Prus vor dem Obersten Gerichtshof steht.
Sollte das Gericht nämlich gegen Albert Gregor entscheiden, hätte er sich
eine Kugel durch den Kopf zu jagen – wegen seiner Schulden
a conto seines Erbanteils (wie schon sein Vater). Der Advokat ist noch nicht
vom Gericht zurück, der (uninformierte) Kanzleigehilfe Vitek mit dem
Verstauen von Akten in der Registratur befaßt. In die gespannte Atmosphäre platzt Viteks Tochter Christa, eine junge Sängerin am Stadttheater.
Sie schwärmt von der Kunst und Schönheit der Diva Emilia Marty, die am
örtlichen Stadttheater gastiert. Und schon betritt die Künstlerin selbst die
Kanzlei. Sie gibt vor, sich für den spektakulären Prozeß zu interessieren,
den Kolenaty, der nahezu zeitgleich mit ihr auftritt, führt. Während er über
die Faktenlage referiert, verblüfft sie durch Detailkenntnisse über die
durchaus komplizierte Materie: Baron Josef Ferdinand Prus ist 1827 kinderlos gestorben. Neben anderem hat er das Gut Loukov hinterlassen, ein
Testament ist nicht bekannt. Auf dieses Gut nun spekuliert einer seiner
Vettern, Baron Emmerich Prus ebenso wie ein gewisser Ferdinand Gregor,
der sich auf eine Schenkung des Barons Josef Ferdinand Prus beruft. Diese
Streitereien gehen nun schon fast in die vierte Generation.

Emilia Marty überrascht die Anwesenden mit der Behauptung, Ferdinand Gregor, Urgroßvater Albert Gregors, sei ein unehelicher Sohn ebendieses Barons Josef Ferdinand Prus und der Hofopernsängerin Elian Mac Gregor gewesen, und in einem Testament habe der Baron Gut Loukov seinem unehelichen Sohn vermacht. Albert Gregor müsse also der rechtmäßige Erbe sein. Dieses Testament, bislang unauffindbar, solle sich in der Registratur im Hause des Barons befinden, unter der Jahreszahl 1816, dem Geburtsjahr Ferdinand Gregors, in einem versiegelten gelben Umschlag. Der Anwalt ist skeptisch, zumal Emilia Marty behauptet, den Inhalt zu kennen. Forsch fordert sie ihn auf, dort nachzusehen. Erst das Drängen seines Mandanten Albert Gregor motiviert ihn zum Aufbruch.

Albert Gregor, nun allein mit Emilia Marty, spricht zu ihr von seiner Hoffnung, diesen Prozeß doch noch gewinnen zu können – und daß er sich vom ersten Augen-Blick an in sie verliebt habe... Sie weist seine Annäherungen schroff zurück und behandelt ihn, als sei sie seine Großmutter (obwohl sie – in dieser Szene zumindest – jünger ist als er). Eines immerhin erbittet sie von ihm: Er möge ihr doch die Briefe der Elian Mac Gregor sowie ein sich dabei befindliches Dokument in griechischer Sprache aushändigen. Albert hat nichts dergleichen, er erweist sich als uninformiert. Frustriert und erschöpft schickt sich Emilia Marty an zu gehen. Da kommt Kolenaty zurück in Begleitung des aktuellen Betreibers von Gut Loukov, Graf Jaroslav Prus. Das Testament hat sich gefunden, die Briefe und auch das alte Dokument sind aufgetaucht. Nun gilt es, die Identität des unehelichen Ferdinand mit Ferdinand Gregor zu beweisen. Emilia Marty erklärt, diesen Beweis erbringen zu können. Da meint der Anwalt: „Herrschaften, das ist unsolid, da kann ich nicht mittun." Gregor erwägt, einen anderen Rechtsbeistand zu wählen.

2. AKT: Die „ganze nackte leere Rückseite des Theaterbetriebs" vom Abend nach der Gala-Vorstellung ist das Szenario für die Unterhaltung einer „Aufräumefrau" und eines Bühnentechnikers. Sie sprechen über den Riesenerfolg der Emilia Marty. Jaroslav Prus erscheint, um die Künstlerin zu treffen. Christa und ihr Freund Janek, Sohn des Jaroslav Prus, gesellen sich dazu. Christa erklärt, sie „wolle werden wie die Marty". Folglich rückt ihre Liebesintensität für Janek in den Hintergrund. Prus überrascht sie. Gleich darauf erscheint die verehrte Sängerin. Janek gibt sich fasziniert von ihr. Doch statt positiver Erwiderung erfährt er Demütigung. Vitek und Albrecht Gregor tauchen auf. Gregor hat für die Marty ein Geschenk in einem Blumenstrauß versteckt – sie weist es zurück und demütigt auch

Gregor. Der galante Vitek vergleicht sie mit „der Strada", einer Sängerin der Händel-Zeit. Sie reagiert mit gehässigem Spott: Die Strada habe unsauber gesungen und einen Kloß im Hals gehabt. Der senile Diplomat Hauk-Schendorf macht seine Honneurs und ist erstaunt von Emilia Martys Ähnlichkeit mit der spanischen Zigeunerin Eugenia Montez. Vor fünfzig Jahren habe er sie geliebt (und im Gefolge davon seinen Verstand verloren). Sie spricht ihn mit dem Kosenamen „Maxi" an. Unter leidenschaftlichen spanischen Ausrufen schickt sie ihn weg. Vitek erbittet von ihr für seine Tochter Christa ein Autogramm, das sie willig gewährt. Schließlich schickt sie alle Bewunderer außer Prus weg. Sie will mit ihm reden. Denn der hat während der vergangenen Nacht die Briefe der Elian Mac Gregor gelesen, alle mit E. M. gezeichnet. Er – nicht prüde und nicht unerfahren – meint, daß aus solchen intimen Details selbst ein Lebemann wie er noch lernen könne. Und als Prus die Elian Mac Gregor eine „Vagabundin" nennt, reagiert Emilia Marty heftig. Schließlich versucht sie, dem Baron seine Papiere abzukaufen. Der nämlich hatte sich im Pfarramtsregister kundig gemacht und dabei festgestellt, daß Ferdinand Gregors Mutter in Wirklichkeit Elina Makropulos heißt, der Vater aber gar nicht genannt sei. Deshalb gedenke Prus das Gut samt dem versiegelten Dokument zu behalten, bis sich ein Erbe namens Makropulos melde.

Albert Gregor, bis zum Wahnsinn in Emilia verliebt, kehrt zurück. Sie nutzt ihn aus und schickt ihn zu Rechtsanwalt Kolenaty, von dem sie das Schriftstück zurückhaben will, das sie ihm überlassen hatte: „Wir brauchen ein anderes auf den Namen Makropulos." Auch sein Liebesdienst motiviert sie nicht zur Re-Aktion. Sie schläft ein, Gregor macht sich auf den Weg. Janek weckt Emilia auf. Die versucht nun, ihn zu überreden, das versiegelte Dokument aus seines Vaters Schrank zu entwenden – ihr zuliebe. Doch Prus senior hat das Gespräch aus seinem Versteck mit angehört. Er jagt seinen Sohn fort und offeriert nun seinerseits – um den Preis einer Liebesnacht –, das Dokument herauszurücken.

3. AKT: Es ist früher Morgen im Hotelzimmer der Sängerin. Prus hat mit Emilia Marty geschlafen. Doch ist er zutiefst enttäuscht. Ihm ist zumute, als habe er einen Leichnam umarmt. Er löst sein Versprechen ein und reagiert fast tätlich gegen sie, als sie äußerst zynisch der Schreckensmeldung begegnet, Janek Prus habe sich erschossen, habe als Sohn seine Nebenbuhlerrolle dem Vater gegenüber nicht ausgehalten.

Der vertrottelte Hauk-Schendorf kehrt zurück, um mit Emilia gen Spanien zu reisen, ins Reich seiner verflüchtigten Träume. Da treten Gregor, Kolenaty, Vitek, Christa, Prus und ein Nervenarzt ins Zimmer – letzterer soll Hauk-Schendorf ins Spital zurückbringen. Die Spannung knistert, denn Kolenaty, der Anwalt, hat die Handschrift Emilia Martys auf dem Schriftstück, das sie ihm hat zukommen lassen, mit dem Autogramm für Christa verglichen und eine Ähnlichkeit festgestellt. Er beschuldigt sie, das Schriftstück gefälscht zu haben. Ihr Schwur, daß das Kuvert von Elian Mac Gregor stamme, überzeugt ihn nicht. Während die Anwesenden ihre persönliche Habe durchsuchen wollen, bedroht sie alle mit einem Revolver. Albert Gregor entwindet ihr die Waffe. In ihrem Schlafgemach gedenkt sie sich auf das bevorstehende Verhör vorzubereiten. Währenddessen finden Gregor, Vitek und Kolenaty in ihrem Gepäck Dokumente mit dem Siegel E. M. Emilia Marty, angetrunken von Whisky und angetan mit festlicher Robe, inszeniert nun einen großen Auftritt: Stück für Stück enthüllt sie ihre Identität mit Elina Makropulos und all deren Nachfolgerinnen über 330 Jahre hin: mit Ekaterina Myschkin, Elsa Müller, Elian Mac Gregor. „Man muß den Namen in 300 Jahren öfter ändern, sonst fällt es auf." Hieronymos Makropulos, Leibarzt Kaiser Rudolfs II. und dessen Hofalchimist, war ihr Vater. Ihrer Beziehung mit Josef Ferdinand Prus entstammt Ferdinand Gregor, so daß sie Albert Gregors „Ur-Ur-Ur-Großmutter" ist, Ferdinand Gregor also der rechtmäßige Erbe. Das Dokument, dessen sie jetzt doch so nachdrücklich habhaft werden wollte, hatte sie einstens Josef Ferdinand Prus überlassen, dem einzigen, der sie wirklich geliebt hatte, der ihr Geheimnis kannte, jene „Sache Makropulos" eben, dieses Lebenselixier, das ihr Vater für den Kaiser entdeckt und an seiner Tochter auszuprobieren hatte. Da der Kaiser an seinem „Versuchsobjekt" keine Veränderungen wahrgenommen hatte – wie denn auch, nach kurzer Zeit, bei einem Elixier, das schließlich ja noch über Jahrhunderte wirksam sein sollte –, ließ er den Vater als Betrüger verhaften und hinrichten. Sie selbst floh mit dem Dokument. Jetzt, da sie ihre Lebensspanne erlahmen fühle, sei sie gekommen, um mit Hilfe des im Dokument fixierten Rezepts eine Auffrischung zu realisieren. Unter den drängenden Fragen des Anwalts Kolenaty bricht sie schließlich zusammen. Die Anwesenden, nun überzeugt von der Wahrheit ihrer Mitteilungen, lassen den Arzt kommen. Der kann ihr nicht helfen. Als schier wesenlose Erscheinung, als Schatten ihrer selbst, als Verwandelte, bietet sie Christa das Rezept für das Elixier an, die mysteriöse „Sache Makropulos" also. Die Berührung mit dem Tod hat ihr die Angst vorm Sterben genommen. Christa, der sie gewissermaßen den Mann geraubt hat, Christa, die ihr als Künstlerin nachzufolgen sich anschickte, verbrennt wortlos das Dokument. Mit dem griechischen „Pater hermon" („Vater unser") bricht Emilia Marty alias Elina Makropulos tot zusammen.

Kommentar

Gewiß hat Richard Strauss mit seiner Bemerkung recht, daß „man alles komponieren kann, wenn man das nötige Talent" hat. Gewiß steht außer Frage, daß Janáček zu dieser Kategorie zählt. Dennoch läßt sich spekulieren, warum gerade er eine utopische Komödie wählt, sie fürs Musiktheater herrichtet und flugs bei einer ernsten Oper landet. Von schöpferischem Wagemut bei der Stoffwahl ist allemal zu sprechen bei einem Stück, das eine (fast) unsterbliche Frau ins Zentrum dramatischer Aktion rückt und hier dann nicht etwa (wie in der Vorlage) das Problem der 330jährigen Emilia Marty distanziert und intellektuell-spielerisch reflektiert, sondern fast am Buchstaben der eigenen Texteinrichtung klebend, Szenen-Realität auskomponiert. Und das mit den hochentwickelten Mitteln einer realistischen Tonsprache, die, vorgebildet an *Jenůfa* und fortentwickelt an der *Katja Kabanowa*, jetzt um expressionistische Züge erweitert eine differenziert-psychologische Deutung eines Personen-Netzwerks zuläßt. „Nun, das war einmal eine schwere Arbeit", bekennt Janáček nach Abschluß der *Sache Makropulos*. Allein den Text habe er dreimal umgearbeitet, ehe er seine Erwartungen voll erfüllte. „Es hat mich gepackt, das Entsetzliche, die Gefühlsverfassung eines Menschen, mit dem es niemals ein Ende haben wird. Das bare Unglück. Es verlangt ihn nach nichts, er erwartet nichts. Daraus muß etwas werden. Auf den 3. Akt bilde ich mir einiges ein: dieses Gefälle, dieser vehemente Fortgang! Dies habe ich gefühlt, das habe ich gewollt. Ich habe ungefähr ein Jahr daran gearbeitet. Ich ging damit trächtig, ich sann mich müd und matt daran – dann schrieb sich's von selbst – wie eine Maschine."

Neben dem Männerchor *Des Narren Irrfahrt (Potulný Šílenec)* nach Rabindranath Tagore und dem *Schlauen Füchslein* ist in der *Sache Makropulos* ebenfalls eine Art Lebensresümee zu sehen. Janáčeks Tonsprache, seine spezielle Musikalität im Umgang mit dem „unbegrenzten" Leben findet zu mancher Schroffheit, aber auch „Zeitlosigkeit". Im Vorspiel hinter der Szene etwa, wenn mit Trompeten, Hörnern und Pauken das Zeitalter Rudolfs imaginiert wird. Oder wenn die Erscheinung der rätselhaften, 330jährigen Emilia Marty im jugendlichen Erscheinungsbild von der Viola d'amore umspielt wird. Nachdrücklich rechtfertigt Janáček seine Vertonung eines eher nüchternen, mit Fakten vollgestopften Textes mit dem

Schluß der Oper. Die feuilletonistische „Unterhaltung" der Schauspiel-Vorlage wandelt er um in ein großzügiges, emotional bewegtes Nachwort seiner Heldin. Das kann er nicht anders beschließen – auch hier abweichend von der Vorlage – als mit dem Tod der Protagonistin vor den Augen der Zuschauer. Die werden somit Zeugen einer realistisch gefaßten, dennoch extrem unwirklichen (und womöglich gerade auch deswegen erschütternden) Tragödie.

Janáčeks achte Oper ist die erste, in der er weithin auf Inspirationen aus Volksmusikquellen verzichtet. Einem großstädtischen Milieu von Kanzlei, Stadttheaterbühne und Hotelzimmer wäre das kaum angemessen. Auch dort, wo er „Häßliches", „Verrücktes" beschwört, gibt er eine tradierte Dur-Moll-Tonalität nicht auf. In der *Sache Makropulos* schöpft er abenteuerliche Akkordfolgen wohl aus, muß der „Sache" wegen freilich weithin auf die Kantabilität gereihter oder variierter Sprachmelodien verzichten, so daß ein dem tschechischen Tonfall von Wort und Satz folgendes recitativo accompagnato dominiert.

So „exotisch" Janáčeks Sujet sich auf der Opernbühne auch ausnehmen mag: Seine Reflexion zum Thema „Sein" oder „Nicht Sein", sein Räsonieren über ein ephemeres Einzeldasein mit begrenzter Lebensdauer oder ein zeitlos im Individualleben (und nicht in den Nachfahren) sich entwickelndes Schicksal findet in seiner Sprache, die aus seiner speziellen Lebenssituation heraus definiert ist, zu überzeitlich wirksamer Formulierung.

Geschichte

Das Problem begrenzter Lebensdauer ist ein Menschheitsthema von Anfang an. In der Faustsage wird darüber gerechtet, in George Bernard Shaws *Zurück zu Methusalem* geht's um die Frage, ob denn ein über Jahrhunderte hin währendes individuelles Menschenleben nicht eigentlich Vorbedingung für eine höhere menschliche Bewußtseinsstufe wäre. Bei Karel Čapek, Janáčeks Stofflieferant, ist das Thema umgekehrt konstruiert: Die ursprünglich als Roman gedachte „utopistische Fabel" (1922) stellt ein 300 Jahre „junges", mit allen guten Gaben von Geist und Körper ausgestattetes weibliches Wesen zur Disposition der szenischen Realität. Die Irrealität der wundersamen *Sache Makropulos*, jenes ominösen Lebenselixiers, spiegelt jedoch die Maske von ewiger Jugend nur vor. Dahinter verbergen sich Übersättigung, Zynismus und tödliche seelische Müdigkeit.

Janáčeks schlechte Erfahrungen mit diversen Librettisten ließen ihn diesmal eigenaktiv werden. Mit Zustimmung des Dichters verlagerte er dessen

Schwerpunkt des distanziert-intellektuellen Hinterfragens in Richtung „Realität der Komödie". Janáček stellt nicht die Voraussetzungen in Frage. Er plaziert die Tragik der „unsterblichen" Frau in den Mittelpunkt seiner szenischen Aktion.

Max Brods verdienstvolle deutsche Übersetzung transportiert leider – wie das in solchen Fällen schier unumgänglich ist – im Vergleich mit Janáčeks tschechischem Original manche Ungenauigkeit.

Von 1923 bis 1925 arbeitete Janáček an seiner dreiaktigen Oper, die am 18. Dezember 1926 in Brünn uraufgeführt wurde. Janáčeks Freund František Neumann dirigierte. Bald danach folgte das Prager Nationaltheater – Janáček war ja nun ein verehrter nationaler Meister, sein Ansehen und die Zusammenarbeit mit Karel Čapek, dem berühmtesten tschechischen Schriftsteller der Zeit, verbürgten einen rauschenden Premierenerfolg. 1929 folgte die Deutsche Erstaufführung in Frankfurt am Main unter Wilhelm Steinberg in Max Brods immer noch verbindlicher Übertragung. 1935 erlebte Wien *Die Sache Makropulos*. Nach dem Zweiten Weltkrieg – im Zeichen einer „Entdeckung" Janáčeks – folgten Stockholm (1965), Paris (1965), New York (1970). Auch bundesdeutsche Bühnen öffneten sich für Janáčeks sprödes Spätwerk: Hannover, Düsseldorf, Stuttgart und München (1988 in der sogenannten Münchner Fassung mit dem Text nach Max Brod und Sona Červená/Christof Bitter). *Wolf Loeckle*

Diskographische Empfehlung

1978 – Wien: Charles Mackerras, Chor der Wiener Staatsoper, Wiener Philharmoniker. Elisabeth Söderström (Emilia Marty), Peter Dvorsky (Albert Gregor), Vladimir Krejčik (Vitek), Václav Zitek (Jaroslav Prus). Decca, D144D 2 (Originalfassung)

Aus einem Totenhaus (Z mrtvého domu)
Oper in drei Akten

Text: Leoš Janáček, nach dem Roman *Aufzeichnungen aus einem toten Hause (Zapiski iz mertvogo doma)* von Fjodor Michailowitsch Dostojewskij (1862)
Uraufführung: 12. April 1930, Nationaltheater, Brünn

Personen: Alexander Petrowitsch Gorjantschikow (Bar); Aljeja, ein junger Tatar (Sop); Filka Morosow, im Gefängnis unter dem Namen Luka Kusmitsch (Ten); Der große Sträfling (Ten); Der kleine Sträfling (Baß); Der Platzkommandant (Bar); Der ganz alte Sträfling (Ten); Skuratow (Ten); Tschekunow (Bar); Der betrunkene Sträfling (Ten); Der Koch (Bar); Der Schmied (Baß); Der Pope (Bar); Der junge Sträfling (Ten); Dirne (Mez); Ein Sträfling in den Rollen Don Juans und des Brahminen (Bar); Kedril (Ten); Schapkin (Ten); Schischkow (Bar); Tscherewin (Ten); Wache (Ten); Ritter, Elvira, Schustersfrau, Popenfrau, Müller, Müllerin, Schreiber, Teufel (stumme Rollen in dem von den Sträflingen aufgeführten Stück)
Chor: Sträflinge
Ort und Zeit: In einer russischen Gefangenenstation am Irtysch-Fluß in Sibirien, Mitte des 19. Jahrhunderts
Orchester: 4 Fl (2.–4. auch Picc), 2 Ob, E.H., 3 Kl (3. auch Bkl), 3 Fg (3. auch Kfg), 4 Hrn, 3 Trp, Btrp, 3 Pos, Btba, Pkn, KlTr, GrTr, Ketten, Bck, TamTam, Ratsche, Holzklapper, kl. u. gr. Gl, Hrf, Cel, Xyl, Streicher
Form: Durchkomponiert
Aufführungsdauer: 1½ Stunden
Verlag: Universal-Edition, Wien

Handlung
1. AKT: In einer russischen Strafkolonie am Fluß Irtysch beginnt der Alltag. Frühmorgens kommen die Häftlinge aus ihren Kasernen, waschen sich, manche streiten miteinander, andere schweigen, doch alle wissen: Heute kommt ein „Neuer", ein Adliger. Wie sich alsbald bei dem Verhör, das der Kommandant des Lagers mit dem neuen Häftling Alexander Petrowitsch Gorjantschikow führt, herausstellt, handelt es sich um einen politischen Gefangenen. Aus Neid auf seinen höheren sozialen Rang und aus Wut auf den Grund seiner Einlieferung läßt der Kommandant Gorjantschikow „zum Einstand" sofort durchprügeln. Während aus dem Hintergrund seine Schmerzensschreie zu hören sind, beschäftigen sich zwei Häftlinge mit einem flügellahmen Adler, der für sie ein Symbol der verlorenen Freiheit darstellt. Die Wachen treiben sie und die anderen Häftlinge zur Arbeit an. Ein Teil muß Feldarbeit verrichten, ein anderer minderwertige Arbeit, deren Unsinnigkeit sich in gegenseitigen Aggressionen ausdrückt. Die

Schusterarbeit mit schlechtem Material macht sich bei dem Häftling Skura-tow in einem Gefühlsausbruch Luft; aus Verzweiflung über sein verpfusch-tes Leben und in einer Anwandlung von Heimweh (nach Moskau) tanzt er bis zum Umfallen. Luka Kusmitsch, der ihn nicht beachtet, erzählt vom Beginn seines Leidenswegs: Er hat einen sadistischen und selbstherrlichen Kommandanten erstochen und wurde dafür halbtot geprügelt. In diesem Augenblick tritt der soeben mit Prügelstrafe belegte Gorjantschikow aus der Wachstube heraus und hinkt über den Hof des Lagers. Ungerührt schauen ihm die Häftlinge nach.

2. AKT: Ein Jahr später. Die Sonne steht im Westen, aus der Ferne der kirgisischen Steppe hört man Gesang; einige Häftlinge reparieren ein Schiff, andere verrichten Maurerarbeiten. Gorjantschikow hat sich mit dem jungen Tataren Aljeja angefreundet und will ihm Lesen und Schreiben beibringen. In dem eintönigen Lagerleben gibt es an diesem Tag eine Abwechslung: Es darf gefeiert werden. Die Gefangenen dürfen sogar, wenn auch in Ketten, ein einfaches Theaterstück aufführen. Der Koch verteilt als Festessen Piroggen, und Skuratow erzählt während des Essens seine un-glückliche Liebesgeschichte mit einer Deutschen, die ihn wegen eines reichen deutschen Uhrmachers aufgefordert hat, auf sie zu verzichten. Aus Wut darüber habe er den Nebenbuhler erschossen und sei deshalb ins Straflager gekommen. Inzwischen ist die provisorische Bühne aus Holzre-sten von den Schiffsreparaturen aufgestellt, und das Spiel beginnt. Gleich-sam als Parodie auf Skuratows Liebesgeschichte führen die mit improvi-sierter Verkleidung versehenen Häftlinge zwei rohe Pantomimen auf, zunächst eine Variante des Don-Juan-Stoffes in Kurzform, später die Ge-schichte von der „Schönen Müllerin" und ihren Liebhabern. Als das Spiel zu Ende ist, ziehen sich die meisten Häftlinge in die Kaserne zurück; es ist inzwischen dunkel geworden. Ein junger Häftling verschwindet mit einer Dirne im Hintergrund. Gorjantschikow und Aljeja haben sich abgesondert und trinken Tee. Das reizt die Wut der anderen Häftlinge, und der Gegen-satz zwischen ihnen und den höhergestellten „Herrschaften" bricht aus. Bei dem Handgemenge wird Aljeja verwundet.

3. AKT: Gorjantschikow unterhält sich im Lazarett mit dem fiebern-den Aljeja, der in der Bibel davon gelesen hat, daß man seine Feinde lieben solle. Luka Kusmitsch liegt auf einer Pritsche in der Nähe im Sterben. Auch in dieser Situation bricht, als realer Gegensatz zu dem von Aljeja zitierten Bibelwort, der soziale Unmut hervor. Der todkranke Luka verhöhnt den Mitgefangenen Tschekunow, daß er sich freiwillig erniedrige, indem er den

höhergestellten Häftlingen Gorjantschikow und Aljeja Tee reiche. Lukas Husten bringt den Häftling Schapkin darauf, von noch ganz anderen Schmerzen zu erzählen: Ihm wurde beim Verhör beinahe das Ohr abgerissen. Der verrückte Skuratow springt plötzlich von seiner Pritsche auf, tanzt und schreit nach Luise, der Frau, auf die er verzichten mußte. Einige Häftlinge zwingen ihn zur Ruhe. Als die Kranken eingeschlafen sind, erzählt Schischkow, auf dem Bettrand neben dem Häftling Tscherewin sitzend, seine rätselhafte Liebesgeschichte, die ihn ins Lager gebracht hat. In dieser Lebensbeichte spielt der im Sterben liegende Luka Kusmitsch die zentrale Rolle, denn hinter ihm verbirgt sich jener Filka Morosow, der Schischkows Frau liebte und im Dorf verbreitet hat, sie sei bereits vor der Hochzeit von ihm entehrt worden. Schischkow hielt das zwar für eine Lüge, dennoch brachte er seine Frau kaltblütig um, als sie ihm gestand, daß sie nur Filka Morosow liebe. In dem toten Luka Kusmitsch, der im Todeskampf die Erzählung mitanhören mußte, erkennt Schischkow seinen einstigen Nebenbuhler und verflucht ihn. Ein alter Häftling dagegen verteidigt ihn mit den Worten: „Auch er hat eine Mutter gehabt." Beim Wegtragen der Leiche wird Gorjantschikow unerwartet zum Appell gerufen.

Kurz darauf wird Gorjantschikow von dem plötzlich sehr leutseligen Kommandanten, der sich bei ihm für die früher ungerechterweise verabreichten Prügel entschuldigt, freigelassen; dahinter steckt ein Gesuch der Mutter Gorjantschikows. Als ihm die Ketten abgenommen werden, steigt der Adler, dessen gebrochene Flügel geheilt sind, in die Lüfte auf. Für die Gefangenen dagegen geht der Lageralltag weiter.

Kommentar

„Sehen Sie, Dostojewskij – das ist Literatur! In jeder Kreatur ein Funken Gottes. Es sind furchtbar gute Menschen – und es kommt ein Zufall, ein Schicksalsstich, möchte ich sagen, nur ein einziges Mal, und sie müssen leiden." So schrieb Janáček am 8. März 1928 über Dostojewskijs *Aufzeichnungen aus einem toten Hause,* während er bereits an der gleichnamigen Oper arbeitete. Die höchst eigenwillige Interpretation der *Aufzeichnungen* mag den Literaturhistoriker befremden, doch ist sie überaus charakteristisch für den impulsiv empfindenden (und schaffenden) Komponisten, dem die Achtung vor dem menschlichen Leben, gerade in extremen Situationen der Unterdrückung, Motivation der künstlerischen Arbeit war. Die Aktualität des Stoffes ist ohnehin bis heute erschreckend, wenn auch die Wahl der Vorlage für eine Oper einigermaßen erstaunlich erscheint, denn die *Aufzeichnungen* geben kaum einen Fingerzeig für eine sinnvoll entwickelte Bühnenhandlung. Geschrieben nach Dostojewskijs vierjähriger Haft aus politischen Gründen wollen sie weder eine Romanhandlung erzählen noch moralisch Stellung beziehen zu den Vorgängen im russischen Straflager. Mit der Genauigkeit eines sezierenden Analytikers und mit psychologischem Scharfblick ohnegleichen legte Dostojewskij hier protokollartig den eintönigen Lageralltag und das qualvolle, zwanghafte Miteinander der Insassen bloß. Flüchtige Situationen wechseln ab mit dem eindringlichen Blick in die Seele einzelner Häftlinge, die zuweilen ihre Lebensgeschichte erzählen, ohne daß damit an das Mitleid des Lesers appelliert würde. Janáček las indessen mit anderen Augen: Er kümmerte sich nicht um literarische Erwägungen, ihn interessierte auch kaum das Seziermesser des Dichters; er las statt dessen zwischen den Zeilen und formte aus den losen Episoden eine Art „Handlung" mit Anfang und Ende. Den Bogen bildet Ankunft und Freilassung des politischen (adligen) Häftlings Gorjantschikow (hinter dem sich in der Vorlage der Dichter selbst verbirgt) – der Rest ist szenische Vergegenwärtigung des eintönigen Lagerlebens, freilich unterbrochen durch suggestive Lebensberichte einzelner Häftlinge, die in Janáčeks planvoller Dramaturgie das Gerüst der „Handlung" herstellen in ihrer Konfrontation der ausbrechenden Erinnerung mit der tristen Realität des Lageralltags. (Bei Dostojewskij dienen sie der Analyse verschiedenartigster Verbrechen.) Dennoch ist es keine Oper im herkömmlichen Sinne geworden: Es fehlen die eindeutig fixierten Hauptgestalten, die Träger einer Handlung. Ins Zentrum verlegte Janáček die im 11. Kapitel des ersten Teils der *Aufzeichnungen* geschilderte Episode von dem Theaterspiel der Häftlinge, das – in der Redaktion des Komponisten – eingeleitet wird von der dritten (mittleren) Lebensbeichte Skuratows. Die gezielte Placierung der fünf Lebensberichte der – übrigens auch namentlich aus dem Kollektiv herausgehobenen – Gefangenen erweist sich gerade an dieser Stelle als dramaturgisch geschickter Einfall des Komponisten, denn in signifikant tragischer Ironie tritt der Bericht Skuratows von seiner unglücklichen Liebe zu einer deutschen Frau in rohen Kontrast zu dem drastischen Liebesspiel auf der armseligen Bühne des „Theaters im Theater" und verliert dadurch seinen episodischen Charakter. Alle diese Selbstoffenbarungen sind unwillkürliche Ausbrüche vor den Augen und Ohren der Mitgefangenen und werden von diesen ohne Mitleid, teilweise zynisch kommentiert. Nachfolgende, abrupte Änderungen der angeschlagenen Grundstimmung verweisen vollends vom Inhalt der zum Teil seltsamen

Erzählungen auf die aktuelle Konsequenzlosigkeit. Das dramaturgische Mittel der Konfrontation von herausbrechender Erinnerung und parallel ablaufendem Lagergeschehen erreicht seinen Höhepunkt im 3. Akt, als Schischkow von seinem Rivalen erzählt, der soeben unerkannt neben ihm stirbt. Dies ist eine der bezeichnendsten Zutaten Janáčeks zur Vorlage (in diesem Fall zum 4. Kapitel des 2. Teils). Durch die eigenmächtige Ergänzung, die zudem eine unvergleichliche psychologische Vertiefung darstellt, erhält die Szene überhaupt erst ihre dramatische Wirkung.

Mit Dostojewskijs Einschätzung der Häftlinge – „Ohne Arbeit hätten die Arrestanten einander gefressen wie Spinnen in einem Glas" – mochte sich indessen Janáček nicht identifizieren und entwarf deshalb die fünf Lebensberichte als Aufdeckung der Ursachen jener Verbrechen, um deretwillen sie inhaftiert wurden, aber auch, um das Mitgefühl des Zuschauers zu erregen (genau das, was Dostojewskij nicht beabsichtigte!). Es ist wohl überflüssig, darauf hinzuweisen, daß Janáček diese Selbstoffenbarungen nicht etwa als musikalische „Nummern" komponierte, wie ja überhaupt von traditioneller Opernmusik in diesem Kollektivdrama keine Rede sein kann. Auf der zeitlichen Höhe von Alban Bergs *Wozzeck* tritt der alte Janáček an die Front der Operngeschichte und entwickelt eine ebenso neuartige wie originelle Musiksprache, mehr stenogrammartig skizziert als breit ausladend im Gestus. Es gibt – auch in den fünf Erzählungen – keine lyrischen Ausbreitungen oder gar sentimentale Ausschweifungen; selbst das Vorspiel (mit Material aus einem geplanten Violinkonzert mit dem Titel *Seelenwanderung*) gibt nur eine Andeutung der Lageratmosphäre, den Kontrast zwischen dumpfer Gleichförmigkeit und aufleuchtender Hoffnung. Die für Janáčeks Spätstil typische Kurzmotivik enthüllt erst in der eigentümlich wirren Dialogführung des Kollektivdramas ihr außerordentliches Potential, den realen Sprechtonfall als „Augenblicksphotographie der Seele" (Janáček) zu erfassen, die sich dann auch dem Orchestersatz mitteilt.

Dem Orchester fällt vorab die Aufgabe zu, die ständige Beklommenheit des Lageralltags zum Ausdruck zu bringen. Immer wieder erscheint im Verlauf der Oper jener scharf-dissonante Klang aus Sekundreibung und Terz, der auch das Vorspiel eröffnet und gleichsam quintessenzartig die physische Gewalt veranschaulicht, die im Stück behandelt wird: „Sobald das schwebende, ungreifbare Unglück eine konkrete Form annimmt und sich entweder im aktuellen Bühnengeschehen oder in einer Erzählung exemplifiziert, verdichtet sich auch die harmonische Figur zu einem regelrechten Motiv" (Tibor Kneif). Charakteristisch ist auch die ausgesprochen gebrochene Instrumentation – jedenfalls in der Originalfassung–, die mitunter völlig kahle Klänge hervorbringt, denen die traditionelle, feste Mittellage fehlt. Oder es treten ungewohnte Kombinationen von Klangfarben auf (z. B. der extreme Gegensatz zwischen Piccoloflöte und Kontrafagott). Oft wird die erbarmungslose Schärfe der Harmonik noch schneidender durch die gezielte Instrumentation, die sich gegen jeglichen Wohllaut richtet.

Die Höhepunkte der Partitur sind die fünf Lebensberichte, deren musikalische Erregungskurven oder trügerische Versenkungen in die Vergangenheit sich als musikpsychologische Charakterstudien obersten Ranges erweisen. Die Erzählung Schischkows im 3. Akt ist sogar, als Teil einer großangelegten Steigerung, die in Grenzbereiche des musikalischen Ausdrucks weist, der Ort, an dem Schönheit und Ausgewogenheit dem Mut zum Häßlichen um der Wahrheit willen weichen müssen. Deshalb ist auch der nachträglich eingefügte, versöhnliche Schluß von Janáčeks Schülern Břetislav Bakala und Osvald Chlubna, so gut er gemeint sein mag, abzulehnen. Dadurch wird der realistische Kreis, den die Oper ausschreitet, zu einer affirmativen Geste abstrakter Freiheitsvision umgebogen, während die Originalfassung in aller Härte auf dem eintönigen Fortgang des Lageralltags besteht. Nach der Freilassung Gorjantschikows ändert sich für die anderen Häftlinge nichts. Es scheint, als wolle Janáček mit seinem Verzicht auf jegliche Hoffnung eine Betroffenheit erwecken, die angesichts der auch heute noch fortbestehenden Lager nur zu berechtigt ist.

Geschichte

Im Februar 1927 begann die wohl seltsamste Entstehung einer Oper, die wir überhaupt kennen: Janáček las Dostojewkskijs *Aufzeichnungen aus einem toten Hause* (erschienen 1862) im Originaltext, wurde sofort gepackt von der menschlichen Problematik des Stoffes und übersäte die Seiten seines Exemplars mit zahlreichen temperamentvollen Anmerkungen und Strichen in roter und schwarzer Tinte. Aus diesem Wirrwarr destillierte er ein Libretto, das die Spuren seiner ungestümen Entstehung in einer knappen, ja geradezu lakonischen Diktion aufbewahrt, die dem unvorbereiteten Publikum nicht geringe Schwierigkeiten bereiten dürfte. Freilich nützt die genaue Kenntnis der Vorlage auch nicht viel, da Janáček in seiner Skizze des Lagerlebens sehr eigenwillig vorgeht, mehrere Personen zu einer zusammenzieht (Skuratow, bei Dostojewskij der Häftling Bakluschin), geniale dramaturgische Einfälle hinzufügt, etwa die Identifizierung Filka Morosows mit Luka Kusmitsch oder den am Anfang und

Ende als Symbol der Freiheit auftretenden Adler, und das Verhalten des Platzkommandanten schärfer ausleuchtet. Von Janáčeks stenogrammartiger Partitur, entstanden zwischen Februar 1927 und Mai 1928, stellten die Kopisten Václav Sedláček (1. Akt und 1. Hälfte des 2. Aktes) und Josef Kulhánek (Rest) eine Kopistenabschrift her, in die der Komponist weitere Korrekturen eintrug (bis 20. Juni). Im Gegensatz zu der Druckausgabe, erschienen nach der Uraufführung (12. April 1930 im Brünner Nationaltheater), enthält nur diese Abschrift die authentische Fassung der Oper. Für die Uraufführung redigierten Janáčeks Schüler Břetislav Bakala (der Dirigent der Uraufführung) und Osvald Chlubna das Manuskript, weil sie es irrtümlich für „unvollendet" hielten (!), und sie änderten auch den hoffnungsvollen Schluß im Auftrag Ota Ziteks, des Regisseurs der Uraufführung, in die abstrakte Freiheitsvision um, die nun ein falsches Glücksversprechen suggerierte. Die deutsche Übersetzung, die Max Brod im Erstdruck veröffentlichte, fügt außerdem noch die genauen Angaben der Jahreszeiten in der Handlung hinzu, die im Original offenbleiben, und liefert die Begründung für den Aufenthalt des jungen Aljeja im Lager aus der Textvorlage nach („Weil ich mit auf den Raubzug meines Bruders mußte", Dostojewskij I,4). Die Wiederentdeckung der Originalfassung ließ sehr lange auf sich warten: Einen ersten Versuch unternahm Rafael Kubelik mit der konzertanten Aufführung im Rahmen der Münchner „Musica viva"-Konzerte (1961), die er – diesmal szenisch – an der Bayerischen Staatsoper in der eindringlichen Inszenierung Günter Rennerts (Premiere: 15. Januar 1976) wiederholte. Seine Fassung basierte jedoch nur auf Janáčeks Autograph, nicht auf der quellenkritisch wichtigeren Kopistenabschrift mit den Korrekturen des Komponisten, die erst 1974 in Brünn aufgeführt wurde. Die wirklich *authentische* Fassung existiert bislang nur auf Schallplatte: Im Rahmen seines Janáček-Zyklus dirigierte Charles Mackerras im Jahre 1979 die grundlegende Revision der Partitur und stellte somit auch konsequent das originale schroffe Klangbild wieder her.   *Dietmar Holland*

Diskographische Empfehlung

1979 – Wien: Charles Mackerras, Chor der Wiener Staatsoper, Wiener Philharmoniker. Jiři Zahradniček (Luka Kusmitsch), Ivo Židek (Skuratow), Václav Zitek (Schischkow), Dalibor Jedlička (Gorjantschikow), Antonin Švorc (Platzkommandant), Jaroslava Janská (Aljeja), Zdenek Soušek (Schapkin, Kedril), Jaroslav Soušek (Tschekunow, Don Juan). Decca, D224D 2 (Originalfassung)

ENGELBERT HUMPERDINCK

geb. 1. September 1854 in Siegburg
gest. 27. September 1921 in Neustrelitz

Der Schüler von Rheinberger und Lachner wurde 1879 mit dem Mendelssohn-Preis ausgezeichnet, ging nach Italien, lernte 1880 in Neapel Richard Wagner kennen und wurde dessen musikalischer Assistent in Bayreuth; für die zur technischen Verwandlung des 3. Aufzugs von *Parsifal* im Uraufführungsjahr nicht ausreichende Musik vermochte er sich in Wagners Kompositionsstil so nahtlos einzufügen, daß niemand Humperdincks Ergänzung auffiel. Seine nächsten künstlerischen Stationen waren Köln, Paris und Barcelona, wo Humperdinck als Kompositionslehrer arbeitete.

1887 wurde er am Kölner, 1890 am Frankfurter Konservatorium als Dozent angestellt. Nebenher wirkte er als Lektor des Schott-Verlages und als Opernkritiker. Von 1900 bis 1920 war er Leiter einer Meisterklasse an der Berliner Akademie. Der Märchenoper *Hänsel und Gretel* (1893) folgten, ebenfalls nach Grimm, die Märchenspiele *Die sieben Geißlein* (1897) und *Dornröschen* (1902) sowie, zu einem Textbuch von Ernst Rosmer (Pseudonym für Elsa Bernstein-Porges), das Kunstmärchen *Die Königskinder* (München 1897 als Melodram, Opern-Fassung New York 1910). Die Partitur der *Königskinder*, Humperdincks einfallsreichste Musik, zu einem sozialkritisch symbolischen Drama im Märchengewand, erklang im englischen Sprachraum häufiger als hierzulande, wo sie aber auch heute noch ab und an realisiert wird. Dagegen sind die nachfolgenden komischen Opern *Die Heirat wider Willen* (nach Alexandre Dumas, Berlin 1905), *Die Marketenderin* (Libretto von Robert Misch, Köln 1914) und *Gaudeamus* (Darmstadt 1919) heute vergessen. Internationales Aufsehen errang Max Reinhardts Produktion von Karl Vollmöllers *Mirakel* (London 1911), zu dem Humperdinck die Musik beigesteuert hatte.   *Peter P. Pachl*

Hänsel und Gretel
Märchenspiel in drei Bildern

<u>Text:</u> Adelheit Wette
<u>Uraufführung:</u> 23. Dezember 1893, Hoftheater, Weimar
<u>Personen:</u> Peter, Besenbinder (Bar); Gertrud, sein Weib (Mez); Hänsel (Mez), Gretel (Sop), deren Kinder; Die Knusperhexe (Mez); Sandmännchen (Sop); Taumännchen (Sop); Kinder (Sop, Alt)
<u>Ballett:</u> Die vierzehn Engel
<u>Ort und Zeit:</u> 1. Bild: Daheim; 2. Bild: Im Walde; 3. Bild: Das Knusperhäuschen
<u>Orchester:</u> Picc, 2 GrFl, 2 Ob, 2 Kl in B, 2 Fg, 4 Hrn, 2 Trp, 3 Pos, Btba, 3 Pkn, Trgl, Tamburin, Bck, GrTr, Kastagnetten, TamTam, Donnermaschine, Gl, Glsp, Hrf, Streicher
<u>Form:</u> Durchkomponiert
<u>Aufführungsdauer:</u> 1¾ Stunden
<u>Verlag:</u> B. Schott's Söhne, Mainz

Handlung

1. BILD: Hänsel und Gretel, die Kinder des Besenbinders Peter, sitzen bei der Arbeit. Sie entdecken einen Topf Milch und sind darüber so erfreut, daß sie tanzen und ihre Arbeit vergessen. Die Mutter kommt heim, will auf die Kinder einschlagen und zerbricht dabei den Milchtopf. Sie jagt die Kinder zum Beerensuchen in den Wald. Allein zurückgeblieben, beklagt sie Elend und Not. Der Vater hatte einen glücklichen Verkaufstag und kommt angeheitert, aber mit allerlei Essen aus der Stadt zurück. Die Not hat vorerst ein Ende – doch die Kinder sind im Wald. Aus Sorge, sie könnten der Knusperhexe in die Hände fallen, machen sich die Eltern auf, die Kinder zu suchen.

2. BILD: Hänsel und Gretel haben den Korb voll Beeren gesammelt, aber anschließend die Beeren selbst aufgegessen; als die Nacht hereinbricht findet Hänsel den Heimweg nicht mehr. Ein Sandmännchen schenkt ihnen Schlummer, und nach einem Nachtgebet schlafen die Kinder ein. Im Traum erscheinen ihnen vierzehn Engel, die über ihren Schlaf Wache halten.

3. BILD: Das Taumännchen weckt die Kinder, die vor sich ein Lebkuchenhaus sehen. Nach anfänglichem Zögern naschen sie davon und

werden dabei von einer alten Frau überrascht, die sie freundlich ins Häuschen einlädt. Die beiden trauen ihr nicht und wollen davonlaufen, da setzt die Alte ihre Zauberkünste ein, sperrt Hänsel in einen Stall und läßt sich von Gretel bedienen. Die Kinder stellen sich bewußt dumm, um die Hexe zu überlisten, und als diese tief in den Backofen schaut, stoßen sie sie hinein. Kaum brennt die Hexe, erhalten eine große Anzahl Kinder, die von der Hexe in Lebkuchenkinder verwandelt worden waren, dank Gretel, die sich die Zaubersprüche der Hexe gemerkt hat, ihre Freiheit zurück. Die Eltern von Hänsel und Gretel kommen hinzu, und gemeinsam stimmen alle einen Dankgesang zum Himmel an.

Kommentar

Der Opernfassung gingen zwei kleinere Fassungen des Komponisten und seiner Schwester, der Librettistin Adelheid Wette voraus. Ohne Ironie klassifizierte sie ihr Spiel, abgeleitet von Wagners „Bühnenweihfestspiel" *Parsifal*, als „Ein Kinderstuben-Weihfestspiel". Die Urfassung mit nur wenigen Liedern ergänzte Humperdinck 1890 zum Singspiel und ein Jahr später zur durchkomponierten Oper. Nur eine Textpassage im 3. Bild blieb ein ungebundenes Melodram. Humperdincks Entscheidung, die Rollen der Protagonisten mit erwachsenen Sängern und nicht mit Kindern zu besetzen, fiel wohl aufgrund des verwendeten Wagner-Orchesters. Wagners Einfluß wird nicht nur in der Orchestrierung deutlich, sondern auch in den ausgeprägten symphonischen Abschnitten der Oper, deren Qualitäten gleichermaßen in Humperdincks Einfallsreichtum und unverfälschter Originalität des Tonsatzes liegen. Problematisch erscheinen hingegen die sentimental-bürgerlichen Vereinfachungen der Märchenvorlage durch die Librettistin. Der von den Brüdern Grimm wider besseres Wissen in ihre Sammlung von Kinder- und Hausmärchen (1812–15) aufgenommene Stoff ist kein Volksmärchen, sondern die Verballhornung des Mordes an Katharina Schraderin (1618–1647), der „Bakkerhexe", die 1647 im Gelnhauser Hexenprozeß freigesprochen, aber kurz darauf von Hans und Grete Metzler in ihrem Haus im Spessart ermordet und in einem ihrer eigenen Backöfen verbrannt worden war, nachdem sie ihre Lebkuchenrezepte nicht preisgeben wollte. Dieser Stand der Märchenforschung (durch Georg Ossegg, geb. 1919) war Humperdinck jedoch noch unbekannt. Entgegen Riemanns Behauptung, eine „Reihe reizender, besonders in Westfalen allbekannter Kinderlieder", habe den Erfolg ausgelöst, sind in Humperdincks Partitur nur zwei Kinderlieder und zwei weitere Lied-Reminiszenzen verarbeitet.

Geschichte

Das Uraufführungsdatum, zwei Tage vor dem Weihnachtsfest, fixierte das Stück als Weihnachtsmärchen, obgleich es im Sommer spielt und die – hier allerdings sehr fragwürdigen – Lebkuchen den einzigen Bezug zur Weihnachtszeit darstellen. Der Welterfolg dieser Oper löste eine Reihe von Märchenopern-Kompositionen aus, die jedoch alle nicht an den Erfolg von *Hänsel und Gretel* heranreichten. Ende vergangenen Jahrhunderts galt diese Oper als Gipfelwerk der Wagner-Epigonen und als deutsches Gegengewicht zum verismo.

Erstmals 1930 wurden die Titelpartien sowie Sand- und Taumännchen mit Knabenstimmen der Regensburger Domspatzen besetzt, eine Tradition, die sich bis in die 50er Jahre hielt und auch für die ZDF-Produktion dieser Oper gewählt wurde, was der Überzeugungskraft des Werkes zugute kommt.

Die vielfach gebräuchliche Besetzung der Hexe mit einem Spieltenor (bisweilen auch mit einem falsettbegabten Bassisten) wurde vom Komponisten allerdings aufs schärfste abgelehnt. In Cosima Wagners Dessauer Inszenierung war die Partie der Hexe in eine junge und eine alte Darstellerin aufgeteilt worden. Der Regisseur Arno Wüstenhöfer realisierte als erster die Doppelbesetzung von Mutter und Hexe, getreu Bruno Bettelheims Erkenntnis, daß die Kinder „– wenigstens unbewußt – (verstehen), daß das, was in deren Elternhaus und im Haus der Hexe geschieht, nur getrennte Aspekte von etwas sind, was in Wirklichkeit eine Gesamterfahrung darstellt".

Die bis heute international erfolgreiche Oper wurde in mehr als ein Dutzend Sprachen (darunter Slowenisch, Finnisch und Japanisch) übersetzt.

Peter P. Pachl

Diskographische Empfehlung

1978 – Wien: Georg Solti, Wiener Sängerknaben, Wiener Philharmoniker. Brigitte Faßbaender (Hänsel), Lucia Popp (Gretel), Walter Berry (Peter), Julia Hamari (Gertrud), Anny Schlemm (Knusperhexe), Norma Burrowes (Sandmännchen), Edita Gruberova (Taumännchen). Decca 6.35436

RUGGERO LEONCAVALLO

geb. 23. April 1857 in Neapel (nicht: 8. 3. 1858)
gest. 9. August 1919 in Montecatini

So dauerhaft sich der *Bajazzo* durchgesetzt hat, so gering ist
die Kenntnis vom Leben und dem übrigen Werk des Dichter-Komponisten Leoncavallo. Die grundlegende Biogra-
phie Leoncavallos muß erst noch geschrieben werden. Ihr Gegenstand wäre
die Kluft zwischen Anspruch und Wirklichkeit, zwischen Plänen und Ausführung, zwischen unbestrittenem literarischem Vermögen und einer musikalischen Qualität, die damit nicht immer Schritt halten konnte. Und sie
müßte auch den künstlerischen Opportunismus würdigen, den Leoncavallo
um des Erfolges willen in Kauf nahm; etwa die bedenkenlose Umarbeitung
seiner an sich bedeutenden *Bohème* in eine rein komische Oper oder die
späte Verstümmelung seines *Bajazzo*, die heute gottlob vergessen ist. (Man
denke auch an das Plagiat des *Bajazzo*-Librettos.)
Nach literarischen Studien in Bologna (1876) und dem Libretto *Chatterton*
(1877), das allerdings erst zwischen 1893 und 1896 vertont wurde, setzte der
Wagner-Verehrer schon früh auf die große Trilogie. *Crepusculum (Abenddämmerung)* sollte eine Gesamtschau der italienischen Geschichte werden,
kam aber über den ersten Teil *I Medici* (Uraufführung am 10. November
1893 in Mailand) nie hinaus. Die weiteren Teile (*Savonarola* und *Cesare
Borgia*) wurden beseite gelegt, um an Mascagnis überraschenden *Cavalleria*-Triumph anzuknüpfen, was bekanntlich nachhaltig gelang.
War Leoncavallo zuvor tatsächlich jahrelang in der Welt umhervaga-
bundiert – er verdingte sich in Paris und Ägypten als Privatlehrer und
Barpianist –, so läßt sich dieses ziemlich ziellose Umherschweifen auch in
seinem späteren Werk beobachten. Weder *La Bohème* noch *Zazà* (1900),
die eine Synthese zwischen italienischem Stil und französischer opéra comique versuchten, brachten ihm den ersehnten Erfolg. Auch der im Auftrag
Kaiser Wilhelms II. für Berlin geschriebene *Roland von Berlin* (1904) fiel
zumindest in Italien gnadenlos durch. Leoncavallo wandte sich der Operette zu, um wenigstens dort zu reüssieren. Es entstanden *La jeunesse de
Figaro* (1908), *Malbruk* (1910) und gar ein englisches Stück, *Are you there?*.

Erst in seinem Spätwerk, dem Fragment *Tormenta* und vor allem dem Einakter *Edipo re*, der erst nach seinem Tode 1920 in Chicago uraufgeführt wurde, schwang sich Leoncavallo nochmals zu wirklich inspirierten Partituren auf.

Die chamäleonartige Ästhetik Leoncavallos zeigt nur auf dem literarischen Feld des Librettos einen großen Atem des Realismus, die Musik dagegen „nimmt sich die Freiheit, nicht durchweg auf dem kompositorischen Niveau ihrer Zeit zu sein", wie Egon Voss es formulierte. Um der Hingabe an die einprägsam-überwältigende Melodie willen, nimmt sie „plakative Wirkungen" und „Trivialität in Kauf".   *Bernhard Rzehulka*

Der Bajazzo (Pagliacci)
Drama in zwei Akten und einem Prolog

Text: Ruggero Leoncavallo
Uraufführung: 21. Mai 1892, Teatro dal Verme, Mailand
Personen: Canio, Prinzipal einer Komödiantentruppe (in der commedia: Pagliaccio) (Ten); Nedda, Komödiantin und Frau Canios (in der commedia: Colombina) (Sop); Tonio, „der Tölpel", buckliger Komödiant (in der commedia: Taddeo) (Bar); Beppo, Komödiant (in der commedia: Arlecchino) (Ten); Silvio, Ein Bauer (Bar); Zwei Bauern (Baß und Ten)
Chor: Buben; Bäuerinnen und Bauern
Ort und Zeit: Bei Montalto in Kalabrien, am Tage Mariä Himmelfahrt (15. August) zwischen 1865 und 1870
Orchester: 3 Fl (3. auch Picc), 3 Ob (2. auch E. H.), 2 Kl, Bkl, 3 Fg, 4 Hrn, Trp, 3 Pos, Tba, 3 Pkn, Glsp, Bck, GrTr, Trgl, TamTam, 2 Hrf, Streicher
Auf der Bühne: Ob, Trp, GrTr, Bck
Hinter der Bühne: Vl, 3 Gl
Form: Durchkomponiert
Aufführungsdauer: Ca. 1¼ Stunden
Verlag: Casa musicale Sonzogno di Piero Ostali, Mailand

Handlung

In Form eines Prologs erörtert der Komponist Leoncavallo seine ästhetische Position des musikalischen verismo. Als Tonio verkleidet sagt er jene zentralen Sätze: „Der Autor will euch (...) ein Stück Leben zeigen. Sein Grundsatz heißt: Der Künstler ist ein Mensch und soll für Menschen schreiben. Und aus dem wahren Leben hat er seinen Stoff geholt."

1. AKT: Lautstark feiert die Dorfbevölkerung den Einzug einer Komödiantentruppe, die eine willkommene Abwechslung vom Alltag bedeutet. Canio, der Prinzipal, verkündet für den Abend die Vorstellung. Als der bucklige Tonio, ein Mitglied der Truppe, Canios Ehefrau Nedda beim Heruntersteigen vom Wagen behilflich ist, bezieht er vom eifersüchtigen Canio eine Ohrfeige. Canio, Beppo und der Bucklige werden von den Bauern zum Wein eingeladen, doch Tonio bleibt zurück, um sich Nedda nähern zu können. Nedda wehrt seine Zudringlichkeiten entschieden ab. Tonio schwört Rache und belauert wenig später Neddas Rendezvous mit dem Bauern Silvio, den sie offensichtlich schon länger kennt. Silvio bedrängt Nedda, nach der Vorstellung mit ihm zu fliehen. Nedda willigt schließlich ein. Inzwischen hat Tonio seinen Prinzipal gewarnt, und beide kehren überraschend zurück; doch Silvio kann im letzten Moment entfliehen. Canio versucht wütend den Namen des Liebhabers von Nedda zu erfahren, doch ohne Erfolg. Die Vorstellung beginnt in Kürze. Canio ist verzweifelt und muß obendrein sofort in einer Komödie spielen.

2. AKT: Am Abend strömt das Publikum erwartungsvoll zum Theater. Auch Silvio ist unter den Zuschauern. Die Vorstellung beginnt, ein typisches Commedia-dell'arte-Spiel. Colombine (Nedda) nützt die Abwesenheit ihres Mannes Bajazzo (Canio) zu einem Rendezvous mit dem geliebten Harlequin (Beppo). Der Diener Taddeo (Tonio) kehrt vom Markt zurück und versucht, sich bei Colombine einzuschmeicheln, doch Harlequin wirft ihn hinaus. Da kommt Bajazzo, und Colombine verabschiedet Harlequin mit denselben Sätzen, die sie als Nedda zuvor an Silvio gerichtet, und die Canio mitgehört hatte. Canio ist nicht mehr in der Lage, seine Bajazzo-Rolle zu spielen, und bedroht seine Frau. Sie solle ihm endlich den Namen ihres Liebhabers verraten. Im Publikum beginnt ein Geraune, man weiß nicht mehr, ist's Spiel oder Wirklichkeit. Nedda versucht als letzten Ausweg die Komödie wieder aufzugreifen und „bekennt", daß Harlequin bei ihr gewesen sei. Wütend zieht Canio den Dolch und ersticht seine Frau. Als Silvio voll Verzweiflung auf die Bühne stürzt, wird er von Canio ebenfalls getötet. „Das Spiel ist aus", ruft Canio dem entsetzten Publikum zu.

Kommentar

Zusammen mit Mascagnis *Cavalleria rusticana* gilt der *Bajazzo* als Musterbeispiel einer veristischen Oper. Die Frage aber, was der musikalische verismo eigentlich bedeute, welche ästhetischen Bedingungen und Ziele er verfolge, stößt auf unerwartete Schwierigkeiten. Bis heute jedenfalls kommt der verismo kaum über ein – allerdings geläufiges – Schlagwort hinaus. Man verbindet mit dem Begriff eine unverhüllte, ja animalische Sicht des Menschen: Triebhaftigkeit, Brutalität, Liebe und Haß auf der Opernbühne. Im *Bajazzo* ist's gar ein Doppelmord.

Verismo als Ersatz für den täglichen Polizeibericht? So einfach ist die Sache allerdings nicht. Schließlich ersticht schon Don Giovanni den Komtur, duelliert sich Tschaikowskijs Onegin mit Lenskij und wird Posa von den Häschern des Großinquisitors (in Verdis *Don Carlos*) bei offenem Vorhang erschossen. Der Beispiele gibt es viele. Kein Mensch spricht in diesen Fällen von einer veristischen Oper, obwohl Gewalt als movens der Handlung drastisch dar- (und her-)gestellt wird.

Bedeutsamer für den Opern-Verismo ist die Änderung des sozialen Milieus. Denn er verleugnet die Helden, die Erhabenen. Statt ihrer steht das einfache Volk, Bauern und fahrende Komödianten. Aus Palästen werden Dörfer; feinsinnige Psychologie wird ersetzt durch den groben Pinselstrich des Faktischen. Aber auch diese Beobachtung bleibt nur ein Aspekt.

Unzweifelhaft existieren aber eine Reihe italienischer Opern (etwa aus den Jahren 1890 bis 1910), die man (schweren Herzens) als veristisch bezeichnen könnte, in Anlehnung an eine bedeutende Gattung der italienischen Literatur. Unter der Federführung des Romanciers Giovanni Verga ging es um eine ungeschönte Schilderung der sozialen und menschlichen Verhältnisse im Italien der Jahrhundertwende. Die Auseinandersetzung mit dem musikalischen verismo, seine Eingrenzung und Deutung fehlen bis heute. Die allerdings lieferte der Komponist Leoncavallo selbst in seinem – übrigens nachkomponierten – Prolog zum *Bajazzo*. Die Menschen auf der Bühne, sagt Leoncavallo, sind „aus Fleisch und Blut". Und echt seien „ihres Hasses traurige Früchte, des Schmerzes Stöhnen, der Schrei der Wut und höhnisches Gelächter". Alles Unrealistische, Feinsinnig-Allegorische hat also von der Bühne zu verschwinden. Die Aktualität des Normalen erscheine! Bezeichnenderweise strickte Leoncavallo selbst eifrig an der Legende, der Stoff des *Bajazzo* sei der Wirklichkeit abgeschaut, er habe ihn sogar selber miterlebt (siehe: Stoffvorlage). Nun ist nichts einfacher, als den verismo in der Oper durch sich selbst aus den Angeln zu heben. Denn das vorgeblich Normale, die „Menschen aus Fleisch und Blut" verständigen sich nicht singend, sie lieben und hassen nicht in Kantilenen. Der Alltag ist prosaischer. Literaten tun sich da bedeutend leichter.

Diesem durch nichts überbrückbaren Widerspruch, den ein musikalischer verismo in sich trägt, begegnet Leoncavallo in der Dramaturgie des *Bajazzo* höchst geistreich; nicht etwa in der Art eines Melodrams, sondern in der Vielschichtigkeit mehrerer Handlungsebenen. Reales, Fiktives und das „Spiel im Spiel" fließen ineinander.

Der Prolog (das Vorbild ist Monteverdis *Orfeo*) wendet sich an das zahlende, also tatsächliche Publikum. Der Komponist in der Gestalt des Tonio verkündet jene „Fleischwerdung" der Akteure. Tonio ist somit der einzige der Protagonisten, der allen drei Ebenen angehört; Sprachrohr seines Schöpfers, Schauspieler und Figur der commedia; er ist die geheime Hauptrolle. Im 1. Akt dann zeigt sich das gewohnte Bild, eine Handlung auf der Bühne nimmt ihren Verlauf. Im 2. Akt wird die Bühne selbst zum Theaterambiente. Ein Teil der Akteure und der Chor übernehmen die Rolle eines „zweiten Publikums, die Protagonisten werden zu Schauspielern im doppelten Sinn; sie spielen das Theater auf dem Theater. Mit dem Auftritt des Bajazzo (Canio) dann wird das Verwirrspiel spannend, denn nun bricht die „reguläre" Bühnenrealität (des 1. Akts) nach und nach herein. Niemand kennt sich aus, weder das Bühnenpublikum noch der zahlende Zuschauer. Die Frage, was nun Spiel im Spiel, was konkrete Eifersucht des Opernthemas, was gar die Realität des Prologs bedeute, gerät zum Rätsel. Erst allmählich, immer wieder durchbrochen durch Partikel des Commedia-Spiels, wird dem Bühnenpublikum und damit (!) auch dem eigentlichen Zuschauer klar, daß sich hier Wirklichkeit als Bühnen-Geschehen abspielt. Letztendlich sind es erst die Schlußworte Canios („La commedia è finita!"), die die Wahrheit an den Tag bringen. Leoncavallos genialer Trick, den Widerspruch eines musikalischen verismo als Werk fruchtbar zu machen, liegt in der geradezu halsbrecherischen Akrobatik zwischen den verschiedenen Wirklichkeiten. Er spricht uns als Publikum an, führt Schauspieler und ein Schauspiel vor, trennt zwischen Wirklichkeit und Spiel auf der Bühne, und läßt all das wieder zusammenfließen.

In einem überraschend neuen Sinn kann der verismo als solcher bestehen; er ist Wirklichkeit des Menschen, den nichts anderes bestimmt als Alltag, Utopie und Traum als widersprüchliche Einheit. Ob das allerdings eine ästhetische Deutung des verismo ist?

Geschichte

Lange Zeit lehnte die Kritik den *Bajazzo* als „bluttriefendes Ereignis" ab und rügte das Werk als Dilettantismus von schlechtem Geschmack. Mit dem Dirigenten und Musikschriftsteller René Leibowitz, der im *Bajazzo* eine „starke Oper von seltener expressiver Intensität" sah, begann nach und nach ein Umdenkungsprozeß. Unbeeindruckt von diesem intellektuellen Hin und Her ist es von jeher das Publikum gewesen, das den *Bajazzo* seit seiner Uraufführung zum Welterfolg machte. Großen Anteil an dem einzigen Triumph, den Leoncavallo verbuchen konnte, hatten immer schon die Sänger und Dirigenten. Die Uraufführung strahlt bis heute. Victor Maurel, der große Jago und Falstaff zu Verdis Lebzeiten, sang den Tonio, der blutjunge Toscanini dirigierte. Größen wie Caruso, Pertile, Tamagno und Gigli sangen die publikumswirksamen Partien ebenso wie die Stars von heute zwischen Domingo und Pavarotti. Die Liste von 37 Gesamtaufnahmen unter so bedeutenden Musikern wie Tullio Serafin (mit Maria Callas), Herbert von Karajan oder Riccardo Muti spiegelt den Welterfolg, dessen Idee eines verismo allerdings bis heute einer grundlegenden Untersuchung und Deutung harrt. Die Behauptung des Dichter-Komponisten Leoncavallo, der Stoff des *Bajazzo* ginge auf ein eigenes Kindheitserlebnis zurück, konnte durch die akribische Studie der italienischen Musikologin Teresa Lerario zweifelsfrei widerlegt werden. Die genaue Analyse der Prozeßakten eines bestimmten Mordfalles in Montalto Uffago, Kalabrien, auf den Leoncavallo sich berufen hatte, zeigt so gut wie keine Nähe zum Opernstoff. Hingegen gilt als gesichert, daß sich Leoncavallo eingehend mit dem Drama *La femme de Tabarin* des französischen Dichters Catulle Mendès beschäftigt hatte. Mendès hatte denn auch sofort nach der französischen Erstaufführung des *Bajazzo* den Vorwurf des Plagiats erhoben. Als weitere Quelle diente das Schauspiel *Un drama nuevo* des Spaniers Manuel Tamayo y Baus, der unter dem Pseudonym „Estebañez" veröffentlichte. Bis ins Detail, so Arthur Scherle, lassen sich Formulierungen im Libretto nachweisen, die „fast wörtlich aus den Quellen übernommen und übersetzt wurden". Die bahnbrechenden Arbeiten von Lerario und von Marco Vallora, der die spanische Vorlage verifizieren konnte, verweisen Leoncavallos „wahre" Begebenheit ins Reich der Legende (vgl. *Leoncavallo, Der Bajazzo*, hrsg. von Attila Csampai und Dietmar Holland, Reinbek 1987).

Bernhard Rzehulka

Diskographische Empfehlung

1953 – New York: Renato Cellini, Robert Shaw Chorale RCA-Vistor Orchestra. Victoria de los Angeles (Nedda), Jussi Björling (Canio), Paul Franke (Beppo), Leonard Warren (Tonio), Robert Merrill (Silvio). RCA

1954 – Mailand: Tullio Serafin, Chor und Orchester des Teatro alla Scala. Maria Callas (Nedda), Giuseppe di Stefano (Canio), Nicola Monti (Beppo), Tito Gobbi (Tonio), Rolando Panerai (Silvio). EMI 667-747 981-8 (ADD)

La Bohème
Lyrische Oper in vier Akten

Text: Ruggero Leoncavallo
Uraufführung: 6. Mai 1897, Teatro La Fenice, Venedig
Personen: Marcello, ein Maler (Ten); Rodolfo, ein Dichter (Bar); Schaunard, ein Musiker (Bar); Gustav Colline, ein Philosoph (Bar); Barbemuche, Literat und Lehrer des Grafen Paolo (Bar); Gaudenzio, Besitzer des „Café Momus" (Ten); Durand, ein Portier (Ten); Ein Herr aus der ersten Etage (Ten); Ein Müßiggänger von der Straße (Ten); Musetta, eine Näherin (Sop); Mimì, eine Blumensteckerin (Sop); Euphemia, eine Plätterin (Sop)
Chor: Studenten; Mädchen; Mieter; Diener; Kutscher; Mägde; Köche; Kellner des Cafés; Küchenjungen; Lastträger
Ort und Zeit: Der Saal im ersten Stock des Café Momus in Paris am Heiligabend 1837; der Hof des Hauses, in dem Musetta wohnt, am 15. April 1838; Marcellos Mansarde im Oktober 1838; Mansarde am Heiligabend 1838
Orchester: 2 Fl (2. auch Picc), 2 Ob (2. auch E.H.), 2 Kl, 2 Fg, 4 Hrn, 3 Trp, 3 Pos, Tba, Pkn, GrTr, Bck, Trgl, Glsp, Klav, Hrf, Streicher
Auf der Bühne: Glocken
Form: Durchkomponiert
Aufführungsdauer: Ca. 2 Stunden
Verlag: Casa musicale Sonzogno di Piero Ostali, Mailand

Handlung

1. AKT: Gaudenzio, der Wirt des Café Momus, ist über das Verhalten des Musikers Schaunard und seiner Freunde erbost. Sie würden einen Großteil ihrer Zeit im Café zubringen, ohne eine nennenswerte Zeche zu machen und, obendrein, ohne kaum je zu bezahlen. Schaunard kann den Wirt mit der Aussicht besänftigen, noch an diesem Abend – es ist Weihnachten – mit seinen Freunden ein opulentes Festmahl im Momus einzunehmen. Nach und nach treffen die Freunde ein, der Dichter Rodolfo, der Maler Marcello, der Philosoph Colline, Schaunards Geliebte Euphemia sowie Rodolfos Freundin Mimì, die ihre Bekannte Musetta mitgebracht hat. Nun wird üppig getafelt und gefeiert. Marcello verliebt sich auf den ersten Blick in Musetta, die mit ihrer Gesangskunst alle begeistert. Als es ans Bezahlen geht, stellt sich heraus, daß niemand Geld hat. Da versucht Barbemuche, ein Bewunderer des Künstlervölkchens, auszuhelfen, was jedoch entschieden abgelehnt wird. Man einigt sich, die Bezahlungsfrage bei einer Partie Billard im Nebenzimmer auszutragen. Schaunard gewinnt, Barbemuche begleicht die Rechnung.

2. AKT: Einige Monate später muß Musetta aus ihrer Wohnung ausziehen. Ihr Liebhaber, ein reicher Bankier, hatte aus Wut über ihre Untreue, die Zahlungen eingestellt. Nun räumt der Hausmeister ihren ganzen Besitz auf den Innenhof. Just an diesem Abend hatte Musetta ihre Freunde eingeladen, und man beschließt nun, einfach im Hof zu feiern. Es wird ein rauschendes Fest mit allerlei musikalischen Einlagen. Im Verlauf des Abends erliegt Mimì dem Liebeswerben des Grafen Paolo und entfernt sich heimlich mit ihm. Schließlich treten die umliegenden Bewohner, die wegen des nächtlichen Lärms keine Ruhe finden, auf den Plan und verjagen die feiernden Bohemiens.

3. AKT: In ihrer Mansarde geloben sich Schaunard und Marcello Besserung, um ihre finanzielle Misere zu beheben; sie denken ernsthaft ans Geldverdienen. In seiner Abwesenheit schreibt Musetta an Marcello einen Abschiedsbrief, da sie das ärmliche Leben nicht länger zu ertragen glaubt. Als Mimì hinzukommt, um sich mit Rodolfo zu versöhnen, wird sie von ihm höhnisch zurückgewiesen. Marcello stellt sich auf Rodolfos Seite, aus Argwohn, Mimì würde Musetta gegen ihn einnehmen.

4. AKT: Am Heiligen Abend des darauffolgenden Jahres sitzen die Freunde Schaunard, Marcello und Rodolfo in gedrückter Atmosphäre beim Weihnachtsessen in Rodolfos Mansarde. Die Gedanken an die Ereignisse mit ihren Freundinnen lasten schwer auf ihnen. Da kommt Mimì die Stiege

herauf, kaum bei Sinnen und todkrank. Ihr reicher Galan hatte sie verlassen, und nach Ausbruch ihrer Krankheit verlor sie ihre Arbeit. Nun ist sie mittellos und ohne Obdach. Die Freunde versuchen ihr zu helfen, doch ohne Erfolg. Auch der Einsatz der hinzugekommenen Musetta, die gleich ihren Schmuck verpfändet, um einen Arzt bezahlen zu können, bleibt ohne Resonanz. Mimì stirbt noch am selben Abend, nicht, ohne sich mit Rodolfo versöhnt zu haben.

Kommentar

Auch wenn sie sich nie gegen Puccinis gleichnamiges Werk behaupten konnte, ist Leoncavallos *Bohème* weit mehr als nur der Hintergrund, vor dem sich der Welterfolg Puccinis um so vorteilhafter absetzt. Nein, Leoncavallos Stück erfordert Eigenständigkeit und kann für sich bestehen, auch wenn die Partitur nicht jenes suggestive Raffinement an den Tag legt, das so betörend in uns einfließt.

Leoncavallo stieß als erster auf den *Bohème*-Stoff; unmittelbar nach dem *Bajazzo*-Triumph. Daß er sich ursprünglich mit dem Verfassen des Librettos begnügte und dieses gar Puccini (während eines Treffens in einem Mailänder Café im Jahre 1894) angeboten hätte, wie es die gängigen Biographen behaupten, ist zumindest ungesichert. Puccini hörte jedenfalls von Leoncavallos Vorhaben und versuchte, ihm zuvorzukommen. Tatsächlich gewann er den Wettlauf; Leoncavallos Werk hatte fast 16 Monate später seine Uraufführung.

Natürlich kommt man nicht um einen Vergleich zwischen beiden Werken herum. Puccini ist sicherlich der musikalische Sieger, Leoncavallo aber kann den dramaturgisch stimmigeren Text für sich in Anspruch nehmen. Der Dichter-Komponist hielt sich nicht nur stärker an die Vorlage, ihm gelang auch – ähnlich wie im *Bajazzo* – eine Ästhetik des doppelten Bodens: das Umkippen der Komödie in die Tragödie. Die beiden Anfangsakte spielen in der Öffentlichkeit; der erste im Café Momus, mit Gästen, Kellnern und allen Hauptpersonen; der zweite schildert ein ausgelassenes Künstlerfest im Hinterhof. Bis zu diesem Punkt sind die Bohemiens als lebenslustiges Künstlervölkchen dargestellt, stets gespiegelt durch die Normalität der Außenwelt. Mit dem 3. Akt dann erfolgt abrupt der Rückzug ins Private. In den Mansarden Marcellos und Rodolfos geht es mit einemmal um die nackte Existenz, um die Unmöglichkeit eines freien Lebens jenseits der bürgerlichen Bedingungen. In dem zuvor so legeren sozialen Raum ist aktives Handeln nun nicht mehr möglich. Entweder bleibt es bei Absichtserklärungen (Rodolfo und Marcello beschließen, in einem bürgerlichen Sinne Geld zu verdienen), oder die Aktion führt zur Flucht in die Normalität (Musettas Abschiedsbrief an Marcello). Spontanes Handeln aber scheitert, wie die Bemühungen der Freunde um die todkranke Mimì zeigen. Ihren Tod schildert Leoncavallo höchst plausibel als Folge der Verweigerung gegenüber bürgerlichen Spielregeln. Mimì war erkrankt, verlor dadurch ihre Arbeit und kann infolgedessen ihren Aufenthalt im Hospital nicht bezahlen; kurzerhand wird sie dort vor die Tür gesetzt. Ihre asoziale Stellung wird zum Todesurteil, und nicht – wie bei Puccini – eine schicksalhaft vorgezeichnete Katastrophe. Puccinis Mimì ist durchgehend als krankes, gebrechliches Geschöpf gezeichnet. Der vagen Poesie stellt Leoncavallo eine Ästhetik des Realismus entgegen; ein Realismus freilich, der nichts mit dem nebulösen Begriff des verismo zu tun hat.

Demgegenüber nimmt der musikalische Zugriff – zumal im so zentralen 2. Akt – naturalistische, ja „photographische" Züge an. Dort etwa wird Musettas Klavier in den Hinterhof transportiert; als Folge davon verstimmt sich das Instrument, was durch das Anschlagen der scharfen Dissonanz d-cis vorgeführt wird. Auch die musikalischen Einlagen beim Hinterhoffest sind eindeutig als Bühnenstück vom eigentlichen Kontext abgetrennt. Doch damit nicht genug: Sie parodieren und zitieren Rossini sowie Meyerbeers *Hugenotten*-Oper. Dieses collageartige Verfahren ist nicht nur ein geistreiches Spiel, „von diesem Merkmal scheint ein zumindest unterirdischer Faden zu Verfahrensweisen Igor Strawinskys zu laufen" (Egon Voss). So ist dieser 2. Akt schon in sich selbst ein kunstvolles Jonglieren mit verschiedenen Ebenen, ein steter Wechsel zwischen Fiktion und Wirklichkeit. Bezeichnenderweise folgt nach dieser Szene der zuvor beschriebene Generalumbruch der ästhetischen Wertungen, der Wechsel vom Komischen zum Tragischen, den Egon Voss zu Recht als „Beiseiteschieben eines Vorhangs" und als „Herunterreißen einer Maske" beschreibt. Und das geschieht symbolisch am Ende des 2. Aktes als Antizipation, wenn die Anwohner ihre so heilige bürgerliche Nachtruhe (!) gefährdet sehen. Die Bohemiens werden verjagt. Leoncavallo läßt keinen Zweifel daran, wem hier „die Maske heruntergerissen" wird. Die Individualisten sind ständig gefährdet durch die rigorosen, letztlich brutalen Vorschriften einer bürgerlichen Gesinnung. Das zeigt Mimi in der Hinterhofszene, wenn sie dem Werbungsritual des Grafen Paolo erliegt und mit ihm zusammen das Weite sucht.

So stringent und kunstvoll ist das so unbekannte Werk des oft so unterschätzten Leoncavallo gebaut. Verschiedene Wirklichkeiten werden durch sich selbst gespiegelt und ergeben Perspektiven, die letztlich auf das Thema „Individuum und Gesellschaft" gebracht werden können. Ja, Leoncavallo weist sich in seiner *Bohème* als Sozialkritiker von hohem Range aus, als Moralist und Aufklärer, der aus dem Sujet kein tränenreiches, naives Märchen macht, sondern ein realistisches Stück, das Wertungen vornimmt und Position bezieht.

Zwischen März 1845 und April 1849 erschien die erste Fassung des Bohème-Stoffes von Henri Murger unter dem Titel *Scènes de la Bohème* als Fortsetzungsroman in der von Gérard de Nerval herausgegebenen Pariser Zeitschrift „Le Corsaire Satan". Den Erfolg nutzte Murger, um zusammen mit Théodore Barrière eine Bühnenfassung *La vie de Bohème* zu erarbeiten, die am 22. November 1849 im Théâtre des Variétés Premiere hatte. 1851 folgte die – endgültige – Romanfassung Murgers unter dem Titel *Scènes de la vie de Bohème,* die der Pariser Verleger Lévy herausbrachte.

Geschichte

Trotz seines kurzfristigen Erfolgs an italienischen Bühnen war Leoncavallos *Bohème* nicht einmal die zweite Wahl. Puccinis Werk, das bereits 15 Monate zuvor in Turin herausgekommen war, zog seine triumphalen Kreise. Den Schaden trug Leoncavallos Version davon, der die Sentimentalität zugunsten des weniger gefragten Realismus opferte. Gelegentlich wurde das Werk in Italien aufgeführt, so etwa in San Remo am 11. Februar 1969, wovon ein „grauer" Live-Mitschnitt der italienischen „Cetra" zeugt. Im Zuge der Entdeckungen entlegener Opern kann auch der allgemeinzugängliche Markt eine Studio-Einspielung vorweisen: eine Produktion des Orchesters des Bayerischen Rundfunks unter Heinz Wallberg.

Bernhard Rzehulka

Diskographische Empfehlung

1981 – München: Heinz Wallberg, Chor des Bayerischen Rundfunks, Münchner Rundfunkorchester. Franco Bonisolli (Marcello), Bernd Weikl (Rodolfo), Alan Titus (Schaunard), Raimund Grumbach (Colline), Lucia Popp (Mimì), Alexandrina Milcheva-Nonova (Musetta). Orfeo, C 023 822 (DDD)

GIACOMO PUCCINI

geb. 22. Dezember 1858 in Lucca
gest. 29. September 1924 in Brüssel

Nach Verdis Schlußwort, das er mit dem *Falstaff* gesprochen hatte, ging unwiderruflich eine große Epoche der italienischen Oper zu Ende. Von der Nachfolgegeneration gelang es (neben Mascagni) einzig Giacomo Puccini, eine Opernästhetik zu etablieren, die sich zwar teilweise im Widerspruch zu den Überzeugungen des gran vegliardo befand, aber von eminenter Theaterwirksamkeit war. Das Publikum staunte nicht schlecht, als statt der tragischen Helden plötzlich die gesellschaftlichen Außenseiter die Bühne betraten. Statt mit Königen und Herzögen oder zumindest durch die Weltliteratur (Shakespeare, Schiller) sanktionierten, sozial Niedrigstehenden wurde es mit mittellosen Bohemiens, mit Näherinnen und Klosterschwestern konfrontiert, ja sogar mit veritablen Western-Cowboys. Ihnen allen ist gemein, daß sie am Rande einer bürgerlich umfriedeten Gesellschaft stehen und dadurch – stets durch die Normalität gespiegelt – in schicksalhafte Konflikte auf Leben und Tod geraten. Dem sozialkritischen Thema als Opernstoff steht die seelische Bewegung entgegen; ein inneres Motivmuster, das fast allen Puccinischen Antihelden gemeinsam ist. Der in die Liebe verstrickte und gleichzeitig wehrlose Mann fühlt sich der Frau unterlegen, ja ausgeliefert. Mit ihrem Tod stirbt auch er, obwohl er de facto überlebt. Trotz betörender Arien und Bühnenpräsenz bleibt der männliche Charakter schwach und willenlos; ein hypnotisierter Liebhaber. Mosco Carner hat das in einer ebenso anfechtbaren wie einfühlsamen Puccini-Biographie dargestellt. Ein weiteres Grundmotiv, dem Ulrich Schreiber auf die Spur kam, ist die gestörte Beziehung. Immer dann, wenn die Liebe der Protagonisten sich erfüllen könnte, erfolgt eine Unterbrechung; Schreiber spricht vom „schädigenden Dritten".
Trotz der „kleinen Leute" und ihren tiefenpsychologischen Motiven herrscht bei Puccini die große musikalische Geste. Suggestive Melodik, ein geradezu betörender Orchesterklang und Harmoniefolgen, die oft genug das Sentimentale streifen, ergeben jene Reizmischung aus Menschendarstellung und einem durchaus beabsichtigten Wohlklang, der eine Konsum-

haltung des Publikums erreichen will und erreicht. Das scheinbar Leichte aber hat einen doppelten Boden.

Puccini stammte aus einer Musikerfamilie, studierte mit Hilfe eines Stipendiums der Königin Margherita am Mailänder Konservatorium bei Amilcare Ponchielli und schloß sein Studium 1883 mit dem *Capriccio sinfonico* ab. Themen aus dieser Diplomarbeit verwandte er später in *La Bohème*. Mit seiner Erstlingsoper, dem Einakter *Le Villi*, beteiligte er sich an einem Wettbewerb des Mailänder Musikverlegers Sonzogno (1884), blieb jedoch ohne Auszeichnung. Mit Hilfe von Freunden (darunter Arrigo Boito) wurde das Werk am Teatro dal Verme in Mailand aufgeführt. Der Verdi-Verleger Giulio Ricordi nahm daraufhin Puccini unter Vertrag und regte eine Erweiterung von *Le Villi* auf zwei Akte an, die noch im selben Jahr, 1884, in Turin Premiere hatte. Mit seiner zweiten Oper, *Edgar* (vier Akte, 1889), zu dem Libretto von Ferdinando Fontana (nach Alphonse de Musset) hatte Puccini zwar keinen Erfolg, das regelmäßige Monatshonorar aus dem Hause Ricordi aber ermöglichte ihm schon in dieser frühen Zeit ein unabhängiges Künstlerleben, das später dann, nach dem Triumph der *Bohème* und der *Tosca*, regelrecht dandyhafte Züge annehmen sollte. Ein Außenseiterwerk sei noch genannt: *La Rondine* (drei Akte, 1917), das schon rasch nach seiner Uraufführung in Monte Carlo wegen seiner eindeutigen Operettentendenzen in der Versenkung verschwand.

Als einzige Oper überschritt *La rondine* die Grenze hin zum trivialen Genre. Puccinis Lebenswerk als Ganzes gesehen läßt sich bewußt auf eine Gratwanderung zwischen Seriosität und Sentimentalität ein, zwischen exakt kalkulierter Wirkung und tief empfundenem Ausdruck, ohne je abzustürzen. Dieser Drahtseilakt enthält den großen melodischen Atem ebenso wie die Raffinesse der Orchesterinstrumentierung. Der große Verdi benötigte einzig die Kenntnis von *Le Villi,* um jene prophetischen Worte über Puccini, den damals 26jährigen, zu sagen: „Er (Puccini) folgt den modernen Tendenzen, was natürlich ist (...). Aber es scheint, daß bei ihm das symphonische Moment vorherrscht... Oper ist Oper, und Symphonie ist Symphonie."

Bernhard Rzehulka

Manon Lescaut

Dramma lirico in vier Akten

<u>Text</u>: Ruggero Leoncavallo, Marco Praga, Domenico Oliva, Luigi Illicia, Giuseppe Giacosa, Giulio Ricordis, nach dem Roman *L'histoire du chevalier Des Grieux et de Manon Lescaut* von Abbé Prévost
<u>Uraufführung</u>: 1. Februar 1893, Teatro Regio, Turin
<u>Personen</u>: Manon Lescaut (Sop); Lescaut, Sergeant der königlichen Garde, Manons Cousin (Bar); Chevalier Renato Des Grieux, Student (Ten); Geronte de Ravoir, königlicher Steuerpächter (Baß); Edmondo, Student (Ten); Wirt (Baß); Ballettmeister (Ten); Musiker (Mez); Sergeant der Bogenschützen (Baß); Lampenanzünder (Ten); Schiffskommandant (Baß); Friseur (stumme Rolle)
<u>Chor</u>: Mädchen; Bürger; Studenten; Musiker; Alte Herren und Abbés; Kurtisanen; Bogenschützen; Marinesoldaten; Seeleute
<u>Ort und Zeit</u>: Amiens, Paris, Le Havre, Amerika, in der zweiten Hälfte des 18. Jahrhunderts
<u>Orchester</u>: 3 Fl (3. auch Picc), 2 Ob, E. H., 2 Kl, Bkl, 2 Fg, 4 Hrn, 3 Trp, 3 Pos, Btba, Pkn, Schlgzg (Trgl, KlTr, TamTam, GrTr, Bck, Glsp, Cel), Hrf, Streicher
<u>Auf der Bühne</u>: Fl, Kornett, Gl, KlTr, Schellen
<u>Form</u>: Durchkomponiert
<u>Aufführungsdauer</u>: Ca. 2 Stunden
<u>Verlag</u>: G. Ricordi & C. S.p.A., Mailand

<u>Handlung</u>
1. AKT: Ein weiter Platz mit einem Wirtshaus an der Porte de Paris zu Amiens. Vor dem Wirtshaus hält eine Postkutsche, ihr entsteigen der Sergeant Lescaut, seine Schwester Manon sowie der königliche Steuerpächter Geronte. Der Student Des Grieux, von der Erscheinung Manons fasziniert, nähert sich dem Mädchen: Sie erzählt ihm, daß sie auf Geheiß des Vaters in ein Kloster gehen müsse. Des Grieux ist gerührt und bietet ihr seine Hilfe an; zwischen beiden entsteht Liebe auf den ersten Blick. Doch auch Geronte hat ein Auge auf Manon geworfen; zusammen mit dem Wirt bereitet er ihre Entführung vor. Seine Absichten werden jedoch von Edmondo, dem Freund Des Grieux', durchkreuzt. Dieser hat die von Geronte gemietete Kutsche an sich gebracht und drängt das verliebte Paar zur Flucht; nach anfänglichem Zögern willigt Manon ein. Der geprellte Ge-

ronte ist außer sich vor Wut, wird jedoch von Lescaut mit dem Hinweis getröstet, daß er Manon sicherlich in Paris wiedersehen werde, da ihrem Bedürfnis nach Luxus die Mittel eines Studenten auf die Dauer nicht gewachsen seien.

2. AKT: Paris, ein eleganter Salon im Palast von Geronte. Manon hat Des Grieux verlassen, wie ihr Bruder prophezeit hat, und ist mit dessen Hilfe die Geliebte des Steuerpächters geworden. Doch mittlerweile ist sie der kalten Pracht überdrüssig und sehnt sich nach der Liebe Des Grieux' zurück; Lescaut verspricht, ihren Wunsch zu erfüllen. Des Grieux sucht sie in Gerontes Haus auf und überschüttet sie mit Vorwürfen wegen ihrer Treulosigkeit, doch unter ihren Liebesschwüren schwindet seine Verbitterung dahin. Ihr Tête-à-tête erfährt eine jähe Unterbrechung durch das Erscheinen des Steuerpächters. Als dieser sich unter Drohungen zurückzieht, bleibt den beiden nur noch die Flucht. Doch Manon will nicht gehen, ohne einige Juwelen mitzunehmen, die Geronte ihr geschenkt hat. Vergeblich treibt Lescaut sie zur Eile an; schon erscheint der Steuerpächter mit den Wachen und läßt Manon verhaften. Nur mit Mühe gelingt es Lescaut, Des Grieux von einem Eingreifen abzuhalten.

3. AKT: Le Havre, ein Platz am Hafen. Manon sitzt im Gefängnis, zur Deportation in die Kolonien verurteilt. Des Grieux ist ihr nach Le Havre gefolgt, um sie, zusammen mit Lescaut, der die Wache bestochen hat, zu befreien. Doch der Anschlag mißlingt. Manon und die übrigen Gefangenen werden auf ein Schiff gebracht, verfolgt von den höhnischen Bemerkungen der Bürger. Des Grieux ist verzweifelt, Manon für immer zu verlieren; er fleht den Kommandanten des Schiffes an und erhält von diesem die Erlaubnis, seine Geliebte begleiten zu dürfen.

4. AKT: In Amerika. Durch Manons Flatterhaftigkeit ist Des Grieux in ein Duell mit dem Neffen des Gouverneurs geraten, der dabei sein Leben läßt; beide mußten deshalb aus New Orleans fliehen. Die Strapazen endloser Wanderungen in der Wüste haben Manon seelisch und körperlich zerrüttet: als sie ihren Tod nahen fühlt, bekundet sie noch einmal ihre tiefe Liebe zu Des Grieux und stirbt in seinen Armen.

Kommentar

Obwohl Massenets *Manon* erstmals 1893 in Italien aufgeführt wurde, gilt es doch als sicher, daß Puccini und seine Mitarbeiter mit dem Konkurrenzwerk vertraut waren. Die Tatsache, daß *Manon* als Musterfall einer in dramaturgischer Hinsicht überaus geglückten Oper gelten kann, wurde für die Autoren von *Manon Lescaut* zum Problem: Es galt Massenets Oper nachzueifern, um ebenfalls erfolgreich zu sein, ohne jedoch in Nachahmung zu verfallen, um sich nicht dem Vorwurf des Plagiats auszusetzen. In diesem Dilemma vor allem ist der Grund für einige Schwächen im Libretto von *Manon Lescaut* zu sehen: Die Disposition der einzelnen Szenen gewährleistet nicht immer eine Kontinuität im Handlungsablauf. Wird der Sprung vom 1. zum 2. Akt noch notdürftig durch den Dialog zwischen Manon und Lescaut im 2. Akt kompensiert, so klafft zwischen dem 3. und 4. Akt eine gewaltige Lücke: Daß das Paar zu Beginn des 4. Aktes schon seit geraumer Zeit auf der Flucht ist, weil Des Grieux im Duell den Neffen des Gouverneurs erschlug, der auf Manon ein Auge geworfen hatte, erfährt der Interessierte nur durch die Lektüre des Romans. Darüber hinaus erscheint im 4. Akt das dramatische Moment suspendiert: Was sich ereignet, ist das langsame Dahinsiechen Manons.

Die Charakterisierung der Hauptgestalten ist unterschiedlich ausgefallen: Während Manons widersprüchliches Wesen ziemlich genau von der Vorlage übernommen wird – ihre Sehnsucht nach wahrer Liebe steht in ständigem Kampf mit ihrem unstillbaren Bedürfnis nach Luxus –, hat die Gestalt des Des Grieux an Profil verloren: im Roman erscheint der Chevalier als ein komplexer Charakter, der sich nicht nur von seinen Emotionen fortreißen läßt, sondern auch zu gründlicher Selbstreflexion fähig ist. Bei Puccini hingegen wird er ausschließlich als der sentimentale Liebhaber gezeichnet, der sich stets von seinen Gefühlen leiten läßt.

In der Gestalt des Geronte, des typischen Repräsentanten des ancien régime, sind die Charakterzüge und Wesensarten der verschiedenen Rivalen Des Grieux' miteinander verschmolzen: Lüsternheit und Brutalität, Renommiersucht und Eitelkeit. Als überaus dubioser Charakter erscheint auch Manons Cousin Lescaut: Dem Glücksspiel verfallen, in das er auch den Chevalier verstrickt, wechselt er die Parteien, verrät nicht nur seine Familie und Manon, sondern auch Des Grieux und schließlich Geronte.

Eines der hervorstechendsten Merkmale dieser Partitur ist zunächst einmal die unglaubliche Fülle inspirierter Melodien, wie sie sich sogar bei Puccini weder bis dahin fand noch in späteren Werken finden läßt. Allein Des Grieux tritt nicht weniger als sechsmal mit in sich geschlossenen Solonummern hervor, in denen das gesamte emotionale Spektrum des jugendlichen Liebhabers eingefangen ist: seine Galanterie („Tra voi belle", 1. Akt) und seine ekstatische Liebe („Donna non vidi mai", 1. Akt), seine Trauer („Ah Manon, mi tradisce", 3. Akt) und seine Verzweiflung („Guardate, pazzo son", 3. Akt). Manon, die Titelgestalt, muß sich hingegen mit zwei Arien begnügen, die im Gegensatz zu denen Des Grieux' zur Integration in den dramatischen Ablauf tendieren („In quelle trine morbide") oder zur Reihung heterogener Elemente („Sola, perduta, abbandonata", 4. Akt). Entschädigt wird sie durch ein eigenes Leitmotiv, das geradezu wortgezeugt anmutet („Manon Lescaut mi chiamo").

Wenn auch für Puccini Musik ohne die große Melodie schlechterdings nicht vorstellbar war, nahm er doch eine bedeutsame Akzentverschiebung vor. Wurde zuvor die Melodie von der menschlichen Stimme getragen und vom Orchester lediglich gestützt, legt Puccini die expressive Kantilene allein ins Orchester, während die Vokalstimme der Melodieführung zunächst nur fragmentarisch unter Verwendung zahlreicher Tonwiederholungen folgt. Damit ist ein deklamatorisches Element, wie es früher für das Rezitativ typisch war, in die geschlossene Gesangsform eingedrungen („Donna non vidi mai").

Wie die anderen Komponisten seiner Generation zeigte auch Puccini ein lebhaftes Interesse an den Musikdramen Wagners. Was ihn faszinierte, waren jedoch nur Einzelmomente des musikalischen Satzes wie Harmonik und Leitmotivtechnik. In keiner Oper ist die Orientierung Puccinis an Wagner so deutlich ausgeprägt wie gerade in *Manon Lescaut*; die Anklänge, vor allem im großen Duett des 2. Aktes sowie im Intermezzo sinfonico, reichen vom Zitat des Tristan-Akkords bis hin zu verbalen Wendungen wie „dolcissimo soffrir" (süßestes Leiden). Die Leitmotivtechnik in *Manon Lescaut* nimmt eine Mittelstellung zwischen Verdi und Wagner ein: Sie geht weit über die im wesentlichen unveränderten Erinnerungsmotive Verdis hinaus, wie sich etwa am Manon-Motiv zeigt, das eine erstaunliche Variationsbreite aufweist. Es verdichtet sich jedoch nicht zu einem syntaktisch-semantischen System wie bei Wagner.

Ebenso wie bei seinen Zeitgenossen gewinnt auch bei Puccini die orchestrale Komponente zunehmend an Bedeutung. In der Orchesterbesetzung knüpft *Manon Lescaut* zwar an *Otello* an, hinsichtlich des Klangstils jedoch geht Puccini eigene Wege. Gegenüber der Individualfarbe wird die Klangverschmelzung bevorzugt; Instrumentalsoli sind selten, haben dann zumeist deskriptive Funktion (Beginn 2. Akt). Puccinis Vorliebe für den vollen, gesättigten Orchesterklang mit seinen Harfen-Arpeggien und seinen Kontrabaß-Pizzikati wurzelt nicht in der italienischen, sondern französischen Oper, in der opéra lyrique Gounods und Massenets. Charakteristisch hierfür ist vor allem die Verdoppelung der Melodien in zwei, drei oder gar vier

Oktavlagen, vorzugsweise in den Streichern, wodurch die Musik ihre unwiderstehliche Emphase erhält; in keiner anderen Oper Puccinis wird dieses Verfahren derart exzessiv gehandhabt wie in *Manon Lescaut*.

Innerhalb von Puccinis Œuvre nimmt *Manon Lescaut* einen höheren Stellenwert ein, als die Rezeption vermuten ließe. Während sich der Puccini-Stil in *Le Villi* und *Edgar* nur in Einzelmomenten manifestiert, begegnet er als Gesamtphänomen erstmals in *Manon Lescaut*. Was als symptomatisch für Puccini gelten kann, findet sich in dieser Oper angelegt; was noch folgt bis hin zu *Turandot*, sind Entwicklungen, Verfeinerungen, gelegentliche Experimente wie in *La fanciulla del West*, doch die in *Manon Lescaut* gelegte Basis wird nicht mehr verlassen.

Geschichte

Mit seiner Oper *Le Villi* (1884) hatte Puccini seinen Ruf als erfolgversprechendes Nachwuchstalent begründet. Das Fiasko seines nächsten Bühnenwerkes *Edgar* (1888) drohte diese Reputation zu zerstören; ein erneuter Erfolg war dringend geboten. Nach intensiver Auseinandersetzung mit einer Reihe literarischer Vorlagen fiel seine Wahl auf den Roman *L'histoire du chevalier Des Grieux et de Manon Lescaut* von Abbé Prévost. Eingedenk seiner schlechten Erfahrungen mit Ferdinando Fontana, dem Textbuchautor seiner beiden ersten Opern, nahm Puccini erstmals Einfluß auf die Gestalten des Librettos, an dem nicht weniger als ein halbes Dutzend Autoren beteiligt waren. Nach dreijähriger Arbeit war die Komposition im Oktober 1892 abgeschlossen. Um eine Verwechslung mit Massenets *Manon* zu vermeiden, erhielt die Oper den Titel *Manon Lescaut*.

Die Uraufführung von *Manon Lescaut* brachte Puccini den ersehnten künstlerischen Durchbruch. Das Publikum reagierte mit enthusiastischem Beifall, die Kritik erkannte in seltener Einmütigkeit den Rang des neuen Werkes an. Zugleich setzte auch die internationale Verbreitung ein. Noch im selben Jahr wurde die Oper in Buenos Aires, São Paulo, Rio de Janeiro, Madrid und Hamburg aufgeführt, 1894 schlossen sich die Theater in Budapest, Prag, London, Mexico City und Philadelphia an. Seither gehört *Manon Lescaut* zum Repertoire in- und ausländischer Bühnen, ohne daß die Oper jedoch die Popularität von *La Bohème*, *Tosca* und *Madama Butterfly* erreicht hätte.   *Norbert Christen*

Diskographische Empfehlung

1956 – New York: Dimitri Mitropoulos, Chor und Orchester der Metropolitan Opera. Jussi Björling (Des Grieux), Licia Albanese (Manon), Frank Guarrera (Lescaut), Fernando Corena (Geronte). Morgan Records, 3 MOR 7201

1957 – Mailand: Tullio Serafin, Chor und Orchester des Teatro alla Scala. Giuseppe di Stefano (Des Grieux), Maria Callas (Manon), Giulio Fioravanti (Lescaut), Franco Calabrese (Geronte). EMI, EX 153 29 0041 3

1984 – London: Giuseppe Sinopoli, Royal Opera Chorus, Philharmonia Orchestra. Des Grieux (Placido Domingo), Mirella Freni (Manon), Renato Bruson (Lescaut), Kurt Rydl (Geronte). DG 413 893-2 (DDD)

La Bohème

Szenen aus Henri Murgers *La vie de Bohème* in vier Bildern

Text: Giuseppe Giacosa und Luigi Illica
Uraufführung: 1. Februar 1896, Teatro Regio, Turin
Personen: Rodolfo, Dichter (Ten); Marcello, Maler (Bar); Schaunard, Musiker (Bar); Colline, Philosoph (Baß); Benoît, Hausherr (Baß); Alcindoro, Staatsrat (Baß); Mimì (Sop); Musetta (Sop); Parpignol, ein fliegender Händler (Ten); Sergeant der Zollwache (Baß); Ein Zöllner (Baß)
Chor: Studenten; Näherinnen; Bürger; Verkäufer und Verkäuferinnen; Straßenhändler; Soldaten; Kellner; Knaben; Mädchen usw.
Ort und Zeit: Paris, um 1830
Orchester: Picc, 2 Fl, 2 Ob, E.H., 2 Kl, Bkl, 2 Fg, 4 Hrn, 3 Trp, 3 Pos, Bpos, Pkn, Rührtr, Gläser, Trgl, Bck, GrTr, Xyl, Car, Glsp, Hrf, Streicher
Auf der Bühne: 4 Picc, 6 Trp, 6 Rührtr
Form: Durchkomponiert
Aufführungsdauer: Ca. 2½ Stunden
Verlag: G. Ricordi & C. S.p.A., Mailand

Handlung

1. BILD: In ihrer Mansarde über den Dächern von Paris sind der Dichter Rodolfo und der Maler Marcello an einem frostigen Weihnachtstag bei der Arbeit. Um die bittere Kälte zu vertreiben, übergibt Rodolfo sein Drama dem Feuer, an dem sich auch der eintretende Philosoph Colline wärmt. Freudig begrüßt wird der Musiker Schaunard, als er Geld, Wein und Eßwaren bringt. Durch seine unverhofften Einkünfte scheint der Heilige Abend gerettet, doch nun kommt der Hausherr Benoît, um die rückständige Miete einzutreiben. Auch diese Gefahr bannen die vier Freunde, Benoît wird zu schlüpfrigen Reden verleitet und mit gespielter Entrüstung vor die Tür gesetzt. Die Künstler brechen zu ihrem Stammlokal, dem Café Momus auf, nur Rodolfo bleibt noch zurück, um einen Zeitungsartikel zu beenden. Da klopft es abermals, die Blumenstickerin Mimì bittet um Licht für ihre Kerze. Ein Hustenanfall zwingt die schwindsüchtige Nachbarin, Platz zu nehmen, und Rodolfo stärkt sie mit Wein. Beim Verlassen des Zimmers vergißt Mimì ihren Schlüssel, der Zugwind bläst die Kerze aus, und bei der Suche nach dem Schlüssel, den Rodolfo heimlich zu sich steckt, finden sich in der Dunkelheit ihre Hände. Während sie einander von ihrem Leben erzählen, erwacht tiefe Zuneigung zwischen ihnen. Mimì folgt Rodolfos Einladung in das Café Momus.

2. BILD: Auf dem weihnachtlichen Markt im Quartier Latin herrscht buntes Treiben. Nach einigen Einkäufen nehmen die Freunde im Café Momus Platz, und Mimì wird wohlwollend in ihren Kreis aufgenommen. Da erscheint Marcellos frühere Freundin Musetta in Begleitung des geckenhaften Staatsrates Alcindoro. Während Marcello ihr auffälliges Benehmen eifersüchtig verfolgt, sucht sie seine Aufmerksamkeit auf sich zu lenken, und nachdem sie sich des Alten mit einer List entledigt hat, fällt sich das Paar versöhnt in die Arme. Als Alcindoro zurückkehrt, sind die Freunde verschwunden und haben ihm die Begleichung der Zeche überlassen.

3. BILD: Im Februar darauf haben Marcello und Musetta in einem verkommenen Wirtshaus an der Stadtgrenze Quartier bezogen, wo Marcello den Lebensunterhalt mit Fassadenmalerei bestreitet. An einem kalten Morgen kommt Mimì, um seine Hilfe zu erbitten, da Rodolfo sie aus Eifersucht verlassen habe. Den wahren Grund erfährt Marcello in der Aussprache mit Rodolfo. Ihn plagen Gewissensbisse, daß das Zusammensein in seiner armseligen, kalten Behausung das Leben der kranken Geliebten verkürzen werde. Ein Hustenanfall verrät Mimì, die versteckt alles angehört hat. Während das eine Paar in wehmütiger Erinnerung wieder

zueinander findet und beschließt, den restlichen Winter zusammenzubleiben, entbrennt zwischen Marcello und Musetta heftiger Streit, und sie trennen sich mit wütenden Schimpfworten.

4. BILD: Rodolfo und Marcello sind wieder allein und verbergen ihre Sehnsucht nach den Geliebten voreinander. Schaunard und Colline kommen mit einer dürftigen Mahlzeit in ihre Mansarde, und alle vier verscheuchen die trostlose Atmosphäre mit gespielter Heiterkeit. Als Musiker und Philosoph in einem wilden Scheinduell aufeinander einschlagen, stürzt Musetta atemlos mit der todkranken Mimì herein. Alle bemühen sich aufopfernd um die Sterbende. Musetta veräußert Schmuck, um ihr den ersehnten Muff zu verschaffen, Colline versetzt seinen Mantel. Mimì und Rodolfo versichern sich ihrer Liebe und durchleben in der Erinnerung das Glück ihrer ersten Begegnung. Unbemerkt von Rodolfo haucht Mimì ihr Leben aus. Erst die Betretenheit seiner Freunde läßt ihn die Katastrophe wahrnehmen, mit einem Aufschrei wirft er sich auf den entseelten Körper.

Kommentar

Obwohl sie aus einer lockeren Bildfolge, gleichsam Momentaufnahmen, besteht, besticht Puccinis *Bohème* durch ihre dramaturgische Geschlossenheit und Ausgewogenheit. Derselbe Schauplatz, der Innenraum der Künstlermansarde, rahmt die beiden mittleren Bilder ein, die mit dem Quartier Latin und der Barrière d'Enfer im Freien spielen, Außenszenen sind, in denen jeweils am Beginn das Atmosphärische besondere Bedeutung erlangt; im 3. Bild durchaus als handlungsvorbereitendes Stimmungselement, ohne wie in der parallelen „Paris s'éveille"-Situation von Charpentiers *Louise* in Selbstzweck abzugleiten. Eine innere Verwandtschaft, musikalisch gerade hier durch eine äußerst intensive Erinnerungsmotivik verstärkt, zeichnet zudem die in der Mansarde spielenden Bilder aus. Beide leben, worauf es Puccini in dieser Oper sehr ankam, vom Mittel des Kontrasts. Sie beginnen mit den heiteren Szenen der Künstlerfreunde und schlagen beim Auftritt Mimìs im 1. Bild in das Lyrisch-Empfindsame und im 4. Bild – mit dem denkbar schärfsten Kontrast – in das Tragische um. Bei der Gestaltung des Textbuches zu *La Bohème* bewährte sich erstmals die in Frankreich längst übliche Mitwirkung von zwei Librettisten mit weitgehend geteiltem Aufgabenbereich. Luigi Illica war in erster Linie für die dramaturgischen Belange verantwortlich, für die Auswahl der Schauplätze und Festlegung der Charaktere, den Ablauf der Handlung und szenische Details, während Giuseppe Giacosa auf der Grundlage des Sze nars in möglichst konziser Sprachform die Versifizierung vorzunehmen hatte. Dies war eine besonders mühevolle Arbeit, zumal Puccini stets die szenische Stringenz im Auge hatte, immer wieder Änderungen, meist Textstraffungen, verlangte und in manchen Fällen sogar Szenen, die bereits in verschiedenen Versfassungen vorlagen, verwarf. Im Verlauf der Arbeit an *La Bohème* ließ er sogar einen vollständig versifizierten Akt fallen, nämlich den sogenannten „Cortile"-Akt, der im Innenhof des Hauses, in dem Musetta wohnt, spielen und der Barrière d'Enfer folgen sollte. Puccinis Anteil am Libretto – neben dem Verleger Giulio Ricordi, der als Mittler zwischen Komponist und Librettisten die Arbeitsgemeinschaft zum „Quartetto milanese", wie er es scherzhaft nannte, erweiterte – ist kaum zu überschätzen. Puccini nahm nicht nur Einfluß auf die Wortwahl, er scheute auch vor tiefen dramaturgischen Eingriffen noch im letzten Stadium der Komposition nicht zurück. Auf seine Veranlassung entstand die opernspezifische Szene des Musetta-Walzers, der in äußerst verarbeiteter Form, aber nach traditioneller Art in ein veritables concertato mündet, und im letzten Bild ließ er das zunächst geplante Trinklied durch eine eigene Idee, die jetzige Tanzszene, ersetzen. Die psychologische Subtilität einiger szenischer Details erhellt besonders die Muff-Episode, die ebenfalls auf Puccinis Anregung zurückging, der sich für den Augenblick vor Mimìs Tod „zwei Worte mehr, eine zärtliche Hinwendung zu Rodolfo" wünschte, was in der Sterbeszene Niederschlag findet: Mimì nimmt an, daß der von Musetta besorgte Muff ein Geschenk Rodolfos ist, und bedankt sich bei ihm mit dem leisen Vorwurf, daß er sehr teuer gewesen sein müsse. (Wohlgemerkt spricht sie angesichts des Todes von ganz profanen Dingen.) Rodolfo ist betreten, Musetta aber kommt seiner Antwort rasch zuvor, um ihm die Peinlichkeit einer Verneinung zu ersparen, und bestätigt mit einer Notlüge Rodolfo als Geber. Dieser bricht aus Beschämung in Schluchzen aus, was Mimì fälschlich auf seinen Kummer über ihren Zustand bezieht. Sie versucht ihn zu beruhigen und haucht dann – nach einer Deklamation auf einem Ton bei fast sich verflüchtigendem Orchesterklang – unbemerkt von den anderen ihr Leben aus, in einer langen Pause der Musik, die mitten in der Melodie, den Atemstillstand markierend, stockt. So gänzlich ohne Emphase, geradezu kreatürlich und doch empfindsam war zuvor noch keine Opernfigur gestorben. Weniger durch den Umstand, daß sich die Kunst selbst zu ihrem Gegenstand macht, indem sie ein Stück Pariser Künstlerleben zeigt, als in der Art seiner Behandlung stellt der Stoff zu *La Bohème* etwas Neuartiges in der Opernliteratur dar. Künstler waren um die Jahrhundertwende des öfteren – etwa in Giordanos gleichzeitig entstandenem *Andrea Chénier*, Cileas *Adriana Lecouvreur* oder Puccinis *Tosca* – Protagonisten einer Oper. Doch während es sich bei *Andrea Chénier* um ein idealistisch gefärbtes Drama handelt, der Protagonist in den gesellschaftlichen und politischen Konflikten von Ethos durchdrungen ist, präsentiert *La Bohème* den Menschen als Privatperson, wendet sie sich völlig dem alltäglichen Leben zu, und die Katastrophe resultiert nicht aus menschlichen oder gar staatspolitischen Konflikten, sondern ereignet sich von innen heraus, als tödliche Krankheit. Puccinis Frauengestalten wie Mimì sind nicht mehr die Heroinen von ehedem, sondern passive Menschen, schwache und allenfalls triebhafte, leidende und erduldende Geschöpfe, deren Denken und Fühlen auf das Naheliegende, die kleinen Dinge des Lebens, gerichtet ist. Der Bruch mit der bisherigen Oper war letztlich der Anlaß zu Eduard Hanslicks Kritik, daß *La Bohème* in die „niedrigsten Regionen der Alltagsmisere" führe und den letzten „Schritt zur nackten prosaischen Liederlichkeit" vollziehe.

Geschichte

In der von Gérard de Nerval herausgegebenen Zeitschrift „Le Corsaire Satan" erschien von März 1845 bis April 1849 in Form eines der damals modischen Fortsetzungsromane eine lockere Folge von Erzählungen, *Scènes de la Bohème* benannt. Der Autor Henry Murger entwarf darin mit Humor und Sentiment ein farbiges Bild des Pariser Künstlermilieus, dem er selbst angehörte. Der Erfolg des Zeitungsromans war gewaltig und veranlaßte Murger, gemeinsam mit Théodore Barrière eine Bühnenversion zu erstellen. Sie kam als *La vie de Bohème* bereits am 22. November 1849 im Pariser Théâtre des Variétés zur Premiere und wurde ebenfalls begeistert aufgenommen. So folgte nach einer Überarbeitung 1851 noch die Buchausgabe, die als endgültige Erzählfassung unter dem zusammengesetzten Titel *Scènes de la vie de Bohème* in Europa weite Verbreitung fand und zum populärsten Künstlerroman des 19. Jahrhunderts wurde. Daß Puccini sich von diesem Buch angezogen fühlte, ist unmittelbar aus seiner Biographie verständlich, hatte er doch selber seine Mailänder Studienzeit in ärmlichen Verhältnissen zugebracht und dort am eigenen Leibe die „Vita gaia e terribile" erfahren. Zur gleichen Zeit wie Puccini arbeitete Leoncavallo am selben Stoff, und es kam zum Prioritätsstreit zwischen ihnen, den Puccini insofern für sich entschied, als seine Oper früher auf die Bühne kam und Leoncavallos *La Bohème* – zu einem eigenen Libretto am 6. Mai 1897 in Venedig aufgeführt – nur über einen kurzen Zeitraum gewissen Erfolg verzeichnen konnte. Im Unterschied zu Leoncavallo, der sich Murgers Stoffvorlage auch literarisch enger anschloß, hielten sich Puccinis Librettisten, wie sie in einer Vorrede betonten, mehr an die Atmosphäre als den ohnehin lockeren Handlungsablauf, und sie stützten sich, mit Ausnahme vor allem von Mimìs Todesszene, stärker auf den Roman als auf das Schauspiel. Wie *Manon Lescaut*, Puccinis erster internationaler Erfolg, kam *La Bohème* am Teatro Regio in Turin zur Uraufführung, und zwar am 1. Februar 1896, auf den Tag drei Jahre nach ihrer Vorgängerin. Ein eindeutiger Premierenerfolg war Puccinis viertem Bühnenwerk, das der erst 28jährige Arturo Toscanini aus der Taufe hob, nicht beschieden. Das Urteil der Rezensenten war gespalten, vor allem die piemontesische Presse übte Kritik an der Oper und dem neuartigen Stil des Komponisten. Auch die Folgeproduktionen am römischen Teatro Argentina und am Teatro San Carlo in Neapel fanden nicht die erhoffte Resonanz. In Rom wurde der episodenhafte Aufbau des Quartier-Latin-Aktes bemängelt, was Puccini bewogen haben mag, dem sehr kurzen Bild als Gegenpol zum aufgelöst-bunten Volkstreiben zu Beginn die ausgedehnte, geschlossenere „Häubchen"-Szene hinzuzufügen. Zum entscheidenden Durchbruch kam es erst in Palermo (13. April 1896), und von dort setzte sich die Oper in Italien wie im Ausland durch. Die deutschsprachige Erstaufführung (Übersetzung von Ludwig Hartmann) erfolgte am 22. Juni 1897 an der Berliner Krolloper, die französische am 13. Juni 1898 an der Opéra-Comique in Paris. Seither gehört Puccinis *La Bohème* weltweit zum engsten Repertoirebestand und erzielte Aufführungszahlen wie kaum ein anderes Werk.   *Peter Ross*

Diskographische Empfehlung

1946 – New York: Arturo Toscanini, NBC Symphony Orchestra & Chorus. Jan Peerce (Rodolfo), Licia Albanese (Mimì), Francesco Valentino (Marcello), Anne McKnight (Musetta), Nicola Moscona (Colline), George Cehanovsky (Schaunard). RCA 26.35009

1956 – New York: Thomas Beecham, RCA Victor Orchestra & Chorus. Jussi Björling (Rodolfo), Victoria de los Angeles (Mimì), Robert Merrill (Marcello), Lucine Amara (Musetta), Giorgio Tozzi (Colline), John Reardon (Schaunard). EMI, Pathé Marconi 2905433

1973 – Berlin: Herbert von Karajan, Chor der Deutschen Oper, Berliner Philharmoniker. Luciano Pavarotti (Rodolfo), Mirella Freni (Mimì), Rolando Panerai (Marcello), Elizabeth Harwood (Musetta), Nicolai Ghiaurov (Colline), Gianni Maffeo (Schaunard). Decca 6.35 200

Tosca
Melodramma in drei Akten

<u>Text:</u> Giuseppe Giacosa und Luigi Illica, nach dem Schauspiel *La Tosca* von Victorien Sardou
<u>Uraufführung:</u> 14. Januar 1900, Teatro Costanzi, Rom
<u>Personen:</u> Floria Tosca, berühmte Sängerin (Sop); Mario Cavaradossi, Maler (Ten); Baron Scarpia, Polizeichef (Bar); Cesare Angelotti (Baß); Der Mesner (Bar); Spoletta, Polizeiagent (Ten); Sciarrone, ein Gendarm (Baß); Ein Schließer (Baß); Ein Hirt (Knabenstimme)
<u>Chor:</u> Ein Kardinal; Der Staatsprokurator; Roberti, Gerichtsbüttel; Ein Schreiber; Ein Offizier; Ein Sergeant; Soldaten; Sbirren; Adlige Damen und Herren; Bürger; Volk usw.
<u>Ort und Zeit:</u> Rom, 17. und 18. Juni 1800
<u>Orchester:</u> 3 Fl, 2 Picc, 2 Ob, E.H., 2 Kl, Bkl, 2 Fg, Kfg, 4 Hrn, 3 Trp, 3 Pos, Bpos, Pkn, Rührtr, Trgl, Bck, TamTam, GrTr, Car, Cel, Glsp, Hrf, Streicher
<u>Auf der Bühne:</u> Fl, Vla, Hrf, 4 Hrn, 3 Pos, Kirchengl, Orgel, 2 Rührtr, Gewehre, Kanone
<u>Form:</u> Durchkomponiert
<u>Aufführungsdauer:</u> 2 Stunden
<u>Verlag:</u> G. Ricordi & C. S.p.A., Mailand

Handlung
VORGESCHICHTE: Unter dem Einfluß der Französischen Revolution hat sich in Italien ein republikanischer Geist ausgebreitet. Nach der Kriegserklärung Ferdinands IV. von Neapel und seiner Frau Maria Carolina an Frankreich gelten solche Überzeugungen als Hochverrat. Rom wird von den Franzosen eingenommen und zur „Römischen Republik" erklärt, mit Cesare Angelotti als einem der Konsuln. Die Franzosen besetzen zudem Neapel und proklamieren auch dort die Republik. Königin Maria Carolina flieht mit ihrem Mann nach Sizilien, stellt dort ein Heer auf und vertreibt mit Hilfe Rußlands, Großbritanniens und Österreichs die Franzosen aus Neapel. Ihre Truppen nehmen danach auch Rom in Besitz. Ferdinand bleibt in Sizilien, Maria Carolina geht nach Rom, wo Baron Vitellio Scarpia einen von Spionen und Spitzeln unterstützten Geheimpolizeiapparat aufgebaut hat. Vor diesem Hintergrund spielt die Oper im Juni 1800. Angelotti,

den man wegen Hochverrats eingekerkert hat, ist zu Beginn der Handlung gerade die Flucht aus der Engelsburg geglückt.

1. AKT: In der Kirche Sant'Andrea della Valle. Montag, 17. Juni 1800, am frühen Nachmittag. Die Kirche ist leer. Angelotti schleicht durch die Kirche und findet dank eines Schlüssels, den seine Schwester dort für ihn versteckt hat, Einlaß in die Familienkapelle, wo er Frauenkleider zu seiner Tarnung vorfindet. Der Maler Cavaradossi kehrt zurück, um an einem Gemälde der Maria Magdalena weiterzuarbeiten. Der Mesner, der den Freidenker Cavaradossi nicht leiden kann, erkennt mit Entrüstung, daß der Maler eine Frau, die kürzlich in der Kirche betete (sie ist Angelottis Schwester), heimlich als Modell für das Bildnis verwendet hat. Nachdem sich der Mesner entfernt hat, kommt Angelotti aus der Kapelle. Cavaradossi und er erkennen einander, werden aber von der Sängerin Floria Tosca, der Geliebten Cavaradossis, gestört. Angelotti versteckt sich wieder. Die stets eifersüchtige Tosca bezichtigt den Maler sogleich der Untreue, wird aber von ihm beruhigt und für den Abend in seine Villa eingeladen. Nachdem sich Tosca entfernt hat, bietet Cavaradossi dem Flüchtigen sein Haus als Versteck an: Im Brunnen des Gartens würde ihn niemand finden. Ein Kanonenschuß zeigt an, daß Angelottis Flucht entdeckt worden ist. Cavaradossi will nun Angelotti selbst zur Villa führen. Der Mesner kehrt mit der Nachricht von der angeblichen Niederlage Napoleons bei Marengo zurück, und während die Chorsänger eintreffen, kündigt er eine große Siegesfeier an: Floria Tosca wird im Palazzo Farnese eine Kantate singen, und in der Kirche soll ein Tedeum zelebriert werden.
Scarpia, der den flüchtigen Angelotti sucht, betritt die Kirche. Er verhört den Mesner, erkennt Angelottis Schwester auf dem Gemälde und ahnt die Verbindung zwischen Angelotti und dem Maler. In der Kapelle findet er einen Fächer, den Angelotti in der Eile zurückließ. Tosca kehrt zurück; sie wollte Cavaradossi mitteilen, daß sie kurzfristig bei der Siegesfeier singen muß und die Verabredung nicht einhalten kann. Seine Abwesenheit erregt abermals ihre Eifersucht, und Scarpia nutzt den Fächer, um ihren Argwohn weiter zu schüren. Als sie sich aufmacht, um Cavaradossi in seiner Villa in flagranti zu ertappen, schickt ihr Scarpia seinen Agenten hinterher. Während das Tedeum erklingt, sinnt Scarpia über sein Vorhaben nach, Tosca zu gewinnen und Cavaradossi umzubringen.

2. AKT: Arbeitszimmer Scarpias im Palazzo Farnese. Montag, 17. Juni 1800, 23 Uhr. Beim Abendessen denkt Scarpia noch immer über seine Pläne mit Tosca und Cavaradossi nach. Der Agent Spoletta kehrt von

Cavaradossis Villa zurück, ohne eine Spur von Angelotti entdeckt zu haben. Statt dessen hat er den Maler verhaftet. Als ihn Scarpia verhört, bestreitet er jegliches Wissen von Angelottis Flucht oder Verbleib. Als Tosca nach dem Ende der Kantate den Raum betritt, läßt Scarpia den Maler zu weiteren Verhören in einen Nebenraum bringen. Als er Tosca befragt, stellt sie sich ebenfalls ahnungslos, bis Scarpia ihr eröffnet, daß ihr Freund nebenan gefoltert wird. Dieser Qual kann Tosca nicht lange standhalten, und sie gibt schließlich Angelottis Versteck preis. Cavaradossi wird wieder hereingeführt und zeigt sich enttäuscht über Toscas „Verrat". Da überbringt jemand die Nachricht, daß die ersten Siegesmeldungen verfrüht waren und die Franzosen bei Marengo gewonnen haben. Cavaradossis überschwengliche Reaktion provoziert Scarpia: Er kündigt seine Hinrichtung an und läßt ihn auf der Stelle abführen. Dann nennt er Tosca das einzige Mittel seiner Rettung: sie muß sich Scarpia hingeben. Tosca ist fassungslos. Sie fleht Scarpia an, nicht dieses Opfer von ihr zu verlangen. Da erscheint Spoletta und meldet, daß Angelotti sich bei seiner Entdeckung das Leben genommen hat. Scarpia soll entscheiden, was nun mit dem Maler geschehen soll. Scarpia überläßt Tosca die Entscheidung. Schweigend nickt sie mit dem Kopf, verlangt dann jedoch die sofortige Freilassung ihres Liebhabers. Aus Gründen der Staatsräson ordnet Scarpia eine Scheinhinrichtung an und beauftragt damit Spoletta. Tosca verlangt freies Geleit aus Rom für sich und Cavaradossi. Während Scarpia den Schutzbrief ausstellt, erblickt Tosca auf dem Eßtisch ein Messer. Als Scarpia sich erhebt, um sie zu umarmen, stößt sie ihm die Klinge ins Herz. Scarpia stirbt, und Tosca löst den Schutzbrief aus seiner erstarrten Hand. Sie stellt zwei Kerzen neben seinen Kopf, legt ihm ein Kruzifix auf die Brust und stiehlt sich davon.

3. AKT: Auf der Plattform der Engelsburg. Dienstag, 18. Juni 1800, zwischen 3 und 4 Uhr morgens. Ein neuer Tag bricht an in der Ewigen Stadt. Ein Hirtenjunge singt eine traurige Weise, Kirchenglocken läuten die dritte Stunde ein. Cavaradossi wird auf die Plattform hinaufgeführt und einem Schließer übergeben. Diesen bittet er, seiner Geliebten einige Zeilen zu überbringen, und belohnt ihn mit einem Ring. Während des Schreibens übermannen ihn schmerzliche Gefühle, und er nimmt verzweifelt Abschied von der Welt. Da erscheint unvermutet Tosca mit dem Geleitbrief und berichtet Cavaradossi erregt von den Vorgängen der letzten Stunde, von Scarpias Verlangen und seinem unerwarteten Ende. Cavaradossi ist wie betäubt von der überraschenden Wendung der Ereignisse. Dankbar und erleichtert preist er Toscas Mut. Dann erklärt sie ihm die Formalitäten der

Scheinhinrichtung, und mahnt ihn, sich möglichst glaubwürdig fallen zu lassen. Dann zieht ein Erschießungskommando auf, legt die Gewehre an und drückt ab. Cavaradossi bricht zusammen, und das Kommando rückt wieder ab. Tosca wartet eine Weile, dann fordert sie ihren Geliebten auf, sich zu erheben. Da er sich nicht rührt, läuft sie zu ihm hinüber und hebt das Tuch, das die Soldaten über ihn gebreitet haben: Entsetzt erkennt sie den teuflischen Betrug Scarpias. Mittlerweile wurde auch dessen Tod entdeckt. Spoletta und einige Häscher erscheinen auf der Plattform, um Tosca festzunehmen. Sie aber erklimmt die Mauerbrüstung und stürzt sich in die Tiefe.

Kommentar

Puccinis fünfte Oper *Tosca* gilt heute noch gemeinhin als pure „Folteroper", als „Schlächterarbeit im Kleide des Liebenswürdigen", wie der Berliner Opernexperte Oskar Bie schon bald nach der Uraufführung befand, und somit als Etablierung des rohen, ungeschminkten Realismus auf der Opernbühne und in einem bis dahin dem „Schöngesang" vorbehaltenen Medium. Ausgerechnet Puccini, dem neuen Melodiker Italiens, dem Meister der lyrischen Wendung und der intimen poetischen Szenerie, hatte man eine solche Hinwendung zur Brutalität, zu Victorien Sardous Schauerdrama nicht zugetraut. Daß *Tosca* sich von ihrer Vorgängerin *La Bohème*, vor allem musikalisch, so grundlegend unterscheidet, war aber nicht, wie viele zeitgenössische Kritiker argwöhnten, allein die Folge eines willkürlichen Gesinnungswandels Puccinis, sondern die vergleichsweise harte musikalische Diktion der *Tosca*-Partitur belegt nur Puccinis Anpassungsfähigkeit an die Erfordernisse eines solchen „blutrünstigen" Stoffes. Und da die Handlung – insbesondere in Illicas brillanter Kontraktion der fünfaktigen Vorlage auf die drei Opernakte – kaum Platz bietet für das ungefährdete und ungehinderte Ausleben zarter Gefühlsregungen, also die großen lyrischen Ruhepunkte fehlen, in denen sich die Musik in schönstem Wohllaut ausbreiten dürfte, war es von Puccini im Grunde nur ehrlich und konsequent, ebenso ästhetisch redlich, die harte unmusikalische Wirklichkeit der Handlung nicht durch musikalische Schönfärberei übertüncht zu haben. Vielmehr ging es ihm in *Tosca* darum, die ständige Gefährdung der Situation, die latente Unruhe über dem Ganzen, „das unabweisliche Gefühl langsam heranschleichenden lauernden Unheils, das vom ersten Takt dem Hörer die Kehle zuschnürt" (R. Specht), in der Komposition niederzulegen. Man könnte die *Tosca*-Handlung als Dramaturgie von Störungen bezeichnen. Beinahe jede Szene, jeder Dialog oder Monolog, wird noch vor dem

Ende durch das überraschende Einbrechen einer neuen Situation oder den unerwarteten Auftritt einer Person in seinem natürlichen Verlauf unterbrochen, gleichsam gewaltsam abgeschnitten. Der ganze 1. Akt der Oper ist eine Folge permanenter Störungen. In den Opern Bellinis, Donizettis und Verdis werden durch Störungen (die sich dort aber viel deutlicher anbahnen) in der Regel Musizieranlässe geschaffen, in *Tosca* dienen die häufigen abrupten Wendungen dem entgegengesetzten Ziel: nämlich der Verhinderung, dem Abschneiden von Gesang, dem emotionalen Rückzug von Personen und Situationen. Sie bedrohen die Personen im Ausleben ihrer Gefühle und damit in ihrem Singen. Damit aber stellt die Dramaturgie bereits prinzipiell die Ästhetik der Gesangsoper in Frage. Puccini war sich im klaren, daß diese Art von Realismus und psychologischer Raffinesse die ästhetischen Grundlagen des Belcanto, des transzendierenden Schöngesangs, angreifen würde. Er war bereit, den musikalischen Preis für die zunehmende psychologische Glaubwürdigkeit seiner Figuren zu bezahlen: Und er hatte allen Anlaß, ihren emotionalen Selbstbespiegelungen nicht mehr zu trauen.

Zwar übernimmt auch *Tosca* die klassische Drei-Personen-Dramaturgie Verdis (vom tragischen Liebespaar und dem störenden Bariton), doch sind hier die traditionellen Rollentypen ungleich realistischer und psychologisch genauer gezeichnet. Cavaradossi scheint noch am meisten vom Schema des „Herrn Tenors" (so Giacosa an Verleger Ricordi) beeinflußt, wenngleich auch er viel von der Naivität, der unbedingten Liebesfähigkeit seiner Vorgänger verloren hat: Er liebt Tosca auch mit den professionellen Augen eines Malers, als Objekt seines ästhetischen Voyeurismus. Das Kunstschön-Künstliche an Tosca, ihre primadonnenhaften Gesten faszinieren ihn ebenso wie ihre häufigen leidenschaftlichen Ausbrüche, von denen selbst er nicht immer weiß, ob sie echt sind, gespielt oder gar eingebildet. Als Maler ist Cavaradossi ein stiller, präziser Beobachter seiner Umwelt, als Mann typisch tenoral, mit starker Phantasiekraft ausgestattet, und darum eher ein großer Frauenverehrer als ein auftrumpfender Frauenheld. Auch wenn er durch Tosca in den Strudel der Tagespolitik gezogen wird und Farbe bekennen muß, ist Cavaradossi im Grunde seines Herzens ein unpolitischer Mensch. Politik kümmert ihn nicht, da er nicht nach Macht strebt. Er trägt die Züge des typischen Upper-class-Kindes, dem es nie an etwas mangelte: träumerische Melancholie, Introvertiertheit, Sensibilität, moralische Festigkeit und Individualismus. Seine Tragik liegt nicht in der Verhinderung seiner Liebesbeziehung zu Tosca, die nie besonders tief war, sondern in der völligen Sinnlosigkeit seines Todes, die die Absurdität und Willkür eines politischen Systems offenlegt. Denn bis zum Schluß bleibt Cavaradossi eine politisch unbedeutende Figur, die nur sterben muß, weil sie zufällig in die Maschen der politischen Auseinandersetzung gerät und sich dabei denkbar unklug verhält. Scarpia will nur Angelottis Kopf – nur von diesem geht für ihn Gefahr aus – und Toscas Hingabe. An Cavaradossi befriedigt er lediglich seine sadistischen Gelüste. Mit dessen Folterung kann er Tosca zum Äußersten treiben, zum größtmöglichen Haß: Und allein dieses Gefühl verschafft Scarpia die nötige sexuelle Stimulation. Cavaradossis Tod dient primär dem Lustgewinn Scarpias. Dieser verkörpert einen durchaus verbreiteten Typus: den des folternden Polizisten und Machtpolitikers. Gewalttätige, perverse Triebstruktur gepaart mit eiskaltem, messerscharfem Kalkül. Ein perfekter Zyniker und brillanter Taktiker, der seinen Opfern auch in seinen Gedanken stets ein Stück voraus ist. Tosca und Cavaradossi sind zu naiv, um sein perfides Spiel zu durchschauen. Aber sie unterschätzen auch seine geistige Potenz. Scarpias unvorhergesehener Tod ist zwar mehr als gerecht, aber – so will es die bittere Ironie der Autoren – er bleibt dramaturgisch wirkungslos. Er verdankt sich einer glücklichen Fügung des Augenblicks. Politisch bleibt sein Tod ohne Folgen. Scarpia hat selbst im Tod noch die besseren Karten, den längeren Arm. Das System, das er vertritt, funktioniert perfekt, auch über seinen Tod hinaus.

Und auch Floria Tosca ist gegenüber ihren heroischen Vorgängerinnen in der Oper entscheidend realistischer gezeichnet: Sie trägt deutliche Züge einer bürgerlichen Existenz und einer Gesellschaft, in der ein Hirtenmädchen den Aufstieg zur gefeierten Primadonna assoluta schaffen kann, wenn sie nur schön genug ist und die Spielregeln beachtet. Sie ist eine typische Objekt-Frau, Objekt der Begierde nicht nur des sadistischen Scarpia, sondern einer ganzen Männergesellschaft, Cavaradossi mit eingeschlossen. Toscas ganzes Interesse ist auf die Ausführung dieser Rolle, Männerphantasie zu sein, ausgerichtet. So verdrängt sie weder die politische Wirklichkeit, worin sie eine systemerhaltende Funktion zu spielen hat, noch ahnt sie bis zum Schluß etwas von der teuflischen Strategie Scarpias, der sie schließlich auch im „Schauspielern" übertrifft. Denn nur für sie inszeniert er die „Scheinerschießung" Cavaradossis. Um ihr so drastisch und zynisch wie möglich ihr eigenes Schauspielerunglück vor Augen zu führen und sie so völlig zu zerstören. Daher gibt es für sie am Ende keinen Ausweg. Ihre Uhr ist dreifach abgelaufen: als Frau in einer Männergesellschaft, die nur einmal ihre Menschenwürde verteidigt; als Künstlerin in einem Unrechtssystem, allmählich ihr Prostituiertendasein erkennend; und als Allegorie des Belcanto, der an der Schwelle zum 20. Jahrhundert vollends seine kathartische und transzendierende Kraft einbüßt. Mit *Tosca* läutet Puccini das Ende der 300 Jahre alten Gattung Oper ein, lange vor ihrem „offiziellen" Ableben: Kirchenglocken, Kanonendonner und Gewehrsalven untermalen nicht nur den Absturz der Primadonna, sondern auch das verzweifelte Aufbäumen des Tenors, das Röcheln des Baritons. Von da an übernimmt das Kino die Rolle des „anderen Ortes", an dem sich bürgerliches Gefühlsleben und Vorstellungskraft ausleben können.

Geschichte

Am 14. Juni 1800 siegen französische Truppen unter Napoleon Bonaparte über die vereinten österreichischen Heere unter General Melas. Diese hartumkämpfte Schlacht, die zunächst die habsburgischen Truppen im Vorteil sieht, bildet den historischen Ausgangspunkt für die drei Tage danach in Rom stattfindenden Ereignisse um Flucht und Tod des vormaligen römischen Konsuls Cesare Angelotti: Sie werden 87 Jahre später zur Handlungsgrundlage von Victorien Sardous (1831–1908) fünfaktigem Drama *La Tosca*. Die Uraufführung dieses Theaterstücks findet am 24. November 1887 im Pariser Théâtre de la Porte Saint-Martin statt, mit der berühmten Sarah Bernhardt (1844–1923) in der Titelrolle. *La Tosca* wird später zu einer ihrer Glanzrollen. Puccini sieht Sardous Erfolgsstück zum erstenmal im Mai 1889 in Mailand, als Sarah Bernhardt es auf einer ihrer Tourneen in der Originalsprache vorstellt: Er ist auf Anhieb begeistert und bittet seinen Verleger Giulio Ricordi wenige Tage später, „alle notwendigen Verhandlungen zu führen, um von Sardou die Genehmigung (zur Vertonung des *Tosca*-Stoffes) zu bekommen". Der *Tosca*-Plan bleibt sechs Jahre liegen. Erst Anfang 1895, nachdem Puccini zwei andere Stoffe (*Manon Lescaut* und *La Bohème*) vertont hatte, wendet er sich wieder dem *Tosca*-Projekt zu, vermutlich angeregt durch eine weitere Aufführung des Sardou-Dramas in Florenz und durch Luigi Illicas Arbeit an einem *Tosca*-Libretto für den Komponisten Alberto Franchetti (1860–1942). Nach einer „Verschwörung" zwischen Puccini, Illica und Ricordi gelingt es dem Verleger, Franchetti zur Aufgabe seines *Tosca*-Projekts zu bewegen und Puccini die Vertonungsrechte zu überlassen. Am 9. August kündigt Puccini an: „Die *Tosca* werde ich machen. Libretto von Illica hervorragend, drei Akte, Sardou vom Libretto begeistert." Giuseppe Giacosa soll, wie schon bei *Manon* und *La Bohème*, die Versifizierung des von Illica verfaßten Prosaentwurfs besorgen, doch er äußert sich sehr unzufrieden über die Poesiearmut der Handlung. Die Arbeit am Libretto zieht sich zweieinhalb Jahre hin, bis Ende 1898, begleitet von zahlreichen Änderungswünschen des um naturgetreues, historisch glaubwürdiges Ambiente bemühten Komponisten und vom ständigen Unmut des Verseschmieds Giuseppe Giacosa, der das Stück für opernuntauglich hält. Am 13. Januar 1899 besucht Puccini Sardou in Paris und nimmt mit Verwunderung dessen Wunsch zur Kenntnis, daß Tosca in Puccinis Oper am Ende sterben soll. Puccini hatte bis dahin das Überleben seiner Titelgestalt vorgesehen – in Verzweiflung. Am 10. Oktober, kurz vor Vollendung der vollständigen Partitur, äußert Giulio Ricordi in einem ausführlichen Schreiben an Puccini starke Bedenken gegenüber „der völlig verfehlten Idee und Ausführung" des 3. Aktes. Am nächsten Tag lehnt Puccini kategorisch ab, irgend etwas zu ändern. Die Uraufführung von *Tosca* findet endlich am 14. Januar 1900 im römischen Teatro Costanzi unter der Leitung von Leopoldo Mugnone statt. Hariclée Darclée singt die Tosca, Emilio de Marchi den Cavaradossi und Eugenio Giraldoni den Scarpia. Unter den Premierengästen finden sich Königin Margherita, Ministerpräsident Pelloux, Kultusminister Baccelli, die Komponisten Mascagni, Cilea, Franchetti, Sgambati, Marchetti und Costa sowie zahlreiche Prominenz aus Politik und Kunst. Am Ende der Vorstellung gibt es sieben Vorhänge, nur drei davon für Puccini. Das Publikum sorgt für erregte Diskussionen, die Kritik fällt eher negativ aus. Zwei Monate später, am 17. März 1900, dirigiert der 32jährige Arturo Toscanini an der Scala die Mailänder Erstaufführung der Oper und legt den Grundstein zum bald einsetzenden Welterfolg, der *Tosca* bis heute, trotz nicht nachlassender Kritikerschelte, einen Spitzenplatz in den Aufführungsstatistiken sichern konnte. Neben Toscanini zählen Tullio Serafin, Ettore Panizza, Victor de Sabata, Fausto Cleva, Georges Prêtre und Nicola Rescigno sowie die Sänger Enrico Caruso, Antonio Scotti, Giuseppe de Luca, Pasquale Amato, Geraldine Farrar, Emmy Destinn, Giovanni Martinelli, Aurealiano Pertile, Tito Gobbi und insbesondere Maria Callas zu den ganz großen Interpreten der Oper in diesem Jahrhundert. Wenn Sarah Bernhardt die vollendete Gestalterin Toscas auf der Sprechbühne war, dann war die Callas (1923–1977) ihre bedeutendste Darstellerin im Musiktheater. Keine andere Sängerin hat diese Figur so vollständig, so glaubhaft, so kongenial, darstellerisch wie sängerisch, mit Lebensenergie, mit Seele und Wahrhaftigkeit auszustatten vermocht wie sie, obwohl sie nach eigenem Bekunden die Partie nicht besonders schätzte. Zwei exemplarische Schallplattenproduktionen sowie eine Fernsehaufzeichnung des 2. Aktes der Londoner Aufführung vom 9. Februar 1964 – wie immer mit Tito Gobbi als Scarpia – sind, neben zahlreichen Piratenmitschnitten, bleibende Zeugnisse ihrer Tosca-Verkörperung. Eine Primadonna assoluta auf dem Höhepunkt kurz vor dem Absturz, wie sich Sardou und noch mehr Puccini ihre Tosca vorstellten, konnte nur von einer gleichrangigen und wesensverwandten Primadonna assoluta verwirklicht werden. Die Callas war vielleicht das letzte Exemplar dieser aussterbenden „Spezies".   *Attila Csampai*

Diskographische Empfehlung

1953 – Mailand: Victor de Sabata, Chor und Orchester des Teatro alla Scala. Maria Callas (Tosca), Giuseppe di Stefano (Cavaradossi), Tito Gobbi (Scarpia). EMI, CDS 7 47175 8 (ADD)

1964 – Paris: Georges Prêtre, Chor der Opéra Paris, Orchestre du Conservatoire Paris. Maria Callas (Tosca), Carlo Bergonzi (Cavaradossi), Tito Gobbi (Scarpia). EMI, 1 C 165-00 040/41

1984 – London: Georg Solti, Welsh National Opera Chorus, National Philharmonic Orchestra. Kiri te Kanawa (Tosca), Giacomo Aragall (Cavaradossi), Leo Nucci (Scarpia). Decca 414 597-2 (DDD)

Madama Butterfly (Madame Butterfly)
Tragedia giapponese in drei Akten

<u>Text</u>: Luigi Illica und Giuseppe Giacosa, nach dem Schauspiel von David Belasco
<u>Uraufführung</u>: 17. Februar 1904, Teatro alla Scala, Mailand
<u>Zweitfassung</u>: 28. Mai 1904, Teatro Grande Brescia
<u>Personen</u>: Madame Butterfly (Cio-Cio-San) (Sop); Suzuki, Cio-Cio-Sans Dienerin (Mez); Kate Pinkerton (Mez); B. F. Pinkerton, Leutnant in der Marine der USA (Ten); Sharpless, Konsul der USA in Nagasaki (Baß); Goro, Heiratsvermittler (Ten); Fürst Yamadori (Ten); Onkel Bonze (Baß); Yakusidé (Baß); Der kaiserliche Kommissar (Baß); Der Standesbeamte (Baß); Die Mutter Cio-Cio-Sans (Mez); Die Tante (Sop); Die Cousine (Sop); Das Kind (stumme Rolle)

Chor: Verwandte; Freunde und Freundinnen von Cio-Cio-San; Diener

Ort und Zeit: Nagasaki, um 1900

Orchester: 2 Fl, Picc, 2 Ob, E.H., 2 Kl, Bkl, 2 Fg, 4 Hrn, 3 Trp, 3 Pos, Bpos, Pkn, Schlgzg, Gl, Glsp, Hrf, Streicher

Auf der Bühne: Viola d'amore, japan. Glöckchen, TamTam

Form: Durchkomponiert

Aufführungsdauer: Ca. 2½ Stunden

Verlag: G. Ricordi & C. S.p.A., Mailand

Handlung

1. AKT: Auf einem Hügel bei Nagasaki läßt sich der amerikanische Marineleutnant Pinkerton, dessen Schiff im Hafen vor Anker liegt, von dem Heiratsvermittler Goro ein Landhaus zeigen. Hier will er die Zeit seines Aufenthalts mit der Geisha Cio-Cio-San, Butterfly genannt, in einer „japanischen Ehe" verbringen, die dem Mann jederzeit ihre Auflösung erlaubt. Als erster Hochzeitsgast trifft der Konsul Sharpless ein, er warnt seinen Landsmann vor einem leichtfertigen Eingehen der Scheinehe, da er von Butterflys echter Liebe überzeugt ist. Doch Pinkerton weist alle Bedenken zurück, und als die Braut mit Freundinnen und Verwandten erscheint, ist er von ihrem Liebreiz völlig gefangen. Butterfly vertraut ihm noch an, daß sie heimlich zu seiner Religion übertrat, dann wird die Trauung vollzogen. Der anschließende Trinkspruch wird durch Butterflys Onkel, einen Bonzen, unterbrochen, der sie für die Verleugnung ihres Glaubens verflucht. Voller Abscheu wenden sich alle Gäste von ihr ab. Weinend bleibt Butterfly zurück, doch überwindet sie ihre Traurigkeit in der völligen Hingabe an Pinkerton.

2. AKT: Obwohl seit Pinkertons Abreise drei Jahre ohne Nachricht von ihm verstrichen sind, glaubt Butterfly fest an seine Rückkehr und läßt sich durch die Zweifel ihrer Dienerin Suzuki nicht beirren. Trotz ihrer Armut weist sie den reichen Fürsten Yamadori mit stolzer Verachtung zurück, während der Besuch des Konsuls große Freude in ihr auslöst. Sharpless soll Butterfly schonend auf Pinkertons Ankunft vorbereiten, der sich inzwischen in Amerika verheiratet hat, aber sie unterbricht ihn laufend beim Vorlesen des Briefes. Erst als er in Zweifel zieht, daß der Gatte zu ihr zurückkehren wird, reagiert sie fassungslos und zeigt ihm ihren Sohn, der nach Pinkertons Abreise geboren wurde. Sharpless verspricht, den Vater zu informieren. Ein Kanonenschuß vom Hafen verkündet die Ankunft eines

Kriegsschiffes. Butterfly erkennt, daß es Pinkertons Schiff ist, und schmückt voller Jubel mit Suzuki das Haus.

3. AKT: Erst am Morgen, nachdem sie die ganze Nacht vergeblich gewacht hat, begibt sich Butterfly erschöpft zur Ruhe. In Begleitung des Konsuls kommt Pinkerton mit seiner Frau Kate, um die Herausgabe seines Sohnes zu erbitten. Wehmütige Erinnerungen und Reue steigen in ihm auf, aber er findet nicht den Mut, Butterfly entgegenzutreten, und läuft davon. Diese ist erwacht und stößt bei der Suche nach dem Geliebten auf Kate. Mit wenigen Fragen erfaßt Butterfly die Situation und willigt in den Verzicht auf das Kind ein, das Pinkerton jedoch selbst holen soll. Sie umarmt nochmals ihren Sohn, nimmt den Dolch, mit dem sich ihr Vater auf Befehl des Kaisers einst den Tod gab, und ersticht sich.

Kommentar

Ein entscheidender Grund, daß Puccini mit *Madama Butterfly* erstmals auf ein exotisches Sujet zurückgriff, liegt in einem Dilemma, das sich um die Jahrhundertwende bedrohlich verschärfte. Auf der einen Seite setzte das ausgeprägte Traditionsbewußtsein des italienischen Publikums kompositorischen Neuerungen enge Grenzen, andererseits mußte Puccini danach trachten, nicht hinter den europäischen Kompositionsstandard zurückzufallen. In diesem Konflikt bot sich ein exotisches Sujet als Ausweg, denn im Gewand des Exotismus ließen sich Neuerungen unauffällig einführen. Der Exotismus in *Madama Butterfly* ist Deckmantel für „Modernismen", er dient der Legitimation kompositionstechnischen Fortschritts. Zur Evokation der exotischen Atmosphäre, speziell des japanischen Kolorits, setzt Puccini eine breite musikalische Palette ein. Als Tonmaterial dient die Pentatonik und neben pentatonisch gefärbten Melodien auch die Ganztonskala, die, indem sie Verfremdung bewirkt, als pseudo-exotisches Stilmittel fungiert. Puccini zitiert nicht nur Originalmelodien wie in Suzukis Gebet oder beim Auftritt des kaiserlichen Kommissars (japanische Nationalhymne), sondern schafft sich Themen und Motive im japanischen Stil mit den entsprechenden Melodie- und Rhythmusbildungen (Tonrepetition, enge Intervalle; geradtaktige, kurzgliedrige Motivik). Häufig kommt die Ostinato-Technik zum Einsatz; äußerst wirkungsvoll – durch einen Orgelpunkt verschärft – bringt das Ostinato nach der Frage des Konsuls, was im Falle von Pinkertons Fernbleiben geschehen würde, Butterflys Entsetzen und das auch für Sharpless Bedrückende der Situation zum Ausdruck. Ein reiches Arsenal typischer Instrumente – verschiedene Gongs, Glocken und

. Glockenspiele – trägt zur exotischen Ausstrahlung der Partitur bei. Doch löst Puccini die japanischen Melodien oft aus ihrem ursprünglichen Kontext heraus und orchestriert sie nach westlichem Vorbild, womit sie ihren Ausdruckscharakter ändern und dann dramatisch und nicht nur atmosphärisch nutzbar sind. Als Ausklang von Butterflys Auftritt mit den Freundinnen erscheint eine weitgehend pentatonische Melodie, von Flöten, Harfe und Klaviaturglockenspiel exponiert: Ein zartes ätherisches Klangbild entsteht, das die duftige exotische Atmosphäre wie auch Butterflys selige Verzückung einfängt. Dieselbe Melodie kehrt in europäischem Klanggewand mit dominierenden Streichern wieder, als Butterfly von ihrem Glaubensübertritt berichtet, und hier wandelt sich der Ausdruckscharakter total: Das Bekenntnis zu ihrem Geliebten ist von schwärmerischer Leidenschaft und enthusiastischem Jubel erfüllt. Die Wandlungsfähigkeit der in dichtem Netz über die gesamte Partitur ausgespannten Motive beruht auf einer verfeinerten Verarbeitungstechnik, die wie im Falle des Dolchmotivs ausgesprochene Züge von Leitmotivik annehmen kann. Schon die eher unterschwelligen Einblendungen dieses Motivs in den Augenblicken, als Butterfly nach ihrem Vater befragt wird und als Goro Auskunft über dessen Tod gibt, werfen einen sich harmlos gebenden Schatten auf die Genreszenen. Hier läßt Puccini bereits eine Ahnung von der finalen Katastrophe entstehen, die sich verdichtet, als das Dolchmotiv beim dritten Auftritt des Vaters auf Butterfly selbst übergeht. Mit voller Wucht bricht es aus Posaunen und Hörnern hervor, als sich Butterfly ihrem Bräutigam nach dem Bekenntnis zu seinem Glauben in die Arme wirft und mit der Hingabe an Pinkertons Welt ihr Los besiegelt. Die Verarbeitungstechnik in *Madama Butterfly* geht über Puccinis frühere Erinnerungsmotivik weit hinaus, bei der sich wie im Schlußbild von *La Bohème* die Wiederkehr von Motiven auf Andeutung und Nachhall von Vergangenem beschränkt. Das schlaglichtartig in größere szenisch-musikalische Zusammenhänge eingeworfene Dolchmotiv unterliegt hingegen starken Wandlungen, in denen sich der jeweilige Ausdrucksgehalt einer Situation spiegelt. Die Prägnanz des Motivs wächst mit seinen Darbietungen, und zugleich erweitert sich sein Bedeutungsspielraum. Zunächst nur auf den Vater und seinen erzwungenen Selbstmord bezogen, wechselt das Motiv später auf Butterfly über und steht in der Folge als Siegel für das ihr erwachsende Schicksal. Erst im nachhinein erschließt sich die volle Bedeutung des Motivs, daß es nämlich den unerbittlichen Ehrenkodex jener anfangs so harmlos anmutenden exotischen Welt symbolisiert.

Geschichte

Mit Pierre Lotis *Madame Chrysanthème* (1887) steht ein Roman am Anfang der komplexen Stoffgeschichte von Puccinis *Madama Butterfly*. Darin schildert Loti nach eigenen Erfahrungen, denn er stand bei der französischen Marine in Ostasien im Dienst, den staatlich sanktionierten Brauch in den japanischen Hafenstädten, demzufolge die ausländischen Seeoffiziere für die Dauer ihrer Stationierung mit einer Geisha eine „Ehe auf Zeit" eingehen konnten. Die Verbindung zwischen dem Marineoffizier Pierre und Chrysanthème bleibt freilich ohne tragische Konsequenz, da sich die Geisha an die Spielregeln hält. Als comédie lyrique wurde Lotis Roman 1893 von André Messager vertont. Anleihen bei Loti machte dann der amerikanische Schriftsteller John Luther Long in seiner Erzählung *Madama Butterfly* (1898 im „Century Magazine" erschienen), die ansonsten auf eine wahre Begebenheit in Nagasaki zurückgeht. Bei Long entzieht Cho-Cho-San nach einem Selbstmordversuch ihr Kind dem Zugriff Adelaide (Kate) Pinkertons und nimmt das frühere Leben im Teehaus wieder auf. Der tödliche Ausgang findet sich erst in der Dramatisierung der Erzählung, die David Belasco unter Longs Mitarbeit vornahm. Sein erfolgreicher Einakter *Madame Butterfly* – am 5. März 1900 in New York aufgeführt und sogleich in London nachgespielt, wo Puccini das Stück im Juli sah – verzichtet zugunsten dramatischer Stringenz auf die Szenen im amerikanischen Konsulat und zieht die Handlung auf das Geschehen in Butterflys Haus vor ihrem Tod zusammen. Wesentlich wich davon der Handlungsaufbau ab, den Puccini mit seinen Librettisten ins Auge gefaßt hatte, um mit einem Kontrast der Schauplätze den kulturellen Konflikt zwischen Ost und West stärker zur Geltung zu bringen. Zunächst erstellte Illica einen Entwurf des 1. Aktes, der sich neben Longs Erzählung auch an Lotis Roman orientierte. Diesen Ablauf behielt Puccini bei, während er einen 2. Akt, der nach Longs Vorbild im Konsulat spielen sollte, im November 1902 völlig verwarf. Nur der ursprünglich 3. Akt schließt sich Belascos Drama eng an.

Nachdem die Uraufführung von *Madama Butterfly* (mit Rosina Storchio in der Titelrolle am 17. Februar 1904 in der Mailänder Scala) zu einem Fiasko geriet, dessen Ausmaß in der Operngeschichte fast einzig ist, arbeitete Puccini das Werk um. Im 1. Akt wurden die Genreszenen gekürzt und verschiedene arrogant anstößige Bemerkungen Pinkertons über Japan und seine Sitten gestrichen. Aufgeteilt wurde der 2. Akt: Den 2. Akt der neuen Fassung beschloß der Summchor, während das Zwischenspiel, das wie in Belascos Drama bei offenem Vorhang Butterflys durchwachte Nacht illustriert, den neuen 3. Akt einleitete. Die Rolle Kates ist hier verkleinert, diejenige Pinkertons hingegen, auch mit seiner Arie „Addio, fiorito asil", aufgewertet. In der Neufassung wurde die Oper am 28. Mai 1904 in Brescia rehabilitiert, und sie bestätigte sich mit Aufführungen in London, New York und an der Pariser Opéra-Comique, deren Direktor Albert Carré dem Komponisten jedoch weitere Änderungen abnötigte. Heute gilt die Pariser Version (1906) als allgemein verbindlich, obwohl inzwischen auch die Erstfassung wieder inszeniert wurde.   *Peter Ross*

Diskographische Empfehlung

1949 – New York: Max Rudolf, Chor und Orchester der Metropolitan Opera. Eleanor Steber (Cio-Cio-San), Jean Madeira (Suzuki), Richard Tucker (Pinkerton), Giuseppe Valdengo (Sharpless). CBS, odyssey Y3 32107

1954 – Rom: Gianandrea Gavazzeni, Chor und Orchester des Teatro dell'Opera di Roma. Victoria de los Angeles (Cio-Cio-San) Anna Maria Canali (Suzuki), Giuseppe di Stefano (Pinkerton), Tito Gobbi (Sharpless). EMI, CDS 7 49575 2 (ADD)

1974 – Wien: Herbert von Karajan, Wiener Staatsopernchor, Wiener Philharmoniker. Mirella Freni (Cio-Cio-San), Christa Ludwig (Suzuki), Luciano Pavarotti (Pinkerton), Robert Kerns (Sharpless). Decca 6.35 258

La fanciulla del West
(Das Mädchen aus dem Goldenen Westen)
Oper in drei Akten

<u>Text</u>: Guelfo Civinini, und Carlo Zangarini nach David Belasco
<u>Uraufführung</u>: 10. Dezember 1910, Metropolitan Opera, New York
<u>Personen</u>: Minnie (Sop); Jack Rance, Sheriff (Bar); Dick Johnson (Ramerrez) (Ten); Nick, Kellner der „Polka" (Ten); Ashby, Agent der Transportgesellschaft „Wells Fargo" (Baß); Sonora (Bar); Trin (Ten); Sid (Bar); Bello (Bar); Harry (Ten); Joe (Ten); Happy (Bar); Larkens, Goldgräber (Baß); Billy Jackrabbit, Rothaut (Baß); Wowkle, Billys Weib (Mez); Jake Wallace, Bänkelsänger (Bar); José Castro, Mestize aus Ramerrez Bande (Baß); Postillon (Ten)

Chor: Männer aus dem Lager

Ort und Zeit: Ein Goldgräberlager am Fuße der Cloudy Mountains in Kalifornien, in den Tagen des Goldrausches 1849/50

Orchester: 3 Fl, Picc, 3 Ob, E.H., 3 Kl, Bkl, 3 Fg, Kfg, 4 Hrn, 3 Trp, 4 Pos, Pkn, Schlgzg (Glsp, Cel, GrTr, Bck, KlTr, Trgl, TamTam), 2 Hrf, Streicher

Auf der Bühne: Röhrengl, Windmaschine, Fonica

Form: Durchkomponiert

Aufführungsdauer: Ca. 3 Stunden

Verlag: G. Ricordi & C. S.p.A., Mailand

Handlung

1. AKT: Das Innere der „Polka"-Bar. Nach ihrer Rückkehr von der Arbeit verbringen die Goldgräber in der Bar ihre Freizeit mit Trinken, Kartenspielen und Tanzen. Als einziges weibliches Wesen im Lager genießt Minnie bei den rauhen Gesellen eine nahezu unumschränkte Autorität. Schon lange hat der Sheriff Rance ein Auge auf sie geworfen, doch Minnie weist sein Werben zurück. Ein Fremder, der sich Dick Johnson nennt, betritt die Schenke. Schon bald ist er mit Minnie in ein Gespräch vertieft, was die Eifersucht des Sheriffs erregt. Inzwischen haben einige Männer einen Banditen gefangen, der verspricht, ihnen das Versteck des berüchtigten Räubers Ramerrez, auf dessen Kopf eine Prämie ausgesetzt ist, zu verraten. Alle brechen auf, nur Minnie und Johnson bleiben zurück; beide empfinden Sympathie füreinander. Johnson verspricht, sie später in ihrer Hütte aufzusuchen.

2. AKT: In Minnies Hütte. Zu nächtlicher Zeit trifft Johnson bei Minnie ein, die ihren Gast zuvorkommend bewirtet und mit Erzählungen aus ihrem Leben unterhält; beide erklären einander ihre Liebe. Als sich von draußen Stimmen nähern, verbirgt sich Johnson. Der Sheriff tritt ein, und Minnie muß von ihm erfahren, daß sie ihre erste Liebe einem Unwürdigen, dem berüchtigten Räuber Ramerrez geschenkt hat, der zudem mit einer übel beleumundeten Frau liiert ist. In ihrem Innersten getroffen, wirft sie Johnson hinaus. Kaum hat er die Hütte verlassen, als er, von einem Schuß getroffen, zusammenbricht. Ohne zu zögern, zieht ihn Minnie in die Hütte und verbirgt ihn auf dem Dachboden. Als Rance erneut erscheint, verrät ein herabfallender Blutstropfen den gesuchten Banditen. In äußerster Verzweiflung schlägt Minnie dem spielwütigen Sheriff eine Pokerpartie vor, von deren Ausgang das Leben Johnsons abhängen soll; Rance er-

klärt sich einverstanden. Doch mit einem Falschspielertrick gewinnt Minnie das Spiel.

3. AKT: Im kalifornischen Urwald, bei Tagesanbruch. Auf der Jagd nach dem Banditen haben die Goldgräber Johnson gefangen. Sie beschuldigen ihn des Raubes wie des Mordes und verurteilen ihn zum Tod durch den Strick. Von ihrem Vertrauten Nick verständigt, stürzt Minnie herbei und stellt sich, mit einer Pistole bewaffnet, vor den Verurteilten. Sie bittet die Männer um das Leben Johnsons, stößt aber überall auf Ablehnung. Erst als sie die Goldgräber daran erinnert, daß sie ihre Jugend für sie geopfert habe, vollzieht sich ein Stimmungswandel. Trotz der Proteste des eifersüchtigen Sheriffs wird Johnson begnadigt und zieht mit Minnie unter den wehmütigen Blicken der Goldgräber von dannen.

Kommentar

„La fanciulla del West ist, so glaube ich, die beste Oper geworden, die ich jemals geschrieben habe", heißt es in einem Brief Puccinis an seine Londoner Vertraute Sybil Seligman. Daß die Zeit das Urteil des Komponisten doch erheblich korrigiert hat, ist auf verschiedene Ursachen zurückzuführen. Unverkennbar hat Puccini mit La fanciulla del West in geographischer wie soziologischer Hinsicht Neuland betreten – eine „Wildwest-Oper" hatte bislang kein Komponist von Rang geschrieben –, doch mit der einsetzenden Verbreitung des Wildwestfilms – der erste Western, The great train robbery wurde bereits 1903 gedreht – hat dieses Sujet als Opernstoff an Attraktivität verloren, zumal der Film über die größeren Möglichkeiten verfügt, packende Szenen realistisch zu gestalten.
Fraglos war es Puccini und seinen Mitarbeitern gelungen, in einer Reihe von Genreszenen ein außerordentlich farbiges Bild vom Leben in einem Goldgräbercamp zu entwerfen, wobei die grellen Gegensätze der Vorlage übernommen wurden: Gefühlvolles wird zur Sentimentalität (Szene des von Heimweh erfüllten Larkens), Härte steigert sich zur Brutalität (Szene des Falschspielers Sid). Spielleidenschaft und Raffgier, Eifersucht und Liebesverlangen sind die tragenden Emotionen, die das Geschehen bestimmen. So eindrucksvoll die Milieuschilderung ausgefallen ist, so wenig überzeugend, ja unglaubwürdig präsentiert sich die Titelgestalt. Minnie wird als junge, attraktive Frau vorgestellt, die mit Pistole und Pokerspiel ebenso vertraut ist wie mit der Bibel, mit deren Sprüchen sie die rauhen Gesellen in fromme Lämmer verwandelt. Von allen begehrt, „hat sie ihren ersten Kuß noch zu vergeben" – eine Kunstfigur, wie sie vielleicht nur noch in Trivialro-

manen vorkommt. Auch die Gestalt Johnsons alias Ramerrez ist recht klischeehaft geraten: der gefürchtete Straßenräuber verwandelt sich unter dem Einfluß der Liebe am Ende in einen Menschen, der, so darf man vermuten, die gesellschaftlichen Normen akzeptiert.

Am ehesten scheint die Ausformung des Charakters von Jack Rance gelungen; als Sheriff vertritt er zwar die öffentliche Ordnung, hat aber ähnlich wie Scarpia keine Skrupel, seine Amtsmacht für höchst private Ziele einzusetzen: seine Motivation für die beharrliche Verfolgung des Banditen bezieht er nicht aus seinem Rechtsbewußtsein, nicht aus seinem Berufsethos, sondern aus dem ganz persönlichen Wunsch heraus, den Rivalen auszuschalten. Gleichwohl trägt Rance die Züge des Opfers: Aus seiner Erzählung („Minnie, dalla mia casa son partito", 1. Akt) geht hervor, daß er nie Liebe erfahren hat, weder im Elternhaus noch bei seiner Frau, woraus letztlich seine Brutalität, seine menschenverachtende Haltung resultiert: Mit Gold glaubt er alles erkaufen zu können, sogar Minnies Gunst.

Wenn auch die Konstellation der *Fanciulla del West* an die der *Tosca* gemahnt, so läßt sich doch ein wesentlicher Unterschied nicht übersehen: Der tragische Ausgang wird hier, wie bereits in der Vorlage Belascos durch ein sentimentales happy end ersetzt – eine offensichtliche Anpassung an den Geschmack des amerikanischen Publikums. Dadurch jedoch gelangte ein ganz entscheidendes Moment in der Kunst Puccinis nicht zur Geltung: eine Sterbeszene mit emotionaler Emphase in Musik zu setzen und mit theatralischer Wirksamkeit auszustatten.

Um dem Libretto der *Fanciulla del West* gerecht zu werden, hat Puccini einen neuen Stil etabliert, der sich nachdrücklich von dem seiner früheren Werke abhebt. Am deutlichsten greifbar erscheint die Innovation in der Reduzierung der weitausschwingenden emphatischen Melodik; die lyrische Arie, in der sie sich bislang auskristallisierte, ist hier völlig in den Hintergrund getreten und nur noch durch Johnsons Abschiedsarie („Ch'ella mi creda", 3. Akt) präsent – sicherlich einer der Gründe dafür, daß sich diese Oper beim Publikum einer geringeren Beliebtheit erfreut als etwa *La Bohème* oder *Madama Butterfly*. Die übrigen Sologesänge weichen stark von diesem Typus ab: sie sind entweder formal offen, epischen Charakters oder mit scherzoartigen Elementen durchsetzt, oft mehr deklamatorisch als kantabel gehalten oder von jener melodischen Ökonomie wie die erwähnte Arie des Sheriffs, wo eine einzige Phrase, leicht variiert, ständig wiederholt wird.

Einen Ausgleich für die Reduzierung der kantablen Melodik stellt die Akzentuierung der instrumentalen Komponente dar; das Orchester erringt eine bislang nicht gekannte dominierende Stellung. Mit Hilfe bewährter Topoi und Floskeln einerseits sowie geprägter Motive andererseits wird ein instrumentales Kontinuum ausgebildet, das den überwiegend deklamierenden Stimmen Rückhalt bietet. Puccinis individuelle Handhabung der Leitmotivtechnik, wie sie bereits in *Tosca* aufschien, erfährt hier eine Fortsetzung. Entsprechend der Anlage des Librettos hat das Orchester vielfach koloristische Funktion: um die spezifische Atmosphäre zu suggerieren, bedient sich der Komponist folkloristisch getönter Melodien; daneben finden sich auch Anklänge an verschiedene Formen und Techniken der schwarzen Musik Amerikas (Cakewalk, Ragtime) sowie zahlreiche Synkopen zur Charakterisierung des Räubers Ramerrez. Die Partitur ist umfangreicher als je zuvor, wobei die Vergrößerung des Orchesters vor allem der Verbreiterung der Klangpalette dient und erst in zweiter Linie auf die Erweiterung der Dynamik zielt.

Die Partitur der *Fanciulla del West* trägt das Signum eines Experiments, das zwar durchaus seine problematischen Facetten hat, andererseits fraglos zukunftsweisend ist: *Il trittico* und *Turandot* wären ohne die in dieser Oper gemachten Erfahrungen vermutlich anders ausgefallen; *La fanciulla del West* ist mehr als nur ein musikalischer Western.

Geschichte

Daß nach der Uraufführung der *Madama Butterfly* nicht weniger als sieben Jahre verstreichen sollten, bevor Puccinis nächste Oper *La fanciulla del West* aus der Taufe gehoben wurde, dafür lassen sich verschiedene Gründe anführen. Zum einen war Puccini mehr denn je damit beschäftigt, die Neuinszenierungen seiner Opern zu überwachen; zweitens wurde gerade in jener Zeit sein Privatleben von ungewöhnlich heftigen Turbulenzen heimgesucht; darüber hinaus wollte er die mit *La Bohème* eingeschlagene Linie endlich verlassen und ein „modern konzipiertes" Werk schaffen. 1907 lernte er bei einem Aufenthalt in New York Belascos Drama *The girl of the golden west* kennen, das ihn sogleich faszinierte, obwohl seine Englischkenntnisse mehr als dürftig waren. Nachdem Belasco ihm die Vertonungsrechte abgetreten hatte, begann Puccini im Juni 1907 mit der Komposition; im August 1910 war die Arbeit an der Partitur abgeschlossen.

Die Uraufführung gestaltete sich für den anwesenden Puccini zu einem beispiellosen Triumph; zugleich zählt sie zu den spektakulären Ereignissen in der gesamten Geschichte der Met. Die Ursachen für diesen Erfolg lagen in der grandiosen Ausstattung und vor allem in der glanzvollen Besetzung: In den Hauptrollen sangen Emmy Destinn als Minnie, Enrico Caruso als Johnson und Pasquale Amato als Rance, am Pult stand kein geringerer als Arturo Toscanini. Die neue Oper Puccinis fand rasch Eingang in die Spielpläne der großen Theater in aller Welt: 1911 wurde sie in London, Rom, Buenos Aires gegeben, 1912 in Budapest und Paris, 1913 in Prag, Moskau und Wien. Bald jedoch verlor sie an Terrain; in den letzten Jahren wurde sie gelegentlich wieder aufgeführt (1982 in Berlin, 1986 in Verona).

Norbert Christen

Diskographische Empfehlung

1954 – Florenz. Dimitri Mitropoulos, Chor und Orchester des Maggio Musicale Fiorentino. Eleanor Steber (Minnie), Mario del Monaco (Johnson), Giangiacomo Guelfi (Rance), Giorgio Tozzi (Jake). Cetra, LO 64/3

1978 – London: Zubin Mehta, Chor und Orchester des Royal Opera House Covent Garden. Carol Neblett (Minnie), Placido Domingo (Johnson), Sherrill Milnes (Rance), Gwynne Howell (Jake). DG 2740 186

Il trittico (1. Teil)

Il tabarro (Der Mantel)
Oper in einem Akt

Text: Giuseppe Adami, nach dem Drama *La houppelande* von Didier Gold
Uraufführung: 14. Dezember 1918, Metropolitan Opera, New York
Personen: Michele, Besitzer eines Schleppkahns, 50 Jahre (Bar); Luigi, Löscher, 20 Jahre (Ten); „Tinca" der „Stockfisch", Löscher, 35 Jahre (Ten); „Talpa" der „Maulwurf", Löscher, 55 Jahre (Baß); Giorgetta, Micheles Frau, 25 Jahre (Sop); „Frugola", „Frettchen", Frau des „Maulwurfs" 50 Jahre (Mez); Ein Liederverkäufer (Ten); Ein Drehorgelspieler (stumme Rolle); Ein Liebespaar (Sop, Ten)
Chor: Löscher; Midinetten

Ort und Zeit: Paris, zu Beginn des 20. Jahrhunderts
Orchester: Picc, 2 Fl, 2 Ob, E.H., 2 Kl, Bkl, 2 Fg, 4 Hrn, 4 Trp, 3 Pos,
Bpos, Pkn, Trgl, GrTr, Cel, Hrf, KlTr, Glsp, Streicher
Auf der Bühne: Kornett, Autohupe, Hrf, Sirene, GrGl
Form: Durchkomponiert
Aufführungsdauer: 55 Minuten
Verlag: G. Ricordi & C. S.p.A., Mailand

Handlung

Ein Schleppkahn auf der Seine. Während die Löscher ihrer Arbeit
nachgehen, versucht Michele sich seiner Frau Giorgetta zärtlich zu nähern,
doch sie entzieht sich ihm; nachdenklich entfernt er sich. Ein Drehorgelspieler läßt einen Walzer erklingen; sogleich beginnt „Tinca" mit Giorgetta
zu tanzen. Da er sich ungeschickt anstellt, wird er von Luigi abgelöst;
hingebungsvoll überläßt sie sich seinen Armen. Als Michele unerwartet
auftaucht, fahren die beiden auseinander. Die Löscher haben ihre Arbeit
beendet; der „Stockfisch" macht sich auf den Weg in die Kneipe, um sein
elendes Los zu vergessen. Auch Luigi hadert mit dem Schicksal, das ihn
zwingt, seine Liebe zu verbergen. Während „Talpa" und seine Frau „Frugola" von einem Häuschen in ländlicher Idylle träumen, sehnen sich Luigi
und Giorgetta nach dem abwechslungsreichen Leben von Belleville zurück,
wo sie beide aufgewachsen sind. Allein zurückgeblieben, erklären sie einander leidenschaftlich ihre Liebe. Luigi verspricht, sie um Mitternacht
aufzusuchen, sobald sie durch ein brennendes Streichholz das Zeichen
gegeben habe. Schon längst ahnt Michele, daß seine Frau ihn betrügt, doch
sie weicht seinen Fragen beharrlich aus; unter dem Vorwand, müde zu sein,
zieht sie sich in die Kabine zurück. Michele zündet seine Pfeife an und fragt
sich, wer sein Liebesglück zerstört haben könnte. Bevor er eine Antwort
findet, sieht er Luigi über den Landesteg schleichen. Er stürzt sich auf den
Nebenbuhler und zwingt ihn zum Bekenntnis seiner sündigen Liebe; dann
erdrosselt er ihn und verbirgt ihn in seinem weiten Mantel. Als Giorgetta
heraufkommt und sich, erfüllt von dunkler Vorahnung, an ihren Mann
schmiegt, öffnet er seinen Mantel und läßt den Leichnam vor ihre Füße
fallen; dann drückt er ihr Gesicht auf das des toten Geliebten.

Kommentar

Das Schauspiel *La houppelande*, mit dem Didier Gold an Zolas Naturalismus anknüpfte, gehört zum Genre der „pièce noire", dessen herausragende Eigenschaft in der ungeschminkten Darstellung der dunklen Seiten menschlicher Existenz besteht. Puccini und Adami haben die Vorlage fast unverändert übernommen; neben den üblichen Kürzungen wurde lediglich die Charakterzeichnung einiger Gestalten leicht abgewandelt. So ist es Georgette, die im Drama die Initiative ergreift und den Löscher Louis zu ihrem Geliebten macht, während die Giorgetta Puccinis als unschuldiges Opfer unglücklicher Verhältnisse erscheint.

Puccinis Einakter tendiert dramaturgisch zur Zweiteilung. Der erste Teil erfüllt die Aufgabe, die dramatische Ausgangskonstellation zu skizzieren und das spezifische Ambiente zu schildern. Die seltsam schillernde Atmosphäre – eine Mischung aus Idyll und tristem Alltag –, die von Beginn an über dem Geschehen liegt, wird durch eine orchestrale Einleitung beschworen, die einerseits durch Festhalten an einem barkarolenähnlichen Rhythmus, andererseits durch ein Changieren von Tonart und Tongeschlecht bestimmt ist. Aus Kontrastgründen werden heitere und groteske Episoden eingelegt, wie die Erzählung der „Frugola" von ihrem Kater. Daß Giorgetta ein Liebesverhältnis mit Luigi unterhält, wird zunächst nur angedeutet, etwa in der Walzerszene, als die beiden sich hingebungsvoll dem Tanz überlassen und bei Micheles Erscheinen plötzlich auseinanderfahren; hier zeigt sich Puccinis subtile Verfahrensweise, die Milieuschilderung mit dramatischer Entfaltung zu verschränken. Für diese Szene ist zwar keine echte Drehorgel vorgesehen, dennoch ist der naturalistische Einschlag unverkennbar, der sich in primitiver Satztechnik und der Parallelführung der Melodie durch verminderte Oktaven äußert, was die Illusion eines verstimmten Instrumentes erweckt. Der zweite Teil, beginnend mit dem Dialog zwischen Giorgetta und Luigi, ist überwiegend in Moll gehalten und fast ausschließlich der Entwicklung des Dramas gewidmet. Was seine vier Abschnitte, die sich in ihrem Charakter deutlich voneinander abheben, miteinander verbindet, ist die bis ins Extrem gesteigerte Technik des Ostinato, der ganz allgemein als Ausdruck des Unabwendbaren und Bedrohlichen zu begreifen ist. Steht er im Dialog Luigi/Giorgetta auch für die Entwicklungslosigkeit ihrer Beziehung, so symbolisiert er im Zwiegespräch von Michele und Giorgetta das erfolglose Werben des Ehemannes. Den musikalischen Höhepunkt des zweiten Teiles bildet der Monolog Micheles. Die ursprüngliche Fassung basiert auf dem Monolog des Dramas, in dem

Michele über die Sinnlosigkeit eines Lebens ohne Liebe philosophiert, während in der definitiven Version (1922) seine Gedanken ausschließlich um seinen Rivalen kreisen, mit dem er sein Leben in den Tiefen des Flusses beenden will. Die musikalische Substanz des Monologes bildet ein Gedanke, der leitmotivisch verarbeitet wird und als Symbol des Mantels – der seinerseits als Sinnbild des Schutzes gilt – intendiert ist. Mit dem Einakter *Il tabarro* wird die stilistische Richtung der *Fanciulla del West* weiterverfolgt: die Melodik verliert ihre Vorzugsstellung als primärer Träger des Ausdrucks zugunsten des Klanges, der sich in seinen beiden Teilmomenten Harmonik und Instrumentation ausgesprochen avanciert gibt; der vierstimmige Satz wird tendenziell durch den impressionistischen Schichtensatz abgelöst. Immer wieder zog Puccini aus dem Studium der Partituren seiner Zeitgenossen persönlichen Nutzen, ohne daß man ihn des Eklektizismus bezichtigen könnte, da er auch extrem heterogene Elemente in seinen eigenen Stil einzuschmelzen vermochte.   *Norbert Christen*

Diskographische Empfehlung

1971 – London: Erich Leinsdorf, John Alldis Choir, New Philharmonia Orchestra. Sherrill Milnes (Michele), Placido Domingo (Luigi), Leontyne Price (Giorgetta). RCA 26.41 112

1977 – London: Lorin Maazel, Ambrosian Opera Chorus, New Philharmonia Orchestra. Ingvar Wixell (Michele), Placido Domingo (Luigi), Raneta Scotto (Giorgetta). CBS 79312

Il trittico (2. Teil)

Suor Angelica
Oper in einem Akt

Text: Giovacchino Forzano
Uraufführung: 14. Dezember 1918, Metropolitan Opera, New York
Personen: Schwester Angelica (Sop); Die Fürstin, Angelicas Tante (Alt); Die Äbtissin (Mez); Die Schwester Eifrerin (Mez); Die Lehrmeisterin der Novizen (Mez); Schwester Genoveva (Sop); Schwester Osmina (Sop); Schwester Dolcina (Sop); Die Schwester Pflegerin (Mez)

Chor: Almosensammlerinnen; Novizen; Laienschwestern; Nonnen
Ort und Zeit: In einem italienischen Kloster, gegen Ende des
17. Jahrhunderts
Orchester: Picc, 2 Fl, 2 Ob, E.H., 2 Kl, Bkl, 2 Fg, 4 Hrn, 3 Trp, 3 Pos,
Bpos, Pkn, Trgl, GrTr, Cel, Hrf, Glsp, Streicher
Auf der Bühne: Bronzeglöckchen, Picc, 2 Klav, Org, 3 Trp, Gl, Bck,
Holzbrettchen
Form: Durchkomponiert
Aufführungsdauer: Ca. 1 Stunde
Verlag: G. Ricordi & C. S.p.A., Mailand

Handlung

Im Inneren eines italienischen Klosters. Nach ihrem Abendgebet
versammeln sich die Nonnen im Hof, um miteinander zu plaudern und von
ihren kleinen Bedürfnissen zu erzählen; nur Angelica erklärt, keine Wünsche zu hegen. Doch die Schwestern glauben ihr nicht, denn sie wissen, daß
Angelica aus einer vornehmen Familie stammt und sich nach Neuigkeiten
von ihren Angehörigen sehnt. Kurz darauf teilt die Äbtissin Angelica mit,
daß ihre Tante eingetroffen sei. Die Fürstin, von kaltem, unnahbarem
Wesen, eröffnet ihr, daß sie eine Teilung des Familienerbes vorgenommen
habe, da Angelicas jüngere Schwester sich mit einem Manne zu vermählen
gedenke, der aus Liebe zu seiner Braut die Schande ignoriere, die Angelica
durch die Geburt eines unehelichen Kindes über die Familie gebracht habe.
Doch die Nonne erklärt, in ihrer Buße der Heiligen Jungfrau alles geopfert
zu haben, nur eines nicht: die Erinnerung an ihren Sohn, um dessentwillen
man sie in ein Kloster gebracht habe. Als die Fürstin sie wissen läßt, daß das
Kind bereits seit zwei Jahren tot sei, stürzt Angelica mit einem Aufschrei zu
Boden. Allein zurückgeblieben, bereitet sie sich aus Kräutern einen töd-
lichen Trank. Doch kaum hat sie das Gift genommen, wird sie sich ihrer
Todsünde bewußt; verzweifelt fleht sie die Madonna um ein Zeichen der
Gnade an. Das Wunder geschieht: Die Gottesmutter erscheint und führt der
Sterbenden ihr Kind zu.

Kommentar

Suor Angelica ist neben *La rondine* die einzige Oper Puccinis, deren
Libretto nicht auf ein Drama oder einen Roman zurückgeht. Mehr als in
jedem anderen Werk Puccinis dominiert im Einakter das Atmosphärische,
was impliziert, daß die eigentliche Handlung erheblich reduziert ist; sie

setzt erst ein mit der Begegnung zwischen der Fürstin und Angelica, also etwa in der Mitte der Oper. Hinsichtlich der Gewichtsverteilung zwischen der dramatischen und deskriptiven Komponente stellt sie das extreme Gegenbeispiel zu *Tosca* dar, mit der sie jedoch eines gemeinsam hat: Die religiöse Sphäre wird zum Gegenstand musikalischer Gestaltung. Beziehungen zwischen den beiden Opern sind sogar im Detail vorhanden: Die Einleitungsmusik zu *Suor Angelica* basiert auf einem Glockenmotiv, das uns bereits im 1. Akt von *Tosca* begegnet. Das religiöse Kolorit in *Suor Angelica* entsteht durch das Zusammenspiel verschiedener Faktoren wie Mixturtechnik, modaler Wendungen und Ostinati sowie durch die Verwendung von Glocken und Orgel; verstärkt wird die Wirkung durch den Cantus „Ave Maria". In der Schlußszene setzt Puccini zwei zusätzliche Klangkörper ein: einen gemischten Chor – die einzigen Männerstimmen in dieser Oper – sowie ein Bühnenorchester. Der Klang ist ganz auf Transparenz abgestellt, das Diskantregister wird auffällig betont – Symbol für die Sphäre des Außerirdischen. Dramatischer Kristallisierungspunkt der Oper ist die Begegnung zwischen der Fürstin und Angelica; diese Szene ist durch leitmotivische Verarbeitung, bohrende Chromatik sowie durch eine äußerst differenzierte Instrumentation gekennzeichnet. Die Charakterisierung der Fürstin als einer bigotten, aber kalten und mitleidslosen Frau ist überzeugend gelungen. Angelica ist besonders im zweiten Teil, wo sie als tragische Gestalt erscheint, musikalisch als Individuum herausgehoben. Ihr großes Solo „Senza Mamma" – ein mehrteiliger Arienkomplex, der formal offen und tonal changierend angelegt ist, basiert im wesentlichen auf drei äußerst expressiven Melodien, die teilweise schon vorher exponiert wurden – als Angelica von der Ankunft der Kutsche erfährt – und auch später Verwendung finden, so etwa in der Schlußszene sowie in einer Art Intermezzo sinfonico, das aufgrund seiner emphatischen Melodie, seiner polyphon angereicherten Satzstruktur und seiner farbigen Instrumentation besonders wirkungsvoll ist.   *Norbert Christen*

Diskographische Empfehlung

1958 – Rom: Tullio Serafin, Chor und Orchester des Opernhauses Rom. Victoria de los Angeles (Angelica), Fedora Barbieri (Principessa), N.N. (Genovieffa). EMI, TC-SLS 5066

1977 – London: Lorin Maazel, Ambrosian Opera Chorus, New Philharmonia Orchestra. Renata Scotto (Angelica), Marilyn Horne (Principessa), Ileana Cotrubas (Genovieffa). CBS 79312

Il trittico (3. Teil)

Gianni Schicchi
Oper in einem Akt

<u>Text</u>: Giovacchino Forzano, nach Dantes *Inferno*
<u>Uraufführung</u>: 14. Dezember 1918, Metropolitan Opera, New York
<u>Personen</u>: Gianni Schicchi, 50 Jahre (Bar); Lauretta, seine Tochter, 21 Jahre (Sop); Die Verwandten des Buoso Donati: Zita, genannt die Alte, Buosos Cousine, 60 Jahre (Alt); Rinuccio, Neffe der Zita, 24 Jahre (Ten); Gherardo, Neffe des Buoso, 40 Jahre (Ten); Nella, seine Frau, 34 Jahre (Sop); Gherardino, beider Sohn, 7 Jahre (Alt); Betto von Signa, Buosos Schwager, unbestimmten Alters, arm und schlecht gekleidet (Baß); Simone, Buosos Cousin, 70 Jahre (Baß); Marco, sein Sohn, 45 Jahre (Bar); Die Ciesca, Marcos Frau, 38 Jahre (Mez); Meister Spinelloccio, Arzt (Baß); Messer Amantio von Nicolao, Notar (Baß); Pinellino, Schuster (Baß); Guccio, Färber (Baß)
<u>Ort und Zeit</u>: Florenz, 1299
<u>Orchester</u>: Picc, 2 Fl, 2 Ob, E.H., 2 Kl, Bkl, 2 Fg, 4 Hrn, 3 Trp, 3 Pos, Bpos, Pkn, Trgl, GrTr, Cel, Hrf, KlTr, Streicher
<u>Auf der Bühne</u>: GrGl
<u>Form</u>: Durchkomponiert
<u>Aufführungsdauer</u>: Ca. 1 Stunde
<u>Verlag</u>: G. Ricordi & C. S.p.A., Mailand

<u>Handlung</u>
Das Schlafzimmer im Hause des Buoso Donati zu Florenz. Am Totenbett des Buoso Donati beklagen die Verwandten mit geheuchelter Anteilnahme dessen Hinscheiden, als ein Gerücht die Runde macht: der steinreiche Buoso habe all sein Gut dem Kloster geschenkt. Nach fieberhafter Suche wird das Testament gefunden, das die Vermutungen bestätigt; alle brechen in laute Verwünschungen gegen die Klosterbrüder aus. Inzwischen hat Rinuccio heimlich zu Gianni Schicchi geschickt, den er nicht nur als überaus gewandten Mitbürger schätzt, sondern insgeheim als seinen künftigen Schwiegervater betrachtet. Als Schicchi mit seiner Tochter Lauretta eintrifft, wird er recht unfreundlich empfangen; eine Verbindung mit dem Zugereisten wird von der alteingesessenen Familie gar abgelehnt.

Zutiefst beleidigt will Schicchi forteilen, aber auf Laurettas inständiges Bitten läßt er sich das Testament reichen. Nicht lange dauert es, da kommt ihm die Idee, selbst in die Rolle des Buoso zu schlüpfen, da die Nachricht von dessen Tod noch nicht aus dem Hause gedrungen ist. Als unerwartet der Arzt erscheint, wird er von Schicchi, der die Stimme Buosos vortrefflich zu imitieren versteht, abgewimmelt. Überglücklich schicken die Verwandten sofort zum Notar, während Schicchi sich, bekleidet mit Nachthemd und Schlafmütze, in das Bett des toten Buoso legt. Unter vier Augen sucht ein jeder ihm die Zusicherung abzuringen, den Löwenanteil am Erbe zu erhalten: das Haus in Florenz, die Mühlen von Signa und das Maultier. Doch Schicchi erinnert sie an die schreckliche Strafe, die sie erwarten würde, wenn der Betrug jemals herauskäme: Verlust der rechten Hand und ewige Verbannung. Der Notar und die Zeugen Pinellino und Guccio treten in das abgedunkelte Zimmer. Nachdem Schicchi zunächst jegliches anderweitig existierende Testament widerrufen hat, verteilt er die geringen Werte an die Verwandten; dann vermacht der falsche Buoso das Haus in Florenz, die Mühlen von Signa sowie das Maultier „seinem lieben Freunde Gianni Schicchi". Kaum sind der Notar und die Zeugen gegangen, fallen die Verwandten über Schicchi her und suchen mitzunehmen, wessen sie habhaft werden können, bis es Schicchi gelingt, sie aus seinem frisch erworbenen Haus zu verjagen. Als er Rinuccio und Lauretta in zärtlicher Umarmung sieht, wendet er sich an die Zuschauer mit der Frage, ob man das Erbe Buosos besser hätte verwenden können, während er für seine Schurkerei mildernde Umstände erbittet.

Kommentar

Gianni Schicchi ist keineswegs eine Erfindung Dantes, sondern eine historische Gestalt. Daß ihn der große Dichter für das tatsächlich begangene Verbrechen der Testamentsfälschung ins Inferno verbannte, hatte sicherlich nicht zuletzt einen ganz persönlichen Grund: Dantes Gattin Gemma nämlich war eine geborene Donati, gehörte also jener Familie an, die dem Streich Gianni Schicchis zum Opfer gefallen war.
Unter den Buffo-Opern dieses Jahrhunderts nimmt der Einakter, der ganz bewußt an die große Tradition der commedia dell'arte anknüpft, eine herausragende Stellung ein. Die vorgegebene Größenordnung zwang die beiden Autoren zur Konzentration und zur Beschränkung des Nebensächlichen, Episodenhaften auf ein Minimum. Die Folge ist ein atemberaubendes Tempo, das den Zuschauer kaum zur Besinnung kommen läßt. Puccini

verzichtet auf ein Vorspiel, ihm genügen wenige Orchestertakte, um die Situation zu skizzieren. Zwei individuell geformte Motive repräsentieren die beiden Kontrahenten: Gianni Schicchi wird durch ein dreiklangartiges Holzbläsermotiv charakterisiert, die Verwandten durch eine ständig wiederholte melodische Floskel, als Ausdruck von Trauer. Daß die Hinterbliebenen in Wahrheit nur an ihr Erbe denken, wird zunächst durch rein musikalische Mittel verdeutlicht: Puccini läßt das Klagethema zwischen Dur und Moll changieren und entlarvt damit die demonstrierte Trauer als Heuchelei. Mit nur wenigen Strichen wird das Schwanken der Verwandtschaft zwischen Hoffnung und Resignation umrissen. Als sie beim Lesen des Testamentes feststellt, daß der größte Teil des Erbes den Mönchen vermacht wurde, kennt ihre Wut keine Grenzen; hier verdichten sich rasches Tempo, Konfliktrhythmen und dissonante Harmonik zu einem Gestus, der als adäquater Ausdruck ihrer Emotionen zu begreifen ist.

Als einziger distanziert sich Rinucci vom Standesdünkel der Verwandten. Sein Arioso („Avete torto") ist ein Loblied auf Schicchi und die „nuova gente", der Florenz einen Großteil seines Ruhmes zu verdanken habe. Eine emphatische Viertaktphrase bildet den Ausgangspunkt für Laurettas Arie („O mio babbino caro"), die eine doppelte Funktion erfüllt: Einerseits wirkt sie als retardierendes Moment, andererseits markiert sie die Peripetie. Schicchi läßt sich von Lauretta erweichen und nimmt sich des Falles an – eine kurze Szene, die überaus wirkungsvoll ist: Auf Schicchis zweimalige Weigerung – eine kurze Phrase über geballten Dissonanzen – reagieren Rinuccio und Lauretta mit einer expressiven Melodie, die am Schluß zu einem Duettino entwickelt wird.

Dem Titelhelden gelten die Sympathien der Autoren, auch wenn dessen Handlungsweise unter moralischen Gesichtspunkten fragwürdig erscheint. Am Ende siegt nicht das Gute über das Böse, sondern der Schlaue über die Dummen. Die Oper verzichtet also auf moralische Implikationen zugunsten eines einzigen Zweckes: der Unterhaltung. Das geht nicht zuletzt aus dem Schluß der Oper hervor, für den sich die Autoren einen besonderen Effekt aufgespart haben: Indem er auf die beiden Liebenden zeigt, die sich auf dem Balkon umarmen, wendet sich Gianni Schicchi an den Zuschauer mit der Frage, ob das Geld des Buoso ein besseres Ende hätte nehmen können, und er schließt mit den Worten: „Wenn ihr euch heute abend amüsiert habt, so plädiert für mildernde Umstände!" Das fanfarenartige Thema, eines der Personalmotive des Helden, läßt keinen Zweifel daran, daß er sicher sein kann, den Beifall des Zuschauers zu erhalten.

Geschichte

Das Projekt des *Trittico* läßt sich bis in die mittlere Schaffens-periode Puccinis zurückverfolgen. Bereits kurz nach der Uraufführung der *Tosca* plante der Komponist, je eine Episode aus den drei Teilen von Dantes *Divina commedia* zu einem abendfüllenden Zyklus zu verbinden. Doch erst 1913, nachdem sein Verleger Giulio Ricordi gestorben war, der dem Projekt stets ablehnend gegenübergestanden hatte, konnte Puccini darangehen, seine Idee in die Tat umzusetzen. Seine Wahl fiel zunächst auf den Einakter *La houppelande* von Didier Gold, eine typische pièce noire, die Puccini 1912 in Paris kennengelernt hatte und die Adami in ein wirkungsvolles Libretto mit dem analogen Titel *Il tabarro* verwandelte. Für das zweite Stück wandte sich der Komponist an Gabriele d'Annunzio, doch ohne Erfolg; damit endeten die seit vielen Jahren unternommenen Versuche Puccinis, mit dem bedeutendsten italienischen Dichter seiner Zeit zu einer Zusammenarbeit zu gelangen. In Giovacchino Forzano, einem vielseitig begabten Autor und Regisseur, fand Puccini schließlich den geeigneten Mitarbeiter; ihm verdankte er das Sujet von *Suor Angelica*. Die Anregung zum dritten Einakter fand man in wenigen Versen aus dem XXX. Canto des *Inferno*, wo Dante den Schatten des Testamentfälschers Gianni Schicchi beschwört. So wurde Puccinis ursprüngliche Idee zumindest teilweise reali-siert. Die Uraufführung der unter der Bezeichnung *Il trittico* zu einer Ein-heit zusammengefaßten Einakter rief ein unterschiedliches Echo hervor: während *Gianni Schicchi* sofort akzeptiert wurde, war die Reaktion auf die beiden anderen Einakter, namentlich auf *Suor Angelica*, ausgesprochen kühl. Auch bei der europäischen Erstaufführung (Rom 1919) zeigte sich die gleiche Situation: bloß *Gianni Schicchi* wurde mit Enthusiasmus aufge-nommen; damit war das Schicksal des *Trittico* besiegelt. Nur allzu bald mußte Puccini erkennen, daß seine ursprüngliche Intention nicht mehr aufrechtzuerhalten war. Die meisten Theater beschränkten sich auf die Kombination von *Il tabarro* und *Gianni Schicchi*, so vor allem nördlich der Alpen, wo das Mittelstück wegen seines mediterranen Mystizismus zumeist auf Unverständnis stößt. Nach dem Zweiten Weltkrieg hat sich das Bild nur unwesentlich gewandelt: Auch in Italien ist der vollständige Zyklus selten zu sehen (Mailand 1959, Florenz 1983). Zu den rühmlichen Ausnahmen in neuerer Zeit zählt die Neuinszenierung an der Deutschen Oper in Berlin durch Filippo Sanjust, wobei die Reihenfolge nach dem Prinzip steigender Attraktivität geändert wurde *(Suor Angelica – Il tabarro – Gianni Schicchi)*.

Norbert Christen

Diskographische Empfehlung

1958 – Rom: Gabriele Santini, Chor und Orchester des Opernhauses Rom. Tito Gobbi (Schicchi), Victoria de los Angeles (Lauretta), Carlo del Monte (Rinuccio). EMI, TC-SLS 5066

1977 – London: Lorin Maazel, London Symphony Orchestra. Tito Gobbi (Schicchi), Ileana Cotrubas (Lauretta), Placido Domingo (Rinuccio). CBS 76 563

Turandot
Dramma lirico in drei Akten

Text: Giuseppe Adami und Renato Simoni, nach dem Schauspiel von Carlo Gozzi

Uraufführung: 25. April 1926, Teatro alla Scala, Mailand

Personen: Turandot, eine chinesische Prinzessin (Sop); Altoum, Kaiser von China (Ten); Timur, entthronter König der Tataren (Baß); Calaf, der unbekannte Prinz, sein Sohn (Ten); Liu, seine junge Sklavin (Sop); Ping, Kanzler (Bar); Pang, Marschall (Ten); Pong, Küchenmeister (Ten); Ein Mandarin (Bar); Der Prinz von Persien (stumme Rolle); Der Scharfrichter (stumme Rolle)

Chor: Kaiserliche Wachen; Gehilfen des Henkers; Knaben; Priester; Mandarine; Würdenträger; Die acht Waisen; Turandots Kammerfrauen; Diener; Soldaten; Bannerträger; Musikanten; Schatten der Verstorbenen; Geheimnisvolle Stimmen; Die Menge

Ort und Zeit: Peking, in sagenumwobener Vergangenheit

Orchester: 3 Fl (2. auch Picc), 2 Ob, E.H., 2 Kl, Bkl, 2 Fg, Kfg, 3 Trp, 3 Pos, 3 Bpos, Pkn, Trgl, GrTr, Bck, TamTam, 12 chin. Gongs, Tamburin, Glsp, 2 Xyl, Gl, Cel, Klav, Org, Streicher

Auf der Bühne: 2 Asax, 6 Trp, 3 Pos, Bpos, Rührtr, Gong

Form: Durchkomponiert

Aufführungsdauer: Ca. 2¼ Stunden

Verlag: G. Ricordi & C. S.p.A., Mailand

Handlung

1. AKT: Von der Mauer der Kaiserstadt Peking herab verkündet ein Mandarin dem Volk einen verhängnisvollen Erlaß der Prinzessin Turandot; jeder Freier der Prinzessin von „königlichem Blute" werde bei Mondaufgang hingerichtet, sofern er nicht in der Lage sei, drei Rätsel zu lösen. Der von Turandots Ahnen überkommene Schwur hatte schon etliche Opfer gefordert, und gerade in dieser Stunde wird ein persischer Prinz zur Hinrichtung geführt. Inmitten der Menge, deren Stimmung zwischen Applaus und Mitleid schwankt, befindet sich Calaf, der plötzlich seinen Vater Timur mit der Sklavin Liù erblickt. Timur, der ehemalige König der Tataren, den der chinesische Kaiser entthront hatte, befindet sich unerkannt, wie sein Sohn, auf der Flucht. Da erscheint Turandot auf den Zinnen der Palastmauer und gibt ungerührt den Befehl zur Hinrichtung. Calaf ist wie geblendet von ihrer Schönheit und will die mörderische Prüfung als Freier bestehen. Vergeblich versuchen ihn sein Vater und Liù, die den Prinzen Calaf heimlich liebt, von dem Vorhaben abzubringen. Auch die Warnungen der drei hohen Vasallen Ping, Pang und Pong schlägt Calaf in den Wind und betätigt den geheimnisvollen Gong, der offiziell den neuen Freier meldet.

2. AKT: In einem Pavillon beraten Ping, Pang und Pong besorgt die Lage. Die Grausamkeit Turandots geht ihnen zu weit. Sie rufen den großen Himmelsmarschall Tiger an, dem Land endlich wieder die ersehnte Ruhe zu geben. Auf dem großen Platz vor dem Palast hat sich die Menge versammelt und wartet gespannt auf das Prüfungsschauspiel. Da erscheint der Kaiser Altoum mit seiner Tochter Turandot. Sie gibt Calaf die drei Rätsel auf, die er mit den Worten „Hoffnung", „Blut" und „Turandot" zur Verwunderung aller zu lösen vermag. Turandot ist entsetzt; sie wollte sich nie einem Mann hingeben und mit dem „Opfer"-Tod aller ihrer Freier die Schändung einer Vorfahrin rächen. Vergeblich bittet sie ihren Vater, die Einlösung des Schwures, der die Heirat mit Calaf bedeuten würde, auszusetzen. Calaf aber begehrt die Liebe der Turandot freiwillig, ohne Zwang, und gibt ihr nun seinerseits ein Rätsel auf. Wenn sie bis zum Morgengrauen seinen Namen seinen Namen in Erfahrung brächte, wäre er bereit zu sterben. Turandot willigt ein.

3. AKT: In einem Erlaß zwingt Turandot das Volk von Peking unter Androhung von Folter und Tod, in dieser Nacht nicht zu schlafen und den Namen des Fremden ausfindig zu machen. Auch Ping, Pang und Pong versuchen Calaf zur Preisgabe seines Namens zu überreden, indem sie ihm schöne Mädchen, Gold und Juwelen versprechen und sich verpflichten, ihm

zur Flucht zu verhelfen. Calaf aber ist nicht bestechlich. Schließlich werden Timur und Liù von den kaiserlichen Häschern herbeigeschleppt. Man hatte sie mit Calaf zusammen gesehen. Turandot wird gerufen, die den greisen Timur foltern lassen will. Da tritt Liù vor und gesteht, daß allein sie den Namen des fremden Prinzen wisse, aus Liebe zu ihm aber schweigen würde. Sie wird grausam gefoltert, kann aber einem der Häscher den Dolch entziehen und ersticht sich selbst. Alle sind tief betroffen. Als Calaf Turandot den Schleier öffnet, hält sie ihm entgegen, daß er nie bis in ihre Seele dringen könne. Calafs Antwort sind leidenschaftliche Küsse, die Turandot zum erstenmal in ihrem Leben zu Tränen rühren. Er solle sich mit diesem Sieg zufriedengeben und als Fremder von dannen ziehen. Calaf aber gibt ihr jetzt seinen Namen preis. Vor dem Kaiser und dem Volk erklärt Turandot beim Morgengrauen, den Namen des Fremden zu wissen; er heiße „Amor" (Liebe, Gemahl). Unter dem Jubel aller fallen sich Calaf und Turandot in die Arme.

Kommentar

Die Behauptung, daß die letzte und unvollendet gebliebene Oper Puccinis ein Schwanengesang sei, läßt sich bei näherer Betrachtung kaum aufrechterhalten. Auch die gängige Biographen-Meinung, *Turandot* sei zwar von außergewöhnlicher Kunstfertigkeit, eine extrem artifizielle Partitur, sie berge aber auch die erlahmende Inspiration des Maestro in sich, zielt zu kurz und damit nicht ins Zentrum. Denn eine solche Wertung vernachlässigt die Sicht auf das individuelle Kunstwerk als solches und sucht ihr Bezugssystem einzig im Vergleich mit dem vorangegangenen Œuvre.
Turandot klingt für die vom Arienschmelz verwöhnten Ohren in der Tat ganz anders, reichlich fremd, fast strukturalistisch. Die Oper scheint weniger ein Ohrenschmaus zu sein als ein optischer Genuß, zumal die *Turandot*-Bühne als exotisches Märchenereignis immer spektakulär sein wird. So ist den Puccini- (und Sänger-)Freaks nur die Arie des Calaf („Nessun dorma") heilig; eine grandiose Tenor-Kantilene, in der der Komponist alle Register des Belcanto zieht. Aber sie ist auch die kürzeste und komprimierteste aller seiner Arienwunder und könnte durch ihr Ausdruckspotential doch gut und gerne doppelt so lange dauern. Aber das gerade will Puccini nicht. Ihm geht es um die präzise Durchkonstruktion der musikalischen Spannungsverläufe. So fehlt denn auch (meines Wissens das einzige Mal) am Ende der Arie eine Binnenzäsur, ein Raum für die Applaus-Emotion des Publikums. Der kompositorische Kontext zieht magisch das Folgende an. *Turandot* ist

weniger Vollendung und Resümee als ein Werk des Umbruchs. Seit *Fanciulla del west* (1910) konnte sich Puccini zu keinem abendfüllenden Werk mehr entschließen; abgesehen von seinem Ausflug ins operettennahe Genre von *La rondine* (1916). Die Einakter der *Trittico* (1918) zeigen bei aller Meisterschaft eher das Experimentelle, das Offene. Dann endlich, nach langer Suche kam der ersehnte neue Stoff. „Ich mache Theater", schreibt Puccini an seinen Librettisten Adami, „wenn ich (...) die Bühne nicht offen vor mir sehe, dann (...) kann ich keine einzige Note schreiben. Ich fahre im Auto fort auf die Jagd." *Turandot* hat ihn also fasziniert, obwohl (oder gerade weil) sich der Stoff wesentlich von allen vorangegangenen unterscheidet. Das Grundthema Puccinis (vgl. dazu M. Carner und U. Schreiber) ist aus den Angeln gehoben. Kein „schädigender Dritter" vermag den Triumph der Liebe mehr zu stören. Die sonst so einfühlsam gezeichnete Frau (Manon, Mimì, Tosca) erscheint kalt und grausam und überlebt(!) das Ende der Oper; allerdings als eine Verwandelte, die die kathartische Wirkung der Liebe erfährt. Der Mann, bisher gleichsam ein „hypnotisierter Liebhaber", wird der zu allem entschlossene positive Held. Zwischen Des Grieux, Rodolfo und Cavaradossi einerseits und Calaf andererseits liegen Welten. Welch eine Umpolung Puccinischer „Moral": Der Charakter des Mannes zeichnet sich durch Mut und Risikobereitschaft aus, während uns die Frau als Inkarnation grausamer Willkür entgegentritt, die schließlich aber zur Liebenden wird.

Dem entspricht auch der neuartige musikalische Zugriff. Die exotischen Einflüsse – Puccini hatte sich eingehend mit chinesischer Musik beschäftigt – bleiben nicht mehr Kolorit (wie noch in *Madama Butterfly*), sie werden eingebunden in musikalische Struktur und gerinnen damit zur Sache selbst. So sind umfangreiche Abschnitte des Werkes (etwa die 1. Szene des 2. Aktes) von pentatonischen Motiven geprägt. Die Musik nimmt quasi serielle Züge an. Ähnlich verfährt Puccini mit seinem Instrumentarium, zumal mit dem Schlagwerk, dessen fernöstliche Klangfarben (etwa die zwölf chinesischen Gongs) die gesamte Partitur durchdringen und damit nicht mehr nur äußerliche Zutat sind.

Schon bei diesen skizzierten Beobachtungen kommt man nicht umhin, von einem bedeutsamen Wandel der Puccini-Ästhetik zu sprechen. Was Verdi einst beim Erstlingswerk *Le Villi* angemahnt hatte, nämlich daß der Opernkomponist Puccini zu sehr symphonisch orientiert sei, bestätigt sich im Falle der *Turandot* auf überraschend eigene Weise. Denn diese Partitur verbietet sich jede Sentimentalität, jeden Gebrauchswert des Schönen, den

Puccini bisher durchaus bewußt angestrebt hatte. Die kompositorische Konstruktion zielt auf eine musikalische Dichte, auf den großen spannungsgeladenen Bogen. *Turandot* steht der impressionistischen Zauberwelt Ravels entschieden näher als der großen Belcanto-Oper. Puccinis Weg hin zu einem psychologisch-musikalischen Maskenspiel war allerdings nur noch ein Aufbruch vergönnt, nicht mehr ein Ziel.

Geschichte

Der *Turandot*-Stoff geht ursprünglich auf ein Märchen aus der persischen Sammlung *Tausendundein Tag* zurück, dem Gegenstück zum arabischen *Tausendundeine Nacht*. Im 12. Jahrhundert läßt sich dann eine Liebesromanze des Elyas ebn-e Ysof Nazàmi mit dem Titel *Haft Paikar (Sieben Schönheiten)* nachweisen, die das Grundmuster der *Turandot*-Geschichte in sich trägt. Für Puccinis Librettisten Adami und Simoni (sie hatten den Maestro für den Stoff begeistert) war die Hauptquelle Carlo Gozzis vieraktiges Märchenspiel *Turandotte* (1762), das noch den Stegreifgepflogenheiten der commedia dell'arte entsprach. Die drei Vasallen Ping, Pang und Pong sind gleichsam Konzentrat des Ganzen und Huldigung an Gozzis commedia.

1802 erschien Schillers *Turandot*-Version, die Puccini selbst in einer Inszenierung Max Reinhardts gesehen hatte. Mit Schiller gemeinsam ist der Ansatz Puccinis, der Figur der Turandot das „eiskalte Herz" (Puccini) schmelzen zu lassen und Verständnis zu wecken für ihr unmenschliches Verhalten.

Ab Juni 1921 arbeitete Puccini an der Komposition zu *Turandot*. Zuvor, im Herbst 1920, hatte der Komponist zusammen mit seinen Librettisten etliche andere Stoffe erwogen, darunter das Projekt *Fanny*, nach dem Roman *Oliver Twist* von Charles Dickens. Nach einigem Hin und Her konnte Renato Simoni den Maestro schließlich für den *Turandot*-Stoff (nach Carlo Gozzi) begeistern. Bis Oktober 1924 – bereits im Januar desselben Jahres hatten sich bei Puccini die ersten Anzeichen eines Kehlkopfkrebses bemerkbar gemacht – war die Oper bis auf das Duett und das Finale des letzten Aktes fertiggestellt. Am 4. November fuhr Puccini nach Brüssel in die Klinik „de la Couronne", wo er am 24. November operiert wurde. Am 29. November starb er.

Die Überlegungen, was aus der fast vollendeten *Turandot* werden sollte, führten zwischen Tito Ricordi und seinem Nachfolger Clausetti, der Familie Puccini (allen voran dem Sohn Tonio) sowie Arturo Toscanini zu dem

Ergebnis, Franco Alfano mit der Fertigstellung des Werkes (anhand zahl-reicher Skizzen Puccinis) zu beauftragen. Alfano, ein Schüler Puccinis und Direktor des Liceo musicale von Turin und zugleich der Komponist der Oper *Ressurezione* (1898), machte sich nach langem Zögern an die Arbeit. In der Endphase dieses Prozesses griff Toscanini ein, der „zuviel Alfano und zuwenig Puccini" befürchtete. Er strich annähernd ein Drittel der Nach-komposition. In der Tat hatte sich Alfano nicht immer an Puccinis Skizzen, die die originäre Klangidee erahnen lassen, gehalten, wie jüngste Untersu-chungen von Fedele d'Amico und Jürgen Maehder gezeigt haben. Nicht zuletzt war Alfano vor dem Skizzenhinweis Puccinis zurückgeschreckt, der eine „porosazione orchestrale" vor der Schlußszene geplant hatte, ein sym-phonisches Intermezzo, das die Vereinigung der Liebenden schildern sollte. Statt dessen glaubte Alfano, das Werk mit Prunk und Pomp retten zu können, obwohl Puccini sich kurz vor seinem Ende gegenüber Adami jeden „Bombast" verbeten hatte. Der Bruch Puccini/Alfano ist in der Partitur (Ricordi, Mailand 1980, 3. Akt, Ziffer 35, S. 402ff.) schmerzlich spürbar, trotz Toscaninis Eingriffen.

Bei der Uraufführung am 25. April 1926 in der Scala dirigierte Toscanini den Torso, den er mit den Worten abbrach: „Qui finisce la partizione del Maestro Puccini" (Hier endet das Werk des Meisters). Am darauffolgenden Abend erklang das Werk dann mit Alfanos (Toscaninis?) Schlußversion.

Bernhard Rzehulka

Diskographische Empfehlung

1957 – Mailand: Tullio Serafin, Chor und Orchester der Mailänder Scala. Maria Callas (Turandot), Elisabeth Schwarzkopf (Liù), Eugenio Fernandi (Calaf), Nicola Zaccaria (Timur). EMI, 3 C 163-00969/71

1960 – Rom: Erich Leinsdorf, Chor und Orchester des Opernhau-ses Rom. Birgit Nilsson (Turandot), Renata Tebaldi (Liù), Jussi Björling (Calaf), Giorgio Tozzi (Timur). RCA 26.35116

GUSTAVE CHARPENTIER

geb. 25. Juni 1860 in Dienze/Lothringen
gest. 18. Februar 1956 in Paris

Charpentier war Altersgefährte von Mahler, Wolf und Tschechow und studierte am Konservatorium in Lille, ab 1881 am Conservatoire in Paris, wo ihn Jules Massenet in Komposition und das Geiger-Orakel Lambert Joseph Massart im Violinspiel unterrichteten. 1887 gewann er mit der Kantate *Didon* den Rompreis; während des mit diesem Preis verbundenen Aufenthalts in Rom verklärte sich ihm die Pariser Boheme, und der musikalische Roman *Louise* wurde damals als Loblied auf das Leben der Künstler in Paris konzipiert. Die Arbeit wurde unterbrochen; es entstanden die Orchestersuite *Impressions d'Italie* (1890) und *La vie du poète*, bezeichnet als „symphonie-drame" für Soli, Chor und Orchester (1893), in Anlehnung an Berlioz' *Lélio ou Le retour à la vie*. 1900 wurde *Louise* uraufgeführt, 1913 ließ Charpentier eine Fortsetzung unter dem Titel *Julien* folgen. Charpentier war Gründer und erster Leiter des Conservatoire populaire de Mimi Pinson in Paris. In der Volksbildung sah er die Aufgabe seiner späten Jahre: Er machte Arbeitern und Unbemittelten klassische wie moderne Musik zugänglich.

Karl Schumann

Louise
Roman musical in vier Akten

Text: Gustave Charpentier
Uraufführung: 2. Februar 1900, Opéra-Comique, Paris
Personen: Louise (Sop); Die Mutter (Mez); Irma (Sop); Camilla (Sop); Margarethe (Sop); Das kleine Mädchen (Sop); Ein Schelm (Sop); Elisa (Sop); Eine kleine Lumpensammlerin (Sop); Eine Zeitungsverkäuferin (Sop); Eine Kartonagenarbeiterin (Sop); Zwei Gemüseverkäuferinnen (Sop/Sop); Gertrud (Mez); Susanne (Mez);

Blanche (Mez); Madeleine (Mez); Henriette (Mez); Jeanne (Mez); Eine Lehrerin (Mez); Eine Straßenkehrerin (Mez); Eine Milchverkäuferin (Mez); Julien (Ten); Der Vater (Bar); Ein Schlafwandler (Ten); Ein Narr (Ten); Ein Liedsänger (Ten); Ein junger Poet (Ten); Ein Student (Ten); Erster Philosoph (Ten); Zweiter Philosoph (Bar); Ein Trödler (Bar); Ein Alteisenhändler (Bar); Ein Maler (Bar); Ein Bildhauer (Bar); Eine Gemeindewache (Bar); Ein Schuster (Bar); Ein Lumpensammler (Baß); Ein Kellner (Alt)

<u>Chor</u>: Bohemiens; Grisetten; Arbeiterinnen; Passanten; Straßenjungen; Bettler

<u>Ort und Zeit</u>: Paris, um die Jahrhundertwende

<u>Orchester</u>: 3 Fl, 2 Ob, 3 Kl, 2 Fg, 4 Hrn, 4 Trp, 3 Pos, Tba, Pkn, Schlgzg, Cel, Git, 2 Hrf, Streicher

<u>Form</u>: Durchkomponiert

<u>Aufführungsdauer</u>: Ca. 2¼ Stunden

<u>Verlag</u>: Heugel & Cie, Paris

Handlung

„Held" des „musikalischen Romans" ist Paris, zumal das Künstlerviertel von Montmartre: Stadt der Verlockungen, des Lebens- und Freiheitsdrangs, der in den Tag hinein lebenden Bohemiens und malerischen Typen aus dem Volk. Das Atmosphärische tritt gegenüber der (wohl autobiographisch motivierten) Handlung in den Vordergrund. Das Arbeitermädchen Louise, bevormundet von den biederen Eltern, verliebt sich in den Maler Julien und bricht an seiner Seite aus in die verführerische Freiheit der Boheme. Sie verfällt der Magie der Stadt Paris.

1. AKT: Mansarde, Arbeiterbehausung. Vom Balkon aus sieht man über die Dächer von Paris. Dicht daneben der Balkon des Mansardenateliers, in dem der junge Maler Julien haust. Louise hat sich in Julien verliebt; er bedeutet für sie nicht zuletzt Ungebundenheit und Lebenslust. Die biederen Eltern, abgerackerte Arbeiter, sitzen beim Abendessen. Der Künstler Julien ist ihnen als unsichere Existenz suspekt. Als er brieflich um Louises Hand anhält, zögern die Eltern und drängen auf Aufschub der Entscheidung. Louise, zumal sie den rechtschaffenen Vater liebt, fügt sich.

2. AKT. 1. Bild: Morgenstimmung auf einem Platz am Fuße des Montmartre. Paris erwacht. Es eröffnet sich einem eine Studie der Typen aus dem Boheme-Milieu wie auch dem der Kleinen Leute und Clochards. Julien wartet auf Louise, die zur Arbeit geht, und bestürmt sie, das Eltern-

haus zu verlassen und mit ihm zusammenzuleben. Louise reißt sich los und eilt in ihre Nähstube.

2. Bild: Das Schneideratelier, in dem Louise als Näherin arbeitet. Die Mädchen kichern, Louise bleibt nachdenklich. Musik ertönt von der Straße her: Julien schmettert ein Liebeslied. Louise ist überwältigt. Sie stürzt aus der Nähstube und folgt Julien.

3. AKT: In einem Häuschen auf dem Montmartre frönen Louise und Julien der vielzitierten „freien Liebe". Sie preisen Paris, die Ungebundenheit, die Liebe. Ein Fest bahnt sich zur Abendstunde an: Die Bewohner des Montmartre krönen Louise zur Königin des Künstlerviertels. Louises Mutter tritt dazwischen; der Vater ist krank und verzehrt sich in Sehnsucht nach seiner Tochter. Widerstrebend willigt Julien ein, daß Louise für einige Zeit zu den Eltern geht.

4. AKT: Mansarde wie im 1. Akt. Die Eltern bestürmen Louise, die Verbindung mit Julien aufzugeben und ganz bei ihnen zu bleiben. Louise bekennt sich zu ihrer Liebe, ihrer Freiheit und ihrem Recht auf ein eigenes Leben. Der Vater schilt sie verworfen und weist ihr die Tür. Louise geht für immer. Der Vater verwünscht den verführerischen Moloch Paris.

Kommentar

Charpentiers „musikalischer Roman" steht zwischen Naturalismus und Impressionismus, schildert nach Émile Zolas Art das Arbeitermilieu (Schneideratelier mit dem Ostinato der Nähmaschinen) wie die pittoresken Typen des Pariser Künstlerviertels, die Enge des Kleineleutemilieus nach der Industrialisierung und den Wunsch der jungen Leute, sich Freiheit und Ungebundenheit zu verschaffen. Der Gegensatz zwischen Bürgermoral und freier Liebe, wohlbehüteter Enge und dem unbekümmerten Leben der sich selbst genügenden Künstler wird ausgespielt, drastischer und mit stärkerem Lokalkolorit als in den auf Henri Murgers Erzählung basierenden La-Bohème-Opern von Leoncavallo (1897) und Puccini (1896). Charpentier zeichnet mit Liebe und Kompetenz, wobei seine naturalistische Sprache den Pariser Jargon einbezieht, was von manchen Zeitgenossen mißbilligt worden ist. Dieser „Argot" diktiert die flinke Deklamation und trägt bei zur Dichte des Milieus. Paris selbst wird schier zur handelnden Person. Wagners Leitmotivtechnik schwingt nach, doch ohne streng gehandhabt zu werden. Stärker als die Lyrismen der Partitur ist die Milieudarstellung: Toulouse-Lautrec in Tönen.

Geschichte

Charpentier ließ 1913 eine Fortsetzung folgen: *Julien ou La vie du poète*. Louise ist heruntergekommen, Julien enttäuscht von der Kunst wie vom Leben. Zwei Wracks finden sich für die letzten Stationen ihres Lebensweges. Diese zweite Oper Charpentiers war weder in Paris noch in New York, wo Caruso und Geraldine Farrar sangen, ein sonderlicher Erfolg.

Louise brachte es in den ersten Jahren unseres Jahrhunderts zu einem Serienerfolg in Paris, dann verblaßte der Ruhm des Werkes, bis *Louise* 1950 in Dekorationen von Maurice Utrillo wiederaufgeführt wurde. Die deutsche Erstaufführung war 1902 in Frankfurt am Main. Hans Knappertsbusch, der das Werk besonders schätzte, dirigierte *Louise* 1951 im Münchner Prinzregententheater.   *Karl Schumann*

Diskographische Empfehlung

1975 – London: Georges Prêtre, Ambrosian Opera Chorus, New Philharmonia Orchestra. Ileana Cotrubas (Louise), Placido Domingo (Julien), Jane Berbié (La Mère), Gabriel Bacquier (Le Père). CBS 79302

CLAUDE DEBUSSY

geb. 22. August 1862 in St.-Germain-en-Laye
gest. 25. März 1918 in Paris

Debussy starb als „musicien français" (wie er sich zuletzt selber nannte) und begann als Komponist des „wagnérisme", der darauf bedacht war, dem Schatten des „alten Klingsor" auszuweichen. Ähnlich wie Beethoven, der auch nur eine Oper vollendete, verfolgte Debussy zeitlebens zahlreiche Opernprojekte, die meist in Entwürfen steckenblieben oder bloß als Ideen im Kopf des Komponisten vorhanden waren. Eines ist allen Plänen gemeinsam gewesen: die betonte Abkehr von Wagner, dessen *Parsifal* gleichwohl als Modell weiterhin Gültigkeit hatte. Mit erstaunlicher Hellsicht formulierte Debussy bereits im Oktober 1889 im Gespräch mit seinem früheren Kompositionslehrer Ernest Guiraud die Grundprinzipien einer Opernkomposition, wie er sie sich vorstellte. Es ist darin die Rede von dem schwierigen, aber notwendigen Weg, wie man sich dem übermächtigen Einfluß Wagners entziehen könne: „Es reizt mich nicht nachzuahmen, was ich an Wagner bewundere. Ich stelle mir eine andere dramatische Form vor, in der die Musik dort beginnt, wo die Ausdrucksfähigkeit der Sprache aufhört; Musik wird für das Unausdrückbare geschaffen; ich möchte, daß sie wie aus einem Schatten hervortritt, in den sie von Zeit zu Zeit zurückkehrt; sie sollte immer ein diskretes Element bleiben." Auch den dafür geeigneten Dichter hatte er bereits vor Augen: „Einer, der die Dinge nur halb ausdrückt und es mir erlaubt, meine Träume den seinen aufzupfropfen; der sich Figuren ausdenken kann, deren Schicksal und Hintergrund weder an Zeit noch Ort gebunden sind; der mir nicht tyrannisch die zu malende Szene vorschreibt und mir hie und da die Freiheit läßt, mehr Geschicklichkeit und Kunstsinn als er zu haben und sein Werk zu vervollkommnen. Aber er braucht keine Angst zu haben! Ich werde nicht dem Irrweg der Oper folgen, in der Musik auf unverschämte Weise vorherrscht und die Dichtkunst auf den zweiten Platz verwiesen wird, verdrängt durch ein zu schweres musikalisches Gewand. In der Oper wird zu viel gesungen." Was er suchte, war ein Sujet, in dem „die Personen keine Reden halten, sondern ihr Leben und Schicksal erleiden" und dessen

Sprache ihm „bewegliche Szenen von unterschiedlichem Schauplatz und Charakter" bieten könnte. Damit hat er nicht nur exakt die Atmosphäre von *Pelléas et Mélisande* vorweggenommen, sondern auch seine Nähe zum literarischen Symbolismus, insbesondere zu Maurice Maeterlinck, dessen Drama *La princesse Maleine* (1889) er im Jahre 1891 zur Vertonung erwog. Da Maeterlinck jedoch das Recht dazu dem Komponisten Vincent d'Indy zugesprochen hatte, der die Oper freilich niemals komponierte, mußte Debussy verzichten. Statt dessen quälte er sich im Zeitraum April 1890 bis 1892 mit dem traditionellen Libretto zu *Rodrigue et Chimène* von Catulle Mendès herum, einer Version des *El-Cid*-Stoffes, die ihm wenig Anlaß bot, seine 1889 formulierten musikdramaturgischen Ideen in die Tat umzusetzen. Ähnlich erging es ihm mit den Plänen zu Théodor de Banvilles *Diane au bois* (1881–1886) und dessen *Hymnis* (1882) oder zu Villiers de L'Isle-Adams *Axel* (1889). Erst Maeterlincks Schauspiel der Entfremdung, *Pelléas et Mélisande*, mit seiner traumhaften Atmosphäre und seinen Lücken zwischen den Texten der Personen bot ihm die Möglichkeit, genau die „musique du silence" zu komponieren, wie sie Erik Satie später als wirksames Gegengift zur „Sauerkraut-Ästhetik" Wagners propagierte: „Es ist nicht notwendig, daß das Orchester Gesichter schneidet, wenn eine Figur die Bühne betritt. Die Bäume der Dekoration schneiden ja auch keine Gesichter. Wir müssen eine musikalische Dekoration schaffen, eine musikalische Atmosphäre, in der die Figuren sich bewegen und sprechen." In diesem Sinne entwarf Debussy anstelle der „musique passionelle" Wagners eine neuartige „musique compassionelle", die sich nicht vor die Personen drängt.

Wie er schon das alte Schloß Arkels und die darin sich abspielenden Vorgänge im Gegensatz zu Maeterlinck ins Alptraumhafte verschob, so faszinierte ihn zeitlebens die literarische Welt Edgar Allan Poes, die er in der Übersetzung Baudelaires las. Bereits während der ersten Arbeit an *Pelléas et Mélisande* taucht die Idee auf, Poes Erzählung *The fall of the house of Usher* (1839) als Operneinakter des „geheimen Terrors" zu komponieren. Zeitweise denkt er sogar an die Vertonung von Balzacs *La grande Bretèche*, der Geschichte eines verlassenen Hauses, in dem ein Mann lebendig eingemauert worden ist. Der Stoff des Roderick Usher, der seine Schwester lebendig einsargen läßt, sollte – einem Plan Debussys vom 5. Juli 1908 zufolge – gemeinsam mit dem projektierten Einakter *Le diable dans le beffroi* (ebenfalls nach Poe), letzterer als komisches Gegenstück gedacht, gegeben werden. Realisiert hat Debussy indessen nur den Entwurf zu zwei

Szenen des tragischen Einakters, mit dem er sich bis 1917 soweit identifizierte, daß es einer Selbstzerstörung gleichkam. Der chilenische Komponist Juan Allende-Blin, der die beiden Szenen aufführungsreif machte und sie am 1. Dezember 1977 im Hessischen Rundfunk konzertant uraufführen ließ – die szenische Uraufführung fand am 5. Oktober 1979 an der Deutschen Oper Berlin statt –, nannte den Entwurf die „intimste Musik" Debussys, die den „Charakter eines privaten Tagebuchs" aufweise, da sie wie ein Seismograph „die geheimsten Regungen ihres Schöpfers" offenbare. Wie sehr sich Debussy damit identifiziert hat, beweist ein Brief vom 4. September 1916 an Robert Godet: „Die Krankheit – diese alte Magd des Todes – hat mich zu ihrem Experimentierfeld erwählt (...). Dies Haus hat sonderbare Ähnlichkeiten mit dem Hause Usher. Zwar bin ich nicht im Hirn verwirrt wie Roderick Usher, doch die Überempfindlichkeit gleicht uns einander an. Darüber könnte ich Ihnen Details mitteilen, daß Ihnen die Barthaare ausfielen." Die Geschichte des Verfalls erwies sich am Ende für den todkranken Komponisten – ähnlich wie für Marcel Proust die „wiedergefundene Zeit" beim Akt des Schreibens – als Krankheit zum Tode.

Dietmar Holland

Pelléas et Mélisande
Drame lyrique in fünf Akten

Text: Claude Debussy, nach dem Drama von Maurice Maeterlinck (1893)
Uraufführung: 30. April 1902, Opéra-Comique, Salle Favart, Paris
Personen: Arkel, König von Allemonde (Baß); Pelléas (Ten oder Bar) und Golaud (Bar), Enkel des Arkel; Der kleine Yniold, Sohn Golauds aus erster Ehe (Sop oder Knabenstimme); Ein Arzt (Baß); Mélisande (Sop); Geneviève, Mutter von Pelléas und Golaud (Alt); Stimme eines Hirten (Baß); Mägde; Arme Leute (stumme Rollen)
Chor (hinter der Bühne): Matrosen
Ort und Zeit: Schloß Allemonde und Umgebung, in sagenumwobener Zeit
Orchester: 3 Fl (3. auch Picc), 2 Ob, E. H., 2 Kl, 3 Fg, 4 Hrn, 3 Trp, 3 Pos, Btba, Pkn, Bck, Trgl, Glsp, Gl (auf der Bühne), 2 Hrf, Streicher

Form: Durchkomponiert (mit Zwischenspielen zwischen den Szenen)
Aufführungsdauer: 3 Stunden
Verlag: A. Durand et Fils, Paris

Handlung

1. AKT: Golaud, ein Enkel des Königs Arkel von Allemonde, hat sich bei der Jagd im Wald verirrt und findet, am Rand einer Quelle, ein weinendes Mädchen, das ihm auf seine Fragen nur ihren Namen Mélisande nennt und von der Flucht vor einem großen Leid spricht. Golaud erfährt nichts von ihrer Herkunft und von Art und Grund des Unglücks. Er nimmt sie mit sich.

Nach sechs Monaten teilt Golaud seinem Halbbruder Pelléas in einem Brief mit, daß er Mélisande geheiratet habe, obwohl er fürchtet, daß er damit die Pläne des alten Arkel durchkreuzt, der eine andere Heirat aus politischer Räson angestrebt hat. Golaud schlägt in dem Brief vor, daß im Falle der Zustimmung Arkels ein Lichtzeichen vom Schloßturm gegeben werden solle, andernfalls werde er nie mehr heimkommen. Als Geneviève, die Mutter Golauds und des Pelléas, dem alten König den Brief vorliest, fügt sich dieser dem Schicksal. Gleichzeitig mit dem Brief Golauds hat Pelléas die Nachricht erhalten, daß sein Freund Marcellus im Sterben liege. Er bittet nun Arkel, den Freund besuchen zu dürfen, doch muß er sich an den schwerkranken Vater im Schloß mahnen lassen. Unwissentlich wird damit Arkels Verbot zum Ausgangspunkt der Beziehung zwischen Pelléas und Mélisande.

Geneviève zeigt Mélisande nach ihrer Ankunft die düsteren Gärten des Schlosses und das Meer in der Ferne. Das Erscheinen des Pelléas wirkt auf Mélisande wie ein Lichtblick. Gemeinsam beobachten sie, wie das Schiff, das Mélisande hergebracht hat, den Hafen verläßt und im Nebel in eine ungewisse Zukunft verschwindet. Wie in der Vorahnung des eigenen Schicksals vermutet Mélisande, das Schiff könne vielleicht Schiffbruch erleiden. Geneviève bittet bei Einbruch der Dunkelheit Pelléas, er möge Mélisande zum Schloß zurückgeleiten, und führt so, ebenfalls unwissentlich, die Annäherung der beiden herbei. Eine zarte Andeutung der erotischen Beziehung wagt Mélisande, indem sie Pelléas, der von seiner baldigen Abreise spricht, fragt, warum er denn fortgehe.

2. AKT: Pelléas führt, um der Mittagssonne zu entgehen, Mélisande an einen Brunnen im Park, von dem behauptet wird, er öffne das Auge der

Blinden, sei also die Quelle der Wahrheit. Als Mélisande das Wasser mit den Händen berühren will und sich hinüberneigt, fürchtet Pelléas, daß sie abrutschen könnte, und erinnert sich, daß es auch eine Quelle war, an der Golaud sie gefunden hat. Sie weicht jedoch seinen Fragen aus, sagt nur, daß sie sich nicht von Golaud küssen lassen wollte. Sie spielt dabei mit Golauds Ring und wirft ihn so hoch, daß sie ihn nicht mehr auffangen kann und er in den Brunnen fällt, gerade als es Mittag schlägt. Das ist eine Andeutung für den bereits innerlich vollzogenen Ehebruch Mélisandes, der sich nach außen als Schuldgefühl („Was sollen wir Golaud sagen?") zu erkennen gibt. Pelléas schlägt vor, die Wahrheit zu sagen. Im selben Moment, als der Ring in den Brunnen fiel, stürzte Golaud vom Pferd. Mélisande pflegt ihn nun und offenbart ihm, daß sie sich hier auf dem Schloß nicht glücklich fühle; sie nennt aber nicht den wahren Grund. Als Golaud ihre Hand ergreift, bemerkt er, daß der Ring fehlt. Mélisande lügt ihm vor, sie habe ihn in einer Grotte am Meer verloren. An dieser Lüge zeigt sich, daß sie Golaud nicht als Gatten, sondern als Vaterfigur sieht. In einer Mischung aus Unwissenheit und Provokation schickt er Mélisande sogleich mit Pelléas zur Grotte und treibt unbewußt die sich anbahnende Eifersuchtstragödie voran. Weinend folgt Mélisande als unschuldiges Opfer des Dramas dem Befehl.

Statt den Ring zu suchen, finden Pelléas und Mélisande in der Grotte den Weg zu sich selbst; sie besichtigen die Grotte äußerlich nur, damit Mélisande ihrem Gatten den Ort beschreiben kann, wo sie angeblich den Ring verloren und nicht wiedergefunden hat. Im Mondlicht sehen sie drei eingeschlafene Bettler, ein Symbol für den von der Außenwelt unbemerkten Fortgang des Dramas.

3. AKT: Am Fenster ihres Schloßturms richtet Mélisande ihre langen Haare für die Nacht und wird dabei von Pelléas, der unten vorbeikommt, überrascht. Er will Abschied nehmen, doch ist es nun Mélisande, die ihn zurückhält. Dabei neigt sie sich so weit aus dem Fenster, daß sie ihn mit den herabwallenden Haaren in erotische Ekstase versetzt. Es kommt zu halben Liebesgeständnissen, doch tritt plötzlich Golaud aus dem Dunkel dazwischen und macht den – in seinen Augen „kindischen" – Spielereien ein Ende. Er ahnt freilich, was sich hier anbahnt, und führt Pelléas am nächsten Tag in die düsteren, vermoderten Gewölbe des Schlosses, um ihn mit der Todesangst zu konfrontieren. Pelléas atmet erleichtert auf, als er danach auf die freie Terrasse tritt und die Meerluft atmet. Golaud warnt ihn vor weiteren Spielen mit seiner Frau, da sie bald Mutter werde.

Da Golaud zunehmend mißtrauischer wird, fragt er den kleinen Yniold, seinen Sohn aus erster Ehe, nach dem Verhältnis zwischen Pelléas und Mélisande aus und schreckt dabei nicht davor zurück, das arglose Kind zum Mitwisser seiner hysterischen Eifersucht zu machen: Er hebt das Kind hinauf zum Fenster Mélisandes und verlangt zu wissen, was die beiden gerade im Zimmer treiben. Doch das Kind hat solche Angst, daß die Beobachtungen abgebrochen werden müssen.

4. AKT: Pelléas will, auf Rat seines Vaters, der Unheil ahnt, nun endgültig abreisen und vereinbart mit Mélisande ein heimliches Treffen am Brunnen im Park. Arkel gibt seiner Freude über die Genesung von Pelléas' Vater Ausdruck und hofft, daß nun endlich bessere Zeiten im Schloß beginnen, zumal durch Mélisande eine neue Ära angebrochen sei. Das wird jedoch sogleich als Trugbild entlarvt, als Golaud auftritt und Mélisande in rasender Eifersucht des Ehebruchs beschuldigt, sie im Kreuzzeichen an den Haaren schleift und nur durch das Dazwischentreten Arkels an weiteren Ausbrüchen gehindert wird.

Am Brunnen im Park sieht der kleine Yniold, der vergeblich versucht, einen Stein zu heben, der seinen goldenen Ball eingeklemmt hat (Symbol für seine Machtlosigkeit in dem Eifersuchtsdrama), eine Schafherde, die statt in den Stall zum Schlächter getrieben wird (Vorahnung der Katastrophe). Pelléas tritt auf und erwartet Mélisande; er will ihr an diesem letzten Abend seine Liebe gestehen. Als er sie bittet, in den Schatten zu treten, verlangt sie, gesehen zu werden: Für sie ist die Liebe zu Pelléas keine heimliche mehr. Auch sie gesteht ihm nun ihre Liebe. Die Liebesszene wird gestört durch das plötzliche Schließen der Schloßtore, das für die Ablehnung der „verbotenen" Liebe steht, und durch Golaud, der wieder dazwischentritt und diesmal seinen Bruder umbringt.

5. AKT: Mélisande liegt im Sterben; sie hat einer Tochter das Leben geschenkt. Auf die Frage Golauds, ob sie Pelléas geliebt habe, gibt sie ihm keine eindeutige Antwort. Sie stirbt so geheimnisvoll, wie sie in Golauds Leben getreten ist.

Kommentar

Debussys einzige vollendete Oper ist kein populäres Werk. Die Kraft ihrer subtilen Nuancen wendet sich nicht an das übliche Opernpublikum. Warum Debussy gerade das symbolistisch verschlüsselte Drama Maurice Maeterlincks wählte, um seine gegen Wagners Musikdrama gerichtete Ästhetik zu entwerfen, von der Erik Satie sagte, sie schaffe eine musikalische Stimmung, die an die Malerei des Puvis de Chavannes erinnere, begründete er so: „Nach einigen Jahren leidenschaftlicher Pilgerfahrten nach Bayreuth begann ich, an der Lösung Wagners zu zweifeln (...). Das Pelléas-Drama, das trotz seiner traumhaften Atmosphäre bei weitem mehr Menschlichkeit enthält als all die sogenannten ‚lebensechten‘ Stoffe, schien mir auf wunderbare Weise dem zu entsprechen, was ich wollte." Er wollte ein stilles musikalisches Drama, dessen Gewalt gerade in der Zone des Unaussprechlichen läge, nicht in der auftrumpfenden Geste oder gar im Pathos und schon gar nicht in der sentimentalen Melodik des drame lyrique: „Es herrschte hier eine zauberisch beschwörende Sprache, deren sensible Nuancen ihre Weiterführung in der Musik und im orchestralen Klangkolorit finden konnten." Die Umwandlung des Textes in ein Libretto war nicht mehr notwendig; einige Kürzungen von Szenen, einzelner Textstellen und gewisser Nebenpersonen reichten aus. Sie machten das Stück indessen noch lebensferner und die fatale Handlung noch ungreifbarer. Wie erstmals in Wagners *Tristan* ist es auch hier die innere Handlung, um die es geht. Die geheimnisvollen Andeutungen und die unbeantwortbaren Fragen der Sprache Maeterlincks ermöglichten Debussy mit seiner Oper einen der ersten Fälle der zukunftsweisenden „Literaturoper" zu erschaffen, einer Gattung des Musiktheaters, die versucht, im Geist des Schauspiels die Oper zu nobilitieren.

Die Abkehr von Wagner geschah freilich in dessen Geiste, gewissermaßen spürbar ex negativo im musikalischen Einfluß der Musik des *Parsifal*, aber ganz im Unterschied zu dem musikalischen „Adreßbuch" (Debussy) der Leitmotivtechnik des *Ring*, einem Verfahren, dem Debussy die semantisch nicht eindeutige Orchestersprache entgegensetzt und damit die Person „ihrem eigenen Unterbewußtsein aussetzt" (Ulrich Schreiber), anstatt sie auf ihr Bewußtsein festzulegen. Dem entspricht auf der Ebene der Dramaturgie des Textes der geheimnisvolle Bann, unter dem die Personen stehen und der ihre Handlungsfreiheit einschränkt. Maeterlincks Theater enthält die Angst als Grundphänomen und die innere Handlung als Alptraum. Die Atmosphäre des fin de siècle öffnet den Abgrund eines „mal du siècle", in dem die Kunst der Andeutung die zentrale Rolle spielt.

Auch die Musik Debussys bleibt hier in der Traumatmosphäre befangen, obgleich die äußere Handlung sich mitten im bürgerlichen Dreiecks-Konflikt bewegt. Die mythische Ferne, die Maeterlincks Sprache dennoch beschwört, wenn auch ohne die Handlungsmotivationen, mit denen Wagner den Mythos traktiert, übernimmt, in akustischer Verlängerung, das Orchester Debussys, während sich die alltägliche Sphäre des Eifersuchtsdramas –

in archetypischer Konstellation – primär auf der Bühne im charakteristischen Wechsel von realistischen und symbolistischen Szenen oder Situationen abspielt. Debussy kam auf die musikdramaturgische Idee, etwas zu realisieren, was seine Gegner höhnisch das „unendliche Rezitativ" nannten, um es von Wagners „unendlicher Melodie" abzuheben. Doch sie hatten (und haben) teilweise unrecht: Der Vorwurf ist wahr und falsch zugleich; wahr, weil tatsächlich jegliche lyrische Ausbreitung fehlt – das entscheidende Geständnis der Liebe zwischen Pelléas und Mélisande im 4. Akt wird ohne Orchester *geflüstert* –, und falsch, weil Debussy eine ganz neue Art der Prosodie verwendete, zu der das Orchester relativ unabhängig hinzutritt, ohne sich jemals aufzudrängen. Debussy bemüht sich dennoch, das Orchester so weit zu profilieren, daß es nicht den Eindruck eines recitativo accompagnato erweckt, sondern die im Text verschleierten Konflikte ausdrücklich hörbar macht. Die Orchestersprache enthüllt somit das Geheimnis der Seele, von der Arkel im letzten Akt spricht. Und dem sprachlichen Netz von Beziehungen, das Maeterlinck im Anschluß an die Idee Baudelaires vom „système mnémonique" (1861) entwickelte, entspricht das Verfahren Debussys, unscheinbare oder teilweise sehr signifikante Varianten der wenigen Ausgangsmotive über das gesamte Stück auszubreiten, ohne dabei in ein kohärentes Leitmotivnetz im Wagnerschen Sinne zu verfallen. Es erscheint eher angemessen, angesichts der subtilen Wiederkehr der Motive von einer musikalischen Anwendung jener „mémoire involontaire" zu reden, die Marcel Proust, ein Bewunderer des *Pelléas*, in die Literatur einführte und zum umfassenden Stilprinzip erhob.

Der Grundcharakter der *Pelléas*-Musik ist die diskrete Melancholie und die unerhörte Kunst der orchestralen Farbgebung. Die bereits im Text angedeutete, synästhetische Vermischung optischer und akustischer Eindrücke – zugleich stehen die Natureindrücke stellvertretend für solche der seelischen Erschütterungen – setzt sich in Debussys Orchester fort. Der berühmte Übergang im 3. Akt vom dumpfen Gewölbe des Schlosses auf die freie Terrasse ist ein Beispiel für Debussys koloristische Phantasie, die hier mit der Präzision eines guten Beleuchters arbeitet. Noch niemals zuvor hat man einen Klangfarbenwechsel so einfach und zwingend gehört. Und es wäre kaum eine Übertreibung, die gesamte Partitur als eine Art auskomponierter Lichtregie aufzufassen. Alles darin ist genau kalkuliert – Debussy vertrat zeitlebens das Prinzip der unbedingten „clarté" der Musik –, besonders die Stellen, an denen das Orchester, anstatt wie üblich zu „explodieren", gleichsam in sich hineinhorcht, um jederzeit, sofern es dramaturgisch angezeigt ist, wie eine Katze die Krallen auszustrecken. Dieses „Verhalten" des Orchesters entspricht dem Theater der Grausamkeit, Hysterie und Angst, das Maeterlinck vorschwebte. Aber erst die Musik Debussys verlieh ihm den Atem, den es braucht, um wirkungsvoll leben zu können. Es ist die „Überhöhung des Dramatischen durchs Poetische" (Pierre Boulez).

Geschichte

Im Mai 1892 erschien Maurice Maeterlincks Schauspiel im Druck, ein Jahr später las Debussy es und entschloß sich, daraus eine Oper zu gestalten, deren ästhetische Gesichtspunkte er bereits 1889 in einem überlieferten Gespräch mit Ernest Guiraud formuliert hatte. Im August 1893 erhielt er die Erlaubnis des Dichters, den Stoff zu vertonen und nach Gutdünken zu kürzen, und am 6. September hatte er bereits die zentrale Liebesszene (IV, 4) in einer ersten Fassung komponiert. Bis zum August 1895 lag die erste Fassung der Oper im Entwurf vor. Am 31. Mai 1894 hatte der mit Debussy befreundete Dichter Pierre Louys ein Hauskonzert veranstaltet, bei dem Debussy am Klavier einige Szenen vortrug. Der Maler Jacques Émile Blanche faßte damals seinen Eindruck in die Worte: „Man stelle sich vor, was auf dem Höhepunkt des Symbolismus unserem Ohr die Verbindung der stammelnden Worte Maeterlincks mit den geheimnisvollen Klängen Debussys bedeuten mußte." An eine Bühnenaufführung war indessen vorläufig noch nicht zu denken; Debussy arbeitete unermüdlich weiter an der Partitur und erstellte eine zweite, noch subtilere Fassung der Oper in den Jahren 1895–1897, die er der Pariser Opéra-Comique, zunächst vergeblich, einreichte. Zwischendurch hatte er den Klavierauszug von Mussorgskijs *Boris Godunow* kennengelernt, der ihn, vor allem hinsichtlich der Sprachvertonung und der unakademischen Formensprache Mussorgskijs faszinierte. Erst am 5. Mai 1901 erhielt er die schriftliche Zusicherung Albert Carrés, des Direktors der Opéra-Comique, die Oper werde in der folgenden Spielzeit zur Uraufführung kommen. Im Vorfeld der Uraufführung gab es indessen einen kleinen Streit mit Maurice Maeterlinck, der sich darüber verstimmt zeigte, daß nicht seine Frau Georgette Leblanc die Rolle der Mélisande singen werde – sie war auch die erste Darstellerin der Sprechrolle gewesen–, sondern die junge, unbekannte schottische Sängerin Mary Garden, deren Stimme Debussy sehr bewunderte. Sie hatte erfolgreich in Charpentiers *Louise* debütiert und wurde von André Messager, dem Dirigenten der Uraufführung von *Pelléas et Mélisande,* vorgeschlagen. Die Proben begannen am 13. Januar 1902, obwohl

Maeterlinck seine Genehmigung zur Vertonung plötzlich zurückzog. Debussy besaß jedoch das schriftliche Einverständnis des Dichters und gewann am 27. Februar das Schiedsverfahren, das die Société des Auteurs angeregt hatte. Maeterlinck rächte sich daraufhin, nachdem er den Komponisten sogar zum Duell aufgefordert hatte, mit einem offenen Brief, der am 14. April 1902 im „Figaro" veröffentlicht wurde: „Diese Aufführung wird gegen meinen Willen stattfinden (...) Besagter Pelléas ist ein Stück, das mir fremd, beinahe feindlich geworden ist; und jeder Kontrolle über mein Werk beraubt, bleibt mir nur der Wunsch übrig, daß es schleunigst und mit Pauken und Trompeten durchfällt."

Tatsächlich ließ der Mißerfolg bei der öffentlichen Generalprobe am 27. April nicht lange auf sich warten: Bereits vor der Aufführung wurde eine lächerliche Inhaltsangabe an die Zuschauer verteilt, die an dem Stück kein gutes Haar ließ. Als Autor des Pamphlets kam jedoch wohl kaum Maeterlinck in Betracht, da sich die Gehässigkeiten ausschließlich auf den symbolistischen, verschlüsselten Text bezogen, der ins Alltägliche übersetzt und damit äußerst banal erschien. Die Uraufführung drei Tage später verlief nicht viel besser; die Kritiker überboten sich gegenseitig in ihrem Unverständnis, nachdem sich der größte Teil des Publikums gelangweilt hatte. Doch Debussy gewann zahlreiche junge Anhänger, die als „Pelléasten" die subtile Ästhetik des Stückes zur Mode erhoben. Zwei Jahre nach der Uraufführung erschien die Partitur im Erstdruck, und die ersten ausländischen Aufführungen wagten die Opernhäuser in Brüssel (9. Januar 1907), Frankfurt am Main (19. April 1907) und New York (19. Februar 1908), das Teatro alla Scala Mailand (2. April 1908 unter Toscanini) und die Opernhäuser in München (9. Oktober 1908) und London (Covent Garden, 21. Mai 1909). Seither kann man sagen, daß die Oper sich durchgesetzt hat; eine erste vollständige Schallplattenaufnahme entstand 1941, nachdem bereits in den 20er Jahren einzelne Szenen aufgenommen worden waren, die Marcel Proust, der die Oper – trotz seiner Bewunderung für sie – niemals auf der Bühne gesehen hatte, auf seinem Grammophon hörte und in seinem großen Romanwerk erwähnte. In der neueren Inszenierungsgeschichte wurden einige beachtliche Versuche unternommen, den Märchencharakter des Stückes und die präraffaelitischen Züge der Handlung aufzubrechen und die symbolistischen Verschlüsselungen szenisch aufzulösen. Das gelang etwa Jean-Pierre Ponnelle an der Bayerischen Staatsoper (Premiere: 30. Juli 1973), indem er sich an die Lichtregie der Partitur hielt und die Mélisande-Handlung als Double anlegte: Angesichts der toten Mélisande, die von Anfang an auf ihrem Bett lag, vollstreckte sich der Leidensweg der lebenden. Debussys Kunst der Andeutung fand ihren szenischen Widerhall in einer Atmosphäre, die sich eng an das fin de siècle anlehnte und die Welt Marcel Prousts beschwor. Einen sehr gewagten Versuch unternahm Harry Kupfer in seiner Londoner Inszenierung von 1981, die als notwendig empfundene Aktualisierung des Stoffes mit einer Allegorisierung im Stil der *Zauberberg*-Atmosphäre Thomas Manns zu betreiben.

Dietmar Holland

Diskographische Empfehlung

1941 – Paris: Roger Desormière, Chœurs Yvonne Gouverné, Orchestre Symphonique. Irène Joachim (Mélisande), Jacques Jansen (Pelléas), Henri Etcheverry (Golaud), Germaine Cernay (Geneviève), Paul Cabanel (Arkel), Leila Ben Sedira (Yniold). EMI 1125133

1952 – Genf: Ernest Ansermet, Chœur et L'Orchestre de la Suisse Romande. Suzanne Danco (Mélisande), Pierre Mollet (Pelléas), Heinz Rehfuss (Golaud), Hélène Bouvier (Geneviève), André Vessières (Arkel), Flore Wend (Yniold). Decca 414 510-1

1962 – Paris: Désiré-Émile Inghelbrecht, Chorale Lyrique de la R. T. F., Orchestre National. Micheline Grancher (Mélisande), Jacques Jansen (Pelléas), Michel Roux (Golaud), Solange Michel (Geneviève), André Vessières (Arkel), François Ogeas (Yniold). Disques Montaigne, TCE 8710 (ADD)

PIETRO MASCAGNI

geb. 7. Dezember 1863 in Livorno
gest. 2. August 1945 in Rom

Zusammen mit seinem Freund und Rivalen Puccini gilt Pietro Mascagni als bedeutendster italienischer Opernkomponist in der Verdi-Nachfolge. Man pflegt ihn als Begründer und Hauptvertreter des musikalischen verismo zu bezeichnen, ein Begriff freilich, der bis heute nicht klar definiert und zudem wenig aussagekräftig ist. Im übrigen läßt sich der Verismus – wenn überhaupt – nur auf den Welterfolg der *Cavalleria rusticana* anwenden.

Mascagni erhielt seine musikalische Ausbildung zunächst am „Istituto Luigi Cherubini" in seiner Heimatstadt Livorno und wechselte dann, dank der Unterstützung durch seinen Onkel, an das Mailänder Konservatorium (1881–84), wo kein Geringerer als Amilcare Ponchielli sein Lehrer war. Ohne das Studium ordnungsgemäß abgeschlossen zu haben, verdingte er sich als Kapellmeister einer reisenden Operntruppe und als Dirigent an mehreren Provinztheatern. In dieser Zeit, um 1888, schrieb Mascagni seine erste Oper, *Guglielmo Ratcliff* (nach Heinrich Heine), die erst 1894 an der Mailänder Scala Premiere hatte, da allerdings sofort auf heftiges Interesse bei Verdi und Puccini stieß. Nach dem sensationellen Durchbruch Mascagnis mit *Cavalleria* (1890) und dem in Italien bis heute geliebten *L'amico Fritz* (1891) folgten *I Rantzau* (1892), die Einakter *Silvano* (1895) und *Zanetto* (1896) sowie die bedeutende und zu Unrecht vergessene *Iris* (1898), ein japanisches Sujet, das Puccini zu seiner *Madama Butterfly* inspirierte, ja herausforderte.

Mascagnis Ruhm zu dieser Zeit zeigt wohl am besten ein nicht nur in Italien einzigartiges Geschehen um seine komische Oper *Le maschere*, die 1901 gleichzeitig (!) an sieben Häusern herauskam (u. a. in Rom, Mailand, Venedig und Verona). *Le maschere* war allerdings ein totaler Mißerfolg und leitete Mascagnis Abstieg in der Gunst des Publikums ein, woran auch eine 1916 erfolgte Umarbeitung nichts zu ändern vermochte. Von den zahlreichen späteren Opern seien genannt: *Amica* (1905), *Isabeau* (1911), *Il piccolo Marat* (1921), *Nerone* (1935) und als letztes Werk *I bianchi ed i neri* (1940).

Keines davon konnte auch nur in etwa an die frühen Triumphe anschließen. Trotz seiner weithin anerkannten Tätigkeit als Dirigent (meist eigener Werke) – auch als Nachfolger Toscaninis an der Mailänder Scala – starb Mascagni 1945 verarmt und einsam in einem römischen Hotel.

Die Feiern in Italien zu seinem zehnten Todestag (1955) aber waren triumphal. Sie rehabilitierten Mascagni als den neben Verdi und Puccini erfolgreichsten italienischen Komponisten und knüpften damit an die Worte des alten Verdi über den jungen Mascagni an, der begeistert und erleichtert gesagt hatte: „Non è poi vero che la tradizione della melodia italiana sia finita!"

Bernhard Rzehulka

Cavalleria rusticana
Melodramma in einem Akt

<u>Text</u>: Giovanni Targioni-Tozzetti und Guido Menasci, nach den *Scene popolari* von Giovanni Verga
<u>Uraufführung</u>: 17. Mai 1890, Teatro Costanzi, Rom
<u>Personen</u>: Santuzza (Sop); Lola (Mez); Turiddu (Ten); Alfio (Bar); Lucia (Alt)
<u>Chor</u>: Landleute
<u>Ort und Zeit</u>: Ein Dorfplatz in Sizilien, Ostersonntag
<u>Orchester</u>: 2 Picc, 2 Fl, 2 Ob, 2 Kl, 2 Fg, 4 Hrn, 2 Trp, 3 Pos, Btba, Pkn, GrTr, Rührtr, Bck, TamTam, Gl, 2 Hrf, Streicher
<u>Auf der Bühne</u>: Hrf, Orgel
<u>Form</u>: Durchkomponiert, in neun Nummern gegliedert
<u>Aufführungsdauer</u>: Ca. 1¼ Stunde
<u>Verlag</u>: Casa musicale Sonzogno die Piero Ostali, Mailand

<u>Handlung</u>
Es ist der Morgen des Ostersonntags in einem sizilianischen Dorf. Die Dorfbewohner, die seit Morgengrauen auf den Feldern waren, lassen die Arbeit ruhen und bereiten sich auf den Kirchgang vor. Vorher hat Turiddu, der Sohn der Weinhändlerin Lucia, seiner Geliebten Lola, einer verheirateten Frau, ein feuriges Ständchen gebracht. Turiddu und Lola kennen sich schon lange, er war vor Jahren ihr Liebhaber. Als Turiddu zum Militärdienst mußte, wandte sich die heißblütige Lola bald einem

anderen zu, nämlich dem Fuhrmann Alfio, und heiratete ihn. Nach seiner Heimkehr suchte sich der enttäuschte Turiddu Trost bei Santuzza, einem einfachen Bauernmädchen, und nahm ihr die Unschuld. Lola aber hatte keine Mühe, Turiddus Liebe erneut zu entfachen, so daß er nun von Santuzza nichts mehr wissen will. Lolas Mann Alfio, der häufig beruflich unterwegs ist, ahnt nichts von ihrer außerehelichen Beziehung. In ihrer Verzweiflung vertraut sich Santuzza, die wegen ihres Fehltritts vom ganzen Dorf geächtet wird, Turiddus Mutter Lucia an. Die aber weiß nicht so recht, wie sie ihr helfen soll. Während die Dorfbewohner in der Kirche die Oster- messe feiern, stellt Santuzza den von einem Schäferstündchen bei Lola heimkehrenden Turiddu erregt zur Rede und hält ihm seine Untreue vor. Turiddu ist ungehalten und versucht sich herauszureden. Schließlich droht er ihr, ihn nicht länger mit ihrer Eifersucht zu verfolgen. Da taucht Lola auf und erkundigt sich scheinheilig, warum die beiden nicht die Messe besuch- ten. Sie wirft Turiddu vielsagende Blicke zu und begibt sich schließlich ungeniert in die Kirche. Turiddu will ihr folgen, wird aber von Santuzza festgehalten. Doch selbst ihre Tränen und ihr verzweifeltes Flehen können ihn nicht erweichen. Kalt und brutal stößt er sie zurück. Diese Kränkung kann Santuzza nicht hinnehmen. Als ihr Alfio gleich darauf über den Weg läuft, enthüllt sie ihm verzweifelt das Verhältnis zwischen Lola und Tu- riddu. Alfio schwört blutige Rache. – Nach dem Kirchgang versammeln sich die Dorfbewohner zum fröhlichen Umtrunk in Lucias Weinschänke. Tur- iddu stößt mit Lola an und singt ein zündendes Trinklied. Als Alfio er- scheint, bietet Turiddu auch ihm ein Glas Wein an, was dieser brüsk zurückweist. Zum Zeichen seiner Verachtung schüttet er Turiddus Wein auf den Boden. Nach altem Ehrenkodex muß der Beleidigte die Herausfor- derung durch einen Biß in des Gegners Ohr bestätigen. Turiddu tut es, und der Messerkampf auf Leben und Tod ist besiegelt. Berauscht vom Alkohol und vom schlechten Gewissen geplagt nimmt Turiddu Abschied von seiner Mutter und bittet sie, Santuzza wie eine Tochter aufzunehmen und zu versorgen. Dann folgt er Alfio zum Kampfplatz. Die qualvolle Wartezeit der Betroffenen ist bald zu Ende. Von weitem hört man eine Frau rufen: „Gevatter Turiddu ist umgebracht worden!"

Kommentar

Der heimliche Liebhaber singt sein Ständchen im sizilianischen Dialekt hinter verschlossenem Vorhang, und der unvorbereitete Zuschauer wird im Unklaren gelassen, wer da wen ansingt – ebenso wie die rigide

Dorfgesellschaft im Stück, die ein solches ehebrecherisches Werben niemals dulden würde. Der Tenor hat hier – im wirklichen sizilianischen Landleben des letzten Jahrhunderts – seine Naivität verloren, er ist längst nicht mehr Orpheus und auch nicht mehr der Verdische Rebell der reinen Liebe, der sich mit allem moralischen Recht gegen die Klassengesellschaft wendet: Nein, hier in der wortkargen, harten Lebenswirklichkeit des sizilianischen Dorfes wird der Tenor zum Schuldigen, zum Verwerflichen, zum kleinen Bauern – Don-Juan, der sich die eine Frau noch vor der Ehe nimmt, um sie dann, zugunsten einer anderen, verheirateten Frau, fallenzulassen. Ehebruch und voreheliche Beziehung sind die beiden komplementären Grundmotive des *Cavalleria*-Stoffes, und alle an der Tragödie Beteiligten sind Schuldige im Sinn der herrschenden Moral, und sie sind alle Opfer dieser rigiden Lebensordnung. Sie übertreten alle das Gesetz, das ihr Leben, ihre Gefühle einengt. Lola begeht Ehebruch, Turiddu „entehrt" Santuzza, Santuzza verrät die beiden, und Alfio wird zum Mörder. In dieser ersten, wirklich „realistischen" Oper garantiert die vokale Äußerung nicht mehr das Grundrecht auf restlose Entfaltung der Gefühle: Liebesgefühle werden – außer in der unsichtbaren Siciliana zu Beginn – kaum gezeigt, geschweige denn extensiv besungen, statt dessen Haß, Wut, Enttäuschung, Schmerz und Ironie. Die inoffizielle Liebesbeziehung zwischen Lola und Turiddu wird ebensowenig musikalisch beleuchtet wie die noch offizielle, aber öffentlich nicht sanktionierte Liaison zwischen Santuzza und Turiddu. Die Wahrheit kursiert ohnehin nur hinter vorgehaltener Hand: Sie wird nur als Beichte oder als Verrat gegenüber Vertrauten weitergegeben. Äußerlich muß der Schein der heilen Welt gewahrt bleiben. Die permanente Öffentlichkeit des Lebens verhindert fast jede private Äußerung. Das Geschehen vollzieht sich stets coram publico, das Volk ist immer dabei. Und nur, wenn das ganze Dorf eine Stunde lang in der Kirche ist, können sich draußen offene Dialoge entfalten. Aber selbst da, in der höchst prekären Konfrontation des tragischen Dreiecks Santuzza–Turiddu–Lola, bleibt Mascagni nüchterner Realist, läßt die Emotionen nicht überschwappen. – Die Musik ist reich an Atmosphäre, schafft viel szenischen Raum für Bewegung, für malerische Bühnenaktion, ohne ins Exotische oder Folkloristische abzugleiten. Sie ist hart, knapp, südlich, auf festem Boden, und bar jeder Wagnerschen Wehleidigkeit, jedes Verdischen Pathos oder jeder Fin-de-siècle-décadence. Sie stützt sich auf einfache, sehr originelle liedhafte oder tänzerische Intonationen, sie steuert Höhepunkte an, um abrupt abzubrechen, sie liebt die kurze, frappante, moderne Modulation mit Ganztonschritten, die die Nähe Siziliens zu Arabien anzeigen, und kommt schnell zu einem Ende. *Cavalleria* schlägt ein neues Kapitel auf in der Operngeschichte: Es ist der erste tragische Einakter. Ein äußerst seltener Fall, in dem sich ein blutiger Anfänger durch eine Vorgabe (nämlich einen Einakter zu einem Wettbewerb einzureichen) dazu inspirieren ließ, die musikalische Tragödie zu reformieren, der Lebenswirklichkeit kleiner Leute anzupassen und die von Verga geforderte „Echtheit der Wirklichkeit" auch in ein Genre eindringen zu lassen, das sich ja von allem Anfang darum bemüht hatte, die Wirklichkeit bis zur Unkenntlichkeit zu überhöhen, zu idealisieren. Um die Wende zum 20. Jahrhundert war das Schicksal dieser Kunstgattung freilich besiegelt. Mascagnis *Cavalleria* leistete dazu entscheidende Vorarbeit.

Geschichte

Mascagnis *Cavalleria rusticana* dürfte die erste Oper sein, die es als Einakter zu Weltruhm brachte, und ebenso gibt es keine Oper vergleichbaren Bekanntheitsgrades, die ihre Entstehung einem Preisausschreiben zu verdanken hätte. Und drittens begründet das melodramma den literarischen Verismo auf der Opernbühne. Urquelle des *Cavalleria*-Stoffes ist die gleichnamige Novelle des italienischen Romanciers Giovanni Verga (1840–1922), wie er sie 1880 in seiner Sammlung *Vita dei campi* veröffentlichte. Verga, selbst Sizilianer, war neben dem Theoretiker Luigi Capuana der führende Vertreter der veristischen Prosa in Italien, die nicht nur die „Echtheit der Wirklichkeit" anstrebte, sondern theoretisch die dokumentarische Darstellung des wirklichen Lebens der unteren sozialen Schichten ohne jegliche literarische Verklärung oder Stilisierung forderte. Bezeichnenderweise bedienten sich die Librettisten Mascagnis, Giovanni Targioni-Tozzetti und Guido Menasci, bei der Einrichtung des Operntextes nicht der unverfälschten, psychologisch komplexen und dramaturgisch vielschichtigen Urquelle, sondern einer Theatervision, die Verga selbst 1884 für die Schauspielerin Eleonora Duse (1858–1924) angefertigt hatte und die vom Ideal der authentischen Reportage schon wieder entfernt war. Auch Mascagni wurde durch das Theaterstück, das er als 20jähriger Student in Mailand sah, dazu angeregt, daraus möglicherweise eine Oper zu machen. Aber zunächst war es nur eine vage Idee, die er bald fallenließ. Bis 1888 beschäftigte sich Mascagni mit einem anderen abendfüllenden Opernprojekt, dem *Guglielmo Ratcliff*, nach einem Stoff von Heinrich Heine, mit dem er freilich erst Jahre später fertig wurde.

Am 1. Juli 1888 schreibt der Mailänder Musikverleger Edoardo Sonzogno seinen zweiten Wettbewerb „für junge italienische Komponisten" aus: Eingereicht werden sollen unveröffentlichte Opern-Einakter. Zunächst plant Mascagni für diesen Wettwerb die Novelle *Marito e sacerdote* von Nicola Misasi zu vertonen und bittet den Livorneser Dichter Giovanni Targioni-Tozzetti (1863–1934), daraus ein Libretto zu machen. Die Oper soll *Serafina* heißen. Targioni-Tozzetti besucht eine Vorstellung von Vergas *Cavalleria* und schlägt Mascagni diesen Stoff zur Vertonung vor. Mascagni willigt ein, und unter Mitwirkung des 21jährigen Guido Menasci (1867–1925), entsteht die Oper in der ersten Hälfte des Jahres 1889.

Am 6. Mai 1890 gibt die Jury, bestehend aus den Komponisten Sgambati, d'Arcais, Galli, Platania und Marchetti, jene drei Opern bekannt, die von ihr für eine Aufführung am Teatro Costanzi in Rom ausgewählt wurden: *Labilia* von Niccolò Spinelli, *Rudello* von Vincenzo Ferrari und Mascagnis *Cavalleria rusticana*. Mascagni reist sofort nach Rom, nimmt in letzter Minute einige Instrumentationsretuschen vor und überwacht die Probenarbeit. Leopoldo Mugnone (1858–1941) dirigiert am 17. Mai die Uraufführung der Oper. Die Mitwirkenden sind: Gemma Bellincioni (Santuzza), Roberto Stagno (Turiddu), Annetta Guli (Lola), Gaudenzio Salassa (Alfio) und Federica Casali (Lucia). Die Aufführung wird zu einem Sensationserfolg. Es gibt sechzig (!) Vorhänge. Wenige Tage später unterschreibt Mascagni bei Sonzogno einen Vertrag mit 300 Lire Monatssalär und der Aussicht, in zwei Jahren bis zu 15 000 Lire zu verdienen. Noch im selben Jahr wird die Oper in Livorno, Florenz, Turin, Bologna, Palermo und an der Mailänder Scala uraufgeführt, überall mit überwältigendem Erfolg. Am 26. Dezember dirigiert Gustav Mahler die Budapester Erstaufführung und begründet den internationalen Ruhm der Oper, der Mascagni in kurzer Zeit in der ganzen Welt berühmt macht. Die erste Schallplattenaufnahme der Oper entsteht bereits 1916 mit dem Ensemble der Mailänder Scala unter der Leitung von Carlo Sabajno.   *Attila Csampai*

Diskographische Empfehlung

1953 – New York: Renato Cellini, Robert Shaw Chorale, RCA Victor Orchestra. Zinka Milanov (Santuzza), Jussi Bjoerling (Turiddu), Robert Merrill (Alfio), Carol Smith (Lola). RCA, VLS 43 534

1953 – Mailand: Tullio Serafin, Chor und Orchester des Teatro alla Scala. Maria Callas (Santuzza), Giuseppe di Stefano (Turiddu), Rolando Panerai (Alfio), Anna Maria Canali (Lola). EMI, EX 153 29 1269 3

1960 – Rom: Tullio Serafin, Chor und Orchester der Accademia di Santa Cecilia. Giulietta Simionato (Santuzza), Maria del Monaco (Turiddu), Cornell MacNeil (Alfio), Ana Raquel (Lola). Decca, GOS 588-90

L'amico Fritz (Freund Fritz)
Lyrische Komödie in drei Akten

Text: P. Suardon alias Nicola Daspuro
Uraufführung: 31. Oktober 1891, Teatro Costanzi, Rom
Personen: Suzel (Sop); Fritz Kobus (Ten); Beppe, ein Zigeuner (Mez); Freunde von Fritz: David, ein Rabbi (Bar); Hanezò (Baß); Federico (Ten); Catarina, Haushälterin von Fritz (Sop)
Chor: Bauern und Landleute
Ort und Zeit: Das Haus von Fritz im Elsaß und sein Landgut in Mésanges, um 1860
Orchester: Picc, 2 Fl, 2 Ob, 2 Kl, 2 Fg, 2 Hrn, 2 Trp, 2 Pos, Bpos, GrTr, Bck, Hrf, Streicher
Auf der Bühne: Vl
Form: Durchkomponiert
Aufführungsdauer: 1½ Stunden
Verlag: Casa musicale Sonzogno di Piero Ostali, Mailand

Handlung
1. AKT: Der eingefleischte Junggeselle Fritz Kobus, ein wohlhabender und großzügiger junger Mann, feiert zusammen mit Freunden in seinem Haus Geburtstag. Unter ihnen ist Rabbi David, ein Ehestifter aus Leidenschaft, der mit seiner Überzeugung in dieser Sache immer wieder mit Fritz zusammenprallt. Zunächst erscheint Suzel, die Tochter des Verwalters von Fritz' Landgut, mit einem Veilchenstrauß zur Gratulation, danach der Zigeuner Beppe, der mit einem virtuosen Geigenständchen und einem Loblied auf Fritz begeistert. Suzel, die mit ihrer Jugend und Anmut alle entzückt, ist davon so ergriffen, daß sie den Raum verläßt. David beschließt, sie mit Fritz zu verheiraten, wovon dieser natürlich nichts wissen will. Es kommt zu einer Wette, bei der der Liebesverächter seinen Weinberg als Einsatz bietet, falls er jemals heiraten würde.

2. AKT: Vor seinem Landhaus in Mésanges trifft Fritz eines Morgens auf Suzel, die für ihn einen Blumenstrauß und einen Korb Kirschen gepflückt hat. Erstmals nimmt er ihren liebenswerten Charme wahr. Als seine Freunde eintreffen und Fritz ihnen seinen Besitz zeigt, bleibt Rabbi David unter einem Vorwand zurück, um mit Suzel sprechen zu können. Die Rede kommt auf eine Hochzeitsgeschichte aus der Bibel, jene Begebenheit zwischen Abraham, Rebekka und Isaak, die Suzel so verlegen macht, daß sie fluchtartig ins Haus rennt, als Fritz von seinem Rundgang zurückkommt. Der Rabbi ist sich seiner Sache nun sicher und fordert Fritz' Eifersucht heraus, indem er ihm von der bevorstehenden Hochzeit Suzels mit einem Fremden erzählt. Verwirrt bleibt Fritz allein; er spürt zum ersten Mal in seinem Leben ein heftiges Liebesgefühl. Panikartig verläßt er mit den Freunden das Landgut. Unter Tränen bleibt Suzel zurück.

3. AKT: In sein Haus zurückgekehrt, kann Fritz seine Zuneigung zu Suzel nicht vergessen. Rabbi David erbittet von Fritz als dem Herrn seiner Untergebenen die Zustimmung zu Suzels Hochzeit; Suzel selbst fleht inständig, das zu unterlassen. Auch sie war der List des Rabbi erlegen. Fritz verweigert entschieden seine Erlaubnis und schließt Suzel leidenschaftlich in seine Arme. Damit ist für den Rabbi die Wette gewonnen. Suzel erhält den Weinberg von David als Hochzeitsgeschenk.

Kommentar

Im Zeitalter der Wiederentdeckung entlegener Werke der Opernliteratur hat der deutschsprachige Raum eine schmerzliche Lücke zu beklagen: *L'amico Fritz* von Pietro Mascagni. Nicht einmal der Einsatz Gustav Mahlers konnte daran etwas ändern. Die leichte, „duftige" Komödie ohne tiefergehenden Anspruch war ohnehin noch nie die Sache deutscher Gründlichkeit, um so mehr dafür ein Verismo-Kaliber wie *Cavalleria rusticana*, ein Stück auf Leben und Tod. *Freund Fritz* dagegen zeigt den entspannten Komponisten Mascagni, den Meister des musikalischen Aquarells, der trotz der heiter-zarten Farben auf die große Emotion à la italianità nicht zu verzichten braucht. Es ist wohl Mascagnis differenzierteste Partitur, die beides in sich birgt: Gelöstheit und Konzentration. *L'amico Fritz* entstand nur knapp ein Jahr nach dem Sensationserfolg der *Cavalleria*. Anfang 1891 erhielt Mascagni einen Auftrag des römischen Teatro Costanzi für eine neue Oper. Seine Auswahl eines komischen Stoffes, der (scheinbar) konträr zur Verismo-Tragik steht, zeigt Mascagnis Selbstbewußtsein und, mehr noch, seine Meisterschaft.

Ein unschätzbarer Vorzug des Werkes ist, daß es (in allen drei Akten) sofort zur Sache kommt. Nirgends stellt Redseligkeit die Geduld auf die Probe; knapp und präzise zeichnen Text wie Musik Charaktere und Situationen. Allen voran genießt Suzel die Zuneigung ihres Schöpfers; liebenswert schüchtern im 1. Akt, gelöst und herzlich im zweiten. Ihr immer freier werdendes Gefühl zeigt die Ballade „Bel cavalier" (am Anfang des 2. Aktes), deren einzelne Strophen jeweils um einen Ton nach oben versetzt sind. Suzels Verzweiflung im letzten Akt bleibt in der musikalischen Emotion stets kontrolliert, sie ufert nie in Verismo-Maßlosigkeit aus. Kein Zweifel, mit Suzel schuf Mascagni eine Frauenfigur, die an Differenziertheit die Santuzza bei weitem übertrifft und Puccinis Frauengestalten (Manon, Mimì) durchaus ebenbürtig ist. Mit den Männern tut er sich hingegen schwerer. Die Überlegenheit des Rabbis David, des listigen Eheverfechters und Nachfahrs Don Alfonsos aus Mozarts *Così fan tutte*, läßt seine Menschlichkeit bezeichnenderweise im Duett mit Suzel aufscheinen, in der „Bibelszene" des 2. Aktes. Auch der Titelheld, der Luftikus Fritz, der erst die Schmerzen der Liebe erfahren muß, um ihr Glück erleben zu können, muß trotz seines effektsicheren, niemals larmoyanten Monologs als Charakter hinter dem geheimen Zentrum Suzels zurückstehen. Ihr gehört Mascagnis Herz.

Zur Farbigkeit der Musik trägt (neben volksmelodischen Anklängen aus dem Elsaß) die Episodenfigur des Zigeuners Beppe, eine Hosenrolle, entscheidend bei. Seine Zigeunerweisen bestimmen nicht nur seinen Auftritt im 1. Akt, sondern ebenso das markante Orchester-Intermezzo vor dem Schlußakt. Damit wird auch – vorab – der verzweifelte Liebeskummer von Fritz eingefangen. So treten die männlichen Protagonisten in den entscheidenden Situationen stets mit anderen Personen durch die Musik in Beziehung. Nur Suzels Part bleibt eigenständig. Die lyrische Komödie *L'amico Fritz* bedarf der großen Gebärde nicht. Gerade dadurch zeigt sich das Werk wie aus einem Guß und enthüllt ebenso die Phantasie wie Meisterschaft Mascagnis.

Geschichte

Das Sujet für seine lyrische Komödie fand Mascagni selbst in der Novelle *L'ami Fritz* der französischen Autoren Émile Erckmann und Alexandre Chatrian. Der 1864 erschienenen Prosafassung folgte 1872 ein Bühnenstück als eine Art von Boulevardkomödie. Sie diente dem von Mascagni beauftragten Librettisten P. Suardon als direkte Vorlage. P. Suardon ist

Anagramm und Pseudonym des angesehenen italienischen Autors Nicola
Daspuro. Aufgrund eines dummen Zufalls – Mascagni wurde am Bahnhof
von Neapel ein Koffer mit dem Libretto und Teilen der Komposition des
letzten Aktes gestohlen – mußte der Komponist den Text des Schlußaktes
rekonstruieren. So sind etliche Passagen dieses Teiles zumindest in der
Formulierung von Mascagni selbst.

Trotz eines glanzvollen Erfolges bei der Uraufführung am 31. Oktober 1891
im römischen Teatro Costanzi konnte *L'amico Fritz* nie an den Triumph der
Cavalleria rusticana anschließen. Zumal im deutschen Sprachraum half
auch der Einsatz Gustav Mahlers wenig, der Mascagni überaus schätzte
und das Werk bereits 1892 in Hamburg zur Aufführung brachte. Mascagnis
lyrische Komödie brachte es in Deutschland nie zu nennenswerten Aufführungszahlen. Anders in Italien. Dort ist *L'amico Fritz* seit jeher nach der
Cavalleria die populärste Oper des Komponisten. Eigenartig bleibt allerdings die auch heute noch verbreitete Praxis, den Rabbi David in einen
Mediziner zu verwandeln, was auf eine beschämend rassistische Anweisung
Mussolinis aus dem Jahr 1938 zurückgeht.

Die hierzulande am ehesten greifbare Schallplatteneinspielung ist zugleich
ein interpretatorischer Höhepunkt der Oper: Unter der Leitung von Gianandrea Gavazzeni singen Mirella Freni und Luciano Pavarotti die Hauptrollen.   *Bernhard Rzehulka*

<u>Diskographische Empfehlung</u>
1968 – London: Gianandrea Gavazzeni, Chor und Orchester des
Royal Opera House Covent Garden. Luciano Pavarotti (Fritz Kobus), Mirella Freni (Suzel), Laura Didier Gambardella (Beppa), Vincenzo Sardinero
(David). EMI, EX 153 29 0232 3

EUGEN D'ALBERT

geb. 10. April 1864 in Glasgow
gest. 3. März 1932 in Riga

Nachfahr einer italienisch-französischen Familie, verließ d'Albert in jungen Jahren das ihm zeitlebens verhaßte Schottland. Als bekannter Klaviervirtuose in Wien und Berlin, wurde er von Liszt gar als „Albertus Magnus" betitelt. Sechs Ehen. Anfangs Lieder- und Instrumentalkomponist. Ab 1893 entstanden 22 Opern, deren durchweg tonale Musik die Problemgeschichte des musikalischen Theaters zwischen Wagner-Nachfolge, Konversationsstück (*Die Abreise*, 1898), Verismus, Symbolismus und Expressionismus bis hin zum kabarettistischen Überbrettl und zur Großstadt-Sachlichkeit spiegelt. D'Albert reagierte auf jeden Richtungswechsel zwischen Märchenromantik (*Der Rubin*, nach Hebbel, 1893) und Jazz samt Gangstermilieu (*Die schwarze Orchidee*, 1929), ohne sich jemals als Ideendramatiker, Moralist oder Weltverbesserer in Positur zu werfen. Er nahm das Gedankliche als Staffage, sah das Drama als Selbstzweck und hielt den Effekt für entscheidend. Er schrieb das Mysterium *Kain* wie die Operette *Die verschenkte Frau* und verulkte die aufkommende Barock-Mode in der gemeinsam mit dem Berliner Überbrettl-Autor Ernst von Wolzogen erarbeiteten Komödie *Flauto solo* (1905), deren (nicht auftretende) Hauptperson der Flöte blasende Alte Fritz ist. Kabbalistische und okkultistische Vorstellungen durchziehen den 1926 uraufgeführten *Golem*. An den Erfolg von *Tiefland* reichte lediglich die Resonanz der 1916 nach einem Text von Hanns Heinz Ewers komponierten Oper *Die toten Augen* heran – eine reißerisch aufbereitete Pseudo-Historie aus dem römisch besetzten Jerusalem zur Zeit Christi. D'Albert vertonte nur deutsche Texte. Er fühlte sich als Deutscher, kehrte nie in seine Inselheimat zurück und starb als schweizerischer Bürger.

Karl Schumann

Tiefland
Musikdrama in einem Vorspiel und zwei Akten

Text: Rudolph Lothar, nach Angel Guimerà
Uraufführung: 15. November 1903, Deutsches Theater, Prag;
Gekürzte Endfassung: 6. Januar 1905, Stadttheater, Magdeburg
Personen: Sebastiano, Grundbesitzer (Bar); Tommaso, Gemeinde-
ältester (Baß); Moruccio, Mühlknecht (Bar); Marta (Sop); Pepa
(Sop); Antonia (Mez); Rosalia (Alt); Nuri (Sop); Pedro, ein Hirt
(Ten); Nando, ein Hirt (Ten); Eine Stimme (Baß); Ein Pfarrer
(stumme Rolle)
Chor: Bauern und Bäuerinnen
Ort und Zeit: Hochalpe in den Pyrenäen und eine Mühle im Tief-
land von Katalonien, Ende des 19. Jahrhunderts
Orchester: 3 Fl (3. auch Picc), 3 Ob (3. auch E. H.), 3 Kl (2. und 3.
auch Bkl), 3 Fg (3. auch Kfg), 4 Hrn, 3 Trp, 3 Pos, Btba, Pkn,
Schlgzg, 2 Hrf, Streicher
Auf der Bühne: Kl, Gl in Cis, Fis, Gis
Form: Durchkomponiert
Aufführungsdauer: Ca. 2½ Stunden
Verlag: Bote & Bock, Berlin

Handlung
Konzentrierte naturalistische Technik prägt das Geschehen: drei
plastische Hauptfiguren, akkurat eingefügte Nebenrollen, Einheit von Ort
und Zeit in der Haupthandlung, straffe Folgerichtigkeit des Geschehens
und handfeste Sinnbildlichkeit. Ausgespielt wird der sozialkritisch akzentuierte Gegensatz zwischen dem in reiner Bergluft aufgewachsenen Naturburschen und den verkommenen, heimtückischen Bewohnern des von der
Zivilisation verdorbenen Tieflands. Zwischen den Extremen bewegt sich
eine schuldlos Schuldige, eine Verführte, ein Opfer mißlicher Umstände:
Marta, die Sünderin wider Willen, der durch die Liebe eines bukolischen
Parsifal Läuterung und Selbstbefreiung zuteil wird. Der Mensch als Opfer
der Verhältnisse – anklagend klingt ein Grundthema des Naturalismus auf.
VORSPIEL: Felsenhalde in den Pyrenäen, die einsame Berghütte der
Hirten Pedro und Nando. Pedro warnt Nando vor dem Wolf, der in die
Herde einbricht; der Wolf wird im weiteren Verlauf zum Symbol brutaler
Grausamkeit und List. Pedro kennt in seiner Abgeschiedenheit keine Men-

schen. Jeden Abend betet er zwei Vaterunser, eines für die toten Eltern, eines als Bitte um eine Frau. Drei Leute kommen unvermittelt herauf: Marta, Sebastiano und Tommaso. Der Gutsbesitzer Sebastiano steht vor dem Konkurs; nur eine Geldheirat kann ihn sanieren. Um sich freie Hand zu verschaffen, möchte er Marta, die er als Waisenkind bei sich aufgenommen und dann zu seiner Geliebten gemacht hat, aus dem Haus schaffen und mit dem als Tölpel verhöhnten Pedro verheiraten. Pedro sieht einen Herzenswunsch erfüllt, nimmt emphatisch Abschied von seinen geliebten Bergen und eilt überglücklich hinab ins Tiefland.

1. AKT: In der Mühle des Sebastiano. Die Dienstboten spotten über den tumben Pedro, der sich für Sebastianos Winkelzüge hergibt. Die jüngste der Mägde, die arglos-naive Nuri singt ein Lied, eine Variante des Tiefland-Motivs. Tommaso versucht, Sebastiano wegen Marta zur Rede zu stellen, doch die Kirchenglocken läuten zur Trauung. Sebastiano will, daß Marta, nun Pedros Frau, fernerhin seine Geliebte bleibt. Schon in der Hochzeitsnacht soll sie ihm ein Zeichen aus der Kammer geben. Pedro bemüht sich um die verzweifelte Marta und schenkt ihr jenen ersten Taler, den er verdiente, als er einen Wolf zur Strecke gebracht und schlimme Wunden davongetragen hatte (Erzählung vom Wolf). Marta erkennt in Pedro das ahnungslose Opfer der Machenschaften Sebastianos. Das Licht in Martas Kammer leuchtet auf. Marta beruhigt Pedro, der sich in ihrer Nähe zum Schlafen legt: „Der Wolf kommt heute nicht."

2. AKT: Morgendämmerung, Lied der Nuri. Pedro will fort, ihn irritieren die listigen Leute im Tiefland. Er freundet sich mit Nuri an. Das macht Marta eifersüchtig. Der Gemeindeälteste will Martas Lebensgeschichte hören. In einer schwermütigen Ballade über einem ostinaten, leierkastenähnlichen Motiv erzählt sie ihre Leidensgeschichte: Bettlerkind, Tanz auf Jahrmärkten, schließlich von Sebastiano verführt. Tommaso dringt darauf, daß Marta dem Pedro alles bekennt. In Wut stürzt sich Pedro auf Marta und verletzt sie leicht. Marta fühlt, daß der Mann vor ihr steht, der sie aus den Verstrickungen befreien kann. Sie will mit Pedro hinauf in die Berge. Sebastiano herrscht sie an: Sie sei sein Eigentum und möge für ihn tanzen (Tanzlied des Sebastiano). Pedro begehrt auf, Sebastiano ohrfeigt ihn. Den härtesten Hieb versetzt jedoch Tommaso: Er hat Sebastianos Geldheirat zunichte gemacht. Sebastiano will Marta zwingen, bei ihm, dem bankrotten Gutsherrn, zu bleiben. Pedro wirft sich dazwischen und erwürgt Sebastiano. „Hinauf in die Berge, hinauf zu Licht und Freiheit! Fort aus dem Tiefland! ... Ich hab' den Wolf erwürgt."

Kommentar

Die durchaus homophone Klangsprache mit 25 Leitmotiven verbindet die symbolische Technik Wagners mit den effektvollen Kontrasten des Verismus: Stimmungswerte, Charakterisierung, schroffer Wechsel zwischen Lyrik und hitziger Dramatik, wobei die Gesangsnummern (Lieder, Erzählung, Ballade usw.) in den Ablauf integriert sind. Nicht zuletzt der dankbaren Partien wegen erreichte *Tiefland* bis in die 50er Jahre hohe Aufführungszahlen.

Geschichte

Tiefland zugrunde liegt das naturalistische Drama *Terra baixa* des Spaniers Angel Guimerà (1894–1924). Der Dresdener Generalmusikdirektor und Strauss-Interpret Ernst von Schuch machte d'Albert auf den Stoff aufmerksam. Die Oper entstand 1902/03 und wurde unter Leo Blech an Angelo Neumanns Deutschem Theater in Prag mit stattlichem Erfolg uraufgeführt, fiel aber 1904 in Leipzig durch. Der Verleger Dr. Bock bewog d'Albert, die Partitur auf das szenische Vorspiel und zwei Akte zu konzentrieren. Die endgültige Fassung wurde 1905 in Magdeburg erprobt. *Tiefland* machte Furore als eine der wenigen veristischen Opern in deutscher Sprache. Der Gegensatz zwischen lauterem Naturmenschentum und zivilisatorischer Verderbnis kam der Kulturmüdigkeit des frühen 20. Jahrhunderts entgegen; Martas Läuterung und Selbstbefreiung, der Lobpreis der Liebe und des einfachen, naturnahen Lebens fernab der Städte entsprachen den Tendenzen des Jugendstils, des Vitalismus und einigen, im weitesten Sinne an Nietzsche orientierten Gedankenrichtungen.

Karl Schumann

Diskographische Empfehlung

1983 – München: Marek Janowski, Chor des Bayerischen Rundfunks, Münchner Rundfunkorchester. Eva Marton (Marta), René Kollo (Pedro), Bernd Weikl (Sebastiano), Kurt Moll (Tommaso). RCA, RL 70038

RICHARD GEORG STRAUSS

geb. 11. Juni 1864 in München
gest. 8. September 1949 in Garmisch

Der Sohn des professoralen ersten Hornisten am Münchner Hoforchester, Franz Strauss, und dessen aus der Bierbrauerfamilie Pschorr gebürtigen Frau Josephine, wuchs in einem Wagner-feindlichen Elternhaus auf. Richard Strauss begann mit vier Jahren das Klavierspiel, lernte mit acht Jahren Violine und erhielt mit elf Jahren ersten Kompositionsunterricht. Bereits ab 1881 wurden seine Jugendwerke in München uraufgeführt, darunter eine Symphonie in d-moll unter der Leitung von Hermann Levi. Als Violinist spielte Strauss in dem von seinem Vater geleiteten Orchesterverein „Wilde Gung'l". Durch Vermittlung Hans von Bülows wurde Strauss 1885 zweiter Kapellmeister der Hofkapelle in Meiningen. Dort wußte ihn Alexander Ritter (1833–1896) für die Neue Deutsche Schule und für Richard Wagner zu begeistern. 1886–1889 wirkte Strauss als 3. Kapellmeister in München, wechselte 1889 ans Hoftheater in Weimar und wurde im selben Jahr musikalischer Assistent bei den Bayreuther Festspielen. Seine erste, selbstgedichtete Oper *Guntram* (Weimar 1894) folgte dann auch inhaltlich-thematisch wie in ihrer anarchistischen Aussage dem Vorbild des Bayreuther Meisters, zu dem sich Strauss auch verbaliter und mit offenen Zitaten in seiner zweiten Oper bekannte: *Feuersnot* (Dresden 1901, auf ein Libretto des Kabarett-Leiters Ernst von Wolzogen) traf die Stadt München, weil sie Wagner verjagt hatte. 1894 kehrte Strauss als 2. Kapellmeister nach München zurück und wurde 1896 Hermann Levis Nachfolger, zwei Jahre später Nachfolger Felix von Weingartners an der Berliner Hofoper, wo er von 1908 bis 1910 als GMD wirkte. Strauss' enge, zehn Bühnenwerke umfassende Zusammenarbeit mit dem Dichter Hugo von Hofmannsthal währte von 1906 bis zum Tod des Dichters im Jahr 1929: Außer den Opern *Elektra, Der Rosenkavalier, Ariadne auf Naxos, Die Frau ohne Schatten, Arabella* und *Die ägyptische Helena* (Dresden 1928, Neufassung Salzburg 1933) verfaßte er auch Libretti für einige von Strauss' Handlungsballetten. Nur einmal noch trat Strauss als sein eigener Librettist in Erscheinung, für die semiautobiographische Farce *Intermezzo* (Dresden 1924). Von 1919 bis 1924 amtierte er als Leiter der Wiener Staatsoper und dirigierte ab 1922 bei den Salzburger Festspielen. 1933 wurde er Präsident der NS-Reichsmusikkammer, mußte dieses Amt jedoch 1935 niederlegen wegen seiner Zusammenarbeit mit dem jüdischen Schriftsteller Stefan Zweig, der für ihn das Libretto zur Oper *Die schweigsame Frau* (Dresden 1935) verfaßt hatte. Als ungleichwertigen Nachfolger Hofmannsthals und Zweigs wählte Strauss Joseph Gregor für seine Opern *Friedenstag* (München 1938), *Daphne* (Dresden 1938) und *Die Liebe der Danae* (Salzburg 1944/1952). Unvollendet blieb Strauss' letzte Oper, *Des Esels Schatten*, auf ein Libretto von Hans Adler nach Wielands Roman *Die Abderiten* (partielle Uraufführung im Kloster Ettal 1964, komplette Uraufführung Salzburg-Hellbrunn 1984).

Stand der Komponist mit den progressiven Partituren *Salome* und *Elektra* auf der Höhe seiner Zeit, so bedingte der ab dem *Rosenkavalier* einsetzende Hang, dem Publikumsgeschmack entsprechen zu wollen, auf die Dauer als zwangsläufige Folge einen Verlust an Originalität und auch an Popularität. Dabei schreckte Strauss auch vor ästhetischen Manipulationen – etwa der exakten Übernahme einiger von Alfred Lorenz für Wagners *Ring* analysierter Großformen in die *Liebe der Danae* und ähnlicher manipulativer Verfahrensweisen mit dem Vorbild Beethovens bei *Friedenstag* – nicht zurück, was ein qualitatives Absinken der musikdramatischen Werke notwendig zur Folge hatte.

Richard Strauss ist der seltene Fall eines wirtschaftlich wohlsituierten, häufig geehrten und obendrein enorm geschäftstüchtigen Komponisten, was an der klugen Wahl seiner Widmungsträger (auch bei Zweitfassungen seiner Werke) ebenso ablesbar ist wie an der Fortdauer massiver wirtschaftlicher Unterstützung seines Nachruhms. Auch die Gründung der GEMA (1915) geht auf Strauss zurück. Strauss wird heute gern entschuldigend als „politisch uninteressiert" eingestuft, um seine Position im Dritten Reich zu rechtfertigen. Jedoch auch nach Niederlegung seines Amtes als Präsident der Reichsmusikkammer scheute Strauss nicht vor Staatsaufträgen wie der *Olympischen Hymne* zur Eröffnung der Olympischen Spiele 1936 zurück. Laut Klaus Mann, der Richard Strauss im Jahr 1947 inkognito einen Besuch abstattete, kritisierte Strauss am Dritten Reich ausschließlich Hitlers übertriebene Wagner-Begeisterung und lobte dagegen Baldur von Schirach und den durch Auschwitz unrühmlich in die Geschichte eingegangenen Polen-Gouverneur Frank: Die beiden hätten seine Werke wirklich verstanden.

Peter P. Pachl

Salome
Musikdrama in einem Aufzug

<u>Text</u>: Richard Strauss, nach Oscar Wildes gleichnamigem Schauspiel in der Übersetzung von Hedwig Lachmann
<u>Uraufführung</u>: 9. Dezember 1905, Hofoper, Dresden
<u>Personen</u>: Herodes (Ten); Herodias (Mez); Salome (Sop); Jochanaan (Bar); Narraboth (Ten); Ein Page der Herodias (Alt); Erster Jude (Ten); Zweiter Jude (Ten); Dritter Jude (Ten); Vierter Jude (Ten); Fünfter Jude (Baß); Erster Nazarener (Baß); Zweiter Nazarener (Ten); Erster Soldat (Baß); Zweiter Soldat (Baß); Ein Kappadozier (Baß); Ein Sklave (Sop)
<u>Ort und Zeit</u>: Eine große Terrasse im Palast des Herodes, zur Zeit der Regierung Herodes II. Antipas
<u>Orchester</u>: 3 Fl, Picc, 2 Ob, E. H., Heckelphon, Kl in Es, Kl in A, 2 Kl in B, Bkl, 3 Fg, Kfg, 6 Hrn, 4 Trp, 4 Pos, Btba, Pkn, Schlgzg, Xyl, Glsp, 2 Hrf, Cel, Streicher
<u>Auf der Bühne</u>: Org, Harmonium
<u>Form</u>: Durchkomponiert
<u>Aufführungsdauer</u> 1½ Stunden
<u>Verlag</u>: B. Schott's Söhne, Mainz

Handlung

1. SZENE: Ein bleicher Mond erleuchtet die von Soldaten bewachte Terrasse vor dem Palast des Herodes. Narraboth, ein junger syrischer Hauptmann, schaut in den Festsaal, völlig versunken in den Anblick der judäischen Prinzessin Salome. Eifersüchtig versucht der Page der Herodias seine Aufmerksamkeit von der Prinzessin abzulenken. Plötzlich erschaudern alle vor dem Klang einer Stimme, die aus der Erde zu dringen scheint. Es ist die Stimme Jochanaans, eines Wahnsinnigen, sagen die einen, eines Propheten, meinen die anderen. Gefangen in einer Zisterne unter der Terrasse verkündet er die nahe Ankunft des Messias. Allein Narraboth scheint ihn nicht zu hören.

2. SZENE: Salome erscheint auf der Terrasse, verwirrt durch die gierigen Blicke ihres Stiefvaters und die endlosen Diskussionen seiner degenerierten Gäste. Sie will ein wenig frische Luft schöpfen. Da ertönt die Stimme Jochanaans von neuem. Sie befragt die Soldaten über den Mann, von dem sie weiß, daß der Tetrarch ihn fürchtet, und der ungeheuerliche

Dinge über ihre Mutter gesagt haben soll. Als er seine Prophezeiung wiederholt, will sie ihn unbedingt sehen. Doch die Soldaten erklären, der Tetrarch habe verboten, mit dem Gefangenen zu sprechen. Salome, ihrer magischen Wirkung auf Narraboth gewiß, weiß den Hauptmann zu überreden, ihren Wunsch zu erfüllen.

3. SZENE: Kaum seinem Gefängnis entstiegen, schleudert Jochanaan wieder wilde Anklagen gegen Herodes und Herodias. Eine heftige Leidenschaft ergreift Salome. Die Augen, der Körper des Propheten werden Objekte ihrer sehnsüchtigen Begierde. Sie will ihn berühren, der wie sie selbst keusch wie der Mond und kühl wie Elfenbein ist. Angewidert weist er sie zurück. Ungeachtet Narraboths Bitten, in den Palast zurückzukehren, schreit sie ihm wie in wilder Trance ihre Begierde ins Gesicht: Sie will seinen Körper berühren, sein Haar, seinen roten Mund küssen. Narraboth tötet sich in stiller Verzweiflung. Salome bemerkt es nicht einmal. Jochanaan verflucht Salome und steigt wieder in die Zisterne hinab.

4. SZENE: Herodes und Herodias erscheinen auf der Suche nach Salome auf der Terrasse. Der Tetrarch ist einen Augenblick vom Mond irritiert, der ihm als trunken taumelndes Weib erscheint, das wie wahnsinnig nach neuen Liebhabern sucht. Er gleitet im Blut Narraboths aus. Wieder ertönt Jochanaans Stimme. Herodias verlangt von Herodes, ihn zum Schweigen zu bringen. Herodes weigert sich, er hält Jochanaan für einen Heiligen. Zwischen Juden und Nazarenern entzündet sich ein Streit um Jochanaan. Um von dem Gefangenen abzulenken, bittet Herodes Salome, für ihn zu tanzen. Herodias protestiert. Salome willigt nach langem Zögern ein, als Herodes geschworen hat, ihr zur Belohnung jeden Wunsch zu erfüllen.

Salome tanzt den „Tanz der sieben Schleier". Als Belohnung fordert sie dafür den Kopf des Jochanaan. Herodes ist entsetzt. Er bietet ihr als Ersatz, was immer er in seinem Besitz für begehrenswert hält. Salome, nun von ihrer Mutter unterstützt, bleibt bei ihrer Forderung. Herodes resigniert. Er kann nicht verhindern, daß Herodias ihm den Todesring vom Finger zieht als Zeichen für den Henker, sein Amt zu vollstrecken. Als Salome schließlich die Silberschüssel mit dem Kopf des Jochanaan in Händen hält, wiederholt sie ihre sehnsüchtige Begierde, die nichts anderes ist als der Wunsch, geliebt zu werden von dem Mann, der ihr gleicht. Schließlich küßt sie die toten Lippen: Das Geheimnis der Liebe ist größer als das des Todes. Herodes wendet sich entsetzt ab und befiehlt, diese Frau zu töten. Salome stirbt unter den Schilden der Soldaten.

Kommentar

Oscar Wilde und Richard Strauss gehörten zu derselben Generation, die sich anschickte, neue soziale und sexuelle Freiheiten kennenzuler-
nen. Richard Strauss verwandelt Salome, das Kultbild der Décadence, in
eine psychologische Studie. Besser als dem Wort-Drama gelingt es dem
Musik-Drama, die Sphäre der unerreichbar fremden Weiblichkeit einzufangen. Bei Strauss wird aus der Verworfenen, Luxusübersättigten, ihren
Körper in erregenden Tänzen zur Schau Stellenden, der von perversen
Begierden Getriebenen ein weibliches Ideal in seinen furchtbarsten metaphysischen Dimensionen von Liebe und Tod: Salome fühlt, durchlebt die
ganze Existenz in einem einzigen Augenblick bis zur bittersten Konsequenz
und in völliger Einsamkeit, denn jeder Kontakt mit dem Gegenstand ihrer
Leidenschaft ist ein Sakrileg. „Ein Kind, das sich ausdrücken kann wie
Isolde", nannte sie Wieland Wagner. Die von Wilde übernommene Struktur der Oper in einem Akt ist das Kriterium für ihre bezwingende Kraft und
Einheitlichkeit. Strauss verwendet die Leitmotivtechnik Wagners. Er ist
kein musikalischer Neuerer, wenn er die Tonalität auf weiten Strecken
aufhebt oder bitonal verdoppelt. Wenn er von Wagner weg in Richtung
Schönberg zu Polytonalität übergeht, dann immer im Rahmen der dramatischen Erfordernisse. Ein unfehlbarer musikdramatischer Instinkt diktiert
die musikalische Sprache. Auf dem Gebiet der Orchestrierung ist Strauss
eines der originärsten Genies der Musikgeschichte. Doch auch der Klang
des mit 102 Musikern besetzten Orchesters, der Phantasie-Orientalismus
des Komponisten, der die vibrierende Atmosphäre einer schwülen Nacht
einfängt, steht im Dienst des dramatischen Ausdrucks. Strauss schafft eine
Klangwelt, die mit allem bisher Bekannten zu brechen scheint. Er selbst
sprach von „Kadenzen wie Changeant-Seide". Die musikalische Charakterisierung der Figuren ist an ihre psychologische Entwicklung gebunden.
Die literarischen Qualitäten von Oscar Wildes 1890 zunächst in französischer Sprache verfaßtem Drama sind nicht unumstritten. In Flauberts
Hérodiade hatte er wohl die Szenerie gefunden. Bei Flaubert war Salome
noch das unschuldige, willenlose Rachewerkzeug der Herodias. Die Schuld
am Tod des Propheten trug wie bei den Evangelisten die Herodias. Zu
Recht ist Salome bei Oscar Wilde die Titelfigur geworden: Ihre erotische
Neigung ist seine Erfindung, auch wenn Heinrich Heine das Motiv der
monströsen Liebe zu Johannes dem Täufer und den vampirhaften Kuß des
abgehackten Kopfes 1841 in *Atta Troll* in die Literatur eingeführt hatte.
Doch hier war es Herodias, die sich in den Propheten verliebt hatte. Inspi-

riert wurde Oscar Wilde von Gustave Moreaus zugleich kalten und wollüstigen Salome-Bildern und deren artifizieller, schwülstiger Deutung durch
Joris-Karl Huysmans' Romanhelden Jean des Esseintes *(A Rebours)*. Beeinflußt von Flaubert, Mallarmé und Maurice Maeterlinck schuf Wilde Salo-
mes endgültige Gestalt, stellte die biblische Nebenfigur ins Zentrum eines
symbolistischen Dramas. Doch erst durch die Musik von Richard Strauss
wurde aus dem Symbol der Mythos Salome. Strauss vertonte die deutsche
Übersetzung von Hedwig Lachmann ohne wesentliche Änderungen, allerdings mit etlichen Kürzungen.

Geschichte

Als *Salome* am 9. Dezember 1905 an der Königlichen Oper in
Dresden uraufgeführt wurde, hatte sich das Stück, das in England jahrzehntelang verboten blieb, längst einen festen Platz auf deutschen Bühnen
erobert. Die Oper wurde vom Publikum begeistert aufgenommen, auch
wenn der Deutsche Kaiser entsetzt war, und trat sofort einen Triumphzug
über die europäischen Bühnen an. Nur England sperrte sich bis in die 30er
Jahre. Die New Yorker Aufführung 1907 wurde zum Skandal, der erbitterte
Pressekampagnen provozierte.   *Ulrike Hessler*

Diskographische Empfehlung

1949 – Metropolitan Opera New York: Fritz Reiner, Orchester der
Metropolitan Opera New York. Ljuba Welitsch (Salome), Federick Jagel
(Herodes), Herbert Janssen (Joachanaan), Kerstin Thorborg (Herodias),
Brian Sullivan (Narraboth). BJR 1561-2

1961 – Wien: Georg Solti, Wiener Philharmoniker. Birgit Nilsson
(Salome), Gerhard Stolze (Herodes), Eberhard Wächter (Jochanaan),
Grace Hoffman (Herodias), Waldemar Kmentt (Narraboth). Decca 6.35090

Elektra
Tragödie in einem Aufzug

Text: Hugo von Hofmannsthal
Uraufführung: 25. Januar 1909, Hofoper, Dresden
Personen: Klytämnestra (Mez); Ihre Töchter Elektra und Chryso-
themis (Sop); Aegisth (Ten); Orest (Bar); Der Pfleger des Orest

(Baß); Die Vertraute (Sop); Die Schleppträgerin (Sop); Ein junger
Diener (Ten); Ein alter Diener (Baß); Die Aufseherin (Sop), Fünf
Mägde (Alt, Mez, Mez, Sop, Sop); Dienerinnen und Diener
Ort und Zeit: Mykene, nach dem Trojanischen Krieg
Orchester: 3 Fl (3. auch Picc), 3 Ob (3. auch E. H.), Heckelphon,
5 Kl, 2 Bassetthrn, Bkl, 3 Fg, Kfg, 4 Hrn, 4 Tbn, 6 Trp, Btrp, 3 Pos,
Kpos, Ktba, 6–8 Pkn, Glsp, Schlgzg, Cel, 2 Hrf, Streicher
Form: Durchkomponiert
Aufführungsdauer: Ca. 1 ¾ Stunden
Verlag: B. Schott's Söhne, Mainz

Handlung

Nach seiner Rückkehr von dem siegreich beendeten Feldzug gegen
Troja wurde der griechische Heerführer Agamemnon von seiner Gemahlin
Klytämnestra und ihrem Geliebten Aegisth im Bad erschlagen. Klytämnestra rächte mit dieser Bluttat den Raub ihrer Tochter Iphigenie, die Agamemnon den Göttern opferte, um günstigen Wind für die Schiffe zu erflehen. Der Gattenmord ist ein weiteres Glied in der schier endlosen Kette von
Verwandtschaftsmorden, die sich – als Folge eines gräßlichen Fluches – seit
alters her im Herrscherhaus der Atriden ereignen.
Seit Agamemnons Tod sinnt seine Tochter Elektra unversöhnlich auf Vergeltung. Nur von diesem einen Gedanken beseelt, harrt sie der Rückkehr
ihres Bruders Orest, der den Mord rächen soll, indem er die Mutter und
Aegisth erschlägt. Nach dem Tod des Königs ließ Elektra den Bruder nach
Phokis bringen, um ihn vor dem Beil des Aegisth zu schützen. Seither ist die
Königstochter dem Hohn und den Demütigungen nicht nur des verbreche-
rischen Paares, sondern auch der Mägde am Hofe ausgesetzt. Abseits von
den verhaßten Menschen muß sie mit den Hunden essen. Als sich eine
junge Magd zu Elektra bekennt, wird sie von den übrigen grausam erschlagen. In ihrer grenzenlosen Verlassenheit beschwört Elektra den Geist des
Vaters und bittet ihn, ihr in ihrer Einsamkeit beizustehen. Erneut steigt die
Erinnerung an den feigen Mord in ihr auf, und in einer großartigen,
ekstatischen Vision entsteht vor ihrem geistigen Auge das festliche Begräb-
nis, das man dem großen König verweigerte. Die Warnung der Schwester
Chrysothemis, man wolle sie in einen finsteren Turm werfen, weist Elektra
barsch zurück. Auch für die Klage der Schwester, sie, Elektra, sei schuld an
ihrem elenden Gefangenendasein, sie raube ihr mit ihren unnachgiebigen
Rachegedanken Freiheit und Mutterglück, hat Elektra nur mitleidige Ver-

achtung übrig. Inmitten eines prunkvollen Opferzuges erscheint Klytämnestra, über und über mit kostbaren Edelsteinen und Amuletten behängt, die
die Götter besänftigen sollen. Diese rauben ihr seit langem schon den
Schlaf. Klytämnestra schickt ihr Gefolge fort und bittet Elektra um ein
Mittel, das ihre quälenden Träume bannen könnte. Mit dunklen, orakel-
haften, der Mutter unverständlichen Worten schildert Elektra das einzig
mögliche Opfer: ein Weib, kein jungfräuliches und nicht sie selbst, Klytämnestra, werde das Opfer vollziehen, sondern ein Mann, ein Fremder und
doch zum Haus gehörig. Als die Königin auf den Namen des Opfers drängt,
schleudert Elektra der Mutter in grenzenlosem Haß entgegen, ihr eigenes
Genick müsse bluten, ehe sie Ruhe fände, und Orest werde das Opfer
vollstrecken. Starr vor Entsetzen vernimmt Klytämnestra die Vision ihrer
eigenen Ermordung. Erst als eine Vertraute erscheint und ihr eine Botschaft
ins Ohr flüstert, weicht ihre Angst einem bösen Triumph. Hohnlachend läßt
sie die Tochter allein. Chrysothemis eilt in den Hof, laut über den Tod des
Bruders klagend, der soeben von zwei Boten gemeldet worden war. Elektra
glaubt ihr nicht, schickt sich erst ins Unvermeidliche, als ein Diener hinaus-
eilt, um Aegisth die freudige Nachricht zu überbringen. Chrysothemis
müsse nun gemeinsam mit ihr und an Orests Stelle den Mord am Vater
rächen, noch in der gleichen Nacht. Alle Beschwörungen jedoch vermögen
die Schwester nicht zu der Bluttat zu überreden. Von Elektra verflucht stürzt
sie davon.

In aller Eile beginnt Elektra das Beil auszugraben, mit dem Agamemnon
getötet worden war. Mißtrauisch begegnet sie dem jüngeren der beiden
Boten, der plötzlich im Hof steht. Der Fremde berichtet ihr, wie Orest zu
Tode kam. Als Elektra sich ihm zu erkennen gibt, gesteht er ihr jedoch leise,
Orest lebe. Sekunden später eilen Diener in den Hof und küssen ehrfürchtig
den Kleidersaum des Fremden, der sich daraufhin zu erkennen gibt: Er
selbst ist Orest. Nach kurzen Augenblicken seliger Wiedersehensfreude
steigt die Scham in der jahrelang gedemütigten und erniedrigten Königstochter auf; sie verwehrt dem Bruder die Umarmung. Ihre Haßtiraden
erinnern Orest an seine Aufgabe. Sein Pfleger erscheint in der Tür und
mahnt zur Eile. Schaudernd betreten die beiden den Palast. Wie ein gefan-
genes Tier im Käfig läuft Elektra in entsetzlicher Spannung vor der Tür hin
und her; sie hat dem Bruder das Beil nicht geben können. Doch nach
furchtbarem Warten hört sie die gellenden Todesschreie ihrer Mutter.
Chrysothemis eilt mit Dienerinnen herbei, wird aber vom Erscheinen
Aegisths wieder ins Haus zurückgetrieben. Diesen empfängt Elektra mit

heuchlerischer Verstellung, leuchtet ihm sogar die Stufen hinauf. Wenige Augenblicke später sieht man Aegisth an einem kleinen Fenster vergeblich um Hilfe rufend. Seine Todesschreie treiben Diener und Mägde herbei. Ein tödlicher Kampf entsteht, aus dem die Anhänger Orests als Sieger hervorgehen. Elektra beginnt einen Freudentanz, ohne die lebensfrohen Zurufe ihrer Schwester zu beachten. In einer rauschhaften Vision sieht sie sich am Ziel ihres Lebens angelangt, das für die Schwester Chrysothemis nun erst wirklich beginnt. Auf dem Höhepunkt ihres ekstatischen Freudentaumels bricht Elektra tot zusammen.

Kommentar

Elektra ist eine Wegmarke, wahrscheinlich eine Wegscheide im Werk von Richard Strauss, und niemand dürfte das stärker empfunden haben als Strauss selber. Die Arbeit an dieser ersten Hofmannsthal-Vertonung hatte er im Juni 1906 nach mehrfachen Versuchen, den Dichter zu einem anderen Libretto zu bewegen, nur sehr zögernd aufgenommen. „Die Frage, die ich mir noch nicht endgültig beantwortet habe ... ist nur, ob ich unmittelbar nach *Salome* die Kraft habe, einen in Vielem derselben so ähnlichen Stoff in voller Frische zu bearbeiten ...“ Das hieß mit anderen Worten: Vermag ich eine zweite *Salome* zu schreiben, die zugleich mehr ist als eine bloße Wiederholung der ersten. Mit *Elektra* schuf Strauss ein Werk, das in seiner kompromißlosen Radikalität, seinem wilden, fast anarchischen Expressionismus *Salome* hinter sich ließ. Das mag zum Teil eine Frage der erweiterten Orchesterbesetzung sein – die Partitur sieht vierzig Bläser, darunter acht Klarinetten, sieben Trompeten, ein Heckelphon, Wagnertuben sowie eine immense Schlagbatterie vor. Wichtiger als das jedoch ist, daß Strauss seinen in *Salome* eingeschlagenen Weg mit radikaler Konsequenz fortsetzte und mit Hilfe einer hochchromatischen, oft extrem dissonanten Musiksprache in Ausdrucksbereiche vorstieß, die er danach wohl nie mehr betreten hat, sei es, weil er nicht konnte, sei es, weil er nicht wollte. In seinen *Betrachtungen und Erinnerungen* schrieb der Komponist 1949 über *Salome* und *Elektra*: „Beide Opern stehen in meinem Lebenswerk vereinzelt da: ich bin in ihnen bis an die äußersten Grenzen der Harmonik, psychischer Polyphonie (Klytämnestras Traum) und Aufnahmefähigkeit heutiger Ohren gegangen.“ Die Aufnahmefähigkeit heutiger Ohren mag vierzig Jahre nach Niederschrift dieser Sätze eine andere sein – auch darüber freilich ließe sich streiten –, radikal mutet die Harmonik der *Elektra* mit ihren Dissonanzerzeugungen durch die Verwendung zusammengesetzter Akkorde und die vielfachen harmonischen Schichtungen, durch die über weite Strecken systematische Vermeidung tonal-syntaktischer Beziehungen auch heute noch an. Unter diesem Gesichtspunkt ist fraglos bereits der *Rosenkavalier* als Rückschritt zu sehen. Gerade diese avancierte Harmonik aber dürfte es sein, die die Strauss'sche Tonmalerei – sie findet sich insbesondere in den zahlreichen Instrumentalsätzen – zur überzeugenden Seelenmalerei erhebt, die der Musik das ästhetische Mehr gegenüber dem Text verleiht. Anders als in *Salome* verschärft die Musik die Härten des Textes, lotet ihn gleichzeitig durch eine hoch komplexe Verflechtung von fast fünfzig motivisch-thematischen Gedanken psychologisch aus. Daß es Strauss dabei ungeachtet des riesenhaften Orchesterapparates gelingt, die Singstimmen nicht zuzudecken, sie vielmehr zu stützen, macht ein wesentliches Qualitätsmoment der Partitur aus, stellt freilich zugleich erhebliche Anforderungen an den Dirigenten, was die Beachtung der dynamischen Vorschriften angeht.

Geschichte

Der *Elektra*-Stoff ist die einzige uns überlieferte Thematik, mit der sich jeder der drei großen attischen Tragiker auseinandersetzte: Aischylos in den *Choephoren*, dem Kernstück seiner 458 v. Chr. aufgeführten *Orestie*, Euripides 413 in *Elektra* sowie in *Orest*, Sophokles schließlich in seiner etwa zur gleichen Zeit entstandenen *Elektra*. Sophokles bereits ging es weniger um das Faktische des Mordes, seiner Vorgeschichte und Konsequenzen als um das geistige und seelische Verhältnis eines Menschen zum Mord. Auch steht schon bei ihm Elektra und ihre Psyche, weniger der rächende Orest im Mittelpunkt. Hofmannsthal freilich geht über seine Vorlage hinaus, macht er doch aus der leidenden Elektra des Sophokles einen im Grunde pathologischen Charakter.

Doch obwohl der Dichter unmittelbar vor der Niederschrift des Stücks im Jahre 1903 die von Sigmund Freud und Josef Breuer gemeinsam verfaßten *Studien über Hysterie* gelesen hatte, ist *Elektra* mehr als nur jene pathologische Studie, die Hofmannsthals Zeitgenossen mehr oder weniger ausschließlich darin erblickten. Zentrale Themen des Stücks – so das Hereinreichen der Vergangenheit in die Gegenwart oder der Antagonismus von Denken und Handeln – sind bereits in früheren Werken bedeutsam, etwa in *Der Tor und der Tod*. Eine grundlegende Differenz zu Sophokles zeigt sich am Schluß: Als letzte Konsequenz der schicksalhaften Beziehung zwischen Elektra und Klytämnestra stirbt die Tochter der Mutter nach. Mit der

Erfüllung des Rachewunsches ist auch ihr Leben erfüllt, damit zugleich seines Sinns beraubt. Chrysothemis baute erst Hofmannsthal als Gegenpol zur Schwester in das psychologische Dreieck ein. Die drei Frauengestalten – so sagte er einmal – seien ihm „wie die Schattierungen *eines* intensiven und unheimlichen Farbtons gleichzeitig aufgegangen".

Die Uraufführung der *Elektra* am 25. Januar 1909 im Königlichen Opernhaus Dresden unter Ernst von Schuch und in der Regie von Georg Toller war nach Strauss' eigenen Worten „ein anständiger Achtungserfolg. Angelo Neumann telegraphierte nach Prag jedoch ‚Durchfall!'". Eine Woche später bereits erfolgte die amerikanische Erstaufführung in New York, und am 14. Februar 1909 dirigierte Felix Mottl *Elektra* im Münchner Hoftheater, einen Tag vor der Premiere an der Königlichen Hofoper in Berlin unter Leo Blech, wo die Oper weit größere Zustimmung fand als in Dresden. Hamburg, Wien, Mailand ziehen in den folgenden Wochen nach. Am 12. Februar 1910 dirigiert Strauss die Oper in Den Haag, eine Woche später findet die englische Erstaufführung in Covent Garden unter Thomas Beecham statt. Premieren in Budapest, Prag und Brüssel folgen im selben Jahr. Die Presse – insbesondere die deutsche – verhielt sich überwiegend zurückhaltend bis ablehnend.

Den Reigen der großen Nachkriegsaufführungen eröffnete am 15. Januar 1952 Georg Solti in München. Ihm folgten Fritz Reiner an der Metropolitan Opera, Dimitri Mitropoulos an der Scala und in Salzburg sowie zahllose weitere Aufführungen an den großen Häusern der Welt. Zu erwähnen bliebe die Verfilmung Götz Friedrichs aus dem Jahre 1982.

Oswald Beaujean

<u>Diskographische Empfehlung</u>
1966 – Wien: Georg Solti, Wiener Philharmoniker. Birgit Nilsson (Elektra), Regina Resnik (Klytämnestra), Marie Collier (Chrysothemis), Tom Krause (Orest), Gerhard Stolze (Aegisth). Decca 6.35173

Der Rosenkavalier
Komödie für Musik in drei Akten

Text: Hugo von Hofmannsthal

Uraufführung: 26. Januar 1911, Hofoper, Dresden

Personen: Die Feldmarschallin Fürstin Werdenberg (Sop); Der Baron Ochs von Lerchenau (Baß); Oktavian, genannt Quinquin, ein junger Herr aus großem Haus (Mez); Herr von Faninal, ein reicher Neugeadelter (Bar); Sophie, seine Tochter (Sop); Jungfer Marianne Leitmetzerin, die Duenna (Sop); Vazacchi, ein Intrigant (Ten); Annina, seine Begleiterin (Alt); Ein Polizeikommissar (Baß); Der Haushofmeister der Feldmarschallin (Ten); Der Haushofmeister bei Faninal (Ten); Ein Notar (Baß); Ein Wirt (Ten); Ein Sänger (Ten); Ein Gelehrter; Ein Flötist; Ein Friseur; Dessen Gehilfe; Eine adelige Witwe (stumme Rollen); Drei adelige Waisen (Sop, Mez, Alt); Eine Modistin (Sop); Ein Tierhändler (Ten); Vier Lakaien der Marschallin (2 Ten, 2 Baß); Vier Kellner (Ten, 3 Baß); Ein kleiner Neger; Lakaien; Lauffer; Haiducken; Küchenpersonal; Gäste; Musikanten; Zwei Wächter; Vier kleine Kinder; Verschiedene verdächtige Gestalten (stumme Rollen)

Ort und Zeit: Wien, in den ersten Jahren der Regierung Maria Theresias, zwischen 1740 und 1745

Orchester: 3 Fl (3. auch Picc), 3 Ob (3. auch E. H.), 3 Kl (in A, B, C, D, Es), Bkl (auch Bassetthrn), 3 Fg (3. auch Kfg), 4 Hrn, 3 Trp, 3 Pos, Btba, Pkn, GrTr (Bck, Trgl, Tamburin, Glsp, verschiedene Tr, Glck, Kastagnetten, Cel), 2 Hrf, Streicher

Auf der Bühne: 2 Fl, Ob, 3 Kl, 2 Fg, 2 Hrn, Trp, KlTr, Harmonium, Klavier, Streicher

Form: Durchkomponiert

Aufführungsdauer: Ca. 3½ Stunden

Verlag: B. Schott's Söhne, Mainz

Handlung

1. AKT: Dem nächtlichen Liebesidyll der Feldmarschallin, Fürstin Marie Therese Werdenberg, mit ihrem jugendlichen Liebhaber, Graf Oktavian Rofrano, wird am frühen Morgen ein abruptes Ende bereitet. Der Vetter der Marschallin, Baron Ochs von Lerchenau, poltert trotz des Widerstandes der Lakaien ins fürstliche Schlafgemach. In aller Eile – man hatte

zunächst den Ehemann der Marschallin vermutet, der die österreichischen Truppen in Kroatien besichtigt – verkleidet sich Oktavian als Kammerzofe und wird dem derben Schürzenjäger vom Lande als „Mariandel" vorgestellt. Entzückt von der Anmut der vermeintlichen Zofe versucht Ochs sofort, scheinbar hinter dem Rücken der Marschallin, ein Rendezvous zu arrangieren. Doch eigentlich war der Baron gekommen, um einen Rat der Marschallin einzuholen. Er benötigt nämlich einen Kavalier, der der „hochadeligen Gepflogenheit" genügt, die silberne Rose seiner Braut, dem Fräulein Sophie Faninal, als Symbol der Verlobung zu überbringen. Die Faninals, so Ochs, seien Neuadelige, also eigentlich Bürgerliche; die eheliche Verbindung aber sei von größter Wichtigkeit, da sie „zwölf Häuser auf der Wied'n" besäßen, die vormals zur Lerchenauschen Adelsfamilie gehörten. Den ebenso plumpen wie genußsüchtigen Charakter des Ochs durchschaut die Marschallin sofort und beschließt, ihrem Vetter einen Streich zu spielen. Ihre Wahl des Rosenkavaliers fällt auf einen gewissen Oktavian Rofrano, dessen Porträt den Ochs wegen der Ähnlichkeit mit der Kammerzofe nachhaltig verwirrt. Natürlich aber ist er freudig einverstanden, möchte darüber hinaus noch den Notar der Marschallin wegen des Ehevertrages zu Rate ziehen. Mit dem Juristen, der mit zahlreichen Bittstellern im Vorzimmer wartet, strömt ein wahrer Menschenschwarm zum Lever ins fürstliche Gemach, darunter auch das Intriganten-Paar Annina und Valzacchi. Diese blitzen zwar bei der Marschallin mit ihren Skandalgeschichten ab, nicht aber bei Ochs, der sie beauftragt, die Identität des sonderbaren „Mariandel" auszukundschaften. Dann verhandelt der Baron, während die Marschallin frisiert wird und ein italienischer Sänger eine Arie zum besten gibt, mit dem Notar und wird dabei zunehmend gereizter. Das lautstarke Toben des Ochs veranlaßt die Marschallin, das Lever vorzeitig zu beenden. Nachdem schließlich auch ihr Vetter das Gemach verlassen hat, gerät sie ins Sinnieren über die Vergänglichkeit der Jugend, übers Altern und die Zeit schlechthin. Auch als Oktavian hinzukommt (wieder in seinen eigenen Kleidern) kann sie ihre Melancholie nicht zurückhalten. Oktavian ist verwirrt, schwankt zwischen Tränen und Wut ob der plötzlichen Gemütsveränderung seiner Geliebten, zumal diese ihm prophezeit, „über kurz oder lang" werde er sich in eine andere, jüngere, verlieben. Auf Geheiß der Marschallin entfernt er sich. Sie versucht ihn zwar noch zurückzurufen, da sie ihn weder geküßt noch ihm das Futteral mit der silbernen Rose gegeben hatte, und beauftragt schließlich ihren kleinen Mohren mit dem Botengang. Nachdenklich bleibt sie zurück.

2. AKT: Im Hause des neureichen Faninal erwartet man aufgeregt den Überbringer der silbernen Rose. Als Oktavian dann Sophie, der Braut des Ochs, gegenübersteht, entdecken beide, trotz der zeremoniellen Befangenheit, ihre Zuneigung füreinander. Um so inniger fühlen sie, je deftiger der Ochs, der nach der Übergabe der Rose zusammen mit seinem Schwiegervater in spe den Raum betreten hat, die körperlichen Vorzüge seiner Braut „würdigt" und tölpelhaft-jovial sie zur „Konversation" bringen will. Als er im Nebenraum mit Faninal und dem herbeigeeilten Notar wieder um den Ehevertrag feilscht, erklären Oktavian und Sophie einander ihre Liebe. Vom lauernden Intriganten-Paar jedoch werden sie in flagranti ertappt. Der Konflikt zwischen dem herbeigerufenen Ochs und Oktavian mündet schließlich in ein Duell, in dessen Verlauf Ochs leicht verletzt wird. Das in Selbstmitleid ausartende Gezeter des Barons setzt Faninal in Panik, zumal Sophie sich entschieden weigert, Ochs zu heiraten. Erst die Drohung ihres Vaters, sie ins Kloster zu schicken, läßt sie scheinbar einlenken. Nach einigen Gläsern Tokajer wird der Baron wieder fideler. Da tritt die Intrigantin Annina ein und überbringt ihm einen Brief der vermeintlichen Kammerzofe, in welchem „Mariandel" auf das annoncierte Rendezvous mit Ochs eingeht. Er, der ohnehin jedem Rock zugetan ist, weist Annina an, im Nebenzimmer sich zum Antwort-Diktat bereit zu halten. Sie aber, die bereits mit Oktavian gemeinsame Sache macht, beschließt, sich an Ochs zu rächen, denn nicht einmal ein Trinkgeld läßt sein Geiz zu.

3. AKT: Im Nebenzimmer eines Vorstadt-„Beisels", in dem Ochs mit „Mariandel" soupieren will, laufen die Vorbereitungen für Oktavians Rache zusammen mit den Italienern auf vollen Touren. Sämtliche Fenster und Falltüren des Raumes sind mit „Gespenstern" besetzt, die Ochs tüchtig erschrecken sollen. Während des Mahls versucht Ochs die vermeintliche Kammerzofe nach allen Regeln seiner allerdings täppisch-egoistischen Kunst zu verführen, wird jedoch immer wieder durch die Erscheinungen in den Fenstern aus dem Konzept gebracht. Schließlich wird es ihm zu bunt, und er ruft nach der Polizei, die auch sofort in Gestalt eines Kommissars zur Stelle ist. Doch so einfach wie gedacht läuft die Sache für den Baron nicht. Denn als von Staats wegen seine Identität angezweifelt wird, begeht Ochs den verhängnisvollen Fehler, „Mariandel" als seine Braut Sophie Faninal auszugeben. Der herbeigerufene Schwiegervater verschlimmert verständlicherweise Ochs' Lage zusätzlich. Wie eine dea ex machina erscheint schließlich die Marschallin im Wirtshaus und nimmt die Aufklärung des aus den Fugen geratenen Verwirrspiels in die Hand. In die Enge getrieben,

durchschaut Ochs zwar die Intrige, ihm bleibt aber nur noch der Abgang mit seiner Dienerschaft. Die lukrative Vermählung ist für ihn geplatzt. Die Marschallin, die die Liebe zwischen Oktavian und Sophie längst bemerkt hat, übt großzügigen Verzicht auf ihren jungen Liebhaber. Der Verbindung der Liebenden steht nichts mehr im Wege.

Kommentar

Trotz des unbestreitbaren Welterfolges bleibt der *Rosenkavalier* ein ästhetisch problematisches Werk. Dabei spielt die vielzitierte Kehrtwendung von der Tragödie *(Salome, Elektra)* zur Komödie letztlich keine Rolle, noch weniger deren unmittelbare Abfolge. Der scheinbare Gegensatz, der bei genauerer Betrachtung nur eine Änderung der Perspektive bedeutet, läßt sich bei Wagner *(Tristan, Meistersinger)* ebenso beobachten wie im Spätwerk Verdis *(Otello, Falstaff)* und in spezifischer Weise auch in Mozarts *Figaro* und *Don Giovanni*. Die Komödie per se muß nicht in seichteren Gewässern loten. Die Problematik des *Rosenkavalier* liegt in der Oper selbst begründet. Wenn Strauss und Hofmannsthal sich in ihrem Briefwechsel immer wieder versichern, sie wollten „eine Mozart-Oper" schaffen und sogar von „unserem Figaro" sprechen, dann stellt sich die Frage, welche ästhetische Absicht dem eigentlich zugrunde liegt. Denn Mozart und da Ponte schufen mit dem *Figaro* ein eminent politisches und gleichermaßen präzises Musiktheater; die Schauspielvorlage Beaumarchais' war gar im Wiener Kaiserreich auf den Index gesetzt. Die Zeitgenossen wußten, welche Bombe da tickte, auf welch schwankendem Boden sich die Herrschaft des Adels befand. Von dieser Brisanz weiß der *Rosenkavalier* nichts, obwohl auch er in einer Endzeit (1910) entstand; das preußische wie das österreichische Kaiserreich gingen rapide ihrem Untergang entgegen. Was Gustav Mahler und die aufstrebende Schönberg-Schule prophezeiten, ja, was schon in Schuberts Walzer-Traum zu erspüren ist, gerät bei Hofmannsthal und Strauss zum bloßen Szenarium, angesiedelt zwischen grande dame, buffo und Hosenrolle einerseits und der zeitlichen Übereinstimmung andererseits; die Handlung spielt um das Jahr 1745 in Wien. Soll das der *Figaro* aus der Sicht nach 1900 sein?
Zweifellos hat das Hofmannsthalsche Libretto seine Stärken. Sieht man von den Wirren des letzten Aktes ab, der ihm aus den Fingern glitt, zumal das konkrete Situationstheater nie seine Sache war, so erregt doch die Zeichnung der Charaktere Bewunderung. Die vom Ehemann schmählich vernachlässigte Marschallin sucht ihre Erfüllung in jugendlichen Liebha-

bern, reflektiert ihr Leben (Monolog im 1. Akt) und tritt am Schluß der Oper als geläuterte, vom Verzicht überzeugte Frau auf, wenngleich ihr Erscheinen im Wirtshaus als dea ex machina kaum hinreichend begründet ist. Auch Oktavians Weg verläuft vom schwärmerisch unreifen Liebhaber zumindest in die Richtung einer Selbstfindung. Nur Ochs, als einziger der Protagonisten, bleibt als Charakter eindimensional, komisch, polternd. Selbst als er endlich das gegen ihn gerichtete Spiel durchschaut und die Szene endgültig verläßt („Leupold, wir geh'n!"), weiß der Zuschauer, daß er sich nie ändern wird. Er wird sein Glück halt anderweitig versuchen. Welche Welten liegen da dazwischen, betrachtet man etwa Falstaffs Resümee, der am Ende über sich und die ganze Welt lachen kann!

Läßt Hofmannsthals Text durchaus filigrane Zwischentöne zu, so wird das musikalisch-ästhetische Konzept bei Strauss zumindest fragwürdig. Man muß nicht so weit gehen und das Werk pauschal als „Zuckerwasser" (Otto Klemperer) abtun, aber die Strahlkraft des Walzer-Dialekts, dessen Hochblüte schon vorüber ist, ermattet zusehends. So eigenartig es klingt, der Walzer als Werk-Idee wirkt zu prall, burschikos, vital komponiert, er suggeriert Natürlichkeit, wo Künstliches längst an dessen Stelle getreten ist. Zwar setzt Strauss das Idiom unerhört virtuos um, bedient sich seiner mit größter Leichtigkeit als symphonische Idee der gesamten Partitur in unzähligen Floskeln und Anspielungen gerade dort, wo kein ¾-Takt notiert ist, aber es wird kein „zweites Gesicht" spürbar, kein Spiegel, der tiefere Schichten reflektieren könnte. Die Walzer des *Rosenkavalier* sind jedenfalls nicht „Sinnbild einer Gesellschaft" (Roswitha Schlötterer), denn dazu müßten sie noch andere Register ziehen als die der Sentimentalität, der Komik und des melancholischen Verharrens. Ein Sinnbild meint ja weit mehr als nur sich selbst. Und die Frage muß gestellt werden, ob der Komponist des *Rosenkavalier* wirklich mehr wollte, als seine stupende, schier grenzenlose Virtuosität vorzuführen. Das klingt alles so ungemein suggestiv, daß es einem die Tränen in die Augen treiben kann; das artistische Zaubernetz der Partitur verhindert aber auch das Vordringen in tiefere Dimensionen.

Das *Rosenkavalier*-Sujet war von Anfang an als Libretto erdacht und geschrieben. Dennoch lassen sich gewichtige Vorbilder nachweisen, deren Grundstrukturen von Hofmannsthal in die Wiener Rokoko-Atmosphäre übersetzt wurden. Zwei Komödien Molières standen Pate, der *Monsieur de Pourceaugnac* als Vorlage des Ochs von Lerchenau sowie *Médecin malgré lui (Arzt wider Willen)*. Beide Stücke bauen sich auf derselben Intrigenstruktur auf: Ein Vater will seine Tochter zur Heirat mit einem wohlhabenden

Verehrer zwingen – Vater und Freier werden überlistet, und die Tochter heiratet ihren eigenen Auserwählten. Diese Thematik übernimmt Hofmannsthal für den 2. und 3. Akt. Der 1. Akt hingegen, die lyrische, melancholische Seite des Werkes, kann sich auf keine Quelle berufen, es sei denn auf die große Cavatine der Gräfin aus Mozarts *Figaro*. Zudem hat es das „Rosen-Ritual", das Motto des Ganzen, in Wirklichkeit nie gegeben. Der prächtige Titel *Der Rosenkavalier* ist die Frucht der letzten Arbeitsphase des Autorenpaares. Zunächst sollte er „Ochs von Lerchenau" heißen, in den Skizzen ist tatsächlich von „Pourceaugnac" die Rede.

Geschichte

In welche andere Stadt hätte die Uraufführung des *Rosenkavalier* besser gepaßt als nach Wien? Die Premiere war zwar dort vorgesehen, wurde aber wegen ungenügender Besetzungsmöglichkeiten, wie Strauss meinte, kurzerhand nach Dresden vergeben, wo das Werk am 26. Januar 1911 herauskam. Maßstäbe setzten die Bühnenbilder Alfred Rollers, die bis heute jede Inszenierung beeinflussen.

Für diejenigen Kritiker, die dem Strauss'schen Œuvre ohnehin argwöhnisch gegenüberstanden, war der *Rosenkavalier* ein schier unbegreiflicher Rückfall ins großbürgerlich Sentimentale, zumal nach der expressionistischen Wildheit der *Salome* und namentlich der *Elektra*, einer Ästhetik, auf die Strauss nie mehr zurückkommen sollte. Dem Publikum war's (und ist's) einerlei; es machte das Werk über Nacht zum Welterfolg. Kein Dirigent und Sänger des deutschsprachigen Repertoires läßt sich diese musikalische Gaumenfreude entgehen. Ob Erich Kleiber, sein Sohn Carlos, Karajan, Solti, Böhm, alle feierten Triumphe. Zwei herausragende Sängerinnen der Marschallin-Partie seien hervorgehoben; Lotte Lehmann und Elisabeth Schwarzkopf. Was zählt da das Wort des großen Otto Klemperer: „Zuckerwasser dirigiere ich nicht!"? Auch er tat's.   *Bernhard Rzehulka*

Diskographische Empfehlung

1953 – Wien: Erich Kleiber, Chor der Wiener Staatsoper, Wiener Philharmoniker. Maria Reining (Marschallin), Ludwig Weber (Ochs), Sena Jurinac (Octavian), Hilde Güden (Sophie). Decca 6.35001

1955 – London: Herbert von Karajan, Philharmonia Chorus and Orchestra London. Elisabeth Schwarzkopf (Marschallin), Otto Edelmann (Ochs), Christa Ludwig (Octavian), Teresa Stich-Randall (Sophie). EMI 191-00459/62

Ariadne auf Naxos
Oper in einem Aufzug nebst einem Vorspiel

Text: Hugo von Hofmannsthal

Uraufführung: 1. Fassung: 25. Oktober 1912, Kleines Haus des Hoftheaters, Stuttgart

2. Fassung: 4. Oktober 1916, Hofoper, Wien

Personen: VORSPIEL: Haushofmeister (Sprechrolle); Musiklehrer (Bar); Komponist (Sop); Tenor [Bacchus] (Ten); Offizier (Ten); Tanzmeister (Ten); Perückenmacher (Baß); Lakai (Baß); Zerbinetta (Sop); Primadonna [Ariadne] (Sop); Harlekin (Bar); Scaramuccio (Ten); Truffaldin (Baß); Brighella (Ten)

OPER: Ariadne (Sop); Bacchus (Ten); Najade (Sop); Dryade (Alt); Echo (Sop); Zerbinetta (Sop); Harlekin (Bar); Scaramuccio (Ten); Truffaldin (Baß); Brighella (Ten)

Ort und Zeit: Hinterbühne und Haustheater im Hause eines großen Herrn, Wien, im 17. Jahrhundert

Orchester: 2 Fl (auch Picc), 2 Ob, 2 Kl, 2 Fg, 2 Hrn, Trp, Pos, Klavier, 2 Hrf, Harmonium, Cel, Pkn, Glsp, Tamburin, Tr, Bck, KlTr, Streicher

Form: Vorspiel und Oper jeweils durchkomponiert

Aufführungsdauer: Ca. 2 ¼ Stunden

Verlag: B. Schott's Söhne, Mainz

Handlung

VORSPIEL: Auf der Hinterbühne des Theaters im Hause eines reichen, anonym bleibenden Herrn werden Vorbereitungen zu einer Opernaufführung getroffen: Nach dem Diner soll das Erstlingswerk eines jungen Komponisten, die heroische Oper *Ariadne auf Naxos*, aufgeführt werden. Doch sein Mentor, ein Musiklehrer, erfährt vom Haushofmeister, daß nach der Oper seines Schützlings eine Posse in italienischer Buffo-Manier, *Die ungetreue Zerbinetta und ihre vier Liebhaber*, über die Bühne gehen soll. Der Musiklehrer versucht im Namen des Komponisten zu intervenieren, doch der Haushofmeister macht ihm deutlich, daß mit dem Honorar alle Rechte abgegolten und die weiteren Modalitäten ganz der Willkür seines Herrn unterworfen seien. So kann der Komponist auch nicht das Orchester zu einer letzten Probe zusammenkommen lassen, weil die Musikanten bei der Tafel der Abendgesellschaft spielen müssen. Doch selbst der Ärger über einen Lakaien inspiriert den jungen Komponisten noch zu einer Melodie. Währenddessen bereiten sich die einzelnen Darsteller für die Aufführung vor: Der Tenor gerät mit dem Perückenmacher über seine Maske in Streit, die Primadonna verlangt nach ihrem Gönner, einem Grafen, und Zerbinetta verabschiedet einen Offizier, der sie in ihrer Garderobe besucht hat. Dabei wird der Komponist auf Zerbinetta aufmerksam, und der Musiklehrer nimmt die Gelegenheit wahr, ihm die Wünsche seines Auftraggebers bekanntzugeben. Der Komponist ist verzweifelt, daß sein Kunstwerk von den Figuren der commedia dell'arte entweiht werden soll, die sich nun alle auf der Hinterbühne einfinden. Zwischen ihnen, voran Zerbinetta, und der Primadonna und dem Tenor der Oper kommt es bereits zu Sticheleien, als der Haushofmeister erscheint. Er verkündet einen neuen Beschluß seines Herrn: Die beiden Stücke sollen nicht nacheinander, sondern gleichzeitig aufgeführt werden und rechtzeitig vor Beginn des großen Feuerwerks beendet sein. Der Tanzmeister und der Musiklehrer überzeugen den entsetzten Komponisten, daß es unter den neuen Bedingungen unvermeidlich sei, die Oper zu kürzen. Zerbinetta wird in die Handlung der Oper eingewiesen, sie erläutert kurz ihren Mitspielern, wie sie sich ins Geschehen der Oper einfügen müßten. Unmerklich fasziniert sie den jungen Komponisten, der seinem Lehrer schwärmerisch gesteht, nun, verwandelt, alles mit anderen Augen zu sehen, und einen Hymnus auf die Musik anstimmt. Der freche Pfiff Zerbinettas kurz vor Beginn der Vorstellung jedoch ernüchtert ihn wieder; fassungslos über die Verunstaltung seines Werkes stürzt er davon.

OPER: Die von Theseus verlassene Ariadne liegt vor einer Höhle auf einer öden, einsamen Insel und beklagt ihr sinnlos gewordenes Leben. Sie erwartet nur noch den Tod, der ihre Erlösung sein wird. Najade, Dryade und Echo hatten sie zwar in den Schlaf gewiegt, doch kaum erwacht, setzt sie die Klagen über ihr Schicksal fort. In ihrer Trauer bemerkt sie Harlekin, Truffaldin und Brighella nicht, die sich ihr nähern. Auch auf Harlekins Lied, das er ihr auf Zerbinettas Ermunterung hin singt, reagiert sie nicht. Sie wartet nur auf Hermes, den Boten aus dem Totenreich, der sie zur Ruhe führen wird. Als weder Lied noch Tanz Ariadne aus ihrer Traumversunkenheit zu wecken vermögen, schickt Zerbinetta ihre Komödiantenfreunde weg. Demütig nähert sie sich Ariadne allein. Sie will sie mit ihrer Ansicht von Liebe, Leben, Glück und Unglück trösten. Auch sie hat Enttäuschungen mit den Männern erlebt, doch jedesmal ihre Trauer überwunden. Ohne sich und ihre Unbekümmertheit recht zu verstehen, gesteht sie freimütig, sich immer wieder aufs neue zu verlieben und in jedem Mann einen Gott zu sehen, dem sie sich stumm hingibt. Doch nicht Ariadne zeigt sich von ihrem Lied gerührt, sondern Harlekin spendet Beifall. Sein Werben hat Erfolg: Zerbinetta verschwindet mit ihm hinter die Kulissen. Ihre drei Gefährten haben das Nachsehen: Zornig und betrübt trollen auch sie sich. Najade und Dryade kündigen die Ankunft von Bacchus an, im Widerhall von Echo erzählen sie sein bisheriges Schicksal: Seine Mutter starb bei der Geburt, Nymphen zogen ihn auf, und bei seinem ersten Abenteuer in der Welt kam er auf die Insel von Circe, die alle Männer mit ihrem Liebreiz gefangennimmt und verzaubert. Doch bei ihm war es ihr nicht gelungen. Bacchus erscheint. Er ist noch ganz im Bann seiner Begegnung mit Circe, die ihn zwar nicht verwandelt, aber doch auch nicht ungerührt gelassen hat. Ariadne glaubt, in ihm den ersehnten Todesboten zu sehen, und begegnet ihm ohne jede Scheu. Bacchus hingegen ist bei ihrem Anblick gebannt und fragt sie, ob auch sie eine Zauberin wie Circe sei. Ariadne sinkt in seine Arme, um zu sterben. Bacchus kündigt ihr ein neues Leben an. Nach seinem Kuß erwacht Ariadne, wie Bacchus ist sie verwandelt: sie zum Leben, er zum Gott. Nur Zerbinetta kommentiert das Zusammenfinden des Paares ungerührt und spöttisch: Für sie geht alles den üblichen Gang der Dinge: „Kommt der neue Gott gegangen, hingegeben sind wir stumm." Doch Ariadne und Bacchus werden von einem Baldachin verhüllt und so dieser irdischen Sphäre entrückt.

Kommentar

Hofmannsthal faßte im ausführlichen Briefwechsel mit Richard Strauss, der ein eigenes Kapitel über die Entstehungsgeschichte von *Ariadne auf Naxos* schreibt, das zentrale Anliegen der Oper aus seiner Sicht in bezug auf den Inhalt wie auch auf die Form zusammen: „Es handelt sich um ein simples und ungeheures Lebensproblem: das der Treue. An dem Verlorenen festhalten, ewig beharren bis an den Tod – oder leben, weiterleben, die Einheit der Seele preisgeben und dennoch in der Verwandlung sich bewahren, ein Mensch bleiben." Das „Geheimnis der Verwandlung", das in der Oper sich am Komponisten und an Ariadne vollzieht, lassen Hofmannsthal und Strauss auch ihrem Werk als Ganzem angedeihen: Hier auch die Ästhetik des Werks und seiner Form miteinzubeziehen, aus Schauspiel und opera seria und commedia dell'arte und Buffa-Oper ein einziges großes theatralisches Fest zu kreieren, diese Bestrebungen gingen wohl in erster Linie von Hofmannsthal aus. Aber auch Strauss war von der Idee fasziniert, die Künstlichkeit des *Rosenkavalier* noch weiter zu treiben, weiter zu abstrahieren. Die Erschaffung eines Gesamtkunstwerks aus dem Geiste des Barockspektakels war die Weiterentwicklung einer Konzeption, die Hofmannsthal und Strauss zusammen mit Max Reinhardt erarbeitet hatten: Über die Aktualisierungsversuche antiker Stoffe (deren Ergebnis letztlich auch die erste Zusammenarbeit von Strauss und Hofmannsthal bei der *Elektra* war) kam dieses gleichermaßen unterschiedliche wie kreative Triumvirat in den Bannkreis des Barock; selbst die Idee der Salzburger Festspiele im allgemeinen wie die des *Jedermann* im speziellen liegt auf dieser Linie. Daß Strauss und Hofmannsthal vor allem ihr Publikum im Falle der *Ariadne auf Naxos* in der ersten Fassung damit überforderten – die Aufführung des bearbeiteten Molière-Schauspiels *Der Bürger als Edelmann*, an das sich dann als Theater auf dem Theater die eigentliche Oper erst anschloß, dauerte einfach zu lange –, übersahen sie wohl im ersten Schaffenseifer. Zudem war es äußerst schwierig, ein Schauspielensemble und eine komplette Opernbesetzung mit Orchester an einem Abend schon unter organisatorischen Gesichtspunkten zu vereinen. Aber auch unter rein werkimmanenten Aspekten erscheint die „Engführung" der zweiten Fassung mit der Reduktion auf Vorspiel hinter der Bühne als alltägliche, menschliche Version und Oper als abstrahierte, allegorische, „künstliche" Variante desselben Problems konsequenter. Zudem wird hier die Verbundenheit der beiden Autoren mit dem 19. Jahrhundert noch einmal ganz deutlich: Nur im Spätwerk *Capriccio* werden – diesmal von Strauss und Clemens Krauss – so offen Kunst und ihr Zustandekommen diskutiert, Kunst und Wirklichkeit reflektiert. In keinem Werk der beiden tritt das eklektische Kulturbewußtsein so klar hervor wie in der *Ariadne*: Der Zitatcharakter im Text (beispielsweise die Zitate aus dem Briefwechsel Beethovens mit seinem Kopisten, die Hofmannsthal dem Perückenmacher und dem Komponisten in den Mund gelegt hat) und in der Musik, wo es mehr oder minder deutliche Verweise auf die Corona der Komponisten der Vergangenheit von Bach bis Wagner gibt, ist unübersehbar. Strauss hat für diesen ganzen Zitatenschatz die Figur des Komponisten in den Vordergrund gerückt, der stellvertretend für den Künstler steht; bezeichnenderweise hat er dieses Abstraktum entindividualisiert, indem er hier einen Mezzosopran einsetzt. In der *Ariadne auf Naxos* hat Strauss sich zudem als Meister der Instrumentationskunst in ganz neuer Weise gezeigt. Wenn er bisher in den symphonischen Dichtungen und den Opern von *Salome* bis hin zum *Rosenkavalier* Effekte mit einem bis ins letzte ausgestatteten und ausdifferenzierten Orchesterapparat geschaffen hatte, so entwickelte er nun etwas gänzlich Neues. Paul Bekker hatte das früher überdimensionale Orchester mit einer positiven Deutung von l'art pour l'art charakterisiert. In *Ariadne* ist die große, unverwechselbare Neuerung eine rigorose Reduktion ebendieses grandiosen Orchesters bei Beibehaltung größtmöglicher Varianz und Klangdifferenzierung, die Strauss überzeugend für die verschiedenen Sphären des Vorspiels und der Oper funktionalisiert. Das Moment des Künstlichen, des Artifiziellen, das die Form und den Inhalt des ganzen Werks auch vom Libretto her prägt, herrscht vor. So sind beispielsweise die Partien in der Oper, in der Ariadne und Bacchus dominieren, gewissermaßen voll instrumentiert, wobei durch den weichen Ton des quasi obligaten Harmoniums ein ganz besonderes Klangvolumen erreicht wird. Die Teile, in denen Zerbinetta und ihre Gefährten sich improvisierend ins Spiel mischen, sind beherrscht von einem eher trockenen Klang, der vom Klavier getragen wird. Ganz offensichtlich will der Theatermann Strauss hier die alltägliche Probenatmosphäre eines Theaters voller Improvisation assoziiert wissen. Daß Strauss den Weg, den er mit der Instrumentation der *Ariadne* beschritten hat, später nicht fortgesetzt hat, sondern wieder dem Klangbombast mehr vertraut hat als seiner gekonnten Selbstbeschränkung, bleibt nach Kenntnis der Möglichkeiten, die sich in der *Ariadne* auftun, bedauerlich.

Geschichte

Acht Wochen nach der Uraufführung des *Rosenkavalier* begannen Hugo von Hofmannsthal und Richard Strauss im Frühjahr 1911 mit der Konzeption eines neuen Werkes. Geplant war zunächst die Addition einer gesprochenen Molière-Komödie (Hofmannsthal adaptierte dazu den *Bürger als Edelmann*) und einer lyrischen Oper, die als Theater auf dem Theater am Ende des Stückes sich als Divertissement im Hause des reichen Bürgers Jourdain anschloß. Der Briefwechsel zwischen den beiden Autoren offenbart die ganzen Schwierigkeiten, die unterschiedlichen Interpretationsansätze, die gegenseitigen Annäherungen und Entfremdungen während der anderthalbjährigen Entstehungszeit. Vor allem das Ende der Oper war hart umkämpft; während Strauss eine Synthese zwischen Parodie (Zerbinettas Schlußkommentar) und Poesie (Ariadnes und Bacchus' Zusammenfinden) anstrebte, wollte Hofmannsthal einen vollkommen sublimierten, verklärten Schluß, der das „Wunder der Verwandlung", das sich an beiden Liebenden vollzogen hat, gewissermaßen transzendiert. Diese Diskussion sollte bei der zweiten Fassung des Stückes wieder aufleben. Doch zunächst kam *Der*

Bürger als Edelmann, zu dem Strauss etliche Musikeinlagen komponiert hatte, mit der anschließenden Oper *Ariadne auf Naxos* am 25. Oktober 1912 am Hoftheater in Stuttgart zur Uraufführung. Max Reinhardt, dem das Stück aus Dankbarkeit für die Unterstützung schon während der Arbeit am *Rosenkavalier* gewidmet war, hatte die Inszenierung besorgt, die musikalische Leitung lag beim Komponisten selbst. Der Erfolg jedoch hielt sich in Grenzen, obwohl es etliche Folgeaufführungen, etwa in München unter Bruno Walter, gab. Doch weder Kritik noch Publikum noch die Theater noch die Urheber selbst waren restlos zufrieden. Aufführungstechnisch gab es Schwierigkeiten mit den zwei Ensembles für das Sprechstück und die Oper; dazu kam die beträchtliche Aufführungsdauer. Schließlich rangen sich Hofmannsthal und Strauss zu einer grundlegenden Revision durch: Sie trennten das Schauspiel von der Oper; aus der der Oper unmittelbar vorausgehenden Garderobenszene entwickelte Hofmannsthal das feinsinnige Vorspiel, das die Oper in ihrer Mischform von heroischer Seria-Oper und improvisatorischer commedia dell'arte nicht nur begründet, sondern vom Gehalt her bereits auf quasi realistischer Ebene antizipiert. Dabei rückte die Figur des Komponisten als Spiegelung des Künstlers schlechthin in den Vordergrund, der aber in seinem schwärmerischen Idealismus gleichzeitig vom Musiklehrer und dem Tanzmeister konterkariert und ironisiert wurde. Die Intermezzi aus der Molière-Komödie faßte Strauss 1917 bzw. 1920 zu der Orchestersuite *Der Bürger als Edelmann* zusammen. Die überarbeitete Fassung der *Ariadne auf Naxos,* die sich an den Bühnen schnell und nachhaltig durchsetzte, wurde fast genau vier Jahre nach der Stuttgarter Uraufführung, am 4. Oktober 1916, an der Wiener Hofoper zum erstenmal gegeben, diesmal unter der musikalischen Leitung von Franz Schalk, die Titelrolle der Ariadne sang wie schon in Stuttgart Maria Jeritza. Nichtsdestotrotz wird immer wieder versucht, den Reiz der ersten Version wiederaufleben zu lassen, und so kommt gelegentlich auch die erste *Ariadne*-Version zur Aufführung.

Irmelin Bürgers

Diskographische Empfehlung

1967 – Dresden: Rudolf Kempe, Staatskapelle Dresden. Gundula Janowitz (Ariadne), Sylvia Geszty (Zerbinetta), Teresa Tylis-Gara (Komponist), James King (Bacchus), Hermann Prey (Harlekin), Theo Adam (Musiklehrer). EMI, SLS 936/3

Die Frau ohne Schatten
Oper in drei Akten

Text: Hugo von Hofmannsthal
Uraufführung: 10. Oktober 1919, Staatsoper, Wien
Personen: Der Kaiser (Ten); Die Kaiserin (Sop); Die Amme (Mez); Der Geisterbote (Bar); Ein Hüter der Schwelle des Tempels (Sop); Erscheinung des Jünglings (Ten); Die Stimme des Falken (Sop); Eine Stimme von oben (Alt); Barak, der Färber (Baß); Sein Weib (Sop); Der Einäugige (Baß), der Einarmige (Baß), der Bucklige (Ten), des Färbers Brüder; Sechs Kinderstimmen (3 Sop, 3 Alt); Die Stimmen der Wächter der Stadt (3 Baß)
Chor: Kaiserliche Diener; Fremde Kinder; Dienende Geister; Geisterstimmen
Ort: Auf einer Terrasse über den kaiserlichen Gärten, Färberhaus, vor dem Pavillon des Falkners, Schlafgemach der Kaiserin, unterirdischer Kerker, Geistertempel, Landschaft im Geisterreich
Orchester: 2 Fl, 2 Picc. (auch 3. und 4. Fl), 2 Ob, E. H. (auch 3. Ob), Kl in Es (auch in D), 2 Kl in B (auch in C), 3 Fg, Kfg (auch 4. Fg), 4 Hrn, 4 Ten-Tba in B und F (auch 5.–8. Hrn), 4 Trp, 4 Pos, Btba, Glasharm, 2 Cel, Glsp, 5 chin. Gongs, 4 Pkn, Bck, KlTr, Rute, Xyl, Schellen, GrTr, GrRührtr, Trgl, Tamb, Kastagnetten, Tam-Tam, 2 Hrf, Streicher
Auf der Bühne: 2 Fl, Ob, 2 Kl in C, Fg, Hrn, 6 Trp, 6 Pos, Windmaschine, Donnermaschine, Org, 4 TamTams
Form: Durchkomponiert
Aufführungsdauer: Ca. 3¼ Stunden
Verlag: B. Schott's Söhne, Mainz

Handlung
VORGESCHICHTE: Auf der Jagd war der Kaiser der südöstlichen Inseln einer weißen Gazelle begegnet, die er mit Hilfe seines roten Falken erlegt hatte. Aus dem verletzten Tierleib war ein Weib geschlüpft, Tochter des Geisterfürsten Keikobad und einer menschlichen Frau. Die hatte sich der Kaiser zum Weib genommen und in egozentrischer Liebe dann seinen roten Falken verstoßen. Im Liebesrausch hatte die Kaiserin ihren Talisman verloren, der es ihr ermöglicht hatte, sich zu verwandeln und in den eine Prophezeiung eingeritzt war, daß der Mann, der sie liebe, zu Stein werden

müsse, wenn er es nicht schaffe, sie innerhalb eines Jahres zur Mutter zu machen. Denn als ein Geistwesen wirft sie keinen Schatten; den könnte sie nur durch Mutterschaft erlangen.

1. AKT: Die Amme aus dem Geisterreich, die den Kaiser und alle Menschen haßt, hütet den Schlaf der Kaiserin. Da erscheint ihr Keikobads zwölfter Bote und verkündet, daß die einjährige Frist, in der die Kaiserin die Chance hatte, einen Schatten zu werfen, in drei Tagen abgelaufen ist. Wenn sie bis dahin nicht schwanger sei, müsse sie zurück in Keikobads Reich und ihr Mann, der Kaiser, müsse versteinern. Wie immer geht der Kaiser tagsüber auf die Jagd. Er sagt der Amme, daß er möglicherweise nicht vor drei Tagen zurückkehren werde. Der rote Falke bringt der Kaiserin den Talisman wieder und ruft ihr im Auftrag Keikobads ins Bewußtsein, daß der Kaiser versteinern muß, wenn sie keinen Schatten erhält. In ihrer unterwürfigen Liebe zur Kaiserin ist die Amme bereit, die Kaiserin in die Menschenwelt zu führen, wo sie sich einen Schatten erwerben will.

Beim armen Volk findet die Amme eine Frau, die bereit sein könnte, ihren Schatten zu verkaufen: die Frau des Färbers Barak, die unter ihrem Dasein leidet. Die Bettlerstochter fühlt sich in die Ehe gekauft, um Barak Kinder zu gebären, zur Rache ist sie bisher kinderlos geblieben. Als Mägde treten die Amme und die Kaiserin in den Dienst der Färberin. Die Amme bestrickt die Färberin mit Reden, Geschenken und Versprechungen ewiger Jugend und schließt so den Pakt mit ihr. Zum Zeichen trennt die Amme das Lager der Eheleute. Kaum sind die Fremden entschwunden, als die Färberin aus der Bratpfanne, in der sieben Fische schmoren, die klagenden Stimmen ihrer ungeborenen Kinder vernimmt. Dem sich wundernden Gatten sagt sie, sie habe das Lager auseinandergeschoben, da vom nächsten Tag an zwei Muhmen von ihr hier schlafen würden. Resigniert geht Barak zu Bett und vernimmt den Ruf der Stadtwächter, die Liebe und Elternschaft verherrlichen, durch die es den Toten möglich sei, zu neuem Leben zu gelangen.

2. AKT: Aus einem Besen zaubert die Amme der Färberin einen Liebhaber; durch den Ehebruch will sie deren Trennung von Barak manifestieren. Die Färberin aber sträubt sich gegen das Phantom.

Barak und seine drei Brüder bereiten ein Festmahl vor und laden Amme und Bettelkinder dazu ein. Die Festesfreude treibt die Färberin zur Verzweiflung. Der rote Falke hat dem Kaiser einen Brief seiner Frau gebracht mit der Nachricht, daß sie drei Tage mit der Amme im Falknerhaus verbringen wolle. Nun führt der Falke den Kaiser zu diesem Platz. Doch das Falknerhaus ist leer. Der Kaiser sieht seine Frau und die Amme, mit

„Menschendunst" behaftet, spät heimkommen. Er will die Kaiserin töten, aber er vermag es nicht, zieht sich zurück ins Felsgeklüft und entfernt sich noch weiter von den Menschen.

Die Amme gibt dem Färber einen Schlaftrunk, damit der herbeigezauberte Jüngling die Färberin ungestört verführen kann. Im Zwiespalt ihrer Gefühle weckt die Färberin ihren Gatten, der jedoch ihre Verzweiflung nicht verstehen kann. Daraufhin verläßt sie mit der Amme das Haus. Die Kaiserin bleibt allein zurück bei Barak.

In ihrem Schlafgemach im Falknerhaus träumt die Kaiserin von der beginnenden Versteinerung des Kaisers. Sie fühlt sich Barak gegenüber schuldig, da sie, um einen Schatten zu erhalten, zur Zerrüttung seiner Ehe beigetragen hat.

Naturkräfte greifen ein, Finsternis überlagert die Zauberkräfte der Amme. Die Färberin bezichtigt sich Barak gegenüber des Ehebruchs und des Verkaufs ihres Schattens, um sich endgültig von ihrem Mann trennen zu können; dennoch, so gesteht sie, habe sie das Bild Baraks nicht aus ihrem Herzen reißen können. Barak hält seine Frau für irre und läßt ein Feuer anzünden, um ihr Gesicht zu sehen. Seine Brüder stellen fest, daß sie tatsächlich keinen Schatten hat. Mit einem herbeigezauberten Schwert stürzt sich Barak auf seine Frau, die nun die Tiefe seiner Liebe erkennt und bereit ist, für ihn zu sterben. Die Kaiserin weist den ihr von der Amme angebotenen Schatten der Färbersfrau zurück, da Blut an dem Schatten klebe. Die Brüder halten Barak ab, den Mord zu begehen. Die Erde birst, ein Fluß dringt in das Färberhaus: Die Brüder können sich retten, Barak und die Frau versinken, ein Kahn nimmt die Amme und die Kaiserin auf.

3. AKT: Die Stimmen der Ungeborenen plagen die Färberin. Getrennt von ihrem Mann erkennt sie ihre Liebe zu ihm, so wie auch er sich nach ihr sehnt, um ihr zu verzeihen. Eine Stimme aus der Geisterwelt fordert das Paar auf, sich zu suchen.

Gegen ihren Willen landet der Kahn mit der Amme und der Kaiserin am höchsten Mondberg, dem Sitz Keikobads. Die Kaiserin sagt sich von der Amme los und will sich dem Gericht ihres Vaters stellen. Der Amme wird die Rückkehr ins Geisterreich verwehrt, sie muß auf immer bei den Menschen bleiben.

Die Kaiserin wird erneut auf die Probe gestellt: Sie soll vom Wasser des Lebens trinken, um den Schatten der Färberin zu erhalten und den versteinerten Kaiser ins Leben zurückzuholen, aber sie widersteht der Versuchung: Sie hat gelernt, daß sie ihr Glück nicht um den Preis des Unglücks anderer erkaufen darf. Durch Selbstüberwindung erlangt sie Menschlichkeit. Geläutert darf der Kaiser mit der Kaiserin ins Leben zurückkehren, und auch das Färberpaar findet sich. Jubelnd ertönen dazu die Stimmen der Ungeborenen.

Kommentar

Strauss' siebte Opernpartitur stellt ein Kompendium seiner bisher vertretenen Stilrichtungen dar. Die Wagner-Nähe des frühen *Guntram* klingt ebenso an wie jene die Grenzen der Tonalität überschreitende Harmonik der *Elektra*, eine impressionistische Farbigkeit à la *Salome* paart sich mit der Biederkeit des *Rosenkavalier*, und nur den drastischen Humor der *Feuersnot* oder auch den subtilen Humor der *Ariadne* wird man bei dieser Humanitätsoper vergeblich suchen. Die starken Ausdrucksgegensätze zwischen dem Märchenbereich des Kaisers, der finsteren Geisterwelt und der lokalkoloristisch angelegten Färberhaus-Ebene bedingen die wirkungsvoll kontrastierenden Spannungen der raffiniert instrumentierten Partitur, die mit enormen dynamischen Unterschieden operiert und die im 3., bei Aufführungen meist stark gekürzten, Akt eine umfangreiche melodramatische Passage als Ausdruck kreatürlicher Angst einsetzt. Die symphonischen Teile der Oper (in erster Linie die Verwandlungsmusiken) sind dabei so dominant, daß Strauss sie 1946 mühelos zu einer 20minütigen *Sinfonischen Fantasie* montieren konnte.

Konzipiert als romantisches Gegenstück zu Mozarts *Zauberflöte*, basiert das Libretto der Oper auf Hofmannsthals Jugendopus *Märchen der 672. Nacht* (1894), dem lyrischen Drama *Der Kaiser und die Hexe* (1897) und der epischen Urfassung. Weitere Quellen des Dichters sind die Erzählungen aus *Tausendundeine Nacht* und andere orientalische Geschichten, die Kinder- und Hausmärchen der Brüder Grimm sowie Novalis, N. Lenau, Fr. Rückert, J. W. v. Goethes *Das Märchen*, das Gedicht *Die Geheimnisse* und *Faust* sowie A. v. Chamissos Erzählung *Peter Schlemihl*. Eine wichtige, bisher ungenannte Quelle ist Richard Wagners erste vollendete Oper *Die Feen* (1833) nach Gozzis *La donna serpente*, in der Ada, die Tochter des Feenkönigs – ebenfalls halb Feen-, halb Menschenkind – von König Arindal als Hirschkuh erjagt und zum Weib genommen wird; als Arindal die Prüfungen des Feenkönigs nicht besteht, wird Ada – nicht Arindal – zur Strafe in einen Felsen verwandelt.

Geschichte

Zwölf Tage nach der Uraufführung in Wien fand in Dresden die deutsche Erstaufführung der im vorletzten Jahr des Ersten Weltkriegs beendeten sieben Jahre umfassenden Komposition statt. Aufführungen in Berlin, Salzburg, Zürich, Rom, Mailand, Buenos Aires, München, San Francisco und Paris folgten. Da die szenische Realisierung der Oper mit Schwierigkeiten verbunden ist, wurde die Partitur zumeist stark gekürzt, wobei sich die Opernhäuser auf die autorisierten Kürzungen des Komponisten berufen konnten. Auch die ersten beiden Schallplatten-Gesamtaufnahmen waren gekürzt. Erstmals erschien 1988 bei EMI eine ungekürzte Fassung der *Frau ohne Schatten* unter Wolfgang Sawallisch.

Die zumeist im Unverbindlichen steckengebliebene szenische Deutung wurde erstmals von Harry Kupfer in seiner Inszenierung an der Deutschen Staatsoper Berlin (1976) interpretatorisch aufgebrochen, Götz Friedrichs Stuttgarter Inszenierung (1987) siedelte das Werk in der Entstehungszeit, dem Ersten Weltkrieg, an, und John Dew verlegte 1986 in Bielefeld die Handlung radikal ins Heute.   *Peter P. Pachl*

Diskographische Empfehlung

1955 – Wien: Karl Böhm, Chor der Wiener Staatsoper, Wiener Philharmoniker. Leonie Rysanek (Kaiserin), Hans Hopf (Kaiser), Elisabeth Höngen (Amme), Kurt Böhme (Geisterbote), Paul Schöffler (Barak), Christel Goltz (Baraks Frau). Decca 6.35114

Arabella
Lyrische Komödie in drei Aufzügen

Text: Hugo von Hofmannsthal
Uraufführung: 1. Juli 1933, Dresdner Staatsoper
Personen: Graf Theodor Waldner, Rittmeister a. D. (Baß); Adelaide, seine Frau (Mez); Arabella (Sop), Zdenka (Sop), ihre Töchter; Mandryka (Bar); Matteo, Jägeroffizier (Ten); Graf Elemer (Ten); Graf Dominik, Verehrer der Arabella (Baß); Graf Lamoral (Baß); Die Fiakermilli (Sop); Eine Kartenaufschlägerin (Sop); Welko, Leibhusar des Mandryka (Sprechrolle); Djura und Jankel, Diener des Mandryka (Sprechrollen); Ein Zimmerkellner

(Sprechrolle); Begleiterin der Arabella (stumme Rolle); Drei Spieler (Baß); Ein Arzt (stumme Rolle); Groom (stumme Rolle)

Chor: Fiaker; Ballgäste; Hotelgäste; Kellner

Ort und Zeit: Wien, 1860

Orchester: 2 Fl, Picc (auch 3. Fl), 2 Ob, E.H., 3 Kl, Bkl, 3 Fg (auch 3. Kfg), 4 Hrn, 3 Trp, 3 Pos, Btba, Pkn, Hrf, Streicher

Form: Durchkomponiert

Aufführungsdauer: Ca. 2¾ Stunden

Verlag: B. Schott's Söhne, Mainz

Handlung

VORGESCHICHTE: Der wegen seiner Spielleidenschaft verarmte Rittmeister a. D. Graf Waldner lebt mit seiner Frau Adelaide und den Töchtern Zdenka und Arabella in einem Wiener Stadthotel. Die Kredite sind aufgebraucht, die offenen Rechnungen stapeln sich, eine standesgemäße Ausstattung für beide Töchter ist nicht mehr bezahlbar. Deshalb verfiel Adelaide auf die merkwürdige Idee, die jüngere Zdenka als Knaben auszugeben und alle Hoffnung auf eine reiche Heirat der schönen Arabella zu konzentrieren. Zwar wird Arabella von etlichen Verehrern, dem mittellosen Jägeroffizier Matteo, den drei Grafen Elemer, Dominik und Lamoral, der Hof gemacht, doch zu mehr als unverbindlichen Tändeleien sah sie sich bisher nicht in der Lage.

1. AKT: In ihrer prekären finanziellen Situation läßt sich Adelaide von einer Kartenaufschlägerin die Zukunft Arabellas weissagen. Nachdem beide sich ins Nebenzimmer zurückgezogen haben, tritt Matteo ein und bittet „seinen einzigen Freund" Zdenka um Hilfe in seinem verzweifelten, bereits von Selbstmordgedanken begleiteten Werben um Arabella. Zdenka, die sich ihrer eigenen Liebe zu Matteo noch nicht bewußt ist, verspricht ihm als Trost einen Brief Arabellas, den sie heimlich selbst schreiben will. Als Arabella von einer Stadtfahrt zurückkehrt, versucht Zdenka sie von Matteo zu überzeugen. Doch diese wehrt ab; sie warte „auf den Richtigen" und sei im übrigen tief beeindruckt von einer Begegnung mit einem „Fremden". Indessen kündigt sich bei Waldner ein Herr Mandryka an. Zum Erstaunen des Rittmeisters handelt es sich aber nicht um jenen alten Regimentskameraden, dem Waldner einen Bittbrief geschrieben und absichtsvoll ein Porträt Arabellas beigefügt hatte, sondern um dessen Neffen. Nach dem Tod des Onkels hatte dieser den Brief gefunden und war von dem Bild so hingerissen, daß er nach Wien gekommen war, um die Hand Arabellas zu

erbitten. Freudig sagt Waldner dem reichen Gutserben zu, zumal Mandryka ihm seine prall gefüllte Brieftasche mit der Aufforderung reicht, sich bei den „Tausendern" doch zu bedienen. Man einigt sich, daß Mandryka am Abend auf dem Fiakerball – es ist Faschingsdienstag – vorgestellt werden soll.

2. AKT: Während des Balles macht Waldner seine Tochter Arabella mit Mandryka bekannt, die in ihm jenen „Fremden" wiedererkennt und sich seltsam zu ihm hingezogen fühlt. Mandryka erzählt ihr von seinem Leben, seinen Besitztümern und seiner Heimat. In dem groß angelegten Duett („Und du wirst mein Gebieter sein") vollzieht sich die Verlobung. Arabella bittet Mandryka, den Rest des Abends ohne ihn zu verbringen, um Abschied von ihrer Mädchenzeit nehmen zu können. Nachdem sie ein letztes Mal mit den drei Grafen getanzt hat, stiehlt sie sich unbemerkt nach Hause, um ihr Glück allein auszukosten, nicht ohne Mandryka ein Billet mit erklärenden Worten zurückzulassen. Dieser aber wird zufällig Zeuge, als Zdenka dem völlig verzweifelten Matteo den Schlüssel zum vermeintlichen Zimmer Arabellas zusteckt. Mandryka fühlt sich betrogen, mißversteht die unverfänglichen Zeilen Arabellas und stürzt sich in blinder Eifersucht ins Ballgetümmel. Champagnertrunken schäkert er mit der Sängerin „Fiakermilli" und beschwört damit einen Eklat herauf, der erst durch Waldner unterbrochen wird, als der ihn auffordert, gemeinsam ins Hotel zurückzukehren, um den Sachverhalt aufzuklären.

3. AKT: In der Hotelhalle sitzt Arabella und träumt vor sich hin. Da tritt Matteo aus dem Zimmer, in dem er sich mit Arabella verabredet glaubte, und ergeht sich ihr gegenüber in Andeutungen, die Arabella nicht verstehen kann. Es kommt zu einer Auseinandersetzung, die sich bedrohlich zuspitzt, als Waldner, seine Frau und Mandryka vom Ball zurückkehren. Arabellas Unschuldsbeteuerungen nützen nichts; Mandryka will sich mit Matteo duellieren, Waldner mit Mandryka. Da erscheint Zdenka auf dem Plan, zur Verwirrung aller nicht mehr in Knabenkleidern, sondern als Mädchen. Sie gesteht, daß sie Matteo Zutritt zu ihrem (dunklen) Zimmer verschafft und sich ihm gegenüber als Arabella ausgegeben hätte. Die Situation klärt sich; Matteo erhält die Hand Zdenkas, Arabella verzeiht Mandryka. Schließlich überreicht sie ihm ein Glas Wasser, das nach einem alten Brauch aus Mandrykas Heimat das Eheversprechen symbolisiert.

Kommentar

Die kulinarische Walzerseligkeit der Strauss'schen Opernästhetik feiert fröhliche Auferstehung. Schon 1922 sprach Strauss von einem „zweiten *Rosenkavalier*" und meinte damit die fesche großbürgerliche Komödie. Zwar gab sich Hofmannsthal zunächst verhalten („das zweite ist immer schwerer, denn man darf um alles den ersten Einfall nicht kopieren", 22. November 1923), beendete dann aber, nach jahrelangem Zögern, den (vorläufig) 1. Akt (Mai 1928). Von Strauss ebenso burschikos wie instinktsicher kritisiert – „Arabella ist bis jetzt durchaus keine Rolle (...), ihr muß das Unsympathische genommen werden" –, überarbeitete Hofmannsthal diesen Aufzug nach Abschluß des Gesamtlibrettos und sandte die revidierte Fassung am 10. Juli 1929 nach Garmisch. Es war seine letzte literarische Äußerung, vier Tage später war Hofmannsthal tot. Die Komposition zog sich mit größeren Unterbrechungen hin bis zum Oktober 1932; lange Zeit wollte Strauss „die Sache nicht recht klingen". Das Problem war tatsächlich die Figur der Arabella, die Hofmannsthal aus eigenen, weit zurückliegenden Fragmenten entnommen hatte. War sie ursprünglich eine stolze, unnahbare Person gewesen, so mußte ihr Charakter jetzt umgepolt werden in Richtung auf eine warme, liebes- und leidensfähige junge Frau. Strauss spürte diese Problematik, die auch in der endgültigen Fassung nicht gänzlich überwunden ist. Dafür reizte ihn um so mehr die Rolle des Mandryka, für die er von Anfang an ein Idiom kroatischer Volksmusik vorgesehen hatte. Damit aber bestand die Gefahr, sich kompositorisch zu verzetteln und kaleidoskopartig musikalische Ebenen aneinanderzureihen: Konversationston, Volksmusik und Walzer. Dank seiner enormen virtuosen Erfahrung vermied Strauss jedoch eine solche Nähe zum Operettenhaften (vielleicht mit Ausnahme des 2. Aktes). Wie Reinhold Schlötterer in einem sehr einfühlsamen Essay über die Figur der Arabella zeigte, bindet die Protagonistin die unterschiedlichen Idole an sich, das heißt, „nur durch diesen Kunstgriff, den Kontrast der Idiome in das Innere der Arabella-Gestalt zu verlegen, konnte ein einheitliches Werk entstehen". So greift Arabella im 1. Akt, noch vor Mandrykas erstem Auftritt, den kroatischen Volkston bei den Worten „aber der Richtige – wenn's einen gibt für mich auf der Welt" in ihrem Duett mit Zdenka auf und übernimmt im großen Duett des 2. Aktes mit Mandryka dessen musikalischen „Dialekt". Nicht das naturalistische Gegeneinander: Arabella im Wiener Ton, Mandryka im kroatischen, bestimmt die kompositorische Szenerie, sondern die Bündelung verschiedener seelischer Vorgänge in ihrer Figur. Daß zumindest die Rolle der

Arabella der der Marschallin ebenbürtig scheint, ist weniger das Hofmannsthalsche Verdienst als dasjenige von Strauss. Die ästhetischen
Schwierigkeiten, die wir heute mit dem Werk haben, liegen in zwei Ebenen
begründet. Zum einen sind es dramaturgische Ungereimtheiten, wie etwa
der krause Einfall, Arabellas Schwester Zdenka in Bubenkleidung auftreten zu lassen, was natürlich an die Hosenrolle des Oktavian erinnert und in
seiner Doppelvertauschung kaum begründet ist; oder jene Szene im letzten
Akt, als Matteo vom vermeintlichen Rendezvous mit Arabella kommend in
die Hotelhalle tritt, Arabella dort vorfindet, aber nicht einen Augenblick
lang überlegt, wie diese so schnell aus seinen Armen dorthin gelangen
konnte. Beide Beispiele haben dramaturgische Schlüsselfunktion. Zum
anderen stehen wir wieder einmal kopfschüttelnd vor dem Strauss'schen
Phänomen, unbeirrbar selbstsicher in den gesellschaftlich-politischen Wirren der Weimarer Republik und der heraufziehenden Nazi-Katastrophe
künstlerisch zu wandeln und auch noch nach der Machtergreifung ein Sujet
zu präsentieren, das doch vergleichsweise kleine Liebeskonflikte des verarmten Wiener Adels um 1860 zum Inhalt hat. Die *Arabella*-Geschichte ist
Hofmannsthals eigene Erfindung. Sie geht zurück auf seine Novelle *Luci-
dor, Figuren zu einer ungeschriebenen Komödie*, die im Jahre 1910 in der
„Wiener Neuen Freien Presse" abgedruckt wurde. Hier allerdings steht die
herzenswarme Lucile (Zdenka) im Mittelpunkt, die sich in einen Verehrer
der grausam kalten Schwester Arabella verliebt. Der ursprünglich für die
Oper in Aussicht genommene Titel *Arabella oder Der Fiakerball* weist auf
ein weiteres Motiv hin, auf den 1925 entstandenen Lustspielentwurf *Der
Fiaker als Graf*. Die Veränderung des Charakters der Arabella hin zur reifen
und schönen jungen Frau, die „zu tief in gewisse Lebensdinge hineingese-
hen hat, ein wenig versehrt ist von Zynismus und Resignation" (Hofmannsthal), war dann die unmittelbare Idee für die lyrische Opernkomödie.

Geschichte

Arabella steht seit ihrer Uraufführung, spätestens aber seit den 50er
Jahren im Schatten des *Rosenkavalier*, dessen Welterfolg sie vergeblich
wiederholen wollte. Denn das etwas Unseriöse, Operettenhafte, das der
Rosenkavalier vermied, hängt wie ein Damoklesschwert über ihr. Theodor
W. Adorno sprach in diesem Zusammenhang von Filmmusik. Das sah
freilich zunächst nicht so aus. Blättert man in den Salzburger Jahrbüchern
bis hinein in die Zeit des Weltkriegs, wird man eine *Arabella*-Inszenierung
vergeblich suchen, und zwar aus dem Grunde, da über vierzig Bühnen (die

wichtigsten deutschen wie auch Zürich, Budapest, Amsterdam, Stockholm, Monte Carlo, Buenos Aires u. v. a.) das Werk in den ersten Jahren spielten. Salzburg wollte nicht in den Ruch einer beliebigen Repertoire-Aufführung geraten, zumal die Uraufführungsbesetzung mit Viorica Ursuleac und Clemens Krauss nicht auf die Beine zu bringen war. Die bis heute unübertroffene *Arabella*-Einspielung erstellte Georg Solti mit Lisa della Casa im Jahr 1957.   *Bernhard Rzehulka*

Diskographische Empfehlung

1957 – Wien: Georg Solti, Chor der Wiener Staatsoper, Wiener Philharmoniker. Lisa Della Casa (Arabella), Hilde Güden (Zdenka), George London (Mandryka), Anton Dermota (Matteo), Mimi Coertse (Fiakermilli). Decca 6.35104

1980 – München: Wolfgang Sawallisch, Chor und Orchester der Bayerischen Staatsoper. Julia Varady (Arabella), Helen Donath (Zdenka), Dietrich Fischer-Dieskau (Mandryka), Adolf Dallapozza (Matteo), Elfriede Höbarth (Fiakermilli). EMI 165-64456/58

Capriccio
Konversationsstück für Musik in einem Aufzug

Text: Clemens Krauss
Uraufführung: 28. Oktober 1942, Staatsoper, München
Personen: Die Gräfin (Sop); Der Graf, ihr Bruder (Bar); Flamand, ein Musiker (Ten); Olivier, ein Dichter (Bar); La Roche, der Theaterdirektor (Baß); Die Schauspielerin Clairon (Alt); Monsieur Taupe (Ten); Eine italienische Sängerin (Sop); Ein italienischer Tenor (Ten); Eine junge Tänzerin (Solotänzerin); Der Haushofmeister (Baß); Acht Diener (4 Ten, 4 Baß); Drei Musiker
Ort und Zeit: Ein Schloß in der Nähe von Paris, zur Zeit, als Gluck dort sein Reformwerk der Oper begann, etwa um 1775
Orchester: 3 Fl (3. auch Picc), 2 Ob, E. H., Kl in C, 2 Bkl, Bassetthrn, Bkl in B, 3 Fg (3. auch Kfg), 4 Hrn, 2 Trp, 3 Pos, Pkn, Bck, GrTr, 2 Hrf, Cemb, Streicher
Auf der Bühne: Hinter der Szene ein Streichsextett, auf der Szene Vl, Vc, Cemb

Form: Durchkomponiert
Aufführungsdauer: Ca. 2½ Stunden
Verlag: B. Schott's Söhne, Mainz

Handlung

VORGESCHICHTE: Zum Geburtstag der Gräfin Madeleine, einer kunstbegeisterten, jungen Witwe, sollen auf ihrem Schloß verschiedene Kunstdarbietungen stattfinden.

Der Musiker Flamand und der Dichter Olivier sind in sie verliebt. Aus dem Gartensaal des Schlosses beobachten beide, wie die Gräfin hingegeben den Klängen des von Flamand komponierten Sextetts lauscht. Olivier und Flamand streiten über den Vorrang von Dichtung oder Musik.

Der Theaterdirektor La Roche verkündet das Programm des bevorstehenden Festtages: Nach einer eröffnenden Sinfonia Flamands und einem neuen, eigens zu diesem Anlaß von Olivier geschriebenen Drama ist als Höhepunkt eine verschwenderisch ausgestattete „azione teatrale" der gesamten Truppe La Roches geplant, deren Inhalt und Titel er aber noch nicht verraten will.

Als die Schauspielerin Clairon aus Paris angekommen ist, muß der Graf, der in sie verliebt ist, eine Probe seines darstellerischen Talentes geben. Clairon ist mit ihm zufrieden, und so findet auf der Bühne des Schlosses, mit dem Grafen als Liebhaber, eine Schauspielprobe zu Oliviers neuem Stück statt.

Das Liebessonett aus diesem Drama richtet Flamand nun direkt an die Gräfin, während Flamand am Clavecin bereits einige Akkorde dazu erfindet. Um zu beweisen, daß das Sonett ohne Musik nichts taugt, komponiert Flamand im Nebenzimmer die Verse. Währenddessen wirbt Olivier um die Gräfin, die ihm jedoch ausweicht.

Zum Mißbehagen des Dichters, aber zur Freude der Gräfin trägt Flamand anschließend das von ihm komponierte Sonett vor. La Roche holt Olivier wegen eines Strichvorschlages auf die Probe, und nun wirbt Flamand um die Gräfin. Sie bittet ihn um Geduld bis zum nächsten Vormittag, wo sie sich mit ihm für elf Uhr in der Bibliothek verabredet. Zu seiner Verwunderung findet der Graf nach dem Ende der Probe seine Schwester in nachdenklicher Stimmung – weiß sie doch nicht, für welchen der beiden Künstler sie sich entscheiden soll. Der Graf äußert daraufhin, daß aus dieser Situation womöglich eine Oper entstehen könnte. Clairon lobt das Improvisationstalent des Grafen, das er bewiesen habe, nachdem der Souffleur eingeschlafen war. Während die Gesellschaft die Schokolade einnimmt, tanzt eine junge Entdeckung La Roches, begleitet von drei Instrumentalisten. Oliviers Versuch, seine verflossene Beziehung zu Clairon wieder aufzunehmen, scheitert. Bei der Diskussion, ob Wort oder Musik den Vorrang haben, kann keine Einigung erzielt werden.

La Roche beklagt den Verfall des Belcanto. Um eine Kostprobe von dieser Kunst zu geben, hat er zwei italienische Sänger mitgebracht, die ein Abschiedsduett darbieten. Die dadurch ausgelöste Diskussion über Sinn und/oder Unsinn der Wortvertonung bringt La Roche auf Bitten der Gräfin nun doch dazu, den Inhalt des Huldigungsfestspiels bekanntzugeben: *Die Geburt der Pallas Athene* und *Der Untergang Karthagos*. Die Schilderung der beiden theatralen Spektakel löst jedoch bei den Zuhörern nur Spott und Gelächter aus. Mit einer wirkungsvollen Ansprache plädiert der Theaterdirektor daraufhin um so leidenschaftlicher für ein blutvolles, lebendiges Theater. Auf die Aufforderung der Gräfin, gemeinsam ein Werk zu schreiben, gehen Olivier und Flamand ein. Verschiedene Sujets werden erörtert, bis der Vorschlag des Grafen angenommen wird, eine Oper über die Ereignisse des heutigen Tages zu schreiben.

Der Graf begleitet Clairon nach Paris, Flamand, Olivier und La Roche verabschieden sich von der Gräfin. Die Lakaien kommentieren beim Aufräumen kunstbeflissen die Ereignisse des vergangenen Tages, bis der Haushofmeister sie mit letzten Anweisungen entläßt.

Der Souffleur ist aufgewacht, findet sich aber nur schwer in der wirklichen Welt zurecht. Der Haushofmeister bestellt einen Wagen, der den von seinen Kollegen vergessenen Theaterangehörigen nach Paris befördert.

Die Gräfin erfährt vom Haushofmeister, daß der Graf die Nacht in Paris verbringen wird und sie damit gezwungen ist, allein zu speisen; außerdem erfährt sie, daß Olivier für den nächsten Morgen seinen Besuch angesagt hat, um von der Gräfin den Schluß der Oper zu erfahren – er wolle um elf Uhr in der Bibliothek auf die Gräfin warten. Verwundert stellt die Gräfin, die sich ja zur selben Stunde und am selben Ort bereits mit Flamand verabredet hat, fest, daß die beiden Männer für sie tatsächlich unzertrennlich verbunden sind. Sie will keinen von beiden verlieren, also darf sie sich auch für keinen von beiden entscheiden – der Schluß der Oper muß folglich offen bleiben. Dennoch sucht sie nach einer Schlußsentenz, die nicht banal ist. Da reißt sie der Haushofmeister aus ihren Gedanken, mit dem Satz: „Frau Gräfin, das Souper ist serviert."

Kommentar

Die Handlung von Richard Strauss' letzter vollendeter Oper ist ständig doppelbödig, die Kunstdiskussionen meinen stets auch erotische Verknüpfungen und umgekehrt. Das alte Thema vom Primat des Tons oder des Wortes wird anhand der Dreiecksgeschichte Flamand/Olivier/Gräfin in dreizehn Szenen ausgeführt. Strauss' Partitur trägt als Motto die Worte des Theaterdirektors La Roche an Flamand, „Der Arie ihr Recht! Auf die Sänger nimm Rücksicht! Nicht zu laut das Orchester...", und er hat diesen Vorsatz mittels eines reduzierten Orchesterapparates tatsächlich bewerkstelligt. Gegen Ende jedoch, mit der berühmten Mondschein-Musik, obsiegt wieder der Symphoniker in ihm, der auch den Schlußmonolog der Gräfin bestimmt. Antonio Salieri (1750–1825) komponierte 1786 einen Operneinakter aus dem Alltag des Opernlebens, *Prima la musica – e poi la parole* (deutsche Erstaufführung Berlin 1974) auf ein Libretto von Abbé de Casti (1724–1803), eine Parodie auf die italienische Oper mit den Stilmitteln der opera seria und der opera buffa in elf Nummern. Stefan Zweig empfahl Strauss de Castis Libretto 1934 als Anregung zu einer Opernkomposition, deren Libretto zunächst Joseph Gregor ausführen sollte, bis Strauss selbst – wie schon bei seiner ersten Oper *Guntram* und bei *Intermezzo* – als Librettist wirkte, um dann doch den Münchner Operndirektor Clemens Krauss als federführenden Librettisten zu gewinnen.

Geschichte

Nach der Uraufführung 1942 verbreitete sich das Strauss-Opus in der Nachkriegszeit schnell im In- und Ausland. Peter Ebert verlegte bei seiner Inszenierung in Glyndebourne als erster die Handlung in unser Jahrhundert. Ein an De Nederlandse Opera in Amsterdam geplantes Projekt des Regisseurs Harry Kupfer, die apolitische Kunstdiskussion mit Hilfe von Strauss' *Metamorphosen, Studie für 23 Solostreicher* (1945), die im Gegensatz zur Oper *Capriccio* die Auseinandersetzung mit der politischen Situation der Entstehungszeit nicht verleugnen, zu collagieren, konnte nicht realisiert werden.

Peter P. Pachl

Diskographische Empfehlung

1957 – London: Wolfgang Sawallisch, Philharmonia Orchestra London. Elisabeth Schwarzkopf (Gräfin), Eberhard Wächter (Graf), Nicolai Gedda (Flamand), Dietrich Fischer-Dieskau (Olivier), Hans Hotter (La Roche), Christa Ludwig (Clairon). World Record, OC 230-2

PAUL DUKAS

geb. 1. Oktober 1865 in Paris
gest. 17. Mai 1935 in Paris

Gerade dreizehn Werke umfaßt das Œuvre von Paul Dukas, alles andere – darunter die Opern *L'arbre de science* und *Le nouveau monde* und die beiden Ballette *Le sang de Méduse* und *Variations choréographiques* – hat der Komponist in radikaler Selbstkritik verbrannt. Aber diese wenigen Werke genügen, Dukas als einen der bedeutendsten französischen Komponisten des fin de siècle auszuweisen: Ob es die Sinfonie in C ist, die symphonische Dichtung *L'apprenti sorcier (Der Zauberlehrling)*, die Tanzdichtung *La Péri*, die Klaviersonate es-moll oder eben die Oper *Ariane et Barbe-Bleue:* Dukas spricht eine absolut eigenständige Tonsprache, die vom schwülstigen Wagnerismus ebensoweit entfernt ist wie von dem sogenannten Impressionismus Debussys.

Seine Ausbildung erhielt Dukas am Pariser Conservatoire bei Ernest Guiraud (dessen Opernfragment *Frédégonde* er später gemeinsam mit Camille Saint-Saëns vollendete) und Théodore Dubois. Sein Scheitern am Prix de Rome veranlaßte ihn, das Studium abzubrechen. Mit der Uraufführung des *Apprenti sorcier* (am 18. Mai 1897) gelang Dukas ein triumphaler Durchbruch, aber 1912 – unmittelbar nach der Uraufführung von *La Péri* – zog sich der Komponist plötzlich vom aktiven Musikleben zurück; bis heute ist unklar, warum er (abgesehen von einem kleinen Klavierstück und einem Lied) keine weiteren Werke geschrieben hat. 1928 übernahm Dukas eine Kompositionsprofessur am Conservatoire, wo zu seinen Schülern unter anderem Olivier Messiaen gehörte.   *Michael Stegemann*

Ariane et Barbe-Bleue
Conte in drei Akten

Text: Maurice Maeterlinck, nach dem Märchen von Charles Perrault
Uraufführung: 10. Mai 1907, Opéra-Comique, Paris
Personen: Blaubart (Baß); Ariane (Mez); Die Amme (Alt); Sélysette (Mez); Ygraine (Sop); Mélisande (Sop); Bellangère (Sop); Alladine (stumme Rolle); Erster Bauer (Baß); Zweiter Bauer (Ten); Dritter Bauer (Baß)
Chor: Bauern und Bäuerinnen
Ort und Zeit: Blaubarts Burg, in mythischer Zeit
Orchester: 3 Fl (2. u. 3. auch Picc), 2 Ob, E.H., 2 Kl, Bkl, 3 Fg, Kfg (oder Sarrusophon), 4 Hrn, 3 Trp, 3 Pos, Tba, Pkn, Schlgzg, Cel, Hrf, Streicher
Form: Durchkomponiert
Aufführungsdauer: Ca. 2 Stunden
Verlag: Durand & Fils, Paris

Handlung

1. AKT: Ein prachtvoller Saal in Blaubarts Burg. Vor ihren Toren hat sich eine aufgebrachte Volksmenge versammelt, die den Tod des Unholdes fordert, der nun bereits die sechste Frau auf seine Burg führt, nachdem er die fünf anderen wohl ermordet hat. Ariane und ihre Amme betreten den Saal.
Sieben Schlüssel hat Blaubart ihr anvertraut – sechs silberne und einen goldenen. Mit den silbernen Schlüsseln öffnen Ariane und die Amme nach und nach die „erlaubten" Türen und erblicken dahinter sagenhafte Reichtümer: Amethyste, Saphire, Smaragde, Rubine, Perlen und Diamanten. Doch Ariane öffnet auch – gegen das Verbot Blaubarts und die Warnungen der Amme – die siebte Tür. Diffuses Licht erfüllt den Saal, und ferner Gesang ist zu hören: Es sind „die fünf Töchter von Orlamonde", die anderen Frauen Blaubarts, die ebenfalls sein Verbot mißachtet haben und dafür von ihm in ein Verlies gesperrt wurden. Blaubart kommt hinzu und will Ariane von der offenen Tür fortziehen, als plötzlich die Bauern, die sich Zugang zur Burg verschafft haben, in den Saal stürzen, um Blaubart zu töten. Ariane aber tritt ihnen mutig entgegen: „Was wollt ihr? Er hat mir nichts Böses getan."

2. AKT: In einem unterirdischen Gewölbe. Ariane und der Amme ist es gelungen, zu den gefangenen Frauen vorzudringen. In einer dunklen Ecke hocken die fünf – Sélysette, Ygraine, Mélisande, Bellangère und Alladine –, verschüchtert und abgestumpft; sie haben jede Hoffnung aufgegeben, ihre Freiheit wiederzuerlangen. Als Arianes Kerze verlöscht, zeichnet sich im Hintergrund des Gewölbes eine Tür ab, durch die matter Lichtschein dringt; mit einiger Mühe gelingt es Ariane, die Tür zu öffnen, hinter der ein Fenster erscheint, das sie mit einem Steinwurf zerschlägt. Grelles Sonnenlicht dringt in das Gewölbe, Glockengeläut, Vogelgezwitscher und das ferne Rauschen des Meeres sind zu hören. Ariane führt die fünf widerstrebenden Frauen hinaus in die Freiheit eines Gartens.

3. AKT: Ein Saal in Blaubarts Burg. Ariane hat die fünf Frauen aus dem Gewölbe befreit, aber es ist ihnen nicht möglich, die Burg zu verlassen; die Zugbrücken sind hochgezogen, Wasser überflutet den Burggraben; am anderen Ufer lauern die Bauern Blaubart auf, der fortgeritten ist. Um den fünf Frauen ihr Selbstgefühl wiederzugeben, holt Ariane aus den sechs Schatzkammern kostbare Gewänder und Schmuck. Inzwischen haben die Bauern Blaubart bei seiner Rückkehr überwältigt und schleppen ihn nun verwundet in seine Burg. Ariane schickt die Menge fort, löst Blaubarts Fesseln und verbindet seine Wunden; als er sie aber umarmen will, entzieht sie sich ihm und verläßt mit ihrer Amme die Burg, deren Zauber gebrochen ist; die fünf Frauen jedoch bleiben bei Blaubart zurück.

Kommentar

Vincent d'Indys Urteil, *Ariane et Barbe-Bleue* sei „das bedeutendste musikdramatische Werk nach Wagner", ist kaum zu hoch gegriffen. Wenn sich Dukas' Oper dennoch nicht wirklich durchsetzen konnte, so liegt das zum einen wohl an dem übermäßigen Erfolg des drei Jahre zuvor uraufgeführten *Pelléas* von Debussy, in dessen Schatten das Werk noch immer zu stehen scheint. Ein weiterer Grund mag die Besetzung sein, die (neben der relativ kleinen Baritonpartie Blaubarts) ein hochkarätiges Ensemble von Frauenstimmen verlangt und für die beiden umfangreichsten Partien – Ariane und ihre Amme – Mezzosopran und Alt vorschreibt: Kein Werk also für strahlende Primadonnen und schmetternde Tenöre! Zum dritten aber ist die „Botschaft" des Stücks – in zahllosen Symbolen verschlüsselt – äußerst kompliziert und steht einer breiten Wirkung im Wege. Das Thema der Oper ist die Freiheit des Menschen oder eher „die Bürde der Freiheit" (Paul Dukas): „Niemand will befreit werden. Die Befreiung ist teuer, weil sie das Unbekannte ist, und weil der Mann (und die Frau) immer eine ,vertraute' Sklaverei dieser furchtbaren Ungewißheit vorziehen, wie sie ,die Bürde der Freiheit' darstellt. Und also lautet die Wahrheit, daß man niemanden befreien kann: Besser ist es, sich selbst zu befreien. Nicht nur besser, sondern die einzige Möglichkeit. Das Verhältnis Arianes zu Blaubarts Frauen ist von dem radikalen Gegensatz bestimmt zwischen ihrem eigenen Bedürfnis nach Freiheit in ihrer Liebe und dem völligen Fehlen dieses Bedürfnisses bei ihren Vorgängerinnen, die nur Sklavinnen der Lust ihres Peinigers sind. Sie sind unfähig zu handeln, unfähig, auch nur die geringste Entscheidung zu treffen, in panischer Angst vor allem Verbotenen, vor jeglicher Kühnheit. ,Meine armen, armen Schwestern! Warum wollt ihr denn, daß jemand euch befreit, wenn ihr doch die Finsternis anbetet?' Vergebens versucht Ariane, ihnen die Hoffnung wiederzugeben – sie kann schließlich zwar Blaubarts Zauber brechen, aber doch nur sich selbst befreien."

Über die Partitur von *Ariane et Barbe-Bleue* hat sich Dukas' Schüler Olivier Messiaen in einem ausführlichen Essay geäußert. Die Grundzüge der Musik können hier nur angedeutet werden: etwa die sechs Schatzkammern als Thema mit sechs Variationen und die Zuordnung der sechs Tonarten – H-dur, As-dur, C-dur, D-dur, B-dur und Fis-dur – zu den Farben der Edelsteine; oder die Quart- und Quintschichtungen in („zum Licht") aufsteigender oder („zur Dunkelheit") absteigender Ordnung; oder die Tatsache, daß der gesamte 2. Akt ein einziges auskomponiertes crescendo – von der Dunkelheit des Gewölbes zum Licht des Gartens – darstellt; oder die modale Färbung der „Chanson des filles d'Orlamonde" und vor allem der Alladine, die ihre fernöstliche Herkunft suggerieren; oder die Klangsymbolik einzelner Instrumente, bis hin zum regelrechten „Sprechen" der Holzbläsersoli. Überhaupt ist die Instrumentation sehr viel reicher und dichter als etwa die des *Pelléas*, ohne dabei in die Blechbläserlastigkeit des „wagnérisme" zu verfallen. Manche Wendung erinnert eher an den 1911 komponierten Einakter *Herzog Blaubarts Burg* von Béla Bartók, der Dukas' Vertonung des Stoffes gekannt haben dürfte.

Geschichte

Die Blaubart-Legende, deren Quellen möglicherweise auf die Gestalt Gilles de Rais' zurückgehen, ist literarisch erstmals 1697 von Charles Perrault bearbeitet worden; diesem Urbild folgen im wesentlichen auch die Adaptationen von Michel-Jean Sédaine (1789, vertont von Grétry), Ludwig

Tieck (1797) und Maurice Maeterlinck. Dessen zwischen 1899 und 1902 entstandenes „Märchen" war von Anfang an als Opernlibretto gedacht; allerdings hatte Maeterlinck als Komponisten zunächst Edvard Grieg vorgesehen, und erst nachdem dieser sich wenig interessiert zeigte, gab er den Text für Paul Dukas frei.

Die Uraufführung der Oper löste eine ähnliche Welle der Begeisterung aus wie drei Jahre zuvor Debussys *Pelléas*; so wie damals die „Pelléastres", so waren es jetzt die „Chevaliers d'Ariane", die das Werk und seinen Komponisten geradezu anbeteten und keine einzige Aufführung ausließen. In Paris fanden Neuinszenierungen an der Opéra-Comique in den Jahren 1910, 1921 und 1927 statt, während die Opéra das Werk zwischen 1935 und 1975 fünfmal auf den Spielplan setzte. Zu den bedeutendsten Aufführungen außerhalb Frankreichs zählen die Premiere an der Wiener Volksoper (1908) unter der Leitung von Alexander Zemlinsky und die amerikanische Erstaufführung an der Met (1911) mit Geraldine Farrar als Ariane und Arturo Toscanini am Dirigentenpult.   *Michael Stegemann*

Diskographische Empfehlung

1983 – Paris: Armin Jordan, Chœurs de Radio France, Nouvel Orchestre Philharmonique. Katherine Ciesinski (Ariane), Gabriel Bacquier (Barbe-Bleue), Hanna Schaer (Sélysette), Anne-Marie Blanzat (Ygraine), Jocelyne Chamonin (Mélisande), Michelle Command (Bellangère). Erato, ZL 30911

FERRUCCIO BUSONI

geb. 1. April 1866 in Empoli
gest. 27. Juli 1924 in Berlin

Für die Erneuerung der Oper, ihre Befreiung vom übermächtigen Einfluß Richard Wagners zu Beginn dieses Jahrhunderts ist Ferruccio Busoni von kaum zu überschätzender Bedeutung. Bereits 1907 stellte der deutsch-italienische Komponist, der sich zunächst als Klaviervirtuose Ruhm erworben hatte, später als Professor an der Berliner Akademie der Künste Lehrer unter anderem von Kurt Weill und Engelbert Humperdinck werden sollte, in seinem theoretischen Hauptwerk, dem *Entwurf einer neuen Ästhetik der Tonkunst*, dem Musikdrama Wagnerscher Prägung seine eigene Idee von der Oper gegenüber: „Er sollte die Oper des Übernatürlichen oder des Unnatürlichen als der allein ihm natürlich zufallenden Region der Erscheinungen und Empfindungen sich bemächtigen und dergestalt eine Scheinwelt schaffen, die das Leben entweder in einem Zauberspiegel oder einem Lachspiegel reflektiert; die bewußt das geben will, was in dem wirklichen Leben nicht zu finden ist."

Daß die Oper nicht naturalistisch das „Leben" musikalisch widerspiegeln solle, daß sie auch den „Klangrausch" überwinden und zu einer „jungen Klassizität" gelangen müsse, war ebenso Busonis künstlerisches Credo wie die Überzeugung, daß gerade in der Oper sich die „Einheit der Musik", von der er in einem programmatischen Aufsatz spricht, am besten verwirklichen könne. Allen Bühnenwerken Busonis – der frühen und heute vergessenen Oper *Die Brautwahl* nach einer Erzählung von E. T. A. Hoffmann, den beiden in der Tradition der commedia dell'arte stehenden Opern *Arlecchino* und *Turandot* wie auch dem späten, unvollendet gebliebenen *Doktor Faust* – eignet denn auch ein gewissermaßen hybrider Zug. Choräle, Tänze, symphonisch geprägte Abschnitte autonomer Instrumentalmusik, all das ist eingewoben in die mit großem dramaturgischem Gespür (und poetischem Feinsinn) gestalteten Opern. Hinter den revolutionären Forderungen des Theoretikers ist der Komponist Busoni indes in erstaunlichem Maße zurück- und der Tradition verbunden geblieben. Die beschämend geringe

Präsenz seiner durchaus bühnenwirksamen Werke sogar noch in einer Zeit, die zahlreiche vergessene Opern der 20er Jahre wieder ans Licht holt, erklärt dies jedoch kaum.   *Rainer Pöllmann*

Turandot
Eine chinesische Fabel in zwei Akten

Text: Ferruccio Busoni
Uraufführung: 11. Mai 1917, Stadttheater, Zürich
Personen: Altoum, Kaiser (Baß); Turandot, seine Töchter (Sop); Adelma, ihre Vertraute (Mez); Kalaf (Ten); Barak, sein Getreuer (Bar); Die Königinmutter von Samarkand, eine Mohrin (Sop); Truffaldino, Haupt der Eunuchen (Ten); Pantalone, Minister (Baß); Tartaglia, Minister (Baß); Acht Doktoren (4 Ten, 4 Baß); Eine Vorsängerin (Mez), Scharfrichter (stumme Rolle)
Chor: Sklaven; Sklavinnen; Tänzerinnen; Klageweiber; Eunuchen; Soldaten
Ort und Zeit: Der äußerste Orient, in geschichtsloser Zeit
Orchester: 2 Fl (2. auch Picc), 2 Ob (2. auch E.H.), 2 Kl (2. auch Bkl), 2 Fg (2. auch Kfg), 4 Hrn, 3 Trp, 3 Tba, Schlgzg: Glsp, Xyl, TamTam, KlPkn, Tr, KlTr, GrTr, Trgl, Bck, Cel, Hrf, Streicher
Auf der Bühne: 2 Trp, 2 Tba, Pkn, Schlgzg: Tr, Bck, TamTams, Gl
Form: Nummernoper
Aufführungsdauer: Ca. 1 ½ Stunden
Verlag: Breitkopf & Härtel, Wiesbaden

Handlung
1. AKT: Der Prinz Kalaf will Turandot, die Tochter des Kaisers von China, freien. Doch muß jeder, der um die Prinzessin wirbt, zunächst drei Rätsel lösen; wem dies nicht gelingt, der wird geköpft. Kalaf mag daran nicht recht glauben. Die Warnungen seines Vertrauten Barak vermögen ihn ebensowenig von seinem Vorhaben abzubringen wie die Klage der Königinmutter von Samarkand um ihren Sohn, der Turandot zum Opfer gefallen ist. Wie einstmals Tamino verliebt sich Kalaf unsterblich in das von der Königinmutter zurückgelassene Bildnis der Prinzessin. Selbst als der Scharfrichter das Haupt des geköpften Prinzen aufpflanzt, schwankt Kalaf

nicht. Unbeirrt zieht er zum Palast, Turandot zu gewinnen. Dort treibt der kaiserliche Eunuch Truffaldino seine Untergebenen an, den Thronsaal für Kalafs Werbung zu bereiten. Selbst von der Liebe Drangsal befreit, verachtet er alle Freier Turandots. Dem Kaiser Altoum ist das Treiben seiner Tochter zwar gründlich zuwider, doch vermag er sich ihr nicht zu widersetzen. Eindringlich, aber vergeblich beschwört auch er noch einmal Kalaf, von seinem Vorhaben zu lassen. Doch der junge Prinz kennt nur die Alternative „Tod oder Turandot". Wiewohl fasziniert von dem geheimnisvollen Fremden, besteht die Prinzessin auf dem Ritual der Prüfung. Ohne Mühe gelingt es Kalaf, die drei Rätsel zu lösen, die nach dem menschlichen Verstand, der Sitte und (als Gipfel) der Kunst fragen. Turandot, in ihrem Stolz getroffen, will sich töten, aber der Dolch wird ihr entrissen. Um sie nicht zu erniedrigen, gibt nun Kalaf der Prinzessin ein Rätsel auf. Wenn Turandot seinen Namen und seine Herkunft herausfinde, die er bislang verborgen hielt, wolle er sie freigeben und weiterziehen.

2. AKT: Erneut beschließt Turandot, verzweifelt und zugleich in Kalaf verliebt, zu sterben. Weder konnte Truffaldino dem Fremden mit Hilfe eines Zauberworts im Schlafe seinen Namen entlocken, noch ist ihr Vater, der das Geheimnis erfahren hat, bereit, es ihr mitzuteilen. Doch kennt Adelma, Turandots Sklavin, Kalaf noch aus ihrer Jugendzeit und verrät ihrer Herrin gegen die Zusicherung, ihr Sklavendasein finde ein Ende, Name und Herkunft Kalafs. Triumphierend verkündet Turandot vor dem Hofstaat Kalafs Herkunft. Gebrochen und verzweifelt will dieser hinwegstürzen. Doch nun bekennt Turandot ihre Liebe. Frohgemut wird die Hochzeit gefeiert und mit großem Gepränge eine goldene Buddhastatue enthüllt.

Kommentar

Im Grunde entstand *Turandot* aus einer Verlegenheit heraus: Weil *Arlecchino* allein keine abendfüllende Oper ergab, griff Busoni einen Plan auf, den er schon länger gehegt hatte, und arbeitete seine Schauspielmusik von 1906, die als *Turandot-Suite* immer wieder auch konzertant aufgeführt worden war, in nur hundert Tagen zu einer zweiaktigen Oper um. Wie *Arlecchino* so stellt auch *Turandot* den (mit dem Zeitgeist der 10er und 20er Jahre ganz konform gehenden) Versuch dar, eine „nuova commedia dell'arte" zu begründen. Wiewohl nicht eben unlogisch angelegt, sind die Figuren keine psychologisch durchgeformten Charaktere, sondern Typen. Dies gilt zumal für die beiden aus der Commedia-Tradition übernommenen Masken Truffaldino und Pantalone. Durchweg herrscht in der Oper ein leichter Ton vor. Zwar findet sich nicht der zynische Sarkasmus des *Arlecchino*, doch erwächst dem Ritual des Rätsels nie jener tödliche Ernst, mit dem Giacomo Puccinis *Turandot* aufwartet.

Der „Objektivität" der Commedia-Typen entspricht musikalisch der festgefügte Formenkanon. Ganz bewußt hat Busoni das Werk als traditionelle Nummernoper konzipiert. Bemerkenswert ist darüber hinaus die (für Busonis Opern typische) Präsenz absoluter musikalischer Formen. Nicht nur ist die Partitur durchsetzt mit einer Vielzahl von reinen Instrumentalstücken, auch die Akte als Ganzes bilden Formen der absoluten Musik aus. Doch bot das *Turandot*-Sujet Busoni natürlich reichlich Gelegenheit, musikalische Genrestücke einzufügen und so seine These von der „Einheit der Musik" im Zeichen der Oper zu belegen. Direkte Anklänge an fernöstliche Musik finden sich dabei jedoch nur gelegentlich, so daß diese musikalische Chinoiserie niemals penetrant „exotisch" wirkt. Ebenso vermeidet Busoni jede Spur von Sentimentalität. Ganz dem Ideal einer „jungen Klassizität", wie er sie forderte, verpflichtet, bleibt die Musik stets knapp und prägnant, verbreitet jene „kühle, ironisch überlegene und doch aus ihrer luftigen Höhe liebeverlangend nach Gestaltung hinabdrängende Geistigkeit", die der Kritiker Paul Bekker, ein Verwandter im Geiste, an Busoni rühmte.

In mancher Hinsicht kann *Turandot* zudem als Hommage an jene Oper gelten, für die Busoni stets die allergrößte Bewunderung hegte und die ihm als Inbegriff der Gattung schlechthin galt: *Die Zauberflöte*. Nicht nur die „Bildnis"-Arie des Kalaf verweist unüberhörbar auf das große Vorbild. Die in abgrundtiefen Lagen angesiedelte weihevolle Arie des Altoum ruft beim kundigen Hörer ebenso Assoziationen an Sarastros „Hallen"-Arie hervor wie die Figur des Truffaldino an Monostatos. Und findet man denn nicht auch in *Turandot* in reichem Maße, was Busoni an der *Zauberflöte* so rühmte: das „Erzieherische, Spektakelhafte, Weihevolle und Unterhaltsame"?

Geschichte

Für seinen Opertext verwandte Busoni nicht so sehr Schillers Bearbeitung des *Turandot*-Stoffes, sondern die berühmte, die Tradition der commedia dell'arte hochhaltende *Fiaba chinese teatrale tragicomica* Carlo Gozzis aus dem Jahr 1762 – wie er später ja auch den *Doktor Faustus* kaum auf Goethes Schauspiel, sondern auf das mittelalterliche Puppenspiel gründete. Das Opernlibretto ist gewissermaßen ein kondensierter Extrakt des fünfaktigen Dramas von Gozzi. Allerdings reicherte Busoni die Vorlage mit neuen Figuren und Episoden an, so etwa mit der Gestalt der Königinmutter oder des königlichen Eunuchen Truffaldino. Die bedeutendste dieser Einfügungen ist zweifellos die Rätselszene, stellen die Antworten auf die drei Fragen doch gewissermaßen die Grundpfeiler von Busonis Kunst- und Lebensauffassung dar.

Busonis bescheidene zweiaktige Oper, die nicht eben emphatisch den Anspruch vertritt, „große Kunst" zu sein, stand seit jeher im Schatten der nur wenige Jahre später komponierten *Turandot* Giacomo Puccinis. Uraufgeführt wurde die Oper, gemeinsam mit *Arlecchino*, am 11. Mai 1917 im Stadttheater Zürich unter der Leitung des Komponisten. Die Inszenierung besorgte Hans Rogorsch. Es folgten, mit beachtlichem Erfolg, Aufführungen unter anderem in Frankfurt am Main und an der Deutschen Staatsoper in Berlin, wo Leo Blech die musikalische Leitung innehatte. Nach dem Zweiten Weltkrieg fand *Turandot* in Verbindung mit *Arlecchino* den Weg auf die Bühnen der Deutschen Oper Berlin (1966) und der Oper in Trier (1980). An der erfreulichen, freilich immer noch sehr begrenzten Renaissance des Komponisten Busoni, von der unter den Opern zumal *Arlecchino* und *Doktor Faustus* profitieren, hat *Turandot* jedoch bislang kaum Anteil.

Rainer Pöllmann

Diskographische Empfehlung

1959 – Bern: Otto Ackermann, Berner Kammerchor, Berner Stadtorchester. Charles Gillig (Altoum), Melitta Muszely (Turandot), Melanie Geissler (Adelma), Fritz Uhl (Kalaf), Gottfried Fehr (Barak), Chloe Owen (Mohrin), Paul Kuen (Truffaldino). Foyer, FO 1032(2)

Doktor Faust
Dichtung für Musik in zwei Vorspielen, einem Zwischenspiel und drei Hauptbildern

Text: Ferruccio Busoni
Musik ergänzt von Philipp Jarnach und Antony Beaumont
Uraufführung: 21. Mai 1925, Staatsoper, Dresden
Personen: Doktor Faust (Bar); Wagner, sein Famulus, später Rec-

tor Magnificus (Baß); Mephistopheles (Ten); Der Herzog von
Parma (Ten); Die Herzogin von Parma (Sop); Des Mädchens Bru-
der, Soldat (Bar); Soli, Erscheinungen (stumme Rollen)
Chor: Kirchgänger; Soldaten; Hofleute; Jäger; Landleute; Katholi-
sche und lutherische Studenten
Ort und Zeit: Wittenberg und Parma, im ausgehenden Mittelalter
Orchester: 3 Fl (3. auch Picc), 2 Ob (2. auch E.H.), 3 Kl, 3 Fg,
5 Hrn, 3 Trp, 2 Pos, Tba, Pkn, Schlgzg, 2 Hrf, Cel, Org, Streicher
Auf der Bühne: 2 Hrn, 3 Trp, Pos, Gl, Streicher
Form: Durchkomponiert, mit Vorspiel und symphonischem Inter-
mezzo (Sarabande) vor dem zweiten Hauptbild
Aufführungsdauer: Ca. 2 ¾ Stunden
Verlag: Breitkopf & Härtel, Wiesbaden

Handlung
VORSPIEL I: Während hinter der Szene ein Chor die österliche Frie-
densbotschaft singt, sitzt Faust über Experimenten in seiner Wittenberger
Studierstube. Sein Famulus Wagner meldet ihm den Besuch von drei
Studenten aus Krakau, die ihm ein Buch überbringen wollen. Als Faust
hört, daß es sich um ein Schlüsselwerk der Magie handelt, läßt er die
Besucher eintreten. Nach der Übergabe verschwinden sie, von Wagner
nicht bemerkt – da weiß Faust, daß sie keine irdische Erscheinungen
waren. Wie zur Bekräftigung seines Verdachts schäumt auf Fausts Experi-
mentierherd ein Metallbrei auf.

VORSPIEL II: Um Mitternacht schlägt Faust das Magiebuch des
Astartis auf und versucht, mit dessen Hilfe die Geister der Hölle zu be-
schwören. Es erscheinen nacheinander fünf, doch Faust weist sie zurück:
Sie müßten so schnell sein wie ein menschlicher Gedanke. Da erscheint
Mephistopheles und schlägt Faust einen Pakt vor. Fortan will er dem
Gelehrten auf Erden dienen, ihm zu Reichtum, Ruhm und schönen Frauen
verhelfen. Der Preis: im Jenseits soll Faust Mephistopheles dienen. Der
Gelehrte schaudert vor der Vorstellung zurück, in ewige Verdammnis zu
fallen, aber der Druck der Verhältnisse zwingt ihn zu dem Pakt: Gläubiger,
der Bruder des von Faust verführten Mädchens, und die Pfaffen jagen ihn
gleichermaßen. Als die Schergen schon an die Tür klopfen, tötet Mephistopheles sie auf Fausts Bitte. Darauf unterschreibt dieser den Pakt und sinkt
ohnmächtig zu Boden, während von draußen das österliche Alleluja ertönt.
Mephistopheles triumphiert.

ZWISCHENSPIEL: In einer romanischen Kapelle des Münsters kniet der Bruder des von Faust verführten Mädchens (Gretchen) im Gebet. Faust befiehlt Mephistopheles, ihn zu töten. Da erscheint eine Gruppe Soldaten, auf der Suche nach dem Mörder ihres Hauptmanns. In Gretchens Bruder glauben sie ihn zu erkennen und bringen ihn um. Mephistopheles, als Mönch verkleidet, kommentiert den Vorgang zynisch.

HAUPTBILD I: Im herzoglichen Park zu Parma erwartet die höfische Gesellschaft das fürstliche Hochzeitspaar. Als besondere Attraktion, fast als ein Wunder kündigt der Zeremonienmeister den Auftritt des Doktor Faust zum Höhepunkt des Festes an. Dank seiner magischen Künste macht dieser den Tag zur Nacht und läßt auf Wunsch der Herzogin berühmte Liebespaare der Vergangenheit erscheinen: Salomo und die Königin von Saba, Samson und Dalila, Johannes den Täufer und Salome. Faust versucht, seine zur Herzogin entbrannte Liebe in das Spiel zu integrieren, doch der Herzog bricht das zur Verführung werdende Spiel ab. Da flieht Faust mit der Herzogin. In der Maske eines Hofkaplans klärt Mephistopheles den Herzog über den Vorgang auf und rät ihm pragmatisch, die Schwester des Herzogs von Ferrara zu heiraten, damit dieser von seinen Kriegsplänen gegen Parma ablasse.

HAUPTBILD II: In einem Wittenberger Wirtshaus diskutiert Faust mit Studenten. In einem philosophischen Streitgespräch weist Faust auf Luther als Autorität hin: Sogleich ist die Gruppe ideologisch gespalten und versucht, sich gegenseitig niederzusingen, die Katholiken mit dem „Te Deum", die Protestanten stimmen „Ein feste Burg" an. Als Faust von seinem Abenteuer in Parma berichtet, tritt Mephistopheles als Kurier der Herzogin auf: Als letzten Gruß der von Faust Verlassenen bringt er ihm ein totes Kind. Doch es handelt sich nur um eine Strohpuppe, aus der Helena hervortritt. Vergebens versucht Faust, diesem Abbild menschlicher Vollkommenheit habhaft zu werden. Da treten die drei Studenten aus Krakau auf und fordern das magische Buch zurück. Sie verkünden Faust, um Mitternacht sei sein Leben abgelaufen. Faust sehnt seinen Tod herbei.

HAUPTBILD III: Auf einer verschneiten Straße in Wittenberg singt der als Nachtwächter verkleidete Mephistopheles das Nachtlied. Eine Schar von Studenten erwartet den von seiner Antrittsrede zurückkehrenden neuen Universitätsrektor – es ist Fausts einstiger Famulus Wagner. Er zieht sich müde in das früher Faust gehörende Haus zurück. Schließlich erscheint dieser selbst. Während aus einer Kirche ein chorisches „Dies irae" ertönt, erblickt er eine Bettlerin auf den Stufen des Hauses mit einem Kind

in den Armen. Mitleidig will er ihr sein letztes Hab und Gut geben, da
erkennt er in ihr die Herzogin von Parma. Aus ihren Händen nimmt er das
Kind entgegen und will die Kirche betreten. Obwohl ihm Gretchens ermor-
deter Bruder im Harnisch entgegentritt, dringt Faust bis zum Altar vor. Ein
weiteres Trugbild schreckt ihn: Der Gekreuzigte verwandelt sich, vom
Nachtwächter mit der Lampe irreal beleuchtet, in Helena. In einer letzten
Anstrengung vermacht Faust sein geistiges Erbe seinem Sohn: Er soll das
gerade richten, was ihm auf Erden schief geraten war. Faust stirbt, aus dem
toten Kind ist ein Jüngling geworden, der nackt in die Nacht hinausschreitet, einen blühenden Zweig in der rechten Hand. Mephistopheles leuchtet
dem toten Faust mit der Laterne ins Gesicht: „Sollte dieser Mann etwa
verunglückt sein?"

Kommentar

Busonis letzte Oper blieb unvollendet. Als der Komponist 1924
starb, war der Schlußmonolog Fausts nicht komponiert, und somit fehlte
das geheime Motto der Oper: „Ich, Faust, ein ewiger Wille". Busonis Wille,
aus dem *Faust*-Stoff eine Oper zu machen, läßt sich bis ins Jahr 1910
zurückverfolgen, und 1913 bezeichnete er seinen Plan als den zu einem
„Haupt- und Monumentalwerk". Das ist nicht nur in Kategorien des äußeren Umfangs zu verstehen, sondern auch als Einlösung seiner Idee von
einem Musiktheater der Zukunft, in dem der Realitätsebene Übernatürliches, Symbolisches und Mystisches überlagert sind. Die Perspektive, die er
dabei dem Stoff abgewann, ist als aufklärerisch zu bezeichnen. Für Faust
gibt es keine göttliche Transzendenz, so daß sein Pakt mit der schwarzen
Magie nicht im christlichen Sinn als Sünde verstanden werden kann. Er ist
eher zu begreifen als eine Einlassung des Menschen auf die seine eigene
Vorvergangenheit bestimmenden Mächte des Okkulten. Teufel und Ge-
kreuzigter sind in diesem Zusammenhang nur noch symbolhafte Chiffren
für komplementäre Stufen der Selbstentfremdung des Menschen, am Ende
werden sie von seiner Einsicht in die Willensfreiheit des Individuums aufgehoben, der Teufel ist reduziert auf nicht mehr als einen tatsächlichen
Nachtwächter. Dieser Auffassung suchte der Komponist in dem 1921 veröffentlichten „Entwurf eines Vorworts zur Partitur des *Doktor Faust*" gat-
tungstheoretisch zu entsprechen. In früheren theoretischen Exkursen hatte
Busoni darauf abgehoben, die illusionistische Verdoppelung bzw. Verdrei-
fachung von Wort, Ton und Szene im Sinn des Wagnerschen Gesamtkunstwerks zu brechen. Nun stellt er die These auf, daß Musik „Unausgesproche-

nes beredsam macht" und zieht daraus die Konsequenz, daß „die Oper alle Mittel und alle Formen, die sonst in der Musik einzeln zur Anwendung kommen, vereint in sich birgt, sie gestattet und sie fordert". Formal äußert sich dieser synthetische Grundzug von Busonis späten ästhetischen Erwägungen in jener Vorliebe für die feste Form aus dem Bereich der absoluten Musik, die gleichzeitig in Alban Bergs *Wozzeck* unter gänzlich anderen Voraussetzungen auch Wege aus der Erstickung der Oper durch die Nachwirkung Wagners weist (ein ironischer Namensbezug zwischen Wagner und dem zum Rector Magnificus aufsteigenden Famulus in der Oper liegt auf der Hand). So ist der Auftritt der Krakauer Studenten ein gespenstischer Marsch, die Beschwörungsszene eine Variationsreihe, die Parkszene in Parma eine Suite verschiedener Tanzformen, die sich in der Sarabande des folgenden symphonischen Intermezzos fortsetzen. Die autonome musikalische Form zwingt sich also dem Text wie dem Handlungsvorgang gleichermaßen als ein Subtext des Unaussprechbaren auf. Dem dienen ferner auf der einen Seite stilzitathafte Klänge von Orgel, Glocken und Choral, auf der anderen ebenfalls nicht wörtlich, sondern zitatähnlich eingesetzte Entlehnungen aus dem eigenen Schaffen: In der Forschung sind (Antony Beaumont) nicht weniger als dreiundzwanzig solcher Selbstzitate dingfest gemacht worden. Mehr als Stilzitate sind die erwähnte Sarabande und der das Parma-Bild einleitende Cortège, die Busoni mit geringfügigen Änderungen schon 1918/19 als *Zwei Studien zur Oper Doktor Faust* komponiert hatte.

Geschichte

Die entscheidende Anregung zu seiner Oper brachte Busoni nicht Goethes Drama, sondern das alte Puppenspiel, das der Komponist in der Fassung von Karl Simrock (1846) kannte. Von seinem ersten Vorhaben, Partien eines Marionettentheaters in die Oper zu integrieren, ging er bald ab, und die Gretchen-Handlung verlegte er gänzlich in die Vorgeschichte. In dieser Form entstand das Libretto hauptsächlich im Dezember 1914 und wurde 1918 in der Monatsschrift „Die weißen Blätter" erstmals veröffentlicht. Die Arbeit an der Komposition führte zu mancher Texterweiterung, und die im September 1916 begonnene Komposition wies auch einen gesprochenen Prolog und Epilog auf: Worte des Dichters Busoni, mit denen er sein Verhältnis zur Stoffgeschichte schildert. Die letzten Arbeiten am Werk datieren vom April 1924, und als Busoni starb, war die Partitur bis auf die Erscheinung der Helena im 2. Hauptbild und den Schlußmonolog des

Faust fertig, in den ja wieder die Erscheinung Helenas hineinspielt. Busonis Freund und Schüler Philipp Jarnach fügte hinterlassene Skizzen zu einer Aufführungsversion zusammen, die Fritz Busch 1925 in der Dresdner Staatsoper uraufführte. Danach hat das Werk trotz seines hohen Rangs nicht mehr als zwanzig Einstudierungen gefunden, am spektakulärsten vielleicht 1980 in Frankfurt am Main durch den Dirigenten Friedrich Pleyer und den Regisseur Hans Neuenfels. Noch wichtiger für die Wirkungsgeschichte der Oper dürfte die Aufführung 1985 in Bologna gewesen sein, die erste Regiearbeit des Filmregisseurs Werner Herzog für das Musiktheater. Musikalisch verantwortlich für diese Produktion war der britische Dirigent und Musikforscher Antony Beaumont, der nach zehnjähriger Arbeit eine neue Finalversion vorlegte. Er ging dabei aus von Skizzen Busonis, die Jarnach nicht berücksichtigt hatte, und legte die Schlußszene nicht mehr in es-moll an, sondern in C-dur, der sozusagen symbolischen – wenngleich nicht ausdrücklich als solche durch das Fehlen der Vorzeichen erkennbaren – Grundtonart der Oper, ja des Gesamtwerks Busonis. So gewann *Doktor Faust* eine tonsymbolische Rundung, die der Metasprachlichkeit des Werks und seiner optimistischen Grundfarbe ein überzeugenderes Finale sichert als Jarnachs Aufführungsversion – und der ebenfalls 1924 unvollendet hinterlassenen, von Franco Alfano vollendeten *Turandot* Puccinis. In Beaumonts Kontext wirkt nun die ironisch gesprochene Schlußfloskel des Nachtwächters als verfremdete Klarheit, die dem formal immer konzisen, klangsprachlich pedallosen *Doktor Faust* kongenial ist.

Ulrich Schreiber

Diskographische Empfehlung

1969 – München: Ferdinand Leitner, Chor und Symphonie-Orchester des Bayerischen Rundfunks. Dietrich Fischer-Dieskau (Faust), Karl Christian Kohn (Wagner), William Cochran (Mephistopheles), Anton de Ridder (Herzog von Parma), Hildegard Hillebrecht (Herzogin von Parma), Franz Grundheber (Soldat). DG 2740 273

FRANCESCO CILEA

geb. 26. Juli 1866 in Palmi (Kalabrien)
gest. 20. November 1950 in Varazze

Mit zwölf Jahren kam Cilea, der Sohn eines Rechtsanwaltes, an das Konservatorium San Pietro a Majella in Neapel, wo er Klavier und Komposition studierte. Zu seinen musikalischen Hausgöttern zählten Bach und Scarlatti ebenso wie Beethoven und Chopin. Ein Jahr vor Abschluß der Studien wurde seine erste Oper *Gina* (1889) aus der Taufe gehoben, was den Verleger Sonzogno veranlaßte, ihm zu einem weiteren Opernauftrag zu verhelfen, *Tilda* (Florenz 1892), einem Bühnenwerk, das sich zunächst als sehr erfolgreich erwies. 1896 ging Cilea als Lehrer für Kontrapunkt und Harmonielehre an das Istituto musicale in Florenz, 1897 erblickte *L'Arlesiana* (nach Daudets Schauspiel *L'Arlesienne*) am Mailänder Teatro lirico das Rampenlicht. Trotz des glänzenden Debüts von Enrico Caruso war dem Werk kein Erfolg beschieden; erst nach einer gründlichen Umarbeitung vermochte es sich in Italien durchzusetzen; die fraglos berühmteste Arie der Oper, das Lamento des Federico „E la solita storia" gehört auch heute noch zum Repertoire namhafter Tenöre. Nach *Adriana Lecouvreur* (1902) folgten noch zwei weitere Opern: *Gloria*, die Toscanini mit nur mäßigem Erfolg an der Mailänder Scala herausbrachte, zwei Jahre später *Il matrimonio selvaggio*, ein schwaches Werk, das nicht mehr publiziert wurde.

Cileas Wirken ist insofern von Tragik überschattet, als er nicht nur relativ früh als Opernkomponist verstummte, sondern es sogar miterleben mußte, daß es um sein Hauptwerk *Adriana Lecouvreur* immer stiller wurde. So wandte er sich zwangsläufig pädagogischen Aufgaben zu und übernahm 1916 das Amt des Direktors an seinem ehemaligen Konservatorium in Neapel. 1935 siedelte er nach Rom über, zwölf Jahre später zog er sich nach Varazze zurück, wo er im 85. Lebensjahr starb.   *Norbert Christen*

Adriana Lecouvreur

Oper in vier Akten

Text: Arturo Colautti, nach dem gleichnamigen Drama von Eugène Scribe und Ernest Legouvé

Uraufführung: 6. November 1902, Teatro lirico, Mailand

Personen: Maurizio, Graf von Sachsen (Ten); Fürst von Bouillon (Baß); Abbé von Chazeuil (Ten); Michonnet, Regisseur an der Comédie-Française (Bar); Quinault (Baß); Poisson (Ten): Mitglieder der Comédie: Mlle. Jouvenot (Sop) und Mlle. Dangeville (Mez); Adriana Lecouvreur, Schauspielerin an der Comédie (Sop); Die Fürstin von Bouillon (Mez); Haushofmeister (Ten); Kammerzofe (stumme Rolle)

Chor: Damen; Herren; Statisten, Bühnengehilfen; Diener; Ballett

Ort und Zeit: Paris, 1730

Orchester: 3 Fl (3. auch Picc), 2 Ob, E.H., 2 Kl, 2 Fg, 4 Hrn, 3 Trp, 3 Pos, Btba, Schlgzg (GrTr, KlTr, Bck, Trgl, Glsp, TamTam), Hrf, Cel, Streicher

Form: Durchkomponiert

Aufführungsdauer: Ca. 2 ½ Stunden

Verlag: Casa musicale Sonzogno di Piero Ostali, Mailand

Handlung

1. AKT: Im Foyer der Comédie-Française. Vor ihrem Auftritt vertraut Adriana Lecouvreur ihrem Mentor, dem Regisseur Michonnet, an, daß sie einen Fähnrich namens Maurizio aus dem Gefolge des Grafen von Sachsen liebe. Sie ahnt nicht, daß ihr Geliebter in Wahrheit der Graf selbst ist. Michonnet, der seinerseits in sie verliebt ist, aber nicht wagt, sich ihr zu erklären, warnt sie vor einer solchen Verbindung. Als der Graf sie aufsucht, schenkt sie ihm, glücklich über seine Rückkehr aus dem Krieg, einen Veilchenstrauß. Während der Vorstellung hat der Fürst von Bouillon ein Billett seiner Mätresse, der Schauspielerin Duclos, abgefangen, in dem der Graf von Sachsen zu einem nächtlichen Rendezvous in eine abgeschiedene Villa geladen wird, die der Fürst der Duclos zur Verfügung gestellt hat. Er weiß jedoch nicht, daß die Duclos im Auftrag seiner eigenen Frau, der Fürstin, geschrieben hat, die selbst in heftiger Liebe zu Maurizio entbrannt ist. Um seine Geliebte wegen ihres vermeintlichen Verrats zu kompromittieren, lädt der Fürst seine Freunde und die Schauspieler nach der Vorstellung in die Villa ein.

2. AKT: Das Nest der „Grange Batelière". Ungeduldig erwartet die Fürstin die Ankunft Maurizios. Als er eintritt, bemerkt sie argwöhnisch sofort den Veilchenstrauß. Galant sucht er die peinliche Situation zu meistern, indem er ihr die Blumen schenkt, doch nur allzu bald muß die Fürstin erkennen, daß seine Liebe einer anderen gilt. Der Fürst und seine Gäste treffen ein, unter ihnen Adriana. Sie wird von Maurizio, dessen wahre Identität sie nun erfährt, gebeten, einer hochgestellten Dame, mit der er sich aus rein politischen Gründen habe treffen müssen, zu helfen, unerkannt das Haus zu verlassen. Adriana glaubt seinen Beteuerungen und löscht die Lichter. In der Dunkelheit vermag die Fürstin ihre Retterin nicht zu erkennen, gleichwohl erscheint ihr deren Stimme vertraut. Als Adriana ihrerseits erkennen muß, daß die Unbekannte in Wahrheit ihre Rivalin ist, kommt es zwischen den beiden Damen zu einer heftigen Auseinandersetzung, in deren Verlauf es der Fürstin gelingt, unerkannt zu entfliehen, doch ihr kostbares Armband bleibt in Adrianas Händen zurück.

3. AKT: Im Palais Bouillon. Der Fürst von Bouillon hat zu einem prächtigen Fest geladen; unter den Gästen sind auch Adriana und Maurizio. Voller Argwohn beobachtet Adriana ein Gespräch zwischen Maurizio und der Fürstin, während diese beim Klang von Adrianas Stimme aufhorcht. Um sich Gewißheit zu verschaffen, lenkt die Fürstin wie zufällig das Gespräch auf die jüngste amouröse Eroberung des Grafen, wobei sie unverhohlen auf die Schauspielerin anspielt. Adriana jedoch entgegnet, am Theater spreche man von einer adeligen Dame und zeigt zum Beweis jenes Armband, das die Fürstin in der Villa verloren hat und das der Fürst als das seiner Frau erkennt. Gebeten, eine Kostprobe ihrer Kunst zu geben, trägt sie den Monolog aus Racines *Phèdre* vor, durch den die ehebrecherischen Beziehungen der Fürstin allen offenkundig werden. Zutiefst getroffen schwört die Fürstin bittere Rache.

4. AKT: In Adrianas Haus. Seit jenem Abend im Hause Bouillon ist Adriana einzig vom Gedanken an Rache erfüllt; Kunst und Berühmtheit bedeuten ihr nichts mehr. Auch Michonnet, der sich zu einem schüchternen Geständnis seiner Liebe durchringt, vermag sie nicht zu trösten. Unerwartet erhält sie Besuch ihrer Kollegen, die gekommen sind, um ihr zum Geburtstag zu gratulieren und ihr den neuesten Gesellschaftsklatsch mitzuteilen. Als im Namen des Grafen von Sachsen ein Kästchen mit einem verwelkten Veilchenstrauß abgegeben wird, glaubt sich Adriana von Maurizio endgültig verlassen; erfüllt von wehmütigen Erinnerungen, berührt sie mit ihren Lippen die Veilchen. Im Augenblick ihrer tiefsten Verzweiflung erscheint Maurizio und beschwört sie, seine Gattin zu werden; kaum vermag Adriana ihr Glück zu

fassen. Doch plötzlich bricht sie zusammen; entsetzt erkennen Michonnet und Maurizio, daß die Blumen von der Fürstin mit einem tödlichen Gift bestrichen wurden. Noch einmal kehren Adrianas Gedanken in die Welt des Theaters zurück, dann stirbt sie in den Armen ihres Geliebten.

Kommentar

Bei der Umarbeitung des fünfaktigen Schauspiels in das vieraktige Libretto sind die Autoren nach dem einfachen Prinzip verfahren, aus dem 1. Akt nur die für das Verständnis erforderlichen Momente herauszufiltern und in den Eröffnungsakt der Oper zu übernehmen, der ansonsten analog zum 2. Akt der Vorlage gehalten ist; die Akte zwei bis vier der Oper entsprechen dann den Akten drei bis fünf des Schauspiels. Dabei wurde die historische Dimension, die Scribe für bedeutsam hielt, zur bloßen Folie reduziert; die Elemente des politischen Ränke- und Intrigenspiels, die eine geistige Verankerung Scribes im 18. Jahrhundert erkennen lassen, sind in der Oper nur noch andeutungsweise vorhanden. Dadurch haben einige Gestalten an Profil verloren: Maurizio scheint fast ausschließlich auf den verschlungenen Pfaden der Liebe zu wandeln; daß er auch Politiker und Feldherr ist, wird nur am Rande deutlich (Dialog mit der Fürstin, 2. Akt; Erzählung von der Schlacht um Mittau, 3. Akt). Auch bei der Darstellung der Fürstin ist eine wesentliche Akzentverschiebung eingetreten: eine ursprünglich realistisch gezeichnete Gestalt wurde zu einer eindimensionalen Figur reduziert, die nur von ihren Emotionen gesteuert wird (Arie „Acerba voluttà", 2. Akt); im Monolog des Schauspiels erscheint sie wesentlich kühler, nicht bar jeder Leidenschaft, doch fähig zur Reflexion.

In der dramaturgischen Konstellation folgt die Oper dem Topos des Dreiecksverhältnisses, das den Konflikt und den daraus resultierenden tragischen Ausgang begründet, hier allerdings in der seltener anzutreffenden Variante, daß ein Mann zwischen zwei Frauen steht: Maurizio hat sich in die Schauspielerin Adriana verliebt und versucht, seine Beziehungen zu der leidenschaftlichen Fürstin von Bouillon zu lösen. Die Konstellation wird scheinbar dadurch kompliziert, daß Adriana von Michonnet, ihrem Mentor und väterlichen Freund, geliebt wird, was sie freilich nicht weiß; doch Michonnets Liebesbeziehung bleibt bare Intention, ist dramaturgisch von peripherer Bedeutung. Die Beziehungen der beiden Frauen zu Maurizio sind indes unterschiedlicher Natur: Während Adrianas aufrichtige Liebe dem Menschen Maurizio gilt – sie hält ihn ja ursprünglich für einen einfachen Fähnrich –, ist das Verhältnis zwischen der Fürstin und dem Grafen durch Momente der Berechnung, des politischen Kalküls mitbestimmt. Die Titelgestalt hat nichts von ihrer Komplexität eingebüßt: Adriana erscheint nicht nur als liebende Frau, die mit allen ihr verfügbaren Mitteln um Maurizio kämpft, sondern auch als die große Künstlerin, die sich gewissenhaft auf ihren Auftritt vorbereitet und sich weniger als Primadonna denn als „Dienerin des schöpferischen Genius" sieht (Arie „Io son l'umile ancella", 1. Akt).

Die Darstellung Adrianas als Schauspielerin bringt in die Theaterrealität ein zusätzliches Moment mit hinein: das Spiel im Spiel. Während ihr Auftritt als Rossana zunächst nur indirekt, nämlich durch Michonnets Kommentar, vermittelt wird, werden gegen Ende des Aktes Bühnenspiel und Theaterrealität miteinander verschränkt: Als Adriana auf der Bühne einen Brief erhält, den Maurizio dazu benutzt hat, sein mit ihr vereinbartes Rendezvous abzusagen, wird die gespielte Empfindung vom echten Gefühl der Eifersucht verdrängt. Das Publikum, das den wahren Sachverhalt nicht kennt, hält ihren Ausdruck für den Gipfel schauspielerischer Leistung.

Aus den „comprimari" hat Cilea ein wirkungsvolles Ensemble geformt, das seine stilistische Herkunft von der opera buffa nicht verleugnen kann. Die Dialoge lassen insofern einen realistischen Eindruck entstehen, als sich die Personen gegenseitig ins Wort fallen. Gestützt werden die dialogisierenden Stimmen vom Orchester, das mit einer Reihe von prägnanten Motiven sowie liedhaften Themen das klangliche Kontinuum abgibt. Diese im lokkeren Konversationston gehaltenen Ensembles erfüllen die Aufgabe, die Theateratmosphäre lebensecht widerzuspiegeln; zugleich bilden sie ästhetisch Ergänzung und Widerpart zu den lyrisch-sentimentalen Partien Adrianas, Maurizios und Michonnets.

Einige Themen und Melodien, insbesondere aus den Arien „Io son" und „Acerba voluttà", die die beiden Rivalinnen charakterisieren, werden leitmotivisch verarbeitet, wobei Cilea sich nicht darauf beschränkt, lediglich auf das Stichwort oder den Auftritt hin das Motiv zu zitieren, sondern durch das Orchester Assoziationen erwecken läßt, die durch Text oder Szene nicht vermittelt werden. Wenn Adriana das Kästchen mit den verwelkten Veilchen öffnet, wird bereits durch das Zitat jenes Motivs, das die Fürstin charakterisiert, das tragische Ende der Heldin antizipiert.

Geschichte

Adrienne Lecouvreur (1692–1730) zählt zu jenen Mimen, die Theatergeschichte gemacht haben. Ihre historische Bedeutung liegt vor allem in der Begründung eines neuen deklamatorischen Stils, der an die Stelle des „theatralischen Gesanges" die natürliche, gleichwohl noble Deklamation setzte. Unter ihren zahlreichen Liebesverhältnissen ist die Liaison mit dem Grafen Moritz von Sachsen, einem natürlichen Sohn August des Starken, historisch belegt. Das Schauspiel *Adrienne Lecouvreur*, das 1849 erstmals in Paris aufgeführt worden war und sich als raffinierte Mischung aus traditionellem Intrigenstück und modernem historischem Drama darstellt, hatte bereits Generationen von Zuschauern fasziniert und befand sich zu jener Zeit immer noch im Repertoire großer Tragödinnen wie Sarah Bernhardt und Eleonora Duse, als sich Cilea 1899 entschloß, eine Oper *Adriana Lecouvreur* zu schreiben. Im Dezember 1900 konnte er mit der Komposition beginnen, im Herbst 1902 war die Arbeit an der Partitur abgeschlossen.

Die Uraufführung mit Angelica Pandolfini (Adriana), Enrico Caruso (Maurizio) und Giuseppe de Luca (Michonnet) gestaltete sich zu einem triumphalen Erfolg; 1903 wurde die Oper in Lissabon, Buenos Aires, Hamburg, Warschau und Genf gegeben und fand in der Folgezeit schnelle Verbreitung. Als sie in den 20er Jahren an Terrain verlor, wurde sie verschiedenen Änderungen, vor allem aber Kürzungen unterzogen und in der definitiven Version 1930 in Neapel erstmals aufgeführt. Seit dieser Zeit haben sich immer wieder große Sängerinnen mit der Partie der Adriana auseinandergesetzt: Magda Olivero, Renata Tebaldi, Raina Kabaivanska und Mirella Freni.   *Norbert Christen*

Diskographische Empfehlung

1978 – London: James Levine, Ambrosian Opera Chorus, Philharmonia Orchestra. Renata Scotto (Adriana), Placido Domingo (Maurizio), Sherrill Milnes (Michonett), Elena Obrastzova (Principessa). CBS 79 310

UMBERTO GIORDANO

geb. 28. August 1867 in Foggia
gest. 12. November 1948 in Mailand

Mit 13 Jahren kam Umberto Giordano, der Sohn eines Apothekers, an das Konservatorium San Pietro a Majella in Neapel, wo er, von wenigen Unterbrechungen abgesehen, zehn Jahre studierte. Zu seinen Studienkollegen zählte übrigens Francesco Cilea, mit dem ihn eine aufrichtige Freundschaft verband. 1888 belegte Giordano im Sonzogno-Wettbewerb, aus dem Pietro Mascagni mit *Cavalleria rusticana* als Sieger hervorging, einen sechsten Platz. Sein Einakter *Marina* wurde zwar weder publiziert noch aufgeführt, erregte aber das Interesse von Sonzogno, der ihm den Auftrag für eine abendfüllende Oper gab. Doch *Mala vita* (Rom 1892) entfachte insbesondere in Neapel, wo die Handlung angesiedelt ist, aufgrund ihres brutalen Naturalismus eine Welle von Protesten; auch nach einer Umarbeitung vermochte sich das Werk nicht zu halten.

Nach dem Fiasko mit seiner nächsten Oper, *Regina Diaz* (Neapel 1894), verlor Sonzogno das Interesse an Giordano; erst durch den spektakulären Erfolg von *Andrea Chénier* (1896) kamen sie sich wieder näher. Mit *Fedora* (Mailand 1898), nach Sardous gleichnamigem Schauspiel, konnte Giordano zunächst an den Triumph von *Andrea Chénier* anknüpfen, zumal die Uraufführung mit zwei herausragenden Interpreten wie Gemma Bellincioni und Enrico Caruso aufwartete. In der Folgezeit jedoch verlor die Oper, vor allem außerhalb Italiens, an Terrain; 1942 ergänzte Giordano die Partitur für eine Verfilmung. *Siberia* (Mailand 1903) verdient insofern Beachtung, als sie zu einem Operntypus tendiert, in dem das Kollektiv, ähnlich wie in Mussorgskijs *Boris Godunow*, dramaturgisch relevant ist, eine Ausnahme im melodramma der „Giovane Scuola Italiana", in dem üblicherweise der Konflikt der Individuen thematisiert wird.

Mit *Madame Sans-Gêne* (New York 1915) betrat Giordano erstmals den Boden der musikalischen Komödie. Trotz einer glänzenden Uraufführung unter der Leitung von Toscanini vermochte sich das Werk auf die Dauer nicht zu halten. Die Kritik lobte zwar die ausgewogene Mischung komischer und pathetischer Momente, die sich allerdings bereits in der Vorlage, Sardous gleichnamigem Schauspiel, findet, bemängelte jedoch das unterschiedliche Niveau der musikalischen Gestaltung. In *La cena delle beffe* (Mailand 1924) kehrte Giordano noch einmal zu einem tragischen Sujet zurück, das allerdings weniger der Stilrichtung des verismo, sondern eher des decadentismo eines Gabriele d'Annunzio verpflichtet ist. Mit dem Buffo-Einakter *Il re* (Mailand 1929), der eine Tendenz zu einfacher Struktur und eingängigen Melodien erkennen läßt und sich vor allem in den 30er Jahren in Italien größerer Beliebtheit erfreute, beendete Giordano sein Opernschaffen.   *Norbert Christen*

Andrea Chénier (André Chénier)
Dramma di ambiente storico in vier Bildern

Text: Luigi Illica
Uraufführung: 28. März 1896, Teatro alla Scala, Mailand
Personen: Andrea Chénier (Ten); Carlo Gérard (Bar); Maddalena von Coigny (Sop); Bersi, Mulattin (Mez); Gräfin von Coigny (Mez); Die alte Madelon (Mez); Roucher (Baß); Pietro Fléville, Romancier (Baß); Fouquier-Tinville, öffentlicher Ankläger (Bar); Sansculotte (Bar); Abate (Ten); Incroyable (Ten); Haushofmeister (Baß); Dumas, Präsident des Wohlfahrtsausschusses (Baß); Schmidt, Schließer von Saint-Lazare (Baß)
Chor: Damen; Herren; Diener; Pagen; Bürger; Soldaten; Marktweiber; Volksvertreter; Richter; Geschworene; Gefangene
Ort und Zeit: Frankreich, zwischen 1789 und 1794
Orchester: Picc (auch 3. Fl), 2 Fl, 2 Ob (2. auch E.H.), 2 Kl (2. Kl auch Bkl), 2 Fg, 4 Hrn, 3 Trp, 3 Pos, Btba, Pkn, Schlgzg (GrTr, Bck, Trgl, KlTr, TamTam), Hrf, Streicher
Auf der Bühne: 8 KlTr
Form: Durchkomponiert
Aufführungsdauer: Ca. 2¼ Studen
Verlag: Casa musicale Sonzogno di Piero Ostali, Mailand

Handlung

1. BILD: Im Schloß der Grafen von Coigny. Zu einem bevorstehenden Fest werden die letzten Vorbereitungen getroffen. Mit flammenden Worten geißelt der Diener Gérard die Ungerechtigkeit seiner Zeit. Erstmals ist der hoffnungsvolle junge Dichter André Chénier geladen. Als seine Hymne auf die wahre Liebe unvermittelt übergeht in eine Anklage gegen den Adel, der das Volk verhungern läßt, reagiert die Gesellschaft mit Empörung. Rasch läßt die Gräfin eine Gavotte anstimmen. Plötzlich dringt unter der Führung von Gérard ein Haufen zerlumpter Gestalten in den Saal. Außer sich vor Zorn befiehlt die Gräfin die sofortige Entfernung der ungebetenen Gäste und entläßt Gérard; dann setzt die Musik wieder ein, als sei nichts geschehen.

2. BILD: Eine Straße in Paris, im Jahre 1794. Gérard ist zu einem der führenden Männer der Revolution aufgestiegen, während Chénier, einst glühender Verfechter der revolutionären Ideale, nun den Verdacht der neuen Machthaber erregt hat. Sein Freund Roucher, der ihm einen Paß besorgt hat, rät ihm, Paris umgehend zu verlassen. Chénier zögert, da eine unbekannte Frau ihn brieflich um Schutz angefleht hat. Bei ihrer ersten Begegnung erkennt er in ihr Maddalena von Coigny. Die Erzählung ihres Schicksals erweckt in ihm den brennenden Wunsch zu helfen; beide geloben, sich nie mehr zu verlassen. Von einem Spitzel herbeigerufen, erscheint Gérard, der schon als Diener ein Auge auf Maddalena geworfen hat und nun sich ihrer zu bemächtigen versucht. Beim Duell wird er von Chénier verwundet, dennoch warnt ihn Gérard vor Fouquier-Tinville. Der aufgebrachten Volksmenge erklärt er, seinen Gegner nicht zu kennen.

3. BILD: Der Sitzungssaal des Revolutionskomitees. Durch den Incroyable erfährt Gérard von der Verhaftung Chéniers. Trotz seiner Skrupel setzt er die Anklageschrift wegen Hochverrats auf. Maddalena erklärt sich bereit, auf Gérards Wünsche einzugehen, falls Chénier entlassen werde. Erschüttert von ihrem Edelmut, versucht Gérard nun, den Dichter vor der Guillotine zu retten. Als die Verhandlung eröffnet wird, bekennt er, eine falsche Anklage erhoben zu haben. Doch das entfesselte Volk bezichtigt Gérard der Bestechung, das Tribunal verurteilt Chénier zum Tode.

4. BILD: Im Hof des Gefängnisses von Saint-Lazare. Gérard hat versucht, Chénier zu retten, doch ohne Erfolg. Im Angesicht seines bevorstehenden Todes schreibt Chénier seine letzten Verse. Da erscheinen Maddalena und Gérard. Maddalena hat durch Bestechung des Gefängniswärters erreicht, den Platz einer Verurteilten im Gefängnis einzunehmen. Nur

kurze Zeit verbleibt den Liebenden, dann werden sie aufgerufen, und in ekstatischer Begeisterung besteigen beide den Todeskarren, der sie zur Guillotine führt.

Kommentar

Im Mittelpunkt des Werkes, in dem nach dem Vorbild der grand opéra Dichtung und Wahrheit auf höchst effektvolle Weise miteinander verwoben sind, steht die historische Gestalt des französischen Dichters André Chénier (1762–1794), der als der bedeutendste französische Lyriker des 18. Jahrhunderts, zugleich als einer der herausragenden Wegbereiter der Romantik gilt. Daß er in Adelskreisen verkehrte, wo man sein Talent zu schätzen wußte, ist überliefert, nicht jedoch, daß sich eine Adlige in ihn verliebte, die sogar bereit war, mit ihm in den Tod zu gehen. Auch die Gestalt des Gérard ist bare Erfindung, eingeführt nur aus dem einfachen Grunde, um der traditionellen Dramaturgie des ottocento zu entsprechen, die den Dreieckskonflikt zur Grundlage des melodramma machte.

Was *Andrea Chénier* vor anderen Opern seiner Zeit auszeichnet, ist die Abkehr von der starren Typisierung, die Hinwendung zu einer Charakterentwicklung; die Schwarzweißmalerei weicht damit einer differenzierten Darstellung der individuellen Persönlichkeit. Insbesondere von der Titelgestalt wird, zweifellos im Hinblick auf das historische Vorbild, ein vielschichtiges Porträt entworfen. Chéniers Arie „Un dì all'azzurro spazio" (1. Bild) zeigt den Dichter als Kritiker des ancien régime, zugleich auch als Künder einer neuen Epoche, in der die tief empfundene Liebe den ersten Platz einnimmt – eine herausragende Facette im Wesen Chéniers, die sich mit Deutlichkeit in der Szene mit Maddalena („Ora soave sublime ora d'amore", 2. Bild) offenbart. Im 3. Bild wird das heroische Moment akzentuiert, als Chénier vor dem Tribunal eine brillante Verteidigungsrede hält („Si, fui soldato") und den Wohlfahrtsausschuß wegen seines Schreckensregimes anklagt. Das 4. Bild zeigt, gewissermaßen als Pendant zum 1. Bild, noch einmal den empfindsamen Dichter (Arioso „Come un bel dì di maggio"), andererseits den von ekstatischer Liebe erfüllten Menschen (Duett „Vicino a te").

Durchaus ambivalent präsentiert sich auch die Gestalt des Gérard. Zwar hat er zunächst keine Skrupel, ähnlich wie Scarpia, seine öffentliche Stellung für seine privaten Ziele zu mißbrauchen. Doch ist er auch der Reflexion fähig, ist bereit, sich selbst der Kritik zu unterziehen (Monolog „Nemico della patria", 3. Bild), vermag zu erkennen, daß er, der frühere Domestik, zum Sklaven seiner eigenen Begierden geworden, also Knecht geblieben ist. Den endgültigen Wandel führt die Begegnung mit Maddalena herbei, deren Bereitschaft, sich für einen anderen zu opfern, ihn in tiefster Seele rührt; anders als der Baron Scarpia hat sich der Proletarier Gérard seine Menschlichkeit in einer unmenschlichen Zeit bewahrt.

Ähnlich wie bei Meyerbeer hat in *Andrea Chénier* das historische Element nicht den Charakter einer bloßen Folie, vor der sich die Tragödie der Individuen abspielt. Vielmehr greift der geschichtliche Augenblick, hier also die Französische Revolution, in das Geschehen ein, wird selbst zum Gegenstand künstlerischer Gestaltung. Symptomatisch hierfür sind nicht nur die zahlreichen Massenszenen, sondern auch die knapp und prägnant gefaßten Porträts einzelner Nebenfiguren, wie sie die damalige Zeit hervorgebracht hat: die „Merveilleuse" Bersi, die ihren Körper verkauft, um Maddalena, ihre ehemalige Herrin, am Leben zu erhalten, oder der Incroyable, der hier allerdings kein harmloser Stutzer, sondern ein gefährlicher Spitzel ist, der die Geschicke zu lenken sucht. Musikalisch wird das Ambiente der Revolution nicht nur durch Zitate einiger bekannter Revolutionslieder wie „Ça ira", der Carmagnole und der Marseillaise eingefangen, sondern auch durch naturalistische Techniken: Nicht wenige Vokalpartien sind in ihrer Diktion an der gesprochenen Sprache orientiert, beziehen Rufe und Schreie mit ein, imitieren das Stimmengewirr durch eine kalkulierte Regellosigkeit des vokalen Satzes. Kontrastierend dazu wird im 1. Bild die Zeit des Rokoko beschworen: durch Schäferidylle, Clavecinspiel und eine Gavotte, wobei es sich hier nicht um Zitate, sondern um Stilkopien handelt.

Von den zahlreichen Partien, in denen das Ambiente dargestellt wird, heben sich jene zu formal geschlossenen Nummern verfestigten Abschnitte ab, deren inspirierten Melodien dieses Werk letztlich seine große Popularität verdankt. Formschemata sind zwar noch latent wirksam, gleichwohl wartet die Oper mit einer erstaunlichen strukturellen Variationsbreite auf: Chéniers Arie aus dem 1. Bild, gelegentlich zu Recht als „improvviso" bezeichnet, kann als Paradigma dafür gelten, daß Kantabilität nicht mehr notwendigerweise mit regulärer Periodenstruktur verschränkt sein muß.

Geschichte

Illicas Libretto zu *Andrea Chénier* war ursprünglich für Alberto Franchetti bestimmt, der es aber an Giordano abtrat, da dieser in eine prekäre Lage geraten war. Nach eigenem Bekunden hat sich der Textbuchautor nicht nur durch die historischen Ereignisse, sondern auch durch die

Veröffentlichungen von Henri de Latouche, Arsène Houssayes, Théophile Gauthier, Edmond und Jules Goncourt anregen lassen. Die Arbeit an der Partitur begann im August 1894 und wurde im Januar 1896 beendet.

Die Uraufführung mit Guiseppe Borgatti (Chénier), Avelina Carrera (Maddalena) und Mario Sammarco (Gérard) verlief überaus erfolgreich. Noch im selben Jahr wurde das Werk in Parma, Turin, Brescia, Genua und New York gegeben. Aufgrund der dankbaren Rollen entwickelte sich *Andrea Chénier* zu einer der beliebtesten Opern des verismo und konnte sich bis heute im Repertoire aller großen Bühnen behaupten; eine besondere Wertschätzung erfuhr die Oper an der Mailänder Scala. Zu den herausragenden Interpreten der Titelpartie zählen Enrico Caruso, Beniamino Gigli und Aureliano Pertile, nach dem Zweiten Weltkrieg vor allem Mario del Monaco, Franco Corelli, José Carreras und Placido Domingo.

Norbert Christen

Diskographische Empfehlung

1955 – Mailänder Scala: Antonino Votto, Chor und Orchester der Mailänder Scala. Mario del Monaco (Chénier), Maria Callas (Maddalena), Aldo Protti (Gérard), Sivana Zanolli (Bersi), Lucia Danieli (Madelon), Enrico Campi (Roucher). Melodram 26002 (AAD)

1976 – London: James Levine, John Alldis Choir, National Philharmonic Orchestra. Placido Domingo (Chénier), Renata Scotto (Maddalena), Sherrill Milnes (Gérard), Maria Ewing (Bersi), Gwendolyn Killebrew (Madelon), Allan Monk (Roucher). BMG/RCA, GD 82046 (ADD)

HANS ERICH PFITZNER

geb. 5. Mai 1869 in Moskau
gest. 22. Mai 1949 in Salzburg

Der in Frankfurt ausgebildete Pfitzner – Komponist, Dirigent, Pianist – fühlte sich vorab als Szeniker. Nach langen Kämpfen brachte er 1895 in Mainz das Musikdrama *Der arme Heinrich* auf die Bühne, eine von James Grun erstellte Variante der mittelalterlichen Legende des Hartmann von Aue: Rettung des todkranken Ritters durch die opferbereite Liebe eines jungen Mädchens. Erlösungsgedanke und Diktion Wagners verbinden sich mit herb-expressionistischen Elementen und einer spröden, bohrenden Ernsthaftigkeit. *Die Rose vom Liebesgarten* (Elberfeld 1901), gleichfalls nach einem Text von Grun, nimmt ein Gemälde von Hans Thoma zum Anstoß für eine märchenhaft-symbolistische Handlung; Mahler dirigierte die Wiener Erstaufführung. Nach einer teils an Märchen, teils an Gerhart Hauptmann orientierten Dichtung von Ilse von Stach entstand das weihnachtliche *Christelflein* (erste Fassung: München 1906; zweite Fassung: Dresden 1917 unter Fritz Reiner). Hans Mahner-Mons alias Possendorf schrieb das Textbuch zu *Das Herz* (Berlin und München 1931), einem musikalischen Drama im Sinne der hochromantischen Zauber- und Legendenoper. Es bleibt als Hauptwerk Pfitzners der 1917 in München uraufgeführte *Palestrina*, in der Wirkung allerdings auf das deutsche Sprachgebiet begrenzt.
Der gallige Streiter gegen die „Modernistengefahr", der heftige Polemiker und Essayist behauptet sich vornehmlich durch seine Lieder, durch einige Kammermusikwerke und Instrumentalkonzerte sowie durch die Ouvertüre zu Kleists *Das Käthchen von Heilbronn*. Ausgangspunkte waren für ihn Schumann und Wagner. *Karl Schumann*

Palestrina
Musikalische Legende in drei Akten

Text: Hans Pfitzner
Uraufführung: 12. Juni 1917, Prinzregententheater, München
Personen: Papst Pius IV. (Baß); Giovanni Morone, Kardinallegat des Papstes (Bar); Bernardo Novagerio, Kardinallegat des Papstes (Ten); Kardinal Christoph Madruscht, Fürstbischof von Trient (Baß); Carlo Borromeo, römischer Kardinal (Bar); Der Kardinal von Lothringen (Baß); Abdisu, Patriarch von Assyrien (Ten); Anton Brus von Müglitz, Erzbischof von Prag (Baßbar); Graf Luna, Orator des Königs von Spanien (Bar); Der Bischof von Budoja, ital. Bischof (Ten); Theophilus, Bischof von Imola (Ten); Avosmediano, Bischof von Cádiz (Bar); Giovanni Pierluigi Palestrina, Kapellmeister an der Kirche St. Maria Maggiore in Rom (Ten); Ighino, sein Sohn, 15 Jahre (Sop); Silla, sein Schüler, 17 Jahre (Mez); Bischof Ercole Severolus, Zeremonienmeister des Konzils von Trient (Bar); Fünf Kapellsänger von St. Maria Maggiore (Ten, Baß)
Stumme Rollen: Zwei päpstliche Nuntien; Die Jesuitengenerale Lamez und Salmeron; Masarelli, Bischof von Thelesia, Sekretär des Konzils; Giuseppe, der alte Diener Palestrinas
Singende Erscheinungen: Die Erscheinung Lukrezias, Palestrinas verstorbener Frau (Alt); Neun verstorbene Meister der Tonkunst (3 Ten, 3 Bar, 3 Baß); Drei Engelstimmen (2 Sop, Alt)
Chor: Diener; Soldaten
Ort und Zeit: 1. und 3. Akt Rom und 2. Akt Trient, November/Dezember 1563, im Jahr der Beendigung des Konzils von Trient.
Form: Durchkomponiert
Orchester: 4 Fl (auch Picc und Altfl), 3 Ob (auch E.H.), 4 Kl (auch Bkl), 4 Fg (auch Kfg), 6 Hrn, 4 Trp, 4 Pos, Btba, Pkn, Schlgzg, 2 Hrf, Cel, Streicher
Auf der Bühne: 3 Mandolinen, Git, 2 Picc, 2 Kl, Org, Gl, TamTam
Aufführungsdauer: Ca. 4 Stunden
Verlag: B. Schott's Söhne, Mainz

Handlung

Geschehen und Gestalten sind sinnbildlich nach Art des Symbolismus gemeint. Der Legende liegt ein historischer Kern zugrunde, Palestrinas Komposition der nachmals so genannten *Missa Papae Marcelli.* Die Problematik des Geschehens hat Pfitzner verschärft, um im Sinne der ihm stets nahen Philosophie Arthur Schopenhauers den Gegensatz zwischen der Welt des blinden, egoistischen Willens – symbolisiert vornehmlich durch das Gezänk des Konzils – und der Welt der zweckfreien Vorstellung – exemplifiziert durch die Kunst und das künstlerische Schaffen – szenisch vor Augen zu stellen.

1. AKT: Zimmer im Hause des Kirchenmusikers Palestrina. Der Schüler Silla ist des gelehrten Kontrapunkts überdrüssig und singt Ighino ein verliebtes Lied vor, das im neuen monodischen Stil der Florentiner Camerata gehalten ist. Der überraschend mit Palestrina eintretende Kardinal Carlo Borromeo mißbilligt diese neumodischen und weltlichen Töne. Borromeo ist Palestrina wohlgesinnt und bedauert, daß der Meister nach dem Tode seiner Frau in Depression, Lethargie und Untätigkeit verfallen ist. Borromeo bringt Nachricht vom Konzil: Eine puristische Opposition will die kunstvolle Vokalpolyphonie aus der Kirche verbannen und die Rückkehr zum Gregorianischen Choral erzwingen. Eine Messe, die Palestrina im figuralen Stil schreiben soll, möge Papst und Konzil vom Wert der traditionellen Polyphonie überzeugen. Palestrina bekennt, erschöpft, ohne Antrieb, ohne Einfall zu sein und diese entscheidende Komposition nicht schreiben zu können. Borromeo verläßt enttäuscht und aufgebracht Palestrinas Haus. Abenddämmerung. Palestrina hat Visionen: seine verstorbene Frau, dann neun Meister der Tonkunst. Die Meister bedrängen ihn, sein Erdenpensum zu vollenden und die rettende Messe zu schreiben. Palestrina verharrt in Resignation. Engelsstimmen, Symbole des von oben kommenden, schöpferischen Einfalls, geben nun Palestrina die Themen der Messe ein. Er zeichnet sie auf, dann nickt er ein. Als die Morgenglocken über Rom läuten, finden Ighino und Silla den schlafenden Meister und die neue Partitur. Ighino bewundert das Werk; der naseweise Silla bezweifelt, daß dieses Werk dem Meister besondere Ehre machen wird.

2. AKT: Im Palast des Fürstbischofs von Trient ist jenes Konzil zusammengetreten, das sich mit den durch die Reformation aufgeworfenen Glaubensfragen befaßt und die katholische Lehre neu präzisiert. Die von Kardinal Morone angeführten italienischen Würdenträger sind in der Mehrzahl, um den Willen des Papstes durchzusetzen und das Konzil schnell

zum Abschluß zu bringen. Zynisch und gerissen läßt der Legat Novagerio die Fäden spielen. Kirchen- und Weltpolitik kommen zur Sprache. Man verbeißt sich schließlich in die Frage, ob das Abendmahl nur in Form von Brot oder als Brot und Wein zu reichen sei. Der aufsässige, hochfahrende Gesandte des Königs von Spanien dringt hartnäckig auf genaue Behandlung der Fragen und droht, zur Schlußsitzung die Protestanten einzuladen. Unter Tumult entfernen sich die Konzilsväter. Die Sitzung wird von Morone auf den Nachmittag vertagt. Als die Bischöfe gegangen sind, geraten sich ihre Diener in die Haare. Madruscht schafft mit Gewehrsalven seiner Soldaten Ordnung. Palestrinas Messe ist – kennzeichnend für die Einschätzung der Kunst in der Welt der Realität – mit wenigen Worten als Bagatelle abgetan worden. Borromeo hat mittlerweile den vermeintlich renitenten Palestrina gefangengesetzt.

3. AKT: Abend. Im Hause Palestrinas. Vor dem Papst und der hohen Geistlichkeit ist Palestrinas Messe, die Ighino angeliefert hatte, in St. Maria Maggiore aufgeführt worden. Eviva-Palestrina-Rufe tönen herein. Die Messe hat gefallen, die Figuralmusik ist vor dem kirchlichen Verbot gerettet. Der Papst wird auf dem Thronsessel hereingetragen und versichert Palestrina seiner Huld. Borromeo versöhnt sich mit seinem Freund Palestrina. Ighino stürmt hinaus auf die Gasse, den Erfolg zu feiern. Palestrina, gealtert und müde, bleibt allein zurück vor dem Bild seiner toten Frau und phantasiert verhalten auf der Hausorgel. Er fühlt, sein Erdenpensum ist getan, der innere Auftrag ausgeführt.

Kommentar

Pfitzners musikalische Legende ist eine Versinnbildlichung der Lehre Schopenhauers und eine deutlich gegen die „Modernistengefahr", wie sie Pfitzner im Musikleben witterte, gerichtete Verteidigung der romantischen Inspirationsästhetik, die den schöpferischen Einfall, der vom Willen des Künstlers unabhängig ist, als das wesentliche Element der Kunst, als den „göttlichen Funken" ansieht. Pfitzner hat der *Palestrina*-Partitur Sätze von Schopenhauer vorangestellt, die in etwa besagen, in den Kunstwerken objektiviere, beruhige sich der alle Wesen treibende, eigensüchtige Wille zur reinen Vorstellung, und neben der blutigen Walstatt der Weltgeschichte bewege sich rein und unbefleckt die Geschichte der Wissenschaften und der Künste. Das Kunstwerk kommt als göttliches Geschenk von oben und wird in der Welt der Machtkämpfe und des aktivistischen Willens als Nebensache angesehen, während es in Wahrheit eine Hauptsache ist.

Pfitzner arbeitete 15 Jahre lang an seinem Gipfelwerk. Den Text, in dem sich Symbolismus, sarkastische Charakterzeichnung und Melancholie begegnen, schrieb er selbst, entgegen seiner sonstigen Gewohnheit. Sprachlich (mitunter auch musikalisch) erinnert manches an die *Meistersinger*. Der Kontrast zwischen dem 1. und dem 2. Akt läuft auf den Schopenhauerischen Gegensatz von Vorstellung und Willen hinaus. Der 3. Akt nimmt sich in seiner Kürze wie eine beruhigende Coda aus, als freundliche Versöhnung der Gegensätze.

Der weitgehend diatonisch angelegten, polyphon konstruierten und von Archaismen durchsetzten Musik liegen teilweise Formen aus dem Bereich der sogenannten absoluten Musik zugrunde. Der Zeit der Handlung gemäß wird erinnert an den Gregorianischen Choral, an die niederländische Polyphonie, an die spröde Harmonik Palestrinas (nur die Themen der Messe sind Zitate), an die neue Monodie der zur Oper vorstoßenden Florentinischen Schule usw. Das Deklamatorische überwiegt in der vokalen Diktion.

Geschichte

Der spröde, ohne Liebesgeschichte auskommende und sinnbildlich gemeinte *Palestrina* ist in seiner Wirkung letztlich auf das deutsche Sprachgebiet beschränkt geblieben. Der Versuch, die musikalische Legende bei den Salzburger Festspielen einem internationalen, mondänen Publikum ans Herz zu legen, schlug fehl. Daß das Werk ein stattliches Aufgebot an hochqualifizierten Männerstimmen und einen suggestiven Interpreten der Titelgestalt verlangt, macht eine Aufführung so schwierig. Bei der Uraufführung sang Karl Erb den Palestrina; ihm eiferten Julius Patzak, Richard Holm, Lorenz Fehenberger und Fritz Wunderlich nach. *Palestrina* ist bei aller Buntheit des 2. Akts ein Weihespiel, fast im Sinne des im Vorspiel zum 3. Akt anklingenden *Parsifal*. Heimisch geworden ist das Werk eigentlich nur in München und Wien. Neben *Benvenuto Cellini*, *Mathis der Maler*, *Cardillac* und Busonis *Doktor Faust* gehört *Palestrina* zu den bedeutenden Künstlerdramen auf der Musikbühne; allerdings gibt er am konsequentesten die romantische Antwort auf die Frage nach Bestimmung, Auftrag und Stellung des Künstlers. Zu einem Gutteil ist das Werk eine Verteidigung der romantischen Thesen über Kunst und Inspiration gegen jene Strömungen im frühen 20. Jahrhundert, die Pfitzner als „Futuristengefahr" mißbilligte. Palestrinas Empfindung, „am Ende einer großen Zeit" zu stehen, teilte Pfitzner. Als Vorwegnahme des eigenen Schicksals wirkt die Erscheinung der toten, als Liebesquelle gefeierten Frau Palestrinas; 1926 verlor Pfitzner seine erste Frau Mimi, es entstand ein Bruch in seiner Arbeit, genauer gesagt, die Spätwerke lassen ihn weitgehend als Epigonen seiner selbst erscheinen.   *Karl Schumann*

Diskographische Empfehlung

1972 – München: Rafael Kubelik, Chor und Symphonie-Orchester des Bayerischen Rundfunks. Karl Ridderbusch (Papst Pius IV.), Bernd Weikl (Morone), Dietrich Fischer-Dieskau (Borromeo), Hermann Prey (Graf Luna), Nicolai Gedda (Palestrina), Helen Donath (Ighino), Brigitte Fassbaender (Silla). DG 2740 223

ALEXANDER ZEMLINSKY

geb. 14. Oktober 1871 in Wien
gest. 15. März 1942 in Larchmont (New York)

Man ist an seinem Schicksal immer selbst schuld – letzten Endes; oder unschuldig schuldig wenigstens. Mir fehlt sicherlich das gewisse Etwas, das man haben muß –, und heute mehr denn je – um ganz nach vorne zu kommen. In einem solchen Gedränge nützt es nichts, Ellbogen zu haben, man muß sie auch zu gebrauchen wissen." Diese nüchterne Selbsteinschätzung sagt vieles über den Menschen, aber auch den Künstler Alexander Zemlinsky, der immer wieder als Musiker des Übergangs bezeichnet wurde. Von Brahms gefördert und eine Zeitlang als hoffnungsvollstes musikalisches Talent Wiens gehandelt, unterrichtete er den nur drei Jahre jüngeren Schönberg im Kontrapunkt, beriet ihn auch bei seinen frühen Kompositionen. Schönbergs op. 1 ist ihm gewidmet. Um die Jahrhundertwende zählte Zemlinsky zu den avanciertesten Komponisten Wiens, die spätere Entwicklung jedoch wollte er mit der radikalen Konsequenz seines ehemaligen Schülers nicht mitvollziehen: Die Tonalität blieb für sein persönliches Schaffen verbindlich, wenngleich er oft in ihre Grenzbereiche vorstieß. Diese Stellung zwischen der Tradition des 19. Jahrhunderts und den „Neutönern" der Wiener Schule mag maßgeblich schuld gewesen sein an seinem Gefühl künstlerischer Vereinsamung, unter dem er in späteren Jahren litt, erst recht natürlich, nachdem ihn die Nazis zur Emigration, zunächst in die Tschechoslowakei, dann in die Vereinigten Staaten, gezwungen hatten.

Zemlinsky hinterließ sieben vollendete Opern. Das Jugendwerk *Sarema* von 1894/95 wurde am 10. Oktober 1897 am Königlichen Hof- und Nationaltheater in München uraufgeführt. Das Libretto hatte Zemlinskys Vater nach einem dramatischen Gedicht Rudolf Gottschalls geschrieben. Bereits in diesem Historiengemälde – es geht um die Konflikte zwischen Russen und Tscherkessen – ist die musikdramatische Begabung des 24jährigen erkennbar. Nach 1897 entstand *Es war einmal*, ein Märchen nach der gleichnamigen Komödie des dänischen Dichters Holger Drachmann (1846–1908), in dem Elemente des Märchens von der unnahbaren, alle

Freier abweisenden Prinzessin Turandot mit solchen aus Shakespeares *The taming of the shrew* verschmolzen werden. Gustav Mahler leitete, nachdem er Text und Musik überarbeitet hatte, am 22. Januar 1900 die Uraufführung an der Wiener Hofoper. Auch Zemlinskys dritte Oper *Der Traumgörge* (Libretto: Leo Feld) nahm Mahler zur Uraufführung an, zu der es dann freilich nicht kam, da Mahler vorher resignierte und sein Nachfolger Felix Weingartner sich nicht an die Zusage gebunden fühlte. (Das Werk wurde erst 1980 [!] in Nürnberg uraufgeführt.) *Der Traumgörge* enthält bereits eine Reihe der für das fin de siècle und Zemlinskys spätere Einakter charakteristischen Motive, insbesondere den Widerspruch zwischen Fiktion und Wirklichkeit, den Rückzug in die Traumwelt. Am Schluß allerdings findet Görge ins tätig bewußte Leben, in die Idylle seiner bäuerlichen Heimat zurück, die er einst verließ, um eine im Traum erblickte Prinzessin zu suchen, und in der er nun die Realisierung seiner Träume sieht. Zemlinsky stützt die Dramaturgie mit einem Netz thematischer Gedanken – durchaus im Sinne Wagnerscher Leitmotivik – und entwickelt eine ungeheuer raffiniert disponierte Harmonik, die zweifellos mitverantwortlich sein dürfte für die Wertschätzung, die *Der Traumgörge* innerhalb der Wiener Schule genoß. Anton Webern teilte Zemlinsky brieflich mit, „daß es mir unsäglich gefällt".

Die musikalische Komödie *Kleider machen Leute* nach Gottfried Keller (Libretto: Leo Feld) hielt Theodor W. Adorno für „eine von Zemlinskys besten Partituren und szenisch durchaus wirksam... Zartheit und verschämte Anmut der Musik suchen ihresgleichen". Nach den beiden Einaktern *Eine florentinische Tragödie* und *Der Zwerg* entstand Anfang der 30er Jahre die abendfüllende Oper *Der Kreidekreis* nach einer Dichtung Klabunds. Zemlinskys Vertonung dieses märchenhaft exotischen Librettos vom Aufstieg des guten Mädchens Haitang zur chinesischen Kaiserin „zerfällt" – wie Horst Weber bemerkt – „in verschiedene Stilkomponenten". So mischt sich etwa chinesisches Kolorit mit Anklängen an die vom Jazz beeinflußte Unterhaltungsmusik der 20er Jahre. Die am 14. Oktober 1933 in Zürich uraufgeführte Oper brachte – so Weber – „Zemlinsky stilistisch an den Rand der Selbstverleugnung". Zemlinskys letzte Oper *Der König Kandaules* blieb unvollendet. „Spricht man einmal unbefangen aus, wie verteufelt wenig gute Musik, vergangene und gegenwärtige, es in der Welt gibt..., dann wird man für Zemlinsky, der ein Meister war, auch dann alle Aufmerksamkeit erbitten dürfen, wenn man die Einwände weiß, die sich erheben, ehe man ihm nur recht zugehört hat, und hinter denen in Wahrheit nichts anderes steht als der Wille, nur ja ein geschichtliches Urteil nochmals zu bestätigen, das solidarisch ist mit der schlechten Zufälligkeit und Ungerechtigkeit des Weltlaufs auch in der Kunst." Das schrieb Adorno 1959. Ganz allmählich beginnt man, mit vierzigjähriger Verspätung, die Konsequenzen daraus zu ziehen und Zemlinskys Opernschaffen Gerechtigkeit widerfahren zu lassen.   *Oswald Beaujean*

Eine florentinische Tragödie
Oper in einem Aufzug

<u>Text</u>: Oscar Wilde, in der Übersetzung von Max Meyerfeld
<u>Uraufführung</u>: 30. Januar 1917, Königl. Hoftheater, Stuttgart
<u>Personen</u>: Guido Bardi, Prinz von Florenz (Ten); Simone, ein Kaufmann (Bar); Bianca, seine Frau (Sop)
<u>Ort und Zeit</u>: Im Hause Simones in Florenz, im 16. Jahrhundert
<u>Orchester</u>: 2 Fl, 3 Picc, 3 Ob, E.H., 3 Kl, Bkl, 2 Fg, Kfg, 6 Hrn, 4 Trp, 3 Pos, Btba, 3 Pkn, Trgl, Tamburin, Bck, Glsp, Cel, Hrf, GrTr, Streicher
<u>Form</u>: Durchkomponiert
<u>Aufführungsdauer</u>: Ca. 1 Stunde
<u>Verlag</u>: Universal Edition, Wien

<u>Handlung</u>
Der von einer Geschäftsreise heimkehrende Tuchhändler Simone überrascht seine Frau Bianca mit Guido Bardi, dem Prinzen von Florenz. Simone will das Beste aus der zweideutigen Situation machen und ist scheinbar nur bemüht, mit dem Prinzen einen besonders guten Handel abzuschließen. Alle Gespräche sind ein Ringen um die Frau, wobei Simone dem Prinzen klar unterlegen ist. Bianca zeigt Guido, wie sehr sie ihren Mann verachtet und ihn zu Tode wünscht. Der Prinz verabredet sich heimlich mit Bianca für den nächsten Morgen, aber Simone will ihn nicht weggehen lassen und provoziert ihn, indem er sagt, sein eigenes rostiges Schwert könne es mit der zarten Klinge des Prinzen schon aufnehmen. Beim Zweikampf im Schein des von Bianca gehaltenen Kerzenleuchters verletzt der Prinz Simone zunächst, dann entwindet Simone Guido das

Schwert, läßt das seine aber auch fallen und bittet Bianca, das Licht zu löschen. Simone überwältigt Guido und erdrosselt ihn mit bloßen Händen. Bianca, die den Prinzen beim Kampf stets ermutigt hatte, ihren Mann zu töten, ist von der Leistung ihres Mannes begeistert: „Warum hast du mir nicht gesagt, daß du so stark?" Simone hat seine Frau wiedergewonnen: „Warum hast du mir nicht gesagt, daß du so schön?"

Kommentar

Obgleich bereits Richard Strauss in der *Salome* Oscar Wildes Bildsprache impressionistisch in Töne gefaßt hatte und Zemlinskys erste, 1914 komponierte Wilde-Oper von Strauss inspiriert erscheint, hat Zemlinsky mit der instrumental differenzierten, kontrapunktisch dichten Partitur, ein der mondän blühenden Poesie Wildes adäquates, eigenständig faszinierendes Kunstwerk geschaffen. Mit mehrdeutigen, sich ständig wandelnden Kleinstmotiven erreichte er eine musikalische Dramaturgie, die der doppelbödigen, listig gegen bürgerliches Mißverständnis aufbegehrenden Dramaturgie von Wildes Dramenfragment entspricht. Dessen verlorengegangene Eingangsszene ersetzte Zemlinsky durch ein „feurig stürmendes", im Vergleich zum Umfang des Einakters ausgedehntes Vorspiel.

Das Manuskript *A florentine tragedy* von Oscar Wilde (1854–1900) wurde 1895, während der Dichter wegen eines homosexuellen „Vergehens" in Untersuchungshaft saß, aus seinem Haus gestohlen und tauchte später nur als Fragment wieder auf. Mit einigen Änderungen Wildes übertrug Max Meyerfeld das Stück ins Deutsche, wo es 1906 in Max Reinhardts Deutschem Theater in Berlin mit Tilla Durieux (Bianca), Rudolf Schildkraut (Simone) und Alexander Moissi (Guido) seine Uraufführung erlebte. Der Wortlaut der Übertragung von Max Meyerfeld ist identisch mit Zemlinskys Libretto.

Geschichte

Nach der Stuttgarter Uraufführung kam das Werk im selben Jahr noch in Wien und Prag heraus und wurde 1929 in Brünn nochmals gespielt. Erst im Zuge der Zemlinsky-Renaissance wurde *Eine florentinische Tragödie* Bestandteil des Opernrepertoires. Die szenische Wiederaufführung erfolgte 1977 in Kiel, ein Mitschnitt der Biennale Musica 1980 in Venedig erschien bei Fonit Cetra als erste offizielle Schallplatten-Einspielung dieser Oper, die 1981 an der Hamburgischen Staatsoper mit Zemlinskys zweitem Wilde-Einakter *Der Zwerg* (in Hamburg unter dem Wilde-Titel *Der Ge-*

burtstag der Infantin) zu einem gefeierten Doppelprogrammabend zusammengestellt wurde. Auch gekoppelt mit Opern anderer Komponisten wird *Eine florentinische Tragödie* heute häufig aufgeführt.   *Peter P. Pachl*

Diskographische Empfehlung
1980 – Teatro La Fenice, Venedig: Friedrich Pleyer, Orchester des Teatro La Fenice. Sigune von Osten (Bianca), Werner Götz (Guido Bardi), Heinz Jürgen Demitz (Simone). Fonit Cetra, LMA 3010

Der Zwerg (Der Geburtstag der Infantin)
Tragisches Märchen für Musik in einem Akt

Text: Georg C. Klaren, frei nach Oscar Wildes *Der Geburtstag der Infantin*
Uraufführung: 28. Mai 1922, Oper, Köln
Personen: Donna Clara, Infantin von Spanien (Sop); Ghita, ihre Lieblingszofe (Sop); Don Estoban, der Haushofmeister (Baß); Der Zwerg (Ten); Drei Zofen (Sop); Gefolge der Infantin (Sop und Alt)
Ort und Zeit: Spanien, im 16. Jahrhundert
Orchester: 3 Fl, 2 Ob, E.H., 3 Kl, 3 Fg, 4 Hrn, 3 Trp, 3 Pos, Tba, Pkn, Schlgzg, Hrf, Cel, Mandoline, Git, Streicher
Form: Durchkomponiert
Aufführungsdauer: Ca. 1½ Stunden
Verlag: Universal Edition Wien

Handlung
Loggia in maurischem Stil, nach hinten, dem Garten zu, offen. Eine Treppe führt ins Freie zu einer Wiese mit Krokus- und Hyazinthenbeeten und einem kleinen Springbrunnen. Im Hintergrund ein goldenes Parkgitter. Zeit: von Mittag bis zur Dämmerung.
Am spanischen Hof feiert man den 18. Geburtstag der Infantin Donna Clara. Während die Zofen die letzten Vorbereitungen treffen, erzählt ihnen Don Estoban, der würdige Haushofmeister, von den kostbaren Geschenken des Papstes, des Kaisers und des französischen Königs. „Das Schönste" jedoch sei – „scheußlich". Der Sultan nämlich habe einen völlig verwachse-

nen häßlichen Zwerg gesandt, der seltsamerweise nichts von seiner Häßlichkeit wisse, habe er sich doch noch nie im Spiegel erblickt. Die Wahrheit
müsse ihm unbedingt verborgen bleiben, wäre sie doch „für den armen
Narren Tod". Das Fest beginnt, und das Volk strömt in den Garten, um der
Infantin zu huldigen. Schließlich kündigt der Haushofmeister das Geschenk des Sultans an: „einen Ritter, schön und wohlgestaltet wie Narcis-
sus". In einer Sänfte wird der Zwerg hereingetragen und erregt durch seine
galanten Verbeugungen allgemeine Heiterkeit. Das Gelächter mißdeutend,
wähnt er sich freundlich empfangen. Die Infantin zieht ihn augenblicklich
in ihren Bann, und zu Füßen ihres Thronsessels singt er ihr ein wehmütiges
Liebeslied. Die allgemeine Bewegung weicht schnell erneuter Heiterkeit.
Die Infantin beginnt, ihr Spiel mit dem Zwerg zu treiben: Er solle unter
ihren Hofdamen seine Gemahlin auswählen. Er aber wählt – Donna Clara
selbst. Sie entläßt ihren Hofstaat, der Zwerg erzählt ihr von seiner Jugend
und sieht sich schließlich – „doch laß mich dichten" – als „strahlender
Held", der sie beschützt. Erheitert greift die Infantin den Faden auf, und ihr
Fabulieren gipfelt in einer spielerischen Liebeserklärung, die er voller
Angst, doch immer leidenschaftlicher erwidert. Als er jedoch versucht, sie
zu küssen, entflieht sie seinen Umarmungen, fordert ihn gleichwohl zum
Tanz in einem benachbarten Saal auf und schenkt ihm dort eine weiße
Rose, die er als Zeichen ihrer Liebe nimmt. Verzückt kehrt der Zwerg in die
Loggia zurück, wo ihn Ghita, die Lieblingszofe der Infantin erwartet. Als
einzige hat sie Mitleid und bringt es daher nicht übers Herz, den Auftrag
ihrer Herrin zu erfüllen und dem Zwerg die grausige Wahrheit zu offenbaren. Ihre Andeutungen freilich erinnern ihn an einen „Unhold", den er einst
„im blanken Schwert" erblickte und der ihn seither verfolgt. Alleingelassen,
steigert sich der Zwerg in seine – auch erotischen – Empfindungen hinein,
bis er durch Zufall einen Spiegel enthüllt, aus dem ihm eben jener Unhold
entgegengrinst. Als ihm schließlich klar wird, daß er selbst „der Spuk, der
Hohn auf Gott, das höckrige Grauen" ist, bricht er wie wahnsinnig schreiend zusammen. Die eintretende Infantin bittet er flehentlich, ihm zu sagen,
„daß es nicht wahr" sei. Sie aber erklärt, er sei ihr Spielzeug, lieben könne
man nur Menschen, er aber sei „wie ein Tier". Mit einem unartikulierten
Aufschrei bricht der Zwerg, wie vom Blitz getroffen, zusammen. Die Infantin wendet sich wieder dem Tanz zu. Ein letztes Mal küßt der Zwerg die
weiße Rose und stirbt.

Kommentar

Paradigmatischer wohl noch als Joris K. Huysmans oder Hugo von Hofmannsthal war Oscar Wilde unter den Dichtern des fin de siècle die Verkörperung des in schroffem Gegensatz zur Gesellschaft lebenden Ästheten schlechthin. Der Grund dafür liegt vielleicht nicht einmal so sehr in seinem Werk als in seiner Biographie, war es doch Wilde, der wie kein zweiter die Kluft zwischen dem schönen, verklärenden Schein der Kunst und der brutalen gesellschaftlichen Wirklichkeit im Zuchthaus Reading am eigenen Leib erfahren mußte. Zwar hatte man Wilde den Prozeß wegen Homosexualität gemacht, aber auf der Anklagebank saß – stellvertretend für viele – ohne Zweifel auch der Künstler, und im Gerichtssaal wurde gleichsam öffentlich der Konflikt zwischen diesem und der Gesellschaft ausgetragen.

Dieser Konflikt hat zweifellos auch Alexander Zemlinsky beschäftigt. Es ist kein Zufall, daß er sich sechs Jahre nach Entstehung der *Florentinischen Tragödie* erneut einer Vorlage Oscar Wildes zuwandte, dem Märchen *Der Geburtstag der Infantin,* das Georg C. Klaren zu einem Libretto umarbeitete. Die Abweichungen vom Original sind nicht unbeträchtlich, denn Klaren zeichnete die Figuren nicht als märchenhafte, naiv kindliche Wesen, sondern fügte dem Ganzen ein reflektierendes, ja stark psychologisierendes Moment hinzu. Ähnlich wie Schrekers ein Jahrzehnt früher entstandene Oper *Die Gezeichneten* wird Zemlinskys *Der Zwerg* nicht nur zur Tragödie des häßlichen Menschen, sondern zu einem Fin-de-siècle-Drama par excellence, in dem es – versteckter, aber nicht weniger zentral als in der *Florentinischen Tragödie* – um die Auseinandersetzung zwischen Künstler und Gesellschaft, um die unüberbrückbare Kluft zwischen Traum und ästhetischer Fiktion auf der einen und dem häßlichen, brutalen Zugriff der Realität auf der anderen Seite geht. Der Zwerg ist Sänger, und die Schönheit seines Gesangs von der blutenden Orange verzaubert für Augenblicke die Menge: „Man hat über dem Liede den Sänger vergessen", heißt es in den Regieanweisungen. Und dieses Liebeslied des Zwerges versetzt die Infantin – „es ist das Echo deines Liedes, das sehr schön war" – dann auch in jene Stimmung, in der sie sich auf die künstliche Scheinwelt des Zwerges einläßt, freilich nur spielerisch und bis zu dem Punkt, an dem die (dichterische) Fiktion Realität einklagt, bis zu jenem Moment also, in dem der Zwerg versucht, Donna Clara zu küssen. In diesem Moment, in dem der Künstler versucht, ästhetische Fiktion und Wirklichkeit in eins zu setzen, ihren Widerspruch zu ignorieren, wird er als Träumer desavouiert, er selbst

und damit die Kunst wieder zum Spielzeug der Gesellschaft, zur – „drolli-
gen Puppe". Beim ersten Kontakt mit der Wirklichkeit entlarvt sich die
Kunst als scheinhaft, der Künstler als häßlich. Nicht nur darum, daß – wie
Gerhard R. Koch meinte – „die Selbsterkenntnis den Narziß (tötet)", geht es
in Zemlinskys *Der Zwerg*, sondern um das Scheitern des träumenden (dich-
tenden, komponierenden) Ästheten an der Wirklichkeit. Es wäre zu fragen,
ob die Neufassung, die Adolf Dresen 1981 für die erste Nachkriegsinszenierung des Werkes erstellte, sich dieses wesentlichen Aspektes – hier dürfte
u. a. die Aktualität der Oper liegen – nicht begibt und das Werk allzu plan
auf seine – zweifellos auch intendierte – humanistische Botschaft reduziert:
das – mit Ausnahme Ghitas – einzige wirklich menschliche Wesen stecke in
einem unmenschlichen Körper. Es ist unleugbar, daß Dresens Fassung sich
enger an das Original Wildes hält, aber ebenso richtig scheint es zu sein, daß
Zemlinsky eben kein Märchen auf die Bühne bringen wollte.
Im Vergleich zur vorausgehenden Wilde-Oper *Eine florentinische Tragödie*
wirkt das orchestrale Klangbild im *Zwerg* zurückgenommen, reduziert. Der
üppige, rauschhaft ekstatische Farbenreichtum und gleichzeitig die thematische Fortspinnungsarbeit treten zugunsten des Melodischen in den Hintergrund – Alban Berg schrieb an seine Frau, es gebe „dank der unendlich
süßen und überströmenden Melodik schon große Partien des Genie-
ßens" –, vor allem in der Partie des Zwergs, aber auch in derjenigen Ghitas.
(Diese äußerst dankbare Melodik trägt unverkennbar die Handschrift des
Opernpraktikers Zemlinsky, der zu den hochbedeutenden Dirigenten seiner Zeit zählte.) Zwerg und Zofe stehen so auch musikalisch außerhalb der
kalten, seelenlosen Welt des höfischen Zeremoniells – die Kluft zwischen
ästhetischem Traum und gesellschaftlicher Wirklichkeit –, die Zemlinsky
in ebenso kühl und erstarrt wirkende diatonische Fortschreitungen kleidet.
Als paradigmatisch dafür mag der Schluß gelten: Dem leidenschaftlichen
Gefühlsausbruch Ghitas beim Anblick des sterbenden Zwerges, im Orchester durch eine große chromatische Steigerung gespiegelt, folgt nahezu
übergangslos in starrer Diatonik der Schlußsatz der Infantin: „Geschenkt
und schon verdorben..." Zemlinskys Nähe zu seinem Zeitgenossen und
Freund Franz Schreker ist auch im *Zwerg* offenkundig. „Der reine Klang",
für Schreker „eines der wesentlichsten musikdramatischen Ausdrucksmittel", spielte ohne Zweifel auch in der Klangkomposition Zemlinskys eine
große Rolle, gleichwohl ging dieser – an Mahler geschult und darin Schönberg näherstehend –, was die durch extreme Mixturklänge erzielte Klangverschmelzung anging, ganz bewußt nicht soweit wie Schreker.

Geschichte

Die „Tragödie des häßlichen Menschen" hat Alexander Zemlinsky zeit seines Lebens beschäftigt. Jahre vor Entstehung des *Zwergs* hatte er – mit Hinweis auf diese Thematik – Franz Schreker, der bereits die Musik zu einer Ballettpantomime nach Wildes *Geburtstag der Infantin* geschrieben hatte, um ein Libretto gebeten. Den Text zu den *Gezeichneten*, der daraufhin entstand, wollte Schreker dann freilich selbst vertonen. (Die Parallelen zwischen dem Alviano der *Gezeichneten* und Zemlinskys *Zwerg* sind unübersehbar.) Ein autobiographisches Moment mag durchaus mitverantwortlich gewesen sein für die Faszination, die das Thema auf Zemlinsky ausübte. Alma Mahler, die ihn als Mensch wie als Lehrer gleichermaßen verehrte, beschrieb ihn als „klein, kinnlos, zahnlos", als einen scheußlichen Gnom.

Der Zwerg ist eines der nur fünf Werke, die Zemlinsky während seines 16jährigen Aufenthaltes in Prag komponierte. Nach der Kölner Uraufführung folgten rasch Inszenierungen in Berlin, Prag, Wien und an kleineren Bühnen, und in den 20er Jahren war *Der Zwerg* Zemlinskys meistgespielte Oper. Die braunen Machthaber beendeten die Karriere dieses Werkes, wie sie Zemlinskys gesamtes Schaffen aus Deutschland verbannten. Das war beschämend genug, doch traurig war zweifellos auch, daß es bis 1981 dauerte, ehe *Der Zwerg* wieder an einer deutschen Bühne inszeniert wurde. Gerd Albrecht und Adolf Dresen erwarben sich mit ihrer Hamburger Produktion kaum zu überschätzende Verdienste um diese Oper. Dresen arbeitete – mit dem Einverständnis von Louise Zemlinsky, der Frau des Komponisten – den Text behutsam, wenn auch mit den erwähnten Konsequenzen um. Auch eine Reihe geringfügiger Striche wurden vorgenommen. 1989 folgte das Basler Opernhaus dem Hamburger Beispiel mit einer Neuinszenierung.   *Oswald Beaujean*

Diskographische Empfehlung

1984 – Berlin: Gerd Albrecht, Frauenstimmen des RIAS-Kammerchores, Radio-Symphonie-Orchester Berlin. Inga Nielsen (Donna Clara), Béatrice Haldas (Ghita), Kenneth Riegel (Der Zwerg), Dieter Weller (Don Estoban). Schwann Musica Mundi, CD 11626 (DDD) (Titel: *Der Geburtstag der Infantin*)

ARNOLD SCHÖNBERG

geb. 13. September 1874 in Wien
gest. 13. Juli 1951 in Los Angeles

Schönbergs historische Aufgabe bestand darin, die Angst des modernen Menschen in seiner Musik zum Ausdruck zu bringen. Aus diesem Grunde wagte er den Schritt über den Rubikon und verließ das Terrain der traditionellen Tonalität, horchte gewissermaßen dem „Triebleben" der Klänge nach und eroberte eine völlig neue Klangwelt, in der das reale Leiden in einer Art psychoanalytischer Traumprotokolle zur Darstellung kam. Schönberg empfand sich als Komponist des unvermittelten Ausdruckszwangs, andererseits als Verfechter des Kampfes gegen musikalische Phraseologie, wie Karl Kraus im Bereich der Sprache. Er verstand das Komponieren als musikalische „Gedankenarbeit", die ernst machte mit dem Erkenntnischarakter der Kunst. Tatsächlich hört bei ihm, wie Adorno es ausdrückte, die Gemütlichkeit auf, denn er verstößt ausdrücklich gegen die „Erwartung, daß Musik als eine Folge gefälliger sinnlicher Reize dem bequemen Hören sich präsentiere". Damit war auch Schönbergs Verhältnis zum Musiktheater von vornherein eher spekulativ und engagiert als handfest oder gar kulinarisch. Seine Texte, die er nicht alle komponierte, verstand er als primär gedankliche Auseinandersetzungen, für die eine Bühne überhaupt erst geschaffen werden muß. Es sind in erster Linie philosophisch verbrämte Bekenntnisse, keine literarischen Erzeugnisse und strenggenommen auch keine herkömmlichen Libretti mehr. Bevor er sein erstes Bühnenwerk, das Monodram *Erwartung* (auf einen Text von Marie Pappenheim), komponierte, trug er sich mit mehreren Opernplänen, darunter das auch später zeitweilig von Alban Berg erwogene Schauspiel *Und Pippa tanzt* von Gerhart Hauptmann. Aus dem Jahre 1901 sind Textentwürfe zu der komischen Oper *Die Schildbürger* erhalten (Schönberg arbeitete damals an Wolzogens *Überbrettl*). Aus der Mitte der 20er Jahre stammt das Schauspiel *Der biblische Weg*, eine dem Umkreis der Oper *Moses und Aron* zugehörige Auseinandersetzung mit dem Judentum. Das spekulative Moment seiner musikalischen Bühnenvisionen kommt vor allem in der *Glücklichen Hand* (abgeschlossen 1913) zum Tragen, in der Schönberg sozusagen mit den Mitteln der Bühne komponiert, um sie zu erweitern: Es gibt da ein auskomponiertes Licht-Crescendo. Das Grundprinzip dieser Bühnenkomposition besteht darin, „daß ein zweifellos der Handlung entspringender seelischer Vorgang nicht nur durch *Gesten* und *Bewegung* und *Musik* ausgedrückt ist, sondern auch durch *Farben* und *Licht*; und es muß einleuchten, daß *Gesten*, *Farben* und *Licht* hier ähnlich behandelt werden wie sonst Töne: daß mit ihnen Musik gemacht wird" (Schönberg, 1928).

Der Versuch einer Zeitsatire indessen (Text von Gertrud Schönberg unter dem Pseudonym Max Blonda) schlug fehl: Der als komische Oper gemeinte Einakter *Von heute auf morgen* (1929, Uraufführung am Frankfurter Opernhaus am 1. Februar 1930) krankt an dem horrenden Widerspruch zwischen der spießbürgerlichen, operettenhaften Handlung und sprachlichen Ausdrucksweise einerseits und der hochkomplizierten, zwölftontechnisch gearbeiteten Musik andererseits. Hanns Eisler, ein Schüler Schönbergs, sprach von einem „gespenstigen Werk" und einem der „erstaunlichsten Dokumente der modernen Musik", bei dem es geradezu unheimlich sei, „wie diese Musik die Albernheit des Textes durchleuchtet, die Phrasen konfrontiert, die Banalität der Konflikte kommentiert" (1948), und fügte in einem Schönberg-Vortrag von 1954 hinzu: „Die Menschen, die in dieser Oper agieren, Kaffee trinken und schließlich einen öden Konflikt mit einem Tenor auf Hausmannsart in Ordnung bringen, erscheinen durch die Musik wie die zukünftigen Besucher der Luftschutzbunker, wie die Verzweifelten in den zerstörten Städten. Es wird der Zeit voraus musiziert." Das war möglich, weil Schönberg niemals davon ablassen wollte, die musikalische Gedankenarbeit als Zwang in der (kompositorischen) Sache zu begreifen.   *Dietmar Holland*

Erwartung
Monodram in einem Akt

Text: Marie Pappenheim
Uraufführung: 6. Juni 1924, Neues Deutsches Theater, Prag
Person: Eine Frau (Sop)
Ort: Am Rande eines Waldes; hohe, dichte Bäume in tiefstem Dunkel; Weg im Mondlicht; mondbeschienene breite Straße,

rechts aus dem Walde kommend, und ein Weg, der zu einem Haus
führt

Orchester: Picc, 3 Fl (3. auch Picc), 3 Ob, E.H. (auch 4. Ob), Kl in D,
Kl in B, 2 Kl in A, Bkl in B, 3 Fg, Kfg, 4 Hrn, 3 Trp, 4 Pos, Btba, Pkn,
Bck, GrTr, KlTr, TamTam, Ratschen, Trgl, Hrf, Cel, Glsp, Xyl,
Streicher

Form: Durchkomponiert (vier Szenen)

Aufführungsdauer: 30 Minuten

Verlag: Universal Edition, Wien

Handlung

1. SZENE: Eine Frau tritt am Rande eines Waldes auf und scheint
jemanden zu suchen. Man hört zunächst nur Sprachfetzen ihres inneren
Monologs, aus denen hervorgeht, daß sie große Angst haben muß, auch
weil sie die nächtlichen Naturerscheinungen auf sich bezieht und als düstere Vorzeichen wertet. Die Stille empfindet sie als bedrohlich, wagt sich
dann aber doch in den Wald hinein.

2. SZENE: Im tiefsten Dunkel des Waldes glaubt sie sich erst von
unsichtbaren Kräften berührt, verliert sich aber dann für kurze Zeit in
wehmütigen Erinnerungen: In der beruhigenden Stille ihres Gartens hat sie
„ihn", freilich vergeblich, erwartet. Sie scheint unter einem traumatischen
Schock zu stehen, denn immer wieder fühlt sie sich verfolgt von akustischen
Eindrücken (sie glaubt ein Weinen und Rauschen zu hören) oder undefi-
nierbaren Erscheinungen im Geäst. Durch einen Nachtvogel erschreckt,
beginnt sie zu laufen und stolpert über einen Baumstumpf, den sie zunächst
für einen menschlichen Körper hält, bis sie bemerkt, daß es nur Holz ist.

3. SZENE: Das Mondlicht fällt auf eine Lichtung des Waldes: Die
offensichtlich wahnsinnige Frau glaubt in den geisterhaften Erscheinungen
der Nacht den Schatten und die Rufe ihres Geliebten zu vernehmen und ruft
ihn in ihrer Angst um Hilfe. Man erfährt jetzt auch, daß er sie verlassen
haben muß.

4. SZENE: Mit zerrissenem Gewand und blutigen Schrammen an
Gesicht und Händen kommt die Frau aus dem Wald heraus und tritt auf
einen Weg, der zu einem Haus führt, von dem sie sich jedoch ausgesperrt
fühlt; sie spricht jedenfalls von einer fremden Frau, die sie bestimmt fortjagen würde, sollte sie es wagen, einzutreten. Am Waldrand findet die Er-
schöpfte eine Bank, wird aber aufgestört durch einen Gegenstand unter
einem der Bäume. In furchtbarer Angst vermutet sie dort die Leiche ihres

Mannes, hat weitere schreckliche Wahnvorstellungen und redet sich schließlich ein, der Gegenstand sei gar nicht mehr vorhanden. Als sie sich jedoch hinunterbeugt, sieht sie einen menschlichen Körper und erkennt schließlich die Leiche ihres Mannes. In diesem Augenblick höchster Angst bricht sie aus dem inneren Monolog aus und schreit um Hilfe. Dann versucht sie – im Wechsel mit Erinnerungssplittern aus der vergangenen Beziehung und Vorwürfen gegen die Unzuverlässigkeit ihres Geliebten –, die Leiche wieder zum Leben zu erwecken. Sie steigert sich auch zu höchster Eifersucht gegen die fremde Frau, glaubt sogar, diese habe ihren Mann umgebracht. Doch als der Morgen graut, küßt sie die Leiche zum Abschied und verfällt in völlige geistige Umnachtung.

Kommentar

In Marie Pappenheims Text, dessen hysterische Übersteigerung eher Expressionismus aus zweiter Hand ist als authentisches Dokument eines klinischen Tatbestands, fand Schönberg die Möglichkeit vorgegeben, eine musikalische „Phänomenologie der Angst" (Adorno) zu entwerfen, die zugleich frei im Ausdruck und verbindlich in der Konstruktion wäre. Schönberg hatte gerade den Übergang von der Tonalität zur Emanzipation der Dissonanz hinter sich und war also gerüstet für die Entdeckungen der musikalischen Seelensprache. Er komponierte mit der *Erwartung* sozusagen das erste freudianische Musikdrama, ein Psychodram, in dem sich das Stoffmotiv der Ariadne – ins Moderne gewendet – und die Gattung der „Szene und Arie" – ins Überdimensionale gesteigert und in den Konturen völlig verwischt – zu einem gänzlich inkommensurablen Gebilde zusammenschließen und eine Art Seismograph der Hilflosigkeit und Einsamkeit, einer Grunderfahrung der Moderne, darstellen. Analog zum „inneren Monolog", den alsbald James Joyce literarisch in seinem *Ulysses* entwickelte, entfaltet sich die Handlung der *Erwartung* als Zeitlupe einer erlebten Sekunde (im Gegensatz zur *Glücklichen Hand*, in der die Fülle der Zeit auf einen Zeitraffer projiziert wird). Adorno sprach von der „Ewigkeit der Sekunde in vierhundert Takten", und Schönberg wies darauf hin, daß es hier seine Absicht gewesen sei, „das, was sich in einer Sekunde seelischer höchster Erregung abspielt, sozusagen mit der Zeitlupe auf eine halbe Stunde ausgedehnt darzustellen" (Nachlaßnotiz). Schönbergs Berührung mit Freud war einerseits vermittelt durch die Erfahrungen der intuitiven psychologischen Einsichten Wagners, dessen Musikdramen für Schönberg unantastbar waren, andererseits direkt, denn Bertha Pappenheim, eine

Verwandte der Textdichterin, war jene „Anna O.", deren „Fall" Sigmund
Freud geschildert hat. So lag es nahe, daß auch Schönbergs Musik die nur
psychoanalytisch erklärbaren Vorgänge der *Erwartung* zum Ausdruck brin-
gen wollte; im Wien um 1910 lag das gewissermaßen in der Luft, wenn es
auch der Kühnheit Schönbergs bedurfte, dafür eine gänzlich neuartige, freie
Musiksprache zu schaffen. Die einsame Frau wird der Musik, wie es Adorno
ausdrückte, gleichsam als analytische Patientin überantwortet, und die
Musik selber ist nicht mehr die Sprache der Leidenschaft, sondern registriert
Schocks und Traumata als Regungen des Unterbewußten; der Übergang der
Frau zum Wahnsinn ist fließend. Robert Craft vertrat sogar die bestechende
These, daß der Geisteszustand der Frau – also statt der Handlungen die
Vorstellungen – das Sujet des Stückes sei, nicht die Suche nach der Leiche
ihres Mannes, denn es besteht der Verdacht, daß sie es selber war, die ihn aus
Eifersucht umgebracht hat und nun zum Tatort zurückkehrt, freilich in
„wahnsinniger Erregung", vergleichbar einem psychologischen Geständnis.
Der unkontrollierte Sturzbach an Empfindungen, Erinnerungen, trügeri-
schen Hoffnungen und Ausbrüchen der Verzweiflung spricht dafür, und
Schönbergs Musik notiert diese Skala der Ängste mit einer „musique infor-
melle" (Adorno), in der es keine herkömmlichen Reprisen oder Korrespon-
denzen mehr gibt, nur noch den Ausdruck unverstellten seelischen Leids.
Nie wieder wurde so ungebunden und dennoch verbindlich komponiert; der
zwingende Gesamteindruck ergibt sich aus Schönbergs Prinzip, nicht am
Text entlangzukomponieren, sondern ihm die atmosphärische Gewalt der
Musik aufzuzwingen, wie sie etwa am Ende der 3. Szene als Angstvision im
Orchester ausbricht oder sich in den beiden Erkennungsakkorden verdichtet
(T. 153–157: „Das ist er!", und T. 424: „Oh, bist du da…"). Wie viel
Schönberg den Errungenschaften Wagners verdankte, zeigt jene Stelle, an
der die Frau zum ersten und einzigen Mal aus ihrem inneren Monolog
ausbricht und sich an die Außenwelt wendet (T. 190: „Hilfe!"): Der Schrei
stammt direkt aus der zentralen Szene zwischen Kundry und Parsifal (die
Stelle „und … lachte"). Schönberg zitiert sogar dieselben Töne mit demselben Oktavabstand (Sprung von h″ nach cis′). Das dürfte kein Zufall sein.
Kundrys Schrei ist der erste expressionistische Gestus der Musikgeschichte,
ein Gestus, dem die gesamte Konzeption der *Erwartung* verpflichtet ist. Der
offene Schluß (T. 425: „Ich suchte…") ist beispiellos in seinem Ausdruck der
völligen Verwirrung: Sogartig fährt die Kamera des Orchesters – beschleunigt und verlöschend – vom Schauplatz des Geschehens zurück. Das Stück
hört auf, ohne zu schließen.

Geschichte

Schönbergs Interesse an den Problemen des Unbewußten gehörte zu den Grundlagen seines Schaffens überhaupt und führte im Sommer 1909 zu der Idee, das erste Bühnenwerk als psychoanalytisches Traumprotokoll anzulegen. Schönberg wollte seine Erfahrungen mit den visionären Gestaltungen seiner Bilder – er malte in den Jahren 1908–1911 zahlreiche expressionistische Bilder – ins Akustische übertragen und wandte sich an die Wiener Medizinstudentin Marie Pappenheim wegen eines geeigneten Textes. Die Autorin schlug den monodramatischen Stoff vor und arbeitete ihn in Zusammenarbeit mit dem Komponisten aus. Die „psychischen Stenogramme" (K. H. Wörner) des Textes entsprachen genau dem Triebleben der neuen, nicht mehr tonalen Klangwelt, um das sich Schönberg in dieser Zeit bemühte. Er komponierte das Monodram in der für ihn charakteristischen, sehr kurzen Zeit vom 27. August bis 12. September 1909 und beendete die Instrumentation am 4. Oktober. An eine Aufführung war freilich vorläufig wegen der enormen Schwierigkeiten der Wiedergabe nicht zu denken. Erst am 6. Juni 1924 wagte Alexander Zemlinsky die Uraufführung in Prag anläßlich des zweiten Festes der Internationalen Gesellschaft für Neue Musik. Die von der Wiener Sängerin Marie Gutheil-Schoder gesungene Aufführung galt allgemein als der Höhepunkt der Veranstaltungen. Die erst viel später von dem amerikanischen Dirigenten Robert Craft vertretene These, die Frau habe ihren Mann selbst umgebracht, wurde erstmals im Dezember 1985 von Götz Friedrich an der Wiener Staatsoper szenisch umgesetzt (Karan Armstrong).   *Dietmar Holland*

Diskographische Empfehlung

1962 – Herford: Hermann Scherchen, Nordwestdeutsche Philharmonie. Helga Pilarczyk (Eine Frau). Wergo 50 001

1963 – Washington: Robert Craft, Washington Opera Society. Helga Pilarczyk (Eine Frau). CBS, SBRG 72 119

1981 – London: Pierre Boulez, BBC Symphony Orchestra. Janis Martin (Eine Frau). CBS 79349

Die glückliche Hand
Drama mit Musik in einem Akt

<u>Text:</u> Arnold Schönberg
<u>Uraufführung:</u> 14. Oktober 1924, Volksoper, Wien
<u>Personen:</u> Der Mann (Bar); Eine Frau (stumme Rolle); Ein Herr (stumme Rolle); Sechs Frauen, Sechs Männer (kleiner Sprech-Chor)
<u>Ort und Zeit:</u> Nicht festgelegt
<u>Orchester:</u> Picc, 3 Fl (3. auch 2. Picc), 3 Ob, E.H., 4 Kl, Bkl, 3 Fg, Kfg, 3 Trp, 4 Hrn, 4 Pos, Btba, Pkn, Bck, GrTr, KlTr, TamTam, hohe und tiefe Gl, Trgl, Xyl, Metallrohr, Tamburin, Hammer, Hrf, Cel, Streicher
<u>Form:</u> Durchkomponiert
<u>Aufführungsdauer:</u> 18 Minuten
<u>Verlag:</u> Universal Edition, Wien

<u>Handlung</u>
An der Rampe liegt der Mann, das Gesicht am Boden und nieder-gehalten von einem katzenartigen Fabeltier, das sich in seinen Nacken verbissen zu haben scheint. Im Bühnenhintergrund erkennt man in kleinen Luken die Gesichter von sechs Männern und sechs Frauen, die leise auf den Mann einsprechen. Getrieben von der Sehnsucht nach dem Unerfüllbaren, von der Hoffnung auf Glück und vom Glauben an seine Träume, sucht der Mann immer wieder die Begegnung mit der Wirklichkeit. Die flüsternden Stimmen aber warnen: „Du, der du das Überirdische in dir hast, sehnst dich nach dem Irdischen! Und kannst nicht bestehen!" Obwohl der Mann den flüsternden Stimmen mit einem „Ja, o ja!" zustimmt, läßt er sich auf der heller werdenden Bühne von einem Kreis, durch den sich grell Sonnenlicht verbreitet, doch wieder ins Leben locken und begegnet hier zunächst der Liebe. Eine junge schöne Frau reicht ihm einen Becher. Noch während der Mann ihn austrinkt, wird die Frau gleichgültig, wendet sich einem elegan-ten Snob zu und geht mit ihm weg. Zwar kehrt sie noch einmal zurück, der Mann achtet aber nicht mehr auf sie. Nur seine Hand betrachtend, weiß er: „Nun besitze ich dich für immer!" Wieder verändert sich die Szene, der Mann müht sich eine Schlucht empor, an deren Ende zwei Grotten liegen. In der ersten trifft er auf Männer bei der Arbeit. Er geht zu dem Amboß, legt ein Goldstück darauf und spaltet den Amboß mit einem gewaltigen Ham-

merschlag. Als er das Goldstück aus dem Spalt, in den es gesunken ist, hervorholt, ist es zu einem kostbaren Diadem geworden. „So schafft man Schmuck", belehrt der Mann die Arbeiter, die ihn zunehmend feindlicher bedrohen. Die Werkstatt verschwindet, in der zweiten Grotte erscheint, zum Teil nackt, die Frau. Der Snob wirft das der Frau fehlende Kleidungsstück dem Mann in größter Gleichgültigkeit zu. Der Mann versucht verzweifelt, die Frau zu erreichen, aber als er ihr bei einem Felsen nahe kommt, verwandelt sich dessen Spitze in eine hämische Fratze. Die Frau gibt dem Stein einen Stoß, der Stein fällt auf den Mann und wird zu dem Fabeltier in seinem Genick. Wie zu Beginn flüstern Stimmen dem auf dem Boden Kauernden zu: „Mußtest du's wieder erleben...? – Und suchst dennoch! – Und quälst dich! – Und bist ruhelos!"

Kommentar

Von Schönbergs bemerkenswertem Einakter weisen Wege ebenso weit ins 19. Jahrhundert zurück wie in die Moderne voraus. Die Gedanken und bedeutungsschwangeren Symbole des Szenarios sind zutiefst mit der Ideologie vom romantischen Künstler verbunden, der zwanghaft auf sein Ich zurückgeworfen im Dienste an seiner Kunst Verzicht leisten muß auf Liebe und Gesellschaft und der allein in dem Trost findet, was er kraft seiner Leiden mit seiner begnadeten, eben glücklichen Hand schafft. Im Einsatz der für den *Pierrot lunaire* entwickelten Sprechstimme, d. h. mit einem Sprechen, dessen Tonhöhe und Rhythmus zwar exakt vorgeschrieben, das aber nicht klingend wie Gesang, sondern stumpf eben als Sprechen zu realisieren ist, erst recht mit einer allen Sicherheiten kündigenden atonalen Kompositionsweise, wird aber zugleich jedem romantischen „schönen Schein" abgeschworen. Es geht nicht mehr um das Spiel zwischen verschiedenen Menschen, sondern um die durchaus nüchterne Offenlegung einer einzigen Psyche. Alles dreht sich um den Mann, alle Zeichen und alle Töne spiegeln sein Inneres wider.

Schönberg, der sich gerade in den Entstehungsjahren seiner Kurzopern *Erwartung* und *Die glückliche Hand* (1908–1913) engagiert als Maler versuchte, behandelt auch in seinem „Drama mit Musik" Gesten, Farben und Licht erklärtermaßen „wie sonst Töne". Der Komponist: „Ich will: höchste Unwirklichkeit! – Das Ganze soll... wie Akkorde wirken. Wie Musik, ... als Spiel mit den Erscheinungen von Farben und Formen." Die Konsequenz liegt auf der Hand. Im (zur Abstraktion neigenden) Abbild seines Psychogramms hebt sich der auf der Bühne handelnde Mensch auf. Tatsächlich hätten sich Schönbergs Bilderwünsche im Film weitaus besser verwirklichen lassen als im dreidimensionalen Reich der Bühne. Der Komponist hat auch selbst an eine Verfilmung gedacht und dafür vergeblich auf Maler wie Kokoschka oder Kandinsky gehofft. So blieb die zumindest theoretisch Mauricio Kagels instrumentales Theater vorwegnehmende Sehnsucht Schönbergs, „mit den Mitteln der Bühne (zu) musizieren", unerlöst.

Geschichte

Bis heute gehört „vielleicht das Bedeutendste, was ihm gelang" (Adorno), zu dem von Schönberg, das wir am wenigsten kennen. Im Theaterbetrieb gibt es dafür objektive und auch ganz praktische Gründe (z. B. der Riesenaufwand bei einer Aufführungsdauer von einer guten Viertelstunde). Daß aber auch die Schallplattenproduzenten *Die glückliche Hand* weitgehend ignorieren, ist unverzeihlich.   *Leo Karl Gerhartz*

Diskographische Empfehlung

1963 – New York: Robert Craft, Columbia Symphony Orchestra and Chorus. Robert Oliver (Der Mann). CBS, SBRG 72 120

1981 – London: Pierre Boulez, BBC Symphony Orchestra and Chorus. Siegmund Nimsgern (Der Mann). CBS 79349

Moses und Aron
Oper in drei Akten (unvollendet)

<u>Text:</u> Arnold Schönberg, nach dem 2. Buch Mose (Kap. 3,4 und 32)
<u>Uraufführungen:</u> I. KONZERTANT: 12. März 1954, NWDR, Hamburg (ohne den 3. Akt)
II. SZENISCH: 6. Juni 1957, Opernhaus, Zürich (ohne den 3. Akt)
III. SZENISCH: 4. Oktober 1959, Deutsche Oper, Berlin (mit dem Text des fragmentarischen 3. Aktes, gesprochen zu Musik aus der 1. Szene des 1. Aktes)
<u>Personen:</u> Moses (Sprechrolle); Aron (Ten); Mädchen/Erste nackte Jungfrau (Sop); Jüngling (Ten); Mann/Ephraimit (Bar); Priester (Baß); Eine Kranke (Alt); Nackter Jüngling (Ten); Mann (Sprechrolle)

<u>Vokalgruppen</u>: Sechs Solostimmen im Orchester (Sop, Mez, Alt, Ten, Bar, Baß); Stimme aus dem Dornbusch, mehrfach besetzt (Knabensop, Alt, Ten, Bar, Baß); Die 70 Ältesten (Bässe, mindestens 25 Sänger, der Rest Komparserie); Bettlerinnen und Bettler (6 Alt, 6 Baß); Einige Greise (Ten); 12 Stammesfürsten (Ten, Baß); Vier nackte Jungfrauen (1. = Mädchen; Sop, Alt); Andere Nackte (Ten, Baß)

<u>Chor</u>: Sop, Mez, Alt, Ten, Bar, Baß (ausreichend besetzt)

Tänzer; Tänzerinnen; Statisten aller Art

<u>Ort und Zeit</u>: Wüste und vor dem Berg der Offenbarung, in alttestamentarischer Zeit

<u>Orchester</u>: Picc (auch 3. Fl), 2 Fl (2. u. 3. auch Picc), 3 Ob, E.H., klKl (auch 3. Kl), 2 Kl, Bkl, 2 Fg, Kfg (auch 3. Fg), 4 Hrn, 3 Trp, 3 Pos, Btba, Pkn, Glsp, Xyl, Flexaton, Gl in A, B, f, as, c'; GrTr, Bck, TamTam, Gong, GrRührtr, KlTr, Trgl, Tamburin, Ratsche, Gl unbest. Tonhöhe, 2 Mandolinen, Cel, Klav, Hrf, Streicher

<u>Auf der Bühne</u>: E.H., Hrn, 2 Trp, 2 Pos, 2 Mandolinen, 2 Git (T. 929–957), GrTr (mehrere dumpfe), Bck, Schellen, Gongs in mehreren Höhen (T. 1084–1098 u. T. 1102–1127), 3 Kl, 3 Hrn oder 3 Fg (T. 1082–1128)

<u>Hinter der Bühne</u>: Pos (T. 497–501), Picc, Fl, Kl, Pos, Pkn, Xyl, 2–4 Mandolinen, Klav (T. 1084–1098 u. T. 1102–1109)

<u>Form</u>: Durchkomponierte Szenen; Zwischenspiel zwischen den ersten beiden Akten; 3. Akt nur als Textfragment überliefert

<u>Aufführungsdauer</u>: 2½ Stunden

<u>Verlag</u>: B. Schott's Söhne, Mainz

<u>Handlung</u>

1. AKT: Die Stimme Gottes erscheint Moses aus einem (brennenden) Dornbusch und beauftragt ihn, das auserwählte Volk der Israeliten aus der ägyptischen Knechtschaft zu befreien und es zum Glauben der Väter an den unsichtbaren, unvorstellbaren, einzigen Gott zurückzuführen. Moses will sich dem Auftrag entziehen, weil er zwar den Gedanken Gottes erfassen, ihn aber nicht sprachlich vermitteln kann. Die Stimme Gottes verheißt ihm jedoch, sie werde Aron erleuchten, damit er die schwierige Aufgabe der Vermittlung des Gedankens ausführen könne, und weist Moses in die Wüste, wo er mit Aron zusammentreffen werde.

In der Auseinandersetzung mit Aron besteht Moses auf der rein geistigen

Erkenntnis des Gottesgedankens, der sich nicht in Bilder anschaulich fassen lasse. Aron bezweifelt, daß das Volk an einen Gott glauben könne, der sich der sinnlichen Vorstellung entzieht, hofft aber – darin mit Moses einig – auf die Befreiung des Volkes aus der ägyptischen Knechtschaft.

Bei den Hebräern gibt es unterschiedliche Meinungen über den angeblichen „neuen" Gott, unter dessen sichtbar erleuchtendem Einfluß Aron zu Moses in die Wüste eilte. Manche vermuten, der „neue" Gott sei stärker als der Pharao und stehe auf der Seite der Unterdrückten, andere befürchten indessen neue Opfer, da er doch der Gott jenes Moses sei, der den Fronvogt erschlug; ein skeptischer Priester lehnt sogar die Vorstellung eines einzigen Gottes als unzweckmäßig ab. Von dem „neuen" Gott begeistert zeigen sich, wenn auch schwärmerisch, nur eine junge Frau und ein junger Mann, die sofort bereit sind, sich ihm zu unterwerfen. In der Ferne werden bereits Moses, schwerfällig auf seinen Stab gestützt, und Aron, vor ihm leicht dahinschreitend, sichtbar.

Das Volk ist zunächst durchaus bereit, die Botschaft von dem „neuen" Gott anzuhören, aber Moses drückt sich in so schwerverständlichen Worten aus, daß Aron sofort eingreift und sie in faßbare Anweisungen zu übersetzen versucht. Auch er muß vorerst scheitern, da der Anspruch eines unsichtbaren Gottes auf das Unverständnis des Volkes, auf dessen mangelnde Abstraktionsfähigkeit stößt. Moses sieht deshalb keine Möglichkeit mehr, den Gottesgedanken sinnvoll zu verkünden, zumal jetzt Aron zu dem Mittel greift, das unerklärbare Wunder der Gottesvorstellung in magischen Bildern zu demonstrieren. Immerhin erweckt Aron das Vertrauen des Volkes, als er den Gesetzesstab des Moses in eine Schlange (Symbol der Klugheit) verwandelt, während er den Priester damit nicht überzeugen kann. Wie kann der Stab Pharao zwingen, das Volk freizulassen? Mit einer weiteren Wundererscheinung will nun Aron die Macht des unsichtbaren Gottes beweisen: Die Hand des Moses, an dessen Herz geführt, wird, als Ausdruck der Mutlosigkeit, von Aussatz befallen und reinigt sich, nochmals aufgelegt, als Zeichen des vom Gottesgedanken gestärkten Herzens. Das Volk glaubt diesen Erscheinungen und ist bereit zum Aufstand gegen die Ägypter. Der Priester warnt vor der unfruchtbaren Wüste, die das Volk bei dem Auszug aus Ägypten erwartet, doch Aron verweist auf die Fähigkeit Gottes, auch dort für die Ernährung sorgen zu können, und prophezeit mit einem dritten Wunder den Untergang der Ägypter: Er gießt Nilwasser aus einem Krug, das sich, als Sinnbild der Knechtschaft, in Blut verwandelt und, als Sinnbild des Untergangs der Ägypter, wieder seine ursprüngliche Gestalt annimmt.

Das Volk schließt sich Moses und Aron an, um in das Land zu gelangen, in dem „Milch und Honig" fließen.

ZWISCHENSPIEL: Unsichtbare Stimmen aus dem Volk der Israeliten rufen nach Moses, der auf dem Berg der Offenbarung weilt, und seinem Gott, der sie verlassen hat.

2. AKT: Vor dem Berg der Offenbarung fühlen sich die 70 Ältesten von der im Volk ausbrechenden Anarchie bedroht und rufen Aron um Hilfe, der die Unruhe in opportunistischer Weise dadurch zu schlichten versucht, daß er dem Volk wieder die alten Götter zugesteht, solange Moses noch fern ist: Er läßt das Goldene Kalb als alltagsnahen Götzen errichten. Der Rückfall in blutiges Heidentum wird in mehreren Orgien der Trunkenheit, des Tanzes, der Vernichtungswut und der entfesselten Erotik gefeiert. Der junge Mann, der im 1. Akt bereit war, dem unsichtbaren Gott zu dienen, wird erschlagen, als er das Götzenbild zu zerstören versucht. Auf dem Höhepunkt der Ausschweifungen erscheint Moses mit den Gesetzestafeln. Im Gegensatz zum Bericht des Alten Testaments zertrümmert er die Tafeln noch nicht, sondern läßt das Goldene Kalb mit der Macht seiner Worte vergehen. Er stellt nicht das Volk, sondern seinen Bruder Aron zur Rede, der sich mit dem Hinweis darauf rechtfertigt, daß selbst die Gesetzestafeln nur ein Teil des Gedankens seien, wie das Goldene Kalb auch. Moses sieht sich in seiner Theologie wirksam angezweifelt und zerstrümmert unter diesem Eindruck die Tafeln. Im Hintergrund werden die Feuer- und Wolkensäule, die den Zug des Volkes durch die Wüste begleiten, sichtbar, ebenfalls begrenzte Bilder, die, in Arons Worten, nicht den ewigen Gott zeigen, sondern den Weg des Volkes zu sich selbst. Verzweifelt sinkt Moses zusammen, weil er erkennt, daß der Gedanke unverfälscht nicht ausgedrückt werden kann.

Kommentar

Das zentrale Thema der Oper *Moses und Aron* ist das jüdische Bilderverbot. In unserer Zeit der optischen und akustischen Reizüberflutung scheint es anachronistisch zu sein, doch verbirgt sich dahinter die jüdisch-religiöse Tradition, die positive Bestimmung der Wirklichkeit abzulehnen und die Erkenntnis nur als negative Bestimmung – Adorno spricht von „negativer Dialektik" – zuzulassen. So besehen gibt es zwischen Moses und Aron gar keinen starren Gegensatz, sondern beide sind in Gottes Auftrag, mit dem die Oper beginnt, enthalten: Nicht nur Moses ist „erleuchtet", sondern auch Aron („er soll dein Mund sein"). Wenn der Eiferer Moses in Arons Versinnlichung des Gedankens einen Verrat an der Wahrheit erblickt, dann mißversteht er geradezu den Auftrag Gottes. Ebenso falsch wäre es, einseitig Partei für Aron zu ergreifen, denn das unlösbare Problem besteht ja gerade darin, daß die dialektische Einheit von Gedanke und Wort gefordert ist. Die Errichtung des Goldenen Kalbes war der Weg vom Wort zum Bild, während der richtige Weg vom Gedanken zum Wort führen müßte. Da Moses diesen Weg nicht beschreiten kann, muß die Oper, gleichsam aus Zwang in der Sache, ein Fragment bleiben. Die Synthese ist in den Skizzen zum unvollendeten 3. Akt angedeutet, überzeugt indessen überhaupt nicht: Die Anarchie nach dem Ausbleiben des entscheidenden Wortes bietet keine Lösung. Schon in der letzten Szene des 2. Aktes hat sich Moses mit einer Resignation zurückgezogen, die an den rätselhaften Abschiedsspruch Hamlets erinnert. Das Scheitern der sprachlichen Kommunikation und der Zwang, das Unbegriffliche hörbar zu machen, ist die Quadratur des Kreises, der sich Schönberg zu stellen hatte, als er diesen Stoff ausdrücklich für eine Oper, also die sinnliche Kunstform schlechthin, wählte. Den Konflikt zwischen Gedanke und Bild, zwischen Sprachlosigkeit und Rhetorik in der Opernform darzustellen, mußte zwangsläufig als paradoxe Herausforderung wirken, denn der Zwang des Bilderverbots bedeutet für die Oper nichts anderes als die Darstellung der „Antimaterie" (H. K. Metzger). Tatsächlich gelingt es Schönberg, den unlösbaren Konflikt der gedanklichen Handlung – wie in Wagners Dramaturgie ist sie auch hier die entscheidende – und der Notwendigkeit, sie auf der Bühne sinnlich-konkret erfahrbar zu machen, in seiner musikalischen Konzeption auszutragen: Dem angedeuteten Grundkonflikt entspricht auf der musikalischen Ebene das Verhältnis von Konstruktion (dem „Gesetz" der musikalischen Struktur) und Ausdruck (der Versinnlichung des „Gedankens"). In der Tradition der jüdischen Bibelexegese spielt das Verfahren eine zentrale Rolle, dem Ohr das begreiflich zu machen, was es verstehen kann; und genau das ist es, was für Aron spricht. Das „Gesetz" der musikalischen Struktur ist die subkutane Ebene der gewählten Zwölftonreihe, die zu Beginn der Oper, gleichsam als erste Setzung des „Gedankens", als „Gottes wortlose Lautung" (H. K. Metzger) erklingt. Mit der ersten Reaktion des Moses öffnet sich erst der Vorhang. Wie der Gegensatz zwischen Moses und Aron auch in den Stimmfächern und der Artikulationsweise nachvollzogen wird – Moses spricht, Aron ist ein verführerischer Tenor –, so erscheint auch die Stimme Gottes aufgefächert in Sprech- und Gesangsensembles. Die Vieldeutigkeit und Unfaßbarkeit ihrer Lautung könnte kaum besser ausgedrückt werden.

In der 2. Szene des 1. Aktes spaltet sich das simultane Singen und Sprechen der Stimme Gottes auf in den Dialog zwischen dem sprechenden Moses und dem singenden Aron, einen „windschiefen" Dialog übrigens, der von Anfang an klarstellt, daß die beiden Positionen unvereinbar sind. Und doch sind es die zwei Seelen in der Brust des Komponisten Schönberg, sein esoterisches und exoterisches Ich. An Alban Berg schrieb er ja während der Arbeit an der Partitur: „Alles, was ich geschrieben habe, hat eine gewisse innere Ähnlichkeit mit mir." Als Prophet der Neuen Musik verstand er sich und als Sachwalter jenes „unerbittlichen Denkgesetzes", das für ihn die subkutane Zwölftonkonstruktion hinter der sinnlichen Oberfläche der Musik war. Und der Gegensatz zwischen Moses und Aron spiegelt sich wider in der ausgeführten Dialektik von avancierter und traditioneller Musiksprache: Aron singt nicht nur als verführerischer, wohllautender Tenor, sondern verweigert auch die Emanzipation der Dissonanz nach dem „Sündenfall" der Musik: Umgekehrt zur traditionellen tonalen Musik steht die Dissonanz in der Zwölftontechnik für „den Ausdruck alles Hohen, Ernsten, Frommen, Geistigen, während das Harmonische und Tonale der Welt der Hölle, in diesem Zusammenhang also einer Welt der Banalität und des Gemeinplatzes, vorbehalten ist" – so formuliert es Serenus Zeitblom für eine fiktive Komposition des Romanhelden Adrian Leverkühn in Thomas Manns *Dr. Faustus* (1947). Aron äußert sich, als Ausdruck des Abfalls von der abstrakten Gottesvorstellung, immer wieder in melodischen Sextaufschwüngen und kantablen Linien, begleitet von eingesprengten tonalen Akkorden innerhalb der zwölftönigen Struktur. Das (politische) Problem der Demagogie scheint mindestens so wichtig zu sein wie die Tradition des (religiös motivierten) jüdischen Bilderverbots. Am Vorabend der faschistischen Barbarei greift Schönberg – auf seine Weise – den Mißbrauch der „Führergestalt" auf und gibt zugleich ein anschauliches Bild seiner säkularisierten Sicht auf die Stellung des Künstlers in dieser Zeit (auch wenn er das später geleugnet hat): Der Künstler muß, wie Moses, seinem Gedanken treu bleiben, auch gegen das Vorurteil des Publikums (gespiegelt in der Reaktion des Volkes Israel auf die Ankunft der beiden Brüder im 1. Akt) und zugleich, wie Aron, die dafür nötigen, anschaulichen Bilder finden. So besehen könnte der „Tanz um das Goldene Kalb" sogar als Befreiung der Sinnlichkeit verstanden werden, denn auch hier läßt die musikalische Zwölftonkonstruktion nichts von ihrer Strenge vermissen, obwohl sie die weiteste Entfernung von der wahren Gottesidee, also vom wahren Künstlertum erreicht hat. Der Sieg des Moses über Aron im 3. Akt ist jedoch nur ein

scheinbarer, ist – im Sinne der „negativen Dialektik" – die falsche Versöhnung von Widersprüchen und wurde ja auch von Schönberg nicht mehr
komponiert.

Geschichte

Die Oper *Moses und Aron* stellt Schönbergs intensivste Auseinandersetzung mit dem Judentum dar. Daß er kurz nach seiner erzwungenen
Emigration ausdrücklich zur Religion seiner Väter zurückkehrte – Marc
Chagall war in Paris Zeuge der Rekonversion (1933) –, war dann nur noch
der letzte, äußere Schritt. Der Plan, ein Werk über den Moses-Stoff zu
schreiben, reicht zurück bis zum Anfang der 20er Jahre; das Wortdrama *Der
biblische Weg* (1926) gehört in den Umkreis des Projekts. Hier wie dort geht
es um das Selbstbewußtsein des israelitischen Volkes, um die Reinigung des
Denkens, aber auch um die künstlerische Wahrheit. Schönberg fühlte sich
als eine Art künstlerischer Moses, ausgestattet mit dessen Sendungsbe-
wußtsein. Am 4. August 1933, nach Fertigstellung der Partitur der ersten
beiden Akte von *Moses und Aron*, schrieb er an Anton Webern: „Ich halte
das" – er meint seine Aktivitäten in bezug auf die nationale Einigung des
Judentums – „für mich wichtiger als meine Kunst, und bin entschlossen –
wenn ich für solche Tätigkeit geeignet bin –, nichts anderes mehr zu machen als für die nationale Sache des Judentums zu arbeiten." Er wollte sogar
eine jüdische Einheitspartei gründen (1933). Die Unbedingtheit seiner
Vorstellungen korrespondierte mit seiner künstlerischen Grundanschau-
ung, daß Kunst dazu da sei, wahr zu sein, anstatt bloß zu schmücken, und:
Kunst komme von Müssen, nicht von Können. Zunächst plante er, laut Brief
an Webern vom 29. März 1926, eine „neue Kantate, *Moses am brennenden
Dornbusch*", dann wurde daraus die Idee eines großen, dreiteiligen Oratoriums *Moses und Aron* (Libretto Oktober 1928) mit den Teilen „Die Berufung", „Das goldene Kalb" und „Arons Tod", bis schließlich im Zuge der
Komposition ab 7. Mai 1930 sich der Opernplan herauskristallisierte. Der
Text entstand, ähnlich wie bei Bergs *Lulu*, in endgültiger Fassung erst
während der Komposition. Am 14. Juli 1931 ist der 1. Akt, am 10. März
1932 der 2. Akt in Partitur vollendet. Zum 3. Akt gibt es nur Entwürfe, die
ganz erheblich abweichen von der Schilderung des Alten Testaments
(4. Buch Mose, 20. Kap.), wie Aron gestorben sei: Bei Schönberg erhebt sich
Moses zum Richter über Aron, indem er jetzt, als Synthese der ersten beiden
Akte, zum Theoretiker und Praktiker in einem geworden ist. Diese Lösung
ist indessen nur scheinhaft; Schönberg hat sie wohl deshalb auch nicht mehr

komponiert. Es gibt allerdings kurze musikalische Entwürfe aus den Jahren 1937 und 1949, mehr jedoch nicht. Bis zu seinem Tod wollte Schönberg immer wieder den 3. Akt vollenden, doch es sollte nicht sein. Die Unerbittlichkeit der Mosesgestalt – Schönberg selbst bezog sich einmal ausdrücklich auf Michelangelos großartige Gestaltung – als „gar nicht menschlich" zertrümmert ja – im Gegensatz zum biblischen Bericht – die Gesetzestafeln nicht aus cholerischer Wut, sondern aus Verzweiflung.

Außer dem Alten Testament (2. Buch Mose) zog Schönberg noch weitere Quellen für seine Gestaltung des Moses-Stoffes heran. Er kannte mit Sicherheit August Strindbergs *Moses*, den ersten Teil einer „welthistorischen Trilogie", in der jedoch Moses kein Fanatiker ist und die Antinomie zwischen Moses und Aron lediglich angedeutet erscheint, ferner – worauf erstmals K. H. Wörner aufmerksam gemacht hat – Alfred Kubins Roman *Die andere Seite* (1907, gedruckt zwei Jahre später), der erstaunliche Parallelitäten mit den Regieanweisungen Schönbergs zur Pantomime um das Goldene Kalb aufweist. Es erscheint auch nicht ausgeschlossen, daß Schönberg Friedrich Schillers Aufsatz *Die Sendung Moses* kannte, da sich in ihm dieselben dialektischen Probleme finden, denen sich auch Schönbergs Moses ausgesetzt sieht.

Kurz vor Schönbergs Tod zeichnete sich eine erste szenische Aufführung des Opernfragments ab: Francesco Siciliani, der künstlerische Leiter des Maggio Musicale Fiorentino, wandte sich Ende 1950 an Schönberg; das Projekt kam jedoch nicht zustande. Am 2. Juli 1951 dirigierte statt dessen Hermann Scherchen im Rahmen der Darmstädter Ferienkurse für Neue Musik als Voraufführung den *Tanz um das Goldene Kalb,* während die Uraufführung – ebenfalls konzertant – erst am 12. März 1954 beim NWDR in Hamburg unter der Leitung von Hans Rosbaud stattfinden konnte. Die erste Bühnenaufführung dirigierte wieder Rosbaud am Stadttheater Zürich (6. Juni 1957) im Rahmen des Weltmusikfestes der Internationalen Gesellschaft für Neue Musik, freilich, wie schon 1954, ohne das Fragment des 3. Aktes. In den folgenden Jahren gab es verschiedene Experimente mit der szenischen Aufführung des unvollendeten 3. Aktes und im übrigen zahlreiche Beweise für die Bühnenwirksamkeit dieser eigenartigen Oper. In Gustav Rudolf Sellners Berliner Aufführung (Premiere: 4. Oktober 1959, Dirigent: Scherchen) wurde der Text des 3. Aktes zu Musik aus der Verkündigungsszene des 1. Aktes gesprochen, in Düsseldorf (1968) unterlegte man dem gesprochenen Text die Musik des *Genesis-Prélude* von Schönberg, und bei der Nürnberger Inszenierung (1971) wurde die *Begleitmusik zu einer*

Lichtspielszene benutzt, die Musik Schönbergs zu einem nie gedrehten Stummfilm. Die Tragfähigkeit des Textfragments zum 3. Akt konnte aber nie so recht überzeugen; die Ästhetik des Vollendeten wollte hier nicht recht greifen. In der letzten Zeit ist man deshalb auch verstärkt auf den Torsocharakter des Werkes zurückgekommen (z. B. Bayerische Staatsoper, München 1982). *Dietmar Holland*

Diskographische Empfehlung

1974 – Wien: Michael Gielen, Chor und Symphonieorchester des Österreichischen Rundfunks. Günter Reich (Moses), Louis Devos (Aron), Eva Csapó (Mädchen), Roger Lucas (Mann), Ladislav Illavský (Ephraimit). Philips 6700 084

1984 – Chicago: Georg Solti, Chicago Symphony Chorus, Chicago Symphony Orchestra. Franz Mazura (Moses), Philip Langridge (Aron), Barbara Bonney (Mädchen), Daniel Harper (Mann), Herbert Wittges (Ephraimit). Decca 414 264-2 (DDD)

MAURICE RAVEL

geb. 7. März 1875 in Ciboure (Département Pyrénées-Atlantiques)
gest. 28. Dezember 1937 in Paris

De facto umfaßt das Opernschaffen Maurice Ravels die beiden Einakter *L'heure espagnole* und *L'enfant et les sortilèges,* und wirklich würden diese beiden Werke genügen, Ravels Rang als einer der bedeutendsten Opernkomponisten seiner Zeit zu bestätigen. Zum anderen lassen sich Opernprojekte nachweisen, die meist nicht über einige Skizzen hinauskamen bzw. deren Material in andere Werke übernommen wurde: Gerhart Hauptmanns *Versunkene Glocke* (1906–1914), Maurice Maeterlincks *Intérieur* (1914), *Morgiane* nach den *Erzählungen aus Tausendundeine Nacht* (1931), *Olympia* nach E. T. A. Hoffmanns Schauernovelle *Der Sandmann* (nicht datiert; zum Teil übernommen in *L'heure espagnole*) und das Opernoratorium *Jeanne d'Arc* nach dem Roman von Joseph Delteil (1928–1932); auch der Plan einer Instrumentalkomposition (für Cello und Orchester) nach Alain-Fourniers *Le grand meaulnes,* der Ravel seit 1914 beschäftigte, hätte möglicherweise ein szenisches Werk gezeitigt, wenn ihn der Komponist weiter verfolgt hätte. Bleibt noch die Revision der *Chowantschtschina* von Modest Mussorgskij zu erwähnen, die Ravel gemeinsam mit Igor Strawinsky 1913 für die „Ballets russes" Sergej Diaghilews erarbeitete, die aber nie veröffentlicht wurde und größtenteils verschollen ist. *Michael Stegemann*

L'heure espagnole (Die spanische Stunde)
Comédie musicale in einem Akt

Text: Franc-Nohain (Pseudonym für Maurice-Étienne Legrand)
Uraufführung: 19. Mai 1911, Opéra, Paris
Personen: Torquémada, ein Uhrmacher (Ten); Concepcion, seine Frau (Sop); Gonzalve, ein Student (Ten); Ramiro, ein Maultiertreiber (Bar); Don Inigo Gomez, ein Bankier (Baß)

Ort und Zeit: Toledo, im 18. Jahrhundert
Orchester: Picc, 2 Fl, 2 Ob, E.H., 2 Kl, Bkl, 2 Fg, Sarrusophon, 4 Hrn, 2 Trp, 3 Pos, Tba, Pkn, Schlgzg, Cel, 2 Hrf, Streicher
Form: Durchkomponiert, in 22 Szenen gegliedert
Aufführungsdauer: Ca. 50 Minuten
Verlag: Durand & Cie, Paris

Handlung

Der Uhrmacher Torquémada sitzt inmitten seiner Uhren, Spieldosen und Musikautomaten an der Arbeit, als der Maultiertreiber Ramiro den Laden betritt und eine Taschenuhr – ein altes Erbstück – zur Reparatur bringt. Concepcion, die Frau des Uhrmachers, mahnt ihren Mann zum Aufbruch: Er müsse heute noch die Rathausuhren aufziehen. Zugleich beklagt sie sich, daß Torquémada ihr noch immer nicht die große Standuhr hinauf ins Schlafzimmer gebracht habe, wie er es längst versprochen hat. Schließlich bietet sich Ramiro an, ihr das schwere Stück hinaufzutragen. Kaum ist Ramiro oben und Torquémada fort, taucht der Student Gonzalve auf, den die muntere Concepcion zu einem Schäferstündchen bestellt hat; aber der Maultiertreiber erweist sich als Störenfried. Um ihn loszuwerden, schickt sie Ramiro noch einmal nach oben: Er habe die falsche Uhr ins Schlafzimmer gebracht. Schnell steckt Concepcion ihren Galan Gonzalve in einen anderen Uhrenkasten, und Ramiro, der gerade die eine Standuhr wieder in den Laden geschafft hat, schleppt nun die andere mitsamt dem Studenten in das Schlafzimmer hinauf. Inzwischen hat der Bankier Don Inigo Gomez den Laden Torquémadas betreten; auch er macht der schönen Concepcion den Hof und will Torquémadas Abwesenheit ausnutzen. Um ihr einen Schrecken einzujagen, zwängt er sich in den anderen Uhrenkasten, während Concepcion und Ramiro oben sind. Erst kommt der Maultiertreiber hinunter, wenig später auch Concepcion: Die Uhr (wohl eher ihr „Inhalt" ...) habe völlig versagt, erklärt sie wütend – Ramiro solle sie wieder fortschaffen. Während der gutmütige Bursche aufs neue ins Schlafzimmer geht, um die Standuhr mitsamt Gonzalve in den Laden zurückzutragen, entdeckt Concepcion den dicken Bankier in seinem Versteck. Warum nicht? Kaum hat Ramiro die eine Uhr (mit dem Studenten) hinuntergetragen, soll er die andere (mit Don Inigo) wieder hinaufbringen. Concepcion versucht nun ihr Glück mit dem Bankier, während der Maultiertreiber den Laden bewacht. Doch auch diese „Uhr" hält nicht, was sich Concepcion von ihr versprochen hat, und Ramiro muß sie wieder hinunterschleppen. Bei diesem ganzen Hin und Her konnte Concepcion die Kraft des Maultiertreibers genügend bewundern: *Das* ist der Richtige! Und sie zieht ihn hinter sich her ins Schlafzimmer. Unten im Laden ist es Gonzalve und Don Inigo inzwischen ungemütlich in ihren Uhrenkästen geworden, doch während der Student leicht aus dem seinen hinausklettert, steckt der Bankier hilflos fest im Gehäuse. Gegenüber Torquémada, der just in diesem Augenblick zurückkommt, geben sich die beiden als interessierte Kunden aus, und wirklich kaufen sie dem Uhrmacher die beiden Standuhren ab, um keinen Verdacht zu erregen. Nun kommen auch die endlich befriedigte Concepcion und Ramiro die Treppe hinunter. Torquémada entschuldigt sich bei seiner Frau, daß er gerade die beiden Standuhren verkauft habe, deren eine sie doch so gern in ihrem Schlafzimmer gehabt hätte. Das sei nun nicht mehr nötig, erklärt sie fröhlich: Fortan werde der Maultiertreiber jeden Morgen bei ihr vorbeikommen, um sie zu wecken.

Kommentar

Obwohl Ravels Partitur (nach dem 1904 am Pariser Odéon uraufgeführten Einakter von Franc-Nohain) bereits im Oktober 1907 fertig war, mußte *L'heure espagnole* fast vier Jahre auf ihre Uraufführung warten, weil Albert Carré – der Direktor der Opéra – vor der Freizügigkeit dieses „Erotikons" zurückschreckte. Als dann endlich doch für den 19. Mai 1911 die Premiere angesetzt war, veröffentlichte der „Figaro" zwei Tage zuvor einen Brief des Komponisten, der sein Werk verteidigte und charakterisierte: „Was habe ich mit *L'heure espagnole* beabsichtigt? Mein Ziel ist hochgesteckt: Ich wollte – wenigstens in großen Zügen – das Genre der italienischen opera buffa erneuern. Das Werk folgt keiner herkömmlichen Form. Wie sein (einziges direktes) Vorbild, Mussorgskijs *Heirat* – eine getreue Vertonung des gleichnamigen Stückes von Gogol – ist auch *L'heure espagnole* eine ‚musikalische Komödie'. Außer ein paar unwesentlichen Kürzungen habe ich Franc-Nohains Text nicht verändert. Lediglich das Schlußquintett könnte in seiner Anlage und seiner Stimmbehandlung an gängige Ensemble-Szenen erinnern. Davon abgesehen gibt es keinen Gesang im üblichen Sinne, sondern einen Deklamationsstil. Das Französische verfügt wie jede andere Sprache über ihm eigene Akzente und Sprachmelodien, und ich sehe nicht ein, warum man sich nicht diese Eigenheiten zunutze machen sollte, um eine gelungene Prosodie zu erreichen. Der Geist des Textes ist durchweg humoristisch; seine Ironie wollte ich vor allem in der Musik zum Ausdruck bringen – in Harmonik, Rhythmik und Instru-

mentation – und nicht, wie bei einer Operette, in einer sinnlosen Anhäu-
fung von Wörtern. Lange schon habe ich von einer humoristischen Komposition geträumt: Das moderne Orchester scheint mir wie dafür geschaffen,
komische Wendungen darzustellen und zu übertreiben. Als ich Franc-
Nohains *L'heure espagnole* las, war mir bald klar, daß diese amüsante
Fantasie genau das war, was mir vorschwebte. Vieles daran faszinierte
mich: Die Mischung aus alltäglicher Konversation und lächerlich über-
zeichnetem Lyrismus, die Atmosphäre ungewohnter Klänge, die die Protagonisten im Uhrenladen Torquémadas umgibt, und schließlich die Möglichkeit, die farbenprächtige Rhythmik der spanischen Musik zu verwenden.«

Jede der fünf Personen ist durch ein bestimmtes musikalisches Element
charakterisiert: Torquémada und Ramiro durch eine knappe Melodie, Concepcion durch den Rezitativ-Gestus ihrer Partie, Gonzalve durch die „ge-
zierten" Melismen, Don Inigo Gomez durch einen punktierten, „gestelz-
ten" Rhythmus. Aber das eigentliche Wunder der *Heure espagnole* ist ihr
Orchester: ein glitzerndes, brillantes Feuerwerk einzigartiger Klangfarben,
das von den ersten Takten an eine Zauberwelt entfaltet, wie sie nur Ravel zu
komponieren verstand.

Geschichte

Die Uraufführung (gekoppelt mit Massenets Revolutions-Oper
Thérèse) wurde – trotz Ravels Brief an den „Figaro" – nur ein halber Erfolg;
während eine ganze Reihe von Zuschauern tatsächlich über die Zweideu-
tigkeiten der Handlung empört waren, hielten andere Ravels Musik für eine
Verunstaltung des Textes, während wieder andere (wie der Kritiker Émile
Vuillermoz) die grellen, oft burlesken Klangeffekte und das Fehlen melodischer Gesangslinien als Mißgriff bezeichneten. Die „pornographische Operette" verschwand nach wenigen Vorstellungen wieder vom Spielplan und
wurde erst nach dem Ersten Weltkrieg – dann allerdings mit großem Beifall
– wieder aufgeführt. Es folgten Premieren in London (1919), New York
(1920), Mailand und Berlin (1929), Buenos Aires und Bukarest (1932),
Amsterdam (1933), Kairo (1934) und Wien (1935).

Michael Stegemann

Diskographische Empfehlung

1964 – Paris: Lorin Maazel, Orchestre National de la R. T. F. Jane Berbié (Concepcion), Jean Giraudeau (Torquemada), Gebriel Bacquier (Ramiro), José van Dam (Gomez), Michel Sénéchal (Gonzalve). DG 423 719-2 (ADD)

L'enfant et les sortilèges
Fantaisie lyrique in zwei Teilen

<u>Text:</u> Colette
<u>Uraufführung:</u> 21. März 1925, Théatre de Monte Carlo
<u>Personen:</u> L'Enfant (Mez); Maman (Alt); La Bergère (Sop); La Tasse chinoise (Mez); Le Feu (hoher Sop), La Princesse (hoher Sop); La Chatte (Mez); La Libellule (Mez); Le Rossignol (hoher Sop); La Chauve-Souris (Sop); La Chouette (Sop); L'Ecureuil (Mez); Une Pastourelle (Sop); Un Patre (Alt); Le Fauteuil (Baß); L'Horloge comtoise (Bar); La Théière (Ten); Le petit Vieillard (Ten); Le Chat (Bar); Un Arbre (Baß); La Rainette (Ten)
<u>Chor:</u> Le Banc; Le Canapé; Le Pouf; La Chaise de Paille; Les Chiffres; Les Pastoures; Les Patres; Les Rainettes; Les Bêtes; Les Arbres
<u>Ort und Zeit:</u> Nicht näher bezeichnet (Frankreich, Gegenwart)
<u>Orchester:</u> 2 Fl, Picc, 2 Ob, E.H., Kl in Es, 2 Kl, Bkl, 2 Fg, Kfg, 4 Hrn, 3 Trp, 3 Pos, Tba, Pk, KlPk in d', Trgl, Rührtr, Bck, GrTr, TamTam, Peitsche, Handklapper, Käsehobel, wood-block, Äolsharfe, KlBck, Flûte à coulisse, Xyl, Cel, Hrf, Klav, Streicher
<u>Aufführungsdauer:</u> Ca. 45 Minuten
<u>Form:</u> Durchkomponiert, aber nummernartiger Aufbau
<u>Verlag:</u> Durand & Cie, Paris

Handlung

Ein niedriges Zimmer in einem alten Landhaus in der Normandie mit Tür zum Garten; friedliche Nachmittagsstimmung mit knisterndem Kamin, summendem Teekessel und schnurrender Katze. Das Kind des Hauses, sechs oder sieben Jahre alt, sitzt mißgelaunt vor seinen Schulaufgaben. Es möchte am liebsten etwas Böses anstellen. Die Mutter betritt den

Raum und ist über die Faulheit des Jungen empört. Zur Strafe erhält er nur ungesüßten Tee und trockenes Brot, dazu Stubenarrest bis zum Abendessen. Wieder allein, bekommt das Kind einen Anfall von Zerstörungswut: Es fegt Teekanne und Teetasse vom Tisch, daß sie in tausend Stücke zerbrechen. Dann quält es das gefangene Eichhörnchen in seinem Käfig und zieht die Katze am Schwanz. Mit dem Schürhaken stößt es wütend den Wasserkessel in die Glut, so daß Asche und Qualm den Raum verdüstern. Sodann reißt es die Tapete von der Wand, demoliert die alte Standuhr und zerreißt schließlich seine Schulhefte und Bücher, bevor es sich erschöpft, aber glücklich in einen alten Lehnstuhl fallen läßt: Zu seinem Erstaunen aber weicht der Stuhl vor ihm zurück, beginnt Eigenleben zu entwickeln. Ein phantastisches Spiel des zum Leben erwachten Mobiliars beginnt: Zuerst führen Lehnstuhl und Louis-quinze-Sessel einen „steifen und grotesken Tanz" auf und singen dazu ein galantes Duett. Vom bösen Kind wollen sie nichts mehr wissen. Gleich darauf hebt die alte Standuhr, der der Knabe das Pendel abbrach, ihre Wehklage an: Sie muß dauernd läuten, kann nicht mehr die richtige Zeit angeben und krümmt sich vor Schmerzen. Nun melden sich auch die Scherben der englischen Teekanne und der chinesischen Teetasse, werden auf wundersame Weise wieder ganz, wenden sich drohend (mit Boxergesten) gegen das böse Kind und intonieren zum Rhythmus eines amerikanischen Foxtrotts ein englisch-chinesisches Nonsensduett.

Inzwischen geht allmählich die Sonne unter, und das Kind bekommt es mit der Angst zu tun. Im Kamin lodert die helle Stimme des Feuers, die dem Knaben Vorhaltungen macht wegen seines fahrlässigen Umgangs mit dem gefährlichen Element. Da beginnen sich auch die kleinen Schäferfiguren auf der abgerissenen Tapete zu bewegen und klagen über ihre Trennung von den anderen, heil gebliebenen Tapetenfiguren. Das Kind ist erschüttert und weint. Da entsteigt die wunderschöne Märchenprinzessin dem zerrissenen Märchenbuch, das das Kind nur bis zur Hälfte gelesen hat und dessen Ende es nun nie mehr erfahren wird, und drückt ihre große Angst aus, wie es nun mit ihr weitergehen soll, ob sie jetzt noch durch den Märchenprinzen gerettet werden kann. Auf der Suche nach den verlorenen Seiten des Märchenbuches stößt das Kind aber plötzlich auf das verhaßte Rechenmännchen aus dem Schulbuch, das nun mit unmöglichen Rechenaufgaben seinen Kopf verwirrt.

Inzwischen ist es dunkel geworden, und im Schein des aufziehenden Mondes beobachtet das Kind eine Liebesszene zwischen dem schwarzen Kater und der weißen Katze. Es folgt den beiden in den nächtlichen Garten und erlebt dort ein zauberhaftes Konzert der Insekten, Laubfrösche, Kröten, Eulen und Nachtigallen. Die Freude des Kindes wird aber bald durch die vor Schmerzen ächzenden und schwankenden Bäume vertrieben, denen das Kind mit einem scharfen Messer „blutende" Wunden zugefügt hatte. Dann fliegt eine traurige Libelle vorbei, die ihre Gefährtin sucht. Das Kind weiß, daß sie sie nicht finden wird, hat es jene Libelle doch selbst an die Wand gespießt. Eine männliche Fledermaus beklagt ebenfalls den Verlust ihrer Gefährtin: Diese hat das Kind unlängst mit einem Stock erschlagen. Nach einem Tanz der Laubfrösche meldet sich schließlich auch das gepeinigte Eichhörnchen aus sicherer Höhe und wirft dem Kind Freiheitsberaubung vor. Der Knabe fühlt sich von allen verlassen und ruft nach seiner Mutter: Da aber wendet sich das gesamte Tierreich des Gartens erzürnt gegen ihn und fordert seine Bestrafung. Weil sie aber alle gleichzeitig auf ihn einreden, entsteht ein heilloses Durcheinander, wobei ein Eichhörnchen zu Boden fällt und sich verletzt. Das Kind neigt sich ihm zu und verbindet spontan seine Wunde. Diese gute Tat des Menschenkindes aber bannt augenblicklich die Rachegelüste der Tiere. Sie sind gerührt und um das Wohl des Kindes besorgt und rufen nun gemeinsam nach seiner Mutter. Dann singen sie, während sie sich allmählich in die langsam zum neuen Tage erwachende Natur zurückziehen, ihre sanften Lobeshymnen auf die Güte, Weisheit und Liebe des Kindes. Am Ende schließt die Mutter das Kind in die Arme.

Kommentar

„Das Menschenkind ist von Natur aus wild und schlimm", schreibt Antoine Goléa in seiner wunderbaren Hommage auf Ravels schönstes, reichstes Werk: „Seine idyllischen Darstellungen sind schon längst dieser von der Psychoanalyse und der banalsten täglichen Erfahrung bestätigten Wahrheit gewichen. Jedoch ist das Menschenkind von Natur aus auch ein Dichter. Seine Einbildungskraft verwandelt die Welt, gibt ihr die Form, die Farbe, die seine Phantasie heraufbeschwört. Jedoch bleibt das Kind, wie alle wahren Dichter, tief im Realen verwurzelt. Es gibt den Gestalten seiner Einbildung nicht die Form von Ungeheuern. Nur größer als die natürlichen Modelle läßt es sie werden; auch verwandelt es die friedlichen in feindliche und die leblosen Gestalten in furchtbar lebendige Wesen. Die Angst ist das nur zu alltägliche Klima der Kindheit. Das Herz, das da schlägt! All diese Luft zum Ein- und Ausatmen! Die undurchdringliche Nacht! Und am Ende der Nacht die Morgendämmerung, der Tag mit seinen Bedrohungen: die Schule mit den anderen Kindern, die alle so schlimm sind, und der Lehrer, dieser Riese, mit seiner Rechtschreibung und seinen Rechenexempeln! Und am Monats- oder gar am Wochenende das furchtbare Zeugnis, das man den Eltern zeigen soll, mit seinen Spalten voller schlechter Noten!"

Nur wer sich ein wenig die unversehrte Phantasie und den tiefer liegenden Blickwinkel des Kindes in seinem Inneren bewahrt hat, kann ermessen, welche Seelendramen sich ständig in einem Sechsjährigen abspielen, welche immensen Phantasiekräfte in der täglichen Auseinandersetzung mit der Erwachsenenwelt mobilisiert werden müssen, um die Bedrohung der Riesengegenstände durch imaginative Animation zu bannen. In *L'enfant et les sortilèges*, seiner reichsten und doch klarsten Partitur, hat Maurice Ravel eine derartige kindliche Schreckensvision aus der höchst bedrohlichen Hunde-Perspektive eines Sechsjährigen entworfen und dieses kathartische Traum-Erlebnis eines „bösen" Kindes in eine typische bürgerliche Nachmittagsidylle mit Schularbeiten-Streß, strenger Mama, schnurrender Katze und mißgelauntem Kind eingebaut, dabei höchst einfühlsam die fließenden Übergänge zwischen Außen- und Innenwelt, zwischen Realität, Phantasie und Traum – genauso, wie sie sich in der kindlichen Wahrnehmung vollziehen – realisiert. *L'enfant* sollte, so die ursprüngliche Idee der Librettistin Sidonie-Gabrielle Colette (1873–1954), ein Ballett werden, doch spürte Ravel, der insgesamt fünf Jahre lang an der Komposition feilte, schon bald die lyrischen Kräfte des Stoffes und beschloß, daraus eine kleine Oper bzw. eine fantaisie lyrique, wie es offiziell heißt, zu machen: „Das Bestreben nach Melodik, das hier vorherrscht", notiert Ravel in seiner *Autobiographischen Skizze*, „findet sich unterstützt von einem Stoff, den ich im Geist der amerikanischen Operette behandelt habe. Das Libretto von Madame Colette rechtfertigt diese Freiheit im Märchenreich. Hier ist es der Gesang, der dominiert. Das Orchester, ohne auf instrumentale Virtuosität zu verzichten, bleibt dennoch an zweiter Stelle..."

Also ist auch diese Miniatur-Oper (mit Riesenorchester und 21 Hauptrollen) in den Bestand der höchst kunstvollen „Fälschungen" Ravels einzuordnen, in die Gegen-Traum-Welt der Ravelschen Kopie, die stets dem Original überlegen ist, auch wenn Ravel diese Qualität durch snobistisches Untertreiben seiner Kunstfertigkeit verleugnen wollte. Dieser Versuch, den „Geist der amerikanischen Operette" zu beschwören, geriet zum ersten und wohl bedeutendsten Exempel eines französischen Musicals, der liebevollen und sehr intelligenten Parodie der gerade aus der Neuen Welt nach Europa

hinüberschwappenden Modetänze und Music-hall-Songs. Man könnte sogar so weit gehen, zu behaupten, daß hier Ravel vorausblickend bereits ein
musikalisches Drehbuch zu einem der genialen Phantasy-Trickfilme Walt
Disneys geliefert hat, wie sonst soll man sich die wundersame Animation
von Lehnstühlen, Pendeluhren, Tapetenfiguren und die geradezu anthro-
pomorphe Wiederbelebung zerbrochener Teekannen und Teetassen vorstellen können? Ebenso verlangen die Tier- und Naturszenen – ich nenne
hier nur Katzenduett und ächzende Bäume – geradezu nach bildhafter
Umsetzung durch Trickfilmanimation: Denn nur die auf Sinnestäuschung
basierende schwierige Technik des gezeichneten Films vermag jene grenzenlosen phantastischen Traumwelten zu kreieren, die die ebenfalls auf
intellektueller „Täuschung" beruhende Musik Ravels sich selbst schützend
in ihrem Seelen-Inneren bewahrt hat, als womöglich letzten, intimsten Ort
einer Utopie, die radikal auf die kreativen Energien des Menschen, konzentriert im Bild des spielenden, träumenden, liebenden Kindes, gerichtet ist.
Mehr als in seinen Erfolgsstücken *La Valse* oder *Boléro*, verdichten sich in
L'enfant Musik- und Lebensphilosophie Maurice Ravels.

Geschichte
Ursprünglich hatte Jacques Rouché, der Direktor der Pariser Oper,
die Dichterin Colette um ein Libretto für ein Märchenballett gebeten, und
als dieses 1916 fertiggestellt war, suchte man einige Zeit nach einem geeigneten Komponisten. Ravel erhielt das Libretto erst zwei Jahre danach,
entschied sich aber erst ein weiteres Jahr später, im Frühjahr 1919, es zu
vertonen, freilich als Oper. Die ersten Entwürfe entstehen 1920, infolge
zahlreicher Unterbrechungen schließt Ravel die Partitur erst Ende 1924 ab.
Die Uraufführung findet am 21. März 1925 im Opernhaus von Monte Carlo
statt, unter der Leitung des aufstrebenden italienischen Dirigenten Victor
de Sabata, der später Weltruhm erlangt. Publikum und Presse sind begeistert. Die Pariser Erstaufführung am 1. Februar 1926 unter Louis Albert
Wolffs Leitung wird vom Publikum zwiespältig aufgenommen, während
die Kritik sehr positiv reagiert. Colette berichtet ihrer Tochter, daß die Oper
„zweimal wöchentlich vor vollem, aber unruhigem Haus gespielt wird. Die
für die Moderne Begeisterten applaudieren und buhen die anderen nieder,
und während des Katzenduetts herrscht immer ein fürchterlicher Tumult".
In den folgenden Jahren wird die Oper auch außerhalb Frankreichs von
einigen Häusern (teilweise in Übersetzungen) herausgebracht, so in Brüssel
(1926), San Francisco (1930), Leipzig (1926), Wien (1929), Florenz (1939),

Buenos Aires (1964) und London (1965), jedoch haben bislang Besetzungs-schwierigkeiten (21 Rollen plus großer Orchesterapparat) sowie grundsätz-liche Probleme bei der Bühnenrealisation der phantastischen Handlung den durchschlagenden Erfolg dieser 45-Minuten-Oper verhindert.

Attila Csampai

Diskographische Empfehlung

1960 – Paris: Lorin Maazel, Chœurs et Orchestre National de La R. T. F. Françoise Ogéas (L'Enfant), Jeanine Collard (Maman), Jane Berbié (La Bergère, La Chatte, L'Ecureuil, Un Patre), Michel Sénéchal (La Théière, Le petit Vieillard, La Rainette). DG 473 718-2 (ADD)

ERMANNO WOLF-FERRARI

geb. 12. Januar 1876 in Venedig
gest. 23. Januar 1948 in Venedig

Ermanno Wolf-Ferrari wurde als Sohn des deutschen Malers August Wolf und der Italienerin Emilia Ferrari geboren. Wie in seiner Herkunft, so durchdringen sich auch in seiner Ausbildung und in seiner Musik Deutsches und Italienisches untrennbar. Nach Jahren privaten Klavierunterrichts in Venedig, studiert er von 1892 bis 1895 an der Münchner Akademie für Tonkunst (Komposition bei Joseph Rheinberger). 1897 tritt er in Mailand eine Chorleiterstelle an. Nach dem Fehlschlag seiner zweiten Oper, *La Cenerentola* – die erste, *Irene*, blieb ungedruckt –, in Venedig im Jahre 1900, kehrt er nach München zurück. 1903 wird hier die Musikalische Komödie *Die neugierigen Frauen* uraufgeführt, die seinen Erfolg als Opernkomponist begründet, 1906 gefolgt von seiner zweiten auf Goldoni basierenden Oper, *Die vier Grobiane*. 1909 übersiedelt Wolf-Ferrari endgültig nach München, wo er im selben Jahr den Einakter *Susannens Geheimnis* aus der Taufe hebt. Nach dessen Welterfolg reist er 1911/12 in die Vereinigten Staaten, wo er erstmals seine Opern in italienischer Sprache hört. 1911 bringt Berlin Wolf-Ferraris erste ernste Oper *Der Schmuck der Madonna*, Dresden 1913 das musikalische Lustspiel *Der Liebhaber als Arzt* nach Molière. Der Erste Weltkrieg bewirkt eine ernste Lebens- und Schaffenskrise. Zwischen *Gli amanti sposi* (1914) und *Das Himmelskleid* (uraufgeführt in München 1927) ist keine Komposition mehr entstanden. 1927 sieht Mailand erstmals *Sly* nach Shakespeares Prolog zu *Der Widerspenstigen Zähmung*. Es folgen 1931 *Die schalkhafte Witwe* in Rom, 1936 *Il Campiello* und 1939 *La dama boba* in Mailand. Hannover ist der Uraufführungsort für Wolf-Ferraris letzte Oper, *Der Kukkuck von Theben* (1943). Gegen Ende des Zweiten Weltkriegs übersiedelt der Komponist nach Alt-Aussee. Zwischen 1946 und 1947 lebt er bei Freunden in der Schweiz. 1947 kehrt er in seinen Geburtsort zurück.

Ulrike Hessler

I quattro rusteghi (Die vier Grobiane)
Musikalisches Lustspiel in drei Aufzügen

<u>Text:</u> Giuseppe Pizzolato, nach *I quattro rusteghi* von Carlo Goldoni
<u>Uraufführung:</u> 19. März 1906, Königliches Hof- und Nationaltheater, München
<u>Personen:</u> Lunardo, Antiquitätenhändler (Baß); Margarita, seine zweite Frau (Alt); Lucieta, Lunardos Tochter (Sop); Maurizio, Kaufmann (Bar); Filipeto, sein Sohn (Ten); Marina, Filipetos Tante (Sop); Simon, Kaufmann, deren Mann (Baß); Cancian, reicher Bürger (Baß); Felice, seine Frau (Sop); Conte Riccardo, ein fremder Edelmann (Ten); Eine junge Magd Marinas (Mez)
<u>Ort und Zeit:</u> Venedig, im Jahre 1800
<u>Orchester:</u> 2 Fl, 2 Ob, 2 Kl, 2 Fg, 4 Hrn, 3 Trp, 3 Pos, Btba, Pkn, Schlgzg, Hrf, Streicher
<u>Form:</u> Durchkomponiert
<u>Aufführungsdauer:</u> Ca. 2½ Stunden
<u>Verlag:</u> Josef Weinberger, London

Handlung
1. AKT: Lucieta, Lunardos Tochter, und Margarita, seine zweite Frau, sind zu Hause und langweilen sich, da der Hausherr ihnen nicht erlaubt, am venezianischen Karneval teilzunehmen. Lunardo kommt nach Hause und fordert Frau und Tochter auf, sich sinnvoll zu beschäftigen. Er teilt ihnen mit, daß er für den Abend Freunde eingeladen hat: Maurizio, Simon mit seiner Frau Marina, Cancian mit seiner Frau Felice. Die neugierige Tochter schickt er hinaus und eröffnet seiner Frau, daß er sein Kind verloben wird. Den zukünftigen Gemahl soll es bei der Trauung zum erstenmal sehen. Margarita protestiert vergeblich gegen diese Verfügung. Bei der Ankunft des Herrn Maurizio, des zukünftigen Schwiegervaters, muß sie sich entfernen. Die Väter werden, im Vertrauen auf den Gehorsam ihrer Kinder Lucieta und Filipeto, schnell einig.
Filipeto vertraut sich seiner Tante Marina an. Auch sie empört sich darüber, daß sich das Brautpaar vor der Hochzeit nicht sehen soll. Der heimkehrende Ehemann schätzt Besuche nicht, und besonders Verwandtenbesuche sind ihm ein Greuel. Filipeto zieht sich eilig zurück. Marina erfährt, daß sie abends mit dem Gatten auswärts essen wird, kann ihn aber nicht bewegen, ihr Genaueres zu sagen. Schließlich läßt er sie einfach stehen. Neuer

Besuch schneit herein: Felice mit ihrem Kavalier, dem Conte Riccardo, und ihrem Mann. Sie fordert die beiden Männer auf, sich miteinander zu unterhalten, während sie mit Marina überlegt, wie die ihnen ärgerliche Regelung der Väter unterlaufen werden kann. Simon kommt zurück. Verstimmt über den neuen Besuch schickt er seine Frau weg und verläßt den Raum schließlich selbst, empört über den „Pantoffelhelden" Cancian.

2. AKT: Lucieta bedenkt ihr zukünftiges Leben; sie bedauert sehr, daß es ihr unmöglich ist, sich so schön wie die Stiefmutter zu machen. Lunardo beanstandet das festliche Aussehen der Frauen. Die eintreffenden Freunde haben das gleiche Problem mit ihren Frauen und die gleiche Ansicht darüber. Spöttisch lachend entfernen sich die Damen. Wehmütig gedenken die Herren der Zeiten, in denen die Frauen noch Tugenden besaßen, die das Heiraten wünschenswert erscheinen ließen. Felice überrascht sie bei diesen Erörterungen. Eilig ziehen sie sich mit Cancian zurück. Margarita und Lucieta, inzwischen von Marina von der bevorstehenden Verlobung unterrichtet, stürzen aufgeregt herein. Felices Einfall folgend wird jetzt im Schutz der Karnevalsmasken ein heimliches Treffen der einander bestimmten jungen Leute arrangiert. Als die Männer unerwartet zurückkommen, verstecken die Frauen Filipeto und seinen Begleiter Riccardo. Lunardo teilt seiner Tochter nun offiziell die bevorstehende Verlobung mit. Maurizio konnte seinen Sohn zu Hause nicht finden und schimpft auf den Conte, der daraufhin aus seinem Versteck hervorstürzt und Filipeto kompromittiert.

3. AKT: Die Männer wollen die geplante Ehe nun doch nicht zustande kommen lassen und die Frauen bestrafen. Felice verteidigt die Verschwörung und macht sich so beredt zum Anwalt der Frauen und des Brautpaares, daß es doch noch zur Versöhnung kommen kann.

Kommentar

„Wenn ich sehe, wie viele Menschen durch die Härte des Lebens die Möglichkeit zur Freude verlieren, muß ich die Kunst unbedingt als eine Art des Balsams ansehen, eine Verjüngungskur für jene, die frühzeitig alt werden, eine Erheiterung für die Traurigen oder für jene, die nicht selbst Freude schaffen können." Ermanno Wolf-Ferraris Bekenntnis zur komischen Oper entspringt dem Bestreben, die Menschen zu erheitern. Seine Komödien wollen Gegensätze versöhnen. Komik entsteht für ihn aus dem Kontrast zwischen innerem Sein des Menschen und äußerem Schein, den er seiner Umwelt vorzugaukeln versucht. So müssen in *Die vier Grobiane* die Männer sich ihren Frauen gegenüber wie dünkelhafte Tyrannen gebärden, die sie im Grunde gar nicht sind, um ihr tradiertes Image aufrechtzuerhalten. Doch ihnen wird keine derbe, grausame und erniedrigende Lektion erteilt, die sie nicht weniger verdienen als die Männer in *Die lustigen Weiber von Windsor* oder im *Falstaff*. Sie werden besiegt durch Charme und Humor. Das Überzeitliche in der Zeitgebundenheit, das grundsätzlich Komische im absonderlichen Einzelfall verwandelt Wolf-Ferrari in Musik und wird so im nachwagnerischen und veristischen Zeitalter zum neoklassizistischen Erneuerer der opera buffa. Wolf-Ferrari hat als Aufgabe seiner Musik definiert, sie habe „in der komischen Oper zur Handlung, die in ihrer Aufzeigung menschlicher Schwächen und Dummheiten oft grausam ist, die Güte zu bringen, die versöhnt und verzeiht". Schönheit ist das oberste Gebot für Wolf-Ferraris Musik, die Eklektizismus nicht immer vermeidet. Seine gesangliche Diktion ist buffonesk und mit abwechslungsreichem rhythmischem Leben erfüllt. Die Ensemblebehandlung ist ausgeweitet bis zum Dezett im Finale des 2. Aktes. Der 3. Akt beginnt mit einem Terzett für drei Bässe, eine Kuriosität der Opernliteratur. Wolf-Ferrari knüpft an die italienische Buffa-Tradition im Geiste Rossinis oder Donizettis an. Sein lockerer unpathetischer Konversationsstil leitet sich vom Secco-Rezitativ der opera buffa ab, wobei die Parlando-Passagen und die ariosen Teile scheinbar unmerklich ineinander übergehen. Die couleur locale, die spezifisch venezianische Atmosphäre, wird durch die Verwendung von Volksliedzitaten unterstrichen.

Geschichte

Wolf-Ferrari begründete seine weltweiten Publikumserfolge als Opernkomponist auf Komödien von Carlo Goldoni (1707–1793). Giuseppe Pizzolato arbeitete unter Mitwirkung des Komponisten Goldonis in venezianischem Dialekt geschriebene Komödie *I quattro rusteghi* zu einem Opernlibretto um. Da Goldonis Stücke zwischen der improvisierten Typenkomödie der traditionellen commedia dell'arte und der vollständig durchgestalteten Charakterkomödie angesiedelt sind, bleibt dem Opernkomponisten im Gegensatz zur sonstigen Literaturoper der nötige Spielraum für die musikalische Phantasie. Die Uraufführung in München unter Felix Mottl war ein triumphaler Erfolg, ebenso die italienische Erstaufführung 1914 in Mailand. *Die vier Grobiane* sind an nahezu allen deutschsprachigen Bühnen aufgeführt worden und sind Wolf-Ferraris meistgespielte Oper.

Ulrike Hessler

Diskographische Empfehlung
1954 – Mailänder Scala: Antonino Votto, Chor und Orchester des Teatro alla Scala. Nicola Rossi-Lemeni (Lunardo), Cloe Elmo (Margarita), Rosanna Carteri (Lucieta), Silvio Maionica (Maurizio), Cesare Valletti (Filipeto), Marco Stefanoni (Simon), Melchiorre Luise (Cancian). Fonit Cetra documents

Il segreto di Susanna (Susannens Geheimnis)
Intermezzo in einem Akt

Text: Enrico Golisciani
Uraufführung: 4. Dezember 1909, Königliches Hof- und Nationaltheater, München
Personen: Graf Gil, 30 Jahre (Bar); Gräfin Susanna, 20 Jahre (Sop); Sante, Diener des Grafen, 50 Jahre (stumme Rolle)
Ort: Piemont
Orchester: Picc, 2 Fl, 2 Ob (2. auch E.H.), 2 Kl, 2 Fg, 4 Hrn, 3 Trp, 3 Pos, Btba, Schlgzg, Hrf, Cel, Streicher
Auf der Bühne: Klavier
Form: Durchkomponiert
Aufführungsdauer: 50 Minuten
Verlag: Josef Weinberger, London

Handlung
Graf Gil ist seit einem Monat mit der hübschen jungen Susanna verheiratet. Doch schon sieht er sein Glück überschattet, denn als er eines Tages nach Hause kommt und den Salon betritt, stellt er zu seiner Überraschung fest, daß es nach Tabak riecht, wo doch weder er noch seine Gattin rauchen. Ein furchtbarer Verdacht steigt in ihm auf: Ein fremder Raucher, ein Verführer ist in seine private Sphäre eingedrungen. Nachdem sein stummer Diener Sante auf sein Befragen zu verstehen gegeben hat, daß er selbst dem Tabakgenuß nicht huldige und auch die Gräfin nie habe rauchen sehen, beschließt Gil, der Sache auf den Grund zu gehen. Während der Teestunde am Nachmittag beginnt er mit Susanna ein harmloses Geplauder und läßt dabei die Bemerkung fallen, daß er glaube, sie heute auf der Straße gesehen zu haben, sie, die doch nie ohne seine Begleitung

auszugehen pflege. Susanna gerät anfänglich in Verlegenheit, hat sich aber sofort wieder gefangen; Gil ist nun sicher, sich getäuscht zu haben. Doch als er sie zärtlich umarmen will, bemerkt er den Zigarettengeruch an ihren Kleidern. Sofort erwacht wieder sein Argwohn; er wendet sich entsetzt von ihr und steht auf. Susanna ist über das brüske Verhalten ihres Mannes zutiefst erschreckt. Sie versucht, ihm eine Erklärung zu geben; Gil sieht hier ein sich anbahnendes Geständnis und verliert die Selbstbeherrschung. In fürchterlicher Wut zertrümmert er alles, was ihm unter die Augen kommt. Weinend läuft Susanna aus dem Salon, um sich in ihrem Zimmer einzuschließen, während der Graf sich wie betäubt in den Sessel fallen läßt. Nach einer Weile entschließt er sich, in den Club zu seinen Freunden zu gehen. Susanna möchte zum Abschied seinen Zorn besänftigen, doch jedes ihrer Worte erscheint in fataler Weise doppeldeutig, so daß sie gerade das Gegenteil bewirkt.

Nachdem Gil das Haus verlassen hat, läßt sie sich von ihrem Diener eine Zigarette anzünden und beginnt sie in vollen Zügen zu genießen. Plötzlich ertönt lautes Klopfen an der Tür; der Graf ist zurückgekehrt, um Susanna in flagranti zu ertappen. Eiligst steckt sie die Zigarette in ihre Tasche und öffnet. Sobald Gil von neuem den Zigarettenrauch wahrgenommen hat, beginnt er wie ein Besessener im Salon zu suchen, um den Geliebten seiner Frau zu finden. Als er endlich erkennen muß, daß all sein Tun vergeblich ist, stürzt er wieder hinaus. Nach kurzer Zeit hat Susanna ihren Schreck überwunden und beginnt von neuem zu rauchen. Plötzlich springt der Graf durch das Fenster in den Saal. Susanna versucht ihre Hand mit der Zigarette hinter dem Sessel zu verbergen, doch Gil packt sie und verbrennt sich dabei. Dann gesteht Susanna ihre Leidenschaft: dem Tabakgenuß zu huldigen. Gil fleht sie um Vergebung für seinen Argwohn an und erklärt, nun auch rauchen zu wollen. Beide zünden sich eine Zigarette an, dann begeben sie sich engumschlungen ins Schlafzimmer, während ihr Diener sein Interesse für den Tabak zu entdecken beginnt.

Kommentar

Il segreto di Susanna kann als Paradebeispiel für die eminente Fähigkeit des Komponisten gelten, unterschiedliche Stile, Formen und Techniken in ein persönlich geprägtes Idiom einzuschmelzen. Schon die Ouvertüre zeigt die Synthese zwischen dem galanten und gelehrten Stil, verbindet die klare Diatonik der opera buffa mit den klanglichen und harmonischen Errungenschaften des 19. Jahrhunderts: Die vier Themen der Ouvertüre, die ihren Buffo-Charakter nicht verleugnen können, werden zunächst sukzessive exponiert, dann in der Coda kontrapunktisch durchgeführt – ein deutlicher Beweis dafür, daß Wolf-Ferrari sein Handwerk beim „Fugen-Seppel" Rheinberger gelernt hat.

Inmitten der durchkomponierten Großform, wie sie um 1900 auch für die italienische Oper üblich wurde, stehen in sich geschlossene Vokalformen (Liebesduett „Il dolce idi lio", Susannas Arie „Oh gioia, la nube leggiera") neben locker gefügten, im Konversationston gehaltenen Passagen, die teils als Quasi-Secco-Rezitative gestaltet sind, andererseits auch die melodramatische Technik miteinbeziehen und die stets den momentanen Stimmungsgehalt reflektieren: Gils Argwohn und seine Zornesausbrüche, Susannas Zärtlichkeit und ihre Angst vor der Entdeckung ihres „Lasters".

Zusammenhangstiftend wirkt die diskret angewandte Leitmotivtechnik: die Canzone in Es-dur, die erstmals durch Susannas Klavierspiel erklingt und als Ausdruck ihrer Sehnsucht nach Harmonie zu begreifen ist, bildet die thematische Substanz des sinfonischen Zwischenspiels und wird im Schlußduett („Tutto è fumo a questo mondo"), das die Versöhnung symbolisiert, noch einmal aufgegriffen. Daß diese Eifersuchtskomödie, die das Pendant zu Verdis *Otello* darstellt, einerseits an die opera buffa des settecento anknüpft – schon in der Personenkonstellation gemahnt das Werk an Pergolesis *La serva padrona* –, andererseits aufgrund ihrer spezifischen Kongruenz von Wort und Ton fundamentalen Prinzipien des deutschen Musikdramas huldigt, veranlaßte Felix Mottl, den Dirigenten der Uraufführung, in seiner Begeisterung zu der pointierten Bemerkung: „Das ist die wagnerischste Oper, die ich kenne."

Geschichte

Nach zwei unveröffentlichten Versuchen auf dramatischem Gebiet stellte sich Wolf-Ferrari mit seiner Märchenoper *Cenerentola* als vielversprechendes Talent vor. Seine nächsten beiden Bühnenwerke *Le donne curiose* (München 1903) und *I quattro rusteghi* (München 1906) basieren auf Komödien von Goldoni und zeigen Wolf-Ferraris Affinität zum settecento. Als Direktor des Liceo Benedetto Marcello in Venedig (1903–1907) initiierte er Schulaufführungen von Galuppis *Il filosofo di Campagna* (1754) und Pergolesis *La serva padrona* (1733). Seine vierte Oper, *Il segreto di Susanna*, entstanden 1909, ist als schöpferisches Resultat seiner Beschäftigung mit den Meistern der frühen opera buffa zu begreifen.

Bei der Uraufführung fand *Il segreto di Susanna* begeisterte Aufnahme;

1910 wurde die Oper erstmals in Straßburg gegeben, 1911 in Stockholm, New York, London, Rom und Budapest, 1912 in Berlin, 1917 in Mailand. Ohne zum festen Repertoire zu gehören, erschien das überaus dankbare Werk in der Folgezeit in Verbindung mit anderen Einaktern immer wieder auf den Spielplänen, nicht zuletzt deshalb, weil es als Dreipersonenstück ohne großen Aufwand zu realisieren ist.   *Norbert Christen*

Diskographische Empfehlung

1976 – London: Lamberto Gardelli, Orchestra of the Royal Opera House Covent Garden. Maria Chiara (Susanna), Bernd Weikl (Gil). Decca, SET 617

1981 – London: John Pritchard, Philharmonia Orchestra. Renata Scotto (Susanna), Renato Bruson (Gil). CBS 36 733

MANUEL DE FALLA

geb. 23. November 1876 in Cádiz
gest. 14. November 1946 in Alta Gracia (Argentinien)

Manuel de Falla hatte lediglich einige Zarzuelas verfaßt – *Los amores de la Inés, La casa de Tócame Roque, El corneta de órdenes* und *La cruz de Malta* –, als er 1905 mit *La vida breve* einen Kompositionswettbewerb gewann. Obwohl er von Anfang an – ähnlich wie Isaac Albéniz und Enrique Granados – für ein nationalmusikalisches Idiom eintrat, sind seine Werke (anders als die „españoladas" eines Bizet, Saint-Saëns oder Sarasate) keine platte Nachahmung von Folklorismen; im Umfeld von Debussy, Dukas und Ravel, mit denen ihn eine enge Freundschaft verband, entwickelte de Falla in Paris seinen Personalstil, der in vielem wegbereitend für die musikalische Moderne wurde: Die *Noches en los jardines de España* für Klavier und Orchester (1909–1915), das Cembalokonzert (1925/26), vor allem aber seine Bühnenwerke – die „gitanería" *El amor brujo* (1915), die Pantomime *El corregidor e la molinara* und ihre Umarbeitung zu dem Ballett *El sombrero de tres picos* (1919) und die Puppenspiel-Oper *El retablo de Maese Pedro* (1919–1922) – sind meisterhaft in ihrer Verknüpfung volksmusikalischer Einflüsse mit den Klängen, Harmonien und Rhythmen des Expressionismus. Insgesamt ist de Fallas Œuvre relativ schmal: kaum mehr als 25 Werke; das mystische Oratorium *La Atlántida* (nach einem katalanischen Text von Jacinto Verdaguer) blieb unvollendet, als der Komponist 1946 in Argentinien an einem langjährigen Lungenleiden starb.   *Michael Stegemann*

La vida breve (Das kurze Leben)
Drame lyrique in zwei Akten

Text: Carlos Fernández Shaw
Uraufführung: 1. April 1913, Théâtre du Casino, Nizza
Personen: Salud (Sop); La Abuela, Saluds Großmutter (Mez); Paco

(Ten); El Tio Sarvaor, Saluds Onkel (Bar/Baß); Carmela (Mez); Manuel, Carmelas Bruder (Bar); Ein Sänger (Bar); Vier Straßenhändlerinnen (3 Sop, Mez); Stimme aus der Ferne (Ten)

Chor: Männer und Frauen Granadas

Ort und Zeit: Granada, um 1900

Orchester: 3 Fl (3. auch Picc), 2 Ob, E.H., 2 Kl, Bkl, 2 Fg, 4 Hrn, 2 Trp, 3 Pos, Tba, Pkn, Schlgzg, Cel, 2 Hrf, Streicher

Auf der Bühne: Gitarre und Kastagnetten

Form: Durchkomponiert

Aufführungsdauer: Ca. 1¼ Stunde

Verlag: Editions Eschig, Paris

Handlung

1. AKT: Das Haus der Abuela in Albaicín, einem überwiegend von Zigeunern bewohnten Stadtteil von Granada. Aus der Ferne hört man die Stimmen der benachbarten Schmiede und die Rufe der Straßenverkäuferinnen. Während die Abuela die Vögel füttert, hängt sie sorgenvollen Gedanken nach: Salud, ihre Enkelin, hat sich hoffnungslos in den jungen und reichen Burschen Paco verliebt; auch er hat dem Mädchen zwar ewige Liebe geschworen, aber – so berichtet Saluds Onkel Sarvaor – am Tag darauf werde Paco eine andere zum Altar führen: Carmela, ein Mädchen seines Standes.

2. AKT: Nach einem Orchesterzwischenspiel, das die einbrechende Nacht mit ihren vielfarbigen Geräuschen und Stimmen schildert, hebt sich der Vorhang über dem Haus Carmelas, die mit Paco Hochzeit feiert. Musiker, Sänger und Tänzer laden die Gäste zum Flamenco ein. Salud beobachtet die Szene von der Straße her und stimmt eine traurige Romanze an, die Paco auf sie aufmerksam machen soll. Carmela und ihr Bruder Manuel ahnen nichts von Pacos Verrat an Salud und verstehen nicht seine Unruhe. Plötzlich erscheinen die Betrogene und ihr Onkel Sarvaor unter den Gästen und decken coram publico sein schändliches Verhalten auf; Paco aber streitet alles ab und verlangt, man solle diese „Lügnerin" fortjagen. Salud ist so tief getroffen von diesem neuerlichen Verrat Pacos, daß sie tot zu Boden sinkt. Die Abuela, die das Unglück hatte kommen sehen und herbeigeeilt ist, wirft sich über den Leichnam ihrer Enkelin.

Kommentar

Für das Jahr 1905 hatte die Spanische Akademie der schönen Künste einen Kompositionswettbewerb für eine Oper ausgeschrieben, den der 29jährige, damals noch gänzlich unbekannte Manuel de Falla mit *La vida breve* gewann. Die Vorlage des Werkes war ein Gedicht von Carlos Fernández Shaw, das dieser auf Bitten de Fallas zu einem Opernlibretto umgearbeitet hatte, und zwar zunächst – den Wettbewerbsbedingungen gemäß – als Einakter. Inhalt und Gestaltung knüpfen deutlich an Vorbilder des italienischen verismo an, doch zugleich ist *La vida breve* ein durch und durch spanisches Werk: Charakteristisch sind vor allem das (textlose) 2. Bild des 1. Aktes – eine grandiose Klangvision Granadas – und der Beginn des Hochzeitsfestes mit seinen Kastagnetten- und Gitarrenklängen und dem gutturalen „cante jondo" des Vorsängers. Interessant ist auch die Rolle des Chores, der zumeist hinter der Bühne postiert ist und somit „aus der Ferne" das Geschehen kommentiert, etwa der Chor der Schmiede im 1. Bild: „Unselig der Mensch, der zu düsterem Geschick geboren ist; unselig, wer zum Amboß bestimmt ist und nicht zum Hammer..." Die Konzentration der Handlung auf einen Akt erweist sich immer wieder als Qualität der Oper: Jeglicher Gefühlsüberschwang wird vermieden, und selbst das Liebesduett zwischen Salud und Paco (im 1. Bild) dauert nur wenige Minuten.

Geschichte

Obwohl in dem Wettbewerb preisgekrönt, erlebte *La vida breve* in Spanien zunächst keine Aufführung; der Komponist nahm die Partitur 1907 mit nach Paris, wo sich Albéniz, Debussy und Dukas um eine Bühne bemühten. Es war schließlich das Théâtre du Casino in Nizza, das am 1. April 1913 die Uraufführung ausrichtete, für die de Falla das Werk in zwei Akte geteilt und Paul Milliet das Libretto ins Französische übertragen hatte: *La vie brève*. Der große Erfolg der Premiere (am 7. Januar 1914) zog die Pariser Erstaufführung an der Opéra-Comique nach sich, und am 14. November desselben Jahres fand dann am Madrider Teatro de la Zarzuela die spanische Erstaufführung statt. Seither ist *La vida breve* auf allen großen Bühnen der Welt gespielt worden.   *Michael Stegemann*

Diskographische Empfehlung

1965 – Madrid: Rafael Frühbeck de Burgos, Orfeon Donostiarra Chor, Orquesta Nacional de España. Victoria de los Angeles (Salud), Carlo Cossutta (Paco), Ines Rivadeneyra (Abuela), Ana Maria Higueras (Carmela). Angel, SBL-3672

1977 – London: García Navarro, Ambrosian Opera Chorus, London Symphony Orchestra. Teresa Berganza (Salud), José Carreras (Paco), Alicia Nafé (Abuela), Paloma Perez Iñigo (Carmela). DG 410 936-1

FRANZ SCHREKER

geb. 23. März 1878 in Monaco
gest. 21. März 1934 in Berlin

D er Sohn eines k. u. k. Hof-Photographen übersiedelte
nach dem frühen Tod des Vaters mit Mutter und Geschwistern nach Wien, wo Schreker in ärmlichen Verhältnissen
aufwuchs und als Organist für den Lebensunterhalt seiner Familie sorgte.
Musik studierte der in seiner Jugend mehrfach preisgekrönte österreichische Komponist am Konservatorium der Gesellschaft der Musikfreunde in
der Violinklasse von Bachrich und Rosé, Musiktheorie bei Hermann Grädener und Komposition bei Robert Fuchs. Anschließend war Schreker in
verschiedenen Berufen tätig, 1907/08 als Chordirigent an der Wiener
Volksoper. Seine erste Oper *Flammen*, auf ein Libretto seiner Jugendfreundin Dora Leen, erlebte zu Schrekers Lebzeiten nur eine konzertante Aufführung mit Klavierbegleitung (Wien 1902; szenische Uraufführung Wien
1985). 1908 komponierte Schreker als Auftrag für die Eröffnung der Wiener „Kunstschau" (Klimt-Gruppe) die Pantomime *Der Geburtstag der Infantin* nach Oscar Wilde. Im selben Jahr gründete er den Philharmonischen
Chor, mit dem er bis 1920 zahlreiche zeitgenössische Werke zur Uraufführung brachte, darunter Schönbergs Chorwerk *Friede auf Erden* (das Schönberg erst auf Schrekers Betreiben hin instrumentierte), sowie dessen *Gurre-Lieder*. 1909 heiratete er Maria Binder, die später die berühmteste Interpretin seiner Frauenrollen wurde. Der in den Jahren 1901 bis 1910 – wie alle
weiteren Opern Schrekers – auf ein eigenes Libretto komponierte *Ferne
Klang* (Frankfurt 1912) brachte ihm den Durchbruch. Im selben Jahr begann Schreker seine Lehrtätigkeit an der Wiener Musikakademie. Die
zweiaktige Oper *Das Spielwerk und die Prinzessin* wurde am selben Abend
zugleich in Wien und in Frankfurt uraufgeführt (1913; Neufassung als
Mysterium in einem Aufzug, *Das Spielwerk*, München 1920). Seinen unverkennbaren Stil erreichte Schreker mit der Oper *Die Gezeichneten*
(Frankfurt 1918). Die vieraktige Oper *Der Schatzgräber* (Frankfurt 1920)
wurde sein meistgespieltes Werk und an über fünfzig Opernhäusern als
Volksoper geradezu gefeiert. 1920 wurde Schreker als Direktor an die

Hochschule für Musik nach Berlin berufen, deren Unterrichtswesen er reorganisierte. Seine Oper *Irrelohe*, die erstmals ein positives Ende aufweist, wurde 1924 in Köln uraufgeführt, markierte aber den Abstieg der Popularität Schrekers. *Christopherus oder Die Vision einer Oper*, 1933 in Freiburg angekündigt, wurde aufgrund früher nationalsozialistischer Umtriebe verhindert und erst im Jahre 1978 daselbst nachgeholt. *Der singende Teufel* erlebte 1928 in Berlin noch eine glanzvolle Uraufführung, das Melodram *Das Weib des Intaphernes* jedoch erklang erst postum in Wien (1935; szenisch Tourcoing 1988), und die Oper *Der Schmied von Gent* (Berlin 1932) ging in Randalen der Nazis unter. Ebenfalls unter deren Druck mußte Schreker 1932 seinen unkündbaren Posten als Hochschuldirektor aufgeben. Er übernahm statt dessen eine Kompositionsklasse an der Preußischen Akademie der Künste, wurde aber 1933 zwangspensioniert. Seine letzte große Oper *Memnon*, mit der er zum Klangrausch seiner frühen Partituren zurückkehrte, blieb unvollendet. Noch vor der geplanten Emigration starb Schreker an den Folgen eines Schlaganfalls. *Peter P. Pachl*

Der ferne Klang
Oper in drei Aufzügen

Text: Franz Schreker
Uraufführung: 18. August 1912, Opernhaus, Frankfurt
Personen: 1. AUFZUG: Der alte Graumann, pensionierter kleiner Beamter (Baß); Seine Frau (Mez); Grete, beider Tochter (Sop); Fritz, ein junger Künstler (Ten); Der Wirt des Gasthauses „Zum Schwan" (Baß); Ein Schmierenschauspieler (Bar); Dr. Vigelius, Ein Winkeladvokat (Baß); Ein altes Weib (Mez/Alt)
Chor: Gäste; Kellner; Kellnerinnen; Gesinde des Gasthauses „Zum Schwan"
2. AUFZUG: Grete (Sop); Mizi (Sop); Milli (Mez); Mary (Sop); Eine Spanierin (Alt); Der Graf, 24 Jahre (Bar); Der Baron, 50 Jahre (Baß); Der Chevalier, etwa 30–35 Jahre (Ten); Fritz (Ten)
Chor: Mädchen; Tänzerinnen aller Nationen; Männer und Frauen, zum Teil maskiert
3. AUFZUG: Fritz (Ten); Grete Graumann unter dem Namen „Tini" (Sop); Rudolf, Fritzens Intimus und Arzt (Baß/Bar); Dr. Vigelius

(Baß); Der Schauspieler (Bar); Erster Chorist (Ten); Zweiter Chorist (Baß); Die Kellnerin (Mez); Ein zweifelhaftes Individuum
(Ten); Ein Polizeimann (Baß); Ein Diener (Sprechrolle)

Chor: Theaterpersonal; Theaterbesucher; Kellnerinnen; Wagen-
ausrufer usw.

Ort und Zeit: 1. AUFZUG: Zuerst eine kleine Stadt, dann Wald mit
einem See in der Nähe der Stadt; Gegenwart

2. AUFZUG: „La casa di maschere", ein Tanzetablissement (Rendez-
vousort der galanten Welt von Venedig) auf einem Eiland im Golf
von Venedig; Zehn Jahre nach dem 1. Aufzug

3. AUFZUG: Eine große Stadt; Zuerst der Vorgarten des „Theaterbei-
sels" (mit Straße und Theater), dann das Arbeitszimmer Fritzens
(mit Garten); Fünf Jahre nach dem 2. Aufzug

Orchester: Picc, 2 Fl, 2 Ob, E. H., 2 Kl, Bkl, 2 Fg, Kfg, 4 Hrn, 3 Trp,
3 Pos, Tba, Pkn, Bck, Gl, TamTam, Trgl, Tamb, Kastagnetten,
Glsp, GrTr, Baskische Tr, 2 Hrf, Cel, Streicher

Auf der Bühne: Venetianische Musik: Fl, Kl, 3 Mandolinen, Tamb,
2 Git, Streicher; Zigeunermusik: Kl, Streicher, Cymbal

Theatermusik: Kl, 2 Hrn, Pkn, Hrf, Streicher; Vision des fernen
Klanges: Cel, Klav und evtl. Hrf

Form: Durchkomponiert

Aufführungsdauer: 2¼ Stunden

Verlag: Universal-Edition, Wien

Handlung

1. AUFZUG: Der junge Komponist Fritz ist auf der Suche nach dem
fernen Klang, der ihm Glück und Erfolg verheißt. Er nimmt Abschied von
Grete Graumann, seiner Jugendliebe, deren Wunsch, sie mitzunehmen, er
nicht erfüllen kann. Als berühmter Mann will er zu ihr zurückkehren und
ihr Reichtum, Ruhm und sich selbst zu Füßen legen. Grete gelobt Fritz ihre
Liebe. Als er gegangen ist, taucht eine seltsame alte Frau, die geisterhafte
Gestalt der Kupplerin, bei ihr auf, die offenbar um die Lebensumstände
Gretes gut Bescheid weiß, aber wieder verschwindet, noch bevor sie Gretes
Mutter, nach der sie gefragt hatte, begegnet ist. Grete wird jäh in ihre
kleinbürgerliche Welt zurückgezwungen. Aus dem nahen Wirtshaus schal-
len beängstigende Rufe, dann kommen die dort versammelten Zecher der
Kleinstadt, darunter ein Winkeladvokat, ein Schmierenkomödiant und der
Wirt selbst, zusammen mit Gretes betrunkenem Vater in die Stube. Der

Schmierenkomödiant erzählt, wie es dazu kam, daß der Vater beim Kegeln die Tochter an den Wirt, seinen Gläubiger, verspielt hat. Scheinbar gibt Grete dem Drängen der Mutter, in die Ehe mit dem Wirt einzuwilligen, nach, flieht aber dann ihr Zuhause, um Fritz nachzueilen. Da sie ihn nicht mehr erreicht, ist sie entschlossen, sich im Waldsee zu ertränken, doch der Zauber der Sommernacht hält sie davon ab. Der Liebe und Verheißung der Natur kann sie nicht widerstehen. Eine Wandlung vollzieht sich in ihr. Die Sehnsucht nach Fritz paart sich mit einem starken Lebenswillen, und als die Kupplerin sie aufspürt, ist sie bereit, ihr willig zu folgen. Das Geld, das sie mit deren Hilfe verdient, will sie der Mutter schicken.

2. AUFZUG: In einem venetianischen Freudenhaus feiert man Grete als Halbweltkönigin. Sie betäubt ihre Sinne, doch im Innersten bewahrt sie sich die Erinnerung an ihre Jugendliebe von vor zehn Jahren. Dies ist auch der Grund, weshalb sie die Werbung eines Grafen, der sie entfernt an Fritz erinnert, beharrlich ausschlägt; für diese Nacht will sie sich dem versprechen, der sie und ihre Gefährtinnen durch eine Erzählung am besten zerstreut und amüsiert. Als erster bewirbt sich der Graf mit der Schauerballade von der glühenden Krone, die einem bleichen König das Gehirn versengt, sobald er Liebe fühlt; als er die brennende Krone deshalb ins Meer wirft, steigt eine blasse Frau aus dem Meer empor und zieht ihn mit sich in die Tiefe. Für den Versuch, den Grafen zu überbieten, wählt der Chevalier das populäre Couplet von den „Blumenmädchen von Sorrent", die sich dem schenken, der ihnen alle Blüten abkauft. Schon ist Grete gezwungen, sich für einen der beiden Freier zu entscheiden, als auf einer Gondel ein später Gast eintrifft: Fritz, der seinem Klangphantom nachjagt, findet zu Grete. Er will die Suche nach dem fernen Klang aufgeben und Grete endlich als sein Weib in die Arme schließen, da erst erkennt er entsetzt, daß jene Grete nicht mehr diejenige ist, die er vor zehn Jahren verließ, daß er nur der Preisträger in einem aberwitzigen Wettbewerb einer gefeierten Kurtisane ist. Der Graf nutzt die Gunst der Stunde und fordert Fritz, der Grete verachtend von sich stößt, zum Duell. Fritz entgegnet ihm, er schlage sich nicht wegen einer Dirne, und fährt wieder mit dem Schiff davon. Grete, die nun die letzte Hoffnung verloren hat, gibt sich in wildem Taumel dem Grafen hin.

3. AUFZUG: In einer Theaterkneipe, gegenüber dem Hoftheater einer Großstadt, sitzen alte Bekannte und erinnern sich an ihre Jugendstreiche: der Winkeladvokat Dr. Vigelius und der Schmierenkomödiant. Der hat seinen Vertrag gekündigt, weil er in der Oper „Die Harfe", die an diesem Abend uraufgeführt wird, einen Schmierenschauspieler darstellen sollte.

Ein Chorist, der zwischen zwei Auftritten in Fritz' Oper auf ein Glas her-
übergekommen ist, prophezeit der Uraufführung einen großen Erfolg. Aber
es kommt anders: Nach zwei erfolgreichen Akten ist der dritte ein Flop und
wird ausgepfiffen. Auch Grete, zur Straßenprostituierten heruntergekommen, hat der Vorstellung beigewohnt, aber da sie aus der Musik vernommen
hat, wie sehr sich Fritz nach ihr sehnt, hat sie die Vorstellung vorzeitig
verlassen. Ein zweifelhaftes Individuum belästigt Grete, die er vertraulich
„Tini" nennt, bis Dr. Vigelius ihr zu Hilfe kommt. Aus dem Gerede der
Leute erfährt Grete, daß Fritz schwerkrank ist. Grete hofft, durch die
Vereinigung mit Fritz, ihr Leid und seinen Mißerfolg zu beenden. Dr.
Vigelius verspricht ihr, sie zu Fritz zu bringen. Bei den Vogelrufen der
Morgenstunde nach der Uraufführung wird sich Fritz klar darüber, daß
sein Mißerfolg in der Haltung Grete gegenüber begründet liegt, daß der
Grund, warum er das Glück nicht in Töne fassen konnte, einzig darin zu
suchen ist, daß er sich sein eigenes Glück zerstört hat. Sein Freund Rudolf
ermutigt ihn, den letzten ·Akt neu zu schreiben, aber Fritz ist kraftlos. Da
kommt Dr. Vigelius, um ihm Grete zu melden, und Fritz hört überdeutlich
den fernen Klang. In Gretes Armen hat er ihn gefunden und ist entschlossen, seine Oper zu revidieren; da stirbt er.

Kommentar

Die stilistische Vielfalt, die Schrekers Klangkosmos prägt, offenbart
sich bereits dem Hörer seiner ersten abendfüllenden Oper. Tonalität, Bitonalität und Modalität, eine variable, immer dem dramatischen Ausdruck
angepaßte Rhythmik, eingeblendete und verwehte Klänge, sich räumlich
überlagernde Klangflächen und Ensemble-Polyphonie, sie bestimmen den
Stil dieser Oper, an der Schreker von 1901 bis 1910 arbeitete. Schrekers
Werk besitzt keine literarische Vorlage, es basiert auf jenen Schwierigkeiten, mit denen der junge Komponist selbst zu kämpfen hatte, mit seiner
eigenen Suche nach einem Klangideal, dem er bisweilen am Klavier nach-
lauschte, und das als Spielwerk (Das Spielwerk und die Prinzessin), als
Wünschellaute (Der Schatzgräber), als Violine (Irrelohe), als gigantische
Weltenorgel (Der singende Teufel) oder gar als tönende Sphären sein gesamtes Schaffen durchzieht. Vorbild für das spießige Milieu des 1. Aktes war
seine karge Jugend ebenso wie für das venetianische Bordell seine Wiener
Halbweltbekanntschaften. Gleichwohl lassen sich zu Schrekers Figuren
vergleichbare Charaktere bei Hauptmann, Wedekind, von Saar, Ibsen und
Strindberg finden. Auch musikalisch lassen sich Parallelen zu den Franzo-

sen, zu Richard Strauss oder Puccini feststellen, obgleich man hier nicht von Einflüssen, sondern nur von Gemeinsamkeiten sprechen kann.

Geschichte

Alban Berg, der 1911 den Klavierauszug zu Schrekers *Der ferne Klang* anfertigte, hat später bekannt, wieviel er Schrekers Werk verdankt. Und tatsächlich ist *Wozzeck* stilistisch ohne den *Fernen Klang* nicht denkbar, und noch in *Lulu* finden sich auffallende dramatisch-musikalische Parallelen. Die Einbeziehung fremder Musikelemente, wie die der Zigeunerkapelle und die der venetianischen Musik im 2. Akt, bestimmten geradezu die Opernproduktion der 20er Jahre. Und Schrekers Absicht, den Zuschauer mitten in das Geschehen zu versetzen, nimmt ebenso das Medium Film voraus wie seine geradezu filmischen musikalischen Schnittfolgen, seine kompositorischen Überblendtechniken, seine „Zooms", „Weitwinkel"- und „Großaufnahmen". Nach der Frankfurter Uraufführung wurde *Der ferne Klang* in Leipzig, Hamburg und München gespielt. Projektierte Aufführungen in Breslau und Paris verhinderte der Ausbruch des Ersten Weltkriegs. Auch Schrekers nächste Opernerfolge verdrängten nicht das erste vom Komponisten auch selbstgedichtete Opernwerk: Dresden, Prag, Köln und Hannover folgten in den Jahren 1917 bis 1924. In Leningrad wurde *Der ferne Klang* 1925 als „erste sozialistische Oper" gepriesen, im selben Jahr feierten in Berlin Maria Schreker und Richard Tauber unter Erich Kleiber mit dem *Fernen Klang* Triumphe, 1927 erfolgte in Stockholm die Erstaufführung in schwedischer Sprache. Den Sprung nach Amerika schafften Schrekers Opern nicht wegen der „Unmoral" ihrer Libretti. Das nicht in die Partitur aufgenommene „Nachtstück" aus dem 3. Akt wurde erstmals 1976 in einer konzertanten Aufführung in Graz in das Werk integriert. Szenische Wiederaufführungen folgten in Venedig (1984), Gera (1985), Brüssel und Hagen (1988). *Peter P. Pachl*

Diskographische Empfehlung

1989 – Hagen: Michael Halász, Chor und Orchester der Städt. Bühnen Hagen. Elena Grigorescu (Grete), Thomas Harper (Fritz), Marisa Altmann-Althausen (Stimme, Milli, Kellnerin), Horst Friehl (Schmierenkomödiant). Marco Polo/Nikki 8.223270-271 (DDD)

Die Gezeichneten
Oper in drei Akten

Text: Franz Schreker
Uraufführung: 25. April 1918, Opernhaus, Frankfurt am Main
Personen: Herzog Antoniotto Adorno (Baß); Graf Andrae Vitelozzo Tamare (Bar); Lodovico Nardi, Podestà der Stadt Genua (Baß); Carlotta Nardi, seine Tochter (Sop); Alviano Salvago, ein genuesischer Edelmann (Ten); Sechs genuesische Edle: Guidobald Usodimare (Ten); Menaldo Negroni (Ten); Michelotto Cibo (Bar); Gonsalvo Fieschi (Bar); Julian Pinelli (Baß); Paolo Calvi (Baß); Der Capitaneo di giustizia (Baß); Ginevra Scotti (Sop); Martuccia, Haushälterin bei Salvago (Alt); Pietro, ein Bravo (Ten); Ein Jüngling (Ten); Ein Mädchen (Sop); Erster Senator (Ten); Zweiter Senator (Bar); Dritter Senator (Baß)
Chor: Diener; Drei Bürger; Vater; Mutter; Kind; Drei junge Leute; Ein riesiger Bürger; Acht Vermummte; Edle; Bürger; Soldaten; Dienerinnen; Diener; Frauen; Mädchen; Kinder
Ballett: Faune; Najaden; Bacchanten
Ort und Zeit: Genua und ein Eiland in der Nähe Genuas, im 16. Jahrhundert
Orchester: 3 Fl, Picc, 3 Ob, E. H., 4 Kl (3 Kl, Bassetthrn), Bkl, 2 Fg, Kfg, 6 Hrn, 4 Trp, 3 Pos, Tba, 2 Pkn, Schlgzg, Glsp, Xyl, tiefe Gl, 2 Hrf, Cel, Klav, Streicher
Form: Durchkomponiert
Aufführungsdauer: Ca. 2¾ Stunden
Verlag: Universal-Edition, Wien

Handlung
1. AKT: Eine Halle im Palast Alviano Salvagos. Alviano Salvago, ein reicher, aber verkrüppelter und häßlicher Edelmann aus Genua, hat in seiner Gier nach vollkommener Schönheit eine Insel vor der Stadt in ein „Elysium" verwandelt. Auf diesem Eiland feiert der genuesische Adel in einer unterirdischen Grotte orgiastische Feste mit geraubten Bürgerstöchtern. Aus Furcht, er könne den schönen Schein der Insel und die erotischen Spiele seiner Freunde stören, hat Alviano – obwohl danach dürstend – seine „Schöpfung" seit langem nicht mehr betreten. Dennoch weiß er aus Erzählungen der Freunde um die dort begangenen Untaten. Ekel und sein

schlechtes Gewissen – er selbst gab die Devise aus: „Die Schönheit sei Beute des Starken!" – treiben ihn dazu, sein „Elysium" mit all seinen Schönheiten, Kunstschätzen und Wasserspielen den Bürgern Genuas zum Geschenk zu machen. Vergeblich versuchen die adligen Freunde, ihn von seinem Vorhaben abzubringen, bedeutet es doch das Ende ihrer erotischen Ausschweifungen, möglicherweise gar die Entdeckung und Bestrafung der Entführungen und Lustmorde. So bestürmen sie ihren Anführer, den schönen, kraftstrotzenden Vitelozzo Tamare, er möge den Genueser Herzog Adorno dazu bewegen, Alviano die Schenkung zu verbieten. Tamare jedoch überhört das Drängen der Freunde, erzählt statt dessen atemlos von seiner Begegnung mit einer wunderschönen jungen Frau, in die er sich augenblicklich verliebt habe, ohne sie zu kennen.

In Begleitung seiner Tochter Carlotta und dreier Senatoren betritt Ludovico Nardi, der Podestà der Stadt Genua, den Saal, um Alviano für sein Geschenk zu danken. In Carlotta erkennt Tamare seine Angebetete, die jedoch auf sein Werben nur mit kühlem Spott reagiert. Unterdessen bittet der Podestà Alviano Salvago, seine Schenkung von Herzog Adorno absegnen zu lassen. Alviano „reicht Carlotta ein wenig befangen den Arm" und führt seine Gäste zur Tafel.

Pietro, ein Bravo, den die jungen genuesischen Adligen damit beauftragen, Genuas Bürgerstöchter in die Liebesgrotte zu entführen, erscheint im Hause Salvagos. Da er sich verfolgt glaubt, bittet er Martuccia, die Haushälterin Salvagos, die schöne Ginevra Scotti, die er gerade geraubt hat, im Hause Alvianos zu verstecken.

Carlotta verläßt die Tafel und veranlaßt Alviano, ihr zu folgen. Sie erzählt ihm, daß sie Bilder male, „am liebsten ... Seelen". Carlottas Frage, ob sie ihn malen dürfe, läßt den Krüppel „wie von einer Tarantel gestochen" hochfahren. Er fühlt sich verhöhnt, reagiert mit beißender Schärfe, ja beleidigend. Erst als Carlotta ihm erzählt, wie sie ihn malte, als er morgens der aufgehenden Sonne entgegenschritt, „größer und größer", erkennt er seinen Irrtum und willigt ein, ihr Modell zu sitzen, damit sie ihr Bild vollenden kann.

2. AKT: Halle im Palast Adornos. Herzog Adorno verzögert mit fadenscheinigen Argumenten Alvianos Schenkung. In höchster Erregung und unter lauten Unmutsäußerungen, ja Drohungen, verlassen Ludovico Nardi und die drei Senatoren Adornos Gemach. Vitelozzo Tamare erzählt seinem Freund Adorno unterdessen von seiner Liebe zu Carlotta Nardi und von seinem vergeblichen Werben. Grimmig bekundet er, die stolze Bür-

gerstochter entweder zu seiner Frau oder zu seiner Dirne machen zu wollen. Als Adorno vor den Reaktionen der ohnehin aufgebrachten Bürgerschaft warnt, gesteht Tamare freimütig, wer die Drahtzieher der Entführungen sind. Auch das Geheimnis von Alvianos Eiland „Elysium" und der Liebesgrotte entdeckt er dem Freund, mit der Bitte, die Schenkung zu verhindern. Außer sich vor Zorn droht Adorno mit der Bestrafung der Verbrecher, allen voran Alvianos, des Schöpfers der Lustinsel. Ihrer langen Freundschaft gedenkend, verspricht der Herzog dennoch, bei Carlotta für Tamare zu werben.

Carlottas Atelier. Alviano Salvago sitzt Carlotta in ihrem Atelier Modell. Sie erzählt von einer befreundeten Malerin, der ein todbringender Herzfehler von Jugend an verboten habe, sich leidenschaftlicher Liebe hinzugeben. Diese Freundin habe nie etwas anderes als Hände gemalt, darunter eine, die mit gespenstisch dürren Fingern ein Herz – ihr eigenes – umkrampft hält. Immer anspielungsreicher werden Carlottas Worte, bis sie Alviano schließlich ihre Liebe gesteht, obwohl dieser verzweifelt versucht, sie davon abzuhalten. Im Moment seiner höchsten Erregung vollendet Carlotta das Antlitz des völlig aufgewühlten Alviano, der sich zum erstenmal in seinem Leben geliebt glaubt. Als die Geliebte sich ans Herz greift und umzusinken droht, fängt der Krüppel sie auf. Zufällig enthüllt er dabei ein Bild auf einer Staffelei: eine Art Totenhand, die ein Herz umfaßt. Alviano begreift, wer die kranke Freundin in Wirklichkeit ist. Er hält seine Gefühle zurück und versagt sich den leidenschaftlich ersehnten Kuß. Eine Dienerin meldet die Ankunft Herzog Adornos.

3. AKT: Das Eiland „Elysium". Genuas Bürger erleben staunend die Wunder und die schwül erotische Atmosphäre der Insel, die ihnen erstmals offensteht. Mit einer Mischung aus Faszination und Unbehagen beobachten sie die neckischen Liebesspiele der Faune, Nymphen und Najaden. Die genuesische Jugend läßt sich davon anstecken. Alvianos Haushälterin Martuccia erzählt Pietro, daß ihr die schöne Ginevra Scotti entwischt sei. Als sie damit droht, ihrem Herrn alles zu gestehen, läßt Pietro sie töten. Auf der Suche nach der Geliebten berichtet Alviano dem Podestà liebestrunken von seinem Glück. Carlotta weicht ihm jedoch aus und gesteht dem Herzog, daß ihre Liebe in jenem Moment erloschen sei, in dem sie das Bild vollendete. Adorno wirbt für Tamare, scheitert aber mit seinem Versuch, Carlotta von der Unwürdigkeit des Krüppels zu überzeugen. Sie weist ihn schroff zurück und taucht in die erotisch überbordende Atmosphäre der Nacht ein. Inmitten eines ekstatischen Maskenzuges umfaßt Tamare Carlotta leidenschaft-

lich und zieht sie mit sich in die Liebesgrotte. Das Volk feiert den verzweifelt nach Carlotta suchenden Alviano. Da erscheint inmitten der „Acht" der Capitaneo di giustizia und klagt Alviano des Mädchenraubs und der Schändung von Genuas Töchtern an. Das Volk stellt sich vor Alviano, der – wie in Trance – nur den Rufen Carlottas lauscht. Man führt die geflohene Ginevra Scotti herbei, die bekennt, im Hause Salvagos verborgen gewesen zu sein. Als der Capitaneo di giustizia den Namen Vitelozzo Tamares erwähnt, erwacht Alviano schlagartig aus seiner Versunkenheit und führt das Gericht der „Acht" mit dem ganzen Volk zur Liebesgrotte.

Ein unterirdisches Gewölbe. Die jungen Adligen sind überwältigt. Ein Toter deutet auf einen Kampf hin. Carlotta liegt ohnmächtig auf einem Rosenlager. Als Alviano seinem Nebenbuhler vorwirft, er habe Carlotta entführt und vergewaltigt, beteuert dieser höhnisch, sie habe sich ihm – im vollen Bewußtsein ihres drohenden Untergangs – freiwillig hingegeben, sei aus freiem Willen „Beute des Starken" geworden. Außer sich vor Wut, sticht der Krüppel Tamare nieder. Er wendet sich Carlotta zu, die ihn jedoch voller Entsetzen und Abscheu von sich stößt. Sterbend verlangt sie nach ihrem schönen Geliebten Tamare. Alviano verfällt dem Wahnsinn.

Kommentar

Obwohl erst 1913 bis 1915 entstanden, ist Schrekers Oper *Die Gezeichneten* ein Fin-de-siècle-Drama, in dem neben den Momenten der Dekadenz der charakteristische Gegensatz zwischen Kunst und Leben im Mittelpunkt steht. Zwei der Protagonisten – Alviano und Carlotta – flüchten aus der Realität in die Kunst, in die Künstlichkeit einer artifiziell entworfenen Existenz. Die Scheinwelt ihrer Bilder dient der Malerin einerseits zur Sublimierung ihrer sexuellen Berührungsängste, andererseits zur Verklärung der Realität, insbesondere der Alvianos. Dieser hingegen flüchtet in die Scheinwelt seines „Elysiums", in einen schönen Schein, den er freilich gleichzeitig fürchtet, entlarvt er doch die eigene Häßlichkeit um so krasser. Kunst als Flucht aus der Wirklichkeit, als Projektion, als Resultat der Triebverdrängung und zugleich als ihr Ersatz: Diese Konstellation bereits machte eine wirkliche Beziehung von vornherein unmöglich, mehr noch aber der eklatante Narzißmus beider. Sowohl Alvianos Häßlichkeit als auch Carlottas Herzleiden darf man als Symbol für diesen Narzißmus deuten. Die Psychoanalyse fand unverkennbar Eingang in Schrekers Libretto, ebenso freilich die eher zweifelhafte Handschrift Otto Weiningers, *Geschlecht und Charakter*. Und auch Nietzsche läßt grüßen: Beim Entwurf der

Tamare-Figur, jenem kraftstrotzenden Triebmenschen, dürfte sein Über-
mensch Pate gestanden haben, zumindest das, was man seinerzeit unter
ihm verstand. Tamare durchbricht den Schein, durchschaut die Scheinhaftigkeit von Carlottas Rede – „Ihre Lippen baten um Schonung…Doch ihre
Augen flehten um Lust" – und nimmt sich, was Alviano in einer Mischung
aus Narzißmus, Mitleid und Triebverzicht verschmähte. Tamare wird damit
zu Carlottas Mörder, zugleich aber zu ihrem Erlöser aus ihrer von Triebverdrängung bestimmten künstlichen Existenz: „Weiß nicht, was da höher zu
werten ist – ein freudlos Leben, ein langsam Siechen – oder ein Tod in
Rausch und Verklärung, in brünstiger Umarmung ein selig Sterben." Alviano bleibt – Eingeständnis seiner verfehlten Existenz und des endgültigen
Zusammenbruchs seiner Scheinwelt – nur der Mord und die Flucht in den
Wahnsinn, eine erneute Flucht in eine künstliche, wenngleich nicht mehr
künstlerische Existenz. Schrekers Musik spiegelt die Gebrochenheit seines
Librettos wider. Die extreme Klangsinnlichkeit seiner Partitur – die Vorbil-
der Debussy und Puccini sind unüberhörbar, wie auch die Wagnersche
Leitmotivik eine entscheidende Rolle spielt – sollte nicht darüber hinweg-
täuschen, daß sie zu den avanciertesten des frühen 20. Jahrhunderts gehört.
Wolfgang Molkow hat darauf hingewiesen, daß Schreker – im Gegensatz zu
Schönberg, der „das musikalische Ganze in seine Elemente" aufgespaltet
habe – versucht habe, „Melodie, Harmonik, Rhythmus und Farbe unter
seiner Vorstellung von Klang zu vereinigen". 1919, vier Jahre nach Vollendung der *Gezeichneten* wies Schreker auf die Bedeutung des Klangs für sein
Komponieren hin: „Der reine Klang, ohne jede motivische Beigabe, ist, mit
Vorsicht gebraucht, eines der wesentlichsten musikdramatischen Ausdrucksmittel, ein Stimmungseffekt ohnegleichen." Das hatte fünf Jahre
zuvor bereits anläßlich der Münchner Erstaufführung des *Fernen Klangs*
der Musikkritiker Alexander Berrsche festgestellt: „Mit Schreker ist der
absolut unzeichnerische, impressionistische Kolorismus in die Musik eingedrungen." In dem Maße, in dem Schreker diesen Kolorismus mit einer
unglaublichen Instrumentationskunst auf die Spitze treibt, deckt er jedoch
gleichzeitig seine Brüchigkeit auf, bedient er sich trivial sentimentaler Momente und macht sie als solche hörbar. Auf dem Gipfelpunkt artifizieller
Kunstfertigkeit entlarvt die Musik selbst ihre Scheinhaftigkeit, ihren Illu-
sionscharakter. Sie ist damit Reflexion auf das Libretto, wie umgekehrt
dieses Schrekers Musik reflektiert.

Geschichte

In seinem Aufsatz *Zur Entstehung meiner Opernbücher* aus dem Jahr 1919 berichtet Schreker, wie Alexander Zemlinsky an ihn herantrat und ihn um ein Libretto bat, in dem es um die „Tragödie des häßlichen Mannes" gehen sollte. Schreker, der 1908 mit seiner Pantomime nach Oscar Wildes Märchen *Der Geburtstag der Infantin* eine ähnliche Thematik bereits musikalisch umgesetzt hatte, begann vermutlich Ende Mai 1911 mit der Arbeit am Libretto, das Ende Juni vollendet war. Später schrieb er: „Je weiter die Arbeit gedieh, um so verhaßter, unerträglicher wurde mir der Gedanke, nicht ich, ein anderer solle die Musik dazu schreiben, eine Musik, die in mir bereits feste Umrisse, Gestalt gewann. Und es war mir, als gäbe ich dem anderen mit der Dichtung zugleich mein musikalisches Selbst, als verschacherte ich damit mein Inneres, meinen Lebensnerv." So bat Schreker den Freund, ihm das Libretto zu überlassen, bei dem – neben Wilde – auch Wedekinds *Karl Hetmann, der Zwergriese* ein Vorbild gewesen sein könnte.

An die Komposition machte sich Schreker erst im März 1913. Sie zog sich – über mehrere Entwürfe – gut zwei Jahre lang hin. Am 23. Juni 1915 war die Partitur, die der Komponist seiner „lieben Mutter" widmete, vollendet. Die Uraufführung – ursprünglich für Ende 1915 in München und unter der Leitung von Bruno Walter geplant – fand am 25. April 1918 in Frankfurt statt. Der triumphale Erfolg etablierte Schreker endgültig als einen der bedeutendsten Opernkomponisten des frühen 20. Jahrhunderts. Nur wenige Jahre jedoch gingen die *Gezeichneten* über alle Bühnen Deutschlands. Im Zeichen der neuen, auch musikalischen Sachlichkeit sank Schrekers Stern. Die Nationalsozialisten tilgten seinen Namen dann so gründlich aus dem Gedächtnis der Öffentlichkeit, daß die Oper – „ein heimliches, ein geradezu unheimliches Hauptwerk des deutschen Musiktheaters im 20. Jahrhundert" (Ulrich Schreiber) – erst 1979 von Hans Neuenfels und Michael Gielen in Frankfurt der Vergessenheit entrissen wurde. Unverständlicherweise wagte seither nur die Deutsche Oper am Rhein im Dezember 1987 eine weitere Aufführung, die überaus eindrucksvoll geriet.

Oswald Beaujean

BÉLA BARTÓK

geb. 25. März 1881 in Nagyszentmiklós (heute Rumänien)
gest. 26. September 1945 in New York

Außer seinen beiden Ballettpantomimen *Der holzgeschnitzte Prinz* (1917) und *Der wunderbare Mandarin* (1919/1926) hat Béla Bartók für die Bühne nur den Einakter *Herzog Blaubarts Burg* geschrieben (1911), der allerdings das Schlüsselwerk des jungen Komponisten darstellt. Es ist die erste Vokalmusik großen Stils in ungarischer Sprachvertonung und Bartóks Versuch, das Erbe des späten 19. Jahrhunderts sowie die Tendenzen der modernen expressionistischen Dramaturgie in einer Synthese zu bündeln. Vor der Komposition des Einakters hatte er sich in erster Linie mit musikalischen Typenbildern, Miniaturen und Charakterstücken beschäftigt, in denen er sich bereits auf der Suche nach einem Ausweg aus der traditionellen Tonalität befand. Die Musik Debussys eröffnete ihm erstmals die Möglichkeit, die musikalische Sprache zu überprüfen und eine ungeahnte Freiheit der Klänge und Harmonien zu verwirklichen. Doch erst die Erforschung der vom Aussterben bedrohten Bauernmusik der Balkanländer bot ihm die entscheidende Möglichkeit, die Tonalität und die herkömmliche Melodik zu überwinden. Bartók wurde so zu einem Komponisten, der gleichzeitig Musikforscher war. Den Schritt zur freien Atonalität, den Schönberg um 1908 vollzog, machte er indessen nicht mit. Besonders in den späteren Instrumentalwerken versuchte er, die Errungenschaften Schönbergs mit seinen eigenen Forschungen in einer neuartigen Synthese zu vereinen, die zu einer Neubestimmung der durch die Erfahrungen mit der Atonalität bereicherten Tonalität – in erweiterter Form freilich – führte. Spuren davon finden sich bereits in der Partitur des Einakters *Herzog Blaubarts Burg*. Den inneren Anstoß zu der Komposition der Oper gab Bartóks persönliche Erfahrung jener unglücklichen Liebe zu der Geigerin Stefi Geyer, die an weltanschaulichen Gegensätzen scheiterte, denn bereits der junge Bartók war ein überzeugter Atheist. Diese Erfahrung brachte ihm die Einsicht, daß er dazu bestimmt sei, die Einsamkeit des Künstlers auf sich zu nehmen. Die Thematik seiner einzigen Oper war damit vorgegeben. *Dietmar Holland*

Herzog Blaubarts Burg (A kékszakállú herceg vára)

Oper in einem Akt

<u>Text</u>: Béla Balázs (eigtl. Herbert Bauer)
<u>Uraufführung</u>: 24. Mai 1918, Königliches Opernhaus, Budapest
<u>Personen</u>: Herzog Blaubart (Bar); Judith (Sop); Blaubarts frühere Frauen (stumme Rollen); Sprecher (Prolog)
<u>Ort</u>: Imaginäre Burg Herzog Blaubarts
<u>Orchester</u>: 4 Fl (3. und 4. auch Picc), 2 Ob, E. H., 3 Kl (3. auch Bkl), 4 Fg (4. auch Kfg), 4 Hrn, 4 Trp, Btba, Pkn, Trgl, GrTr, KlTr, TamTam, Bck, HängeBck, Tastenxyl, Cel, Org, 2 Hrf, Streicher
<u>Auf der Bühne</u>: 4 Trp, 4 Altpos
<u>Form</u>: Durchkomponiert
<u>Aufführungsdauer</u>: 1 Stunde
<u>Verlag</u>: Universal Edition, Wien

<u>Handlung</u>

Judith hat ihre Familie und ihren Verlobten verlassen, weil sie Herzog Blaubart liebt, in dessen Innerstes sie nun einzudringen versucht. Sie betritt mit ihm seine finstere Burg, die sie mit ihrer Liebe erhellen will. Zögernd reicht ihr Blaubart auf ihr Begehren den Schlüssel zur ersten der sieben Türen der Burg. Dahinter verbirgt sich die Folterkammer des Herzogs. Judith ist bestürzt, versucht aber, wie auch nach dem Öffnen der zweiten Tür (Waffenkammer), das Gesehene im Licht ihrer Liebe zu Blaubart zu verklären. Nun ist auch Blaubart überzeugt, daß das Öffnen der Türen für ihn eine Wohltat bedeutet, und er fordert Judith auf, drei weitere zu öffnen: Judith sieht die goldglänzende Schatzkammer, ein blaugrünes Gartenpanorama und hinter der fünften Tür den großartigen Ausblick auf die weiten Lande Blaubarts. Aber an allem findet sie immer wieder Spuren von Blut; auch der freie Himmel hinter der fünften Tür ist mit blutigen Wolken bedeckt. Sie beginnt zu zweifeln und entzieht sich Blaubarts Umarmung. Da er mit dem Öffnen der fünften Tür sein Innerstes preisgegeben hat, verlangt er von ihr den Kuß des Einverständnisses und warnt sie zugleich dem Öffnen der letzten beiden Türen. Doch Judith kann ihre Neugier, die nun stärker ist als ihre Liebe zu Blaubart, nicht mehr zügeln; sie dringt unerbittlich auf die Enträtselung aller Geheimnisse der Burg. Blaubart kündigt an, daß das Geschehen in seiner Burg nicht weiter aufgehellt werden könne; Judiths Zweifel wandeln sich in Entfremdung von

Blaubart. Angesichts der blendenden Größe des Reichtums der mit der fünften Tür geöffneten männlichen Seele fordert sie gebieterisch die letzten beiden Schlüssel. Beim Öffnen der sechsten Tür beginnt die allmähliche Eintrübung des Lichts; sie sieht nun den Tränensee und spürt die Einsamkeit Blaubarts. Traurig schmiegt sie sich an ihn und läßt sich küssen. Sie ahnt, was sich hinter der letzten Tür verbirgt: Blaubarts frühere Frauen. Dennoch will sie die Tür öffnen, denn sie sucht hinter Blaubarts Erscheinung die Abgründe der seelischen Vergangenheit. Als aus Blaubarts Totenkammer, die sich hinter der letzten Tür verbirgt, seine drei früheren Frauen hervortreten, erschrickt Judith: Sie sind lebendige Symbole für die drei Tageszeiten. Und Judith muß sich ihnen als Symbol der immerwährenden Nacht anschließen.

Kommentar

Den alten Blaubart-Stoff reduzierte Béla Balázs auf den elementaren Gegensatz zwischen der undurchdringlichen Seele des Mannes und der weiblichen Neugierde. Zugleich ist der Herzog eine Metapher für den einsamen Künstler, in dem sich Bartók wiederzufinden glaubte. In seiner unglücklichen Liebe zu der Geigerin Stefi Geyer und seinen Mißerfolgen als Komponist sah er sich bestätigt, als er die Handlung, die – in Großaufnahme – das Reich der Seele aufschlägt, zum Stoff für eine Oper wählte. Von Anfang an war das Sujet von Balázs zur Vertonung gedacht, und Bartóks Musik erfüllt dieses Anliegen in einer stilistischen Synthese, in der symbolistische Tendenzen und das typische Scheitern zwischenmenschlicher Beziehungen aus dem deutschen Expressionismus (Schönbergs *Erwartung*) den dramaturgischen Aufbau bestimmen. Die konstruktive, sehr konsequente Lichtregie und Farbensymbolik beim Öffnen der sieben Türen ist integraler Bestandteil des Librettos wie auch der Partitur. Das Dunkel der Seele Blaubarts lichtet sich kontinuierlich bis zum Öffnen der fünften Tür und verdämmert wieder ebenso kontinuierlich bis zu den letzten Worten Blaubarts „Nacht bleibt es nun ewig" – ein einfacher und sinnfälliger Bogen, dem die klangliche Entwicklung der Musik entspricht. Das Öffnen der fünften Tür bildet musikalisch – in strahlendem C-dur – den Höhepunkt und zugleich den Gegenpol zu der auf Fis zentrierten Atmosphäre des Rahmens. Dieser Bogen wird überlagert von der emotionalen und psychologischen Steigerung, die in Judiths Erstaunen beim Öffnen der letzten Tür gipfelt. Sie erwartet, daß die Frauen, die sich dahinter verbergen, bereits tot sind; statt dessen verkörpern sie die drei Tageszeiten, denen Judith als Nacht hinzugefügt wird. Sie sieht sich konfrontiert mit den zu Geschichte geronnenen früheren Frauen Blaubarts. Hier liegt der tiefere Sinn der Umdeutung der Blaubart-Sage durch Balázs verborgen: Das Geheimnis der letzten beiden Türen (zur Seele des Mannes) ist die bittere Wahrheit, daß die vergossenen Tränen – Symbol dafür ist der Tränensee – und die in der Seele verhüllten Erinnerungen, wie György Kroó erkannte, mit niemandem geteilt werden können. Judith wird so zur Erinnerung einer erträumten Liebe. Im Gegensatz zu den mittelalterlichen Mysterienspielen, in denen die Tragödie des Menschen, die Geschichte seines Falls und seiner Erlösung, vor dem Hintergrund des Makrokosmos abläuft, richtet der moderne Symbolist – Balázs war von Maurice Maeterlinck beeinflußt – sein Augenmerk auf den Mikrokosmos der einsamen Seele, die nun zum Schauplatz des psychologisch begriffenen Geschehens wird. Wer jedoch in die Geheimnisse der Seele eintreten will, läuft Gefahr, von ihnen verschlungen zu werden. Nicht umsonst warnt Blaubart Judith, bevor sie die erste Tür öffnet, mit dem Hinweis auf die Abgründe der Blaubart-Sage (!). Also ist bereits im Vorfeld der Handlung das Ende mitgedacht. Das musikalische Symbol dafür ist die elementare Dissonanz des aus der einfachen Kleinsekundreibung gebildeten Zweiklangs, der immer wieder im Verlauf der Oper auftritt, nachdem er zunächst konkret das an den Wänden haftende Blut bezeichnet hat. Die Grundschicht der Motivik des Herzogs ist das wortkarge, pentatonische ungarische Volkslied (Balázs schrieb achtsilbige Balladenverse). Judith dagegen äußert sich von Anfang an in jener musikalischen Gestik (und Harmonik), die in Bartóks Musik stets – spätestens seit dem frühen ersten Violinkonzert für Stefi Geyer – das Wesen des Weiblichen bezeichnet: im Septakkord der ersten Stufe in Dur. Bei der musikalischen Schilderung des starren Tränensees (in der „weißen" Tonart a-moll) ist dieses Motiv, nach Moll gewendet, in den schnellen Figurationen enthalten, gleichsam als Abbild der zitternden Oberfläche. Überhaupt weist die Partitur eine Fülle klanglicher Innovationen auf, die sich insbesondere bei den akustischen Schilderungen der Landschaften oder Räume entfalten, die sich hinter den sieben Türen auftun. Es gibt dabei auch Augenblicke der Zärtlichkeit (vierte Tür) und der suggestiven Weite (fünfte Tür); doch tauchen überall jene musikalischen Blutflecken auf, die das Symbol für die unvereinbaren Welten Blaubarts und Judiths in Erinnerung rufen. Nach dem Öffnen der fünften Tür erheben sich in Judith Zweifel; sie reagiert kühl auf die seelische Weite des Mannes. Hier ereignet sich die Peripetie der Handlung, denn der Glanz ist es gerade, der die Entfremdung Judiths von

Blaubart herbeiführt. Unbewußt sucht sie hinter ihm die Abgründe der Vergangenheit.

Geschichte

Im Frühjahr 1910 schrieb Béla Balázs den Text seines Einakters, eine Fassung des alten Blaubart-Stoffes, die ganz unter dem literarischen Einfluß des französischen Symbolismus stand. Balázs war Schüler jenes Maurice Maeterlinck, der ebenfalls eine von Paul Dukas vertonte Version dieses Sujets (*Ariane et Barbe-Bleue*) verfaßt hat. Am 13. Juni 1910 erschien ein Abdruck der Versdichtung von Balázs in der Zeitschrift „Szinjáték" mit der Widmung an Béla Bartók und Zoltán Kodály. Der Text war von Anfang an als Opernsujet vorgesehen; Kodály sollte ihn vertonen, überließ ihn aber seinem Freund Bartók, der von dem Stoff tief ergriffen war, als ihn Balázs in der Wohnung Kodálys vorlas. Von Februar bis zum 11. September 1911 komponierte Bartók die erste Fassung der Oper, deren Schluß er später noch mehrmals revidierte (zuerst im Jahre 1912). Die endgültige Schlußrevision nahm Bartók im Frühjahr 1918 vor, einige Wochen vor der Budapester Uraufführung (24. Mai 1918).

Das Sujet hat eine lange Vorgeschichte. Die Sagenforschung hat die Gestalt des Herzogs Blaubart in Zusammenhang gebracht mit dem uralten Gegensatz von Licht und Dunkel. Danach ist Blaubart die Verkörperung der Nacht, die den weiblichen Partner – das Licht – tötet. Der blaue Bart ist das Symbol der Nacht; blau war auch der Bart des Zeus. Die weiblichen Verkörperungen der Neugierde reichen zurück bis in den Schöpfungsmythos, bis zu Eva oder zur Pandora-Legende. In seiner Gestaltung des Sujets ging Balázs über die archetypische Konstellation seiner beiden Personen hinaus: Durch einen Prolog, den ein Barde vor dem noch geschlossenen Vorhang vorträgt, macht er die Legendenhaltung des Stückes ausdrücklich bewußt. Daß Balázs sein Stück als „Mysterium" bezeichnete, verweist auf das Reich der Seele, von dem hier die Rede ist. Das Symbol für den Eintritt in das Innenleben Blaubarts ist das Schließen der Eingangstür zur Burg. Es war Maeterlincks Entdeckung, eine in ihren Grundzügen einfache, märchenhafte äußere Handlung mit psychologischen Andeutungen und symbolistischen Geheimnissen anzureichern, so daß jede Geste den Charakter eines Schrittes auf Leben und Tod annimmt. Zugleich ist das eine komponierbare Innenhandlung. Balázs reduzierte den Stoff auf die beiden Hauptpersonen und auf die elementaren Situationen.

Die Uraufführung brachte „einen entschiedenen Umschwung im Verhalten des Budapester Publikums meinen Werken gegenüber", bemerkte Bartók, doch gab es nur acht Aufführungen. Erst 1936 wurde der Einakter wieder in den Spielplan der Budapester Oper aufgenommen. Auf ausländischen Bühnen fanden nur vereinzelte Erstaufführungen statt, so 1922 in Frankfurt am Main, 1929 in Berlin und 1948 in Zürich. Heute gehört *Herzog Blaubarts Burg* zu den Raritäten des Opernrepertoires und wird, wenn überhaupt, in der Regel gemeinsam mit Strawinskys *Oedipus Rex* gegeben.

Dietmar Holland

Diskographische Empfehlung

1958 – Berlin: Ferenc Fricsay, Radio-Symphonie-Orchester Berlin. Dietrich Fischer-Dieskau (Blaubart), Hertha Töpper (Judith). DG 2535 703 IMS (deutsch ges.)

1965 – London: István Kertész, London Symphony Orchestra. Walter Berry (Blaubart), Christa Ludwig (Judith). Decca 6.41656 (ungarisch ges.)

IGOR STRAWINSKY

geb. 5. (17.) Juni 1882 in Oranienbaum/St. Petersburg
gest. 6. April 1971 in New York

D as Genie läßt sich nicht besser analysieren als Elektrizität.
Entweder hat man es, oder man hat es nicht. Strawinsky
hat es, er kümmert sich nie darum." Was Jean Cocteau in
seiner programmatischen Schrift *Le coq et l'arlequin* schon anno 1918
erkannte, gilt auch heute noch. „Er kanalisiert eine Rohkraft und speichert
sie, um sie dienstbar zu machen, in Batterien, die die Größe einer Fabrik
oder einer Taschenlampe haben können. Die Perfektionierung und Differenzierung der Batterien müssen an die Stelle des alten Problems der
Inspiration treten." Ohne eine weit gefaßte Art von Inspiration hätte allerdings auch ein Igor Strawinsky nicht ein Œuvre von derartiger Größe
vollbracht. Strawinsky, eine der wenigen zentralen Gestalten in der Musik
des 20. Jahrhunderts, wandelte sich immer wieder, ohne sein eigenes, un-
verwechselbares Idiom zu verlieren. Er, der es vielen recht machte, ohne
sich anzupassen, er, der Skandale weder scheute noch suchte, „Bürger-
schreck" und Weltbürger, Grandseigneur und Intellektueller in einer Person, suchte den Erfolg nicht – ohne ihn zu meiden – und fand ihn. Strawinsky ist – wie Picasso in seiner Welt – ein Künstler, dessen Werk über die
engen Grenzen des eigenen Bereichs hinausgreift und eine kontinuierliche
Herausforderung darstellt, künstlerisch, ideell, intellektuell.
Strawinsky, der Weltbürger (Rußland, Schweiz, Frankreich, USA), hat sich
oft in seinem langen Leben gedacht, „daß die Tatsache, daß ich in einer
neoitalienischen Stadt – nicht in einer slawischen oder orientalischen –
geboren und aufgewachsen bin, zu einem wesentlichen Teil für die kulturelle Richtung meines späteren Lebens verantwortlich sein muß". Ein
musikalisches Elternhaus, Klavierunterricht bei der Rubinstein-Schülerin
„Mademoiselle Kaschperowa" (deren Ideal vom Klavierspiel für Strawinskys konturierte Klangschrift von Bedeutung werden sollte) und ein Jura-
Studium ergänzten sich mit der „musikalischen Weisheit" Rimskij-Korsakows und begründeten die „russische Phase", der eine sogenannte neoklassizistische folgte. Wenn Strawinsky freilich meinte, daß sein Stil verstanden

worden sei, wandte er sich scheinbar Neuem zu, bis hin zur Aneignung und Anwendung aktueller Zwölftontechniken, speziell Webernscher Prägung. Der Kontakt mit Sergej Diaghilew und dessen Pariser „Ballets russes" brachte ihn ins Zentrum (französisch-)europäischen Geisteslebens (Debussy, Ravel, Satie, de Falla, Casella, Puccini, Cocteau, Gide, Claudel, Matisse, Chagall, Picasso, Jawlenskij). In dem Tänzer und Choreographen Vaclav Nijinskij, in Michael Fokin und Leonid Mjassin, in Tänzerinnen von Tamara Karsavina bis Ida Rubinstein fand er Interpreten von Rang, wie auch in den Dirigenten Pierre Monteux, Sir Thomas Beecham oder Ernest Ansermet.

L'oiseau de feu (Der Feuervogel), *Petrouchka* und *Le sacre du printemps (Das Frühlingsopfer)* begründeten seinen Weltruhm. Dann brach der Erste Weltkrieg aus, den Strawinsky in der Schweiz verbrachte. Auf einen Text von Ramuz entstand *L'histoire du soldat (Die Geschichte vom Soldaten*, 1918), als moritatenhafte Szenenfolge „zu lesen, zu spielen, zu tanzen". Zuvor waren die Erstlingsoper *Le rossignol (Die Nachtigall)*, lyrische Erzählungen nach Andersens Text (1914), *Renard (Reinecke Fuchs)* als szenische Burleske nach altrussischen Tiergeschichten (1916) und *Les noces (Bauernhochzeit)* entstanden. Mit dem Ballett *Pulcinella* (1920), der komischen Oper *Mavra* (1922) und dem szenischen Oratorium *Oedipus Rex* (1927) unternimmt Strawinsky einen Vorstoß in kompositorisches Neuland nach Art der Zeit (wie Schönberg, Hindemith, Bartók, doch gänzlich unabhängig von diesen unverkennbar eigenständig). Es folgen das Ballett *Apollon Musagète (Apollo der Musenkönig)* 1928, das Ballett *Le baiser de la fée (Der Kuß der Fee)* 1934, das Melodrama *Persephone* 1934, die Tanzszenen *Jeu de cartes (Ein Kartenspiel)* 1937, *Scènes de Ballet* 1944 und schließlich die Oper *The rake's progress (Der Wüstling)* und als letztes szenisches Werk *The flood (Die Sintflut)*, eine biblische Allegorie, die von der auftraggebenden CBS Television New York als „Musical Play" am 14. Juni 1962 ausgestrahlt und während der sechs kurzen Abschnitte durch Werbespots für Waschmittel und Badeartikel unterbrochen wurde. Die Choreographie hatte George Balanchine entwickelt, Strawinskys Landsmann und engster Ballettberater seit 1925. Der charakterisierte den Komponisten zutreffend: „Das tänzerische Element ist der dominierende Pulsschlag in Strawinskys Musik. Er ist immer spürbar, eindringlich, stets überzeugend. Man fühlt ihn sogar in den Pausen. Dem Tanz hat er einen weiteren musikalischen Bereich erschlossen, der Musik schenkte er seine eigene, spezifische Sprache der Bewegung. In beiden ist sie ständig spürbar, aufs vollendetste zum Ausdruck gebracht."

Strawinskys Beitrag zum Musiktheater läßt sich gewiß nicht als weiteres Kapitel von Belcanto und „Stimmakrobatik" charakterisieren – wenngleich gerade seine Gesangspartien (solistisch wie chorisch) höchste Konzentration erfordern. Sein Ansatz führt vielmehr weg von einer Ausdrucksästhetik hin zu „ordre" und „clarté", einem durchaus folgenreichen Konzept.

Wolf Loeckle

Mavra
Opera buffa in einem Akt

<u>Text:</u> Boris Kochno, nach Alexander Puschkin
<u>Uraufführung:</u> 3. Juni 1922, Grand Opéra, Paris
<u>Personen:</u> Parasha (Sop); Die Nachbarin (Mez); Die Mutter (Alt); Der Husar (Ten)
<u>Ort und Zeit:</u> Eine russische Kleinstadt, 19. Jahrhundert
<u>Orchester:</u> 3 Fl (auch Picc), 2 Ob, E. H., 3 Kl, 2 Fg, 4 Hrn, 4 Trp, 3 Pos, Tba, Pkn, Streicher
<u>Form:</u> Durchkomponiert
<u>Aufführungsdauer:</u> Ca. 25 Minuten
<u>Verlag:</u> Russischer Musikverlag, Moskau; Boosey & Hawkes, London

Handlung

Im gutbürgerlichen Haushalt einer typisch russischen Kleinstadt ist die langjährige Köchin gestorben. Parasha, die Tochter des Hauses, erklärt sich überraschend schnell bereit, baldmöglichst für vollwertigen Ersatz zu sorgen. In der Tat stellt sie nach kurzer Zeit der Familie eine neue Köchin vor, die auch von der Mutter akzeptiert wird. Immerhin scheint sie ja nach den Worten der Tochter eine wahre Perle zu sein. Doch kaum verläßt die Mutter das Haus, umarmen sich Tochter und Köchin glühend-stürmisch. Welch herrliche Zeiten werden jetzt für beide anbrechen, da sie ungestört und so oft sie nur wollen, zusammen sein können. Doch unvermutet kehrt die Mutter zurück und überrascht die Köchin – beim Rasieren. Nun ist es offenkundig: Die Köchin ist niemand anderer als der geliebte Husar, den Parasha aus Liebe als verkleidete Köchin ins Haus geschmuggelt hat. Die Mutter fällt in Ohnmacht, der Husar ergreift die Flucht.

Kommentar

„*Pulcinella* war meine Entdeckung der Vergangenheit, eine Epiphanie, durch die mein späteres Werk möglich wurde. Natürlich war es ein Blick zurück – die erste von vielen Liebesaffären in dieser Richtung – aber es war auch ein Blick in den Spiegel", erinnerte sich Strawinsky im Jahr 1962. Wie er in *Pulcinella* mit Pergolesi „Musik über Musik" machte, ist *Mavra* offensichtlich angeregt durch Strawinskys Arbeit an Tschaikowskijs *Dornröschen*. Gewidmet ist das Opus „dem Andenken Puschkins, Glinkas und Tschaikowskijs", russischen Künstlern also, die ausdrücklich nach Westen ausgerichtet waren (und insofern Strawinsky geistesverwandt). Zugleich verabschiedet sich der Komponist mit seiner burlesken Kammeroper *Mavra* von der sogenannten russischen Periode. Der schneidende Bläserklang, die mit scheinbar leichter Hand hingeworfenen Figurationen, die „fetzigen" kurzen Akkorde weisen fast schon „neoklassische" Charakteristik auf: Romanischer Geist, gefiltert durch russische Grundelemente bestimmt den ironisch-knappen Instrumentalstil dieser Buffonerie.

Geschichte

Strawinsky schrieb seine opera buffa in einem Akt, *Mavra* – aus dem Schweizer Kriegsexil nach Frankreich zurückgekehrt –, zwischen Sommer 1921 und Frühjahr 1922 in Anglet und Biarritz. Der russisch-französische Ballettschriftsteller Boris Kochno, Sekretär Diaghilews, lieferte auf dessen Anregung ein Libretto nach der Verserzählung *Das Häuschen in Kolomna* von Alexander Puschkin. Strawinsky hatte Puschkin während seiner Lehrjahre bei Rimskij-Korsakow mehrfach vertont. Er suchte und fand in dessen Dichtungen den Wunsch eingelöst, daß er „der russischen Sprache das europäische Bürgerrecht" ermöglichen wollte (wobei *Mavra* bzw. *Das Häuschen in Kolomna* höchstens eine kleine Schmonzette am Rande sein konnte . . .). Eingedenk der Tatsache, daß Puschkins Dichtungen eine besondere Bedeutung für die national-russische Operngeschichte hatten, ist in *Mavra* das fast parodistisch-liebevolle Stilporträt ebendieser russischen Oper – quasi als opéra bouffe – zu sehen. Obendrein fand Darius Milhaud in *Mavra* erfüllt, was eine jungfranzösische Komponistengruppe – die der „Six" – seit Erik Saties *Parade* und Jean Cocteaus *Coq* proklamiert und erhofft hatten: „clarté" also und nichts vom „Wagner-Nebel".
Mavra wurde am 3. Juni 1922 in der Pariser Oper uraufgeführt – von Mitgliedern der „Ballets russes" Diaghilews. Zusammen mit *Renard*, *Petrouchka* und *Le sacre du printemps* in ein Programm gespannt, war ein

Mißerfolg nicht einkalkuliert. Doch bestenfalls als Witz wollten manche das Stück verstehen (in der Bühnenausstattung von Léopold Survage, dem kubistisch angehauchten Moskauer Maler, der 1908 nach Paris gekommen war, in der Regie von Bronislawa Nijinska, musikalisch geleitet von Gregor Fitelberg).

Einen Anti-*Mavra*-Effekt erzielte Jack Hylton 1932 auf derselben Opernbühne mit einem – von Strawinsky goutierten – Jazz-Arrangement. In den 50er Jahren kam im Zeichen der Neuentdeckung älterer Frühformen von Anti-Oper und kammermusikalischem Musiktheater auch *Mavra* wieder, meist auf Werkstatt- und Kammer-Bühnen, vielfach gepaart mit *Renard* oder der *Historie du soldat*.   *Wolf Loeckle*

Diskographische Empfehlung

1964 – New York: Igor Strawinsky, CBS Symphony Orchestra. Susan Belinck (Parasha), Patricia Rideout (Nachbarin), Mary Simmons (Mutter), Stanley Kolk (Husar). CBS 79248

Oedipus Rex (König Oedipus)
Opern-Oratorium in zwei Akten

<u>Text:</u> Jean Cocteau, nach Sophokles (lateinische Übersetzung von Jean Daniélou)

<u>Uraufführung:</u> KONZERTANT: 30. Mai 1927, Théâtre Sarah Bernhardt, Paris

SZENISCH: 23. Februar 1928, Staatsoper, Wien

<u>Personen:</u> Oedipus (Ten); Jokaste (Mez); Kreon (Bar); Tiresias (Baß); Der Hirte (Ten); Der Bote (Bar); Der Sprecher

<u>Ort und Zeit:</u> Theben in mythischer Zeit

<u>Orchester:</u> 3 Fl (3. auch Picc), 2 Ob, E. H., 3 Kl, 2 Fg, Kfg, 4 Hrn, 4 Trp, 3 Pos, Btba, Pkn, Hrf, Klav, Streicher

<u>Form:</u> Durchkomponiert

<u>Aufführungsdauer:</u> Ca. 50 Minuten

<u>Verlag:</u> Russischer Musikverlag, Moskau; Boosey & Hawkes, London

Handlung

Die Sphinx, ein löwenähnliches Ungeheuer, bedrohte lange Zeit die Stadt Theben und tötete jeden, der ihre Fragen nicht beantworten konnte. Oedipus war der erste, der ihr Rätsel löste und ihr so die Macht raubte. Zum Dank dafür hatten ihn die Thebaner zu ihrem König gemacht und ihm Jokaste, Witwe des ermordeten Königs Laios, zur Gattin gegeben.

1. AKT: König Oedipus verspricht den Thebanern Hilfe und Errettung von der Pest, die über Theben hereingebrochen ist. Kreon, Bruder der Königin, der im Auftrag von Oedipus das Orakel von Delphi befragt hatte, kehrt mit dem Spruch zurück, daß die Pest als Strafe für den Mord an Laios verhängt worden sei. Der Mörder lebe ungestraft unter den Thebanern. Oedipus verspricht, den Mörder aufzuspüren und den Mord zu sühnen. Um die Wahrheit herauszufinden, gedenkt er, den „Quell der Wahrheit", den blinden Seher Tiresias, zu befragen. Als dessen Schweigen von Oedipus dahingehend gedeutet wird, daß Tiresias selbst der Mörder ist, enthüllt dieser sein Geheimnis: „Des Königs Mörder ist der König." Oedipus aber verdächtigt seinen Schwager Kreon und den Seher Tiresias der „Verschwörung". Dagegen will er vorgehen.

2. AKT: Jokaste versucht ihr aufgebrachtes Volk zu beruhigen; Orakelsprüche seien fragwürdig: Ihr erster Mann Laios sei fern der Heimat an einer Wegkreuzung von Räubern getötet worden. Zwar habe früher ein Orakelspruch geweissagt, daß ihr eigener Sohn ihren Gatten erschlagen würde, aber auch Orakel und Sehersprüche irrten. In Oedipus jedoch fährt der Schreck: Er erinnert sich, auf dem Weg von Korinth nach Theben an einer Wegkreuzung einen Greis im Streit erschlagen zu haben. Die Königin sucht ihn zu beruhigen. Er möge den Orakeln nicht glauben und nicht weiter forschen. Oedipus aber will Klarheit, die ihm ein Hirte und ein Bote bringen. Letzterer berichtet, daß der soeben verstorbene König Polybos von Korinth nicht Oedipus' leiblicher Vater, sondern nur sein Pflegevater gewesen sei. Der Hirte bestätigt, Oedipus als Findelkind an den Hof des Königs Polybos von Korinth gebracht zu haben. Jokaste entfernt sich stumm. Sie hatte ihren Sohn einst aussetzen lassen, damit sich nicht jenes Orakel erfülle, das ihn zum Mörder an seinem eigenen Vater und zum Gatten der eigenen Mutter werden lassen wollte. Der Bote und der Chor der alten Thebaner berichten den Schluß der Tragödie, daß nämlich Jokaste sich in ihrem Gemach eingeschlossen und erhängt hat. Oedipus, der die Tür aufbricht, sticht sich mit ihrer goldenen Spange die Augen aus.

Kommentar

Im herbstlichen Venedig des Jahres 1925 und anschließend in Padua hatte Strawinsky tiefe Erlebnisse religiöser Erfahrungen: als 44jähriger trat er wieder in die russisch-orthodoxe Kirche ein. Sein *Pater noster* (1926) ist unmittelbarer Reflex darauf. Das *Credo* (1932) und *Ave Maria* (1934) in ihrer schlichten A-cappella-Deklamation sind Folgen, die *Messe* (1944–48) schließlich – „nicht für den Konzertgebrauch" – ist Ergebnis dieses Glaubens. *Oedipus Rex*, Strawinskys erste Komposition mit antikem Hintergrund, dieses Opern-Oratorium, ist ein Werk religiösen Charakters: „Ich kann bezeugen, daß die Musik in meiner strengsten und ernstesten Periode orthodoxen Christentums komponiert wurde." Die vergleichsweise lapidare musikalische Oratorik und statuarische Gestik des *Oedipus Rex* stellt den barocken und klassisch-romantischen Gattungsbegriff Oper exemplarisch in Frage. „Die strenge Form der lateinischen Sprache hat schon an sich so viel Ausdruckswert, daß es nicht nötig ist, sie durch die Musik noch zu verstärken. So wird der Text für den Komponisten zu einem rein phonetischen Material. Er kann ihn nach Belieben zerstückeln und sich nur mit den einfachsten Elementen beschäftigen, aus denen er besteht: den Silben. Und haben nicht auch die alten Meister des strengen Stils den Text auf diese Weise behandelt?" Strawinsky beugt mit diesen Überlegungen der Gefahr vor, sentimental oder individualistisch zu werden. Und da schien Cocteau zunächst der passende Partner zu sein. Trotzdem hatte der wohl eher etwas bildungsbürgerlich-augenzwinkernd Ironisierendes vor. Dessen prosaisch-weltliche Aktualisierung steht im Gegensatz zu des Komponisten „starrer Geometrie der Tragödie, der unausweichlichen Kreuzungen der Linien". Rituell vollzogene Nicht-Handlung in einer dem Zuhörer kaum gebräuchlichen Sprache (Latein), gepaart mit einem Sprecher, dessen Part in der jeweiligen Landessprache vorzutragen ist – „er drückt sich wie ein Conférencier aus, trägt einen Frack" (Cocteau)–, das erschloß sich dem Pariser Publikum nicht auf Anhieb. Griechische Geist-Fülle, lateinische Sprachstrenge, russische Elementarkraft, französische Denkklarheit – das war nicht so leicht zusammenzubringen angesichts des überzeitlichen, übernationalen Anspruchs von tragischem Humanismus zwischen „göttlicher Fernsteuerung" und schuldlos-schuldhafter Verstrickung. Möglicherweise haben Strawinsky und Cocteau mit ihrem einzigen gemeinsamen Werk eher ein Dokument des Nicht-Zusammenkommen-Könnens als das Ergebnis einer – von unterschiedlichen Konzeptionen ausgehenden – Zusammenarbeit geschaffen. Doch wer die Partitur studiert, den *Oedipus Rex* im Konzertsaal hört, eine szenische Realisierung erlebt, kann sich der musikalischen Kraft nicht entziehen. Und die basiert nicht zuallerletzt auch auf der sprachlichen Vorlage. Solcher Dialektik und ihrer nachdrücklichen Ausstrahlung konnten sich Komponisten wie Hindemith, Honegger, Orff, Malipiero, Dallapiccola und andere mit ihren Opern-Oratorien nicht entziehen, ohne daß ihnen freilich immer vergleichbar kraftvolle Würfe gelungen wären.

Geschichte

Oedipus Rex, Opern-Oratorium in zwei Akten, frei nach der altgriechischen Schicksalstragödie des Sophokles, entstand nach dem Libretto von Jean Cocteau in Zusammenarbeit mit Igor Strawinsky. Die lateinische Fassung hatte Jean Daniélou, ein mit Cocteau befreundeter katholischer Geistlicher, in klassischem „ciceronianischem" Latein besorgt. Die äußerst konzentrierte Fassung des Handlungsablaufs mußte sich, den Bedürfnissen der musikalischen Konzeption folgend, verbal so einrichten, daß Wortwiederholungen möglich sein sollten. Ein Sprecher hatte in der jeweiligen Landessprache des Aufführungsortes knappe Kommentierungen und Zusammenfassungen vorzutragen. Auf diese Idee war Strawinsky gekommen, nachdem ihm im Sommer 1925 in einer Genueser Buchhandlung die Lebensgeschichte des heiligen Franziskus von Assisi, geschrieben von dem dänischen Dichter Johannes Jörgensen, in die Hand gefallen war. Der hatte den Heiligen bei allen feierlichen Gelegenheiten sich des Französischen bedienen lassen – und nicht der Muttersprache. Damit sich die Oper international leichter verkaufen ließe, verfiel Strawinsky auf die Möglichkeit – nachdem die Wahl eines antiken Stoffes feststand –, seinen *Oedipus Rex* in lateinischer Sprache schreiben zu lassen, was immerhin den Vorteil bot, daß der Text nicht für jedes Aufführungsland extra und neu übersetzt und eingerichtet werden mußte. Ihrem Libretto haben die Autoren ein Szenarium mit Bühnenbildkonzepten des Strawinsky-Sohnes Théodore vorangestellt, das mit knappen und präzisen Angaben für eine stilgerechte szenische Realisierung ebenso wie mit Kostümentwürfen für die Darsteller Klarheit schaffen sollte. Der Pariser konzertanten Uraufführung vom 30. Mai 1927 im Théâtre Sarah Bernhardt unter Strawinskys Leitung folgte die erste szenische Realisierung am 23. Februar 1928 in der Wiener Staatsoper unter Franz Schalk in der Regie Lothar Wallersteins mit Bühnenbildern von Alfred Roller. „Weniges von dem, was heute für die Bühne komponiert wird, kann sich jenseits dieser Distanz behaupten", urteilte Paul Stefan in den „Musikblättern des Anbruch". Vier Tage nach Wien folgte Berlin mit seiner vielgerühmten Erstaufführung an der Kroll-Oper unter Otto Klemperer. Die „Bühnenwürfel" der „Neuen Sachlichkeit" hatte Ewald Dülberg gebaut. Erst nach dem Zweiten Weltkrieg setzte anhand der revidierten Fassung (1948) eine Aufführungsvielfalt ein, 1952 etwa beim Pariser „Kongreß für kulturelle Freiheit" in einem „décor picassoesque" von Jean Cocteau, mit ihm selbst in der Sprecher-Rolle, oder die konzertante Aufführung des Westdeutschen Rundfunks vom 7. Oktober 1951 zur Einweihung des neuen Funkhauses am Wallrafplatz mit Strawinsky am Pult, der nach 1939 zum erstenmal wieder Europa aufgesucht hatte. Im Jahr 1978 schließlich deckte Michael Hampe mit seiner Kölner Inszenierung konsequent die Wurzeln des Archaischen auf.   *Wolf Loeckle*

Diskographische Empfehlung
1954 – Köln: Igor Strawinsky, Chor und Symphonieorchester des WDR. Peter Pears (Oedipus), Martha Mödl (Jokaste), Heinz Rehfuss (Kreon), Otto von Rohr (Tiresias), Helmut Krebs (Hirte), Jean Cocteau (Sprecher). CBS 61 131
1963 – Prag: Karel Ančerl, Chor und Orchester der Tschechischen Philharmonie. Ivo Židek (Oedipus), Vera Soukupová (Jokaste), Karel Berman (Kreon), Eduard Haken (Tiresias), Antonin Zlezák (Hirte), Jean Desailly (Sprecher). Supraphon, SV 8330

The rake's progress (Die Laufbahn eines Wüstlings)
Oper in drei Akten

Text: Wystan Hugh Auden und Chester Kallman, nach der gleichnamigen Bilderfolge von William Hogarth (1732–33)
Uraufführung: 11. September 1951, Teatro La Fenice, Venedig
Personen: Trulove (Baß); Anne, seine Tochter (Sop); Tom Rakewell (Ten); Nick Shadow (Bar); Mother Goose (Mez); Baba (Mez); Sellem, Auktionator (Ten); Ein Wärter des Irrenhauses (Baß)
Chor: Diener; Dirnen und grölende Burschen; Bürger; Irre
Ort und Zeit: England, 18. Jahrhundert
Orchester: 2 Fl (2. auch Picc), 2 Ob (2. auch E. H.), 2 Kl, 2 Fg, 2 Hrn, 2 Trp, Pkn, Streicher, Cembalo

Form: Nummernoper mit Secco-Rezitativen
Aufführungsdauer: Ca. 2¼ Stunden
Verlag: Boosey & Hawkes, London

Handlung

1. AKT: Tom Rakewell, ein junger Mann mit einem Hang zum
Höheren, liebt Anne Trulove, die Tochter eines biederen Alten vom Lande,
der sie nur einem Mann mit sicherem Lebensunterhalt geben will. Tom will
sich jedoch dem Glück überlassen. Zuerst einmal wünscht er sich Geld; da
erscheint auch schon ein Fremder, der sich als Diener seines (angeblich)
soeben verstorbenen (reichen) Onkels ausgibt und behauptet, Tom sei nun
der Erbe, und die Angelegenheiten müßten unverzüglich in London abge-
wickelt werden. Tom ahnt nicht, daß es der Teufel ist, der sich ihm da als
Nick (= englische Bezeichnung für den Teufel) Shadow (also Toms zweites
Ich) vorstellt.

Tom verabschiedet sich von Anne und ihrem Vater, verspricht, Anne so bald
wie möglich nach London zu holen, und wird von Nick sogleich in das
Freudenhaus der Mother Goose (= englische Bezeichnung für eine Ge-
schlechtskrankheit) geführt, damit er seinen Einstand in das künftige aus-
schweifende Leben (das seinem Nachnamen alle Ehre macht) feiern kann.
Er erweist sich als gelehriger Schüler der rein hedonistischen Moral Nicks
und singt ein Lied über die Liebe. Das Wort bringt ihn allerdings in
Verwirrung, und er trägt eine sehr traurige Arie von der verratenen Liebe
vor. Die Bordellgesellschaft wertet das jedoch nur als pittoresken Einfall.
Die Huren wollen ihn eines Besseren belehren, aber an diesem Tag beansprucht ihn Mother Goose persönlich. Seit einem halben Jahr schon ist Tom
in London und hat sich bei Anne nicht gemeldet. Sie beschließt, ihn in
London zu suchen, denn niemand kennt seine Schwächen besser als sie.

2. AKT: Tom sitzt gelangweilt in seinem Londoner Haus und klagt
über sein unerfülltes Leben. Er hat nun einen zweiten Wunsch: er will
glücklich sein. Sofort gaukelt ihm Nick eine Heiratsmöglichkeit vor: das
reiche Zirkusmonstrum Türken-Baba käme in Betracht, denn sowohl
Pflichtbewußtsein wie auch die Leidenschaften könnten nur durch völlige
Gleichgültigkeit aufgehoben werden. Mit anderen Worten: Diese Ehe wäre
ein Triumph über die Konvention. Nach kurzem Zögern willigt Tom in den
zynischen Vorschlag ein. Anne ist in London eingetroffen, hat Toms Haus
ausfindig gemacht und beobachtet, wie er seine frischgebackene Ehefrau
aus der Sänfte ins Haus geleiten will. Sie tritt dazwischen, wird aber von ihm

abgewiesen mit den Worten, London habe ihn verdorben, und er sei ihrer nicht mehr wert. Er gesteht ihr auch, daß er geheiratet habe, und führt unter pompösen Klängen seine Frau die Stufen zum Haus hinauf. Den Schaulustigen präsentiert die Baba ihren Vollbart. Das Ehepaar sitzt beim Frühstück. Tom schweigt, die Baba plappert drauflos. Als Tom sie fortstößt, bricht sie in eine Wut-Arie aus, die ihr jedoch dadurch brüsk abgeschnitten wird, daß Tom ihr eine Perücke über den Kopf stülpt. Regungslos bleibt sie sitzen. Tom legt sich aufs Sofa und schläft ein. Ihm träumt – Nick führt es dem Publikum vor – vom Schwindel einer Maschine, die aus Steinen Brot machen kann. Als Tom aufwacht, will er das sofort in die Tat umsetzen. Nick führt ihm die Maschine vor, und in völligem Größenwahn sieht sich Tom als Menschheitsbeglücker. Er glaubt sogar, daß er dadurch Anne wiedergewinnen könnte. In äußerstem Zynismus bietet sich Nick an, die Maschine gewinnbringend zu vermarkten.

3. AKT: Tom ist ruiniert, da der Schwindel offenkundig wurde. In seinem Haus versammeln sich schon Gläubiger und Kauflustige, die auf die Auktion warten. Anne tritt hinzu und erkundigt sich nach Tom. Da niemand weiß, wohin er geflüchtet ist, macht sie sich selbst auf die Suche. Sellem, der Auktionator, eröffnet mit großem Gehabe die Versteigerung und bietet als drittes Objekt die noch immer regungslos dasitzende Baba an. Als er ihr die Perücke vom Kopf reißt, erwacht sie und singt den Rest ihrer Wut-Arie. Anne kommt zurück und wird von der Baba ermutigt, sich Toms anzunehmen, dessen Stimme man von der Straße herauf hört (Gassenhauer mit Nick). Die Baba erklärt feierlich, sie werde wieder Theater spielen, wo sie sich der öffentlichen Bewunderung sicher sei. Wieder tönt der Gassenhauer Toms und Nicks herauf. Anne eilt ihnen nach, und die Baba tritt mit großer Geste ab.

Auf einem nächtlichen Friedhof verlangt Nick von Tom den Lohn für seine Hilfe: Toms Seele. Tom erkennt, daß er ein Bündnis mit dem Teufel geschlossen hat. Als die Uhr Mitternacht schlägt, hält Nick sie beim neunten Schlag an, um Tom die letzte Gelegenheit zur Rettung zu bieten. Er bietet ein Glücksspiel an: Er werde drei Karten ziehen, die Tom erraten müsse. Zweimal kommt Tom – durch Zufall – auf die richtige Lösung. Doch mit der dritten Karte will Nick ihn hintergehen und mischt, nur dem Publikum sichtbar, heimlich die erste Karte wieder ins Spiel und spielt sie aus. Es ist die Herzdame. Annes Stimme aus dem Hintergrund bringt Tom auf die richtige Lösung, und Nick ist am Ende der Geprellte. Er versinkt ins Grab und läßt Tom aus Rache wahnsinnig werden.

Im Irrenhaus erwartet Tom, der sich nun für Adonis hält, seine Venus. Als Anne in die Zelle tritt, glaubt er tatsächlich, die Liebesgöttin sei gekommen. Anne singt ihn in den Schlaf, bis ihr Vater dazukommt und das Ende der Geschichte verkündet. Beim Erwachen bricht für Tom alles zusammen. Die Irren singen einen Klagechor um den Toten.

EPILOG: Die Hauptdarsteller treten vor den Vorhang und verkünden in den erleuchteten Zuschauerraum hinein die Moral der Geschichte: „Für faule Hände, Herzen und Köpfe findet der Teufel eine Beschäftigung."

Kommentar

Als Igor Strawinsky *The rake's progress* komponierte, war in seinen Augen die Gattung Oper längst gestorben. So konnte er im Rückblick deren Essenz herausarbeiten, indem er sich auf das historische Modell der opera buffa des 18. Jahrhunderts (auch im Stoff) bezog, genauer: auf Mozarts dramma giocoso. Es war dabei nicht so sehr die in etlichen musikalischen Anspielungen präsente Komödie *Così fan tutte*, sondern – vor allem in wesentlichen Stoffmotiven – das dramma giocoso *Don Giovanni* mit seiner Mischung aus komischen und tragischen Momenten. Für den Augenmenschen Strawinsky war die Wahl der Stoffvorlage bezeichnend: eben keine literarische, sondern eine Anregung aus der bildenden Kunst, jene berühmte Kupferstichserie von William Hogarth aus der Zeit um 1733, die von dem lasterhaften Aufstieg und Fall Tom Rakewells – eines Parvenüs par excellence – erzählt, und zwar in Stationen, die, wie Harald Kaufmann es formulierte, vom Freudenhaus ins Irrenhaus führen. Die von Hogarth implizierten sozialkritischen Elemente freilich kümmerten Strawinsky und seine Librettisten Wystan Hugh Auden und Chester Kallman wenig; es galt vielmehr, aus dem Stoff so etwas wie eine schwarze Komödie zu machen, ausgestattet mit deutlichen Märchenzügen (Toms drei Wünsche) und drastischen Bühneneffekten, die auf den Ursprung der Oper: das Spiel im Spiel nämlich, zurückweisen sollten. Um Wagners „Musikdrama" machte Strawinsky zeitlebens ohnehin einen großen Bogen, doch bot ihm erst die Fabel von Tom Rakewell die Möglichkeit, seine Ansicht vom Theater als Körperstatt Seelenkunst in die Tat umzusetzen. Der Gestus des Vorführens und Demonstrierens war es, der ihn reizte, eine abendfüllende Oper in der Maske eines raffinierten Stilmodells (samt Secco-Rezitativen) zu schreiben. Ähnlich wie Brecht war auch Strawinsky ein Feind der „Einfühlungsästhetik"; er verstand die Bühne als Versuchsanlage, wenn auch nicht im politischen Sinne wie Brecht. Ausdrücklich bediente er sich – analog zu dem

Montageverfahren seiner Librettisten – der vergangenen tonalen Musiksprache, allerdings verfremdet, gewissermaßen ihrer ursprünglichen
Sprachfähigkeit beraubt. Es klingt also, „als ob" sie tonal wäre, während sie
in Wirklichkeit das Resultat eines stilisierenden Kompositionsvorgangs ist.
Es geht Strawinsky dabei weniger um eine Anlehnung an ältere verbindliche musikalische Ordnungen als vielmehr um die eigene Phantasie, die
sich sozusagen an der Musikgeschichte abarbeitet. Eine abendfüllende
Oper zu komponieren hieß demnach für ihn, deren szenische und musikalische Topologie zu erkunden. Dadurch gewann er den für sein Verfahren
der Re-Komposition nötigen Überblick. Die Wahl des Stoffes und die
literarische Ausformung des Librettos war, so besehen, das Ergebnis ästhetischer Entscheidungen. Das Libretto bewahrt zwar den eigentümlichen
Moritaten-Charakter der Bilderserie, enthält aber darüber hinaus – außer
den Märchenzügen – den Grundbestand zentraler Stoffmotive der Operngeschichte. Die äußere „Handlung" – sofern davon überhaupt die Rede sein
kann – besteht zu einem nicht geringen Teil aus mehr oder weniger deutlichen literarischen Anspielungen. Dem Handlungsgerüst stülpte Auden
drei wohlbekannte Motive über: Er stellt Tom Rakewell – der Nachname
bezeichnet paradigmatisch seine Haupteigenschaft – als dessen alter ego
den mephistophelischen Nick Shadow zur Seite, dessen Vorname auf den
Teufel und dessen Nachname auf die Funktion des zweiten Ichs Toms
(Shadow = Schatten) verweist. Ferner fügte Auden das Kartenspiel hinzu,
das über Toms Ende (und Nicks Versagen) entscheidet. Schließlich erweisen sich die drei Wünsche Toms als bloße Chimären, ja als offener Betrug.
Sie verweisen ausdrücklich auf den Parabelcharakter der Handlung: Die
Protagonisten sind allesamt von zweifelhafter Moral gezeichnet und letztlich „synthetisch" gemeint. Züge Don Giovannis und Fausts vereinigen sich
in dem Titelhelden, von dem sogar Spuren zu Tschaikowskijs Hermann in
Pique Dame führen, die eigens eingeführte unerschütterliche Liebe verkörpert Anne Trulove – ihr Nachname plaudert es aus –, und in Nick greifen
Spuren des Bösen in Mephisto und Leporello und der Zynismus Jagos
ineinander. Der Auktionator Sellem (= sell them) ist bereits namentlich
ganz auf seine gesellschaftliche Funktion reduziert, die er denn auch mit
Aplomb in Szene setzt. Das Monstrum der „Türkenbaba" – gleichsam die
Glaubwürdigkeitslücke der Oper – gilt nur dem szenischen Effekt.
Das Problem der Librettisten bestand nun darin, den Mangel an Intrigen
und an logisch-diskursiver Substanz der Handlung – „in der Oper agieren
weniger reale Personen als vielmehr die Schatten der Hogarth-Stiche"

(Michail Druskin) – wirkungsvoll zu kompensieren. Nach altem Opernbrauch konzentrierten sie sich auf den schroff kontrastierenden Wechsel von Situationen, der zugleich der Musik die Möglichkeit zur Entfaltung bot. Der Text bringt genau die Diskontinuität zur Sprache, die Strawinsky für seine Musik brauchte. Diese Musik zehrt in erster Linie von dem schroffen Wechsel der Haltungen und Tonfälle, von dem, was Strawinsky als „musikalisches Gebärdenspiel" verstanden wissen wollte und zugleich als musikalisches Ambiente des englischen settecento. Die Secco-Rezitative – mitunter mit penetranten Kadenzen versehen – trennen nicht nur die musikalischen „Nummern" voneinander, sondern weisen dem Cembalo noch ganz andere Aufgaben zu: In der teuflischen Kartenspiel-Szene verbreitet es eine spinnwebartige Atmosphäre, die konstruktiv aufgefangen wird durch gezielte De-Komposition mit dem Mittel der Polytonalität. Überhaupt führt Strawinskys Gebrauch der – in seinen Ohren bereits verschlissenen – tonalen Spielmarken zu verblüffend neuen Klängen, besonders in der Irrenhaus-Szene. Mag auch Adorno einmal gespottet haben, Strawinskys (neoklassizistische) Musik verbeuge sich hämisch vor dem verdutzten Publikum, indem sie den Hut lüpfe und zeige, daß darunter nur ein Knauf sei – eines ist jedenfalls sicher: Sie ist schlauer, als man denkt. Die Szene in Bedlam wagt sich gefährlich nah an den Appell zum Mitleid, doch die scena ultima – bei erleuchtetem Theater und vor geschlossenem Vorhang – rückt das Theater als durchschaubare Versuchsanlage wieder zurecht. Nach alter Buffo-Manier treten die Protagonisten an die Rampe und erteilen uns den richtigen Bescheid: Es war nur ein Spiel, was wir sahen und hörten, aber ein hinterlistiges, denn es kann auf uns selber zurückschlagen.

Geschichte

Am 2. Mai 1947 besucht Igor Strawinsky eine Ausstellung englischer Malerei im Chicago Art Institute und sieht bei dieser Gelegenheit die Bilderserie *The rake's progress* von William Hogarth (1697–1764). Sofort faßt er den Plan, aus diesem Stoff eine abendfüllende Oper im Stil des 18. Jahrhunderts zu machen. In einem Brief an den Verleger Ralph Hawkes vom 26. September 1947 schlägt er als Librettisten Wystan Hugh Auden vor, der alsbald in das Vorhaben einwilligt. Einig sind sich Komponist und Librettist in der Ablehnung des Wagnerschen „Musikdramas" und wollen statt dessen eine in Versen abgefaßte Oper. Am 11. Dezember 1947 beginnt Strawinsky, nachdem die Handlung als Szenarium vorliegt, mit der Komposition des Vorspiels zur Friedhofsszene. Auden arbeitet inzwischen an dem Libretto. Für die Versifizierung hat er den Versspezialisten Chester Kallman herangezogen. (Strawinsky erfährt davon erst später.) Am 31. März 1948 übergibt Auden dem Komponisten den fertigen 3. Akt, und am 8. Mai 1948 beginnt Strawinsky mit der kontinuierlichen Arbeit an der Musik. Während der Komposition spricht er einmal von dieser Oper als „Mozart-like" und erwägt die Uraufführung in einem kleinen New Yorker Theater. Doch das ist aus finanziellen Gründen nicht realisierbar; die Uraufführung wird am 24. Januar 1951 für die Biennale in Venedig festgelegt. Die Partitur ist erst am 3. Mai desselben Jahres endgültig fertig. Die Uraufführung am 11. September im Teatro La Fenice ist eher ein gesellschaftliches als ein künstlerisches Ereignis. Der erhaltene Schallplattenmitschnitt gibt Zeugnis davon, daß die zu kurzfristige Einstudierung die Schwierigkeiten des Werkes offensichtlich unterschätzt hat. Die Leistungen der Sänger, abgesehen von Elisabeth Schwarzkopfs Darstellung der Anne, waren schlichtweg unzureichend, und die Inszenierung Carl Eberts drang erst gar nicht in die Tiefen der Handlung vor. Manche Kritiker sprachen der Oper sogar den Kunstcharakter ab. Inzwischen haben zahlreiche bedeutende Inszenierungen den Kunstcharakter des Werkes bestätigt, so etwa Ingmar Bergmans Stockholmer Aufführung (Premiere: 22. April 1961).

Dietmar Holland

Diskographische Empfehlung

1964 – London: Igor Strawinsky, The Sadler's Wells Opera Chorus, Royal Philharmonic Orchestra. Alexander Young (Tom Rakewell), Judith Raskin (Anne Trulove), Don Garrad (Trulove), John Reardon (Nick Shadow), Regina Sarfaty (Baba), Kevin Miller (Sellem). CBS 77 304

1983 – London: Riccardo Chailly, London Sinfonietta Chorus, London Sinfonietta. Philip Langridge (Tom Rakewell), Cathryn Pope (Anne Trulove), Stafford Dean (Trulove), Samuel Ramey (Nick Shadow), Sarah Walker (Baba), John Dobson (Sellem). Decca 411 644-1

KAROL SZYMANOWSKI

geb. 3. (15.) Oktober 1882 auf dem Gut Tymoszówka (Gouvernement Kiew)
gest. 29. März 1937 in Lausanne

Wollte man am Œuvre eines einzigen Komponisten die ganze Vielfalt der Strömungen aufzeigen, die um die Jahrhundertwende das Bild der europäischen Musikgeschichte geprägt haben, so eignet sich niemand besser dafür als Karol Szymanowski: Impressionismus und Expressionismus, Folklorismen, Orientalismen und archaische Rückgriffe auf die Frühzeit der abendländischen Tonkunst, Dur/Moll-Tonalität und chromatische Schichtungen bis zur Aufgabe jeglicher tonaler Bindung, formale Experimente und strenge Gesten, post-wagnerianische und prä-sericlle Klangwelten – all das findet sich in Szymanowskis Musik vereint; daß seine Tonsprache ungeachtet dieses Pluralismus überaus geschlossen und persönlich erscheint, läßt den Komponisten (nicht nur für die polnische Musikgeschichte) zu einem wichtigen Mittler zwischen Spätromantik und Moderne werden.

Das Bühnenschaffen Szymanowskis umfaßt fünf Werke: Den an Strauss' *Salome* orientierten Einakter *Hagith* (op. 25, 1912/13) nach einem deutschen Libretto von Felix Dörmann, das Ballett *Mandragora* (op. 43, 1920) zum 3. Akt von Molières *Bourgeois gentilhomme*, die Oper *König Roger*, die Bühnenmusik *Fürst Potemkin* (op. 51, 1925) zu dem gleichnamigen Schauspiel von Tadeusz Miciński und schließlich die für Serge Lifar komponierte Ballett-Pantomime *Harnasie* (op. 55, 1923–1931) für Tenor-Solo, Chor und Orchester.

Michael Stegemann

König Roger / Der Hirte (Król Roger/Pasterz)
Oper in drei Akten

<u>Text</u>: Jaroslaw Iwaszkiewicz und Karol Szymanowski
<u>Uraufführung</u>: 19. Juni 1926, Teatr Wielki (Großes Theater), Warschau

Personen: Roger II., König von Sizilien (Bar); Roxana (Sop); Edrisi, arabischer Gelehrter (Ten); Der Hirte (Ten); Erzbischof „Archiereios" (Baß); Diakonissin (Alt)
Chor: Priester; Mönche; Nonnen; Ministranten; Hofwürdenträger; Königliche Garde; Normannische Ritter; Junge Frauen und Männer
Ort und Zeit: Sizilien, im 12. Jahrhundert
Orchester: 3 Fl (3. auch Picc), 3 Ob (3. auch E. H.), 3 Kl, Bkl, 3 Fg (3. auch Kfg), 4 Hrn, 3 Trp, 4 Pos, Tba, Pkn, Schlgzg, 2 Hrf, Klav, Org, Streicher
Form: Durchkomponiert
Aufführungsdauer: Ca. 1 ¾ Stunden
Verlag: Universal Edition, Wien

Handlung

1. AKT: In der byzantinischen Kathedrale von Palermo. „Die letzten Strahlen der untergehenden Sonne und das Licht vieler Kerzen beleuchten die Kirche nur matt. Aus gedämpfter Helle scheinen hier und da das Gold der Mosaiken und die prächtigen Gewänder der Priester auf. Eine große Volksmenge füllt den Innenraum, gesenkten Hauptes knien unbeweglich dunkle Gestalten. Inmitten einer Gruppe von Nonnen hoch aufgerichtet die Diakonissin. Der Erzbischof, ganz in Gold gekleidet, steht unbeweglich am Altar. Zwischen den Säulen dicht gedrängt Geistliche und Ministranten. Die einzig sichtbare Bewegung ist das Schwingen silberner Weihrauchgefäße. Erst mit dem Eintritt des Königs kommt Leben in die Szenerie." (Szymanowski) Roger II. ist mit seiner Frau Roxana und seinem arabischen Berater Edrisi zum feierlichen Hochamt gekommen. Der Erzbischof und die Diakonissin fordern von ihm Schutz gegen einen Häretiker: Ein junger, außergewöhnlich schöner Hirte versuche, die Autorität der Kirche zu stürzen und eine unbekannte Gottheit auszurufen. Roxana und Edrisi raten Roger, nicht jetzt und hier sein Urteil zu fällen, sondern erst den Hirten anzuhören, den die aufgebrachte Volksmenge vorführt. Im Gespräch mit Roger hat es den Anschein, als gebe sich der Hirte als Christus aus — der Erzbischof verlangt für diese Blasphemie seinen Tod. Roger aber und auch Roxana und Edrisi sind tief beeindruckt von der Persönlichkeit und dem Auftreten des Hirten; gegen den erklärten Willen der Kirche bestellen sie ihn für die Nacht in ihren Palast, wo er sich dann dem Urteil des Königs unterwerfen soll.

2. AKT: Innenhof des Palastes. In Erwartung des Hirten unterhält sich Roger mit Edrisi und klagt ihm, daß er sich Roxana mehr und mehr entfremdet habe. Hinter der Bühne stimmt die Königin eine wehmütige Canzone an und fleht, Roger möge sich dem Hirten gnädig zeigen, den nun die Wache vorführt. Wieder gibt sich der Jüngling als von Gott gesandt aus, und der König verfällt mit seinem ganzen Hof seiner wunderbaren Ausstrahlung. Als Roxana und die Höflinge mit dem Hirten in einen tranceartigen Freudentanz verfallen, läßt Roger ihn zwar festbinden, doch mit einer leichten Bewegung streift der Hirte seine Fesseln ab und lädt den Hof ein, ihm in das Reich der Freiheit und Freude zu folgen. Alle außer Roger und Edrisi gehen ihm nach, als er leichten Fußes den Palast verläßt. Aber auch der König steht noch unter seinem Bann, legt seine Insignien ab und macht sich im Gewand eines Pilgers auf die Suche nach dem Hirten und Roxana; Edrisi begleitet ihn.

3. AKT: Die Ruinen des antiken Theaters von Syrakus. „Rechts gegen den Vordergrund der Bühne die aufsteigenden langen Reihen der steinernen Sitze, die bis zur halben Höhe der Bühne reichen; darüber die Tiefe des Himmels. Ein leichter Rauch sowie Blumen und Kränze lassen erkennen, daß hier kürzlich ein Opfer dargebracht wurde." Roger und Edrisi sind am Ziel ihrer Wanderung angelangt; mit lauter Stimme ruft der König nach Roxana, die ihm aus weiter Ferne antwortet. Bald darauf erscheint sie selbst und erklärt, nur die Lehre des Hirten, der sie absoluten Glauben schenke, könne Roger von allen Sorgen erlösen. Gemeinsam mit Roxana entzündet der König ein hoch aufloderndes Opferfeuer, in dessen Schein nun der Hirte in seiner eigentlichen Gestalt das Amphitheater betritt – als Dionysos, Gott der Schönheit, Sinneslust und Freiheit. Auch Roger ist nun überzeugt und begrüßt mit einer Hymne das Licht der aufgehenden Sonne.

Kommentar

„Die flüchtige sizilianische Skizze, die Du mir geschickt hast, hat mich auf Anhieb durch ihre eigentümliche Nähe begeistert", bedankte sich Szymanowski am 18. August 1918 bei Jaroslaw Iwaszkiewicz für den ersten Entwurf des Librettos von *König Roger*. „Sie wurde sozusagen zur Offenbarung eines eigenen Geheimnisses!" Im Juni 1920 war das Libretto fertig, wurde aber vom Komponisten selbst noch einmal überarbeitet. Im Winter 1921 begann Szymanowski mit der Niederschrift der Partitur, die er am 12. August 1924 beendete.

Der Stoff, nach dem Szymanowski und Iwaszkiewicz lange gesucht hatten, geht nur in den Personen König Rogers II., der von 1130 bis 1154 über Sizilien regierte, und seines Beraters Abu Abdullah Mohammed esch scherîf al-Edrisi (1099–1164) auf historische Fakten zurück; die Handlung bezieht sich zwar auf zeittypische Gegebenheiten, ist aber als solche fiktiv. Sie entsprach freilich aufs beste der Neigung des Komponisten für die kulturhistorischen Schnittpunkte zwischen Orient und Okzident. Auf seinen Reisen nach Italien, Sizilien und Nordafrika (1911 und 1914) war er der Faszination dieser Länder erlegen und hatte reiches Material gesammelt, das im *König Roger*, aber auch in zahlreichen anderen Werken seinen Niederschlag fand: vor allem in den *Liebesliedern des Hafis* (op. 26), in der dritten Sinfonie, *Das Lied der Nacht* (op. 27), und in dem – leider verschollenen – Romanfragment *Ephesos*, an dem Szymanowski parallel zu den ersten Entwürfen der Oper arbeitete. Seiner Gattung nach steht *König Roger* im geheimnisvollen „Niemandsland" zwischen Oper, Oratorium und Mysterienspiel, darin nicht unähnlich Werken wie Strawinskys *Oedipus Rex*, Honeggers *Jeanne d'Arc au bûcher* oder Schönbergs *Moses und Aron*. So nehmen auch der Chor (im 1. Akt) und das Ballett (im 2. Akt) einen großen Raum ein. In den drei Akten der Oper hat Szymanowski – zum Teil nach authentischem Musik-Material – drei unterschiedliche Kulturkreise eingefangen: den Byzantinismus, den arabisch-indischen Orient und die griechisch-römische Antike. Dabei ist es weniger der Konflikt zwischen Christentum und heidnischem Kult (wie er sich im 1. Akt abzeichnet), der das Zentralmotiv der Handlung ausmacht, sondern die Verschmelzung von „dionysischem" und „apollinischem" Prinzip: „Eine religionsphilosophische Anschauung, in der pantheistischer Mystizismus des Ostens, Hellenismus und Christentum einander durchdringen" (Zofia Helman).

Geschichte

Nach der erfolgreichen Warschauer Uraufführung fanden 1928 in Duisburg und 1932 in Prag die nächsten Inszenierungen von *König Roger* statt; einen besonderen Reiz dürfte die Aufführung in Palermo – am Ort des Geschehens selbst – gehabt haben, die 1949 im Rahmen des Festivals der „Internationalen Gesellschaft für Neue Musik" ausgerichtet wurde. 1965 wurde das wieder aufgebaute Große Theater von Warschau mit Szymanowskis Oper eingeweiht, im Mai 1975 dirigierte Charles Mackerras am Sadler's Wells Theatre in London die englische Erstaufführung. Aber auch wenn *König Roger* nicht wirklich zu einem Repertoirestück der großen

Bühnen der Welt wurde, ist sie doch eine der faszinierendsten musikdramatischen Schöpfungen zwischen den beiden Weltkriegen.

Michael Stegemann

Diskographische Empfehlung

1966 – Warschau: Mieczyoslaw Mierzeyewski, Chor und Orchester des Staatlichen Opernhauses Warschau, Andrzej Hiolski (König Roger), Hanna Rumowska (Roxana), Zdzislaw Nikodem (Erdisi), Marek Dabrowski (Erzbischof). Maza-Polski Nagrania, XL 0250/51

ZOLTÁN KODÁLY

geb. 16. Dezember 1882 in Kecskemét
gest. 6. März 1967 in Budapest

Zoltán Kodály hat keine Opern im engeren Sinn komponiert. In seinen beiden vollendeten Bühnenwerken *Háry János* (Budapest 1926) und *Székely fónó* (Budapest 1932) versuchte er vielmehr, das ursprüngliche, von ihm selbst (gemeinsam mit Béla Bartók) wissenschaftlich erforschte und gesammelte ungarische Volkslied möglichst unverfälscht auf die Bühne zu bringen. Beide Werke sowie auch der unvollendete Nachzügler *Czinka Panna* (Budapest 1948) enthalten daher keine originären Kompositionen aus Kodálys eigener Erfindung, sondern stellen mehr oder weniger behutsame Arrangements bzw. Instrumentationen des in der dörflichen Kultur Ungarns und Transsilvaniens unversehrt am Leben gebliebenen Fundus von Liedern und Tänzen dar, die Kodály in allen drei Fällen in fiktive Spielhandlungen nummernartig einstreute. Kodálys vielfältige Aktivitäten als Forscher, Pädagoge, Publizist und Komponist dienten dem einen Ziel, den lebendigen Nährboden der ungarischen Kultur, den für ihn das bäuerliche Volkslied bildete, auch in der städtischen Hochkultur, also vor allem in Budapest, zu etablieren. „Seine Musik ist ein Glaubensbekenntnis an den ungarischen Geist", schrieb sein langjähriger Weggefährte Béla Bartók: „Eine äußere Erklärung dafür ist, daß die Tätigkeit Kodálys als Komponist ganz besonders im Nährboden der ungarischen Volksmusik verwurzelt ist, die innere Ursache aber ist Kodálys unerschütterlicher Glaube an die aufbauende schöpferische Kraft seines Volkes und sein Vertrauen in die Zukunft." So kamen für Kodály auch herkömmliche Opernstoffe nicht in Frage. Die Bauern, die er auf der Bühne zum Leben erweckte, konnten sich nur in ihrer eigenen Sprache, der Sprache des Volksliedes, äußern und verständlich machen. Diese strikte, auf Authentizität zielende Konzeption befreite Kodály weitgehend von Formproblemen. Die Grundform seines Musiktheaters war durch die kurze, stabile, abgeschlossene Form des vierzeiligen Volksliedes vorgegeben. Das Bühnengeschehen basierte auf dem gesprochenen Dialog. An einer speziellen Opernreform, etwa der Weiterentwicklung des natürlichen

Sprechtonfalls, war Kodály nicht interessiert. Er suchte lediglich nach einem für das Volkslied passenden stofflich-szenischen Rahmen. Das *Háry-János*-Libretto war hierfür glänzend geeignet. *Die Spinnstube* komponierte er bereits ohne literarische Vorlage. Er erfand die ganz in den bäuerlichen Bräuchen verankerte Fabel selbst und verzichtete weitgehend auf opernspezifische dramatische Effekte. Auch wenn Zoltán Kodálys Bühnenwerke bislang nicht die Grenzen des eigenen Sprachraums überwinden konnten, zählt seine Konzeption des Musiktheaters zu den radikalsten Lösungen in diesem Jahrhundert. *Attila Csampai*

Háry János – Seine Abenteuer von Groß-Abony bis zur Wiener Hofburg
Singspiel in vier Abenteuern mit Vorspiel und Nachspiel

Text: Béla Paulini und Zsolt Harsányi
Uraufführung: 16. Oktober 1926, Ungarische Staatsoper, Budapest
Personen: Háry János (Bar); Örzse, seine Verlobte (Mez); Die Kaiserin (Sop); Napoleon (Bar); Marie-Luise, Gattin Napoleons (Mez); Marci, Kutscher bei Marie-Luise (Baß); Ebelastin (Ten)
Sprechrollen: Kaiser Franz; General Kruzifix; General Dufla; Gräfin Melusina; Baronin Estrella; Ungarische Schildwache; Russische Schildwache; Das Mütterchen; Erster Husar; Zweiter Husar; Dritter Husar; Erster Artillerist; Zweiter Artillerist; Lakai; Die Wache; Hofmeister; Der Dorfschulze; Der Student; Der Wirt; Erster Bauer; Zweiter Bauer
Chor: Ruthenische Mädchen; Ungarische und französische Soldaten; Hofdamen und Kammerfrauen am Wiener Hof; Kleine Herzöge und Prinzen; Ungarische Bauern
Ort und Zeit: Nagyabony (ung. Dorf), russisch-ungarische Grenze, Garten der Hofburg in Wien, ein Schlachtfeld vor Mailand, Zimmer in der Wiener Hofburg; zur Zeit der napoleonischen Kriege
Orchester: 3 Fl, 2 Ob, 2 Kl, 2 Fg, 4 Hrn, 3 Trp, 3 Ventilkornett, 3 Pos, Tba, Pkn, Schlgzg, Zimbal, Klav, Cel, Streicher
Form: Singspiel (31 Musiknummern) mit gesprochenen Dialogen
Aufführungsdauer: Ca. 2½ Stunden
Verlag: Universal Edition, Wien

Handlung

VORSPIEL: In der Schenke von Groß-Abony, einem ungarischen Dorf, sitzen die Bauern beim Dämmerschoppen und lauschen den Erzählungen des alten Veteranen Háry János. Sie wissen zwar, daß keine seiner Geschichten wirklich ganz wahr ist, aber sie hören ihm immer wieder gern zu. An diesem Abend nun kommt Háry János auf jene Abenteuer zu sprechen, die er zu Zeiten Napoleons erlebt hat und die, genaugenommen, ein neues Licht auf die Geschichte werfen.

ERSTES ABENTEUER: Die russisch-ungarische Grenze trennt zwei Welten voneinander. Auf der russischen Seite herrscht grimmiger Winter, und die dortige Schildwache, ein furchterregender Kosake, ist in einen dicken Pelz gehüllt. Auf der ungarischen Seite jedoch scheint die Sonne. Ein Husar, der dort seinen Dienst versieht, räkelt sich in der wohligen Wärme und spielt die Flöte, um sich die Zeit zu vertreiben. Auch an diesem Tage herrscht ein reges Kommen und Gehen, gleichwohl anders als sonst: Der Kosak ist nämlich schlecht gelaunt und schickt alle, die nach Ungarn wollen, mit einer geradezu grotesken Begründung wieder zurück. Auf der ungarischen Seite aber geht es lustig zu: Eine Schar ruthenischer Mädchen singt ein fröhliches Lied. Unter ihnen weilt auch Örzse, die Braut von Háry János, der ebenfalls an der Grenze seinen Dienst tut. Plötzlich erscheint eine elegante Kutsche und möchte die Grenze nach Ungarn passieren. Wieder winkt der Kosak ab. Doch diesmal ist die Situation anders: denn in der Kutsche sitzt nicht irgend jemand, sondern eine hochgestellte Persönlichkeit, Marie-Luise, die Tochter des österreichischen Kaisers und Gemahlin Napoleons. Háry János wird herbeigerufen, denn er ist dafür bekannt, daß er keine Furcht kennt. Als sich der Kosak weiterhin weigert, Marie-Luise passieren zu lassen, und sich lediglich bereit erklärt, bei seinem Ministerium anzufragen, löst Háry János das Problem auf ganz einfache Weise, indem er nämlich das gemeinsame Grenzerhäuschen samt Schlagbaum auf ungarisches Gebiet zieht. Marie-Luise ist über Hárys Mut und Kraft erstaunt, ja mehr noch, sie beginnt ihn zu bewundern und glaubt, solch ein Husar sei in Wien viel besser aufgehoben als auf diesem einsamen Posten an der ungarisch-russischen Grenze. Sie fordert ihn auf, in die Kutsche einzusteigen. Da Háry sich nicht von Örzse trennen will, darf schließlich auch Örzse mitfahren; für sie wird sich mit Sicherheit eine Tätigkeit bei Hofe finden.

ZWEITES ABENTEUER: Marie-Luise ist inzwischen mit ihren ungarischen Untertanen in Wien angekommen. Es kann kaum einen Zweifel daran geben, daß sie auf dem Wege ist, sich in Háry János zu verlieben. Doch Graf Bombazine aus ihrem Gefolge hat ein Auge auf die Gemahlin seines Herrn geworfen und beginnt, Háry János argwöhnisch zu beobachten. Um den Husaren vor Marie-Luise lächerlich zu machen, überredet er ihn, einen wilden Hengst mit Namen Luzifer zu besteigen. Bombazines Rechnung geht nicht auf. Das Pferd springt zwar mit einem gewaltigen Satz auf ein Dach und beginnt dort einen wilden Tanz aufzuführen, doch Háry läßt sich nicht abwerfen. Dieses Ereignis spricht sich schnell herum, und ganz Wien möchte den mutigen Husaren aus Groß-Abony sehen. Sogar die alte Kaiserin lädt János zu einem Glas Tokajer ein. Bombazine versucht nun auf andere Weise, seinen Nebenbuhler auszustechen. Er macht sich an Örzse heran, um bei ihr Zweifel an der Treue ihres Geliebten zu wecken, doch vergebens. Örzse läßt ihn stehen und wendet sich erneut den Hühnern zu, um sie zu füttern. Nun greift Bombazine, außer sich vor Wut, zu seiner letzten Waffe: Er schreibt einen Brief an Napoleon und bittet ihn, mit seiner Armee gegen Österreich zu marschieren.

Der Krieg ist ausgebrochen, und am Kaiserhof in Wien geht es hektisch zu. Die Franzosen rücken vor, keiner vermag sie aufzuhalten. Nur Háry János, so glaubt man bei Hofe, ist jetzt noch in der Lage, Österreich zu retten, und sofort beschließt man, ihn zum Oberst zu befördern.

DRITTES ABENTEUER: Vor den Toren Mailands hat die Schlacht begonnen. Die französischen Grenadiere setzen sich in Marsch, doch sie werden von Háry János und seinen tapferen Husaren in die Flucht geschlagen. Napoleon selbst begibt sich zu Háry; er fällt vor ihm auf die Knie und bittet um Gnade. Háry diktiert ihm den Frieden und Napoleon nimmt alle Bedingungen an. Marie-Luise, die Zeugin der Niederlage Napoleons geworden ist, wendet sich von ihm ab; ihr ganzes Interesse gilt nur noch Háry János. Um sein Herz zu gewinnen, läßt sie ein Fest ausrichten. Doch zunächst gilt es, Graf Bombazine zu strafen, weil er es war, der den Krieg angezettelt hat. Bombazine fleht um Gnade, und Háry János begnügt sich, ihn lediglich ein wenig seinen Säbel auf dem Allerwertesten spüren zu lassen. Bevor er sich nach Wien aufmacht, verabschiedet er sich von seinen Husaren.

VIERTES ABENTEUER: Im kaiserlichen Palast zu Wien wird für Háry János ein prächtiges Zimmer hergerichtet, um den Sieger von Mailand würdig unterzubringen. Inzwischen spricht Marie-Luise mit ihrer Mutter über ihre Zukunft. Nach der Trennung von Napoleon muß nun ein neuer Mann für sie gefunden werden. Beide gehen alle möglichen Kandidaten durch, doch am Ende kommt nur einer in Frage: Háry János. Nachdem nun die Wahl getroffen ist, begrüßen beide den Kaiser, der mit Háry János und seinem Hofstaat erschienen ist; gemeinsam begibt man sich zur Tafel. Zwei kleine Prinzen treten auf und führen zu Ehren Hárys ihre Künste vor. Dann ergreift der Kaiser das Wort. Er dankt Háry János für seine Taten, befördert ihn zum Feldmarschall und ernennt ihn zum Erzherzog. Schließlich verkündet er die bevorstehende Heirat seiner Tochter Marie-Luise mit Háry János. Doch zur allgemeinen Überraschung erklärt Háry, das sei zuviel der Ehre, er habe nur einen Wunsch, nämlich den Soldatenrock an den Nagel zu hängen und nach Groß-Abony zurückzukehren, um seine langjährige Braut Örzse endlich heiraten zu können. Der Kaiser erfüllt ihm den Wunsch und entläßt ihn. Háry János verabschiedet sich von seinem Herrn mit der Versicherung seiner Loyalität, bittet ihn aber, sein Land und seine Brüder nicht länger zu unterdrücken. Dann kehren sie nach Groß-Abony zurück: Háry János und Örzse, die für viele Jahre seine Frau sein sollte. So endete das letzte Abenteuer des tapferen Husaren Háry János.

NACHSPIEL: Háry hat seine Erzählung für heute beendet. Der Dorfschulze fragt, wo die goldene Uhr geblieben sei, die Napoleon ihm, als Teil der Kapitulation, schicken sollte. Háry ist entsetzt, daß Napoleon dieses Versprechen nicht gehalten hat, so könne er, Háry, nicht einmal beweisen, daß seine Erzählungen auf der Wahrheit beruhten. Und Örzse, seine geliebte Frau, sei doch schon längst tot. Doch ein Student macht Háry Mut: Einen größeren Helden, als Onkel Háry es war, gebe es nicht auf der Welt.

Kommentar

Zoltán Kodálys zentrales Bühnenwerk über den ungarischen Volkshelden *Háry János* – er ist die Inkarnation des typischen ungarischen Märchenerzählers und Phantasten – ist strenggenommen keine Oper. Es ist ein szenisch-dramatischer Bilderbogen der ungarischen Lebensart, der Mentalität, der Volksseele der Magyaren und enthält kein Stück Musik aus Kodálys eigener Erfindung, sondern nur originäres musikalisches Volksgut, also Volkslieder, Tänze, Werbungsmusik und szenische Stimmungsmalerei, die Kodály behutsam und feinfühlig für ein großes Opernorchester aufarbeitete, instrumentierte und harmonisierte. So schuf er – wohl etwas verspätet – das erste und bedeutendste Beispiel eines ungarischen National-Singspiels, das aus der klassizistischen Distanz der späten 20er Jahre unseres Jahrhunderts einen wehmütig-freundlichen Blick zurück auf die guten alten Zeiten der habsburgischen Monarchie zu Beginn des 19. Jahrhunderts wirft. Man mag darin eine späte Replik auf Mozarts *Entführung* aus der gen Westen gerichteten Perspektive eines ungarischen Intellektuellen mit ausgeprägtem „Lehrstück"-Charakter erblicken, aber Kodály dürfte wohl auch die unsäglichen Ungarn-Klischees der Wiener und Budapester Operette vor Augen gehabt haben und überhaupt die kulturelle Vorherrschaft und Überheblichkeit des habsburgischen Wien, das sich nie für die bodenständige ungarische Kultur interessiert hat. Hier wird einmal aus der Sicht eines listigen ungarischen Bauern und Veteranen die ach so ruhmreiche Geschichte der mächtigen Österreicher und Franzosen zur Zeit des großen Bonaparte kräftig durch den Kakao gezogen und doch wieder in eine liebenswürdige, sanft ironische Märchenhandlung verpackt, die letztendlich auch Gnade walten läßt mit den großen Eroberern und erlauchten Fürsten Europas. Doch sollte man sich davor hüten, in den liebevoll musikalisch garnierten Abenteuern des mutigen Huszárs Háry nur Lügengeschichten der Art Münchhausens oder die Prahlsucht eines *miles gloriosus* zu sehen, dies würde, wie Kodály selbst in einem Interview anläßlich der Budapester Uraufführung unterstrich, den Charakter seines Helden nicht genau treffen: „Háry ist viel mehr als eine würzige Genrefigur, mehr als ein ungarischer *miles gloriosus:* Er ist die verkörperte ungarische Phantasie, die Phantasie, die Märchen erschafft. Er lügt nicht, er erzählt vielmehr Märchen: Er ist ein Dichter. Was er erzählt, ist niemals geschehen, doch hat er es erlebt, somit ist es also wahr, ja wahrhaftiger als die Wirklichkeit.

Etwas derartiges sollte auch in der Musik zum Ausdruck kommen; wie weit mir das gelungen ist, weiß ich nicht. Doch ich weiß, daß die Lieder der Darstellenden gut sind. Alle stammen aus der Volkstradition – man braucht nur ein oder zwei Stunden zu fahren, um sie auch heute noch auf dem Dorf zu hören. Sie sind besser als jede individuelle Lyrik geeignet, durch den Mund der Darsteller mit der Kraft ‚lyrischer Glaubwürdigkeit' zu wirken. Sie sind Perlen, nur die Fassung stammt von mir. Ich war bestrebt, diese ihrer würdig zu gestalten. Meines Wissens erklingen damit zum erstenmal Lieder des ungarischen Volkes auf der Bühne des Opernhauses. Ich wünschte, es würden aus ihrer Saat ein wenig Lieder für die ärmsten Kinder eines armen Landes sprießen." (In: Zoltán Kodály, Wege zur Musik. Budapest 1983)

Geschichte

Das Libretto zu *Háry János* basiert auf dem humoristischen Vers-epos *Der verabschiedete Soldat* des ungarischen Dichters János Garay (1812–1853). Die Dichtung war bis ins 20. Jahrhundert in Ungarn allge-mein bekannt und hinterließ ihre Spuren etwa auch in Petöfis *János vitéz*. Bei Garay ist *Háry* noch ganz der phantasierende Aufschneider nach dem Vorbild des Plautusschen *miles*. Die Idee, Garays Epos zu dramatisieren, ging von den beiden späteren Librettisten Béla Paulini (1881–1945), einem angesehenen Journalisten und Karikaturisten, und dem Romancier und Boulevard-Autor Zsolt Harsányi (1887–1943) aus: Sie boten 1925 ihre Arbeit von sich aus Kodály zur Vertonung an, und zwar zunächst als einakti-ges Theaterstück mit Musikeinlagen. Bald aber entschied man sich für eine abendfüllende Version. Die Komposition entstand zwischen März 1925 und April 1926. Am 5. Mai übergab Kodály die fertige Partitur der Direktion des Budapester Opernhauses. Die Uraufführung fand am 16. Oktober 1926 statt unter der musikalischen Leitung von Nándor Rékai. In den Hauptrol-len waren Imre Palló (Háry), Izabella Nagy (Örzse) und János Körmendy (Marci) zu hören. Das Publikum war begeistert. Am selben Abend ließ Kodály verlauten, daß das Stück „noch nicht fertig" sei. Er komponierte zusätzlich drei neue Stücke und eine umfangreiche Ouvertüre, die er später wieder abkoppelte und als eigenständiges Werk *(Theater-Ouvertüre)* be-trachtete. Auf Anraten Bartóks entstand auch eine fünfteilige Orchester-suite nach Instrumentalstücken der Oper, die später vor allem im Ausland bekannter wurde als die Oper. In der neuen Form kam das Singspiel erstmals am 10. Januar 1928 auf die Bühne der ungarischen Staatsoper und wurde dort, von Zeit zu Zeit vom Komponisten mit kleinen Änderungen versehen, bis heute mehrere hundert Male aufgeführt. Außerhalb Ungarns hatte das Werk dagegen nur sehr spärliche Erfolge zu verzeichnen. Die deutsche Erstaufführung fand 1931 in Köln statt, New York und London brachten *Háry János* 1960 bzw. 1967 in englischsprachigen Versionen her-aus, und schließlich feierte das Werk im Jahr 1973 an der Ostberliner Komischen Oper einen Achtungserfolg, den es der einfühlsamen neuen deutschen Übersetzung von Walter Felsenstein (der auch die Inszenierung besorgte) zu verdanken hatte. Eine originelle, skurril-parodistische eng-lischsprachige Einrichtung der Dialoge nahm Peter Ustinov für die erste Schallplattenproduktion der Oper außerhalb Ungarns vor, wobei Ustinov selber als Erzähler sowie als parodistischer Gestalter sämtlicher vierzehn Hauptrollen der Oper auftrat. István Kertész war der Dirigent dieser mit dem London Symphony Orchestra und ungarischen Sängern erarbeiteten Produktion. Die erste vollständige Gesamtaufnahme des *Háry János* wurde 1982 in Budapest unter János Ferencsiks Leitung produziert.

Attila Csampai

Diskographische Empfehlung

1968 – London: István Kertész, Edinburgh Festival Chorus, Wandsworth School Boys' Choir, London Symphony Orchestra. György Mélis (Háry, Napoleon), Erzsébet Komlóssy (Örzse), László Palócz (Marczi), Zsolt Bende (Bombazine), Olga Szönyi (Marie-Luise), Margit László (Kaiserin), Peter Ustinov (Dialoge). Decca, SET 399-400

1982 – Budapest: János Ferencsik, Chor und Orchester der Ungarischen Staatsoper. Sándor Sólyom Nagy (Háry János), Klára Takács (Örzse), József Gregor (Marczi), Sándor Palcsó (Ebelastin), Balázs Póka (Napoleon), Katalin Mészöly (Marie-Luise), Mária Sudlik (Kaiserin). Hungaroton, SLPX 12187-89

ALBAN BERG

geb. 9. Februar 1885 in Wien
gest. 23. Dezember 1935 in Wien

Als Alban Berg beschloß, Georg Büchners soeben uraufgeführtes Dramenfragment *Woyzeck* als Stoff für eine Oper
zu wählen, riet ihm sein einstiger Lehrer Arnold Schönberg mit den Worten von dem Projekt ab, die Oper solle sich lieber mit
Engeln als mit Offiziersdienern beschäftigen. Doch Berg wollte gerade die
zur idealisierenden Überschreitung der Realität neigende Opernform zum
Medium des armen, leidenden Menschen machen, der dem Räderwerk
einer zynischen Umgebung ausgesetzt ist und dem keine falsche Transzendenz mehr vorgegaukelt werden kann. Was Schönberg an dem Vorhaben
gestört haben mochte, waren die – seiner Meinung nach – musikfremden
Alltagssituationen, doch Berg fühlte sich gerade durch sie musikalisch
herausgefordert, Töne zu finden für die Qualen eines schutzlosen Menschen und für die Fratzen seines gesellschaftlichen Umfeldes. Ihm gelang
damit der operngeschichtlich entscheidende Schritt hin zu einem Werk,
„selbst konzipiert wie Wozzecks Gesichte auf dem Feld" (Adorno), in dem
der Abgrund, der sich in Webers *Freischütz* zum ersten Mal geöffnet hatte,
in aller Konsequenz hörbar wurde. Damit kehrte Berg – wenn auch nicht
dramaturgisch – der Oper des 19. Jahrhunderts, auch Wagner, ideologisch
den Rücken. Die Angst, die Schönberg in seiner *Erwartung*, deren Musik
stark auf die des *Wozzeck* eingewirkt hat (insbesondere die Naturvisionen),
zum ersten Mal thematisierte, bestimmt auch die musikalische Atmosphäre
des *Wozzeck*; nicht umsonst heißt es dort: „Hörst du, es wandert was mit uns
da unten." Dies hörbar zu machen, dazu ist Bergs Musik da.
Die Spannung zwischen Naturalismus und Visionärem, die auch den Text
Büchners beherrscht, zwang Berg zu einer radikal neuen Operndramaturgie, die nichts Geringeres versucht, als die Errungenschaften der Formen-
strenge Mozarts mit dem dramatischen Gestus Wagners zu verbinden.
Bergs Musik stellte sich der Dialektik, dem Drama zu dienen und zugleich
die Autonomie zu bewahren, und zwar in der Weise, daß bereits die Musik
„alles, was dieses Drama zur Umsetzung in die Wirklichkeit der Bretter

bedarf, aus sich allein herausholt, damit schon vom Komponisten alle
wesentlichen Aufgaben eines idealen Regisseurs fordernd" (Berg). Die
Komponierbarkeit seiner ausgewählten Texte – nach Büchners *Woyzeck*
waren das noch die beiden *Lulu*-Dramen Frank Wedekinds – lag für Berg
nicht mehr in dem Transformationsprozeß der Librettistik begründet, sondern war – umgekehrt – aus den Bedingungen des literarischen Textes
heraus zu entwickeln. So kam Berg auf die ingeniöse Idee, seine musikalischen Formen und die Elemente seiner Musiksprache aus dem Text
gewissermaßen herauszulesen, ohne dabei die musikalischen Eigenbedürf-
nisse zu mißachten. Ihm gelang so etwas wie die dramaturgische Quadratur
des Kreises: eine konsistente musikalische Struktur, deren Sinnfälligkeit
vom literarischen Text abgestützt wurde. Das Verfahren, als Komponist die
„Aufgaben eines idealen Regisseurs" zu erfüllen, erfährt in der Partitur der
Wedekind-Oper *Lulu* womöglich noch eine Steigerung, etwa in der slap-
stickartigen „scène à faire" des 2. Aktes, bei der sämtliche pantomimischen
Aktionen auf der Bühne bis hin zu den fünf Schüssen, die Lulu auf Dr.
Schön abfeuert, minutiös im Orchestergewebe festgelegt sind; die „choreographische" Funktion des Orchesters schreibt gewissermaßen der Bühne
den Aktionsradius vor, nicht umgekehrt. Schon im *Wozzeck* kam Berg
anläßlich der zweiten Wirtshausszene, in der Wozzeck, der Mörder, von der
Gesellschaft gestellt wird, auf die Idee, die bedrohliche Mechanik des
szenischen Ablaufs mit einer manisch fixierten rhythmischen Struktur zu
verknüpfen, aus deren lückenlosem Zusammenhang es kein Entrinnen
gibt; ähnlich verfuhr er in Dr. Schöns brutalem Aufklärungsgespräch mit
dem Maler, in der sogenannten „Monoritmica" der *Lulu*-Partitur, einem
musikalischen Würgegriff auf der Basis des für die gesamte Oper gültigen
Schicksals-Rhythmus, einer Art stockendem Herzschlag. Die Wirkung dieser „Monoritmica" wird noch erhöht durch das Verfahren der allmählichen
Tempobeschleunigung im ersten und der Tempoabnahme im zweiten Teil.
Solche Strukturen führen ins Zentrum der Musikdramaturgie Bergs. Wie
subtil er andernorts verfuhr, mag schließlich der Beginn des *Wozzeck* belegen, der einmal mehr zeigt, daß in Bergs Operndramaturgie jedes kleinste
Detail durchdacht ist: „Der Wirbel" – mit dem die Oper anfängt – „hatte
ursprünglich nur den Zweck, das Crescendo zwischen den beiden (ersten)
Takten deutlicher zu markieren (...) Als ich die Stelle aber zum ersten Male
hörte, erfuhr ich zu meiner größten Überraschung, daß ich das militärische
Milieu dieses Stückes nicht prägnanter hätte andeuten können."

Dietmar Holland

Wozzeck
Oper in drei Akten und 15 Szenen

Text: Alban Berg, nach dem Dramenfragment *Woyzeck* von Georg
Büchner
Uraufführung: 14. Dezember 1925, Staatsoper Unter den Linden,
Berlin
Personen: Wozzeck (Bar und Sprechstimme); Tambourmajor
(Ten); Andres (Ten und Sprechstimme); Hauptmann (Ten); Doktor
(Baß); Erster Handwerksbursche (Baß und Sprechstimme); Zwei-
ter Handwerksbursche (Bar, evtl. auch Ten); Der Narr (Ten); Marie
(Sop); Margret (Alt); Mariens Knabe
Chor: Soldaten und Burschen; Mägde und Dirnen; Kinder
Ort und Zeit: Eine deutsche Stadt mit Militär und Universität, um
1820
Orchester: 4 Fl (auch Picc), 4 Ob (4. auch E. H.), 4 Kl in B (1. auch
in A, 3. und 4. auch in Es), Bkl, 3 Fg, Kfg, 4 Hrn, 4 Trp, 4 Pos,
Kbtba, Pkn, Bck (1 Paar, 1 freihängendes und ein an der großen
Trommel befestigtes), GrTr, KlTr, Rute, großes (sehr tiefes) Tam-
Tam, kleines (sehr hohes) TamTam, Trgl, Xylophon, Cel, Hrf,
Streicher
Auf der Bühne: Mehrere KlTr; Militärmusik: Picc, 2 Fl, 2 Ob, 2 Kl,
2 Fg, 2 Hrn, 2 Trp, 3 Pos, Kbtba, GrTr mit Bck, KlTr, Trgl;
Heurigen-(Wirtshaus-)Musik: 2 Fiedeln (um einen ganzen Ton
höher gestimmte Geigen), Kl, Ziehharmonika bzw. Akkordeon,
Gitarre, Bombardon bzw. Btba, Piano
Möglichst abgesondert vom großen Orchester: Ein Kammer-
orchester in der Besetzung von Arnold Schönbergs Kammersinfo-
nie: Fl (auch Picc), Ob, E. H., 2 Kl, Bkl, Fg, Kfg, 2 Hrn, Solostreich-
quartett (2 Violinen, Viola, Violoncello, Kontrabaß)
Form: Durchkomponiert, jedoch unter Verwendung abgeschlosse-
ner musikalischer Formen
Aufführungsdauer: 1 ½ Stunden
Verlag: Universal Edition, Wien

Handlung

1. AKT: Wozzeck in seinen verschiedenen sozialen und menschlichen Abhängigkeiten. Jeden Morgen muß er den gleichermaßen dummen
wie dünkelhaften Hauptmann rasieren. Für die Probleme des einfachen
Soldaten aus dem Armeleutemilieu hat dieser Vorgesetzte auch an leutseli-
gen Tagen keinerlei Verständnis. Aber auch der Freund Andres begreift die
Lebensangst und Unsicherheit Wozzecks kaum. Während dieser sich von
Gespenstern umgeben glaubt, singt Andres muntere Lieder. Beim Doktor
ergeht es Wozzeck noch weitaus schlimmer als beim Hauptmann. Für den
Arzt ist er kein Mensch, sondern ein „casus". Er wird für absurde Experi-
mente mißbraucht und muß eine unmögliche Diät einhalten. Je verstörter
Wozzeck wird, desto vergnügter der Doktor. Kein Wunder also, daß der so
Gequälte selbst beim Zusammensein mit seiner Lebensgefährtin nicht zu-
rechtkommt. Voller Liebe sorgt Wozzeck für Marie und ihr gemeinsames
Kind. Alles Geld bringt er nach Hause. Aber für Zärtlichkeit bleibt in ihrem
Leben kein Platz. So kann sich denn auch Marie auf Dauer der Anziehungskraft des als Ausbund männlicher Schönheit paradierenden Tambourmajors nicht entziehen. Als Wozzeck wieder einmal verstört von Marie
fortläuft, widersteht sie nicht lange. Der ebenso starke wie brutal auftretende Tambourmajor kommt abends am Hause Maries vorbei und drängt
sie in die dunkle Hütte.

2. AKT: Marie vor dem Spiegel. Sie betrachtet sich im Glanz des
Schmuckes, den der Tambourmajor ihr geschenkt hat. Wozzeck, der unbemerkt eingetreten ist, beobachtet sie argwöhnisch. Sein Verdacht wird
bestätigt, als er auf der Straße den Hauptmann und den Doktor trifft. Die
beiden, die gerade noch damit beschäftigt waren, boshaft, aber wohlerzo-
gen gegeneinander zu sticheln, finden in Wozzeck ein willkommenes gemeinsames Opfer ihres Spotts. Sie fragen nach Haaren eines Tambourmajors in Wozzecks Suppe. Oder gibt es gar fremde Haare auf einem Paar
Lippen? Als Wozzeck später Marie trifft, dringt er verzweifelt auf sie ein.
Aber Marie reißt sich wütend von ihm los. In der Schenke kann der Betrogene dann die derbe Lust im Tanz Maries mit dem Tambourmajor selbst
mitansehen. Und nun entsteht in Wozzeck ein Gedanke. Als er spät
abends in der Kaserne auf seiner Pritsche wachliegt, hört Andres ihn wirr
von einem Messer reden. Da tritt der betrunkene Tambourmajor in die
Schlafstube der Soldaten. Er brüstet sich seiner Erfolge bei Marie und
demütigt Wozzeck auch noch durch Schläge. Aus dem Gedanken bei
Wozzeck wächst ein Entschluß.

3. AKT: In ihrer Stube sitzt Marie am Tisch und blättert in der Bibel. Verstört und betroffen liest sie die Geschichte von der Ehebrecherin und ruft Gott verzweifelt um Erbarmen an. Aber Maries Reue kommt zu spät. Wozzecks Entschluß ist für ihn längst zu einer „idée fixe" geworden. Während die Nacht hereinbricht, lockt er Marie auf einen Waldweg außerhalb der Stadt und ersticht sie. Sein Mordinstrument wirft er in einen nahen Teich. Danach stürzt er sich wie wahnsinnig in den vergnügten Trubel eines Schenkenfestes. Als Margret, mit der er tanzt, auf seiner Hand einen Blutfleck entdeckt, eilt er zum Tatort zurück. In dem Bemühen, das Messer weiter und weiter in den Teich zu werfen, geht er immer tiefer in das Wasser. Der Doktor, der mit dem Hauptmann am Teich vorbeikommt, diagnostiziert: „Das stöhnt, als stürbe ein Mensch. Da ertrinkt jemand!" Am nächsten Morgen spielen und lärmen die Kinder vor Maries Tür. Als sie hören, daß Marie tot im Wald liegt, rennen sie los, um sich die Sache anzuschauen. Nach kurzem Zögern reitet Maries Kind auf seinem Steckenpferd hinter den anderen her: „Hopp, hopp! Hopp, hopp! Hopp, hopp!"

Kommentar

Schönberg war, als er von dem *Wozzeck*-Projekt seines Schülers hörte, noch der Meinung, Musik solle sich lieber mit Engeln als mit Offiziersdienern beschäftigen. Alban Berg jedoch befreite mit seiner „Oper des sozialen Mitleids" die kompositorischen Errungenschaften seines Lehrers von solch einer kunstideologischen Befangenheit. Die Technik eines in der Tonhöhe und rhythmisch fixierten Sprechens nutzt er, um in einem vielfältigen Wechsel von expressivem Gesang, volksliedhaftem Singen und reinem Sprechen die Realität im Alltag der kleinen Leute zu konkretisieren. Stoff für Psychogramme wird nicht mehr im Ego des Künstlers, sondern im Fühlen der armen Schlucker gesucht und gefunden, etwa in Wozzecks zwanghaftem, keine Fluchtmöglichkeit bietenden Weg zum Mord oder im „Lebensfilm" Maries in der Sekunde ihres Todes. In einem wahren Tumult der Töne blitzen verzerrt Bruchteile bereits gehörter Wendungen auf. Das Wiegenlied erinnert an Maries Liebe zu ihrem Kind, Anklänge an die Schmuck-Szene weisen hin auf ihre Neigung zu Eitelkeit und Putz. Über die klingende Mahnung an Wozzecks durch soziale Not gehemmte Liebe schiebt sich mit Klangfetzen aus dem Militärmarsch der Hinweis auf die derbe Begierde und Lust des Tambourmajors. Der Moment des Todes komprimiert alles, was Leben und Schicksal der Marie, ihre armselige Existenz in der Spannung zwischen Liebe, Eitelkeit und Lust bestimmte.

Das tiefste Geheimnis für den dauerhaften Erfolg der Oper *Wozzeck* – trotz zahlreicher faschistischer Anfeindungen folgten nach der Premiere 1925 in Berlin bis 1936 in 29 verschiedenen Städten nicht weniger als 166 Aufführungen, bis heute ist Bergs Werk in jedem ernsthaften Opernrepertoire ein unbedingtes Muß! – ist vielleicht ihre Qualität, dramatische Inhalte in und mit der Musik zu erzählen. Stehende Akkorde und leere Quinten spiegeln das „arme" Warten der Marie, die der passacaglia zugrunde liegende Idee der bohrenden Wiederholung des immer wieder gleichen wird zum Abbild des manisch auf seine diversen Spleens fixierten Doktors, eine Invention über die Tonart d-moll zur klagenden Anklage über Wozzecks Schicksal, eine fortlaufende Achtelbewegung, mit der sich die Opernhandlung gewissermaßen aus dem Geschehen ausblendet, signalisiert nach der Katastrophe: Das Leben der armen Leute geht in kleinen und immer wieder gleichen Tonschritten eines perpetuum mobile weiter. Musikalische Sachverhalte schlüsseln mithin dramatische auf, Formen der Musik stehen ein für den Inhalt der Tragödie des geschundenen Wozzeck. 1929 hat Alban Berg in einem Vortrag das in seiner Sicht zentrale künstlerische Problem seiner Oper in eine Frage gekleidet: „Wie erreichte ich ohne die bis dahin bewährten Mittel der Tonalität und ohne die auf ihr basierten formalen Gestaltungsmöglichkeiten dieselbe Geschlossenheit, dieselbe zwingende musikalische Einheitlichkeit?" Die Antwort des Komponisten auf die selbstgestellte Frage lautete: Einheitlichkeit und Geschlossenheit bewirkt allein die Schaffung (neuer) „musikalischer Gestalten". Hatte Schönberg in seinen beiden Kurzopern *Erwartung* und *Die glückliche Hand* alle gewohnten Formen zugunsten eines fortlaufenden Stromes nie wiederkehrender Motive aufgelöst, suchte Berg für seine Akte und Szenen ganz bewußt nach formgebundenen Strukturen. So ist der 1. *Wozzeck*-Akt eine Suite von fünf Charakterstücken über die Hauptfiguren der Handlung, der 2. Aufzug eine Sinfonie in fünf Sätzen, die Entwicklung hin zu Wozzecks Mordentschluß. Im 3. Akt wird schließlich den Konsequenzen der Tragödie nachgespürt, in sechs Inventionen über Grundkategorien der Musik, d. h. dramatisch gesprochen in sechs musikalischen Findungsprozessen sozusagen über die Wahrheit danach. Eine Invention über ein Thema handelt von Maries Reue, die über einen Ton von Wozzecks Getriebensein zum Mord, die über einen Rhythmus und über einen Akkord von seiner Verzweiflung und seinem Tod, die über eine Tonart vom (auch dem Publikum abverlangten) Mitleid mit dem Schicksal der armen Kreatur Wozzeck, die über eine Achtelbewegung von dem dem Schicksal gegenüber ungerührten Lauf der Zeit.

Immer wieder also geht das Drama auf in musikalischer Form und gewinnt umgekehrt musikalische Form als Bestandteil des Dramas Authentizität. Auch wird mit der Konfrontation von Sprache und musikalischer Ausdeutung viel von dem gespannten Gleichgewicht zwischen Bühne und Orchestergraben zurückgewonnen, das sich im Siegeszug des Orchesters bei Wagner und Richard Strauss verloren hatte: der Glücksfall einer Oper für das 20. Jahrhundert.

Geschichte

Alban Bergs *Wozzeck* ist das grandiose Ergebnis eines ebenso beispiellosen wie in der Form nicht wiederholbaren Zusammenwirkens von Realität, Literatur und Musik – über die Distanz eines Jahrhunderts hinweg. 1821, im übrigen drei Tage nach der Premiere von Webers *Freischütz* im Berliner Schauspielhaus, brachte vor ihrer Wohnung in Leipzig „der Friseur Johann Christian Woyzeck, einundvierzig Jahre alt, der sechsundvierzigjährigen Witwe des verstorbenen Chirurgen Woost, Johannen Christianen geborenen Otto ... mit einer abgebrochenen Degenklinge ... sieben Wunden bei, an denen sie nach wenigen Minuten ihren Geist aufgab". 1836 gestaltete Georg Büchner das Material über den Leipziger Kriminalfall sozusagen als Stichwortsammlung eines Arztes (der Büchner ja war), bei der ein Dichter mit häufigen Punkten zwischen Satzfetzen und einzelnen Worten eine Tragödie ahnen läßt, deren Zentrum die Sprachlosigkeit ist und die gerade deshalb per Zufall als heimliches Libretto Raum bietet für ihre Ausdeutung durch Musik. 1914 sieht Alban Berg Büchners Schauspiel und richtet sich den Text nach der fehlerhaften Erstausgabe von 1879 (deshalb *Wozzeck* und nicht *Woyzeck*) für eine Oper ein, die er schließlich 1921 vollendet. Parallel und in deutlicher Entsprechung zu dem allgemeinen Zusammenbruch des 19. Jahrhunderts im Ersten Weltkrieg vollzieht er dabei einen radikalen Bruch mit den romantisch verklärenden Idealen der Oper, nach deren Beseitigung ein zur Artikulation nur mühsam fähiges Geschöpf aus der Schicht der Ärmsten überhaupt erst zum Protagonisten eines neuen Musiktheaters werden konnte.   *Leo Karl Gerhartz*

Diskographische Empfehlung

1966 – Paris: Pierre Boulez, Chor und Orchester der Opéra Paris. Walter Berry (Wozzeck), Isabel Strauss (Marie), Albert Weikenmeier (Hauptmann), Carl Doench (Doktor), Ingeborg Lasser (Margret), Richard van Vrooman (Andres), Fritz Uhl (Tambourmajor). CBS, M2K 79251 (ADD)

1987 – Wiener Staatsoper: Claudio Abbado, Chor der Wiener Staatsoper, Wiener Philharmoniker. Franz Grundheber (Wozzeck), Hildegard Behrens (Marie), Heinz Zednik (Hauptmann), Aage Haugland (Doktor), Anna Gonda (Margret), Philip Langridge (Andres), Walter Raffeiner (Tambourmajor). DG 423 587-2 (DDD)

Lulu
Oper in drei Akten (unvollendet)

Text: Alban Berg, nach Frank Wedekinds Tragödien *Erdgeist* (1903) und *Die Büchse der Pandora* (1904)
Uraufführungen: I. 2. Juni 1937, Stadttheater Zürich (die ersten beiden Akte und Pantomime zum Adagio der „Symphonischen Stücke aus der Oper *Lulu*" anstelle des unvollendeten 3. Aktes)
II. 24. Februar 1979, Opéra, Salle Garnier, Paris (mit dem von Friedrich Cerha hergestellten 3. Akt)
Personen: Lulu (Sop); Gräfin Geschwitz (Mez); Eine Theater-Garderobiere/der Gymnasiast/ein Groom (Alt); Der Medizinalrat/der Professor (Sprechrolle/stumme Rolle); Der Maler/der Neger (Ten); Dr. Schön/Jack (the Ripper) (Bar); Alwa, Dr. Schöns Sohn, Komponist (Ten); Schigolch (Baß); Der Tierbändiger/der Athlet (Baß); Der Prinz/der Kammerdiener/der Marquis (Ten); Der Theaterdirektor/der Bankier (Baß); Der Polizeikommissär (Sprechrolle); Ein Clown (stumme Rolle); Ein Bühnenarbeiter (stumme Rolle); Eine Fünfzehnjährige (Sop); Ihre Mutter (Alt); Kunstgewerblerin (Mez); Journalist (Bar); Ein Diener (Bar)
Ort und Zeit: Eine deutsche Großstadt, Paris und London; in den 20er Jahren des 20. Jahrhunderts
Orchester: 3 Fl (1. u. 2. auch Picc), 2 Ob, E. H. (auch 3. Ob), Altsax in Es, 3 Kl, Bkl, 2 Fg, Kfg (auch 3. Fg), 4 Hrn, 3 Trp, 3 Pos, Btba, Pkn, Trgl, Tamburin, KlTr, JazzTr, GrTr, auf GrTr befestigtes HängeBck, Rute, TamTam (kl u. gr), Gong, Vibraphon, Xylophon, Hrf, Klav, Streicher
Auf der Bühne: 3 Kl (eine davon auch TenSax), Altsax, 2 JazzTrp, 2 JazzPos, Sousaphon, JazzSchlgzg (GrTr, KlTr, HängeBck, gr u. kl Tempelblöcke, Stahlbesen, Vibraphon, Trgl, Bck), gr. Jahr-

marktstr. mit darauf befestigtem Bck, Banjo, Klav, 3 Viol, Kb
(1. Akt, 3. Szene); Picc, Fl, 3 Kl, Bkl, Kfg (3. Akt, 2. Szene)
Form: Durchkomponiert, jedoch unter Verwendung abgeschlosse-
ner musikalischer Formen
Aufführungsdauer: 2 ½ Stunden (zweiaktige Fassung); 3 ½ Stunden (dreiaktige Fassung)
Verlag: Universal Edition, Wien

Handlung
PROLOG (anstelle der Ouvertüre): Ein Tierbändiger stellt sein Be-
stiarium vor. Es sind die Hauptfiguren der folgenden Oper in Tiergestalt:
Dr. Schön als Tiger, der Athlet als Bär, die drei Buffo-Rollen Prinz, Kam-
merdiener und Marquis verbergen sich hinter dem „kleinen amüsanten"
Affen, der Maler erscheint als Kamel, Schigolch als Gewürm, und der
Medizinalrat (wie auch der Bankier des 3. Aktes) ist unter den Reptilien und
Molchen zu finden; das Krokodil ist die Gräfin Geschwitz. Als Besonderheit
seiner Menagerie präsentiert der Tierbändiger, hinter dem sich Alwa bzw.
der Komponist selber versteckt, eine Schlange: Lulu, die „Urgestalt" des
Weibes, die sich anschickt, die Welt auf den Kopf zu stellen.
1. AKT: Der Chefredakteur Dr. Schön, der Lulu einst von der Straße
aufgelesen und sie später mit dem senilen Medizinalrat verheiratet hat, um
sich ihrem Bann zu entziehen, überwacht im Atelier des Malers die Entstehung eines Lulu-Porträts, das er selbst in Auftrag gegeben hat. Sein Sohn
Alwa, ein Komponist, holt ihn zu einer Probe ab. Mit Lulu allein gelassen,
gerät der (homosexuelle) Maler in den Bann von Lulus Ausstrahlung,
obwohl sie ihn nicht bewußt reizt. Seine Annäherungsversuche werden
durch das Klopfen des Medizinalrats unterbrochen, der die Tür gewaltsam
aufbricht, als man ihm nicht öffnet, und vom Schlag getroffen tot zu Boden
fällt. Abermals ist es Dr. Schön gelungen, Lulu zu verheiraten, diesmal mit
dem Maler. Lulu fühlt sich unbefriedigt, während die Karriere des Malers,
dank Lulus Erbschaft und der energischen Protektion Dr. Schöns, gesichert
ist. Der alte Schigolch, von dem niemand weiß, wer er ist – vielleicht ist er
Lulus Vater – erbettelt bei Lulu Geld und läßt sich von ihrer langweiligen
Ehe erzählen. Ihr Ziel ist es, die Frau Dr. Schöns zu werden, des einzigen
Mannes, dem sie verfallen ist. Sie hat eine Verlobungsanzeige von ihm
gelesen, kämpft aber um ihn, auch als er verlangt, sie solle davon ablassen,
ihn heimlich zu besuchen. Dem entsetzten Maler öffnet Dr. Schön die
Augen über Lulu. Der Maler begeht Selbstmord.

Dr. Schön hat Lulu als Tänzerin in einem Theater untergebracht und spielt seine Doppelrolle weiter: „Vor der Welt" hat er sich bereits mit einer anderen Frau verlobt. Lulu tritt zu einer Musik auf, die Alwa komponiert hat. In der Garderobe empfängt sie ihn und erzählt ihm von einem Prinzen, der sie heiraten und nach Afrika mitnehmen will. Als Lulu zu ihrem Auftritt gegangen ist, erwägt Alwa, über sie eine „interessante Oper" zu schreiben. Der Prinz tritt ein und schwärmt von der „seelischen Vornehmheit" Lulus, die unerwartet hereinstürzt. Sie hat beim Anblick Dr. Schöns mit seiner Braut im Zuschauerraum einen Ohnmachtsanfall simuliert und die Vorstellung unterbrochen. Dr. Schön stellt sie in der Garderobe zur Rede. Doch sie hat ihn so fest in der Hand, daß sie ihm sogar einen Abschiedsbrief an seine Braut aufdrängen kann. Dr. Schön betrachtet sich als gesellschaftlich ruiniert.

2. AKT: Lulu ist am Ziel ihrer Wünsche: Sie ist Dr. Schöns Frau. Der Besuch der lesbischen Gräfin Geschwitz löst bei ihm, der seit seiner Heirat mit Lulu unter Verfolgungswahn leidet, einen Eifersuchtsausbruch aus. Er fühlt sich in seiner bürgerlichen Stellung bedroht. Lulu will ihn davon abhalten, zur Börse zu gehen, und möchte, daß er sich um sie kümmert. Sie spürt, daß sie ihm allmählich lästig wird und er sich mit Arbeit ablenkt. Er drängt sie sacht in das Schlafzimmer und geht später doch noch zur Börse. Unterdessen treten zweifelhafte Verehrer Lulus, die den „Börsentag" ausnutzen, auf, um von ihr empfangen zu werden: Schigolch, der Athlet und (zum erstenmal) ein junger Gymnasiast, der nicht dazu kommt, Lulu sein Verehrungsgedicht vorzutragen. Lulu tritt, in eleganter Toilette, aus dem Schlafzimmer heraus und hält Konversation. Der Kammerdiener, der sich gleichfalls magisch von ihr angezogen fühlt, meldet (doppeldeutig) die Ankunft des Dr. Schön. Die Verehrer glauben, Lulus Mann sei vorzeitig zurückgekehrt, und verstecken sich hinter allen möglichen Gegenständen des Salons. Tatsächlich aber tritt Alwa ein und schwärmt Lulu an; von allen unbemerkt ist sein Vater inzwischen auf der Galerie aufgetreten und beobachtet die Vorgänge. Er sieht seinen Verfolgungswahn bestätigt, als Alwa Lulu seine Liebe gesteht, und greift ein: Er drängt Lulu seinen Revolver auf, damit sie sich selbst erschieße. In Notwehr feuert sie fünf Schüsse auf ihn ab und trifft ihn tödlich. Alwa kann nicht verhindern, daß sie ins Gefängnis kommt.

Lulus Anhang bereitet einen Fluchtplan vor: Das Geld ist durch die Unterstützung der Gräfin Geschwitz und den Verkauf von Dr. Schöns Zeitung vorhanden. Die Geschwitz nimmt die Befreiung Lulus auf sich, indem sie

Lulu im Gefängnis mit einer Cholerainfektion ansteckt, um mit ihr gemeinsam in die Isolierbaracke zu kommen. Dort tauschen sie die Kleider, und die Geschwitz verbüßt an Lulus Stelle die Haftstrafe. Lulu flieht mit Alwa und Schigolch nach Paris.

3. AKT: Lulu steht im Mittelpunkt einer Pariser Spielhölle. Sie ist mit Alwa liiert, der sich mit den gefälschten Wertpapieren eines jüdischen Bankiers verspekuliert. Lulu wird noch immer als die „Mörderin des Dr. Schön" gesucht. Der Athlet und ein Mädchenhändler (der „Marquis") versuchen, sie damit zu erpressen. Sie plant mit Schigolch den Mord an dem Athleten. Dabei soll ihr wieder die Gräfin Geschwitz helfen, deren Liebe zu Lulu also schamlos ausgenutzt wird: Sie solle in einer Absteige sich dem Athleten hingeben. Den Rest besorge Schigolch. Der Plan gelingt, doch nicht das Abschütteln des Marquis. Da Alwa an der Börse verloren hat, kann Lulu das Erpressungsgeld nicht bezahlen und flieht, um dem ägyptischen Bordell zu entgehen, mit Alwa und Schigolch nach London, nachdem sie mit einem Groom die Kleider getauscht hat.
Lulu ist nun Straßendirne in London und empfängt in schauerlicher Parallelität zu ihren drei Ehemännern drei Kunden: Der erste ist ein stummer, verrückter Professor, die alptraumartige Wiederkehr des Medizinalrats; der Neger ist die brutale Wiederkehr des Malers (der bei Wedekind den Namen „Schwarz" trägt), und der dritte ist Dr. Schön in Gestalt des Mörders Jack the Ripper. Während der Neger Alwa ermordet, ist Lulu Opfer des letzten Kunden. Er tötet auch die Geschwitz, die ihm entgegentritt, um Lulu zu helfen.

Kommentar

Mit Frank Wedekind war sich Alban Berg darüber einig, daß die Sinnlichkeit der „Angelpunkt alles Seins und Denkens" sei und daß es zu den Aufgaben des Theaters gehöre, die „Affensprünge der Welt" (Wedekind) zu zeigen, kein einheitliches Weltbild, folglich auch keine reine Stilhöhe, sondern ein Panoptikum, das zwischen drastischer Kolportage, lyrischen Reflexionen und mythologischem Hintergrund schillert. In seinen beiden *Lulu*-Dramen wollte Wedekind, wie Georg Lukács es 1914 für das moderne Drama insgesamt formulierte, „des Lebens ganze Fülle und Vielseitigkeit" darstellen; deshalb konnte er auf den Zusammenstoß harter stilistischer Gegensätze nicht verzichten. Und genau diese stilistische Unentschiedenheit war einer der Aspekte, der die Lulu-Welt für Berg komponierbar machte. Entscheidend war jedoch die Interpretation durch Karl

Kraus, dessen These, Lulu sei „die Tragödie von der gehetzten, ewig miß-
verstandenen Frauenanmut", die „zur Allzerstörerin wurde, weil sie von
allen zerstört ward", Berg die Möglichkeit bot, die vielfach schillernden –
auch sprachlich in der Schwebe gehaltenen – Paradoxien der *Lulu*-Dramen
Erdgeist und *Die Büchse der Pandora* in einem auf Eindeutigkeit zielenden
Blick zu vereinigen und in eine konsequent durchstrukturierte musikalische
Anlage zu verwandeln. Wedekinds heterogene sprachliche Welt, die vom
Konversationsstück bis zur mythologischen Anspielung, vom rauhen Gos-
senton (Rodrigo Quast, der Athlet) bis hin zur distinguierten Wortwahl der
Gräfin Geschwitz (der – nach Wedekind – heimlichen Hauptfigur) reicht,
wurde von Berg immer wieder im Verlauf seiner Einrichtung des Textes
gemildert, insbesondere die bestürzenden, sadistischen Einbrüche in den
Dialogen zwischen Lulu und Alwa. Freilich wurde der charakteristische
Wechsel von Tragödie und Groteske (und umgekehrt) in der Komposition
Bergs womöglich noch verstärkt; man denke nur an die „scène à faire"
(Adorno) im 2. Akt, bei der Dr. Schöns Verfolgungswahn kontrapunktiert
wird von den choreographischen Aktionen der versteckten Liebhaber und
Verehrer Lulus. Berg schafft hier eine stringente musikalische Struktur, die
alle Aktionen vom Orchester her bestimmt, ja zeitlich präzis-mechanisch
festlegt. Selbst die fünf Schüsse, die Lulu – in Notwehr – auf Dr. Schön
abfeuert, sind das Ergebnis der rhythmischen Zwangsanlage der Partitur.
Insofern stellt die *Lulu*-Musik, noch mehr als die Musik zu Bergs erster
Oper *Wozzeck*, den äußersten Punkt der Determinierung von Bühnenvorgängen dar. Der lückenlose dramaturgische Zusammenhang der Partitur
wird in allen Details greifbar; Berg schuf im wahrsten Sinne des Wortes eine
musikalische „Welt", aus der es kein Entrinnen gibt. Alles vollzieht sich mit
unerbittlicher Konsequenz. Besessen von der Idee des „Zusammenhangs"
konstruierte Berg Text und Musik als System von deutlichen oder unterirdischen Beziehungen und verlieh der dramaturgischen Anlage auch äußerlich, durch architektonische Maßnahmen, den Charakter einer übergreifenden Klammer: Die Nahtstelle verbindet die beiden *Lulu*-Dramen Wedekinds miteinander (Filmmusik zwischen den beiden Szenen des 2. Aktes).
Der 3. Akt – von Berg hauptsächlich nur im Entwurf hinterlassen – ist
unverkennbar als Reprise des ersten gemeint; die in sich rückläufige Form
der Filmmusik steht ein für den Wendepunkt in der gesellschaftlichen
Position Lulus, der sich dann im 3. Akt als Abstieg erweist von der Pariser
Spielhölle bis zu dem tristen Dasein als Londoner Straßendirne. Es gehört
zu Bergs ingeniösen dramaturgischen Erfindungen, die drei Freier, die

Lulu aufsuchen, als Wiederkehr ihrer drei Ehemänner zu gestalten (auch musikalisch); bei Wedekind liegt solche Identifizierung nicht nahe. Das stilisierte Kostüm der Welt als Zirkus, mit dem der Prolog (ebenfalls – als Spiegel der Gesamtanlage – in sich rückläufig angelegt) begann, enthüllt seinen wahren Charakter erst in der Wiederkehr im 1. Bild des 3. Aktes, als es den Käfig des Geldes darstellt, in den alle eingesperrt sind. Die Zirkus-musik wandelt sich hier zum Tonfall falschen Glanzes oder brutaler Offen-heit (in den Dialogen Lulus mit dem Mädchenhändler und mit dem Athle-ten), und das „Bestiarium", das der Tierbändiger in dem ouvertürenartigen Prolog vorstellte (auch musikalisch), findet in dem Gewimmel und Gemur-mel der drei – von Berg subtil aus Wedekinds Vorlage herausdestillierten – Gesellschaftsszenen am Anfang des 3. Aktes erst zu sich selbst. Über Wede-kind noch hinausgehend, gestaltete Berg die Idee vom Aktienbetrug aus zu zwei umgekehrt parallelen Ensembles („Alle Welt gewinnt" – „Alle Welt verliert"), und die 2. Szene ist ganz der linearen musikalischen Idee der Spiegelung des endgültigen Abstiegs durch ein riesiges auskomponiertes ritardando verpflichtet, zu dem die surrealistische Zwischenmusik der Va-riationen über ein Kuppler-Lied Wedekinds hinüberleitet. Was Berg in diesen Variationen komponierte, sind gewissermaßen Fratzen der einstigen tonalen Musiksprache, über deren Abgründe Berg verfügte wie sonst kaum ein anderer Komponist unseres Jahrhunderts. Und das ist nur eine der vielen Seiten der *Lulu*-Musik. Zwischen Schönbergs Zwölftontechnik – die gewählte Grundreihe ist der abstrakte Ausgangspunkt für die vielfach ver-zweigten Ableitungen, mit denen Berg das Personarium der Oper musi-kalisch gestaltet – und einer neuartigen harmonischen Ebene, zwischen Zirkusmusik (im Prolog und am Ende der Oper) und der tristen Drehorgel mit dem Zitat der Wedekindschen Melodie, spannt sich die vielfältige, heterogene musikalische Welt. Am Ende der Oper steht – wie ein Magnet – jener körperhaft durchdringende Todesakkord, der einzige Zwölftonak-kord der gesamten Oper, der die musikalische Chiffre ist für die Erfüllung von Lulus – nur in Wedekinds Text ausdrücklich geäußertem – Traum, einem Lustmörder in die Hände zu fallen. So erweist sich die letzte Szene der Oper als fatalistischer Sog, der unweigerlich auf den Zwölftonklang als Integral der gesamten Musik hinzielt.

Geschichte

Die erste Idee Alban Bergs zur Komposition der Oper *Lulu* reicht zurück auf eine entscheidende Erfahrung des Zwanzigjährigen: Am 29. Mai 1905 wohnt er einer von Karl Kraus veranstalteten Wiener Aufführung der *Büchse der Pandora* bei und begeistert sich sowohl an dem Stück der losgelassenen Sinnlichkeit als auch an dem einleitenden Vortrag von Karl Kraus, der eine eigenwillige Deutung der *Lulu*-Tragödie enthält, die sich Berg später, als er die Oper ab 1928 komponiert, zu eigen macht: „Daß der Freudenquell in dieser engen Welt zur Pandorabüchse werden muß: diesem unendlichen Bedauern scheint mir die Dichtung zu entstammen." Lulu wird von Kraus als Opfer der Männergesellschaft betrachtet. Doch schwankt Berg Ende des Jahres 1927 noch zwischen dem Opernplan nach Gerhart Hauptmanns *Und Pippa tanzt* – diesen Stoff hatte auch Schönberg zeitweilig erwogen – und dem Lulu-Stoff, bis ihm sein Schüler Theodor W. Adorno nachdrücklich zur Komposition der beiden *Lulu*-Dramen Wedekinds rät. Am 1. September des folgenden Jahres berichtet Berg in einem Brief an seinen ehemaligen Lehrer Schönberg über die Probleme, die ihm das Komponieren einer Oper in der Zwölftontechnik macht. Tatsächlich handhabt er hier das von Schönberg entwickelte Verfahren sehr eigenwillig und ungewöhnlich, indem er aus der gewählten Grundreihe gewissermaßen eine Reihen-„Familie" durch komplizierte Ableitungsverfahren gewinnt und so die Möglichkeit erhält, die musikalische Welt der Oper *Lulu* als hierarchisch geordnetes Materialreich zu entwerfen. Parallel zu den ersten Skizzen entsteht der Text im Detail; der dramaturgische Umriß steht indessen bereits fest. Immerhin sind vier Fünftel (!) des originalen Textes zu streichen; aus den insgesamt sieben Akten der beiden Dramen Wedekinds werden in der Oper sieben Bilder. Die Texteinrichtung Bergs ist nicht nur eine eigenständige literarische Leistung, sondern geschah auch – trotz aller gebotenen Kürzungen – durchaus im Geiste Wedekinds (wenn auch im Sinne der Deutung von Karl Kraus). Ob Berg den 1929 uraufgeführten Film *Die Büchse der Pandora* von G. W. Pabst (mit Louise Brooks als Lulu und Fritz Kortner als Dr. Schön) gesehen hat, weiß man nicht; die Idee der Stummfilmmusik zur Verknüpfung der beiden Szenen des 2. Aktes hat jedenfalls damit nichts zu tun. Am 6. Mai 1934 teilt Berg seinem Freund und Kollegen Anton Webern mit, er habe den Gesamtentwurf der Oper vollendet. Doch der Plan, die Oper – wie seinerzeit den *Wozzeck* – in Berlin unter Erich Kleiber zur Uraufführung zu bringen, ist aus politischen Gründen – bei den Nazis gehört Berg natürlich zu den unerwünschten Komponisten – nicht möglich. Um wenigstens einen Teil der Musik hören zu können, stellt Berg die *Symphonischen Stücke* aus der Oper (sogenannte *Lulu-Suite*) zusammen, die Erich Kleiber, kurz vor seiner erzwungenen Emigration, in Berlin am 30. November 1934 als Uraufführungsersatz dirigiert. Die Nazi-Presse behauptet, Bergs Musik sei dem Stück Wedekinds angemessen, denn sie häufe genauso wie das Schauspiel „Schmach auf Schande" und sei „für das deutsche Volk kaum von Interesse". Nach der Prager Erstauffüh-rung der *Symphonischen Stücke* im Januar 1935, die tatsächlich einen zentralen Aspekt der Oper zu Gehör bringen, nämlich die Lulu- und Alwa-Musik, schreibt ein Kritiker die von Berg voll akzeptierten Worte: „Lulu ist eine Heldin von überdimensionierter Kraft im Erleben und Erleiden, alles in ihrem Umkreis zerstörend, was von ihr bestrickt sich ihr naht, ein Stück Natur jenseits von Gut und Böse und daher als ein in sich geschlossener Kosmos nur durch die Musik in seinem, allem Begrifflichen entrückten Zusammenhang zu enträtseln." Bergs früher Tod am 23. Dezember 1935 verhindert die Instrumentation des 3. Aktes, und seine Witwe Helene ver-bietet später, nachdem der Schönberg-Kreis – zum Teil mit fadenscheini-gen Begründungen – die Vervollständigung der Partitur abgelehnt hatte, jeden Zugriff auf die Skizzen zum 3. Akt. So findet die postume Urauffüh-rung der Oper als Torso statt (Stadttheater Zürich, 2. Juni 1937). Der Hinweis im ersten gedruckten Klavierauszug, die Veröffentlichung der Skizzen zum 3. Akt würde zu einem späteren Zeitpunkt erfolgen, bleibt uneingelöst. In der 2. Auflage (1953) heißt es statt dessen, die Oper müsse als Fragment aufgeführt werden; die bereits in den *Symphonischen Stücken* in Partitur vorliegenden Abschnitte aus dem 3. Akt werden dem Regisseur zur Disposition gestellt. Da sich in Bergs Wiener Verlag eine Fotokopie der Skizzen zum 3. Akt befindet, erhalten der Musikforscher Hans Ferdinand Redlich und später der Wiener Komponist und Dirigent Friedrich Cerha Einblick in den Stand der Skizzen, aus denen immerhin hervorgeht, daß bis auf wenige Passagen der gesamte Akt im Entwurf vollendet vorliegt. Knapp 300 Takte hat Berg von der 1. Szene sogar noch in Partitur bringen können. Ohne Wissen Helene Bergs studiert Cerha das Material und beschließt, die Oper zu vollenden. Um den wahren Sachverhalt seiner Arbeit genau zu umreißen, nennt er das die „Herstellung" des 3. Aktes. Sie erlebt nach ihrer Fertigstellung (1974) im Rahmen der ersten Gesamtaufführung der *Lulu* an der Pariser Oper am 24. Februar 1979 – drei Jahre nach Helene Bergs Tod – ihre umstrittene Uraufführung. Die Kritiker bemängeln den teilweise recht spärlichen Orchestersatz und meinen – nicht zu Unrecht –, Berg hätte bei der Instrumentation differenziertere Farben gewählt. Ein endgültiges Urteil über Cerhas Leistung zu fällen, erscheint noch nicht möglich. Die Voraussetzung dafür wäre die Veröffentlichung des Skizzenmaterials. In der Bühnenpraxis hat sich jedoch die „Herstellung" Friedrich Cerhas inzwischen bewährt.   *Dietmar Holland*

Diskographische Empfehlung

1968 – Berlin: Karl Böhm, Orchester der Deutschen Oper Berlin. Evelyn Lear (Lulu), Dietrich Fischer-Dieskau (Dr. Schön), Donald Grobe (Alwa), Josef Greindl (Schigolch), Patricia Johnson (Geschwitz), Loren Driscoll (Maler). DG 2709 026 (zweiaktig)

1979 – Paris: Pierre Boulez, Orchestre de l'Opéra de Paris. Teresa Stratas (Lulu), Franz Mazura (Dr. Schön), Kenneth Riegel (Alwa), Toni Blankenheim (Schigolch), Yvonne Minton (Geschwitz), Robert Tear (Maler). DG 2740 213 (dreiaktig)

SERGEJ SERGEJEWITSCH PROKOFJEW

geb. 23. (5. Mai) April 1891 auf Gut Sonzowka (Gouvernement Jekaterinoslaw)
gest. 5. März 1953 in Moskau

Ein Photo zeigt den Neunjährigen am Klavier, vor sich das kalligraphische Titelblatt einer Partitur: *„Der Riese*, Oper in drei Akten von Serjoshenka Prokofjew." Was hier noch ein Kinderspiel ist, nimmt bald Konturen an, wenn auch die nächsten drei Opernprojekte – *Auf unbewohnten Inseln* (1900–1902), *Das Gelage während der Pest* (nach Puschkin, 1903–1908) und *Undine* (nach de la Motte Fouqué, 1904–1907) – das Schicksal des *Riesen* teilen und unvollendet bleiben. Doch kaum hat Prokofjew in St. Petersburg bei Rimskij-Korsakow das notwendige Rüstzeug erworben, entsteht (1911–1913, nach einem Libretto der Baronin M. Ljewen) die erste ernsthafte Oper, der Einakter *Maddalena*. Bis 1948 werden ihr weitere sieben Opern folgen: *Der Spieler, Die Liebe zu den drei Orangen* (nach Carlo Gozzi, 1919), *Der feurige Engel* (nach Walerij Brjussow, 1919–1927), *Ssemjon Kotko* (nach Valentin Katajew, 1939), *Die Verlobung im Kloster* (nach Richard Sheridan, 1940), *Krieg und Frieden* (nach Leo Tolstoi, 1941/42, umgearbeitet 1946–1953) und *Die Geschichte eines wahren Menschen* (nach Boris Polewoij, 1947/48). Im Wechsel zwischen Literatur-Vertonung, Märchenspiel, Historiendrama und „sozialistischem Realismus" zeigt sich der Werdegang Prokofjews ebenso wie in dem weiten musikalischen Spektrum zwischen Volkstümlichkeit und avantgardistischem Experiment. So wie man sagen könnte, daß Prokofjews Instrumentalmusik szenisch-dramaturgischen Gesetzen gehorcht, so läßt sich auch in seinen Opern ein sinfonisches Konzept erkennen; charakteristisch ist zum Beispiel die Umarbeitung des *Feurigen Engels* zur 3. Sinfonie, aber auch die Tatsache, daß es immer wieder sinfonisch-tänzerische Chiffren wie Marsch oder Walzer sind, die in Prokofjews Bühnenwerken „den Ton angeben". Oberstes Gebot aber ist und bleibt – mögen sich Harmonik, Rhythmik und Instrumentation auch noch so große Kühnheiten erlauben – eine kantable Melodik, „die auch einem nicht geschulten Hörer sogleich verständlich ist" (Prokofjew).   *Michael Stegemann*

Der Spieler (Igrok)

Oper in vier Akten

Text: Sergej Prokofjew, nach dem gleichnamigen Roman von Fjodor M. Dostojewskij

Uraufführung: 29. April 1929, Théâtre de la Monnaie, Brüssel (in französischer Sprache als *Le joueur*)

Personen: Der General a. D. (Baß); Polina, seine Stieftochter (Sop); Alexej, Hauslehrer (Ten); Babulenka, eine reiche Verwandte des Generals (Mez); Marquis (Ten); Mister Astley, ein reicher Engländer (Bar); Blanche, eine Kokotte (Alt); Fürst Nilsky (Falsett-Ten); Baron Würmerhelm (Baß); Potapytsch (Bar); Direktor des Casinos (Baß); Zwei Croupiers (Ten); „Ein dicker und ein langer Engländer" (Baß); „Eine bunte und eine blasse Dame" (Sop); „Eine Dame comme ci comme ca und eine verehrungswürdige Dame" (Mez); „Eine verdächtige Alte" (Alt); „Ein hitziger, ein krankhafter und ein buckliger Spieler" (Ten); „Ein erfolgloser Spieler" (Bar); „Ein alter Spieler" (Baß); Sechs Spieler (2 Ten, 2 Bar, 2 Baß); Drei Dienstboten (stumme Rollen)

Chor: Hotelgäste; Dienstboten und Spieler

Ort und Zeit: „Roulettenburg", um 1865

Orchester: 3 Fl, 3 Ob (3. auch E. H.), 3 Kl, 3 Fg, 4 Hrn, 3 Trp, 3 Pos, Tba, Pkn, Schlgzg, 2 Hrf, Streicher

Form: Durchkomponiert

Aufführungsdauer: Ca. 2 ¼ Stunden

Verlag: Edition Russe de Musique, Berlin (1930); Boosey & Hawkes, Bonn

Handlung

1. AKT: Im Park eines großen Hotels. Der alte General lebt mit seiner Familie schon seit einiger Zeit in dem kleinen deutschen Städtchen „Roulettenburg" (in dem man unschwer Baden-Baden erkennt, wo Fjodor Dostojewskij 1867 seinen stark autobiographisch gefärbten Roman *Der Spieler* geschrieben hat). Bis über den Kopf verschuldet, spielt er sich dennoch als reicher Lebemann auf; allzusehr vertraut er auf den nahen Tod der alten Babulenka und auf eine reiche Erbschaft. Auch die Französin Blanche, der der General den Hof macht, spekuliert auf Geld und Titel, so wie Polina, seine Stieftochter, von einem Marquis umschwärmt wird, der es

auch nur auf ihr Erbe abgesehen hat. Die einzige positive Gestalt scheint der Hauslehrer Alexej zu sein, der – von der ganzen Sippschaft als Lakai gedemütigt – hoffnungslos in Polina verliebt ist; nur ein reicher Engländer, Mister Astley, begegnet Alexej mit Sympathie und Verständnis.

2. AKT: In der Halle des Hotels. Polina spielt mit Alexejs Gefühlen und stiftet ihn immer wieder zu dummen, aber nicht immer harmlosen Streichen an. Nun hat er im Park den deutschen Baron Würmerhelm beleidigt, nur weil Polina es so wollte. Der General fürchtet einen Eklat und entläßt den jungen Mann. Da erscheint völlig unerwartet und erstaunlich rüstig die „sterbenskranke" Babulenka und eröffnet den fassungslosen Erbschleichern, sie werde lieber ihr ganzes Vermögen verspielen, als ihnen auch nur eine Kopeke zu hinterlassen. Als sie von Alexejs ungerechter Entlassung erfährt, nimmt sie ihn in ihre Dienste und bittet ihn, sie bei ihren ersten Einsätzen am Roulette-Tisch zu beraten.

3. AKT: Im Salon des Hotels. Die Babulenka hat schon fast ihr gesamtes Bargeld am Spieltisch verloren. Nun zeigen Blanche und der Marquis ihr wahres Gesicht: Die Französin löst ihre Verlobung mit dem General und wendet sich einem anderen Freier zu, dem widerwärtigen, aber reichen Fürsten Nilski, und der Marquis gibt Polina den Laufpaß, die um so mehr darüber entsetzt ist, als sich der General ihm gegenüber tief verschuldet hat.

4. AKT. 1. Bild: In Alexejs Zimmer. In ihrer Not wendet sich Polina an Alexej und fleht ihn an, für sie an den Spieltisch zu gehen und zu setzen, damit man mit dem erhofften Gewinn den Marquis auszahlen könne. (Erstes Zwischenspiel)

2. Bild: Im Spielsaal. Alexej setzt – gegen alle Regeln – ständig auf Rot und gewinnt damit tatsächlich ein Vermögen. (Zweites Zwischenspiel)

3. Bild: In Alexejs Zimmer. Überglücklich will Alexej Polina den ganzen Gewinn schenken, sie aber glaubt, er sei nicht besser als die anderen und wolle sie „kaufen"; mit wütender Verzweiflung schleudert sie ihm das Geld ins Gesicht und stürzt davon. Alexej jedoch ist schon so sehr dem Spielteufel verfallen, daß er Polinas Fortgehen kaum bemerkt: Er wird wieder hinuntergehen, wieder auf Rot setzen – und alles verlieren!

Kommentar

Die ersten Ideen einer Oper nach Dostojewskijs Roman kamen Prokofjew 1914 bei seinem Aufenthalt in London, und er informierte Sergej Diaghilew über das Projekt, den berühmten Impresario der „Ballets russes". Diaghilew aber winkte ab: Das Genre der Oper sei tot, und Prokofjew solle lieber ein Ballett für ihn komponieren. Ungeachtet dieses negativen Bescheids machte sich Prokofjew im Herbst 1915 an die Vertonung des (von ihm selbst eingerichteten) Librettos, zumal der Engländer Albert Coates – damals Dirigent am St. Petersburger Marinskij-Theater – sich für die Idee begeistert und eine Aufführung zugesagt hatte. Im März 1916 waren die ersten drei Akte fertig; die Musik knüpfte in ihrer radikalen Neuartigkeit und Schärfe an die *Skythische Suite* op. 20 an, die bei ihrer Uraufführung im Januar 1916 einen regelrechten Skandal ausgelöst hatte. Dennoch konnte Coates bei Teljakowskij, dem Direktor des Marinskij-Theaters, einen Vertragsabschluß mit Prokofjew durchsetzen, und „den ganzen Sommer 1916 verbrachte ich mit der Instrumentierung, wobei ich täglich etwa zehn Seiten schaffte, bei durchsichtig orchestrierten Szenen sogar manchmal achtzehn". Aber die Aufführung wurde immer und immer wieder verschoben, bis schließlich der Ausbruch der Oktober-Revolution das Projekt endgültig zum Scheitern brachte.

1927 schien sich im jetzigen Leningrad ein neues Interesse am *Spieler* anzudeuten, und Prokofjew nahm sich daraufhin die noch nicht aufgeführte Partitur wieder vor. „Die zehn Jahre, die seit der Komposition vergangen waren, ließen mich deutlich erkennen, was darin Musik war und was mit gräßlichen Akkorden vollgestopftes Füllmaterial. Diese Stellen warf ich also heraus und komponierte sie neu; außerdem achtete ich darauf, die Instrumentation zu vereinfachen und die Vokalpartien kantabler zu gestalten." Tatsächlich war es eine grundlegende Neufassung, die Prokofjew erstellte und die dann – nicht in Leningrad allerdings, sondern am Brüsseler Théâtre de la Monnaie – am 29. April 1929 ihre Premiere erlebte.

1931 richtete der Komponist selbst die sinfonische Suite *Vier Porträts* (Alexej, Babulenka, der General und Polina) und das Finale aus der Oper *Der Spieler* (op. 49) ein, die am 12. März 1932 in Paris uraufgeführt wurde. Die „Menagerie" des Generals und seines Gefolges im 1. Akt und die zahlreichen Einzelcharaktere der Spieler im 2. Bild des 4. Aktes zeigen, worauf es Prokofjew (in getreuer Anlehnung an die Vorlage Dostojewskijs) ankam: Trotz aller Spannung ist weniger die Handlung ausschlaggebend als vielmehr die Psychologie jeder einzelnen Gestalt bis hin zu den kleinen Nebenrollen. „Aus demselben Grund wird die Instrumentation durchsichtig sein, damit jedes Wort zu verstehen ist", schreibt Prokofjew am 12. Mai 1916 in der „Wetschernije birshewije wedomosti" und tags darauf in der „Wetschernije wremja": „Die ganze Oper ist im Deklamationsstil (Konservationsstil) geschrieben", vielleicht in Anlehnung an Mussorgskijs Fragment *Die Heirat* und Alexander Dargomyschskijs Prosa-Oper *Der steinerne Gast*. Beides – der Deklamationsstil und die Transparenz des Orchesters – ist in der Umarbeitung erhalten geblieben, wenn nicht sogar verdeutlicht worden.

Geschichte
Die Uraufführung (als *Le joueur* in französischer Sprache) wurde ein großer Erfolg, und manche Kritiker scheuten sich nicht, von „Mozart in der Tonsprache unserer Zeit" zu sprechen; kein Wort jedenfalls mehr vom Modernismus, der 1917 im St. Petersburger Marinskij-Theater so verstört hatte. Prokofjew selbst war zwar zufrieden mit der Aufführung, glaubte aber, vielen müsse das Werk fremd geblieben sein: „Obgleich *Der Spieler* von den Romanen Dostojewskijs vielleicht der am wenigsten typische ist, würden doch viele seiner psychologischen Momente bei uns ganz anders bewertet worden sein, während sie in Brüssel zumeist als interessante, aber unverständliche Eigentümlichkeiten der slawischen Seele eingeschätzt wurden." Der Brüsseler Aufführung, die zwei Jahre lang auf dem Spielplan stand, folgten erst sehr viel später weitere Aufführungen, etwa in Neapel (1953), Darmstadt (1956), Belgrad (1962), Toulouse (1966), Hannover und Edinburgh (1969), Leipzig (1972) und München (1973); in der Sowjetunion dauerte es bis 1974, bevor Prokofjews *Spieler* am Moskauer Bolschoj-Theater seine Erstaufführung erlebte.   *Michael Stegemann*

Diskographische Empfehlung
1960 – Moskau: Gennadi Roshdestwensky, Chor und Orchester des Moskauer Rundfunks. Gennadi Troitsky (General), Nina Poljakowa (Polina, seine Stieftochter), Wladimir Machow (Alexej, Hauslehrer), Wladimir Tsarsky (Fürst Nilsky), Iwan Budrin (Potapytsch), Anna Matjuschina (Blanche), Andrej Sokolow (Marquis). CBS, M3 34579

Krieg und Frieden (Woina i mir)

Oper in dreizehn Bildern

Text: Mira Mendelson und Sergej Prokofjew, nach dem gleichnamigen Roman von Lew Tolstoj unter Verwendung von Aufzeichnungen des Dichters und Partisanen Denis Wassiljewitsch Dawidow über das Jahr 1812

Uraufführung: ERSTE FASSUNG IN ELF BILDERN: 16. Oktober 1944, Moskau (konzertant mit Klavierbegleitung; konzertant mit Orchesterbegleitung: Moskau, 7. Juni 1945)

SZENISCHE URAUFFÜHRUNG DES UM DAS ACHTE BILD ERWEITERTEN ERSTEN TEILS: 12. Juni 1946, Maly-Theater Leningrad ; ZWEITER TEIL: 4. Dezember 1948, Maly-Theater Leningrad (geschlossene Aufführung)

REVIDIERTE FASSUNG IN ELF BILDERN: 1. April 1955, Maly-Theater Leningrad, REVIDIERTE FASSUNG IN 13 BILDERN: 8. November 1957, Akademisches Musikalisches Theater Stanislawski/Nemirowitsch-Dantschenko, Moskau

Personen: Fürst Andrej Bolkonski (Bar); Natascha Rostowa (Sop); Graf Pierre Besuchow (Ten); Anatol Kuragin (Ten); Feldmarschall Kutusow (Baß); Napoleon (Bar); Denissow (Baß); Platon Karatajew (Ten); Sonja (Mez); Gérard (Ten); Fjodor/Iwanow (Ten); Maria Dimitrijewna Achrossimowa (Mez); Madame Peronskaja (Sop); Fürst Rostow (Bar); Helena Besuchow (Mez); Dolochow (Baßbar); General Benigsen (Baß); Kammermädchen bei Fürst Bolkonski (Alt); General Rajewskij (Bar); Fürstin Maria Bolkonski (Alt); General Ermolow/Nikolai Bolkonski (Baß); Balaga/Hauptmann Rambal/Zweiter deutscher General (Baß); Zigeunerin/Trischka (Alt); Duniascha, Kammermädchen bei Fürst Rostow (Sop); Gawrila/General Béliard (Baßbar); Französischer Doktor/Französischer General (Baßbar); Abbé/General Barclay du Tolly/Junger Arbeiter (Ten); Marschall Davout (Baßbar); Wassilissa (Mez); Matwejew (Bar); Tichon Schtscherbaty (Baß); Erster deutscher General/Jacquot (Baß); Leutnant Bonnet/Fürst Andrej Bolkonskis Offiziersbursche (Ten); Erster Stabsoffizier (Ten); Zweiter Stabsoffizier (Baßbar); Generaladjutant/Erster Wahnsinniger (Ten); Marschall Berthier/Zweiter Wahnsinniger (Baßbar); Adjutant des Fürsten Eugène (Ten); Stimme auf der Bühne (Ten); Adjutant Napoleons/

Stimme hinter der Bühne (Baß); Monsieur De Boesset (Ten); Ko-nownitsyne (Ten); Erster Chorsänger (Bar); Adjutant Murats (Alt); Erste französische Schauspielerin (Sop); Zweite französische Schauspielerin/Krämerin (Sop)

Chor: Ballgäste; Moskauer Bürger; Bewaffnete Bauern; Russisches Heer; Partisanen; Franzosen

Ort und Zeit: Rußland, zwischen 1809 und 1812

Orchester: 2 Fl, Picc, 2 Ob, E. H., 2 Kl, Bkl, 2 Fg, Kfg, 4 Hrn, 3 Trp, 3 Pos, Tba, Pkn, Schlgzg, Hrf, Streicher

Auf der Bühne (8. Bild): Fl, Picc, Althrn, 2 Tenhrn, Schlgzg, Streicher

Form: Durchkomponiert

Aufführungsdauer: 4 ¼ Stunden

Verlag: Muzgiz, Moskau (dreibändige Partitur im Rahmen der Prokofjew-Gesamtausgabe), deutsche Fassung von Ljubomir Romansky (Alkor-Edition, Kassel)

Handlung

1. Bild: Auf dem Landgut der Rostows lernt Fürst Andrej Bolkonski die junge Natascha kennen. Die gefühlsbetonte Jugendlichkeit des Mädchens weist ihm einen Weg aus seiner Lebenskrise: Er verliebt sich.

2. Bild: In St. Petersburg besucht Natascha den ersten Ball ihres Lebens, sie tanzt hingebungsvoll mit Andrej.

3. Bild: Einige Monate später in Moskau. Andrej hat um die Hand Nataschas angehalten, Graf Rostow will mit seiner Tochter dem alten Bolkonski seine Aufwartung machen. Doch der empfängt die Besucher nicht. Als Vertreter des Hochadels lehnt er eine Bindung seines Sohns an eine Frau aus dem niederen und verarmten Adel ab. Er hat Andrej für ein Jahr ins Ausland geschickt.

4. Bild: Im Salon des Grafen Pierre Besuchow, dessen Frau Hélène eine Soirée gibt. Sie ist von der jungen Natascha entzückt und vermittelt ihr nicht ohne Hintergedanken die Bekanntschaft mit ihrem Bruder Anatol Kuragin, einem notorischen Don Juan. Natascha selbst, enttäuscht von der Abreise Andrejs und deprimiert durch die bei seinem Vater erlittene Abfuhr, fühlt sich von Anatols Avancen geschmeichelt.

5. Bild: Zusammen mit einem Freund bereitet Anatol die Entführung Nataschas vor. Obwohl schon verheiratet, steigert er sich in seine Gefühle für Natascha hinein.

6. Bild: Natascha erwartet Anatol, um mit ihm zu fliehen. Doch der Versuch scheitert. Besuchow, der sich Vorwürfe macht, daß seine Frau ihren Bruder Natascha zugeführt hat, klärt das Mädchen über den wahren Charakter Anatols auf. Natascha begeht einen Selbstmordversuch.

7. Bild: Besuchow wirft Hélène und Anatol ihr unmoralisches Verhalten vor. Da kommt die schon des längeren befürchtete Nachricht vom Überfall Napoleons auf Rußland.

8. Bild: Vor der Schlacht bei Borodino. Fürst Andrej baut, tief enttäuscht von Nataschas leichtfertigem Verhalten, mit der Bauernwehr Schanzen. Besuchows Freund Denissow hat sich auch der vaterländischen Bewegung angeschlossen und wirbt Partisanen. Bauern berichten von den Greueltaten der französischen Invasoren. Pierre Besuchow sucht seinen Freund Andrej auf, der bereit ist, mit dem Leben abzuschließen. Der russische Feldherr Kutusow inspiziert die Verschanzungen und gewinnt aus der Verteidigungsbereitschaft des Volks Zuversicht.

9. Bild: Während der Schlacht bei Borodino sieht sich Napoleon, der auf sein früheres Schlachtenglück vertraute, einer ungewohnten Situation gegenüber: Statt mit einer Armee ist er mit einer wahren Volksbewegung konfrontiert.

10. Bild: In einem Bauernhaus berät sich die russische Generalität. In Anbetracht der Kräfteverhältnisse entschließt sich Kutusow schweren Herzens, seine Truppen zurückzuziehen und Moskau dem Feind zu überlassen.

11. Bild: In Moskau sind die Franzosen einmarschiert. Trotz des von Napoleon erlassenen Dekrets über den Schutz des Eigentums ziehen die Soldaten mordend und plündernd durch die Straßen. Da zünden die Russen die Stadt an. Verhaftete Brandstifter werden sogleich erschossen. Unter den Verhafteten ist auch Pierre Besuchow, der sich der Miliz angeschlossen hat und ein Attentat auf Napoleon plant. Er wird begnadigt und findet in der Gefangenschaft die Freundschaft des Bauern Platon Karatajew. Die französische Armee verläßt das brennende Moskau.

12. Bild: In einer Bauernhütte wird der in der Schlacht verwundete Andrej von Natascha gepflegt. Die beiden versöhnen sich und träumen von der gemeinsamen Zukunft, doch Andrejs Verletzungen sind tödlich.

13. Bild: Auf der Straße nach Smolensk beginnt der französische Rückzug vor dem russischen Winter. Wer von ihren Kriegsgefangenen zurückbleibt, wird erschossen. So auch Platon Karatajew, während Pierre Besuchow von Partisanen befreit wird. Das siegreiche russische Volk feiert General Kutusow mit einem patriotischen Chor.

Kommentar

Prokofjews letzte Oper ist eins der umfänglichsten Werke in der Geschichte des Musiktheaters, der Besetzungszettel weist über fünfzig Personen auf. Der Aufbau ist strikt zweiteilig, die ersten sieben Bilder spielen im Frieden, die folgenden im Krieg. Zwischen beiden Teilen steht ein chorischer Epigraph (fakultativ auch anstelle der Ouvertüre vor dem ersten Teil vom Komponisten erlaubt), in dem das Leid Rußlands unter der Invasion eines aus zwölf europäischen Nationen zusammengestellten Heeres geschildert wird – aber auch die Weite des Landes, die als stärkstes Verteidigungsmittel den Feind empfangen wird. In diesem Chor tritt Prokofjews Absicht unmißverständlich zutage: den Einmarsch Napoleons historisch mit dem Überfall Hitler-Deutschlands auf die Sowjetunion in Parallele zu setzen und dadurch die Abwehrmoral seiner Landsleute in dem „vaterländischen Krieg", wie die Sowjethistoriker den Zweiten Weltkrieg nennen, zu stärken. Dieser Kunstwille überstieg das Kunstvermögen des Komponisten, der das Werk nicht in einer authentischen Aufführungsversion hinterlassen hat, sondern bis zu seinem Todestag – es war auch der Josef Stalins – an Korrekturen arbeitete. So sinnfällig die Parallelisierung von 1812 mit 1941 auch war – Prokofjew hat sie nicht erfunden, sondern quasi gegen seinen Willen erlitten, da er sich schon vor Hitlers Einfall mit dem Gedanken einer Tolstoj-Vertonung trug –, so heftig tritt ihr die Komplexität des Romans *Krieg und Frieden* entgegen. Prokofjews lineare Geschichtsbetrachtung: daß die Bedrohung von außen zu einer Solidarisierung aller Volksschichten führt, ist bei Tolstoj eben nicht gestaltet. Der Dichter hat in seinem Werk aus den ungeheuren gesellschaftlichen Widersprüchen zu Beginn des 19. Jahrhunderts ein Ensemble gesamtgesellschaftlicher Verhältnisse des damaligen Rußland gewonnen; Prokofjew kommt über klischeehafte Eindimensionalität nicht hinaus. Das spiegelt sich in der Musik selbst, die an der Absicht scheitert, das Allgemeine im privaten zu vermitteln. Die Chor- und Schlachtszenen sind von einer ungefügen Trivialität, so daß der mit schneidenden Dissonanzen gezeichnete Kaiser Napoleon gegen die Intentionen des Komponisten als eine der satztechnisch interessanteren Figuren erscheint.

Der ideologische Druck, der durch die Parallele 1812/1941 auf dem Komponisten lastete, zeigt sich in Details, so z. B. daß er die Brandstiftung in Moskau russischen Patrioten anlastet (im Gegensatz zu Tolstoj) oder Tolstoj-fremde Texte einbezieht. Die beschränken sich nicht nur auf den Partisanen-Dichter und Kriegsberichterstatter Dawidow, dem das Epigraph zu verdanken ist, sondern schließen auch zeitgenössische Lyrik ein, die in genrehaften Szenen beider Großteile der sonst durchgehend nach Tolstoj gestalteten Prosa gegenüberstehen. Musikalisch wird das durch geschlossene Formen unterstrichen, so im Duett Nataschas mit ihrer Cousine Sonja im 1. Bild, dem Kutscherlied im 5., den Soldatenchören im 8., dem Chanson der Franzosen Jacques und Gérard sowie dem Lied der beiden Irrsinnigen im 11. Bild. Solch geschlossene Gebilde, zu denen auch die beiden Ariosi des Generals Kutusow im 8. und 10. Bild gehören, fallen aus dem insgesamt durchkomponierten Werk heraus. Sie spiegeln Prokofjews Anlehnung an Mussorgskijs Einsatz von volksliedhaften Episoden ebenso wie die an Tschaikowskijs Neigung zu französischem Lokalkolorit (Einlagen in *Eugen Onegin* und *Pique Dame*). Der Kontext, in dem diese Nummern stehen, macht aber auch die andere stilistische Ausrichtung Prokofjews deutlich, diese russische Operntradition mit der deutschen des musikalischen Individualdramas zu verbinden. Doch ist rein musikalisch der Zusammenhang der beiden Großteile Frieden und Krieg nicht bewältigt, da bis auf ein einziges Thema des Andrej kein symphonisch-durchführungstechnischer Zusammenhang erstellt wird. Der bleibt einzig der Ouvertüre und dem Epigraph überantwortet, deren thematisches Material schon in den Kriegsteil weist.

Diese Schwäche der übergreifenden Konstruktion schließt spezielle Stärken ein. Die betreffen vorrangig den ersten Teil, in dem es Prokofjew teilweise überzeugend gelang, die psychische Entwicklung zu verdeutlichen. Die Sympathie des Komponisten gilt Natascha, Andrej und Pierre Besuchow, die er – auch in ihrem Verhältnis untereinander – mit hoher Kunst motivischer Verarbeitung schildert. Die thematische Erfindung, für die oft eine tonal relativ freie Begleitharmonik eingesetzt wird, zeichnet sich durch die Emphase von Sept- und Nonenaufschwüngen aus, denen in gedrückter psychischer Situation chromatische Gänge entgegengesetzt sind. Daß die einzelnen Bilder des ersten Teils weniger der festen Einteilung der Nummernoper entsprechen, sich eher einer filmischen Ausblendungstechnik bedienen, schließt weiträumige motivische Binnenbezüge keineswegs aus. So erklärt sich etwa die Verführbarkeit Nataschas im 4. Bild rein musikalisch: Ihre erste Begegnung mit Anatol wird unterlegt mit fern erklingender Tanzmusik. Und in der steigt ihre Erinnerung an den gemeinsam mit Andrej verbrachten Ball des 2. Bildes hoch. So wird sie in der Erinnerung an den Geliebten ansprechbar für den Verführer. Eine ähnliche Übertragung erfährt das im 1. Bild erklingende Frühlingsmotiv Andrejs.

Zuerst nichts als eine lyrische Selbstaussprache, wird es später bezeichnend für seine Beziehung zu Natascha und sogar für deren Schuldgefühle dem Geliebten gegenüber, nachdem sie ihn betrogen hat. Prokofjew greift hier weder die vorwagnersche Erinnerungsmotivik auf noch Wagners semantisch-eindeutige Leitmotivik. Vielmehr schließt er sich jenem von Debussy in *Pelléas et Mélisande* entwickelten interlinearen Orchesterdiskurs an, der nicht Stufen in einem Bewußtseinsprozeß der Figuren fixiert, sondern diese ihrem eigenen Unterbewußtsein aussetzt. Daß er im Kriegsteil dieses Gestaltungsprinzip aufgab und durch eindeutige motivische Wertzuordnungen ersetzte, beweist auch sein Rückgriff auf ältere Liedsammlungen und deren Stimmungsgehalt. So bleiben letztlich Individualschicksal und Volksdrama im Werk unvermittelt, und die Übertragung der volkshaften Intonationen auf Marschall Kutusow entpuppt sich als Spielart eines politischen Personenkults.

Geschichte

Die ästhetischen Probleme der Oper sind schon in der Entstehungs- und Aufführungsgeschichte angelegt. 1940 hatte Prokofjew den Plan entwickelt, Tolstojs *Auferstehung* zu vertonen. Die junge Dichterin Mira Mendelson brachte ihm aber *Krieg und Frieden* nahe, und im April 1941 war der erste Entwurf für eine Oper in elf Bildern fertig, genau ein Jahr später der Klavierauszug. Diese Fassung mit Klavierbegleitung wurde am 16. Oktober 1944 in Moskau öffentlich gespielt, am 7. Juni 1945 mit Orchesterbegleitung (beide Male konzertant). Auf Anraten des ersten Dirigenten der Oper, Samuil Samossud, erweiterte Prokofjew das Werk um zwei Bilder und wollte es auf zwei Abende ausdehnen. Der nun erweiterte Friedensteil, dem das 1. Bild des Kriegsteils folgte, kam am 12. Juni 1946 am Maly-Theater in Leningrad heraus, der zweite wurde am 4. Dezember 1948 als geschlossene Vorstellung in Leningrad gegeben – im Februar jenes Jahres war der verhängnisvolle Entschluß des Zentralkomitees der KPdSU mit der Maßregelung Prokofjews und Schostakowitschs erfolgt. Auch eine vom Komponisten stark gekürzte Version wurde 1949 vom Komitee untersagt. Bis zu seinem Tod unterzog Prokofjew das Werk immer neuen Revisionen, uraufgeführt in einer gekürzten Fassung wurde es zwei Jahre nach seinem Tod: 1955 im Leningrader Maly-Theater. Alle 13 Bilder, jedoch mit vielen Kürzungen, bot die Moskauer Aufführung 1957 im Theater Stanislawski/Nemirowitsch-Dantschenko. Da die vom Moskauer Muzgiz-Verlag im Rahmen der Prokofjew-Gesamtausgabe vorgelegte Partitur keine verbind-

liche Aufführungsversion ist, sondern nur alles komponierte Material enthält, ist jede Neueinstudierung eine Neufassung. So war es auch bei den
ersten deutschsprachigen Aufführungen: 1961 in Leipzig und 1969 bei den
Ruhrfestspielen Recklinghausen als Gastspiel des Gelsenkirchener Musiktheaters im Revier.   *Ulrich Schreiber*

Diskographische Empfehlung

1986 – Paris: Mstislav Rostropovitch, Chœurs de Radio France,
Orchestre National de France. Lajos Miller (Fürst Andrej Bolkonski), Galina Wischnewskaja (Natascha Rostowa), Wieslaw Ochman (Graf Pierre
Besuchow), Nicolai Gedda (Anatol Kuragin), Nicola Ghiuselev (Feldmarschall Kutusow), Eduard Tumagian (Napoleon), Malcom Smith (Denissow), Misha Raitzin (Platon Karatajew). Erato, ECD 75480 (DDD)

CARL ORFF

geb. 10. Juli 1895 in München
gest. 30. März 1982 in München

Stringent und konsequent schuf der bayerische Komponist Carl Orff ein Lebenswerk aus dem Geiste des Theaters, zu dem sich keine Parallele in der Musik des 20. Jahrhunderts finden läßt. Orff entstammt einer den Künsten und Wissenschaften sehr zugetanen Offiziersfamilie. Im Elternhaus wird viel musiziert, und schon vom Sechzehnjährigen erscheinen erste Kompositionen im Druck. Als junger Autodidakt schreibt Orff bereits ein Oratorium und eine Oper. Nach der Schulzeit im humanistischen Gymnasium studiert er dann an der Akademie der Tonkunst bei den Spätromantikern Zilcher und Beer-Waldbrunn. In den frühen, von Debussy und Strauss beeinflußten Partituren finden sich – vor allem in bezug auf die Instrumentation – deutlich angelegte, charakteristische Züge seiner reifen Werke. Nach prägenden Erfahrungen als Kapellmeister, zunächst ab 1915 an den Kammerspielen in München, dann ab 1918 in Mannheim und Darmstadt, widmet sich Orff bei Heinrich Kaminski erneut dem Kompositionsstudium. Wesentlich für seine künstlerische Identität werden in den folgenden Jahren mehrere substantielle Faktoren. Zum Studium der Musik alter Meister, das in Neubearbeitungen Monteverdischer Opern gipfelt, kommen die szenischen Aufführungen der Oratorien Bachs, die Orff als Dirigent des Münchner Bachvereins leitet. Wichtig ist seine intensive Beschäftigung mit der bayerischen Folklore und das forschende Engagement im Bereich des Ausdruckstanzes. Zusammen mit Dorothee Günther gründet Orff 1924 die „Güntherschule", ein Institut, das es sich zur Aufgabe macht, die „naturgegebene Einheit von Musik und Bewegung wieder herzustellen". Orffs *Schulwerk* entsteht: „Elementare Musikübung" soll „an Urkräfte und Urformen der Musik heranführen". Ein Schlüsselwerk sind schließlich die *Carmina burana* nach einer mittelalterlichen Liederhandschrift (1936/37), die Orff auf einen Schlag berühmt machten. Von hier ausgehend beschreitet er nun seinen klaren Weg auf der Suche nach dem Urgrund eines integralen Theaters. Sprache und Musik, Bild und Bewegung sind die gleichgewichtigen Fermente dieses Bemühens.

Von den Märchenspielen *Der Mond* und *Die Kluge* über die bairischen Stücke *Bernauerin* (1947) und *Astutuli* (1953), vom *Sommernachtstraum* nach Shakespeare (1939/64) über die Mysterienspiele läßt sich eine zunächst gewundene Linie ziehen zu immer mehr archaisch-kultisch gefärbten Stoffen. Mystische, dämonische und religiöse Bereiche tangierend, mündet diese Linie dann geradewegs und folgerichtig in die fundamentale Welt des griechischen Mythos. *Helmut Rohm*

Der Mond
Ein kleines Welttheater

<u>Text</u>: Carl Orff, nach dem gleichnamigen Märchen der Gebrüder Grimm

<u>Uraufführung</u>: 5. Februar 1939, Bayerische Staatsoper, München

<u>Personen</u>: Der Erzähler (Ten); Vier Burschen, die den Mond stehlen (2 Bar, Ten, Baß); Ein Bauer (Bar); Ein Schultheiß, ein Wirt (Sprechrollen); Ein anderer Schultheiß (stumme Rolle); Leute, die in der Schenke zechen und sich den Mond stehlen lassen (gemischter Chor und Kinderchor); Leichen, die der Mond aufweckt (kl. Soli, gem. Chor); Ein alter Mann, der Petrus heißt und den Himmel in Ordnung hält (Baß); Ein kleines Kind, das den Mond am Himmel entdeckt (Sprechrolle)

Alle, ausgenommen der Erzähler, tragen zeitlose Bauerntracht

<u>Ort und Zeit</u>: Irgendwo, vor langer, langer Zeit

<u>Orchester</u>: 3 GrFl (auch 3 Picc), 3 Ob (3. auch E. H.), 3 Kl (auch 3 Bkl), 2 Fg (2 auch Kfg), 4 Hrn, 3 Trp, 3 Pos, Tba, 5 Pkn, Schlgzg (GrTr, KlTr, Rührtr, Tamburin, Triangel, Xyl, Cymbal, versch. Bck, GrTamTam, Ratsche, Rute, Schlittenschellen, Kastagnetten, Uhrgl, Röhrengl, Gläserspiel, Glsp, Metallophon), Harmonium, Ziehharmonika, Cel, Klav, Hrf, Zither, Streicher

<u>Auf der Bühne</u>: Orgel, gem. Chor (alle mit Megaphon unsichtbar hinter der Bühne); 3 Rührtr, GrTr, Bck, TamTams, Donner- und Windmaschine, Wächterhrn

<u>Form</u>: Durchkomponierte Szenen mit gesprochenen Passagen

<u>Aufführungsdauer</u>: Ca. 1 ½ Stunden

<u>Verlag</u>: B. Schott's Söhne, Mainz

Handlung

„Vor Zeiten gab es ein Land", so beginnt im Haselstrauch sitzend
der Erzähler, „wo die Nacht immer dunkel war." Das Licht hatte bei der
Welterschaffung nicht ausgereicht. Alsbald geschieht, von was gekündet
ward: Vier Burschen wandern von ihrem dunklen Land aus los und kommen in ein anderes Reich. Sie sehen dort staunend eine nächtens sanft
leuchtende Kugel an einem Eichbaum hängen. „Das ist der Mond", werden
sie von einem Bauern belehrt. Den habe der Schultheiß für drei Taler
erstanden. Für einen weiteren Taler die Woche gieße er täglich Öl nach und
pflege die Lampe fleißig. Flugs beschließen die vier Burschen, den Mond zu
entwenden. Auch bei ihnen zu Hause gebe es einen Eichbaum, und gegen
nächtliches Licht sei nichts einzuwenden. „Sie können sich hier ja einen
anderen kaufen." Einer bohrt ein Loch in den Mond, zieht ein Seil hindurch und holt ihn herunter. Zugedeckt auf einem Karren wird er abtrans-
portiert. Zunächst glauben die Bauern, der besoffene Schultheiß habe den
Mond nicht geputzt. Schließlich entdeckt man erschüttert: „Der Mond ist
fort!"
Derweil kommen die Diebe in ihr eigenes Land zurück und erklären dem
verdutzten Volk, für was man den Mond brauche und was sie für seine
Pflege verlangen wollten. Bald leuchtet die runde Scheibe friedlich an
einem anderen Baum.
Alt und jung freut sich. (Kurz und unversehens tut sich ein phantastischer
nächtlicher Raum auf. Man wird gewahr, „wie das Weltenrad sich dreht,
wie die Zeit vergeht". Die Erscheinung erlischt.) Der Erzähler berichtet
dann vom Sterben der vier gealterten Burschen. Ein Leben lang haben sie
den Mond gepflegt, und jeder will seinen Teil davon mit ins Grab nehmen.
Die Leute gewähren es ihnen, und als der erste stirbt, schneidet der Schultheiß mit einer Blechschere ein Viertel vom Mond ab. Es wird in den Sarg
gelegt. Einer nach dem anderen nimmt so ein Stück Mond mit in die Gruft,
und es „tritt die alte Finsternis wieder ein".
Im Gewölbe, bei den Toten, treffen sich die vier Burschen wieder. Sie stehen
aus ihren Truhen auf und leimen ihre Mondteile wieder zusammen. Mit der
nun gespenstisch grün schimmernden Scheibe leuchten sie das Reich der
Verstorbenen aus. Langsam bewegt es sich in den Särgen. Immer mehr Tote
erwachen und starren auf das Licht. Das sei der Mond, erklären die vier
Burschen, nun heiße es aufwachen und feiern. „In ein Freudenarsenal
wandeln wir das Grablokal." Ein toller und makabrer Mummenschanz
beginnt. Wie zu Lebzeiten treiben sie's alle und saufen und johlen laut und

ausgelassen. Während Petrus, ein „hünenhafter alter Schäfer mit Nacht-
wächterhorn", bereits vom Lärm gestört, die Wolken auseinanderschiebt,
ist im aufgewühlten Totenreich schon eine wüste Rauferei im Gange. Nur
das „Schlagt ihn tot" – das geht nun nimmer! „Alles ist so wie im Leben,
keinem wird Pardon gegeben, jeder spielt ein falsches Spiel, keiner kommt
damit zum Ziel" – so singt ein Chor. Petrus schickt einen fürchterlichen
Blitz zu den Toten, und augenblicklich kehrt Ruhe ein. Die Burschen
zünden den Mond, den sie zuvor gelöscht hatten, wieder an. Freundlich
lachend kommt Petrus daher: „Was ist das für ein Licht?" Petrus läßt sich
alles erklären und meint, man solle sich's gutgehen lassen. Erfreut merken
die „Leichen", daß der Alte Spaß versteht. Mit viel Güte und Geschick
fordert Petrus alle auf, weiterzufeiern und viel vom guten Wein zu trinken.
Der Docht des Mondes wird geputzt, alle tanzen friedlich und werden
schließlich müde. Ein magischer Zauber geht vom Himmelswächter aus.
Er erzählt von der kosmischen Ordnung, schraubt das Licht der Mond-
lampe kleiner und singt alle Toten in den ewigen Schlaf. Dann steigt er zum
Himmel empor und befestigt den Mond dort wie eine Laterne. Staunend
kommen Menschen aus ihren Häusern. Ein kleines Kind im Nachthemd
ruft: „Ah, da hängt ja der Mond!" Und unten schlummern friedlich die
Toten.

Kommentar

Carl Orff hat mit seinem Märchenspiel *Der Mond* keine eigentliche
Oper, sondern, wie er es nennt, ein *Kleines Welttheater* geschaffen. Das von
den Gebrüdern Grimm erzählte Märchen, das Orffs Dichtung zugrunde
liegt, beruht selbst auf einem uralten keltisch-germanischen Naturmythos
um den zu- und abnehmenden Himmelskörper. Mit subtilen, aber einfachen und vielleicht gerade deshalb besonders wirksamen Mitteln ist es Orff
gelungen, ein poetisches und magisches Gleichnis auf die Ordnung des
Kosmos zu formen. Schon das immer gleich bleibende Bühnenbild suggeriert eine fest gefügte Welt. Himmel, Erde und Unterwelt bleiben als
Schauplatz einsehbar. Die Sphäre des menschlichen Lebens ist in gleichar-
tige, zwei Länder repräsentierende Hälften aufgeteilt. Nur temporär und
scheinbar bringen die vier Burschen durch ihren Diebstahl des Mondes das
ewige Gefüge aus dem Gleichgewicht. Kaum ist die märchenhafte Handlung richtig in Gang gekommen, unterbricht eine dramaturgisch klug gesetzte, statische, aber in sich ostinat bewegte Nachtmusik das Spiel. Der
Lauf der Planeten wird erahnbar, das Weltenrad dreht sich, man hört und

sieht, man erkennt, wie die „Zeit vergeht". Hier kündigt sich die Sphäre des himmlischen Nachtwächters an. Orff hat das Grimmsche Hausmärchen und diese mystisch-kosmologische Bedeutungsschicht zu einer tiefsinnigen Parabel erweitert. Petrus gleicht in all seiner Macht, Weisheit und besonnenen Güte weniger dem christlich-heiligen Mann des Biedermeier als vielmehr dem nordischen Gott und Weltenhüter Odin. Ganz von der Totalität des Bühnengeschehens ausgehend, entstand in dem zugleich kleinen und großen Gesamtkunstwerk Orffs zunächst der szenische Entwurf. Dichtung und Musik befruchteten sich im Schaffensprozeß gegenseitig. Aus den allgegenwärtigen Kontrasten und Widersprüchen ergibt sich die federnde Spannung und formale Homogenität des Ganzen. Hier der Erzähler, psalmodierend nach Art eines Evangelisten, dort die makabre Orgie der Leichen mit ihren skandierenden Sprechchören; komödiantisches Spiel und buffoneskes Treiben in Abwechslung mit Mystik und konkreter Philosophie. Alles ist organisch miteinander verschmolzen. Die pulsierende Rhythmik ist aus der Struktur der Sprache heraus entwickelt. Ausgelassene metrisch urwüchsige Bauerntänze stehen neben geheimnisvoll-sphärischen Klängen: den Gleichnissen der Ewigkeit. Zum ebenso raffiniert wie sparsam eingesetzten, aber riesenhaften Instrumentarium der Partitur gehören Ziehharmonika, Zither, Donner- und Windmaschine wie auch Orgel. Zwischen die musikalischen Nummern des ohne Pausen durchzuspielenden Stückes, in dem auch Momente von Lehrstück und mittelalterlichem Fastnachtsspiel nachwirken, sind hier und dort auch gesprochene Passagen eingebunden.

Geschichte

Mit dem *Mond*, so schrieb Carl Orff einmal, habe er „Abschied von der Romantik" genommen. Anfangs wollte er das Stück für das Marionetten-Theater einrichten. Dann aber regte Clemens Krauss, damals Leiter der Bayerischen Staatsoper, an, das Werk für eine Uraufführung am Münchner Nationaltheater fertigzustellen. Am 2. Februar 1939 ging es dort erstmals über die Bühne. Kleine Details im *Mond* hat Orff noch mehrfach verändert. Wichtige Inszenierungen folgten nach dem Krieg in Dresden (1954), Wien (1959), München (1963), Berlin (1985) und noch einmal München (Neufassung 1970).

Helmut Rohm

Diskographische Empfehlung

1957 – London: Wolfgang Sawallisch, Philharmonia Chorus & Orchestra. Rudolf Christ (Erzähler), Karl Schmitt-Walter (1. Bursche), Helmut Graml (2. Bursche), Paul Kuen (3. Bursche), Peter Lagger (4. Bursche), Albrecht Peter (Bauer), Hans Hotter (Petrus). EMI 137-43 291/93

1974 – München: Kurt Eichhorn, Chor des Bayerischen Rundfunks, Münchner Rundfunkorchester. John van Kesteren (Erzähler), Heinz Friedrich (1. Bursche), Richard Kogel (2. Bursche), Ferry Gruber (3. Bursche), Benno Kusche (4. Bursche), Raimund Grumbach (Bauer), Franz Crass (Petrus). Ariola eurodisc, XG 80963 R

Die Kluge
Die Geschichte von dem König und seiner klugen Frau

Text: Carl Orff, nach dem gleichnamigen Märchen der Gebrüder Grimm

Uraufführung: 20. Februar 1943, Opernhaus, Frankfurt am Main

Personen: Der König (Bar); Der Bauer (Baß); Des Bauern Tochter (Sop); Der Kerkermeister (Baß); Der Mann mit dem Esel (Ten); Der Mann mit dem Maulesel (Bar); Erster Strolch (Ten); Zweiter Strolch (Bar); Dritter Strolch (Baß)

Zeit und Ort: Irgendwo, irgendwann in einem Königreich

Das Werk wird auf einer Simultanbühne gespielt. Vor- und Hauptbühne sind seitlich durch Stufen verbunden.

Orchester: 3 Fl (auch 3 Picc), 3 Ob (3. auch E. H.), 3 Kl, 2 Fg, Kfg, 4 Hrn, 3 Trp, 3 Pos, Tba, Pkn, Schlagwerk (GrTr, 2 KlTr, Rührtr, Tamburin, Trgl, Steinspiel, Sandrasseln, Cymbal, versch. Bck, TamTam, Ratsche, Schelle, Kastagnetten, Röhrengl, Glsp), Hrf, Cel, Klav, Streicher

Auf der Bühne: Versch. Tr, kl. Glöckchen, hell klingende KlTr, 3 Trp, Orgel

Form: Zwölf teils gesprochene, teils durchkomponierte Szenen

Aufführungsdauer: Ca. 1 ½ Stunden

Verlag: B. Schott's Söhne, Mainz

Handlung

Die Kluge hat recht gehabt! Oh, hätt er seiner Tochter nur geglaubt, der Bauer. Jetzt liegt er jammernd im Kerker. Beim Pflügen hatte er einen goldenen Mörser ohne Stößel gefunden und ihn, auf Belohnung hoffend, dem König gebracht. „Ist's doch sein Land, das diesen Schatz verborgen hielt." Doch seine Tochter schalt ihn Narr: „Der König wird sagen, du hättest den Stößel behalten, und dich in den Turm werfen!" Und so ist's auch gekommen. Das laute Klagen des Bauern stört den König, und er läßt ihn holen. „Oh hätt' ich meiner Tochter nur geglaubt!" – „Was ist's damit?" Seine Tochter hätte ihm prophezeit, was passieren würde. „Oh wie klug!" lacht der König. „Bring mir das Weibsstück. Pack dich!"
Drei Strolche, mit ihrem glücklosen Schicksal hadernd, sind in der Nähe. „Es sind magere Zeiten für Leute, die noch ehrlich stehlen wollen." Aus dem Versteck heraus sehen sie, wie der Bauer und seine Tochter, geführt vom Kerkermeister, vorbeigehen.
Die Kluge steht nun vor dem König. „Mit deiner flinken Zunge hast du dir einen Strick um den Hals geredet", sagt der König und gewährt ihr die Chance, sich zu befreien. Drei schwierige Rätsel soll sie lösen – und sie löst alle drei! Überwältigt von ihrer Klugheit und Schönheit macht der König die Bauerstochter sofort zu seiner Frau. „Wer alls gefangen ist, den laß ich laufen, der König feiert, alle sollen sich besaufen!"
Die drei Strolche kommentieren die Heirat des Königs: Klug soll sie sein? „Von diesen Weibern hat bald jeder Mann genug!" Da gesellt sich ein weiterer Gauner zu dem Trio, der Besitzer eines Maulesels. Man schmiedet den Plan, zu zeigen, wie der König, „vom Weiberhaar ganz eingefangen", falsches Recht spricht. Schon kommt der Leidtragende daher, der Besitzer eines Esels. Laut schreien und tanzen die Strolche und der Mauleselmann vor dem Fenster des Königs. Der Eseltreiber steht dabei. Man will Gericht und Gerechtigkeit. Der König, beim Spiel mit seiner Frau gestört, ist ärgerlich. Aber die Gauner geben keine Ruhe und klagen recht scheinheilig. Da die Kluge lächelt, lenkt der König ein. Man trägt den Fall vor. Maulesel und Esel hätten Seit an Seit im Stall eines Wirtshauses gestanden, und just in dieser Nacht sei ein Füllen geboren worden. Der Mauleselmann behauptet, es sei sein Eigentum, weil es näher bei seinem Vieh gelegen habe. Die Gauner spielen dem König ein Verwirrspiel vor: So sei's gewesen. Der einfältige Eseltreiber wird ebenso übertölpelt wie der unwillige König. Auch wenn ein Maulesel noch nie ein Füllen zur Welt gebracht hat, er gibt den Strolchen und ihrem Meister recht. Sie singen: „Wer klug ist, wählt Betrug

und List, weil anders nichts zu holen ist. Es lebe der König!" – Niedergeschlagen sitzt der Eseltreiber im Dämmerlicht und verwünscht den König. Da kommt verkleidet die Kluge daher und verspricht dem einfältigen Mann zu helfen, tue er nur so, wie sie's ihm sage.

Die drei Strolche haben vom Mauleselmann eine Belohnung erhalten. Sie besaufen übermütig ihren Erfolg und bejubeln die maroden Zustände der Zeit. „Fides ist geschlagen tot, Justitia lebt in großer Not. Pietas liegt auf dem Stroh, Humilitas schreit mordio…" So feiern und feixen sie die ganze Nacht hindurch. Doch als sie im Morgengrauen heimwärts ziehen, trauen sie kaum ihren Augen. Da steht der Eseltreiber und fischt auf dem Trockenen.

Der König und sein Kerkermeister kommen vorbei. Unbeirrt zieht der Eselmann sein Netz über den Boden. Den spottenden Strolchen antwortet er nicht, dem König schließlich wohl, denn er ist „ja der Mann, der es versteht: Die Welt hat längst sich umgedreht – Maulesel kriegen jetzt die Jungen, und ist mal solch ein Wurf gelungen, was soll ich auf dem Land nit fischen, ist's auch kein Fisch, so werd' ich schon ein ander Vieh erwischen." Ungehalten vor Zorn packt der König plötzlich den Eseltreiber am Kragen. Er hat begriffen, wer da nur dahinterstecken kann. „Schmeißt ihm in Turm!"

Rasend vor Wut schreit der König seine ruhig den Tisch deckende Frau zusammen. Er bezichtigt sie der Tücke und wirft sie hinaus. Zum Abschied schenkt er ihr noch eine Truhe, in der sie mitnehmen darf, an was ihr Herz am meisten hängt. Freundlich und bestimmt bittet die Kluge, noch die Tafel bereiten zu dürfen, dann wolle sie gehen. Liebevoll und sanft kredenzt sie dem schmollenden König einen Fisch und schenkt ihm Wein ein: „Helf's dir zu gutem Leben." Sie hat den Wein mit Schlafmohn versetzt und singt ihrem Gatten ein zauberhaftes Schlummerlied.

Die Strolche feilschen miteinander um eine klingende Beute und besprechen die Vorgänge im Haus des Königs. Viel haben sie nicht mitbekommen. Und als sie beobachten, wie eine dunkle Kiste hinausgetragen wird, wähnen sie, es sei Diebesgut oder gar ein Toter.

Glücklich erfährt der Eseltreiber inzwischen vom Kerkermeister, daß er freigelassen worden sei. Seinen Esel und sogar Geld bekommt er mit auf den Weg.

In einer blühenden, morgenhellen Landschaft sitzt, einfach gekleidet, die Kluge. Neben ihr steht die geöffnete Truhe, darin friedlich schlafend der König. Als er erwacht, erzählt ihm die Frau von seiner eigenen Anweisung:

Das, was sie am liebsten hätte, habe sie in der Truhe mitnehmen dürfen. Der König ist überwältigt. „Du bist die Klügste!" Lächelnd versetzt sie: „Sag das nicht! Verstellung war's, ich hab mich nur verstellt: Klug sein und lieben kann kein Mensch auf dieser Welt."

Kommentar

Carl Orff schrieb seine *Kluge* in den letzten Jahren des Nationalsozialismus, also mitten im Krieg. Es zeugt von großem Mut, daß er den drei Strolchen Anklagen der deutlichsten Art in den Mund gelegt hat. Die satirischen Breitseiten auf die aktuellen Verhältnisse sind freilich eingewoben in einen doppelbödigen und vergnüglichen Handlungsablauf. Am Rhythmus der Sprache, an ihrer plakativen Formelhaftigkeit und dialektgeprägten Direktheit entzündet sich Orffs musikalische Inspiration. Zartes und Derbes wechseln sich in diesem volkstümlichen Bühnenspiel höchst ausgewogen ab. Die Ebenen von Moritat, Komödie, Lehrstück und Märchen sind miteinander verschränkt. Eine naiv-komische Geschichte um die Rolle der Liebe in einer Welt voller Ungerechtigkeit, um die Macht weiblicher Klugheit und Sanftmut mündet in eine zeitlos gültige, überindividuelle Aussage.
Die Geschichte von der klugen Frau ist uralt und in vielen Kulturkreisen variantenreich verbreitet. Wie schon beim Märchen vom *Mond* wählte Orff die Version der Gebrüder Grimm als Grundlage für seine Nachdichtung des Stoffes. Anders als im magisch-statuarischen und gleichnishaften „kleinen Welttheater" des *Mondes* legte Orff in der Geschichte von der *Klugen* den Akzent auf eine stringent durchdramatisierte Handlung. Eigenverantwortliche Menschen agieren hier, keine allegorischen Figuren. So fügte er als weiteres Agens die komödiantenhaften drei Strolche ein; Figuren, die zuerst und zuletzt eine kommentierende Funktion haben, an entscheidenden Schlüsselstellen aber auch massiv als impulsgebende Handlungsträger in Erscheinung treten. Elemente Shakespearescher Dramaturgie sind hier wirksam, auch die Welt der commedia dell'arte.
Orffs *Kluge* wird auf einer Simultanbühne gespielt. Vorn trägt sich das Treiben der Bauern, Eseltreiber und Kerkermeister zu, dahinter, durch Stufen erreichbar, handeln berserkerhaft und willkürlich der König, sanft und weise die Kluge. Orff fordert für seine Figuren phantastische Masken und Kostüme, stark in Farbe und Ausdruck. Trefflich und auf elementare Weise leuchtet die Musik alle Wirklichkeitsschichten des Märchens aus. Klangfarbliche Felder, von federnden Ostinati belebt, sind psychologisch

deutend den unterschiedlichen Situationen zugeordnet. So fehlt etwa im Bereich des Königs nicht die repräsentative Farb- und Rhythmus-Chiffre von Pauken und Trompeten. Der Klugen Weisheit und Güte versinnbildlichen zarte und magisch anmutende Klänge, und die Welt der Bauern, Eseltreiber und Strolche tönt derb und volkstümlich direkt. Viele melodische Wendungen lassen sich auf Urelemente musikalischer Rhetorikfiguren zurückführen. Im Schlagwerk des üppig besetzten Orchesterapparats findet sich das vom Komponisten selbst konzipierte „Steinspiel": mit dem Holzschlegel zu schlagende, frei schwingende Steinplatten unterschiedlicher Größe, deren Klang sich subtil in die Tonkulissen mischt. Von den insgesamt zwölf Szenen des ohne Pause durchzuspielenden Bühnenstückes sind vier ausschließlich gesprochen.

Geschichte

In den Jahren 1941 und 1942 geschaffen, ging Orffs *Geschichte von dem König und der klugen Frau* am 20. Februar 1943 in Frankfurt am Main erstmals über die Bühne. Viele beeindruckende und erfolgreiche Inszenierungen seither im In- und Ausland bezeugen die große Popularität und Beliebtheit des Märchenspiels. *Helmut Rohm*

Diskographische Empfehlung

1956 – London: Wolfgang Sawallisch, Philharmonia Orchestra. Marcel Cordes (König), Gottlob Frick (Bauer), Elisabeth Schwarzkopf (Des Bauern Tochter), Georg Wieter (Kerkermeister), Rudolf Christ (Mann mit Esel), Benno Kusche (Mann mit Maulesel), Paul Kuen (Erster Strolch), Hermann Prey (Zweiter Strolch), Gustav Neidlinger (Dritter Strolch). EMI 137-43 291/93

Antigonae
Ein Trauerspiel

Text: Sophokles, in der Nachdichtung Friedrich Hölderlins
Uraufführung: 9. August 1949, Felsenreitschule, Salzburg
Personen: Antigonae (Sop); Ismene (Mez); Chorführer (Bar); Kreon (Bar); Ein Wächter (Ten); Hämon (Ten); Tiresias (Ten); Ein Bote (Baß); Euridice (Sop)

<u>Ort und Zeit:</u> Das antike Theben

<u>Orchester:</u> 6 Klav (auch mit Schlegel und Plektron gespielt), 4 Hrf, 9 Kontrabässe, 6 Fl, 6 Ob, 6 Trp mit Dämpfer, 7–8 Pkn, Schlagwerk: Steinspiel, Xyl, Holztr, 2 Gl, 3 Glsp, 4 Paar Zimbeln, 3 türk. Bck, 3 Paar türk. Bck, kl. Amboß, 3 Trgl, 2 GrTr, 6 Tamburine, 6 Paar Kastagnetten, 10 gr. javan. Buckelgongs

<u>Form:</u> Durchkomponiert

<u>Aufführungsdauer:</u> Ca. 2 ½ Stunden

<u>Verlag:</u> B. Schott's Söhne, Mainz

<u>Handlung</u>

Nachdem Oedipus vertrieben ist, töten sich seine beiden verfeindeten Söhne Eteokles und Polyneikes gegenseitig im Kampf um Theben. Kreon, jetzt König in der Stadt, befiehlt ausdrücklich, daß Polyneikes, der bei den Angreifern gekämpft und als Feind gefallen ist, weder bestattet noch betrauert werden dürfe. Antigonae, die Schwester der toten Brüder, beschließt jedoch trotz des Edikts, den Leichnam des Polyneikes zu begraben. Weit weist sie alle Warnungen der Schwester Ismene von sich. Die Ehre des toten Bruders zu retten ist ihr heilige Pflicht. „Schön ist es hernach, zu sterben." Als die Thebanischen Alten von Kreon den Grund seines Verbots erfahren, tritt ein Bote auf, der ängstlich berichtet, jemand habe den Toten „zweimal mit Staub bestreut und, wie's geziemt, gefeiert". Zornig befiehlt der König, man müsse ihm den Täter bringen.

Der Chor der Thebanischen Alten besingt den Wagemut und die Erfindungsgabe des Menschen, aber auch seine Unfähigkeit, dem Tod zu entfliehen. „Antigonae, o Unglückliche." Erneut kommt der Bote und berichtet, Antigonae sei dabei gesehen worden, wie sie den Toten bedeckt und weinend seine Grabstätte geschmückt habe. Herbeigeholt, bereut sie die Tat vor Kreon nicht. „Zum Hasse nicht, zur Liebe bin ich." Aber der König überhört ihre Gründe, die Pflicht gegenüber Familie und Göttern. Antigonae und ihre Schwester Ismene, die sich vor Kreon der Mitschuld bezichtigt, sollen sterben. Doch stolz und hart weist Antigonae ihre Schwester zurecht. Die Frauen werden abgeführt. Hämon, der Sohn Kreons und der Verlobte Antigonaes, versucht den Vater umzustimmen und gerät in Streit mit ihm. Er wirft ihm frevlerischen Starrsinn vor. Sollte Antigonae etwas zustoßen, so würde er auch ihn niemals mehr wiedersehen. Doch es gibt kein Zurück; Antigonae soll lebendigen Leibes begraben werden. „Unbeweinet und ohne Freud' und ehrlos werd ich Trübsinnige geführet diesen bereiteten Weg."

An der Hand eines Knaben tritt nun der blinde Seher Tiresias auf. „Welche Kraft ist das, zu töten Tote", fragt er Kreon und fordert die Bestattung des Polyneikes. Als sich der König noch immer hart zeigt, prophezeit er ihm mit Unerbittlichkeit die schlimmen Konsequenzen. „Bald aus deinem Eingeweide zahlst du selber einen Toten für den Toten." Jetzt erst wird Kreon wankend, doch kann er das Verhängnis nicht mehr aufhalten.

Ein Bote berichtet den Alten und gleich darauf auch der Gattin Kreons, Euridice, daß Antigonae sich mit dem Gürtel ihres Leinenkleides erhängt habe. Hämon aber habe sich beim Anblick der Toten erdolcht. Wortlos geht Euridice ab. Kreon, überwältigt vom Schmerz über den Tod seines Sohnes, muß alsbald vom Boten erfahren, daß auch die Mutter Hämons, Euridice, seine Gattin, sich das Leben genommen hat. Gebrochen, ein alter Mann, bleibt der König mit seiner Schuld allein zurück. „Ich Armer weiß nicht, wen ich ansehn soll, und nicht, wohin ich gehe. Denn alles Schiefe hat hier in den Händen und hier mir auf das Haupt ein wüst Schicksal gehäuft."

Kommentar

Carl Orff hat versucht, dem kultischen Theater der Griechen mit heutigen Mitteln wieder eine ganzheitliche Aura des Ausdrucks zu verleihen und so dessen authentisches, archetypisches Wahrheitspotential für ein modernes Bewußtsein zu erschließen und erlebbar zu machen. Schon bei der ersten der drei bearbeiteten Tragödien – der sophokleischen *Antigonae* in der Nachdichtung Friedrich Hölderlins – sah er seine eigentliche Aufgabe ausschließlich darin, dem klassischen Werk nichts hinzuzufügen, sondern es zu deuten. Orff selbst schreibt: „Die *Antigonae* ist kein Repertoirestück für das Operntheater. Sie ist ein Festspiel und kultisches Theater. Ich betrachte mein Werk nur als die zeitgebundene Interpretation der sophoklischen *Antigonae*. Es geht nicht um mein Werk, sondern um Sophokles (...), und dahinter steht eine Welt!" Die ungebrochene Lauterkeit und hymnisch-ekstatische Macht der Hölderlinschen Sprache war gleichzeitig Bedingung und Chance zur Verlebendigung des Fremden im eigenen Kulturbereich. Nur der durch den schöpferischen Funken transformierte Text konnte für Orff eine gangbare Brücke sein ins magisch-religiöse Wesen des ursprünglichen Wortes; denn Hölderlin hat, um mit Thrasybulos Georgiades zu sprechen, „die sphinxhafte Starrheit, die in sich ruhende Statik der griechischen Tragödie mit versengendem Finger berührt und in glühenden Strom – das heißt in abendländische Sprache verwandelt". Carl Orff potenzierte die musikdurchdrungene Sprache Hölderlins, in deren

Innersten ein urmythischer Geist dunkel wirksam bleibt, aus sich selbst
heraus und faßte sie gleichzeitig in eine rituelle Gesetzlichkeit. Die Idee
einer Wiedergeburt jener unwiederbringlich verlorengegangenen mousiké
der Griechen im Sinn – also jener homogenen Totalität von Wort, Musik,
Bild, Geste und Bewegung –, folgte Orff bei seiner Komposition dem Text
Sophokles'/Hölderlins Wort für Wort. Dabei hat er die Mittel des klassisch-
romantischen Opernschaffens nahezu vollständig hinter sich gelassen. Die
Leibhaftigkeit des Wortes steht im Zentrum des Werkes, und die Funktion
der Musik ist vielleicht vergleichbar derjenigen eines Steinmetz-Meißels:
Ein solcher versenkt Schriftzeichen in Stein und erhebt Figuren mit leben-
diger Geste aus der Marmorfläche zum Relief, verleiht Flüchtigem so
Dauer. Orffs Musik von zeitlosem überindividuellem Charakter gibt der
Sprache Raum. Sie läßt das Bühnengeschehen umschlagen in ein Ritual.
Die Trennung zwischen Musik und Sprache ist aufgehoben. Psalmodieren-
der Sprechgesang herrscht vor und bildet gewissermaßen einen Kristallisa-
tionsfaden, der sich durch die formale Gesamtanlage der Tragödie zieht.
Seine subtile rhythmische Faktur wird sparsam, gezielt und deshalb um so
bedeutungsschwerer von instrumentalen Interpunktionen strukturiert. Alles hat Zeichencharakter und ist wesentlich für das Spannungsgefüge der
Großarchitektur. Melodische Gestalten weisen in der Regel hin auf seman-
tische Momente. Die Rezitation auf Einzeltöne mündet – je nach dem
Erregungszustand des handelnden Protagonisten oder des kommentierend
am schicksalhaften Geschehen teilhaftigen Chores – in melodische Linien.
Von kleinen Intervallakzenten oder von melismatischem Singen diatoni-
scher und chromatischer Art aus bis hin zu weiten ariosen Passagen, ja bis
zu exaltiertem, intervallisch-bizarrem, rhythmisch aber immer kontrollier-
tem Schreien reicht die Ausdrucksskala des Gesangs. Oft sind es nur kurze
melische Chiffren im statischen Geschehen, die weite Sinnräume aufzurei-
ßen vermögen. Der instrumentale Klang, meist ostinat strukturiert als skan-
dierendes Pochen oder als motorisch schillerndes Ton-Rhythmus-Gewebe,
wird blockartig und terrassendynamisch eingesetzt. Auf archaisierende
Weise färbt und beleuchtet er die Bedeutungs- und Geschehensschichten
der Tragödie. Auch die Harmonik, mit ihren zwischen Dur und Moll
oszillierenden Klängen und ihren Mixturparallelen, erinnert an Praktiken
rituellen Musizierens. Im gesamten Bereich des Musiktheaters steht das von
Orff verwendete Instrumentarium einzigartig da. Sechs Klaviere, Flügel,
sind in der Partitur der *Antigonae* gefordert; sie werden mit Schlegeln und
Plektron traktiert. Als Streichinstrumente werden dagegen nur Kontrabässe

gebraucht. Holz- und Blechbläsern steht ein riesiges Schlagwerkensemble zur Seite, mit so exotischen Instrumenten wie Kastagnetten, Buckelgongs, einem Amboß und dem von Orff selbst entwickelten Steinspiel. Ein derartiges Instrument ist geeignet, eine symbolgeschwängerte Klang- und Rhythmuswelt chthonischen Charakters heraufzubeschwören. Formale Spannungssteigerung erreicht Orff in der *Antigonae* durch sukzessiv dichter werdende Klangfarbenbalance. Nirgends freilich sind Instrumentalfarben psychologisierend und damit individualisierend eingesetzt. Sie sind Klangsymbole für Facetten eines archetypischen Geschehens. Das Wesen des mythischen Dramas kreist um die Begegnung des Menschlichen mit dem Göttlichen. Es drückt sich aus in einer maskenhaften Ekstase, in einem pathetischen Ergriffensein, im doppelbödigen rituellen Spiel. Hölderlin übersetzte die sophokleische Dichtung im Jahre 1804.

Geschichte

Carl Orffs *Antigonae*, geschrieben 1947/48, wurde bei den Salzburger Festspielen am 9. August 1949 uraufgeführt. Der Plan, diese Tragödie zu musikalisieren, geht zurück auf das Jahr 1940. Wichtige und heftig diskutierte Inszenierungen des kultischen Spiels gingen über die Bühnen in Berlin (1950), München (1951) und Stuttgart (1956). *Helmut Rohm*

Diskographische Empfehlung

1961 – München: Ferdinand Leitner, Chor und Mitglieder des Symphonieorchesters des Bayerischen Rundfunks. Inge Borkh (Antigonae), Claudia Hellmann (Ismene), Carlos Alexander (Kreon), Gerhard Stolze (Wächter), Fritz Uhl (Hämon), Ernst Haefliger (Tiresias), Kim Borg (Bote), Hetty Plümacher (Eurydike), Kieth Engen (Chorführer). DG 2740 226

Ödipus, der Tyrann
Ein Trauerspiel

<u>Text</u>: Sophokles, in der Nachdichtung Friedrich Hölderlins
<u>Uraufführung</u>: 11. Dezember 1959, Staatstheater, Stuttgart
<u>Personen</u>: Ödipus (Ten); Ein Priester (Baß); Kreon (Baß); Chorführer (Bar); Tiresias (Ten); Iokaste (Sop); Ein Bote aus Korinth (Ten); Ein Hirte des Lajos (Bar); Ein anderer Bote (Bar)

Ort und Zeit: Das antike Theben
Orchester: 6 Klav, 4 Hrf, Mand, Cel, Glashrf, 9 Kontrabässe, 6 Fl,
6 Ob, 6 Pos, Organon, 5–6 Pkn, Schlagwerk: 12–18 Spieler (Stein-
spiel, 2 Xyl, Marimbaphon, 5–6 TenorXyl, 2 BaßXyl, 5 Holztr,
Klappholz, 2 Bongos, 2 Timbales, Tom-tom, 3 Kongas, 2 GrTr,
3 Tamburine, Kastagnetten, Trgl, Sistren, 3 Paar Bck, 3 Bck, Zim-
beln, Röhrengl, Glsp, Metallophon, 3–5 TamTams, 2 jav. Gongs)
Hinter der Bühne: 8 Trp, mehrere gr. TamTams mit Bck
Form: Durchkomponiert
Aufführungsdauer: Ca. 2 ½ Stunden
Verlag: B. Schott's Söhne, Mainz

Handlung

Ödipus, der starke König von Theben, erfährt von einem Priester,
wie schlimm es um die Stadt steht: Es herrsch „der Gott der Pest". Ödipus
will die Stadt von der Seuche befreien, und er schickt Kreon, seinen Schwager, zum Orakel Apollons nach Delphi. Der kehrt bald zurück und berichtet,
das Orakel habe Hilfe versprochen unter der Bedingung, daß der Mörder
von König Lajos, Ödipus' Vorgänger, getötet oder aus Theben verstoßen
werde. Ödipus verspricht alles zu tun, um den unbekannten Mörder und
seine Helfer zu finden. Er beginnt mit seinen Nachforschungen im Volk.
Der Chor kündigt den blinden Seher Tiresias an, und Ödipus befragt ihn.
Doch Tiresias will schweigen. Ein heftiges Streitgespräch entbrennt.
Schießlich schleudert der Seher die Wahrheit heraus: „Des Mannes Mord,
den du suchst, ich sag', auf dich da fällt er." Ödipus wähnt, der blinde Seher
spreche falsch; er sei ein Werkzeug Kreons, ein Helfer bei dessen Verschwö-
rungsplänen. Doch Tiresias macht dunkle Andeutungen, die den König
verwirren. Kreon hat von den Beschuldigungen des Ödipus gehört und ist
betroffen. Der Chor der Bürger beschwichtigt ihn. Doch da kommt Ödipus,
und wieder entbrennt ein schlimmer Streit. Iokaste, die Gemahlin des
Königs und seines Vorgängers Witwe, tritt beschwichtigend hinzu. Kreon,
ihr Bruder, trage keine Schuld. Vom Gatten erfährt sie, warum er so aufgebracht und verwirrt ist. Mit dem Argument, auch Orakel und Seher könnten
irren, beruhigt sie ihn. So sei dem Lajos einst geweissagt worden, er würde
dereinst von der Hand des eigenen Sohnes fallen. Aber es seien dann
fremde Männer gewesen, die ihn getötet hätten. Zur Vorsicht habe man des
Lajos und ihr eigenes Kind drei Tage nach der Geburt mit gefesselten
Beinen im Gebirge ausgesetzt. Nach dieser Erzählung seiner Gattin däm-

mert dem König das Schlimmste. Auch ihm selbst, Ödipus, war einst ein Orakelspruch geweissagt geworden: Er würde den Vater erschlagen und daraufhin die eigene Mutter heiraten. Nur deshalb hat er schließlich sein (vermeintliches) Elternhaus in Korinth verlassen. Auf dem Weg hierher, nach Theben, hat er im Streit einen alten Mann und dessen Gefolge getötet. Seine ganze Hoffnung richtet sich jetzt auf die Aussage eines alten Hirten, der bei der Ermordung des Lajos zugegen gewesen war. Damals habe der von mehreren räuberischen Männern berichtet. Wenn aber jetzt „einen Mann gefährtenlos er nennt", so würde Gewißheit aus der schlimmsten Ahnung werden. Ödipus forscht weiter. Er will die ganze Wahrheit wissen. Aus Korinth trifft ein Bote ein. Der König dort, Polybos, den Ödipus für seinen Vater hält, ist in hohem Alter friedlich gestorben. Ödipus, den man in jener Stadt zum Herrscher machen will, atmet zunächst auf. Aber der Bote berichtet weiter: Das Korinthische Herrscherpaar selbst sei kinderlos gewesen und hätte ihn, Ödipus, an Kindesstatt großgezogen. Er selbst, der Bote, habe ihn damals als Findelkind von einem Hirten übernommen und an das Königspaar weitergegeben. Bald ist auch jener Hirte gefunden. Der bringt letzte Gewißheit. Ödipus weiß jetzt, wessen Kind er tatsächlich ist und daß er, wie geweissagt, den Vater getötet und der eigenen Mutter beigewohnt hat. Er bricht in große Klage aus. Erneut kommt der Bote und bringt eine weitere schreckliche Nachricht: „Todt ist es, Iokastes göttliches Haupt." Rasend vor Schmerz sucht Ödipus im ganzen Haus nach der Mutter seiner selbst und seiner Kinder. Er findet sie erhängt im Schlafgemach. Mit den goldenen Nadeln ihres Gewandes blendet er sich selbst. Es bleibt ihm noch, Kreon um Verzeihung zu bitten. Dann verabschiedet sich Ödipus von seinen Töchtern Antigonae und Ismene und zieht als gebrochener Mann, blind jetzt, aber der Wahrheit teilhaftig, in die selbstgewählte Verbannung.

Kommentar

Im Ablauf des mythologischen Geschehens spielt die Geschichte des thebanischen Königs Ödipus selbstredend vor jener seiner Tochter und Halbschwester Antigone. Wie aber schon Sophokles die Stoffe in umgekehrter Reihenfolge zur tragischen Dichtung erhoben hatte, so widmet sich auch Carl Orff bei der Musikalisierung der beiden Sophokleisch-Hölderlinschen Werke zuerst der *Antigonae* und dann dem *Ödipus*. Prinzipiell wandte Orff bei beiden Werken die gleichen künstlerischen Mittel an, doch sind sie im *Ödipus* noch gestraffter, konzentrierter, ja radikalisierter eingesetzt. Auf genuin musikalische Partien verzichtet er ganz. Weite Teile des im Vergleich zur *Antigonae* längeren *Ödipus*-Textes sind jetzt gesprochen. Der „Klangleib" der affektiven, gesteigerten Sprechweise soll sich selbst zur Darstellung bringen. Bei den auf vielfältigste Weise differenzierten Sprech-arten, die Orff zueinander in bedeutungsvolle Beziehung setzte, war er sich der Aufgabe bewußt, „von der in Hölderlins Sprache bereits enthaltenen Musik auszugehen". Von reinem Sprechen über rhythmisiertes Rezitieren – bei dem Orff nicht selten gegen die natürliche Betonung und damit gegen die Sinnverständlichkeit deklamieren läßt – bis hin zum gesprochenen „quasi-cantando" einer Sprech-Arie des Kreon geht die fein abgestufte Skala. Mannigfach sind somit die Möglichkeiten für Kontraste; Orff nützt sie zur Sinnausleuchtung und geistigen Durchdringung des Textes souve-rän: auf engstem Raum sowie im Aufbau des Ganzen. Auch in den gesunge-nen Passagen ist das deklamatorische, auf einem Ton verharrende Element absolut bestimmend. Intervallsprünge und ekstatische oder lamentatori-sche Ausbrüche akzentuieren nur in ganz entscheidenden Augenblicken das dramatische Geschehen. Der Chor, jetzt zum Teil solistisch aufgeteilt, wirkt beweglicher, büßt aber ein wenig von seiner angestammten Wucht einer überindividuellen Instanz ein. Verglichen mit der *Antigonae* wirkt der Orffsche *Ödipus* ungleich starrer, statischer, auf lapidare Weise gesetzt – mäßiger. Möglich, daß dies aus dem Geist des noch abstrakteren Stückes heraus eine sinnvolle Erklärung findet. Viel von der Faszination des *Ödi-pus*-Geschehens liegt ja in der paradoxen Tatsache, daß alle wesentlichen Handlungen in der Vergangenheit liegen und somit die dramatischen Im-pulse nicht als Aktion sich abspielen, sondern aus der Sphäre des reinen Wortes kommen. Vielleicht ist Orff mit seinem musikalischen Reduktionis-mus und bewußten Primitivismus hier aber auch eine kleine, entscheidende Spur zu weit gegangen. Wo sich nämlich bei der *Antigonae* beim Erlebnis des vom Künstlersinn gefügten theatralisch-kultischen Totals eine tragfä-hige, geheimnisvoll-dunkle Spannung durchaus einstellt, reißt beim *Ödi-pus*, beginnt sie überhaupt zu weben, die sakrale Aura allzuleicht wieder auf und macht unter Umständen einer enervierend wirkenden Gleichförmig-keit Platz. Auch ist Orff einem gewissen Manierismus nicht entgangen; so gibt er zum Beispiel Regieanweisungen in der *Ödipus*-Partitur in petrifizier-tem Latein. Fast über die gesamte Dauer des Werkes kreist die Harmonik um den Zentralton C. Abweichungen in Sub- oder Nebendominantberei-che werden zum formgliedernden Ereignis. Durch Erweiterungen des In-strumentariums (z. B. Glasharfe und Celesta) haben sich gegenüber der *Antigonae* klangfarblich reizvolle Differenzierungsmöglichkeiten ergeben.

Trotzdem bleibt mancher irisierende oder statische Klangraum eher Klang-kulisse, ja Effekt. Die Kraft des Wortes erfährt nicht überall die intendierte Potenzierung zur archaischen Gebärde. Weit eher sind es die mehrfach in der Partitur verlangten, barbarisch gehämmerten Akkord-Ostinati, die wie atavistische Ritual-Schläge auf das Kleinhirn des Hörers zielen und geeig-net sind, antirationale, rauschhafte Bewußtseinszustände hervorzurufen.

Geschichte

Sophokles schrieb sein Trauerspiel *Ödipus, der Tyrann* 425 vor Christus, und Hölderlin goß das Meisterwerk im Jahre 1804 in deutsche Sprache. Am 11. Dezember 1959 wurde es in der musikalisierten Fassung Carl Orffs, die während der beiden voraufgegangenen Jahre entstanden war, am Württembergischen Staatstheater in Stuttgart erstmals aufgeführt. Wichtige Inszenierungen folgten 1961 in München und Wien.

Helmut Rohm

Diskographische Empfehlung

1966 – München: Rafael Kubelik, Chor und Symphonieorchester des Bayerischen Rundfunks. Gerhard Stolze (Ödipus), Karl Christian Kohn (Priester), Kieth Engen (Kreon), Hans Günter Nöcker (1. Chorführer), Rolf Boysen (2. Chorführer), Astrid Varnay (Jokaste). DG 2740 227

Prometheus

Tragödie

Text: *Der gefesselte Prometheus* von Aischylos
Uraufführung: 24. März 1968, Staatstheater, Stuttgart
Personen: Kratos et Bia; Hephaistos; Prometheus; Chor der Ocea-niden; Oceanos; Io Inachis; Hermes
Ort und Zeit: Griechenland, in mythischer Zeit
Orchester: 4 Klav (8 Ausführende), 6 Fl, 6 Ob, 6 Trp, 6 Pos, 4 Banjos, 4 Hrf, Orgel, Elektr. Orgel, 9 Kontrabässe, Schlagwerk (12–15 Spieler): 5 Pkn, Tamburine, 2 GrTr, O-Daiko, Taiko, 4 Darabuka, 2 Congas, Steinspiel, Xyl, Marimbaphone, Glsp, Me-tallophone, Bck (5 türk., 5 chin.), Zimbeln, TamTam, Gong, südam. Conga, Guiro, Holzspiel, Holzfaß, afrikan. Schlitztr, Bam-

bustuben, Amgklung, 2 Hyoshigi, afrikan. Wasamba, jap. Bin Sara, Wind- und Donnermaschinen
Form: Durchkomponiert
Aufführungsdauer: 2 ½ Stunden
Verlag: B. Schott's Söhne, Mainz

Handlung

Bei seinem Kampf um die neue Weltherrschaft der Olympier wandte sich Zeus gegen den eigenen Vater Chronos und die Titanen. In Prometheus hatte er zunächst einen starken Helfer, doch entzündete sich bei der Neuordnung der Macht ein Konflikt. Zeus will die Menschen dem Untergange preisgeben, aber Prometheus hat dem Hephaistos das Feuer entwendet und es den Sterblichen gebracht. Dieser Eingriff in die Weltordnung zieht eine schlimme Strafe nach sich. Hier setzt die Tragödie ein.
Die Schergen Kratos und Bia schleppen den Titanensproß Prometheus zum Rande der Welt, dorthin, wo der „Skythenfluß durch leere Wüste schweift". Im Auftrag des Zeus wird der Frevler dort vom mitfühlenden Schmiedegott Hephaistos auf grausame Weise an den Fels geschmiedet. Kratos ist roh und schadenfroh: „Nun lästre hier Götter, plündre sie und gib ihr Gut dem flüchtigen Geschlecht, das diese Leiden dir nicht lindern kann!" Alleingelassen, bricht Prometheus in bittere Klagen aus: „Seht, was ein Gott von Göttern leiden muß!" Bald kommen die Töchter des Oceanos, die Oceaniden. Als Chor im Drama betrauern sie sein Leid. Sie waren vom Echo des stählernen Hammers in ihren Grotten aufgestört worden. Prometheus gibt ihnen einen umfassenden Bericht über den Verlauf des Götterkampfes. Büßen müsse er, weil er den Menschen die Todesangst genommen und ihnen Hoffnung eingeimpft habe, weil er ihnen das Feuer gebracht und sie das Handwerk gelehrt habe. „Ich wußte alles, ja, ich frevelte aus freien Stücken. Die Strafe freilich dacht ich nie so hart wie dieses Schmachten hoch am Felsenriff." Der Titan Oceanos, der sich selbst geschickt mit dem neuen Herrn arrangiert hat, besucht den Leidenden. Er wolle bei Zeus für ihn sprechen. Prometheus aber lehnt alle Kompromisse ab. Oceanos solle seiner Wege gehen. Wieder allein, zählt der Büßer nun auf, was er alles getan hat für die Menschen. Zahl und Schrift und Kunst und Wissenschaften habe er ihnen gebracht, Ackerbau und Viehzucht, Heilkunst, Erz und Traumdeutung. „Die einst im Dunkel tappten, denen lieh ich den Verstand, des Denkens Sicherheit." Die Chorführerin fragt, wo denn die Hilfe der Menschen bleibe, „der Sterblinge Beistand!"

Prometheus kennt ein Geheimnis, das Zeus dereinst zwingen wird, ihn wieder zu befreien. Noch gibt er es freilich nicht preis. Io stürzt herbei, wie rasend getrieben von Wahnvorstellungen. Das Mädchen war von der eifersüchtigen Göttin Hera in eine Kuh verwandelt worden, weil sich Zeus in sie verliebt hatte. Seit ihr scharfsichtiger Wächter Argos nicht mehr da ist, wird die arme Königstochter von einer sie stechenden Bremse ständig durch die Länder der Welt gehetzt. Prometheus schildert der Unglücklichen prophetisch ihren langen künftigen Irrweg, der schließlich im Nildelta ein Ende haben wird. Zeus werde sie dort erlösen und sie, Io, ihm einen Sohn gebären. Ein Nachfahre dieses Sohnes wiederum werde dereinst sein eigener Befreier sein. Von seiner Mutter Themis wisse er im übrigen auch den Namen jener Frau, die Zeus in ferner Zukunft einen Sohn schenken werde, der stärker als der Vater sein werde. Der werde Zeus stürzen, wie jener selbst den Vater Chronos gestürzt habe. Io, vom Stachel getrieben, stürzt davon. Prometheus aber gibt sich seiner Vision vom Untergang des Zeus hin. Da naht schon der Götterbote Hermes, will Näheres wissen über die gefährliche Vermählung. Trotzig, höhnisch und stolz weist Prometheus aber dessen Ansinnen zurück. Hermes droht mit den unermeßlichen Schmerzen, die Zeus verfügt habe: Lange Zeit werde er mitsamt seinem Felsen von der Erde verschluckt sein; danach, zum Lichte zurückgekehrt, solle ein Adler ihm täglich aufs neue die Leber aus dem Leibe rupfen: „Erwarte nie ein Ende dieser Qual!" Doch Prometheus läßt seinen Geist nicht beugen. Plötzlich, nach einem gewaltigen Aufruhr der Elemente, versinkt er, an seinen Felsen geschmiedet, mitsamt den Oceaniden in der klaffenden Erde.

Kommentar

Mit traumwandlerischer Sicherheit spannte Carl Orff in seinem Leben einen sozusagen werkübergreifenden Bogen vom „kleinen Welttheater" des *Mondes* bis hin zum Göttermythos um *Prometheus*, zur Chiffre also für die Existenz des vernunftbegabten Menschen. „Nach *Antigonae* und *Ödipus* konnte nur ein Werk wie der *Prometheus* des Aischylos für mich eine Steigerung bedeuten. Hier wird der Schauplatz der Tragödie zum Schauplatz der Welt." Mit den Hölderlinschen Nachdichtungen der Tragödien des Sophokles hatte der geniale Theatraliker Orff noch eine gleichsam ins abendländische Empfinden mutierte mythische Wahrheit musikalisiert. Jetzt, die altgriechische Sprache sinnlich aufbereitend, rührte er unmittelbar ans körperhafte Wort, das ja – nach August Wilhelm Schlegel – die Tragödie selbst ist. Mit ureigensten Mitteln, also nicht äußerlich eine versunkene ‚Urmousiké' rekonstruierend, unternahm er es, den im archaischen Wort verborgenen archetypischen Geist einem modernen Bewußtsein zugänglich zu machen. In ihrer Fremdheit haben Klanglichkeit und Lautcharakter der altgriechischen Sprache für den Hörer eine eminent eigenmusikalische Qualität von großer symbolischer Suggestivkraft. Orff rechnete von vornherein damit, daß kaum jemand den Inhalt der Sprache würde nachvollziehen können: „Am Ohr auch des gewissenhaftesten Theaterbesuchers wird das meiste vom originalen Aischylos als lautakustisches Material vorbeirattern, auf Elementar-Klangliches, Rhythmisches reduziert, das sich nicht zur Höhe semantischen Verständnisses erhebt." Sich trotzdem dieser „toten" Sprache zu stellen, war keine humanistische Marotte Orffs, sondern wirksames Kunstmittel. Die pathetisch gesteigerte, nicht nach dem Versmaß, sondern gemäß ihres affektiven Gehalts rhythmisierte Sprache wird – so verwendet – zum irrationalen Medium. Ganz konkret und unmittelbar ist eine sonst ungreifbare Götterwelt ins Bild, ja sogar ins Licht einer Überzeitlichkeit gesetzt. Zu einem guten Teil kommt den musikalischen Ingredienzien Orffs die Funktion zu, den verschütteten Zugang zum Logos der Sprache auf suggestiv-symbolische Weise zu ersetzen.

Im *Prometheus* spielt die Musik eine wesentlichere Rolle als in den Sophokles-Tragödien, denn eine Kommunikationsebene wird durch sie vollständig ersetzt: Ohne den Text freilich, den sie potenziert, wäre die Musik nicht lebensfähig. Aber sie weitet den Raum des göttlichen Geschehens auf plakative Art quasi ins Unendliche; ja, sie konstruiert diesen Raum recht eigentlich. In ihrer Geräuschhaftigkeit, ihrer geradezu ekstatischen Statik, gibt sie dem Geschehen einen Zug ins Monolithisch-Monumentale. So geht etwa von der Eröffnungsszene eine eherne Wucht aus, die nicht mehr überbietbar scheint. Prometheus wird an den Felsen geschmiedet, und alles Erz und aller Stein der Welt hallt nach unter den Hammerschlägen des Hephaistos. Paradoxerweise sind die musikalischen Mittel höchst einfach. Dreimal kulminiert in einem bedeutungsschweren Vorspiel der dynamisch wachsende Metallklang einer japanischen Faßtrommel „O-Daiko" im Schlag von TamTam, Pauken, großer Trommel und dichtem tiefem Cluster von vier Klavieren. Dann treten die göttlichen Schergen auf. Sie erfüllen den jetzt geöffneten Raum mit Sprache. Alle folgenden martialischen Interpunktionen und ostinaten Schallbänder bilden nur das Medium, den Äther, in dem ihre Wahrheit Gestalt wird. Von ganz anderem Wesen ist die klangliche Geschehenswelt der Oceanostöchter. Diese geisterhaften Erscheinungen sind repräsentiert von Marimba und Orgelklängen. Ihre Ankunft aus den Tiefen des Raumes wird bildhaft gemacht durch sukzessive Steigerung und instrumentale Differenzierung des Klanges. Leise beginnt ihr tönendes Weben zunächst hinter der Bühne. Orff setzt sogar Tonbandmontagen ein, die, über raffiniert verteilte Lautsprecher abgerufen, einen imaginären Raum suggerieren. Die tönende Kulisse bleibt aber irisierendstatisch. Anders der Auftritt des einzigen menschlichen Wesens. Ihrem Schicksal gemäß wird Io, das mit Kuhhörnern gestrafte Mädchen, von klanglichen Impulsen durch eine Tönewelt gehetzt. Die Gestaltung ihres Gesangs- und Sprechparts orientiert sich am Pendeln zwischen Wahnsinn und Bewußtheit. Orff verwendet Rhythmus- und Kultinstrumente aus aller Welt und rückt so die Gültigkeit des mythologischen Geschehens ins schlechthin Kulturübergreifende.

Geschichte

Von einer ursprünglich ganzen Prometheus-Trilogie des griechischen Dichters Aischylos (ca. 525–ca. 455) ist uns einzig die Tragödie *Der gefesselte Prometheus* überliefert. Im Gegensatz zu den viel lichteren Heroen-Dramen des Sophokles handelt es sich hier um einen wahren Urwelt-Mythos, dessen Wurzeln tief in die orientalisch-afrikanische Vorgeschichte reichen. Carl Orff vollendete seine klangdramatische Vergegenwärtigung – müßig zu betonen, daß es sich um keine Oper handelt – im Jahre 1967. Das Werk wurde am 24. März 1968 am Württembergischen Staatstheater Stuttgart mit triumphalem Erfolg uraufgeführt. Inszenierungen in Darmstadt und München folgten noch im gleichen Jahr. *Helmut Rohm*

Diskographische Empfehlung

1973 – Köln: Ferdinand Leitner, Chor und Symphonieorchester des WDR. Joseph Greindl (Kratos), Heinz Cramer (Hephaistos), Roland Hermann (Prometheus), Kieth Engen (Oceanus), Colette Lorand (Io), Fritz Uhl (Hermes), Edda Moser (Chorführerin). RCA 40.21345 FK

PAUL HINDEMITH

geb. 16. November 1895 in Hanau
gest. 25. Dezember 1963 in Frankfurt am Main

Als Kind wird Paul Hindemith gemeinsam mit seinen Geschwistern einem erbarmungslosen musikalischen Drill unterworfen. Sein erster Kompositionslehrer ist Arnold Mendelssohn, später gefolgt von Bernhard Sekles, der Hindemiths Kompositionstalent sofort erkennt. 1915 wird Hindemith Mitglied des Rebner-Quartetts, im selben Jahr tritt er als Erster Geiger, kurz darauf als Erster Konzertmeister ins Frankfurter Opernorchester ein. Seit seinem Streichquartett op. 16 (1920) und den spektakulären Aufführungen seiner Einakter in Stuttgart *Mörder, Hoffnung der Frauen*, op. 12, *Das Nusch-Nuschi*, op. 20, 1921 und 1922 in Frankfurt (zusammen mit der in Stuttgart noch abgelehnten *Sancta Susanna*, op. 21) gilt er als revolutionärer Bilderstürmer, als einer der wichtigsten Repräsentanten der deutschen Avantgarde der 20er Jahre. 1923 quittiert er den verhaßten Operndienst, nachdem er 1922 das Amar-Quartett gegründet hatte. Seine Oper *Cardillac*, op. 39 (1926), kann als Zusammenfassung der kompositorischen Erfahrungen der von sachlichen Tendenzen bestimmten 20er Jahre gelten. 1927 wird Hindemith an die Berliner Hochschule für Musik berufen. Die heitere Oper *Neues vom Tage*, die den herrschenden Zeitgeist persifliert, kann 1929 nur noch einen Achtungserfolg erringen. 1933 wird die Hälfte seiner Arbeiten als „kulturbolschewistisch" verboten. Von 1935 an führen ihn mehrere Reisen durch die Türkei, 1938/39 durch die USA. 1938 übersiedelt er in die Schweiz, 1946 nimmt er die amerikanische Staatsbürgerschaft an. 1953 bis 1963 führen ihn Konzertreisen als Dirigent eigener und anderer Werke durch die ganze Welt. In den 50er Jahren arbeitet er mehrere frühere Werke um, so *Cardillac* und *Neues vom Tage*. 1975 wird in München eine neue Oper uraufgeführt, die Hindemith als sein Hauptwerk konzipiert, die Kepler-Oper *Die Harmonie der Welt*. 1960 folgt noch ein Einakter, *Das lange Weihnachtsmahl*, nach einem Libretto von Thornton Wilder.

Ulrike Hessler

Cardillac
Oper in drei Akten

Text: Ferdinand Lion, nach der Erzählung *Das Fräulein von Scudéri* von E. T. A. Hoffmann
Uraufführung: 1. FASSUNG: 9. November 1926, Staatsoper, Dresden
2. FASSUNG: 20. Juni 1952, Stadttheater, Zürich
Personen: Der Goldschmied Cardillac (Bar); Die Tochter (Sop); Der Offizier (Ten); Der Goldhändler (Baß); Der Kavalier (Ten); Die Dame (Sop); Der Führer der Prévôté (Baß); Der König (stumme Rolle)
Chor: Kavaliere und Damen des Hofes; Die Prévôté; Volk
Ort und Zeit: Paris, 17. Jahrhundert
Orchester: Fl, Picc (2. Fl), Ob, E. H., Kl in Es, Kl in B, Bkl, Tensax, 2 Fg, Kfg, Hrn, 2 Trp, 2 Pos, Btba, Pkn, Trgl, Zimbeln, KlTr, Tamburin, Rührtr, 4 Jazztr, gr Bck, GrTr, kl Gong, TamTam, 2 Gl (Fis und B), Glsp, Klav, Streicher
Auf der Bühne: Ob, 2 Hrn, Trp, Pos, Streicher
Form: 18 miteinander verbundene Musiknummern
Aufführungsdauer: Ca. 2 Stunden
Verlag: B. Schott's Söhne, Mainz

Handlung
1. AKT. 1. Bild: Paris wird von einer Reihe rätselhafter Morde heimgesucht. Immer fehlt den erdolchten Opfern ein Schmuck, den sie kurz zuvor bei dem berühmten Goldschmied Cardillac gekauft hatten. Das erregte Volk beruhigt der Führer der Prévôté mit der Bekanntgabe, daß der König eigens eine Untersuchungskommission eingesetzt habe. Die Menge löst sich auf und begrüßt den vorübergehenden Cardillac mit höchster Ehrerbietung. Eine elegante Dame, die der Szene zugeschaut hat, wünscht sich von einem Kavalier als Lohn für eine Liebesnacht Cardillacs kostbarsten Schmuck.
2. Bild: Der Kavalier bringt der Dame ein herrliches Geschmeide. Während das Paar sich liebestrunken umarmt, dringt eine maskierte Gestalt in das Schlafzimmer ein, ersticht den Kavalier und flieht mit dem Schmuck.
2. AKT: In seiner Werkstatt ist Cardillac hingebungsvoll in die Arbeit vertieft. Den Bericht eines Goldhändlers vom erneuten Mord an einem seiner Kunden nimmt er gleichgültig auf. Der Goldhändler glaubt ihn mit

der Hölle im Bund und beschließt, ihm nachts aufzulauern. Als Cardillac mit ihm fortgeht, ruft er die Tochter, um seine Schätze zu hüten. Ihr Liebhaber, ein Offizier, betritt die Werkstatt und fordert sie auf, mit ihm zu fliehen, doch vermag sie sich vom Vater nicht zu trennen. Nach seiner Rückkehr nimmt Cardillac ihre Mitteilung, daß sie einen Geliebten habe, mit Gleichmut auf. Den König, der die Werkstatt besichtigt, beschwört er, keinen Schmuck von ihm zu erwerben. Später kommt der Offizier zurück und verlangt eine goldene Kette zum Kauf. Vergeblich bemüht sich Cardillac, den Offizier davon abzuhalten, der über seine Drohungen spottet und sich lachend mit dem Schmuck entfernt. In quälender Unruhe macht sich Cardillac an die Arbeit, bis ihn sein Dämon übermannt und er mit Maske und Dolch davonstürmt.

3. AKT: Der Anschlag auf den Offizier schlägt fehl, Cardillac wird von ihm erkannt und muß fliehen. Der Goldhändler hat den Überfall beobachtet und ruft die Polizei herbei. Um Cardillac zu schützen, gibt der Offizier den Goldhändler als Mittäter an. Dem herbeigebrachten Cardillac jubelt das Volk zu und zieht ihn in eine Taverne. Als seiner Tochter bewußt wird, wer der wahre Täter ist, findet sie die Kraft, sich vom Vater zu lösen und dem Geliebten zu folgen. Angewidert von der Verehrung des Volkes kommt Cardillac aus der Schenke und verteidigt leidenschaftlich den Raubmörder, dessen Name er kenne. Als die Menge Aufklärung verlangt, bekennt er sich zu seiner Tat. Wütend dringt das Volk auf ihn ein und schlägt ihn nieder. Sein letzter Blick gilt der Kette des sich über ihn beugenden Offiziers.

Kommentar

Besessen von seiner Kunst und unfähig, sich vom Geschaffenen zu lösen, steht Cardillac unter dem Zwang, die Käufer seiner Schmuckstücke zu ermorden, um die „klaffende Lücke" wieder zu schließen: ein Monstrum und zugleich ein Genie, dessen urwüchsige Schöpferkraft aus den Tiefen des Unbewußten emporquillt. Offensichtlich war Hindemith von der Problematik der Künstlerexistenz fasziniert, von der moralischen Fragwürdigkeit des kreativen Geistes, der sich egomanisch in sein Schaffen verstrickt und darüber jegliche Fähigkeit zu menschlicher Beziehung, mehr noch, seine Menschlichkeit überhaupt einbüßt. Es ist bezeichnend für das Bedrängende dieses Konfliktes zwischen Künstler und Gesellschaft, daß sich die dämonische Gestalt Cardillacs total in den Vordergrund schiebt und die übrigen Personen, selbst die Tochter des Goldschmieds, zu namenlosen

Typen schrumpfen. Neben Cardillac ist keine andere Individualität geduldet, sein eigentlicher Gegenpart ist der das Volk repräsentierende Chor, der mit den zwei monumentalen Massenszenen zu Beginn und am Schluß der Oper die äußeren Akte dominiert, während Cardillacs Profilierung wesentlich im mittleren Akt durch drei Solonummern erfolgt. Die Oper gliedert sich in achtzehn miteinander verklammerte Musiknummern, die nach konventioneller Art zumeist als Szene, Arie, Lied, Duett oder Chor bezeichnet sind: Eine Gliederungsform nach musikalischen Gesichtspunkten, die sich mit voller Absicht gegen das Musikdrama Wagnerscher Provenienz und dessen übersteigertes Pathos richtet. Für den Operntypus, den *Cardillac* verkörpert, wurde schon in den 20er Jahren neben dem Schlagwort der „Neuen Sachlichkeit" der Begriff „Musizieroper" geprägt. Er besagt, daß die Musik ihre Autonomie gegenüber der Bühne durchsetzt und nicht als textausdeutender, psychologisierender Orchesterkommentar nur das szenische Geschehen widerspiegelt. Bestes Beispiel für diese „antidramatische", um Objektivität bemühte und musikalisch bewußt stilisierende Haltung ist das Flötenduett Nr. 6 (Pantomime von Kavalier und Dame), wo die Musik der Szene die Form vorgibt, und nirgends wird die ästhetische Distanz zum Musikdrama greifbarer als in der folgenden Mordszene, wo Hindemith das Orchester schweigen läßt, die Musik sich im Augenblick höchster dramatischer Spannung verweigert. Wie in dem polyphon aufgelockerten Flötenduett-Satz geht an manchen Stellen von dem kammermusikalisch gehaltenen Orchester – zumal die Instrumente in hohem Maße solistisch hervortreten und außerdem bei karger Streicherbesetzung der Bläserklang vorherrscht – eine gewisse Sprödigkeit aus, die wohl aus dem Bestreben nach durchsichtigem Orchestersatz resultiert, aber auch als Ausdruck von „Sachlichkeit" zu verstehen ist.

Cardillac geht auf E. T. A. Hoffmanns Novelle *Das Fräulein von Scudéri* zurück, die 1819 erstmals im *Taschenbuch der Liebe und Freundschaft gewidmet, für das Jahr 1820* erschien und dann in den Erzählzyklus *Die Serapions-Brüder* übernommen wurde. Ferdinand Lions Textbuch, auf dessen Ausarbeitung der Komponist starken Einfluß nahm, entfernt sich nicht nur mit seiner expressionistisch geballten, elementar bildkräftigen Sprache von der romantischen Vorlage, sondern verändert auch den Inhalt wesentlich. In der Oper sind Cardillacs Geselle Olivier Brusson, selbst die Scudéri ausgespart, und zur alleinigen Zentralfigur ist der Goldschmied erhoben, mit dessen Tod, durch Lynchjustiz des Volkes herbeigeführt, die Handlung endet. Hoffmanns Erzählung wieder näher rückt die Zweitfassung von

Cardillac, die nach Hindemiths umfassender Bearbeitung von Text und Musik entstand. In dieser am 20. Juni 1952 im Stadttheater Zürich aufgeführten, gegenüber der Urfassung eigenständigen Version tritt der Geselle wieder als Liebhaber der Tochter ein und wird die zuvor episodische Rolle der Dame zu einer Hauptfigur – einer Opernsängerin – ausgeweitet. Außerdem fügte Hindemith einen neuen 3. Akt ein, der zu der Situation des Theaters im Theater führt, denn er läßt ihn mit einer parallelen Bühnenaktion zu originaler Barockmusik in der Académie Royale spielen, wo „man zum erstenmale J. B. Lullys Oper *Phaeton* aufführt".

Geschichte

Unter dem Dirigenten Fritz Busch, den der junge, kurz vor seinem 31. Geburtstag stehende Hindemith tatkräftig bei den Proben unterstützte, kam *Cardillac* am 9. November 1926 in der Dresdner Staatsoper zur Uraufführung. Die Kritik reagierte gespalten, Ablehnung durch konservative Rezensenten stand Fürsprache von Exponenten der Neuen Musik entgegen, die das Werk als Meilenstein in der Entwicklung des Musiktheaters bezeichneten. Die Aufnahme durch das Publikum war zurückhaltend beifällig, vier Vorstellungen folgten bis Jahresende, vierzehn Theater brachten die Oper noch in derselben Spielzeit heraus. *Cardillac* errang einen festen Platz auf der Bühne, bis die Aufführungsreihe, wie im Falle von Bergs *Wozzeck*, durch das nationalsozialistische Regime mit dem Vorwurf einer „Entseelung der Tonsprache" ein jähes Ende fand. In der Nachkriegszeit nahmen sich mehrere deutsche Bühnen des Werkes an, das im Ausland fast unbeachtet geblieben war. Nach der Neufassung von 1952, die bisher wenig Interesse hervorrief, behinderte ein Aufführungsverbot der Originalfassung durch den Komponisten die Verbreitung der Oper, bevor die Erstfassung 1960 in Wuppertal wieder zum Zuge kam. Neue Impulse gingen 1985 von der Ponnelle-Inszenierung in München aus, und heute erscheint die *Cardillac*-Urfassung häufiger auf dem Spielplan.   *Peter Ross*

Diskographische Empfehlung

1968 – Köln (WDR): Joseph Keilberth, Chor und Rundfunksinfonieorchester des WDR Köln. Dietrich Fischer-Dieskau (Cardillac), Leonore Kirschstein (Die Tochter), Donald Grobe (Der Offizier), Karl Christian Kohn (Der Goldhändler), Eberhard Katz (Der Kavalier), Elisabeth Söderström (Die Dame). DG 2721 246 (erste Fassung 1926)

Mathis der Maler
Oper in sieben Bildern

Text: Paul Hindemith
Uraufführung: 28. April 1938, Stadttheater, Zürich
Personen: Albrecht von Brandenburg, Kardinal, Erzbischof von Mainz (Ten); Mathis, Maler in seinen Diensten (Bar); Lorenz von Pommersfelden, Domdechant von Mainz (Baß); Wolfgang Capito, Rat des Kardinals (Ten); Riedinger, ein reicher Mainzer Bürger (Baß); Hans Schwalb, Führer der aufständischen Bauern (Ten); Truchseß von Waldburg, Befehlshaber des Bundesheeres (Baß); Sylvester von Schaumberg, einer seiner Offiziere (Ten); Der Graf von Helfenstein (stumme Rolle); Der Pfeifer des Grafen (Ten); Ursula, Riedingers Tochter (Sop); Regina, Schwalbs Tochter (Sop); Gräfin Helfenstein (Alt)
Chor: Antoniterbrüder. Humanistische Studenten; Päpstliche und lutherische Bürger; Bürgersfrauen; Volk; Bauern; Offiziere und Truppen des Bundesheeres; Dämonen
Ort und Zeit: Mainz und Umgebung, zur Zeit der Bauernkriege
Orchester: 2 Fl (auch Picc), 2 Ob, 2 Kl, 2 Fg, 4 Hrn, 2 Trp, 3 Pos, Btba, Pkn, Schlgzg, Streicher
Auf der Bühne: 3 Trp
Form: 35 Musiknummern, die ineinander übergehen
Aufführungsdauer: Ca. 4 Stunden
Verlag: B. Schott's Söhne, Mainz

Handlung
1. Bild: Im späten Frühjahr des Jahres 1525. Von einem Antoniterkloster am Main aus schaut der Maler Mathis, der seit einem Jahr damit beschäftigt ist, den Kreuzgang des Klosters auszumalen, nachdenklich auf die sonnenüberflutete Landschaft und fragt sich, ob er die Aufgabe, die Gott ihm auftrug, eigentlich erfülle, ob er als Künstler abseits stehen dürfe, wenn unterdrückte Mitmenschen verzweifelt um ihre Rechte kämpfen. Da stürzen der verwundete Bauernführer Schwalb und seine Tochter Regina auf der Flucht vor Verfolgern herein. Während die Mönche sich um den Erschöpften kümmern, unterhält sich Mathis mit Regina, deren Reinheit ihn berührt. Er schenkt ihr ein Band, das er selbst als Liebesgabe erhalten hat. Als Schwalb wieder zu sich kommt, hält er dem zurückgezogenen Künstler

das Ideal eines engagierten Lebens vor. Mathis leiht dem Bauernführer sein Pferd zur Flucht. Dem kurz darauf das Kloster stürmenden Offizier Sylvester von Schaumberg gesteht er offen, Schwalb geholfen zu haben.

2. Bild: Im Saal der Martinsburg erwarten Bürger beider Konfessionen die Rückkehr des Kardinals Albrecht von Brandenburg. Domdechant Lorenz von Pommersfelden steht bei den Päpstlichen, Wolfgang Capito, der Rat des Kardinals, der reiche Bürger Riedinger und seine Tochter Ursula bei den Lutheranern. Die Studenten vertreten Humanismus und Aufklärung. Auseinandersetzungen über Glaubensfragen verwickeln die Parteien in heftigen Streit, der in einem Handgemenge endet. Der Kardinal beschwichtigt. Zum Mißfallen der Bürger hat er eine kostbare Reliquie mitgebracht, für die nun Mathis einen Schrein anfertigen soll. Ursula ist froh, Mathis wiederzusehen, den sie seit langem liebt. Riedinger berichtet, daß auf dem Marktplatz angeblich ketzerische Schriften verbrannt werden sollen, und verspricht dem ständig unter Geldnöten leidenden Kardinal eine größere Anleihe, wenn er die Verbrennung unterbindet. Der Domdechant erinnert an die Gehorsamspflicht gegenüber der Römischen Kirche. Sylvester von Schaumberg verlangt vom Kardinal den Kampf gegen die aufständischen Bauern. Er fordert die Verhaftung des Malers. Mathis bittet den Kardinal um Verständnis für die Unterdrückten. Der Kardinal nimmt Mathis in Schutz und gewährt ihm auf sein Bitten hin die Entlassung aus seinen Diensten.

3. Bild: Auf dem Marktplatz werden Vorbereitungen zur Bücherverbrennung getroffen. Die Protestanten bringen heimlich ihre Bücher in das Haus Riedinger. Doch Capito hat das Versteck entdeckt. Er übergibt die Bücher den Landsknechten. Um die Protestanten zu beschwichtigen, verliest er einen Brief Luthers, der den Kardinal auffordert, zu konvertieren und sich zu verheiraten. Capito hofft, die Finanzen des Kardinals durch eine Heirat mit Ursula sanieren zu können. Riedinger verlangt von seiner Tochter eine Heirat um des Glaubens willen. Doch Ursula liebt Mathis. Erst als Mathis sie zurückweist, weil er das Mädchen wegen des großen Altersunterschieds und seiner Entscheidung, sich am Bauernkrieg zu beteiligen, nicht an sich binden will, erklärt sich Ursula bereit, sich den Wünschen des Vaters zu beugen.

4. Bild: Die Bauern treiben in der eroberten Stadt Königshofen ihr plünderndes und räuberisches Unwesen. Der Graf Helfenstein wird hingerichtet, seine Frau muß die Bauern bedienen. Mathis versucht, die Bauern in ihre Schranken zu weisen und der Gräfin beizustehen. Er wird niederge-

schlagen. Auch Schwalb gelingt es nicht, Ordnung zu schaffen und die Bauern auf die bevorstehende Entscheidungsschlacht vorzubereiten. Sie werden denn auch vernichtend geschlagen. Schwalb fällt vor den Augen seiner Tochter. Der Befehlshaber des Bundesheeres, Truchseß von Waldburg, will Mathis festnehmen, läßt ihn jedoch auf Bitten der Gräfin frei. Mathis nimmt die verzweifelte Regina mit sich.

5. Bild: Auf der Martinsburg versucht Capito, den Kardinal zu einer Heirat zu überreden. Nach einem Gespräch mit Ursula ist der Kardinal zwar von ihrem Glaubenseifer gerührt, doch sein Entschluß, am eigenen Glauben festzuhalten, steht fester denn je. Er enthebt Capito seines Amtes.

6. Bild: Regina und Mathis rasten im nächtlichen Odenwald. Um sie abzulenken, beschreibt ihr Mathis ein Engelkonzert, das er bildlich vor sich sieht. Seine Erzählung weitet sich schließlich zu einer Vision des Isenheimer Altars: In der „Versuchung des heiligen Antonius" erscheint Mathis selbst als der Heilige, die Gräfin Helfenstein als Sinnbild des Reichtums, sie versucht, ihn mit irdischen Gütern zu locken. In Gestalt eines Kaufmanns preist Pommersfelden die irdische Macht. Ursula ist nacheinander Bettlerin, Buhlerin und Märtyrerin. Capito vertritt die Macht der Wissenschaft, Schwalb die kriegerische Gewalt. Doch Antonius/Mathis widersteht allen Versuchungen. Ein neues Bild steigt auf: „Der heilige Antonius in der Einsiedelei des heiligen Paulus". In der Gestalt des Paulus mahnt Kardinal Albrecht den Maler, seiner künstlerischen Berufung zu folgen. Die Vision gipfelt in einem hymnischen Zwiegesang.

7. Bild: Mathis hat den visionär erahnten Altar vollendet, doch er ist am Ende seiner Kräfte. Regina stirbt und gibt Ursula das Band, das sie einst von Mathis bekommen hat. Ursula erkennt es als ihr Geschenk an Mathis wieder. Kardinal Albrecht kommt, um Mathis sein Haus als Ruhesitz anzubieten. Mathis will jedoch nur noch einen stillen Platz zum Sterben finden. Er ordnet seinen Nachlaß: eine Papierrolle – seine guten Taten; Lineal und Zirkel – sein Streben; Farben und Pinsel – seine Werke; Bücher – sein Wissen; und das Band – seine Liebe.

Kommentar

Wie bei vielen Künstlern, die sich zur „Neuen Sachlichkeit" bekannt hatten, kommt es auch bei Hindemith spätestens während der Jahre des Exils zu einer Rückbesinnung auf den Menschen. Mit seiner zweiten großen Künstleroper *Mathis der Maler* wird Hindemith die Diskrepanz zwischen den sachlichen Tendenzen mit der notwendigen Gefühlsausschaltung und der Objektivierung der Affekte in seinem bisherigen Schaffen und der Emotion als Basis der Musik und der Gattung Oper im besonderen klar. Hindemiths Kunstauffassung erfährt einen grundsätzlichen Wandel hin zur ethischen Bedeutung, der ihn auch zur Umarbeitung des *Cardillac* und des *Marienlebens* veranlaßt. Wie schon im *Cardillac* bewahrt die Musik gegenüber dem Text eine Eigengesetzlichkeit, ihre rein musikalische Wirkung. Bühnenhandlung und Musik laufen bewußt nebeneinander her. Hindemiths Melodik orientiert sich am linearen Tonablauf des Barock, wobei er deutlich zwischen vokalen und instrumentalen Melodien und Linien unterscheidet. Da die Musik ihren eigenen Gesetzen folgt und es Hindemith nicht um Illustrationen von Text und Handlung geht, spielt die musikalische Form eine entscheidende Rolle. Im Wechsel zwischen dynamischen und emotionalen Höhepunkten, zwischen äußerlich bewegtem Geschehen und starkem innerem Engagement wird Spannung erzeugt. Hindemith hat eine holzschnittartige, einfache Tonsprache gefunden, die der Handlung entspricht. Schon im *Cardillac* hatte den Komponisten das Künstlerthema fasziniert, obwohl er glaubte, die Spätromantik Pfitznerscher Prägung hinter sich gelassen zu haben. In der Gestalt Matthias Grünewalds, dem historischen Vorbild seines Mathis, zeigt er, daß eine Verbindung von gesellschaftsbezogener und autonomer Kunst nicht mehr möglich ist. Die gesellschaftlichen und politischen Verhältnisse zwingen den Künstler, Partei zu ergreifen. Doch das gesellschaftliche Engagement bringt nur Enttäuschung. Mathis findet in „höherem" Auftrag visionär zur Kunst, zu seiner Lebensaufgabe als Sinn seines Lebens zurück. Doch die Oper endet statt mit einer Apotheose der Kunst mit einer Hinwendung zum Privaten, als den letzten Dingen des Lebens, die der Künstler für Kunst und politisches Engagement aufgegeben hat.

Geschichte

Die Musik zum *Mathis* komponierte Hindemith mit gewohnter Leichtigkeit. Noch bevor er die Handlung endgültig festgelegt hatte, schrieb er die *Mathis*-Symphonie, deren drei Sätze wie die Vision des 6. Bildes nach den Altarflügeln des Isenheimer Altars benannt sind. Erst 1935, nach erbitterten Anstrengungen konnte er die Textfassung zum Abschluß bringen. Für alle Personen der Handlung, mit Ausnahme der Regina, zog er historische Vorbilder heran. In der Titelfigur vereinigte Hindemith die wenigen überlieferten Züge von Matthias Grünewald, dem Schöpfer des Isenheimer Altars, mit denen des Mainzer Hofmalers Mathis.

Die Uraufführung fand am 13. Dezember 1938 am Stadttheater Zürich statt. Zur deutschen Erstaufführung kam es am 13. Dezember 1946 an der Württembergischen Staatsoper. Viele andere große deutsche Bühnen haben das Werk seither gespielt. *Ulrike Hessler*

Diskographische Empfehlung

1979 – München: Rafael Kubelik, Chor und Symphonieorchester des Bayerischen Rundfunks. Dietrich Fischer-Dieskau (Mathis), James King (Kardinal Albrecht), Peter Meven (Riedinger), Rose Wagemann (Ursula), William Cochran (Hans Schwalb), Ursula Koszut (Regina). EMI, 1 C 165-03 515/17

ERICH WOLFGANG KORNGOLD

geb. 29. Mai 1897 in Brünn
gest. 29. November 1957 in Hollywood

Der Sohn des Wiener Musikkritikers Julius Korngold und Schüler von Fuchs, Zemlinsky und Grädener, wurde bereits früh als Wunderkind gefeiert, so etwa mit seiner an der Wiener Hofoper uraufgeführten Pantomime *Der Schneemann* (1908). Zwei Operneinakter, *Violanta* und *Der Ring des Polykrates* (München 1916), folgten, und *Die tote Stadt*, 1920 zugleich in Hamburg und Köln uraufgeführt, wurde ein Welterfolg. Korngold war auch als Dirigent und Pianist gefragt und übernahm 1927 die Leitung einer Opernklasse an der Musikakademie in Wien. Seine Oper *Das Wunder der Heliane*, die heute, im Zuge der Korngold-Renaissance, wieder gespielt wird, provozierte 1927 in Hamburg einen Skandal. 1929 folgte Korngold Max Reinhardt in die USA und reüssierte als Filmkomponist *(The sea hawk)*. Neben den auch als absolute Musik interessanten Filmmusiken schuf Korngold sehr erfolgreiche Operettenbearbeitungen sowie die Oper *Die Kathrin* (Stockholm 1939) und die musikalische Komödie *Die stumme Serenade* (Dortmund 1954), mit denen er jedoch nicht mehr an seine frühen Erfolge anknüpfen konnte.   *Peter P. Pachl*

Die tote Stadt
Oper in drei Bildern

Text: Paul Schott alias Julius Korngold
Uraufführung: 4. Dezember 1920, Stadttheater Hamburg und Stadttheater Köln
Personen: Paul (Ten); Marietta, Tänzerin, die Erscheinung Mariens, Pauls verstorbener Gattin (Sop); Frank, Pauls Freund (Bar); Brigitta, bei Paul (Alt); Juliette, Tänzerin (Sop); Lucienne, Tänzerin (Mez); Gaston, Tänzer (stumme Rolle); Victorin, der Regisseur (Ten); Fritz, der Pierrot (Bar); Graf Albert (Ten)

<u>Chor und Ballett</u>: Beghinen, die Erscheinung der Prozession; Tänzer und Tänzerinnen

<u>Ort und Zeit</u>: Brügge, Ende des 19. Jahrhunderts

<u>Orchester</u>: Picc (auch 3. Fl), 2 Fl (2. auch 2. Picc), 2 Ob, E. H., 2 Kl in A und B, Bkl in B, 2 Fg, 4 Hrn, 3 Trp, Btrp, 3 Pos, Btba, Mandol, 2 Hrf, Cel, Klav, Harm, 4 Pkn, Glsp, Xyl, Trgl, Tamburin, Ratsche, KlTr, GrTr mit Bck, freihäng. Bck, TamTam, Rute, Streicher

<u>Auf der Bühne</u>: Orgel, 2 Trp, 2 Kl, Trgl, Tamburin, Kl u. GrTr, Bck, 7 tiefe Gl, Windmaschine; 1. Loge rechts: 2 Trp, 2 Pos

<u>Form</u>: Durchkomponiert

<u>Aufführungsdauer</u>: 2 Stunden

<u>Verlag</u>: B. Schott's Söhne, Mainz

Handlung

VORGESCHICHTE: Seit dem Tod seiner Frau bewahrt Paul als Reliquien der Verstorbenen eine Haarflechte, ihren Schal und ihre Laute auf und lebt nur seiner Erinnerung.

1. AKT: Pauls Haushälterin Brigitta klärt den nach längerer Zeit nach Brügge zurückkehrenden Frank, Pauls Freund, auf über Pauls seltsamen Zustand. Da kommt er selbst und spricht Brigittas Beschreibung Hohn. Er erzählt Paul, daß er eben eine junge Frau kennengelernt habe, die der toten Marie aufs Haar gleiche. Frank warnt ihn zwar, er möge Tote schlafen lassen, aber Paul will den „Traum der Wiederkehr" genießen und läßt Brigitta rote Rosen besorgen. Marietta heißt die junge Dame, ist Tänzerin auf Tournee und hat Pauls Einladung angenommen. Paul schenkt ihr die Rosen, gibt ihr den Schal und die Laute der Toten, und Marietta singt ein Lied, das auch Marie immer gesungen hat. Marietta entdeckt das Bildnis der Toten und die Ähnlichkeit mit ihr. Sie entzieht sich Paul, ermuntert ihn aber zu einem Wiedersehen im Theater. Anstelle von Marietta erscheint nun Paul die tote Marie und mahnt ihn an Liebe und Treue.

2. AKT: Paul und Frank begegnen sich am Kai vor dem Haus, in dem Marietta wohnt. Brigitta, plötzlich Nonne geworden, hat Paul verlassen. Da Frank den Schlüssel zu Mariettas Wohnung hat, ringt Paul mit ihm und nimmt ihm den Schlüssel ab. Mariettas Komödiantentruppe bevölkert den Platz der toten Stadt. Die Künstler wollen ihrem Mäzen, dem Grafen Paul, die Auferstehungsszene aus Meyerbeers *Robert der Teufel* vorführen, mit Marietta als der auferstandenen Helene. Paul greift ein und demütigt, im Banne der toten Marie stehend, Marietta. Dennoch gewinnt Marietta Paul

für sich und geht mit ihm in sein Haus, sie will den Kampf mit der Toten aufnehmen.

3. AKT: Marietta fordert in Pauls „Kirche des Gewesenen" die tote Frau vor deren Bild heraus und treibt Paul in immer schlimmere Gewissensqualen, noch verstärkt durch eine vorüberziehende Prozession. Marietta verspottet Paul wegen seiner Frömmigkeit und eignet sich die Haar-Reliquie an. Paul will sie ihr entreißen und erdrosselt mit Maries Haar Marietta, die nun, als Tote, ganz der toten Marie gleicht.

Paul kommt wieder zu sich: Brigitta meldet den Besuch „der Dame von vorher", die ihre Rosen und den Schirm vergessen hat. Im Weggehen trifft Marietta Frank, der Paul bittet, ihn auf eine Reise zu begleiten, „fort aus der Stadt des Todes". Paul, zur Einsicht gelangt, daß eine Vereinigung mit der Toten in diesem Leben nicht möglich ist, folgt ihm.

Kommentar

Das Hauptwerk des damals erst dreiundzwanzigjährigen, vordem als Wunderkind gefeierten Komponisten, die Schwebe zwischen klanglicher Ästhetisierung von Vergangenheit und Ritus einerseits, Lebenslust und Festen andererseits, der Schwebezustand zwischen Traum und Wachen, Fiktion und Realität, die gekonnte Wahl der Mittel zwischen Spätromantik und Expressionismus mit den klug gesetzten, fast schon operettenhaften Ohrwürmern „Glück, das mir verblieb" und „Mein Sehnen, mein Wähnen", das alles hat nichts von seinem Faszinosum eingebüßt. Theaterwirksamkeit durch effektvolle Mittel gemahnen an den im 2. Akt zitierten Meyerbeer, nur ist Korngolds Partitur ungleich frischer geblieben.

Vorlage für das Libretto des Wiener Kritikers Julius Korngold zur Oper seines Sohnes ist der 1903 erstmals in deutscher Sprache erschienene symbolistische Roman *Das tote Brügge* (*Bruges-la-morte*, 1892) des belgischen Lyrikers und Romanciers Georges Rodenbach (1855–1898). Der einzige symbolistische Roman von Weltgeltung schildert den Konflikt des Helden Hugo Viane in der Spannung zwischen der im sittenstrengen Brügge „ansteckenden Verherrlichung der Keuschheit" und den Begegnungen des Lebens. Die tote Frau im Roman bleibt unbenannt, der „Dämon der Ähnlichkeit" trägt den Namen Jane. Das Pseudonym des Librettisten leitet sich her vom Vornamen der Hauptfigur und vom Nachnamen des Verlegers.

Geschichte

Die tote Stadt, 1920 gleichzeitig in Köln und Hamburg uraufgeführt, gelangte in den 20er Jahren an alle großen Bühnen. Die Wiederaufführung nach dem Krieg in München (1955) war wenig erfolgreich, ähnlich
erging es dem Werk an der Wiener Volksoper und am Genfer Opernhaus im
Jahr 1967, dann gab die Produktion der New York City Opera 1975 und die
anschließende erste Schallplatten-Gesamtaufnahme des Werkes unter
Erich Leinsdorf den Ausschlag zur anhaltenden Wiederbeschäftigung mit
Korngolds Oper: Darmstadt (1978), Berlin (1983) mit ARD-Fernsehauf-
zeichnung (1984), Wien (1985), Feldkirch und Düsseldorf (1986), Duisburg (1987), mit zum Teil sehr unterschiedlichen Regieansätzen (Götz
Friedrich, Günter Krämer).   *Peter P. Pachl*

Diskographische Empfehlung

1975 – München: Erich Leinsdorf, Tölzer Knabenchor, Chor des
Bayerischen Rundfunks, Münchner Rundfunkorchester. René Kollo
(Paul), Carol Neblett (Marietta), Benjamin Luxon (Frank), Hermann Prey
(Fritz), Rose Wagemann (Brigitta). BMG/RCA, GD 87767 (ADD)

GEORGE GERSHWIN

geb. 26. September 1898 in Brooklyn (New York)
gest. 11. Juli 1937 in Beverly Hills

George Gershwin entstammt einer aus Rußland eingewanderten jüdischen Familie und wird als Jacob Gershovitz in Brooklyn geboren. Mit 13 Jahren beginnt er seine musikalische Ausbildung. Drei Jahre später verläßt er die High-School, um als jüngster Pianist für die Musikalienhandlung Remick's zu arbeiten. Am 26. Mai 1919 erscheint sein Name erstmals am Broadway: das Henry-Miller-Theater spielt sein Stück *La la Lucille*. Sein Song „Swanee" geht mittels Phonograph noch im gleichen Jahr rund um die Welt. Nacheinander schreibt er nun 22 Musicals, darunter *Lady Be Good* (1924), *Oh, Kay!* (1926), *Funny Face* (1927), *Treasure Girl* (1928), *Girl Crazy* (1930) und *Pardon My English* (1933). 14 Jahre lang bleibt der Erfolg Gershwins Markenzeichen. Er versteht seine Zeit und die Zeichen des American way of life einer neuen urbanen Kultur der 20er Jahre.

Von Beginn seiner Karriere an hatte Gershwin den Ehrgeiz zu komponieren, was man am Broadway „ernste" Musik nannte. Am 1. November 1923 erklingt zum erstenmal eines seiner Werke in einem Konzertsaal: drei Lieder in einem Programm mit Bellini, Purcell, Bartók, Schönberg, Milhaud, Berlin und Kern. Kurz darauf erhält er den Auftrag, ein symphonisches Werk zu komponieren: Am 12. Februar 1924 erlebt die *Rhapsody in Blue* in der New Yorker Aeolian Hall ihre triumphale Uraufführung. Am 3. Dezember 1925 dirigiert Walter Damrosch in der Carnegie Hall die Uraufführung des *Concerto in F. An American in Paris* (1928) und die *Second Rhapsody* für Klavier und Orchester (1932) sind nicht weniger erfolgreich. 1933 beginnen Gershwins Erfolge am Broadway nachzulassen. Er denkt an eine Oper. Der Plan, die jüdische Volkserzählung *The Dybbuk* zu vertonen, kommt über Skizzen nicht hinaus. 1932 beginnt er mit der Arbeit an *Porgy and Bess*. Am 10. Oktober 1935 erringt das Werk bei seiner Uraufführung im New Yorker Alvin-Theater nur einen Anerkennungserfolg. 1936 kehrt Gershwin dem Broadway endgültig den Rücken und läßt sich in Hollywood nieder.

Ulrike Hessler

Porgy and Bess
American Folk Opera in drei Akten

<u>Text</u>: Edwin Du Bose Heyward, nach dem Schauspiel *Porgy* von Ira Gershwin

<u>Uraufführung</u>: 10. Oktober 1935, Alvin Theatre, New York

<u>Personen</u>: Porgy, ein verkrüppelter Neger (Baßbar); Bess, eine junge Negerin (Sop); Sportin' Life, Rauschgifthändler und Schmuggler (Ten); Crown, ein gutverdienender und brutaler Neger (Bar); Jake, Fischer, Besitzer des Boots „Möwe" (Bar); Clara, seine Frau, Mutter eines kleinen Sohnes (Sop); Robbins, ein junger Fischer (Ten); Serena, seine Frau (Sop); Peter, ein alter Neger, Honigverkäufer (Ten); Maria, seine Frau (Alt); Jim (Bar), Mingo (Ten) und Nelson (Ten), Neger, Fischer; Lily und Annie, Negerinnen (Mez); Scipio, Negerjunge (Sop); Erdbeerverkäuferin (Mez); Krabbenverkäufer (Ten); Mr. Archdale, ein weißer Rechtsanwalt (Sprechrolle); Simon Frazier, Negeradvokat (Bar); Leichenbestatter (Bar); Leichenbeschauer (Sprechrolle); Detektiv (Sprechrolle); Polizist (Sprechrolle)

<u>Chor und Ballett</u>: Bewohner von Catfish Row; Fischer; Kinder; Hafenarbeiter

<u>Ort und Zeit</u>: Charleston (South Carolina), um 1870, nach dem Bürgerkrieg

<u>Orchester</u>: 2 Fl (2. auch Picc), 2 Ob, E. H., 3 Kl, Bkl, Asax, Tensax, Fg, 3 Hrn, 3 Trp, 2 Pos, Btba, Pkn, Schlgzg (Marimbaphon, Glsp, 2 Röhrengl, Banjo), Klav, Streicher

<u>Auf der Bühne</u>: 3 Trp, 2 Pos, Btba, KlMilitärtr, Eisenplatte (Gong)

<u>Form</u>: Durchkomponiert

<u>Aufführungsdauer</u>: Ca. 2 ½ Stunden

<u>Verlag</u>: Tams-Witmark, New York

<u>Handlung</u>

1. AKT. 1. Szene: Catfish Row, eine ehemals von Weißen, jetzt von Schwarzen bewohnte Uferstraße in Charleston, South Carolina. An einem Sommerabend: Clara singt ihrem Baby ein Schlaflied. Ein paar Männer haben ein Würfelspiel begonnen, darunter Sportin' Life, Jake, Mingo und Robbins. Porgy, ein verkrüppelter Bettler, kommt auf einem von einer Ziege gezogenen Karren angefahren. Auch er beteiligt sich am Würfelspiel. Die

anderen ziehen ihn wegen seiner heimlichen Zuneigung zu der schönen Bess auf. Bess erscheint mit ihrem stark angetrunkenen Liebhaber Crown, der sofort einen Streit vom Zaun bricht und bei einem Handgemenge Robbins mit einem Baumwollhaken tötet. Crown verschwindet. Der Drogenhändler Sportin' Life versucht Bess zu überreden, die Chance zu nützen und mit ihm nach New York zu gehen. Bess lehnt ab. Als die Pfiffe der Polizei ertönen, verschwinden alle schnell in ihren Wohnungen. Bess findet nirgendwo anders Unterschlupf als bei Porgy.

2. Szene: Serenas Zimmer in der folgenden Nacht. Der Leichnam von Serenas Mann Robbins ist aufgebahrt. Alle Nachbarn betrauern den Toten und sammeln Geld für seine Beerdigung. Ein weißer Polizeidetektiv unterbricht die Klagegesänge und droht, die Leiche der Pathologie zu übergeben, wenn sie nicht schnell beerdigt wird. Der Honighändler Peter wird verhört und schließlich abgeführt, als niemand seine Aussagen bestätigen will. Ein schwarzer Leichenbestatter findet sich schließlich auf Bitten aller bereit, den Toten gegen Ratenzahlung zu beerdigen.

2. AKT. 1. Szene: Catfish Row, einen Monat später. Die Fischer sind mit dem Flicken ihrer Netze beschäftigt. Clara bittet ihren Mann wegen des drohenden Hurrikans nicht aufs Meer hinauszufahren. Porgy, der nun mit Bess zusammenlebt, ist so glücklich, daß er bereit ist, dem Winkeladvokaten Frazier Bess' Scheidung von Crown abzukaufen, obwohl sie gar nicht legal mit ihm verheiratet ist. Der weiße Anwalt Archdale, der sich für den verhafteten Peter eingesetzt hat, unterbindet den Handel. Porgys Stimmung wird ein wenig getrübt, als ein vorüberfliegender Bussard Unheil anzukündigen droht. Sportin' Life versucht noch einmal, Bess mit Drogen zu locken. Die Bewohner der Catfish Row brechen zum Picknick nach Kittiwah Island auf. Porgy muß wegen seines Gebrechens zurückbleiben. Er überredet Bess, sich den anderen anzuschließen.

2. Szene: Auf der Insel Kittiwah am Abend. Alle sind ausgelassen. Nur Sportin' Life ist skeptisch. Als sich Bess mit den anderen zum Aufbruch bereit macht, taucht Crown plötzlich auf. Bess weist ihn zurück. Doch ihr Widerstand ist nicht von langer Dauer. Schließlich fährt das Boot ohne sie ab.

3. Szene: Catfish Row, eine Woche später. Die Fischer machen sich zur Abfahrt bereit. Bess liegt im Fieber. Als sie schließlich zu sich kommt, beteuert sie Porgy, der von ihrem neuerlichen Abenteuer mit Crown weiß, daß sie nur ihn liebt, und bittet ihn, sie vor Crown zu beschützen. Sturmglocken kündigen einen Hurrikan an.

4. Szene: In Serenas Zimmer haben sich alle Bewohner versammelt und beten. Draußen tobt der Sturm. Plötzlich erscheint Crown auf der Suche nach Bess. Sie weist ihn zurück. Porgy will ihr helfen, wird aber von Crown zu Boden gestoßen. Plötzlich sieht Clara vom Fenster aus das Boot ihres Mannes kentern. Sie drückt Bess ihr Baby in den Arm und stürzt hinaus. Bess schickt Crown hinter ihr her.

3. AKT. 1. Szene: Am Abend betrauern die Bewohner der Catfish Row Clara, Jake und Crown, die sie tot glauben. Doch Sportin' Life hat Crown lebend gesehen. Bess kümmert sich um Claras Baby. Crown schleicht sich herein. Porgy hat ihn auf dem Dach seiner Hütte erwartet. Er stürzt sich auf Crown und erdrosselt ihn.

2. Szene: Am nächsten Nachmittag. Die Polizei stellt Ermittlungen an über Crowns Tod. Porgy soll sie begleiten, um den Toten zu identifizieren. Sportin' Life unternimmt einen neuen Annäherungsversuch bei Bess. Sie weist ihn und das angebotene Rauschgift zunächst zurück.

3. Szene: Eine Woche ist vergangen. Porgy kehrt aus dem Gefängnis zurück. Er war in Untersuchungshaft, weil er sich aus Aberglauben geweigert hat, Crowns Leiche zu identifizieren. Für alle Mitbewohner hat er Geschenke mitgebracht. Niemand wagt ihm zunächst zu sagen, daß Bess mit Sportin' Life nach New York gegangen ist. Porgys Liebe scheint unerschütterlich. Auf seinem Ziegenkarren macht er sich auf den Weg, sie zu suchen.

Kommentar

Nach der Uraufführung seiner Oper *Porgy and Bess* mußte sich der Komponist, dessen *Rhapsody in blue* man in der ganzen Welt bewunderte, herbe Kritik gefallen lassen, weil er eine populäre Variante für das ernste Genre Oper gefunden hatte. Er selbst schrieb 1935 in der New York Times: „Ich habe Oper und Theater vermischt. So ist ganz natürlich aus den verschiedenen Bestandteilen des Werks eine neue Form entstanden." Tatsächlich bereitet die Zuordnung des Werks Schwierigkeiten. Gershwin wollte eine Volksoper mit realistischem Milieu: „Ich entschied mich gegen die Verwendung von originalem Volksliedmaterial, denn die Musik sollte aus einem Guß sein. Deshalb schrieb ich eigene Spirituals und Volkslieder. Aber sie sind noch Volksmusik, und da sie in Opernform sind, ist *Porgy and Bess* eine Volksoper." Das durchkomponierte Werk basiert auf der traditionellen Opernform und schöpft seine Wirkung aus starken Kontrasten. Sein dramatisches expressivo steht dem italienischen verismo nahe, es verwendet Rezitative, Arien und Ariosi zur Artikulation der dramatischen Handlung, wechselt zwischen Ensembles und Soli, großer und kleiner Form. Zur Charakterisierung des sozialen Hintergrunds komponierte Gershwin Gospels, Arbeitsgesänge, selbst erfahrene Klangeindrücke, um Originalität entstehen zu lassen. Der Text mit seiner spezifischen Akzentsetzung, die Gershwin den Schwarzen in South Carolina abgelauscht hat, bildet die Basis einer synkopischen Schreibweise, deren häufiger Taktwechsel sich in Elementen des symphonischen Jazz wiederfindet, wie im rag-time, fox-trot, black bottom, mambo oder cinquillo. Die ariosen Teile haben dagegen vorwiegend die Form vierteiliger Songs im Tin-Pan-Alley-Stil des Broadway-Musicals, den Gershwin am besten beherrschte. Er erzählt nicht nur die unglückliche Liebesgeschichte zwischen den beiden Hauptfiguren, sondern erweitert die Handlung zu einer umfassenden Milieustudie durch eine Reihe anderer scharf umrissener Charaktere und durch Volksszenen von großer Eindringlichkeit, wie das Würfelspiel, die Totenklage oder das Picknick.

Geschichte

Schon seit seinem ersten Opernversuch *Blue monday blues* (1925) hielt Gershwin nach einem geeigneten Textbuch Ausschau. In Du Bose Heywards Erfolgsroman *Porgy* schien er das Sujet für eine große amerikanische Gegenwartsoper gefunden zu haben, in der sich originäre musikalische Elemente mit der Handlung verbinden ließen. Edwin Du Bose Heyward hatte die Idee zu seinem Roman einem Zeitungsartikel über den verkrüppelten Schwarzen Samuel Smalls, genannt „Goat Sammy", entnommen, der eine Frau angefallen und dann versucht hatte, vor der Polizei in einem von einer Ziege gezogenen Karren zu fliehen. Als Gershwin unmittelbar nach der Lektüre mit dem Autor Kontakt aufnahm, hatte dieser gemeinsam mit seiner Frau Dorothy das Buch bereits für die Theatre Guild dramatisiert, wo es von 1927 an über 367mal gespielt wurde. Die Rechte waren somit für mehrere Jahre blockiert. Jerome Kern und Oscar Hammerstein II zeigten Interesse, *Porgy* für Al Jolson zu einem Musical umzuschreiben. Erst als dieses Projekt scheiterte, kam die Zusammenarbeit von Gershwin und Heyward zustande. Die Ausarbeitung des Librettos wurde durch die Mitwirkung von Gershwins Bruder Ira beschleunigt, der für George schon zahlreiche Musical-Texte geschrieben hatte. Die Metropolitan Opera interessierte sich für die Uraufführung, doch Gershwin entschied sich schließlich für die Theatre Guild, die eine längere Laufzeit erwarten ließ. Aber die Uraufführung am 10. Oktober 1935 war kein wirklicher Erfolg, sondern erlitt trotz der 124 en suite gespielten Vorstellungen finanzielle Einbußen. Der Weltruhm kam erst nach Gershwins Tod. Die ersten Schritte auf diesem Weg waren 1938 Neuproduktionen in Los Angeles und San Francisco. Zum endgültigen Durchbruch verhalfen 1941 die Produktionen in Maplewood und 1942 wieder in New York. Noch während des Krieges kamen die ersten Inszenierungen in Europa heraus. Der internationale Erfolg war besiegelt, als die Everyman Opera Company mit *Porgy and Bess* 1952 auf Welttournee ging. Mit Otto Premingers Verfilmung eroberte sich die Oper 1959 die Leinwand und ein Millionenpublikum.

Ulrike Hessler

Diskographische Empfehlung
1976 – Cleveland: Lorin Maazel, Cleveland Chorus & Orchestra. Willard White (Porgy), Leona Mitchell (Bess), McHenry Boatwright (Crown), François Clemmons (Sportin' Life), Florence Quivar (Serena), Barbara Hendricks (Clara). Decca 6.35 327

1988 – London: Simon Rattle, The Glyndebourne Chorus, The London Philharmonic. Willard White (Porgy), Cynthia Haymon (Bess), Gregg Baker (Crown), Damon Evans (Sportin' Life), Cynthia Clarey (Serena), Harolyn Blackwell (Clara). EMI, CDS 7 49568 2 (DDD)

KURT JULIAN WEILL

geb. 2. März 1900 in Dessau
gest. 3. April 1950 in New York

Kurt Weill war einer der einfalls- und einflußreichsten Neuerer des Musiktheaters in unserem Jahrhundert. Früh hatte der Vater, Kantor der Synagoge, das ausgeprägte Talent des Sohnes erkannt. Er lehrte ihn das Klavierspiel und die Anfänge in der Komposition. Der Pfitzner-Schüler Albert Bing beeinflußte maßgeblich den Werdegang des Jungen. Weill studierte dann in Berlin bei Rudolf Krasselt und Engelbert Humperdinck. 1919 ging er als Theaterkapellmeister nach Lüdenscheid, wo er die Praxis von der Pike auf lernen konnte. Zurück in Berlin, wurde er Meisterschüler Ferruccio Busonis. Anfangs schrieb Weill einen antiromantischen, harten und dissonanzenreichen Instrumentalstil. Bald wandte er sich fast ausschließlich dem Theater zu und bemühte sich um eine zeitgemäße, aber publikumswirksame Musiksprache. Durch Fritz Busch kam die Verbindung zum erfolgreichen expressionistischen Dichter Georg Kaiser zustande, den Librettisten seiner ersten Oper, *Der Protagonist* (Dresden 1926). Hier, wie auch in anderen frühen Werken für die Bühne, zeigte sich bereits die instinktsichere Theaterbegabung Weills. Tanz, Pantomime, kabarettistisches Chanson, souveräne Beherrschung der Satzkunstmittel, Milieustudie – mit diesen Begriffen läßt sich die lebendige Welt seiner suggestiven Klang-Rhythmus-Bilder umschreiben. Auch Elemente des Jazz werden zunehmend wichtig. Der Festival-Ausschuß des deutschen Kammermusik-Festivals Baden-Baden vergab 1926 den Auftrag zu einer Kurzoper an Kurt Weill. In Zusammenarbeit mit Bert Brecht entstand im Jahr darauf das überaus erfolgreich aufgeführte Song-Spiel *Mahagonny*. Eine fruchtbare Schaffensperiode zusammen mit dem Dichter begann. Weill entwickelte die musikalische Form des Songs für Schauspieler; er wollte ganz nah, aber auf musikalisch hohem Niveau an das Publikum heran. Brecht hatte den klingenden Ausdruck für seine Botschaft gefunden. Doch nach der *Dreigroschenoper* und der großen Oper *Mahagonny* bahnte sich bereits die Trennung der Künstlerwege an. Nach einigen Lehrstücken aus gemeinsamer Werkstatt (*Der Ja-Sager*, 1930; *Der*

Lindbergh-Flug, 1929, u. a.) wandte sich Weill wieder der Oper zu und von Brecht fast vollständig ab (*Die Bürgschaft*, 1931, Text: Caspar Neher; *Der Silbersee*, 1933, Text: Georg Kaiser). Dann mußte Kurt Weill emigrieren. 1933 glaubte er noch in Paris Fuß fassen zu können, doch führte ihn der Weg weiter in die USA. Er schrieb dort viel Filmmusik und eminent erfolgreiche Stücke für den Broadway. Wesentlich war ihm die unmittelbare Wirkung seiner Musik auf das Publikum. Vielleicht hat Weill seinen Stil in den zahlreichen Musicals (etwa *Lady in the Dark*, 1941; *Down in the Valley*, 1948) allzusehr den amerikanischen Tagesbedürfnissen angepaßt. Seinen persönlichen Tonfall jedoch hat er sich immer bewahrt. Kurt Weill starb am 3. April 1950 in New York an einem Herzschlag. Er schrieb gerade an der Musik zu Mark Twains *Huckleberry Finn*.   *Helmut Rohm*

Die Dreigroschenoper

Ein Stück mit Musik in einem Vorspiel und acht Bildern nach *The Beggar's Opera* von John Gay

Text: Bertolt Brecht
Uraufführung: 31. August 1928, Theater am Schiffbauerdamm, Berlin
Personen: Macheath, genannt Mackie Messer; Jonathan Jeremiah Peachum, Besitzer der Firma „Bettler's Freund"; Celia Peachum, seine Frau; Polly Peachum, seine Tochter; Brown, Polizeichef von London; Lucy, seine Tochter; Die Spelunken-Jenny; Smith; Pastor Kimbal; Filds; Ein Ausrufer; Die Platte; Bettler; Huren; Konstabler
Ort und Zeit: London, im 17. Jahrhundert
Orchester: Asax in Es (auch Fl, Kl in B und Bsax in Es), Tsax in B (auch Ssax in B, Fg, evtl. Bkl), 2 Trp, Pos (auch Kb), Banjo (auch Vcl, Gitarre, Hawaii-Gitarre; Bandoneon, evtl. Mandoline), Pkn, Schlagwerk, Harm (auch Cel), Klav (Direktion)
Form: 20 Musiknummern, in Dialogszenen eingebaut
Aufführungsdauer: Ca. 2 ½ Stunden
Verlag: Universal Edition, Wien

Handlung

Bevor die eigentliche Geschichte beginnt, singt ein Jahrmarktsänger in Soho eine dunkel raunende Moritat von Macheath, genannt Mackie Messer: „Und der Haifisch, der hat Zähne, und die trägt er im Gesicht…" Das Messer des Straßenräubers und Banditenführers Mackie indessen, „das Messer sieht man nicht".

1. AKT: Jonathan Jeremiah Peachum erläutert und demonstriert sein zynisches, mit scheinheiligen Phrasen garniertes Geschäft. Als Besitzer der Firma „Bettlers Freund" vergibt er die Lizenzen an alle Bettler Londons. Er sorgt fürs typengerechte Outfit, teilt Bezirke zu und kassiert ein Gutteil der armseligen Einnahmen. „Mein Geschäft ist es, das menschliche Mitleid zu erwecken", so nennt er das. Gerade wird ein neuer Bettler instruiert, ausstaffiert und eingeschüchtert, da hört Peachum von seiner Frau, Tochter Polly habe mit einem sehr noblen Herrn angebandelt, den man überall nur „Captu" rufe. Doch der Bettlerkönig will von einem Hochzeiter nichts wissen. Hier handle es sich um den berüchtigten Mackie Messer! Polly soll zur Rede gestellt werden, doch findet man ihr Bett unberührt. Sie war die Nacht über fort.

Macheath und Polly feiern ihre Hochzeit in einem leeren und schäbigen Pferdestall. Einige kleine Gauner aus Macs Bande geben das „Hochzeitslied für ärmere Leute" zum besten. Die Braut selbst singt die Ballade von der Seeräuber-Jenny. Als Tiger-Brown, Londons gefürchteter Polizeichef, auftaucht, zucken die kleinen Banditen zusammen. Doch das hohe Tier ist lediglich zum Gratulieren gekommen, und Mac erklärt, sie könnten von Brown, seinem alten Freund aus Jugendtagen „was lernen". Gemeinsam intonieren die Kriegskameraden ihren martialischen Kanonensong. Nichts liege vor in Scotland Yard gegen Mackie, versichert der Polizeichef. Dann verabschiedet er sich vom glücklichen Paar mit einem verlegen-rührseligen Liedchen.

In seinen Bettlergarderoben erfährt Peachum von den vollendeten Tatsachen. „Meine Tochter, die letzte Hilfsquelle meines Alters", eine Verbrecherschlampe! Doch Polly schwärmt von ihrem Ehemann und ihrer gesicherten Zukunft. Den Weg zur Polizei könnten sich die Eltern sparen. Mackie kenne keine „Damen", die ihn denunzieren würden, dafür aber den obersten Sheriff höchstpersönlich. Die Bibel in Händen, beklagt Peachum zusammen mit seiner Frau und Tochter Polly im ersten „Dreigroschenfinale" die Schlechtigkeit der Welt. Alles könnte so gut sein – „doch die Verhältnisse, sie sind nicht so".

2. AKT: Polly warnt Mac. Der Vater setze alles daran, ihn hinter Gitter zu bringen, und Brown sei bereits umgefallen. Vom Hängen war schon die Rede. Obwohl sich Mackie in den nächsten Tagen reiche Beute erhofft – die Krönung der Königin steht nämlich bevor –, beschließt er doch unterzutauchen. Er verabschiedet sich schmerzensreich und übergibt Polly die Leitung seiner Geschäfte. Unterdessen hat Frau Peachum die Spelunken-Jenny bestochen. Sobald Mackie ins Bordell komme, solle sie ihn bei der Polizei anzeigen. Jenny weiß ein Lied zu singen: „Die Ballade von der sexuellen Hörigkeit". Es kommt, wie es kommen muß: Mackie Messer besucht das Hurenhaus – „Heute ist mein Donnerstag". Von Jenny verpfiffen, wird er alsbald verhaftet. Macheath sitzt in der Zelle des Polizeigefängnisses. Kaum hat er seine „Ballade vom angenehmen Leben" gesungen, erscheint zornig Lucy Brown, eine seiner früheren Geliebten und offenbar schwanger von ihm. Lucy zetert gegen Polly, die plötzlich ebenfalls erscheint. Beide Frauen streiten eifersüchtig. Schließlich wird Polly von ihrer Mutter hinweggezerrt, und Mackie kann Lucy beruhigen. Dann sorgt der reuige Brown dafür, daß sein Häftling leicht entkommen kann. Im zweiten „Dreigroschenfinale" singen Mac und Jenny mit einem Chor zusammen den Song: „Denn wovon lebt der Mensch?" Ihr Fazit: „Erst kommt das Fressen, dann kommt die Moral."

3. AKT: Peachum rüstet nun zum Angriff. Er mobilisiert seine Bettler, um die bevorstehenden Krönungsfeierlichkeiten mit einer Demonstration der Armut massiv zu stören – sollte Macheath nicht umgehend wieder verhaftet werden. Brown läßt sich erpressen. Diesmal wird Mackie, wie Jenny anzugeben wußte, bei der Hure Suky Tawdry geschnappt. Nunmehr soll der Gangsterboß gehängt werden. Ein letzter Versuch Mackies, in der Todeszelle den Wärter zu bestechen, scheitert an akutem Geldmangel. Alle kommen, um seinen Gang zum Galgen mitzuerleben. Peachum lernt seinen Schwiegersohn kennen; Polly, Lucy, Jenny und alle Gauner wollen Abschied nehmen. In einer zynischen Ballade leistet Macheath bei jedermann Abbitte. Schon hat der Delinquent den Kopf in der Schlinge, da naht – drittes „Dreigroschenfinale" – die Rettung. Ein reitender Bote bringt den Befehl der Königin, Macheath sofort freizulassen. Er sei in den erblichen Adelsstand erhoben und nunmehr Besitzer eines Schlosses. Überdies werde ihm bis zu seinem Lebensende eine Rente von zehntausend Pfund gewährt. Alle singen inbrünstig die Schlußstrophe: „Verfolgt das Unrecht nicht zu sehr, in Bälde erfriert es schon von selbst, denn es ist kalt. Bedenkt das Dunkel und die große Kälte in diesem Tale, das von Jammer schallt."

Kommentar

Die Dreigroschenoper, dieses trefflich schräge „Stück mit Musik" von Bertolt Brecht und Kurt Weill, hätte ursprünglich weniger schlagend „Gesindel" heißen sollen. Einem Freund der Autoren, Lion Feuchtwanger, war noch während der Vorbereitungen zur Uraufführung der allseits sogleich akzeptierte neue Titel eingefallen. Brecht hatte den Text der gerade zweihundertjährigen *Beggar's Opera* von John Gay sehr freizügig bearbeitet. Er adaptierte die vormals so erfolgreich gegen Händels italienischen Opernpomp stichelnde Geschichte aus dem Londoner Bettler-, Diebes- und Hurenmilieu, reicherte sie mit Versen von François Villon und Rudyard Kipling an und aktualisierte sie schlagkräftig und sprachgewaltig zur süffig-herben Kritik an der bürgerlichen Scheinheiligkeit. Erstmals versuchte Brecht mit den Stilmitteln des von ihm entwickelten „epischen Theaters" im Bereich der Oper das antikulinarische, das zum Denken und aktiver Stellungnahme herausfordernde Prinzip des Vorzeigens zu verwirklichen. Formal ist *Die Dreigroschenoper* ein Schauspiel mit Song-Einlagen. Die Musiknummern kommentieren das Geschehen. Sie präzisieren meist wesentliche Aspekte der psychosozialen und gesellschaftlichen Befindlichkeit der Protagonisten. Plakativ sind sie durch eine desillusionierend wirkende „Songbeleuchtung" auch visuell hervorgehoben. Die originale Musik zur *Beggar's Opera* von John Pepusch hätte sich, nach dem Urteil beider Autoren, mangels aggressiven Potentials einer zeitgemäß zupackenden Aufarbeitung widersetzt. Weill übernimmt lediglich die Melodie von Peachums „Morgenchoral" und verleiht ihr durch die klangliche Aura des Harmoniums die staubige Süße spießigen Betrugs und Selbstbetrugs. Im übrigen schreibt er Musik von wahrhaft „kongenialer Authentizität". Ob Weill mit barockisierenden Mustern verquer hantiert (z. B. in der Ouvertüre), ob er billige Leerfloskeln aus Tango und Jahrmarktmusik miteinander verknüpft und hier und dort noch ein ansehnliches Quantum Operettenschmelz daruntermischt – alles klingt auf kunstvolle Weise zwingend, falsch und ungemein anziehend-anzüglich. Jeder Song ist geprägt von der nämlichen Handschrift, besitzt aber eine ganz eigene Aura der Doppelbödigkeit. Freilich, auch wenn Weill im dritten Dreigroschenfinale Händelsche Opernpraxis scheinbar persiflierend anklingen ließ, mit Rezitativ- und Chorpassagen, so wollte er dies keineswegs als Parodie verstanden wissen. Hier wurde vielmehr der Begriff „Oper" – wie Weill 1929 formulierte – „direkt zur Lösung eines Konfliktes, also als handlungsbildendes Element herangezogen und mußte daher in seiner reinsten, ursprünglichsten Form gestaltet werden.

Dieses Zurückgehen auf eine primitive Opernform brachte eine weitgehende Vereinfachung der musikalischen Sprache mit sich. Es galt eine Musik zu schreiben, die von Schauspielern, also von musikalischen Laien, gesungen werden kann. Aber was zunächst eine Beschränkung schien, erwies sich im Laufe der Arbeit als eine ungeheure Bereicherung. Erst die Durchführung einer faßbaren, sinnfälligen Melodik ermöglichte das, was in der Dreigroschenoper gelungen ist, die Schaffung eines neuen Genres des musikalischen Theaters". Weill schrieb seine zündenden Songs für die acht Musiker der von Theo Mackeben geleiteten Lewis-Ruth-Band, ein versiertes Jazz-Ensemble, das sichtbar im Bühnenhintergrund zu spielen hatte.

Geschichte

Die Uraufführung am 31. August 1928 im Berliner Theater am Schiffbauerdamm wurde wider Erwarten zu einem triumphalen Erfolg, der Brecht und Weill über Nacht berühmt machte. Unzählige Theater, zunächst in Deutschland, dann überall in Europa nahmen die *Dreigroschenoper* binnen kurzer Zeit in ihren Spielplan auf. Alles sang und pfiff Weills Melodien vor sich hin. Aus der Perspektive Brechts war der Welterfolg des Stückes jedoch ein höchst zwiespältiger. Seine Absicht war es schließlich gewesen, Strukturen der bürgerlichen Gesellschaft bloßzulegen und zu entlarven. Doch das Publikum ließ sich vom verruchten Kitzel der vergnüglichen Story und von der packenden Musik Weills zur Rezeptionshaltung des Musical-Konsumenten verführen, ohne wahrnehmen zu wollen, daß es sich – so Brecht – bei der *Dreigroschenoper* um „eine Art Referat über das, was der Zuschauer im Theater vom Leben zu sehen wünscht" handelt. Diese Erkenntnis radikalisierte im Folgenden seine Versuche, das gesellschaftliche Bewußtsein der Zuschauer mit Mitteln des Theaters zu verändern.

Helmut Rohm

Diskographische Empfehlung

1958 – Berlin: Wilhelm Brückner-Rüggeberg, Günther-Arndt-Chor, Orchester des SFB. Wolfgang Neuss (Moritatensänger), Willy Trenk-Trebitsch (Mr. Peachum), Trude Hesterburg (Mrs. Peachum), Erich Schellow (Macheath), Johanna von Kóczián (Polly), Lotte Lenya (Jenny), Inge Wolffberg (Lucy). CBS 78 279

Aufstieg und Fall der Stadt Mahagonny
Oper in drei Akten

Text: Bertolt Brecht
Uraufführung: 9. März 1930, Oper zu Leipzig
Personen: Leokadja Begbick (Alt/Mez); Fatty, der „Prokurist"
(Ten); Dreieinigkeitsmoses (Bar); Jenny (Sop); Jim Mahoney (Ten);
Jack (Ten); Bill, genannt Sparbüchsenbill (Bar); Joe, genannt Alas-
kawolfjoe (Baß); Tobby Higgins (Ten)
Chor: Sechs Mädchen von Mahagonny; Die Männer von Maha-
gonny
Ort und Zeit: Mahagonny (fiktive Stadt in Nordamerika), Gegen-
wart
Orchester: 2 Fl, Ob, Kl in B, Asax in Es, Tsax in B, 2 Fg (2. auch
Kfg), 2 Hrn in F, 3 Trp in B, 2 Pos, Tba, Pkn, Schlagwerk, Klav,
Harm ad lib, Banjo, Baßgit, Bandoneon, Streicher
Auf der Bühne: 2 Picc, 2 Kl in B, 3 Sax, 2 Fg, 2 Hrn in F, 2 Trp in B,
2 Pos, Tba, Schlagwerk, Klav, Zither, evtl. Xyl, Banjo, Bandoneon
Form: Nummernoper mit 20 Musiknummern
Aufführungsdauer: Ca. 2 ½ Stunden
Verlag: Universal Edition, Wien

Handlung
1. AKT: In einer öden Gegend nahe der „Goldküste" Floridas gibt
der alte Lastwagen dreier steckbrieflich gesuchter Scharlatane endgültig
den Geist auf. Leokadja Begbick, Dreieinigkeitsmoses und Fatty, der „Prokurist" beschließen, auf der Stelle eine Stadt zu gründen: Mahagonny, die
Netze-Stadt. Weil das Gold leichter „von Männern als von Flüssen" zu
haben ist, will man es den ersteren mit Gin und Whisky, mit Mädchen und
Knaben aus der Tasche ziehen. Schnell gilt ein Bartisch als Zentrum der
künftigen Lüste-Stadt, als die „Hier-darfst-du-Schenke". Schnell ist ein
Wimpel gehißt, der von den Schiffen an der Goldküste aus gesehen werden
kann. Die Stadt wächst, erste „Haifische" siedeln sich an. Auf ihren Koffern
sitzend singen Jenny und sechs Mädchen den Alabama-Song, und bei den
Unzufriedenen der großen Städte werben Moses und Fatty für Mahagonny.
Aus allen Kontinenten kommen die Frustrierten bald zuhauf. So auch vier
Holzfäller aus dem kalten Alaska: Jim, Jakob, Bill und Joe. Die Begbick
versorgt sie mit „frischen Mädchen". Jenny wird handelseinig mit Jim. Aber

schon bald stellt sich heraus, daß das kanalisierte Lasterleben in Mahagonny nur leer und langweilig ist. Jim Mahoney, erbost über einschrän-
kende Verbote, will Randale machen. Doch plötzlich erlöschen alle Lichter, denn ein Hurrikan bewegt sich auf die Stadt der Freude zu. Alle
verfallen in Katastrophenstimmung, und Jim predigt „die Gesetze der
menschlichen Glückseligkeit". Erlaubt ist fürderhin, was gefällt, sei es
auch noch so schändlich. Was ein Hurrikan tun kann, das darf auch der
Mensch tun. Jim zynisch: „Denn wie man sich bettet, so liegt man, es deckt
einen da keiner zu, und wenn einer tritt, dann bin ich es, und wird einer
getreten, dann bist du's."

2. AKT: Der Hurrikan hat die Stadt verschont, nun geht's erst richtig
rund in Mahagonny, nach der Devise: „Du darfst!" Zuerst kommt das
Fressen, dann die „Liebe", dann Boxen und Saufen, solange man kann.
Jakob frißt sich zu Tode; Liebe wird wie am Fließband gemacht: „Jungens,
macht rascher!" Und überall ist natürlich Geld die Hauptsache: Jim setzt all
seine Kohle auf Joe, der im Boxen gegen Dreieinigkeitsmoses antritt. Moses
schlägt Joe tot, und Jim ist pleite. Trotzdem spendiert er bei der Witwe
Begbick eine Runde nach der anderen. Im Suff besteigen Jim, Bill und
Jenny einen Billardtisch, das „schlingernd Boot", das sie nach Alaska
bringt. Jim wähnt sich am Ziel, springt vom Boot, doch da steht Moses und
will Geld sehen für den Whisky. „Ach, es ist Mahagonny." Keiner hilft aus.
Jim wird gefesselt und abgeführt. „Frechheit, Unverstand und Laster! und
das Schlimmste ist: kein Zaster!"

3. AKT: Eintritt nur fünf Dollar, für zwei exquisite Prozesse! Auf dem
Richterstuhl: die Begbick. Verteidiger: Fatty. Dreieinigkeitsmoses führt als
Staranwalt die Anklage. Zuerst gegen einen gewissen Tobby Higgins, der
einen Menschen kaltblütig erschossen hat – zwecks Erprobung eines alten
Revolvers. Higgins freilich kann Schmiergeld zahlen, und es meldet sich
kein Geschädigter: „Die Toten reden nicht." Also Freispruch. Dann wird
Jim Mahoney der Prozeß gemacht. Angeklagt ist er des Diebstahls und der
Zechprellerei. Da aber Jim pleite ist und keine Bestechungsscheine hat,
wird er unter Beifall zum Tode verurteilt. Mangel an Geld ist das größte
Verbrechen, „das auf dem Erdenrund vorkommt". Jim verabschiedet sich
von Jenny und Bill, er bereut nichts. Auf dem elektrischen Stuhl sitzend
fragt er noch nach Gott. Ein Spiel wird gegeben für ihn, mit Moses in der
Rolle Gottes. Der will alle zur Hölle schicken. Doch Fatty, Higgins und Bill
lachen nur: „An den Haaren kannst du uns nicht in die Hölle ziehen, weil
wir immer in der Hölle waren." Auch das Ende der Netze-Stadt Mahagonny

ist gekommen. Riesige Demonstrationen gegen die grassierenden Teue-
rungen haben sich formiert. Alles versinkt in Feuersbrunst und chaoti-
schem Taumel. „Können uns und euch und niemand helfen."

Kommentar

Hatte die *Dreigroschenoper* für Bert Brecht und Kurt Weill den
Durchbruch und ungeahnte Popularität mit sich gebracht, so bedeutete die
gemeinsame Oper *Aufstieg und Fall der Stadt Mahagonny* den Höhepunkt
der gemeinsam gegangenen Wegstrecke künstlerischen und gesellschaft-
lich-aufklärerischen Strebens. Weitaus schonungsloser, ja nachgerade
provozierend wurde das bürgerliche Publikum jetzt konfrontiert mit den
sinnentleerten und letztlich selbstzerstörerischen Mechanismen der kapitalistischen Warengesellschaft. Auf der Basis seines vertieften Studiums marxistischer Theorien montierte Brecht eine mit Motiven tatsächlicher Begeb-
nisse (Hurrikan in Florida 1926) durchwirkte Parabel, ein ins Surreale
umschlagendes Destillat realer Verhältnisse, das sich nicht mehr in illusio-
nistischer Weise zu mißverstandenem Kunstkonsum eignete. Was bei der
Erneuerung der Kunstform Oper für Brecht wesentlich war, läßt sich aus
folgendem Zitat ersehen: „Der Einbruch der Methoden des epischen Theaters in die Oper führt hauptsächlich zu einer radikalen Trennung der
Elemente. Der große Primatkampf zwischen Wort, Musik und Darstellung
(wobei immer die Frage gestellt wird, wer wessen Anlaß sein soll – die
Musik der Anlaß des Bühnenvorgangs oder der Bühnenvorgang der Anlaß
der Musik und so weiter) kann einfach beigelegt werden durch die radikale
Trennung der Elemente." Gegenseitig sollten sich diese gleichrangig zueinander stehenden Elemente beleuchten, interpretieren, auch korrigieren.
Weill jedoch, mit Brechts Konzeption der epischen Oper prinzipiell einverstanden, akzentuierte die Rolle der Musik als übergeordnet, wenn er
schrieb: „Bei der Inszenierung der Oper muß stets berücksichtigt werden,
daß hier abgeschlossene musikalische Formen vorliegen. Es besteht also
eine wesentliche Aufgabe darin, den rein musikalischen Ablauf zu sichern."
Diese Divergenz bildete freilich nur einen der Gründe für die bald und
heftig sich anbahnende Entfremdung und letztlich die Trennung der beiden Autoren. Die Unterschiede zwischen Brecht und Weill, was Temperament, künstlerische und vor allem politische Belange betrifft, ließen sich
immer weniger überbrücken. Noch vor der Uraufführung wurden im Text
gewisse antiamerikanische Zynismen auf Betreiben Weills hin gemildert.
So erhielten z. B. manche Protagonisten deutsche Namen. „Jeder Anklang

an Wildwest- und Cowboy-Romantik und jegliche Reminiszenz an ein typisch amerikanisches Milieu sind zu vermeiden." Die Tatsache, daß Weill diesen Hinweis noch auf dem Titelblatt der Partitur hat unterbringen lassen, konnte nicht verhindern, daß Theodor W. Adorno schon 1930 aus marxistischer Sicht präzise analysierte: „Die schräge infantile Betrachtung, die sich an Indianerbüchern und Seegeschichten nährt, wird zum Mittel der Entzauberung der kapitalistischen Ordnung (...) In Mahagonny wird Wildwest als das dem Kapitalismus immanente Märchen evident, wie es Kinder in der Aktion des Spieles ergreifen. Die Projektion durchs Medium des kindlichen Auges verändert die Wirklichkeit so weit, bis ihr Grund verständlich wird."

Auch den Amerikanismus des elektrischen Stuhls mußte Weill hinnehmen. Musikalisch bietet die Oper *Mahagonny* ein wahres Kaleidoskop von Parodien und Songs, von in sich geschlossenen Formen, Rezitativen, Ariosi und Ensembles. Bach, Mozart, Weber und Verdi klingen an; neben der „ewigen Kunst" im *Gebet einer Jungfrau* gibt es aber auch echt empfundene Lyrismen, neben aggressiver und verbogener Music-hall-Adaption auch den ungebrochenen Ernst von Frömmigkeit choraliter. Die dialektische Konstruktion und Umformung zertrümmerter Requisiten der bürgerlichen Musikkultur verschmolz unter Weills Händen zu etwas authentisch Neuem, das der Statik des Brechtschen Agitprop-Stückes beißende Kraft verlieh.

Geschichte

Die vollständig durchmusikalisierte Oper *Aufstieg und Fall der Stadt Mahagonny* hat mit dem 1927 in Baden-Baden uraufgeführten Song-Spiel *Mahagonny* nur noch einige übernommene Songs gemein. Die erste gemeinsame Arbeit der Autoren Brecht und Weill – Vertonungen der Mahagonny-Gesänge aus der *Hauspostille* – besaß als kleine, eher naiv-epische Revue wenig von der kompromißlosen, galligen Angriffslust der abendfüllenden Oper. Deren Uraufführung im Neuen Theater zu Leipzig am 9. März 1930 geriet denn auch zu einem der größten Theaterskandale des Jahrhunderts. Vor dem Hintergrund der sich anbahnenden Wirtschaftskrise und im Zeichen massiver Störungen organisierter Nazitrupps, geriet das Unternehmen zum sinnfälligen Vexierspiel mit der Realität. Der Name Mahagonny ist bis heute unklar. Ist er Echo faschistischer Aufmärsche, wie Brecht sie in München erlebt hatte, oder spielt er an auf biblische Sündenstädte wie Magog, Sodom und Gomorrha oder Babylon? Weitere Aufführungen des Werkes folgten trotz aller Premierentumulte in Braunschweig,

Kassel, Prag, Frankfurt. Unter schwierigen, ja bereits gefährlichen Bedingungen kam, musikalisch geleitet von Alexander Zemlinsky, noch im Winter 1931 am Kurfürstendammtheater Berlin eine wichtige Inszenierung zustande. Nach dem Krieg brachten Häuser in Köln (1952), London (1963), Mailand (1964), Stuttgart (1967) und Ost-Berlin (1977) das Werk auf die Opernbühne.   *Helmut Rohm*

Diskographische Empfehlung

1988 – Köln: Jan Latham-König, Pro Musica Vokal-Ensemble der Staatl. Hochschule für Musik Köln, Kölner Rundfunkorchester. Anny Schlemm (Leokadja Begbick), Klaus Hirte (Dreieinigkeitsmoses), Anja Silja (Jenny Smith), Wolfgang Neumann (Jim Mahoney). Capriccio 10 160/ 61 (DDD)

ERNST KŘENEK

geb. 23. August 1900 in Wien

Ernst Křenek, so alt wie das 20. Jahrhundert, repräsentiert in vielfacher Hinsicht auch dessen musikalische Entwicklung. Er begann im spätromantischen Stil seines Lehrers Franz Schreker, schrieb dann expressionistische und neoklassizistische Werke, bevor er sich der Wiener Schule um Arnold Schönberg annäherte und der Zwölftontechnik zuwandte. Nach dem Krieg komponierte er auch seriell und beschäftigte sich mit elektronischer Musik. Sein Œuvre, mit weit über 300 Opera eher einschüchternd, ist von einer selbst im 20. Jahrhundert singulären stilistischen Vielfalt. Die Opern haben an Křeneks Gesamtwerk gewichtigen Anteil. Schon mit seinem ersten Bühnenwerk, *Zwingburg*, das 1924 an der Berliner Oper Unter den Linden uraufgeführt wurde, erregte der junge Komponist großes Aufsehen. In *Der Sprung über den Schatten* kündigt sich dann die Tendenz zum Unterhaltsamen, zur Einbeziehung des leichten Tons an, die 1927 in *Johnny spielt auf* voll zum Tragen kam. Křeneks „Jazzoper", wie sie in gelinder Verkennung der musikalischen Sachverhalte allenthalben genannt wurde, feierte sensationelle Triumphe im gesamten deutschsprachigen Raum. Und auch mit den 1928 uraufgeführten drei Einaktern *Der Diktator, Das geheime Königreich* und *Schwergewicht oder Die Ehre der Nation* schuf Křenek geradezu Prototypen der Zeitoper, die das Bedürfnis der 20er Jahre nach Gegenwartsstoffen, Tempo und unprätentiöser Sachlichkeit paradigmatisch in Töne faßten, daneben aber auch eindringlich die Frage nach der Macht und der Gewalt aufwarfen.

Die Abwendung von der Zeitoper brachte 1930 die fünfaktige Oper *Das Leben des Orest*, der 1934 mit *Karl V.* Křeneks bedeutendstes musikdramatisches Werk folgte, bevor das amerikanische Exil erneut das Interesse für die klein besetzte Kammeroper erwachen ließ.

In den 50er und 6oer Jahren entstanden mehrere Fernsehopern, wobei vor allem *Ausgerechnet und verspielt* von 1961, ein intellektuell reizvolles und klanglich apartes „Wechselspiel zwischen Zufall und Notwendigkeit"

(Wolfgang Rogge), Wertschätzung verdient. Abendfüllende Opern dieser Zeit sind *Pallas Athene weint* aus dem Jahr 1955, ein Auftragswerk der Hamburgischen Staatsoper, das erneut von der Faszination kündet, die die Antike auf Křenek ausübt, und die 1964 uraufgeführte Oper *Der goldene Bock*, mit der das Problem der Zeit, das schon früher (und nicht zuletzt in *Karl V.*) in Křeneks Opern eine große Rolle gespielt hatte, endgültig ins Zentrum der Handlung rückte. Schließlich ist noch *Sardakai* von 1970 zu erwähnen, eine leichtfüßige, lockere Paraphrase auf *Così fan tutte*. Mit Ausnahme von *Pallas Athene weint* sind alle diese Nachkriegsopern ohne große Resonanz geblieben und heute beinahe unbekannt. Eine Renaissance, wie sie derzeit die Opern der 20er Jahre erleben, wäre indes auch diesen späten Bühnenwerken Křeneks zu gönnen.

Rainer Pöllmann

Karl V.
Bühnenwerk mit Musik in zwei Teilen

Text: Ernst Křenek
Uraufführung: 1. FASSUNG: 22. Juni 1938, Deutsches Theater, Prag; 2. FASSUNG: 11. Mai 1958, Deutsche Oper am Rhein, Düsseldorf
Personen: Karl V. (Bar); Juana, seine Mutter (Alt); Eleonore, seine Schwester (Sop); Ferdinand, sein Bruder (Ten); Isabella, seine Gattin (Sop); Juan de Regla, sein Beichtvater (Sprechrolle); Henri Mathys, sein Leibarzt (Sprechrolle); Francisco Borgia, Jesuit, früher Haushofmeister der Kaiserin (Ten); Alarcon, Alba, Frundsberg, Lannoy (nur 1. Fassung), Hauptleute des Kaisers (Sprechrollen); Ein Kanzler des Kaisers (Sprechrolle); Pizarro (Ten, nur 1. Fassung); Ein spanischer Freigeist (Sprechrolle, nur 1. Fassung); Franz I. (Ten); Frangipani (Ten); Papst Clemens VII. (Sprechrolle); Ein Kardinal (Sprechrolle); Luther (Bar); Moritz von Sachsen (Sprechrolle); Ein Anhänger Luthers (Ten); Ein protestantischer Hauptmann (Sprechrolle); Sultan Soliman (Bar); Sein Hofastrolog (Ten); Vier Geister (Frauenstimmen); Vier Uhren (Frauenstimmen)
Chor: Stimme Gottes (Tenöre); Alumnen des Klosters (Knabenstimmen, nur 1. Fassung); Kleriker; Spanische Ketzer; Deutsche

Landsknechte (Männerstimmen); Spanische Damen; Nonnen (Frauenstimmen); Deutsches und spanisches Volk; Chor der Toten (gem. Chor)

Ort und Zeit: Kloster San Geronimo de Yuste in Estremadura, im Jahr 1558

Orchester: 2 Fl (auch Picc), 2 Ob, 3 Kl (2. auch Sax), 2 Fg, 2 Trp, 4 Hrn, 2 Tba, Btba, Pkn, Hrf, Glsp, Xyl, Gl, Mandoline, Schlagwerk, Streicher

Auf der Bühne: Trp, 4 KlGl, Bck, Donnermasch, Donnerblech

Form: Durchkomponiert

Aufführungsdauer: Ca. 3 Stunden

Verlag: Universal Edition, Wien

Handlung

1. TEIL: Kaiser Karl V. ist abgedankt und hat sich ins Kloster San Geronimo de Yuste in Estremadura zurückgezogen. Doch Gottes Stimme erinnert ihn an seine Verantwortung. Vor dem jungen Mönch Juan de Regla, seinem Beichtiger, will der ehemalige Herrscher über ein Weltreich seine Taten rekapitulieren, um so zu ergründen, ob er Gottes Auftrag erfüllt habe. Noch einmal vergegenwärtigt sich der Kaiser die entscheidenden Momente seines Lebens, das dem äußerlich glänzenden, im Inneren jedoch wurmzerfressenen Apfel gleicht, den ihm seine dem Wahnsinn verfallene Mutter Juana reicht.

Karl erinnert sich an den Reichstag zu Worms, auf dem er Luther nicht energisch genug entgegentrat und so, wie Juan ihm vorwirft, die Spaltung der Kirche zuließ. Doch führt Karl zur gleichen Zeit auch Krieg gegen Franz I., seinen großen politischen Gegenspieler. Wie die deutschen Fürsten, so hat auch der französische König vornehmlich die Interessen seines eigenen Landes im Sinn und scheut sich deshalb nicht, sich sogar mit den Türken zu verbünden, als er von Karl gefangengehalten wird. Karl glaubt, Franz für seine Sache zu gewinnen, indem er ihm seine Schwester Eleonore zur Frau gibt, muß jedoch erkennen, daß er erneut betrogen wurde. Und auch in Spanien gärt es. Der sagenhafte Reichtum aus den südamerikanischen Besitzungen soll, so meint das Volk, dem eigenen Land und nicht dem katholischen Universalreich zugute kommen. Währenddessen plündern die Landsknechte vor Rom, deren Sold aussteht, die heilige Stadt und desavouieren so die christlichen Intentionen des Kaisers. Vom Papst, der sich um die eigene Macht sorgt, verflucht, erleidet Karl Schiffbruch in

Afrika und findet bei der Rückkehr nach Spanien seine Gattin im Sterben. In den Schmerz über ihren Tod mischt sich die Wehklage der in die Verließe gesperrten Ketzer. Unter den andrängenden Erinnerungen an all das Leid, das er verursachte oder selbst erlitt, bricht der Kaiser zusammen.

2. TEIL: Während Karl noch bewußtlos in seinen Gemächern liegt, führen Juan und der Jesuit Francisco Borgia einen Disput über die Verantwortung des Menschen für seine Taten. Francisco stellt dem vom Mitleid überwältigten Juan die Folgen der Reformation vor Augen: Gegen den Willen Luthers, der doch die Politik aus der Religion verbannen wollte, beschließen die deutschen Fürsten, im Zeichen des Protestantismus sich gegen den Kaiser zu erheben und ein deutsches Reich zu errichten. Alle Zweifel indes vermögen Luther nicht von der Notwendigkeit seines Tuns abzubringen.

Doch nicht nur in der Politik, auch im privaten hat Karl gefehlt. Seine Schwester Eleonore, die den sterbenden Bruder noch einmal besucht, berichtet, daß er sich in Frankreich den Verführungen der Lust hingab. Francisco läßt auch hier menschliche Verirrungen nicht gelten. Für ihn zählt einzig die Unterstellung des freien Willens unter Gottes Heilsplan.

Der Kaiser erwacht, doch keine Pause ist ihm mehr gestattet. Juan drängt ihn fort in seiner Lebensbeichte, zu seinem scheinbaren Sieg, der doch in der Niederlage enden sollte. Karl hat die Protestanten vernichtend geschlagen, doch Moritz von Sachsen bricht seinen Treueschwur und rüstet erneut gegen den Kaiser. Karl muß erkennen, daß er in seinem Bestreben, ein katholisches Universalreich zu errichten, endgültig gescheitert und daß unwiderruflich eine neue Zeit angebrochen ist, der sich (mit den Jesuiten) sogar die katholische Kirche anpaßt. Am Ende seines Wirkens reift im Kaiser die Erkenntnis, daß jedes Handeln nur in den Lauf der Welt eingreift, der Weise hingegen die Welt ihren eigenen Weg gehen läßt. So wehrt er sich denn auch nicht mehr gegen die Deutschen und sieht tatenlos der Zerstörung des eigenen Reiches zu. Vor den Trümmern seines Lebenswerkes stehend, dankt Karl ab. Doch unerbittlich zwingt ihn Francisco zu dem ausdrücklichen Eingeständnis, seiner von Gott gestellten Aufgabe nicht gerecht geworden zu sein. Der Kaiser stirbt, und mit ihm, wie Francisco erkennt, ein Zeitalter. Karls Mission zu vollenden, bleibt der Zukunft anheimgestellt.

Kommentar

In der von Literaturopern geprägten Operngeschichte des 20. Jahrhunderts verkörpert Křeneks eigenes Libretto zu *Karl V.* einen wahren Glücksfall. Die Mischung aus Beichte und Psychoanalyse ermöglichte es, mit einer geradezu an Brechts Lehrstücke erinnernden wissenschaftlichen Distanz Untersuchungen über die Folgen bestimmter Handlungen anzustellen, diese epische Grundstruktur der Oper aber mit Hilfe der Rückblenden auf die entscheidenden Stationen von Karls Herrschertum äußerst wirkungsvoll dramatisch aufzuladen. Das Geschick, mit dem Křenek all die gelehrten theologischen Dispute szenisch umsetzte, ist dabei ebenso bewundernswert wie die außerordentliche Dichte und die dramaturgisch exakt konzipierte Steigerung der beiden Teile hin auf den jeweiligen Schluß. Wie genau Křenek sein Libretto durchgeformt hat, zeigt sich nicht nur in vielfältigen Querverweisen, sondern auch in Details: Die einzige persönliche Verfehlung etwa, die Karl sich vorzuwerfen hat, seine Verführung durch die Geliebte des französischen Königs, bringt nicht der Kaiser selbst zur Sprache, sondern diskreterweise seine Schwester Eleonore.

Karl V. ist das erste zwölftönige Werk Křeneks und bildet somit, wie Theodor W. Adorno schrieb, „eine ganz neue Stufe" in der Entwicklung des Komponisten. Angesichts dieser Tatsache ist es erstaunlich, welche Souveränität Křenek in der für ihn neuen Technik an den Tag legt. Es gelingt ihm, der Partitur nicht nur ein Höchstmaß an kompositorischer Stringenz, sondern auch an Prägnanz und Farbigkeit, damit an dramatischer Wirkung zu verleihen. Die dodekaphone Struktur ist mit zahlreichen quasi-tonalen Momenten – betörend galanten Melodien, martialischen Schlachtgesängen, choralartigen Gesängen – angereichert, ohne daß sie deshalb obsolet erschiene.

Die Hinwendung zur Dodekaphonie mutet um so sinnfälliger an, als die neue Kompositionstechnik es Křenek erlaubte, die grundlegende Dialektik von Einheit und Vielfalt auch auf einer autonomen musikalischen Ebene wirksam werden zu lassen. Karls Diktum „Alles ist nur eines, tausendfach verwandelt" ist der zentrale Satz auch für die musikalische Struktur des Werks. Sämtliche musikalischen Gestalten der Oper, sogar die von Karls großem Widersacher Franz, sind durch Permutation und Variation aus einer einzigen Grundreihe entwickelt. So spiegelt die Musik die Verstrickung der Protagonisten. Und auch die unterschiedlichen Reihenformen stehen in enger Beziehung zur Handlung. Das markanteste Beispiel für die Verknüpfung von Text und Musik stellt dabei wohl jene oft zitierte Stelle am

Ende der Oper dar, wenn zu Eleonores Worten: „Erschüttert sehen wir den ungeheuren Kreis sich runden", alle vier Reihenformen gleichzeitig erklingen und so gewissermaßen auch der musikalische Kreis der Zwölftonreihen sich schließt.

Karl V., entstanden im Jahr der nationalsozialistischen Machtergreifung, ist ein Werk des Widerstands. Gegen die „ins Unermeßliche gesteigerte Hybris in Deutschland" (Křenek), die in den fanatischen, an die nazifreundlichen „Deutschen Christen" gemahnenden Gesänge der deutschen Protestanten und der Landsknechte vor Rom durchscheint, und die großdeutschen „Anschluß"-Tendenzen in Österreich setzte er mit seiner Oper das Ideal eines übernationalen katholischen Universalreiches. Křenek freilich war sich der Hoffnungslosigkeit eines solchen Unterfangens wohl bewußt. Denn mehr als den Glauben hat *Karl V.* den Zweifel zum Thema; den Zweifel an der Möglichkeit, die ewige Wahrheit zu erkennen und den göttlichen Heilsplan zu erfüllen, ja sogar den Zweifel am Sinn des Handelns schlechthin. Am Ende seiner Herrschaft fällt der Kaiser in eine nicht eben katholische Resignation: „Wer handelt, gefährdet den ewigen Ablauf des Ununterbrochenen, und nur das Ununterbrochene hat Sinn. Wer handelt, verfängt sich in Unrecht vor ewigen Blicken. Der Weise läßt die Welt den Weg gehn und greift nicht ein. Das ist der Sinn der Herrschaft." Das Lebenswerk Karls scheitert, und so ist auch die Oper kein katholisches Kampfstück, sondern die Beschwörung einer längst unerreichbar gewordenen Utopie.

Geschichte

Křenek betrieb vor der Abfassung des Librettos umfangreiche historische Studien, um den Geist der Epoche und den Charakter Karls V. möglichst genau zu treffen. Doch kam es ihm in erster Linie nicht auf eine philologisch „korrekte" Geschichtslektion auf der Opernbühne an, sondern auf eine historisch fundierte künstlerische Wahrheit. So weicht das Textbuch – bei aller Genauigkeit in der Darstellung der historischen Geschehnisse – in einigen Punkten denn auch vom tatsächlichen Geschehen ab, zieht mehrere Nebenpersonen in eine Bühnenfigur zusammen oder rafft manche Ereignisse, um größtmögliche dramatische Wirksamkeit und Stringenz zu erreichen.

Wie begründet Křeneks Befürchtungen waren, denen er in *Karl V.* Ausdruck verlieh, erwies sich schon anläßlich der 1934 angesetzten Uraufführung. Wenige Wochen vorher zettelte die reaktionäre Heimwehr eine Pressekampagne gegen die Staatsoper an, die Křeneks Oper als „kulturbolschewistisch" denunzierte. Clemens Krauss setzte sich nur halbherzig für das von ihm selbst in Auftrag gegebene und zunächst begeistert akzeptierte Werk ein, so daß die Uraufführung schließlich „verschoben", de facto aber abgesetzt wurde. Nachdem auch eine Inszenierung in Zürich 1936 nicht zustande kam, fand die Uraufführung von *Karl V.* erst 1938 am Deutschen Theater in Prag statt – in Abwesenheit des inzwischen nach London emigrierten Komponisten und nur wenige Wochen vor dem Einmarsch der deutschen Truppen in die Tschechoslowakei.

Nach dem Zweiten Weltkrieg entwickelte die Oper dann einen beachtlichen Erfolg. Allein Hans Hartleb inszenierte *Karl V.* 1950 in Essen, 1965 an der Bayerischen Staatsoper in München, 1969 beim Steirischen Herbst und 1971 in Aachen. Außerdem wurde *Karl V.* 1970 in Zürich, 1971 in Braunschweig sowie (konzertant) 1980 bei den Salzburger Festspielen aufgeführt. Eine eigene Lesart der Oper suchte Günther Krämer 1978 bei seiner Darmstädter Inszenierung, als er (gegen den öffentlichen Widerspruch des Komponisten) die Handlung in die 30er Jahre verlegte, um so die zeitgeschichtliche Komponente des Werks zu betonen. Wien hingegen konnte sich beschämend lange nicht dazu durchringen, Křenek für das Unrecht von 1934 Genugtuung zu leisten: Erst 1984 fand *Karl V.* (in der Erstfassung) auf die Bühne der Wiener Staatsoper, in einer Inszenierung von Otto Schenk und unter der musikalischen Leitung von Erich Leinsdorf.

Rainer Pöllmann

Diskographische Empfehlung

1981 – Salzburger Festspiele: Gerd Albrecht, Chor und Symphonieorchester des Österreichischen Rundfunks. Theo Adam (Karl V.), Hanna Schwarz (Juana), Sena Jurinac (Eleonore), Thomas Moser (Ferdinand), Helmut Melchert (Francisco Borgia), Peter Schreier (Franz I.). Philips 6769 084

WERNER EGK

geb. 17. Mai 1901 in Auchsesheim (Donauwörth)
gest. 10. Juli 1983 in Inning am Ammersee

Werner Egk wurde als Lehrerssohn Werner Joseph Mayer geboren und besuchte das Gymnasium in Augsburg. Versuche als Zeichner, Funkautor und Komponist; im wesentlichen Autodidakt nach kurzen Studien bei Carl Orff. Nannte sich seit 1923 Werner Egk. Begann mit dem von Strawinsky und Prokofjew beeinflußten Oratorium *Furchtlosigkeit und Wohlwollen* (München 1931, unter Hermann Scherchen) und mit der Funkoper *Columbus* (1933), die 1941 als *Columbus. Bericht und Bildnis* eine Bühnenfassung erfuhr. In den Texten, die Egk fast durchweg selbst schrieb, spiegeln sich Brechts Sprache und Begriff des epischen Theaters. Von 1936 bis 1940 unter Heinz Tietjen Dirigent an der Berliner Staatsoper Unter den Linden. Die nach einer Kasperlgeschichte des Grafen Pocci geschriebene, bajuwarisch gefärbte Oper *Die Zaubergeige* erbrachte 1935 in Frankfurt am Main den ersten szenischen Erfolg. 1938 in Berlin *Peer Gynt*, 1940 in Berlin das Don-Juan-Ballett *Joan von Zarissa*, 1948 in München das skandalumwitterte, vom bayerischen Kultusminister verbotene Faust-Ballett *Abraxas* (Libretto nach Heinrich Heine). Nach einem Drama des Iren Yeats entstand als Versuch einer Rechtfertigung des Verhaltens im Dritten Reich die Oper *Irische Legende* (Salzburger Festspiele 1955). Auf Satire und Parlando gestellt war die Gogol-Vertonung *Der Revisor* (1957). Zur Eröffnung des wiedererrichteten Münchner Nationaltheaters 1963 schrieb Egk nach Kleists Novelle *Die Verlobung in San Domingo*. Die Calderon-Adaption *Siebzehn Tage und vier Minuten* (1966) und das Ballett *Casanova in London* (1969) waren Egks letzte Arbeiten für die Musikbühne. Die meisten seiner Bühnenwerke hat Egk mehrmals umgearbeitet. Egk war von 1950 bis 1953 Direktor der Musikhochschule Berlin, im übrigen freier Komponist und Dirigent. War Präsident des Deutschen Musikrates und Aufsichtsratsvorsitzender der GEMA. Kennzeichnend ist für ihn die Dreifachbegabung für Musik, Wort und bildnerischen Ausdruck. *Karl Schumann*

Peer Gynt
Oper in drei Akten (zehn Bildern)

Text: Werner Egk, nach dem gleichnamigen Schauspiel von Henrik Ibsen

Uraufführung: 24. November 1938, Staatsoper Unter den Linden, Berlin, unter Leitung des Komponisten

Personen: Peer Gynt (Bar); Solveig (Sop); Aase, Peers Mutter (Alt); Ingrid (Sop); Mads (Ten); Der Alte (Ten); Die Rothaarige (Sop); Drei Kaufleute (Baß); Der Präsident (Baß); Drei schwarze Vögel (Sop); Ein Unbekannter (Baß); Haegstadtbauer (Baß); Schmied (Baß); Drei Mädchen (Sop) usw.

Chor, Ballett

Ort und Zeit: Norwegen und Südamerika, im späten 19. Jahrhundert

Orchester: Dreifaches Holz mit Picc, E. H. u. Kfg, 4 Hrn, 3 Trp, 3 Pos, Btba, Pkn, Schlgzg, Cel, Hrf, Streicher

Auf der Bühne: Harmonium, Gl

Form: Durchkomponiert

Aufführungsdauer: Ca. 3 Stunden

Verlag: B. Schott's Söhne, Mainz

Handlung

VORSPIEL: Eine kahle Anhöhe. Peer Gynt, der Phantast, der nicht zwischen Traum und Wirklichkeit unterscheidet, sieht, von Fernweh übermannt, einer großen Wolke nach. Man trägt ihm zu, daß seine Geliebte Ingrid mit dem Tölpel Mads Hochzeit macht.

1. AKT. 1. Bild: Hofplatz auf Haegstad, wo man sich zum Hochzeitstanz zusammengefunden hat. Peer kommt als ungebetener Gast. Die stille, anmutige Solveig weist ihn ab. Peer entführt die Braut. Die Dorfburschen wollen sich rächen. Ein Gewitter zerstreut die Leute.

2. Bild: Geröllhalde im Hochgebirge. Der als Landstreicher verkleidete König der Trolle und seine häßlich verlarvte Tochter, die Rothaarige, lauern auf Peer. Der Alte verspricht ihr Peer zum Mann. Peer ist der entführten Ingrid überdrüssig geworden und jagt sie fort. Die Rothaarige, die sich in eine fremdartig-verführerische Schönheit verwandelt hat, bewegt Peer dazu, mit ihr auf einem gesattelten Schwein ins Reich der Trolle hinabzureiten.

3. Bild: Ein Saal im Berg des Alten, bevölkert von Trollen mit grotesken Tiermasken. Peer möchte die Rothaarige zur Frau nehmen und Erbe im Trollreich werden. Der Alte will Peer den schiefen Blick der Trolle verpassen, doch Peer bricht aus, von den Trollen verfolgt. In seiner Not ruft er Solveigs Namen. Unter Glockengeläut versinkt der Spuk.

4. Bild: Waldlichtung mit Blockhütte im Hochgebirge. Solveig hat die Eltern verlassen und will mit Peer in der Einöde leben. Peer sieht sich von der Rachsucht der Trolle verfolgt und flieht. Solveig beteuert, sie werde auf ihn warten.

2. AKT. 1. Bild: Zwanzig Jahre später. Kai einer mittelamerikanischen Hafenstadt. Der rastlose Abenteurer Peer versteigt sich in Phantasien: Er möchte Kaiser der Welt werden. Sein mit Gold beladenes Schiff wird durch Landesgesetz am Auslaufen gehindert. Drei Kaufleute hintergehen Peer und stechen mit dem Schiff in See. Peer wünscht ihnen die Strafe des Himmels an den Hals: Das Schiff explodiert.

2. Bild: Hafenschenke in Mittelamerika. Der Wirt sieht dem Alten ähnlich. Eine aufreizende Schöne mit den Zügen der Rothaarigen tanzt lasziv einen Tango. Die Männer geraten sich ihretwegen in die Haare. Peer vergafft sich in sie, will vor ihr tanzen und das Lied vom verliebten Hahn singen. Die Rothaarige schwingt über den verblendeten Männern die Peitsche. Angeekelt stürzt Peer fort.

3. AKT. 1. Bild: Ein niedergebrannter Wald in Peers Heimat. Peer, nun ein Mittvierziger, kommt zurück. Drei schwarze Vögel verhöhnen ihn. Ein Unbekannter macht Peer die Rechnung auf: Peers wirres Leben ist vertan. Der Unbekannte verlangt Peers Leichnam. Zuvor möge Peer überlegen, ob nicht doch jemand auf ihn wartet. Peer folgt dem Unbekannten ins Innere der Erde.

2. Bild: Überleitungsmusik. Der düstere Saal im Berg des Alten. Die Trolle halten Gericht über Peer. Als Zeugen werden jene aufgerufen, über die der Eigensüchtige hinweggegangen ist. Die Mutter erwirkt für Peer eine letzte Frist von einem Jahr.

3. Bild: Waldlichtung mit Peers Blockhütte. Solveig hat die langen Jahre über treu auf Peer gewartet. Peer will sich dem Gericht der Trolle stellen. Er kann sich nur befreien, wenn Solveig das Rätsel löst, wo er die Jahrzehnte über geweilt hat. Solveig beteuert, Peer sei immer in ihrem Herzen gewesen. Der Schuldige ist entsühnt. „Ich hüte deine Ruh', du bist zu Haus."

Kommentar

Ähnlich wie die in Selbstrechtfertigung mündende Oper *Irische Legende* ist *Peer Gynt* autobiographisch motiviert: Der tatendurstige Mann in den Fallstricken totalitären, den Gesichtswinkel verändernden Machtanspruchs. Egk war nach Versuchen in Musik, Literatur und Malerei 32 Jahre alt, als 1933 das Dritte Reich hereinbrach, das Reich der Trolle, der Gleichmacher, der Versucher. Man verstand bei der von Generalintendant Heinz Tietjen durchgesetzten Berliner Uraufführung die aktuellen Anspielungen der Troll-Szenen; bei den wenigen deutschen Aufführungen während des Krieges kam es mitunter zu von der SA organisierten Tumulten, während man in Preßburg, Prag, Turin und Paris die Anspielungen auf die Zeitsituation genoß. Nach 1945 gelangte *Peer Gynt* als Zeugnis des Widerstands sogar in die USA. 1969 hat Egk einige Passagen der Troll-Szenen überarbeitet.

Um die Parallelen zur bedrückenden Gegenwart zu verdeutlichen, verschob Egk die Akzente: Während bei Ibsen der „nordische Faust" Peer Gynt als willensschwacher Egoist erscheint, dem stets der Entschluß zur Tat fehlt, taumelt Egks Held von den Trollen verfolgt, genötigt und genarrt von einer schicksalhaften Verstrickung in die andere, bis er sich endlich durch einen Entschluß auf Tod und Leben von der Umklammerung befreit. Entsprechend änderte sich der Charakter der Trolle: Aus märchenhaften Berggeistern wurden Schemen in die Unterwelt abgesunkenen Menschentums. Die vorletzte Szene des Troll-Gerichts, von Egk frei hinzugefügt, gibt dies deutlich zu erkennen. Egks Musik bemüht sich, im Gegensatz zur Musik Griegs, kaum um norwegisches Kolorit, hingegen werden die in Mittelamerika angesiedelten Szenen von dem in den 30er Jahren als verrucht-exotisch geltenden Tango-Rhythmus beherrscht. Die durchkomponierte Oper läßt umrißhaft die Formen von Lied, Arie, Duett usw. erkennen; Egk verstand die traditionelle Gestalt der Oper als verbindlich. Nachhaltig kommt in den Troll-Grotesken das für Egk stets wichtige Ballett ins Spiel. Die Tonsprache bleibt in den Randzonen der Tonalität, wie stets in Egks Partituren. Rhythmus und klar geprägtes Melos stehen obenan: Egk will den Effekt. Die Instrumentierung gibt Egks lebenslange Vorliebe für sinnlichen Klang und französische Musik der letzten Jahrhunderte zu erkennen.

Peer Gynt ist ein Zeugnis der 30er Jahre, auch im latenten Erlösungspathos, auch dort, wo die den Nazis besonders suspekte Dramentechnik von Egks Landsmann Bert Brecht nachwirkt, wie beim Troll-Gericht im 3. Akt, in der sentenzenhaften Sprache und im epischen Aufbau. Die Wirkung steht über allem; man hat Egk den Meyerbeer unserer Zeit genannt. Das Sentiment der Solveig-Szenen ist bewußtes Zugeständnis an die traditionelle Oper.

Geschichte

Die Uraufführung des *Peer Gynt* dirigierte Egk am 24. November 1938 in der Berliner Staatsoper Unter den Linden unter der Generalintendanz von Heinz Tietjen, wo Egk einige Jahre lang Kapellmeister war. Über diese Premiere und deren kulturpolitische Aspekte berichtet Egk ausführlich in seiner Autobiographie. Die dem preußischen Ministerpräsidenten Göring unterstehende Berliner Staatsoper war dem Reichspropagandaminister Goebbels ein Dorn im Auge, zumal als sich herumsprach, man könne in den Troll-Szenen eine Satire auf die Machthaber erblicken und den Tanz des Ziegenbocks um die Kuh als Hohn auf den um Filmschauspielerinnen balzenden, hinkenden Propagandachef auslegen. Vor Kriegsende gelangte denn *Peer Gynt* nur an wenigen deutschen Bühnen zur Aufführung, so in Düsseldorf, Dresden und Gera; in Gera inszenierten die Nazis 1944 einen Skandal. Man freute sich über Egks zynische Anspielungen bei den Aufführungen in Preßburg, Prag, Paris und Turin. Die Runde machte die Partitur erst in den 50er Jahren, auch an Bühnen der USA. Für Augsburg und Mannheim überarbeitete Egk 1969 einige Passagen, zumal in den Troll-Szenen. In dieser Überarbeitung liegt *Peer Gynt* als einzige Oper Egks in einer Gesamtaufnahme vor. Der achtzigste Geburtstag Egks brachte 1981 eine Reihe von Neuinszenierungen, so unter Kurt Horres und Wolfgang Sawallisch in München. Stattliche Resonanz hatte und hat Egks szenische Musik in der DDR. Egks frühe *Zaubergeige* wird nach wie vor auch von kleineren Theatern als eine der wenigen deutschen Spielopern jüngeren Datums geschätzt.   *Karl Schumann*

Diskographische Empfehlung

1981 – München: Heinz Wallberg, Chor des Bayerischen Rundfunks, Münchner Rundfunkorchester. Roland Hermann (Peer), Norma Sharp (Solveig), Cornelia Wulkopf (Aase), Janet Perry (Ingrid), Heiner Hopfner (Mads), Hans Hopf (Der Alte), Kari Löwaas (Die Rothaarige). Orfeo, F 005 823

KARL AMADEUS HARTMANN

geb. 2. August 1905 in München
gest. 5. Dezember 1963 in München

K arl Amadeus Hartmann wurde in eine vielseitig aktive
Künstler- und Pädagogenfamilie hineingeboren. Früh
fand er entscheidende visuelle und musikalische Anregungen. 1924 begann Hartmann an der Akademie der Tonkunst bei Joseph
Haas Komposition zu studieren. Nach dieser grundlegenden, aber wenig
inspirierenden Ausbildung wurde er Anfang der 30er Jahre Schüler des
äußerst anregenden Dirigenten Hermann Scherchen. Nach 1933 war der
entschiedene Antifaschist in die innere Emigration gezwungen. Nur im
Ausland gab es einige Aufführungen erster wichtiger Kompositionen. 1942
verspürte Hartmann die Notwendigkeit, eine gewisse Zeit bei Anton Webern in Wien zu lernen. Das Gefühl, seine tendenziell weit ausgreifende
expressive Musikgestik strenger kontrollieren und konzentrieren zu müssen, mag den Ausschlag für diese Entscheidung gegeben haben. Erst nach
1945 konnte Hartmann in Freiheit schaffen. Er wurde als Dramaturg an die
Münchner Staatsoper verpflichtet und gründete die renommierte Reihe der
Musica-viva-Konzerte, die er mit großem Engagement bis zu seinem Tod
leitete. Im Zentrum des Hartmannschen Œuvre stehen zweifellos seine
Orchesterwerke. Mit seinen acht Sinfonien, den Solokonzerten und der
erschütternden, unvollendet gebliebenen *Gesangsszene* nach Worten aus
Sodom und Gomorrha von Jean Giraudoux (1963) erweist sich der Komponist als Meister weit ausgreifender Formen. Ein von tiefem Humanismus
geprägter Tonfall, elegisch die unglückseligen Erfahrungen einer leidge-
prüften Zeit reflektierend, durchzieht viele seiner Werke. Hartmann, der
sich von keiner Schule hat vereinnahmen lassen, schrieb einen unorthodo-
xen, kontrapunktisch durchwirkten, aber klanglich eruptiven Stil. Fast
seine ganze vor 1945 geschriebene Musik hat Karl Amadeus Hartmann
zurückgezogen. Substantiell und formal verändert ging vieles davon in die
Reihe der Sinfonien ein. Nur sein 1934/35 entstandenes Bühnenwerk *Des
Simplicius Simplicissimus Jugend* (abgesehen von der frühen Kammerspiel-
oper *Wachsfiguren-Kabinett* sein einziges) ließ er später noch gelten, freilich

musikalisch und dramaturgisch gestrafft und unter dem prägnanteren Titel *Simplicius Simplicissimus.*

Stets hat er Stellung bezogen gegen Gewalt, Dummheit, Beleidigungen und für die Würde des Menschen. *Helmut Rohm*

Simplicius Simplicissimus
Drei Szenen aus seiner Jugend

<u>Text</u>: Hermann Scherchen, Wolfgang Petzet und Karl Amadeus Hartmann, nach H. J. Chr. von Grimmelshausen

<u>Uraufführung</u>: KONZERTANT: 2. April 1948, Radio München

SZENISCH: 23. Oktober 1949, Kammerspiele der Bühnen der Stadt Köln

<u>Personen</u>: Simplicius Simplicissimus (Sop); Einsiedel (Ten); Gouverneur (Ten); Landsknecht (Bar); Hauptmann (Baß); Bauer (Baß); Dame (Tänzerin); Sprecher

<u>Chor</u>: Bauern; Sprechchor

<u>Ort und Zeit</u>: Deutschland, im Dreißigjährigen Krieg

<u>Orchester</u>: Fl (auch Picc), Kl, Fg, Trp, Pos, Pkn, Schlgzg: Tamb, KlTr mit Schnarrsaiten, KlTr ohne Schnarrsaiten, 3 Tomtoms (hoch/mittel/tief), Holztr, Rührtr, GrTr, Trgl, Jazzbck, Bck, 3 Gongs (hoch/mittel/tief), Glsp, Xyl, Vibraph, Hrf, Streicher

<u>Form</u>: Kammeroper mit drei musikalisch heterogenen durchkomponierten Szenenfolgen

<u>Aufführungsdauer</u>: Ca. 1 ¼ Stunde

<u>Verlag</u>: B. Schott's Söhne, Mainz

<u>Handlung</u>

Sachlich beschreibt ein Sprecher in der Introduktion die Wirren und bittere Not des Dreißigjährigen Krieges. Von 1618 bis 1648 ließen acht Millionen Menschen ihr Leben. Abseits aber von den Kämpfen aller gegen alle lebte in einer Einöde der Allereinfältigste: Simplicius Simplicissimus, „ein kleiner Bub bei den Schafen".

1. SZENE: Wiese mit Baum; ein Bauer singt ein Lied auf den so verachteten, doch wichtigen Bauernstand. Er ermahnt seinen Sohn, Simplicius, die Schafe nicht aus den Augen zu lassen und auf der Sackpfeife zu

spielen, um den Wolf fernzuhalten. Auf die Frage, wer und wie der Wolf sei, bekommt er von seinem „Knän" nur eine ärgerliche Antwort. Ein Schelm, der Mensch und Vieh fresse, sei er. Dann wird Simplicius allein gelassen. Er singt ein wenig, glaubt nicht so recht an den Wolf und schläft bald unter einem Baum ein. Er träumt von Gestalten im Baum und wacht plötzlich schreiend auf. Den er für einen Wolf hält, ist ein rauher Landsknecht, der laut die Untaten seinesgleichen rühmt. Noch während der Landsknecht böse Fragen stellt – wem er gehöre, wo der Hof sei –, rennen die Bauern schon voller Angst vorbei. „Die Reuter sein da, die gottlosen Schelme!" Eindringlich schildert ein Sprechchor, wie die Landsknechte unter den Bauern fürchterlich morden, plündern und brandschatzen.

2. SZENE: Wald, hinten ein Kreuz; ein frommer Einsiedel singt sein Abendlied. Simplicius, fast irre vor Angst und noch immer auf der Flucht, stürzt herbei und hält nun den Einsiedel für den Wolf. Der beruhigt ihn, erkennt bald die armselige Lage des versprengten Waisen und nimmt den Jungen bei sich auf. Zwei Jahre lang lernt Simplicius vom väterlichen Eremiten, „was ein guter Mensch wissen soll" und wie man ein karges Leben führen kann. Dann legt sich der Einsiedel zum Sterben. Simplicius bricht an seinem Grab zusammen. „...ist das der grimmige unerbittliche Tod?"

3. SZENE: Bankett beim Gouverneur; „Das ist der Rest vom Heiligen Römischen Reich." Mit diesen Worten führt der Landsknecht den in Lumpen gehüllten Simplicius beim tafelnden Gouverneur vor. Zuerst flucht der Gouverneur, fängt aber bald, erheitert ob der unbekümmert-einfältigen Sprüche des lausigen Kerls an, sich zu amüsieren. Ein Hauptmann beginnt mit einer Dame zu tanzen. Simplicius, der so etwas noch nie gesehen hat, wird ängstlich. Man redet ihm allerlei Unsinn ein, hält aber seine drastischen Reaktionen für gekonnten Bauernwitz! Es wird gelacht und gezecht. Simplicius' Frage, wie man soviel saufen und fressen könne, wo man doch satt sei, löst Verwunderung aus. Der Gouverneur beschließt, ihn zu seinem Narren zu machen. Jetzt erinnert sich Simplicius seines Traumes, den er ganz begriffen habe, und deutet ihn. Ganz oben säßen die feinen Herren, darunter solche wie der Hauptmann. Die untersten Äste würden schwer von den Landsknechten eingenommen. Alle zusammen peinigen jene Stände, die keinen Platz auf dem Baum haben, ihn aber dennoch tragen und ernähren: Bauern und Handwerker. Nur die Not dieser Ärmsten sei Hilfe für die Unterdrücker. Dann aber singt Simplicius vom Heer der Aufständischen: „Herrenspott ersäufet bald!" Kaum ist er mit seinem Lied zu Ende,

erstürmen bewaffnete Bauern den Saal und metzeln alle nieder. Nur Simplicius bleibt am Leben, ein Wurm, der nicht wert ist, daß man den Arm hebt gegen ihn. „Gepriesen sei der Richter der Wahrheit!" sagt er und folgt den Bauern. „Anno Domini eintausendsechshundertundachtzehn" – so die letzten sachlichen Worte des Sprechers – „lebten nicht mehr zwölf Millionen, wohnten nur noch vier Millionen Menschen in Deutschland.

Kommentar

Hartmann selbst bezeichnete seinen äußerst komprimiert wirkenden *Simplicius* mehrfach als Kammeroper. Sowohl die Ausdehnung des Bühnenwerkes insgesamt als auch die Faktur im einzelnen sowie die beschränkte Zahl der handelnden Personen und die sparsame Instrumentation weisen das Werk als knappes, präzises und schlagkräftiges Stück gegen Krieg und Barbarei aus. Hermann Scherchen hatte den Freund und Schüler im Herbst 1934 auf Grimmelshausens großen Barockroman aufmerksam gemacht. „Die Zustandsschilderungen aus dem Dreißigjährigen Krieg schlugen mich seltsam in Bann", schrieb Hartmann später. „Wie gegenwärtig kam mir das vor: ‚Die Zeiten sein so wunderlich, daß niemand wissen kann, ob du ohn Verlust deines Lebens wieder herauskommest…' Da war der Einzelne hilflos der Verheerung und Verwilderung einer Epoche ausgeliefert." Zusammen mit Wolfgang Petzet, dem damaligen Chefdramaturgen der Münchner Kammerspiele, arbeitete Hartmann ein Libretto aus, das auf einem aus dem Stegreif entwickelten Szenarium Scherchens beruhte. Von den vielen Episoden des ersten deutschen Entwicklungsromans blieben im Libretto nur drei Szenen, die für das Verständnis der Figur des Simplicius wesentlich sind. Alle münden sie in Bilder des konkreten Todes. Den formalen Rahmen der statuarisch wirkenden Gesamthandlung bildet die Nennung der in dieser Höhe abstrakt und unfaßbar bleibenden Gesamtzahl der Opfer des Dreißigjährigen Krieges.

Hartmanns *Simplicius*-Musik schwankt in ihrer expressionistischen Gebärde zwischen einer an Schönberg gemahnenden Atonalität und einer freitonalen Harmonik. In rhythmischer Hinsicht sind stilistische Einflüsse des jungen Strawinsky unverkennbar. Die Skala der musikalischen Ausdruckswerte ist überwältigend. Differenzierungen etwa zwischen naiver Frömmigkeit und mystischer Versenkung oder aber zwischen schicksalsgebundener Verlorenheit und konkreter Gewalt werden sinnlich ganz unmittelbar faßbar. Haß oder Liebe teilen sich oft schlaglichtartig mit. Formal leben die durchkomponierten Szenen aber auch ganz wesentlich aus einer wie selbstverständlich sich einfügenden Schicht musikalischer Realistik. Einerseits bedient sich Hartmann zur näheren Charakterisierung bestimmter Situationen vorgegebener Satzmodelle wie Marsch oder Lied, ohne im engeren Sinne zu zitieren. Andererseits treten gezielt auch wörtliche Zitate auf: Etwa Bachs Choral aus der Matthäuspassion „Nun ruhen alle Wälder" im Vorspiel zum zweiten Teil oder ein Marsch von Prokofjew im dritten Teil. Ebenfalls im Zwischenspiel zwischen 1. und 2. Bild wird ein Gedicht von Andreas Gryphius zitiert: „Tränen des Vaterlandes, anno 1636". Hartmann gibt der Geschichte des Simplicius mit dieser Technik eine über Zeiten und Örtlichkeiten hinweg gültige Bedeutung. Das Schicksal eines einzelnen wird zum allgemein gültigen Exempel erhoben. Die holzschnittartige Musik und Bilderfolge trägt Züge eines Lehrstückes.

Geschichte

Mit einer Aufführung seines durchaus auch als Menetekel gemeinten Werkes konnte Hartmann im Deutschland der 30er Jahre nicht rechnen. Eine für 1940 geplante Rundfunkproduktion in Belgien scheiterte am bereits ausgebrochenen Krieg. Wie oben angedeutet, arbeitete Karl Amadeus Hartmann den *Simplicius* im Jahre 1956 im Sinne einer Straffung um. Eine Szene vor den Toren der Stadt Gelnhausen wurde gestrichen, manche gesprochenen Dialoge gekürzt. Dafür fügte der Komponist drei Instrumentalstücke ein: Eine Ouvertüre, ein Zwischenspiel zwischen erstem und zweitem Teil sowie eine kurze Apotheose. Hartmanns Oper eignet sich gut für konzertante Aufführungen. Erstmals erklang das Werk 1948 als Ursendung durch Radio München. Die szenische Uraufführung fand am 20. Oktober 1949 im Opernhaus Köln statt. Neugefaßt ging es zuerst 1957 in Mannheim über die Bühne. Wichtige Aufführungen folgten.

Helmut Rohm

DIMITRI DIMITRIJEWITSCH SCHOSTAKOWITSCH

geb. 25. September 1906 in St. Petersburg
gest. 9. August 1975 in Moskau

Als Opernkomponist führte Schostakowitsch die Linie weiter, die Mussorgskij, vor allem mit seinem genialen Fragment nach Gogols *Heirat*, angeschlagen hatte: die russische Prosavertonung und den besonderen, körperhaften Realismus der Musiksprache. In dem umfangreichen, immer wieder von staatlicher Seite gemaßregelten Schaffen Schostakowitschs nehmen die Opern und Opernpläne einen eher bescheidenen Platz ein; in späteren Jahren schrieb er keine Oper mehr, nachdem er eine weitere Gogol-Oper Anfang der 40er Jahre *(Die Spieler)* als Fragment liegengelassen hatte. Nach seinem Tod ergänzte Krzysztof Meyer, der sich als Schüler Schostakowitschs bezeichnet, das Fragment mit eigenen Kompositionen und ließ die Oper am 10. April 1983 in Wuppertal in Szene gehen. Diese musikalische Gaunerkomödie beschäftigte Schostakowitsch immerhin so intensiv, daß er noch in seiner letzten Komposition, der Bratschensonate op. 147 (2. Satz), darauf zurückkam und die gesamte instrumentale Einleitung der Oper zu neuem Leben erweckte. Die Welt Gogols fesselte schon den jungen Schostakowitsch; selbst in die Oper *Lady Macbeth des Mzensker Landkreises* (später: *Katerina Ismailowa*) fügte er eine charakteristische Anspielung auf Gogol ein, als der betrunkene Pope den Dichter in einer ziemlich unpassenden Situation – soeben stirbt der von Katerina vergiftete Boris Ismailow – zitiert, man solle abends keine Pilze essen. Was Schostakowitsch so an Gogol faszinierte, war die seltsame realistische Sichtweise, „das Banale des Lebens herauszustellen, mit solcher Kraft das Banale des Menschen zu zeichnen, daß all das Unbedeutende, das den Augen entgleitet, allen groß vor Augen tritt" (Gogol). Das bedeutet ästhetisch: einen ständigen Wechsel des einmal angenommenen Blickfeldes, und Schostakowitsch war bereits in seiner ersten Oper nach Gogols St. Petersburger Satire *Die Nase* darum bemüht, das Umschlagen von realistischer Banalität in irrealen Schrecken auch musikalisch im drastischen Wechsel der Tonfälle, Stillagen und Haltungen wiederzugeben. Daraus resultierte eine Partitur, die ihn sofort an die Front der musikalischen Avantgarde Ende der 20er Jahre brachte. Und diese Musik hat er auch nie mehr vergessen. Die beiden Scherbengerichte Stalins (1936 und 1948) zwangen ihn zwar in die innere Emigration, genauer: in das Doppelleben des Staatskomponisten einerseits und des Verfechters der Wahrheit, verschlüsselt in seiner Musik, andererseits. Zuletzt nahm er dann keine Rücksicht mehr auf den offiziellen kulturpolitischen Kurs und plante eine Oper nach Anton Tschechows Erzählung *Der schwarze Mönch*, in der die triviale Serenade *Gebet einer Jungfrau* eine zentrale Rolle spielen sollte. Schostakowitsch war nicht der Meinung, daß es einen prinzipiellen Unterschied zwischen „hoher" und „trivialer" Musik gäbe; schon in der *Nase* hatte er sich souverän über die Trennung hinweggesetzt. So ist es auch nicht weiter erstaunlich, daß in seiner Musik das Nebeneinander von Tragischem und Groteskem keinen Stilbruch darstellt, sondern inhaltlich genau motiviert ist. Auch die Dramaturgie seiner zweiten Oper wird davon bestimmt: Die Personen im Umfeld der tragischen Katerina Ismailowa sind höhnische Karikaturen, die sich teilweise im Operettentonfall äußern. Schostakowitsch verfolgte eine Dramaturgie der Entlarvungen, und dazu war ihm jedes musikalische Mittel recht. Der soziologische Gebrauch der musikalischen Tonfälle und Stilebenen wurde somit unterlaufen und in einen neuen Sinnzusammenhang gestellt. Dem entspricht auch das Verfahren, immer wieder Zitate einfließen zu lassen; Schostakowitsch wollte kein einheitliches, geschlossenes musikalisches Weltbild, sondern eine Offenheit, die an die Verfremdungstechnik Brechts erinnert. Die Herr/Knecht-Dialektik der *Spieler* setzt sich konsequent fort in der musikalischen Struktur: „Ein elegantes Fagott, sekundiert von elegischer Klarinette und pathetischem Horn, verzehrt sich in Leidenschaft und hetzt sich ab, einer biederen Wirtshauslivrée das Gauner-Einmaleins beizubringen; eine einfältige Balalaika wird zum Plaudern gebracht, in Erstaunen versetzt, gerät in Verzückung und fällt als stolpernde Tuba wieder auf die Beine; eine windige Piccololeidenschaft mischt sich fortwährend in das Geschwätz einer baritonalen Gebetsmühle, während ein Baß immerfort seinem Einsatz hinterherläuft und ein Tenor gerade dann zur Stelle ist, wenn es Löcher im Gewebe zu stopfen gilt" (Sigrid Neef). Die Suche nach der Individualität ist das Opernthema Schostakowitschs.   *Dietmar Holland*

Die Nase (Nos)

Oper in drei Akten und einem Epilog

Text: Georgi Jonin, Arkadi Preiss, Jewgeni Samjatin und Dimitri Schostakowitsch, nach der gleichnamigen Erzählung von Nikolaj Wassiljewitsch Gogol (1835)

Uraufführung: 18. Januar 1930, Staatliches Akademisches Kleines Theater für Oper und Ballett (Maly-Theater), Leningrad (konzertante Voraufführung: 16. Juni 1929, ebd.)

Personen: Platon Kusmitsch Kowaljow (Bar); Iwan Jakowlewitsch, Barbier (Bar); Ein Wachtmeister der Polizei (Ten); Iwan, Diener des Kowaljow (Ten); Die Nase in Gestalt eines Staatsrates (Ten); Alexandra Grigorjewna Podtotschina (Mez); Deren Tochter (Sop); Eine vornehme Matrone (Alt); Praskowja Ossipowna, Frau des Iwan Jakowlewitsch (Sop); Brezelverkäuferin (Sop); Angestellter einer Annoncenredaktion (Bar); Ein Arzt (Bar); Eine Mutter/Eine spazierengehende Mutter (Sop); Die beiden Söhnchen der spazierengehenden Mutter (Baß); Zwei weibliche Stimmen (Sop)

Chor: I. SOLISTISCHE EPISODENROLLEN (TEN): Portier; 2. Polizist; 1. Herr, 1. Student; 5. Polizist; 2. Herr; 1. Geck, ein anderer Bekannter des Kowaljow; 7. Polizist; 3. Herr; 2. Student; 8. Polizist; 7. Herr; 5. Student; 9. Polizist, ein alter Mann; 6. Student; 1. Sohn, Jarischkin (ein Freund Kowaljows); 8. Herr, Pjotr Fjodorowitsch (Oberst); 7. Student

II. SOLISTISCHE EPISODENROLLEN (BASS): Lakai; Kutscher; 1. Hausknecht; 1. Polizist; 4. Herr, ein Bekannter des Kowaljow; 2. Hausknecht; 3. Polizist; 5. Herr, Major; 3. Hausknecht; 4. Polizist, Spekulant; 4. Hausknecht; 6. Polizist; 4. Student; 5. Hausknecht; 10. Polizist; 9. Herr; 6. Hausknecht, ein Vater; 2. Geck; 7. Hausknecht, Kutscher der Postkutsche; 6. Herr; 8. Hausknecht; 2. Sohn; 3. Student, ein Verkäufer, Iwan Iwanowitsch; 8. Student

III. ENSEMBLES: Beter in der Kasaner Kathedrale; Die arme Verwandtschaft der Matrone; Abreisende und Begleitpersonen, Spaziergänger und Gaffer; Eunuchen; Polizisten

SPRECHROLLEN: Kunden und Bekannte des Iwan Jakowlewitsch; Ein Reisender; Eine begleitende Dame; Ein begleitender Herr; Eine männliche Stimme; Khan Chosrow Mirza

Ort und Zeit: St. Petersburg, um 1830

Orchester: Fl (auch Picc und Altfl), Ob (auch E. H.), Kl (auch KlKl und Bkl), Fg (auch Kfg), Hrn, Trp (auch Kornett), Bpos, Pkn, Bck, Trgl, GrTr, KlTr, Tamb, Kastagnetten, Rassel, TamTam, Tomtoms, kl. u. gr. Gl, Xyl, Flexaton, Cel, 2 Hrf, Domra, Balalaika, Klavier, Streicher

Form: Durchkomponiert (mit Zwischenspielen)

Aufführungsdauer: 1 ¾ Stunden

Verlag: Universal Edition, Wien

Handlung

1. AKT: Wie zweimal die Woche üblich, rasiert Iwan Jakowlewitsch den Kollegienassessor Platon Kusmitsch Kowaljow. Eines Morgens (Gogol sagt: am 25. März) ereignet sich etwas Merkwürdiges: Beim Brotschneiden findet der Barbier Jakowlewitsch eine Nase. Sollte er etwa beim Rasieren ...? Seine keifende Ehefrau jagt ihn damit auf die Straße; die Angst des Barbiers vor der Polizei ist so groß, daß er einen säbelrasselnden Polizeiwachtmeister bereits im Geiste vor sich sieht. Wohin nun mit der Nase? Wie sie so unauffällig wie möglich verstecken? An einem Kiosk versucht er sie einfach fallen zu lassen, doch der Verkäufer hat es bemerkt. Immer wieder trifft er auf dem Kai an der Newa Bekannte, so daß sich keine Gelegenheit ergibt, die Nase verschwinden zu lassen. Endlich ist der Moment gekommen, wo er die Nase – unbemerkt, wie er glaubt – in den Fluß werfen kann. Doch das Auge des Gesetzes ist überall: Ein Polizist mit schriller Stimme zitiert ihn zu sich und stellt ihn zur Rede. Der Rest bleibt im dunkeln. Kowaljow wacht auf, schaut in den Spiegel und entdeckt, daß er keine Nase mehr hat. Er will unverzüglich zur Polizei, Verlustmeldung erstatten. Auf dem Weg dorthin trifft er die Nase inbrünstig betend in der Kasaner Kathedrale. Nicht das aber ist das Unglaublichste, sondern die Tatsache, daß die Nase in Gestalt eines Staatsrats auftritt. Kowaljow versucht, mit ihr ins Gespräch zu kommen, wird jedoch schroff abgewiesen, da die Nase darauf besteht, als eigenständige Person angesehen zu werden. Was habe sie mit dem Gesicht des unter ihr stehenden Kollegienassessors zu schaffen? Als eine Matrone in Begleitung einer sehr hübschen und schlanken Dame die Kirche betritt, kann es Kowaljow auch in dieser Situation nicht lassen, zu flirten. Die Nase verläßt inzwischen die Kathedrale. Kowaljow bemerkt es zu spät.

2. AKT: Nun wird es Zeit, die Polizei einzuschalten, doch ist der Polizeiwachtmeister außer Haus. Kowaljow wendet sich an die Zeitungsre-

daktion, um eine Verlustanzeige aufzugeben. Sein Ansinnen wird von dem Schalterbeamten mit groben Witzen abgewiesen; Kowaljow erwägt inzwischen die gesellschaftlichen Folgen, die für ihn der Verlust der Nase haben wird. Zum ersten Mal in seinem Leben spürt er so etwas wie kreatürliche Angst. Als ihm der Beamte in rohem Spott eine Prise Schnupftabak anbietet, ist es vorbei mit Kowaljows Geduld. Er stürzt hinaus, während hinter ihm der Anzeigenalltag weitergeht.

Kowaljows Diener bleibt angesichts des Mißgeschicks, das seinen Herrn nun tatsächlich zur Verzweiflung bringt, ungerührt. Das schlimmste aber ist: Kowaljow hat die Nase völlig ohne Grund verloren!

3. AKT: Ein zehnköpfiger Polizeitrupp ist – wider Willen – auf die Nase als Staatsrat angesetzt worden und wartet an einer Poststation am Stadtrand von St. Petersburg auf ihr Erscheinen. Abgelenkt werden sie von den eintreffenden Fahrgästen, besonders aber von einer hübschen Brezelverkäuferin. Als der Kutscher zur Abfahrt brüllt, stürzen alle in die Kutsche. Doch die Nase kommt zu spät und bringt alles in Unordnung. Die Fahrt kann nicht fortgesetzt werden, aber unter den Schirmschlägen einer Matrone verwandelt sich der Staatsrat zurück in Kowaljows Nase. Jetzt ist der Zeitpunkt der Festnahme gekommen: Der Wachtmeister wickelt sie in Papier ein und überreicht sie dem Kollegienassessor, den er eigens in seinem Hause aufsucht. Was aber, wenn sie sich nicht mehr im Gesicht befestigen ließe? Bei diesem Gedanken erbleicht Kowaljow, und tatsächlich gelingt es ihm nicht, die Nase wieder ins Gesicht zu bringen. Auch ein Arzt kann da nicht helfen; der spricht sogar von Glück: keine Nase, kein Schnupfen. Kowaljow glaubt inzwischen an Gespenster und zieht in absurder Weise eine Intrige der Stabsoffizierswitwe Alexandra Grigorjewna Podtotschina in Betracht. Könnte sie nicht durch den Nasenraub die Heirat mit ihrer Tochter erzwingen wollen? Ein Briefwechsel darüber verläuft im Sande.

Inzwischen hat die Legende von der Nase wie ein Lauffeuer um sich gegriffen; jeder möchte sie, egal wo, sehen. Überall soll sie bereits gesichtet worden sein. Die Gerüchte halten sich auch noch, nachdem die Nase (laut Gogol: am 7. April) längst wieder an ihrem angestammten Platz sitzt. Die Nasenpsychose hatte sogar zum Eingreifen der Feuerwehr geführt, um das Gedränge zu zerstreuen. Wie kam die Nase wieder in Kowaljows Gesicht? Der Kollegienassessor hat jedenfalls nichts daraus gelernt, übrigens auch der Barbier nicht. Am Ende des Epilogs ist Kowaljow wieder ganz der alte: Er flaniert und flirtet auf der Newsker Promenade.

Kommentar

Die seltsamen Vorgänge in Gogols *Nase*, einer Satire auf das Obrigkeitsdenken der zaristischen Zeit, verknüpft mit geradezu kreatürlicher Angst um den Verlust der Identität, zeigen deutlich genug, daß Komik sehr schnell in Schrecken umschlagen kann. Gogols Kunstgriff bestand darin, die Vorgänge mit einer realistischen Nachdrücklichkeit zu erzählen, dabei jedoch gewisse Lücken in der Berichterstattung zu lassen, die das Doppelbödige der Handlung erst recht, wie unter einem Vergrößerungsglas, sichtbar machen. Einzelne Banalitäten werden in überscharfer Optik betrachtet, so daß der ursprünglich nichtige Anlaß sich zu einer existentiellen Fragestellung ausweitet. Genau dieses literarische Mittel war es, das den jungen Schostakowitsch bewog, aus diesem Sujet eine – freilich ganz neuartige – Oper zu machen, in der Elemente der Filmtechnik (Überblendungen) eine wichtige Rolle spielen sollten. Die Vieldeutigkeit des von Gogol angeschlagenen Themas – die Nase ist ja zum Beispiel auch ein Symbol für Potenz oder für bestimmte Charaktereigenschaften wie Hochmut und Dummheit – wird in der Oper sogar noch gesteigert: Die absurde Jagd nach der verlorenen Nase verselbständigt sich zur szenischen Episode, ja wird noch ins Groteske überdreht, als die Nasenpsychose um sich greift, obwohl die Nase längst wieder in Kowaljows Gesicht sitzt. Oder man denke an das „Vergehen" des Barbiers Jakowlewitsch, von dem nicht einmal feststeht, ob es real ist: Nicht einmal von dem geschädigten Kollegienassessor wird der Vorwurf erhoben, es sei der Barbier gewesen, der die Nase aus Versehen abgeschnitten habe. Das corpus delicti indessen versucht der Barbier dennoch vor dem Auge des Gesetzes zu verstecken und macht sich gerade dadurch verdächtig. Der bloße Anblick des Polizeiwachtmeisters weckt in ihm die völlig unbegründeten Schuldgefühle, und die Art, wie der Gesetzeshüter sich bei Schostakowitsch musikalisch äußert, läßt keinen Zweifel daran aufkommen, daß es hier um Machtverhältnisse geht: Den an sich harmlosen Satz „Komm mal her, mein Freundchen", der freilich in den Ohren des Delinquenten als Zusammenbruch einer ganzen Welt klingen kann, läßt Schostakowitsch sozusagen mit erhobener Stimme vortragen, begleitet von einer zeitlupenartigen Balalaika-Musik. Die extrem hohe Stimmlage des Polizeibüttels ist nur ein Beispiel für das Verfahren dieser Oper, die Mittel des Gesangs durchweg zu denaturieren (Schostakowitsch: „Bei der Komposition der Oper ließ ich mich am wenigsten davon leiten, was eine Oper vornehmlich ist, nämlich ein musikalisches Werk"), in diesem Fall also das sozusagen gewohnheitsmäßige Verhalten – der Wachtmeister „schreit,

wenn er spricht" (Schostakowitsch) – in ein musikalisches Äquivalent umzusetzen. Was nach dieser Szene konkret geschieht, bleibt bei Gogol im
dunkeln, in der Oper dagegen erhebt sich mit dem Schlagzeug-Zwischen-
spiel in einer filmartigen Überblendung die Assoziation an Kettenrasseln
und Militärschritte, also die Ebene des Schreckens. Warum Schostakowitsch aus Gogols Petersburger Erzählungen gerade die *Nase* für die Komposition seiner ersten Oper ausgewählt hat, begründete er seinerzeit so: „In
der ‚Nase‘ schuf Gogol (…) eine hervorragende Satire auf die Epoche
Nikolais I. Er zeigt dort den hilflosen und platte Reden führenden Kowaljow, dem nichts Besseres einfiel, als den Verlust seiner Nase in der Zeitung
kundzutun, den dummen Beamten in der Zeitungsexpedition, den Polizei-
Reviervorsteher, der eine administrative Geschäftigkeit an den Tag legt,
einen bestechlichen Menschen, einen trunksüchtigen Friseur mit seiner
zänkischen Frau und viele andere Personen, die sich durch ihre Nichtsnut-
zigkeit dem allgemeinen Hintergrund der Polizeibeamten-Epoche zuord-
neten." Entscheidend an der Handlung war für den Komponisten der
Sachverhalt, daß nach der Beseitigung des Unheimlichen die Welt weitergeht, als sei nichts geschehen. Hierin zeigt sich nicht nur die ganze Ver-
nunft- und vor allem Perspektivelosigkeit der spießbürgerlichen Gesellschaft, sondern auch der Zwang zur Einsicht in die Veränderung dieser
Gesellschaft von außen. Dazu verhilft das von Schostakowitsch angewen-
dete künstlerische Mittel der bewußten Verfremdung, ohne jemals die
Vorgänge mit parodistischer Musik zu überdecken; ganz im Gegenteil.
Ähnlich wie Gogols Sprache das Absurde der Handlung durch den scheinbar protokollarischen Tonfall erst hervortreten läßt, unterlegt Schostakowitsch ihr eine zwar vielfach stilistisch gebrochene Musik, deren satirischer
Tonfall sich jedoch nicht im Ausdruck zeigt, sondern in der dramaturgischen Funktion. In beiden Fällen dient diese Maßnahme der irrealen
Gestaltung realer Situationen zur Entlarvung des Spießbürgertums und
verhindert zugleich konsequent jegliche Einfühlungsästhetik: „Dank solcher Wechselbeziehungen von Musik und Text sieht der Zuschauer die
Oper nicht mit den Augen der Helden" (Iwan Sollertinski).

Geschichte

Ausgehend von Gogols Erzählung *Die Nase* schufen die drei
Librettisten Georgi Jonin, Arkadi Preiss und Jewgeni Samjatin in Zusammenarbeit mit dem Komponisten einen zusammenfassenden Blick auf die
literarische Welt Gogols, angereichert mit eigener Erfindung zur Verdeut-

lichung und Aktualisierung der in Gogols Erzählung dargestellten Vorgänge. So stammt etwa der Text zu dem kanonischen Oktett der Lakaien am Ende der Szene in der Zeitungsredaktion gar nicht von Gogol und fungiert in der Komposition ohnehin nur als rein phonetisches Material der miteinander verschränkten Umkehrungskanons. Derlei Behandlung der Sprache gibt es bereits bei Rossini (in *La Cenerentola*). Der gesamte 3. Akt ist eine Textmontage aus verschiedenen Erzählungen Gogols und zielt auf eine Art Synthese der satirischen Welt des Dichters. Die Partitur schrieb Schostakowitsch in der Zeit vom Sommer 1927 bis zum Sommer 1928, den 3. Akt in nur wenigen Wochen, nachdem ihm die musikalische Gestaltung in den beiden komplexen Bildern dieses Aktes (es gibt darin sogar eine Simultanszene) erhebliches Kopfzerbrechen verursacht hatte. Noch vor der szenischen Uraufführung im Leningrader Maly-Theater (18. Januar 1930) wurde die neuartige Konzeption des Werkes mehrfach in Komponistenkreisen diskutiert. Es gab schon damals Stimmen, die das groteske Element der *Nase* als unnötiges Grimassenschneiden ablehnen zu müssen glaubten: „Wenn der Komponist nicht begreift, daß er eine falsche Richtung eingeschlagen hat, wenn er sich nicht bemüht, die ‚unter seiner Nase‘ entstehende wahre Wirklichkeit zu erkennen, wird sein Schaffen unausbleiblich in eine Sackgasse geraten." Alle diese Diskussionen hatten zur Folge, daß die szenische Uraufführung, ein halbes Jahr nach der konzertanten Uraufführung, wie eine Sensation erwartet wurde. Einer der Augenzeugen, der Filmregisseur Grigori Kosinzew, faßte seine Eindrücke so zusammen: „Zu verwegenen Galopps und tollkühnen Polkas drehten, wirbelten die Dekorationen von Wladimir Dimitrijew durcheinander: Gogols Phantasmagorie wurde Klang und Farbe. Die besondere Bildlichkeit der jungen russischen Kunst (…) stürmte ins Reich der *Aida* (…). Gogols Groteske wütete: Was war hier Farce, was Prophezeiung?" Der Mangel an „positiven Helden", der ja eine der tragenden Voraussetzungen des Werkes bildet, wurde ihm zum Verhängnis. Die Oper verschwand ziemlich rasch vom Spielplan und landete in der Schublade des Komponisten. Sie galt nur noch als Beispiel für die „experimentelle" Phase seines Komponierens und wurde erst 1962 in Wien gedruckt, nachdem sie in Düsseldorf (1957) ans Licht geholt worden war. Bohumil Herlischkas Münchner Inszenierung des Jahres 1971 (Gärtnerplatztheater) stellte das Bedrohliche der Oper auf die Bühne, und kurz vor dem Tode des Komponisten erlebte *Die Nase* ihre triumphale Moskauer Auferstehung in der Regie von Boris Pokrowski (Moskauer Kammeroper 1974, Dirigent: Gennadi Roshdestwensky).   *Dietmar Holland*

Diskographische Empfehlung

1975 – Moskau: Gennadi Roshdestwensky, Chor und Orchester der Moskauer Kammeroper. Eduard Akimow (Platon Kusmitsch Kowaljow), Walerij Bjelych (Iwan Jakowlewitsch), Boris Tarchow (Wachtmeister), Alexander Lomonossow (Die Nase in Gestalt eines Staatsrats), Nina Sasulowa (Praskowja Ossipowna), Walerij Solowjanow (Angestellter einer Annoncenredaktion). Melodia-Eurodisc 89 502 XFR

Lady Macbeth des Mzensker Landkreises
(Ledi Makbet Mzenskogo ujesda)
2. Fassung: Katerina Ismailowa

Oper in vier Akten

Text: Dimitri Schostakowitsch und Arkadi Preiss, nach der Erzählung *Lady Macbeth des Mzensker Landkreises* von Nikolaj Leskow
Uraufführung: 1. FASSUNG: *Lady Macbeth des Mzensker Landkreises:* 22. Januar 1934, Staatliches Akademisches Kleines Theater für Oper und Ballett (Maly-Theater), Leningrad
2. FASSUNG: *Katerina Ismailowa:* 8. Januar 1963, Akademisches Musikalisches Theater, K. S. Stanislawski und W. I. Nemirowitsch-Dantschenko, Moskau
Personen: Boris Timofejewitsch Ismailow, Kaufmann (Baß); Sinowi Borissowitsch Ismailow, sein Sohn (Ten); Jekaterina Lwowna Ismailowa, Frau des Sinowi (Sop); Sergej, ein Arbeiter bei den Ismailows (Ten); Aksinja, Arbeiterin bei den Ismailows (Sop); Ein heruntergekommenes Männchen (Ten); Handlungsgehilfe (Baß); Hausknecht (Baß); Erster Arbeiter (Ten); Zweiter Arbeiter (Ten); Ein Arbeiter von der Mühle (Bar); Priester (Baß); Kreispolizeichef (Baß); Ein Nihilist (Ten); Gendarm (Baß); Ein alter Zwangsarbeiter (Baß); Sonetka, Zwangsarbeiterin (Alt); Eine Zwangsarbeiterin (Sop); Unteroffizier (Baß); Wachtposten (Baß)
Chor: Arbeiter und Arbeiterinnen bei den Ismailows; Hochzeitsgäste; Polizisten; Zwangsarbeiter und Zwangsarbeiterinnen; Gespensterscheinung des Boris Timofejewitsch (Chorbaß)
Ort und Zeit: In einer kleinen russischen Kreisstadt, in der zweiten Hälfte des 19. Jahrhunderts

<u>Orchester:</u> Picc, 2 Fl (2. auch Altfl und Picc), 2 Ob, E. H., KlKl, 2 Kl, Bkl, 2 Fg, Kfg, 4 Hrn, 3 Trp, 3 Pos, Btba, Pkn, Trgl, Legno, Tamb, KlTr, GrTr, Peitsche, Bck, TamTam, Gl, Xyl, 2 Hrf, Cel, Streicher
<u>Auf der Bühne:</u> 4 Kornette, 2 Ahrn, 2 Tenhrn, 2 Barhrn, 2 Bhrn, 2 Trp
<u>Form:</u> Durchkomponiert (mit Zwischenspielen)
<u>Aufführungsdauer:</u> 3 Stunden
<u>Verlag:</u> Musikverlag Hans Sikorski, Hamburg

<u>Handlung</u> (nach der 2. Fassung)
1. AKT: Die Kaufmannsfrau Katerina Ismailowa beklagt das öde Dasein an der Seite ihres wesentlich älteren Mannes Sinowi, den sie nicht liebt. Boris Ismailow, der Schwiegervater, unter dessen despotischem Wesen sie zu leiden hat, gibt ihr die Schuld für die Kinderlosigkeit ihrer Ehe. Als ihr Mann wegen eines Dammbruchs in der weit entfernten Mühle abreisen muß, wird sie von Boris gezwungen, sich unterwürfig zu verabschieden und den Treueschwur vor dem ganzen Gesinde zu leisten. Aksinja, eine Arbeiterin bei den Ismailows, weiß über den soeben neu eingestellten Arbeiter Sergej zu berichten, daß er ein Frauenheld sei und wegen eines Verhältnisses mit seiner vorigen Dienstherrin davongejagt wurde.
Auf dem Hof treiben die Arbeiter, unter ihnen Sergej, ihre rohen, handgreiflichen Späße mit Aksinja. Als Katerina dazwischentritt und auf die Rechte der Frau pocht, fordert Sergej sie zu einem scheinbaren Ringkampf auf und zwingt sie zweideutig auf einen Getreidesack. Boris überrascht sie bei dieser versteckten Annäherung und treibt das Gesinde zur Arbeit an. Katerina lenkt den Verdacht von Sergej ab, indem sie behauptet, sie sei gestolpert und Sergej habe ihr gerade aufhelfen wollen.
Katerina kann nicht einschlafen und sehnt sich nach echter Liebe und Freiheit. Boris schleicht mißtrauisch mit der Lampe über den Hof und mahnt Katerina zum Schlaf. Plötzlich klopft Sergej an ihrer Zimmertür und begehrt unter dem Vorwand, er wolle ein Buch ausleihen, Einlaß. Als er merkt, daß sie auf seinen vertraulichen Umgang und sein Verständnis für ihre Situation hereinfällt, überredet er sie zum Beischlaf.
2. AKT: Auf seinem Gang um den Hof entdeckt Boris, daß in Katerinas Zimmer immer noch Licht brennt, und vermutet, daß ihm, der selbst Lust auf die Schwiegertochter verspürt, jemand zuvorgekommen sein muß. Tatsächlich sieht er, wie Sergej durchs Fenster das Zimmer verläßt, und ergreift ihn. Vor dem ganzen Gesinde, das er herbeiruft, läßt er den Neben-

buhler seine Wut spüren, indem er ihn halbtot prügelt. Um Katerina zu bestrafen, ruft er sie ans Fenster, damit sie zusehen muß, was mit ihrem Liebhaber geschieht. Als Sergej weggeschafft ist, läßt sich Boris von Katerina Pilze bringen und stirbt daran, weil sie sie ihm mit Gift vermischt zubereitet hat. Dem rasch herbeigerufenen, betrunkenen Popen kann er gerade noch andeuten, daß er Katerina für die Mörderin hält.

In ihrem Schlafzimmer pflegt Katerina den zerschlagenen Sergej und wird von Gewissensbissen gequält: Sie glaubt den alten Boris zu sehen, der sie als Mörderin verflucht. Mitten in der Nacht kommt ihr Mann zurück, dem von dem Unglück berichtet wurde. Rasch versteckt sie Sergej im Nebenzimmer. Als ihr Mann handgreiflich wird, stürzt Sergej hervor und schlägt ihn nieder. Die Leiche wird in der Vorratskammer versteckt.

3. AKT: Das Gesinde glaubt, Sinowi Ismailow sei bei dem Hochwasser ertrunken. Doch als Katerina und Sergej sich zur Trauung in die Kirche begeben haben, findet ein heruntergekommenes Männchen bei der Suche nach versteckten Schnapsvorräten die Leiche und läuft zur Polizei.

Auf dem Polizeirevier herrscht Ärger darüber, daß man bei der Einladung zur Hochzeit übergangen wurde. Ansonsten langweilen sich die Polizisten, weil es nichts zu tun gibt. Einzige Unterbrechung: Ein Nihilist wird wegen gotteslästerlicher Reden in Gewahrsam genommen. Erst das eilends herbeigelaufene heruntergekommene Männchen verschafft ihnen die Genugtuung, sich für die ausgebliebene Einladung zur Hochzeit zu rächen.

Während der Hochzeitsfeier entdeckt Katerina das aufgebrochene Kellerschloß. Sie versucht mit Sergej sofort zu fliehen, doch treten ihr bereits die Polizisten in den Weg. Den Versuch des Polizeichefs zur Bestechung übersieht sie in ihrer Angst völlig. Obwohl sie die Schuld ganz auf sich nimmt, wird sie gemeinsam mit Sergej verhaftet.

4. AKT: Am Ufer eines Sees bereiten sich die für den Abtransport nach Sibirien bestimmten Gefangenen, darunter Katerina und Sergej, das Nachtlager; Katerina besticht einen Wachtposten, so daß sie sich in die Nähe Sergejs stehlen kann. Doch hat sie nun für ihn alle Reize eingebüßt und muß sich auch noch von ihm ausnutzen lassen: Er verlangt von ihr Geschenke, die er seiner neuen Liebe, der Mitgefangenen Sonetka, für ihre Liebesdienste zusteckt. Katerina wird dafür von ihren Leidensgefährten verspottet. Als ihr Sonetka höhnisch eines der Geschenke zeigt, stürzt sie sich zusammen mit ihr in den See.

Kommentar

Ging es in Schostakowitschs erster Oper *Die Nase* um die Entlarvung der St. Petersburger Spießerideologie, dann handelt die zweite Oper von dem Versuch einer Frau, sich aus dem engstirnigen Umfeld einer provinziellen Kaufmannswelt, in der die patriarchalischen Prinzipien des mittelalterlichen Rußland inmitten des 19. Jahrhunderts weiterbestehen, zu befreien. Im Gegensatz zu Leskow, der in seiner Erzählung die Heldin als verurteilungswertes Ungeheuer darstellt, das nur seinen animalischen Trieben lebt, verteidigt Schostakowitsch diesen Emanzipationsversuch, indem er die moralische Wertung der Vorgänge umkehrt: „Die Opfer werden zu Unterdrückern, die Mörderin zum Opfer" (Iwan Sollertinski). Das konnte geschehen, weil Schostakowitsch an die Stelle der Dämonisierung des Verbrechens bei Leskow die Begründung und Rechtfertigung der Mordtaten setzt: „Ich versuchte, eine psychologische Charakteristik der hauptsächlichen handelnden Personen der Tragödie zu geben und gleichzeitig in einer Reihe von Massenszenen den sozialen Hintergrund des Rußland jener Zeit zu zeichnen." Der nur implizit in Leskows Erzählung aufscheinende sozialkritische Gehalt wurde also von Schostakowitsch an die Oberfläche geholt und konkret gesellschaftlich fixiert. So besehen stellt die Oper eine Art immanenter Kritik der Stoffvorlage dar, ohne dabei auf deren realistische Kraft zu verzichten. Was Schostakowitsch der Erzählung hinzufügte, war die *Erklärung* der Ereignisse, und sie führte ihn auch zu der eigenartigen musikalischen Gestaltung, einer Mischung aus Tragödie – mit Katerina Ismailowa im Zentrum – und Satire, in der das gesellschaftliche Umfeld erscheint. Die Stilmischung ist das Grundprinzip dieser Oper; von hier aus wird überhaupt erst die „Wucht ihrer Anklage" (Sollertinski) verständlich. Wie schon in der *Nase* dient der satirische Tonfall der Bloßstellung boshafter Charaktere und Handlungsmomente; so wird etwa der heimkehrende Sinowi Ismailow als lächerliches Männchen denunziert, indem er mit einem Fanfaren-Tonfall auftritt, oder die Gelüste des alten Boris auf seine Schwiegertochter werden durch operettenhaften Tonfall gebrandmarkt. Es versteht sich von selbst, daß der leichtfertige Sergej, der es ohnehin nur auf Katerinas Geld abgesehen hat, auch in der Musik als Schürzenjäger erscheint. Solche Genreparodien lassen an Eindeutigkeit nichts zu wünschen übrig und setzen Katerinas Umfeld in ein grelles Licht. So werden Sergejs Worte „doch ich bin ein Mensch von Zartgefühl" der Lüge überführt, indem sie im Polkatonfall, und dazu noch in C-dur, erklingen. Um der Kreisstadt-Welt die Maske vom Gesicht zu reißen, ihr „jeden Anschein der

Idylle, satter Gutmütigkeit, patriarchalischer Würde, Güte und Unerschütterlichkeit zu nehmen" (Sollertinski), führte Schostakowitsch das Mittel der Groteske ein, insbesondere in den Gesellschaftsszenen des 3. Aktes, der im übrigen innerhalb der symphonischen Gesamtanlage der Oper gewissermaßen das Scherzo darstellt; zugleich ist es auch genau der Akt, der mit Leskows Erzählung nichts mehr zu tun hat. Es handelt sich um eine eigenständige Textmontage, in der auch Elemente aus M. Saltykow-Schtschedrins *Geschichte einer Stadt* eine Rolle spielen. Das Scherzo vertritt gleichsam die Episode der Erzählung vom nicht mehr zu rechtfertigenden Mord Katerinas an dem minderjährigen Neffen und nimmt in der Gesamtdramaturgie der Oper die Stelle der fallenden Handlung ein. Daß Schostakowitsch sich – ähnlich wie Mussorgskij – bei den Volksszenen nicht etwa dazu hinreißen ließ, das Volk zu idealisieren, zeigt die Gestalt des denunziatorischen, heruntergekommenen Männchens oder auch das Verhalten des Gesindes am Hof der Ismailows. Der krasse Widerspruch zwischen inhumaner Realität und humanem Appell durchdringt alle Ebenen der Oper und führte dazu, daß Schostakowitsch von seinen Figuren nur Katerina Ismailowa positive Züge verlieh: „Ihr Schicksal – das ist das Schicksal einer begabten, hervorragenden Frau, die durch die Epoche in grausame Lebensbedingungen gestellt ist. Alle ihre Verbrechen möchte ich gerade dadurch erklären, nicht aber durch einen Hang zur Blutrünstigkeit." Einer der wesentlichen Unterschiede in der Sicht auf Katerinas Handlungsweise bei Leskow und Schostakowitsch liegt in der Einschätzung der Konsequenzen: In der Erzählung zeichnet sich keine Perspektive ab, wie Katerina Ismailowa die gesellschaftlichen Schranken durchbrechen könnte, in der Oper dagegen steht genau dieser Horizont im Zentrum des Geschehens: „Der soziale Protest seiner" – Schostakowitschs – „Katerina zielt, wenn auch noch unbewußt, auf eine Überwindung der Klassenschranken" (Eckart Kröplin). Im Gegensatz zu ihrem Liebhaber Sergej ist ihr das Dasein als Frau eines wohlhabenden Kaufmanns völlig gleichgültig; sie ist statt dessen im emotionalen Bereich bereit, alle Grenzen zu sprengen. Deshalb war es nur folgerichtig, daß ihre Katastrophe als individueller Protest zusammenfiel mit dem Schicksal der Strafgefangenen im letzten Bild der Oper, das in der atmosphärischen Gestaltung weit über Leskow hinausgeht. Es scheint, als würden hier Einflüsse von Dostojewskijs *Aufzeichnungen aus einem toten Hause* wirksam. Der emotional aufrichtige, klagende Tonfall des Schlußbildes steht in scharfem Kontrast zu der grellen Banalität des Alltags, dem sich Katerina schließlich in Verzweiflung entzieht.

Geschichte

Nach der zwischen Oktober 1930 und Dezember 1932 entstandenen Partitur zur *Lady Macbeth des Mzensker Landkreises* gab Schostakowitsch sein Vorhaben bekannt, eine „der Lage der Frau in verschiedenen Epochen Rußlands gewidmete Trilogie" zu schreiben, deren ersten Teil die soeben vollendete Oper bilden sollte. Der inhaltliche Bogen der geplanten Trilogie war weit gespannt: In der Verknüpfung von individuellem Schicksal und gesellschaftlichem Umfeld war eine Steigerung zum Progressiven hin vorgesehen, in der die Rolle der Frau bis hin zum vollen Selbstbewußtsein gestaltet werden sollte. Der zweite Teil sollte der Anarchistin Sofja Perowskaja gewidmet gewesen sein, die an dem Attentat auf Zar Alexander II. am 1. März 1881 beteiligt war, und der dritte Teil schließlich hätte die Stellung der Frau im nachrevolutionären Rußland zum Gegenstand gehabt. Doch nichts von den beiden weiteren Teilen der geplanten Trilogie kam zustande. Zunächst wurde *Lady Macbeth* in der Sowjetunion begeistert aufgenommen – wie im Falle der *Nase* dirigierte bei der Leningrader Uraufführung am 22. Januar 1934 Samuel Samossud und stammten die Dekorationen von Wladimir Dimitrijew –, alsbald auch im westlichen Ausland (Erstaufführung in Cleveland am 31. Januar 1935), doch dann griff die staatliche Zensur Stalins in unberechtigter Weise ein. Am 28. Januar 1936 erschien jener berüchtigte Artikel „Chaos statt Musik" in der „Prawda", der den Komponisten Schostakowitsch mundtot machen wollte. Tatsächlich gab er den Plan der Operntrilogie auf und kam mit der Fünften Symphonie dem Verdikt der Partei gegen „formalistische" Musik scheinbar entgegen. Die so verheißungsvoll begonnene Entwicklung der jungen sowjetischen Oper stagnierte für Jahrzehnte; Schostakowitsch ging in die innere Emigration. Noch merkwürdiger sind aber die Vorgänge um die zweite Fassung der Oper, ausgearbeitet vor (!) dem rehabilitierenden Beschluß des ZK der KPdSU von 1958, einer Bearbeitung, die freilich kaum in die Werkstruktur eingriff, dafür aber um so deutlicher in das Libretto. Die Rechtfertigung Katerinas wurde sogar noch ausdrücklich verstärkt durch zweifelhafte moralisierende Maßnahmen wie etwa die Änderung, daß der Mord an Sinowi als Totschlag entschuldigt wird, oder die Ausmerzung zahlreicher drastischer sexueller Anspielungen, namentlich in den Szenen mit Sergej und auch in den Monologen der Katerina, bei denen in der ersten Fassung unverhüllt die sexuellen Wünsche zur Sprache kommen. Das wird in der Bearbeitung umgefälscht zu vagen Vergleichen mit Natureindrücken und dergleichen. Andererseits verfolgte Schostakowitsch mit seiner Neueinrichtung das musikalische Ziel einer engeren motivischen Verknüpfung der Teile untereinander und der Glättung allzu hoher Stimmlagen. Die drastische Musik, die den rohen Beischlaf Sergejs mit Katerina begleitet, entfiel dagegen ganz. Das in dem Artikel der „Prawda" gefällte Urteil, die Oper verfälsche den Geist der Erzählung Leskows, träfe – falls es berechtigt wäre – auf die Bearbeitung in noch viel größerem Maße zu, denn erst hier kommt die Tendenz Schostakowitschs, Katerina Ismailowa gegen den Dichter zu verteidigen, so richtig zum Tragen. Eine Entscheidung zwischen den beiden Fassungen der Oper zu treffen, fällt dennoch schwer, denn weder möchte man auf die literarische Schärfe der ersten noch auf die musikalische Stringenz der zweiten Fassung verzichten. Noch bevor die zweite Fassung in Moskau uraufgeführt wurde (8. Januar 1963), kam die erste Fassung zum vorläufig letztenmal im westlichen Ausland auf die Bühne: Am 14. November 1959 dirigierte Alberto Erede an der Deutschen Oper am Rhein in Düsseldorf die Premiere der Inszenierung Bohumil Herlischkas (Bühnenbild: Teo Otto), ungeachtet der Tatsache, daß die neue Partitur bereits vorlag. Zwanzig Jahre später brachte der Verlag Sikorski die ursprüngliche Fassung der Oper in einer revidierten Neuausgabe heraus und gab somit den Bühnen die Möglichkeit, Schostakowitschs Deutung der *Lady Macbeth* in all ihrer Härte und Schonungslosigkeit zur Aufführung zu bringen.   *Dietmar Holland*

Diskographische Empfehlung

1978 – London: Mstislav Rostropovitch, Ambrosian Opera Chorus, London Philharmonic Orchestra. Dimiter Petkow (Boris), Werner Krenn (Sinowi Ismailow), Galina Wischnewskaja (Katerina), Nicolai Gedda (Sergej), Leonard Mróz (Pope), Birgit Finnilä (Sonetka). EMI, 1 C 165-03 374/76 (erste Fassung)

1966 – Moskau: Gennadi Prowatorow, Chor und Orchester des Akademischen Musikalischen Theaters K. S. Stanislawski und W. I. Nemirowitsch-Dantschenko Moskau. Eduard Bulawin (Boris), Wjatscheslaw Radsijewskij (Sinowi Ismailow), Eleonora Andrejewa (Katerina), Gennadi Jefimow (Sergej), Jewgeni Maximenko (Pope), Nina Issakowa (Sonetka). Melodia-Eurodisc 89 507 XGR (zweite Fassung)

WOLFGANG FORTNER

geb. 12. Oktober 1907 in Leipzig
gest. 5. September 1987 in Heidelberg

Wolfgang Fortner, geboren in der Bach-Stadt Leipzig, gehörte nach 1945 zu den ganz wichtigen Mentoren, Integrationsfiguren und Impulsgebern der Neuen Musik. Er lehrte in Heidelberg, Detmold und Freiburg, gehörte zu den Gründern der Darmstädter Ferienkurse und war im Konzertleben unermüdlich als Organisator und Dirigent aktiv.

Fortner hatte am Konservatorium seiner Heimatstadt beim Reger-Schüler Hermann Grabner Komposition studiert und an der Universität bei Theodor Kroyer Musikwissenschaft. Der Thomaskantor Karl Straube war sein Lehrer an der Orgel. Beeinflußt von Hindemith und Strawinsky schrieb Fortner in seinen frühen Jahren einen neobarock geprägten Stil. Als während der barbarischen Zeit falsches Pathos gefragt war, flüchtete er sich komponierend „in eine gewisse musikalische Eleganz" und widmete sich im übrigen pädagogischen Aufgaben. Innerer Notwendigkeit folgend, erschloß er sich nach dem Zweiten Weltkrieg die Möglichkeiten der Schönbergschen Zwölftonmusik sowie bald auch serieller und aleatorischer Verfahren. Mit großer Beharrlichkeit und strengem Ordnungswillen erarbeitete sich Fortner einen geistig tief lotenden, ausdrucksstarken Stil, der frei von modischen Adaptionen auf der Höhe der Zeit stand. Um die Harmonik zu stabilisieren modifizierte er die Reihentechnik seinem ausgeprägten Klangempfinden gemäß. Der Tendenz rhythmischer Atomisierung bei serieller Materialorganisation setzte er zum Teil isorhythmische Beharrlichkeit entgegen. Fortners reiches Œuvre umfaßt bedeutende Werke aller Gattungen. Seinen beiden Lorca-Opern *Bluthochzeit* (1957) und *In seinem Garten liebt Don Perlimplin Belisa* (1962) sowie die historische Oper *Elisabeth Tudor* (1968–71) gelten als zentrale Werke des zeitgenössischen Musiktheaters. Mit der Musikalisierung des Beckett-Stücks *That time* (1977) beschritt Fortner Jahre vor seinem Tod noch einmal neue Wege.

Helmut Rohm

Bluthochzeit

Lyrische Tragödie in zwei Akten und sieben Bildern

<u>Text</u>: Enrique Beck, Nachdichtung nach *Bodas de sangre* von Federico García Lorca

<u>Uraufführung</u>: 8. Juni 1957, Theater Köln

<u>Personen</u>: Die Mutter (Sop); Die Braut (Sop); Die Magd (Mez); Die Frau Leonardos (Alt); Die Schwiegermutter Leonardos (Alt); Die Bettlerin/Der Tod (Chansonpartie); Das Kind (Sop); Ein Mädchen (2. Bild: Sop); Drei Mädchen (4. Bild: 2 Sop/1 Alt); Zwei Mädchen (7. Bild, nicht identisch mit Mädchen aus 4. Bild: Alt); Der Mond (Ten); Leonardo (Bar); Zwei Burschen (Ten); Drei Gäste (Bar); Die Nachbarin (Sprechrolle); Der Bräutigam (Sprechrolle); Vater der Braut (Sprechrolle); Drei Holzfäller (Sprechrollen)

<u>Chor</u>: Gäste; Burschen; Mädchen; Nachbarinnen; Stimmen hinter der Szene; Tänzer; Tänzerinnen

<u>Ort und Zeit</u>: Spanien, irgendwann

<u>Orchester</u>: 3 Fl (3. auch Picc), 2 Ob, E. H., 2 Kl in B, Bkl in B, Tsax in B, 2 Fg, Kfg, 2 Trp in C, 2 Pos, Tba, Pkn, Schlgzg (Gr/KlTr, Rührtr, Tamburin, Bck, Trgl, Kastagnetten, Rumbabirne, Xyl, Vibraphon, Hoher Stab, Gong), Hrf, Cel, 2 Mand, 2 Gitarren, Streicher

<u>Auf der Bühne</u>: KlFl, Kl in B und Es, 2 Mand, 2 Git, Schlgzg: 3 Spieler (GrTr mit Bck, Tamb, Trgl, Kastagnette), Streicher

<u>Form</u>: Volksballadenartige Folge von Szenen und Zwischenspielen

<u>Aufführungsdauer</u>: Ca. 2 ½ Stunden

<u>Verlag</u>: B. Schott's Söhne, Mainz

<u>Handlung</u>

1. AKT. 1. Bild: Der Bräutigam will seinen jüngst erworbenen Weinberg aufsuchen, um von den Trauben zu essen. Damit er die Früchte schneiden kann, bittet er seine Mutter im gelb gestrichenen Wohnraum um ein Messer. Da bricht eine grauenhafte Erinnerung auf bei der alten Frau: „Verflucht sei'n alle Messer und der Bube, der sie erfand." Einst wurden ihr Gatte und ihr anderer Sohn mit einem Messer ermordet, und die Täter lebten weiter. Der Sohn vermag die Mutter zu beschwichtigen. Doch daß er bald heiraten will, gefällt der Frau nicht. Zwar sei die Auserwählte rechtschaffen und fleißig, allein sie selbst, die Mutter, wäre dann verlassen. Sie

könne die Gräber der geliebten Toten nie zurücklassen. Einer aus der Mördersippschaft, Felix, könnte in ihrer Nähe beigesetzt werden, das müsse sie verhindern. Trotzdem verspricht die Mutter, um das Mädchen zu werben. Ihr Sohn, der Bräutigam, solle also feine Geschenke kaufen und bald für viele Kinder sorgen. Von einer Nachbarin erfährt die Mutter, daß die Braut vor Jahren schon einmal mit Leonardo Felix verlobt gewesen ist. Ein böses Omen.

2. Bild: In einem rosa getünchten Zimmer singen die Schwiegermutter und die Frau Leonardos ein Kind in den Schlaf. Traurig ist das Lied, voll düsterer Ahnungen. Leonardo kommt vom Hufschmied. Ob er das Pferd zu sehr fordere, gar Wettrennen veranstalte, forschen die Frauen, gestern habe es getrieft vor Schweiß; Leonardo reagiert abweisend. Die Frau kommt auf die bevorstehende Hochzeit ihrer Cousine zu sprechen. Ein Mädchen wirbelt herein und berichtet voller Begeisterung von all den herrlichen und teuren Geschenken, die der Bräutigam gekauft habe. Sogar durchbrochene Strümpfe! Leonardo wird grob und verschwindet. Wieder wird das Kind in den Schlaf gesungen.

3. Bild: Nach einem langen Weg durchs Ödland sind der Bräutigam und seine Mutter bei der in den Berg gehauenen Behausung der Brautfamilie angekommen. Mit dem gütigen alten Vater wird der Hochzeitstermin festgelegt. Dann kommt die Braut. Forschend, aber wohlwollend spricht die Mutter mit ihr und reicht ihr die Geschenke. Die Zeit ist knapp, man trennt sich schnell. Vergeblich bittet eine Magd, die Brautgeschenke sehen zu dürfen. Übrigens sei der Reiter heute nacht unter dem Fenster der Braut Leonardo gewesen, sagt sie. „Verflucht sei deine Zunge!" Die Braut ist entrüstet. Aber draußen – „schau hinaus!" – reitet er wieder vorbei.

4. Bild: Halbherzig läßt sich die Braut am Hochzeitsmorgen von der Magd schmücken. Noch vor den ersten Gästen kommt Leonardo. Er wühlt die Vergangenheit auf, denn er war, weil zu wenig vermögend, zurückgewiesen worden. Aber die Zeit hat keine Wunden geheilt, und die Braut wird unsicher. Jetzt strömen ausgelassen die Leute herbei. Förmlich beglückwünscht Leonardo den Bräutigam. Dann drängt die Braut zur Kirche, damit die Trauung vollzogen werde.

2. AKT. 5. Bild: Man feiert. Bald sieht die Mutter Leonardo, den Angehörigen der Felix-Sippe, und Haß kocht in ihr hoch. Doch mit der Aussicht auf Enkelkinder kann sie der Brautvater beschwichtigen. Die Gäste tanzen voller Freude, aber offenbar etwas mitgenommen zieht sich die Braut zurück. Der Bräutigam ist arglos. Als der Reigen des Brautpaares

ansteht, wird man gewahr, daß Leonardo und die Braut verschwunden sind. Eng umschlungen hat man sie fliehen sehen auf dem Pferd. Der Bräutigam nimmt die Verfolgung auf.

6. Bild: Nachts, in einem feuchten dunklen Wald, sprechen drei Holzfäller über jene unselige Hochzeit. Lauernd und fahl taucht der Mond aus den Wolken hervor, eine blutige Szene heraufbeschwörend. In Gestalt einer Bettlerin weist der Tod dem hitzig jagenden Bräutigam den richtigen Weg. Die Flucht der Liebenden stockt. Zermartert von Gewissensbissen und erschöpft kann die Braut nicht weiter. Leonardo aber will nicht aufgeben. Endlich treffen der Bräutigam und Leonardo aufeinander. Sie erdolchen sich gegenseitig. Nur ihre schauerlichen Schreie sind zu hören. Wie ein riesiger Vogel breitet der Tod seine unermeßlichen Flügel aus.

7. Bild: Ahnungsvoll singend erwarten zwei Mädchen und ein Kind in einem weißen, sakral wirkenden Raum die Rückkehr der Hochzeitsgäste. Verängstigt und von nichts wissend kommen Leonardos Frau und seine Schwiegermutter. Bald darauf erscheint die Bettlerin. Düster frohlockend erzählt sie, was geschehen ist. Die Mutter, versteinert in ihrem Schmerz, verachtet das Weinen der Nachbarin. Es kommt die Braut. Bereit zum Tode stellt sie sich dem Haß der Mutter ihres Bräutigams. Doch sie sei unschuldig und rein. Die Glut des anderen habe sie versengt. Nach einigen Schlägen der Verzweiflung erkennt die Mutter die schicksalhafte Verstrickung der Schwiegertochter. Vier Burschen bringen auf ihren breiten Schultern die beiden toten Männer. Um ein Kreuz geschart klagen erschütternd die Frauen. Eine abschließende Ekloge der Mutter gilt dem verfluchten Messer.

Kommentar

Gemäß seiner im Jahre 1950 geäußerten „Überzeugung, daß die Erneuerung des musikalischen Theaters nicht von der Oper ausgehen kann, sondern daß sie von der Eroberung des Schauspiels durch den Musiker ausgehen muß", hat Wolfgang Fortner im Falle von Federico García Lorcas *Bluthochzeit* – mit seinen eigenen Worten – „die Tragödie zu Ende gesungen".

Basierend auf einer frei und flexibel gehandhabten Zwölftontechnik leuchtet Fortners Klangsprache die düstere spanische Bauerngeschichte mit all ihren seelischen Untiefen, Ängsten und irrationalen Fährnissen auf geradezu seismographische Weise aus. Die Kargheit der sengend weißen, andalusischen Landschaft spiegelt sich in Lorcas strenger, bilderreicher Sprache ebenso wie in Fortners objektivistisch kommentierender Musik. Herb und gerade bei affektgeladenen Episoden auf Distanz bedacht, hebt die Musik das Besondere auf ins Allgemeine. „Lorcas Physiognomie", so schreibt Fortner einmal, „schien sich am ungefährlichsten umsetzen zu lassen in der Verwendung alter, original andalusischer Weisen, die mit einer musikalischen Sprache logisch zu verbinden waren." Darüber hinaus vermied der Komponist weiter ausholendes folkloristisches Dekor. Nur punktuell und zitathaft-stilisierend klingt hier und da spanisches Kolorit an – als Tanzrhythmus, melodische Floskel, geschwind aufleuchtendes Gitarrentimbre. Keine konsequente Nummernoper, aber auch nicht durchkomponiert, erinnert Fortners lyrische Tragödie formal an eine Volksballade. Gesprochene Passagen gehen oft unvermittelt über in rezitativischen Gesang oder in ariose Partien. Sieben auf zwei Akte verteilte Bilder sind durch streng gebaute Zwischenspiele miteinander verbunden. In ihnen scheinen sich die Wesensaspekte der dramatischen Verstrickung geistig-musikalisch auszukristallisieren.

Geschichte

Federico García Lorca soll das Thema seiner 1933 uraufgeführten lyrischen Tragödie *Bodas de sangre* einer Zeitungsnotiz über einen Fall von Blutrache entnommen haben. Seine zwischen Vers und Prosa alternierende Dichtung verlagerte er in eine mythisch-zeitlose Dimension. Die Figuren – alle außer Leonardo Felix ohne Eigennamen – sind archetypisch (Mutter, Bräutigam) und allegorisch (Mond, Tod bzw. Bettlerin) stilisiert. Fortner schrieb 1948 zunächst eine Bühnenmusik zu Lorcas Tragödie. 1953 folgte die lyrische Szene *Der Wald*, die klingende Konkretion jener genialischen Regieanweisung des Dichters, welche das unheimliche Weben des nächtlichen Waldes durchs Spiel zweier Violinen zu symbolisieren sucht. Wolfgang Fortners Oper *Die Bluthochzeit*, der die deutsche Nachdichtung des Lorca-Textes von Enrique Beck zugrunde liegt, wurde am 18. Juni 1957 in Köln erfolgreich uraufgeführt und seither mehrfach inszeniert; unter anderem in Heidelberg (1965) und Mannheim (1977).   *Helmut Rohm*

OLIVIER MESSIAEN

geb. 10. Dezember 1908 in Avignon

Olivier Messiaen – Schüler von Marcel Dupré (Orgel) und Paul Dukas (Komposition) – ist einer der wenigen Komponisten des 20. Jahrhunderts, dem es gelungen ist, eine neue und absolut eigenständige Tonsprache zu kreieren, deren Grundlagen er 1944 in dem Traktat *Technique de mon langage musical* niedergelegt hat. Messiaens Stil beruht auf einem (nur scheinbar) eklektizistischen Vokabular, das von den verschiedensten Traditionen zehrt und daher keiner wirklich zuzuordnen ist. Seine Musik ist ebenso der Gregorianik verpflichtet wie der Klangwelt javanischer Gamelan-Orchester, verbindet die Metrik griechischer Versmaße mit den Skalen indischer Ragas, strukturiert die Quint- und Quart-Schichtungen der Harmonik Debussys und Skrjabins nach seriellen Prinzipien um und überträgt den Gesang der Vögel in die präzise Notation einer Orgel-, Klavier- oder Orchesterpartitur. Die Ordnung aber, nach der Messiaen diese so unterschiedlichen und gegensätzlichen Sprachmuster miteinander verknüpft, ist die einer religiös-mystischen Kosmogonie, in deren ekstatischem Erleben abendländischer Katholizismus und fernöstliche Geisteswelt zusammenfließen.

Seiner Bedeutung als Komponist ist die als Lehrer ebenbürtig; zu Messiaens Studenten am Conservatoire, wo er Harmonielehre (1942–1947), Analyse (1947–1955), Musikphilosophie (1955–1966) und Komposition (1966–1978) unterrichtete, gehören Gilbert Amy, Pierre Boulez, Jean-Claude Eloy, Tristan Murail, Karlheinz Stockhausen und Iannis Xenakis.

Michael Stegemann

Saint François d'Assise
(Der heilige Franziskus von Assisi)
„Scènes franciscaines"/Opéra in drei Akten und acht Bildern

Text: Olivier Messiaen
Uraufführung: 28. November 1983, Opéra, Paris
Personen:L'Ange/Der Engel (Sop); Saint François/Der heilige Franziskus (Bar); Le Lépreux/Der Aussätzige (Ten); Frère Léon (Bar); Frère Massée (Ten); Frère Élie (Ten); Frère Bernard (Baß); Frère Sylvestre (Baß); Frère Rufin (Baß)
Chor: 150 Personen
Ort und Zeit: Italien, im 13. Jahrhundert
Orchester: 3 Picc, 3 Fl, Altfl in G, 3 Ob, E. H., 2 Kl in Es, 3 Kl, Bkl, Kbkl, 3 Fg, Kfg, 6 Hrn, 4 Trp, 3 Pos, 3 Tba, Pkn, Schlgzg, 3–4 Ondes Martenot, Streicher
Form: Durchkomponiert
Aufführungsdauer: Ca. 4 ½ Stunden
Verlag: Éditions Leduc, Paris

Handlung
   1. AKT. 1. Bild: La croix (Das Kreuz). Der heilige Franziskus erklärt Bruder Léon, man müsse um der Liebe Christi willen alle Widrigkeiten, alles Leiden ertragen: Das allein sei die „vollkommene Freude".
2. Bild: Les Laudes (Laudes). Nach der Frühmesse der Brüder bleibt Franziskus allein zurück und bittet Gott, er möge ihn einem Aussätzigen begegnen lassen und ihm die Kraft geben, diesen zu lieben.
3. Bild: Le baiser au lépreux (Franziskus küßt den Aussätzigen). In einem Lepra-Lager hadert ein Aussätziger – schrecklich und abstoßend, bedeckt mit Blutflecken und Eiterbeulen – mit seinem Leiden. Franziskus tritt ein, setzt sich neben dem Aussätzigen nieder, spricht voller Sanftmut zu ihm. Ein Engel erscheint hinter einem Fenster und verkündet: „Aussätziger, dein Herz klagt dich an, aber Gott ist größer als dein Herz." Verwirrt von der Stimme des Engels und der Güte des heiligen Franziskus bereut der Aussätzige sein Aufbegehren. Franziskus küßt ihn, und – ein Wunder! – der Aussätzige ist geheilt und führt einen Freudentanz auf. Wichtiger aber als die Heilung des Aussätzigen ist die Zunahme der Gnade im Herzen des heiligen Franziskus und sein Jubel darüber, sich selbst überwunden zu haben.

2. AKT. 4. Bild: L'ange voyageur (Der reisende Engel). Der Engel erscheint auf einem Waldweg am Verna-Berg. Sein herrliches Gewand und seine fünffarbigen Flügel sind nur dem Publikum sichtbar, die anderen Personen halten ihn für einen Reisenden. Der Engel klopft mit gewaltigem Dröhnen (das das Einbrechen der Gnade symbolisiert) an die Pforte des Klosters. Bruder Massée öffnet die Pforte. Der Engel befragt Bruder Élie, den Vikar des Ordens, nach der Vorsehung, dieser aber weigert sich zu antworten, und schickt den Engel fort. Wieder klopft der Engel an die Pforte und stellt diesmal die Frage nach der Vorsehung an Bruder Bernard, der ihm mit großer Weisheit antwortet. Nachdem der Engel fortgegangen ist, blicken sich Bruder Bernard und Bruder Massée an: „Es war vielleicht ein Engel…"

5. Bild: L'ange musicien (Der musizierende Engel). Der Engel erscheint dem heiligen Franziskus und spielt ihm – als Vorgeschmack auf die himmlische Seligkeit – ein Solo auf einer Gambe vor, das so lieblich ist, daß Franziskus darüber in Ohnmacht fällt.

6. Bild: Le preche aux oiseaux (Die Predigt an die Vögel). Wir sind in Assisi, im Garten der Carceri; man sieht eine große grüne Eiche. Es ist Frühling, und zahlreiche Vögel singen. Franziskus, gefolgt von Bruder Massée, hält den Vögeln eine Predigt und segnet sie feierlich. Die Vögel antworten ihm mit einem großen Konzert, in dem man nicht nur die Vögel Umbriens hört (insbesondere die Capinera oder Schwarzkopfgrasmücke, den typischen Vogel des Carceri-Gartens), sondern auch Vögel anderer Länder, ferner Inseln (vor allem der Fichteninsel vor Neu-Kaledonien).

3. AKT. 7. Bild: Les stigmates (Die Stigmata). Nachts an der Verna. Eine schräg überhängende Grotte. Franziskus ist allein. Ein großes Kreuz erscheint. Man hört fast ununterbrochen die Stimme Christi, symbolisiert vom Chor. Fünf leuchtende Strahlen gehen vom Kreuz aus und berühren nacheinander die beiden Hände, die beiden Füße und die rechte Seite des heiligen Franziskus, mit demselben gewaltigen Dröhnen, mit dem der Engel gegen die Pforte des Klosters schlug. Diese fünf Wunden, die die fünf Wundmale Christi wiedergeben, sind das Siegel, die göttliche Bestätigung der Heiligkeit des Franziskus.

8. Bild: La mort et la nouvelle vie (Der Tod und das neue Leben). Der sterbende Franziskus liegt ausgestreckt auf dem Boden. Die anderen Brüder sind um ihn versammelt. Er verabschiedet sich von allem, was er geliebt hat, und singt die letzte Strophe seines Sonnengesangs: „Unser Bruder, der leibliche Tod". Die Brüder singen den 141. Psalm. Der Engel und der

Aussätzige erscheinen dem heiligen Franziskus, um ihn zu stärken. Franziskus spricht seine letzten Worte: „Herr! Musik und Dichtung haben mich zu Dir geführt, da ich nicht im Besitz der Wahrheit war, erleuchte Du mich für immer und ewig in Deinem Übermaß der Wahrheit…" Er stirbt. Die Glocken läuten, alle ziehen sich zurück. Während der Chor das „Resurrexit" singt, erhellt ein Lichtfleck die Stelle, wo sich zuvor der Körper des heiligen Franziskus befand. Das Licht wird immer stärker, bis es zuletzt blendend und unerträglich ist. Der Vorhang fällt.

Kommentar

Nur zögernd nahm Messiaen 1975 von Rolf Liebermann, dem damaligen Direktor der Pariser Opéra, den Kompositionsauftrag für ein Bühnenwerk an. Was dabei nach acht Jahren Arbeit schließlich herauskam – mehr als 2000 Seiten Partitur für rund viereinhalb Stunden Aufführungsdauer – ist eher Mysterienspiel als Oper, eher liturgisch als szenisch konzipiert, eher Meditation als Aktion und verlangt jedenfalls vom Hörer und Zuschauer ein gerüttelt Maß an (oft naiver) Gläubigkeit. Das Werk, dessen Libretto der Komponist selbst (in Anlehnung an die Heilige Schrift und zwei anonyme franziskanische Codices des 14. Jahrhunderts) verfaßt hat, verfolgt nur ein einziges Ziel: „Die fortschreitenden Stadien der Gnade in der Seele des heiligen Franziskus zu schildern. Alles, was keine Farben, keine Wunder, keine Vögel, keine Frömmigkeit und keinen Glauben enthielt, habe ich ausgespart – die Gestalt des Pietro Bernadone ebenso wie die der heiligen Klara oder den Wolf von Gubbio." Anders gesagt: Messiaen hat alle möglichen Aspekte einer äußeren, bühnengemäßen Handlung um der inneren willen vermieden. Auch wenn der Erzbischof von Paris nach der Uraufführung erklärte, er habe sich keinen Augenblick gelangweilt, bedeutet die Statik des Bühnengeschehens eine so radikale Absage an jeglichen optischen Reiz, daß die Geduld des Zuschauers oft arg strapaziert wird; wenn etwa der heilige Franziskus (im 6. Bild) eine dreiviertel Stunde lang Vogelnamen rezitiert („Unsere Schwester, die Turteltaube… unser Bruder, der Troglodyt… unsere Schwester, die Schwarzkopfgrasmücke…") – die dann auch, wie bestellt, im Orchester ihre Stimmen erschallen lassen – und obendrein seinen Konfrater Massée mit profunden ornithologischen Details belehrt, dann geht eine solche Szene für den sehenden Hörer an die Grenzen des Zumutbaren (und wurde auch prompt bei der Uraufführung mit Buhs und Pfiffen bedacht). Dieser Statik entspricht auch das Libretto mit seinen endlosen Wiederholungen von Gedanken und Theoremen, die in ihrer Repetition als Steigerung gedacht sind. Nur zweimal wird dieses Prinzip des Beharrens durchbrochen: Im 3. und im 7. Bild, die unter dramaturgischen Gesichtspunkten zu den gelungensten des Werkes gehören.

Was die Musik an sich betrifft, so gibt sie zwar gut zwei Dutzend Vogelstimmen wieder, die noch in keinem anderen Werk Messiaens vorgekommen sind, aber ansonsten bietet sie wenig Neues. Andererseits ist die Partitur des *Saint François* tatsächlich das „Opus summum" des Komponisten, in dem er noch einmal alle Register der *Technique de mon langage musical* zieht: Eine – mit Verlaub – Klang-Orgie von Bläser-Kaskaden, Holzbläser-Schichtungen und Streicher-Flimmern, in denen Vogelstimmen, Gregorianik, außereuropäische Modi sich zu jener einzigartigen „monde sonore" zusammenfügen, die Messiaens Kunst auszeichnet. Grandios sind auch die Chorsätze, die weit über die *Cinq rechants* oder die *Transfiguration* – die beiden anderen großen Chor-Vokalwerke Messiaens – hinausgehen. Die Partie des heiligen Franziskus, der fast ununterbrochen „im Einsatz" ist, und des Engels mit seinen langen Liegetönen im höchsten Register – bei der Uraufführung von José van Dam und Christiane Eda-Pierre gesungen – dürften zu den schwersten gehören, die das zeitgenössische Musiktheater zu bieten hat.

Geschichte

Die Überlänge und die überdimensionale Besetzung stehen freilich einer weiten Verbreitung im Wege. Nach der Premiere und sieben weiteren Vorstellungen (von denen es eine Aufzeichnung des französischen Fernsehens gibt) wurde Messiaens *Saint François* zumeist nur in Ausschnitten und konzertant dargeboten.   *Michael Stegemann*

Diskographische Empfehlung

1983 – Palais Garnier, Paris: Seiji Ozawa, Chor und Orchester der Opéra Paris. José van Dam (Saint François), Christiane Eda-Pierre (L'Ange), Kenneth Riegel (Le Lépreux), Michel Philippe (Frère Léon), Georges Gautier (Frère Massée), Michel Sénéchal (Frère Élie), Jean-Philippe Courtis (Frère Bernard). Cybelia 833-36 (DDD)

BENJAMIN BRITTEN

geb. 22. November 1913 in Lowestoft (Suffolk)
gest. 4. Dezember 1976 in Aldeburgh (Suffolk)

Benjamin Britten erhält 1919 ersten Klavierunterricht und beginnt mit Kompositionsversuchen. Von 1927 an nimmt er privaten Kompositionsunterricht bei Frank Bridge und tritt 1930 in die Kompositionsklasse des Royal College of Music ein. 1939, nachdem er bereits mit einigen Orchester- und Kammermusikkompositionen bekannt geworden ist, reist er gemeinsam mit Peter Pears in die Vereinigten Staaten, wo er bis 1942 bleibt und zahlreiche Aufführungen seiner Werke erlebt, darunter 1941 sein erstes Bühnenwerk, die Operette *Paul Bunyan*. Im Auftrag von Sergeij Kussewitzkij entsteht seine erste Oper, *Peter Grimes*, die Sadler's Wells in London 1945 zur Wiedereröffnung aufs Programm setzt. Sechs weitere Opern innerhalb der folgenden zehn Jahre (*The rape of Lucretia*, 1946; *Albert Herring*, 1947; *The little sweep*, 1949; *Billy Budd*, 1951; *Gloriana*, 1953 und *The turn of the screw*, 1954) bringen Britten den Ruhm des meistgespielten Opernkomponisten seit Puccini und Richard Strauss ein. 1960 stellt Britten seine Version von Shakespeares *A midsummer night's dream* vor. Begegnungen mit dem japanischen No-Spiel inspirieren ihn zu der Kirchenparabel *Curlew river* (1964), die so großen Erfolg hat, daß er sie mit *The burning fiery furnace* (1966) und *The prodigal son* (1968) zu einer Trilogie erweitert. Nach zehnjähriger Pause kehrt Britten mit der zweiaktigen Fernsehoper *Owen Wingrave* 1970 wieder zum Musiktheater zurück. Noch einmal setzt er 1973 mit *Death in Venice* einen literarischen Stoff als Oper um. Seine schwere Krankheit hindert ihn bereits, die Uraufführung selbst zu dirigieren. *Ulrike Hessler*

Peter Grimes
Oper in drei Akten und einem Prolog

Text: Montagu Slater
Uraufführung: 7. Juni 1945, Sadler's Wells Theatre, London
Personen: Peter Grimes, ein Fischer (Ten); John, sein Lehrling (stumme Rolle); Ellen Orford, Lehrerin (Sop); Captain Balstrode (Baß); Auntie, Wirtin des Gasthauses „Zum Eber" (Sop); Ihre Nichten, Hauptattraktionen des „Eber" (Sop); Bob Boles, Fischer und Methodistenprediger (Ten); Swallow, Friedensrichter und Advokat (Baß); Mrs. „Nabob" Sedley, Witwe eines Beamten der Ostindischen Kompanie (Mez); Horace Adams, Pfarrer (Ten); Ned Keene, Apotheker und Quacksalber (Bar); Hobson, Fuhrmann und Konstabler (Baß); Dr. Crabbe (stumme Rolle)
Chor: Bewohner der Stadt und Fischer
Ort und Zeit: Aldeburgh, ein Borough in Suffolk, 19. Jahrhundert
Orchester: 2 Fl (auch Picc), 2 Ob (2. auch E. H.), 2 Kl, 2 Fg, Kfg, 4 Hrn, 3 Trp, 3 Pos, Tba, KlTr, Wirbeltr, GrTr, Tamb, Trgl, mehrere Bck, Gong, Peitsche, Xyl, Rassel, Cel, Hrf, Streicher
Auf der Bühne (hinter der Szene): Org, Gl, Nebelhrn, Tanzorchester (auch im Orch. mögl.): 2 Kl, Solo-Violine, Kb, Bck, KlTr, GrTr
Form: Durchkomponiert (mit sechs Zwischenspielen)
Aufführungsdauer: Ca. 2 ¼ Stunden
Verlag: Boosey & Hawkes Ltd., London

Handlung
PROLOG: Peter Grimes denkt und handelt in anderen Dimensionen als die anderen Fischer des Borough. Ihn verfolgen Mißgunst, Neid und Pech. Als er einen besonders großen Fang auf dem Markt in London verkaufen will, kommt sein Boot vom Kurs ab, und sein Lehrjunge verdurstet an Bord.
Die Gesellschaft würde Grimes gern als Mörder verurteilt sehen, aber die Verhandlung spricht ihn mangels Beweisen frei.
Interlude I: Dämmerung
1. AKT. 1. Szene: Entgegen dem Verdikt hat der Apotheker Keene einen neuen Lehrling vom Waisenhaus für Grimes besorgt. Durch ein biblisches Gleichnis bricht die Lehrerin Ellen, die Peter in Liebe zugetan ist, den Widerstand des Fuhrmanns, der den Jungen nicht holen will. Auch

der alte Kapitän Balstrode hat Sympathie für Grimes und rät ihm, Ellen zu heiraten – aber Peter will erst Reichtum erwerben.

Interlude II: Sturm

2. Szene: Mrs. Sedley wartet in der Wirtschaft auf die ihr vom Apotheker versprochene Dosis Opium. Der Sturm hat von der Küste, bei Grimes' Hütte, das Kliff weggerissen. Peters Eintreten läßt alle, die sich schutzsuchend im „Eber" eingefunden haben, erstarren; seiner Deutung des Sternbildes vermag keiner zu folgen, und als er auch noch einen Rundgesang aus der Ordnung bringt, wird er überwältigt. Ellen bringt John, den Lehrjungen. Gereizt von der allgemeinen Ablehnung, befiehlt ihm Peter, sogleich, durchnäßt wie er ist, mit ihm heimzugehen.

Interlude III: Sonntagmorgen

2. AKT. 1. Szene: Am Sonntagmorgen geht Ellen mit dem Jungen nicht zur Kirche, sondern sucht von ihm zu erfahren, wie es in Grimes' Hütte zugeht, wenn sie gerade nicht für die beiden kocht oder flickt. John bleibt den Fragen der Lehrerin gegenüber stumm, doch ein blauer Fleck an seinem Hals scheint für Ellen die Bestätigung zu sein, daß Peter grob mit dem Knaben umgeht. Peter hat einen riesigen Schwarm von Fischen ausgemacht und kommandiert John zum Fischfang. Ellen hinterfragt den Sinn der geplanten Partnerschaft mit Peter. Der fühlt sich von ihr verlassen und reagiert heftig gegen sie und den Jungen. Einige Kirchgänger haben Grimes' Verhalten beobachtet. Obgleich keiner Genaues weiß, formieren sich die Bürger zu einem Stoßtrupp, der Grimes' Hütte durchsuchen will.

Interlude IV: Psyche

2. Szene: Den von seinen Phantasien begeisterten Jungen treibt Peter zur Eile an: Die See ist am Kochen, der große Fang greifbar nahe. Der Untersuchung durch die aufgebrachte Bürgerschaft entzieht sich Peter mit John durch den Hinterausgang der Hütte. Doch auf dem steilen Abhang gerät John ins Gleiten und stürzt zu Tode. Die Überprüfer finden nur eine saubere, leere Hütte vor. Doch die Pogromstimmung ist nicht mehr zu bremsen.

Interlude V: Mondschein

3. Szene: Zwei Tage lang war Grimes mit dem toten Jungen verschwunden. Die Gesellschaft feiert die Verdrängung des Außenseiters, aber Ellen und Balstrode ahnen Schlimmes, und Mrs. Sedley versucht, sich als Kriminalistin zu behaupten. Sie wittert einen „echten" Mord und läßt die Bürger heraustrommeln, zur Jagd auf Peter Grimes.

Interlude VI: Utopie

Von Visionen geplagt irrt Peter durch die Nacht. Ellen will ihn nach Hause führen, aber Balstrode gibt ihm den Rat, sich mit dem Boot selbst zu versenken, um so der Lynchjustiz zu entgehen. Durch Peter Grimes' Tod sind Ruhe und Ordnung im Borough wiederhergestellt.

Kommentar

Gegenüber George Crabbes Novelle ist Peter Grimes bei Montagu Slater und Benjamin Britten keine abschreckende, sondern eine Mitleid erweckende Figur, ein positiv gezeichneter gesellschaftlicher Außenseiter – als der sich der Komponist möglicherweise selbst sah.

Die Grundopposition, auf der diese Oper aufgebaut ist, bietet der Gegensatz von See und Borough (Kleinstadt): die See als das Gebärende und Verschlingende (Weibliche), Metapher auch für die unbezwingbare, unabänderliche Erneuerung des Lebenskreislaufs; das Borough als das in ewigem Kampf mit der See befindliche Kollektiv, das seine eigenen Probleme in der feindseligen Haltung gegenüber dem Außenseiter zu kompensieren sucht, was schließlich zu Massenhysterie und Pogromstimmung führt.

Peter Grimes muß also einer doppelten Belastung standhalten, dem Kampf gegen die Naturelemente und dem gegen seine engstirnigen, kleinstädtischen Mitbewohner.

Diese Partie wurde dem lyrischen Tenor Peter Pears, dem Lebensgefährten des Komponisten, offenbar weniger in die Kehle als auf den Leib geschrieben – denn eine dramatische Interpretation, wie etwa die von Jon Vickers, scheint dieser Partie stimmlich adäquater.

Musikalisch beruft sich Britten auf Henry Purcell als Vorbild in seiner diatonischen, selbst entfernte Tonarten kunstvoll verflechtenden Partitur. Seltsam ungeklärt bleibt in der Opernhandlung die Frage, was mit den beiden Lehrlingen von Grimes wirklich passiert ist, ob deren Tod durch Grimes womöglich etwas anderes symbolisiert: Blickt man auf Brittens Gesamtschaffen, so scheint der Komponist den Grundtenor seines ersten Bühnenwerkes wiederholt und insbesondere in seiner letzten Oper nochmals deutlich aufgenommen zu haben: im *Tod in Venedig* stirbt der Dichter Aschenbach an der Tatsache, seine Leidenschaft gegenüber Tadzio nicht ausleben zu können. Auch Grimes lebt seine Träume, sein Anderssein nicht aus, sondern verdrängt es. Doch das Verdrängte kehrt in „wilden Visionen" wieder. Roheit tritt an die Stelle von Zuneigung gegenüber jenen Knaben, auf deren Existenz in seinem Leben Grimes besteht. Den vernünftigen Vorschlag des Juristen, es doch anstelle minderjähriger Knaben besser mit einem erwachsenen Fischer als Gehilfen zu versuchen, lehnt er ebenso entschieden ab, wie er sich dem Vorschlag, die ihn liebende Ellen Orford zu heiraten, mit der unglaubhaften Begründung wiedersetzt, er wolle zuvor Reichtum erlangen.

Grundlage für Montagu Slaters Libretto ist die 1810 erschienene Verserzählung *The borough* von George Crabbe über East Suffolk. Für Britten, der selbst in dieser Gegend aufgewachsen und gerade auf dem Wege war, nach Kalifornien zu emigrieren, war ein Artikel über den sozialkritisch schreibenden Heimatdichter Crabbe der Anstoß zu dieser Oper. Die in den Jahren 1944/45 komponierte Partitur rückt die – bei Crabbe im 18. Jahrhundert angesiedelte – Handlung näher in die Zeit des Byronism, bezieht aber den Dichter Crabbe als einen Reisenden, der sich Notizen macht, mit ins Spiel ein. Und so prallen die Zeiten aufeinander, 18., 19., 20. Jahrhundert.

Geschichte

Mit *Peter Grimes* wurde das Sadler's Wells Theatre in London kurz nach Kriegsende wiedereröffnet. 1946 fand die amerikanische, 1947 in Hamburg die deutsche und an der Mailänder Scala die italienische Erstaufführung statt. Zahlreiche Aufführungen in Deutschland, der Schweiz, Norwegen, der UdSSR, den USA, Belgien, Schweden und Australien folgten. Gastspiele machten die Oper sogar in Japan bekannt. 1987 bemühte sich eine Inszenierung in Detmold, die autobiographischen Hintergründe der Opernhandlung zu verdeutlichen, wobei die berühmten Zwischenspiele erstmals choreographisch bebildert wurden.   *Peter P. Pachl*

Diskographische Empfehlung

1958 – London: Benjamin Britten, Chor und Orchester des Royal Opera House Covent Garden. Peter Pears (Peter Grimes), Claire Watson (Ellen Orford), Owen Brannigan (Swallow), Geraint Evens (Ned Keene). Decca, SXL 2150-2

Albert Herring
Comic Opera in drei Akten

Text: Eric John Crozier, nach der Novelle *Le rosier de Madame Husson* von Guy de Maupassant

Uraufführung: 20. Juni 1947, Opera House, Glyndebourne

Personen: Lady Billows, eine stattliche, unduldsame und herrische ältere Dame (Sop); Florence Pike, ihre Haushälterin (Alt); Miß Wordsworth, Schulvorsteherin der Kirchspielschule (Sop); Mr. Gedge, Pfarrer (Bar); Mr. Upfold, Bürgermeister von Loxford (Ten); Mr. Budd, Chef der Ortspolizei (Baß); Sid, Metzgerbursche bei Upfold (Bar); Albert Herring, Bursche im Gemüseladen (Ten); Nancy Waters, Bäckerstochter (Mez); Mrs. Herring, Alberts Mutter (Mez); Emmy (Sop), Siss (Sop) und Harry (Sop), Schulkinder aus Loxford

Ort und Zeit: In Loxford, einem Marktstädtchen der Grafschaft East Suffolk, April und Mai 1900

Orchester: Fl (auch Picc u. Altfl), Ob, Kl, Fg, Hrn, Pkn, Schlgzg (KlTr, WirbelTr, GrTr, Trg, Bck, Kastagnetten, Tamburin, Gong, Gl, Glsp, Peitsche, Holzblock), Kl, Hrf, Streicher

Form: Nummernoper mit Rezitativen

Aufführungsdauer: Ca. 2 ¼ Stunden

Verlag: Boosey & Hawkes Ltd., London

Handlung

1. AKT. 1. Bild: Frühstücksraum bei Lady Billows. Im Städtchen Loxford in der englischen Grafschaft East Suffolk wünscht Lady Billows, eine sehr engagierte, aber auch dominierende alte Dame, die ständig sinkende Moral zu heben. Durch die Propagierung eines extremen Tugendideals hofft sie, die beklagenswert hohe Ziffer unehelicher Geburten reduzieren zu können. Wie in alten Zeiten soll eine Maienkönigin gewählt und öffentlich mit einem Tugendpreis in Höhe von 20 Pfund in Gold ausgezeichnet werden. Um das entsprechende Mädchen auszuwählen, hat sie die Schulleiterin Miss Wordsworth, den Pfarrer Gedge, Polizeichef Budd und den Bürgermeister Upfold zu sich bestellt. Vorschläge werden unterbreitet, die Namen vieler netter Mädchen zur Diskussion gestellt. Doch die Wahl scheitert immer am Widerspruch von Lady Billows' Haushälterin Florence, die in einem Merkbuch die moralischen Vergehen der Loxforder Jugend

lückenlos verzeichnet hat. Schon scheint der ganze Plan gefährdet, als Polizeichef Budd den Vorschlag macht, statt einer Königin einen Maienkönig zu bestimmen. Die Idee befremdet zunächst, wird aber akzeptiert, da es schließlich um die Tugend geht, die einen Jüngling ebenso ziert wie ein Mädchen. Auch ein Kandidat ist schnell gefunden. Albert, der Sohn der Gemüsehändlerin, erfüllt die Bedingungen.

2. Bild: Mrs. Herrings Gemüseladen. Albert geht seinen täglichen Pflichten nach: Er schleppt Säcke, putzt Salat, bedient die Kunden. Er erhält Besuch vom Metzgerburschen Sid und dessen Freundin Nancy. Als das Paar zu schmusen beginnt, komplimentiert er sie aus Angst vor seiner strengen Mutter hinaus. Lady Billows und die anderen Honoratioren der Stadt kommen, um Albert und seine Mutter die ehrenvolle Wahl zu verkünden. Die Mutter interessiert sich vor allem für die Prämie, Albert ist nicht begeistert.

2. AKT. 1. Bild: Festzelt im Pfarrgarten. Die letzten Vorbereitungen sind im Gange: Miss Wordsworth probiert noch einmal mit den Kindern Emmy, Harry und Siss die Festode, die sie für diesen Anlaß komponiert hat. Sid schüttet Rum in Alberts Limonade. Albert, mit einem Tugendkranz geschmückt, wird hoch geehrt und mit einem Sparbuch und gelehrten Büchern beschenkt. Albert bleibt wortkarg und schüttet, als die Festgesellschaft auf sein Wohl trinkt, sein Glas in einem Zug hinunter. Der Rum tut seine Wirkung: Albert beginnt das Festmahl mit einem Schluckauf.

2. Bild: Mrs. Herrings Gemüseladen. Albert kommt in heiterer Stimmung nach Hause. Durch den Alkohol enthemmt nimmt er ein beobachtetes Tête-à-tête zwischen Sid und Nancy zum Anlaß, um mit den 20 Pfund in der Tasche in die benachbarte Großstadt aufzubrechen. Die heimkehrende Mutter glaubt ihren braven Sohn längst in tiefem Schlaf.

3. AKT: Mrs. Herrings Gemüseladen. Am Nachmittag des nächsten Tages ist Albert immer noch nicht zurück. Der von einem Auto überrollte Tugendkranz scheint der Beweis: Albert ist tot. Alle beweinen den Toten, als er, völlig verändert und leicht ramponiert, von seinem Großstadtabenteuer zurückkehrt. Die Tugendschützer wenden sich entsetzt ab. Nancy, Sid und die Kinder beglückwünschen Albert, der nun beginnen kann, wirklich zu leben.

Kommentar

Brittens Oper ist eine psychologisch konsequent entwickelte Charakterkomödie, die ihre innere Spannung aus dem Zusammentreffen verschieden gezeichneter, typisch englisch-skurriler Figuren bezieht. Wie alle Opern Brittens zeigt auch *Albert Herring* einen Außenseiter der Gesellschaft, eine Randfigur, die durch den Zusammenprall mit der sie umgebenden Gesellschaft eine entscheidende Wandlung erfährt. Jede Figur dieser Kammeroper ist nicht nur textlich, sondern auch musikalisch in flüssigem Konversationsstil typisiert: Miss Wordsworths hysterisch jüngferliches Gezwitscher, Superintendant Budds phantasielose Einwürfe, die altmodisch geschmeidigen Gesänge des Pfarrers Gedge, die inhaltslos hohlen Reden des Bürgermeisters Upfold, die ariosen Ausbrüche der sittenstrengen Lady Billows, die stumpfsinnigen Tonleitern von Alberts Mutter sind in jedem Akt zu Ensembles zusammengefaßt. Im Duo wie im Nonett werden alle individuell charakterisierten Figuren musikalisch hörbar gemacht. Ein Höhepunkt von Brittens durchdachter Ensemblekunst ist das neunstimmige Klagelied in Form eines Ostinatos, in dem jede der beteiligten Personen ihre Trauer über den offenkundigen Tod Albert Herrings im 3. Akt auf ihre Weise zum Ausdruck bringt, bis die verschiedenen Lamenti schließlich zu einer polyphonen Psalmodie verknüpft werden. Brittens Musik, von elf Instrumentalsolisten, Klavier und Schlagzeug delikat und farbig instrumentiert, assoziiert vielfach musikalische Zitate, unterlegt atmosphärische Anklänge, persifliert bekannte Werke des Musiktheaters und erzielt dadurch komische Pointen. Wenn Albert seine Rum-Limonade trinkt und er dann beschwipst die Umarmung von Sid und Nancy beobachtet, wird der Tristanakkord und das Sehnsuchtsmotiv anzitiert. Im Vorspiel des 2. Aktes ist eine Variante von Siegfrieds Hornruf deutlich erkennbar, die darauffolgenden Sechzehntel der Holzbläser zitieren den Anfang des 2. Aktes der *Meistersinger*. Satire und Sentiment halten sich die Waage. Auch in diesem Werk benützt Britten Zwischenspiele, um den thematischen Gehalt des darauffolgenden Bildes vorzubereiten. Auch hier setzt er traditionelles Formengut ironisierend ein, um zu charakterisieren. Ein wesentliches stilistisches Element ist die vielgestaltige Rezitativbehandlung vom Secco- über das recitativo stromentato bis zum Rezitativ-Ensemble.

Geschichte

Als Vorlage diente Brittens Textdichter Eric Crozier die Kurzge-
schichte des französischen Romanciers Guy de Maupassant (1850–1893)
Le rosier de Madame Husson. Die französische Vorlage wurde konsequent
dem englischen Kleinstadt-Alltag angepaßt. Maupassants Erzählung endet
tragikomisch: Nach einer Woche ausschweifenden Großstadtlebens kehrt
der Held Isidore verlottert, verkommen und für das Leben verdorben zurück
und stirbt schließlich als verachteter Trinker im Delirium tremens. In der
Oper wandelt sich der Titelheld durch eigene Einsicht, die ihm seine
Einblicke in das tatsächliche Leben vermittelt haben, vom braven Mutter-
söhnchen zum lebenstüchtigen Mann. Die Moral bleibt, auch wenn sie dem
puritanischen England angepaßt wurde, die gleiche: Die lebensvernei-
nende Tugend führt zwangsläufig zur moralischen Katastrophe. Wobei die
Oper Zweifel zurückläßt, ob Albert nicht eines Tages selbst zu den sittenstrengen Honoratioren gehören wird.

Die Uraufführung fand unter Leitung des Komponisten am 20. Juli 1947
durch die English Opera Group in Glyndebourne statt (Regie: Frederick
Ashton, Herring: Peter Pears). Der Erfolg ließ eine Übernahme durch
Covent Garden (8. Oktober 1947) und die amerikanische Erstaufführung in
Tanglewood 1949 schnell folgen. Die deutsche Erstaufführung fand in
Herrenhausen bei Hannover statt. Binnen kurzer Zeit wurde die Oper in
Deutschland zu einer der meistgespielten des englischen Komponisten.
Hervorzuheben sind die Inszenierung an der Komischen Oper Berlin 1957
(Regie: Joachim Herz), der Bayerischen Staatsoper 1972 (Regie: Hans Hart-
leb) und der Hamburgischen Staatsoper 1979 (Regie: Ekkehard Grübler).

Ulrike Hessler

Diskographische Empfehlung

1963 – London: Benjamin Britten, English Chamber Orchestra.
Sylvia Fisher (Lady Billows), Johanna Peters (Florence Pike), April Cantelo
(Miss Wordsworth), Peter Pears (Albert Herring), Stephen Terry (Harry).
Decca, SET 274-6

The turn of the screw
Oper in einem Prolog und zwei Akten

<u>Text:</u> Myfanwy Piper, nach der gleichnamigen Novelle von Henry James

<u>Uraufführung:</u> 14. September 1954, Teatro La Fenice, Venedig

<u>Personen:</u> Der Prolog (Ten); Die Gouvernante (Sop); Miles (Knabenstimme) und Flora (Sop), von ihr beaufsichtigte Kinder; Mrs. Grose, die Haushälterin (Sop); Quint, ein früherer Diener (Ten); Miss Jessel, eine frühere Gouvernante (Sop)

<u>Ort und Zeit:</u> In und um Bly, einem Landsitz in Ostengland, Mitte des 19. Jahrhunderts

<u>Orchester:</u> Fl (auch Picc und Bfl), Ob (auch E. H.), Kl (auch Bkl), Fg, Hrn, Schlgzg, Hrf, Klav (auch Cel), Streichquartett, Kb

<u>Form:</u> Prolog und zweimal acht Einzelszenen, die teilweise ineinander übergehen

<u>Aufführungsdauer:</u> Ca. 1 ¾ Stunden

<u>Verlag:</u> Boosey & Hawkes Ltd., London

Handlung

1. AKT: Eine junge Frau fährt nach Bly, um zwei Kinder, Flora und Miles, zu erziehen, die dort mit der alten Haushälterin Mrs. Grose leben. Der Auftraggeber, der Vormund der Kinder, hatte nur eine Bedingung gestellt: Weil er bei seinen Geschäften in London keine Zeit hat, sich um sie zu kümmern, soll die Gouvernante alle Verantwortung für die Kinder tragen und darf sich in keinem Fall an den Vormund wenden. Die Ankunft in Bly ist überaus herzlich, die Kinder sind von ihrer neuen Erzieherin begeistert. Am nächsten Tag erfährt die Gouvernante durch einen Brief, daß Miles wegen schlechten Einflusses auf seine Mitschüler der Schule verwiesen wurde. Angesichts der singenden und spielenden Kinder beschließt die Gouvernante nichts zu unternehmen, sondern fortan beide Kinder selbst zu unterrichten. Alles scheint sich gut zu entwickeln, bis die Gouvernante eines Nachts auf dem Turm des Hauses einen Mann erblickt, dessen Existenz sie sich nicht erklären kann. Nachdem sie ihn ein paar Tage später wieder sieht und die Erscheinung Mrs. Grose beschreibt, erfährt sie von ihr die Geschichte: Peter Quint, früher Diener des Hausherrn und nach dessen Weggang nach London eigentlicher Herr von Bly, hatte vor allem Miles in seinen Bann gezogen, aber auch die damalige Gouvernante, Miss Jessel,

konnte sich seinem Einfluß nicht entziehen; schließlich trieb er sie in den Tod. Doch auch Quint selbst, so berichtet Mrs. Grose, fand bald darauf den Tod. Die Gouvernante ahnt, was in Bly geschieht. Quint kommt als Toter wieder, um sich der Kinder, vor allem Miles' zu bemächtigen. Sie muß die Kinder schützen, Miles und Flora vor diesem bösen Einfluß bewahren. Während einer Unterrichtsstunde erkennt die Gouvernante, daß Miles offensichtlich der Macht Quints verfallen ist, er singt ein merkwürdiges Lied: „Malo ... ich würde lieber sein Malo ... als ein böser Junge ... Malo ... in Gefahr." Später geht die Gouvernante mit Flora im Park spazieren. Am See erscheint der Geist von Miss Jessel. Die Gouvernante begreift, daß beide Kinder von den Geistern bedroht werden. In der Nacht kommen die Geister wieder, Quint ruft nach Miles, die Gouvernante sieht, wie Miles Quints Stimme antwortet, da ertönt auch Miss Jessels Stimme, der Flora entgegnet. Erst als die Gouvernante und Mrs. Grose nach den Kindern rufen, ziehen sich die Erscheinungen zurück. Während die Haushälterin Flora ins Haus bringt, versucht die Gouvernante mit Miles über die geheimnisvolle Beziehung zu den geisterhaften Stimmen zu sprechen, doch Miles erwidert nur: „Sehen Sie, böse bin ich, nicht wahr?"

2. AKT: Bei einer zweiten Erscheinung von Quint und Miss Jessel kommt es zwischen den beiden zu einer heftigen Auseinandersetzung: Miss Jessel klagt Quint an, sie ins Verderben gezogen zu haben. Quint streitet das ab. Am Schluß des Dialogs ist die Stimme der Gouvernante zu hören, die merkt, daß auch sie zwischen Realität und Spuk keine klare Trennung mehr zu ziehen vermag. Am nächsten Tag versucht sie im Kirchgarten Mrs. Grose davon zu überzeugen, daß entsetzliche Dinge vor sich gehen. Im Hintergrund singen die Kinder einen Psalm, bis Mrs. Grose mit Flora in die Kirche geht. Miles fragt die Gouvernante, wann er wieder die Schule besuchen dürfe. Als sie zögert, konfrontiert Miles sie mit der Frage, weshalb sie ihm vertraue, trotzdem aber immer an „die anderen" denke. Ob wohl sein Onkel genauso dächte? Völlig verwirrt beschließt die Gouvernante, Bly auf der Stelle zu verlassen. Im Schulzimmer spürt sie die Anwesenheit von Miss Jessels Geist, da weiß sie, daß sie die Kinder ihrem Schicksal nicht ungeschützt überlassen darf. Sie greift zum letzten Hilfsmittel, sie schreibt einen Brief an den Vormund, ob er sie empfangen könne, es sei unbedingt vonnöten. Am Abend findet sie Miles nachdenklich das „Malo"-Lied singend. Sie möchte ihn dazu bringen, ihr zu erzählen, was in der Schule passiert ist. Aber bevor Miles etwas sagen kann, ertönt Quints Stimme. Miles verstummt gänzlich eingeschüchtert. In der Nacht fordert Quints Stimme

Miles auf, den Brief an den Vormund zu stehlen. Miles kann sich nicht widersetzen. Am nächsten Tag scheint alles ruhig: Miles spielt Klavier für die Gouvernante und Mrs. Grose. Beide sind so auf ihn konzentriert, daß sie nicht bemerken, wie Flora das Zimmer verläßt. Schließlich wird ihre Abwesenheit entdeckt, und aus Miles' Haltung geht hervor, daß er sein Klavierspiel bewußt eingesetzt hat, um die Frauen abzulenken. Sie finden Flora am See, wo die Gouvernante Miss Jessel wahrnimmt. Als sie Flora darauf hinweist, bricht das Mädchen in Beschimpfungen gegen die Gouvernante aus. Mrs. Grose und Flora reisen daraufhin ab, bei ihrem Abschied erfährt die Gouvernante, daß Miles den Brief an den Vormund gestohlen hat. Nun entspinnt sich ein Kampf zwischen der Gouvernante und Quint um Miles. Sie möchte Miles endlich dazu bringen, sich ihr gänzlich anzuvertrauen. Quint will das verhindern. Als sie immer heftiger in Miles dringt, Quints Gegenwart zu bestätigen, stößt der Junge schließlich Quints Namen hervor, diese Anstrengung kostet ihn das Leben. Die Gouvernante singt das „Malo"-Lied und gesteht sich ein, daß sie zusammen mit Quint Miles getötet hat.

Kommentar

Brittens fünfte Kammeroper, *The turn of the screw*, uraufgeführt 1954, ist mit Sicherheit die konzentrierteste und komplexeste, aber auch vom Sujet her seine ambivalenteste. Es bleibt letztlich ungewiß, aus welcher Perspektive das Werk seinen Blickpunkt bezieht. Ist alles nur der Phantasie der Gouvernante entsprungen, oder existieren die Geister von Quint und Miss Jessel tatsächlich und beherrschen die Kinder? Britten gibt keine eindeutige Antwort. Alles bleibt in der Schwebe, aber nur, was das inhaltliche Geschehen auf der Bühne angeht. Britten schiebt sogar einen Rahmen vor die ganze Geschichte und entrückt sie dem unmittelbaren Miterleben: Der personifizierte Prolog berichtet von einem vergilbten Manuskript in einer Frauenhandschrift. Ist also vielleicht alles nur erfunden? Britten gibt auch darauf keine Antwort, er schließt den Rahmen nicht, sondern läßt gewissermaßen das Aufgeschriebene lebendig werden. Mit dem Einverständnis der Gouvernante, die Bedingungen des Vormunds anzuerkennen, mit ihrem „Ich will" gibt sie gleichsam auch ihre Zustimmung zur Oper an sich. So vage und unbestimmbar Handlung und Darstellung sind, um so konsequenter, um so komplexer und um so strenger hat Britten die Musik gestaltet. Er hat den Titel *The turn of the screw* wörtlich genommen: Was übersetzt „Die Drehung der Schraube" bedeutet, hat er auf die Musik übertragen. Ein Thema, das zwölf Töne umfaßt (die aber nicht im Sinne der Schönberg-Schule verarbeitet werden), windet sich in den zweimal acht Szenen der beiden Akte immer tiefer in die musikalische Substanz. Verstärkt wird diese spiralförmige Anordnung durch fünfzehn Variationen, denen das Thema vor jeder Szene unterworfen wird. Nach dem Prolog erscheint das Thema zum erstenmal, wird damit zur eigentlichen Ouvertüre, die in sich das ganze Material der Oper noch vor seiner allmählichen Entfaltung birgt. Niemals aber geht Britten doktrinär mit seiner Konstruktion um, so streng sie auch anmuten mag, die Charaktere bleiben anschauliche und sinnliche Gestalten: Miles und Flora singen zwei überlieferte englische Volkslieder, sagen lateinische Merkverse auf und werden doch, wie am deutlichsten Miles mit seinem „Malo"-Lied, ins Zwielicht der merkwürdigen, unheimlichen Atmosphäre gestellt, die in Bly herrscht. Durch die glasklare, kammermusikalische Instrumentation wird der Eindruck des Ambivalenten noch verstärkt. Niemals versucht die Musik eine unheilschwangere Stimmungsmalerei vorzuschieben, sondern das Gewinde bringt sich scheinbar nüchtern und objektiv selbst weiter voran: Dramaturgie, Librettogestaltung und musikalische Anlage gehen Hand in Hand, lassen den Zuschauer einerseits im Zweifel über die Geschehnisse, ziehen ihn aber andererseits unaufhaltsam immer weiter in die spannende Tiefe der Handlung.

Geschichte

Myfanwy Piper hat für Britten eine Erzählung von Henry James (1843–1916) in geradezu meisterlicher Weise vom Epischen ins Dramatische transformiert, ohne daß dabei die Substanz der Novelle verlorenging. Gleichzeitig bot sie so Britten die ideale Ausgangsbasis für seine Darstellung der Musik. Während der beiden Akte schließt sich der Vorhang nicht, übergangslos wird die Handlungsschraube immer fester angezogen und gewinnt so auch filmische Qualitäten. Ausdrücklich ist vom jeweiligen Auf- und Abblenden der einzelnen Szenen die Rede. So bleibt trotz der kleinen dramatischen Einheiten ein epischer Zug des Ganzen erhalten. Henry James selbst hat in einem Vorwort zu seiner Novelle betont, es läge ihm fern, eine spezielle Deutung der Geschichte anzubieten. Er habe nur versucht, eine Atmosphäre des Bösen zu schaffen, die jeder nach seiner eigenen Phantasie deuten könne und müsse. Myfanwy Piper betont, daß es ihre und Brittens Absicht gewesen sei, keine Erklärung zu James' Novelle zu geben, sondern sie vielmehr in einem anderen Medium erstehen zu lassen. Die

Fokussierung auf einen einzigen Schauplatz, die eine gewisse Statik impliziert, und die Konzentration auf sechs handelnde Personen (die Personifikation des Prologs ausgeschlossen) waren geradezu prädestiniert für Brittens Intentionen einer kleinen, intimen Kammeroper.

Die Oper ist ausdrücklich für die English Opera Group geschrieben und ihr auch gewidmet. Dieses kleine Ensemble, dem Britten als Hauskomponist gewissermaßen angehörte und für das er wiederholt geschrieben hat, führte *The turn of the screw* während der Biennale 1954 im Teatro La Fenice in Venedig am 14. September zum ersten Mal auf. Die musikalische Leitung hatte Britten selbst, die Hauptrollen wurden von Jennifer Vyvyan (Gouvernante) und Peter Pears (Prolog und Peter Quint) gesungen. Regie führte John Piper. Mit dieser Inszenierung ging die English Opera Group in ganz Europa auf Tournee, und überall konnte die Oper den gleichen großen Erfolg erzielen wie bei der Uraufführung in Venedig. Trotzdem rückte *The turn of the screw* im Vergleich mit anderen Britten-Opern wie *Peter Grimes* oder *Billy Budd* eher etwas in den Hintergrund, zumindest auf dem europäischen Kontinent. 1983 schuf Michael Hampe in Köln zusammen mit John Gunter (Ausstattung) und John Pritchard eine gelungene Version, die vor allem die filmischen Komponenten unterstrich, indem sie streng in Schwarz-Weiß gehalten war und jede Szene mit einer Auf- und Abblende versah. Isobel Buchanan und Robert Tear waren hier die Protagonisten.

Irmelin Bürgers

Diskographische Empfehlung

1955 – London: Benjamin Britten, The English Opera Group Orchestra. Peter Pears (Prolog), Jennifer Vyvyan (Governess), David Hemmings (Miles), Olive Dyer (Flora), Joan Cross (Mrs. Grose), Arda Mandikian (Miss Jessel), Peter Pears (Quint). Decca, Ace of Diamonds GOM 560-1

1982 – London: Colin Davis, Mitglieder des Orchesters des Royal Opera House Covent Garden. Philip Langridge (Prolog), Helen Donath (Governess), Michael Ginn (Miles), Lillian Watson (Flora), Ava June (Mrs. Grose), Heather Harper (Miss Jessel), Robert Tear (Quint). Philips 410 426-1

GOTTFRIED VON EINEM

geb. 24. Januar 1918 in Bern

Nicht nur als Komponist spielt Gottfried von Einem im österreichischen Musikleben eine wichtige Rolle. Im Direktorium der Salzburger Festspiele, als Direktor der Wiener Festwochen und Professor an der Wiener Musikhochschule wie auch als Präsident der „Gesellschaft der Autoren, Komponisten und Musikverleger" nahm er großen Einfluß auf die Kulturpolitik seines Landes.

Einen nicht unbeträchtlichen Teil seines vielfach ausgezeichneten Œuvre hat Einem der Musik für die Bühne gewidmet. Neben zahlreichen Ballett- und Schauspielmusiken schrieb er auch sechs Opern. Dem Überraschungserfolg von *Dantons Tod* 1947 folgte mit der 1953 ebenfalls bei den Salzburger Festspielen uraufgeführten Kafka-Oper *Der Prozeß* eine gewissermaßen „psychoanalytische" Oper, die auch den (etwas unentschiedenen) Versuch macht, in den tonalen Kontext dodekaphone Abläufe einzubinden. Eine Rückbesinnung auf das Volksstück brachte 1964 *Der Zerrissene*, wobei jedoch Nestroys sarkastischer Zynismus weitgehend aus der Oper verbannt und auch die in den beiden ersten Opern noch mitunter leicht expressionistisch getönte Musik weiter geglättet wurde.

Der Besuch der alten Dame aus dem Jahre 1971, in einer Einrichtung von Friedrich Dürrenmatt selbst, ist neben *Dantons Tod* Einems erfolgreichste Oper, farbig und abwechslungsreich instrumentiert; effektvoll die Rolle der Claire Zachanassian. Fand Einem auch 1976 mit *Kabale und Liebe* noch großen Zuspruch beim Publikum, so erregte er mit *Jesu Hochzeit* 1980 gar enormes Aufsehen. Schon vor der Uraufführung wurde das Werk von klerikal-konservativen Kreisen als blasphemisch gebrandmarkt, doch ist es eher ein modernes Mysterienspiel, erfüllt von einer tiefen, freilich nicht unbedingt orthodoxen Religiosität, sparsam und durchsichtig instrumentiert.

So unterschiedlich die Vorlagen für seine Opern sein mögen, so unbeirrt – auch von der teilweise massiven Kritik der Fachwelt – hat Einem an einer tonal gebundenen Musik festgehalten, die zwar manche Einflüsse des

20. Jahrhunderts absorbiert, immer jedoch fest in der Tradition verankert bleibt. Nicht zuletzt diesem Umstand ist es wohl zuzuschreiben, daß er einer der erfolgreichsten und meistgespielten Opernkomponisten der Nachkriegszeit ist.   *Rainer Pöllmann*

Dantons Tod
Eine Oper in zwei Teilen

Text: Boris Blacher und Gottfried von Einem, frei nach Georg Büchners Drama
Uraufführung: 6. August 1947, Großes Festspielhaus, Salzburg
Personen: Georg Danton (Bar); Camille Desmoulins (Ten); Herault de Séchelles (Ten); Deputierte; Robespierre (Ten); St-Just (Baß); Mitglieder des Wohlfahrtsausschusses; Herrmann, Präsident des Revolutionstribunals (Bar); Simon, Souffleur (Baß); Ein junger Mensch (Ten); Erster Henker (Ten); Zweiter Henker (Baß); Julie, Gattin Dantons (Mez); Lucile, Gattin des Camille Desmoulins (Sop); Eine Dame (Sop); Ein Weib, die Frau Simons (Alt)
Chor: Männer und Weiber aus dem Volke
Ort und Zeit: Paris, 1794
Orchester: 3 Fl (3. auch Picc), 2 Ob, 2 Kl, 2 Fg, 4 Hrn, 3 Trp, 3 Tba, Btba, Timpani, Schlgzg (Trgl, Bck, Militärtrommel, Tamburin, Rührtr, GrTr), Streicher
Hinter der Bühne: TamTam
Form: Nummernoper
Aufführungsdauer: 2 Stunden
Verlag: Universal-Edition, Wien

Handlung
1. TEIL. 1. Bild: Herault de Séchelles sitzt mit einigen Damen beim Kartenspiel. Anwesend sind auch Danton und seine Gattin Julie. Danton wird von trüben Gedanken geplagt. Camille Desmoulins erscheint und berichtet von der Hinrichtung der Hébertisten. Er verlangt von Danton, daß er im Convent gegen Robespierre einschreite. Die Revolution müsse in eine Republik münden. Doch Danton ist der Politik überdrüssig.

2. Bild: Auf der Gasse prügelt Simon seine Frau, weil sie ihre Tochter auf den Strich schickt. Leute kommen hinzu, der entstehende Aufruhr kostet einen jungen Mann, der für einen Aristokraten gehalten wird, beinahe das Leben. Robespierre tritt auf und rühmt die Tugend des Volkes, das er für die Jakobiner zu gewinnen sucht. Danton erregt sich über Robespierres Tugendhaftigkeit, die doch nur dem Terror diene. Von Saint-Just erhält Robespierre den Rat, seine Widersacher aus dem Weg zu räumen, um die eigene Macht zu sichern. Robespierre willigt ein, möchte aber zumindest seinen Schulfreund Desmoulins retten. Als Saint-Just ihm jedoch einen Artikel aus dessen Feder zeigt, in dem Robespierre als „Blutmessias" bezeichnet wird, ist auch Desmoulins' Sturz beschlossen.

3. Bild: Danton sitzt mit Desmoulins und dessen Frau Lucile beisammen, als ihm seine bevorstehende Verhaftung hinterbracht wird. Ein Angebot zur Flucht schlägt er aus. Lucile hat auch um ihren Gatten Angst, doch Camille vertraut auf seine lange Freundschaft mit Robespierre.

2. TEIL. 4. Bild: Auf dem Platz vor der Conciergerie wiegeln die Anhänger Robespierres, darunter Simon, das Volk gegen Danton auf, der wie ein Aristokrat im Reichtum gelebt habe, während die Masse hungere. Im Kerker versucht Danton, den verzweifelten Camille zu beruhigen, der sich aus Liebe zu Lucile mit dem Tod nicht abfinden kann. Lucile erscheint am Fenster des Gefängnisses. Sie ist dem Wahnsinn nahe.

5. Bild: Danton steht vor dem Revolutionstribunal. Leidenschaftlich verteidigt er sich gegen den Vorwurf des Verrats und treibt den Vorsitzenden Herrmann zunehmend in die Enge. Auch das anwesende Volk beginnt sich ihm zuzuneigen. In einer Verhandlungspause versorgt deshalb Saint-Just den Vorsitzenden mit neuen Beweisen für die Schuld des Angeklagten. Doch Danton gibt nicht auf. Er fordert eine Kommission, beschuldigt Robespierre und Saint-Just des Hochverrats und warnt vor der heraufziehenden Diktatur. Im Gerichtssaal bricht ein Tumult aus, die Gefangenen werden mit Gewalt abgeführt.

6. Bild: Auf dem Revolutionsplatz tanzt das Volk ausgelassen die Carmagnole. Danton und seine Mitgefangenen werden auf einem Karren herbeigefahren. Gegen den Spott der Menge stimmen sie die Marseillaise an. Nacheinander besteigen alle Gefangenen die Guillotine und werden hingerichtet. Als die Masse sich verlaufen hat und nur noch die Henker auf der Guillotine beschäftigt sind, erscheint die dem Wahnsinn verfallene Lucile. Ohne Camille hat ihr Leben seinen Sinn verloren. Mit dem Ruf „Es lebe der König" liefert sie sich freiwillig der Revolution aus.

Kommentar

„Ich studierte die Geschichte der Revolution. Ich fühlte mich wie zernichtet unter dem gräßlichen Fatalismus der Geschichte." Diese oft zitierte Stelle aus einem Brief Georg Büchners an seine Braut hat Gottfried von Einem seiner Partitur zu *Dantons Tod* vorangestellt; und man darf getrost annehmen, daß auch die Erfahrungen, die er mit dem bei Kompositionsbeginn noch herrschenden Nationalsozialismus machen mußte, die Neigung zu einer solchen Geschichtsbetrachtung nicht unerheblich gefördert haben.

Die zweiaktige Oper „destilliert den Geist des Fatalismus" (Friedrich Saathen) in sechs Bilder, die – im Gegensatz zu Büchners offenem Drama – logisch-stringent auseinander entwickelt sind und in einer kontinuierlichen Steigerung zum Höhepunkt des fünften Bildes hinführen.

Der außergewöhnlich klare und regelmäßige dramaturgische Aufriß der Oper spiegelt sich auch in der Partitur. Die Bilder sind normalerweise in jeweils drei Nummern gegliedert, das erste und das letzte Bild bestehen aus je zwei Nummern, und nur das zweite Bild fällt mit vier Nummern etwas aus dem Rahmen. Die einzelnen Abschnitte sind dabei deutlich voneinander abgesetzt, ein durchgehender musikalischer Strom Wagnerscher Prägung wird bewußt vermieden. „Jedes Bild ist eine thematische, formale *Einheit*, und gerade aus dem *Gegensatz* der Bilder wirkt der Großbogen der dramaturgischen Zusammenhänge" (Hans Rutz, Hervorhebungen original, R. P.).

Gleichwohl finden sich auch einige bildübergreifende, einheitstiftende Momente: so etwa das durchgängige „Leidmotiv" (Saathen) der fallenden Sekund, des musikalischen Topos für Trauer schlechthin, oder der Tritonus, der Danton zugeordnet ist und im tonalen Koordinatensystem der Oper gewissermaßen Dantons widerspenstigen Charakter symbolisiert. Und während die leidenschaftliche Liebe zwischen Camille Desmoulins und Lucile sich zumeist vor dem orchestralen Hintergrund der Streicher abspielt, stehen für die Gewalt der Revolution mächtige Bläsersätze, die schon gleich zu Beginn unmißverständlich klarmachen, daß in dieser Oper ein blutiges Geschehen verhandelt wird.

Eine große Rolle spielt in *Dantons Tod* denn auch der Widerstreit der Parteien und Meinungen. Im Zentrum der zwei Akte, hervorgehoben durch eine „Technik der ‚Einrahmung'" (Dominik Hartmann), stehen die beiden entscheidenden Dispute der Oper: die Auseinandersetzung Dantons mit Robespierre – übrigens die einzige direkte Konfrontation der beiden Revolutionshelden – im 1. Teil und die verbale Abrechnung Dantons mit seinen Verleumdern in der Tribunalszene. Im Streit liegt jedoch auch die Menge. Vor allem im 2. Teil avanciert das Volk zu einer Hauptfigur des Dramas und macht *Dantons Tod* nachgerade zu einer Choroper. Die großen Ensembleszenen gehören zu den musikalisch faszinierendsten Passagen des ganzen Werkes, übersetzte Einem doch die orientierungslose Aggressivität der ahnungslosen und deshalb leicht manipulierbaren Masse in packende musikalische Bilder und die Meinungskämpfe der verschiedenen Gruppen überzeugend in eine ausgefeilte Kontrapunktik. Im Verhältnis dazu sind die Partien der Protagonisten melodisch betont schlicht gehalten; sie vermeiden jeden arienhaften Gestus und bleiben als Arioso und Parlando dem Sprachrhythmus verpflichtet. Gegen die entfesselte Kraft der Revolution vermögen einzelne nichts mehr auszurichten, sind ausgeliefert dem Furor der Gewalt, unterworfen dem Fatalismus der Geschichte.

Geschichte

Boris Blacher und Gottfried von Einem haben Georg Büchners Drama von 1835 für die Oper stark gekürzt und bearbeitet. Die sechs Bilder der Oper umfassen etwa die Hälfte der 32 Szenen des Dramas. Dabei ergab sich – durch Umstellungen und die Zusammenfassung mehrerer Szenen in einem Bild – nicht nur ein grundlegend veränderter dramaturgischer Aufbau. Auch die Charakterisierung der einzelnen Protagonisten, in die bisweilen auch Züge von gestrichenen Nebenfiguren eingeflossen sind, unterscheidet sich deutlich von der Vorlage. Dies betrifft zumal den Titelhelden Danton, der in der Oper jene Spuren von Langeweile und zweifelnder Trägheit, die bei Büchner deutlich hervortreten, weitgehend vermissen läßt. Die Uraufführung von *Dantons Tod* am 6. August 1947 bei den Salzburger Festspielen, für die nach der Erkrankung von Otto Klemperer kurzfristig Ferenc Fricsay als Dirigent einsprang (Regie: Oscar Fritz Schuh), war ein sensationeller Erfolg und machte den jungen Komponisten schlagartig einem größeren Publikum bekannt. Für die noch 1947 folgende Inszenierung im Theater an der Wien nahm Einem mehrere Änderungen vor, deren gewichtigste die Streichung des Vorspiels war. Die Erstaufführung am 17. März 1948 an der Hamburger Staatsoper besorgte Günther Rennert. Ihr folgten in den kommenden Jahren Inszenierungen unter anderem an der Städtischen Oper Berlin (1953), in Köln (1955), Kassel und München (1956) wie auch an der Deutschen Oper Berlin (1963). Aber auch außerhalb des deutschen Sprachraums konnte die Oper erstaunliche Erfolge

erzielen. Zwar ist jüngerer Zeit die Zahl der Aufführungen etwas zurückge-
gangen, doch ist Gottfried von Einems erste Oper nach wie vor seine
erfolgreichste.   *Rainer Pöllmann*

Diskographische Empfehlung

1983 – Salzburger Festspiele: Lothar Zagrosek, Chor und Orchester des Österreichischen Rundfunks. Theo Adam (Danton), Werner Hollweg (Camille Desmoulins), Horst Hiestermann (Robespierre), Helmut Ber-
ger-Tuna (Saint-Just), Ingrid Mayr (Julie). Orfeo, C 102 842 (ADD)

BERND ALOIS ZIMMERMANN

geb. 20. März 1918 in Bliesheim bei Köln
gest. 10. August 1970 in Königsdorf bei Köln

Bernd Alois Zimmermann, Sohn eines Eisenbahners, bezeichnete sich nach 1945 zu Recht als den ältesten unter den jungen Komponisten. In der Musik des 20. Jahrhunderts nimmt er einen hervorragenden Platz ein, wenn auch den eines Außenseiters. Nach einer stark vom Katholizismus geprägten Schulzeit studierte Zimmermann zunächst Germanistik, Philosophie und Musikwissenschaft in Bonn und Köln; er entschloß sich aber noch vor Kriegsbeginn dazu, ein Schulmusikstudium aufzunehmen. Seine Kompositionslehrer an der Kölner Musikhochschule waren Heinrich Lemacher und Philipp Jarnach, ein Schüler Busonis. Während des Krieges, dessen schlimme Erfahrungen Zimmermann nachhaltig geprägt haben, bildete er sich auch autodidaktisch weiter. Von 1948 bis 1950 besuchte er die Darmstädter Ferienkurse. Wesentliche Anregungen erhielt er von Wolfgang Fortner und René Leibowitz. Als Komponist von Bühnen-, Film- und Hörspielmusiken fand er in jenen Jahren ein erstes wichtiges Arbeitsfeld. 1959 bis 1962 war Zimmermann Lektor für Musiktheorie an der Universität Köln. Schließlich übernahm er 1957, als Nachfolger Frank Martins, eine Kompositionsklasse an der dortigen Musikhochschule (Professur 1961) und die Leitung eines Seminars für Hörspiel-, Film- und Bühnenmusik.

Zimmermanns frühe Nachkriegswerke zeichnen sich aus durch eine expressionistisch gefärbte, vehement gestikulierende Klangsprache und durch eine immer im Dienst der einzelnen Kompositionsidee stehende technisch-stilistische Flexibilität. Nie fügte sich der universell Gebildete einem künstlerischen Dogma. Obwohl für sein Schaffen die Verfahren des Serialismus wesentliche Bedeutung erlangten, verweigerte er sich doch jedem systemimmanenten Zwang. Ausgehend vom Gedanken einer Einheitlichkeit der Zeit, entwickelte er eine zunehmend wichtiger werdende ästhetische Basis. Die Erkenntnis, daß Aspekte der Vergangenheit, der Gegenwart und der Zukunft im menschlichen Bewußtsein aus ihrer objektiven zeitlichen Linearität herausgelöst erscheinen, daß sie also subjektiv neu vernetzt und prinzipiell gleichzeitig verfügbar sind, führte Zimmermann zu seiner Konzeption des musikalischen Pluralismus. Vielfach bediente er sich in seinen eindringlichen, sehr klangsinnlichen Werken der Mittel des Zitats und der Collage. Eingebunden ins quasi zeitlose Medium seriell streng geordneter Strukturen erscheinen Ausschnitte aus Kompositionen vieler historischer Musikstile, die sich sogar gelegentlich unabhängig voneinander überlagern. Sie brauchen allerdings nicht als solche erkennbar zu sein, denn „das Zitat ist nicht eine Zutat, sondern entspringt den Gedanken der effektiven Gleichzeitigkeit allen musikalischen Geschehens".

Trotz ihres zeitphilosophischen Überbaus ist die Musik Zimmermanns von überwältigender Ausdruckskraft. In vielen seiner konzertanten, kammermusikalischen und szenisch-ballettorientierten Kompositionen setzte sich der Meister aus tiefreligiöser Perspektive mit dem existentiellen Jammer des menschlichen Daseins auseinander. Seine einzige Oper sollte das epochale Werk *Die Soldaten* bleiben. Schwerkrank schied Bernd Alois Zimmermann am 10. August 1970 in Königsdorf bei Köln freiwillig aus dem Leben.   *Helmut Rohm*

Die Soldaten
Oper in vier Akten

Text: Bernd Alois Zimmermann, nach dem gleichnamigen Schauspiel von Jakob Michael Reinhold Lenz
Uraufführung: 15. Februar 1965, Städtische Bühnen, Köln
Personen: Wesener, ein Galanteriehändler in Lille (Baß); Marie, seine Tochter (Sop); Charlotte, seine Tocher (Mez); Weseners alte Mutter (Alt); Stolzius, Buchhändler in Armentières (Bar); Stolzius' Mutter (Alt); Obrist, Graf von Spannheim (Baß); Desportes, ein Edelmann (Ten); Ein junger Jäger (Sprechrolle); Pirzel, ein Hauptmann (Ten); Eisenhardt, ein Feldprediger (Bar); Haudy, Mary, Hauptleute (Bar); Drei junge Offiziere (Ten); Gräfin de la Roche (Mez); Junger Graf (Ten); Andalusierin und Fähnriche (Tänzer); Bedienstete, Offiziere, Hauptleute (stumme Rollen); 18 Offiziere und Fähnriche mit den Aufgaben: rhythmisches Sprechen und

Bedienen des Schlagzeug-Arsenals, bestehend aus Tischgeschirr, Tischen und Stühlen;

3 Filmleinwände, 3 Filmprojektoren, Lautsprechergruppen auf der Bühne und im Zuschauerraum

Ballett

Ort und Zeit: Im französischen Flandern, gestern, heute, morgen

Orchester: 4 Fl (auch 4 Picc, 3. auch Altfl in G), 3 Ob (auch Ob d'amore, 3. auch E. H.), 4 Kl in B (1.,3.,4. auch in A, 3. auch Bkl in B, 4. auch in Es), Asax in Es, 3 Fg (2. und 3. auch Kfg), 5 Hrn in F (auch 5 Tentba in B, 5. auch Btba in F), 4 Trp in C (1. u. 2. auch Trp in B und F, 3. und 4. auch in B u. A u. Btrp in Es), 4 Pos (4. auch KPos), Btba (auch Kbtba), Pkn (auch kl. Pkn), Schlgzg (8−9 Spieler), 3 Crotals (Es, F, G), 3 Crotals (hoch/mittel/tief), Gegenschlagbck, 3 hängende Bck, 4 Gongs, 4 TamTams, Tamburin, 3 Bongos, 5 Tomtoms, Tumba, Militärtr, 4 KlTr, Rummelpott, 2 GrTr (eine davon waagrecht), 5 Trgl, Cow-bells, Steelsticks, 2 Satz Röhrengl, 3 freischwingende Eisenbahnschienen, Peitschen, Kastagnetten, Rumbaholz, 2 Holzdeckel, 3 Holztr, Guiro, Maracas, Schüttelrohr, Xyl, Marimba, Vibraphon, Gitarre, 2 Hrf, Glsp, Cel, Cemb, Klav, Orgel (2 Spl), Streicher

Auf der Bühne: (6 Spieler) I. 3 Trgl (hoch), 3 Crotals (hoch), 2 Bck (hoch), Gong (klein), TamTam (klein), KlTr, Militärtr, 2 Bongos, Rührtr, GrTr (mit Bck), 3 Pkn, Cow-bell (hoch), 2 Röhrengl, Maracas, Tempelblock (hoch);

II. 3 Trgl (mittel Reg), 3 Crotals (mittel), 2 Bck (mittel), 2 Gongs (mittel/groß), KlTr, 2 Tomtoms, Rührtr, 3 Pkn, Cow-bell, 6 Röhrengl, Maracas, Tempelblock (mittel);

III. 3 Trgl (tief Reg), Crotal (tief), 2 Bck (tief), Gong (groß), 2 TamTams (kl/gr), KlTr, Tomtom (tief), Rührtr, 3 Pkn, Cow-bell (tief), 4 Röhrengl, Maracas, 3 Tempelblöcke (tief);

Jazz-Combo: Kl in B, Trp in B, Gitarre, Kb (elektr. verst.)

Form: Durchkomponiert. Dazu: Vorspiele zum 1., 3. und 4. Akt; Zwischenspiele; Solo- und Simultanszenen, zum Teil ineinander übergehend

Aufführungsdauer: Ca. 2 ½ Stunden

Verlag: B. Schott's Söhne, Mainz

Handlung

1. AKT: Marie schreibt einen Brief an Madame Stolzius. Ihre Schwester Charlotte, mehrfach von Marie bei der Handarbeit gestört, wird ungeduldig. Sie spottet über Maries Liebe zum jungen Stolzius. Streit entbrennt. Stolzius ist niedergeschlagen. Die Mutter weiß ihn mit dem Brief von Marie aufzuheitern. Aufgeregt will der junge Tuchhändler ihn sofort beantworten, aber die Mutter erinnert ihn an seine beruflichen Pflichten. Marie wird von Baron Desportes aufgesucht, der sie erobern will. „Meine göttliche Mademoiselle"; die Worte beeindrucken. Wesener, Maries Vater kommt hinzu. Mit dem Argument, ein Bürgermädchen gerate in Verruf, wenn es sich mit jungen Herren von den Milizen zeige, verbietet er der Tochter, mit dem Baron ins Theater zu gehen. Marie trotzig: „Ich bin doch kein klein Kind mehr." Gelangweilte Offiziere räsonieren vor sich hin. Es geht ums Amüsement. Die These gilt: Eine Hure bleibt immer eine Hure. Der Feldprediger Eisenhardt hält zornig dagegen. Die Auseinandersetzung eskaliert. Mit moralischem Impetus wirft Eisenhardt den Offizieren schließlich vor, gerade ihr Stand stürze viele Bürgerstöchter ins Elend. Versöhnlich erkundigt sich Wesener bei Marie, ob der Baron „ihr was von der Lieb" gesagt habe. Geheimnisvoll zeigt ihm die Tochter einen Brief mit holden Versen. „Du höchster Gegenstand von meinen reinen Trieben…" hat Desportes ihr geschrieben. Wesener vermutet daraufhin ehrliche Absichten. Vielleicht könnte Marie gar „gnädige Frau" werden? Vorerst solle sie Stolzius jedenfalls noch nicht den Laufpaß geben. Marie wird ganz schwer ums Herz. Ein Gewitter zieht auf.

2. AKT: Ausgelassen amüsieren sich die Offiziere im Kaffeehaus. Man trinkt, tanzt und zwingt die andalusische Kellnerin zum freizügigen Tanz. Es hat sich herumgesprochen, daß Kamerad Desportes sich um Marie bemüht. Haudy, einer von dessen zynischen Freunden hat den armen Stolzius eingeladen, um ihn zu demütigen. Alle reizen den Arglosen mit Andeutungen; Desportes werde bald Erfolg haben bei Marie… Wankend entflieht Stolzius. Marie hat einen Brief von Stolzius erhalten. Sie ist verzweifelt. Da kommt Desportes und erkennt seine Chance. Er wolle den Brief des „Lumpenhundes" schon beantworten; sie, Marie, sei für keinen Bürger gemacht. Es gelingt ihm, das Mädchen zu verführen. Während sich Marie dem Offizier hingibt, singt im Nebenzimmer Weseners alte Mutter ein prophetisches Lied. „Das kleine ‚Rösel aus Hennegau' wird bald zu Gottes Tisch gehen." Mutter Stolzius wirft ihrem niedergeschlagenen Sohn seine „Soldatenhure" vor. Doch Stolzius verteidigt Marie und schwört Desportes Rache.

3. AKT: Hauptmann Pirzel und der Soldatenprediger Eisenhardt unterhalten sich über die Frauenzimmer und das Leben. „Das geht alles mechanisch." Stolzius, jetzt in Uniform, verdingt sich als Bursche bei Hauptmann Mary, einem Freund Desportes'. Letzterer hat Marie längst sitzenlassen, und die Verzweifelte glaubt nun, Mary, der doch zu Desportes noch Kontakt haben muß, könne ihr helfen. Zwar kommen Marie die Züge von dessen neuem Diener bekannt vor, doch den früheren Freund erkennt sie nicht in ihm. Charlotte beschimpft ihre Schwester Marie als „Soldaten-mensch". Spät in der Nacht wartet die Gräfin de la Roche auf ihren Sohn. Da Marie, mit der er gesehen worden ist, in keinem guten Ruf steht, legt sie ihm zwingend nahe, die Stadt zu verlassen. Sie selbst wolle sich um Marie gütig kümmern. Gräfin de la Roche sucht Marie auf, tröstet sie, weist sie auf die Regeln der ständischen Ordnung hin und bietet ihr von Herzen an, sie möge doch ihre Gesellschafterin werden.

4. AKT: Marie verweigert sich dem Angebot der Gräfin, und ein verhängnisvolles Geschehen nimmt seinen Lauf. Marie geht ihren qualvol-len Weg zu Ende. Von Desportes' Jäger wird sie vergewaltigt: ein „Gleich-nis" der psychischen und seelischen Vergewaltigung aller an der Handlung beteiligten Personen. Reminiszenzen aus Maries Leben scheinen auf; ein imaginäres Tribunal tagt; betrunkene Soldaten memorieren ihre Glaubens-sätze; in einem Strudel fallen Zukunft, Gegenwart und Vergangenheit zusammen.
Desportes erklärt dem Kameraden Mary, daß Marie von Anfang an eine Hure gewesen sei. Stolzius, noch immer Bursche bei Mary, vergiftet Des-portes und sich selbst. Inmitten einer chaotisch-irrealen Szenerie (gefallene Soldaten, saufende Offiziere, eine lasziv tanzende Andalusierin, ein latei-nisch betender Feldprediger) bettelt die halb verhungerte Marie. Wesener, ihr Vater, kommt vorbei. Er kennt sie nicht mehr.

Kommentar

Es waren weniger die Aspekte des Zeitstücks, des Klassendramas, der sozialen Situation, auch nicht die „Kritik am ‚Soldatenstand' (zeitlos vorgestern wie übermorgen)", die Bernd Alois Zimmermann am Sturm-und-Drang-Schauspiel in erster Linie interessiert haben. Den unmittelba-ren Bezugspunkt bildete vielmehr der Umstand, daß alle Personen des Stücks „unentrinnbar in eine Zwangssituation geraten, unschuldig mehr als schuldig, die zu Vergewaltigung, Mord und Selbstmord und letzten Endes in die Vernichtung des Bestehenden führt". Nicht das Besondere des

Einzelschicksals der unglückseligen Marie ist Gegenstand der Zimmer-
mannschen Klangdramaturgie, sondern es ist das Allgemeine, wie es zu
allen Zeiten und an allen Orten die existentielle Folie für zwischenmensch-
liches Handeln bildet. Zimmermann verfolgt seine Idee der künstlerischen
Bändigung des linearen Zeitflusses im gekrümmten Innenraum einer „Ku-
gelgestalt". Womit hätte er sie dramatisch sinnfälliger realisieren können
als gerade mit der Potenzierung eines Soldaten-Schauspiels zum klingenden Menetekel – eines Schauspiels zudem, das schon vom Dichter Jakob
Michael Reinhold Lenz (1751–1792) konsequent aus der „Einheit der
inneren Handlung" heraus (und unter Mißachtung der aristotelischen Einheiten von Handlung, Ort und Zeit) konzipiert worden war?

Das musikalische Material für die ganze Oper ist aus einer einzigen symme-
trischen Allintervall-Zwölftonreihe abgeleitet. Jeder Szene liegt eines ihrer
Derivate zugrunde. Die Metronomangaben für unabhängig voneinander
verlaufende Temposchichten lassen sich auf die akustischen Intervallquo-
tienten der Mutterreihe reduzieren, genauso sind die anderen wesentlichen
Parameter seriell geordnet. Auch von der musikalischen Struktur her ist
somit das Prinzip der Homogenisierung von Disparatem verwirklicht.

Zimmermann bündelt die (textlich zum Teil gekürzten) Szenen des Lenz-
schen Dramas zu großen, vielschichtigen Simultanszenen. Aus fünf Akten
des Schauspiels werden vier Akte der Oper. Die Eröffnungsszene des 4. Aktes (Toccata III) etwa verdichtet sich zum wahren Strudel der „Zeitspirale".
Das traumhafte Geschehen verläuft (Regieanweisung) „losgelöst von Raum
und Zeit, der Handlung vorgreifend, auf sie zurückgreifend, gleichzeitig auf
der Bühne, in drei Filmen und in den Lautsprechern ab". So schuf Zimmermann 1958 ein Multi-Media-Theater, zu dessen pluralistischer Zitat- und
Collagenpraxis er selbst ausführt: „Späteres wird voraus- und Früheres
hintangesetzt: Bach-Choräle, Jazz stehen unter anderem Rudimenten der
‚Nummern-Oper' sowie des ‚Musiktheaters' gegenüber – eingebettet in
eine gewissermaßen pan-akustische Form der musikalischen Szene, die
alle Elemente des Sprachlichen, Gesanglichen, Musikalischen, Bildnerischen, Filme, Ballett, Pantomime, Bandmontagen (Geräusch- und Sprach-
klänge, konkrete Musik) in dem pluralistischen Zeit- und Erlebnisstrom
zusammenschmilzt, der dann in jenen Fall mündet, dem wir ständig und
unaufhaltsam zustreben – und so beschließt die letzte Bitte des Vaterunsers:
…‚Sed libera nos a malo' die Oper." Zimmermann überschreibt die einzelnen Szenen seiner vier Akte (ähnlich wie Alban Berg im *Wozzeck*) mit
Formbezeichnungen aus der absoluten Musik, also zum Beispiel mit Cia-

cona, Capriccio, Romanza oder Notturno. Diese tradierten Begriffe charakterisieren einerseits die jeweilige musikdramatische Situation sehr treffend. Andererseits kommt durch sie ein weiteres ideelles Ferment ins pluralistische Ausdruckstotal. Um seiner fatalistischen Sicht der menschlichen Möglichkeiten und Aussichten auch noch den letzten Hoffnungsschimmer zu nehmen, ändert Zimmermann die Geschichte in einem wesentlichen Punkt. Hatte bei Lenz der Vater Wesener seine Tochter am Schluß noch wiedererkannt und zu sich genommen, so geht er bei Zimmermann unwissend an Marie vorbei, hinein ins apokalyptische Treiben.

Geschichte

Lenzens Sprache – „absurd bis zur Häßlichkeit auf der einen Seite, zerfetzt, ausgeglüht; auf der anderen von zauberhaft lyrischer Verhaltenheit und leuchtender Schwebung, borkig und kristallin zugleich" – Zimmermann hat sie nicht angetastet. Gewissermaßen als handlungsretardierende Gewichte fügte er aber Passagen aus sinnverwandten Gedichten des Lenz ein. 1958 bis 1960 komponierte Bernd Alois Zimmermann seine *Soldaten* als Auftragswerk der Stadt Köln. Doch am Verdikt „unspielbar" scheiterte 1960 eine Uraufführung. Auf Drängen einiger Freunde hin überarbeitete Zimmermann die Oper 1963/64. Obwohl jetzt nicht leichter realisierbar, kam am 15. Februar 1965 an den Städtischen Bühnen Köln die szenische Uraufführung zustande. Zwei Jahre zuvor hatte der Westdeutsche Rundfunk mit einer konzertanten Uraufführung dreier Szenen den Weg geebnet. Wichtige Inszenierungen der Jahrhundert-Oper (unter anderem in Kassel 1968; München 1969; Düsseldorf 1971; Frankfurt 1981; Stuttgart 1987) bestätigten inzwischen ihre wenn auch schwierige Realisierbarkeit aufs eindrucksvollste. *Helmut Rohm*

Diskographische Empfehlung

1965 – Köln: Michael Gielen, Gürzenichorchester Köln. Zoltán Kelemen (Wesener), Edith Gabry (Marie), Helga Jenckel (Charlotte), Maura Moreira (Weseners Mutter), Claudio Nicolai (Stolzius), Liane Synek (Gräfin de la Roche), Albert Weikenmeier (Pirzel), Heiner Horn (Feldprediger). Wergo 60 030

GYÖRGY LIGETI

geb. 28. Mai 1923 in Dicsöszentmárton

Unter den zentralen Komponistenpersönlichkeiten unseres Jahrhunderts nimmt György Ligeti eine besondere Stellung ein. Es ist dem universal Bewanderten mit nahezu jedem seiner Werke ein einmaliges, in sich stimmiges Ganzes von jeweils individuellem Tonfall geglückt.

Der aus Siebenbürgen stammende Ligeti besuchte in Klausenburg die Schule. Schon als Jugendlicher komponierte er mit großer Leidenschaft. Er studierte bei Ferenc Farkas, Sándor Veress und Pál Járdányi an der Budapester Musikhochschule. Seine wichtigsten Vorbilder und Anreger waren Bartók und Strawinsky. Nach dem ungarischen Aufstand von 1956 übersiedelte Ligeti in den Westen. Seit 1967 ist er österreichischer Staatsbürger. International mit vielfältigen pädagogischen Aufgaben betraut, lebt Ligeti abwechselnd in Wien und Hamburg. Von seinen Kompositionen aus der ungarischen Zeit läßt Ligeti heute nur mehr wenige gelten. Vollends zum eigenen Idiom fand er erst Ende der 50er Jahre in der Auseinandersetzung mit den aktuellen Strömungen der damaligen westlichen Avantgarde. Mit dem Orchesterstück *Apparations* (1958/59), uraufgeführt in Köln 1960, begann eine lange Reihe sensationeller Kompositionen, die seinen Namen international zum Begriff werden ließen. Nebelhaft wabernde Klangwelten komponierte Ligeti minutiös aus, als feine, quasi organisch wachsende Strukturen kontrapunktisch streng verflochtener Einzelstimmen. So etwa in den *Atmosphères* für großes Orchester (1960), im *Requiem* für Solisten, zwei gemischte Chöre und Orchester (1963–65) oder im Orchesterstück *Lontano* (1967), zu dem Ligeti schreibt: „Simultane Verläufe, die durchschimmern, einander überlagern, bringen durch mannigfaltige Brechungen und Spiegelungen eine imaginäre Perspektive hervor, die sich dem Hörer allmählich entfaltet, wie wenn man aus grellem Sonnenlicht in ein dunkles Zimmer tritt und die Farben und Konturen nach und nach wahrnimmt." Nach durchaus stilistisch divergierenden, immer aber vollgültigen Arbeiten ist Ligetis Musik im Laufe der Jahre klanglich prägnanter und konturierter geworden. Aus wogenden und verschwimmenden Klangfarben wurden mehr und mehr vielschichtig überlagerte, in ihrer vertrackten und beweglichen Mechanik durchhörbare Gebilde (z. B. San Francisco Polyphonie, 1973/74; Horntrio, 1982; Klavierkonzert, 1985/87). Freilich ist Ligetis Stilwandel nicht im regressiven Sinne zu deuten, denn jeder lineare Prozeß ist durch komplexe rhythmisch-metrische Verwicklungen vielfach und oftmals mehrdeutig gebrochen. Jede Anspielung auf traditionelle Spielformen oder Gattungen ist bis zur Unkenntlichkeit verfremdet. Für die Bühne hat György Ligeti zuerst zwei inhaltlich völlig abstrakte musikalische Kurzdramen von bizarr-erregtem Charakter geschrieben: *Aventures* und *Nouvelles Aventures* (1962/1966). Seine bisher einzige abendfüllende Oper ist *Le Grand Macabre* (1974/76), ein Stück, das, wie Ligeti sagt, „unsere heutige Welt" repräsentiert, „die auf einer anderen Ebene der Realität, auf der Ebene einer absurden Realität abgebildet ist".   *Helmut Rohm*

Le Grand Macabre
Oper in zwei Akten

Text: Michael Meschke und György Ligeti, frei nach Michel de Ghelderodes *La balade du Grand Macabre*
Uraufführung: 12. April 1978, Königliches Theater, Stockholm
Personen: Chef der Gepopo, der Geheimen Politischen Polizei (Sop); Venus (Sop); Clitoria (Sop); Spermando (Mez); Fürst Go-Go (Sop); Mescalina (Sop); Piet vom Faß (Ten); Nekrotzar (Bar); Astradamors (Baß); Ruffiak (Bar); Schobiak (Bar); Schabernak (Bar); Weißer Minister, schwarzer Minister (Sprechrollen)
STUMME ROLLEN: Geheimpolizisten und/oder Henker; Gehilfen des Chefs der Gepopo; Pagen und Diener am Hof des Fürsten Go-Go; Höllisches Gefolge des Nekrotzar beim Einzug am Hof des Fürsten Go-Go
Chor: Knabenchor hinter der Bühne; Großer gemischter Chor hinter der Bühne (das Volk von Breughelland I); Großer gemischter Chor im Parkett oder ab lib. auf der Bühne mit 4 Solisten aus dem Chor (das Volk von Breughelland II)
Ort und Zeit: Im Fürstentum Breughelland, im soundsovielten Jahrhundert

Orchester: Picc (auch 3. Fl), 2 Fl (2. auch Picc), 2 Ob (2. auch Ob d'amore), E. H. (auch 3. Ob), 2 Kl, Bkl, 2 Fg, Kfg (auch 3. Fg), 4 Hrn, 4 Trp, Btrp, 3 Pos, Btba, Schlgzg (mindestens 3 Spieler): 3–4 Pkn, Xyl, Autohupen, Spieluhren, Elektr. Türklingeln, Schellentr, Rührtr, GrTr, Militärtr, Tomtom, Trgl, Maracas, Guero, Peitsche, Claves, Kastagnetten, Tempelblöcke, Lotosfl, Kuckuckspfeife, Brummtopf, Papier, Sandpapier, Ratsche, Holzhammer, Triller-pfeife, Signalpfeife, Sirene, Flexaton, Congas, Bongos, Bck, Wind-maschine, Knackfrosch, Geschirr, Kochtopf; 3 chrom. Mundhar-monikas, Cel, Cembalo, Klav, elektr. Klav, elektr. Orgel, Regal, Mandoline, Hrf, Streicher

Form: Durchkomponiert (vgl. dazu Kommentar)

Aufführungsdauer: Ca. 2 Stunden

Verlag: B. Schott's Söhne, Mainz

Handlung

1. AKT. 1. Bild: In einer eigentümlichen unnatürlichen Naturland-schaft „im schönen Lande Breughelland" torkelt der freundlich-naive und wohlbeleibte Piet vom Faß daher, die Flasche in der Hand. „Dies irae, dies illa" trällert er hicksend. Clitoria und Spermando, ein wunderschönes Lie-bespaar, wie von Botticelli gemalt, schreiten zeremoniell und selbstverges-sen umschlungen über die Szene; sie suchen einen einsamen Platz. Aus einem Grab vernimmt man die bedrohliche Stimme Nekrotzars, des Gro-ßen Makabren. Piet hört sie nicht; er ergötzt lüstern sich am Anblick des Liebespaares, kommentiert die Lust der beiden recht bildhaft und fällt alsbald störend auf.

Da tut sich plötzlich das Grab auf, und Nekrotzar, der seinem erschrecken-den Äußeren nach durchaus der Tod sein könnte, aber etwas gauklerhaft wirkt, trumpft pathetisch auf. „Habt Erbarmen, Eure Häßlichkeit", wim-mert der besoffene Piet; Nekrotzar aber, der sich als der leibhaftige Tod zu erkennen gibt, prophezeit den alsbaldigen Untergang von Breughelland und die Zerstörung der Welt. Unwillig fügt sich Piet und wird Nekrotzars Gehilfe bei dessen schlimmen Unternehmungen. Zunächst bringt er ihm sein Werkzeug: Sense und Trompete. Das Liebespaar hat von alledem nichts bemerkt. Clitoria und Spermando finden glücklich das leerstehende Grab – einen stillen Ort für ungestörte Liebe. Nekrotzar aber, auf dem wiehernden Piet vom Faß als seinem Pferd reitend, schickt sich an, sein blutiges Werk zu tun. „Gekommen ist das Ende der Zeiten."

2. Bild: Die vollschlanke Mescalina jagt, in ordinäre Lederkleidung gesteckt, ihren Gatten, den Hofastrologen Astradamors, mit der Peitsche durch das chaotische Ambiente. Die Giftmischerküche ist voll von ekligen Präparaten und Folianten, Sternkarten, Staub und Speiseresten. Alles liegt kreuz und quer und ist mit Spinnweben verklebt. Astradamors, der Damenwäsche und einen Vollbart trägt, bricht scheinbar erschöpft zusammen. Doch „wer soll kochen, wer soll spülen?" Mit ihrer Spinne bringt Mescalina ihren simulierenden Mann wieder auf Trab und an die Arbeit. Er soll die Sterne beobachten. Und Astradamors schaut durchs Fernrohr. Er sieht „wie die Spektralfarben zum Rot hin verschoben sind ... ein Isotrop? ... ein Transurin?" – nein, „ein Komet, der heute noch, um Mitternacht, die Erde treffen und zerstören wird!" Während dieser Himmelsschau ist Mescalina eingeschlafen. Sie träumt von der Göttin Venus, fleht sie an um einen endlich brauchbaren Mann. Sie habe ihr doch schon zwei geschickt, versetzt Venus. Da treffen Nekrotzar und Piet ein. Feierlich und gnädig lobt der Sensenmann den Astrologen für seine schreckliche Vorhersage. Ja, heute um Mitternacht nahe das Ende der Welt. Dann, noch während Mescalina träumt, Venus habe sie erhört, wendet sich Nekrotzar ihr höchst aktiv zu und beißt ihr schließlich in den Hals. Aus ihrer Trance erwachend schreit sie noch: „Ein Vampir, Mörder!" Dann stirbt sie, fällt wie ein Sack zu Boden. Astradamors ist glücklich befreit und schiebt zusammen mit Piet den leblosen Körper zur Seite. Grotesk berauschen sich die drei an der Vorstellung des baldigen Endes.

2. AKT. 1. Bild: Am Hofe des Fürsten Go-Go von Breughelland ist der Teufel los: Der schwarze und der weiße Minister streiten wie meist. Sie ergehen sich in den unflätigsten Beschimpfungen. Der babyhafte und verfressene Herrscher wird von ihnen tyrannisiert. Sie schaukeln ihn unsanft auf einem überdimensionierten Schaukelpferd und verweigern ihm das Essen, ehe er nicht eine astronomische Steuererhöhung dekretiert, und drohen mit Demission. Plötzlich aber akzeptiert Go-Go diese Demission, verweigert seine Unterschrift und frißt sich gierig voll. Der als Vogel verkleidete Chef der geheimen Polizei Gepopo tritt auf. Skurril stotternd, quasi verschlüsselt bringt er die Nachricht von einem Volksauflauf. Angstschreie sind zu hören. Die Minister können das Volk nicht beschwichtigen. Es ruft „Go-Go, go, go..." Wieder erscheint der Polizeichef, diesmal als ein anderer Vogel. Er berichtet vom bedrohlichen Stern und vom unheimlichen Grand Macabre. In banger Erwartung ist der Fürst schließlich allein. Doch der fröhlich jodelnde Astradamors tritt auf. Froh jubelt Go-Go mit. Der eine

ist Witwer und der andere seine Minister los. Draußen klagt das Volk. Schrill heulen Alarmsirenen. Der Fürst versteckt sich jammernd unter dem Eßtisch. Nekrotzar zieht ein mit Gefolge. Er sei gekommen, der Tag des großen Zorns. Piet und Astradamors besaufen sich inzwischen. Es gelingt ihnen, auch Nekrotzar zum Trinken zu verführen. Der hält mit und glaubt bald, sein Wein sei Menschenblut. Ein unglaubliches Saufgelage spielt sich ab. Im Delirium phantasiert Nekrotzar von all den Kaiserreichen und Dynastien, die er schon ausradiert habe.

Alle sind bald betrunken und verbrüdern sich. Doch plötzlich grelles Licht, eine Explosion, ein Beben: Ist der Komet da? Piet, mit der Stimme eines Nachrichtensprechers: „Die Zeit: Beim Gongschlag ist es..." Aber Nekrotzar ist zu besoffen. Als er zu sich kommt, vermißt er seine Sense und seine Trompete! Piet und Astradamors bringen beides geschwind herbei, und pathetisch verkündet Nekrotzar: „Im Namen des Allmächtigen zerschmett're ich jetzt die Welt." Besinnungslos stürzt er zu Boden. Es ist still und dunkel.

2. Bild: In derselben Landschaft wie anfangs, „im schönen Lande Breughelland", träumen Piet und Astradamors, sie schwebten dem Himmel zu, „hinein in die azur'ne Unendlichkeit". Verkatert erwacht Go-Go: „Nur ich bin am Leben?" Drei rauhe Gesellen treten auf: Ruffiak, Schobiak, Schabernak. Sie erkennen Go-Go zunächst nicht und schicken sich an, ihn zu töten. Da erscheint der völlig gebrochene Nekrotzar. Er kann es nicht fassen, daß die Welt nicht zerstört ist. Die drei Haudegen haben inzwischen ihren Fürsten erkannt und sind kleinlaut. Nekrotzar schreit wild nach seinen Todesrequisiten, nach Sense, Trompete, Pferd... und läßt sich dann willenlos von Go-Go zu seinem Grab führen. „Wie kamst du in das Grab?" Vor langer Zeit hatte Nekrotzar dort Zuflucht gesucht vor Stecken, Spinne und Peitsche... Die Tür des Grabes öffnet sich, und heraus springt Mescalina. Sie erkennt in ihm ihren ersten Mann. Nekrotzar schreit um Hilfe. Die beiden korrupten Minister kommen hinzu. Sie und Mescalina beschuldigen sich gegenseitig, die Steuern erfunden, die Inquisition eingeführt, die Beseitigung des Fürsten geplant zu haben. Es kommt zu Handgreiflichkeiten. Doch der neue Tag beginnt. Piet und Astradamors stolzieren plaudernd einher. Sind sie tot? Sind sie lebendig. „Wir haben Durst, ergo wir leben!" Nekrotzar stirbt langsam dahin, fällt in sich zusammen, schrumpft weiter, bis er ganz verschwunden ist. Die Sonne steht jetzt wieder am Himmel. War er nun der Tod, oder war er nur ein Scharlatan? Diese Frage bleibt offen. Go-Go verfügt eine Andachtsminute. Während der Stille hört man aus der

Grabkammer nach einer Weile sehr erotische Laute. Als sich schließlich die Tür öffnet, treten Clitoria und Spermando heraus, heftig zerzaust, aber voller Anmut. Sie haben vom Weltende nichts mitbekommen, sie waren anderweitig beschäftigt. Alle singen zum Schluß: „Fürchtet den Tod nicht, gute Leut'! Irgendwann kommt er, doch nicht heut! Und wenn er kommt, dann ist's soweit … lebt wohl solang' in Heiterkeit!"

Kommentar

György Ligeti wollte weder eine am Ideal des 19. Jahrhunderts orientierte Oper noch eine Anti-Oper schreiben. *Le Grand Macabre* ist, wie er sie selbst nennt, eine „Anti-anti-Oper" – also eine Oper auf anderer Ebene. Das derb-pittoreske Werk steht in der Tradition mittelalterlicher Mysterienspiele und Totentänze. Es trägt Züge lustiger und makabrer Jahrmarktspektakel, ist aber aktuell überhöht durch mannigfach in den Vordergrund tretende Momente des absurden Theaters und durch plakative Stilelemente einer modernen Comic-strip-Ästhetik. Eine Folge bunter, skurriler, verrückter Szenen und Klang-Bilder zieht hier am Zuschauer/Zuhörer vorbei, und alle sind sie ineinander verwoben. Die Gesamtarchitektur des Werkes entspricht weder einer Nummernoper noch einer durchkomponierten Oper. Eher läßt der Formverlauf an späte Bühnenwerke Monteverdis denken *(Ulisse, Poppea)*. Humor und tödlicher Ernst sind untrennbar miteinander verquickt. Der Text der Handlung dient der vollkommen durchstrukturierten Musik quasi als auslösende und zu kommentierende Folie. Alles Groteske, vom Wort impliziert, löst die Musik ganz eigenständig ein. Es wird als unserer Realität immanent kenntlich gemacht, ja entlarvt. Das kurze Vorspiel zur Oper – eine Art Toccata nach Monteverdi – wird nicht von prachtvoll strahlenden Blechbläsern gespielt, sondern von Autohupen. Denaturierter, kaputter Klang, der nicht nur für Breughelland steht, ist mit satztechnischem Witz nach barocker Manier gearbeitet. Das Instrumentarium ist durchsetzt von plakativ wirkenden Instrumenten wie Trillerpfeifen, Mundharmonikas oder Sirenen. Apokalyptisches Geschehen trägt die Zeichen von Klamauk und umgekehrt. Mit unglaublich kunstvoller Kompositionstechnik leuchtet Ligeti die Verbiegungen einer degenerierten Zivilisation, ihrer lächerlichen Figuren und abstrusen Situationen aus. So erhält die bis zum Paroxysmus sich steigernde mechanistische Saufszene ihre zwanghafte Dynamik aus metrisch verqueren Beschleunigungen skandierender Impulse. Nekrotzars Alkoholdelirium wird dem Hörer in der sogenannten Galimathias-Episode musikalisch glaubhaft vermittelt: Die Konturen einer stilisierten Bourrée lösen sich auf bzw. werden immer vielschichtiger. Der graziöse Tanz – zuvor hatte er schon ganz leis und lieblich die grotesk-brutale Erotik-Szene zwischen Nekrotzar und Mescalina paradox untermalt – erklingt jetzt gleichzeitig im Grundtempo, beschleunigt und verlangsamt. Wie im Traum wehen bald weitere Tänze hinein in dieses halluzinatorische Klanggeschehen: ein Schubert-Galopp, von der Celesta geklingelt (eines der wenigen wörtlichen Zitate der Partitur), und verfremdete Tanzsatz-Leerhülsen. Die allenthalben in der Oper verborgenen oder hervorscheinenden historischen Musikstile klingen nicht als Zitate, sondern als Allusionen an. Das Volk jammert in fürchterlich schiefen Bachchorälen hinter der Szene, der Geheimpolizeichef produziert sich stotternd à la Rossini. Auch periphere Schlaglichter sind mit Sorgfalt auskomponiert. So der Doppler-Effekt, der sich illusionistisch ergeben soll, wenn der hereinreitende Nekrotzar kindlich-ernst ein Martinshorn imitiert – tatü, tatü. Ligeti arbeitet souverän mit historischen Formen wie Spiegelkanon oder Passacaglia, deutet aber alle Bezüge sofort in ihr Gegenteil um. Wird eine hochkomplizierte Struktur aufgebaut, so löst sie sich gleichzeitig auf einer anderen Ebene des Geschehens schon wieder auf. Alles ist entfremdet. Trotzdem spürt man in diesem dampfenden Komposthaufen von Klang und versinkender Kultur eine neue Qualität der Menschlichkeit sich regen. Hier gärt Hoffnung. Falls Nekrotzar der Tod war, so ist er selbst tot. War er nur ein phrasendreschender Schwätzer, geht das Leben weiter wie gehabt. Man halte sich an den Augenblick.

Geschichte

Die Handlung der Oper basiert auf einem Theaterstück des flämischen Dramatikers Michel de Ghelderode (1898–1962), dessen expressionistisch-visionäres Werk von der skurrilen und farbigen Bilderwelt Pieter Breughels und Hieronymus Boschs inspiriert ist. 1972 stieß Ligeti auf Ghelderodes Stück *La balade du Grand Macabre* (1934). Es war für seine dramatisch-musikalischen Vorstellungen wie geschaffen. Michael Meschke, der Regisseur und Direktor des Stockholmer Marionettentheaters, machte sich daran, das Theaterstück in mehreren Phasen zu einem griffigen Libretto zu konzentrieren. Ligeti selbst wiederum schrieb diese Vorlage während der kompositorischen Arbeit seinen Bedürfnissen entsprechend um. Bei ihm bleibt es, im Gegensatz zur Ghelderodeschen Version, völlig offen, ob der Große Makabre nun der Tod war oder nicht. Was er schließlich vertont hat, war „nicht das Stück", sondern „nur sein Inhalt".

Ligetis Oper *Le Grand Macabre* wurde am 12. April 1978 an der König-lichen Oper Stockholm, dem Haus, welches das Werk in Auftrag gegeben hatte, mit großem Erfolg uraufgeführt. Bereits im Oktober desselben Jahres war Premiere der deutschen Erstaufführung in Hamburg. Weitere wichtige Inszenierungen gingen in Bologna (1979), Saarbrücken (1979), Freiburg (1979), Paris (1981), London (1982) und Wien (1987) über die Bühne. Allenthalben scheint *Le Grand Macabre* auf dem Wege zu sein, ein zeitge-nössisches Repertoirestück zu werden.   *Helmut Rohm*

Diskographische Empfehlung

1979 – Kopenhagen (konzertante Aufführung): Elgar Howarth, Chor und Orchester des Dänischen Rundfunks. Inga Nielsen (Miranda), Olive Fredricks (Armando), Peter Haage (Piet vom Faß), Dieter Weller (Nekrotzar). Wergo 60 085 (Auszüge)

LUIGI NONO

geb. 29. Januar 1924 in Venedig

Nono begann als Schüler von Gian Francesco Malipiero am Konservatorium seiner Heimatstadt und studierte gleichzeitig Jura. Bruno Maderna und Hermann Scherchen waren seine weiteren Lehrer. Zwischen 1950 und 1959 nahm er an den Darmstädter Ferienkursen teil, von 1959 bis 1961 unterrichtete er an der Summer School in Darlington. Bereits mit den ersten Kompositionen erregte er Aufmerksamkeit: den *Variazioni canoniche über die Reihe von Schönbergs op. 41* und mit *Polifonica-Monodica-Ritmica*. Das Hauptwerk der 50er Jahre, die Kantate *Il canto sospeso* (1956), auf Texte nach Fragmenten aus Abschiedsbriefen von zum Tode verurteilten Widerstandskämpfern, machte den jungen Komponisten plötzlich auch international bekannt. Zusammen mit Stockhausen und Boulez war Nono von da an der führende Kopf der „seriellen Schule". Und früh schon zeichnete sich bei ihm jenes kämpferische humane Engagement ab, das aus dem Erlebnis des italienischen Antifaschismus erwuchs und ihn lange Jahre zum „politischen Komponisten" par excellence stempelte, der mit der Gesellschaft und der Kunsthaltung des Westens zunehmend in Konflikt geriet. Als Höhepunkt dieser Entwicklung kann die Szenische Aktion *Intolleranza* gelten – nicht Oper, sondern Musiktheater eigenen Stils.

Ab Mitte der 70er Jahre veränderte sich Nonos rigorose klassenkämpferische Position: Nach der zweiten Szenischen Aktion (*Al gran sole carico d'amore*) trat eine Wandlung des musikalischen Denkens und des Klangbewußtseins zutage – im Zeichen von Verinnerlichung und Lyrisierung der musikalischen Sprache. Nono machte sich nun in zahlreichen Kammermusikwerken, meistens für Bläser und Chorstimmen, einen neuen Klang- und Ausdrucksbereich zunutze: die Live-Elektronik, den spontan im Augenblick gesteuerten Raumklang. Höhepunkte im Schaffen sind das Hölderlin-Streichquartett (1980) und der *Prometeo*, ein nach innen, in den rein musikalischen Raum verlagertes Musiktheater der Ideen (Nono nennt das Werk „Tragödie des Hörens"). Im Zentrum all dieser Stücke steht die Imagination des „Wanderns“, die Offenheit gegenüber allen Kulturen, eine Philosophie des Suchens, der Nicht-Gewißheit. Geblieben ist Nono: das humane Gewissen, die Zeugenschaft des Zeitgenossen.

Wolfgang Schreiber

Intolleranza
Szenische Aktion in zwei Teilen

Text: Angelo Maria Ripellino, unter Verwendung von Texten von H. Alleg, B. Brecht, A. Césaire, P. Élouard, W. Majakowski, J. Fućik und J. P. Sartre
Uraufführung: 1. FASSUNG: 13. April 1961, Teatro La Fenice, Venedig
2. FASSUNG: Die Nürnberger Fassung *Intolleranza 60* (Erstaufführung 10. Mai 1970 in Nürnberg) ist musikalisch mit der Partitur von 1960/61 identisch, aber um elektronische Musik erweitert. Der Text wurde von Yaak Karsunke neu bearbeitet
Personen: Ein Flüchtling (Ten); Seine Gefährtin (Sop); Eine Frau (Alt); Ein Algerier (Bar); Ein Gefolterter (Baß); Vier Polizisten
Chor: Bergarbeiter; Demonstranten; Gefolterte; Gefangene; Flüchtlinge; Algerier; Bauern; Chor auf Tonband
Orchester: 3 Fl, 3 Ob, 3 Kl, 3 Fg, 6 Hrn, 5 Trp, 5 Pos, Pkn, Schlgzg (8 KlTr, 12 Militärtr, 4 GrTr, Bck, hängendes Bck, 4 TamTams, 4 Trgl, 3 Gl, 4 Tamburine, Glsp, Metallophon, Marimbaphon, Vibraphon, Xyl), Hrf, Cel, Streicher
Form: 11 Einzelszenen
Aufführungsdauer: Ca. 1 ¼ Stunde
Verlag: B. Schott's Söhne, Mainz

Handlung
Die Szenische Aktion *Intolleranza* stellt den Leidensweg eines Flüchtlings in einem fremden Land dar. Dieser verläßt seine Heimat, seine Arbeitskameraden (Bergleute); seine Frau kehrt nach Jahren in der Fremde mit ihm haßerfüllt nach Hause zurück. – Der Flüchtling wird in der Stadt in eine Demonstration hineingezogen. Nach Verhaftung und Verhör wird er Zeuge von Folterungen Gefangener, er flieht aus einem Konzentrationslager.

„Einige Absurditäten des heutigen Lebens" werden gezeigt; und: Aus Fabriken breiten sich Nebel giftiger Gase aus und führen eine Katastrophe herbei. Der Flüchtling und seine neue Gefährtin, für ihn das neue Leben und die Hoffnung, werden von der ersten Frau des Mannes gestellt; alle lösen sich in Gespenster und Schatten auf. – Der Flüchtling und seine Gefährtin werden bei der Rückkehr in die Heimat an einem großen Strom aufgehalten. Eine Überschwemmung hat alles vernichtet, sie treibt die arbeitsuchenden Menschen wiederum in die Fremde. Dem Flüchtling wird bewußt, daß er in seiner Heimat bleiben muß, um dort die Lebensumstände verändern zu helfen.

Kommentar

„Lebendig ist, wer wach bleibt, sich den anderen schenkt, das Bessere hingibt, niemals rechnet", singt der Einleitungschor in A-cappella-Reinheit. Der Schlußchor intoniert Texte aus Brechts berühmtem Gedicht „An die Nachgeborenen": „Ihr, die ihr auftauchen werdet aus der Flut, / In der wir untergegangen sind, / Gedenkt, / Wenn ihr von unseren Schwächen sprecht, / Auch der finsteren Zeit, / Der ihr entronnen seid."

In Nonos *Intolleranza* kommt dem Chor eine beinahe archaisierende Rolle zu, und damit ist er mit der griechischen Tragödie vergleichbar. In der Spannung zwischen dem Einzelschicksal eines Flüchtlings (das italienische ‚emigrante' bedeutet auch: Gastarbeiter) und der überhöhenden lyrischen Funktion des Chors kristallisiert sich die Dramaturgie und schließlich die Bedeutung der Szenischen Aktion. Der Chor hat extreme vokale Aufgaben zu bewältigen: weite Tonhöhen und Intervallsprünge, differenzierte Klangfarben, harte dynamische Kontraste. Hans Zender, der Dirigent der Hamburger Aufführung von 1985, meinte, Nono sei eine Musik gelungen, „welche geistige Kräfte entwickelt hat, um die unerhörten Probleme unserer Zeit zu spiegeln". Die Klangsprache des Werkes breitet sich vorwiegend zwischen zwei Ausdruckspolen aus: Blech- und Schlagzeugballungen der Gewalt und Streicher-/Holzbläserpassagen von zarter Verinnerlichung. Die musikalische „Grammatik" entspricht derjenigen des *Canto sospeso*, sie bewegt sich in Intervallen der konstruktivistischen Zwölfton- und Reihentechnik, folgt dem Prinzip der Fragmentarisierung des Materials. Auf dem Gebiet der Textkomposition geht Nono seine eigenen, bereits entwickelten Wege, indem er Vielschichtigkeit aus Spiegelungen und Brechungen in der Phonetik und Semantik seiner Sprache erreicht. Die theatralische Konzeption von *Intolleranza* knüpft an Schönbergs *Die glückliche Hand* und dessen neue, dynamisierte optisch-akustische Ideen an. Nono selbst nennt die Namen Schlemmer, Meyerhold, Piscator, zitiert die „Laterna Magica". Vor allem – Nono spricht von „Bewußtseinstheater" – sind es die Momente einer großen polemischen Schlagkraft, des Zusammenstoßens, des Protests, gleichzeitig aber auch der Versenkung in menschliche Reflexion und Leidensfähigkeit, die die Kraft und die Wirkung von *Intolleranza*, jenseits einer bloß vorgestellten Handlung, durch musikalische Imagination befördern.

Geschichte

Luigi Nonos *Intolleranza* ist seit der Biennale-Uraufführung am 13. April 1961 im Teatro La Fenice in Venedig (Inszenierung: Vaclav Kaslik; Bühne: Emilio Vedova; Dirigent: Bruno Maderna) als Fanal einer avancierten politischen Musik erkannt und zum Teil heftig diskutiert worden. In seinem detaillierten Aufsatz *Luigi Nono und ‚Intolleranza' 1960* hat Luigi Pestalozza versucht, die Kompositionstechnik, die szenisch-musikalische Konzeption und die geistige Aussage des Werkes im Zusammenhang mit Nonos bisherigem Schaffen, vor allem *Il canto sospeso* und *La fabbrica illuminata*, aufzuhellen (abgedruckt in: Luigi Nono: *Texte*. Studien zu seiner Musik, herausgegeben von Jürg Stenzl, Zürich 1975).

Das Werk ist nur wenig nachgespielt worden. Drei Aufführungen in der Bundesrepublik erregten Aufsehen: die deutsche Erstaufführung in Köln 1962 (Inszenierung: Hans Lietzau; Dirigent: Bruno Maderna), die Nürnberger Fassung *Intolleranza 70* von 1970, um elektronische Klänge erweitert und mit neuen Texten von Yaak Karsunke (Regie: Wolfgang Weber; Dirigent: Hans Gierster), und die Aufführung von 1985 in Hamburg (Regie: Günter Krämer; Dirigent: Hans Zender). Dazwischen erfolgten szenische Wiedergaben 1965 in Boston (Regie: Josef Svoboda; Dirigent: Bruno Maderna) und 1971 in Nancy (Regie: Jean-Claude Riber; Dirigent: Wolfgang Gayler). Vor allem die Hamburger Aufführung von 1985 hat gezeigt, daß *Intolleranza* im Hinblick auf seine Thematik des Gastarbeiters/Ausländers/ Emigranten, auf seine sozial- und ökokritischen Zusammenhänge und auf die Komplexität und Kraft seiner musikalischen Ausdruckssprache von einer Aktualität ist, die ihre Wirkung nicht verloren hat.

Wolfgang Schreiber

Al gran sole carico d'amore
(Unter der großen Sonne von Liebe beladen)
Szenische Aktion in zwei Teilen

Text: Bertolt Brecht, Tanja Bunke, Fidel Castro, Ernesto „Che" Guevara, E. Dimitrov, Maxim Gorki, Lenin, Karl Marx, Louise Michel, Cesare Pavese, Arthur Rimbaud, Celia Sanchez, Haydée Santamaria, Live-Zeugnisse, Kampflieder

Uraufführung: 1. FASSUNG: 4. April 1975, Teatro alla Scala, Mailand

2. FASSUNG: 11. Februar 1978, Mailänder Scala

Die Frankfurter Fassung erweitert die Zahl der Solosänger, sie entstand in Gemeinschaftsarbeit von Luigi Nono, dem Regisseur Jürgen Flimm, dem Bühnenbildner Karl-Ernst Herrmann und dem Dirigenten Michael Gielen. Erste Aufführung am 26. Juni 1978 im Opernhaus Frankfurt

Personen: Es treten keine „Personen" im traditionellen Sinn auf, sondern Sänger, auf die die Texte verteilt sind: 3 Sop, Mez, Alt, Bar und 2 Bässe. Chöre der Kommunarden, Tänzer, Tonbänder

Orchester: 8 Fl, 4 Ob, 5 Kl, 4 Fg, 4 Trp, 4 Hrn, 4 Pos, Pkn, Tr, Grancassa, TamTams, Marimba, Glsp, 4-Kanal-Tonband

Form: 18 Einzelszenen

Aufführungsdauer: Ca. 1 ¾ Stunde

Verlag: G. Ricordi & C. S. p. A., Mailand

Handlung

Die Szenische Aktion *Al gran sole carico d'amore* kennt keine Handlung im üblichen Sinn, verfolgt auch keinen die Stationen verbindenden historischen Faden, sondern verläuft in einem die Aktionszentren konfrontierenden Wechselspiel. Die Grundidee: „Die immerwährende weibliche Gegenwart im Leben, im Kampf, in der Liebe. Das Gestern, das Heute, das Morgen vernetzt durch Vorwegnahme und Fragmentierung: von der kubanischen Revolution zur russischen von 1917; von der russischen Revolution von 1905 zur Pariser Kommune und schließlich in die italienische ‚Resistenza' übergehend."

Kommentar

Die Titelzeile („Au grand soleil d'amour chargé") stammt von Arthur Rimbaud, der Jeanne-Maries, stellvertretend für alle aufständischen Frauen der Pariser Commune, in einem Gedicht gedenkt:

„Jeanne-Marie hat starke Hände,

Dunkle Hände, die der Sommer gerbte,

Sie erblaßten, die wunderbaren,

Unter der Großen Sonne von Liebe beladen,

Von den Geschossen der Maschinengewehre

Durch das sich erhebende Paris."

Al gran sole kann man, wie schon *Intolleranza*, nicht als ideologisches Theater bezeichnen, sondern es ist ein Theater der Idee von der Befreiung des Menschen aus der Umklammerung der Herrschaft durch den Menschen. Es ist ein Theater der musikalisch-dramaturgischen Montage, in der Wechselwirkung von Vergangenheit und Gegenwart. Solistenstimmen, Chor, Vokalgruppen, das Orchester und elektronisches Musikmaterial durchdringen einander. Wichtigstes musikalisches Subjekt ist der Chor, als ganzes oder in der Gliederung kleinerer Chorgruppen: live, über Lautsprecher verstärkt oder vom Tonband. Nono selbst spricht dabei über den Einfluß von Mussorgskijs *Chowanschtschina* und *Boris* (in der Originalfassung), von Verdis *Nabucco* und Schönbergs *Moses*. Stärker als in *Intolleranza* wird der Chor hier gegliedert, was vor allem in dem sprachlichen, rhythmischen und szenischen „Skandieren" zum Ausdruck kommt. Gleichzeitig ergibt sich eine spezifische Struktur durch die Abfolge und Überschneidung der Abschnitte mit Solo-Stimmen und mit Orchester. Die Einzelfigur weitet sich ins Kollektiv aus, dieses konkretisiert sich in der Einzelstimme. Und es besteht eine durchgestaltete Beziehung zwischen der orchestralen und der elektronischen Sprache. Eine große Rolle spielt „die ideelle Verwendung von Gesängen in ihrer Ganzheit oder in ihren rhythmisch-melodischen Komponenten", gemeint sind hauptsächlich politische Volkslieder wie die *Bandiera rossa*, die kubanische Nationalhymne, u. a.

Al gran sole carico d'amore war nicht als Collage im modischen Sinn entworfen, das heißt: Episoden und Szenenfragmente kommentieren nicht historische Prozesse, sondern sie verknüpfen sich durch Analogie assoziativ – wie in der Lyrik. Ziel ist eine neue Erfahrung des Zuschauers/Zuhörers über seine eigene Vergangenheit und Zukunft. Das Episoden- und Fragmenthafte des Stücks will eine Vieldeutigkeit der Betrachtung hervorrufen, jene prinzipielle Offenheit des Suchens, der Nicht-Gewißheit, die Luigi Nono in den nach Mitte der 70er Jahre komponierten Werken noch stärker zum geistigen und musikalischen Mittelpunkt seines Schaffens erhob.

Geschichte

Die Uraufführung an der Mailänder Scala am 4. April 1975 (Dirigent: Claudio Abbado) war szenisch vor allem durch Jurij Ljubimovs Regie und David Borovskijs Ausstattung geprägt, beide Gäste vom Moskauer Taganka-Theater. Ljubimov hatte auch Anteil an der Auswahl der Texte. In einfachen starken Bildfindungen und sehr komplexen, weitgehend formal-abstrakt geführten Bewegungen von Solisten und Chören gelang eine szenische Umsetzung von Luigi Nonos fragmentarisiertem Ideentheater, die weniger ‚Inhalte' als die szenische Musikalisierung in Tableaus zum Ziel hatte.

Die Frankfurter Aufführung am 26. Juni 1978 (Dirigent: Michael Gielen) stand unter der Regie von Jürgen Flimm, die Bühnenbilder hatte Karl-Ernst Herrmann entworfen, und die Kostüme stammten von Nina Ritter. Flimms Bilderwelt war ganz anders gefunden und strukturiert, sie vereinte „historische Anspielungen mit Einstellungen heutiger Wirklichkeitserfahrungen", verband „Konkret-Realistisches mit surrealistischen und symbolistischen Zeichenwelten" (Dieter Rexroth). Die vielschichtige Fülle des Text-Musik-Szene-Ablaufs hatte weitgehend Rätselcharakter, eine große Rolle in den Bildern spielte die deutsche Gegenwart.

Eine dritte Aufführung gelang im Frühjahr 1982 der Opéra von Lyon, wo der Regisseur Jorge Lavelli (Dirigent: Michael Luig) eine Fabrikhalle als Spielstätte dem Opernhaus vorzog. Die Wiedergabe war um etwa 20 Minuten gekürzt (vor allem in den lyrischen Abschnitten). Entscheidend für den Zuschauer/Zuhörer war Lavellis Idee (der das Stück als „eine wie ein Oratorium konstruierte Feier" verstand), die Hörperspektive zu verändern, den Besucher im Raum wandern zu lassen. Die fünf Aufführungen erregten größtes Interesse bei der französischen Kulturöffentlichkeit und der Kritik.

Wolfgang Schreiber

LUCIANO BERIO

geb. 24. Oktober 1925 in Oneglia

Als Sohn und Enkelsohn örtlicher Organisten früh in eine professionelle Musikausübung hineingewachsen, studierte Berio Jura und Komposition in Mailand, u. a. bei Giorgio Federico Ghedini, einem Eklektiker der italienischen Nachkriegsmusik. Schon während seiner Studienzeit betätigte sich Berio als Begleiter von Sängern und als Musiker und Dirigent an regionalen italienischen Opernhäusern. 1950 heiratete er die amerikanische Sängerin Cathy Berberian und erhielt wenig später seine ersten Kontakte zur amerikanischen Szene der neuen Musik in Tanglewood, wo er an den Kompositionskursen von Luigi Dallapiccola teilnahm. Hier erst lernte er die Dodekaphonie kennen, hier erst fand er Distanz zur neotonalen Schreibweise seiner frühen Stücke. Und erst 1954 – in den Kursen des Basler Konservatoriums und in den Internationalen Darmstädter Ferienkursen – beginnt sich Berio im Kontakt mit Bruno Maderna, Karlheinz Stockhausen und Henri Pousseur mit der konstruktivistischen Ästhetik der Serialität auseinanderzusetzen, erst nachdem er 1952 eine erste elektronische Tonbandkomposition von Otto Luening und Vladimir Ussachevsky kennengelernt hatte. Er gründete zusammen mit Maderna 1955 das Studio di Fonologia des Italienischen Rundfunks in Mailand, gründete die Zeitschrift „Incontri musicali" (1956–1960) und, wiederum zusammen mit Maderna, die gleichnamige Konzertreihe: sukzessive ein universalistisches Aufbaukonzept der musikalischen Moderne. Das Musiktheaterprojekt dieser Mailänder Phase ist *Passagio* (1961–1962), eine „messa in scena" auf einen Text von Berio und Edoardo Sanguinetti für eine Sängerin und im Publikum verteilten Chor, ein quasi-serielles Stück hochvirtuoser Gestik und Vokaltechnik.

Nach vereinzelten Engagements in Tanglewood und Dartmouth übersiedelte Berio 1963, nachdem er seine Mailänder Arbeit aufgegeben hatte, in die USA, um zunächst eine Professur am Mills College in Oakland/Kalifornien zu übernehmen, später an der Harvard University in Cambridge/Massachusetts und an der Juilliard School in New York City zu unterrichten, in der er das Juilliard-Ensemble gründete und leitete. Die Musiktheaterprojekte der amerikanischen Phase Berios sind *Laborintus II* (1965), eine theatralische Collage aus Zitaten von Dante, Ezra Pound, T. S. Eliot und Sanguinetti, und *Opera* (1969–1970), das in seiner ersten vieraktigen Version auf Texte von Berio, Umberto Eco und F. Colombo in Zusammenarbeit mit dem Open Theatre entstanden und 1970 in Santa Fé/New York uraufgeführt worden ist.

1972 kehrte Berio nach Europa zurück und half Boulez beim Aufbau des Institut de Recherche et de Coordination Acoustique/Musique (IRCAM) in Paris als Leiter der Abteilung für elektroakustische Komposition. Nach der fünfjährigen Arbeit in Paris widmet sich Berio Projekten des Aufbaus von elektroakustischen Arbeitsmöglichkeiten in Italien. In dieser zweiten europäischen Phase entstanden einige größere Arbeiten wie Konzerte für zwei Klaviere, für ein Klavier und für Violoncello und kleinere oder größere Orchester, *Coro* für vielfach unterteilten vom Solo bis zum Tutti beanspruchten Solistenchor und Orchester (1975–1976), die zweiaktige Oper *La vera storia* (1981–1982) für die Mailänder Scala und die azione musicale *Un re in ascolto* (1983–1984) für die Salzburger Festspiele und die Wiener Staatsoper.   *Reinhard Oehlschlägel*

Un re in ascolto (Ein König horcht)
Azione musicale in zwei Teilen

<u>Text</u>: Italo Calvino (deutsche Übersetzung: Burkhart Kroeber)
<u>Uraufführung</u>: 7. August 1984, Kleines Festspielhaus, Salzburg
<u>Personen</u>: Prospero (Baßbar); Regisseur (Ten); Freitag (Sprechrolle); Protagonistin (Sop); Sop I; Sop II; Mez; Drei Sänger (Ten, Bar, Baß); Krankenschwester (Sop); Gattin (Mez)
STUMME ROLLEN: Akkordeonspieler, Mime, Bote, Bühnenbildner mit Assistenten, Schneiderin, entzweizusägende Dame und ein Zauberer, Akrobaten, Clown, drei Tänzer, Pianist, Chor
<u>Ort und Zeit</u>: Nicht fixiert
<u>Orchester</u>: 3 Fl (2. auch Picc), 2 Ob, E. H., 3 Kl, Bkl, TenSax, 2 Fg, Kfg, 3 Hrn, 3 Trp, 3 Pos, Btba, Pkn, Schlgzg (1–2 Spieler: Bongos, KlTr, GrTr, Zimbeln, TamTam, Claves, Guiro, Trgl, Holzblöcke, Flexaton), Cel, elektron. Org, Streicher

<u>Auf der Bühne:</u> Klav, Akkordeon
<u>Form:</u> 19 ineinander übergehende Musiknummern
<u>Aufführungsdauer:</u> 1 ½ Stunden
<u>Verlag:</u> Universal-Edition, Wien

<u>Handlung</u>
1. TEIL: Der Theaterdirektor Prospero grübelt seinen Visionen von Träumen und Musik nach, die er aus seiner Erinnerung nicht mehr zu beschwören vermag. Mit Prosperos Prolog „Ich sah im Traum ein Theater, ein anderes Theater" setzt die musikalische Handlung ein. Es wird der Alltag einer Probe in Prosperos Theater gezeigt: Es erscheinen der Regisseur, Tänzer und Tänzerinnen, der Schauspieler Freitag, ein Pantomime, ein Bote, Akrobaten, ein Clown, ein Zauberer und eine entzweizusägende Dame, mehrere Assistenten und ein Pianist. Geprobt wird ein Schauspiel, das der *Sturm* von Shakespeare sein könnte, zumindest eine Paraphrase auf Shakespeares letztes Stück: das Theater als Insel mit Prospero. Prospero nimmt sein Theater durch die Geräusche, die Musik, die Stimmen wahr und sucht dennoch dahinter eine andere Stimme, andere Töne, ein anderes Theater. Der Regisseur probt mit dem Schauspieler Freitag, den drei Sängern und dem Chor. Ein Bote soll lernen, wie man eine Nachricht überbringt. Es wird auch noch eine Dame gesucht, die eine Partie übernehmen soll. Eine Sängerin, begleitet vom Pianisten, singt vor. Der Regisseur und Prospero diskutieren über Inhalt und Verlauf des Stückes. Das Schauspiel handelt von „einem König, der die Ohren spitzt... Er fürchtet eine Verschwörung, er horcht auf jedes Geräusch". Er lauscht dem, was Prospero singt, mit den Ohren der anderen und mit den eigenen, und hat dennoch kein Ohr für die Klagen im Kerker. Sein Reich sei in Gefahr, und die Königin soll ihn verraten haben. Prospero legt sich dem Regisseur gegenüber nicht fest, es bleibt ein „unergründliches Schauspiel". Die Probe geht weiter: Schüsse und Sirenen sind zu hören, „ein Sturm vielleicht, oder eine Revolution". Freitag trägt die „Serenata" vor, einen Sprechgesang in der Wiederholung des Wortes silentium (Schweigen). Während mit Tüchern ein Meer-Effekt ausprobiert wird, singt Prospero eine Arie. Indem er auf die Töne horcht, sucht er nach dem, was ihm zwischen den Tönen gesagt wird und wovon er nicht weiß, ob er es mit Verlangen oder Angst erwarten soll. Eine Mezzosopranistin singt vor und wird vom Regisseur wieder weggeschickt. Freitag parodiert mit dem Mimen als stummem Partner die vorangegangene Auseinandersetzung zwischen Prospero und dem Regisseur.

Prospero, wieder allein, lauscht einer inneren Stimme, die ihm vom Ende spricht, vom Sterben. Er erleidet einen Schwächeanfall.

2. TEIL: Prospero, zusammengesunken, ruft nach Ariel, der Regisseur hält ihn für betrunken, bevor er merkt, daß der Theaterdirektor krank ist. Mit dem Arzt, dem Advokaten, der Krankenschwester und der Gattin Prosperos dringt die Realität in die Welt der Illusionen ein: Spiel und Wirklichkeit greifen ineinander. Der immer mehr verfallende Prospero wird in einen König verwandelt, während sich das Geschehen auf der Szene steigert. Wiederum singt eine Sängerin vor und wird gewaltsam von der Bühne gezerrt. Prospero singt von seinem Reich, das „nicht zu sehen noch zu berühren", vielmehr „ein Meer von Musik" sei. Die Arie der Protagonistin ist ein Abschied: „Mein Gesang ist Klage um dich, Prospero." Danach wird der Abschied vom Leben, das „Addio", wieder aufgenommen. Die Probe verebbt, alle legen ihre Kostüme ab und verlassen die Bühne. Die Aufführung wird nie stattfinden: „Addio, Spiegel der Töne, Echo der Taten, Brunnen der Zeit, addio!"
Prospero stirbt einsam inmitten seiner verlöschenden Illusionen, seiner zerfallenden Hoffnungen.

Kommentar

Dem Werk *Un re in ascolto* liegen als Sujet ein Motiv Kafkas zugrunde, das Italo Calvino zu einer Erzählung ausgebaut hat, und natürlich Shakespeares *The tempest*, ein Stück, das einen Moment lang auf einem untergehenden Schiff spielt und im übrigen auf einer Insel, auf der ein zuvor schon schiffbrüchiger Verbannter namens Prospero mit märchenhaften Geistern wie dem Windgeist Ariel und unter anderem mit Musik die Gestrandeten – seine Todfeinde – mit frühaufklärerischer Weisheit zunächst beherrscht und schließlich zum Besseren verändert. Berio war wohl vor allem fasziniert von der träumerischen Magie der Musik in dieser Fabel des 17. Jahrhunderts und hat ein Libretto aufgetan, das Mozart am Ende seines Lebens – zu spät – interessiert hatte. Und Berio gewann den aus der „Resistenza" hervorgegangenen Italo Calvino, bekannt durch seine phantastisch-realistischen Erzählungen, dazu, aus den verschiedenen Vorlagen im Dialog mit sich selbst das Libretto zu formen. Dieses Libretto, das offenbar im Laufe der Komposition weiteren Transformationen unterzogen wurde, ist kaum als vom Stück losgelöst zu betrachten. Wie die Partitur ist es in zwölf Abschnitte gegliedert, verwendet überwiegend die italienische Sprache, an einigen Stellen auch deutschen Text und gibt nur sparsame Hinweise auf das eigentliche Bühnengeschehen. Von den Personen des Shake-speare-Stückes ist allein Prospero übriggeblieben. Aus dem verbannten Mailänder Herzog wird bei Berio und Calvino ein alternder Theaterdirek-tor, sozusagen ein Opernintendant, neben dem ein Regisseur, ein Schau-spieler, eine sogenannte Protagonistin und noch weitere Solisten, dazu ein Chor und akrobatische Komparsen auftreten. Es gibt keine Handlung im üblichen Sinne, keine „Geschichte" auf der Bühne. Gesungen wird viel-mehr von allen möglichen Träumen, Vorstellungen und in dichterischen Bildern, durch die der Sturm, das Schweigen, das Horchen, der Staub, das Dunkel, die Nacht, der Abschied, aber auch die erstorbene Liebe und die Musik – einmal sogar der bei Shakespeare die Musik dienstbar nutzende Ariel – hindurchgeistern.

Es gibt aber doch eine Entwicklung: Vor der Pause eine Art zeitlicher Statik, in der eine zunehmende und wieder abnehmende Gleichzeitigkeit aller Bühnenaktionen zugelassen ist; und nach der Pause ereignet sich der zu-nehmende Verfall, die Vereinsamung Prosperos bis zu seiner wahrhaft finalen Arie (Tod).

Beide Teile sind zudem in strenge musikalische Satzformen gegliedert: in Arien, Duette, Concertati (Ensembles mit Chor, wie in der italienischen Oper des 19. Jahrhunderts), ferner sogenannte audizioni, das Vorsingen von Sängerinnen, um die Rolle, die der Theaterdirektor vor Augen hat, passend besetzen zu können. Die Sängerinnen tragen jedoch keine Szene aus Pros-peros geplanter Operninszenierung vor, sondern ihren eigenen Text. Und im Zentrum der beiden Teile gibt es noch eine serenata und ein instrumen-tales air. Alles in allem sind es 19 ineinandergehende, aber doch verschie-dene charakteristische Satzanordnungen. Insofern gleicht die eigentliche Komposition nicht nur den früheren Musiktheaterstücken Berios, sondern auch dem anthologischen Liederzyklus *Coro* oder den – allerdings weiträu-miger angelegten – Abschnittsformen in Stockhausens Musiktheater.

Un re in ascolto ist auch in seiner kompositorischen Faktur, in der Instru-mentation, in den Figurationen, in den gebrochenen Allusionen und Ver-weisen, ferner in den ariosen Formen ein so beziehungsreich vieldeutiges Stück wie schon der Textentwurf selber. Es kann dementsprechend auch sehr unterschiedlich aufgeführt, sehr differenziert gehört und aufgefaßt werden. Abgesehen von seiner Deutungsbreite ist das Stück ohne zusätz-liche Freiräume für die Aufführung komponiert. Die Offenheit des Stückes – im Sinne von Umberto Ecos *Opera aperta (Das offene Kunstwerk)* – verlagert sich überwiegend auf die Vielfalt der Apperzeption: Die Insel Prosperos

kann als Theaterinsel, also als Kunstinsel verstanden werden, auf der
Herrschaft und Schönheit verblassen. Sie kann aber auch als die künstliche
Insel unserer Gesellschaft und als die Isolation des Individuums aufgefaßt
werden.

Geschichte

Un re in ascolto wurde in den Jahren 1983–84 für die Salzburger
Festspiele geschrieben und im Kleinen Festspielhaus am 7. August 1984
mit großem Publikumserfolg uraufgeführt. Die Wiener Staatsoper brachte
das Stück bereits fünf Wochen später heraus. Seither hat es weitere Inszenierungen erleben können (Mailänder Scala 1986). Götz Friedrichs
Inszenierung der Uraufführung (Bühnenbild: Günter Schneider-Siemssen,
Titelpartie: Theo Adam) hielt sich an die Vieldeutigkeit des Stückes. Im
Salzburger Programmheft nennt Friedrich die Prospero-Figur „fatal", weil
sich in ihr Berios Biographie, „der Versuch künstlerischer Selbstanalyse
eines Musikerschicksals spiegelt", eines Musikers, der wie Prospero im
Duett mit seinem Regisseur erläutert, daß er mehr an die Stille als an den
Sturm gedacht habe, das andere Theater, von dem er träumt – und das
andere Leben, von dem wir alle träumen –, vielleicht ein Sturm oder eine
Revolution sein könnte, aber friedlich. Es ist ein klanglich schönes, ein
süßes Stück sozusagen, ein Ariel-Stück, voller Kunstfertigkeit und voll
schwelgerischer Trauer, wie geschaffen für den luxuriös desolaten Fest-
spielbetrieb Salzburger Couleur und den nicht weniger gebrochenen
klangsüchtigen Opernbetrieb der Wiener Staatsoper.

Reinhard Oehlschlägel

HANS WERNER HENZE

geb. 1. Juli 1926 in Gütersloh

Mich interessiert Musik, um Stimmungen, Atmosphäre, Zustände wiederzugeben. Ich will keine absolut zugeschnürten Musikpakete." Hans Werner Henze begreift sein Schaffen ganz politisch als öffentliche Sache; seit den späten 6oer Jahren dezidiert. Am 1. Juli 1926 in Gütersloh geboren, standen die ersten zwanzig Jahre seines Lebens im Zeichen des Nationalsozialismus. Der Vater zwang den Knaben, bei der Hitlerjugend mitzumachen. Früh war der junge Antifaschist mit Terror und Angst konfrontiert. Mit etwa dreizehn Jahren entdeckte er seine Leidenschaft für die Musik – er komponierte als Autodidakt–, aber erst 1946, nach Kriegsdienst und kurzer Gefangenschaft, konnte er in Heidelberg bei Wolfgang Fortner studieren und aufarbeiten. Rastlos arbeitend und suchend wechselte er bis 1953 mehrfach den Wohnort in der Bundesrepublik und Westberlin. Er schrieb erfolgreiche Sinfonien, Kammermusik, Ballette, Opern (*Das Wundertheater* nach Cervantes, 1948; *Boulevard Solitude*, Lyrisches Drama, Text von Grete Weil, 1951; *Ein Landarzt,* Funkoper nach Kafka, 1951), doch stieß er in der Bundesrepublik einerseits „an allen Ecken und Enden auf das Erbe der faschistischen Herrschaft", andererseits verweigerte er sich gewissen dogmatischen Tendenzen der Avantgarde. 1953 übersiedelte Henze nach Italien, um – wie er sagt – „frei leben und arbeiten zu können". Neben vielem anderen entstand 1956 die magisch-bunte Oper *König Hirsch* (Text: Heinz von Cramer). Bei der Uraufführung in Berlin kam es zu tumultartigen Szenen. Mit den Opern *Elegie für junge Liebende* (1961) und *Der junge Lord* (1965, Text: Ingeborg Bachmann nach Wilhelm Hauff) setzt sich Henze international als bedeutender Komponist endgültig durch. In der relativen Isolation seiner ästhetischen Provinz steuerte Henze aber einer veritablen Krise entgegen. Die radikale Reflexion der gesellschaftlichen Bedingungen und Funktionen von Kunst bewirkte schließlich, daß er 1968 als komponierender Linkssozialist im Zentrum der deutschen Studentenbewegung klar Stellung bezieht. 1969/70 ist Henze zweimal Gast des Nationalrats für

Kultur von Kuba. Dort schreibt er seine 6. Sinfonie. Henze wirkt weltweit als Dirigent, Regisseur und Organisator. 1976 bis 1980 leitet er im toskanischen Montepulciano ein von ihm ins Leben gerufenes Festival, bei dem mit Laien und professionellen Musikern aus der ganzen Gegend beispielhafte und animierende Basisarbeit geleistet wird. Der mittlerweile vielfach Geehrte, der sich gegen jedweden Starkult wendet, sich vielmehr als lernender und lehrender uomo sociale begreift, kann auf ein wahrhaft riesiges und weitverbreitetes Werk verweisen.

Weitere musikdramatische Werke Henzes sind u. a.: *Der Prinz von Homburg*, Text von Ingeborg Bachmann, nach Kleist, 1958; *Die Bassariden*, opera seria, nach Euripides, 1965; *Die Englische Katze*, Text: Edward Bond, 1983.   *Helmut Rohm*

Elegie für junge Liebende
Oper in drei Akten

Text: Wystan H. Auden und Chester Kallman (deutsche Fassung von Ludwig Landgraf unter Mitarbeit von Werner Schachteli und Hans Werner Henze)
Uraufführung: 20. Mai 1961, Rokokotheater, Schwetzingen
Personen: Gregor Mittenhofer, ein Dichter (Bar); Dr. Wilhelm Reischmann, ein Arzt (Baß); Toni Reischmann, sein Sohn (Ten); Elisabeth Zimmer (Sop); Carolina Gräfin von Kirchstetten (Alt); Hilda Mack, eine Witwe (Sop); Josef Mauer, ein Bergführer (Sprechrolle); Bedienstete im „Schwarzen Adler" (stumme Rollen)
Ort und Zeit: Berggasthaus in den Österreichischen Alpen, 1910
Orchester: Fl (auch Picc), E. H. (auch Ob), Kl, Sax, Hrn, Trp, Pos, Pkn, Glsp, Cel, Flexaton, Marimba, Vibraphon, Mandoline, Gitarre, Hrf, Klav, Schlgzg, Streicher
Form: Durchkomponiert
Aufführungsdauer: Ca. 2 ½ Stunden
Verlag: B. Schott's Söhne, Mainz

Handlung.

1. AKT: „„Ich bezwing den Berg, du zärtliche Braut, Geliebte, für dich!' rief er. So ruft er noch heut." Vor 40 Jahren ist Hilda Macks Gatte auf dem Hammerhorn verschollen. Noch immer wartet die zu Halluzinationen und Gesichten neigende alte Dame im Gasthaus „Schwarzer Adler" am Fuße des Berges auf seine Rückkehr. Versammelt sind hier auch der berühmte Dichter Gregor Mittenhofer und seine liebedienerischen Hofschranzen: Dr. Reischmann, der sich um die Gesundheit des genialen Schreibers sorgt; die Mittfünfzigerin Carolina Gräfin von Kirchstetten, des Dichters Mäzenin und Sekretärin. Was wäre der Göttliche ohne sie? Man erlebt einen Frühlingsmorgen des Jahres 1910. Toni Reischmann, der junge nüchtern denkende Sohn des Arztes kommt zu Besuch, und Patenonkel Mittenhofer macht ihn sogleich gönnerhaft mit seiner hübschen Geliebten Elisabeth Zimmer bekannt. Just in diesem Augenblick hat Hilda eine ihrer den Dichter inspirierenden Visionen. Begierig stenographiert Mittenhofer mit, während die anderen andächtig den Raum verlassen. Danach nehmen die alltäglichen Dinge ihren Lauf. Mittenhofer zeigt sich als Quälgeist und Zyniker, der Carolina zu Weltschmerztränen bringt. Dann eine Sensation. Der gestandene Bergführer Josef Mauer wartet mit einer Botschaft auf: Nach 40 Jahren hat der Gletscher den Gatten Hildas freigegeben. Elisabeth soll's der alten Dame, die damals beschlossen hatte, jung zu bleiben und die noch immer ihre Mädchenkleider von 1870 trägt, behutsam beibringen. Sie löst ihre schwierige Aufgabe mit Einfühlungsvermögen und Hingabe. Sie macht Hilda klar, daß jene Zeiten verflossen sind, und verhilft ihr zur Wirklichkeit zurück.

2. AKT: Toni, der Elisabeths menschliche Wärme erkennt, verliebt sich in das Mädchen. Nach ein paar Tagen gestehen sich Elisabeth und Toni ihre Liebe. Die Gräfin ertappt die beiden bei einer Umarmung. Zusammen mit dem Doktor versucht sie, die Liaison zu vereiteln. Es ginge nicht an! Der Meister und sein Werk! Aber die jungen Liebenden können sich zunächst schlagkräftig wehren. Scheinbar großherzig und mit gespielter Weisheit, seine einsame Dichterrolle glorifizierend, gibt Mittenhofer die Geliebte frei. Elisabeth aber, jetzt von Schuldgefühlen gepeinigt, ist sich ihrer Sache nicht mehr sicher. Entschlossen will Toni um ihre Liebe kämpfen. Doch großspurig verzichtet der salbadernde Dichter auf Elisabeth, erklärt alle Einwände seiner Vasallen für nichtig und gibt an, an einem Gedicht mit dem Titel „Die jungen Liebenden" zu arbeiten. Erst nachdem Hilda Mack am Arm des Bergführers in die Szene platzt, nun ganz fröhlich

im realen Leben stehend und die Methoden des Dichters bloßstellend („Der alte Dante, regt er sich auf?"), kann Elisabeth sich zu ihrer Liebe frei bekennen. Toni drängt auf eine baldige Abreise. Mittenhofer ist einverstanden. Er bittet das junge Paar aber noch um einen letzten Freundesdienst: Sie möchten ihm doch vom Gipfel des Hammerhorns eine Alveternblume, ein Edelweiß, holen. Er benötige sie als „Stütze" seiner Vision. Schließlich wolle er bei der baldigen Feier seines sechzigsten Geburtstages das neue Opus „Die jungen Liebenden" vortragen. Erleichtert gehen Elisabeth und Toni auf dieses Ansinnen ein. Kaum allein gelassen, gibt sich Mittenhofer freilich seinen Haßgefühlen hin. Ganz offen wünscht er alle zum Teufel. „Ich wollt', sie wär'n tot!"

3. AKT: Das junge Paar verläßt den Gasthof, um aufs Hammerhorn zu steigen, Hilda und Dr. Reischmann reisen ab nach Wien. Völlig unerwartet schlägt nun das Wetter um, und ein Schneesturm zieht auf. Mauer, der Bergführer, erkundigt sich im „Schwarzen Adler", ob jemand draußen im Berg sei, der Hilfe brauche. Kurzentschlossen verneint Mittenhofer, und die Gräfin schweigt konsterniert. So findet der Dichter Genugtuung und Inspiration für sein Werk. Die jungen Liebenden aber kommen im Schneesturm um. Eng umschlungen sterben sie, nachdem sie sich in auswegloser Situation ein gemeinsames schönes Leben ausgemalt haben.
Voller Zynismus widmet Mittenhofer nun sein neues Werk dem toten Paar. „Elegie für junge Liebende" ist jetzt der Titel. Bei der Dichterlesung anläßlich seines sechzigsten Geburtstages versucht er, sein Opus „feierlich und fast ohne Gesten" vorzutragen. Zu hören aber sind nur wortlose Vokalisen, die Stimmen „all derer, die zum Entstehen des Gedichts beitrugen", eine sinnentleerte Glossolalie.

Kommentar

Mit musikalischen Mitteln leuchtet Hans Werner Henze alle psychologischen und geistesgeschichtlichen Implikationen einer vordergründig besehen banalen, tatsächlich aber ungemein komplexen und bedeutungsschwangeren Geschichte aus. Erst die Musik der Kammeroper macht, subtil dechiffrierend, den ganzen Beziehungsreichtum evident. Um die Zentralfigur des Dichters Mittenhofer, Prototyp und gleichzeitig Mythos eines genialen Schaffenden, der seiner Umwelt ebenso wie jeglicher Menschlichkeit entfremdet ist, kreisen, sich benützen lassend, ebenfalls nur am Entstehen des „Werkes" interessierte Trabanten. Eigentlicher Gegenstand der Parabel ist nämlich die Genese eines Kunstwerks, eines Gedichts, dem sich, gemäß der Genieästhetik des 19. und 20. Jahrhunderts, die authentischen Aspekte und Möglichkeiten des Lebens vollständig unterzuordnen haben. Liebe muß scheitern in einer solchen Welt; sie wird degradiert zur Folie fürs Artefakt. Von Yeats, der wie George, Rilke oder Wagner Pate gestanden hat für Mittenhofer, zitieren die Textdichter Wystan Hugh Auden und Chester Kallman eine Sentenz, die mottohaft das Thema der Oper umreißt: „Der Geist des Menschen muß sich entscheiden für die Vollkommenheit des Lebens oder des Werkes."

Jede der auf drei Akte verteilten vierunddreißig Szenen ist ein klingendes Seismogramm. Die Motivationen und Seelenregungen der Figuren ebenso wie die situativen Konstellationen finden ihre genauen Entsprechungen in der Satzstruktur der Musik und in der Instrumentation. Die zunächst im Irrealen befangene Hilda Mack etwa ist satztechnisch charakterisiert durch Sept- und Nonenintervalle. Sie singt bizarre Koloraturen, wie sie die kristalline Klanglichkeit serieller Musik der 50er und 60er Jahre bestimmt haben. Auch nachdem sie vom vierzigjährigen Wahn befreit ist, kann sie sich von diesem Idiom nicht freimachen. Es klingt jetzt aber „nicht mehr preziös, sondern ungeschickt und holperig. So wird der Eindruck hervorgerufen, als ob Töne von Wärme, von Menschwerdung in dieser Art von Musik umständlich oder gar unmöglich seien" (Henze). Dadurch, daß das musikalische Material Mittenhofers Teile der von Hilda exponierten Zwölftonreihe assimiliert, wird seine dichterische Abhängigkeit von ihren Visionen sinnfällig. Die musikalische Syntax von Sekretärin und Arzt bleibt ständig auf jene des Dichters bezogen. Dagegen ist die Musik der jungen Liebenden kantabel und schlicht, klingt in ihrer tonalen Verankerung an volksliedhafte Topoi an. Jedem der Protagonisten ist ein obligates Instrumentarium zugeordnet, dessen farbliche Modulationsfähigkeit ihm entspricht. Das Leitinstrument (bei Hilda die Flöte neben Harfe und Celesta; bei Mittenhofer Horn, Trompete, Posaune; bei Carolina das Englischhorn; beim jungen Paar Violine und Bratsche) wurde analog zur jeweiligen Stimmlage gewählt und kommentiert Charakter und Befindlichkeit der Figur. Insgesamt, so Henze, soll sich die Musik „nicht nur analytisch verhalten und demonstrativ; sie muß die Analyse auch tatsächlich führen, das heißt, sie muß realistisch sein". Sogar wenn bestimmte Instrumente schweigen, ist dies beredt. Im ungemein filigranen nuancenreich-flirrenden Klangbild der Oper spielen überdies Geräusche der realen Welt eine symbolhaft-hintergründige Rolle. Tonis schicksalbesiegelnde Ankunft etwa wird signalhaft durch einen Lokomotivpfiff. Der mechanistische Zeitbegriff des Dichters und seiner Welt, von der schlagenden Uhr repräsentiert, erscheint relativiert durch die alle menschlichen Maßstäbe aufhebende Konfrontation mit der Zeit des Gletschers. Henzes Tribut an die Tradition der italienischen Oper dokumentiert sich nicht nur an der Dominanz der menschlichen Stimme (vom frei gesprochenen Anschnitt über rezitativischen und ariosen Gesang bis zu subtil durchkonstruierten Emsemblesätzen erstreckt sich ihr Feld), sondern auch in konkreten Zitaten und parodistisch verfremdeten Formadaptionen.

Geschichte

Henze schrieb seine *Elegie für junge Liebende* in den Jahren 1959 bis 1961 als Auftragswerk des Süddeutschen Rundfunks für die Schwetzinger Festspiele. Ausgangspunkt für ihn war die Vorstellung einer psychologisch sehr nuancierten Kammeroper. Der englische Dramatiker Auden und der amerikanische Lyriker Kallman – beide hatten zusammen schon das Textbuch zu Strawinskys *The rake's progress* verfaßt – lieferten das adäquate Libretto. Standen für Henze selbst Anfang der 60er Jahre noch gewisse „zeitlose" Aspekte des Sujets im Vordergrund der Interpretation, so akzentuierte er nach seiner politischen Selbstfindung bei eigenen Inszenierungen seit 1971 eher eine Dechiffrierung bürgerlicher Kunstauffassung. Die Oper gehört zu den bedeutendsten musiktheatralischen Schöpfungen nach 1945. Am 20. Mai 1961 in Schwetzingen uraufgeführt, ist sie seither international höchst erfolgreich. Wichtige Inszenierungen u. a. in Glyndebourne 1961; Brüssel 1964; New York 1965; Tokio 1966; Paris 1977; Wien 1987.

Helmut Rohm

Diskographische Empfehlung

1963 – Berlin: Hans Werner Henze, Mitglieder des Radio-Symphonie-Orchesters Berlin und des Orchesters der Deutschen Oper Berlin. Dietrich Fischer-Dieskau (Gregor Mittenhofer), Thomas Hemsly (Dr. Wilhelm Reischmann), Loren Driscoll (Toni Reischmann), Liane Dubin (Elisabeth Zimmer), Martha Mödl (Carolina Gräfin von Kirchstetten), Catherine Gayer (Hilda Mack), Hubert Hilten (Josef Mauer). DG 138876 (Auszüge)

Der junge Lord
Komische Oper in zwei Akten

Text: Ingeborg Bachmann, nach Wilhelm Hauff
Uraufführung: 7. April 1965, Deutsche Oper, Berlin
Personen: Sir Edgar (stumme Rolle); Sein Sekretär (Bar); Lord Barrat, Neffe Sir Edgars (Ten); Begonia, die Köchin aus Jamaica (Mez); Bürgermeister (Bar); Oberjustizrat Hasentreffer (Bar); Ökonomierat Scharf (Bar); Professor von Mucker (Ten); Baronin Grünwiesel (Mez); Frau von Hufnagel (Mez); Frau Oberjustizrat Hasentreffer (Sop); Luise, Mündel der Baronin (Sop); Ida, deren Freundin (Sop); Kammermädchen (Sop); Wilhelm, der Student (Ten); Amintore La Rocca, Zirkusdirektor (Ten); Lichtputzer (Bar)
Chor: Damen und Herren; Junge Mädchen und junge Herren der guten Gesellschaft von Hülsdorf-Gotha; Einiges Volk; Kinder
Ort und Zeit: Hülsdorf-Gotha, eine kleine deutsche Stadt, 1830
Orchester: 2 Fl, 2 Ob, 2 Kl, 2 Fg, 4 Hrn, 2 Trp, 2 Tba, Btba, Pkn, Schlgzg, Hrf, Cel, Klav, Gitarre, Mandoline, Streicher
Auf der Bühne: 2 Picc, 2 Ob, 2 Kl, 2 Trp, 2 Tba, Btba, GrTr, Bck, Trgl, Schellenbaum, Klav, 2 Röhrengl, Streicher
Form: Durchkomponiert
Aufführungsdauer: 2 ¾ Stunden
Verlag: B. Schott's Söhne, Mainz

Handlung

1. AKT: Gespannt erwarten die Bürger des schönen, aber miefigen Provinzstädtchens Hülsdorf-Gotha die Ankunft Sir Edgars, eines reichen Engländers, von dessen „legendärer Generosität" sie sich Vorteile erhoffen. Eifrig proben alle für den Empfang. Als mit großer Verspätung die Kutschen endlich eintreffen, sind die Bürger befremdet: Zu Sir Edgars Troß gehören Tiere, seltsame Gerätschaften und auch zwei schwarze Bediente. Endlich erscheint auch Sir Edgar selbst; die große Begrüßungszeremonie fällt jedoch ins Wasser, weil Edgars Sekretär für seinen Herrn bittet, sich zurückziehen zu dürfen und auch alle sonstigen Einladungen ablehnt. Zum gesellschaftlichen Affront kommt auch noch ein Unwetter; auf der Suche nach Schutz vor dem Regen flüchtet sich die junge Luise, die beste Partie der Stadt, unter den Schirm ihres Geliebten Wilhelm.
Im Salon der Baronin Grünwiesel halten die Damen der Stadt kunstbeflis-

sen Konversation, zumal über die eigenen vornehmen Umgangsweisen. Die Baronin erwartet auch Sir Edgar, dem sie Luise, ihr Mündel, zu vermählen gedenkt. Doch der Fremde sagt diesmal genauso ab. Die unerhörte Düpierung läßt die Stimmung umschlagen: Die Baronin ist empört, man mokiert sich über Edgars ungehöriges Verhalten, vermutet in ihm gar einen Verbrecher auf der Flucht. Die Baronin beschließt, den Fremden zu isolieren, um ihn aus der Stadt zu vertreiben.

Ein kleiner Wanderzirkus gastiert in Hülsdorf-Gotha. Noch nie hat Sir Edgar sich in der guten Gesellschaft blicken lassen, doch eine Vorstellung der Gaukler und Tändler besucht er, bezahlt sogar das Platzgeld für den Zirkus. Der Skandal ist vollkommen, als Sir Edgar die ganze Truppe auch noch zu sich ins Haus einlädt, eine Ehre, die keinem anständigen Bürger jemals zuteil wurde. Die Empörung unter den betuchteren Einwohnern der Stadt ist groß, das einfache Volk hingegen findet den Fremden sehr sympathisch.

2. AKT: Im verschneiten Park hinter Sir Edgars Haus gestehen sich Wilhelm und Luise, trunken vor Glück, ihre Liebe. Aus dem Haus aber dringen entsetzliche Schreie. Alarmiert eilen die Honoratioren der Stadt herbei, doch Edgars Sekretär kann sie beruhigen. Nur das Jammern des jungen Lord Barrat sei zu hören, der vor kurzem angekommen sei und nun unter den harten Lektionen einer deutschen Erziehung leide. Die Bürger sind beruhigt und erwarten gespannt das in Aussicht gestellte erste öffentliche Auftreten des jungen Lords.

Sir Edgar gibt seinen ersten Empfang. Lord Barrats Auftreten ruft allseits Entzücken hervor, wenngleich sein Betragen ungewöhnlich anmutet: Er ist extravagant gekleidet, sein Wortschatz besteht nur aus einigen Klassikerzitaten, die Teetassen wirft er nach dem Trinken an die Wand. Begeistert vom Witz und der Weltläufigkeit des Lords ahmen die jungen Herren des Städtchens das seltsame Benehmen sofort nach. Einzig Wilhelm, der sieht, welche Faszination der Lord auf Luise ausübt, findet dessen Verhalten ungehörig. Vergeblich sucht Sir Edgar Wilhelm abzulenken. Der Student kann nicht mehr an sich halten und beleidigt den jungen Lord. Luise und alle Damen fallen nacheinander in Ohnmacht, Wilhelm stürzt verzweifelt hinaus.

Auf dem großen Ball in der Residenz soll die Verlobung zwischen Lord Barrat und Luise bekanntgegeben werden. Vergeblich versucht Wilhelm Luise noch umzustimmen. Der Tanz beginnt. Lord Barrats Gebaren wird immer wilder. Er entreißt einem Musiker die Trompete und spielt darauf wilde, dissonante Töne und beginnt in unbändiger Phrenesie die Einrichtung des Saales zu zertrümmern. Zuletzt reißt er sich die Kleider vom Leib, und die honorigen Bürger erkennen bestürzt, wen sie so sehr hofiert haben: Es ist der Affe aus dem Zirkus! Die Blamage ist ungeheuer, Luise im Innersten getroffen. Zaghaft sucht sie den Beistand Wilhelms.

Kommentar

Mit dem *Jungen Lord,* seiner sechsten Oper, sah Hans Werner Henze „die Zeit zu einer komischen Oper gekommen . . . Die Musik drängte zur Transparenz. Der Weg zur opera buffa war frei". Keinen Augenblick verhehlt Henze dabei, welche Vorbilder ihm bei der Komposition Pate standen: Die dramaturgische Anlage als Ensembleoper verweist auf Rossini, das Bekenntnis zur großen Melodie auf Bellini, auf Mozart schließlich die Orchesterbesetzung, die freilich mit Baßtuba, Celesta und einem umfangreichen Schlagapparat um Klangfarben erweitert wird, die für die Charakterisierung der Protagonisten von entscheidender Bedeutung sind. Zur buffa kommen noch Elemente des deutschen Singspiels, das zumal das erste Bild der Oper mit einem Zitat aus Mozarts *Entführung* und zahlreichen Anspielungen auf Lortzings *Zar und Zimmermann* beschwört. Auch sonst gibt sich die Partitur ausgesprochen klassizistisch und traditionsverbunden, verleugnet vor allem nie ihre tonale Grundlage. Über weite Strecken nämlich steht der *Junge Lord* in schlichtem C-dur, einer biedermeierlich-simplen Tonart gewissermaßen, jedoch geschärft durch dissonante und polytonale Einschläge. Die (vorübergehende) Rückkehr zur Tonalität begründete Henze damit, daß die Dodekaphonie „keine Vokabel für Heiterkeit" habe.
Und doch beschwört die Musik zum *Jungen Lord* nicht bloß nostalgisch die Vergangenheit, gibt sie sich harmloser, als sie in Wirklichkeit ist. Nicht nur ist das Ausmaß der intellektuellen Kontrolle und strukturellen Durchformung des Tonsatzes wesentlich größer, als der oberflächliche Hörer vermuten würde. Indem sie die sichere Basis der Tradition unterminiert und das scheinbar Gewohnte im Zeichen der Komik verfremdet, rückt die Musik in eine ironisch-kritische Distanz zum Dargestellten. Ungetrübte Buffa-Seligkeit will denn auch in Henzes Oper nicht recht walten. Vor allem im 2. Akt mischen sich in die (wohlfeile) Verspottung der ebenso verstaubten wie hochnäsig-lächerlichen Bürger von Hülsdorf-Gotha zunehmend bittere Töne. Das in Seligkeit schwelgende Liebesduett von Luise und Wilhelm wird konterkariert von den Schreien des vermeintlichen jungen Lords, der unter jenen erzieherischen Prügeln leidet, die bekanntlich noch nieman-

dem geschadet haben. Und wenn Henze das Motiv dieser Schreie später den wohlabgewogenen Goethezitaten unterlegt, die der junge Lord unaufhörlich absondert, so läßt dies erkennen, wie nahe beieinander bürgerlicher Bildungsschatz des Wahren-Schönen-und-Guten und die Barbarei stehen. Mehr und mehr tun sich in dieser Oper die Abgründe der Gesellschaft und ihrer stillschweigenden Übereinkunft auf, verliert das Biedermeier alles Heimelige, zeigt sich „soviel Tödlichkeit in dieser Gemütlichkeit" (Henze). Aber nicht nur die borniere Dummheit und gut versteckte, deshalb besonders gefährliche Brutalität dieses Bürgertums – von dem sich die einfachen Leute übrigens sehr positiv abheben – stehen am Pranger. Auch Sir Edgar bleibt nicht ungeschoren, offenbaren doch, wie Henze 1973 präzisierte, „der Wohlstand und das Kultivierte und Festliche von Sir Edgar und seinem Milieu den Charakter von gesellschaftlicher Grausamkeit".

So kündigt sich unter der Maske eines „eigentlich" ziemlich harmlosen Geschehens schon jene Wende zu einer prononciert gesellschaftskritischen, herrschaftsfreien und damit sozialistischen Kunst an, die Henze wenig später vollziehen wird. 1965 freilich kennt er diese Utopie noch nicht. Und so ist dieser opera buffa denn nicht einmal das übliche lieto fine vergönnt. Für Luise, die eigentliche tragische Figur, die am meisten von Sir Edgars Scherz getroffen wurde, gibt es am Ende kein unbeschwertes Glück. Ihr Leid ist der Preis für die Heiterkeit dieser opera buffa.

Geschichte

Ingeborg Bachmanns Libretto basiert auf der Erzählung *Der junge Engländer* (auch: *Der Affe als Mensch*) aus dem heute fast völlig vergessenen Zyklus *Der Scheik von Alexandria und seine Sklaven* von Wilhelm Hauff. Die etwas altbackene Erzählung ist jedoch um zahlreiche Episoden und Details erweitert, die der Oper erst den richtigen ironischen Biß geben, wie etwa die Klassikerzitate des 2. Aktes. Auch die Liebe zwischen Luise und Wilhelm, der tragische Kern des komischen Geschehens, findet sich nicht bei Hauff. Gerade an Luise, die ja dem jungen Lord aufrichtige Gefühle entgegenbringt, wird deutlich, wie Ingeborg Bachmann aus dem harmlosheiteren Vorwurf eine Komödie entwickelt, die bei aller Leichtigkeit und Lockerheit doch auch die angstvolle Frage nach der Erkenntnisfähigkeit des Menschen stellt.

Die Uraufführung des *Jungen Lord* am 7. April 1965 an der Deutschen Oper Berlin unter Christoph von Dohnány (Inszenierung: Gustav Rudolf Sellner) war ein großer Erfolg. Für die zeitgenössische Avantgarde freilich war

Henze, der sich schon früher von den Darmstädter Kreisen verabschiedet hatte, mit dieser Oper wohl endgültig ins reaktionäre Lager abgewandert – ein ungerechtfertigter Vorwurf, wie sich bald herausstellen sollte. Die Kritik, die dem *Jungen Lord* in Fachkreisen entgegengebracht wurde – Henzes Musik decouvriere die Personen nicht, sondern stelle sie bloß dar –, verhinderte indes nicht den Erfolg beim Publikum. Der *Junge Lord* wurde zur meistgespielten Oper Henzes. *Rainer Pöllmann*

Diskographische Empfehlung

1967 – Berlin: Christoph von Dohnányi, Chor und Orchester der Deutschen Oper Berlin. Barry McDaniel (Sir Edgars Sekretär), Loren Driscoll (Lord Barrat), Vera Little (Begonia), Manfred Röhrl (Bürgermeister), Ivan Sardi (Hasentreffer), Ernst Krukowski (Scharf), Helmut Krebs (Professor von Mucker), Patricia Johnson (Baronin Grünwiesel), Edith Mathis (Luise), Donald Grobe (Wilhelm), Günther Treptow (Amintore La Rocca). DG 2709 027

We come to the river (Wir erreichen den Fluß)
Handlungen für Musik (Actions for music)

Text: Edward Bond
Uraufführung: 12. Juli 1976, Royal Opera House Covent Garden, London
Personen: General (Bar); Adjutant (Baß); Hauptfeldwebel (Bar); Deserteur (Ten); Feldwebel/Wahnsinniger (Ten); Gouverneur (Bar); Junge Frau (Sop); Alte Frau (Mez); Trommler; Frau des Soldaten II (Sop); Rachel (Sop); Kaiser (Mez)
KLEINERE ROLLEN: Damen/Herren/Huren/Mädchen/Offiziere/Soldaten/Kinder/Wahnsinnige
Orchester:
BÜHNE I: Fl (auch Picc, Altfl in G, Okarina, TenBlockfl, Mundharmonika, 2 Handgl), Ob (auch Ob d'amore, E. H. u. 2 Handgl); Kl in B (auch Kl in A, AKl in Es, Bassetthrn in F, BKl in B, 2 Handgl); Gitarre (auch elektr. Git.), Hrf, Klav (auch hängende Bck, Metallblöcke, Trgl, Crotales, Almgl, Gong, Tamburin, Reibtr, Ratsche,

hängende Bambusrohre), Viola d'amore (auch Tamburin, Kuhgl);
Viola da gamba (auch log-drums und Kuhgl)
BÜHNE II: Fl (auch Picc), Kl in B (auch KlKl in Es und Sopr-Sax in
B), Fg (auch Kfg), Hrn in F, Trp in C (auch KlTr in D und hängende
Bck), Pos, Cel (auch boo-bam, Tempelblöcke, 2 Pkn, Akkordeon
und Gong), Vl I (auch Hyoshigi), Vl II (auch Panderata), Viola (auch
Sistrum), Vc (auch Cabaca), Kb
BÜHNE III: Ob (auch E. H. u. Lotusfl), Kl in B (auch Bkl in B u. Kbkl
in B), Fg (auch Kfg), Hrn in F (auch Lithophon), Trp in C (auch
KlTrp in D und Handgl), Btrp in C (auch Pos, GrTr, Ratsche,
Handgl), Tba (auch Euphonium, Btba, Flexaton, Ratsche, GrTr,
Handgl), Vl (mit Kontaktmikrophon, auch Handgl), Viola (mit
Kontaktmikrophon, auch Handgl), Vc (mit Kontaktmikrophon,
auch Handgl), Kb (mit Kontaktmikrophon, auch Trumscheit und
Gong)
ZUSÄTZLICH: Trommler mit verschiedenen Perkussionsinstrumen-
ten
EXTRAS: Akkordeon, KlHrf, 2 Trp in C (hinter der Bühne)
MILITÄRMUSIK: Picc, Ob, Kl in Es, 3 Kl in B, ASax in Es, TenSax in B,
Fg, 4 Hrn in F, 4 Cornette in B, 2 TenPos, BPos, Euphonium, Tba,
Bck, Glsp, Kl und GrTr
Form: Zwei Akte mit Simultanszenen, je ein Zwischenspiel
Ort und Zeit: Imaginäres Imperium, wahrscheinlich in unserer Zeit
Aufführungsdauer: Ca. 2 ½ Stunden
Verlag: B. Schott's Söhne, Mainz

Handlung
 1. AKT. 1. Szene: Blutig ist in einem imaginären Reich ein Volksaufstand niedergeschlagen worden. Während die Soldaten in der Kantine
feiern und sich betrinken, diktiert in seinem Zelt der General ein Schreiben
an den Kaiser: „Sir, ich darf den Sieg melden. Der Gegner ist vernichtet."
Die Soldaten träumen von einem Leben ohne Krieg, von Familien mit
Kindern; der General spricht nüchtern bilanzierend von 22 000 eigenen
Toten und regt an, einen starken Gouverneur in die weiterhin unsichere
Provinz zu schicken.
 2. Szene: Ein Deserteur wird vor den General gebracht. Ohne daß er überhaupt zu Wort kommt, wird er kaltblütig und ohne Umstände zum Tode
verurteilt.

3. Szene: Nachts erzählt der Deserteur dem Exekutionskommando, das mit ihm zusammen in der Wachstube aufs Morgengrauen wartet, welche Panik ihn zur Flucht verleitet habe. Derweil wird in festlich erleuchteten Sälen ein Empfang für den General und seinen Stab gegeben. Damen und Herren, zeremoniell gekleidet, halten Festreden und trinken Champagner. Als der General das Fest spät verläßt, findet er in seinem Zelt den Arzt vor, der ihm zögernd erklärt, er werde einer unheilbaren Krankheit wegen mit unausweichlicher Sicherheit erblinden. Das Fest ist längst übergegangen in ein Vergnügen der Offiziere und herbeigeholten Prostituierten, als der General versucht, seine wachsende Verzweiflung mit bürokratischer Arbeit zu unterdrücken.

4. Szene: Früh am Morgen zieht es den General hinaus aufs grausige Schlachtfeld. Die eigene Blindheit vor Augen, beginnt er zwischen stöhnend und schreiend sterbenden Soldaten sehend zu werden. Dieses Leid ist nicht zuletzt sein Werk. Voller Angst suchen eine junge und eine alte Frau unter all den schlammbedeckten Leichen nach dem Mann der jungen Frau. Sie wissen nicht, daß der zur gleichen Zeit als Deserteur erschossen wird. Um überleben zu können, kramt die Alte in den Taschen der Toten nach Brauchbarem. Vergeblich versucht der General die Frauen fortzuziehen. Während er von kaltem Entsetzen gepackt die Niedergemetzelten betrachtet, werden vier junge Rekruten vom zackig schreienden Feldwebel darin unterwiesen, wie ein Kasernenhof in der rechten Art zu fegen sei. Die junge Frau setzt sich zu einem Toten, der ihr Mann gewesen sein könnte, hält seine Hand und stillt ihr Kind. Ein Adjutant meldet dem hilflosen General die Ankunft des Gouverneurs.

5. Szene: Mit militärischem Pomp wird der Gouverneur begrüßt. Fahnen, Paraden, hoh(l)e Siegerworte: „Tun nur unsere Pflicht!" Der General – „er gehört zu den Ruhmesblättern unserer Geschichte" – erscheint wie paralysiert von seinen morgendlichen Erlebnissen auf dem Schlachtfeld. Seine wirren Sätze von Leid und Tränen in den Ohren, verlassen die Damen und Herren bald tuschelnd die Szene.

6. Szene: Wieder zieht es den General aufs Schlachtfeld hinaus. Die Frauen sitzen noch immer zwischen den Leichen. Vergeblich versucht er sie zu retten. Er wird verhaftet, die junge Frau, nach einer vormals von ihm selbst erlassenen Order, als Leichenfledderin erschossen. Man solle den General in eine Irrenanstalt stecken, so der Befehl des Gouverneurs. Kurz darauf muß der gefesselte General auch noch mit ansehen, wie die alte Frau, die mit ihrem Enkelkind zunächst in Richtung Fluß hatte fliehen können, in

den Fluten umkommt. In die Enge getrieben, versuchte sie das Kind und sich selbst zu retten, indem sie ins Wasser sprang. Die Soldaten schießen ihre Magazine leer, hinein ins reißende Wasser.

2. AKT. 1. Szene: Der General, ins Irrenhaus abgeschoben, wird zu einem Symbol des Aufstands und der Hoffnung. Einem früheren Untergebenen (Soldat II) gelingt es, ihn zwischen all den wahnsinnig Singenden und Gestikulierenden aufzuspüren. Er berichtet dem scheinbar Realitätsfernen vom desolaten Zustand draußen: Terror und Arbeitslosigkeit, Hunger und schleichende Angst. Doch bittet er vergeblich um Hilfe für den sich formierenden Widerstand. Er muß unverrichteter Dinge abziehen. Im Auftrag des Kaisers kommt daraufhin der Gouverneur, um den General wieder in sein Amt zu setzen. Sein Ansehen könnte dem bedrängten Regiment dienlich sein. Auch hier verweigert sich der General. Er glaubt, durch tatenloses Verharren in seinem Leid am wenigsten Schaden anzurichten. In kollektivem Wahn imaginieren die Irren ein eigenes Boot auf eigenem Fluß.

2. Szene: Draußen spitzen sich die Dinge zu. Nachdem Soldat II den Gouverneur eines Nachts erschossen hat, bringt er sich selbst und seine Familie in auswegloser Situation um.

3. Szene: Der Kaiser, ein schöner junger Mensch, nicht unähnlich einem „in Oxford erzogenen indischen Prinzen", hat von der Ermordung eines seiner Gouverneure gehört. Fein picknickend am Ufer des Flusses und umgeben von hübschen Mädchen, sinniert er altklug über die Geschichte eines längst dahingegangenen Kaisers, der, wie es auch jedem anderen Menschen beschieden war, nach seiner tausendsten Tat sterben sollte. Nach 999 Verrichtungen hatte jener beschlossen, sich als Eremit zurückzuziehen und als letzte Tat den zerbrochenen Wanderstab des Buddha zu flicken, um daraufhin zu sterben. Des jungen Kaisers tausendste Tat solle jetzt der Befehl sein, den General zu blenden.

4. Szene: Als der General im Irrenhaus vom Arzt erfährt, daß das Töten draußen trotz seiner Passivität kein Ende habe, bricht die Verzweiflung aus ihm heraus. „Man versprach mir Blindheit und Wahnsinn und Tod." Es wird verhindert, daß er sich selbst blendet. Mit viel Mühe steckt man ihn in eine Zwangsjacke. Doch da kommen zwei gedungene Schergen. Lächelnd, „damit er was Hübsches mitnimmt zur Erinnerung", ziehen sie dem General ein Messer durch die Augen. Die Mörder gehen, der General ist blind, und unversehens wandelt sich die Szene: Alle Opfer des Generals leben, als sei nichts geschehen. Der Deserteur umarmt Frau und Kind und die alte

Frau, auch Soldat II kehrt zu seiner Familie und zur Arbeit heim. Doch als ob er gar nicht vorhanden wäre, bemerkt keiner den General, der mit ihnen sprechen möchte. Daß die Ebene der Wirklichkeit aber nicht verlassen worden ist, bezeugen die Wahnsinnigen. Sie fürchten sich vor dem Geblendeten, halten ihn für einen Spion, der ihnen ihre Insel und ihren Fluß zerstören will. Sie schaffen weiße Tücher und Decken heran und ersticken den Hilflosen damit. Sie glauben, ihn im Wasser zu ertränken. Die vormaligen Opfer aber bemerken davon nichts. Singend leben sie weiter mit ihren Hoffnungsträgern, den Kindern. „Wir stehen am Flusse. Ist dort auch kein Steg, warten wir. Wenn das Wasser zu tief ist, dann schwimmen wir. Ist die Strömung zu stark, dann baun wir ein Boot. Wir werden stehn auf dem anderen Ufer. Unser Schritt ist so sicher jetzt; wir können nicht mehr untergehn."

Kommentar

Henze und Edward Bond nennen ihr Bühnenwerk *We come to the river* nicht Oper, sondern „Actions for music" – Handlungen für Musik. Die eminent vielschichtigen musikalischen und dramaturgischen Mittel potenzieren sich gegenseitig zur schonungslosen Anklage militärischer und politischer Menschenverachtung. Das Stück „soll mahnen, aufrütteln, erinnern und im Sinne von Bloch Hoffnung machen", wie es der Komponist einmal formulierte. Mehrschichtig angelegt, verläuft das Geschehen simultan auf drei Bühnen, die unterschiedliche und wechselnde Schauplätze repräsentieren. Der Zentralfigur des Geschehens, dem General und seinem Schicksal, zugeordnet sind situative Momentaufnahmen (z. B. Kantine, Arbeitskommando), vor allem aber die tragischen Geschichten ohnmächtiger Opfer (Deserteur, junge und alte Frau, Soldat II und dessen Familie) aus seinem Verantwortungsbereich. Dramaturgisch sind die eigenständigen Handlungsstränge so aufeinander bezogen, daß ihr oft schreiender Kontrast die Drastik und Perversion des martialischen Geschehens mit ganzer Wucht vor Augen führt. Jedem Schauplatz ist ein eigenes Orchester von spezifischem Klangkolorit zugeordnet. Sichtbar „und wie zu einer Galavorstellung gekleidet" sitzen die Musiker am Rande der Bühne. Sie spielen in der Regel nur, wenn dort gerade gehandelt wird. Schauplatz I im Vordergrund ist für Monologe und Dialoge und für die Sphäre der Leidenden und Unterdrückten gedacht. Auf Schauplatz II finden die zentralen Begebenheiten statt, während Schauplatz III, im weiteren Hintergrund, für Exekutionen bereitsteht und für das kollektive Treiben von Soldaten, Huren und

Establishment Raum bietet. Instrumentarium I evoziert durch den hinzu-kommenden Klang von Viola d'amore und Viola da gamba Momente aus dem Spektrum zwischen Zärtlichkeit und Hilflosigkeit. Orchester II ist eher flexibel im klanglichen Ausdruck, wohingegen die Farbe von Orchester III – auch mit elektronischen Verfremdungsmitteln wird hier gearbeitet – „durchweg etwas Ordinäres, Rülpsendes, Abstoßendes, Höhnisches" hat, „das erst nach der Blendung des Generals von ihm abfällt". Die Musik konkretisiert ganz unmittelbar und aus sich selbst heraus das Geschehen. Sie ist integraler Bestandteil des Dramas. Mitten durch den Zuschauerraum bewegt sich z. B. eine Garnisonskapelle und läßt zur Begrüßung des Gouverneurs ihre verbogene Musik erklingen. Während etwa auf Bühne II die Frau ihres Mannes Leiche gefunden zu haben glaubt und auf Bühne III der Deserteur hingerichtet wird, ist die Musik noch in der Tanzmusik aus der vorigen Szene befangen. Das makabre Konglomerat der Wirklichkeitsbereiche führt eine Welt voller Ohnmacht vor, schafft Assoziationen mit nazistischen Lagerkapellen. Angesichts des Grauenhaften mündet die Musik gelegentlich auch ins Sprachlose. Während etwa die alte Frau im Fluß und im Kugelhagel stirbt, verschwimmt der orchestrale Klang und löst sich auf im vom Tonband zugespielten realistischen Geschrei von Wasservögeln; oder aber ein mit Rasseln und Schellen am ganzen Körper behangener Gaukler, der sogenannte Trommler, übernimmt – ganz mythologischer Narr – den schmerzenden Klang der Realität. Auch im vokalen Bereich persifliert Henze bedeutungsschwanger die vielfältigsten traditionellen Formen: Koloraturarien und Vaterlandsgesänge, Schönbergschen Sprechgesang und ein wahnhaftes Madrigal der Irren. Von der Heuchelei und Korruptheit der Gesellschaft bis zur scheinbar irreal aufblühenden Hoffnung der weiterlebenden Opfer am Schluß des Stückes, vom bizarr-buffonesken Kasernendrill bis zur verlogen-ätherischen Pseudo-Wagner-Tonalität des kaiserlichen Gesangs – alle Seelenmuster, korrumpiert oder befreit, finden ihre Entsprechung im musikalischen Material und werden satztechnisch zwingend realisiert. Henze arbeitet im pluralistischen Stilkonglomerat auch souverän mit Mitteln der Aleatorik und der graphischen Notation. Um einer zur Körperlichkeit drängenden Musik ihren Raum zu lassen, ist die Sprache des Dramas prägnant, plakativ und punktuell alarmierend.

Geschichte

Der englische Dramatiker Edward Bond und Hans Werner Henze schrieben ihren drastischen *River* in den Jahren 1973 bis 1975; in einer Zeit also, deren Realität sich im Werk ganz konkret spiegelt (Vietnam, Chile). Ihr Fluß ist zugleich Todesstrom und lebendige Grenze zu einer besseren Welt. Uraufgeführt wurde *We come to the river* am 12. Juli 1976 in London am Royal Opera House Covent Garden. Es folgten wichtige Inszenierungen an der Deutschen Oper Berlin (1976), in Stuttgart und Köln (1977), Nürnberg (1981) und Santa Fé (1984). *Helmut Rohm*

KARLHEINZ STOCKHAUSEN

geb. 22. August 1928 in Mödrath bei Köln

Karlheinz Stockhausen ist nach 1945 einer der wichtigsten und einflußreichsten Komponisten des 20. Jahrhunderts geworden. Nach dem Schulmusikstudium in Köln (1947 bis 1951) und dem Kompositionsunterricht bei Frank Martin hatte er bei den Ferienkursen in Darmstadt mit Olivier Messiaens Klavieretüde *Mode de valeurs et d'intensités,* jener „phantastischen Sternenmusik", ein Schlüsselerlebnis. Seine technisch-rationale Begabung wurde ebenso nachhaltig angeregt wie seine mystisch-irrationale Veranlagung. In Paris belegte Stockhausen Kurse bei Messiaen und Pierre Schaeffer. Seit den frühen 50er Jahren war er richtungweisend an der Entwicklung der seriellen Musik beteiligt. Konsequent erforschte er die Möglichkeiten des Materials sowohl in Orchester- und Ensemble-Kompositionen (z. B. *Kreuzspiel,* 1951; *Kontrapunkte,* 1952/53; *Gruppen für drei Orchester,* 1955/57) als auch in elektronischen Stücken (z. B. *Gesang der Jünglinge im Feuerofen,* 1955/56). Die atomistisch durchorganisierten Strukturen dieser seriell hochkonzentrierten Musik waren schon in den rational begründeten Jahren ihres Entstehens Gegenstand metaphysischer und kosmisch-spekulativer Kommentare des Komponisten. Nach wichtigen Experimenten und Ergebnissen mit Aleatorik und gelenktem Zufall versenkte sich Stockhausen seit den späten 60er Jahren immer mehr in mystisch-okkulte Klangvorstellungen. Zunehmend entstanden Werke rituellen Charakters (z. B. *Sternenklang,* 1971; *Inori,* 1973/74; *Sirius* 1975/76). Symbolbefrachtete Tonkonstellationen sind jetzt oft Grundlage für meditatives, gelegentlich von Live-Elektronik durchwirktes Musizieren. Ganz magister ludi, widmet sich Stockhausen der Klangwerdung seiner Musik mit religionsstifterischer Attitüde.

All die Jahre hindurch war Stockhausen ein „überaus heftiger Gegner der Oper" gewesen. Doch urplötzlich überkommt ihn im Jahre 1977 eine Idee, die seine weitere Zukunft bestimmen sollte. Auf der Holzterrasse eines ehrwürdigen Tempels der japanischen Kaiserstadt Kyoto sitzend beschließt er, eine Opern-Heptalogie zu schreiben und alles aus einer einzigen komplexen „Formel", einer musikgenetischen Keimzelle gewissermaßen, zu entwickeln.

Rund 25 Jahre soll es dauern, bis der gigantische Werkzyklus *Licht* erschaffen sein wird – ein siebenteiliges Gesamtkunstwerk, in dem Gesang, Instrumentalmusik, Tonbandklänge, Tanz und Bewegung, Wort und Bild zur totalen Einheit verschmelzen. Jede Oper ist einem der sieben Wochentage zugeordnet. Den wiederum bezeichnet näher ein ganzer Reigen von Symbolbeziehungen: je ein Planet, eine Farbe, eine Charaktereigenschaft, ein Sinn, ein mythologisches Element. Die erste Oper aus dem Zyklus *Licht*, der *Donnerstag*, wurde 1981 uraufgeführt. *Helmut Rohm*

Donnerstag (aus Licht)

Oper in drei Akten, einem Gruß und einem Abschied für 15 musikalische Darsteller (vier Solostimmen, acht Soloinstrumentalisten, drei Solotänzer), Chor, Orchester und Tonbänder

Musik, Libretto, Tanz, Aktionen und Gesten: Karlheinz Stockhausen
Uraufführung: 15. März 1981, Teatro alla Scala, Mailand
Personen: Michael (Ten, Trp, Tänzer); Eva (Sop, Bassetthrn, Tänzerin und Sprecherin); Luzifer (Baß, Pos, Tänzer-Mime und Sprecher); Begleiter Michaels im Examen (Klav); Clowneskes Schwalbenpärchen (Kl und Bassetthrn); Zwei Knaben (Sop-Sax); Unsichtbare Chöre (Tonband)
Ort und Zeit: Donnerstag, in mythischer Jetzt-Zeit
Orchester: Variables großes Instrumentarium
Form: In mehr oder weniger unabhängige Szenen und Abschnitte unterteilte Akte
Aufführungsdauer: Ca. 3 ¼ Stunden
Verlag: Stockhausen Verlag

Handlung

Am Anfang hymnische Klänge: der „Donnerstag-Gruß", auch „Michaels-Gruß" genannt. Eine strahlende Pforte tut sich auf, ein Vorspiel, noch außerhalb des Theaters, weist den Weg, der hineinführt ins Mysterium.

1. AKT: Michaels Jugend. Als Kind armer Eltern hat sich Michael, „Creator-Engel unseres Universums", in dreifacher Weise auf der Erde verkörpert, um selbst ein Menschenleben zu leben. In seiner KINDHEIT lernt er von der Mutter die sinnlichen Dimensionen Tanzen und Singen, Verführtwerden und Fröhlichsein. Der Vater, er ist von Beruf Lehrer, unterweist Michael gestreng in Geschichte („mitschreiben! ... drei-drei-drei, bei Issus ...") und („Peng-peng, bum-bum") in der Jagd. Er lehrt ihn Beten und Theaterspielen. Michael bekommt Geschwister. Die Eltern, EVA und LUZIMON, nennen das Mädchen Katharina. Reicht das Geld für ein weiteres Kind? Der Vater wähnt, die Mutter habe „was mit dem Pastor". Unter der Last von Not und Sorgen bricht die Mutter zusammen. Sie versucht sich zu töten und wird in eine Heilanstalt eingeliefert. Dann stirbt „Herrmännchen", der kleine Sohn, dem Vater weg. Das Leben des Vaters mündet in Alkohol und Krieg. Michael aber verliebt sich in das Sternenmädchen MONDEVA, die „ZEUGIN DER SCHÖNEN Menschenkinder", halb Vogel, halb Frau. Beim Liebesspiel mit dem gefiederten Wesen überkommen ihn die Gesetze ihrer Musik. Derweil fällt der Vater an der Front, und die Mutter in der Anstalt wird von einem Arzt ermordet.

Dreifach, als Sänger, Trompeter und Tänzer macht Michael EXAMEN, um in der Musikwelt zu reüssieren. Vor einer Jury, der – sehr verändert – Eva und Luzifer angehören, zeigt er in allen Fächern fulminante Leistungen. Reminiszenzen an die Kindheit klingen an. Mondeva hält als Schutzengel die Hand über den Prüfling. Außer sich vor Begeisterung verkündet die Jury: „Selbstverständlich aufgenommen!"

2. AKT: Michaels REISE UM DIE ERDE. Die Wanderschaft Michaels um den Planeten nimmt ihren Lauf in ausschließlich instrumental-musikalischer Weise. Michaels Instrument ist die Trompete, das Orchester präsentiert die „Welt". Am Südpol der Erdkugel sitzen Musiker als Pinguine. Michael steigt in die Erde, die sich zu drehen beginnt, siebenmal öffnet sie sich, und Michael, sich hinauslehnend, fängt eine Unterhaltung mit den Musikern an. Zwei clowneske Klarinettisten, Kreuzungen aus Schwalbe und Pinguin, „schwirren mehrmals spielenderweise durchs Orchester". Nach der sechsten Station dreht die Erde sich rückwärts, denn Michael hat den Ruf eines Bassetthorns vernommen. Es ist Eva, eine verführerisch schöne Spielerin, die ihn betört und tanzend mit sich nimmt. Nach mancherlei Wirrnis verstummt das Orchester, das Getriebe der Welt, immer mehr, und in der Ferne vereinigen sich Trompeten- und Bassetthornton „in einem kunstvoll verwickelten, ganz allmählich verlangsamten Triller".

3. AKT: MICHAEL'S HEIMKEHR. Schauplatz ist das himmlische Reich Michaels. Eva und die Chöre und Orchester des Lichtraumes begrüßen den Ankömmling. Es ist ein FESTIVAL. Michael bedankt sich mit den Worten: „Donnerstag – Feiertag. Michaels Inkarnation: Laßt uns unser Licht vereinen, die Erdentage zu erneuern." Zum Willkommen schenkt ihm die Urmutter drei Pflanzen und drei Lichtkompositionen, doch wird das Ritual kurz unterbrochen. Auf magische Weise durchkreuzt eine uralte Frau die Szene. Als drittes Geschenk überreicht Eva dem Heimkehrer zur Erinnerung an seine Reise eine kleine Erdkugel. Doch als posaunender Kobold stört der Teufel das Weihespiel. Michael besiegt ihn im Kampf, und mit Sopransaxophonen lassen zwei holde Knäblein in einem Zauber die Szene erstarren. Kaum kommt die Nachricht, daß Luzifer „wieder Probleme" mache, stellt sich der Leibhaftige auch schon einem Streitgespräch mit Michael, um bald darauf angewidert die Gesellschaft zu verlassen. Dreigestaltig wendet sich Michael in einer VISION an das Publikum. Er schildert die Geschichte des „vornehmsten unter den Engeln", Luzifer, der sich empört hatte über die Erschaffung des Menschen; seither kämpfe er mit den Söhnen der Finsternis gegen die Söhne des Lichts. Michael erklärt, warum er selbst Mensch geworden sei. Sieben Schattenspiel-Episoden – die begrifflichen Chiffren fügen sich zum kultischen Akrostichon – münden in einen blauen Lichtbogen. „Ich erlebte die Melodien der Kindheit mit Vater und Mutter, Intensität der Liebe durch Mondeva, Chromatik der Seelen im Examen, Harmonik der Sprachen auf der Reise um die Erde, Audiogrammatik der Gefühle in der Kreuzigung, Ekstase der Polyphonie in der Himmelfahrt und Licht der Auferstehung bei der Heimkehr." Und Michael erklärt: „Mensch geworden bin ich, um mich und Gott den Vater als menschliche Vision zu sehn, um Himmelmusik den Menschen und Menschenmusik den Himmlischen zu bringen, auf daß der Mensch GOTT lausche und Gott seine Kinder erhöre. Und ich weiß, daß viele von euch mich verlachen, wenn ich euch singe: Ich habe mich unsterblich in die Menschen, in diese Erde und ihre Kinder verliebt – trotz LUZIFER, trotz Satan, trotz allem..."

Und außerhalb (bzw. wieder innerhalb) des Weltentheaters, auf Dächern und Balkonen um den Opernplatz herum, blasen fünf Trompeter den „Donnerstag-Abschied". Sie entlassen das Publikum in die irdische Nacht.

Kommentar

„Licht" – ein Begriff, der in vielen Religionen, Kulturen und Kulten als nie verblassende Metapher für das Göttliche schlechthin steht –, Stockhausen wählte ihn zum sinnbildlichen Übertitel seiner monumentalen Heptalogie (...neben der sich Wagners *Ring*, was Ausdehnung und Anspruch anbelangt, fast bescheiden ausnimmt). Der Schöpfer-Komponist sagt von sich, er würde weitgehend als Medium fungieren, und entwirft einen Privatmythos, dessen dunkle Bedeutungsebenen aus vielerlei religiösen und esoterischen Lehren gespeist sind. Drei fürs kosmische, irdische und menschliche Geschick wesentliche Geistwesen – Michael, Luzifer und Eva – haben als göttliche Gestalten oder Prinzipien zentrale Bedeutung. Luzifer, der einst „vornehmste unter den Engeln", vertritt die Mächte des Bösen, Eva aber repräsentiert als mütterliches Prinzip die Fruchtbarkeit, das Schöpferische, das Erotische. Schließlich Michael: Er ist die Lerngestalt dieses zeitgenössischen Mysterienspiels und als „Fürst des Lichts" im Grunde mit der Gottheit identisch. Der *Donnerstag* aus *Licht* ist „Michaelstag", und Michael, seine menschliche Inkarnation, sein Weg hienieden und sein göttliches Wirken, wird in der zuerst vollendeten Oper des siebenteiligen Gesamtprojekts vorgestellt.

Eine omnipräsente Zahlensymbolik regiert. Jede der drei göttlichen Hauptgestalten agiert dreifach verkörpert: als Sänger, als Instrumentalist, als Tänzer. Diese komplizierte Personen-Dramaturgie verleiht dem Werk eine gewisse statuarische Strenge. Jeder Figur sind ein Instrument und mehrere Farben zugeordnet. Michael trägt außerdem ein dreigliedriges Michaelszeichen. Alle göttlichen Gestalten gewinnen die intervallisch-melodische Substanz ihres Gesanges unmittelbar aus jener dreischichtigen Urformel, die auch für den Gesamtorganismus des Werkes als Keimzelle fungiert. Drei entsprechend den sieben Tagen siebenfach unterteilte Tonreihen bilden diese Formel. Sie umfassen dreizehn (Michael), zwölf (Eva) und elf (Luzifer) Töne – Material, das gelegentlich in fast leitmotivischer Weise verwendet wird und auch Parameter wie Artikulation und Dynamik, Phrasierung, Klangfarbe und dergleichen mehr mitbestimmt. Trotz ihrer Komplexität wirkt die Musik nicht so bizarr und kristallin wie etwa Stücke aus den 50er Jahren, sondern oft eingängig, schlicht. Stockhausen erfindet weiche und trotzdem skurrile Vokalisen und fesselnde Instrumentalsoli. Im 1. und 3. Akt singen fast ständig (vom Tonband zugespielte) unsichtbare Chöre „einen leisen Horizont rings um den Hörer; unsichtbare Trompeten, Bassetthörner, Posaunen" (die Instrumente der göttlichen Protagonisten) spielen einen leisen Akkord. Die Texte der fernen Chöre – in Hebräisch und Deutsch gesungen, jedoch zu weit weg, um verständlich zu sein – stammen aus *Moses Himmelfahrt,* aus der *Apokalypse des Baruch* und aus dem *Testament des Levi.* Das chiffrenhafte Instrumentalspiel und der Gesang der Welttheaterfiguren sind also gehüllt in einen meditativen, quasi sphärenharmonikalen Abglanz der Ewigkeit, in eine klingende Aureole. Das sozusagen realiter feinste Ton- und Geräuschkomplexe produzierende Instrumentarium ist eher blechlastig. Neonazarenisch fahl eingefärbt, rührt Stockhausens kosmischer Klang gelegentlich an Bereiche weltlichen Kitschs. Die an sich schon antiaufklärerische Botschaft – auch das lyrische, sich im Gesamtkunstwerk ins episch Weite verlierende Libretto stammt vom Meister selbst – ist auf problematische Weise akzentuiert dadurch, daß Stockhausen sich ganz offenbar selbst zum Kultobjekt stilisiert. So deckt sich die irdische Jugend des Lichtengels Michael, geschildert im 1. Akt der Oper, bis ins Detail mit der Biographie des Komponisten. Da sind die elterlichen Portalgestalten: die Mutter, die in der Heilanstalt im Rahmen nazistischer „Euthanasie-Maßnahmen" ermordet wird; der Vater, der im Krieg bleibt. Da sind die Geschwister „Herrmännchen" und Katharina. Und da ist er selbst, der seit frühester Jugend überragend begabte Bringer von Musik, jede Jury Staunen machend, auf dem ganzen Erdkreis offene Ohren und Herzen findend und schließlich in seine Sternenwelt zurückkehrend. In einem Interview hat Stockhausen einmal verlautbart, er wünsche sich Gläubige als Teilnehmer seiner Aufführungen und keine Spötter. Freilich sollte eine noch so hybrid anmutende Verstiegenheit nichts von der ästhetischen Qualität des Kunstwerks relativieren.

Geschichte

Für seine *Licht*-Opern, die ihn noch bis über das Jahr 2000 hinaus ausschließlich beschäftigen werden, hat sich Stockhausen eine sehr praxisorientierte Veröffentlichungsweise ausgedacht. Große und kleine Teile der Werke können separat als in sich geschlossene Stücke gespielt werden. So sind von *Donnerstag* (aus *Licht*) bereits umfangreiche Abschnitte in Donaueschingen, Jerusalem und Amsterdam vorgestellt worden, ehe am 15. März 1981 an der Mailänder Scala das gesamte Werk erstmals über die Bühne ging. Eines Streiks der Choristen wegen blieben die ersten fünf Vorstellungen trotzdem noch Fragment. Die erste „integrale Aufführung" fand schließlich am 3. April statt.

Helmut Rohm

Diskographische Empfehlung

1980/81/82 – Köln/Paris: Karlheinz Stockhausen, Peter Eötvös, Chor des WDR Köln, Rundfunkchor Hilversum, Ensemble Intercontemporain, Rundfunkorchester Hilversum, Bläser- und Schlagzeugensemble. Robert Gambill, Michael Angel, Paul Sperry (Michael), Annette Meriweather (Eva), Matthias Hölle (Luzifer). DG 2740 272

KRZYSZTOF PENDERECKI

geb. 23. November 1932 in Debica

P enderecki zählt zu den wichtigsten Komponisten der Gegenwart. 1959 trat er mit einem der drei Stücke, die ihm
gerade die drei ersten Preise eines polnischen Komposi-
tionswettbewerbs eingebracht hatten, beim Warschauer Herbst erstmals vor
die Weltöffentlichkeit. Ein Jahr später – der strenge Serialismus war bereits
in Auflösung begriffen – stellte Penderecki in Donaueschingen mit *Anakla-
sis* eine jener in sich oszillierenden, von Geräusch- und Clusterklangflächen
strukturierten Kompositionen vor, die ihn bald zu einem neuen Leitstern
am Himmel der musikalischen Avantgarde werden ließen. Er forschte mit
neuen Spieltechniken im Kosmos des Klanges, fand Wege in nie gehörte
Ausdrucksbereiche. Was ihn interessierte, war „der befreite Klang, der
außerhalb der traditionellen Instrumentalfaktur liegt, ja geradezu außerhalb des Instruments und der frei ist von traditionellen Assoziationen zeitlicher Organisation". Nach der ausdrucksstarken abendfüllenden Lukaspassion (1963–65) war für Penderecki auch der Weg in die musikdramatische Welt der Oper vorgezeichnet. Im Auftrag der Hamburgischen Staatsoper entstand in den Jahren 1968/69 das erste von mittlerweile drei Bühnenwerken: *Die Teufel von Loudun*. Während der 70er Jahre wandte sich
Penderecki zunehmend einem an der polyphonen Tradition orientierten,
melodisch-linearen Schreibstil zu. In zahlreichen, of sakral motivierten
Orchester- und Chorwerken – etwa im Violinkonzert (1976/77), in der
2. Sinfonie (1979/80) oder im Te Deum (1979/80) – kultivierte er eine
spätromantisch anmutende Espressivo-Musik, die kaum mehr etwas mit
den aggressiven Klang-Geräusch-Experimenten von ehedem zu tun hatte.
So ist auch das zweite Bühnenwerk Pendereckis, die sacra rappresentazione
Paradise lost nach John Milton, ein melisch breit fließendes, klanglich in
opulenter nachwagnerscher Chromatik schwelgendes Epos.
Seit Beginn der 8oer Jahre schließlich bemüht sich der Komponist erfolgreich um eine Synthese seiner Mittel. 1986 wurde bei den Salzburger
Festspielen die einaktige Oper *Die schwarze Maske* uraufgeführt. In dieser

gespenstischen Geschichte nach dem gleichnamigen Schauspiel von Gerhart Hauptmann, einer dicht gewirkten Parabel um Pestilenz und Karneval, um Religion, Schuld und Sühne, fügt Penderecki die vielfältigsten und scheinbar disparaten Musikstile virtuos zum homogenen und wirkungssicheren Ganzen. *Helmut Rohm*

Die Teufel von Loudun
Oper in drei Akten

Text: Krzysztof Penderecki, nach *The Devils of Loudun* von Aldous Huxley, in der Dramatisierung von John Whiting, unter Benutzung der deutschen Übertragung des Dramas von Erich Fried
Uraufführung: 20. Juni 1969, Staatsoper, Hamburg
Personen: Jeanne, Priorin des Ursulinenordens (Sop); Claire, Schwester (Mez); Gabriele, Schwester (Sop); Louise, Schwester (Alt); Philippe, ein junges Mädchen (Sop); Ninon, eine junge Witwe (Alt); Grandier, Pfarrer von St. Peter (Bar); Vater Barré, Vikar von Chinon (Baß); Baron de Laubardemont (Ten); Vater Rangier (Baß); Vater Mignon, Beichtvater der Ursulinen (Ten); Adam, Apotheker (Ten); Mannoury, Chirurg (Bar); D'Armagnac, Bürgermeister (Sprechrolle); De Cerisay, Stadtrichter (Sprechrolle); Prinz Henry de Condé, Gesandter des Königs (Bar); Vater Ambrose, ein alter Priester (Baß); Bontemps, Kerkermeister (Baßbar); Gerichtsvorsteher (Sprechrolle)
Chor: Ursulinen; Karmeliter; Volk; Kinder; Wachen; Soldaten
Ort und Zeit: Loudun, 1634
Orchester: 4 Fl (auch 2 Picc), 2 E. H., 2 Kl in Es, Kbkl, 4 Sax (2 Alt, 2 Bar), 3 Fg, Kfg, 6 Hrn, 4 Trp, 4 Pos, 2 Tba, Schlgzg (4 Spieler: Holztr, Militärtr, Reibtr, GrTr, Bck, 6 hängende Bck, Trgl, 2 TamTams, 2 Gongs, 2 Röhrengl, Ratsche, Peitsche, Guiro, Meßklingen, Kirchengl, Sapo cubana, ca. 30 versch. Metallrohre ohne bestimmte Tonhöhe, Säge, Flexaphon), Hrf, Org, Harmonium, elektr. Baßgitarre, Streicher
Form: Die drei Akte der Oper sind in 13, 9 bzw. 7 Szenen unterteilt
Aufführungsdauer: Ca. 3 Stunden
Verlag: B. Schott's Söhne, Mainz

Handlung

1. AKT: Jeanne, die mißgestaltete Priorin des Ursulinenklosters, liegt phantasierend in ihrer Zelle. Ihr begehrliches Trachten gilt dem welt-zugewandten und schönen Pfarrer von St. Peter zu Loudun, Urbain Gran-dier. Unheilschwangere Bilder von dessen nahendem Leidensweg durch-flackern ihren Geist; in ihrer Vision sieht sie den Geschundenen, daherge-tragen auf einer Bahre wie eine haarlose, kaputte Puppe. Er soll sie, die Frau, an der er gesündigt habe, um Verzeihung bitten. Grandier aber kennt sie nicht. Jeanne hadert mit Gott, verbittert wegen der Bürde ihres Buckels. Schwester Claire bringt ihr einen Brief Grandiers, in dem der Vielbeschäf-tigte bedauert, nicht geistlicher Berater des Klosters werden zu können. Jeannes Leidenschaft für diesen Mann schlägt um in Haß. Eine krankhafte Phantasie gaukelt ihr jene amourösen Szenen vor, die sie selbst nicht leben kann, die sich aber tatsächlich zutragen: Grandier im Badezuber mit der hübschen Weinhändlerswitwe Ninon. Wollüstig zuckend singt Jeanne vom Fleisch auf des Metzgers Brett. Nach dieser unheimlichen Eröffnungssze-ne, in der das ganze Spannungspotential des Dramas wie in einer integralen Ouvertüre anklingt, entwickeln sich drei Handlungsebenen, die schließlich verknüpft werden. Da sind der Chirurg Mannoury und der Apotheker Adam – Vertreter einer klatschsüchtigen und auf materiellen Vorteil erpich-ten Öffentlichkeit. Sie treiben ihren Spaß mit dem Leichnam eines Ge-henkten, erwerben dessen Kopf zum Wohle der Wissenschaft; vor allem aber beobachten sie voller Mißgunst das erfolgreiche, selbstgefällige Leben und kaum verborgene Liebestreiben ihres Pfarrers Grandier. Seine Überle-genheit reizt und ärgert sie. Sie beschließen, all seine Verfehlungen zu dokumentieren. Man weiß von der Witwe Ninon, man weiß um die jungen Mädchen im Beichtstuhl. Philippe etwa gesteht dem Gottesmann dort ihre begehrliche Liebe. Der zieht die Vorhänge zu: „Komm, Kind, ich will dir helfen." Jeanne und ihren Schwestern fällt das Beten schwer. Als Grandier in der Kirche erscheint, flieht die Priorin. Ihrem Beichtvater Mignon berich-tet sie von Visionen, die ihr der Teufel eingegeben habe. Nachts erscheine ihr ein toter Kanonikus. Er habe die Gesichtszüge Grandiers, er spreche beleidigende Obszönitäten aus.

Des Königs Sonderkommissär De Laubardemont ist nach Loudun gekom-men. Er bringt den Befehl, die Tore der Stadt zu schließen. Kardinal Richelieu, der erste Minister, hatte dies verfügt, um Aufstände der Prote-stanten unmöglich zu machen. D'Armagnac, der Bürgermeister, widersetzt sich und wird in dieser Haltung von Grandier unterstützt.

Alle verbinden sich schließlich gegen den Pfarrer. Mignon gibt, was er von Jeanne gehört hat, an die Denunzianten Adam und Mannoury weiter. Schon hat er die Exorzisten Barré und Rangier rufen lassen. Auch De Laubardemont will alles über Grandier wissen. Die Vorbereitungen zum makabren Ritual der Teufelsaustreibung beginnen. Während eines Verhörs nennt Jeanne den Namen Grandier. Eine Männerstimme dringt plötzlich aus ihrem verzerrten Mund. Es ist der Dämon der Wollust, Asmodeus, von dem sie besessen ist.

2. AKT: Als alle Versuche scheitern, den bösen, höhnenden Geist mit lateinischen Sprüchen und Reliquien aus Jeannes Leib zu vertreiben, greifen die Exorzisten erbarmungslos zur Klistierspritze. Jeannes Schreien löst sich auf in groteskem Gelächter. Der Bürgermeister D'Armagnac und der Richter De Cerisay bedrängen Grandier erfolglos, sich gegen Jeannes Behauptungen zur Wehr zu setzen. Wieder wird Jeanne verhört. Sie berichtet, Grandier und sechs weitere geistliche Männer hätten sie und andere Schwestern der Kapelle dazu angestiftet, nackt einen obszönen Altar zu bilden, an dem dann eine lüsterne Andacht verrichtet worden sei. Im Gegensatz zu den Priestern bleibt De Cerisay, der Richter, skeptisch. Er verbietet weitere Exorzismen. Grandier, sich langsam seiner ernsten Lage bewußt werdend, dankt ihm. Da erscheint Philippe und erklärt verzweifelt, sie sei schwanger. Aber ihre Bitten um Hilfe haben keine Chance. Kalt läßt Grandier das Mädchen im Stich. Ihr Vater solle einen guten Mann für sie suchen. Während eines schaurigen Gewittersturms begegnen D'Armagnac und De Cerisay dem Pfarrer auf der Stadtmauer. Richelieu habe sich gegen den schwachen König endgültig durchgesetzt. Die Mauern werden geschleift. Damit ist Grandier in wachsender Gefahr. Es gelingt dem Beichtvater Jeannes, die Frauen wieder aufzustacheln. De Laubardemont erwirkt neue, diesmal öffentliche Exorzismen und bestellt einen Vertreter des Hofes als Zeugen. Skurrile Gestalten und viel Volk versammeln sich auf dem Platz vor St. Peter. Ekstatisch und obszön tanzen die Nonnen. Leviatan spricht aus dem Munde Jeannes. Wieder fällt der Name Grandier. Henri de Condé, ein Gesandter des Königs, hat eine Reliquie dabei, ein Kästchen, in dem sich eine Phiole mit dem Blut Christi befinde. Kaum wird Jeanne damit berührt, ist sie vom Dämon befreit. Doch alle sind betroffen, als Henri das Kleinod öffnet: Es ist leer. Der Schwindel ist entlarvt. Da fahren die Teufel in Mignon und Rangier und ein paar Frauen aus dem Volk. Wild schlägt Barré mit seinem Kruzifix um sich. Das Volk wird von Wachen vertrieben. Jeanne bekommt Angst vor der ewigen Verdammnis, Grandier aber wird verhaftet.

3. AKT: Vom Kerkermeister erfährt der schlaflose Grandier, daß bereits dreißigtausend Menschen in die Stadt gekommen sind, um seine Hinrichtung zu verfolgen. Er beichtet dem alten, gütigen Vater Ambros und zittert in Erwartung der Schmerzen, die ihm bevorstehen. Jeanne ringt mit ihren Zweifeln. Es wurde nach dem Apotheker und dem Chirurgen geschickt; De Laubardemont befiehlt ihnen, Grandier zur Urteilsverkündung kahl zu scheren. Sie weigern sich, dem Gefangenen auch die Fingernägel auszureißen; dies besorgt der Kerkermeister. Auf einem offenen menschenüberfüllten Platz wird das Urteil verlesen. Man erklärt Urbain Grandier der Unzucht, des Sakrilegs und der Gotteslästerung für schuldig. Trotz der grauenhaften Strafen, die ihn erwarten, beteuert er seine Unschuld. Jeanne, die versucht, sich zu erhängen, wird von Schwestern daran gehindert. De Laubardemont will ein Geständnis, doch Grandier bleibt standhaft, selbst als ihm die Beine zwischen zwei Brettern zerquetscht werden. Luzifer, so glauben die Folterer, habe ihm den Mund versiegelt. In einer Prozession wird der Geschundene durch den Ort getragen. „Ein Nichts auf dem Weg ins Nichts." Vor dem Kloster St. Ursula muß er von der Bahre herunter. Jeanne tritt vor die Pforte. Ihre Vision ist jetzt Wirklichkeit. Grandier bittet nicht die Frau, die er nie gesehen hat, um Verzeihung, sondern bittet den Herrgott, er möge ihr vergeben. Nur zwei Sätze wechseln die beiden; Jeanne: „Die Leute haben immer von Eurer Schönheit gesprochen. Nun seh' ich mit eigenen Augen, und ich weiß, es ist wahr." Grandier: „Seht das an, was ich bin, und lernet, was Liebe heißt." Die Prozession erreicht den Platz des Autodafés. Grandier wird an einen Pfahl gebunden. Auch den letzten brutalen Versuch Barrés und De Laubardemonts, ihm ein Geständnis zu entlocken, wehrt er ab. Er bittet Barré um den Friedenskuß und um einen schnellen Tod. Doch erst als die Menge „Judas, Judas" ruft, küßt der den Gemarterten auf die Wange. Schäumend vor Wut entzündet er dann das Feuer. Aus Flammen und Rauch dringen Grandiers letzte Worte: „Vergib meinen Feinden." Jeanne – die Menge weicht vor ihr zurück – steht betend und allein.

Kommentar

In dreißig ungleich auf drei Akte verteilten Szenen von verschieden ausgeprägtem Eigenprofil ist es Penderecki gelungen, die komplexe Geschichte um Grandiers Leidensweg mit musikalisch differenzierten Mitteln transparent zu machen. Die Dynamik der unseligen Verquickung von religiösem Wahn und vielen Spielarten menschlicher Niedertracht, von sexueller Hysterie und politischer Pression, entfaltet sich getragen und überhöht von einer emotional analysierenden und kommentierenden Klangsprache. Bildhaft und suggestiv sind bestimmten dramatischen Situationen die adäquaten musikalischen Satztechniken zugeordnet. So stehen zum Beispiel irisierende Klangflächen, gebildet aus Clustern unterschiedlicher (Mikro-)Intervall- und Farbstruktur für visionäre Träume oder Kontemplation. In ihrer quasi zeitlosen Statik scheinen sie auch tönende Chiffren zu sein für die prinzipiell ahistorische Natur menschlicher Irrungen. Die Gesangspartien steigern ihre deklamatorische Wucht von skurril-buffoneskem Geplänkel (Chirurg, Apotheker) über rezitativische Dialoge bis hin zu bizarrem Gebrüll (Verhöre, Folter). Psychotische Exaltation macht sich in Sept- und Nonensprüngen Luft, manch virtuose Melismatik streift den Bereich des Tierlauts. Auch die Chorpartien sind von monumentaler Bildkraft. Ob zu den Zornesschreien der Exorzisten psalmodierende Gebetstexte erklingen, oder ob das Lachen der Teufel oder die Reaktionen des aufgewiegelten Pöbels evoziert werden – Pendereckis Musik ist immer sowohl dramaturgischer Ordnungsfaktor als auch sinnlicher Katalysator. Daß Grandiers Martyrium Parallelen mit dem Leidensweg Christi aufweist, wie Penderecki ihn in seiner Lukaspassion vertont hat, wird neben einer gewissen textlichen Koinzidenz (Grandier: „Gott, mein Gott, warum hast du mich verlassen"; Gebrüll der Menge: „Judas, Judas") auch durch einen über weite Strecken oratorienhaften Gestus der Musik evident.

„Daemoni, etiam vera dicenti, non est credendum." Diesen Glaubensgrundsatz des heiligen Chrysostomus hat Penderecki seiner Oper vorangestellt – etwa: „Dem Teufel soll man nicht glauben, auch wenn er die Wahrheit spricht." Damit akzentuiert der Komponist indirekt die politischen Implikationen des Werkes. Denn letztendlich wird Grandier ein Opfer seiner Haltung im Streit um die Stadtmauer. Die wahnhaften Aussagen einer hysterischen Nonne kommen zu seiner Ausschaltung gerade recht. Man braucht nur den Glaubenssatz in sein Gegenteil zu verkehren: Was ein Teufel bzw. ein von ihm Besessener unter exorzistischem Zwang aussagt, ist – juristisch gesehen – wahr.

Geschichte

Die Geschichte Urbain Grandiers beruht auf historischen Tatsachen. Vielfach ist der Fall in geschichtlichen, religionswissenschaftlichen und literarischen Werken kommentiert und beschrieben worden. Pendereckis Oper basiert auf zwei Werken des 20. Jahrhunderts. 1952 veröffentlichte Aldous Huxley seine historische Studie *The devils of Loudun,* in der Grandiers tragischer Widerspruch – einerseits hochmütiger Lebemann, andererseits Märtyrer allein um der Ehre willen – hervorgehoben ist. Als Anhänger der soziopsychologischen Transzendenzlehre beschreibt Huxley ein Individuum, das sich sowohl nach unten (Sex, Eitelkeit) als auch nach oben (Kontemplation, Gottesfurcht) zu transzendieren sucht. Auch untersuchte er die Wechselbeziehung zwischen Politik und Mystizismus, Erotik und Heiligkeit, Psychopathologie und Soziologie in exemplarischer Weise. John Whiting ließ sich von Huxleys Buch zu einem Theaterstück inspirieren, das 1961 in London uraufgeführt wurde. In Pendereckis Oper treten die psychologischen Momente der Geschichte zugunsten der historischen Prägnanz etwas in den Hintergrund. Grandier freilich wird beinahe zu einer allegorischen Gestalt. Für den polnischen Katholiken Penderecki, der in seiner Jugend noch stalinistische Schauprozesse miterlebt hat, mußte solch ein Stoff sehr aktuell sein.

Nach ihrer Uraufführung am 20. Juni 1969 in Hamburg wurde Pendereckis erste Oper schnell bekannt. Wichtige Inszenierungen folgten in Stuttgart und Santa Fé noch im gleichen Jahr sowie in Graz (1971), Marseille (1972), London (1973), Triest (1974), Warschau (1975), Köln (1980), Kopenhagen (1982) und Liège (1985).

Für die polnische Erstaufführung 1975 in Warschau integrierte der Komponist zwei weitere Szenen in den 2. Akt. In dieser Fassung verheiratet sich Grandier heimlich mit Philippe. Auch wird ins öffentliche Exorzismus-Spektakel eine kurze Kronratssitzung eingefügt. Ludwig XIII. und Richelieu höchstselbst verfügen Grandiers Tod. Während hier nur gesprochen wird, geschieht die Trauung mit Musik.   *Helmut Rohm*

Diskographische Empfehlung

1969 – Hamburg: Marek Janowski, Chor und Orchester der Hamburgischen Staatsoper. Tatjana Troyanos (Jeanne), Andrzej Hiolski (Urbain Grandier), Bernard Ladysz (Vikar von Chinon), Hans Sotin (Peter Rangier), Helmut Melchert (Baron de Laubardemont), Arnold van Mill (Asmodeus), Cvetka Ahlin (Schwester Claire). Philips 6700 042

ARIBERT REIMANN

geb. 4. März 1936 in Berlin

Wer als 24jähriger einen *Totentanz* für Bariton und Kammerorchester schreibt (1960/1961), seinem Opernerstling Strindbergs – der Irrealität verhaftetes – *Traumspiel* (in der Textfassung von Carla Henius) zugrunde legt (Kiel 1965) und eine erste Kantate nach letzten Gedichten Cesare Paveses, *Verrà la morte* (*Kommen wird der Tod,* 1966/67), schreibt, könnte sich der Vermutung aussetzen, als Radikal-Melancholiker angetreten zu sein.

Als Sohn eines Kirchenmusikers und einer Oratoriensängerin entwickelte Reimann sein Komponieren zunächst neben der eigenen Musizierpraxis, die ihn als Pianist und sensiblen Liedbegleiter (von Carla Henius etwa und Dietrich Fischer-Dieskau) ausweist. Geprägt vom Vokalen, führt Reimanns musikalische Expedition vom Klavier- über das Orchesterlied zu Oper und Oratorium. Der Boris-Blacher- und Ernst-Pepping-Schüler zeigt in seiner komponierenden Anfangszeit eher eine von Vorbildern der Wiener Schule (Webern, Berg) als von postserialistischen Strömungen der frühen 6oer Jahre inspirierte Verhaltenheit, bevor sich im Gefolge von „Selbstbefreiung" und Ausdruckssteigerung ein „Reimann-Duktus" herstellt. Seiner frühen Vorliebe für „dunkle", todesahnende Lyrik entspricht seine musikalische Haltung, die klanglich auf entsprechende Farben abgestellt ist. Reimann schreibt freilich keine dumpfe Gefühligkeit hin. Vielmehr sucht er – als Ergebnis sensibler Reflexion – die Klarheit der Formulierung, die deutliche Erkennbarkeit innerer Prozesse. Und entzieht sich dergestalt der Etikettierung, schierer Melancholiker zu sein, indem er vital solche eher lähmenden Attitüden überwindet. Seiner Vorliebe für changierende Zwischenwelten und flirrende Trancefiguren bleibt er auf seinem Weg aus elegisch gestimmten Regionen in die Bereiche von Wirklichkeitsnähe treu. Reimanns zweite Oper, *Melusine* (nach Yvan Goll, Schwetzingen 1971), führt das Poetische eines romantischen Symbolismus vor, der als Kammerspiel mit brillierendem Farbenzauber die Aktivitäten einer Elfe umrankt, die einer Parklandschaft wegen einen Schloßbau verhindern soll. Reimanns Bühnenwerk *Troades* nach den *Troerinnen* des Euripides von Franz Werfel (Uraufführung 1986, München, Bayerische Staatsoper) demonstriert zwar das gesamte, schon für den *Lear* entwickelte Arsenal an musikalischen Darstellungsmitteln, eignet sich aufgrund seiner dramaturgisch-oratorischen Struktur jedoch weniger für szenische Realisierung. In *Die Gespenstersonate* (nach Strindberg, Berlin 1984) wandelt Reimann eher imaginativ in changierenden Zwischenwelten.   *Wolf Loeckle*

Lear
Oper in zwei Teilen

Text: Claus H. Henneberg, nach Shakespeares *King Lear*
Uraufführung: 9. Juli 1978, Bayerische Staatsoper, München
Personen: König Lear (Bar); König von Frankreich (Baß); Herzog von Albany (Bar); Herzog von Cornwall (Ten); Graf von Kent (Ten); Graf von Gloster (Baß); Edgar, Sohn Glosters (Ten-Counterten); Edmund, Bastard Glosters (Ten); Goneril, Regan, Cordelia, Töchter König Lears (Sop); Narr (Sprechrolle); Bedienter (Ten); Ritter (Sprechrolle)
Chor: Diener; Wachen; Soldaten
MÄNNERCHOR (König Lears und Graf von Glosters Gefolge)
Ort und Zeit: England, in mythischer Zeit
Orchester: 3 Fl (auch Picc, 3. auch Bfl), Afl in G, 2 Ob, E. H., 2 Kl (2. auch Kl in Es), Bkl in B, 2 Fg, Kfg, 6 Hrn in F, 4 Trp in C, 3 Pos, Tba, Pkn, Schlgzg: 5 Bongos, 5 Tomtoms, 5 Tempelblöcke, 5 Holzblöcke, 3 Schlitztr, Rührtr, KlTr, GrTr, Bck, 4 hohe Gongs, 3 tiefe Gongs, 5 TamTams, hängende Bronzeplatten, Metallfolie, Metallblock, Holzfaß, 2 Hrf, Streicher
Form: Durchkomponiert
Aufführungsdauer: Ca. 2 Stunden
Verlag: B. Schott's Söhne, Mainz

Handlung

Des Regierens müde, gedenkt der alte König Lear sein Reich aufzuteilen. Derjenigen seiner drei Töchter, Goneril, Regan und Cordelia, die ihn am meisten liebt, offeriert der Regent den größten Anteil. Wortreich mühen sich Goneril und Regan, einander überbietend, sich gegenseitig auszustechen. Goneril und Regan erhalten je ein Drittel des Reiches. Cordelia, die jüngste, liebt ihren Vater „wie eine Tochter, zu jung für die Lüge". Der erboste Lear will sie verstoßen. Sein Gefolgsmann, der Graf von Kent, versucht das zu verhindern. Er wird dafür geächtet, Cordelia eiligst mit dem König von Frankreich verheiratet, der sie ihrer Ehrlichkeit und nicht der Mitgift wegen schätzt. Das junge Paar geht nach Frankreich, Goneril und ihr Mann, Herzog von Albany, sowie Regan und deren Mann, Herzog von Cornwall, teilen sich – im Bewußtsein, sich des „Alten" schnellstmöglich zu entledigen – in Cordelias Erbe. Der Bastard Edmund täuscht seinem Vater, Graf von Gloster, in einem gefälschten Brief Mordpläne seines ehelichen Sohnes Edgar vor. Edgar wird von Gloster verstoßen. Als Diener verkleidet wirkt der Graf von Kent an Lears Hof. Goneril und Regan fordern den Vater auf, ihn mitsamt dem Gesinde zu entlassen. Als sich der Vater weigert, jagen sie ihn vom Hof. Der einsame Lear, dem Wahnsinn nahe, wird von Kent und dem Narren, die bei ihm geblieben sind, zu einer einsamen, sturmumtobten Hütte in der Heide gebracht. Hier haust der von Gloster verstoßene und geistig verwirrte Edgar wie ein Gespenst. In dieser Situation erscheint der königstreue Gloster mit seinem Gefolge, um den König zu retten. Der Sohn Edgar tritt dem Vater in der Maske des Toren entgegen – der erkennt ihn nicht. Lear wird nach Dover gebracht. Der Herzog von Cornwall läßt Gloster gefangensetzen, um den Parteigänger Lears auszuschalten. Edmund, Anhänger der neuen Machthaber, sowie Goneril erhalten den Auftrag, Herzog von Albany zum gemeinsamen Krieg gegen den König von Frankreich zu motivieren, der mit einem Heer in Dover gelandet ist, von wo aus er – waffenstarrend – Cordelia in ihre Rechte einzusetzen gedenkt. Gloster, zur Rettung des Königs Lear entschlossen, wird von Cornwall ein Auge ausgestochen. Einer der Bediensteten tötet Cornwall („Es fließt viel Blut"), Regan tötet selbigen und blendet Gloster vollständig. Als Gloster Edmund zu Hilfe ruft, enthüllt ihm Regan den Verrat seines eigenen Sohnes. Gloster wird auf die Straße nach Dover geschleppt. Und Goneril verspricht dem Lügner Edmund die Krone – falls er ihr gegen Albany hilft, der mittlerweile vom Blutrausch seiner Frau angeekelt ist. Cordelia, in Trauer um ihren verwirrten Vater, hat Mannschaften ausgeschickt, die König Lear suchen sollen. Der blinde Gloster bittet seinen Sohn Edgar, ohne ihn freilich zu erkennen, ihm den Weg nach Dover zu weisen. Des Lebens überdrüssig, wünscht er sich von den Klippen ins Meer hinabzustürzen. Edgar täuscht ihn, Lear erscheint, Gloster erkennt die Stimme und neidet dem alten König seinen Wahnsinn. Soldaten bringen Lear ins Lager der Franzosen zu Cordelia. Die Tochter verspricht dem Vater ein ruhiges Alter – und die Macht, das Land zu befrieden. Mittlerweile nimmt Edmund Lear und Cordelia in Gefangenschaft, Cordelia soll im Gefängnis umgebracht werden. Während er sich dem Erfolg seiner mörderischen Machtpolitik nahe glaubt, sieht Edmund sich mit Albany konfrontiert. Regan stellt sich auf Edmunds Seite, da sie ihn zur Erreichung ihres eigenen Zieles braucht. Sie ernennt ihn zum Führer des Heeres, das durch Cornwalls Tod verwaist ist. Die skeptische Goneril vergiftet die Schwester. Während Regan stirbt, tritt Edgar bewaffnet auf und fordert Edmund zum Zweikampf heraus. Der Bastard Edmund fällt. Goneril, jetzt ohne Perspektive für ihre Machtgelüste, ersticht sich. Lear erscheint mit der toten Cordelia im Arm und legt sie auf die Erde. „Weint! Weint! Weint! Weint! Ihr seid Menschen aus Stein." Während er um die ermordete Tochter klagt, versagt ihm die Stimme. Lear stirbt.

Kommentar

Unbegleitete Cluster-Schichtungen, Schlagzeug-Ausbrüche, Vierteltonklänge, geheimnisvolles Raunen der Bässe, rhythmische Verschiebungen von auf- und absteigenden oder umeinander kreisenden Linien, Streicherflächen, Einzelteile, die sich gelegentlich wiederholen, verändert freilich, Koloraturen-Hysterie, durchgehaltene Personencharakteristik – in *Lear*, seiner dritten Oper, markiert Aribert Reimann eine kompositionstechnische Meisterschaft, eine Materialbeherrschung auf höchstem Niveau. Was an Präzision im *Traumspiel* und in der *Melusine* fehlt, im *Lear* wird es zum Klang der äußersten Differenzierungsdimension. Hier entsteht eine düster-dramatische Klangwelt, die Reimann seinen Strukturvorstellungen gemäß auskomponiert. Vom Jahr 1968 an sammelt er – zusammen mit Dietrich Fischer-Dieskau, der Reimann vorgeschlagen hatte, Shakespeares *Lear* zu vertonen – Gedanken, sortiert sie und verwirft sie wieder. Schon Giuseppe Verdi zeigte sich von dieser Herausforderung gereizt. Er – genauso wie sein Librettist Antonio Somma – glaubte jedoch, den dramatischen Dimensionen des Werks nicht gewachsen zu sein. Verdi verwarf den Plan. Reimann befaßte sich ab 1972 intensiver mit dem Projekt. In seinem *Celan-*

Zyklus, den er 1971 im Anschluß an die *Melusine* für Fischer-Dieskau geschrieben hatte, sah Reimann den musikalischen Ausgangspunkt für seinen *Lear*. Düstere Farben, massive Ballungen in Blech, Flächen in den tiefen Streichern markieren die Richtung zur Person Lear. Alle Stücke der folgenden Jahre – das *Wolkenlose Christfest* (1974), die *Sylvia-Plath-Songs* (1975) und die *Variationen für Orchester* – waren Wege zu *Lear*. Wenngleich diese Stücke ihr „Lear-unabhängiges" Eigenleben führen, ist der *Lear* immer unterschwellig präsent. Reimann begreift denn auch seine *Variationen* gleichsam als Vorspiel zur Oper: die Isolation des Menschen in totaler Einsamkeit, der Brutalität und Fragwürdigkeit allen Lebens ausgesetzt.

Bei den Shakespeare-Vertonungen fällt auf, daß die vier zusammengehörigen „tragedies" aus den Jahren 1602 bis 1606, *Hamlet, Othello, Macbeth* und *King Lear,* in durchaus unterschiedlichem Maß Zugang zur Opernbühne gefunden haben. Stehen *Othello* (Rossini und Verdi) im Repertoirebetrieb zentral, wie auch Verdis *Macbeth*, so sind die *Hamlet*-Opern von Ambroise Thomas (1868) und Humphrey Searle (1968) eher als Randphänomene zu begreifen, was erst recht für Mili Balakirews Tragödie *König Lear* aus dem Jahr 1861 gilt. Ob der *Lear*-Stoff für die musikalische Dramaturgie des 19. Jahrhunderts überhaupt angemessen komponierbar hätte sein können, ist nicht schlüssig zu sagen. Am Gradmesser „Publikumsreaktion" orientiert, läßt sich wohl trefflich spekulieren, daß ein Stoff mit negativen Helden ohne konkrete Liebeshandlung, eine Tragödie der höchst differenzierten psychologischen Entwicklungsstränge bei gleich mehreren Protagonisten ohne zeitgemäß-operntheatralische Prachtentfaltung der Stimmen und Ausstattung wohl kaum den Erfolg gebracht hätte. Möglicherweise also bedurfte es des fortgeschrittenen intellektuellen Standards der Literaturoper in der ersten Hälfte des 20. Jahrhunderts – mit *Salome* und *Wozzeck* etwa als Vorläufer –, um den Mut zum *Lear* aufbringen zu können. Reimanns Orchesterbesetzung imaginiert zunächst die traditionell spätromantische Palette an Instrumentalfarben, ergänzt durch neuere Schlaginstrumente. Seine vielstimmige Satztechnik bedingt dann jedoch, daß er streckenweise die – im romantischen Gebrauch chorisch geführten – Streicher solistisch in 48 Stimmen aktiv werden läßt. Als Gegenpol mag eine unbegleitete instrumentale Linie oder ein prall gefüllter Vierteltoncluster gelten. Der personenbezogenen Stimm-Charakteristik widmet der Komponist besondere Aufmerksamkeit, wenn er etwa für Cordelia das lyrischste Timbre der drei Frauenstimmen wählt, um sie als „gute Protagonistin" auszuweisen. Oder wenn er die Titelpartie mit ihrer erheblichen Anforderung an psychologische Differenzierung mit einem hell gestimmten Bariton besetzt. Die Strukturprobleme der Literaturoper sind mit Reimanns *Lear* gewiß nicht gelöst. Daß die Übertragung eines Shakespeareschen Schauspiels auf die Opernbühne der Reduktion, der Straffung und musikalischen Intensivierung bedarf, liegt in der Natur der Sache. Was Musik in nuce darstellt, muß nicht mit Worten verdoppelt werden. Shakespeares *King Lear* in ein Opernlibretto zu verwandeln setzt Mut und handwerkliches Können voraus, ist doch gefordert, den Text ohne Verfälschungen der Kernaussage zu kürzen, „um Platz für die Musik zu schaffen". Claus H. Henneberg benutzte für seine Fassung die 1777 entstandene deutsche Übersetzung von Johann Joachim Eschenburg, der zu härteren, klareren, theatralischeren Umsetzungen in der fremden Sprache findet als Wolf Graf Baudissin in seiner auf den deutschsprachigen Bühnen üblichen Fassung. Henneberg reduziert die Zahl der handelnden Personen, zieht Shakespeares verschiedene Heide-Bilder zu einer großen Szene zusammen und kombiniert im 2. Teil Texte, die engen Bezug zueinander haben, in Simultanszenen.

Geschichte

Dietrich Fischer-Dieskau gab die Anregung zu *Lear*, Aribert Reimann beauftragte Claus H. Henneberg, ein Libretto zu entwerfen, 1975 erteilte die Bayerische Staatsoper einen Kompositionsauftrag. Zur Eröffnung der Münchner Opernfestspiele wurde *Lear* am 9. Juli 1978 im Münchner Nationaltheater uraufgeführt mit Fischer-Dieskau in der Titelpartie und dem Bayerischen Staatsorchester unter Gerd Albrecht. Regie und Ausstattung: Jean-Pierre Ponnelle. Die Uraufführung liegt als Mitschnitt auf Schallplatte vor. Der Premierenerfolg bewirkte Aufführungen in Düsseldorf (1978), Mannheim (1981), San Francisco (1981), Nürnberg (1982), Paris (1982), Berlin/DDR (1983), Mönchengladbach (1985), Zürich (1988) und London (1989).   *Wolf Loeckle*

Diskographische Empfehlung

1978 – München: Gerd Albrecht, Chor der Bayerischen Staatsoper, Bayerisches Staatsorchester. Dietrich Fischer-Dieskau (Lear), Hans Günter Nöcker (Gloster), David Knutson (Edgar), Helga Dernesch (Goneril), Colette Lorand (Regan), Julia Varady (Cordelia), Rolf Boysen (Narr). DG 2709 089

PHILIP GLASS

geb. 31. Januar 1937 in Baltimore

Als Installateur, Spediteur, Taxifahrer und spiritus rector des „Philip Glass Ensemble" (einer Gruppierung aus sechs Musikern, die Holzblasinstrumente, diverse Tasteninstrumente und die eigenen, elektrisch verstärkten Stimminstrumente bedienten, sowie einem Toningenieur) versuchte der – asiatisch inspirierte – Philip Glass, 1967 nach New York zurückgekehrt, künstlerisch und gesellschaftlich Fuß zu fassen.

Geboren in Baltimore (Maryland), galt es für ihn nach Studien in Chicago, an der New Yorker Juilliard School, bei Nadia Boulanger, der Ur-Mutter neuer Musik in Paris, sowie bei Ravi Shankar, dem Sitar-Virtuosen, und Allah Rakha, Spezialist für indische Musik, nun, „vom Komponieren in einem sanften, neoklassischen Stil, der Milhaud viel verdankte", zu einer „ganz neuen Art von Musik überzugehen". „Klangwetterlage", „klingende Kürzel mit gefälliger Kadenzen-Harmonik", „Rolltreppenmusik", „Teilchen-Ästhetik", „Zaubermacht der Zerlegung" oder „Alt-Glass-Recycling" sollte später genannt werden, was ein Glass-Publikum – in der Met oder im Rock-Club – in Gegner (denen seine scheinbar simple Musik-Mach-Art mit ihrer Wieder- und Wieder- und Wiederholungsmanie auf die Nerven ging) und in Anhänger spaltete (denen seine repetitive Langsamkeit Reizungen unter der Haut verursachte).

Neben Harry Partch, La Monte Young, Terry Riley und Steve Reich zählt Philip Glass zum Führungspersonal dessen, was als „minimal music" katalogisiert wurde. Kennzeichen der additiven Bauweise sind minimale Veränderungen in Tonfolge und Rhythmus, sind Dauer-Wellen aus gebrochenen Akkorden und überdehnten Arpeggien. Aus schier unendlichen Folgen scheinbar immer gleicher, fast unmerklich veränderter Töne, eingebettet in wohlig-harmonisch kadenzierende Dur-Moll-Tonalität entsteht speziell bei Glass das gebetsmühlenartig Monotone, einlullend oder aggressiv Aufwühlende, dessen Sogwirkung sich erst in größeren Zeiträumen entfalten kann. Solcher Dimensionen bedarf es, wie ja auch authentische indische

Ragas ihre vierzig Minuten und mehr benötigen, um zur Entfaltung kommen zu können. Aus einer geringen Anzahl von „Modellen" lassen sich demnach mehraktige abendfüllende Opera konstruieren. (Elemente europäischer Kunstmusik grüßen spät-nachahmend-variiert aus grauer Vorzeit: Ostinato-Effekte oder Passacaglia-Techniken.) Schon seine frühen Stücke entfalten sich in auffallend voluminös-zeitlicher Opulenz: Eine Stunde ist zu veranschlagen bei *Music with changing parts* (1970), und satte vier Stunden sind es bei *Music in 12 parts* (1974). Eine scheinbar kleine Konzepterweiterung dieses Baukastensystems um optische und szenische Elemente öffnet den Zugang zur Bühne (und zur Kinoleinwand), wobei der Begriff „Opera" hier nun nicht mehr Oper im traditionellen Sinn meint, sondern Werke, multimediale Aktion. Zusammen mit Robert Wilson, dem Weltmeister superästhetischer Langsamkeitszelebrationen entsteht das Erfolgsopus in vier Akten (für fünf Stunden) *Einstein on the beach* (1975/76) mit der Integrationsfigur Einstein. Assoziationsmöglichkeiten öffnen sich für Relativitätstheorie, dilettierendes Geigen- wie „Kind"-gemäßes Eisenbahnspiel, für atomaren Holocaust, strafendes Weltgericht und „erlösendes" Raumschiff. Dieses opto-akustische Rangiersystem ließe sich ausweiten auf die Gandhi-Opera *Satyagraha* (1980), den Erfinder der Reihenfotografie Eadweard Muybridge in *The Photographer* (1982), den zivilisationskritischen Film *Koyaanisqatsi* (1982, Regie: Godfrey Reggio), auf den monotheistisch-revolutionär agierenden Pharao *Echnaton (Akhnatan)*, von Achim Freyer 1984 in Stuttgart uraufgeführt, das science-fiction-musicdrama *1000 airplaines on the roof* (Wien 1988) als Geburtsstunde der „cinematographischen Oper" (Glass), auf die Kammeroper *The fall of the house of Usher* (nach E. A. Poe, Boston 1988) oder auf die Gemeinschaftsproduktion von Houston/Texas, London, Amsterdam und Kiel (1988/89) *The making of the representative for planet 8 (Die Erschaffung des Repräsentanten für Planet 8)* im Gefolge der englischen Schriftstellerin Doris Lessing als „metaphysischen Höhenflug" für sechzig Instrumentalisten, vierzig Choristen und sechs Gesangssolisten.

Immerhin ist es Phil Glass gelungen, ein großes Publikum aus abgesteckten Zirkeln von Klassik, Jazz, Pop, Rock und Ethno-Musik herauszulocken und es in Lofts, Flughafenhangars, Opernhäusern und Kinosälen wohlklingend zu bedienen. Seinen zunehmend kulinarisch werdenden Klangkonzepten ist es zuzuschreiben, daß er als Popularisierer von minimal music gilt.

Wolf Loeckle

„Satyagraha" M. K. Gandhi in South Africa
Eine Oper in drei Akten

Text: Constance de Jong, nach der *Bhagavad-Gita*
Uraufführung: 5. September 1980, Stadschouwburg, Rotterdam
Personen: M. K. Gandhi (Ten); Miss Schlesen, Gandhis Sekretärin
(Sop); Kasturbai, Ghandis Ehefrau (Alt); Mr. Kallenbach, europäischer Mitarbeiter (Bar); Parsi Rustomji, indischer Mitarbeiter
(Baß); Mrs. Naidoo, indische Mitarbeiterin (Sop); Mrs. Alexander,
freundschaftlich verbundene Europäerin (Alt); Lord Krishna, my-
thische Gestalt aus der Bhagavad-Gita (Baß); Fürst Arjuna, mythi-
sche Gestalt aus der Bhagavad-Gita (Bar); Graf Leo Tolstoj, historische Gestalt im 1. Akt; Rabindranath Tagore, historische Gestalt im
2. Akt; Martin Luther King jr., historische Gestalt im 3. Akt (Rollen
ohne Gesang)
Ort und Zeit: Südafrika, zwischen 1896 und 1913
Orchester: 3 Fl (3. auch Picc), 3 Ob (3. auch E. H.), 3 Kl, Bkl, 2 Fg,
elektr. Org, Streicher
Form: 7 durchkomponierte Szenen
Aufführungsdauer: Ca. 3 Stunden
Verlag: Dunvagen Music Publishers, Inc., New York, N. Y.

Handlung

1. AKT („Tolstoj"). 1. Szene („Kuru, Feld der Gerechtigkeit"): Auf
einem mythischen Schlachtfeld, das zugleich als eine Ebene in Südafrika
gelten kann, stehen sich zwei feindliche Armeen gegenüber. Gandhi, geleitet von Satyagraha (der Philosophie des gewaltlosen Widerstands), die
Gewinn und Verlust, Glück und Unglück, Sieg und Niederlage in eins setzt,
die der Niederlage den Himmel, dem Sieg die Herrschaft über die Erde
verheißt, findet die Kraft, gegen das Unrecht zu kämpfen.
2. Szene: („Auf der Tolstoj-Farm, 1910"). Mit einer Handvoll Satyagrahi
und deren Gelübde, der Rassendiskriminierung von seiten der Europäer
Widerstand entgegenzusetzen, im Bewußtsein, hat Gandhi die erste kollektive Aktion indischer Bewohner Südafrikas initiiert: Wer seine Werke in
Zufriedenheit ohne Besitzdenken und Neid vollbringt, der erwirbt keine
Schuld. Das ist die Grundidee, auf der das autarke, genossenschaftlich
organisierte Wirtschaftsgebilde funktioniert.
3. Szene („Das Gelübde, 1906"): Der rassendiskriminierende „Black Act"

der Regierung Südafrikas vereint die Inder im gemeinsamen Widerstand gegen die menschenverachtende Meldepflicht. Alle bekennen sich zur Rede des Parsi Rustomji, die beinhaltet, daß derjenige von den Göttern belohnt wird, der aus Angst oder Bequemlichkeit auch mühevolle und lebensbedrohende Arbeit nicht scheut.

2. AKT („Tagore"). 1. Szene („Konfrontation und Errettung, 1896"): Gandhi wird in den Außenbezirken einer europäischen Siedlung in Südafrika von europäischen Männern durch Anrempeleien und Steinwürfe angegriffen: Sie sind erregt darüber, daß Gandhi weitere Inder nach Südafrika zu bringen gedenkt und auf diese Weise ihre Privilegien geschmälert werden könnten. Die Britin Mrs. Alexander zeiht sie des „Unwissens und unreinen Lebens". Sie nimmt Gandhi unter ihren Regenschirm und rettet ihm so das Leben.

2. Szene („Die Indian Opinion, 1906"): Die Publikation der Satyagraha-Ideen war für die Gruppierung und ihre Wirkung nach außen von zentraler Bedeutung. Das entsprechende Organ, die „Indian Opinion" war zugleich selbstkritisches Forum. Gandhi inspiziert die Herstellung. Miss Schlesen, Kallenbach und andere verpflichten sich zu vorbildlichem Handeln: Ihr Beispiel wird die Unwissenden aufklären.

3. Szene: („Protest, 1908"). Die Satyagrahi versammeln sich in der Abenddämmerung und verpflichten sich betend dazu, keinen Haß, sondern Mitleid zu fühlen, in Demut, aber auch in aller Festigkeit ihrer Idee zu folgen. Solidarisch mit denen, die wegen der Mißachtung des „Black Act" im Gefängnis sitzen, verbrennen sie ihre Meldebescheinigungen.

3. AKT („King"). 1. Szene („Der Mensch auf Newcastle, 1913"): Während der Dämmerung verkündet Kasturbai: „Mit Weisheit hochbeglückt, bezogen aus heiligen Büchern, und mit Klugheit, gelernt aus dem Leben, mit gezähmten Sinnen, sublim, erhaben steht dieser Athlet der Seele." Nicht um materielle Werte geht es, Freund und Feind gegenüber gelte es gleichgesinnt zu sein, dann stehe der Strebende „gipfelhoch" und mit der „Weltseele vereint". Belauscht und behindert von südafrikanischen Polizisten ziehen Gruppen Protestierender vorbei. Gandhi verweilt im Kreis seiner engsten Anhänger. Während sie in Tiefschlaf verfallen, reflektiert er darüber, daß Wahrheit kein ewiger Besitz sei, sondern immer wieder neu errungen werden müsse. Der Idee von Reinkarnation folgend, befaßt er sich mit dem „Erhabenen", der immer wieder ersteht zum Schutz des Guten, zur Vernichtung des Unguten: „Ich komme ins Sein, Zeitalter auf Zeitalter und nehme sichtbare Gestalt an und versetze einen Menschen in Rührung durch

Menschen, zum Schutze des Guten, das Übel zurückzustoßen und die Tugend wieder auf ihren Thron zu stellen." King erscheint, hinter ihm kommt die Satyagraha-„Armee" am sternenübersäten Nachthimmel zum Vorschein.

Kommentar

Das Konzept einer Trilogie zu den Themen Wissenschaft, Politik und Religion zeigt sich auf der intellektuellen Höhe eines ins nächste Jahrtausend hinüberplätschernden Jahrhunderts. Die Wahl der Kultfiguren Einstein, Gandhi und Echnaton erweist ein sicheres Gespür für Marktgängigkeit – deren Legitimität sich freilich herleitet von klar strukturierter gedanklicher Tiefe.

Satyagraha handelt von der Zeitspanne, die Gandhi in Südafrika verbrachte (1893–1914). Hier kämpfte er für die Rücknahme eines Gesetzes, jenes „Black Act", das die Freiheit der Nicht-Europäer einschränkte und die große Minderheit der Inder gewissermaßen zu Sklaven erniedrigte. Ohne Gewaltanwendung, allein durch Hungerstreiks und friedliche Demonstrationen gewann der indische westlich-juristisch gebildete Weise schließlich. Sein Kampf basierte auf „Satyagraha – der Wahrhaftigkeitsmacht". Die amerikanische Autorin Constance de Jong kompilierte aus diesem Kapitel von Gandhis Lebensgeschichte und der *Bhagavad-Gita (Gesang der Erhabenen)* ein Libretto. Glass behielt im Text zu seiner Oper das Sanskrit bei: Der Rhythmus eines heiligen Textes sollte unangetastet bleiben. Sein „internationales" Instrumentarium sollte sowohl in den USA, in Indien und überall sonst zum Einsatz kommen können. Jedem Akt von *Satyagraha* ist eine ideelle (oder auch spirituelle) Leitfigur zugeordnet: Leo Tolstoj, der für Gandhi eine lebenslange Inspirationsquelle war, im 1. Akt, Rabindranath Tagore, Dichter, Gelehrter und einzige lebende moralische Autorität, die Gandhi anerkannte, im 2. Akt. „Das Symbol des 3. Aktes ist Martin Luther King jr., der mich immer als eine Art amerikanischer Gandhi beeindruckt hat, indem er hier auf die gleiche Weise, wie Gandhi es in Indien tat, dieselben Dinge erreicht hat. Tolstoi, Tagore und King repräsentieren die Vergangenheit, die Gegenwart und die Zukunft von Satyagraha" (Glass). Der 1. Akt beschreibt Gandhis Suche nach Identität und die Ausformung von Satyagraha als Möglichkeit politischen Wirkens. Im 2. Akt handelt es sich um gesellschaftliche Widerstände gegen (das Etablierte) verändernwollende Ideen. Der 3. Akt versucht den Beweis zu erbringen für die überzeitliche Gültigkeit von Satyagraha als Philosophie des gewaltlosen Widerstandes. Der Tatsache, daß die Glass'schen Darsteller sowohl historisches Personal verkörpern als auch (in singender Funktion) heilige Sanskrit-Texte vortragen, ist fürs Musiktheater zumindest Neuartigkeit zu attestieren. Der assoziative Bezug auf die Rolle des Evangelisten in Bachs Passionen ist immerhin eine Interpretationsmöglichkeit. Montierter Charakter von Musik und Szene sowie multimediale Vorgaben zeigen *Satyagraha* deutlich von Entwicklungen und Strömungen der bildenden Kunst beeinflußt. „Das Orchester in *Satyagraha* klingt ganz ähnlich wie das Philip Glass Ensemble. Es ist mir nie in den Sinn gekommen, es mit dem Hervorbringen eines standardisierten Orchesterklangs zu versuchen. Ich will meinen Sound beibehalten. Ich konzentriere mich auf gemischte Klangfarben. Als ob es sich beim Orchester um eine Orgel handelte. Die meisten Komponisten haben die Orgel dazu benutzt, ein Orchester zu imitieren. In meinen Partituren hat das Orchester begonnen, die Orgel nachzuahmen" (Glass).

Geschichte

Vor allem ein spätes 68er Publikum mit den ihm eigenen Bewußtseinswallungen fühlte, empfand und dachte (zuweilen) mit bei der Glass'schen Religions- und Politikthematik. Nachdem die Opernhäuser (imaginär) gesprengt, die Beatles hoffähig und Erkenntnisfähigkeit (welt-)weit geworden war, nachdem (Kunst-)Grenzen als offen und Kulturkreise als durchlässig sich erwiesen hatten, vermochte auch – nach dem Präludieren der bildenden Künstler – das (Musik-)Theater zu brillieren. Eine Mehrheit (der minimalen Fan-Gemeinde) sorgte für spektakuläre Erfolge. Eine Minderheit reklamierte bewußtseinstötende Einlullungsmechanismen („Eiszeit für das Bewußtsein", „Die Apotheose des Arpeggios", „Requiem für einen Ohrwurm"). Die vermeintliche „Primitivität" und „Schönfärberei" speziell der musikalischen Anteile stellt erhöhte Anforderungen ans kreativ-choreographische Vermögen des jeweiligen Regisseurs. Zumal den einzelnen Bildern nur knappe Handlungselemente vorgegeben sind.
Die Uraufführung wurde zelebriert am 5. September 1980 in Rotterdam (Stadschouwburg) mit der Niederländischen Opernkompanie und dem Sinfonieorchester Utrecht unter Bruce Ferden, Regie David Pountney, Ausstattung Robert Israel. Die Produktion ging in ihrer eher spröden Form – das Szenen-Vokabular von Robert Wilson aus *Einstein on the beach* variierend – erfolgreich durch die Niederlande. In Lewiston (N. Y.) und an der New Yorker Brooklyn Academy of Music erlebte sie 1981 ihre ersten amerikanischen Aufführungen. Im selben Jahr zeigte Achim Freyer seine

Stuttgarter Möglichkeiten: Üppig, optisch vielschichtig, von der „historischen" Vorlage gelöst inszenierte er *Satyagraha* als „Kritik an einer von Konsum und Gewalt beherrschten Wegwerfgesellschaft". Im Juni 1990 stellt die Stuttgarter Oper eine erste zyklische Darbietung der Trilogie *Einstein on the beach, Satyagraha* und *Echnaton* vor (Regie: Achim Freyer) vor.

Wolf Loeckle

Diskographische Empfehlung

1984 – New York: Christopher Keene, Chor und Orchester der New York City Opera. Douglas Perry (Gandhi), Claudia Cummings (Miss Schlesen), Rhonda Liss (Kasturbai), Robert McFarland (Kallenbach/Fürst Arjuna), Scott Reeve (Parsi Rustomji/Lord Krishna), Sheryl Woods (Mrs. Naidoo). CBS, M3K 39672 (DDD)

WOLFGANG RIHM

geb. 13. März 1952 in Karlsruhe

Musik muß voller Emotion sein, die Emotion voller Komplexität." Das schrieb der 22jährige Wolfgang Rihm für
das Programmheft der Donaueschinger Musiktage
1974, bei denen er sozusagen entdeckt wurde – mit seinem Orchesterstück
Morphonie. Ein kritisches Insider-Publikum begrüßte ihn zunächst mit
freundlicher Skepsis, denn „Emotion" zählte nicht gerade zum Merkmal
der Neuen Musik nach dem Krieg, sondern vielmehr ein ausgeklügelter
Konstruktivismus, das raffinierte Spiel mit Strukturen und Proportionen
der Klänge. Im Jahr darauf findet sich Rihm bereits im Riemann-Lexikon,
Ergänzungsband, eingetragen – mit 14 Kompositionen. Sieben Jahre später
sind es schon 70 Stücke aus nahezu allen musikalischen Gattungen: Oper,
Symphonie, konzertante Werke, Kammer- und Klaviermusik, Lied. Und im
Herbst 1989 ist das Œuvre auf rund 130 Werke angewachsen. Wolfgang
Rihm gehört tatsächlich zu den produktivsten Komponisten der Gegenwart,
auch zu den sprachfreudigsten im Wort: In Dutzenden von längeren und
kürzeren Texten hat er seine Position zum Handwerk des Komponierens,
zur musikalischen Tradition, zur Ästhetik der zeitgenössischen Musik dar-
gelegt. Rihm ist heute, auch über die Grenzen des Fachpublikums hinaus,
anerkannt. Sein Name hat international Gewicht.
Von 1968 bis 1972 studierte er Komposition bei Eugen Werner Velte in
Karlsruhe, 1972/73 bei Karlheinz Stockhausen in Köln, von 1973 bis 1976
bei Klaus Huber in Freiburg sowie bei Wolfgang Fortner und Humphrey
Searle. An der Freiburger Universität absolvierte er Musikwissenschaft bei
Hans Heinrich Eggebrecht. Seit 1970 war er Teilnehmer und seit 1978 ist er
Dozent bei den Darmstädter Ferienkursen für Neue Musik. Von 1973 bis
1978 unterrichtete er an der Karlsruher Musikhochschule, 1981 in Mün-
chen. Seit 1985 bekleidet er eine Professur an der Musikhochschule seiner
Heimatstadt.
In Wolfgang Rihms künstlerischer Entwicklung spielen die Komponisten
Luigi Nono, Olivier Messiaen und Karlheinz Stockhausen eine wichtige

Rolle. Andererseits aber auch Dichter, Philosophen, Maler: Hölderlin, Artaud, Nietzsche, Cézanne. Der Schlüssel zu seiner Produktivität, seiner manchmal geradezu gewaltsam sich entladenden Expressivität liegt nicht in dem, was man gemeinhin Inspiration nennt, sondern in einem fast triebhaften Umgang mit dem musikalischen Material, dem Tönevorrat, den Klängen; „vegetativ" nannte er selbst einmal seine Arbeitsweise: „Das gibt mir die Möglichkeit, meinem Material an Stellen zu folgen, wo es von selbst wächst, und manchmal mehr zu finden, als ich suche."

Fünf Kompositionen Wolfgang Rihms für das Musiktheater sind bisher aufgeführt worden: die beiden Kammeropern *Faust und Yorick* (1976) und *Jakob Lenz* (1977/78), *Tutuguri* (Ballett nach Antonin Artaud, 1981/82), *Die Hamletmaschine* (1983/86), *Oedipus* (1986/87).

Wolfgang Schreiber

Jakob Lenz
Kammeroper

Text: Michael Fröhling, frei nach Georg Büchners Novelle *Lenz*
Uraufführung: 8. März 1979, Opera stabile der Staatsoper, Hamburg
Personen: Lenz (Bar); Oberlin (Baß); Kaufmann (Ten); Sechs Stimmen (2 Sop, 2 Alt, 2 Bässe); Zwei oder vier Kinder N. B.: Die Sechs Stimmen sind keine „Nebenrollen" oder gar ein „Chor". Meistens sind es in *Lenz* handelnde Hauptrollen, oft „Natur" (z. B. Bäume, Gebirge), manchmal reale Personen (z. B. Gemeinde, Bauern)
Ort und Zeit: Das Elsaß, Ende des 18. Jahrhunderts
Orchester: 2 Ob (2. auch E. H.), Kl (auch Bkl), Fg (auch Kfg), Trp, Pos, Schlgzg, Cemb (elektrisch verstärkt), 3 Vc
Form: Durchkomponiert (13 Bilder)
Aufführungsdauer: 1 ¼ Stunden
Verlag: Universal-Edition, Wien

Handlung
Jakob Lenz, nach Georg Büchners Erzählung (1839), kennt keine dramatische Handlung im üblichen Sinn, gezeigt wird der Weg des Dichters Lenz (Goethes Jugendfreund lebte von 1751 bis 1792) in die Isolation,

die seelische Zerrüttung. Oberlin, der philanthropische Pfarrer, hat Lenz zu sich genommen, Kaufmann, der Arzt, versucht den Unglücklichen zur Natur und zur Schönheit hinzuführen – vergeblich. Lenz will zu seinem Vater nach Hause zurück; er begegnet im Geist noch einmal Friederike Brion, Goethes Jugendfreundin, und seiner gescheiterten Liebe zu ihr. Schließlich wird er von Oberlin und Kaufmann in die Zwangsjacke gesteckt, das Ende ist völlige Umnachtung. Lenz flüstert und schreit abwechselnd mit klagender Stimme das Wort „konsequent", ehe er zusammenbricht.

Kommentar

Wolfgang Rihms *Jakob Lenz* stellt nicht die dramatischen äußeren Ereignisse, fixierbare Topographien des tragischen Lebens von Goethes Jugendfreund in den Vordergrund, sondern seine Kammeroper verwandelt die Lebens- und Leidensgeschichte des Dichters in ein verdichtetes musikalisches Psychogramm von harter Prägnanz der Akzente, der Klangfigurationen aus Schlagzeug und wenigen solistischen Instrumenten. Alles ist nach innen gezogen, die instrumentale Gestalt wird sozusagen zum Transportmittel der ausweglosen seelischen Situation: „Extreme Kammermusik, immer auf dem Sprung in die Hauptperson. Obwohl Lenz auf vielen Ebenen handelt oder zu handeln versucht oder zu handeln glaubt, hat er keinen Handlungsspielraum. Deshalb ist er auch eng verwoben in den ihn umgebenden Klang" (Rihm). Der leidende Protagonist, mit Abstand die anspruchsvollste Rolle der Kammeroper, wird so zum Monument des Leidens, der Verzweiflung, des Aufbegehrens. Sein Ausdrucksraum ist vokal weit gefächert: Gesang und Sprechgesang, Aufschrei und Versenkung ins Schweigen sind die Mittel der lyrischen Vergegenwärtigung. Finden sich Oberlin und der Arzt fast in Nebenrollen gedrängt, so erhalten die „Stimmen" den Charakter von personifizierten Natur-Visionen, von Gespenstern. Über dem ganzen Stück waltet sozusagen ein bohrender Schmerz: Halluzinationen einer zerstörten Kreatur, und zu *hören* sind tatsächlich Klang-Obsessionen, Wahrheiten aus dem bloßliegenden Unbewußten. Insgeheim gehorcht die Dramaturgie des Werkes derjenigen einer Passion. Es gibt Elemente der musikalischen Rhetorik, der Motette, des Madrigals, auch des alten Chorals. So ist hier eigentlich die Musik selbst die Hauptperson eines inneren Höllensturzes, dessen Tonzelle aus einem Leitakkord besteht, der den „diabolus in musica" als tödliches Gift in sich birgt.

Geschichte

Die Kammeroper *Jakob Lenz* von Wolfgang Rihm gehört zu den erfolgreichsten Musiktheaterwerken der letzten Jahrzehnte. Bereits die Uraufführung in der Opera stabile der Hamburgischen Staatsoper im März 1979 erregte ungewöhnlich positive Aufmerksamkeit. Sowohl Inszenierung (Siegfried Schoenbohm) und Bühnenbild (Brigitte Friesz) als auch die musikalische Leitung (Klauspeter Seibel) und die Darsteller (Richard Salter in der Titelrolle) fanden Zustimmung. Womöglich noch erfolgreicher war die zweite Aufführung des Werkes nur wenige Wochen später in der musiktheater-werkstatt des Opernhauses in Gelsenkirchen (Inszenierung und Ausstattung: Thomas Rübenacker; Dirigent: Volkmar Olbrich). Sie wurde auf vielen Gastspielreisen im In- und Ausland gefeiert. Es folgten Inszenierungen 1982 in Zürich (Heinz Lukas-Kindermann, Marie-Jeanne Dufour) und 1983 in West-Berlin (Hans-Albrecht Neelsen, Arturo Tamayo). Größere und kleinere Opernhäuser spielten das Werk in der Folge eifrig nach. Die Berliner Besetzung wurde auch für eine Plattenaufnahme von *Jakob Lenz* herangezogen, wiederum mit dem Protagonisten der Hamburger Uraufführung, Richard Salter und unter der Leitung von Arturo Tamayo. Sie erschien, in Co-Produktion mit dem Sender Freies Berlin, im Jahre 1984.   *Wolfgang Schreiber*

Diskographische Empfehlung

1983 – Berlin: Arturo Tamayo, Schöneberger Sängerknaben, ein Kammerorchester. Richard Salter (Lenz), William Dooley (Oberlin), Ernst-August Steinhoff (Kaufmann). EMI 16 95223

Oedipus
Musiktheater

Text: Wolfgang Rihm, nach Friedrich Hölderlins Sophokles-Übersetzung *Oedipus der Tyrann*, Friedrich Nietzsches *Oedipus. Reden des letzten Philosophen mit sich selbst. Ein Fragment aus der Geschichte der Nachwelt* (Nachgelassenes Fragment) und Heiner Müllers *Ödipuskommentar*
Uraufführung: 4. Oktober 1987, Deutsche Oper, Berlin

Personen: Oedipus (Bar); Kreon (Ten); Tiresias (Bar); Bote (Bar); Hirte (Bar); Jokasta, später „Frau" (Mez); Sphinx (4 Sop, evtl. 2 davon vom Tonband); Älteste (16) (8 Ten und 8 Bässe bzw. Bar) VOM TONBAND: 4 Sop; Frauenstimmen; Männerstimmen; Kinder; gemischter Chor; Sprechchor; 4 Trompeten; 4 Posaunen

Orchester (39 Spieler): 4 Fl (2. auch Picc), 2 Ob, 2 E.H. (2. auch Ob), 4 Kl (davon 2 Bkl), 2 Fg, 2 Kfg, 4 Hrn, 4 Trp (auch 2 hohe Trp), 4 Pos, 2 Hrf (elektr. verstärkt), Klav, 2 Vl (ab 5. Szene), Schlgzg

Auf der Bühne (von Oedipus und Jokasta gespielt): Große hängende Metallplatte, große Holzfaßtrommel

Form: Durchkomponiert

Aufführungsdauer: Ca. 1 ¾ Stunden

Verlag: Universal-Edition, Wien

Handlung (vgl. Kommentar)

Kommentar

Mehr als ein dutzendmal haben Komponisten versucht, das Oedipus-Thema musikalisch zu bearbeiten oder den Sophokles-Text direkt zu vertonen. Wolfgang Rihms *Oedipus*-Oper gehört zu jenen Werken, die die Handlungsführung des antiken Stückes nicht übernehmen, sondern sie radikal aufbrechen. Er schuf keine „Literaturoper", er schmolz den *Oedipus* vielmehr ein in neue Zusammenhänge, die von drei Textebenen durchsetzt sind – wobei er das Prinzip der Montage, der Sinnzersplitterung, Filterung und Raffung zugunsten einer Verrätselung wie Emotionalisierung der Aussage walten ließ. Sophokles (in der Hölderlin-Übersetzung), Nietzsche und Heiner Müller sind die Autoren, und Rihm gelang mit der Verteilung ihrer Texte auf die Personen Oedipus, Jokasta und Kreon sowie mit den musikalischen und klanglichen Akzenten von Singstimmen wie Orchester insgesamt eine komplexe, prismatisch wirkende Vervielfältigung und immense Steigerung der Bedeutungsschichten, eine Verschärfung des Mythos: Unser Zeitgenosse Oedipus!

Drei musikalische Ausdrucksmittel sind vorherrschend: Klangmassierungen vor allem des Blechs und des Schlagapparates, die Aufschrei und Protest lokalisieren. Lang ausgesponnene Klangbänder vornehmlich von hohen Holzbläsern, die ein Schädelsausen schmerzhaft und ohrenfällig nach sich ziehen (nach Oedipus' Selbstblendung duettieren gespenstisch zwei Solo-Violinen). Schließlich immer wieder bange Momente des Verstummens von Musik, das Klappern metallener Absätze über die Bühne, Geräusche vielfältiger Art. So ergibt sich aus dem Ineinander von drei erzählerischen Erinnerungsbildern, sechs dramatischen Szenen (Sophokles), vier Selbstgesprächen (Nietzsche) und fünf Kommentaren (Müller), die dramaturgisch verschraubt sind, sozusagen eine heutige Antikenoper von apokalyptischen Dimensionen. Angst und auskomponiertes Entsetzen, die Mittel der musikalischen und sprachlichen Ballung, auch der Klangeingriffe von außen (unsichtbare Stimmen, Tonbandmaterial), Momente der Härte brutal verfügter Klangfiguren – in alldem steckt ein Potential, das tatsächlich jenes gestaltete Erschrecken auch im Hörer selbst hervorrufen mag. Man kann sagen: Der antike Mythos ist in Wolfgang Rihms *Oedipus* auf den Begriff seines Grauens, auch seiner intellektuellen Modernität gebracht. „Der Mensch", das Lösungswort des Sphinx-Rätsels, steht, aus Oedipus' Mund kommend, am Beginn der Oper. Am Ende, nach der Katastrophe, versetzt ein greller, langer, „ruckartiger" Lachanfall des „Normalmenschen" Kreon das Ganze auf die Ebene absurder Verzweiflung, dahin, wohin Wolfgang Rihm und Heiner Müller auch den Shakespeareschen Hamlet bereits befördert hatten: *Hamletmaschine* und *Oedipus* sind zu mythischen Denkmälern der Entmenschlichung geworden.

Geschichte

Die erfolgreiche Berliner Uraufführung des *Oedipus* in der Deutschen Oper, die von allen Dritten Programmen des Deutschen Fernsehens live übertragen wurde, hatte in dem jungen Bariton Andreas Schmidt einen überragenden Protagonisten. Die schlüssige Inszenierung schuf Götz Friedrich und das Bühnenbild Andreas Reinhardt. Die musikalische Leitung lag in den Händen von Christof Prick.   *Wolfgang Schreiber*

ANHANG

WEITERE OPERNKOMPONISTEN

ADOLPHE ADAM
geb. 24. Juli 1803 in Paris
gest. 3. Mai 1856 in Paris

Adam, Schüler von Anton Reicha und François-Adrien Boieldieu, ist mit seinen mehr als fünfzig opéras comiques der produktivste und bedeutendste Komponist dieser Gattung im Frankreich zwischen erstem und zweitem Empire. In der Tradition der Singspiele und Vaudevilles Dalayracs, Favarts und Grétrys blieb er weitgehend unberührt vom Stilwandel der italienischen Oper zur grand opéra Meyerbeers. Das einzige Werk, mit dem Adam (1844) in die Fußstapfen des *Robert le diable* und der *Huguenots* trat – *Richard en Palestine* –, errang denn auch nur einen Achtungserfolg. Andererseits gehörten Opern wie *Le proscrit* (1833), *Le chalet* (1834), *Le postillon de Lonjumeau* (1836), *La poupée de Nuremberg* (1852) oder *Si j'étais roi* (1852) zu den dauerhaftesten Repertoire-Stücken jener Jahre, in denen sonst das Diktat ständig wechselnder Moden ein Werk kaum länger als eine Saison auf dem Spielplan beließ. Seine Erfolge gaben Adam den Mut, 1847 ein eigenes Theater zu gründen, um von der Opéra-Comique unabhängig zu sein; doch das Théâtre National wurde ein Fiasko und mußte im März 1848 seine Pforten wieder schließen. Auch die Kompositionsprofessur am Conservatoire, die Adam von 1849 bis zu seinem Tode innehatte, reichte nicht aus, um den gewaltigen Schuldenberg abzutragen, den ihm das unglückselige Theater-Unternehmen eingebracht hatte. Mehr noch als durch seine opéras comiques ist Adam heute durch seine Ballettmusiken bekannt: *Faust* (1852), *Giselle* (1841), *Orfa* (1852) und *Le Corsaire* (1856) waren auf den Pariser Bühnen ebenso erfolgreich wie in London, St. Petersburg oder Berlin. Daß Adams letztes Werk – der Einakter *Les pantins de violette* – 1856 an Jacques Offenbachs Bouffes-Parisiens uraufgeführt wurde, ist bezeichnend: Tatsächlich kann Adam als der wichtigste Wegbereiter der opéra bouffe gelten.

Michael Stegemann

GEORGE ANTHEIL
geb. 8. Juli 1900 in Trenton (New Jersey)
gest. 12. Februar 1959 in New York

Er hat den Ruf als *Bad boy of music* (so der Titel seiner 1945 erschienenen Autobiographie) genossen. George Antheil verdankte ihn zuallererst seinem 1926 in Paris uraufgeführten *Ballet méchanique*, das ein Jahr später das New Yorker Konzertbesucher-Establishment so nachhaltig verstören sollte. Ursprünglich als Filmmusik gedacht, hämmerte diese rhythmisch so raffiniert wie primitivistisch erfundene Geräuschmusik den Namen ihres Schöpfers in die Schlagzeilen: mit acht Klavieren, Xylophonen, allerlei Schlagwerk, elektrischen Glocken und Sirenen und zwei veritablen Flugzeugpropellern.

Antheil hatte zunächst bei Ernest Bloch studiert. Der 20jährige schrieb mit dem Finale seiner ersten Sinfonie einen der ersten Orchestersätze der Musikgeschichte, in dem Elemente des Jazz verarbeitet sind. Seit Anfang der 20er Jahre war Antheil in Europa als Pianist und Komponist tätig. Mit maschinenartig skandierenden, heftig dissonanten Klavierstücken lehnte er sich in Berlin und Paris auf gegen die Monumental-Gefühlswelt eines Richard Strauss, gegen die flüchtigen Klangdüfte des Impressionismus. „Les Six", die revolutionären jungen Komponisten um Jean Cocteau, wurden seine Freunde.

Im Opernhaus zu Frankfurt am Main, nicht in den USA, wurde 1930 mit Antheils dreiaktiger Oper *Transatlantic* eines der wichtigsten amerikanischen Bühnenwerke unseres Jahrhunderts uraufgeführt: eine grelle Satire auf Macht und Finanzen, auf Leidenschaft und Korruption. Der Komponist, er hatte den Text selbst verfaßt, sprach von der ersten modernen politischen Oper. Das Sentiment amerikanischer Großstadtfolklore und Jazzelemente verschwistern sich mit den Geräuschen von Schreibmaschinen, Druckerpressen und Telefonen. Spotlights machen eine Polyphonie der Szenen sinnfällig, eingespielte Filme, Leinwandprojektionen und vieles mehr tragen zur Konkretion urbanen Lebensrummels bei. Die meist motorisch skandierende Musik erreicht freilich nicht annähernd eine dem Bühnengeschehen adäquate Komplexität. Die 1934 in New York uraufgeführte Oper *Helen retires* (Text: John Erskine) fand ähnlich wie manches Bühnenwerk der folgenden Jahre nur relative Beachtung (z. B. *Volpone*, 1950–52; *The wish*, 1955). Jedoch sichert eine gekonnte Amalgamierung verschiedener Stilbereiche (Revue-Nummer, Pseudo-Jazz, modernistisch-dissonante Schreibweise, beabsichtigte Kitschbanalität etc.) dem Stück eine bleibende Statt in den Annalen der realistischen Oper der USA.   *Helmut Rohm*

JOHANN CHRISTIAN BACH
geb. 5. September 1735 in Leipzig
gest. 1. Januar 1782 in London

Das musikalische Werk Johann Christian Bachs steht, auch die zahlreichen Instrumentalkompositionen, von Anfang an unter dem Einfluß der italienischen Oper. Musikalisch äußerst begabt, reiste er 1754 nach Mailand – nach immerhin vier Jahren Aufenthalt in Berlin, wo ihn sein 21 Jahre älterer Bruder Carl Philipp Emanuel zu einem hochgeachteten Klavierspieler ausbildete und er durch dessen Freunde (C. H. Graun, Joh. A. Hasse und J. F. Agricola) erste Eindrücke von der in Berlin gepflegten italienischen opera seria erhielt. Um eine der beiden Organistenstellen am Mailänder Dom zu erhalten, konvertierte Johann Christian 1757 zum Katholizismus, eine Entscheidung, die seinem gräflichen Gönner Agostino Litta – er hatte Bach ein Studium bei dem hochberühmten Padre Martini ermöglicht – sicherlich gut gefallen hat. Eher mit Argwohn dürfte Litta dann aber die Uraufführung von Johann Christians erster Oper *Artaserse* (1760) in Turin betrachtet haben. Bereits 1761 und 1762 folgten mit *Catone in Utica* und *Alessandro nell'Indie* die nächsten Bühnenwerke, die sowohl die Abkehr Bachs von seinen kirchlichen Pflichten besiegelten als auch seinen Ruf als Opera-seria-Komponist festigten.

Für seine erste Londoner Opernsaison (1762/63) entstanden die Opern *Orione* und *Zanaida*; beide wurden mit beachtlichem Erfolg am King's Theatre uraufgeführt. Aufgrund eines Personalwechsels in der Leitung des Theaters erhielt Bach von dort jedoch vorerst keine weiteren Aufträge mehr, der Konkurrenzneid des neuen Leiters Felice Giardini verhinderte dies. Glücklicherweise konnte Johann Christian die Gunst der Königin erwerben. Als wohlbestallter königlicher music master komponierte er 1765 – die Theaterleitung hatte unterdessen wieder gewechselt – *Adriano in Siria* und zwei Jahre später *Carattaco*; beide Opern wurden eher Mißerfolge, da das Publikum mittlerweile die leichteren Werke eines Piccini zu bevorzugen begann. Mit *Temistocle*, in Auftrag gegeben von dem reformfreudigen Mannheimer Hoftheater, erreichte Johann Christian 1772 den Höhepunkt seiner Karriere als Opernkomponist. Zwar bewahrte er darin im großen und ganzen das Opera-seria-Modell seiner Zeit; er bemühte sich aber insbesondere im Rahmen der accompagnati und Arien um verschiedene Neuerungen, zum Beispiel durch Herstellung thematischer Bezüge zwischen den einzelnen Nummern und durch Komposition großangelegter Finali (2. und 3. Akt). Überraschenderweise erreicht das zweite Auftragswerk für Mannheim, *Lucio Silla* (1774), bei weitem nicht den Erfolg der *Temistocle*. Schuld daran dürfte vermutlich Bachs eher konservative ästhetische Einstellung und seine mangelnde Reformfreudigkeit gewesen sein. Nach der letzten italienischen Oper, *La clemenza di Scipione* (uraufgeführt am King's Theatre am 4. April 1778), schrieb Johann Christian 1779 sein einziges französisches Bühnenwerk: *Amadis de Gaule*. Die Oper, für sich genommen eine bunte Mischung nahezu aller verfügbaren Stilmittel und somit ein Kompromißversuch zwischen den rivalisierenden ästhetischen Gruppierungen, wurde ein Mißerfolg. Das in die Anhänger Glucks und Piccinis gespaltene Paris erwartete von dem Komponisten eine eindeutige Stellungnahme, die Bach vermied. Seine opportunistische Orientierung an den – hier so gegensätzlichen – Vorlieben des Publikums, seine Begabung, dies musikalisch umzusetzen, und nicht zuletzt seine selbstkritische und zurückhaltende Art machten eine Parteinahme unmöglich. Der zu Lebzeiten (unter anderem von Mozart) sehr geschätzte Komponist starb zwei Jahre später hochverschuldet und fast schon vergessen in London.

Alfred Schulze-Aulenkamp

LEONARD BERNSTEIN

geb. 25. August 1918 in Lawrence (Massachusetts)

Dirigent, Pianist, Komponist, Autor und Pädagoge – kein zweiter, breitenwirksam tätiger Musiker des 20. Jahrhunderts ist vergleichbar vielfältig erfolgreich. Gewiß wird der Erfolg des „Phänomens Bernstein" speziell aus manch mitteleuropäischer Perspektive heraus als typisches Produkt US-amerikanischer Show-business-Attitüde und Broadway-Mentalität abgekanzelt. Hierauf freilich gründet Bernsteins Aufstieg. Zwischen 1944 und 1957 hatte er sich diesen Straßenzug erobert, mit *Trouble in Tahiti* (1952) einen eigenständig amerikanischen Opern-Einakter vorgelegt und mit der *West Side Story* (1957) einen Geniestreich fabriziert. Der hat im grenzüberschreitenden

Musiktheaterbetrieb von E- und U-Musik reelle Überlebenschancen als Synthese der dramatischen Künste Schauspiel, Musik und Tanz, als dramatisches Sujet (nach Shakespeare) im tagespolitischen und doch über die Zeiten hin aussagefähigen sozialen Umfeld, mit einer Partitur voller unterschiedlichster Satztechniken, Formen und Ohrwürmern.

Als „eine amerikanische Oper, die niemanden unberührt läßt" (Bernstein) schloß sich für den Komponisten 1983 der Bogen zum sketchhaften Einakter *Trouble in Tahiti* von 1952. Was hier als Ehefrust abgefeiert und auf der Couch eines Psychiaters analysiert wurde – unter anderem Dinahs Sehnsucht nach „einem stillen Örtchen" –, wurde als *A quiet place* (*Ruh' und Frieden*, Oper in drei Akten auf einen Text von Stephen Wadsworth) in Houston/Texas zu Ende gebracht und erlebte hier wie in Washington und an der Mailänder Scala als „erste transatlantische Dreifach-Bestellung" beim Publikum eine eher ruhige Resonanz. Die professionelle Kritik sprach von „Lenny's Grand Soap Opera" (Newsweek), die „eine grandiose Pleite zu nennen noch freundlich wäre" (The New York Times).

Während Bernsteins Bühnenstücke (die Ballette *Fancy free* und *Dybbuk* sowie die Musicals *On the town, Wonderful town* und *Candide*) nicht gerade auf den ersten Plätzen der Spielplanstatistik rangieren, ist die *West Side Story* in seiner eigenen Einspielung ein Renner.   *Wolf Loeckle*

BORIS BLACHER

geb. 19. Januar 1903 in Niu-Chang (China)
gest. 30. Januar 1975 in Berlin/West

Zuerst international bekannt wurde Boris Blacher als Komponist ebenso heiterer wie geistreicher Instrumentalstücke. Die große Bedeutung seines umfangreichen Schaffens für die Bühne (über zwanzig Opern, Ballette, Zwischenformen) wird ständig mehr erkannt. Sproß baltischer Eltern, erlebte Blacher eine anregende Jugend in mehreren Gegenden Chinas und Südostrußlands. Schon für den 16jährigen gab es in der mandschurischen Provinzhauptstadt Charbin Gelegenheit, viel klassisch-romantische Musik nach vorhandenen Klavierauszügen zu orchestrieren, unter anderem Puccinis Oper *Tosca*. 1922 ging Blacher nach Berlin, um auf Wunsch des Vaters Architektur und Mathematik zu studieren. Bald jedoch wechselte er zur Musik. Er lernte Komposition bei Friedrich Ernst Koch, hörte Musikwissenschaft bei Schering, Blume, von Hornbostel. Schon die frühen Partituren Blachers sind von subtiler Linienführung und von rhythmischer Akkuratesse geprägt. „Musikalisches und Theatralisches sollten sich" in der 1941 uraufgeführten Oper *Fürstin Tarahanowa* so durchdringen, „daß der Zuhörer und Zuschauer die dramatische Begebenheit auf musikalischem Wege vermittelt bekommt". Dabei kam es Blacher, gemäß seiner unsentimentalen, apollonisch-verspielten Geisteshaltung in wachsendem Maße darauf an, Wesensmerkmale theatralischer Protagonisten mit sparsamsten Mitteln präzise zu zeichnen (*Romeo und Julia*, Kammeroper nach Shakespeare, 1943). Rudimentär und aphoristisch wirkt das Satzbild in den elf Nummern des Einakters *Die Flut*. Menschen in scheinbar ausweglöser Extremsituation offenbaren in paradox-zerbrechlichem Tonfiligran ihre atavistische Triebstruktur. Muster aus Unterhaltungsmusik und Operette sind im *Preußischen Märchen* von 1952 (Ballettoper nach dem Sujet des *Hauptmann von Köpenick*) ebenso hintergründig persiflierend eingesetzt wie mancherlei ironisch pointierte Romantizismen. Musikalisch dominiert feinsinnige Brillanz auf polymetrischer und polytonaler Basis. Auf einen asemantisch formelhaften Text seines Freundes Werner Egk schrieb Blacher 1953 die *Abstrakte Oper Nr. 1.* Urzustände menschlicher Befindlichkeit wie Angst, Liebe oder Panik werden hier musikalisch-lautmalerisch suggestiv und ohne Handlungsrahmen exemplifiziert. Ob Boris Blacher weltanschauliche Implikationen im surrealistisch-traumhaften Geschehen musikalisch dingfest macht (*Rosamunde Floris*, 1960) oder aber sich mit elektronischen Mitteln einer Ästhetik von Technik und Kybernetik stellt (*Zwischenfälle bei einer Notlandung*, 1965/66) – stets bedient er sich einer in sich logisch stimmigen, quasi destillierten Klang-Intervallsprache, die durch variable Metren und rhythmische Additionsverfahren wie elektrifiziert erscheint. Vielleicht am stärksten reduziert ist die Musik in der Oper *Yvonne, Prinzessin von Burgund* (1972). Die Kunst Boris Blachers, durch Aussparung und ornamentale Chiffren an den Wesenskern einer Idee zu rühren, steht in der Musik unseres Jahrhunderts ganz unvergleichlich da und ist ohne Vorbild. *Helmut Rohm*

FRANÇOIS-ADRIEN BOIELDIEU
geb. 16. Dezember 1775 in Rouen
gest. 8. Oktober 1834 in Jarcy bei Paris

Boieldieu ist der größte Meister der französischen opéra comique. Sein Schaffen ist zwar vielgestaltig, schließt Instrumentalkonzerte, Kammermusik, eine Reihe von Klavier- und Harfensonaten, Kirchenmusik sowie eine große Zahl von Romanzen für Singstimme und Klavierbegleitung ein, doch beruht seine musikgeschichtliche Bedeutung ganz auf dem Schaffen für die Bühne.

Die musikdramatische Produktivität Boieldieus entwickelte sich – äußeren Gegebenheiten folgend – in deutlich erkennbaren „Schüben", Schaffensphasen, die sich größenteils mit seinem Aufenthalt am jeweiligen Wirkungsort decken. An der Sängerschule der Kathedrale seiner Heimatstadt Rouen in Gesang, Klavier- und Orgelspiel sowie Komposition ausgebildet, konnte Boieldieu schon mit 17 Jahren seine erste opéra comique, *La fille coupable*, in Rouen aufführen lassen. Der Erfolg dieses Werkes, dessen Libretto der Vater des Komponisten verfaßt hatte, wies dem jungen Mann, dessen Interessen zunächst zur Kirchenmusik tendierten, den Weg zur Bühne. Ein weiterer Erfolg in Rouen bewog ihn, 1796, nach dem Ende der Blutjahre der Revolution, nach Paris überzusiedeln, wo er bis 1803 blieb. Die in diesen sieben Jahren geschriebenen zwölf Opern sind mit einer Ausnahme sämtlich dem bereits in Rouen erprobten Genre der opéra comique verpflichtet, acht von ihnen sind Einakter, darunter der berühmte *Calife de Bagdad* (1800). Daß Boieldieu ebenso fähig war, größer dimensionierte Werke erfolgreich zu meistern, zeigen die beiden dreiaktigen Opern *Zoraime et Zulnare* (1798) und *Ma tante Aurore* (1803). Der erste Versuch einer ernsten Oper, *Beniowski ou Les exilés de Kamtschatka* (drei Akte, 1800), offenbarte bereits in der originellen Ouvertüre Boieldieus individuelle Behandlung von Harmonik und Instrumentation und seine

Fähigkeit zu musikalischer Charakterzeichnung auch im Drama. Seit 1798 Professor am Conservatoire, folgte er 1803 einem Ruf als Hofkapellmeister des Zaren Alexander I. nach St. Petersburg. In diesem zweiten Abschnitt des Schaffens von Boieldieu entstanden acht Bühnenwerke, darunter die lyrische Tragödie *Télémaque* (drei Akte, 1806) sowie Chöre zu Racines Tragödie *Athalie* (1810). Im gleichen Jahr verließ der Komponist Rußland wegen der zunehmenden politischen Spannungen mit seinem Heimatland und kehrte nach Paris zurück.

Während der folgenden Jahre bis 1818 wandte sich der Komponist wieder ganz der leichten opéra comique zu, doch sind von den insgesamt acht Opern jener Jahre nur noch fünf ganz von Boieldieu selbst in Musik gesetzt. Nach erfolgter erneuter Berufung zum Professor für Komposition am Conservatoire im Jahr 1817 bricht der Schaffensstrom nach *Le petit chaperon rouge* (drei Akte, 1818) jäh ab. Das Auftreten Rossinis und der Erfolg des Italianismus in Paris riefen Boieldieu 1825 mit seinem bedeutendsten Werk, *La dame blanche*, noch einmal auf den Plan; das dreiaktige Libretto von Eugène Scribe nach einer schottischen Sage von Walter Scott und die lebhafte und ursprünglich inspirierte, elegante Musik ließen das Werk zu einem nationalen Triumph werden, der den Namen des Komponisten nochmals ins Ausland trug. Das letzte Bühnenwerk, *Les deux nuits* (drei Akte, Libretto von Scribe und Bouilly, 1829) versucht, stilistisch neue Wege zu beschreiten, erwies sich jedoch – trotz modernerem Aufbau, raffinierter Harmonik und Instrumentation – als Fehlschlag. Ende 1829 begannen die von Krankheit und zunehmenden wirtschaftlichen Bedrängnissen getrübten letzten Jahre Boieldieus: Er, der nur singend komponieren konnte, verlor durch ein Kehlkopfleiden gänzlich die Stimme und wurde zudem durch die Revolution von 1830 seiner Ämter beraubt.

Hartmut Becker

MAX BRAND
geb. 26. April 1896 in Lemberg
gest. 5. April 1980 in Langenzersdorf bei Wien

Der Schüler Franz Schrekers in Wien und Berlin erntete seinen größten Erfolg mit seiner ersten Oper, *Maschinist Hopkins* (Duisburg 1929), die von 27 Theatern gespielt wurde und als Prototyp der neusachlichen Zeitoper gilt. Brands Vertonung eines eigenen Librettos, die expressionistische Vision einer neuen Menschheit, geht aus von einem romantisch orientierten Klangbild, verwendet dodekaphone Kompositionstechniken und integriert Elemente aus Jazz und Unterhaltungsmusik. Die zweite, bereits zur Uraufführung in Berlin vorbereitete Oper, *Requiem*, wurde durch die Machtübernahme der Nationalsozialisten verhindert und blieb ebenso unaufgeführt wie Brands *Kleopatra*. In Wien gründete Brand das „Mimoplastische Theater für Ballett", schrieb Filmmusiken und produzierte experimentelle Kurzfilme. Über Prag, die Schweiz und Rio de Janeiro emigrierte er in die USA, wo er von 1940 bis 1975 lebte. Im Krieg komponierte er das szenische Oratorium für Soli, Chor und Orchester, Schauspieler und Erzähler in zwei Teilen, *The gate* (Metropolitan Opera, New York 1944). Konsequent verwirklichte er die gesuchten neuen Klänge mit Hilfe von Elektronik, etwa in seinem elektronischen Epos *The astronauts* (1962) oder in dem elektronischen Ballett *Ilian 4* (1974). Von 1975 bis zu seinem Tod leitete er das „Max Brand Electronic Sound Studio" in Langenzersdorf bei Wien. *Maschinist Hopkins* erlebte 1984 in Bielefeld eine vielbeachtete Wiederaufführung (Neufassung und Inszenierung: John Dew), der 1985 eine Rundfunkproduktion in London folgte.   *Peter P. Pachl*

GIULIO CACCINI
geb. um 1545 in Rom oder Tivoli
gest. 10. Dezember 1618 in Florenz

Wie sein Kollege und Rivale Jacopo Peri war auch Giulio Caccini Sänger und Komponist in einer Person und wirkte hauptsächlich in Florenz, in jenem Kreis von Enthusiasten der griechischen Antike im Hause des Grafen Giovanni dei Bardi, bei dem der Philologe Girolamo Mei und der Musiker Vincenzo Galilei ihre Theorien von dem stilisierten Sprechgesang („favellare in armonia") vortrugen, die Caccini und Peri – jeder freilich auf seine Weise – alsbald in die konkrete musikalische Tat umsetzten. Peri kam es dabei in erster Linie auf die Differenzierung des musikalischen Sprechtonfalls an, während Caccini sich in erster Linie auf die virtuose Kunst des verzierten Gesangs konzentrierte, also die musikalische Seite der Sprachvertonung hervorhob. Auch als hervorragender Gesangslehrer griff Caccini auf seine Weise in die Entwicklung der neuen Gattung des Theaters, der Oper, ein und verknüpfte als erster den virtuosen Gesang mit den technischen Vorschriften, wie er zu erzielen ist. Bevor er mit der Vertonung von Ottavio Rinuccinis Libretto *L'Euridice* als Konkurrent Peris auf dem Feld der Oper von sich reden machte, wirkte er bereits bei den Intermedien *La pellegrina* (1589) mit, für die er den Sologesang „Io che dal ciel cader farei la luna" (Anfang des 4. Intermediums) komponierte. Die Rivalität mit Peri war so groß, daß er sogar für dessen *Euridice* einige Stücke komponierte, die seine eigenen Sänger darboten, und drei Tage nach der Uraufführung selber mit der Vertonung von Gabriello Chiabreras Libretto *Il rapimento di Cefalo* – ebenfalls eine favola pastorale – eine szenische Uraufführung herausbringen konnte. Damit nicht genug, gab er auch seine *Euridice* unverzüglich zum Druck und kam dem Erstdruck Peris zuvor, so daß nun tatsächlich seine Vertonung des Orpheus-Mythos die erste gedruckte Oper überhaupt ist. Uraufgeführt wurde sie freilich erst zwei Jahre später, am 5. Dezember 1602 im Florentiner Palazzo Pitti, ein Jahr nach dem epochemachenden Druck der Sologesänge im neuen sogenannten „monodischen" Vortragsstil, die unter dem Titel *Le nuove musiche* erschienen und auch Teile von *Il rapimento di Cefalo* enthielten. Im Unterschied zu Peri verfocht Caccini das Prinzip der reicheren, auch mehr verzierten Musik; er wollte nicht beim bloßen recitar cantando, der Wort-für-Wort-Vertonung, stehenbleiben. Ohne Caccinis Versuche, die Verzierungstechnik und die improvisatorischen Elemente der Gesangskunst in den Kompositionsprozeß einzubeziehen, hätte sich der Operngesang im Verlauf des 17. Jahrhunderts nicht so entwickeln können, wie es tatsächlich geschah. Peri war eher ein dramatischer Pionier der Oper, Caccini dagegen betonte die musikalische Seite. Und es wäre kaum eine Übertreibung, wenn man behauptete, in Monteverdi hätten sich beide Seiten auf neuer Ebene vereinigt.   *Dietmar Holland*

JOHN CAGE

geb. 5. September 1912 in Los Angeles

Mannigfach und in sich verschieden gewichtet, sind die Stücke Cages im wesentlichen immer darauf gerichtet, „die Spaltung zwischen Geist und Ding, zwischen Kunst und Leben" zu überwinden. Die später immens einflußreichen theatralischen Aspekte der Musik dieses genialen Finders im Reich Zen-buddhistisch beseelter Paradoxa haben ihre Wurzeln bereits in Stücken wie *Living-room music* (1940) für Schlagzeug und Sprechquartett. Wo Wohnzimmermöbel zu geräuschhaftem Klingen gebracht werden, spielt die sichtbare Aktion eine wesentliche Rolle. Zunehmend ging es Cage um „Entkunstung von Kunst". Klänge des Alltags galten ihm nicht als Erweiterung einer ästhetischen Palette. Das Schlüsselstück: *Water music* (1952), für einen Pianisten, der mit allerlei Gerätschaften (wie Radioempfänger, Wasserbehälter, Plastikpfeifen etc.) nach absurd genauem Zeitplan zu hantieren hat. Intention ist es, dem Rezipienten schiere Gegenwart erfahrbar zu machen. Im Bewußtsein des betrachtenden Hörers soll das augenblickliche Erlebnis mit der veranstalteten Aktion zusammenfallen, ohne einer Verankerung in Vergangenheit und Zukunft zu bedürfen. Was in seiner Einmaligkeit jetzt und hier passiert, wird exemplarisch durch die minutiösen Rahmenrichtlinien der Aufführung. Cage hielt sich bei der Konzeption von *water music* an Zufallsoperationen, wie sie das chinesische *Buch der Wandlungen I-Ging* ermöglicht. Die theatralisch-musikalischen Handlungen des Pianisten (Einstellen des Radios auf der Frequenz 102,5, Lautstärke beliebig; Präparieren des Klaviers; mit einer Pfeife ins Wasserbecken blasen etc.) sind genau nach einer notierten, auch dem Publikum einsehbaren Partitur aus Einzelblättern auszuführen. Es eignet ihnen freilich keine Stringenz im Sinne einer zielgerichteten Geschichte. Gehört und gesehen wird, „wie es ist". Der Zufall ist Spielregel-immanent (*I-Ging*) und Situations-immanent (Radioprogramm). Jede Aufführung dauert aber genau 6′40″ und ist unwiederholbar. Die Uraufführung von *water music* fand am 2. Mai 1952 in New York statt. Zwei Jahre später kam Cage nach Europa. Für das Musiktheater der internationalen Avantgarde, insbesondere das „instrumentale Theater" etwa Maurizio Kagels, wurden seine experimentellen Konzeptionen befruchtender Ausgangspunkt. Mit Aktionsstücken wie *water music, water walk* (1958) oder *Theatre piece* (1960) beeinflußte Cage Multimedia- und Performancekünstler, Happening- und Fluxus-Bewegung sowie Erscheinungen eines Bewegungsstrukturalismus (Stockhausen: Inori) in kaum zu überschätzender Weise.   *Helmut Rohm*

ANTONIO CALDARA

geb. 1670 in Venedig
gest. 26. Dezember 1736 in Wien

Der Sänger und Cellist an San Marco wandte sich zunächst in erster Linie der Instrumentalmusik zu, die zu Beginn des 18. Jahrhunderts ebenbürtig neben die Vokalmusik trat. Doch dann, als Kapellmeister in Diensten des Herzogs von Mantua, konnte er sich an solch historischem Ort, der Geburtsstätte der modernen Oper, dem Musiktheater, nicht länger verschließen. Im Laufe seines Lebens komponierte er etwa 80 Opern und dramatische Serenaden, von denen die meisten noch insofern typische Barockopern waren, als sie zu einem bestimmten Anlaß als „festa teatrale" konzipiert waren und darüber hinaus keine weiterführende Rezeptionsgeschichte hatten. Über Stationen in Rom und Barcelona kam Caldara 1712 nach Wien, wurde vier Jahre später Vizekapellmeister unter J. J. Fux am Wiener Hof. Dort schrieb er zu Libretti von Metastasio und Apostolo Zeno zahlreiche Opern, die zwar dem Geschmack der Zeit, also dem Stil der opera seria, mit langen, meist stereotypen Rezitativen und retardierenden Kontemplationsarien huldigten, wie sie die literarisch anspruchsvollen Texte verlangten. Jedoch prägte Caldara mit seiner expressiven Melodiosität das Wiener Musikleben entscheidend: So wurden die meist nur mit basso continuo begleiteten Rezitative abwechslungsreicher, variabler und dramatischer. Caldaras Spätwerk *Achille in Sciro*, komponiert ein dreiviertel Jahr vor seinem Tod, wurde anläßlich der Hochzeitsfeierlichkeiten von Maria Theresia und Franz Herzog von Lothringen aufgeführt und fand durch seinen großen Erfolg auch weiterhin zu beachtlicher Verbreitung. Caldara vertonte neben den heroischen Sujets auch Stoffe der semiseria wie die zwei Don-Quichote-Opern *Don Chiscotte* (1727) und *Sancio Panza* (1733). Die Renaissance der Barockoper auf dem Schallplattenmarkt führt dazu, daß Antonio Caldara allmählich wiederentdeckt wird.

Irmelin Bürgers

ANDRÉ CAMPRA

getauft 4. Dezember 1660 in Aix-en-Provence
gest. 29. Juni 1744 in Versailles

Campra begann seine Laufbahn zunächst als Kirchenkomponist in Arles (1681–1683), Toulouse (1683–1694) und an der Pariser Notre-Dame (1694–1700); sein erstes, leider verschollenes Bühnenwerk – man kennt nicht einmal seinen Titel – wurde 1682 in Arles aufgeführt, und auch von den Divertissements, die er in seinen ersten Pariser Jahren komponierte, ist keines erhalten geblieben. So beginnt Campras Laufbahn als Bühnenautor eigentlich erst 1697 mit dem opéra-ballet *L'Europe galante*. Schon hier zeigt sich seine Ästhetik einer „réunion des goûts", eines Vermittelns zwischen französischem und italienischem Stil. Bis zu *Les noces de Vénus* (1741) schrieb Campra rund 25 Bühnenwerke unterschiedlicher Gattungen: opéras-ballets, tragédies lyriques, comédies, Pastoralen und Divertissements. Die meisten dieser Werke konnten freilich nur geringe Erfolge verbuchen; lediglich *Tancrède* (1702) und *Les fêtes vénitiennes* (1710) wurden vom Publikum günstig aufgenommen. Der Grund für die Ablehnung, auf die seine Musik stieß, dürfte Campras allzu unentschiedenes Schwanken zwischen verschiedenen Stilen gewesen sein; zwar sind der Reichtum seiner Melodik und Harmonik (zum Teil mit Modulationen zu entlegenen Tonarten mit vier und fünf Vorzeichen) und vor allem seiner Orchesterbehandlung überraschend weit ihrer Zeit voraus, doch fehlt seinen Bühnenwerken der große Atem, der die Partituren Lullys oder Rameaus auszeichnet, zwischen denen Campra gewissermaßen das Bindeglied darstellt.

Michael Stegemann

FRIEDRICH CERHA
geb. 17. Februar 1926 in Wien

International bekannt wurde Cerha – dessen musikalische Herkunft die Wiener Schule von Schönberg, Berg und Webern ist – durch seine Vollendung von Bergs fragmentarischer Wedekind-Oper *Lulu* (Premiere 1979 in Paris). Auch in Cerhas eigener Musiksprache ist die Anlehnung an Berg unverkennbar, am deutlichsten ausgeprägt wohl in seiner Brecht-Oper *Baal* und dem *Rattenfänger* (1987) nach Carl Zuckmayer. Cerhas offenkundiger Rückgriff auf die Tradition kommt nicht von ungefähr. Relativ früh gelangte er zu der Auffassung, daß eine klar umrissene künstlerische Aussage, zugleich eine aktive Haltung des Künstlers zum problematischen Verhältnis von Individuum und Gesellschaft, die Wiedereinführung gewisser Eckdaten in Harmonik, Melodik und Rhythmik erforderte, eine Notwendigkeit, die „unweigerlich zu einer intensiveren Berührung mit der Tradition führen mußte".

Nach einer ersten Annäherung an die Bühne mit *Spiegel* – ursprünglich ein siebenteiliger, fast neunzig Minuten dauernder Orchesterzyklus, zu dem der Komponist jedoch auch ein Bühnenkonzept lieferte – wurde im Mai 1981 im Theater an der Wien Cerhas „Bühnenwerk für zwei Sänger, sechs Sprecher, Bewegungsgruppe und Orchester" uraufgeführt, eine Art Welttheater, für das der Komponist und Textautor Cerha – in Nachfolge etwa eines Schwitters oder Stramm – aus 64 Lautzeichen ein poetisches „Volapük" schuf. Auf eine sich entwickelnde Handlung verzichtete er dabei ebenso wie auf die Darstellung festumrissener Charaktere. Am 7. August 1981 wurde im Kleinen Festspielhaus in Salzburg Cerhas zwei Jahre zuvor vollendete Oper *Baal* (nach dem Bühnenerstling Bert Brechts) uraufgeführt, in der Cerha den Grundwiderspruch zwischen der Bewegung des Lebens und dem Stillstand, zu dem gesellschaftliche Ordnung führt, wieder aufgriff. Cerhas Auseinandersetzung mit dem Stoff hatte bereits in den 50er Jahren begonnen. Wie in Wedekinds *Lulu* sah der Komponist auch in Brechts *Baal* sowohl eine Art Prototyp als auch eine Ausnahmeerscheinung, der die „Gesellschaft Möglichkeiten, Lebensbahnen anbietet, vernünftige Lebensmöglichkeiten unter den gegebenen Bedingungen, die er nicht gehen kann oder will". Für Cerha ist Baal nicht einfach der amoralische „Vergeuder, der Fresser, Säufer", der skrupellos Mädchen schändet, um sie anschließend durch seine brutalen Reden ins Wasser zu treiben. „Baals eigentlicher Antrieb ist das vitale, unausrottbare menschliche Glücksverlangen." „In einer notgedrungen zunehmend verwalteten Welt, die ihm immer weniger schmale, vorgezeichnete Wege läßt, wird das unmittelbare Ausleben vitalen Glücksverlangens mehr und mehr zum Anachronismus." Anders als Brecht arbeitet Cerha in seinem – aus den fünf Fassungen erstellten – Libretto auf eine Identifizierung des Publikums mit dem Protagonisten hin. Der dem Original vorangestellte „Choral vom großen Baal" entfällt bezeichnenderweise, er „stört die Identifikationsbereitschaft". Nicht nur die Baalfigur verweist auf Bergs *Lulu*. Auch in Orchesterbehandlung und Satztechnik ist die Nähe zu Berg unüberhörbar, zumal Cerha sie durch eine ganze Reihe von Zitaten unterstreicht. „Was an *Baal* berührt, wird die Musik – so hoffe ich – verstärken, fühlbar machen; sie wird die von Brecht gesetzte Provokation aber nicht aufheben: Ein vielleicht sogar geschärfter Rest wird bleiben." Cerhas bislang letzte Oper, *Der Rattenfänger* – nach dem letzten, 1975 in Zürich uraufgeführten gleichnamigen Stück von Carl Zuckmayer –, wurde im September 1987 in Graz aus der Taufe gehoben. Cerha faßte Zuckmayers im Mittelalter angesiedelte Parabel von jenem geheimnisvollen Musikanten, der durch seine Pfeiftöne eine Stadt von der Rattenplage befreit, um anschließend die freiheitsdurstigen Kinder in eine ungewisse, gleichsam hoffnungsvolle Zukunft zu führen, in eine auf sieben Reihen beruhende, dicht gewebte Musiksprache, die regelrechte vierstimmige Choralsätze integriert und in ihrem oft ekstatisch expressiven Gestus noch stärker an das Vorbild Alban Berg erinnert als *Baal*. Die Figur des Rattenfängers verliert völlig ihren ursprünglich durchaus ambivalenten Charakter. Cerha verzichtet auf jedwede ironische oder humoristische Brechung seiner Musik. Diese ist vielmehr Ausdruck eines hohen moralischen Ernstes, ging es dem Komponisten doch darum, Möglichkeiten des Widerstandes gegen etablierte Mechanismen der Macht, insbesondere der korrupten, korrumpierten Macht aufzuzeigen.

Oswald Beaujean

ALEXIS-EMMANUEL CHABRIER
geb. 18. Januar 1841 in Ambert
gest. 13. September 1894 in Paris

Das berühmte Gemälde *Les Wagnéristes* von Fantin-Latour (1885) zeigt Emmanuel Chabrier zwar im Vordergrund am Klavier, aber mit dem Attribut des Wagnerianers ist nur eine von vielen Facetten dieser skurrilen, bunt schillernden Komponistenpersönlichkeit erfaßt. Schon in frühen Klavierwerken wie der „Polka-Mazurka arabe" *Aïka* oder *Le scalp* offenbart sich Chabriers Lust an einer Erik Satie vorausahnenden Exzentrik und Komik, und folgerichtig sind auch seine ersten Bühnenwerke Operetten: *Fisch-Ton-Kan* (1863) und *Vaucochard et Fils Ier* (1864) – beide, man höre und staune, nach Libretti von Paul Verlaine! Aber Monsieur Chabrier hat schließlich nicht umsonst die ganze Partitur des *Tannhäuser* für sich abgeschrieben und sich im „ernsten" Genre des Musikdramas versucht: Der erste Versuch jedoch scheitert, *Jean Hunyade* (1867) bleibt Fragment. Zurück also zur opéra comique, der Einakter *Le sabbat* (nach Armand Silvestre) kommt zwar 1877 auch nicht über einige Skizzen hinaus, aber im selben Jahr erlebt *L'étoile* an Jacques Offenbachs Bouffes-Parisiens eine glanzvolle Premiere. Und das Musikdrama? *La girondine* (1878) wird aufgegeben, weil der Librettist Jules Claretie sich nicht auf Chabriers Forderungen einläßt. So ist das nächste Werk wieder eine Komödie: *Une éducation manquée* (1879); gleichzeitig aber beginnt Chabrier mit der Vertonung der *Gwendoline*, zu der ihm Catulle Mendès – der Ehemann Judith Gautiers – das „wagnernde" Textbuch geschrieben hat; bis 1886 allerdings wird die Oper auf ihre Uraufführung am Brüsseler Théâtre de la Monnaie warten müssen. Mag sein, daß es Chabrier leid gewesen ist, sich ständig für eine der beiden so unvereinbar scheinenden Strömungen der Operette und des Wagnerschen Musikdramas entscheiden zu müssen: Mit *Le roi malgré lui* (1884, uraufgeführt 1887 an der Opéra-Comique) gelingt ihm das erstaunliche Experiment, so ziemlich alle gängigen Formen des Musiktheaters in Einklang zu bringen – ein Meisterwerk sui generis, das die abgebrochene Tradition des *Benvenuto Cellini* von Berlioz fortsetzt. Fast möchte man es bedauern, daß Chabrier 1888 mit *Briséis* (wiederum nach Catulle Mendès) zum „reinen" Genre des Musikdramas zurückkehrt. Nur der 1. Akt wird fertig, und auch den kann Chabrier nicht ganz orchestrieren; der Erz-Wagnerianer Vincent d'Indy wird das Werk vollenden, das bald nach seiner Pariser Premiere (1897) und einer Berliner Aufführung unter keinem Geringeren als Richard Strauss (1899) in Vergessenheit gerät. Es blieb Jean Cocteau und der „Groupe des Six" vorbehalten, Chabrier als einen der ihren und maßgeblichen Wegbereiter der frühen Moderne wiederzuentdecken.   *Michael Stegemann*

LUIGI DALLAPICCOLA

geb. 3. Februar 1904 in Pisino (Istrien)
gest. 19. Februar 1975 in Florenz

Die (von Hans Pfitzner als „Futuristengefahr" verteufelte) „Junge Klassizität", die Ferruccio Busoni kurz vor dem Ersten Weltkrieg als musikalische Richtung der Zukunft vorschwebte, hat in Luigi Dallapiccola ihren eigentlichen Repräsentanten gefunden. Ausgehend von einer freien Behandlung der Tonalität handhabt er seine Musik ebenso souverän in der Zwölftontechnik Schönbergs (die er als erster Italiener adaptierte) wie in dem monodischen Stil Monteverdis oder den filigranen Klanggespinsten Debussys, ohne daß je der Eindruck eines bloß eklektizistischen Komponierens entstünde. Von den vier Opern Dallapiccolas ist zweifellos *Il prigioniero* – komponiert 1944 bis 1948 nach Villiers de l'Isle-Adam und Charles de Coster – die bedeutendste; das Thema des Gefangenen als Parabel menschlicher Grausamkeit und psychischer Extremsituationen bestimmt auch die *Canti di prigionia* (1938/41) und die *Canti di liberazione* (1951/55) für Chor und Ensemble bzw. Orchester. *Volo di notte* (1937/38 nach Antoine de Saint-Exupéry) zeigt Einflüsse des Schönbergschen *Pierrot lunaire*, während das Mysterienspiel *Job* (1949/50) und die Oper *Ulisse* (1960/68) auf frühbarocke Vorbilder zurückgreifen. Zu diesen Werken hat Dallapiccola meist auch die literarisch hochstehenden Texte geschrieben.   *Michael Stegemann*

FREDERICK DELIUS

geb. 29. Januar 1862 in Bradford (Yorkshire)
gest. 10. Juni 1934 in Grez-sur-Loing bei Paris

Schon aufgrund seiner Lebensumstände neigte Delius zu kosmopolitischer Haltung: Als Sohn deutscher Eltern wuchs er in der mittelenglischen Industriestadt Bradford auf, wo der Vater einen Wollhandel betrieb. Als junger Mann führte er in Florida eine Plantage, besuchte in Leipzig zwei Jahre das Konservatorium und lebte dann bis zu seinem Tod in Frankreich. Mit Edvard Grieg, den er in den Sommerferien oft in Norwegen besuchte, verband ihn seit Leipzig eine tiefe Freundschaft, und nachdem er sich in Paris (1888) niedergelassen hatte, pflegte er den Umgang mit Strindberg, Munch, Gauguin und anderen Künstlern. Andererseits war Delius, der seit 1897 mit seiner Frau, der Malerin Jelka Rosen, in dem Dorf Grez-sur-Loing südlich von Paris lebte, ein Mensch, der sich in der Zurückgezogenheit einer leidenschaftlichen Naturliebe hingab, von der auch seine spätromantische Tonsprache beseelt ist. Neben kleineren Orchesterstücken wie *In a summer garden* (1908) und *A song before sunrise* (1918)

sind vor allem die großen Chorwerke *Appalachia* (1898–1903), *A mass of life* (1904/05)
mit Texten aus Nietzsches *Zarathustra* und das *Requiem* (1914–16) bekannter geworden, während das Bühnenwerk mit sechs Opern fast unbeachtet blieb: *Irmelin*
(1890–92), *The magic fountain (Der Wunderborn*, 1893–95), *Koanga* (1895–97, Uraufführung in Elberfeld 1904), *A village Romeo and Juliet* nach Kellers Novelle *Romeo und
Julia auf dem Dorfe* (1900–01, deutschsprachig uraufgeführt in Berlin 1907), der Einakter *Margot la rouge* (1902), *Fennimore and Gerda* nach zwei Episoden aus Jacobsens
Roman *Niels Lyhne* (1909–10, deutschsprachig uraufgeführt in Frankfurt am Main
1919). Unter den Opern fand einzig *Romeo und Julia* stärkere Beachtung, im deutschen
Sprachraum gab es während der letzten Jahre einige Aufführungen (Zürich, Darmstadt,
Düsseldorf, Bern). Auch in diesem Werk zeigt sich Delius – besonders in den Zwischenspielen – mit atmosphärisch dichten Stimmungsbildern und Naturszenen von größtem
koloristischem Reiz eher als Lyriker. Die weichen Farben und eine fast epische Breite
des über weite Strecken gleichmäßigen Orchesterflusses mögen die theatralische Qualität der Oper mindern, doch fehlt es ihr durchaus nicht an energischen dramatischen
Zuspitzungen (Auseinandersetzung Manz–Marti), gewaltigen Klangballungen (Vision
der Hochzeit) und kraftvoll belebten Genreszenen (Kirmes, Paradiesgarten).

Peter Ross

PAUL DESSAU
geb. 10. Dezember 1894 in Hamburg
gest. 28. Juni 1979 in Berlin/DDR

Seine Identität als Komponist und die ideologische Zielsetzung als Künstler
fand Paul Dessau endgültig erst im Banne von Bertolt Brecht. Enkel eines Synagogen-
kantors, hatte der 15jährige Dessau als begabter Geiger schon alle Violinkonzerte
Mozarts im Repertoire. Vorbilder wie Nikisch, Weingartner und Klemperer vor Augen,
schlug er später die Dirigentenlaufbahn ein. Letzterer holte ihn 1919 als Kapellmeister
nach Köln. Von 1925 bis 1927 war er Erster Kapellmeister an der Städtischen Oper
Berlin unter Bruno Walter. Er hatte das ganze Opernrepertoire kennen-, aber auch die
Welt des bürgerlichen Theaters sehr kritisch beurteilen gelernt. Der Ästhetik eines
Richard Strauss bald endgültig entfremdet, beginnt er Filmmusik zu schreiben. Hindemiths musikalischer Tonfall wird wichtig für Dessau, auch dessen Hinwendung zum
Asketischen und Lehrhaften. 1933 mußte Paul Dessau emigrieren. Zunächst nach
Paris, wo er sich bei Leibowitz eingehend mit der Zwölftontechnik vertraut machte;
dann, 1939, in die USA. Hier, in New York, kommt es 1942 zur lange schon gewünschten
und dann so folgenschweren Begegnung mit Bert Brecht, von dem Dessau bereits einige
Liedtexte vertont hatte. Kleinere antifaschistische Projekte werden realisiert. Neben
einigen Schauspielmusiken (u. a. *Mutter Courage*, 1946 bzw. 1948/49; *Kaukasischer
Kreidekreis*, 1953/54) schuf Dessau in den folgenden Jahren auch zwei Opern nach
Stücken Brechts. 1948 nach Deutschland zurückgekehrt, fand sein Arbeiten im Jahr
darauf in Ost-Berlin, in der neu gegründeten DDR, erst „eine wirklich echte gesellschaftliche Basis". Bei der Oper *Die Verurteilung des Lukullus* (1949–51, mehrfach
umgeschrieben) galt es ganz im Sinne Brechts, alles Kulinarische, das spätbürgerlich auf

Rausch und nicht auf Welterkenntnis zielt, zu vermeiden. Zu Recht konnte Dessau das spröde Werk um die menschenfeindliche, genußsüchtige Figur des römischen Feldherrn eine *Friedensoper* nennen – auch noch nachdem Brecht und er sich auf Änderungswünsche von offizieller Seite hatten einlassen müssen. Die Oper *Puntila* entstand 1957–59 nach Brechts Volksstück *Herr Puntila und sein Knecht Matti.* Dessau komponierte sowohl volkstümliche Muster als auch dodekaphones Material, um den „gesellschaftlichen Gestus" der handelnden Figuren musikalisch zu kommentieren. Mit ungebrochener Schaffenskraft wendete sich der vielfache DDR-Nationalpreisträger in späteren Jahren neuen Themenkreisen zu. So ist in der Oper *Einstein* (1973) die Verantwortlichkeit des Wissenschaftlers sein Thema, und noch in seinem Todesjahr reizt es den 85jährigen, eine klangsinnliche Oper nach Büchners subversiv-ironischer Utopie von *Leonce und Lena* zu schreiben.   *Helmut Rohm*

CARL DITTERS VON DITTERSDORF
geb. 2. November 1739 in Wien
gest. 24. Oktober 1799 in Neuhof (Böhmen)

Nach einer guten Ausbildung stand Dittersdorf von 1751 bis 1761 als Geiger in den Diensten des Prinzen von Sachsen-Hildburghausen, der eines der besten Wiener Orchester unterhielt. 1763 begleitete er Gluck nach Italien zur Premiere seiner Oper *Il trionfo di Clelia.* 1765 trat er als Kapellmeister und Nachfolger von Michael Haydn in die Dienste des Bischofs von Großward ein. 1770 ging er nach Breslau zum dortigen Fürstbischof Graf Schaffgotsch. Er verbesserte nicht nur die Qualität der fürstlichen Kapelle, sondern setzte sich auch für den Bau eines Theaters ein. Nach dem großen Erfolg seines Oratoriums *Esther* im Jahre 1773 in Wien versuchte Kaiser Joseph II. ihn an seinen Hof zu binden. Doch Dittersdorf blieb bis 1768 auf dem fürstbischöflichen Schloß Johannisberg. Nach dem Tod des Fürstbischofs mußte sich Dittersdorf – 1773 von Maria Theresia geadelt – mit einer kleinen Pension begnügen und blieb bis zu seinem Tod in Böhmen.
Dittersdorf schrieb an die 120 Sinfonien, 40 Solo-Konzerte. Seine wichtigsten dramatischen Werke sind seine Singspiele, die er vorwiegend für Wien (1768–1790) und für das Theater in Oels (1794–1799) schrieb. Sein erstes und zugleich berühmtestes Singspiel, *Doktor und Apotheker* (1786), aber auch *Betrug durch Aberglauben* (1786) und *Die Liebe im Narrenhause* (1787) vereinigten volkstümliche Musik und die Charaktere des Singspiels Hillerscher Manier mit den ausladenden Ensembles und Finale der italienischen opera buffa und schufen so die Grundlage für die Singspiel-Form des 19. Jahrhunderts.
                                                                        Ulrike Hessler

CÉSAR FRANCK

geb. 10. Dezember 1822 in Lüttich
gest. 8. November 1890 in Paris

César Franck, der der französischen Instrumentalmusik so entscheidende Impulse zu geben vermochte, steht als Opernkomponist (damals wie heute) nicht einmal an der Peripherie. Zwar beschäftigte er sich bereits Mitte des 19. Jahrhunderts mit der Gattung Oper, wie das ein Klavierentwurf zu *Stradella* (1844) und das bis heute nicht aufgeführte Werk *Le valet de ferme* (1853) zeigen, doch erst in seinem letzten Schaffens-Jahrzehnt setzte er sich intensiver mit dem Musiktheater auseinander. Im zeitlichen Umfeld bedeutender Instrumentalwerke, wie der Symphonie d-moll oder der Violinsonate A-dur, entstand die Oper *Hulda* (vier Akte und ein Epilog, 1879–83) über ein nordisches Sujet von B. M. Bjørnson, zu dem Charles Jean Grandmougin das Libretto schrieb.

In seiner letzten Lebensphase (ab 1888) arbeitete Franck schließlich noch an der Oper *Ghiselle*, einem drame lyrique, von dem nur der 1. Akt auch orchestriert vorliegt. Beide Werke wurden an der Opéra Monte Carlo uraufgeführt, *Hulda* am 4. März 1894, *Ghiselle* (mit den instrumentalen Ergänzungen) am 6. April 1896. Daß sie nur wenige Vorstellungen erlebten (*Hulda* wurde immerhin noch in Den Haag und Toulouse 1895 herausgebracht), lag in der Hauptsache an den schwachen, lyrisch überfrachteten Textbüchern. Denn Francks Musik zeigt auch hier, wie in seinen instrumentalen Meisterwerken, den spezifischen, nur ihm eignenden Stil, der sich zusammensetzt aus stark chromatischer Färbung und symphonisch durchgearbeitetem Satz; ein motivisch straff geknüpftes Netz, dessen wahres Gesicht allerdings dem Instrumentalen vorbehalten blieb. *Helmut Rohm*

BALDASSARE GALUPPI

geb. 18. Oktober 1706 auf Burano
gest. 3. Januar 1785 in Venedig

Der 1706 auf der Insel Burano geborene Venezianer Baldassare Galuppi, der zeitlebens den Beinamen Il Buranello trug, zählt zu den wichtigsten Pionieren der opera buffa, der musikalischen Gesellschaftskomödie Italiens, die von 1740 an sich in Venedig zu etablieren begann und allmählich die traditionelle ernste opera seria in den Hintergrund drängte. Galuppi erhielt die ersten musikalischen Anregungen von seinem Vater, einem Barbier und Hobbygeiger. Mit 16 schrieb er seine erste Oper, *La fede nell'incon-stanza*, die in Vicenza derart durchfiel, daß der berühmte Musiktheoretiker Benedetto Marcello auf Galuppi aufmerksam wurde und ihm eine gründliche Ausbildung bei Antonio Lotti (1666–1740) vermittelte. Danach ging es steil aufwärts in Galuppis Karriere, die ihn von einigen mehrjährigen Auslandsaufenthalten (1741–43 am Londoner Haymarket Theatre, 1765–68 als Hofkomponist in St. Petersburg) abgesehen sein Leben lang in Venedig leben und wirken ließ. Von 1740 an arbeitete er intensiv mit Carlo Goldoni zusammen und schuf nach seinen Komödienvorwürfen eine Reihe bedeutender opere buffe und dramme giocose, in denen er die aus der bodenständigen Commedia dell'arte-Tradition sich herleitende opera buffa zur psychologisch vertieften Charakter-komödie weiterentwickelte (so u. a. in *Il mondo della luna*, Venedig 1750, *Il filosofo di campagna*, Venedig 1754, *La diavolessa*, Venedig 1755). Seine opere serie blieben – von den Metastasio-Opern *Alessandro nell'Indie* (Mantua 1738) und *L'Olimpiade* (Mailand 1747) abgesehen – weniger erfolgreich. Galuppis Verdienste liegen in der Überwindung der traditionellen dreiteilig-statischen Dakapo-Arie zugunsten eines neuen zweiteilig-dynamischen Arientyps und in der zunehmenden psychologischen Feinzeichnung sei-ner Figuren, die in seinen reifen Werken die starren Rollenschemata der commedia wie auch der opera seria abstreifen. Die letzte seiner 91 Opern, die opera giocosa *La serva per amore*, komponierte Galuppi 1773 für Venedig. Auch in seinem Instrumentalwerk, und da vor allem in seinen Klaviersonaten, erwies sich Galuppi als entscheidender Wegberei-ter der musikalischen Klassik.   *Attila Csampai*

HERMANN GUSTAV GOETZ
geb. 7. Dezember 1840 in Königsberg
gest. 3. Dezember 1876 in Hottingen bei Zürich

Nach autodidaktischen Kompositionsversuchen studierte Hermann Goetz am Sternschen Konservatorium in Berlin, u. a. bei Hans von Bülow. Der Organist an der Winterthurer Stadtkirche und Kritiker der Neuen Zürcher Zeitung war wie Brahms, mit dem ihn eine persönliche Freundschaft verband, an klassischen Formprinzipien orien-tiert. Auf Libretti von Joseph Victor Widman (1842–1911) verfaßte er 1866 das Neu-jahrsfestspiel *Die Heiligen Drei Könige* und 1872 die vieraktige komische Oper *Der Widerspenstigen Zähmung* nach Shakespeare. Die 1874 in Mannheim uraufgeführte Oper wurde auch in englischer, schwedischer, dänischer, flämischer und ungarischer Sprache gespielt und machte Goetz international bekannt. Mit ihrer an Mozarts Opern orientierten Dramaturgie, ihren geschlossenen Formen und ihrem weitgehenden Ver-zicht auf Instrumentationseffekte bezieht sie eine Gegenposition zum Musikdrama Richard Wagnerscher Prägung. Die selbst getextete Oper *Francesca da Rimini* (Mann-heim 1877) konnte der zeitlebens schwer leidende Komponist nicht mehr selbst fertigstellen. Sie vollendete der Kapellmeister und Opernkomponist Ernst Frank (1847–1889).   *Peter P. Pachl*

KARL GOLDMARK
geb. 18. Mai 1830 in Keszthely (Ungarn)
gest. 2. Januar 1915 in Wien

Nach zweimaliger Unterbrechung seines Violinstudiums bildete sich der öster-reichische Komponist ungarischer Abstammung und Sohn eines jüdischen Gemeinde-kantors vornehmlich autodidaktisch weiter. Seinen internationalen Ruhm begründete *Die Königin von Saba* (Wien 1875) auf ein Libretto von Salomon Hermann Mosenthal, eine farbenreiche, sehr effektvolle, vieraktige Oper, die stilistisch zwischen der Großen Oper Meyerbeers und dem Musikdrama Wagners angesiedelt ist. Ihr folgten die Opern

Merlin (Wien 1886), *Das Heimchen am Herd* (Wien 1896), *Die Kriegsgefangene* (Wien 1899), *Götz von Berlichingen* (Wien 1902) und *Ein Wintermärchen* (nach Shakespeare, Wien 1907), die jeweils auch in andere Sprachen übersetzt und viel gespielt wurden. Goldmarks Kompositionen zeichnen sich aus durch ihre lyrischen Passagen und durch eine reizvolle Mischung höchst heterogener Gestaltungsmittel. *Peter P. Pachl*

FRANÇOIS-JOSEPH GOSSEC

geb. 17. Januar 1734 in Vergnies (Hainaut)
gest. 16. Februar 1829 in Passy (Paris)

Seine ersten Schritte im Pariser Musikleben des ancien régime unternahm Gossec als Protegé Rameaus, doch schon bald gehörte er zu den meistbeachteten Komponisten der Hauptstadt: Der spektakuläre Erfolg seiner *Grande messe des morts*, die im Mai 1760 uraufgeführt wurde, ebnete Gossec den Weg zur Bühne. Als erstes entstanden 1762 das einaktige Divertissement *Le périgourdin* und das Pasticcio *Le tonnelier*, zu dem Gossec einige Nummern beigesteuert hatte und das 1765 in einer neuen, von Gossec allein redigierten Fassung an der Comédie Italienne seine zweite Premiere erlebte. Wenige Monate später, am 27. Juni, brachte dasselbe Theater die dreiaktige comédie *Le faux Lord* heraus; vor allem wohl aufgrund des mediokren Librettos wurde das Stück bereits nach dem 1. Akt derart ausgepfiffen, daß die Aufführung abgebrochen werden mußte. Auch die einaktige comédie *Les pêcheurs* (1766) konnte keinen großen Erfolg verbuchen; nach den Triumphen seines Landsmannes Grétry mußte Gossec Ende der 1760er Jahre alle Hoffnung aufgeben, im „leichten" Genre der comédie, der opéra buffe oder der opéra comique über kurzfristige Achtungserfolge hinauszukommen. So wandte er sich 1771 mit dem fünfaktigen *Sabinus* der von Rameau zur Meisterschaft geführten tragédie lyrique zu – und erlebte auch hier einen glatten Mißerfolg; diesmal war es der Vergleich mit Gluck, der dem Komponisten zum Verhängnis wurde. Gossec stellte sich zwar von Anfang an auf die Seite des „Orphée germanique", vermied es aber sorgsam, sich gleichfalls als „Opernreformator" zu versuchen. Statt dessen bearbeitete er für die Bühne der Opéra die beiden einaktigen Pastoralen *Alexis et Daphné* und *Philémon et Baucis* (1775), das „Intermède mêlé de chants et de danses" *La fête du village* (1778) sowie die Ballette *Annette et Lubin* (1778), *Mirza* (1779 – eines der erfolgreichsten Bühnenwerke Gossecs, das bis 1808 immerhin 58mal aufgeführt wurde) und *La fête de Mirza* (1781). Nachdem aber Gluck mit seinem *Écho et Narcisse* gescheitert war und Paris endgültig verlassen hatte, zögerte Gossec nicht lange und bereitete die Aufführung seiner vieraktigen tragédie lyrique *Thésée* vor; doch auch dieser Versuch, das Erbe Glucks anzutreten, scheiterte: *Thésée* erlebte nur einen lauen Erfolg. Weit schlimmer noch erging es Gossec mit *Rosine ou L'épouse abandonnée*, die am 14. Juli 1786 einen so vernichtenden „Durchfall" erlebte, daß er sich entschloß, dem Musiktheater endgültig den Rücken zu kehren. Erst während der Französischen Revolution kehrte Gossec – der bei weitem bedeutendste und produktivste Komponist der „Fêtes et Cérémonies" – zur Bühne zurück: 1792 mit der „scène religieuse" *Offrande à la liberté*, im Jahr darauf mit dem lyrischen Divertissement *Le triomphe de la République ou Le camp de Grandpré*. *Michael Stegemann*

ANDRÉ-ERNEST-MODESTE GRÉTRY
geb. 8. Februar 1741 in Liège
gest. 24. September 1813 in Montmorency

Anders als sein Landsmann Gossec (zu dessen Karriere vor, während und nach der Französischen Revolution sich freilich zahlreiche Parallelen entdecken lassen) fühlte sich Grétry von Anfang an zum Musiktheater berufen, und zwar zum italienischen Genre der opera buffa und ihrem französischen Pendant, der opéra comique. Noch bevor Grétry im Herbst 1767 nach Paris ging, waren in Rom und Genf seine ersten Bühnenwerke – das Intermezzo *La vendemmiatrice* und der Einakter *Isabelle et Gertrude* – mit einigem Erfolg aufgeführt worden, während er mit seinem Debüt *Les mariages samnites* in der französischen Hauptstadt scheiterte. Grétry ließ sich aber nicht entmutigen und errang tatsächlich 1768 mit *Le Huron* an der Comédie Italienne einen sensationellen Triumph – Grundlage einer ununterbrochenen Reihe von Erfolgen, die seinen Ruf als unerreichter Meister der opéra comique weit über die Grenzen Frankreichs hinaustrugen. Lediglich mit seinen Versuchen im ernsten heroischen Genre – *Céphale et Procris* (1775), *Andromaque* (1780) und *Amphitryon* (1786) – blieb Grétry die Anerkennung versagt. Bis zum Ausbruch der Revolution lagen aus seiner Feder fast vierzig Bühnenwerke vor, von denen fast jedes wenigstens ein oder zwei airs favoris enthielt, die binnen weniger Tage in aller Munde waren; erwähnt seien hier nur *Zémire et Azor* (1771), *Le magnifique* (1773), *Le jugement de Midas* (1778), *Les fausses apparences ou L'amant jaloux* (1778), *La caravane du Caire* (1783) und vor allem *Richard Cœur de Lion* (1784) – einer der größten und dauerhaftesten Erfolge der Epoche. (Ganz oder wenigstens teilweise sind alle hier genannten Werke in den letzten Jahren durch Wiederaufführungen, Schallplatten- und Rundfunkproduktionen wiederbelebt worden.) Schon in den ersten Wochen nach dem Sturm auf die Bastille sang man auf den Straßen von Paris republikanische Couplets auf Melodien Grétrys, und der Komponist versuchte bald, im Dienst der Revolution an seine alten Triumphe anzuknüpfen. Es war ihm allerdings kein Glück beschieden: Von den fünfzehn zwischen 1789 und 1799 entstandenen Werken (mit ihren so bezeichnenden Titeln wie *La fête de la raison ou La rosière républicaine*, *Joseph Barra* oder *Callias ou Amour et Patrie*) kam keines über einige wenige Aufführungen hinaus. Andererseits standen weiterhin Grétrys ältere opéras comiques als Dauerbrenner auf den Pariser Spielplänen und sicherten dem Komponisten eine alle politischen Wirren überdauernde Popularität.

Michael Stegemann

MANFRED HUGO LUDWIG GURLITT
geb. 6. September 1890 in Berlin
gest. 29. April 1972 in Tokio

Eines seiner Hauptwerke, die 1926 vollendete Oper *Wozzeck*, stand bereits bei ihrer Uraufführung am 22. April 1926 in Bremen im Schatten des nahezu zeitgleich entstandenen, gleichwohl einige Monate früher und an repräsentativerem Ort, nämlich der Berliner Staatsoper, aus der Taufe gehobenen *Wozzeck* Alban Bergs – ein übermächtiger Schatten, aus dem Gurlitts Werk nie herauszutreten vermochte. Dennoch war die Oper keineswegs erfolglos – ein Rezensent der Uraufführung schrieb, die Musik Gurlitts habe „die gewaltige Stimmungskraft der Büchnerschen Szenen ganz in sich aufgesogen" – und die Tatsache, daß Gurlitt in seiner Heimat in völlige Vergessenheit geriet, geht – wie so vieles – auf das Konto der Nationalsozialisten.

Nach dem Musikstudium trat Gurlitt 1908 eine Stelle als Korrepetitor an der Berliner Hofoper an, ging dann als Kapellmeister nach Essen, Augsburg und Bremen, wo er 1924 die Position des Generalmusikdirektors übernahm. Drei Jahre später folgte er einem Ruf an die Berliner Staatsoper, dirigierte außerdem regelmäßig am Berliner Sender, bis er 1933 auf Druck der Nazis aus allen Ämtern entlassen wurde. Gurlitt dirigierte in Spanien und Italien, bis er – von den Nazis als „rassisch verschandelter Kulturbolschewist" verfolgt – 1939 über Wien und Prag nach Tokio emigrieren mußte. In Japan wirkte Gurlitt als Opern-, Konzert- und Rundfunkdirigent, außerdem als Professor an der Kaiserlichen Musikakademie, wurde jedoch 1942 entlassen – wiederum auf Druck der Nationalsozialisten. 1940 bereits hatte der „Vater der Oper in Japan" u. a. *Aida* und *Lohengrin* dirigiert, 1953 gründete er eine eigene Operngesellschaft, die Gurlitt Opera Company, mit der er Werke von Mozart, Beethoven, Bizet, Verdi, Wagner, Puccini u. a. auf die Bühne brachte. Es ist bezeichnend, daß die bisher einzige Biographie des Komponisten in Japan erschien.

Bereits die Auswahl seiner Opernlibretti weist Gurlitt als einen jener jungen intellektuellen Künstler aus, die – möglicherweise von der russischen Revolution beeinflußt – ihr Augenmerk auf die nach dem Ersten Weltkrieg in aller Schärfe aufbrechenden sozialen Probleme richteten. Seinem 1920 entstandenen Bühnenerstling *Die Heilige* (nach Carl Hauptmann) folgte sechs Jahre später *Wozzeck*. Vier Jahre danach, am 9. November 1930, wurde im Düsseldorfer Opernhaus Gurlitts dritte Oper, *Soldaten* (nach der Komödie *Die Soldaten* von Jakob Michael Reinhold Lenz aus dem Jahre 1776), aus der Taufe gehoben. Die für 1933 festgesetzte Uraufführung der Oper *Nana* (das Libretto verfaßte Max Brod nach Émile Zolas gleichnamigem Roman) wurde von den Nazis unterbunden. (Die Uraufführung fand erst 1958 im Dortmunder Opernhaus statt.) 1938 folgte *Nächtlicher Spuk*, 1939 *Warum?*, 1942 *Nordische Ballade* und 1954 schließlich *Wir schreiten aus*. Zu seinen letzten drei Opern schrieb Gurlitt selbst die Texte.

Obwohl völlig unabhängig voneinander entstanden und obwohl Gurlitt sich nicht der Zwölftontechnik, sondern einer erweiterten Tonalität bediente, gibt es Übereinstimmungen zwischen seinem *Wozzeck* und demjenigen Bergs. So verwendet auch Gurlitt einen Marsch und ein Wiegenlied und stützt sich in der Bibelszene Maries auf eine Fugenform. Die Verwendung von Formen des musikalischen Ostinato und der Passacaglia mag bei dieser Textvorlage nahegelegen haben. Gurlitt zog die rund zwei Dutzend Szenen der Vorlage zu 18 Bildern (15 bei Berg) in loser Folge und einem Epilog zusammen. Ohne Zweifel bleibt sein *Wozzeck* mit seinem kammermusikalisch spröden, fast ausgezehrten Klangbild, seinem eher gedämpften Expressionismus näher am Original als die vergleichsweise eher üppig zugeschnittene, in allen Klangfarben leuchtende Oper Alban Bergs, in der man gleichwohl fraglos den kongenialen Zugriff auf den Text Georg Büchners sehen muß.

Auch Gurlitts *Soldaten* stehen seit einem Vierteljahrhundert im Schatten eines Meisterwerks: der 1965 in Köln uraufgeführten Oper *Die Soldaten* von Bernd Alois Zimmermann. Und auch dies kann man wohl als paradigmatisch ansehen für einen Komponisten, der es verdient hätte, daß man sein Werk der Vergangenheit, der es durch den deutschen Ungeist anheimfiel, entreißt.   *Oswald Beaujean*

JOSEPH HAAS

geb. 19. März 1879 in Maihingen
gest. 30. März 1960 in München

In den 50er Jahren noch des öfteren aufgeführt, sind die Werke von Joseph Haas heute nahezu vergessen. Als Mit-Initiator der Donaueschinger Kammermusiktage ab 1921 setzte sich der Reger-Schüler Haas auch für die neue Musik ein. Sein eigenes Werk jedoch steht dem 20. Jahrhundert denkbar fern, ist fest verwurzelt in der romantischen Tradition und geprägt von volksliedhaften Einschlägen. Beide Tendenzen finden sich auch in Haas' erster Oper *Tobias Wunderlich*, 1937 am Staatstheater Kassel uraufgeführt. In einer Mischung aus Heiligenlegende und Künstlerdrama zeigt die Oper in fromm-erbaulicher Weise die Erweckung des Holzschuhschnitzers Tobias Wunderlich zum Künstler durch eine lebendig gewordene Altarfigur und seinen Kampf gegen die Kommerzialisierung der Kunst – ein Thema, das auch nach dem Krieg konservative Kunstkreise tief beunruhigen sollte und das auch in der Zweitfassung von Hindemiths *Cardillac* eine entscheidende Rolle spielt. Die Musik, die sich über weite Strecken aus dem Reservoir des Volkstons und der katholischen Kirchenmusik bedient, ist bewußt einfach gehalten, wollte Haas doch – in deutlich anti-intellektualistischer Absicht – eine „Volksoper" schreiben. Dies gilt auch für die 1944 uraufgeführte komische Oper *Die Hochzeit des Jobs*, für die (wie schon im Fall des *Tobias Wunderlich*) Ludwig Andersen alias Ludwig Strecker das Libretto verfaßte. Die Oper schildert mit biederem Humor den Sieg des rechtschaffenen und einfachen Volkes, zu dem zuletzt auch der anfangs fehlgeleitete Student zählt, über die Ränke des Wissenschaftlers und „Artisten" (in der Gestalt eines Apothekers), bleibt jedoch in einer mäßig dramatischen harmlos-heiteren Volkstümlichkeit stecken.   *Rainer Pöllmann*

JOHANN ADOLF HASSE

geb. 25. März 1699 in Hamburg-Bergedorf
gest. 16. Dezember 1783 in Venedig

Johann Adolf Hasses mehr als siebzig Opern, während eines halben Jahrhunderts, von 1721 bis 1771, entstanden, waren zu Lebzeiten des Komponisten geradezu der Inbegriff des italienischen dramma per musica. Die Bedeutung dieser Werke liegt dabei weniger in ihrer avancierten kompositorischen Gestalt. Vielmehr führte der padre della musica, wie 1775 Giambattista Mancini den deutschen Komponisten Hasse nannte, die barocke opera seria zu einem letzten künstlerischen Gipfel, gelangt die traditionelle Formensprache noch einmal zu höchster Entfaltung. Die entscheidende Instanz in allen Opern Hasses bleibt der Gesang – nicht umsonst war Hasse mit Faustina Bordoni, einer der berühmtesten Sängerinnen ihrer Zeit verheiratet –, gegenüber dem das Orchester etwas zurücktritt, ohne jedoch kompositorische Sorgfalt vermissen zu lassen. Erste Erfolge erzielte Hasse in Neapel. Bemerkenswert sind aus dieser Zeit vor allem die Intermezzi, die aufgrund ihrer differenzierten musikalischen Ausarbeitung „Meilensteine auf dem Weg zur opera buffa" (Ortrun Landmann) darstellen und deren erfolgreichstes *La contadina* von 1728 war. 1730 wurde Hasse Kapellmeister am sächsischen Hof in Dresden, ohne deshalb seine weitverzweigten Aktivitäten – vor allem in Venedig – jemals aufzugeben. Die letzten Jahre als aktiver Komponist verbrachte er schließlich in Wien, was insofern einen gewissen Symbolwert hat, als dort auch Pietro Metastasio lebte. Mit dem vielleicht berühmtesten Librettisten des 18. Jahrhunderts nämlich pflegte Hasse jahrzehntelang eine so erfolgreiche Zusammenarbeit, daß Charles Burney die beiden Künstler als „zwei Hälften eines ehemaligen Ganzen" rühmte.

Schon *Artaserse*, die Oper, mit der Hasse 1730 seinen Durchbruch erzielte, fußte auf einem Libretto frei nach Metastasio. Im Laufe der Zeit hat Hasse nahezu alle Libretti des Dichters vertont. Zu nennen sind aus dieser Reihe von über 30 Werken vor allem *Attilio Regolo*, 1750 in Dresden erstmals aufgeführt, und *Ruggiero* von 1771, das letzte gemeinsame Werk. In erster Linie diesem kongenialen Wirken ist es zuzuschreiben, daß Burney von Hasse sagen konnte, er sei „der natürlichste, eleganteste und verständigste Komponist von Vokalmusik, ebenso der bedeutendste lebende; gleichermaßen ein Freund der Poesie wie auch der Stimme, offenbart er ebensoviel Urteilskraft wie Genie, ob er den Worten Ausdruck verleiht oder jene süßen und zarten Melodien begleitet, die er für den Sänger schreibt". Der postume Ruhm Hasses aber blieb begrenzt. Heute ist der Komponist zwar ein Objekt der Forschung, zu hören sind seine Werke jedoch kaum.

Rainer Pöllmann

WALTER HAUPT
geb. 28. Februar 1935 in München

Sich über die Grenzen eingefahrener Opernerwartungen hinwegsetzend, verfolgt Walter Haupt seit Jahren einen grenzüberschreitenden, weit gefächerten, individuellen Weg des Musiktheaters. Als langjähriger Leiter der Experimentierbühne der Bayerischen Staatsoper in den Jahren 1969 bis 1987 konnte er in allen Bereichen von Bühne und Musik Erfahrungen sammeln. Dabei setzt er alle theatralischen Mittel wie Tanz, Gesang, Darstellung, Elektronik, Beleuchtung und Projektion ein, um ein multimediales „Gesamtkunstwerk" zu erzielen, das sich inhaltlich immer kritisch zur Realität und Gegenwart stellt. Von *Sümtome* (München 1970) über *Die Puppe* (München 1971) und den *Neurosenkavalier* (München 1981) bis hin zu seinen großen Werken wie *Mars* (Heidelberg 1983) und *Marat* (Kassel 1984) und seinen Arbeiten mit dem Choreographen Hans Kresnik in München und Heidelberg ist immer das sozialkritische und sozialpsychologische Engagement in Haupts Werken offenbar. Er, der Erfinder und Realisator der „Klangwolke", die ein Musikstück per Lautsprecher gleichermaßen über einer ganzen Stadt schweben läßt, schreibt selbst sound-gesättigte Musik, die griffig, sinnlich und bei aller Komplexität faßbar bleibt, auch wenn ihr bei dem bühnentechnischen und inszenatorischen Aufwand der Hauptschen Musiktheaterstücke nicht immer der Primat zukommt.

Irmelin Bürgers

FERDINAND HÉROLD
geb. 28. Januar 1791 in Paris
gest. 19. Januar 1833 in Paris

Hérold studierte am Pariser Conservatoire, die Kompositionsklasse von Étienne Méhul übte nachhaltigen Einfluß auf seinen Stil aus.

1812 spielte Hérold sein eigenes Klavierkonzert im Théâtre Italien und gewann im selben Jahr den Rom-Preis. Über Wien kehrte er 1815 in seine Heimatstadt zurück. Hérold schrieb zahlreiche komische Opern, doch es dauerte bis 1823, bis er mit *Le muletier* den ersten wirklichen Erfolg hatte. Für die Opéra komponierte er zwischen 1826 und 1829 fünf Ballette, unter anderem *La somnambule* (1827), *La fille mal gardée* (1828) und *La belle au bois dormant* (1829). Doch die opéra comique war sein Metier, hier wußte er romantische, soziale, historische und satirische Themen mit leichter Hand zu komponieren, auch wenn die Suche nach geeigneten Libretti nicht immer von dem gewünschten Erfolg gekrönt war. Hérolds originellste und künstlerisch ausgereifteste Arbeiten stammen alle aus der Zeit zwischen 1823 und seinem Tod. *Zampa ou La fiancée de marbre* wurde 1831 ein großer Erfolg an der Opéra-Comique. *Le pré aux clercs* erlebte nach seiner Uraufführung 1832 bis zum Ende des Jahrhunderts 1500 Vorstellungen an der Opéra-Comique. Erstmals komponierte Hérold hier ein ernsteres Sujet, das Ähnlichkeiten mit Meyerbeers vier Jahre später entstandenen *Hugenotten* aufweist.

Ulrike Hessler

WILFRIED HILLER
geb. 15. März 1941 in Weißenhorn (Bayern)

Hiller studierte in München bei Günter Bialas und den Perkussionisten der Münchner Orchester, begegnete Karl Amadeus Hartmann, erwarb sich am Schlagzeug eine gründliche Praxis – 1966 entstand sein als Standardwerk geschätzter *Katalog für Schlagzeug* –, war 1979 Stipendiat in der Villa Massimo in Rom und holte sich eine Reihe von Kompositionsaufträgen. Seit nahezu zwei Jahrzehnten ist er Musikredakteur im Bayerischen Rundfunk, seit 1989 ordentliches Mitglied der Bayerischen Akademie der schönen Künste.

Hiller war der Lieblingsjünger Carl Orffs, just weil er den Meister nicht sklavisch nachahmt. Die Verbindung von Wort, Musik und Szene zieht sich durch alle seine Arbeiten, durch Bühnenmusiken, Kinderstücke, durch die Maria-Stuart-Vertonungen (1973/74), durch kabarettistische Bilder und durch abendfüllende Bühnenwerke, wie sie in Zusammenarbeit mit Michael Ende entstanden. Die Suggestivität einer hohen Tenorstimme trägt das alttestamentarische Lamento *Ijob* (in Martin Bubers Nachdichtung), das Lorenz Fehenberger 1979 in München uraufführte und Ernst Haefliger international bekannt machte. Die 1985 in München uraufgeführte *bairische Mär* vom *Goggolori* handelt von einem zwergenhaften Dämon und Erdgeist, der eine arme Familie in tragikomische Verwicklungen bringt. Im Januar 1988 wurde in München eine weitere abendfüllende Arbeit von Ende und Hiller uraufgeführt: *Die Jagd nach dem Schlarg*, eine höchst literarisch motivierte, verspielte Groteske.

In Hillers Partituren stehen der vornehmlich vom vielfarbigen Schlagzeug artikulierte Rhythmus und die klar geprägte Melodie obenan, bayerisch akzentuiert, lyrisch getönt und von suggestiver Unmittelbarkeit geprägt. Ansatzpunkt bleibt in ungefähr das Musiktheater Orffs, bald spielerisch abgewandelt, bald zu Monodramen von lastender Intensität verkürzt.

Karl Schumann

ERNST THEODOR AMADEUS HOFFMANN
geb. 24. Januar 1776 in Königsberg
gest. 25. Juni 1822 in Berlin

Als letztlich gescheiterter Musiker, ein Typus, den er in vielen Erzählungen meisterlich darstellt, kommt E. T. A. Hoffmann das Verdienst zu, auf theoretisch-schriftstellerischem Gebiet die Ästhetik der romantischen Oper, ja des musikalischen synästhetischen Gesamtkunstwerks niedergelegt zu haben. Hoffmann, der seinen dritten Vornamen Wilhelm nach seinem musikalischen Heros Mozart in Amadeus änderte, schrieb zwischen 1799 und 1816 nicht weniger als acht Opern und Singspiele sowie 23 Bühnenmusiken und Melodramen. 1812 kam er als musikalischer Direktor nach Bamberg, führte dort in seinem befristeten Intermezzo die erste große romantische Oper *Aurora* auf, aus deren Komposition er im wesentlichen Erfahrungen für sein Hauptwerk *Undine* gewinnen konnte. Nach einem Libretto, das ihm der Schöpfer der *Undine*-Novelle, Friedrich de la Motte Fouqué, selbst umgearbeitet hatte, komponierte Hoffmann ein genialisches Kompendium der deutschen romantischen Oper; bezeichnenderweise mit gesprochenen Dialogen. Er synthetisiert Mythologie und Märchen, Geisterreich und Menschenwelt, Phantastik und Naturidyll zu einem wahrhaften Gesamtkunstwerk, zu dessen Uraufführung am 3. August 1816 in Berlin Friedrich Schinkel die Bühnenbilder schuf. Obwohl Hoffmann, dessen theoretische Forderungen an den musikalischen Stil der Zeit weit progressiver waren als seine eigene praktische Umsetzung, seinem großen Vorbild Mozart hörbar nacheiferte, so schlägt die Musik zu *Undine* doch auch neue Saiten an: Hoffmann faßt die dämonische Seite des Sujets in eine düstere, bizarre Instrumentierung, findet eine ausdrucksstarke, dramatische Harmonik und reichert den musikalischen Satz mit subtiler Tonmalerei, mit bildhaften Instrumentaleffekten an. Sein musikalisches Ziel ist es, die Musik sprechen zu lassen in Stimmung, Atmosphäre, Gefühlen und Erlebnissen. „Poesie in Tönen" soll auch Hoffmanns Musik sein gemäß der romantischen Forderung. Dabei findet er teilweise Mittel, die nach vorne in die Zukunft deuten: Er charakterisiert die Figuren in *Undine* mit eigenen Motiven, kommt aber noch zu keiner expliziten Leitmotivtechnik, sondern setzt sie eher als Erinnerung, als Konnotationen ein. Er bricht die engumrissenen Einzelszenen auf, weitet sie zu größeren Zusammenhängen – etwa in den Finale – aus. So stellt *Undine* ein janusköpfiges Werk dar, das gleichermaßen zurück und nach vorne blickt.

Irmelin Bürgers

ARTHUR HONEGGER

geb. 10. März 1892 in Le Havre
gest. 27. November 1955 in Paris

Von den sechs Komponisten, die sich kurz vor Ende des Ersten Weltkriegs um den Dichter Jean Cocteau zur „Groupe des Six" zusammenschlossen, war der Schweizer Arthur Honegger zweifellos derjenige, der den ästhetischen Idealen des Kreises am fernsten stand. Was das Musiktheater betrifft, so ging es zwar auch ihm um eine Erneuerung des Genres durch die Verschmelzung verschiedener Strömungen, aber weder die musikalische „Halbwelt" des Cabarets und der music-hall noch die skurrile Exzentrik Erik Saties waren seine Sache. Statt dessen versuchte er mehrfach, an die Tradition des Mysterienspiels und des szenischen Oratoriums anzuknüpfen, etwa in dem „dramatischen Psalm" *Le roi David* (1921) und dem „biblischen Drama" *Judith* (1925, zur Oper umgearbeitet 1935) nach Texten von René Morax, in den Oratorien *Jeanne d'Arc au bûcher* (1935) und in *La danse des morts* (1938) nach Paul Claudel, schließlich in der „dramatischen Legende" *Nicolas de Flüe* (1939, nach Denis de Rougemont). Auch in der *Antigone*-Oper nach Cocteaus Sophokles-Bearbeitung (1924–1927) und in dem Melodram *Amphion* nach Paul Valéry (1929) findet sich dieser „oratorische" Gestus, der in vielem den *Oedipus Rex* von Strawinsky und Cocteau vorwegzunehmen scheint. Eine ganz andere Seite des Komponisten zeigen die beiden Operetten *Le roi Pausole* (1929/1930) und *La fille de Moudon* (1931) sowie die beiden Werke, die Honegger gemeinsam mit Jacques Ibert vertonte – die Oper *L'aiglon* (1936, nach dem gleichnamigen Schauspiel von Edmond Rostand) und die Operette *Les petits Cardinal* (1937): Die Leichtigkeit und Eleganz, mit der in diesen Werken (oft nicht ohne Ironie) ein quasi romantisches Vokabular zitiert wird, sind unübertroffen und sicherten ihnen Bühnenerfolge, wie sie das zeitgenössische Musiktheater nur selten verzeichnen konnte.

Michael Stegemann

MAURICIO KAGEL

geb. 24. Dezember 1931 in Buenos Aires

Als Mauricio Kagel 1957 in die Bundesrepublik Deutschland kam, war er in seiner Heimat Argentinien bereits mit Stücken experimentellen Charakters hervorgetreten, für deren Realisation konkrete und instrumentale Klänge, aber auch Lichteffekte konstitutiv sein sollten (Musica pera la torre, 1953). Tonsetzerischer Autodidakt, hat der Multimedial-Musiker den Begriff „Komposition" von Anfang an in umfassendem Sinne verstanden. Nicht zuletzt unter dem Einfluß szenischer Stücke von John Cage, die er in Europa kennenlernte, entwickelte Kagel seine höchst experimentierfreudige Konzeption des „Instrumentalen Theaters". Unter seinen vielen Werken, in denen szenisch-mimisch-aktivistische Kategorien je unterschiedliche Anteile und Funktionen haben, kommt dem „kammermusikalischen" Theaterstück *Sur scène* (1960) wohl eine programmatische Schlüsselbedeutung zu. Besetzt mit einem Sprecher, einem Mimen und einem Sänger sowie mit drei Instrumentalisten, sind hier alle Bühnenereignisse nach musikalischen Kriterien komponiert. Die Phraseologie eines Musikologen, semantisch völlig absurd, bildet den formalmusikalisch roten Faden. Mehrdeutigkeiten im Rollenverhalten der Akteure (Sänger mimt Instrumentalisten etc.) tragen zum surrealen Charakter des zwischen Humor und Tiefsinn changierenden Theatermusikstückes bei. Wird hier musikalisch-satirisch die Welt kommentiert, so gebiert dort umgekehrt eine quasireale Welt ihre spezifische Geräuschmusik, etwa in *Atem* (1970): Ein pensionierter Bläser ölt und wartet die Mechanik seines Instruments, übt stumm, prüft den Tonsatz. Aber zum Eigentlichen, zum Blasen kommt er nicht. Mit *Staatstheater* (1971) persifliert Kagel vielleicht am umfassendsten die gesellschaftliche Institution Oper. Szenische Aktionen sind frei zu einem „musiktheatralischen Kontinuum" zu fügen. Handlung im eigentlichen Sinne gibt es nicht.

Kagel, seit 1974 Professor für Komposition in Köln, ist schier unerschöpflich im Erfinden bedeutungsschwangerer Sinnchiffren. Manchmal gefährlich nahe an die Grenzen des Klamauks rührend, geht es ihm um die Komplexität des nicht modellhaften, in sich nicht geschlossenen Kunstwerkes. Wo Laientänzer oder Freizeitmusiker sich vergeblich um reinste klassische Perfektion bemühen sollen (*Kontra-Danse* (1970) aus: *Staatstheater*, *Kantrimusik* 1973/75), ist der Weg vom weise schmunzelnden Humor zum provozierenden Zynismus nicht weit.

Gesellschafts- und geistesgeschichtlich-kritisch mehrfach gebrochen und befrachtet, tritt in den jüngeren Werken Kagels (etwa in der Liederoper *Aus Deutschland* (1981); der szenischen Illusion *Die Erschöpfung der Welt*) wieder ein mehr genuin musikalisches Potential in den Vordergrund.

Helmut Rohm

REINHARD KEISER
geb. 12. Januar 1674 in Teuchern bei Weißenfels
gest. 12. September 1739 in Hamburg

Heute fast nur noch Spezialisten bekannt, war Reinhard Keiser zu Lebzeiten einer der wichtigsten norddeutschen Opernkomponisten, der in den ersten Jahrzehnten des 18. Jahrhunderts das Repertoire der Hamburgischen Oper am Gänsemarkt beherrschte. Mattheson bezeichnete ihn als „Premier homme du monde". Und der Musiktheoretiker Johann Adolf Scheibe sah in Keiser noch 1773, immerhin schon eine Generation nach des Komponisten Tod, „vielleicht das größte Originalgenie, das Deutschland jemals hervorgebracht hat".

Etwa 60 mehraktige Opern, darüber hinaus eine große Anzahl von kleineren Werken, hat der Thomanerschüler Keiser insgesamt geschrieben, einen Großteil davon für die Hamburger Oper am Gänsemarkt, deren Direktion er für einige Jahre gemeinsam mit einem gewissen Drüsecke übernommen hatte. Als bürgerliche Institution war das nicht subventionierte Haus von der Gunst der Zuschauer abhängig, was zur Folge hatte, daß neben den genreüblichen mythologischen und antiken Sujets auch Zeitstücke mit ziemlich drastischen szenischen Effekten zur Aufführung kamen, so etwa Keisers *Störtebeker und Jödge Michaels* von 1701, das eine Hinrichtung auf offener Bühne zeigt.

Keisers Opern, hauptsächlich während dreier Phasen, von 1697 bis 1706, 1709 bis 1717 und 1722 bis 1728, entstanden – danach widmete sich der Komponist nahezu ausschließlich der Kirchenmusik –, beeindrucken durch die Farbigkeit und Prägnanz der musikalischen Gestaltung. Vor allem dem Orchester, das in Hamburg trotz mancher finanzieller Nöte wohl lange Zeit hervorragend besetzt war, widmete Keiser große Aufmerksamkeit und stellte die außerordentlich abwechslungsreiche Instrumentierung stets auch in den Dienst der Dramatik. Aber auch die Arien, zumeist Dacapo-Arien, verdienen Beachtung, bestechen sie doch gleichermaßen durch ihren melodischen Reichtum wie durch ihr virtuoses Gepränge. Gegen Ende von Keisers Opernlaufbahn jedoch häufen sich die bloßen Übernahmen von Arien aus Werken anderer Komponisten. Seine musiktheoretische Bedeutung vermag dies jedoch nicht zu beeinträchtigen. Eine Wiederentdeckung Keisers (zumindest auf Schallplatte) wäre an der Zeit.

Rainer Pöllmann

WILHELM KIENZL
geb. 17. Januar 1857 in Waitzenkirchen (Oberösterreich)
gest. 19. Oktober 1941 in Wien

Der Ehrenbürger von Graz und Wien studierte Musik bei Uhl, Wilhelm Mayer und dem Liszt-Schüler Mortier de Fontaine. 1878 promovierte er bei Eduard Hanslick über „Die musikalische Deklamation". 1879 besuchte er Bayreuth und fand als Assistent Anschluß an den engsten Freundeskreis Richard Wagners, was auch in seinen Kompositionen unüberhörbar ist. Er gastierte als Pianist und war als Kapellmeister in München, Amsterdam, Krefeld und Hamburg tätig, 1886 wurde er Kapellmeister des Steiermärkischen Musikvereins in Graz, wo er ansässig wurde, bis er 1917 nach Wien übersiedelte. Neben musikliterarischen Arbeiten, u. a. der Wagner-Biographie „Richard Wagner. Die Gesamtkunst des 19. Jahrhunderts" (München 1904) und der Autobiographie „Meine Lebenswanderung" (Stuttgart 1926), komponierte Kienzl Orchesterwerke, Kammermusik und Lieder. Sein Opernschaffen umfaßt die verschiedensten musikdramatischen Formen: die Opern *Urvasi* (Dresden 1886), *Heilmar der Narr* (München 1892) und *Hassan der Schwärmer* (Chemnitz 1925), die Tragikomödie *Don Quixote* (Berlin 1898), das Weihnachtsmärchenspiel *In Knecht Ruprechts Werkstatt* (Graz 1907), die musikalische Komödie *Das Testament* (Wien 1916), die melodramatische Allegorie *Sanctissimum* (Wien 1925) sowie das Singspiel *Hans Kipfel* (Wien 1926). Besonders die als „Musikalische Schauspiele" klassifizierten Werke *Der Evangelimann* (Berlin 1895, auf Kienzls eigenes Libretto) und *Der Kuhreigen* (Wien 1911), in ihrer Mischung von nachwagnerischem Musikdrama mit betont volkstümlichen Elementen und einem Realismus, der als Pendant zum verismo anzusehen ist, genossen große Popularität und gelangen auch heute bisweilen noch zur Aufführung.

Peter P. Pachl

KONRADIN KREUTZER
geb. 22. November 1780 in Meßkirch
gest. 14. Dezember 1849 in Riga

Kreutzer gehört bezüglich seines Schaffens für die Opernbühne zu den komponierenden Kapellmeistern, die infolge ausgedehnter Konzertreisen und Dirigententätigkeit zu typischen Eklektikern wurden. Schon die Tatsache, daß der Schwerpunkt von Kreutzers Schaffen in seinen einstimmigen Kunstliedern, deren Dichter fast alle Schwaben sind, zu sehen ist, weist ihn als einen typischen Vertreter des musikalischen Biedermeier aus. Ohne je zu einem prägnanten unverwechselbaren Stil in großformatigen Werken zu finden, wie dies anderen großen Komponisten seiner Zeit, die auch als Dirigenten wirkten (Spohr, Weber, Marschner, Nicolai), gelang, überließ sich Kreutzer den Einflüssen der Wiener Klassiker, der frühen deutschen Romantik und der französischen Oper, die bei ihm entweder unverbunden nebeneinander stehen oder aber bunt durcheinander gemischt werden. Schon die Stoffwahl seiner mehr als 30 Opern zeugt – mit zwei Ausnahmen – von der geistigen Begrenztheit des im Grunde dramatisch unbegabten Komponisten; die Ausnahmen betreffen die dreiaktige romantische Oper *Libussa* (Wien 1822) sowie die im gleichen Stil vertonte *Melusine* (Berlin 1833), geschrieben auf ein Libretto von Grillparzer, das ursprünglich für Beethoven bestimmt gewesen war. Gleichwohl fällte Mendelssohn nach einer Wiener Aufführung der *Melusine* sein bekanntes vernichtendes Urteil. Der Versuch, sich dem jeweils herrschenden Geschmack anzupassen, ging bei Kreutzer bis zur Komposition der zweiaktigen opéra comique *L'eau de la jouvence* (1827) für Paris, die gleichwohl erfolglos blieb und nur den Eindruck von stilistischer Konfusion und Richtungslosigkeit in seinem Opernschaffen verstärkte. Den größten Nachruhm erntete Kreutzer mit seiner romantischen Oper *Das Nachtlager von Granada* (Wien 1834).
Hartmut Becker

GIAN-FRANCESCO MALIPIERO
geb. 18. März 1882 in Venedig
gest. 1. August 1973 in Treviso

Malipiero, der einer berühmten Musikerfamilie entstammte – sein Großvater Francesco war ein bekannter Opernkomponist, sein Vater Luigi Pianist und Dirigent –, studierte zunächst in Wien und Venedig, betätigte sich dann eine Zeitlang autodidaktisch und beendete seine Studien in Bologna und Paris. Sein besonderes Interesse galt zum einen der Alten Musik – 1923 begann er mit der Edition des Gesamtwerkes von Monteverdi –, zugleich war er maßgeblich am Aufbau verschiedener Organisationen zur Verbreitung der zeitgenössischen Musik beteiligt. 1921 erhielt er eine Professur für Komposition in Parma, 1932 am Liceo musicale in Venedig, dessen Geschicke er von 1939 bis 1952 leitete. Innerhalb des umfangreichen Œuvre nehmen die Bühnenwerke einen herausragenden Stellenwert ein: Zeit seines Lebens hat sich Malipiero mit den verschiedenen dramatischen Gattungen auseinandergesetzt und nahezu 40 Kompositionen hinterlassen, wobei einige Frühwerke seiner rigorosen Selbstkritik zum Opfer fielen. Die Trilogie *L'Orfeide* (Düsseldorf 1925), das erste aufgeführte Bühnenwerk

Malipieros, basiert auf italienischen Dichtungen des 14. bis 17. Jahrhunderts. Sie hat einen ausgeprägt programmatischen Charakter, indem sie als Absage an die Ästhetik des melodramma herkömmlicher Konzeption intendiert ist: An die Stelle einer fortlaufenden Handlung, wie sie das traditionelle Illusionstheater fordert, treten in sich abgeschlossene Episoden, die gleichwohl einer übergeordneten Idee folgen. Während die *Tre commedie Goldoniane* (Darmstadt 1926), die als freie Bearbeitungen dreier berühmter Komödien Goldonis die typische Atmosphäre im Venedig des 18. Jahrhunderts beschwören und teilweise im venezianischen Dialekt abgefaßt sind, liegt der Einakter *Torneo notturno* (Uraufführung 1931 in München unter dem Titel *Komödie des Todes*) auf der Linie der *Sette canzoni*, dem Mittelstück aus *L'Orfeide*; die Einstellung zum menschlichen Leben, ausgeprägt in den beiden Polen Optimismus und Pessimismus, liegt als verbindende Thematik allen sieben Bildern zugrunde. In seiner konzisen Formgebung und komprimierten Gestaltung kommt dieses Werk dem musikdramatischen Ideal Malipieros vielleicht am nächsten. Nach *La favola del figlio cambiato* (Braunschweig 1934), einem wirkungsvollen Stück, das auf Luigi Pirandello zurückgeht und vom faschistischen Regime unterdrückt wurde, verfolgte Malipiero mit *Giulio Cesare* (Genua 1936) und *Antonio e Cleopatra* (Florenz 1938), beide nach Shakespeare, sowie mit *Ecuba* nach Euripides (Rom 1941) eine eher traditionelle Richtung, die durch Orientierung an den klassischen Schauspielen gekennzeichnet ist. Seine dreiaktige Oper *I capricci di Callot* (Rom 1942) geht auf E. T. A. Hoffmanns Erzählung *Prinzessin Brambilla* zurück, zu der sich der romantische Dichter durch einen Zyklus von 24 Radierungen von Jacques Callot inspirieren ließ. Mit ihr knüpfte der Komponist an das bereits in den *Sette canzoni* erprobte Konzept an, das an die Stelle einer fortlaufenden Handlung ein Kaleidoskop von Bildern setzt. Im Gegensatz zu früheren Werken wird hier die Kontinuität durch die Musik gewährleistet, wobei der Vokalpart überwiegend deklamatorisch gehalten wird, während Kantabilität ausschließlich im Orchester zu finden ist. Aus den 17 nach 1945 uraufgeführten Bühnenwerken Malipieros, denen überwiegend nur ein ephemeres Dasein beschieden war, ragen die 1948/49 entstandene Oper *Mondi celesti e infernali* (Venedig 1961), in der sich ein neuer Stil ankündigt, der sich in der Abkehr von der bislang dominierenden Diatonik zugunsten von Chromatismen und Ganztonstrukturen manifestiert, sowie die *Venere prigioniera* (Florenz 1957) heraus, die als Malipieros gelungenste Nachkriegsoper gelten kann.   *Norbert Christen*

BOHUSLAV MARTINŮ
geb. 8. Dezember 1890 in Polička
gest. 28. August 1959 in Liestal/Schweiz

Martinů schuf im Laufe von etwa drei Jahrzehnten 14 vollendete Opern, von denen zwei ursprünglich für den Rundfunk, eine für den Film und zwei für das Fernsehen bestimmt sind. Das musikdramatische Schaffen des auch als Komponist von Orchesterwerken und Kammermusik hoch bedeutenden und individuellen Tschechen setzt erst in seinen Pariser Jahren ein, nachdem er mit den neuesten musikalischen Tendenzen und den Werken Strawinskys und der Komponistengruppe „Les Six" in Berührung gekommen war.

Martinůs Erstling, *Der Soldat und die Tänzerin*, eine dreiaktige komische Oper auf ein Libretto nach Plautus, ist 1927 noch für das Nationaltheater in Brünn bestimmt gewesen. Es folgen drei Werke experimentellen Charakters: 1928 der Einakter *Les larmes du couteau (Die Tränen des Messers)*, Libretto von Georges Ribemont-Dessaignes, mit Jazz-Orchester, 1929 *Trois souhails ou Les vicissitudes de la vie (Die drei Wünsche oder Die Launen des Lebens)*, eine dreiaktige Filmoper mit Prolog und Epilog auf ein Textbuch desselben Librettisten, in der Martinů sowohl ein großes Opernorchester wie auch ein Jazz-Orchester einsetzt. Das im gleichen Jahr begonnene Projekt eines Dreiakters, *La semaine de bouté (Die Wohltätigkeitswoche)*, dessen Libretto der Komponist gemeinsam mit Ribemont nach einem Entwurf von Ilja Ehrenburg erarbeitete, bleibt unvollendet, markierte aber zugleich einen Wendepunkt im Opernschaffen Martinůs: Mit ihm ist die Phase des Suchens und Experimentierens abgeschlossen, in der Zukunft fungiert Martinů beinahe immer als sein eigener Librettist, der Stoffe der Weltliteratur für seine Zwecke bearbeitet.

Richtungweisend für die Reifezeit wurden die 1933/34 entstandenen *Marienspiele*. Nach der erfolgreichen Prager Erstaufführung (6. Februar 1936) charakterisierte der Direktor Václav Talich Martinůs Opernspiele mit folgenden Worten: „Es wird gesprochen, wo gesprochen werden muß, es wird gesungen, wo gesungen werden muß, und getanzt, weil im gegebenen Augenblick nichts anderes angebracht ist." Die stilistische Weiterentwicklung dessen bildet die dreiteilige commedia dell'arte *Das Theater in der Vorstadt*, unmittelbar im Anschluß an die *Marienspiele* geschrieben; hier hat Martinů den ersten Teil als Ballett-Pantomime, den zweiten und dritten Teil als opera buffa gestaltet.

Die einaktige opera buffa *Alexandre bis* (1937), die erst 1964 in Mannheim uraufgeführt wurde, bildet Übergang und Bindeglied zu Martinůs größtem und letztem Bühnenwerk der Pariser Jahre: der dreiaktigen lyrischen Oper *Julietta oder Das Traumbuch*. Das Werk markiert den Beginn der Zusammenarbeit zwischen Martinů und dem französischen Dramatiker Georges Neveux.

Während der Jahre seines Exils in den USA hat sich Martinů nicht mit der Oper beschäftigt. Die Rückkehr zur Gattung verlief nicht ohne Schwierigkeiten: Der Plan der dreiaktigen Oper *La plainte contre l'inconnu (Klage gegen einen Unbekannten)* nach einem Drama von Neveux, bleibt 1953 unvollendet, erst die einaktige komische Oper *Mirandolina* nach Goldoni gelang 1954. Martinůs freundschaftlicher Förderer Talich aber war nach dem Krieg seines Amtes enthoben, so daß die Prager Uraufführung des Werkes erst wenige Wochen vor Martinůs Tod zustande kam.

Umfänglichstes Werk der Gattung ist das vieraktige Musikdrama *Griechische Passion*, nach dem Roman von Nikos Kazantzakis, das von allen Bühnenwerken Martinůs die längste Entstehungsdauer in Anspruch nahm. Die Botschaft tief empfundener Humanität verbindet sich hier mit dem Spätstil des Komponisten, der stets seine unverwechselbaren tschechisch-nationalen Spezifika beibehielt, weder amerikanische Einflüsse aufweist noch durch die Hineinnahme griechischer Volksmusik und liturgischer Gesänge verfärbt wird. Der lyrische Einakter *Ariadne* nach Neveux entstand 1958 innerhalb weniger Wochen, noch vor Abschluß der *Griechischen Passion*. Jede Szene des nur 45 Minuten dauernden Opus wird von einer kurzen „Sinfonia" eingeleitet; Martinů kehrte hier noch einmal zu jener Wiederaufnahme barocker Elemente zurück, die schon seine Kompositionen der späten Pariser Jahre geprägt hatten.

Die beiden 1935 entstandenen Rundfunkopern *Die Stimme des Waldes* und *Komödie auf der Brücke* waren die ersten Werke dieser speziellen Gattung überhaupt. Der Komponist besaß noch aus seinen Studienjahren Erfahrungen mit den Anfängen einer reinen „Höroper", da er damals im Nationaltheater viele Werke nur von der „Blindengalerie" aus (ohne visuellen Kontakt zur Bühne) kennengelernt hatte.   *Hartmut Becker*

GIAN CARLO MENOTTI
geb. 7. Juli 1911 in Cadegliano (Luganer See)

Mit 13 Jahren kam Menotti an das Mailänder Konservatorium, 1928 setzte er seine Studien am Curtis Institute in Philadelphia fort; dort lernte er auch Samuel Barber kennen, zu dem er in enge freundschaftliche Beziehungen trat. Mit seiner ersten Oper *Amelia al ballo* (Philadelphia 1937), die sich als Parodie auf das Mailänder Großbürgertum um die Jahrhundertwende versteht, knüpfte Menotti an die Buffatradition des settecento an, wobei er vor Übertreibungen ins Lächerlich-Groteske nicht zurückschreckte. Der überraschende Erfolg der *Amelia* veranlaßte die Rundfunkgesellschaft NBC, ihm den Auftrag zu einer Radiooper zu erteilen. *The old maid and the thief* (Erstsendung 1939, szenische Uraufführung 1941 in Philadelphia), eine Groteske in 14 Szenen, wurde in Amerika sehr populär, ebenso wie seine nächsten Bühnenwerke *The medium* (New York 1946), die Tragödie einer Frau auf der Irrfahrt zwischen realer und metaphysischer Welt, und *The telephone* (New York 1947), eine Satire auf die fatale Neigung des modernen Menschen, sich von der Technik beherrschen zu lassen. Seinen bislang größten Erfolg konnte Menotti mit dem musikalischen Drama *The consul* (Philadelphia 1950) erzielen. Das in der Verismus-Nachfolge stehende, überaus wirkungsvolle Werk ist ganz allgemein als Anklage gegen Unterdrückung und Willkür zu begreifen, ohne daß der Autor auf eine bestimmte Couleur abzielte; im engeren Sinne versteht es sich als Kritik an der modernen unmenschlichen Bürokratie, in der jeder Name nur eine Nummer, jedes Schicksal nur ein Fall ist. Die Oper fand rasche Verbreitung, wurde in 12 Sprachen übersetzt und in 20 Ländern aufgeführt. Inspiriert durch das Gemälde *Die Anbetung der Heiligen Drei Könige* von Hieronymus Bosch schrieb Menotti im Auftrag der NBC die erste Fernsehoper, *Amahl and the night visitors* (Erstsendung 1951, szenische Uraufführung Bloomington 1952), ein durch die Ethik des Christentums geprägtes Märchen, das in Amerika lange Zeit an jedem Weihnachtsabend ausgestrahlt wurde. Auf der Linie des *Consul* liegt die Oper *The saint of Bleecker Street* (New York 1954), deren von Verbrechen und Pseudoreligiosität lebende Handlung im Italienerviertel New Yorks angesiedelt ist und in der Gegenwart spielt. 1958 gründete Menotti in Spoleto das „Festival dei Due Mondi", das er bis 1967 leitete. In den folgenden Jahrzehnten schrieb Menotti ein gutes Dutzend Bühnenwerke wie *Maria Golovin* (New York 1958), ein Eifersuchtsdrama, ferner *Le dernier sauvage* (Paris 1963), wiederum eine Satire auf das Bildungsbürgertum, dann die Kinderoper *Help, help, the globolinks*, ein Auftragswerk der Hamburgischen Staatsoper, das Harold Schonberg als Abrechnung des Komponisten mit der ihm feindlich gesinnten Musikkritik begriff. Mit seiner vorerst letzten, für Placido Domingo geschriebenen Oper *Goya* (Washington 1986) vermochte er an den Erfolg früherer Werke nicht mehr anzuknüpfen. Menottis Grundüberzeugung, daß der Opernkomponist die Pflicht habe, seine Bühnenwerke derart zu gestalten, daß sie vom Publikum verstanden und geschätzt werden, hat den Stil seiner Werke von Anfang an geprägt (und ihn zu einem Verfechter des Konservatismus werden lassen). Menotti versteht sich als Traditionalist, der an die alten etablierten Gattungen des Musiktheaters anknüpft, insbesondere an die opera buffa und das melodramma des 19. und beginnenden 20. Jahrhunderts. Im Gegensatz zu den meisten seiner Zeitgenossen hat es Menotti vermieden, Vokalpartien den Stempel instrumentaler Faktur aufzudrücken, im Gegenteil: Seine Melodien geben sich oft eingängig, sind periodisch gegliedert, gelegentlich modal gefärbt, die Harmonik ist einfach strukturiert und überwiegend tonal gehalten. Progressive Elemente und Techniken haben Momentanwirkung, sind fast immer dramaturgisch motiviert, dienen der Charakterisierung der Personen und sind nicht selten satirisch geprägt. Wenn auch Menotti fraglos nicht zu denjenigen zählt, die die Musikgeschichte vorangetrieben haben, so muß man ihm jedoch einen hochentwickelten Sinn für die Möglichkeiten des Theaters zuerkennen.

Norbert Christen

DARIUS MILHAUD

geb. 4. September 1892 in Aix-en-Provence
gest. 22. Juni 1974 in Genf

Milhaud – mit weit über 400 Werken einer der produktivsten Komponisten des 20. Jahrhunderts – hat sich immer wieder mit dem Musiktheater beschäftigt, wobei sich (ohne daß man im eigentlichen Sinne von Schaffensperioden sprechen könnte) nacheinander mehrere, sehr unterschiedliche Strömungen erkennen lassen: Den Anfang machen die Adaptationen antiker Stoffe, die Milhaud zwischen 1913 und 1922 nach Texten von Paul Claudel komponierte: *Agamemnon* (op. 14), *Protée* (op. 17), *Les Choëphores* (op. 24) und *Les Euménides* (op. 41); die zweite Gruppe umfaßt die Werke, die – zwischen 1921 und 1927 – der Ästhetik der „Groupe des Six" und Jean Cocteaus folgen: Milhauds Anteil an Cocteaus Farce *Les mariés de la tour Eiffel* (op. 70), die Opern *Les malheurs d'Orphée* (op. 85), *Esther de Carpentras* (op. 89) und – nach Cocteau – *Le Pauvre matelot* (op. 92) sowie die drei „opéras-minutes" *L'enlèvement d'Europe* (op. 94), *L'abandon d'Ariane* (op. 98) und *La délivrance de Thésée* (op. 99). Mit der Vertonung von Claudels *Christophe Colomb* (op. 102) beginnt Milhaud 1928 sein „amerikanisches Triptychon", zu dem weiter *Maximilien* (op. 110, 1930) und die Bühnenmusik zu Jules Supervielles *Bolivar* (op. 148, 1935/36) gehören, die er 1943 (als op. 236) zu einer eigenständigen, dreiaktigen Oper umarbeitet; dazwischen liegt noch der Einakter *Médée* (op. 191, 1938) nach einem Libretto von Madeleine Milhaud. Die beiden letzten Bühnenwerke sind der Fünfakter *David* (op. 320, 1952) und *Fiesta* (op. 370, 1958), nach einem Einakter von Boris Vian. Hinzu kommen zahllose Film-, Bühnen- und Zwischenaktmusiken, ein gutes Dutzend Ballette und eine Reihe quasi szenischer Kantaten. Musikalisch reicht das Spektrum von der archaisch-expressiven Wucht (à la Strawinsky) der frühen Antiken-Vertonungen über ironische, oft vom Jazz beeinflußte Verfremdungen des klassischen Stils in den Cocteau-Opern und den „opéras-minutes" bis hin zu fast spätromantischem, schwelgerischem Lyrismus im „amerikanischen Triptychon". Insgesamt viel Spreu und wenig Weizen, doch zumindest die frühe *Orestie* und der *Christophe Colomb* – uraufgeführt 1930 (unter Erich Kleiber) in Berlin und lange vor Bernd Alois Zimmermanns *Soldaten* ein faszinierendes Experiment mit den Mitteln des multimedialen Musiktheaters – hätten eine Wiederbelebung verdient.   *Michael Stegemann*

STANISLAW MONIUSZKO
geb. 5. Mai 1819 in Ubiel bei Minsk
gest. 4. Juni 1872 in Warschau

Moniuszko nimmt für die Entstehung der nationalen polnischen Oper im 19. Jahrhundert eine ähnlich bedeutende Stellung ein wie Glinka für Rußland. Sehr zu Unrecht erscheint seine Bedeutung noch heute durch die Leistung Chopins überstrahlt, doch kommt dieser schließlich für den Schaffensprozeß einer national gebundenen Musik kaum in Betracht, am wenigsten für die Oper. Moniuszko verstand den tiefsten Sinn seiner Musik als Dienst am eigenen Volk, bemühte sich daher um allgemeine Verständlichkeit sowohl bei der Auswahl der Libretti wie ihrer Vertonung. Das Aufgreifen nationaler und mehrfach auch sozialer Probleme in seinen Opern findet seine Erklärung in dem Gefühl einer ausgeprägten nationalen Identität, die sich während langer Jahre russischer Fremdherrschaft behaupten mußte. Die sozialen Vorstellungen der Aufklärung, einer allgemeinen Bildung des Volkes und Befreiung der Bauernschaft gehörten neben erster musikalischer Unterweisung zu den Leitlinien der Erziehung des jungen Moniuszko. Im Jahre 1827 war die Familie nach Warschau übergesiedelt, zog sich aber vor der drohenden Revolution 1830 nach Minsk zurück. Als 18jähriger ging Moniuszko für drei Jahre zu Studien bei Carl Friedrich Rungenhagen nach Berlin. Nach seiner Rückkehr in die Heimat wirkte er zunächst als Klavierlehrer und Organist, dann als Dirigent des Theaters in Wilna. Bemühungen um eine Anstellung als Hofmusiker in St. Petersburg schlugen fehl. Moniuszko konnte jedoch am Wilnaer Theater seine fünf ersten Bühnenwerke zur Aufführung bringen, darunter die erste polnische Nationaloper, *Halka* (1847). Dieses ursprünglich zweiaktige Werk gelangte erst 1858 in der endgültigen, vieraktigen Fassung zur Erstaufführung in Warschau, nachdem sich die politische Situation durch den Tod Zar Nikolaus' I. etwas gebessert hatte.
Bereits 1849 war Moniuszko nach St. Petersburg gereist, hatte eine Ouvertüre und die Kantate *Milda* mit Erfolg aufführen können und befreundete sich mit Alexander Dargomyschskij, dem damals bedeutendsten russischen Opernkomponisten neben Glinka. Der ungewöhnliche Erfolg von *Halka* in Warschau trug Moniuszko das Amt des Direktors der Warschauer Oper ein und änderte damit seine Lebensbedingungen von Grund auf. Er konnte nun eine Kunstreise durch Westeuropa unternehmen, besuchte Liszt in Weimar und Smetana in Prag. Während einer zweiten großen Auslandsreise lernte er 1862 in Paris Rossini, Auber und Gounod kennen.
Bis zu Moniuszkos Warschauer Triumph mit *Halka* hatte er fünf weitere Bühnenwerke geschrieben, die in Wilna und Minsk aufgeführt worden waren. Für die folgenden acht Werke stand ihm nun endlich in Warschau ein geeignetes Haus zur Verfügung. Seine Karriere verlief jedoch auch weiterhin nicht ohne Hindernisse: Die während des Aufstandes von 1863 komponierte Oper *Straszny Dwor* (*Das Gespensterschloß*, vier Akte)

wurde bald von der Zensur abgesetzt, da sie bei der Premiere patriotische Demonstrationen provoziert hatte. Inzwischen jedoch begann auch das Ausland auf den Musikdramatiker Moniuszko aufmerksam zu werden.

Stilistisch ist Moniuszkos Schaffen für die Bühne sowohl von deutschen (Schubert, Mendelssohn, Lortzing), italienischen (Rossini, Donizetti, Bellini) und französischen (insbesondere Auber) Komponisten beeinflußt, und er hat sich die besten Seiten von deren stilistischer Eigenart anzueignen versucht. Er verbindet handwerkliche Sicherheit und Leichtigkeit der Handhabung von Form, Harmonik und Instrumentation mit der Gabe reicher melodischer, oft im polnischen Volkslied wurzelnder Erfindung, er charakterisiert seine Bühnengestalten treffend und hat Gespür für wirkungsvolle Dramatik. Gern wird *Halka* mit Aubers *La muette de Portici* verglichen.   *Hartmut Becker*

JACOPO PERI
geb. 20. August 1561 in Rom
gest. 12. August 1633 in Florenz

Der Sänger, Instrumentalist und Komponist Jacopo Peri gehört mit Giulio Caccini zu den Schöpfern der Oper, einer Gattung des Theaters, die sich einem Entschluß verdankte, die Wirkung der antiken griechischen Tragödie mit neuen musikalischen Mitteln zu rekonstruieren. Das geschah im Hause des Florentiner Grafen Jacopo Corsi, wo im Jahre 1598 die erste – leider musikalisch nur fragmentarisch erhaltene – Operndarbietung stattfand: Peris und Corsis Vertonung des Librettos *Dafne* von Ottavio Rinuccini, des Dichters, der mit den Bestrebungen der neuen Theatergattung eng verknüpft war. Es ist sehr bezeichnend, daß die Form der Oper von Komponisten entwickelt wurde, die selber Sänger waren, denn von Anfang an war es der Gesang, der im Zentrum der Oper stand. Und damit war sogleich das Grundproblem der Oper angeschlagen: Wie können gesprochene Dialoge in Musik gesetzt werden? Die Glaubwürdigkeit der Vorgänge stand in Frage, wenn man Argumentationen musikalisch darbot. In der Vorstufe der Oper, den sogenannten Intermedien (ebenfalls in Florenz entstanden) hatte man sich damit beholfen, daß nur gesungen wurde, wenn die Situation Liedeinlagen und überhaupt Kommentare ermöglichte; der durchgängige Dialog dagegen erforderte einen völlig neuen musikalischen Stil. Ihn fanden Peri und gleichzeitig mit ihm auch Caccini in dem Prinzip des recitar cantando, dem stile recitativo, der es ermöglichte, den Sprechtonfall musikalisch getreu nachzuahmen: Der akkordgestützte, gehobene Sprechgesang entstand, hinter dem sich die Emotionen des Darstellers verbargen. Es war sozusagen eine musikalische Form des Dialogvortrags. Doch das Grundproblem blieb: „Was schon wenige Jahrzehnte später seine Fragwürdigkeit einbüßte, was Jahrhunderte hindurch nicht einmal reflektiert wurde, war für jene, die diese neue Art des Musiktheaters aus der Taufe hoben, das allergrößte Problem: daß Menschen nicht singen, wenn sie miteinander kommunizieren" (Silke Leopold). Da nützte auch der Versuch Peris und Rinuccinis wenig, diese Vortragsart aus der griechischen Antike abzuleiten, denn dort wurde ja bekanntlich nicht „deklamiert", weil es keine prinzipielle Trennung von Musik und Sprache gab. Peri gab denn auch zu, daß er eine Art musikalischen Kompromiß geschaffen hatte, den er „cosa mezzana", also ein Mittelding (zwischen Musik und Sprache) nannte. Mit der am 6. Oktober 1600 im Florentiner Palazzo Pitti uraufgeführten favola pastorale *L'Euridice* (Text: Ottavio Rinuccini) gelangte nicht nur die erste vollständig (durch eine Druckausgabe) erhaltene Oper auf die Bühne, sondern auch programmatisch der Mythos von der Macht der Musik, den Peri – als Darsteller des Arion – in den Florentiner Intermedien von 1589 *(La pellegrina)* selber in einer großen Echo-Arie „Dunque fra torbid'onde" (im 5. Intermedium) vorgetragen hatte. In seinem Vorwort zum Erstdruck erläutert Peri sein neues Verfahren des „vernünftigen Grundes" dafür, daß die Darsteller singen, anstatt zu sprechen: Es geht um den Versuch, über das gewöhnliche Sprechen hinauszugelangen. Die Künstlichkeit der Oper äußerte sich bereits in der gesanglichen Vortragsart. Peri weist auch ausdrücklich darauf hin, daß sein Kollege (und Rivale) Giulio Caccini, der ebenfalls eine eigene Vertonung des Librettos im Druck vorlegte, „die Gesänge der Euridice, einige des Hirten und der Nymphe aus dem Chore" und drei weitere Chorsätze beigesteuert habe, „und das darum, weil dieselben von Personen, die von ihm abhingen, gesungen werden sollten" (Vorwort). Die Teamarbeit war in den frühen Tagen der Oper keine Seltenheit; noch die späte Oper Peris *La Flora, overo Il natal di Fiori* (1628) entstand in Zusammenarbeit mit Marco da Gagliano. Allerdings gelang es Peri nach dem Vorstoß mit *L'Euridice* nicht mehr, die Entwicklung der neuen Gattung des Theaters maßgeblich mitzubestimmen. Das geschah vielmehr in den Bühnenwerken Claudio Monteverdis.

Dietmar Holland

FRANCIS POULENC
geb. 7. Januar 1899 in Paris
gest. 30. Januar 1963 in Paris

„Die Tradition verkleidet sich in jeder Epoche anders", schreibt Jean Cocteau in seinem ästhetischen Manifest *Le coq et l'Arlequin*, „doch das Publikum, das sie so wenig kennt, vermag sie unter keiner ihrer Masken zu erkennen." Nun, unter der Maske Francis Poulencs treten die Züge der Tradition fast ungeschminkt zutage: Er scheint (auf den ersten Blick jedenfalls) der konservativste Komponist der „Groupe des Six" zu sein, die nach dem Ersten Weltkrieg das noch ganz (spät)romantisch gestimmte Pariser Publikum in Angst und Schrecken versetzte. In seiner ersten Oper *Les mamelles de Tirésias* (1944/47) – einer surrealistischen Farce nach einem Text von Guillaume Apollinaire – scheint zwar noch der skurrile, anarchische Geist des *Bœuf sur le toit* und der *Mariés de la tour Eiffel* nachzuklingen, doch rund zwanzig Jahre post festum scheint das Werk einigermaßen démodé. In den *Dialogues des Carmélites* (1956/57) nach George Bernanos und Gertrud von LeFort und dem einaktigen Cocteau-Monodram *La voix humaine* (1958/59) dagegen bekennt sich Poulenc ganz unverhohlen zu einem „puccinesken" Lyrismus, der von allen Errungenschaften der Avantgarde nichts weiß, oder besser: nichts wissen will. Dennoch sind gerade diese beiden Opern Meisterwerke an dramaturgischer Wirkung und musikalischer Stimmigkeit, über denen – sine ira et studio – der Geist des Debussyschen *Pelléas* weht. Cocteaus Satz „Die Neue Musik verkleidet sich ..." ließe sich umkehren: Poulencs Maske ist die eines Traditionalisten.

Michael Stegemann

SERGEJ WASSILJEWITSCH RACHMANINOW

geb. 20. März (1. April) 1873 auf Gut Onega bei Nowgorod
gest. 28. März 1943 in Beverly Hills

Rachmaninow ist bei uns vor allem als Komponist von Klavier- und Orchesterwerken bekannt. Sein musikdramatisches Schaffen ist schmal, doch bedeutsam. Alle
drei vollendeten Opern sind Einakter von etwa einer Stunde Spieldauer, ihre Stoffe
entnahm der Komponist der großen europäischen Literatur.

Rachmaninows musikdramatisches Debüt war *Aleko*, zugleich die Examensarbeit des
19jährigen, mit der er die Kompositionsklasse von Sergej Tanejew und Anton Arenskij
am St. Petersburger Konservatorium 1892 abschloß. Das Libretto von Wladimir Nemi-
rowitsch Dantschenko ist im Stil des italienischen verismo nach der Art von Mascagnis
Cavalleria rusticana gestaltet – Vorlage war das Poem *Zigeuner* von Alexander Puschkin. Rachmaninows Vertonung versucht nicht, durch die Hineinnahme von echten oder
die Kopie von Zigeunermusik-Elementen Lokalkolorit zu erzeugen, sondern hält sich
an die Töne der städtischen Romanzen. Die Uraufführung fand den Beifall eines so
erfahrenen Musikdramatikers wie Tschaikowskij.

Beinahe parallel entstanden die beiden reifen Einakter Rachmaninows zwischen 1900
und 1904. *Francesca da Rimini*, ein Sujet aus dem fünften Gesang des *Inferno* aus Dantes
Divina Commedia, hat schon Tschaikowskij zu einer sinfonischen Phantasie geformt.
Dessen Bruder Modest richtete nun nach der Vorlage ein Libretto ein, das in Prolog,
zwei Bilder und Epilog gegliedert ist. Wie in *Aleko* fordert die Partitur der *Francesca da
Rimini* fünf Solisten und gemischten Chor, doch ist das Orchester von zwei- auf dreifa-
che Bläserbesetzung und Schlagzeug erweitert. Die rezitativische Struktur des ersten
Teils kontrastiert wirksam mit dem dichten symphonischen Verlauf von Prolog und
Epilog. Die Personen werden durch konstant beibehaltene Mittel deutlich gegeneinander charakterisiert. Gleichzeitig mit der Uraufführung der *Francesca da Rimini* (24. Januar 1906) im Moskauer Bolschoj Theater erlebt *Der geizige Ritter* seine Premiere. Mit
diesem Werk setzte Rachmaninow die von Dargomyshskij *(Rusalka – Der steinerne Gast)*
und Rimskij-Korsakow *(Mozart und Salieri)* gegründete Tradition der direkten Vertonung Puschkinscher Dramentexte fort. Die Anzahl der Solisten und Orchesterbesetzung
entsprach derjenigen von *Francesca*, nur fehlt hier der Chor. Stilistisch gestaltet Rachmaninow den Typ des „melodischen Rezitativs" weiter, wobei die Ausformung von
Kontrasten im wesentlichen dem Orchester zufällt.

Das letzte geplante Bühnenwerk Rachmaninows bleibt Fragment: eine Vertonung der
Tragödie *Monna Vanna* von Maurice Maeterlinck, an der der Komponist während seiner
Dresdener Jahre (1907) arbeitete. Das verloren geglaubte Autograph der fertigen Teile
wurde zu Beginn der 80er Jahre in der Library of Congress wiedergefunden.

Hartmut Becker

OTTORINO RESPIGHI
geb. 9. Juli 1879 in Bologna
gest. 18. April 1936 in Rom

Respighi, der einer Familie entstammte, in der Musik seit Generationen professionell betrieben wurde, begann seine Studien 1891 am Liceo musicale seiner Heimatstadt und ging neun Jahre später zu Rimskij-Korsakow nach St. Petersburg. 1913 erhielt er eine Professur an der Accademia di Santa Cecilia in Rom, deren Direktor er 1924 wurde; zwei Jahre später gab er diese Position wieder auf, um sich ausschließlich seinen kompositorischen und dirigentischen Tätigkeiten zu widmen.

Mit der komischen Oper *Re Enzo* (Bologna 1905) unternahm Respighi seinen ersten Versuch auf dramatischem Gebiet; ihm war jedoch ebensowenig Erfolg beschieden wie seiner zweiten Oper *Semirama* (Bologna 1910), die unter dem Einfluß von Rimskij-Korsakow und Richard Strauss steht. Sein musikalisches Märchen *La bella addormentata nel bosco* (Rom 1922), das den Dornröschenstoff in der Fassung von Perrault verarbeitete, konnte bei der Uraufführung einen sensationellen Erfolg erzielen und verbreitete sich rasch in aller Welt, während seine commedia lirica *Belfagor* (Mailand 1923), die sich durch eine Mischung realistischer, phantastischer, sentimentaler und komischer Züge auszeichnet und musikalisch ebenso an *La Cenerentola* wie an *Falstaff* anknüpft, von der Kritik überwiegend negativ beurteilt wurde. Mehr Anerkennung fand Respighi mit der nächsten Oper, *La campana sommersa* (Hamburg 1927), deren Libretto Claudio Guastalla nach dem Drama *Die versunkene Glocke* von Gerhart Hauptmann schrieb, einer Künstlertragödie, in der sich naturalistisch-soziale, mystisch-allegorische und märchenhaft-phantastische Züge durchdringen. Wie in *Belfagor* bevorzugte Respighi auch in dieser Oper die geschlossenen Formen, innerhalb derer die Menschen- und Geisterwelt durch einen differenzierten Vokalstil voneinander abgehoben sind. Das Mysterium in drei Epochen, *Maria Egiziaca*, war ursprünglich für den konzertanten Gebrauch konzipiert (Carnegie-Hall, New York 1932), wurde später allerdings auch szenisch aufgeführt (Rom 1932); das Libretto von Guastalla geht auf die antike Legende von der sogenannten schwarzen Maria zurück. Als bedeutendste Oper Respighis kann fraglos *La fiamma* (Rom 1934) gelten. Sie spiegelt die Idee des Komponisten wider, die Welt des Nordens mit der Atmosphäre des Südens zu verschmelzen: Vor dem historischen Hintergrund des byzantinischen Ravenna spielt sich jenes farbig schillernde Geschehen ab, das Guastalla dem Drama *Die Hexe* von Johan Wiers Jensen entnahm. Auf die Gestaltung des Stoffes hat vor allem die Dekadenzdichtung Gabriele d'Annunzios eingewirkt; schon der Titel der Oper verweist in seiner Metaphorik auf den autobiographischen Roman *Il fuoco*, in dem jene Atmosphäre aus Erotik und Perversion, Hysterie und Angst beschworen wird, die sich auch in *La fiamma* wiederfindet. Respighis letztes Bühnenwerk, *Lucrezia* (Mailand 1937), das von seiner Frau Elsa vervollständigt wurde, basiert auf der Erzählung des Livius wie auf Shakespeares Drama *The rape of Lucrece*. Aufgrund seines statischen Charakters tendiert das Werk zur Gattung der szenischen Kantate.   *Norbert Christen*

JEAN-JACQUES ROUSSEAU
geb. 28. Juni 1712 in Genf
gest. 2. Juli 1778 in Ermenonville

Rousseau und die Musik – ein Thema voller Widersprüche. Schon das *Projet concernant de nouveaux signes pour la musique*, mit dem Rousseau 1742 der Akademie die Idee einer (ebenso komplizierten wie überflüssigen) Zahlen-Notation vorlegte, führte zu einem wilden Streit im Lager der Musikgelehrten. Die Artikel, die er in Sachen Musik für die *Encyclopédie* Diderots und d'Alemberts verfaßte, brachten nicht nur Rameau gegen ihn auf, der auf Rousseaus (zugegeben schnell und ungenau redigierte) Artikel mit dem Pamphlet *Erreurs sur la musique dans l'Encyclopédie* reagierte. Der *Dictionnaire de musique* schließlich, der 1767 in Genf erschien, wurde zwar in manchen Details zum Maßstab folgender Arbeiten, mußte sich aber im großen und ganzen heftigster Kritik beugen: „Auf jeder Seite des Buches beweist uns der Autor, daß er selbst nicht das Geringste von den Dingen versteht, die er uns erklären zu wollen vorgibt", ketzerte noch 1821 François Castil-Blaze.
Der Vorwurf des dilettantischen Autodidakten, den man gegen den Musiktheoretiker und -historiker Rousseau erhob, traf auch seine Kompositionen: Das opéra-ballet *Les Muses galantes* wurde 1747 (nach einer privaten Voraufführung) kurz vor der Premiere vom Spielplan der Académie Royale abgesetzt, die „scène lyrique" *Pygmalion* – eines der ersten Melo- beziehungsweise Monodramen der Musikgeschichte – wurde 1773 zwar unter Rousseaus Namen aufgeführt, stammt aber (bis auf zwei Nummern) aus der Feder des Lyoner Komponisten Horace Coignet, die Oper *Daphnis et Chloé* schließlich, mit der Rousseau 1778 an die Reformen Glucks anknüpfen wollte, blieb unvollendet. Ein Werk freilich bleibt: das an Pergolesis *Serva padrona* orientierte Singspiel *Le devin du village*, das 1752 uraufgeführt wurde und – allen Feindseligkeiten zum Trotz (die unter anderem versuchten, die Komposition einem anderen Autor zuzuschreiben) – einen sensationellen Erfolg erlebte. Im Feld zwischen der „querelle des bouffons" und dem Streit zwischen „Gluckisten" und „Piccinisten" markiert *Le devin du village* einen Meilenstein in der Geschichte des Musiktheaters, ganz abgesehen von der Parodie, die Charles-Simon Favart 1754 unter dem Titel *Bastien und Bastienne* vorlegte und die 1768 dem zwölfjährigen Mozart die Stoffvorlage für sein gleichnamiges Singspiel (KV 50/46b) lieferte.   *Michael Stegemann*

ALBERT CHARLES PAUL MARIE ROUSSEL
geb. 5. April 1869 in Tourcoing
gest. 23. August 1937 in Royan

Von welcher Seite auch immer man sich dem Werk Roussels nähert: Es bleibt ein Einzelphänomen, das sich keiner der musikalischen Strömungen seiner Zeit eindeutig zuordnen läßt. Expressionistische Wucht und quasi „impressionistische" Klanggewebe halten einander die Waage, archaisch-karge Formen und Harmonien stehen neben weit ausladenden Fresken im Geist des „wagnérisme", fernöstliche und orientalische Exotismen – notiert nach authentischen Quellen, die Roussel während mehrerer

Reisen studieren konnte – fügen sich bruchlos in abendländische Modelle ein. Drei Opern hat Roussel komponiert: das zweiaktige opéra-ballet *Padmâvatî* (op. 18; komponiert 1914 bis 1918 nach einem Libretto von Louis Laloy, uraufgeführt am 1. Juni 1923 an der Pariser Opéra), das im Indien des 13. Jahrhunderts spielt, den einaktigen conte lyrique *La naissance de la lyre* (op. 24; komponiert 1922 bis 1924 nach dem Satyrspiel *Ichneutai* des Sophokles, uraufgeführt am 1. Juli 1925 an der Pariser Opéra) und die dreiaktige opéra bouffe *Le testament de la tante Caroline* (o. op.; komponiert 1932/33 nach einem Libretto des Vaudeville-Autors Michel Veber alias Nino, uraufgeführt – in tschechischer Sprache! – am 14. November 1936 in Olmütz). Hinzu kommen die Ballette *Le festin de l'araignée*, op. 17 (1912), *Bacchus et Ariane*, op. 43 (1930) und *Aenéas*, op. 54 (1935), die ebenso wie die Opern Roussels hohen Rang als Bühnenkomponist bestätigen.
Michael Stegemann

FREDERIC RZEWSKI
geb. 13. April 1938 in Westfield (Massachusetts)

Rzewski hat für die Musiktheaterbühne neben einer kleineren Arbeit auf Bertolt Brechts *Antigone-Legende* (1982) für eine Frauenstimme und Klavier das Stück *Les Perses* (1985) für vier Sänger, fünf Schauspieler und sechs Instrumentalmusiker geschrieben. Auch eine ganze Reihe der für den Konzertsaal geschriebenen Stücke von Rzewski sind von hoher gestischer Konkretheit, wie *Spacecraft* (1967), ein Improvisationsstück für die Gruppe „musica elletronica viva", wie die konzeptionellen Arbeiten *Les moutons de Panurge* und *Last judgement* (1968), wie die auf den Gefängnisaufstand in Attica, New York, bezogenen Stücke *Coming together* und *Attica* (1972), wie *The price of oil* (1980) und *Mary's dream* (1984) und wie das Stück *Lost and found* (1985) für einen sprechenden Schlagzeugsolisten.
Les Perses entstand auf die Tragödie *Persai* von Aischylos, den Rzewski zunächst ins Englische übersetzt hat, um ihn dann für Aufführungen beim Festival Radio France in Montpellier und in Villeneuve-les-Avignon im Sommer 1985 in Zusammenarbeit mit der belgischen Schauspielerin Françoise Walot ins Französische zu übertragen. Dem Stück liegt die Schlacht von Salamis zwischen der persischen und der griechischen Flotte zugrunde, an der Aischylos auf seiten der Griechen teilgenommen hatte. Das acht Jahre danach entstandene Stück von Aischylos zeigt das Geschehen von der anderen Seite, aus der Perspektive des persischen Königshofs im Moment seines Zusammenbruchs. Das Stück stellt die Gegner der Griechen – anders als die öffentliche Meinung in Griechenland – nicht nur als Barbaren, sondern auch als Menschen dar, die der Liebe, des Schmerzes und der Trauer fähig sind.
Rzewski hält also am durchgehenden Handlungsablauf mit identischem Handlungsort fest, auch wenn er das eigentliche Stück in sieben nahtlos ineinander übergehende Teile gegliedert und in unterschiedlich strengen Formen komponiert hat. Oppositionen von Sprechen und Singen – die Hauptrollen sind mit je einem Schauspieler und Sänger doppelt besetzt –, von Geräusch und Klang werden zunächst als Mittel der archaischen Eröffnung genutzt. Eine melodisch wellenartig auf- und abschwingende Reihe wird Intervall für Intervall sukzessive aufgebaut, alles Folgende aus ihr abgeleitet. Additiv

abzählend nach einem minimalistischen Muster sind auch die schnellen Bewegungsabläufe. Umgekehrt wird die Großform aus immer kürzeren Formteilen zusammengesetzt, eine Steigerung des zeitlichen Geschehens erzeugend. Einzelne Formteile sind dabei außerordentlich zwingend und einprägsam, andere von ornamentaler und fast exotischer Prägnanz. Nach dem extrem kurzen siebten Teil, bei dem die Spieler nacheinander die Bühne verlassen – das Volk geht, von Xerxes dazu aufgefordert, nach Hause –, kehrt die Sprecherin zurück, um die Moral von der Geschichte mitzuteilen: Das nächste Volk wird die Griechen besiegen, das übernächste das nächste und so fort, eine Kette von Kriegen.

Frederic Rzewskis Musiktheaterstück, das nach der französischen Fassung 1989 in einer deutschen Fassung am Hessischen Staatstheater inszeniert wurde – im amerikanischsprachigen Original ist es bisher unaufgeführt – ist ein Kammerbühnenstück außerordentlich reizvoller und prägnanter Diktion, in dem eine Fülle von quasiseriellen, minimalistischen und improvisatorischen Verfahren auf geradezu genialisch einfache Weise miteinander verschränkt sind und den inneren Bogen musikalisieren.

Reinhard Oehlschlägel

ANTONIO SALIERI
geb. 18. August 1750 in Legnago
gest. 7. Mai 1825 in Wien

Nachdem Salieris Musik bis heute hinter der phantastischen Spekulation, Salieri habe den ungeliebten, weil besseren, Konkurrenten Mozart mittels Gift aus dem Leben geschafft, verschwunden geblieben ist, wäre es an der Zeit, sich mit dem gewaltigen Opern-Œuvre einer der zentralen Figuren des musikalischen Lebens in Wien und Paris während der Wende vom 18. zum 19. Jahrhundert auch auf der Bühne wieder zu befassen. Seine musikalischen Fähigkeiten, seine Kompetenz, die den Rang einer wirklichen Instanz hatte, beweisen sich nicht nur an den Namen seiner Schüler wie Beethoven, Liszt, Meyerbeer, Schubert und Sechter; auch an dem ungeheuer breitgefächerten Repertoire der fast fünfzig Opern zeigt sich die Vielfalt der musikalischen Erfindung Salieris. Ob opera seria, opera buffa, tragédie lyrique oder fortschrittliches Musikdrama unter dem Einfluß von Glucks musikdramatischen Errungenschaften, jede Gattung, jedes Sujet hat Salieri bearbeitet – und meist mit Erfolg beim Publikum, bei der Kritik und der Kollegenschaft. Daß er dabei einem direkten Vergleich mit seinem unmittelbaren Zeitgenossen und Konkurrenten um die Gunst Josephs II., Mozart, niemals standhalten kann, liegt weniger an der mangelnden Qualität von Salieris Kompositionen als an dem unübertreffbaren, dem einzigartigen Rang von Mozarts Musik. Mit *Armida* (1771) legte er einen der klassischen Opernstoffe in der Tradition der opera seria und der Nähe von Gluck vor, mit *Der Rauchfangkehrer* (1781) bekennt er sich zum deutschen Singspiel; *Les Danaïdes* (1784) wurde in Paris zunächst gar als ein Werk Glucks gefeiert, bevor richtiggestellt werden konnte, daß Salieri Schöpfer dieser hochdramatischen, von romantischer Intensität erfüllten tragédie lyrique war. *Tarare* (1787) basiert auf einem Stück von Beaumarchais, das die Tugend des mittellosen, aber moralischen Volks gegenüber der verderbten Sphäre der Macht abgrenzt. Kein geringerer als Lorenzo Da

Ponte hatte dieses Stück für Wien umgearbeitet, mit dem Salieri seinen Beitrag zur aktuellen Frage nach der Beschaffenheit eines wahren Herrschers leistete, wie Mozart dann mit *Clemenza di Tito*. Auch hier ist der Geist der Regierung Josephs II. spürbar, der Kunst und Staat zu einer Synthese zu verschmelzen suchte. Bezeichnenderweise nahm die schwungvolle Karriere Salieris und sein Einfluß auf das Wiener Musikleben mit dem Tod Josephs und der Regentschaft von Leopold II. ganz entscheidend ab. Trotzdem legte Salieri 1799 eine Antizipation einer großen italienischen Oper vor, indem er *Falstaff* knapp hundert Jahre vor Giuseppe Verdi komponierte – und auch hier verschwand sein ambitioniertes Werk hinter einem unerreichbaren, meisterlichen Ausnahmekunstwerk.

Irmelin Bürgers

PIETRO ALESSANDRO GASPARE SCARLATTI
geb. 2. Mai 1660 in Palermo
gest. 22. Oktober 1725 in Neapel

Produktivität scheint in der Familie gelegen zu haben: Den 555 Klaviersonaten seines Sohnes Domenico hat Alessandro Scarlatti (nach eigener Angabe) 114 Opern entgegenzuhalten – von artverwandten Gattungen wie Pasticci, Serenate oder Intermezzi ganz zu schweigen. Schon mit seinem ersten dramma per musica *Gli equivoci nel sembiante* hatte der damals 19jährige Komponist in Rom einen glänzenden Erfolg, und bis zur *Griselda* (1721) scheint kaum je ein Schatten auf seine Karriere gefallen zu sein; lediglich in Venedig konnte er 1707 mit *Il Mitridate Eupatore* und *Il trionfo della liberta* das Publikum nicht überzeugen. Daß Scarlatti der Opernmeister der sogenannten Neapolitanischen Schule (und mithin – zumindest etymologisch – „Erfinder" des „Neapolitaners", der Moll-Subdominante mit tief alterierter Sexte) gewesen sei, ist ein weit verbreiteter Irrtum. Tatsächlich sind seine durchweg dreiaktigen Opern noch ganz im 17. Jahrhundert verwurzelt und schließen eher an Monteverdi an, als daß sie die eigentlichen Repräsentanten der Neapolitanischen Schule – Pergolesi und Hasse (der immerhin 1724/25 bei Scarlatti studierte) – vorausahnten. Charakteristisch für seinen Stil sind der harmonische Reichtum und die hochexpressive musikalische Gestaltung des Textes, die sich freilich nur selten über die formalen Grenzen hinwegsetzt: Secco-Rezitativ, Dacapo-Arie und affektgeladene Orchester-Interruptionen entsprechen ganz seiner frühbarocken Ästhetik, die er 1717 in einem discorso niederlegte.   *Michael Stegemann*

MAX VON SCHILLINGS
geb. 19. April 1868 in Düren
gest. 24. Juli 1933 in Berlin

Durch den Freundeskreis um Alexander Ritter gelangte der Jurastudent in den Bayreuther Kreis, wurde 1892 musikalischer Assistent bei den Festspielen und 1902 deren Chordirektor. Graf Ferdinand von Sporck, Vorsitzender des Allgemeinen Richard-Wagner-Verbandes, ist der Librettist der ersten beiden Opern *Ingwelde* (Karlsruhe 1894) und *Der Pfeifertag* (Schwerin 1899). 1903 wurde Schillings in München zum

Königlichen Professor ernannt. Nach Hebbels Fragment entstand auf ein Libretto von Emil Gerhäuser die Oper *Der Moloch* (Dresden 1908). 1906 wurde Schillings Generalmusikdirektor des Stuttgarter Opernhauses und 1912 vom König von Württemberg geadelt. Von 1919 bis 1925 leitete er als Intendant die Preußische Staatsoper in Berlin. Internationale Popularität erlangten sein auch wiederholt von ihm für die Schallplatte produziertes Melodram *Das Hexenlied* (Dichtung: Ernst von Wildenbruch) sowie die Oper *Mona Lisa* (Libretto: Beatrice Dovsky, Stuttgart 1915), ein Versuch, den verismo in das spätromantische Musikdrama zu integrieren, während seine vorigen Werke deutlich in der Wagner-Nachfolge stehen. Ein weiteres Bühnenwerk, *Karl V.*, auf ein Libretto von Ferdinand Skuhra, blieb Fragment. Im Dritten Reich viel gespielt und zum Vorkämpfer des Nationalsozialismus erklärt, blieb Schillings' stets konservativ ausgerichtetes Opernschaffen nach dem Krieg zunächst vergessen. Im Zuge der Wiederbeschäftigung mit den Werken der Spät- und Nachromantik erfolgte 1982 in München die szenische Uraufführung des *Hexenliedes*, 1983 die Wiederaufführung der *Mona Lisa* in Karlsruhe und 1989 die des *Moloch* in Oberhausen.   *Peter P. Pachl*

FRANZ SCHMIDT

geb. 22. Dezember 1874 in Preßburg
gest. 11. Februar 1939 in Perchtoldsdorf bei Wien

Der als Pianist und Komponist zunächst weitgehend autodidaktisch ausgebildete österreichische Komponist studierte am Wiener Konservatorium bei Robert Fuchs und privat bei Franz Hellmesberger Violoncello. Als Knabe arbeitete er als Organist, bis 1914 als Violoncellist im Wiener Hofopernorchester. Violoncello unterrichtete er ab 1901 am Konservatorium und übernahm 1914 eine Ausbildungsklasse für Klavier, 1922 eine für Kontrapunkt und Komposition an der Akademie für Musik und darstellende Kunst. 1937 trat er aus Krankheitsgründen in den Ruhestand. Neben Kammermusik, Orgel- und Orchesterwerken komponierte Schmidt zwei Oratorien. Weltberühmt machte ihn das Zwischenspiel mit dem Thema der Zigeunerin Esmeralda aus seiner Oper *Notre Dame* nach Victor Hugo, auf ein Libretto von Leopold Wilk und ihm selbst (Wien 1914). Die ungleich bessere, in ihrer Kontrapunktik vielleicht ephemäre Opernpartitur ist *Fredigundis* nach Felix Dahn, auf ein Libretto von Bruno Hardt-Warden und Ignaz Michael Welleminsky (Berlin 1922), über die Richard Strauss voll Hohn bemerkte: „So schwer muß man es sich doch nicht machen", und behauptete, er hätte aus den thematischen Einfällen dieser Partitur vier Opern gemacht. Schmidts Werke – im Spannungsfeld zwischen Romantik und Expressionismus –, die oft bis an die Grenzen der Tonalität stoßen, erfuhren gerade in den letzten Jahren eine enorme Renaissance. Das häufig aufgeführte Oratorium *Das Buch mit sieben Siegeln* nach der Apokalypse (1937) erlebte bei den Salzburger Festspielen des Jahres 1987 eine heftig umstrittene szenische Uraufführung.   *Peter P. Pachl*

OTHMAR SCHOECK

geb. 1. September 1886 in Brunnen
gest. 8. März 1957 in Zürich

Der Schweizer Spätromantiker studierte u. a. bei Max Reger in Leipzig Komposition. Von 1909 bis 1918 leitete er Männerchöre und trat als Pianist auf, 1918 übernahm er die Leitung der St. Gallener Symphoniekonzerte. Nach einem Herzanfall im Jahre 1944 wandte er sich ausschließlich der Komposition zu. In seinem umfangreichen Liedschaffen orientierte er sich an Schubert und Schumann. Seine musikdramatischen Werke umfassen drei Epochen: Der ersten, romantischen entstammt das Singspiel *Erwin und Elmire* nach Goethe (Zürich 1916). Die mittlere Periode, die sich durch harmonische Erweiterung, Polyrhythmik und Bitonalität auszeichnet, umfaßt die Opern *Don Ranudo de Colibrados*, auf ein Libretto von Armin Rüeger nach Holberg (Zürich 1919, Neufassung Graz 1934), die Szene und Pantomime *Das Wandbild*, auf ein Libretto von Ferruccio Busoni (Halle 1921), *Venus*, nach Mérée von A. Rüeger (Zürich 1922), und *Penthesilea*, auf ein Libretto nach Kleist vom Komponisten (Dresden 1927), eine Oper, die durch eine sehr modern anmutende Instrumentation die romantische Tonsprache weitgehend aufzuheben scheint. In der letzten Schaffensphase, in der Schoecks dramatische Kantate *Vom Fischer und syner Fru*, auf ein Libretto des Komponisten nach P. O. Runge (Dresden 1930), und die Opern *Massimilla Doni* (Libretto nach Balzac von A. Rüeger, Dresden 1937) und *Das Schloß Dürande* (von Hermann Burte, nach Eichendorff, Berlin 1943) entstanden, tritt die Begleitung zugunsten einer liedhaften Führung der Singstimmen wieder merklich zurück, ohne dabei die hochexpressive Orchesterpolyphonie und den durch Polyrhythmik und bifunktionale Harmonik geprägten Stil aufzugeben. Heute wird von Schoecks Opern die *Penthesilea* am häufigsten aufgeführt, aber auch die Opern *Don Ranudo*, *Vom Fischer und syner Fru*, *Massimilla Doni* (Neufassung von Claus H. Henneberg, Zürich 1987) und *Venus* (Heidelberg 1989) sowie *Das Wandbild* (Bayreuth 1987) gelangen zur Aufführung.   *Peter P. Pachl*

FRANZ SCHUBERT

geb. 31. Januar 1797 in Liechtenthal bei Wien
gest. 19. November 1828 in Wien

Die Kenntnis vom Musikdramatiker Franz Schubert dürfte auch unter Opern-Enthusiasten kaum verbreitet sein; gar nicht zu reden von den Titeln seiner Bühnenwerke oder gar von deren Musik. Tatsächlich war die Oper Schuberts großes Schmerzenskind, eine Gattung, die er hartnäckig verfocht, ohne je zu reüssieren. Aber die Opernbühne verhieß eben jene Öffentlichkeit und Anerkennung, die Schubert zu Lebzeiten so schmerzlich entbehren mußte. Was bedeuteten da die Achtungserfolge, die er in den „privaten" Gattungen des Liedes und der Kammermusik errungen hatte? Dem Symphoniker Schubert wurde die angemessene Würdigung ohnehin erst lange nach seinem Tode zuteil. So blieb die Theaterbühne, zumal das musikalische Wien in den ersten Jahrzehnten des 19. Jahrhunderts sich in einem wahren Rossini-Taumel befand. Doch tragischerweise besaß Schubert kaum Gespür für das dramatische Fach, für die

Gegenwart des Szenischen und seine musikalische Umsetzung. So versuchte er sich zunächst ausführlich an der eher reihenden Dramaturgie des deutschen Singspiels. Schon als 17jähriger legte er ein dreiaktiges Werk dieses Genres vor: *Des Teufels Lustschloß* (D 84, 1814, zwei Fassungen). In rascher Folge entstanden weitere Singspiele: *Der vierjährige Posten* (D 190, 1815), *Fernando* (D 220, 1815) und *Die Freunde von Salamanka* (D 326, 1815). Es folgten *Die Zwillingsbrüder* (D 647, 1819) und *Die Verschworenen* (D 787, 1823). Da sich mit deutschen Singspielen im mittlerweile opernitalienisierten Wien kaum Staat machen ließ, setzte Schubert auf die Große Oper, auf *Alfonso und Estrella* (D 732, 1822) und vor allem auf den „heroisch-romantischen" *Fierrabras* (D 796, 1823). Es erübrigt sich fast hinzuzufügen, daß keinem der insgesamt neun dramatischen Werke auch nur ein peripherer Erfolg gelang. Das lag freilich nicht nur an Schubert selbst, sondern in weit höherem Maße an den großenteils unsäglichen Libretti, die aus dem Freundeskreis stammten; etwa von Johann Mayrhofer, Joseph Kupelwieser oder Franz von Schober. Die Qualität von Texten zu erkennen und sie bis in die Nuancen musikalisch auszuleuchten, blieb dem Lyriker und überragenden Liedkomponisten Schubert vorbehalten.

So wird sich an der nicht existierenden Rezeption seiner Opern wohl auch in Zukunft nichts ändern, weder mit Hilfe vereinzelter Platten-Einspielungen (immerhin liegen Aufnahmen vom *Vierjährigen Posten* und den *Verschworenen* mit dem Münchner Rundfunkorchester unter Heinz Wallberg vor sowie eine Produktion der *Zwillingsbrüder* mit dem Orchester der Bayerischen Staatsoper unter Wolfgang Sawallisch; alle bei EMI erschienen) noch durch die Ruth-Berghaus-Inszenierung des *Fierrabras* bei den Wiener Festwochen 1988, die Claudio Abbado musikalisch leitete.   *Bernhard Rzehulka*

ROBERT SCHUMANN
geb. 8. Juni 1810 in Zwickau
gest. 29. Juli 1856 in Endenich

Robert Schumanns Kunst innerhalb der Vokalmusik zeigte sich vor allem im Bereich des Liedes. Darin ist er Franz Schubert verwandt. Doch im Unterschied zu Schubert, der zeit seines Lebens den Erfolg auf der Opernbühne erzwingen wollte, wandte sich Schumann nur ein einziges Mal der Gattung des Musiktheaters zu, und zwar mit *Genoveva*, op. 81 (1849/50), nach einem Gedicht von Ludwig Tieck und dem gleichnamigen Drama von Friedrich Hebbel. Das Textbuch erstellte der Komponist zusammen mit Robert Reinick selbst. Doch der poetische Schumann war in seinem musikalischen Zugriff der romantischen Schauergeschichte mit Mord und Totschlag kaum gewachsen. Er brachte seine Erfahrungen mit einem durchgehenden ariosen Parlandostil, den er in dem oft unterschätzten weltlichen Oratorium *Das Paradies und die Peri*, op. 50, erprobt hatte, in das dramatische Sujet ein. Schon Eduard Hanslick kritisierte in einem Essay über *Genoveva* das gänzlich Undramatische der Musik, die „in ihrem verfeinerten Empfinden" unfähig sei, „sich an die Charaktere eines Dramas so zu entäußern, daß diese als lebendige, scharf ausgeprägte Personen vor uns stehen und gehen".

Die Uraufführung am 26. Mai 1850 in Leipzig wie auch alle weiteren Versuche, das Werk für die Bühne oder den Konzertsaal zu retten, brachten nur kurzlebige geringe Erfolge. Schumanns diffiziler, ambivalent-subjektiver Charakter vertrug sich nicht mit der lebendigen Gegenwart der Bühne.   *Bernhard Rzehulka*

LOUIS SPOHR
geb. 1. April 1784 in Braunschweig
gest. 22. Oktober 1859 in Kassel

Louis Spohr wurde zu einer Zeit geboren, als Mozarts Höhenflug noch nicht beendet war und Beethovens Stern noch nicht im Zenit stand. Er kam im klassischen Zeitalter der Musik zur Welt, erlebte Beginn und Glanz der romantischen Musik, die bereits sentimentale Exzesse zeigte, als er 1859 starb.
Spohr hatte sich zunächst als Violinvirtuose einen Namen gemacht, später bewies er auch eine ausgeprägte dirigentische Begabung. Bis ins hohe Alter unterrichtete er auf der Grundlage seiner 1832 konzipierten Violinschule Schüler aus ganz Europa. Von 1817 bis 1821 leitete Spohr die Frankfurter Oper. 1822 wurde er auf Vermittlung Webers als Hofkapellmeister nach Kassel berufen. Nach Jahren reisenden Virtuosentums und kammermusikalischen Schaffens wandte er sein Interesse der großen Form zu, der Oper und dem Oratorium. 1823 formulierte er eine Ästhetik der großen deutschen Nationaloper. In seiner 1823 in Kassel uraufgeführten *Jessonda*, die im 19. Jahrhundert wahre Triumphe feierte, leitete er wie Carl Maria von Weber im gleichen Jahr mit seiner *Euryanthe* eine neue Epoche der Operngeschichte ein. Die Singspieltradition war überwunden, der Weg frei für das Musikdrama. Deutlich überschneiden sich in diesem Werk klassizistische Formgebundenheit und romantisches Ausdrucksstreben. Einerseits trat Spohr mit seinem Sinn für Formbewußtsein in die Fußstapfen seines Idols Mozart, andererseits wurde er durch seine kühne Harmonik, seine ungewöhnliche Modulationstechnik, durch seine Vorliebe für chromatische Fortschreitungen und enharmonische Verwechslungen ein direkter Vorläufer Wagners, der die *Jessonda* häufig dirigierte.   *Ulrike Hessler*

RUDI STEPHAN
geb. 29. Juli 1887 in Worms
gest. 29. September 1915 in Slobodka

Der aus einer wohlhabenden, musikliebenden Familie stammende Rudi Stephan studierte bei Robert Louis in München, wo er auch seine ersten Werke für Orchester zur Aufführung brachte. Als ein Anhänger der monistischen Naturreligion komponierte er zumeist einsätzig und Texte von Dichtern, die sich zum Monismus bekannten. Nach frühen (heute leider nicht mehr zugänglichen) Opernversuchen, *Der Märtyrer* (auf ein Libretto von Rudolf Greinz), *Die vernarrte Prinzeß* (nach Otto Julius Bierbaum) und dem Einakter *Väter und Söhne* (nach Maxim Gorki), die Wagnerschen Einfluß erkennen ließen, vertonte Stephan 1914 Otto Borngräbers erotisches Mysterium

Die ersten Menschen (Frankfurt 1920). In der stark symphonisch gefärbten Partitur finden sich Grundmelodien und Klangmotive, die in der jeweiligen Abwandlung die Spannungsbeziehungen der handelnden Personen symbolisieren. Die Komposition einer zweiten Borngräber-Oper, *König Friedwahn* – nach Stephans Absicht ein Trauerspiel des Weltfriedens –, blieb Fragment, da Stephan zum Militärdienst einberufen wurde und in Ostgalizien fiel.

Stephans einzig erhaltene Oper, *Die ersten Menschen*, wurde in unserer Zeit wiederholt konzertant und 1988 in Bielefeld auch szenisch realisiert.   *Peter P. Pachl*

HEINRICH SUTERMEISTER
geb. 12. August 1910 in Feuerthalen (Schweiz)

Heinrich Sutermeister ist in der Generation nach Othmar Schoeck sicherlich einer der profiliertesten Opernkomponisten der Schweiz. Schon die erste Oper *Romeo und Julia* (1940), die eine idyllische Gegenwelt zu den herrschenden Zeitläuften entwarf, wurde ein großer Erfolg. Sujets der Weltliteratur blieb Sutermeister auch in den folgenden Opern treu und damit der allgemeinen Tendenz zur Literaturoper. Zu nennen ist dabei aus der Reihe der insgesamt dreizehn Opern vor allem *Raskolnikoff* (1948), vielleicht das Hauptwerk des Komponisten, das jedoch gegenüber Dostojewskijs Roman in der Zeichnung der Charaktere merklich abfällt; außerdem noch *Die schwarze Spinne* (1949) und *Madame Bovary* (1967). Den (bisherigen) Abschluß des Opernwerks bildet *Le roi Bérenger* nach Ionesco, uraufgeführt bei den Münchner Opernfestspielen 1985. Im Zentrum der Oper steht für Sutermeister stets das Wort, zu dessen Verständlichkeit die Musik beitragen soll, ohne sich jedoch jemals in den Vordergrund zu drängen. Bei aller stilistischen Vielfalt und Unabhängigkeit von Dogmen und Systemen orientiert sich Sutermeisters Musik immer an der Tradition und bleibt der Tonalität verpflichtet. In der Regel eher knapp und von kammermusikalischer Durchsichtigkeit, besticht sie durch „die sinnliche Freude am Klang, die Logik und die Dramatik, die ausgewogene Harmonik, die weit atmende Melodik und den mitreißenden Rhythmus, ihre leuchtenden Farben" (Dino Larese).   *Rainer Pöllmann*

GEORG PHILIPP TELEMANN
geb. 14. März 1681 in Magdeburg
gest. 25. Juni 1767 in Hamburg

Während Georg Philipp Telemann als Instrumentalkomponist in den letzten Jahren vom Odium des mittelmäßigen Vielschreibers, das ihm stets anhaftete, weitgehend befreit wurde, warten die Opern des Hamburger Musikdirektors und Leiters der Oper am Gänsemarkt noch auf ihre Entdeckung. Allerdings sind von den zahlreichen Bühnenwerken Telemanns heute oft nicht mehr als einige Arien erhalten. Die Mißachtung der wenigen vollständig überlieferten Opern ist aber um so bedauerlicher, als Telemann mit seinen Werken entscheidende Beiträge zur Entwicklung der Gattung im norddeutschen Raum nach Reinhard Keiser leistete und mit dem 1725 entstandenen

Intermezzo *Pimponone*, in dem er acht Jahre vor Pergolesis *La serva padrona* nahezu das gleiche Sujet behandelte, einen Meilenstein in der Entwicklung der opera buffa setzte. In diesem kurzen Werk, das wahrscheinlich als Einschub in Händels *Tamerlano* seine erste Aufführung erlebte und schon etliche stilistische Elemente der späteren buffa aufweist, zeigt sich Telemanns Fähigkeit, allein durch instrumentale Mittel die jeweilige dramatische Situation genau zu charakterisieren, vielleicht am deutlichsten.

Doch auch Telemanns erfolgreichste Oper *Der geduldige Socrates* – eine handfeste Satire nach einem Libretto von Johann Ulrich von König, die 1721 in Hamburg erstmals aufgeführt wurde – besticht durch eine außerordentliche Differenzierung der klanglichen und stilistischen Mittel, die der dramatischen Wirkung sehr zugute kommt. Die gesteigerte Bedeutung des Orchesters, die sich vor allem in einer vielfältig variierten Accompagnato-Praxis kundtut, und die von der anbrechenden Empfindsamkeit geprägte Eleganz seiner Musik erweisen Telemann als einen für seine Zeit sehr modernen Komponisten. Er bleibt noch wiederzuentdecken. *Rainer Pöllmann*

ANTONIO LUCIO VIVALDI
geb. 4. März 1678 in Venedig
gest. 28. Juli 1741 in Wien

Vivaldi selbst behauptete, er habe 94 Opern geschrieben. Wenn diese Angabe richtig ist, so muß die Hälfte dieses Repertoires als verschollen gelten – was nicht viel heißen will: Jahr für Jahr tauchen neue, bis dato unbekannte Werke des Venezianers in den Bibliotheken auf. Von den heute 47 nachweisbaren Opern Vivaldis sind nur 22 auch in Partitur überliefert; von diesen wiederum sind 16 ausschließlich von Vivaldis Hand, während die sechs anderen Pasticci darstellen, an denen der „prete rosso" nur partiell beteiligt war. Die nachweisbaren Opern sind in dem Zeitraum von 27 Jahren entstanden, zwischen 1713 *(Ottone in villa)* und 1739 *(Feraspe)*. Hinzu kommen eine ganze Reihe apokrypher Werke, zu denen Vivaldi ganz oder teilweise die Musik komponiert haben könnte. Die übliche Gattungsbezeichnung der Opern Vivaldis ist dram(m)a per musica; bis auf drei Werke sind sie dreiaktig und folgen dem traditionellen (metastasianischen) Schema von Handlungsexposition, Konfliktzuspitzung und Konfliktlösung. Die Themen sind meist heroisch-mythischer Natur und exponieren ein standardisiertes Affektrepertoire: Liebe und Haß, Rache und Verzeihung, Hoffnung und Verzweiflung und so fort. Unter den Librettisten sind an erster Stelle Pietro Metastasio, Domenico Lalli, Antonio Salvi, Apostolo Zeno und (seit der *Griselda* von 1735) Carlo Goldoni zu nennen. Aus der historischen Distanz kann man sich kaum vorstellen, welche Bedeutung Vivaldis Opern für das Musiktheater seiner Zeit gehabt haben; immerhin schreibt Johann Joachim Quantz: „Das neueste, was mir zu Ohren kam, war der mir noch ganz unbekannte sogenannte Lombardische Geschmack, welchen kurz vorher [vor 1726] Vivaldi durch eine seiner Opern [gemeint ist wohl *Ercole sul Termodonte]* in Rom eingeführt und die Einwohner dergestalt dadurch eingenommen hatte, daß sie fast nichts hören mochten, was diesem Geschmacke nicht ähnlich war." Hinzu kommt ein Reichtum an Klangfarben und Orchestereffekten, die weit über barocke Grenzen hinausweisen. Tatsächlich scheint durch Vivaldis Opern der ältere neapolitanische Typus Alessandro Scarlattis

„entthront" worden zu sein. Hätte der Venezianer nur (wie so viele andere) den Zeitstandard erfüllt, wären eine solche Resonanz und solche Erfolge über fast drei Jahrzehnte hinweg kaum möglich gewesen; 94 Opern zwar, aber keine „Fließbandproduktion", sondern jede ein Meisterwerk sui generis.   *Michael Stegemann*

SIEGFRIED HELFERICH RICHARD WAGNER
geb. 6. Juni 1869 in Tribschen bei Luzern
gest. 4. August 1930 in Bayreuth

Zumindest an Quantität seines Schaffens übertraf Siegfried Wagner seine Vorfahren Franz Liszt und Richard Wagner. Der Schüler Engelbert Humperdincks war als Komponist sein eigener Librettist und als Festspielleiter (seit 1906) stets sein eigener Regisseur, zumeist sein eigener Ausstatter und bisweilen auch sein eigener Dirigent. Zeitlebens hatte er es schwer mit der Rezeption seiner Opern. Angefeindet von Wagner-Gegnern (wegen seiner Bayreuther Position) und von Wagnerianern (wegen seiner musikalisch und inhaltlich andere Wege als der Vater beschreitenden Werke), vermochte bezeichnenderweise nur sein unbedeutendstes, erstes Bühnenwerk einen nachhaltigen Erfolg zu erringen: Die Märchenoper *Der Bärenhäuter* (München 1899) war die meistgespielte Oper der Saison 1899/1900. Seine weit besseren nachfolgenden Opern, stilistisch durchaus eigenständig, zwischen Verdi, Mahler und Janáček angesiedelt, wurden mißverstanden oder kamen gar nicht mehr zur Uraufführung. Verpackt in historische Handlung oder in Sagen, behandeln sie Themen der Parapsychologie und richten sich gegen gesellschaftliche Zwänge, Dogmatismus und überkommene Moralvorstellungen: *Herzog Wildfang* (München 1901), *Der Kobold* (Hamburg 1904), *Bruder Lustig* (Hamburg 1905), *Sternengebot* (Hamburg 1908), *Banadietrich* (Karlsruhe 1910), *Schwarzschwanenreich* (Karlsruhe 1918), *Sonnenflammen* (Darmstadt 1918), *Der Heidenkönig* (Köln 1933), *Der Friedensengel* (Karlsruhe 1926), *An allem ist Hütchen schuld* (Stuttgart 1917), *Der Schmied von Marienburg* (Rostock 1923), *Rainulf und Adelasia* (1922), *Die heilige Linde* (1927), *Wahnopfer* (1928), *Das Flüchlein, das Jeder mitbekam* (1929). Nach seinem Tod verhinderte seine Familie die Auseinandersetzung mit seinen Werken. Seit der Gründung einer Internationalen Siegfried Wagner Gesellschaft e. V. im Jahre 1972 fanden konzertante Neubefragungen der Opern *Der Friedensengel* (London 1975), *Sternengebot* (Wiesbaden 1977), *Sonnenflammen* (Wiesbaden 1979), *Herzog Wildfang* (München 1980), *Der Kobold* (London 1980) und *Schwarzschwanenreich* (Solingen 1983) statt sowie die szenische Uraufführung der letzten, nach dem Particell von Hans Peter Mohr vollendeten Oper *Das Flüchlein, das Jeder mitbekam* (Kiel 1984, unter dem Titel *W. und die gute Frau*).   *Peter P. Pachl*

HUGO WOLF
geb. 13. März 1860 in Windischgrätz (Steiermark)
gest. 22. Februar 1903 in Wien

Das Werk Hugo Wolfs stellt einen seither wohl nie mehr erreichten Gipfelpunkt allen Liedschaffens dar. Seine Musik für die Opernbühne erscheint da vergleichsweise unwichtig, obwohl sich Wolf vor allem in jungen Jahren und dann wieder seit etwa
1890 intensiv mit Opernprojekten beschäftigte. Der 15jährige erlebte in Wien Aufführungen von *Tannhäuser* und *Lohengrin* – Wagner selbst war damals anwesend –, die ihn
nach eigener Aussage zum Wagnerianer machten. Neben der Faszination, die der
Bayreuther Meister auf zahlreiche Musiker aus Wolfs Generation ausübte, warf sein
Werk zugleich einen übermächtigen Schatten, der auf jeden angehenden Opernkomponisten drückte. Der 23jährige Wolf klagte bezeichnenderweise, Wagner habe ihm „kei-
nen Raum gelassen", und noch zehn Jahre später schrieb er: „Wagner ist doch der
Obergott, wenn er seinen Anbetern vielleicht auch mehr Furcht oder, wenn Sie wollen,
Ehrfurcht als Liebe einflößt." Es galt also, sich von diesem Schatten zu lösen. Der junge
Wolf sucht seine Textvorlagen bei den deutschen Romantikern, läßt sich 1876 von Paul
Peitl ein Libretto mit dem Titel *König Alboin* nach Theodor Körner schreiben. Von der
Musik ist nur ein kleiner Zettel mit 21 Takten erhalten. In den 80er Jahren wendet sich
Wolf spanischen Stoffen zu, erhalten sind Teile eines von ihm selbst verfaßten Textbu-
ches zu einer komischen Oper. Zusammenfassend beschreibt er 1890 seinem Freund
Oskar Grohe die Richtung, die er in seinem Opernschaffen zu verfolgen gedenkt:
„Wagner hat in seiner und durch seine Kunst ... ein so gewaltiges Erlösungswerk
vollbracht..., daß wir ganz unnützerweise den Himmel stürmen, weil er uns bereits
erobert ist, und daß es das gescheiteste ist, in diesem Himmel ein recht freundliches
Plätzchen uns zu suchen. Und dieses angenehme Plätzchen möchte ich gern finden... in
einer – komischen Oper, und zwar ganz gewöhnlichen komischen Oper..." Etwa um
diese Zeit muß Wolf auf die – eher tragikomische – Novelle des spanischen Dichters
Pedro Antonio de Alarcon (1833–1891) *El sombrero de tres picos* gestoßen sein. Sein
Interesse an der Thematik – Eifersucht und Verführung – mag durchaus autobiographisch motiviert gewesen sein. Das Libretto, das ihm Rosa Mayreder-Obermayer 1890
nach Alarcon erstellte, lehnte Wolf allerdings wegen sprachlicher Banalität ab, statt
dessen erblickte er im *Corregidor* fünf Jahre später „ein äußerst wirkungsvolles Opernbuch", was es indes kaum ist. Die „Oper in 4 Akten" entstand in neun Monaten, am
25. Dezember 1895 vollendete Wolf die Instrumentation. (Uraufführung am 7. Juni
1896 im Mannheimer Hof- und Nationaltheater, nachdem die Wiener Hofoper abgelehnt hatte.) Ganz offensichtlich war die Bühnenwirksamkeit für Wolf eine quantité
négligeable – die Probenarbeit muß das bestätigt haben. Auch auf der Bühne bleibt seine
musikalische Welt eine im wesentlichen untheatralische, nach innen gewandt reflektierende, ein Faktum, das wohl ein gut Teil der relativen Erfolglosigkeit des *Corregidor*
erklären dürfte. Bei der Instrumentation lehnte sich Wolf eng an Wagners *Meistersinger*
an, und obwohl er den Begriff „Leitmotiv" stets vermied, bleibt zu fragen, ob Wolf mit
seiner intensiven motivischen Arbeit nicht doch im Schatten Wagners verblieb. Die
Motive, die er beispielsweise dem Corregidor, dem Tio Lukas oder dem Alkalden
zuordnete und aus denen er ein atmosphärisches, aber auch psychologisches Netz spann,

bleiben freilich im Grunde Liedmotive, und gerade in dieser gattungsmäßigen Diskrepanz ließe sich möglicherweise ein Ansatz für eine neue Form der Oper erblicken, die Wolf – in Abgrenzung von Wagner – vorgeschwebt haben mag. Inwieweit es ihm hätte gelingen können, die vor allem formalen Probleme zu lösen, die sein Konzept zwangsläufig aufwerfen mußte – wie läßt sich aus einer Aneinanderreihung im wesentlichen liedhafter Gebilde ein theatralisch überzeugendes Ganzes erstellen –, bleibt offen, ebenso wie die Frage, ob Wolf sein Liedschaffen tatsächlich als Vorstufe seiner geplanten Opern betrachtet hat, letztlich unbeantwortet bleiben muß. Wolfs diesbezügliche Äußerungen und die Tatsache, daß er zwei Lieder aus dem *Spanischen Liederbuch* in den *Corregidor* übernahm, weisen freilich in diese Richtung. Wolf konnte einen echten Beweis für die Tragfähigkeit seines Konzeptes nicht mehr erbringen. Von seiner letzten Oper *Manuel Venegas* (Text von Moritz Hoernes, ebenfalls nach Alarcon) konnte er nur noch 33 Seiten (600 Takte) im Klavierauszug komponieren. Ein Wahnanfall am 19. September 1897 – tragischerweise kurz nach einer heftigen Auseinandersetzung mit seinem Jugendfreund Gustav Mahler über eine Aufführung des *Corregidor* in Wien – unterbrach jäh seine Arbeit. Mahler führte die Oper 1904 in einer eigenen Bearbeitung und mit geringer Resonanz auf.   *Oswald Beaujean*

UDO ZIMMERMANN
geb. 6. Oktober 1943 in Dresden

In Ost und West ist das musikalische Schaffen Udo Zimmermanns geschätzt und überaus erfolgreich. Dezidiert redet der in der mitteldeutsch-christlichen Tradition verwurzelte Komponist einer Ästhetik des neoromantischen Empfindungstheaters das Wort; einem Musiktheater, dessen immanente ethisch-moralischen Potentiale läuternde Betroffenheit auszulösen in der Lage sein sollen. Als Jugendlicher sang Udo Zimmermann lange Jahre im Kreuzchor seiner Heimatstadt, und früh zog es ihn hin zur Oper. Er wurde Dramaturg und schließlich Hauskomponist an der Dresdner Oper. Jenseits avantgardistischer Experimente schreibt Zimmermann eine klar proportionierte, feingliedrige, stets durchhörbare Musik, die einerseits zu raffinierten Klangtexturen neigt, andererseits entschieden melodische Schönheit und Eindringlichkeit anstrebt. Thema seiner Arbeiten ist immer wieder das Schicksal des von humanitären Grundsätzen beseelten einzelnen, der plötzlich klar Stellung beziehen muß. In seiner ersten Oper, *Die weiße Rose* (1966–68, Text: Ingo Zimmermann) thematisiert Udo Zimmermann höchst eindringlich die entsetzlichen Qualen der Geschwister Scholl angesichts der braunen Barbarei. (Zwanzig Jahre später greift er dieses Sujet ein zweites Mal auf: Die Vision von 1986 ist weniger einem musikalischen Realismus verhaftet; eher introvertierten Charakters, arbeitet er mit Stilmitteln der musikalischen Konzentration und Askese.)
Nach der Oper *Die zweite Entscheidung* (1970), in der es um die Verantwortung eines Wissenschaftlers im von Ideologien geprägten Machtgefüge der politischen Welt geht, entstand 1973 nach einem Roman von Johannes Bobrowski das Werk *Levins Mühle:* ein mit grellen Farben nicht sparendes, anti-idyllisches Volksstück gegen korruptes Herrenmenschentum. 1976 folgte *Der Schuhu und die fliegende Prinzessin*, nach einem Mär-

chen von Peter Hacks. In dieser vielschichtigen, sehr theaterwirksamen Groteske werden gesellschaftliche Strukturen zur Kenntlichkeit gespielt. Auch die Oper *Die wundersame Schustersfrau* (1982, nach einem Drama von Frederico García Lorca) sowie *Die Sündflut* (1988, nach einem Drama von Ernst Barlach) weisen Udo Zimmermanns eminentes Vermögen aus, literarische Intensität mit suggestiver musikalischer Kraft zu potenzieren. „Haltungstheater" par excellence ist Zimmermanns Kunst, „zutiefst fragend. Sie kann keine Antwort geben".

Helmut Rohm

WALTER ZIMMERMANN
geb. 15. April 1949 in Schwabach

Der gebürtige Franke studierte Klavier, Komposition, Elektronische Musik und Musikethnologie in Nürnberg, Köln, Utrecht und Amsterdam. Dem Musiktheater hat sich Zimmermann erst seit 1984 gewidmet, nachdem er in seinen Konzertstücken *Akkord-Arbeit* (1971) und *Beginner's mind* (1975) und in seinen Stückzyklen *Lokale Musik* (1977/81) und *Vom Nutzen des Lassens* (1981/84) je andere Denkansätze (Marxismus, Zen-Buddhismus, Musikethnologie und christliche Mystik) zum Ausgangspunkt konzeptionellen Komponierens gemacht hatte. Auch seine Musiktheaterwerke folgen dieser Arbeitsweise.

Die Blinden, 1984 im Auftrag des Musiktheaters im Revier in Gelsenkirchen für dessen Musiktheaterwerkstatt auf den unveränderten, von Stefan Gross ins Deutsche übersetzten Text des Theaterstücks *Les Aveugles* von Maurice Maeterlinck geschrieben, das 1890 im Erstdruck erschien. Wie im Theaterstück übernehmen zwölf Blinde die Gesangsrollen, hinzu kommt ein alter stummer Priester. Dazu je drei Kontrabässe, tiefe Holz- und tiefe Blechbläser. Die zwölf Blinden eines Blindenheims werden außerhalb ihres Heims in einer sozusagen ausgesetzten Situation dadurch gezeigt, daß sie ihren Betreuer, den alten stummen Priester, verloren haben. Die einzigen Handlungselemente bestehen nun im allmählichen Bewußtwerden dieser Situation und in ihrer weiteren Zuspitzung – es wird Nacht und es wird immer kälter – und darüber, was mit dem Betreuer geschehen ist. Das Ende bleibt bei Maeterlinck offen. Die Komposition entindividualisiert das Stück noch weiter über die Differenzen der Sprache hinweg dadurch, daß jedem Blinden eine Tonhöhe des Zwölftontotals zugewiesen ist. Rein akustisch ist es ein quasi-serielles zwölftöniges, außerordentlich meditatives Gesangsstück mit sparsamer tiefer Instrumentalbegleitung. Auf der Bühne ist fast keine sichtbare Bewegung vorgesehen. Das hat bei der Gelsenkirchener Uraufführung (Regie: Hermann Danninger, musikalische Leitung: Samuel Bächli) zu einer Trennung von Bühnen- und Gesangsdarstellern geführt. Tendenziell ist es ein imaginäres Stück, das auf die Bühne ganz verzichten kann.

Das Musiktheaterstück *Über die Dörfer* nach dem gleichnamigen 1984 entstandenen Dramatischen Gedicht von Peter Handke schrieb Zimmermann 1985/86 im Auftrag der Nürnberger Oper auf ein Libretto von Anja Weigmann. In zwei – bei der Nürnberger Uraufführung (Regie: Heinz Lukas-Kindermann, musikalische Leitung: Wolfgang Gayler) nahtlos ineinander übergehenden – Akten handelt das Stück von der allseits bekannten Geschichte des in der Stadt lebenden Mannes Gregor, der Haus und Boden in der Gegend geerbt hat, in der er aufgewachsen ist, zu der er aber seit langem keine

Beziehung mehr hat. Er kehrt vorübergehend zurück, trifft den Bruder – einen Arbeiter–, die Schwester – eine Verkäuferin–, bis er schließlich, mit der Geschichte seiner eigenen Herauslösung aus dem Milieu seiner Herkunft schmerzlich konfrontiert, auf sein Erbteil verzichtet und das Dorf wieder verläßt ... für immer. Zimmermanns Musik ist aus der Distanz heraus geschrieben und entwickelt eher einen Hintergrund, eine Komposition, die für sich stehen könnte: ein Netz von Rhythmen, Akkorden, Instrumentalfarben für – wiederum – zwölf Chor- und 36 Instrumentalstimmen, in die die Dialogtexte ganz unabhängig von ihrer Struktur eingelassen sind. Für die große Bühne geschrieben, ist das ursprünglich als erster Teil einer Trilogie konzipierte Stück eine konzeptionelle Musiktheaterarbeit, die in ihrem harmonisch-melodischen Bestand auf einer objektivierenden Transformation von Volksmusik beruht und damit auf den Zyklus *Lokale Musik* verweist und ihn auf eine entmaterialisierte Weise weiterführt.

Reinhard Oehlschlägel

LIBRETTISTEN

GIUSEPPE ADAMI
geb. 4. Februar 1878 in Verona
gest. 12. Oktober 1946 in Mailand

Giuseppe Adami entwickelte schon früh ein reges Interesse für alles, was in Italien unter dem Begriff „spettacolo" verstanden wird. Er betätigte sich als Theaterkritiker für „L'Arena" (Verona) und „La Sera" (Mailand), verfaßte scharfsinnige Artikel für die Zeitschrift „Comoedia" und schrieb zahlreiche Komödien, die an Goldoni anknüpften. Doch erst als Librettist gelangte Adami zu bleibendem Ruhm, insbesondere durch seine Zusammenarbeit mit Giacomo Puccini. Adami bewegte sich zwar innerhalb der traditionellen Bahnen, besaß jedoch ein feines Gespür für die besonderen Intentionen des Komponisten und die spezifischen Erfordernisse des Sujets. 1912 kam er erstmals in Kontakt mit Puccini, als der Komponist nach der *Fanciulla del West* sich mit dem Gedanken an eine opera buffa trug (*Anima allegra* von Serafin und Joaquin Alvárez Quintero), ein Projekt, das jedoch Ende 1913 aufgegeben wurde. Ihre Zusammenarbeit gelangte mit *La rondine* (Monte Carlo 1917) erstmals zu einem konkreten Ergebnis, setzte sich dann mit *Il tabarro* (New York 1918) fort und endete mit *Turandot* (Mailand 1926), zu der Adami gemeinsam mit Renato Simoni das Libretto verfaßte. Unter seinen Publikationen sind die Briefe Puccinis (Mailand 1928), die beiden Biographien (*Puccini*, Mailand 1935) und *Il romanzo della vita di Giacomo Puccini* (Mailand/Rom 1944) sowie *Giulio Ricordi e i suoi musicisti* (Mailand 1933) auch heute noch von Interesse.

Norbert Christen

WYSTAN HUGH AUDEN
geb. 21. Februar 1907 in York
gest. 29. September 1973 in Wien

Der englische Lyriker Wystan Hugh Auden kam erst über Umwegen zur Oper, nachdem er mit Benjamin Britten an zahlreichen musikalischen Projekten gearbeitet hatte, darunter auch an einer Operette über das Leben amerikanischer Pioniere mit Anklängen an amerikanische Folklore unter dem Titel *Paul Bunyan* (1941). Den eigentlichen Anstoß, sich mit der Oper als eigenständiger Gattung des Theaters zu beschäftigen, gab der amerikanische Schriftsteller Chester Kallman, den Auden nach seiner Emigration in die Vereinigten Staaten in den 40er Jahren kennenlernte. Gemeinsam verfaßten sie das – von Theodor W. Adorno als „sophisticated" gerühmte – Libretto *The rake's progress* (nach der gleichnamigen Bilderfolge von William Hogarth) für Strawinsky, und zwar auf Vermittlung des mit dem Komponisten befreundeten Aldous Huxley (1948). Später hat sich Auden mehrfach in Essays mit dem Problem der Librettistik auseinandergesetzt und kühne Theorien verfochten, etwa die, daß sich ein Librettist im Gegensatz zum Dramatiker niemals den Kopf darüber zerbrechen müsse, ob das, was geschieht, auch wahrscheinlich ist; statt dessen komme es darauf an, die Situationen dadurch glaubhaft zu machen, daß ein zum *Singen* glaubhafter Augenblick entsteht: „Keine gute Opernhandlung kann ‚vernünftig' sein, denn wenn die Leute ‚vernünftig' sind, singen sie nicht." Daraus folgt für Auden der Grundsatz der adäquaten Librettistik: „Die Verse, die der Librettist schreibt, sind nicht ans Publikum gerichtet, sondern stellen einen Privatbrief an den Komponisten dar." Strawinsky gab in einem Gespräch mit seinem Adlatus Robert Craft eine anschauliche Schilderung der literarischen Eigenart und Arbeitsweise Audens: „Jede technische Frage, beispielsweise der Versifizierung, weckte sein leidenschaftliches Interesse (...) Die Schaffung von poetischen Werken schien er als eine Art von Spiel zu betrachten, wenn auch in einem magischen Kreis zu spielen. Der letztere war bereits gezogen, und Audens Aufgabe, wie er sie sah, bestand darin, seine Regeln neu zu fassen und zu behüten. Alles, was er über Kunst äußerte, war gewissermaßen sub specie ludi gesagt." Als gewissenhafter Librettist – später auch für Hans Werner Henze tätig (ebenfalls in Zusammenarbeit mit Chester Kallman): *Elegie für junge Liebende* (1961) und *Die Bassariden* (1966, nach den *Bacchen* des Euripides) – verstand sich Auden als Fortsetzer Hofmannsthals, an dessen *Rosenkavalier* er indessen kritisierte, er gerate denn doch allzusehr in die Nähe der reinen Dichtung. Auden gelang es in seinen Libretti, die Topologie der Oper des 18. und 19. Jahrhunderts auf neuer Ebene zu beschwören und zu reflektieren. In diesem Sinne verstand er auch seine singbaren Opernübersetzungen ins Englische, darunter Mozarts *Zauberflöte* und *Don Giovanni* (gemeinsam mit Chester Kallman). Die Idee zu einem weiteren Libretto für Strawinsky (1949) kam nicht zur Ausführung: Es sollte eine Komödie über das Verhältnis der Muse zu Berlioz, Rossini und Mendelssohn sein. Drei Jahre später schrieben Auden und Kallman das Libretto zu dem Einakter *Delia, or A masque of night*, das jedoch von Strawinsky nicht vertont wurde, weil für ihn *The rake's progress* das Ende eines Weges war und er nicht eine weitere Oper in Anführungszeichen komponieren wollte.

Dietmar Holland

INGEBORG BACHMANN
geb. 25. Juni 1926 in Klagenfurt
gest. 10. Oktober 1973 in Rom

„Es gäbe keine Rechtfertigung für dieses Libretto, wenn es beanspruchte, etwas für sich zu sein. Die Rechtfertigung, wenn davon die Rede sein soll, kann nur von der Musik kommen. In dem neuen Werk, der Oper, erlöst ja der Komponist den ‚bearbeiteten Text' zu einer neuen Gestalt, einer neuen Ganzheit. Ich würde darum meine Arbeit dann für gelungen halten, wenn sie wenig bemerkt und schließlich vergessen würde." Diese Worte der großen Dichterin Ingeborg Bachmann, bezogen auf ihr Libretto *Der Prinz von Homburg* (1958) nach Kleist, spiegeln etwas wider von der behutsamen und von Verantwortungsgefühl getragenen Weise, mit der sie darangegangen war, einen komplexen klassischen Text so aufzufächern und zu durchdringen, daß er unbeschädigt, aber gestrafft für die potenzierenden und ausleuchtenden Möglichkeiten der Musik eingerichtet werden konnte. Sie hatte dabei die Absicht, den historischen Ballast des Stückes zu reduzieren und den allgemein menschlichen Konflikt hervorzukehren. Oft mißdeutete national-patriotische Sentenzen bleiben im Vertrauen auf die Begreifenden stehen. Dieses ihr erstes Libretto bearbeitete Ingeborg Bachmann für die Musik ihres Alters- und langjährigen Lebensgefährten Hans Werner Henze. Auch ihr zweites Libretto schrieb sie 1963/64 für diesen Komponisten – und wieder ganz aus dem Bewußtsein für die zeitlichen Belange der Musik, ihre Erträglichkeiten, ihre Atemlängen. Der vollständige Titel dieser Oper ist: *Der junge Lord*. Komische Oper in zwei Akten von Ingeborg Bachmann, nach einer Parabel aus *Der Scheik von Alexandria und seine Sklaven* von Wilhelm Hauff. Wünschenswert wäre eine weitere Verbreitung Bachmannscher Ausführungen zum Verhältnis von Dichtung und Musik. Im essayistischen Werk sind sie zu finden.   *Helmut Rohm*

BÉLA BALÁZS
geb. 4. August 1884 in Szeged
gest. 17. Mai 1949 in Budapest

Béla Balázs zählte in den Jahren vor und nach dem Ersten Weltkrieg zu den führenden Köpfen der literarischen Avantgarde in Ungarn. Er gehörte zum linksintellektuellen Kreis um den Philosophen György Lukács, pflegte aber auch intensive Kontakte mit Kodály und Bartók, deren musikalische Neuerungen er nachhaltig unterstützte. Balázs publizierte regelmäßig in der 1908 gegründeten progressiven literarischen Zeitschrift „Nyugat", seine Gedichte erschienen neben denen Endre Adys in der bahnbrechenden Anthologie „Holnap" (Morgen). Unter dem Einfluß des französischen Symbolismus, vor allem Maurice Maeterlincks, verfaßte Balázs 1910 das Textbuch zu Béla Bartóks einziger Oper, *Herzog Blaubarts Burg*. Ursprünglich sollte Zoltán Kodály Balázs' *Blaubart*-Dichtung vertonen, doch Bartóks Begeisterung für die archaische Kraft der Dichtung, die Balázs ein „Mysterium" nannte, gab den Ausschlag. Balázs war einer der wenigen ungarischen Schriftsteller von Rang, die sich für die ungarische Musik mitverantwortlich fühlten, und so betrachtete er es als seine Aufgabe, „die Tätigkeit Bartóks und Kodálys durch die Schaffung von ebenbürtigen Textbüchern zu unterstützen" (J. Ujfalussy). Dies brachte er auch in der Erklärung von 1918 zum Ausdruck, die er gemeinsam mit Bartók verfaßt hatte: „Das Mysterium *Herzog Blaubarts Burg* schrieb ich vor acht Jahren für Béla Bartók und Zoltán Kodály, weil ich ihnen die Gelegenheit geben wollte, Bühnenmusik zu schreiben. Auch das Tanzspiel *Der holzgeschnitzte Prinz* schrieb ich nur Bartók zuliebe." Nach seiner Rückkehr aus dem russischen Exil, wohin er vor den Nazis geflüchtet war, schrieb Balázs 1947 zu Ehren des toten Bartók eine Bühnenhandlung zur „Tanzsuite". Für Kodály schrieb er im Jahr darauf den Text zu dessen spätem Bühnenwerk *Czinka Panna*. Neben seiner literarischen Tätigkeit war Balázs der bedeutendste Filmtheoretiker Ungarns. Er veröffentlichte mehrere grundlegende Bücher über die Ästhetik und Theorie des Kinofilms, darunter *Der Film* (Wien 1949 in deutscher Sprache), bis heute der einzige relevante Versuch einer historisch-materialistischen Ästhetik des Films.   *Attila Csampai*

JULES BARBIER

geb. 8. März 1822 in Paris
gest. 16. Januar 1901 in Paris

Zunächst verfaßte Barbier Dramen: *Un poète* (1847), *L'ombre de Molière* (1847), *André Chénier* (1849). Beinahe zwanzig Jahre lang war er zusammen mit Michel Carré einer der wichtigsten französischen Librettisten. Die Zusammenarbeit der beiden Autoren begann 1852 mit der dreiaktigen opéra comique *Galathée* und endete 1869 mit *Don Quichotte*. Die wichtigsten Werke des Librettisten-Teams sind *Les noces de Jeannette* (1853, Musik von Massé), *Faust* (1859, Musik von Gounod) und *Mignon* (1866, Musik von Thomas). *Ulrike Hessler*

GIOVANNI BERTATI

geb. 10. Juli 1735 in Martellage (Treviso)
gest. um 1815 in Venedig

Der berühmte Mozart-Librettist Lorenzo Da Ponte nannte ihn zwar einen „aufgeblasenen Hohlkopf", war sich aber dennoch nicht zu schade dafür, in seinem *Don-Giovanni*-Libretto auf Details von Bertatis *Don Giovanni o sia Il convitato di pietra* (komponiert von Giuseppe Gazzaniga) zurückzugreifen. Es gehört zu Bertatis unschätzbarem Verdienst, diesen Stoff durch die Konzentration auf die wesentlichen Figuren und den zentralen Handlungsverlauf (ein Akt!) dem Possenspiel der commedia dell'arte entrissen und ihn auf plastische Charaktere hin angelegt zu haben. So wie Da Ponte das Libretto gut studierte, als er an seiner Version des Stoffes schrieb, war auch Mozart mit der Musik Giuseppe Gazzanigas (1743–1818) bestens vertraut, obwohl die Oper am 5. Februar 1787 in Venedig (Teatro Giustiniani di S. Moisè) in Szene gegangen war und von einer Aufführung in Wien nichts bekannt ist. Immerhin ist es Bertati gelungen – und das allein bürgt für seine Qualität als Librettist –, den alten Stoff „wieder in eine höhere und vor allem musikalischere Sphäre" (Hermann Abert) zu heben und ihn nach der eher rationalistischen Behandlung bei Molière wieder in die „Welt des Sinnlichen, Triebhaften, Irrationellen" (Hermann Abert) zu versetzen und so die Möglichkeit zur echten Aktualisierung zu schaffen, die in Mozarts Oper ihren Gipfel erreicht. Bezeichnenderweise ist bei Bertati vom dissoluto punito nicht die Rede, statt dessen vom neutraleren convitato di pietra, und der Typus der Warnliteratur am Beispiel des „bösen" Außenseiters hat bei ihm auch kein Recht mehr, sondern einzig die Wirklichkeit, wie sie eben ist. Darin berührt Bertati Da Pontes und Mozarts realistische Bestrebungen. Der venezianischen Uraufführung ging übrigens ein weiterer Einakter Bertatis voraus, ein capriccio dramatico, das den beliebten Topos der Opernprobe – noch in Richard Strauss' *Adriadne auf Naxos* (Vorspiel) angewandt – mit einer fingierten Diskussion um Sinn und Zweck des *Don-Giovanni*-Stoffs (!) verbindet. Bertati war ein erfahrener Librettist der opera buffa und arbeitete bis zu seinem Antritt der Hofdichterstelle in Wien (als Nachfolger Da Pontes) vorwiegend für venezianische Theater. Selbst Da Ponte, der ihn nicht mochte, mußte zugeben, daß Bertatis Libretti einen enormen Theatersinn verraten: „Er war nicht zum Dichter geboren und schrieb kein reines Italienisch. Daher konnte man seine

Opern auf der Bühne eher ertragen als bei der Lektüre" (Da Ponte, *Memoiren*). Seinen größten Bühnenerfolg erzielte Bertati indessen erst nach Mozarts Tod mit dem Libretto zu Domenico Cimarosas opera buffa *Il matrimonio segreto* (1792). Kurz darauf wurde Giovanni de Gamerra (1743–1803) sein Nachfolger als Hoftheaterdichter in Wien, und Bertati ging zurück nach Venedig, wo er völlig einsam und vergessen starb.

Dietmar Holland

BERTOLT BRECHT
geb. 10. Februar 1898 in Augsburg
gest. 14. August 1956 in Berlin

Nie verstand sich Brecht als Librettist, als einer, der das Wort gemäß den Belangen der Musik einrichtet und verfügbar macht. Ganz im Gegenteil, Brecht suchte und fand stets Komponisten, die seiner schonungslos aufklärerischen, oft agitatorischen Sprache eine zweckdienlich unsentimentale, eine das Denken anregende Musik beigesellten. Er „hatte einen unverwechselbaren Tonfall. Im Grunde war er der Urheber der Musiken, die andere für ihn komponierten oder arrangierten" (Egk). Auch erweitert um die Dimension funktionaler Musik, ist das epische Theater Brechts von der Idee her nicht dazu angetan, passiv konsumiert zu werden, und der Stückeschreiber war alles andere als begeistert von der Tatsache, daß die Songs der *Dreigroschenoper* überall gesungen und wie Schlager rezipiert wurden. Ihr eminent satirisch-sozialkritisches Potential – und allein auf dieses kam es Brecht an – wurde dadurch stark geschmälert. Die großen Erfolge der *Dreigroschenoper* und der Oper *Aufstieg und Fall der Stadt Mahagonny* sind Ergebnis intensiver, sich wechselseitig beeinflussender Zusammenarbeit Kurt Weills und Bert Brechts. Freilich war diese Arbeitsgemeinschaft ein Zweckbündnis, denn es bestanden prinzipielle, zunächst unterschwellig gehaltene Meinungsverschiedenheiten. Weill hing am Primat der Musik und hielt die Kunstgattung „Oper" für entwicklungsfähig; Brecht dagegen, der in erster Linie die gesellschaftlichen Wirkungen von Musik studiert hatte, prangerte das irrationale Moment an, mit dem Musik alle Realistik der Handlung ins kulinarisch Unvernünftige aufzuheben in der Lage ist. Für Brecht war mit dem Niedergang des Bürgertums auch das Ende der Oper gekommen. Er forderte für das epische Theater die Gleichberechtigung von Text, Musik und Szene. Brecht wandte sich ab 1929 der neuen Gattung des „Lehrstücks" zu. (*Lindberghflug*, Weill/Hindemith; *Lehrstück*, Hindemith) Doch fanden auch diese konzeptionellen Experimente bald ein Ende, weil Hindemith und Weill den zunehmend klassenkämpferisch orientierten Zielen Brechts nicht folgen wollten. In Hanns Eisler fand Brecht schließlich einen Komponisten, der seine Vorstellungen von einer politischen Gebrauchsmusik bald auf hohem Niveau realisierte. In Zusammenarbeit entstanden proletarische Agitprop-Stücke (*Die Maßnahme*, 1930; *Die Mutter*, 1931 nach Gorki). In der Folgezeit – auch im amerikanischen Exil und danach zurück in Europa – entstanden viele Songs, Balladen und Theatermusiken zu Texten Brechts. Eingedenk der Erfahrungen, daß es den Nazis gelungen war, eingängige Arbeiterlieder für ihre faschistischen Zwecke zu mißbrauchen, revidierte Brecht unter Eislers Einfluß vorübergehend auch seine Auffassung, zwölftönige Musik sei nur ein Spiel für Esoteriker. Neben Eisler wurde in den USA auch

Paul Dessau wichtig für Brecht. Wieder in Europa, entwickelte sich mit ihm eine fruchtbare, Brechts Intensionen vielleicht am weitestgehenden befriedigende Zusammenarbeit, der die Opern *Die Verurteilung des Lukullus* (1949) und *Puntila* (1957–59, nach Brechts Tod) sowie außerdem Theatermusiken, Lehr- und Schulstücke und anderes mehr entstammen. Nicht Librettist, Stückeschreiber war Brecht.   *Helmut Rohm*

RANIERO SIMONE FRANCESCO MARIA (DE') CALZABIGI
geb. 23. Dezember 1714 in Livorno
gest. Juli 1795 in Neapel

Der Name Calzabigi ist – ebenso wie der des Ballettmeisters Gasparo Angiolini und der des Bühnenmalers Giovanni Maria Quaglio – untrennbar mit der Opernreform Christoph Willibald Glucks verbunden. Dabei ist die Frage, wer ihr eigentlicher spiritus rector war, durchaus nicht so marginal, wie manche Autoren sie abhandeln. („Monsieur de Calzabigi kommt das hauptsächliche Verdienst zu", hat Gluck 1781 in einem Brief an den „Mercure de France" erklärt. „Die Ehre der Reform gebührt uns zu gleichen Teilen", schreibt drei Jahre später Calzabigi an derselben Stelle.) Gluck war – ebenso wie Mozart – seiner Bildung und seiner Ästhetik nach ein „italienischer" Musiker, während Calzabigi zwischen etwa 1750 und 1760 in Paris lebte (wo er gemeinsam mit seinem Bruder Giovanni Antonio und Giacomo Casanova 1757 die „Loterie de l'École Militaire" organisierte) – zu einer Zeit also, als die „Querelle des bouffons" das Pariser Musikleben in zwei feindliche Lager spaltete. Mit seiner *Dissertazione su le poesie dramatiche del sig. Abate Pietro Metastasio*, die 1755 (mit einer Widmung an die Marquise de Pompadour) als Vorwort einer Metastasio-Ausgabe veröffentlicht wurde, scheint Calzabigi zwar der italienischen Oper das Wort zu reden, bei genauerem Lesen aber entpuppt sich der Text als dezidierte Kritik an den konventionellen, in stereotypen Charakteren und Situationen erstarrten Libretti Metastasios. Tatsächlich war Calzabigi seit seiner Pariser Zeit ein Anhänger der Bühnentheorien Rousseaus und der Enzyklopädisten d'Alembert, Diderot, Grimm und d'Holbach, deren Ideen auch den Text des *Orfeo* bestimmen, der ersten gemeinsam mit Gluck verfaßten „Reformoper". Als Calzabigi im Januar 1761 in Wien eintraf, scheint auch Gluck des metastasianischen Opernstils gründlich überdrüssig gewesen zu sein, und als ihm nun der *Orfeo* (der möglicherweise noch in Paris entworfen worden war) zur Vertonung vorgelegt wurde, erhielt die Idee einer Opernreform ihren entscheidenden Impuls. In Calzabigis Text fand Gluck all das verwirklicht, was ihm als Gegenentwurf zu den Libretti Metastasios vorgeschwebt hatte: Schlichte, überzeugende Gefühle (statt hochtrabender Affekte), eine geradlinige, auf das Wesentliche konzentrierte und von nur drei Rollen getragene Handlung (statt eines ermüdenden Intrigenspiels von sechs oder sieben Protagonisten), eine Emanzipation des Chores als gewissermaßen vierte handelnde Gestalt, vor allem aber eine (nach dem Vorbild der tragédie lyrique) durchgeführte Textgestaltung innerhalb vier großer szenischer Einheiten, die anstelle des üblichen Wechsels von Secco-Rezitativ und Arie, Szene oder Ensemble ein quasi durchkomponiertes Ganzes verlangte. Dem Modell des *Orfeo* folgen auch die anderen Libretti Calzabigis für Gluck, *Alceste* (1767) und *Paride ed Elena* (1770); auch *Le Danaidi* (1778) war eigentlich für Gluck gedacht, der allerdings die Vertonung seinem Schüler Salieri überließ: Nach längeren Spannungen kam es dadurch zum endgültigen Bruch zwischen dem Komponisten und seinem Textdichter. Zwei letzte Libretti schrieb Calzabigi für Giovanni Paisiello: *Elfrida* (1792) und *Elvira* (1794). *Michael Stegemann*

SALVATORE CAMMARANO

geb. 19. März 1801 in Neapel
gest. 17. Juli 1852 in Neapel

Salvatore Cammarano, der Sproß einer neapolitanischen Theaterfamilie, deren Ahnherr Vincenzo Cammarano ein in ganz Italien berühmter Commedia-dell'arte-Star war und die Neapel über vier Generationen mit Schauspielern, Autoren, Bühnenbildnern, „Regisseuren", Sängern und Komponisten versorgte, kommt als Theaterpraktiker zur Opernpoesie. Über ein Jahrzehnt bis zu seinem Tode bekleidet er in Neapels Teatro San Carlo das Amt eines maestro concertatore, in dem sich im Italien des 19. Jahrhunderts die Aufgaben der musikalischen Einstudierung und des szenischen Arrangements miteinander verbinden. Nicht literarische Ambitionen, sondern die Theatergesetze der italienischen Operntradition und die musikalischen Formen der italienischen Oper seiner Zeit prägen deshalb auch Cammaranos Opernbücher. Wie sehr sich der Theatermann als Anwalt neapolitanischer Operntradition verstand, belegt u. a. seine ausführliche Diskussion mit Verdi über die im Interesse dieser Tradition nötigen Veränderungen von Schillers Schauspiel *Kabale und Liebe* bei dessen Verwandlung in die Oper *Luisa Miller*. Für Mercadante und Pacini schrieb Cammarano Libretti, vor allem aber für Donizetti (u. a. *Lucia di Lammermoor*, 1835; *L'assedio di Calais*, 1836; *Belisario*, 1837) und Verdi (*Alzira*, 1845; *La battaglia di Legnano*, 1849; *Luisa Miller*, 1849; *Il trovatore*, 1853). Den *Troubadour* konnte Cammarano nicht mehr selbst vollenden, Emmanuele Badare vervollständigte das Buch. Unter den nur begonnenen Projekten befindet sich ein mit Verdi erarbeitetes und von diesem fixiertes Szenarium für eine Oper mit dem Titel *Re Lear* (1850). *Leo Karl Gerhartz*

MICHEL CARRÉ

geb. 20. Oktober 1821 in Besançon
gest. 28. Juni 1872 in Argenteuil

Carré war ein Schüler des Collège Charlemagne und debütierte 1842 mit einem Gedichtband: *Folles rimes et poèmes*. Im darauffolgenden Jahr erschien ein Versdrama: *La jeunesse de Luther*, 1843 die Terenz-Bearbeitung *L'eunuque*. 1847 schrieb Carré für das Théâtre-Français den Einakter *Scaramouche et Pascariel*. 1849 wurde er Mitarbeiter von Jules Barbier. Die Verbindung erwies sich als sehr glücklich: Das erfolgreiche Librettisten-Team beherrschte zwanzig Jahre lang die französische Opernszene der opéra comique wie der grand opéra. Ihre größten Erfolge waren: *Galathée* (1852), *Les noces de Jeannette* (1853), *Le pardon de Ploermel* (1859), *Faust* (1859), *La statue* (1861), *La reine de Saba* (1862), *Mireille* (1864), *Mignon* (1866), *Roméo et Juliette* (1867), *Hamlet* (1868). Michel Carré verfaßte außerdem Libretti gemeinsam mit den Autoren M. Ch. Narrey, Hippolyte Lucas, Edouard Martin und Raymond Deslandes. *Ulrike Hessler*

PAUL CLAUDEL
geb. 6. August 1868 in Villeneuve-sur-Fère
gest. 23. Februar 1955 in Paris

Das „religiöse Erweckungserlebnis", das der 18jährige Claudel am Weihnachtsabend 1886 erfuhr, bestimmt wie ein Basso ostinato das Schaffen des Dichters. Die Sphäre des mystischen Katholizismus, in der die meisten Texte Claudels angesiedelt sind, scheint zwar der heidnisch-spielerischen Ästhetik Jean Cocteaus und der „Groupe des Six" diametral entgegengesetzt zu sein, und doch waren es vor allem Darius Milhaud und Arthur Honegger, die Werke Claudels vertont haben. Abgesehen von zahlreichen Liedern, Chorsätzen und diversen Bühnenmusiken zu Schauspielen Claudels sind an „durchkomponierten" Balletten und Opern von Milhaud die vier Teile der *Orestie*-Bearbeitung nach Aischylos (1913–1922), die Oper *Christophe Colomb* (1928), die Ballette *L'homme et son désir* (1918) und *La fête de la musique* (für die Pariser Weltausstellung 1937) zu nennen sowie die „choreographische Kantate" *La sagesse* (1935). Honegger hat nach Texten Claudels die (halbszenischen) Oratorien *Jeanne d'Arc au bûcher* (1935) und *La danse des morts* (1938) komponiert. Beide Komponisten waren fasziniert von der Präzision der musikalischen Vorstellungen Claudels: Dramaturgische Notwendigkeit und Wirkung, prosodische Sprachgestik und Stoffe, „deren bald lyrische, bald explosive Stimmung geradezu nach einer Vertonung verlangte" (Milhaud) kamen ihren eigenen Ideen soweit entgegen, daß Honegger sogar bekannte: „Der Anteil Claudels war so groß, daß ich mich nicht eigentlich als Autor der *Jeanne d'Arc*, sondern nur als sein Mitarbeiter fühle." *Michael Stegemann*

PHILIPP EDUARD DEVRIENT, eigentlich DE VRIENT
geb. 11. August 1801 in Berlin
gest. 4. Oktober 1877 in Karlsruhe

Von Karl Friedrich Zelter zum Bariton ausgebildet, begann Eduard Devrient, Mitglied einer berühmten Schauspielerfamilie, seine Sängerlaufbahn 1819 an der Königlichen Oper Berlin. Von 1844 bis 46 wirkte er als Schauspieler, Oberregisseur und Dramaturg in Dresden, gab das Schauspielen aber 1852 auf und folgte einem Ruf an das Hoftheater in Karlsruhe, das er bis 1870 leitete. Hier verwirklichte er, was er in seinen Schriften als Aufgabe der Schauspielkunst vorformuliert hatte, die korrekte und lebendige Totalwirkung der Darstellungen.
Außer dem Libretto zu Marschners *Hans Heiling*, bei dessen Uraufführung er die Titelpartie verkörperte, verfaßte er die Opernlibretti *Die Kirmes* und *Der Zigeuner* (für Wilhelm Taubert) sowie die Bühnenwerke *Das graue Männlein*, *Die Gunst des Augenblicks*, *Verirrungen*, *Treue Liebe* und *Wer bin ich?*. Unter seinen zahlreichen Schriften

(eine Gesamtausgabe in elf Bänden erschien 1846 bis 74) ragen die fünfbändige *Geschichte der Deutschen Schauspielkunst*, die Reformschrift *Das Nationaltheater des neuen Deutschland* sowie *Meine Erinnerungen an Felix Mendelssohn-Bartholdy und seine Briefe an mich* heraus.

Felix Mendelssohn-Bartholdy wollte keines der Opernlibretti Devrients vertonen, obgleich er den Freund für den einzigen hielt, der imstande wäre, ihm ein gutes Operngedicht zu schaffen.

Aufschlußreich für Devrients wechselhafte Beziehungen zu Richard Wagner sind die 1964 in Weimar erschienenen Auszüge aus den Tagebüchern Eduard Devrients in zwei Bänden. Devrient stand Wagner in Dresden nahe, war Ratgeber und Vermittler in der Ehekrise mit Wagners erster Frau Minna und bemühte sich erfolglos um die Uraufführung von *Tristan und Isolde* in Karlsruhe. Wagner überliefert uns Devrient in seinen Schriften als Mitglied im „Deutschen Verein" zu Dresden, lobt ihn als „vorzüglichen Gluckkenner" und als Regisseur von Spontinis *Vestalin*, schlägt ihn gar als ideale Besetzung für die Tenor-Partie (!) des Mime im *Ring des Nibelungen* vor, obgleich er Devrient andernorts als schlechten Schauspieler charakterisiert. *Peter P. Pachl*

HANS MAGNUS ENZENSBERGER
geb. 11. November 1929 in Kaufbeuren

Die beiden Texte, die Hans Magnus Enzensberger für Bühnenstücke Hans Werner Henzes verfaßte, sind – darin etwa seinem *Verhör von Habana* verwandt – Zeugnisse der maßgeblichen Rolle, die die hispanische, genauer, die lateinamerikanische Welt in seinem Schreiben spielt. Enzensberger, der etliche Monate auf Cuba lebte, ist mit den dortigen Verhältnissen, aber auch mit den historischen Fakten bestens vertraut. 1969/70 entstand in Zusammenarbeit mit Henze das „Recital" *El Cimarrón*. Nach dem gleichnamigen Buch des cubanischen Schriftstellers und Anthropologen Miguel Barnet schrieb Enzensberger das Libretto zu diesem Werk für einen Vokalisten, einen Flötisten, einen Schlagzeuger und einen Gitarristen. Barnet hatte nach zahllosen Gesprächen mit dem 104jährigen ehemaligen Sklaven Esteban Montejo dessen Lebensbericht aufgezeichnet. Enzensberger faßte dieses 1966 in Habana erschienene Buch in fünfzehn „Gesänge", die sich zur „Vorlage wie ein Extrakt zum Ganzen" verhalten. Diese Struktur war notwendig, da „die Geschichte des Cimarrón als kontinuierliche Chronik nicht darzustellen war ... Statt dessen bot sich eine Struktur an, die an alte epische Formen erinnert: die Komposition in ‚Gesängen' oder Cantos." Enzensberger sah – wie er im 1971 erschienenen Werkbericht schrieb – im Cimarrón ein „Beispiel für die subjektiven Möglichkeiten der Revolution". Die Aktualität der Figur erschien ihm ungebrochen: „Lebt er noch? Ich sehe euch die Achseln zucken, und ich weiß, ihr glaubt mir nicht. Aber ich sage: Ja, er lebt." Die Uraufführung von *El Cimarrón* fand 1970 in Aldeburgh statt, die deutsche Erstaufführung im gleichen Jahr in der Berliner Philharmonie. Am 29. Mai 1975 folgte im Münchner Theater am Gärtnerplatz die Uraufführung von *La Cubana oder Ein Leben für die Kunst*, ein Vaudeville von Henze und Enzensberger. Als Vorlage diente wiederum ein Epos Miguel Barnets: *La canción de Rachel*, der zweite Teil einer großangelegten Trilogie, zu der auch *El Cimarrón* gehörte.

Barnets *Canción* ist wiederum eine Dokumentation, die die Vergangenheit der abgetakelten „music-hall queen" Amalia Vorg, genannt Rachel, zum Inhalt hat. In Henzes und Enzensbergers Vaudeville – neben dessen Gattungstradition läßt freilich auch das Konzept des epischen Theaters von Brecht und Weill grüßen – tritt die Heldin gleich zweimal auf: einmal als alte, verarmte und vereinsamte Frau, die sich erinnert und ihre Geschichte erzählt – die Rahmenhandlung spielt bezeichnenderweise am 1. Januar 1959, jenem Tag also, als Fidel Castros Revolution Habana erreichte –, einmal als junge gefeierte Künstlerin und Gefährtin zahlreicher Männer. Es geht um das kranke Verhältnis von Kunst und Politik, um einen nostalgischen Kulturbetrieb, um die egozentrische und unpolitische Haltung des Künstlers, der in Rachel dargestellt wird. Das Stück führt, nach Enzensbergers eigenen Worten, Kunst vor, „in ihrer billigsten, aber auch vitalsten Form: als Busineß, Zirkus, Kolportage, Unterhaltung", als „Produkt aus zweiter, dritter, vierter Hand". Die Aktualität betonte Enzensberger auch hier: „Was womöglich in Cuba aus und vorbei sein mag, hier, heute und bei uns ist es nach wie vor zäh am Leben."
Zu erwähnen bleibt schließlich Enzensbergers Neufassung des Textes von Beethovens *Fidelio*, in der er – u. a. mit Hilfe eines Sprechers – recht deutlich auf die Scheinhaftigkeit des Werkes verweist. Die Fassung ging erstmals am 16. Juni 1974 im Bremer Theater am Goetheplatz über die Bühne, konnte sich jedoch nicht durchsetzen. Die DDR-Zeitung „Der Morgen" berichtete im November 1985, das „indignierte Premierenpublikum" in Leipzig habe mit „lauten Unmutsäußerungen" reagiert. In einer solchen Reaktion auf *Fidelio* freilich läßt sich durchaus auch etwas Positives sehen. *Oswald Beaujean*

CHARLES-SIMON FAVART
geb. 13. November 1710 in Paris
gest. 18. Mai 1792 in Belleville bei Paris

Komponist und Dichter, Schauspieler und Sänger, Impresario und Direktor der Opéra-Comique: Favart ist eine der vielseitigsten und biographisch farbigsten Gestalten im französischen Musik- und Theaterleben des 18. Jahrhunderts. Erfolge, die andere Autoren sich mühsam erkämpfen mußten, scheinen ihm mit leichter Hand zugefallen zu sein; kaum eines seiner in die Hunderte gehenden Werke, das nicht zwei-, dreihundert und mehr Aufführungen erlebte, dessen Couplets und Arien nicht binnen weniger Tage nach der Premiere in aller Munde waren, das nicht – sei es als Druckausgabe, sei es in Aufführungen oder Bearbeitungen – weit über die Grenzen Frankreichs hinaus populär wurde. Entsprechend illuster ist die Liste seiner musikalischen Mitarbeiter: Rameau und Philidor, Lagarde und Lesueur, Duni und Martini, Boismortier und Monsigny; auch Gluck (*La Cythère assiégée*, 1759) und Mozart (*Bastien et Bastienne*, KV 50/46 b, 1768) haben Stücke Favarts vertont. Auch wenn die Gattungsbezeichnungen wechseln – Vaudeville, opéra-comique, comédie mêlée d'ariettes, divertissement –, sind Favarts Werke fast alle nach demselben Schema angelegt: Als gesprochene Vers- oder Prosakomödie mit gesungenen Arien, Couplets und Ensembles, wobei ein Großteil dieser Nummern (und dann auch oft Titel und Handlung) Entlehnungen und Parodien erfolgreicher Werke des „seriösen" Sprech- und Musiktheaters darstellen. Dabei war Favart ein Perfektionist sondergleichen, und die Aufführungen (bei denen meist seine

Frau, die Schauspielerin und Sängerin Marie Justine du Ronceray, die weibliche Hauptrolle verkörperte) führten dem begeisterten Publikum eine Vollendung der Bühnen-
kunst vor, wie sie nicht einmal die Académie Royale immer erreichte. Szenen- und
Bühnenbildanweisungen waren exakt vorgegeben, und die „arkadischen Landschaften"
Poussins und die Schäfer-Idyllen Bouchers, Fragonards und Watteaus spiegelten sich
auch in den Dekors und den Kostümen der Schauspieler wider: Die Einführung von der
Handlung und den Rollen gemäßen Bühnenkostümen (gegenüber den bis dahin üblichen Hoftoiletten) ist nicht das geringste Verdienst Monsieur und Madame Favarts.
Das Echo war groß: Voltaire gehörte ebenso zu den Bewunderern Favarts wie Jean
François de La Harpe, und der Ehrentitel eines „Racine du Vaudeville" ist kaum zu hoch
gegriffen.   *Michael Stegemann*

JOHN GAY

geb. 30. Juni 1685 in Barnstaple (Devonshire)
gest. 3. Dezember 1732 in London

Von seinen Bühnenwerken überlebte ein einziges, die 1728 uraufgeführte
Beggar's opera. Sie freilich sicherte ihm ewigen Ruhm. Um 1702 war der früh verwaiste
Gay nach London gezogen, wo er als Privatsekretär arbeitete und bald eine Reihe von
Schriftstellern kennenlernte, unter ihnen Jonathan Swift und Alexander Pope. 1708
erschienen seine ersten Gedichte (u. a. *Wine*), seit 1712 die ersten, durchweg wenig
erfolgreichen Bühnen-Pastiches, die tragi-comical farces *The mohocks* (1712), *The wife
of Bath* (1713), *The shepherd's week*, eine Persiflage auf die äußerst beliebten Schäferidylle (1714), *The what d'ye call it* (1715) und die witzig humorvolle Satire *Three hours
after marriage* (1717). Bekannt geworden war Gay 1716 mit seinem Gedicht *Trivia, or:
The art of walking the streets of London*, einer höchst geistvollen Schilderung des
hauptstädtischen Lebens seiner Zeit, das Gay aus eigener Anschauung in all seinen
Facetten gekannt haben dürfte. Zwei 1720 veröffentlichte Gedichtbände waren – auch
in finanzieller Hinsicht – äußerst erfolgreich, was sich von der Schäfertragödie *Dione*
(1720) und der bombastischen Heldentragödie *The captives* (1724) kaum sagen läßt.
Erfolgreich waren auch die 1727 veröffentlichten *Fables*, und im gleichen Jahr gelang
Gay mit der *Beggar's opera* der Durchbruch auf der Bühne. In sie gingen u. a. Gays
Erfahrungen als Angestellter der britischen Regierung ein. Sein Versuch, 1728 mit einer
zweiten ballad opera – *Polly* – an den immensen Erfolg des Vorjahres anzuknüpfen,
scheiterte am Aufführungsverbot der Regierung, die jedoch die höchst erfolgreiche
Publikation nicht verhindern konnte. 1732, kurz vor Gays Tod, wurde im Theater am
Haymarket *Acis and Galatea* uraufgeführt. Die Musik hatte kein geringerer als Georg
Friedrich Händel komponiert. Gays letzte Bühnenwerke – *Achilles*, *The distressed wife*
und *The rehearsal at Goatham –*, in denen eine deutliche Tendenz zur stilisierten
Komödie der Restaurationszeit spürbar wird, gelangten erst postum zur Aufführung.
                                                                          Oswald Beaujean

ANTONIO GHISLANZONI

geb. 25. November 1824 in Lecco
gest. 16. Juli 1893 in Caprino Bergamasco

Die Erfahrungen, die Antonio Ghislanzoni in seiner frühen, dann abgebrochenen Laufbahn als Opernbariton sammelte, finden sich in seiner journalistischen und schriftstellerischen Tätigkeit wieder. Sein Roman *Artisti di Teatro* legt davon ebenso Zeugnis ab wie seine Tätigkeit als Redakteur der „Gazzetta Musicale" (1866–69), einer hochangesehenen Mailänder Musikzeitschrift. In erster Linie aber verbindet man den Namen Ghislanzoni mit dem Librettisten für Giuseppe Verdi. Nach der Neufassung des Textbuches zu *La forza del destino* (1869) gelang ihm mit *Aida* (1871) ein vortreffliches Opernbuch. Auch für zahlreiche andere Komponisten war Ghislanzoni tätig, etwa für den Brasilianer Carlo Gomes (*Tosca*, 1873) und namentlich für Amilcare Ponchielli (*I Lituani*, 1874).
Ghislanzonis umfangreiche essayistische Arbeit, die er als weit über die Musik hinausreichende Kulturbetrachtungen verstanden wissen wollte, blieb stark im Traditionellen verhaftet, was zu heftigen Polemiken gegen die zukunftsweisende Ästhetik Arrigo Boitos in dessen Eigenschaft als Schriftsteller führte. Salvatore Farina, ein mit Ghislanzoni eng befreundeter Literat gab die in zahllosen Zeitschriften verstreuten Artikel in einer „Biblioteca minima" betitelten Reihe heraus. *Bernhard Rzehulka*

GIUSEPPE GIACOSA

geb. 21. Oktober 1847 in Colleretto Parella (Turin)
gest. 2. September 1906 in Colleretto Parella

Giuseppe Giacosa, der Sohn eines Rechtsanwaltes, studierte Jura in Turin und schloß seine Studien mit einem Diplom ab. Für kurze Zeit arbeitete er in der väterlichen Kanzlei, dann wandte er sich der schriftstellerischen Tätigkeit zu. 1877 wurde er Dozent an der Accademia di Belle Arti in Turin, ein Jahr später unternahm er ausgedehnte Reisen nach Deutschland und Frankreich. 1881 siedelte er nach Mailand über, wo er die Leitung der Accademia dei Filodrammatici übernahm und zeitweilig für verschiedene Zeitungen arbeitete. Seinen Ruhm als Dramatiker begründete er mit dem Einakter *Una partita a scacchi*, der sich jahrelang im Repertoire halten sollte. Die stilistische Spannweite seiner Werke reicht vom neuromantischen historischen Schauspiel wie *La dame de Challant* (1891), das er für Sarah Bernhardt schrieb, über die bürgerliche Komödie bis hin zum naturalistischen Drama (*Tristi amori*, 1887; *Come le foglie*, 1900), für das Zola und Daudet seine Vorbilder waren; neben Giovanni Verga zählt Giacosa zu den herausragenden Repräsentanten des verismo.
Nachdem er bereits 1889 mit einem Librettoentwurf in Kontakt zu Giacomo Puccini getreten war und zwei Jahre später ebenso wie Illica als einer der zahlreichen Librettisten zu *Manon Lescaut* fungierte, begann im Jahre 1893 die intensive Zusammenarbeit zwischen Puccini, Illica und Giacosa, die mit dem Tode Giacosas endete. Zwischen den beiden Librettisten bestand eine Art Arbeitsteilung: während Illica für den Entwurf des Szenariums und die Ausarbeitung der dramatischen Szenen zuständig war, übernahm

Giacosa die Versifizierung und Ausgestaltung der lyrischen Szenen; im Gegensatz zu Illica, der einer theatralischen Wirkung den Vorrang gegenüber der Wortwahl einräumte, setzte der bedächtige und langsam arbeitende Giacosa auf sprachliche Verfeinerung. Wenn auch die beiden Librettisten in Charakter, Arbeitsweise und Anschauungen ausgeprägte Antipoden waren, was nicht selten zu heftigen Auseinandersetzungen führte, so überwog doch das Moment der glücklichen Ergänzung. Das hieraus resultierende Niveau der Libretti zu *La Bohème*, *Tosca* und *Madama Butterfly* war fraglos eine der wesentlichen Voraussetzungen für den Welterfolg dieser drei Opern, an den Puccini später mit keinem Werk mehr anknüpfen konnte.   *Norbert Christen*

CARLO GOLDONI
geb. 25. Februar 1702 in Venedig
gest. 6. Februar 1793 in Paris

Innerhalb der Librettistik der opera buffa spielt der Venezianer Carlo Goldoni die Rolle des großen literarischen Reformators, indem er konsequent das Maskenspiel der alten commedia dell'arte aus seiner starren Typologie löste und individuellere Charaktere einführte, vor allem aber sogenannte mezzo carattere, Personen also, die zwischen den reinen Buffo- und den Seria-Gestalten standen. Wie in der opera seria, so bildeten sich auch in der opera buffa, die man seit Goldoni dramma giocoso nannte, feste Personenkonstellationen heraus: Das Buffo-Personal wurde gleichsam angereichert mit ernsteren Zügen, und die Aufteilung der Rollen erfolgte sozusagen soziologisch nach Personen von Stand (parti serie), Dienern und contadini (parti buffe) und den weiteren gemischten Hauptrollen der mezzo carattere. In Goldonis Komödie *Il conte Camarella* (1751) findet sich diese Einteilung des Personariums zum erstenmal in prototypischer Konstellation. Noch für Mozart war diese Einteilung verbindlich: In seiner nicht vollendeten opera buffa *Lo sposo deluso* (1784) sah Mozart vier Männer- und drei Frauenrollen in folgender Aufteilung vor: 1. Primo buffo caricato, 2. Primo mezzo carattere, 3. Secondo buffo caricato, 4. Secondo mezzo carattere, 5. Prima buffa, 6. Seconda buffa, 7. Terza buffa. In *Don Giovanni* sind die drei Frauenrollen sogar nochmals differenziert in parte seria (Donna Anna), mezzo carattere (Donna Elvira) und buffa (Zerlina). Es ist genau die Personenkonstellation aus Mozarts früher opera buffa *La finta semplice* (1768), die auf ein Libretto von Goldoni zurückgeht. Die Komödienreform Goldonis war das entscheidende Ereignis in der Geschichte der opera buffa, denn sie erlaubte auch das Überschreiten der Grenzen von Tragischem und Komischem; ohne sie wäre Mozarts inkommensurable Leistung – freilich mit Hilfe Da Pontes – nicht möglich gewesen. Goldoni war es auch, der den Ensemblegeist der opera buffa dahingehend vertiefte, daß er die handlungstragenden Finali schuf, in denen die Fäden der Handlung als Verwicklung zusammentrafen (imbroglio). Den Höhepunkt solcher Verfahren bildet das zweite Finale aus Mozarts *Le nozze di Figaro* (1786). Goldonis Hauptkomponist war freilich der aus Burano (Venedig) gebürtige Baldassare Galuppi (1706–1785), der von den insgesamt 69 Buffo-Libretti Goldonis immerhin 18 vertonte (zwischen 1749 und 1766). Zu den weiteren Komponisten Goldonis gehörte auch Joseph Haydn mit dem bereits 1750 von Galuppi vertonten dramma giocoso *Il mondo della luna* (1777) und *Le pescatrici*

(1770). Nach der frühen Goldoni-Buffa *La finta semplice* beschäftigte sich Mozart fünfzehn Jahre später abermals mit dem Plan einer Oper nach Goldoni, diesmal jedoch als „teutsche opera": „Ich habe die Comoedie vom goldoni – Il servitore di Due Padroni – dazu gewählt – und der Erste Akt ist schon ganz übersezt – der übersezer ist Baron Binder. – es ist aber alles noch ein geheimnüß, bis alles fertig ist" (Brief Mozarts an seinen Vater, 5. Februar 1783). Warum Mozart diesen Plan wieder fallenließ, wissen wir nicht. Jedenfalls ist diese Absicht ein Zeichen für die universale Bedeutung der Komödienreform Goldonis in der 2. Hälfte des 18. Jahrhunderts. Die Ausstrahlung reicht sogar bis in unser Jahrhundert: Ermanno Wolf-Ferraris Goldoni-Oper *I quattro rusteghi* entstand 1906.   *Dietmar Holland*

JOSEPH GREGOR
geb. 26. Oktober 1888 in Czernowitz
gest. 12. Oktober 1960 in Wien

Der hochgebildete Theater- und Musikwissenschaftler Joseph Gregor, Verfasser von Standardwerken zur Theatergeschichte – u. a. *Die Weltgeschichte des Theaters* (1933) und *Kulturgeschichte der Oper* (1941) –, der sich ebenso als schöpferischer Musiker wie als bedeutender Sammler von Theater-Dokumenten (Sammlung des Theaters an der Wien) einen Namen machte, war als Mitarbeiter des späten Opernwerkes von Richard Strauss von besonderer Bedeutung. Ab 1935, nach dem Tode von Hugo von Hofmannsthal und der Emigration von Stefan Zweig, entwickelte sich eine intensive, wenn auch nicht ungetrübte, Zusammenarbeit zwischen dem Komponisten und seinem Textautor. Gregor verfaßte die Libretti zu *Friedenstag* (1938, nach einem ausführlichen Entwurf von Stefan Zweig), zu *Daphne* (ebenfalls 1938) sowie zu *Die Liebe der Danae* (1940, nach einem Entwurf von Hofmannsthal). Zu einer musikalischen Ausführung von Gregors bereits fertiggestelltem Buch *Semiramis* kam es ebensowenig wie zu dem bereits gemeinsam in Aussicht genommenen Projekt *Celestina*, eine Fortsetzung des *Feuersnot*-Stoffes.
Die drei vollendeten Werke weisen in die mythologische Antike zurück, die Gregor in schwebende metaphysische Bereiche hebt. Der hellenischen Epoche fühlte sich Gregor in besonderer Weise verpflichtet. So legte er 1938 seine Kultur-Monographie *Perikles, Griechenlands Größe und Tragik* vor.   *Bernhard Rzehulka*

LUDOVIC HALÉVY
geb. 1. Januar 1834 in Paris
gest. 7. Mai 1908 in Paris

Bevor Halévy als Schriftsteller frei arbeitete, stand er als Sekretär im Ministerialdienst. Zunächst schrieb er zahlreiche Operettentexte und publizierte im Journal „La vie parisienne" humoristisch-satirische Zeitbilder, die später unter den Titeln *Madame et Monsieur Cardinal* (1872), *Les petits Cardinal* (1882) und *La famille Cardinal* (1883) gesammelt erschienen. Zusammen mit Hector Crémieux verfaßte er zahlreiche Vaudevilles. 1855 arbeitete er mit dem Einakter *Ba-ta-clan* an den Bouffes-Parisiennes erstmals mit Jacques Offenbach zusammen. 1858 erlebte *Orphée aux enfers* aus der Feder des Trios Offenbach-Crémieux-Halévy eine sensationelle Uraufführung. Zusammen mit Crémieux konnte Halévy seine Erfolgsserie an den Bouffes-Parisiennes fortsetzen: 1861 *La chanson de Fortunio*, *Le pont des soupirs* und *Monsieur Choufleury restera chez lui*. Zwischen 1860 und 1880 verfaßte Halévy gemeinsam mit Henri Meilhac mehr als fünfzig Libretti, darunter *La belle Hélène*, *La vie parisienne*, *Barbe Bleu*, *La périchole*, *Carmen*. Als Romancier hatte Halévy großen Erfolg mit *L'abbé Constantin* (1882).

Ulrike Hessler

NICOLA FRANCESCO HAYM
geb. 6. Juli 1679 in Rom
gest. 11. August 1729 in London

Der deutschstämmige Italiener Haym betätigte sich zuerst vornehmlich als Instrumentalist und Komponist, so etwa von 1694 bis 1700, im Dienst des Kardinals Ottoboni in Rom, danach für ein Jahrzehnt beim Herzog von Bedford in London. An eigenen Werken sind dabei Kantaten und Oratorien, daneben auch einige Instrumentalstücke erhalten geblieben.

Von Bedeutung ist Haym jedoch vor allem im Zusammenhang mit der italienischen Oper in London. So ergänzte er Opern von Bononcini und Scarlatti mit eigenen Arien und Instrumentalstücken. In den 1720er Jahren verfaßte er als Nachfolger Rollis an der Royal Academy of Music insgesamt 18 Libretti für Opern von Georg Friedrich Händel, Giovanni Battista Bononcini und Attilio Ariosti. Allein für Händel entstanden in diesen Jahren (nach dem *Teseo* von 1713) die Textbücher zu *Radamisto* (1720), *Ottone* (1723), *Flavio* (1723), *Giulio Cesare* (1724), *Tamerlano* (1724), *Rodelinda* (1725), *Admeto* (1727), *Siroe* (1728) und *Tolemeo* (1728).

Im Einklang mit der Zeit griff Haym für seine Libretti durchweg auf schon vorhandene dramatische Stoffe zurück und richtete die zumeist wohlbekannte Handlung den Anforderungen entsprechend ein, wobei zumindest Händel auf Hayms Arbeit nicht geringen Einfluß genommen haben dürfte. Der Reiz von Hayms Textbüchern liegt dabei vor allem in der für die barocke Oper außergewöhnlichen dramaturgischen Stringenz und ihrer szenischen Prägnanz, die sie nicht zuletzt der Tatsache verdankt, daß Haym seine Vorlagen drastisch kürzte und auf ihren dramatischen Punkt brachte.

Rainer Pöllmann

HUGO VON HOFMANNSTHAL
geb. 1. Februar 1874 in Wien
gest. 15. Juni 1929 in Rodaun bei Wien

In seinem Nachruf auf Hofmannsthal schrieb Richard Strauss: „Noch nie hat ein Musiker so einen Helfer und Förderer gefunden. Niemand wird ihn mir und der Musikwelt ersetzen." Die Zusammenarbeit zwischen Hofmannsthal und Strauss war tatsächlich innerhalb der Operngeschichte einzigartig und in ihrer Qualität und Intensität nur mit den Künstlerverbindungen Mozart/Da Ponte und Verdi/Boito zu vergleichen. Das allerdings wurde wesentlich durch Hofmannsthal ermöglicht, einem der berühmtesten Schriftsteller seiner Zeit, der bereit war, eine dienende und gleichwohl reflektierende Rolle einzunehmen. Schon 1901 konstatierte er eine Krise der Sprache, währenddessen die Musik Ausdrucksmittel „im Bereich des Unsagbaren" besäße. Kurz zuvor (März 1900) hatte er Strauss in Paris kennengelernt. Begleitet von einer umfassenden Korrespondenz, die fast 30 Jahre währte und einen aufregenden Einblick in die Werkstatt Oper ermöglicht, begann die gemeinsame Arbeit mit *Elektra* (1908). Es folgten *Der Rosenkavalier* (1910, als Film 1926), *Ariadne auf Naxos* (1910/1916, zwei Fassungen), *Josephslegende* (Ballett, 1913), *Der Bürger als Edelmann* (nach Molière, 1918), *Die Frau ohne Schatten* (1914) und die *Ägyptische Helena* (1926). *Arabella* (1929) schließlich, deren revidierter 1. Akt Strauss erst nach dem völlig überraschenden Tod Hofmannsthals erreichte, ist der Schwanengesang. Der Briefwechsel gerade bei diesem letzten Werk zeigt die Beziehung von Dichter und Komponist wie in einem Brennspiegel. Hofmannsthal, der auf die filigranen, morbiden „Töne" setzte, konnte sich beileibe nicht immer gegen den burschikosen, aber mit dem Theater-Instinkt wahrlich gesegneten Strauss durchsetzen. Die kunstvoll-künstlich dargestellte Endzeit-Atmosphäre (der k. u. k. Epoche) klopfte der Musiker stets auf das unmittelbar Sinnfällige der Bühnenwirksamkeit ab. Letztendlich blieb Hofmannsthal stets der Epiker, der Erzähler, Strauss hingegen Dramatiker; ein erstaunlicher Gegensatz, der aber der nachwagnerischen Oper noch einmal entscheidende Impulse zu geben vermochte.

Bernhard Rzehulka

LUIGI ILLICA
geb. 8. Mai 1857 in Castell' Arquato (Piacenza)
gest. 16. Dezember 1919 in Colombarone (Piacenza)

Luigi Illica, der Sohn eines Notars, entzog sich schon früh der strengen väterlichen Obhut und verließ vorzeitig die Schule. Als Seemann reiste er um die halbe Welt und nahm 1876 an den Kämpfen gegen die Türkei teil. 1879 ließ er sich in Mailand nieder, wo er zunächst für den „Corriere della Sera" schrieb. 1881 gründete er in Bologna eine radikal-republikanische Zeitschrift, ein Jahr später veröffentlichte er unter dem Titel *Farfalle, effetti di luce* seine ersten Prosawerke und schrieb in der Folgezeit zahlreiche Komödien, teilweise im Mailänder Dialekt, mit denen er Aufsehen erregte. Von 1892 an widmete sich Illica fast ausschließlich der Oper und wurde zum repräsentativen Librettisten des postverdianischen melodramma (Alfredo Catalani: *La Wally*. 1892; Alberto Franchetti: *Cristoforo Colombo*, 1892; *Germania*, 1902; Umberto Giordano: *Andrea Chenier*, 1896; *Siberia*, 1903). Zusammen mit Giuseppe Giacosa schrieb er für Giacomo Puccini die Libretti zu *La Bohème* (1896), *Tosca* (1900) und *Madama Butterfly* (1904); die ungeheuere Popularität dieser Opern ist fraglos zu einem gut Teil das Verdienst der beiden Librettisten. Neben Giovanni Targioni-Tozzetti entwickelte er sich zum wichtigsten Librettisten Pietro Mascagnis (*Iris*, 1898; *Le maschere*, 1901; *Isabeau*, 1911).

Illica, der von Verdi und Boito gleichermaßen geschätzt wurde, zeigte sich für die unterschiedlichsten literarischen Strömungen empfänglich, was ihm zuweilen den Vorwurf des Eklektizismus eingetragen hat; wandelte er zunächst auf den Pfaden der scapigliatura und des verismo, so orientierte er sich später am Klassizismus eines Giosuè Carducci (1835–1907) und an der Dekadenzdichtung Gabriele d'Annunzios (1863–1938).   *Norbert Christen*

CHESTER KALLMAN
geb. 7. Januar 1921 in Brooklyn
gest. 18. Januar 1975 in Athen

Den amerikanischen Dichter, Librettisten und Übersetzer kennt man in der Regel nur als Mitarbeiter an Opernlibretti, die gemeinsam mit Wystan Hugh Auden entstanden. Doch war Kallman mehr als nur ein Mitarbeiter; er war der Versspezialist in dem Autorenteam, und auf ihn gehen ganze eigenständig erfundene Szenen zurück. Dies gilt sowohl für *The rake's progress* (1948), ein Libretto für Igor Strawinsky (Uraufführung der Oper 1951), als auch für Hans Werner Henzes *Elegie für junge Liebende* (Schwetzingen 1961). Henze war äußerst beeindruckt von der „geschickten Bauweise des Librettos", in dem die nötigen Informationen zur Handlung bereits vollständig den ersten Akt umfassen, während der zweite aus Ensembles besteht und der dritte die daraus erwachsenden Katastrophen bringt. Wie schon in *The rake's progress* spielt auch hier die „intelligente Konstruktion des Buches" (Henze) die entscheidende Rolle, und das stimmte genau mit Audens, Kallmans und Henzes Ansicht von der Oper als höchst artifizieller Kunstform zusammen: „Die Bühne ist das geöffnete Auge der Partitur" (Henze). Kallman war es auch, der Auden überhaupt erst in das Gebiet der Oper eingeführt hat und außer seinen gemeinsamen Arbeiten und Libretto-Übersetzungen mit ihm auch noch selbständig literarisch tätig war. So schrieb er für Carlos Chávez das Libretto *The visitors* (1956) und übersetzte die Libretti *L'incoronazione di Poppea* (Monteverdi/Busenello), *Falstaff* (Verdi/Boito) und *Herzog Blaubarts Burg* (Bartók/Balázs) ins Englische.   *Dietmar Holland*

FRIEDRICH KIND
geb. 4. März 1768 in Leipzig
gest. 25. Juni 1843 in Dresden

Bereits während seines Studiums an der Thomasschule in seiner Heimatstadt lernte der spätere Jurist Johann August Apel kennen, in dessen *Gespensterbuch* 1810 die Volkssage des *Freischütz* erscheinen wird. Nachdem Friedrich Kind sich 1792 in Dresden niedergelassen hatte, beginnt er erste Erzählungen und Romane zu veröffentlichen, ist aber auch als Feuilletonist für diverse Zeitungen tätig. Er gehörte dem Dresdner „Liederkreis" an, einer Versammlung von Dresdner Literaten, zu denen auch Helmina von Chezy zählte, die Librettistin von Webers *Euryanthe*. Hier treffen Carl Maria von Weber und Kind zusammen, und beim „Dichterthee" am 15. Februar 1817 macht Kind

Weber auf die *Freischütz*-Sage in Apels *Gespensterbuch* aufmerksam. Nach anfänglichem Zögern macht sich Weber schließlich an die Komposition, greift jedoch immer
wieder in Kinds Libretto ein. Kind reagiert empfindlich, die gegenseitige Entfremdung
wächst nach der triumphalen Uraufführung des *Freischütz*, weil Kind sich und seinen
Anteil am Erfolg zu wenig gewürdigt findet. So kommt es auch zu keiner weiteren
Zusammenarbeit zwischen Weber und Kind, obwohl einige Projekte in Betracht gezogen waren *(Ida Münster, Schottische Todtenbraut, Raub der Sabinerinnen, Cid)*. Kinds
literarischer Ruf verblaßt in der Folge immer mehr, er zieht sich aus dem Journalismus
zurück und beginnt mit der eigenen Legendenbildung, zu der er als „Pseudoromanti-
ker" wohl eine besondere Affinität hatte: Er beschreibt die Entstehung des *Freischütz*-
Librettos als eine wahrhaft märchenhaft anmutende, romantische Geschichte: Er habe
einen „bestäubten Quartanten" in einer Bibliothek aufgestöbert; tatsächlich aber hat er
aus Apels *Gespensterbuch*, das er schon aus seiner Leipziger Zeit kannte, und aus
diversen anderen Quellen eine zwar wirr anmutende, aber bühnenwirksame Vorlage für
Weber geschaffen, der darin Platz für seine atmosphärische Klangzauberei, seine den
Geist der Zeit treffende Milieubeschreibung, seine gesamte musikalisch-poetische Umsetzung fand.   *Irmelin Bürgers*

JAROSLAV KVAPIL
geb. 25. September 1868 in Chudenice
gest. 10. Januar 1950 in Prag

Kvapil hinterließ fünf Opernlibretti sowie ein Ballett-Libretto. Von diesen
Textbüchern hat einzig die 1900 von Antonín Dvořák vertonte *Rusalka* große Verbreitung gefunden. Dies ist jedoch bereits die letzte Arbeit des Librettisten Kvapil für die
Opernbühne; sein erstes Textbuch hat er für die 1893 uraufgeführte dreiaktige *Deborah*
von Josef Bohuslav Förster geschrieben. Es folgten 1896 das dreiaktige Volksmärchen
Sirolek von Ottakar Ostrcil, 1897 Josef Nesveras *Perdita, ein Wintermärchen* und 1899
die dreiaktige *Selsk á boure* von Ladislav Losfák. Die Recherchen zum Werk des
dänischen Dichters Hans Christian Andersen, die Kvapil 1899 für das *Rusalka*-Libretto
angestellt hatte, fanden nochmals einen Niederschlag in dem mit Ludvic Novák geschriebenen Ballett-Libretto *Andersen*, das 1914 in Wien in der Vertonung von Oskar
Nedbal herauskam.
Der große Erfolg, den *Rusalka*, die Kvapil übrigens vor Dvořák vergeblich Oskar Nedbal,
Förster und dem Dvořák-Schüler Josef Suk, angeboten hatte, nicht nur auf den heimi-
schen Bühnen errang, festigte Kvapils Ruf und seine Verbindung zum tschechischen
Nationaltheater in Prag: Dessen Direktor Frantisek Subert, der die Verbindung zu
Dvořák hergestellt hatte, nahm Kvapil noch vor der Uraufführung der *Rusalka* als
Dramaturg und Regisseur unter Vertrag. Von 1912 bis 1928 wirkte Kvapil an diesem
Haus als Schauspieldirektor. Von besonderer Bedeutung für seine Arbeit war der 1916
inszenierte Zyklus von insgesamt 15 Shakespeare-Dramen – das war im Ersten Weltkrieg zugleich eine Tat von großer kulturpolitischer Tragweite. In der Geschichte des
neueren tschechischen Theaters war Jaroslav Kvapil die erste bedeutende Gestalt, die
dem Regisseur eine dominierende Funktion erkämpfte und die große Bedeutung der

szenischen Gestaltung unterstrich. Er legte größten Wert auf das Bühnenbild und die Beleuchtung, aber er durchdachte auch die Arbeit mit der Statisterie. Seine Heirat mit der bedeutenden Prager Schauspielerin Hana Kubesová trug maßgeblich zu seinem Regiestil bei, der den pathetisch-deklamatorischen, dekorativen Stil des 19. Jahrhunderts durch Inszenieren pyschologischer Konflikte ablöste. Von großem Einfluß auf den Regisseur Kvapil waren dabei die Dramen Henrik Ibsens, die er selbst ins Tschechische übersetzte und inszenierte.　　　　　　　　　　　　　　　　*Hartmut Becker*

MAURICE MAETERLINCK

geb. 29. August 1862 in Gent
gest. 6. Mai 1949 in Orlamonde

„Die Art, wie Maeterlinck von Debussy um sein Meisterwerk *Pelléas et Mélisande* gebracht worden ist, stellt einen einzigartigen Fall in der Geschichte der dramatischen Literatur dar. Diese Prosa ist in sich eine der erhebendsten Musikformen, die die Sprache eines Schriftstellers je geschaffen hat. *Pelléas* aber wird nicht mehr ohne die Untermalung [sic!] der musikalischen Partitur gespielt; ja, es würde vielen als ein Frevel erscheinen, diese aufzuopfern." Der Zorn des Literaturkritikers Touchard in allen Ehren: Aber wer würde sich heute noch um die Schauspiele des flämischen Symbolisten und Nobelpreisträgers kümmern, wären sie nicht die Grundlage musikdramatischer Meisterwerke? *Pelléas et Mélisande* (Claude Debussy, Gabriel Fauré, Arnold Schönberg und Jean Sibelius), *Ariane et Barbe-Bleue* (geschrieben für Edvard Grieg, vertont von Paul Dukas), *Monna Vanna* (Henri Février und Sergej Rachmaninow), *Sœur Béatrice* (Alexander Gretschaninow), *Joyselle* (Alexander Tscherepnin), *La Princesse Maleine* (Bühnenmusiken von Lili Boulanger und Cyril Scott) – um nur die berühmtesten Bühnen-Vertonungen zu nennen – verdanken ihre Unsterblichkeit tatsächlich den Komponisten, die sich ihrer angenommen haben. Es ist sicher nicht ihre Schuld, daß die zwischen Mysterienspiel und Märchen, Psychodrama und Marionettentheater schwankenden Schauspiele Maeterlincks, der um die Jahrhundertwende zu den meistgelesenen und meistaufgeführten Autoren der Weltliteratur gehörte, heute kaum mehr gespielt werden.　　　　　　　　　　　　　　　　　　　　　　*Michael Stegemann*

HENRI MEILHAC

geb. 21. Februar 1831 in Paris
gest. 6. Juli 1897 in Paris

Bevor Meilhac zu schreiben begann, war er Angestellter in einer Buchhandlung. 1855 debütierte er mit den zwei Vaudevilles *Garde-toi, je me garde* und *Satania*. Es folgten verschiedene Komödien für Pariser Boulevardtheater: *La sarabande du Cardinal* (1856), *Le petit-fils de Mescarille* (1859), *La vertu de Célimène* (1861). 1860 traf er Ludovic Halévy, mit dem zusammen er zunächst eine Operette schrieb: *Ce qui plaît aux hommes* (1860). Über fünfzig Stücke verfaßten die beiden Librettisten bis 1880 gemeinsam. In Zusammenarbeit mit Jacques Offenbach entstand 1864 *La belle Hélène*, 1866 *La vie parisienne*, 1867 *Barbe Bleu* und *La grand duchesse de Gérolstein*. 1875 schrieb Meilhac gemeinsam mit Halévy das Libretto zu Bizets *Carmen*. 1884 vertonte Jules Massenet sein gemeinsam mit Philippe Gille verfaßtes Libretto *Manon*.

Ulrike Hessler

PIETRO TRAPASSI, genannt METASTASIO
geb. 3. Januar 1698 in Rom
gest. 12. April 1782 in Wien

Dramma per musica: Geschichte oder Mythologie als Vorwand opulenter, oft exotischer Dekorationen und Bühneneffekte; zwei Liebespaare und zwei oder drei Randfiguren – sechs oder sieben Personen (ohne Chor), die miteinander in das Netz extrem komplizierter Intrigen und Beziehungen verstrickt sind; drei Akte als Exposition, Zuspitzung und (als lieto fine zumeist glückliche) Lösung der Handlung; genau kalkulierter Wechsel von (Secco-)Rezitativ, (zweistrophiger Dakapo-)Arie, Szene und Ensemble-Aktfinale, wobei die (austauschbaren) Texte vor allem der (ebenfalls austauschbaren) Arien lediglich als Träger bestimmter Affekte fungieren, die oft in Form eines Gleichnisses umrissen werden: Liebe und Haß, Glück und Verzweiflung, Rache und Verzeihung. Zwölf Bände umfassen die *Opere di Pietro Metastasio*, und kein einziges der in ihnen abgedruckten Libretti weicht wesentlich von dem hier skizzierten starren Modell ab. Die literarischen Qualitäten der Texte stehen weit hinter ihren musikalischen zurück: Eine durch und durch kantable Disposition der Worte, Silben und Reime, die den Komponisten direkt in die Feder gedichtet war. Nur so ist es wohl zu erklären, daß Metastasio – nach Apostolo Zeno, dessen Amt als Wiener Hofdichter er 1730 übernahm, und vor Raniero de' Calzabigi, der gemeinsam mit Christoph Willibald Gluck in den 1760er Jahren die gegen Metastasio gerichtete „Opernreform" durchsetzte – der poeta sine qua non des spätbarocken und frühklassischen Musiktheaters war, nach dessen Libretti mehr als tausend Opern komponiert wurden; manche Texte erfuhren dabei bis zu siebzig verschiedene Vertonungen! Ob Antonio Caldara oder Luca Antonio Predieri, Giuseppe Bonno oder Antonio Vivaldi, Johann Adolf Hasse oder Christoph Willibald Gluck, Thomas Arne oder Wolfgang Amadeus Mozart: Metastasios Opern sind von Domenico Sarris *Didone abbandonata* (1724) bis zu Mozarts *Clemenza di Tito* (1791) aus der Musikgeschichte des 18. Jahrhunderts nicht wegzudenken.

Michael Stegemann

SALOMON HERMANN (RITTER VON) MOSENTHAL
geb. 14. Januar 1821 in Kassel
gest. 17. Februar 1877 in Wien

Mosenthal siedelte 1842 nach Abbruch eines polytechnischen Studiums in Karlsruhe nach Wien um, wo er als Hauslehrer seinen Unterhalt verdiente und sich daneben schriftstellerischen Arbeiten zuwandte. Er kam in Kontakt mit der Künstlervereinigung „Concordia", der unter anderem auch Schuberts Freund Eduard von Bauernfeld angehörte. Nach drei frühen Versuchen mit Libretti für die Opernbühne gelang Mosenthal mit seinem vieraktigen Schauspiel *Deborah* während der Revolution von 1848 der erste große Bühnenerfolg. Nur ein Jahr danach wurde er schlagartig auch als Librettist durch die Uraufführung von Otto Nicolais dreiaktiger komisch-phantastischer Oper *Die lustigen Weiber von Windsor* berühmt.

Vom gleichen Jahre an erhielt Mosenthal eine sichere Anstellung als Beamter im österreichischen Ministerium für Kultur und Unterricht und konnte sich daneben in Ruhe seinem Schaffen für Oper und Sprechtheater widmen. Von 1868 an bekleidete er Positionen im Direktorium der „Gesellschaft der Musikfreunde". Die Erfolge der Jahre 1848/49 hat Mosenthal weder im Schauspiel noch in der Oper auch nur annähernd wiederholen, geschweige denn überbieten können. Seine 24 nach den *Lustigen Weibern von Windsor* geschriebenen Libretti fanden höchst selten noch künstlerisch potente Komponisten; einzige Ausnahmen bilden *Die Königin von Saba* (4 Akte, vertont von Karl Goldmark, Wien 1875) und – mit Einschränkungen – *Das goldene Kreuz* (2 Akte, vertont von Ignaz Brüll, Berlin 1875).

Mosenthals Anpassungsfähigkeit und Sinn für „operngerechtes" Schreiben ließen Eduard Hanslick in ihm den „poetischen Nährvater aller bedrängten Opern-Componisten" erblicken; Max Kalbeck bezeichnete ihn dagegen als „bewunderten Vertreter einer geschickten künstlerischen Mache, die ihn zum beliebten Gelegenheitsdichter, gewandten Librettisten und erfolgreichen Kulissendramatiker befähigte". *Hartmut Becker*

FRANCESCO MARIA PIAVE

geb. 18. Mai 1810 in Murano
gest. 5. März 1876 in Mailand

Piave ist zunächst Korrektor bei einer Venezianer Druckerei. Erst 1842 kommt der Zweiunddreißigjährige in Kontakt mit dem Theater und wird nach ersten Libretto-Versuchen für Giovanni Pacini Hauspoet in Venedigs Teatro La Fenice. In dieser Eigenschaft avanciert er bald zum wichtigsten Mitarbeiter Giuseppe Verdis, der Piaves literarische Unerfahrenheit instinktsicher dazu nutzt, ihn zu einem guten Verdi-Librettisten zu formen. Francesco Maria Piave schrieb zwar über 60 Opernbücher, neben Pacini u. a. für Saverio Mercadante und Amilcare Ponchielli; seine operngeschichtliche Bedeutung begründen aber allein die neun Libretti für Verdi: *Ernani* (1844), *I due Foscari* (1844), *Macbeth* (1847), *Il Corsaro* (1848), *Stiffelio* (1850; und dessen Neufassung als *Aroldo*, 1857), *Rigoletto* (1851), *La Traviata* (1853), *Simone Boccanegra* (in der Erstfassung von 1857) und *La forza del destino* (1862). In all diesen Büchern verstand sich Piave als Verdis gehorsamer Diener, als das ausführende Organ seiner Theaterwünsche. Kürzen, reimen, zusammenfassen – das waren fern von allen literarischen Ambitionen Piaves Aufgaben. 1874 würdigte ein Artikel zu Piaves Ehren das so: „Piave ist ein Meister im Verkürzen und Verkleinern. Er versteht es, sozusagen das Meer in einem Löffel aufzufangen." Verdi hat Piave die Bereitschaft, ohne Bedingungen seinem Ausdruckswillen zu dienen, zeitlebens gedankt, vor allem nach seiner Erkrankung. 1859 wird Piave zunächst Direktionsmitglied der Mailänder Scala und ein Jahr später „Regisseur" dieser Bühne. Aber schon 1862 beendet ein schwerer Schlaganfall all seine

Aktivitäten. Erst nach vierzehn Jahren, im März 1876, wird der Gelähmte von einem langen und schweren Siechtum erlöst. Bereits im Sommer 1869 veröffentlicht Verdi zusammen u. a. mit Auber, Thomas und Mercadante ein Album mit Romanzen zugunsten des Kranken und seiner Familie. Nach Piaves Tod versorgt er dessen Angehörige und unterstreicht damit, wie sehr er seinen treuen Diener als Teil seines Werkes anerkannte. *Leo Karl Gerhartz*

LORENZO EMANUELE CONEGLIANO DA PONTE
geb. 10. März 1749 in Ceneda (Venetien)
gest. 17. August 1838 in New York

„Wir haben hier einen gewissen abate da Ponte als Poeten", schreibt Wolfgang Amadeus Mozart im Mai 1783. „Dieser hat nunmehro mit der Correctur im theater rasend zu thun. – muß per obligo ein ganz Neues büchel für dem Salieri machen. – das wird vor 2 Monathen nicht fertig werden. – dann hat er mir ein Neues zu machen versprochen; – wer weis nun ob er dann auch sein Wort halten kann – oder will! – sie wissen wohl die Herrn Italiener sind ins gesicht sehr artig! – genug, wir kennen sie!" Mozart hat allen Grund, den artigen Versprechungen dieses Herrn kein allzugroßes Vertrauen zu schenken. Was weiß man denn von diesem Lorenzo Da Ponte? Wenig, sehr wenig! Irgend so ein hergelaufener Abenteurer, der sich aufplustert wie ein Pfau, ein Libertin und Weiberheld, ein skrupelloser Intrigant, der so lange bei Hofe antichambriert hat, bis ihn Joseph II. – weiß der Teufel, warum – zum Hofdichter des neugegründeten italienischen Theaters ernannt hat. Ein schöner Poet: Kein einziges Theaterstück oder Libretto hat er bis jetzt geschrieben! Ein Hochstapler! Und bitte: *Il ricco d'un giorno* – sein erstes dramma giocoso, das dieser Da Ponte für Antonio Salieri zusammengeschustert hat – erntet mitsamt der Musik bei seiner Uraufführung am 6. Dezember 1784 nur Spott und Pfiffe. „Weh mir – welch eine Intrige!" klagt Da Ponte in seinen Memoiren, in denen sein Verfolgungswahn seinem Größenwahn die Waage hält. Aber Mozart bekommt sein Libretto, und Da Ponte verdient sich die Unsterblichkeit: Hätte er nicht zwischen 1785 und 1790 die Texte zu Mozarts *Le nozze di Figaro, Don Giovanni* und *Così fan tutte* geschrieben – er wäre wohl (wie so viele andere Opern-Skribenten vor und nach ihm) in Vergessenheit geraten. Dabei war sich wohl weder Mozart darüber im klaren, daß er mit Da Pontes Textbüchern die bei weitem besten Libretti gefunden hatte, die er je vertonen konnte, noch ahnte Da Ponte, daß er in Mozart einen Komponisten von einzigartigem Genie zur Seite hatte; anders ist es kaum zu erklären, daß der Abbate während seiner Wiener Jahre sehr viel häufiger und lieber mit Komponisten wie Gazzaniga, Martin y Soler, Piticchio, Righini, Salieri oder Weigl zusammenarbeitete – allesamt ungleich erfolgreicher als Mozart, und doch unendlich weit von dessen Meisterschaft entfernt. Als Da Ponte freilich in den 1820er Jahren seine Memoiren zu Papier brachte, war Mozart berühmt genug, um sich mit seinen Lorbeeren zu kränzen: „Ich kann mich nie ohne einen gewissen Stolz und Wohlgefallen daran erinnern, daß Europa und die ganze Welt größtenteils meiner Ausdauer und unerschütterlichen Beharrlichkeit die herrlichen, einzigartigen Vokalwerke dieses genialen Tonsetzers zu verdanken hat. Natürlich werden die Ungerechtigkeit und der Neid meiner Feinde, der Journalisten und der Biographen Mozarts, nie einem Italiener wie mir diesen Ruhm zugestehen; und doch können seine Familie und ein jeder, der Mozart und mir in Wien, Deutschland, Böhmen und Sachsen begegnet ist, bezeugen, daß ich die reine Wahrheit sage." Ja, ja: Kabalen und Neider, Verleumdung und Intrigen – nicht Mozart ist das Genie, sondern Da Ponte. Dabei scheint der Abbate von allen Intriganten, die seinerzeit im Umfeld des Wiener Hofes agierten, einer der schlimmsten gewesen zu sein, und als er nach dem Tod Josephs II. am 20. Februar 1790 – knapp einen Monat nach der Uraufführung von *Così fan tutte* – seines Amtes als Hofdichter enthoben wird, weint ihm kaum jemand in Wien eine Träne nach. Nach vielen Abenteuern verschlägt es Da Ponte schließlich nach New York, wo er am 17. August 1838 – 89 Jahre alt, verbittert und völlig verarmt – für immer die Augen schließt. Ob er je geglaubt hätte, daß er seine Unsterblichkeit ausgerechnet diesem Signor Mozart verdanken würde – diesem gewiß begabten, aber doch recht unleidlichen jungen Mann, für den er einmal drei Libretti geschrieben hat?   *Michael Stegemann*

PHILIPPE QUINAULT
geb. 3. oder 4. Juni 1635 in Paris
gest. 26. November 1688 in Paris

Was die Brüder Pierre und Thomas Corneille und Jean Racine für das französische Schauspiel, das war Philippe Quinault für die Oper. Auch er hatte zwar als Autor für das Sprechtheater begonnen und war mit seinen Komödien und Dramen so erfolgreich, daß er 1670 in die Académie Française aufgenommen wurde. Doch mit *Bellérophon* sagte er ein Jahr später dem Genre endgültig lebewohl und begann 1672 mit der Pastorale *Les fêtes de l'amour et de Bacchus* gewissermaßen eine zweite Karriere als Librettist Jean-Baptiste Lullys. Mit dem Genre der fünfaktigen tragédie lyrique (mit einem Prolog als Huldigung für den König) schufen Lully und Quinault die eigentliche Urform der französischen Oper, die sich zwar an italienischen, insbesondere venezianischen Vorbildern orientierte, aber doch ganz eigene, neue Wege beschreitet. Bis 1686 entstand jährlich mindestens eine neue tragédie lyrique, und Ludwig XIV. (der nachweislich an einigen der Texte Quinaults mitgearbeitet hat) hielt das Autorengespann in höchsten Ehren. Mit dem Ende des „Sonnenkönigtums" verblaßte auch der Ruhm Lullys und Quinaults, aber vor dem Hintergrund der „querelle des bouffons" erlebten Libretti wie *Thésée, Atys, Proserpine, Amadis* oder *Armide* in den 1760er und 70er Jahren eine spektakuläre Renaissance und wurden von Komponisten wie Johann Christian Bach, Christoph Willibald Gluck, François-Joseph Gossec, Joseph Mysliveček, Jean-Joseph Mondonville, Giovanni Paisiello, Nicola Piccini oder Tommaso Traëtta neu vertont.   *Michael Stegemann*

OTTAVIO RINUCCINI

geb. 20. Januar 1562 in Florenz
gest. 28. März 1621 in Florenz

Als Mitglied der Camerata fiorentina des Grafen Giovanni dei Bardi hatte er entscheidenden Anteil am Entstehen der Oper, die sich ja bekanntlich dem Entschluß verdankte, das antike griechische Drama, von dem man irrtümlicherweise annahm, es sei „gesungen" worden, wiederzubeleben. Rinuccini war bereits im Vorfeld tätig, indem er einen Teil der Texte zu den Intermedien *La pellegrina* schrieb, die in Florenz 1589 anläßlich der Hochzeit von Ferdinando I. dei Medici mit Christine von Lothringen aufgeführt wurden. Auch trat er bei zahlreichen mascherate, balletti und ähnlichen höfischen Festlichkeiten in Florenz als Schauspieler und Tänzer auf. Die literarischen Ideen der Florentiner Camerata, einer Vereinigung von Dichtern, Gelehrten und Musikern nach dem Vorbild der antiken Akademie Platons in Athen, wurden gewissermaßen philologisch untermauert durch die Forschungen Girolamo Meis auf dem Gebiet der antiken griechischen Musiktheorie und konkret literarisch ausgewertet von Rinuccini, der für *Dafne*, die erste – musikalisch nur fragmentarisch – erhaltene Oper überhaupt, das Libretto geschrieben hat. Die Uraufführung fand im Hause des Grafen Jacopo Corsi im Jahre 1598 statt; die Musik hatte Jacopo Peri (1561–1633) im Sinne des Traktats *Dialogo della musica antica e della moderna* von Vincenzo Galilei, gedruckt 1581 in Florenz, komponiert: Die These von dem einstimmigen Gesang der antiken griechischen Tragödie wurde mit neuen Mitteln in die Tat umgesetzt. Rinuccinis Libretto zu *Dafne* hatte eine solche Fernwirkung, daß selbst noch dreißig Jahre später Heinrich Schütz seine – leider verschollene – Oper auf diesen Stoff, freilich in der deutschen Bearbeitung von Martin Opitz, komponierte. Auch Marco da Gagliano schrieb im Jahre 1608 für Mantua die Musik zu Rinuccinis *Dafne*; ein Jahr zuvor war der Dichter Mitglied der Mantuaner Accademia degli Elevati geworden. Ebenfalls für Mantua entstand 1608 Rinuccinis Meisterwerk, das von Monteverdi vertonte Libretto zu *Arianna* (der mythologische Ariadne-Stoff), von dem leider – außer dem zentralen *Lamento d'Arianna* – nur der Text erhalten ist. Hier beschreitet Rinuccini einen später nicht mehr weiter verfolgten Weg zum Drama mit ausdrücklich tragödienhaften Elementen. Schon die Bezeichnung tragedia deutet darauf hin, und die Gestaltung des Textes im Detail läßt eine enge Zusammenarbeit mit dem Komponisten Monteverdi vermuten. In seinem letzten Libretto *Il Narciso* kehrte er erstaunlicherweise wieder zum arkadischen Ambiente der favola pastorale zurück und fand dafür auch keinen Komponisten. Daraufhin zog er sich immer mehr vom Hofleben zurück und wandte sich wieder mehr der Lyrik zu, in deren konventionellen Bahnen er einst seine dichterische Laufbahn begonnen hatte. Am Ende überwogen sogar religiöse Motive. Rinuccinis Bedeutung als Pionier der neuen Gattung Oper ist allerdings unbestritten. Der Weg reichte immerhin von der musikalisierten, idyllischen Stimmung der favola pastorale (nach *Dafne* war das noch die von Jacopo Peri und Giulio Caccini vertonte *Euridice*) bis hin zu dem erschütternden *Lamento d'Arianna*, der im 17. Jahrhundert als Glücksfall einer gelungenen Opernszene galt und zahlreiche Nachahmer fand.   *Dietmar Holland*

FELICE ROMANI

geb. 31. Januar 1788 in Genua
gest. 28. Januar 1865 in Moneglia (La Spezia)

In seiner Monographie über Romani bezeichnete Mario Rinaldi den Dichter, Librettisten und Kritiker als einen Klassizisten, der gegen sein Wissen zur Romantik tendierte. Romani stand zwischen den stilistischen Strömungen seiner Zeit. Dem Klassizismus war er aufgrund seiner humanistischen Bildung und der Vorliebe für Metastasio seit Jugend an eng verbunden, der Romantik kam er allein schon durch die Stoffwahl für seine Libretti, in die er zunehmend Vorlagen von Hugo, Scott und Byron einbezog, nahe. Romani studierte in Genua und Pisa zunächst Jura, dann klassische Philologie und ließ sich nach ausgedehnten Reisen durch mehrere europäische Länder 1814 in Mailand nieder. Dort war er als Librettist vertraglich der Scala verpflichtet und machte sich schon mit seinen ersten Texten für Mayr *(La rosa bianca e la rosa rossa; Medea in Corinto)* einen Namen. In den zwanzig Jahren, die er in Mailand blieb, bevor er 1834 als Direktor der „Gazzetta Ufficiale Piemontese" nach Turin wechselte und seine Tätigkeit vorwiegend auf die Kritik verlegte, erwies sich Romani als äußerst fruchtbarer Librettist. Er verfaßte weit über 100 Libretti, die in vielen Fällen mehrfach (insgesamt über 200mal) vertont wurden, und war Mitarbeiter der wichtigsten Komponisten seiner Zeit, neben Mayr zunächst von Rossini *(Il turco in Italia; Bianca e Falliero)*, Meyerbeer *(Margherita d'Anjou; L'esule di Granata)*, Pavesi, Generali und Pacini, später von Luigi Ricci und Mercadante, der allein 16 seiner Libretti vertonte. Donizetti erzielte 1830 an der Seite Romanis seinen Durchbruch mit *Anna Bolena*, dem sich die großen Erfolge von *L'elisir d'amore* und *Lucrezia Borgia* anschlossen. Die engste Bindung ging Romani jedoch mit Bellini ein, seinem bevorzugten Komponisten, für den er von *Il pirata* bis zum Zerwürfnis über *Beatrice di Tenda* sämtliche Libretti schrieb, sieben an der Zahl, unter ihnen *La sonnambula* und *Norma*. Mit einem absolut sicheren Stilgefühl begabt, das sich in dem breitesten stofflichen Spektrum von der Buffa über die Zwischengattung der Semiseria bis zur Seria gleichermaßen bewährte, war Romani der überragende italienische Librettist seiner Epoche.

Peter Ross

EMANUEL (eigentlich: JOHANN JOSEPH) SCHIKANEDER

geb. 1. September 1751 in Straubing
gest. 21. September 1812 in Wien

Der ebenso erfolgreiche wie gewiefte Theaterpraktiker Emanuel Schikaneder konnte nicht ahnen, daß sein Name dereinst nur durch einen einzigen Text unsterblich werden würde, dem Libretto zu Mozarts *Zauberflöte*. Schikaneder war ein Multitalent, ein gefeierter Schauspieler, Impresario und Komödiendichter. Nach etlichen Jahren als Leiter einer, aus Augsburg stammenden, wandernden Schauspieltruppe (1773–1784) – Schikaneder war damals einer der ersten deutschsprachigen Hamlet-Darsteller – übernahm er 1785 für kurze Zeit die Pacht des Wiener Theaters am Kärntnertor. Nach weiteren Reisejahren eröffnete er (am 12. Juli) 1789 in Wien das Theater auf der Wieden, dessen Direktor er (mit kurzen Unterbrechungen) bis 1806 blieb. Die Begegnung mit Mozart 1780 in Salzburg fand in Wien ihre Fortsetzung, obwohl Mozart dem mit allen Wassern gewaschenen Theaterfuchs gegenüber distanziert blieb. Schikaneder, ein Logenbruder Mozarts bei den Freimaurern, beauftragte ihn mit der Komposition zu einem Zaubermärchen, eben der *Zauberflöte*, die am 30. September 1791, mit Schikaneder als Papageno, Premiere hatte. Zaubermärchen, Gespensterstücke – das war die Spezialität Schikaneders, der alles Feinsinnig-Diffizile vermied und mit großem Erfolg auf das Maschinentheater setzte, auf Blitz und Donner und die deftige Überraschung. Aus seiner Feder sind 55 Sprechstücke überliefert sowie 44 Opern- und Singspieltexte, u. a. für Franz Xaver Süßmayr *(Spiegel von Arkadien)* oder Peter von Winter *(Das Labyrinth)*. Der Lustspiel- und Zauberstückdichter Schikaneder gilt als wichtiger Vorläufer der Wiener Komödiendramatiker Raimund und Nestroy.   *Bernhard Rzehulka*

AUGUSTIN EUGÈNE SCRIBE
geb. 24. Dezember 1791 in Paris
gest. 20. Februar 1861 in Paris

Als Scribe 1861 starb, hatte er mehr als vierhundertsechzig Werke für die Bühne geschrieben. Früh spezialisierte er sich auf die Komödie, und schon bald sang ganz Paris seine Refrains. 1820 wurde er mit einem festen Vertrag an das Théâtre de Madame (Le Gymnase) und die Königlichen Theater gebunden. Scribe unterhielt eine florierende Manufaktur: er hatte einen ganzen Stab von Mitarbeitern zur Seite, die ihn bei der Produktion seiner Stücke unterstützten. 1822 debütierte er an der Comédie Française, die so beliebte Stücke von ihm aufführte wie *Le verre d'eau* (1840) und *Adrienne Lecouvreur* (1849). Opernlibretti schrieb er sowohl für die Opéra-Comique als auch für die Große Oper. Er arbeitete mit den bekanntesten Komponisten zusammen: Gounod, Auber, Halévy, Boieldieu, Rossini, Donizetti und Meyerbeer. Scribe bediente sich immer traditioneller Formen, sei es die Farce oder das Historiendrama, die Sittenkomödie oder das Melodram. Sein Name galt dem Publikum als Garantie für gute Unterhaltung ohne Neuerungen. Man hat die Libretti Scribes wegen ihrer Klischeehaftigkeit, der Stereotypie der Figuren und der übertriebenen Effekte häufig kritisiert, seine Metierkenntnis jedoch steht immer für sorgfältige Expositionen und theatralisch schlüssige Finale.   *Ulrike Hessler*

TEMISTOCLE SOLERA
geb. 25. Dezember 1815 in Ferrara
gest. 21. April 1878 in Mailand

Ein Hansdampf, wenn schon nicht in allen, so doch in vielen Gassen. Liebesaffären und geheime politische Geschäfte rücken sein Leben in die Nähe eines Abenteuerromans. 1815 in Ferrara geboren, ist schon das Kind durch den aktiven Widerstand des Vaters gegen die österreichische Fremdherrschaft in den illegalen Geheimgesellschaften der Carbonari und dessen Gefangennahme 1821 von jener besonderen Mischung aus Kriminalität und heißer Vaterlandsliebe umgeben, die die Geburtsjahre des Risorgimento prägen. Der Schüler bricht aus dem Gymnasium Maria Theresia in Wien aus und kommt erst nach Jahren des Vagabundierens im Collegio Longone in Mailand ein wenig zur Ruhe. In Mailand publiziert er religiös und patriotisch inspirierte Gedichte *(I miei primi canti)*, die von der Kritik mit dem Ruf „Abbiamo un nuovo poeta" begrüßt werden. In Mailand wird er auch Hauspoet der Scala und der erste wichtige Librettist Verdis. Dem Theater gehört aber nur die Sturm-und-Drang-Periode seines Lebens. Nach der Leitung verschiedener italienischer Theatergruppen, mit denen er vor allem durch Spanien reist, verabschiedet sich Solera von der Bühne, wird als Dreißigjähriger intimer Berater (Geliebter?) der spanischen Königin Isabella, als Vierzigjähriger Geheimkurier für Napoleon III. und Cavour und als Fünfzigjähriger Berater des Khediven bei der Reorganisation der ägyptischen Polizei. 1878 stirbt er in Mailand einsam, arm und in dem Ruf einer verkrachten Existenz. Seine Gedichte, zwei selbstkomponierte Kantaten und vier eigene Opern *(Ildegonda*, 1840; *Il contadino d'Agliate*, 1841; *Genio e sventura*, 1843; *La Hermanna de Pelago*, 1845) weisen Solera als hochbegabten Poeten aus, der für die Stimmung des italienischen Risorgimento genau den richtigen Ton traf. Mit diesem Ton das Genie Verdis erweckt zu haben, ist Soleras eigentliches Verdienst. Für Verdi, der die poetische Kraft seines ersten persönlichen Librettisten ebenso bewunderte wie er seine Arbeitsscheu und Disziplinlosigkeit haßte („Es ist allein seine Schuld, daß er nicht eine brillante Karriere gemacht hat und nicht der erste und bedeutendste Operndichter unserer Zeit geworden ist!"), schrieb Solera die Libretti zu den Opern: *Nabucco* (1842), *Il Lombardi alla prima crociata* (1843), *Giovanna d'Arco* (1845) und *Attila* (1846).

Leo Karl Gerhartz

ANTONIO SOMMA
geb. 28. April 1809 in Udine
gest. 8. August 1865 in Venedig

Ein Außenseiter im Kreis von Verdis Librettisten. Nicht nur waren dem am 28. April 1809 in Udine geborenen Somma mit vor allem schriftstellerischen Ambitionen und Qualitäten die Musik und die Formen der italienischen Oper ausgesprochen fremd. Er gehörte auch als Anhänger der nationalistischen „Irredenta"-Bewegung und Mitbegründer der irredentistischen Zeitschrift „La favilla" („Der Funke") zu einem politischen Lager, dem der Republikaner Verdi nicht gerade nahestand. Die künstlerische Zusammenarbeit zwischen Verdi und Somma konzentriert sich auf die Jahre von 1853 bis 1859 und gilt zunächst den trotz eines fertigen, bis heute unveröffentlichten Librettos letztlich vergeblichen Bemühungen um eine *Re Lear*-Oper und dem *Maskenball* (1859), der wohl nicht zuletzt deshalb gelingt, weil hier Scribes Vorlage *Gustave III.* (und Piaves Assistenz) im Vergleich zu dem Shakespeare-Projekt für weitaus bessere Vorbedingungen sorgen. In einer Beziehung freilich ist der musikfremde Literat Antonio Somma für das Verständnis des Verdischen Operntyps von unschätzbarem Wert. Keinem hat der Komponist seine künstlerischen Absichten geduldiger und ausführlicher erläutert. Insbesondere in dem umfänglichen Briefwechsel über einen möglichen *Re Lear* steckt, und zwar zumeist ex negativo, das Grundmaterial für eine Theorie von Verdis Musiktheater. Im Sprechtheater fühlte sich der Schriftsteller Somma zu Hause, der von 1840 bis 1847 das Teatro Grande in Triest leitete; er schrieb Stücke wie *Parisiana, Marco Bozzari, La figlia d'Appenino* oder *Cassandra*. Mit *Cassandra* feierte er 1859 in Paris – sicher auch dank der Schauspielkunst der Ristori – einen beachtlichen Erfolg. Im letzten Abschnitt seines Lebens widmete sich Somma vornehmlich der Juristerei und ließ sich in Venedig als Advokat nieder. Hier starb er am 8. August 1865.

Leo Karl Gerhartz

JOSEPH VON SONNLEITHNER

geb. 3. März 1766 in Wien
gest. 26. Dezember 1835 in Wien

Als Librettist ist Joseph von Sonnleithner, der Sohn des österreichischen Juristen und Komponisten Christoph von Sonnleithner (1734–1786), nur in Verbindung mit Beethovens *Fidelio* in die Musikgeschichte eingegangen, denn er schrieb die erste Fassung des Librettos nach der französischen Vorlage des Jean Nicolas Bouilly (1793). Seine Laufbahn war eng verknüpft mit dem Wiener Theaterleben, wenn er auch nicht direkt darin tätig war, sondern lediglich administrative Aufgaben übernahm (Sekretär des Hoftheaters, später Regierungsrat). Immerhin war Sonnleithner Mitbegründer der Wiener „Gesellschaft der Musikfreunde" und des Konservatoriums und arbeitete auch für beide Institutionen bis zu seinem Tode als Sekretär. Außerdem besaß er eine umfangreiche Instrumentensammlung und eine stattliche Bibliothek, die ihn als wißbegierigen Zeitgenossen der Wiener Kulturgeschichte ausweist. In den Jahren 1794 bis 1796 gab er einen *Wiener Theateralmanach* heraus und entdeckte 1827 das Antiphonar von St. Gallen (Cod. 359). Von seinen übrigen Libretti außer dem *Fidelio* hat keines die Zeiten überdauert.

Dietmar Holland

JOHANN GOTTLIEB STEPHANIE der Jüngere

geb. 19. Februar 1741 in Breslau
gest. 23. Januar 1800 in Wien

Stephanie d. J. gehört zu der in der Operngeschichte gar nicht so seltenen Spezies schillernder Theaterleute, die durch praktische Theaterarbeit zu Librettisten wurden. Nach einem nur sehr kurzen Jurastudium in Halle an der Saale (einer seiner Kommilitonen dort war der Theologiestudent Christian Friedrich Schubart) tat er erst einmal unter preußischem und österreichischem Kommando Dienst als Soldat. Offensichtlich mit wechselhaftem Glück, denn nach einer Degradierung vom Feldmarschall zum Gemeinen wurde er 1765 als Furier (Zeugwart) verabschiedet. Der kunstinteressierte Wiener Arzt Franz Anton Mesmer ließ ihn 1769 auf seinem Landgut als Schauspieler dilettieren und entdeckte sein Bühnentalent, das ihm bei den Wiener Hoftheatern ein Dauerengagement als Hauspoet, Dramaturg, Regisseur und Inspizient einbrachte – und die besondere Wertschätzung von Kaiser Joseph II. Literarisch weitaus weniger wichtig als sein Halbbruder, der Dramenreformator Gottlob Stephanie d. Ä. (1734–1798), war der eher leichtfertige Komödiant, der das Theater samt seinen Intrigen liebte, gleichwohl einer der führenden Figuren bei den Wiener Bemühungen um ein deutsches Nationalsingspiel: mit Übersetzungen u. a. von Paisiello und Grétry, vor allem aber mit Textbüchern für Dittersdorf (*Doktor und Apotheker*, 1786) und Mozart (*Die Entführung aus dem Serail*, 1782; *Der Schauspieldirektor*, 1786). In *Die Entführung*, die Stephanies Namen unsterblich machte, brachte er „nur" sein Bühnengeschick ein. Das Stück lieferte der Theaterdichter und Romanautor Christoph Friedrich Bretzner (1746–1807). Für die musikalische Dramaturgie war mit sehr genauen Anweisungen Mozart selbst verantwortlich. Den Rest besorgte der Theaterpraktikus.

Leo Karl Gerhartz

ALESSANDRO STRIGGIO
geb. um 1573 in Mantua
gest. 15.(?) Juni 1630 in Venedig

Durch seine Zusammenarbeit mit Claudio Monteverdi ist der höfische Mantuaner Diplomat und gelernte Jurist Alessandro Striggio in die Musikgeschichte eingegangen. Als Mitglied der Accademia degli Invaghiti, einer Art Geheimbund literarisch versierter Intellektueller mit alchimistischen Neigungen in den Adelskreisen von Mantua, schrieb er für Monteverdi nicht nur das Libretto *Favola d'Orfeo* (1607), in dem er etliche literarische Anleihen – unter anderem bei Dante – machte, sondern auch den Text zu dem verschollenen *Lamento d'Apollo* (1619) und wahrscheinlich auch zu Monteverdis ballo *Tirsi e Clori* (1615), gedruckt im 7. Madrigalbuch (1619). Nachdem Monteverdi im Jahre 1613 als Kapellmeister an San Marco nach Venedig gegangen war, hielt er seine Verbindungen zum Mantuaner Hof über Striggio aufrecht; zahlreiche erhaltene Briefe zeugen davon. Striggios Laufbahn war in den späteren Jahren jedoch nur noch rein diplomatisch ausgerichtet: Im Juni 1611 wurde er zum Staatssekretär des Herzogs von Mantua ernannt und erhielt am 2. Januar 1628 wegen seiner hohen Verdienste den Titel eines gran cancelliere. Als Sohn eines Musikers – in den Jahren 1596/97 gab er die letzten drei Madrigalbücher seines Vaters heraus – kam Striggio schon früh mit musikalischen Aufführungen in Berührung. So wirkte er nachweislich als Streicher bei der glanzvollen Aufführung der Intermedien *La pellegrina* anläßlich der Hochzeit von Ferdinando I. dei Medici mit Christine von Lothringen in Florenz mit. Die Florentiner Intermedien gehören zu den Vorläufern der späteren Oper. Es sind allegorische Darstellungen ohne eigentliche Handlung. Außer für Monteverdi schrieb Striggio Opernlibretti für Marco da Gagliano (1582–1643), die im Juni 1608 in Mantua aufgeführt wurden (*Il trionfo d'onore* und *Il sacrificio d'Ifigenia*).

Dietmar Holland

GEORG FRIEDRICH TREITSCHKE
geb. 29. August 1776 in Leipzig
gest. 4. Juni 1842 in Wien

Zunächst Kaufmann, dann Schauspieler, kam Georg Friedrich Treitschke um 1800 nach Wien, wo er fortan blieb und bereits im Jahre 1802 Regisseur und Hofdichter an der Hofoper wurde. Von 1811 bis 1814 übernahm er die stellvertretende Leitung des Theaters an der Wien und gab Beethovens einziger Oper *Fidelio* die endgültige, geraffte zweiaktige Fassung mit dem Schlußbild außerhalb des Kerkers (1814). Zeitweilig zeigte sich Beethoven interessiert, Treitschkes Libretto zu *Romulus und Remus* zu vertonen, doch es kam nicht zur Ausführung dieses Plans. Während der Arbeit an der dritten und letzten Fassung der Oper *Fidelio* lobte Beethoven Treitschkes Fähigkeiten als Librettist und fühlte sich musikalisch erneut herausgefordert: „Ich versichere Sie, lieber Tr., die Oper erwirbt mir die Märtirkrone; hätten Sie nicht sich so lieb Mühe damit gegeben und so sehr vorteilhaft alles bearbeitet, wofür ich Ihnen ewig danken werde, ich würde mich kaum überwinden können – Sie haben dadurch noch einige gute Reste von einem gestrandeten Schiffe gerettet." Später komponierte Beethoven auch die Schlußgesänge zu Treitschkes Singspielen *Die gute Nachricht* (1814) und *Die Ehrenpforten* (1814).

Dietmar Holland

GIANBATTISTA VARESCO
getauft 25. November 1735 in Trient
gest. 26. August 1805 in Salzburg

Bis vor wenigen Jahren lieferten lediglich die Mozart-Biographien Stichpunkte zur Persönlichkeit Varescos, die allerdings in hohem Maße polemisch gefärbt waren. Es herrschte schöne Einigkeit über die gravierenden Mängel des *Idomeneo*-Textes für Mozart. Damit ließ man es bewenden. Erst der Münchner Physiologe Kurt Kramer bemühte sich im Rahmen einer fundierten *Idomeneo*-Analyse (1981), auch Varesco Gerechtigkeit widerfahren zu lassen. Wie Kramer herausfand, stammte Varesco aus Cavalese bei Trient, besuchte das Jesuiten-Kollegium (1753–56) und bewarb sich 1766 an Colloredos Salzburger fürsterzbischöflichem Hof als Priester, wo er bis zu seinem Tode lebte. Varescos Bildung bestand nicht nur in der Kenntnis griechischer und lateinischer Dichtungen, sie muß (als Jesuit) auch die genaue Kenntnis der mittelalterlichen Literatur, zumal diejenige der Kirchenväter, umfaßt haben. Für sein *Idomeneo*-Textbuch mußte er sich von Mozart harsche Kritik gefallen lassen, auf die sich die biographische Nachwelt einhellig stützt. Immerhin aber suchte Mozart, sogar in seiner Wiener Zeit, noch einmal die Dienste des Salzburger Hofkaplans. 1783 konzipierte Varesco die opera buffa *L'oca di Caïro (Die Gans von Kairo)*, von der gesichert ist, daß er zumindest den 1. Akt vollständig ausgeführt hat und Mozart diesen Teil (bis auf drei Arien) auch komponierte. Im Dezember 1783 scheiterte dann die Zusammenarbeit aufgrund massiver Änderungswünsche von seiten Mozarts. Ob Varesco sich dazu nicht in der Lage fühlte oder aber sich schlicht weigerte, bleibt im dunkeln, da Mozarts Witwe Konstanze die Briefe Leopolds, die sich damit befassen, vernichtete. Ein so gnadenloses

Mittelmaß, wie es beharrlich konstatiert wird, besaß der gebildete Varesco mit Sicherheit nicht. Aber um seine materiellen Mittel war es schlecht bestellt; er starb hochverschuldet in völliger Armut.   *Bernhard Rzehulka*

STEFAN ZWEIG
geb. 28. November 1881 in Wien
gest. 22. Februar 1942 in Petropolis bei Rio de Janeiro

„Ich halte eigentlich nur jene Novellen und Romane für gut, die soviel sichtliche Geschehnissubstanz haben, daß sie sich verfilmen lassen, und nur jenen Operntext, den man auch ohne Textbuch versteht – jeder andere, den man vorauslesen oder während der Musik mitlesen muß, der sich nicht schon von der Rampe her sinnlich-sinnfällig verständlich macht, will mir Belastung des Werkes, Zerspaltung der Aufmerksamkeit zu bedingen scheinen. Meine Auffassung des Kunstwerkes ist, daß es europäisch und wahrhaft universal wirken muß, daß es nicht durch eine zu große Apparatur an wenige Städte gebunden sein darf, sondern wie ein beschwingter Vogel überall, auch in einer Dorfhütte, sein Nest finden kann." Diese für den Schriftsteller wie den Librettisten Stefan Zweig höchst aufschlußreichen Sätze finden sich in einem Brief vom 3. November 1931, in dem er Richard Strauss den Plan für eine „heitere, muntere bewegliche Spieloper" unterbreitet. Nach dem großen Erfolg, den Zweig mit seiner Bearbeitung des *Volpone* von Ben Jonson gehabt hatte, griff er erneut auf eine Komödie des Dichters zurück: *Epicoene, or The silent woman.* Strauss, dem zunächst die Darstellung eines ganz bestimmten Frauentypus vorgeschwebt hatte – „die Frau als Hochstaplerin oder die Grande dame als Spion" –, war über den Entwurf begeistert; auch von der Ausführung des Entwurfes war der Komponist höchst angetan. Die Freude sollte freilich von nur kurzer Dauer sein. *Die schweigsame Frau* war das erste und zugleich einzige gemeinsame Opernprojekt von Strauss und Zweig. Alle weiteren Pläne machte die Machtübernahme der Nazis zunichte. Zweig schlug einen *Rattenfänger von Hameln* vor, ein Motiv, in dem er – Ironie der Geschichte – „eine deutsche Volksoper par excellence" erblickte. Ein anderer Rattenfänger sorgte dafür, daß der Plan Makulatur blieb, ebenso wie einige andere Pläne Stefan Zweigs. Als zur Premiere der *Schweigsamen Frau* am 24. Juni 1934 in Dresden keiner der oberen Parteibonzen erschien und das Werk nach drei Vorstellungen auf Druck der Partei abgesetzt wurde, war das Urteil über die Zusammenarbeit der beiden Künstler gesprochen. Nur die wütenden Proteste des Komponisten hatten verhindert, daß Zweigs Name im Programmheft unerwähnt blieb. Zwar versuchte Strauss die historischen Tatsachen nach Kräften zu ignorieren und beschwor Zweig immer wieder, weiter für ihn zu schreiben – „Ich bleibe daher bei meiner Bitte: arbeiten Sie mir ein Paar schöne Bücher (den anderen Dichter finde ich nie)" –, wenn er es auch bald für ratsam hielt, „zu Niemand ein Sterbenswörtchen darüber verlauten zu lassen... Ist die Partitur fertig, kommt sie in ein Safe, das erst eröffnet wird, wenn wir beide den Zeitpunkt für geeignet halten, an eine Aufführung zu denken". Zweig lehnte derlei Heimlichkeiten ab und hielt sie eines Dr. Richard Strauss für unwürdig. Statt dessen schlug er zunächst den Schweizer Dichter Robert Faesi vor – Strauss lehnte ab: „wenn Sie erlauben, bleibe ich bei Stefan Zweig!" –, später Joseph Gregor als – nichtjüdischen –

Ersatz für seine Person. Gregor arbeitete dann auch tatsächlich den Entwurf zum *Friedenstag* aus, den Zweig dem Komponisten am 21. August 1934 brieflich unterbreitet hatte. Einen gleichwertigen Ersatz hat Strauss in Gregor gleichwohl nie erblickt, mit einigem Recht, wie man zugeben muß.   *Oswald Beaujean*

ALPHABETISCHES VERZEICHNIS DER KOMPONISTEN

ALPHABETISCHES VERZEICHNIS DER OPERN

DIE HERAUSGEBER

Attila Csampai, geboren 1949 in Budapest, studierte Musikwissen-schaft, Theatergeschichte, Philosophie, Soziologie und Mathematik in München und ist dort seit 1974 publizistisch tätig. Er schrieb zahlreiche Essays und Werkkommentare für Konzert- und Opernprogramme und Platteneditionen sowie Aufsätze in Fachzeitschriften. Daneben Rundfunk-sendungen und von 1975 bis 1978 Rezensent bei „HiFi Stereophonie". Seit 1978 dramaturgische Mitarbeit und musikalische Beratung bei verschiede-nen Opern- und Theaterinszenierungen. Bei einer großen deutschen Rund-funkanstalt von 1980 bis 1983 ständige freie Mitarbeit als Autor und Programmgestalter, seit Herbst 1983 Redakteur für symphonische Musik. Redaktionsbeirat und Rezensent der „Neuen Musikzeitung". Seit 1981 zusammen mit Dietmar Holland Herausgeber der „rororo-Opernbücher" (31 Bde), ebenso des „Konzertführers" (Wunderlich 1987).

Dietmar Holland, geboren 1949, studierte in München Musik-wissenschaft, Philosophie und Theatergeschichte. Seit 1972 Publikationen über musikalische Sachfragen, zahlreiche Werkkommentare und Kompo-nistenporträts in den Programmheften der Berliner und Münchner Philhar-moniker, der Bayerischen Staatsoper und für Schallplattenveröffent-lichungen. Freie Mitarbeit beim Bayerischen (seit 1975) und Nord-deutschen Rundfunk (seit 1981). Von 1975 bis 1977 Rezensent bei „HiFi Stereophonie" und seit 1984 Mitarbeiter der „Neuen Musikzeitung". Seit 1981 zusammen mit Attila Csampai Herausgeber der „rororo-Opern-bücher" (31 Bde), ebenso des „Konzertführers (Wunderlich 1987).

DIE AUTOREN

Oswald Beaujean, geboren 1961 in Aachen. Studium der Germanistik, Philosophie und Musikwissenschaft. Freie Mitarbeit bei Tageszeitungen, dem Westdeutschen und dem Bayerischen Rundfunk (Sendungen und Programmgestaltung). Seit 1988 Musikredakteur beim Bayerischen Rundfunk.

Hartmut Becker, geboren 1949 in Mönchengladbach. Studierte von 1970 bis 1972 Klavier und Tonsatz, danach bis 1981 an der Universität Würzburg Musikwissenschaft, Geschichte, Germanistik, Kunstgeschichte und Italo-Romanistik. Seit 1982 Lehrbeauftragter an der Staatlichen Hochschule für Musik, Würzburg, daneben als freiberuflicher Musikpublizist Autor zahlreicher Fachbeiträge. Seit 1987 Musikdramaturg am Badischen Staatstheater, Karlsruhe.

Irmelin Bürgers, geboren 1958 in Ulm. Studium der Germanistik, Musik- und Theaterwissenschaft. 1979 bis 1984 freie Mitarbeiterin in der Dramaturgie der Bayerischen Staatsoper. Zahlreiche Werkkommentare in den Programmheften der Münchner Philharmoniker und der Musikalischen Akademie des Bayerischen Staatsorchesters. 1985–1987 freie Mitarbeiterin und Programmgestalterin beim Bayerischen Rundfunk. 1987–1989 Redakteurin in der Hauptabteilung Musik des Bayerischen Rundfunks. Autorin, redaktionelle Mitarbeit und Koordination des Konzertführers (hg.v. A. Csampai und D. Holland), Tübingen 1987. Seit 1989 freie Autorin in Stuttgart. Redaktionelle Koordination des Opernführers.

Norbert Christen, geboren 1944 in Hohenstein bei Eckernförde. Studierte an der Staatlichen Musikakademie Detmold und schloß mit dem Examen des Diplomtonmeisters. Anschließend Studium der Musikwissenschaft in München und Berlin. Promotion zum Dr. phil. mit einer Dissertation über Stilfragen bei Giacomo Puccini. Von 1976 bis 1980 Redakteur für Symphonik beim Süddeutschen Rundfunk Stuttgart, seit 1981 Redakteur in der Musikabteilung des Bayerischen Rundfunks.

Leo Karl Gerhartz, geboren 1937. Studierte in Berlin, München und Italien Musik-, Literatur- und Theatergeschichte. Er promovierte 1966 über Giuseppe Verdi und ging nach einer zweijährigen Verlagstätigkeit zum Hessischen Rundfunk, dessen Musikchef er seit 1988 ist. Neben zahlreichen Arbeiten für Rundfunk und Fernsehen, Regie- und Dramaturgietätigkeiten beim Theater publizierte er viele Beiträge zu Medienfragen und zur Geschichte der Oper. Zuletzt erschienen Essays zu *Rigoletto* (1982) und *Così fan tutte (1984)* in den rororo Opernbüchern und das Taschenbuch *Oper. Aspekte der Gattung* (Laaber 1983).

Ulrike Hessler, geboren 1955 in Kassel. Studium der Germanistik und Romanistik in München. Promotion mit einer Arbeit über den Exilschriftsteller Bernard von Brentano. Von 1980 bis 1984 wissenschaftliche Mitarbeiterin an der Universität Eichstätt mit dem Forschungsschwerpunkt „Drama in Education". Seit 1984 Mitarbeiterin im Bereich Presse und Öffentlichkeitsarbeit an der Bayerischen Staatsoper, seit 1988 Leiterin der Abteilung. Freie Mitarbeiterin des Bayerischen Rundfunks und des Senders Freies Berlin sowie mehrerer Zeitschriften.

Wolf Loeckle, geboren 1943 in Berlin. Schulzeit in Wien und Frankfurt am Main, danach als Musikalienhändler und im Kunstmanagement tätig. Abendgymnasium, Studium in München, freie journalistische Tätigkeit. Seit 1980 Redakteur mit Schwerpunkt Musik-Feature beim Bayerischen Rundfunk (Hörfunk).

Peter P. Pachl, inszeniert bereits seit dem 16. Lebensjahr, als er bei den Regensburger Domspatzen sein erstes Opern- und Schauspielensemble gründete und führt seit 1976 Regie an zahlreichen Bühnen des In- und Auslandes. Mit 24 Jahren jüngster Promovent, mit 27 Jahren jüngster Theaterleiter der Bundesrepublik. Er inszenierte Opern von Gluck, Mozart, Hoffmann, Lortzing, Wagner, Cornelius, Mussorgskij, Massenet, Thomas, Strawinsky, Schreker, Zemlinsky, Britten, v. Einem, Bose, Brandmüller, Müller-Siemens und Kirchner, sowie Operetten, Musicals und Schauspiele. Daneben ist er als Musikschriftsteller tätig, veröffentlichte eine Biographie über Siegfried Wagner, arbeitet für zahlreiche Fachzeitschriften und Tageszeitungen, bei Rundfunk und Fernsehen und ist Co-Autor und Herausgeber anderer Bücher. Seit 1989 Professor für Opernregie an der Hochschule für Musik und Theater in Hannover.

Rainer Pöllmann, geboren 1962 in Vohenstrauß/Oberpfalz. Studium der Musikwissenschaft, Germanistik, Theaterwissenschaft und Geschichte in Freiburg i.Br., München und Berlin. Seit 1984 journalistisch tätig. Freier Mitarbeiter des Bayerischen Rundfunks seit 1986, der „Neuen Musikzeitung" seit 1988, gelegentlich auch der „Musica" und des „Rheinischen Merkur/Christ und Welt". Zahlreiche Programmheftbeiträge für die Berliner und Münchner Philharmoniker, die Deutsche Kammerphilharmonie. Mitarbeit am von Attila Csampai und Dietmar Holland herausgegebenen *Konzertführer*. 1986 Pressereferent, 1987 Produktionsdramaturg beim Internationalen Jugend-Festspieltreffen Bayreuth.

Helmut Rohm, geboren 1953 in Ulm. Studierte in München Musikwissenschaft, Philosophie, Pädagogik und Klavier. Seit 1982 freier Mitarbeiter, seit 1985 Musikredakteur beim Bayerischen Rundfunk.

Peter Ross, geboren 1943 in Gleiwitz. Studium der Musikwissenschaft, Psychologie und Philosophie in Hamburg und Bern. 1980 Promotion über Giuseppe Verdi. Ab 1975 Assistent und Lehrbeauftragter am Musikwissenschaftlichen Seminar der Universität Bern, daneben von 1976 bis 1981 Schweizer Mitarbeiter des Internationalen Quellenlexikons der Musik. Von 1983 bis 1988 Musikdramaturg am Stadttheater Bern. Seit 1989 Geschäftsführender Musikdramaturg der Städtischen Bühnen Dortmund.

Bernhard Rzehulka, geboren 1951. Studierte in München Musikwissenschaft und Theatergeschichte. Lebt als freier Musikpublizist in München. Zahlreiche Werkkommentare in den Programmheften der Berliner und Münchner Philharmoniker. Freier Mitarbeiter beim Bayerischen Rundfunk. Mitherausgeber und Co-Autor des 1986 erschienenen Essay-Bandes *Gehörgänge* (Zur Ästhetik der musikalisch-technischen Reproduktion).

Ulrich Schreiber, geboren 1936. Studierte Literaturwissenschaft und Philosophie. Seit 1964 Tätigkeit als freier Musikschriftsteller und -rezensent („HiFi Stereophonie", „Frankfurter Rundschau", Rundfunk) sowie als Theaterkritiker. Zahlreiche Rundfunksendungen (Schwerpunkt: Komponisten der franko-flämischen Schule) und Zeitschriftenaufsätze, zum Beispiel über Mauricio Kagel („Merkur"), Gustav Mahler („Critique").

Verschiedene Arbeiten zur neueren Theatergeschichte, z. B. über Peter Weiss, Rolf Hochhuth, Eric Bentley und Gustaf Gründgens. Autor des Aufsatzes über deutsche Gegenwartsdramatik im *Handbuch des deutschen Dramas*.

Wolfgang Schreiber, geboren 1939. Studium der Philosophie, Germanistik, Geschichte, Musikwissenschaft. Lebte lange Jahre in Wien als Kulturkorrespondent. Seit 1978 Redakteur und Musikkritiker der „Süddeutschen Zeitung" in München.

Karl Schumann, geboren 1925 in München. Studium der Philosophie und Musikwissenschaft, Promotion 1951. Seit 1948 journalistische Arbeit, vorwiegend als Musikkritiker in der „Süddeutschen Zeitung". Seit 1974 Lehrauftrag an der Hochschule für Musik München, 1980 Honorarprofessor. Von 1975 bis 1986 Generalsekretär der Bayerischen Akademie der Schönen Künste. Seit 1986 ordentliches Mitglied der Bayerischen Akademie der Schönen Künste. 1986 Bayerischer Verdienstorden.

Michael Stegemann, geboren 1956 in Osnabrück. Studium in Münster (Musikwissenschaft, Romanistik, Philosophie und Kunstgeschichte) und Paris (u. a. Komposition in der Meisterklasse von Olivier Messiaen). 1981 Promotion mit einer Arbeit über Camille Saint-Saëns. Lehrtätigkeit an der Universität Münster. Zahlreiche Arbeiten für Schallplattengesellschaften, Rundfunkanstalten und Verlage (u. a. Herausgeber sämtlicher Klavierwerke von Claude Debussy für die Wiener Urtext Edition). Seit 1982 Redakteur der von Robert Schumann gegründeten „Neuen Zeitschrift für Musik". Sein kompositorisches Schaffen umfaßt bisher rund dreißig Werke, darunter die Oper *Les Enfants terribles* (nach Jean Cocteau).